中国思想政治工作年鉴

（2008年3月～2009年2月）

全国思想政治工作科学专业委员会
《中国思想政治工作年鉴》编撰委员会 编

中共中央党校出版社
2009年6月

责任编辑 崔宪涛等
封面设计 刘广通
版式设计 刘广通
责任校对 陈 薇 王惠丽

图书在版编目(CIP)数据

中国思想政治工作年鉴. 2008年3月~2009年2月/全国思想政治工作科学专业委员会,《中国思想政治工作年鉴》编撰委员会编. —北京:中共中央党校出版社,2009. 6
ISBN 978-7-5035-4160-5

Ⅰ. 中… Ⅱ. ①全… ②中… Ⅲ. 政治工作—中国—2008~2009—年鉴 Ⅳ.D64-54

中国版本图书馆CIP数据核字(2009)第109124号

中共中央党校出版社出版发行
社址:北京市海淀区大有庄100号
电话:(010)62805800(办公室) (010)62805816(发行部)
邮编:100091 网址:www.dxcbs.net
新华书店经销
天津市武清区雍阳印刷厂印刷装订
2009年6月第1版 2009年6月第1次印刷
开本:787毫米×1092毫米 1/16 印张:85
字数:2700千字 印数1—3000册

ISBN 978-7-5035-4160-5

ISBN 978-7-5035-4160-5
D·2043 定价:298.00元

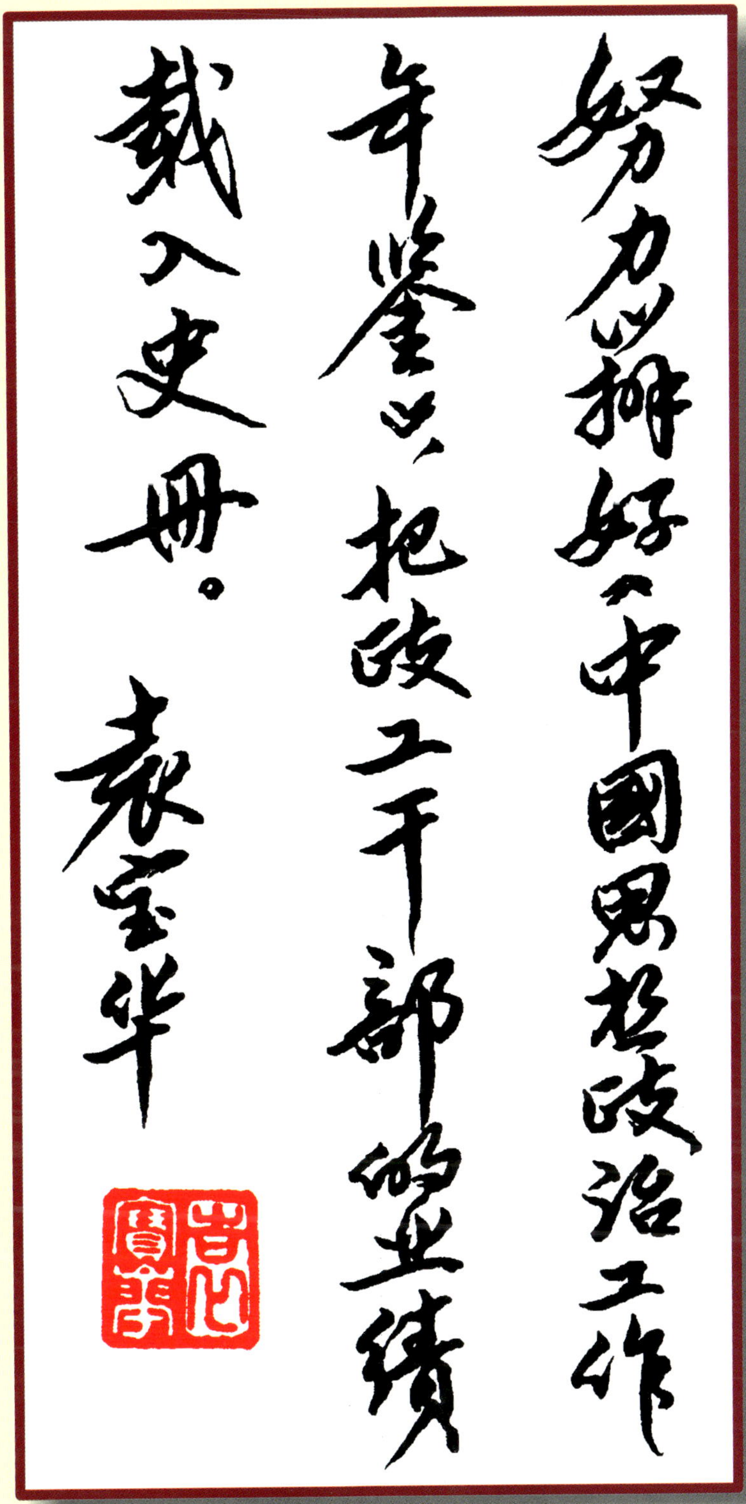

中国思想政治工作研究会原会长、原国家经委主任袁宝华为年鉴题词："努力办好《中国思想政治工作年鉴》，把政工干部的业绩载入史册。"

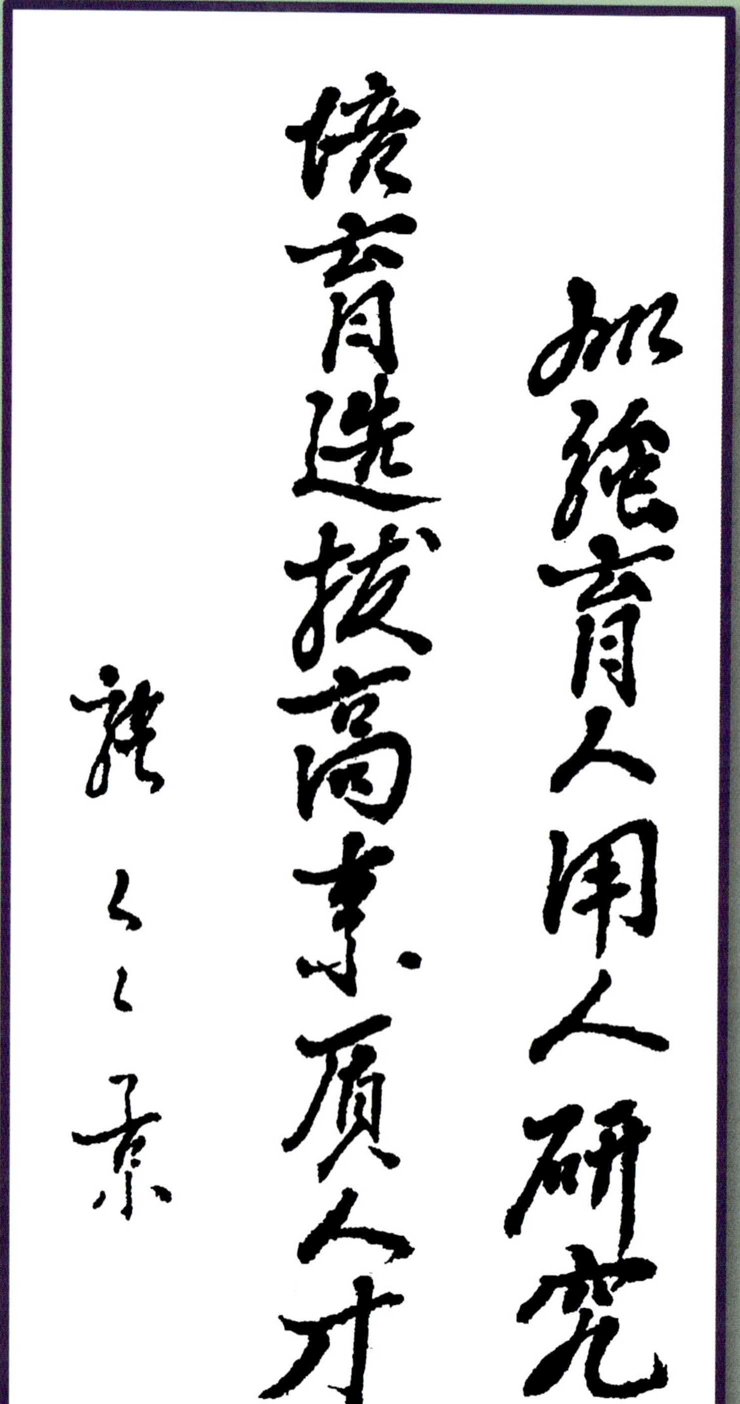

中共中央组织部原部长、全国党建研究会会长张全景为年鉴题词："加强育人用人研究培育选拔高素质人才。"

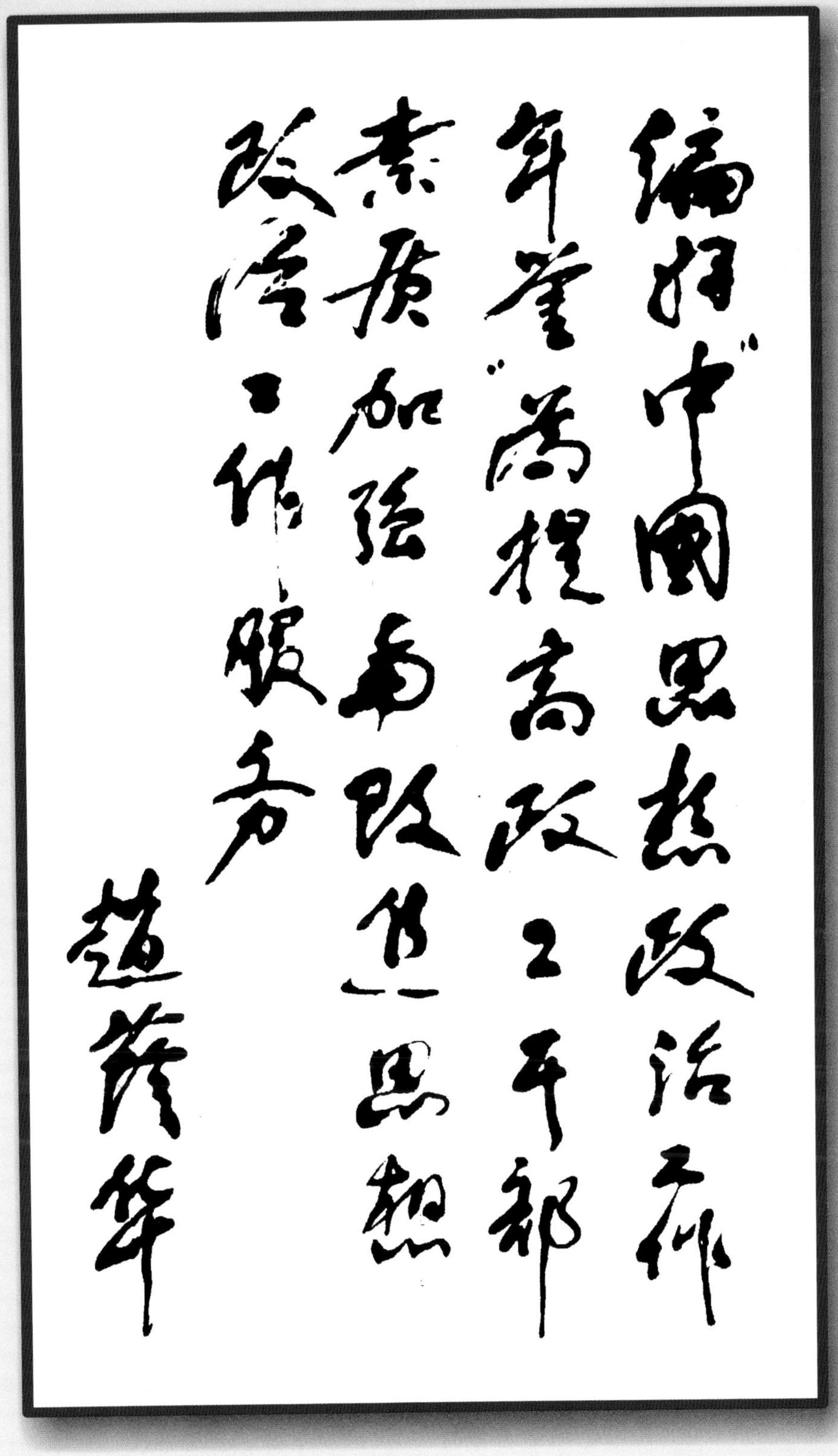

中国思想政治工作研究会原常务副会长、原国家经委副主任赵荫华为年鉴题词："编好'中国思想政治工作年鉴'为提高政工干部素质加强与改进思想政治工作服务。"

1994年9月23日，时任中共中央政治局常委、书记处书记的胡锦涛同志，在中共中央党校与出席全国思想政治工作科学专业委员会第一次特约研究员会议的全体代表合影。（资料照片）

全国思想政治工作科学专业委员会第十五届年会于2008年7月25日在青岛市召开。图为参加会议的代表合影。

《中国思想政治工作年鉴》
编撰委员会

《中国思想政治工作年鉴》

主　　编　张蔚萍

常务副主编　刘广通　张邦柱

副 主 编　王向东　陈　辉　刘三军
朱吉荣　雷常新　雷　群
关乐源　王坚红　何晓梅
李俊伟　毕　德　杨　光
李　功

编辑部成员　陈　薇　王惠丽　黄　桦
杨法先　张昆锋　许振民
胡秀荣　王天均　刘立敏
王　伟

目　录

第一部分　政工重要文献

第二部分 政工大事记实

第三部分 政工学会专集

第四部分　思想政治工作创新与探索

第五部分　学习实践科学发展观

第六部分　构建社会主义和谐社会

第七部分　改革开放30年的回顾与展望

第八部分　社会主义核心价值体系建设

第九部分 重大理论与热点问题探讨

第十部分　党的建设与党务工作

第十一部分　组织工作与人才工作

第十二部分　党风建设与反腐倡廉

第十三部分　政工干部和学者论坛

第十四部分 高校党建与思想政治教育

第十五部分 企业政工与企业文化

第一部分

政工重要文献

在同团中央新一届领导班子成员和团十六大部分代表座谈时的讲话

（2008年6月14日）

胡锦涛

同志们、青年朋友们：

在中国共产主义青年团第十六次全国代表大会胜利闭幕的时候，很高兴在中南海同大家见面。刚才，陆昊同志简要介绍了共青团十六大的情况，六位同志作了很好的发言。党中央对共青团十六大高度重视，中央政治局常委同志全部出席了大会开幕式，李长春同志代表党中央致了祝词。经过大家的共同努力，大会圆满完成了各项议程，选举产生了新一届团中央领导机构。在这里，我向大会的成功召开表示衷心的祝贺，向全国各族青年表示诚挚的问候！

青年是推动历史进步的一支重要力量。在中国革命、建设、改革的伟大进程中，一代又一代青年在中国共产党领导下，始终站在时代前列，自觉奔赴党和人民最需要的地方，为实现民族独立、人民解放和国家富强、人民幸福顽强拼搏、不懈奋斗，创造了不可磨灭的辉煌业绩。特别是改革开放30年来，广大青年听从党的号召、响应时代召唤，积极投身中国特色社会主义伟大事业，在改革开放和社会主义现代化建设各个领域创优争先、开拓奋进，奏响了新时代的青春之歌。在最近这场气壮山河的抗震救灾斗争中，广大青年表现出顽强的奋斗意志和崇高的奉献精神，抗震救灾一线的青年临危不惧、冲锋在前，全国各地的青年情系灾区、踊跃捐献，涌现出许多可歌可泣的感人事迹，为夺取抗震救灾斗争胜利作出了重要贡献。实践充分证明，在改革开放伟大进程中成长起来的当代中国青年是值得信赖的，是能担当重任的！

当今世界正在发生广泛而深刻的变化，当代中国正在发生广泛而深刻的变革。前所未有的机遇和前所未有的挑战，需要我们进行前所未有的奋斗。党的十七大适应国内外形势的新变化，顺应各族人民过上更好生活的新期待，从新的历史起点出发，进一步描绘了全面建设小康社会的宏伟蓝图，对社会主义经济建设、政治建设、文化建设、社会建设和党的建设作出了全面部署。实现党的十七大确定的各项战略任务，需要包括广大青年在内的全国各族人民共同努力。党中央对青年一代充满期待、寄予厚望。广大青年一定要认清历史使命，勇担时代重任，用坚定的信念、顽强的意志、持续的奋斗，为夺取全面建设小康社会新胜利、开创中国特色社会主义事业新局面贡献更大力量、赢得更大光荣。

这里，我想给全国广大青年提四点希望。

第一，要坚定理想信念。拥有坚定理想信念是有为青年最可宝贵的品格。广大青年要认真学习马克思列宁主义、毛泽东思想、邓小平理论和“三个代表”重要思想，认真学习科学发展观，深刻理解中国特色社会主义理论体系，努力用马克思主义中国化最新成果武装头脑，在人生的关键时期确立起正确的世界观、人生观、价值观，立志为发展中国特色社会主义事业终身奋斗。广大青年要善于从抓住和用好我国发展重要战略机遇期的高度来看问题，从维护我国改革发展稳定大局的高度来看问题，从促进中华民族长远发展的高度来看问题，时刻牢记国家和人民的根本利益，用刻苦学习、勤奋工作的实际行动报效祖国，同心同德地把我们国家建设得更加强大。

第二，要勤奋刻苦学习。知识引导人生，学习成就未来。青年时期是学习的黄金时期。当今世界激烈的综合国力竞争,说到底是国民素质的竞争,长远看是青年素质的竞争。在科技进步日新月异、知识信息竞相涌流的形势下,当代青年学习的任务比以往任何时候都更加繁重而紧迫。广大青年一定要在学习上下更大的气力,只争朝夕地学习,如饥似渴地学习,持之以恒地学习。在学习过程中,要努力打牢知识基础,培养严谨学风,一步一个脚印地积累知识;要努力拓展世界眼光,广泛学习各种新知识新技能,使自己的知识结构适应时代发展的要求,不断增强为祖国和人民服务的本领;要努力参加社会实践,把“读万卷书”与“行万里路”结合起来,自觉向实践学习,向人民群众学习,在实践中汲取丰富营养、提高综合素质,真正成为既学识广博又能干实事的新一代建设人才。

第三,要勇于艰苦创业。创业永远是时代的最强音。任何成就,都是通过艰苦奋斗取得的。我们今天的物质条件同以往相比确实有了很大改善,但千万不要忘记我国仍然是发展中国家,我国的基本国情仍然没有改变。即使将来国家发展了,物质条件更好了,也还有更高的目标等待我们去实现。艰苦奋斗精神任何时候都不能丢。广大青年一定要焕发创业热情和创造活力,在改革开放和社会主义现代化建设中建功立业。要立足本职、扎实苦干,努力在平凡的岗位上追求卓越、创造一流。要勇挑重担、攻坚克难,敢于在最困难、最艰苦的地方大显身手,把青年的生力军和突击队作用充分发挥出来。要大胆探索、锐意进取,自觉站在改革开放的前列,站在自主创新的前列,为国家繁荣富强贡献聪明才智。

第四,要培养高尚品德。一个社会的进步,不仅表现在物质财富的不断丰富上,而且表现在精神世界的不断充实上。青年素有“开风气之先”的光荣传统,是引领社会风尚的重要力量。广大青年要紧紧围绕建设社会主义核心价值体系,积极参与和谐文化建设,为提高全社会的文明程度发挥应有的作用。一方面,要自觉传承中华民族传统美德,注重学习,积极践行,使中华文化的优秀传统代代相传,使党和人民在长期奋斗中形成的光荣传统薪火永续;另一方面,要积极倡导社会文明新风,大力发扬团结互助、扶贫济困、平等友爱、诚信和谐的社会风尚,从我做起,从小事做起,从身边做起,在全社会带头践行社会主义荣辱观,充分展现当代青年的良好精神风貌。

共青团是党领导的先进青年的群众组织,是党的助手和后备军。自建团以来,共青团始终以党的政治纲领为奋斗目标,以党的指导思想为行动指南,以党的中心任务为神圣使命,为实现党在不同时期的历史任务作出了突出贡献。在现阶段,党需要共青团更好地团结带领广大团员青年,为实现全面建设小康社会的奋斗目标而不懈努力。各级团组织一定要发扬“党有号召、团有行动”的优良传统,把广大青年紧紧团结在党的周围,为实现党的任务努力奋斗,保证党的事业兴旺发达、后继有人。要不断完善工作思路,在深入研究当代青年基本特征的基础上,找准工作位置,丰富工作内容,创新工作手段,努力形成服务党的事业、服务青年群众有机统一的工作格局。要全面履行职能作用,着眼新的形势和任务,进一步提高组织青年、引导青年、服务青年、维护青少年合法权益的能力和水平。要大力加强自身建设,坚持眼睛向下、重心下移,力争使团的基层组织网络覆盖全体青年,使团的各项工作和活动影响全体青年,切实增强团组织的创造力、凝聚力、战斗力,更好地发挥共青团作为党联系青年的桥梁和纽带作用。

团干部队伍是共青团工作的骨干力量。要推动共青团工作再上新台阶,关键是要按照“让党放心、让青年满意”的要求,建设一支高素质的团干部队伍。借此机会,我对团干部提三点要求:一是政治上要过硬。要始终忠于党、忠于人民,坚持用中国特色社会主义理论体系武装头脑,努力做共产主义远大理想和中国特色社会主义共同理想的坚定信仰者,认真实践科学发展观，自觉地为党的事业而奋斗。二是作风上要扎实。要切实增强事业心和责任感，深入基层、深入青年，踏踏实实地工作，努力在团的岗位上作出实实在在的业绩。三是自律上要严格。要着力加强自身修养，从严要求，防微杜渐，经得住诱惑，管得住小节，切实走好人生的每一步。新一届团中央领导班子一定要带头刻苦学习，带头苦干实干，带头严格自律，努力成为全团的表率。

共青团工作是党的群众工作的重要组成部分。各级党委要牢固树立赢得青年就是赢得未来的思想，充分认识做好新形势下共青团工作的重大意义，进一步加强对共青团工作的领导，及时研究解决共青团工作中的实际问题，为共青团提供良好的工作环境和条件。要热情关心团干部的成长进步，注重做好团干部的选拔配备和输送使用工作。要坚持满腔热忱与严格要求相结合，采取有效的政策措施，促进青年健康成长、发奋成才，使广大青年在社会生活中发挥更大的积极作用。

青年朋友们，我们所处的时代是一个充满活力、大有可为的时代。党中央殷切希望各级团干部和广大团员青年，高举中国特色社会主义伟大旗帜，以邓小平理论和“三个代表”重要思想为指导，深入贯彻落实科学发展观，不负重托、不辱使命，更加勤奋地学习，更加扎实地工作，更加顽强地奋斗，把火红的青春奉献给全面建设小康社会、发展中国特色社会主义的壮丽事业！

在抗震救灾先进基层党组织和优秀共产党员代表座谈会上的讲话

（2008 年 6 月 30 日）

胡锦涛

同志们：

今天，党中央召开抗震救灾先进基层党组织和优秀共产党员代表座谈会，以纪念中国共产党成立 87 周年，具有十分重要的意义。刚才，几位同志的发言很生动、很感人，听了以后深受教育和鼓舞。你们的先进事迹，集中体现了各级党组织和广大共产党员在抗震救灾斗争中可歌可泣的英雄壮举和感天动地的崇高精神。在这里，我代表党中央，向出席今天座谈会的各位代表，向受到表彰的抗震救灾先进基层党组织和优秀共产党员，致以崇高的敬意！向全国各级党组织和广大共产党员，致以节日的问候！

回顾党的历史，我们可以清楚地看到，中国共产党成立以来的 87 年，是为中华民族独立、解放、繁荣和中国人民自由、民主、幸福而不懈奋斗的 87 年，是推动中国发生翻天覆地变化、不断实现历史性进步的 87 年，也是一代又一代中国共产党人在革命、建设、改革进程中发挥先锋模范作用、团结带领人民战胜各种困难和风险顽强奋进的 87 年。87 年来，一批又一批先进基层党组织和优秀共产党员涌现出来，他们以崇高的精神、无私的奉献、一流的业绩为党和人民作出了突出贡献，为党旗增添了光彩。各级党组织和广大共产党员在抗震救灾斗争中的英勇表现，为我们党 87 年的光辉历史书写了新的篇章。

对于抗震救灾工作，中央将在适当时候进行全面总结。今天，我主要结合前一段时间的抗震救灾斗争，就加强和改进党的建设讲几点意见。

这次发生的四川汶川特大地震，是新中国成立以来破坏性最强、波及范围最广、救灾难度最大的一次地震。能不能战胜这场特大地震灾害，是对党的执政能力和先进性的严峻考验。面对突如其来的特大地震灾害，全党全军全国各族人民在党中央、国务院和中央军委坚强领导下，众志成城，迎难而上，顽强奋战，最大程度地抢救了被困群众，最大限度地减低了灾害损失。目前，受灾群众基本生活得到初步安排，灾后恢复重建正在逐步展开。抗震救灾斗争取得的重大阶段性胜利，显示了党和人民的伟大力量，弘扬了中华民族的伟大精神，谱写了中国人民自强不息、团结奋斗的英雄凯歌。

抗震救灾斗争能够迅速取得重大阶段性胜利有多方面的原因，其中最重要的一个原因就是党的坚强领导，各级党组织和广大共产党员发挥了中流砥柱作用。

面对特大地震灾害，各级党委快速反应、果断决策、有力指挥，充分发挥了领导核心作用。地震发生后，党中央立即作出部署，迅速成立国务院抗震救灾总指挥部，把抗震救灾作为最重要最紧迫的任务，举全国之力抗震救灾。我们建立上下贯通、军地协调、全民动员、区域协作的工作机制，紧急调集人民解放军、武警部队、民兵预备役人员、公安民警和医疗卫生人员、新闻工作者、科技工作者等各方面力量赶赴灾区，向灾区运送大批救灾物资，开展了一场我国历史上救援速度最快、动员范围最广、投入力量最大的抗震救灾斗争。四川、甘肃、陕西、重庆等受灾地区各级党委坚决贯彻执行中央决策部署，在第一时间成立抗震救灾指挥部，在第一时间带领灾区干部群众奋力开展抗震救灾。从中央到地方各级党委的迅速反应、坚强领导、周密组织、科学调度，展现了强有力的总体指挥能力、群众动员能力、资源调配能力、统筹协调能力和处理突发事件、驾驭复杂局面的能力，使人民群众深切感受到党和政府抗震救灾的坚定决心和对人民群众的深厚感情，极大鼓舞和坚定了全国各族人民团结一心夺取抗震救灾斗争胜利的勇气和信心。

面对特大地震灾害，参加抗震救灾的基层党组织紧急动员、迅速行动、有力组织，充分发挥了战斗堡垒作用。在地动山摇的危急关头，广大基层党组织高高举起党的旗帜，自觉担当抗震救灾重任，组建各类"党员突击队"、"党员抢险队"，形成了一个个坚强战斗堡垒。广大基层党组织组织党员群众认真排查每一处倒塌房屋、尽力搜救每一个被困人员，创造了无数生命奇迹；全力组织救治受伤人员，全力展开卫生防疫，全力防范次生灾害，想方设法安排好受灾群众基本生活，化解了无数群众的痛苦；带领群众化悲痛为力量，从废墟上勇敢站起来，自力更生、艰苦奋斗，恢复生产、重建家园。在应对这场特大灾难的考验中，广大基层党组织向世人展示了压不垮的战斗堡垒的光辉形象，赢得了人民群众高度赞誉。

面对特大地震灾害，参加抗震救灾的各级干部挺身而出、身先士卒、靠前指挥，充分发挥了模范带头作用。在严峻考验面前，奋战在灾区一线的各级干部以身作则、冲锋在前，用血肉之躯筑起钢铁战线，成为灾区群众的主心骨和贴心人。所有灾区特别是灾情最严重的地方、受灾群众最集中的地方、抗震救灾困难最大的地方，都能看到干部的身影、听到干部的声音。各级干部在危难关头率先垂范、无私奉献，以自己的实际行动为广大党员群众抗震救灾作出了表率、树立了榜样。

面对特大地震灾害，参加抗震救灾的广大共产党员舍生忘死、无私无畏、勇往直前，充分发挥了先锋模范作用。广大共产党员在危难时刻做到了豁得出来、冲得上去。许多党员刚刚从废墟中爬出来，就带着满身伤痛去抢救受伤群众；许多党员把生的希望留给群众，把死的威胁留给自己，用鲜血和生命保卫群众安全；许多党员强忍失去亲人的悲痛，舍小家、顾大家，以非凡的坚强意志投身抗震救灾。广大共产党员的英勇行为集中展现了新时期共产党人的光辉形象，彰显了共产党员的先进性。

面对特大地震灾害，全国各级党组织和广大党员、干部同心同德、和衷共济、共渡难关，充分发扬了全国一盘棋的大团结大协作精神。

“灾难无情、人间有爱”，“一方有难、八方支援”，这是地震灾害发生后响彻在中国大地上的最强音。全国各级党组织和广大党员、干部想灾区之所想、急灾区之所急，视灾区群众为亲人，视支援灾区为己任，迅速组织和调集大批人力、物力、财力，广泛开展送温暖、献爱心活动。在各级党组织和广大党员、干部引领和带动下，从城市到乡村、从厂矿到部队、从街道到学校，规模空前的生命大营救，历经险阻的千里大驰援，处处涌动的爱心大奉献，共克时艰的社会主义大协作，汇聚成全民族风雨同舟、生死与共的强大合力。

抗震救灾斗争直接检验了我们党的领导水平和执政能力，直接检验了各级党组织的战斗力和广大共产党员的先进性。实践再一次有力地证明，中华民族具有高度的凝聚力，历经曲折而愈挫愈勇，饱受磨难而自强不息；我国社会主义制度具有巨大的优越性，能够集中力量办大事、团结各方渡难关；中国共产党具有强大的战斗力，能够应对各种风险考验、驾驭各种复杂局面；各级党组织和广大共产党员具有鲜明的先进性，对党充满忠诚，对人民充满感情，对事业充满责任。

这次受到表彰的先进基层党组织和优秀共产党员，是在抗震救灾斗争中涌现出来的英模群体和先进人物的杰出代表。各级党组织和广大党员、干部要向这次受到表彰的先进基层党组织和优秀共产党员学习，把在抗震救灾斗争中培育和体现出来的好思想、好作风、好精神长期坚持下去、不断发扬光大，以更加坚定的信心、更加饱满的热情、更加扎实的工作，为夺取全面建设小康社会新胜利、开创中国特色社会主义事业新局面而努力奋斗。

同志们！

在同特大地震灾害的艰苦搏斗中，我们的民族和人民展示出了十分崇高的精神。这就是万众一心、众志成城，不畏艰险、百折不挠，以人为本、尊重科学的伟大抗震救灾精神。

万众一心、众志成城，体现了中国人民团结奋进的强大力量。在特大灾难面前，全党全国各族人民坚持一方有难、八方支援，举国上下患难与共，前方后方同心协力，海内海外和衷共济，各地区各部门各方面以灾情为最高命令、以救灾为神圣使命，紧急行动，守望相助，倾力支持，无私奉献，凝聚起抗震救灾的强大合力，显示了中国人民和中华民族的伟大力量。

不畏艰险、百折不挠，体现了中国人民泰山压顶不弯腰的英勇气概。面对极其惨烈的灾难，面对极其严重的困难，广大军民临危不惧、奋不顾身、舍生忘死，哪里灾情危急就向哪里冲去，哪里有生死考验就向哪里挺进，哪里有受灾群众就向哪里集结，展现了中国人民压倒一切困难而不为任何困难所压倒的超人勇气，体现了中国人民战胜一切艰难险阻的大无畏精神。

以人为本、尊重科学，体现了对人民的高度关爱、对科学的高度尊重。广大军民把人的生命放在高于一切的位置，坚持只要有一点生还可能就要作出百倍努力，最大限度地抢救了人民生命；坚持依靠科学、运用科学，把科技的力量与顽强的斗争紧密结合起来，既充分发挥人的能动精神，又充分发挥科技的重要作用，攻克道道难题，化解种种风险，使科技成为战胜地震灾害的强有力支撑。

抗震救灾精神，是爱国主义、集体主义、社会主义精神的集中体现和新的发展，是我们党和军队光荣传统和优良作风的集中体现和新的发展，是中华民族民族精神在当代中国的集中体现和新的发展。

历史和现实都告诉我们，民族精神是一个国家综合国力的重要组成部分；一个国家要发展，一个民族要自立于世界民族之林，不仅要通过发愤图强积累强大的物质基础，而且要通过艰苦奋斗形成强大的精神力量。中华民族历来具有伟大的民族精神。以爱国主义为核心的民族精神，是中华民族5000多年生生不息、发展壮大的强大精神支撑，是我国各民族世世代代自强不息、团结奋斗的牢固精神纽带，是我们不断开辟新征程、开创新未来的不竭精神动力。

抗震救灾精神是党和人民极为宝贵的精神财富。我们要在全党全社会大力弘扬抗震救灾精神，大力宣传抗震救灾斗争中涌现出来的先进思想和模范事迹，使之转化为自力更生、艰苦奋斗、重建家园的坚定意志，转化为办好奥运、建设祖国的实际行动，转化为推动科学发展、促进社会和谐的强大力量，为中国特色社会主义事业不断发展提供强大精神动力。

同志们！

多难兴邦，多难砺党。联系87年来党的建设的实践，总结各级党组织和广大党员、干部在抗震救灾斗争中的表现和作用，从中可以得到许多重要启示。

第一，必须坚持正确的理想信念，始终把教育全党坚定不移地为发展中国特色社会主义而奋斗作为党的建设的根本任务。共产主义远大理想和中国特色社会主义共同理想是中国共产党人的崇高追求和强大精神支柱，对理想信念坚贞不渝是我们党的强大政治优势。有了正确而坚定的理想信念，广大共产党员就能够自觉地、满腔热情地为党和人民事业而奋斗。在革命战争年代，无数革命先烈抛头颅、洒热血，在生死考验面前威武不屈、英勇无畏，就是因为他们对崇高理想和坚定信念矢志不移。在和平建设时期，许多共产党员为党和人民事业鞠躬尽瘁、死而后已，也是因为有崇高理想和坚定信念的激励。在抗震救灾斗争中，广大共产党员大灾面前不低头、大难面前不弯腰，始终以高昂的斗志、饱满的热情奋战在最前线，充分显示了理想信念的强大力量。事实再一次说明，只要广大共产党员理想信念坚定，并把这种坚定性体现到为实现党的基本路线和基本纲领而奋斗的实践上，体现到努力做好本职工作上，体现到关键时刻、危难关头豁得出来、冲得上去的行动上，我们党就一定能够带领人民经受住各种风浪的考验，不断开创中国特色社会主义事业新局面。

第二，必须坚持立党为公、执政为民，始终把实现好、维护好、发展好最广大人民的根本利益作为党的建设的核心价值。全心全意为人民服务是党的根本宗旨，是党的全部价值所在。我们党87年的历史，就是一部全心全意为人民服务的奋斗史。浴血奋战推翻三座大山，开展大规模社会主义建设，进行改革开放和社会主义现代化建设，党始终坚持人民利益高于一切、重于一切、大于一切，始终把实现好、维护好、发展好最广大人民的根本利益作为党的庄严使命。在抗震救灾斗争中，各级党委和政府把以人为本作为最高准则，把挽救人的生命作为重中之重，再次生动诠释了立党为公、执政为民的执政理念。人民群众说，世间有真情，人间有大爱。中国共产党人最博大的爱就是爱人民，最深切的爱也是爱人民，最真挚的爱还是爱人民。事实再一次说明，只要始终做到心中装着人民、工作依靠人民、一切为了人民，我们就一定能够获得取之不尽、用之不竭的力量源泉，永远立于战无不胜、攻无不克的不败之地。

第三，必须坚持在实践中培养造就干部，始终把提高各级领导班子和领导干部的领导水平和执政能力作为党的建设的关键环节。党的执政能力建设是党执政后的一项根本建设。加强党的执政能力建设，重点在各级领导班子和领导干部，关键是要通过加强教育培训和实践锻炼，推动各级领导班子和领导干部提高领导科学发展、服务人民群众、应对突发事件和驾驭复杂局面的能力。平常抓得紧，关键时刻才用得上。这次特大地震灾害，成为对各级领导班子和领导干部领导水平和执政能力的一场特殊考试。各级领导班子和领导干部勇挑重担、敢于负责，表现了很强的领导和组织能力，为抗震救灾斗争提供了坚强组织保证。事实再一次说明，只要我们坚持不懈地加强党的执政能力建设，引导和推动领导干部增强忧患意识、做到居安思危，在丰富生动的实践中学习学习再学习、提高提高再提高，在攻坚克难、应对复杂局面的磨练中锻炼成长，我们就一定能够战胜前进道路上的各种艰难险阻。

第四，必须坚持抓基层、打基础，始终把增

强基层党组织的凝聚力、战斗力作为党的建设的基础工程。党的基层组织是党的全部工作和战斗力的基础。抓好基层、打好基础，是我们党应对各种困难和风险的重要法宝。这些年来，我们党按照围绕中心、服务大局，拓宽领域、强化功能的基本思路，大力推进基层党组织建设，使基层党组织的凝聚力、战斗力不断增强。在这场抗震救灾斗争中，灾区以及参加抗震救灾的基层党组织充分发挥了战斗堡垒作用。群众发自肺腑地说："只要党组织在，我们就感到有希望、有依靠、有信心。"这是人民对基层党组织的最高评价。事实再一次说明，只要我们一以贯之地坚持抓基层、打基础，形成分布广泛、完善严密、坚强有力的基层党组织体系，把广大党员紧紧团结在党的旗帜下，把人民群众紧紧凝聚到党组织周围，我们就一定能够不断提高全国各族人民的组织程度，形成开发自然、改造社会、战胜灾害、建设祖国的强大力量。

第五，必须坚持共产党员的党员意识，始终把保持和发展党员的先进性作为党的建设的永恒主题。党员意识是共产党员的立身之本，是党保持和发展先进性的重要前提，必须把增强党员意识作为执政党建设带有根本性的问题来抓，坚持教育、管理、服务并重，教育引导党员坚定理想信念、遵守组织纪律、争当先锋模范，永葆先进性。在抗震救灾斗争中，哪里灾情最重，哪里群众最需要，哪里就有共产党员；广大党员踊跃缴纳"特殊党费"，支援抗震救灾；许多群众受党组织和党员先锋模范作用的感召，在抗震救灾一线宣誓入党。事实再一次说明，只要坚持不懈地推进党的先进性建设，只要全党同志自觉加强自我教育、自我提高，我们就一定能够把广大党员的先进性最大限度地激发出来、把广大党员的先锋模范作用最大限度地发挥出来，创造出无愧于历史和时代的伟业。

同志们！

当前，抗震救灾工作进入安置受灾群众和恢复重建阶段，实现今年经济社会发展预期目标进入关键时期，北京奥运会开幕在即，形势逼人，任务艰巨。各级党委要全面贯彻党的十七大精神，以邓小平理论和"三个代表"重要思想为指导，深入贯彻落实科学发展观，大力弘扬抗震救灾精神，坚决贯彻落实中央决策部署，紧紧围绕一手抓抗震救灾工作、一手抓经济社会发展，以改革创新精神全面推进党的建设新的伟大工程，在各项工作中更好地发挥党委的领导核心作用、基层党组织的战斗堡垒作用、领导干部的模范带头作用、共产党员的先锋模范作用，为夺取抗震救灾斗争全面胜利、推动经济社会又好又快发展提供坚强保证。

我们要坚持用中国特色社会主义理论体系武装全党，认真开展深入学习实践科学发展观活动。要把学习贯彻中国特色社会主义理论体系摆在加强党的思想理论建设、强化理论武装工作的首要位置，帮助广大党员特别是党的各级干部努力掌握贯穿其中的马克思主义立场、观点、方法，自觉用这一理论体系指导客观世界和主观世界的改造，提高运用科学理论解决实际问题的能力。按照党的十七大作出的部署，深入学习实践科学发展观活动正在有关地区、部门和单位进行试点。要及时总结试点工作，为全面开展学习实践活动提供指导。各地区各部门要按照中央统一部署组织好、开展好深入学习实践科学发展观活动，推动广大党员、干部特别是领导干部树立符合科学发展的思想观念，提高领导科学发展的能力素质，促进解决制约科学发展的突出问题，构建有利于科学发展的体制机制，真正做到干部受教育、发展上水平、群众得实惠。地震灾区各试点单位要把抗震救灾和恢复重建作为贯彻落实科学发展观最具体的实践，用抗震救灾和恢复重建的实际行动和成效检验试点工作成效。

我们要坚持抓好各级领导班子、基层党组织、党员队伍建设，把党组织建设得更加坚强有力。要认真总结和运用抗震救灾斗争中强化党组织功能、发挥基层党组织战斗堡垒作用、发挥党员先锋模范作用的经验，进一步加强和改进领导班子建设、基层党组织建设、党员队伍建设。要建立健全集中领导、统一指挥、反应灵敏、运转高效的工作机制，提高各级党组织应对突发事件的能力。要坚持正确用人导向，按照德才兼备、注重实绩、群众公认原则选拔干部，把抗震救灾和恢复重建中经受住考验、表现突出的干部选拔到领导岗位上来。要把应对突发事件、重大灾害的实践作为生动教材，显著增强各级领导班子和干部应对突发事件的能力和水平。在抗震救灾斗争中，灾区不少基层党员、干部遇难，不少基层党组织遭受严重损失。各级党委要统筹当地干部人才资源，抽调优秀干部和人才充实班子、充实一线、充实基层，确保参加抗震救灾和恢复重建的各级领导班子坚强有力、有效运转。各级党组织要格外关心和爱护灾区基层党员、干部，理解他们的心情，关爱他们的健康，满腔热情地帮助他们做好工作。要积极开展党内帮扶活动，组织非受灾地区党组织与受灾地区党组织结对，重点帮扶受灾严重地区的党组织和困难群众。承担对口支援任务地区的党组织要加强领导、精心组织，积极为灾区提供支援，帮助灾区群众早日恢复生产、重建家园。

我们要在全党大力发扬抗震救灾的优良作风，保持党同人民群众的血肉联系。党的优良作风凝聚党心民心。要把抗震救灾斗争中涌现出来的先进事迹和先进人物作为党员干部作风建设的生动教材，教育广大党员、干部特别是领导干部继承优良传统、牢记根本宗旨、心系人民群众，切实做到权为民所用、情为民所系、利为民所谋。要总结和运用抗震救灾斗争中宣传群众、动员群众、组织群众、团结群众的成功经验，加强和改进新形势下党的群众工作，提高团结带领群众推动科学发展、促进社会和谐的实际能力。广大党员、干部要始终做到全心全意为人民服务，关心群众疾苦，倾听群众呼声，千方百计为群众排忧解难，带头发扬艰苦奋斗精神，做到吃苦在前、享受在后。各级干部特别是领导干部要坚持实事求是、求真务实，扎扎实实为人民群众办实事、办好事，努力创造经得起实践、人民、历史检验的实绩。要加强对党员领导干部廉洁从政的教育和监督，健全惩治和预防腐败体系，加大反腐倡廉工作力度，使党员领导干部始终保持共产党人的政治本色，做到干干净净干事、清清白白做人。要加强对抗震救灾资金和物品管理使用情况的监督检查，确保救灾款物真正用于抗震救灾、用于受灾群众。

同志们！

中国共产党在87年的风雨历程中团结带领人民战胜了无数惊涛骇浪、克服了无数艰难险阻，开创了党和人民事业欣欣向荣的大好局面。全党同志要更加紧密地团结起来，以邓小平理论和“三个代表”重要思想为指导，深入贯彻落实科学发展观，带领全国各族人民开拓进取、埋头苦干，切实做好抗震救灾和恢复重建各项工作，切实做好北京奥运会筹办各项工作，切实做好推动科学发展、促进社会和谐各项工作，为夺取改革开放和社会主义现代化建设新胜利而努力奋斗！

努力把贯彻落实科学发展观提高到新水平

（2008年9月19日）

胡锦涛

为了把学习实践活动开展好，中央根据以往在全党开展学习实践活动的成功做法，首先部署开展了试点工作。今年2月至8月，江苏省、江西省、四川省、中央组织部、财政部、国土资源部等23个单位进行了为期半年的试点。各试点单位认真学习贯彻中央关于试点工作的指示精神，坚持理论联系实际，坚持突出实践特色，坚持围绕科学发展解放思想，坚持领导班子和党员领导干部带头，坚持群众路线，认真查找并着力解决贯彻落实科学发展观方面存在的突出问题，有力推动了各项工作，为在全党开展深入学习实践科学发展观活动积累了重要经验、探索了有益做法。这些经验和做法，对全党搞好学习实践活动很有启发，我们要认真借鉴。

我看了有关试点工作的材料，感到试点单位查找出来的突出问题，有一定的普遍性，值得我们认真研究和分析。主要有以下四个方面：一是一些党员、干部贯彻落实科学发展观的自觉性还不高，对科学发展观理解还不够深入。有的对科学发展观学习不够扎实、领会不够全面，存在一些片面理解和模糊认识；有的在发展观念上存在重“显绩”轻“潜绩”、重当前轻长远、见物不见人、甚至制造虚假政绩等问题。二是一些领导干部的思想、作风、能力素质与推动科学发展的要求还不适应。有的思想不够解放，改革创新意识不强，因循守旧，封闭保守；有的缺乏推动科学发展必备的知识，缺乏进行战略思维、辩证思维、系统思维、创新思维的能力；有的发展思路不清、信心不足；有的在关心群众疾苦、解决民生问题方面作风飘浮、工作不实，存在搞形式主义、做表面文章、敷衍塞责等问题。三是一些影响和制约科学发展的问题还比较突出。有的地方经济发展结构性矛盾突出，粗放型发展方式尚未明显转变，发展质量和效益不高，安全事故频发，甚至存在单纯追求增长速度、以牺牲资源环境为代价换取经济一时增长的现象，发展的全面性、协调性、可持续性不强；有的地方和部门在缩小城乡、区域发展差距和促进经济社会协调发展方面工作力度不大，在统筹兼顾各方面利益方面做得不够。四是保障科学发展的体制机制还不够健全。一些地方和部门决策科学化、民主化做得不够，工作的系统性和协调性不强，体现科学发展观和正确政绩观要求的干部考核评价体系尚不健全，促进科学发展的监督体系不完善。这些问题反映了当前一些地方和部门工作和思想作风方面的真实情况。这些问题如不及时解决，我们就无法应对新形势下党所面临的新挑战，就难以肩负起带领人民继续全面建设小康社会、加快推进社会主义现代化的崇高使命。为了切实解决这些问题，我们在开展学习实践活动中要着重从以下几方面作出不懈努力。

第一，进一步深刻理解贯彻落实科学发展观的重大意义。党的十七大强调，科学发展观，是对党的三代中央领导集体关于发展的重要思想的继承和发展，是马克思主义关于发展的世界观和方法论的集中体现，是同马克思列宁主义、毛泽东思想、邓小平理论和“三个代表”重要思想既一脉相承又与时俱进的科学理论，是我国经济社会发展的重要指导方针，是发展中国特色社会主义必须坚持和贯彻的重大战略思想。要把学习贯彻党的十七大精神继续引向深入，要把党的十七大提出的重大理论观点、重大战略思想、重大工作部署落到实处，就要把加强理论武装摆在突出位置。要进一步组织广大党员、干部深入学习贯彻党的十七大精神，认真学习领会毛泽东、邓小平、江泽民同志关于科学发展的重要思想和党的十六大以来我们党关于科学发展的一系列重要观点，认真总结和学习我国改革开放30年的经验，系统掌握科学发展观所体现的马克思主义立场、观点、方法。我们要着力推动广大党员、干部深刻理解和全面把握科学发展观的科学内涵、精神实质、根本要求，增强高举中国特色社会主义伟大旗帜的自觉性和坚定性，增强贯彻落实科学发展观的自觉性和坚定性，坚定不移地把科学发展观贯彻落实到经济社会发展各个方面。

第二，进一步抓好发展这个党执政兴国的第一要务。科学发展观第一要义是发展。离开了发展，科学发展观就成了无源之水、无本之木。邓小平同志曾经指出，社会主义的根本任务是发展生产力，发展才是硬道理；在社会主义国家，一个真正的马克思主义政党在执政以后，一定要致力于发展生产力，并在这个基础上逐步提高人民的生活水平。发展是解决中国一切问题的“总钥匙”，发展对于全面建设小康社会、加快推进社会主义现代化，对于开创中国特色社会主义事业新局面、实现中华民族伟大复兴，具有决定性意义。我们必须牢记，尽管我们取得了举世瞩目的发展成就，但我国仍处于并将长期处于社会主义初级阶段，仍然是世界上最大的发展中国家，人口多、底子薄、发展很不平衡，我们在发展中遇到的矛盾和问题，无论是规模还是复杂性，都是世所罕见的。我们要建成惠及十几亿人口的更高水平的小康社会，要实现社会主义现代化、实现全体人民共同富裕，还有很长的路要走。我们要有效应对来自国际国内的各种困难和风险，要不断提高我国的综合国力和抵御风险能力，要不断巩固和扩大党执政的群众基础，都必须坚持不懈地抓好发展这个党执政兴国的第一要务，任何时候任何情况下都不能动摇、不能放松。同时，发展必须是以人为本、全面协调可持续的科学发展，必须是实现各方面事业有机统一、社会成员团结和睦的和谐发展，必须是实现既通过维护世界和平发展自己、又通过自身发展维护世界和平的和平发展。我们要着力增强广大党员、干部贯彻党的基本理论、基本路线、基本纲领的自觉性和坚定性，使全党同志更加自觉、更加坚定地牢牢扭住经济建设这个中心，团结带领人民继续聚精会神搞建设、一心一意谋发展，不断为发展中国特色社会主义打下更为坚实的基础。

第三，进一步实现好、维护好、发展好最广大人民的根本利益。科学发展观核心是以人为本。我们党的一切奋斗和工作都是为了造福人民。我们推动科学发展，根本目的就是要坚持尊重社会发展规律与尊重人民历史主体地位的一致性，坚持为崇高理想奋斗与为最广大人民谋利益的一致性，坚持完成党的各项工作与实现人民利益的一致性，坚持保障人民权益与促进人的全面发展的一致性，做到发展为了人民、发展依靠人民、发展成果由人民共享。我们要着力把最广大人民的根本利益作为贯彻落实科学发展观的根本出发点和落脚点，尊重人民主体地位，发挥人民首创精神，保障人民各项权益，努力兴办人民群众希望办的实事好事，使贯彻落实科学发展观的过程成为不断为民造福的过程，成为不断提高人民生活质量和水平的过程，成为不断提高人民思想道德素质、科学文化素质和健康素质的过程，成为不断保障人民经济、政治、文化、社会权益的过程，让发展成果惠及广大人民群众。只有这样，实现科学发展才能具有最广泛最深厚的群众基础，我们也才能把广大人民群众组织起来共同为全面建设小康社会、进而基本实现现代化而奋斗。

第四，进一步坚持解放思想、改革创新。解放思想是研究新情况、解决新问题、开拓新局面的重要前提。改革创新是推动各项事业发展的根本动力。改革开放以来，我们党在实践上的每一个发展、理论上的每一个创新、工作上的每一个进步，都是坚持解放思想、不断改革创新的结果。总结我国改革开放的历程，我们得出了一个不可动摇的结论，这就是：改革开放是决定当代中国命运的关键抉择，是发展中国特色社会主义、实现中华民族伟大复兴的必由之路；只有社会主义才能救中国，只有改革开放才能发展中国、发展社会主义、发展马克思主义。我国过去30年的快速发展靠的是改革开放，我国未来的发展也必须靠改革开放。解放思想必须一以贯之，改革创新也必须一以贯之。实现科学发展，必然要求我们以解放思想为先导、以改革创新为动力，在新的思想高度上形成深化改革开放的共识、找到解决问题的突破口，在发展理念、发展思路、发展方式、发展体制上都来一个深刻转变，特别是要努力转变影响和制约科学发展的思想观念、方式方法、体制机制，确立起符合科学发展观要求的思想观念、方式方法、体制机制。我们要着力坚持解放思想、实事求是、与时俱进，深刻把握我国经济社会发展趋势和规律，继续坚定不移地把改革创新精神贯彻到治国理政各个环节，加快重要领域和关键环节改革步伐，推进各方面改革创新，着力构建充满活力、富有效率、更加开放、有利于科学发展的体制机制。要通过制度创新不断增强应对全球综合国力激烈竞争的能力、增强解决我国发展面对的深层次矛盾和问题的能力、增强解决党内存在的突出问题的能力，为发展中国特色社会主义提供强大动力和体制保障。要坚持把解放思想、改革创新贯彻到科技领域。提高自主创新能力，建设创新型国家，是国家发展战略的核心，是提高综合国力的关键，是实现又好又快发展的重要途径，是贯彻落实科学发展观的必然要求。要始终把增强自主创新能力作为调整产业结构和转变发展方式的中心环节，大力推进原始创新、集成创新和引进消化吸收再创新，着力突破制约经济社会发展的关键技术，更加自觉、更加坚定地走中国特色自主创新道路。

第五，进一步提高党员干部队伍素质。党员干部是贯彻落实科学发展观的骨干力量，领导班子和领导干部是贯彻落实科学发展观的关键所在。毛泽东同志曾经指出："中国共产党是在一个几万万人的大民族中领导伟大革命斗争的党，没有多数才德兼备的领导干部，是不能完成其历史任务的。""政治路线确定之后，干部就是决定的因素。因此，有计划地培养大批的新干部，就是我们的战斗任务。"中央的路线方针政策要靠广大党员、干部组织带领人民群众去落实，中央和各地区各部门各单位确定的发展目标任务要靠广大党员、干部组织带领人民群众去实施，全面建设小康社会的宏伟目标要靠广大党员、干部组织带领人民群众去实现。党员干部特别是领导干部都负有一定的领导责任，掌握着一个地区、一个部门或一个单位的决策权，具体组织和指挥本地区本部门本单位各项工作的开展，对本地区本部门本单位的工作思路、工作安排、工作进展、工作成效具有重要影响。他们有没有牢固树立科学发展的理念，是不是具备谋划和推动科学发展的能力，在很大程度上决定着本地区本部门本单位贯彻落实科学发展观的成效。贯彻落实科学发展观，需要造就一支自觉实践科学发展观、有能力推动科学发展的党员干部队伍，需要党员干部特别是领导干部都坚持正确政绩观，老老实实按客观规律办事，兢兢业业干好本职工作，做出经得起实践、人民、历史检验的实绩。我们要着力提高各级党组织、领导班子和领导干部贯彻落实科学发展观的本领，努力把各级党组织建设成为贯彻落实科学发展观的坚强堡垒、把干部队伍建设成为贯彻落实科学发展观的骨干力量，为推动科学发展提供坚强组织保证。

第六，进一步动员广大人民群众投身科学发展的伟大实践。人民是历史的创造者，群众是真正的英雄。人民群众是推动科学发展的主体。科学发展取得了多大成效、是否真正实现了，人民群众感受最真切、判断最准确。推动科学发展，必须紧紧依靠人民群众，做到谋划发展思路向人民群众问计，查找发展中的问题听人民群众意见，改进发展措施向人民群众请教，落实发展任务靠人民群众努力，衡量发展成效由人民群众评判。我们要着力把科学发展观普及到人民群众中去，使人民群众真正明白科学发展观的要求是什么、贯彻落实科学发展观能带来什么、推动科学发展应该做什么，使人民群众从内心深处更加拥护科学发展、更加主动投身科学发展，从而最大限度地凝聚人民群众的智慧和力量，最大限度地把全社会的发展积极性引导到科学发展上来，形成推动科学发展的强大合力。

（此文是胡锦涛同志在全党深入学习实践科学发展观活动动员大会暨省部级主要领导干部专题研讨班上的讲话第二部分）

在全国抗震救灾总结表彰大会上的讲话

（2008 年 10 月 8 日）

胡锦涛

同志们，朋友们：

2008 年 5 月 12 日 14 时 28 分，我国发生了震惊世界的四川汶川特大地震，受灾地区人民生命财产和经济社会发展蒙受了巨大损失。坚决战胜这场灾害，保护人民生命财产安全、保卫改革开放和社会主义现代化建设成果，是对中国人民意志、勇气、力量的严峻考验，也是对我们党执政能力和先进性的重大检验。在党中央、国务院和中央军委坚强领导下，全党全军全国各族人民众志成城、迎难而上，迅速展开气壮山河的抗震救灾工作，奋勇夺取抗震救灾斗争重大胜利，谱写了感天动地的英雄凯歌。

今天，我们隆重召开全国抗震救灾总结表彰大会，就是要全面总结抗震救灾工作，表彰抗震救灾英雄集体和抗震救灾模范，号召全党全军全国各族人民学习他们的先进思想和模范事迹，弘扬伟大抗震救灾精神，为夺取全面建设小康社会新胜利、开创中国特色社会主义事业新局面而不懈奋斗。

在这里，我代表党中央、国务院和中央军委，向受到表彰的抗震救灾英雄集体和抗震救灾模范，向在抗震救灾第一线英勇奋战的广大干部群众，人民解放军指战员、武警部队官兵、民兵预备役人员和公安民警，医疗卫生工作者、新闻工作者、科技工作者、工程建设者和志愿者，致以崇高的敬意！向大力支持抗震救灾的全国各条战线的广大干部群众，各民主党派、工商联和无党派人士、各人民团体以及社会各界，向踊跃为灾区提供援助的香港同胞、澳门同胞、台湾同胞以及海外华侨华人，表示衷心的感谢！

抗震救灾期间，许多国家的领导人、政府、政党、社会团体和驻华使馆，联合国有关组织和一些国际机构、外资企业以及国际友好人士，积极提供救援物资、捐助救灾资金、派遣救援队和医疗队，以各种方式向中国人民表达真诚同情、提供宝贵支持。在这里，我代表中国政府和中国人民，向他们致以诚挚的谢意！

此时此刻，我们特别要向为夺取抗震救灾斗争重大胜利而英勇献身的烈士们，向在地震灾害中不幸罹难的同胞们，表达深切的思念和沉痛的哀悼！

我提议，全体起立，为他们默哀。

同志们、朋友们！

四川汶川特大地震是新中国成立以来破坏性最强、波及范围最广、救灾难度最大的一次地震，震级达里氏 8 级，最大烈度达 11 度，余震 3 万多次，涉及四川、甘肃、陕西、重庆等 10 个省区市 417 个县（市、区）、4667 个乡（镇）、48810 个村庄。灾区总面积约 50 万平方公里、受灾群众 4625 万多人，其中极重灾区、重灾区面积 13 万平方公里，造成 69227 名同胞遇难、17923 名同胞失踪，需要紧急转移安置受灾群众 1510 万人，房屋大量倒塌损坏，基础设施大面积损毁，工农业生产遭受重大损失，生态环境遭到严重破坏，直接经济损失 8451 亿多元，引发的崩塌、滑坡、泥石流、堰塞湖等次生灾害举世罕见。

灾情就是命令，时间就是生命。我们组织开展了我国历史上救援速度最快、动员范围最广、投入力量最大的抗震救灾斗争，最大限度地挽救了受灾群众生命，最大限度地减低了灾害造成的损失。我们坚持把抢救人的生命摆在第一位，只要有一线希望就尽百倍努力，84017 名群众被从废墟中抢救出来，149 万名被困群众得到解救，430 多万名伤病员得到及时救治，其中1万多名重伤员被快速转送全国20个省区市375家医院。我们千方百计安置受灾群众生活，1510万名紧急转移安置受灾群众基本生活得到妥善安排，881万名灾区困难群众得到救助，中小学校在新学期开始前全面复课开学，采取有效措施确保大灾之后无大疫，切切实实做到了让灾区人民有饭吃、有衣穿、有干净水喝、有住处、有病能及时得到医治。我们全力抢修交通、电力、通信、广电、水利、供水、供气等基础设施，及时处理和化解堰塞湖等次生灾害，切实做好余震监测、气象服务、科技支撑、煤电油运保障等各项工作，及时准确公布灾情，为抗震救灾和灾后恢复重建创造了有利条件。我们积极组织资金拨付和物资供应，并及时采取措施加强对管理使用情况的监督检查，确保抗震救灾资金物资及时有效用于灾区和受灾群众。我们加强政策扶持，全力抓好灾区生产恢复工作，灾区工业、农业、旅游业等恢复取得重大进展。我们科学开展评估和规划工作，及时制定有关条例、指导意见和规划，中央财政建立专项基金，组织实施对口支援，依法有序实施灾后恢复重建。目前，各项恢复重建工作全面推进，灾区人民正在勇敢地走向新生活。

中国人民以无所畏惧的英雄气概、团结一致的强大力量、可歌可泣的伟大壮举，书写了中华民族发展史上新的壮丽诗篇。

面对特大地震灾害，从中央到地方各级党委和政府坚强领导、科学指挥，始终与灾区人民心连心、同呼吸、共命运。党中央总揽全局、审时度势，在震后第一时间就把抗震救灾确定为全党全国最重要最紧迫的任务，成立国务院抗震救灾总指挥部，周密组织、科学调度，建立上下贯通、军地协调、全民动员、区域协作的工作机制，迅速组织各方救援力量赶赴灾区，紧急调集大批救灾物资运往灾区，精心部署受灾群众安置工作，及时推动灾后恢复重建，举全国之力抗震救灾。各地区各部门大力发扬全国一盘棋思想，一方有难、八方支援，一切为了灾区，全力支援灾区，在调集人员、支援物资、收治伤员、安置移民、建造临时和过渡住所等方面做了大量工作。承担对口支援任务的19个省市党委和政府积极落实中央部署，义不容辞地支援灾区恢复重建。这一切，充分体现了党和政府始终坚持以人为本、人民利益高于一切的理念，生动展现了危难时刻党和政府强有力的领导和指挥能力，极大地鼓舞和坚定了全国各族人民夺取抗震救灾斗争胜利的勇气和信心。

面对特大地震灾害，灾区各级党委和政府、广大干部群众紧急动员、迅速行动，充分发挥了中流砥柱作用。在山崩地裂的危急关头，灾区各级党委和政府处变不惊、指挥若定，带领群众化悲痛为力量、从废墟上勇敢站立起来，沉着冷静地开展抗震救灾工作。各级干部挺身而出、身先士卒，组织群众争分夺秒抢救被困人员，想方设法安置受灾群众，带领群众抓紧恢复生产、重建家园。广大共产党员舍生忘死、勇往直前，做到了关键时刻、危难关头豁得出来、冲得上去，展现了新时期共产党人的光辉形象。灾区人民临危不乱、守望相助，全力开展自救互救。在千钧一发的生死关头，多少人瞬间作出把生的希望留给他人、把死的威胁留给自己的抉择，多少父母用双臂为孩子撑起生命的天空，多少老师用身躯为学生挡住死神的威胁，多少干部舍小家为大家、奋不顾身地奋战在第一线。我们可爱的孩子们，有的在废墟下唱起嘹亮的歌曲，有的机智地搜救同学，表现出非凡的勇气和可贵的爱心。灾区各级党委和政府、广大干部群众凭着这样的顽强意志，在满目疮痍的土地上创造了惊天地、泣鬼神的感人业绩。

面对特大地震灾害，人民解放军指战员、武警部队官兵、民兵预备役人员和公安民警冲锋在前、勇挑重担，发挥了主力军和突击队作用。14万6千名人民子弟兵，心系灾区人民安危，肩负党和人民期望，从高级将领到普通士兵，发扬英勇顽强、不怕牺牲、连续作战的战斗作风，承担起抗震救灾最紧急、最艰难、最危险的任务。英雄的人民子弟兵勇于突进震中地带，敢于跨越生死界线，克服千难万险，进入千村万户，为灾区人民带去生命的希望和生活的勇气。7万5千名民兵预备役人员自觉行动，成为解救受灾群众、医疗救护、卫生防疫、公路运输、油料保障、电力抢修、恢复生产等方面的重要突击力量。广大消防特勤、特警、边防等公安救援队伍和公安民警恪尽职守，全力救助群众，全力维护社会稳定，全力保障灾后恢复重建，为金色盾牌增添了新的光彩。

面对特大地震灾害，全国人民心系灾区、情系灾区，形成了齐心协力抗击灾害的磅礴力量。在抗震抢险的日日夜夜里，全国各族人民忧心如焚、戮力同心、生死与共。灾难无情、人间有爱，汶川加油、中国加油，成为响彻中华大地的最强音。多少人自发从天南地北赶赴灾区做默默奉献的志愿者，多少人自发前往遍布全国的献血点争先恐后无偿献血，多少人自发为灾区慷慨解囊，多少共产党员自发向党组织交纳特殊党费。广大医疗卫生工作者发扬救死扶伤精神，夜以继日地抢救生命、严防疫情，完成了非战争状态下最大规模的生命抢救和伤员转运。广大新闻工作者冒着生命危险深入一线，及时传递党中央的声音，深入报道抗震救灾进展情况，生动展现广大军民的英雄事迹，为抗震救灾提供了强大舆论支持。地震、气象、交通、电力、通信、广电、水利、供水、供气以及其他战线的广大科技工作者、工程建设者密切协作，为抗震救灾提供了有力支持。广大文艺工作者热情讴歌伟大抗震救灾精神，为抗震救灾斗争提供了有力精神鼓舞。从城市到乡村、从部队到厂矿、从机关到基层、从街道到学校，规模空前的生命大营救，历经险阻的千里大驰援，处处涌动的爱心大奉献，共克时艰的社会主义大协作，汇聚成全民族风雨同舟的强大合力。

这场特大地震灾害，既是人世间的一场重大磨难，也是前进中的一场重大考验。我们的党、我们的军队、我们的人民用坚定信念、坚强意志、坚韧努力战胜了磨难、经受住了考验，向历史交出了一份合格答卷。抗震救灾斗争重大胜利，展现了全心全意为人民服务的中国共产党和中国社会主义国家政权的伟大力量，展现了人民军队的伟大力量，展现了13亿中国人民的伟大力量，展现了改革开放的伟大力量，展现了中国特色社会主义的伟大力量，进一步增强了全国各族人民的民族自信心和自豪感，必将激励灾区人民排除万难重建家园、创造美好生活，必将鼓舞全国各族人民满怀信心地把改革开放和社会主义现代化事业继续推向前进。

同志们、朋友们！

在波澜壮阔的抗震救灾斗争中，我们用理想凝聚力量、用信念铸就坚强、用真情凝结关爱，大力培育和弘扬了万众一心、众志成城，不畏艰险、百折不挠，以人为本、尊重科学的伟大抗震救灾精神。

在同特大地震灾害的艰苦搏斗中，我们的党、我们的军队、我们的人民万众一心、众志成城，充分展现了中华民族和衷共济、团结奋斗的民族品格。众人同心就有其利断金的力量，风雨同舟就有所向披靡的信心。在特大地震灾害面前，举国上下患难与共，前方后方同心协力，海内海外和衷共济，凝结成坚如磐石、牢不可破的生命共同体。这种团结奋进的强大力量，是我们的人民和民族在生与死、血与火的严峻考验中的本色反映，是中华民族从历史深处走来的内在力量，显示了中国人民和中华文明生生不息的旺盛生命力。

在同特大地震灾害的艰苦搏斗中，我们的党、我们的军队、我们的人民不畏艰险、百折不挠，充分展现了中华民族自强不息、敢于胜利的民族品格。坚强是战胜磨难的利器，勇气是创造奇迹的支撑。在极其惨烈的灾难突袭而来之际，广大军民泰山压顶不弯腰，生死较量不战栗，千难万险不放弃，顽强挑战体力极限、精神极限、生存极限，哪里灾情危急就向哪里冲去，哪里有生死考验就向哪里挺进，哪里有受灾群众就向哪里集结。这种压倒一切困难而不为任何困难所压倒的勇气，是中华民族历经磨难而信念愈坚、饱尝艰辛而斗志更强，勇于自立于世界民族之林的重要精神支柱。

在同特大地震灾害的艰苦搏斗中，我们的党、我们的军队、我们的人民坚持以人为本、尊重科学，充分展现了中华民族关爱生命、崇尚理性的民族品格。人的生命高于一切、先于一切、重于一切。在抗震救灾的全过程中，我们和时间赛跑、同死神抗争，充分体现了我国社会主义制度珍爱生命、保护人民的本质。在全国哀悼日里，13 亿人共同为不幸遇难的同胞默哀，体现出全民族对人的生命的尊重。我们坚持把科技的力量与顽强的抗争紧密结合起来，既充分发挥人的能动精神，又充分发挥科技的重要作用。这种对生命的高度关爱、对科学的高度尊崇，是中国人民始终与时代发展同步伐、实现人的全面发展、建设创新型国家的重要推动力量。

民族精神是一个国家综合国力的重要组成部分，其内涵总是在历史进步中不断得到丰富、在灾难考验中不断得到升华。伟大抗震救灾精神，集中体现和进一步发展了爱国主义、集体主义、社会主义精神，集中体现和进一步发展了我们党和军队的光荣传统和优良作风，集中体现和进一步发展了中华民族的伟大民族精神和当代中国人民的时代精神，是党和人民极为宝贵的精神财富。我们要在全党全社会大力弘扬伟大抗震救灾精神，使之转化为艰苦奋斗、重建家园的坚定意志，转化为推动经济社会又好又快发展的强大力量。

同志们、朋友们！

在这场波澜壮阔的抗震救灾斗争中，我们积累了应对突发事件、抗击特大自然灾害的宝贵经验，也从中收获了许多极其宝贵的启示。

——抗震救灾斗争再一次证明，社会主义中国具有强大发展活力。这场抗震救灾斗争充分显示了我国社会主义制度能够集中力量办大事的政治优势。新中国的成立和社会主义制度的建立开启了中华民族发展的历史新纪元，改革开放使社会主义在中国进一步焕发出蓬勃的生机活力，中国特色社会主义展现出美好的发展前景。只有社会主义才能救中国，只有中国特色社会主义才能发展中国，这是中国人民发自内心的真实感受和坚定信念。只要我们始终坚持中国特色社会主义道路，不断推动我国社会主义制度自我完善和发展，使社会主义制度的优越性更加充分地发挥出来，我们就一定能够继续推动中国特色社会主义事业披荆斩棘向前发展。

——抗震救灾斗争再一次证明，人民是推动中国社会发展进步的真正动力。抗震救灾斗争重大胜利，归根到底是人民的胜利。人民是历史创造者，是振兴中华最深厚的力量。在我国几千年发展的历史长河中，种种磨难都没有打断中华文明的顽强发展进程，千难万险都没有磨灭中华民族不屈不挠的奋斗意志。正是紧紧依靠人民，我们才取得了革命、建设、改革的伟大胜利。只要我们始终坚持以人为本，切实做到发展为了人民、发展依靠人民、发展成果由人民共享，充分发挥广大人民群众的积极性、主动性、创造性，我们就一定能够依靠人民团结起来的巨大力量和集中起来的无穷智慧，万众一心地实现中华民族伟大复兴。

——抗震救灾斗争再一次证明，人民军队是保卫人民的钢铁长城。在同地震灾害的搏斗中，人民子弟兵用忠诚和血肉之躯又一次在人民心中筑起了巍然屹立的不朽丰碑，又一次向世人昭示我们的人民军队不愧为人民的子弟兵。人民军队诞生 81 年来，为中国人民解放事业，为我国社会主义建设和改革开放事业，为捍卫国家主权、安全、领土完整，建立了卓越功勋。只要我们始终坚持以马克思主义军事理论为指导，大力弘扬听党指挥、服务人民、英勇善战的优良传统，全面推进革命化、现代化、正规化建设，不断提高履行新世纪新阶段军队历史使命能力，我们就一定能够使人民军队始终成为人民共和国的忠实保卫者和建设者。

——抗震救灾斗争再一次证明，中国共产党是中国特色社会主义事业的坚强领导核心。事实告诉人们，中国共产党是能够应对各种风险、驾驭各种复杂局面、具有强大战斗力的马克思主义政党，不愧为 13 亿中国人民的主心骨。

我们党成立 87 年来，始终站在时代前列，始终代表中国最广大人民的根本利益，团结带领各族人民为国家独立、人民解放和国家富强、人民幸福不懈奋斗，作出了最大牺牲，赢得了全国各族人民衷心拥护。办好中国的事情，关键在党。只要我们坚持科学理论和正确的路线方针政策，牢记全心全意为人民服务的根本宗旨，不断提高党的执政能力、保持和发展党的先进性，不断提高拒腐防变和抵御风险能力，我们就一定能够团结带领全国各族人民战胜前进道路上的一切困难和挑战、不断创造中华民族发展壮大的历史基业。

抗震救灾使我们更加深切地感受到：社会主义祖国大家庭最温馨，人民群众最可敬，人民子弟兵最可爱，中国共产党人最贴心。我国社会主义制度的优越性，中华民族的优秀品质，人民军队的政治本色，中国共产党的坚强领导，是我们国家和民族的显著政治优势，我们必须倍加珍惜、永远坚持。

同志们、朋友们！

今年以来，全党全军全国各族人民团结奋斗，奋勇战胜南方部分地区严重低温雨雪冰冻灾害、四川汶川特大地震灾害，成功举办北京奥运会、残奥会，胜利实施神舟七号载人航天飞行任务，全面推进经济社会发展，为党和人民事业发展奠定了新的重要基础。在前进道路上，我们要全面贯彻党的十七大精神，高举中国特色社会主义伟大旗帜，以邓小平理论和“三个代表”重要思想为指导，深入贯彻落实科学发展观，更加自觉地把继续解放思想落实到坚持改革开放、推动科学发展、促进社会和谐上来，扎实推进社会主义经济建设、政治建设、文化建设、社会建设以及生态文明建设，奋力夺取抗震救灾斗争全面胜利，为实现党的十七大描绘的宏伟蓝图而团结奋斗。

我们要进一步推进改革发展，不断增强我国的综合国力和抵御风险能力。抗震救灾斗争以一种特殊的方式全面检阅和展示了我国改革开放 30 年的伟大成就。改革开放以来我国综合国力大幅跃升、社会繁荣进步，为抗震救灾提供了坚实物质保障和社会基础。改革开放是强国之路。要继续坚持解放思想、实事求是、与时俱进，坚定不移地把改革创新精神贯彻到治国理政各个环节，着力构建充满活力、富有效率、更加开放、有利于科学发展的体制机制，为发展中国特色社会主义提供强大动力和体制保障。发展是硬道理。要继续坚持不懈地抓好发展这个党执政兴国的第一要务，聚精会神搞建设、一心一意谋发展，更加自觉、更加坚定地推动科学发展，努力实现经济社会又好又快发展，为发展中国特色社会主义打下更加牢固的物质基础。

我们要进一步抓好灾后恢复重建工作，大力支持灾区人民重建美好家园。当前，灾后恢复重建任务十分繁重。要全面落实党和国家关于灾后恢复重建的方针政策和工作部署，坚持科学规划、分步实施、尊重规律，贯彻统筹兼顾、分类指导，立足当前、着眼长远的原则，一切从实际出发，争取最大效益和最好效果，努力建设人民安居乐业、城乡共同繁荣、人与自然和谐相处的幸福美好新家园，实现家家有房住、户户有就业、人人有保障、设施有提高、经济有发展、生态有改善的目标。要坚持以解决民生问题为重点，毫不松懈地安排好群众基本生活，妥善安排孤儿、孤老、孤残生活，实施多种形式的就业援助，优先恢复群众基本生活条件和公共服务设施，尽快恢复生产条件。当前，要抓紧解决好受灾群众安全过冬问题。要把灾后恢复重建与推进工业化、城镇化和社会主义新农村建设、扶贫开发紧密结合起来，与主体功能区建设和产业结构优化升级紧密结合起来，与保护民族文化遗产紧密结合起来，与促进灾区生态环境尽快恢复并不断改善紧密结合起来，努力实现可持续发展。承担对口支援任务的各个省市要积极为灾区提供各种形式的支援，受援地区干部群众要苦干实干、自立自强。要加强对抗震救灾资金和物资管理使用情况的监督检查，确保救灾款物真正用于灾后恢复重建、用于受灾群众。

我们要进一步加强防灾减灾工作，显著提

高防灾减灾能力。提高防灾减灾能力，是保护人民生命财产安全、保卫改革开放和社会主义现代化建设成果的必然要求。要坚持兴利除害结合、防灾减灾并重、治标治本兼顾、政府社会协同，全面提高全社会对自然灾害的综合防范和抵御能力。要加快完善防灾减灾各项法规和综合性配套政策，强化各级政府防灾减灾意识和职责，加快构建覆盖各地区各行业各单位的防灾减灾预案体系，增强防灾减灾力量资源整合和协调配合。要强化城乡防灾能力建设，提升防灾减灾科技水平，增强灾害监测预警能力，加强防灾减灾基础设施建设，健全对各类灾害的风险监控、应急处置、灾害救助、恢复重建等防灾减灾措施。要强化对自然灾害预防、避险、自救、互救等知识普及，全面提高全社会风险防范意识、技能和灾害救助能力。要加强防灾减灾领域信息管理、宣传教育、专业培训、科技研发及国际人道主义援助等方面的国际交流合作，积极借鉴国外防灾减灾的成功做法和经验，建立健全同有关国际机构和各国政府在防灾减灾领域的合作机制，充分发挥我国在国际防灾减灾领域的重要作用。

我们要进一步加强应急管理能力建设，大力提高处置突发公共事件能力。要认真总结抗震救灾的成功经验，形成综合配套的应急管理法律法规和政策措施，建立健全集中领导、统一指挥、反应灵敏、运转高效的工作机制，提高各级党委和政府应对突发事件的能力。要大力建设专业化与社会化相结合的应急救援队伍，健全保障有力的应急物资储备和救援体系，长效规范的应急保障资金投入和拨付制度，快捷有序的防疫防护和医疗救治措施，及时准确的信息发布、舆论引导、舆情分析系统，管理完善的对口支援、社会捐赠、志愿服务等社会动员机制，符合国情的巨灾保险和再保险体系。通过全方位推进应急管理体制和方式建设，显著提高应急管理能力，最大限度地减少突发公共事件造成的危害，最大限度地保障人民生命财产安全。

我们要进一步加强社会主义核心价值体系建设，切实巩固全党全军全国各族人民团结奋斗的共同思想基础。广大军民在抗震救灾中表现出来的昂扬精神风貌，充分反映了社会主义精神文明建设特别是社会主义核心价值体系建设取得的重大成效。要坚持不懈地用马克思主义中国化最新成果武装全党、教育人民，用中国特色社会主义共同理想凝聚力量，用以爱国主义为核心的民族精神和以改革创新为核心的时代精神鼓舞斗志，用社会主义荣辱观引领风尚。要把抗震救灾斗争培育和弘扬的好思想、好作风作为社会主义核心价值体系建设的生动教材，引导人们进一步坚定对改革开放的信心、对中国特色社会主义的信念，为党和人民事业发展提供强大思想保证和精神支撑。

我们要进一步加强党的建设，不断提高党的执政能力。要继续以改革创新精神全面推进党的建设新的伟大工程，为夺取抗震救灾斗争全面胜利、推动经济社会又好又快发展提供坚强政治保证。要始终把教育全党坚定不移地为发展中国特色社会主义而奋斗作为党的建设的根本任务，教育和引导广大党员坚定理想信念，矢志不渝地为实现党的基本路线、基本纲领而奋斗，兢兢业业做好本职工作，真正做到关键时刻、危难关头豁得出来、冲得上去。要始终把实现好、维护好、发展好最广大人民的根本利益作为党的建设的出发点和落脚点，始终做到心中装着人民、工作依靠人民、一切为了人民。要始终把提高各级领导班子和领导干部的领导水平和执政能力作为党的建设的关键环节，推动各级领导班子和领导干部提高领导科学发展、促进社会和谐的能力，增强应对突发事件的能力和水平。要始终把增强基层党组织创造力、凝聚力、战斗力作为党的建设的基础工程，做到抓基层、打基础一刻不放松，把广大人民群众紧紧凝聚到党组织周围。要始终把保持和发展党员的先进性作为党的建设的永恒主题，教育引导广大党员坚定理想信念、遵守组织纪律、争当先锋模范。各级党组织要格外关心和爱护灾区基层党员、干部，理解他们的心情，体谅他们的困难，关爱他们的健康，满腔热情地帮助他们做好工作。广大党员、干部要牢记全心全意为人民服务的根本宗旨，坚持实事求是、求真务实，带头发扬艰苦奋斗精神，以人民利益为重、以人民期盼为念，千方百计为群众排忧解难，努力做出经得起实践、人民、历史检验的实绩。

同志们、朋友们！

人类是大自然的一员，大自然是人类赖以生存和发展的物质基础。在改造客观世界和主观世界的实践中不断认识自然，在顺应自然规律的基础上合理开发自然，在同自然的和谐相处中发展自己，是人类生存和进步的永恒主题。自然界运动是不以人们的意志为转移的。开发利用自然首先要认识自然、尊重自然、按自然规律办事。自然灾害给人类带来磨难，同时又促使人类更加自觉地去认识和把握自然规律、增强抵御自然灾害能力，进而推动人类文明进步。正如恩格斯所说，“没有哪一次巨大的历史灾难，不是以历史的进步为补偿的”。

一个善于从自然灾害中总结和汲取经验教训的民族，必定是日益坚强和不可战胜的。我国是世界上自然灾害最为严重的国家之一，灾害种类多、分布地域广、发生频率高、造成损失重。我们要深刻认识这一基本国情，更加自觉地处理好人与自然的关系，从而更加合理地开发利用自然为人民生活、经济建设、社会发展服务。人类对自然规律的认识和把握，是一个永不停息的过程，规律性的东西往往要通过现象的不断往复和科学技术的不断发展才能更明确地被人们认知。只要我们坚定不移地走科学发展道路，锲而不舍地探索和认识自然规律，坚持按自然规律办事，不断增强促进人与自然相和谐的能力，就一定能够不断有所发现、有所发明、有所创造、有所前进，就一定能够做到让人类更好地适应自然、让自然更好地造福人类。

同志们、朋友们！

我们以坚如磐石的团结和一往无前的拼搏夺取了抗震救灾斗争重大胜利。事实再一次告诉我们，团结就是力量，拼搏才能胜利。全党全军全国各族人民一定要更加紧密地团结起来，大力弘扬伟大抗震救灾精神，共同为我们伟大的祖国加油，共同为我们伟大的民族加油，共同为我们伟大的改革开放和社会主义现代化事业加油，万众一心地沿着中国特色社会主义道路继续奋勇前进！

在纪念党的十一届三中全会召开30周年大会上的讲话

（2008年12月18日）

胡锦涛

同志们：

1978年12月18日，也就是30年前的今天，党的十一届三中全会隆重召开。这次会议，实现了新中国成立以来我们党历史上具有深远意义的伟大转折，开启了我国改革开放历史新时期。从此，党领导全国各族人民在新的历史条件下开始了新的伟大革命。

今天，我们在这里集会，纪念党的十一届三中全会召开30周年，就是要充分认识改革开放的重大意义和伟大成就，深刻总结改革开放的伟大历程和宝贵经验，坚持党的十一届三中全会精神，高举中国特色社会主义伟大旗帜，以马克思列宁主义、毛泽东思想、邓小平理论和“三个代表”重要思想为指导，深入贯彻落实科学发展观，在中国特色社会主义道路上，继续把改革开放伟大事业推向前进。

党的十一届三中全会是在党和国家面临向何处去的重大历史关头召开的。1976年10月粉碎“四人帮”之后，广大干部群众强烈要求纠正“文化大革命”的错误，彻底扭转十年内乱造成的严重局势，使党和国家从危难中重新奋起。但是，这一顺应时势的愿望遇到严重阻碍，党和国家工作在前进中出现徘徊局面。与此同时，世界经济快速发展，科技进步日新月异，国家建设百业待兴，真理标准讨论热潮涌起。国内外大势呼唤我们党尽快就关系党和国家前途命运的大政方针作出政治决断和战略抉择。

在邓小平同志领导下和其他老一辈革命家支持下，党的十一届三中全会开始全面认真纠正“文化大革命”中及其以前的“左”倾错误，坚决批判了“两个凡是”的错误方针，充分肯定了必须完整、准确地掌握毛泽东思想的科学体系，高度评价了关于真理标准问题的讨论，确定了解放思想、开动脑筋、实事求是、团结一致向前看的指导方针，果断停止使用“以阶级斗争为纲”的口号，作出了把党和国家工作中心转移到经济建设上来、实行改革开放的历史性决策。

党的十一届三中全会标志着我们党重新确立了马克思主义的思想路线、政治路线、组织路线，标志着中国共产党人在新的时代条件下的伟大觉醒，显示了我们党顺应时代潮流和人民愿望、勇敢开辟建设社会主义新路的坚强决心。在党的十一届三中全会春风吹拂下，神州大地万物复苏、生机勃发，拨乱反正全面展开，解决历史遗留问题有步骤进行，社会主义民主法制建设走上正轨，党和国家领导制度和领导体制得到健全，国家各项事业蓬勃发展。我们伟大的祖国迎来了思想的解放、经济的发展、政治的昌明、教育的勃兴、文艺的繁荣、科学的春天。党和国家又充满希望、充满活力地踏上了实现社会主义现代化的伟大征程。

新时期最鲜明的特点是改革开放。党带领人民进行改革开放，目的就是要解放和发展社会生产力，实现国家现代化，让中国人民富裕起来，振兴伟大的中华民族；就是要推动我国社会主义制度自我完善和发展，赋予社会主义新的生机活力，建设和发展中国特色社会主义；就是要在引领当代中国发展进步中加强和改进党的建设，保持和发展党的先进性，确保党始终走在时代前列。

30年来，以邓小平同志为核心的党的第二代中央领导集体、以江泽民同志为核心的党的第三代中央领导集体和党的十六大以来的中央领导集体，团结带领全党全国各族人民，承前启后，继往开来，接力推进改革开放伟大事业，谱写了中华民族自强不息、顽强奋进新的壮丽史诗。我们党先后召开6次全国代表大会、45次中央全会，及时研究新情况、解决新问题、总结新经验，集中全党全国各族人民智慧，形成了党的基本理论、基本路线、基本纲领、基本经验，制定和作出了指导改革开放和社会主义现代化建设的一整套方针政策和工作部署，成功开辟了中国特色社会主义道路。

今天，13亿中国人民大踏步赶上了时代潮流，稳定走上了奔向富裕安康的广阔道路，中国特色社会主义充满蓬勃生机，为人类文明进步作出重大贡献的中华民族以前所未有的雄姿巍然屹立在世界东方。

30年来，我们始终以改革开放为强大动力，在新中国成立以后取得成就的基础上，推动党和国家各项事业取得举世瞩目的新的伟大成就。

我们锐意推进各方面体制改革，使我国成功实现了从高度集中的计划经济体制到充满活力的社会主义市场经济体制的伟大历史转折。我们建立和完善社会主义市场经济体制，建立以家庭承包经营为基础、统分结合的农村双层经营体制，形成公有制为主体、多种所有制经济共同发展的基本经济制度，形成按劳分配为主体、多种分配方式并存的分配制度，形成在国家宏观调控下市场对资源配置发挥基础性作用的经济管理制度。在不断深化经济体制改革的同时，不断深化政治体制、文化体制、社会体制以及其他各方面体制改革，不断形成和发展符合当代中国国情、充满生机活力的新的体制机制，为我国经济繁荣发展、社会和谐稳定提供了有力制度保障。

我们不断扩大对外开放，使我国成功实现了从封闭半封闭到全方位开放的伟大历史转折。我们坚持对外开放的基本国策，打开国门搞建设，加快发展开放型经济。从建立经济特区到开放沿海、沿江、沿边、内陆地区再到加入世界贸易组织，从大规模“引进来”到大踏步“走出去”，利用国际国内两个市场、两种资源水平显著提高，国际竞争力不断增强。从1978年到2007年，我国进出口总额从206亿美元提高到21737亿美元、跃居世界第三，外汇储备跃居世界第一，对外投资大幅增长，实际使用外资额累计近10000亿美元。广泛深入的国际合作加快了我国经济发展，也为世界经济发展作出了重大贡献。

我们坚持以经济建设为中心，我国综合国力迈上新台阶。从1978年到2007年，我国国内生产总值由3645亿元增长到24.95万亿元，年均实际增长9.8%，是同期世界经济年均增长率的3倍多，我国经济总量上升为世界第四。我们依靠自己力量稳定解决了13亿人口吃饭问题。我国主要农产品和工业品产量已居世界第一，具有世界先进水平的重大科技创新成果不断涌现，高新技术产业蓬勃发展，水利、能源、交通、通信等基础设施建设取得突破性进展，生态文明建设不断推进，城乡面貌焕然一新。

我们着力保障和改善民生，人民生活总体上达到小康水平。这30年是我国城乡居民收入增长最快、得到实惠最多的时期。从1978年到2007年，全国城镇居民人均可支配收入由343元增加到13786元，实际增长6.5倍；农民人均纯收入由134元增加到4140元，实际增长6.3倍；农村贫困人口从2.5亿减少到1400多万。城市人均住宅建筑面积和农村人均住房面积成倍增加。群众家庭财产普遍增多，吃穿住行用水平明显提高。改革开放前长期困扰我们的短缺经济状况已经从根本上得到改变。

我们大力发展社会主义民主政治，人民当家作主权利得到更好保障。政治体制改革不断深化，人民代表大会制度、中国共产党领导的多党合作和政治协商制度、民族区域自治制度以及基层群众自治制度日益完善，中国特色社会主义法律体系基本形成，依法治国基本方略有效实施，社会主义法治国家建设取得重要进展，公民有序政治参与不断扩大，人权事业全面发展。爱国统一战线发展壮大，政党关系、民族关系、宗教关系、阶层关系、海内外同胞关系更加和谐。

我们大力发展社会主义先进文化，人民日益增长的精神文化需求得到更好满足。社会主义核心价值体系建设取得重大进展，马克思主义思想理论建设卓有成效，群众性精神文明创建活动、公民道德建设、青少年思想道德建设全面推进，文化事业生机盎然，文化产业空前繁荣，国家文化软实力不断增强，人们精神世界日益丰富，全民族文明素质明显提高，中华民族的凝聚力和向心力显著增强。

我们大力发展社会事业，社会和谐稳定得到巩固和发展。城乡免费九年义务教育全面实现，高等教育总规模、大中小学在校生数量位居世界第一，办学质量不断提高。就业规模持续扩大，全社会创业活力明显增强。社会保障制度建设加快推进，覆盖城乡居民的社会保障体系初步形成。公共卫生服务体系和基本医疗服务体系不断健全，新型农村合作医疗制度覆盖全国。社会管理不断改进，社会大局保持稳定。

我们坚持党对军队绝对领导，国防和军队建设取得重大成就。军队革命化、现代化、正规化建设全面加强，新时期军事战略方针扎实贯彻，中国特色军事变革加速推进，中国特色精兵之路成功开辟，裁减军队员额任务顺利完成，军队武器装备建设成效显著。军队、武警部队停止一切经商活动。军政军民团结不断巩固。人民军队履行新世纪新阶段历史使命能力全面增强，在保卫祖国、建设祖国特别是抗击各种自然灾害中发挥了重要作用。

我们成功实施“一国两制”基本方针，祖国和平统一大业迈出重大步伐。香港、澳门回归祖国，“一国两制”、“港人治港”、“澳人治澳”、高度自治的方针得到全面贯彻执行，香港特别行政区、澳门特别行政区保持繁荣稳定。祖国大陆同台湾的经济文化交流和人员往来不断加强，两岸政党交流成功开启，两岸全面直接双向“三通”迈出历史性步伐，反对“台独”分裂活动斗争取得重要成果，两岸关系和平发展呈现新的前景。

我们坚持奉行独立自主的和平外交政策，全方位外交取得重大成就。我们恪守维护世界和平、促进共同发展的外交政策宗旨，同发达国家关系全面发展，同周边国家睦邻友好不断深化，同发展中国家传统友谊更加巩固。我国积极参与多边事务，承担相应国际义务。我国国际地位和国际影响显著上升，在国际事务中发挥了重要建设性作用。

我们坚持党要管党、从严治党，党的领导水平和执政水平、拒腐防变和抵御风险能力明显提高。党的建设新的伟大工程全面推进，执政能力建设和先进性建设深入进行，思想理论建设成效显著，党内民主不断扩大，党内生活准则和制度不断健全，党的各级组织不断加强，干部队伍和人才队伍朝气蓬勃，党的作风建设全面加强，党内法规更加完善，反腐倡廉建设深入推进，党领导改革开放和社会主义现代化建设能力显著提高，党在中国特色社会主义事业中的领导核心作用不断增强。

30年来，国际局势风云变幻，改革任务艰巨繁重，党和人民经历和战胜了前所未有的严峻考验和挑战。我们从容应对一系列关系我国主权和安全的国际突发事件，战胜在政治、经济领域和自然界出现的困难和风险。无论是面对东欧剧变、苏联解体和国内严重政治风波，还是面对西化、分化图谋和所谓的“制裁”，无论是面对历史罕见的洪涝、雨雪冰冻、地震等重大自然灾害和非典等重大疫病，还是面对亚洲金融危机和当前这场国际金融危机，党和人民始终同心同德、奋勇向前。特别是在决定党和国家前途命运的重大历史关头，我们党紧紧依靠全国各族人民，坚持党的十一届三中全会以来的路线不动摇，排除各种干扰，坚定不移地捍卫中国特色社会主义伟大事业，保证了改革开放和社会主义现代化建设航船始终沿着正确方向破浪前进。今年以来，抗击南方部分地区严重低温雨雪冰冻灾害和四川汶川特大地震灾害斗争取得重大胜利，北京奥运会、残奥会圆满成功，神舟七号载人航天飞行任务顺利完成，应对国际金融危机取得积极成效，这些都生动展现了在改革开放中不断发展壮大的中国共产党和中国社会主义国家政权的伟大力量，展现了阔步前进的13亿中国人民的伟大力量，展现了改革开放的伟大力量，展现了中国特色社会主义的伟大力量。

经过30年的不懈奋斗，我们胜利实现了我们党提出的现代化建设“三步走”战略的前两步战略目标，正在向第三步战略目标阔步前进。30年的伟大成就，为我们党、我们国家、我们人民继续前进奠定了坚实基础。实践充分证明，党的十一届三中全会以来我们党团结带领人民开辟的中国特色社会主义道路、形成的理论和路线方针政策是完全正确的。党的十一届三中全会的伟大意义和深远影响，已经、正在并将进一步在党和国家事业蓬勃发展的进程中充分显现出来。

改革开放的伟大成就，是全党全国各族人民团结奋斗的结果。一切亲身经历了这30年伟大变革并贡献了自己力量的中华儿女，一切关心祖国命运的华夏子孙，都有理由为我国改革开放的历史性成就感到自豪。在这里，我代表党中央、国务院，向各条战线上为改革开放和社会主义现代化建设贡献了智慧和力量的广大工人、农民、知识分子、干部、解放军指战员、武警部队官兵、公安民警，向各民主党派、各人民团体、各界爱国人士，致以崇高的敬意！向为祖国现代化建设和祖国和平统一大业作出积极努力的香港特别行政区同胞、澳门特别行政区同胞、台湾同胞和海外侨胞，致以诚挚的问候！向一切关心和支持中国现代化建设的外国朋友和世界各国人民，表示衷心的感谢！

此时此刻，我们更加深切地怀念毛泽东同志、邓小平同志等老一辈革命家。没有以毛泽东同志为核心的党的第一代中央领导集体团结带领全党全国各族人民浴血奋斗，就没有新中国，就没有中国社会主义制度。没有以邓小平同志为核心的党的第二代中央领导集体团结带领全党全国各族人民改革创新，就没有改革开放历史新时期，就没有中国特色社会主义。此时此刻，我们要向以江泽民同志为核心的党的第三代中央领导集体致以崇高的敬意，他们团结带领全党全国各族人民高举邓小平理论伟大旗帜，继承和发展了改革开放伟大事业，把这一伟大事业成功推向21世纪。全党全国各族人民要永远铭记党的三代中央领导集体的伟大历史功绩！

同志们！

改革开放以来我们取得一切成绩和进步的根本原因，归结起来就是：开辟了中国特色社会主义道路，形成了中国特色社会主义理论体系。在30年的创造性实践中，我们经过艰辛探索，积累了宝贵经验。概括起来说，就是党的十七大阐明的“十个结合”。

（一）必须把坚持马克思主义基本原理同推进马克思主义中国化结合起来，解放思想、实事求是、与时俱进，以实践基础上的理论创新为改革开放提供理论指导。30年来，我国改革开放取得伟大成功，关键是我们既坚持马克思主义基本原理、又根据当代中国实践和时代发展不断推进马克思主义中国化，形成和发展了包括邓小平理论、“三个代表”重要思想以及科学发展观等重大战略思想在内的中国特色社会主义理论体系，赋予当代中国马克思主义勃勃生机。

马克思主义是我们立党立国的根本指导思想。坚持和巩固马克思主义指导地位，是党和人民团结一致、始终沿着正确方向前进的根本思想保证。同时，马克思主义只有同本国国情和时代特征紧密结合，在实践中不断丰富和发展，才能更好发挥指导实践的作用。党的十一届三中全会重新确立了党的思想路线，这就是：一切从实际出发，理论联系实际，实事求是，在实践中检验真理和发展真理。在改革开放实践中，我们坚持解放思想和实事求是的统一，大力发扬求真务实精神，不断深化对共产党执政规律、社会主义建设规律、人类社会发展规律的认识，自觉把思想认识从那些不合时宜的观念、做法和体制的束缚中解放出来，从对马克思主义的错误的和教条式的理解中解放出来，从主观主义和形而上学的桎梏中解放出来，以实践基础上的理论创新回答了一系列重大理论和实际问题，为改革开放提供了体现时代性、把握规律性、富于创造性的理论指导，开辟了马克思主义新境界。中国特色社会主义理论体系是马克思主义中国化最新成果，是党最可宝贵的政治和精神财富，是全国各族人民团结奋斗的共同思想基础，是扎根于当代中国的科学社会主义。我们要始终坚持用中国特色社会主义理论体系武装全党、教育人民，不断提高全党的马克思主义理论水平，使中国特色社会主义理论体系更加深入人心、更好发挥指导作用。

（二）必须把坚持四项基本原则同坚持改革开放结合起来，牢牢扭住经济建设这个中心，始终保持改革开放的正确方向。30年来，我们毫不动摇地坚持党的基本路线，既以四项基本原则保证改革开放的正确方向，又通过改革开放赋予四项基本原则新的时代内涵，坚持把以经济建设为中心同四项基本原则、改革开放这两个基本点统一于发展中国特色社会主义的伟大实践，使中国特色社会主义在当今世界的深刻变化和当代中国的深刻变革中牢牢站住了、站稳了，成为充满生机活力的社会主义。

我们党作出我国仍处于并将长期处于社会主义初级阶段的科学论断，形成了党在社会主义初级阶段的基本路线，这就是：领导和团结全国各族人民，以经济建设为中心，坚持四项基本原则，坚持改革开放，自力更生，艰苦创业，为把我国建设成为富强民主文明和谐的社会主义现代化国家而奋斗。以经济建设为中心是兴国之要，是我们党、我们国家兴旺发达和长治久安的根本要求。四项基本原则是立国之本，是我们党、我们国家生存发展的政治基石；改革开放是强国之路，是我们党、我们国家发展进步的活力源泉。一个中心、两个基本点，是相互贯通、相互依存、不可分割的统一整体，须臾不可偏离、丝毫不可偏废，必须全面坚持、一以贯之。离开经济建设这个中心，社会主义社会的一切发展和进步就会失去物质基础；离开四项基本原则和改革开放，经济建设就会迷失方向和丧失动力。发展中国特色社会主义，最根本的就是一切都要从社会主义初级阶段这个最大的实际出发。在社会主义初级阶段这个不发达阶段，社会主要矛盾是人民日益增长的物质文化需要同落后的社会生产之间的矛盾。这就决定了社会主义的根本任务是解放和发展社会生产力，不断改善人民生活。中国解决所有问题的关键在于依靠自己的发展。30年来，我们既毫不动摇地坚持发展是硬道理的战略思想，牢牢扭住经济建设这个中心，不断解放和发展社会生产力，不断夯实我国社会主义制度的物质基础，又毫不动摇地坚持四项基本原则、坚持改革开放。党的基本路线是兴国、立国、强国的重大法宝，是实现科学发展的政治保证，是党和国家的生命线、人民群众的幸福线。我们要始终坚持党的基本路线不动摇，做到思想上坚信不疑、行动上坚定不移，决不走封闭僵化的老路，也决不走改旗易帜的邪路，而是坚定不移地走中国特色社会主义道路。

（三）必须把尊重人民首创精神同加强和改善党的领导结合起来，坚持执政为民、紧紧依靠人民、切实造福人民，在充分发挥人民创造历史作用中体现党的领导核心作用。30年来，我们坚持人民创造历史这一马克思主义科学原理，真诚代表中国最广大人民的根本利益，紧紧依靠人民，最广泛地调动人民群众的积极性、主动性、创造性，从人民中汲取智慧，加强和改善党的领导，使党得到人民充分信赖和拥护，始终发挥领导核心作用，为改革开放和社会主义现代化建设凝聚起强大力量、提供根本政治保证。

人民群众是党的力量源泉和胜利之本。改革开放是人民的要求和党的主张的内在统一，是亿万人民自己的事业。我们坚持一切为了群众、一切依靠群众，从群众中来，到群众中去，把党的正确主张变为群众的自觉行动，坚持尊重社会发展规律与尊重人民历史主体地位的一致性，坚持为崇高理想奋斗与为最广大人民谋利益的一致性，坚持完成党的各项工作与实现人民利益的一致性。我们把人民拥护不拥护、赞成不赞成、高兴不高兴、答应不答应作为制定各项方针政策的出发点和落脚点，一切以是否有利于发展社会主义社会生产力、有利于增强社会主义国家综合国力、有利于提高人民生活水平这“三个有利于”为根本判断标准，坚持问政于民、问需于民、问计于民，既通过提出和贯彻正确的理论和路线方针政策带领人民前进，又从人民的实践创造和发展要求中获得前进动力。我们尊重人民主体地位，发挥人民首创精神，贯彻尊重劳动、尊重知识、尊重人才、尊重创造的重大方针，坚持全心全意依靠工人阶级，发挥我国工人阶级和农民阶级、其他劳动群众推动我国生产力发展基本力量的作用，又支持新的社会阶层发挥中国特色社会主义事业建设者的作用，使全体人民都满腔热情地投身改革开放伟大事业。我们坚持全心全意为人民服务的根本宗旨，坚持立党为公、执政为民，通过改革发展为人民群众造福，实现好、维护好、发展好最广大人民的根本利益。我们要始终坚持同广大人民群众心连心、同呼吸、共命运，在人民的实践创造中吸取营养，丰富和完善党的主张，使我们党在世界形势深刻变化的历史进程中始终走在时代前列，在应对国内外各种风险考验的历史进程中始终成为全国各族人民的主心骨，在发展中国特色社会主义的历史进程中始终成为坚强领导核心。

（四）必须把坚持社会主义基本制度同发展市场经济结合起来，发挥社会主义制度的优越性和市场配置资源的有效性，使全社会充满改革发展的创造活力。30年来，我们既在深刻而广泛的变革中坚持社会主义基本制度，又创造性地在社会主义条件下发展市场经济，使经济活动遵循价值规律的要求，不断解放和发展社会生产力，增强综合国力，提高人民生活水平，更好实现经济建设这个中心任务。建立和完善社会主义市场经济体制，是我们党对马克思主义和社会主义的历史性贡献。

我们党带领人民干的是社会主义事业，必须坚持党的领导、保证人民当家作主，必须坚持公有制为主体、按劳分配为主体，同时又必须积极探索能够极大解放和发展社会生产力、充分发挥全社会发展积极性的体制机制，放手让一切劳动、知识、技术、管理、资本的活力竞相迸发，让一切创造社会财富的源泉充分涌流。我们党提出把社会主义市场经济体制确立为我国经济体制改革的目标模式，正确解决了关系整个社会主义现代化建设全局的一个重大问题。我们着力建立和完善社会主义市场经济体制，发挥市场在资源配置中的基础性作用，推动建立现代产权制度和现代企业制度，同时又注重加强和完善国家对经济的宏观调控，克服市场自身存在的某些缺陷，促进国民经济充满活力、富有效率、健康运行。我们毫不动摇地巩固和发展公有制经济、发挥国有经济主导作用，积极推行公有制多种有效实现形式，增强国有经济活力、控制力、影响力，同时又毫不动摇地鼓励、支持、引导非公有制经济发展，形成各种所有制经济平等竞争、相互促进新格局。我们坚持和完善按劳分配为主体、多种分配方式并存的分配制度，既鼓励先进、促进发展，又注重社会公平、防止两极分化。我们要始终坚持社会主义市场经济的改革方向，继续完善社会主义市场经济体制，继续加强和改善宏观调控体系，不断为经济社会又好又快发展提供强大动力。

（五）必须把推动经济基础变革同推动上层建筑改革结合起来，不断推进政治体制改革，为改革开放和社会主义现代化建设提供制度保证和法制保障。30年来，我们既积极推进经济体制改革，又积极推进政治体制改革，发展社会主义民主政治，建设社会主义法治国家，保证人民当家作主，不断推动我国社会主义上层建筑与经济基础相适应，社会主义民主政治展现出更加旺盛的生命力。

我国是工人阶级领导的、以工农联盟为基础的人民民主专政的社会主义国家。人民民主是社会主义的生命，人民当家作主是社会主义民主政治的本质和核心。没有民主就没有社会主义，就没有社会主义现代化。我们顺应经济社会发展变化、适应人民政治参与积极性不断提高，以保证人民当家作主为根本，以增强党和国家活力、调动人民积极性为目标，不断发展社会主义政治文明。我们依法实行民主选举、民主决策、民主管理、民主监督，保障人民的知情权、参与权、表达权、监督权，坚持科学执政、民主执政、依法执政，推进决策科学化、民主化，最广泛地动员和组织人民依法管理国家事务和社会事务、管理经济和文化事业。我们坚持科学立法、民主立法，建立和完善中国特色社会主义法律体系，树立社会主义法治理念，坚持公民在法律面前一律平等，尊重和保障人权，推进依法行政，深化司法体制改革，推进国家各项工作法治化，维护社会公平正义，维护社会主义法制的统一、尊严、权威。我国政治体制改革是社会主义政治制度自我完善和发展，必须坚持中国特色社会主义政治发展道路，坚持党的领导、人民当家作主、依法治国有机统一，坚持社会主义政治制度的特点和优势，坚持从我国国情出发。我们需要借鉴人类政治文明有益成果，但绝不照搬西方政治制度模式。我们要始终坚定不移地发展社会主义政治文明，深化政治体制改革，坚持和完善人民代表大会制度、中国共产党领导的多党合作和政治协商制度、民族区域自治制度以及基层群众自治制度，壮大爱国统一战线，推进社会主义民主政治制度化、规范化、程序化，更好保证人民当家作主，巩固和发展民主团结、生动活泼、安定和谐的政治局面。

（六）必须把发展社会生产力同提高全民族文明素质结合起来，推动物质文明和精神文明协调发展，更加自觉、更加主动地推动文化大发

展大繁荣。30 年来，我们既重视物的发展即社会生产力的发展，又重视人的发展即全民族文明素质的提高，坚持物质文明和精神文明两手抓，实行依法治国和以德治国相结合，以科学的理论武装人、以正确的舆论引导人、以高尚的情操塑造人、以优秀的作品鼓舞人，着力培育有理想、有道德、有文化、有纪律的公民，不断提高全民族的思想道德素质和科学文化素质，为改革开放和社会主义现代化建设提供强大精神动力和智力支持、营造良好舆论环境。

中国特色社会主义是全面发展、全面进步的事业，是物质文明和精神文明相辅相成、协调发展的事业。物质贫乏不是社会主义，精神空虚也不是社会主义。人的素质是历史的产物，又给历史以巨大影响。任何时候都不能以牺牲精神文明为代价换取经济的一时发展。我们把社会主义核心价值体系建设作为主线，贯穿到国民教育和精神文明建设全过程，坚持不懈地用马克思主义中国化最新成果武装全党、教育人民，用中国特色社会主义共同理想凝聚力量，用以爱国主义为核心的民族精神和以改革创新为核心的时代精神鼓舞斗志，用社会主义荣辱观引领风尚，巩固全党全国各族人民团结奋斗的共同思想基础。我们积极探索用社会主义核心价值体系引领社会思潮的有效途径，既尊重差异、包容多样，又有力抵制各种错误和腐朽思想的影响。我们着力发展面向现代化、面向世界、面向未来的，民族的科学的大众的社会主义文化，贴近实际、贴近生活、贴近群众，深化文化体制改革，大力推进文化创新，激发全民族文化创造活力，提高国家文化软实力，推动文化事业和文化产业不断发展、文化市场更加繁荣，使人民基本文化权益得到更好保障。我们要始终坚持社会主义先进文化前进方向，兴起社会主义文化建设新高潮，在中国特色社会主义的伟大实践中进行文化创造，让人民共享文化发展成果，使社会文化生活更加丰富多彩、人民精神风貌更加昂扬向上。

（七）必须把提高效率同促进社会公平结合起来，实现在经济发展的基础上由广大人民共享改革发展成果，推动社会主义和谐社会建设。30 年来，我们既高度重视通过提高效率来增强社会活力、促进经济发展，又高度重视在经济发展的基础上通过实现社会公平来促进社会和谐，坚持以人为本，以解决人民最关心最直接最现实的利益问题为重点，着力发展社会事业，着力完善收入分配制度，保障和改善民生，走共同富裕道路，努力形成全体人民各尽其能、各得其所而又和谐相处的局面，为改革开放和社会主义现代化建设营造良好社会环境。

实现社会公平正义是中国特色社会主义的内在要求，处理好效率和公平的关系是中国特色社会主义的重大课题。讲求效率才能增添活力，注重公平才能促进和谐，坚持效率和公平有机结合才能更好体现社会主义的本质。我们通过深化改革、实行正确方针政策，努力提高全社会推动经济发展和其他各项事业发展的积极性，最大限度激发全社会的创造活力和发展活力。同时，在我国改革发展关键阶段，在经济体制深刻变革、社会结构深刻变动、利益格局深刻调整、思想观念深刻变化的条件下，我们把提高效率同更加注重社会公平结合起来，最大限度增加和谐因素，最大限度减少不和谐因素，不断促进经济效率提高、促进社会和谐。我们把实现好、维护好、发展好最广大人民的根本利益作为党和国家一切工作的出发点和落脚点，坚持发展为了人民、发展依靠人民、发展成果由人民共享，优先发展教育，大力促进就业，不断提高城乡居民收入，加快建立覆盖城乡居民的社会保障体系，加快发展医疗卫生事业，切实加强社会管理，加强生态文明建设，努力使全体人民学有所教、劳有所得、病有所医、老有所养、住有所居。我们要始终按照民主法治、公平正义、诚信友爱、充满活力、安定有序、人与自然和谐相处的总要求，大力发展社会事业，促进社会公平正义，努力形成社会和谐人人有责、和谐社会人人共享的生动局面。

（八）必须把坚持独立自主同参与经济全球

化结合起来，统筹好国内国际两个大局，为促进人类和平与发展的崇高事业作出贡献。30 年来，我们既高度珍惜并坚定不移地维护中国人民经过长期奋斗得来的独立自主权利，又坚持对外开放的基本国策，始终站在国际大局与国内大局相互联系的高度审视中国和世界的发展问题，思考和制定中国的发展战略，坚持独立自主的和平外交政策，坚持和平发展道路，坚持互利共赢的开放战略，推动建设持久和平、共同繁荣的和谐世界，为我国发展争取良好国际环境，也为世界和平与发展作出重要贡献。

当代中国的前途命运已日益紧密地同世界的前途命运联系在一起。中国的发展离不开世界，世界的发展也需要中国。在当今世界，任何国家关起门来搞建设都是不能成功的。我们全面分析判断世界多极化趋势增强、经济全球化深入发展的外部环境，全面把握当今世界发展变化带来的机遇和挑战，既坚持独立自主，又勇敢参与经济全球化。在我们这样一个人口众多的发展中社会主义大国，任何时候都必须把独立自主、自力更生作为自己发展的根本基点，任何时候都要坚持中国人民自己选择的社会制度和发展道路，始终把国家主权和安全放在第一位，坚决维护国家主权、安全、发展利益，坚持中国的事情按照中国的情况来办、依靠中国人民自己的力量来办，坚决反对外部势力干涉我国内部事务。对于一切国际事务，都要从中国人民的根本利益和各国人民的共同利益出发、根据事情本身的是非曲直确定我们的立场和政策，按照冷静观察、沉着应对的方针和相互尊重、求同存异的精神进行处理，不屈从于任何外来压力。同时，我们在坚持和平共处五项原则的基础上同所有国家开展交流合作，积极促进世界多极化、推进国际关系民主化，尊重世界多样性，反对霸权主义和强权政治。我们不断扩大对外开放，把"引进来"和"走出去"紧密结合起来，认真学习借鉴人类社会创造的一切文明成果，坚持趋利避害，形成经济全球化条件下参与国际经济合作和竞争新优势，推动经济全球化朝着均衡、普惠、共赢方向发展，共同呵护人类赖以生存的地球家园，促进人类文明繁荣进步。我们要始终高举和平、发展、合作旗帜，既利用和平的国际环境发展自己，又通过自己的发展维护世界和平。

（九）必须把促进改革发展同保持社会稳定结合起来，坚持改革力度、发展速度和社会可承受程度的统一，确保社会安定团结、和谐稳定。30 年来，我们既大力推进改革发展，又正确处理改革发展稳定关系，坚持改革是动力、发展是目的、稳定是前提，把不断改善人民生活作为处理改革发展稳定关系的重要结合点，在社会稳定中推进改革发展，通过改革发展促进社会稳定，在当今世界发生广泛而深刻的变化、当代中国发生广泛而深刻的变革的大环境下，始终保持社会大局稳定。

实现改革发展稳定的统一，是关系我国社会主义现代化建设全局的重要指导方针。推动社会主义现代化不断前进，必须自觉调整和改革生产关系与生产力、上层建筑与经济基础不相适应的方面和环节。我们既坚定不移地大胆探索、勇于创新，又总揽全局、突出重点，先易后难、循序渐进，在实践中积累经验，不断提高改革决策的科学性、增强改革措施的协调性，推进经济体制、政治体制、文化体制、社会体制以及其他各方面体制改革相协调，使改革获得广泛而深厚的群众基础。我们及时总结改革的实践经验，对的就坚持，不对的赶快改，新问题出来抓紧研究解决。同时，我们深刻认识到，发展是硬道理，稳定是硬任务；没有稳定，什么事情也办不成，已经取得的成果也会失去。我们正确把握和处理经济社会生活中出现的各种矛盾，加强和改进思想政治工作，健全党和政府主导的维护群众权益机制，及时妥善处理人民内部矛盾，依法打击各种违法犯罪活动，警惕和防范国内外敌对势力的渗透破坏活动，坚决维护社会稳定和国家安全。我们要始终从维护我国发展的重要战略机遇期、维护国家安全、维护最广大人民根本利益的高度出发，全面把握我国社会稳定大局，有效应对影响社会稳定的各种问题和挑战，确保人民安居乐业、社会安定有序、国家长治久安。

（十）必须把推进中国特色社会主义伟大事业同推进党的建设新的伟大工程结合起来，加强党的执政能力建设和先进性建设，提高党的领导水平和执政水平、拒腐防变和抵御风险能力。30年来，我们既紧紧围绕推进中国特色社会主义事业来推进党的建设，又通过加强和改进党的建设来推进中国特色社会主义事业，顺应世情、国情、党情的新变化，明确党的历史方位，坚持党要管党、从严治党，坚持以改革创新精神加强党的自身建设，不断提高党的执政能力、保持和发展党的先进性，不断增强党的阶级基础和扩大党的群众基础，不断提高拒腐防变和抵御风险能力，始终保持党同人民群众的血肉联系，使党始终成为中国特色社会主义事业的坚强领导核心。

坚持和改善党的领导，是我们事业胜利前进的根本保证。要把十几亿人的思想和力量统一和凝聚起来，齐心协力发展中国特色社会主义，没有中国共产党的坚强统一领导是不可设想的。我们深刻认识到，党的先进性和党的执政地位都不是一劳永逸、一成不变的，过去先进不等于现在先进，现在先进不等于永远先进；过去拥有不等于现在拥有，现在拥有不等于永远拥有。党要承担起人民和历史赋予的重大使命，必须认真研究自身建设遇到的新情况新问题，在领导改革发展中不断认识自己、加强自己、提高自己。我们坚持不懈地加强党的自身建设，在不断解放思想中统一全党思想，在加强党的执政能力建设和先进性建设中推进高素质干部队伍建设，在增强党的阶级基础的同时扩大党的群众基础，在继承党的优良传统的同时弘扬时代精神，使党始终坚持工人阶级先锋队、中国人民和中华民族先锋队的性质，坚持马克思主义指导地位，坚持全心全意为人民服务的宗旨，发扬优良传统和作风，不断增强创造力、凝聚力、战斗力。我们高度重视提高党员、干部队伍素质特别是思想政治素质，使广大党员、干部坚持把党和人民利益摆在第一位，牢记“两个务必”，做到权为民所用、情为民所系、利为民所谋，坚持讲党性、重品行、作表率，经受住长期执政考验、改革开放考验、发展社会主义市场经济考验。我们要始终坚持以改革创新精神加强党的建设，把党的执政能力建设和先进性建设作为主线，坚持党要管党、从严治党，贯彻为民、务实、清廉的要求，以坚定理想信念为重点加强思想建设，以造就高素质党员、干部队伍为重点加强组织建设，以保持党同人民群众的血肉联系为重点加强作风建设，以健全民主集中制为重点加强制度建设，以完善惩治和预防腐败体系为重点加强反腐倡廉建设，使党始终成为立党为公、执政为民，求真务实、改革创新，艰苦奋斗、清正廉洁，富有活力、团结和谐的马克思主义执政党。

30年来，我们在一个十几亿人口的发展中社会主义大国取得的摆脱贫困、加快现代化进程、巩固和发展社会主义的宝贵经验，闪耀着马克思主义的真理光芒，是辩证唯物主义和历史唯物主义的胜利。我国人口多、底子薄，发展很不平衡。我们在推进改革开放和社会主义现代化建设中所肩负任务的艰巨性和繁重性世所罕见，我们在改革发展稳定中所面临矛盾和问题的规模和复杂性世所罕见，我们在前进中所面对的困难和风险也世所罕见。要妥善解决这些矛盾和问题、战胜这些困难和风险，就必须善于从千头万绪、纷繁复杂的事物和事物的普遍联系中抓住主要矛盾和矛盾的主要方面，同时又必须善于统筹协调、把握平衡，在事物的普遍发展中形成有利于突破主要矛盾和矛盾主要方面的合力，不断提高驾驭复杂局面、解决复杂问题能力，不断推动经济社会向前发展。

30年来，我们党的全部理论和全部实践，归结起来就是创造性地探索和回答了什么是马克思主义、怎样对待马克思主义，什么是社会主义、怎样建设社会主义，建设什么样的党、怎样建设党，实现什么样的发展、怎样发展等重大理论和实际问题。30年的历史经验归结到一点，就是把马克思主义基本原理同中国具体实际相结合，走自己的路，建设中国特色社会主义。30年的经验是极为宝贵的财富，全党同志要倍加珍惜和自觉运用这些宝贵经验。

同志们！

中华民族具有5000多年的悠久历史。在漫长的历史长河中，我国各族人民团结奋斗、自强不息，开发了祖国的锦绣河山，创造了灿烂的中华文明，为人类文明进步作出了不可磨灭的巨大贡献。鸦片战争以后，由于西方列强的侵略和封建统治的腐朽，中国逐步沦为半殖民地半封建社会，国家积贫积弱，社会战乱不已，人民生灵涂炭。为了实现中华民族伟大复兴，无数仁人志士奋起寻求救国救民、振兴中华的道路。近一个世纪以来，我国先后发生3次伟大革命。第一次革命是孙中山先生领导的辛亥革命，推翻了统治中国几千年的君主专制制度，为中国的进步打开了闸门。第二次革命是中国共产党领导的新民主主义革命和社会主义革命，推翻了帝国主义、封建主义、官僚资本主义在中国的统治，建立了新中国，确立了社会主义制度，为当代中国一切发展进步奠定了根本政治前提和制度基础。第三次革命是我们党领导的改革开放这场新的伟大革命，引领中国人民走上了中国特色社会主义广阔道路，迎来中华民族伟大复兴光明前景。

我们的伟大目标是，到我们党成立100年时建成惠及十几亿人口的更高水平的小康社会，到新中国成立100年时基本实现现代化，建成富强民主文明和谐的社会主义现代化国家。只要我们不动摇、不懈怠、不折腾，坚定不移地推进改革开放，坚定不移地走中国特色社会主义道路，就一定能够胜利实现这一宏伟蓝图和奋斗目标。

30年来，我们取得了伟大成就，但同我们的远大目标相比，同人民群众对美好生活的期待相比，我们没有任何理由骄傲自满、固步自封。我们必须清醒地看到，我国仍处于并将长期处于社会主义初级阶段的基本国情没有变，人民日益增长的物质文化需要同落后的社会生产之间的矛盾这一社会主要矛盾没有变，当前我国发展呈现出一系列新的阶段性特征。我国生产力水平总体上还不高，自主创新能力还不强，长期形成的结构性矛盾和粗放型增长方式尚未根本改变，影响发展的体制机制障碍依然存在，城乡贫困人口和低收入人口还有相当数量，农业基础薄弱、农村发展滞后的局面尚未改变，缩小城乡、区域发展差距和促进经济社会协调发展任务艰巨，社会建设和管理面临诸多新课题，党和国家工作中还存在缺点和不足，人民群众还有不少不满意的地方。在前进道路上，我们还会遇到这样那样的困难和风险。改革发展任重道远。全党同志一定要更加兢兢业业地工作，永远不辜负人民的信任和期望。全国各族人民一定要更加同心同德地奋斗，永远保持和发扬自强不息的进取精神。

党的十一届三中全会以来30年的伟大历程和伟大成就深刻昭示我们：改革开放是决定当代中国命运的关键抉择，是发展中国特色社会主义、实现中华民族伟大复兴的必由之路；只有社会主义才能救中国，只有改革开放才能发展中国、发展社会主义、发展马克思主义；改革开放符合党心民心、顺应时代潮流，方向和道路是完全正确的，成效和功绩不容否定，停顿和倒退没有出路。

在新的国际国内形势下和新的历史起点上，我们必须坚定不移地坚持党的十一届三中全会以来开辟的中国特色社会主义道路，坚定不移地坚持党的基本理论、基本路线、基本纲领、基本经验，勇于变革、勇于创新，永不僵化、永不停滞，不为任何风险所惧，不被任何干扰所惑，继续奋勇推进改革开放和社会主义现代化事业。

我们一定要坚持高举中国特色社会主义伟大旗帜，继续推进马克思主义中国化。高举中国特色社会主义伟大旗帜，最根本的就是要坚持中国特色社会主义道路和中国特色社会主义理论体系。经过30年的实践探索和理论创新，我们对中国特色社会主义在认识上更深化、把握上更深刻了。中国特色社会主义道路，就是在中国共产党领导下，立足基本国情，以经济建设为中心，坚持四项基本原则，坚持改革开放，解放和发展社会生产力，巩固和完善社会主义制度，建设社会主义市场经济、社会主义民主政治、社会主义先进文化、社会主义和谐社会，建设富强民主文明和谐的社会主义现代化国家。在当代中国，坚持中国特色社会主义道路，就是真正坚持社会主义；坚持中国特色社会主义理论体系，就是真正坚持马克思主义。《共产党宣言》问世以来160年的实践证明，马克思主义是与时俱进的开放的理论体系。中国特色社会主义理论体系，既展现了当代中国马克思主义的勃勃生机，又为我们继续进行理论创新打开了广阔空间。发展中国特色社会主义是一项长期历史任务，必须坚持不懈地为之奋斗。发展中国特色社会主义理论体系也是一项长期历史任务，必须随着中国特色社会主义实践的发展而发展。我们要坚持解放思想、实事求是、与时俱进，坚持以我国改革开放和现代化建设的实际问题、以我们正在做的事情为中心，着眼于马克思主义理论的运用，着眼于对实际问题的理论思考，着眼于新的实践和新的发展，深入研究和回答重大理论和现实问题，不断把党带领人民创造的成功经验上升为理论，不断赋予当代中国马克思主义鲜明的实践特色、民族特色、时代特色，不断推动当代中国马克思主义大众化，让当代中国马克思主义放射出更加灿烂的真理光芒。

我们一定要坚持改革开放的正确方向，着力构建充满活力、富有效率、更加开放、有利于科学发展的体制机制。这30年来，中国人民的面貌、社会主义中国的面貌、中国共产党的面貌之所以能够发生历史性变化，最根本的就是我们在党的基本路线指引下始终坚持改革开放的正确方向。中国未来的发展也必须靠改革开放。实践永无止境，探索和创新也永无止境。世界上没有放之四海而皆准的发展道路和发展模式，也没有一成不变的发展道路和发展模式。我们既不能把书本上的个别论断当作束缚自己思想和手脚的教条，也不能把实践中已见成效的东西看成完美无缺的模式。我们要适应国内外形势新变化、顺应人民新期待，坚定信心，砥砺勇气，坚持不懈地把改革创新精神贯彻到治国理政各个环节，继续推进经济体制、政治体制、文化体制、社会体制改革创新，加快重要领域和关键环节改革步伐，坚决破除一切妨碍科学发展的思想观念和体制机制弊端，促进现代化建设各个环节、各个方面相协调，促进生产关系与生产力、上层建筑与经济基础相协调，不断完善适合我国国情的发展道路和发展模式。我们要坚持对外开放的基本国策，拓展对外开放广度和深度，提高开放质量，完善内外联动、互利共赢、安全高效的开放型经济体系，加强同世界各国的经济技术交流合作，继续以自己的和平发展促进世界各国共同发展。

我们一定要坚持抓好发展这个党执政兴国的第一要务，更好地做到发展成果由人民共享。在当前国际形势深刻变化特别是国际金融危机不断扩散和蔓延的情况下，我们要更加自觉、更加坚定地牢牢扭住经济建设这个中心，继续聚精会神搞建设、一心一意谋发展，坚持走生产发展、生活富裕、生态良好的文明发展道路。要深入贯彻落实科学发展观，坚持第一要义是发展、核心是以人为本、基本要求是全面协调可持续、根本方法是统筹兼顾，按照统筹城乡发展、统筹区域发展、统筹经济社会发展、统筹人与自然和谐发展、统筹国内发展和对外开放的要求，着力把握发展规律、创新发展理念、转变发展方式、破解发展难题，全面推进社会主义现代化事业，更好实施科教兴国战略、人才强国战略、可持续发展战略，加快推进经济结构战略性调整，加快提高自主创新能力、建设创新型国家，加快建设资源节约型、环境友好型社会，不断增强经济实力、科技实力、综合国力，提高国际竞争力和抗风险能力，为发展中国特色社会主义打下坚实基础。我们要切实实施好进一步扩大内需、促进经济增长的各项措施，妥善应对国际金融危机以及来自国际经济环境的各种风险，全力保持经济平稳较快发展。我们党领导人民全面建设小康社会、进行改革开放和社会主义现代化建设的根本目的，是要通过发展社会生产力，不断提高人民物质文化生活水平，促进人的全面发展。我们要时刻把群众的安危冷暖放在心上，真诚倾听群众呼声，真实反映群众愿望，真情关心群众疾苦，多为群众办好事、办实事，特别是要千方百计帮助困难群众排忧解难，切实抓好地震灾区灾后恢复重建，切实保障人民经济、政治、文化、社会权益，不断促进社会和谐稳定。

我们一定要坚持戒骄戒躁、艰苦奋斗，不断开创改革开放和社会主义现代化事业新局面。我们的事业是面向未来的事业。实现全面建设小康社会的目标还需要继续奋斗十几年，基本实现现代化还需要继续奋斗几十年，巩固和发展社会主义制度则需要几代人、十几代人甚至几十代人坚持不懈地努力奋斗。艰苦奋斗是我们的传家宝。我们党靠艰苦奋斗起家，我们的事业靠艰苦奋斗发展壮大，我们的幸福生活和美好未来也要靠艰苦奋斗去开创、去实现。全党全国各族人民要长期奋斗、顽强奋斗、不懈奋斗。我们要增强忧患意识，始终居安思危，保持清醒头脑，充分估计前进道路上种种可以预料和难以预料的困难和风险，进一步抓住和用好我国发展的重要战略机遇期，不断创造新的业绩。我们要增强学习的紧迫感和自觉性，刻苦学习马克思列宁主义、毛泽东思想特别是邓小平理论、“三个代表”重要思想以及科学发展观等重大战略思想，学习做好工作所需要的一切新知识，坚持求真务实，加强战略思维，树立世界眼光，提高对发展中国特色社会主义的规律性认识，增强工作的原则性、系统性、预见性、创造性，提高推动科学发展、促进社会和谐能力。我们要深入开展党风廉政建设和反腐败斗争，坚持标本兼治、综合治理、惩防并举、注重预防的方针，继续旗帜鲜明地反对腐败，切实改进作风，始终保持共产党人的蓬勃朝气、昂扬锐气、浩然正气。我们要自觉维护全党的团结统一，保持党同人民群众的血肉联系，巩固全国各族人民的大团结，加强海内外中华儿女的大团结，促进中国人民同世界各国人民的大团结，进一步把我们自己的事情办好，在发展中国特色社会主义的历史画卷上描绘出更新更美的图画。

同志们！

我们取得的成就已经载入史册，新的更加艰巨繁重的任务正摆在我们面前。我们的事业崇高而神圣，我们的前景光明而美好，我们的责任重大而光荣。让我们更加紧密地团结起来，坚定不移地沿着党的十一届三中全会以来开辟的中国特色社会主义道路奋勇前进，继续解放思想，坚持改革开放，推动科学发展，促进社会和谐，为夺取全面建设小康社会新胜利、开创中国特色社会主义事业新局面、实现中华民族伟大复兴而团结奋斗，努力为人类作出新的更大的贡献！

坚持中国特色社会主义政治发展道路
努力把人大工作提高到一个新水平

吴邦国

十一届全国人大常委会和各专门委员会已经开始依法履行职责。我们要恪尽职守，勤勉工作，竭诚为国家和人民服务，不辜负全国各族人民的重托。

今后五年，是我国全面建设小康社会的关键时期。十一届全国人大及其常委会工作的总体要求是：全面贯彻党的十七大精神，高举中国特色社会主义伟大旗帜，坚定不移地走中国特色社会主义道路，坚定不移地以中国特色社会主义理论体系为指导，坚持党的领导、人民当家作主、依法治国有机统一，围绕中心，突出重点，扎实工作，把人民代表大会制度坚持好、完善好，把依法治国基本方略贯彻好、落实好，把最广大人民的根本利益实现好、维护好。

一、坚持正确政治方向是做好人大工作的根本

人大是国家权力机关，是十分重要的政治机关。人大工作的政治性、政策性、法律性都很强。随着我国社会主义民主政治的不断发展，人大在国家政治生活中的地位和作用越来越重要，对人大工作的要求也越来越高。胡锦涛总书记最近强调指出："坚持正确政治方向，是做好人大工作的根本。""人大工作坚持正确政治方向，最根本的就是坚持党的领导、人民当家作主、依法治国有机统一。"我们在这个重大原则问题上，头脑要十分清醒，立场要十分坚定，旗帜要十分鲜明，绝不能有丝毫动摇。要增强坚持中国特色社会主义道路的自觉性和坚定性，增强坚持中国特色社会主义理论体系的自觉性和坚定性，增强坚持和完善人民代表大会制度的自觉性和坚定性。

一要充分认识实行人民代表大会制度的必然性，坚定不移地走自己的路。一个国家实行什么样的政治制度，归根结底是由这个国家的国情和性质决定的。世界上没有完全相同的政治模式，即使社会制度相同的国家，也存在着差异，根本没有也不可能有一种放之四海而皆准的政治发展道路。我们国家实行人民代表大会制度，是人民的选择、历史的必然。1840 年以后，由于西方列强的入侵和封建统治的腐败，中国逐渐成为半殖民地半封建国家。从那时开始到新中国成立，各阶级、各阶层围绕在中国建立什么样的政治制度和政权组织形式展开了长期争论和激烈斗争。戊戌变法时有人提出搞君主立宪制，以失败而告终；辛亥革命搞资产阶级共和制，没有站住脚；北洋军阀搞伪宪制，更是造成一片混乱；国民党搞所谓国民大会，实质上是反动专制的伪装，被人民所唾弃。这些制度都搞不成功，是因为它们不符合中国国情、不符合中国人民的根本利益。历史证明，在中国，照搬西方政治制度模式是死路一条。中国共产党把马克思主义基本原理同中国具体实际相结合，在领导中国人民进行新民主主义革命的艰苦斗争中，以实现和发展人民民主为己任，为建立新型人民政权进行了不懈探索和实践，得出一个重要的历史性结论，这就是：符合中国国情、符合中国人民的根本利益的政治制度，只能是工人阶级领导的、以工农联盟为基础的人民民主专政的社会主义国家；符合我国国情的国家政权组织形式，只能是民主集中制的人民代表大会制度。1949 年 10 月，中华人民共和国诞生，中国人民从此站起来了，开辟了我国人民民主的新纪元。1954 年 9 月，第一届全国人民代表大会第一次会议在北京召开，标志着人民代表大会制度在全国范围内建立起来。

人民代表大会制度是中国人民当家作主的根本途径和最高实现形式，也是党在国家政权中充分发扬民主、贯彻群众路线的最好实现形式。一方面，人民代表大会制度为中国人民当家作主提供了最好的组织形式。人民通过普遍的民主选举，产生自己的代表，组成各级人民代表大会，各级人大都对人民负责，受人民监督。各级人大及其常委会集体行使职权，集体决定问题，集中人民的共同意志，代表人民的根本利益。人民通过人民代表大会，把国家和民族的前途命运牢牢掌握在自己手中。另一方面，人民代表大会制度为国家机构高效运转提供了有力制度保障。人大是国家权力机关，统一行使国家权力。国家行政机关、审判机关、检察机关由人大产生，对人大负责，受人大监督。国家机构的这种合理分工，既有利于充分发扬民主，又

可以集中力量办大事，提高工作效率。

邓小平同志曾深刻指出："我们评价一个国家的政治体制、政治结构和政策是否正确，关键看三条：第一是看国家的政局是否稳定；第二是看能否增进人民的团结，改善人民的生活；第三是看生产力能否得到持续发展。"这一重要论断深刻揭示了上层建筑和经济基础的辩证关系，闪耀着历史唯物主义的思想光芒。新中国成立半个多世纪特别是改革开放 30 年来，我们国家的面貌发生了历史性变化，经济以世界上少有的速度持续快速发展，经济总量跃居世界第四位，进出口贸易总额跃居世界第三位，人民生活从温饱不足发展到总体小康，人民民主不断发展，各项社会事业全面推进，社会大局稳定，56 个民族共同团结奋斗、共同繁荣发展，载人航天飞行、首次月球探测、青藏铁路、西气东输等一批举世瞩目的重大工程取得圆满成功，我国的国际地位和影响显著提高。所有这些都充分证明，我们实行的人民代表大会制度是符合中国国情和实际的好制度，我们选择的中国特色社会主义道路是顺应时代潮流、体现人民意愿、能够强国富民的正确道路，具有强大的生命力和巨大的优越性。我们选择的发展道路和取得的巨大成绩，在国际社会上也得到越来越广泛的赞同。

二要充分认识人民代表大会制度的本质特征，理直气壮地坚持自己的特色。人民代表大会制度作为我国的根本政治制度，体现了国家一切权力属于人民，体现了中国共产党的领导地位和执政地位，体现了我国社会主义国家性质。这就决定了我国人民代表大会制度与西方资本主义国家政体有着本质区别。因此，坚持和完善人民代表大会制度，绝不是一句空洞的口号，要在重大原则问题上划清界限，理直气壮地坚持我们自己的特色、发挥我们自己的优势。

这里，我想强调三点：

一是，人民代表大会与西方议会有着本质区别。我国的政党制度，是中国共产党领导的多党合作和政治协商制度。中国共产党是领导核心，是执政党。各民主党派是中国共产党领导的、与共产党长期合作共事的参政党，不是在野党，更不是反对党。西方资本主义国家实行的是多党制或两党制，有执政党，有反对党和在野党，各党派明争暗斗，但无论哪个党派上台执政都不可能真正代表人民利益，都是极力维护自己及其代表的利益集团的利益。西方议会无论是一院制还是两院制，都是各党派争权夺利的场所。我们的人民代表大会是中国共产党对国家和社会事务实施领导的国家权力机关。县乡人大代表是按选区直接选举产生的。县级以上人大代表实行间接选举，按照选举单位组成代表团参加代表大会。也就是说，在我们的人民代表大会中没有议会党团，也不以界别开展活动。人大常委会由代表大会选举产生。各专门委员会依法设立，并根据工作需要由代表大会或常委会决定任免其组成人员。无论是代表大会，还是常委会或专门委员会，都不是按照党派分配席位的。我们的人大代表、常委会组成人员、专门委员会组成人员，无论是共产党员，还是民主党派成员或者无党派人士，肩负的都是人民的重托，都在中国共产党领导下依法履行职责，为人民服务，根本利益是一致的，大家合作共事，没有西方议会中各党派的明争暗斗，而是充分发扬民主，集思广益，在充分协商、基本达成共识的基础上，按照多数人的意见作出决定。

二是，人大和"一府两院"的关系与西方国家国家机关间的关系有着本质区别。我们是由人民代表大会统一行使国家权力，"一府两院"由人大产生，对人大负责，受人大监督。各国家机关虽然分工不同、职责不同，但目标是完全一致的，都在中国共产党领导下，在各自职权范围内贯彻落实党的路线方针政策和宪法法律，为建设中国特色社会主义服务。这与西方国家议会、政府、法院"三权鼎立"有着本质区别。人大与"一府两院"不是相互掣肘，不是唱对台戏。人大统一行使国家权力要尽职尽责，但不代行行政权、审判权、检察权。人大根据党的主张和人民的意愿，通过制定法律、作出决议，决定国家大政方针，并监督和支持"一府两院"依法行政、公正司法，保障各国家机关协调有效地开展工作，把人民赋予的权力真正用来为人民谋利益。

三是，人大代表与西方议员有着本质区别。我们的人大代表，来自各地区、各民族、各方面，工人、农民、知识分子、解放军和妇女、归国华侨等都有适当比例的代表，人口再少的民族也至少有一名代表，具有广泛的代表性。我们的人大代表，工作和生活在人民中间，同人民群众保持着密切联系，对人民群众的生活和愿望感受最直接。我们的人大代表，从事各自的职业，有各自的工作岗位，深入实践、贴近实际，对党和国家的方针政策、宪法法律的贯彻实施情况体会最深刻，对现实生活中的实际问题了解最深入。我们人大代表，是在会议期间依法集体行使职权，而不是每个代表个人直接去处理问题，各级人大常委会办事机构是代表的集体参谋助手和服务班子。不像西方议员是职业政客，分别代表某党某派的利益，还有自己的议员助手和工作班子。

三要充分认识坚持和完善人民代表大会制度的核心所在，毫不动摇地坚持党的领导。中国共产党是中国特色社会主义事业的领导核心。我们国家这么大，有13亿人口、56个民族，经济要发展，政治要稳定，文化要繁荣，社会要和谐，民族要团结，老百姓要过上好日子，没有一个坚强的领导核心是不行的。党的领导只能加强，不能削弱。在这个问题上，邓小平同志讲得很明确也很透彻。他说："在中国这样一个大国，没有共产党的领导，必然四分五裂，一事无成。""中国由共产党领导，中国的社会主义现代化建设事业由共产党领导，这个原则是不能动摇的；动摇了中国就要倒退到分裂和混乱，就不可能实现现代化。"

发展社会主义民主政治是我们党始终不渝的奋斗目标。人民代表大会制度是中国共产党带领全国各族人民经过长期奋斗和实践探索而建立和发展起来的国家根本政治制度。没有党的领导，人民代表大会制度就不复存在；没有党的领导，人民代表大会制度的优势就无从谈起。坚持和完善人民代表大会制度，根本的是坚持党的领导、人民当家作主、依法治国有机统一，核心是坚持党的领导。党的领导是人民当家作主和依法治国的根本保证，也是坚持和完善人民代表大会制度、做好新形势下人大工作的根本保证。我们必须自觉坚持党的领导，把党的领导贯穿于人大依法履职整个过程、落实到人大工作各个方面。要通过人大工作，确保党的主张经过法定程序成为国家意志，确保党组织推荐的人选经过法定程序成为国家政权机关的领导人员。人大工作，无论是立法工作、监督工作，还是决定重大事项，都要有利于加强和改善党的领导，有利于巩固党的执政地位，有利于保证党领导人民有效治理国家。

总而言之，我们走的是中国特色社会主义政治发展道路，这是中国共产党领导中国人民选择的符合我国国情和实际的唯一正确道路，是我国发展社会主义民主政治的唯一正确道路。我们深化政治体制改革，目的是不断推进包括人民代表大会制度在内的社会主义政治制度自我完善和发展，必须始终坚持正确政治方向。要坚持发挥党总揽全局、协调各方的领导核心作用，保证党领导人民有效治理国家，使党始终成为中国特色社会主义事业的坚强领导核心。要切实保证国家一切权力属于人民，扩大人民民主，保证人民当家作主。要全面落实依法治国基本方略，加快建设社会主义法治国家。要坚持发挥社会主义政治制度的特点和优势，推进社会主义民主政治制度化、规范化、程序化，为党和国家兴旺发达、长治久安提供政治和法律保障。我们要积极借鉴人类社会创造的文明成果包括政治文明的有益成果，但绝不照搬西方那一套，绝不搞多党轮流执政、"三权鼎立"、两院制。

二、努力把人大工作提高到一个新水平

随着建设社会主义法治国家和全面建设小

康社会进程的不断推进，人大工作越来越重要。党中央对人大工作十分重视。党的十七大报告对发展社会主义民主政治和加强人大工作提出了明确要求。胡锦涛总书记最近在谈到加强和改进人大工作时，明确提出三条要求：一要坚持正确政治方向；二要增强工作实效；三要提高依法履行职责的能力。党的十七大和胡锦涛总书记的重要讲话，为做好新形势下人大工作进一步指明了方向。我们要结合人大工作实际，认真学习、深刻领会，切实贯彻、坚决落实。

这里，我想就做好本届常委会的工作，强调几个问题。

第一，关于中国特色社会主义法律体系。中国特色社会主义法律体系，是社会主义制度和社会主义价值观的重要载体，体现了党的主张和人民意志的有机统一，反映了我国现代化建设的历史进程，总结了改革开放以来的最新成果，对于维护社会主义法制统一、保证国家长治久安、坚持和发展中国特色社会主义，具有十分重要的意义。改革开放以来，我国社会主义民主法制建设取得了举世瞩目的成就。党的十一届三中全会，总结建国以来的经验教训特别是“文化大革命”的惨痛教训，作出把全党工作的重心转移到经济建设上来的重大决策，同时强调为了保障人民民主，必须健全社会主义法制。必须使民主制度化、法律化，使这种制度和法律不因领导人的改变而改变，不因领导人的看法和注意力的改变而改变。经过各方面共同努力，我们已经基本形成了中国特色社会主义法律体系，国家经济、政治、文化、社会生活各个方面基本做到有法可依，有力地保障了改革开放和社会主义现代化建设健康顺利发展。同时，我们也清醒地看到，经济社会的快速发展，社会主义民主政治的不断推进，文化生活的丰富多彩，和谐社会的积极构建，体制机制的改革创新，经济全球化的深入发展，对立法工作提出了新课题、新要求。立法工作的任务仍然十分繁重。我们要按照党的十七大精神，在提高立法质量的前提下，确保到2010年形成中国特色社会主义法律体系并不断加以完善。

我们的法律体系，是中国特色社会主义法律体系。因此，必须注意把握好以下三点：一是，不能用西方的法律体系来套我们的法律体系。外国法律体系中有的法律，但不符合我国国情和实际的，我们完全可以不搞；外国法律体系中没有的法律，但我国现实生活需要的，我们要及时制定。我们要研究借鉴人类文明的有益成果，但对外国的法律应当采取分析、鉴别的态度，不能照搬照抄。二是，要坚持从我国基本国情出发，坚持以人为本，坚持实事求是，按照党和国家的战略部署和重大决策，根据经济社会发展的客观需要，集中精力抓紧制定在中国特色社会主义法律体系中起支架作用、现实生活迫切需要、立法条件比较成熟的法律，及时修改那些与经济社会发展不相适应的法律规定，督促有关方面尽快制定和修改与法律相配套的法规。要以改善民生为重点加强社会领域立法，继续完善经济、政治、文化领域立法。积极推进科学立法、民主立法，扩大公民对立法的有序参与，妥善处理数量与质量、权力与权利、前瞻性与可操作性、稳定性与变动性等关系，不断提高立法质量。三是，中国特色社会主义法律体系包括法律、行政法规、地方性法规三个层次，也就是说，行政法规和地方性法规也是法律体系的重要组成部分。一方面，改革开放和现代化建设中遇到的很多新情况、新问题，一下子都用法律来规范还不具备条件，有的可以先制定行政法规和地方性法规，待取得经验、条件成熟时再制定法律。另一方面，我国幅员辽阔，各地经济社会发展很不平衡，对一些地方或民族地区的特点，有的法律不可能都顾及到，需要通过制定地方性法规或自治条例、单行条例进行规范。同时，还要注意区分法律手段和其他调整手段的关系，需要用法律调整的就通过立法来规范，不属于法律调整范畴的就没必要立法，也没办法立法。为统筹安排立法工作，要在深入研究论证、充分听取意见的基础上，尽快拟订五年立法规划草案。

第二，关于提高立法质量。法律是全社会必须一体遵循的活动规范和行为准则。立法质量的高低，直接关系到法律实施的效果。我们要始终把提高立法质量作为加强和改进立法工作的重点，关键是要把握好以下几点：一是，编制立法规划和年度立法计划，要广泛听取各方面意见，深入研究论证立法项目的必要性和可行性，分轻重缓急，科学合理地确定立法项目。二是，有关专门委员会要提前介入法律草案的起草，及时掌握进展情况和起草中涉及的重大问题，做好法律草案审议工作，特别是要把好初审关，对法律草案是否成熟提出明确意见。三是，法律委员会要切实履行统一审议法律草案的职能，认真研究常委会组成人员、有关专门委员会的审议意见和社会各方面意见，对法律草案进行修改完善。四是，积极推进科学立法、民主立法，并使之制度化、规范化、程序化，不断扩大公民对立法的有序参与，与群众切身利益密切相关的法律，要通过向社会全文公布法律草案等形式，广泛听取各方面尤其是基层群众的意见。五是，认真执行审次制度，对于法律关系复杂、分歧意见较大的法律草案，采取积极慎重的态度，需要调研的深入调研，需要协商的耐心协商，需要论证的充分论证，在各方面基本取得共识的基础上再提请表决。

对全国人大及其常委会的立法工作来说，很重要的一条就是要集中精力提高法律草案审议质量。立法工作包括立项、起草、审议、修改、表决等多个环节，每个环节都很重要。常委会、各专门委员会都要把主要精力放在法律草案审议上。审议工作是法律明确规定由常委会和各专门委员会承担的职责。从上一届立法工作情况看，不少法律草案在审议过程中都做了大量修改，而且很多都是实质性修改。应当说，法律草案审议，工作量大，要求也很高。做好这项工作很不容易，对提高立法质量至关重要。

第三，关于增强监督工作实效。人大监督工作容易搞虚，不容易做实。增强实效是做好人大监督工作的关键。从这些年的经验来看，要增强人大监督工作实效，很重要的一条，是要围绕中心、突出重点、一抓到底。这里，我要强调的是，我们要在突出监督重点的基础上善于抓住其中的关键问题，把监督工作做实做好。实际上一部法律有的几十条，多的上百条，甚至几百条，但核心内容往往集中在那么几条上。实际工作中需要解决的矛盾和问题会很多，但关键问题往往也就那么几个。抓住了这些要害，就牵住了“牛鼻子”，就能以点带面、举一反三，起到事半功倍的效果。所以，无论是听取审议专项工作报告还是开展执法检查，都要站在党和国家工作大局的高度，更多地考虑事关改革发展稳定全局的重大问题，在充分调查研究的基础上，立足长远、着眼当前，切实抓住那些带有普遍性和倾向性、经过努力可以解决的突出问题作为监督工作的突破口，从而增强人大监督工作的针对性。在抓住关键问题的基础上，我们要把听取审议专项工作报告和执法检查结合起来，把推动改进工作和修改完善法律结合起来，围绕一个主题，综合加以运用，不断进行跟踪监督。事实证明，监督工作针对性越强、越集中，监督工作效果就越明显、越好。

第四，关于充分发挥专门委员会的作用。专门委员会是代表大会的常设工作机构，大会闭会期间由常委会领导。代表大会一年开一次例会，常委会两个月开一次例会，而各专门委员会是经常性地开展工作。长期以来，各专门委员会在全国人大及其常委会领导下，认真研究、审议和拟订有关议案，协助全国人大及其常委会开展立法、监督等各项工作，为提高全国人大及其常委会工作质量和水平发挥了重要作用。当前，各专门委员会要根据十一届全国人大一次会议精神，结合自身实际，尽快把各项工作开展起来。这里，我想对专门委员会工作提个建议，能不能在调查研究上再下点功夫。我们的专门委员会人才荟萃、知识密集，不少委员是顶尖专家，很多委员是长期主管一方的高级领导干部，有扎实的理论功底，有丰富的实践经验，希望能充分发挥这一特点和优势，紧紧围绕关系改革发展稳定全局和人民群众关注的重大问题，每年选一、两个课题，进行深入调查研究，提出有真知灼见、真正有分量的调研报告。这样既可以充实自己，提高人大工作质量和水平，又可以为中央决策提供参考。

第五，关于依法集体行使职权。人大工作的方式方法与党政机关有很大不同，人大主要是通过会议形式，按照民主集中制原则，依照法定程序，集体行使职权，集体决定问题。这里主要有三条。一是要讲程序。在人大，立法有立法的程序，监督有监督的程序，其他工作也有规则。我们要有程序观念，一定要按照程序走，不能怕麻烦。人大工作在程序上要做到无懈可击。坦率地讲，我刚到人大工作时也很不习惯，同一件事要过好几遍，开好几个会。后来想通了，程序也是法。正是因为人大是依法按程序办事，少数服从多数，会议决定问题，保证了人大制定的法律和作出的决定符合实际，具有权威性。二是集体有权，个人无权。也就是说，人大是集体行使职权。不管是委员长、副委员长、秘书长，还是委员，都是一人一票。审议中，大家畅所欲言、各抒己见，包括提出不同意见，在集思广益、基本取得共识的基础上再进行表决，按多数人的意见作出决定。三是尽职尽责但不越权。宪法和有关法律明确规定了各国家机关的职权和行使职权的程序。人大行使职权，要尽职尽责，不能失职，而且要切实做好，做出成效，但不能事无巨细，什么都管，更不能越俎代庖，不能代行行政权、审判权和检察权。政府的日常工作和法院、检察院的具体业务工作，由他们依法按程序办，人大不该管、管不了、也管不好。常委会组成人员、各专门委员会组成人员个人不要直接处理具体问题，不要干涉具体司法案件。至于大家接到的人民群众来信，可以按照程序转信访部门，由他们统一办理，督促有关部门解决问题、改进工作。

三、切实加强常委会自身建设

全国人大常委会是全国人大的常设机关，行使宪法和法律赋予的职权，代表人民决定国家重大问题。加强常委会自身建设，对于充分发挥全国人大及其常委会作为最高国家权力机关、依法履行职责的工作机关和密切联系人民群众的代表机关的作用至关重要。这里，提三点意见与大家共勉。

第一，加强学习。重视学习是我们党的优良传统。做好人大工作，迫切需要我们加强学习，努力提高自身素质。首先，要深入学习党的十七大精神，深刻领会邓小平理论和“三个代表”重要思想，准确把握科学发展观的科学内涵、精神实质和根本要求，把思想统一到党的十七大精神上来，统一到中央的重大决策上来，统一到夺取全面建设小康社会新胜利、开创中国特色社会主义事业新局面的目标任务上来，牢固树立党的观念、政治观念、大局观念、群众观念和法治观念，不断增强坚持和完善人民代表大会制度的自觉性和坚定性，坚定不移地走中国特色社会主义道路。二是，要抓紧学习宪法和法律。在人大工作的同志，应当熟悉宪法和法律知识，这是我们做好立法、监督等各项工作的基本功。要有意识地加强宪法和法律的学习，特别是要熟悉人大工作的议事规则和议事程序，掌握人大工作的必备知识。三是，要广泛学习各方面知识。人大工作涉及社会主义经济建设、政治建设、文化建设、社会建设各个方面，每次常委会会议议程涉及的领域跨度也很大，要履行好职责，需要学习各领域、各方面的知识，善于用全局的、长远的眼光分析问题、提出意见。四是，要坚持理论联系实际，学以致用。要密切联系改革开放和社会主义现代化建设的实际，从人大工作的特点出发，重视在实践中学习，善于向群众学习，把加强学习与提高能力结合起来，更好地推动常委会各项工作。

第二，完善制度。十届全国人大常委会从提高党的执政能力的高度，把加强常委会制度建设作为坚持和完善人民代表大会制度、做好新形势下人大工作的重要内容，在加强常委会制度建设方面做了大量工作，先后制定和完善了涉及6个方面的13个配套工作文件，促进了常委会工作制度化、规范化、程序化。党的十七大对加强人大常委会制度建设提出了新的要求。本届常委会要继续把制度建设摆在重要位置，在认真总结实践经验的基础上，根据新形势新任务的要求，进一步修改完善已有的配套工作文件和具体工作规则，及时研究制定新的工作制度和工作程序。

第三，改进作风。 全国人大常委会加强作风建设，核心是始终保持同人民群众的血肉联系。要坚持走群众路线，坚持以人为本，把实现好、维护好、发展好最广大人民的根本利益作为人大一切工作的出发点和落脚点。务必保持谦虚谨慎、艰苦奋斗的作风，廉洁自律、克己奉公，管好自己、管好亲属、管好身边工作人员，自觉接受人大代表和人民群众的监督。要以饱满的政治热情、良好的精神风貌做好人大工作。在座很多同志长期在党政机关工作，现在到人大来，只是工作岗位的变动，不是退居“二线”。实际上，人大工作挺忙的，无论是立法、监督还是对外交往，都有大量工作要做。当然，到人大工作，换了环境，确实有一个转变工作习惯、调整工作方法的问题。希望大家继续保持奋发有为的精神状态、昂扬向上的工作热情、严谨细致的工作作风，积极主动地开展工作，不辱使命，不负重托。

让我们紧密团结在以胡锦涛同志为总书记的党中央周围，高举中国特色社会主义伟大旗帜，以邓小平理论和“三个代表”重要思想为指导，深入贯彻落实科学发展观，团结一致，继往开来，扎实工作，为坚持和完善人民代表大会制度、开创人大工作新局面，为推动经济社会全面协调可持续发展作出新的贡献。

（此文是吴邦国同志2008年3月19日在十一届全国人大常委会第一次会议上的讲话，《求是》发表时有删节）

认真贯彻党的十七大精神
大力推进廉政建设和反腐败工作

温家宝

这次廉政工作会议，是新一届国务院组成后召开的第一个全国性重要会议。主要任务是，贯彻党的十七大、十七届二中全会、中央纪委十七届二次全会和胡锦涛总书记重要讲话精神，总结过去五年政府系统反腐倡廉工作，部署2008年的工作。

一、过去五年廉政建设和反腐败工作取得明显成效

党中央、国务院历来高度重视反腐倡廉工作。上届政府认真贯彻落实中央的决策和部署，召开了五次廉政工作会议，重点围绕解决损害群众利益的突出问题、查办违法违纪案件、开展治理商业贿赂、加强惩治和预防腐败的制度建设、规范行政权力等方面，进行工作部署，廉政建设和反腐败工作迈出新的步伐。

（一）深入开展纠风专项治理，着力解决损害群众利益的突出问题。 几年来，我们抓住教育收费、医药价格、涉农负担、农民工工资拖欠等群众反应强烈的问题，加大治理力度，纠正损害群众利益的不正之风。改革农村义务教育经费保障机制，严肃查处教育乱收费问题。整顿医药购销和医疗服务秩序，推行医疗服务价格公示等制度，规范诊疗、用药和收费行为。开展

涉农收费专项治理，涉及农民负担的重大案件明显下降。解决公路“乱设卡、乱收费、乱罚款”问题取得重要进展。建设领域拖欠工程款和农民工工资问题得到基本解决。清理和规范了评比达标表彰活动。在全国开展了企业违法排污、食品药品安全等专项治理行动。通过这些工作，有效维护了群众的利益。

（二）全面推行依法行政，加快建设法治政府。国务院把推进依法行政作为政府工作的一项基本准则，公布全面推进依法行政实施纲要，提出建设法治政府的目标。加强政府立法工作，五年来国务院向全国人大提交法律议案 39 部，制定或修订行政法规 137 件，其中包括行政许可法、公务员法和政府信息公开条例等一批规范行政行为的重要法律法规。改革行政执法体制，完善行政执法程序，全面推行行政执法责任制。积极推行行政处罚权相对集中和综合执法试点。截至 2007 年底，全国共有 1076 个市县开展了相对集中行政处罚权工作，1013 个市县开展了综合执法工作。基层政府依法行政工作稳步推进。各级政府及其工作人员依法行政意识不断增强，运用法律手段处理经济社会事务的能力不断提高，法治政府建设明显加快。

（三）着力推进改革和制度建设，从源头上防治腐败。行政审批制度改革不断深化，五年来国务院各部门分两批取消、调整行政审批项目 692 项，进一步改变行政审批事项过多过滥的状况。投资和财政体制改革稳步推进，开展中央预算内投资项目代建制试点，多数省级政府实行了政府投资项目代建制。中央政府部门全部实行部门预算，国务院批准的行政事业性收费项目基本上纳入了“收支两条线”管理。公共资源交易制度进一步完善，其中，全面建立了公共工程建设项目招标投标制度。经营性土地使用权出让全面实行“招拍挂”制度，工业用地使用权出让也开始实行“招拍挂”。国有产权有序交易格局和有效监管制度初步形成。政务公开已经成为各级政府施政的一项基本制度，市地级以下政府政务公开普遍实施，省级政府和中央国家机关政务公开加快推进。此外，还改革了公务员工资和津贴补贴制度，规范了政府机关公务接待。这些措施，促进了政府职能转变，增强了政府工作的透明度和群众的参与度，强化了对行政权力的制约。

（四）坚决查办违法违纪案件，认真治理商业贿赂。我们严肃查处了滥用职权、贪污贿赂、腐化堕落、失职渎职的案件，惩治了一批腐败分子。五年中，受到行政处分的有 24.3 万人，其中开除公职 2.6 万人，有 7655 人被移送司法机关处理，这表明了党和政府反腐败的坚定决心。治理商业贿赂是近两年来反腐倡廉的一项重要工作。以治理工程建设、土地出让、医药购销等领域的商业贿赂为重点，在主管部门和企业事业单位开展自查自纠的同时，着重查办政府机关公务员利用审批权、执法权、监管权搞官商勾结、权钱交易的商业贿赂案件。2005 年 8 月至 2007 年底，全国共查结商业贿赂案件近 4 万件，涉案金额 88.4 亿元。商业贿赂滋生蔓延的势头得到初步遏制。

（五）坚持从严治政，强化责任追究。一是加大对贯彻执行中央重大决策部署监督检查力度。严肃查处了一批违反中央宏观调控政策，违规批土地上项目，违规建设高档楼堂馆所等突出问题，严肃追究有关领导干部的责任。各地共查结土地违法违规案件 1.3 万件，4788 个违规建设的楼堂馆所项目正在进行整改。二是加大安全生产、食品药品安全、环境保护等方面的责任事故查处力度，查处了一批重大案件，对有关责任人进行了严肃处理。三是加大领导干部经济责任审计工作力度。审计党政领导干部和国有企业领导人员 17.7 万人，涉及违规资金 4000 多亿元。这些措施，强化了责任追究，增强了政府工作人员特别是领导干部的法纪政纪意识。

在这几年的实践中，我们更加深切地体会到，加强政府廉政建设和反腐败工作，必须坚持以人为本、执政为民，把解决损害群众利益的突出问题作为反腐倡廉的重要内容；必须推进依法行政、深化体制改革，加强制度建设，把监督制约权力作为反腐倡廉的根本保证；必须扩大民主，创造条件让人民群众更多地参与反腐倡廉建设；必须始终把查办案件作为反腐倡廉的重要手段，严肃查办大案要案，依法严惩腐败分子。

我们必须清醒地看到，当前政府廉政建设还存在不少问题：违法违纪案件在一些领域和部门仍然呈易发多发态势；少数领导干部特别是少数高级干部腐败案件涉案金额巨大、社会影响恶劣；食品药品、教育收费、医疗服务、居民住房、土地征用、环境保护、安全生产等方面损害群众利益的问题仍然突出；政府职能转变滞后，政企不分、职责不清、办事拖拉等问题还未根本解决；有法不依、执法不严、违法不究的现象依然存在；一些地方和部门形式主义、官僚主义严重，奢侈浪费之风屡禁不止。这表明腐败现象还比较严重，反腐倡廉的任务仍然艰巨。我们要充分认识新形势下加强反腐倡廉建设的重要性和紧迫性，切实增强责任感，坚定不移地推进廉政建设和反腐败工作。

二、以强化对权力的监督制约为重点，进一步加强廉政和反腐败制度建设

2008 年是贯彻党的十七大精神的第一年，是本届政府履行职责的第一年，各项工作都要有良好开局，反腐败和廉政建设也要有新进展。总的要求是：高举中国特色社会主义伟大旗帜，以邓小平理论和“三个代表”重要思想为指导，深入贯彻落实科学发展观，坚持标本兼治、综合治理、惩防并举、注重预防的方针，加快推进惩治和预防腐败体系建设，认真做好领导干部廉洁自律、纠正损害群众利益的不正之风、查办违法违纪案件、从源头上防治腐败等各项工作，努力取得廉政建设和反腐败工作的新成效。

多年来的实践表明，权力过于集中而又得不到有效监督，是各种腐败现象产生、蔓延的重要原因。必须依靠制度加强对权力的监督制约，确保权力规范运行。这是从源头上防治腐败的重要保证。要把监督制约权力的制度建设和创新摆在突出位置，融入各项工作中去，进一步增强制度建设的科学性、针对性和实效性，切实发挥制度在防治腐败中的重要作用。2008 年，在制度建设方面要重点做好以下几项工作：

（一）健全科学民主决策制度。政府机关及其领导人员掌握大量的公共权力和公共资源，要防止决策过程中发生腐败现象，防止决策失误给国家和人民的利益造成严重损失，必须实行科学民主决策。要针对决策过程中暴露出来的突出问题，不断健全决策机制。一要完善决策基本制度。要在坚持重大事项集体决策的基础上，进一步健全民主集中制、专家咨询、社会公示与听证、决策评估、合法性审查等制度，确保科学民主决策有章可循。二要完善重大事项决策的规则和程序。在做出重大决策前，要通过多种形式征求社会各方面意见。涉及重大公共利益和人民群众切身利益的决策，要向社会公开征求意见，必要时应举行听证会，增强群众参与度，接受群众监督；涉及重大财政支出的决策，必须进行充分评估论证。重大决策必须充分发扬民主，反复酝酿讨论，集体研究决定。三要建立健全决策后评价、反馈纠偏和决策责任追究等制度。对超越法定权限、违反法定程序的决策行为，要坚决制止和纠正。这些方面已经建立了不少制度，问题是没有得到很好落实，2008 年要在健全决策制度和狠抓落实上下功夫。

（二）规范重要领域权力运行制度。腐败现象在一些领域易发多发，重要原因在于制度不完善、体制机制有漏洞。必须深化改革，创新制度，坚持用制度管权、管事、管人，最大限度地减少以权谋私、权钱交易的体制机制漏洞。一要深化行政审批制度改革，继续减少和规范行政审批事项，减少政府对微观经济的干预。2008 年要结合机构改革和部门职能调整，对现有审批项目进行评估，力争再取消和调整一批。国务院有关部门要认真清理涉及项目审批的部门规章、文件，该取消的坚决取消。对保留审批项

目的名称、设定依据等要向社会公布，对取消和调整的项目要加强后续监管。要建立健全新设行政审批项目审查论证机制，新设立审批项目要于法有据，并通过多种形式听取社会各界的意见。加快推广行政审批电子监察系统，加强对审批的全程监控，约束行政审批行为。二要推进财政管理体制改革。要强化预算管理和监督，完善政府收支分类体系，尽快将政府非税收入全部纳入财政预算，实行“收支两条线”管理。现在有少数收费项目还没有实行“收支两条线”，有的名义上实行了，但暗中还挂着钩。2008年要对“收支两条线”执行情况进行全面检查，继续对“小金库”问题进行专项治理；要进一步规范行政和事业单位经营性资产的管理，重点清理规范各类培训中心，切断收费和本单位收入挂钩的利益机制。加强对社保基金、住房公积金和扶贫救灾等专项资金的监管，加强审计和财政监督，维护资金安全。要进一步规范一般性转移支付制度。三要推进公共资源交易制度改革。继续完善土地、矿产资源开发使用、政府采购、国有产权交易等制度，公共资源都要通过公开透明和竞争方式交易，让市场机制充分发挥作用。2008年要对国有土地和矿产资源使用权出让情况开展专项清理和检查，推动工业用地全面纳入招标拍卖挂牌出让范围、土地出让收支全部纳入预算管理；落实探矿权、采矿权招标拍卖挂牌出让制度，把矿产资源管理纳入规范化轨道。四要深化国有资产经营管理体制改革。2008年要扩大国有资本经营预算试点，依法加强对国有资产的监管，完善资本运营、采购销售、收入分配等管理制度，防止国有资产流失。通过改革和制度建设，把能够由市场解决的问题交给市场，割断行政权力和微观经济活动的利益联系，形成防治腐败的长效机制。

（三）完善行政执法管理制度。行政执法是政府机关经常性的活动，特别是基层行政执法活动与人民群众的生产生活直接相关。当前，行政执法不规范的问题仍然突出，有的滥设执法事项，有的利用执法权设租寻租，有的有法不依、违法不究，有的粗暴执法，甚至执法犯法，人民群众对此反应强烈。必须深化行政执法体制改革，进一步规范行政执法权力。要结合行政管理体制改革，对行政执法部门和执法事项进行梳理，明确执法依据、执法权力、执法程序和相应责任。没有法律法规依据的事项，要坚决取消，应该保留的要规范行为。继续推进相对集中行政处罚权和综合行政执法试点工作，从源头上解决多头执法、重复执法、执法缺位的问题。全面落实行政执法责任制，健全民主评议制度，严格执法过错责任追究。加强行政执法队伍的管理，实行行政执法主体资格合法性审查和行政执法人员资格制度。2008年要把加强涉及群众利益执法活动的管理作为重点，对群众反应强烈的问题开展专项治理，认真解决环境污染、制售假劣食品药品、违反安全生产规定、违法违规征地拆迁等问题，坚决纠正利用行政执法权谋取私利、损害群众利益的不正之风。

（四）健全政务公开制度。阳光是最好的“防腐剂”。政务公开，就是要保障群众的知情权、参与权、表达权和监督权，创造条件让人民更有效地监督政府。国务院制定的政府信息公开条例将于2008年5月1日起正式施行，各级政府及其部门要以此为契机，提高政府工作的透明度，确保权力在阳光下运行。要抓紧制订贯彻政府信息公开条例的具体办法，健全信息公开工作制度。要坚持公开是原则、不公开是例外，进一步拓展政务公开的领域和内容。凡涉及群众利益和公共政策的事项，都要及时向群众公开。2008年要把行政收费、公务消费、政府重大投资工程预决算等政府收入和支出作为政务公开的重要内容，增强财政管理领域的透明度；要以教育、医疗、供水、供电、供气、供热、环保、公共交通等行业和领域作为重点，推动涉及群众利益的公共企业事业单位办事公开，方便群众办事和监督。要完善和增加政务公开的载体，继续推进电子政务建设，完善网上审批、服务办理、信息发布、沟通交流等功能。

(五)推行行政问责和绩效管理制度。行政问责制度是强化行政监督的有效形式。2008年要选择部分省市和国务院部门开展试点,加快实行以行政首长为重点的行政问责和绩效管理制度。要合理分清部门之间的职责权限,在此基础上落实工作责任和考核要求。要把行政不作为、乱作为和严重损害群众利益等行为作为问责重点。对给国家利益、公共利益和公民合法权益造成严重损害的,要依法追究责任。国务院有关部门要加强调查研究,认真总结地方的试点经验,抓紧制订对行政首长进行问责、行政过错责任追究和绩效评估等相关制度。

惩治腐败要一手抓制度建设,防患于未然;一手抓查办违法违纪案件,决不手软。少数政府工作人员贪污腐败、失职渎职,严重影响政府形象,群众深恶痛绝。要进一步加大查办案件的力度,对各种违法违纪行为严惩不贷,始终保持对腐败分子的高压态势。要以发生在领导机关和领导干部中的案件为重点,严肃查办官商勾结、权钱交易、权色交易和严重侵害群众利益的案件,不论涉及什么人,不论职务多高,都必须依纪依法严肃查处。要继续查处商业贿赂案件,对政府公务员、国有企业和事业单位以及金融机构领导人员利用职权索贿受贿的案件,要依法严肃查办,决不姑息。治理商业贿赂既要惩处受贿行为,又要惩处行贿行为。对国(境)外经济组织在我国内地的商业贿赂活动也要采取有效的打击措施。要坚决查处失职渎职方面的案件,对土地管理、安全生产、环境保护、食品药品监管等方面失职渎职问题,要坚决追究责任,并查处背后隐藏的腐败问题。要依法加大对腐败分子的经济处罚、赃款赃物追缴和缉捕追逃力度,决不让腐败分子在经济上占到便宜,决不让他们逍遥法外。

三、加强对廉政建设和反腐败工作的领导

推进反腐倡廉建设,责任在领导,关键在落实。各级政府要旗帜鲜明地反对腐败,坚持不懈地抓好廉政建设,努力建设廉洁政府。

第一,高度重视廉政建设和反腐败工作。各级政府及其部门要把廉政建设和反腐败工作放在更加突出的位置,坚持经济社会发展和反腐倡廉建设两手抓、两手都要硬,使两者相互协调、相互促进。要把狠抓各项反腐败制度的落实作为一件大事来抓,带头坚持制度,自觉遵守制度,认真落实制度,为贯彻制度创造良好的环境,切实提高制度的执行力。认真落实反腐倡廉建设责任制。政府及部门主要领导作为第一责任人,要对职责范围内的反腐倡廉工作负总责,敢抓敢管,分管领导对分管领域也要切实负起责任。要完善制度执行评估机制和责任追究机制,对发生重大违反制度问题的部门和单位,要按规定追究领导责任,维护制度的权威性。

第二,领导机关和领导干部要做廉政的表率。对各级政府领导机关和领导干部的廉政建设要有更高的标准、更严的要求。新一届国务院组成人员已经开始履行职责,一定要在廉政方面作出表率。从国务院领导、各部门负责同志到处长都要严格执行领导干部廉洁自律各项规定,严于律己、以身作则,做到两袖清风,一尘不染。要求下级机关和工作人员做到的,上级机关和领导干部必须带头做到;要求下级机关和工作人员不能做的,上级机关和领导干部必须首先不做。领导干部要认真执行《中央纪委关于严格禁止利用职务上的便利谋取不正当利益的若干规定》,不得利用职权和职务影响为本人或特定关系人谋取不正当利益。

第三,加强对公务员的教育和管理。深入开展理想信念教育、廉洁从政教育、优良传统教育、法制教育。完善政府机关工作规则,健全公务员行为规范。对公务员执行廉洁从政规定的情况要经常监督检查,做到防微杜渐,警钟长鸣。全体公务员都要牢记全心全意为人民服务的根本宗旨,恪尽职守,勤勉尽责,秉公用权,廉洁自律,清清白白做人,干干净净办事,做人民满意的公务员。

第四，加强机关作风建设。各级政府及其工作人员要坚持全心全意为人民服务，坚持群众路线，真诚倾听群众呼声，真实反映群众愿望，真情关心群众疾苦，多为群众办好事、办实事，做到权为民所用，情为民所系，利为民所谋，以求真务实的作风推动各项工作。加强调查研究，改进学风和文风，精简会议和文件，反对形式主义、官僚主义，反对弄虚作假。弘扬艰苦奋斗、勤俭办一切事业的优良传统，反对奢侈浪费，节约行政成本，提高行政效率，建设节约型机关。要严肃财经纪律，使用财政资金要严格把关，精打细算。规范公务接待，不得用公款相互送礼和宴请，不得接受下级送礼和宴请。这方面，中央已有明确规定，要严格执行。2008年要对公款出国出境旅游等问题进行专项治理。继续清理违规建设高档楼堂馆所等铺张浪费行为。

第五，健全监督机制。各级政府要自觉接受人大的监督，接受政协的民主监督，按照有关法律的规定接受司法机关实施的监督，接受社会舆论和人民群众的监督。同时要支持、保证监察、审计部门依法履行职责，实施专项监督。监察部门要紧贴政府工作，加强廉政监察、执法监察和效能监察，保证政令畅通，改善行政管理，促进政府廉洁高效。审计部门要加强对财政收支和预算执行情况、政府投资和国有资产的监管。要建立预防腐败工作的协调机制。2007年，我们成立了国家预防腐败局，一个重要目的是强化预防腐败的统筹规划和组织协调。国家预防腐败局要积极发挥职能作用，与最高人民检察院、发展改革委、财政部、人民银行、审计署等有关方面通力合作，以改革创新精神切实做好预防腐败的各项工作，督促有关部门及时完善制度，加强监管。

第六，确保政令畅通。近年来，中央密切关注和把握国内外发展动态，适时出台了一系列加强和改善宏观调控的政策措施。把这些政策措施贯彻落实好，对于促进经济社会又好又快发展至关重要。目前，有少数地方和部门单纯从局部利益出发考虑问题，忽视全局利益和长远发展，影响中央重大决策部署的落实，损害了政府的执行力和公信力，必须坚决予以纠正。各地区、各部门要坚持从改革发展稳定的大局考虑问题，与中央保持一致，落实好中央在节能减排、控制固定资产投资规模、节约集约用地、房地产调控、市场物价管理等方面的要求和部署，切实做到有令必行，有禁必止。有关部门对此要加强监督检查，保证政令畅通。

做好新形势下的政府廉政建设和反腐败工作意义重大。让我们在以胡锦涛同志为总书记的党中央领导下，高举中国特色社会主义伟大旗帜，振奋精神，锐意进取，求真务实，扎实工作，不断推动廉政建设和反腐败工作取得新进展，努力建设一个人民满意的政府！

（此文是温家宝同志2008年3月25日在国务院第一次廉政工作会议上的讲话）

关于深入贯彻落实科学发展观的若干重大问题

温家宝

科学发展观是我国经济社会发展的重要指导方针，是发展中国特色社会主义必须坚持和贯彻的重大战略思想。在全党开展深入学习实践科学发展观活动，就是要把各方面的积极性真正引导到科学发展轨道上来，抓住机遇，应对挑战，在新的起点上，实现更长时间、更高水平、更好质量的发展;实现经济发展与社会进步结合,政治体制改革与经济体制改革结合,开放兼容与自主创新结合,时代精神与文化传统结合的全方位发展。我们必须从国际和国内大局出发,进一步增强贯彻落实科学发展观的紧迫感和自觉性,着力破解制约科学发展的矛盾和难题,加快构建有利于科学发展的体制和机制,提高领导科学发展的能力和素质,努力开创科学发展的新局面。

一、必须加强和改善宏观调控,促进经济长期又好又快发展

科学发展观的第一要义是发展。发展,对于全面建设小康社会、加快推进社会主义现代化具有决定性意义,始终是我们党执政兴国的第一要务,是解决中国一切问题的关键。科学发展观要求的发展,是好中求快、又好又快的发展,是速度与结构、质量、效益相统一的发展,是长期、稳定、可持续的发展。

近几年,我国取得了举世瞩目的发展成就。最显著的是,保持了经济平稳较快发展,避免了大的起落。2003 至 2007 年,国内生产总值年均增长 10.6%,是改革开放以来增长速度快、持续时间长、平稳程度高的最好时期之一。

我们始终坚持把保持经济平稳较快发展,防止出现大的起落,作为促进科学发展的首要目标。按照这一目标要求,加强和改善宏观调控,切实防止苗头性问题演变成趋势性问题,局部性问题演变为全局性问题。一是正确把握宏观调控的方向、力度和节奏,努力提高调控的有效性。我们既注重保持宏观经济政策的连续性和稳定性,又适时适度进行调整。更好地发挥市场配置资源的基础性作用,正确履行政府调节经济的职能,主要运用经济、法律手段,辅之以必要的行政手段,有效克服市场缺陷和应对突发事件的冲击。二是抓住关键,突出重点,努力提高调控的针对性。我们及时发现和解决影响全局的倾向性、关键性问题。针对粮食减产、农业基础薄弱的问题,持续加大财政投入和政策扶持力度,促进了粮食稳定增产和农民持续增收。针对投资增长过快、货币投放过多、贸易顺差过大的问题,严格把好土地、信贷"两个闸门"和市场准入门槛,合理调控货币总量,多次调整出口退税率和关税税率,改革人民币汇率形成机制,增强汇率弹性,使"三过"问题得到缓解。针对结构性、输入性的物价上涨问题,采取增加有效供给、抑制不合理需求等一系列政策措施,居民消费价格涨幅下降,通胀势头得到初步遏制。三是区别对待,有保有压,努力提高调控的灵活性。既合理控制总量,又积极调整结构。一方面,坚决抑制投资需求膨胀,遏制高耗能、高污染和资源性产品出口,加快淘汰落后生产能力;另一方面,不断加强薄弱环节和重点领域,加大对农业发展、节能减排、自主创新、改善民生、中西部地区发展和深化改革等方面的支持力度。

我国经济实现了 30 年的快速增长,实属不易。要把经济发展的良好势头长期保持下去,更为艰难。我们要清醒地看到,今年是近几年经济发展最困难的一年。国际金融经济形势更加复杂多变。国际金融市场动荡加剧,全球经济明显减速,整个形势还在进一步恶化。国际油价虽有所回落,但仍在高位波动,通胀压力还不小。这些不利因素对我国的影响已经并会继续显现,对此要有充分的估计。国内经济运行中的突出问题也不少。价格上涨压力尚未根本缓解,煤电油运供应紧张,一些地区和行业增长速度明显回落,股市、房市波动较大,财政减收增支压力增加。近期我们对宏观经济政策及时进行了有针对性的调整,今后几个月,还要密切观察和有效应对形势变化,努力实现全年经济平稳较快发展,为明年打好基础。我们不但要看到今年和明年,还要看得更长远一些,要自觉按照科学发展观的要求,努力促进国民经济长期又好又快发展。从宏观上看,必须重点解决以下三个问题。

第一,把握好经济平稳较快发展和抑制通货膨胀的平衡点。前几年我国经济增长较快、

物价水平较低，这在世界上是少有的。从国际经验看，长期保持高增长、低通胀是很困难的。今年以来我国经济增速高位回落，通货膨胀压力加大，世界经济形势不利变化对我国的影响可能还会加重。在复杂的国内外形势下，既要保持经济平稳较快增长，又要把物价控制在可承受的范围内，难度很大。这就要求我们密切关注形势变化，适时适度地调整宏观经济政策，增强调控的针对性、灵活性和有效性，把握好发展经济与控制物价两者平衡点，防止顾此失彼。必须清醒地看到，没有一定的经济增长速度，就业、财政收入、社会发展都会出现困难，民生问题难以改善，影响社会稳定的因素就会增多。在当前国际金融经济动荡的形势下，要把保持我国经济平稳较快发展摆在更重要的位置。同时，也必须充分认识通货膨胀对经济发展、人民生活和社会稳定的危害性，任何时候都不可掉以轻心。

第二，进一步扩大国内需求特别是居民消费需求。我国经济运行中总量矛盾始终与结构性矛盾交织在一起。虽然总需求比较旺，但内需占总需求的比重逐年下滑，居民消费尤其是中低收入居民消费、农村消费增长较慢。在当前世界经济增长减缓、出口形势严峻的情况下，扩大内需特别是消费需求，对于拓展经济发展空间、促进国际收支基本平衡和防止经济下滑尤为重要。从中长期看，扩大消费具有巨大市场潜力和发展空间，这是我国的优势，也是抵御外部冲击的重要基础。必须坚持把扩大内需作为经济发展的基本立足点，在优化结构的基础上保持合理的投资规模，下决心调整国民收入分配格局，着力扩大消费需求特别是居民消费需求，统筹解决影响即期消费的体制性问题，减轻和消除居民扩大消费的后顾之忧，提高消费对经济增长的贡献率。

第三，努力促进国际收支基本平衡。近几年来，我国国际收支持续“双顺差”，外汇储备大幅增加，这是我国发挥优势，积极参与国际竞争的结果。保持必要的外贸顺差和外汇储备，对于经济发展、增加就业和抗御风险是必需的。但外贸顺差过大、外汇储备过多，也会加剧贸易摩擦，加大金融调控和外汇储备资产经营管理的难度，降低货币政策有效性和资源利用效率。同时，经济增长过度依赖外需会挤压国内有效需求，增加外部冲击的风险。这是需要努力缓解和避免的。我们必须深化涉外经济体制改革，完善国际收支调控体系和机制，促进国际收支基本平衡。

二、必须统筹城乡发展，坚持把解决好“三农”问题作为全党工作的重中之重

农业、农村和农民问题，始终是关系党和国家工作全局的根本性问题。必须懂得，中国现代化的成败取决于农业，没有农业的现代化就没有整个国家的现代化。这几年，我们不断加强“三农”工作，把促进农业增产和农民增收作为首要任务，在制度、政策和投入方面采取了一系列重大举措。取消农业税，终结了农民种田交税的历史，建立农业补贴制度，大幅度增加农业投入，极大地调动了农民积极性，农业连续增产和农民持续增收，这对于控制通货膨胀、促进经济平稳较快发展、保持社会和谐稳定发挥了关键性作用。同时也要看到，我国农业和农村发展仍处在一个艰难的爬坡阶段，农业基础设施脆弱、农村经济社会发展滞后、城乡居民收入差距扩大等问题相当突出，农业农村仍然是我国发展中最薄弱的环节。全面建设小康社会，最艰巨最繁重的任务在农村。实现科学发展，关键要下更大的决心、花更大的气力、用更多的力量，解决好“三农”问题。

一是切实保障粮食等主要农产品供给。粮食始终是经济发展、社会稳定和国家安全的基础，任何时候都不能出现闪失。在指导思想上，必须始终坚持立足国内，实现粮食基本自给。13亿人口的国家，如果粮食和农业出了问题，谁也帮不了我们。寄希望于大量进口粮食，既不现实也存在极大风险。必须努力保持粮食供求的紧平衡。粮食产量过低，粮食安全就会受

到威胁；粮食供大于求，粮价就会下跌，谷贱伤农。在有限的耕地和一定时期内粮食与其他农产品种植存在此消彼长的关系，保持粮食供求紧平衡，既有利于粮食产量和价格的基本稳定，也有利于开展多种经营，满足群众对农产品的多样化需求。

在具体措施上，要落实最严格的耕地保护和最严格的节约用地“两个制度”。保护耕地，就是保护农业生产力。中央要求，18 亿亩耕地的红线要坚守到 2020 年，这是一个极为艰巨而又必须完成的任务。我们必须节约每一寸土地，利用好每一寸土地。要运用好价格和补贴“两个杠杆”。目前，我国粮食等农产品价格偏低，需要逐步适当提高，这是促进农业生产的一个根本性措施。但农产品价格一时上涨过多，城乡中低收入群众承受不了。所以，对农产品价格问题要统筹兼顾，努力把农产品价格保持在一个合理水平上。对农业进行补贴，是国家的一项长期政策。今年我们给农民的补贴达到 1028 亿元。今后如果财政状况好，还要下决心大幅度增加。支持粮食生产的政策要向主产区倾斜，国家对粮食大县的财政奖励力度要进一步加大。要强化科技进步和农田基本建设“两个手段”。加大农业科技投入，力争在农业科技的关键领域、前沿领域有所突破，加强科技成果推广，提高农业科技贡献率。同时，加强以水利为重点的农业基础设施建设，增加高产稳产基本农田。

二是促进农民持续增收。解决农民收入问题，最重要的是扩大农民就业。要内外结合、多措并举，既要挖掘农业内部的增收潜力，做足种植业结构调整、耕地精耕细作的文章，积极发展特色农业、生态农业和旅游观光农业；又要拓展农村二三产业的就业增收空间，还要广辟外出务工经商的转移渠道。把壮大县域经济作为一项大战略，积极发展农村二三产业，加快乡镇企业发展和小城镇建设，为农民创造更多的就业和增收机会。

三是加强农村基础设施建设。统筹城乡发展，必须加快农村基础设施建设步伐，缩小城乡基础设施差距。很多农村基础设施建设属于公益性事业，各级政府负有义不容辞的责任。在统筹城乡基础设施建设中，切实把重点放在农村，不断加大投入力度。但是，农村基础设施建设不可能也不应该完全由政府全包下来。必须发挥农民的主体作用，引导他们通过自己的辛勤劳动改善生产生活条件，国家财政也要通过直接补助或“以奖代补”给予鼓励。

四是协调推进城镇化和新农村建设。推进城镇化与建设新农村，是我国现代化战略布局相辅相成、不可或缺的两个重要组成部分。一方面，城镇化是经济社会结构转变的大趋势，必须坚定不移地加以推进。有序转移农村人口，为提高农业劳动生产率、加快农村发展奠定基础。另一方面，今后相当长时期我国始终会有数以亿计的人口在农村生活，进城务工农民相当一部分还会“双向流动”，必须建设好农民的家园。要协调推进城镇化与新农村建设，合理把握城镇化的速度，积极稳妥引导农村人口转移。使城镇化与经济社会发展相适应，与新农村建设相协调，努力形成城镇化与新农村建设良性互动、相互促进的局面。

五是继续深化农村改革。家庭承包经营为基础、统分结合的双层经营体制具有广泛的适应性和旺盛的生命力，深受农民欢迎。在家庭承包经营的基础上，可以发展多种形式的土地规模经营。但必须遵循自愿、依法、有偿的原则，不能不顾条件地强制推行，特别是对土地入股、长期租赁等形式更要慎重。因为经济发展是有波动的，很多外出务工的农民就业是不稳定的，只要承包地还在，即便农民失业回乡，生活也有最基本的保障。因此，稳定农村基本经营制度，保护农民的土地承包权益，是党的农村基本政策，必须长期坚持。集体林权制度改革是农村基本经营制度的丰富和完善，是农村改革的又一重大突破，我们一定要按照中央的部署，认真落实。要继续推进农村综合改革，到 2012 年基本完成乡镇机构改革任务，着力增强乡镇政府社会管理和公共服务职能。扩大省直管县财政体制改革试点，优先将农业大县纳入试点。有条件的地方可依法探索省直接管理县的体制。

三、必须大力推进自主创新，加快经济结构战略性调整

实现科学发展，关键要在转变发展方式、提高国民经济整体素质和国际竞争力方面取得实质性进展。

提高自主创新能力是推动科学发展的主要突破口，是从根本上提高国家科技经济竞争力，建设经济强国的有效途径。在当今国际竞争格局中，真正的核心技术、关键技术是买不来的。必须走出一条中国特色的自主创新道路，形成强大的原始创新能力、集成创新能力和引进消化吸收再创新能力。特别要把自主创新的战略重点放在着力突破制约经济社会发展的关键技术、解决制约经济社会发展的重大科技问题上，重点支持事关国计民生、国家安全和长远利益的基础研究、前沿技术研究和社会公益研究。要加快促进科技与经济的有机结合。充分发挥企业在自主创新中的主体作用，大力推动产学研结合，完善鼓励企业增加研发投入的机制，推进科技成果产业化；充分发挥政府在自主创新中的主导作用，加强和改进政府科技宏观管理体制，营造有利于科技创新和人才成长的政策环境；充分发挥市场在配置创新资源中的基础性作用，激发企业和全社会的创新活力。特别要全面发挥人才资源在自主创新中的重要作用。要切实加强知识产权保护。新时期，世界科技和经济的竞争，很大程度上是知识产权的竞争。作为开发和利用知识资源的基本制度，重视保护知识产权就是重视和鼓励创新。必须把知识产权战略作为国家发展的重要战略，积极营造良好的知识产权法治环境、市场环境、文化环境，大幅度提升知识产权创造、运用、保护和管理能力。

加快结构优化升级是推动科学发展的重要途径。要坚持走中国特色新型工业化道路，大力推进信息化与工业化融合，形成以高新技术产业为先导、基础产业和制造业为支撑、服务业全面发展的现代产业体系。当前，必须着力加强的薄弱环节是服务业和装备制造业。我国服务业长期以来发展缓慢，去年服务业增加值占GDP的比重才40%，发展潜力还很大。要全面落实国务院关于加快服务业发展的若干意见，大力发展面向生产的服务业。优先发展运输业，提升物流的专业化、社会化服务水平；积极发展信息服务业，促进信息化与工业化的融合，特别要加快软件业发展；有序发展金融服务业，鼓励发展科技服务、法律咨询等服务业。进一步发展面向民生的服务业，积极拓展新型服务领域，不断培育形成服务业的新增长点。加快构建服务业市场体系，优化服务业组织结构，提高服务业市场化、产业化、社会化和国际化水平。

装备制造业水平，是一个国家工业化程度的重要标志。我国要成为世界制造中心，一定要有强大的装备制造业。目前，装备制造业发展滞后，产品可靠性差，成套能力弱的问题十分突出。必须尽快改变这种局面，提高重大装备研发设计能力、制造能力和集成能力，发展重大成套装备、高技术装备和高技术产业所需装备，推进装备制造业绿色化、信息化和国产化。同时，要大力发展信息、生物、新材料、航空航天、海洋等产业，继续推进钢铁、化工、建材、纺织等传统工业改造升级，加快发展现代能源产业。劳动密集型产业在相当长时间内仍然是我国竞争优势所在。发展劳动密集型产业是我国基本国情决定的，是扩大就业的重要途径，必须积极支持。但要调整布局，优化结构，提高水平和效益。

促进区域协调发展是推动科学发展的长期任务。这几年，在继续积极支持东部地区率先发展、深入推进西部大开发的基础上，大力促进中部地区崛起，全面振兴东北地区等老工业基地，区域发展总体战略取得重大进展，东中西开

始出现优势互补、良性互动的局面。但区域发展不平衡的问题仍然十分突出。促进区域经济协调发展，逐步缩小区域发展差距，是实现科学发展的重点和难点，是我国现代化进程中必须长期花大力气解决的重大问题，事关大局。无论是东部地区还是中西部地区，都必须关心这个大局，维护这个大局。

促进区域经济协调发展，必须坚持优化国土开发格局，加快形成若干带动力强、联系紧密的经济圈和经济带，形成辐射作用大的城市群和培育新的经济增长极，形成东部地区带动中西部地区发展的新格局。我们必须看到，珠三角、长三角和环渤海等东部沿海地区随着要素成本持续上升，既有的优势在减弱，传统的发展方式难以走得更远，加上国际形势变化和周边国家竞争加强，加快经济转型和结构升级已经刻不容缓；而中西部地区基础设施逐步完善，要素成本优势明显，发展空间还比较大。在这种情况下，促进区域协调发展的一个重要方向，就是加快东部沿海产业向中西部的梯度转移，形成更加合理、有效的区域产业分工格局。东部地区要率先发展，就必须早下决心，加快调整，优化结构。着力发展现代服务业、装备制造业和高新技术产业，增强自主创新能力、可持续发展能力和国际竞争力，更好地辐射和带动中西部地区发展。中西部地区的发展要坚持从自身实际出发，充分借鉴东部地区发展的经验和教训，避免走弯路。要增强承接产业转移的主动性，营造良好的投资环境，并与自身产业布局、结构调整和节能环保等要求紧密结合起来，培育区域发展的新优势。西部地区缺水，生态条件差，决不能把那些高耗能、高耗水、高污染的项目引进来。不能饥不择食，来者不拒。还是要大力发展优势特色产业和劳动密集型产业。必须坚决破除地区壁垒和保护主义，引导生产要素跨区域合理流动，按照主体功能区规划和政策，统筹考虑生产力的规模、结构、布局和时序，形成东中西协调互动、相互促进、科学发展的新局面。支持中西部地区和革命老区、民族地区、边疆地区、矿产资源枯竭地区、贫困地区发展是关系国民经济全局的重大政策，一定要毫不动摇地长期坚持，与时俱进地逐步完善。

四、必须坚持资源节约和环境保护的基本国策，增强可持续发展能力

科学发展观的基本要求是全面协调可持续。贯彻落实科学发展观，必须坚持走生产发展、生活富裕、生态良好的文明发展道路，建设资源节约型、环境友好型社会，实现速度和结构质量效益相统一、经济发展与人口资源环境相协调，使人民群众在良好生态环境中生产生活，实现经济社会永续发展。

资源环境是人类赖以生存发展的基本条件。自然资源大都具有不可再生性，而生态环境一旦遭到破坏，恢复难度很大，付出代价很高，有些甚至是不可逆的。我国人均资源相对紧缺，环境承载能力较弱。随着经济总量扩大和人口不断增加，能源、淡水、土地、矿产等战略性资源不足的矛盾越来越尖锐，特别是石油的对外依存度越来越高。长期形成的高投入、高消耗、高污染、低产出、低效益的状况仍未根本改变，由此带来的水质、大气、土壤等污染严重，化学需氧量、二氧化硫等主要污染物的排放量居世界前列。不解决好这些问题，我们的资源支撑不住，环境容纳不下，社会承受不起，经济发展也不可持续。今天的人们，只要还有一点长远眼光，还在为子孙后代的福祉考虑，就必须改变不可持续的生产和消费方式，以较小的资源环境代价，赢得较快的、更长久的发展。

近几年来，国家出台了一系列节约环保的政策措施，正在收到积极成效，但是任务仍然十分艰巨。发达国家在两百多年工业化过程中分阶段出现的资源环境问题，我国现阶段集中显现出来；发达国家在经济高度发达后花几十年解决的问题，我们要在五到十年里逐步解决，难度之大前所未有。加强资源节约和环境保护，犹如逆水行舟，不进则退。我们必须把这两项工作融入经济社会发展全局，切实抓紧抓好，努

力实现节约发展、清洁发展、可持续发展。一是统筹推进经济社会发展与资源节约、环境保护。国内外经验表明,资源节约的发展模式、山川秀美的生态环境正在成为新的竞争优势。节约资源就是增强发展后劲,保护环境就是保护生产力,这不仅对发达地区十分重要,对欠发达地区同样不可或缺。在社会主义现代化进程中,必须把经济社会发展与资源节约、环境保护统筹考虑,将资源接续能力、生态环境容量作为经济建设的重要依据,推动经济社会发展与资源节约、环境保护相互协调、相互促进。二是构建资源节约和环境友好的国民经济体系和社会组织体系。现代国民经济体系的各个领域,都不同程度地利用资源、影响环境,单独在某一个或几个方面推行节约环保,难以从根本上缓解资源环境对经济发展的制约。这就需要我们从更高的层面、更广阔的范围,全面系统地落实资源节约和环境保护的基本国策。在生产、建设、流通、消费等各个环节,工业、农业、交通运输、建筑、服务等各个领域,加强资源综合利用,强化生态环境保护,大力发展循环经济;在社会组织的各个方面,推行有利于节约资源、保护环境的生产方式、生活方式和消费模式。三是解决资源浪费和环境污染的突出问题。重点抓好节能、节水、节地、节材,降低单位产出的能源资源消耗。特别要搞好工业、交通和建筑节能,加快淘汰高耗能、高排放行业的落后生产能力;发展清洁能源和可再生能源。要把水、空气、土壤污染防治作为重中之重,降低污染物排放总量,落实重点流域和区域污染防治任务,提高城市污水、垃圾处理能力,加强水源地保护和农村面源污染防治。四是健全节约资源、保护环境的长效机制。要逐步建立政府引导、法规支撑、企业为主、公众参与的运行机制。各级党委政府要把节约环保作为促进科学发展的硬任务、考核各级干部的硬指标,实行有利于节约环保的财税、价格政策,完善节能减排指标体系、监测体系和考核体系。健全节约环保的法律法规和标准体系。企业必须严格执行环境法规和排放标准。要把节约环保纳入国民教育体系,使之成为全体公民和全社会的自觉行动。五是积极应对气候变化问题。科学观测表明,工业革命以后,随着化石燃料的大量使用,大气中二氧化碳等温室气体浓度不断上升,是引起全球气候变暖的重要原因,造成冰川退缩、海平面升高、极端气候事件增多等很多问题,对人类生存环境带来严重的负面影响。我国作为一个负责任的大国,必须在减排问题上采取切实有效的行动。我们要认真履行《中国应对气候变化国家方案》,加强应对气候变化能力建设。积极参与制定实施应对气候变化的国际公约,维护国家环境与发展权益,为减缓全球气候变化作出新贡献。

五、必须坚持以人为本、执政为民,着力发展以改善民生为重点的社会事业

科学发展观的核心是以人为本。实质上就是要把发展的成果体现在提高人民生活水平上,体现在满足人民物质文化需求上,体现在实现人的全面发展上。在整个现代化过程中,通过发展满足人们日益增长的物质文化需要始终是我们要解决的主要矛盾。只有坚持保障和改善民生,才能激发人民推动科学发展的积极性、主动性、创造性,赢得广大群众的信任、拥护和支持。在新的形势下,要更加注重经济社会协调发展,统筹兼顾,突出重点,加强薄弱环节,加快发展社会事业;注重改善人民生活,尽最大努力解决城乡低收入居民的实际困难;注重促进社会公平正义,切实保障人民群众的合法权益。

要把教育切实摆在优先发展的战略地位。教育作为国家发展的基石,事关民族兴旺、人民福祉和国家未来,是百年大计、千秋工程。只有一流的教育,才有一流的人才,一流的国家实力,才能建设一流国家。这几年,我们在发展教育事业、推动教育公平上迈出重大步伐。大幅度增加教育投入,在全国城乡实行免费义务教育,把农村义务教育全面纳入公共财政保障范围,建立健全了普通本科高校、高等和中等职业

学校奖助学金制度，促进各级各类教育协调发展。但总体上讲，教育还不适应全面建设小康社会的新要求，教育体制亟待改革，教育水平亟待提高，教育投入亟待增加。坚持教育兴国、教育立国、教育强国，把教育摆在优先发展的战略地位，是我国现代化建设需要长期坚持的方针。要以改革为动力，以加强薄弱环节为重点，集中力量办一些让社会公众满意、给教育发展增添动力的事情。目前，国家正在抓紧制定教育中长期改革发展规划纲要，将对今后12年教育改革与发展进行全面部署。力争制定出一个面向未来、面向世界、面向现代化，立足基本国情，体现优先发展、促进公平、改革创新精神的规划纲要。要把规划纲要制定的过程作为解放思想、形成共识、推进工作的过程。有关部门和单位、各级地方政府都必须从科学发展的高度，认识这个问题，做好这项工作。

要把提高人民健康素质作为改善民生的重要目标。加快建设覆盖城乡居民的基本医疗卫生制度，不断提高全民健康素质，是重大的民生问题，是落实科学发展观的必然要求，是维护社会公平正义的重要举措，也是我们正着力加强的重点。近几年，各级政府加大投入，进行了新中国成立以来规模最大的公共卫生体系建设，基本建成覆盖城乡、功能比较齐全的疾病预防控制和应急医疗救治体系；新型农村合作医疗制度试点扩大到全国90%的县，城市社区医疗服务明显加强，城镇居民基本医疗保险试点覆盖了全国一半以上的地级市；城乡居民的健康水平继续提高，群众看病难、看病贵的问题有所缓解。但城乡和区域医药卫生事业发展不平衡，公共卫生和农村、社区卫生工作薄弱，医疗保障制度不健全的问题还十分突出，人民群众反映比较强烈。必须坚持以人为本，把维护人民健康权益放在第一位；坚持立足国情，建设中国特色的医药卫生体制；坚持公平效率统一，实行政府主导与发挥市场作用相结合；坚持统筹兼顾，把完善制度与解决当前实际问题结合起来。要全面加强公共卫生服务体系，进一步完善医疗服务体系，加快建设医疗保障体系，建立健全药品供应保障体系。完善医药卫生管理、运行、投入、价格、监管体制机制，加强科技与人才、信息、法律建设。近期的重点是加快推进基本医疗保障制度建设，建立国家基本药物制度，健全基层医疗卫生服务体系，促进基本公共卫生服务均等化，推进公立医院改革试点。要切实加强城乡公共体育设施建设，广泛开展全民健身活动，促进群众体育和竞技体育共同发展，全面提高人民体质。

要把扩大就业摆在经济社会发展的突出位置。就业是民生之本，关系到亿万劳动者及其家庭的切身利益，是实现科学发展、促进社会和谐的重要基础。必须努力把经济发展的过程作为促进就业持续扩大的过程，创造有利于扩大就业的经济发展方式，形成适应我国国情的多元化就业格局。同时，充分发挥服务业容纳就业多、消耗资源少的优势，继续鼓励有竞争力的劳动密集型产业发展，鼓励个体私营和中小企业发展，鼓励大学生到基层、企业和落后地区就业和创业。开展多种形式的职业培训，特别是对农村适龄就业人员的技能培训，增强他们的就业能力，千方百计扩大就业。

要把完善社会保障体系作为安邦兴国的根本大计。社会保障制度是保证国家长治久安的根本性制度。近几年，我国社会保障进入发展最快的时期。城镇职工基本养老和医疗保险参保人数突破2亿人和1.8亿人；做实基本养老个人账户试点扩大到11个省份；在连续三年提高企业退休人员养老金标准的基础上，今年起再连续提高三年；城市最低生活保障制度不断完善，去年开始在全国农村全面建立最低生活保障制度，城乡社会救助体系进一步健全。这些措施发挥了保障城乡居民基本生活、维护社会稳定、推动经济发展、促进社会公平和增进国民福利的作用。但是，目前的社会保障体系还存在着城乡发展不平衡、覆盖面窄、统筹层次较低、转移接续难、基金支付压力大等突出矛盾。我们必须坚持“广覆盖、保基本、多层次、可持续”的方针，加快完善覆盖城乡居民的社会保障体系。需要强调的是，完善社会保障体系要统筹考虑国家、企事业单位和个人的承受能力，有针对性地满足城乡不同层次群众的保障需求，合理确定与经济发展水平相适应的制度模式和待遇标准。当前，要突出抓好基本养老、基本医疗、最低生活保障制度等重点，逐步提高统筹层次和保障水平，制定全国统一的社会保险关系结转办法。

要把解决保障性住房问题作为政府工作的重要任务。我国正处在城镇化快速发展时期，面临着世界上最大规模的人口迁移，必须从全局和战略的高度重视解决保障性住房问题。要从人多地少的基本国情出发，建立科学合理的住房建设和消费模式。特别是要花更大的力气，解决城市低收入群众住房困难问题。要进一步健全城市廉租房、住房公积金和经济适用房三项制度，不断加大财政投入。同时，逐步改善农民工居住条件，解决农村困难群众住房安全问题。

最近一个时期，连续出现了食品安全事件和安全生产事故，严重损害人民生命健康，造成了极其恶劣的社会影响，教训十分深刻。食品药品安全和安全生产是人民群众最关心、最直接、最现实的利益问题，是需要常抓不懈、不可有丝毫放松的重大民生问题。绝不能以损害人民健康、甚至牺牲职工生命来换取增长，谋求利益。在这个问题上，各级政府都必须有清醒的认识、鲜明的立场、严明的纪律、有力的举措。要落实领导责任，强化行政问责。要切实加强对研发、生产、流通、消费等各个环节的监管，整顿市场秩序，提高食品、药品质量，让人民群众吃得放心、用得放心。“安全责任重于山”，各级领导干部要树立起“抓经济发展是政绩，抓安全生产也是政绩”的观念，切实贯彻安全第一、预防为主、综合治理的方针，坚持标本兼治、重在治本，使全国安全生产形势尽快出现根本好转。

我们不仅要满足人民群众的物质需求，还要满足日益增长的、多样的文化需求，推动社会主义文化发展和繁荣。要在全社会树立中国特色社会主义共同理想，大力弘扬以爱国主义为核心的民族精神和以改革创新为核心的时代精神。建设和谐文化，弘扬中华文化，推进文化创新。要进行社会主义荣辱观教育，加强公民道德、企业道德、社会道德建设。要深化文化体制改革，加快文化产业发展，繁荣文化市场，为人民群众提供形式多样的文化产品和服务。

六、必须深化改革开放，构建有利于科学发展的体制机制

改革开放是推动中国经济社会发展的永恒动力，也是贯彻落实科学发展观的重要保证，将贯穿社会主义现代化建设的全过程，在任何时候、任何情况下都不能动摇。只有深化改革开放，构筑充满活力、富有效率、更加开放、有利于科学发展的体制机制，才能进一步解放和发展社会生产力，把中国特色社会主义不断推向前进。

必须继续深化重点领域和关键环节的改革，打好改革攻坚战。一是加快资源和要素价格形成机制改革。进一步完善反映市场供求、资源稀缺程度、环境损害成本的生产要素和资源价格形成机制，尽快理顺重要产品价格关系，更好地发挥价格杠杆在资源配置和经济运行中的调节作用。二是推进财税体制改革。财税体制是引导地方政府行为的重要“指挥棒”。只有真正建立起有利于促进科学发展的财税体制，才能合理引导企业和政府行为。深化财税体制改革的主要方向，是调节国民收入分配格局，推进经济发展和社会进步，促进社会公平正义。要健全统一、规范、透明的财政转移支付制度，完善省以下财政体制；健全公共财政职能，推进基本公共服务均等化，着力支持解决重点民生问题。加快在全国范围内实施增值税转型改革。三是深化金融体制改革。要着力构建多种所有制和多种经营形式、结构合理、功能完善、高效安全的现代金融体系，建立健全货币市场、资本市场、保险市场有机结合、协调发展的机

制，维护金融运行和金融市场的整体稳定，有效防范来自国外或国内的系统性风险。在抓好这三方面改革的同时，要全面推进与经济领域改革相配套的其他领域改革，特别要加快行政管理体制改革，加快政府职能转变，使各级政府更好地履行经济调节、市场监管、社会管理和公共服务职能。

在经济全球化深入发展的新形势下，我国参与国际分工与合作的机遇增多，外部环境中的不确定因素和潜在风险也在加大，统筹国内发展和对外开放的难度和要求更高了。必须提高驾驭国内国际两个大局的能力，在进一步扩大开放的条件下维护好、发展好我国的根本利益。一要增强开放意识，拓展对外开放的广度和深度。善于从国际国内条件的变化中抢抓新的发展机遇，从国际国内优势的互补中创造新的发展条件，在不断强化的国际国内竞争中加快转变发展方式，更充分地利用好国际国内两个市场、两种资源，牢牢把握对外开放的主动权。二要增强效益意识，着力提升开放型经济水平。把利用国际有利条件和充分发挥自身优势结合起来，把扩大引进技术和全面增强自主创新能力结合起来，把利用外资和促进国内产业结构优化升级结合起来，把实施“走出去”战略和缓解国内资源约束结合起来。加快转变外贸增长方式，优化进出口结构，推动加工贸易转型升级。全面提升利用外资水平，加快培育我国的跨国公司和国际知名品牌。三要增强风险意识，在扩大开放中切实维护经济安全。随着我国全方位开放日益发展，参与国际经济合作的机遇在增多，外部环境中的不确定因素和潜在风险也在增加。我们要始终保持清醒头脑，注意趋利避害，维护国家安全。四要增强合作意识，努力营造良好的外部环境。现在这一点变得比以往任何时候都重要。我们要充分利用各种多双边组织和机制，扩大共同利益的汇合点，妥善处理分歧和摩擦，消除国际社会对我国的疑虑和担心。要推动建设公正合理的国际贸易和金融体制，加强和改善与各类国家的经贸合作关系。深化与发展中国家的传统友谊，力所能及扩大援外规模，改进援外方式，提高援外效益。同时，督促“走出去”的企业遵守国际通行规则，并承担相应的社会责任。

（原文载《求是》2008 年第 21 期）

在纪念关于真理标准问题的讨论 30 周年座谈会上的讲话

（2008 年 5 月 8 日）

李长春

今年是关于真理标准问题的讨论 30 周年。30 年前，在邓小平同志等老一辈无产阶级革命家的领导和支持下，在全国开展了一场关于实践是检验真理的唯一标准的讨论。这场大讨论，对重新确立党的思想路线，对重大历史关头实现伟大转折，对推进我国改革开放和社会主义现代化建设的历史进程，都具有重大意义和深远影响。今天，我们纪念这场大讨论，就是要认真学习贯彻党的十七大精神，高举中国特色社会主义伟大旗帜，以邓小平理论和“三个代表”重要思想为指导，深入贯彻落实科学发展观，更加自觉地继续解放思想，坚持改革开放，推动科学发展，促进社会和谐，为夺取全面建设小康社会新胜利而奋斗。

30年前，中国正处在一个重大的历史关头。粉碎“四人帮”，结束“文化大革命”，举国欢腾，人心思变，百业待举。但许多人还不能正确认识和对待毛泽东思想，还不能正确区分毛泽东同志的伟大历史功绩和晚年错误，“左”的思想的长期影响和“两个凡是”的禁锢依然是严重障碍，党和国家的工作在前进中出现徘徊的局面。针对这种情况，邓小平同志旗帜鲜明地指出，“两个凡是”不符合马克思主义，要完整准确地理解毛泽东思想。这就为我们党实现思想路线上的拨乱反正指明了方向。其他老一辈无产阶级革命家和不少老同志也逐渐从不同角度提出，要恢复和发扬党的实事求是的优良作风，正确认识与把握理论和实践的关系，把实践作为检验真理的标准。1978年5月10日，中央党校内部刊物《理论动态》发表经胡耀邦同志审定的《实践是检验真理的唯一标准》一文。5月11日，《光明日报》以特约评论员名义，公开发表了这篇文章，新华社向全国转发，在广大干部群众中引起强烈反响，引发了关于真理标准问题的讨论。针对当时一些同志不理解甚至不接受、不赞成的情况，邓小平同志等老一辈无产阶级革命家对这篇文章给予了充分肯定，一场顺应时代发展潮流、反映党心民心的大讨论在全国范围内逐步展开，对党和国家的事业、对中国特色社会主义的创立和发展产生极大影响。

第一，真理标准问题的讨论，为我们党冲破“两个凡是”的严重束缚、重新确立马克思主义的思想路线奠定了理论基础。邓小平同志明确指出了这场讨论的重大意义。他说：“目前进行的关于实践是检验真理的唯一标准问题的讨论，实际上也是要不要解放思想的争论。大家认为进行这个争论很有必要，意义很大。从争论的情况来看，越看越重要。一个党，一个国家，一个民族，如果一切从本本出发，思想僵化，迷信盛行，那它就不能前进，它的生机就停止了，就要亡党亡国。这是毛泽东同志在整风运动中反复讲过的。只有解放思想，坚持实事求是，一切从实际出发，理论联系实际，我们的社会主义现代化建设才能顺利进行，我们党的马列主义、毛泽东思想的理论也才能顺利发展。从这个意义上说，关于真理标准问题的争论，的确是个思想路线问题，是个政治问题，是个关系到党和国家的前途和命运的问题。”通过真理标准问题的讨论，我们党把毛泽东思想和毛泽东同志的晚年错误区别开来，明确了毛泽东思想永远是全党、全军、全国各族人民的最宝贵的精神财富，要完整准确地理解和掌握毛泽东思想的科学原理，并在新的历史条件下加以发展；明确了解放思想就是使思想和实际相符合、使主观和客观相符合，就是实事求是；明确了实践是检验真理的唯一标准这个马克思主义认识论的不可动摇的基本原则。由此，我们党恢复了毛泽东同志倡导的实事求是的思想路线，彻底摆脱了“两个凡是”的严重束缚，实现了思想路线的拨乱反正，为实现全面拨乱反正奠定了思想基础，带来了我们党和民族的新的伟大觉醒，孕育了理论和实践的伟大创造。

第二，真理标准问题的讨论，为党的十一届三中全会实现历史转折、我国迈向改革开放新时期作了思想准备。在领导和支持真理标准问题的讨论中，邓小平同志始终着眼大局，把推进社会主义现代化建设作为这场讨论的落脚点，使真理标准问题讨论的过程成为引导人们思考国家向何处去这一重大课题的过程。通过这场大讨论，党内外思想日益活跃，出现了打破习惯势力和主观偏见的束缚，努力研究新情况、解决新问题的生动景象。以此为基础，1978年12月召开的党的十一届三中全会，实现了建国以来我们党的历史上具有深远意义的伟大转折。邓小平同志在为这次全会作准备的中央工作会议上所作的《解放思想，实事求是，团结一致向前看》这一极其重要的讲话，实际上是开创我国社会主义事业发展新时期的宣言书。这次全会停止使用“以阶级斗争为纲”这个不适用于社会主义社会的口号，果断作出把党和国家的工作重点转移到社会主义现代化建设上来和实行改革开放的战略决策；这次全会实事求是地解决了一批重大历史事件和重要领导人的是非功过问题，对过去一些不符合客观实际的理论观点、形势估计和方针政策作了改变和调整，提出了一系列有利于增强党的团结和调动一切积极因素的方针政策；这次全会高度评价了关于真理标准问题的讨论，确定了解放思想、开动脑筋、实事求是、团结一致向前看的指导方针，要求全党同志和全国人民继续打破林彪、“四人帮”的精神枷锁，进一步解放思想，“开动机器”，推动工作中心的转变，保证社会主义现代化建设顺利进行。两年之后，邓小平同志再次评价说：“真理标准问题的讨论，对于我们这几年来在政治、经济、组织等各方面进行一系列改革，对于我们在各条战线上取得显著成绩，起了极大的推动作用。”真理标准问题的讨论，是伟大历史转折的思想先导，激发了人民群众的创造活力，催生了改革开放和社会主义现代化建设的崭新实践，开启了中华民族振兴的新的伟大征程。

第三，真理标准问题的讨论，为我们党在改革开放30年中坚持和发展中国特色社会主义道路、形成中国特色社会主义理论体系提供了强大精神动力。改革开放是前无古人的开创性事业，没有现成的经验可循，只能在艰辛探索中开拓前进。每前进一步都是靠解放思想，靠大胆创新，才不断开辟新路。正是不断解放思想，坚持一切从实际出发，我们党领导人民开辟了一条崭新的中国特色社会主义道路，形成了中国特色社会主义理论体系。30年来，从农村改革到城市改革，从经济领域改革到其他各个领域改革，从沿海开放到沿江沿边开放，从东部开放到中西部开放，从尊重群众首创精神先行试点到逐步推开，这一历史上从未有过的大变革，极大地调动了亿万人民的积极性，极大地焕发了社会主义的生机活力。30年来，我国经济从一度濒于崩溃的边缘发展到总量跃居世界第四、进出口总额位居世界第三，人民生活从温饱不足发展到总体小康，农村贫困人口从两亿五千多万减少到一千多万，这一世界上少有的持续快速发展，深刻改变了我国的面貌，显著提升了我国的国际地位。30年来，从完整准确地理解毛泽东思想的科学体系到实现马克思主义中国化的第二次历史性飞跃，从确立邓小平理论和“三个代表”重要思想的指导地位，到提出科学发展观等重大战略思想，这一在实践基础上形成的马克思主义中国化最新成果，既坚持了科学社会主义基本原理又赋予其鲜明的中国特色，开辟了马克思主义发展的新境界。可以说，改革开放30年来，我们党历经艰辛开创的中国特色社会主义道路和中国特色社会主义理论体系，是与始终坚持实践是检验真理的唯一标准、始终坚持解放思想密不可分的。不解放思想，就打不开思路，就找不到出路，就不能解决时代新课题，就干不出新的事业，就不会取得举世瞩目的伟大成就。30年来，实践上每一次创造、理论上的每一次突破、事业上的每一次进步，无不闪耀着实践是检验真理的唯一标准的光辉。

第四，真理标准问题的讨论，使我们党在改革开放30年中坚持解放思想，形成了一系列行之有效的宝贵经验。主要有：必须始终牢记解放思想、实事求是、与时俱进是马克思主义活的灵魂，是我们适应新形势、应对新挑战、认识新事物、开拓新局面的根本思想武器；必须坚持马克思主义指导地位，把马克思主义基本原理同中国具体实际结合起来，推进理论创新，不断赋予当代中国马克思主义鲜明的实践特色、民族特色、时代特色，用马克思主义中国化最新成果武装全党、教育人民；必须坚持实践是检验真理的唯一标准，人民群众是实践的主体，尊重人民群众的首创精神，在实践中认识真理、发展真理、检验真理；必须始终立足于社会主义初级阶段的基本国情，自觉地把思想认识从那些不合时宜的观念、做法和体制的束缚中解放出来；必须坚持以我国改革开放和社会主义现代化建设的实际问题、以我们正在做的事情为中心，着眼于马克思主义理论的运用，着眼于对实际问题的理论思考，着眼于新的实践和新的发展，勇于开拓前进；必须树立世界眼光，以宽广的眼界观察和把握世界发展趋势，积极借鉴和吸收人类社会创造的一切有益文明成果；必须坚持把大胆探索的勇气同科学求实的精神统一起来，充分发扬民主，鼓励畅所欲言，既尊重差异、包容多样，又有力抵制各种错误和腐朽思想的影响，努力在多元多样中立主导，在交融交流中谋共识；必须在解放思想中统一思想，自觉用党的创新理论成果武装头脑、指导实践、推动工作。这些宝贵经验，是我们党在解放思想中形成的认识成果，为我们解放思想提供了基本遵循，必须倍加珍惜、很好坚持，并在实践中不断丰富和发展。

今天我们党领导的中国特色社会主义伟大事业正处于新的历史起点上。我们已经取得举世瞩目的伟大成就，但决不能骄傲自满，决不能停滞不前。面对当今世界正在发生的广泛而深刻的变化，面对当代中国正在发生的广泛而深刻的变革，面对实现人民群众新要求新期待的繁重任务，党的十七大突出强调要继续解放思想，并强调解放思想是发展中国特色社会主义的一大法宝。这是有深刻含义的，也是有现实针对性的。当今世界正处在大变革大调整之中，世界多极化不可逆转，经济全球化深入发展，科技革命加速推进，世界的力量组合和利益分配正在发生新的深刻变化，我国的前途命运日益紧密地同世界的前途命运联系在一起，我国的国际地位和国际影响日益提高，世界对我国的影响也比以往任何时候都更为直接而广泛。只有继续解放思想，进一步增强世界眼光和战略意识，更好地统筹国内国际两个大局，才能趋利避害、争取主动，在深刻变动的国际格局中赢得更多的发展机遇，获得更多的发展空间，取得更大的发展优势。我国改革发展正处于关键阶段，改革发展的任务艰巨繁重，既有巨大发展潜力和动力，又有各种困难和风险；既有难得机遇，又有严峻挑战。只有继续解放思想，勇于变革、勇于创新，不为任何风险所惧，不为任何干扰所惑，才能更好地解决我国改革发展面临的新课题新矛盾，更好地巩固和发展改革开放已经取得的理论成果和实践成果。新世纪新阶段人民群众过上更加美好生活的愿望日益强烈，不仅要求物质生活更加富足，而且要求政治参与更加充分、精神文化更加丰富、社会生活更加安定和谐。只有继续解放思想，坚持以人为本，着眼全面发展，急人民所急，想人民所想，才能更好地解决事关人民群众切身利益的突出问题，使人民群众共享改革发展的成果。在新的时代条件下、新的历史起点上、新的发展进程中，我们一定要充分认识解放思想的重大理论意义、实践意义、现实意义、历史意义，紧紧围绕贯彻落实党的十七大作出的各项战略部署，在继续解放思想上迈出新步伐，取得新成效。

1. 通过继续解放思想，进一步增强高举中国特色社会主义伟大旗帜的自觉性和坚定性，毫不动摇地坚持和发展中国特色社会主义。30年来解放思想的最大成果，就是形成了中国特色社会主义“一面旗帜，一条道路，一个理论体系”。在当代中国，只有中国特色社会主义旗帜而不是别的什么旗帜，能够最大限度地团结和凝聚不同社会阶层、不同利益群体的智慧和力量；只有中国特色社会主义道路而不是别的什么道路，能够指引中华民族实现伟大复兴；只有中国特色社会主义理论体系而不是别的什么主义，能够引领中国发展进步。继续解放思想，首要的就是始终做到高举中国特色社会主义伟大旗帜不动摇，坚持中国特色社会主义道路不动摇，坚持中国特色社会主义理论体系不动摇。坚持不懈地用中国特色社会主义理论体系武装全党、教育人民，深入开展中国特色社会主义理论体系宣传普及活动。继续实施马克思主义理论研究和建设工程，系统总结30年改革开放的实践经验，把马克思主义中国化最新成果的学习、研究、宣传不断引向深入。特别是要引导广大党员、干部紧密结合改革开放和现代化建设的生动实践，紧密结合自己的思想和工作实际，学习中国特色社会主义理论体系，努力掌握贯穿其中的马克思主义立场、观点、方法，做到真学、真懂、真信、真用，不断提高思想理论水平和实际运用能力。中国特色社会主义道路是不断拓展的、开创性的道路，中国特色社会主义理论体系是不断发展的、开放性的理论体系。在坚持和发展中国特色社会主义的过程中，仍然有许多未被认识或未被充分认识的领域和规律，仍然有待于我们继续由“必然王国”向“自由王国”前进。继续解放思想，就要求我们围绕改革发展稳定中的重大问题，围绕群众生产生活中的紧迫问题，围绕党的建设中存在的突出问题，继续研究新情况、总结新经验，不断以新的理论观点和科学思想丰富和发展中国特色社会主义的道路和理论体系，使中国特色社会主义道路越走越宽广，使中国特色社会主义理论体系越来越丰富，使中国特色社会主义伟大事业越来越兴旺。

2. 通过继续解放思想，进一步深入贯彻落实科学发展观，更好地推动科学发展、促进社会和谐。科学发展观是同马克思列宁主义、毛泽东思想、邓小平理论和“三个代表”重要思想既一脉相承又与时俱进的科学理论，是我国经济社会发展的重要指导方针，是发展中国特色社会主义必须坚持和贯彻的重大战略思想。科学发展观提出后，得到广大干部群众的衷心拥护，在实践中发挥了重要指导作用，取得了明显成效。但同时也要看到，把思想真正统一到科学发展观上来还有大量工作要做，解决影响科学发展的矛盾和问题还有大量工作要做。继续解放思想，就是要进一步把广大干部群众的思想认识引导到科学发展观上来，深刻把握科学发展观的科学内涵、精神实质和根本要求，切实转变不适应不符合科学发展观要求的思想观念，进一步树立以人为本的观念、全面发展的观念、协调发展的观念、可持续发展的观念。要不断增强贯彻落实科学发展观的自觉性和坚定性，凡是符合科学发展观要求的就全力以赴地去做，凡是不符合科学发展观要求的就毫不含糊地去改，着力解决影响和制约科学发展的突出问题，更加自觉地走科学发展道路。要提高运用科学发展观分析问题、指导实践的本领，把科学发展观转化为谋划科学发展的正确思路，转化为促进发展的政策措施，转化为领导发展的实际能力，转化为有利于科学发展的体制机制，更好地把握发展规律，创新发展理念，破解发展难题，提高发展的质量与效益，努力推动经济社会又好又快发展。

3. 通过继续解放思想，进一步深化改革、扩大开放，为发展中国特色社会主义提供强大动力。30 年来，解放思想的过程始终是与改革开放的过程相伴随的。新时期最鲜明的特点就是改革开放。通过 30 年改革开放的洗礼，中华民族大踏步赶上了时代前进潮流、迎来了伟大复兴的光明前景，社会主义中国巍然屹立在世界东方。党的十七大报告指出，改革开放是决定当代中国命运的关键抉择，是发展中国特色社会主义、实现中华民族伟大复兴的必由之路；只有社会主义才能救中国，只有改革开放才能发展中国、发展社会主义、发展马克思主义。这是已经被实践证明并将继续被实践证明的真理。同时应当看到，改革开放是一场新的伟大革命，形成一套比较完整、比较定型的体制机制还有很长的路要走。特别是随着改革进入新的阶段，触及许多长期积累的深层次矛盾和问题，改革的复杂性和艰巨性大大增强，更需要坚定信心，付出艰苦的努力。对外开放要把“引进来”和“走出去”更好地结合起来，扩大开放领域，优化开放结构，提高开放质量，形成内外联动、互利共赢、安全高效的开放型经济体系，都面临着繁重的任务。继续解放思想，关键就是在推进改革开放上迈出新步伐。要进一步统一改革思想，凝聚改革共识，坚定改革开放的信心和决心，毫不动摇地坚持改革方向，坚持用改革和发展的办法解决前进中的矛盾和问题。要完善社会主义市场经济体制，推进各方面体制改革创新，不失时机地在一些重要领域和关键环节实现改革的新突破，加快构建充满活力、富有效率、更加开放、有利于科学发展的体制机制。要努力提高改革决策的科学性，做到理论准备更充分、政策思路更缜密、方法步骤更慎重，降低改革代价，提高改革效率。要增强改革措施的协调性，树立全局眼光和战略思维，加强对改革的总体指导和统筹规划，进一步协调改革思路、配套改革措施、规范改革行为，使经济、政治、文化、社会各方面改革有机衔接、协调推进。要坚持把改善人民生活作为正确处理改革发展稳定关系的结合点，切实把改革的力度、发展的速度和群众的可接受程度统一起来，使改革进一步兼顾各方面利益、照顾到各方面关切，始终得到人民拥护和支持。今年是我国改革开放30周年，中央决定举行隆重纪念活动，中央有关部门还将举办理论研讨会。我们要通过深入的理论研讨，把改革开放的伟大意义、巨大成就、成功经验、前进方向总结好、阐述好、宣传好，继续解放思想，推动理论创新，努力营造坚持改革开放的良好思想理论氛围，把改革开放伟大事业继续推向前进。

4. 通过继续解放思想，进一步推进经济、政治、文化、社会各项建设，为夺取全面建设小康社会新胜利而奋斗。经济建设、政治建设、文化建设、社会建设，构成了中国特色社会主义事业的总体布局。30年来，解放思想的历程就是中国特色社会主义事业总体布局不断发展与完善的历程，就是人民生活总体上逐步达到小康水平并向更高水平小康社会迈进的过程。同时应当看到，我们现在达到的小康还是低水平的、不全面的、发展很不平衡的小康，巩固和提高目前达到的小康水平，全面建成惠及十几亿人口的更高水平的小康社会任重道远。党的十七大顺应各族人民过上更好生活的新期待，把握经济社会发展趋势和规律，对我国发展提出了新的更高要求，对我国社会主义经济建设、政治建设、文化建设、社会建设作出了全面部署。继续解放思想，就是要在加快转变经济发展方式、完善社会主义市场经济体制方面取得重大进展，大力推进经济结构战略性调整，更加注重提高自主创新能力、提高节能环保水平、提高经济整体素质和国际竞争力；就是要坚持中国特色社会主义政治发展道路，坚持党的领导、人民当家作主、依法治国有机统一，不断推进社会主义政治制度自我完善和发展，发展社会主义政治文明；就是要坚持社会主义先进文化前进方向，建设社会主义核心价值体系，兴起社会主义文化建设新高潮，激发全民族文化创造活力，提高国家文化软实力，更加自觉、更加主动地推动文化大发展大繁荣；就是要加快推进以改善民生为重点的社会建设，着力解决关系人民群众切身利益的实际问题，推进社会体制改革，扩大公共服务，完善社会管理，妥善处理人民内部矛盾，促进社会公平正义，推动建设社会主义和谐社会。我们要按照中国特色社会主义事业总体布局的要求，不断探索和解决关系全局的重大问题，努力实现经济发展和社会全面进步，为建设富强民主文明和谐的社会主义现代化国家打下更加牢固的基础。

5. 通过继续解放思想，进一步以改革创新精神全面推进党的建设新的伟大工程，不断提高党的执政能力、保持党的先进性。真理标准问题的讨论和30年来解放思想的进程，是在我们党的领导和推动下展开的，我们党自身也在这个过程中不断焕发出新的生机和活力，党的建设取得丰硕成果，党的执政能力不断提高。同时应当看到，世情、国情、党情的发展变化，决定了以改革创新精神加强和改进党的建设既十分重要也十分紧迫。胡锦涛同志指出："我们党之所以能够成为带领人民团结奋斗的坚强领导核心，归根到底，是因为我们党能够通过坚持不懈的改革创新来提高党的执政能力、保持和发展党的先进性。中央反复向全党同志强调，一个政党过去先进不等于现在先进，现在先进不等于永远先进；党的领导核心地位不是一劳永逸的，过去拥有不等于现在拥有，现在拥有不等于永远拥有。"继续解放思想，就是要深刻总结我们党加强自身建设的宝贵经验，紧密联系新形势下提出的新课题新挑战，以改革的思路寻求加强和改进党的建设的新途径新办法，以创新的举措推动各项制度、机制和工作方式的健全和完善。要按照党的十七大的要求，紧紧围绕党的执政能力建设和先进性建设这条主线，以坚定理想信念为重点加强思想建设，以造就高素质党员、干部队伍为重点加强组织建设，以保持党同人民群众的血肉联系为重点加强作风建设，以健全民主集中制为重点加强制度建设，以完善惩治和预防腐败体系为重点加强反腐倡廉建设，使党始终成为立党为公、执政为民，求真务实、改革创新，艰苦奋斗、清正廉洁，富有活力、团结和谐的马克思主义执政党。

真理标准问题的讨论和30年来我们党坚持解放思想，推动了中国特色社会主义的大发展，这是我们得出的重要结论。今天我们党号召继续解放思想，奋力开拓中国特色社会主义更为广阔的发展前景，这是对真理标准问题的讨论和30年坚持解放思想的最好纪念。全党同志特别是广大理论工作者、宣传工作者、新闻工作者、教育工作者，要继续发扬解放思想、实事求是、与时俱进的优良作风，继续保持开拓进取、奋发有为的精神状态，勇于做解放思想的先行者、改革创新的排头兵，在以胡锦涛同志为总书记的党中央领导下，高举中国特色社会主义伟大旗帜，锐意进取，不懈奋斗，为推进中国特色社会主义伟大事业、实现中华民族伟大复兴作出新的更大贡献！

深入学习实践科学发展观
推动社会主义文化大发展大繁荣

李长春

科学发展观是以胡锦涛同志为总书记的党中央深刻总结我国发展实践，准确把握世界发展趋势，坚持解放思想、实事求是、与时俱进，大力推进党的理论创新取得的重要成果，是中国特色社会主义理论体系的重要组成部分。党的十七大对科学发展观的科学内涵、精神实质和根本要求作出了全面系统的论述，明确指出，科学发展观是对党的三代中央领导集体关于发展的重要思想的继承和发展，是马克思主义关于发展的世界观和方法论的集中体现，是同马克思列宁主义、毛泽东思想、邓小平理论和“三个代表”重要思想既一脉相承又与时俱进的科学理论，是我国经济社会发展的重要指导方针，是发展中国特色社会主义必须坚持和贯彻的重大战略思想。实践证明，科学发展观符合我国基本国情，符合当代中国发展要求，符合广大人民根本利益，符合当今世界发展大势，越来越得到全党全国各族人民的衷心拥护，越来越成为全社会的基本共识和自觉行动。中央决定，从今年9月开始，用一年半左右的时间，在全党分批开展深入学习实践科学发展观活动。这是贯彻落实党的十七大精神，在新的历史起点上发展中国特色社会主义的重大战略部署。

宣传思想文化战线要认真贯彻落实中央的决策部署，始终坚持正确导向，大力唱响继续解放思想、坚持改革开放、推动科学发展、促进社会和谐的主旋律，为在全党开展深入学习实践科学发展观活动提供有力的思想保证、精神动力和舆论支持。同时，要在宣传思想文化领域扎实开展深入学习实践科学发展观活动，紧紧围绕党的十七大提出的兴起社会主义文化建设新高潮、推动社会主义文化大发展大繁荣的战略任务，坚持以邓小平理论和“三个代表”重要思想为指导，深入贯彻落实科学发展观，高举旗帜、围绕大局、服务人民、改革创新，着力转变不适应、不符合科学发展观的思想观念，着力解决影响和制约文化科学发展的突出问题，着力构建有利于文化科学发展的体制机制，推动社会主义文化大发展大繁荣。完成好这个光荣而艰巨的任务，必须在以下几个方面进行不懈努力。

一、认清形势、统一思想，增强以科学发展观统领文化建设的自觉性和坚定性

文化建设是中国特色社会主义事业总体布局的重要组成部分。推动社会主义文化大发展大繁荣，必须全面准确地把握文化建设面临的新形势新任务和人民群众的新要求新期待，进一步增强以科学发展观统领文化建设、加快文化发展的责任感和紧迫感。

从国际上看，当今综合国力竞争的一个显著特点，就是文化的地位和作用更加凸显，越来越多的国家把提高文化软实力作为重要发展战略。改革开放以来特别是党的十六大以来，我国综合国力大幅提升，国际地位和影响显著提高。今年以来，随着抗震救灾斗争取得重大胜利、北京奥运会残奥会成功举办、神舟七号载人航天飞行圆满成功，我国文化软实力进一步增强，我国发展道路、发展模式在国际上的影响日益扩大。同时要看到，世界范围内各种思想文化交流、交融、交锋更加频繁，西方敌对势力对我进行文化渗透的战略图谋没有改变。目前，我国文化在国际上的影响力和竞争力，与我国国际地位不相适应，与我国五千年文明积淀的丰厚文化资源不相适应。这就迫切要求我们必须以科学发展观统领文化建设，加快文化发展步伐，使我国尽快从文化资源大国转变为文化发展强国，提升我国文化软实力，推动中华文化"走出去"，不断增强中华文化的国际影响力。

从国内看，随着中国特色社会主义事业的全面推进，文化在经济社会发展中的地位和作用不断增强。公益性文化事业作为文化建设的重要内容，在保障人民基本文化权益方面的作用越来越明显。经营性文化产业作为文化与经济相互交融的集中体现，科技含量高，资源消耗低，环境污染少，发展潜力大，是新的经济增长点，也是调整经济结构和繁荣文化市场的着力点，推动经济社会发展的作用日益凸显。越来越多的优秀文化产品，对于陶冶人们的情操，增强全社会精神力量，发挥着十分重要的作用。同时要看到，我国仍处于并将长期处于社会主义初级阶段的基本国情没有变，人民日益增长的物质文化需要同落后的社会生产之间的矛盾这一社会主要矛盾没有变，我国文化发展的整体水平还不高，还不能很好地满足人民群众日益增长的精神文化需求，还没有充分发挥在推动经济社会发展中的积极作用，还需要进一步加强其在引导社会、教育人民方面的功能。这就迫切要求我们必须以科学发展观统领文化建设，切实把文化建设纳入经济社会发展全局，更加自觉、更加主动地推动社会主义文化大发展大繁荣，不断提高全民族的思想道德素质和科学文化素质，推动经济社会又好又快发展。

从文化建设自身发展来看，改革开放以来特别是党的十六大以来，我国文化建设取得了巨大成就，文化体制改革取得积极进展，文化事业和文化产业步入协调快速发展的良性轨道，文化建设开创了新局面。同时要看到，文化发展的体制机制还不健全，活力还不强，与全社会快速增长的精神文化需求不相适应，与日趋完善的社会主义市场经济体制不相适应，与对外开放不断扩大的新要求不相适应，与现代科学技术和传播手段迅猛发展和广泛应用的新形势不相适应。这就迫切要求我们必须以科学发展观统领文化建设，进一步深化文化体制改革，构建充满活力、富有效率、更加开放、有利于科学发展的体制机制，解放和发展文化生产力。

总之，科学发展观充分反映了我们党对当今世界发展大势和中国特色社会主义发展方位的科学把握，不仅是我国经济社会发展的重要指导方针，也是我国社会主义文化发展繁荣的重要指导方针。面对我国改革发展的新形势新任务，面对人民群众的新要求新期待，文化建设要破解发展难题，开创发展新局面，必须全面贯

彻落实科学发展观。我们一定要坚持以科学发展观统领文化建设，从理论与实践的结合上，明确新的历史条件下文化为什么要发展、实现什么样的发展、怎样发展和发展为了谁、发展依靠谁等根本问题，使文化建设的各项工作更加符合科学发展观的要求，实现社会主义文化大发展大繁荣的奋斗目标。

二、必须坚持解放思想、改革创新，按照科学发展观的要求树立和落实新的文化发展理念

解放思想是发展中国特色社会主义的一大法宝。思想观念是个总开关。观念决定思路，思路决定出路。以科学发展观统领文化建设，必须坚持解放思想、转变观念，牢固树立符合科学发展观要求的新的文化发展理念，以改革创新精神推动文化建设。

党的十六大以来，宣传思想文化战线坚持以邓小平理论和“三个代表”重要思想为指导，深入贯彻落实科学发展观，解放思想、与时俱进，在实践中深化了对文化发展规律的认识，概括起来有 8 个方面。一是在文化地位和作用上，明确文化建设是中国特色社会主义事业总体布局的重要组成部分，文化越来越成为民族凝聚力和创造力的重要源泉、越来越成为综合国力竞争的重要因素，丰富精神文化生活越来越成为我国人民的热切愿望。二是在文化发展方向上，明确要牢牢把握社会主义先进文化前进方向，建设社会主义核心价值体系，发展面向现代化、面向世界、面向未来的，民族的科学的大众的社会主义文化。要大力发展先进文化，支持健康有益文化，努力改造落后文化，坚决抵制腐朽文化。三是在文化发展目的上，明确要坚持以人为本，满足人民群众日益增长的精神文化需求，保障人民基本文化权益，丰富人民精神文化生活。四是在文化发展动力上，明确要坚持改革创新和科技进步，破除制约文化发展的体制性障碍，不断解放和发展文化生产力。五是在文化发展思路上，明确要一手抓公益性文化事业、一手抓经营性文化产业，一手努力构建覆盖城乡、惠及全民的公共文化服务体系，一手壮大文化产业、繁荣社会主义文化市场，一手抓繁荣、一手抓管理，推动文化全面协调健康发展。六是在文化发展格局上，明确要积极吸引民营资本、海外资本参与文化建设，形成以公有制为主体、多种所有制共同发展的文化产业格局，以民族文化为主体、吸收外来有益文化的文化对外开放格局。七是在文化发展战略上，明确要提升国家文化软实力，提高全民族的思想道德素质和科学文化素质，促进人的全面发展，实施文化“走出去”战略，增强中华文化国际影响力。八是在文化发展领导力量和依靠力量上，明确要始终坚持党对文化工作的领导，充分发挥人民群众在文化建设中的主体作用，最大限度地发挥广大文化工作者的积极性、主动性、创造性。这些重要的文化发展理念，初步回答了新世纪新阶段我国社会主义文化发展的一系列重大问题，是科学发展观在文化建设领域的具体体现，是新的历史条件下文化发展规律的客观反映，一定要贯彻落实到文化建设的各个方面，并在实践中不断发展和完善。

三、必须坚持建设社会主义核心价值体系这个根本，牢牢把握文化建设的正确方向，不断巩固全党全国各族人民团结奋斗的共同思想基础

建设社会主义核心价值体系，是党的十七大对文化建设提出的一项重大战略任务，是深入贯彻落实科学发展观对文化建设提出的根本要求。以科学发展观统领文化建设，必须把建设社会主义核心价值体系作为基础工程和灵魂工程，摆在文化建设的首要位置，贯彻到文化建设的各个方面，在全社会形成统一的指导思想、共同的理想信念、强大的精神力量和良好的道德风尚。

1. 准确理解社会主义核心价值体系的深刻内涵，全面把握社会主义文化建设的根本要求。 社会主义核心价值体系包含 4 个层次，即马克

思主义指导思想、中国特色社会主义共同理想、以爱国主义为核心的民族精神和以改革创新为核心的时代精神、社会主义荣辱观。这4个层次，相互联系、相互贯通、相互促进，是有机统一的整体。推进文化建设，必须紧紧围绕这4个层次，坚持不懈地用马克思主义中国化最新成果武装全党、教育人民，用中国特色社会主义共同理想凝聚力量，用以爱国主义为核心的民族精神和以改革创新为核心的时代精神鼓舞斗志，用社会主义荣辱观引领风尚，不断巩固全党全国各族人民团结奋斗的共同思想基础。要紧密联系当前国际国内形势的深刻变化，紧密联系改革开放30年取得的巨大成就，紧密联系干部群众的思想实际，着重讲清楚6个“为什么”：一是为什么必须坚持马克思主义在意识形态领域的指导地位，而不能搞指导思想的多元化；二是为什么只有社会主义才能救中国，只有中国特色社会主义才能发展中国，而不能搞民主社会主义和资本主义；三是为什么必须坚持人民代表大会制度，而不能搞“三权分立”；四是为什么必须坚持中国共产党领导的多党合作和政治协商制度，而不能搞西方的多党制；五是为什么必须坚持以公有制为主体、多种所有制经济共同发展的基本经济制度，而不能搞私有化和“纯而又纯”的公有制；六是为什么必须坚持改革开放不动摇，而不能回到老路子上去。回答好这些问题，是当前社会主义核心价值体系建设的关键。要真正从历史和现实、理论和实践的结合上，既讲清楚为什么“必须坚持”，更讲清楚为什么“不能搞”，进一步找准统一思想、凝聚力量的着力点，更好地引导干部群众坚定不移地高举中国特色社会主义伟大旗帜不动摇、坚持中国特色社会主义道路不动摇、坚持中国特色社会主义理论体系不动摇，为开创中国特色社会主义事业新局面而共同奋斗。

2. 把建设社会主义核心价值体系作为主线，贯穿到文化建设的各个方面。建设社会主义核心价值体系，要与文化建设的具体任务紧密结合起来，立足当前、着眼未来，多做打基础、利长远的工作。要把社会主义核心价值体系纳入马克思主义理论研究和建设工程，深入研究和揭示社会主义核心价值体系的重大意义、内涵外延和实践要求，推出一批有分量、有影响的研究成果。要把社会主义核心价值体系体现到媒体宣传中，有效引导社会舆论，积极营造健康向上的主流舆论，振奋民族精神，凝聚党心民心，在全社会形成有利于社会主义核心价值体系建设的舆论强势。要把社会主义核心价值体系体现到群众性精神文明创建活动中，始终围绕建设社会主义核心价值体系部署任务、安排活动、开展工作，广泛开展各种形式的精神文明创建活动，加强社会公德、职业道德、家庭美德、个人品德建设，不断提高公民思想道德素质和社会现代文明程度。要把社会主义核心价值体系体现到大学生思想政治教育和未成年人思想道德建设中，纳入国民教育总体规划，加强高校思想政治理论课教材体系和教师队伍建设，加强中小学思想品德、语文、历史课教材建设，切实推动社会主义核心价值体系进学校、进教材、进课堂、进学生头脑。要把社会主义核心价值体系体现到文艺创作生产的各个方面，使之成为鲜明的主旋律，把积极的人生追求、高尚的情感境界、健康的生活情趣传递给人民，让人们在美的享受中受到鼓舞、得到陶冶、获得启迪。

3. 积极探索用社会主义核心价值体系引领社会思潮的有效途径，尊重差异、包容多样，用社会主义文化的力量最大限度地凝聚力量、形成共识。当前，我国社会思想文化多元多样多变，人们思想活动的独立性、选择性、多变性、差异性不断增强。这就迫切要求我们坚持用社会主义核心价值体系引领社会思潮，既尊重差异、包容多样，又有力抵制各种错误和腐朽思想的影响。要紧密结合人们思想观念发展变化的实际，探索总结引领社会思潮的有效途径和办法，力求在多元多样中立主导、在交流交融中谋共识、在变化变动中一以贯之，团结一切可以团结的力量，化消极因素为积极因素，形成既有国家统一意志又有个人心情舒畅、既包容多样又有力抵制各种错误和腐朽思想、既坚守基本社会思想道德又向着更高理想目标前进的生动局面。

四、必须坚持把发展作为第一要务，着力解决影响和制约文化发展的突出问题，加快文化发展步伐

科学发展观的第一要义是发展。以科学发展观统领文化建设，最根本的是紧紧抓住文化发展这个主题，围绕中心、服务大局，进一步深化文化体制改革，破解文化发展难题，转变文化发展方式，推进文化创新，解放和发展文化生产力，通过加快文化自身发展推动经济社会又好又快发展。

1. 坚持一手抓公益性文化事业、一手抓经营性文化产业，转变文化发展方式，发展繁荣社会主义文化。发展方式决定发展效果。长期以来，制约文化发展的一个重要因素，就是把公益性文化事业和经营性文化产业相混淆，政府统包统揽，应该由政府主导的公益性文化事业长期投入不足，应该由市场主导的经营性文化产业长期依赖政府，因而束缚了文化事业和文化产业发展。党的十六大以来，在科学发展观指导下，我们明确了社会主义市场经济条件下文化发展的基本思路，就是一手抓公益性文化事业，一手抓经营性文化产业，两轮驱动，两翼齐飞，推动文化建设走上科学发展的轨道。

公益性文化事业的根本任务，是构建覆盖全社会的公共文化服务体系，为人民群众提供基本的公共文化服务，保障人民收听收看广播电视、读书看报、进行公共文化鉴赏、参与大众文化活动等基本文化权益。要坚持公益性、基本性、均等性、便利性的原则，以政府为主导，以公共财政为支撑，以公益性文化事业单位为骨干，以基层为重点，鼓励全社会积极参与，创新公共文化服务方式。以政府为主导，就是政府要切实履行在文化领域的公共服务职能，把建设公共文化服务体系纳入经济社会发展规划。以公共财政为支撑，就是主要依靠政府财政投入建设公共文化服务体系，扶持公益性文化单位，建设基本文化设施，购买文化产品用于公共文化服务。以公益性文化事业单位为骨干，就是要积极推动公共博物馆、纪念馆、陈列馆、美术馆、文化馆、图书馆以及基层文化活动中心向全社会免费开放，提高公益性文化单位服务群众的能力和水平，最大限度地发挥社会效益。以基层为重点，就是优先安排涉及群众切身利益的文化建设项目，切实提高基层文化服务能力，满足基层群众的基本文化需求。鼓励全社会积极参与，就是完善相关政策和法律法规，积极引导社会力量以多种方式参与公共文化建设。创新公共文化服务方式，就是引入竞争机制，对重要公共文化产品、重大公共文化项目和公益性文化活动，采取建立基金、政府招标、定向资助等手段，进一步增强公共文化服务的活力。

经营性文化产业的根本任务，是繁荣文化市场，满足人民群众多层次、多方面、多样化的精神文化需求，其显著特点是市场在文化资源配置中发挥基础性作用。发展文化产业，关键是按照"创新体制、转换机制、面向市场、增强活力"的要求，着力培育一批有实力、有竞争力的骨干文化企业，鼓励引导有条件的国有和非公有制文化企业面向资本市场融资，实现低成本扩张，打造一批战略投资者，带动全行业改革发展。主要途径是实施重大文化项目带动战略，加快文化产业基地和区域性特色文化产业群建设，形成若干文化产业密集区，使文化产业占国民经济比重明显提高、国际竞争力显著增强。重点是发展文化创意、影视制作、出版发行、印刷复制、广告、演艺、娱乐、文化会展、数字内容和动漫等 9 大文化产业，壮大我国文化产业的整体实力。最终要形成以公有制为主体、多种所有制共同发展的文化产业格局，以民族文化为主体、吸收外来有益文化的文化对外开放格局。

2. 进一步深化文化体制改革，努力形成充满生机活力、有利于加快文化发展的体制机制，

解放和发展文化生产力。体制机制是发展的根本保障。党的十六大以来，文化体制改革在改革开放以来进行大量有益探索的基础上继续深入推进，新的文化管理体制和运行机制逐步建立，国有文化单位的活力、竞争力不断增强，文化产业快速发展，改革成效日益显现。但总体来看，文化领域不少方面受传统体制的影响还很深，加快文化发展面临诸多制约因素。破解影响和制约文化发展的难题，根本出路在于按照“区别对待、分类指导、循序渐进、逐步推开”的原则，进一步深化文化体制改革。当前，要着力在4个关键环节的改革上下功夫：一是重塑文化市场主体，这是文化体制改革的中心环节。要加快推进国有经营性文化单位的转企改制，按照建立现代企业制度的要求，完善法人治理结构，使之成为合格的市场主体。二是完善市场体系，打破按部门、按行政区划和行政级次分配文化资源和产品的传统体制，打破条块分割、地区封锁、城乡分离的市场格局，加快建立健全统一开放竞争有序的现代文化市场体系。三是改善宏观管理，建立党委领导、政府管理、行业自律、企事业单位依法运营的文化管理体制和富有活力的文化产品生产经营机制，增强宏观调控能力。四是转变政府职能，按照建设服务政府、责任政府、法治政府和廉洁政府的要求，推进政企分开、政资分开、政事分开、政府与市场中介组织分开，推动文化行政管理部门逐步实现由办文化为主向管文化为主转变，由管微观向管宏观转变，由主要面向直属单位转为面向全社会，履行好政策调节、市场监管、社会管理、公共服务的职能。要贯彻“增加投入、转换机制、增强活力、改善服务”的方针，积极推进公益性文化单位内部人事、收入分配和社会保障制度改革，增强活力，提高服务群众的能力和水平。通过深化改革，逐步建立和完善社会主义市场经济条件下加快文化发展的管理体制机制，营造有利于出精品、出人才、出效益的良好环境。

3. 积极推进文化创新，增强文化发展的生机和活力。提高自主创新能力是国家发展战略的核心，是提高综合国力的关键。改革创新和科技进步是文化发展的根本动力。必须在推进文化体制机制创新的同时，大力推进各方面的创新。要加快建立以文化企业为主体、市场为导向、产学研相结合的文化创新体系，使企业成为文化创新投入的主体、实施文化创新项目的主体、文化创新成果转化的主体，以企业为纽带推动文化在与市场、科技和产业的结合中不断创新。要适应人民群众文化需求的新特点和审美情趣的新变化，不断推进文化内容形式的创新，推动不同艺术门类和文化活动相互融合，积极运用声、光、电等手段提高传统文化的表现力，实现题材体裁、风格流派和表现手法的多样化。要积极运用现代科技手段开发利用民族文化资源，改造传统文化产业，催生新的文化业态，大力发展文化创意、文化博览、动漫游戏、数字传输等新兴产业，加快构建传输快捷、覆盖广泛的文化传播体系。要实施重大文化工程，调动各方面力量，整合优势资源，集聚各领域最新的创作理念和创作方法，以项目为平台带动文化创新。要鼓励探索与市场接轨的商业模式，建立以市场为导向的内容集成、加工、制作、传播的生产机制，打造有自主知识产权、有市场影响的文化品牌，满足群众的现实文化需求，引导和开发群众的潜在文化需求。

五、必须坚持以人为本，最大限度地满足人民群众精神文化需求，促进人的全面发展

科学发展观的核心是以人为本。文化建设以人为本，就是要贴近实际、贴近生活、贴近群众，以服务人民为根本宗旨，以满足人民群众精神文化需求、促进人的全面发展为根本目的，以人民群众为根本依靠力量，以发展文化事业和文化产业、提高文化产品和服务的供给能力为根本途径，以人民群众满意不满意为衡量工作成效的根本尺度，建立健全面向群众、服务群众的体制机制，多提供人民需要的文化产品和服

务，多做有利于保障人民基本文化权益的事，让文化发展成果惠及全体人民。

1. 坚持以人为本，就要大力提高文化产品和服务的供给能力，努力满足人民群众日益增长的精神文化需求。要把保障人民基本文化权益摆在文化建设的首要位置，加大对公共文化服务的投入，通过建立实用、便捷、高效的公共文化服务网络，实施重大文化工程，拓展公共文化服务领域，健全公共文化服务组织等多种手段，向全社会提供更多免费或优惠的公共文化产品和服务，特别是要切实维护低收入群体和特殊群体的基本文化权益。要把繁荣文化市场、满足人民群众多样化文化需求作为文化建设的紧迫任务，适应人们文化需求多层次、多方面、多样化的新形势，鼓励广大文化工作者创作更多群众喜闻乐见的精品力作，鼓励国有文化企业积极开发市场、占有市场，发挥骨干作用，鼓励非公有制文化企业积极提供多样化的文化产品和服务，满足不同地域、不同层次、不同群体、不同年龄人们健康向上的文化需求。要利用现代科技手段满足人民群众的新型文化需求，加强网络文化建设，发展网络影视、网络图书、手机电视、手机报等现代文化服务业，建设更多适合青少年需要的绿色网吧，使互联网成为传播社会主义先进文化的重要阵地、提供公共文化服务的有效平台、促进人民精神文化生活健康发展的广阔空间，让人民群众更加方便快捷地享用各种文化产品和服务。

2. 坚持以人为本，就要切实尊重人民群众的主体地位，激发人民群众参与文化建设的积极性、主动性、创造性。人民群众是一切文化创造的源泉。要紧紧依靠群众，做到谋划文化发展思路向人民群众问计，查找文化发展中的问题听人民群众意见，改进文化发展措施向人民群众请教，衡量文化发展成效由人民群众评判。要尊重群众的首创精神，及时总结群众创造的新鲜经验并加以推广，推动全社会文化创造活力竞相迸发、充分涌流。要大力开展城乡群众喜闻乐见的文化活动，鼓励群众建设各种形式的文化活动阵地，支持群众兴办各种演出团体和其他文化团体，引导群众在文化建设中自我创造、自我服务、自我发展。要广泛开展道德模范评选表彰、文明城市文明村镇文明单位创建、讲文明树新风等群众便于参与、乐于参与的活动，让群众评、评群众身边的人和事，使人民群众成为思想道德建设的主体。要建立科学的情况反馈机制和考核测评体系，通过问卷调查、民意测验、群众投票、媒体公示等办法，直接听取群众意见，接受群众评议，依靠群众的智慧和力量推动文化建设不断向前发展。

3. 坚持以人为本，就要充分反映人民群众的利益诉求，推动解决人民群众最关心、最直接、最现实的利益问题。随着社会主义民主政治的深入发展，人民群众的参与意识、表达意识、维权意识不断增强。文化建设以人为本，必须适应社会主义民主政治建设的要求，坚持把体现党的主张与反映人民心声统一起来，把坚持正确导向与通达社情民意统一起来，把正面宣传为主与加强和改进舆论监督统一起来，切实保障人民的知情权、参与权、表达权、监督权。对广大群众反映强烈的民生问题，要及时向社会通报情况，宣传党和政府采取的措施，多用答疑解惑、形势政策教育等方法积极加以引导。对突发公共事件，要及时准确、公开透明地向社会发布信息，引导社会舆论。对中央已作出决定并三令五申，但仍没有得到落实的问题，要加强和改进舆论监督，通过准确监督、科学监督、依法监督、建设性监督，推动有关地方和部门认真解决问题。对群众提出的暂时没有条件解决的问题，甚至一些带有情绪化的意见，也要通过讲清情况、摆明道理，把群众的思想情绪疏通好、引导好。

六、必须坚持全面协调可持续，妥善处理文化发展中的重大关系，推动社会主义文化又好又快发展

科学发展观的基本要求是全面协调可持续。文化建设坚持全面协调可持续，就要理顺

文化与经济社会发展的关系，加强文化建设各个方面、各个环节之间的相互协调和配合，使文化发展的结构和布局更加全面均衡，发展的速度与质量效益更加协调统一，文化可持续发展的能力进一步增强。

1. 正确处理文化建设与经济社会发展的关系，促进文化建设与经济社会发展相协调。经济社会发展是文化发展的基础和前提，文化发展是经济社会发展的重要内容和重要支撑。加快文化发展，对于提高经济社会发展质量、巩固发展成果、增强发展后劲，具有重要作用。这就要求我们必须更加重视文化建设，把文化建设纳入经济社会发展全局，摆到更加突出的地位，投入更多的人力物力财力，努力实现文化建设与经济建设、政治建设、社会建设整体推进、共同发展，形成与我国经济社会发展要求相适应的文化软实力。同时，文化建设也要从社会主义初级阶段的基本国情出发，从经济社会发展实际出发，科学制定规划，合理安排投入，积极实施文化建设项目，增强文化建设与经济社会发展的协调性。

2. 正确处理社会效益和经济效益的关系，始终把社会效益放在首位，做到社会效益与经济效益相统一。经济效益和社会效益的关系，是社会主义文化建设面临的一个重大问题，必须正确认识和把握好。文化产品既有教育人民、引领社会的意识形态属性，也有通过市场交换、获取经济利益、实现再生产的商品属性，两种属性相应地带来了"两个效益"的关系问题。要正确区分公益性文化事业和经营性文化产业中"两个效益"的不同要求。对公益性文化事业来说，就是要追求社会效益的最大化，不搞产业化。对经营性文化产业来说，既要讲社会效益，也要讲经济效益，两者并不是对立的。在社会主义市场经济条件下，人们越来越多地通过市场满足文化需求，购买优秀文化产品的人越多，受教育的面就越大，社会效益就越广泛，经济效益也就越好。从这个意义上说，没有经济效益，社会效益也难以落实，文化产业也无法实现再生产。反之如果文化产品不讲社会效益，不能满足人民群众健康有益的文化需求，就会逐渐被边缘化直至被逐出市场，经济效益也无从谈起。实现社会效益与经济效益有机统一，是文化产业可持续发展的重要条件。要鼓励文化企业在确保正确导向的前提下，争取更大的经济效益。当经济效益同社会效益发生冲突时，经济效益要服从社会效益。

3. 正确处理弘扬主旋律与提倡多样化的关系，推动社会主义文化全面繁荣。弘扬主旋律、提倡多样化，是坚持为人民服务、为社会主义服务方向和百花齐放、百家争鸣方针的具体体现，是社会主义文化发展的内在要求。主旋律反映社会发展的主流思想和价值取向，代表人民群众的根本利益和愿望，是时代的最强音。多样化是社会思想文化多元多样多变的客观反映，是社会生活丰富多彩的具体体现。主旋律是主导，多样化不可或缺，二者统一于社会主义文化建设的具体实践中。当今中国，各族人民正在中国共产党领导下，坚持走中国特色社会主义道路，奋力实现中华民族的伟大复兴，这是我们这个时代最鲜明的主旋律，我们必须大力唱响这一主旋律，同时，要适应人们思想活动独立性、选择性、差异性、多变性不断增强，人民群众精神文化需求多方面、多层次、多样化特征日益凸显的新形势，积极发展各种健康有益文化，使社会主义文化更加多姿多彩。弘扬主旋律要坚持思想性、艺术性、观赏性的有机统一，不能降低艺术标准，不能粗制滥造。提倡多样化要讲究格调品位，寓教于乐，不能低俗媚俗庸俗，搞低级趣味。要进一步完善评奖机制，加强文艺评论，正确引导文化产品的创作生产，形成崇尚主旋律、鼓励多样化的良好氛围。

4. 正确处理促进繁荣与加强管理的关系，通过科学管理确保文化健康有序发展。繁荣是目的，管理是保障。推进文化建设，必须坚持一手抓繁荣、一手抓管理，在发展繁荣的过程中不断改进和创新管理，通过科学有效的管理促进文化发展繁荣。要进一步丰富管理手段，在恰当运用思想教育手段的同时，更加注重依法管理为主，并综合运用法律、经济、行政、科技等手段。要进一步创新管理理念，强化服务意识，寓管理于服务之中，善于在服务的过程中更好地实施管理。要用改革的办法解决前进中的问题，向体制机制要秩序。要进一步拓展管理领域，坚持“积极发展、加强管理、趋利避害、为我所用”的方针，加强网络文化建设，繁荣网络文化，加强依法管理，促进新兴媒体健康发展。要进一步提高文化执法水平，大力推进文化市场综合执法，加强执法主体建设，改变过去多头执法、力量分散、执法水平不高的问题，确保文化市场繁荣有序。要把有序开放和有效管理结合起来，确保文化安全。

七、必须坚持统筹兼顾，不断增强文化发展的均衡性，形成文化建设整体推进的良好局面

科学发展观的根本方法是统筹兼顾。文化建设涉及经济基础和上层建筑两个领域，涉及国内国际两个大局，涉及经济社会发展的方方面面。以科学发展观统领文化建设，必须坚持统筹兼顾，使文化建设各方面相互促进、良性互动。

1. 统筹城乡、区域文化发展，着力提高中西部地区和农村文化发展水平。城乡、区域发展不平衡，是我国经济社会发展中存在的突出问题。文化建设坚持统筹兼顾，就必须切实贯彻中央关于统筹城乡发展、区域发展的一系列重大决策部署，着力改变文化领域的城乡二元结构，缩小区域文化差别，推动城乡、区域文化协调发展。在资金投入上，要更加注重公共财政对中西部地区和农村地区文化发展的支持，保证一定数量的中央财政转移支付资金特别是文化领域每年新增的财政投入主要用于中西部地区、农村和基层。在文化惠民工程建设上，要积极推进文化资源向农村和基层倾斜，大力实施广播电视村村通、文化信息资源共享、社区文化活动中心和乡镇综合文化站（室）、农家书屋和农村电影放映等重大文化惠民工程，切实解决农民看书难、看报难、看电影难、收听收看广播电视难的问题。在城乡文化发展格局上，要建立健全以城带乡的体制机制，充分发挥城市的辐射带动作用，鼓励城市骨干文化企业向农村延伸，占领农村文化市场，丰富基层文化生活。在区域文化发展布局上，要重点扶持中西部地区文化发展，鼓励中西部地区充分发挥资源优势，大力发展特色文化产业，引导东部地区文化产业向西部地区转移，形成东中西优势互补、协调发展的新格局。

2. 统筹各方面力量，形成推动文化建设的强大合力。推动文化建设既是宣传思想文化战线的重要任务，也是全社会的共同责任。这就要求我们建立健全党委统一领导、宣传思想文化部门主要负责、党政各部门齐抓共管、社会各方面共同参与的工作体制和工作格局，在党委统一领导下，统筹发挥好宣传思想文化战线和社会各方面的作用，形成推动文化建设的整体优势。宣传思想文化部门要在党委统一领导下，切实履行好党和人民赋予的职责，发挥好主力军作用，同时主动加强与各方面的联系，争取各方面的配合与支持。发展改革、财政、社保、税务、工商等与文化建设密切相关的部门，要切实担负起涉及文化建设和管理的相关职责，在政策、财力、物力等方面积极提供支持和保障，共同推动文化发展繁荣。要调动海内外、全社会力量参与文化建设，鼓励和引导非公有制资本按规定进入文化领域，为弘扬中华文化作贡献。

3. 统筹国内国际两个大局，大力推动中华文化“走出去”。在对外开放不断扩大的新形势下推动文化建设，必须统筹国内国际两个大局，积极利用国际国内两个市场、两种资源，吸收外来有益文化，增强中华文化的国际影响力和竞争力。要大力实施文化“走出去”战略，在继续推动政府间文化交流的同时，着力打造一批具有国际竞争力的外向型文化企业，打造具有重要影响力的国际文化交易平台，打造具有核心

竞争力的知名文化品牌，以企业为主体、以市场化运作为主要方式推动文化产品“走出去”，努力扩大我国文化产品在国际市场的份额，逐步改变文化贸易逆差的局面。要按照有序开放、有效管理的原则，推动文化对外开放，积极开展合资合作等多种形式，吸收各国优秀文化成果。要统筹国内国际舆论引导，加强内宣和外宣的协调配合，着力建设语种多、受众广、信息量大、影响力强、覆盖全球的国际一流媒体，使我们的图像、声音、文字、信息更广泛地传播到世界各地，进入千家万户，为我国改革开放和现代化建设营造更加良好的国际舆论环境。要扩大文化、教育国际交流合作，扎实有效开展汉语国际推广工作。

八、必须坚持加强和改善党对文化工作的领导，为推动文化大发展大繁荣提供坚强保证

把科学发展观的要求落实到文化建设的各个方面，关键在党的领导。坚持以科学发展观统领文化建设，必须切实加强和改善党对文化工作的政治领导、思想领导、组织领导，使之更好地担负起领导和推动文化大发展大繁荣的历史重任。

1. 进一步提高思想认识，切实把文化建设摆到更加突出的位置。党的十七大报告用“三个越来越”、“两个更加”、“一个兴起”对文化的地位和作用进行了高度概括。胡锦涛同志对宣传思想文化工作的重要性多次作出深刻论述。提高对文化建设地位和作用的认识，最重要的是把思想统一到党的十七大精神和胡锦涛同志一系列重要讲话精神上来。各级党委和政府要进一步提高对文化建设重要性的认识，增强政治意识、政权意识、责任意识，增强政治敏锐性和政治鉴别力，增强责任感、使命感和紧迫感，切实把文化建设摆在更加突出的位置，纳入党委和政府的重要议事日程，纳入经济社会发展总体规划，纳入科学发展考核评价体系，加强组织领导，加强统筹协调，加强政策扶持，加强资金投入，加强督促检查，确保文化建设各项任务落到实处。

2. 进一步提高领导文化建设的能力和水平，牢牢把握文化建设和发展的主动权。文化建设面临的复杂形势和艰巨任务，迫切要求我们不断提高把握文化发展方向、统筹文化发展大局、组织文化建设、改善文化管理、推动文化发展的能力。各级党委和政府要善于分析和研究文化建设面临的形势，善于从经济社会发展全局出发谋划文化发展战略，制定文化发展政策，明确文化发展重点，优化文化发展布局，组织实施重大文化发展项目，推动文化体制和机制创新，更好地发挥文化建设对推动经济社会发展的积极作用。要认真落实谁主管谁负责和属地管理的原则，确保各类宣传文化阵地始终坚持社会主义先进文化的前进方向。要善于学习，深入学习马克思列宁主义、毛泽东思想、邓小平理论、“三个代表”重要思想和科学发展观关于文化建设的一系列重要论述，广泛学习历史、经济、法律、哲学等各领域知识，特别是学习以数字技术和网络技术为代表的现代科技知识，努力成为领导文化建设的行家里手。

3. 进一步加强人才队伍建设，为文化大发展大繁荣提供人才保障。文化生产是复杂的创造性劳动，投入的是智力资源，产出的是著作权、版权等知识产权。知识分子是文化生产的骨干力量，在文化建设中具有不可替代的重要作用。要坚持尊重劳动、尊重知识、尊重人才、尊重创造，从政治上、工作上、生活上关心知识分子。要认真贯彻“双百”方针，实行学术民主、艺术民主，鼓励探索，支持创新，包容失败，努力营造良好创作环境，最大限度地调动知识分子的积极性、主动性、创造性，多出精品力作，多出优秀人才。要认真贯彻人才强国战略，牢固树立人才资源是第一资源的观念，加大文化领域各类人才的培养力度。要高度重视在知识分子中培养一大批坚定的马克思主义者，努力造就政治坚定、与党同心同德、具有广泛社会影响的理论家、思想家，造就一大批坚持为社会主义服

务、为人民服务的作家艺术家。认真组织实施“四个一批”人才培养工程，努力造就一支高素质的文化工作者队伍，造就一大批文化领域各方面的领军人才和学术带头人，造就一大批各门类拔尖人才、经营管理人才、专业技术人才，为文化发展提供有力人才保障。要拓宽和知识界联系沟通的渠道，多同知识分子交朋友，认真听取意见，加强思想引导，把知识分子团结和凝聚在党的周围。

（原文载《求是》2008年第22期）

在纪念党的十一届三中全会召开30周年理论研讨会上的讲话

（2008年12月20日）

李长春

纪念党的十一届三中全会召开30周年理论研讨会，是中央关于纪念活动的一项重要内容。会议开得很好、很成功。这是一次深入学习、提高认识的会议，一次解放思想、开拓创新的会议，一次团结鼓劲、振奋精神的会议。

一、认真学习领会胡锦涛总书记的重要讲话，把思想认识统一到讲话精神上来

胡锦涛总书记的重要讲话，从近一个世纪以来中华民族为实现伟大复兴进行的三次伟大革命的历史高度，从中国共产党带领人民发展中国特色社会主义、建设富强民主文明和谐的社会主义现代化国家的高度，从党和国家事业发展全局的高度，全面回顾和总结了改革开放30年的伟大历程和辉煌成就，高度评价了党的十一届三中全会的重大意义和历史功绩，系统阐述了改革开放“十个结合”的宝贵经验，鲜明地强调在新的国际国内形势下和新的历史起点上，我们必须坚定不移地坚持党的十一届三中全会以来开创的中国特色社会主义道路，继续奋勇推进改革开放和社会主义现代化事业。讲话高屋建瓴、思想深刻、内涵丰富，具有很强的理论性、战略性、指导性，通篇闪耀着马克思主义真理的光辉，进一步丰富了中国特色社会主义理论体系，是指导继续推进改革开放伟大事业的纲领性文献。我们一定要认真学习，深刻领会，切实把思想认识统一到讲话精神上来。

1. 深入把握党的十一届三中全会的重大历史贡献。党的十一届三中全会，是在我们党和国家面临向何处去的重大历史关头召开的极其重要的会议。这次会议，实现了我们党历史上具有深远意义的伟大转折，开启了改革开放历史新时期，标志着我们党重新确立了马克思主义思想路线、政治路线、组织路线，标志着中国共产党人在新的时代条件下的伟大觉醒，标志着我们党顺应时代潮流和人民愿望、勇敢开辟建设社会主义的新路即中国特色社会主义道路的开端，由此孕育了党在新时期从实践到理论的一系列伟大创造。我们今天纪念党的十一届三中全会召开30周年，就是要充分认识改革开放的重大意义和伟大成就，深刻总结改革开放的伟大历程和宝贵经验，弘扬党的十一届三中全会精神，高举中国特色社会主义伟大旗帜，以邓小平理论和“三个代表”重要思想为指导，深入贯彻落实科学发展观，在中国特色社会主义道路上，继续把改革开放伟大事业推向前进。

2. 深入把握改革开放30年的伟大历程和辉煌成就。30年来，以邓小平同志为核心的党的第二代中央领导集体，以江泽民同志为核心

的党的第三代中央领导集体和以胡锦涛同志为总书记的党中央，团结带领全国各族人民，承前启后，继往开来，不断推进改革开放伟大事业，谱写了中华民族自强不息、顽强奋进的壮丽史诗。我们始终以改革开放为强大动力，在新中国成立以来取得成就的基础上，推动党和国家各项事业取得举世瞩目的新的伟大成就：锐意推进各方面体制改革，使我国成功实现了从高度集中的计划经济体制到充满活力的社会主义市场经济体制的伟大历史转折；不断扩大对外开放，使我国成功实现了从封闭半封闭到全方位开放的伟大历史转折；坚持以经济建设为中心，我国综合国力迈上新台阶；着力保障和改善民生，人民生活总体上达到小康水平；大力发展社会主义民主政治，人民当家作主权利得到更好保障；大力发展社会主义先进文化，人民日益增长的精神文化需求得到更好满足；大力发展社会事业，社会和谐稳定得到巩固和发展；坚持党对军队绝对领导，国防和军队现代化建设取得重大成就；成功实施"一国两制"基本方针，祖国和平统一大业迈出重大步伐；坚持奉行独立自主的和平外交政策，全方位外交取得重大成就；坚持党要管党、从严治党，党的领导水平和执政水平、拒腐防变和抵御风险能力明显提高。经过30年的不懈奋斗，我们胜利实现了我们党提出的"三步走"现代化战略目标的前两步，正在向第三步战略目标阔步前进，13亿中国人民大踏步赶上了时代潮流，稳定走上了奔向富裕安康的广阔道路，中国特色社会主义充满蓬勃生机，为人类文明进步作出重大贡献的中华民族以前所未有的雄姿巍然屹立在世界东方。事实雄辩地证明，改革开放是决定当代中国命运的关键抉择，是发展中国特色社会主义、实现中华民族伟大复兴的必由之路；只有社会主义才能救中国，只有改革开放才能发展中国、发展社会主义、发展马克思主义；改革开放符合党心民心、顺应时代潮流，方向和道路是完全正确的，成效和功绩不容否定，停顿和倒退没有出路。

3. 深入把握改革开放30年的宝贵经验。讲话系统深入地阐述了党的十七大总结的"十个结合"的宝贵经验。这些经验就是：在推进改革开放的进程中，必须把坚持马克思主义基本原理同推进马克思主义中国化结合起来，把坚持四项基本原则同坚持改革开放结合起来，把尊重人民首创精神同加强和改善党的领导结合起来，把坚持社会主义基本制度同发展市场经济结合起来，把推动经济基础变革同推动上层建筑改革结合起来，把发展社会生产力同提高全民族文明素质结合起来，把提高效率同促进社会公平结合起来，把坚持独立自主同参与经济全球化结合起来，把促进改革发展同保持社会稳定结合起来，把推进中国特色社会主义伟大事业同推进党的建设新的伟大工程结合起来。这"十个结合"的宝贵经验，从历史和逻辑、理论和实践的统一上，深刻揭示了我国改革开放取得成功的关键和根本，揭示了中国特色社会主义经济建设、政治建设、文化建设、社会建设和党的建设的真谛，揭示了营造良好国际环境、保持国内社会政治稳定、坚持党的领导核心地位对改革发展的保证作用，既是历史经验的深刻总结，又是理论创新的集中体现，既有十分重要的政治分量，又有十分丰富的理论内涵，是我们这样一个十几亿人口的发展中社会主义大国取得的摆脱贫困、加快现代化进程、巩固和发展社会主义的宝贵经验，闪耀着马克思主义的真理光芒，是辩证唯物主义和历史唯物主义的胜利。30年的历史经验归结到一点，就是把马克思主义基本原理同中国具体实际相结合，走自己的路，建设中国特色社会主义。30年的经验是极为宝贵的财富，我们一定要倍加珍惜、自觉运用。

4. 深入把握继续推进改革开放伟大事业、实现中华民族伟大复兴的历史使命。近一个世纪以来，为了实现中华民族伟大复兴，我国先后发生三次伟大革命，第一次革命是孙中山先生领导的辛亥革命，第二次革命是我们党领导的新民主主义革命和社会主义革命，第三次革命是我们党领导的改革开放这场新的伟大革命。

改革开放引领中国人民走上了中国特色社会主义广阔道路，迎来中华民族伟大复兴的光明前景。30年来，我们取得了伟大成就，但同我们的远大目标相比，同人民群众对美好生活的期待相比，我们没有任何理由骄傲自满、固步自封。必须清醒地看到，我国仍处于并将长期处于社会主义初级阶段的基本国情没有变，人民日益增长的物质文化需要同落后的社会生产之间的矛盾这一社会主要矛盾没有变，当前我国发展呈现出一系列新的阶段性特征，我国生产力水平总体上还不高，我们的工作中还存在缺点和不足，在前进道路上还会遇到这样那样的困难和风险。改革发展任重道远，全党全国各族人民要长期奋斗、顽强奋斗、不懈奋斗。我们一定要坚持高举中国特色社会主义伟大旗帜，继续推进马克思主义中国化；一定要坚持改革开放的正确方向，着力构建充满活力、富有效率、更加开放、有利于科学发展的体制机制；一定要坚持抓好发展这个党执政兴国的第一要务，更好地做到发展成果由人民共享；一定要戒骄戒躁、艰苦奋斗，不断开创改革开放和社会主义现代化建设新局面。

二、改革开放30年来理论工作始终与时代同步伐、与实践共发展，呈现出繁荣发展的良好态势

党的十一届三中全会以来，党和国家事业发展一个显著的特征，就是改革开放不断推进，理论探索不断深入，两者紧密联系、相互促进。我国改革开放和现代化建设事业的每一个关口的突破，都是系统总结人民群众的成功探索和新鲜经验，大力推进马克思主义理论创新和实践创新的结果。没有我们党正确分析国情，结合改革和建设的实际，做出一系列新的理论创造，形成一系列新的成果，就不会有中国特色社会主义事业的顺利发展，就不可能取得我们今天这样巨大的成就。改革开放30年，是新中国成立以来党的理论创新步伐加快、成果最为丰硕的时期，是党的理论工作最具活力、最为繁荣的时期，也是党的理论工作者最富创造、最有建树的时期。

这30年，是坚持把马克思主义基本原理同当代中国实际和时代特征紧密结合，在实践探索中形成和发展中国特色社会主义伟大旗帜、发展道路和理论体系的过程。在30年的改革开放进程中，我们坚持解放思想、实事求是、与时俱进，不断探索和回答什么是马克思主义、怎样对待马克思主义，什么是社会主义、怎样建设社会主义，建设什么样的党、怎样建设党，实现什么样的发展、怎样发展等重大理论和实际问题，深化了对共产党执政规律、社会主义建设规律、人类社会发展规律的认识，创立了邓小平理论、“三个代表”重要思想和科学发展观，实现了马克思主义中国化的第二次历史性飞跃，形成了中国特色社会主义的“一面旗帜、一条道路、一个理论体系”。这面旗帜、这条道路、这个理论体系，鲜明地表明了我们的前进方向、必由之路和理论指导，是改革开放30年我们取得的最重要的成果和最宝贵的财富，标志着我们党对中国特色社会主义理论和实践的认识更加深化、把握更加准确。在中国特色社会主义伟大旗帜、发展道路、理论体系的形成和发展中，广大理论工作者发挥了聪明才智，付出了心血和努力。这是我们这个时代理论工作者最无愧于历史的贡献。

这30年，是大力推进当代中国马克思主义大众化，把科学理论转化为推动事业发展强大动力的过程。伟大的实践需要伟大的理论，伟大的理论引领伟大的实践。党的理论创新每推进一步，理论武装就要跟进一步。30年的实践证明，只有坚持用科学理论武装全党、教育人民，才能使党的理论创新成果成为团结和凝聚全党全国各族人民为实现国家富强、民族振兴而奋斗的精神支柱，成为引导我们夺取改革开放和社会主义现代化建设事业新胜利的强大精神动力。在改革开放的进程中，我们始终把学习中国特色社会主义理论体系作为一项根本的战略任务，持之以恒、坚持不懈地加以推进，贯

穿到领导干部理论学习培训中，贯穿到对广大干部群众的宣传教育中，贯穿到国民教育全过程；始终把马克思主义理论研究和建设作为一项基础工作，不断深化对马克思主义基本原理的研究，不断深化对中国特色社会主义理论体系的研究，不断深化对重大理论和现实问题的研究，推动了当代中国马克思主义的发展和哲学社会科学的繁荣；始终把马克思主义中国化最新成果的宣传普及作为一项重要任务，用干部群众喜闻乐见的形式、通俗易懂的语言，进行深入浅出的宣传阐释，使党的理论创新成果深入人心。深入扎实的理论学习研究宣传，为巩固马克思主义在意识形态领域的指导地位、建设社会主义核心价值体系发挥了重要作用，为服务党和政府决策、推动改革开放和社会主义现代化建设提供了有力的理论支持。

这 30 年，是尊重人民的首创精神，不断总结人民群众创造的新鲜经验并升华为理论的过程。人民群众是历史的创造者，是推动社会发展的决定性力量。中国特色社会主义事业是全国各族人民实现自己利益、创造美好生活的共同事业。改革开放极大调动了人民群众的积极性、主动性、创造性，激发了人民群众无穷的创造活力和聪明才智。改革开放以来的许多成功探索和新鲜经验，都来自基层，来自人民群众。30 年来，广大理论工作者始终坚持马克思主义群众观点，坚持党的群众路线，深入改革发展的第一线，深入人民群众创造历史的火热生活，努力从波澜壮阔的中国特色社会主义伟大实践中汲取丰厚的思想养分，对人民群众的实践创造和鲜活经验进行系统的总结，形成规律性的认识，作出理论的概括。正是由于坚持以广大人民群众建设中国特色社会主义的生动实践为理论创新的源泉，以广大人民群众推动历史前进的创造精神为理论创新的动力，以实现和发展最广大人民的根本利益为理论创新的目的，我们的理论创新才有了最坚实的基础，理论工作才始终保持着旺盛的生机和活力。改革开放的历史，是在推动社会实践进步的同时不断推进理论进步的历史，是在人民群众进行历史创造的同时进行理论创造的历史。

这 30 年，是坚持立足中国又面向世界，充分吸收人类文明优秀成果推动理论发展的过程。综观人类社会发展史，任何一个国家、一个民族要加快发展和进步，都不可能在完全封闭的状态下实现。社会主义作为一种崭新的社会制度，只有在继承和利用人类社会已经创造出来的全部优秀文明成果的基础上，进行新的创造才能成功。改革开放 30 年来，我们坚持以马克思主义宽广眼界观察世界、以主动的姿态面对世界、以积极的态度学习了解世界，大胆吸收和借鉴人类社会创造的一切有益成果，大胆吸收和借鉴世界各国包括资本主义发达国家在内的一切反映现代社会生产规律的先进经营方式和管理方法，并结合我国实际加以消化、吸收、再创新，不断地充实、丰富、提高自己。同时坚决抵制各种错误和腐朽思想的影响，决不放任各种腐朽的、有害于人民的东西自由泛滥。这不仅有力促进了我国经济、科技和各项事业的发展，而且对我们党的理论创新、对我国学术的发展和文化的繁荣产生了积极作用；不仅没有动摇我国社会主义基本制度、没有削弱社会主义意识形态的主导地位，而且使中国特色社会主义在海纳百川、博采众长的基础上更加具有旺盛的活力和强大的生命力。

这 30 年，是始终坚持正确方向，不断促进理论工作繁荣发展的过程。理论工作是上层建筑的重要组成部分，具有鲜明的阶级属性。坚持举什么旗、以什么为指导，决定着理论工作的性质和方向。马克思主义是我们立党立国的根本指导思想，是社会主义意识形态的旗帜和灵魂。要始终做到“两个坚定不移，不能含糊”，坚持以马克思主义为指导，牢牢把握理论工作的正确方向，在这一点上必须坚定不移，不能含糊；同时坚持贯彻解放思想、实事求是的思想路线，坚持勇于追求真理和探索真理的革命精神，在这一点上也必须坚定不移，不能含糊。30 年来，我们始终强调理论工作要坚持正确的政治方向，坚持“二为”方向和“双百”方针，鼓励不同学术观点、不同学术流派的切磋和争鸣，提倡充分说理的批评和反批评，大胆吸收借鉴一切有益成果，坚持以我为主、为我所用，积极稳妥地解决思想理论领域的问题，形成了符合我国理论工作的实际、有利于团结和凝聚广大理论工作者、有利于促进理论创新和学术繁荣的良好氛围。正是有了这样的氛围，广大理论工作者的创造热情得到极大激发，创新才华得到充分施展，理论创造的活力竞相迸发，理论创造的成果不断涌现。

30 年来，理论工作的一切成绩，作出的一切贡献，是在党中央正确领导下取得的，是思想理论战线共同努力的结果。广大理论工作者以敢为人先的胆识和超越前人的勇气，以开拓进取的心志和“十年磨一剑”的精神，潜心钻研，严谨治学，大胆探索，锐意创新，不断攀登理论高峰，创造了许多经得起实践和历史检验的精品力作。实践表明，我们的理论队伍是一支有高水平、有创造力、有战斗力的队伍，是一支党和人民可以完全信赖的队伍。

回顾改革开放 30 年的历程，理论工作在不断发展进步中积累了许多宝贵经验。我们要深入总结这些经验，进一步深化对新时期理论工作的规律性认识，努力推动理论工作的大发展大繁荣。我体会，必须做到以下几点：

一是必须坚持以马克思主义为指导。这是理论工作繁荣发展的根本前提。始终坚持以马克思列宁主义、毛泽东思想、邓小平理论和“三个代表”重要思想为指导，深入贯彻落实科学发展观，高举中国特色社会主义伟大旗帜不动摇，坚持中国特色社会主义道路不动摇，坚持中国特色社会主义理论体系不动摇，坚定地同以胡锦涛同志为总书记的党中央保持一致，不断巩固马克思主义在意识形态领域的指导地位。

二是必须坚持以经济建设为中心，服务全党全国工作大局。这是理论工作的首要任务。坚持以重大现实问题为主攻方向，深入研究经济社会发展中的全局性、战略性、前瞻性的重大问题，认真总结全面建设小康社会的实践经验，认真总结人民群众推进中国特色社会主义事业的伟大创造，努力推出更多对实践有指导意义、对党和政府决策有参考价值的理论成果，充分发挥党和政府思想库的作用，着力推动科学发展、促进社会和谐，为改革开放和现代化建设提供有力的思想保证和理论支持。

三是必须坚持解放思想、实事求是、与时俱进，不断推进理论创新。这是理论工作繁荣发展的根本动力。坚持理论联系实际，一切从实际出发，以实践为检验真理的唯一标准。坚持以我国改革开放和社会主义现代化建设的实际问题、以我们正在做的事情为中心，着眼于马克思主义理论的运用，着眼于对实际问题的理论思考，着眼于新的实践和新的发展。自觉把思想认识从那些不合时宜的观念、做法和体制的束缚中解放出来，从对马克思主义的错误的和教条式的理解中解放出来，从主观主义和形而上学的桎梏中解放出来，做到思想上不断有新解放，实践上不断有新创造，理论上不断有新发展。

四是必须坚持以人为本，贴近实际、贴近生活、贴近群众。这是加强和改进理论工作的重要突破口。实践是理论创新的源泉，人民群众是实践的主体。理论创造要立足于广大人民的丰富实践，服务于实践，又要到实践中去接受检验。要尊重人民群众的首创精神，善于从人民群众的生动创造中汲取智慧，不断丰富和发展理论。要自觉服务于人民群众，努力满足人民群众不断增长的理论需求，积极推进当代中国马克思主义大众化，不断增强理论工作的针对性、实效性和吸引力、感染力。

五是必须坚持百花齐放、百家争鸣。这是理论工作繁荣发展的重要方针。要遵循理论工作规律和学术发展规律，充分发扬学术民主，尊重差异、包容多样，提倡不同学术观点、学术流派的争鸣和切磋，提倡充分说理的批评和反批评，鼓励探索，支持创新，在实践中不断认识真理和发展真理。要尊重劳动、尊重知识、尊重人才、尊重创造，完善和落实党的知识分子政策，充分调动广大理论工作者的积极性、主动性、创造性，鼓励和引导他们始终紧紧团结和凝聚在党的周围，充分发挥他们的聪明才智和创造潜能。

六是必须坚持大力弘扬中华文化，充分吸收人类文明优秀成果。这是理论工作繁荣发展的必要条件。坚持立足当代、继承前人，努力从博大精深的民族优秀文化传统中汲取养分，做到去粗取精、古为今用、推陈出新。树立世界眼光，增强时代意识，加强战略思维，以宽广的眼界观察和把握世界发展趋势，积极借鉴人类社会创造的一切优秀文化成果，做到洋为中用、博采众长。

七是必须坚持正确的政治方向又营造有利于创新的良好氛围。这是理论工作繁荣发展的必然要求。要着眼推动理论创新，努力创造有利于解放思想的良好环境，形成积极健康、和谐宽松的理论氛围。积极稳妥地解决思想理论领域问题，坚持冷静观察、辩证分析、区别情况、审时度势、正确把握、妥善应对的原则，注意区分学术问题、思想认识问题和政治问题的界限，坚持具体问题具体分析，是什么问题就解决什么问题，无论解决什么问题，都要有利于维护改革发展稳定的大局，有利于团结一切可以团结的力量。

这些经验，继承和发扬了党的理论工作的优良传统，反映了新时期理论工作的内在要求，丰富了我们党对理论工作的规律性认识，对做好今后理论工作具有重要的指导意义，我们要很好坚持并在实践中不断发展和完善。

三、清醒认识面临的新形势新任务，进一步增强做好理论工作的使命感和责任感

理论工作从来都是同党和国家事业紧密联系在一起的。当今世界正在发生广泛而深刻的变化，当代中国正在发生广泛而深刻的变革。特别是当前这场席卷全球的金融危机，对世界经济政治发展产生着重大影响，也对我国经济社会发展提出了严峻挑战、带来了难得机遇。保持经济平稳较快发展是明年我国经济工作的首要任务，也是全党全国工作大局。理论工作要紧密联系国际国内形势的变化，始终围绕党和国家工作大局来思考、来谋划、来推进。要深入学习贯彻胡锦涛总书记在纪念党的十一届三中全会召开30周年大会上的讲话精神，深刻认识新形势下我们肩负的重要责任和历史任务，按照“四个一定要”的要求，继续奋勇推进改革开放和社会主义现代化事业，不断开创理论工作的新局面。

1. 进一步深化理论学习和宣传，大力推动用中国特色社会主义理论体系武装全党、教育人民。中国特色社会主义理论体系是马克思主义中国化最新成果，集中体现了当今世界和当代中国的发展变化对党和国家工作的新要求，是我们发展中国特色社会主义的根本思想武器。理论工作第一位的任务，就是要大力推动用中国特色社会主义理论体系武装全党、教育人民，不断巩固全党全国人民团结奋斗的共同思想基础。要坚持不懈地学习贯彻邓小平理论和“三个代表”重要思想，大力推进在全党开展的深入学习实践科学发展观活动，不断增强贯彻落实中国特色社会主义理论体系的自觉性和坚定性。要坚持以领导干部为重点推动全党学习，坚持用中国特色社会主义理论体系武装青年学生，大力推进马克思主义中国化最新成果进教材、进课堂、进学生头脑。要大力改进理论宣传，不断增强理论宣传的针对性和实效性，不断增强中国特色社会主义理论体系的吸引力和感召力。要牢牢把握正确导向，针对干部群众普遍关心的热点问题和学习中的难点问题，做好释疑解惑、统一认识的工作。要贴近干部群众的思想实际和理论需求，把我们要说的与人们想听的结合起来，把逻辑的力量与情感的力量结合起来，把透彻的说理与鲜活的语言结合起来，推出更多更好的理论通俗读物、理论文章和理论电视片，增强理论宣传的效果。要善于利用大众传媒做好理论宣传，努力把理论宣传融入人们日常工作、学习和生活中，融入各种信息服务、文化产品和喜闻乐见的活动中。要积

极运用网络进行理论宣传，不断丰富内容和方式，有效引导网上理论热点，切实掌握网上思想理论的话语权和宣传教育的主动权。

2. 切实加强理论研究，不断深化对中国特色社会主义发展规律的认识。深入的理论研究，既是我们认识世界、探索规律、指导工作的重要前提，也是引导和推动理论学习深入的重要条件。要联系实际深化研究，特别要在以下几个方面取得重大成果。一是要在深入研究改革开放以来、新中国成立以来、中国共产党成立以来的历史经验上取得重大成果。要确定一批重点课题，深入研究改革开放的伟大意义、巨大成就、成功经验、前进方向，深入研究新中国成立以来的重大成就和宝贵经验，深入研究历史和人民是怎样选择了马克思主义、选择了中国共产党、选择了社会主义道路、选择了改革开放这条富强之路，深入研究我们党成立以来坚持马克思列宁主义同中国实际相结合，不断追求真理、开拓创新的光辉历程，深入研究我们党为民族解放、国家富强和人民幸福而不断艰苦奋斗、发愤图强的辉煌业绩，引导人们坚定走中国特色社会主义道路的信念。二是要在深入研究建设社会主义核心价值体系上取得重大成果。深入研究社会主义核心价值体系的重大意义、内涵外延和实践要求，深入研究用社会主义核心价值体系引领社会思潮的途径和方法。特别是要紧密联系干部群众的思想实际，深入回答在当代中国为什么要坚持马克思主义在意识形态领域的指导地位而不能搞指导思想的多元化，为什么要坚持中国特色社会主义而不能搞资本主义，为什么要坚持公有制为主体、多种所有制经济共同发展的基本经济制度而不能搞私有化或“纯而又纯”的公有制，为什么要坚持人民代表大会制度而不能搞“三权分立”，为什么要坚持中国共产党领导的多党合作和政治协商制度而不能搞西方的多党制，为什么要坚持改革开放不动摇而不能走回头路等重大问题，更好地统一思想、凝聚力量。三是要在深入研究全面建设小康社会中的重大理论和实际问题上取得重大成果。紧密联系世界的新变化和实践的新发展，创造性地运用各个学科和领域的理论和知识，深入研究关系党和国家事业发展的全局性、前瞻性、战略性问题，深入研究社会主义经济建设、政治建设、文化建设、社会建设以及生态文明建设和党的建设中的重大问题，努力以新的思想观点和理论认识进一步丰富发展中国特色社会主义理论体系。

3. 着眼打造精品工程，努力推动马克思主义理论研究和建设工程取得新的实质性进展。实施马克思主义理论研究和建设工程，是党中央立足新的时代条件，从党和国家事业发展的战略高度，从不断推进马克思主义中国化的战略高度，作出的重大决策。工程实施4年多来，做了大量工作，有力推动了用马克思主义中国化最新成果武装全党、教育人民，有力推动了社会主义核心价值体系建设，有力推动了哲学社会科学的繁荣发展，有力团结和凝聚了广大理论工作者，创新了理论工作的体制机制，产生了广泛的社会影响。目前工程已进入关键阶段。要紧紧围绕中央批准的工程5年工作的目标任务，再接再厉，乘势而上，以求真务实的精神狠抓落实，加大工作力度，加强协作攻关，全面推进工程各项工作，使马克思主义理论研究和建设工程真正成为“精品工程”。要在大力构建充分反映马克思主义中国化最新成果的教材体系上下功夫，全面落实高校哲学社会科学重点教材总体规划，精心做好41种重点教材的编写工作，形成以工程组织编写的教材为核心、以教育部组织实施的90余种教材为支撑的重点教材体系，初步形成反映马克思主义中国化最新成果、有中国特色的哲学社会科学教材体系。要在大力构建特征鲜明、结构合理的马克思主义学科体系上下功夫，努力形成以马克思主义理论一二级学科为骨干，以哲学、政治经济学、科学社会主义等哲学社会科学分领域研究为支撑的马克思主义学科体系，为马克思主义理论研究和教学提供有力的学科支撑。要在大力加强高校思想政治理论课建设上下功夫，以马克思主义中国化最新成果为中心内容，完善和充实思想政治理论课的课程体系，努力建设一支政治合格、业务素质优良的思想政治理论课教师队伍，进一步增强思想政治理论课的吸引力和感染力。

4. 完善工作体制和机制，大力营造有利于理论创新的良好环境。深刻的观念变革和理论创新是社会变革的先导，是引领一个国家和民族不断攀登时代高峰的号角。改革开放30年来，我们党之所以能成就今天这样的伟业，就在于始终高度重视和十分自觉地在推进实践探索中不断推进理论创新，从而有力地推动了社会的变革和发展。面对国内外形势的新发展新变化，面对人民群众的新要求新期待，我们必须继续解放思想，坚持改革创新，充分发挥实践基础上的理论创新对社会发展和变革的先导作用。要把改革创新精神贯穿到理论工作全过程，不断研究新情况、解决新问题，不断打开新的理论视野，作出新的理论概括，使党的全部理论和工作始终体现时代性、把握规律性、富于创造性。要努力在新的实践中探索做好理论工作新的思路、办法和途径，在坚持过去积累的宝贵经验和成功做法的同时，积极探索建立充满生机活力的理论工作新体制和运行机制。要进一步整合科研力量，合理配置科研资源，进一步激发广大理论工作者的创造活力和创新潜能，促进理论成果更充分地运用于党和政府决策、运用于经济社会发展、运用于学科建设。

5. 加大人才培养和队伍培训力度，着力造就一支宏大的、高素质的马克思主义理论队伍。理论事业，人才为本。开创理论工作新局面，必须造就一支政治坚定、与党同心同德、具有广泛影响的马克思主义理论队伍和哲学社会科学人才队伍，培养一批学术拔尖人才和领军人物，培养和造就一批马克思主义理论家。理论工作是崇高的创造性劳动，理论人才的成长是长期努力、艰苦磨炼的过程。要遵循理论人才成长规律，创新理论人才培养模式，努力营造优秀人才脱颖而出、人尽其才的良好环境。要坚持把思想政治建设放在首位，引导广大理论工作者深入学习掌握党的理论路线和方针政策，自觉运用马克思主义立场观点方法观察和思考问题，不断提高用发展着的马克思主义指导学术研究的自觉性和坚定性。继续组织开展哲学社会科学教学科研骨干、高校思想政治理论课骨干教师的培训，继续推进"四个一批"人才培养工程，在总结经验的基础上进一步拓宽培养途径、完善培养措施。要继续深化拓展"三项学习教育"活动，当前特别是要扎实开展好深入学习实践科学发展观活动，引导广大理论工作者把国家的发展与自己的学术追求统一起来，把政治方向与学术自由统一起来，把做人、做事、做学问统一起来，为祖国和人民作贡献。要研究落实国家荣誉制度，表彰有杰出贡献的理论工作者。要大力宣传和推介优秀理论工作者，宣传和推介他们的研究成果，扩大他们的社会影响，使他们的贡献得到应有的尊重。

推动理论工作健康发展，加强党的领导是关键。各级党委一定要从关系党和国家发展的战略高度充分认识理论工作的极端重要性，把理论工作作为事关全局的一件大事，列入重要议事日程。要重视发挥理论界党和政府思想库的作用，经常向理论工作者提出一些需要研究的重大课题，注重把理论研究成果运用于各项决策。要指导和帮助理论战线增强政治敏锐性和政治鉴别力，牢牢把握正确的政治方向。要拓展同理论界联系沟通的渠道，多同理论工作者交朋友，增进了解、增进感情，虚心向他们学习，认真听取意见，主动提供服务。经常了解广大理论工作者的所思所想所盼，关心他们的工作和生活，多为他们办实事办好事，帮助他们解决实际问题。

经过改革开放30年的艰辛探索，我们在实现中华民族伟大复兴的征程上取得了巨大的成就，不断迈出新的步伐。伟大的事业催人奋进，祖国的前景无限美好，理论工作的空间十分广阔。让我们更加紧密地团结在以胡锦涛同志为总书记的党中央周围，高举中国特色社会主义伟大旗帜，以邓小平理论和“三个代表”重要思想为指导，深入贯彻落实科学发展观，以理论工作的丰硕成果，为全面建设小康社会、开创中国特色社会主义事业新局面作出我们的新贡献！

关于中国特色社会主义理论体系的几点学习体会和认识

习近平

党的十七大是在我国改革发展关键阶段召开的一次十分重要的大会，从思想上、政治上、组织上为夺取全面建设小康社会新胜利、开创中国特色社会主义事业新局面提供了坚强保证。这次大会在总结改革开放历史进程和宝贵经验的基础上，创造性地提出并深刻阐述了中国特色社会主义理论体系，这是理论上的一大贡献。中国特色社会主义理论体系，包括邓小平理论、“三个代表”重要思想以及科学发展观等重大战略思想。党的十七大确立的一系列重大理论观点、重大战略思想、重大工作部署，都是在邓小平理论、“三个代表”重要思想以及科学发展观等重大战略思想指导下形成的。全面把握中国特色社会主义理论体系，对于深刻认识党的十七大提出的一系列新思想、新观点、新论断、新举措的正确性和科学性，切实把思想和行动统一到党的十七大精神上来，把智慧和力量凝聚到实现党的十七大确定的各项任务上来，至关重要。胡锦涛同志多次对高举中国特色社会主义伟大旗帜、坚持中国特色社会主义道路和中国特色社会主义理论体系进行了精辟论述，对我们正确理解和全面把握中国特色社会主义理论体系具有重要指导意义。今天，我主要围绕学习领会胡锦涛同志关于中国特色社会主义的重要论述，从五个方面谈谈对中国特色社会主义理论体系的学习体会和认识，同大家一起研究讨论。

一、中国特色社会主义理论体系是改革开放历史新时期我们党推进马克思主义中国化所取得的理论创新成果

胡锦涛同志指出，中国特色社会主义理论体系是马克思主义中国化最新成果，总体上属于马克思列宁主义同中国实际相结合的第二次历史性飞跃的理论成果。这个重要论断，从时间和空间上对中国特色社会主义理论体系的产生和发展作出了科学界定，为我们正确认识中国特色社会主义理论体系在马克思主义中国化进程中的历史地位提供了根本依据。

中国共产党是高度重视理论指导、不断推进马克思主义中国化、善于进行理论创新的党。这里所说的马克思主义中国化，就是把马克思主义基本原理同中国具体实际和时代特征结合起来，运用马克思主义的立场、观点、方法研究和解决中国革命、建设、改革中的实际问题，坚持和发展马克思主义；就是运用中国人民喜闻乐见的民族语言来阐述马克思主义理论，揭示中国革命、建设、改革的规律，使之成为具有中国风格、中国气派的马克思主义。马克思主义中国化这个科学命题，最早是毛泽东同志在1938年10月党的扩大的六届六中全会上提出来的。他明确指出，成为伟大中华民族之一部分而与这个民族血肉相联的共产党员，离开中国特点来谈马克思主义，只是抽象的空洞的马

克思主义。因此，马克思主义的中国化，使之在其每一表现中带着中国的特性，即是说，按照中国的特点去应用它，成为全党亟待了解并亟须解决的问题。

中国共产党从诞生之日起就把马克思主义确立为自己的指导思想，之所以还要提出马克思主义中国化的任务，从根本上说这是由马克思主义的理论品质所决定的。马克思、恩格斯多次指出，他们的理论不是教条，而是行动的指南；对他们理论中一般原理的实际运用"随时随地都要以当时的历史条件为转移"。列宁也指出，马克思的理论"所提供的只是总的指导原理，而这些原理的应用具体地说，在英国不同于法国，在法国不同于德国，在德国又不同于俄国"。马克思主义经典作家的这些论述告诉我们，他们的学说始终严格地以客观事实为根据，而实际生活总是在不停的变动之中。这种变动的剧烈和深刻，近一百多年来达到了前人难以想象的程度。因此，马克思主义只有与本国国情相结合、与时代发展同进步、与人民群众共命运，才能焕发出强大的生命力、创造力、感召力。

我们党在领导中国革命、建设、改革的长期实践中，把马克思列宁主义基本原理同中国具体实际和时代特征相结合，不断推进马克思主义中国化，实现了两次历史性飞跃。第一次飞跃发生在新民主主义革命时期，中国共产党人经过反复探索，在总结成功和失败经验的基础上，找到了农村包围城市、最后夺取全国胜利的有中国特色的革命道路，并在革命胜利后积极探索适合我国国情的社会主义建设道路，形成了被实践证明了的关于中国革命和建设的正确的理论原则和经验总结——毛泽东思想。第二次飞跃发生在党的十一届三中全会以后，中国共产党人在总结我国经验和研究国际形势的基础上，开辟了中国特色社会主义道路，形成了被实践证明了的关于在中国建设、巩固和发展社会主义的正确的理论原则和经验总结，这就是中国特色社会主义理论体系。

中国特色社会主义作为新时期以来我们党继续推进马克思主义中国化的伟大历史性创造，体现在实践上，就是开辟了中国特色社会主义道路；体现在理论上，就是形成了中国特色社会主义理论体系；体现在政治上，就是要高举中国特色社会主义伟大旗帜。"道路"，用党的十七大报告的概括说，就是在中国共产党领导下，立足基本国情，以经济建设为中心，坚持四项基本原则，坚持改革开放，解放和发展社会生产力，巩固和完善社会主义制度，建设社会主义市场经济、社会主义民主政治、社会主义先进文化、社会主义和谐社会，建设富强民主文明和谐的社会主义现代化国家。"理论体系"，反映了中国特色社会主义基本实践和基本经验的理论成果。"旗帜"，则体现了"道路"和"理论体系"的有机统一。中国特色社会主义伟大旗帜，是当代中国发展进步的旗帜，是全党全国各族人民团结奋斗的旗帜。高举这面旗帜，既要在中国特色社会主义理论体系指导下坚持中国特色社会主义道路的伟大实践，又要在伟大实践中不断丰富和发展中国特色社会主义理论体系。两者紧密结合，相互促进，就能保证中国特色社会主义伟大旗帜始终高高飘扬。党的十七大强调，"高举中国特色社会主义伟大旗帜，最根本的就是要坚持这条道路和这个理论体系"，讲的就是这个道理。

中国特色社会主义理论体系作为马克思主义中国化最新成果，是我们党领导的改革开放和社会主义现代化建设伟大实践的重要理论结晶。以邓小平同志为核心的党的第二代中央领导集体，坚持解放思想、实事求是，科学评价毛泽东同志和毛泽东思想，彻底否定"以阶级斗争为纲"的错误理论和实践，带领全党全国各族人民开启了全面改革开放的伟大历史进程，第一次提出了"建设有中国特色的社会主义"的重大命题，创立了邓小平理论。邓小平理论是中国特色社会主义理论体系的开创之作，是最基础的重要组成部分。以江泽民同志为核心的党的第三代中央领导集体，坚持改革开放、与时俱进，带领全党全国各族人民经受住国内外政治风波和经济风险等种种严峻考验，在深刻认识和准确把握世情、国情、党情发展变化的基础上，创立了“三个代表”重要思想。“三个代表”重要思想是中国特色社会主义理论体系承上启下的极为重要的组成部分。以胡锦涛同志为总书记的党中央，坚持以邓小平理论和“三个代表”重要思想为指导，顺应国内外形势发展变化，发扬求真务实、开拓进取精神，继续推进理论创新和实践创新，提出了科学发展观等重大战略思想。科学发展观等重大战略思想是中国特色社会主义理论体系的重要创新成果。邓小平理论、“三个代表”重要思想以及科学发展观等重大战略思想，既一脉相承又与时俱进。说一脉相承，一是它们都坚持以马克思列宁主义、毛泽东思想为指导，在理论渊源上一脉相承；二是它们都坚持为建设和发展中国特色社会主义、实现中华民族伟大复兴而奋斗，在理论主题上一脉相承；三是它们都坚持解放思想、实事求是、与时俱进，在理论品质上一脉相承；四是它们都以社会主义初级阶段这一基本国情为立论基础，在理论基点上一脉相承；五是它们都坚持以人为本，把实现好、维护好、发展好最广大人民的根本利益作为全部理论的出发点和落脚点，在理论目标上一脉相承。说与时俱进，是说邓小平理论、“三个代表”重要思想以及科学发展观等重大战略思想，都坚持从实际出发，注重总结改革开放不同时期、不同阶段的新鲜经验，注重探索和回答不同时期、不同阶段遇到的新矛盾、新问题，在理论创新和理论发展上都作出了各自的独特贡献。它们既相互贯通又层层递进，体现了新时期以来我们党理论创新成果的科学性体系、阶段性成果和发展性要求的内在统一。

中国特色社会主义理论体系是我们党继往开来、与时俱进，团结带领全国各族人民沿着中国特色社会主义道路实现中华民族伟大复兴唯一正确的理论。在这个理论体系指引下，当代中国共产党人和中国人民以一往无前的进取精神和波澜壮阔的创新实践，谱写了中华民族自强不息、顽强奋进新的壮丽史诗。近30年来，我国以世界上少有的速度持续快速发展起来，社会主义和马克思主义在中国大地上焕发出勃勃生机，给人民带来更多福祉，使中华民族大踏步赶上时代前进潮流、迎来伟大复兴的光明前景。中国特色社会主义理论体系及其指导下的创新实践，既体现了中国建设和发展社会主义的特殊性，又必然会对世界社会主义和人类进步事业产生广泛而深远的影响。正如邓小平同志所指出的，到21世纪中叶，中国基本实现社会主义现代化，“这不但是给占世界总人口四分之三的第三世界走出了一条路，更重要的是向人类表明，社会主义是必由之路，社会主义优于资本主义”。

二、中国特色社会主义理论体系围绕探索和回答三大基本问题展开，深化和丰富了对三大规律的认识，是一个科学的理论体系

中国特色社会主义理论体系，是在和平与发展成为时代主题的历史条件下，在我国改革开放和社会主义现代化建设的伟大实践中，在总结我国社会主义建设正反两方面历史经验和改革开放以来新鲜经验，并借鉴其他社会主义国家兴衰成败经验教训的基础上逐步形成和发展起来的。这个理论体系在建设中国特色社会主义的思想路线、发展道路、发展阶段、发展战略、根本任务、发展动力、依靠力量、国际战略、领导力量和根本目的等问题上，形成了一系列独创性的重大理论观点，系统回答了在中国这样一个十几亿人口的发展中大国如何摆脱贫困、加快实现现代化、巩固和发展社会主义的一系列重大问题。这个理论体系，内容贯通哲学、政治经济学、科学社会主义等学科，涵盖社会主义经济建设、政治建设、文化建设、社会建设和党的建设以及国防和军队现代化建设、祖国统一、国际战略和外交工作等各个领域，涉及改革发展稳定、内政外交国防、治党治国治军等各个方面，是内涵丰富、思想深刻、系统科学的理论

体系。

建设和发展中国特色社会主义，最根本的是要清醒认识和科学回答三大基本问题，这就是：什么是社会主义、怎样建设社会主义，建设什么样的党、怎样建设党，实现什么样的发展、怎样发展。对这三大基本问题的认识程度和把握程度，决定着中国特色社会主义实践和理论的创新程度、丰富程度和深刻程度。中国特色社会主义理论体系紧紧围绕探索和回答这三大基本问题展开，从实践到理论进行了卓有成效的创造，用一系列紧密联系、相互贯通的新思想、新观点、新论断，深化和丰富了对共产党执政规律、社会主义建设规律、人类社会发展规律的认识。

（一）中国特色社会主义理论体系探索和回答了什么是社会主义、怎样建设社会主义这个基本问题。

《共产党宣言》发表160年来，社会主义无论在理论上、实践上都取得了历史性的伟大成就，但也发生了严重曲折。在我国几十年的社会主义建设进程中，中国共产党人既在独立自主的实践中创造了社会主义发展的辉煌成就，积累了丰富经验，同时也在失误和挫折中汲取了深刻教训。在国内外形势发生重大变化的条件下，如何科学总结国内外建设社会主义正反两方面的经验，回答好什么是社会主义、怎样建设社会主义这个基本问题，是当代中国共产党人面临的一个重大课题。邓小平理论紧紧抓住这个基本问题，深刻揭示社会主义的本质，指出贫穷不是社会主义，发展太慢也不是社会主义；平均主义不是社会主义，两极分化也不是社会主义；僵化封闭不能发展社会主义，照搬外国也不能发展社会主义；没有民主就没有社会主义，没有法制也没有社会主义；不重视物质文明搞不好社会主义，不重视精神文明也搞不好社会主义。邓小平理论从时代特征和我国社会主义的发展阶段，从我们党的立党宗旨和治国目标，从我国面临的国际挑战和机遇，全面、系统、深刻地把握我国社会主义初级阶段的根本任务、战略目标、战略步骤、战略布局、战略重点等等，第一次比较系统地初步回答了在中国这样经济文化比较落后的国家如何建设社会主义、如何巩固和发展社会主义的一系列基本问题。“三个代表”重要思想创造性地运用马克思列宁主义、毛泽东思想特别是邓小平理论，紧密结合时代发展的新形势、我国广大人民的新要求、我国改革开放和现代化建设的新实践继续进行探索，从坚持和完善社会主义公有制为主体、多种所有制经济共同发展的基本经济制度到坚持和完善按劳分配为主体、多种分配方式并存的分配制度，从建立社会主义市场经济体制到推进经济结构战略性调整和经济增长方式转变，从推进西部大开发、促进区域协调发展到实施“引进来”和“走出去”相结合的开放战略，从发展社会主义民主政治到建设社会主义法治国家，从发展社会主义先进文化到推动社会主义物质文明、政治文明、精神文明协调发展，从促进世界多极化和国际关系民主化到正确应对和驾驭经济全球化、促进共同发展等等，形成了一系列富有独创性的理论成果，进一步回答了什么是社会主义、怎样建设社会主义这个基本问题。科学发展观等重大战略思想坚持以邓小平理论和“三个代表”重要思想为指导，准确把握进入新世纪新阶段后的世界大势和我国的发展变化，顺应人民过上更好生活的新期待，提出以人为本、实现全面协调可持续发展、构建社会主义和谐社会、建设社会主义新农村、建设创新型国家、树立社会主义荣辱观、建设社会主义核心价值体系、推动建设和谐世界等思想，用新的思想观点回答了什么是社会主义、怎样建设社会主义这个基本问题。中国特色社会主义理论体系在这个基本问题上所形成的一系列新思想、新观点、新论断，深化和丰富了对社会主义建设规律的认识，把我们党对社会主义的认识不断提高到新的科学水平。

（二）中国特色社会主义理论体系探索和回答了建设什么样的党、怎样建设党这个基本问题。

马克思主义政党夺取政权不容易，执掌好政权尤其是长期执掌好政权更不容易。党执政以后如何加强自身建设，如何认识、把握和运用共产党执政规律，提高党的执政能力，巩固党的执政地位，完成党的执政使命，是生死攸关、必须下大气力解决好的重大问题。邓小平同志在改革开放之初就提出了“执政党应该是一个什么样的党，执政党的党员应该怎样才合格，党怎样才叫善于领导”的问题，强调要把党建设成为有战斗力的马克思主义政党，成为领导人民进行社会主义物质文明建设和精神文明建设的坚强核心。围绕这个目标，邓小平同志对在改革开放中加强和改进党的建设提出了一系列重要新思想。江泽民同志深刻分析世纪之交国内外形势的发展变化，正确把握党的历史方位，明确提出在新的历史条件下加强党的建设，必须坚持以时代发展的要求审视自己，以改革的精神加强和完善自己，切实解决好提高党的领导水平和执政水平、提高拒腐防变和抵御风险能力这两大历史性课题，全面推进党的建设新的伟大工程，把党建设成为用邓小平理论武装起来、全心全意为人民服务、思想上政治上组织上完全巩固、能够经受住各种风险、始终走在时代前列、领导全国人民建设中国特色社会主义的马克思主义政党。围绕这个目标，江泽民同志对在长期执政、对外开放和发展社会主义市场经济条件下加强和改进党的建设提出了一系列重要新思想。以胡锦涛同志为总书记的党中央面对21世纪党面临的机遇和挑战明确提出，党的先进性建设是马克思主义政党生存、发展、壮大的根本性建设，必须把党的执政能力建设和先进性建设作为主线，以改革创新精神全面推进党的建设新的伟大工程，使党始终成为立党为公、执政为民，求真务实、改革创新，艰苦奋斗、清正廉洁，富有活力、团结和谐的马克思主义执政党。围绕这个目标，党中央对新世纪新阶段加强和改进党的建设提出了一系列重要新思想。中国特色社会主义理论体系中贯穿的一系列加强和改进党的建设的创新理论观点，深化和丰富了对共产党执政规律的认识，发展了马克思主义党的建设理论。

(三)中国特色社会主义理论体系探索和回答了实现什么样的发展、怎样发展这个基本问题。

发展是当今时代的主题，更是当代中国的主题。我国作为一个社会主义国家和世界上最大的发展中国家，长期面临着西方国家的巨大政治压力和经济压力，面对着解放和发展社会生产力、增强综合国力、改善人民生活的繁重任务，解决好发展问题尤为紧迫。邓小平理论高度关注发展问题，明确提出发展是当今世界的两大问题之一，发展才是硬道理，发展对于中国特色社会主义具有决定性意义，强调社会主义物质文明和精神文明都搞好，才是有中国特色社会主义。邓小平理论还科学谋划我国的发展战略，明确提出分“三步走”基本实现现代化的战略步骤。“三个代表”重要思想把发展问题同党的性质、党的执政理念联系起来，明确提出发展是我们党执政兴国的第一要务，必须把坚持党的先进性和发挥社会主义制度的优越性落实到发展先进生产力、发展先进文化、实现最广大人民的根本利益上来，推动社会全面进步，促进人的全面发展。科学发展观提出要坚持以人为本、全面协调可持续的发展，提出“五个统筹”，强调要正确认识和妥善处理中国特色社会主义事业中的重大关系，努力实现科学发展、和谐发展、和平发展。中国特色社会主义理论体系对什么是发展、为什么发展、怎样发展，发展为了谁、发展依靠谁、发展成果由谁享有等重大问题进行的富有创造性的探索和取得的丰硕理论成果，深化和丰富了对人类社会发展规律的认识，使我们党对发展问题的认识达到了新的高度。

总之，新时期我们党坚持马克思主义的思想路线，不断探索和回答什么是社会主义、怎样建设社会主义，建设什么样的党、怎样建设党，实现什么样的发展、怎样发展这三大基本问题的过程，就是在整体上不断深化和丰富对共产党执政规律、社会主义建设规律、人类社会发展规律认识的过程，就是不断推进马克思主义中国化、坚持并丰富党的基本理论、基本路线、基本纲领、基本经验的过程。中国特色社会主义理论体系的形成，表明我们党对三大规律的认识、把握和运用水平都达到了新的高度，开辟了马克思主义中国化的新境界。

三、中国特色社会主义理论体系是同马克思列宁主义、毛泽东思想既一脉相承又与时俱进的科学理论体系，以新的思想、观点继承、丰富和发展了马克思主义

党的十七大报告指出：中国特色社会主义理论体系，坚持和发展了马克思列宁主义、毛泽东思想，凝结了几代中国共产党人带领人民不懈探索实践的智慧和心血。这个重要论断，为我们正确认识中国特色社会主义理论体系同马克思列宁主义、毛泽东思想既一脉相承又与时俱进的关系指明了方向。

中国特色社会主义理论体系，是科学社会主义基本原则同中国实际和时代特征相结合的产物。邓小平同志说过，我们搞改革开放没有丢老祖宗，老祖宗不能丢。马克思列宁主义告诉我们，科学社会主义必须以历史唯物主义为理论基石，必须以实现共产主义为最高理想，必须以无产阶级政党为领导核心，必须以解放和发展生产力为根本任务，必须坚持代表最广大人民的根本利益，必须与社会化大生产相联系、以公有制和按劳分配为社会主义经济制度的基础，必须以人民当家作主为社会主义民主政治的本质特征，必须坚持改革和完善社会主义制度和体制机制，等等。我国改革开放的进程和当今中国社会的现实充分证明，中国特色社会主义理论体系坚持了马克思列宁主义关于科学社会主义的重要思想，遵循了科学社会主义基本原则。我们说中国特色社会主义理论体系同马克思列宁主义是一脉相承的，这个“脉”，就包括科学社会主义基本原则。

中国特色社会主义理论体系既坚持马克思主义基本原理和科学社会主义基本原则，又不从书本、概念和抽象的原则出发，而是一切从实际出发，以我国改革开放和社会主义现代化建设的实际问题、以我们正在做的事情为中心，坚持解放思想、实事求是、与时俱进，创造性地提出了一系列新思想、新观点、新论断，丰富和发展了马克思主义。比如：提出社会主义本质思想，指出社会主义的本质是解放生产力，发展生产力，消灭剥削，消除两极分化，最终达到共同富裕，丰富和发展了马克思主义科学社会主义理论；提出社会主义初级阶段思想，强调这是我国在生产力落后、商品经济不发达条件下建设社会主义必经的特定阶段，丰富和发展了马克思主义关于社会主义发展阶段理论；提出社会主义改革开放思想，指出改革是一场新的革命，是中国现代化的必由之路，僵化停滞没有出路，丰富和发展了马克思主义关于社会主义改革的思想；提出社会主义市场经济思想，强调我国经济体制改革的目标是建立社会主义市场经济体制，丰富和发展了马克思主义政治经济学理论；提出社会主义基本经济制度思想，强调毫不动摇地巩固和发展公有制经济，毫不动摇地鼓励、支持、引导非公有制经济发展，丰富和发展了马克思主义关于社会主义所有制理论；提出社会主义科学发展思想，强调发展是我们党执政兴国的第一要务，要实现以人为本、全面协调可持续的发展，丰富和发展了马克思主义关于社会主义发展理论；提出社会主义和谐社会思想，强调要按照民主法治、公平正义、诚信友爱、充满活力、安定有序、人与自然和谐相处的总要求构建社会主义和谐社会，丰富和发展了马克思主义关于社会主义社会建设理论；提出社会主义政治文明建设思想，强调要坚持中国特色社会主义政治发展道路，发展社会主义民主政治，建设社会主义法治国家，丰富和发展了马克思主

义民主政治理论；提出社会主义精神文明建设思想，强调要建设社会主义核心价值体系，坚持社会主义先进文化前进方向，提高国家文化软实力，丰富和发展了马克思主义意识形态建设理论；提出“一国两制”科学构想，强调按照“一个国家、两种制度”方针实现祖国和平统一，丰富和发展了马克思主义国家学说；提出社会主义和平发展思想，强调奉行独立自主的和平外交政策、坚持互利共赢的开放战略，既通过争取和平的国际环境来发展自己，又通过自己的发展来促进世界和平，丰富和发展了马克思主义国际战略理论；提出马克思主义执政党建设思想，强调要加强党的执政能力建设和先进性建设，增强党的阶级基础、扩大党的群众基础，坚持科学执政、民主执政、依法执政，以改革创新精神全面推进党的建设新的伟大工程，丰富和发展了马克思主义党的建设理论，等等。我们说，中国特色社会主义理论体系是与时俱进的，这个“进”，主要就体现在提出了以上这样一大批新思想、新观点、新论断，丰富和发展了马克思主义。

中国特色社会主义理论体系也是对毛泽东同志艰辛探索社会主义建设规律重要思想成果的继承和发展。以毛泽东同志为核心的党的第一代中央领导集体带领全党全国各族人民建立新中国，建立社会主义基本制度，取得社会主义建设的伟大成就。特别是根据我国国情确立了人民民主专政的国体，创建了人民代表大会制度、中国共产党领导的多党合作和政治协商制度、民族区域自治制度等。这些实践成果，都为我们党在新时期开辟中国特色社会主义道路、创立中国特色社会主义理论体系，奠定了根本的政治前提和制度基础。

从理论渊源上说，毛泽东思想和中国特色社会主义理论体系都坚持解放思想、实事求是、与时俱进，坚持党的群众路线，坚持独立自主地走自己的路。这是它们在立场、观点、方法等基本方面的共同点。毛泽东思想作为一个科学体系，既包括毛泽东同志关于新民主主义的正确思想，也包括毛泽东同志关于社会主义建设的正确思想。1956 年我国社会主义制度基本建立后，毛泽东同志针对照搬照抄苏联模式产生的弊端，明确提出要以苏为鉴，努力探索我国社会主义建设的道路。1956 年 4 月，在中央政治局扩大会议上，毛泽东同志曾经说过，我认为最重要的教训是独立自主，调查研究，摸清本国国情，把马克思列宁主义的基本原理同我国革命和建设的具体实际结合起来，制定我们的路线、方针、政策。民主革命时期，我们走过一段弯路，吃了大亏之后才成功地实现了这种结合，取得了革命的胜利。现在是社会主义革命和建设时期，我们要进行第二次结合，找出在中国进行社会主义革命和建设的正确道路。以 1956 年毛泽东同志发表《论十大关系》的重要讲话和同年党的八大制定反映中国特点的社会主义建设路线，以及 1957 年毛泽东同志作的《关于正确处理人民内部矛盾的问题》报告等为标志，我们党开始了对适合中国情况的社会主义建设道路的艰辛探索，并有了一个良好开端，取得了一系列重要思想成果。但是，后来发生的严重失误，特别是“文化大革命”那样全局性的严重错误，使得一些正确的方针政策没有得到贯彻落实。毛泽东同志带领我们党在艰辛探索中形成的重要思想成果，是我们党的宝贵财富，也是中国特色社会主义理论体系的重要思想来源。

邓小平同志曾经深刻阐明了党的十一届三中全会以来我们党所从事的事业与毛泽东同志的关系。他指出：“从许多方面来说，现在我们还是把毛泽东同志已经提出、但是没有做的事情做起来，把他反对错了的改正过来，把他没有做好的事情做好。今后相当长的时期，还是做这件事。当然，我们也有发展，而且还要继续发展。”邓小平理论、“三个代表”重要思想以及科学发展观等重大战略思想，既继承了毛泽东同志探索社会主义建设规律留给我们的重要思想成果，又以改革开放新的实践为基础发展了这些重要思想成果。胡锦涛同志指出，中国特色社会主义理论体系是改革开放历史新时期我们党的理论创新成果。他还指出,中国特色社会主义理论体系,是对毛泽东同志艰辛探索社会主义建设规律重要思想成果的继承和发展。胡锦涛同志这些论断,从根本上把中国特色社会主义理论体系同毛泽东思想的内在联系说清楚、讲明白了。

概括起来说,中国特色社会主义理论体系紧密结合我国改革开放和社会主义现代化建设的实际,紧密结合新的时代条件,既生动而具体地坚持了马克思列宁主义、毛泽东思想,又生动而具体地发展了马克思列宁主义、毛泽东思想,赋予马克思主义新的鲜活力量,再一次有力地证明,在新的时代条件下马克思主义基本原理和科学社会主义基本原则仍然是共产党人正确认识、把握和运用共产党执政规律、社会主义建设规律、人类社会发展规律的锐利思想武器。中国特色社会主义理论体系之所以完全正确,之所以能够引领中国不断发展进步,最根本的就在于它既破除了对马克思主义的教条式理解,又抵制了抛弃社会主义基本制度的错误主张;既坚持了科学社会主义基本原则,又具有鲜明的时代特征和中国特色;既继承了前人,又创新了内容,开拓了马克思主义新境界,是深深扎根于中国大地、符合中国实际的当代中国马克思主义。

四、在新的历史起点上坚持和发展中国特色社会主义理论体系,奋力开拓中国特色社会主义更为广阔的发展前景,是当代中国共产党人的庄严责任

中国特色社会主义理论体系,集中体现了当今世界和当代中国的发展变化对党和国家工作的新要求,集中体现了全党全国各族人民的意志,集中体现了当代中国马克思主义的实践特色、民族特色、时代特色,是我们党励精图治、开拓进取、探索真理、把握规律的结果。党的十七大要求全党倍加珍惜、长期坚持和不断发展党历经艰辛开创的中国特色社会主义道路和中国特色社会主义理论体系,坚持解放思想、实事求是、与时俱进,勇于变革、勇于创新,永不僵化、永不停滞,不为任何风险所惧,不被任何干扰所惑,使中国特色社会主义道路越走越宽广,让当代中国马克思主义放射出更加灿烂的真理光芒。我体会,贯彻落实党的十七大这个要求,在新的历史起点上奋力开拓中国特色社会主义更为广阔的发展前景,在实践中坚持和发展中国特色社会主义理论体系,把握好以下几点是很有必要的。

(一)在新的历史起点上坚持和发展中国特色社会主义理论体系,必须深入贯彻落实科学发展观。

科学发展观是同马克思列宁主义、毛泽东思想、邓小平理论和“三个代表”重要思想既一脉相承又与时俱进的科学理论,是我国经济社会发展的重要指导方针,是发展中国特色社会主义必须坚持和贯彻的重大战略思想。在新的发展阶段,深入贯彻落实科学发展观,是对邓小平理论和“三个代表”重要思想的最好坚持,也是对中国特色社会主义理论体系的最好实践。这是因为:从精神实质上看,科学发展观所突出强调的全面的、联系的、发展的观点,发展为了人民、发展依靠人民、发展成果由人民共享的理念,以及统筹兼顾的系统思维方式和思想方法等,都是马克思主义关于发展的立场、观点、方法的集中体现。马克思主义的世界观和方法论,从一定意义上可以说,就是认识发展规律、把握发展规律、运用发展规律的世界观和方法论。从理论结构上看,科学发展观继承和发展了党的三代中央领导集体关于发展的重要思想,以丰富的思想内涵、严密的内在逻辑,构建了第一要义是发展、核心是以人为本、基本要求是全面协调可持续、根本方法是统筹兼顾的科学体系。从实践要求上看,科学发展观是立足社会主义初级阶段基本国情、总结我国发展实践、借鉴国外发展经验、适应新的发展要求提出来的,是我们党在发展问题上的最新认识。因此,深入贯彻落实科学发展观的过程,就是把马克思主义基本原理同中国特色社会主义新的伟

大实践相结合的过程，就是在新的历史起点上坚持和发展中国特色社会主义理论体系的过程。

深入贯彻落实科学发展观，要求我们全面把握科学发展观的科学内涵、精神实质、根本要求，不断增强贯彻落实科学发展观的自觉性和坚定性。我们要站在新的历史起点上，科学分析我国全面参与经济全球化的新机遇新挑战，深刻把握我国发展面临的新课题新矛盾，加快转变经济发展方式，走中国特色新型工业化道路，坚持创新驱动、坚持城乡统筹、坚持节约资源和保护环境、坚持内外协调、坚持改善民生，促进经济增长由主要依靠投资、出口拉动向依靠消费、投资、出口协调拉动转变，由主要依靠第二产业带动向依靠第一、第二、第三产业协同带动转变，由主要依靠增加物质资源消耗向主要依靠科技进步、劳动者素质提高、管理创新转变。要牢固确立以人为本意识、全面发展意识、协调发展意识、可持续发展意识，着力转变不适应不符合科学发展观的思想观念，着力解决影响和制约科学发展的突出问题，着力把科学发展观转化为谋划发展的正确思路、促进发展的政策措施、领导发展的实际能力。凡是符合科学发展观的就要全力以赴地去做，不符合的就要毫不含糊地去改，切实把全社会的发展积极性引导到科学发展上来，把科学发展观贯彻落实到现代化建设的各个领域、各个方面，努力使贯彻落实科学发展观的过程成为推动经济社会又好又快发展的过程。

（二）在新的历史起点上坚持和发展中国特色社会主义理论体系，必须坚定不移地继续解放思想。

解放思想是我们适应新形势、应对新挑战、认识新事物、完成新任务的根本思想武器，也是贯穿邓小平理论、“三个代表”重要思想以及科学发展观等重大战略思想的灵魂。在中国特色社会主义理论体系的形成和发展过程中，我们党对科学社会主义的坚持和发展，对社会主义历史经验的总结和吸取，对中国特色社会主义道路的开辟和拓展，对建设、巩固和发展中国特色社会主义一系列重大问题的新认识、新实践，都是以解放思想为前提为先导的。正是坚持解放思想、实事求是、与时俱进，中国特色社会主义理论体系才能在继承前人的同时又能不断创新、在排除各种错误倾向干扰的同时又能汲取各种失误的教训，不断解决新课题、实现新突破、开拓新境界，在实践中不断获得新的丰富和发展。

目前，全面建设小康社会正站在新的历史起点上，我国改革发展正处在关键阶段。机遇前所未有，挑战也前所未有，机遇大于挑战。抓住机遇需要进一步解放思想，应对挑战需要进一步解放思想，解决前进道路上的突出矛盾和问题需要进一步解放思想，夺取全面建设小康社会新胜利、开创中国特色社会主义事业新局面更需要进一步解放思想。我们要充分认识解放思想的极端重要性，在新的时代条件下、新的历史起点上、新的发展进程中，坚持以中国特色社会主义理论体系为指导，坚定不移地继续解放思想，创新发展理念、创新发展思路、创新发展举措、创新领导方法，更加自觉地把继续解放思想落实到坚持改革开放、推动科学发展、促进社会和谐上来。各级领导干部要做解放思想、实事求是、与时俱进的表率，在深化对世情、国情、党情的科学认识中解放思想，在认清目标、明确任务中解放思想，在对比先进、查找差距中解放思想，在解放思想中真抓实干，在转变观念中破解难题，在更新思路中转变发展方式，真正把解放思想体现在具体工作中，落实到解决问题上。坚持解放思想，必须充分发扬民主，在党内特别是干部队伍中大力营造有利于解放思想、改革创新的环境和氛围，倡导和支持党员、干部开动脑筋去思考，放开手脚去探索，使大家想干事、敢干事、能干事、干成事。对勇于改革创新的干部，做得对的要热情支持，做得不够的要积极引导，做得不对的要及时帮助他们纠正，以保护和调动广大干部改革创新的积极性。党的十七大以来，一些地方在党员、干部中开展解放思想大讨论活动，取得了阶段性成果，要继续深入扎实地进行下去，以思想大解放和观念大转变推进经济社会大发展。全党同志坚持解放思想、不断开拓创新，中国特色社会主义道路就会越走越宽广，中国特色社会主义理论体系就会越来越丰富，中国特色社会主义事业就会越来越兴旺。

（三）在新的历史起点上坚持和发展中国特色社会主义理论体系，必须坚定不移地推进改革开放。

改革开放是当代中国的主旋律，是贯穿邓小平理论、“三个代表”重要思想以及科学发展观等重大战略思想的一条主线，也是发展中国特色社会主义的必由之路。中国特色社会主义之所以具有蓬勃的生命力，就在于它是实行改革开放的社会主义。回顾改革开放的历史进程可以清楚地看到：中国特色社会主义命题，是在改革开放的伟大实践中提出来的；中国特色社会主义道路，是在改革开放的伟大实践中逐步开辟、拓展并越走越宽阔的；中国特色社会主义理论体系，是在改革开放的伟大实践中逐步形成和丰富、发展的；中国特色社会主义伟大旗帜，是在改革开放的伟大实践中越举越高的。中国特色社会主义与改革开放，就是这样内在地、有机地、不可分离地紧紧联系在一起。党的十七大报告指出，只有改革开放才能发展中国、发展社会主义、发展马克思主义。这是千真万确的真理。

改革开放30年来，我国各项事业取得了举世瞩目的伟大成就。党的十七大总结了我国改革开放“十个结合”的宝贵经验，深刻阐明了我们党在改革开放实践中是如何坚持和发展马克思主义、如何坚持和发展社会主义、如何全面推进中国特色社会主义伟大事业、如何统筹国内国际两个大局、如何加强和改善党的领导的。这“十个结合”的宝贵经验，是我们党和人民经过长期实践和艰辛探索得来的，是极为宝贵的精神财富，我们必须牢牢记取、坚持运用，并在新的实践中继续加以丰富和发展。目前，我国改革发展进入关键阶段，我们在前进中面临不少亟待解决的新课题新矛盾，深化改革、扩大开放还面临着攻坚克难的繁重任务。我们要深入贯彻落实党的十七大精神，毫不动摇地坚持改革方向，提高改革决策的科学性，增强改革措施的协调性，处理好改革发展稳定的关系，加快重要领域和关键环节的改革步伐，全面提高开放水平，坚定不移地把改革开放伟大事业不断推向前进。这是建设和发展中国特色社会主义不可或缺的强大动力，也是坚持和发展中国特色社会主义理论体系不可或缺的强大动力。

（四）在新的历史起点上坚持和发展中国特色社会主义理论体系，必须准确把握社会主义初级阶段基本国情，坚持党的基本路线不动摇。

我国正处于并将长期处于社会主义初级阶段，这是我们党制定路线方针政策的根本依据，也是中国特色社会主义理论体系的立论基础。在当代中国，建设和发展中国特色社会主义，首要的问题就是要搞清楚什么是初级阶段的中国特色社会主义，在初级阶段怎样建设中国特色社会主义。党的十七大指出，当前我国发展呈现的阶段性特征正是社会主义初级阶段基本国情在新世纪新阶段的具体表现。我们要始终牢记社会主义初级阶段基本国情没有变，人民日益增长的物质文化需要同落后的社会生产之间的矛盾这一社会主要矛盾没有变，想问题、作决策、办事情都要坚持从基本国情这个最大的实际出发，既积极进取、增强工作的紧迫感，以只争朝夕的精神抓住机遇、促进发展，又充分认识全面建设小康社会、基本实现现代化、巩固和发展社会主义制度的重要性、长期性、艰巨性，防止和克服急于求成、急功近利的心态和做法，老老实实地艰苦创业，踏踏实实地艰苦奋斗。

党的基本路线是在深刻认识社会主义初级阶段基本国情的基础上制定的。党的十七大报告指出，以经济建设为中心是兴国之要，是我们党、我们国家兴旺发达和长治久安的根本要求；四项基本原则是立国之本，是我们党、我们国家生存发展的政治基石；改革开放是强国之路，是我们党、我们国家发展进步的活力源泉。这些精辟论述，把“一个中心、两个基本点”在党和人民事业中的地位和作用讲得很透彻、很深刻、很到位。我们要牢牢把握经济建设和四项基本原则、改革开放之间相互贯通、相互依存、不可分割的辩证统一关系，坚持把以经济建设为中心同四项基本原则、改革开放这两个基本点统一于建设和发展中国特色社会主义的伟大实践。中国特色社会主义经济建设、政治建设、文化建设、社会建设的基本目标和基本政策构成的基本纲领，是党的基本路线在经济、政治、文化、社会等方面的展开，是中国特色社会主义理论体系的重要内容。中国特色社会主义经济建设、政治建设、文化建设、社会建设“四位一体”的总体布局，体现了党的基本路线的要求，也是中国特色社会主义理论体系的重要内容。我们要毫不动摇地坚持党的基本理论、基本路线、基本纲领、基本经验，坚定不移地按照“四位一体”总体布局全面推进中国特色社会主义伟大事业。这是我们党经受风险考验、实现执政兴国使命的最可靠保证，也是坚持和发展中国特色社会主义理论体系的根本要求。

（五）在新的历史起点上坚持和发展中国特色社会主义理论体系，必须以改革创新精神全面推进党的建设新的伟大工程。

中国特色社会主义伟大旗帜，要靠我们党带领人民来高举；中国特色社会主义道路和中国特色社会主义理论体系，要靠我们党带领人民来坚持和发展；中国特色社会主义，要靠我们党用自身的先进性来引领、用过硬的执政本领来推进。因此，以改革创新精神全面加强党的建设，既是贯彻落实中国特色社会主义理论体系的重要内容，又是坚持和发展中国特色社会主义理论体系的关键所在。

历史和现实都告诉我们，只有创新型的国家才能实现繁荣富强，只有创新型的民族才能兴旺发达，只有创新型的政党才能永葆先进性。我们党是马克思主义政党，党的性质、宗旨和历史使命决定了党既要敢于和善于在自己领导的伟大事业中不断改革创新，又要敢于和善于以改革创新的精神状态、改革创新的思想作风、改革创新的工作方法全面加强党的各方面建设。要以改革创新精神建设高素质领导班子和干部队伍，坚持德才兼备、以德为先，教育和督促领导干部带头讲党性、重品行、作表率，大力培养选拔优秀年轻干部，充分发挥各个年龄段干部的作用。要以改革创新精神积极推进党内民主建设，切实尊重党员主体地位，完善党的代表大会制度，改革党内选举制度，以增强党组织的创造力、凝聚力、战斗力和保持共产党员的先进性为目标扩大基层党组织直接选举范围，加强党委的民主集中制建设。要以改革创新精神深化干部人事制度改革，坚持民主、公开、竞争、择优，树立正确的用人导向，建立健全干部考核评价体系，加强对干部选拔任用工作全过程的监督，提高选人用人公信度。要以改革创新精神推进人才队伍建设，以培养和吸引高层次人才和高技能人才为重点，整体推进创新型人才队伍建设，更好地激发各类人才的创造活力和创业激情。要以改革创新精神加强基层党组织建设，推进组织设置创新、领导班子建设创新、工作机制创新、党员教育管理创新，充分发挥基层党组织推动发展、服务群众、凝聚人心、促进和谐的作用。要以改革创新精神加强党的作风建设和反腐倡廉建设，扎实推进惩治和预防腐败体系建设，坚持深化改革和创新体制，强化对权力运行的监督，以优良的党风促政风带民风。通过以改革创新精神加强党的建设，使党始终成为中国特色社会主义事业的坚强领导核心。

五、大力推进中国特色社会主义理论体系的学习和研究，进一步提高全党的马克思主义理论水平

思想理论建设是党的根本性建设。改革开放30年来，中国特色社会主义理论体系的形成、丰富和发展，同坚持用邓小平理论、“三个代表”重要思想以及科学发展观等重大战略思想武装全党、指导实践、推动工作是紧密结合、相互促进、内在统一的。按照党的十七大要求加

强党的思想理论建设，第一位的任务就是用中国特色社会主义理论体系武装全党。

要深入学习领会中国特色社会主义理论体系。中国特色社会主义理论体系是我们党最可宝贵的政治和精神财富，是全国各族人民团结奋斗的共同思想基础。广大党员、干部要自觉用这一理论体系指导客观世界和主观世界的改造，提高运用科学理论解决实际问题的能力。要以中国特色社会主义理论体系指导干部学习培训工作，引导党员、干部不断增强贯彻落实这一理论体系的自觉性和坚定性，毫不动摇地沿着中国特色社会主义道路前进。要大力弘扬理论联系实际的马克思主义学风，引导广大党员、干部紧密结合改革开放和现代化建设的实际，紧密结合自己的思想和工作实际学习运用中国特色社会主义理论体系，努力掌握贯穿其中的马克思主义立场、观点、方法，做到真学、真懂、真信、真用，不断提高理论素质、党性修养、实际能力，更好地为坚持和发展中国特色社会主义服务。在全党开展深入学习实践科学发展观活动，是党的十七大作出的一项重要部署，对于推进理论武装工作、加强领导班子建设、统一全党思想具有重大意义。这项工作将先进行试点，然后全面推开。

各级领导干部既是学习贯彻中国特色社会主义理论体系的组织者、参加者，又是中国特色社会主义事业的领导者、实践者，抓好领导干部就能对广大党员起示范作用，就能带动一片。因此，用中国特色社会主义理论体系武装全党，重点是抓好县处级以上领导干部的学习。各级领导干部要带头学习，学深一些、学透一些，作学习实践中国特色社会主义理论体系的表率。各级党校、行政学院、干部学院要把中国特色社会主义理论体系作为教育培训的重要内容。各级党委理论学习中心组要把这一理论体系作为学习的主要内容。中央组织部、中央宣传部将修订下发关于进一步加强和改进党委理论学习中心组学习的意见，推动领导干部理论学习制度化、规范化。

要大力加强中国特色社会主义理论体系研究。中国特色社会主义是不断发展的开创性事业，中国特色社会主义理论体系是不断发展的开放的理论体系。这个理论体系，理论空间十分广阔，具有很强的时代性和开放性，将随着时代、实践和科学的发展而不断丰富和发展。中国特色社会主义理论体系这种鲜明的特点，正是这个理论体系充满生机与活力、具有巨大真理力量的根本之所在。实践是不断发展的，理论创新也必须不断推进。这就要求我们在建设和发展中国特色社会主义的伟大实践中，善于不断总结新鲜经验，以新的重大理论观点和重大战略思想不断充实、丰富和发展中国特色社会主义理论体系。

党的十七大以来，全国思想理论界对党的十七大提出中国特色社会主义理论体系这个科学概念和科学命题反响热烈，对这个理论体系的研究踊跃、积极，召开了一系列专题研讨会，报刊上发表了大量理论文章，形成了一批有价值的研究成果。现在重要的是，要再接再厉，乘势而进，把中国特色社会主义理论体系研究不断引向深入，特别是要在一些基本问题和重大问题上深化研究。比如：如何深化对中国特色社会主义理论体系科学内涵和重大意义的研究；如何深化对中国特色社会主义理论体系形成的思想渊源和历史条件的研究；如何深化对中国特色社会主义理论体系与马克思列宁主义特别是毛泽东思想关系的研究；如何深化科学发展观对党的三代中央领导集体发展思想新贡献的研究；如何深化对中国特色社会主义理论体系主要内容和逻辑结构的研究；如何深化用中国特色社会主义理论体系武装全党、教育人民的研究；如何深化贯彻落实科学发展观体制和机制的研究；如何深化体现科学发展观要求的政绩观和干部考核评价体系的研究，等等。总之，中国特色社会主义理论体系研究，是一篇大文章。大文章就需要组织精兵强将来做。中央对这项研究很重视，中央宣传部已经把深入研究中国特色社会主义理论体系作为马克思主义理论研究和建设工程的重点任务，作为国家社科基金的重大选题方向，向全国邓小平理论和“三个代表”重要思想研究基地、各省区市研究中心等布置了一批重点研究课题，正在组织开展多学科、多领域的研究。

中央党校及全国党校系统要在中国特色社会主义理论体系研究中发挥应有作用。中央党校是我们党研究、宣传马克思主义理论的重要阵地，应当在中国特色社会主义理论体系研究和党的理论武装工作方面取得更大成绩，作出更大贡献。

（此文是习近平同志2008年3月1日在中央党校2008年春季学期开学典礼上的讲话，《求是》发表时有删节）

切实抓好换届后地方新一届领导班子和领导干部作风建设

贺国强

胡锦涛总书记在党的十七大报告中指出，“优良的党风是凝聚党心民心的巨大力量”，要“以保持党同人民群众的血肉联系为重点加强作风建设”。作风建设对于地方各级领导班子和领导干部显得尤为重要。从2006年开始的全国地方党委、人大、政府、政协领导班子换届工作，目前已经基本结束。换届后的地方新一届领导班子，肩负着高举中国特色社会主义伟大旗帜，深入贯彻落实科学发展观，继续解放思想、坚持改革开放、推动科学发展、促进社会和谐，在新的历史起点上全面建设小康社会的历史重任。面对新形势新任务，地方各级领导班子和领导干部以什么样的精神状态和工作作风带领广大干部群众干事创业，直接关系到新世纪新阶段党和国家事业的顺利发展，直接关系到党和政府在人民群众中的威信。中央对加强换届后地方新一届领导班子和领导干部的作风建设非常重视，胡锦涛总书记和其他中央领导同志多次提出明确要求、作出重要指示，希望各级领导班子和领导干部牢记党和人民的重托，大力倡导“八个方面”的良好风气，进一步加强和改进思想作风、学风、工作作风、领导作风和生活作风，以良好的精神状态和作风，履行好肩负的神圣职责，完成好各项工作任务，兑现对党和人民的庄严承诺。

严守党的政治纪律，确保中央政令畅通

严格遵守党的政治纪律，坚决同党中央保持高度一致，是我们党的一个重要规矩，是共产党员特别是各级领导干部党性原则的重要体现。胡锦涛总书记在十七届中央纪委第二次全会上特别强调了政治纪律问题，指出“遵守党的纪律，首要的是严格遵守党的政治纪律”。在当前国际环境复杂多变、国内改革发展任务十分繁重的形势下，强调这个问题有着很强的现实针对性。从国际上看，随着我国综合国力不断增强、国际地位不断提高以及在世界政治经济格局中的影响不断扩大，世界各国正在把越来越多的目光投向中国，其中既有看好我国发展前景和发展模式的，也有怀有疑虑甚至是敌意的。特别是今年以来，国内外敌对势力利用所谓“人权”、西藏等问题，制造“3·14”打砸抢烧事件，干扰北京奥运会火炬传递活动，甚至扬言要抵制北京奥运会，他们有着明显的政治目的。从国内来看，我国经济社会发展形势总体是好的，但也存在不少困难和矛盾，面临一些风险和

挑战。历史和现实告诉我们，要完成党的十七大提出的各项任务，离不开坚强的政治保证，离不开严明的政治纪律。这一点对领导干部尤其重要。各级领导干部要增强政治敏锐性和政治鉴别力，善于从政治上、全局上观察和思考问题，能够在纷繁复杂的社会现象面前保持清醒头脑、站稳政治立场，常怀远虑、忧党忧国，居安思危、未雨绸缪，对西方敌对势力西化、分化的图谋始终保持高度警惕、严密防范，对社会上一些错误思想和思潮善于识别、敢于斗争，对经济社会发展中的矛盾和问题心中有数、积极应对，决不能盲目乐观、麻痹大意、掉以轻心。要立足于把自己的事情办好，珍惜和维护来之不易的大好局面，不断增强我国的综合国力，不断提高党的执政能力、巩固党的执政地位，不断把中国特色社会主义伟大事业推向前进。

遵守党的政治纪律，很重要的一条是要坚决贯彻执行中央的各项决策部署，确保中央政令畅通。今年是党和国家事业发展进程中非常重要的一年，中央围绕深入贯彻落实科学发展观、推动经济社会又好又快发展、维护改革发展稳定大局，作出了一系列重大决策部署。这些重大决策部署，都是立足全党全国工作大局、经过深入调查研究、广泛征求各方面意见、反复研究论证提出的。地方各级领导班子和领导干部一定要牢固树立全国一盘棋的思想，想问题、作决策、办事情都要坚持着眼大局、围绕大局、服从大局，正确处理中央和地方的关系，统筹局部利益和整体利益、当前利益和长远利益，自觉把本地区本部门的工作置于全局中来谋划、来推进，坚决反对有令不行、有禁不止和"上有政策、下有对策"的倾向。当前，特别要按照深入贯彻落实科学发展观的要求，更加重视加强和改善宏观调控，更加重视推进改革开放和自主创新，更加重视调整经济结构和提高发展质量，更加重视节约资源和保护环境，更加重视改善民生和促进社会和谐，把防止经济增长由偏快转为过热、防止价格由结构性上涨演变为明显通货膨胀作为宏观调控的首要任务，按照控总量、稳物价、调结构、促平衡的基调做好宏观调控工作，推动经济社会又好又快发展。

大兴学习之风，努力提高自身素质

学习是工作的基础，也是提高素质、增长才干的重要途径。当今时代，科技进步日新月异，知识更新不断加快，特别是随着我国改革开放的深入和社会主义市场经济的发展，前进道路上各种新情况新问题新矛盾层出不穷，我们不熟悉、不了解的东西很多，不同程度地存在"本领恐慌"的问题。这就要求我们一定要自觉学习、勤奋学习、终身学习，通过学习开阔视野、开阔思路、开阔胸襟，不断提升自己的思想觉悟、精神境界和能力素质，更好地承担起时代和人民赋予的光荣使命。要认真学习马克思列宁主义、毛泽东思想，认真学习中国特色社会主义理论体系，真正做到学通弄懂、融会贯通，领会精神实质、掌握科学方法、提高辩证思维能力，自觉运用马克思主义的立场、观点、方法来观察、分析、解决问题，防止思维方式上的形而上学，克服工作中的本本主义和经验主义倾向。当前，特别要把深入学习科学发展观作为一项重大政治任务，切实增强贯彻落实科学发展观的自觉性和坚定性。中央决定在全党深入开展学习实践科学发展观活动，上半年先开展试点，第四季度全面推开。各级领导干部要做学习实践科学发展观的表率，从现在开始就要抓紧学习，切实做到先学一步、多学一点、学深一些，为下一步开展这项活动打好基础。学习实践科学发展观，既要深刻理解和全面把握其科学内涵、精神实质和根本要求，还要不断提高贯彻落实科学发展观的本领。各级领导干部要从自己的工作实际和知识结构出发，本着缺什么、补什么的原则，自觉学习经济、政治、文化、历史、哲学、法律、科技、社会管理等方面的知识，优化知识结构，加快知识更新，不断丰富做好领导工作的知识储备。要坚持理论联系实际的学风，努力向实践学习、向群众学习、向身边的同志学习，把加强学习与提高境界、改进作风、推动工作结合起来，把学习成果转化为谋划工作的思路、促进工作的措施、领导工作的能力，切实解决好本地区改革发展稳定中的实际问题。

学习重在自觉，贵在坚持。现在，一些领导干部常常陷于日常事务，忙于各种应酬，很少抽出时间学习。有的同志作报告、写文章，自己不动脑筋，而是一味靠别人、靠秘书班子代劳，空话、套话连篇，毫无针对性。长期下去，不仅得不到提高，就连本职工作也难以做好。形势逼人，事业催人，希望同志们一定要增强学习的紧迫感，真正挤出时间，沉下心来，多读点书，多思考点问题，不断提高自己的理论水平和工作能力，不断增强领导工作的科学性、实效性、创造性。

弘扬求真务实精神，不断推进改革创新

求真务实是党的思想路线的核心内容，改革创新是党和人民事业兴旺发达的动力源泉。当前，我国的发展机遇前所未有，挑战也前所未有，机遇大于挑战。只有坚持求真务实、改革创新，才能抓住宝贵机遇、应对严峻挑战，不断开创各项事业发展的新局面。一是把吃透上情与摸清下情结合起来。我国幅员辽阔，各地情况千差万别，谋发展、做工作，不可能千篇一律、一个模式，而必须吃透上情，摸清下情，并做好“结合”这篇文章。所谓“吃透上情”，就是要认真学习、准确理解、全面把握中央的路线方针政策和各项决策部署，真正领会精神实质、了解基本要求、明确主要任务，而不能各取所需、随意曲解、以偏概全。所谓“摸清下情”，就是要深入实际、深入基层、深入群众进行认真细致的调查研究，努力掌握本地区的发展基础、优势条件、制约因素以及当前和未来一个时期的热点、难点问题，掌握人民群众的愿望、要求和呼声，不断深化对国情、省情、市情、县情、乡情的了解和认识，使各项工作建立在符合客观实际和客观规律的基础之上。所谓“搞好结合”，就是要把中央精神与本地实际紧密结合起来，创造性地提出推动经济社会又好又快发展的思路和办法。一方面，要善于把中央精神贯彻下去，根据本地区本部门工作实际，进一步研究制定落实中央决策部署的具体目标、任务、要求和措施；另一方面，要善于把基层经验总结上来，尊重基层首创精神，努力从广大人民群众的创造中汲取智慧、实践中寻找答案，并通过总结提炼形成带规律性的东西，用以指导面上的工作。只有结合得好，工作才有新意，才能真正出政绩，才能体现水平。二是把工作热情与科学态度结合起来。通过这次换届，一大批新同志走上了领导岗位，大家加快发展的积极性很高，特别是一些经济相对落后的地区，加快发展的热情更高、劲头更足，这是一个好现象，值得肯定和鼓励。但越是这样，越要保持清醒头脑，越要注意加强引导，把各方面加快发展的积极性引导到科学发展上来，引导到转变经济发展方式上来，千万不要盲目上项目、铺摊子，提脱离实际的高指标，搞劳民伤财的“形象工程”、“政绩工程”。要发扬求真务实精神，一切从实际出发，尽力而为、量力而行、合力而干，努力做出经得起实践、人民、历史检验的实绩。要力戒心浮气躁，坚决克服形式主义、官僚主义，在抓落实上下功夫，定下来的事情要雷厉风行、抓紧实施，部署了的工作要加强督查、一抓到底，重点任务要身先士卒、靠前指挥，一步一个脚印地把各项工作落到实处。要健全抓落实的体制机制，强化目标管理，完善监督检查和考核评价制度，从制度上防止和杜绝失职渎职以及不作为、乱作为等行为。三是把探索发展新思路与保持工作连续性结合起来。解放思想是发展中国特色社会主义的一大法宝。实践发展无止境，思想解放无止境。我们要结合开展纪念改革开放30周年活动，大力倡导解放思想、实事求是、与时俱进，进一步把握发展规律、创新发展理念、转变发展方式、破解发展难题，不断开辟发展的新境界。同时，也要注意保持政策的稳定性和工作的连续性。实践证明，一个地方的发展不是一朝一夕的事情，也不是一届两届班子能够完成的任务，而是一

届接着一届干、一代人承接一代人的事业。各地的发展思路当然要根据形势的变化作必要调整和完善，但经过科学论证的发展思路一旦确立，就应当从总体上保持政策的稳定性和工作的连续性，以“咬定青山不放松”的劲头扎扎实实地干出成效，而不能一届班子一套思路、一个领导一个想法，朝令夕改、半途而废，更不能不顾主客观条件，与其他地区盲目比速度、比规模、比项目，搞不切实际的所谓“新思路”、“新战略”、“新模式”。

牢记党的根本宗旨，真心实意为民谋利

人民群众是我们党的力量源泉和胜利之本，全心全意为人民服务是我们党的根本宗旨。每一位新上任的同志都要想一想，我们今天之所以能够走上领导岗位，是党和人民长期教育培养的结果，是党组织和广大群众对我们的高度信任，我们应当鞠躬尽瘁、无私奉献，当好公仆、为民造福，以实际行动和工作业绩回报党和人民的培养和信任。一是要增强群众观念和公仆意识。通过换届，地方各级领导班子的结构进一步优化，素质进一步提高，整体功能进一步增强。新进班子的同志总体素质是好的，有许多优点和长处，但也有些同志缺少严格的党内生活和艰苦环境的锻炼，缺乏做群众工作的经验。特别是随着职位的提高，权力大了，捧场的人多了，听到的好话多了，如果不注意保持头脑清醒，就很容易脱离群众。我们一定要牢记党的根本宗旨和立党为公、执政为民的理念，切实增强群众观念和公仆意识。要做到在思想上尊重群众，牢固树立人民群众是历史创造者的观点，真正把人民群众当主人、当亲人、当老师；要做到在感情上贴近群众，带着责任和感情与群众打交道，深入了解群众的生产生活状况，认真倾听群众的意见建议，热诚关心群众的所需、所急、所忧、所盼；要做到在工作上为了群众，把实现好、维护好、发展好最广大人民的根本利益作为一切工作的出发点和落脚点，真心实意为群众办好事、办实事，千方百计为群众排忧解难，真正做到权为民所用、情为民所系、利为民所谋。二是要认真落实保障和改善民生的各项政策。天下万事，民生为首。要认真落实中央和各级党委、政府在保障和改善民生方面提出的各项政策措施，突出重点，加大力度，狠抓落实，特别要在加强教育、发展医疗卫生事业、扩大就业、健全社会保障体系等方面取得新的进展，努力让人民群众得到实实在在的利益，共享改革发展的成果。三是要切实解决损害群众利益的突出问题。群众利益无小事。今年3月，我到中央纪委信访室进行调研，在与来访群众交谈时感到，目前群众来信来访反映的大多数问题与他们的切身利益相关，有些问题对全局来讲可能不是大事，但对群众个体来讲却往往是天大的事。我们要学会设身处地、换位思考，努力从具体问题入手、从身边的事情抓起，诚心诚意地帮助群众解决实际困难，真正做到有什么问题就解决什么问题、能解决的问题就尽快解决，通过解决好群众最关心、最直接、最现实的利益问题，让群众感受到党和政府的关怀和温暖。当前特别要按照十七届中央纪委第二次全会的要求，坚决纠正损害群众利益的不正之风，着力解决物价、生态环境保护、食品药品质量、安全生产、征地拆迁以及社保基金、住房公积金、扶贫救灾专项资金监管等方面的问题，并注重健全和完善维护群众利益的制度体系。

认真贯彻民主集中制，自觉维护领导班子团结

团结出凝聚力、出战斗力、出生产力，团结也出干部。领导班子的团结，事关一方发展，事关事业全局，是一个重大的政治问题。大量事实表明，领导班子不团结，原因固然很多，但带共性的一条就是民主集中制执行得不好。因此，新一届领导班子从一开始就要把认真贯彻执行民主集中制作为班子建设的重要问题，高度重视团结、自觉维护团结。一是要坚持集体领导与个人分工负责相结合。坚持“集体领导、

民主集中、个别酝酿、会议决定”的原则，做到重大决策、重要干部任免、重大项目安排和大额资金使用由集体研究决定，不能个人或少数人说了算。要充分利用这次地方党委换届党委委员名额增加、委员会组成结构进一步完善的有利条件，切实加强全委会对本地区工作的领导，充分发挥全委会在全局性、战略性重大问题决策和重要干部任免中的作用。要根据这次地方党委换届减少副书记职数、增加党政交叉任职的新情况，进一步健全和完善地方党委工作机制，认真落实常委会分工负责制，切实增强领导班子的整体功能。二是要处理好民主与集中的关系。“一把手”更要多讲一些民主，班子成员更要多讲一些集中。“一把手”在领导班子中处于核心地位、起着关键作用，要觉悟更高一些，心胸更开阔一些，律己更严一些，在执行民主集中制、维护班子团结方面起表率作用，既要切实担负起班长的职责，又要真正把自己当作班子的平等一员，懂得尊重别人，乐于听取各种意见包括不同意见，善于集中大家的智慧。班子其他成员要增强大局意识，积极主动地支持和配合“一把手”的工作，既要根据集体决定和工作分工认真履行自己的职责，又要着眼全局考虑问题，积极参与集体领导，自觉维护班子内部团结，切实做到“互相补台不拆台，你落下的我主动捡起来”。三是要在班子内部倡导大事讲原则、小事讲风格的风气。班子每一个成员都要严以律己、宽以待人，多看别人的长处，多找自己的短处，多说有利于团结的话，多做有利于团结的事，不计较个人名利得失，不纠缠过去的恩恩怨怨，自觉做到注重事业、淡泊名利，心胸坦荡、平等待人，彼此尊重、加强沟通，遵章守纪、接受监督。四是要善于通过沟通增进团结、化解矛盾。很多事实说明，班子不团结甚至出问题，与班子内部沟通不及时、不充分有很大关系。因此，地方新一届领导班子，尤其是党政主要负责人，一定要把加强沟通作为一项重要工作方法，除了通过一般的会议、文件沟通外，更要通过“面对面”的方式沟通。要多沟通，除了对一些重要思路、重要工作、敏感问题进行沟通外，还可就个人思想、家庭生活等方面进行沟通；要主动沟通，不要只等别人找自己，自己要主动找别人，比如在干部问题上，党委书记要主动与行政主要领导沟通，在重大项目安排、大额资金使用等问题上，行政主要领导要主动与党委书记沟通；要直接沟通，尤其是一些重要和敏感的问题，不要仅通过下属或身边工作人员“传达”，党政主要领导要当面沟通，以避免信息传达不准确、不完整；要及早沟通，有情况、有问题早打招呼、早通气，有不同看法、不同意见要提前交流、促进共识，防止由于小道消息和别有用心的人挑拨，造成不必要的误会和误解。

坚持秉公用权，带头廉洁自律

我们党和国家政权的性质，决定了秉公用权、廉洁从政是对各级领导干部的基本纪律要求和准则。换届后地方新一届领导班子的成员，都是经过党组织严格考察和选拔上来的，可以说基本素质都是好的。但人是会变化的，特别是随着职务的升迁、权力的增大，遇到的各种诱惑和考验也多了，如果在思想上放松了警惕，把握不住自己，就很容易犯错误、栽跟头。因此，各级领导干部一定要按照讲党性、重品行、作表率的要求，自觉加强主观世界改造，牢固树立马克思主义的世界观、人生观、价值观，坚定理想信念，坚守根本宗旨，增强拒腐防变的能力。一是要审慎行使权力。权力是把双刃剑，它既可以用来为人民群众办实事、办好事，也会有人用来谋取私利。每一名领导干部都要树立正确的权力观、地位观、利益观，把权力看成是党和人民赋予的一种神圣责任而不是自己随心所欲的工具，自觉遵守党纪国法，防止手中的权力商品化、庸俗化。当前，特别要按照十七届中央纪委第二次全会的要求，严格执行领导干部廉洁从政各项规定，不违反规定收送现金、有价证券、支付凭证和收受干股，不利用职务上的便利获取内幕信息进行股票交易，不超标准建房、多占住房、违规购买经济适用房和违规违法收受房屋，不放任、纵容配偶、子女和身边工作人员利用自己的职权和职务影响经商办企业，不违规插手招标投标、土地出让、产权交易、政府采购等市场交易活动谋取私利等。二是要管住生活小节。小节不守，大节难保。一些领导干部蜕化变质，往往是从工作、生活小节上不检点开始的。现在社会上的各种诱惑很多，各级领导干部一定要防微杜渐，抗得住诱惑、管得住小节，不该吃的饭不吃，不该拿的东西不拿，不该去的地方不去，不做权力、金钱、美色的俘虏；要保持高尚精神追求，培养健康的生活情趣，自尊自爱，洁身自好，坚决抵制腐朽没落思想和生活方式的侵蚀，始终保持共产党人的高风亮节和凛然正气。三是要妥善处理亲情友情。领导干部经常面对方方面面的人际关系，经受亲情、友情、乡情等各种情感的影响。这些关系处理好、感情把握好，就能为我们的工作、生活创造良好环境；处理和把握不好，就会影响工作、生活甚至事业和前途。从这几年发生的案件看，一些别有用心的人往往是从领导干部的配偶、子女、亲属、身边工作人员以及朋友身上打开缺口的。各级领导干部要审慎对待各种感情，妥善处理人际关系，防止为情所累、为情所误。要慎重对待朋友交往，多同普通群众和基层干部交朋友，多同模范人物和专家学者交朋友，做到择善而交。对那些别有用心的“感情投资”要拒而远之，更不能去“傍大款”。要严格要求配偶、子女、亲属和身边工作人员，教育他们摒弃特权思想，自立自强，通过自己的勤劳和奋斗获得事业成功、创造美好生活，决不允许打着自己的旗号谋取不正当利益。四是要发扬艰苦奋斗作风。牢记“两个务必”，把艰苦奋斗精神体现在日常工作和生活中，厉行节约，精打细算，带头抵制拜金主义、享乐主义和奢靡之风，坚决杜绝铺张浪费和大手大脚，不违反规定兴建楼堂馆所、豪华装修办公用房、超标准接待、讲排场比阔气，把有限的财力物力用到促进发展、为民谋利上。

加强领导班子和领导干部作风建设，纪检监察机关担负着重要职责。各级纪检监察机关要充分发挥职能作用，积极协助党委、政府抓好领导班子和领导干部作风建设，通过对各级领导干部进行党的优良传统作风教育和反腐倡廉教育，不断提高他们的政治思想觉悟，为树立良好作风奠定坚实的思想基础；通过深化改革、完善制度、堵塞漏洞，最大限度地减少以权谋私、权钱交易的机会，为推进作风建设提供有力保证；通过强化监督，及时发现和纠正领导班子和领导干部作风方面的问题。广大纪检监察干部要带头改进作风，在工作中坚持原则、秉公执纪，严于律己、以身作则，切实做到对党和国家无限忠诚、对腐败分子和消极腐败现象坚决斗争、对广大干部和群众关心爱护、对自己和亲属严格要求，努力树立可亲、可信、可敬的形象。

（此文是贺国强同志2008年4月在湖南调研时的讲话，《求是》发表时略作删节）

高举中国特色社会主义伟大旗帜
坚定不移地推进党风廉政建设和反腐败斗争

贺国强

今年是改革开放30周年，也是党的纪律检查机关恢复重建30周年。30年前，党的十一届三中全会决定恢复重建党的纪律检查机关，这是我们党在政治上拨乱反正的重要内容，也是在改革开放新的历史条件下坚持党要管党、从严治党、端正党风、维护党纪的重大战略举措。我们党历来高度重视党的纪律建设，从党的五大起就设有党的纪律检查机构，在保证党的政治纲领和政治路线的实现、维护党的纪律等方面发挥了重要作用。“文化大革命”期间，党的建设遭到全面破坏，党的纪律检查机关被撤销，党纪国法遭到严重践踏，广大党员干部的基本权利无法得到保障，出现了大量冤假错案。粉碎“四人帮”以后，党内外纷纷要求恢复党内正常生活，清算“文化大革命”的错误，恢复重建党的纪律检查机关，为贯彻解放思想、实事求是的思想路线和改革开放新时期的政治路线提供坚强的纪律保证。党的十一大在党章中恢复了设立党的纪律检查委员会的条款，为纪律检查机关的全面恢复重建创造了有利条件。党的十一届三中全会选举产生了中央纪律检查委员会，之后地方县和县以上、军队团以上各级党的委员会逐步设立了纪律检查机关，党风廉政建设和反腐败工作从此进入了新的历史时期。

以史为镜，昭示未来。我们要通过纪念党的纪律检查机关恢复重建30周年，进一步总结历史经验，把握工作规律，明确前进方向，继续坚定不移地推进党风廉政建设和反腐败斗争，为夺取全面建设小康社会新胜利、开创中国特色社会主义事业新局面提供有力保证。

一、认真回顾党的纪律检查机关恢复重建30年的光辉历程，充分认识党风廉政建设和反腐败斗争的历史成就

党的性质和宗旨决定了我们党同消极腐败现象是水火不相容的。我们党从诞生之日起，就把反对消极腐败、建设廉洁政治作为自己的重要奋斗目标。在革命战争年代，面对复杂残酷的生存和发展环境，我们党把防止消极腐败现象作为一项重要政治任务来抓。早在井冈山时期，毛泽东同志就制定了“三大纪律八项注意”，作为红军必须遵守的铁的纪律。在全国革命胜利前夕召开的党的七届二中全会上，毛泽东同志告诫全党，务必使同志们继续地保持谦虚、谨慎、不骄、不躁的作风，务必使同志们继续地保持艰苦奋斗的作风。针对夺取全国政权后党内在作风方面出现的一些情况和问题，毛泽东同志严肃地指出，一切党员干部利用职权贪污和浪费都是严重的犯罪行为；必须毫不迟疑地开除一批贪污蜕化分子，撤销一批严重的官僚主义分子和居功自傲、不求进取、消极疲沓、毫不称职分子的领导职务；一定要警惕官僚主义作风，不能形成一个脱离人民的贵族阶层；无论任何人，都要接受党的监督，接受民主党派和党外人士的监督。以毛泽东同志为核心的党的第一代中央领导集体在反腐倡廉方面的重要论述，成为毛泽东思想的重要组成部分。新中国成立后，我们党及时开展了“三反”、“五反”运动，坚决清除贪污腐败现象，严厉惩处刘青山、张子善等一批腐化堕落分子，严肃了党纪国法；建立党的纪律检查机关和国家监察机关，加强对党员干部的监督。这一系列重大举措，为保持党的先进性和纯洁性、巩固新生的社会主义政权提供了有力保证，也为改革开放新时期深入推进党风廉政建设和反腐败斗争奠定了重要基础。

党的十一届三中全会以后，改革开放给我国经济社会生活带来了巨大变化，给党的肌体注入新的生机活力。同时也使党面临着新的挑战和考验，一些意志薄弱的党员干部被腐蚀，党内不正之风滋生，消极腐败现象来势很猛。以邓小平同志为核心的党的第二代中央领导集体清醒地认识到改革开放过程中可能出现腐败现象的严峻形势，提出了一系列关于加强党风廉政建设和反对腐败的重要思想。比如，执政党的党风问题是有关党的生死存亡的问题，如果失去警觉，不坚决刹住这股风，党和国家确实有会不会“改变面貌”的问题；要紧紧围绕经济建设这个中心，坚持两手抓、两手都要硬的方针，一手抓改革开放，一手抓惩治腐败，把反腐败贯穿于改革开放的全过程；反腐败要靠制度、靠法制，搞法制靠得住些；反腐败不搞群众运动，但

必须紧紧依靠人民群众；为了促进社会风气的好转，首先必须搞好党风，要从党内抓起，从高级干部抓起，从具体事件抓起；要加强思想教育，保持艰苦奋斗的传统，坚持这个传统，才能抗住腐败现象；党要接受监督，要加强党内监督，要有专门机构进行铁面无私的监督检查；要严格维护党的纪律，对违纪违法案件不管牵涉到谁，都要按照党纪国法查处，等等。这一系列重要论述，深刻回答了在新的历史条件下我们党如何加强党风廉政建设的基本问题，丰富和发展了党的反腐倡廉理论，成为邓小平理论的重要组成部分。这一时期，我们党恢复重建了中央和地方各级纪律检查机关，重新设立了国家行政监察机关，制定了《关于党内政治生活的若干准则》等重要文件，为推进党风廉政建设和反腐败斗争提供了组织保证和制度保证；审查林彪、江青两个反革命集团案件，平反了大量冤假错案；认真纠正群众反映强烈的不正之风，开展以打击走私、套汇、投机倒把、贪污受贿等严重经济犯罪活动为重点的专项斗争；对党的作风和组织进行全面整顿，推动全党动手抓党风；努力建立和完善党内法规和制度，探索在不搞群众性政治运动的情况下健康有序开展反腐倡廉的新办法新途径。

党的十三届四中全会以后，面对风云变幻的国际局势和国内严重政治风波的影响，面对消极腐败现象在一些地方和领域滋生蔓延的形势，以江泽民同志为核心的党的第三代中央领导集体在成功维护改革发展稳定大局、继续推进改革开放和社会主义现代化建设的过程中，对党风廉政建设和反腐败斗争问题进行了深入思考，提出了一系列关于社会主义市场经济条件下开展反腐倡廉工作的重要思想。比如，治国必先治党，治党务必从严，把提高拒腐防变和抵御风险能力作为党必须解决好的两大历史性课题之一；把党风廉政建设放到全党全国工作大局中把握，更好地为推进改革发展服务；认真贯彻“八个坚持、八个反对”的要求，进一步加强和改进党的作风建设，保持党同人民群众的血肉联系；全体党员要始终保持共产党人的蓬勃朝气、昂扬锐气、浩然正气，永远同人民群众同呼吸、共命运、心连心；坚持对党员干部进行思想教育和法制教育，坚决查处违纪违法行为，牢固建立思想道德和党纪国法两道防线；要形成有效的监督和管理制度，监督的关口要前移，变被动的事后监督为积极的事前防范；把防治腐败作为系统工程来抓，坚持标本兼治、综合治理，逐步加大治本力度；加强教育、发展民主、健全法制、强化监督、创新体制，把反腐败寓于各项改革和重要政策措施之中，从源头上预防和解决腐败问题；反腐败斗争是一项长期的战略任务，既要树立持久作战的思想，又要抓紧当前的工作，不断积小胜为大胜；坚持和完善反腐败领导体制和工作机制，认真落实党风廉政建设责任制，形成党风廉政建设和反腐败斗争的整体合力，等等。这一系列重要论述，有力地指导了新形势下党风廉政建设和反腐败斗争深入开展，进一步丰富和发展了党的反腐倡廉理论，是“三个代表”重要思想的有机组成部分。这一时期，在全国县级以上党政领导班子和领导干部中集中开展了讲学习、讲政治、讲正气教育活动，在全国农村集中开展了“三个代表”重要思想学习教育活动；党的纪律检查机关与行政监察机关实行合署办公，派驻纪检机构陆续恢复建立，党政监督整体合力进一步形成；确立领导干部廉洁自律、查办违纪违法案件、纠正部门和行业不正之风三项工作格局；作出军队、武警部队和政法机关一律不再从事经商活动的重大决策，推进行政审批、财政管理、干部人事等体制机制制度改革等一系列具有鲜明时代特色又影响深远的反腐倡廉重大举措。

党的十六大以来，我国进入改革发展的关键阶段。以胡锦涛同志为总书记的党中央在领导全党全国各族人民深入贯彻落实科学发展观、构建社会主义和谐社会、推动经济社会又好又快发展的同时，高度重视和大力加强党风廉政建设和反腐败斗争，明确提出了一系列关于反腐倡廉的重要战略思想和理论观点。比如，在和平建设时期，如果说有什么东西能够对党造成致命伤害的话，腐败就是很突出的一个；坚决惩治腐败是我们党执政能力的重要体现，有效预防腐败更是我们党执政能力的重要标志；充分认识反腐败斗争的长期性、复杂性、艰巨性，把反腐倡廉建设放在更加突出的位置；坚持反腐倡廉常抓不懈，坚持拒腐防变警钟长鸣，把反腐倡廉建设贯穿于社会主义经济建设、政治建设、文化建设、社会建设各个领域，体现在党的思想建设、组织建设、作风建设、制度建设各个方面；坚持标本兼治、综合治理、惩防并举、注重预防的方针，扎实推进惩治和预防腐败体系建设，在坚决惩治腐败的同时，更加注重治本，更加注重预防，更加注重制度建设，拓展从源头上防治腐败工作领域；坚持加强思想道德建设与加强制度建设相结合，坚持严肃查办大案要案与切实解决损害群众切身利益的问题相结合，坚持廉政建设与勤政建设相结合，坚持加强对干部的监督与发挥干部主观能动性相结合；领导干部要牢记“两个务必”，坚持权为民所用、情为民所系、利为民所谋，讲党性、重品行、作表率，常修为政之德、常思贪欲之害、常怀律己之心，等等。这些重要论述，体现了贯彻落实科学发展观、构建社会主义和谐社会、加强党的执政能力建设和先进性建设的时代要求，是对党的反腐倡廉理论与实践的继承、发展和深化。党的十六大以来，党中央作出了《关于加强党的执政能力建设的决定》，在全党开展保持共产党员先进性教育活动和深入学习实践科学发展观活动，制定或修订了党内监督条例、纪律处分条例和党员权利保障条例；颁布了建立健全惩治和预防腐败体系实施纲要及2008－2012年工作规划，成立了国家预防腐败局；深入推进行政审批制度、干部人事制度、司法体制和工作机制、财政管理制度、投资体制、金融体制等改革和制度创新，进一步加大从源头上防治腐败工作力度；建立和完善巡视机构，对纪检监察派驻机构实行统一管理，进一步加强了对领导班子和领导干部特别是主要领导干部的监督；创造性地提出了反腐倡廉建设的概念，明确把反腐倡廉建设与党的思想建设、组织建设、作风建设、制度建设一起作为党的建设的基本任务，进一步把握了党的建设规律，丰富了党的建设内涵，拓展了党的建设领域。

30年来党风廉政建设和反腐败斗争的实践充分证明，我们党对反腐败斗争的认识是十分清醒的，惩治腐败的态度是非常坚决的，作出的重大决策和战略部署是完全正确的，党风廉政建设和反腐败斗争取得了显著成效。

——通过深入开展党风廉政建设和反腐败斗争，形成了符合我国现阶段基本国情的反腐倡廉指导思想、基本原则、工作方针、工作格局、领导体制和工作机制以及法规制度体系基本框架。30年来，我们始终坚持用马克思主义中国化最新成果引领反腐倡廉实践，确立了反腐倡廉工作方针，坚持惩治和预防腐败两手抓、两手都要硬；明确了教育、制度、监督、改革、纠风、惩治六项基本工作，从整体上推进惩治和预防腐败体系建设；探索和建立了党委统一领导、党政齐抓共管、纪委组织协调、部门各负其责、依靠群众支持和参与的反腐败领导体制和工作机制，实行党风廉政建设责任制，形成全党全社会动手反腐败的局面；不断加大反腐倡廉法规制度建设力度，努力建设涵盖规范领导干部从政行为、惩戒违纪违法行为、对党员领导干部进行监督、保障党员权利等方面内容的法规制度体系，初步实现了反腐倡廉工作有章可循、有法可依。这些理论成果、制度成果和实践成果为新时期深入开展党风廉政建设和反腐败斗争打下了坚实基础。

——通过深入开展党风廉政建设和反腐败斗争，促进了社会主义经济建设、政治建设、文化建设、社会建设，有力地维护了改革发展稳定大局。30年来，我们紧紧围绕发展这个党执政兴国的第一要务，始终把反腐倡廉建设放在党和国家工作全局中谋划和部署，为全面推进中国特色社会主义事业作出了重要贡献。在经济领域，积极推动各项体制改革不断深入，发挥市场在资源配置中的基础性作用，维护公平竞争和市场秩序，优化发展环境，促进了经济又好又快发展；在政治领域，严肃党的政治纪律，维护中央的权威和党的团结统一，加强对权力的制约和监督，促进了社会主义民主政治建设；在文化领域，推进社会主义道德建设和廉政文化建设，抵御腐朽落后思想和不良社会风气，促进了社会主义先进文化发展；在社会领域，积极拓宽人民群众参与党风廉政建设的渠道，坚决纠正损害群众利益的不正之风，维护社会公平正义，促进了社会和谐稳定。

——通过深入开展党风廉政建设和反腐败斗争，纯洁了党的组织和队伍，增强了党的创造力、凝聚力、战斗力。30 年来，在党中央、国务院和各级党委、政府的领导下，各级纪检监察机关把严肃查办违纪违法案件作为一项重要工作来抓，坚持在法律和纪律面前人人平等，坚决查处各种违反党纪政纪的行为，其中包括严肃查处了陈希同、陈良宇、成克杰等一批高级干部违纪违法案件。在严厉惩处违纪违法行为的同时，坚持实事求是，注意为受到诬告、错告的党员干部澄清是非，保护广大党员干部干事创业的积极性。进一步加大预防腐败工作力度，深入开展理想信念和廉洁从政教育，规范权力运行，加强监督、关口前移，有效促进了党员干部廉洁从政，有力维护了党的组织和党员干部队伍的先进性、纯洁性。实践证明，党员干部队伍的主流是好的，广大党员在改革开放和现代化建设中充分发挥了先锋模范作用。

——通过深入开展党风廉政建设和反腐败斗争，赢得了党心民心，巩固了党的执政基础。30 年来，我们党持续加大反腐败斗争力度，不断取得阶段性成效，有力维护了人民群众切身利益，得到了人民群众衷心拥护和坚定支持。据国家统计局全国党风廉政建设民意调查，近些年来，群众对反腐败工作成效的满意度逐年上升。国际社会对我国反腐败工作也给予了积极评价。我们党之所以能够在国际风云变幻和各种严峻考验中始终巍然屹立、不断发展壮大，很重要的一条就是我们通过坚持不懈地加强党的自身建设，坚定不移地开展党风廉政建设和反腐败斗争，增强了人民群众对党的信任和对中国特色社会主义的信心，使我们党执政有了最牢固的政治基础和最深厚的力量源泉。

二、深刻总结改革开放 30 年来党风廉政建设和反腐败斗争的历史经验，坚定不移地走中国特色反腐倡廉道路

30 年来，我们党在团结带领全国各族人民建设中国特色社会主义事业的伟大进程中，坚持以马克思列宁主义、毛泽东思想、邓小平理论和“三个代表”重要思想为指导，深入贯彻落实科学发展观，紧密结合我国实际，坚定不移地开展党风廉政建设和反腐败斗争，逐步走出了一条中国特色反腐倡廉道路。这条道路是中国特色社会主义道路的重要组成部分，是我们党把马克思主义反腐倡廉理论与中国反腐倡廉建设实际相结合的一大创举，是发展中国特色社会主义的重要保证。我们要认真总结 30 年来深入开展党风廉政建设和反腐败斗争的经验，深刻理解和全面把握中国特色反腐倡廉道路的科学内涵和基本要求，在继承中发展，在改革中创新，不断开创党风廉政建设和反腐败斗争新局面。

第一，必须坚持以中国特色社会主义理论体系为指导，保证党风廉政建设和反腐败斗争的正确方向。中国特色社会主义理论体系，是马克思主义中国化的最新成果，是党最可宝贵的政治和精神财富，是全国各族人民团结奋斗的共同思想基础。30 年来，我们高举中国特色社会主义伟大旗帜，认真学习和自觉运用邓小平反腐倡廉理论、江泽民反腐倡廉思想和以胡锦涛同志为总书记的党中央关于反腐倡廉的一系列重要论述，不断探索符合我国现阶段基本国情的反腐倡廉新措施新办法，坚定不移地走中国特色反腐倡廉道路。实践证明，只有以中国特色社会主义理论体系为指导，才能更好地从政治上观察和处理各种问题，正确判断党风

廉政建设和反腐败斗争形势，明确不同历史时期反腐倡廉的主要任务，与时俱进地推进反腐倡廉工作，保证党风廉政建设和反腐败斗争始终沿着正确的方向健康发展。

第二，必须坚持党要管党、从严治党，始终把党风廉政建设和反腐败斗争放在突出位置来抓。历史和现实都表明，一个政党过去先进不等于现在先进，现在先进不等于永远先进。在长期执政、改革开放和发展社会主义市场经济的条件下，我们党面临着各种可以预见和难以预见的风险，党员干部队伍面临着腐蚀与反腐蚀的严峻考验。不断增强党的拒腐防变和抵御风险能力，是我们党始终面临的重大课题，是党长期执政和国家长治久安的重要政治保证和组织保证。30 年来，我们党对腐败现象的极端危害性和危险性始终保持高度警觉，始终坚持党要管党、从严治党的方针，始终把反腐败作为一场严肃的政治斗争来抓，保持惩治腐败的强劲势头，坚决查处腐败案件。对腐败分子，不论是谁，不论职务多高，只要违反了党纪国法，都依纪依法予以严惩。实践证明，坚决惩治和有效预防腐败，关系人心向背和党的生死存亡，是党必须始终抓好的重大政治任务。

第三，必须坚持党的基本路线，始终把党风廉政建设和反腐败斗争置于党和国家工作大局中来开展。我国正处于并将长期处于社会主义初级阶段，人民日益增长的物质文化需要同落后的社会生产之间的矛盾仍然是我国社会的主要矛盾。必须牢牢把握发展这个党执政兴国的第一要务，坚持以经济建设为中心，聚精会神搞建设、一心一意谋发展。党风廉政建设和反腐败工作作为党和国家工作的重要组成部分，必须坚持党的基本路线，围绕中心、服务大局，为深化改革、促进发展、维护稳定服务。30 年来，面对不断发展变化的国际国内形势，党风廉政建设和反腐败斗争始终保持健康平稳发展的良好态势，很重要的一条就是坚持在大局中谋划、在大局下推进，坚持和实践了服从服务于党和国家中心工作的根本要求。实践证明，只有始终坚持围绕中心、服务大局，党风廉政建设和反腐败斗争才能找准突破口和切入点，增强工作针对性和实效性，为推动经济社会又好又快发展提供有力保证。

第四，必须坚持以人为本，切实维护人民群众的根本利益和党员干部的合法权益。以人为本是党的性质和宗旨的集中体现，也是反腐倡廉工作健康发展的基本要求。30 年来，我们坚持把实现好、维护好、发展好最广大人民的根本利益作为一切工作的出发点和落脚点，认真开展专项治理，切实纠正损害群众利益的不正之风，建立健全维护群众利益的长效机制，有力地巩固了党同人民群众的血肉联系。同时，我们不断完善党规党法，坚持以事实为依据，以法纪为准绳，准确恰当地处理违纪行为，注意保护党员干部的合法权益；加强党内民主建设，推进党务公开，尊重党员主体地位，保障党员民主权利。实践证明，只有坚持以人为本，才能使纪检监察工作更好地维护人民群众的根本利益，才能更好地保护和激励广大党员干部干事创业的积极性。

第五，必须坚持标本兼治、综合治理、惩防并举、注重预防的方针，以完善惩治和预防腐败体系为重点加强反腐倡廉建设。坚持反腐倡廉工作方针，完善惩治和预防腐败体系，是我们党深刻总结反腐倡廉历史经验、适应形势发展和时代要求作出的重大战略决策。30 年来，我们党不断探索和把握反腐倡廉建设规律，不断坚持和完善反腐倡廉工作方针，把治标和治本、惩治和预防始终贯穿于反腐倡廉全过程，做到两手抓、两手都要硬，既坚决惩处腐败分子，又努力从源头上预防和治理腐败，不断铲除腐败现象滋生蔓延的土壤和条件。我们坚持以完善惩治和预防腐败体系为重点，全面推进反腐倡廉建设，通过深化改革和创新制度，逐步健全拒腐防变教育长效机制、反腐倡廉制度体系、权力运行监控机制。实践证明，只有全面贯彻反腐倡廉工作方针，积极推进惩治和预防腐败体系建设，才能明晰思路，突出重点，抓住关键，增强反腐倡廉建设的整体性、协调性、系统性、实效性。

第六，必须坚持解放思想、实事求是、与时俱进，以改革创新精神推进党风廉政建设和反腐败斗争。解放思想、实事求是、与时俱进，是党的思想路线的核心，是马克思主义活的灵魂，也是指引反腐倡廉建设的强大思想武器。30年来，我们党坚持从不同时期经济社会发展和反腐败斗争的实际出发，不断推动反腐倡廉工作理念思路、方式方法、体制机制的创新，党风廉政建设和反腐败工作经历了从拨乱反正、处理历史遗留问题到刹风整纪、解决改革开放后出现的新问题，从着力治标、侧重遏制到标本兼治、综合治理，从注重开展专项工作到整体推进反腐倡廉建设这样一个认识上不断深化、实践上不断发展的过程。实践证明，只有适应世情、国情、党情的发展变化，坚持改革创新，才能使党风廉政建设和反腐败工作不断体现时代性、把握规律性、富于创造性。

第七，必须坚持党的领导，建立和完善反腐败领导体制和工作机制。党风廉政建设和反腐败斗争是一项复杂艰巨的系统工程，也是全党全社会的共同任务，必须坚持在中国共产党统一领导下，建立健全体制机制，形成工作合力。30年来，我们坚持把党风廉政建设和反腐败工作纳入各级党委和政府的总体工作规划，与经济社会发展和党的建设任务一起部署、一起落实、一起检查、一起考核，建立和落实党风廉政建设责任制，坚持和完善反腐败领导体制和工作机制，形成了全党动手反腐败的良好局面。实践证明，只有坚定不移地加强和改进党的领导，不断完善反腐败领导体制和工作机制，才能切实抓好反腐倡廉各项任务的落实，为党风廉政建设和反腐败斗争提供坚强的领导和组织保证。

以上这几方面的概括，既是30年来党风廉政建设和反腐败工作的宝贵经验，是中国特色反腐倡廉道路的基本内涵，也是今后推进反腐倡廉建设必须遵循的重要原则。党和国家事业在不断发展，反腐倡廉建设在不断深入。我们要结合新的实践，不断深化对反腐倡廉建设规律的认识，不断丰富中国特色反腐倡廉道路的理论和实践内涵，努力把党风廉政建设和反腐败斗争推向前进。

三、深入贯彻落实科学发展观，努力开创党风廉政建设和反腐败斗争新局面

当前，我国改革发展已经站在新的历史起点上。党的十七大科学分析国际国内形势的深刻变化，对发展中国特色社会主义作出了全面部署，明确了实现全面建设小康社会奋斗目标的新要求，提出要高举中国特色社会主义伟大旗帜，以邓小平理论和“三个代表”重要思想为指导，深入贯彻落实科学发展观，继续解放思想，坚持改革开放，推动科学发展，促进社会和谐，为夺取全面建设小康社会新胜利而奋斗。这是当前和今后一个时期党和国家的中心任务，也是纪检监察工作面临的重大政治任务。

现阶段的党风廉政建设和反腐败斗争是在错综复杂的国际背景和深刻变革的国内形势下展开的。这些年来，党风廉政建设和反腐败斗争力度持续加大，取得了明显成效。同时，我们也必须清醒地看到，我国正处于并将长期处于社会主义初级阶段，腐败现象滋生的土壤和条件在短期内难以消除，消极腐败现象在一些领域和部门呈现易发多发的态势，同时还不断出现新情况新问题。总的来看，当前反腐倡廉建设正面临着有利条件和不利因素并存、成效明显和问题突出并存的局面，反腐倡廉形势依然严峻。我们一定要深刻认识反腐败斗争的长期性、复杂性、艰巨性，居安思危，警钟长鸣，切实增强政治意识、大局意识、忧患意识、责任意识，以更加坚定的信心、更加积极的态度、更加有力的措施，不断开创党风廉政建设和反腐败斗争新局面。

当前，全党正按照中央的统一部署，分批开展深入学习实践科学发展观活动。科学发展观是我国经济社会发展的重要指导方针，是发展中国特色社会主义必须坚持和贯彻的重大战略

思想。纪检监察工作是党和国家工作全局的重要组成部分，既要以科学发展观为指导，又要为科学发展观的贯彻落实发挥重要保障作用。我们要深入贯彻落实科学发展观，加强以保持党同人民群众血肉联系为重点的作风建设，加强以完善惩治和预防腐败体系为重点的反腐倡廉建设，坚持和运用改革开放以来积累的宝贵经验，以改革创新精神深入推进党风廉政建设和反腐败斗争，为全面建设小康社会、加快推进社会主义现代化提供有力保证。

第一，坚持按照科学发展观的要求，不断提高纪检监察工作水平。做好新时期的纪检监察工作，必须自觉按照科学发展观的要求，着力运用科学发展观所体现的马克思主义立场、观点、方法来谋划、部署和推进各项工作，把科学发展观的要求体现和落实到党风廉政建设和反腐败工作的各个方面。

要紧紧围绕保障和促进科学发展来谋划和推进纪检监察工作。科学发展观第一要义是发展。纪检监察机关必须着眼发展这个党执政兴国的第一要务，进一步树立大局意识、中心意识、服务意识，注意了解和掌握我国经济社会发展的动态、趋势以及面临的新情况新问题，注意了解和掌握国际经济形势的发展变化对我国经济社会发展带来的影响，注意了解和掌握党和国家有关经济社会发展的决策部署和政策措施，从而自觉以科学发展观为指导，始终着眼党和国家工作全局来谋划反腐倡廉工作、制定反腐倡廉政策、出台反腐倡廉举措，不断优化经济社会发展环境，使纪检监察工作更好地服务和促进科学发展。

要切实把以人为本的理念贯穿到纪检监察工作中去。科学发展观核心是以人为本。在纪检监察工作中做到以人为本，必须把实现好、维护好、发展好最广大人民的根本利益作为一切工作的出发点和落脚点，深入体察群众的困难和疾苦，认真倾听群众的意见和呼声；必须切实纠正损害群众切身利益的突出问题，注意了解和查处重大群体性事件和重大安全事故背后存在的腐败行为和干部作风问题；必须加强信访举报工作，拓宽人民群众参与反腐倡廉的渠道，发挥人民群众在反腐倡廉建设中的积极作用；必须坚决查处各类违纪违法案件，严惩腐败分子，维护党纪政纪，维护社会公平正义，以反腐倡廉实际成效取信于民；必须注意保障党员干部的合法权益，把加强对干部的监督同信任干部、激励干部结合起来，保护广大党员干部干事创业、改革创新的积极性；必须把处理人与教育人、挽救人有机结合起来，坚持惩前毖后、治病救人，宽严相济、区别对待，认真处理申诉案件，努力取得良好的法纪效果、政治效果、社会效果。

要按照全面协调可持续的要求和统筹兼顾的方法开展纪检监察工作。科学发展观基本要求是全面协调可持续，根本方法是统筹兼顾，这也是做好纪检监察工作的根本要求和方法。要善于从全局和战略高度观察和审视党风廉政建设和反腐败斗争面临的形势和任务，把反腐倡廉建设纳入经济社会发展和党的建设的全局之中，寓于各项改革和重要政策措施之中，通过有效惩治和预防腐败促进经济社会发展。要着力完善惩治和预防腐败体系，认真落实建立健全惩治和预防腐败体系纲要以及2008－2012年工作规划，整体推进教育、制度、监督、改革、纠风、惩治等工作，把改革的推动力、教育的说服力、制度的约束力、监督的制衡力、惩治的威慑力结合起来，使各项工作相互协调、相互促进。要把战略性目标与阶段性任务结合起来，坚持整体规划，分阶段实施，特别要注意针对一个时期群众反映强烈、基本具备治理条件、经过努力在短时期内能够取得成果的突出问题，集中力量进行整治，使反腐倡廉工作稳步向前推进。要全面履行党章和行政监察法赋予的职责，充分履行纪检监察两项职能，发挥纪检监察机关合署办公优势，进一步形成党政监督整体合力。要在党委和政府领导下，把发挥纪检监察机关职能作用与发挥有关部门的职能作用以及广大人民群众和全社会支持参与结合起来，巩固和发展全党全社会齐抓共管的良好局面。

第二，严肃党的政治纪律，坚决维护党的团结统一。深入贯彻落实科学发展观，必须以党的纪律作保障。我们党是靠革命理想和铁的纪律组织起来的马克思主义政党，严明的纪律是我们党不断从胜利走向胜利的可靠保证。在党的纪律中，政治纪律是最重要的纪律。我们必须深刻认识严明党的政治纪律的极端重要性，切实维护党的政治纪律，维护党的团结统一，为在新的历史起点上继续推进中国特色社会主义伟大事业提供坚强的政治保证。

当前，全党在执行党的政治纪律方面总的是好的。但也要看到，一些同志头脑中讲政治、遵守政治纪律的意识淡化了，极少数党员、干部在一些涉及党的基本理论、基本路线、基本纲领、基本经验等重大政治问题上说三道四、我行我素；有的对中央关于经济社会发展的重大政策措施置若罔闻，有令不行、有禁不止，甚至阳奉阴违；有的泄露党和国家秘密，给党和国家工作造成严重损失；有的听信小道消息，甚至传播政治谣言，在干部群众中造成不良影响。这些现象必须引起我们高度警觉，并切实加以纠正和解决。

坚决维护党的政治纪律是党章赋予纪律检查机关的一项基本职责。我们要在党中央和各级党委领导下，认真履行职责，坚决维护党的章程和其他党内法规，认真检查党的路线方针政策和决议的执行情况，保证党的政治路线的贯彻执行。要严格党的纪律，决不允许散布违背党的理论和路线方针政策的意见，决不允许公开发表同中央的决定相违背的言论，决不允许对中央的决策部署阳奉阴违，决不允许以任何形式泄露党和国家的秘密，决不允许传播政治谣言。要严肃查处违反政治纪律的行为，加大执行纪律的力度，对违反党的政治纪律的，要严肃批评教育；对屡教不改的，要作出组织处理；对造成严重后果的，要按党纪国法予以惩处。要通过严格执行各项政治纪律，使全党同志提高遵守和执行政治纪律的自觉性，坚定政治信念，保持清醒的政治头脑，坚持党的基本理论、基本路线、基本纲领、基本经验，确保全党同以胡锦涛同志为总书记的党中央保持高度一致。

第三，加强监督检查，保证中央关于推动科学发展重大决策部署的贯彻落实。深入贯彻落实科学发展观是全党的重大政治任务，也是纪检监察机关的重大政治责任。我们要认真履行监督检查职责，不断探索和拓宽促进科学发展的有效途径，努力为贯彻落实科学发展观提供坚强的政治保证和纪律保证。

这些年来，广大党员干部和人民群众衷心拥护科学发展观，深入学习科学发展观，认真实践科学发展观，有力地推动了中国特色社会主义事业发展。但是，在贯彻落实中也存在一些值得注意的问题。一些党员干部贯彻落实科学发展观的自觉性还不高，对科学发展观理解还不够深入；一些领导干部的思想、作风、能力与推动科学发展的要求还不适应；一些影响和制约科学发展的问题还比较突出；保障科学发展的体制机制还不够健全，等等。这些问题如果不认真加以解决和纠正，科学发展观的要求就难以落到实处。

各级纪检监察机关要按照中央要求，组织协调有关部门，加强监督检查，切实增强全党贯彻落实科学发展观的自觉性和紧迫感。要紧紧围绕推动科学发展，坚决纠正单纯追求经济增长速度、以牺牲资源环境为代价换取一时增长的现象，坚决纠正只顾局部利益、眼前利益而盲目上项目铺摊子的现象，坚决纠正重经济发展轻社会发展和解决民生问题的现象，促进经济社会实现更长时间、更高水平、更好质量的发展。要紧紧围绕转变经济发展方式和完善社会主义市场经济体制，会同有关部门对加强和改善宏观调控、扩大内需、促进经济平稳较快发展，优化经济结构和提高经济增长质量，严格耕地保护和土地征用，加强节能减排和生态环境保护，加强抗震救灾资金物资管理使用等工作开展监督检查，加大对违规违法行为的查处力度，确保中央各项政策措施落到实处。

第四，以保持党同人民群众的血肉联系为重点，切实加强和改进党的作风建设。加强党的作风建设是推动科学发展观贯彻落实的重要保障，也是纪检监察机关的一项重要职责。各级纪检监察机关要把改进党员干部作风作为促进科学发展的重要切入点，通过思想教育、监督检查、执行纪律等方式，推动广大党员干部特别是各级领导干部的作风有一个明显转变。要加强党的优良传统教育，使党员干部自觉增强群众观点，牢记根本宗旨，心系人民群众，努力为群众办好事、办实事，真正做到立党为公、执政为民；要教育和引导党员干部大力弘扬求真务实精神、大兴求真务实之风，坚决纠正急功近利、作表面文章、搞劳民伤财的"形象工程"和脱离实际的"政绩工程"甚至弄虚作假等问题，坚决纠正作风飘浮、安于现状、不思进取的思想和行为，坚决纠正形式主义、官僚主义、陷入文山会海、忙于迎来送往等行为；要教育和引导党员干部自觉遵循社会主义核心价值体系，讲党性、重品行、作表率，牢记"两个务必"，发扬艰苦奋斗、勤俭节约的作风，带头抵制拜金主义、享乐主义和奢靡之风，严格执行领导干部廉洁从政各项规定，经受住权力、金钱、美色的考验，保持共产党人的政治本色。

当前，要把加大纠风工作力度、着力解决损害群众利益的突出问题，作为加强党的作风建设的一项重要任务来抓。各级纪检监察机关要督促有关部门推进社会体制改革，扩大公共服务，完善社会管理，把保障和改善民生的各项政策措施落到实处。要以解决社会关注程度高、群众反映强烈的突出问题为重点，加大专项治理力度，积极配合有关部门强化监督检查，着力解决食品药品质量、安全生产、生态环境保护、征地拆迁等方面存在的问题，强化对社保基金、住房公积金和扶贫救济等专项资金的监管。要继续治理教育乱收费以及医药购销和医疗服务中的不正之风，查处侵害农民和进城务工人员利益问题，坚决纠正漠视群众疾苦、与民争利的行为。要强化和完善行政问责，对发生严重责任事故特别是造成人民群众生命财产重大损失的地方和单位，要严肃追究有关人员特别是领导干部的责任，并认真总结经验教训，完善问责的相关制度和措施，起到"问责一人，教育一片"的效果。

第五，坚持改革创新，不断探索反腐倡廉工作的新思路新举措。科学发展观是创新的理论，深入贯彻落实科学发展观需要有改革创新精神。当前，反腐倡廉工作有许多新情况需要研究、新问题需要解决、新领域需要探索，我们要积极适应形势和任务的发展变化，以解放思想为先导、深化改革为动力、创新制度为保证，以建设性思路、建设性举措、建设性方法推进各项工作。

要推进反腐倡廉教育创新，增强反腐倡廉教育的针对性和有效性。加强反腐倡廉建设，思想教育是基础。要不断改进反腐倡廉教育方式方法，扩大教育覆盖面，增强教育实效性，把反腐倡廉教育纳入党委（党组）理论学习中心组学习内容，纳入各级党校、行政学院及其他干部培训机构教学计划，通过举办领导干部廉洁从政教育培训班、党政主要负责同志带头讲廉政党课等形式，使反腐倡廉教育生动活泼地开展起来。要善于运用正反两方面的典型，提高教育的针对性。通过深入开展理想信念教育、党纪国法教育、革命传统教育、社会主义荣辱观教育、廉洁自律教育，大力表彰宣传廉洁勤政的优秀干部，引导广大党员干部坚定中国特色社会主义共同理想，增强立党为公、执政为民的自觉性和坚定性；通过对腐败分子典型案例进行深入剖析，以活生生的现实进行警示教育，促使广大党员干部常修为政之德、常思贪欲之害、常怀律己之心，提高自觉拒腐防变的意识和能力。

要推进查办案件工作创新，充分发挥办案的治本作用。坚决查办违纪违法案件是反腐倡廉的重要任务，也是惩治腐败的重要手段。要在保持查办案件力度、坚决惩治腐败分子的同时，进一步改进查办案件工作方式方法，不断提高办案工作的质量和水平。要加强对新形势下办案工作特点和规律的研究，正确把握政策和策略，综合运用法律、纪律、行政和经济处罚、组织处理等方式，增加办案科技手段，提高办案特别是突破大案要案的能力；坚持依纪依法、安全文明查办案件，严格执行使用查办案件措施的规定，保障被审查对象合法权利；通过所查案件总结教训，分析案件发生的规律和原因，发现管理和制度上的漏洞，加强建章立制工作，推进体制机制创新，严格管理监督，减少问题的发生；加大查处案件的组织协调力度，加强对重大案件的协调、指导和督办，加强纪检、审判、检察、公安、监察、审计等执纪执法机关协作配合，完善跨区域协作办案及防逃、追逃、追赃机制，进一步形成惩治腐败的整体合力。

要推进监督工作创新，切实做到关口前移、增强实效。强化监督是有效预防腐败的关键。要建立健全决策权、执行权、监督权既相互制约又相互协调的权力结构和运行机制，切实把防治腐败的要求落实到权力结构和运行机制的各个环节。加强事前监督和事中监督，特别是要对中央的一些重大决策部署进行全过程监督，最大程度地减少权力“寻租”机会；严格执行党内监督各项制度，重点加强对领导干部特别是主要领导干部的监督，加强对人财物管理使用、关键岗位的监督，提高监督有效性；完善巡视工作制度，加强纪检监察派驻机构统一管理工作；积极探索和建立健全经济责任审计、行政问责、绩效管理等制度，不断完善制约和监督机制；拓宽监督渠道，把党内监督与人大监督、政府专门机关监督、政协民主监督、司法监督、群众监督等结合起来，发挥好民主党派、社会团体、新闻舆论监督作用，形成有效监督的合力。

要扩大党内民主和人民民主，保证权力公开透明运行。民主是监督的有力武器，阳光是最好的防腐剂。要坚持以扩大党内民主带动人民民主，为防治腐败创造更加有利的条件。要尊重党员主体地位，保证党员行使各项民主权利，积极推进党务公开，使广大党员更多、更好地了解和参与党内事务；完善党的代表大会制度，健全党委常委会向委员会全体会议定期报告工作、接受监督的制度；坚决贯彻执行民主集中制，健全集体领导与个人分工负责相结合的制度，反对和防止个人或少数人专断。要不断扩大人民民主，健全民主制度，丰富民主形式，拓宽民主渠道，保障人民群众的知情权、参与权、表达权、监督权。当前，尤其要认真实施政府信息公开条例，完善政务公开、厂务公开、村务公开和公共企事业单位办事公开制度，不断扩大公开范围和层次，提高政府工作透明度和公信力。

要加大改革和制度创新力度，努力从源头上防治腐败。改革是推进反腐倡廉建设的强大动力和根本途径。要以容易滋生腐败的重点领域和关键环节为突破口，深入推进干部人事制度和司法体制改革，行政管理和社会体制改革，财税、金融和投资体制改革，国有企业改革和现代市场体系建设及相关改革，最大限度地堵塞以权谋私、权钱交易的体制机制漏洞，努力解决导致腐败的深层次问题，从源头上预防和治理腐败，不断铲除腐败现象滋生蔓延的土壤和条件。要加大制度建设力度，既要加强经济、政治、文化、社会等领域的制度建设和创新，又要加强党内制度建设和创新，不断完善各方面的体制机制，形成用制度管权、管事、管人的机制。要着力提高制度建设的科学性，尤其要注意把那些经过实践检验的成功做法上升为法规制度，把那些通过查处和解剖案例得出的规律性认识运用于法规制度建设，使制定的各项法规制度行得通、做得到、有实效。

要加强反腐倡廉理论创新，为党风廉政建设和反腐败斗争提供理论支撑。党和国家事业发展面临的新形势新任务，党风廉政建设和反腐败斗争面临的新情况新问题，人民群众对反腐倡廉建设的新要求新期待，都迫切要求我们加强反腐倡廉理论创新。要结合开展深入学习实践科学发展观活动，认真学习邓小平反腐倡廉理论、江泽民反腐倡廉思想和以胡锦涛同志为总书记的党中央关于党风廉政建设和反腐败工作的一系列重要论述，进一步深化对反腐倡廉指导思想、基本原则、工作方针、领导体制和工作机制等的认识。要坚持理论联系实际，紧紧围绕中央关于反腐倡廉建设的一系列重大决策和部署，紧紧围绕反腐倡廉建设面临的重大理论和现实问题，集中力量开展重点课题的调查研究。比如，如何立足我国社会主义初级阶段基本国情和当前发展的阶段性特征，科学分析和正确判断党风廉政建设和反腐败斗争的总体形势和发展趋势；如何正确处理惩治和预防的关系，既坚定不移地查处腐败案件、惩治腐败分子，又努力从源头上预防和治理腐败，突出重点、抓住关键，全面推进惩治和预防腐败体系建设；如何适应发展社会主义民主政治的新要求，大力发展党内民主和人民民主，推进各种公开办事制度，真正让权力在阳光下运行；如何从腐败现象易发多发的领域入手，查找腐败现象滋生的关键部位和重点环节，有针对性地采取防治措施；如何有效整治用人上的不正之风和腐败现象，防止干部“带病上岗”、“带病提拔”；如何有效加强对领导干部特别是主要领导干部的监督；如何顺应国际反腐败基本发展趋势，借鉴国际反腐败有益经验，推动反腐败国际合作，等等。要加强反腐倡廉理论研究队伍建设，加强组织领导、搞好统筹协调、整合各方力量、发挥各自优势，切实形成纪检监察机关、党政各部门、高校和科研院所以及各种社会力量广泛参与，经济、政治、文化、社会、党的建设等各个领域、各个学科全面介入、系统研究的工作格局，努力形成反腐倡廉理论研究的整体合力。

伟大时代需要伟大力量来推动，伟大力量需要优良作风来凝聚。回首过去，纪检监察工作走过了光辉历程、取得了显著成绩；展望未来，反腐倡廉建设使命光荣、任重道远。让我们紧密团结在以胡锦涛同志为总书记的党中央周围，高举中国特色社会主义伟大旗帜，深入贯彻落实科学发展观，进一步解放思想、团结奋斗、开拓进取、扎实工作，在中国特色反腐倡廉道路上不断开创党风廉政建设和反腐败斗争的新局面，为全面建设小康社会、加快推进社会主义现代化作出新的更大贡献！

（此文节选自贺国强同志 2008 年 12 月 5 日在纪念党的纪律检查机关恢复重建 30 周年暨反腐倡廉建设理论研讨会上的讲话）

深入贯彻落实科学发展观
促进经济平稳较快发展
保障社会公平正义　维护社会和谐稳定

周永康

2008 年是我们党和国家历史上极不平凡的一年，也是政法工作历史上极不平凡的一年。政法机关在党中央、国务院的坚强领导下，组织开展了党的十七大精神和胡锦涛总书记在全国政法工作会议代表和全国大法官、大检察官座谈会上的重要讲话“大学习、大讨论”活动，积极投入了抗击重大自然灾害的斗争，依法妥善处置了拉萨“3・14”打砸抢烧严重暴力犯罪事件，圆满完成了北京奥运会、残奥会的安全保卫任务，不仅取得了非同寻常的成绩，而且增强了敢于战胜一切艰难险阻，坚定不移地做中国特色社会主义事业建设者和捍卫者的信心和决心。

当前，全党正在开展深入学习实践科学发展观活动。这是党的十七大作出的战略决策，也是政法机关的重大政治任务。政法机关要把开展深入学习实践科学发展观活动摆在更加突出的位置，紧紧围绕胡锦涛总书记提出的提高思想认识、解决突出问题、创新体制机制、促进科学发展的目标，切实转变影响和制约科学发展的思想观念、方式方法、体制机制，努力把深入学习实践科学发展观的过程变成解决政法工作和党性党风党纪等方面群众反映强烈的突出问题的过程，变成进一步转变执法理念、提高执法能力、改进执法作风的过程，变成创新体制机制、推动政法事业科学发展的过程，真正用科学发展观武装头脑、指导实践、推动工作，确保政法工作走上科学发展的轨道。

2009年，政法机关要认真贯彻落实党的十七大、十七届三中全会和中央经济工作会议精神，坚持以邓小平理论和"三个代表"重要思想为指导，深入贯彻落实科学发展观，着力促进经济平稳较快发展，着力推进司法体制和工作机制改革，着力保障社会公平正义，着力加强政法队伍思想作风建设，着力维护国家安全与社会和谐稳定，以优异成绩迎接新中国成立60周年。

一、紧紧围绕保持经济平稳较快发展这个首要任务，积极主动提供良好的法律保障和法律服务

保持经济平稳较快发展，是2009年经济工作的首要任务。经济连着民生，关系千家万户，是社会和谐稳定的基础。政法机关要自觉增强大局意识，主动服务发展这个第一要务，认真履行维护社会稳定这个第一责任。

必须协调发挥好政治、组织优势和司法手段的作用。发生在经济领域的案件、事件、事故比较复杂，必须在党委和政府的统一领导下，综合运用经济、行政、政策、法律、教育等手段，才能及时、有效地处理好。对于因经济发展引发的矛盾、问题，要善于从全局上考虑，尽可能通过推动科学决策、民主决策、依法决策，通过发挥政治、组织优势予以解决。对于因经济利益关系调整和民生等问题引发的矛盾，要在党委和政府的领导下，充分发挥有关部门和单位的作用，尽可能地推动解决群众的合理诉求。对于企业兼并、重组、破产的案件，要配合做好职工安置、工资发放、债权债务处理等工作，减少由此造成的经济、社会风险。

必须慎重使用强制措施。对劳资、债务、合同纠纷，要尽可能地采取调解、和解等方法，竭力寻找各方利益的平衡点，努力实现互利共赢。要从有利于促进企业生存发展、有利于保障员工生计、有利于维护社会和谐稳定的高度，依法慎重使用查封、扣押、冻结、罚款、没收和拘留、逮捕等措施，努力实现法律效果与社会效果、政治效果的有机统一。衡量政法机关办案水平的高低，不仅要看是否查处了违法犯罪行为，而且要看是否促进了企业健康发展。

必须着力维护市场经济秩序。越是在经济发展遇到困难的时候，越要着力维护良好的市场经济秩序。要积极参与整顿和规范市场经济秩序工作，深入开展关系人民健康和国计民生的重要产品专项整治和打假活动，严厉打击金融诈骗、合同诈骗、偷税漏税、职务侵占、商业贿赂、侵吞国有资产等违法犯罪活动，促进各类市场主体公平竞争。要严厉打击食品、药品等方面的违法犯罪活动，严肃查处重大安全生产事故、重大食品安全事件背后的违法犯罪活动。要选择具有教育意义的典型案件，宣传法律，教育群众，在全社会形成自觉守法、诚实守信的社会主义商业道德风尚。

必须积极主动提供服务。要加大对扩大内需、保障民生、转变发展方式和结构调整的支持力度，特别要积极支持改善民生、基础设施、节能环保等方面的重大工程建设，支持做好灾后恢复重建工作，支持做好高校毕业生就业、零就业家庭人员就业援助工作。要牢固树立服务企业改革发展的意识，为深化国有企业改革，鼓励、支持、引导非公有制经济发展提供良好的法

律保障和法律服务。要千方百计地为中小企业解难事、办实事，帮助他们渡过难关。要高度重视农业、农民、农村问题，依法处理好涉及“三农”的经济社会关系，引导好、保护好、发挥好农民投身农村改革发展的积极性、主动性、创造性。要积极推进户籍制度改革，推动建立城乡统一的户籍登记管理制度，创新流动人口服务和管理体制。要千方百计地帮助返乡农民工解决就业、生计问题，因地制宜地推出便民利民惠民措施，促进农业发展、农民增收、农村繁荣。

二、认真履行党和人民忠诚卫士的职责，确保国家安全与社会和谐稳定

2009年，我们将隆重庆祝新中国成立60周年。切实做好维护国家安全与社会和谐稳定工作，为新中国成立60周年营造欢乐祥和的社会氛围，是党和人民赋予政法机关的神圣使命。

严密防范、积极应对，确保国家安全。要以防止现实危害、消除影响国家安全的因素为目标，按照预知预防的要求，统筹国内国际两个大局，提高维护国家安全的能力水平。要以情报信息为先导，加强应急指挥，加强专业力量建设，深入开展反恐怖工作，防止发生暴力恐怖事件。

源头治理、妥善处置，认真化解各类社会矛盾。要以发现得早、控制得住、处置得好为目标，依法处理人民内部矛盾和群体性事件，切实维护人民群众生命财产安全，切实维护法律尊严。要健全科学民主依法决策机制、社会稳定风险评估机制、党和政府主导的维权机制，最大限度地减少群体性事件的诱因，最大限度地把问题解决在基层、解决在萌芽状态，最大限度地在第一时间处置好第一现场。

打防结合、预防为主，保持社会治安大局平稳。要以平安建设为载体，抓住影响人民群众生命财产安全的突出治安问题进行排查整治。要把北京奥运会安保工作的成功经验运用到社会治安防控体系建设中去，深入推进社会治安防控体系建设的社会化、网络化、信息化，深入推进社会治安综合治理各项措施的落实，提高对社会治安局势的控制力。

三、深化司法体制和工作机制改革，为政法事业科学发展提供体制机制保障

深化司法体制和工作机制改革，是把党的十七大关于发展社会主义民主政治、加快建设社会主义法治国家的重大战略部署落到实处的需要。政法机关要从人民群众的司法需求出发，以解决影响司法公正、制约司法能力的突出问题为重点，深化司法体制和工作机制改革，推进社会主义司法制度自我完善和发展，努力建设公正高效权威的社会主义司法制度，为中国特色社会主义事业提供可靠的司法保障与和谐稳定的社会环境。

致力于强化监督制约。政法机关要按照既相互配合支持又相互监督制约的要求，一方面，加强沟通合作，确保形成合力，另一方面，加强对民事、行政案件审判、执行的监督制约，加强对侦查权、自由裁量权的监督制约，加强对刑罚执行和监管活动的监督制约，防止权力失控、行为失范，确保司法公正。

致力于提高打击能力。要从实体、程序、时效等方面研究采取有效措施，更加有效地打击黑恶势力犯罪、严重暴力犯罪、多发性侵财犯罪、涉众型经济犯罪、毒品犯罪，切实增强人民群众的安全感。

致力于减少社会对抗。要在严厉打击严重刑事犯罪的同时，用好宽的一手。监管场所要把教育人、改造人放在第一位，切实提高教育改造质量，真正使犯罪人员痛改前非、重新做人。对于不收监关押的，要在党委和政府的领导下，建立有效的社会监督、管理、教育、矫治机制，真正在社会上、家庭中把他们教育改造好。

致力于把好政法队伍的“入口关”。为了把住“入口”，切实解决中西部地区政法干警特别是法官、检察官短缺的问题，选择部分政法院校，从军队、武警部队具有高中学历的退役士兵和普通高等院校毕业生中，定向招收部分学员，

毕业后充实到中西部地区基层政法机关。要进一步完善从普通高等院校法学专业以及其他相关专业毕业生中招录政法干警的办法。要出台一系列政策，确保高素质人才特别是有经验、有水平的政法干警稳定在一线、扎根在急难险重岗位。要建立健全政法干警每年定期集中培训制度，加强对政法干警的政治、业务培训，使每一名政法干警真正具备胜任岗位、履行职责、完成任务所必需的基本素质和技能，不断提高执法水平和群众工作能力。

致力于提高政法经费保障水平。政法机关是保安全、保稳定、保公正的，必须有充分的经费保障，必须实行收支脱钩。党中央、国务院对政法经费保障十分重视，将对现行的政法经费保障体制进行改革。同时，政法机关要从我国的基本国情和现阶段的实际出发，使政法经费保障与国家整体发展水平相适应，与当地经济社会发展水平相适应，与当地干部群众生活水平相适应，勤俭办事，艰苦奋斗。

四、切实加强思想作风建设，努力造就一支严格、公正、文明、廉洁执法的政法队伍

政法队伍的主流是好的，是一支忠于党、忠于国家、忠于人民、忠于法律的队伍，是一支党和人民完全可以信赖的有坚强战斗力的队伍，是一支英雄辈出、正气浩荡的队伍，为巩固共产党执政地位、维护国家长治久安、保障人民安居乐业、服务经济社会发展作出了突出贡献。但是，政法队伍中存在的问题不少。政法机关要头脑清醒、警钟常鸣，把政法队伍建设置于更加突出的位置，把反腐败斗争作为事关政法事业兴衰成败的关键问题来抓，坚决遏制消极腐败现象的滋生蔓延，以实际行动取信于民。

一定要坚定理想信念。理想信念的动摇，是最危险的动摇。个别政法干警之所以出问题，根子还是在理想信念动摇。要紧密结合深入学习实践科学发展观活动和“大学习、大讨论”活动，坚持不懈地进行中国特色社会主义理论体系教育，确保广大政法干警进一步坚定共产主义远大理想和中国特色社会主义信念，筑牢拒腐防变的思想防线。要建立政治培训制度，健全政法宣传舆论工作联席会议制度，加强马克思主义法学理论研究和法学教育，确保广大政法干警牢固树立社会主义法治理念，始终做到党在心中、人民在心中、法在心中、正义在心中，始终坚持党的事业至上、人民利益至上、宪法法律至上。

一定要恪守职业道德。政法干警要做社会公平正义的维护者，公正、廉洁是最基本的职业道德。职业化建设的关键就是以公正、廉洁为核心的职业道德建设。党和人民把执法权、司法权赋予我们，就是对我们的信任，就是让我们守住维护社会公平正义这条底线。我们一定要自尊自爱，为人民用好权、服好务，真正保障社会正义、维护社会公平，决不能以权谋私、祸害人民。政法各单位要结合实际，完善职业道德规范，加强职业道德教育，确保政法干警主持正义、维护公平。广大政法干警特别是领导干部要从日常生活细节做起，不该吃的坚决不吃，不该拿的坚决不拿，不该去的地方坚决不去，真正做到一身正气、清正廉洁。

一定要强化权力监督。权力失去监督，必然导致腐败。要抓住最容易发生问题的岗位、环节，进一步完善明确、具体、操作性强的执法行为规范，完善内部管理的各项规章制度，坚决克服执法上的随意性。要进一步加强执法行为规范的专门培训，提高执法质量和水平。要建立与社会主义司法制度相适应的政法机关纪检监察工作体制机制，健全检察机关对政法各单位执法、司法活动的法律监督机制，完善党委政法委与纪委、组织部等部门在对司法机关党组织和党员干部管理、监督工作中的协作配合机制。要抓住党风廉政建设责任分解、责任考核、责任追究三个关键环节，深入推进政法机关惩治和预防腐败体系建设。要推进司法民主，最大限度地扩大和落实警务、检务、审务、狱（所）务公开，自觉接受人民群众监督、新闻舆论监

督，真正让执法权力在阳光下运行，防止和减少腐败。

一定要清除害群之马。对于政法队伍内部的违法违纪案件，必须以对党、对人民、对政法事业高度负责的态度，一查到底，严肃处理。要紧紧抓住人民群众反映强烈的司法腐败问题，组织开展专项治理：凡接受案件当事人及其委托律师的钱物、吃请、娱乐、旅游，利用职权在案件当事人及其委托律师的单位借款借物、报销单据、安插亲友、承揽工程，利用职权插手案件办理、谋取私利，参与经营娱乐场所或者为非法违法经营活动提供保护，充当黑恶势力“保护伞”的，一经查实，依法依纪严肃处理；情节严重的，坚决清除出政法队伍；触犯刑律的，依法追究刑事责任。对于包庇纵容、失职失察的，必须严肃追究责任。

一定要关爱政法干警。广大政法干警长期奋战在维护国家安全、维护社会和谐稳定、维护社会公平正义的第一线，任务十分繁重，工作十分辛苦。对此，我们感同身受，既怀有深深的敬意，也怀有深深的歉意。要把以人为本的理念贯彻到政法队伍建设全过程，把从优待警的各项措施落到实处。要关心政法干警的成长进步，解决好他们的职级待遇问题。要提高科学用警、科技强警水平，减轻基层政法干警的负担。要理直气壮地支持政法干警依法履行职责，为他们创造必要的工作条件。要千方百计地帮助政法干警解决实际问题，努力解除他们的后顾之忧。

党委政法委是党领导管理政法工作的职能部门。各级党委要从提高党的执政能力、巩固党的执政地位的高度，以加强县级党委政法委建设为重点，切实提高党委政法委对政法各单位的领导能力、统筹能力、监督能力。各级党委政法委要牢牢把握政法机关的思想动向、改革导向、办案方向，确保政法机关始终坚持中国特色社会主义的正确方向。要切实加强执法监督的规范化、制度化建设，确保政法机关切实做到严格执法、公正司法。要进一步明确职责、健全机制、完善程序，认真负责地协助党委及其组织部门管理好政法系统领导班子和干部队伍。

（此文是周永康同志2008年12月17日在全国政法工作会议上的讲话，《求是》发表时有删节）

建立健全惩治和预防腐败体系2008－2012年工作规划

（2008年5月13日）

为全面贯彻党的十七大精神，进一步落实建立健全惩治和预防腐败体系实施纲要，扎实推进惩治和预防腐败体系建设，制定本工作规划。

一、指导思想、基本要求和工作目标

坚决惩治和有效预防腐败，关系人心向背和党的生死存亡，是党必须始终抓好的重大政治任务。建立健全惩治和预防腐败体系实施纲要颁布以来，各级党委、政府按照中央的部署和要求，认真抓好惩治和预防腐败体系建设任务的落实，取得了明显成效。我国已进入改革发展关键阶段，党风廉政建设和反腐败斗争面临许多新情况新问题，形势仍然严峻，任务仍然艰巨。全党必须充分认识反腐败斗争的长期性、复杂性、艰巨性，以完善惩治和预防腐败体系为重点，坚定不移地推进反腐倡廉建设。

（一）指导思想

高举中国特色社会主义伟大旗帜，以邓小平理论和“三个代表”重要思想为指导，深入贯彻落实科学发展观，切实贯彻维护党章，以党的执政能力建设和先进性建设为主线，坚持党要管党、从严治党，全面坚持标本兼治、综合治理、惩防并举、注重预防的方针，把反腐倡廉建设放在更加突出的位置，紧密结合党的思想建设、组织建设、作风建设和制度建设，根据新的时代条件和面临的新形势新任务，以改革创新精神整体推进惩治和预防腐败体系建设各项工作，为实现党的十七大作出的重大决策和战略部署提供有力保证。

(二)基本要求

——坚持围绕中心、服务大局。与科学发展观的要求、中国特色社会主义事业总体布局、完善社会主义市场经济体制、发展社会主义民主政治和推进党的建设新的伟大工程相适应，紧紧围绕党和国家工作大局，把反腐倡廉建设贯穿于社会主义经济建设、政治建设、文化建设、社会建设各个领域，体现在党的建设各个方面，既发挥服务和促进作用，又推动惩治和预防腐败体系逐步完善。

——坚持改革创新、开拓进取。以改革创新的精神状态、思想作风和工作方法，认识和把握新形势下反腐倡廉建设的特点和规律，加强和改进惩治和预防腐败各项工作，总结新经验、研究新情况，创新工作思路，完善工作机制，破解工作难题，使反腐倡廉建设更加适应世情、国情、党情的发展变化，更加富有实际成效。

——坚持惩防并举、重在建设。以建设性的思路、举措和方法推进反腐倡廉建设，使惩治与预防、教育与监督、深化体制改革与完善法律制度有机结合，在坚决惩治腐败的同时，更加注重治本，更加注重预防，更加注重制度建设，做到惩治和预防两手抓、两手都要硬，形成有利于反腐倡廉建设的思想观念、文化氛围、体制条件、法制保证。

——坚持统筹推进、综合治理。把改革的推动力、教育的说服力、制度的约束力、监督的制衡力、惩治的威慑力结合起来，把惩治和预防腐败的阶段性任务与战略性目标结合起来，立足当前，着眼长远，整合各方面资源和力量，增强惩治和预防腐败体系建设的科学性、系统性、前瞻性。

——坚持突出重点、分类指导。紧紧抓住腐败现象易发多发的重要领域和关键环节，以领导干部为重点，以规范和制约权力为核心，紧密结合实际，区分不同情况，加强政策指导，探索有效途径，不断取得新进展。

(三)工作目标

经过今后5年的扎实工作，建成惩治和预防腐败体系基本框架，拒腐防变教育长效机制初步建立，反腐倡廉法规制度比较健全，权力运行监控机制基本形成，从源头上防治腐败的体制改革继续深化，党风政风明显改进，腐败现象进一步得到遏制，人民群众的满意度有新的提高。

二、推进反腐倡廉教育

(一)加强领导干部党风廉政教育

深入开展理想信念和廉洁从政教育。大力推进中国特色社会主义理论体系的学习贯彻，教育和引导各级领导干部深刻领会科学发展观的科学内涵、精神实质和根本要求，坚定共产主义远大理想和中国特色社会主义共同理想，牢固树立马克思主义的世界观、人生观、价值观，牢固树立正确的权力观、地位观、利益观和社会主义荣辱观；认真学习党的三代中央领导集体反腐倡廉重要思想和以胡锦涛同志为总书记的党中央关于反腐倡廉的重要论述，认真学习党章等党内法规和国家法律法规，加强党性修养和从政道德修养，增强法制观念和纪律意识，打牢廉洁从政的思想政治基础。制定《关于加强领导干部反腐倡廉教育的意见》。完善党委(党组)理论学习中心组学习制度，定期安排反腐倡廉理论学习。党政主要负责同志带头讲廉政党课。把反腐倡廉教育列入干部教育培训规划，纳入各级党校、行政学院及其他干部培训机构教学计划，定期举办领导干部廉洁从政教育专题培训班。在领导干部任职培训、干部在职岗位培训中开设廉政教育课程。

加强党的作风和纪律教育。中央纪委会同中央组织部、中央宣传部等部门组织开展党风党纪专题教育，教育和引导各级领导干部自觉遵守党的政治纪律、组织纪律、经济工作纪律和群众工作纪律，讲党性、重品行、作表率。切实改进领导干部和党政机关作风，着力解决一些领导干部在思想作风、学风、工作作风、领导作风和生活作风方面存在的突出问题，增强公仆意识，密切联系群众，做到为民、务实、清廉。继承党的光荣传统，牢记“两个务必”，弘扬八个方面的良好风气。发扬艰苦奋斗精神，大兴求真务实之风，讲实话、察实情、办实事、求实效，大力精简会议和文件，改进会风和文风。切实改进国有企业领导人员作风，纠正一些国有企业领导人员在国内外公务活动中奢侈浪费、违规公款消费、重大问题个人说了算以及对职工困难漠不关心等群众反映强烈的问题，形成依法经营、廉洁从业、民主管理的风尚。切实改进高等学校领导人员作风，提高民主决策和校务公开制度化、规范化水平。切实改进农村基层、街道社区干部作风，认真解决少数基层站所存在的干部吃拿卡要、刁难群众和工作效率低下等问题，做到廉洁奉公、勤政为民。

(二)加强面向全党全社会的反腐倡廉宣传教育

把反腐倡廉宣传教育纳入全党宣传教育总体部署，融入在全党开展的深入学习实践科学发展观活动之中。纪检监察、组织人事、宣传思想、文化教育、新闻出版、广播影视等部门要对反腐倡廉宣传教育作出年度工作安排。健全联席会议制度，完善反腐倡廉宣传教育工作格局。

落实《关于加强党员经常性教育的意见》。建设一批反腐倡廉教育基地，丰富“三会一课”内容，创新示范教育、警示教育、岗位廉政教育和主题教育形式，注重人文关怀和心理疏导，提高教育的针对性和有效性。

加大反腐倡廉宣传力度。深入宣传党的反腐倡廉理论、方针政策、基本经验和工作成果，宣传勤廉兼优的先进典型。党报党刊、电台电视台和重点新闻网站、政府网站继续办好反腐倡廉专栏、专题节目。完善反腐倡廉新闻发布制度。做好反腐倡廉对外宣传工作。严格执行反腐倡廉新闻宣传纪律。加强反腐倡廉网络文化建设和管理，开展反腐倡廉网上宣传和热点问题引导。积极营造良好的思想舆论氛围。

(三)加强廉政文化建设

按照推动社会主义文化大发展大繁荣的要求，在社会主义精神文明建设中，围绕建设社会主义核心价值体系，结合社会公德、职业道德、家庭美德、个人品德教育和法制教育，开展丰富多彩的廉政文化创建活动。制定《关于加强廉政文化建设的指导意见》。结合企业文化建设，深入开展依法经营、廉洁从业教育。充分利用农村党员干部现代远程教育系统，结合农村传统文化活动，加强农村廉政文化建设。按照《关于在大中小学全面开展廉洁教育的意见》，在学校德育教育中深入开展廉洁教育，丰富青少年思想道德实践活动。在家庭和社区中倡导清廉家风和文明风尚。引导社会组织及其从业人员增强依法执业、公正廉洁意识。发扬革命传统，挖掘中华优秀文化的丰厚资源，实施“廉政文化精品工程”。推动廉政文化内容形式和传播手段创新，扩大覆盖面，增强影响力，形成“以廉为荣、以贪为耻”的社会风尚。

三、健全反腐倡廉法规制度

(一)完善党内民主和党内监督制度

健全党内民主集中制的具体制度。完善党的地方各级全委会、常委会工作机制，修订《中国共产党地方委员会工作条例(试行)》。制定《中国共产党党组工作条例》。推行地方党委讨论决定重大问题和任用重要干部票决制。

健全党内民主制度。制定党代表大会代表任期制的具体实施办法，选择一些县(市、区)试行党代表大会常任制。制定《关于在党的地方和基层组织中实行党务公开的意见》，健全党内情况通报、情况反映、重大决策征求意见制度。改进候选人提名制度和选举方式，修订《中国共产党基层组织选举工作暂行条例》，推广基层党组织领导班子成员由党员和群众公开推荐与上级党组织推荐相结合的办法，逐步扩大基层党组织领导班子直接选举范围。

健全党内监督制度。建立健全中央政治局向中央委员会全体会议、地方各级党委常委会向委员会全体会议定期报告工作并接受监督的制度。在试点基础上，研究制定《地方党委委员、纪委委员提出罢免或撤换要求处理办法(试行)》。修订《中国共产党党员领导干部廉洁从政若干准则(试行)》和《国有企业领导人员廉洁从业若干规定(试行)》。

(二)完善违纪行为惩处制度

制定《中国共产党纪律处分条例》和《行政机关公务员处分条例》的配套规定。健全对党的机关、人大机关、政协机关、民主党派机关公务员的纪律处分规定，制定对事业单位工作人员和国有企业人员的纪律处分规定。制定在查处违纪案件中规范和加强组织处理工作的意见。

修订《中国共产党纪律检查机关控告申诉工作条例》。制定纪检监察机关依纪依法办案、规范办案工作的若干意见。制定国(境)外中资企业及其工作人员违纪违法案件调查处理办法。进一步规范纪检监察机关与检察机关相互移送案件工作。

(三)完善反腐败领导体制和工作机制的具体制度

修订《关于实行党风廉政建设责任制的规定》。制定《国有企业纪律检查工作条例》和关于实行农村基层党风廉政建设责任制的规定。

(四)加强反腐倡廉国家立法工作

建立健全防治腐败法律法规，提高反腐倡廉法制化水平。在国家立法中，充分体现反腐倡廉基本要求。适时将经过实践检验的反腐倡廉具体制度和有效做法上升为国家法律法规。在今后5年内有计划、分步骤地制定或修订一批法律、法规和条例。

四、强化监督制约

(一)加强对领导机关、领导干部特别是各级领导班子主要负责人的监督

加强对遵守党的政治纪律情况的监督。加大执行政治纪律力度，维护党章和其他党内法规，维护中央权威和党的集中统一，始终同以胡锦涛同志为总书记的党中央保持高度一致，确保党的路线方针政策贯彻执行，确保党的十七大确定的重大理论观点、重大战略思想、重大工作部署全面贯彻落实。

加强对贯彻落实科学发展观情况的监督。围绕加强和改善宏观调控、转变经济发展方式、增强自主创新能力、提高发展质量和效益、加强节能减排和生态环境保护、节约集约利用土地、保障和改善民生、建设社会主义新农村等重大政策和措施进行监督检查，防止和纠正违背科学发展观要求的行为。

加强对执行民主集中制情况的监督。认真开展对涉及全局性问题、重要干部推荐任免和奖惩等方面贯彻执行民主集中制情况的监督检查，保证党委全委会和常委会议事规则、决策程序的严格执行，反对和防止个人或少数人专断。

加强对落实领导干部廉洁自律规定情况的监督。重点治理领导干部违反规定收送现金、有价证券、支付凭证和收受干股，违反规定插手市场交易活动、利用职务上的便利获取内幕信息进行股票交易，以及在住房上以权谋私等问题。严格执行领导干部配偶、子女个人从业的有关规定。

加强上级党委和纪委对下级党委及其成员的监督，健全上级党委对下级党委常委的经常性考察和定期考核机制。加强常委会内部监督，主要负责人要自觉接受常委会成员的监督。加强同级纪委对常委会成员的监督。充分发挥党代表大会代表的作用，探索建立同级党代表大会代表、全委会对常委会工作进行评议监督制度。

加强巡视工作。制定《中国共产党巡视工作条例》。继续加强对省(区、市)的巡视。加强对金融机构、国有重要骨干企业、高等学校和国家重点工程项目的巡视。继续开展对中央和国家机关的巡视试点。各省(区、市)党委要认真开展对市(地、州、盟)的巡视,并延伸到县(市、区、旗),逐步开展对所属国有企业、高等学校和直属机关的巡视。中央和国家机关可结合实际开展对直属单位、派出(驻)机构的巡视。

加强纪检监察机关派驻机构统一管理。制定纪检监察机关派驻机构工作有关规定,完善管理体制和工作机制。加强对驻在部门领导班子及其成员的监督,协助驻在部门党组和行政领导班子落实党风廉政建设责任制和组织协调反腐倡廉工作。

(二)加强对重要领域和关键环节权力行使的监督

加强对干部人事权行使的监督。落实《党政领导干部选拔任用工作条例》和《党政领导干部选拔任用工作监督检查办法(试行)》。坚持和完善干部选拔任用前征求同级纪委意见的制度,坚持和完善强化预防、及时发现、严肃纠正的干部监督工作机制。发挥干部监督工作联席会议作用。加强对干部选拔任用全过程的监督,有效防范考察失真和干部"带病提拔"。严肃查处跑官要官、买官卖官等问题,坚决整治用人上的不正之风。

加强对司法权行使的监督。完善纪委和党委政法委、组织部等部门在对司法机关党组织和党员干部监督工作中的协作配合机制。重视人大对司法机关的监督。加强检察机关的法律监督。强化公安、检察、审判机关在刑事诉讼中的分工负责、互相配合和互相制约。强化司法机关内部监督和外部监督,坚决防止和纠正执法不严、司法不公的问题,维护社会公平正义。

加强对行政审批权和行政执法权行使的监督。认真实施《中华人民共和国行政许可法》、《中华人民共和国行政处罚法》等法律法规。推行行政审批电子监察系统。实行接办分离和程序公开,保证行政权力依法、公正、透明运行。

加强对财政资金和金融的监管。开展对部门预算、国库集中收付、政府采购、政府非税收入和"收支两条线"规定执行情况的监督检查,继续对"小金库"进行专项清理。强化对国有金融企业产权和上市金融企业股权交易的监督,规范上市金融企业股权激励制度。建立健全金融监管协调机制。健全金融企业内控机制,提升监事会和内审、稽核、合规、监察等监督机构的专业性和独立性,加强案件防控工作。

加强对国有资产的监管。充分发挥国有资产监督管理机构、政府职能部门和外派监事会的作用,加强对企业国有产权和上市公司国有股权交易、重大投资决策等事项的监管。加强对企业重组、改制、破产和国有资本运营各个环节的监管。加大对国(境)外国有资产监管力度。开展对国有企业重大决策、重大项目安排、大额度资金运作事项及重要人事任免等实行集体决策情况的监督检查。

(三)发挥各监督主体的作用

加强和改进党内监督。落实《中国共产党党内监督条例(试行)》。切实改进民主生活会的方式方法,增强党内政治生活的原则性,积极开展批评与自我批评,加强领导班子成员之间相互监督。坚持领导干部参加双重组织生活会制度,接受党员群众的监督。执行党员领导干部报告个人有关事项的规定,实施地方党委委员、纪委委员党内询问和质询办法,落实领导干部述职述廉、诫勉谈话和函询制度。推进党务公开,尊重党员主体地位,落实党员在党内监督中的责任和权利,营造党内民主讨论环境。认真贯彻《中国共产党党员权利保障条例》,切实保障党员批评、建议、检举等权利。建立健全党的纪检机关与组织部门有关情况通报制度。各级纪检监察机关及其工作人员要自觉接受党组织、党员和人民群众的监督。

支持和保证人大监督。实施《中华人民共和国各级人民代表大会常务委员会监督法》,通过听取和审议人民政府、人民法院、人民检察院的专项工作报告，审查和批准决算，听取和审议国民经济和社会发展计划、预算的执行情况报告和审计工作报告，组织执法检查，进行规范性文件备案审查等方式，加强人大对行政机关、审判机关、检察机关的监督。重视本级人大常委会统一安排的人大代表视察工作，认真办理人大代表议案和建议。

支持和保证政府专门机关监督。充分发挥行政监察职能作用，积极开展执法监察、廉政监察和效能监察。加强行政执法责任制落实情况的监督检查，推行政府绩效管理和行政问责制度。严肃查处违反政纪的案件。加强行政服务中心的建设和管理。落实地(厅)级及以下党政主要领导干部经济责任审计制度。试行省(部)级主要领导干部经济责任审计。加强对重点专项资金和重大投资项目的审计。依法公告审计结果，促进审计结果落实。支持公安、财政、土地、建设、环保等职能部门依法开展监督。

支持和保证司法监督。支持人民法院依法受理、审理和执行行政诉讼案件，监督和维护行政机关依法行政。支持人民检察院依法查办和预防职务犯罪，强化对刑事诉讼、民事审判活动和行政诉讼的法律监督。

支持和保证政协民主监督。把政治协商纳入决策程序，完善民主监督机制。支持政协运用会议、专题调研、委员视察、提案、反映社情民意信息等形式，对国家宪法和法律法规的实施、重大方针政策的贯彻执行、国家机关及其工作人员履行职责和廉政情况等进行监督。各级党委、政府要发挥政协、民主党派和无党派人士的监督作用，认真听取他们的批评和建议，定期通报情况，自觉接受监督。认真办理政协委员的提案和建议。

支持和保证群众监督。实施《中华人民共和国政府信息公开条例》，推进政府上网工程，深化政务公开，健全政府信息发布制度，推行社会听证、专家咨询等制度，增强决策透明度和公众参与度。推进厂务公开、村务公开和公共企事业单位办事公开。发挥工会、共青团、妇联等人民团体的监督作用。落实领导干部接待群众来访制度，健全信访举报工作机制，畅通信访渠道。依法保障人民群众的知情权、参与权、表达权、监督权。

加强和改进舆论监督。认真贯彻落实《关于进一步加强和改进舆论监督工作的意见》，重视和支持新闻媒体正确开展舆论监督。各级领导干部要正确对待舆论监督，增强接受舆论监督的自觉性，听取人民群众的意见和呼声，推动和改进工作。新闻媒体要坚持科学监督、依法监督和建设性监督，遵守职业道德，把握正确导向，注重社会效果。

发挥国家预防腐败机构的职能作用。加强对预防腐败工作的组织协调、综合规划和政策制定，对预防腐败的重要改革措施进行调查研究和分析论证。建立预防腐败信息共享机制和腐败风险预警机制。总结预防腐败工作的有效做法，提高预防腐败工作水平。

完善监督制约机制。建立健全决策权、执行权、监督权既相互制约又相互协调的权力结构和运行机制，切实把防治腐败的要求落实到权力结构和运行机制的各个环节，最大程度地减少权力“寻租”的机会。坚持党内监督与党外监督相结合，增强监督合力和实效。

五、深化体制机制制度改革

(一)推进干部人事和司法体制改革

完善干部选拔任用制度。坚持民主、公开、竞争、择优，形成干部选拔任用科学机制。规范干部任用提名制度，地方党委讨论任用重要干部推行无记名投票表决。完善公开选拔、竞争上岗、差额选举办法，着力解决民主推荐、民主测评及选举中的拉票贿选等问题，提高选人用人公信度。建立公务员正常退出机制，完善领导干部职务任期、回避和交流制度。完善干部考核评价体系，发挥考核结果在干部任用和监督管理中的作用。

优化司法职权配置。完善人民检察院对诉讼活动实行法律监督的程序、措施和范围。完善减刑、假释、保外就医、暂予监外执行、服刑地变更的条件和裁定程序。健全司法人员执法过错、违纪违法责任追究和领导干部失职责任追究等制度。健全涉法涉诉信访工作机制。改革完善司法管理制度和司法财政保障机制。积极推进审判公开、检务公开和警务公开。完善法律统一适用制度,规范司法人员自由裁量权行使,保证严格、公正、文明执法。

(二)推进行政管理和社会体制改革

贯彻落实《关于深化行政管理体制改革的意见》,加快推进政企分开、政资分开、政事分开、政府与市场中介组织分开。着力转变政府职能、理顺关系、优化结构、提高效能,建设服务政府、责任政府、法治政府和廉洁政府。

深化社会体制改革,扩大公共服务,完善社会管理。推进教育、卫生事业改革和发展,加强住房改革和建设,健全社会保障体系,努力使全体人民学有所教、劳有所得、病有所医、老有所养、住有所居。

(三)推进财税、金融和投资体制改革

深化预算管理制度改革,规范预算资金分配,完善和规范财政转移支付制度,逐步向社会公开预算内容和转移支付情况。完善国库集中收付运行机制,健全国库单一账户体系。深化"收支两条线"管理制度改革,建立健全政府非税收入管理体系。切实将国有土地使用权出让收入纳入基金预算管理。推进党政机关领导干部及国有企事业单位领导人员职务消费改革。完善行政事业单位国有资产监管制度,严格执行资产配置管理办法和配置标准。进一步改革完善机关事业单位工资收入分配制度,继续清理规范津贴补贴。积极稳妥地推进税制改革,完善个人所得税制度,强化税收调节。规范各项税收优惠政策,严格控制税收减免。深入推行办税公开,健全税收管理员制度。

完善金融企业公司治理,建立健全现代金融企业制度。健全支付监管体系,完善账户管理系统,依法落实金融账户实名制。完善反洗钱合作机制,逐步将特定非金融机构纳入统一的反洗钱监管体系,加强对大额资金和可疑交易资金的监测。完善防范和查处上市公司信息虚假披露和市场操纵等行为的制度。

制定《企业投资项目核准和备案管理条例》,规范企业投资核准制、备案制。健全政府投资项目决策机制,完善重大项目专家评议和论证制度、公示和责任追究制度。推行非经营性政府投资项目代建制。

(四)推进国有企业改革

深化国有企业公司制股份制改革。健全现代企业制度,完善公司法人治理结构。加强大型国有企业董事会建设,未设立董事会的企业逐步实行党委(党组)书记和总经理分设。推进国有企业监管体制改革。健全国有资本经营预算、企业经营业绩考核和企业重大决策失误追究等制度。建立健全国有企业及国有资本占控股地位、主导地位企业领导人员的经济责任审计制度。健全国有企业经营管理者薪酬制度和国有企业管理层投资持股制度,规范收入分配秩序。完善国有金融资产、行政事业性资产和自然资源资产监管制度,建立具有中国特色的国有企业监管体制。

(五)推进现代市场体系建设及相关改革

完善工程建设项目招标投标制度。实施严格的资格预审、招标公告发布、投标、评标定标以及评标专家管理制度和惩戒办法。健全工程建设项目招标投标行政监督机制。研究制定电子化招标投标办法。逐步构建统一的招标投标信息平台,实现信息资源公开、共享。

规范土地征收和使用权出让制度。推进征地制度改革,规范征地程序,完善征地补偿和安置办法。进一步完善经营性用地招标拍卖挂牌出让制度,规范国有建设用地使用权出让程序。深化土地有偿使用制度和探矿权、采矿权有偿使用制度改革。

推进产权交易市场建设。建立完善国有产权交易监管法规体系,实行企业国有产权进场交易。完善企业国有产权和上市公司国有股权交易监管措施,重点建设和推广使用信息监测系统，实现交易动态监管。加强产权交易行业自律组织建设。

深化政府采购制度改革。扩大政府采购范围和规模。严格实行“管采分离”，加强对政府采购各个环节的监管。研究建立统一的电子化政府采购系统。规范国有企业物资采购招标投标工作。

健全社会信用体系。完善行业信用记录。健全失信惩戒制度和守信激励制度。整合有关部门和行业信用信息资源，建立综合性数据库，逐步形成信用信息共享机制。

六、纠正损害群众利益的不正之风

（一）深入开展专项治理

重点解决物价、生态环境保护、食品药品质量、安全生产、征地拆迁等方面群众反映强烈的问题。加强对环境污染防治政策措施落实情况的监督检查，对不认真履行环保职责、严重损害群众环境权益的地方和单位，追究有关人员特别是领导干部的责任。健全食品药品安全监管制度，严肃处理重大质量安全事件。开展对安全生产法律法规执行情况的监督检查，进一步加大责任事故调查处理力度，坚决查处事故背后的失职渎职行为和腐败问题。严肃查处征收征用土地和矿产资源开发中的违纪违法行为。

（二）加大纠风工作力度

强化对社保基金、住房公积金和扶贫救灾专项资金的监管。认真治理公共服务行业侵害群众消费权益等问题。加强对社会中介组织、行业协会的监督管理，规范服务和收费行为。深化农村义务教育经费保障机制改革，确保各项政策的落实。加强医德医风建设，健全医疗卫生机构绩效评价制度，推行网上药品集中采购，严格医药和医疗器械价格监管。规范涉及农民负担的行政事业性收费管理，治理涉农乱收费。整顿农资市场秩序，坚决纠正和查处截留挪用、克扣政府支农惠农补贴款等损害农民利益的行为。查处侵害农民和进城务工人员利益问题。继续做好清理规范评比达标表彰工作，纠正举办节庆活动过多过滥等问题。

（三）健全防治不正之风的长效机制

落实行风建设责任制，坚持“管行业必须管行风”。各省（区、市）、市（地、州、盟）进一步完善民主评议政风行风等制度，办好政风行风热线，督促有关部门及时解决群众的合理诉求。

七、保持惩治腐败的强劲势头

（一）坚决查处违纪违法案件

旗帜鲜明地反对腐败，对任何腐败分子都必须依法严惩，决不姑息。以查处发生在领导机关和领导干部中滥用职权、贪污贿赂、腐化堕落、失职渎职的案件为重点，严肃查处官商勾结、权钱交易和严重侵害群众利益的案件，利用干部人事权、司法权、行政执法权、行政审批权索贿受贿、徇私舞弊的案件。严肃查处违反政治纪律的案件。严肃查处规避招标、虚假招标及违法转包分包的案件，非法批地、低价出让土地、违规审批房地产开发项目或擅自变更规划获取利益的案件，违法审批探矿权和采矿权、违法入股矿产开发的案件，金融领域违规授信、内幕交易、挪用保险资金、违规发放核销贷款和资产处置的案件，隐匿、侵占、转移国有资产的案件。严肃查处为黄赌毒等社会丑恶现象和黑恶势力充当“保护伞”的案件。严肃查处贿赂案件，既要惩处受贿行为，又要惩处行贿行为。

（二）深入开展治理商业贿赂工作

继续推进自查自纠和专项治理。坚决纠正不正当交易行为，规范交易活动。重点查处工程建设、土地出让、产权交易、医药购销、政府采购、资源开发和经销等领域以及银行信贷、证券期货、商业保险等方面的商业贿赂案件。严禁中资企业和其他取得收入的组织在国（境）外的商业贿赂行为，依法查处国（境）外经济组织在我国内地的商业贿赂行为。制定在治理商业贿赂专项工作中推进市场诚信体系建设的意见和建立健全防治商业贿赂长效机制的意见。建立和完善商业贿赂犯罪档案查询系统，把是否存在不正当交易行为尤其是行贿行为作为市场准入和退出的重要依据。

(三)提高执纪执法水平

坚持依纪依法办案。严格履行办案程序，按照规定权限正确使用办案措施。坚持严肃执纪、公正执法、文明办案，做到事实清楚、证据确凿、定性准确、处理恰当、手续完备、程序合法。司法机关依法履行批捕、起诉、审判职责，惩治各类职务犯罪和商业贿赂犯罪。加强出入境管理和经济侦查等相关工作。健全举报人和证人保护制度。对诬告陷害的，要严肃查处。为受到错告、诬告的同志澄清是非。加强对办案工作的监督管理。保障涉案人员的合法权益。

改进办案方式和手段。加强对新形势下办案工作特点和规律的研究，严格区分违纪与违法界限，正确把握政策和策略，综合运用法律、纪律、行政和经济处罚、组织处理等方式和手段，增加办案科技含量，提高办案能力和水平。

(四)健全查处案件的协调机制

加大查处案件的组织协调力度。由纪委书记担任同级党委反腐败协调小组组长，加强对重大案件的协调、指导和督办。加强纪检、审判、检察、公安、监察、审计等执纪执法机关的协作配合，完善跨区域协作办案及防逃、追逃、追赃机制，进一步形成惩治腐败的整体合力。

从我国实际出发，借鉴国外反腐败的有益做法，做好履行《联合国反腐败公约》的相关工作。建立健全国际执法合作、司法协助和涉案人员外逃预警、遣返、引渡，以及涉案资产追回等工作机制，加强反腐败国际合作和交流。

(五)发挥查处案件的综合效应

深入剖析案件中暴露出的问题，查找体制机制制度方面存在的薄弱环节，建章立制，堵塞漏洞。利用典型案件开展警示教育，总结教训，引以为戒。实现查处案件的政治效果、社会效果、法纪效果相统一。

八、切实抓好《工作规划》的贯彻落实

(一)加强组织领导

各级党委是反腐倡廉建设的责任主体，担负着全面领导惩治和预防腐败体系建设的政治责任。要切实加强领导，把贯彻落实《工作规划》作为一项政治任务，列入党委、政府重要议事日程，同经济社会发展工作一起部署、一起落实、一起检查。严格执行党风廉政建设责任制，党委(党组)书记负总责，领导班子其他成员根据分工抓好职责范围内的工作，实行党政齐抓共管。各级纪委要充分履行党章赋予的职责，协助党委抓好《工作规划》各项任务的分解和落实，制定实施方案，作出具体安排，健全工作机构，组织有关部门抓好工作落实。中央和国家机关各部门处在党和国家工作的重要位置，对贯彻落实《工作规划》负有重要责任，要在惩治和预防腐败体系建设中充分发挥示范带头作用。

(二)狠抓工作落实

完善惩治和预防腐败体系，关键是扎扎实实地抓好落实。各地区各部门要按照《工作规划》的总体要求和任务分解，明确惩治和预防腐败体系建设的牵头单位和协办单位，落实工作责任。各牵头单位和协办单位要密切配合，相互支持，形成合力，保证工作任务的完成。要抓住惩治和预防腐败体系建设中的重点难点问题，集中力量取得突破，以此推动面上工作。要加强调查研究，深入了解《工作规划》贯彻落实中的新情况新问题，提出推进反腐倡廉建设的新思路新举措，探索新途径新方法，不断提高工作水平，务求取得明显成效。

(三)开展监督检查

各省(区、市)、中央和国家机关惩治和预防腐败体系建设各牵头单位，每年要对工作进展情况进行专项检查，查找问题，认真整改，总结经验，推动工作，并提交工作报告。各地区各部门要把贯彻落实《工作规划》情况列入对领导班子和领导干部的考核评价范围，作为工作实绩评定和干部奖惩的重要内容，严格责任考核，强化责任追究。中央纪委要会同有关部门加强督促检查，实施分类指导，确保《工作规划》确定的

任务落到实处。

各地区各部门要根据《工作规划》，结合实际制定贯彻落实的实施办法。中国人民解放军和中国人民武装警察部队贯彻落实的实施办法，由中央军委参照本《工作规划》制定。

（原文载 2008 年 6 月 23 日《人民日报》）

中国共产党全国代表大会和地方各级代表大会代表任期制暂行条例

第一章　总　则

第一条　为发挥党代表大会代表作用，坚持和完善党代表大会制度，推进党内民主建设，提高党的执政能力，保持党的先进性，根据《中国共产党章程》和党内有关规定，制定本条例。

第二条　本条例适用于党的全国代表大会代表，党的省、自治区、直辖市代表大会代表，设区的市和自治州代表大会代表，县（旗）、自治县、不设区的市和市辖区代表大会代表。

第三条　党代表大会代表按照党内选举的有关规定选举产生。严格代表资格审查，保证代表的先进性。

第四条　实行党代表大会代表任期制。党代表大会代表每届任期与同级党代表大会当届届期相同。如下一届党代表大会提前或者延期举行，其代表任期相应地改变。代表在党代表大会召开和闭会期间，享有代表资格，行使代表权利，履行代表职责，发挥代表作用。

第二章　党代表大会代表的权利与职责

第五条　党代表大会代表要认真学习宣传贯彻党的理论和路线方针政策，认真学习宣传贯彻党代表大会精神，模范遵守党的章程、党内各项规定和国家法律法规，维护党的团结和统一，密切联系党员和群众，在生产、工作、学习和社会生活中发挥表率作用，认真行使职权，自觉接受党员和群众的监督，不得利用代表身份谋求任何私利和特权。

第六条　党代表大会代表有下列权利与职责：

（一）在同级党代表大会召开期间参与听取和审查党的委员会、纪律检查委员会的报告；

（二）在同级党代表大会召开期间参与讨论和决定有关重大问题；

（三）在同级党代表大会上行使表决权、选举权，有被选举权；

（四）了解同级党的委员会、纪律检查委员会以及所在选举单位党组织贯彻执行党的决议、决定的情况；

（五）向同级党代表大会或者同级党的委员会就经济建设、政治建设、文化建设、社会建设和党的建设的重大问题提出意见和建议；

（六）对同级党的委员会、纪律检查委员会及其成员进行监督；

（七）参加同级党代表大会或者同级党的委员会组织的活动；

（八）受同级党代表大会或者同级党的委员会的委托，完成有关工作。

第三章　党代表大会代表开展工作的方式

第七条　党代表大会代表履行代表职责，

主要是参加同级党代表大会和同级党的委员会组织的活动。

第八条　党代表大会召开期间，党代表大会代表联名可以向大会提出属于同级党代表大会职权范围内的提案。提案应当有案由、案据和方案。提出提案的代表可以要求撤回提案。

第九条　党代表大会闭会期间，党代表大会代表可以由个人或者以联名的方式，采用书面形式向同级党的委员会提出属于同级党代表大会和党的委员会职权范围内的提议；可以通过参加座谈、列席会议等方式，对本地区经济社会发展、党的建设等重大决策和党内重要文件的制定，提出意见和建议。

第十条　党代表大会代表受同级党代表大会和党的委员会的委托，可以在本地区对涉及同级党代表大会和党的委员会职权范围内的有关重大决策、重要事项进行调查研究。

第十一条　党代表大会代表应当采取适当方式，与基层党员和群众加强联系，了解党的决议、决定在执行过程中遇到的问题，反映基层单位党员和群众的意见和建议。

第十二条　党代表大会代表应邀可以列席同级党的委员会全体会议等会议，发表意见。

第十三条　党代表大会代表根据同级党的委员会安排，可以参加对本地区重要干部的民主推荐和对同级党的委员会、纪律检查委员会领导班子及其成员的民主评议，参加对同级党的委员会常务委员会工作的评议。

第四章　党代表大会代表履行职责的保障

第十四条　县级以上党的委员会委员、纪律检查委员会委员应当采取适当方式与同级党代表大会代表加强联系。

党的各级委员会领导班子成员到基层检查工作和调查研究，应当注意听取党代表大会代表的意见。

第十五条　党的各级委员会应当有计划地组织同级党代表大会代表参加学习培训，增强其代表意识，提高其履行代表职责的能力。

第十六条　党代表大会代表参加同级党代表大会和党的委员会安排的活动，代表所在单位应当给予时间保障。

第十七条　党的各级委员会要为党代表大会代表按照其安排开展工作提供必要的经费。

无固定工资收入的代表按照同级党的委员会安排开展工作，根据实际情况由同级党的委员会负责给予适当补贴。

第十八条　党的各级委员会对同级党代表大会代表提出的提案和提议，应当责成有关党组织或者有关部门、单位研究办理并负责答复。

第十九条　党的各级委员会应当建立党代表大会代表联络工作机构，负责代表联络服务工作。

第二十条　为便于党代表大会代表开展工作，党代表大会可以为同级代表制发代表证。

第二十一条　党的各级委员会要保障代表的知情权，按照党内有关规定，采取适当方式向同级党代表大会代表通报党的决议、决定贯彻落实情况及党内其他重要情况。

第二十二条　党的各级代表大会召开前，党的委员会应当征求同级本届党代表大会代表和同级下一届党代表大会代表对党的委员会、纪律检查委员会报告稿的意见。

党的各级委员会召开全体会议前，可以就会议有关事项征求同级党代表大会有关代表的意见。

党的各级委员会可以根据工作需要，邀请有关代表列席同级党的委员会全体会议。

第二十三条　党代表大会代表所在党组织、所在选举单位的党员，可以通过一定方式，向代表反映情况并了解代表开展工作的情况。

第二十四条　各级党组织必须尊重和保障党代表大会代表的权利。

对有义务协助代表开展工作而拒绝履行义务的党组织和党员，同级党的委员会应当予以批评教育。

对妨碍代表开展工作或者对代表开展工作

进行打击报复的，按照有关规定追究相关责任人的责任。

第五章 党代表大会代表资格的终止和停止

第二十五条 党代表大会代表在任期内，有下列情形之一的，其代表资格终止：

（一）受留党察看以上处分的；

（二）被停止党籍，或者丧失中华人民共和国国籍的；

（三）辞去代表职务被接受的。

第二十六条 党的地方各级代表大会代表因组织关系迁出或者工作需要等原因调离同级党代表大会所属范围的，停止执行代表职务。

第二十七条 因其他原因需要终止代表资格或者停止执行党代表大会代表职务的，按照本章上述规定处理。

第二十八条 党代表大会代表资格终止，由所在选举单位或者基层党组织提出，由同级党代表大会选举产生的党的委员会决定，报上级党的委员会备案。

党的全国代表大会代表资格的终止，由党的中央委员会决定。

第六章 附 则

第二十九条 党的基层代表大会代表参照本条例有关规定执行。

第三十条 省、自治区、直辖市党的委员会可以根据本条例，结合各地实际，制定党代表大会代表任期制的具体实施办法，并报中央备案。

第三十一条 中国人民解放军和中国人民武装警察部队实行党代表大会代表任期制工作，由中央军委根据本条例制定实施办法。

第三十二条 本条例由中共中央组织部负责解释。

第三十三条 本条例自发布之日起施行。

（原文载 2008 年 7 月 17 日《人民日报》）

中共中央关于在全党开展深入学习实践科学发展观活动的意见

（2008 年 9 月 14 日）

根据党的十七大部署，中央决定，从 2008 年 9 月开始，用一年半左右时间，在全党分批开展深入学习实践科学发展观活动（以下简称“学习实践活动”）。

一、开展学习实践活动的重大现实意义和紧迫性

党的十六大以来，以胡锦涛同志为总书记的党中央立足社会主义初级阶段基本国情，总结我国发展实践，借鉴国外发展经验，适应新的发展要求，提出了科学发展观。科学发展观，是对党的三代中央领导集体关于发展的重要思想的继承和发展，是马克思主义关于发展的世界观和方法论的集中体现，是同马克思列宁主义、毛泽东思想、邓小平理论和“三个代表”重要思想既一脉相承又与时俱进的科学理论，是我国经济社会发展的重要指导方针，是发展中国特色社会主义必须坚持和贯彻的重大战略思想。

当前世界正在发生广泛而深刻的变化，当代中国正在发生广泛而深刻的变革。我国既处在一个重要的发展时期，又处在国际政治经济环境变化较大、面临困难和挑战较多的时期。

我国发展呈现出一系列新的阶段性特征。党的自身建设面临着许多新课题新考验。面对我国全面参与经济全球化的新机遇新挑战，面对日益增大的资源环境压力，面对城乡、区域、经济社会发展的不平衡，面对一些地方不时出现的不稳定因素，我们必须更加自觉地增强忧患意识和责任意识，更加自觉地深入贯彻落实科学发展观，转变发展方式，调整经济结构，推进改革创新，重视节能环保，努力关注民生，坚持不懈地走科学发展道路，奋力开拓中国特色社会主义更为广阔的发展前景。

实践证明，科学发展观对于我国经济社会和各项事业的发展起到了巨大的推动作用，越来越显示出强大的真理力量，越来越得到全党全国各族人民的衷心拥护。但也要清醒地看到，一些党员干部贯彻落实科学发展观的自觉性还不高，对科学发展观理解还不深；一些领导干部的思想、作风和能力素质与科学发展观要求还不适应；一些影响和制约科学发展的问题还比较突出，保障科学发展的体制机制还不够健全。这些问题如不及时解决，我们就会丧失难得的发展机遇，就无法应对新形势下党所面对的新挑战，就难以肩负起继续全面建设小康社会、加快推进社会主义现代化的崇高使命。党的十七大决定在全党开展深入学习实践科学发展观活动，这是用中国特色社会主义理论体系武装全党的重大举措，是深入推进改革开放、推动经济社会又好又快发展、促进社会和谐稳定的迫切需要，是提高党的执政能力、保持和发展党的先进性的必然要求。各级党组织和广大党员、干部一定要深刻认识开展学习实践活动的重大现实意义和紧迫性，把开展学习实践活动作为我们党应对挑战、解决矛盾、统一思想的重大契机，积极投入到学习实践活动中来。通过开展学习实践活动，进一步增强党的先进性，提高党的执政能力，把党的政治优势和组织优势转化成为推动经济社会又好又快发展的强大力量，为实现2020年全面建设小康社会的奋斗目标进一步奠定重要的思想基础、政治基础和组织基础。

二、开展学习实践活动的指导思想和目标要求

开展学习实践活动，要全面贯彻党的十七大精神，高举中国特色社会主义伟大旗帜，以邓小平理论和“三个代表”重要思想为指导，组织广大党员特别是各级领导班子和党员领导干部深入学习实践科学发展观，紧紧围绕党员干部受教育、科学发展上水平、人民群众得实惠，进一步解放思想、实事求是、改革创新，切实增强贯彻落实科学发展观的自觉性和坚定性，着力转变不适应、不符合科学发展观要求的思想观念，着力解决影响和制约科学发展的突出问题以及党员干部党性党风党纪方面群众反应强烈的突出问题，着力构建有利于科学发展的体制机制，提高领导科学发展、促进社会和谐的能力，使党的工作和党的建设更加符合科学发展观的要求，把全社会的发展积极性进一步引导到科学发展上来，把科学发展观贯彻落实到经济社会发展各个方面。

学习实践活动以县级以上领导班子和党员领导干部为重点，全体党员参加。具体达到以下目标要求：

（一）提高思想认识。进一步加深广大党员、干部特别是领导干部对科学发展观的理解，增强贯彻落实科学发展观的自觉性和坚定性；进一步按科学发展观要求解放思想，转变不适应、不符合科学发展要求的思想观念，使各级领导班子和领导干部在本地区本部门本单位要不要科学发展、能不能科学发展、怎么样科学发展等重大问题上形成共识，把思想认识统一到科学发展观的要求上来。

（二）解决突出问题。努力解决影响和制约科学发展的突出问题，解决党员干部党性党风党纪方面群众反映强烈的突出问题；进一步明确本地区本部门本单位促进科学发展的工作思路，完善科学发展规划；进一步加强各级领导班子思想政治建设，推动广大党员特别是党员领导干部讲党性、重品行、作表率。

(三)创新体制机制。领导机关着重建立健全推动科学发展的各项政策规定和体制机制，切实转变职能；基层单位着重建立健全体现科学发展要求的规章制度，努力为科学发展观的贯彻落实营造良好的政策制度环境。

(四)促进科学发展。坚持把务求实效作为开展学习实践活动的出发点和落脚点，通过学习实践活动，把科学发展观的要求转化为推进科学发展的坚强意志、谋划科学发展的正确思路、领导科学发展的实际能力、促进科学发展的政策措施、增强党性修养提高思想觉悟的自觉行动，努力促进经济社会又好又快发展。

三、开展学习实践活动要把握的主要原则

为确保学习实践活动健康开展，根据试点工作中积累的经验，在活动中要着重把握以下主要原则：

(一)坚持解放思想。以解放思想为先导，以改革创新为动力，进一步提高认识，进一步更新发展观念、转变发展思路、破解发展难题、完善体制机制，使思想和行动更加符合实事求是的思想路线，更加符合经济社会发展规律、符合自然规律、符合党的执政规律，使党的工作和党的建设更加符合科学发展观的要求。

(二)突出实践特色。紧紧围绕科学发展主题，紧密结合本地区本部门本单位实际，确定活动的实践载体。把开展学习实践活动与贯彻落实党的十七大的一系列重大部署结合起来，与总结本地区本部门本单位科学发展的典型经验结合起来，与促进改革发展稳定结合起来，与推动社会主义经济建设、政治建设、文化建设、社会建设的各项工作结合起来。通过学习推动实践，在推进实践中深化学习。

(三)贯彻群众路线。充分发扬民主，吸收群众全程参与，认真听取群众意见建议，虚心向群众学习，真诚接受群众监督，努力解决影响和制约科学发展的突出问题以及党员干部党性党风党纪方面群众反映强烈的突出问题，把群众满意作为评价活动成效的重要依据。

(四)正面教育为主。坚持高标准、严要求，组织广大党员、干部深入学习实践科学发展观，实事求是查找存在的问题，深刻分析产生问题的原因，全面总结经验教训，认真开展批评和自我批评，进一步明确努力方向。查找和剖析问题既要严格要求，又不搞人人过关，注意保护党员、干部的发展积极性。

四、开展学习实践活动要解决的重点问题

开展学习实践活动，关键在于取得实效。要全面把握科学发展观的科学内涵、精神实质和根本要求，紧密联系本地区本部门本单位实际，坚持边学边改，着力找准并解决影响和制约科学发展的突出问题以及党员干部党性党风党纪方面群众反映强烈的突出问题。

按照第一要义是发展的要求，着力解决发展思路不清、发展信心不足、发展方式落后、发展质量不高、发展后劲不足等问题。按照核心是以人为本的要求，着力解决执政为民意识淡薄，不能深入了解群众愿望、顺应群众要求，对民生问题特别是困难群众的疾苦关注不够，对群众合法权益维护不够，对社会和谐稳定重视不够等问题。

按照全面协调可持续的基本要求，着力解决片面发展、盲目发展、只顾眼前发展等问题，尤其要解决单纯追求速度，不重视调整经济结构，不重视质量和效益，不重视节能减排，甚至以牺牲环境、破坏资源为代价换取一时经济增长，不重视经济、政治、文化、社会的协调发展等问题。

按照根本方法是统筹兼顾的要求，着力解决全局意识不强，缺乏战略思维，不能妥善处理中央和地方、局部利益和整体利益、个人利益和集体利益、当前利益和长远利益的关系，有令不行、有禁不止、政令不畅通问题，尤其要解决不能正确认识和妥善处理城乡发展、区域发展、经济社会发展、人与自然和谐发展的关系，不能正

确统筹国内国际两个大局等问题。

按照贯彻落实科学发展观必须加强和改善党的建设的要求，着力解决党性不强、党风不正、执行党纪不严的问题，在世界观、人生观、价值观、权力观、地位观、利益观方面存在的问题，尤其是党员意识不强，理想信念动摇，宗旨意识淡薄，党员领导干部政绩观不正确、作风漂浮以及形式主义、官僚主义严重等问题。查找和解决突出问题，要坚持从实际出发，明确哪些问题已具备条件，在学习实践活动期间可以解决；哪些问题难度较大，需要较长时间才能解决。解决问题要突出重点，坚持什么问题突出就着力解决什么问题，多为人民群众办看得见、摸得着、促进科学发展的实事。

五、开展学习实践活动的批次安排和步骤

学习实践活动自上而下分三批展开，每批时间半年左右。

第一批：2008 年 9 月开始，2009 年 2 月基本完成。包括：中央和国家机关、省（自治区、直辖市）党政机关；全国、省（自治区、直辖市）人大、政协机关，人民法院、人民检察院和人民团体机关；新疆生产建设兵团机关；中管金融机构及其分支机构；党中央、国务院直属事业单位，中央直属机关、中央国家机关各部门管理的事业单位，省（自治区、直辖市）直属事业单位。

第二批：2009 年 3 月开始，2009 年 8 月基本完成。包括：市（地、州、盟）、县（市、区、旗）党政机关；市（地、州、盟）、县（市、区、旗）人大、政协机关，人民法院、人民检察院和人民团体机关；新疆生产建设兵团师、团机关；中央企业；省（自治区、直辖市）直属企业，市（地、州、盟）直属企业事业单位；高等学校、中等专业学校。

第三批：2009 年 9 月开始，2010 年 2 月基本完成。包括：乡（镇）、街道；村、社区；新疆生产建设兵团基层单位；中小学校；未参加第二批活动的企业、社会团体、社会中介组织等。

第一批学习实践活动开展时，各省（自治区、直辖市）要选择几个市、县、国有企业、高等学校进行试点。第二批学习实践活动开展时，各市、县要选择几个乡（镇）、街道和村、社区进行试点。

开展学习实践活动，首先要做好充分的准备工作。要认真学习贯彻中央有关精神，进行广泛的宣传和思想发动，提高广大党员干部参加学习实践活动的积极性、主动性；要深入调查研究，听取意见建议，结合本地区本部门本单位实际，明确活动的实践载体，制定切实可行的实施方案。

学习实践活动分三个阶段进行：

第一阶段：学习调研。中央举办省部级主要领导干部深入学习实践科学发展观专题研讨班。各地区各部门各单位对各级党员领导干部进行集中学习培训并组织全体党员参加学习。认真学习党的十七大报告，认真学习《毛泽东邓小平江泽民论科学发展》和《科学发展观重要论述摘编》，县处级以上党员领导干部还要认真学习《深入学习实践科学发展观活动领导干部学习文件选编》。党员主要领导干部要带头作学习报告。各级领导班子和党员领导干部要深入基层和群众进行调查研究，开展实际案例分析；组织全体党员围绕科学发展进行解放思想讨论，着力转变观念、提高认识，对事关本地区本部门本单位科学发展全局的重大问题形成共识。这一阶段重点要抓住学习培训、深入调研、围绕科学发展进行解放思想讨论三个环节。

第二阶段：分析检查。各级领导班子要广泛征求各方面意见，找准影响和制约本地区本部门本单位科学发展的突出问题，影响社会和谐稳定的突出问题，党性党风党纪方面群众反映强烈的突出问题；深入分析形成问题的主客观原因特别是主观原因，理清科学发展思路，形成领导班子贯彻落实科学发展观情况分析检查报告，并在一定范围内公布，组织党员、群众进行评议。领导班子要召开检查科学发展观贯彻落实情况的专题民主生活会，领导班子成员要按照科学发展观要求对照检查自身存在的不足，撰写参加专题民主生活会的发言材料。所

有党员都要参加以学习实践科学发展观为主题的组织生活会。这一阶段要抓住召开领导班子专题民主生活会、形成领导班子分析检查报告、组织群众评议三个环节。

第三阶段:整改落实。各地区各部门各单位领导班子要制定整改落实方案。整改落实方案要明确责任,明确措施,明确时限。要切实解决查找出来的、通过努力能够解决的突出问题。领导机关从活动一开始就要注意做好创新体制机制的工作,在统一认识、深入调研、分析检查的基础上,及时制定和完善促进科学发展的政策,把建立健全保护和促进科学发展的体制机制作为整改落实的一个重要内容。广大党员要积极建言献策,提出合理化建议。这一阶段要抓住制定整改落实方案、集中解决突出问题、完善体制机制三个环节。

学习实践活动基本结束时,要做好活动的总结工作,并采取适当方式向党员、群众通报。对学习实践活动进行满意度测评,测评结果在一定范围内公布。要把贯彻中央部署要求、解决突出问题、群众是否满意作为评价学习实践活动成效的重要内容。根据测评情况,进一步完善整改措施,确保在学习实践活动中尚未解决的突出问题继续得到有效解决。

六、学习实践活动的领导和指导

开展学习实践活动,是全党政治生活中的一件大事。各级党组织要把学习实践活动摆上重要议事日程,高度重视,精心组织,把深入学习、提高认识贯穿始终,把解放思想、改革创新贯穿始终,把解决问题、完善体制机制贯穿始终,把依靠群众、发扬民主贯穿始终,坚持进度服从质量,确保活动取得实效。

(一)落实领导责任。学习实践活动的领导关系,原则上按照党组织的隶属关系确定。国有企业和高等学校等单位学习实践活动的领导关系,按照干部管理权限确定,党的关系在地方的由地方党委协助。党委(党组)要全面负责本地区本部门本单位的学习实践活动,主要负责同志要认真履行第一责任人的职责。党员领导干部要充分发挥带头作用,结合各自分工建立联系点。中央成立深入学习实践科学发展观活动领导小组,在党中央领导下开展工作。领导小组下设办公室。各地区各部门各单位也要成立相应的领导机构和工作机构,落实领导和指导责任。中央及各级学习实践活动领导小组分别派出若干指导检查组,负责指导和督促检查相关单位的学习实践活动,防止活动走过场、出偏差。

(二)加强分类指导。在坚持学习实践活动总体要求的同时,针对东中西部等不同地区,机关、学校、企事业单位、农村、街道社区等不同行业,党员领导干部、普通党员等不同层面,分别提出学习实践活动的具体要求,分层分类进行指导,增强活动的针对性和实效性。要从实际出发,组织好离退休干部(职工)中的党员参加学习实践活动。对新的经济和社会组织中的党员、流动党员等,可在坚持基本要求的前提下,采取灵活多样的方式组织开展活动。流动党员的学习实践活动由流入地党组织负责,流出地党组织协助。

(三)鼓励探索创新。在坚持学习实践活动基本要求的前提下,尊重基层首创精神,鼓励地方、部门和基层单位根据各自实际情况、因地制宜探索创新。要讲成本、重实效,防止文山会海,杜绝形式主义。

(四)搞好舆论引导。大力宣传科学发展观的科学内涵、精神实质和根本要求,宣传开展学习实践活动的重大意义,宣传学习实践科学发展观的先进典型,宣传学习实践活动的部署、要求、做法、经验和成效,努力营造开展学习实践活动的良好氛围。

(五)坚持统筹兼顾。统筹安排学习实践活动各个批次、各个阶段和各个环节的工作,做到有机衔接、前后呼应。统筹协调各个相关地方、行业、部门、企业、单位的活动安排,加强上下互动、左右联动,促进影响和制约科学发展的突出问题的解决。要增强保持经济社会又好又快发展的责任感,把开展学习实践活动同做好各方面工作结合起来，做到两手抓、两不误、两促进。

开展学习实践活动，要充分发挥党支部的作用，积极探索有效形式和载体，确保广大党员全员全程参加。

学习实践活动结束后，各省（自治区、直辖市）党委，中央和国家机关各部门党委（党组），中管金融机构党委，中央管理主要负责人的国有重点骨干企业党委（党组）、高等学校党委要向中央报送总结报告。

各地区各部门各单位党委（党组）要根据本意见制定具体实施方案。人民解放军和武警部队的学习实践活动，由解放军总政治部作出部署。

中共中央关于推进农村改革发展若干重大问题的决定

（2008年10月12日中国共产党第十七届中央委员会第三次全体会议通过）

中国共产党第十七届中央委员会第三次全体会议全面分析了形势和任务，认为在改革开放三十周年之际，系统回顾总结我国农村改革发展的光辉历程和宝贵经验，进一步统一全党全社会认识，加快推进社会主义新农村建设，大力推动城乡统筹发展，对于全面贯彻党的十七大精神，深入贯彻落实科学发展观，夺取全面建设小康社会新胜利、开创中国特色社会主义事业新局面，具有重大而深远的意义。全会研究了新形势下推进农村改革发展的若干重大问题，作出如下决定。

一、新形势下推进农村改革发展的重大意义

农业、农村、农民问题关系党和国家事业发展全局。在革命、建设、改革各个历史时期，我们党坚持把马克思主义基本原理同我国具体实际相结合，始终高度重视、认真对待、着力解决农业、农村、农民问题，成功开辟了新民主主义革命胜利道路和社会主义事业发展道路。

一九七八年，党的十一届三中全会作出把党和国家工作中心转移到经济建设上来、实行改革开放的历史性决策。我们党全面把握国内外发展大局，尊重农民首创精神，率先在农村发起改革，并以磅礴之势推向全国，领导人民谱写了改革发展的壮丽史诗。在波澜壮阔的改革开放进程中，我们党坚持以马克思列宁主义、毛泽东思想、邓小平理论和“三个代表”重要思想为指导，深入贯彻落实科学发展观，解放思想、实事求是、与时俱进，不断推进农村改革发展，使我国农村发生了翻天覆地的巨大变化。废除人民公社，确立以家庭承包经营为基础、统分结合的双层经营体制，全面放开农产品市场，取消农业税，对农民实行直接补贴，初步形成了适合我国国情和社会生产力发展要求的农村经济体制；粮食生产不断跃上新台阶，农产品供应日益丰富，农民收入大幅增加，扶贫开发成效显著，依靠自己力量稳定解决了十三亿人口吃饭问题；乡镇企业异军突起，小城镇蓬勃发展，农村市场兴旺繁荣，农村劳动力大规模转移就业，亿万农民工成为产业工人重要组成部分，中国特色工业化、城镇化、农业现代化加快推进，切实巩固了新时期工农联盟；农村社会主义民主政治建设和精神文明建设不断加强，社会事业加速发展，显著提高了广大农民思想道德素质、科学文化素质和健康素质；农村党的建设不断加

强，以村党组织为核心的村级组织配套建设全面推进，有效夯实了党在农村的执政基础。农村改革发展的伟大实践，极大调动了亿万农民积极性，极大解放和发展了农村社会生产力，极大改善了广大农民物质文化生活。更为重要的是，农村改革发展的伟大实践，为建立和完善我国社会主义初级阶段基本经济制度和社会主义市场经济体制进行了创造性探索，为实现人民生活从温饱不足到总体小康的历史性跨越、推进社会主义现代化作出了巨大贡献，为战胜各种困难和风险、保持社会大局稳定奠定了坚实基础，为成功开辟中国特色社会主义道路、形成中国特色社会主义理论体系积累了宝贵经验。

实践充分证明，只有坚持把解决好农业、农村、农民问题作为全党工作重中之重，坚持农业基础地位，坚持社会主义市场经济改革方向，坚持走中国特色农业现代化道路，坚持保障农民物质利益和民主权利，才能不断解放和发展农村社会生产力，推动农村经济社会全面发展。

当前，国际形势继续发生深刻变化，我国改革发展进入关键阶段。我们要抓住和用好重要战略机遇期，胜利实现全面建设小康社会的宏伟目标，加快推进社会主义现代化，就要更加自觉地把继续解放思想落实到坚持改革开放、推动科学发展、促进社会和谐上来，毫不动摇地推进农村改革发展。继续解放思想，必须结合农村改革发展这个伟大实践，大胆探索、勇于开拓，以新的理念和思路破解农村发展难题，为推动党的理论创新、实践创新提供不竭源泉。坚持改革开放，必须把握农村改革这个重点，在统筹城乡改革上取得重大突破，给农村发展注入新的动力，为整个经济社会发展增添新的活力。推动科学发展，必须加强农业发展这个基础，确保国家粮食安全和主要农产品有效供给，促进农业增产、农民增收、农村繁荣，为经济社会全面协调可持续发展提供有力支撑。促进社会和谐，必须抓住农村稳定这个大局，完善农村社会管理，促进社会公平正义，保证农民安居乐业，为实现国家长治久安打下坚实基础。

我国农村正在发生新的变革，我国农业参与国际合作和竞争正面临新的局面，推进农村改革发展具备许多有利条件，也面对不少困难和挑战，特别是城乡二元结构造成的深层次矛盾突出。农村经济体制尚不完善，农业生产经营组织化程度低，农产品市场体系、农业社会化服务体系、国家农业支持保护体系不健全，构建城乡经济社会发展一体化体制机制要求紧迫；农业发展方式依然粗放，农业基础设施和技术装备落后，耕地大量减少，人口资源环境约束增强，气候变化影响加剧，自然灾害频发，国际粮食供求矛盾突出，保障国家粮食安全和主要农产品供求平衡压力增大；农村社会事业和公共服务水平较低，区域发展和城乡居民收入差距扩大，改变农村落后面貌任务艰巨；农村社会利益格局深刻变化，一些地方农村基层组织软弱涣散，加强农村民主法制建设、基层组织建设、社会管理任务繁重。总之，农业基础仍然薄弱，最需要加强；农村发展仍然滞后，最需要扶持；农民增收仍然困难，最需要加快。我们必须居安思危、加倍努力，不断巩固和发展农村好形势。

全党必须深刻认识到，农业是安天下、稳民心的战略产业，没有农业现代化就没有国家现代化，没有农村繁荣稳定就没有全国繁荣稳定，没有农民全面小康就没有全国人民全面小康。我国总体上已进入以工促农、以城带乡的发展阶段，进入加快改造传统农业、走中国特色农业现代化道路的关键时刻，进入着力破除城乡二元结构、形成城乡经济社会发展一体化新格局的重要时期。我们要牢牢把握我国社会主义初级阶段的基本国情和当前发展的阶段性特征，适应农村改革发展新形势，顺应亿万农民过上美好生活新期待，抓住时机、乘势而上，努力开辟中国特色农业现代化的广阔道路，奋力开创社会主义新农村建设的崭新局面。

二、推进农村改革发展的指导思想、目标任务、重大原则

新形势下推进农村改革发展，要全面贯彻

党的十七大精神，高举中国特色社会主义伟大旗帜，以邓小平理论和“三个代表”重要思想为指导，深入贯彻落实科学发展观，把建设社会主义新农村作为战略任务，把走中国特色农业现代化道路作为基本方向，把加快形成城乡经济社会发展一体化新格局作为根本要求，坚持工业反哺农业、城市支持农村和多予少取放活方针，创新体制机制，加强农业基础，增加农民收入，保障农民权益，促进农村和谐，充分调动广大农民的积极性、主动性、创造性，推动农村经济社会又好又快发展。

根据党的十七大提出的实现全面建设小康社会奋斗目标的新要求和建设生产发展、生活宽裕、乡风文明、村容整洁、管理民主的社会主义新农村要求，到二○二○年，农村改革发展基本目标任务是：农村经济体制更加健全，城乡经济社会发展一体化体制机制基本建立；现代农业建设取得显著进展，农业综合生产能力明显提高，国家粮食安全和主要农产品供给得到有效保障；农民人均纯收入比二○○八年翻一番，消费水平大幅提升，绝对贫困现象基本消除；农村基层组织建设进一步加强，村民自治制度更加完善，农民民主权利得到切实保障；城乡基本公共服务均等化明显推进，农村文化进一步繁荣，农民基本文化权益得到更好落实，农村人人享有接受良好教育的机会，农村基本生活保障、基本医疗卫生制度更加健全，农村社会管理体系进一步完善；资源节约型、环境友好型农业生产体系基本形成，农村人居和生态环境明显改善，可持续发展能力不断增强。

实现上述目标任务，要遵循以下重大原则。

——必须巩固和加强农业基础地位，始终把解决好十几亿人口吃饭问题作为治国安邦的头等大事。坚持立足国内实现粮食基本自给方针，加大国家对农业支持保护力度，深入实施科教兴农战略，加快现代农业建设，实现农业全面稳定发展，为推动经济发展、促进社会和谐、维护国家安全奠定坚实基础。

——必须切实保障农民权益，始终把实现好、维护好、发展好广大农民根本利益作为农村一切工作的出发点和落脚点。坚持以人为本，尊重农民意愿，着力解决农民最关心最直接最现实的利益问题，保障农民政治、经济、文化、社会权益，提高农民综合素质，促进农民全面发展，充分发挥农民主体作用和首创精神，紧紧依靠亿万农民建设社会主义新农村。

——必须不断解放和发展农村社会生产力，始终把改革创新作为农村发展的根本动力。坚持不懈推进农村改革和制度创新，提高改革决策的科学性，增强改革措施的协调性，充分发挥市场在资源配置中的基础性作用，加强和改善国家对农业农村发展的调控和引导，健全符合社会主义市场经济要求的农村经济体制，调整不适应农村社会生产力发展要求的生产关系和上层建筑，使农村经济社会发展充满活力。

——必须统筹城乡经济社会发展，始终把着力构建新型工农、城乡关系作为加快推进现代化的重大战略。统筹工业化、城镇化、农业现代化建设，加快建立健全以工促农、以城带乡长效机制，调整国民收入分配格局，巩固和完善强农惠农政策，把国家基础设施建设和社会事业发展重点放在农村，推进城乡基本公共服务均等化，实现城乡、区域协调发展，使广大农民平等参与现代化进程、共享改革发展成果。

——必须坚持党管农村工作，始终把加强和改善党对农村工作的领导作为推进农村改革发展的政治保证。坚持一切从实际出发，坚持党在农村的基本政策，加强农村基层组织和基层政权建设，完善党管农村工作体制机制和方式方法，保持党同农民群众的血肉联系，巩固党在农村的执政基础，形成推进农村改革发展强大合力。

三、大力推进改革创新，加强农村制度建设

实现农村发展战略目标，推进中国特色农业现代化，必须按照统筹城乡发展要求，抓紧在农村体制改革关键环节上取得突破，进一步放

开搞活农村经济，优化农村发展外部环境，强化农村发展制度保障。

(一)稳定和完善农村基本经营制度。以家庭承包经营为基础、统分结合的双层经营体制，是适应社会主义市场经济体制、符合农业生产特点的农村基本经营制度，是党的农村政策的基石，必须毫不动摇地坚持。赋予农民更加充分而有保障的土地承包经营权，现有土地承包关系要保持稳定并长久不变。推进农业经营体制机制创新，加快农业经营方式转变。家庭经营要向采用先进科技和生产手段的方向转变，增加技术、资本等生产要素投入，着力提高集约化水平；统一经营要向发展农户联合与合作，形成多元化、多层次、多形式经营服务体系的方向转变，发展集体经济、增强集体组织服务功能，培育农民新型合作组织，发展各种农业社会化服务组织，鼓励龙头企业与农民建立紧密型利益联结机制，着力提高组织化程度。按照服务农民、进退自由、权利平等、管理民主的要求，扶持农民专业合作社加快发展，使之成为引领农民参与国内外市场竞争的现代农业经营组织。全面推进集体林权制度改革，扩大国有林场和重点国有林区林权制度改革试点。推进国有农场体制改革。稳定和完善草原承包经营制度。

(二)健全严格规范的农村土地管理制度。土地制度是农村的基础制度。按照产权明晰、用途管制、节约集约、严格管理的原则，进一步完善农村土地管理制度。坚持最严格的耕地保护制度，层层落实责任，坚决守住十八亿亩耕地红线。划定永久基本农田，建立保护补偿机制，确保基本农田总量不减少、用途不改变、质量有提高。继续推进土地整理复垦开发，耕地实行先补后占，不得跨省区市进行占补平衡。搞好农村土地确权、登记、颁证工作。完善土地承包经营权权能，依法保障农民对承包土地的占有、使用、收益等权利。加强土地承包经营权流转管理和服务，建立健全土地承包经营权流转市场，按照依法自愿有偿原则，允许农民以转包、出租、互换、转让、股份合作等形式流转土地承包经营权，发展多种形式的适度规模经营。有条件的地方可以发展专业大户、家庭农场、农民专业合作社等规模经营主体。土地承包经营权流转，不得改变土地集体所有性质，不得改变土地用途，不得损害农民土地承包权益。实行最严格的节约用地制度，从严控制城乡建设用地总规模。完善农村宅基地制度，严格宅基地管理，依法保障农户宅基地用益物权。农村宅基地和村庄整理所节约的土地，首先要复垦为耕地，调剂为建设用地的必须符合土地利用规划、纳入年度建设用地计划，并优先满足集体建设用地。改革征地制度，严格界定公益性和经营性建设用地，逐步缩小征地范围，完善征地补偿机制。依法征收农村集体土地，按照同地同价原则及时足额给农村集体组织和农民合理补偿，解决好被征地农民就业、住房、社会保障。在土地利用规划确定的城镇建设用地范围外，经批准占用农村集体土地建设非公益性项目，允许农民依法通过多种方式参与开发经营并保障农民合法权益。逐步建立城乡统一的建设用地市场，对依法取得的农村集体经营性建设用地，必须通过统一有形的土地市场、以公开规范的方式转让土地使用权，在符合规划的前提下与国有土地享有平等权益。抓紧完善相关法律法规和配套政策，规范推进农村土地管理制度改革。

(三)完善农业支持保护制度。健全农业投入保障制度，调整财政支出、固定资产投资、信贷投放结构，保证各级财政对农业投入增长幅度高于经常性收入增长幅度，大幅度增加国家对农村基础设施建设和社会事业发展的投入，大幅度提高政府土地出让收益、耕地占用税新增收入用于农业的比例，大幅度增加对中西部地区农村公益性建设项目的投入。国家在中西部地区安排的病险水库除险加固、生态建设等公益性建设项目，逐步取消县及县以下资金配套。拓宽农业投入来源渠道，整合投资项目，加强投资监管，提高资金使用效益。健全农业补贴制度，扩大范围，提高标准，完善办法，特别要支持增粮增收，逐年较大幅度增加农民种粮补贴。完善与农业生产资料价格上涨挂钩的农资综合补贴动态调整机制。健全农产品价格保护制度,完善农产品市场调控体系,稳步提高粮食最低收购价,改善其他主要农产品价格保护办法,充实主要农产品储备,优化农产品进出口和吞吐调节机制,保持农产品价格合理水平。完善粮食等主要农产品价格形成机制,理顺比价关系,充分发挥市场价格对增产增收的促进作用。健全农业生态环境补偿制度,形成有利于保护耕地、水域、森林、草原、湿地等自然资源和农业物种资源的激励机制。

(四)建立现代农村金融制度。农村金融是现代农村经济的核心。创新农村金融体制,放宽农村金融准入政策,加快建立商业性金融、合作性金融、政策性金融相结合,资本充足、功能健全、服务完善、运行安全的农村金融体系。加大对农村金融政策支持力度,拓宽融资渠道,综合运用财税杠杆和货币政策工具,定向实行税收减免和费用补贴,引导更多信贷资金和社会资金投向农村。各类金融机构都要积极支持农村改革发展。坚持农业银行为农服务的方向,强化职能、落实责任,稳定和发展农村服务网络。拓展农业发展银行支农领域,加大政策性金融对农业开发和农村基础设施建设中长期信贷支持。扩大邮政储蓄银行涉农业务范围。县域内银行业金融机构新吸收的存款,主要用于当地发放贷款。改善农村信用社法人治理结构,保持县(市)社法人地位稳定,发挥为农民服务主力军作用。规范发展多种形式的新型农村金融机构和以服务农村为主的地区性中小银行。加强监管,大力发展小额信贷,鼓励发展适合农村特点和需要的各种微型金融服务。允许农村小型金融组织从金融机构融入资金。允许有条件的农民专业合作社开展信用合作。规范和引导民间借贷健康发展。加快农村信用体系建设。建立政府扶持、多方参与、市场运作的农村信贷担保机制。扩大农村有效担保物范围。发展农村保险事业,健全政策性农业保险制度,加快建立农业再保险和巨灾风险分散机制。加强农产品期货市场建设。

(五)建立促进城乡经济社会发展一体化制度。尽快在城乡规划、产业布局、基础设施建设、公共服务一体化等方面取得突破,促进公共资源在城乡之间均衡配置、生产要素在城乡之间自由流动,推动城乡经济社会发展融合。统筹土地利用和城乡规划,合理安排市县域城镇建设、农田保护、产业聚集、村落分布、生态涵养等空间布局。统筹城乡产业发展,优化农村产业结构,发展农村服务业和乡镇企业,引导城市资金、技术、人才、管理等生产要素向农村流动。统筹城乡基础设施建设和公共服务,全面提高财政保障农村公共事业水平,逐步建立城乡统一的公共服务制度。统筹城乡劳动就业,加快建立城乡统一的人力资源市场,引导农民有序外出就业,鼓励农民就近转移就业,扶持农民工返乡创业。加强农民工权益保护,逐步实现农民工劳动报酬、子女就学、公共卫生、住房租购等与城镇居民享有同等待遇,改善农民工劳动条件,保障生产安全,扩大农民工工伤、医疗、养老保险覆盖面,尽快制定和实施农民工养老保险关系转移接续办法。统筹城乡社会管理,推进户籍制度改革,放宽中小城市落户条件,使在城镇稳定就业和居住的农民有序转变为城镇居民。推动流动人口服务和管理体制创新。扩大县域发展自主权,增加对县的一般性转移支付、促进财力与事权相匹配,增强县域经济活力和实力。推进省直接管理县(市)财政体制改革,优先将农业大县纳入改革范围。有条件的地方可依法探索省直接管理县(市)的体制。坚持走中国特色城镇化道路,发挥好大中城市对农村的辐射带动作用,依法赋予经济发展快、人口吸纳能力强的小城镇相应行政管理权限,促进大中小城市和小城镇协调发展,形成城镇化和新农村建设互促共进机制。积极推进统筹城乡综合配套改革试验。

(六)健全农村民主管理制度。坚持党的领导、人民当家作主、依法治国有机统一,发展农村基层民主,以扩大有序参与、推进信息公开、健全议事协商、强化权力监督为重点，加强基层政权建设，扩大村民自治范围，保障农民享有更多更切实的民主权利。逐步实行城乡按相同人口比例选举人大代表，扩大农民在县乡人大代表中的比例，密切人大代表同农民的联系。继续推进农村综合改革，二〇一二年基本完成乡镇机构改革任务，着力增强乡镇政府社会管理和公共服务职能。完善与农民政治参与积极性不断提高相适应的乡镇治理机制，实行政务公开，依法保障农民知情权、参与权、表达权、监督权。健全村党组织领导的充满活力的村民自治机制，深入开展以直接选举、公正有序为基本要求的民主选举实践，以村民会议、村民代表会议、村民议事为主要形式的民主决策实践，以自我教育、自我管理、自我服务为主要目的的民主管理实践，以村务公开、财务监督、群众评议为主要内容的民主监督实践，推进村民自治制度化、规范化、程序化。加强农村法制建设，完善涉农法律法规，增强依法行政能力，强化涉农执法监督和司法保护。加强农村法制宣传教育，搞好法律服务，提高农民法律意识，推进农村依法治理。培育农村服务性、公益性、互助性社会组织，完善社会自治功能。采取多种措施增强基层财力，逐步解决一些行政村运转困难问题，积极稳妥化解乡村债务。继续做好农民负担监督管理工作，完善村民一事一议筹资筹劳办法，健全农村公益事业建设机制。

四、积极发展现代农业，提高农业综合生产能力

发展现代农业，必须按照高产、优质、高效、生态、安全的要求，加快转变农业发展方式，推进农业科技进步和创新，加强农业物质技术装备，健全农业产业体系，提高土地产出率、资源利用率、劳动生产率，增强农业抗风险能力、国际竞争能力、可持续发展能力。要明确目标、制定规划、加大投入，集中力量办好关系全局、影响长远的大事。

（一）确保国家粮食安全。粮食安全任何时候都不能放松，必须长抓不懈。加快构建供给稳定、储备充足、调控有力、运转高效的粮食安全保障体系。把发展粮食生产放在现代农业建设的首位，稳定播种面积，优化品种结构，提高单产水平，不断增强综合生产能力。各地区都要明确和落实粮食发展目标，强化扶持政策，落实储备任务，分担国家粮食安全责任。抓紧实施粮食战略工程，推进国家粮食核心产区和后备产区建设，加快落实全国新增千亿斤粮食生产能力建设规划，以县为单位集中投入、整体开发，今年起组织实施。支持粮食生产的政策措施向主产区倾斜，建立主产区利益补偿制度，加大对产粮大县财政奖励和粮食产业建设项目扶持力度，加快实现粮食增产、农民增收、财力增强相协调，充分调动农民种粮、地方抓粮的积极性。完善粮食风险基金政策，逐步取消主产区资金配套。产销平衡区和主销区要加强产粮大县建设，确保区域内粮田面积不减少、粮食自给水平不下降。坚持放开市场，积极搞活流通，完善产销衔接。提高全社会节粮意识，强化从生产到消费全过程节粮措施。加强粮食领域国际交流合作，为改善全球粮食供给作出贡献。

（二）推进农业结构战略性调整。以市场需求为导向、科技创新为手段、质量效益为目标，构建现代农业产业体系。搞好产业布局规划，科学确定区域农业发展重点，形成优势突出和特色鲜明的产业带，引导加工、流通、储运设施建设向优势产区聚集。采取有力措施支持发展油料生产，提高食用植物油自给水平。鼓励和支持优势产区集中发展棉花、糖料、马铃薯等大宗产品，推进蔬菜、水果、茶叶、花卉等园艺产品集约化、设施化生产，因地制宜发展特色产业和乡村旅游业。加快发展畜牧业，支持规模化饲养，加强品种改良和疫病防控。推进水产健康养殖，扶持和壮大远洋渔业。发展林业产业，繁荣山区经济。发展农业产业化经营，促进农产品加工业结构升级，扶持壮大龙头企业，培育知名品牌。强化主要农产品生产大县财政奖励政策，完善农产品加工业发展税收支持政策。加

强农业标准化和农产品质量安全工作，严格产地环境、投入品使用、生产过程、产品质量全程监控，切实落实农产品生产、收购、储运、加工、销售各环节的质量安全监管责任，杜绝不合格产品进入市场。支持发展绿色食品和有机食品，加大农产品注册商标和地理标志保护力度。加强海峡两岸农业合作。

（三）加快农业科技创新。农业发展的根本出路在科技进步。顺应世界科技发展潮流，着眼于建设现代农业，大力推进农业科技自主创新，加强原始创新、集成创新和引进消化吸收再创新，不断促进农业技术集成化、劳动过程机械化、生产经营信息化。加大农业科技投入，建立农业科技创新基金，支持农业基础性、前沿性科学研究，力争在关键领域和核心技术上实现重大突破。加强农业技术研发和集成，重点支持生物技术、良种培育、丰产栽培、农业节水、疫病防控、防灾减灾等领域科技创新，实施转基因生物新品种培育科技重大专项，尽快获得一批具有重要应用价值的优良品种。适应农业规模化、精准化、设施化等要求，加快开发多功能、智能化、经济型农业装备设施，重点在田间作业、设施栽培、健康养殖、精深加工、储运保鲜等环节取得新进展。推进农业信息服务技术发展，重点开发信息采集、精准作业和管理信息、农村远程数字化和可视化、气象预测预报和灾害预警等技术。深化科技体制改革，加快农业科技创新体系和现代农业产业技术体系建设，加强对公益性农业科研机构和农业院校的支持。依托重大农业科研项目、重点学科、科研基地，加强农业科技创新团队建设，培育农业科技高层次人才特别是领军人才。稳定和壮大农业科技人才队伍，加强农业技术推广普及，开展农民技术培训。加快农业科技成果转化，促进产学研、农科教结合，支持高等学校、科研院所同农民专业合作社、龙头企业、农户开展多种形式技术合作。继续办好国家农业高新技术产业示范区。发挥国有农场运用先进技术和建设现代农业的示范作用。

（四）加强农业基础设施建设。以农田水利为重点的农业基础设施是现代农业的重要物质条件。大规模实施土地整治，搞好规划、统筹安排、连片推进，加快中低产田改造，鼓励农民开展土壤改良，推广测土配方施肥和保护性耕作，提高耕地质量，大幅度增加高产稳产农田比重。搞好水利基础设施建设，加强大江大河大湖治理，集中建成一批大中型水利骨干工程，加快大中型灌区、排灌泵站配套改造、水源工程建设，力争二〇二〇年基本完成大型灌区续建配套和节水改造任务。加快病险水库除险加固，确保二〇一〇年底完成大中型和重点小型水库除险加固任务。创新投资机制，采取以奖代补等形式，鼓励和支持农民广泛开展小型农田水利设施、小流域综合治理等项目建设。推广节水灌溉，搞好旱作农业示范工程。支持农用工业发展，加快推进农业机械化。按照现代化水平高、覆盖范围广的要求，加强良种繁育体系和农产品批发市场网络建设，加快建设现代粮食物流体系和鲜活农产品冷链物流系统。

（五）建立新型农业社会化服务体系。建设覆盖全程、综合配套、便捷高效的社会化服务体系，是发展现代农业的必然要求。加快构建以公共服务机构为依托、合作经济组织为基础、龙头企业为骨干、其他社会力量为补充，公益性服务和经营性服务相结合、专项服务和综合服务相协调的新型农业社会化服务体系。加强农业公共服务能力建设，创新管理体制，提高人员素质，力争三年内在全国普遍健全乡镇或区域性农业技术推广、动植物疫病防控、农产品质量监管等公共服务机构，逐步建立村级服务站点。支持供销合作社、农民专业合作社、专业服务公司、专业技术协会、农民经纪人、龙头企业等提供多种形式的生产经营服务。开拓农村市场，推进农村流通现代化。健全农产品市场体系，完善农业信息收集和发布制度，发展农产品现代流通方式，减免运销环节收费，长期实行绿色通道政策，加快形成流通成本低、运行效率高的农产品营销网络。保障农用生产资料供应，整顿和规范农村市场秩序，严厉惩治坑农害农行为。

（六）促进农业可持续发展。按照建设生态文明的要求，发展节约型农业、循环农业、生态农业，加强生态环境保护。继续推进林业重点工程建设，延长天然林保护工程实施期限，完善政策、巩固退耕还林成果，开展植树造林，提高森林覆盖率。实施草原建设和保护工程，推进退牧还草，发展灌溉草场，恢复草原生态植被。强化水资源保护。加强水生生物资源养护，加大增殖放流力度。推进重点流域和区域水土流失综合防治，加快荒漠化石漠化治理，加强自然保护区建设。保护珍稀物种和种质资源，防范外来动植物疫病和有害物种入侵。多渠道筹集森林、草原、水土保持等生态效益补偿资金，逐步提高补偿标准。积极培育以非粮油作物为原料的生物质产业，推进农林副产品和废弃物能源化、资源化利用。推广节能减排技术，加强农村工业、生活污染和农业面源污染防治。

（七）扩大农业对外开放。坚持"引进来"和"走出去"相结合，提高统筹利用国际国内两个市场、两种资源能力，拓展农业对外开放广度和深度。按照鼓励出口劳动密集型和技术密集型产品、适度进口结构性短缺产品的原则，完善农产品进出口战略规划和调控机制，加强国际市场研究和信息服务。强化农产品进出口检验检疫和监管，提高出口优势产品附加值和质量安全水平。引导外商投资发展现代农业。健全符合世界贸易组织规则的外商经营农产品和农业生产资料准入制度，建立外资并购境内涉农企业安全审查机制。统筹开展对外农业合作，培育农业跨国经营企业，逐步建立农产品国际产销加工储运体系。积极参与国际农产品贸易规则和标准制定，促进形成公平合理的贸易秩序。

五、加快发展农村公共事业，促进农村社会全面进步

建设社会主义新农村，形成城乡经济社会发展一体化新格局，必须扩大公共财政覆盖农村范围，发展农村公共事业，使广大农民学有所教、劳有所得、病有所医、老有所养、住有所居。

（一）繁荣发展农村文化。社会主义文化建设是社会主义新农村建设的重要内容和重要保证。坚持用社会主义先进文化占领农村阵地，满足农民日益增长的精神文化需求，提高农民思想道德素质。扎实开展社会主义核心价值体系建设，坚持用中国特色社会主义理论体系武装农村党员、教育农民群众，引导农民牢固树立爱国主义、集体主义、社会主义思想。推进广播电视村村通、文化信息资源共享、乡镇综合文化站和村文化室建设、农村电影放映、农家书屋等重点文化惠民工程，建立稳定的农村文化投入保障机制，尽快形成完备的农村公共文化服务体系。扶持农村题材文化产品创作生产，开展农民乐于参与、便于参与的文化活动，建立文化科技卫生"三下乡"长效机制，支持农民兴办演出团体和其他文化团体，引导城市文化机构到农村拓展服务。重视丰富农民工文化生活，帮助他们提高素质。广泛开展文明村镇、文明集市、文明户、志愿服务等群众性精神文明创建活动，倡导农民崇尚科学、诚信守法、抵制迷信、移风易俗，遵守公民基本道德规范，养成健康文明生活方式，形成男女平等、尊老爱幼、邻里和睦、勤劳致富、扶贫济困的社会风尚。加强农村文物、非物质文化遗产、历史文化名镇名村保护。发展农村体育事业，开展农民健身活动。

（二）大力办好农村教育事业。发展农村教育，促进教育公平，提高农民科学文化素质，培育有文化、懂技术、会经营的新型农民。巩固农村义务教育普及成果，提高义务教育质量，完善义务教育免费政策和经费保障机制，保障经济困难家庭儿童、留守儿童特别是女童平等就学、完成学业，改善农村学生营养状况，促进城乡义务教育均衡发展。加快普及农村高中阶段教育，重点加快发展农村中等职业教育并逐步实行免费。健全县域职业教育培训网络，加强农民技能培训，广泛培养农村实用人才。大力扶持贫困地区、民族地区农村教育。增强高校为农输送人才和服务能力，办好涉农学科专业，鼓励人才到农村第一线工作，对到农村履行服务

期的毕业生代偿学费和助学贷款，在研究生招录和教师选聘时优先。保障和改善农村教师工资待遇和工作条件，健全农村教师培养培训制度，提高教师素质。健全城乡教师交流机制，继续选派城市教师下乡支教。发展农村学前教育、特殊教育、继续教育。加强远程教育，及时把优质教育资源送到农村。

（三）促进农村医疗卫生事业发展。基本医疗卫生服务关系广大农民幸福安康，必须尽快惠及全体农民。巩固和发展新型农村合作医疗制度，提高筹资标准和财政补助水平，坚持大病住院保障为主、兼顾门诊医疗保障。完善农村医疗救助制度。坚持政府主导，整合城乡卫生资源，建立健全农村三级医疗卫生服务网络，重点办好县级医院并在每个乡镇办好一所卫生院，支持村卫生室建设，向农民提供安全价廉的基本医疗服务。加强农村卫生人才队伍建设，定向免费培养培训农村卫生人才，妥善解决乡村医生补贴，完善城市医师支援农村制度。坚持预防为主，扩大农村免费公共卫生服务和免费免疫范围，加大地方病、传染病及人畜共患病防治力度。加强农村药品配送和监管。积极发展中医药和民族医药服务。广泛开展爱国卫生运动，重视健康教育。加强农村妇幼保健，逐步推行住院分娩补助政策。坚持计划生育的基本国策，推进优生优育，稳定农村低生育水平，完善和落实计划生育奖励扶助制度，有效治理出生人口性别比偏高问题。

（四）健全农村社会保障体系。贯彻广覆盖、保基本、多层次、可持续原则，加快健全农村社会保障体系。按照个人缴费、集体补助、政府补贴相结合的要求，建立新型农村社会养老保险制度。创造条件探索城乡养老保险制度有效衔接办法。做好被征地农民社会保障，做到先保后征，使被征地农民基本生活长期有保障。完善农村最低生活保障制度，加大中央和省级财政补助力度，做到应保尽保，不断提高保障标准和补助水平。全面落实农村五保供养政策，确保供养水平达到当地村民平均生活水平。完善农村受灾群众救助制度。落实好军烈属和伤残病退伍军人等优抚政策。发展以扶老、助残、救孤、济困、赈灾为重点的社会福利和慈善事业。发展农村老龄服务。加强农村残疾预防和残疾人康复工作，促进农村残疾人事业发展。

（五）加强农村基础设施和环境建设。把农村建设成为广大农民的美好家园，必须切实改善农民生产生活条件。科学制定乡镇村庄建设规划。加快农村饮水安全工程建设，五年内解决农村饮水安全问题。加强农村公路建设，确保“十一五”期末基本实现乡镇通油（水泥）路，进而普遍实现行政村通油（水泥）路，逐步形成城乡公交资源相互衔接、方便快捷的客运网络。推进农村能源建设，扩大电网供电人口覆盖率，推广沼气、秸秆利用、小水电、风能、太阳能等可再生能源技术，形成清洁、经济的农村能源体系。实施农村清洁工程，加快改水、改厨、改厕、改圈，开展垃圾集中处理，不断改善农村卫生条件和人居环境。推进广电网、电信网、互联网“三网融合”，积极发挥信息化为农服务作用。发展农村邮政服务。健全农村公共设施维护机制，提高综合利用效能。

（六）推进农村扶贫开发。搞好新阶段扶贫开发，对确保全体人民共享改革发展成果具有重大意义，必须作为长期历史任务持之以恒抓紧抓好。完善国家扶贫战略和政策体系，坚持开发式扶贫方针，实现农村最低生活保障制度和扶贫开发政策有效衔接。实行新的扶贫标准，对农村低收入人口全面实施扶贫政策，把尽快稳定解决扶贫对象温饱并实现脱贫致富作为新阶段扶贫开发的首要任务。重点提高农村贫困人口自我发展能力，对没有劳动力或劳动能力丧失的贫困人口实行社会救助。加大对革命老区、民族地区、边疆地区、贫困地区发展扶持力度。继续开展党政机关定点扶贫和东西扶贫协作，充分发挥企业、学校、科研院所、军队和社会各界在扶贫开发中的积极作用。加强反贫困领域国际交流合作。

（七）加强农村防灾减灾能力建设。我国农村自然灾害多、受灾地域广、防灾抗灾力量弱，必须切实加强农村防灾减灾工作。加强灾害性天气、地质灾害、地震监测预警，提高监测水平，完善处置预案，加强专业力量建设，提高应急救援能力，宣传普及防灾减灾知识，提高灾害处置能力和农民避灾自救能力。加强防洪排涝抗旱设施和监测预警能力建设，加快农村危房改造，提高农村道路、供电、供水、通信设施抗灾保障能力，提高农村学校、医院等公共设施建筑质量，落实安全标准和责任。全力做好汶川地震灾区农村恢复重建工作，加大投入，对口支援，发动群众，加快受灾农户住房重建，搞好农业生产设施重建，尽早恢复农业生产和农村经济。采取综合措施，促进灾区生态环境尽快修复并不断改善。

(八)强化农村社会管理。坚持服务农民、依靠农民，完善农村社会管理体制机制，加强农村社区建设，保持农村社会和谐稳定。健全党和政府主导的维护农民权益机制，拓宽农村社情民意表达渠道，做好农村信访工作，加强人民调解，及时排查化解矛盾纠纷。农村广大干部要进村入户做好下访工作，切实把矛盾和问题解决在基层、化解在萌芽状态。深入开展平安创建活动，加强农村政法工作，推进农村警务建设，实行群防群治，搞好社会治安综合治理。建立健全农村应急管理体制，提高危机处置能力。巩固和发展平等团结互助和谐的社会主义民族关系。全面贯彻党的宗教工作基本方针，依法管理宗教事务。反对和制止利用宗教、宗族势力干预农村公共事务，坚决取缔邪教组织，严厉打击黑恶势力。

六、加强和改善党的领导，为推进农村改革发展提供坚强政治保证

推进农村改革发展，关键在党。要把党的执政能力建设和先进性建设作为主线，以改革创新精神全面推进农村党的建设，认真开展深入学习实践科学发展观活动，增强各级党组织的创造力、凝聚力、战斗力，不断提高党领导农村工作水平。

(一)完善党领导农村工作体制机制。强化党委统一领导、党政齐抓共管、农村工作综合部门组织协调、有关部门各负其责的农村工作领导体制和工作机制。各级党委和政府要坚持把农村工作摆上重要议事日程，在政策制定、工作部署、财力投放、干部配备上切实体现全党工作重中之重的战略思想，加强对农村改革发展理论和实践问题的调查研究，坚持因地制宜、分类指导，创造性地开展工作。党委和政府主要领导要亲自抓农村工作，省市县党委要有负责同志分管农村工作，县(市)党委要把工作重心和主要精力放在农村工作上。加强党委农村工作综合部门建设，建立职能明确、权责一致、运转协调的农业行政管理体制。注重选好配强县乡党政领导班子特别是主要负责人。坚持和完善“米袋子”省长负责制、“菜篮子”市长负责制。完善体现科学发展观和正确政绩观要求的干部考核评价体系，把粮食生产、农民增收、耕地保护、环境治理、和谐稳定作为考核地方特别是县(市)领导班子绩效的重要内容。支持人大、政协履行职能，发挥民主党派、人民团体和社会组织积极作用，共同推进农村改革发展。

(二)加强农村基层组织建设。党的农村基层组织是党在农村工作的基础。以领导班子建设为重点、健全党组织为保证、三级联创活动为载体，把党组织建设成为推动科学发展、带领农民致富、密切联系群众、维护农村稳定的坚强领导核心。改革和完善农村基层组织领导班子选举办法，抓好以村党组织为核心的村级组织配套建设，领导和支持村委会、集体经济组织、共青团、妇代会、民兵等组织和乡镇企业工会组织依照法律法规和章程开展工作。创新农村党的基层组织设置形式，推广在农村社区、农民专业合作社、专业协会和产业链上建立党组织的做法。加强农民工中党的工作。健全城乡党的基层组织互帮互助机制，构建城乡统筹的基层党建新格局。抓紧村级组织活动场所建设，两年内覆盖全部行政村。

(三)加强农村基层干部队伍建设。建设一支守信念、讲奉献、有本领、重品行的农村基层干部队伍,对做好农村工作至关重要。着力拓宽农村基层干部来源,提高他们的素质,解除他们的后顾之忧,调动他们的工作积极性。注重从农村致富能手、退伍军人、外出务工返乡农民中选拔村干部。引导高校毕业生到村任职,实施一村一名大学生计划。鼓励党政机关和企事业单位优秀年轻干部到村帮助工作。加大从优秀村干部中考录乡镇公务员和选任乡镇领导干部力度。探索村党组织书记跨村任职。通过财政转移支付和党费补助等途径,形成农村基层组织建设、村干部报酬和养老保险、党员干部培训资金保障机制。整合培训资源,广泛培训农村基层干部,增强他们带领农民建设社会主义新农村的本领。扎实推进农村党员干部现代远程教育,两年内实现全国乡村网络基本覆盖。

(四)加强农村党员队伍建设。巩固和发展先进性教育活动成果,做好发展党员工作,改进党员教育管理,增强党员意识,建设高素质农村党员队伍。扩大党内基层民主,尊重党员主体地位,保证党员按照党章规定履行义务、行使权利。组织农村党员学习党的理论和路线方针政策、法律法规、实用技术。广泛开展党员设岗定责、依岗承诺、创先争优等活动。关心爱护党员,建立健全党内激励、关怀、帮扶机制,增强党组织的亲和力。加强和改进流动党员管理,建立健全城乡一体党员动态管理机制。加大在优秀青年农民中发展党员力度。探索发展党员新机制,不断提高发展党员质量。

(五)加强农村党风廉政建设。大力发扬党的优良传统和作风,密切党群干群关系,是做好农村改革发展工作的重要保证。坚持教育、制度、监督、改革、纠风、惩治相结合,推进农村惩治和预防腐败体系建设。以树立理想信念和加强思想道德建设为基础,深入开展反腐倡廉教育,弘扬求真务实、公道正派、艰苦奋斗的作风,筑牢党员、干部服务群众、廉洁自律的思想基础。以规范和制约权力运行为核心,全面推进政务公开、村务公开、党务公开,健全农村集体资金、资产、资源管理制度,做到用制度管权、管事、管人。以维护农民权益为重点,围绕党的农村政策落实情况加强监督检查,切实纠正损害农民利益的突出问题,严肃查处涉农违纪违法案件。广大党员、干部要坚持权为民所用、情为民所系、利为民所谋,关心群众疾苦,倾听群众呼声,集中群众智慧,讲实话、办实事、求实效,坚决反对形式主义、官僚主义,努力创造实实在在的业绩。

实现全面建设小康社会的宏伟目标,最艰巨最繁重的任务在农村,最广泛最深厚的基础也在农村。全党同志要紧密团结在以胡锦涛同志为总书记的党中央周围,锐意改革,加快发展,在推进中国特色社会主义伟大事业进程中努力开创农村工作新局面!

(原文载 2008 年 10 月 20 日《人民日报》)

中国共产党党校工作条例

第一章　总　则

第一条　为适应中国特色社会主义事业发展的要求,进一步完善中国共产党党校教育体系,推进党校工作的科学化、规范化、制度化,根据《中国共产党章程》、《中华人民共和国公务员法》和有关法律法规,结合党校工作实际,制定本条例。

第二条　中国共产党党校是在党委直接领导下培养党员领导干部和理论干部的学校,是党委的重要部门，是培训轮训党员领导干部的主渠道，是党的哲学社会科学研究机构。

各级党委要把党校办成培训轮训党员领导干部，培养党的理论队伍，学习、研究和宣传马克思列宁主义、毛泽东思想、邓小平理论、“三个代表”重要思想以及科学发展观等重大战略思想的重要阵地，使之成为干部加强党性锻炼的熔炉。

第三条　党校工作要坚持理论联系实际，坚持与时俱进、开拓创新，坚持从严治校、从严施教、从严管理，切实加强校风和学风建设。

第四条　党校教育的总体要求是，围绕党和国家工作大局，按照实事求是、与时俱进、艰苦奋斗、执政为民的要求，尊重和研究干部成长规律和党校教育规律，针对干部成长的特点和需求，以马克思主义理论特别是中国特色社会主义理论体系为主课，培养忠诚于中国特色社会主义事业、德才兼备的党员领导干部和理论干部。

第五条　党校的基本任务是：

(一)培训轮训各级党员领导干部及后备干部，培养理论干部；

(二)承办党委和政府举办的专题研讨班；

(三)围绕国际国内出现的新情况新问题开展科学研究，承担党委和政府下达的调研任务，推进理论创新；

(四)针对改革开放和社会主义现代化进程中的重大理论和现实问题，开展马克思主义中国化最新成果的理论宣传，开展党的路线、方针、政策的宣传；

(五)按照国家有关法律法规和政策规定，开展学位研究生以及其他形式的干部继续教育和培训；

(六)开展同国内国(境)外教育、研究等机构和组织的合作与交流。

第六条　围绕党校教育的目标要求，提高学员以下5个方面的素质和能力：

(一)掌握马克思主义的立场、观点、方法，具有履行职责所需的马克思主义理论水平；

(二)具有共产主义远大理想，坚定不移地走中国特色社会主义道路，始终同党中央保持一致；

(三)坚持解放思想、实事求是、与时俱进，树立大局意识，注重调查研究，善于分析解决改革发展中的重大问题；

(四)坚持全心全意为人民服务的根本宗旨，增强立党为公、执政为民的意识，严于律己，言行一致，艰苦奋斗，清正廉洁；

(五)有强烈的事业心和责任感，具备胜任本职工作所需的基本知识和领导能力。

第二章　党校的设置和领导体制

第七条　中国共产党中央和地方各级委员会分别设立中央党校，省、自治区、直辖市委党校，市(地)委党校。

中央直属机关工委、中央国家机关工委、中央金融机构党委、中央企业党组(党委)、新疆生产建设兵团党委，可设立党校。

中央党校和地方党校，可设立分校。

各省、自治区、直辖市委可根据实际情况，设立县(市)委党校。不设立县(市)委党校的，可设立市(地)委党校分校。

第八条　党委对党校的领导主要包括：

(一)传达中央和上级党委的重要决定，把党校工作纳入党委整体工作部署和党的建设总体安排，定期研究解决党校改革和发展的重要问题，并进行督促检查；

(二)制定各级党员领导干部参加党校培训轮训的政策，把干部的培训和使用结合起来；

(三)配备、考核党校领导班子；

(四)建立健全党政负责同志到党校讲课、作报告和同学员座谈的制度；

(五)发挥党校在党委和政府决策中的思想库作用；

(六)协调有关部门支持党校工作，为党校提供必备的办学条件；

(七)定期召开党校工作会议，交流经验，部署工作。

第九条　党校实行校务委员会（以下简称“校委会”）领导体制。校委会全面领导学校工作，委员由同级党委任命。校委会工作由校长或主持日常工作的副校长主持。

第十条　党校校长一般由同级党委书记或副书记兼任。主持日常工作的副校长可按同级党委部门正职领导干部选配并作为同级党委成员提名人选。

第十一条　上级党委党校负责对下级党委党校进行业务指导，包括：

（一）对下级党委党校执行中央有关党校工作的方针、政策的情况进行调研，提出意见和建议；

（二）对下级党委党校的教学、科研、师资培训、信息化建设等进行调研，提出改进意见和建议；

（三）制定科学的办学质量评估体系和办法，与有关部门共同对下级党委党校工作进行评估；

（四）中央党校和省、自治区、直辖市委党校对下级党委党校的教材编写、科研课题立项、学科建设、学位评定等工作进行协调和指导；

（五）定期召开下级党委党校校长会议，沟通信息，总结经验，研究工作。

第三章　班次和学历

第十二条　党校的班次主要包括进修班、培训班、专题研讨班和师资培训班等。各种班次的学制根据实际情况确定。

第十三条　各级党校根据干部轮训规划举办进修班，完成各级在职党员领导干部的轮训任务。

中央党校主要轮训省部级党员领导干部、正厅局级党员领导干部和县（市）委书记。

省、自治区、直辖市委党校主要轮训副厅局级党员领导干部、正县处级党员领导干部和乡（镇）党委书记。

市（地）委党校主要轮训副县处级党员领导干部和正乡科级党员领导干部。

县（市）委党校主要轮训副乡科级党员领导干部和基层党员干部。

第十四条　市（地）委以上党校开设中青年党员领导干部培训班，对后备干部进行任职培训。

中央党校主要培训厅局级中青年党员领导干部中的省部级后备干部。

省、自治区、直辖市委党校主要培训县处级党员领导干部中的厅局级后备干部。

市（地）委党校主要培训乡科级党员领导干部中的县处级后备干部。

第十五条　市（地）以上党委根据中心工作的需要，在党校举办各类专题研讨班，研讨社会主义现代化建设及党的建设中的重大问题。

第十六条　中央党校和少数民族较多地区的省、自治区、直辖市委党校，可开设相应的民族干部班次。

第十七条　中央党校和省、自治区、直辖市委党校可举办主要以党校教师为对象的师资培训班。

中央党校和省、自治区、直辖市委党校可与有关部门合作举办以哲学社会科学教学科研骨干为对象的研修班。

第十八条　党校要加强对学员培训轮训情况的考核，把学员的学习、党性修养、遵守校规校纪情况作为考核内容。考核情况将作为干部任职、晋升的重要依据之一。

学员在校期间违反有关规定和纪律的，视情节轻重，给予批评教育直至纪律处分。

第十九条　党校学历是干部在校学绩的标志。党校学员按照教学计划要求完成学习任务、经考核合格的，取得党校学历。

因故未按规定参加党校培训轮训或者未达到培训轮训要求的，应当及时补训。补训合格的，取得党校学历。

第二十条　中央党校和具备条件的省、自治区、直辖市委党校，依法取得硕士、博士学位授予权，并经国务院教育行政部门同意后，招收攻读硕士、博士学位的研究生，纳入国家学位管理体系。

第四章　教学工作

第二十一条　教学是党校的中心工作，党校一切工作都要围绕教学工作进行，为完成教学任务、提高教学质量服务。

第二十二条　党校教学布局要坚持以学习邓小平理论、“三个代表”重要思想以及科学发展观等重大战略思想为中心，着眼于提高党员领导干部的领导素质和执政能力，以掌握理论创新的最新成果为重点夯实学员的理论基础，以把握时代特征和国际经济政治形势为重点拓展学员的世界眼光，以强化大局意识和应对复杂局面为重点培养学员的战略思维，以坚定理想信念、增强宗旨观念和改进作风为重点加强学员的党性修养。根据形势和任务的要求，不断充实和创新教学内容，优化党校教学布局。

第二十三条　党校教学要增强针对性和实效性。认真做好培训需求调研。按照分类别、分层次的原则设置教学班次、教学内容和课程。

依据培训和轮训两类班次的不同定位及层次区分，作出既有区别又相衔接的教学安排。

培训班的教学按照任职需要，系统安排理论学习、能力训练和内政外交国防等其他相关知识的学习。

轮训班的教学以运用所学理论研究重大现实问题、指导工作实践为主。

专题研讨班的教学主要围绕中央的重大战略部署和地方党委的中心工作确定相关专题，进行集中研讨。

坚持分类别、分层次的原则与各级党校的任务分工相结合，实现全国党校系统教学资源的合理配置和有效利用。

第二十四条　党性教育是党校的必修课。党校要增强党性教育的针对性，把学习马克思主义基本理论与加强党性锻炼结合起来，把改造客观世界与改造主观世界结合起来，致力于坚定党员领导干部的理想信念和宗旨观念，提高党员领导干部的道德品行和精神境界。党性教育要贯穿于党校教学全过程。

第二十五条　党校要努力创新教学方式，大力推行研究式教学，综合运用讲授式、案例式、模拟式、体验式等教学方法。充分调动教员和学员两个方面的积极性，做到教学相长、学学相长。

第二十六条　党校要切实加强教学的组织管理，建立健全规章制度，形成职责明确、分工协作的教学实施和运行机制，建立和完善学习考核体系和教学效果评估体系。

第二十七条　学科建设是加强党校教学科研工作、提升师资水平、提高教学质量的基本建设。党校学科建设，要立足于培训轮训党员领导干部和马克思主义理论干部的需要，重点建设以中国特色社会主义理论体系为主的马克思主义理论学科，逐步形成既与国内外学科发展趋势相衔接又具有鲜明党校特色的学科体系。

第二十八条　中央党校和省、自治区、直辖市委党校，要制定学科建设规划。加强党校系统学科建设的协作工作，优化资源配置，推进学科建设。

第二十九条　教材建设是党校教学的基础工程。根据教学需要组织编写充分体现马克思主义中国化最新成果、具有党校特点的系列教材，建立与教学布局相适应的党校教材体系。

第三十条　学位研究生教育要注重质量，坚持国家标准，办出党校特色。中央党校要加强对党校系统学位研究生教育的管理和指导。建立健全研究生学位工作评估制度。依法接受国务院教育行政部门的监督和由其组织的评估。

第三十一条　党校信息化建设是实现教育现代化、提高教学科研质量的重要手段。各级党校应当大力加强和推进信息化建设。

第五章 科学研究工作

第三十二条 科学研究是党校教育的基础。党校科研工作，要密切关注国内外形势的发展变化，加强对中国特色社会主义重大现实问题的研究，深化对马克思主义基本理论特别是中国特色社会主义理论体系的研究，为推进党的理论创新服务，为提高党校教学质量服务，为党委和政府决策服务，为社会主义经济建设、政治建设、文化建设、社会建设和党的建设服务。

第三十三条 党校科研工作要坚决贯彻党的基本理论、基本路线、基本纲领、基本经验，正确贯彻百花齐放、百家争鸣的方针，坚持解放思想、实事求是、与时俱进，坚持科学严谨的学术规范，鼓励刻苦钻研、大胆探索，努力推进理论创新。

第三十四条 党校科研工作要面向社会，加强与实际工作部门和政策研究部门、高等学校、科研院所及国(境)外学术界的合作和交流，建立开放的科研体制和以科研项目为枢纽的科研管理体制。

第三十五条 加强党校之间的科研协作，充分发挥党校系统的整体优势。中央党校负责定期对党校系统的科研成果进行评估，并对优秀科研成果进行表彰奖励。各级党校要制定科学研究规划，并认真组织实施。

第三十六条 中央党校和地方党校设立的邓小平理论和“三个代表”重要思想研究中心，要在党校科研工作中发挥重要作用。组织党校系统和社会各方面研究力量，加强对中国特色社会主义理论体系特别是科学发展观等重大战略思想和重大现实问题的研究和宣传。

第三十七条 党校要重视图书馆(室)建设。中央党校和省、自治区、直辖市委党校图书馆要办成多功能、现代化的综合性文献资料中心。要创造条件，不断提高图书馆(室)的数字化水平。

第三十八条 党校报刊和出版单位是宣传马克思主义中国化最新成果的重要阵地，要坚持正确导向，活跃学术思想，努力为党校教学科研服务，为推进党的理论创新服务。

第六章 学员管理

第三十九条 学员管理是实现党校培养目标的重要环节。坚持以人为本，按照加强领导、强化培训、严格管理、注重实效的要求，健全管理制度，改进管理方式，提高管理效果。

第四十条 党校学员管理包括思想政治教育、学习管理、组织管理和生活管理。学习管理要充分调动学员学习积极性，增强教学效果。组织管理要完善并严格学籍、学习、考勤等制度。生活管理要提倡艰苦奋斗，严格校规校纪，积极开展文体活动，活跃学习生活，增强学员体质。思想政治教育要贯穿于学员管理全过程。

第四十一条 党校各班次设专职组织员或班主任，负责学员管理工作。组织员或班主任由相应级别的干部担任。

第四十二条 党校各班次要建立学员党支部，在校委会领导下、学员管理部门指导下开展工作。

第四十三条 各级党委组织部门、学员派出单位和党校要加强协调配合，形成严格管理、严格监督的制度和机制。

第七章 队伍建设

第四十四条 队伍建设是党校事业发展的关键。要根据教学科研、行政管理、后勤服务工作的需要，建立一支素质优良、规模适当、结构合理、适应新时期干部教育培训要求的党校工作人员队伍。

第四十五条 党校队伍建设的重点是教师队伍建设。通过制定和实施人才强校战略，造就一批政治强、业务精、作风正的高素质教学科研人才。党校教学科研人员要做到：

(一)具有共产主义远大理想和中国特色社会主义坚定信念，忠诚于马克思主义，热爱党校教育事业，自觉遵守党的政治纪律，始终同党中央保持一致；

（二）马克思主义理论功底扎实，熟悉党的路线、方针、政策，专业知识丰富，勇于理论创新，具有探索、研究重大理论和现实问题的能力；

（三）注重调查研究，善于总结实践经验、理论联系实际，掌握现代干部教育方法，具有胜任党校教学工作的能力；

（四）学风严谨，品德高尚，为人师表。

第四十六条　加强党校教学科研人才队伍建设，要着力完善学习进修、实践锻炼、激励竞争、考核评价等培养机制；营造在理论研究和教学方式方法上积极探索、大胆创新的宽松环境；引进学术界高层次专家学者和有志于从事党校教育事业的优秀党政领导干部等人才；按照专职为主、专兼结合的原则，选聘实践经验丰富、理论水平较高、善于课堂讲授的党政领导干部、企业管理人员、专家学者担任兼职教师。

第四十七条　各级党校中，列入参照《中华人民共和国公务员法》管理范围的部门，其工作人员的人事和工资等管理按照公务员的相关法律法规和政策执行；未列入参照《中华人民共和国公务员法》管理范围的部门，其工作人员执行事业单位专业技术职务、人事工资等管理制度。党校教师享受国家规定的有关教师的各种待遇。

第四十八条　按照国家有关规定，结合岗位设置和聘用要求，不断完善专业技术职务评审制度和程序，切实保证评审质量。

第四十九条　各级党委要支持和帮助党校做好优秀人才选调工作，建立党校干部内外交流制度。各级组织人事部门要为党校输送和引进人才提供条件。

第八章　机关党的工作

第五十条　党校建立机关党的组织。机关党组织在上级机关工委和校委会领导下，加强党的思想建设、组织建设、作风建设、制度建设和反腐倡廉建设，协助行政负责人开展工作，促进教学、科研、行政、后勤等各项任务的完成。

党校一般应设立机关党的纪律检查委员会。不设机关党的纪律检查委员会的，机关党的基层委员会中应设立纪律检查委员。

第五十一条　党校机关党组织的书记一般由本单位党员行政负责人兼任，也可由同级党员干部专任。党员人数和所属单位较多的机关党的基层委员会，设专职副书记。专职书记、副书记在任期内调动，须事先征得上级机关党组织同意。

第五十二条　党校的各级党组织要按照党章和有关规定的要求，认真履行职责，加强机关党的建设。

第九章　行政管理、后勤服务和经费保障

第五十三条　行政管理和后勤服务是党校教学科研工作的重要保障。建立健全行政、后勤工作的各项规章制度，按照管理科学化和服务规范化的要求进行各项必要的改革，提高管理水平、服务质量和后勤保障能力。

第五十四条　党校工作所需经费，列入各级政府年度财政预算，并随着财政收入的增长而逐步增加，确保党校教学科研、学科建设和行政后勤等各方面工作的需要。

第五十五条　各级党委和政府要重视党校教学设施建设，加大基本建设经费投入，以满足教学和科研工作的需要。要努力改善党校学员和教职工的学习、工作、生活条件，提高教职工待遇。要提倡艰苦奋斗，厉行勤俭节约，防止和杜绝铺张浪费。

第五十六条　学员在党校学习期间，工资福利和其他待遇不变。学员在党校学习期间的生活补助费，由所在单位按有关规定执行。

第十章　执行与监督

第五十七条　各级党委和政府及有关部门、各级党校、各级党校学员所在单位和学员本

人，必须严格执行本条例，自觉接受组织监督、群众监督和社会监督。

第五十八条 各级党委应对本条例执行情况进行监督检查。在党委统一部署和协调下，上级党委党校应会同有关部门对下级党委及党校的执行情况定期进行检查。对于未按规定执行本条例的部门和单位，应给予批评并提出改进意见。

第十一章 附则

第五十九条 副省级城市的市委党校，按照本条例的精神执行。

第六十条 本条例自发布之日起施行。1995年发布的《中国共产党党校工作暂行条例》同时废止。

（原文载2008年10月30日《人民日报》）

中国共产党第十七届中央纪律检查委员会第三次全体会议公报

（2009年1月14日中国共产党第十七届中央纪律检查委员会第三次全体会议通过）

中国共产党第十七届中央纪律检查委员会第三次全体会议，于2009年1月12日至14日在北京举行。出席会议的中央纪委委员123人，列席299人。

中央纪委常委会主持了会议。会议全面贯彻党的十七大和十七届三中全会精神，高举中国特色社会主义伟大旗帜，以邓小平理论和“三个代表”重要思想为指导，深入贯彻落实科学发展观，总结了党的十七大以来党风廉政建设和反腐败工作，研究部署了2009年的任务。全会审议通过了中央纪委书记贺国强代表中央纪委常委会所作的《深入贯彻落实科学发展观，以完善惩治和预防腐败体系为重点，扎实推进党风廉政建设和反腐败斗争》的工作报告。

中国共产党中央委员会总书记胡锦涛出席全会第二次大会并发表了重要讲话。吴邦国、温家宝、贾庆林、李长春、习近平、李克强、贺国强、周永康等党和国家领导人出席了会议。有关方面的负责同志参加了会议。

全会认真学习了胡锦涛同志的重要讲话，一致认为，讲话从党和国家事业发展全局和战略的高度，全面分析了当前的反腐倡廉形势，明确提出了深入推进党风廉政建设和反腐败斗争的总体要求和主要任务；深刻阐述了新时期加强领导干部党性修养、树立和弘扬良好作风的重要性和紧迫性以及基本要求和工作重点，强调各级领导干部要自觉遵行社会主义核心价值体系，坚持理论和实践相统一、继承光荣传统和弘扬时代精神相统一、改造客观世界和改造主观世界相统一、加强个人修养和接受教育监督相统一，着力增强宗旨观念、提高实践能力、强化责任意识、树立正确政绩观、树立正确利益观、增强党的纪律观念，努力做到政治坚定、作风优良、纪律严明、勤政为民、恪尽职守、清正廉洁，充分发挥模范带头作用；号召全党要把加强领导干部党性修养、树立和弘扬良好作风作为重大政治任务抓紧抓好，以坚强的党性和优良的作风保证科学发展观的贯彻落实。胡锦涛同志的重要讲话，是指导当前和今后一个时期党的作风建设和反腐倡廉建设的纲领性文献，对于深入开展党风廉政建设和反腐败斗争，全面推进党的建设新的伟大工程，具有重大而深远的意义。全党同志和广大纪检监察干部一定要认真学习领会，坚决贯彻落实。

全会认为，党的十七大以来，在党中央、国务院坚强有力的领导下，各级党委、政府和纪检监察机关深入学习贯彻党的十七大精神，以改革创新精神全面推进党风廉政建设和反腐败斗争，取得了新的成绩，反腐倡廉建设方向更加明确、思路更加清晰。全会提出，2009 年，全党要全面贯彻党的十七大和十七届三中全会精神，高举中国特色社会主义伟大旗帜，以邓小平理论和“三个代表”重要思想为指导，深入贯彻落实科学发展观，坚持标本兼治、综合治理、惩防并举、注重预防的方针，以完善惩治和预防腐败体系为重点加强反腐倡廉建设，以改革创新精神抓好《建立健全惩治和预防腐败体系 2008—2012 年工作规划》的落实，严格执行党风廉政建设责任制，加强对中央关于推动科学发展、保持经济平稳较快发展政策措施执行情况的监督检查，着力解决党员干部在党性党风党纪方面存在的突出问题，以党风廉政建设和反腐败斗争的新成效取信于民，为改革发展稳定提供坚强保证。

第一，严明党的政治纪律，推动科学发展重大决策部署的贯彻落实。要高度重视政治纪律，加强对政治纪律执行情况的监督检查，严肃查处违反政治纪律的行为，保证全党始终同以胡锦涛同志为总书记的党中央保持高度一致。加强对贯彻落实科学发展观情况的监督检查，促进中央关于扩大内需保持经济平稳较快增长、耕地保护和节约用地、资源节约和环境保护、灾后重建资金物资管理使用等政策措施的贯彻落实，坚决纠正有令不行、有禁不止的现象，确保中央政令畅通。

第二，切实加强领导干部作风建设，进一步密切党群干群关系。把改进领导干部作风作为促进科学发展的重要切入点，开展对领导干部作风状况的监督检查，促进领导干部加强党性修养，树立和弘扬良好作风，增强立党为公、执政为民的自觉性和坚定性，认真解决理论脱离实际、作风飘浮、弄虚作假、对群众疾苦漠不关心等问题。大力发扬艰苦奋斗精神，勤俭办一切事业，认真执行中央有关厉行节约、反对铺张浪费的规定。积极推行党政领导干部问责制，严肃追究给国家利益、公共利益和公民合法权益造成严重损害的行为。

第三，加强党风廉政教育，认真抓好领导干部廉洁自律工作。深入开展中国特色社会主义理论体系教育和党性党风党纪教育，把反腐倡廉教育列入干部教育培训规划。认真抓好领导干部廉洁自律各项规定的贯彻落实，严禁领导干部违反规定收送现金、有价证券、支付凭证和收受干股等行为；落实领导干部配偶和子女从业、投资入股、到国（境）外定居等规定和有关事项报告登记制度；治理违规建房、超标准建房等问题；严禁领导干部利用和操纵招商引资项目、资产重组项目，为本人或特定关系人谋取私利；严禁领导干部相互请托，违反规定为对方的特定关系人谋取不正当利益。会同有关部门继续开展治理公款出国（境）旅游工作，压缩出国（境）经费、团组数量和规模，从严控制在国（境）外停留时间。严格控制新建楼堂馆所，纠正超预算超标准装修办公用房、超标准超编制配备使用小汽车的问题。

第四，加大查办案件工作力度，维护党纪国法的严肃性。以查办发生在领导机关和领导干部中的案件为重点，严肃查办官商勾结、权钱交易和利用人事权、司法权、行政执法权、行政审批权索贿受贿、徇私舞弊的案件。严肃查办工程建设、土地管理、矿产资源开发、环境保护、金融和国有企业等领域的案件。深入开展治理商业贿赂专项工作，加强市场诚信体系建设。坚持党纪国法面前人人平等，严格执纪，决不让腐败分子逃脱党纪国法的惩处。

第五，坚决纠正损害群众利益的不正之风，着力解决群众反映强烈的突出问题。加强监督检查，重点解决食品药品安全、安全生产、生态环境保护、征地拆迁、专项基金和资金监管等方面群众反映强烈的问题。加强对实施成品油价格和税费改革有关政策落实情况的监督检查。继续治理教育收费、医药购销和医疗服务、涉农负担中的突出问题。

第六，推进重点领域和关键环节改革，深化治本抓源头工作。加大改革和制度创新力度，把规范权力运行、健全市场机制、强化监管惩处结合起来，力争在治理重点领域的突出问题方面取得新突破。完善符合科学发展观要求的干部综合考核评价制度，进一步减少行政审批事项，深化财税、投资体制、国有企业改革，深化现代市场体系建设及相关改革。充分发挥国家预防腐败局的作用。

第七，切实加强对领导干部特别是主要领导干部的监督，确保权力正确行使。认真贯彻执行党内监督条例，加强对民主生活会、述职述廉、诫勉谈话和函询等制度执行情况的检查。深入推进巡视工作。加强纪检监察机关对派驻机构的统一管理，健全非派驻单位纪检监察机构的职责。深入推进党务公开。深化政务公开、厂务公开、村务公开。积极探索监督关口前移的方式和途径。充分发挥行政监察职能作用，加强执法监察、廉政监察、效能监察。

第八，加强基层党风廉政建设，促进社会和谐稳定。认真贯彻落实关于加强农村党风廉政建设的意见。加强国有企业（含金融机构）党风建设和反腐倡廉工作。推进高等学校和城市社区党风廉政建设。

全会要求，各级纪检监察机关要讲政治、顾大局、抓落实、作表率，把学习贯彻这次全会精神，与学习贯彻胡锦涛同志在纪念党的十一届三中全会召开30周年大会上的重要讲话精神结合起来，进一步增强高举中国特色社会主义伟大旗帜的自觉性和坚定性；与学习贯彻中央经济工作会议精神结合起来，为促进经济平稳较快发展提供积极服务和有力保证；与认真研究部署和努力完成好今年的纪检监察工作任务结合起来，努力开创党风廉政建设和反腐败工作新局面；与开展深入学习实践科学发展观活动结合起来，在加强党性修养、树立和弘扬良好作风方面发挥模范带头作用。

全会号召，全党同志要更加紧密地团结在以胡锦涛同志为总书记的党中央周围，高举中国特色社会主义伟大旗帜，深入贯彻落实科学发展观，以昂扬的精神状态和扎实的工作作风，深入推进党风廉政建设和反腐败斗争，为夺取全面建设小康社会新胜利、开创中国特色社会主义事业新局面作出新的更大贡献！

第二部分

政工大事记实

2008年3月

政协十一届全国委员会一次会议在京召开

3月3日—14日中国人民政治协商会议第十一届全国委员会第一次会议在人民大会堂召开。政协第十届全国委员会常务委员会向大会作的工作报告提出：中共十七大描绘了在新的时代条件下继续全面建设小康社会、加快推进社会主义现代化的宏伟蓝图。面向未来，人民政协要继续肩负起时代赋予的光荣使命，在推动国家各项事业的发展中再创新的辉煌。全国政协主席贾庆林代表政协第十届全国委员会常务委员会，向大会报告过去五年的工作。他指出，五年来，在以胡锦涛同志为总书记的中共中央领导下，政协第十届全国委员会及其常务委员会牢牢把握团结和民主两大主题，切实贯彻《中共中央关于加强人民政协工作的意见》，紧紧围绕党和国家的中心工作，积极履行政治协商、民主监督、参政议政职能，为全面推进社会主义经济建设、政治建设、文化建设、社会建设作出了重要贡献。受政协第十届全国委员会常务委员会委托，全国政协副主席张梅颖向大会报告十届政协的提案工作情况。会议号召，人民政协的各级组织、各参加单位和广大委员，紧密团结在以胡锦涛同志为总书记的中共中央周围，高举中国特色社会主义伟大旗帜，以邓小平理论和“三个代表”重要思想为指导，深入贯彻落实科学发展观，锐意进取、开拓创新，为夺取全面建设小康社会新胜利、谱写人民美好生活新篇章而努力奋斗。

十一届全国人大一次会议在京召开

3月5日—18日第十一届全国人民代表大会第一次会议在人民大会堂召开。国务院总理温家宝向大会作政府工作报告时指出，要高举中国特色社会主义伟大旗帜，以邓小平理论和“三个代表”重要思想为指导，深入贯彻落实科学发展观，更加重视加强和改善宏观调控，更加重视推进改革开放和自主创新，更加重视调整经济结构和提高发展质量，更加重视节约资源和保护环境，更加重视改善民生和促进社会和谐，推进社会主义经济建设、政治建设、文化建设、社会建设，加快全面建设小康社会进程。会议经过表决，通过了关于政府工作报告的决议，批准了政府工作报告。会议表决通过了关于2007年国民经济和社会发展计划执行情况与2008年国民经济和社会发展计划的决议，批准了2008年国民经济和社会发展计划；表决通过了关于2007年中央和地方预算执行情况与2008年中央和地方预算的决议，批准了2008年中央预算。会议还表决通过了关于全国人大常委会工作报告的决议、关于最高人民法院工作报告的决议、关于最高人民检察院工作报告的决议，决定批准这三个报告。中共中央总书记、国家主席胡锦涛在闭幕会上发表了重要讲话。他指出，面对新形势新任务，我们一定要全面贯彻党的十七大精神，高举中国特色社会主义伟大旗帜，以邓小平理论和“三个代表”重要思想为指导，深入贯彻落实科学发展观，继续解放思想，坚持改革开放，推动科学发展，促进社会和谐，继续全面建设小康社会，加快推进社会主义现代化。

新一轮国务院机构改革启动

3月11日披露的国务院机构改革方案，国

务院将新组建工业和信息化部、交通运输部、人力资源和社会保障部、环境保护部、住房和城乡建设部。改革后,除国务院办公厅外,国务院组成部门设置27个。

十一届全国人大一次会议11日下午3时举行第四次全体会议,听取关于国务院机构改革方案的说明。

这次国务院改革涉及调整变动的机构共15个,正部级机构减少4个。具体内容包括:

——合理配置宏观调控部门职能。国家发展和改革委员会要减少微观管理事务和具体审批事项,集中精力抓好宏观调控。国家发展和改革委员会、财政部、中国人民银行等部门要建立健全协调机制,形成更加完善的宏观调控体系。

——加强能源管理机构。设立高层次议事协调机构国家能源委员会。组建国家能源局,由国家发展和改革委员会管理。

——组建工业和信息化部。组建国家国防科技工业局,由工业和信息化部管理。国家烟草专卖局改由工业和信息化部管理。不再保留国防科学技术工业委员会、信息产业部、国务院信息化工作办公室。

——组建交通运输部。组建国家民用航空局,由交通运输部管理。国家邮政局改由交通运输部管理。不再保留交通部、中国民用航空总局。

——组建人力资源和社会保障部。组建国家公务员局,由人力资源和社会保障部管理。不再保留人事部、劳动和社会保障部。

——组建环境保护部。不再保留国家环境保护总局。

——组建住房和城乡建设部。不再保留建设部。

——国家食品药品监督管理局改由卫生部管理。明确卫生部承担食品安全综合协调、组织查处食品安全重大事故的责任。

国务院机构改革是深化行政管理体制改革的重要组成部分。党的十七届二中全会强调,到2020年要建立起比较完善的中国特色社会主义行政管理体制。专家普遍认为,国务院这轮机构改革是在以往改革基础上的继续和深化,体现了积极稳妥的指导思想。

推进军事理论创新 繁荣发展军事科学

3月21日,中共中央总书记、国家主席、中央军委主席胡锦涛在中共中央政治局委员、中央军委副主席郭伯雄、徐才厚以及军委其他领导同志的陪同下,专程来到军事科学院,代表党中央、中央军委,对军事科学院成立50周年表示热烈祝贺。胡锦涛对军事科学院领导说:“军事理论是在军事实践中逐步形成和不断发展的,军事理论对于军事实践又具有重要的先导作用。党的十七大要求,在新的历史条件下,推进军事理论创新,繁荣和发展军事科学。军事科学院作为全军军事科学研究中心,使命光荣,责任重大。希望同志们坚持用中国特色社会主义理论体系武装头脑、指导科研、推动工作,始终坚持军事科研工作的正确方向。要适应世界军事发展新趋势和我军建设新要求,着力深化军事科研改革,着力深化对重大现实问题研究,着力推进军事理论创新。要高度重视军事科研人才队伍建设,培养造就一批理想信念坚定、理论功底扎实、综合素质过硬、治学作风严谨的高素质军事科研人才,为繁荣和发展军事科学提供有力的人才和智力支持,努力推动军事科研工作又好又快发展。”

国务院召开新一届政府廉政工作会议

3月25日国务院召开新一届政府第一次廉政工作会议,温家宝总理发表讲话。这次会议的主要任务是,贯彻党的十七大、十七届二中全会、中央纪委二次全会和胡锦涛总书记重要讲话精神,总结过去五年政府系统反腐倡廉工作,部署2008年的工作。

温家宝指出，党中央、国务院历来高度重视反腐倡廉建设，上届政府认真贯彻落实中央的决策，重点围绕解决损害群众利益的突出问题、查办违法违纪案件、开展治理商业贿赂、加强预防腐败的制度建设、规范行政权力等方面，进行工作部署，廉政建设和反腐败工作迈出新的步伐。但是，必须清醒地看到，当前政府廉政建设还存在不少问题，违法违纪案件在一些领域和部门呈易发多发态势，少数领导干部腐败案件涉案金额巨大，社会影响恶劣，一些方面损害群众利益的问题仍然突出，反腐倡廉的任务十分艰巨。

温家宝指出，今年是本届政府履行职责的第一年，反腐倡廉建设必须有新进展。要坚持标本兼治、综合治理、惩防并举、注重预防的方针，加快推进惩治和预防腐败体系建设，认真做好领导干部廉洁自律、纠正损害群众利益的不正之风、查办违法违纪案件、从源头上防治腐败等各项工作，努力取得廉政建设和反腐败工作的新成效。

温家宝强调，惩治腐败要一手抓制度建设，防患于未然；一手抓查办违法违纪案件，决不手软。要始终保持对腐败分子的高压态势。以发生在领导机关和领导干部中的案件为重点，严肃查办官商勾结、权钱交易、权色交易等商业贿赂案件。对土地管理、安全生产、环境保护、食品药品监管等方面失职渎职问题，要坚决追究责任，并查处背后隐藏的腐败问题。要依法加大对腐败分子的经济处罚、赃款赃物追缴和缉捕追逃力度，决不让他们逍遥法外。各级政府要旗帜鲜明地反对腐败，把廉政建设放在更加突出的位置，切实加强领导。第一，要高度重视廉政建设和反腐败工作，努力建设廉洁政府。第二，领导机关要作廉政的表率，领导干部要做到两袖清风，一尘不染。第三，加强对公务员的教育和管理，要求他们清清白白做人，干干净净办事。第四，加强机关作风建设，全心全意为人民服务。第五，健全监督机制，创造条件让人民群众更有效地监督政府。

国务院召开全国农业和粮食生产工作电视电话会议

3月27日国务院召开全国农业和粮食生产工作电视电话会议，中共中央政治局常委、国务院总理温家宝发表重要讲话。他强调，要充分认识进一步加强农业和粮食生产的极端重要性，进一步加大政策支持力度，发出更加明确、更加直接、更加有力的信号，调动和保护农民种粮积极性，促进农业和粮食生产发展。

温家宝指出，近几年我国农业农村发展呈现历史少有的好局面，为改革发展稳定全局作出了重要贡献。但必须清醒地认识到，农业仍然是国民经济的薄弱环节。进一步加强农业和粮食生产，是保证市场供给、抑制通货膨胀、实现今年经济社会发展目标的迫切要求，是应对国际农产品市场变化、保障国家粮食安全的重要举措，是顺利推进我国现代化建设的关键所在。我们一定要看到面临形势的严峻性，增强预见性，提高自觉性，用更大的决心和力量促进农业和粮食生产稳定发展。

温家宝要求，各地区、各部门一定要增强政治意识、大局意识、责任意识，把“三农”工作放在全部工作的重中之重，认真落实粮食省长负责制和菜篮子市长负责制，加强协作与配合，形成合力。目前正值春耕备耕关键季节。要着力搞好灾区灾后重建和农业生产恢复，做好受旱地区的抗旱减灾工作。引导和鼓励农民扩大春播粮食、油料、蔬菜等作物面积，加强农作物田间管理，积极发展生猪、奶牛、禽蛋生产。加强重大动物疫病、植物病虫害防控和森林草原防火。采取有力措施，努力夺取夏季粮油丰收，为全年农业增产、农民增收奠定坚实基础。

北京2008年奥运会圣火欢迎仪式暨火炬接力启动仪式在京隆重举行

3月31日奥林匹克圣火抵达北京，北京2008年奥运会圣火欢迎仪式暨火炬接力启动仪式随即在天安门广场隆重举行。中共中央总书记、国家主席胡锦涛在仪式上亲手点燃圣火盆，并宣布北京2008年奥运会火炬接力开始。

中共中央政治局常委、中央书记处书记、国家副主席习近平在致辞中代表中国政府和13亿中国人民，对奥运圣火的到来表示热烈欢迎，对海内外各界朋友给予北京奥运会的关注和支持表示诚挚谢意。习近平强调，中国政府和人民将一如既往地全力支持筹办奥运，当好东道主，迎接各国各地区朋友们的到来。我们期盼着，13亿中国人民和全世界人民一道，在熊熊燃烧的奥运圣火下，共享奥运会的激情和荣耀，携手共建更加和谐、幸福、美好的明天。

2008年4月

大力弘扬绿色奥运理念　广泛开展植树造林活动

4月5日是第24个首都全民义务植树日，党和国家领导人胡锦涛、吴邦国、温家宝、贾庆林、李长春、习近平、李克强、贺国强、周永康等来到北京奥林匹克森林公园，同首都劳动模范、奥运志愿者和少先队员代表一起植树。胡锦涛对大家说，全民义务植树活动，是动员全社会参与生态文明建设的一种有效形式。我们今天多种一棵树，祖国明天就会多添一片绿。全国人民持之以恒地开展植树造林，我国生态环境就一定能够不断得到改善。

全国纠风工作会议在杭州市召开

4月8日全国纠风工作会议在浙江省杭州市召开。中共中央政治局常委、国务院总理温家宝，中共中央政治局常委、中央纪委书记贺国强会前对纠风工作作出重要批示，强调要切实防止农民负担反弹，坚决纠正损害群众利益的不正之风。国务委员兼国务院秘书长马凯出席会议并讲话。

马凯指出，纠风工作与改革发展稳定大局、人民群众切身利益、反腐倡廉工作全局密切相关，党中央、国务院高度重视。近年来纠风工作的深入开展，推动了中央各项政策措施的贯彻落实，有效维护了人民群众的利益。当前，我国经济社会发展进入关键阶段，实现全面建设小康社会奋斗目标对纠风工作提出了新要求，人民群众对纠风工作寄予了新期待，经济社会发展的新形势对纠风工作赋予了新任务，继续扎实做好纠风工作十分重要。

马凯强调，今年纠风工作要按照党的十七大、十七届中央纪委二次全会和国务院第一次廉政工作会议精神，围绕中心，服务大局，全面落实2008年纠风工作的实施意见，务求在重点领域和关键环节取得新突破。要求各地区、各部门要高度重视纠风工作，增强责任感和紧迫感，认真落实责任制，把纠风工作纳入政府和部门工作总体规划，统一谋划、统一部署、统一检查、统一考核，确保各项任务落到实处，确保纠风工作取得明显成效。

国务院常务会议原则通过《国家知识产权战略纲要》

4月9日国务院总理温家宝主持召开国务院常务会议，审议并原则通过《国家知识产权战略纲要》。

会议原则同意知识产权局等部门研究起草的《国家知识产权战略纲要》。会议指出，当今世界科技进步日新月异，知识经济迅猛发展，经济全球化步伐明显加快，知识产权已经成为国际经济和企业竞争的一个焦点，并在经济社会发展中发挥着越来越重要的作用。制订和实施国家知识产权战略纲要，是一项关系国家前途和民族未来的大事。要通过不断优化和完善知识产权制度，鼓励社会成员的创造性劳动，激发全民族的创新精神，让一切创造活力竞相迸发，让一切创新才华充分施展，让一切创新成果得到尊重，将我国丰富的人力资源转化为智力资源，将我国巨大的市场潜力转化为对国际智力资源的巨大引力，加快创新型国家建设步伐，提高国家的核心竞争力。

会议指出，实施国家知识产权战略，要实行激励创造、有效运用、依法保护、科学管理的方针。一要优化知识产权制度，制定和完善知识产权法律法规，建立健全合理协调的知识产权体制和机制，加强行政执法体系建设，发挥司法保护的主渠道作用。二要推动企业成为知识产权创造的主体，充分发挥高等院校、科研院所在知识产权创造中的重要作用，鼓励群众性发明创造。三要鼓励和支持市场主体依法运用知识产权，促进各种创新和发明成果加快转化为现实生产力，造福社会，造福人民。四要切实加大知识产权执法力度，依法打击侵权行为，降低维权成本，提高侵权代价。五要合理界定知识产权界限，有效维护正常市场竞争秩序和社会公众的合法权益。六要加强国际合作，积极参与国际知识产权秩序的构建，遵守国际规则，促进人类文明成果的合理共享。七要大力培育知识产权文化，提高全社会的知识产权意识，形成尊重知识、鼓励创新、诚信守法的舆论氛围。

纪念王震同志诞辰 100 周年座谈会在京举行

4 月 11 日纪念中国共产党的优秀党员，伟大的无产阶级革命家、政治家、军事家，坚定的马克思主义者，党和国家的卓越领导人王震同志诞辰 100 周年座谈会，在北京人民大会堂举行。中共中央政治局常委、中央书记处书记、国家副主席习近平出席座谈会并发表重要讲话。

习近平在讲话中高度评价了王震同志光辉壮丽的一生。他指出，王震同志的一生，是为党和人民的事业不懈奋斗、无私奉献的一生。他为中国人民的解放和新中国的建立，为社会主义建设和改革开放事业，做出了重大贡献，深受全党全国各族人民的尊敬和爱戴。他在 60 多年的革命生涯中表现出的无产阶级革命家的气魄、胆略和政治智慧，形成的崇高思想、品德和风范，是一笔宝贵的精神财富，永远值得我们学习。我们今天纪念王震同志，就是要深切缅怀他为党和人民建立的卓越功勋，学习他始终忠于党、忠于人民的高尚品质，坚韧不拔、勇于开拓的革命精神，坚持原则、顾全大局的崇高风范，襟怀坦荡、率真赤诚的革命情怀。

博鳌亚洲论坛 2008 年年会开幕

4 月 12 日博鳌亚洲论坛 2008 年年会在海南博鳌开幕。胡锦涛主席在开幕式上发表了题为《坚持改革开放 推进合作共赢》的主旨演讲。

胡锦涛强调，改革开放是决定当代中国命运的关键抉择，也是 13 亿中国人民的共同抉择。中国人民将坚定不移地沿着改革开放的伟大道路走下去，继续为全面建设小康社会、进而基本实现现代化而奋斗，继续为人类和平与发展的崇高事业而奋斗。

深入学习实践科学发展观活动试点工作全面展开

4 月 15 日人民日报报道，根据中央统一部署，在全党开展深入学习实践科学发展观活动的试点工作从 2 月下旬启动，到目前为止，23 个试点单位试点工作已全面展开，正扎实推进。根据试点工作要求，各试点单位将大体按照学习调研、分析检查、解决问题、完善制度四个阶段开展深入学习实践科学发展观活动。与此同时，各试点单位领导班子成员围绕“统一认识、提高能力、解决问题、创新机制”的目标，分别承担调研课题，深入基层，了解情况，查找问题，征求干部、群众的意见。承担试点任务的中央部门和省级机关，抓住形成有利于科学发展的新机制这一重点目标，开展学习调研。承担试点任务的中管企业、中管高校和中央金融机构，也都结合各自的工作职责，探索适合自身实际的方式方法。承担试点任务的12个市县级单位，着眼解决群众反映强烈、影响科学发展的突出问题，在学习调研中注重了解民情、听取民意，提出解决方法。

深化医药卫生体制改革工作座谈会召开

4月15日中共中央政治局常委、国务院总理温家宝主持召开深化医药卫生体制改革工作座谈会。

2006年6月20日，国务院常务会议决定成立以发展改革委和卫生部牵头、16个部门参加的深化医药卫生体制改革部际协调工作小组，研究提出深化医药卫生体制改革的总体思路和政策措施。经过一年多努力，形成了《关于深化医药卫生体制改革的意见(征求意见稿)》。

温家宝说，深化医药卫生体制改革，要重视听取医务工作者意见，因为他们工作在第一线，最熟悉医疗卫生体制改革中存在的问题。要重视听取基层群众的意见，因为医药卫生体制改革最终要面向人民群众。座谈中大家提出关于整体方案中的防、治、康三者的结合，医药之间的结合，城乡之间的结合，中医和西医的结合，整体规划和分步实施的结合等意见和建议都很宝贵，对修改《意见》稿很有帮助，使《意见》稿更加符合实际，更具操作性。温家宝强调，医药卫生体制改革涉及每一个人、每一个家庭，人人关心，家家关心，是一项关系国计民生的重大改革，是一项极为艰巨和复杂的改革，党中央、国务院对此非常重视。我们要继续努力，确保《意见》稿在方向和目标上正确，确立的基本原则和主要措施切实可行，真正做到让老百姓得到实惠，让医务人员受到鼓舞，让监管人员易于掌握。要坚持以人为本，坚持公共医疗卫生的公益性质，加快建设覆盖城乡居民的医疗保障体系，完善公共卫生服务体系，推进城乡医疗服务体系建设，建立国家基本药物制度和药品供应保障体系。要经过认真讨论研究和广泛征求各方面意见，发现问题，充实内容，不断对《意见》稿加以修改、补充和完善。温家宝强调，深化医药卫生体制改革既是一项长期任务，也是一项紧迫工作。我们必须充分认识这项改革的重要性、艰巨性、复杂性，认真总结以往改革经验，加快推进和深化。

京沪高速铁路全线开工

4月18日中共中央政治局常委、国务院总理温家宝在北京出席了京沪高速铁路开工典礼，并宣布京沪高速铁路全线开工。

中共中央政治局委员、国务院副总理张德江出席了开工典礼并讲话。他指出，建设京沪高速铁路，是党中央、国务院作出的一项重大决策。对于从根本上缓解铁路运输紧张状况，提高我国的自主创新能力，推进我国产业结构调整，促进经济社会又好又快发展，具有十分重要意义。要求各单位、各部门要精心组织、精心设计、精心施工、精心管理，把京沪高速铁路建设成为世界一流的高速铁路。京沪高速铁路自北京南站至上海虹桥站，新建双线铁路全长1318公里，是世界上一次建成线路最长、标准最高的高速铁路，是新中国成立以来一次投资规模最大的建设项目。它贯穿北京、天津、河北、山东、安徽、江苏、上海七省市，连接环渤海和长江三角洲两大经济区，设计时速350公里，总投资2209.4亿元，总工期为5年左右。项目建成后，乘坐火车从北京至上海只需要5个小时。

做党的忠诚卫士当群众的贴心人

4月22日中央纪委监察部决定在全国纪检监察系统深入开展“做党的忠诚卫士、当群众的贴心人”主题实践活动。中央纪委监察部机关召开全体党员干部大会，对开展这项活动进行动员部署。

“做党的忠诚卫士、当群众的贴心人”主题实践活动，是中央纪委监察部机关在开展先进性教育活动中提出来的，并取得了较好成效。深入开展这项活动，有利于巩固和发展先进性教育活动成果、保持工作的连续性。同时，坚持与时俱进，赋予主题实践活动以新的内涵，将主题实践活动与深入学习贯彻党的十七大精神和第十七届中央纪委第二次全会精神结合起来，与将要在全党开展的深入学习实践科学发展观活动结合起来，以进一步提高纪检监察干部队伍素质，为在全系统开展深入学习实践科学发展观活动奠定良好的思想、组织和工作基础。这项活动分两步进行：第一步是从4月至9月，在中央纪委监察部机关率先组织开展，同时选择北京市纪委监察局、江西省纪委监察厅、驻海关总署纪检组监察局、中国石油天然气集团公司党组纪检组监察部进行试点，为在全国纪检监察系统开展活动积累经验、做好准备。第二步是从第四季度开始，将配合全党开展的深入学习实践科学发展观活动，在全国纪检监察系统全面推开这项主题实践活动。

马克思主义理论研究和建设工程召开工作会议

4月25日马克思主义理论研究和建设工程在京召开工作会议。马克思主义理论研究和建设工程实施4年来，在以胡锦涛同志为总书记的党中央高度重视和关心指导下，有关部门和专家学者共同努力，推动工程各项工作取得实质性进展。工程的实施，创新了马克思主义理论研究和建设的工作机制，推动了哲学社会科学界高扬马克思主义主旋律，巩固了党的理论阵地，促进了实际工作，团结和凝聚了广大理论工作者，成为关系中国特色社会主义事业发展全局的战略工程、基础工程。会议还研究部署了今后5年的工作。中共中央政治局常委李长春出席会议并讲话。他指出，要深入学习宣传贯彻党的十七大精神，大力推进中国特色社会主义理论体系的研究和教育普及工作，全面完成工程各项任务，为坚持和发展中国特色社会主义提供思想保证、理论支持和精神动力。

预防腐败工作联席会议第一次会议在京召开

4月25日预防腐败工作联席会议第一次会议在京召开。中共中央政治局常委、中央纪委书记贺国强强调，要深入学习贯彻党的十七大精神，全面贯彻标本兼治、综合治理、惩防并举、注重预防的战略方针，坚持惩治和预防两手抓、两手都要硬，既依法严惩腐败分子，又加大预防工作力度，以更加积极的态度、更加有力的措施做好预防腐败工作，不断铲除腐败现象滋生的土壤。贺国强指出，当前和今后一个时期，加强预防腐败工作，要以完善惩治和预防腐败体系为重点，强化权力制约和监督，深化改革和创新体制，拓展从源头上防治腐败工作领域，努力形成拒腐防变教育长效机制、反腐倡廉制度体系、权力运行监控机制。抓紧制定《建立健全惩治和预防腐败体系2008—2012年工作规划》，进一步明确今后五年惩治和预防腐败工作的总体要求、指导原则、工作目标和主要任务，并认真抓好贯彻落实；加强对党员干部特别是领导干部的理想信念、党风党纪、廉洁从政和艰苦奋斗教育，筑牢拒腐防变的思想防线；做好领导干部廉洁自律工作，防止由小错铸成大错，使领导干部不犯或少犯错误；推进改革和制度建设，堵塞体制机制漏洞，努力从源头上防范和治理腐败；发挥查办案件的综合效能，剖析典型案件，认真总结教训，把查办案件与加强教育、完善制度、强化监督、深化改革结合起来。

贺国强强调，成立国家预防腐败局，是党中央、国务院科学判断形势，为深入推进预防腐败工作采取的一项重大举措。建立预防腐败工作联席会议制度，有利于统筹协调预防腐败工作的各项政策措施，形成预防腐败工作整体合力。联席会议各成员单位要立足工作实际，发挥自身优势，认真履行职责，推动工作落实；着眼全局，按照中央的部署和要求，围绕当前党和国家的中心工作，针对反腐败工作中存在的全局性、倾向性问题，研究提出对策建议；充分利用联席会议这个平台，加强协调配合，及时沟通情况、通报工作、交流信息、整合资源，落实好中央有关要求和联席会议提出的各项任务，努力开创预防腐败工作新局面。

海南隆重集会庆祝
建省办经济特区 20 周年

4 月 26 日海南各族各界群众在海南省人大会堂隆重集会，热烈庆祝海南建省办经济特区 20 周年。中共中央政治局常委、国务院副总理李克强出席庆祝大会并发表讲话。他首先代表党中央、国务院，向海南 840 万人民表示热烈的祝贺。他说，事实充分证明，中央关于海南建省办经济特区的决策是完全正确的。海南经济特区富有成效的实践告诉我们：必须坚定不移地走中国特色社会主义道路，始终不渝地坚持社会主义市场经济的改革方向。必须始终把发展作为执政兴国的第一要务，坚持科学发展，创新发展思路，实现全面协调可持续发展。必须坚持以人为本，着力改善民生，在发展的进程中不断提高人民生活水平，促进社会和谐。必须坚持突出特色，一切从国情、省情出发，发挥比较优势，走符合实际的有特色的发展路子。在即将迎来我国改革开放 30 周年之际，我们庆祝海南建省办经济特区 20 周年，其重要意义在于，充分认识改革开放的历史功绩，认真总结改革开放的丰富经验，深刻把握改革开放的内在规律，进一步坚定改革开放的信心，毫不动摇地把改革开放的伟大事业继续推向前进。要进一步解放思想，勇于探索改革开放和经济社会发展的新思路新办法。要坚持不懈建设和发展中国特色社会主义，依靠改革开放解决前进中的问题。解放思想是改革开放的先导。要以改革创新精神加强各项建设，推动社会主义现代化取得新进展。全面推进经济建设、政治建设、文化建设、社会建设，进一步加强党的建设，谱写改革开放和社会主义现代化建设的新篇章。

研究部署推进集体林权制度改革
建立健全惩治和预防腐败体系
实施党代表大会代表任期制

4 月 28 日中共中央政治局召开会议，研究部署推进集体林权制度改革，审议并通过《建立健全惩治和预防腐败体系 2008—2012 年工作规划》，讨论党代表大会代表任期制暂行条例。中共中央总书记胡锦涛主持会议。

会议认为，集体林地是国家重要的土地资源，是林业重要的生产要素，是农民重要的生活保障。实行集体林权制度改革，在坚持集体林地所有权不变的前提下，依法将林地承包经营权和林木所有权承包和落实到本集体经济组织的农户，确立农民作为林地承包经营权人的主体地位，对于充分调动广大农民发展林业生产经营的积极性，促进农民脱贫致富，推进社会主义新农村建设，建设生态文明，推动经济社会可持续发展，具有重大意义。集体林权制度改革，是农村生产关系的一次变革，事关全局，影响深远。必须坚持农村基本经营制度，确保农民平等享有集体林地承包经营权；坚持统筹兼顾各方利益，确保农民得实惠、生态受保护；坚持尊重农民意愿，确保农民的知情权、参与权、决策权；坚持依法办事，确保改革规范有序；坚持分类指导，确保改革符合实际。

加强以完善惩治和预防腐败体系为重点的反腐倡廉建设，是从提高党的执政能力、保持和发展党的先进性的全局高度作出的重大决策，是发展中国特色社会主义、推进党的建设新的伟大工程的必然要求。《建立健全惩治和预防腐败体系 2008—2012 年工作规划》是今后 5 年推进惩治和预防腐败体系建设的指导性文件。各级党委要把贯彻落实工作规划作为学习贯彻党的十七大精神、加强反腐倡廉建设的重要政治任务，列入议事日程，深入学习宣传，认真组织实施。

党的代表大会制度是党的组织制度的重要

组成部分。党的十七大作出了党代表大会代表实行任期制的重大决策，这对进一步激发党代表大会代表参与党内事务的积极性和主动性，充分发挥党代表大会代表作用，扩大党内民主，提高党的执政能力和保持党的先进性，增强党的创新活力和团结统一，具有十分重要的意义。要建立健全党代表大会代表履行职责的制度和机制，保障党代表大会代表各项权利，充分发挥党代表大会代表作用。各级党组织要结合实际，以改革创新精神发挥好党代表大会代表作用，不断完善党的代表大会制度。

中共中央政治局进行第五次集体学习

4月28日下午中共中央政治局进行第五次集体学习，中共中央总书记胡锦涛主持。这次集体学习安排的内容是我国加快转变经济发展方式研究。中国社会科学院世界经济与政治研究所李向阳研究员、国家发展和改革委员会宏观经济研究院罗云毅研究员就这个问题进行讲解。胡锦涛强调，加快转变经济发展方式，是关系国民经济全局紧迫而重大的战略任务，是提高我国经济国际竞争力和抗风险能力的根本举措，是实现全面建设小康社会奋斗目标的重要保证。我们要深刻认识转变经济发展方式的重大意义，大力推动经济增长由粗放型向集约型转变、由片面追求经济增长向全面协调可持续发展转变，不断赢得发展新优势、开创发展新局面。

中央党校第四十三期省部级干部进修班暨第五十期地厅级干部进修班毕业典礼举行

4月29日中共中央党校举行第四十三期省部级干部进修班暨第五十期地厅级干部进修班毕业典礼。第四十三期省部级干部进修班“社会主义经济建设”研究方向、第五十期地厅级干部进修班“中国特色社会主义理论体系”研究方向和“社会主义社会建设”研究方向，共有144名学员毕业。本期进修班的教学，把学习中国特色社会主义理论体系作为中心内容，突出科学发展观等重大战略思想的学习，切实推进马克思主义中国化的最新成果进教材、进课堂、进头脑。学员们反映，通过对中国特色社会主义理论体系的学习领会，深化了对这一理论体系特别是科学发展观的认识，进一步提高了政治素质和理论素养；通过对一些重大理论和现实问题的研究思考，增强了理论联系实际的自觉性，进一步提高了战略思维能力和施政能力；通过对国内外大量信息的了解和把握，开阔了视野，进一步增强了大局意识和全局观念；通过实实在在的党性锻炼，提升了思想境界，进一步培养了良好的作风。中共中央政治局常委、中央书记处书记习近平出席毕业典礼，并为学员颁发毕业证书。

2008年5月

以改革创新精神加强和改进高校思想政治理论课教学工作

5月4日中共中央政治局常委李长春来到东北大学，就加强和改进高校思想政治理论课进行调研，与辽宁高校师生代表座谈。他强调，要认真学习领会胡锦涛总书记在北京大学师生代表座谈会上的重要讲话精神，坚持教书育人、育人为本的方针，以改革创新精神不断推进高校思想政治理论课教学工作，提高大学生的综合素质，培养德智体美全面发展的社会主义事业建设者和接班人。

座谈会上，东北大学、辽宁大学、大连理工大学等高校的党委领导、思想政治理论课教师和学生代表先后发言，结合实际，畅谈了党的十六大以来中央加强和改进高校思想政治理论课教学工作所展现的新面貌，提出了进一步改进的意见和建议。

李长春指出，党的十六大以来，以胡锦涛同志为总书记的党中央高度重视大学生思想政治教育工作，对加强和改进高校思想政治理论课作出了一系列重要决策和部署。各级党委、教育部门和各高校认真贯彻落实中央精神，做了大量卓有成效的工作，高校思想政治理论课教学情况发生了可喜变化。同时也必须看到，现在取得的成绩还只是阶段性的，面对国际国内形势的新发展和人民群众的新期待，必须进一步增强责任感和紧迫感，加大工作力度，推动高校思想政治理论课教学工作不断迈上新台阶。高校思想政治理论课是社会主义大学的本质体现，是引导大学生坚定中国特色社会主义理想信念、掌握马克思主义科学理论和科学方法的重要途径，是开展大学生思想政治教育的主课堂、主渠道。能不能抓好高校思想政治理论课教学工作，直接关系到培养什么样的人、怎样培养人的大问题，关系到办什么样的高等教育、怎样办高等教育的大问题。我们一定要从确保中国特色社会主义事业长治久安的战略高度，认真贯彻落实党的十七大精神，以提高思想认识为前提，以教材建设和学科建设为基础，以教师队伍建设为关键，以教学方法创新为重要环节，以加强领导为保障，全面推进高校思想政治理论课教学工作。

以改革创新精神抓好党的建设
以党的建设成效推动科学发展

5 月 11 日中共中央政治局常委、中央书记处书记习近平在山东考察工作时强调，加强和改进党的建设是党委的重要职责。他在海尔集团、青岛啤酒股份有限公司、海信集团、青岛港、潍柴动力、山东力诺瑞特新能源有限公司和诸城外贸有限公司、寿光蔬菜高科技示范园等单位调研时，详细了解它们贯彻落实科学发展观、转变生产方式、推进自主创新的情况。他强调，在新的起点上谋划科学发展，就要更加全面准确地把握科学发展观的科学内涵、精神实质和根本要求，坚持以科学发展观审视过去、总结经验得失，武装头脑、转变思想观念，分析现实、查找突出问题，规划未来、完善体制机制，切实把科学发展观转化为谋划发展的正确思路、促进发展的政策措施、领导发展的实际能力，使贯彻落实科学发展观的过程真正成为推动经济社会又好又快发展的过程。

习近平十分关注以改善民生为重点的社会建设。一路上，他深入农村、社区，慰问基层干部，看望困难群众和困难党员。习近平指出，关注民生、重视民生、保障民生、改善民生，是我们党搞革命、搞建设、搞改革的出发点和落脚点，是党的宗旨的根本要求，也是人民群众过上更好生活的热切期盼。各级党委要牢固树立抓好党建是本职、不抓党建是失职、抓不好党建不称职的理念，以改革创新的精神状态、改革创新的思想作风、改革创新的工作方法全面抓好党的建设，以党的建设的实际成效推动科学发展观的贯彻落实，推动经济社会又好又快发展。

全面部署当前抗震救灾工作

5 月 12 日晚，中共中央政治局常务委员会召开会议，全面部署当前抗震救灾工作。中共中央总书记胡锦涛主持会议。

会议听取了有关部门关于四川省阿坝藏族羌族自治州汶川县等地地震灾情的汇报。会议强调，灾情就是命令，时间就是生命。灾区各级党委、政府和中央各有关部门一定要紧急行动起来，把抗震救灾作为当前的首要任务，不怕困难，顽强奋战，全力抢救伤员，切实保障灾区人民群众生命安全，尽最大努力把地震灾害造成的损失减少到最低程度。会议要求，要立即组织人民解放军、武警部队、民兵预备役和医疗卫生人员，尽快赶赴灾区，全力抢救受伤人员。要千方百计向灾区运送食品、饮用水、药品和帐篷、防寒衣被等救灾物资，确保灾区群众有饭吃、有衣穿、有干净水喝、有临时住处。要迅速组织力量，抓紧抢修受损的设施和设备，尽快恢复灾区的通路、通电、通信和供水。要严密监测地震灾情，采取有效措施，防止次生灾害发生，同时要科学组织救灾工作，防止造成新的伤亡。要切实做好稳定人心的工作，加强正面舆论引导，对那些散布谣言、干扰破坏抗震救灾的行为，要坚决依法处理，确保社会大局稳定。

中央号召，灾区各级党组织和全体共产党员一定要坚持人民利益高于一切，奋不顾身地投入到抗震救灾第一线，急人民群众之所急，解人民群众之所难，把党和政府的关怀送到每一个受灾群众中去。全国各地区各部门一定要大力发扬“一方有难、八方支援”的精神，万众一心、众志成城，迎难而上、百折不挠，共同夺取抗震救灾斗争的胜利。

中央党校2008年春季学期第二批进修班暨师资班开学典礼举行

5月13日中央党校2008年春季学期第二批进修班暨师资班开学典礼今天举行。中央党校校长习近平出席开学典礼并作重要讲话。

习近平指出，高度重视学习、善于进行学习，是领导干部健康成长、提高素质、增强本领、不断进步的重要途径。特别是在当今国际国内形势不断发展变化的情况下，领导干部只有认认真真地学习、与时俱进地学习、持之以恒地学习，才能始终跟上时代进步的潮流，才能担当起领导重任。要深入学习贯彻中国特色社会主义理论体系，深入学习贯彻科学发展观，做到真学、真懂、真信、真用，使认认真真学习成为不断增强政治上坚定、理论上清醒的过程；要全面学习做好本职工作必需的知识，使认认真真学习成为培养世界眼光、增强战略思维能力、提高综合素质的过程；要把研究和解决重大现实问题作为学习的根本出发点，使认认真真学习成为理论联系实际、学以致用，不断提高工作原则性、系统性、预见性和创造性的过程。他强调，新世纪新阶段，面对前所未有的机遇和挑战，各级领导干部要进一步增强大局意识、忧患意识、责任意识，按照党章的要求认认真真学习、老老实实做人、干干净净干事，在全面建设小康社会、开创中国特色社会主义新局面的伟大实践中锐意进取、建功立业。

深切哀悼四川汶川大地震遇难同胞

5月19日，14时28分，在四川汶川大地震发生7天后的同一时间，全国各地深切哀悼四川汶川大地震遇难同胞。党和国家领导人胡锦涛、江泽民、吴邦国、温家宝、贾庆林、李长春、习近平、李克强、贺国强、周永康在北京等地，同全国各族人民一起，向四川汶川大地震遇难同胞默哀。

研究部署抗震救灾和灾后重建工作

5月26日中共中央政治局召开会议，研究部署抗震救灾和灾后重建工作。胡锦涛总书记主持会议。会议指出，四川省汶川县发生的特大地震是新中国成立以来破坏性最强、波及范围最广、救灾难度最大的一次地震。当前，抗震救灾形势依然严峻，任务十分艰巨，仍处在刻不容缓的紧要关头。要继续做好被困群众搜救工作，同时把安置受灾群众、恢复生产、灾后重建摆在更加突出的位置。要增派有经验的专家，保证医疗急救物资供应，全力抢救受伤群众。要着力安排好受灾群众生活，调动各方面资源，抓紧调运生活物资，确保灾区群众临时居住和基本生活。要全力开展卫生防疫工作，及时调运防疫药品，迅速把卫生防疫力量覆盖到所有乡镇村庄，加强疫情监测报告。要严密防范次生灾害，重点做好堰塞湖险情处置。要抓紧抢修基础设施，尽快全面恢复灾区交通、通信、供电、供水。

要进一步加强组织领导，加强地方、部队及各方面救援力量的协调配合，建立健全强有力的市县乡村抗震救灾领导体制，充分发挥基层党组织的战斗堡垒作用、各级干部的模范带头作用、广大党员的先锋模范作用，确保抗震救灾各项工作和措施的落实。要引导灾区群众发扬自力更生、艰苦奋斗精神，在全国人民支持下满怀信心重建家园、创造美好生活。要加强宣传舆论工作，及时准确公布震情灾情和抗震救灾情况，深入宣传抗震救灾中涌现出来的先进集体和模范人物，激励广大干部群众振奋精神，团结一心搞好抗震救灾工作。当前，改革发展稳定任务很重。各地区各部门要按照中央的决策部署，坚持一手抓抗震救灾工作、一手抓经济社会发展，全力以赴支援灾区，全力以赴保持经济平稳较快发展、社会和谐稳定，切实做好奥运会和残奥会的筹备工作，以实际行动支持抗震救灾，坚决夺取这场抗震救灾斗争的全面胜利。

中共中央总书记胡锦涛同中国国民党主席吴伯雄举行会谈

5月28日中共中央总书记胡锦涛同中国国民党主席吴伯雄举行了会谈。胡锦涛高度肯定吴伯雄为促进国共两党交流对话和两岸关系朝着和平稳定方向发展作出的重要贡献，高度肯定国民党坚持“两岸和平发展共同愿景”所指引的两岸关系发展方向。“两岸和平发展共同愿景”奠定了国共两党交往的政治基础，也是两党向两岸同胞作出的庄严承诺。国共两党和两岸双方应该共同努力，建立互信、搁置争议、求同存异、共创双赢。

吴伯雄表示，一些台湾民众对两岸关系发展存在疑虑，国民党也十分重视台湾民众普遍关心的参与国际活动的问题。但国民党反对有人将“台湾意识”扭曲成“台独意识”。希望能通过两岸扩大交流、互惠合作、互利双赢，不断产生正面效益，化解一些台湾民众的疑虑。国共两党今后需要继续加强交流对话，适时举办两岸经贸文化论坛或和平论坛，继续开展基层党务交流，让两党的交流平台根基更为稳固，效益更为深远。

胡锦涛强调，在国共两党和两岸同胞共同努力下，台湾局势发生了积极变化，两岸关系发展面临着难得的历史机遇。这一局面来之不易，值得倍加珍惜。希望国共两党和两岸双方共同努力，建立互信、搁置争议、求同存异、共创双赢，继续依循并切实落实“两岸和平发展共同愿景”，以富有成效的努力，扎扎实实推动两岸关系不断取得实际进展，增强广大台湾同胞对两岸关系和平发展的信心。新形势下，国共两党应该继续交流对话，发挥交流平台的作用。真诚希望国共两党以两岸同胞福祉和中华民族根本利益为重，面向未来，积极努力，坚定不移地推动两岸关系和平发展，共同实现中华民族伟大复兴。

2008年6月

共青团第十六次全国代表大会在京召开

6月10日—13日中国共产主义青年团第十六次全国代表大会在人民大会堂召开。胡锦涛、吴邦国、温家宝、贾庆林、李长春、习近平、李克强、贺国强、周永康等党和国家领导人到会祝贺。中共中央政治局常委李长春在开幕式代表党中央发表了题为《在发展中国特色社会主义的伟大征程上创造新的青春业绩》的祝词。李长春首先向大会的召开表示热烈的祝贺，向全国各族青年、全体共青团员和广大青少年工作者致以亲切的问候。中华全国总工会副主席、书记处第一书记孙春兰代表中华全国总工会、中华全国妇女联合会、中国文学艺术界联合会、中国作家协会、中国科学技术协会、中华全国归国华侨联合会、中华全国台湾同胞联谊会、中国残疾人联合会向大会致贺词。陆昊代表共青团第十五届中央委员会作了题为《高举中国特色社会主义伟大旗帜 团结带领广大青年为夺取全面建设小康社会新胜利而奋斗》的报告。

6月13日下午，会议圆满完成了各项议程，在庄严的国际歌声中闭幕。会议通过了中国共产主义青年团第十六次全国代表大会关于十五届中央委员会报告的决议。大会认为，报告全面总结了过去五年共青团的工作，阐明了当代青年的光荣使命和新时期共青团的光荣职责，对未来五年的共青团工作和团的建设作出了总体部署，体现了党的要求和青年的期望，具有很强的时代性和针对性，是今后一个时期全团工作的重要指导性文件。大会决定批准这一报告。大会还通过了中国共产主义青年团第十六次全国代表大会关于《中国共产主义青年团章程(修正案)》的决议。

中共中央国务院在京召开省区市和中央部门主要负责同志会议

6月13日，中共中央、国务院在北京召开省区市和中央部门主要负责同志会议。胡锦涛总书记在会上发表重要讲话。他全面分析了当前形势，提出了做好抗震救灾和恢复重建、推动经济社会又好又快发展、筹办北京奥运会等工作的总体要求和主要任务。温家宝总理在讲话中通报了前一阶段抗震救灾工作情况和当前经济形势，对地震灾后恢复重建对口支援、保持经济发展良好势头等工作作了具体部署。

会议指出，今年以来，全党全国全面贯彻党的十七大精神，以邓小平理论和“三个代表”重要思想为指导，深入贯彻落实科学发展观，全面推进经济建设、政治建设、文化建设、社会建设和党的建设，党和国家各项工作取得了新的重大进展。同时，我们也遇到了不少严峻挑战。面对这些复杂因素和严峻挑战，中央及时作出决策部署，各级党委和政府坚决贯彻落实中央的要求，带领广大干部群众万众一心、团结奋斗、沉着应对，保持了改革发展稳定的大局。当前，抗震救灾工作进入安置受灾群众和恢复重建前期准备阶段，实现今年经济社会发展预期目标进入关键时期，北京奥运会开幕在即，形势逼人，任务艰巨，全党同志必须统一思想认识、坚定必胜信心、全力做好工作。会议强调，在前进道路上，我们还会遇到这样那样的困难和风险的挑战。我们一定要居安思危、未雨绸缪，把前进道路上可能遇到的困难设想得更严峻一些，把各项应对预案搞得更周密一些，把各方面工作做得更细致一些，经受住任何困难和风险考验，不断把党和国家事业推向前进。

把青春奉献给中国特色社会主义壮丽事业

6月14日胡锦涛总书记在中南海怀仁堂同团中央新一届领导班子成员和团十六大部分代表座谈时发表重要讲话，他在讲话中高度评价了青年在中国革命、建设、改革的伟大进程中创造的辉煌业绩。他向全国广大青年提出4点希望：一是要坚定理想信念。二是要勤奋刻苦学习。三是要勇于艰苦创业。四是要培养高尚品德。对团干部提出3点要求：一是政治上要过硬，始终忠于党、忠于人民，坚持用中国特色社会主义理论体系武装头脑，努力做共产主义远大理想和中国特色社会主义共同理想的坚定信仰者，认真实践科学发展观，自觉地为党的事业而奋斗。二是作风上要扎实，切实增强事业心和责任感，深入基层、深入青年，踏踏实实地工作，努力在团的岗位上作出实实在在的业绩。三是自律上要严格，着力加强自身修养，从严要求，防微杜渐，经得住诱惑，管得住小节，切实走好人生的每一步。在现阶段，党需要共青团更好地团结带领广大团员青年，大力加强自身建设，力争使团的基层组织网络覆盖全体青年，使团的各项工作和活动影响全体青年，把广大青年紧紧团结在党的周围，为实现党的任务努力奋斗，保证党的事业兴旺发达、后继有人，为实现全面建设小康社会的奋斗目标而不懈努力。广大青年一定要认清历史使命，勇担时代重任，用坚定的信念、顽强的意志、持续的奋斗，为夺取全面建设小康社会新胜利、开创中国特色社会主义事业新局面贡献更大力量、赢得更大光荣。李长春、习近平出席了座谈会。陆昊介绍了团十六大的召开情况。

胡锦涛总书记到人民日报社考察工作

6月20日，在人民日报创刊60周年之际，中共中央总书记胡锦涛和中共中央政治局常委李长春来到人民日报社考察工作，代表党中央向人民日报创刊60周年表示热烈的祝贺，并向全国新闻宣传战线的同志们致以崇高的敬意。

胡锦涛兴致勃勃地参观了报社60年发展历程展览，特地来到人民日报社主办的人民网，看望网站工作人员，并来到"强国论坛"工作平台，和网友们亲切交流。人民日报社社长张研农汇报了报社工作情况，在认真听取发言后，胡锦涛发表了重要讲话。他指出，当今社会，随着经济社会快速发展和科技不断进步，信息传递和获取越来越快捷，新闻舆论的作用越来越突出。做好新闻宣传工作，关系党和国家工作全局，关系改革和经济社会发展大局，关系国家长治久安。胡锦涛在讲话中着重就提高舆论引导能力讲了5点意见：必须坚持党性原则，牢牢把握正确舆论导向。必须坚持以人为本，增强新闻报道的亲和力、吸引力、感染力。必须不断改革创新，增强舆论引导的针对性和实效性。必须加强主流媒体建设和新兴媒体建设，形成舆论引导新格局。必须切实抓好队伍建设，增强凝聚力和战斗力。最后，胡锦涛衷心希望人民日报社的同志认真贯彻中央精神，加倍努力工作，求真务实，开拓创新，勤奋敬业，团结和谐，进一步把人民日报办好，让党放心，让人民满意。

中共中央印发《建立健全惩治和预防腐败体系2008—2012年工作规划》

6月23日人民日报报道，中共中央近日印发了《建立健全惩治和预防腐败体系2008—2012年工作规划》，并发出通知，要求各地区各部门结合实际情况，认真贯彻执行。

通知指出，加强以完善惩治和预防腐败体系为重点的反腐倡廉建设，是我们党深刻总结反腐倡廉实践经验、准确把握我国现阶段反腐倡廉形势得出的科学结论，是从提高党的执政能力、保持和发展党的先进性全局的高度作出的重大决策，是发展中国特色社会主义、推进党的建设新的伟大工程的必然要求，对于实现党的十七大确定的各项任务、夺取全面建设小康社会新胜利，具有十分重要的意义。通知要求，《工作规划》是今后5年推进惩治和预防腐败体系建设的指导性文件，各级党委、政府要严格执行党风廉政建设责任制，把落实《工作规划》作为全面贯彻党的十七大精神、加强反腐倡廉建设的重要政治任务，列入议事日程，深入学习宣传，认真组织实施。各级纪委要加强组织协调和监督检查，协助党委抓好任务分解和落实。中央和国家机关各部门要充分发挥示范带头作用，认真做好所承担的各项工作。各地区各部门要结合实际制定贯彻落实《工作规划》的实施办法，狠抓任务落实，务求取得实效。要把贯彻落实情况列入对领导班子和领导干部的考核评价范围，严格责任考核，强化责任追究。要健全工作机制，加强调查研究，实施有力指导，扎实推进惩治和预防腐败体系建设。

中国科学院第十四次院士大会和中国工程院第九次院士大会在京隆重开幕

6月23日中国科学院第十四次院士大会、中国工程院第九次院士大会在人民大会堂隆重开幕。这次两院院士大会，是我国科学技术和工程技术界最高学术团体召开的一次盛会。中共中央总书记、国家主席胡锦涛出席会议并发表重要讲话。胡锦涛首先代表党中央、国务院向大会的召开表示热烈的祝贺，向两院院士和全国广大科技工作者致以诚挚的问候。

胡锦涛强调，科学技术是第一生产力，是先进生产力的集中体现和主要标志，这是中国特色社会主义理论体系关于科技思想的基本观点。必须坚定不移地实施科教兴国战略，充分发挥科学技术第一生产力的作用，加快缩小我国与世界先进水平的发展差距，为推动经济社会又好又快发展，实现全面建设小康社会、基本实现社会主义现代化的战略目标提供强大科技支撑。改革开放以来，党和国家始终高度重视并大力推进科技事业，实施一系列推进科技发展的重大方针政策，不断推进科技体制改革，极大地激发了我国广大科技工作者投身科技进步和创新、推动社会主义现代化建设的热情，迎来了我国科技事业大发展的历史新时期。科技已成为支撑和引领经济发展和人类文明进步的主要动力。他就走中国特色自主创新道路提出4点要求。一是必须把提高自主创新能力作为科技发展的首要任务。二是必须以制度创新促进科技进步和创新。三是必须培养造就宏大的创新型人才队伍。四是必须以创新文化激励科技进步和创新。中国科学院学部、中国工程院是国家在科学技术和工程方面的最高咨询机构，是国家的科学技术思想库。两院院士要继续团结带领全国科技界更加积极主动地参与决策咨询，努力为解决经济社会发展中的战略问题提供咨询建议，为国家宏观决策提供科学依据。各级党委和政府要充分发挥两院院士和各方面专家的作用，积极推进决策科学化、民主化。

认真学习宣传贯彻胡锦涛总书记在人民日报社考察工作时的重要讲话精神

6月23日中央宣传部发出通知，要求新闻宣传战线把学习宣传贯彻胡锦涛总书记在人民日报社考察工作时的重要讲话精神作为当前一项十分重要的政治任务，坚持以《讲话》精神为指导，进一步加强和改进新闻宣传工作。

通知指出，胡锦涛总书记的重要讲话深入阐述了新闻宣传工作的重要地位，深刻分析了新闻宣传工作面临的形势和任务，明确提出了新闻宣传工作的根本要求。《讲话》提出了一系列新闻宣传工作的重大理论观点和重要工作部署，充分体现了马克思主义新闻观，丰富和发展了中国特色社会主义理论体系关于新闻宣传的重要思想，是对改革开放以来新闻宣传工作理论成果和实践经验的系统总结，是在新的历史起点上开创新闻宣传工作新局面的纲领性文件，具有十分重要的指导意义。宣传思想工作者一定要深入学习、大力宣传、坚决贯彻。要深入学习《讲话》关于新闻舆论性质、地位、作用的重要论述，深刻领会新闻舆论处在意识形态领域的前沿，对社会精神生活和人们思想意识有着重大影响。要深入学习《讲话》关于提高舆论引导能力的重要论述，深刻领会舆论引导正确，利党利国利民；舆论引导错误，误党误国误民。要通过学习宣传贯彻《讲话》精神，进一步增强坚持正确导向的自觉性坚定性，牢固树立政治意识、大局意识、责任意识、阵地意识，把坚持正确导向放在新闻宣传工作的首位，更加自觉主动地为人民服务、为社会主义服务、为党和国家工作大局服务；进一步坚持以人为本的根本要求，把体现党的主张和反映人民心声统一起来，把坚持正确导向和通达社情民意统一起来，不断提高舆论引导的权威性、公信力、影响力；进一步促进新闻宣传改革创新，创新观念、创新内容、创新形式、创新方法、创新手段，努力使新闻宣传工作体现时代性、把握规律性、富于创造性；进一步推动新闻事业发展和媒体建设，努力构建定位明确、特色鲜明、功能互补、覆盖广泛的舆论引导新格局；进一步推进新闻理论研究和高校新闻教育教学，引导新闻理论工作者自觉地运用马克思主义立场观点方法研究新闻理论与实践中的重大问题；进一步加强新闻宣传队伍建设，深化“三项学习教育”活动，建设一支政治强、业务精、作风正、纪律严的队伍。

中共中央政治局进行第六次集体学习

6月27日中共中央政治局进行第六次集体学习，这次集体学习安排的内容是全球气候变化和我国加强应对气候变化能力建设，中共中央总书记胡锦涛主持。他指出，我国正处于全面建设小康社会的关键时期，同时也处于工业化、城镇化加快发展的重要阶段，发展经济和改善民生的任务十分繁重，应对气候变化的任务也十分艰巨。我国是发展中国家，在应对气候变化问题上，我们坚持《联合国气候变化框架公约》及其《京都议定书》确定的共同但有区别的责任原则，主张发达国家应该率先承担减排义务，并向发展中国家提供资金援助和技术转让。同时也主张发展中国家通过促进可持续发展为应对气候变化作出努力。应对气候变化，要深入贯彻落实科学发展观，统筹考虑经济发展和生态建设、国内和国际、当前和长远，全面实施应对气候变化国家方案，把应对气候变化与实施可持续发展战略，加快建设资源节约型、环境友好型社会，建设创新型国家结合起来，以保障经济发展为核心，以节约能源、优化能源结构、加强生态保护和建设为重点，以科技进步为支撑，努力控制和减缓温室气体排放，不断提高适应气候变化能力，不断增强可持续发展能力，促进经济发展与人口资源环境相协调，为改善全球气候作出新贡献。要重点抓好以下几方面的工作。一是要大力落实控制温室气体排放的措施，坚持实施节约资源和保护环境的基本国策，坚持走中国特色新型工业化道路，加快转变经济发展方式，强化能源节约和高效利用，积极发展循环经济、低碳经济，不断扩大森林覆盖率。二是要大力增强适应气候变化能力，加强农田基本建设，合理开发和优化配置水资源，继续开展生态保护重点工程建设，加强气候变化综合影响评估。三是要大力发挥科技进步和创新的作用，加快减缓和适应气候变化领域重大技术的研发和示范，加强应对气候变化基础研究，加强气候变化领域国际科技合作。四是要大力健全应对气候变化的体制机制，完善应对气候变化的法律法规，推进能源管理体制和价格改革，完善多灾种的监测预警应急机制、多部门参与的决策协调机制、全社会广泛参与应对气候变化的行动机制，特别是要提高应对极端气象灾害的综合监测预警能力、抵御能力、减灾能力。五是要大力提高全社会参与的意识和能力，营造全民应对气候变化的良好环境。他强调，必须以对中华民族和全人类长远发展高度负责的精神，充分认识应对气候变化的重要性和紧迫性，坚定不移地走可持续发展道路，采取更加有力的政策措施，全面加强应对气候变化能力建设，为我国和全球可持续发展事业进行不懈努力。

中国气象局国家气候中心罗勇研究员、清华大学低碳能源实验室何建坤教授进行了讲解，并谈了对我国加强应对气候变化能力建设的意见和建议。

中共中央召开抗震救灾先进基层党组织和优秀共产党员代表座谈会

6月30日，在纪念中国共产党成立87周年之际，中共中央在中南海怀仁堂召开抗震救灾先进基层党组织和优秀共产党员代表座谈会。党和国家领导人胡锦涛、吴邦国、温家宝、贾庆林、李长春、习近平、李克强、周永康出席座谈会。座谈会由习近平主持。胡锦涛发表重要讲话。他指出，党中央召开抗震救灾先进基层党组织和优秀共产党员代表座谈会，以纪念中国共产党成立87周年，具有十分重要的意义。回顾党的历史，我们可以清楚地看到，中国共产党成立以来的87年，是为中华民族独立、解放、繁荣和中国人民自由、民主、幸福而不懈奋斗的87年，是推动中国发生翻天覆地变化、不断实现历史性进步的87年，也是一代又一代中国共产党人在革命、建设、改革进程中发挥先锋模范作用、团结带领人民战胜各种困难和风险顽强奋进的87年。抗震救灾斗争能够迅速取得重大阶段性胜利有多方面的原因，其中最重要的一个原因就是党的坚强领导，各级党组织和广大共产党员发挥了中流砥柱作用。抗震救灾斗争直接检验了我们党的领导水平和执政能力，直接检验了各级党组织的战斗力和广大共产党员的先进性。实践再一次有力地证明，中华民族具有高度的凝聚力，历经曲折而愈挫愈勇，饱受磨难而自强不息；我国社会主义制度具有巨大的优越性，能够集中力量办大事、团结各方渡难关；中国共产党具有强大的战斗力，能够应对各种风险考验、驾驭各种复杂局面；各级党组织和广大共产党员具有鲜明的先进性，对党充满忠诚，对人民充满感情，对事业充满责任。胡锦涛对当前党的建设工作提出3点要求。一是要坚持用中国特色社会主义理论体系武装全党，认真开展深入学习实践科学发展观活动。二是要坚持抓好各级领导班子、基层党组织、党员队伍建设，把党组织建设得更加坚强有力。三是要在全党大力发扬抗震救灾的优良作风，保持党同人民群众的血肉联系。他强调，万众一心、众志成城，不畏艰险、百折不挠，以人为本、尊重科学的伟大抗震救灾精神，是爱国主义、集体主义、社会主义精神的集中体现和新的发展，是我们党和军队光荣传统和优良作风的集中体现和新的发展，是中华民族民族精神在当代中国的集中体现和新的发展。我们要在全党全社会大力弘扬抗震救灾精神，为中国特色社会主义事业不断发展提供强大精神动力。

2008年7月

“中国共产党思想理论资源数据库与传播工程”启动

7月2日，在建党87周年之际，由新闻出版总署主管、人民出版社承建的“中国共产党思想理论资源数据库与传播工程”正式启动。这一项目是由国家财政支持的重点数字出版工程，将以马克思主义中国化的历史进程为线索，对我们党诞生以来由人民出版社出版的约36亿字的一整套马克思主义思想理论图书资源进行数字化深加工，并免费向社会提供公益性传播。该项目首先将在今年底建成“中国特色社会主义理论体系主要著作文献数据库”及网络、手机传播平台。

中央组织部发出通知，要求认真学习贯彻胡锦涛同志在抗震救灾先进基层党组织和优秀共产党员代表座谈会上重要讲话精神

7月2日中共中央组织部发出通知，要求认真学习贯彻胡锦涛同志在抗震救灾先进基层党组织和优秀共产党员代表座谈会上重要讲话精神。通知要求，要组织各级干部和广大党员认真学习胡锦涛同志重要讲话，把思想和行动

统一到讲话关于党的建设的新思想新要求上来。要大力弘扬伟大的抗震救灾精神，在灾后恢复重建和经济社会发展中，充分发挥各级党委的领导核心作用、基层党组织的战斗堡垒作用、领导干部的模范带头作用和共产党员的先锋模范作用。要充分运用全党在抗震救灾斗争中创造的新鲜经验，全面加强党的建设和组织工作。各级党委组织部门要按照胡锦涛同志对党的建设工作提出的新任务新要求，继续以改革创新精神推进党的建设新的伟大工程，认真组织好、开展好学习实践科学发展观活动试点工作，真正做到让干部受教育、发展上水平、群众得实惠；建立健全集中领导、统一指挥、反应灵敏、运转高效的应急管理工作机制，提高各级党组织应对突发事件的能力；切实加强以大力弘扬抗震救灾伟大精神为主要内容的作风建设，全心全意为人民服务，保持党同人民群众的血肉联系；加强和改进新形势下党的群众工作，进一步提高宣传群众、动员群众、组织群众、团结群众的工作水平，提高团结带领广大群众推动科学发展、促进社会和谐的实际能力。

中央深入学习实践科学发展观活动试点工作领导小组召开会议

7月3日中央深入学习实践科学发展观活动试点工作领导小组召开会议，研究贯彻落实胡锦涛同志关于做好深入学习实践科学发展观活动试点工作指示精神，部署解决问题、完善制度阶段工作。中共中央政治局委员、中央书记处书记李源潮在会上要求，学习实践科学发展观活动，要使干部受教育、发展上水平、群众得实惠。深入学习实践科学发展观活动试点工作已经进入解决问题、完善制度阶段。这是保证整个试点工作有实效的关键阶段。各试点单位要贯彻落实胡锦涛同志6月13日和6月30日两次重要讲话对学习实践科学发展观活动试点工作的要求，贯彻落实中央领导召开的深入学习实践科学发展观活动试点工作座谈会精神，把解决问题、完善制度阶段的各项任务落到实处。一是要按照前一阶段学习实践科学发展观形成的共识，抓好整改落实方案的制定，把整改落实措施进一步目标化、具体化、责任化。二是要按照科学发展观的要求和人民群众的迫切愿望，切实解决影响和制约本地区、本部门、本单位科学发展的几个突出问题，办好群众迫切希望办的几件实事，进一步以实际成效取信于民。三是要以改革创新的精神抓好科学发展机制的创新。要在前一阶段工作基础上加强政策研究，条件成熟的制度要抓紧出台；需要统筹协调、长远考虑的，要从实际出发，积极稳妥地推进。要注意把学习实践活动与当前中心工作紧密结合起来，促进做好灾后恢复重建、推动经济社会又好又快发展和北京奥运会筹办等工作。要求各试点单位要在做好上述工作基础上，抓好群众满意度测评工作，通过测评进一步征求群众意见，促进形成科学发展的共识。要认真做好试点工作的总结和宣传，为在全党开展深入学习实践科学发展观活动营造良好舆论氛围。

进一步办出特色办出水平 切实发挥党中央机关刊重要作用

7月4日，求是杂志社举行纪念创刊50周年大会，胡锦涛总书记发来贺信，代表党中央，向杂志社全体工作人员和离退休同志表示热烈的祝贺。胡锦涛在贺信中指出，《求是》暨《红旗》杂志是党中央指导全党全国工作的重要思想理论阵地。自创刊以来，为探索我国社会主义建设和党的建设规律作出了艰辛努力。特别是在改革开放的历史新时期，深入宣传马克思列宁主义、毛泽东思想、邓小平理论和“三个代表”重要思想，深入宣传科学发展观，着力阐述党的路线方针政策和中央的决策部署，及时回答广大干部群众关心的重大理论和实际问题，为提高全党的马克思主义理论水平、推动党和国家各项事业发展作出了重要贡献。信中强调，党的十七大从新的历史起点出发，对社会主义经济建设、政治建设、文化建设、社会建设和党的建设作出了全面部署。希望求是杂志社的同志们认真贯彻党的十七大精神，始终坚持正确的办刊方向，紧紧围绕用中国特色社会主义理论体系武装全党这一战略任务，下大气力创新思路、丰富内容、改进文风，进一步办出特色、办出水平，切实发挥党中央机关刊的重要作用，为夺取全面建设小康社会新胜利、开创中国特色社会主义事业新局面作出新的更大的贡献。中共中央政治局常委李长春出席纪念大会并发表重要讲话。

最高人民检察院召开
深入贯彻党的十七大精神
全面加强和改进检察工作座谈会

7月8日最高人民检察院在北京召开深入贯彻党的十七大精神全面加强和改进检察工作座谈会。中共中央政治局常委、中央政法委书记周永康出席座谈会。他强调，检察机关要深入贯彻党的十七大和胡锦涛总书记在全国政法工作会议代表和全国大法官、大检察官座谈会上的重要讲话精神，顺应发展社会主义民主政治、建设社会主义法治国家的新形势，自觉把检察工作放到中国特色社会主义事业发展全局中来谋划、来推进，始终把强化法律监督、维护公平正义作为检察工作的根本任务来抓，为保障和促进中国特色社会主义事业发展进步作出新贡献。

他指出，恢复重建人民检察机关，是我们党和国家在总结历史经验教训的基础上作出的重大决策。30年来，检察机关认真贯彻党的路线方针政策，紧紧围绕改革发展稳定大局，忠实履行宪法和法律赋予的职责，依法严厉打击刑事犯罪，认真查办、积极预防职务犯罪，不断强化对诉讼活动的法律监督，扎实推进检察体制和工作机制改革，为维护宪法和法律统一正确实施，维护社会公平正义，维护社会和谐稳定，促进经济社会发展，作出了重要贡献。我国宪法规定设置人民检察机关，并把检察机关确立为国家的法律监督机关，专门承担法律监督职能，是我们党和国家为加强社会主义民主法治建设而采取的重大宪政举措，是我国的伟大创造。我国检察制度是我国政治制度的重要组成部分，具有鲜明的中国特色，是政治属性、人民属性、法律监督属性的有机统一。检察机关一是要准确把握宪法定位，切实承担法律监督使命。二是要认真倾听人民呼声，忠实履行法律监督职能。三是要突出检察工作重点，着力增强法律监督能力。四是要加强检察队伍建设，切实提高检察干警素质。各级党委要从思想上、政治上、组织上加强和改善对检察工作的领导，支持检察机关依法独立公正地行使检察权，帮助排除执法办案中的阻力和干扰，解决制约检察机关职能发挥的实际问题，改善检察机关工作人员的工作和生活条件，坚定不移地做检察机关依法进行法律监督的坚强后盾。

加强和改进高校思想政治
理论课工作会议在京举行

7月8日—9日中央宣传部、教育部在京联合召开加强和改进高校思想政治理论课工作会议。中共中央政治局常委李长春会见会议代表并作重要讲话，对加强和改进高校思想政治理论课工作会议的召开表示热烈祝贺，转达胡锦涛总书记对全国高校思想政治理论课教师的亲切问候。

他指出，高校思想政治理论课是对大学生进行思想政治教育的主渠道，对大学生世界观、人生观、价值观的形成有着不可替代的作用，是培养中国特色社会主义事业合格建设者和可靠接班人的重要途径，也是社会主义大学的本质体现。进一步加强和改进高校思想政治理论课教育，是国内外形势发展的需要，是全社会的期盼，也是高校广大教师、学生的呼唤。要以党的十七大精神为指导，以教材建设和学科建设为基础，以教师队伍建设为重点，以教学方法创新为关键环节，以加强组织领导为保障，全面推进高校思想政治理论课建设，争取经过若干年的努力，把高校思想政治理论课建设成为大学生真心喜爱、终身受益的优秀课程。各级高校党委、广大教师要以这次会议为新的起点，进一步增强责任感、使命感、光荣感，扎实工作，开拓创新，把高校思想政治理论课教学工作提高到一个新水平，为推进中国特色社会主义事业做出更大贡献。

中央党校举行 2008 年春季学期毕业典礼

7 月 10 日中共中央党校举行 2008 年春季学期毕业典礼。习近平、李源潮、令计划出席毕业典礼，并为学员颁发毕业证书。

中央党校本期毕业学员共 633 人。另有中直机关分校、中央国家机关分校、部队分部和国资委分校的 2770 多名学员同期毕业。适应党的事业发展需要和干部队伍建设的新要求，中央党校本学期教学特点明显；学员的积极性很高；教学和科研的重点突出；教学的针对性和感染力增强。学员们一致反映，通过学习加深了对中国特色社会主义理论体系特别是科学发展观等一系列重大战略思想的认识，进一步提高了政治素质和理论素养；深化了对重大理论和现实问题的研究，进一步提高了大局意识和战略思维能力，提高了运用理论研究解决实际问题的能力；加深了对执政党建设和党性锻炼的认识，进一步坚定了信念，提高了思想境界，培养了良好作风。

中央党校常务副校长李景田在讲话中指出，同志们按照习近平同志开学典礼上提出的要求，满腔热情地投入到党校的学习生活中来，学有所获，研有所得，完成了预定的学习任务。希望大家勇于实践，善于实践，在实践中继续深化认识，不断扩大学习成果；重视党的理论武装工作，搞好学习实践科学发展观活动；带头弘扬抗震救灾精神，为中国特色社会主义事业不断发展提供强大精神动力；积极做好灾后的恢复重建对口支援工作，并切实做好奥运会和残奥会各项筹备工作。

努力把各级领导班子建设成为善于领导科学发展的坚强集体

7 月 14 日—15 日，中央组织部在京召开领导班子思想政治建设座谈会，中共中央政治局委员、中央组织部部长李源潮出席会议并讲话。他指出，思想政治建设是领导班子和领导干部队伍建设的核心和灵魂，要以高举旗帜、坚定信念、践行宗旨为根本，以提高领导水平和执政能力为核心内容，以贯彻执行民主集中制、树立正确用人导向、改进领导作风为重点，努力把各级领导班子建设成为坚定贯彻党的理论和路线方针政策、善于领导科学发展的坚强集体。

党的十六大以来，以胡锦涛同志为总书记的党中央把领导班子思想政治建设摆在更加突出的位置，各地各部门狠抓领导班子思想政治建设各项任务的落实，形成了全面加强、整体推进的好局面。新形势下加强领导班子思想政治建设，首要任务是用中国特色社会主义理论体系武装头脑、指导实践、推动工作。要坚定共产党人的理想信念，高举旗帜、践行宗旨，提高走中国特色社会主义道路的自觉性，党委（党组）中心组学习要把坚定理想信念作为必学内容。要深入学习实践科学发展观，努力把科学发展观的要求转化为班子谋划发展的共识、领导发展的思路、促进发展的政策。要加强对党的方针政策的学习研究，提高与党中央在思想政治上保持一致的自觉性。各级领导班子及其成员要进一步增强政治意识、忧患意识、责任意识，不断解放思想，不断开拓创新。要强化培训和实践，加强对现代知识和管理经验的学习，敢于走进矛盾、善于破解难题，在实践历练中提高民主办事、依法办事的能力，提高敢做善成、化解矛盾的能力，提高处理突发事件、驾驭复杂局面的能力。要创新领导机制，建立健全责任机制、协同机制、总结反思机制，形成领导科学发展的开拓创新合力。各级领导班子要坚持和完善民主集中制，领导班子内部要充分发扬民主，严格执行议事规则和决策程序，健全和落实谈心谈话制度，切实提高民主生活会的质量。要坚持德才兼备、以德为先，按照科学发展观和正确政绩观要求考核评价干部，树立有利于科学发展的用人导向。

全国纪检监察信访举报工作会议召开

7月14日—15日，全国纪检监察信访举报工作会议在山东济南召开。中共中央书记处书记、中央纪委副书记何勇出席会议并讲话。他强调，要高举中国特色社会主义伟大旗帜，以邓小平理论和“三个代表”重要思想为指导，深入贯彻落实科学发展观，扎实做好信访举报工作，为深入推进反腐倡廉建设作出新的贡献。

当前，我国经济社会发展依然面临一些突出问题和深层次矛盾，人民内部矛盾呈现出一些新的特点，党风廉政建设和反腐败斗争面临不少新情况新问题，纪检监察信访举报工作的任务更加艰巨、更加繁重。要扎实做好新形势下的纪检监察信访举报工作。要把科学发展观的要求贯穿于信访举报工作的全过程，坚持以科学发展观指导新形势下的纪检监察信访举报工作。要紧紧围绕中央关于反腐倡廉建设的总体部署，与时俱进地开展纪检监察信访举报工作，积极促进反腐倡廉各项任务的顺利完成。要始终把维护群众利益作为纪检监察信访举报工作的出发点和落脚点，尽最大努力让群众满意。要充分发挥纪检监察信访举报工作在维护社会稳定中的重要作用，配合有关部门全力以赴解决信访突出问题，积极主动预防群体性事件。要进一步加强基层纪检监察信访举报工作，积极探索有效途径，提高基层查办信访案件和解决信访问题的能力。各级纪检监察机关要把纪检监察信访举报工作摆在全局工作的重要位置，建立健全主要领导负总责、分管领导直接抓、信访举报部门统一协调、其他部门积极参与的领导体制和工作机制；要进一步落实信访工作责任制，建立完整的责任体系；要切实抓好信访举报部门的自身建设，努力建设一支高素质的信访干部队伍。

中央纪委发布“七项要求”党纪处理办法

7月16日人民日报报道，中央纪委近日发布了《国有企业领导人员违反廉洁自律“七项要求”适用〈中国共产党纪律处分条例〉若干问题的解释》，就国有企业领导人员中的共产党员违反第十七届中央纪委第二次全会提出的廉洁自律“七项要求”行为适用《党纪处分条例》的规定给予处分的若干问题作出了明确规定。

《解释》的出台，是贯彻落实中央纪委全会工作部署的重要举措，为严肃惩处相关违纪行为提供了依据，对于进一步规范国有企业领导人员从业行为，深入推进国有企业党风建设和反腐倡廉工作，具有十分重要的意义。第十七届中央纪委第二次全会提出，国有企业领导人员不准利用职务上的便利通过同业经营或关联交易为本人或特定关系人谋取利益，不准相互为对方及其配偶、子女和其他特定关系人从事营利性经营活动提供便利条件，不准在企业资产整合、引入战略投资者等过程中利用职权牟取私利等廉洁自律“七项要求”。《解释》紧扣“七项要求”的条文，参照国家有关法律法规，结合国有企业反腐倡廉工作实际，具体列举了违反各项要求行为的主要表现形式，同时注意突出实践中多发易发的违纪行为，明确了对违反各项要求进行党纪处分的依据。中央纪委有关负责同志指出，认真学习贯彻《解释》，是各级纪检监察机关和国有企业当前的一项重要任务。各级纪检监察机关、国有企业及其领导人员要从全面落实科学发展观的高度出发，充分认识学习贯彻《解释》对于加强国有企业党风建设和反腐倡廉工作的重要意义；要加强组织领导，采取多种措施，确保根据《解释》的规定严肃查处违纪行为。中央纪委要求，各级纪检监察机关要把学习贯彻《解释》与学习贯彻党的十七大精神和第十七届中央纪委第二次全会精神结合起来，真正做到学以致用，务求实效；各国有企业要深入学习理解《解释》的规定，将有关要求纳入本企业内部规章制度，严格贯彻执行。

中共中央印发《中国共产党全国代表大会和地方各级代表大会代表任期制暂行条例》

7月17日人民日报报道，中共中央近日印发《中国共产党全国代表大会和地方各级代表大会代表任期制暂行条例》，并发出通知，要求各地区各部门结合实际情况，认真贯彻执行。

全国干部教育培训工作会议召开

7月16日—17日，全国干部教育培训工作会议召开。习近平、刘云山、李源潮出席会议，习近平发表讲话，李源潮作总结讲话。会议强调，干部教育培训工作是干部队伍建设的先导性、基础性、战略性工程，各级党委要进一步增强责任感和使命感，继续解放思想、坚持改革创新、更加扎实工作，推动干部教育培训工作有一个新的大改进、大提高，努力为全面建设小康社会提供有力的思想政治保证、人才保证和智力支持。

习近平在讲话中全面分析了干部教育培训工作面临的形势和任务，深刻总结了改革开放30年来的干部教育培训工作。对新一轮大规模培训干部工作提出了明确要求。今后几年干部教育培训工作的主要任务是：坚持用中国特色社会主义理论体系武装干部，深入进行邓小平理论和“三个代表”重要思想的教育培训，突出抓好科学发展观的教育培训，着力提高领导和推动科学发展的本领；坚持用党的路线方针政策和国家法律法规培训干部，着力提高科学执政、民主执政、依法执政的本领；坚持用改革开放的生动实践和新鲜经验培训干部，着力提高推动事业发展的开拓创新本领；坚持用各类业务知识和科学文化知识培训干部，着力提高履行岗位职责的本领；坚持用党的优良传统和作风教育干部，引导干部讲党性、重品行、作表率，增强忧患意识，切实做到为民、务实、清廉。在干部教育培训中，理论教育是根本，知识教育是基础，党性教育是关键。良好的学风是教育培训质量的保证。要教育引导广大干部在学习培训中坚持理论联系实际，努力提高运用马克思主义立场、观点、方法分析和解决实际问题的能力，把学习培训收获体现到为实现党的基本路线、基本纲领而奋斗的实践上，体现到做好本职工作上，做到理论与实际、学习与运用、言论与行动相统一。

中央纪委、中央组织部巡视工作会议召开

7月17日—18日，中央纪委、中央组织部巡视工作会议在北京召开。贺国强、李源潮、何勇出席会议并讲话。贺国强指出，党的十六大以来，在党中央的坚强领导下，在中央纪委、中央组织部以及地方党委的共同努力下，巡视工作取得了重要进展和明显成效。党的十七大提出要完善巡视制度，并把实行巡视制度正式写进党章。他强调，要突出重点、抓住关键，进一步规范巡视的内容和范围。要把贯彻执行党的路线方针政策特别是贯彻落实科学发展观的情况、领导干部廉政勤政情况、执行民主集中制和干部选拔任用的情况、处理改革发展稳定的情况，作为巡视的重点内容。要进一步创新巡视工作方式方法，把总结经验与大胆探索结合起来，使巡视工作形式更灵活、方法更多样、成效更明显；把加强监督与促进工作结合起来，紧紧依靠被巡视地方和部门的党委（党组）开展工作；把巡视工作与其他监督方式结合起来，努力提高党内监督的整体水平。要切实加大巡视成果运用力度，督促被巡视单位根据巡视反馈意见认真改进工作、针对巡视中发现的问题建立健全相关制度，把在巡视工作中了解到的干部工作、生活、作风及其他方面的情况运用到干部考核和选拔任用工作中，把在巡视工作中发现的案件线索及时移交给纪检监察机关、组织部门或其他相关部门。要高度重视和大力加强巡视队伍建设，积极支持巡视机构开展工作，认真研究解决巡视工作中遇到的问题和实际困难，努力为巡视工作创造良好条件。

李源潮在主持会议时指出，要把深入整治用人上的不正之风作为巡视工作的一项重要任务，加强对选拔任用干部情况的监督检查。要按照党的十七大提出的提高选人用人公信度的目标，进一步遏制选人用人上的不正之风，争取经过3至5年的努力，使人民群众对干部选拔任用工作的满意度明显提高、对整治用人上不正之风的满意度明显提高。

何勇指出，党的十六大以来，按照中央的部署和要求，中央纪委、中央组织部和各省（区、市）及新疆生产建设兵团党委组建专门巡视机构和专职巡视队伍，加强领导，精心组织实施；各巡视机构认真履行职责，扎实开展工作，较好地完成了各项巡视任务，取得了明显成效。当前和今后一个时期，巡视工作要紧紧围绕党和国家大局，紧密结合被巡视地区和单位实际，完善制度，突出重点，创新方法，强化巡视成果运用，促进领导班子和干部队伍建设，为党的路线方针政策和决议决定的贯彻执行提供保证。各省（区、市）党委要高度重视巡视工作，加强组织领导，狠抓落实。

深入贯彻落实科学发展观 推动社会主义文化大发展大繁荣

7月20日—23日，中共中央政治局常委李长春在黑龙江考察工作。他强调，宣传思想文化战线要深入贯彻党的十七大精神，扎扎实实地把科学发展观的要求体现到社会主义文化建设的各个方面，转化为谋划文化发展的正确思路、促进文化发展的政策措施、领导文化发展的实际能力，在贯彻落实科学发展观的过程中推动社会主义文化大发展大繁荣。

李长春强调，宣传思想文化战线要始终坚持围绕中心、服务大局，认真贯彻中央关于振兴东北地区等老工业基地的战略部署，大力宣传振兴老工业基地取得的积极进展，大力营造解放思想、实事求是、与时俱进的良好氛围，营造推动科学发展、促进社会和谐的良好氛围，引导广大干部群众把心思集中到发展上来，把力量凝聚到发展上来，把行动统一到发展上来，为振兴老工业基地提供强有力的精神动力、思想保证、舆论支持、文化条件。加强基层文化建设是李长春此次调研的重点。考察期间，李长春参观了铁人王进喜纪念馆。他强调，“铁人精神”充分体现了创业、创新、爱国、奉献的崇高精神，是大庆石油工人在社会主义建设时期创造的宝贵精神财富，是以爱国主义为核心的民族精神和以改革创新为核心的时代精神的重要组成部分，是社会主义核心价值体系的重要体现。在改革开放的新形势下，要大力弘扬“铁人精神”，并不断赋予新的时代内涵，使之成为促进经济社会发展的强大精神动力。

《关于违反信访工作纪律适用〈中国共产党纪律处分条例〉若干问题的解释》和《关于违反信访工作纪律处分暂行规定》颁布实施

7月24日，中央纪委、监察部、人力资源和社会保障部、国家信访局，就颁布实施《关于违反信访工作纪律适用〈中国共产党纪律处分条例〉若干问题的解释》（以下简称《解释》）和《关于违反信访工作纪律处分暂行规定》（以下简称《规定》）联合召开新闻发布会。会议强调，制定《解释》和《规定》是进一步严格落实信访工作领导责任、惩处违反信访工作纪律行为的重要举措；它们的颁布实施，对于进一步畅通信访渠道、保护信访人合法权益、实现信访秩序持续好转、保持社会和谐稳定具有十分重要的意义。2008年初，中央纪委、监察部、人力资源和社会保障部、国家信访局组成联合起草组，研究起草《解释》和《规定》。6月30日、7月4日，《规定》和《解释》分别印发。这是近年来第一次对某一领域违纪行为，同时发布党纪、政纪处分规定，进行责任追究。《解释》和《规定》明确界定了信访工作的“领导责任”，归纳概括了16种信访工作中需要追究领导责任的违纪行为，并规定了相应的党纪、政纪处分量纪标准，增强了责任追究的可操作性。要站在党和国家工作大局的高度，坚持人民利益高于一切，切实把《解释》和《规定》学习好、宣传好、执行好。要提高对《解释》和《规定》重要性的认识，强化责任主体意识，依纪依法规范信访工作秩序，维护社会和谐稳定。要严格执行《解释》和《规定》，严厉查处违反信访工作纪律的行为，维护党纪国法的严肃性。

决定召开十七届三中全会 讨论研究当前经济形势和经济工作

7月25日，中共中央政治局召开会议，决定今年10月在北京召开中国共产党第十七届中央委员会第三次全体会议，主要议程是，中共中央政治局向中央委员会报告工作，研究推进农村改革发展问题。会议还研究了当前经济形势和经济工作。中共中央总书记胡锦涛主持会议。

中央纪委监察部召开 深入推进纠风工作调研座谈会

7月28日中央纪委监察部在农业部召开深入推进纠风工作调研座谈会。今年以来，中央纪委监察部认真贯彻落实党的十七大精神，按照十七届中央纪委第二次全会提出的党风廉政建设和反腐败斗争的主要任务，就一些重点工作的落实情况先后到一些地方和部门进行调研督查。对纠风工作进行监督检查就是其中的一项。

中共中央政治局常委、中央纪委书记贺国强在认真听取发言后，充分肯定了各地各部门开展纠风工作的成绩，对做好下一步的纠风工作提出了要求。他强调，要抓住刹风整纪这个有效手段，坚决查处不正之风涉及的失职渎职和背后隐藏的腐败问题。当前要重点查处价格监管、环境保护、土地管理、征地拆迁、食品药品质量、安全生产等方面的违纪违法案件，查处贪污、截留、挤占、挪用教育经费、医疗保障经费、涉农补贴、社保基金、住房公积金、扶贫救灾专项资金的案件。要抓住深化改革和完善制度这个治本之策，加大从源头上防治不正之风的力度，建立健全管理体制、机制和制度，切实规范权力运行，健全政务公开制度，推行行政问责制度，努力从源头上铲除不正之风滋长的土壤和条件。要坚决纠正损害群众利益的不正之风，这是践行党的根本宗旨和执政理念的重要体现，是深入贯彻落实科学发展观、构建社会主义和谐社会的现实需要，也是反腐倡廉建设的一项重点任务，要按照中央的部署和要求，把纠风工作摆上重要位置切实抓紧抓好，以维护人民群众切身利益的实际成效取信于民。

2008年8月

第二十九届奥林匹克运动会 在北京隆重开幕

8月8日，举世瞩目的北京第二十九届奥林匹克运动会开幕式在国家体育场隆重举行。国家主席胡锦涛出席开幕式并宣布本届奥运会开幕。具有两千多年历史的奥林匹克运动与五千多年传承的灿烂中华文化交相辉映，共同谱写人类文明气势恢弘的新篇章。江泽民、吴邦国、温家宝、贾庆林、李长春、习近平、李克强、贺国强、周永康等党和国家领导人，国际奥委会主席罗格、终身名誉主席萨马兰奇，以及来自世界各地的领导人和贵宾出席开幕式，同全场观众共同见证这一激动人心的历史时刻。

北京奥运会组委会主席刘淇在开幕式上致辞，他代表北京奥组委，向来自世界各个国家和地区的运动员、教练员、来宾表示热烈的欢迎；向国际奥林匹克委员会、各国际单项体育组织，向参与北京奥运会筹办的建设者和工作者，向所有关心、支持北京奥运会的朋友们表示衷心的感谢。刘淇说，北京奥运会的重要使命在于促进世界各国文化的交流。我们真诚地希望，中华民族悠久的历史文化、热情好客的人民，能给朋友们留下美好的记忆。国际奥委会主席罗格在开幕式上致辞。他感谢北京奥组委和成千上万志愿者不辞辛劳的工作。罗格表示，我们处在同一个世界，我们拥有同一个梦想，希望本届奥运会带给大家欢乐、希望和自豪。

第二十九届奥林匹克运动会在北京圆满闭幕

8月24日，第二十九届奥林匹克运动会闭幕式在国家体育场隆重举行，来自各国各地区的运动员、教练员和来宾在团结、欢乐、和谐的气氛中，共同庆祝北京奥运会取得圆满成功。胡锦涛、江泽民、吴邦国、温家宝、贾庆林、李长春、习近平、李克强、贺国强、周永康等党和国家领导人，国际奥委会主席罗格、终身名誉主席萨马兰奇，以及来自世界各地的领导人和贵宾出席闭幕式。

北京奥运会是在奥林匹克运动史上留下辉煌一页的体育盛会。来自204个国家和地区的1万余名运动员在过去16天里挑战极限、攀越新高，刷新了38项世界纪录和85项奥运会纪录，多个国家和地区实现了奥运会金牌和奖牌零的突破，奏响了更快、更高、更强的激情乐章，描绘了团结、友谊、和平的壮丽画卷。作为东道主的中国，为把北京奥运会办成一届有特色、高水平的奥运会作出了巨大努力，完善的比赛场馆设施，出色的组织服务工作，赢得了奥林匹克大家庭和国际社会的广泛好评。中国体育代表团取得了51枚金牌、100枚奖牌的优异成绩，第一次名列奥运会金牌榜首位，创造了中国体育代表团参加奥运会以来的最好成绩。

2008年9月

中央党校举行2008年秋季学期开学典礼

9月1日，中央党校举行2008年秋季学期开学典礼，习近平、李源潮、何勇、令计划出席了开学典礼，习近平发表重要讲话。中央党校常务副校长李景田主持开学典礼。有关部门负责人、中央党校负责人以及2008年秋季学期全体学员、党校教职员工，共1800多人参加了开学典礼。

习近平的讲话以“改革开放30年党的建设回顾与思考”为题目，共讲了四个问题：一、30年党的建设的历史背景和伟大进程；二、30年党的建设取得的成绩和进步；三、30年党的建设的理论创新成果；四、30年党的建设的几点启示。他指出，改革开放30年来党的建设是在世情、国情、党情发生重大而深刻变化的大背景下进行的，是在党的历史方位发生重大转变的大环境中进行的。30年来我们党紧紧围绕在长期执政、改革开放和发展社会主义市场经济条件下“建设一个什么样的党、怎样建设党”这个根本问题，积极探索、与时俱进，提出了一系列新思想、新观点、新论断，丰富和发展了马克思主义建党学说。从30年党的建设中可以得到许多重要启示：第一，必须毫不动摇地高举中国特色社会主义伟大旗帜，推动全党同志不断增强学习贯彻党的基本理论、基本路线、基本纲领、基本经验的自觉性和坚定性。第二，必须紧密联系党的中心任务建设党，尤其要抓好发展这个党执政兴国的第一要务，深入贯彻落实科学发展观，推动经济社会又好又快发展。第三，必须坚持立党为公、执政为民，把实现好、维护好、发展好最广大人民的根本利益作为党的核心价值，始终保持党同人民群众的血肉联系。第四，必须在实践中形成坚强的中央领导集体，必须坚决维护中央的权威，以确保党的决策正确和有效实施。第五，必须根据世情、国情、党情的发展变化，坚持以改革创新精神推进党的建设，不断为党的肌体注入新活力。改革开放30年来党的各方面建设，是在以毛泽东同志为核心的党的第一代中央领导集体成功开创的党的建设伟大工程的基业上展开的。80多年来，中国人民的无数英烈，一代又一代中国共产党人，前赴后继、不怕牺牲，艰苦奋斗、锐意进取，才奠定了中国今天的局面。我们要紧密团结在以胡锦涛同志为总书记的党中央周围，高举中国特色社会主义伟大旗帜，以邓小平理论和“三个代表”重要思想为指导，深入贯彻落实科学发展观，继续解放思想，坚持改革开放，推动科学发展，促进社会和谐，为夺取全面建设小康社会新胜利，推进中国特色社会主义伟大事业和党的建设新的伟大工程，作出新的更大的贡献。

全国监察厅（局）长研讨班座谈会召开

9月1日—7日，为深入学习贯彻党的十七大和十七届中央纪委第二次全会、国务院第一次廉政工作会议精神，进一步明确新形势下行政监察的工作思路和主要任务，全面加强和改进行政监察工作，中央纪委监察部在北京举办全国监察厅（局）长研讨班。

中共中央政治局常委、中央纪委书记贺国强强调，今年是我国改革开放30周年，也是党的纪律检查机关恢复重建30周年，要认真总结监察机关恢复组建以来特别是党的纪律检查机关与监察机关合署办公以来的实践经验，努力把握行政监察工作规律，不断提高行政监察工作的科学性；要全面把握党的十七大提出的新任务新要求，高举中国特色社会主义伟大旗帜，深入贯彻落实科学发展观，认真研究行政监察工作面临的新情况新问题，不断推进行政监察工作理念、思路、方法和体制机制创新。加强执法监察、廉政监察、效能监察，是监察机关的重要职能，各级监察机关要紧密结合新形势新任务，围绕服务政府、责任政府、法治政府、廉洁政府建设，全面加强和改进行政监察工作，发挥行政监察的职能作用。各级党委、政府要切实加强对行政监察工作的领导，把监察工作纳入经济社会发展和党的建设的总体工作部署，及时研究解决行政监察工作面临的问题，支持监察机关依法履行职责，关心爱护监察干部，为他们创造必要的工作条件，解决他们的后顾之忧。各级监察机关要坚决贯彻执行中央的决策部署，认真开展执法监察、廉政监察和效能监察，在保证政令畅通、维护行政纪律、促进廉政建设、改善行政管理、提高行政效能等方面发挥积极作用，为推进党风廉政建设和反腐败斗争作出应有贡献。

深入学习实践科学发展观
试点工作总结会召开

9月3日，深入学习实践科学发展观活动试点工作总结会议在北京召开，中共中央政治局委员、中央书记处书记、中央组织部部长李源潮出席并讲话。按照党的十七大精神和中央部署，从今年2月下旬开始，中央在江苏省、江西省、四川省和中央组织部、财政部、国土资源部等23个单位开展了深入学习实践科学发展观活动试点工作，到8月底基本结束。会议认为，在党中央的高度重视、有力领导下，经过各方面的共同努力，试点工作取得了初步成效。在这次学习实践活动试点工作中，各试点单位认真贯彻落实中央要求，创造性地开展活动，坚持理论联系实际，深化对科学发展观的认识；突出实践特色，力求取得科学发展实效；围绕科学发展解放思想，积极推进改革创新；领导班子和党员领导干部带头，组织广大党员全员参加、全程参加；贯彻群众路线，努力使学习实践活动成为群众满意工程，较好地完成了各项任务。通过学习实践活动，广大党员干部特别是领导干部在科学发展的一些重大问题上形成了共识，初步解决了一批影响制约科学发展、群众反映强烈的突出问题，着力建立健全充满活力、富有效率、更加开放、有利于科学发展的体制机制，取得了一批制度创新成果，有力地推进了各项工作。总的看，试点工作是成功的。试点工作的实践启示我们，开展深入学习实践科学发展观活动，要围绕党员干部受教育、科学发展上水平、人民群众得实惠，既抓好理论学习，又突出实践特色，只有把学习成果运用于实践，在解决实际问题的过程中加深理解，才能真正把握科学发展观的真谛；既解决突出问题，又创新体制机制，为从根本上、长远上促进和保障科学发展提供制度保证；既突出领导班子和领导干部这个重点，又在各个阶段各个环节对领导干部和普通党员都有明确具体的要求，确保全体党员参与学习实践活动的全过程；既坚持正面教育为主，又引导党员干部特别是领导干部，认真听取群众意见，实事求是查找问题，认真总结经验教训，形成团结一致向前看，齐心协力推动科学发展的生动局面。要认真总结这些经验，为在全党开展深入学习实践科学发展观活动提供借鉴。各试点单位要继续抓好整改落实工作，巩固和发展学习实践活动的成果，以科学发展的实际成效取信于民。

研究部署在全党开展深入学习实践科学发展观活动工作

9月5日中共中央政治局召开会议，决定从今年9月开始，用一年半左右时间，在全党分批开展深入学习实践科学发展观活动。胡锦涛总书记主持会议。

会议认为，科学发展观，是对党的三代中央领导集体关于发展的重要思想的继承和发展，是马克思主义关于发展的世界观和方法论的集中体现，是同马克思列宁主义、毛泽东思想、邓小平理论和“三个代表”重要思想既一脉相承又与时俱进的科学理论，是我国经济社会发展的重要指导方针，是发展中国特色社会主义必须坚持和贯彻的重大战略思想。党的十七大决定在全党开展深入学习实践科学发展观活动，这是用中国特色社会主义理论体系武装全党的重大举措，是推动经济社会又好又快发展的迫切需要，是提高党的执政能力、保持和发展党的先进性的必然要求。全党必须坚持不懈地走科学发展道路，奋力开拓中国特色社会主义更为广阔的发展前景。开展深入学习实践科学发展观活动，要全面贯彻党的十七大精神，高举中国特色社会主义伟大旗帜，以邓小平理论和“三个代表”重要思想为指导，组织广大党员特别是各级领导班子和党员领导干部深入学习实践科学发展观，紧紧围绕党员干部受教育、科学发展上水平、人民群众得实惠，进一步解放思想、实事求是、改革创新，切实增强贯彻落实科学发展观的自觉性和坚定性，着力转变不适应、不符合科学发展要求的思想观念，着力解决影响和制约科学发展的突出问题以及党员干部党性党风党纪方面群众反映强烈的问题，着力构建有利于科学发展的体制机制，提高领导科学发展、促进社会和谐的能力，使党的工作和党的建设更加符合科学发展观的要求，把全社会的发展积极性进一步引导到科学发展上来，把科学发展观贯彻落实到经济社会发展各个方面。会议要求各级党组织和广大党员、干部一定要深刻认识开展学习实践科学发展观活动的重大现实意义和紧迫性，积极投入到学习实践活动中来。学习实践活动以县级以上领导班子和党员领导干部为重点，全体党员参加。各级党组织要把学习实践活动摆上重要议事日程，高度重视，精心组织，着重把握坚持解放思想、突出实践特色、贯彻群众路线、正面教育为主的原则，落实领导责任，加强分类指导，鼓励探索创新，搞好舆论引导，坚持统筹兼顾，努力达到提高思想认识、解决突出问题、创新体制机制、促进科学发展的目标，确保活动取得实效。

北京2008年残奥会隆重开幕

9月6日，北京2008年残奥会开幕式在国家体育场隆重举行，国家主席胡锦涛出席开幕式并宣布北京残奥会开幕。来自147个国家和地区的残疾人运动员，同全场9万多名观众共同分享这一期盼已久的盛会。党和国家领导人江泽民、吴邦国、温家宝、贾庆林、李长春、习近平、李克强、贺国强、周永康等，国际残奥委会主席克雷文，国际奥委会终身名誉主席萨马兰奇，以及来自世界各地的贵宾出席开幕式。

北京奥组委主席刘淇致辞。他代表北京奥组委，向来自世界各国各地区的运动员、教练员和来宾表示热烈的欢迎，向国际残奥委会，向所有参与北京残奥会筹办工作的建设者、工作者和关心支持北京残奥会的朋友们表示衷心的感谢。刘淇表示，我们热切地期盼，北京残奥会成为共享欢乐与友谊、梦想与成功的盛会。我们将把中国人民拥抱世界的热情呈现给世界。国际残奥委会主席克雷文在致辞中表示，北京残奥会规模空前，无论是运动员人数、参赛国家和地区数量还是体育项目数量，都超过往届残奥会。这是残奥运动史上的一座里程碑。北京奥运会精彩绝伦，相信北京残奥会也一定会圆满成功。

北京2008年残奥会圆满闭幕

9月17日，北京2008年残奥会闭幕式在国家体育场隆重举行。党和国家领导人胡锦涛、江泽民、吴邦国、温家宝、贾庆林、李长春、习近平、李克强、贺国强、周永康，国际残奥委会主席克雷文，国际奥委会主席罗格，以及来自世界各地的贵宾出席闭幕式。北京残奥会出色的赛事组织、完善的无障碍设施、人性化的服务，赢得了运动员、教练员和国际社会的广泛赞誉。在残奥会赛场上，来自147个国家和地区的4000多名残疾人运动员顽强拼搏、奋勇争先，刷新了279项残疾人世界纪录和339项残奥会纪录。中国体育代表团获得89枚金牌、211枚奖牌，名列金牌榜和奖牌榜首位，创造了中国体育代表团参加残奥会以来的最好成绩。

北京奥组委主席刘淇致辞。他代表北京奥组委，向所有参加北京残奥会的运动员表示热烈的祝贺，向国际残奥委会、各国家和地区残奥委会、各国际残疾人单项体育组织和乐于奉献的志愿者，以及所有为北京残奥会作出贡献的朋友们表示衷心的感谢。他说，在北京残奥会圣火即将熄灭的时候，我们真诚地祝愿：以激情点燃的熊熊火焰，化作绚丽的彩虹，连结起深厚的友谊，传递出人间大爱。国际残奥委会主席克雷文在闭幕式上致辞。他称赞北京残奥会是有史以来最伟大的一届残奥会，希望所有运动员、教练员和官员把北京残奥会独一无二的体育精神带往地球的四面八方，以此鼓励更多的人参与运动，结交朋友，点燃心灵之火。克雷文宣布北京2008年残奥会闭幕，并号召世界各地的残奥健儿4年后相聚伦敦。最后，克雷文用中文饱含深情地大声说："谢谢香港，谢谢青岛，谢谢北京，谢谢中国！"

全党深入学习实践科学发展观活动动员大会暨省部级主要领导干部专题研讨班开班式在中央党校举行

9月19日，全党深入学习实践科学发展观活动动员大会暨省部级主要领导干部专题研讨班开班式在中央党校举行。中共中央政治局常委胡锦涛、吴邦国、温家宝、贾庆林、李长春、习近平、李克强、贺国强、周永康出席，习近平主持，胡锦涛发表重要讲话。

胡锦涛指出，这次大会和研讨班，是在经过全党全军全国各族人民团结奋斗，四川汶川特大地震抗震救灾斗争取得重大胜利，北京奥运会、残奥会取得圆满成功的形势下举行的，这对于我们弘扬伟大抗震救灾精神，充分利用北京奥运会、残奥会成功举办的好形势，推动全面贯彻党的十七大精神、做好改革发展稳定各项工作，具有十分重要的意义。

胡锦涛强调，在全党开展深入学习实践科学发展观活动，是党的十七大作出的战略决策，是用中国特色社会主义理论体系武装全党的重大举措，是“三个代表”重要思想学习教育活动和保持共产党员先进性教育活动的继续，是深入推进改革开放、推动经济社会又好又快发展、促进社会和谐稳定的迫切需要，是提高党的执政能力、保持和发展党的先进性的必然要求。党的十七大提出在全党开展深入学习实践科学发展观活动，就是要在世情、国情、党情发生深刻变化的条件下，更好地用中国特色社会主义理论体系这一马克思主义中国化最新成果武装和统一全党思想，动员全党更好地为实现党的十七大提出的宏伟蓝图和行动纲领而团结奋斗。

胡锦涛强调，改革开放以来，我们党高度重视自身建设，坚持党要管党、从严治党，全面推进党的建设新的伟大工程，推动党的建设在不断改进中得到加强。同时，我们必须清醒地看到，随着改革开放和社会主义市场经济不断发展，随着党执政时间的增加和党的队伍的变化，党的自身建设面临许多新课题新考验，党面临的执政考验、改革开放考验、发展社会主义市场经济考验将是长期的、复杂的，管党治党的任务比过去任何时候都更为繁重。当前，党的执政能力与新形势新任务的要求还不完全适应、不完全符合，一些党员、干部的思想观念、能力素质与党的先进性要求还不完全适应、不完全符合，一些基层党组织的管理手段和创新能力与经济社会发展任务还不完全适应、不完全符合，一些地方的党组织、领导班子、领导干部党性党风党纪方面还存在这样那样的问题。只有抓紧解决党员干部队伍中存在的突出问题，使全党同志始终坚持立党为公、执政为民，始终坚持以人为本，始终把人民群众安危冷暖放在心上，我们党才能更好地带领广大人民群众为夺取全面建设小康社会新胜利而奋斗。

胡锦涛强调，在开展学习实践活动中要着重从以下几方面作出不懈努力。第一，进一步深刻理解贯彻落实科学发展观的重大意义。第二，进一步抓好发展这个党执政兴国的第一要务。第三，进一步实现好、维护好、发展好最广大人民的根本利益。第四，进一步坚持解放思想、改革创新。第五，进一步提高党员干部队伍素质。第六，进一步动员广大人民群众投身科学发展的伟大实践。

习近平在主持会议时指出，要深刻认识开展学习实践活动的重大现实意义和紧迫性，深刻理解中央关于开展学习实践活动的指导思想、工作目标、方法步骤、基本要求，为在全党开展学习实践活动做好充分思想准备和工作准备，确保学习实践活动取得实效。

第一批深入学习实践科学发展观活动工作会议在北京召开

9月19日—21日，第一批深入学习实践科学发展观活动工作会议在北京召开。习近平出席会议并作重要讲话。刘云山出席会议，李源潮主持会议并作会议总结。党中央决定，从2008年9月开始，用一年半左右的时间，在全党分批开展深入学习实践科学发展观活动。参加第一批的单位主要是省部级党政机关、中管金融机构。召开这次会议，主要任务是对在全党开展深入学习实践科学发展观活动作出部署，对第一批开展活动的单位进行动员。

习近平在讲话中深刻阐述了开展深入学习实践科学发展观活动的重大意义。他指出，参加第一批学习实践活动的单位在国家经济建设、政治建设、文化建设、社会建设以及生态文明建设中处于重要位置，担负着全面贯彻执行党的路线方针政策、推动经济社会又好又快发展的重要任务。切实搞好第一批学习实践活动，不仅对于第二批、第三批学习实践活动有着重要的示范和导向作用，还有利于省部级机关在抓好自身学习实践活动的基础上，集中精力抓好后两批的工作。参加第一批学习实践活动的单位要进一步增强责任感和使命感，按照中央的要求把学习实践活动作为党的建设的重中之重，切实加强领导，做到认识到位、组织到位、措施到位、工作到位。各单位党员领导干部特别是党委主要负责同志要带头深入学习，带头调查研究，在学习实践活动中发挥表率作用。开展学习实践活动的根本目的，是为了更好地推动科学发展，促进社会和谐。参加第一批学习实践活动的单位要把学习实践活动同深入贯彻落实党的十七大精神结合起来，同开展纪念改革开放30周年活动结合起来，同推动广大党员特别是党员领导干部讲党性、重品行、作表率结合起来，同做好当前各项工作结合起来，围绕中心、服务大局、统筹兼顾、合理安排，做到“两不误、两促进”。

李源潮在讲话中说，搞好第一批学习实践活动，对全党学习实践活动具有重要的示范性、导向性作用。各地区各部门各单位要认真学习贯彻这次会议精神，把思想和行动统一到中央精神上来，按照中央要求谋划和推进学习实践活动。要抓紧做好思想准备、组织准备、工作准备，扎实有序地展开学习实践活动的各个环节，确保学习实践活动取得党员干部受教育、科学发展上水平、人民群众得实惠的实效。

认真学习贯彻胡锦涛总书记在全党深入学习实践科学发展观活动动员大会暨省部级主要领导干部专题研讨班上的讲话

9月21日中央深入学习实践科学发展观活动领导小组发出通知，要求参加学习实践活动的各地区各部门各单位认真学习贯彻胡锦涛总书记在全党深入学习实践科学发展观活动动员大会暨省部级主要领导干部专题研讨班上的讲话。

《通知》指出，胡锦涛总书记的重要讲话是开展深入学习实践科学发展观活动、把贯彻落实科学发展观提高到一个新的水平的重要指导文件。深入学习领会和贯彻落实《讲话》精神，对于切实搞好深入学习实践科学发展观活动，进一步推动科学发展观深入贯彻落实，动员全党更好地为实现党的十七大提出的宏伟蓝图和行动纲领团结奋斗，具有重大意义。

《通知》强调，要深刻理解、准确把握《讲话》的主要内容和精神实质，把学习《讲话》和学习党的十七大报告，学习《毛泽东邓小平江泽民论科学发展》、《科学发展观重要论述摘编》、《深入学习实践科学发展观活动领导干部学习文件选编》结合起来。着重理解和准确把握科学发展观是对党的三代中央领导集体关于发展的重要思想的继承和发展，是马克思主义关于发展的世界观和方法论的集中体现，是同马克思列宁主义、毛泽东思想、邓小平理论和“三个代表”重要思想既一脉相承又与时俱进的科学理论，是我国经济社会发展的重要指导方针，是发展中国特色社会主义必须坚持和贯彻的重大战略思想。着重理解和准确把握深入学习实践科学发展观，是在深刻变化的国际环境中推动我国发展的迫切需要，是落实实现全面建设小康社会奋斗目标新要求的迫切需要，是以改革创新精神全面推进党的建设新的伟大工程的迫切需要。着重理解和准确把握把贯彻落实科学发展观提高到新水平，必须进一步深刻理解科学发展观的重大意义，进一步抓好发展这个党执政兴国的第一要务，进一步实现好、维护好、发展好最广大人民的根本利益，进一步坚持解放思想、改革创新，进一步提高党员干部队伍素质，进一步动员广大人民群众投身科学发展的伟大实践。着重理解和准确把握中央关于开展学习实践活动的总体部署和要求，坚持用中国特色社会主义理论体系武装全党，努力在科学发展观的认识上取得新的提高；坚持突出实践特色，努力在解决群众反映强烈、影响和制约科学发展的突出问题上取得新的突破；坚持推进重点领域和关键环节的改革，努力在构建有利于科学发展的体制机制上取得新的进展；坚持讲党性、重品行、作表率，努力在改进作风上取得新的成效。各级领导干部特别是主要负责同志要深刻理解胡锦涛总书记的殷切希望，带头学习、深入学习，带头调查研究，带头坚持解放思想、实事求是，带头分析检查，带头整改落实。

加强高校反腐倡廉建设工作会议召开

9月23日加强高校反腐倡廉建设工作会议在北京召开。中共中央政治局常委、中央纪委书记贺国强会前听取了筹备工作情况汇报并作出重要指示。他强调，加强高校反腐倡廉建设要认真贯彻落实党的十七大精神，按照中央的要求和部署，坚持标本兼治、综合治理、惩防并举、注重预防的方针，突出重点，狠抓落实，特别是要切实解决好关系群众切身利益的突出问题。

贺国强指出，这些年来特别是党的十六大以来，高校深入推进反腐倡廉各项工作，取得了明显成效，促进了高校改革发展的各项工作。当前，加强高校反腐倡廉建设，一是要进一步总结经验，巩固成果，特别是对过去抓得比较好的一些工作，比如高校招生阳光工程、治理乱收费等，要坚持不懈地抓下去；二是要注意抓好财务管理、高考招生、工程建设、物资采购招投标、校办产业等容易滋生腐败的重点领域和关键环节；三是要加强对领导班子特别是主要领导干部的教育、管理和监督，促进领导干部廉洁从政，确保权力正确行使；四是要高度重视校园廉政文化建设，推进廉政文化进校园、进课堂，努力营造风清气正的文化氛围，决不能让污七八糟、消极腐败的东西进校园；五是要充分发挥高校研究力量强、人才聚集的优势，为反腐倡廉建设提供智力支持。

神舟七号载人飞船发射成功

9月25日我国航天事业又迎来一个历史性时刻，我国自行研制的神舟七号载人飞船在酒泉卫星发射中心发射升空，21时19分43秒准确进入预定轨道，载人航天工程总指挥常万全激动地宣布：神舟七号载人飞船发射圆满成功。在热烈的掌声中，中共中央总书记、国家主席、中央军委主席胡锦涛发表了重要讲话。他说，神舟七号飞船发射成功，标志着这次载人航天飞行任务首战告捷。胡锦涛代表党中央、国务院、中央军委，向参加这次任务的全体科技工作者、干部职工、部队官兵表示热烈祝贺。实施神舟七号载人航天飞行任务，是今年我国最具代表性、最具影响力的国家级重大科研实践活动，是中国人民攀登世界科技高峰的又一伟大壮举。

在随后的飞行过程中，我国航天员将首次进行空间出舱活动。胡锦涛亲临酒泉卫星发射中心现场观看飞船发射。吴邦国、贾庆林、李长春、习近平、李克强等领导同志在北京航天飞行控制中心观看飞船发射实况。周永康等领导同志在酒泉卫星发射中心现场观看飞船发射。

全军大单位党委书记座谈会召开

9月26日，中共中央政治局委员、中央军委副主席徐才厚在全军大单位党委书记座谈会上强调，全军各级要坚持用胡锦涛主席重要讲话精神和党中央、中央军委的决策部署统一思想，迅速部署、扎实抓好深入学习实践科学发展观活动。要以学习实践活动为重大契机，进一步贯彻落实党的十七大的战略部署，大力推进军队党的建设，切实把党的政治优势和组织优势转化为推动军队建设科学发展的强大力量。

徐才厚指出，胡主席在中央党校发表的重要讲话，站在党和国家工作全局，进一步阐明了深入贯彻落实科学发展观的重大问题，进一步丰富和发展了科学发展观这一科学理论，是又一篇马克思主义的纲领性文献。我们要结合军队实际深化学习理解。各级党委要把学习实践活动作为一项重大政治任务，按照中央和军委要求立即对这项工作进行部署，坚持大事大抓，加强科学指导，与各项工作有机结合，确保取得实实在在的效果。要坚持不懈地抓好思想理论建设这一根本任务，深入扎实地抓好中国特色社会主义理论体系武装，组织广大党员深入学习邓小平理论、“三个代表”重要思想以及科学发展观等重大战略思想，加强对党员的理想信念教育，毫不动摇地坚持党对军队绝对领导的根本原则和制度。要始终坚持军事斗争准备的龙头地位不动摇，大力提高党委领导部队以打赢信息化条件下局部战争能力为核心的完成多样化军事任务的能力。要认真贯彻从严治党方针，不断健全完善军队党的建设的制度机制，高度重视抓好基层党组织建设，着力抓好党委班子建设。

中共中央政治局召开会议
讨论拟提请十七届三中全会审议的文件

9月28日中共中央政治局召开会议，讨论党的十七大和十七届一中全会以来中央政治局的工作，研究推进农村改革发展等问题。胡锦涛总书记主持会议。会议决定，中国共产党第十七届中央委员会第三次全体会议于10月9日至12日在北京召开。

中共中央政治局听取了《中共中央关于推进农村改革发展若干重大问题的决定》稿在党内外一定范围征求意见的情况报告，决定根据这次会议讨论的意见进行修改后将文件稿提请十七届三中全会审议。

会议认为，在这次征求意见的过程中，各地区各部门各有关方面和党的十七大代表对文件稿提出了许多很好的意见和建议，文件稿修改要充分吸收和反映，以集中全党和各方面智慧，制定好文件，使之成为当前和今后一个时期全党全国推进农村改革发展的指导性文件。

中共中央政治局
进行第八次集体学习

9月28日中共中央政治局进行第八次集体学习，胡锦涛总书记主持。这次集体学习安排的内容是中国特色社会主义理论体系研究。中央党校严书翰教授、中国人民大学秦宣教授就这个问题进行讲解，并谈了对学习贯彻中国特色社会主义理论体系的意见和建议。

胡锦涛在主持学习时发表了讲话。他指出，中国特色社会主义理论体系，就是包括邓小平理论、“三个代表”重要思想以及科学发展观等重大战略思想在内的科学理论体系。深入学习中国特色社会主义理论体系，是贯彻落实好中国特色社会主义理论体系的前提。要紧密联系党的基本路线、基本纲领、基本经验，紧密联系中国特色社会主义的发展道路、发展阶段、发展战略，紧密联系社会主义经济建设、政治建设、文化建设、社会建设和党的建设的基本目标，全面把握中国特色社会主义理论体系，深刻领会中国特色社会主义理论体系的根本立场、基本观点、科学方法，着力从世界观和方法论上提高马克思主义理论水平和认识世界、改造世界的能力，努力做到认识上有新提高、思想上有新收获。理论的活力植根于实践，学习的目的全在于运用。学习中国特色社会主义理论体系，必须同党带领人民进行的发展中国特色社会主义的生动实践紧密结合起来，同推进改革发展稳定各项工作的实际紧密结合起来，同党员、干部改造客观世界和主观世界的实际紧密结合起来，坚持用中国特色社会主义理论体系研究新情况、解决新问题，努力做到学以致用、用以促学、学用相长。

各级党委要把用中国特色社会主义理论体系武装全党、教育人民作为一项长期任务和经常性工作，有计划有步骤地抓好落实。要切实抓好用中国特色社会主义理论体系武装全党工作，切实加强马克思主义理论队伍建设，切实推进中国特色社会主义理论体系大众化，把学习贯彻中国特色社会主义理论体系的成效转化为高举中国特色社会主义伟大旗帜的坚定意志，转化为推动科学发展、促进社会和谐的实际能力，转化为同人民群众同呼吸、共命运、心连心的真挚情感，转化为增强党性修养、提高思想觉悟的自觉行动。

国务院举行国庆招待会

9月29日国务院在人民大会堂举行国庆招待会，热烈庆祝中华人民共和国成立59周年。胡锦涛、吴邦国、温家宝、贾庆林、李长春、习近平、李克强、贺国强、周永康等党和国家领导人与1000多名中外人士欢聚一堂，共庆佳节。

国务院总理温家宝发表了热情洋溢的讲话。他首先代表中共中央、国务院，向全国各族人民致以节日的祝贺；向香港澳门同胞、台湾同胞以及海外侨胞，致以亲切的问候；向关心支持我国改革开放和现代化建设的国际友人，表示诚挚的感谢。

欢快的乐曲声中，中外朋友频频举杯，共庆新中国59华诞，共祝中国繁荣富强、人民幸福安康。

2008年10月

首都各界向人民英雄纪念碑敬献花篮

10月1日，是中华人民共和国成立59周年纪念日。上午，党和国家领导人胡锦涛、吴邦国、温家宝、贾庆林、李长春、习近平、李克强、贺国强、周永康等，同首都各界代表一起来到天安门广场，向人民英雄纪念碑敬献花篮，深切缅怀为实现民族独立、人民解放和国家富强、人民幸福英勇献身的革命先烈。

全国抗震救灾总结表彰大会隆重举行

10月8日，中共中央、国务院、中央军委在人民大会堂隆重举行全国抗震救灾总结表彰大会。党和国家领导人胡锦涛、吴邦国、贾庆林、李长春、习近平、李克强、贺国强、周永康出席大会。大会由温家宝主持。温家宝宣布大会开始，全体起立，高唱国歌。李克强宣读了《中共中央、国务院、中央军委关于表彰全国抗震救灾英雄集体和抗震救灾模范的决定》。随后，胡锦涛等领导同志向受表彰的抗震救灾英雄集体和抗震救灾模范代表颁奖。

胡锦涛在会上发表了重要讲话。他指出，2008年5月12日14时28分，我国发生了震惊世界的四川汶川特大地震，受灾地区人民生命财产和经济社会发展蒙受了巨大损失。坚决战胜这场灾害，保护人民生命财产安全、保卫改革开放和社会主义现代化建设成果，是对中国人民意志、勇气、力量的严峻考验，也是对我们党执政能力和先进性的重大检验。在党中央、国务院和中央军委坚强领导下，全党全军全国各族人民众志成城、迎难而上，迅速展开气壮山河的抗震救灾工作，奋勇夺取抗震救灾斗争重大胜利，谱写了感天动地的英雄凯歌。今天，我们隆重召开全国抗震救灾总结表彰大会，就是要全面总结抗震救灾工作，表彰抗震救灾英雄集体和抗震救灾模范，号召全党全军全国各族人民学习他们的先进思想和模范事迹，弘扬伟大抗震救灾精神，为夺取全面建设小康社会新胜利、开创中国特色社会主义事业新局面而不懈奋斗。

温家宝在主持大会时说，胡锦涛总书记的重要讲话全面总结了抗震救灾斗争取得重大胜利的重要经验，充分肯定了各地区各部门各单位抗震救灾工作取得的重大成绩，高度评价了全党全军全国各族人民在抗震救灾斗争中表现出的伟大抗震救灾精神，明确提出了灾后恢复重建的工作目标、指导方针和总体要求，我们一定要认真贯彻落实。

中共十七届三中全会在京举行

10月9日—12日，中国共产党第十七届中央委员会第三次全体会议在北京举行。出席这次全会的有中央委员202人，候补中央委员166人。中央纪律检查委员会常务委员会委员和有关方面负责同志列席了会议。党的十七大代表中从事农业农村工作的部分基层同志和研究农业、农村、农民问题的部分专家学者也列席了会议。全会由中央政治局主持。胡锦涛总书记作了重要讲话。全会听取和讨论了胡锦涛受中央政治局委托作的工作报告，审议通过了《中共中央关于推进农村改革发展若干重大问题的决定》。中共中央政治局委员回良玉就《决定（讨论稿）》向全会作了说明。

全会全面分析了形势和任务特别是经济形势，强调我国总体形势是好的，经济保持较快增长，金融业稳健运行，我国经济发展的基本态势没有改变。全会研究了新形势下推进农村改革发展的若干重大问题，认为在改革开放30周年之际，系统回顾总结我国农村改革发展的光辉历程和宝贵经验，进一步统一全党全社会认识，加快推进社会主义新农村建设，大力推动城乡统筹发展，对于全面贯彻党的十七大精神，深入贯彻落实科学发展观，夺取全面建设小康社会新胜利、开创中国特色社会主义事业新局面，具有重大而深远的意义。

全会强调，要全面贯彻党的十七大精神，高举中国特色社会主义伟大旗帜，以邓小平理论和“三个代表”重要思想为指导，深入贯彻落实科学发展观，把建设社会主义新农村作为战略任务，把走中国特色农业现代化道路作为基本方向，把加快形成城乡经济社会发展一体化新格局作为根本要求，坚持工业反哺农业、城市支持农村和多予少取放活方针，创新体制机制，加强农业基础，增加农民收入，保障农民权益，促进农村和谐，充分调动广大农民的积极性、主动性、创造性，推动农村经济社会又好又快发展。全会号召，全党同志要紧密团结在以胡锦涛同志为总书记的党中央周围，锐意改革，加快发展，在推进中国特色社会主义伟大事业进程中努力开创农村工作新局面！

中央党校召开深入学习实践科学发展观活动动员大会

10月16日中央党校召开深入学习实践科学发展观活动动员大会。中共中央政治局常委、中央书记处书记习近平出席会议并讲话。他指出，中央党校开展深入学习实践科学发展观活动，要以党的十七大精神为指导，以深入学习贯彻《中国共产党党校工作条例》和全国干部教育培训工作会议精神为实践载体，达到提高思想认识、解决突出问题、创新体制机制、促进科学发展的目标。在提高思想认识上，要使全校党员深刻理解科学发展观的科学内涵、精神实质和根本要求，系统掌握科学发展观所体现的马克思主义立场、观点、方法，在服务科学发展、促进党校事业科学发展等重大问题上进一步统一思想、凝聚共识。在解决突出问题上，要进一步明确在新的历史起点上全面开创党校工作新局面所面临的新课题、新矛盾和新任务，着力转变不适应、不符合党校事业科学发展的思想观念，着力找准并解决影响和制约科学发展的突出问题以及党员干部党性党风党纪方面群众反映强烈的突出问题。在创新体制机制上，要把解决问题与建立长效机制紧密结合起来，建立健全相关制度，把坚持党校姓党原则具体化为从严治校、从严施教、从严管理的制度和措施，逐步完善党校事业科学发展的长效机制，从制度和机制上保证把科学发展观的要求落到实处。在促进科学发展上，要努力在提高教学水平上迈出新步伐，在推动科研工作上取得新成绩，在提高学习研究宣传科学发展观和服务科学发展能力上取得新成效，在加强教师队伍建设和管理队伍建设上取得新进展。要严格按照中央的部署和要求，精心组织、周密安排，坚持高标准、严要求，突出党校特点，突出实践特色，以学习实践活动推动各项工作开展、以各项工作的成绩检验学习实践活动的成效。党校各级领导班子和领导干部要率先垂范、走在学习实践活动前列，带头学习文件，带头调查研究，带头解放思想，带头分析检查，带头整改落实，以自身的模范行动带动和促进学习实践活动扎扎实实地进行，带动和促进科学发展观在中央党校的贯彻落实。

中国工会第十五次全国代表大会在京举行

10月17日—21日，中国工会第十五次全国代表大会在人民大会堂召开。胡锦涛、吴邦国、温家宝、贾庆林、李长春、习近平、李克强、贺国强、周永康等党和国家领导人到会祝贺。习近平代表党中央发表了题为《在夺取全面建设小康社会新胜利中充分发挥工人阶级主力军作用》的祝词。在祝词中充分肯定了改革开放30年来我国工人阶级为发展中国特色社会主义伟大事业作出的不可磨灭的历史性贡献，高度评价了各级工会组织在动员组织职工建功立业、维护职工合法权益、提高职工整体素质、加强工会组织建设等方面取得的显著成绩。他强调，党的十七大适应国内外形势的新变化、顺应各族人民过上更好生活的新期待，提出了实现全面建设小康社会奋斗目标的新要求。夺取全面建设小康社会新胜利，是新的历史起点上充分发挥工人阶级主力军作用的聚焦点，也是发挥各级工会组织优势和作用的切入点。全面建设小康社会既要切实造福工人阶级，又要始终依靠工人阶级。我国工人阶级一定要承担起历史赋予的崇高使命，积极发挥主力军作用，充分展现主人翁风采，为夺取全面建设小康社会新胜利建功立业。

胡锦涛21日下午在人民大会堂同全国总工会新一届领导班子成员和中国工会十五大部分代表座谈，并发表重要讲话。他首先代表党中央对中国工会十五大成功召开表示衷心的祝贺，向全国广大职工和工会干部表示诚挚的问候。他强调，实现党的十七大提出的各项目标任务，对工人阶级进一步发挥主力军作用提出了新要求。我国工人阶级要成为继续解放思想、锐意改革创新的时代先锋，坚持解放思想、实事求是、与时俱进，立足基本国情，树立世界眼光，顺应时代潮流，与时代发展同步伐、与改革开放共命运，始终以国家主人翁的姿态积极投身改革创新的伟大实践，坚定不移为改革开放伟大事业贡献力量。面对新的形势和任务，工会一定要坚持以邓小平理论和“三个代表”重要思想为指导，深入贯彻落实科学发展观，充分发挥自身优势，全面履行各项职能，切实把党的路线方针政策贯彻落实到各项工作中去，更好地团结动员全国广大职工为夺取全面建设小康社会新胜利而奋斗。

《中共中央关于推进农村改革发展若干重大问题的决定》发布

10月19日新华社授权播发《中共中央关于推进农村改革发展若干重大问题的决定》。《决定》于2008年10月12日中国共产党第十七届中央委员会第三次全体会议通过。

《决定》共分六个部分，分别是：一、新形势下推进农村改革发展的重大意义；二、推进农村改革发展的指导思想、目标任务、重大原则；三、大力推进改革创新，加强农村制度建设；四、积极发展现代农业，提高农业综合生产能力；五、加快发展农村公共事业，促进农村社会全面进步；六、加强和改善党的领导，为推进农村改革发展提供坚强政治保证。

《决定》指出，只有坚持把解决好农业、农村、农民问题作为全党工作重中之重，坚持农业基础地位，坚持社会主义市场经济改革方向，坚持走中国特色农业现代化道路，坚持保障农民物质利益和民主权利，才能不断解放和发展农村社会生产力，推动农村经济社会全面发展。全党必须深刻认识到，农业是安天下、稳民心的战略产业，没有农业现代化就没有国家现代化，没有农村繁荣稳定就没有全国繁荣稳定，没有农民全面小康就没有全国人民全面小康。我们要牢牢把握我国社会主义初级阶段的基本国情和当前发展的阶段性特征，适应农村改革发展新形势，顺应亿万农民过上美好生活新期待，抓住时机、乘势而上，努力开辟中国特色农业现代化的广阔道路，奋力开创社会主义新农村建设的崭新局面。

《决定》根据党的十七大提出的实现全面建设小康社会奋斗目标的新要求和建设生产发展、生活宽裕、乡风文明、村容整洁、管理民主的社会主义新农村要求，提出了到二〇二〇年农村改革发展基本目标任务，并指出实现这一目标任务要遵循的重大原则。《决定》指出，实现全面建设小康社会的宏伟目标，最艰巨最繁重的任务在农村，最广泛最深厚的基础也在农村。全党同志要紧密团结在以胡锦涛同志为总书记的党中央周围，锐意改革，加快发展，在推进中国特色社会主义伟大事业进程中努力开创农村工作新局面！

全国党校工作会议召开

10 月 26 日—28 日，全国党校工作会议在中央党校召开，会议期间，胡锦涛总书记同与会代表座谈并作了重要讲话。会议高举中国特色社会主义伟大旗帜，以邓小平理论和“三个代表”重要思想为指导，深入贯彻落实科学发展观，学习贯彻《中国共产党党校工作条例》，总结改革开放 30 年来党校工作经验，对当前和今后一个时期的党校工作进行了研究部署。中共中央政治局常委、中央书记处书记习近平作工作报告。他强调，改革开放 30 年来，各级党校坚持以党的基本理论、基本路线为指导，认真落实党中央关于党校工作一系列重要指示精神，在全党理论武装和干部教育培训工作中发挥了重要作用，为推进干部队伍革命化、年轻化、知识化、专业化，建设和发展中国特色社会主义作出了重大贡献。30 年党校办学的宝贵经验启示我们，党校教育必须适应党和国家工作大局的要求，促进党的中心任务的落实；必须适应党的干部教育的要求，促进领导干部素质和能力的提高；必须适应党的理论建设的要求，促进理论创新和实践创新。

他指出，开创党校工作新局面，必须完善教学布局，坚持以学习邓小平理论、“三个代表”重要思想以及科学发展观为中心，着眼于提高党员领导干部的领导素质和执政能力，以掌握理论创新的最新成果为重点夯实学员的理论基础，以把握时代特征和国际经济政治形势为重点拓展学员的世界眼光，以强化大局意识和应对复杂局面为重点培养学员的战略思维，以坚定理想信念、增强宗旨观念和改进作风为重点增强学员的党性修养。开创党校工作新局面，必须推进理论研究和理论创新。开创党校工作新局面，必须更好地实施人才强校战略，切实抓好党校人才的培养、吸引、使用和激励工作。开创党校工作新局面，必须始终坚持党校姓党的原则，在思想上政治上行动上同以胡锦涛同志为总书记的党中央保持高度一致，始终高举中国特色社会主义伟大旗帜，毫不动摇地坚持中国特色社会主义道路，毫不动摇地坚持中国特色社会主义理论体系，并体现到党校教学、科研、管理、队伍建设、学风建设等各方面工作之中。

胡锦涛总书记
同全国党校工作会议代表座谈

10 月 27 日胡锦涛总书记在同全国党校工作会议代表座谈时发表重要讲话。他在讲话中指出，面对国际国内不断发展变化的形势，我们要紧紧抓住我国发展的重要战略机遇期，充分利用前所未有的发展机遇，有力应对前所未有的严峻挑战，不断开创事业发展新局面，必须不断培养造就一支政治上靠得住、工作上有本事、作风上过得硬、人民群众信得过、善于治国理政的干部队伍。各级各类党校在大规模培训领导干部、大幅度提高领导干部素质中担负着重要责任，一定要把党校工作放到党和国家工作大局中去认识、去把握、去部署、去推进，增强办好党校的责任感和使命感，结合实际创新路，加强培训求实效，扎扎实实推动党校工作和党校事业有新的发展和进步。他强调，各级党校要充分发挥培训轮训领导干部的主渠道作用，充分发挥党的理论武装工作的重要阵地作用，充分发挥推进党的理论创新的生力军作用，充分发挥建设学习型政党的积极推动作用，充分发挥促进领导干部加强党性锻炼的熔炉作用。各级党校要牢固树立"五种意识"，扎扎实实做好各项工作。一是要牢固树立大局意识，二是要牢固树立党的意识，三是要牢固树立创新意识，四是要牢固树立勤俭意识，五是要牢固树立纪律意识。

他指出，各级党委要加强对党校工作的领导，把党校工作纳入党委整体工作部署和党的建设总体安排，定期研究并及时解决党校工作中的重要问题，配备好党校领导班子，帮助党校解决教学和管理工作中的实际困难，为加强党校教师队伍和干部队伍思想政治业务建设、推进教学手段和基础设施现代化建设积极创造条件。

中国妇女第十次全国代表大会在京召开

10月28日—11月1日，中国妇女第十次全国代表大会在北京人民大会堂召开。胡锦涛、吴邦国、贾庆林、李长春、习近平、李克强、贺国强、周永康等党和国家领导人到会祝贺。贺国强代表党中央发表了题为《充分发挥妇女"半边天"作用 为夺取全面建设小康社会新胜利贡献智慧和力量》的祝词。在祝词中高度评价了改革开放30年来我国广大妇女为深化改革、扩大开放、加快发展、促进和谐作出的重要贡献，充分肯定了各级妇联组织在动员组织妇女建功立业、统筹推进城乡妇女事业发展、依法维护妇女儿童权益、提高妇女整体素质、促进未成年人健康成长、推进中外妇女交流、加强妇联自身建设等方面取得的突出成绩。

11月1日胡锦涛同全国妇联新一届领导班子成员和中国妇女十大部分代表座谈时发表重要讲话。在讲话中首先代表党中央向中国妇女十大成功召开表示衷心的祝贺，向全国各族各界妇女和广大妇女工作者表示诚挚的问候。他向广大妇女提出3点希望。一是要进一步增强走中国特色社会主义道路的自觉性和坚定性，坚持社会主义核心价值体系，用科学理论武装头脑，用中国特色社会主义共同理想凝聚力量，用民族精神和时代精神鼓舞斗志，用社会主义荣辱观引领风尚，自觉承担起时代赋予的崇高使命，努力为发展中国特色社会主义作出新的更大的贡献。二是要进一步发挥在夺取全面建设小康社会新胜利中的"半边天"作用，牢牢把握发展这个党执政兴国的第一要务，坚持聚精会神搞建设、一心一意谋发展，努力在社会主义经济建设、政治建设、文化建设、社会建设以及生态文明建设中大显身手。三是要进一步彰显促进社会和谐的独特优势，牢固树立社会主义民主法治、自由平等、公平正义理念，发扬光大中华民族传统美德，追求文明向上的生活方式，培养健康有益的生活情趣，崇尚科学有效的教育方法，营造平等和谐的良好家风，努力为促进社会和谐稳定作出新的更大的贡献。

他指出，各级党委和政府要牢固树立马克思主义妇女观，充分认识广大妇女的重要作用和做好新形势下妇女工作的重大意义，坚决贯彻男女平等的基本国策，尊重广大妇女首创精神，积极为妇女贡献才智、成就事业搭建舞台，为保障妇女合法权益、促进妇女共享改革发展成果创造条件。

2008年11月

《求是》杂志发表温家宝总理重要文章

11月1日出版的第21期《求是》杂志，发表了温家宝总理的重要文章《关于深入贯彻落实科学发展观的若干重大问题》。文章指出，在全党开展深入学习实践科学发展观活动，就是要把各方面的积极性真正引导到科学发展轨道上来，抓住机遇，应对挑战，在新的起点上，实现更长时间、更高水平、更好质量的发展；实现经济发展与社会进步结合，政治体制改革与经济体制改革结合，开放兼容与自主创新结合，时代精神与文化传统结合的全方位发展。文章强调，我们必须从国际和国内大局出发，进一步增强贯彻落实科学发展观的紧迫感和自觉性，着力破解制约科学发展的矛盾和难题，加快构建有利于科学发展的体制和机制，提高领导科学发展的能力和素质，努力开创科学发展的新局面。

文章论述了6个问题：一、必须加强和改善宏观调控，促进经济长期又好又快发展；二、必须统筹城乡发展，坚持把解决好“三农”问题作为全党工作的重中之重；三、必须大力推进自主创新，加快经济结构战略性调整；四、必须坚持资源节约和环境保护的基本国策，增强可持续发展能力；五、必须坚持以人为本、执政为民，着力发展以改善民生为重点的社会事业；六、必须深化改革开放，构建有利于科学发展的体制机制。

全国未成年人思想道德建设工作经验交流会召开

11月1日中央文明委在浙江杭州召开全国未成年人思想道德建设工作经验交流会。这是2004年中央8号文件下发后，首次对各地贯彻落实情况进行总结、交流、表彰的会议。

会议认为，4年多来，全国各地各部门积极行动，社会各界广泛参与，未成年人思想道德建设工作扎实推进，取得突破性进展，呈现出积极健康向上的良好态势。党中央、国务院和各级党委政府为未成年人办了一大批好事实事：学校德育工作和素质教育得到切实加强，着眼解决重智轻德问题，探索建立符合素质教育要求的招生考试与评价制度；公益性文化设施和爱国主义教育基地免费开放，全国90%以上的爱国主义教育基地和公益性文化设施落实了向未成年人集体参观免费开放、个人参观实行优惠的规定；校外活动场所建设力度不断加大，各地按照有关规定，将活动场所建设、使用和管理纳入了城市经济社会发展总体规划，新建、改扩建了一批青少年宫、儿童活动中心、科技馆、青少年校外活动中心和中小学生素质教育基地；少儿频道开办和落地覆盖工作积极推进，全国296个省辖市已全部实现央视少儿频道落地覆盖，21个省级电视台、9个副省级城市电视台和3个地市级城市电视台开办了少儿频道；进城农民工子女接受义务教育问题得到较好解决；未成年人优秀精神文化产品的创作、生产和推介力度不断加大；文化环保工程强力推进，开展网吧专项整治、打击淫秽色情网站专项行动、净化网络游戏行动等。学校、家庭、社会“三结合”教育网络发展势头良好，未成年人思想道德建设工作创新也取得进展。随着未成年人思想道德建设工作的不断深入，广大未成年人的精神面貌发生了深刻变化，思想道德素质、文明礼仪素质明显提升。

纪念改革开放30周年
党的建设和组织工作理论研讨会召开

11月6日中共中央组织部、全国党建研究会在北京召开纪念改革开放30周年党的建设和组织工作理论研讨会，中共中央政治局委员、中央组织部部长李源潮出席会议并讲话。他回顾总结了30年来组织工作的发展历程和成就。他说，党的十一届三中全会以来，组织工作适应党所处历史方位和肩负历史使命的深刻变化，围绕中心、服务大局，一以贯之地解放思想、实事求是、改革创新、与时俱进，坚持用马克思主义中国化最新成果教育党员、培训干部，加强领导班子和干部队伍建设，提高各级领导班子领导水平和执政能力，坚持党管干部原则、推进干部工作的科学化民主化制度化，坚持党管人才原则、创新人才工作，坚持抓基层、打基础，加强党的基层组织建设和党员队伍建设，坚持建立健全以民主集中制为核心的组织制度体系，取得了重大进步。30年来组织工作的历史是一部解放思想、改革创新的发展史。30年来党的组织工作形成了许多规律性认识，积累了宝贵经验。我们要认真总结这些经验，在新的实践中充分运用并不断升华。

他强调，要以纪念改革开放30周年为契机，以改革创新精神不断开创组织工作新局面。要积极回应党员、干部和人民群众的新期待，把群众关注的热点难点问题作为组织工作改革创新的着力点，不断提高全党和人民群众对组织工作的满意度。要以更宽广的世界眼光、更系统的全局观念、更长远的战略思维来思考和推进组织工作。要始终保持奋发进取的精神状态，不断提高组织工作攻坚克难、开拓创新的能力。

庆祝神舟七号载人航天飞行
圆满成功大会召开

11月7日，中共中央、国务院和中央军委在人民大会堂隆重举行庆祝神舟七号载人航天飞行圆满成功大会。党和国家领导人胡锦涛、温家宝、贾庆林、李长春、习近平、李克强、贺国强出席大会，胡锦涛发表重要讲话。

大会由温家宝主持。李克强宣读了《中共中央国务院中央军委关于授予翟志刚同志“航天英雄”，刘伯明、景海鹏同志“英雄航天员”荣誉称号并颁发“航天功勋奖章”的决定》。胡锦涛在讲话中首先代表党中央、国务院和中央军委，向全体参加神舟七号载人航天飞行任务研制、建设、试验的广大科技工作者、航天员、干部职工、解放军指战员，向荣获“航天英雄”荣誉称号和航天功勋奖章的翟志刚同志，向荣获“英雄航天员”荣誉称号和航天功勋奖章的刘伯明、景海鹏同志，向所有为我国航天事业作出贡献的同志们表示热烈的祝贺和诚挚的慰问。胡锦涛指出，神舟七号载人航天飞行获得圆满成功，我国3名航天员首次成功实施空间出舱活动和空间科学实验，实现了我国空间技术发展的重大跨越。神舟七号载人航天飞行圆满成功，充分展示了改革开放30年来我国显著提高的经济实力、科技实力、综合国力，进一步增强了全体中华儿女的民族自信心和自豪感，进一步坚定了全党全军全国各族人民继续推进改革开放和社会主义现代化建设的决心和信念，对于我们在中国特色社会主义道路上实现中华民族伟大复兴必将产生重大而深远的影响。

温家宝在主持大会时说，胡锦涛同志代表党中央、国务院和中央军委发表的重要讲话，深刻阐述了神舟七号载人航天飞行圆满成功的重大意义，高度评价了广大航天工作者为神舟七号载人航天飞行所作的突出贡献，全面总结了载人航天工程实施16年来的成功经验和重要启示，对建设创新型国家、推动我国经济社会发展、开创中国特色社会主义事业新局面提出了明确要求，我们一定要认真学习领会。

学习贯彻党的十七届三中全会精神
县委书记培训班开班

11月10日第一期学习贯彻党的十七届三

中全会精神县委书记培训班在中央党校开班。中共中央政治局常委、中央书记处书记习近平出席开班式并作重要讲话。

习近平指出，当前我国改革发展正处于关键阶段，新的形势和任务对县委书记的思想政治素质、科学文化水平和工作本领提出了新的要求，也为县委书记提供了施展才华的广阔舞台和增长才干的最好课堂。县委书记肩上的担子重、责任大，一定要增强历史责任感和使命感，在建设和发展中国特色社会主义的伟大实践中励精图治、奋发进取，增长才干、建功立业。习近平对县委书记提出4点要求。第一，要勤于学习、善于学习，使读书学习成为充实知识、提高素质的重要途径，成为加强修养、培养高尚情操的有效手段，不断提高自身素质。第二，要带头弘扬党的优良作风，树立县委书记尽职尽责、忠诚于党的形象，开拓进取、克难攻坚的形象，求真务实、艰苦奋斗的形象，执政为民、清正廉洁的形象，始终保持共产党人的先进性。第三，要认真贯彻党的群众路线，思想上尊重群众、感情上贴近群众、行动上深入群众、工作上依靠群众，帮助群众解决生产生活中的实际困难，引导群众不断前进，切实提高新形势下做好群众工作的能力。第四，要善于当好班长、带好队伍，带头执行民主集中制，在各方面以身作则、发挥表率作用，团结县委领导班子成员齐心协力推动经济社会又好又快发展。

为了贯彻落实党的十七届三中全会精神，切实提高县(市、旗)党委书记领导农村改革发展的能力，党中央决定在中央党校、国家行政学院和中国浦东干部学院、井冈山干部学院、延安干部学院共举办6期培训班，每期7天，对全国近2000名县(市、旗)党委书记进行集中培训。在中央党校参加第一期培训班的县(市、旗)党委书记共500人。

中国残疾人联合会第五次全国代表大会在京开幕

11月11日中国残疾人联合会第五次全国代表大会在人民大会堂开幕。胡锦涛、温家宝、贾庆林、李长春、习近平、李克强、贺国强、周永康等党和国家领导人到会祝贺。

李克强代表党中央、国务院，发表了题为《促进残疾人事业在新的起点上加快发展 为夺取全面建设小康社会新胜利共同奋斗》的祝词。祝词中高度评价改革开放30年来在党和国家重视和推动下，我国残疾人事业取得的辉煌成就，充分肯定了各级残联组织和广大残疾人工作者为推动残疾人事业发展作出的重要贡献，充分肯定了广大残疾人在经济社会发展中发挥的重要作用。他指出，残疾人事业的发展壮大，有力推动了改革开放和社会主义现代化建设，充分展示了我国人权保障的广泛性、公平性、真实性，也赢得了国际社会的广泛赞誉。

他强调，我国残疾人事业是崇高的人道主义事业，是中国特色社会主义事业的重要组成部分。在新的形势下，不断推进残疾人事业，是推动科学发展的必然要求，是促进社会和谐的重要任务。进一步发展残疾人事业，必须全面贯彻党的十七大精神，高举中国特色社会主义伟大旗帜，以邓小平理论和“三个代表”重要思想为指导，深入贯彻落实科学发展观，按照中央制定的经济社会发展和残疾人事业发展的方针政策和决策部署，加强组织领导，动员社会力量，加大政策扶持，搞好统筹兼顾，实现残疾人事业与经济社会协调发展，努力使残疾人与全国各族人民一道向着更高水平的小康社会迈进。

四届残联主席邓朴方主持开幕式，并代表中国残联第四届主席团向大会作了题为《高举中国特色社会主义伟大旗帜 为加快残疾人事业全面发展而奋斗》的工作报告。

纪念刘少奇同志诞辰110周年座谈会举行

11月11日中共中央在人民大会堂举行座谈会，纪念刘少奇同志诞辰110周年。党和国家领导人胡锦涛、温家宝、贾庆林、李长春、习近平、李克强、贺国强、周永康出席。座谈会由温家宝主持，胡锦涛发表重要讲话。

胡锦涛在讲话中指出，我们怀着十分崇敬的心情，在这里隆重集会，纪念敬爱的刘少奇同志诞辰110周年，深切缅怀他为民族独立、人民解放和国家富强、人民幸福建立的历史功勋，追思和学习他为党和人民事业不懈奋斗的崇高风范，激励全党全国各族人民满怀信心投身全面建设小康社会伟大实践，同心同德把中国特色社会主义伟大事业推向前进。

他强调，刘少奇同志为党和人民事业奋斗了一生，在新民主主义革命、社会主义革命和社会主义建设各个历史时期都作出了重大贡献，为党和人民建立了丰功伟绩，受到全党全军全国各族人民衷心爱戴。刘少奇同志的光辉业绩、崇高风范、高尚品德，永远铭记在全党同志和全国各族人民心中。我们深切缅怀刘少奇同志，就是要学习他的优秀思想、崇高风范、高尚品德，激励和鼓舞全党全国各族人民坚定信心、振奋精神、开拓进取，奋力把老一辈革命家开辟的伟大事业继续推向前进。我们要学习刘少奇同志始终坚持崇高理想、坚定信念，对党和人民无限忠诚；学习刘少奇同志始终坚持实事求是、勇于创新，善于把马克思主义基本原理同我国具体实际结合起来；学习刘少奇同志始终坚持真理、修正错误，具有彻底的唯物主义者的思想品格；学习刘少奇同志始终坚持廉洁奉公、无私奉献，把党和人民事业放在高于一切的位置；学习刘少奇同志始终坚持立党为公、执政为民，全心全意为人民服务。

温家宝在主持座谈会时指出，胡锦涛总书记的重要讲话，回顾了刘少奇同志伟大、光辉的一生，高度评价了刘少奇同志的丰功伟绩、理论贡献、崇高精神，号召全党全国各族人民特别是各级领导干部认真学习刘少奇同志的优秀思想、崇高风范、高尚品德。讲话对于激励全党全国各族人民继承老一辈革命家的遗志，继续开创中国特色社会主义事业新局面具有重要指导意义。

中央党校举行2008年秋季学期第二批进修班开学典礼

11月12日中央党校举行2008年秋季学期第二批进修班开学典礼。中央党校校长习近平出席开学典礼并作重要讲话。

习近平指出，前不久颁布的《中国共产党党校工作条例》，进一步明确了党校的性质、地位和作用，明确了党校教育的总体要求、基本任务、教育目标，对党校教学、科研、学员管理、队伍建设、机关党的工作、行政后勤等各项工作作出了新的规定，是党校最重要的法规性文件。各级党校要以条例为依据，在教学、科研、行政后勤等工作和财务管理、组织人事管理、信息管理、学员管理等各项管理中建立和完善科学有效的制度，严格按照条例办学。

他强调，认真学习贯彻《中国共产党党校工作条例》，最根本的是要坚持党校办学的正确方向，坚持党校一切教学活动、科研活动、办学活动都要遵循党性原则、遵循党的政治路线、恪守党的政治纪律，为党校切实履行自己的职能服务，为建设高素质干部队伍服务。学风问题是关系党的事业兴衰成败的一个重大政治问题。各级党校要大力加强学风建设，教育引导广大学员在学习培训中坚持理论联系实际，努力提高运用马克思主义立场、观点、方法分析和解决实际问题的能力，把学习收获体现到为实现党的基本路线和基本纲领而奋斗的实践上，体现到努力做好本职工作上，体现到自身的道德、品行、操守、价值观等高尚的精神追求上和党性修养上，体现到关键时刻、危难关头豁得出来、冲得上去的实际行动上，努力做到理论与实际、学习与运用、言论和行动相统一。党校教师要把理论联系实际的要求贯穿于教学过程中，不断提高教学水平，善于回答学员思想和工作中遇到的实际问题，力戒照本宣科、无的放矢。

全国纪检监察干部工作会议召开

11月14日—15日，全国纪检监察干部工作会议在广州召开。中央纪委副书记黄树贤出席会议并作工作报告。会议强调，做好新形势下的纪检监察干部工作，要高举旗帜、与时俱进，深入贯彻落实科学发展观。要坚决贯彻科学发展的思路，牢固树立以人为本的理念，始终坚持统筹兼顾的方法，促进纪检监察干部工作的科学发展。要围绕中心、服务大局，始终把纪检监察干部工作放在党的工作中心和反腐倡廉建设全局中来谋划。要把握党的建设总体布局、反腐倡廉建设的工作目标和反腐倡廉建设的工作任务，更好地发挥组织保证和人才支撑作用。要发展民主、健全机制，坚持用正确的导向来选人。

会议要求，各级纪检监察机关要以“做党的忠诚卫士、当群众的贴心人”主题实践活动为载体，开展深入学习实践科学发展观活动，全面提高纪检监察干部队伍素质。要扎实开展主题实践活动，深入开展经常性学习教育活动，开展新一轮大规模培训干部工作，建立健全考核评价机制，完善内部监督机制。要以思想政治建设、能力建设为重点，切实加强各级纪检监察机关领导班子建设。

中共中央政治局常委到深入学习实践科学发展观活动联系点调研

11月18日人民日报报道，按照中共中央政治局常委参加深入学习实践科学发展观活动安排，中共中央政治局常委近期分别到各自参加学习实践活动的联系点了解情况、调查研究，指导学习实践活动。中共中央总书记胡锦涛在调研时强调，各级党组织和广大党员、干部要把开展学习实践活动作为统一思想、应对挑战、解决矛盾的重大契机，进一步把党的政治优势和组织优势转化为推动经济社会又好又快发展的强大力量，不断提高坚持改革开放、推动科学发展、促进社会和谐的能力，为实现全面建设小康社会奋斗目标进一步奠定重要的思想基础、政治基础、组织基础。

常委们认为，开展深入学习实践科学发展观活动，是用中国特色社会主义理论体系武装全党的重大举措，是贯彻落实党的十七大提出的继续解放思想、坚持改革开放、推动科学发展、促进社会和谐要求的迫切需要，是提高党的执政能力、保持和发展党的先进性的必然要求，是顺应人民新期待、保持党同人民群众血肉联系的重要步骤。要站在用中国特色社会主义理论体系武装全党、深入贯彻落实科学发展观的战略高度，深化对开展学习实践活动重大意义的认识，使广大党员、干部真正理解和领会科学发展观的科学内涵、精神实质、根本要求，立足本地实际，加强理论指导，为实现经济社会发展目标奠定坚实思想基础；要站在适应国际国内形势深刻变化、促进经济社会又好又快发展的战略高度，深化对开展学习实践活动重大意义的认识，发挥自身优势，抓住发展机遇，找准发展定位，破解发展难题，努力推动经济社会又好又快发展；要站在以改革创新精神推进党的建设新的伟大工程、巩固党的执政基础的战略高度，深化对开展学习实践活动重大意义的认识，全面推进党的思想建设、组织建设、作风建设、制度建设和反腐倡廉建设，引导广大党员、干部特别是领导干部始终坚持立党为公、执政为民，始终坚持以人为本，进一步加强党的执政能力建设和先进性建设，保持党同人民群众的血肉联系。

常委们指出，第一，要正确把握党员干部受教育的要求，使广大党员、干部特别是领导干部切实增强贯彻落实科学发展观、走科学发展道路的自觉性和坚定性。第二，要正确把握科学发展上水平的要求，把科学发展观转化为促进科学发展的正确思路和自觉行动。第三，要正确把握人民群众得实惠的要求，切实解决群众反映强烈的突出问题。

中共中央政治局进行第九次集体学习

11月29日中共中央政治局进行第九次集体学习。中共中央政治局这次集体学习安排的内容是关于推动我国科学发展问题研究。宋泓研究员、张燕生研究员就这个问题进行讲解，并谈了对推动经济社会又好又快发展的意见和建议。

胡锦涛总书记在主持学习时发表了讲话。他指出，当前，国际金融危机继续扩散和蔓延，我国发展的外部条件更趋复杂。在一个时期内，我们将突出面临国际金融危机影响持续加深、全球经济增长明显放缓的压力，突出面临外部需求显著减少、我国传统竞争优势逐步减弱的压力，突出面临国际竞争日趋激烈、投资和贸易保护主义上升的压力，突出面临人口资源环境约束不断增强、转变经济发展方式要求更为迫切的压力。能不能变压力为动力、变挑战为机遇，保持经济平稳较快发展，是对我们驾驭复杂局面能力的考验，是对我们党执政能力的考验。科学发展观第一要义是发展。在当前情况下，我们更要牢牢扭住经济建设这个中心，审时度势、果断决策、周密策划，采取有力措施，推动经济社会又好又快发展。

胡锦涛强调，实现科学发展，首先必须牢固树立科学发展理念。要全面贯彻党的十七大和十七届三中全会精神，深入学习党的三代中央领导集体关于发展的重要思想，深入学习马克思主义关于发展的世界观和方法论，从理论和实践的结合上深刻理解和全面把握科学发展观的科学内涵、精神实质、根本要求，进一步把科学发展观转化为推动科学发展的坚强意志、谋划科学发展的正确思路、领导科学发展的实际能力、促进科学发展的政策措施。要深刻把握科学发展对社会主义现代化建设提出的新要求新课题，以宽广眼界审视发展，以战略思维谋划发展，以辩证观点推动发展，既要推动经济又好又快发展又要促进社会全面进步和人的全面发展，既要着力解决当前发展中遇到的突出矛盾和问题又要标本兼治、着力增强科学发展后劲。

他强调，推动科学发展，归根到底是为了实现好、维护好、发展好最广大人民的根本利益。只有把发展成果体现到提高人民生活水平、满足人民日益增长的物质文化需要、促进人的全面发展上，科学发展才能成为全党全国各族人民的自觉行动。要在经济发展的基础上，着力保障和改善民生，不断解决好人民最关心最直接最现实的利益问题。

2008 年 12 月

全国农村基层组织建设工作座谈会召开

12 月 1 日全国农村基层组织建设工作座谈会在京召开。中共中央政治局委员、中央组织部部长李源潮出席会议并讲话，他指出，以改革创新精神加强农村基层组织建设，是落实党管农村工作原则，落实党的十七届三中全会提出的农村改革发展任务的迫切需要。要下决心建设一支守信念、讲奉献、有本领、重品行的村党支部书记队伍，着力构建城乡统筹的基层党建新格局，深入开展创先争优和三级联创活动，创新农村基层党组织设置方式和活动方式，增强党组织和党员队伍的生机活力，充分发挥党组织的领导核心作用和党员干部的骨干带头作用。党委书记要抓农村基层党建。凡是发展得好、社会稳定、群众满意度高的地方，都是党组织力量强、领导班子强、带头人强的地方。因此，抓发展必须抓好党建，抓党建也是促进发展。党委书记不抓党建是失职，抓不好就不称职。党的十七届三中全会部署的工作要靠农村基层组织来落实，党委书记抓党建必须抓基层。各级党委要建立健全抓农村基层党建工作制度，每年要专题研究农村基层党建工作，提出年度工作目标和政策措施，解决突出问题。县委常委会向全委会报告工作，要把农村基层党建工作作为重要内容。要建立县、乡党委书记抓农村基层党建工作述职考评制度。

他强调，加强村党支部书记队伍建设，是农村基层干部队伍建设的重中之重。要创新培养选拔机制，选优配强村党支部书记，把政治素质好、带富能力强、化解矛盾能力强的优秀党员，工作负责、对农民有感情、群众拥护的优秀党员，热爱农村、有知识、有见识的年轻党员，选拔到村党支部书记岗位上来，提高选用村党支部书记的公信度。要积极探索村党支部书记跨村任职、从县直部门和乡镇机关党员干部中选择拟任人选等途径，拓宽选人视野。要抓好村党支部书记后备人才培养，认真实施一村一名大学生计划。要推广“定权责立规范，工作有合理待遇、干好有发展前途、退岗有一定保障”的“一定三有”经验，落实村党支部书记保障激励机制，调动村党支部书记干事创业的积极性。要拓展发展空间，加大从优秀村党支部书记中选拔乡镇公务员力度。要落实教育培训制度，提高村党支部书记的素质和能力。要强化监督管理机制，严格要求、严格管理、严格监督，确保村党支部书记想干事、会干事、干好事。

部分省、自治区深入学习实践科学发展观活动座谈会召开

12 月 4 日，中共中央政治局常委、中央书记处书记习近平在广州召开的部分省、自治区深入学习实践科学发展观活动座谈会上发表重要讲话。习近平指出，第一批学习实践活动启动两个多月来，在党中央坚强有力领导下，各地区各部门各单位紧紧围绕党员干部受教育、科学发展上水平、人民群众得实惠的总要求，密切联系改革发展的实际认真组织学习培训，进一步加深了对科学发展观的理解；深入开展调查研究，初步查找了影响和制约科学发展的突出问题；围绕科学发展开展解放思想讨论，在事关本地区本部门本单位科学发展的重大问题上形成了初步共识；坚持边学边改，及时启动了解决突出问题和创新体制机制工作；围绕中心、服务大局，学习实践活动有力地推动了当前工作。总的看，学习实践活动进展顺利，取得了阶段性成果。各地区各部门各单位的学习实践活动已经或即将转入分析检查阶段。这一阶段的主要任务是征求意见、找准问题、分析原因、理清思路、明确方向，在学习实践活动中具有承前启后的重要作用，对确保学习实践活动取得实效至关重要，务必认真贯彻落实中央的部署和要求，切实抓出成效。

他强调，分析检查阶段要扎实抓好召开领导班子专题民主生活会、撰写分析检查报告、开展群众评议这 3 个环节。分析检查报告要在深入查找领导班子在贯彻落实科学发展观方面存在的突出问题和党性党风党纪方面群众反映强烈的突出问题上下功夫，在深入分析原因上下功夫，在科学制定对策上下功夫，找准本地区本部门本单位贯彻落实科学发展观的切入点和突破口，明确推动科学发展的主要方向、总体思路、工作要求和主要举措，提出加强领导班子自身建设的具体措施。要坚持边学边改、边查边改，着力解决突出问题、完善体制机制。要坚持统筹兼顾，协调推进学习实践活动和日常工作，做到两手抓、两不误、两促进。

纪念党的纪律检查机关恢复重建 30 周年暨反腐倡廉建设理论研讨会召开

12 月 4 日—5 日，中央纪委在北京召开纪念党的纪律检查机关恢复重建 30 周年暨反腐倡廉建设理论研讨会。中共中央政治局常委、中央纪委书记贺国强出席会议并讲话。恢复重

建党的纪律检查机关，是党的十一届三中全会作出的一项重大决策。贺国强在讲话中回顾了30年来党的纪律检查工作所走过的光辉历程，总结了党风廉政建设和反腐败斗争的历史成就。他指出，30年来，我们党坚定不移地推进党风廉政建设和反腐败斗争，形成了符合我国现阶段基本国情的反腐倡廉指导思想、基本原则、工作方针、工作格局、领导体制和工作机制以及法规制度体系基本框架，促进了社会主义经济建设、政治建设、文化建设和社会建设，维护了改革发展稳定大局，纯洁了党的组织和队伍，增强了党的创造力凝聚力战斗力，赢得了党心民心，巩固了党的执政基础。实践充分证明，我们党对反腐败斗争的认识是十分清醒的，惩治腐败的态度是非常坚决的，作出的重大决策和战略部署是完全正确的，党风廉政建设和反腐败斗争取得了显著成效。

他强调，30年来，我们党在推进党风廉政建设和反腐败斗争的实践中，逐步走出了一条中国特色反腐倡廉道路。这条道路是中国特色社会主义道路的重要组成部分，是我们党把马克思主义反腐倡廉理论与中国反腐倡廉建设实际相结合的一大创举，是发展中国特色社会主义的重要保证。我们要结合新的实践，不断深化对反腐倡廉建设规律的认识，不断丰富中国特色反腐倡廉道路的理论和实践内涵，努力开创党风廉政建设和反腐败斗争的新局面。

中央经济工作会议召开

12月8日—10日，中央经济工作会议在北京举行。党和国家领导人胡锦涛、吴邦国、温家宝、贾庆林、李长春、习近平、李克强、贺国强、周永康出席会议。

胡锦涛在会上发表重要讲话，全面分析了当前国际国内形势，明确提出了明年经济工作的总体要求和重点任务，阐述了做好明年经济工作需要把握的原则。温家宝在讲话中全面分析了当前我国经济形势，阐述了明年经济社会发展主要预期目标和需要解决的重点问题，具体部署了明年经济工作。

会议指出，2008年在党和国家发展进程中是很不寻常、很不平凡的一年。一年来，我们接连经历了一些难以预料、历史罕见的重大挑战和考验。我国经济呈现增长较快、价格回稳、结构优化、民生改善的良好局面。我们能够取得这些成绩，确实来之不易。这充分显示了改革开放30年我国形成的强大经济实力和综合国力，充分证明了中国特色社会主义道路的正确性，充分表明了社会主义制度能够集中力量办大事的优越性，充分体现了中华民族不畏艰险、自强不息的英雄气概和强大凝聚力。在充分肯定成绩的同时，必须清醒地看到，今年以来，世界经济金融形势复杂多变，不稳定不确定因素明显增多。金融危机不仅本身尚未见底，而且对实体经济的影响正进一步加深，其严重后果还会进一步显现。尽管我国经济发展面临着来自国际国内的严重困难和严峻挑战，但我国经济发展的基本面和长期趋势没有改变，我们遇到的困难和挑战是前进中的问题。经过改革开放30年的持续快速发展，我国积累了雄厚物质基础，经济实力、综合国力、抵御风险能力显著增强；我国工业化、城镇化快速发展，基础设施建设、产业发展、居民消费、生态环境保护等方面有巨大发展空间，扩大内需潜力巨大；社会主义市场经济体制不断完善，形成了较好的体制环境；金融体系总体稳健，财政赤字规模较小，外汇储备充足，国内储蓄率较高，宏观经济政策调整有较大余地。只要我们审时度势、科学决策、周密部署、扎实工作，充分发挥自身优势，加快解决突出问题，完全有条件变压力为动力、化挑战为机遇，把国际金融危机的不利影响降到最低程度，继续推动经济社会又好又快发展，继续推进全面建设小康社会进程。

会议认为，中央对经济全球化作出的判断

是完全正确的，我国发展的重要战略机遇期仍然存在，不会因为这场金融危机而发生逆转。我们必须坚持社会主义市场经济的改革方向，坚持对外开放的基本国策，不为任何风险所惧，不被任何干扰所惑，坚定不移地推进改革开放和社会主义现代化建设。战胜国际金融危机严重冲击，做好明年经济工作，对于维护改革发展稳定大局，实现“十一五”规划确定的目标任务，推进全面建设小康社会进程，具有十分重要的意义。会议提出，明年经济工作的总体要求是，全面贯彻党的十七大和十七届三中全会精神，以邓小平理论和“三个代表”重要思想为指导，深入贯彻落实科学发展观，立足扩大内需保持经济平稳较快增长，加快发展方式转变和结构调整提高可持续发展能力，深化改革开放增强经济社会发展活力和动力，加强社会建设加快解决涉及群众利益的难点热点问题，促进经济社会又好又快发展。

会议提出了明年经济工作的重点任务：一、加强和改善宏观调控，实施积极的财政政策和适度宽松的货币政策。二、巩固和发展农业农村经济好形势，保障农产品有效供给、促进农民持续增收。三、加快发展方式转变，推进经济结构战略性调整。四、深化改革开放，完善有利于科学发展的体制机制。五、着力解决涉及群众利益的难点热点问题，切实维护社会稳定。

全国农村党风廉政建设工作电视电话会议召开

12月16日，全国农村党风廉政建设工作电视电话会议在京召开。中共中央书记处书记、中央纪委副书记何勇出席并讲话。他强调，各级纪检监察机关要紧紧围绕农村改革发展各项制度、中央强农惠农政策措施落实情况和抗灾救灾等资金物资管理使用情况加强监督检查，及时发现和纠正出现的问题，严肃查处违纪违法行为，保证中央关于农村改革发展方针政策的措施落到实处、见到实效。要从农民最关心、最直接、最现实的利益问题入手，继续开展农村土地突出问题的专项治理，严肃查处各种涉农乱收费、乱罚款和乱摊派以及制售假冒伪劣农资和哄抬农资价格等坑农害农行为，加强对农村集体资金、资产、资源的管理，制止和查处各种干扰和破坏基层民主的行为，切实保障农民权益。要牢牢抓住保持党同人民群众血肉联系这个核心，从加强教育、规范行为、强化监督入手，进一步加强和改进农村党员干部作风建设，认真解决党性党风党纪方面存在的突出问题，努力建设一支守信念、讲奉献、有本领、重品行的农村党员干部队伍。要认真落实推进惩治和预防腐败体系建设的部署，按照《建立健全惩治和预防腐败体系2008—2012年工作规划》的要求，加强教育、创新制度、深化改革、强化监督、严明纪律，积极构建农村党风廉政建设长效机制。

各级党委、政府要把农村党风廉政建设摆上重要议事日程，纳入农村改革发展的总体规划，切实担负起全面领导的责任。要深入实际、深入农村、深入群众，开展调查研究，使提出的发展思路、作出的工作部署、出台的政策措施更加符合农村实际、更加符合人民群众愿望。对农村党员干部政治上要严格要求、工作上要大力支持、生活上要热情关心，满腔热情地帮助他们解决实际困难，充分调动他们的积极性和主动性。要开拓创新，扎实工作，进一步推进农村党风廉政建设，为促进农村改革发展作出新的更大的贡献。

纪念党的十一届三中全会召开30周年大会在京隆重举行

12月18日，纪念党的十一届三中全会召开30周年大会在人民大会堂隆重举行。胡锦涛总书记在会上发表重要讲话。他强调，实践充分证明，党的十一届三中全会以来我们党团结带领人民开辟的中国特色社会主义道路、形成的理论和路线方针政策是完全正确的。党的十一届三中全会的伟大意义和深远影响，已经、正在并将进一步在党和国家事业蓬勃发展的进程中充分显现出来。我们要充分认识改革开放的重大意义和伟大成就，深刻总结改革开放的伟大历程和宝贵经验，坚持党的十一届三中全会精神，高举中国特色社会主义伟大旗帜，以马克思列宁主义、毛泽东思想、邓小平理论和“三个代表”重要思想为指导，深入贯彻落实科学发展观，在中国特色社会主义道路上，继续把改革开放伟大事业推向前进。

他指出，在邓小平同志领导下和其他老一辈革命家支持下，党的十一届三中全会作出了把党和国家工作中心转移到经济建设上来、实行改革开放的历史性决策。党的十一届三中全会标志着我们党重新确立了马克思主义的思想路线、政治路线、组织路线，标志着中国共产党人在新的时代条件下的伟大觉醒，显示了我们党顺应时代潮流和人民愿望、勇敢开辟建设社会主义新路的坚强决心。在党的十一届三中全会春风吹拂下，神州大地万物复苏、生机勃发，党和国家又充满希望、充满活力地踏上了实现社会主义现代化的伟大征程。

改革开放以来我们取得一切成绩和进步的根本原因，归结起来就是：开辟了中国特色社会主义道路，形成了中国特色社会主义理论体系。在30年的创造性实践中，我们经过艰辛探索，积累了宝贵经验。

30年来，我们党的全部理论和全部实践，归结起来就是创造性地探索和回答了什么是马克思主义、怎样对待马克思主义，什么是社会主义、怎样建设社会主义，建设什么样的党、怎样建设党，实现什么样的发展、怎样发展等重大理论和实际问题。30年的历史经验归结到一点，就是把马克思主义基本原理同中国具体实际相结合，走自己的路，建设中国特色社会主义。30年的经验是极为宝贵的财富，全党同志要倍加珍惜和自觉运用这些宝贵经验。我们一定要坚持高举中国特色社会主义伟大旗帜，继续推进马克思主义中国化。我们一定要坚持改革开放的正确方向，着力构建充满活力、富有效率、更加开放、有利于科学发展的体制机制。我们一定要坚持抓好发展这个党执政兴国的第一要务，更好地做到发展成果由人民共享。我们一定要坚持戒骄戒躁、艰苦奋斗，不断开创改革开放和社会主义现代化事业新局面。

纪念党的十一届三中全会召开30周年理论研讨会举行

12月18日—20日，中央宣传部、中央党校、中央文献研究室、中央党史研究室、国家发展和改革委员会、教育部、国务院发展研究中心、中国社会科学院、解放军总政治部在北京联合召开纪念党的十一届三中全会召开30周年理论研讨会。与会代表参加了中央召开的纪念大会，聆听了胡锦涛总书记的重要讲话，进行了学习、研讨和交流。20日下午中共中央政治局常委李长春出席会议并作重要讲话。他指出，改革开放30年，是坚持把马克思主义基本原理同当代中国实际和时代特征紧密结合，在实践探索中形成和发展中国特色社会主义伟大旗帜、发展道路和理论体系的过程；是大力推进当代中国马克思主义大众化，把科学理论转化为推动事业发展强大动力的过程；是尊重人民群众的首创精神，不断总结人民群众创造的新鲜经验并升华为理论的过程；是坚持立足中国又面向世界，积极借鉴人类文明优秀成果推动理论发展的过程；是始终坚持正确方向，不断促进理论工作繁荣发展的过程。30年来，理论工作积累了许多成功经验，要很好地坚持并在实践中不断发展和完善。他强调，当今世界正在发生广泛而深刻的变化，当代中国正在发生广泛而深刻的变革。理论工作要紧密联系国际国内形势的变化，始终围绕党和国家工作大局，在新的历史起点上进一步开创工作新局面。要不断深化理论学习和宣传，大力推动用中国特色社会主义理论体系武装全党、教育人民。要切实加强理论研究，不断深化对中国特色社会主义发展规律的认识。要着眼打造精品工程，努力推动马克思主义理论研究和建设工程取得新的实质性进展。要完善工作体制和机制，大力营造有利于理论创新的良好环境。要加大人才培养和队伍培训力度，努力造就一支宏大的、高素质的马克思主义理论队伍。

这次理论研讨会，是对改革开放30年来理论工作成果的一次集中检阅。研讨会期间，代表们紧密联系改革开放和现代化建设的实际，联系各地区各部门的工作实际，联系理论工作的实际，畅谈了学习胡锦涛总书记重要讲话的体会，交流了总结改革开放30年伟大实践和成功经验、深入研究中国特色社会主义理论体系的成果，进一步明确了理论工作者的历史责任。会议始终洋溢着解放思想、求真务实、团结和谐的浓厚气氛。

第十七次全国高校党建工作会议召开

12月19日中共中央组织部、中共中央宣传部、中共教育部党组在北京召开第十七次全国高等学校党的建设工作会议。中共中央政治局常委、中央书记处书记习近平出席会议并作重要讲话。他在讲话中充分肯定了改革开放30年来我国高等教育取得的伟大成就和高校党的建设取得的新进步。他指出，30年来高校党的建设在继承优良传统的基础上不断改革创新，积累了宝贵经验：第一，必须始终围绕高校的改革发展，把人才培养作为根本任务；第二，必须坚持党委领导下的校长负责制，着力完善高校领导体制；第三，必须坚持育人为本、德育为先，切实加强和改进大学生思想政治教育；第四，必须坚持把建设高素质领导班子作为重点任务，不断提高领导高校科学发展的能力和水平；第五，必须着力维护高校稳定，及时化解各种矛盾；第六，必须坚持改革创新精神，始终体现时代性、把握规律性、富于创造性。习近平强调，这些经验反映了高校党的建设规律，体现了时代发展要求，各级党委和高校党组织要长期坚持，在新的实践中不断丰富和发展。

他强调，实现高等教育科学发展，关键在于把高校干部队伍和教师队伍建设好，特别是要建设好高校领导班子。高校基层党组织建设和党员队伍建设是高校党的建设的基础工程，团结、组织广大师生的凝聚力工程。各级党委和高校党组织要加大力度，坚持不懈地做好抓基层、打基础的工作，充分发挥高校基层党组织的战斗堡垒作用和党员的先锋模范作用。

习近平强调，建设一支专兼结合的高素质党务工作和大学生思想政治工作干部队伍，是全面加强高校党的建设、加强和改进大学生思想政治工作的必然要求。要按照德才兼备和专兼结合的原则，选拔和吸引更多政治素质高、思想作风好、热爱党务工作、善于做群众工作、具有较高学术造诣和较强组织管理能力的党员干部和教师从事学校党务工作，特别要选配好党总支书记和支部书记。要建立健全辅导员和班主任队伍的选拔、培养、激励、保障机制，努力创造良好政策环境和工作生活环境，做到政治上爱护、工作上支持、生活上关心，使他们工作有条件、干事有平台、发展有空间，最大限度地调动他们的积极性和创造性。

中央纪委监察部理论学习中心组举行专题学习会

12月19日中央纪委监察部理论学习中心组举行专题学习会，认真学习胡锦涛同志在纪念党的十一届三中全会召开30周年大会上的重要讲话精神，中共中央政治局常委、中央纪委书记贺国强出席并讲话。他指出，胡锦涛同志的重要讲话，是对中国特色社会主义理论体系的进一步丰富发展，是在新的历史条件下继续推进改革开放伟大事业的政治宣言，是指导全党全国各族人民夺取全面建设小康社会新胜利、开创中国特色社会主义事业新局面的纲领性文献。要通过认真学习贯彻胡锦涛同志重要讲话精神，进一步深刻理解和把握党的十一届三中全会的重大历史贡献，深刻理解和把握改革开放30年的伟大历程和光辉成就，深刻理解和把握改革开放30年的宝贵经验，深刻理解和把握改革开放30年我们党全部理论和全部实践的根本结论，深刻理解和把握继续推进改革开放伟大事业、实现中华民族伟大复兴的历史使命，坚定不移地高举中国特色社会主义伟大旗帜，坚持中国特色社会主义道路和中国特色社会主义理论体系，不断把改革开放和社会主义现代化事业推向前进。

科学发展观是中国特色社会主义理论体系的重要内容和最新发展，科学发展是中国特色社会主义道路的应有之义和根本要求；改革开放事业需要通过走科学发展之路来进一步延伸和拓展，科学发展需要通过深入推进改革开放来提供动力和保证。学习贯彻胡锦涛总书记重要讲话精神，必须与深入贯彻落实科学发展观结合起来，扎实开展好深入学习实践科学发展观活动，进一步增强深入贯彻落实科学发展观的自觉性和坚定性，切实用科学发展观武装头脑、指导实践、推动工作，促进经济社会又好又快发展。

他强调，党的十一届三中全会的一个重要历史贡献，就是作出了恢复重建党的纪律检查机关的重大决策。我们要通过认真学习胡锦涛总书记的重要讲话精神，进一步总结党的纪律检查机关恢复重建30年来的历史经验，努力探索和把握反腐倡廉建设规律，积极推进纪检监察工作理念思路、方式方法、体制机制创新，继续旗帜鲜明地反对腐败，切实改进党的作风，通过坚决有效惩治腐败为改革开放创造良好环境，通过推进重点领域和关键环节的改革不断消除腐败现象滋生蔓延的土壤和条件，从源头上防治腐败，把党风廉政建设和反腐败斗争贯穿于改革开放和社会主义现代化建设全过程，为继续推进改革开放伟大事业、夺取全面建设小康社会新胜利、开创中国特色社会主义事业新局面提供有力保证。

中国监察学会第四次会员代表大会召开

12月20日人民日报报道，中国监察学会第四次会员代表大会近日在北京召开，中共中央政治局常委、中央纪委书记贺国强会见了与会代表并讲话。他充分肯定了中国监察学会的工作。他指出，近年来各级监察学会充分发挥自身优势，积极主动开展工作，在服务纪检监察中心工作、加强反腐倡廉理论研究、宣传反腐倡廉实践成果、培养纪检监察理论人才等方面发挥了积极作用，成为纪检监察工作的重要力量、反腐倡廉理论研究的重要阵地。他强调，当前我国发展站在新的历史起点上，反腐倡廉建设处于重要时期。中国监察学会要自觉适应新形势新任务的要求，坚持以科学发展观指导学会工作，把科学发展观所体现的马克思主义立场、观点、方法贯穿于学会各项工作，保持学会发展的正确方向；要坚持围绕中心、服务大局来开展学会工作，把学会工作放到党和国家工作大局以及反腐倡廉建设工作全局中去思考、谋划和安排，为纪检监察工作提供理论依据和智力支持，切实发挥好反腐倡廉工作"参谋部"、"智囊团"的作用；要坚持以改革创新精神推进学会工作，切实加强对反腐倡廉重大理论、重要政策、重要制度、重要问题的研究，不断深化对反腐倡廉建设规律的认识，着力提高理论创新能力，努力使学会工作体现时代性、把握规律性、富于创造性；要坚持以高标准严要求管理学会工作，进一步完善学会各项管理制度，严格按照国家关于社团管理的有关规定开展工作，保证学会工作规范有序健康发展。

深入学习实践科学发展观活动视频会议召开

12月20日中央深入学习实践科学发展观活动领导小组在北京召开视频会议，中共中央政治局常委、中央书记处书记习近平在会上强调，胡锦涛同志在纪念党的十一届三中全会召开30周年大会上的重要讲话是指导全党全国各族人民在新的历史起点上夺取全面建设小康社会新胜利、开创中国特色社会主义事业新局面的纲领性文献。各地区各部门各单位要把深入学习贯彻胡锦涛同志重要讲话作为学习实践活动的重要内容,引导广大党员、干部深刻领会讲话精神,充分认识党的十一届三中全会在我们党和国家发展历史上的重要地位和伟大意义,充分认识30年来我们党领导人民进行改革开放和社会主义现代化建设取得的伟大成就和宝贵经验,充分认识中国特色社会主义事业崇高而神圣,中华民族的发展前景光明而美好,当代中国共产党人的责任重大而光荣,常怀忧患之思,常念人民之托,砥砺复兴之志,不为任何风险所惧,不被任何干扰所惑,奋力开拓中国特色社会主义更加广阔的美好前景。

他指出,当前,第一批学习实践活动已经全面转入分析检查阶段。这个阶段的主要任务,归结起来就是要找准影响和制约科学发展的突出问题,为制定整改措施、集中整改打下基础。各地区各部门各单位要进一步突出实践特色,以更加饱满的精神状态、更加扎实的工作作风,认真抓好分析检查阶段各个环节的工作。尤其要在开好领导班子民主生活会的基础上,形成质量高的分析检查报告,把问题找准确,把根源弄明白,把思路理清楚,把对策定科学,做到解决问题有的放矢,推动科学发展有所遵循。

《江泽民文选》民族文版出版发行

12月22日人民日报报道,《江泽民文选》第一至三卷蒙古文、藏文、维吾尔文、哈萨克文、朝鲜文、彝文、壮文等七种少数民族文版,已完成全部翻译工作,近日在全国出版发行。

中共中央文献编辑委员会编辑的《江泽民文选》第一至三卷,2006年8月由人民出版社出版。在中共中央文献研究室和国家民族事务委员会协调下,中国民族语文翻译局组织全国少数民族文翻译队伍,历时两年,于2008年11月完成七种少数民族文版《江泽民文选》翻译工作。《江泽民文选》少数民族文版出版发行,对于全国广大少数民族干部、群众深入学习实践“三个代表”重要思想、贯彻落实科学发展观,必将起到极大的推动作用。

《江泽民文选》蒙古文、藏文、维吾尔文、哈萨克文、朝鲜文版,由民族出版社出版发行。《江泽民文选》彝文、壮文版分别由四川民族出版社、广西民族出版社出版发行。

全国行政学院院长会议召开

12月22日全国行政学院院长会议在北京召开。国家行政学院院长马凯出席会议并讲话。马凯说,当前国际国内经济形势严峻、复杂,保持经济平稳较快发展的任务十分繁重、艰巨,我国经济发展进入了一个相当艰难的关口。对此,必须保持清醒的头脑,增强忧患意识,把形势估计得严峻一些,把困难考虑得充分一些。同时,要深刻认识我国发展的有利条件和积极因素,进一步增强克服困难、战胜危机的信心和决心。只要我们审时度势,妥善应对,完全有条件、有能力把国际金融危机的不利影响降低到最低程度,在明年以至更长时期内保持经济平稳较快发展。

他强调,无论是在经济上升期,还是在经济遇到严重困难和挑战的时候,都要坚定不移地用科学发展观指导各项工作。以科学发展观为指导应对危机、促进增长,必须把防止经济过度下滑,促进经济平稳较快发展作为首要任务;必须把促进经济增长与着力转变经济发展方式、调整经济结构更加紧密地结合起来;必须把促进经济增长与注重改善民生更加紧密地结合起来;必须把促进经济增长与实现经济社会全面发展更加紧密地结合起来;必须把促进经济增长与深化改革、推进体制机制创新更加紧密地结合起来。要把应对危机、促进增长作为学习贯彻科学发展观的一次实实在在的实践,推动我国经济社会真正转入科学发展的轨道。

马凯要求,各级行政学院要努力提高工作水平,自觉为经济社会发展大局服务。要加强学习,切实把思想和行动统一到为大局服务上来；积极开展教育培训，着力提高学员运用科学发展观应对危机、促进增长的本领和能力；加强对经济社会发展重大问题的研究，不断探索保持经济平稳较快发展的规律；积极开展决策咨询服务，着力解决当前经济社会发展中的重点难点热点问题；进一步加强学院自身建设，努力提高服务科学发展的水平和能力。

中央宣传文化单位
纪念改革开放30周年座谈会召开

12月25日中央宣传文化单位纪念改革开放30周年座谈会召开，中共中央政治局委员、中央宣传部部长刘云山出席会议。他指出，胡锦涛总书记在纪念党的十一届三中全会召开30周年大会上的重要讲话，高瞻远瞩、立意深远，通篇闪耀着马克思主义真理的光辉。学习领会讲话精神使我们对改革开放的伟大意义认识更加深刻，对党带领人民在改革开放历史进程中取得的辉煌成就和开创的伟大道路更加珍惜，对改革开放的历史经验理解更加深化，对推进改革开放伟大事业的信心更加坚定。宣传思想文化战线要带头学习讲话精神，深入领会精神实质，进一步增强高举中国特色社会主义伟大旗帜的自觉性坚定性，充分认识到30年的改革开放归结起来就是举起了一面旗帜、开辟了一条道路、形成了一个理论体系，始终坚持党的基本路线不动摇，做到思想上坚信不疑、行动上坚定不移；进一步增强贯彻落实科学发展观的自觉性坚定性，不断深化对科学发展观的重大意义、科学内涵、精神实质和根本要求的理解，掌握贯穿其中的马克思主义立场观点方法，更好地指导实践、推动工作；进一步增强坚持改革开放的自觉性坚定性，积极适应国内外形势新变化、顺应人民新期待，把改革创新精神贯穿到各项实际工作中，毫不动摇地坚持改革方向，为发展中国特色社会主义提供强大动力和体制保障；进一步增强战胜当前困难、实现经济平稳较快发展的自觉性坚定性，多做统一思想、凝聚力量的工作，多做增强信心、振奋精神的工作，引导人们更加自觉地走改革之路、开放之路、创新之路。

改革开放30年来，宣传思想文化工作在改革中前进、在创新中发展，内容领域不断拓展，方法手段不断改进，体制机制不断完善，活力实力得到增强，为推动党的理论创新成果深入人心、打牢全党全国人民团结奋斗的共同思想基础做出重要贡献，为促进改革发展稳定、推进全面建设小康社会进程做出重要贡献，为丰富人民群众精神文化生活、提高全民族思想道德素质做出重要贡献。在未来的征程中，宣传思想文化工作任重道远、大有可为。社会发展进步为宣传思想文化工作提供了更加广阔的舞台，党和人民事业不断推进呼唤宣传思想文化工作发挥更大作用。我们一定要自觉承担起时代赋予的历史使命，深入学习领会胡锦涛总书记关于宣传工作、文化建设的一系列重要指示，全面贯彻落实高举旗帜、围绕大局、服务人民、改革创新这一总要求，把握正确方向、着力把广大人民群众团结凝聚在中国特色社会主义伟大旗帜下，认清肩负职责、着力为推动改革发展稳定营造良好氛围，牢记根本宗旨、着力满足人民群众日益增长的精神文化需求，坚持与时俱进、着力增强宣传思想文化工作的吸引力感染力，努力在新的历史起点上开创宣传思想文化工作新局面。

中共中央政治局召开会议

12月26日中共中央政治局召开会议，听取中央纪律检查委员会2008年工作汇报，分析当前党风廉政建设和反腐败工作形势，研究部署2009年党风廉政建设和反腐败工作。胡锦涛总书记主持会议。

会议指出，今年以来，我们党全面把握国内外发展大局，在推进社会主义经济建设、政治建设、文化建设、社会建设和党的建设的同时，按照党的十七大作出的战略部署，加强以保持党同人民群众血肉联系为重点的作风建设，加强以完善惩治和预防腐败体系为重点的反腐倡廉建设，以改革创新精神全面推进反腐倡廉各项工作，取得了新的明显成效，反腐倡廉建设方向更加明确、思路更加清晰。同时，必须清醒地看到，腐败现象在一些部门和领域仍然易发多发，反腐倡廉建设面临不少新情况新问题，反腐败斗争形势仍然严峻。全党必须坚持反腐倡廉常抓不懈、拒腐防变警钟长鸣，进一步加大工作力度，把党风廉政建设和反腐败斗争不断引向深入。

会议强调，2009年，我们要全面贯彻党的十七大和十七届三中全会精神，高举中国特色社会主义伟大旗帜，以邓小平理论和"三个代表"重要思想为指导，深入贯彻落实科学发展观，严格落实党风廉政建设责任制，坚持标本兼治、综合治理、惩防并举、注重预防方针，以完善惩治和预防腐败体系为重点，以改革创新精神抓好《建立健全惩治和预防腐败体系2008—2012年工作规划》的落实，加强对中央关于推动科学发展、实现经济平稳较快增长政策措施的监督检查，着力解决党员干部在党性党风党纪方面存在的突出问题，以党风廉政建设和反腐败斗争的新成效取信于民，为改革发展稳定提供坚强保证。在2009年的党风廉政建设和反腐败工作中，要严明党的政治纪律，确保党的路线方针政策和科学发展重大决策部署的贯彻落实；切实加强领导干部作风建设，进一步密切党群干群关系；加强党风廉政教育，认真抓好领导干部廉洁自律工作；加大查办案件工作力度，维护党纪国法的严肃性；坚决纠正损害群众利益的不正之风，着力解决群众反映强烈的突出问题；推进重点领域和关键环节改革，深化治本抓源头工作；切实加强对领导干部特别是主要领导干部的监督，确保权力正确行使；加强基层党风廉政建设，促进社会和谐稳定。会议同意明年1月召开第十七届中央纪律检查委员会第三次全体会议。

中共中央政治局
进行第十次集体学习

12月26日中共中央政治局进行第十次集体学习。这次集体学习安排的内容是关于深化改革开放问题研究。中央党史研究室章百家研究员、中央党校杨秋宝教授就这个问题进行讲解，并谈了对深化改革开放的意见和建议。胡锦涛总书记在主持学习时发表了讲话。他指出，30年改革开放的伟大实践，是一部最丰富、最生动、最有说服力的马克思主义和科学社会主义的教科书，是一部最丰富、最生动、最有说服力的实现我国现代化、实现中华民族伟大复兴的教科书。这部教科书凝聚了党和人民的智慧和心血，体现了党和人民的艰辛探索和宝贵经验，我们一定要把它充分运用好。

他强调，要继续深刻领会改革开放是决定当代中国命运的关键抉择，坚定不移地走中国特色社会主义道路。要继续深刻领会改革开放是党在新的历史条件下带领人民进行的新的伟大革命，坚定不移地推进改革开放。要继续深刻领会只有改革开放才能发展马克思主义，坚定不移地推进马克思主义中国化。要继续深刻领会改革开放是推进党的建设的强大动力，坚定不移地以改革创新精神全面推进党的建设新的伟大工程。

胡锦涛指出，要使全党全国各族人民深刻认识到，改革开放是决定当代中国命运的关键抉择，是发展中国特色社会主义、实现中华民族伟大复兴的必由之路。30年来，我们之所以能够在风云变幻的国际形势中站稳脚跟、稳步前进，之所以能够在激烈的国际竞争中抓住机遇、不断发展，之所以能够从容应对一系列关系我国主权和安全的国际突发事件，之所以能够战胜在经济、政治领域和自然界出现的各种难以想象的困难和风险，根本原因是我们始终坚持改革开放，并在改革开放的伟大实践中开辟了中国特色社会主义道路。我们要建成惠及十几亿人口的更高水平的小康社会，进而建成富强民主文明和谐的社会主义现代化国家，必须不动摇、不懈怠、不折腾，坚定不移地推进改革开放，坚定不移地走中国特色社会主义道路，继往开来地把中国特色社会主义伟大事业推向前进。

全国组织部长会议召开

12 月 27 日全国组织部长会议在北京召开。中共中央政治局常委、中央书记处书记习近平出席会议并讲话。他指出，继续扎扎实实地抓好深入学习实践科学发展观活动，是明年党的建设和组织工作的重要任务，各级党委和组织部门要按照中央要求精心组织，精心指导，确保学习实践活动取得实实在在的成效。要着力抓好县以上领导班子和党员领导干部这个重点，把开展学习实践活动与加强领导班子思想政治建设结合起来，进一步提高各级领导干部的思想政治素质。要着力解决一些干部道德缺失问题，教育和引导干部常修为政之德、常思贪欲之害、常怀律己之心，努力做到立身不忘做人之本，为政不移公仆之心，用权不谋一己之私。

深化干部人事制度改革，是纠正用人上不正之风、提高选人用人公信度的治本之策。要积极推进选人用人理论创新、实践创新和制度创新，大力破解选人用人难题，进一步形成正确的用人导向。要坚持德才兼备、以德为先用人标准，什么样的人该用，什么样的人重用，都要把德放在首位，在这个前提下注重选拔那些确有才干、实绩突出的干部。干部德的标准应当包括干部的政治品德标准、职业道德标准、家庭美德标准和社会公德标准，把理想信念是否坚定，是否坚持执政为民，是否求真务实，是否坚持民主集中制，是否清正廉洁等列为评价要点。考察干部的德，既要注重在突发事件、抗御自然灾害、个人进退留转等关键时刻的表现，又要注重在日常工作、生活中的表现，以小节观其大德；既要听其言更要观其行，既要看其表更要察其里，既要知其始更要识其变，把干部德的考评结果作为干部选拔任用的首要依据。选人用人，要坚持品行为本，用靠得住的干部，引导干部讲党性、重品行、作表率，自觉落实科学发展观，创造经得起实践、人民、历史检验的实绩；要坚持责任为重，用敢负责的干部，引导干部忠于党的事业，忠于人民利益，锐意进取，敢闯敢干；要坚持务实为要，用肯实干的干部，引导干部求真务实、埋头苦干、不事张扬、默默奉献；要坚持民意为上，用口碑好的干部，引导干部对群众负责，为群众办事；要坚持廉洁为贵，用严以律己的干部，引导干部清正廉洁，自觉做到拒腐蚀、永不沾。习近平强调，要进一步规范选人用人权力运作方式和程序，加快建立选人用人失误失察责任追究制度，用严密的程序和刚性的责任保证把人选准用好，使跑官要官者没有市场，买官卖官者受到处罚。

《社会主义核心价值体系学习读本》出版发行

新华社北京 12 月 31 日电，为贯彻落实党的十七大精神，扎实推进社会主义核心价值体系建设，中央宣传部组织编写了《社会主义核心价值体系学习读本》一书，近日已由学习出版社出版，在全国发行。

《社会主义核心价值体系学习读本》以邓小平理论和“三个代表”重要思想为指导，深入贯彻落实科学发展观，贯彻党的十七大精神，深刻阐述了社会主义核心价值体系的重大意义、科学内涵和实践要求，对于深入持久地开展社会主义核心价值体系宣传教育，引导广大干部群众认真学习和践行社会主义核心价值体系，推动全社会巩固发展统一的指导思想、共同的理想信念、强大的精神力量和良好的道德风尚，凝聚起推进改革开放和社会主义现代化建设的强大精神力量具有重要意义。这本书内容丰富、全面系统，观点鲜明、文风朴实，深入浅出、通俗易懂，针对性、可读性、权威性强，为全社会学习社会主义核心价值体系提供了重要的辅助材料，为广大党员干部群众和高校师生深入学习提供了权威读本，为基层党组织和党校、干校、讲师团培训党员、组织宣讲提供了重要教材。

2009 年 1 月

《求是》杂志发表胡锦涛总书记重要文章

1 月 1 日出版的新年第 1 期《求是》杂志，发表中共中央总书记、国家主席、中央军委主席胡锦涛的重要文章《努力把贯彻落实科学发展观提高到新水平》。

全国宣传部长会议举行

1 月 4 日—5 日全国宣传部长会议在北京举行。中共中央政治局常委李长春出席会议并讲话。他强调，宣传思想文化战线要按照高举旗帜、围绕大局、服务人民、改革创新的总要求，着力统一思想、增强信心，促进经济平稳较快发展；着力推动社会主义核心价值体系建设，不断巩固全党全国各族人民团结奋斗的共同思想基础；着力推动文化体制改革，促进社会主义文化大发展大繁荣；着力提高舆论引导能力，营造积极健康向上的舆论环境，维护社会稳定，为夺取全面建设小康社会新胜利提供强大的思想保证、舆论支持和文化条件。

中共中央政治局委员、中央宣传部部长刘云山对 2009 年宣传思想文化工作作出具体部署。他强调，要认真学习中央关于宣传思想文化工作的一系列重要指示，切实把思想统一到中央精神上来。要进一步深化对宣传思想文化工作的规律性认识，把解放思想与统一思想结合起来，把增强忧患意识与坚定信心结合起来，把坚持正面宣传与疏导公众情绪结合起来，把促进改革发展稳定与推动文化大发展大繁荣结合起来。要突出重点、抓住关键，创造性地做好理论武装、新闻宣传、思想道德建设、精神文明创建、文艺出版、对外宣传、文化体制改革、队伍建设等各项工作，以坚定清醒的政治自觉、奋发有为的进取精神、务实高效的工作作风，下大力气抓好各项任务的落实，以优异成绩迎接新中国成立 60 周年。

中共中央、国务院隆重举行国家科学技术奖励大会

1 月 9 日中共中央、国务院在北京隆重举行国家科学技术奖励大会。党和国家领导人胡锦涛、温家宝、李长春、习近平、李克强出席大会并为获奖代表颁奖。温家宝代表党中央、国务院在大会上讲话。李克强主持大会。

温家宝在讲话中代表党中央、国务院，向 2008 年度国家科学技术奖获得者表示热烈祝贺，向全国广大科技工作者表示诚挚问候和崇高敬意。他指出，科技实力决定国家命运。在科学技术迅猛发展的今天，谁不重视科技，谁就要被淘汰。一个 13 亿人口的中国正在进行的现代化建设，是人类历史上最波澜壮阔的事业，必须充分依靠科学技术，支撑发展和引领未来。要坚持科教兴国战略，把提高自主创新能力、建设创新型国家作为国家发展战略的核心。只有这样，才能把发展的主动权牢牢掌握在自己手中，我国的现代化事业才有光明的前景。

会上，颁布了 2008 年度国家科学技术奖励获奖人选和项目。2008 年度国家自然科学奖二等奖授奖项目 34 项；国家技术发明奖授奖项目 55 项，其中一等奖 3 项、二等奖 52 项；国家科学技术进步奖授奖项目 254 项，其中特等奖 3 项、一等奖 26 项、二等奖 225 项；授予 3 名外籍科学家中华人民共和国国际科学技术合作奖。

中央精神文明建设指导委员会召开全体会议

1月12日中央精神文明建设指导委员会召开全体会议，研究部署精神文明建设工作，中共中央政治局常委、中央精神文明建设指导委员会主任李长春主持会议并讲话。他强调，精神文明建设要认真贯彻党的十七大、十七届三中全会和中央经济工作会议精神，学习贯彻胡锦涛总书记在纪念党的十一届三中全会召开30周年大会上重要讲话精神，以邓小平理论和“三个代表”重要思想为指导，深入贯彻落实科学发展观，按照高举旗帜、围绕大局、服务人民、改革创新的总要求，着力建设社会主义核心价值体系，着力深化精神文明创建活动，努力提高公民文明素质和社会文明程度，促进社会主义文化大发展大繁荣，为继续解放思想、坚持改革开放、推动科学发展、促进社会和谐，夺取全面建设小康社会新胜利营造良好社会环境。

《求是》杂志发表贾庆林同志重要文章

1月16日出版的第2期《求是》杂志，发表中共中央政治局常委、全国政协主席贾庆林的重要文章《高举中国特色社会主义伟大旗帜 把人民政协事业不断推向前进》。

中央党校举行2008年秋季学期毕业典礼

1月16日中共中央党校举行2008年秋季学期毕业典礼。中央党校校长习近平出席毕业典礼，并为学员颁发毕业证书。中央党校本期毕业学员共577人。另有中直机关分校、中央国家机关分校、部队分部和国资委分校的2600多名学员同期毕业。

中央党校积极推进教学改革，本学期试行的教学项目制，部分班次开展的学员读书交流活动、论文答辩活动，得到了学员的普遍认同。学员们反映，在党校的学习取得了丰硕成果，马克思主义理论素养有新的提升，推进改革开放伟大事业的自觉性有新的增强，领导能力和执政本领有新的提高，党风、学风、文风有新的改进。

全国精神文明建设工作表彰大会在京举行

1月20日全国精神文明建设工作表彰大会在北京举行。中共中央政治局常委、中央精神文明建设指导委员会主任李长春出席并讲话。他强调，精神文明建设要深入贯彻落实科学发展观，着力推动社会主义核心价值体系建设，提高公民文明素质和社会文明程度，促进社会主义文化大发展大繁荣，为应对国际金融危机、保持经济平稳较快发展，夺取全面建设小康社会新胜利提供强大精神动力、营造良好社会环境。

大会由中共中央政治局委员、书记处书记、中宣部部长、中央文明委副主任刘云山主持。会上，中共中央政治局委员、国务委员、中央文明委副主任刘延东宣读了表彰决定，授予14个全国文明城市（区）、672个全国文明村镇、1343个全国文明单位、100名全国精神文明建设先进工作者、80个全国创建工作先进城市（区）荣誉称号，继续保留10个城市（区）的全国文明城市（区）荣誉称号。受表彰的单位和个人代表作了发言。

中共中央政治局召开会议

1月23日中共中央政治局召开会议，听取中央政治局常委参加深入学习实践科学发展观活动专题民主生活会情况的通报。胡锦涛总书记主持会议。

会议认为，在全党开展深入学习实践科学发展观活动，是用中国特色社会主义理论体系武装全党的重大举措，是深入推进改革开放、推动经济社会又好又快发展、促进社会和谐稳定的迫切需要，是提高党的执政能力、保持和发展党的先进性的必然要求。在民主生活会上，常委同志紧紧围绕贯彻落实科学发展观，认真回顾中央政治局常委会工作和自身建设情况，既肯定成绩、总结经验，又正视问题、查找不足，进一步明确了今后的工作思路和努力方向。

贯彻落实科学发展观，关键是要把科学发展观转化为自觉行动，转化为推动科学发展的坚强意志、谋划科学发展的正确思路、领导科学发展的实际能力、促进科学发展的政策措施，落实到实际工作中去，在推动经济社会又好又快发展上不断见到实实在在的成效，不断让广大人民群众得到实实在在的利益。当前，贯彻落实科学发展观，最重要的就是要进一步抓好保持经济平稳较快发展的首要任务，着力在保增长上下功夫，切实做好应对国际金融危机冲击工作。要坚定信心、迎难而上、狠抓落实，把中央关于扩大内需、促进经济增长的一系列政策措施落到实处，把压力转化为动力、变挑战为机遇，切实把保增长、保民生、保稳定各项任务落到实处。

会议指出，办好中国的事情，关键在党，关键在各级领导班子和领导干部。要按照党的十七大对党的建设作出的总体部署，以改革创新精神全面推进党的建设新的伟大工程，坚持党要管党、从严治党，不断提高党的执政能力、保持和发展党的先进性，把党的政治优势和组织优势转化为推动经济社会又好又快发展的强大力量。要切实抓好深入学习实践科学发展观活动，增强广大党员、干部贯彻落实科学发展观的自觉性和坚定性，突出实践特色，注重把学习实践活动同应对国际金融危机冲击、克服经济发展困难更加紧密地结合起来，着力提高各级领导班子和领导干部推动科学发展、促进社会和谐的能力，真正达到党员干部受教育、科学发展上水平、人民群众得实惠的目标，努力把各级党组织建设成为贯彻落实科学发展观的坚强堡垒、把干部队伍建设成为贯彻落实科学发展观的骨干力量。

中共中央政治局进行第十一次集体学习

1月23日中共中央政治局进行第十一次集体学习，胡锦涛总书记主持。中共中央政治局这次集体学习安排的内容是中国特色农业现代化道路研究。中国农业大学何秀荣教授、国务院发展研究中心韩俊研究员就这个问题进行讲解，并谈了他们对推进农村改革发展的意见和建议。

胡锦涛在主持学习时发表了讲话。他指出，走中国特色农业现代化道路，是顺应世界农业发展普遍规律、立足我国国情的必然选择，是统筹城乡发展、协调推进工业化和城镇化的必然要求，是建设社会主义新农村、促进农业可持续发展的必由之路。各级党委和政府要按照党的十七届三中全会确立的新形势下推进农村改革发展的总体思路，把建设社会主义新农村作为战略任务，把走中国特色农业现代化道路作为基本方向，把加快形成城乡经济社会发展一体化新格局作为根本要求，坚持工业反哺农业、城市支持农村和多予少取放活方针，推动农村经济社会又好又快发展。在当前形势下，保持农业农村经济持续稳定发展，对于党和国家工作全局具有更为重大的意义。保增长的基础支撑在农业，扩内需的最大潜力在农村，保民生的重点难点在农民。尤其要抓好以下3项工作。一是要大力保障国家粮食安全和主要农产品供给。落实最严格的耕地保护制度和最严格的节约用地制度，稳定粮食种植面积，继续提高单产，保护和提高粮食生产能力。较大幅度增加对农业的补贴，继续提高粮食最低收购价格，加快落实国家扶持油料、生猪、奶业生产的各项政策措施。严格农产品质量安全全程监控，确保食品质量安全。二是要大力加强农村基础设施建设和社会事业发展，改善农民生活。抓住国家实施积极财政政策的时机，大幅度增加对农村基础设施建设和社会事业发展的投入，大力推进农村文化惠民工程，巩固农村义务教育普及成果，巩固和发展新型农村合作医疗，加强县乡村医疗卫生公共服务体系建设。农村最低生活保障要做到应保尽保，并逐步提高低保标准和补助水平。对农村尚未解决温饱的贫困人口、低收入人口全面实施扶贫政策，帮助他们尽快稳定解决温饱并实现脱贫致富。三是要大力促进农民增收，开拓农村市场。积极谋划促进农民增收的新思路，最大限度拓展农村内部增收空间。加快完善农村消费品流通网络，改善农村消费环境，大力推进家用电器和汽车、摩托车下乡工作。发展先进适用、安全可靠、节能环保的各类农业机械，加强农机技术培训和售后服务。严厉查处坑农害农行为，严禁假冒伪劣商品流向农村市场。

2009年2月

《求是》杂志发表周永康同志文章

2月1日出版的《求是》杂志第3期，发表中共中央政治局常委、中央政法委书记周永康的文章，题为《深入贯彻落实科学发展观 促进经济平稳较快发展 保障社会公平正义 维护社会和谐稳定》。文章中指出，政法机关要认真贯彻落实党的十七大、十七届三中全会和中央经济工作会议精神，坚持以邓小平理论和“三个代表”重要思想为指导，深入贯彻落实科学发展观，着力促进经济平稳较快发展，着力推进司法体制和工作机制改革，着力保障社会公平正义，着力加强政法队伍思想作风建设，着力维护国家安全与社会和谐稳定，以优异成绩迎接新中国成立60周年。

全国党史研究室主任会议召开

2月4日全国党史研究室主任会议在北京召开。中共中央政治局常委、中央书记处书记习近平在会前会见了出席会议的代表。他强调，党史工作是党的全局工作和党的建设的重要组成部分，各级党委要进一步重视党史工作，切实摆上议事日程，从人力、物力、财力上关心和支持党史部门，帮助解决实际问题，充分发挥党史部门在党委工作中的重要作用。

习近平代表党中央向受到表彰的全国党史部门先进集体和先进工作者表示祝贺，向全国广大党史工作者表示慰问。他指出，过去的一年是党和国家历史上很不平凡的一年。在以胡锦涛同志为总书记的党中央坚强领导下，经过全党全国各族人民团结奋斗，我们办成了大事，办好了要事，缓解了难事，党和国家各项事业取得新的重大进展。全国党史部门和广大党史工作者围绕中心、服务大局，锐意进取、开拓创新，认真履行职能，各项工作取得新的重要成绩。

全国净化社会文化环境工作会议举行

2月20日—21日，全国净化社会文化环境工作会议在北京举行。中共中央政治局常委李长春对会议作出重要批示。他指出，净化社会文化环境、促进未成年人健康成长，是党中央从党和国家事业长远发展出发作出的重大决策部署。党的十六大以来特别是《中共中央国务院关于进一步加强和改进未成年人思想道德建设的若干意见》下发以来，各地各部门认真贯彻中央决策部署，大力实施文化环保工程，组织开展专项行动，强力净化社会文化环境，取得明显成效。但现在情况依然不容乐观，迫切需要进一步加大工作力度，以更坚定的决心、更有效的措施，切实解决群众反映强烈的突出问题。他强调，进一步净化社会文化环境，是社会主义精神文明建设以及加强和改进未成年人思想道德建设的基础工程，是实现亿万家庭最大希望和切身利益的民心工程，是确保中国特色社会主义事业后继有人的希望工程。要以邓小平理论和“三个代表”重要思想为指导，深入贯彻落实科学发展观，以建设社会主义核心价值体系为根本，以促进未成年人健康成长为目标，以净化网络、网吧、荧屏声频、校园周边环境为重点，坚决遏制淫秽色情等违法有害信息的传播，综合运用教育、法律、行政、技术和经济等多种手段实现对社会文化环境的长效管理。各部门要各负其责，密切合作，并动员社会各方面力量共同参与，积极营造有利于未成年人健康成长的良好社会文化环境和氛围。

中共中央政治局进行第十二次集体学习

2月23日中共中央政治局进行第十二次集体学习，胡锦涛总书记主持。这次集体学习安排的内容是世界经济形势和推动我国经济又好又快发展。国务院发展研究中心赵晋平研究员、国家发展和改革委员会宏观经济研究院毕吉耀研究员就这个问题进行讲解，并谈了意见和建议。

胡锦涛在主持学习时发表了讲话。他指出，当前，世界经济形势严峻复杂，国际金融危机尚未见底，我国经济增长下行压力加大。越是困难的时候，越是要坚定信心。要全面分析形势，准确把握和充分运用我国经济发展的有利条件。一是我国经济发展的基本态势没有发生根本变化，中央及时采取积极的财政政策和适度宽松的货币政策，果断出台一系列应对国际金融危机冲击的有针对性的政策措施，我国经济在世界各国经济增长中仍然处在前列。二是我国经济发展的优势条件没有发生根本变化，我国社会主义市场经济体制已基本建立，改革开放30年的持续快速发展为我国打下了应对各种风险和挑战的坚实物质基础。三是我国工业化、城镇化加快发展的趋势没有发生根本变化，我国经济发展的内在动力依然强劲。四是我国发展的外部环境没有发生根本变化，和平、发展、合作仍然是当今世界的潮流，全球经济面临的调整和重组也为我国经济发展带来了新的机遇。党的坚强领导，社会主义制度的优越性，全国各族人民的团结奋斗，是我们众志成城、共克时艰、抵御国际金融危机冲击的强大力量。

他强调，关于今年的经济工作，中央已经作出全面部署，要抓住关键、突出重点、统筹兼顾、全面落实。要坚持扩大内需为主和稳定外需相结合，采取更强有力的措施扩大国内需求特别是扩大消费需求，以拉动经济增长。要坚持保增长和调结构、增效益相统一，把保增长建立在提高质量、优化结构、增加效益、降低消耗、保护环境的基础之上，努力形成新的经济增长点和竞争优势。要坚持把改革开放作为保增长的强大动力，抓住时机、掌握节奏、把握力度，积极推进重点领域和关键环节改革，加快形成充满活力、富有效率、更加开放、有利于科学发展的体制机制，通过改革创新增强应对国际金融危机冲击能力、增强解决我国发展深层次矛盾和问题能力。要坚持把改善民生作为保增长的出发点和落脚点，注重把保增长、扩内需同改善民生紧密结合起来，急群众所急，解群众所难，进一步解决好人民最关心最直接最现实的利益问题，切实维护社会稳定。

中国中共文献研究会成立大会召开

2月25日中国中共文献研究会在北京召开成立大会。中共中央政治局常委、中央书记处书记习近平出席大会并作重要讲话。他指出，党的十七大提出深入学习贯彻中国特色社会主义理论体系，着力用马克思主义中国化最新成果武装全党的战略任务。党的文献工作作为思想理论战线的一支重要力量，在推进党的理论武装工作、加强党的思想理论建设方面担负着不可替代的重要责任。成立中国中共文献研究会，正是适应新形势新任务的需要，发展党的文献事业，加强党的思想理论建设的一个重要举措，对组织和协调有关研究力量，推动对党的文献进行系统研究和宣传，更好地为加强党的思想理论建设服务具有重要意义。

习近平对文献研究会提出3点希望：第一，充分发挥党的文献研究的优势，在用中国特色社会主义理论体系武装全党的工作中作出应有贡献。文献研究会要组织力量，对有关中国特色社会主义理论体系的文献和著作进行研究、阐发和宣传，帮助广大党员干部全面系统准确地学习和把握这一理论体系，深刻理解这一理论体系的思想渊源、科学内涵、精神实质和重大意义。文献研究会还要把丰富的文献编辑和研究成果转化为宣传成果，通过多种手段对广大干部、群众和青年进行理论教育，广泛地宣传中国特色社会主义理论体系。第二，对党的文献进行深入系统的研究，通过总结历史经验为党和国家工作大局服务。文献研究会要发扬理论联系实际的学风，深入系统地研究党的指导思想和党的历史经验，研究老一辈无产阶级革命家的思想理论和精神风范，研究我们党带领全国各族人民在实践和理论上的不断探索与历史性贡献，为建设社会主义核心价值体系服务。第三，加强与有关部门的联系，凝聚各方面研究力量，共同推动党的文献事业不断发展。文献研究会要开展多种形式的学术活动，活跃学术气氛，提高理论研究水平，多出高质量的研究成果。

出席成立大会的有来自全国各地的代表、理事200余人。在成立大会之前举行的中国中共文献研究会会员代表大会暨第一次理事会议上，中共中央文献研究室主任冷溶当选文献研究会会长。

深入学习实践科学发展观活动第一批总结暨第二批动员会召开

2月27日—28日，深入学习实践科学发展观活动第一批总结暨第二批动员会议在北京召开。中共中央政治局常委、中央书记处书记习近平出席会议并作重要讲话。

第一批学习实践活动从去年9月开始，主要在省部级党政机关、中管金融机构开展，到今年2月底总体上基本告一段落。第二批学习实践活动从今年3月开始，到8月底基本结束，主要在市县机关、国有企业、高等学校开展。全国参加第二批学习实践活动共有地市州盟401个，县市区旗2792个，中央及地方所属国有企业3.7万个，部委及地方所属高等学校2263所，铁路系统参加第二批学习实践活动的领导班子1576个，总计党员2528万名。

习近平在讲话中充分肯定了第一批学习实践活动取得的实效。他指出，参加第一批学习实践活动的单位和第二批学习实践活动试点单位，在学习实践活动中积累了宝贵经验。主要是：第一，必须牢牢把握党员干部受教育、科学发展上水平、人民群众得实惠这个总要求，确保学习实践活动不走过场。第二，必须突出实践特色，把务求实效作为开展活动的出发点和落脚点，着力解决突出问题，完善体制机制。第三，必须把深入学习、提高认识贯穿学习实践活动始终，切实抓好理论武装，注重抓好党性修养和作风养成。第四，必须以解放思想为先导，尊重基层首创精神，因地制宜创新活动内容、活动方式和活动载体。第五，必须依靠群众，充分发扬民主，把群众满意作为检验活动成效的第一标准。第六，必须坚持分类指导，针对不同层面分别提出学习实践活动的具体要求。第七，必须做到统筹兼顾，处理好推进学习实践活动与搞好当前各项工作的关系，以学习实践活动促进各项工作。第八，必须突出县级以上党员领导干部这个重点，坚持领导班子和党员领导干部带头，加强督促检查，搞好舆论引导。这些经验对搞好第二批学习实践活动具有重要指导意义，各地区各单位要结合实际认真加以运用。

习近平指出，根据第二批学习实践活动单位层级下移、点多面宽的特点，在中央学习实践活动领导小组的统一领导下，市县机关以及地方所属国有企业、高等学校的学习实践活动，由省区市党委具体负责领导和指导；中央企业、部属高等学校的学习实践活动，分别由中央企业深入学习实践科学发展观活动领导小组和部属高等学校深入学习实践科学发展观活动领导小组负责组织。各地区各单位党委（党组）要切实强化领导责任，全面负责本单位的学习实践活动，主要负责同志要认真履行第一责任人的职责。

第三部分

政工学会专集

科学社会主义学会的历史回顾

——向中国科学社会主义学会第七次代表大会的工作汇报

赵 曜

今年是中国科学社会主义学会创立25周年，也是学会换届的年份。我受学会常务理事会的委托，向学会第七次代表大会作简要的工作回顾与小结，请各位代表审议并提出批评意见。

一、学会的创建

1978年12月召开的党的十一届三中全会，开启了改革开放的新时期，各项工作都出现了新气象，学术理论界的春天到来了。范若愚同志是我们这个学科的老前辈，是中国科学社会主义学会的创始人。他在1980年12月于广州召开的全国党校科学社会主义第一次教学工作座谈会上首次提出，要创建中国科学社会主义学会。经过两年的筹备，1983年10月18—21日，在南京召开中国科学社会主义学会第一届代表大会，中国科学社会主义学会正式诞生了。时任中共中央政治局委员、中央党校校长王震到会致祝词并作重要讲话。他强调，中国科学社会主义学会一定要高举马克思列宁主义、毛泽东思想的伟大旗帜，发扬理论联系实际的革命学风，把科学社会主义普及到全体人民中去，引导广大群众坚信社会主义和党的领导。代表们听后，深受教育和鼓舞。

在范若愚同志的领导下，学会在创建初期，特别强调如下四点：(1)依托党校，面向全国。学会挂靠在中央党校，但它是全国性的学术团体，必须面向全国，把对科学社会主义有研究的人才都吸收到学会中来。在筹备名单中，中央各有关单位，如中央党校、中央宣传部、中央组织部、中央统战部、中央书记处研究室、中央党史研究室、中央文献办公室、全国人大、全国政协、全国总工会、全国妇联、中国社科院、中央编译局、《红旗》杂志社、中央团校、解放军政治学院、军事学校、首都各主要大学，都有代表；京外各省无一例外，也都有代表。学会充分体现了它的全国性。(2)充分发挥老同志的余热。范若愚同志以学会和他个人的名义，邀请了二十几位"文革"前的省部级领导干部参加学会，有的聘为学会顾问，有的担任理事，其中包括像张稼夫、夏征农、聂真等大革命时期参加党的老前辈，还有像王甫、许立群、孙晓村、梅行、王铎、杨植霖、张国声等在中央和地方担任重要领导职务的老同志。(3)坚持理论工作者和实际工作者相结合，参加学会的不只有理论工作者，还要有一部分实际工作者。(4)学会的研究领域很广泛，包括科学社会主义、社会主义思想史以及国外社会主义，但研究重点是"有中国特色的社会主义"。学会章程对此有明确规定。这四条，对学会工作具有奠基性意义，对学会后来的发展起了至关重要的作用。

在学会成立25周年的时候，山东大学出版社出版了《范若愚文集》，这是科学社会主义学界的盛事，也是对老会长的最好纪念。让我代表中国科社学会，向山东大学当代社会主义研究所和王建民同志表示感谢！

二、学会的发展

范若愚同志领导学会工作不到两年就过世了。在1985年哈尔滨年会上，由时任中央党校教育长、学会副会长、也是科社学界的前辈江流同志接任会长，一直到2000年。在四届任期、长达16年的时间里，学会工作都是在江流同志的主持下向前推进的。他在每次年会上都致一个有分量的开幕词，把研讨的主题和基本内容从理论上加以阐述。他为学会工作付出了辛勤劳动和汗水。也就是在这个期间，学会工作规范了，逐步走向成熟，成为在全国有较大影响的学会。这个时期，学会在实践中也逐步形成了自己的风格和传统。主要是：(1)坚持正确的政治方向。所谓正确的政治方向，一是坚持马克思主义不动摇，二是同党中央在政治上保持高度一致。(2)认真贯彻“双百”方针，为学术探讨提供一个比较宽松的环境。(3)内部团结和谐。我们学会鼓励不同学派，反对宗派，学会内部从没有这一派和那一派之分，从来没有争吵，总能在一些重大问题上达成共识。总起来说，我们学会已经初步形成了高度的政治空气、高度的学术空气和高度的团结和谐文明空气。我们要把这些好传统坚持下去。

今年2月2日，中共中央政治局常委李长春看望江流同志时说：“你是咱们理论界的老前辈，是坚持用马克思主义中国化的立场、观点、方法指导社科研究的代表性人物，也对我们正在组织的‘马克思主义理论研究和建设工程’做了很大的贡献。我给你总结三条：坚定正确的政治方向，科学严谨的治学态度，爱岗敬业的奉献精神，这三条恰好是中青年理论工作者要好好学习的。”这既是对江流同志的高度评价，也是我们学会的光荣。

三、本届学会工作

在2000年11月广东顺德年会上，江流同志因年事已高，由会长改任名誉会长，学会工作由我来接任。此后的两届常务理事会，在原有的基础上，主要做了如下几个方面的工作。

1.开年会，进行学术交流。每年召开一次大型年会，进行理论研讨和学术交流，规模一般在120－140人左右。年会的主题都是中国特色社会主义。但是，每次年会依据中央精神，研讨的侧重面又有所不同。全国有几千个学会，但和中国特色社会主义结合最紧密的就是我们学会。这是我们学会的一大优势。中央党校副校长李君如非常关心和支持我们学会工作，多次参加年会，作主题报告，对我们有很大帮助。让我代表学会向李君如同志表示谢意！

2.办好《科学社会主义》杂志。这是一个重要的马克思主义阵地。学会建立以后，通过试办《科学社会主义通讯》，经过国家出版总署批准，两年后正式创办《科学社会主义》杂志，为双月刊，不管在经费等方面有多大困难，一直坚持到现在。江枫、徐鸿武、李生林、吴雄承、秦刚等同志为杂志付出很多心血，做出重大贡献。近几年来，在叶庆丰、刘俊杰、胡振良等同志的努力下，版面在扩大，质量不断提高，社会影响越来越大。中国人民大学的复印资料，在综合类、政治类中，选用我们杂志的文章越来越多，排名越来越靠前。

3.建立专业委员会。学会建立以后，为扩展研究领域，先后建立了若干个研究会，后来按照民政部的统一要求一律改为专业委员会。其中有的坚持开展活动，有的销声匿迹，有的名存实亡。目前，能够正常开展活动的有国外社会主义、工会学、思想政治工作科学三个专业委员会。两年前，经民政部批准，又建立了民营经济专业委员会。

4.开展学科建设的经验交流。恩格斯指出：“社会主义自从成为科学以来，就要求人们把它当做科学对待，就是说，要求人们去研究它。”科学社会主义作为一门科学，是从马克思主义诞生时就有了，至今已有160年历史。但是，作为一门学科、一门课程、一个学位点，这都在党的十一届三中全会以后，也只有30年左右的时间。既然是一门新的学科，就要加大力度进行建设。根据江流同志的建议，并得到国务院学位办的赞同，在山东大学、东阳市政府、华中师大、天津师大、湖南师大、江苏省委党校的大力支持下，从1989年起，我们先后在济南、东阳、襄樊、天津、张家界、南京等地，召开具有科社学位点单位的学科建设经验交流会，积极推动学科建设。但是，自2004年以后这项工作就停止了，没能继续向前推进。

5.秘书长工作会议。秘书长是学会中最实质性的工作，学会前后有六位秘书长都尽职尽责，尤其是毕克、汤有伦、刘俊杰这三位给大家留下深刻印象。为推动省级科社学会工作，在现任学会秘书长刘俊杰的主持下，从2005年开始，先后在烟台、延边、重庆、凯里召开一年一度的秘书长工作会议。会议虚实并举，除交流工作经验外，还就一些重大问题进行理论研讨。

综上所述，我们学会是由范若愚同志创建的，他为学会奠定了基础，其后来大部分时间是在江流同志领导下走过来的，他为学会工作做出了重大贡献，这是我们学会的辉煌时期。2000年我接任会长后，尽管做了很大努力，但由于个人能力、水平、影响所限，学会工作还有许多不尽如人意的地方。值得庆幸的是，这次换届，我们选出了理想的会长和领导班子。我相信，在冷溶同志的领导下，学会一定会再创佳绩，重现昔日的辉煌，为中国特色社会主义理论事业做出新的贡献。最后，让我向各位理事、代表对我在任期间工作的支持和帮助，表示深深的谢意！

（作者：中国科学社会主义学会名誉会长、中共中央党校教授、博士生导师）

全国思想政治工作科学专业委员会第十五届年会会议纪要

2008年7月25日，全国思想政治工作科学专业委员会第十五届年会在山东省青岛市举行。这次年会的主题是：坚持用中国特色社会主义理论体系武装人，特别是用科学发展观等重要战略思想教育人，同时结合实际总结改革开放30年来的宝贵经验。

这次会议得到了有关领导的大力支持。中共青岛市委副书记王文华到会，发表了热情洋溢的欢迎词。中共中央组织部原部长张全景，中共中央党校副校长孙庆聚，军事科学院军队建设部副部长、少将杨春长，山东省公安厅原政治部主任姜永梅，青岛市公安局局长赵春光，中共青岛市委党校副校长孙林东出席了会议。全国思想政治工作科学专业委员会主任张蔚萍，副主任戴焰军、段若鹏、颜景策、朱地，副秘书长雷常新、雷群、李俊伟、颜伟，办公室主任杨光及黄桦等出席了会议。

上午的开幕式和会议由全国思想政治工作科学专业委员会副主任戴焰军主持。学会副主任段若鹏首先代表常务理事会向大会汇报一年来学会的工作。从2007年7月在青海召开的第十四届年会以来，学会主要做了以下一些工作：第一，2007年10月，与中国石化管理干部学院在北京举办“学习贯彻十七大精神特约研究员会议”；第二，2007年12月和2008年1月，先后两次在北京召开深入贯彻落实科学发展观和正确认识经济形势的小型座谈会；第三，2008年4月，与鹤壁职业技术学院联合在鹤壁举办“大学生思想政治教育论坛”；第四，2008年5月13日和7月5日，先后在北京和太原召开新时期思想政治工作与《新政领袖》一书出版座谈会；第五，调整学会组织机构，发展新会员和特约研究员；第六，编写出版了《新世纪思想政治工作》、《思想政治工作学教程》和《思想政治工作发展史》三本教材；第七，编撰2007—2008年度《中国思想政治工作年鉴》等。

中共中央组织部原部长、学会顾问张全景在讲话中充分肯定了全国思想政治工作科学专业委员会成立14年来所做的工作。他说，1989年小平同志所指出的我们的失误主要是教育，主要是指思想政治教育。目前，这一方面仍然是薄弱环节。所以，全国思想政治工作科学专业委员会所从事的事业，很有必要，也很有成效，做出了很大的贡献。张全景同志回顾了自己从领导岗位上退下来时，曾向锦涛同志表示，要做到十六个字：学习为主、调研为辅、适度锻炼、继续贡献。按照这十六个字，他仍然关心党的思想政治工作，仍然坚持学习理论、坚持调查研究，很有收获。这几年，他在调查研究的基础上，相继写了几篇文章，都有较强的现实针对性。在关于分析苏联解体原因的文章中，他通过深入的调查研究，得出结论：苏联解体，既有经济原因，也有政治原因，而以政治原因为主；既有历史原因，也有现实原因，而以现实原因为主；既有客观原因，也有主观原因，而以主观原因为主。他的文章引起较大反响。他鼓励与会同志，要紧密联系当前的实际，对现实重大问题作深入的理论思考，把学会的工作搞得更好。张全景同志生动感人、语重心长的讲话，给与会代表留下了深刻的印象。

中共中央党校副校长孙庆聚代表中央党校对会议的召开表示祝贺。他高度赞扬张全景同志的讲话，认为全景老部长现身说法，以自己的亲身经历和感受给与会同志上了一堂生动活泼的思想政治教育课，是一个创新，为我们如何搞好思想政治教育树立了一个典范。孙庆聚同志勉励与会同志，要像全景老部长那样，酷爱学习，善于学习，善于搞调查研究，善于对重大现实问题作深入的理论思考，在思想政治工作中把科学性、针对性、实效性和生动性很好地结合起来。孙庆聚同志对于学会下一步的工作还提出了很好的建议，提出学会要按照自己的宗旨，按照胡锦涛同志的指示，加大研究力度，用自己的研究成果为思想政治教育服务。研究的重点是如何认清当前的新特点、新情况、新问题，如何化解当前社会的各类矛盾，如何用中国特色社会主义理论体系武装党员干部，如何用马克思主义中国化的最新成果教育人、培养人、熏陶人、鼓舞人。这是我们学会的光荣责任。

全国思想政治工作科学专业委员会主任张蔚萍在会议上作了题为《坚持用中国特色社会主义理论体系武装人的几个重大问题》的主题报告。报告分为五个部分：一、坚持用中国特色社会主义理论体系武装人的重大意义；二、中国特色社会主义理论体系的形成和科学内涵；三、中国特色社会主义理论体系的基本内容及其所揭示的基本规律；四、中国特色社会主义理论体系"特"在哪里；五、坚持用中国特色社会主义理论体系武装人要解决的重点课题。张蔚萍在报告中指出，这次年会，之所以把坚持用中国特色社会主义理论体系武装人的问题作为主题，主要是因为这个问题具有重大意义：一是因为它是贯彻落实十七大精神的一个关键性问题。奥运会结束后，全党要全面开展"深入学习实践科学发展观"活动，我们要有充分的思想准备，积极配合各级党委做好这项具有重大战略意义的教育工程。二是因为它是新世纪新阶段思想政治工作的根本任务。用科学理论武装人始终是思想政治工作的一项根本任务，而在新世纪新阶段，就是用中国特色社会主义理论体系武装人。为什么把用科学理论武装人作为根本任务？因为这个理论体系能够给人们指出前进的方向，能够提高人们的思想政治觉悟，能够增强人们的认识能力。三是因为它是当前全党全社会统一思想、团结奋进的迫切需要。张蔚萍同志指出，当前对于中国特色社会主义理论体系的认识全党全社会取得了共识，但也有不同认识，还有一些噪音和错误认识，这就在一定程度上影响了全党的思想统一和全民同心协力奋进。思想理论战线的一项重要任务，就是帮助人们明辨是非，宣传真理，让人们对中国特色社会主义理论体系有一个完整准确的理解，并在正确理解的基础上统一思想和团结奋进。

7月25日下午，会议进入大会发言阶段。与会同志在发言中围绕会议的主题，结合本地区本单位的实际，提出了许多新观点、新经验、新思路。如，淄博职业学院党委书记于庆臣提出，思想政治教育要突出价值实践环节这个重点，坚持贴近学生、贴近实际、贴近生活的原则和从自我做起、从小事做起、从身边做起的要求；国务院国资委宣传处干部金思宇提出思想政治教育要从六个方面创新，即理论创新、内容创新、体制创新、机制创新、方法创新和载体创新；鹤壁职业技术学院纪委书记苏众介绍了本学院如何提高思想政治工作实效的一整套经验；中共铜川市委宣传部副部长王英选比较深入地论述了加强个人品德建设的重要意义；济南市政法委巡视员邢战国介绍了本市全力推进见义勇为事业的经验；北京首钢建设集团机械运输分公司经理戴利介绍了以先进企业文化为手段，以全面提高员工素质、培养塑造一代新人为核心，坚持以人为本，在一年内打了一个翻身仗的成功经验；北京恒安通达机电安装工程公司总经理王玉涛提出了在民营企业中贯彻科学发展观、特别是创建以人为本的企业文化和把党的政治优势与民营企业的经济优势结合起来的观点；中共辽宁省铁岭市委老干部局副局长卢祥云介绍了搞好离退休干部思想政治工作的经验；济南市天桥区城市管理服务局书记王育龙介绍了如何在城市管理服务工作中贯彻落实十七大精神的经验，等等。

在大会发言之后，张蔚萍主任还解答了与会同志所关注的一些热点难点问题。最后，全国思想政治工作科学专业委员会副主任朱地代表常务理事会作了会议总结。

与会同志认为，这次会议主题明确、重点突出、领导讲话感人、代表发言踊跃，使大家受到了深刻的教育，对于今后的工作必将有很大的帮助。还有的代表提出，希望尽快把这次年会的精神传达给全体会员和特约研究员。

（此文由学会副主任朱地整理）

全国思想政治工作科学专业委员会工作汇报

全国思想政治工作科学专业委员会常务理事会

各位领导、学会顾问，各位理事、特约研究员和各位到会的同志们：

我受学会主任张蔚萍委托，代表常务理事会汇报学会一年来的工作，请批评指正。

今年召开第15届年会，其目的是为了深入贯彻党的十七大精神。因此，本次年会的中心议题是：坚持用中国特色社会主义理论体系武装人，特别是用科学发展观等重要战略思想教育人，并结合实际总结改革开放的宝贵经验。

同志们在百忙之中抽出时间来参加这次会议，是对学会的支持和关怀，是对党的思想政治工作的真诚热爱，也是对坚持用马克思主义中国化最新成果武装全党和教育人民的高度重视。我代表学会对与会领导和同志们表示深切的敬意和感谢。

这次年会得到了山东省委和青岛市委及市委党校的大力支持，我代表学会对山东省、青岛市有关单位的领导和同志们表示衷心的感谢！

参加这次年会的同志，既有老会员和特约研究员，又有新的会员和特约研究员，一些新会员对学会的历史和现状还不太了解，我想借此机会，把学会情况简要介绍一下，然后再把最近一年来的工作简要作一汇报。

一、学会成立和研究的基本情况

学会是在中共中央党校领导和各位顾问的关怀下，适应新形势需要于1994年5月由民政部批准建立的，同年9月23日在中央党校召开成立大会，接着召开了为期3天的第一届思想政治工作理论学术研讨会。在中央党校召开成立大会时，时任中共中央政治局常委、中央党校校长胡锦涛接见了与会代表并合影留念。在合影留念前，他还专门召见学会主任谈了话，对学会研究方向作了明确指示：希望加强对思想政治工作这门科学的研究，特别要注重加强党员干部的教育规律研究，并结合党的中心任务开展研究。同时还嘱咐要与中国职工思想政治工作研究会有所分工。当时的中央党校常务副校长汪家鏐作了《紧紧围绕党的中心任务开展思想政治工作研究》的专题报告；中国社会科学院副院长兼中国科学社会主义学会会长江流和中央党史研究室副主任李传华等领导同志作了重要讲话；中央党校研究所副所长金春明和毛泽东思想研究室主任张蔚萍以及国家行政学院副院长张修学、清华大学党委书记贺美英等单位的领导同志都作了讲话。会议就加强思想政治工作这门科学研究和围绕党的中心任务开展思想政治工作研究，以及探索党员干部的思想政治教育管理规律和党的领导等问题进行了比较深入的探讨。

自从1994年学会成立以来，14年间共召开了15次年会，还召开了40多次小型专题理论研讨会和座谈会；编写了30多部著作、论文集和大型工具书，并先后同中央党校思想政治工作研究室、全国育人用人科学专业委员会和中央党校出版社共同出版了14册《中国思想政治工作年鉴》。

学会目前的特约研究员和会员，已经由初创时的100多人发展到现在的1200多人，其中专家、教授和学者占二分之一，领导干部和基层政工干部占二分之一，这是一支理论工作者和实际工作者相结合的研究队伍。由于学会在研究上立足现实、注重实际，尽力将实践经验系统化、科学化、理论化，因而深受政工干部欢迎，并且在社会上的影响越来越大，反映越来越好。学会14年来一直在努力贯彻胡锦涛同志1994年9月23日接见学会代表时的指示精神。主要做了以下四个方面的工作：一是紧紧围绕党的中心工作和中心任务开展研究工作，坚定不移地同党中央保持一致，并把研究成果上报党的有关领导部门，作为中央起草加强思想政治工作文件时参考。比如，1999年为配合中央起草《中共中央关于加强和改进思想政治工作的若干意见》即中央17号文件，学会在调研的基础上写了《关于新形势下加强和改进思想政治工作的若干问题》的研究报告，被中宣部领导批准刊登在供部领导参阅的《决策参考》上，受到了中央有关领导的关注和肯定。二是围绕现实生活中的热点难点问题和新时代提出的新课题进行理论研究，组织学会领导骨干和特约研究员共编了10多部著作和教材，如编写了《社会主义市场经济条件下思想政治工作新课题研究》、《思想政治工作热点难点研究》、《面向新世纪的思想政治工作》等。三是加强了思想政治工作这门科学的研究，如组织编写了《思想政治工作学教程》、《思想行为学概论》、《中国共产党思想政治工作发展史》等专著；还组织完成了若干课题研究，并形成了《思想政治工作的基本规律研究》、《思想政治工作在发展物质生产力和精神生产力的作用问题研究》、《领导干部思维方式和领导方式现代化问题研究》、《思想政治工作与加强党的先进性建设研究》、《思想政治工作与构建和谐社会研究》、《思想工作与树立科学发展观问题研究》、《思想政治工作与提高执政能力问题研究》、《社会主义核心价值体系研究》、《企业思想政治工作创新问题研究》等长篇论文，其中大部分已在重要刊物发表。四是坚持理论研究与评奖活动相结合，给政工研究工作以鼓励。如学会与浙江省委宣传部、《政工月谈》杂志联合举办了三次全国优秀政工论文大奖赛，以及全国优秀政工论文金点子奖大赛，最近几年又对年会提供的论文进行评奖。这些活动推动了思想政治工作理论与实践的科学研究。由于重视加强现实重大问题和基础理论的研究，对政工干部和专家学者的吸引力越来越大，要求参加学会的人越来越多，在社会上的影响也越来越大。

二、学会近一年来的工作情况

自2007年7月26日在西宁市召开第14届年会到现在，整整一年时间了。这一年来学会主要做了以下工作，现简要作一汇报：

第一，2007年10月与中国石化管理干部学院在北京召开了“学习贯彻十七大精神特约研究员会议”，统一了思想，提高了认识，并为学会骨干正确宣讲十七大精神提供了丰富的教材(共七讲)。

第二，2007年12月和2008年1月，先后两次在北京召开了深入贯彻落实科学发展观和正确认识经济形势的小型座谈会，专家学者纷纷发表了深刻的见解，提了不少合理建议，学会主任作了详细的总结，反映很好。

第三，2008年4月，学会与鹤壁职业技术学院合作，在鹤壁市举办了“大学生思想政治教育论坛”，核心是研究用社会主义核心价值体系武装人的问题，反响很好。

第四，2008年5月13日和7月5日，学会先后在北京和太原召开了新时期思想政治工作与《新政领袖》一书出版座谈会，中央直属机关工委原常务副书记伍绍祖、全国人大常委唐天标上将、中央党史研究室原秘书长魏久明、山西省委副书记薛延忠以及胡锦涛同志的入党介绍人雷如清等50多人参加了会议并讲了话，深入研讨了新形势下加强思想政治工作与弘扬中华民族精神问题，加深了对胡锦涛同志提出的科学发展观等重大战略思想的理解。

第五，调整学会组织机构，发展新会员和特约研究员，除名一些长期不与学会联系的会员和特约研究员，进一步提高了学会的威望，增强了学会的活力。

第六，编写出版了《新世纪思想政治工作》、《思想政治工作学教程》和《思想政治工作发展史》三本教材，已由中央党校出版社出版发行。

第七，与天津市委宣传部、政工师指南杂志社共同编撰出版2007—2008年度《中国思想政治工作年鉴》，共240万字，花费了大量时间和精力，编好后又花费很大精力搞发行和赠送工作，希望能得到每位特约研究员的支持和帮助。

第八，积极筹备今年学会年会，现已如期召开。在筹备这次年会的过程中，得到了学会副主任颜景策的大力帮助和支持。

总之，自学会成立以来，我们紧紧围绕胡锦涛同志的指示精神开展研究活动，基本做到了1年召开1次年会，1年编写1本《年鉴》，1年编写1—3本著作和教材；1年召开2—5次小型研讨会和座谈会。

思想政治工作是我们党的传家宝和政治优势，也是一门治党治国的科学。希望大家通过学会这个阵地，把广大政工研究工作者团结起来，推动思想政治工作教学和科研的深入开展，推动政工人才的培养和政工队伍素质的提高，在力所能及范围内，为党的思想政治工作科学研究事业作出应有的贡献。

我的汇报就到这里，再次对各位多年来的关心和支持表示诚挚的敬意！再次对各位领导和朋友们的到会表示衷心的感谢！

(此文是学会副主任段若鹏代表学会常务理事会在年会上所作的工作汇报，由学会办公室主任杨光整理)

在全国思想政治工作科学专业委员会第十五届年会上的讲话

张全景

同志们：

首先祝贺学会年会胜利召开，并且预祝会议成功！蔚萍同志让我来参加这次会议我很高兴。我这次来可以说是一举两得：一个是参加我们的年会；二是来青岛看一看。我过去长期在山东工作，调到中央机关工作后至今18年了一直没有到青岛来。这次来看看，昨天听了市委领导同志的介绍很受启发。我这次来看到青岛的变化怎样形容都不过分，说日新月异、突飞猛进、年年新月月新日日新都不过分。我昨天到黄岛保税区看了一下，青岛刚刚改革开放，建开发区时我来过，选地址时我和几个同志都看过，这次去看和那次去看相隔20年，面貌发生了变化，当时是荒滩沙滩相连，高低不同到海边，没有什么像样的建筑。这次去看是鳞次栉比高楼起，改革开放谱新篇，确实是这样。今天来开会我是从市委组织部培训中心那边过来的，过去青岛这个地方基本上没有横平竖直的马路，只有栈桥那里有一条，再找一条横平竖直马路都很难。青岛还有一个现象就是这里骑自行车的人很少，过去和现在一样，因为青岛的道路弯弯曲曲上坡下坡没法骑。这次来通过前后对比，看出了变化，真是很教育人很鼓舞人。这是一点。第二点，全国思想政治工作科学专业委员会在蔚萍同志的领导下，这几年来做了很多的工作。我虽然参加会不多，但他们搞的活动都告诉我了，编辑的书也送给我了，做出了很大的贡献。特别是在改革开放的新形势下加强思想政治工作的研究和实施是非常非常重要的问题。1989年发生动乱后，小平同志讲，改革开放以来最大的失误是教育。他讲的教育主要是思想政治教育。当然这些年来，党中央在加强思想政治教育上采取了很多措施，开展了“三讲”教育、党员先进性教育、“三个代表”的实践活动和科学发展观的学习活动，取得了成效。但与经济建设发展相比还是个薄弱环节。现在许多的社会矛盾除了与经济政策有关，是主要原因以外，还和思想政治工作的放松有关。我们召开思想政治工作专业年会对此进行研究是很有必要的。学会这几年工作卓有成效，要坚持下去，取得更大的成绩。我这次讲话，不是什么重要讲话，主要是和大家谈谈心，交流思想，把自己的想法向同志们汇报和介绍一下。

我从领导岗位退下来的时候，与锦涛同志说了四句话十六个字：学习为主、调研为辅、适度锻炼、继续贡献，锦涛同志听后很赞赏。这几年我也是这样做的。这几年的调研是经常的，每年要去七、八个省，一方面是多看看祖国的大好河山，另一方面是到工厂、农村等基层的地方去看看。其实所谓的游山玩水不是去玩乐，而是一种学习，“读万卷书行万里路”，实际是去体会各地的变化。比如我到江西去调研，感到一些知识如果不去实地了解是体会不到的。当时秋收起义后我们的工农红军穿的军装不统一。上杭战役时我们打了胜仗，缴获了现大洋60000银元，送到中央20000元，余款用来制作统一服装。当时正值纪念列宁逝世5周年，在制作服装的红领章上多加了个黑边，共做了4500套制服。这方面的知识，你不去实地看是从书上了解不到的，只有到实地去看才能了解实情。我这几年走走看看，调查研究，确实写了几篇调查报告，尤其突出是写了福建东山岛的县委书记，题目是《永远活在人民心中的县委书记——谷文昌》，那份稿子也是在锦涛同志的直接支持下去写的，报告写出来后温家宝、贾庆林、曾庆红、李长春、刘云山、贺国强、王兆国等领导看后都作了批示，新华社、人民日报全文发表，全国报纸登载了，后来拍成电影电视。那个县委书记的事迹要让我看，他和我们宣传的地方领导干部焦裕禄、孔繁森、郑培民等人的基本精神都是一样的：对党负责、全心全意为人民服务。但作为他个人的事迹来看，没有人能超过他，他在东山岛干了 14 年，把东山岛的自然面貌彻底改变了，原来那里受风沙危害，为了治理风沙，他植树造林。他搞的植树造林与北方不一样，北方植树随便种上一种就行了，他经过多次试验、失败，才找到了合适的树——木麻黄，彻底地把风沙治理好了。因此当地的人民群众说“看见木麻黄，想起谷文昌”。焦裕禄当时提出的治理思路是植树造林种梧桐，但他活着的时候并没有实现。而谷文昌他实现了。他不仅是搞植树造林，还在 60 年代把东山岛这个孤岛通过修海底通道把它与大陆连接在一起，很了不起。他修建的海底通道的地基宽度是一百一十米宽，在当时的情况下做事是多不容易。还修建了引水渡槽，高达 20 米。所以我把他的事迹写出来后，给锦涛同志写了一封信，把他的事迹概括为八个字：一是全面。此人政治经济文化军事无所不包。1953 年东山岛保卫战时，他是地方具体的军事指挥。二是突出。他的事迹是一般人做不到的，而他全做到了。三是实在。他的事迹没有一项是形象工程，是经过几十年检验全部是成功的，没有一个是失败的。四是公认。他在 1981 年逝世之后，人民群众自发地为他修墓建纪念碑、办事迹展览。正是因为他做出了成绩而获得了人民的高度赞扬。

三句话不离本行，再来谈谈党建和思想政治工作。1985 年，我在山东调查写的调查报告《农村要致富，必须建设好支部》，提出要把党的建设和经济工作结合起来。1986 年我们在临沂召开了全省的贫困村的党的建设工作会议，后来写成文章也在人民日报上发表了。

再说一下学习。这几年虽说学得不好，但是还是真看了一些书。一方面看了一些马列的原著，另外还认真地学习了中央领导同志的讲话和中央的文件，还看了一些杂七杂八的书，也写了一些东西。特别是去年我写了 3 篇文章，我不是搞理论研究的，但参加工作这么些年我也看了一些书，我为什么去年集中写了 3 篇理论文章？因为我发现近几年，在我们党内和国内，民主社会主义思潮非常严重，民主社会主义思潮直接攻击我们的党、攻击毛主席，从根本上来否定党的领导，否定中国革命和新中国社会主义的建设。我看了之后，感到他们的手法之一是从根本上否认马克思主义，他们利用恩格斯写的一篇文章，即恩格斯晚年所写的《卡尔·马克思〈1848 年至 1850 年的法兰西阶级斗争〉一书的导言》。他们无知地把马克思主义讲成马克思主义和恩格斯主义，这是恩格斯生前就非常反对的。恩格斯曾经讲过，我永远是马克思的学生。我是按他的思想去做的，把我和他相提并论是不恰当的。还有在马克思去世后，恩格斯去参加一个会议，当他走进会场，到会的人们对他发出雷鸣般的掌声，他坐下后说，刚才同志们给我的热烈掌声，我知道这个掌声是给马克思的，因为我是马克思最忠诚的学生，所以大家才这样热烈地鼓掌。由此可见，他们提出的这一命题本身是不存在的，恩格斯本人是不赞同的。他们为什么要讲马克思主义和恩格斯主义，就是因为他们认为恩格斯的这篇文章改变了马克思的观点。这是不对的。其实我们用常识来推论，恩格斯革命多年，能在他临去世前改变马克思的观点吗？这是一个不可思议的事情。我们把他们的文章拿来一对照，就可看出他们是用歪曲篡改、段章取义的办法来迷惑人。他们利用恩格斯的文章歪曲篡改地说，历史表明我们曾经是完全错了，要想取得革命的胜利是多么不可能的，这只能是一种幻想。实际上这是他们掐头去尾、断章取义的说法。我把恩格斯的原著找出来看，恩格斯的原话是这样说的：经过1848年的革命，工业无产阶级形成了一个强大的力量，都没有取得胜利。这就证明当时我们想以一次简单的突然袭击来达到社会改造，是多么不可能的事情。因此，恩格斯从实际出发，十分坦诚地说，“历史表明我们也曾经错了，我们当时所持的观点只是一个幻想”。由此可见，恩格斯不是说整个革命是错的。

关于武装斗争。恩格斯在《导言》中改变了对旧式起义、街垒战的看法，深刻指出，与原来的城市工人起义是搞街垒战的情况不同，由于城市建设面貌的改变，政府军一个炮弹打来就能摧毁几个堡垒，再有政府军的训练加强了、素质提高了、纪律严格了、武器精良了，我们不能再用街垒战的形式了。他紧接着说，是不是这些形式就变得毫无意义了呢？决不说这种形式就毫无意义了。在什么情况下才能使用，才能取得胜利呢？主要是应做好政府军方面的工作，使他们站在人民群众一边，不向人民群众开枪。恩格斯的这一论断在中国革命斗争的进程中被证明是完全正确的。这个结论，在中国也有先例，像第一次国内革命战争时期，周恩来同志在上海领导工人第三次武装起义，就是做军队的工作取得了胜利。苏联十月革命也是这样的。那时叫工兵苏维埃，列宁做军队的工作，士兵站到起义这边来，阿芙乐尔巡洋舰一声炮响起义开始取得胜利。所以，恩格斯的预见是完全正确的。再有从恩格斯与伯恩施坦的斗争来看。因为伯恩施坦当时发表恩格斯的文章也是做了些断章取义和歪曲，当时恩格斯在给卡尔·考茨基的书信中说，我特别希望《导言》现在能全文发表在《新时代》上，以消除这个可耻印象。不能把说我说成是一个毫无缺点的和平主义者。可见那种认为恩格斯晚年放弃了无产阶级革命学说的说法，是没有根据的。另外，恩格斯的这篇文章还谈到议会斗争，他说我们参加议会是为了把我们自己养得白白胖胖，一旦到决战的时候我们具有突击的力量。由此可见，一些人歪曲恩格斯的观点，所以我们要弄清这个是非，拿出原来的文章来比对一下就行了。对此，我写了文章送给领导同志们看，还让一些青年人看，让人看看我这里有没有断章取义。我把恩格斯文章中的原文摘录下来。那些年轻人看后说，你这文章没有断章取义，还是全面的。所以我就拿出来了，在《求实》上发表了。

我的第二篇文章写的是：中国共产党人历来重视学习马恩著作。他们攻击我们党的另一点是说：毛泽东和中国共产党学的是列宁的理论，列宁是搞武装斗争的，不是学的马克思的，特别是恩格斯的《法兰西阶级斗争》这篇文章。说列宁没有看过，中共就更没有看过，因为恩格斯的文章，苏联是1936年才出版，中共是1956年才出版。所以苏联搞的是武装起义，中国也搞武装斗争。我看这段话后觉得很奇怪。在我的印象中1949年、1950年我就看过这篇文章，因此我就在家里找，结果找到一个1954年版的本子，那也比他们说得早啊。要说列宁没有看过他们怎么知道的呢？列宁的活动不仅在俄国还在欧洲，范围很广，他懂得好几国文字的啊。另外说苏联是在1936印发此文，说中国没有看过？实际情况是我党有许多领导同志都在苏联嘛，如张闻天等人都在苏联了，他们没有看过？这不是主观武断吗！我写第一篇文章时用的是1954年版的本子，是苏联出版传到中国来的。还有没有更早的版本还需要进一步的考证。我的文章发表以后，有位很细心的山东的同志给我打电话，说有1949年版的本子，我说那你寄给我看看。我拿到寄来的本子看它的封面写着是第七版，那前面还有六版了。我说到哪里找？有个同志说请编译局的同志帮助查查，于是我找到编译局的同志帮助查，结果查得清清楚楚，回话说恩格斯的文章是在1938年延安时期出版的。1937年党中央进入延安后，在条件较为稳定的情况下，建立了马列主义学院，让张闻天主持编译马列著作，他在编辑《列宁选集》时，还编辑了一套《马克思恩格斯丛书》，恩格斯的文章是这套丛书的第十二本。以后我知道党校存书多，请党校的孙校长帮我查找。后来查到了1940年以来解放社、还有人民出版社，加上山东、大连等地印刷的就有十万多册。你说他们是无知还是明目张胆地歪曲。他们说不学马恩著作不是指一般人，特别是指毛主席的，说毛主席读马列的书不多。这种说法也是不对的。毛主席的存书非常多，有马恩全集、列宁全集、斯大林全集等，毛主席都读过，当然这些书与中国的文献比起来只是一部分。他们主要对着毛主席。我的文章中写到：1938年，毛泽东在送别到延安访问的梁漱溟先生时说："我对你说一句要紧的话，要贡献你一句要紧的话，恩格斯写了一本书，叫《反杜林论》。你要读读《反杜林论》。"这在《毛泽东年谱》中和梁漱溟的回忆录里都有记载。这本书是毛主席在苏区一个中学里得到的。在长征路上，他一直将该书带在身边。建国以后，国事繁忙，毛主席仍挤出时间坚持学习，对一些重要著作更是反复阅读。据在他身边工作过的同志介绍，建国后毛主席多次阅读《资本论》，在他读过的《资本论》上写有4个阅读时间，说明他至少看过4次。所以，我在第二篇文章里把毛主席从延安时期党的七大到他去世如何学习的情况写了出来，驳斥了那些人说中国共产党人不学马克思主义的说法。

第三篇文章写的是，苏联亡党亡国的惨痛教训。我这三篇文章都是对着民主社会主义思潮的。他们攻击的目标是说前苏联列宁领导的十月革命本身就是错误的，说是早产儿活不长。说中国的革命也是错的。我专门写文想说明苏联到底是怎样亡党亡国的。2003年我向组织部提出想出国看看，因为我在职时没有去几个国家，组织上非常支持，问我去哪？我说我要去苏联和古巴看看，看看苏联失败的实情。当然出国十天八天是弄不清楚的，但是能增加感性认识。我去古巴、俄罗斯都要按外交程序办理，由对方中央邀请去。我们去了一个考察团，到俄罗斯后那里的同志非常热情，但是他们从苏联解体以后情况非常的不好。我们都知道过去苏联共产党有多少财产，他们把世界各国的共产党的机构和领导人的孩子都养起来，中国共产党领导人的孩子也在那里养着。我们这次去一看他们的情况是悲悲惨惨。我们这次去由他们国际部的一个书记接待，我们去了列宁墓、斯大林墓、烈士纪念墓，我们献的花是我们自己出钱请他们帮助买的。我们在那里访问八九天他们连一顿饭都没有请，我们临走之前，是我们大使馆出面宴请，他们还对我们说，我们没有汽车就不去为你们送行了，租出租车吧我们没有钱。但是我们对他们表示感谢说，我们的考察任务圆满完成了。但等到我们离开俄罗斯准备去古巴的那一天，他们觉得礼仪上说不过去，还是借了一辆车前来为我们送行。你看他们困难到什么程度。

后来我们还去了一趟德国。德国统一社会党（原德国共产党）情况也不好，他们失败以后，所有的人全部受到审查和监督，特别是在行政部门工作的人一个个的受审查，他们的养老金，东部群众只能享受西部群众的80%，成为了二等公民。原来党的财产全部被没收，党费也被冻结只剩下十处房产，现已经卖了八处，余下两处，这两处房，一处房是以台尔曼名义在战前买的，还有一处是总书记皮克自己买的，因为是私人财产所以没有没收。这两处房子由于没有经费维修，房屋很凄凉破旧，台尔曼和皮克原都是德共的领导人。你看失败以后就是这样。

特别是苏联解体以后，经济下滑，国民生产总值下降了50%，人均收入下降，出生率也下降。最近我看到一个材料，在苏联解体前他们储备的黄金有几千吨，现在剩下一点。这些年来的经济活动基本上是靠卖原材料：石油、天然气、木材等，再就是军火，是靠这些发展一点。再有我们在那里看到的建筑，如列宁格勒（圣彼得堡）在迎接建市纪念日时将全部建筑粉刷一新，但没有什么新建筑。在莫斯科也只有一处新建筑，其他全部是旧建筑。群众福利下降，人民生活贫困化，所以苏共跨了之后是很悲惨的。德国共产党也是，他们参加议会的议员只有2个，而且任期是一年，在议会中是根据人数多少来排座位，德国共产党因人少排位也在很后面，所以开任何一次会议，电视镜头都照不到他们。

后来他们与另一个党联合,其议员才达到了7名,在议会里没有什么势力。这说明共产党国家失败后共产党组织的处境是很悲惨的。

再一个问题是苏联的失败究竟是什么原因?有人说是早产儿。我们说不是早产儿。列宁的理论说过,社会主义革命可以在帝国主义的薄弱的链条上发生。当时俄国革命爆发时,工业有很大的发展,工人阶级人数已达到1000万人,已有了组织条件了。那么失败的原因在哪?对此分析我们国内分歧也很大。一般来说是苏联失败是由于经济没有搞好。但是我的看法是:按照马克思的观点,任何事物的发展规律都是由渐变到突变的、由量变到质变。苏联的解体苏共的失败,有什么规律可循?有人说苏共的失败是从赫鲁晓夫开始的。赫鲁晓夫否定苏联的历史、否定斯大林,在全党全国人民当中造成巨大的思想混乱,从斯大林去世以后就失去了正确舆论了。说勃列日涅夫和赫鲁晓夫是一丘之貉、一脉相承的。我赞成这个观点。

对此,毛主席是有预见的,他真是伟大。他说,苏联问题的核心是斯大林问题。对斯大林的问题在本世纪是争论不完的,到下个世纪还得争论。现在看斯大林的声誉在上升,最近有个调查中斯大林排名占第一位,他超过了列宁超过了沙皇。最近我还看了些资料,毛主席当时对苏联的问题也是有预见的。例如赫鲁晓夫七十寿辰时毛主席说:我们要专门发个贺电,我要亲自修改,争取在苏联公开发表,我们还要拉赫鲁晓夫一把。为什么要拉他一把?因为苏共中央里面有的人比赫鲁晓夫好,但有的人比赫鲁晓夫更坏。现在赫鲁晓夫是走投无路内外交困,这说不定哪一天苏共中央会通过政改的方式把他搞下台,如果上来个好的对我们有利,如果上来个坏的与我们更不利,因此我们要拉他一把。这话说过不到三、四个月,苏共内部通过宫廷政变把赫鲁晓夫搞下了台,后来勃列日涅夫上了台,勃列日涅夫上来后情况更坏。从这件事看毛主席的预见是了不起的。

苏共失败的原因到底在哪?我归纳了四句话:既有政治原因又有经济原因,政治原因是主要的;既有历史原因又有现实原因,主要是现实原因所致;既有主观原因又有客观原因,主观原因是主要的;既有内部原因又有外部原因,内部原因是主要的,外因也不要低估。西方敌对势力采用政治、经济、文化乃至军事等各种手段,千方百计搞垮苏联及其他社会主义国家。甚至用收买党和国家高级干部及反社会主义分子的手段,使之成为"第五纵队",在剧变中充当"别动队"、"民主派",实现其阴谋诡计。

我们研究思想政治工作,要把一些大的问题和现实问题从理论上研究清楚。最近我看见有一人写的文章:如何评价毛主席。这人还是个老党员,他说毛主席在民主革命时期功劳很大,新中国成立以后他就是罪恶滔天。最近这个人又写文章,把毛泽东与陈独秀比较,他把陈独秀吹得九天之上,把毛主席贬得九泉之下。其实对陈独秀的评价毛主席讲得也很好:我们不能轻视陈独秀,陈独秀在宣传马列主义上在建党上的确有很大的贡献,但是后来他的思想上确有错误。那个人写的文章说陈独秀全都是对的,毛主席都是错的。其中还有一条说毛泽东在建国之后享尽了荣华富贵。实际上毛泽东去世后没有给他的孩子留下一分钱的财产。我们现在还买房子了,他连一套房子都没有。最近邵华同志去世了,在她去世之前,中组部几个同志去看她,邵华说:岸英牺牲了,岸青去世了,我又得了癌症了,活不了几天了,毛主席只有一个重孙子,他上学有点困难你们是否能帮助一下。我们想想看那些说话的人,还有什么良心、还有什么共产党员的党性!毛泽东享尽了什么荣华富贵?!毛泽东为中国革命献出了6位亲人,我想了想实际是10位,贺子珍那还有几位:在江西打仗时生了一孩子,放在老乡家后来也找不到了;在长征路上又生了一个送给老乡了;贺子珍到莫斯科去时带了一个孩子,因苏联卫国战争时期非常困难,孩子因病去世。他还有一个侄子在南下的途中牺牲了。杨开慧家还有两位。现在有人写文章说,毛泽东享尽了荣华富贵，那不是事实呀！

还有人写文章讲，毛泽东在搞经济建设上也有问题，说邓小平 1974 年出访到联合国，一切事情都准备好了，忽然想起出国不能用人民币要用美元，就紧急下令全国银行收集美元，一共收集了 38000 多美元。后来邓小平到联合国后连小费都付不起，回国时就带了一块巧克力糖。我看了此文后，感到此人不知怎么想的，他哪来的这些材料？我找了一个当时在外交部门工作的同志询问情况，回答是完全是胡说。邓小平访问联合国时，我国已在联合国设有办事机构，全部事务由他们来安排，根本用不着付小费。对此，我看了毛毛写的回忆录，书中讲，邓小平先乘我国专机先到巴黎，然后转机去美国的，回国时还是这条路线，他在巴黎停留了几天，去看了看他过去勤工俭学的地方。回国时我国驻法大使问邓小平带点什么，邓小平说带点羊角面包吧。随后大使为他买了 200 个，还有些奶酪，谁说就是一块巧克力？

我还看了中国经济五十年这本书，从文革开始到 1973 年进出口贸易我国出超 23 亿多。谁说邓小平出国连路费都拿不起了？上世纪七十年代我国已和几十个国家建立了外交关系，都有经济来往。这些国家驻华领使馆他们买东西也要用外币换成人民币。还有我国在国外还有几个大公司，钱还是有的。另外当时的外汇只有中国银行一家经营，用不着下令到全国银行去调。还有外交部用钱财务部门早已经准备好了。当时北京的外汇商店一年也有不少的收入。那些人这样讲是别有用心的。他们这么做就是要否定毛泽东、否定新中国，说到底就是否定党的领导、否定社会主义、否定改革开放，说到底他们要搞资本主义，不要搞社会主义，不要搞中国特色社会主义。

今天，我在这里随便讲讲，互相交流吧，讲得不对的请同志们批评指正。最后再一次祝贺会议圆满成功，祝同志们身体健康。

（作者：中央组织部原部长、全国思想政治工作科学专业委员会顾问。此文由全国育人用人科学专业委员会秘书长何晓梅整理）

在全国思想政治工作科学专业委员会第十五届年会上的讲话

孙庆聚

尊敬的全景老部长、尊敬的文华副书记、尊敬的春光局长、尊敬的青岛市委党校林东副校长、尊敬的春长将军、尊敬的志强大校、尊敬的维高上校、尊敬的蔚萍会长、尊敬的全国思想政治工作科学专业委员会的各位领导、各位理事和各位同行：

今天我们到美丽的城市——青岛来举办全国思想政治工作科学专业委员会的第十五届年会，我作为关心关注思想政治工作，本身也是一个做思想政治工作的党员，参加年会感到非常高兴和荣幸。我们这次年会是在青岛市委的大力支持下，特别是在青岛市公安局鼎力支持和谋划下召开的。全国思想政治工作科学专业委员会是中央党校主管的一个社团组织，我作为一个党校人、作为党校的一员，我代表中央党校向学会第十五届年会的召开表示热烈祝贺，也向专业委员会的领导、专家、学者表示热烈欢迎。

刚才我们的老部长全景同志，以自己的亲身经历现身说法，形象生动、真实感人地给我们上了一堂非常有意义的思想政治教育课，我认为这本身就是一个创新，对我们来说既是教育更是启发。我觉得在新的历史条件下如何做好思想政治工作，如何使思想政治工作做到科学性、针对性、实效性都很强，这是一个值得思考的问题。我认为刚才全景老部长的这番讲话，就是思想政治工作一种形式的创新。他用自己的亲身经历，用他的所作所为、现身说法，直接来给我们做思想政治工作，确实能够提高思想政治工作的针对性，能够进一步提高思想政治工作的实效性。我个人非常受教育。

对于全景老部长我非常尊重。全景老部长是组织工作的泰斗、党建专家，也是我们党的老战士。他退下来之后，用四句话十六个字作为座右铭，我记下来了，即“学习为主、调研为辅、适度锻炼、继续贡献”。这四句话十六个字的座右铭，作为一个布尔什维克式的老战士，作为一个长期管组织管干部的党的高级领导，他退下来之后，仍然忧党忧国忧民，他身上有许多突出的优点值得我们学习。我认为除了他本人政治立场坚定、工作能力工作水平很高以外，还有两个突出的优点，给大家印象深刻：第一是他酷爱学习、善于学习。据我所知全景老部长是个老革命，他不像我们有幸上过大学，读过研究生、成了博导。他没上过大学，是战争年代里学习的，但他学识非常渊博，凡是接触过他的人，都能够感到他博学深思、善于学习。再一个特点是，他善于搞调查研究。调查研究本身是一门科学，也是我们党的领导干部的一项基本功。深入调查研究，摸清下情，了解实情，然后提出我们的工作思路和工作的对策，为我们党和国家的决策提出正确的建议，这确实是一件不容易的事情。全景老部长多年来不论是在位时，还是退休后，始终坚持搞调查研究。我在与全景老部长接触中感到还有一个突出的特点，就是他对一些重大理论和现实问题善于做深入的理论思考。如今天他的讲话就深深地教育了我。全景老部长退下来以后始终关心我们党和国家的命运，关注政治社会中的重大问题，而且善于对这些重大问题进行理论思考和战略思考，这对我们是一种鼓舞和教育。在这里我要虚心向全景老部长学习。

我本身不是专家，不是学者，只是一名党的思想工作者，没有学问，谈不上与大家交流。我来参加这次大会主要有三个任务：第一个任务是代表中央党校向学会第十五届年会的召开表示祝贺。第二个任务是通过参加这样一个年会，获得了一次向各位领导、专家学者和同仁学习的机会，我要利用这次机会，通过听同志们的发言和关于专业论文的介绍，虚心地诚恳地向同志们学习。第三个任务是我作为山东人，第一次来青岛。青岛是一个美丽的海滨城市，刚才全景老部长说他 18 年没来了，这次来看到它发生了巨大变化，怎样形容都不过分，现在让我形容我也形容不出来，因为我昨晚 12 点才到，我将借此机会好好看看，感受一下青岛，了解青岛，加深对自己家乡的了解。刚才全景老部长说了参观不是单纯的游山玩水，这也是一种学习和了解，本身对自己也是一种提高。这三个任务我争取把它们完成好。

在这里我表一个态，我作为一个做思想政治工作的工作人员，希望在座的各位，特别是我们学会的各位专家学者，要按学会所确立的宗旨，按胡锦涛同志提出的要求，紧紧地围绕党的中心工作，卓有成效地开展思想政治工作的研究，从理论上和实践上加大研究的力度，通过科学研究让你们的研究成果，更好地为促进思想政治工作服务。思想政治工作主要是做人的工作，是解决人的思想问题。全景老部长讲了在中国共产党执政、在改革开放和发展社会主义市场经济新的历史条件下，如何认清新的历史条件下思想政治工作的特点，如何认清新时期思想政治工作中出现的新情况、新问题，并且有针对性地加大对这些问题的研究，让思想政治工作更好地发挥化解矛盾、教育人武装人提高人的作用，这确实是我们每一个学会成员的任务，也是我们的光荣责任。党的十七大提出，要把用马克思主义中国化的最新理论成果武装教育党员作为我们的首要任务。我想思想政治工作的中心或首要任务，也应该是用马克思主义中国化的最新理论成果，来教育人、武装人、培养人、熏陶人、鼓舞人。特别是思想政治工作要能够配合和围绕党的中心工作，要能够针对当前历史条件下我们党和社会上，特别是人民内部出现的一些问题来有针对性地做好思想政治工作，加强对这些问题的理论研究，这是我们应考虑和讨论的问题。在新的历史条件下，如何以科学发展观为指导，进一步增强思想政治工作的科学性和针对性、实效性，值得大家共同思考研究。思想政治工作当中出现的新情况新问题，我们应勇敢地面对，特别是当前出现的利益问题和一些社会矛盾，实际上很大程度上是利益矛盾。我们构建社会的和谐、党内的和谐、群体的和谐，要靠思想政治工作。如何使我们的思想政治工作在构建和谐社会、促进科学发展上发挥它应有的作用，这就是我们应该瞄准的目标，我们应该承担的责任。

最后，我衷心地祝各位领导、专家学者和学会的有识之士，能够按照党中央的要求，按照学会的宗旨，更好地发挥学会的作用，为进一步促进我党的先进性建设和执政建设做出更大的贡献。衷心地祝愿我们的年会圆满成功，衷心地祝愿到会同志在美丽的青岛生活得愉快。谢谢大家！

（作者：中共中央党校副校长、全国思想政治工作科学专业委员会顾问。此文由全国育人用人科学专业委员会秘书长何晓梅整理）

坚持用中国特色社会主义理论体系武装人的几个重大问题

张蔚萍

党的十七大提出，要用中国特色社会主义理论体系武装全党和教育人民。这既是党的建设的一项重要任务，也是思想政治工作的一项重要任务。要搞好这项重要工作，首先必须对用中国特色社会主义理论体系武装人的重大意义和这一理论体系的科学内涵、基本内容，以及如何用这个理论体系教育人的问题，有一个正确认识和深刻理解。如果认识不正确或者理解不深刻，就很难在武装人和教育人中做到坚定不移。我受学会委托，就这个问题在年会上着重讲一讲，请同志们讨论提出修改建议。

一、坚持用中国特色社会主义理论体系武装人的重大意义

思想政治工作有个优良传统，就是解决任何重大课题都要讲一讲它的重大意义，以引起人们的高度重视和关注。我们学会之所以把坚持用中国特色社会主义理论体系武装人的问题作为这次年会的主题，主要有三个方面的考虑。

(一)这是贯彻落实党的十七大精神的一个关键性问题

十七大精神的核心问题是高举中国特色社会主义伟大旗帜，坚定不移地走中国特色社会主义道路。谁来始终如一地高举这个伟大旗帜？谁来坚定不移地走这条道路？毫无疑问，是中国共产党领导的全党和全国人民。历史经验告诉我们，要始终高举这个伟大旗帜，要坚定不移走这条道路，就必须用中国特色社会主义理论体系来武装头脑，这样才能思想清醒、眼睛

明亮、立场坚定、步伐稳健。否则，就做不到始终如一地高举和坚定不移地贯彻。正是从这个意义上讲，坚持用中国特色社会主义理论体系武装人的问题，是贯彻落实十七大精神的一个关键性问题。从现实情况看，有些党员和群众对坚持用中国特色社会主义理论体系武装头脑认识不足，认为这是领导干部和理论家的事，与己无关，因而学习不能坚持，理解不够深入，甚至还有一些误解，说一些很消极的话。这说明坚持用中国特色社会主义理论体系武装人，还是一个很艰巨的任务。我们必须清醒认识到这一点，必须坚持不懈地进行这方面的教育，使这个科学理论体系入心入脑，自觉指导行动。按照中央的部署，奥运会结束之后，要在全党全面开展“深入学习实践科学发展观”活动，这是坚持用中国特色社会主义理论体系武装人的一项重大部署，我们要有充分的思想准备，积极配合党委做好这项有重大战略意义的教育工程。

(二)这是新世纪新阶段思想政治工作的根本任务

党中央一再强调，思想政治工作的一项根本任务就是用科学理论武装人。在新世纪新阶段，就是用中国特色社会主义理论体系武装人。为什么把用科学理论武装人作为思想政治工作的根本任务？一是因为科学理论能给人们指出前进的方向，使其齐心协力为中国特色社会主义伟大事业而奋斗；二是因为科学理论能提高人们的思想政治觉悟，使其在前进中能产生强大的精神动力；三是因为科学理论能增强人们的认识能力，使其在复杂多变的环境中善于观察、善于分析、善于鉴别，从而透过现象看本质，找到事物发展变化的规律性。毛泽东同志说过：“我们的眼力不够，应该借助望远镜和显微镜。马克思主义的方法就是政治上军事上的望远镜和显微镜。”毛泽东同志这段话，是在革命战争年代讲的，已经证明是颠扑不破的真理。在市场经济条件下，它同样是颠扑不破的真理。思想理论战线的任务，就是帮助人们掌握这个真理，提高人们的思想觉悟和认识能力，从而使党员、干部和群众自觉为中国特色社会主义伟大事业而奋斗。

(三)这是当前全党全社会统一思想和团结奋进的迫切需要

党的十七大以后，全党全社会对中国特色社会主义理论体系逐步取得了共识，但也有不同认识，甚至还有一些噪音和错误认识。这就在一定程度上影响了全党的思想统一和全民同心协力奋进。这里所说的噪音和错误认识，主要表现在以下两个方面：一是在政治道路上，一些人主张回到计划经济和传统社会主义的老路上去，认为中国特色社会主义不符合马克思的科学社会主义原理，把两者对立起来；而另一些人则坚持搞民主社会主义，认为只有民主社会主义才能救中国，甚至指责中国特色社会主义不是真正的社会主义，不能给民众带来更大的福利。二是在思想认识上，一些人对中国特色社会主义理论体系有不正确的理解。主要表现在三个方面：首先，在中国特色社会主义理论体系的含义上，一些人片面地认为，“中国特色社会主义理论就是邓小平理论，没有必要把‘三个代表’和科学发展观塞进中国特色社会主义理论之中，更没有必要在理论之后加上‘体系’二字，加上‘体系’二字，其含义就说不清楚了”。其次，在中国特色社会主义理论体系同毛泽东思想的关系上，一些人错误地认为，“中国特色社会主义理论体系不包括毛泽东关于社会主义的思想，因为毛泽东基本上是照搬苏联的社会主义模式，没有中国特色”。再次，在中国特色社会主义理论体系“特”在哪里的问题上，有的同志仅仅从一个方面讲特色，忽视了国情特色、时代特色和本质特色的有机统一。革命导师有句名言：灯越拨越亮，真理越辩越明。只有明辨真理，才能统一思想，团结奋进。思想理论战线上的任务，就是帮助人们澄清是非，明辨真理，让人们对中国特色社会主义理论体系有一个完整准确的理解，并在正确理解的基础上统一思想和团结奋进。

二、中国特色社会主义理论体系的形成和科学内涵

要用中国特色社会主义理论体系武装人，就必须对这个理论体系的形成和科学内涵有正确的理解。如果理解不正确，就可能把人们的思想引向不正确的轨道，甚至会造成思想混乱。

（一）关于中国特色社会主义理论体系的形成问题

建国以来，我们党对中国特色社会主义理论体系的认识，经历了一个很长的探索过程。早在党的八大前后，以毛泽东为核心的第一代领导集体，就提出了不能照搬苏联社会主义模式，强调要从中国国情特点出发建设社会主义。比如1956年4月，毛泽东在中央政治局扩大会议就说过："我认为最重要的教训是独立自主，调查研究，摸清中国国情，把马克思列宁主义的基本原理同我国革命和建设的具体实际结合起来，制定我们的路线、方针、政策。"在摸清中国国情的基础上，他发表了《论十大关系》和《关于正确处理人民内部矛盾的问题》等光辉著作，为中国特色社会主义理论体系奠定了理论基础。以邓小平为核心的第二代领导集体，认真总结了建国以来的历史经验，特别是改革开放以后的实践经验，明确提出了"建设有中国特色社会主义"的科学论断，并针对我们过去对什么是社会主义和怎样建设社会主义没有完全搞清楚这种情况，对社会主义的本质，对社会主义初级阶段的基本理论、基本路线和基本纲领以及如何从国情出发建设社会主义的战略措施，作出了精辟的论述，从而形成了邓小平关于中国特色社会主义的科学理论，十四大把这一理论载入党章。以江泽民为核心的第三代领导集体，在实践中国特色社会主义理论的过程中，提出了"三个代表"重要思想，丰富和发展了中国特色社会主义科学理论，十六大把它载入党章。以胡锦涛为总书记的党中央，顺应时代发展变化，继续推进理论创新，提出了科学发展观等重大战略思想，进一步丰富发展了中国特色社会主义理论，第一次把邓小平理论、"三个代表"重要思想和科学发展观等重大战略思想，统称为中国特色社会主义理论体系。党的十七大把它载入党章。回顾这段历史可以看出，中国特色社会主义理论体系是党的几代领导人共同探索的结果，是马克思主义中国化的最新理论成果。

（二）关于中国特色社会主义理论体系的科学内涵

什么是中国特色社会主义理论体系？十七大报告作了精辟的概括，明确指出："中国特色社会主义理论体系，就是包括邓小平理论、'三个代表'重要思想以及科学发展观等重大战略思想在内的科学理论体系。"这就告诉我们，中国特色社会主义理论体系由三大部分组成：第一部分是邓小平理论，这是中国特色社会主义理论体系的开创之作，是最基础的组成部分；第二部分是"三个代表"重要思想，这是中国特色社会主义理论体系承上启下的组成部分，是充分体现党的先进性的组成部分；第三部分是科学发展观等重大战略思想，这是中国特色社会主义理论体系的重要创新成果，也是最富有时代特色的重要组成部分。这三个组成部分既一脉相承，又与时俱进，形成了一个完整的科学理论体系。这里说的一脉相承，主要体现在以下五个方面：一是在理论渊源上一脉相承，都坚持以马列主义、毛泽东思想为指导；二是在理论主题上一脉相承，都坚持为建设和发展社会主义事业和中华民族伟大复兴而奋斗；三是在理论品质上一脉相承，都坚持解放思想、实事求是和与时俱进；四是在理论基点上一脉相承，都以社会主义初级阶段这一基本国情为立论基础；五是在理论目标上一脉相承，都坚持以人为本，把实现好、维护好、发展好最广大人民的根本利益作为出发点和落脚点。这里说的与时俱进，突出体现在以下两个方面：一是都能适应时代的新变化，认真研究现实新情况，及时作出重大新决策，努力开创新局面，为中国特色社会主义事业作出了新贡献；二是都能坚持从实际出发，善于总结改革和建设的新鲜经验，注重回答前进

中遇到的新矛盾和新课题，在理论创新和理论发展上都作出了各自独特的贡献。它们既互相贯通又层层递进，形成了一个开放的不断与时俱进的科学理论体系。

（三）关于中国特色社会主义理论体系同毛泽东思想的关系

有的同志问："中国特色社会主义理论体系为什么没有包含毛泽东思想？"这个问题实际上涉及到这一理论体系同毛泽东思想是什么关系。是指导与被指导关系？还是包含与被包含的关系？显然是指导与被指导的关系。就是说，中国特色社会主义理论体系，是邓小平、江泽民、胡锦涛等同志在毛泽东思想的指导下，继承和发展了毛泽东关于社会主义革命和建设的思想，并在不断总结改革开放实践经验的基础上逐步形成的。很显然这个理论体系源于毛泽东思想，但包含不了毛泽东思想。因为毛泽东思想除了社会主义革命和社会主义建设理论外，还有新民主主义理论，还有毛泽东哲学、毛泽东军事学、毛泽东外交学、毛泽东文化学、毛泽东党建学、毛泽东思想政治工作学和毛泽东战略策略学等方面的理论。其中有些理论是中国特色社会主义理论体系包含不了的。有一种错误观点，说这个理论体系之所以不包含毛泽东思想，是因为毛泽东的社会主义是苏联模式的社会主义，没有中国特色。这种论调不仅思维片面，而且也不符合事实。毛泽东在中国进行社会主义革命和建设，虽然借鉴了苏联的经验，但也重视从中国国情出发，为建设中国特色社会主义奠定了经济基础、政治基础和思想文化基础。具体表现在以下三个方面：一是从中国国情出发进行"三大改造"，解决了民主革命遗留问题，建立了社会主义生产关系，为中国特色社会主义奠定了坚实的经济基础；二是通过上层建筑变革建立人民民主专政的国家政权，创建了中国特色的政治体制，为中国特色社会主义奠定了可靠的政治基础；三是通过思想文化变革确立了马列主义和毛泽东思想在中华民族文化的指导地位，使全国人民有了共同的理想信念，为中国特色社会主义奠定了牢固的思想文化基础。以毛泽东为核心的第一代领导集体奠定的这三大基础，是中国特色社会主义理论体系的奠基之石和思想根源。如果没有毛泽东思想之根，没有毛泽东奠定的这块基石，就不可能有中国特色社会主义理论体系的产生和形成。

三、中国特色社会主义理论体系的基本内容及其所揭示的基本规律

中国特色社会主义理论体系的基本内容，贯穿于哲学、政治经济学和科学社会主义等学科理论之中，涵盖了经济、政治、文化、社会和党的建设各个领域，但它的主要内容是围绕三大基本问题而展开，深化和丰富了对三个规律的认识，是一个比较完整的科学理论体系。所谓围绕三大基本问题展开，主要是指围绕"什么是社会主义和怎样建设社会主义"、"建设什么样的党和怎样建设党"、"实现什么样的发展和怎样发展"这三个重大问题，从而形成了三大基本理论。

（一）关于"什么是社会主义和怎样建设社会主义"的基本理论

这个问题科学社会主义学说已经基本上讲清楚了，但没有完全讲清楚。所谓基本上讲清楚了，是指从经济、政治、文化三个方面对社会主义的特征基本上讲清楚了。具体来说，在经济上，认为社会主义的主要特征是公有制和按劳分配为基础；在政治上，认为社会主义的主要特征是共产党领导的人民民主专政为基础；在文化上，认为社会主义的主要特征是以马克思主义为指导的意识形态为基础。至于怎样建设社会主义社会，马列讲的不多，毛泽东同志也正在探索之中，尚未形成完整的理论体系。邓小平讲的"没有完全讲清楚"，主要是指这一点。在新的历史时期，经过邓小平、江泽民、胡锦涛三代领导人的实践总结，不仅对社会主义的本质和初级阶段等重大新课题作了理论概括，而且更重要的是对怎样建设社会主义形成了一个

比较完整的理论体系，从而丰富和发展了科学社会主义学说。具体来讲，其突出贡献有以下四个方面：一是在经济上，提出了以公有制为主体、多种所有制共同发展和以按劳分配为主体、多种分配形式共存的理论，特别是提出了建立和发展社会主义市场经济的理论；二是在政治上，提出了民主与法治相结合、依法治国与以德治国相结合的理论，特别是提出了社会主义初级阶段的理论；三是在意识形态上，提出了以马克思主义为指导、多种文化共同发展的理论，特别是提出了社会主义精神文明建设的理论；四是在社会发展上，提出了科学发展观的理论，特别是提出了构建和谐社会和以民生为重点的社会建设理论。邓小平说的过去我们对社会主义"没有完全搞清楚"，绝对不能理解为"完全没有搞清楚"。这是两个不同的概念，必须从认识上澄清。现在，经过党的几代领导人的努力，已经形成比较完整的社会主义学说，深化和丰富了我们党对社会主义建设规律的认识。这是中国特色社会主义理论体系的基础性内容。

(二)关于"建设什么样的党和怎样建设党"的基本理论

这个问题，毛泽东建党学说对党的性质、纲领、宗旨以及组织原则、干部队伍建设和党的领导等基本问题，都已经讲清楚了。但在改革开放的历史条件下把党建设成为什么样的党和如何建设党的问题，还是一个新课题。改革开放30年来，经过党的几代领导人的努力，形成了关于新时期执政党建设的科学理论，其基本要点有以下四个方面：一是提出了要把党建设成为坚持"一个中心、两个基本点"的党，强调要把党建设成为领导社会主义现代化建设的坚强核心；二是提出要把党建设成为实现"三个代表"重要思想的党，强调整个社会主义时期都要加强党的先进性建设；三是提出了以改革创新精神全面推进党的建设新的伟大工程的论断，强调要紧紧抓住党的执政能力建设和先进性建设这条主线和五个重点新课题进行布局；四是提出了进行社会主义核心价值体系教育的战略思想，强调要加强反腐倡廉建设和从源头上制度上防治腐败的新思路。以上这些重要思想，深化和丰富了我们党对共产党执政规律的认识。这是中国特色社会主义理论体系的核心内容。

(三)关于"实现什么样的发展和怎样发展"的基本理论

重视发展是我们党执政后建设国家的优良传统。邓小平把发展列为当今时代的主题之一，强调发展是硬道理，提出了发展的"三步走"战略。江泽民明确提出发展是执政兴国的第一要务，强调要以"三个代表"重要思想为指导推动发展。胡锦涛提出了科学发展观，强调要坚持以人为本，坚持全面协调可持续发展，按照统筹兼顾的原则，实现又好又快的发展。经过党的几代领导人的努力，已经形成了系统的科学发展学说，深化和丰富了我们党对社会主义建设时期经济社会发展规律的认识。这是中国特色社会主义理论体系的前沿性内容。

四、中国特色社会主义理论体系"特"在哪里

要深刻理解中国特色社会主义理论体系，还必须对这个理论体系的突出特征有一个深刻的认识，即要搞清楚其"特"在哪里。概括起来，主要有两个方面。

(一)它是本质特色与创新特色的有机统一体

中国特色社会主义，本质上是科学社会主义，它坚持公有制基础、坚持按劳分配制度、坚持共产党领导、坚持马克思主义指导。就是说，中国特色社会主义，本质上属于科学社会主义思想体系范畴，而不属于别的思想体系范畴。讲本质特色，既能够同形形色色"左"的社会主义思潮加以区别，又能够同形形色色右的社会主义思潮加以区别。我们党在坚持科学社会主义本质特色的同时，还坚持以创新精神推动科学社会主义不断向前发展，取得了丰富的创新成果。如在经济领域，把社会主义与市场经济相结合，创立了社会主义市场经济学说；在政治

领域，创立了共产党领导的多党合作制和人民代表大会制，实现社会主义民主与法制相结合、依法治国与以德治国相结合；在思想文化领域，创立了社会主义核心价值体系学说，坚持主旋律，提倡多样性，促进了社会主义文化的大发展大繁荣；在社会建设领域，创立了科学发展观和构建社会主义和谐社会学说，推动了经济社会又好又快发展，等等。由此可见，中国特色社会主义理论体系，既体现了坚持社会主义本质的坚定性，又体现了勇于创新的开拓性，是两者的有机统一体。

（二）它是国情特色与时代特色的有机统一体

中国特色社会主义的最大特色，就是它反映了中国的国情特色。中国的国情特色很多，其中最突出的有三个方面：一是中国社会主义社会是在半封建半殖民地条件下通过共产党领导的武装斗争夺取政权以后，采取"三大改造"和平过渡到社会主义的，因而没有经过较长的资本主义发展阶段，商品经济、市场经济、民主意识、科学技术都不够发达。这就决定了中国必然要经过一个很长的社会主义初级阶段，必然要经历一个很长的市场经济发展阶段。二是中国的社会主义现代化建设是在"一穷二白"、"人口多、底子薄"的基础上起步的。因此，中国实现社会主义现代化要比一般国家困难得多、艰巨得多、复杂得多。在进行经济建设的步伐上，既不能慢慢腾腾又不能急于求成，必须坚持一定的高速度，每隔几年上一个新台阶。三是中国的社会主义初级阶段还处在前半期，我们必须科学判断社会主义社会所处的历史方位，实事求是地制定适应这个特定阶段的大政方针政策，而不能超越历史发展阶段制定方针政策。否则，就会犯"左"的错误。同时，也不能倒退回去"补资本主义课"、"补民主主义课"，否则就会犯右的错误。实践证明，只有认识这个国情特点才能正确理解和贯彻党的路线方针政策，防止"左"右错误倾向的干扰。

我们讲的国情特色与时代特色是紧密结合在一起的。所谓时代特色，是指中国特色社会主义理论体系深刻地反映了新时代的新要求，科学地回答了新时代的新课题。时代特色主要表现在两个方面：一是指这个理论体系是在"和平与发展是当今世界两大主题"的国际背景下提出和形成的，反映了新时代发展的大趋势；二是指这个理论体系是在我党执政几十年后中国进入新时期的国内背景下提出和形成的，反映了当代中国改革开放和社会发展的大趋势。时代特色表明，这个理论体系只有在新时代才能提出和形成，是我党总结新时代改革和建设的实践经验而形成的科学理论成果。由此可见，中国特色社会主义理论体系，既体现了国情特色，又体现了时代特色，是国情特色和时代特色的统一体。

五、坚持用中国特色社会主义理论体系武装人要解决的重点课题

中国特色社会主义理论体系是开放的发展的理论体系，科学发展观就是这个理论体系的最新成果。坚持用中国特色社会主义理论体系武装人，当前迫切需要解决的重点课题，就是对全党进行科学发展观等重大战略思想的教育。为此，中央决定2008年奥运会结束后，将集中对全党进行一次科学发展观教育活动。其目的是让全党同志特别是领导干部对科学发展观的科学内涵和精神实质有一个全面系统的理解，以便在实践上更加自觉地贯彻落实科学发展观，持久地推动我国经济社会又好又快发展。

（一）全面认识科学发展观的科学内涵

党的十七大明确指出："科学发展观，第一要义是发展，核心是以人为本，基本要求是全面协调可持续，根本方法是统筹兼顾。"这是第一次对科学发展观的科学内涵进行完整的理论概括。全面认识科学发展观的基本内涵，就是指要从第一要义、核心问题、基本要求、根本方法四个方面全方位认识和理解。贯彻落实科学发展观，既要重视全面性，又要抓住重点问题，关键是抓住它的核心和基本要求。"以人为本"是

科学发展观的核心问题。之所以是核心，一是因为它深刻回答了"为谁发展"和"靠谁发展"的问题，阐明了我国现代化建设的根本动力和根本目的。这是党的宗旨和唯物史观在发展观上的充分体现。二是因为它深刻回答了推动发展的根本思路问题，强调要高度重视人的作用和不断提高人的综合素质，这是马克思主义人的全面发展理论在发展观上的充分体现。以人为本的实质是"以民为本"，其关键是"以人才为本"，其着力点是要解决人民群众的切身利益问题。"全面、协调、可持续"发展是科学发展观的基本要求。所谓"全面发展"，就是坚持以经济建设为中心，努力实现四个文明建设的全面进步。所谓"协调发展"，就是指不同地区、部门、领域之间在发展规模、速度、效益等方面的比例要适应，结构要合理，努力达到相互促进、良性运行、共同发展的和谐状态。所谓"可持续发展"，就是指经济社会各部门、各领域以及人与自然的相互关系，要保持长久不断发展的趋势。实践证明，只有坚持这三项基本要求，才能抓住贯彻落实科学发展观的重点内容。

（二）深刻理解科学发展观的精神实质

科学发展观的精神实质是推动国民经济又好又快发展。这是我党执政后发展国民经济思路的一个重大变化。长期以来，我们一直强调"又快又好"发展，总是快字当头，把追求高速度放在第一位。这在"一穷二白"的历史条件下是必要的、正确的。然而，随着时代的发展、形势的变化和国力的增强，特别是面对经济发展存在的重重矛盾和问题，如果仍然把快放在第一位就不能适应时代的新变化，如果片面追求高速度就会带来许多严重问题，如果不及时调整发展思路就可能由过快转化为过热甚至导致出现经济危机。党中央科学地分析了时代的发展和形势的变化，总结了我国发展的经验教训，及时提出了科学发展观这个新理论，强调科学发展观的实质是又好又快发展，其意图是要引导人们重视在好中求快，强调要把"好"字放在第一位。党中央之所以作出这样的调整，一是因为在高科技迅猛发展和知识经济时代，综合国力的竞争以及产业门类之间的竞争，逐渐要由速度型转向质量效益型。当然，质量和效益包含着合理的发展速度。所以，把"好"放在第一位符合现代化建设事业发展的大趋势。二是因为我国粗放的经济增长方式，已经积累了不少矛盾和问题，亟待解决。如资源能源利用率低、环境污染严重、经济增长代价过大，城乡差距、地区差距、居民收入差距持续扩大，教育、卫生、文化等社会事业发展滞后等，这都要求我们把追求发展质量、发展效益和协调发展放在第一位，也就是把"好"放在第一位。三是因为我国正面临重要战略机遇期和正处于经济快速增长阶段，只有把好放在第一位，追求好中求快，才能真正落实结构调整，激发人们自主创新能力，从而实现综合国力的整体跃升，保证全面建设小康社会宏伟目标的实现。从我国的现实情况看，现在已经具备了支撑国民经济又好又快发展的诸多条件，包括思想认识、物质基础、科学技术、人才资源、体制机制等，特别是经济自主增长的内在机制正在逐步形成，使我们实现又好又快发展不仅有必要，而且有可能。

当前，我们要积极推进国民经济又好又快发展，必须着重抓好三个方面的工作。首先，要认清宏观社会经济形势，满怀信心迎接各种挑战，及时抓住机遇稳步推动发展。其次，要加快转变经济发展方式，积极实现经济增长的"三个转变"：一是由主要依靠投资、出口拉动增长向依靠消费、投资、出口协调拉动增长转变；二是由主要依靠第二产业推动增长向依靠三个产业协同拉动增长转变；三是由主要依靠物质资源消耗拉动增长向依靠科技进步、劳动者素质提高、管理不断创新协同拉动发展方向转变。第三，要积极变革思维方式，努力实现思维方式现代化，从根本上提高自主创新能力。实践证明，创新思维决定创新思路，创新思路决定创新出路；只有不断创新，才能实现经济社会又好又快发展。

（作者：全国思想政治工作科学专业委员会主任、中共中央党校教授、博士生导师）

加强宣传舆论阵地建设　牢牢把握正确舆论导向

刘广通

舆论宣传主要是用来维护现实的社会政治和经济制度。在阶级社会里，宣传舆论阵地是统治阶级宣传本阶级的政策、主张，组织、发动群众的重要途径。当今世界各国更是注重现代传媒的巨大作用，都在试图通过宣传媒介代替部分直接控制。中国共产党自建立之初就非常重视舆论导向工作，也积累了非常丰富的经验。在改革开放和社会主义现代化建设的新形势下，正确的社会舆论，是推动我国社会主义现代化建设的力量，是思想政治教育和社会主义精神文明建设的重要方面，积极健康向上的舆论环境是推动科学发展与构建和谐社会的必要前提。

一、坚持正确舆论导向必须明确舆论导向的重要性

现代社会是一个大众传播媒介飞速发展的时代，是一个信息急剧增长的时代。而大众传媒正以其特有的优势，广泛而强烈地影响着社会各个领域，影响着人们的思想和行为，而且在营造政治环境和氛围、促进公民利益表达的功能方面起着极其重要的作用。大众传媒几乎每时每刻都源源不断地以不同的方式把各种信息提供给公民，这些信息中所包含的许多直接的或间接的政治内容便潜移默化地给予公民深刻的影响。特别是以电视为主的现代电子媒介，对社会的政治、经济发展的影响更是前所未有的。它能够直接地、迅速地把世界各地全国各地的信息和各种事件传播给收看者，并往往成为成年公民重要的政治、社会信息来源。

由于舆论导向的控制者不同，舆论导向就有正误之别。正确的舆论导向可以加强正当行为的力量，在引导正当行为迅速发展的同时约束和制约非正当行为的发展变化。当社会舆论成为一定范围内相对稳定的共同遵守的习俗和准则时，可以自发、自觉地调整群体内的意见和行为，促进群体内协作精神的形成，增强群体凝聚力。一旦舆论导向由少部分持错误观点的人操纵并利用，就会导致错误思想的弥漫。舆论导向正确，人心凝聚，精神振奋；舆论导向失误，后果严重。历史经验反复证明，舆论导向正确与否，对于我们党的成长和壮大，对于人民政权的建立和巩固，对于人民的团结和国家的繁荣富强，具有重要作用。可以说，舆论工作就是思想政治工作，是党和国家的前途命运所系的工作。

在当前，宣传舆论工作，要始终围绕经济建设这个中心开展，把群众的积极性、创造性引导到深化改革、扩大开放、促进社会主义市场经济发展上来，引导到实现现代化建设的各项任务上来。一切宣传思想文化阵地，一切精神文化产品，一切课堂讲座、学术会议，都要宣传科学理论、传播先进文化、塑造美好心灵、弘扬社会正气、倡导科学精神，坚持真善美、抵制假恶丑，绝不给错误思想言论提供传播渠道。宣传报道要注意把握好改革、发展和稳定的关系，局部和全局的关系，坚持唯物辩证法，防止片面性和简单化。要积极反映中国特色社会主义事业日新月异发展的现实，满腔热情地讴歌人民群众在改造世界、创造新生活中表现出的艰苦创业、开拓创新的精神和品格。

二、新闻媒体的正确舆论导向首先是正确的政治导向

大众媒体在反映和表达社会不同利益主体利益时也不是畅通无阻的，一旦涉及对社会弱

势群体的报道，有些地方政府出于政绩、城市形象等因素的考虑会对大众媒体加以限制，使得大众媒体缺少相对独立地反映和表达权利。另外，大众媒体也有可能被强势群体所操控，从而损害了弱势群体的利益。因此，政府一方面要对大众媒体实行原则性的引导，理性对待大众媒体，不能随意对其客观报道进行压制，使其充分发挥反映和表达民意的功能；另一方面也要加大对大众媒体的约束和规范，使其行为不影响社会稳定。

发挥新闻媒体的作用是我们的重要优势，在不同的历史时期新闻媒体都起到一种宣传政策、解释政策和团结群众实现奋斗目标的作用。毛泽东曾经讲到报纸的作用和力量："我们的政策，不光要使领导者知道，干部知道，还要使广大的群众知道。有关政策的问题，一般地都应当在党的报纸上或者刊物上进行宣传。""报纸的作用和力量，就在它能使党的纲领路线，方针政策，工作任务和工作方法，最迅速最广泛地同群众见面。" 1980年，邓小平指出，我们希望报刊上对安定团结的必要性进行更多的思想理论方面的解释，这就是说，要大力宣传社会主义的优越性，宣传马克思列宁主义、毛泽东思想的正确性，宣传党的领导、党和人民群众团结一致的威力，宣传社会主义中国的巨大成就和无限前途，宣传为社会主义中国的前途而奋斗是当代青年的最崇高的使命和荣誉。总之，要使我们党的报刊成为全国安定团结思想的中心。报刊、广播、电视都要把促进安定团结，提高青年的社会主义觉悟，作为自己的一项经常性的、基本的任务。

进入改革开放的新时期，胡锦涛也强调指出："现代媒体传播信息快，社会覆盖面大，社会影响力强，把握和引导得好，可以对我们开展工作起重大促进作用，把握和引导得不好，就可能给我们的工作带来不利影响。"新闻媒体是解决社会问题、引导群众正确认识问题的重要途径，因此，胡锦涛说："做好国内突发事件的新闻报道，关系到社会稳定和人心安定，关系到党和政府的形象，关系到我们处理突发事件工作的开展。"

新闻媒体所宣传的事实本身必须真实。显而易见，失实的宣传，不实事求是的宣传，不仅最终会失信于民，而且必然会损害党的威信和新闻媒体的信誉，不仅会降低宣传效果，而且会贻误党的事业。这方面我们曾有过深刻教训。因此，新闻媒体的宣传必须坚持实事求是，力戒浮夸、弄虚作假、报喜不报忧等不良风气，真正做到讲真话，讲真事，实话实说。只有这样，宣传工作才富有吸引力、说服力和生命力。

新闻媒体要坚持群众路线，群众路线是我们党的根本工作路线。新闻媒体是我们党联系群众的纽带，在宣传中坚持贴近群众，贴近实际，贴近生活，就是贯彻党的群众路线。

新闻媒体肩负着宣传党的路线方针政策，团结和动员广大人民群众构建社会主义和谐社会的重要职责。因此，新闻媒体一定要大力弘扬社会正气，讴歌我们伟大时代的伟大精神。一定要增强政治意识、大局意识、责任意识，增强政治敏锐性和鉴别力，始终保持政治上的清醒和坚定，善于识别各种形形色色的错误思潮，揭露和批判各种社会丑恶现象；一定要遵照中央的精神，切实负起政治责任，牢牢把握正确的舆论导向。

三、增强宣传舆论工作的主动性、生动性

坚持正确的舆论导向，占领舆论阵地，就要在提高宣传舆论工作的吸引力和说服力上下功夫。

1. 增强宣传舆论工作的主动性和生动性。

俗话说，"防为上、救为次、戒为下"。宣传舆论工作的主动性主要不在于事情发生以后追究责任、批评教育，而在于进行积极的引导，预见性地告诉人们应当做什么，不应当做什么，防患于未然。从根本意义上讲，宣传舆论工作是一种为未来服务的事业，它立足于未来，用正确的理论、科学的知识武装干部群众，这种教育内容是带有方向性的，要源于现实又高于现实。因此，宣传舆论工作应当具有超前性与预见性。

宣传舆论工作要因势利导，采取群众喜闻乐见的方式方法，通过丰富多彩生动活泼的活动，吸引群众、感染群众，使群众的业余时间充满健康有益的东西，实现群众的自我参与，达到自我教育、自我提高的目的。

增强宣传舆论工作的生动性，首先要把深奥的理论还原为朴实的道理，贴近群众、贴近生活。革命战争时期，马克思主义在我国得到迅速传播，就是得益于当时的理论宣传工作者贴近群众的理解能力通俗地宣传和介绍马克思主义理论。理论要掌握群众，首先就要被群众所理解。那种把理论深奥化的做法是达不到理论武装群众的效果的。毛泽东运用群众的语言把马克思主义的基本原理讲得通俗易懂，使群众非常愿意接受，而且广为传颂。邓小平同志也是这方面的典范，他把马克思主义原理用群众所理解的生动形象的语言和比喻描述出来，如"一个中心、两个基本点"、"三步走战略目标"等等，使马克思主义原理为群众所掌握，真正做到了家喻户晓。过去一段时间在宣传政府工作中出现的"菜篮子"、"米袋子"等提法，都是贴近群众、贴近生活的成功之处。只要我们深入群众、深入生活，进行认真的总结，舆论工作就能够掌握群众，吸引群众，引导群众，教育群众。

增强宣传舆论工作的生动性，就要以平等讨论的方式进行理论的宣传。理论是在平等的交流中深入实际的，道理是在潜移默化的灌输中得到传播的。我们要转变当前在理论宣传工作中存在着的"说教式"、"注解式"甚至是训诫的方式，要以平等态度待人，尊重教育对象的人格，由情入理，情理交融，以取得更好的宣传教育效果。

2. 坚持正确舆论导向必须加强舆论监督。

舆论监督是坚持正确舆论导向工作的一个重要方面。舆论监督，实质上是人民的监督，是人民群众通过新闻舆论对党和政府的工作及其工作人员进行的监督，是广为群众欢迎的一种社会监督形式。舆论监督，是一种信息型的"软监督"，虽然不具备法律监督、组织监督、行政监督的刚性特征，但这种"软监督"可以产生强大的无形的力量，促使偏差行为主体强化自律，或者推动社会的有关硬性手段进行他律，以实现制衡与纠错。

舆论监督要正确定位。媒体管制是世界性的规则，自广播、电视这种传播媒体诞生之日起，管制就以某种方式存在着。舆论监督应着眼于帮助党和政府改进工作，解决实际问题，增进人民团结，维护社会稳定。开展舆论监督，既要敢于监督，也要善于监督。要以对党和人民高度负责的精神，从维护党和人民的根本利益出发，坚持真理，出以公心，立足于团结、稳定、鼓劲，着眼于改进工作，解决问题。要通过舆论监督，把人们的认识统一到中央的方针政策上来，维护党和人民的根本利益。

舆论监督要把握好度。批评报道的事实一定要准确，不能感情用事，要着眼于大局，用全面、联系、发展的观点观察事物，分析问题，注意防止一种倾向掩盖另一种倾向，避免只讲一个方面而忽视另一个方面。也就是我们日常说的，帮忙不添乱。要坚持有理有利有节的原则，讲究批评的策略。一是数量和密度控制。新闻媒体的批评总量要少于正面报道的分量；一个时期刊播密度要适宜、节奏要适宜。二是在批评中强化正面。既要使人们认识到问题存在，也要提出解决问题的思路，帮助人们树立克服困难的信心；揭露阴暗面和丑陋现象，是为了教育人们，引起警示，目的在于最终消灭社会丑恶现象。三是注意内外有别的原则。对人民内部矛盾的问题，批评报道要从善意出发，批评的目的是为了改正工作中的失误，而不是为了批评而批评，为了揭露而揭露。

3. 加强互联网上的信息分析，有针对性地加大网上宣传力度，提高宣传质量。

伴随着高科技的发展，以电脑多媒体、数字视听设备、国际互联网络等新传媒为标志的新型文化正在迅速崛起，并开始进入千家万户。互联网不仅成为中国现代化的一个标志，而且作为一种崭新的传播媒体，受到越来越广泛的关注。与此同时，伴随着互联网信息快速、便捷的传播，大量的信息中不可避免地会泥沙俱下，一些错误的、虚假的信息势必会误导受众，干扰人们的正常生活，甚至给社会带来某些不稳定因素。因此，如何加强互联网的信息分析，有针对性地加大网络宣传力度，提高宣传质量，已经历史地摆在我们的面前。

要加强互联网上的信息分析，有针对性地加大网上宣传力度，提高宣传质量。抓好网络信息管理和社会教育管理的有机结合。在这方面，应该做到：一要明确宣传目的，即网络思想引导要解疑释惑，提高认识，增进理解；二要实事求是，正确反映群众心理，分析问题讲道理不能脱离群众的生产和生活的实际；三要因势利导，在说出群众心里话的同时，要结合现实，用事实说话，适时适当地引导、教育群众；四要针对思想政治工作中的一些热点、难点问题，以现场采访、专家论坛、实话实说等多种形式，让群众在耳濡目染的情境中受到教育。总之，网络引导不能停留于表面，要把问题分析透，把道理讲清楚，给人以启发，使人深思，从而使宣传教育收到好的效果。

（作者系全国思想政治工作科学专业委员会副秘书长，此文为作者在全国思想政治工作科学专业委员会第十五届年会上的书面发言）

学习实践科学发展观与加强思想政治工作座谈会会议纪要

全国思想政治工作科学专业委员会

为深入学习实践科学发展观和贯彻中共十七届三中全会精神，根据胡锦涛总书记对我学会“要结合党的中心任务开展工作”的指示，全国思想政治工作科学专业委员会于 2008 年 12 月 14 日在南昌市凯莱大饭店召开了“学习实践科学发展观与加强思想政治工作座谈会”。本次座谈会的主要内容为：深刻领会十七届三中全会召开的重要背景和基本精神；深入开展学习实践科学发展观活动的重大意义、科学内涵及其热点难点问题；发扬井冈山的革命传统，探讨新形势下思想政治工作如何更好地为学习实践科学发展观服务。

中共江西省委对学会能在南昌召开本次会议表示热烈欢迎，省委书记苏荣在百忙之中亲切接见了全体参会代表，同大家合影留念，并与参加会议的主要领导共进午餐。

出席这次会议的领导有全国政协原副主席张克辉，中共中央副部级巡视组专员戴俭明，国家人事部原常务副部长（正部级）程连昌，中国党史学会常务副会长陈威，中国慈善总会副会长（副部级）张道诚，原国家经济委员会人事局局长黄淑兰和学会主任张蔚萍，副主任戴焰军、段若鹏、张邦柱，副秘书长雷常新、雷群，办公室主任杨光等。中共江西省委党校常务副校长龚培兴，江西省社科院党组副书记郭杰忠，江西省委组织部、省委宣传部也分别代表江西省承办和支持单位出席了会议开幕式，部分学会常务理事、理事及特约研究员以及江西的部分企业、高校领导和专家教授等 90 余人受邀出席了本次会议。

开幕式由段若鹏副主任主持，龚培兴副校长代表江西省委和协办单位讲话，介绍了江西省在学习实践科学发展观活动中的经验和体会，张蔚萍主任致欢迎词，戴俭明、程连昌、陈威分别就本次会议的主题发表了讲话，郭杰忠代表江西省社科界对本次会议的顺利召开表示祝贺，并介绍了江西省社会科学院在学习实践科学发展观活动中的体会。下午的会议由张邦柱主持，部分学会理事就深入学习实践科学发展观与加强思想政治工作中的热点、难点问题发表了各自的看法，最后张蔚萍主任应代表们的要求，就当前的国际、国内经济形势结合学习实践科学发展观作了题为《以科学发展观解读当前国际金融危机及其对我国的影响》报告，受到全体参会代表的一致认可，增强了大家在党中央的领导下战胜国际金融危机的信心和决心。

本次会议是学会紧跟党中央的部署召开的一次小型研讨会，会议很成功，达到并完成了会议预期目标要求。会议日程安排紧凑，学会会员学习了中央高层领导的讲话，提高了对学习实践科学发展观活动的认识层次。与会同志纷纷表示，带着这些新精神、新体会、新思想，回到本单位后可以更好地组织开展深入学习实践科学发展观活动，进一步推动思想政治工作上水平。

纪念毛泽东诞辰115周年座谈会综述

赵云献

全国思想政治工作科学专业委员会纪念毛泽东诞辰115周年座谈会，于2008年12月20日在中共中央党校召开。会议由学会主任张蔚萍主持。参加会议的单位有：中央党校、中国人民解放军军事科学院等有关单位的老同志、专家、教授，以及形神俱似毛泽东的特型演员张瑞奇等20余人。他们是：军事科学院少将部长杨春长，老同志肖一平、尤东山，马列研究所教授吴雄丞，哲学教授闫树森，经济学教授张虎林、谭乃彰、谢世荣，党史教授杨圣清、周文祺，党建教授万福义、赵云献，以及学会副主任张邦柱等。会上，除争先发言外，还因时间所限，有的提供论文和发言提纲，表达自己的见解；有的从理论上专题论述，深入理解它的重大意义；有的重温毛泽东的名言警句，表述他的深邃思想；有的用邓小平捍卫毛泽东思想伟大旗帜的指示精神，说明毛泽东思想不能丢的极端重要性；也有的老同志为会议提供了自己的新作，展现其在毛泽东思想哺育下成长过程的记录，等等。会议内容十分丰富，现把主要观点归纳如下。

一、毛泽东为社会主义经济建设奠定了坚实的理论基础

与会者认为，毛泽东无论是战争年代，还是在建国后，都十分重视经济工作。建国前，为赢得战争的胜利，在把主要精力放在指挥战争上的同时，一刻也没有忘记抓经济工作。毛泽东给我们留下宝贵的经济工作财富。早在1933年8月，在《必须注意经济工作》一文中说："革命战争是当前的中心任务，经济建设事业是为着它的，是环绕着它的，是服从于它的。……只有国内战争完结之后，才说得上也应该说以经济建设为一切任务的中心。"据有的老同志回忆1932年和1933年就阅读过潘自舟译的《资本论》第一卷第2分册、王慎明（王思华）和侯外庐译的《资本论》第一卷上册和潘冬舟译的《资本论》第3分册。从中央档案馆毛泽东的藏书来看，现在保存下来的是1938年由郭大力、王亚南译的版本，三卷本两套。从批注的阅读时间上来看，除1938年外，还有1954年、1969年、1973年的。不仅如此，毛泽东还在1937年《矛

盾论》、1942年《反对党八股》和1958年成都会议上，都提到《资本论》和运用其中的某些观点，就是毛泽东在晚年外出视察时，也都带上《资本论》。1942年在延安，为实现丰衣足食，他率领全党全军自力更生，开展大生产运动。1949年3月，即建国前夕，《在中国共产党第七届中央委员会第二次全体会议上的报告》中说："从我们接管城市的第一天起，我们的眼睛就向这个城市的生产事业的恢复和发展。"务须避免忘记这一"中心任务"，盲目地乱抓乱碰。我们的同志必须"用极大的努力去学习生产技术和管理生产的方法，……城市中其他工作，……都是围绕着生产建设这一中心工作并为这个中心工作服务"。

建国后，毛泽东动员率领全国人民，以解放和发展生产力为社会主义的根本目的，向自然开战。在开创社会主义经济建设事业中，曾借鉴了苏联的经验，号召全党学习斯大林的《苏联社会主义经济问题》和《社会主义政治经济学》，结合中国实际情况，作了许多批注和谈话，为发展社会主义经济提供了可资借鉴的材料。在总结建国后经济建设经验的基础上，他发表了宏篇巨著《论十大关系》、《关于正确处理人民内部矛盾的问题》，为发展社会主义经济指明了方向，走出了一条适合中国国情的工业化、现代化道路。从1949年建国到1978年30年间，中国经济平均每年增长7.4%，"五五"计划完成后，就建立了独立的比较完整的工业体系和国民经济体系的基础。在坚持以经济建设为中心的实践中，总结出许多成功的经验。毛泽东指出，我们社会主义经济，"计划生产是工农业生产的主体，按市场变化而在国家计划许可范围内的自由生产是计划生产的补充"。陈云把毛泽东这一思想概括为，坚持计划经济为主，市场经济调节为辅，国家经济建设必须"全国一盘棋"，"必须按计划办事"。毛泽东认为，发展社会主义经济，要坚持自力更生为主、外援为辅的方针。在建设社会主义总路线的指引下，各条战线都总结出一些成功的经验。工业上的鞍钢"两参一改三结合"，农业的"八字宪法"等等，为推动社会主义经济建设起了重要作用。同时，毛泽东还号召我们，对一切国家、一切民族的长处都要学，但是，要有分析有批判地学，不能盲目地学，一切照抄照搬。

二、毛泽东为我们留下"一个好的党"和完整的党的学说体系

与会者认为，毛泽东离开我们已经30多年了，可是为什么广大人民，尤其是广大工人、农民还对毛泽东的怀念与日俱增呢，还自发地兴起学习毛主席著作热，唱歌颂党和毛泽东的红歌不减，演毛泽东革命故事剧目层出不穷，瞻仰毛泽东遗体、故居人山人海，树立高大的毛泽东塑像一个接着一个。为什么我们能够在严重低温冰雪袭击下，在世界罕见的汶川地震面前，在西方敌对势力一次又一次的反华逆流中屹立不动，特别是出色地组织举办了世界上"真正无以伦比"的夏季奥运会，航天事业屡屡征服太空，以及当前从容应对世界金融海啸，所有这一切一切，都是因为毛泽东为我们缔造了一个好的党——中国共产党，有党的坚强领导。

毛泽东为我们缔造的这个党的本质特征是革命的党。这个党无论在胜利前的战争年代，还是在胜利后的建设时期，都坚持革命，即以改造旧世界、建设新世界为己任。那种把战争年代的党称之为"革命党"，把执政后的党称为"建设党"是不科学不准确的。

毛泽东指出，在中国所以必须建立革命党，这是从痛苦的教训中得出来的结论。近百年来，我国无数的爱国志士仁人，为了拯救我们灾难的祖国，提出了许多救国良方，什么教育救国，科学救国，医学救国，实业救国，工程救国，甚至提出体育救国。然而，这些救国良方的结果都失败了。以毛泽东为代表的中国共产党人认真地进行了反思，发现这些救国良方的共性是改良而不是革命。中国共产党要想领导广大人民取得革命胜利，非建立革命党不行，这是历史发展的必然。在中国所以建立革命党这是由

中国革命的根本任务所决定的。中国没有革命党就无以完成搬走帝国主义、封建主义和官僚主义“三座大山”的根本任务。在中国所以建立革命党，也是建立在马克思主义建党理论基础上的，是符合这一理论的根本要求的。马克思主义建党学说公然向世人宣布：无产阶级政党的根本任务，不是解释世界，而是要创造新世界。从党成立那天起，就担负起打碎旧世界、建设新世界的历史使命。革命、创新、改革是共产党本身应有之义。正如列宁所说的，党从本质上说是“革新的党”。所以，中国共产党无论在革命前、革命中和胜利后都必须坚持革命性这一本质特征，走革命、创新和改革之路。

毛泽东为我们建立的革命党有一整套完整的理论体系。正如邓小平所说，对于党的学说，“马克思恩格斯讲的不多，列宁有个完整的建党学说。……把列宁的建党学说发展得最完备的毛泽东同志”。毛泽东对党的性质、宗旨、指导思想、战略策略、作风，都有完整的论述。对此，在中共中央《关于建国以来若干历史问题的决议》中作了充分的肯定，阐明毛泽东在中国特殊国情条件下成功地解决了建党问题。胡锦涛在党的十七大报告及多次讲话中重申了这个基本观点。习近平于2008年9月，在一次讲话中也肯定了“改革开放30年来党的各方面建设，是在以毛泽东同志为核心的党的第一代中央领导集体成功开创的党的建设伟大工程的基础上展开的”。这在世界政治史上是罕见的壮举，是一个了不起的伟大工程。

毛泽东为我们建立的革命党有自己的独特的工作作风，就是理论和实践相结合的作风，和人民群众紧密地联系在一起的作风以及批评与自我批评的作风。这是区别于其他任何政党的显著标志。后来，毛泽东又提出“两个务必”，即“务必使同志们继续地保持谦虚、谨慎、不骄、不躁的作风，务必使同志们继续地保持艰苦奋斗的作风”。这些好作风才确保了党的凝聚力、战斗力，充分体现了革命党的品格。

三、毛泽东是“三农”理论的首倡者

与会者认为，现在把“三农”（农业、农村、农民）问题提到了重要地位。然而，有不少人并不了解，毛泽东在民主革命时期就开始重视“三农”问题了。在民主革命时期，为了反对地主阶级对农民的压迫和剥削，进行土地改革，实行耕者有其田，建立农村革命根据地，这时“三农”问题已经提出来了。有的同志提出，1927年毛泽东发表的《湖南农民运动考察报告》，是阐述“三农”问题的纲领性文献。党的七届二中全会报告中指出：我国近代工业在抗战前只有10%，农业与手工业占90%，这是我们观察一切问题的“基本出发点”。占中国人口80%的农民是基本国情。因此，在中国发展经济，必须把农业放在突出的地位。必须坚持农业是国民经济的基础，粮食是基础的基础，手中有粮，心中不慌。毛泽东还认为，农业是人类生存之本，衣食之源。因此，要充分认识农业在国民经济中的基础作用，农业直接关系到80%农村人口和城市人口吃饭问题；关系到国家积累的大问题。因此，在国民经济建设中，要正确处理重工业、轻工业和农业的发展关系。在实践中要坚持按照农、轻、重的次序，安排国民经济计划。

今天，我们强调的“三农”建设，是同毛泽东的“三农”思想一脉相承的，也是对毛泽东“三农”思想的丰富和发展。

四、要世世代代高举毛泽东思想伟大旗帜

与会者认为，是否高举毛泽东思想伟大旗帜不是个小问题，它直接关系到党的生死存亡。

会上大家重温了邓小平关于高举毛泽东思想伟大旗帜的论述。“文化大革命”刚结束时，一度出现了怀疑毛泽东的历史地位和毛泽东思想的科学价值的倾向，甚至敌对势力借此夸大以毛泽东为核心的党中央的失误，企图砍倒毛泽东这面旗帜。针对这种情况，以邓小平为代表的老一辈无产阶级革命家，旗帜鲜明地阐述

了高举毛泽东思想伟大旗帜的极端重要性。1977年5月，邓小平指出："我们必须世世代代用准确的完整的毛泽东思想来指导我们全党全军和全国人民。"7月说："高举毛泽东思想的伟大旗帜，调动一切积极因素，力争在本世纪内实现四个现代化，……使我们能够为国际共产主义运动，为全人类，作出更大贡献。"12月说："我们要团结在毛泽东思想旗帜下，团结在党中央周围。这是大局，我们要有这个大局观念。"1978年3月，《在全国科学大会开幕式上的讲话》最后号召全党"高举毛泽东思想的伟大旗帜"。6月强调说，马列主义、毛泽东思想的基本原则，任何时候都不能违背，这是毫无疑义的。12月又说，毛泽东同志在长期革命斗争中立下的伟大功勋是永远不可磨灭的。"没有毛泽东同志的卓越领导，中国革命有极大的可能到现在还没有胜利，那样，中国各族人民就还处在帝国主义、封建主义、官僚资本主义的反动统治下，我们党就还在黑暗中苦斗"。他重申"没有毛主席就没有新中国"，"没有毛泽东思想，就没有今天的中国共产党"。强调毛泽东思想永远是我们中华民族最宝贵的精神财富。1979年3月，阐明"在中国的现实条件下，搞好社会主义四个现代化，就是坚持马克思主义，就是高举毛泽东思想伟大旗帜"。"毛泽东思想过去是中国革命的旗帜，今后将永远是中国社会主义事业和反霸权主义事业的旗帜。我们将永远高举毛泽东思想的旗帜前进"。决不允许在这个根本问题上有丝毫动摇。如果动摇了那就动摇了整个社会主义事业。1980年2月说："我们任何时候都不能损害毛泽东同志在整个中国革命史上的光辉形象，不能动摇高举毛泽东思想旗帜的原则。我们要有这个觉悟，要有这个认识。"特别是1980年3月至1981年6月，邓小平在《对起草<关于建国以来党的若干历史问题的决议>的意见》的九次讲话中，反复强调高举毛泽东思想伟大旗帜。明确指出，《决议》中"确立毛泽东同志的历史地位，坚持和发展毛泽东思想，这是最核心的一条。不仅今天，而且今后，我们都要高举毛泽东思想的旗帜"。这是最根本、最关键、最重要的一条。"毛泽东思想这个旗帜丢不得。丢了这个旗帜，实际上就否定了我们党的光辉历史"。"毛泽东思想不仅过去引导我们取得了革命的胜利，现在和将来还应该是中国党和国家的宝贵财富。所以我们不但要把毛主席像永远挂在天安门前，作为我们国家的象征，要把毛主席作为我们党和国家的缔造者来纪念，而且还要坚持毛泽东思想"。就是改革开放后把工作重心转移到经济建设上来，我们"没有丢马克思，没有丢列宁，也没有丢毛泽东"。老祖宗不能丢。

胡锦涛总书记主持工作以来，更加注意这个问题。在毛主席诞辰110周年时，曾明确指出，毛泽东是中国各族人民的伟大领袖。中国出了个毛泽东，是中国共产党、中国人民、中华民族的骄傲。毛泽东的革命实践和光辉业绩已经载入中华民族的史册，他的名字、他的思想、他的精神，将永远鼓舞着我们推动中国社会主义向前发展。在任何时候、任何情况下，都要始终高举毛泽东思想的伟大旗帜。后来，在党的十七大报告中，以及之后的讲话中屡次强调高举毛泽东思想伟大旗帜。在《纪念党的十一届三中全会召开30周年大会上的讲话》中，他坚定而响亮地指出，我们"决不走改旗易帜的邪路"。大家认为，这决不是空穴来风，其中不仅具有强烈的针对性，还说明了"改旗易帜"是一条死路，也表明了以胡锦涛总书记为代表的领导集体坚持高举毛泽东思想伟大旗帜的坚定决心。

座谈会最后，由形神俱似毛泽东的特型演员、中国红色革命圣地西柏坡形象大使张瑞奇朗读毛泽东《在中国共产党第七届中央委员会第二次全体会议上的讲话》中名言名句，即"夺取全国的胜利，这只是万里长征走完了第一步。如果这一步也值得骄傲，那是比较渺小的，更值得骄傲的还在后头"。"中国的革命是伟大的，但革命以后的路程更长，工作更伟大，更艰苦。这一点现在就必须向党内讲明白，务必使同志们继续地保持谦虚、谨慎、不骄、不躁的作风，务必使同志们继续地保持艰苦奋斗的作风”。会议在重温“两个务必”的教导中结束。

（作者：中共中央党校党建部教授、博士生导师、全国思想政治工作科学专业委员会常务理事）

提高学习实践科学发展观领导能力理论研讨会综述

李博平　丁士峰

2008 年 12 月 25—26 日，在纪念伟大领袖毛泽东诞辰 115 周年的历史时刻，在纪念改革开放 30 周年和深入学习实践科学发展观、全面推进小康社会建设的历史条件下，中国领导科学研究会和中共长沙市委联合组织召开了“提高学习实践科学发展观领导能力暨纪念改革开放 30 周年理论研讨会”。全国热心领导科学的企业界人士、领导干部、专家学者及理论工作者近 200 人齐聚长沙，回顾和总结了我国改革开放以来中国领导科学近 30 年的发展历程和经验成果，研究探讨了提高学习实践科学发展观领导能力的问题，提出和规划了中国领导科学以科学发展观为指导，推动理论创新与学科建设的发展方略。研讨会取得了丰硕成果。

一、中国领导科学近 30 年的实践与创新

中国领导科学研究兴起于 20 世纪 70 年代末 80 年代初，基本与我国改革开放的历史进程同步。与会同志紧密结合改革开放 30 年的伟大历程，回顾和总结了中国领导科学近 30 年的历史发展和经验成果，认为改革开放 30 年，是人们思想大解放、经济社会大发展、党的领导能力和执政能力大提高的 30 年，也是领导科学大发展的最好时期。近 30 年来，中国领导科学作为一个新兴学科，历经从无到有，学科队伍由小到大，学科理论由薄弱到厚实，学术成果质量由低到高的艰难历程。它的每一步发展都与改革开放的伟大实践密切相关。正如刘海藩会长的主题讲话中所指出的：“30 年改革开放的伟大历程和党的领导工作的伟大实践，是领导科学的实践基础和理论源泉。”与会同志认为，中国领导科学近 30 年的发展具有五个特点。

一是紧密联系国内外形势的深刻变化，具有很强的时代性。改革开放以来，随着世界多极化、经济全球化、社会信息化的快速发展，以及社会主义市场经济体制的建立与完善，我国社会主义建设和党的执政环境和条件发生了重大而深刻的变化，如何提高执政党及其领导干部的领导水平和执政能力、拒腐防变和抵御风险的能力，经受住改革开放、发展社会主义市场经济和巩固党的执政地位的严峻考验，既是我党迫切需要解决的重大课题，也是领导科学研究面临的重大课题。中国领导科学适应这种现实需要，在不断研究和回答重大现实课题的过程中发展起来。

二是与马克思主义中国化相伴随，具有鲜明的党性。中国领导科学一产生就鲜明地把马克思主义写在自己的旗帜上。近 30 年来，中国特色社会主义理论体系不断创新，内涵不断丰富，经历了邓小平理论、“三个代表”重要思想、科学发展观等历史阶段。中国特色社会主义理论体系包含着丰富的领导思想。如，邓小平关于“领导就是服务”的论断深刻

揭示了马克思主义领导观的本质，强调领导制度、组织制度问题，更具有根本性、全局性、稳定性和长期性的意义；江泽民要求各级领导干部认真研究和掌握领导规律，转变领导方式和执政方式，提高领导方法和艺术；胡锦涛提出了科学发展观，着力提高党的执政能力、领导科学发展的能力，积极推进领导体制和工作机制的改革和完善等。这些思想丰富了马克思主义的领导理论，为中国特色领导科学的发展指明了方向。中国领导科学始终坚持以中国特色社会主义理论体系为指导，以现代化建设为中心，不断进行学科体系构建和理论创新，逐步形成了中国特色的领导科学理论体系。多年来，先后出版了《领导科学文库》、《邓小平领导理论学习纲要》，以及《毛泽东领导理论》、《邓小平领导理论》、《“三个代表”重要思想领导学研究》等系列领导科学教材，填补了这方面的空白。

三是立足发展社会主义市场经济、提高党的执政能力，具有很强的实践性。领导科学是一门应用学科，植根于实践，又服务和应用于实践，强大的生命力源于对实践中领导本质和规律的认识和把握。领导科学关注最新的领导态势，反映最新的实践成果，在不断总结实践经验中进行理论创新和实践创新。以邓小平、江泽民、胡锦涛为主要代表的中国共产党人，从实际出发，不断探索回答了如何建设社会主义、怎样建设党、如何实现科学发展等问题。中国领导科学也正是在解决这些重大基本问题中不断丰富和发展起来的。

四是着眼人民群众根本利益的需要，具有很强的人民性。全心全意为人民服务是无产阶级领导的本质，实现好、维护好、发展好人民群众根本利益和现实切身利益是党和国家一切工作的出发点和落脚点。中国领导科学始终以党的宗旨为宗旨，深入研究和回答什么是领导价值观，如何处理各级领导与人民群众的关系，如何确保领导权力服务于人民群众，如何调动人民群众的积极性、主动性，做到发展为了人民、发展依靠人民、发展成果由人民共享，形成了具有鲜明人民特色的领导科学。

五是推进思想解放和执政理念转变，具有很强的创新性。30 年来，我党思想解放与执政理念转变历经从以“阶级斗争为纲”到以“经济建设为中心”，从“国家计划主导”到以“市场作为配置资源的基础性手段”，从“一个先锋队”到“两个先锋队”的统一，确立了“立党为公，执政为民”的理念，走上科学发展、和谐发展、和平发展的道路，这种强烈的创新精神开辟了中国领导科学的新境界。

二、努力提高学习实践科学发展观领导能力

这次研讨会的主题是“提高学习实践科学发展观领导能力”。与会同志紧紧围绕主题，深入研讨了领导科学发展能力的内涵和特点、提高领导科学发展能力的途径和方法，提出了一些独到的见解和观点。

（一）领导科学发展能力的内涵、构成及意义

关于什么是领导科学发展能力，与会同志进行了深入的探讨。有的同志认为，领导科学发展能力，是指领导者或领导集团按照科学发展观的要求，坚持以人为本，实现全面、协调、可持续发展的本领，是领导主体实现科学发展观由理论向实践转化的一种本事，具有统领性、复合性、时代性的特点。也有的同志认为，科学发展领导力，就是以实现领导科学发展效能最大化为目标的领导行为。它要求把发展作为第一要务，把实现最广大人民群众的需求作为领导行为的第一追求，把解决人民群众最现实、最关心、最直接的问题作为领导行为的第一切入点，坚持全面协调可持续，坚持统筹兼顾，实行重点突破、整体推进。

关于领导科学发展能力的构成，与会同志从不同角度提出了不同观点。如，有的同志

将领导科学发展的能力概括为八个方面，即对科学发展观理论的理解能力；坚持靠民的发展能力；自觉为民的发展能力；实现又好又快发展的能力；善于统筹发展的能力；勇于创新发展的能力；敢于应对危机的能力；保证安全发展的能力等。也有的同志将这种能力概括为激发创新的学习力、求真务实的谋划力、以人为本的感召力、科学民主的决策力、整合资源的组织力、统筹兼顾的协调力、率先垂范的引导力、务求实效的执行力等。还有的同志从领导职能角度指出，应包括领导决策力、领导凝聚力、领导创新力和领导执行力。有的同志进一步把它概括为，公共服务的能力、驾驭复杂局面的能力、依法行政的能力、统筹兼顾的能力。更有同志提出核心领导力是制度力，要充分发挥制度的激励与创造、协调与整合、秩序与稳定等功能，做到靠制度领导、靠制度执政、靠制度治国，“用制度管权，用制度管事，用制度管人”等。

关于领导科学发展能力的意义，研讨中大家进行了比较深刻的阐述。一致认为，“领导科学发展能力”是一个全新提法和命题，它的提出具有理论创新价值和实践意义。一是深化了科学发展观理论内涵。科学发展观不仅要回答“靠谁发展、为谁发展、为什么发展、怎样发展”等重大问题，还要回答“如何领导发展、如何落实发展”的问题。指出“领导科学发展能力”使科学发展观的理论涵义得到了深化。二是丰富和拓展了执政能力建设理论，把领导科学发展能力作为党执政能力的重要内容，从而使党的执政能力建设理论具有更丰富的思想和更广阔的空间。三是创新和丰富了领导科学的研究内容，对领导能力进行新的概括和新的提升，有利于推动领导科学的研究和发展。四是对加强领导干部队伍建设赋予了新的要求和任务。

（二）如何提高领导科学发展能力

研讨中，大家从理论与实践的结合上，就提高领导科学发展能力问题阐明了以下看法。

一是确立科学的发展理念和思路。与会同志一致认识到，观念创新、思路创新，是提高领导科学发展能力的重要前提。只有不断解放思想，勇于破除妨碍科学发展的陈腐观念与思想桎梏，树立以人为本、和谐共生、又好又快的发展理念，才能致力于率先发展，创业富民，建设“两型社会”。为此，领导干部要把握五个要点：坚持把发展作为执政兴国第一要务，以发展为大，以发展为重，遵循客观规律，以科学的发展理念谋划发展；坚持立足全局，树立大局意识，做到在大局下思考、在大局下尽责、在大局下有为；坚持创新发展思路，敢闯敢试；坚持从群众最不满意的地方入手破解发展难题，确立对党、国家和人民负责的责任心；坚持尊重和依靠群众，树立正确的权力观和政绩观。

二是积极创新领导机制激发动力。机制是提高领导科学发展能力的重要保证。有的同志提出，要创新公共决策机制、政绩考核机制、选拔任用机制。也有的同志提出，要切实健全完善激励约束机制、干部任免考察机制、群众和社会监督机制，打造一支素质高、能力强、作风好、群众公认、能够领导科学发展的干部队伍，把各级领导班子建设成为领导科学发展的坚强领导集体。

三是改进领导科学发展的方法。改革开放的新问题、新矛盾，对领导科学发展提出了新要求，既要坚持传统的领导方法，又要改进和创造新方法。与会同志认为，统筹兼顾就是行之有效的领导方法。掌握统筹兼顾方法，要做到全局在胸，心中有数；突出重点，抓住重心；掌握平衡，协调关系；立足当前，着眼长远；瞻前顾后，注重细节。

四是提升领导科学发展能力的途径。与会同志认为提高领导科学发展能力，需要不断地锤炼和修养，必须勤于学习、深入实践、善于总结。要从效力和效果上开发，从领导与被领导的互动关系上探索提升领导科学发展能力的路径。如，提高群众认同度、参与度、受益度，提高领导活动透明度、领导工作创新度、科学发展持续度等。

五是强化领导干部素质。与会同志认为，提高学习实践科学发展观领导能力，归根到底在于提高干部素质。要培养领导干部的哲学素养和创新思维素质，提高各级干部的实践能力，强化心理素质，自觉依法办事。

三、以中国特色社会主义理论体系为指导，推动领导科学创新发展

今天我们站在历史的新起点上，继续推进改革开放伟大事业，迫切需要发展和创新中国领导学科。与会同志一致认为，发展和创新中国领导科学，必须高举旗帜，明确方向，解放思想，与时俱进，深入研究领导规律，建立高效率的领导体制机制。

一是必须坚持以中国特色社会主义理论体系为指导。中国特色社会主义理论体系既是提高党的领导水平和执政能力的理论基础，也是发展创新中国领导科学的根本指导思想。与会同志认为，坚持以中国特色社会主义理论体系为指导，发展创新中国领导科学，就要“扣紧一个主题”，即始终坚持以经济建设为中心，坚持党的基本路线一百年不动摇，坚定不移走中国特色社会主义道路；“瞄准一个目标”，即把我党建设成为立党为公、执政为民，求真务实、改革创新，艰苦奋斗、清正廉洁，富有活力、团结和谐的马克思主义执政党；“抓住一条主线”，即把党的执政能力建设和先进性建设作为主线。要真学、真信、真用马克思主义，善于运用马克思主义的立场、观点和方法分析问题、解决问题。

二是必须着眼于加强党的执政能力建设，提高领导科学发展的能力。与会同志认为，新时期加强党的领导，必须把提高执政能力作为核心内容，深化领导体制改革，按照科学执政、民主执政、依法执政的要求，改善领导方式和执政方式。发展创新领导科学关键在于提高领导科学发展的能力，切实解决经济社会发展中的突出矛盾和问题。切实把提高领导水平和执政能力作为各级领导班子建设的核心内容。认真研究如何坚持以人为本，促进人的全面发展；如何坚持全面协调可持续发展，建设文明和谐社会；如何坚持统筹兼顾，正确认识和处理现代化建设中的重大关系，推动经济社会全面发展。

三是必须把握驾驭领导规律，努力建立和完善中国领导科学的学科体系和理论体系。与会同志认为，创新发展中国领导科学，要认真研究和总结治党治国治军的宝贵经验。在此基础上，科学阐述现代领导本质、领导战略、领导决策、领导素质、领导人才、领导方法和领导艺术、领导体制、领导绩效、领导监督和反腐倡廉等重大理论问题，以创新精神推进领导科学发展。通过深入探索领导活动的特点规律，进一步深化对党的执政规律、社会主义建设规律、人类社会发展规律的认识。

四是必须建立高效率的领导体制和机制。与会同志认为，高效率的领导体制和机制在领导活动中起着举足轻重的作用。完善的体制应具有适应性、科学性、规范性。改革领导体制应遵循精简、高效、活力相统一，以职能为基础，理顺关系，优化结构，用机制来保障体制的有效性。要遵守法规、依制度行使领导权，建立健全决策权、执行权、监督权既相互制约又彼此协调的权力结构和运行机制，着力提高领导工作的透明度和公信力，使各级领导干部真正成为全心全意为人民服务的公仆。

五是必须继续解放思想、实事求是、与时俱进。与会同志认为，解放思想、实事求是、与时俱进的思想路线，是一切工作获得成功的根基，是创新发展的强大动力。坚持党的思想路线，就要做到继承与发展相统一、理论与实践相统一、领导与群众相统一、世界观与方法论相统一，坚定不移地推进改革开放，坚定不移地走中国特色社会主义道路，满怀豪情地去实现新目标，迎接新胜利！

（作者单位：国防大学）

以科学发展观为指导创新领导科学

——在提高学习实践科学发展观领导能力理论研讨会上的讲话

刘海藩

2008年12月18日，中共中央在京隆重举行纪念党的十一届三中全会召开30周年大会，胡锦涛同志发表了重要讲话，他充分肯定了党的十一届三中全会召开的重要历史意义，全面回顾了改革开放30年的伟大进程，强调了始终以改革开放为强大动力，推动党和国家各项事业取得举世瞩目的新的伟大成就。今天，中国领导科学研究会在全中国人民共同爱戴和永远歌颂的毛泽东同志的家乡，在纪念伟大的毛泽东同志诞辰115周年的历史时刻，我们研究会与中共长沙市委联合举办"提高学习实践科学发展观领导能力理论研讨会"，全国领导科学界的专家学者济济一堂，纪念改革开放30周年，学习贯彻锦涛同志讲话精神，学习湖南省和长沙市的经验，研讨领导科学的创新问题，我想这既是中国领导科学界的一大盛事，也是全国改革开放30周年纪念活动的一个组成部分。

受中国领导科学研究会的委托，今天，我主要讲两个问题，请大家批评指正。

一、改革开放30年伟大进程是我国领导科学产生和发展的实践基础

毛泽东同志在《实践论》中明确地指出，理论来源于实践，实践要在理论的指导下进行。领导科学理论是研究领导工作规律的，这种理论只有和领导工作实践结合起来，才能具有生命力。中国的领导科学研究兴起于20世纪70年代末80年代初，这个新兴学科的发展轨迹恰恰和改革开放30年的历史进程相重叠，所以，我们可以说，改革开放30年伟大进程是我国领导科学产生和发展的实践基础。

(一)我国领导科学在30年改革开放的实践中产生和发展

党的十一届三中全会的召开，是我们党和国家历史的伟大转折，从此，我们党领导全国各族人民在新的历史条件下开始了新的伟大革命。会议形成的实际上以邓小平同志为核心的党的第二代中央领导集体，勇敢地担当起这个艰巨使命，坚持解放思想、实事求是，在拨乱反正的基础上重新确立了马克思主义的思想路线、政治路线和组织路线，以巨大的政治勇气和理论勇气彻底否定"以阶级斗争为纲"的错误理论和实践，作出把党和国家工作中心转移到经济建设上来、实行改革开放的历史性决策，吹响了走自己的路、建设中国特色社会主义的时代号角，指引全党全国各族人民在改革开放和社会主义现代化建设的伟大征程中阔步前进。在这个过程中邓小平同志提出"什么是领导，领导就是服务"这一重要论断，这是对马克思主义领导观的新概括，深刻揭示了无产阶级的领导本质。邓小平同志认为，在新的历史条件下，必须坚持和改善党的领导，维护中央领导权威，不断提高党的领导水平和执政水平。在实践中，我们党按照邓小平同志提出的"革命化、年轻化、知识化、专业化"的四化标准培养了一批高素质的领导干部。邓小平同志提出建设领导制度、组织制度问题，更具有根本性、全局性、稳定性和长期性的意义，由此他积极地改革党和国家的领导制度。在这一历史时期，在邓小平同志的领导下，不断排除"左"的或右的错误倾向的干扰，坚持解放思想、实事求是的思想路线，坚持"一个中心、两个基本点"的政治路线，坚持"德才兼备、任人唯贤"的组织路线，确保了正确的路线领导。邓小平同志提出领导干部要面向

现代化、面向世界、面向未来。他反对官僚主义、主观主义和形式主义。坚决同各种腐败现象作斗争。他积极倡导按辩证法办事，坚持两手抓，两手都要硬。他的这些思想，为巩固党的领导地位和提高领导水平作出了重要贡献。

从十三届四中全会到十六大，以江泽民同志为核心的党的第三代中央领导集体，高举邓小平理论伟大旗帜，坚持改革开放、与时俱进，在国内外政治风波、经济风险等严峻考验面前，依靠广大党员和全国人民，捍卫中国特色社会主义，建立社会主义市场经济新体制，开创全面开放的新局面，推进党的建设新的伟大工程，创立“三个代表”重要思想，继续引领改革开放的航船沿着正确方向前进。在这一进程中，江泽民同志提出了很多关于领导科学的新思想新理论，丰富和发展了马克思主义领导理论。他说，“什么是领导科学？我认为领导科学就是指领导工作中合乎规律性的东西”，“领导科学是一项高度综合的科学，它要解决的显然是现代化建设中的综合问题，需要综合运用政治、经济、哲学、科技、社会等方面的多学科的知识。面对这样复杂的问题，现代领导工作要做到决策科学化，不研究掌握科学的规律是不行的。因此，每一个领导者都应该认真学习领导科学”。这一历史时期，江泽民同志坚持和发展了党的基本路线的理论，创造性地提出了社会主义初级阶段的基本方针和基本纲领，提出了科教兴国战略、依法治国和以德治国方略。江泽民同志还提出提高党的领导水平和执政能力，转变领导方式和执政方式，提高领导方法和艺术，努力建设高素质的干部队伍等思想和理论。在这些思想和理论的指引下，我国的改革开放事业不断取得新的胜利。也使我们党的领导水平不断提高。

十六大以来，以胡锦涛同志为总书记的党中央，顺应国内外形势发展变化，抓住重要战略机遇期，发扬求真务实、开拓进取精神，坚持理论创新和实践创新，着力推动科学发展、促进社会和谐，完善社会主义市场经济体制，在全面建设小康社会实践中坚定不移地把改革开放伟大事业继续推向前进。在这一历史时期，党中央牢牢把握党的执政能力建设和先进性建设这条主线，积极推进党的领导体制和工作机制的改革和完善，倡导用好的作风选作风好的人，不断加强领导干部队伍建设和人才队伍建设。在这一时期，党中央坚持以邓小平理论和“三个代表”重要思想为指导，根据新的发展要求，集中全党智慧，提出了以人为本、全面协调可持续发展的科学发展观。科学发展观，是同马克思列宁主义、毛泽东思想、邓小平理论和“三个代表”重要思想既一脉相承又与时俱进的科学理论，是我国经济社会发展的重要指导方针，是发展中国特色社会主义必须坚持和贯彻的重大战略思想。以科学发展观为指导开展领导工作就要求提高领导干部领导科学发展的能力。

30 年改革开放的伟大历程和党的领导工作的伟大实践，是领导科学的实践基础和理论源泉。我们党领导人民进行的新的伟大革命，呼唤领导科学的产生和发展，党的基本理论和基本路线，是领导科学研究的重要指导思想。我们党的正确方针和正确决策，推动着领导科学的健康发展。

（二）建设一门具有中国特色的领导科学

随着改革开放 30 年的发展轨迹，中国领导科学从一个不为人知或知之甚少的新兴学科，发展成为广为人知的学科，各级领导干部普遍注意或重视领导理论、领导方法的研究。理论工作者不断推进领导理论的发展，一门独立的科学已经建立起来，不论是在大学的讲堂还是在党校、行政学院、干部学院的讲堂，领导科学的课程都成为一门重要的必修课程。

1. 领导科学一产生就明确了一个指导思想——马克思主义

领导科学不同于自然科学，它属于应用性、综合性的社会科学。领导科学的发展只有在正确思想的指导下，它的发展才能是健康的，富有成效的。

马克思主义揭示了人类社会历史发展的规

律，它的基本原理是正确的，具有强大的生命力。它是人类历史上迄今为止的最科学、最革命、最深刻因而也是最伟大的认识成果，它已经被实践从正反两个方面反复证明是全世界无产阶级及其政党的科学的世界观和行动指南，是我们共产党人须臾不可离开的认识世界与指导实践的法宝。在中国，以毛泽东为代表的中国共产党人把马克思主义的基本原理与中国历史、社会实践相结合，创立了毛泽东思想。以邓小平为核心的第二代中央领导集体创立了邓小平理论，以江泽民为核心的第三代中央领导集体创立了“三个代表”重要思想，以胡锦涛为总书记的党中央十六大以来提出了科学发展观这一重大战略指导思想。这些思想和理论都是对马克思主义的继承和发展，都是中国化的马克思主义，到党的十七大，把这个一脉相承而又不断丰富发展的理论成果概括为中国特色社会主义理论体系。

领导科学这门学科在中国兴起之初，就非常明确地把马克思主义写在自己的旗帜上。从理论形态上看，邓小平理论、“三个代表”重要思想、科学发展观都包含有丰富的领导科学的理论和思想，这些理论与思想本身就是马克思主义的重要组成部分，因此，也可以说，中国的领导科学就是马克思主义的领导科学。

2.中国领导科学的产生和发展紧密结合现代化建设的实践

理论是灰色的，而实践之树常青。在我国社会主义现代化建设的实践中，新的社会现象和社会问题迫切需要理论的回答与指导。原则是重要的，但它又不是一成不变或独一无二的。恩格斯这样看待原则：“原则不是研究的出发点，而是它的最终结果。”因而，理论必须随着实践的发展变化而使自身也得到丰富和发展。

中国领导科学的产生和发展时刻注意紧密结合中国社会主义现代化建设的实践。中国领导科学是在全党全国人民进行社会主义现代化建设的新时期孕育形成的，其实践基础就是改革开放以来中国共产党人对社会主义现代化建设的探索。从农村家庭联产承包责任制的改革到城市改革，从社会主义市场经济体制的建立和完善到政治体制改革的相应推进，从逐步打破封闭到实行全方位的对外开放，从全面建设小康社会到构建社会主义和谐社会，都是生动的现代化建设的实践。以邓小平、江泽民、胡锦涛为主要代表的中国共产党人，从实践中总结经验、探索规律，回答了实践提出的大量新问题，包括如何以解放思想、实事求是为指导，确定社会主义初级阶段的基本路线；包括如何坚持马克思主义与时俱进的理论品质，深化对共产党执政规律、社会主义建设规律、人类社会发展规律的认识；包括如何切实转变经济发展方式，实现经济社会的又好又快发展等等。这些问题主要围绕如何领导全党和全国各族人民实现现代化的问题，归根结底是一个如何实现科学领导的问题。各级领导干部遵照中央的正确决策，结合党的领导、政府的领导、军队的领导，以及企事业、文化、教育、社会组织等各个领域的领导活动，总结经验，探寻规律，提高领导水平。中国的领导科学也正是在对这些领导工作重大问题的回答中不断丰富和发展。

我们党领导全国人民经过30年的团结奋斗，成功实现了经济体制的伟大历史转变，形成了全方位对外开放的格局，推动了经济、政治、社会、文化事业的全面发展，经济总量上升到世界第4位，人民生活总体达到小康水平，胜利实现了我们党提出的现代化建设“三步走”的前两步战略目标，正在向第三步战略目标迈进。30年的伟大成就，当然是我们党团结带领全国人民开辟的中国特色社会主义道路上形成的理论和路线方针政策的胜利，展现了改革开放的伟大力量，但同时，也是我们党的领导水平和执政能力不断提高，各级领导干部科学领导的水平不断提高的结果，也是领导科学在实践中不断丰富和发展的标志。

3.中国领导科学在兼收并蓄中发展

中国领导科学在产生和发展过程中坚持批判继承，推陈出新，既立足当代中国领导工作的实践，又继承民族优秀文化传统中的治国方略，既立足本国又充分吸收世界关于领导科学研究的优秀成果，坚持古为今用、洋为中用。

中国是世界文明古国，领导思想非常丰富。历代统治者和思想家对治国、安邦之道作过许多总结，其中包含许多合理成分，非常值得我们重视、借鉴与利用。例如民为邦本，取信于民；富民教民，立邦安基；选贤任能，知人善任；精于谋划，长于实行；奖励惩处，公正严明；德刑相辅，理法相济；改革变通，维新图强；修身正己，为政以德；廉为政本，为政清廉；广开言路，虚怀纳谏；无为而治，操要分详；各司其职，合作共事，等等。近代以来，太平天国的领袖、洋务派的代表人物、资产阶级维新派的代表人物、资产阶级革命派的领袖等，也提出了一系列领导思想，丰富和发展了中国古代的领导思想。其中有些观点是很有价值的，如"师各邦技艺，与番人并雄"；"鄙薄资格，注重真才"；"有法治而后有治人"；官员"以民之可否为去留"；主动变革，持续变革；"以民为主"，"以官为仆"；"惟才能是称"，"人尽其才"；等等。这些都是中国传统文化的组成部分。

在西方，对领导活动的研究，从古希腊就开始了。近现代西方资产阶级的领导理论是同资本主义机器大工业的发展密切联系的。从19世纪末20世纪初开始，领导理论又伴随着现代管理理论的产生而发展起来。到20世纪70年代末，有代表性的理论成果如：领导特质理论、领导行为理论、领导权变理论等。80年代以后，随着新科技革命的发展，社会和经济出现了信息化、知识化、全球化发展趋势，对领导的需求和作用比以往任何时候都要突出。与此相适应，领导理论方面出现了一批新的研究成果，领导与管理关系的理论、领导变革与发展趋势理论、原则领导理论、超凡魅力领导理论等。这些领导理论被认为是跨世纪科学发展中非常重要、非常实用并引起普遍重视的边缘学科和交叉学科成果，深刻地影响着西方政界、军界、企业界的领导人，在实践中发挥了重要作用。

广大理论工作者对中国古代、近代领导思想和西方的领导理论，始终坚持用马克思主义的立场、观点和方法，对之加以分析研究，批判继承，取其精华，弃其糟粕，做到古为今用、洋为中用。

4.中国领导科学的水平在教学和研讨中不断提高

在中国领导科学30年的发展过程中，始终注意通过教学、培训和学术研讨活动提高领导科学的水平。30年来，从各级党校、行政学院到军队院校以及普通高等院校、社会科学和管理科学的研究单位，建立了不少领导科学的教学和研究机构，成为开展领导科学研究和教学的重要阵地。在这些机构从事领导科学教学与研究的专兼职教师，充分发挥自己的学术专长，不仅在学校培养学生，还在各部委的培训机构和企事业单位进行领导科学的讲授，推动了领导科学的普及和发展。在高校开设的经理培训和工商管理硕士课程班中，领导科学多作为必修的课程，受到了学生的欢迎。广大领导干部和领导科学工作者，通过这些阵地，学习领导理论，总结实践经验，开展教学活动，组织学术交流，大大提高了领导科学的地位。

中国领导科学研究会和各个地方的领导学会，以开展学术活动为枢纽，不断深化领导科学的研究。根据现实需要，以理论工作者与领导干部相结合的形式，紧紧围绕经济社会发展的热点问题，召开理论研讨会，以课题研究为切入点，深化领导科学研究。这些学术交流活动，既有国际性的，也有国内的；既有全国性的，也有地区性的；既有综合性的，也有专题性的；既有理论研讨，也有实践经验交流。通过这些学术交流和探讨活动，促进了领导科学的发展和繁荣，提高了领导科学的整体水平。

(三)通过学科推进已形成一批重要成果

经过30年的学科建设，目前中国领导科学界已形成了一系列重要成果。其中有十余部大型资料性、工具性的汇编；有数百部专著和教材，有数万篇学术论文，有许许多多的资料、调研报告、案例分析、译著和音像制品等，涉及的内容、范围十分广泛。有研究基本理论的，也有总结实践经验的；有历史的，也有现实的；有中国的，也有外国的；有综合性的，也有专题性的；有研究高层次领导的，也有研究基层领导的；有研究经济领域领导理论的，也有研究政治、行政、文化、教育、科技、军事等领域领导理论的。以马克思主义领导理论为核心的领导科学群，正在形成之中。其中许多论著，认真研究马克思主义经典作家的领导思想，总结中国共产党的领导经验，探索社会主义现代化建设中的领导规律，具有鲜明的时代特点和中国特色。特别是近10多年来，很多高校、党校、行政学院、干部学院的专家系统深入地研究全方位开放条件下的领导理论，以及领导科学发展、领导和谐社会建设方面的理论问题，出版了很多较高水平的著作，较大地推动了学科的发展。如，2000年8月，中共中央党校、国防大学、国家行政学院和中国人民大学联合编写的《邓小平领导理论学习纲要》，受到了普遍的好评。中国领导科学研究会10年来发布了100多个研究课题，全国的专家积极响应，踊跃选题进行研究，至今共完成约20部专著和数百篇论文，其中有不少在全国或各地获奖。学会组织全国100多位专家，经过近3年的努力，2008年，由人民出版社出版了领导科学系列教材，共7本。这7本教材包括：《马克思主义领导理论概论》、《马克思恩格斯列宁领导理论研究》、《毛泽东领导理论》、《邓小平领导理论》、《“三个代表”重要思想领导学研究》、《中国古代领导思想述评》、《西方领导思想》。这套教材是目前我们见到的中国领导科学界第一套比较系统的系列教材，填补了中国领导科学界一直没有完整、系列教材的空白。这套教材肯定会有不当之处，计划根据专家和读者反馈的意见，进行修改。另外，领导科学已有全国性公开发行的报刊9份，并产生了很好的社会效益。已有人民大学等多所高等院校建立的领导科学的博士、硕士点，这些都有力地推动了学科建设的发展。

二、以创新精神推进领导科学的发展

创新是一个民族的灵魂，是一个国家兴旺发达的不竭动力。领导科学是一门植根于实践的学科，它将随着实践发展的无止境而不停顿地发展。在新的历史条件下，我们必须坚持马克思主义与时俱进的理论品质，以改革创新的精神，推进领导科学的发展。

（一）以中国特色社会主义理论为指导，研究领导规律

辩证唯物主义认为，规律是事物发展本身所固有的本质的、必然的联系。唯物辩证法以及一切科学，都是以规律作为研究对象的。规律是各门科学得以成立的客观依据，领导科学也不例外。江泽民同志曾经指出：“领导科学就是指领导工作中合乎规律性的东西。”所以，我们以创新精神推进领导科学的发展，根本的途径是紧紧围绕我们党领导工作的实践和面临的问题，从各个方面探索领导工作的规律。但是，我们对于领导规律的研究又必须以中国特色社会主义理论为指导，否则就会偏离方向。

1. 高举旗帜

旗帜问题至关重要。旗帜就是形象，旗帜就是方向。举什么旗、走什么路，关乎现代化建设的成败，关乎民族和国家的兴衰。中国的领导活动是领导社会主义改革和建设的领导活动，举什么旗，走什么路，也关乎领导科学研究的成败。所以，我们的一切领导活动和针对领导活动开展的研究都要高举旗帜。

胡锦涛同志在十七大报告中指出：“中国特色社会主义伟大旗帜，是当代中国发展进步的旗帜，是全党全国各族人民团结奋斗的旗帜。”高举中国特色社会主义伟大旗帜，是集我国社会主义建设60年的历史经验、特别是改革开放30年的基本经验而得出的必然结论。是中国特色社会主义，深刻改变了世界对中国的认识，极大地增强了中国的国际威望。事实雄辩地证明，高举中国特色社会主义伟大旗帜，是人民的

选择、时代的选择，合乎中国国情，顺乎党心民心。

当前我们高举旗帜，开展领导科学的研究，就是要高举中国特色社会主义的伟大旗帜。一方面，在当代中国，我们创新领导科学，必须坚持以中国特色社会主义理论为指导，而不能以别的什么理论为指导。具体说来，坚持与马列主义、毛泽东思想一脉相承的中国特色社会主义理论为指导，就是以邓小平理论、“三个代表”重要思想和科学发展观为指导。我们要深入研究这些理论中的领导科学思想，使这些领导科学思想能够指导我们最新的领导工作实践。另一方面，我们坚持以中国特色社会主义为理论依据，还必须坚持解放思想，实事求是，与时俱进，以实践基础上的理论创新，为领导改革开放提供理论指导，努力建构扎根于现代化建设实际的、与社会主义实践同步并能引领这种实践的中国特色领导科学理论体系，并用以丰富和发展这个理论。

2.坚持社会主义方向

以中国特色社会主义理论为指导，研究领导规律，必须坚持社会主义方向。这首先是因为，社会主义代替资本主义，本身就是人类社会历史发展客观规律的反映，是由资本主义制度本身无法克服的固有矛盾决定的。尽管资本主义不断地进行自我调整，但不可能从根本上消除它的固有矛盾。最近，由美国的次贷危机引发的世界金融危机，从深层原因分析，就是资本主义无法克服的矛盾又一次爆发。所以，中国选择社会主义道路，是历史发展的必然要求。

坚持社会主义方向，有三点必须认真研究。

一是必须毫不动摇地坚持党的基本路线，这就是“领导和团结全国各族人民，以经济建设为中心，坚持四项基本原则，坚持改革开放，自力更生，艰苦创业，把我国建设成为富强、民主、文明、和谐的社会主义现代化国家”。在这里，发展经济是兴国之要，四项基本原则是立国之本，改革开放是强国之路。所以，基本路线是兴国、立国、强国的重大法宝，是党和国家的生命线，是人民的幸福线。特别要强调的是，必须把坚持改革开放与坚持四项基本原则紧密结合起来。改革开放是我们党、我们国家发展进步的活力源泉，不改革开放，就会倒退到旧体制，就会贫穷落后。同时，四项基本原则是我们党、我们国家生存发展的政治基石，动摇四项基本原则，就会是更大的倒退，倒退到旧中国，倒退到半殖民地半封建社会。因此，我们必须切实坚持党的基本路线不动摇，坚信不疑，坚定不移，全面坚持，一以贯之，决不走封闭僵化的老路，也决不走改旗易帜的邪路，而是要坚定不移而又头脑清醒地走中国特色社会主义道路。

二是必须坚持和不断完善社会主义市场经济体制，把坚持社会主义基本制度同发展市场经济结合起来，既发挥社会主义制度的优越性，又发挥市场配置资源的有效性。首先是坚持社会主义基本经济制度，即以公有制为主体，多种所有制经济共同发展；以按劳分配为主，多种分配形式并存。在实践中就是要毫不动摇地巩固和发展公有制经济、坚持公有制为主体、发挥国有经济的主导作用，积极推行公有制多种有效实现形式，增强国有经济的活力、控制力、影响力，同时又毫不动摇地鼓励与支持引导非公有制经济发展，形成各种所有制经济平等竞争、相互促进的新格局。在分配领域，既要承认各种生产要素的贡献及其参加分配的合理性，又要坚持按劳分配为主；既要承认差别，鼓励先进，促进发展，又要注重社会公平，防止两极分化。邓小平同志曾经指出，如果出现两极分化，我们的改革就失败了。其次，要将市场配置资源与宏观经济调控结合起来，既使经济活动遵循价值规律的要求，形成合理结构，有效运行，又要加强和完善宏观调控，克服市场缺陷，保持经济平稳快速发展。

三是必须坚持社会主义的民主政治。要积极推进政治体制改革，建设社会主义法治国家，保障人民当家作主的权利。人民当家作主是社会主义民主政治的本质和核心。必须建立一个党的领导、人民当家作主、依法治国有机统一的民主政治体制。特别要提出的是，我们在民主政治建设中，要研究国外政治建设的情况，借鉴人类有益的政治文明成果，但绝不能照搬西方的政治制度模式。一个领导者，坚持社会主义方向，才能明确社会主义的目标与路径，把群体的活动引导到建设中国特色社会主义的道路上来。

3.领导活动要落实到以人为本

领导活动，是领导人的活动。要研究调动人的积极性的规律。科学发展观的核心是以人为本。胡锦涛同志指出，坚持以人为本，就是要以实现人的发展为目标，从人民群众的根本利益出发谋发展、促发展，不断满足人民群众日益增长的物质文化需求，切实保障人民群众的经济、政治和文化权益，让发展的成果惠及全体人民。从领导科学的角度研究以人为本，主要是把尊重人民首创精神同加强和改善党的领导结合起来，坚持执政为民、紧紧依靠人民、切实造福人民，在充分发挥人民创造历史作用中体现党的领导核心作用。只要我们真正代表人民群众的根本利益，就能得到人民群众的信赖和拥护；只要我们真正尊重人民群众的主体地位，人民群众的首创精神就会充分发挥出来；只要我们真正同人民群众同呼吸共命运，我们就会在群众的实践创造中汲取营养，丰富和完善自己的主张，在国内外形势不断变化的历史进程中始终走在时代的前列，真正成为人民群众的主心骨。

领导活动的以人为本，在具体实践中，最重要的是要保障人民群众的政治权利和经济利益。人民民主是社会主义的生命，没有民主，就没有社会主义，没有社会主义现代化，必须坚持民主政治，建设社会主义法治国家。坚持科学执政、民主执政、依法执政。坚持公民在法律面前人人平等，尊重和保障人权。特别是与人民群众关系最直接、最密切的司法公正问题要认真落实，切实维护社会的公平正义。在经济上就是要以解决人民群众最关心、最直接、最现实的利益问题为重点，实现在经济发展的基础上由广大人民共享发展成果。努力使全体人民学有所教、劳有所得、病有所医、老有所养、住有所居。以此作为逐步实现人的全面发展的物质前提。

（二）研究建立高效率的领导体制和机制

领导体制和机制是一个包括价值观、理想目标、制度规范、组织机构、基本行为方式在内的有机整体。它既为组织中各级各类机构的设置与领导者职能权限的划分提供合法性、合理性的依据，又是实现领导活动必不可少的制度基础。邓小平同志曾经深刻地指出："我们过去发生的各种错误，固然与某些领导人的思想、作风有关，但是组织制度、工作制度方面问题更重要。这些方面的制度好，可以使坏人无法任意横行，制度不好就会使好人无法充分做好事，甚至会走上反面。"高效率的领导体制、机制具有根本性、全局性、长期性的特征，在领导活动中起着举足轻重的作用，所以我们领导科学就要研究建立高效率的领导体制和机制。

1.完善体制的基本要素

完善的体制具有三个要素。即适应性、科学性、规范性。一是适应性。制度经济学有一个重要的概念是"适应性效率"。这个概念主要是指：制度能否促进系统效率增长的关键，取决于它同人和组织的适应程度，以及由此引起的"制度化"的人或组织同外部环境的适应程度。制度的适应性效率作为制度的重要特征之一，对于我们领导科学研究领导体制、机制的完善有重要的意义。但是，体制属于上层建筑，必须适应经济基础的要求。我国社会主义条件下的领导体制、机制，要适应社会主义经济基础，体现社会主义民主原则，形成民主决策、民主管理、民主监督的机制。这就是领导行为的依据。领导者在适合领导活动要求的制度框架下开展各种领导活动，体制机制既能激励，又能制约和影响领导者的思想和行为。二是科学性。科学性实质上是党的实事求是思想路线在制度建设中的集中表现，是制度建设的根本要求。不符合科学性的制度是没有生命力的制度。体制和机制的确定，不仅要反映时代要求，符合科学精神，而且要与客观实际的发展相统一，必须考虑其是否符合客观实际和领导活动的规律，是否适应党所处的社会环境和党的任务的要求。同时，任何体制都是一定的历史条件下领导关系的反映，历史在前进，领导关系也在发生变化，因而反映这种变化的体制也必须相应改变。现在，我们党领导人民正在进行改革开放、建设中国特色社会主义这一伟大事业，领导体制机制，也必须通过深化改革，不断完善，才能保证它的科学性。三是规范性。体制和制度的规范作用是制度自身表现出来的，对领导活动产生直接的影响。规范性表现为对领导体系的规范，包括领导目标、领导组织结构、领导过程的责权关系及领导行为方式、约束监督、领导评估等诸多方面。体制制度的规范性，从一定意义说，是提高我们党的领导水平和执政能力、拒腐防变、提高实际领导效率的制度基础。

2.完善体制机制的要求

江泽民同志曾经指出，我们党一直致力于克服官僚主义、形式主义、脱离群众以及各种腐败现象，这也是机构改革要下力气解决的问题。这些问题的产生，固然与人的素质有关，但更重要的是机制和管理制度问题。以往廉政建设的经验说明，没有民主和法制建设的完善，没有严格的规章制度，想从根本上解决问题是不可能的。因此，党政机关必须通过机构改革和各项制度建设，形成高效的运行机制和严格的监督机制，从机制和管理制度上，防范和消除消极腐败现象的滋生，密切党群、政群、干群关系。江泽民同志的这段论述充分说明了制度建设对于党的领导活动的重要性。所以，我们必须大力推进党和国家及各方面领导体制的改革。

改革党领导体制的基本要求是三个方面，即精简、高效、活力相统一。精简是领导体制改革的基本要求。必须以明确部门或单位的职能为基础，理顺关系、优化结构、减少层次，防止机构重叠、职能交叉，职数过多、人浮于事。同时要相应地从工作职权上理顺关系。例如从政府部门来说，则要深化行政体制改革，规范行政行为，减少和规范行政审批，实行政企分开、政资分开、政事分开、政府与市场中介组织分开，形成权责一致、分工合理、决策科学、执行顺畅、监督有力的行政管理体制。从各个地区来说，则应统筹党委、政府和人大、政协的机构设置和职能分工，减少领导职数，严格控制编制。按这样的原则来完善各领域的体制机制，就能将精简高效活力统一起来。

3.用机制保障体制的有效性

体制的运行和运行的有效性，要靠机制来推动和保证。我们建立的领导体制，本质上是社会主义民主体制，是代表人民群众行使权力的体制。最根本的就是要在阳光下正确行使权力。要坚持遵法规、依制度行使领导权，建立健全决策权、执行权、监督权既相互制约又彼此协调的权力结构和运行机制，完善各类办事制度，提高领导工作的透明度和公信力。对各级领导干部特别是主要领导干部和关键岗位领导干部，要健全质询、问责、经济责任审计、组织监督、舆论监督等机制。使各级领导干部真正成为全心全意为人民服务的公仆。

(三)研究领导素质的提高

早在1939年，毛主席就讲过："我们队伍里边有一种恐慌，不是经济恐慌，也不是政治恐慌，而是本领恐慌。"正是有了这种清醒和觉悟，我们党随后在毛泽东同志带领下开展了著名的延安学习运动，从此，我们党以一种全新的姿态和高超的领导能力，取得了抗日战争、解放战争直至全国的胜利。随后又进行社会主义的改造，积极探索中国的社会主义建设之路。可以说，我们党从夺取政权到巩固政权一刻也没有放松素质和能力建设，这也是我们党能够始终做到与时俱进的重要保证。

当前，我们正在步入一个新的历史起点，面临的复杂形势是：在国内，改革发展处于关键阶段，经济体制深刻变革，社会结构深刻变动，利益格局深刻调整，思想观念深刻变化。向外看，经济全球化洪流滚滚，我们国家已经全面开放，一方面是世界的丰富资源和广阔市场给我们提供了加快发展、推动振兴的良好机遇；另一方面是霸权主义和强权政治依然其势汹汹，对我国进行西化、分化的活动有增无减。这就需要我们有新的本领来应对新的局面。需要我们顺应世情、国情、党情的新变化，明确党的历史方位，增加新的本领，提高领导能力。因此，中央提出，要着力建设高素质的领导班子，必须把提高领导水平和执政能力作为各级领导班子建设的核心内容。

对领导干部的素质要求是多方面的，根据当前的实际情况，最紧迫的是以下几点：

1. 要提高理论素养

理论成熟是政治成熟的基础和标志。一个领导者，只有真正懂得马克思主义理论，能够掌握马克思主义的立场观点方法，才能够政治坚定，视野开阔，心胸豁达，思维敏捷，断事中规中矩。在今天，就是要真正懂得中国化的马克思主义——中国特色社会主义理论体系，才能够底气十足地解放思想，实事求是，与时俱进，毫不动摇地领导人民群众全面推进中国的社会主义现代化事业向前发展。

提高理论素养，要坚持学习，坚持研究，坚持运用，特别是要紧密结合领导实践进行学习和运用，正如胡锦涛总书记说的，“要着眼于马克思主义理论的运用，着眼于对实际问题的理论思考，着眼于新的实践和新的发展”。

提高理论素养，还要学习研究领导科学理论及其相关知识，探寻和掌握领导规律，提高领导过程的理论思维能力，在领导工作中“以其昭昭，使人昭昭”。

另外，还要阅读和研究一些非马克思主义和反马克思主义的有关著作，从反面来加深对马克思主义的理解，坚定对马克思主义的信念。

2. 要增强创新意识，提高创新能力

当今时代，是一个创新的时代。改革开放的过程中，我们党领导全国人民用理论和实践回答了4个根本性的问题：什么是马克思主义、怎样对待马克思主义，什么是社会主义、怎样建设社会主义，建设什么样的党，怎样建设党，实现什么样的发展，怎样发展。这就是我们30年的理论创新与实践创新。解放思想就是理论创新，改革开放就是体制创新。正是有了这些创新，才有了我们30年的理论和实践的伟大成果。现在我们又到了一个新的关口，面前摆着很多新的问题。总书记在讲话中指出：实践永无止境，探索和创新也永无止境……我们要适应国内外形势的新变化，顺应人民的新期待，坚定信心，砥砺勇气，坚持不懈地把改革创新精神贯彻到治国理政各个环节，继续推进经济体制、政治体制、文化体制、社会体制的改革创新，加快重要领域和关键环节的改革步伐，坚决破除一切妨碍科学发展的思想观念和体制机制弊端，不断完善适合我国国情的发展道路和发展模式。同时要拓展对外开放的广度和深度，提高开放质量，加强与世界各国的交流与合作。我们各级领导干部，面对瞬息万变的时代、激烈竞争的世界，只有不断解放思想，更新观念，勇敢应对并积极推动社会变革，大胆创新，才能抢占先机，赢得未来。

3. 要有敬畏之心，增强忧患意识

我们党的各级领导干部是人民的公仆。我们党的执政地位，是要靠全国人民的认同才能确立的。锦涛同志说，党的先进性和党的执政地位都不是一劳永逸、一成不变的，过去先进不等于现在先进，现在先进不等于永远先进；过去拥有不等于现在拥有，现在拥有不等于永远拥有。这是严厉的警示，我们要有危机感，要有忧患意识，要始终居安思危，保持清醒的头脑，充分估计前进道路上种种可以预料和难以预料的风险。还有一位领导同志在一次领导干部学习班的开学典礼上说，当领导干部要有敬畏之心。一是敬畏历史，能经得起实践和历史的检验；二是敬畏百姓，自己要对得起人民的养育之恩；三要敬畏人生，即自己不愧于回首往事，不耻于回忆人生。可见，敬畏是一种庄严感和神圣感，是头脑清醒、态度端正的一种体现。古人云：“畏则不敢肆而德以成，无畏则从其所欲而及于祸。”也就是说，一个人如果失去敬畏之心，为人处世就可能变得狂妄自大、肆无忌惮，甚至贪得无厌、无法无天，最终吞下自酿的苦果；只有常存敬畏之心，才会时刻有一种如履薄冰的感觉，自觉严格要求自己，保持正确的人生航向、严谨的敬业精神、扎实的工作作风，堂堂正正为人，踏踏实实做事，从而在工作、生活和自身修养上有所思虑，有所作为。特别是在当前经济社会快速发展的时期，在改革开放和发展社会主义市场经济的条件下，社会利益关系更加复杂，各种思想观念相互交织，各方面诱惑明显增多，领导者都应牢记"有所畏才能有所为"的道理，切不可丢掉敬畏之心，不可没有忧患意识。只有各级领导干部如此严格地要求自己、约束自己、激励自己、奉献自己的智慧和心血，我们党的领导地位才能够巩固，才能在新的征程中，继续成为工人阶级的先锋队，成为全中国人民的领导核心。

同志们，过去的30年，是我们党高举中国特色社会主义的伟大旗帜，领导全国各族人民，进行第三次伟大革命，坚持改革开放，遵循党的基本路线高歌猛进的30年，是我国的经济、政治、社会、文化全面发展的30年，是国家改变面貌、人民获得实惠的30年，是中国振兴、世界震惊的30年。现在，我们又进入了一个新的历史起点，开始了新的征程，总书记在12月18日的讲话中吹响了新的号角。这就是"到我们党成立100年的时候，建成惠及十几亿人口的更高水平的小康社会，到新中国成立100年时，基本实现现代化，建成富强民主文明和谐的社会主义现代化国家。全国人民必将在中国共产党的领导下，"不动摇、不懈怠、不折腾，坚定不移地推进改革开放，坚定不移地走中国特色社会主义道路"，满怀豪情地去实现新的目标，迎接新的胜利。

（作者：中共中央党校原副校长、中国领导科学研究会会长）

中国职工政研会开展邓小平思想政治工作理论研究的回顾

顾　江

1992年党的十四大确立了邓小平建设有中国特色社会主义理论在全党的指导地位，提出了以这一理论武装全党的战略任务，随之一个学习、宣传和实践邓小平理论的热潮在全党全国兴起。在中宣部领导下，中国职工政研会（中国政研会的前身）在1993至1997年的4年间，把邓小平新时期思想政治工作的理论与实践作为政工研究的重点课题，申报核准列入国家社科基金项目，组织精干课题组，多次召开高层次的专题研讨会，精心编撰出版了《邓小平新时期思想政治工作理论学习概要》（以下简称《概要》）一书，受到中宣部领导及有关方面的重视和高度评价。

值此纪念改革开放30周年和邓小平同志为《思想政治工作研究》杂志题写刊名25周年之际，回顾中国职工政研会组织开展邓小平新时期思想政治工作理论的课题研究，及编写出版《概要》的历程，从中吸取有益的经验，是很有意义的一件事。

第一阶段：1993年— 1995年6月。1993年9月下旬，中国职工政研会在长春一汽集团公司召开第三次全国思想政治工作基础理论研讨会。会议主题是学习、研讨邓小平新时期思想政治工作重要论述及其对毛泽东思想政治工作理论的继承和发展。中宣部领导刘云山、徐惟诚和全国政研会会长袁宝华在会前听取了汇报。中宣部领导指出：学习、宣传邓小平同志关于新时期思想政治工作的重要论述，应该同学习、宣传毛泽东思想包括思想政治工作理论有机地结合起来，把二者看成一脉相承、不断发展的关系，而不能把二者割裂开来或对立起来。

这次会议集中研讨了以下问题：(一)邓小平新时期思想政治工作理论的主要内容和基本特征；(二)在新的历史条件下邓小平对毛泽东思想政治工作理论的继承和发展；(三)学习、研究邓小平思想政治工作理论的重要意义以及如何贯彻运用到实际工作中去。参加会议的有专家学者、部分政研会特约研究员和一汽、吉化、首钢等大中型企业的领导60余人。会议对一些主要问题初步取得了共识，一些企业介绍了他们运用邓小平思想政治工作理论指导企业实践、加强和改进思想政治工作的经验和体会。研讨会形成的《综述》，发表在《思想政治工作研究》等报刊上。

在这个会议的基础上，全国政研会组织编写并由中央文献出版社出版了《邓小平思想政治工作理论与实践》一书。同时，以书中摘编的邓小平同志重要论述为依据，与《经济日报》、甘肃连城铝厂等单位联合举办了“邓小平新时期思想政治工作理论知识竞赛”，全国有上千家企业、近60万名职工参加，获奖者近2000人，并于1995年4月在北京人民大会堂举行了颁奖大会。这些活动对学习、研究与宣传、普及邓小平新时期思想政治工作理论起到积极的推动作用。

1995年5月上旬，中国职工政研会在杭州组织召开第四次全国思想政治工作基础理论研讨会。与会的各方面代表从理论与实践的结合上，对邓小平新时期思想政治工作理论体系的内容构成、时代特征、精神实质、重要意义以及与毛泽东思想政治工作理论的关系等问题，进行了深入研讨。燕化、一汽、广州铁路局等企业，在会上交流了经验。这些企业的实践充分表明，在新的历史时期，必须将邓小平建设有中国特色社会主义理论包括思想政治工作理论，作为加强与改进思想政治工作的根本指导方针。

第二阶段：1995年6月—1997年6月。在前两次研讨会取得阶段性成果的基础上，中国职工政研会将邓小平新时期思想政治工作理论这一课题向全国哲学社会科学规划办公室申报，于1995年5月被批准立项为国家社会科学基金资助项目。为确保课题完成的高标准、高水平，全国政研会约请北京、上海、天津、江苏、湖南等省市的10余名研究骨干，绝大部分都是特约研究员，与我们一起组成精干的课题组。

课题组成立后，先后在江苏石油勘探局和沈阳飞机制造公司召开两次会议，对课题研究的目标任务、最终成果、纲目设计、写作要求及分工等进行商讨，取得共识。最后，确定了这一课题的最终研究成果，是编写和出版《邓小平新时期思想政治工作理论学习概要》，为各级领导干部、广大党务政工人员系统学习和全面把握邓小平新时期思想政治工作理论体系，加强和改进思想政治工作，提供一本有指导性的理论读物。

中宣部和中国职工政研会有关领导，对这一研究计划给予肯定和支持，并要求我们精心组织，确保质量，推出精品。袁宝华同志专门批示：“赞成研究计划。研究中要注意把握邓小平同志‘解放思想、实事求是’的改革精神，贯彻始终。研究工作是艰苦的，需要不懈努力，坚持到底，必有所获。预祝成功！”

为落实中宣部和政研会领导提出的要求，课题组同志认真研读《邓小平文选》一、二、三卷，在全面系统把握邓小平理论科学体系的基础上，将散见在《邓小平文选》中关于思想政治工作的论述集中起来，进行系统研究。有的同志归纳、编辑了12个部分、54条共10余万字的《邓小平思想政治工作论述摘编》，印发给每位课题组成员作为参考。大家团结一致，分工合作，相互切磋，集思广益，表现出严谨的治学精神和浓厚的学术研究氛围。在《概要》的撰写过程中，力求做到“忠实原著，继往开来，全面准确，逻辑严密，联系实际，体现特色”。经过反复的学习研讨，课题组将邓小平同志关于新时期思想政治工作的论述整理成1个导言、8个部分共50条，由大家分工撰写，于1996年9月完成初稿。以后，又多次讨论修改，数易其稿。

《邓小平新时期思想政治工作理论学习概要》一书于1997年6月底由学习出版社出版发行。8月18日，中国职工政研会在人民大会堂召开了该书的出版座谈会。全国人大常委会副委员长王光英、中宣部和全国政研会的领导徐惟诚、徐光春、袁宝华、顾大椿等出席座谈会。中央文献研究室、中央办公厅调研室、中央党校、国防大学等单位的专家学者和一些国有大中型企业的代表在会上发言。

大家一致认为，《概要》一书对邓小平新时期思想政治工作理论的科学体系作了很好的归纳和概括，具有很强的时代性、系统性和科学性，是社科研究的一个精品力作，对于推动邓小平思想政治工作理论的学习、宣传和研究，推进思想政治工作的学科建设，加强和改进思想政治工作，具有非常重要的意义。徐光春同志代表中宣部在会上讲话，他对《概要》的出版表示热烈祝贺。他说，《概要》比较系统、全面、准确地反映了《邓小平文选》中关于新时期思想政治工作的思想，这是思想政治工作研究的一项重要工程，是为加强和改进新时期思想政治工作作出的一个可贵贡献，是高举邓小平建设有中国特色社会主义理论伟大旗帜的一个实际行动。他要求政工战线的同志，特别是这条战线的负责同志，要高度重视和使用好《概要》这本书。并强调各有关方面要努力做好这本书的学习、宣传和发行、使用工作，使《概要》在思想政治工作的实践中真正发挥作用。

《概要》的出版发行，获得读者的广泛好评，收到很好的社会效益。许多地区、行业和企业积极组织该书的征订，有的单位订购达7000册；不少单位将该书作为领导干部及党务、政工人员的学习和培训教材；有些单位举办培训班，或组织党委中心组深入学习《概要》，并联系实际提出加强与改进思想政治工作的具体措施。不少专家学者反映，在中宣部领导下，中国职工政研会集中优势兵力，精心编撰和推出这样一部重要研究成果，是做了一件很有意义的工作。

岁月易逝。十多年中，中国发生了更加广泛而深刻的变革。党的十七大把邓小平理论、“三个代表”重要思想和科学发展观等重大战略思想，纳入到中国特色社会主义理论体系中。邓小平新时期思想政治工作理论是中国特色社会主义理论体系的重要组成部分，我们十分珍惜和坚持这一理论，以此作为我们做好思想政治工作的指导，并以这一理论指导我们党、国家和人民在全面实现小康社会、建设社会主义和谐社会的进程中，不断取得令世界瞩目的辉煌成就。

作为一名在党的政工战线上辛勤耕耘了几十年的老兵，能亲身参加和组织中国职工政研会对邓小平思想政治工作理论的课题研究，并取得了一些成果，感到十分幸运和欣慰。

（作者：中国职工政研会原副秘书长）

历史唯物主义与马克思主义中国化
全国学术研讨会综述

王雪冬　胡　昂

由中国历史唯物主义学会与江西省社会科学院联合主办的“历史唯物主义与马克思主

义中国化”全国学术研讨会日前在江西南昌召开。来自全国的120余位专家学者参加了此次会议。与会者围绕历史唯物主义与中国特色社会主义道路和理论体系、历史唯物主义与科学发展观等主题展开了讨论。

一

高举中国特色社会主义伟大旗帜是党的十七大报告的精髓和灵魂。学者们就中国特色社会主义旗帜、道路和理论体系的内涵及其相互关系问题谈了各自的理解。

中国历史唯物主义学会会长、中国社会科学院学部委员李崇富教授指出，我们要高举中国特色社会主义伟大旗帜，就是要自觉地、始终不渝地坚持把中国特色社会主义理论体系作为党的指导思想。中国特色社会主义理论体系坚持和发展了马克思列宁主义、毛泽东思想，是马克思主义中国化的新成果和科学社会主义的新形态。在当代中国，坚持中国特色社会主义理论体系，就是真正坚持马克思主义。高举中国特色社会主义伟大旗帜，就是要自觉地、始终不渝地坚持走中国特色社会主义道路，自觉地、始终不渝地在体制改革和现代化建设中坚持社会主义方向，坚持党的基本路线。

中国社会科学院马克思主义研究院副院长侯惠勤教授指出，我们今天面临的一个重大任务，就是要用马克思主义中国化的最新成果武装全党，并使之成为全体人民的自觉追求，为此，必须充分阐明中国特色社会主义的创新性。马克思主义的实践性、先进性决定了马克思主义理论创新不可能采取割断历史、片面否定的极端形式，而只能是一脉相承和与时俱进的统一，其基本形式只能是“结合”。中国改革开放三十年的创新历史，就是一个不断“结合”的历史，本质上就是科学社会主义的基本原则和中国实际相结合。党的几代领导人都是将马克思主义基本原则同当代中国实践和时代特征相结合，不断深化对人类社会发展规律、社会主义建设规律和共产党执政规律的认识，才形成了中国特色社会主义理论体系，这正是其创新之所在。

国防大学林建公研究员认为，中国特色社会主义是当代中国发展进步的旗帜，它同民主社会主义完全不同。中国特色社会主义是科学社会主义的基本原则与中国国情和时代特征相结合而形成的社会主义。中国特色社会主义理论体系，是几代中央领导集体的创造和群众智慧的理论结晶，是马克思主义中国化的最新成果。它的核心是发展和改革，内容是邓小平理论、“三个代表”重要思想以及科学发展观等重大战略思想。只有坚持和发展中国特色社会主义，才能最大限度地解放和发展生产力，激发不同利益主体的积极性，保持社会活力；才能在新的历史起点上，抓住机遇，迎接挑战，战胜困难，全面建设小康社会，永远立于不败之地。

湖北省社会科学院荣开明研究员认为，党的十七大报告不仅揭示了中国特色社会主义理论体系的科学内涵，讲清了这一理论体系的理论基础和实践基础，指出了这一理论体系的历史地位和重要作用，强调了这一理论体系的突出特征，还对这一理论体系与举什么旗、走什么路、实行什么路线和方针等基本问题的联系作了科学说明，由此表明了旗帜、道路、理论体系这三者是紧密联系而不可分割的统一整体。在实践中坚持和发展中国特色社会主义理论体系，是全党和全国人民的重大历史责任。要把学习理论和指导实践结合起来，使理论成为行动的指南。

湖北省委党校陶笑眉教授就中国特色社会主义“道路”与“理论体系”之间的关系谈了自己的看法。她指出，中国特色社会主义道路是中国特色社会主义旗帜指引下的实践探索的轨迹和历程，中国特色社会主义理论体系是沿着中国特色社会主义道路不断探索的思想结晶。“理论体系”涵盖了“道路”并指引着发展“道路”；“道路”是在理论指导下的实践运动和实际展开。它们是理论与实践的有机统一，两者不可分割地统一构成了中国特色社会主义伟大旗帜。

二

党的十七大报告深入而系统地阐述了科学发展观作为我国经济社会发展的重大战略方针、作为发展中国特色社会主义必须坚持和贯彻的重大战略思想的重要历史地位。科学发展观是此次研讨会的一个重要议题。

中国社会科学院罗文东研究员认为，科学发展观是适应中国社会主义初级阶段的实际，在发展社会主义市场经济和对外开放的条件下，为解决如何实现经济社会又好又快发展这一根本问题应运而生的，是我国社会主义现代化建设实践经验的结晶和升华。同时，科学发展观也是马克思主义基本原理与时代特征和中国实际相结合而形成的马克思主义中国化的最新成果。这种客观真理性和直接现实性的品格，决定着科学发展观对于中国特色社会主义事业具有普遍和长远的指导作用。全党同志只有真正把思想和行动统一到科学发展观上来，才能团结和带领全国人民万众一心，奋发图强，为夺取全面建设小康社会新胜利、开创社会主义现代化建设新局面而努力奋斗。

《光明日报》原副总编周隆滨研究员指出，深入贯彻落实科学发展观，要求我们积极构建社会主义和谐社会，而公平正义在社会主义和谐社会中占有重要地位，它是社会和谐的基本特征之一。我国现阶段要实现社会公平正义，应着力解决部分社会成员收入差距过大的问题，努力缩小城乡之间的差别，缩小区域之间的差距。在看待和处理社会公平问题时，既不应过于乐观，对存在的问题掉以轻心，也不应过于悲观，从而对实现共同富裕失去信心。我们应该相信，随着时间的推移，随着新的措施继续出台，在缩小上述三方面的差别、实现社会公平上，一定会取得更大的成就。

上海师范大学高惠珠教授指出，在我国，人们对于什么是发展、怎样才是合理的发展这一关于发展的首要问题的认识，经历了一个不断探索的过程。发展概念本身是具有价值预设的。科学发展观的提出，肯定了发展的价值预设，强调了发展的方向性、发展的全面性和发展的可持续性，同时将“以人为本”确立为科学发展观的核心，强调全面协调可持续发展，是符合社会主义本质要求的发展观。

武汉大学石云霞教授从本质、核心、性质、品格等多方面、多角度对科学发展观作了阐述。他认为，从本质上说，科学发展观是关于发展的世界观和方法论的集中体现；从核心上看，科学发展观是以人为本的发展观；从性质上看，科学发展观是社会主义的发展观；就品格而言，科学发展观是一脉相承而又与时俱进的科学理论；从价值方面来讲，科学发展观是当代中国先进文化的集中体现；从主体上来看，科学发展观的创立和落实关键在党；从功能上说，科学发展观是我国经济社会发展的重要指导方针；就目标而言，科学发展观的贯彻落实要求构建社会主义和谐社会；从归属上看，科学发展观是中国特色社会主义理论体系的重要组成部分。

（作者单位：中国社会科学院马克思主义研究院）

第四部分

思想政治工作创新与探索

胸怀大局　求真务实　开拓进取
创造性地做好宣传思想文化工作

刘云山

今年是深入贯彻党的十七大精神、推进“十一五”规划顺利实施的关键一年，也是我们应对国际形势复杂变化、保持我国经济平稳较快发展的重要一年。宣传思想文化工作统一思想、凝聚力量、增强信心、振奋精神的任务很重，促进经济增长、推动科学发展、维护社会稳定的任务很重，繁荣文化、满足需求、改革创新、科学管理的任务很重。做好今年宣传思想文化工作，总的思路是：全面贯彻党的十七大、十七届三中全会和中央经济工作会议精神。学习贯彻胡锦涛总书记在纪念党的十一届三中全会召开30周年大会上重要讲话精神，以邓小平理论和“三个代表”重要思想为指导，深入贯彻落实科学发展观，按照高举旗帜、围绕大局、服务人民、改革创新的总要求，解放思想、实事求是、与时俱进。贴近实际、贴近生活、贴近群众，着力统一思想、增强信心，促进经济平稳较快发展；着力推动社会主义核心价值体系建设，不断巩固全党全国各族人民团结奋斗的共同思想基础；着力推动文化体制改革，促进社会主义文化大发展大繁荣；着力提高舆论引导能力，营造积极健康向上的舆论环境，维护社会稳定，为夺取全面建设小康社会新胜利提供强大的思想保证、舆论支持和文化条件。

今年宣传思想文化工作最重要的任务，就是要为党和国家应对更加严峻的经济形势提供强大思想舆论支持，维护好经济发展的大局，维护好深化改革的大局，维护好社会稳定的大局。做好全年工作，必须突出“团结鼓劲、积极进取、昂扬向上”的主基调，注意把握好以下四个问题：一是把解放思想与统一思想结合起来。解放思想是研究新情况、解决新问题、开拓新局面的根本前提，统一思想是形成共识、凝聚力量、共克时艰的重要保证。宣传思想文化工作要高举解放思想的旗帜，担当思想解放的先导，推动广大干部群众把思想认识从不合时宜的观念、做法和体制的束缚中解放出来，坚定不移地走改革之路、开放之路、创新之路。同时，要着力做好统一思想的工作，努力把干部群众的思想统一到科学发展观的要求上来，统一到中央对国内外经济形势的分析判断上来，统一到中央的决策部署上来。二是把增强忧患意识与坚定信心结合起来。困难挑战面前，信心比什么都重要。做宣传思想文化工作，要把面临的困难和挑战讲清楚，引导人们做好应对各种困难的思想准备和心理准备。同时，更要做好加油鼓劲、鼓舞斗志、提振士气的工作，引导人们既看眼前、更看长远，既看挑战、更看机遇，稳定心理预期，坚定必胜信心。三是把坚持正面宣传与疏导公众情绪结合起来。面对严峻的经济形势，尤其需要认真贯彻正面宣传为主的方针，做大做强主题宣传、成就宣传和典型宣传，在全社会形成正面舆论强势。同时，要着眼于促进社会和谐稳定，通达社情民意，反映人民呼声，引导社会热点，加强舆论监督，推动解决人民群众反映强烈的问题，发挥好宣传舆论“减压阀”、“稳定器”的作用。四是把促进改革发展稳定与推动文化大发展大繁荣结合起来。无论我国改革处于什么时期、发展进入什么阶段，宣传思想文化工作围绕中心、服务大局的根本职责不能变，必须坚定自觉地促进改革发展、维护社会稳定。同时，必须把文化建设纳入经济社会发展全局，把文化体制改革同经济体制改革放在同等重要的位置，树立新的文化发展理念，以更开阔的思路、更有效的政策、更得力的措施，激发全社会文化创造活力，在服务大局的同时实现文化自身的跨越式发展。总之，做好今年宣传思想文化工作，一定要胸怀大局、积极主动，冷静清醒、坚定信心，对面临的复杂形势要心中有数，对重大主题和重要活动宣传要精心组织，对热点问题、敏感问题要稳妥把握，牢牢把握正确导向，把好关、把好度，使宣传思想文化工作保持良好发展态势。工作中，要突出抓好以下几个方面。

1. 理论武装要重点抓好中国特色社会主义理论体系的宣传普及，扎实推进科学发展观的宣传教育。中国特色社会主义理论体系是党最可宝贵的政治和精神财富，也是战胜各种困难、迎接严峻挑战的有力思想保证。要着力在深化学习、深入研究、广泛普及上下功夫，引导广大干部群众进一步增强坚持中国特色社会主义旗帜、道路、理论体系的自觉性坚定性。一是以县处级以上领导干部为重点，深入推进用中国特色社会主义理论体系武装全党、教育人民的工作。会同有关部门对《关于进一步加强和改进党委（党组）中心组学习的意见》贯彻落实情况进行督查，召开党委中心组学习经验交流会。继续开展面向基层的宣讲活动，解读理论、讲解政策，促进党的理论创新成果进企业、进农村、进社区、进学校、进军营。二是紧紧抓住全党开展深入学习实践科学发展观活动这一有利契机，突出抓好科学发展观的宣传教育。会同有关部门组织广大党员干部认真学习实践科学发展观，掌握贯穿其中的马克思主义立场、观点、方法，深刻认识解决我国发展面临的突出问题、克服国际金融危机影响、实现经济社会又好又快发展归根到底要走科学发展之路。组织中央和地方媒体做好相关宣传工作，为学习实践活动深入开展营造良好氛围。三是认真组织胡锦涛总书记在纪念党的十一届三中全会召开30周年大会上重要讲话的学习宣传。把学习宣传贯彻讲话精神作为当前理论武装的一项重要任务，紧紧围绕“十个结合”的宝贵经验和“四个一定要”的根本要求，引导广大党员干部坚定不移地坚持党的十一届三中全会以来形成的理论和路线方针政策，坚定不移地走中国特色社会主义道路。四是扎实推进马克思主义理论研究和建设工程。紧紧围绕回答重大理论和实际问题，组织工程专家进行多方面、多领域研究，力争推出一批有深度有价值的研究成果。组织好哲学社会科学重点教材的撰写、审议、出版和宣传，推动马克思主义中国化最新成果进教材、进课堂、进头脑。高度重视哲学社会科学规划工作，发挥好国家社科基金的导向作用。加强对外学术交流，组织我专家学者向国际社会介绍马克思主义中国化最新成果，推动我国哲学社会科学优秀成果和优秀人才走向世界。五是加大理论宣传普及力度。组织拍摄庆祝新中国成立60周年专题文献电视片，继续编写通俗理论读物，积极探索在互联网上开展理论宣传的方式方法。推进理论武装工作，必须坚持理论联系实际，着眼于指导实践、推动工作。要把学习中国特色社会主义理论体系同总结改革开放30年和新中国成立60年的成功经验结合起来，同落实中央应对当前国际金融危机、保持经济平稳较快发展的决策部署结合起来，努力把理论学习的成果转化为促进发展的科学思路和政策措施，转化为领导发展的实际能力，更好地用发展着的马克思主义指导新的实践。

2. 新闻宣传要统筹做好经济宣传和重大活动宣传，切实提高舆论引导能力。在当前十分复杂的环境中能否有效引导社会舆论，为经济社会发展提供有力舆论支持，是对我们的一个重大考验。要牢牢把握正确导向，集中打好应对危机、克服困难的宣传战役，鼓劲不泄气、帮忙不添乱，更好地统一思想、凝聚力量、坚定信心、振奋精神。一是突出抓好经济宣传。客观反映国内外经济形势，全面准确地宣传我国经济发展面临的挑战和机遇，充分阐明我国发展的有利条件和积极因素。大力宣传中央经济工作会议和农村工作会议精神，及时报道中央有关决策部署，深入解读保增长、扩内需、调结构、促改革、惠民生的重大举措，充分报道各地各部门发挥优势、应对挑战的成功经验。二是精心组织庆祝新中国成立60周年等重大活动的宣传。认真做好国庆重大活动宣传报道，营造举国欢腾、普天同庆的节日气氛。中央和地方媒体要在重要版面、重要时段推出专栏，展示新中国成立以来的光辉历程、伟大成就和宝贵经验，展示我国经济发展、政治稳定、文化繁荣、民族团结、社会进步和国际地位提高的好形势。同时，要认真组织好"两会"和西藏民主改革50周年、"五四"运动90周年、澳门回归10周年等重要会议、重要活动的宣传报道，组织好民主法制建设、党的建设和反腐倡廉建设的宣传报道。三是有效引导社会热点。认真做好价格、税收、财政、金融、投资和教育、医疗卫生等改革举措的宣传解读，做好城镇就业、大学生就业、农民工返乡、房地产低迷、股市波动、社会保障等社会热点问题的引导，把公众情绪引导到健康、理性轨道上来。进一步健全和落实突发公共事件新闻报道应急和快速反应机制，按照及时准确、公开透明的要求第一时间发布权威信息。四是推动形成网上正面舆论强势。着力建设综合实力强、在国内外有广泛影响的重点新闻网站，积极运用新技术、开辟新业务，探索网络媒体与传统媒体互动配合机制，使网上、网下相互协调，使正面舆论聚集放大。做好新形势下的新闻宣传工作，必须把提高舆论引导能力放在突出位置，加大引导力度、提高引导水平，巩固壮大积极健康向上的主流舆论。要把体现党的主张和反映人民心声统一起来，把坚持正确导向和通达社情民意统一起来，把正面宣传为主和加强舆论监督统一起来，对群众普遍关注的问题、对社会的种种关切，要主动设置议题、积极加以引导，不回避矛盾、不掩盖问题，努力提高舆论引导的权威性、公信力、影响力。要改进舆论引导方式，把握好舆论引导的时机、节奏、力度，善于在报道新闻事实中体现正确导向，在同群众交流互动中扩大社会认同，在加强信息服务中开展思想教育。

3. 思想道德建设要以社会主义核心价值体系建设为主线，在全社会形成团结拼搏、奋发有为的精神力量。应对重大挑战、完成重大任务，需要充分发挥党的思想政治优势，进一步在全社会形成共同的理想信念和强大的精神支柱。要紧紧围绕建设社会主义核心价值体系，采取多种方式、用好各种载体，深化群众性教育活动，着力提升道德风尚、增强精神力量、筑造精神家园。一是进一步推进社会主义核心价值体系的宣传普及。会同有关部门编辑出版社会主义核心价值体系重要论述摘编，切实做好《社会主义核心价值体系学习读本》的学习使用。研究起草关于加强社会主义核心价值体系宣传教育的指导性文件，进一步明确工作思路和具体措施。二是以全国道德模范评选表彰为载体深入推进公民道德建设工程。精心组织第二届全国道德模范评选表彰，吸引群众广泛参与，使评选表彰的过程成为提高公民道德素质的过程。继续办好公民道德宣传日、公民道德论坛、公民道德建设网上谈等活动，集中宣传全国道德模范的先进事迹和崇高精神。三是切实加强未成年人思想道德建设和大学生思想政治教育。继续加强和改进高校思想政治理论课工作，不断拓展青少年思想道德建设的载体、途径和手段。把净化社会文化环境、促进未成年人健康成长作为一件大事来抓，动员社会各方面力量共同推进文化环保工程，着力优化网络环境，净化荧屏声频，整治出版物市场，加强校园周边环境治理，促进平安健康、文明和谐校园建设，力争取得明显成效。四是广泛开展"我与我的祖国"群众性主题教育活动。以庆祝新中国成立60周年为契机，举办大型展览、成就报告会等系列活动。各类活动要注意务实节俭，突出思想内涵，着力对干部群众进行国史国情教育，进行革命传统教育、爱国主义教育、改革开放教育、民族团结教育、民主法制教育。大力宣传反映民族精神和时代精神的先进典型。推出第四批全国爱国主义教育示范基地，推动红色旅游持续健康发展。五是进一步加强和改进基层思想政治工作。以企业职工、农民工、大学生为重点，把思想政治工作向基层延伸，切实做好农村、社区、学校特别是企业的思想政治工作。做好基层思想政治工作，关键是基层党委要高度重视，要有相应的机构队伍，同时要不断改进创新，既抓好面上宣传教育又做好重点人群的工作，既解决思想问题又解决实际问题，理顺情绪、平衡心理、化解矛盾。思想道德建设绝非一日之功，必须把长远目标与阶段性任务结合起来，抓基层、打基础，坚持不懈，久久为功。要探索建立思想道德建设的长效机制，把思想道德建设纳入经济社会发展规划，延伸到新经济组织和新的社会群体，形成制度化的领导机制、规范化的管理机制、科学化的考评机制，使思想道德建设更好地落到基层、落到实处。

4. 精神文明创建要坚持依靠群众、发动群众，努力为群众办好事、办实事。这些年来，群众性精神文明创建活动影响越来越大，越来越受到社会各界的广泛关注。要坚持以解决群众最关心最直接最现实的问题为突破口，在巩固、深化、拓展、延伸上下功夫，不断提高创建工作水平。一是继续深化“三大创建”活动。做好第二批全国文明城市和先进城市的集中宣传，展示创建成效，推广先进经验。召开全国农村精神文明建设经验交流会，开展文化科技卫生“三下乡”活动，推动创建文明村镇、文明家庭等活动深入开展。以诚信教育为重点，开展食品企业践行道德承诺活动，着力规范窗口行业经营行为。二是扎实开展“讲文明、树新风”活动。围绕办好 2010 年世博会，大力普及文明礼仪知识，引导人们讲公德、守秩序。组织好群众性节庆活动，弘扬优秀民族文化传统。继续实施提升中国公民旅游文明素质行动，充分发挥全国文明风景旅游区示范带动作用，树立文明中国、礼仪之邦的良好形象。三是广泛开展多种形式的城乡志愿服务活动。贯彻落实《关于深入开展志愿服务活动的意见》，实施全国社区志愿服务行动计划，扎实推进大型社会活动志愿服务、扶危济困志愿服务和应急救援志愿服务，壮大志愿者队伍，完善志愿服务体系。精神文明建设是一个有起点、没终点的永无止境的过程，必须坚持重在建设、重在参与、重在过程、重在利民惠民。要围绕中心、着眼全局，把群众参与作为衡量工作成效的重要标准，增强吸引力、扩大参与面，让人们在参与中受到教育启迪、提升精神境界，使创建过程成为群众自我教育、自我提高的过程。

5. 文艺出版工作要切实抓好优秀精神文化产品创作生产，满足人民群众多层次多样性精神文化需求。无论是丰富群众文化生活，还是庆祝新中国成立 60 周年，都要求我们高度重视精神文化产品的创作生产。要围绕向新中国成立 60 周年献礼，抓创作、抓评论、抓示范，推出一批优秀作品，推动文艺出版事业繁荣发展。一是精心实施文艺出版精品工程。认真落实庆祝新中国成立 60 周年重点文艺出版作品规划，抓好大型音乐舞蹈史诗《复兴之路》。组织开展系列文艺活动，实施国家重大历史题材美术工程，举办优秀流行歌曲创作大赛。二是切实抓好文艺出版评论和优秀作品宣传推介。加强文艺出版评论阵地建设，重点办好广播电视文艺评论节目和党报党刊文艺评论版面，形成一批名牌栏目，培育评论骨干队伍。加大对优秀精神文化产品的宣传评介力度，及时分析引导文艺现象和网上文化热点。三是精心组织第 11 届精神文明建设“五个一工程”评选表彰工作。改进评选办法，接受社会监督，做到客观公正、优中选优。做好入选优秀作品的展示推广工作，遴选部分精品节目到各地巡演。四是进一步加强基层文化建设。坚持面向基层、服务群众，精心实施广播电视“村村通”、文化信息资源共享、乡镇和社区综合文化站建设、农村电影放映、农家书屋等重大文化惠民工程，加强文化馆、图书馆、博物馆建设和管理，开展群众乐于参与、便于参与的文化活动。繁荣文艺创作生产，必须把弘扬主旋律与提倡多样化统一起来。要全面贯彻党的文艺出版工作方针，引导文艺出版工作者坚持先进文化前进方向，深入实际、深入生活、深入群众，创作更多充分反映民族精神、时代精神的精品力作，推动形式、风格的不断发展，实现题材、体裁、样式的极大丰富，使主旋律更加动听、更加感人、更加响亮。

6. 对外宣传要着力展示国家良好形象，推动形成客观友善、于我有利的国际舆论环境。 抗震救灾的重大胜利，北京奥运会的成功举办，应对国际金融危机的重大举措，使世界目光越来越多地投向中国，关注中国的发展模式和未来走向。这为做好对外宣传工作提供了广阔空间、提出了新的更高要求。要以更加开放的心态做好工作，整合外宣资源，改进外宣方式，进一步增强对外宣传效果。一是积极对外介绍我执政理念和政策主张。着力宣传我国改革开放和现代化建设的伟大成就，宣传科学发展观等重大战略思想，介绍我国坚持走和平发展道路的政策主张。加大新闻发布力度，撰写和发表系列白皮书。二是大力实施中华文化"走出去"工程。围绕重要建交纪念活动，举办"感知中国"、"艺术周"、"文化年"等重大品牌文化活动。推动我国文化企业走出去，加强文化产品的市场营销，向世界展示中华文化的独特魅力。三是做好对外舆论引导和国际舆论斗争。针对国际社会有关关切，主动做好增信释疑工作，展示我负责任的大国形象。四是继续推进我国主要媒体、新闻机构、记者协会等与国外新闻媒体的对口交流，加强同外国智库人物、各界知名人士的联系，注重发挥海外华人华侨、留学生的独特优势，使外宣工作更好地贴近海外受众，更好地在对象国落地生根。提高对外宣传的影响力，当前要突出抓好传播能力建设，推动形成与我国经济社会发展水平和国际地位相称的国际传播力量。要加大投入和支持力度，加强技术装备建设，推进我主要媒体信息产品在境外落地工作，提高新闻信息的原创率、首发率、落地率，着力建设语种多、受众广、信息量大、影响力强、覆盖全球的国际一流媒体。

7. 文化体制改革要在解决深层次矛盾和问题上下功夫，进一步解放和发展文化生产力。 我国文化体制改革正处于由试点向面上全面推开的关键时期，改革的任务仍然艰巨繁重。要不断增强改革的自觉性和紧迫感，紧紧抓住转企改制这个中心环节，加大力度、加快进度，加强具体指导，加强督促检查，着力解决制约文化发展的深层次矛盾和问题。一是加快出版发行单位转企改制和兼并重组、结构调整。全面启动中央各部门在京出版社改革，推动地方出版单位年底前完成转制任务，力争到2010年经营性出版社转制为企业。以上市企业为龙头，开展跨地区重组试点，积极探索组建区域性出版集团公司，加快国有发行企业股份制改造和重组步伐。二是加快电影制片、发行、放映单位转企改制。尽快出台电影业改革发展的具体规划，推动各试点地区电影制片厂、影剧院、电影公司等经营性单位2010年完成转企改制任务，推动县以下电影发行、放映体制改革。积极推进国有大型电影企业股份制改造，发展电影院线，推动有条件的电影企业上市融资，努力培育和壮大电影企业。三是积极推进文艺院团转企改制。抓紧制定文艺院团改革发展指导性意见，进一步明确院团改革的目标任务、政策措施，推动歌舞、杂技、曲艺等市场发育比较成熟的院团率先转企改制。四是切实抓好党报党刊发行体制和广播电视节目制播分离的改革。探索改革党报党刊的传统发行模式，强化市场运作和营销，努力扩大市场占有份额。推动影视剧、娱乐、体育等节目制作从电台电视台分离出来，组建面向市场的节目制作公司。精心组织好非时政类报刊、新闻网站转企改制工作。五是推动行政管理体制改革和政府职能转变。进一步理顺文化行政管理部门与所属企事业单位、中介组织的关系，把政府职能切实转移到制定规划、完善政策、强化服务、宏观管理上来。

推动整合现有文化、广播影视、新闻出版执法队伍，组建文化市场综合行政执法机构，实行统一执法。改革是动力，发展是目的，必须把改革与发展有机统一起来，把发展这个主题更好地体现在每一项重大改革举措中，贯穿于改革的全过程。要抓紧构建公共文化服务体系，大力发展公益性文化事业，提高公共文化产品供给能力，更好地保障人民群众基本文化权益。要抓紧完善文化产业政策，健全文化市场体系，培育国有文化骨干企业和战略投资者，加快文化产业基地和区域性特色文化产业群建设，发展新的文化业态，促进文化产业跨越式发展。

8. 队伍建设要以领导班子和人才培养为重点，着力提高思想政治素质。今年宣传思想文化工作面临许多新情况新问题，对我们的能力和水平提出了更高要求。要把队伍建设作为一项关系长远的战略工程，不断优化结构、提高素质，为完成全年工作任务提供强有力的组织保障。一是切实加强宣传文化单位领导班子建设。进一步做好宣传思想文化战线领导干部的选拔、任用和管理，拓宽视野、扩大民主，把那些政治上清醒坚定、熟悉宣传思想文化工作、富有改革创新精神的优秀干部选拔到领导岗位上来。二是继续抓好“四个一批”人才培养工程。进一步拓宽渠道，严格标准和程序，认真做好第四批人才选拔工作。加大培养和使用力度，组织好“四个一批”人才研修培训和实践锻炼，对他们承担的重点项目给予专项资助。三是高度重视体制外人才的培养和引导。把如何发挥体制外人才的作用作为重点课题，在深入调研的基础上提出有效的政策措施，建立相应工作机制，吸收优秀的体制外人才参与重大文化项目，为他们贡献聪明才智创造条件。四是大力加强基层宣传思想文化队伍建设。把基层队伍建设摆到重要位置，研究制定指导性意见，重视对基层宣传思想文化干部的教育培养，吸引更多优秀人才投身基层宣传思想文化工作。政治坚定是宣传思想文化工作者的首要条件，思想政治建设是队伍建设的重中之重。宣传思想文化战线的干部尤其是领导干部合不合格，关键看政治素质高不高、把关意识强不强、关键时刻敢不敢负责。要继续深化“三项学习教育”活动，切实加强对各级宣传思想文化部门领导干部和新闻出版、广播影视、文学艺术骨干的培训，着力抓好高校哲学社会科学教学科研骨干和思想政治理论骨干教师研修工作，深入进行马克思主义新闻观、文艺观教育，深入进行党的理论和路线方针政策教育，引导广大宣传思想文化工作者增强政治敏锐性和政治鉴别力，始终保持头脑清醒和立场坚定。

面对艰巨繁重的工作任务，面对党和人民的厚望重托，我们一定要求真务实、开拓进取，以良好精神状态抓好工作落实。要以深入学习实践科学发展观活动推动宣传思想文化工作上台阶、上水平，努力在思想认识上有新的提高，在查找突出问题上有新的进展，在推进改革创新上有新的突破。要善于分析形势、准确把握形势，努力增强工作的预见性、针对性。要着眼基层、重心下移，把工作往深里做、往实里做，在抓实、抓细、抓具体上下功夫。要适应社会环境和工作对象的新变化，积极探索新方法、新手段、新载体，继续改进创新、切实加强管理，确保各类宣传文化阵地不给错误思想和腐朽文化提供传播渠道。要积极主动地加强联系，找准宣传思想文化工作与有关部门工作的结合点，推动形成全党全社会共同做好宣传思想文化工作的生动局面。让我们更加紧密地团结在以胡锦涛同志为总书记的党中央周围，高举中国特色社会主义伟大旗帜，以邓小平理论和“三个代表”重要思想为指导，深入贯彻落实科学发展观，振奋精神、坚定信心、锐意进取，扎实做好全年宣传思想文化工作，以优异成绩迎接新中国成立60周年。

（此文是中共中央政治局委员、中央书记处书记、中央宣传部部长刘云山2009年1月5日在全国宣传部长会议上讲话的一部分）

坚持改革创新 推动文化大发展大繁荣

蔡 武

伴随着改革开放的滚滚车轮，中国特色社会主义的文化建设走过了蓬勃发展的30年。30年来，在解放思想、实事求是、与时俱进的思想路线指引下，文化建设沿着改革创新的道路前行，发生了深刻的变化，取得了举世瞩目的成就。今天，站在新的历史起点上来回顾文化建设30年所走过的道路，有着特别重大的意义。

改革创新是30年文化发展的鲜明特征

回顾30年来文化发展道路，改革创新是其最鲜明的特征。30年来，改革开放对中国的文化发展产生了广泛而积极的影响，为文化的改革创新和繁荣发展创造了良好的环境和氛围。

改革开放的实践成为文化领域改革创新的源泉。30年前，邓小平同志以无产阶级革命家的智慧和胆识，支持真理标准讨论，打碎了“两个凡是”的枷锁，确立了解放思想、实事求是的思想路线，拨开了笼罩在文化工作者思想上的迷雾阴云，极大地调动了广大文艺工作者的积极性，开启了他们思想与情感的闸门，文化内容和形式的创新在中国大地上层出不穷、蔚然成风。亿万人民参与改革的一往无前的进取精神和波澜壮阔的创新实践，为文化艺术的繁荣提供了取之不尽的生活源泉，使文化艺术工作者的想象力与创造力如火山一样迸发，在舞台、荧屏上，在书刊、画面中充分展现，为我国的文化事业迎来了一个真正百花争艳、欣欣向荣的春天。

经济建设的辉煌成就为中国特色社会主义文化发展提供了坚实的物质基础。改革开放以来，我国经济保持了年均近10%的增长速度，经济总量跃居世界第四位，综合国力大幅提升，人民生活总体达到小康水平。文化建设获得了更加充足的物质支持，这是新时期文化繁荣发展的重要保证。改革开放30年间，国家对文化事业投入明显加大，文化事业费从1978年的4.4亿元增加到2007年的198.7亿元，人均文化事业费从0.46元增加到15.04元。文化基建投资1985年为6.45亿元，2007年增加到40亿元，一批有影响的文化设施相继建成，文化建设的物质基础日益巩固，为新时期文化事业和文化产业的发展创造了现实需要和可能。

经济体制改革为文化领域的改革创新提供了示范和借鉴。马克思主义的基本原理告诉我们，随着经济基础的变更，全部庞大的上层建筑也或慢或快地发生变革。我国的经济体制在改革开放中实现了由高度集中的计划经济向社会主义市场经济的转变，这种转变对传统的文化体制提出了严峻的挑战，也为文化体制改革提供了很好的借鉴和示范。从1979年提出“调整事业，改革体制”，1983年推行“承包制”改革，1988年探索国办艺术院团与民办艺术院团“双轨制”，到1994年实施艺术院团布局结构调整和考评聘任制改革，再到新世纪新阶段全面探索文化体制创新，着力构建党委领导、政府管理、行业自律、文化企事业单位自主运营的文化管理体制和运行机制，在筚路蓝缕的文化体制改革历史进程中，都不难看到经济体制改革所带来的巨大影响。

十六大以来，在以胡锦涛同志为总书记的党中央领导下，文化体制改革取得了突破性进展。2003年开展的文化体制改革试点工作为改革向面上逐步推开提供了典型示范，奠定了工作基础。2006年进一步向面上扩大，向纵深拓展，文化体制改革进入一个新的阶段。文化系统紧紧围绕加强公共文化服务、培育文化市场主体、发展文化产业、完善市场体系、改善宏观管理、转变政府职能等重点环节，大力推进文化体制改革。一批艺术院团通过转企改制，焕发出生机和活力。北京儿童艺术剧院转企改制4年来实现了多项重大突破：演出场次从改制前每年100多场提高到400多场，演出收入由每年不足80万元上升到逾5000万元；今年5—6月主办的“2008北京国际儿童戏剧季”，在国家大剧院打造了6台风格迥异的中外儿童戏剧精品，儿童剧在国内首次以“戏剧季”形式与观众见面。事实充分说明，改革是30年来文化发展最有力的助推器。

改革创新带来了新时期文化发展的巨大成就

文化体制改革促进了文化艺术生产力的解放，有力地推动着新时期文化事业和文化产业的全面发展。

文艺舞台百花争艳，异彩纷呈。改革开放以来，广大文化工作者突破了思想禁锢，创作热情高涨，坚持贴近实际、贴近生活、贴近群众的创作原则，坚持民族化、大众化、精品化的创作取向，创作了一大批时代特色浓郁、人民群众喜闻乐见的优秀作品。为鼓励艺术创新，政府舞台艺术奖——文华奖设立的“文华新剧目奖”近三届评出获奖优秀新剧目115个；为提高艺术创作质量和水平，2002年以来实施的国家舞台艺术精品工程共遴选出50台精品剧目由国家给予重点资助。目前，我国年创作生产影视剧近千部，全国专业艺术表演团体年演出近50万场次，观众约4.6亿人次；剧场、影剧院年演出、放映近60万场次，观众逾两亿人次。

公共文化服务体系建设初见成效。我国的公共图书馆从1978年的1218个增加到2007年的2799个，公共图书馆的总藏量从1979年的18353万册(件)，增加到2007年的52053万册(件)。文化馆、文化站等公共文化机构不断加强，服务能力和水平不断提高，“十五”末期基本实现了县县有图书馆、文化馆的目标。城乡六级公共文化服务网络基本建立，公共文化服务体系进一步健全。全国文化信息资源共享工程、送书下乡、流动舞台车等重大文化项目的实施，全面提升了公共文化服务能力。公共文化产品和服务内容与形式不断丰富，人民群众的文化权益得到更有力的保障。

文化市场和文化产业迅猛发展。文化市场和文化产业是改革开放特别是社会主义市场经济体制建立以来的新生事物，在满足人民群众多样化需求方面发挥了巨大作用。改革开放以来，文化市场从无到有，包括演艺、娱乐、音像、艺术品、网络、动漫等文化产品市场和资本、产权、人才、信息、技术等文化生产要素市场在内的，统一、开放、竞争、有序的社会主义文化市场体系已经初步形成。自从十五届五中全会“文化产业”首次进入中央文件之后，文化产业加速发展，众多省市文化产业发展速度连续几年保持两位数增长，北京、上海、广东等省市文化产业占GDP比重已经超过5%，逐渐成为国民经济的支柱产业。

对外文化交流广泛深入。文化外交已成为国家整体外交战略的一个重要组成部分。目前，我国在世界78个国家设有89个使领馆文化处(组)，与145个国家签订了政府间文化合作协定和近800个年度文化交流执行计划。已在海外设立文化中心7个，文化交流重要阵地建设取得突破性进展。随着“中国文化美国行”、“中俄文化年”、“中法文化年”、“中华文化非洲行”、“中日文化体育交流年”、“中韩交流年”、“相约北京”、“中国上海国际艺术节”、“中国北京国际音乐节”、“中国吴桥国际杂技节”等活动的成功举办，我国对外文化交流活动为世界瞩目。海外举办“春节”、“国庆”活动逐渐成为国际知名文化品牌和传播中华文化的重要载体，中华文化在世界的影响进一步扩大。

历史文化遗产保护迈上新台阶。30年来，文化遗产保护工作迈上了新台阶。国家设立了“文化遗产日”，文化遗产保护理念深入人心，社会各界保护文化遗产的意识逐渐增强。认真贯彻“保护为主，抢救第一，合理利用，加强管理”的方针，各级各类文物得到了有效保护。非物质文化遗产保护工作提上政府重要议事日程，取得突破性进展，国务院公布了首批《国家级非物质文化遗产名录》518项，受到全社会的广泛关注。对传统艺术、中华古籍的抢救、保护和扶持进一步加强，民族文化瑰宝在创新中薪火相传。

改革创新是推动社会主义文化大发展大繁荣的必由之路

推动社会主义文化大发展大繁荣，兴起社会主义文化建设的新高潮，是我们党在新的历史起点上赋予文化工作者的重要使命。完成这个神圣使命，离不开改革创新的时代精神。

当前，文化系统要抓住以下重点环节，细化工作方案，切实推进文化领域的改革创新。

一是积极创新公共文化服务运行机制。对文化事业单位改革进行科学分类，研究制定具体标准，明确公益性文化事业单位功能定位、服务目标、任务责任，提出相应改革目标，明确改革进度。继续加大对公益性文化事业单位的投入，完善政策，建立健全公共文化机构正常运转的经费保障机制，提高资金使用效益。深化单位内部人事、分配制度改革，引入竞争激励机制，完善奖惩机制，增强单位活力。建立健全政府对公共文化机构绩效评估考核体系，促使其更好地履行公共文化服务职能，最大限度地发挥公共文化设施的效能。

二是大力推进经营性文化单位转企改制。完善政策保障，探索多种模式，加快国有经营性事业单位转企改制步伐，培育一批具有核心竞争力的国有大型文化企业集团。积极推进演出展览中介机构、影剧院、电影公司等可以实现市场配置资源的国有经营性文化单位转制为企业。做好转企改制单位清产核资、产权界定等工作，防止国有文化资产流失。认真落实改革中涉及职工利益的有关政策，切实做好劳动人事、社会保障的政策衔接，按照老人老办法的原则，妥善解决好职工的社会保障和富余人员的分流安置等问题。

三是深化艺术院团改革，促进文艺创作演出繁荣发展。国办艺术院团的改革，是文化体制改革的重点，也是难点。要坚持统筹兼顾，科学区分国家重点扶持院团和一般院团。对于重点扶持的艺术表演团体，应实行目标责任制，建立监督考核与奖惩制度，深化内部机制改革，全面实行人事代理与合同聘用，打通艺术人才进出渠道。总结“一团一策”的经验，大胆探索，有序推进，加快一般艺术院团转企改制的步伐，成熟一个转一个。落实转企改制剧团的各项优惠政策，在政策保障、资金支持、市场拓展等方面给予支持，增强其市场竞争力。

四是健全完善文化市场体系。加快市场主体培育，充分发挥国有文化企业的骨干作用，引导扶持民营文化企业健康发展，培育一批具有核心竞争力的大型骨干文化企业和战略投资者。积极发展文化产品和要素市场。完善现代流通组织形式，发展连锁经营、物流配送、院线制和电子商务等现代流通方式。落实和完善国家文化产业政策，大力发展具有良好前景的网络、游戏、动漫等新兴文化产业，运用高新技术创新文化生产和传播方式，培育新的文化业态；推动演艺、音像、娱乐、艺术品等传统文化产业向规模化、集约化发展，加快区域性特色文化产业群建设步伐。加强对文化市场的监管，确保文化市场健康发展。

五是创新传播方式，扩大对外文化交流。坚持政府主导，社会广泛参与，整合各种文化资源和力量，充分发挥中华文化的优势，不断创新对外文化交流的传播方式，积极开展对外文化交流活动和文化产品贸易，扩大中华文化的影响。积极与国际知名文化机构、文化企业开展合作，努力扩大我国文化产品和服务在国际文化市场上的份额。

回首改革开放30年来的文化发展道路，我们深切体会到，改革开放是决定当代中国命运的关键抉择，是实现中华民族伟大复兴的必由之路。实践已经证明并将继续证明，只有坚持改革创新，才能推动社会主义文化大发展大繁荣。

（作者：文化部部长）

总结推广农村文化建设宝贵经验 切实加强农村文化工作

欧阳坚

各地认真开展农村文化活动成效显著

近年来，各级宣传文化部门按照中央的总体部署，紧密结合本地实际，着眼于拓展服务内容、改进服务方式、提高服务水平，大力加强农村文化建设，逐步探索出了一条服务农民群众、巩固农村文化阵地、繁荣发展农村文化的新路子。可以说，成绩十分突出，效果十分明显。概括起来，主要有以下几个方面。

1. 着力拓展服务内容，提高文化服务质量和水平，有力地推动了社会主义新农村建设。吉林省长春市通过组建“欢乐庄稼院示范点”、成立“农民心连心艺术团”、组织农民文化诗社、举办大型文体活动等多种形式，把提高农民思想道德素质、提高农民创业致富能力作为重要内容，积极组织农民学文化、学技术、学法律，推动农民生活方式、价值观念的转变，促进了乡风文明、社会和谐安定。甘肃以提供更多基层群众喜闻乐见的精神文化产品和文化服务为目标，发挥专业文艺院团的作用，认真策划组织，加大扶持力度，切实提高农村公共文化服务的水平。江苏、安徽、江西、湖南、河南、山西等地积极开拓农村文化市场，带动农民“艺术致富”，文化服务内容得到延伸，文化服务水平进一步提高。通过几年的努力，农民的文化生活得到改善，农村的社会风气得到净化，农村文化发展呈现出崭新气象，为社会主义新农村建设注入了新的生机和活力。

2. 丰富了农村文化生活，切实保障农民群众基本文化权益。吉林、甘肃、江西等地宣传文化部门着眼于农民这个最广大的群体，把工作重心下移，把目光投向基层，积极实施文化惠民工程，开展形式多样、扎实有效的农村文化活动，把多姿多彩的文化产品和服务源源不断地送到农村，把欢乐送给广大农民群众。为了给农民群众提供更多更好的精神文化食粮，许多地方坚持把文艺演出送到田间地头、送到农民家门口。正如广大农民群众所说的，流动舞台车来到之时，就成为农民群众的文化节日；流动舞台车所到之处，就出现喜庆、欢乐的生动场面。2007年11月至今年3月，安徽在全省开展了“党旗映江淮、百花颂和谐”的千场文艺活动，省直有关单位和17个市共组成近百个演出小分队、480多个电影放映队，深入乡村宣传党的十七大精神，丰富基层群众文化生活。参加这次活动的文艺工作者达7500多人次，共演出1800多场，放映电影3000多场，观众达300多万人。长春市在全市77个乡镇每个乡镇配备一套数字电影放映设备、建立流动放映队，实现了一村一月放映一场电影的目标。

3. 激发了广大文艺工作者服务农民的创作热情，为广大农民群众提供越来越多的优秀文

艺作品。许多专业文艺院团和文化馆(站)的文化工作者在深入农村基层、服务农民群众的过程中,进一步增进了对农民群众的感情,也进一步激发了强烈的创作热情。他们纷纷表示,实践是最好的课堂,农民群众是最好的老师。只有自觉坚持走与社会实践相结合、与农民群众相结合的道路,向实践学习,向农民学习,才能不断提高服务农民、服务基层的本领。比如,长春市双阳评剧团坚持写农民、演农民、为农民演出,创作了许多广大农民群众欢迎、内容丰富的拉场戏、二人转和小品,被农民朋友亲切地称为“扁担剧团”,成为全国服务农民、服务基层文化工作先进集体。

4. 变“送”文化为“种”文化,培育了一支不走的乡村文化队伍。近年来,为进一步巩固农村文化阵地,打牢农村文化的群众基础,各级宣传文化部门采取一系列行之有效的措施,既开展文化下乡活动,又着力培育“乡下文化”,在“送”和“建”的基础上,把文化“种”在农村。许多地方还大力加强农村文化队伍建设,组织各种形式的农村文化培训活动,调动普通农民群众参与文化建设的积极性,调动民间艺人、文化能人、文化爱好者的主动性,充分发挥他们在传承民族民间文化、活跃农村文化生活方面的重要作用。比如,江苏省通过短期培训的方式,分期分批对全省乡镇文化站长和县(区、市)的群众文艺骨干进行集中轮训,提高综合素质和专业能力,使他们能适应当前社会主义新农村建设对文化工作的要求。吉林省长春市认真组织实施“农村文化带头人培训工程”,使“欢乐庄稼院”活动成为培育农村文化人才的摇篮。

农村文化建设取得的经验及启示

吉林、甘肃、北京、江苏、安徽、江西、河南、山西、湖南等地夯实农村文化阵地、丰富农村文化生活、保障农民群众基本文化权益的经验做法,为我们加强农村文化建设提供了许多有益的启示。

1. 建立农村文化工作长效机制是推动农村文化建设的重要保证。要建立农村文化工作长效机制,就必须遵循大家在实践中所形成的“政府支持、培育主体、市场运作、增强活力”的思路,也就是前提是政府要支持,关键是要培育农村文化主体,途径是要更多地通过市场运作,目的是要增强农村文化活力。其中,政府是农村文化工作的责任主体,特别是在初始阶段,政府要承担第一责任人的职责,在政策上支持、在业务上指导、在投入上保证,使农村文化建设有阵地、有队伍、有活动、有经费。

2. 农民群众主动参与是农村文化持续繁荣发展的根本前提。近年来各地积极扶持农民自办文化,如“文化中心户”、“文化专业户”、“文化大院”等等,形式多样,有声有色,既能自娱自乐,又能以文兴文、以商补文,效果很好。比如,湖南开展的“公共大戏台”活动,吸引了相邻几个省市的戏迷主要是农民群众前来参与,几十万人到场观看,真正做到了“还戏于民”。甘肃、河南等地活跃着许多民间表演团体,这些演员来自农民、了解农民、亲近农民,他们农忙务农,农闲从艺,足迹遍布全国各地。河南省已有农民自办文化大院432个,图书室354个,各类文艺演出团体9426个,放映队2448个。其中,宝丰县就拥有民间表演团体1200家,年收入3亿多元,走出了一条农民靠文化乐起来富起来的农村文化发展新路子。实践证明,农村文化活动积极分子和文化骨干是农村文化的主力军,是活跃农村文化的重要力量。只有让广大农民成为农村文化的主角,培育更多的“乡土艺术家”,形成自娱自乐、自给自足的文化生态,才能真正使文化在农村生根、开花、结果,也才能把文化真正“种”在广阔的农村大地。

3. 创新载体、打造品牌是扩大农村文化工作覆盖面和影响力的重要途径。比如,吉林省长春市以打造“欢乐庄稼院”为载体,每年建设一批示范点,以点带面,不断延伸到全市每一个乡镇,取得了实实在在的效果。甘肃在全省开展了“千台大戏送农村”活动,创建了一个影响深远的农村文化品牌,仅2007年一年,74个文艺团体先后演出5939场，覆盖全省乡镇总数的99%，观众累计530多万人次。此外，许多地方也从实际出发，打造自己的文化活动品牌，并把“三下乡”活动、广播电视村村通、文化信息资源共享、农村电影放映工程、农家书屋等都纳入其中，有效地整合了农村文化资源。实践证明，只有搭建新平台，创建新载体，努力打造出经得起市场和时间检验的农村文化品牌，才能使农村文化工作进一步扩大覆盖面，增强影响力。

4. 挖掘文化资源、发挥地域特色是增强农村文化吸引力感染力的内在要求。近年来，各地着力发展农村特色文化，充分挖掘地方文化资源，利用各种节庆、民族传统节日，积极开发具有浓郁民族特色的剪纸、绘画、陶瓷、泥塑、雕刻、编织等民间工艺项目，大力开展戏曲、杂技、花灯、龙舟、舞狮舞龙等民间艺术和民俗表演，努力打造古镇游、生态游、农家乐等民俗旅游品牌，逐步形成以历史文化遗产、人文自然资源为基础的文化旅游产业。比如，吉林省近年来充分挖掘包括东北秧歌、二人转、地方戏、唢呐表演等民间文化资源，通过市场运作，把不少有特色的文化产品远销国外。实践证明，只有实施特色文化品牌战略，培育一批文化名镇、名村、名园、名人、名产品，保护好开发好这些宝贵的地方文化资源，才能增强农村文化的吸引力和感染力。

下一步工作要求

随着农村经济的发展和物质生活水平的提高，广大农民群众求乐、求富、求知、求美的愿望日益迫切，农村文化市场潜力十分巨大。但从总体上看，目前我国广大农村地区文化事业发展还相对滞后，文化基础设施还比较落后，现有文化资源还没有得到有效利用，农民群众看书难、看戏难、看电影难、看电视难的问题还没有得到有效解决。可以说，加强农村文化建设，丰富农民群众文化生活的任务还十分艰巨、十分繁重。没有农村文化的大繁荣大发展，也就谈不上社会主义文化的大繁荣大发展。我们一定要从树立和落实科学发展观、推动农村社会全面进步的高度，充分认识加强农村文化建设的极端重要性和紧迫性，进一步增强政治意识、大局意识、责任意识，以更深刻的认识、更广阔的思路、更有效的政策、更得力的措施，扎扎实实地推进农村文化建设。当前，要着力抓好以下六项工作。

1. 进一步加大投入扶持力度，真正把农村文化工作摆到更加突出的位置。农村文化建设是我们整个宣传文化战线一项十分重要的基础性工作。党的十六大以来，以胡锦涛同志为总书记的党中央高度重视农村文化工作，先后制定下发了《国家“十一五”时期文化发展规划纲要》、《关于进一步加强农村文化建设的意见》、《关于加强公共文化服务体系建设的若干意见》，对实施文化惠民工程、加强基层公共文化设施建设、构建公共文化服务体系等作出重要部署，采取多项有力措施，推动农村文化建设不断向深度和广度拓展。党中央的高度重视，为加强农村文化建设提供了有力政治保障和政策支持，农村文化工作面临着极为有利的契机，我们必须紧紧抓住，趁势而上。我国是一个农业大国，解决好农业、农村和农民问题，始终是全党和全国工作的重中之重；满足农民群众基本文化权益、解决好农村文化发展问题，始终是宣传文化工作的重中之重。我们一定要认真贯彻党的十七大精神，把农村文化工作摆到更加突出的位置，发挥党委政府的主导作用，扶持和发展农村文化事业文化产业，繁荣农村文化市场，组织创作更多农民群众喜闻乐见的优秀精神文化产品，更好地保障农民群众基本文化权益。要抓紧制定加强和改进农村文化建设投入的办法，继续改进财政投入方式，完善鼓励企业、社会和个人捐赠公益性文化事业的税收减免政策，切实加大对农村文化事业的投入，保障农民群众共享文化发展成果。

2. 不断拓展和夯实农村文化阵地，加快构建覆盖广泛、较为完备的农村公共文化服务体系。农村文化阵地是文化建设的基础和依托。

我们必须按照“多予、少取、放活”的政策，把农村公共文化服务体系建设纳入经济社会发展总体规划，推动文化设施建设的重点逐步向农村倾斜，不断提高农村公共文化服务能力。要对现有农村公共文化资源进行合理配置，支持乡镇文化站扩展功能、共建共用，发展成为融宣传教育、文化娱乐、信息服务、科技法律普及于一体的文化中心，实现资源共享、互联互用。要优先安排关系群众切身利益的文化项目，继续组织实施好广播电视“村村通”、文化信息资源共享、农村电影放映、“农民书屋”等重点公共文化服务工程，力争通过几年的努力，使县、乡、村文化基础设施和文化活动场所有一个大的发展，农村文化阵地建设上一个新的台阶，基本形成较为完备的农村公共文化服务体系。

3. 进一步完善表彰激励机制、加大宣传力度，发挥农村文化建设先进集体的示范带动作用。在中央领导的倡导下，我们已先后三次召开全国服务农民服务基层文化工作先进集体表彰大会，一大批长期扎根农村、扎根基层、为农村文化建设做出突出贡献的县乡基层文化单位和个人受到表彰和奖励。这些表彰奖励产生了广泛而积极的社会反响，有力地带动和促进了各地农村文化建设。这次我们召开“欢乐庄稼院”经验交流会，目的也是总结经验、激励先进、推动工作。各地要从实际出发，及时总结本地区农村文化建设方面的实践经验，进一步加大表彰力度，完善激励机制，发挥好农村文化建设先进集体的示范带动作用。报刊、电台、电视台、互联网等大众媒体，要多报道农村文化工作的新进展、新举措、新经验，积极宣传农村文化工作者和社会各界支持农村文化事业的先进事迹，在全社会营造从事农村文化工作光荣、为农民服务光荣的良好氛围。

4. 充分尊重农民群众主体地位，进一步激发农民群众参与文化、享受文化、创造文化的积极性主动性创造性。实践证明，只有坚持以人为本、以广大农民群众为本，带着深厚的感情，始终与农民群众心连心，充分尊重农民群众的主体地位和创造精神，把教育人、引导人、鼓舞人与尊重人、理解人、关心人结合起来，才能使我们的农村文化工作入情入理、情理交融，更加具有亲和力、吸引力和感染力。我们应当看到，农民群众既需要文化、渴望文化，又有着创造文化的充沛动力，农民群众身上蕴藏着极大的创造热情和无比丰富的创作才华。要采取有效措施鼓励农民自办文化，扶持热心文化的农户创建文化大院、文化中心户、文化室、图书室等，鼓励他们以市场运作的方式开展形式多样的文化活动，使农民群众真正成为农村文化建设的主体。要大力扶持农村业余剧团、个体电影放映队的发展，支持和引导文化专业户相互联合，逐步向股份、民营等文化企业发展。要组织专业文艺工作者创作演出更多来自民间、来自生活的精彩节目，在服务农民中愉悦农民，在愉悦农民中提高农民，与广大农民群众一起携手创造农村新文化。

5. 整合社会资源，形成强大合力，共同做好农村文化工作。农村文化建设是一项长期而艰巨的任务，单靠宣传文化战线自身力量还远远不够。必须开阔工作思路，拓宽工作渠道，丰富工作内容，动员各方面力量，整合社会各种资源，推动农村文化工作与经济工作结合起来，与精神文明创建活动结合起来，与农村经济社会各方面工作结合起来，形成共同做好农村文化工作的强大合力。宣传文化部门要充分发挥主管部门的职能作用，搞好综合协调，同教育、科技、卫生、工会、共青团、妇联等各个部门和团体密切协作，组织开展多种形式的城乡共建、区域共建、工农共建活动，通过党政机关、企事业单位与农村开展“手拉手”、“结对子”，发挥各自特点和优势，调动各方面力量支援农村文化建设。要注意发挥市场和社会在农村公共文化服务供给中的作用，通过政府招标采购、服务合同外包、社会志愿服务等多种形式，促进农村文化事业建设的多元化社会化。要继续开展“三下乡”、“心连心”等深受广大农民欢迎的活动，组织专业文艺团体、群众团体成立文化小分队，鼓励文化志愿者开展丰富多样的文化活动，把多姿多彩的文化产品和文化服务送到农村，把欢笑送给广大农民。

6. 切实加强农村文化骨干培训，建设一支扎根基层、服务农民的农村文化工作队伍。加强农村文化建设，离不开一支与农民群众同呼吸、共命运、心连心、长期扎根农村基层的文化队伍。要通过组织专家学者和专业文艺工作者深入农村基层举办短期培训班、到文化中心户讲课、现场演示等方式，帮助农村文化活动积极分子和文化骨干掌握文化知识、增进艺术技能。要加强对民间艺人、文化能人、文化经纪人的培训，组织他们到大专院校进行系统学习和专业训练，提高业务素质和工作能力。要注意培养和引进农村青年文艺人才，采取积极有效的措施，鼓励大中专院校学生到农村去，展示文艺专长、投身文化建设，进一步提高农村文化工作水平。

（此文是中央宣传部副部长欧阳坚2008年6月30日在“打造欢乐庄稼院　夯实农村文化阵地”经验交流会上的讲话）

在纪念《思想政治工作研究》杂志创刊25周年座谈会上的讲话

翟卫华

在纪念改革开放30周年之际，我们迎来了《思想政治工作研究》创刊和小平同志为杂志题写刊名25周年。今天，党政部门、科研院所、企事业单位等方面的领导、专家和《思想政治工作研究》杂志的作者、读者和发行代表聚集一堂，以纪念杂志创刊25周年为契机，深入研讨改革开放以来思想政治工作的基本经验，深入研讨邓小平新时期思想政治工作理论，深入研讨党的十六大以来我们党思想政治工作的理论创新，深入研讨进一步办好杂志的思路和对策，很有意义。我就做好新形势下思想政治工作和办好《思想政治工作研究》杂志谈一些看法和认识。

思想政治工作是党和国家事业的重要组成部分，也是我国革命、建设和改革取得伟大胜利的重要法宝。改革开放以来，党中央始终把思想政治工作放在极为重要的位置，在继承和发扬党的思想政治工作优良传统的同时，结合不断变化发展的新形势新任务，以改革精神推动思想政治工作，有力地促进了经济社会又好又快发展，巩固和发展了社会安定团结的大局。

邓小平同志高度重视思想政治工作。改革开放后，邓小平同志特别强调，在工作中心转移到经济建设以后，思想政治工作在党和国家事业全局中仍处于非常重要的地位，发挥着非常重要的作用。他明确指出，“改善党的领导，其中最主要的，就是加强思想政治工作”，思想政治工作“无论过去、现在和将来，这都是我们的真正优势”，“思想政治工作只能加强，不能削弱”，“越是改革开放，越要加强思想政治工作”，要“防止埋头经济工作、忽视思想工作的倾向”。

江泽民同志始终高度重视社会主义市场经济条件下的思想政治工作。他明确指出，在建设社会主义市场经济体制新形势下，加强和改进思想政治工作是改革开放和现代化建设的内在要求，是全党的一件大事，也是宣传思想工作的重中之重。他强调，要始终把思想政治工作放在全党全国工作大局极为重要的地位，放在整个改革开放和现代化建设的总体部署之中，做到“三个不能变”，即思想政治工作在党的全部工作中的地位不能变，各级党组织坚持不懈地抓思想政治工作的任务不能变，不断提高思想政治工作的质量和水平的要求不能变。

党的十六大以来，以胡锦涛同志为总书记的党中央，从新世纪新阶段党和国家事业发展的战略高度，反复强调了做好新形势下思想政治工作的极端重要性和紧迫性。胡锦涛总书记明确指出，“思想政治工作是我们党和社会主义国家的重要政治优势，深入细致地做好思想政治工作始终是党在宣传思想领域的一项基础性工作”，是“宣传思想战线的基本职责”。他强调，要切实把思想政治工作摆到事关全面建设小康社会全局的更加突出的位置上，纳入现代化建设“四位一体”的总体布局，摆上党委政府工作的重要议事日程，用科学发展观统领思想政治工作的全过程，积极开创思想政治工作创新发展的新局面。

邓小平、江泽民、胡锦涛同志关于加强思想政治工作的重要论述，是中国特色社会主义理论的重要内容，是加强和改进新时期思想政治工作的重要指导方针。我们要始终牢记和深刻领会这些重要论述，进一步提高认识，增强做好工作的责任感使命感，认真研究新形势下思想政治工作的变化、特点和规律，牢牢掌握思想政治工作的领导权和主动权，推动思想政治工作不断向深度和广度发展。

当前，加强和改进思想政治工作，要全面贯彻党的十七大精神，高举中国特色社会主义伟大旗帜，坚持以邓小平理论和“三个代表”重要思想为指导，深入学习实践科学发展观，进一步贯彻落实“高举旗帜、围绕大局、服务人民、改革创新”的总要求，坚持解放思想、实事求是、与时俱进，坚持贴近实际、贴近生活、贴近群众，不断增强思想政治工作的针对性、实效性和吸引力、感染力，努力为坚持改革开放、推动科学发展、促进社会和谐提供强大的思想保证和精神动力。

思想政治工作要以中国特色社会主义理论体系为指导。这是确保思想政治工作的正确政治方向，巩固和发展全党全国人民团结奋斗的共同思想基础的根本前提。要坚持不懈地用中国特色社会主义理论武装全党和干部群众，积极引导帮助干部群众学习、接受、掌握和运用党的创新理论成果，深入浅出地回答干部群众普遍关心的问题，使中国特色社会主义理论体系日益深入人心，把广大人民团结和凝聚在中国特色社会主义伟大旗帜下，坚定不移地走中国特色社会主义道路。

思想政治工作要着力推动科学发展，促进社会和谐。紧紧围绕中心，自觉服务大局，思想政治工作才能有活力，有凝聚力。推动科学发展、促进社会和谐，是当前党和国家工作的中心任务。思想政治工作必须围绕这个中心和大局，为科学发展、社会和谐提供强大的精神动力、舆论支持和思想保证，充分调动全社会推动科学发展、促进社会和谐的积极性、主动性和创造性。

思想政治工作要把建设社会主义核心价值体系作为根本任务。思想政治工作重在建设，就是要落到建设社会主义核心价值体系。社会主义核心价值体系，是全面建设小康社会、建设和谐社会进程中的共同思想基础，是中华民族伟大复兴的共同精神力量。思想政治工作的各项教育、各种活动，都要围绕社会主义核心价值体系建设来展开，努力做到用社会主义核心价值体系引领社会思想意识和社会思潮，在多元中立主导，在多样中谋共识，增进社会认同，减少思想冲突，为建设和谐社会打牢团结奋斗的共同思想基础。

思想政治工作要贯穿以人为本理念。思想政治工作归根到底是做人的工作，必须坚持以人为本。既教育人、引导人、鼓励人，又尊重人、理解人、关心人。要关注人们多方面、多层次需求，关注人的理想、信念和情感，促进人的个性、才智和潜能的充分实现，引导人们加强自身修养，提高精神境界，完善自我人格。既解决人们的思想认识问题，又关注人们的心理问题，积极帮助人们调节心理结构，保持心态平衡，及时化解人们心理上的不满、焦虑和怨恨情绪。要带着对人民群众的深厚感情做工作，把人文关怀融入各项工作。

思想政治工作要始终坚持改进创新。做好新形势下的思想政治工作，根本出路在于改进创新。思想政治工作说到底是传播思想，必须提高传播能力。思想政治工作要在继承优良传统的基础上，适应新的时代特点，与时俱进、改进创新。当前，经济基础、体制环境、社会条件和传播手段的深刻变化，使思想政治工作的环境、任务、内容、渠道和对象都发生了很大变化。思想政治工作要站在时代发展的前列，深入分析和准确把握经济社会发展的新变化，紧密结合改革开放和现代化建设的新要求，科学地认识和把握新形势下思想政治工作的特点和规律，形成新思路，探索新办法，开辟新途径，取得新成效，不断增强思想政治工作的吸引力、感召力和影响力。要认真研究思想政治工作对象的新变化，积极拓展思想政治工作的覆盖面，有针对性地做好各种社会群体的思想政治工作。要善于运用新媒体开展工作，充分利用新媒体的技术优势和传播优势，探索寓教育于服务、寓教育于娱乐的新方法，努力使新媒体在思想政治工作中发挥更加重要的作用。

以上几条既是对做好新形势下思想政治工作的要求，也是《思想政治工作研究》杂志进一步明确办刊方向、提高办刊质量要遵循的原则，要贯彻落实到办刊的每个环节。

《思想政治工作研究》杂志的创刊，适应了我国改革开放条件下加强思想政治工作的需要。杂志从一创刊，就得到中央领导和有关部门的高度重视。1983年杂志创刊时，小平同志亲笔为杂志题写了刊名。1993年，中国政研会成立10周年、《思想政治工作研究》杂志创刊10周年时，江泽民等中央领导同志亲切接见了出席纪念会的代表，江泽民同志作了重要讲话。中央政治局委员、中央书记处书记、中宣部部长刘云山同志十分关心杂志，曾两次作出重要批示，要求把《思想政治工作研究》办成全国思想政治工作研究领域权威刊物。

创刊25年来，杂志始终以深入学习、宣传、贯彻新时期党的基本理论、基本路线、基本纲领和基本经验为宗旨，及时传达工作指导，坚持深化理论研究，广泛宣传基层经验，在社会上产生了较大影响。当前，我们要深入学习实践科学发展观，遵循宣传思想工作的总要求，进一步明确定位，继续提高办刊质量，不断扩大社会影响，更好地发挥《思想政治工作研究》杂志的重要作用。

首先是要充分发挥思想政治工作权威刊物的作用。《思想政治工作研究》杂志是中宣部主管的刊物。要突出杂志的权威性，切实发挥中国政研会、中宣部政研所机关刊物的重要作用。要及时传达中央有关加强和改进思想政治工作的重要指示，传达中宣部的精神。权威性不仅仅来自于中宣部主管，更要来自于刊物的质量，要对重大的思想理论和社会实际问题做出及时、正确的解释，对群众关注的热点难点问题做出令人信服的说明，汇聚一大批有价值的研究成果，增强刊物的指导性。

二是要充分发挥宣传社会主义先进文化重要阵地的作用。《思想政治工作研究》杂志作为面向全国的理论刊物，担负着传播社会主义先进文化的重任。要始终坚持党性原则，牢牢把握正确的舆论导向，坚持团结稳定鼓劲、正面宣传为主，唱响主旋律，打好主动仗。旗帜鲜明地宣传党的主张，弘扬社会正气，在营造健康向上、丰富生动的主流舆论方面发挥积极作用。

三是要更好地发挥思想政治工作经验交流平台的作用。要坚持为基层在实践中取得的典型经验提供交流平台，及时刊发反映农村、社区、企业、军队、机关、院校等基层思想政治工作的理论性和应用性研究成果，刊发反映各行各业各单位各部门在思想政治工作领域有创意、有特点的新做法、新载体、新形式，及时传播好的经验，促进交流，加强学习，改进工作，使基层思想政治工作紧跟时代步伐，不断迈上新台阶。

四是要充分发挥思想政治工作者和基层干部得力助手的作用。坚持面向基层、面向一线、面向广大党政干部和思想政治工作者，加强同全国思想政治工作领域的广泛联系。及时传递和交流各地各部门开展思想政治工作研究活动的信息，切实为思想政治工作者开拓视野、更新观念、丰富工作内容、拓宽工作领域、提高自身素质提供指导和服务。扩大杂志的社会影响力，力争让广大思想政治工作者和基层干部都能看到、读到杂志，成为广大思想政治工作者的好帮手。

把《思想政治工作研究》杂志办成思想政治工作领域权威刊物，必须深刻认识刊物肩负的使命，始终坚持正确的办刊方向，不断开创杂志工作的新局面。要在“深”字上下功夫。深刻把握国际国内形势的新发展新变化，深入分析社会思想变化的动态和趋势，深入细致地做好教育引导工作。要在“实”字上下功夫。坚持面向基层、面向实践，服务群众，深入实际。说真话，说实话，研究实际问题，指导实际工作。要在“新”字上下功夫。坚持解放思想，实事求是，与时俱进，始终站在思想政治工作的前沿，紧跟时代步伐、体现时代精神，不断推动思想政治工作改进创新。要在“活”字上下功夫。要准确把握受众心理和接受习惯的特点，善于运用通俗易懂、鲜活的语言和群众喜闻乐见的表达方式，切实改进文风，既保证文章的权威性、理论性，又增强文章的吸引力、感染力。用事实说话、用典型说话、用数字说话，灵活运用多种表现形式，增强杂志的表现力和亲切感。最后强调一点，要在加强队伍建设上下功夫。办好刊物，关键在班子、在队伍、在人才。作为思想政治工作的刊物，我们的同志要加强自身思想道德修养，不断提高思想政治水平，努力增强业务本领。要增强光荣感、使命感，加强对骨干和人才的培养锻炼，建设一支政治强、业务精、作风正、纪律严的队伍，为办好刊物提供组织保障。

《思想政治工作研究》杂志走过了25年历程，做出了自己应有的贡献。面向未来，我们的责任更重大，任务更艰巨。我们要增强使命感、责任感和紧迫感，以更加良好的精神状态，更加扎实的工作作风，扎实做好各项工作，努力把刊物办出特色、办出水平，努力推动思想政治工作深入发展，为全面建设小康社会做出新的更大的贡献。

（此文是中央宣传部副部长翟卫华2008年10月28日在纪念《思想政治工作研究》杂志创刊25周年座谈会上的讲话）

科学发展视野下的军队政治工作创新发展

蒋乾麟

改革开放30年，伴随着共和国阔步前进的步伐和人民军队建设的历史性跨越，军队政治工作不断创新发展，确保了三军将士始终凝聚在党的旗帜下，确保了军队建设始终沿着正确的方向发展。新世纪新阶段，面对国际风云变幻和我国经济社会深刻变革，面对中国特色军事变革和应对多种安全威胁的艰巨任务，进一步推进军队政治工作创新发展，必须充分体现和贯彻科学发展观的要求，与时代的深刻变革相适应，与提高履行历史使命能力相统一，与促进官兵全面发展相一致，与提高军队建设整体质量和效益相协调。

一、军队政治工作创新发展必须是与时代的深刻变革相适应的发展

时代变革既是军队政治工作的深刻背景，也是推进军队政治工作创新发展的强大动力。时代条件和社会环境的每一步发展变化，都对军队政治工作的创新发展提出了新的课题。

改革开放30年，军队政治工作紧随时代变革的步伐改革创新，对军队建设发挥了坚强有力的服务保证作用。30年来，党中央、中央军委审时度势，着眼坚持人民军队的性质、本色和作风，始终把思想政治建设摆在军队各项建设的首位，坚持党对军队绝对领导不动摇。针对改革开放和发展社会主义市场经济形势下官兵的思想观念、价值取向和行为方式的诸多变化，坚持不懈地用马克思主义中国化的最新成果武装官兵，用社会主义核心价值观念教育官兵，确保官兵政治上的坚定和思想道德的纯洁。根据中国特色军事变革对高素质新型军事人才的需求和国家高等教育大众化的趋势，不断加大依托国民教育培养军事人才和从社会引进专业技术人才工作的力度，逐步实现军地通用人才主要依托国民教育培养，军民结合、寓军于民的军队人才培养体系初步形成。针对国内外环境、军队使命任务和党员干部队伍状况的深刻变化，坚持以改革创新精神与时俱进推进军队党的建设，确保党的建设新的伟大工程在全军扎实推进。适应依法治国进程的不断推进，积极推进军队政治工作法制化，把改革创新的成熟做法及时以法规制度的形式固定下来，为军队政治工作提供长期遵循。上述一系列主动适应的政策措施，推动着军队政治工作不断创新发展，使其充满着生机与活力。

新世纪新阶段，军队政治工作的外部条件和社会环境发生了深刻变化。国际战略形势总体上保持缓和稳定，但局部战争和武装冲突此起彼伏，传统安全威胁和非传统安全威胁相互交织，国际政治、安全等领域引发新的矛盾和冲突的因素增多。各种思想文化相互激荡，文化因素在国际社会的影响力增强。西方敌对势力继续对我推行西化、分化政治图谋，鼓吹军队“非党化、非政治化”和“军队国家化”，加大思想文化渗透力度。我国进入全面建设小康社会的新阶段，改革开放深入推进，国家利益不断拓展，各种社会矛盾进一步凸现，事关国家发展安全的问题日益突出，国内政治安全和社会稳定面临诸多挑战。军队建设进入机械化、信息化复合发展的新阶段，但现代化水平与打赢信息化条件下局部战争的要求不相适应、军事能力与履行新世纪新阶段我军历史使命的要求不相适应的主要矛盾尚未根本解决，组织体制不够科学、政策制度不尽完善、高素质人才匮乏、自主创新能力不强等深层次矛盾和问题日益凸显。军队成员结构、兵员成分构成发生重大变化，官兵思想活跃，价值取向多元，权利意识增强，信息渠道增多。这些都对军队政治工作丰富内容、拓展领域、创新手段提出了新的更高的要求。

军队政治工作一定要树立和强化主动适应、积极作为的理念，在密切关注世情国情军情的深刻变化、始终紧跟时代步伐中创新发展。要坚持用中国特色社会主义理论体系武装全军，进一步打牢官兵高举旗帜、听党指挥、履行使命的思想政治基础。要教育引导广大官兵充分认清现阶段国家安全问题的综合性、复杂性、多变性的态势，切实增强忧患意识，不管形势怎样变化，战备思想不能松、战斗力标准不能降、训练劲头不能减。要努力探索信息化条件下和社会主义市场经济环境中治军带兵的特点和规律，对市场经济和社会生活信息化不仅看到其带来“冲击”的消极影响，更要看到其有利的积极作用，解放思想，趋利避害，顺势而为，破除循规蹈矩、墨守陈规的习惯做法，化被动防堵为主动应对。要根据国家经济社会发展和军事职业特点，着眼进一步集聚人才、凝聚军心和保持部队稳定，积极探索适应社会主义市场经济发展要求、符合部队建设实际、照顾官兵实际利益的新路子，加强兵役制度、军人转业退伍安置制

度、工资福利制度、住房制度等调整改革,切实解决关系军队长远发展、关系广大官兵切身利益的实际问题。要根据建设信息化军队、打赢信息化战争对军事人才的新要求,深入落实军队人才战略工程规划,着力建设一支懂得信息化战争指挥和信息化军队建设的指挥军官队伍,一支善于对军队建设和作战问题出谋划策的参谋队伍,一支能够组织谋划武器装备创新发展和关键技术攻关的科学家队伍,一支精通高新武器装备性能的技术专家队伍,一支能够熟练掌握手中武器装备的士官队伍。要以先进性建设和能力建设为主线加强和改进军队党的建设,按照坚强有力、奋发有为的要求加强党委班子建设,着力提高加强部队思想政治建设、把握部队建设正确方向的本领,领导军事斗争准备、带领部队完成信息化条件下作战任务的本领,推进中国特色军事变革、推进部队机械化信息化建设的本领,依法从严治军、加强部队正规化建设的本领。

二、军队政治工作创新发展必须是与提高履行历史使命能力相统一的发展

科学的任务定位,是推进军队政治工作创新发展的基本前提。政治工作的任务只能根据我军的基本任务与当前具体任务去规定,“不能在我军基本任务与当前具体任务之外再有所谓政治工作的独立任务”。我军政治工作经典文献《谭政报告》所阐述的上述确定我军政治工作任务的基本原则,历经岁月沧桑,如今仍然适用,必须一以贯之地坚持。

改革开放30年,我军政治工作始终围绕中心、服务大局,充分发挥了服务保证功能。随着我军建设指导思想的战略性转变,我国国防和军队建设从早打、大打、打核战争的临战状态转到了和平时期建设的轨道,先后进行了百万、五十万、二十万三次大裁军等一系列重大调整改革。军队政治工作主动适应军队建设指导思想变化和军队建设重大改革,教育引导全军官兵自觉在大局下行动,部队建设服从服务于国家建设,个人进退去留听从组织安排,需要“忍耐”的时候,默默地无私奉献;需要抢险的时候,奋不顾身地赴汤蹈火;需要战斗的时候,义无反顾地浴血疆场。1988年,邓小平同志在中央军委扩大会议上明确提出,必须把提高战斗力作为军队改革和建设的出发点和落脚点。这就确立了军队各项工作的根本标准,也明确了军队政治工作的根本评价尺度。进入20世纪90年代,面临冷战结束后复杂的国内外形势,江泽民同志提出了“打得赢”、“不变质”的历史性课题。围绕这两个历史性课题,党中央、中央军委明确指出我军思想政治建设的使命是:为打赢未来高技术战争提供强大的精神动力,为保持人民军队的性质、本色和作风提供可靠的政治保证。世纪之交,围绕建设信息化军队、打赢信息化战争的军队建设与发展目标,突出军队政治工作的直接作战功能、加速推进军队政治工作信息化等成为军队政治工作创新发展的显著特征。军队使命任务的发展变化为政治工作的创新发展赋予了丰富内涵,紧紧围绕使命任务开展工作为政治工作创新发展提供了宽阔平台。

新世纪新阶段,我国国防和军队建设所处的环境和面临的任务发生了重大变化。胡锦涛主席根据时代发展和国家安全形势的变化,着眼维护国家和民族的根本利益,提出了新世纪新阶段我军“三个提供、一个发挥”的历史使命,进一步明确了我军在新的历史条件下的地位作用,拓展了我军的职能任务。切实履行好这一历史使命,是党的重托、人民的期望。我军的全部工作,都要围绕有效履行这一历史使命来展开,各项建设都要围绕提高履行历史使命的能力来进行。为履行我军历史使命提供坚强保证,成为军队政治工作在新的时代的鲜明主题。

军队政治工作一定要树立和强化紧扣主题、服务中心的理念,在深入回答和解决履行我军历史使命提出的新课题、确保完成各项任务中创新发展。应对多种安全威胁、完成多样化军事任务,是新世纪新阶段我军履行历史使命的基本实践。应对多种安全威胁,首要的是应

对国家被侵略、被颠覆、被分裂的威胁；承担多样化军事任务，首要的是打赢信息化条件下的局部战争。军队政治工作要注重围绕提高核心军事能力、遂行多样化任务展开，更好地服务保证国家安全发展利益的新拓展，服务保证军事斗争准备和信息化条件下军事训练的新实践，服务保证部队全面建设又好又快发展的新要求，为我军履行历史使命提供强有力的精神支撑、组织保证和智力支持。要正确认识和处理提高战斗力与保证安全的关系，始终坚持战斗力标准，牢固树立科学的安全发展观；正确认识和处理政治与军事的关系，始终坚持结合渗透的原则，把政治工作贯穿渗透到完成以军事训练为中心的各项任务中去。要进一步适应精神对抗在信息化战争中的地位显著上升的趋势，强化和拓展军队政治工作的直接作战功能，有力组织实施一体化的舆论战心理战法律战；适应信息化战争中政治攻击与军事打击相互交织、政治工作与军事行动紧密结合的趋势，积极开展一体化联合作战政治工作，努力实现军事行动和政治工作一体化、诸军兵种政治工作一体化。要根据完成多样化军事任务日渐增多、非战争军事行动日渐常态化的实际，深入研究信息化条件下非战争军事行动中军队政治工作的特点规律，积极做好非战争军事行动的思想准备、组织准备、预案准备和人才准备。

三、军队政治工作创新发展必须是与促进官兵全面发展相一致的发展

坚持以人为本是科学发展观的本质和核心。把以人为本作为重要的建军治军理念，适应了时代进步要求和部队科学发展需要，反映了广大官兵的强烈愿望，深刻回答了我军建设为了谁、依靠谁的根本问题，赋予人民军队性质宗旨和优良传统以新的时代内涵。

改革开放 30 年，我军政治工作坚持全心全意为人民服务的宗旨，充分尊重广大官兵在军队建设中的主体地位和创造精神。一方面，把人民利益高高举过头顶，为了人民的利益甘愿牺牲一切。凡是在急难险重的任务面前，都有军队的身影；凡是在党和人民需要的时候，都有军人的奉献。从唐山抗震救灾到’98 抗洪抢险，从抗击非典病魔到抗击雨雪冰冻灾害和汶川大地震，哪里有灾情，哪里就有人民子弟兵；哪里有危险，哪里就有部队官兵。为了人民的利益，我军官兵总是挺身而出，冲锋在前，人民利益高于一切的价值追求得到了充分的弘扬和体现。另一方面，尊重官兵的主体地位和正当权益，正确认识和运用物质利益原则，努力创造条件满足官兵物质文化生活需要和成长进步诉求。邓小平同志曾经指出：“革命精神是非常宝贵的，没有革命精神就没有革命行动。但是，革命是在物质利益的基础上产生的，如果只讲牺牲精神，不讲物质利益，那就是唯心论。”1999 年全军政治工作会议正式提出了物质利益原则，这是军队政治工作思想解放的一个重要成果。在国家经济快速发展的基础上，党和政府不断加大国防投入。军委、总部采取一系列有力措施，解决部队特别是基层连队建设中的实际困难和问题，广大官兵的训练和生活条件显著改善，军队大熔炉、大学校作用显著发挥。从培养军地两用人才到创建学习型军营，从改善官兵的物质待遇到提高官兵的文化素质，从维护和保障官兵正当的民主权益到关心官兵的价值诉求，促进官兵全面发展的工作力度不断加大，政策措施不断完善。如今，越来越多的心理医生和心理咨询员走进部队，帮助官兵疏导心理问题；处处有“军营律师”为官兵保护自身合法权益提供服务；各部队在局域网上开设了“首长信箱”、“连队论坛”，战士们建言献策，就入党、提干、选取士官等敏感问题公开评议等等。以人为本的深入人心和深入贯彻，使广大官兵的主体地位得以充分体现，主体作用得以充分发挥。

新世纪新阶段，官兵的利益需求、文化追求、民主要求和价值诉求更加多元、直接和强烈，给军队政治工作提出了新的课题和要求。如何正确认识和处理强调牺牲奉献精神和保障

官兵切身利益的关系？如何正确认识和处理保证部队高度集中统一和扩大官兵民主参与的关系？如何用社会主义一元核心价值去引导、统领官兵多元的思想观念？如何把思想政治教育与解决实际问题结合起来？怎样把军人对个人利益和价值实现的追求引导到符合国家利益、符合主流价值、符合军队建设需要的方向？这些都是军队政治工作必须认真研究和解决的重要现实课题。按照以人为本的要求，军队政治工作加强了对新情况新问题的研究，提出要防止和克服把官兵的特点当成缺点，把合理的追求当成不务正业，把实现自身价值当成动机不纯，把敢于发表意见当成“刺头”，把心理问题当成思想问题，在进一步改善官兵物质文化生活条件的同时，切实加强民主建设、心理疏导和人文关怀，取得了明显成绩和进步。

军队政治工作一定要树立和强化以人为本的理念，在始终坚持人民军队的性质宗旨、努力实现官兵成长进步与部队建设发展内在统一中创新发展。要引导官兵自觉践行人民军队的根本宗旨，为人民的利益勇于献出自己的一切。要充分尊重官兵的主体地位和创造精神，形成完善保障民主的机制，健全落实军人委员会、军人代表大会、旅团有关事务公开等方面的法规制度，充分发挥广大官兵在军队建设中的主体作用。要把官兵的全面发展作为建军强军之基，作为推动军队建设的强大动力，作为军队现代化建设水平的重要标志，满腔热情地解决官兵工作生活和成长进步中的实际问题和诉求，营造有利于官兵全面发展的良好环境和内部关系。要把以人为本的普遍性要求与军队作为武装集团的特殊性要求有机结合起来，重视发挥军事训练的特殊教育功能，通过严格训练和艰苦磨练，锻造官兵过硬的思想政治素质、科学文化素质、军事专业素质和身体心理素质，实现爱护官兵生命与培育战斗精神的统一，关心官兵个人发展与从严治军的统一，尊重官兵权益与确保一切行动听指挥的统一。要改革完善军事人力资源的政策制度，着力解决征高素质兵难、吸引保留人才难、转业安置难、伤病残人员移交地方难、一些基层干部生活困难等问题，调动官兵投身训练改革、推动科学发展的积极性创造性。

四、军队政治工作创新发展必须是与提高军队建设整体质量和效益相协调的发展

胡主席强调，全军各级要强化质量效益观念，努力提高军队建设的整体质量和效益。作为军队建设重要组成部分的军队政治工作，其创新发展也必须与提高军队建设整体质量和效益相协调。

改革开放 30 年来，军队政治工作的内容、形式和手段不断改进，质量和效益不断提高。以思想政治教育这一思想政治建设的中心环节为例，在不断适应改革开放和“市场”、“战场”的挑战中创新发展，主动性、针对性、实效性明显增强。解放思想和服从大局教育及时展开，“军魂”教育深入进行，使命教育全面开展，战斗精神教育不断加强，既反映了时代要求，又体现了军队特色。全军新一轮思想政治教育教材建设基本完成，改变了过去“一本教材打天下”的状况。幻灯、电视、多媒体和网络系统等相继引入教育实践，改变了以往仅靠“一块黑板搞教育”的局面。全军政工网自 2005 年 10 月开通以来，已联通全军 90％的建制师旅、70％的建制连队，日访问量达 300 多万页次。开辟了心理教育疏导和法律服务咨询，创造了“火线政工”、“水线政工”、“援奥政工”等一系列简便快捷、灵活多样的做法和经验，丰富了军队政治工作的实践。

新世纪新阶段，进一步提高军队政治工作质量与效益的任务仍然十分艰巨和繁重。在充分肯定改革开放以来军队政治工作质量效益不断提高的同时，必须清醒地看到存在的问题和不足。一些单位的政治工作认识上存有“只算政治账、不算经济账”的误区；工作中重投入轻产出、重过程轻效果、重机关轻基层的问题比较

突出。有的"以会议落实会议、以文件落实文件、以讲话落实讲话"，层层开会喊脱离实际的口号，层层表决心定难以落实的指标，层层定措施提过急过满的要求，把开会当成绩、把发文当落实、把过程当效果；有的以声势大小论优劣，把轰轰烈烈、热热闹闹当成绩；有的习惯于看人数、天数、篇数、次数，把这些数字当效益；有的缺乏统筹规划，想什么抓什么，想到哪抓到哪，临时动议部署任务、安排活动；有的对基层的困难和问题漠然处之，在抓基层上讲得多、干得少，只"绘图"、不"施工"，只报喜、不报忧等等。这些军队政治工作中的主观主义、形式主义、官僚主义顽疾，与科学发展观的要求格格不入，与现代信息社会和社会主义市场经济的效率观念背道而驰，必须坚决切实地予以克服。

军队政治工作一定要树立和强化质量效益理念，在大力弘扬求真务实精神、全面提升质量水平中创新发展。要研究把握信息化条件下和社会主义市场经济环境中政治工作的特点规律，不断推进政治工作科学化、正规化和信息化。要牢固树立正确的政绩观，努力提高科学决策、民主决策、依法决策水平，多做打基础、利长远的实事。要坚持把工作重心放在基层，深入实际、深入一线调查研究，找准问题症结，理清工作思路，拿出真招实策，切实把军队政治工作各项举措落到实处。要加大政治工作法规制度建设的力度，紧紧围绕凝聚军心、集聚人才、巩固提高战斗力，尽快形成科学完备、衔接配套的政策制度体系，并着力提高依法指导和开展工作的能力，自觉把法规制度作为组织开展军队政治工作的基本依据，把依法指导和开展工作作为基本的工作方式，切实做到党委依法决策、机关依法指导、部队依法运转、官兵依法办事。要大力加强军队政治工作信息化建设，开发完善统一领导、分层实施的政治工作信息化系统，注重拓展政治工作信息化系统的应用功能，为思想政治建设与时俱进、再创优势搭建坚实的信息平台。军队政治工作无论做决策、办事情、搞活动，都应强化成本意识，讲求效费比，力求以最小投入获取最大效益；强化艰苦奋斗精神，保持和发扬勤俭建军的优良传统，坚决反对大手大脚、铺张浪费、盲目攀比；强化科学管理观念，积极引进现代管理理念和方法，创新管理机制，提高管理水平，切实改变传统的人力密集型、数量规模型的粗放管理模式和管理理念，向科学管理要效益、要战斗力。

（作者：南京政治学院院长、少将）

从抗震救灾斗争中汲取宝贵财富
推动和谐社会建设中的思想政治工作

徐惟诚

这次汶川大地震，是我们建国以来面临的最严重的一次灾难。地震发生后，在党中央的领导下，全国人民万众一心，奋起抗争，取得了振奋人心的胜利。在这次抗震救灾斗争中，思想政治工作起到了不可磨灭的作用，包括震区的思想工作，包括各个地区、各个单位的同志们，在抗震救灾中都做出了自己的贡献。同时，我们也要在这样一个斗争当中，汲取进一步做好思想政治工作的宝贵财富。我们的思想政治工作之所以成功，目前能够看到的基本经验，主要有这么五条。

第一条，要依靠党和政府的坚强领导。这是我们做思想政治工作最重要的经验。如果没有坚强的领导，做工作就会很困难。这次地震发生后，党中央第一时间做出反应，对做好抗震救灾及时作出明确指示，中央领导同志两个小时后就飞往灾区。在真正的第一时间，中央所有的第一反应都是极快、极明确的。各级党组织、各级政府，也都很坚定地做出了极快的反应。比如，灾区中某机关办公楼塌了，一小部分干部从楼里冲出来，从废墟里爬出来，来不及寻找自己的家人，来不及擦眼泪，来不及掩埋同伴的尸体，就赶快干、赶快去指挥，这就是坚强的领导核心。每一个干部、每一个党员、每一个党组织都是一面旗，群众就有了依靠，就能看得见方向，思想政治工作就能做好。

第二条，要提供及时、充分、透明的信息。保持信息畅通，这是做好思想政治工作的一个基本条件。这次地震发生之后10分钟就开始播出新闻，当天电视台、广播电台就停止正常节目，滚动播出地震消息，第一时间给人民群众提供正确的信息，而且持续不断。这样，谣言就起不来了，混乱就不容易发生。如果大家处于不知道信息的情况，无论中宣部还是各级党委宣传部，想做工作，也没办法做。地震后，灾区的电停了，手机打不通了，电视、互联网的信息也不通了，唯一最有效的信息传递方式就是广播。据初步估算，这次给灾区送下去的收音机，大概在40万台以上，而且送收音机，还送发射设备，就是要保证信号传递。除了物质援助，还提供充分、透明的信息，这是从来没有过的。

第三条，要为所有群众创造人人出力的机会。做思想政治工作，不是把每个人放在被动的受教育的地位上，而是让人人都有机会做历史的主人，创造条件让每个人都参加进来。比如，一个吃低保的困难职工，一家三口每月才1000多块钱，他还捐出20块钱。这20块钱很重要，他拿出来了，就觉得他参加进来了，是这个社会的主人了。我们党执政有一条基本原理，也是马克思主义的基本原理——历史是人民群众自己创造的。什么时候都不能忘记这条基本原理，什么时候都不能把人民群众当作接受恩惠的对象，一定要让群众自己做主人。在救灾中，不能伤害任何一个受难者。他们已经受到很大的伤害，不能再从心理上伤害他们，一定要让他们觉得自己也出力了。如果他们只是被动地接受别人的施舍，他们以后的日子怎么过？什么是思想政治工作？把他们变成能够出力的人，这就是思想政治工作。受灾群众以后可以自己创造自己的幸福生活，思想政治工作每一步都要为这个做打算。这次全国的捐赠款物达到400多亿元，这是从来没有过的事情，说明人人都可以用能够想到的方式参加进来。

第四条，要把心理调适、心理援助、心理救助纳入思想政治工作的内容。对于心理帮助，从来没有像这次这么重视，可以让所有做思想政治工作的人从里面学到很多东西。这就是，思想问题不完全是道理对与不对，或者这个道理有什么方法讲得巧妙，就能让人家接受，它有许多是心理问题。心理调适好了，某种行为就不容易发生。这次地震后，大家觉得心理上受伤害最严重的是孤残儿童。小孩子受到这种大的打击，从来没有经历过，准备不足，心理比较脆弱，打击面又大，爸爸没有了，或者妈妈没有了，找不到人了，发呆，不说话，整天恐慌，天天做噩梦。这个时候，你只跟他讲“不要紧，我们都是你妈妈”，这是不行的。你这样讲，他更反感，心里还恨你了，“你要代替我妈妈”。灾区有个地方做得就很好。他们建了一个帐篷小学，虽然这个帐篷小学实际上可以容纳的孩子没有那么多，但是尽量把孩子组织起来，编成班，班里还分成组。一个组里7个孩子在一起互相介绍，还选出一个组长，然后做一个活动：7个人的手全部拉在一起，说一个愿望。通过这次很简单的活动，20分钟后孩子就变了。不是说孩子所有的心理问题都解决了，这是不可能的，但是孩子发生了变化。这变化是什么呢？他意识到自己是这个组的一员，他和集体、社会有了一个桥梁。你说整个社会都是你的家，这是没有用的。现在，他是这个组的一员。通过这个组，建立了他和整个社会的关系。这关系是很复杂的，他不可能完全理解，但他可以感知。得到了感知，这就是心理的调适。有的孩子自己在解决这个问题。他不愿意长期这样下去，自己找到一本书拿起来看，看着图画，看着看着，开始大声地念。真正地大声念了20、30分钟之后，心理开始变了。这不是什么人的教育，不是什么大道理，这是一个心理的调适。中央人民广播电台的儿童节目，这次在抗震当中专门开了一个心理调适节目，这个做法应该很好地汲取。怎么把心理学的许多方法，运用到思想政治工作中，是值得我们很好研究的一个问题。

第五条，要及时把人民群众的积极性引导到做好自己的本职工作上。积极性是需要引导的。不引导，积极性不可能长期保持。引导到哪儿去呢？引导到日常工作中。我们今天之所以比抗击唐山地震的时候更有力量，是因为改革开放30年的发展成果。有了这个成果，才有这个力量。我们以为捐赠款物已经很多，400多亿了，但救灾和重建是非常艰巨的任务，可能4000亿都不够，最好的方法就是继续努力增强我们的国力。我们从这次抗震救灾中认识到了中华民族的力量，认识到了人民群众的积极性。过去有人说80后怎么不好，我们现在应该看到，80后青年人也是好样的，80后蕴藏着极大的积极性。以后的工作中，要努力创造基本条件，把人民群众的积极性充分调动起来，引导他们做好自己的本职工作。

除此之外，通过这次抗震救灾，我们也进一步领会到：为什么中华民族长期以来始终把追求和谐作为一个很重要的价值观，统一、和谐为什么一直是中华民族发展的主流？中国历史上就多灾多难。几条大江大河的治理必须统一协调。南涝北旱只能互相支援。物产的不同要求互通有无。中国各个民族之间也长期形成了互相支援、谁也离不开谁的关系，这是统一、和谐的基础条件。可以说这是建设和谐社会的一个依据。今天，我们把建设和谐社会提到最重要的战略地位上，是因为我们的社会发生了从未有过的变化，是因为社会中还有不和谐的地方，而且很多问题不是一下子能够解决的。建设和谐社会这个任务就变成一个很艰巨的、长期而又迫切的任务。这其中，思想政治工作到底能做什么？我们不能给自己设置达不到的目标，但是，我们应当努力着手解决最急迫最需要做的事情。

这30多年来，中国多了民营企业，多了外资，多了很多东西，对社会来讲，影响最深刻的变化是什么？是许多人从单位人变成社会人，这是最深刻的变化。过去几十年，每个人都在一个单位生活，生老病死，都由单位帮他解决，单位也要管他的一切。现在，许多人都变成了社会人。还有各种各样的人，没有单位，或者跟单位联系很弱。共产党怎么跟这些人取得联系，他们能成为党的执政基础吗？我们要代表人民的利益，要为人民谋利益，包括不包括这批人呢？你怎么知道他的利益是什么，你怎么帮他实现他的利益，怎么联系他？这一切对于我们党，是一个新课题，没有现成答案。但是，这和党的命运关系密切，是必须要解决的。

解决任何问题，可以有各种各样的方法，但前提是要实践，要和这个事物接触，像毛泽东讲的，要亲口吃这个梨子，才能去解决它。上海杨浦区推出的“一线工作法”就是亲口吃这个梨子。在实践中，有可能这件事情做好了，那件事情没有完全做好，甚至发现有做不到的。这没有关系，你了解了，从此，就可以向前走了。如果我们永远和这个群体不接触，他们也会很苦恼。这个群体组织起来后，心态就会发生变化。从心理学上讲，人有三种心理状态：一种叫个体心理状态；一种叫群体心理状态；一种叫集体心理状态。一个人的时候想问题是一种想法；一群人走在一起，他的行为方式、想问题的方式就要发生变化。一群人坐在电影院里看电影，和一个班或十个班战士排着队进电影院开会，心态是完全不一样的。群体和集体是两个不同的概念。我们现在社区里的人，他天天自以为是个体，但有的时候形成了群体，却没有形成集体，这就会产生许多问题。

上海杨浦区的经验好，首先不在于它是“第一线”，它密切联系群众了，它把群众的问题逐一解决了，这不是它的发明，这是共产党的传统，在别的单位别的地方也要这样做。它的贡献在于把这样一个传统运用到社区，这是杨浦区的创造，是有历史意义的创造。

对于任何一个人群，我们要帮助他们建立和谐的社会关系，需要具备一些基本要素。这些基本的要素是什么呢？第一，帮助人互相沟通。和谐从哪里开始？和谐是从沟通开始的，和谐的起点是沟通。人与人之间一点关系都没有，谈不到和谐。这个沟通，实际上也是群众的迫切愿望。第二，帮助人互相理解。第三，应该再进一步，帮助人互相包容。在这个基础上，再进一步向互相支持、互相关爱努力。只要我们对和谐——人与人之间的和谐，它的条件和内容有所认识，就一定可以找到办法。在任何条件下，我们的思想政治工作都可以有所作为。

（根据中央宣传部原常务副部长徐惟诚在全国和谐社会建设思想政治工作现场经验交流会上的讲话整理）

指导宣传思想工作的纲领性文献

杨新力

胡锦涛总书记在全国宣传思想工作会议上的重要讲话，高屋建瓴，总揽全局，思想深刻，内涵丰富，是在新的历史起点上开创宣传思想工作新局面的纲领性文献。贯彻落实会议精神，关键是认真学习、深刻领会总书记的重要讲话，把思想行动统一到中央部署要求上来。

深刻领会中央对宣传思想工作全局的新要求。胡锦涛总书记提出的“高举旗帜、围绕大局、服务人民、改革创新”十六字总要求，深刻阐明了宣传思想工作的政治方向、首要任务、根本宗旨和动力源泉，体现了中央对宣传思想工作的战略性思考，对宣传思想工作必将产生重大而深远的影响。深刻领会这个总要求，我们就能够更好地在国内国际两个大局互动联系中谋划宣传思想工作，在中国特色社会主义事业总体布局中把握宣传思想工作。

深刻领会中央对宣传思想工作理念的新提炼。胡锦涛总书记指出，文化是最需要创新的领域，只有把握时代脉搏、反映时代精神、贴近现实生活、引领人民思想的文化，才能始终赢得人民，才能始终成为社会进步的先导。这些新理念准确揭示了新形势下宣传思想文化工作规律。深刻领会这些新理念，我们就能够更好地解放思想、更新观念，开阔视野、拓宽思路。

深刻领会中央对宣传思想工作形势的新判断。胡锦涛总书记指出，当前国际形势中的中国文化因素和国内形势中的国际文化因素都在增加，国际思想文化领域斗争依然深刻复杂；我国进入文化消费的快速增长期，人们精神文化需要更加旺盛；互联网已成为各种社会思潮、各种利益诉求的集散地，成为意识形态较量的一个重要战场，人们对互联网的认识已知远小于未知，其技术发展和社会影响还将发生深刻变化。这些新判断体现了中央对当今国际国内发展大势的敏锐把握。深刻领会这些新判断，我们就能够更好地把握新机遇新挑战，以改革精神、创新思路、发展办法推动宣传思想工作与时代发展同步伐、与经济社会同进步。

深刻领会中央对宣传思想工作任务的新部

署。胡锦涛总书记强调，要用中国特色社会主义理论体系武装全党、教育人民，推进社会主义核心价值体系建设，提高舆论引导能力，加强思想道德建设，建设公共文化服务体系，深化文化体制改革，做好对外宣传工作。深刻领会这些新部署，我们就能够更好地抓住工作重点，找准突破口，展开布局，形成亮点。

深刻领会中央对宣传思想工作队伍的新期望。胡锦涛总书记强调，宣传思想战线要立足中国特色社会主义伟大实践，从波澜壮阔的现实生活中汲取养分，准确把握人民精神文化需要的新变化，引领时代变革风气之先，深入把握新形势下宣传思想工作的特点和规律，焕发创造激情，增强创新能力，使宣传思想工作始终保持旺盛的生机活力。所有这些，集中体现了中央对宣传思想工作队伍的殷切期望。深刻领会这些新期望，我们就能够更好地增强责任感使命感紧迫感，增长才干、提高本领，承担起时代和人民赋予的重要使命。

当前，江苏人均GDP已超过4400美元，正处于工业化转型期、城市化加速期、市场化完善期和国际化提升期。省委明确提出要在科学发展道路上迈出更加坚实步伐，率先全面建成更高水平的小康社会，把江苏的明天建设得更加美好。宣传思想战线要按照胡锦涛总书记提出的十六字总要求，深入贯彻落实科学发展观，以学习宣传贯彻十七大精神和省委十一届三次全会决策部署为主线，统一思想，凝聚力量，为全面达小康、建设新江苏加油鼓劲。

理论武装工作，要以中国特色社会主义理论体系、科学发展观为重点内容，以县处级以上领导干部为重点对象，以党委中心组为重要载体，善于运用身边事例，深入浅出回答人们关心的理论和实际问题，使党的理论创新成果走进生活、贴近百姓。

新闻舆论引导工作，要牢牢把握正确导向，坚持团结稳定鼓劲、正面宣传为主，决不能发表与中央精神相悖的观点，决不能给噪音杂音提供传播渠道。在报道新闻事实中体现正确导向，在同群众交流互动中形成社会共识，在加强信息服务中进行思想引导。加强对薄弱环节、关键部位管理，增强新闻媒体公信力。

思想道德建设和精神文明创建，要以社会主义核心价值体系为根本，在多元多样多变中立主导，引领不同社会阶层、不同认识水平的人们共同进步。注重实践养成，依靠各方面力量开展工作，把社会主义荣辱观融入各种行为规范，融入人们工作学习生活。扩大覆盖面，延伸工作范围，减少空白点，减少旁观者。

改革开放30周年纪念活动，要突出思想内涵，引导人们充分认识30年来党和国家以及江苏面貌发生历史性变化的根本原因。总结成功经验，展示巨大成就，弘扬“创业创新创优”的新时期江苏精神，推动新一轮思想大解放，推动新一轮大发展。严守宣传纪律，防止歪曲、否定改革开放和中国特色社会主义的错误倾向的干扰。

文化强省建设，要多出优秀作品，努力为不同年龄、不同群体、不同层次的人们提供精神食粮。不断深化文化体制改革，鼓励大胆地试，大胆地闯，向改革要发展，向改革要效益。注重文化惠民，扎实推进博物馆、纪念馆和爱国主义教育基地免费开放工作，做出江苏特色，做出江苏经验。

对外宣传工作，要紧密配合开放型经济转型升级，为引资选资和推动江苏企业、产品更好更多走出国门提供服务。了解外国人对江苏信息的需求，适应外国人思维和认知习惯，打造外宣品牌。加强与海外主流媒体合作和对外文化交流，扩大江苏广电国际频道、金陵之声落地范围。

网络文化建设和管理，要加强政策扶持，做大做强江苏重点新闻网站。把运用新技术和扩大业务结合起来，逐步由单一的新闻频道向即时通讯、博客、播客等领域拓展。加强协调配合，形成上下联动、左右互补的网络文化建设和管理格局。

现在，宣传思想工作面临难得的历史机遇。

中央和省委高度重视，为做好工作指明了前进方向；经济社会又好又快发展，为干大事、干成事提供了物质条件；群众精神文化需求快速增长，为建设文化强省开辟了广阔空间；实践中创造积累的成功经验，为创新发展奠定了良好基础。起点高、条件好，任务重、责任大，既是动力又是压力，形势喜人又逼人。我们一定要增强政治意识、大局意识、责任意识，时刻保持清醒头脑和坚定立场；立足新的实践，继续解放思想；强化服务意识，切实转变作风；创新体制机制，激发工作活力；集聚优秀人才，增强队伍实力，以更加奋发有为的精神状态开创宣传思想工作新局面。

（作者：中共江苏省委常委、宣传部长）

为改革开放营造良好的舆论环境

林　雄

胡锦涛同志在全国宣传思想工作会议上的重要讲话中，强调要"提高舆论引导能力，进一步为改革发展稳定营造良好氛围"。贯彻落实胡锦涛同志的重要讲话精神，就要紧紧抓住深入学习宣传贯彻党的十七大精神这条主线，坚持正确导向，有效引导社会舆论，始终唱响共产党好、改革开放好、社会主义好的主旋律，着力壮大健康向上的主流舆论，为深入推进改革开放，开创中国特色社会主义事业新局面，提供强有力的舆论支持。

要为继续解放思想、坚持改革开放营造氛围。改革开放是决定当代中国命运的关键抉择，是发展中国特色社会主义、实现中华民族伟大复兴的必由之路，只有改革开放才能发展中国、发展社会主义、发展马克思主义。为改革开放营造良好舆论氛围，就要把改革开放的号角吹得更响，把广大人民凝聚到中国特色社会主义伟大旗帜下，坚定不移地走中国特色社会主义道路。要发挥舆论宣传在建设中国特色社会主义理论体系中的重要作用，通过宣传这一理论体系的深刻内涵和重大意义，宣传这一理论体系给当代中国带来的巨大变化，生动阐释只有中国特色社会主义旗帜能够团结凝聚全国各族人民共同奋斗，只有中国特色社会主义道路能够引导中华民族实现伟大复兴。改革开放30年来广东取得的举世瞩目的成就，是建设中国特色社会主义的成功范例和生动教材。要充分利用纪念改革开放30周年这一契机，大力宣传改革开放的伟大进程和宝贵经验，大力宣传改革开放30年来我国经济社会发展的巨大成就，大力宣传改革开放作为基本国策的战略意义，坚定广大人民坚持改革开放的信念和决心。要大力营造继续解放思想的浓厚氛围，认真组织和深入开展解放思想的学习讨论活动，宣传广大干部群众勇于冲破思想束缚和体制机制障碍的观念创新和实践探索，在全社会形成坚持解放思想、勇于变革创新、永不僵化停滞、不为任何风险所惧、不被任何干扰所惑的氛围，引导干部群众把改革开放事业推向前进。

要为深入贯彻落实科学发展观营造氛围。科学发展观是发展中国特色社会主义必须贯彻落实的重大战略思想。坚持改革开放，必须落实到科学发展上。为改革开放营造良好的舆论氛围，就要把学习宣传贯彻科学发展观摆在突出位置，作为媒体理论宣传的重点内容，全面准确地阐释科学发展观的科学内涵、精神实质、根本要求，引导干部群众自觉用科学发展观武装头脑、指导实践、推动工作。要做好全党深入学习实践科学发展观活动的宣传，开展以“高举旗帜、科学发展”为主题的宣传，报道各地贯彻科学发展观的新举措、新实践、新成果，宣传典型经验，把全社会的发展积极性引导到自觉走科学发展道路上来。要做好形势宣传，把改革发展的政策措施宣传好，把党和政府的重大工作宣传好，推动科学发展观的落实。要创新理论宣传、时事政策宣传、成就宣传和典型宣传等主题的宣传形式和方法，研究受众心理，把握新闻传播规律，增强主题宣传的吸引力和感染力，增强宣传效果，形成主流舆论强势，使科学发展观真正深入人心。

要为最大限度调动人民群众改革开放积极性营造氛围。人民群众是建设中国特色社会主义的根本力量，是改革开放的主体。只有坚持发展为了人民，发展依靠人民，发展成果由人民共享，中国特色社会主义事业才能获得最为深厚的群众基础、最为强大的推动力量。为改革开放营造良好舆论氛围，就要把实现好、维护好、发展好最广大人民的根本利益作为舆论引导的出发点和落脚点，把尊重人民主体地位、发挥人民首创精神、保障人民各项权益作为舆论引导的基本要求。要把新闻宣传的重点放在改革发展给人民群众带来的实际利益上，放在人民生产生活的具体变化上，用看得见摸得着的事实动员和引导群众。要把新闻宣传的视角对准改革建设第一线，让人民群众成为新闻报道的主角，让人民群众的生产生活成为全社会关注的重点。要着力抓好民生问题的宣传，积极反映人民群众的利益诉求，及时报道党和政府解决人民群众最关心、最直接、最现实利益问题的举措和成效，不断增强人民群众的信心和力量。要充分发挥舆论在维护群众利益中的积极作用，进一步改进和加强舆论监督，及时揭露批评危害群众利益的现象，推动事关群众切身利益问题的解决。要把“三贴近”的原则落实到新闻宣传中，从群众的关注点和兴奋点入手，把党的主张和群众的呼声统一起来，用群众喜闻乐见的内容和形式服务群众、引导群众。

要为促进社会和谐稳定营造氛围。和谐是中国特色社会主义的重要特征，稳定是改革开放的重要前提。为改革开放营造良好舆论氛围，就要把维护社会和谐稳定作为一项重要职责，充分发挥舆论通达社情民意、引导社会热点、疏导公众情绪、化解社会矛盾的重要作用，努力形成倍加珍惜改革开放大好局面、倍加维护安定团结大好局面的社会氛围。要把政治家办媒体的原则落实到新闻宣传的具体工作中，牢牢坚持以马克思主义新闻观指导工作，牢牢把握正确的政治方向，牢牢掌握舆论工作的领导权和主动权。要帮助人们正确认识经济社会发展形势，理性看待发展中的矛盾和问题，增强信心，团结奋进。要高度重视社会热点的舆论引导，按照透明、开放的要求，着眼于解决问题、改进工作、化解矛盾，完善新闻发布机制，健全突发事件新闻报道机制，及时准确发布权威信息。正确开展舆论监督，尽量避免负面影响，促成问题的解决。要高度重视互联网给舆论格局带来的新变化，把互联网宣传管理纳入党的宣传思想工作全局，坚持积极利用、主动引导，重在建设、着眼创新，科学管理、健康发展的原则，加强网络阵地建设，加强网上热点问题引导，努力抢占网络舆论制高点，使互联网成为引导群众的新阵地，教育群众的新平台，动员群众的新渠道，提高群众的新途径。要重视意识形态安全问题，警惕敌对势力利用社会舆论争夺群众，正确开展舆论斗争，抵御意识形态渗透。要高度重视舆情信息工作，加强工作网络和工作机制建设，建立社会舆论安全预警机制，增强舆论引导的预见性、主动性。

要为提升我国良好国际形象营造氛围。当代中国的发展同世界的发展紧密相关。统筹国内国际两个大局，是科学发展观的一个基本要求。营造客观友善、于我有利的国际舆论环境，提升国家良好形象，越来越成为关系我国改革发展全局的重要战略任务。广东处于对外开放前沿，这一任务更加紧迫。为改革开放营造良好舆论氛围，就要充分发挥舆论在加强国家文化软实力建设中的重要作用，从对内增强民族凝聚力和向心力、对外增强国家亲和力和影响力的战略高度，积极对外宣传我们党推动科学发展、促进社会和谐的执政理念，宣传我国坚持走和平发展道路、推动建设和谐世界的政策主张，最大限度地争取国际社会的理解和支持。要借举办北京奥运会和纪念改革开放30周年的契机，针对国际社会的关切，主动地宣传我国的政策主张和改革发展进程。要积极开展文化外宣，用中华文化的深刻内涵和独特魅力引起世界更大关注，扩大对外影响，树立国家形象。要结合对外交往、对外经贸、侨务工作和各种涉外事务开展对外宣传，形成大外宣格局。要创新对外宣传方式方法，善于运用现代化手段、国际通用规则和外国公众易于接受的语言形式，增强对外宣传的吸引力和亲和力，增强中华文化的国际影响力。

（作者：中共广东省委常委、宣传部长）

坚持以科学发展观为统领　开创宣传思想工作新局面

刘上洋

科学发展观是我国经济社会发展的重要指导方针，是发展中国特色社会主义必须坚持和贯彻的重大战略思想。科学发展观在对经济社会发展提出新的更高要求的同时，也对宣传思想工作提出了新的更高要求。党的十六大以来，宣传思想战线坚决贯彻中央决策部署，高举邓小平理论和"三个代表"重要思想伟大旗帜，深入贯彻落实科学发展观，坚持把握大局、把握方向、把握根本，坚持鼓舞人心、凝聚人心、振奋人心，坚持贴近实际、贴近群众、贴近生活，坚持创新内容、创新形式、创新手段，各项工作取得了可喜成效，为夺取全面建设小康社会新胜利、开创中国特色社会主义新局面提供了有力的思想保证、舆论支持、精神动力和文化条件。但也要清醒地看到，对照科学发展观的要求，宣传思想工作还必须在坚持统筹兼顾、协调推进，把握宣传思想工作规律、提高宣传艺术，发展文化产业、增强文化竞争力，构建公共文化服务体系、满足群众文化需求，推进基层宣传思想工作、夯实工作基础等方面进一步加强和改进。做好新形势下的宣传思想工作，必须始终坚持以科学发展观为统领，紧密联系经济社会发展实际，用时代的眼光审视宣传思想工作，用"三贴近"的要求改进宣传思想工作，用改革发展的办法推进宣传思想工作，用求真务实的精神做好宣传思想工作，使宣传思想工作更好地体现时代性、把握规律性、富于创造性。

坚持把推动科学发展作为第一要务，不断增强宣传思想工作的主动性、服务性、贴近性

发展是永恒的主题，科学发展观的第一要义是发展。服务科学发展是新时期宣传思想工作的基本职责和重要使命。加强和改进宣传思想工作，就是要按照科学发展观的要求，大力宣传发展是第一要务、发展是硬道理，引导广大干部群众坚持用发展来统一思想、振奋精神，用发展来提升水平、壮大实力，用发展来解决困难、继续前进。第一，要进一步加大对科学发展观的学习宣传力度。要使科学发展观真正转化为人民群众促进科学发展的具体行动，就必须首先形成学习贯彻科学发展观的浓厚社会氛围和广泛社会共识。要通过举办理论研讨会、组织撰写重点理论文章、开展面向基层群众的宣讲

活动等多种形式，讲清科学发展的道理，普及科学发展的知识，使科学发展观家喻户晓、深入人心。第二，要进一步加大对中央关于推动科学发展重大决策部署的宣传力度。围绕贯彻落实党的十七大和十七届三中全会精神，围绕大力推进新型工业化、城市化、推进农村改革发展、保障和改善民生等内容，组织开展大型宣讲、大型采访报道等宣传活动，进一步营造科学发展的浓厚氛围，形成科学发展的强大合力。第三，要进一步加大对贯彻落实科学发展观先进典型的宣传力度。通过组织评选一批在科学发展、加快发展、和谐发展中涌现出来的先进集体和先进个人，在全社会进一步兴起学先进典型、促科学发展的热潮。

坚持把以人为本作为重要原则，切实把握宣传思想工作的切入点、着力点、落脚点

以人为本是科学发展观的核心。宣传思想工作说到底是做人的工作，要把人民群众的根本利益和需求作为根本出发点和归宿，在工作理念上体现人文思想，在工作内涵上体现人文精神，在工作方式上体现人文关怀。第一，要把握切入点，努力提升宣传思想工作的服务功能。最重要的就是要更好地实现和保障人们的文化权益。特别是要加快县、乡(镇)广播电视管理体制改革步伐，加强乡镇综合文化站和基层文化阵地建设，稳步推进农村公益性电影放映服务体制改革和农家书屋工程建设，不断优化社区和乡村公共文化资源配置，进一步扩大宣传思想工作在基层尤其是在农村的覆盖面和影响力。第二，要强化着力点，充分尊重群众的主体地位和首创精神。最重要的就是要做到平等待人，包容多样，尊重差异，广泛听取他们的意见，采纳他们的合理建议，引导群众以理性合法的形式表达利益诉求、解决利益矛盾。第三，要夯实落脚点，努力促进人的全面发展。最重要的就是要多在政治思想上引导、精神情趣上满足、生产生活上关心。特别是围绕“五个一工程”的实施，努力推出更多更好、富有时代特色和浓郁生活气息、思想性和艺术性完美结合的精神文化产品，不断丰富人们的精神世界，增强人们的精神力量，构筑人们的精神家园。

坚持把全面协调可持续发展作为基本要求，注重宣传思想工作的整体性、协调性、长远性

全面协调可持续是科学发展观的基本要求。宣传思想工作作为党和国家工作的重要组成部分，担负着统一思想、凝聚力量的重大任务，必须采取更加有力的措施，努力实现全面协调可持续发展。第一，要树立全面发展观念，不断增强宣传思想工作的整体性。在宣传内容上，既要突出重点，又要整体推进，使理论武装、新闻出版、文学艺术、思想道德建设、精神文明创建、对外宣传、舆情信息等宣传思想工作的方方面面得到全面发展。在宣传对象上，在做好工人、农民、知识分子、青年学生、军人和干部思想教育工作的同时，把工作触角延伸到进城务工人员、下岗失业人员、新兴社会群体和城市困难群体等特殊群体中去。在宣传格局上，既要发挥好机关、部队、企业和学校等组织的生力军作用，又要发挥好基层社区、群众团体和行业组织的积极作用。在宣传手段上，既要用好报纸、广播和电视传统媒体，又要用好互联网、手机、移动电视、楼宇电视等新兴媒体。第二，要树立协调发展观念，不断增强宣传思想工作的协调性。要充分发挥宣传文化系统各单位作用，各展所长，各尽所能，加强配合，形成合力。跳出宣传抓宣传，立足全局抓宣传，广泛挖掘各地各部门的宣传力量，形成大联合、大宣传的宣传思想工作良好格局。加强各区域之间的互动协调和联动发展，条件较好的地区要推动宣传思想工作更好更快地发展，增强其辐射力和带动力；条件较差的地区要从保障人民群众的基本文化权益抓起，努力实现文化服务均衡化。第三，要树立可持续发展观念，不断增强宣传思想工作的长远性。要始终遵循宣传工作规律，通过体

制机制的建立完善，努力实现宣传思想工作的可持续发展。要多做打基础、管长远、增后劲的工作，在建立健全体制机制上下更大功夫。

坚持把统筹兼顾作为根本方法，着力提升宣传思想工作的吸引力、渗透力、影响力

统筹兼顾是科学发展观的根本方法。宣传思想工作必须兼顾各个方面的发展，实现构成要素的优化整合，在统筹兼顾中求科学发展，在科学发展中求和谐共进。第一，既要加强正面引导，又要提高宣传艺术。在做好正面引导工作的同时，牢牢把握国际国内形势的新发展新变化和宣传思想工作环境、对象、任务、领域、手段的变化，把提高宣传艺术作为一项重点工作来抓。第二，既要繁荣城市文化，又要强化农村文化。统筹城乡宣传文化发展的重点在城市，难点在农村，关键在合理配置资源，努力实现城乡宣传文化优势互补、协调发展。切实做到城市文化要领头领跑，农村文化要强基提速，城乡文化要互动互助。第三，既要发展文化事业，又要发展文化产业。文化事业和文化产业是文化建设的两个轮子，是构成文化生产力的两个方面。要认真贯彻党的十七大关于推动社会主义文化大发展大繁荣的精神，大力实施重大文化产业项目带动战略，加快文化产业基地建设和区域性文化产业集群建设，进一步提高文化产业在国民经济中的比重。第四，既要发展大众文化，又要打造精品文化。进一步加大公共文化服务体系建设的力度，为广大人民群众提供方便和及时的宣传文化服务。同时，要着力培养优秀专业人才，实施文化精品战略，不断提升文化品位，深入发掘地方特色文化资源，精心组织策划地方特色重大文化活动，努力打造地方特色文化品牌。积极实施宣传文化系统“四个一批”人才培养工程和优秀拔尖人才培养工程，促进更多的优秀人才茁壮成长。

（作者：中共江西省委常委、宣传部长）

做好当前思想政治工作要注意把握好的三个问题

路建平

随着世界经济全球化的深入发展，全面小康社会建设的不断推进，思想政治工作面临的形势正在发生深刻变化。

总的来看，在中国特色社会主义旗帜指引下，经济社会发展的步伐不断加快，国民经济保持平稳增长势头，思想政治工作的物质基础不断增强；党的十七大提出社会主义文化大发展大繁荣的战略任务，文化软实力的战略地位日益提高，思想政治工作的发展空间不断扩大；经历了抗击雨雪冰冻、抗震救灾考验和北京奥运会的洗礼后，人们更加重视精神家园的建设，思想政治工作的社会地位不断提高；日新月异的科技进步丰富了人们获取信息、交流思想的方式和渠道，思想政治工作的方法手段不断增多。

同时，也面临许多新的挑战：国际国内各种社会思潮的碰撞和文化交融愈加广泛，人们思想活动的独立性、选择性、差异性、变异性愈加明显，文化软实力发展的竞争愈趋激烈等，都给思想政治工作增加了难度。特别是这次由美国次贷危机引发的国际金融危机，已从发达国家传导到新兴市场国家，从金融领域扩散到实体经济领域，给经济发展和人们思想带来影响和冲击。应对当前的金融危机和经济困难，信心比黄金更重要，不仅需要强大的经济支持，而且

需要强大的思想保障。在这种形势下，思想政治工作在全局工作中的地位和作用愈显重要。思想政治工作作为一种国家的文化软实力，在提升发展竞争力中具有重要作用；作为党执政的一项重要工作，在引领社会思潮、巩固党的执政基础中具有重要功能。因此，思想政治工作的当务之急，是围绕推动科学发展、促进社会和谐这个大局，充分发挥自身的独特作用和功能，切实担当起统一思想、凝聚力量、化解矛盾、理顺情绪的责任。当前，就是要担当起为“保增长、促发展”凝心聚力的责任。要通过深入细致的工作，引导和帮助人们正确认识当前的国际国内经济形势，准确理解党和国家采取的一系列政策措施，增强战胜困难的信心，把广大人民群众的思想和行动统一到党中央、国务院的决策部署上来，增强信心，主动化“危”为“机”，做到不管形势如何变化，建设全面小康社会的目标不改变，经济社会又好又快发展的信心不动摇。

做好当前思想政治工作，重点要注意把握好以下三个问题。

突出社会主义核心价值体系这个主题

思想政治工作的任务中，最核心、最根本的，是要大力推进社会主义核心价值体系建设。这是思想政治工作的灵魂工程，必须作为工作的主题贯穿始终。

从近年实践看，广大干部群众对社会主义核心价值体系建设是积极拥护和参与的，但存在理解上有深浅、认识上有高低、把握上有全偏的问题。要充分发挥思想政治工作优势，引导干部群众深化理解、正确把握社会主义核心价值体系的基本内容、现实目标、鲜明特征和实践要求。在这方面，当前一项很重要的任务，就是要使这一体系的内涵更加通俗化，从而更加深入人心。中宣部部长刘云山同志去年在建设社会主义核心价值体系研讨会的讲话中，对核心价值体系的现实目标作了八个字的归纳，就是：富强、民主、文明、和谐。这八个字，凝结了中国特色社会主义的要义，体现了社会主义核心价值体系的精髓，是我们国家和民族价值追求的科学而通俗的表述。思想政治工作要努力宣传好、普及好这八个字。通过加强国情教育特别是近现代史教育，引导干部群众深刻认识富强是中华民族梦寐以求的夙愿；通过宣传党为实现人民当家做主、建设社会主义法治国家进行的生动实践，引导干部群众深刻认识民主是人类共同的价值追求，社会主义能够创造出比资本主义更高层次的民主；通过宣传党和国家推动社会主义文化大发展大繁荣的系列举措，引导干部群众深刻认识文明是社会进步的重要标志，也是中国特色社会主义的重要特征；通过宣传党为建设和谐社会所做的不懈努力，引导干部群众深刻认识“和谐”是中国传统文化的基本理念，也是中国特色社会主义的本质属性。总之，要通过思想政治工作，使“富强、民主、文明、和谐”这八个字家喻户晓、人人皆知，成为全社会广泛认知、认同的核心价值观。

推进社会主义核心价值体系建设，还要解决好操作的问题，即采取什么方式和途径，把社会主义核心价值体系普及到全社会的广大人民中去。按照党的十七大精神，总的要求是要把社会主义核心价值体系融入国民教育和精神文明建设的全过程。具体到思想政治工作，就是要继续抓好多层次、多形式的教育培训，将社会主义核心价值体系教育纳入各级党委(党组)学习中心组学习，纳入干部教育和公务员培训，纳入各级各类学校教育；就要继续抓好大众化、普及化的宣传导向，树立一批具有示范性的先进典型，总结推广一批生动可学的案例，营造建设社会主义核心价值体系的浓厚氛围；就要继续抓好导向性、渗透性的文化传播，发扬“文以载道”的优良传统，把社会主义核心价值体系的要求体现到文化产品和服务中，渗透到和谐文化建设中，使人们在喜闻乐见的文化享受中潜移默化地受到教育；就要继续抓好全员性、互动性的实践活动，将社会主义核心价值体系建设融入各种群众性精神文明创建活动，融入传统节日、成人仪式、婚庆仪式等节庆活动中，融入人际交往礼仪、市民公约、职工守则、学生守则、村规民约等具体规范中，尽可能地为群众的广泛参与提供平台。

在当前工作中，要结合面临的形势和任务，以一些重大工作和活动为载体，积极推进社会主义核心价值体系的宣传与实践。首先，要贯穿到深入学习实践科学发展观活动中去。按照中央部署，当前正在全党开展深入学习实践科学发展观活动。我们要自觉地把社会主义核心价值体系建设融入到这一活动中，在学习实践科学发展观的活动中积极推进核心价值体系建设，促进学习实践活动的深入开展。其次，要贯穿到新中国成立60周年庆祝活动中去。中央已就新中国成立60周年庆祝活动发了专门文件。思想政治工作要以此为契机，组织开展导向鲜明正确、内容丰富多彩、形式生动活泼的庆祝活动，加强爱国主义教育，传播社会主义核心价值体系，大力唱响共产党好、社会主义好、改革开放好、伟大祖国好的时代主旋律。第三，要贯穿到企业、校园文化建设中去。按照社会主义核心价值体系的要求，结合企业和学校实际，提炼内涵深刻、特色鲜明的核心价值理念，着力建设好管理文化、制度文化和品牌文化，使企业文化、校园文化建设成为宣传社会主义核心价值体系的生动实践。

增强改革创新这个动力

近年，思想政治工作面临的最大困扰，就是感到难以产生吸引力、难以发挥大作用、难以作出新文章。解决这一问题，关键在于坚持改革创新，通过创新工作理念、方法途径、机制体制，推动思想政治工作取得实效、上新水平。

推进思想政治工作改革创新，要切实改变自我循环状态，努力把工作融入科学发展的大局。思想政治工作的使命，就是为党所担负的历史任务服务。推动科学发展、促进社会和谐，是当前各地各单位大局中的大局、中心中的中心。思想政治工作也要在这个大局中去思考、谋划，积极投身到这个大局中去求作为、求地位。

发展经济是最大的政治。从这个意义上讲，企业最大的政治是出效益；学校最大的政治是出人才。思想政治工作最大的创新，就是研究如何把工作最大限度地融入大局。只有跟进和融入了大局，才能促进企业出效益，促进学校出人才，也才能不断提升自身地位和价值。

推进思想政治工作改革创新，要努力改变重物轻人的倾向，牢固树立以人为本的理念。促进经济社会又好又快发展，潜力在人，动力也在人。思想政治工作就是要努力把“人”的文章做实、做足、做活。现在一些地方和单位，“GDP崇拜”仍在挡住关心“人”的视线，政绩观短视仍在模糊尊重“人”的意识。创新思想政治工作，就要努力克服这种“见物不见人”的单一价值观念，把以人为本的要求真正落到实处。要尊重人民群众的主体地位，让他们在工作和活动中真正当主人、唱主角。思想政治工作要适应当前社会热点难点问题与人们的心态紧密相关、思想问题与心理问题交织融合的新趋势，重视做好心理疏导工作。同时注重人文关怀，切实维护和保障好人民群众的根本利益，包括政治利益、经济利益和文化利益。

推进思想政治工作改革创新，要努力改变政工人员单挑独打的局面，完善全社会齐抓共管格局。当前，思想政治工作一定程度上存在着政工部门和政工干部唱独角戏的局面。为此，要建立健全交叉任职、专兼结合、一岗双责等制度，形成党委统一领导、党政群团齐抓共管、相关部门各负其责、全社会共同参与的大政工格局，努力把思想政治工作从政工人员的“专利”变成全社会的共同责任，从“独角戏”变成“大合唱”。

推进思想政治工作改革创新，要努力改变单纯依赖传统手段的做法，积极占领网络制高点。迅猛发展和广泛应用的数字技术、网络技术，已经深刻影响了人们的生产方式、生活方式、思维方式和思想观念，也深刻影响了思想政治工作的内外环境和格局。开展网络思想政治工作是当前的紧迫课题，也是推进创新的手段。要充分认识网络在思想政治工作中的特殊作用，消除"网络不惹我、我也不惹网络"的心理，建设好、管理好和利用好网络，尤其要加强企业和高校局域网建设，设置思想政治工作的专门栏目和频道，积极开展健康有益的主题教育活动，增强网上信息的占有和调控能力。

抓住加强领导这个关键

做好新时期思想政治工作，关键在领导。各级党组织要站在全局高度，树立战略眼光，从提高引领力、提供保障力入手，加强对思想政治工作的领导。

思想政治工作是增强软实力的一项重要工作，主动抓住抓好这一工作，是讲党性、讲政治的表现，也是有水平、有远见的表现。各级领导要自觉把思想政治工作纳入本地区、本单位整体工作部署，摆上重要议事日程，与经济业务工作同安排、同检查、同落实。要建立健全定期研究思想政治工作、专题协调解决重大问题、思想政治工作目标管理等制度，加强对全局性、前瞻性、规律性问题的研究，切实把握好思想政治工作的领导权和主动权。

为保证思想政治工作的顺利开展，要认真解决好阵地、设施、机构、经费方面的实际问题。特别要做好基层单位政工机构设置和政工人员配备工作。总的要求是，无论企业和学校，都要有从事思想政治工作的机构和人员，根据各单位改革发展实际，政工机构可以合并但不能裁撤，政工岗位可以一岗双责、专兼结合但不能取消。同时要改变基层政工人员配备不齐、工作兼职过多、自身待遇偏低的状况。思想政治工作投入问题一直是"老大难"，一些基层同志形象地比喻，现在基层的许多思想文化阵地设施是"生的伟大、活得艰难、死了可惜"。我们要看到，思想政治工作的投入是有形投入、无形产出，是一次投入、长期产出。因此，对思想政治工作的设施阵地建设和有关活动，要舍得花钱，加大投入，同时要有预算、进"笼子"，不能"餐搞餐、顿搞顿"。

思想政治工作研究会是开展思想政治工作的思想库和智囊团，在加强思想政治工作研究，促进思想政治工作改进创新中具有重要作用。各级政研会要围绕本地本单位的中心任务，组织开展生动活泼的研究活动和实际工作，多出成果、出成绩、出人才，为经济业务工作帮忙鼓劲；各地各单位党组织要加强对政研会工作的领导，多给他们提要求、出题目、交任务，切实用好政研会这个参谋和助手。

（作者：中共湖南省委常委、宣传部长）

进一步解放思想　创新宣传思想文化工作

聂辰席

胡锦涛总书记在全国宣传思想工作会议的重要讲话中，特别强调了创新问题。站在新的历史起点上推进宣传思想文化工作，推动社会主义文化大发展大繁荣，必须进一步解放思想，在发展中创新，在创新中发展。

一、创新宣传思想文化工作的理念和思路

创新思想意识。做好新形势下的宣传思想文化工作，必须强化"六种意识"：政治意识、大

局意识、责任意识、精细意识、统筹意识和创新意识。政治意识、大局意识要求我们把宣传思想文化工作提高到深入贯彻落实科学发展观、实现经济社会又好又快发展与人的全面进步的高度,从全局出发,围绕中心、服务大局,发挥优势、彰显作用;责任意识、精细意识要求我们以高度的使命感、责任感抓宣传思想文化工作,做到精细谋事、精心做事、精诚共事;统筹意识要求我们从系统的、战略的角度思考问题,谋划工作;创新意识要求我们实现宣传思想文化工作内容、形式、手段、方法的创新,推动宣传思想文化工作的发展与繁荣。

创新发展理念。做好新形势下的宣传思想文化工作,必须牢固树立"三个理念"。一是以人为本理念。要尊重人民群众的主体地位,发挥人民群众的首创精神,体现对人民群众,对各个社会群体,对每个人的关心、关爱、关怀和关切,在尊重人、爱护人与教育人、引导人的过程中发挥作用。二是文化传播理念。要认真落实十七大提出的加快构建传输快捷、覆盖广泛的文化传播体系的要求,善于运用现代高新技术,优质快捷地进行文化传播,扩大覆盖面,提高宣传效果。三是文化共享理念。要大力发展公益性文化事业,加快建立覆盖全社会的比较完备的公共文化服务体系,广泛开展精神文明创建和道德实践活动,创作更多群众喜闻乐见的优秀精神文化产品,不断满足人民群众日益增长的精神文化需求。

创新工作思路。宣传思想文化工作要按照新的思路,实现新的转变。一是向超前策划、突出主题、亮点聚合并重转变。对宣传对象要提前介入,全方位、多角度、纵深性地报道新闻事件的背景及发展,倾力打造亮点,系统展现亮点,形成亮点纷呈、相互聚合的局面。二是向渗透式、感召式方向转变。把宣传思想文化工作融入经济、政治、社会建设的方方面面,融入人们工作、生活的全过程,用共同理想召唤人,用民族精神和时代精神感染人,用先进典型激励人,用个性化、专业化的宣传文化产品满足人。三是向多媒体、多元素、新手段、新技术综合运用和全过程展现转变。要适应新的需要,积极探索跨领域、跨地区、跨媒体的集团化、集约化传播,综合运用数字化技术及各种宣传手段,实现宣传思想文化工作的多元素集成、多亮点聚合、系列规模效应和整体功能的最优化。

创新工作方法。宣传思想文化工作在明确"三个转变"思路的同时,还要把握好"五个关键",即关键时刻、关键地点、关键事件、关键人物的关键表现,把这种方式方法运用和体现在重大活动、重要会议、重点事件的宣传和主题宣传、成就宣传、典型宣传之中,使宣传更生动鲜活,具有现场感,受众易于接受、易于留下深刻印象。

二、创新宣传思想文化工作的体制和机制

着力培育各类文化市场主体并激发他们的创造活力。大力发展公益性文化事业,加大政府投入力度,动员社会参与,在共建中共享,在共享中共建;推进国有文化企业的改革与发展,实现国有文化企业经营理念和运行方式的转变,特别是要在产业结构、产品结构、技术结构、组织结构等方面进行优化和提升,运用现代信息技术和传播手段,提高文化企业经营的水平和质量;鼓励和支持民营企业进入文化产业领域、参与国有文化企业改革。

加强宣传思想文化工作相关制度建设。健全完善宣传部与宣传思想文化系统联席会议制度,形成宣传部与宣传思想文化各部门协调机制;健全完善新闻宣传联席会议制度,形成新闻宣传总体策划、协调联动机制;健全完善新闻发布会制度,形成重大问题和突发事件新闻报道快速反应机制;健全完善网络管理工作制度,营造良好网络环境。

推进宣传思想文化工作管理创新。按照"四式"要求,推进宣传思想文化工作管理创新。一是以"课题式"设计增强工作前瞻性。从全局出发科学判断形势,明确工作目标,理清工作思

路，选用工作方案和工作方法。在广泛深入调查研究的基础上进行可行性论证，确定课题，并制定详细方案，设定要达到的预期效果。二是以“项目式”管理增强工作目的性。把每一项任务和活动都作为一个项目，明确目标要求，制定奖惩措施，层层分解责任，确保每一个步骤都精心，每一个环节都精细，每一项工作结果都成为精品。三是以“工程式”推进增强工作系统性。把每一项宣传思想文化工作都作为一个系统架构中的工程来实施管理，各相关部门密切配合、协调联动、整体推进。四是以“台账式”督查增强工作实效性。主要包括实施科学量化标准、实施追踪监督、进行绩效评价、严格考核奖惩等。

加速推进文化与经济社会的融合。发挥河北的文化资源优势、区位优势、市场优势，推进文化与经济社会的融合。依托传统文化底蕴和现有文化企业、文化品牌、文化人才，不断做强文化产业；有重点地对传统支柱性产业进行文化包装，增加文化内涵，提升企业产品的文化附加值和市场竞争力；适应社会建设需要，发展企业文化、社区文化、校园文化等，发挥文化的凝聚作用、感化作用、引领作用。

三、拓展宣传思想文化工作的覆盖面和影响力

坚持围绕中心、服务大局，唱响“建设以实力、活力、竞争力为主要标志的沿海经济社会发展强省”主旋律，突出重点，抓住关键，增强宣传思想文化工作的针对性和主动性。

增强形象意识，注重整体策划，树立河北改革、发展、开放、文明、和谐的良好形象；提高运用媒体的能力，把握新形势下信息传播的特征和规律，析事明理，解疑释惑，引导社会热点，推动各项工作的开展；抓住举办北京奥运会的有利契机，抓好“迎接奥运、感知河北”系列宣传教育活动，使其成为宣传奥运、服务奥运、展示河北形象的重要窗口；整合全省宣传思想文化系统内外的各种资源，加大河北对外宣传力度，实现传播效应最大化；扩大文化开放，加强文化交流，充分利用国内国外两种资源、两个市场，多角度展示悠久、灿烂的河北文化，提升河北文化的国际影响力。

加强文化基础建设，构建完备的公共文化服务体系。着力抓好广播电视村村通、基层文化阵地建设、全省文化信息资源共享、农村数字电影放映、农家书屋这“五大工程”。发展文化产业，提升文化软实力。在理清文化脉系的基础上，提高文化的创新、创意能力，形成与经济产业的对接；推进文化产业发展的“五个转变”，即由“硬驱动”向“软驱动”转变，由生产链向价值链转变，由产品导向向消费导向转变，由单一目标向多样目标转变，由资源的一次利用向资源的多次利用转变，打造文化品牌，推动文化产业整体发展。

（作者：中共河北省委常委、宣传部长）

推动海南文化大发展大繁荣

周文彰

党的十七大报告中提出，要推动社会主义文化大发展大繁荣。最近，胡锦涛同志在同全国宣传思想工作会议代表座谈时又进一步强调，要牢牢掌握宣传思想工作的领导权和主动权，在新的历史起点上推动社会主义文化大发展大繁荣，为夺取全面建设小康社会新胜利、开

创中国特色社会主义事业新局面提供强大思想文化保证。我们要认真学习领会这些重要讲话精神，深刻认识宣传思想工作和文化建设的重要性，扎扎实实地推进海南文化建设工作。

深刻理解把握文化价值的新内涵

当今世界，文化与经济和政治相互交融，在综合国力竞争中的地位和作用越来越突出。文化的力量，深深熔铸在民族的生命力、创造力和凝聚力之中。我们要结合党和国家新的工作要求，结合本地区本部门的实际，深刻理解和把握文化的价值和意义。

一定的文化是一定经济和政治的反映，文化的革命和创新在一定条件下能对社会的发展起到十分重要的反作用。实践表明，许多用经济和政治手段难以解决的社会问题，可以甚至只能用文化的方法来解决。随着社会文明程度的提高，政治上越来越要求牢固树立以人为本的思想，要求以更加为人接受的方式作用于人。这也就是说，政治的文化属性越来越明显。从这个意义上说，没有社会主义文化力的支撑，我们就不可能建设好、发展好社会主义民主政治。

文化，无论是有形的还是无形的，无论是反映为社会心理，还是反映为制度和理性，都聚合在一起，构成一个地方的"文化形象"。文化形象如何，是一个地方形象的重要表现，是投资环境好坏的重要指标，更是生活于其中的人的文明程度的标志。改革开放以来，很多地方一心一意打造文化名片、文化品牌，取得了很好的社会效益。比如人们通过风筝节了解潍坊，通过冰雕节了解哈尔滨，通过世博园了解昆明。

文化的不同存在及其相互作用，构成作用于人的认识和行为的文化氛围。一个村庄、工厂、社区、城市，文化氛围浓厚、文明素质和道德水平高，生活于其中的人就会如沐春风，心情舒畅，精神振奋，党和政府的工作也会得心应手。如果一个地方被落后、庸俗、低级的文化充斥，甚至腐朽、反动文化滋生、蔓延，社会风气败坏、黑恶势力横行，生活在其中的人就没有安全感，就会精神郁闷，党和政府的工作也就难以开展。

文化本来就是人的生活。人除了衣、食、住、行这些基本需要外，还有更加高级的"精神的和社会的需要"。阅读、唱歌、绘画、书法、摄影、娱乐等文化活动，是人们的重要生活内容。在马克思、恩格斯看来，未来社会中一个全面发展的人的生活，应该是"任何人都没有特殊的活动范围，而是都可以在任何部门内发展，社会调节着整个生产，因而使我有可能随自己的兴趣今天干这事，明天干那事，上午打猎，下午捕鱼，傍晚从事畜牧，晚饭后从事批判，这样就不会使我老是一个猎人、渔夫、牧人或批判者。"从事批判，就是指人的精神、文化生活。他们还指出，人的全面发展的过程也是人类迈向自由王国的过程，"文化上的每一个进步，都是迈向自由的一步"。可以肯定，人的发展越全面，文化在整个生活中的比重就越大。从一定意义上说，人类生活从低级到高级、从蒙昧到文明的发展过程，就是生活中的文化含量不断增加的过程。

当今世界，文化的地位越来越突出。对一个国家或地区来说，一种文化所蕴含的价值导向，所造成的生产和消费心理，为一个社会提供的精神动力和智力支持，是影响经济和社会发展的重要因素。一个社会，如果过分强调经济发展和物质利益，忽视甚至轻视社会道德和精神文化的发展，就会直接损害到这个社会的物质文明建设和政治文明建设。历史证明，劳动者文化素质的每一次提高，科学技术的每一次创新和进步，总是带来生产力的飞跃和经济建设的高涨。我国改革开放以来的实践证明，文化建设对增强综合国力、培育民族精神、提高人的素质、参与国际竞争、推动社会全面进步，具有基础性、战略性作用。

当前，各级党委和政府要克服片面追求GDP的倾向，抛弃那种重经济轻文化、重眼前轻长远、重增长轻环境的片面发展观，切实牢固树立科学发展观，按照构建社会主义和谐社会的总体要求，狠抓文化建设，让人民群众有越来越多的时间和能力进行文化活动。

基层文化工作是全面文化建设工作中的重中之重

文化建设主要应当包括哪些内容呢？从党和国家工作的要求和人民群众的文化需求来看，应当包括实施广泛的文化教育、营造浓厚的文化氛围、创造丰富的文化生活、培育发达的文化产业、构建合理的文化体制。

海南作为一个经济特区，在实施全面文化建设的同时，要突出以下重点：一是围绕群众的需求建设文化。这是我们党的宗旨决定的，是科学发展观所要求的，是由全面建设小康社会的战略目标决定的。二是围绕旅游建设文化。海南是旅游大省，有丰富的自然旅游资源，有美丽的风光。有了文化的支撑，旅游业才能得到大发展，才能持久。三是围绕培育新的支柱产业建设文化。

围绕这三个重点，当前和今后一个时期海南文化建设面临着四大任务：一是普及核心价值，培育文明风尚。要把社会主义核心价值体系建设转化为大众的自觉追求，运用社会主义核心价值体系来引领社会思潮，加强道德建设，使经济特区越来越文明。二是大力建设公共文化设施，建立基本公共文化服务。公共文化设施要在现有基础上配套覆盖，做到"横向无盲区，纵向成体系"。三是加快发展文化产业，开拓文化市场。要让更多企业加入到文化产业中来，使文化产业的产值和税收都能有较大幅度的增长。要立足海南，背靠大陆，面向国外，培育和引进龙头文化企业。四是推动文化体制改革，增强文化发展活力。要创新一系列推动文化大发展大繁荣的机制。比如会议推进机制、竞赛评比机制、资金资助机制、培养激励机制、宣传促进机制、载体创新机制等等。

在这些任务中，要突出基层文化工作。基层文化工作泛指以城市社区和农村乡镇为重点，在广大人民群众中开展的各种文化活动，它既是党和政府一切文化工作的落脚点，也是人民群众参与文化建设、分享文化成果的主要途径和方式。基层文化工作面临很多具体的任务：要加强文化价值观教育，形成文化建设的共识；要加大投入，建设文化基础设施；要加大培训力度，建设基层文化工作队伍；要加强制度建设，形成基层文化工作的组织和保障措施，等等。抓好抓实基层文化建设，关键是要选好文化工作的载体和文化活动的载体，结合海南实际，应重点抓好以下方面的工作：

第一是文化广场和广场文化。文化广场遍布城乡，是基层文化活动的重要场所。文化广场像一个开放的舞台，以文化广场为场所的群众性文化活动，就是广场文化。广场文化有群众性、自发性和广泛性等特点。抓好文化广场和广场文化是基层文化建设的基础性工程。

第二是文化节庆。海南拥有得天独厚、别具特色的文化资源。要依托这些资源，精心打造出一批文化节庆品牌，形成强大的文化辐射力。一方面，要改造传统的文化节庆活动，赋予它们新的文化内涵，如黎族的"三月三"节；另一方面，要创办新的文化节，如"海南乡土文化节"，使大量濒临失传的民间、民族艺术得以重现舞台。

第三是文化环境。文化环境建设有丰富的内涵，既包括环境整治等"硬件"建设，也包括引导社会风尚这样的"软件"建设。

第四是鼓励创作和培育人才。鼓励创作与培育人才是相辅相成的关系。要采取一系列措施，使二者之间形成良性循环的关系。例如，开展评选"海南本土文化名人"活动，发现和表彰县及县以下从事乡土文化发掘、整理、传承的民间文化工作者；制定政策、设立资金，表彰有贡献的文化专家，鼓励和扶持有才华的文艺工作者或文艺爱好者举办个人艺术展、个人演出会，等等。通过这一系列政策措施，使文化创作迅速繁荣，文化人才脱颖而出。

第五是群众性精神文明创建活动。海南省文明生态村的建设已经成为全国知名的群众性精神文明创建活动品牌。在建设文明生态村的同时，我们还在机关创建"文明高效机关"，在企业创建“文明诚信企业”，在城市创建“文明和谐社区”，在行业创建“文明规范行业”。特别是文明和谐社区，同文明生态村一起构成了覆盖城乡的群众性精神文明建设活动。

第六是本土文化的改造和提升。在基层文化工作中，要特别注意利用和改造本土文化。一是建设大致坡琼剧文化镇，提升规模，聚集更多的琼剧演出团体，实行市场化经营，吸引更多的演出任务和观众。二是改造“公期”。“公期”是海南特有的民间传统节日，具有比较深厚的群众基础和文化蕴含，但也残留不少封建迷信习俗。有意识地给“公期”注入健康科学的、更具群众性的文娱内容，引导群众文明过节，必受群众的欢迎。三是挖掘和培育本土文化人才。海南民间有不少土生土长、自学成才的艺人，他们有很好的秉赋，却没有受过正规教育，难以承担起传承民间艺术的重任。为充实基层文化建设队伍，由政府出资送他们到高校接受现代教育和专业培训，为本土文化的继承和弘扬提供保障。四是启动“颂海南”歌曲创作征集工程，收集整理海南题材的歌曲。

第七是培育和繁荣文化市场。文化市场是满足人民群众文化消费需求的主要渠道。近年来，我们借文化体制改革的契机，大力发展文化产业，培育文化市场，让其发挥文化传承、沟通的作用，取得了良好效果。总之，基层文化工作有着深厚的群众基础，也有广阔的发展前景。只有基层文化建设做好了，党的文化政策才能真正落到实处，人民群众才能真正分享文化发展的成果。

宣传部门要当好文化建设的指挥部

推动文化的大发展大繁荣，是各级党委和政府的一项重要工作。宣传文化部门作为党委政府的职能部门，要成为党委政府文化建设决策的参谋部，凝聚文化建设各种力量的协调部、文化建设的策划部和指挥部。

作为推动文化大发展大繁荣的指挥部，宣传部门要做好五项准备工作：一是动员宣传文化系统、各级党委政府和全社会提高对文化重要性的认识，增强文化建设的自觉性、主动性。文化建设不仅仅是宣传文化部门的任务、党和政府的任务，而且是全社会的任务；文化建设不仅仅是吹拉弹唱、标语口号，而且是内容丰富、影响深远的事业。文化建设行业是开放的，欢迎一切投入文化的力量、投资文化的产业。各种新闻媒体要策划一系列的宣传战役，介绍并扭转对文化建设的片面认识，在全社会形成重文化、学文化、抓文化的良好风气。二是搞好文化事业和文化产业的规划，包括宏观的中长期规划、具体的行业规划和项目规划。三是要策划一批文化项目。四是要制定一系列政策，鼓励投资、鼓励创业和鼓励贡献。五是培训干部，引进人才。要创新观念，创新机制，多方吸引人才，特别是要培养引进深谙经营文化产业的人才。

（作者：中共海南省委常委、宣传部长）

抗震救灾中的思想政治工作创新

中宣部政研所理研部

汶川地震，是新中国成立以来中华民族面临的空前的自然灾难。空前的灾难激发中华民族前所未有的生命力和创造力，带来诸多方面的创新，中华民族正是在不断战胜空前的灾难和挑战的创新过程中勇敢地前行和发展的。抗震救灾中的思想政治工作创新，集中到一点，就是以人为本，就是对以人为本治国理念的很好贯彻、对以人为本核心价值理念的很好践行、对以人为本工作理念的深化拓展。由于以人为本，思想政治工作作为经济工作和其他一切工作生命线的重要性更加凸显，思想政治工作统一思想、凝聚力量、鼓舞斗志、解疑释惑的作用发挥得更加突出，思想政治工作为改革开放和现代化建设提供的思想保证、精神动力、智力支持和文化条件更加强大有力。

生命至上——思想政治工作的根本理念从关注人民群众根本利益，拓展到抢救、保护、尊重人民群众的生命这一更为根本、更为高远的境界。思想政治工作的生命关怀意识得到确立。

以人为本是科学发展观的本质和核心，是思想政治工作的根本理念，也是党的十六大以来思想政治工作创新的重要成果。思想政治工作坚持以人为本，就是把最广大人民群众的根本利益作为出发点和落脚点，就是实现好、维护好和发展好最广大人民群众的经济利益、政治利益、文化利益和社会利益。抗震救灾中这一理念的内涵得到极大的拓展——这就是把抢救、保护、尊重人民群众的生命放在至高无上的位置，人民群众的生命高于一切、重于一切、先于一切，生命成为思想政治工作最高的价值，生命关怀成为思想政治工作崭新的命题。

首先，是把抢救人的生命作为最重要、最急迫、最关切的任务，作为最大的政治。地震发生后，中央政治局连夜召开紧急会议，紧急部署救灾工作，要求把抢救人民群众的生命作为首要任务，要不惜采取任何手段，不惜任何代价救人，有一线希望，就付出百倍的努力，并在第一时间组织紧急救援。中央的号召和行动成为最及时、最急迫的思想动员、政治动员和行动命令。尽最大努力抢救每一个生命，不放弃、不舍弃，成为抗震救灾的最高原则和行为准则。其次，是把公民的生命作为国家最宝贵的财富，作为国家的最高利益，公民生命的损失就是国家最大的灾难。设立全国哀悼日，第一次以国家的名义组织和号召人民群众对遇难群众进行哀悼，告慰每一个遇难公民，向人民群众昭示每一个公民生命的尊严和价值，启迪人们对自身生命与国家关系的深刻思考，唤醒公民对自身生命尊严和价值的重新认识。再次，是妥善安置逝者和生者。对遇难者的遗体进行妥善安置安葬，对无法确定身份的遇难者进行 DNA 检验，建立死者档案，以便日后查索。对于伤者竭尽全力医疗救治，对于幸存者给予生活安置、钱粮补助，并组织重建家园。对于孤儿、孤老、孤残人员，采取紧急救助措施，制定收养、抚养、救济等长远政策，为他们提供生存发展的基本条件。

抢救群众的生命、给逝者以尊严、给生者以生存和发展的希望和出路，体现了以人为本理念生命至上的深刻内涵，彰显了思想政治工作突出生命关怀的崭新意识和崭新使命，昭示我们在实现人民群众根本利益的同时，更加关注人民群众的生存状况、生命价值和生命意义。

心灵抚慰——思想政治工作在积极解决危急时刻人们产生的复杂而特殊的心理问题的同时，注重解决人们的心灵维系、心灵安顿等更深层次的问题。思想政治工作的心灵呵护意识得到确立。

抗震救灾取得阶段性胜利，一个很重要的原因就是，思想政治工作紧紧抓住了人们的心灵，并围绕灾后心灵存在和可能出现的问题，进行心灵抚慰，使人们即使在山崩地裂、江河横流、房倒屋塌、丧亲失友等原有生存生活环境瞬间全部破坏，原有心理纽带、情感纽带和精神纽带瞬间断裂的惨烈情况下，能毅然而然地挺立起来、组织起来，流着血、含着泪、带着伤痛，意志坚定、同心协力地与天斗、与地斗，而没有在空前灾难面前吓破胆，丧失生存的意志和斗志。正是直指人心，开展有效的心灵抚慰，呵护人们的心灵，抗震救灾中的思想政治工作实现了从思想层面、政治层面向呵护心灵层面的创新和发展。关注人们的心灵、抚慰人们的心灵、安顿人们的心灵，进行心灵呵护，成为思想政治工作十分重要而又崭新的命题。

首先，是在心灵危机的第一时间，尽快构建人们的心灵维系纽带，使人们找到心灵所系之处，明确心灵的向往和皈依。正是在地震发生的第一时间，党和政府紧急部署、紧急动员、紧急行动，广大解放军、武警消防官兵紧急驰援，不畏艰难、冒死相救，海内外中华儿女及世界众多国家和地区给予的极大关注、声援和支持，使灾区群众在心如火焚、不知所措的紧要关头，看到希望，特别是党和政府、人民军队在危难之际不惜一切为人民群众担当，与人民群众心连心、同呼吸、共患难，展开紧急救援行动，深深打动和安抚了受灾群众。党和政府坚强有力的领导和行动，成为人民群众的定心丸、主心骨。正是在这种心灵依靠、心灵归属的支撑下，灾区群众擦干血泪，挺立起来，积极展开生命和生产自救，尽力为党和政府分忧。其次，是建立高效透明的心灵沟通渠道，做到心心相通，唤起危急之中人们脆弱心灵积极向上的力量。灾后各主流媒体第一时间纷纷设立了“汶川紧急救援”、“我们和你在一起”、“众志成城、抗震救灾”等大型直播节目，24 小时不间断播出救援进展情况、各方面声援支援的信息及来自各方面的关心、关爱等等。相关部门及时、不断召开新闻发布会，披露权威信息，及时对群众的疑惑进行解答和澄清，有力地建立和强化了灾区群众与各方面的信息和心灵沟通，安定了人们受伤的心灵。再次，是根据抗震救灾不同阶段的特点大力宣传和普及相关科学知识，为安顿人们躁动的心灵提供科学指导。主流媒体大力宣传地震知识、救灾知识、防疫知识、卫生知识和心理救助知识等；救援人员及时发放防震救灾手册、传单等，为处于灾难和困境之中人们的行为选择提供有效指导和参考。最后，是开展形式多样的心理调适。调派大批心理咨询专家赶赴灾区，对灾区群众实施有针对性的心理救助和心理干预，有效调节人们的情感和心理，消减地震灾害给人们带来的心理恐惧、忧郁、孤独，舒缓心理压力、促进心理健康、实现心理和谐。

心灵抚慰牢牢把握了受灾群众在危急时刻出现的心灵困境，从不同角度开展工作，实现心灵的康复与安定，达到呵护人们心灵的目的。思想政治工作的这一创新，对加强人们灾后的心理建设，培育灾区群众健康、理性、平和的心态，实现心灵的自洽与和谐，积极推动和谐社会建设，开辟了广阔空间。

大爱无疆——思想政治工作紧紧抓住危难之际全国人民迸发出来的至高至上、至纯至深的大爱，向世人集中展示中华民族在灾难中众志成城、团结一致、感天动地、催人泪下的英勇壮举，启迪人们提升情感境界，激发爱的力量。思想政治工作的大爱理念得到确立。

唯有大爱才能战胜大的灾难。人生如此，一个国家和一个民族也是如此。抗震救灾中的思想政治工作紧紧抓住大爱主题，深刻展示大爱的丰富意蕴和内涵，以人民群众在生死考验的紧要关头表现出来的超乎寻常的大爱打动人、感染人、感化人，用真情、感动和热泪把人民群众凝聚起来，激励人们用爱的暖流抚平大地的创伤，用爱的真情抹去生命的泪水，用爱的力量战胜空前的灾难。正是把握了这种最纯朴、最真挚、最高尚的大爱，充分展示了人性中爱的光辉、爱的境界、爱的力量，丰富和超越了爱的内涵，抗震救灾中的思想政治工作才有力地提升了爱的理念，实现了向大爱理念的跨越，实现了工作理念和工作内容的创新发展。

首先，是用英雄壮举阐释非凡的大爱。大爱即对处于危难之中不相识的他人的无私的爱，是对普众的爱。抗震救灾中无数的老师为掩护和抢救幼儿园的孩子、中小学生而牺牲，无数的人在第一时间舍弃抢救自己亲人的生命而奋不顾身地挽救他人的生命，无数的党员干部、解放军和武警消防战士、医务人员、工程抢险人员等为了救助灾区人民而夜以继日地奋战、拼搏在一线，有的献出自己的财产甚至生命。这些舍己为人、舍生成仁的壮举，超越了一己之爱，超越了亲情、爱情、友情，这种爱就是博大的爱、忘我的爱、无私的爱。这种大爱感动着无数的国人世人，成为中华民族精神中的又一笔宝贵财富。其次，是传递大爱，唱响大爱旋律，传达大爱信息，形成大爱共鸣。5月18日晚央视播出新中国成立以来我国宣传文化界最大的一次募捐活动《爱的奉献》，众多企业和社会团体、各界明星歌星、文化名人积极踊跃参与，演员达上千人，募捐超过15亿元。观众为深深的大爱所感动，不少观众在电视机旁洒下热泪，并把这份感动转化为为灾区民众多捐一元钱、多献一袋血、多做一点事的义举善行，转化为为社会多出一份力、多献一份爱心的自觉行动。大爱传递，有力提升了人们爱的意境，使“人人都献出一点爱”的理想变成现实。再次，是弘扬大爱，在全社会倡导知恩感恩。抗震救灾中涌现出许多富有大爱品格，又怀着知恩感恩之心，自觉奉献社会，积极投身抗震救灾的个人和群体。曾经饱受大地震之苦的唐山人民、年初饱受雨雪冰冻灾害的湖南人民、血浓于水的港澳台同胞等等，都积极向灾区人民伸出了援助之手，送上对祖国、对人民的感恩之心，特别是处于危难之中的四川人民更是充分表达了他们对伟大的党、伟大的祖国、伟大的同胞的感谢和感恩之意，表达了对世界给予人道主义援助的友好国家和人民的感激之心。“四川人民忘不了祖国人民的支持和帮助”、“我一定要回报社会”……灾区人民用自己实在的感言和行动，向全社会清楚地表达了大爱就要感恩，就要对社会的关爱、人民的帮助、党的恩情有所回报和回馈，就要常怀感念之心，常带感激之情，常尽感奋之力。

大爱是心动、是行动、是奉献、是力量，大爱是人生至高的境界、是人间温暖的情怀，大爱是五千年中华儿女在危难之际守望相助、众志成城、共克时艰的强大动力。唯有大爱，才能汇聚成超越个人之力的集体力量、社会力量和国家力量，唯有大爱才能成就国家和民族的未来和希望。大爱理念的确立，为思想政治工作不断丰富人民的情感、精神和心灵世界，提高人的情感境界，提升人的生命价值，推动建设爱满人间、情满人间的和谐社会，开辟了十分广阔的空间。

思想政治工作现代转型与基本精神

孙其昂

改革开放以来，思想政治工作不断进行改革创新，努力适应社会环境、对象需要和自身发展，实现了思想政治工作创新、发展和加强。当前，思想政治工作正面临着由传统思想政治工作向现代思想政治工作的转型，即思想政治工作的现代转型。尽管思想政治工作处于从传统向现代转型过程中，但思想政治工作的基本精神没有改变。我们有必要从社会转型的视角探讨和揭示思想政治工作现代转型的条件、特点和规律，积极自觉地推进思想政治工作现代转型，努力促进思想政治工作改革创新和更好发展，以适应现代社会生活，积极发挥思想政治工作的应有作用。

思想政治工作现代转型的必然性

依据社会学社会转型的思想，社会转型本质上是社会结构的转变。思想政治工作现代转型不只是发展变化，而是结构的转变，这种转变是思想政治工作环境转变和思想政治工作格局的转型，具有社会历史的必然性。

第一，思想政治工作社会环境的改变。中国社会正在发生巨大的转变，本质上就是社会现代化，正在形成“现代社会”。第一个特点是时代的变化。中国社会正在由传统性向现代性转变，同时出现后现代性征象。中国的现实社会，是传统性、现代性和后现代性共同存在的社会，但现代性处于主导地位。全球化、城市化、工业化、市场化、信息化以及科技、教育、知识、文化、理性、消费，以及人的因素、环境、生态、风险社会等因素成为社会的基本因素。第二个特点是社会变化，核心是社会结构的分化与转型。社会结构发生分化，大量社会要素本来具有内隐性特征，在社会上并没有占据位置，现在已成为显性因素，这些社会因素不仅在社会系统中凸显出来，而且占据了重要位置并发挥着重要作用。这是造成社会转型或社会格局调整的基础原因。第三个特点是社会和人对文化提出了更高要求。这是时代因素对社会、人的影响，进而人和社会对思想政治工作提出要求。这些构成思想政治工作的客观环境。从社会视角看，思想政治工作由传统到现代的转型，是由中国传统社会向现代社会转型所致，是思想政治工作获得现代性的过程。

第二，思想政治工作外部格局的改变。社会转型是社会结构的转变，思想政治工作现代转型同样是思想政治工作结构的转变。思想政治工作是人的工作，是做人的思想的工作。思想政治工作并不是一家在做，除思想政治工作专业人员之外，还有许多社会主体在做思想政治工作。众多社会主体做思想政治工作所形成的关系，我们称为思想政治工作的外部结构，形成了思想政治工作的外部格局。在计划经济体制条件下，思想政治工作由党委来做，而党委宣传部门又是思想政治工作专门管理部门，全社会思想政治工作具有主体单一性和活动统一性的特征，构成思想政治工作单一格局。改革开放以来，社会现代化造成社会多样化，这种多样化造成思想政治工作多样化。经济体制改革，党政关系调整，价值观念转变，推动着思想政治工作多样化格局。例如，新出现的社会组织和活动（精神文明办公室及其精神文明创建活动、志愿者组织及其志愿活动、民间社会组织及其公益活动等）成为社会思想政治工作新主体，政府的思想文化功能也在新社会条件下突出出来，它们与原有组织及其活动（党委系统、工会、共青团、妇联等）共同构成新社会条件下思想政治工作新格局。显然，全社会的思想政治工作格局已经突破过去宣传部门一统的局面，形成了多样化格局。

第三，思想政治工作内在结构的改变。思想政治工作是一个系统，是由多种因素共同构成的整体。思想政治工作系统在社会现代化过程中发生变化，包括要素发育、要素之间关系的调整、整体形态的变化。思想政治工作要素得到发育。在思想政治工作专职人员群体，过去主要是思想政治工作实际工作者，现在已经由专职政工人员、教师、研究工作者等三类人员所组成。思想政治工作科学化获得长足发展。思想政治工作要素之间的关系也在调整。一方面是分化，思想政治工作整体性结构分化为功能分工明显的结构。不同领域、不同层次、不同对象、不同内容的思想政治工作有了区分，不同地域、机构、社会组织的思想政治工作有了自身的特色。另一方面是调整关系，思想政治工作要素在思想政治工作系统中的地位和作用发生了变化。从思想政治工作整体形态来看，思想政治工作知识已经由经验形态向科学形态转变，思想政治工作的学术性、科学性、现代性初步呈现，思想政治工作科学含量明显增加，思想政治工作正在由传统形态向现代形态转变。

思想政治工作现代转型的体现

思想政治工作现代转型是全面的，而不是单一要素或若干要素的改变。它是整体形态的转型，体现在思想政治工作的各个方面。

在目的和作用方面，传统思想政治工作通过思想政治工作要求群众听党话、跟党走。这时的思想政治工作实际上是一种政治动员。现代思想政治工作的目的和作用，通过思想政治工作，不仅要求群众听党话、跟党走，而且还要求党听取群众意见，重视精神文化为群众服务，使群众获得解放和发展，使群众成为世界的主人。思想政治工作不仅要进行爱国主义、社会主义教育，形成国家意识和共同理想，而且也要为群众的生活富裕、精神解放和人生发展提供服务，思想政治工作作用更具有广泛性、多样性。

在教育内容方面，传统思想政治工作主要是政治内容，开展政治教育，甚至以政治教育代替思想教育、道德教育、心理教育等其他教育。这种倾向至今依然存在。现代思想政治工作坚持政治性的价值取向和本质规定，但内容大大拓宽，尤其是在具体实施过程中，根据思想政治工作对象和实施主体的目标来选择思想政治工作内容，注重为教育对象和实施主体服务。政治性内容、思想性内容、道德性内容、心理健康内容、生活幸福内容等进入思想政治教育领域，注重贴近生活，结合人的活动，强调教育内容满足人的需要。

在服务对象方面，传统思想政治工作主要为党和国家服务，说到底是为党服务，要服从党的理论、思想、路线、方针政策和各项活动，要服务于政治主体。现代思想政治工作不仅要为党和国家服务，为社会服务，也要为思想政治工作对象服务，为思想政治工作实施主体服务。企业文化的兴起与发展体现了这种变化。在兴起阶段，企业文化建设和企业思想政治工作的关系，企业思想政治工作处于主导和主体地位，企业文化处于从属地位。后来发生变化，企业更重视企业文化，甚至有些企业把企业文化放在企业思想政治工作之上的位置。这里蕴含着思想政治工作服务对象的调整，思想政治工作实施主体更多地从自身需要出发设计和实施思想政治工作。

在工作者方面，传统思想政治工作是组织对个人做思想政治工作，党组织对其他组织做思想政治工作，上级对下级做思想政治工作，干部对群众做思想政治工作，党员对非党员做思想政治工作，政工人员对业务人员做思想政治工作。现代思想政治工作，在这方面也发生变化。民主、平等、善治、互动等思想，社会开放环境，以及互联网、手机等现代通讯交往手段催生着相互尊重、相互学习、平等交往的新型人际关系，思想政治工作者除了专业人员以外，人人都可能成为思想政治工作者或思想政治工作对象。

思想政治工作基本精神不会改变

从时代高度和社会角度把握思想政治工作，是思想政治工作的基本方法论。时代和社会决定思想政治工作的理念、地位、目的、任务和活动方式，影响（根本上说是决定）思想政治工作现代转型，然而，思想政治工作的基本精神不会改变。

思想政治工作的基本属性不会改变。时代和社会对思想政治工作的影响，相对于思想政治工作本质来说，仍然属于非本质层次的影响，思想政治工作的本质不会改变。所谓思想政治工作本质，就是思想政治工作的固有属性。任何事物都有自己的固有属性，这是区分此事物与彼事物的基本规定性。时代和社会虽然影响思想政治工作本质，包括丰富思想政治工作本质的内涵，深化对思想政治工作本质的认识，但不会根本上改变思想政治工作本质。因此必须明确这种特性，把握住思想政治工作变与不变的根本界限和辩证关系，从而把握住思想政治工作现代转型的方向。例如，善治对思想政治工作的影响。善治是现代政治学和公共管理中的一个重要思想，已经在社会生活中产生广泛的影响。善治的本质特征是指，现代公共生活管理不再是政府单方面的统治或管理，而是“政府与公民对公共生活的合作管理”。善治成为思想政治工作的理念，意味着思想政治工作不再是单向的灌输，而是双向的合作互动；思想政治工作活动不再是单向一次性的完成，而是双向多次的互动过程。按照善治理念开展思想政治工作当然是一种新理念，体现民主思想、时代特征和人文精神，贯彻以人为本的思想。但是，并不是让思想政治工作丧失思想政治工作的本性，也不是思想政治工作不再具有政治价值属性和教育功能属性，而是思想政治工作方式方法跟上时代的步伐，让思想政治工作做得更好。

思想政治工作的核心价值不会改变。思想政治工作在变，但思想政治工作的核心价值不会改变。思想政治工作核心价值改变了，也谈不上我们所说的思想政治工作。从广义上看，思想政治工作核心价值是正义。思想政治工作是一项正义的工作，它高举正义的旗帜，从正义出发，为着正义的目标而努力。思想政治工作活动的过程，就是为正义而奋斗的过程。这是思想政治工作的基本理念，也是核心价值。所以，人们一讲到思想政治工作，就知道意味着什么。思想政治工作本身所包含的精神，思想政治工作所传递的思想，思想政治工作者所应有的行为，思想政治工作的过程，等等，都应有正义性。所以，思想政治工作是一项崇高的工作。说“思想政治工作”这个词、运用思想政治工作这项工作，对于“说者”、“运用者”来说意味着什么，是十分清楚的。当你开展思想政治工作的时候，就要准备体现“正义性”。如果你缺乏良知和诚信，那么就不配说运用思想政治工作，否则将在人们心目中丧失思想政治工作的政治合法性。我们党的思想政治工作，其核心价值就是用马克思主义教育人、提高人，促进人的全面而自由的发展，促进社会和谐、进步和发展。党的思想政治工作所指的正义，现阶段就是以中国特色社会主义理论体系为指导，坚持走中国特色社会主义道路，为人民的利益而奋斗，尤其要尊重民意，关注民生，建设民主。

加强和改进思想政治工作的目的不会改变。思想政治工作现代转型的目的在于加强，这是思想政治工作现代转型的基本精神。在革命、建设和改革过程中，我们党的领导人都非常重视思想政治工作。毛泽东同志把思想政治工作视为经济工作和其他一切工作的生命线。邓小平同志提出越是改革开放越要加强思想政治工作，提出“人的工作，那是永远不能少的”观点。翻开《邓小平文选》，许多篇幅都谈到做好思想政治工作的问题。江泽民同志强调要讲学习、讲政治、讲正气，并于2000年专题发表了关于思想政治工作的讲话，重申了思想政治工作的生命线地位，提出思想政治工作要在“内容、形式、方式、方法、手段、机制等方面努力进行创新和改进”。胡锦涛同志在十七大报告中提出：“加强和改进思想政治工作，注重人文关怀和心理疏导，用正确方式处理人际关系。”他在2008年全国宣传思想工作会议上强调，宣传思想工作是党和国家工作的重要组成部分，在中国特色社会主义事业全局中具有重要地位，发挥着不可替代的作用。思想政治工作不能夸大，也不能贬低，更不能取消。思想政治工作现代转型过程是一个扬弃的过程。扬弃的内涵是否定、保留和提升，或继承、发扬和发展，简而言之，通过现代转型来加强和改进思想政治工作，促进思想政治工作的更好发展。

推进思想政治工作现代转型，要解放思想，更新观念，调整定位，构建新体系，通过研究工作来提升思想政治工作科学水平。在实践中，既要坚持思想政治工作的本质属性和基本精神，又要顺应人们对社会文化和心理情感需要，采用人性化的方式开展思想政治工作，提高吸引力、说服力和作用力。

（作者：河海大学公共管理学院党委书记、教授、博士生导师）

抗震救灾:思想政治工作生命线活力再现

戴钢书

自汶川大地震发生这个灾难性时刻起,中华民族展开了一场惊天地泣鬼神的抗震救灾伟大斗争。在以胡锦涛同志为总书记的党中央的坚强领导下,全国各族人民同灾区人民同呼吸、共命运,全力以赴、共克时艰,彰显了中国特色社会主义制度的伟大力量。而思想政治工作在抗震救灾中发挥了"生命线"、"生命通道"的重要作用。抗震救灾,是思想政治工作生命线活力的再现。

思想政治工作政治优势的充分发挥

思想政治工作作为社会主义制度的重要政治优势,在抗震救灾中得到充分发挥。

围绕抗震救灾这个中心,抗震救灾的思想动员、耐心细致地思想工作,在各个层面有效展开,使广大干部群众的力量凝聚到开展抗灾救灾上来,为夺取抗震救灾胜利提供强有力的精神动力和思想保证。抗震救灾中的思想政治工作,注重调动一切积极因素,运用一切可以运用的手段,努力把各种抗震救灾队伍的作用发挥好,把灾区群众的思想情绪引导好,把各地干部群众支援灾区的积极性保护好。抗震救灾中的思想政治工作,深入灾区群众特别是遇难者家属,既注意解决思想问题,又注意解决实际问题。抗震救灾中的思想政治工作,把党和政府对灾区群众生命财产的关心、对灾区群众生产生活和重建家园的帮助,化为灾区群众对党和政府的信任,对社会主义祖国的信心。

抗震救灾的主心骨在党员干部的表率作用中得到充分树立。党员干部的表率作用,是最有力的思想政治工作。在这次抗震救灾斗争中,党中央迅速决策部署,各级党组织发挥战斗堡垒作用。在抗震救灾的关键时刻,胡锦涛总书记、温家宝总理等中央领导同志不顾安危、不辞辛劳,亲临灾区指挥救灾,与受灾群众并肩战斗,极大地稳定了人心,极大地凝聚了力量。我们灾区的各级领导干部,特别是基层干部身先士卒,在危急关头豁得出去、冲得上去,赢得了人民的信赖,成为群众的主心骨。广大共产党员发挥先锋模范作用,到灾情最重、困难最大、群众最需要的地方去,发扬连续奋战、百折不挠和特别能吃苦、特别能战斗的精神,以实际行动成为思想政治工作的有力组织者和有效参与者。这些都使受灾群众备感温暖,备受鼓舞,也激发着灾区人民自力更生、奋起自救。

培育多年的社会主义核心价值体系的精神品质得到空前展现。经过我党多年的物质文明精神文明两手抓、两手都要硬的努力,社会主义核心价值体系的精神品质在广大人民群众中开始扎根、显示出极强的生命活力,在这场抗震救灾斗争中发挥了巨大的作用。13亿中国人从来没有像今天这样,在世界面前显示出如此高度自觉的爱国主义精神,如此坚毅强劲的英雄主义气质,如此善良纯洁的人道主义禀性,如此一致相通的核心价值观念。社会主义核心价值体系的基本内容及其要求,与保证抗震救灾取得胜利的实践要求是高度契合的。经过抗震救灾,广大人民群众从自己的切身感受出发,更加热爱中国特色社会主义,这正是社会主义制度的优越体现,更是社会主义核心价值体系的力量证明。

思想政治工作中心环节位置的充分彰显

思想政治工作作为各项工作的中心环节,

在抗震救灾中得到充分彰显。

围绕抗震救灾政治中心全方位开展思想政治工作。胡锦涛总书记在第一时间做出重要批示，把抗震救灾工作作为当前首要的政治任务。在抗震救灾的紧要时刻，各级党组织在各级党委统一领导下，积极动员各单位、各人民团体、社会各界团结一致、齐心协力，形成职责明确、齐抓共管、覆盖全社会的工作机制，共同做好灾区群众的思想工作。同时，紧紧围绕抗震救灾的进程和任务，适时明确思想政治工作的内容和重点，加强跟进指导，不间断搞好思想发动。

用心理疏导和人文关怀抚平精神创伤振作奋斗意志。围绕抗震救灾政治中心，全方位开展思想政治工作强大的心理援助，成为此次抗震救灾的亮点。地震是一个大创伤性事件，进行及时的危机干预、心理疏导、人文关怀是非常重要和必要的。中国共产党和中国政府对人的价值的尊重、对人的生命的尊重、对人的生存境遇的关怀，也成为此次抗震救灾的亮点。汶川大地震发生后，党中央明确要求：要把抢救被困群众放在第一位，只要有一线希望，就要尽一切努力施救。国家领导人跋山涉水，不畏艰难，到地震灾区慰问和指挥，这表明他们关心民众疾苦，重视民情，身体力行地贯彻“以人为本”的精神。“以人为本”还体现在国家为震灾遇难者举行哀悼三天的具体行动上。

解决思想问题与解决实际问题结合减轻灾区群众困难。解决思想问题与解决实际问题相结合是我们党的思想方法和工作方法。地震发生后，社会各界人士调动各方面资源向灾区运送食品、饮用水、药品和帐篷、防寒衣被等救灾物资，确保了灾区群众有饭吃、有衣穿、有干净水喝、有临时住处，解决灾区群众最实际的生活问题。抗震救灾斗争极其艰苦、复杂而危险，灾区群众和救援人员都不可避免地会遇到种种困难和风险，可能会有这样那样的思想问题。针对这些问题，做好思想政治工作极其重要。要把思想政治工作同解决实际困难结合起来，深入灾区的每一个村落，深入每一个受灾群众，了解他们的实际状况和生产生活需求，解决人民群众最关心、最直接、最现实的利益问题，尽可能地减少社会成员的后顾之忧，最大限度地消除引发人们心理失衡、失调的外部诱因。

思想政治工作方向保证作用的充分证明

思想政治工作是完成各项工作的方向保证，在抗震救灾中，这一重要方向保证得到充分证明。

新闻媒体牢牢把握正确舆论导向。在党中央强有力指导下，新闻媒体及时发布中央抗震救灾指示精神，保障抗震救灾具体任务以及灾后重建指导意见准确、及时、有效的得以传播、实践，促进救灾工作和灾后重建工作的有力有序的开展。各级新闻媒体利用受众面广、影响力大的优势，运用各种形式加大深度报道，大力宣传党和政府深切关怀灾区人民的重大科学决策，深入报道各地灾情和广大干部群众奋力抗震救灾的感人场面，大力宣传万众一心、共克时艰的社会主义协作精神和军民团结、共渡难关的鱼水深情，主题报道支援抗震救灾的先进典型和感人事迹，积极宣扬全国人民、海外中华儿女和友好人士慷慨捐助、无私支援的感人场景，努力营造团结一致、众志成城、不畏艰辛、奋力拼搏、无私奉献的良好氛围。网络在抗震救灾中也发挥了重大作用。它及时公布抗震救灾信息，为人们及时掌握地震情况、紧急避险提供了参考，减轻了人们对地震的恐慌心理，确保了民心的稳定。同时及时公布官方地震勘测信息，强有力的打击谣言散播者，稳定社会秩序，给抗震救灾工作营造一个良好的舆论氛围。

对捐赠款物的全程监督确保救灾物资合理有效的使用。为确保救灾物资能够合理有效的使用，思想政治工作发挥方向保证作用，对捐赠款物实施了全程监督。根据这次抗震救灾的实际，有关部门紧急研究制定了一批规章制度，对救灾资金款物的管理、分配、使用以及信息公开，都作了具体规定。特别是对捐赠资金的接收，严格工作程序，保证救灾款物的管理使用严格、有序，确保资金物资用于地震灾区群众紧急抢救、转移安置和恢复重建。为了加强社会监督，提高救灾物资资金的使用和运行效益，民政部每天向媒体公布全国救灾捐赠资金物资的统计信息，要求和指导灾区各级民政部门公开本级救灾资金和物资的接收、分配去向、用途和数额。纪检监察审计部门，加大人力进行救灾款物监管工作，对救灾款物的管理使用全程跟踪、全面监督。

我们积累了灾害救援思想政治工作的宝贵经验，我们感受了抗击地震思想政治工作生命线宝贵价值，我们将使思想政治工作这一我党的传家宝永远传承下去，发扬光大。

（作者：电子科技大学政治与公共管理学院教授、博士生导师）

改革开放以来思想政治工作创新发展的基本经验

石云霞

一、坚持以四项基本原则为根本内容，用发展着的马克思主义即中国特色社会主义理论体系进行思想政治工作

1979 年 3 月，邓小平在讲到思想理论工作的任务时指出："实现四个现代化所必须坚持的四项基本原则……在目前的新形势下却都有新的意义，都需要根据新的丰富的事实作出新的有说服力的论证。这样才能够教育全国人民，全国青年，全国工人，解放军全体指战员，也才能够说服那些向今天的中国寻求真理的人们。这是一项十分重大的任务，既是重大的政治任务，又是重大的理论任务。"这一论断表明：坚持以四项基本原则武装全党和教育人民群众，是我们党长期以来所一贯坚持的基本实践和基本经验；必须根据新形势，用不断发展着的马克思主义教育全党和人民，才能真正做到坚持四项基本原则，推动我们事业的发展。

在进行四项基本原则教育中，我们党立足于完整准确地把握马克思主义的科学体系，始终坚持把什么是社会主义、怎样建设社会主义作为教育主题；把建设什么样的党、怎样建设党作为教育的核心；把实现什么样的发展、怎样发展作为教育的根本；归结起来，就是始终坚持什么是马克思主义、如何坚持和发展马克思主义的教育。主题、核心、根本，是党进行思想政治工作的历史主线和基本内容。在改革开放和现代化建设的实践中，具体表现为：坚持以邓小平理论、"三个代表"重要思想和科学发展观进行思想政治教育，亦即以中国特色社会主义理论体系为根本内容进行思想政治工作，武装全国人民头脑，使马克思主义中国化的重大理论成果成为引领中国社会不断发展进步的强大思想先导。

党的十一届三中全会前后，邓小平倡导全党重新学习，为实现全党工作中心的转移，开辟建设中国特色社会主义的新道路，奠定重要的思想政治基础。党的十四大提出全党学习马克思主义中心是学习邓小平建设中国特色社会主义理论，十五大提出要在全党掀起学习邓小平理论的新高潮，党的思想政治工作生机勃勃，不断发展。

党的十六大、十七大以来，以胡锦涛同志为总书记的党中央在领导全面建设小康社会的同时，对思想政治工作的内容不断创新。

提出建设社会主义核心价值体系，增强社会主义意识形态的吸引力和凝聚力；强调巩固马克思主义指导地位，用马克思主义中国化最新成果即中国特色社会主义理论体系武装全党、教育人民，用中国特色社会主义共同理想凝聚力量，用以爱国主义为核心的民族精神和以改革创新为核心的时代精神鼓舞斗志，用社会主义荣辱观引领风尚，巩固全党全国各族人民团结奋斗的共同思想基础。切实把社会主义核心价值体系融入国民教育和精神文明建设全过程，转化为人民的自觉追求。积极探索用社会主义核心价值体系引领社会思潮的有效途径，既尊重差异、包容多样，又有力抵制各种错误和腐朽思想的影响。这些都是四项基本原则在新的时代条件下的丰富和发展，是坚持用发展着的马克思主义进行思想政治工作的体现。

二、从改革开放和现代化建设的根本需要出发，以经济建设为中心进行思想政治工作

胡锦涛同志指出："思想政治工作必须结合经济工作和其他实际工作一道去做，把解决思想问题同解决实际问题紧密结合起来。"从改革开放和现代化建设的根本需要出发，必须坚持以经济建设为中心，为全党全国工作大局服务，运用理论联系实际的方法进行思想政治工作，这是改革开放30年来我们各项事业取得胜利的根本保证。

十一届三中全会之后党的工作中心转移到经济建设上以来，经济建设和改革、发展、稳定是党和国家的工作大局。邓小平反复强调，贫穷不是社会主义，发展太慢也不是社会主义。"社会主义的本质，是解放生产力，发展生产力，消灭剥削，消除两极分化，最终达到共同富裕"。不坚持"一个中心、两个基本点"，不改革开放、发展经济、改善人民生活，只能是死路一条。思想政治工作的创新和发展，正是围绕经济建设这个中心，结合各项业务工作进行，为改革开放和社会主义现代化建设提供了有力的精神动力和思想保证。改革开放的实践证明，坚持以经济建设为中心，同时又要坚持党的思想政治工作是经济工作和其他一切工作的生命线，充分发挥党的思想政治工作的优势，把政治落实到经济建设和其他业务工作中，才能保证经济工作和其他工作的正确发展方向，保证党的路线方针政策落实到各项工作和群众中去，才能不断排除各种错误的干扰，巩固和发展全国人民共同奋斗的思想政治基础，从而为经济工作和其他工作提供强大的动力与保证。全党特别是各级领导干部随着改革开放和现代化建设的深入发展，对于思想政治工作的这一重要作用和地位的认识越来越深刻。

三、坚持正确的政治方向，将政治性、思想性与科学性统一起来进行思想政治工作

政治性是党的思想政治工作的先进性和党性的根本标志。改革开放以来的思想政治工作首要的就是解决政治方向问题，亦即坚持共产主义理想和社会主义信念的问题。思想性体现了思想政治工作着眼于进行世界观、人生观、价值观、荣辱观教育，把爱国主义、集体主义、社会主义作为核心内容，注重思想观念对人们行为的主导作用。科学性体现了党的思想政治工作在指导思想上、内容上和方法论上的真理性、现实性，真正做到以科学理论和方法武装人。在改革开放和发展社会主义市场经济条件下，思想政治工作的环境、任务、内容、渠道和对象都发生了很大变化。如果只是简单地重复过去的老方式、老办法，就难以收到好的效果，甚至适得其反。只有解放思想、实事求是、与时俱进，认真研究新形势下思想政治工作的特点和规律，积极开辟新途径，探索新办法，创造新经验，坚决反对和防止形式主义，才能始终保持思想政治工作的生机和活力。

改革开放初期，针对有的地方在思想政治工作中重提“兴无灭资”的口号问题，邓小平指出，对资本主义、资产阶级思想要采取科学态度，不要把我们现行的一些有利于发展生产、发展社会主义事业的改革，也当作资本主义去批判。在视察南方谈话中他进一步强调，要警惕右，但主要是防止“左”。这是思想政治工作必须严格遵循和认真执行的科学方针，要求我们进行思想政治工作一定要加强马克思主义理论的学习和教育，精神上不能解除武装；越是实行各项经济政策和对外开放政策，就越是要加强这方面的学习和教育，加强理想信念教育。

在改革开放30年的思想政治工作中，党正是坚持和发展了邓小平的上述思想，紧贴干部群众的思想实际，有针对性地回答人们普遍关心的疑难问题；适应群众的接受能力，深入浅出，鲜明生动，入耳入脑。在实施思想政治教育的过程中，努力防止和克服把理论学习搞成应景式的照本宣科，把理论宣传搞成故作高深、言之无物的刻板说教，在理论联系实际、深入人心、开拓创新、力求实效上下功夫。因而理论上更加清醒坚定，广大党员和人民群众以及整个社会的精神风貌，取得明显进步。

四、坚持正面教育为主，用马克思主义引领社会思潮，扎实推进思想政治工作

思想教育注重说理，理论教育意在潜移默化，过去所采取的疾风暴雨式群众运动的教育方式往往事与愿违。在改革开放和现代化建设新的历史条件下，人们的思想观念、思维方式呈多样化的特点，就更不能简单地重复传统的群众运动的教育模式。所以，坚持正面教育为主，采取讨论的方法、说理的方法、批评和自我批评的方法，即疏导的方法，开展全面深入持久的思想政治教育，是改革开放以来的伟大创新。

坚持以正面教育为主的方针，实际上是一个相信真理的力量、相信人民群众基本觉悟的问题。我们所从事的事业是符合和代表最广大人民群众利益的，尽管会有曲折和错误，但是整体说来，正面的事物、积极的因素、光明的东西居于主导地位。这就决定了思想政治工作必然要把激发人们内在的积极因素、促进先进思想的发扬光大，作为最基本的任务和内容。

在坚持正面教育的问题上，以胡锦涛为总书记的党中央领导集体积累了丰富经验：一是高度重视和抓紧用中国特色社会主义理论体系武装全党和广大人民群众，抓紧党的路线方针政策和革命传统的学习教育；二是开展树先进、学先进活动，运用先进典型影响和带动群众。改革开放和现代化建设中涌现出来的先进集体和先进人物，体现了时代精神，是实践社会主义精神文明的楷模。这种榜样力量的教育作用，是任何其他思想政治工作的活动和方法所不能替代的。保持共产党员先进性教育可以说是党的历史上参加人数最多、规模最大的一次思想政治教育活动。这次活动坚持正面教育、自我教育为主，实行开门教育，广泛发扬民主，走群众路线，使广大党员受到一次深刻的中国特色社会主义理论体系的教育，是一次空前成功的思想政治工作实践。

强调以正面教育为主，绝不意味着放弃必要的思想斗争。改革开放以来，主流意识形态的影响力、凝聚力不断发展壮大，同时各种社会思潮的干扰也没有停止过。党的基本方针就是引领社会思潮。所谓“引领”，体现在四个方面：一是主动汲取多样化社会思潮中的各种积极因素，不断提升中国特色社会主义理论体系的生命力、凝聚力和感召力。二是批判多样社会思潮中的有害因素。意识形态领域历来是敌对势力同我们激烈争夺的重要阵地。改革开放以来对资产阶级自由化等思潮的批判，充分显示出思想政治教育的巨

大威力；相反，在一个时期思想政治教育出现的软弱无力则导致了严重后果。三是把批评错误思潮的严肃性和科学性结合起来，力戒“文化大革命”时期的不分青红皂白戴帽子、打棍子、断章取义、无限上纲的错误做法。四是大力弘扬主旋律，提倡多样化，坚持“二为”方向，坚持“双百”方针，真正做到从正面坚持用科学的理论武装人。上述四方面相辅相成，相得益彰。

五、坚持教学相长，发挥教育主导者的作用，重视和开发群众在教育中的主动精神，全员推进思想政治工作

进行思想政治工作，坚持用中国特色社会主义理论体系武装全党、教育人民，这个命题明确表明了党和党的各级干部是思想政治工作的主导者、教育者；方针政策的决策者、实施者；执行效果的检查者、评价者。但同时，人民群众是创造物质文明的主人，也是创造精神文明的主人。人民群众实践的过程，改造客观世界的过程，同时也是改造自己主观世界的过程，实际上也就是自己解放自己、实现自我教育的过程。思想政治工作的责任，是在马克思主义和党的路线方针政策指导下，不断发掘人民群众在实践中涌现出的代表历史发展趋势的先进思想和经验，帮助加以总结、概括，使之系统化、科学化，同时利用各种形式宣传、推广。这个总结、推广，再总结、再推广的过程，就是实践、认识，再实践、再认识的过程。

人民群众的实践经验是党的思想理论的不竭源泉。从群众中来，到群众中去，集中起来，坚持下去，这是党的根本的领导方法和工作方法，也是思想政治工作的根本原则和方法。这种方法充分体现了党作为教育者与群众作为教育对象之间的教学相长。坚持教学相长，决定了教育内容及教育者和教育对象之间的平等关系，也决定了对人民群众的各种教育，都必须采取耐心说理、平等讨论、互教互学等民主的方式方法。启发式教育的意义在于，开掘和发挥教育对象内在的积极因素，使思想教育的过程成为信息交流、思想交流和感情交流的过程，使教育者发出的思想信息被顺畅地接受，并产生共鸣，从而增强教育效果。

坚持教学相长，充分发挥人民群众自我教育的作用，并不排斥理论“灌输”的必要性和重要性。马克思主义理论不可能在工人运动中自发产生，只有经过宣传教育才能为工人阶级所掌握。但是，不能采取强制硬灌的方法，把人民群众当作完全被动接受的对象。从根本意义上说，人民群众掌握马克思主义理论，也就是人民群众进行自我教育，就是用经过科学概括了的工人阶级自己创造的实践经验，即马克思主义的世界观和方法论来教育自己。马克思主义理论也只有在掌握人民群众的过程中，才能获得新的活力和生机，随着时代的进步而丰富和发展；党的思想政治工作也才能够整体推进，不断增强针对性和有效性。

六、坚持把先进性放在首位，先进性与广泛性相结合，增强思想政治工作的针对性和实效性

坚持从社会主义初级阶段的实际出发，从广大干部群众的思想实际出发，把先进性要求同广泛性要求结合起来，区分层次，有的放矢，注重实效，增强针对性和实效性，是改革开放以来思想政治工作取得成功的重要经验。

思想政治工作把先进性要求放在首位，先进性与广泛性要求相结合，在实践中就是处理好现实与未来的关系，多数与少数的关系，党员、干部与群众的关系。具体说，就是根据不同对象的情况，不同时期的实际，讲究理想信念、道德教育的层次性，注意工作的渐进性，明确区分应当提倡的、必须做到的、允许存在的和坚决反对的，既照顾多数，又鼓励先进，连结和引导不同觉悟程度的人们一起向上。在理想教育方面，就是把最高理想和共同理想结合起来，在道

德教育方面，就是把共产主义道德和社会主义道德结合起来，用对党员、领导干部的教育带动对人民群众的教育。党员、干部应当树立远大理想，发扬奉献精神，成为共产主义理想的坚定信仰者、共产主义道德的身体力行者。而对于人民群众来说，则是加强建设中国特色社会主义共同理想和社会主义道德的教育，倡导社会公德和职业道德，倡导国家利益、集体利益、个人利益相结合的集体主义精神，倡导勤奋劳动、诚实守信、互助友爱的精神，使之成为社会主义荣辱观的自觉实践者、社会和谐的积极促进者。

我党在思想政治工作中成功处理了改革开放以来十分突出的提倡先进道德、理想信念与执行现行政策的关系。经济政策是规定性的，是处理最广大人民经济利益关系的现实的规定；道德规范是倡导性的，它还应当包括一部分先进分子的理想要求。将二者混淆，就会给思想政治工作造成极大损害。在实际生活中，发生过人们用共产主义道德去“剪裁”、评判现阶段的经济政策，结果把一些有利于生产力发展的东西视为非道德的异端加以谴责和否定。相反，也发生过有些人只顾现行的经济政策，放松了思想道德教育，甚至把现行政策界限等同于道德规范的现象，忽视了对于先进道德的提倡和鼓励，使得个人主义、拜金主义思潮泛滥。思想政治工作及时纠正了这些偏向，向人们讲清加强道德建设与执行现行政策相互促进的关系，因而取得经济建设和思想道德建设的双丰收。

党的十六大、十七大以来，以胡锦涛为总书记的党中央，从全面建设小康社会的实际出发，提出建设社会主义核心价值体系，体现了理想信念、思想道德建设上的先进性、广泛性要求；坚持先进文化的前进方向，符合不同层次群众的思想状况，具有广泛的适用性和包容性、强大的整合力和引领力。坚持不懈地进行社会主义核心价值体系的教育，才能适应各阶层人们思想活动的独立性、选择性、多变性、差异性，保证人民获得在政治上、道义上和精神上团结一致，克服任何困难，争取胜利的强大精神支柱。

七、坚持以人为本，尊重人、理解人、关心人，增强思想政治工作的吸引力说服力

坚持以人为本，是党的治国方略，也是思想政治工作的根本要求。胡锦涛同志指出，思想政治工作说到底是做人的工作，必须坚持以人为本。既要教育人、引导人、鼓舞人、鞭策人，又要尊重人、理解人、关心人、帮助人。尊重人就是要平等待人，尊重人的人格和权利；理解人就是要理解每个人的具体处境和个性，承认人不同的性格、爱好和兴趣；关心人就是要对人满腔热情，诚实朴实，宽厚宽容；帮助人就是要想人之所想，急人之所急。只有这样才能把思想政治工作做到人们心里，使各阶层的人们心情舒畅，为改革开放和现代化建设更多地发挥自己的聪明才智。思想政治工作的这一立足点，来源于党全心全意为人民服务的宗旨。这一宗旨逻辑和历史地决定了必须把人民群众放在主人地位，把人民群众的利益看得高于一切。

坚持以人为本，尊重人、理解人、关心人，也是社会主义制度的必然要求。社会主义制度下，人民群众的根本利益是一致的，人与人之间的关系应当是平等互助、团结友爱、和谐融洽的。思想政治工作在服务经济建设的同时，要努力营造新型的社会主义人际关系，这是一个长期奋斗的过程。在这个过程中，思想政治工作要正确处理三个关系：第一，以情感人与以理服人的关系，这是做好思想政治工作的前提。思想政治工作的本质是做人的工作，要做好，就既要动之以情，以情感人；又要晓之以理，以理服人，做到入情入理，情理交融，才能使人入耳入脑。第二，身教与言教的关系，这是做好思想政治工作的基础。思想政治工作者要以立为本，做到“身教胜于言教”，严于律己，以身作则，把真理的力量和人格的力量统一起来。第三，解决思想问题同解决实际问题的关系。思想政治工作要取得实效，必须结合经济工作和其他

实际工作一道去做，要既讲道理，又办实事，倾听群众呼声，了解群众情绪，关心群众疾苦，绝对不能脱离群众，才能把党和政府的温暖真正送到群众心坎上。

党的十六大、十七大以来，以胡锦涛为总书记的党中央从全面贯彻和落实科学发展观的要求出发，适应广大党员和人民群众的接受能力，形成与社会主义初级阶段基本经济制度相适应的思想观念，紧密把握社会主流，使思想政治工作更好地融入社会生活，把体现党的意志和反映人民心声统一起来，更加体现出时代性、把握规律性、富于创造性。

八、坚持思想政治工作重在提高人的思想道德素质，把培育“四有”新人作为根本目标

1986年中央通过关于社会主义精神文明建设的指导方针，其决议指出：社会主义精神文明建设的根本任务，是适应社会主义现代化建设的需要，培育有理想、有道德、有文化、有纪律的社会主义公民，提高整个中华民族的思想道德素质和科学文化素质。在社会主义条件下，努力改善全体公民的素质，将使社会劳动生产率不断提高，使人和人之间在公有制基础上的新型关系不断发展，使整个社会的面貌发生深刻变化。这是我国社会主义现代化事业获得成功必不可少的条件。

进入改革开放新时期，邓小平针对新的形势和任务，反复强调要教育人民成为“四有”人民，教育干部成为“四有”干部，特别要教育好青年、后代。他指出，要教育党员、干部和全国人民做到有理想、有道德、有文化、有纪律，尤其是我们的青年，要树立共产主义的远大理想和信念，一定不能让青少年作资本主义腐朽思想的俘虏。他强调说，进行革命和建设，“人的因素重要，不是指普通的人，而是指认识到人民自己的利益并为之而奋斗的有坚定信念的人”。这一思想始终指导着思想政治工作沿着正确的轨道健康发展。

党的十三届四中全会后，以江泽民为核心的党的第三代中央领导集体，坚持“两手抓，两手都要硬”的方针，全方位地推进精神文明建设，狠抓培育“四有”新人的工作。对于青年和干部特别是领导干部，则提出更加明确的要求。要求引导和帮助青年学生树立正确的世界观、人生观和价值观，打下科学理论的基础，确立为建设中国特色社会主义而奋斗的政治方向。强调要努力建设高素质的干部队伍，思想理论素质是领导素质的灵魂，领导干部特别是高级干部应当成为忠诚于马克思主义、坚定走中国特色社会主义道路、会治党治国的政治家。

以胡锦涛为总书记的党中央进一步创新和发展了关于培育“四有”新人的思想。胡锦涛同志强调，对于广大党员和干部来说，要坚持理想信念，坚定不移地为建设中国特色社会主义而奋斗；要坚持勤奋学习，扎实提高实践“三个代表”重要思想和科学发展观的本领；要坚持党的根本宗旨，始终不渝地做到立党为公、执政为民；要坚持勤奋工作，兢兢业业地创造一流的工作业绩；要坚持遵守党的纪律，身体力行地维护党的团结统一；要坚持“两个务必”，永葆共产党人的政治本色。这些论述进一步阐明了“四有”新人的精神境界和实践要求。

胡锦涛同志强调，对青少年要坚持进行理想信念教育为核心，以树立正确的世界观、人生观、价值观为重点，以养成高尚思想品质和良好道德情操为基础，紧密结合全面建设小康社会的实际，遵循青少年思想道德建设的规律，坚持以人为本，促进青少年的全面发展，努力培育面向现代化、面向世界、面向未来，有理想、有道德、有文化、有纪律，德、智、体、美全面发展的中国特色社会主义事业建设者和接班人。思想政治工作抓住了这个根本，因而目标明确，取得成效。

九、坚持寓教于精神文化生活，运用多种形式生动活泼地开展思想政治工作

追求丰富多彩的精神文化生活是人类固有

的特性，不断满足人们对精神文化的需求，是建设中国特色社会主义的重要目标。随着经济发展和物质生活的改善，人民群众对精神文化生活提出新的更高要求。改革开放以来，新的文化现象层出不穷，如社区文化、企业文化、校园文化、家庭文化、影视文化、网络文化等，受到群众欢迎。适应新形势，思想政治工作做到了把思想政治教育渗透到各种文化娱乐活动中，寓教于文于乐，运用多种形式生动活泼地开展工作，使群众在满足审美需求和兴趣爱好的过程中，在丰富多彩的精神文化生活中，得到哲理的启迪，心灵的感染，情操的陶冶，进而提高觉悟，升华精神。

将思想政治教育寓于精神文化生活中，也是文化娱乐活动健康发展的需要。一方面，我们的主流意识形态在不断发展壮大；另一方面，一些文化垃圾和精神毒品不断泛滥。互联网的发展，既为思想政治教育的开展提供机遇，也提出严峻挑战。互联网推进了思想政治教育个性化、社会化、生活化、制度化、法制化、现代化的进程，为社会主义核心价值体系的传播提供了新的载体，同时也给思想政治教育带来严重的负面影响，如色情暴力、虚假信息、诈骗活动、“黑客”侵入和传播病毒，等等。对此，思想政治工作没有采取过去简单的“围堵”办法，而是着力发挥疏导作用，一手抓教育，一手抓法制；一手抓繁荣，一手抓管理，坚决抵御封建文化糟粕和西方腐朽文化的影响，持久开展“扫黄打非”斗争，用社会主义思想文化占领网络阵地。

十、坚持和加强党的领导是搞好思想政治工作的根本保证

一是坚持“两手抓、两手都要硬”的方针。改革开放以来，中央反复强调，越是深化改革、扩大开放、发展社会主义市场经济，越要重视思想政治工作。要求各级党委，坚决纠正和防止忽视思想政治工作的错误倾向，建立健全思想政治工作责任制，建立由有关方面负责人参加的思想政治工作联席会议制度。把思想政治工作的成效，作为考核领导班子、领导干部的重要依据之一。二是按照提高素质、优化结构、相对稳定的要求，努力建设一支政治强、业务精、作风正的思想政治工作队伍。改革开放以来，选拔了一批德才兼备的中青年干部，充实到这支队伍中来。三是坚持教育与管理相结合的方针。改革开放以来，党中央抓紧建立健全一系列相关的法律法规和制度，依法加强对社会生活各方面的管理，把倡导的思想道德原则融于科学有效的社会管理之中，使自律与他律、内在约束与外在约束、软实力和硬实力有机结合，为改革开放和现代化建设营造了良好的社会环境。四是坚持在党的领导下，依靠全社会共同做思想政治工作。思想政治工作涉及到经济和社会生活的各个方面。党的组织、宣传部门要做，政府部门及工会、共青团、妇联等其他社会组织也责无旁贷地要做思想政治工作；注重发挥媒体在思想政治工作中的作用，把群众性精神文明创建活动作为重要载体，重视发挥文化的社会教育功能。改革开放以来，思想政治工作形成了在党委统一领导下，调动社会各方面的积极性，职责明确、齐抓共管、覆盖全社会的工作机制。努力把思想政治工作任务落实到基层。企业思想政治工作结合深化改革、建立现代企业制度、提高经济效益进行；农村思想政治工作结合奔小康、建设社会主义新农村进行；学校思想政治工作围绕培育“四有”新人的根本任务进行；社区思想政治工作围绕建设和谐家园进行；注重做好下岗职工和进城务工人员的思想政治工作，等等，全方位推进思想政治工作。五是认真贯彻从严治党的方针，增强党的凝聚力和战斗力。改革开放以来，党中央相继开展了整党、“三讲”和“先进性”教育等重大党内思想政治教育活动，取得显著成效，有力地带动了思想政治工作。

（作者：武汉大学政治与公共管理学院教授、博士生导师）

思想政治工作对个人品德建设的价值

佘双好

把个人品德建设纳入社会主义思想道德领域，是党的十七大政治报告的一个新提法。胡锦涛同志在党的十七大报告中指出："大力弘扬爱国主义、集体主义、社会主义思想，以增强诚信意识为重点，加强社会公德、职业道德、家庭美德、个人品德建设，发挥道德模范榜样作用，引导人们自觉履行法定义务、社会责任、家庭责任。"把个人品德建设与社会公德、职业道德和家庭美德并列，作为社会主义思想道德建设的重要组成部分，拓展了社会主义思想道德建设领域，对于把社会主义思想道德内容转化为每个公民的个人品德，对于充分调动每一个社会公民自我品德修养的积极性和主动性，对于社会主义思想道德建设，都具有重要而深远的意义。

个人品德建设的内涵与特点

个人品德也称个人道德品质、品行等，有时我们也把个人品德与思想道德素质作为等义的概念，它是一定社会的思想道德要求转化成个体的思想道德观念和行为时所表现出的相对稳定的心理特征和倾向，是社会思想道德在个体身上的反映。品德是体现在个体身上的重要素质，它与个体的存在和发展紧密相联，是个性的核心成分，是个人依据一定的思想道德要求行动时所表现出来的稳定的特性。而个人品德建设，顾名思义，即指对个人品德进行建设，它既包括个体对个人品德的修养提高，同时也包括国家、社会、学校、家庭等外部因素对个人品德的引导、培养、塑造、教育、管理等，其核心是把社会思想道德转化为个体思想道德素质，提高个体思想道德素质的过程。

个人品德具有以下一些特点：(1)个人品德具有社会性。个人品德是与一定社会的思想道德相联系的，社会具有什么样的思想道德面貌，体现在个体品德方面，就转化成什么样的个人品德，正如人的本质"在其现实性上是一切社会关系的总和"一样，个人品德也是一定社会思想道德的反映，离开一定社会的思想道德，就不可能有个人品德的问题。(2)个人品德具有个体性。个人品德是体现在每一个个体身上的重要素质，个人思想道德素质既与社会思想道德存在着一定的关联，同时又打上了每一个个体的特点，每一个个体通过不同的方式来展现其个人品德，这样使得个人品德具有多样性、生动性和丰富性的特点。(3)个人品德具有相对稳定性。个人品德是一种相对稳定的特征和倾向，品德一旦形成，具有相对的稳定性，虽然个体会根据不同的情境和个体不同的状况，表现出不同的思想道德面貌，但是从总体上来说，个体在表现一定的思想道德面貌时，具有跨时间和跨情境的稳定性。这种稳定性的特点使得个体在没有任何外界条件的监控下，都能够按照自我的思想道德内在要求行事，我国古代把个人品德的这个特点用"慎独"这个概念来表示，即指的是一个人在没有其他外人的条件下都能保持着自身良好的思想道德要求。

个人品德建设与道德建设的区别与联系

道德是调节人与人之间相互关系的一种特殊的行为规范的总和，道德作为一种社会意识形态，是社会上层建筑的重要组成部分，是一定的经济、政治制度的客观反映。道德作为调节手段，是以善恶来评价，依靠风俗习惯、社会舆论和人们的内心信念来维系的一种调节人们之间关系的方式。道德与品德既有联系也有区别。

道德与品德的联系主要表现为：(1)它们调节的方式和手段是一致的，都是通过非强制性调节方式来调节的，依靠风俗习惯、社会舆论和人们内心的信念来调节。(2)内容是一致的，品德的内容来源于社会道德，它是社会道德在个体身上的反映，个人成长于一定的社会，必然受社会的影响，正如马克思所说：在阶级社会，任何人的思想观念都打上阶级的烙印。(3)道德与品德体现了共性与个性的统一。一个社会的道德总是通过社会成员个人品德来体现的，社会成员的个人品德状况，从总体上反映了社会道德生活的气息。道德是品德的集中体现，品德是道德的具体表现。

道德和品德的区别主要体现在：(1)指向性不一样。道德是与社会存在相对应的概念，道德建设指向社会发展，较为宏观。品德是与个体发展相联系的概念，反映个体思想道德的状况和水平，品德建设指向个人发展。(2)建设要求不一样。在一个社会里，虽然对于不同的人群，不同的个体具有不同的道德要求，存在着道德要求的层次性，但对于一个社会来说，社会所主导的思想道德观念是同一的，也就是具有普遍性的。但是，从个体道德水平发展的阶段性和层次性来看，个人品德虽然集中表现了社会的总体道德水平，但是，其具体的品德状况是千差万别的，个人品德有可能出现与社会道德不一致的情况。(3)发展程度不一样。品德的形成过程既有对社会思想道德要求的认同，实现思想道德社会化的过程，同时也存在着个体发展的特殊性，与个体心理、人格发展密切相关。

从上述道德与品德的区别与联系来看，道德建设与品德建设既存在着相互联系和贯通的内容，但也存在着一定的差异性，应充分重视品德建设的特殊性。

个人品德建设的特殊性

在以往个人品德建设领域，我们较多使用品德修养和品德教育两种提法。品德修养或者说思想道德修养是指个体在社会影响和帮助下，通过自身思想道德实践活动，把社会思想道德转化为个体思想道德素质的过程。尽管在这个过程中十分重视社会条件对个体的影响和帮助，但其着重点在于个体通过道德实践活动，提升自己的思想道德素质，其修养的主体在于个人，在于社会生活的每一个成员。品德教育即德育，是指社会按照一定的目标和要求，对社会成员实施思想道德方面教育和影响，使个体形成符合社会的思想道德要求的教育活动。德育活动虽然需要调动个体自我教育的积极性，主动性，发挥个体的主体作用，但从总体上，德育活动中，教育者居于主导性作用，教育者规定教育的内容、引导教育的方向、主导教育的过程、评价教育的结果，因此强调从教育影响来提升个体思想道德素质。这两种传统的提法在现代思想道德建设过程存在着一定的局限性：品德修养的提法过分强调个体自我修养，容易使人误以为品德修养是一种可以脱离社会条件和环境的个体自我的实践活动，把品德修养看成是个人自己的事情，因此忽视社会环境和社会力量对个体道德修养的帮助作用；品德教育的提法过分注重家庭、学校和社会力量对个体开展的教育活动，而忽视教育以外的其他手段，比如政治、法律、经济等手段在个体品德建设中的作用，使品德建设局限于教育领域，并且局限于学校教育领域，这样，弱化了个人品德建设的力量和来源。

个人品德建设这一新的概念，从根本上消除了传统品德修养和品德教育的局限，从新的角度对个体思想道德素质提升进行了界定。首先，从个人品德建设的内涵概念来看，个人品德建设不仅包含个体自我品德修养，而且也包含社会对个体品德的帮助与促进。个人品德建设不仅注重个体品德修养的积极性，也强调社会对个体品德发展的帮助与提高。这样就从个体与社会两个角度来开展个人品德建设，拓展了个体品德建设的内涵。其次，从个人品德建设的方法来看，个人品德建设不仅包含了品德教育的内容，而且也包含了运用经济、政治、文化、法律等手段对个体品德进行调控、影响，这样极大地拓展了品德建设的方法，使品德建设的方法更为多元和丰富。其三，从个人品德建设的领域来看，个人品德建设的提法，使得品德建设成为与社会公德、职业道德和家庭美德相并列的四大社会主义思想道德建设领域，成为社会主义思想道德建设的一个重要领域，拓展了社会主义思想道德建设的领域。

从以上论述来看，将个人品德建设作为社会主义思想道德建设的一个重要领域，极大地提升了个人品德建设的地位，使个人品德建设不再是贯穿于社会公德、职业道德和家庭美德之中的建设内容，而且有了相对独立的领域和地位，这样，个人品德建设就不再只是单纯个人的品德修养或教育部门的责任，而是党和政府必须履行的责任和义务，各级政府和一切社会组织和机构，都要把个人品德建设作为社会主义思想道德建设的内容。这样就极大地加强了个人品德建设的力度。

思想政治工作在个人品德建设中的价值

思想政治工作作为党在长期革命和建设实践过程中积累和形成的处理人民内部思想矛盾的理论和方法，在培养和塑造社会主义事业建设者和接班人的过程中发挥着十分重要的积极作用。作为促进个人品德发展的一种外在影响因素，思想政治工作在品德建设中具有明显的价值。

1. 调动启发个体开展品德建设的积极性、主动性的价值。马克思指出："批判的武器当然不能代替武器的批判，物质的力量只能用物质的力量去摧毁，但理论一经掌握群众，也会变成物质力量。理论只要说服人，就能掌握群众；而理论只要彻底，就能说服人，所谓彻底，就是抓住事物的根本。"列宁说："没有革命理论，就不会有坚强的社会党，因为革命理论能使一切社会党人团结起来，他们从革命理论中能取得一切信念。"毛泽东说："代表先进阶级的正确思想，一旦被群众掌握，就会变成改造社会、改造世界的物质力量。"思想政治工作从本质上说就是一种启发和调动人民认识和掌握马克思主义的理论武器，积极改造客观世界和主观世界的过程。思想政治工作提供的理论武器，对于调动和启发个体开展品德建设的积极性，具有重要的指导和激励的价值。

2. 促进个人品德向更高层次发展的价值。现代心理学研究表明，个人品德在没有任何人帮助的情况下所能达到的发展水平和在有效的思想政治工作帮助之下达到的发展水平之间存在着一定的差距。这表明，通过有效的思想政治工作能够促进个人品德的发展。因此，思想政治工作对个人品德发展具有良好的促进作用。同时研究还表明，思想政治工作在促进个人品德发展过程中，既不能以过高的道德要求个体，也不能低于个人品德发展水平，应遵循个体品德发展的层次和阶段，以稍高于个人品德状况的发展水平来帮助个体品德的发展。这样才能更有效地促进个人思想品德发展。

3. 指导个体开展个人品德建设的价值。个人品德建设是一个涉及十分复杂广泛的工作，尽管每一个人都具有一定的个人品德建设的积极性和主动性，但并不是每一个人都有时间和精力对个人品德建设的任何一个环节都十分熟悉，因此，在个人品德建设中需要得到各个方面的指导、帮助。思想政治工作是一种专门化的促进个人品德发展的工作，它集中系统总结了个人品德建设的经验，对个人品德建设过程中的各个程序和环节有较为充分的认识和把握，并且由于思想政治工作者是作为党和政府及单位部门的代言人进行工作，能够有效地调动各个方面促进个人品德发展的资源，因而能有效地对个人品德建设进行指导、帮助。

4. 创设良好发展条件的价值。 思想政治工作作为影响个人品德发展的外在条件和因素，可以通过创造一定的外在条件，帮助个人品德建设。比如营造有利于形成积极个人品德的环境和氛围；比如制定相关的文件、政策和措施来鼓励和引导个人品德向良好方向发展；比如开展一系列有助于个人品德发展的社会实践活动和有德性的社会活动；比如通过解决个人发展中的物质和生活条件方面的困难，消除个人品德发展障碍；比如开展人文关怀和心理疏导，化解个体心理矛盾困惑；比如考核评估个人品德发展状况，对个人品德进行有效监控等等。这些外在条件的营造，为个人品德的发展创造了条件，提供了保障。

（作者：武汉大学政治与公共管理学院教授、博士生导师）

论对当代中国马克思主义的信仰问题

谈宜彦

中国特色社会主义理论体系是当代中国的马克思主义，只有坚定信仰当代中国马克思主义，才能为发展中国特色社会主义提供坚强的政治保证，让当代中国马克思主义放射出更加灿烂的真理光芒。

一、坚定信仰当代中国马克思主义，就要关注世界发展大势，把握时代脉搏、顺应世界发展潮流

一要认清发展趋势，学会超前思考。发展是当今世界的主题，也是当代中国的主题。当代世界正朝着你中有我、我中有你、相互依存的方向演进，地球变得越来越“小”。中国的前途命运紧密地同世界联系在一起，既要从中国的角度看世界，也要从世界的角度看中国。要结合当代知识的学习，正确认识和把握当代世界发展趋势，结合经济社会发展中的重大问题，深入思考社会、科技和人的全面发展。要适应新的形势，运用科学方法，对可能出现的问题进行预测，学会着眼未来，超前思考，权衡利弊，作出预案，增强科学预见、主动应对的能力，防止思想滞后、仓促应付。

二要放开发展眼光，借鉴文明成果。大国兴衰的历史证明，很多放开眼光、走出去引进来的国家，都从积贫积弱走向繁荣富强。要结合马克思主义产生的背景与近代历史的学习研讨，通过组织国际形势报告、境外学习培训等形式，深入思考发达国家前进的道路、崛起的战略和创新的思维，有选择地借鉴世界文明成果。

三要把握发展机遇，参与国际竞争。在世界贸易发展中，竞争越来越激烈，规则体系也越来越完善。要抓住市场机遇，利用有利因素，结合自身工作不断推进科学发展。要认识和熟悉世界贸易规则，深入思考我国如何实施互利共赢的开放战略，积极主动地参与国际经济竞争。要按照国际通行的经济和贸易规则，订标准、树标杆，提高自主创新能力，提高核心竞争力，防止画地为牢、闭门造车。要积极把握竞争的主动权，自觉遵循国际规则、运用国际规则，主动融入世界经济，发展和壮大自己。

四要规避发展风险，积极应对挑战。要着眼世界共同面临的能源、资源、环境、人口等问题，思考如何协力推进、共同呵护人类赖以生存的地球家园。要认真思考思想文化领域的斗争、国际经济竞争、国际金融风险、国际资源争夺、西方对我国西化分化的图谋，研究新问题

总结新经验，形成新思路，妥善处理和化解矛盾，努力保持良好的国际环境。要结合世界民族宗教、抵御自然灾害、公共突发事件、转型期社会矛盾等问题的研讨，不断提高科学判断形势、应对风险挑战、驾驭复杂局面的素质和能力。

二、坚定信仰当代中国马克思主义，就要运用科学理论分析和解决重大现实问题，增强贯彻落实科学发展观的本领

一要培养全局思维，善于统筹规划。要正确处理重点和一般的关系，抓住牵动全局的主要工作、事关群众利益的突出问题，在重要领域和关键环节取得突破，做到以点带面、整体推进，防止不分轻重缓急。要妥善处理中央和地方的关系、部门之间的关系、内部各种关系，充分发挥各方面积极性，既贯彻中央要求，又兼顾部门和地方利益，真正做到思想上清醒、认识上到位，重大问题不糊涂，事关全局的大事不让步。

二要培养科学思维，把握发展规律。要着眼全面协调可持续发展，研究发展问题、探寻发展规律，对如何创新发展理念、转变发展方式、破解发展难题等重点问题进行深入思考，探索提高发展质量和效益、实现又好又快发展的途径和方法。要合理行使公共权力，按照建设服务型政府的要求，加快推进政企分开、政资分开、政事分开、政府与市场中介组织分开，积极探索经济调节、市场监管的新思路，减少政府对微观经济运行的干预，防止缺位、越位、错位。要养成科学态度，综合运用系统论、运筹学、博弈论、管理科学等现代方法，提高思维的敏锐性、严密性。

三要培养创新思维，不断解放思想。要教育党员领导干部深刻把握具体问题具体分析这个马克思主义活的灵魂，不断研究新情况、解决新问题，以思想的不断解放推进工作思路的不断创新，以思路的不断创新推进各项事业的不断发展。避免以老眼光看待新事物、用老办法解决新问题。要在深化对世情、国情、党情、民情的认识中解放思想，在认清目标、任务、要求中解放思想，在树榜样、学先进、找差距中解放思想，把解放思想贯穿发展全过程。

四要培养决策思维，敢于多谋善断。决策思维是着眼全局、判断形势、为解决现实问题做出决断的重要思维方式。要围绕党和国家的中心工作，深入研究经济发展和改善民生中的热点、难点问题，以务实的态度结合本职工作进行深入思考，增强选择决策目标的准确性。要围绕专题研究，通过基本理论学习、社会调研、课题研究等方式，鼓励党员领导干部出主意、想办法，集思广益，分享经验，探寻实现目标的多种渠道和方法。

三、坚定信仰当代中国马克思主义，就要加强党性锻炼，自觉转化为忠于党、忠于国家、忠于人民的实际行动

一要加强忠诚教育，坚持“三个忠于”。讲党性，就要始终保持政治上的坚定，在中国特色社会主义伟大事业中，忠于党、忠于国家、忠于事业。忠于党，就是要坚决维护党的团结统一，严格遵守党的政治纪律和组织纪律，坚决贯彻党的路线方针政策，不做有损于党的形象的事，不说有悖于组织原则的话。忠于国家，就是要坚持祖国利益高于一切，带头遵守宪法、法律法规，为民族振兴贡献才智。忠于事业，就是要把对中国特色社会主义事业的忠诚体现到科学发展中，立大志、成大事，把个人成长与事业发展统一起来，融入党的伟大事业中，积极推动改革开放。

二要加强传统教育，坚持求真务实。通过赴井冈山、延安、西柏坡等地进行革命传统教育系列活动，重温党的三大优良作风，牢记“两个务必”，把握时代要求，努力做到永不自满、永不懈怠，创造经得起实践、人民、历史检验的业绩。要不断激发开拓创新的动力，做到心中有思路，行动有胆识、有魄力，敢于大刀阔斧地开展工作，团结和带领广大干部群众奋力前进、成就

伟业。

三要加强宗旨教育，坚持执政为民。在重大现实问题的研讨中，要及时研究解决人民群众生产生活中的突出问题，如粮价、能源、环境等，自觉维护群众的生存和发展权利。在促进社会和谐中改善民生，深入基层开展调研，围绕涉及民生的重点难点问题，如教育、医疗、住房等问题，积极寻求解决思路，努力实现学有所教、劳有所得、病有所医、老有所养、住有所居。在思想感情上时刻想着群众，采用重温入党誓词、访贫问苦、严格组织生活等方式加强党性锻炼，以感激的心态、感恩的情怀，服务人民，造福群众。

四要加强警示教育，坚持廉洁从政。党纪党规，是党员领导干部的行为准则，也是安全网。不少落马的党员领导干部，就是因为缺乏这种意识，经不起考验。要把党章学习摆在更加突出的位置，原原本本地学习党章，自觉实践和维护党章。要加强依法行政教育，强化法治意识，充分认识到权力是柄双刃剑，有权必有责，必须坚持秉公办事、造福人民，防止以权谋私、祸国殃民。要组织开展党性分析，坚持态度要认真，查找问题要有针对性，分析原因要客观公正，解决问题要有实效性，防止走过场。要通过反腐倡廉的形势报告、参观监狱、旁听庭审等方式，切实增强党员领导干部的廉洁自律意识，提高“免疫力”，经受执政考验、改革开放考验、市场经济考验，干干净净办事、堂堂正正做人。

（作者：中央国家机关工委干部教育办公室主任）

把守护良心纳入思想道德教育范畴

黄志坚

思想道德建设，根在良心。

汶川大地震中有一则感人的故事：2008 年 5 月 16 日下午 6 点半，距汶川大地震发生已经 100 个小时，救援官兵从什邡县汉旺镇坍塌的废墟里抬出一位虚弱得已昏迷的受难者，名叫刘德云。人们吃惊地发现，他的左手腕上，歪歪扭扭地写着一句话：“我欠王老大 3000 元。”他告诉女儿：“如果出不来，手腕上那句话就是留给你的遗嘱。”一个突然遭到灭顶之灾的人，濒临死亡时留下的遗言竟是告诉子女替他归还欠债，可见欠债还钱的诚信已多么深地植于他的内心。还了欠债，心灵就能得到安宁，死亦无愧于人；有债未还，则愧疚不安死难瞑目，是这颗善良的心给了他临终也要实践诚信的力量。这种崇高的德行，令人起敬，也使人们从中感悟到良心在道德养成中的力量。

什么是良心？良心在思想道德建设中有什么功力？守护良心要从哪些方面做出努力？这些是思想道德教育工作中必须解答的问题。

良心是人们内心的道德准则

在日常生活中，我们常常能听到这样评价一个人道德素养的话语，“某某是个有良心的人”，“某某良心叫狗叼去了”。

什么是良心？良心是宇宙间人类所独有的精神家园，是存于人们内心的是非、善恶、美丑的准则。孟子说：“君子所性，仁义礼智根于心。”这个心即为内在的良心。用今天的话来说，良心是指人们在社会生活中，形成的道德认识和道德评价能力，是人的各种道德原则、道德规范融为内心的动机和信念的体现。

十八世纪著名哲学家康德的名言：“有两件

事物我愈是思考愈觉神奇，心中也愈充满敬畏，那就是我头顶的星空与我内心的道德准则。”内心的道德准则，也就是人们的良心。

思想道德教育，固然离不开教诲、疏导与熏陶，但外在的一切教育终归要在养成内在的道德准则上见功效，通过良心实现道德的升华。为人最可贵的是良心，做人最要紧的是守护良心。中华民族传统美德倡导的“正心、修身、齐家、治国、平天下”，根在正心，正心也就是要端正良心。心不正，何来修身、齐家，治国、平天下更成奸诈之谈。一个有道德的人，必定是一个有良心的人。良心存则道德兴，良心常驻则道德高尚，良心蒙尘则道德衰微，良心泯灭则道德沦丧。

“文革”岁月，把讲良心作为资产阶级人性论大加讨伐的荒唐时期已经逝去，讲良心正在成为时代的新潮。如今“对得起良心”已经成为人们表达善良心迹的常用语。有良心的工商户不搞假冒欺诈，有良心的建筑商不做“豆腐渣”工程，有良心的法官不会办错案，有良心的公务员远离贪污腐化，有良心的教师不会误人子弟……在贯彻“以人为本”的科学发展观中，我们的党和政府都在张扬人的良心。温家宝总理的铮铮良言：“发展经济改善民生是政府的天职，推进社会公平正义是政府的良心。”

生而为人，每天都要同他人同社会打交道，每天都会发生一些或顺或逆的事情。有的事也许不为人所知，相当私密，但却躲不过良心的审视，每当独处静思或午夜梦回的时刻，也就是良心靠灵魂最近的时刻，良心就会出来评判自己的是非善恶。纯净的良心，恰似一个温柔的枕头，枕着这个温柔的枕头，我们就无愧于心，安然入眠。人生之幸，有什么别有病，没什么别没良心。

良心是人们心灵的岗哨和道德的卫士

一个社会的和谐、有序发展，离不开两种力量：一为法律；二为道德。法律以国家强制力为保障，对于危害社会和谐有序的违法行为，司法机关依法惩处。对于那些不利于社会的和谐有序却没有触犯法律的行为，法律管不着了，就得依赖于道德的制衡。道德是维系社会和谐的精神纽带，是一种不同于法律的精神力量。

道德的精神力量在哪里？主要体现在两个方面：一个叫舆论；一个叫良心。

舆论如同道德的法庭。《辞海》载：“舆者，众也。舆论即众人之议论。《晋书·王沉传》‘自古贤圣，乐闻诽谤之言，听舆人之论。’”用今天的话说，舆论即指群众的言论和态度。对于不符合社会公共规范却未犯法的行为，虽然不能诉诸法律，但可以诉诸道德。舆论好比是道德的法庭，群众的议论可以对人们的各种行为做出是非善恶的评判。谁做了不道德的事情，就会受到舆论的非议和谴责。“戳后脊梁骨”、“千夫所指，无疾而终，”显示的即是舆论的威力。

良心如同道德的卫士。如果说舆论是一种外在的道德制衡，良心即为存于人心的内在制衡，不让不道德的事情在自己身上发生；如果发生了就会受到良心的谴责。良心对道德具有三层护卫的作用：

其一，在人们的行为之前，良心如同指挥官，指引着你什么能做，什么不能做。2008年被誉为“时代先锋”的山西长治市安全生产监督管理局长张巨魁，长期手握实权至51岁辞世，敬业尽职，一生清白，受到公众的高度赞颂，是因为他用自己的行动诠释了他的心声：“为官要经常听听群众的议论，常摸摸自己的良心，常检点自己的言行。”吉林桦甸市八道河子乡有一位手艺非常好的豆腐倌，他做的豆腐十分畅销，可是后来不做了。乡亲们都纳闷地询问，这位豆腐倌的回答是：“我得肝炎了，不能再卖豆腐了；如果再卖，那可太丧良心了。”常摸自己的良心，不做丧良心的事，这不就是良心的指挥作用嘛！

其二，在人们的行为之中，良心如同监察官，审视着你应该怎样做，不应该怎样做。2008年四川汶川八级大地震，许多中、小学的教学楼垮塌，许多天真烂漫的学生失去了生命，北川县邓家海元村山中的刘汉希望小学却奇迹般矗立无损，483名学生和教职工安然无恙，一个都不少。灾后人们反思学校的建筑物该如何建，谈到建筑物的选址、建筑物的抗震级别、建筑物的用材质量等等，而刘汉希望小学给出的更深层考量是："最能经受考验的是人的良心。"任何工程建设，完善的标准固然重要，但标准毕竟是由人掌控和操作的，因而人的良心始终属于首位。有良心的人办事，都能令人放心。有些"豆腐渣"工程，往往缺的不是质量标准而是人的良心。凡事要讲良心，工程建设如此，人与人、人与社会之间的种种关系何尝不是如此。

其三，在人们的行为之后，良心好比是检察官，检验着你哪些做得对，哪些做得不对。河南密县二中的一位青年，在代管学校邮件发放工作期间，私自拆看了一封海外来信之后，内心对要不要把这封私拆过的信送交收信人十分矛盾，送吧怕受批评留下不好名声，截留销毁又觉得不应该。他不安地度过几日，最终以真诚认错的态度将信件送到了收信人手上，也得到了收信人的谅解。他从这件事体会到："一个人做了错事，不声张，也许永远不会遭到别人的白眼，但是，良心、道德上的谴责会长久地留在自己的心灵深处，它会时时带来折磨和痛苦。""良心发现"，"沪衅不堪良心的折磨"，"还良心债"，这些都是"有错就改"、"迷途知返"的强大精神力量。

良心的作用，"五四"时期北京大学校长蔡元培有个精到诠释："良心者，不特告人以善恶之别，且迫人以避恶趋善也。"英国近代作家毛姆在他的小说《月亮和六便士》里，更有精辟的比喻："我把良心看作是一个人心灵中的卫兵，社会为要存在下去制订出的一套礼规全靠它来监督执行。良心是我们每个人心头的岗哨，它在那里值勤站岗，监视着我们别做出违规的事情来。它是安插在自我的中心堡垒的暗探……在那里监视着，高度警觉地卫护着它主人的利益，一个人只要有半分离开大溜儿的想法，就马上受到它严厉的呵责。它逼迫着每一个人把社会利益置于个人之上，它是把个人拘系于整体的一条牢固的链条。"

守护良心责在"四心"的内在统一

良心，从深层的心理分析，即仁爱心、责任心、同情心、羞耻心的内在统一。良心是"四心"的整合与结晶，"四心"构成了评价人的良心的指标体系。

什么是仁爱心？

仁爱心，即爱人之心。仁，是中华民族传统美德的核心。孔子曰"仁者爱人"。做一个讲良心有道德的人，首先要懂得爱人，有一颗爱人之心，爱亲人、爱朋友、爱社会、爱国家、爱世界、爱周围的一切。爱是人间最美好的感情，爱是尊重人，关心人，帮助人，是奉献而不是索取。汶川大地震的一场巨大灾难面前，正是"天灾无情，人间有爱"的爱的情感的迸发和传递，凝聚伟大的民族精神，铸就坚不可摧的精神长城。从中央到地方全国军民迅速汇聚成"万众一心，众志成城"的力量。2008宣传文化系统抗震救灾大型募捐活动上，残疾人艺术团团长邰丽华在表演舞蹈"千手观音"后，用手语表达了一段深情："只要心中有爱，当他人遇到困难的时侯，你就会伸出一千只手去帮助；当你遇到困难的时侯，就会有一千只手来帮助你。"

为什么当我们得知朋友、同学、同事、同胞有谁遇到了困难就会去帮助，哪个地方受了灾就会伸手捐钱捐物、加入志愿者行列去提供服务，那都是因为爱心的驱动。有爱心的人，才能够乐于帮助他人，才能有乐善好施的善举和义举。

什么是责任心？

责任心，即一个人明确自己的社会角色定位、自觉承担这种角色应承担的任务和义务的态度。譬如：在家庭作为一名子女，就有尊敬长辈、维护家庭和睦团结的责任；在学校作为一名学生，就有尊师重教、努力学习的责任；在社区作为一名社区成员，就有热心公益、构建和谐社区的责任。青少年随着年龄的增长，角色在不断变化，身负的责任和承担的义务越来越大。

责任心是热心参与社会必不可缺的心理品质。托尔斯泰说过："一个人若是没有热情，他将一事无成。而热情的基点正是责任心。""有无责任心，将决定生活、家庭、工作、学习中的成功与挫败"。"天下兴亡，匹夫有责"。"位卑未敢忘忧国"。这是责任心的最高体现。"抗震救灾，人人有责"。这是在汶川地震灾害面前社会责任感的最新体现。

什么是同情心？

同情心即一个人的恻隐之心，当他人遇到困难、受到挫折、遭到不幸，有一种感同身受的心理体验。同情是一种美德，对他人之难有如同身受的心理体验，就会产生我要帮助别人的愿望，或者是安慰，或者是劝导，或者是伸一把手。道义源于同情，很多热心助人的义举常常是出于同情心。

全国人民抗击汶川地震灾害的壮举，就蕴含着全国人民对惨烈灾情的深深同情。贵州开阳县龙水乡龙江村36岁的农妇袁安惠，在汶川大地震的第二天，卖掉四只羊，即时把卖羊的1000元全部捐出救灾。她说："想到被压在废墟下的孩子，听到妈妈为了孩子声嘶力竭的呼喊，看到解放军战士用两手拼命地扒石块救人，我的心都碎了。"这是灾情对心灵的震撼！这是心灵自然流出的悯人与同情！一队队"80后""90后"解放军青年官兵奋不顾身的救灾壮举，一批批奋战救灾第一线的青年志愿者，大学校园中义务献血的长长的队伍，充分显示了由同情心而升华的高尚情操。

一个没有同情心的人必然道德低下。战国《公羊传》里有段话说的非常透彻："君子见人之厄，则矜之；小人见人之厄，则幸之。"有没有同情心，竟是区分君子和小人的一个分界线。君子看到别人遇到困难，会同情、怜悯，就想去帮助人家。而小人呢？看到别人遇到困难了，却幸灾乐祸，甚至落井下石。所以同情心是一个人提高道德素质绝不能缺失的。

什么是羞耻心？

羞耻心即一个人有了不符合道德规范的思想和行为，有一种不安、内疚、惭愧、悔恨的心态。如果做了不合道德的事情，心里过意不去，忐忑不安，这就是羞耻心。羞耻心也是一个人道德养成绝对不能没有的心理品质，孟子说："羞恶之心，义之端也。""人不可以无耻，无耻之耻无耻矣。"

加拿大工学院的一名毕业生，由于设计失误，致使一座桥梁垮塌。校方买下这桥梁的废弃钢材，加工成戒指，命名为"耻辱戒指"。每年学生毕业时，校方在颁发毕业证书的同时，向毕业生赠送一枚"耻辱戒指"。这种勇于正视"耻辱"并从中汲取动力的行为是值得尊敬的。肖伯纳说过，一个人知耻的事情越多，越值得尊敬。孔子说："知耻者为勇。"和孔子同时代的古希腊哲学家德谟克里特也说过："一个人对可耻行为的追悔，就是对生命的拯救。"一个人如果做了不符合道德的事情，自己有耻感和罪感，就会有改正的勇气和力量，这是对生命的拯救，道德素质也会随之得到提升。

爱、责、情、耻心之四良。四良养成，德立品高。四良缺失，品卑德衰。让四良之心在我们心中永存！守护良心，就是保持心灵的纯净，道德之花将在这里永不凋谢，四季盛开！

思想道德教育注入讲良心的要求和内容

讲良心，本为我国传统德育的根与本，历来为养成教育所遵奉。不幸的是在极左思潮盛行之时，讲良心被贬为剥削阶级的人性论而被摒弃。"文革"结束后的拨乱反正，良心的名誉虽然逐渐得以恢复，然而在不少思想道德教育工作者的心目中仍未得到应有的重视。似乎讲良心的道德层次太低，讲德育就要讲社会主义和共产主义的高尚道德，有意无意地将培养高尚的道德情操同守护良心分离开来，甚至对立起来。不能不说这是新时期思想道德教育工作中的一个新盲点。其实，二者乃根系相联，良心为高尚道德情操之根，而高尚的社会主义和共产主义道德则为基于良心的升华。

现在大家都很重视道德教育中弘扬中华民族的优良传统，讲良心就是一个值得弘扬的优良传统。多年来我国的德育，积累了许多有效的经验，但也有一些有待改进的缺陷，如重视外在的道德规范的训导和灌输却忽视了心灵的内化，结果是高尚情操因根基不牢而难于达到，根基的良心又因缺少守护而失落，出现了高不成低缺失的“两头打塌”。

近来，我们每每从报纸杂志、电视网络看到一些未成年人残暴行凶的报道与画面，人们惊讶地感叹：“怎么下得了手啊！”此类事例，无不反映了以往青少年养成教育中缺了讲良心这一课。

加强思想道德建设，尤其是未成年人思想道德建设，实在有必要加上讲良心这一课，在家庭教育、学校教育以及社会教育中，都有必要注入讲良心的要求和内容，引导人们保持良知，守护好自己的良心。我们的思想道德教育工作者，更要十分重视人们心灵的净化，使人们在养成仁爱心、责任心、同情心、羞耻心的根基上，逐步提升到成为有理想、有道德、有文化、有纪律的社会主义新人。

（作者：中国青少年研究会原副会长、教授）

论党的宣传工作与马克思主义大众化

程美东

毛泽东在 1929 年曾经这样讲过：“红军宣传工作的任务，就是扩大政治影响，争取广大群众。”毛泽东在这里所言虽然针对的只是红军宣传工作，但其基本精神却是适用整个党的宣传工作，甚至适用所有政治宣传工作的。中国共产党的宣传工作是其整个事业中极其重要的部分，没有了这个部分或者这个部分的工作力度不够，党的事业就不可能兴旺发达。宣传工作的着力点就是让党员、群众了解党的基本理论、方针政策，从而在思想上确立为党的事业奋斗的自觉性、方向性、策略性，使党的每一阶段事业的发展都能获得坚定有力的支持。不断地宣传马克思主义，使广大党员和群众在不断发展着的实践中获得对马克思主义的最新理解，是党的宣传工作的基本职能之一，也是马克思主义能够实现大众化的重要途径。

党的十七大报告指出，要开展中国特色社会主义理论体系宣传普及活动，推动当代中国马克思主义大众化。马克思主义中国化的实现当然需要领袖人物和理论工作者的学习、研究、创造作为重要前提，但若没有宣传工作及时而有力的配合，这些先驱人物对于马克思主义的理解、发挥、运用的理论成果就不可能为大众所理解、接受，如此则马克思主义就不可能在中国实现大众化。我党的宣传工作对于推动马克思主义大众化起到过非常积极、巨大的作用，其中的经验非常丰富。当然，如同任何事物都有两面性一样，这其中也有值得我们深刻反思的教训。认真地研究这些经验教训，对于我们研究今天如何进一步推动马克思主义大众化的发展无疑具有极其重要的意义。本研究课题的内容非常庞大，非一两篇文章可以概括完全，本文只就几个重要的问题作一番探讨。

一、宣传工作必须重视对马克思主义创新理论的宣传，这是马克思主义能够实现大众化的重要保证

马克思主义需要随着实践的发展而不断地

得到丰富和发展，这就决定了在中国革命和建设的不同发展阶段应当不断产生新理论、新思想，没有这些新思想、新理论，中国共产党所进行的伟大事业就不能得到正确而有力的推进。这些创新思想、理论是在实践中产生的，但这并不意味着它一旦产生就一定能够推动实践的发展，决定它的实践效应好坏的因素除了其内容的真理性程度外，与其被从事具体实践的群众把握的程度也有着密切的关联。真理虽然被人发现，如果长期被束之高阁，这只能算是一种客观的思想、理论，而算不上通常意义上的真理，只有经过主观见之于客观的实践，它的真理性才能得到确实的证明。因此，一方面我们的党要勇于、善于创新马克思主义理论，另一方面我们的党也要勇于、善于宣传这些创新的马克思主义理论，使得广大人民群众能够充分地理解它、掌握它，使之最大化地化为群众的实践。中国共产党之所以能在抗日战争那样艰难困苦的环境中得以生存、发展、壮大，并能在随后的解放战争中一举战胜曾经在军事上占有绝对优势地位的国民党反动派，从而取得民主革命的伟大胜利，与我党在这个阶段大力宣传在抗战时期日渐成熟的毛泽东思想，用毛泽东思想来武装全党、全国人民，使全党、全国人民获得了正确的理论指导和精神支持，不能不说有着极大的关联。

改革开放以来，中国社会主义建设事业呈现出勃勃生机，其中的重要原因就是作为指导思想的邓小平理论、“三个代表”重要思想得到了广大人民群众的真心拥护和认真学习，使得这个理论贯彻到中国社会主义建设事业的各个领域。邓小平理论之所以能够深入人心，有效地实现了大众化，与党的思想理论战线以及有关研究部门的研究、宣传是密不可分的。

每当改革的关键时刻，中央都及时地公开发表邓小平的论著，同时中央有关部门都召开不同形式的座谈会、报告会，作出加强学习的通知。据不完全统计，从1993年至1996年底，全国参加各种形式脱产学习的干部2100万人次，其中县处级领导干部39万人次，省部级干部1200人次，中央发出通知，印发《邓小平同志建设有中国特色社会主义理论学习纲要》，有关部门还出版了《邓小平经济理论学习纲要》、《邓小平新时期军队建设思想学习纲要》。1993年以后，中央先后批准上海社会科学院、中央党校、国家教委、中国社科院、国防大学等单位设立了邓小平理论研究中心，中宣部于1993至1996年间在上海和北京召开了三次“建设有中国特色社会主义理论研讨会”。这些形式多样、层次不同的宣传活动，为大众接触、了解邓小平理论提供了良好的平台，从而在实践中极大地推动了邓小平理论的大众化。

2000年江泽民同志提出“三个代表”的论断后，全国报刊纷纷发表文章，论述、宣传“三个代表”重要思想，在2000年一年之内，中国期刊全文数据库以“三个代表”为标题的论文就有2228篇，重要会议论文数据库有3篇，2001年这个数据为5143和54，2002年为4657和26，优秀硕士论文数据库还有3篇；2003年为5647和80，优秀硕士论文库有9篇，博士论文1篇，2004年分别为2677、77、18、1。全国和地方各级政府科研规划项目也纷纷以“三个代表”相关问题为中心进行课题立项，从资金、人员等各方面予以充分的资助，从而在全国兴起了一个研究、宣传“三个代表”的声势浩大的浪潮。

十六大以来，围绕着为谁发展、实现什么样的发展，宣传部门展开了一系列形式多样的宣传活动，使人们对中国改革开放的路径、方向、价值取向有了更清晰的认识，对于推动我国如何更好、更快地实现全面小康社会发展目标，提供了思想上、理论上的重要保障。

总之，无论是中国新民主主义革命的胜利，还是中国特色社会主义事业的繁荣昌盛，都是因为有了适合特定时代的中国化马克思主义理论成果作为全党和人民大众的精神武器的结果。而这个中国化马克思主义理论成果之所以能够成为全党和人民大众的精神武器，与有关部门对其所作的大力宣传、普及工作，使之实现大众化是密不可分的。

二、对马克思主义理论的宣传，一定要注重宣传方式的时代性、简洁性，考虑到宣传对象的接受程度

列宁有一句名言："因为马克思主义不是死的教条，不是什么一成不变的学说，而是活的行动指南，它就不能不反映出社会生活条件的异常剧烈的变化。"马克思主义的这种强烈的时代性特点决定了我们在宣传它时决不能脱离具体的时代性，而要想方设法去体现这个时代性，让受众在生动活泼的时代性中深刻地感受到其理论的历史必然性，体会到其对现实的指导意义。要体现时代性，就要求我们的宣传语言要切合当时大多数人的实际，就要求我们的宣传口号能激发当时多数人现实的和潜在的真实欲望，就要求我们的宣传手段能最大限度地照顾到不同群体接触外界信息渠道的特殊性，就要求我们的宣传方式在考虑到年龄、性别、职业、知识结构、受教育程度等多重差异性特点之下所必需的多样性。

今天，我们正在进行中国特色社会主义的伟大事业，指导这个事业的创新理论具有鲜明的时代气息，如果我们在宣传它时不注意方式方法的时代性、活泼性、多样性，那么这样的宣传就不能吸引群众，就不能深入人心。要想使宣传工作做到符合时代性的要求，就必须要在宣传方式上做到"贴近生活、贴近实际、贴近群众"，各种宣传手段既健康向上，又具有民族特点、大众风味。在这方面，我们既有历史的经验，也有现实的经验。在土地革命战争时期，各级党的宣传部门为了宣传革命道理，利用了一切可以利用的合适的方式，如随处张贴、雕刻简单易懂的标语口号，开展群众性的集会，对于地主、恶霸开展群众性、公开性的斗争会。这些方式都贴近群众的生活，是群众在日常生活中最容易接触到的。仅在标语宣传上，不仅有纸质标语，还有石刻标语、墙刻标语，甚至还有"利用河流以木板写标语，顺流敌方去或赣河中去"的木板标语、"制一孔明灯，把宣传品系在灯上任其飞去"的提灯标语和把标语内容刻成条章加盖在文件上邮寄的邮政标语。在宣传内容上，尽量明白易懂，不讲那些马克思主义的大道理，而是与群众的切身利益紧密相关，与宣传对象的接受能力完全吻合，像"打倒土豪劣绅，打倒贪官污吏"，"除军阀、杀贪官、土劣要杀尽"，"穷人不打穷人"，"缴枪不打人"，"优待白军俘虏"，"欢迎白军官兵投降"，"拖枪来归者赏洋十元"，"杀死白军长官来归者有重赏"，"坚决执行土地革命，从土豪劣绅地主手中夺取土地"，"紧急动员起来，努力扩大红军"，"打倒包办婚姻，实行婚姻自由"等等，这些口号既简单明了，又充分体现了中国共产党当时的具体政策，是马克思主义大众化的具体表现。

新时期以来，围绕着中国特色社会主义理论，我们的相关部门也进行了成功的宣传。自1980年开始，党和政府对以经济建设为中心，以改革开放和四项基本原则为基本点的基本路线，以及由此而展开的整个中国特色社会主义理论、方针、政策都进行了形式多样的宣传活动。在宣传内容上，开展了诸如以"五讲四美三热爱"为主要内容的文明礼貌月活动；对城市和农村经济改革中的先进人物、事迹进行了持续的报道和宣传；对党的理论、方针、政策进行了及时有效的报道。在宣传的手段、方式上，考虑到了雅俗共赏的效果，充分利用一切可能对受众产生辐射效应的手段、方式，包括电影、电视、报纸、网络、会议等。在宣传的空间上，从城市到乡村，从单位到个人，尽可能做到让所有的人都能接受到这种宣传教育。正是有了这些卓有成效的宣传工作，中国特色社会主义理论的很多大道理都以浅显明白的方式深深浸入亿万人的心田，如"白猫、黑猫"论，"摸着石头过河"论，"发展是硬道理"，"稳定压倒一切"，"一国两制"等经典理论判断，使中国特色社会主义理论实现了大众化。

在对马克思主义理论进行宣传时，一定要注意方式方法的简洁性，使人们易记易懂。因为大多数民众不像专业的理论工作者那样，有着较高的理解能力，如此在从事宣传中就必须要考虑到人们的接受程度，非如此，就不能实现大众化。在这方面，李瑞环同志关于政协在国家政治生活中的功能定位的表述是一个成功的范例，即“尽职不越位、帮忙不添乱、切实不表面”。这几句话就很生动形象、易懂易记。

三、在宣传马克思主义创新理论时，要充分注意策略性，努力防止庸俗化现象

宣传工作是一门复杂的艺术，不是简单的吹鼓手就能胜任的行当。从事这项工作的人员必须要有丰富的知识，要有敏锐的眼光，要有灵活的头脑，要善于把握时机，要善于观察工作对象的特点，要善于随时随地地及时转换工作方式。其中，注意宣传策略，既不夸大也不缩小，使受众对宣传内容产生积极的态度，是宣传工作的根本之点。

搞党的理论宣传，当然主要应当从正面着手，不讲、少讲负面的内容，但这不等于宣传工作可以任意夸大，可以信口开河。如果那样的话，宣传工作就会陷入只顾眼前利益，不计长远后果的庸俗化的局面。过去，中国共产党在这方面有过很深刻的教训。比如，为了鼓励农民加入合作社，我们大肆鼓吹合作社的好处：什么“家家丰衣足食、户户五谷丰登”；什么“人人识字，个个读书，乡乡都有电话，社社都有收音机”；什么“户户安康，人人欢乐”。又比如，为了宣传人民公社化的优点，提出“共产主义是天堂，人民公社是桥梁”。不讲策略、不计后果、只图一时之快的宣传，虽然短时间能够深入人心，但当实践证伪了这些宣传口号时，我们非但不能实现马克思主义的大众化，相反只能导致大众对于马克思主义宣传的逆反情绪，甚至让人感觉到马克思主义就是假、大、空的口号而已。这种做法本身就违背了马克思主义实事求是的基本精神，在实践中会严重败坏党的宣传工作在群众中的形象。

与上述问题相关的是我们在宣传马克思主义理论时往往有意无意地把理论的指导意义与实用主义的功效论等同起来，典型的例子就是改革开放前关于毛泽东思想的宣传。军队打了胜仗归功于毛泽东思想，生产队多收了粮食也归功于毛泽东思想，卫星上天还是归功于毛泽东思想，甚至认为“学习毛主席著作对于发展我国气象工作有着深刻的意义，学习毛泽东思想就可以找到气象工作的指针”；“我国乒乓球队的胜利，确实不是偶然的……是由于高举毛泽东思想的伟大红旗，不断革命，不断进步，做到思想过硬、技术过硬的结果”。这种做法从学理角度来看，恰恰抹杀了具体科学的实践功效，是将作为哲学层次的主要解决世界观、方法论问题的宏观性的指导性科学降低为具体技术层次的手段。这种做法就是庸俗化对待马克思主义理论的做法，在一定的意义上是在消解马克思主义的理论价值，在实践中的危害性实在是太大了，历史的教训已经充分地证明了这一点。因此，我们在宣传党的创新理论时，切不可迎合暂时的工作需要而采取这种媚俗的庸俗化做法，而应当从大局的角度、宏观的层面来武装群众、教育群众、引导群众。

四、注意研究与宣传的结合，要把对马克思主义最新成果的宣传建立在理论界和学术界深入系统研究的基础之上

任何宣传工作都必须建立在实事求是的基础之上，宣传只不过把已有的客观事实用更广泛的传播手段推广出去，让更多的人了解这个信息、认识这个事实而已。也就是说，宣传本身只是一个媒介，它并没有参与其所要宣传的客体对象的创造。因此，对于马克思主义创新理论的宣传要想做到实事求是，做到准确、全面地把握整个理论体系，而不会曲解理论，除了要

认真学习这些创新理论的原创性著作之外，还应该注意学习理论界、学术界对于这些理论的研究成果。学术界、理论界的相关研究成果不一定都很准确、全面，但由于建立在深入的文本研究和对实际生活的体察基础之上，同时学术界、理论界的研究个性化色彩浓，相对一般应景文章较少套话、空话，因而通过了解这些观点、认识，就可以丰富宣传部门对创新理论价值的认识，使他们能在宣传工作中更准确地确定这个理论的历史定位，更明确地了解到这个理论在社会成员中的实际反响，更清楚地把握宣传的重点和力度、方式、方法。实践证明，建立在对理论界和学术界相关研究成果深入系统的研究基础之上的宣传，能保证宣传效果的持续、长久，能真正地进入到大脑中，贯彻到实践中。

毛泽东思想之所以在建国前的宣传中能得到全党和解放区人民的真心拥护、真心学习，除了其理论本身的科学、博大、通俗易懂之外，与当时党内理论工作者的研究有很大的关系。当时党内的很多理论工作者，包括党的领导人都通过学习马列著作、党的历史、党的文件，认真地思考中国革命已有的历史经验教训，形成了对毛泽东思想全面而深刻的认识。他们在此基础上写出的文章和所作的报告、讲话大都是经过反复思考的研究型论述，宣传部门将这样的研究成果吸收进来，贯彻到自己的工作当中，自然就会取得良好的效果。邓小平理论之所以深入人心，除了实践证明了她的科学性之外，也同样与宣传工作充分吸收了理论界、学术界的研究成果密切相关。每当改革出现新的问题时，学术界、理论界总会出现不同的声音，这既为邓小平理论的发展和完善提供了素材，也为宣传工作提供了重要内容，使宣传工作明确了方向和重点。

总之，有关部门在宣传马克思主义创新理论时，切忌从文本到文本、从抽象到抽象，不能只想着主观上做好事，而应当更多地吸收社会各界对于这种理论的研究成果，尤其要注意吸收理论界、学术界的研究成果，因为他们是社会上研究问题较专业、认识问题较深刻的群体。只有这样，才能保证我们的宣传言之有理、言之有物、言之有趣，才能深入党心、民心，在实践中真正起到武装人们头脑的作用。否则，就容易形成闭门造车的效应，其效果与初衷往往会背道而驰。

（作者：北京大学马克思主义学院教授、博士生导师）

增强互联网对我国意识形态正面影响力的思考

杨永志

互联网正日益迅速和全面地融入到人们的生活之中，成为现代社会发展须臾不能离开的资源，也潜移默化地改变着社会的意识形态。因而，增强互联网对意识形态正面影响力，自觉把握网上意识形态的发展态势，是增强社会主义意识形态吸引力和影响力必须认真思考的重要课题。

为什么要增强互联网对意识形态的正面影响力

从理论上说，增强互联网对意识形态的正面影响力主要依据以下三点：

网上的意识形态与现实社会的意识形态是联为一体和正相关的，增强互联网对意识形态的正面影响，将对现实中社会主义意识形态建设产生积极的推动作用。我国意识形态领域的主流是积极健康向上的，但也存在着清浊激荡的现象，存在与主旋律争夺阵地的杂音噪音。互联网作为中性的信息通道和载体，由于它具有对各种信息“来者不拒”和“自然反映”的特点，就使得现实社会意识形态的正负两种影响力客观地存在于网上。

互联网作为现代的信息通道和载体，也必然演绎成各种意识形态对垒和争夺的阵地。长期以来，中国共产党人把思想政治工作作为自身的一个优势来保持，通过自觉进行社会主义意识形态的灌输、掌控和引领，实现了主流意识形态的地位巩固和作用发挥。但是，在思想和文化多元发展的世界性潮流冲击下，我国社会主义意识形态面临着严峻的挑战和考验。所以，在思想文化反映最集中的互联网上布设“攻、防”新战线，既是应对这种挑战和考验的必然抉择，也是主流意识形态地位巩固和作用发挥的不二法门。

据权威部门发布的最新统计，我国现有网民2.53亿，占世界网民人数的25%左右，位居世界第一。我国网民人数增加迅速，对网络依存度越来越高，但是我们在互联网上进行思想、文化、道德、舆论等与意识形态有关的管理和引导进展较慢，与网络技术进步、网民人数增加、西方文化延伸的速度不成比例，网络对意识形态的负面影响还较多。因此，通过互联网对意识形态实施正面的、积极的影响还可以做得更好。

从实践来看，互联网通过大众舆论的方式越加广泛、深度地影响着社会意识形态的走向。以“范跑跑”事件为例，我们看到：首先，由于互联网具有信息传播方便、快捷、集中、低成本、可匿名等特点，越来越成为大众舆论的主经通道和集散地。“范跑跑”事件影响如此之大，正是这些特点决定的。其次，在互联网上，由于人们可以自由、公开和平等地讨论、评价、分析、争执某些议题，由此产生舆论力量，直接作用于人的精神方面。范美忠在网上开始时还可以跟网民辩论，后来招致舆论指责和抨击排山倒海，使之无法招架，强大的社会舆论让他丢尽了颜面。再次，互联网的言论自由和匿名性导致许多信息良莠不齐，鱼龙混杂。文明正义的舆论有助于推动社会进步和风气清明，而造谣惑众的舆论也可能由此演化成局部甚至整个社会的动乱。“范跑跑”事件引发的社会舆论，使许多网民受到了一场关于正确世界观、人生观、价值观的社会主义意识形态教育。可见，我们必须积极发挥互联网对意识形态的正面影响力，使社会主义意识形态在不断增强过程中，始终稳稳坐定中国主流意识形态的位置。

应从哪些方面增强互联网对意识形态的正面影响力

近年来，我国互联网上发生的各种事件层出不穷，除了前面的“范跑跑”事件，还有像“周老虎”事件、“藏羚羊”事件、“广场鸽”事件、“饶抄抄”事件、“杨不管”事件、“人肉搜索案”事件以及境外的“西藏警察镇压示威群众”假照片事件等等，对社会意识形态的影响非常广泛和深刻。通过对这些事件的梳理和思考，我认为应从以下五个方面增强互联网对我国意识形态的正面影响力：

1. 提高社会主义意识形态的引导力。2008年6月20日，胡锦涛总书记在人民日报社考察时，对新闻宣传工作提出要求，“要把提高舆论引导能力放在突出位置，进行深入研究，拿出切实措施，取得新的成效”。由于互联网已经成为思想文化信息的集散地和社会舆论的放大器，在网上人们既是思想文化的接受者也是传播者，网络信息的开放性、互动性、隐藏性、随意性、便捷性和发散性，使舆论信息来源难以查究，内容难辨真伪，流向难以掌控。所以，在互联网上增强对意识形态的引导力，首先要从大众舆论的引导入手。其次，要牢牢把握意识形态引导的社会主义性质，实现社会主义核心价值体系对社会思潮的引领。

2. 提高社会主义意识形态的感染力。网民愿不愿意接受社会主义意识形态的正面引导，感染力是一个重要因素。网络环境中的浏览方式与课堂教学中的强制灌输不同，网民随时可以"用脚选择"。因此，增强社会主义意识形态的感染力，一是主流网站的文章和评论要有清新的风格，少套用文件语言，从社会生活中捕捉思想火花，汲取群众语言，以情动人，增加文章的亲和力；二是高度关注大多数网民的利益诉求，不仅为网民提供更多、更快、更好的服务，更要关心广大人民的利益，揭露社会假恶丑的现象，直面全社会关注的议题；三是以喜闻乐见的形式，以催人奋进的事实，以亲近群众的方法施加正面影响。如在抗震救灾中，人们从互联网听到了很多催人泪下也催人奋进的故事，使国内外无数人在心灵深处被震撼，意识形态正面影响的效果非常显著。

3. 提高社会主义意识形态的说服力。互联网作为发展势头强劲、可以互动交流的大众媒介，实施意识形态正面影响的重要作为就是在互联网上讲道理，必须以理服人，这就是提高社会主义意识形态的说服力。只有把"革命的大道理"以及"一般科学理念的小道理"讲深、讲透、讲到网民的心底，网民才能自觉接受，"影响"才有实效。所以，把"通俗"与"深刻"结合起来，把"说教"与"客观"结合起来，把"逻辑"与"实践"结合起来，站在高的位置和广的视角，面对复杂多变和五彩缤纷的事物做出深入浅出与合乎情理的阐释，广大网民才不至于被错误和庸俗的观念所左右，才能对科学的规律和崇高的理想有真正的认同、尊敬和皈依，才能得到潜移默化的教益和精神升华，并影响其意识形态的定位和定性。

4. 提高社会主义意识形态的中坚力。互联网在自觉宣传党的主张，弘扬社会正气，通达社情民意，引导社会热点，疏导公众情绪，搞好舆论监督的过程中，要形成对社会高度关注事件的舆论"左右力"，需要对事实的真实披露和对事理的科学解释；形成正确思想观念对互联网的强势"冲击力"，通过大量地正面宣传，使网民在耳濡目染中受到震撼和影响，从而使社会主义意识形态成为网上多元化思想和文化大潮的中流砥柱；形成网民对网上各种错误思潮的"免疫力"，通过加强网络文化的建设和管理，营造良好网络环境，使网民不断增强明辨是非和抵制蛊惑的能力。此外，提高社会主义意识形态的中坚力，还必须从长远的战略目标出发，努力使互联网成为民族的、科学的、大众的文化传播新途径。

5. 提高社会主义意识形态的参与力。作为信息技术和信息时代产物的互联网，经过近些年的飞速发展，正以其强大的自由度、包容力和变革性，全面渗透到人们的日常生活。对于广大网民来说，既能使思想表达不受时间、地点、距离，以及名气、地位、财富、学历、出身、阶层等背景因素的限制，也能将个人议题演绎为公众议题，将局部关注放大为四海焦点。提高社会主义意识形态的参与力，就是调动广大网民积极性，使其自觉参加互联网上的意识形态建设，从而争取更多网民，凝聚正义力量。近些年像为农民工维权、强化低收入家庭社会保障、深化医疗保险体制改革、治理教育乱收费、应对重大公共事件等，网民们提出的很多建设性意见被采纳，体现了这种参与的普遍性和有效性。而犯罪嫌疑人怕被上网通缉，腐败分子怕被上网"晒黑"，造假者怕被上网"现眼"，赖账者怕被上网"曝光"，行政不作为者怕被上网成"明星"，有损公德者怕被"人肉搜索"等，又体现了网民对社会生活影响的"权重"越来越大。总之，打一场意识形态领域争夺占领权的"人民战争"，亦是增强互联网对意识形态正面影响力的应有之义。

怎样增强互联网对意识形态的正面影响力

增强互联网对意识形态的正面影响力，会在许多方面大有可为，除了现实中加强社会主义意识形态建设的通常做法之外，结合互联网的特点，我认为在以下三个方面最为关键。

首先，必须建立有利的“网络舆论机制”。 由于互联网具有公开、自由、便利、匿名等特征，各种社会信息必然裹夹着多元价值观念和各种社会集团利益要求，形成源源不断和规模宏大的舆论内容，有许多属“不利舆论”或含不利舆论因素。因为舆论对意识形态的影响非常之大和直接，所以要减少互联网上“不利舆论”带给社会主义意识形态的负面影响，建立有利的“网络舆论机制”非常必要。

“网络舆论机制”的建设原则是：党的各级宣传部门进一步完善相关的网站，积极发出正确的舆论声音；组织专门的理论、教育、思想政治工作者和其他各种专业人才，积极参与互联网上各个场所，各类议题的评论、讨论、辩论和分析；建立专门的机构，对最新、重大、热门的国内外网上舆论进行关注、搜集和整理，然后采取科学的舆论引导措施。“网络舆论机制”的主要标准是：一是要有利于引导和主导舆论，不能让舆论放任自流；二是要有利于澄清舆论对象的真实性，避免流言蜚语和造谣惑众的情况发生；三是要有利于网民用正确的方法和观点对待舆论信息，减少社会对舆论的片面理解和错误认识。

其次，必须建立专门的“网络监管机构”。 由于网络匿名、言论表达自由，社会中的个人文化水准、道德观念、价值取向等千差万别，所以必然带来一些人的毫无顾忌、胡言乱语、肆意诬蔑、恶性污辱、破口谩骂等消极问题，以及由此引发的危害社会安全的信息散布，不良社会思潮恣意蔓延，以键盘为武器的“网络暴民”，不顾他人感受的“网络恶搞”，充满低俗内容的“灰色文化”等等。这些都表明，借助“网络监管机构”，专门负责对网上的意识形态运行状况进行监督和管理，也是非常必要的。

从建设原则看，“网络监管机构”一是应成为行政组织的一部分，列入政府编制，成为一个专门职能管理部门；二是该机构应由三类人员构成，包括公安人员、计算机专业人员和思想政治工作人员；三是应赋予其网络行政执法权，使其有权对互联网上直接危害社会主义意识形态的行为进行处罚和干预。从建设标准和目标看，对不利于社会稳定的舆论能进行及时引导和迅速反应；对国外网络媒体的造谣、歪曲报道和错误言论能进行有理、有据、有节的反击；对社会主义意识形态的最新成果能进行系统、全面、准确地宣传。

最后，必须不断推出丰富多彩的“网络施教形式”。 互联网作为一种全新的信息传播技术，具有传统的信息传播媒体无法比拟的突出优势，如开放、互动、共享、个性化、多媒体等。正是这样的优势，吸引无数网民趋之若鹜。当然，在网上照搬传统的意识形态施教方法肯定不行，必须创新施教方式。以领导干部与网民对话交流形式为例，如广东省委书记汪洋约见网友“灌水”、“拍砖”等，就潜移默化地起到了意识形态影响作用。再以“网评”为例，一个网友评论恐怖分子说，“你可以有权不赞同时下社会流行的共同价值理念，但你无权以戕害无辜者生命的方式表明你的政治信仰”；类似带有哲理的“网评”，同样也会起到对其他网友意识形态的正面影响。所以，只要形式丰富多彩，内容生动活泼，道理贴近生活，互联网对意识形态正面影响的效果就一定会显著。

“网络施教形式”要体现出丰富多彩的原则：一是利用互联网特有的各种形式，诸如“BBS”论坛、网上投票、个人博客、网上辩论、网上座谈等信息交流形式，自觉参与其中进行“因势利导的施教”；二是通过传统的各种艺术形式，诸如戏曲、影视、小说、评书、相声、小品等形式，在网上进行“潜移默化的施教”；三是通过网上对话、视频、作品交流，以及箴言、邮件、“QQ”聊天等形式，进行“相互启发的施教”。而这一切的效果和目标，就是达到在互联网上对意识形态有正面的影响力，并通过不断创新形式使这种影响力越来越大。

（作者：南开大学马克思主义教育学院教授、博士生导师）

网络舆论的规制与导引刍议

李 钢

在我国，进入新世纪以来，随着互联网突飞猛进式的发展，网络舆论已逐步发展成为当今中国社会最具影响力的舆论形式，成为影响社会和政府决策的一种重要舆论力量。

网络舆论的特征及存在问题

网络舆论在中国的兴起凸现了数字时代的崭新变化和社会转型的强大驱动力。随着市场化改革的深入，社会利益群体日益分化，公众的社会参与意识空前高涨，受众面越广，准入门槛越低的媒介就越具有强大的吸引力。网络以其天然的开放性、匿名性和交互性优势满足了人们对信息的渴望和对社会参与的追求。随着网络的延展和普及，网络平台上逐渐形成了越来越强大的网络舆论力量和广泛的民间舆论场。网络成为了新闻集散地、观点集散地和民声集散地。社会舆论越来越多地在网络上表达出来，网络舆论与社会传统舆论相互裹挟，迅速发酵，展现出其日渐强大的影响力，迫使人们不得不关注网络舆论的特征和发展趋势。

首先，网络舆论具有强烈的大众化特征。网络在这个时代的崛起属于新生事物，年轻人和教育素养较好的人更容易接受新鲜事物，加之网络具有传统媒体无法比拟的显著优势，因此，迅速成为平民大众的“新宠”。由此汇集而成的网络舆论同样打上了浓重的“基层的和大众的”烙印。

其次，网络舆论具有交错性。与传统媒体舆论的“就事论事”不同，网络传播主体极其广泛，把关人相对较少，使得网络舆论在传播过程中可能会朝着任何一个方向发展，路径不确定并经常进行转换，导致原有舆论可以衍生出多个与之相关乃至无关的论题。这也意味着网络舆论的“合力”最终冲向哪里，很难单方面加以把握，造成了管理上的困难。

再次，网络舆论的走向更容易受虚假信息误导。真实性对于舆论的生存和发展至关重要。离开真实，任何舆论，包括网络舆论的存在便无价值可谈。受各种条件影响，网络信息与事实真相之间往往更容易存在距离，有的新闻和信息，受信息发布人视角褊狭和信息来源渠道所限，报道和传播的事件本身并不确切，有些甚至是谣言。而网民面对这样的消息，不辨真假，偏听偏信，以讹传讹，极易误导舆论走向。

最后，网络舆论容易出现偏激倾向。网络是一柄“双刃剑”，在给社会舆论传播带来前所未有的大发展的同时，也为传播散布错误有害信息提供了极大的便利。误导舆论走向，影响社会的安定和发展，甚至存在着被敌对势力利用的危险。这些错误有害信息一旦泛滥，如果引导不力或引导失误，就可能激起公众非理性的社会情绪，像打开的潘多拉魔盒一样在社会中迅速弥漫，引发社会的不稳定。

网络舆论的上述特征在近年来大量的网络舆论事件已有突出表现。2008 年 10 月 11 日夜哈尔滨某酒吧门口警察与大学生的恶性殴斗事件发生后，网上舆论呈现激烈分化状况。网络舆论先是对打死人的警察一致强烈谴责，而当死者身份被披露及相关视频（着重表现死者死前的挑衅行为）公开后，部分“舆论”转而同情警察，把矛头指向据称是“高官子弟”的死者，对事情的定性也悄然从“六警察当街打死大学生”，变成了“六提辖拳打林衙内”。一时间，网络舆论乱作一团。事件后来的进展表明上述对当事人及其背景的议论都是过度的虚假猜测。

网络舆论的这些特征和问题值得人们高度警惕。如果网络舆论更多地表现为情绪化，而非理性化，网民在不了解事实真相之前，仅凭网络上的传言，就群情激奋，不仅对事情背后的原因做想当然的猜测，而且对相关人员进行辱骂攻击，网络舆论的价值就会受到质疑，网民自己也在不负责任地制造和传播不实信息。如此一来，网络舆论的价值必然式微。网络社会就会变成失去共识，失去前进动力的社会。当一个社会没有了温暖，只有怀疑、冷漠和斗争，这样的社会还能长久生存下去吗？

网络舆论的规制与导引

网络舆论发展过程中之所以产生这些问题，有着各种各样的具体原因。但究其实质和根本，网络舆论问题是社会现实问题在网络上的表现。网络化生存从技术方面看，展现的是数字信息之间的关系，而从社会文化角度看，它所包含的则是数字信息背后复杂的人与人之间的关系和丰富的社会文化内涵。

我国当前正处在社会转型的关键期，各种社会压力、矛盾和问题与日俱增。于是，网络成了很多人缓解社会压力和矛盾的舞台。网络的自由可以让人们畅所欲言。网民的不满和失落情绪便会通过互联网来宣泄。对“宝马肇事案”和“警察与学生斗殴事件”的评论之所以超过了百万条，人们所期待的，也许并不是案件的结果如何，而是社会的公平与正义。传统媒体担负着“舆论导向”责任，正面报道、成就报道是主要的，至少也是平衡报道，而互联网上的舆论则完全不同，它通过揭露问题和批判现实释放人们淤积的不满情绪，缓解压力，减轻痛苦。可以说，网络无形中起到了社会问题“减压阀”的作用。民众情绪在互联网上得到宣泄，总体看对社会发展是有利的。因此，对待各种网络言论，在不触及政治上和法律道德上的底线基础上，似应以宽容的态度处理。当然不能放任自流，应以疏导为主。

第一，通过法律手段来震慑、打击和抑制网络虚假信息的制造、传播。尽管人们对于“保障言论自由”与“互联网内容管制”之间的关系问题还存在很多争议，但是，很多国家的政府在积极促进互联网发展的同时，大多都采取一定措施对互联网中不适宜的内容进行管制。界定互联网的言行准则、对互联网的言行进行法律规范。如 2008 年 7 月上海的杨佳袭警案发生后，突如其来的网络舆论，曾令上海有关部门措手不及，包括对受袭警察防卫能力过低的质疑，甚至包括流传广泛的关于杨佳被警察殴打导致生殖能力受损的流言。上海警方第一时间在苏州抓获谣言的肇始者郑啸寅后，依法进行了处理，有力打击了造谣生事、唯恐天下不乱的网络违法行为。

第二，构建新时代的网络伦理。网络传播的道德环境及网络成员的道德状态、自律程度、极大地影响着网络舆论的传播，制约着舆论的形成。开放的网络空间容易让人忽视伦理道德的约束。而缺乏成熟理智和责任感的网络行为导致了目前网络舆论混乱、负向舆论盛行的状况。因此，要积极开展网络道德教育，提高网络从业者的素质，恪守职业道德，提高业务水平，明辨是非真伪，充分发挥媒体的舆论引导职能。同时，培育网民的道德素养，养成发表评论应当理性、公正、客观、谨慎的作风，做到不发布、不轻信、不传播没有可靠消息来源的网络传言和侵犯他人合法权益的帖子。网络舆论发端于对道德的维护和正义价值的追寻，但是由于网络的技术特征等诸多的原因存在，使网民容易失去道德约束。这也许是网络舆论的一则悖论。但是伦理道德对于网络舆论的意义不是因之消减，相反却是因之加强。重构网络伦理，建立网络道德秩序，就成为保障网络舆论健康发展的重要使命和条件。

第三，大力培育主流网络舆论，弘扬主旋律。互联网本身是社会进步的产物，如果网络媒体传播的内容与社会进步不相容，就违背了互联网本质，就抹杀了互联网的先进性。而要保持这种先进性，继续享受互联网的自由世界和无限共享，网络媒体就理应承担起社会守护和舆论引导的作用。目前，网络媒体界已经探索出一些积极有效的办法：如首先将新闻信息按来源添加可信度的标志，帮助网民辨别真假；其次，加强内容优选，通过精心选择和有效梳理，分类整合出切合网民需求的新闻信息；再次，及时主动把握新闻舆论主动权。对一些重要敏感的事件，官方网络媒体应迅速做出反应，抢占舆论的制高点和先机。例如去年各地发生的出租车罢工事件，官方媒体都抢先发出了报道，使民众很快就了解了真相，尽管网络媒体和各大论坛都极为关注，但几乎没有虚假报道的藏身之地，反映了中国官方网络媒体的优良姿态。最后，增强舆论透明度和力度，让“谣言止于公开”。对于各种意见的纷争，导致舆论的分散化、情绪化，网站既要尊重受众自由表达意见的权利，又要发挥自己的舆论主导作用。

第四，加强行业监管，注重运用行业自律手段达到规制的目的。这种通过调动整个网络媒体自觉性来维护网络舆论真实性和正确导向的做法具有无可替代的价值。因为避免虚假错误报道与维护网络媒体行业的声誉、捍卫网络媒体的基本价值是一致的，也与网民对媒体的期待是一致的。虚假错误的网络舆论在本质上是与整个网络媒体行业的自身利益格格不入的。行业自律在保护网络舆论真实性和正确性的领域能够起到法规、技术起不到的作用。所以，加强行业自律和行业监管往往能起到事半功倍的效果。

（作者：北京邮电大学文法学院教授、博士生导师）

网络思想政治教育方法体系的构建

宋元林

网络思想政治教育是通过网络功能作用的发挥来实现的，除了遵循一般的思想政治教育方法外，还具有自己独特的方法，它们共同构成了网络思想政治教育的方法体系，包括信息库法、信息隐匿法、主体交互法、虚拟现实法和网上与网下教育结合法等。

信息库法

信息库法是指通过建立网上思想政治教育信息库来达到网络思想政治教育目的的一种方法。

传统媒体是将信息“推给”大众，而互联网则是为网民提供选择，让网民自主地“拉出”信息。但网民对所需要的信息名称不熟悉时就无法进行超链接，也就拉不出所需要的信息来，更谈不上全面、系统地了解网络思想政治教育信息。互联网可以不限时不限量地储存和传播信息，具有强大的存储功能，我们利用这一点，建立网络思想政治教育信息库，就能有效地解决上述问题，网民只要检索到该信息库，就可以全面了解网络思想政治教育信息。

网络思想政治教育信息库，可以根据需要和可能来建设。一般来讲，网络思想政治教育信息库可分为大型综合性、中型基础性和小型专一性三种类型。大型综合性信息库应提供全面的网络思想政治教育信息，包括网络思想教育信息、网络政治教育信息、网络道德教育信息、网络心理健康教育信息以及与网络思想政治教育相关的各类信息，如人文科技信息等，以满足各类各层次网民的需要。中型基础性信息库应提供网络思想政治教育的基本信息，能满足一般网民对网络思想政治教育基本信息的需要。小型专一性信息库又可分为两种情况，一种是针对网络思想政治教育的某一内容进行建设，如网络道德教育信息、网络心理健康教育信息。另一种是针对某一特定群体来建设，如大学生、未成年人、农民工、城市失业人员，为这些特定群体提供网络思想政治教育的信息。全国应有大型网络思想政治教育信息库，各行业和有条件的单位可建立中小型网络思想政治教育信息库，并可对大型网络思想政治教育信息库实行链接。

信息隐匿法

信息隐匿法是指教育者通过将网络思想政治教育信息渗透到互联网上其它信息之中，使网民在耳濡目染和潜移默化中自觉或不自觉地接受思想政治教育信息，从而达到网络思想政治教育目的的一种方法。

互联网的虚拟性以及网民可以处于匿名状态，使得网民不再有现实生活中的压力。这时，网民的需求与他在现实世界的需求会发生一定的偏离，他们会更加追求在现实世界里得不到的需求。因此，网民很难自觉地选择网络思想政治教育的一般信息。要想使网民接受网络思想政治教育信息，最好的办法就是把网络思想政治教育信息隐匿到网民需要的信息中去。

信息隐匿法就是这样一种含而不露的非“标签”式教育方法，它把教育的意向与目的隐藏起来，使富有教育意义的信息通过网民所喜闻乐见的形式，悄悄润入网民的心田，在其心灵深处积淀下来，使他们在陶醉、愉悦中获得熏陶，不知不觉地达到教育目的。

网民上网的主要目的是有所不同的，或是为了学习知识，或是为了获取信息，或是为了娱乐，或是为了沟通交流等等。实施信息隐匿法时，要根据网民上网的目的来设计。一般来讲，可通过把网络思想政治教育信息渗透到网民的业务信息中去，渗透到与网民个人利益相关的信息中去，渗透到网民的文化娱乐信息中去等等途径。在进行网络思想政治教育信息渗透时，要尽可能注意针对性，做到有的放矢。

主体交互法

主体交互法是指教育主体充分利用互联网即时交互的特性，与网民进行思想沟通、交流，从而达到网络思想政治教育目的的一种方法。

互联网的跨地域性使得网络主体“超越”了现实生活中的空间限制，社会互动范围无限制的扩大，打破了现实社会人际互动对“场合”的要求。互联网即时交互的功能，使得网络思想政治教育的交流对象更广泛，而且能够在瞬间实现一对一、一对多、多对多的同时交流。这种主体间互动的过程，就是主体间在思想上交流沟通、价值道德观念逐渐同化的过程。对于网民比较感兴趣，影响程度较大，有象征性的主题可以通过电子公告板、电子新闻组等形式开展讨论。对于网民一些私密性的内容可以通过电子邮件、实时聊天系统、博客等交互工具进行。

虚拟现实法

虚拟现实法是指教育主体通过利用计算机技术、网络技术和虚拟现实技术等信息技术，构造虚拟情景，从而达到网络思想政治教育目的的一种方法。

虚拟现实是一种高度逼真地模拟人在自然环境中视觉、听觉、动感等行为的人机界面技术。因此，这是一种新的不同于以往的人机界面形式，这种模拟使受教育者全身心投入到仿真的虚拟环境中去。高级的虚拟现实技术可以调动受教育者全部感觉器官，给教育对象提供了一种身临其境的体验。所谓身临其境的体验，就是看起来像真的，听起来像真的，摸起来像真的，通过视觉、听觉、触觉等多感通道，进行人机交互。

虚拟现实技术应用于网络思想政治教育，并不是营造一种虚假或虚幻的环境，而是提供客观存在的再现，通过展示一个活生生的环境来提高思想政治教育的效果。比如，虚拟现实技术可以虚拟历史人物、伟人、名人、教师、学生、医生等各种人物形象，创设一个人性化的思想政治教育环境。在这种环境中，教育对象可以与虚拟的先进模范人物一起座谈、交流，通过先进模范人物的言行来感化教育对象；也可以与虚拟的教师一起讨论共同关心的问题，从而达到思想政治教育的目的。虚拟现实法虽然能够大大提高思想政治教育效果，但目前应用于思想政治教育还不多，主要是受到技术条件及其成本的限制。可以预料，随着虚拟现实技术及其相关技术的发展，该项技术将会广泛应用于思想政治教育领域。

网上与网下教育结合法

网上与网下教育结合法是指除了利用互联网对网民进行思想政治教育外，在网民下线后，还要采用传统的思想政治教育方法，对网民进行思想政治教育，实现网上与网下的互动，从而达到网络思想政治教育目的的一种方法。

网民生活在现实社会与虚拟社会两重社会中，网民在网络中以数码的形式存在，其作为自然人的特征被屏蔽，这样就能比较真实地反映网民的思想状况。同时，对网民的思想政治教育在现实生活中实现不了的，在网上却可以实现。因而，思想政治工作者只有主动走进网络世界，积极参与网上活动，才能及时准确地了解网民的真实思想，有针对性地开展教育。然而，虚拟空间的问题归根结底是现实世界的折射，网上思想政治教育不是万能的，很多问题还是需要在网下解决。比如网民在网上反映出的涉及个人学习、工作和生活中的实际问题和困难，要靠我们在网下的实际工作中认真地一个一个地去解决。因此，网上思想政治教育不能代替网下思想政治教育。

网上教育、网下教育是一个前后环环相扣的“链条”，我们不能厚此薄彼，而要借助于多种方式方法，加强网上与网下教育的结合，从而构筑一种网上网下联动、全时关注、全程覆盖的网络思想政治教育方法体系。

值得指出的是，网络思想政治教育方法与传统思想政治教育方法比较，具有鲜明的技术性、互动性、虚拟性、多样性和便捷性等特征。随着网络信息技术的不断发展，网络思想政治教育方法也会不断创新。因此，网络思想政治教育方法体系不是固定不变的，它将随着网络信息技术的发展和网络思想政治教育实践的深入而不断完善。

（作者：湖南科技大学党委副书记、教授）

论建构思想政治工作实效测评的标准

王立仁

思想政治工作实效测评标准的建构，既属于实践范畴，又属于理论范畴。从实践的角度说，它是对思想政治工作的实证研究，实效标准的建构目的就是要测量思想政治工作取得的实际效果；从理论的角度说，建构测量实效标准需要在理论上做出阐释，它也是基本理论建设的内容。

一、追求实效需要有一个实效测评标准

思想政治工作总是要追求实效。这既是思想政治工作自身追求的目标，也是社会对它的

要求和期望。所谓思想政治工作实效，即思想政治工作的内容转化为人们的认知、认同和实践的程度。这种程度如何，不能凭主观随意判断，需要有一个客观性的测评标准。没有测评标准对实效如何进行判断，既不客观也没有说服力。思想政治工作实效的测评标准，也就是测评思想政治工作实效的尺度。这个尺度的建构具有主观性色彩，但一旦建构完成就具有客观性。思想政治工作实效测评标准的价值在于：一是对思想政治工作实际效果进行客观判断，这种判断将证明思想政治工作存在的价值；二是通过测评结果可以发现思想政治工作过程中的问题，以改进现实中的思想政治工作进而提高实效。

二、思想政治工作实效能够测评

建构思想政治工作实效的测评标准，以思想政治工作实效能够测评为基础，而思想政治工作实效能够测评又以思想政治工作有实效为前提，这二者又往往联系在一起。其一，思想政治工作的实践是在向思想政治工作对象输入信息，这些信息在思想政治工作对象这个能动主体身上总会有输出的反映，这个反映既是有实效的表现，也是可以测评的根据。其二，思想政治工作是作为主体的人对作为客体的人进行的有意识、有目的、有计划地施加影响的实践活动，主体可以对人的行为产生影响，而客体能够能动地接受他人和外界的影响（选择接受），这其中的能够影响和能够接受影响同样也是有实效的表现和能够测评的根据。

三、思想政治工作实效测评标准要以思想政治工作的内容、要求而不是目标为依据

有关思想政治工作实效的测评，以往人们在两个方面进行过探索：其一是关于思想政治工作的评价（或评估），构建了过程和实效的评价指标体系。其二是关于思想道德素质的测评（或评价）标准。这些探索，对于评价思想政治工作实效具有积极意义，但是，这种评估指标体系或测评标准属于总结性历时性评估或测评，没法说明思想政治工作实效与教育时段的关系，无法说明这种评估或测评结果是谁教育的结果，须知，教育对象和教育主体是有现实性区分的，不同时段的教育效果也有现实性区分。否则，既没法对教育主体进行肯定，也没法追究教育主体的责任。因此，应该根据思想政治工作的内容和要求来确定思想政治工作实效标准测评的内容。因为思想政治工作总是通过一定的内容和要求来实现其本质的，思想政治工作就是在把一定社会要求的思想政治品德的内容、要求传达、输入给教育对象。所以，衡量和测评思想政治工作的实效必须以思想政治工作的内容和要求为根据而不是以教育目标为根据。以思想政治工作内容和要求为根据的测评标准，关注的是思想政治工作传达了什么内容、有哪些要求，这些内容和要求在教育对象身上有什么反映或结果。也就是说，思想政治工作教授了哪些内容，提出了哪些要求，就要测评哪些内容和要求在教育对象身上的实现程度如何。

四、知识、观念、行为、境界是思想政治工作内容要求的现实表现

我们以为，应该把思想政治工作的内容和要求分成四个部分作为测评的内容：其一是知识的把握。思想政治工作主要不是传授知识，但它不能离开知识的传授，要以知识为基础。思想政治工作的内容和要求，首先体现为知识，而后才是社会的要求，因而思想政治工作的实效要测评教育对象知识把握的程度。其二是观念认同。思想政治工作的一个基本方面，就是进行社会的价值体系教育，而价值体系往往就反映在社会要求认同的观念中，所以思想政治工作实效也要测评观念认同的程度。其三，规范的遵守。思想政治工作的另一个基本方面，就是进行社会的规范体系教育，规范教育的目的是为了社会生活的秩序，它具体表现为对社

会规范的遵守程度。思想政治工作基本范畴的内化和外化，往往就表现在规范上。显而易见，思想政治工作实效要重点测评对规范遵守的程度。其四，境界的升华。思想政治工作要让教育对象通过知识的把握、观念的认同、规范的遵守来实现境界的升华。所谓境界的升华，就是指教育对象不仅把握了知识、认同了观念、遵守了规范，而且还能超越规范的束缚，自觉按照更高标准来要求自己，在社会生活中表现出更高的境界和水平。社会生活中道德的典型和楷模，就属于境界升华的层面。

五、实效标准指标体系确定的原则

知识把握、认同观念、遵守规范、升华境界这四个方面是我们根据思想政治工作内容要求确定的关于思想政治工作实效测评标准建构的内容。然而，只规定测评内容的方面，还不足以测评实际效果，在此基础上，还要设定指标体系。如何确定实效测评的指标体系？我们认为应该坚持如下几个方面：首先要依据思想政治工作的内容建构测评标准；其次要依据可以测度的内容建构测评标准；最后要依据社会认可和能够接受的程度来制定测评标准，因为无论是测评者和被测评者，对标准持拒斥态度就无法使标准发挥作用。具体说，就是思想政治工作实效标准要充分反映公众和政府的意志。诸如人的知识把握到多少为好；观念认同到什么程度为满意；人对规范遵守到什么程度为理想状态；境界升华的程度和数量达到什么状态是我们认可的。说到底，就是在制定思想政治工作测评标准的过程中，要广泛征求家庭、学校、社会各界的意见，并取得政府的认可。

六、思想政治工作实效测评标准指标、权重及其测评方法

根据如上原则，我们可以把测评内容的四个方面都规定出不同的指标，并根据四个方面内容指标的意义价值规定出不同的权重。当每个方面的指标乘以权重，把四个方面的指标与权重的乘积叠加，得出不同程度的效果的结果。然后，再根据确定的好、较好、一般、较差的不同分值，就会测评出思想政治工作的实际效果。这里，四个方面的指标数量和权重如何规定、不同效果的分值如何确定，需要在调查研究和认真讨论的基础上取得基本共识。诸如，测评知识点有多少为好，观念需要确定多少合适，遵守规范与违背规范比例的划分，境界升华的标准尺度，都需要认真讨论之后而形成一致的意见。实效测评标准的测评方法要根据测评内容和指标体系的不同特点，采取不同的方式方法进行测评。知识的把握可以通过记名考试的方式进行。观念上的接受认同可以通过常规的无记名问卷测量，这样可以测度人们接受了哪些观念，拒绝哪些观念。规范的遵守可以通过教育对象遵守规范的情况统计，分析出遵守规范的情况。境界的升华同样可以采取统计分析的方法，来确定人们境界升华的实际。

七、余论

应该强调指出的是，科学客观的测评标准，应该是知识、观念和行为表现的综合考虑。我们承认，思想政治工作的本质特点就在于把接受的知识和思想观念外化为行为，但是我们不能否认思想政治工作的内容和要求，有知识、观念的问题；思想政治工作的实效本身就包括人们的知识接受和观念认同问题，只有在知识把握和观念接受的基础上，才会走向行为，没有知识把握和观念接受，根本不可能真正地进入行为的境地。对于更多的人来说，思想政治工作的实效是体现在内心世界的知识理解和观念接受的精神层面，我们常说的提高素质和精神境界，就是这种实际的体现。如果我们把它仅仅锁定在行为上，就不仅与我们思想政治工作的内容要求相冲突，而且也缺乏现实性。这并不意味着在实效测评标准上，我们会放松对行为的要求，毕竟知识、观念最后要体现在行为上。

（作者：东北师范大学马克思主义研究院教授、博士生导师）

论当前经济形势与思想政治工作

李斌雄 朱耀斌

随着中国经济改革开放度的进一步提高，中国经济发展越来越受到全球经济态势的深刻影响。源于华尔街的次贷危机而引发的全球金融动荡造成了美国和世界各国经济的整体收缩，并直接影响到中国一些外向型实体经济的发展。面对严峻的国际经济形势，党中央和国务院及时召开重要经济工作会议，研究应对全球金融危机下中国进一步扩大内需、促进经济平稳较快发展的措施，提出了实行比较积极的财政政策和适度宽松的货币政策，出台了更加有力的扩大内需的十项具体措施。中央的这一系列经济政策安排是拉动内需和促进经济平稳较快发展的应时之需、必要之策。

经济政策本身是在一定时期实现党和政府经济工作计划和目标的具体方法和手段。而在任何阶段，党和政府的经济工作的进行总离不开党的思想政治工作的服务和保证、动力作用。一手抓经济工作，一手抓思想政治工作，是新时期以来党关于中国特色社会主义现代化建设的基本方针。坚持思想政治工作是经济工作和其他一切工作的生命线，应对蔓延全球的金融危机就既需要相应的宏观经济政策的调整，也需要充分发挥党的思想政治工作的政治优势。所以，在当前全球金融危机和保持国内经济平稳较快发展的新形势下，如何发挥思想政治工作在经济工作中的生命线作用，保证经济政策的贯彻落实和经济工作的顺利进行，是摆在全党和全国人民面前的一项重要课题。

加强党的思想政治工作是引导人民群众正确分析当前经济形势，科学认识和把握经济发展规律和党和政府的经济工作规律的重要保证

科学分析和把握改革开放进程中党和政府的经济工作所面临的国际国内经济政治形势，是党对人民群众开展思想政治工作的一项重要任务。党曾经在应对上世纪九十年代的金融危机和重大经济调整中积累了丰富的实践经验。从方法论的角度来看，分析当前的经济形势要坚持两点论，“既要看到它对我国经济发展产生的不利影响，同时也要看到它可能给我国经济发展带来的某种机遇”。正如胡锦涛总书记所指出的：“国际金融危机使中国经济发展也受到了影响。中国根据形势变化及时调整政策，加强宏观调控，保持了经济平稳较快发展的势头，中国经济发展的基本态势没有改变。”所以，党的各级基层组织要通过思想政治工作，使人民群众认识到当前的国内经济形势既有全球金融危机的背景，也有经济增长转到科学发展轨道上来的趋势和机遇。党的思想政治工作就是要使人民群众的思想统一到中央关于当前经济形势的判断和制定的相应的经济政策上来，使人民群众在新的世界金融危机面前保持理性而又积极的心态，科学地分析经济形势，趋利避害，转危为机，使党和政府关于扩大内需和促进经济平稳较快发展的宏观经济政策能够贯彻落实到日常的经济工作当中去。

思想政治工作是引导人民群众科学认识和把握经济发展规律的重要保证。社会经济发展总有其内在的规律性，任何违背经济发展规律

的做法总是要受到经济发展规律惩罚的。按照马克思《资本论》的立场、观点和方法，2008 年源自华尔街的金融危机的发生，本质上源于生产关系与生产力的矛盾、虚拟经济与实体经济发展之间的矛盾。我国发展社会主义市场经济必须遵循社会主义市场经济的规律。全球金融风暴对我国经济发展造成了一定程度的影响，这说明我国经济发展的对外开放度进一步提高，世界各国的经济相关性愈来愈紧密，在做好风险防范的同时也要注意深化改革，提高经济发展质量，保持国民经济又好又快地发展。所以，坚持以科学发展观为指导，提高干部群众统筹国际国内两个市场、保持经济平稳较快发展的能力，是党的思想政治工作的重要任务和经常性内容。党的各级组织要大力加强思想政治工作，引导人民群众正确分析当前的经济形势，认识到目前的经济形势是全球化经济发展进程中发生的正常现象，要增强预防危机与适时驾驭危机的风险意识，树立科学发展的基本理念，不断推进经济结构的战略性调整和产业结构的升级，促进国民经济健康和可持续发展。

事实表明，我国经济建设总是不可避免地受到全球经济的影响，思想政治工作则是加强和改善党对经济工作领导的主要手段之一。这要求思想政治工作者要引导人民群众正确认识和把握党和政府的经济工作的规律。如果经济发展的规律是客观规律的话，党和政府的经济工作则属于主观的范畴，体现了主观和客观的统一。在经济工作过程中加强对人民群众的思想政治工作，就是要提高人民群众的经济认识能力和政策分析、运用水平。随着对外开放的进一步深入，我国经济的运行环境发生了很大变化，党的思想政治工作应该引导人民群众正确把握经济发展规律，增强经济工作的预见性和科学性，使党的经济工作适应经济发展规律，增强人民群众贯彻执行党的经济决策和任务的科学性。在经济体制改革进入攻坚阶段和对外经济联系日益密切的条件下，全球经济对我国经济发展的影响和冲击越来越直接。党的各级组织要广泛开展思想政治工作，引导人民群众深入研究和分析经济工作中的新情况新问题，加深对经济规律的认识，增强贯彻落实党和政府经济政策的自觉性。对人民群众的思想政治工作要以科学发展观为指导，坚持用发展的办法解决前进中的问题；要依靠人民群众共同努力，保持国民经济又好又快地发展；要使人民群众明白扩大内需和促进经济平稳较快发展是党的经济工作的一项长期战略方针，符合我国国民经济发展和党的经济工作的规律。

思想政治工作是引导人民群众认同和理解党和政府的经济政策，在经济工作中自觉贯彻落实党和政府的经济政策的有效手段

党和政府的经济政策无疑是为了解决现阶段经济发展进程中发生的实际困难和达到国家经济发展战略目标而制定的，体现了本阶段促进内需、促进经济平稳较快发展以应对全球金融危机的经济政策目标。政策和策略是党的生命。党和政府的经济政策需要借助思想政治工作的手段，才能被广大人民群众认同和理解。邓小平曾经指出，加强和改善党的领导，主要体现在集中精力管党，管路线、方针、政策和做好思想政治工作。毛泽东也曾经指出："在每一行动之前，必须向党员和群众讲明我们按情况规定的政策。否则，党员和群众就会脱离我们政策的领导而盲目行动，执行错误的政策。"思想政治工作要把宣传党和政府的经济政策作为一项重要任务来完成，使人民群众理解、领会和接受党和政府应对金融危机的宏观经济政策，增强实际工作中的主动性和自觉性。在开展经济工作中，党的各级基层组织要通过经常性思想政治工作，使人民群众增强科学发展理念，加强对扩大内需等投资政策贯彻落实的舆论监督，杜绝和防止低水平重复建设。党的十七届三中全会通过的《中共中央关于推进农村改革发展若干重大问题的决定》立足于"把我国自己的事情办好"的战略视角，提出了保持经济稳定、金

融稳定、资本市场稳定，促进经济平稳发展、较快发展的基本指导思想，要求把在城乡一体化进程中解决“三农”问题、拉动内需作为解决我国经济在参与全球化进程中受制于外部环境的一项长期战略决策，要把建设社会主义新农村作为战略任务，把走中国特色农业现代化发展道路作为基本方向，把加快形成城乡经济社会发展一体化新格局作为根本要求。

党的各级基层组织要广泛开展思想政治工作，加强党的经济政策教育，增强人民群众正确贯彻执行党的经济发展方针、政策的自觉性和坚定性，形成共渡时艰、科学发展的精神动力。针对全球金融危机，要教育人民群众用科学发展的办法解决前进中的问题的观点，转变发展方式，促进国民经济又好又快地发展，把扩大内需、促进国民经济平稳较快发展作为我国经济发展的基本立足点和长期战略方针。思想政治工作本质上是群众工作，是宣传群众、教育群众、引导群众、提高群众的工作。党历来强调要防止和纠正思想政治工作与经济工作相脱离的“两张皮”现象，要求把解决人民群众的思想问题与解决实际问题相结合。在新世纪新阶段，胡锦涛总书记强调：“思想政治工作说到底是做人的工作，必须坚持以人为本。既要坚持教育人、引导人、鼓舞人、鞭策人，又要做到尊重人、理解人、关心人、帮助人。思想政治工作必须结合经济工作和其他实际工作一道去做，把解决思想问题同解决实际问题紧密结合起来。”大力加强对人民群众的经济形势与经济政策的教育、宣传，引导人民群众自觉贯彻执行党和政府的经济政策，扩大内需促进民生，切实把解决人民群众的根本利益和长远利益作为经济工作的出发点和落脚点。

思想政治工作是引导人民群众增强经济工作和经济建设的信心的前提和基础，为保持我国经济平稳较快发展提供强大的精神动力

围绕中心，服务大局，这是党在新时期宣传思想工作的一条基本经验。应对国际国内经济形势的新变化，必须把统一思想、坚定信心、为促进经济平稳较快发展提供强大精神动力和舆论支持，作为目前加强和改进思想政治工作的重要任务。胡锦涛总书记指出，面对国际金融危机，“国际社会的当务之急是继续采取一切必要措施，尽快恢复市场信心，遏制金融危机扩散和蔓延”。并强调：“在此关键时刻，坚定信心比什么都重要。只有坚定信心、携手努力，我们才能共同渡过难关。”我国经济社会发展正处于重要战略机遇期，面对国际金融危机和国内经济形势，关键是要通过思想政治工作，增强人民群众促进经济平稳较快发展的信心。

目前正在弘扬的抗震救灾精神、北京奥运精神和载人航天精神，鲜明地体现了改革开放以来党领导全国人民从事经济建设和克服前进中的困难的时代精神，是促进我国经济社会发展的强大精神动力。邓小平早在改革开放之初就针对经济调整的重要任务提出：“为了完成这个任务，为了保证全党思想上行动上的一致，必须有效地加强和改善我们党的思想政治工作。”党一直强调，在经济困难时期要发扬艰苦奋斗和乐观向上的大无畏革命精神，社会主义现代化建设就有成功的希望。这一股精神力量增强了人民群众的信心，凝聚了人心，鼓舞了干劲。改革开放30年来，我国经济建设的伟大成就为社会主义市场经济的改革和发展奠定了坚实的物质基础，走出了一条中国特色社会主义的现代化道路，形成了能够驾驭各种复杂局势和发展社会主义市场经济的新的中央领导集体。从一定意义上说，现代经济是信心经济，消费信心、投资信心、科学发展信心和政治发展信心对当前乃至未来中国经济和世界经济的发展产生重要影响。党的思想政治工作应该在引导人民群众充分认识经济形势和认同党和政府的正确经济政策的基础上，增强经济发展信心，排除面临的困难，着力进行技术改造、产业升级和转变发展方式，立足于扩大内需，保证国民经济平稳较快增长。党在领导人民群众

克服经济困难的历史实践中，其成功的关键就在于充分发挥思想政治工作的宣传、鼓动和教育作用，促使人民群众发扬乐观主义和大无畏的精神。

为了应对全球金融危机，实现我国经济平稳较快增长，党和政府制定了一系列正确的经济政策，采取了加快民生工程建设、基础设施建设、生态环境建设和灾后重建等方面扩大内需的具体措施。党的各级基层组织要开展多种形式的思想政治宣传和教育活动，推动人民群众进一步解放思想和自主创新，保持经济发展信心，团结奋斗，最大限度地调动人民群众各方面的积极性，始终保持良好的精神状态和旺盛的革命斗志，使党的思想政治工作的政治优势与人民群众科学、大胆的实践有机结合起来。当前经济形势下尤其要注意做好对人民群众的形势分析、政策解读和社会稳定的工作。党的各级组织要加强对人民群众的思想政治工作，树立信心，保持社会稳定，克服困难，形成共识。党的基层组织要充分发挥基层党组织在当前经济形势下推动发展、服务群众、凝聚人心、促进和谐的作用。只有充分发挥思想政治工作的生命线作用，才能使应对这场金融危机的斗争获得强大的精神动力。

（作者：武汉大学政治与公共管理学院教授；湖南人文科技学院副教授）

人文关怀：思想政治教育创新的着力点

王路江

胡锦涛总书记在党的十七大报告中提出："加强和改进思想政治工作，注重人文关怀和心理疏导，用正确方式处理人际关系。"具体到大学生思想政治教育，我们认为，注重人文关怀是现代思想政治教育的基本要求，同时也是思想政治教育创新的着力点。

一、注重人文关怀是现代思想政治教育的基本要求

把注重人文关怀作为思想政治教育的基本要求，是建立在下述两个前提基础上的：

第一，思想政治教育不仅具有意识形态功能和价值，还具有文化功能和价值。一方面，思想政治教育的这两种功能和价值有不同特点，在实现途径和方式上也要有所不同。另一方面，思想政治教育的意识形态功能与其文化功能是密不可分的。在许多情况下，思想政治教育意识形态功能的实现是以文化功能为基础和前提的。用马克思主义及其中国化的最新成果教育青年是思想政治教育的根本任务。与人类一切优秀文化成果一样，马克思主义的功能和价值也是多方面的。它首先是无产阶级的世界观和方法论，是我们党和国家的根本指导思想；同时，对于人类总体或个体，它还具有指导科学探索、加强人的修养和促进人的自由全面发展的文化功能等。在我们的精神生活中，马克思主义发挥着全面的作用。我们必须根据马克思主义两种功能的不同特点，用不同的方式对青年学生加以教育引导。在进行教育的过程中，凡涉及基本立场和价值观方面，尤其是政治信念方面，必须旗帜鲜明地坚持，容不得任何犹豫动摇和多元化，灌输和说教是必不可少的；在其他方面，将主要通过多种多样更具人文色彩的方式对受教育者循序渐进、潜移默化地施加影响。实践证明，在许多情况下，受教育者对一种政治理论的认同，往往首先是从对其文化功能

的认同开始的，而人文关怀在其中发挥着桥梁的作用。

第二，注重人文关怀不仅仅是思想政治教育的方式方法，它还是思想政治教育的出发点和落脚点。正如胡锦涛总书记在 2003 年中央宣传思想工作会议上所指出的那样："思想政治工作说到底是做人的工作，必须坚持以人为本。既要坚持教育人、引导人、鼓舞人、鞭策人，又要做到尊重人、理解人、关心人、帮助人。"教育人、引导人、鼓舞人、鞭策人，是思想政治工作注重人文关怀的任务与目标。尊重人、理解人、关心人、帮助人，是思想政治工作注重人文关怀的基本要求和原则。人们首先有基本的物质生活需求，然后才有精神的政治的需求。在尊重、理解学生的基本权利和需求，关心他们的学习、生活、交友、就业，并帮助他们解决各种实际困难和问题的同时，对他们进行政治思想方面的引导，实现解决思想问题和解决实际问题的统一，是做好思想政治工作、提高教育实效的关键。

二、注重人文关怀有助于提高思想政治教育的实效

长期以来，我们往往把思想政治教育看成是以满足国家和社会发展需求为目的的政治宣传手段，认为它的职能是调动人们的积极性以更好地服务于大局的需要。只要大局发展了，每个人就会自然而然地得到发展，而对人的个体需求和心理感受未能给予足够的关注。所以一旦个体与整体在价值取向上出现矛盾，就简单地提倡以牺牲个体价值为代价去迎合整体需要。这种缺乏人情味与亲和力的教育宣传方式，影响了教育宣传的效果，使思想政治教育的强大精神动力和人文关怀作用难以发挥。

思想政治教育的对象是人。社会主义大学进行的思想政治教育工作既是社会发展的需要，也是学生自我发展和自我完善的要求。要做好新时期大学生思想政治教育工作，必须研究受教育者的内在需求、兴趣爱好、个性特点、思想水平和接受能力，注意调动受教育者的积极性和主动性，将提高思想道德水平与受教育者的实际利益、成长需要有机地结合起来，通过教育，挖掘人的潜力，启发和引导人的自觉性、能动性。要尊重学生的基本权利，把学生当作有自由思想、有独立人格、有价值追求、有生命尊严的现实的人，要善于将社会要求转变为学生的自我要求和自觉行动。同时必须注意，思想政治教育是为党的中心工作服务的，具有鲜明的意识形态性，是阶级性和科学性、目的与手段的辩证统一。只有明确了这一点，我们强调注重人文关怀才不会走向极端、步入歧途。

三、我们注重人文关怀的实践探索

近年来，我们北京语言大学积极探索将人文关怀融入大学生思想政治教育的有效途径和方法，发挥多种教育渠道的作用，形成了协同配合的立体工作格局，取得了显著成效。

1. 创新政治理论课教学

政治理论课是对大学生进行思想政治教育的主渠道。当前，随着市场经济的发展，越来越多的学生开始从自身的短期功利需求出发，把接受高等教育视为获得较好就业机会、增加收入的主要途径，而往往忽视了高等教育对人的全面发展的内在价值。反映在大学生思想政治教育领域，就是部分学生对政治理论课冷淡、漠视，甚至抵触、排斥。针对这种情况，我们认为，政治理论课教学要更多地把回答社会焦点问题引入课堂，教学内容和形式必须创新，只有让学生学于其中、乐于其中，教育才会真正取得实效。同时，必须注重激发学生学习的内在动力，帮助他们开通体验生活的渠道，让学生处于真实的社会关系中，这样才能真正提升学生对政治理论课的兴趣。为此，我们在课内坚持教学方法的改革，尝试和探索"讨论式"、"案例式"等教学方法，在课外加大实践教学力度，探索了一条"两个课堂有机结合，两支队伍密切合作"，共同推进政治理论课教学的新思路。学校还在北京的韩村河、十渡建立了教育实践基地，学生在

实践活动中理论联系实际，消化课堂知识。实践结束后，开展橱窗展示、演讲比赛、论文评奖等活动，并每年出版一册《北京语言大学本科生社会考察报告集》，取得了良好的教学效果。

2. 开展特色鲜明的校园文化活动

文化素质是提高大学生思想道德素质的基础。多年来，学校十分重视开展文化素质教育，以富有国际化特色的校园文化活动为载体，培养学生的人文素质。我校中外学生同校、多元文化融合碰撞的校园文化背景，为开展丰富多彩的校园文化活动创造了良好的环境。学校将校园文明建设和精神文明建设结合起来，努力用良好的校园文化熏陶、引导、鼓舞、塑造青年学生。独特的校园文化提高了学生的人文素养，多元文化的碰撞使学生的才干得以充分施展。目前，学校已形成由"一二·九"文化艺术节、社团文化节、戏剧之夜、校园服饰大赛、校园歌手大赛、书法比赛、征文比赛以及亚欧风情、中外歌会、日本文化节、中外学生联欢会等活动组成的校园文化格局，营造出积极、健康、高雅、活泼的校园文化氛围。学校还利用中外学生同校同堂的特点，大力弘扬以集体主义和团结友爱互助为内核的志愿服务精神，开展丰富多彩、形式多样的志愿服务活动，展现了大学生良好的思想道德素养。"小联合国"的文化氛围也使学校的志愿服务形成了特有的"北语模式"。

3. 注重心理疏导，建立和谐人际关系

学校专门成立了心理咨询指导委员会，组建了一支专兼职结合的高水平的心理咨询工作队伍，形成了上下一心、高度重视学生心理健康教育的工作氛围。为增强学生心理健康的自我调适能力，学校组织开展了丰富多彩的心理健康教育活动。如开设了《情感教育》课程，选取古今中外名家作品为讲授材料，这些作品涉及爱情、友情、亲情、正义、善恶、忠诚、谦卑等情感方面的内容。学习名家作品旨在提高学生的情商，开发与提高学生处理和协调人际关系的能力，使学生懂得美、善、爱的高贵价值。学校还建立和完善和谐心理培育体系，促进学生情感交流渠道畅通，引导学生心态向积极方向发展；建立学生心理预警、疏导、干预工作体系，形成系统的服务模式；重视心理健康教育和心理咨询工作，建立了专业心理咨询室，形成了学校心理咨询中心、各学院和心理协会三级心理预警、疏导和干预体系。学校心理咨询中心每年对新生开展心理普查，并对筛选出的学生进行个别辅导，发现有心理问题倾向的学生，学校、学院和班级、宿舍同学立刻跟进，采取一系列有效措施，及时解决问题。

大学以培养优秀人才为主要目标，我们相信，通过注重人文关怀，弘扬人文精神，加强和改进思想政治教育，一定能使大学生更好地了解我们这个社会、我们这个时代和我们这个民族，使每一名大学生在自己人生的航道上，升起理想的风帆，展现生命的辉煌。

（作者：北京语言大学党委书记）

思想政治工作人文关怀的理性审视

李俊伟

党的十七大报告提出的在思想政治工作中注重人文关怀，是对思想政治工作以人为本的宗旨的发展，也是对思想政治工作改进和创新进程中价值追求的理性审视。现代社会的思想政治工作应着眼于促进人的全面发展，应当在尊重人、理解人、关心人的基础上教育人、引导人、鼓舞人，赋予工作对象更多的人文关怀。

一、传统思想政治工作的作用机理及其人文价值

所谓人文关怀，主要是指对人的生存状况的关注，对人的尊严和符合人性的生活条件的肯定，对人类的解放和自由的追求，等等。思想政治工作在长期发展中，适应时代发展的要求，在发挥动员群众、组织群众、教育群众的作用的同时不断调整职能，体现出蕴涵其中的人文价值。

在物质匮乏、技术缺乏的社会主义建设初期，人们有着建设新兴国家、改造美好家园的强烈愿望，思想政治工作因势利导地开展了社会主义优越性和人民当家作主的主人翁精神教育。这种教育依托党的路线方针政策，通过先进典型和模范的带动和示范，焕发了广大群众战天斗地、更换面貌的冲天斗志，这种精神迅速转化为物质效应，而日新月异的社会主义建设也反过来用事实教育了人民。正是依靠主观世界的改造和客观世界改造的相互促动，思想政治工作的生命线作用充分展现。

市场经济体制的确立，使得人的利益的驱动力和主体性得到还原。利益的驱动，也凸现了个人利益和个人意识。但在市场经济发展初期，由于忽视了文化对人的行为的引导和约束，拜金主义、享乐主义、极端个人主义等不良思想的弥漫就不可避免。面对这种景况，随着市场经济的发展和工作对象的变化不断加强和改进思想政治工作。思想政治工作把增强人们对改革的心理承受能力、改变旧观念、树立新思维作为突破口，把经济和社会发展中的热点、难点问题作为重点，帮助人们更加理性地认识到市场经济的特质和双重性，在物质利益纷呈金钱至上的世界中注入了一剂精神清凉剂，为人们精神世界的重建、精神家园的守望作出了努力。在打开国门、学习国外先进经验时，我们也认识到，在人的技术素质既定的条件下，人的思想政治素质所起的重要作用。

如果进一步思考思想政治工作的生命线的作用，我们可以总结为：在既定的物质环境和条件下，人的精神动力作用于物质因素而产生奇迹；在人的素质既定的情况下，通过提高人的思想道德素质能够充分挖掘人的潜能，调动人的积极性。经济发展需要人的发展的促进，社会进步需要人的主体意识的回归。思想政治工作的效益或效用也正是通过提高人的素质，启发人的觉悟，调动人的积极性和主动性，间接地推动了经济和社会的发展。思想政治工作通过教育人、提高人，使受教育者在政治方向、思想意识和道德品质方面达到经济发展对人的既定的要求。它集中体现着经济发展对人的思想政治素质的具体要求。

当然，尽管我们始终强调思想政治工作的政治优势，始终认为思想政治工作是做人的工作，但在发挥和调动人的积极性的同时，是否真正尊重和关照了工作对象的内心世界和实际需要，是以工具理性还是价值理性来认识思想政治工作的作用，也需要反思和总结。

二、转型期主体意识的觉醒与思想政治工作人文关怀的时代要求

人的思想的产生不能孤立于社会和环境，这是人文主义的基本理念，其实把思想政治工作的开展还原到人所处的环境之中，恰好也是思想政治工作应当体现人文关怀的时代要求。

进入新世纪，生产力的发展、交往的扩大、体制的更新、社会结构的变化，正在冲击着在原有经济方式基础上建立起来的各种社会关系。而现代社会庞杂的信息传播，也使人们思考的内容不再是单一纯粹的，呈现出全方位、多层次、复杂化的特点。在思想观念重新整合的社会中，各种思想文化相互激荡，传统的道德标准正受到冲击和挑战，追求实惠、淡化荣誉的现象逐渐增多，与之相应的是现代人主体意识的民主、平等和参与观念不断增强。

在这一社会转型的过程中，每个人重新审视自己所生存的世界的意义，开始追寻自己在

这个世界中的地位，重新寻找人的社会责任并确立自己的精神世界的坐标。人们生活方式、行为方式和思维方式的深刻变革，思想政治工作对象日趋复杂，使新时期思想政治工作面临严峻挑战。思想政治工作的有效开展靠的是人们的积极参与，而社会转型时期人们思想的复杂性，决定了思想政治工作注重人文关怀在内动力开发上的必要性。

首先，工作主体与客体之间信息不对称的状况已经发生改变。传统思想政治工作的优势是教育者占有更多的政策信息和社会信息，传达政策、信息也成为思想政治工作的一个重要途径和方式。而信息化是当今时代的重要特征，互联网作为一种崭新的信息传播媒介，正被越来越多的人所接受。网络信息交流的平等性、共享性使思想政治工作主客体间的信息差不复存在。信息社会人与人之间交流与沟通的平等性，使得人文关怀的思想政治工作方式提上日程。

其次，主客体地位不平等的状况发生了根本改变。一段时间以来，思想政治工作依靠党政系统、行业、单位等方式，借助权力与资源的优势，形成了主体与客体的地位不对等。尽管教育者也会在一定程度上采取民主、平等的方式，但这些与主体地位的平等要求相差甚远，这也是传统思想政治工作与现代人渐行渐远的重要原因。同时，在现代社会，作为思想政治工作的领导机构的党和政府的职能既要体现管理的职能，更要履行服务职能，而党的思想政治工作，也应当由领导型转向服务型。思想政治工作的重心应转移到反映群众意愿、协调利益关系、服务群众上。现代社会的思想政治工作的转型，应当使传统自上而下的垂直方式变为人与人之间的平等对话，使依靠行政和权力的思想政治工作转变为依靠教育者的人格和真理的力量开展工作。

再次，思想政治工作的价值追求正在发生变化。我们传统上把思想政治工作定位为培养人、塑造人，这实际上是从工作本身出发又以工作效果的评价为结束的逻辑。按照这套逻辑，思想政治工作是为完成工作而设置，而不是以工作对象为本，任务是第一的，人却是第二位的，这就使得传统思想政治工作的开展停留在表象而达不到实际效果。相应地，传统思想政治工作的不足还表现在，主要反映政治、社会的大变动大发展，而对人的生活状况、人的命运的变迁、人为改变自身命运所进行的抗争关注不够；关注人也往往停留在人们的外在行为上，而对于人们生存与发展的社会环境与社会心理活动方面的揭示不够；关注上级指示的落实而较少了解人的内心需要，等等。现代社会思想政治工作需要重新规范思想政治工作的合理运作方式，即正确回答个体或者对象的主体地位。

三、思想政治工作人文关怀蕴含的基本理念

思想政治工作是做人的工作，必须体现人文关怀，才能真正收到实效。人文关怀的思想政治工作就是把尊重人、理解人、关心人、帮助人作为首位原则。思想政治工作的人文关怀要求教育者更好地处理感性与理性的关系，在体现公平的基础上对弱势者给予更多关爱。

思想政治工作的人文关怀是对“以人为本”理念的进一步发展。思想政治工作的人文关怀，是指思考问题、处理问题的时候坚持从工作对象的立场和观点出发，既注重人民群众整体利益的提高，同时又现实地关注作为人民群众个体的每个人的生存状态和利益需求，把“人”作为一切理论和实践的主体和目标，并以“人”的利益和生存状态作为检验一切理论和实践的标准。人文关怀，就是要把人放在一个重要的位置，突出人的主体作用，把人的自身价值充分表现出来，重视人的社会价值的实现与社会总价值的增值。人文关怀精神体现在具体工作中，就是在做人的工作的时候，时时刻刻要以诚待人、以理服人、以情感人，富有人情味，就是要尊重人、理解人、关心人、爱护人和严格要求人，

开发人的潜力，促进人的全面发展。思想政治工作者在正确认识受教育者现有状态的基础上，能够通过分析、综合、推理等创造性思维，发现受教育者成长发展的规律，预测受教育者发展成长的前景，预先确定思想政治工作的目的，这样的思想政治工作才能体现其促进人的思想政治素质发展的功能。

思想政治工作的工作主体和服务对象的群众性，要求思想政治工作始终坚持人文关怀。思想政治工作的主体是人，对象是人，因而其根本任务是启发人的自觉性、调动人的积极性、激发人的创造性。正因为思想政治工作在人的发展和社会发展的矛盾关系中充当着中介转化的地位，因而思想政治工作才面临着两个最基本的关系和两个最一般的规律：一是思想政治工作与人的发展关系和思想政治工作必须适应人的发展的规律；二是思想政治工作与社会发展的关系和思想政治工作必须适应社会发展的规律。思想政治工作坚持人文关怀就能够有效地发挥其中介转化作用，就能够按照思想政治工作的规律办事，并恰当地处理好人的发展与社会发展的关系。

思想政治工作效果的助人性和他律性，要求思想政治工作坚持人文关怀。人文关怀的思想政治工作坚持教育人与帮助人相结合、解决思想问题与解决实际问题相结合，既讲道理，又帮助解决实际问题，在解决实际问题的过程中贯穿思想教育。思想政治工作坚持工作对象能够自己教育自己，就是要确立人在思想政治教育工作中的主体地位，充分尊重人的能动性、自主性和自觉性，使思想政治教育的过程成为引导人自我认识、自我发现、自我发展、自我评价、自我完善的过程。人文关怀的思想政治工作要全面关注工作对象，从物质到精神，从显在到潜在，把对象放到生活的世界中去关照。人文关怀的思想政治工作既关注先进又关注落后，不仅仅使人在行为上表现得更好，而且以改善人的生活世界、生存状态，体味生存意义为目的。

四、思想政治工作人文关怀的科学构建

实现思想政治工作的人文关怀，要求我们科学而理性地把握人的思想发展脉络。思想政治工作是研究人的思想和行为变化规律的，而人的思想是最复杂的。思想政治工作不是空洞的说教，也不是抽象的数理模型，而应成为关心和丰富人的情感、激励人的意志、尊重和满足人的精神需求的精神家园。尊重人，基础是准确把握工作对象的追求、愿望、情感和需要；了解人、研究人，就应当是本真的思考，不应当“使问题适应技术”而应当“使技术适应问题”。如果尊重人、关心人只停留在表面和浅层次，思想政治工作就必然失去其应有的吸引力、感染力、凝聚力。面对社会环境的迅速变化、对象素质的不断提高，思想政治工作也应当由经验型转向科学型、由领导型转向服务型。

我们生活在日益丰富复杂和多样化的世界中，单纯的感性不能理解人的思想的深邃，同样，靠直觉也不能达到现实的深层，正是在这种限制下，才需要展现科学的功能，即依靠科学揭示隐藏在纷繁复杂的现象中的规律性。因此，以应答现实困惑为主题的思想政治工作，不能再是各种命题的随意聚集，不应是各种要素杂乱无章的组合，而是一个具有凝聚性的结构，其各部分在功能上有相互依存的关系。这正是思想政治工作科学化的内部组织的特征。在经验中发展科学，可以使那些由设计而建构的各种制度受到检验、调适，有效的制度将被保留，而被证明无效的制度逐渐被淘汰。在经验中发展科学，会使科学具有以上这些特征，并不断彰显其丰富的内涵，为人类提供美好的生活。在丰富的情感和经验的基础上，思想政治工作增加对人的思想行为的理性分析和引导，才不至于在大量的个案工作中无所适从，也才能够在群体工作中把握个体的发展规律。

思想政治工作是说服人、教育人的工作，而理论是行动的指南。思想政治工作面临着在实

际工作中缺乏深度的不足，同时也面临着在理论上缺乏高度的困惑。思想政治工作的人文关怀的出路在于，用理性建构的方式重塑我们对思想政治工作的理解与认识，因为理性往往是一切行动的指南。人文社会科学“之所以取得科学的地位，主要靠客观和公正的探索精神，以及通过对观察进行控制和逻辑推理而进行的系统研究”。思想政治工作走出简单重复的旧有模式，需要将方法建立在科学的理论基础之上。正如亚里士多德所言，科学的重要功能在于解释，而科学解释就是从有关某种事实的知识过渡到关于这个事实的原因的知识。黑格尔也认为，惟有思维才能把握事物的本质、实质、世界的普遍力量和终极目的。“当精神一走上思想的道路，不陷入虚浮，而能保持着追求真理的意志和勇气时，它可以立即发现，只有(正确的)方法才能够规范思想，指导思想去把握实质，并保持于实质中”。

思想政治工作就是在环境和对象的变化中始终注重对人以及人类命运的关怀。因为思想政治工作最终是研究人的思想行为及其相互关系的科学，而不是单纯研究环境或者行为的社会科学。人的行为、认知等主体因素以及环境三者之间构成动态的交互决定关系，其中任何两个因素之间的双向互动关系的强度和模式，都随行为、主体、环境的不同而发生变化。推动人的全面发展，追求人类的终极命运才是思想政治工作的主旨。

五、思想政治工作人文关怀的现实指向

思想政治工作的人文关怀要求我们依据思想政治工作的目标的转变，对系统内部结构的联结方式进行调整，改进整体运行模式，不断提高工作系统机制的运转功效，才能确保思想政治工作的作用稳定有效地发挥出来。

思想政治工作是一种塑造灵魂的工程，要少一些“管”和“治”，多一些“疏”和“引”。思想政治工作只有为对象所欢迎，才能为对象所接受。思想政治工作最起码的要求是赢得别人的认可，拉近与人的距离，带着深厚的感情去关心、爱护教育对象，要和风细雨，潜移默化，力戒空泛说教和简单粗暴。这就要求我们在创造思想政治工作载体上，在营造思想政治工作氛围上，在感染工作对象上，多采取新方式、新手段，否则，这项工作就真要失去市场和人群。

人文关怀的思想政治工作要求从业人员首先从思想深处剔除以理压人、以势压人的观念和态度。伦理学家史怀泽提出：“如果我们摆脱自己的偏见，抛弃我们对其他生命的疏远性，与我们周围的生命休戚与共，那么我们就是道德的。只有这样，我们才是真正的人；只有这样，我们才会有一种特殊的、不会失去的、不断发展的和方向明确的德性。”做好思想政治工作，首先要尊重教育对象。思想政治工作需要以情感人、以理服人，平等的关系只能在友好的氛围中建立，真挚的感情只能在相互交流沟通中培养，思想的升华只能在相互碰撞中实现。毛泽东说：“我们的同志一定要懂得，思想改造的工作是长期的、耐心的、细致的工作，不能企图上几次课，开几次会，就把人家在几十年生活中间形成的思想意识改变过来。要人家服，只能说服，不能压服。压服的结果总是压而不服。以力服人是不行的。”

人文关怀的思想政治工作注重社会需要与尊重个性相结合。思想政治工作是按照党和国家意识形态的需要，往往制定统一规范的标准，并通过一定的制度要求来加以实施。但受教育对象由于出身、经历、成长环境等的不同，个性品格又迥然不同。而且人的精神需求是发展的，人的思想道德素质是不断变化的。因此，做好新形势下的思想政治工作，必须把工作的切入点更多地放在受教育者身上，认真研究不同社会群体生存、发展需求的新变化，研究新的社会群体生存、发展需求的新内容，研究影响一个利益集团和社会群体思想形成的背景和因素，掌握共性的东西；同时，还要关注每个人的个性特点，研究一个具体的人特定思想形成的客观

原因,通过有效改变影响人思想的外在因素,达到影响人思想的目的。根据对象的个性特点和心理需要,不同的发展方向设置、规划不同的方案和措施,充分保证工作对象在受教育过程中的主体意识和主观能动性,激发人受教育的积极性,在张扬个性的基础上养成良好的习惯和品行。

人文关怀的思想政治工作注重精神传承与环境营造相结合。思想政治工作对环境与人的行为关系的研究,目的在于通过对环境的分析,最终使人们可以能动地去利用环境、改造环境。马克思指出:"环境正是由人来改变的,而教育者本人一定是受教育的。""环境的改变和人的活动的一致,只能被看作是并合理地理解为变革的实践"。同时也应看到,人作为能动的实践主体,与自己所处的环境不单纯是一种适应关系,而更主要的是一种改造关系。实践主体在自己的革命实践中既改变了外部环境,也改变了自己的活动或自我,提高了自己的认识能力和实践能力。承载着先进文化传播使命的思想政治工作,是经历史的积淀、扬弃、凝聚,形成一种相对稳定的精神和文化,并透射出其独特的感染力和强大的凝聚力,潜移默化地影响和召唤人们。同时,思想政治工作的有形物质载体可以营造充满人文关怀的环境和氛围,对人的思想品格的形成产生无形的熏陶和感染作用。

总之,思想政治工作本来就是做人的工作的,是真正的"人学",但思想政治工作更应该为社会提供人文关怀的精神力量,这是思想政治工作应当履行的社会功能。我们只有自觉地意识到思想政治工作的这种功能,才能把握思想政治工作的改进和创新的正确方向。

(作者:中共中央党校党建部副教授、思想政治工作研究室副主任)

浅议民营企业思想政治工作的加强与创新

华景伟

民营企业通过多年来的发展壮大,已经成为国民经济的重要组成部分。实践证明,民营企业要保持健康持续发展,不断做大做强,需要强有力的思想政治工作来支撑。因此,如何加强和创新民营企业思想政治工作,需要我们去深入思考,认真研究,不断探索。

做好民营企业思想政治工作的重大意义

改革开放 30 年,特别是近几年来,我国经济社会格局发生了很大变化,民营经济迅猛发展。截至 2008 年上半年,我市民营企业户数达 6.85 万户,从业人员 25.5 万人,其中 500 万元以上规模企业达到 320 户。民营经济占全市 GDP 比重已达 74%,税收收入占 75%。可见,民营企业对我市经济社会发展至关重要,做好民营企业思想政治工作,意义重大。

1. 从巩固党的执政地位的高度,充分认识民营企业思想政治工作的重要性。随着改革开放的深入和经济结构的战略性调整,民营经济成为国民经济和市场经济的重要组成部分,民营企业数量大幅增加,形成了新的社会经济组织,并催生了民营企业主这一新生社会阶层。所以,民营企业正确地贯彻执行党的路线方针政策,按照党指引的方向发展,必须不断加强民营企业思想政治工作,关心他们的生活,维护他们的合法利益,引导他们的政治走向,把他们团结在党的周围,才能不断巩固党执政的阶级基础和群众基础。

2. 从贯彻科学发展观的高度，充分认识民营企业思想政治工作的必要性。当前，民营企业人员构成复杂，人们思想多变性、独立性、选择性、差异性明显增强。民营企业思想政治工作把人们多元多样的思想统一到科学发展观上，解决人们思想上的一些重经济效益，忽视社会效益；重急功近利，忽视长远发展及重物轻人等不正确观念问题，把科学发展观融入到生产经营中，对企业发展的战略、思路和投资方向、管理制度等进行调整，用具体的实践落实科学发展观。

3. 从建设和谐社会的高度，充分认识民营企业思想政治工作的迫切性。思想政治工作就是化解矛盾、凝心聚力、做“和谐”的工作，是构建社会主义和谐社会的重要手段。在民营企业中，劳动纠纷等是新形势下的人民内部矛盾，处理不好就容易产生不稳定因素，影响和谐社会的建设。这就要求我们要充分发挥思想政治工作的优势，着力在沟通思想、理顺情绪、协调关系、化解矛盾上下功夫。要引导人们用和谐的方法、和谐的思维方式认识事物、处理问题，培育乐观、豁达、宽容的精神，以开阔的心胸和积极的心境看待事物的发展变化。

创新民营企业思想政治工作方法

当前，民营企业人员构成复杂，既有农民工、外来打工者，也有国有、集体企业下岗职工，还有一批大中专毕业生，思想文化差异较大。民营企业的发展，往往注重追求利益最大化，忽视人际间的沟通、交流与关怀，使企业内部出现了一些矛盾和摩擦，主要集中在企业主和员工之间，造成企业发展的停滞，甚至走向衰败。因此，民营企业思想政治工作应该树立以人为本、注重人文关怀、做好心理疏导的理念，体现人的特点，满足人的需要，疏导人的心态，做好思想政治工作。同时，思想政治工作要为民营企业健康持续发展提供精神动力和思想保证，需要不断创新形式与方法，切合实际、体现实效，增强针对性。

1. 抓结合。民营企业思想政治工作，一是要和企业生产经营相结合。思想政治工作通过解疑释惑、化解矛盾，不断统一思想、凝聚人心，使所有员工将智慧和力量投入到企业的发展之中。二是要和企业文化、打造品牌相结合。两者有机结合起来，互相促进，才能使思想政治工作从“教化”向“文化”转变，做到以文化人。三是要和企业精神文明建设相结合。精神文明创建有助于全面提高员工的文明素质，有助于培育员工对企业的认同感和归属感，形成共识共荣、共谋共为的企业发展良好态势。四是要把解决思想问题和实际问题相结合。解决思想问题从实际问题入手，解决实际问题从思想问题出发，既以理服人又以情感人，既讲道理又办实事，才能达到思想政治教育的最佳效果。

2. 抓载体。丰富的思想政治工作主题实践活动，能够增强企业发展的内动力。民营企业不同于国有企业，其思想政治工作要坚持“小型、业余、多样、务实”的原则，不断创新载体、丰富内容，使各种主题活动切合实际、富于成效，做到寓教于乐、喜闻乐见，使人容易接受、便于参与，在活动中培养从业人员的领军意识、团队意识、品牌意识、学习意识和财富意识，从而使民营企业思想政治工作真正起到凝心聚力的作用。

3. 抓重点。民营企业的思想政治工作，要关注三种人。一是企业主。民营企业主既是思想政治工作的重点对象，又是推进思想政治工作的重要力量。在不断提高他们守法经营、照章纳税、维护职工利益的自觉性，引导他们爱党爱国的同时，要使他们理解和重视思想政治工作，不断加强投入，推动思想政治工作在企业的开展。二是管理人员。管理人员是企业主的参谋和助手，是员工的带头人，发挥他们的骨干作用，可以承上启下，沟通内外，提高思想政治工作的效能和企业的实力。三是企业员工。有效的思想政治工作会提高员工素质，化解潜在矛盾，使他们克服雇佣关系的对立心态，消除和企业主的隔阂，不断建立起为企业服务就是为国家发展建设服务的思想，从而将阻碍企业发展的阻力转化为促进企业发展的动力。

加强对民营企业思想政治工作的服务和指导

民营企业思想政治工作要适应新的形势，进一步拓展思想政治工作领域，采取因地制宜、因人制宜、因事制宜和分类指导的办法，引导建立符合企业实际的思想政治工作组织机构、运行办法和阵地队伍。

1. 切实加强党对民营企业思想政治工作的领导。要坚持两手抓，两手都要硬的工作方针，把民营企业思想政治工作列入重要议事日程，认真研究解决民营企业思想政治工作中的重大问题。要建立和完善党委统一领导、党政群齐抓共管、有关部门各负其责、全社会积极参与的领导机制和工作机制，通过多种渠道解决民营企业思想政治工作的实际问题。

2. 要切实发挥党组织作用。我市规模的民营企业都建立了党组织，这是民营企业思想政治工作的重要力量。我们要发挥党组织的优势，把民营经济组织中出现的新的社会阶层作为党的群众基础的一部分，把思想政治工作融入其中，积极开展党建工作，扩大党的群众基础，提高党组织的影响力。

3. 要切实发挥群团组织作用。民营企业的工会、共青团、妇联等群众团体，是党领导下的群众组织，比较了解各自联系的那部分群众的工作、生活和思想动态，是开展思想政治工作的得力助手。工会、共青团、妇联等群团组织，要在争取企业主支持的前提下，把工作拓展到民营企业中去，保证思想政治工作正常运作和发挥积极作用。

4. 要培养一支专兼职结合以兼职为主的民营企业思想政治工作队伍。民营企业要按照提高素质、优化结构、稳定队伍的思路，努力建设一支政治强、业务精、纪律严、作风正的民营企业思想政治工作队伍。人数按职工总数的比例进行配备，人员可采用专兼职结合以兼职为主的方式，并采取有力措施，激励、调动、保护和发挥好思想政治工作人员的积极性，为他们的学习、工作创造条件。

5. 要发挥行业协会作用。工商联和中小企业协会等组织要充分发挥行业协会的作用，积极为民营企业开展思想政治工作提供指导和服务，不但要及时沟通市场信息，共同应对挑战，合力抵御市场风险，还要经常交流彼此的管理经验和增强民营企业思想政治工作的经验做法，共同推进民营企业思想政治工作的深入开展。

（作者：中共黑龙江省伊春市委常委、宣传部长）

第五部分

学习实践科学发展观

深入贯彻落实科学发展观
推动首都经济社会又好又快发展

刘　淇

科学发展观是马克思主义关于发展的世界观和方法论的集中体现，是我国经济社会发展的重要指导方针，是发展中国特色社会主义必须坚持和贯彻的重大战略思想。近年来，我们始终坚持以科学发展观指导首都各项工作，圆满完成了办一届有特色、高水平的奥运会和残奥会的历史任务，实现了首都经济社会又好又快发展。

一、全面实践"绿色奥运、科技奥运、人文奥运"三大理念

筹办奥运7年来，我们结合北京市的实际，把筹办奥运工作与学习贯彻科学发展观有机结合起来，把科学发展观的要求具体化为"绿色奥运、科技奥运、人文奥运"三大理念，使奥运的筹办过程成为贯彻落实科学发展观的实践过程。

一是全面落实"绿色奥运"理念。在奥运场馆建设中严格落实各项节能环保措施，所有新建的奥运场馆和相关设施都严格执行节能设计标准，广泛使用新能源。着力加强生态环境建设，采取多种措施，努力使首都的天更蓝、地更绿、水更清。全面加强大气环境治理工作，实施了14个阶段控制大气污染措施，累计投资1400多亿元，采取了200多项措施，空气质量连续9年得到改善。2007年北京空气质量二级和好于二级的天数比例达到67%，比2000年提高了19个百分点。在北京奥运会、残奥会举办期间，市区空气质量全部达标。加强城乡环境整治，承诺的7项绿化指标全部兑现。广泛开展环境保护的宣传教育活动，倡导绿色健康的生活方式和消费方式，广大人民群众的环保意识不断增强，推动了资源节约型、环境友好型社会的建设。

二是积极发挥"科技奥运"作用。围绕奥运筹办过程中的关键技术难题和新技术需求，组织了1200余项科技奥运项目的攻关，将科技创新成果广泛应用于奥运筹办工作的各个领域，有力地推动了信息科技、新能源技术、循环经济技术等方面的发展和进步。在国家体育场、国家游泳中心等奥运场馆建设中大量采用高新技术和自主创新成果。在开闭幕式、火炬传递、奥运赛事组织等重点领域集中开展科技攻关，为北京奥运会、残奥会的成功举办提供了有力的科技支撑。通过与国外专家合作，在奥运历史上首次成功实现了人工消雨，为北京奥运会、残奥会开闭幕式的顺利进行提供了气象保障。

三是充分体现"人文奥运"魅力。在场馆建设、安保工作、接待服务等方面突出人性化服务的要求，根据各国运动员和来宾的需求提供细致周到的服务。特别是在北京残奥会期间，针对残疾人客户群的特殊需求，细化无障碍服务方案，充分体现了对残疾人的人文关怀。广泛开展"迎奥运、讲文明、树新风——我参与、我奉献、我快乐"活动，以群众性精神文明创建活动为载体，加强礼仪文明、秩序文明、赛场文明、窗口文明、环境文明建设，全面提升了市民文明素质和城市文明程度。深入推进奥林匹克文化教育活动，奥林匹克知识和奥林匹克精神在全社会得到广泛普及和发扬。积极推动东西方文化在体育及更广泛领域的交流，进一步增进了中国人民与世界各国人民的了解与友谊。

二、牢牢把握奥运机遇，不断推动首都科学发展上新水平

第一，加快转变经济发展方式。在中央有关部门的大力支持下，对首钢实施了调整改造，关停了北京焦化厂、有机化工厂、化工二厂等一批污染严重的企业。确定了高端产业的发展思路，大力发展高新技术产业、生产性服务业、文化创意产业，形成了以现代服务业为主的产业结构，第三产业的比重达到70%以上。着力推动自主创新，充分发挥中关村科技园区的龙头作用，科技支撑首都发展的能力明显增强。加强为中央在京企业、科研院所和高等院校服务，通过健全管理服务机制、沟通协调机制和资源整合机制，努力营造良好的发展环境。吸引国内大型企业总部和跨国公司落户北京，积极参与国际经济技术合作，不断提高对外开放的水平。奥运筹办7年来，首都经济实现持续快速增长，年均增长率达到12.4%。2007年全市经济总量达到9353.3亿元，人均地区生产总值达到7654美元，城乡居民的收入水平显著提高。

第二，大力提高城市建设管理水平。按照国务院对北京城市总体规划的批复精神，进一步明确了“两轴、两带、多中心”的城市发展格局和国家首都、国际城市、文化名城、宜居城市的功能定位。坚持把基础设施建设放在城市建设的首位，确定公交优先的战略，大力发展轨道交通。奥运筹办的7年中，轨道交通运营总里程由42公里增加到200公里。同时，在全市实行地铁公交低票价政策，使广大人民群众普遍受惠。始终把保护古都风貌放在首都城市建设的突出位置，完成了明城墙、永定门城楼、南中轴线等一批重要文物景观的修复工程，进一步展现了文化古都的魅力。全面加强了城乡环境整治工作，先后对郊区所有行政村、170多个城中村、600多条胡同、400多个老旧小区和进京铁路干线周边以及城八区100多条大街进行了整治，极大改善了群众的工作生活环境。积极创新城市管理体制，建立高效规范的管理框架和网格化管理模式，运用数字信息技术手段，实现了精细、高效、优质的管理与服务，使首都的城市综合管理水平显著提高。

第三，统筹推动城乡协调发展。制定了区域功能导向及评价指标体系，把全市18个区县划分为首都功能核心区、城市功能拓展区、城市发展新区、生态涵养发展区，并确定了相应的工作考核评价指标，努力形成城乡经济社会发展一体化新格局。大力发展都市型现代农业，促进一产业向二、三产业的延伸，不断增强农村发展的活力。按照以城带乡的要求，加大对农村的财政投入，强化支农惠农政策，进一步推动城区科技、教育、文化、卫生等优势资源向农村、山区流动。建立区县互助机制，制定政策，推动城乡、区县结对发展，实现资源共享、优势互补。建立健全山区生态林补偿机制并扩展到农村管水、管路岗位，帮助6万多农民在公益性岗位就业。全面实施“农村亮起来、农民暖起来、农业资源循环起来”工程，积极推动郊区农村的改水、改厕、道路硬化、垃圾与污水处理等基础设施建设，切实改善了农民群众的生产生活条件。

第四，不断增强可持续发展能力。大力实施生态修复工程，加强绿化美化工作，在京石高速等“五河十路”两侧建成2.5万公顷绿化带，城市绿化隔离地区建成1.26万公顷林木绿地，三道绿色生态屏障基本建成。2007年北京市林木绿化率达到51.6%，山区林木绿化率达到70.49%，城市中心区绿化覆盖率达到43%，自然保护区面积占全市国土面积的8.18%。积极发展循环经济，加强节能减排工作，万元GDP能耗从2001年的1.14吨标准煤下降到2007年的0.714吨标准煤；万元GDP水耗从2001年的104.9立方米下降到2007年的39.56立方米，在全国居于领先水平。

第五，着力保障和改善民生。自2002年开始，每年都采取“折子工程”的办法，集中力量为群众办一批实事好事。在市第十次党代会上确定了重点解决就业、教育、医疗、住房、交通、环境等六大民生问题。2007年以来，针对群众需

求，建立了"零就业家庭就业保障机制"、"一老一小"医疗保险制度以及城乡无社会保障老人养老保障制度。在2008年，进一步提出要实现"无零就业家庭、无城镇危房户、无重大重复上访户、无社会救助盲点、无拖欠工资问题"的目标，解决了一批涉及群众切身利益的问题，为营造和谐稳定的社会环境奠定了坚实基础。创新社会管理体制，组建了市委社会工委和市社会建设工作办公室。加强和改进对社会组织的管理，构建新的社会组织动员机制，形成了党委领导、政府负责、社会协同、公众参与的社会管理格局。

第六，以改革创新精神加强党的建设。坚持用中国特色社会主义理论体系武装头脑，开展大规模的干部教育培训工作，广大党员干部贯彻落实科学发展观的能力显著提高。不断深化干部人事制度改革，建立健全了适应科学发展观要求的干部政绩考核评价体系，在注重经济指标的同时，也注重人文指标、资源指标、环境指标和社会指标，完善相应的奖惩制度，努力形成正确的政绩导向与用人导向。加强对科学发展观落实情况的督促检查，坚决纠正和查处各种不符合科学发展观要求的做法，为贯彻落实科学发展观提供了有力保障。

三、认真总结奥运成功经验，着力建设人文北京、科技北京、绿色北京

随着北京奥运会、残奥会的圆满成功，首都经济社会发展已经站在了一个新的起点上。面对新的形势和任务，我们要认真总结北京奥运会、残奥会的成功经验，继续坚持奥运三大理念，着力推动"人文北京、科技北京、绿色北京"建设，使首都更加繁荣、更加文明、更加和谐、更加宜居。

建设"人文北京"。一要把以人为本的理念贯彻到城市建设、管理、发展之中，大力推进公共服务均等化，使北京成为国内最具人文关怀品质、社会保障体系最为完善的城市。二要使精神文明建设再上新台阶，市民文明素质有新提高，志愿者活动广泛普及，使北京成为全国文明素质最高的城市。三要让文化教育高度繁荣，文化中心地位凸显，文化创意产业迅速发展，历史文化名城得到出色保护。四要在和谐社会建设方面成为首善之区，矛盾化解和信访维稳机制更加健全、手段更加先进，群众的安全感不断增强，社会更加安定祥和。

建设"科技北京"。一要把北京建设成为国家重要的创新型城市和科技成果交易中心，自主创新能力居于国内前列。二要把中关村科技园区建设成为国家自主创新示范区，进一步完善管理体制，充分整合和发挥各类科研院所、科技企业的创新能力。三要把科技渗透到经济、社会、文化各个领域，全面提升社会管理、治安、旅游等方面的科技含量，使科技造福全市人民。四要通过广泛应用科技成果解决三农问题，推动城乡一体化发展。

建设"绿色北京"。一要发展绿色经济，加快发展环保产业，开发利用清洁能源和可再生能源。二要加大环保基础设施的建设力度，加强大气、水、土壤等污染防治，不断改善首都的生态环境。三要加强绿化美化工作，全力整治城乡结合部，提高公共绿地面积和山区林业的发展水平。四要倡导绿色消费，加强节能环保宣传教育，营造有利于生态文明建设的社会氛围。

"人文北京"、"科技北京"、"绿色北京"是科学发展的有机整体。其中，"人文"是推动可持续发展的目的，"科技"是推动可持续发展的手段，"绿色"是推动可持续发展的保障。这既是在首都工作中贯彻落实科学发展观的战略任务，也是今后一个时期首都发展的基本方向。当前，我们要结合开展深入学习实践科学发展观活动，坚决落实好党的十七大、十七届三中全会和中央经济工作会议精神，采取更加有力的措施，重点推进"十大工程"，努力实现"十个新突破"，推动首都经济社会又好又快发展。

推进高端产业功能区建设工程，在转变经济发展方式上取得新突破。坚持高端产业的发

展方向，加快发展生产性服务业、文化创意产业、高新技术产业。按照区域功能定位的要求，进一步加强高端产业功能区、文化创意产业集聚区和金融服务区的建设。研究财政、金融、税收等支持政策，培育龙头企业和名牌产品，发挥其示范带动作用。加强市政基础设施和公共服务平台建设，推动环境综合整治项目升级改造，不断提升发展承载力。

推进自主创新工程，在提高自主创新能力上取得新突破。加快中关村科技园区建设，确定科技创新重大项目，建立健全有助于推动自主创新的体制机制，调动社会各方面参与和推动自主创新的积极性。加强创新人才的培养与引进，努力营造有利于人才成长的政策环境，为高端人才的引进和聚集提供更好的服务。

推进困难群众帮扶工程，在解决民生问题上取得新突破。建立城乡一体化的社会保障体系，逐步提高困难群众的最低生活保障标准，千方百计增加城乡居民收入。下大力气解决好就业、教育、医疗、交通、环境等民生问题。加大经济适用房、两限房、廉租房建设力度，加快老城区危旧房的修缮与改造，落实和完善促进合理住房消费的改革措施。

推进节能减排和生态环境建设工程，在生态文明建设上取得新突破。落实节能减排工作责任制，推动资源特别是土地资源和水资源的集约利用，努力实现首都经济发展与人口资源环境相协调。加大环境治理力度，推进城乡垃圾无害化处理，积极运用科技手段提高环境治理能力，以优美的环境迎接建国60周年。

推进轨道交通及基础设施建设工程，在提高城市建设管理水平上取得新突破。进一步加大投资力度，加快以轨道交通建设为主的基础设施建设。充分发挥城市规划的龙头、指导作用，实现城市规划、土地使用规划、产业发展规划的相互衔接。积极推动城市管理综合改革试验区建设，理顺管理体制，明确管理责任，加强城市的精细化管理。

推进城乡一体化工程，在统筹城乡发展上取得新突破。着力解决城乡结合部的建设问题，发展适合区域功能定位的产业，使城乡结合部成为统筹城乡发展的示范区和解决郊区三农问题的重要切入点。进一步完善城乡规划，加大财政支持力度，加快推进新城建设和社会主义新农村建设。

推进提升文明素质工程，在精神文明建设上取得新突破。进一步创新方式和载体，切实加强首都精神文明建设，不断提高市民文明素质与城市文明程度。加强社会主义核心价值体系建设，广泛开展群众性精神文明创建活动。深入发掘首都丰富的文化资源，大力发展文化事业，促进对外文化交流，强化首都的文化中心功能，不断增强文化软实力。

推进社会建设工程，在社会建设和管理上取得新突破。健全基层社会管理体制，重视社会组织的建设和管理，加强社会工作者队伍建设。特别是要加强志愿服务工作，推动建立志愿服务长效机制，落实“志愿服务人人可为、时时可为、处处可为”的观念，使志愿服务成为一种引领社会风尚的生活方式。

推进“平安北京”建设工程，在维护首都安全稳定上取得新突破。全面总结平安奥运的成功经验，形成具有首都特色的治安防控体系，进一步提高人防、物防、技防水平。完善信访制度，构建大信访格局，畅通社会利益表达渠道，保证人民群众的合理诉求得到有效解决。强化基层基础工作，完善矛盾纠纷排查化解机制，最大限度地把各类矛盾化解在基层，化解在萌芽状态。

推进干部人才队伍建设工程，在提高各级党组织领导科学发展的能力上取得新突破。加强思想理论建设，不断增强广大党员干部贯彻落实科学发展观的自觉性和坚定性。加强干部人才队伍建设，创新干部教育培训和选拔任用方式，建立健全干部监督考核激励机制。大力推进基层党建工作创新，充分发挥基层党组织推动发展、服务群众、凝聚人心、促进和谐的作用，进一步夯实推动科学发展的组织基础。加强党风廉政建设，认真落实建立健全惩治和预防腐败体系实施纲要，严格执行党风廉政建设责任制，坚决纠正损害群众利益的不正之风，进一步密切党同人民群众的血肉联系。

（作者：中共中央政治局委员、中共北京市委书记）

深入贯彻落实科学发展观
坚定不移走中国特色自主创新道路

刘延东

新中国成立近 60 年特别是改革开放 30 年来，我国科技事业取得了伟大进步和辉煌成就，为推动现代化建设和维护国家安全作出了重要历史性贡献。当前，我国现代化建设站在一个新的历史起点上，深入贯彻落实科学发展观，推动经济社会实现又好又快发展，必须进一步发挥科技的支撑和引领作用，加快推进建设创新型国家的进程，坚定不移地走中国特色自主创新道路。

一、认真学习贯彻党的十七大对科技工作的新要求，提高走中国特色自主创新道路的自觉性

党的十七大从全局和战略高度，对我国科技工作提出了一系列新要求，进一步回答了我国科技发展走什么样的路、如何走，什么是创新型国家、怎样建设创新型国家这两个基本问题。概括起来主要有六个方面。一是充分肯定我国科技事业取得显著成就，指出创新型国家建设进展良好，自主创新能力有了较大提高。二是指明了科技工作的努力方向，即自主创新能力显著提高，科技进步对经济增长的贡献率大幅上升，进入创新型国家行列。三是确定了自主创新的战略定位，突出强调提高自主创新能力、建设创新型国家是国家发展战略的核心，是提高综合国力的关键。指出要把增强自主创新能力贯彻到现代化建设各个方面，更好地实施科教兴国战略、人才强国战略、可持续发展战略。四是进一步明确科技工作的重点，强调要认真落实《国家中长期科学和技术发展规划纲要（2006—2020 年）》（以下简称《科技纲要》），着力突破制约经济社会发展的关键技术；要加快建设国家创新体系，支持基础研究、前沿技术研究、社会公益性技术研究；要加快建立以企业为主体、市场为导向、产学研相结合的技术创新体系，引导和支持创新要素向企业集聚，促进科技成果向现实生产力转化。五是对科技创新的制度和法制保障提出明确要求，强调要加大对自主创新的投入；要深化科技管理体制改革，优化科技资源配置；要完善鼓励技术创新和科技成果产业化的法制保障、政策体系、激励机制、市场环境，实施知识产权战略，充分利用国际科技资源。六是明确了科技人才培养的目标，强调要努力造就世界一流的科学家和科技领军人才，注重培养一线创新人才，使全社会创新智慧竞相迸发、各方面创新人才大量涌现。这些新思想、新观点和新论述，体现了我们党对科技改革与发展、对中国特色自主创新道路的规律性认识，是中国特色社会主义理论的重要组成部分，为科技事业发展指明了方向。

当前和今后一个时期科技战线的首要任务，就是要贯彻落实党的十七大对科技工作提出的新要求。

第一，坚持高举旗帜，把爱国之心、报国之

志、创新之举凝聚到中国特色社会主义伟大事业上来。中国特色社会主义体现了亿万人民群众的根本利益和共同理想。作为一面旗帜，是当代中国发展进步的旗帜，也是引领我国科技战线沿着正确方向不断前进的旗帜；作为一条道路，包含了走中国特色自主创新道路的鲜明要求，为每一位科技工作者施展才华、实现抱负提供了广阔的空间和舞台；作为一个理论体系，蕴含了我们党关于科技事业发展的理论创新，凝结了广大科技工作者的实践成果，为科技事业更好发展提供了理论指导。广大科技工作者要把坚持和发展中国特色社会主义作为自己的最高追求，树立以科教兴国为己任、以创新为民为宗旨的价值观，在推动国家富强、民族复兴的伟大进程中创造非凡业绩，实现人生理想。

第二，深入贯彻科学发展观，实现科技事业自身的科学发展，为经济社会又好又快发展提供强大科技支撑。科学发展观是我国经济社会发展的重要指导方针，也是科技工作开创新局面的世界观和方法论。要认真学习、切实贯彻科学发展观，着力把科学发展观转化为谋划科技事业发展的正确思路，完善促进科技进步的政策措施，健全实现自主创新的体制机制，加快形成以科技进步和创新为基础的综合竞争优势，为促进经济社会发展和改善民生提供支撑和引领。

第三，深化对创新型国家科学内涵的认识，科学谋划部署科技工作。我们要建设的创新型国家，应是经济社会发展主要依靠创新驱动的国家，应是创新能力强、创新效益高、创新环境好、创新制度完善、创新人才辈出的国家。要紧紧围绕创新型国家的战略目标，努力做到创新能力强，切实增强原始创新、集成创新和引进消化吸收再创新能力；要努力做到创新效益高，形成高效通畅的技术转移体系和科学知识传播体系，使创新成果产生多方面的效益，惠及社会与人民；要努力做到创新环境好，进一步创造诚信合作、自由宽松的科研环境，有序的竞争环境和完善的知识产权保护环境，形成激励创新、支持创业、保护创新的良好社会文化氛围；要努力做到创新制度完善，健全有利于科技创新进步、符合社会主义市场经济规律的体制机制、法律政策和制度体系；要努力做到创新人才辈出，培养一大批德才兼备的科学家、国际一流科学大师和科技领军人才，形成宏大的创新创业队伍。

第四，始终以解放思想为先导，通过思想的新解放和改革的新突破，实现科技工作的新发展。解放思想是科技发展的一大法宝，改革创新是科技进步的强大动力。我国科技事业的每一个重要成就、每一次重大突破，都是解放思想和改革创新的结果。实现科技事业的更大跨越，仍然需要坚持解放思想、坚持改革创新。要树立世界眼光，放眼科技前沿，科学思维，大胆探索，不断推进理论创新、知识创新、技术创新、体制创新、管理创新。要有追求真理的勇气、敢于突破条条框框的锐气，努力在转变观念中破解难题，在实践探索中开拓创新，永葆科技事业的生机与活力。

二、总结历史进程，准确把握形势，增强走中国特色自主创新道路的责任感和紧迫感

今年是改革开放30周年，也是科学的春天30周年，明年我们将迎来新中国成立60周年。回顾和总结这一段不平凡的历程，对于我们坚定信心，振奋精神，继往开来，具有十分重要的意义。

新中国成立以来，我国科技事业在艰难中起步，在改革中突破，在创新中发展，不断实现新的历史性跨越。以毛泽东同志为核心的党的第一代中央领导集体，发出“向科学进军”的伟大号召，制定了第一个科技12年发展规划，激发了广大科技工作者和全国人民自力更生、艰苦奋斗的干劲和热情，取得了“两弹一星”等重大科技项目的成功，推动我国科技事业打破了帝国主义的封锁，实现了第一次历史性跨越。以邓小平同志为核心的党的第二代中央领导集体，解放思想，拨乱反正，作出“科学技术是第一

生产力”和“知识分子是工人阶级的一部分”的重要论断，提出“尊重知识、尊重人才”的方针，大大解放了科技生产力，我们伟大的祖国迎来了科学的春天，实现了第二次历史性跨越。以江泽民同志为核心的党的第三代中央领导集体，把科技进步和创新摆在经济社会发展的关键位置，提出科教兴国战略、可持续发展战略和科技强军思想，进一步深化科技体制改革，推动我国科技事业持续快速发展，实现了第三次历史性跨越。党的十六大以来，以胡锦涛同志为总书记的党中央，提出增强自主创新能力、建设创新型国家的奋斗目标，制定了《科技纲要》，明确了未来十五年我国科技发展的指导方针、战略重点、重大专项和政策措施，推动科技事业进入创新发展的新阶段。

经过半个多世纪的不懈努力，我国科技事业取得了举世瞩目的伟大成就。涌现出一大批重大科技成果，建成了一大批重大科技工程项目，造就了一大批杰出的科学家，成长起一大批科技创新型企业。我国整体科技发展水平已位居发展中国家前列，有些领域已达到国际先进水平，为推动经济社会发展和维护国家安全，作出了不可磨灭的历史性贡献。可以说，中国能够在世界上树立起今天这样的大国地位，一个重要的支撑就是科技的成就。这是党中央、国务院正确领导的结果，是全国人民大力支持的结果，更凝结着广大科技工作者的心血和汗水。

历史翻开了新的一页。现在，我国改革开放和现代化建设站在了一个新的历史起点上，中国特色社会主义事业蓬勃发展，中华民族正大踏步赶上时代潮流，迎来伟大复兴的光明前景。形势越好，我们越要保持清醒的头脑。要居安思危，未雨绸缪，增强忧患意识，在充分看到发展有利条件的同时，保持清醒，着眼大局，坚定决心，知难而进。

站在新起点上的我国科技事业，面临着前所未有的机遇和挑战。正确审视我国全面参与经济全球化面临的新机遇新挑战，积极应对我国工业化、信息化、城镇化、市场化、国际化带来的新形势新任务，妥善解决发展进入关键时期、改革进入攻坚阶段出现的新课题新矛盾，都要求科技工作打开新局面、作出新贡献。

第一，从世界科技竞争的形势看，世界科技迅猛发展，各国都在抢占科技制高点，对增强我国科技竞争力提出了新的要求。当今世界，科技发展日新月异，学科交叉融合明显加快，重大创新不断涌现，技术更新和成果转化的周期日益缩短。科技不仅成为推动全球产业结构升级的根本动力，也成为引领社会发展的先导力量。许多大国都把推动科技创新上升为国家战略。美国 2006 年启动了《竞争力计划》，欧盟提出《里斯本战略》，日本提出《“创新 25”科技长期战略方针》。一些新兴的发展中大国也在实施赶超战略。综合世界各国对科技发展的部署来看，重点集中在三大领域：一是未来有望推动新一轮产业突破性发展的前沿技术；二是尚未得到充分开发区域的相关研究；三是当前亟待解决的能源和气候变化问题研究。面对科技竞争已经成为综合国力竞争焦点的现实，我们必须奋起直追，尽快缩小与发达国家的差距。

第二，从我国的基本国情看，“两个没有变”的现实，决定了经济建设是中心任务，对提高科技在国民经济和社会发展中的贡献率提出了新的要求。我国仍处于并将长期处于社会主义初级阶段的基本国情没有变，人民日益增长的物质文化需要同落后的社会生产之间的矛盾这一社会主要矛盾没有变。人口多，底子薄，发展不平衡，生产力水平低，还有几千万城乡贫困人口。我国经济总量虽然居世界第 4 位，但人均只有 2000 多美元，处在世界 100 位之后。在农业、工业、流通等经济社会生活的诸多方面，劳动生产率还较低。现在我们处于两难境地，一方面人口增加要求大幅度提高农业产量；另一方面工业化、城镇化还要占用一部分土地，非农业用水也越来越多。解决好十几亿人口的吃饭问题难度很大，对改良农业品种、推广适用技术提出了更高要求。目前，我国科技进步对经济发展的贡献率还不高。改变这种情况，根本途径是依靠科技进步，大幅度提高科技在国民经济和社会发展中的贡献率。到 2020 年要实现人均国内生产总值翻两番的目标，科技的贡献率必须提高到 60%。

第三，从我国发展的阶段性特征看，我们正处于全面建设小康社会、加快推进社会主义现代化的新阶段，对发挥科技的支撑和引领作用提出了新的要求。目前，我国已经进入了人均国内生产总值 1000 美元到 3000 美元的关键发展阶段，现代化建设的主要方向是推动工业化、信息化、城镇化、市场化、国际化。发达国家的经验表明，持续地推进这"五化"，必须依靠科技的支撑和引领。比如，在工业化方面，关键是用现代科学技术来改造和提升传统产业。工业化与科技革命密不可分，每一次科技革命都使得工业化进程发生质的突变。我们不能再走工业化初期那种高消耗、低技术水平和以仿制为主的路子，需要研发和推广先进科技成果，大幅度提高我国的工业装备和技术水平。在信息化方面，我国信息化是在工业化尚未完成的情况下迎来的，这也是我们的一个后发优势，给我们提升工业化水平带来了新的历史机遇。但目前，我国很多信息关键核心技术还受制于人。这要求我们在信息领域加大科技研发力度，确保在安全、自主的条件下推进信息化进程。在城镇化方面，我国城镇化的规模和速度世界罕见。城镇化对科技的需求是全方位的，既要有支撑硬环境建设的工程、建筑等技术，也要有支撑软环境建设的信息、交通、环保、医疗、公共安全等技术服务，还要有保持城镇可持续发展需要的新兴技术。在市场化方面，一个运行良好的市场环境，必须有现代科技手段作支撑。以世界金融市场为例，全球每天巨大的外汇交易量必须有通畅的网络交易平台作支撑，有先进的监控技术来确保交易安全。随着我国市场化进程的加快，这方面的科技需求必将越来越多。在国际化方面，对外开放既要重"量"，更应重"质"。没有先进的科学技术，我们就不能平等参与国际经济合作与竞争，就不能拓展对外开放的广度和深度。所以，必须提高我国的科技水平，包括引进消化吸收国外的先进技术、产品和服务，引进智力和人才，在更高层次上参与国际合作与竞争。

第四，从我国发展的现实矛盾看，转变发展方式，实现科学发展，对依靠科技解决经济社会发展的瓶颈问题提出了新的要求。我国在经济快速增长、各项建设取得巨大成就的同时，也付出了巨大的资源和环境代价。由于增长方式粗放，高投入、高消耗、高污染、低效益，使资源难以支撑，供求矛盾突出，环境污染和生态破坏加剧。造成资源环境问题的原因是多方面的，解决这个问题，必须深入贯彻落实科学发展观，转变经济发展方式，特别要大力发展节能技术、清洁生产技术、环保技术，加快建设资源节约型、环境友好型社会。中央已就解决能源、资源和环境等领域的重大瓶颈问题作出一系列战略部署。"十一五"规划提出了单位国内生产总值能耗降低 20%和主要污染物排放量减少 10%的目标。从过去两年的情况看，完成这个目标难度很大。实现可持续发展，出路在科技，科技的希望就寄托在广大科学家和科技工作者身上。

第五，从科技领域的现状看，我国科技发展自身存在一些不足，自主创新能力不强，对加快科技改革与发展提出了新的要求。与科技领先国家相比，我国在基础研究与前沿技术研究、产业技术水平和企业创新能力、科技人力资源、科技基础条件、科技投入水平等方面，仍存在较大差距。比如，近几年我国科技研发投入增幅较大，年均超过 20%，但仍然只占国内生产总值的 1.49%，低于世界平均 1.6%和发达国家 2%以上的水平。科技体制和机制还有待进一步完善，重复建设和资源浪费在一些领域还比较严重。问题集中反映为自主创新能力不强，缺乏自主知识产权，缺乏世界知名品牌，缺乏高技术含量、高附加值的产品。一些重要行业的关键设备与核心技术基本依靠进口，出口商品相当数量是中低技术产品和贴牌产品。目前，我国技术对外依存度在 50%以上，而发达国家大都低于30%。实践证明，没有核心技术，就没有关键核心自主知识产权，就难以产生具有国际竞争力的企业和自主品牌。必须着力改变我国科技发展现状，尽快提升自主创新能力。

总之，科学发展必须依靠科技进步。要用科技支撑经济发展方式转变，用科技引领产业优化升级，用科技提高国家竞争力，用科技创造人民美好生活。这是时代赋予科技的光荣使命。

三、深入落实《国家中长期科学和技术发展规划纲要（2006—2020年）》，在中国特色自主创新道路上不断开创新的局面

《科技纲要》是未来一个时期指导我国科技发展的纲领性文件。全面贯彻落实党的十七大关于科技工作的各项部署和任务，必须把提高自主创新能力作为建设创新型国家的战略主线，摆在科技工作的首位，以实施《科技纲要》作为着力点和主攻方向，全面提升科技支撑能力。落实《科技纲要》要突出抓好以下重点任务。

（一）加快组织实施重大专项。重大专项是我国21世纪的重大国家科技项目，是实施《科技纲要》的重中之重。要抓紧组织实施，整合企业、高校、科研院所、地方等优势资源，集中力量，协同攻关，确保各个专项高质量如期完成。要通过实施重大专项，突破一批核心技术，建设一批重大工程，形成一批战略产品，培养一批杰出的科学家和学科带头人，锻炼和凝聚一支高素质的人才队伍。

（二）突破制约经济社会发展的关键技术。坚持为经济发展服务、为人民服务的正确方向，努力掌握关键技术、共性技术，解决重大社会公益科技问题。要加强能源资源开发与集约利用、生态环境保护与污染治理、应对气候变化、重大装备制造、农业增产、节能减排、重大疾病防治、防灾减灾等领域的重点科技项日攻关，争取早日见到成效。

（三）切实加强重大基础科学和前沿技术研究。坚持有所为、有所不为，抓住世界科技的制高点，超前部署和落实一批重大基础科学和前沿技术研究项目。加强科技基础条件平台建设，稳定支持并建设好国家重点实验室、国家工程中心和面向企业的创新支撑平台，特别是在国家重大需求领域和新兴前沿交叉学科领域新建一批具有国际水平的国家实验室，建立共享机制，大幅度改善科技基础条件，不断提高原始创新能力。

（四）深入推进国家创新体系建设。深化科技体制改革和各项配套改革，以制度创新促进科技创新。要以建设技术创新体系、知识创新体系、国防科技创新体系、区域创新体系和科技中介服务体系为重点，形成比较完善的中国特色国家创新体系。要突出企业的技术创新主体地位，引导和支持创新要素向企业集聚，鼓励企业与科研部门、高校的联合与合作，培育一批在国际上具有竞争力的创新型企业。要完善金融、税收支持政策和产业政策，加快构建支持企业创新创业活动的多层次资本市场。要完善科研院所改革创新政策，深化高等教育改革，建设若干世界一流的科研院所和大学。要以市场为导向，建立科技成果转化机制，发挥市场在科技资源配置中的基础性作用。

（五）大力培养创新型人才和领军人才。只有在人才上占有优势，才能在科技创新上占据主动权。要把发现、培养、使用、凝聚优秀人才作为科技工作的突出任务。通过国家重大科技项目和重大工程等途径，凝聚杰出人才，培养一流科学家和学科带头人。注重加强对青年人才的培养，坚持德才兼备，打破论资排辈，不拘一格地选拔使用人才，形成合理的人才梯队。老一辈科学家要发挥指路和示范作用，帮助青年成长成才。要尊重创新型科技人才的成长规律，完善人才制度和政策保障。要充满感情地关心爱护人才，全力支持他们在现代化建设中发挥聪明才智。

（六）扩大对外科技交流合作。要抓住经济全球化深入发展的历史机遇，充分利用全球科

技资源和人才资源。积极、主动、平等参与国际大科学工程计划,争取有更多的话语权和主导权。通过与世界一流科研机构的重大项目合作、交流和高层次科技人才引进,进一步提升我国科技的国际合作水平。

四、凝聚和调动各方面积极因素,为建设创新型国家提供坚强保障

到2020年进入创新型国家行列,是一项繁重艰巨而紧迫的任务,也是广泛而深刻的社会变革,必须举全国之力,全社会共同参与,充分发挥各方面的积极性、主动性和创造性。

第一,各级党委和政府要把科技工作摆到突出位置,为科技发展创造良好的环境。这是各级党委和政府义不容辞的责任。要把推动科技进步与创新,作为衡量贯彻科学发展观和正确政绩观的重要标准,作为落实实现全面建设小康社会奋斗目标新要求的重要内容。各级党委和政府要切实加强和改善对科技工作的领导,加强政策支持和法制保障,确保中央的科技部署落到实处。要提高指导科技工作的水平,完善科学化民主化的决策机制,涉及科技方面的重大决策要充分听取科学家的意见。各级领导干部特别是党政主要负责同志要带头学习科学知识,了解科技发展规律,及时研究解决科技发展中的重大问题,增强服务科技事业发展的意识和本领。各级财政要加大投入,确保财政科技投入增幅明显高于财政经常性收入增幅。要建立健全多元化、多渠道、高效率的科技投入体系,引导地方、社会特别是企业增加科技投入。《科技纲要》颁布以来,科技投入大幅度增加。在增加投入的同时,更要用好投入。对科技经费的使用,要充分评估论证,加强监督管理。每一个科技项目、每一笔科技投入,都要精打细算,科学管理,确保发挥最大效用。

第二,科技界要以建设创新型国家为己任,大力弘扬科学精神,在自主创新中走在前列。宏伟的事业孕育了优良的传统,光辉的历程承载着崇高的精神。我国广大科技工作者在长期的拼搏奋斗中,创造了丰硕的成果和一流的业绩,也积累了许多宝贵的精神财富,特别是热爱祖国、自觉奉献的精神,求真务实、开拓创新的精神,不畏艰险、勇攀高峰的精神,团结协作、群策群力的精神,志存高远、淡泊名利的精神。科技界要发扬传统,再接再厉,努力成为科技事业的开拓者、全社会科学风尚的引领者和高尚道德情操的践行者。要尊重科学实践,尊重学术自由,提倡百家争鸣,鼓励创新,宽容失败。加强科技道德和学风建设,坚持诚信治学,倡导互助合作、良性竞争,反对心浮气躁、急功近利,逐步建立健全科学系统的评价体系和奖励制度,使科学的道德规范内化为科技界的自觉价值追求和行为取向,形成和谐的学术生态。要坚持锐意进取,坚忍不拔,甘于奉献,有一种耐得住清苦、耐得住寂寞的境界,通过长期扎实的付出,创造出实实在在的,经得起实践、历史和人民检验的业绩。

第三,中国科学院和中国工程院要充分发挥科技思想库的重要作用,为国家现代化建设出谋划策。中国科学院和中国工程院汇集了各个领域的优秀科技专家,有着精英荟萃、智力密集的人才优势,有着跨学科、跨部门、高水平的合作优势。要把发挥思想库和智囊团的作用摆在更加突出的位置,紧紧围绕我国经济社会发展的战略课题,围绕科技创新进步的重大问题,开展广泛深入的调查研究,加强前瞻性思考,为国家重大决策和战略部署提出真知灼见。当前科技界要在抗震救灾和灾后恢复重建中发挥重要作用。要加强地震科学研究,特别是加强地震的监测预报,提高科学预测和防灾减灾的水平。我国是世界上自然灾害最为严重的国家之一。依靠科技支撑,能够大幅度提高抗灾救险、恢复重建的效率和效果。要加强对各类灾害形成规律、致灾机理和防范对策的研究,加强对各种灾害多发地带经济结构和城镇布局的研究,加强对民用建筑和重大基础设施抗灾结构和性能的研究。参与编制应对各类自然灾害预案,加快研发和推广防灾减灾技术,增强全民防灾

意识和技能，用科学和理性的力量防范和应对各类灾害。

第四，全社会要树立崇尚科学、尊重科学家的理念，形成有利于创新的社会环境与文化氛围。要大力培育创新文化，鼓励创新精神，营造有利于创新创业的良好环境。要广泛宣传科学家的先进事迹、优秀品质和高尚情操，让科学家受到全社会的尊重，让科学精神成为推动社会文明进步的重要动力。公民科学素质是自主创新的土壤。要广泛普及科学知识，传播科学思想，推广科学方法，使人们特别是年轻一代更好地接受科学知识的武装，不断提高全民族的科学素养。用知识增添力量，用科学武装人民，我们的国家就大有希望，我们的民族就大有希望。

建设创新型国家，是一项值得我们为之拼搏奋斗的伟大事业。让我们紧密团结在以胡锦涛同志为总书记的党中央周围，高举中国特色社会主义伟大旗帜，坚持以邓小平理论和“三个代表”重要思想为指导，深入贯彻落实科学发展观，开拓进取，扎实苦干，为开创科技事业新局面作出新的更大贡献！

（作者：中共中央政治局委员）

积极实施内需拉动战略　推进经济又好又快发展

罗清泉

近来，随着国际金融危机的持续扩散与蔓延，其对湖北的不利影响逐步显现。面对严重困难与挑战，我们认真贯彻中央精神，紧密结合正在开展的深入学习实践科学发展观活动，精心谋划保增长、扩内需、调结构、促改革、惠民生的有效措施。省委、省政府制定出台了《关于加大投资扩大内需保持经济持续较快发展的若干意见》，一手加大投资力度，一手扩大消费需求，统筹兼顾，突出重点，努力抓好“六个结合”，实现经济社会又好又快发展。

把扩大内需与完善发展战略、促进区域和城乡协调发展结合起来。省委、省政府在深入调研的基础上，提出在强力推进武汉城市圈资源节约型和环境友好型社会综合配套改革试验区建设的同时，加快建设鄂西生态文化旅游圈，推进湖北长江经济带新一轮开放开发，促进全省区域、城乡协调发展的工作思路，这是对湖北省情和发展规律认识的进一步深化。建设武汉城市圈是湖北构建促进中部地区崛起重要战略支点的核心战略，是深入贯彻落实科学发展观的重要平台。抓住武汉城市圈获批国家“两型”社会建设综合配套改革试验区的战略机遇，可极大地拉动投资需求。我们将以武汉新港、大东湖生态水网等一批重大项目为重要抓手，以体制机制创新为动力，以节能减排为切入点，以转变发展方式、实现又好又快发展为目标，完善产业分工，优化资源配置，不断增强武汉城市圈的竞争力和综合实力，充分发挥其在全省经济社会发展中的龙头作用。鄂西生态文化旅游圈汇集了全省十分丰富、极具特色的生态、文化、旅游资源，可以打造文化底蕴深厚、地方特色鲜明的旅游板块，其建设对转变发展方式、实现又好又快发展意义重大。我们坚持以生态为基础、文化为核心、旅游为引擎，以资源整合和交通网络建设为重点，抓紧武当山至神农架的生态环保公路、神农架机场等一批重点项目的建设，积极推进跨省铁路、高速公路及连接线建设，加快形成鄂西水陆空立体交通网络，促进农业、林业、工业、信息、文化、商贸服务等各类产业与旅游业联动、协调发展。长江流经湖北

1000公里，这是我们的一大优势，我们要依托长江“黄金水道”，加快沿江港口、高速公路、铁路建设和仓储、运输业、商品集散市场建设，构建以武汉为中心的综合交通运输体系，推动现代物流业发展，促进湖北长江经济带新一轮的大发展。

把扩大内需与转变发展方式、促进产业优化升级结合起来。加快转变发展方式，是关系经济发展全局的重大而紧迫的战略任务，是保增长的主攻方向，是有效应对国际金融危机的根本之策，也是增强发展协调性和可持续性、实现科学发展的重要途径。我们立足当前、着眼长远，把扩大投资与调整优化结构结合起来，着力推进经济结构优化升级，努力实现发展方式的根本转变。一是着力推进产业优化升级。坚持工业兴省战略不动摇，加速新型工业化进程，大力发展以装备制造业为重点的先进制造业，以电子信息和生物医药为重点的高新技术产业，深入推进企业兼并重组，提高钢铁、汽车、水泥等产业的集中度与资源配置效率，把工业做大做强。认真实施全省服务业发展规划，全面落实促进服务业发展的各项政策，积极发展现代物流、金融保险、电子商务等生产性服务业，促进现代服务业加快发展。以铁路、公路、机场、港口、能源建设为重点，加大基础设施、基础产业投资和建设力度，努力把湖北建成中部乃至全国重要的先进制造业基地、高新技术产业基地、优质农产品生产加工基地、现代物流基地和综合交通运输枢纽。二是着力推进企业结构优化升级。一手抓大型企业培育，一手抓中小企业发展。一方面，要着力培育和发展一批实力雄厚、竞争力强的大企业，围绕龙头企业培育产业集群，以有效降低企业生产经营成本、提高抵御市场风险能力。另一方面，要千方百计帮助中小企业解决生产经营中的实际困难和问题，进一步健全中小企业社会化服务体系，大力实施中小企业成长工程，引导中小企业向专、新、特、精方向发展，实现转型升级。三是着力推进产品结构优化升级。引导和支持企业适应国际国内市场需求新变化，加大技术改造力度，提高产品技术含量和附加值，增强产品的市场竞争力。

把扩大内需与做好“三农”工作结合起来。湖北是中部农业大省和全国重要的粮食主产区之一，农业是湖北的重要优势所在、潜力所在。做好“三农”工作，对于扩大内需特别是扩大农村消费具有重要意义和作用。我们要坚持把“三农”工作作为全部工作的重中之重，认真贯彻落实党的十七届三中全会的重大部署和中央农村工作会议精神，努力在五个方面实现新突破。一是在推进农村改革上取得新突破。在稳定和完善农村基本经营制度、依法保障农民对承包土地经营权的前提下，发展多种形式的适度规模经营。加大体制机制创新力度，办好跨区域的仙（桃）洪（湖）新农村建设试验区。二是在发展现代农业、促进农业稳定发展上取得新突破。集中力量建设一批粮食核心产区，力争到2020年全省粮食综合生产能力新增100亿斤、达到500亿斤以上。推动农业结构战略性调整，围绕发挥湖北在粮食、油料、水产品等方面的生产优势，突破性发展农业产业化经营。三是在加强农业农村基础设施建设上取得新突破。加快江河堤防整修、病险水库加固等水利工程建设，加快高产农田建设，加快农村饮水安全、血吸虫病防治、沼气等工程建设，改善农村生产生活条件。四是在发展农村公共事业上取得新突破。加大对农村教育、文化、卫生等公共服务设施建设的投入，巩固农村公益性服务“以钱养事”新机制，加快基本公共服务均等化进程。五是在促进农民持续增收上取得新突破。认真落实中央各项惠农政策，大力发展县域经济，抓好农民转移就业和农民工返乡创业服务工作，拓宽农村劳动力就业渠道和农村内部增收空间。

把扩大内需与推进节能减排、改善生态环境结合起来。节能减排是我们必须完成的硬任务，困难再大也不能降低标准和要求。要突出抓好工业、交通、建筑三大领域节能，加快实施全省“十一五”节能行动计划确定的重点节能项目。大力发展循环经济，建设一批循环经济城市和园区。加快污水处理和垃圾处理设施建设步伐，到2010年，全省所有县以上城市全部建成污水处理系统。抓住当前部分行业产能过剩的有利时机，加大小造纸、小水泥、小火电、小炼钢、小印染等“九小”关停并转专项治理力度。在全省上下营造资源节约型、环境友好型文化，积极倡导节约型的生产方式、消费模式和生活习惯。严格节能减排责任制和问责制，对不能如期完成节能减排任务的地方，严肃追究当地领导的责任。

把扩大内需与深化改革开放结合起来。改革开放是保增长的强大动力。我们过去取得的成就得益于改革开放，解决当前的困难和问题仍然要靠改革开放。要以重点领域和关键环节改革为突破口，加大改革创新力度，加快构建有利于科学发展的体制机制。一是积极推进行政管理体制改革。以转变政府职能为核心，以建设服务型政府为目标，加快推进政企分开、政资分开、政事分开、政府与中介组织分开，形成权责一致、分工合理、决策科学、执行顺畅、监督有力的行政管理体制。二是深化国有企业改革。建立健全现代企业制度，推进国有企业调整重组和股份制改革，抓紧解决历史遗留问题，巩固改制成果。在巩固和发展公有制经济的同时，进一步加快民营企业发展。三是深化财政和金融体制改革。着力推进基本公共服务均等化、健全公共财政体系。完善省管县财政体制，加快建立县级基本财力保障机制，增强基层政府提供公共服务能力。坚持以开放促改革、促发展，坚持对内对外开放并举、扩大出口总量与优化出口结构并重、引进资金技术与引进人才并行、引进来与走出去相结合，全面做好开放工作。抓住当前沿海地区产业加快转移的大好时机，努力承接更多的产业转移。积极拓展利用外资途径，提高利用外资水平。加快转变外贸增长方式，优化出口产品结构，积极开拓新兴出口市场。重视发展服务贸易，大力承接国外服务外包特别是软件外包。鼓励有条件的企业抓住时机，到境外开展经济技术合作。

把扩大内需与保障和改善民生结合起来。胡锦涛总书记指出：越是困难的时候，越要高度关注民生。改善民生是保增长的出发点和落脚点。我们要牢记党的宗旨，倾听群众呼声，关心群众疾苦，尽一切力量解决好群众最关心最直接最现实的利益问题。一是千方百计扩大就业。就业是民生之本。面对严峻的就业形势，要实施积极的就业政策，大力推进创业带动就业，支持劳动密集型产业和中小企业发展，加强职业技能培训，加强就业援助，重点帮扶就业困难人群和零就业家庭。加强大学生就业指导和服务，支持大学生自主创业。重视农民工转移就业工作，引导他们就近就业，支持他们返乡创业。从2009年开始，全省每年扶持5万名城乡劳动者和回归创业者自主创业，带动就业20万人左右。二是加快完善社会保障体系。社保是民生之福。要扩大城镇职工基本养老保险、基本医疗保险和城镇居民基本医疗保险覆盖面，推进城镇职工基本养老保险省级统筹。完善城乡社会救助制度，城市最低生活保障推行分类施保，农村低保做到应保尽保。三是努力提高教育和医疗服务水平。认真落实在城乡实行免费义务教育的各项政策，大力推进职业教育发展，完善助学政策，重点加强对中等职业学校和高等院校家庭经济困难学生的资助力度。积极推进医药卫生体制改革，加快基本医疗保障制度建设，健全基层医疗卫生服务体系，推进公立医院改革试点，探索医药分开、营利性和非营利性分开的有效形式。四是大力发展文化事业。进一步完善公共文化服务体系，大力推进文化惠民工程，加强基层文化、体育设施建设，丰富群众文化生活。五是切实维护社会和谐稳定。要妥善处理人民内部矛盾，下大气力解决群众反映强烈的突出问题，坚决纠正各种损害群众利益的行为，切实把影响社会稳定的问题解决在基层、解决在萌芽状态。重视食品药品质量安全，加强安全生产监管，坚决防止和遏制重特大事故发生。加强社会治安综合治理，深入推进平安湖北建设，严厉打击各种违法犯罪行为，增强人民群众的安全感。

当前，湖北正处于发展的关键时期，面临的挑战和机遇都前所未有。我们要紧密团结在以胡锦涛同志为总书记的党中央周围，以邓小平理论和“三个代表”重要思想为指导，深入贯彻落实科学发展观，振奋精神、迎难而上，努力促进经济平稳较快发展，坚定不移地完成今年经济社会发展目标任务，以优异的成绩迎接新中国成立60周年！

（作者：中共湖北省委书记）

围绕更好服务科学发展 创造性地抓好试点工作

中共中央组织部

作为深入学习实践科学发展观活动试点单位，中组部部务会把先行试点作为服务全党中心工作的一项重大任务和推进组织工作创新发展的难得机遇，以高度的政治责任感、改革创新的精神、求真务实的作风扎实抓好这项工作。在中央学习实践活动试点工作领导小组及办公室的精心指导下，全部上下紧紧围绕组织工作更好地服务科学发展，坚持更高标准、更严要求，较好地完成了试点工作各阶段各环节的任务。近日，我部召开了学习实践活动总结大会，对活动情况进行了总结，对巩固和发展活动成果作了部署。同时，在部机关全体党员干部和省区市党委组织部长、中央和国家机关人事司(局)长范围内进行了满意度测评，对活动总体评价选择“满意”和“比较满意”的占98.9%。总结我部学习实践活动情况，主要做法和特点如下。

一、突出领导班子和领导干部这个重点，做到领导带头、作出表率

李源潮同志作为第一责任人，对搞好部机关试点工作高度重视，提出明确要求，并亲自主持研究活动方案，带头参加学习研讨、开展调查研究，分四次召开座谈会听取部机关全体局级干部对分析检查报告的意见，起到了重要的示范和指导作用。活动期间，部、局领导班子和领导干部带头学习研讨，带头深入调研，带头解放思想，带头查找问题和进行整改，为党员干部作出了表率。部务会成员分别带队赴20多个省区市，66个中央和国家机关、中管企业和高校开展大调查，共召开各类调研座谈会360多个，参加人员达4000多人次；个别访谈中央国家机关和各省区市领导同志、组织部门负责同志和各方面代表人士440多人。

二、突出发扬民主、走群众路线，坚持做到党员干部全员全过程参与

在部内，组织全体党员干部参加了科学发展观学习轮训，听取了七场专题辅导和先进事迹报告，全员参与评议部务会分析检查报告和制定落实整改方案，在全体党员干部中开展问卷调查和满意度测评等。在部外，坚持开门搞活动，发函征求了269个单位和117名党的十七大代表、全国人大代表、全国政协委员的意见建议，部务会分析检查报告分送各地各部门主要负责同志和组织人事部门负责同志、民主党派有关负责同志以及部分“两代表、一委员”共700多人听取意见。

三、突出解放思想、改革创新，进一步更新观念、开阔思路

针对调研和征求意见中反映的组织部门和

组工干部“思想观念不够解放、改革创新意识不强”这一突出问题，在全部上下深入开展解放思想讨论，在局、处研讨的基础上，部机关召开了三次解放思想主题研讨会，紧密联系工作实际，充分解放思想，深入研讨问题。通过解放思想讨论，部机关党员干部开阔了眼界、开阔了思路、开阔了胸襟，认识到组织部门围绕服务科学发展解放思想，就要有更强的全局眼光，更强的服务意识，更强的群众观念，更强的改革创新理念和更强的辩证思维，并切实体现到了工作中、落实到行动上。

四、突出部门特点和实践特色，紧扣组织工作服务科学发展这一主题

一是深化对组织工作服务科学发展的认识。通过深入学习党的十七大精神和科学发展观，部机关党员干部受到了一次深刻的中国特色社会主义理论体系的教育，在服务科学发展是新形势下组织工作的根本任务，改革创新是提高组织工作服务科学发展水平的根本动力，党和人民满意是检验组织工作服务科学发展成效的根本标准等重大问题上，统一了思想，形成了共识。二是深入分析检查在服务科学发展方面存在的突出问题。在深入开展调查研究、广泛征求各方面意见的基础上，对征求到的3500多条意见建议进行认真梳理，从改革创新的思想观念、知人善任等能力素质、组织工作的体制机制、服务基层的工作作风、从严治党的战斗性等方面查找了不适应不符合科学发展观要求的突出问题，并充分体现到分析检查报告和整改落实方案中。三是坚持边开展活动边推动服务科学发展的实践。我们注意把学习实践活动取得的成效及时转化到贯彻落实党的十七大及全国组织工作会议精神上来，转化到为服务科学发展选干部、配班子、建队伍、聚人才、抓基层、打基础上来，组织工作各项任务顺利推进。在部机关和全国组织系统部署开展了“讲党性、重品行、作表率”活动，目前正在扎实推进并取得初步成效。

四川汶川发生特大地震后，我部按照中央的部署，快速反应，迅速行动，先后九次发出通知，召开全国组织系统抗震救灾工作座谈会，动员各级党组织和广大党员、干部全力以赴投入抗震救灾斗争。采取有力措施加强一线领导力量，在抗灾一线考察干部、发展党员；尊重并鼓励党员以自愿交纳“特殊党费”方式支持抗震救灾；及时派出专门工作小组，赴灾区做好有关工作。李源潮同志和有关部领导多次深入灾区慰问党员干部群众，了解灾情，指导灾区组织部门发挥作用。部机关在第一时间组织党员干部捐款，带头交纳“特殊党费”等。支援和服务抗震救灾的实践拓宽和丰富了组织工作为党和国家大局服务的思路和内涵，学习实践活动的成效也从中得到了生动体现。

五、突出解决问题和完善机制，扎实抓好整改工作

在活动过程中，我们坚持边查边改、立说立行，重点围绕形成服务科学发展的用人导向和制度机制，旗帜鲜明地提出了不让老实人吃亏、不让投机钻营者得利，集中力量研究制定了《关于建立促进科学发展的干部考核评价机制的意见》及三个配套办法，会同中央纪委联合印发了《关于深入整治用人上不正之风进一步提高选人用人公信度的意见》，对在全国范围内开展组织工作满意度民意调查进行了部署，等等。围绕建设“模范部门”和“过硬队伍”，制定印发了《中央组织部工作人员行为规范》，各局、处也都制定了落实“三服务、两满意”的工作要求和行为规范；研究提出《组工干部“十严禁”纪律要求》，将适时向社会公布，接受社会监督；大力推进部机关干部人事制度改革，首次面向部外公开选拔了6名同志到部机关担任局长、副局长，并在部内开展了部分副局长、处长职位竞争上岗工作等。

通过这次学习实践活动，部领导班子和部机关党员干部服务科学发展的自觉性和责任感进一步增强，形成了服务科学发展的新认识、新

思路，深入查找了组织工作不适应不符合科学发展观要求的突出问题，推动了组织工作服务科学发展的机制创新，部机关各项工作取得了新的进展，自身建设得到了新的加强。同时，作为学习实践活动试点工作具体组织者、指导者之一，活动期间积极探索和认真回答试点工作要研究解决的主要问题，取得了指导全党开展学习实践活动的直接经验。当然，我们也清醒地认识到，学习实践活动取得的这些成果都还只是初步的，有待进一步巩固和深化。

回顾5个月来的学习实践活动，我们体会到，要使这项工作取得实效，必须始终以对全党高度负责的态度切实加强对试点工作的组织领导；必须始终以勇于创新的精神推动学习实践活动扎实开展；必须始终以巨大的诚意分析和查找突出问题；必须始终以求真务实的作风抓好整改落实。

下一步，我们将按照中央的精神和要求，巩固和发展学习实践活动取得的成果，更加自觉地学习实践科学发展观，继续深化“讲党性、重品性、作表率”活动，更好地为党和国家工作大局服务，为党员、干部和各类人才服务，为人民群众服务，力争达到让全党满意，让人民满意。

解放思想　改革创新　探索规律

中共江苏省委

今年4月以来，在中央试点工作领导小组的精心指导下，我省把学习实践活动试点作为江苏在新的历史起点上实现科学发展的内在需要和难得机遇，紧扣“推动科学发展、建设美好江苏”鲜明主题，学习突出解放思想，实践突出改革创新，试点突出总结规律，顺利完成了中央交给我省的各项试点工作任务，较好地实现了“党员干部受教育、科学发展上水平、人民群众得实惠”的目标要求。

一、深入解放思想，增强贯彻落实科学发展观的自觉性坚定性，形成了一批重要认识成果

江苏作为东部沿海发展比较快的省份，在全国较早地进入了经济社会转型的关键发展阶段，较早地遇到一系列新情况新问题新矛盾，迫切需要以解放思想为先导，率先贯彻落实科学发展观，努力在科学发展道路上走在前列、作出贡献。我省坚持把解放思想作为学习实践活动的重要任务来抓，广泛开展“深入解放思想、推动科学发展”大讨论，组织各类讨论活动1100多次，参加人数10多万人次，引导党员干部对照中央要求解放思想、对照百姓期待解放思想、对照先进典型解放思想，清醒认识存在的差距和不足，不为过去的成绩而自满；清醒认识面临的挑战和难题，不为既有的经验所束缚；清醒认识发展阶段的变化和特征，不为传统的模式所局限；清醒认识江苏在世界发展大格局中的方位和水平，不为目前的小富而停滞，不断开阔眼界、开阔思路、开阔胸襟，努力做到敢想敢干、会干实干。通过试点活动的开展，全省干部群众在思想上形成强烈共识：在新的历史起点上谋划新的发展，必须大力弘扬创业创新创优的新时期江苏精神，切实增强大局意识、责任意识、忧患意识，把好字优先、又好又快作为科学发展的鲜明导向，把转变经济发展方式作为经济工作的重中之重，把增强自主创新能力作为实现跨越发展的核心环节，把节能减排作为可持续

发展的倒逼机制，把加快苏北振兴作为统筹区域发展的战略任务，把改善民生作为社会建设的头等大事，努力在科学发展的道路上迈出更加坚实的步伐。

二、坚持改革创新，着力创建有利于科学发展的体制机制，形成了一批重要制度成果

围绕找准和破解制约科学发展的深层次矛盾，省委省政府确定了转变经济发展方式等六个重点调研课题，由省委常委牵头、有关部门参加，先后召开上百次座谈会，深入总结基层一线的生动实践，注重研究资源禀赋相似国家、地区发展转型升级的经验教训，形成了6个总报告和80多个子报告。在此基础上，集中出台了加快转变经济发展方式、建立科学发展评价考核体系、建立促进科学发展的干部考核评价机制、调整分税制财政管理体制、加强节能减排促进可持续发展、切实加强民生保障工作、组织实施脱贫攻坚工程等7个指导性政策性文件，重点建立、完善和创新科学发展评价考核、干部考核评价、财税分配、产业发展、城乡规划、区域协调互动发展、土地供给、节能环保、科技创新、民生保障等10项机制。省级机关各单位在形成940多篇调研报告的基础上，废止不合时宜的政策文件269个，修订和新出台文件614个，正在抓紧研究制定的文件826个。这些文件，紧扣科学发展要求，功能指向明确，可操作性强，从工作导向、利益导向、考核导向等方面构成了严密的激励、约束、倒逼机制，为促进江苏科学发展提供了有效的制度保障。

三、突出边学边改，集中解决影响科学发展的突出问题，形成了一批重要实践成果

我省坚持以解决问题为核心，抓住学习实践活动领导重视、组织有力、上下联动等有利条件，对查找出的问题，凡具备条件改的立即改，需要创造条件改的限期改，涉及多个部门的整合力量改。针对经济发展中存在的问题，积极着手完善区域性产业发展规划，制定实施扶农稳粮10项政策，着力发展农民专业合作组织，加大南北挂钩共建苏北开发区力度。针对群众反映强烈的切身利益问题，省委省政府围绕促进城乡经济社会发展一体化、全面提高城乡困难群体生活水平、推进文化惠民工程等，着力办好解决城市低收入家庭住房困难、提高农村养老和农民医疗保障水平、免费开放174家公共文化设施等10件实事。针对自身建设方面存在的问题，结合开展“讲党性、重品行、作表率”活动，制定“关于进一步改进领导方法和领导作风的若干意见”，把转变作风、提高效率摆上重要议程，积极推行一站式服务和行政问责制、服务承诺制、限时办结制，在加强党的执政能力建设和作风建设上取得明显进步。

四、坚持群众路线，凝聚科学发展合力，形成了一批组织成果

我省坚持把发扬党内民主与发扬人民民主结合起来，把依靠群众与教育引导群众结合起来，倾听民声、了解民意、集中民智，使开展活动的过程成为推进党建工作创新的过程，成为向群众学习、让群众满意的过程，成为宣传发动群众、凝聚党心民心的过程。一是全过程吸收群众参与。动员大会请群众列席，查找问题听群众意见，分析检查让群众评议，整改落实向群众承诺，活动成效由群众评判。省委特邀203名省级以上党代表、人大代表、政协委员全过程参加活动，成为干部群众信得过的学习实践活动宣传员、调研员、监督员。二是大范围组织群众参与。不仅有本单位本系统普通群众，还包括基层群众和服务对象、两会代表、政协委员、民主党派、专家学者等。三是多渠道扩大群众参与。采取五种方式广泛征求意见：省领导深入基层直接听取意见，派出4个调查组深入了解社情民意，书面征询特邀代表意见，委托省统计局和江苏调查总队开展万人民意调查，在5家

省级重点新闻网站开设“我为江苏科学发展建言献策”专栏。活动中全省直接参与征求意见的干部群众达10万多人，收集整理意见建议2.2万多条，仅中国江苏网专题页面浏览量就达50多万人次。一些网民说，这次学习实践活动不仅让我们知道了领导机关在想什么、干什么，更让我们感受到党和政府推动科学发展的决心、为民办事的诚心。

抓好思想武装 找准和解决突出问题

中共天津市委

开展深入学习实践科学发展观活动以来，天津市委以此作为统一思想、乘势而上、推动科学发展和谐发展率先发展的重大契机，重在武装思想，重在解决问题，重在取得实效，领导干部带头调研，带头宣讲，带头整改，着力破解影响和制约科学发展的难题，努力开创工作新局面。

一、深入开展解放思想、干事创业、科学发展大讨论，为搞好学习实践活动奠定坚实思想基础

市委领导班子以解放思想、更新观念为先导，着力增强各级领导干部的机遇意识、创新意识和实干意识。在中央开展深入学习实践科学发展观活动试点工作期间，市委从3月份开始，在全市开展“解放思想、干事创业、科学发展”大讨论活动，发动广大党员干部群众查找和解决思想观念、体制机制、精神状态、工作作风、领导水平以及经济工作、城市建设、民生等方面存在的突出问题。市委先后组织部委办、区县局主要负责同志到10个省市学习考察，举办了市委理论学习中心组读书会暨贯彻落实科学发展观现场推动会，18个区县互看互比互学，努力做到结合实际创造性地开展工作，全市上下形成了比学先进、创新发展的浓厚氛围。在学习实践活动开展之前，市委领导同志分别深入农村、学校、企业、社区、工地调查研究，广泛听取意见，深入了解和掌握影响科学发展的突出问题、群众反映强烈的主要问题，更好地完善发展思路和发展举措。这些都为天津高标准、高质量地搞好学习实践活动奠定了坚实基础。

二、深入查找存在的突出问题，为全市扎实开展学习实践活动确定鲜明导向

市委认为，开展学习实践活动重在解决问题，而解决问题的前提是要敢于正视问题，勇于自揭短板。根据中央领导同志对天津工作提出的新要求，针对中央有关部门对天津提出的问题和建议，结合调研中广大干部群众提出的意见，市委进行了认真的归纳梳理。张高丽同志在全市深入学习实践科学发展观活动动员大会上，明确提出要下力气研究解决思想解放不够、创新意识不强，结构性矛盾比较突出，滨海新区开发开放的步伐需要进一步加快，滨海新区、中心城区和各郊区县三个层面联动协调发展的力度不够大，体制性障碍依然存在，人民生活水平不够高，维护社会稳定的任务十分艰巨，城市规划建设管理水平需要全面提升，领导班子和干部队伍建设需要进一步加强，党风廉政建设和反腐败斗争需要深入开展等方面的问题。对此，全市党员干部群众反响强烈，认为市委对学习实践活动抓得紧、抓得实，动真格的，体现了

把解决问题贯穿始终的鲜明态度。全市第一批开展学习实践活动的单位都把查找和解决问题作为重中之重，在查找和解决问题中深化思想认识、提高发展水平，切实增强了学习实践活动的针对性和实效性。

三、深入搞好调查研究，努力在破解发展难题上取得新进展

为解决好查摆出来的问题，市委着力在搞好调研上下功夫，确定调研题目，明确责任分工，并以此作为撰写分析检查报告、制定整改措施的重要依据。市委常委会和市委学习实践活动领导小组分别召开了两次会议，就调研题目进行反复研究论证，最终确定了45个课题。市委主要负责同志带头承担了进一步研究完善天津发展的奋斗目标和工作思路、加强市委常委会建设和提高执政水平的意见、制定富有生机和活力的滨海新区管理体制改革方案等三个重点课题。各位市委常委和副市长也都根据工作分工，分别承担了1至3个重点课题。市委强调，调查研究要坚持五个结合，即解决思想问题与解决实际问题相结合、解决个性问题与解决共性问题相结合、解决突出问题与创新体制机制相结合、维护群众利益与广泛发动群众相结合、深化认识与推动工作相结合，不断取得实实在在的效果。

四、深入贯彻落实科学发展观，保持经济社会又好又快发展

市级领导同志分别确定了开展学习实践活动联系点，并深入下去宣讲科学发展观，作专题学习报告，与基层党员干部群众座谈，指导和推动重点工作。特别是在经济发展面临严峻挑战的情况下，市委强调，要更加自觉、更加坚定地坚持科学发展，加快转变经济发展方式，着力构筑高端化高质化高新化的产业结构，统筹滨海新区龙头带动、中心城区全面提升、各区县加快发展三个层面联动协调发展，增强自主创新能力，搞好节能减排，保护生态环境，做到两手抓、两不误、两促进。一是加快滨海新区开发开放，大力推进综合配套改革，进一步完善产业布局规划，加快产业功能区建设，加强基础设施建设和环境综合整治，不断增强综合实力、创新能力、服务能力和国际竞争力。二是引进和实施了一大批高水平大项目好项目，中新生态城、空客A320系列飞机总装、新一代运载火箭、千万吨炼油、百万吨乙烯、300万吨造船、钢管板材、集成电路芯片、渤海化工园一期、高档轿车扩能改造、三星移动通信产品扩能改造、曙光超百万亿次高性能计算机服务器以及风能、太阳能、锂离子新型能源等项目开工建设或投产，形成了新的经济增长点。三是全面扩大开放，与国务院国资委共同举办了由61家中央企业参加的恳谈交流会，共谋合作发展大计，加强了与国家各部委、大院所、国内外大企业的战略合作，进一步提高了天津的开放度，增强了吸引力和竞争力。四是切实改善民生，实施了两个20项民心工程，千方百计扩大就业，制定了18项增加群众收入措施，加快保障性住房建设，强化安全生产和食品药品质量监督，推进平安天津建设，维护群众的切身利益。1至9月，全市生产总值完成4623.93亿元，增长16.4%；全市财政收入1122.29亿元，增长28.6%，其中地方财政收入500.04亿元，增长27.3%；社会消费品零售总额1483.92亿元，增长24.9%；全社会固定资产投资2397.34亿元，增长40.2%；实际直接利用外资54.2亿美元，增长53.1%；万元生产总值，能耗降幅连续两年居全国前列，今年上半年又下降4.57%，二氧化硫排放量下降0.29%，化学需氧量排放下降0.82%，主要经济指标创1992年以来历史同期最好水平。今年前9个月，全市新增就业30.9万人，同比增加6.7万人，其中安置下岗失业人员7.5万人。全年可为13万户中低收入家庭提供住房保障。城市居民人均可支配收入和农村居民人均现金分别增长14.9%和11.9%。

着力破解难题　推动科学发展

国土资源部

今年3月至8月，国土资源部党组把深入学习实践科学发展观试点工作作为重大的政治任务，作为推动国土资源管理改革发展、统筹资源保障与保护的重要契机，积极探索，扎实推进，力求做到“规定动作不走样、自选动作有创新”，广大党员干部思想观念有了新转变，工作作风有了新改进，执行能力有了新提高，制度建设有了新成果，管理工作有了新进展，较好地完成了试点工作各项任务。

一、精心设计方案，作出专门考虑，努力增强学习实践活动的针对性和实效性

我们遵循党内集中教育活动的特点和规律，深入领会中央精神，认真梳理突出问题，先后召开8次党组(扩大)会议反复研讨，几易其稿，精心设计试点工作方案，着力在提高活动的针对性和实效性上下功夫。一是力求形式新。注重学习与推进工作结合，注重平台设计和形式创新，注重广泛参与和互动交流。二是力求安排细。每个阶段都有阶段要求、阶段安排和阶段成果，环环相扣、滚动推进，便于落实、督查和验收。三是力求成果实。力求取得中央关心的、群众期盼的、我们能做的、基层和群众也能得到实惠的成果。四是力求特色显。紧紧抓住机关和部门的特点，明确“一条主线、四个贯穿”的要求，即以构建国土资源保障和促进科学发展新机制为主线，把“解放思想、改革创新”和“改进作风、增强执行力”两个学习大讨论贯穿始终，把查摆和解决问题贯穿始终，把深入调研和推动实践贯穿始终，把发挥党员领导干部的表率作用贯穿始终。

二、深入学习研讨，推进观念转变，着力提高贯彻落实科学发展观的自觉性和坚定性

我们针对部分单位、部分同志缺乏强烈的忧患意识和危机感，“安于现状不想改、畏首畏尾不敢改、视野狭窄不会改”的问题，一是开展学习培训。组织党员干部认真学习“两个读本”、县以上领导干部学习篇目所列的重要文献，认真学习中央领导同志的讲话精神，结合部门实际编印学习资料，邀请中央党校专家、地方党委领导、系统基层同志作辅导报告。二是开展“解放思想、改革创新”学习大讨论。深入查找思想观念上影响和制约科学发展的突出问题，认真剖析深层次原因，提出对策建议。部党组成员、司局级干部人人撰写学习心得，在部局域网上交流。三是开展分析检查。部党组和各司局、各单位领导班子认真召开专题民主生活会，开展批评和自我批评。先后召开10次党组会研究撰写分析检查报告。通过学习讨论，广大党员干部对科学发展观的理解逐步深化，忧患意识和危机感明显增强，解放思想、开拓创新的意识不断得到强化，形成了“勇于革思想的命，勇于削手中的权，勇于去部门的利”的共识，贯彻落实科学发展观的自觉性和坚定性明显增强。

三、着力破解难题，推动科学发展，充分发挥国土资源对经济社会发展的保障和促进作用

我们针对资源保障与保护统筹不够的问题，一是开门试点，咨询问策。通过请进来、走

出去、下基层等多种方式，召开8个座谈会，发放1000多份调查问卷，开设4个媒体专栏，收集到3470多条意见，并向前再迈一步，与提出重要意见的部门和地方政府共同研究解决问题的对策措施。二是深入调研，破解难题。由部党组成员带队，带着具体问题、解决问题的初步思路和政策措施的雏形，带着信访案件和违规违法案件，深入到23个省区市的101个地市、60个县市、107个乡村、35个地勘单位和矿山企业实地调研，督办了一批典型案件，形成了22份调研报告。三是主动参与综合改革试验区改革。超前部署、及时跟进，与湖南、四川等地政府分别签署了共建备忘录，共同探索推进国土资源管理的创新和改革。四是深入推进全国县(市)、乡(镇)、村级干部国土资源法律知识宣传教育培训活动。四川汶川大地震发生后，我部迅速行动，发挥技术优势，开展地质灾害应急排查、遥感影像航拍和解译、灾后重建规划等工作，出台灾后恢复重建的8项特殊支持政策，以实际行动践行科学发展观。通过学习实践，边学边改、边查边改，总结、探索、推动实践，在规划统筹和宏观调控、资源审批和执法监管、耕地保护和土地整理、地质找矿和矿政管理等方面，研究制定了一系列具体政策措施，统筹资源保障与保护的手段不断丰富，作用日益显现。

四、深刻反思总结，切实改进作风，大力提升贯彻落实科学发展观的执行力

我们针对部机关和直属单位存在的工作标准不够高、要求不够严、节奏不够快、行政执行力不够强的问题，一是深入开展“改进作风，增强执行力”学习大讨论，组织全体党员深刻检查在工作作风和执行力方面存在的突出问题，从党性、党风、党纪三个方面查找原因，研究改进措施。二是改进工作方式。注重谋全局、想大事，抓落实、求实效，抓薄弱环节，力求以科学方式促进科学发展。开展机关公文返修率考评，大力提高公文质量。改进办班、办会方式，利用视频系统开展培训、召开会议，大大降低了行政成本。安排机关干部轮流接待群众来访，了解民意民情，解决民生问题。三是健全规章制度。制定《国土资源部党组关于解放思想改革创新改进作风增强执行力的决定》，完善干部的考核、任用、巡视和监督制度，形成鼓励勤于学习思考、勇于开拓创新、善于真抓实干的导向。通过学习教育，工作作风有了明显的改进，坚持高标准、严要求、快节奏的共识增强，工作责任心和主动性得到加强，与时俱进的思想观念、昂扬向上的精神状态、雷厉风行的工作作风逐步形成，贯彻落实科学发展观的执行力明显提升，工作质量和效率不断提高。

五、推进顶层设计，完善政策制度，加快构建国土资源保障和促进科学发展的新机制

我们针对国土资源管理工作存在的站位不高、制度滞后的问题，一是落实整改责任。形成整改落实“路线图”，逐项明确了负责的部领导、责任司局、完成时间和成果要求，狠抓落实。二是完善政策制度。抓紧制定或与相关部门、地方政府联合制定规范性文件，推进国土资源管理重要政策制度的立、改、废。对涉及国家重大管理制度的改革调整，积极向中央和有关部门提出建议。三是推进顶层设计，加强重大问题研究。在战略、规划、改革和制度四个方面，为国土资源事业定向、定位、定思路。组织力量开展国土资源管理重大问题的滚动研究，启动了28项支撑顶层设计的软科学研究项目，提出了构建保障和促进科学发展新机制的框架。通过学习实践活动，形成了国土资源管理的顶层设计和新机制的总体框架，围绕四个机制，针对监管和服务中的疑难问题，完成了近40份规范性文件的立、改、废，推进了国土资源管理职能和工作方式的转变，提高了国土资源管理水平。

抓改革创新　促科学发展

中共财政部党组

改革开放30年来，在党中央、国务院的领导下，广大财政干部职工以邓小平理论和“三个代表”重要思想为指导，认真贯彻落实科学发展观，紧紧围绕党在不同时期的战略部署和重大决策，积极适应社会主义市场经济发展要求，扎实推进财政改革与发展，取得了显著成绩。

财政收入规模逐步扩大，国家财政实力明显增强。在经济发展的基础上，通过持续推进财税改革，建立和完善财政收入稳定增长机制，依法加强税收征管，全国财政收入规模不断跨上新台阶。1978—2007年，全国财政收入从1132亿元，增加到51322亿元，增长了44倍，年均增长14.1%。全国财政收入从1950年的62亿元到1978年的1132亿元，突破1千亿元大关历时28年；再到1999年的11444亿元，突破1万亿元大关历时21年；而从1万亿元到5万亿元，历时仅8年。2007年一周的财政收入约1000亿元，接近于1978年全年的财政收入。国家财政整体实力不断壮大，增强了综合国力，为贯彻落实党中央、国务院的重大决策部署，维护改革发展稳定大局，全面建设小康社会，奠定了坚实的物质基础。

财政宏观调控体系不断健全，促进了经济又好又快发展。财政宏观调控方式随着市场化进程不断探索创新。特别是党的十四大确立了建立社会主义市场经济体制的改革目标后，财政宏观调控方式相应改革的步伐加快，根据宏观经济形势的发展变化，综合运用预算、税收、国债、贴息、转移支付等多种政策工具进行调控，促进了经济又好又快发展。1993年，为抑制通货膨胀，对当时的经济过热现象进行治理整顿，实施了适度从紧的财政政策，1996年国民经济成功实现了“软着陆”，形成了“高增长、低通胀”的良好局面。1998年，为应对亚洲金融危机带来的外需不振及国内通货紧缩、内需不足等问题，果断实施了扩张性的积极财政政策，促进了经济增长和结构优化升级。2005年，针对部分地区和行业投资增长过快、农业等薄弱环节亟待加强等问题，实施了以“控制赤字、调整结构、推进改革、增收节支”为主要内容的稳健财政政策，并加强与货币、产业政策等的协调配合，使我国经济运行总体呈现出增长较快、结构优化、效益提高、民生改善的良好态势。2008年10月份后，为应对世界金融危机，实施了积极的财政政策，适当减免税收，多次提高出口退税率，增加中央政府公共投资重点支出，对促进经济平稳较快增长发挥了重要的作用。财政宏观调控实现了由被动调控向主动调控、由直接调控向间接调控、由单一手段调控向运用组合工具调控的三大转变。这些转变标志着我国社会主义市场经济条件下的财政宏观调控体系基本建立。

财政支出结构调整优化，促进了经济社会协调发展。国家财政加大了对农业、科技、教育等领域的投入，集中资金保证国家重点建设，加强基础设施和基础产业，为经济发展奠定了坚实的基础。特别是党的十四大以来，随着政府职能转变和市场在资源配置中基础性作用的增强，适应社会主义市场经济发展和公共财政要求，财政保障逐步退出对一般性、竞争性经营领域的投入，着重保障政府履行经济调节、市场监管、社会管理和公共服务等职能。重点加大对“三农”、教育、社会保障和就业、医疗卫生、环境保护等薄弱环节的支持力度。特别是党的十六大以来，财政部门按照科学发展观要求，坚持以人为本，进一步优化支出结构，持续加大对公共服务领域的投入，向社会主义新农村建设倾斜，向社会事业发展的薄弱环节倾斜，向困难地区、基层和群众倾斜，着力建立保障和改善民生的长效机制。2003—2007年，中央财政用于“三农”的资金投入累计达到1.6万亿元，年均增长17.8%，地方各级财政也相应加大了投入，加强农村基础设施建设，改善农村生产生活条件，促进了粮食增产和农民增收；全国财政对教育、社会保障和就业、医疗卫生、文化体育与传媒的支出累计分别达到2.43万亿元、1.95万亿元、6311亿元和3111亿元，分别年均增长18.6%、14.9%、24.4%和16.5%，比上一个五年分别增长1.26倍、1.41倍、1.27倍和1.3倍。2007年，全国财政对教育、科学技术、社会保障和就业、医疗卫生、文化体育与传媒、环境保护的支出合计达到1.82万亿元，占当年全国财政总支出的36.6%。农村免费义务教育全面实现，普通本科高校、高等和中等职业学校家庭经济困难学生资助政策全面落实，新型农村合作医疗制度全面推行，城乡最低生活保障制度全面实施，廉租住房保障制度基本建立等，有力地支持了社会事业发展和民生问题的解决，促进了经济社会协调发展与和谐社会建设。

财税制度改革成效显著，初步建立起公共财政体制。财税制度改革不断深化。特别是为适应社会主义市场经济发展的需要，1994年，作为整个经济体制改革的重要组成部分和突破口，实施了分税制财政管理体制和工商税制改革，搭建起中央和地方财政分配关系框架，建立了以流转税和所得税为主体、其他税种相配合的税收制度体系。在此基础上，近年来通过实施所得税收入分享改革、出口退税分担机制改革、缓解县乡财政困难的“三奖一补”激励约束机制和建立转移支付制度等，不断完善了分税制财政管理体制，取得显著成效。财政收入稳定增长机制初步形成，国家财政实力显著增强。1993—2007年，全国财政收入由4349亿元增加到51322亿元，增长了10.8倍，年均增速高达19.3%；全国财政收入占国内生产总值的比重则由12.3%提高到20.6%。1994—2007年，中央财政收入年均增长18.9%，地方财政收入年均增长19.6%，实现了“双赢”。中央调控能力增强，促进了地区协调发展。1993—2007年，中央本级收入占全国财政收入的比重由22%提高到54.1%，但中央本级支出占全国财政支出的比重由29.7%下降到23%，中央财政因改革集中的收入绝大部分用于对地方主要是中西部地区的转移支付，中央对地方财政转移支付快速增长，为中央均衡地区间财力差异提供了保障。1994—2007年，中央对地方财政转移支付总额由550亿元增加到14017亿元，增长了24.5倍，地方本级支出来源于中央财政转移支付的比例由13.6%上升到36.6%，其中，中部地区由15.8%上升到50.8%，西部地区由21.6%上升到56.8%。分税制财政管理体制改革是我国建国以来政府间财政关系方面涉及范围最广、调整力度最强、影响最为深远的重大制度创新，较好地处理了国家与企业、个人的分配关系，规范了中央与地方的分配关系，充分调动了各方面的积极性，均衡了财力分配，初步建立起适应社会主义市场经济发展要求的公共财政体制。同时，税制改革稳步推进。按照“简税制、宽税基、低税率、严征管”的原则，不断完善税收制度体系，及时调整了个人所得税和消费税，统一内外资企业所得税制度，开展增值税转型改革试点等，强化了税收调节经济和收入分配的职能作用。预算管理制度改革全面推进。政府收支分类改革顺利实施。部门预算、国库集中收付、政府采购、“收支两条线”等预算管理制度改革深入开展。国有资本经营预算制度开始试点。财政支出绩效评价试点进展顺利。财政超收收入使用办法进一步完善。农村税费改革不断深化。农业税、牧业税和农业特产税全面取消，与农村税费改革前的1999年相比，农民共减轻税费负担约1335亿元，年人均减负140多元。收入分配制度改革稳步实施。

特别是建立了国家统一的职务与级别相结合的公务员工资制度，以及比较规范的津贴补贴发放制度和监督制约机制，规范了收入分配秩序。

财政科学管理水平不断提高，财政运行日趋规范。财政部门按照依法行政、依法理财的要求，积极推进财政科学化、精细化管理，努力提高财政管理效能。财政法制逐步健全，《预算法》、《注册会计师法》、《企业所得税法》、《财政违法行为处罚处分条例》等多部财政法律、行政法规相继颁布；《企业财务通则》、《行政单位财务规则》、《事业单位财务规则》等一大批财政规章公布执行。财政行政审批制度改革和财政法制宣传教育有序推进，广大财政干部法律素质和依法行政意识明显增强，财政行政执法、执法监督水平明显提高。预算管理不断规范，预算编制和执行管理加强。预算编制与执行互动机制基本建立，预算执行动态监控体系不断完善。国债余额管理和国库现金管理稳步推行，支出标准体系、行政事业单位国有资产管理等各项基础管理工作持续强化。会计、审计制度等基础建设加强，以《会计法》出台及 1993 年、1999 年两次修订为标志，财务会计制度建设取得重大进展。近年来，通过组织实施会计准则国际等效工程和会计领军人才培养工程等，建立与经济社会发展进程相适应、与国际标准趋同的会计、审计两大准则体系，进一步完善了适应市场经济要求的财务会计制度体系。财政监督机制逐步完善，逐步改变了以“税收、财务、物价”大检查等为重要手段的监督管理方式，初步建立了实时监控、综合核查、整改反馈、跟踪问效的财政监督机制；坚持事前审核、事中监控、事后检查相结合，加大对重大财政政策执行和涉及民生资金的监督力度，严肃查处各类财政违法行为；自觉接受人大、审计及社会各方面监督。财政管理信息化建设稳步推进，成功开发并应用了预算管理系统、国库集中支付管理系统等业务系统，建立了预算编制、集中支付、行政事业单位资产管理和工资发放等基础数据库，形成了覆盖财政资金运行的总体框架。这些措施逐步将公平、公正、公开、规范、透明、效益等公共管理原则，贯穿于财政运行的全过程。

财经对外交流与合作深入发展，国际地位和影响力不断提升。财政部门顺应我国对外开放的新形势，积极开展对外财经交流与合作。通过中美战略经济对话、中欧财金对话、中俄及中日财长对话等双边财经对话与合作机制，发展我国与世界主要国家和经济体的财金合作。利用东盟＋中日韩财长会议、大湄公河次区域经济合作等机制，推动区域务实合作，促进我国与周边国家的经济融合。参与西方七国（G7）财政及央行部长级非正式对话、四国集团财长会（G4）、二十国集团（G20）财长和央行行长会议、亚太地区经济合作组织财长会、亚欧财长会等多边机制和论坛，加强国际经济政策协调，有效维护国家利益。切实加强与国际金融组织、外国政府有关机构的合作。截至 2007 年底，我国利用世界银行等国际金融组织贷款和外国政府贷款累计签约额 1223.27 亿美元，累计提款额为 1079.26 亿美元，还累计获得国际金融组织赠款 28 亿多美元。利用上述贷款、赠款支持建设项目达 2848 个。对外财经交流与合作的广度与深度进一步拓展，服务了国内经济建设和社会发展。

总体来看，改革开放 30 年，是我国财政实力不断壮大、财政支出结构不断优化、财政宏观调控不断改善、公共财政体系不断健全、财政管理水平和干部综合素质不断提升的 30 年。财政改革发展的成绩，从一个方面体现了党的十一届三中全会以来中国特色社会主义事业取得的巨大成就，反映了社会主义制度的蓬勃生机和强大生命力。回顾过去，令人鼓舞；展望未来，任重道远。各级财政部门将更加努力地全面贯彻落实党的十七大精神，认真落实党中央、国务院对财政工作的各项要求，积极发挥财政职能作用，促进科学发展和社会和谐，为全面建设小康社会、开创中国特色社会主义事业新局面作出新的更大贡献。

全面落实科学发展观是一个长期艰巨的进程

白恩培

回顾云南省第七次党代会以来的发展历程，我们鲜明地体会到：科学发展观是指引我们应对挑战、健康发展的强大思想武器。正是因为有了科学发展观的指导，云南才成功地迈出了经济增速止跌、回升、加速三大步，实现了人均生产总值突破万元、财政收入上千亿元、人民生活总体进入小康的历史性跨越，经济社会发展的协调性逐步增强；才下决心解决了一批长期以来想解决而难以解决的教育、就业、社会保障、住房和生态环境保护等关系民生的突出问题，巩固了经济发展、社会进步、文化繁荣、民族团结、边疆安宁的良好局面。可以说，云南的每一点发展进步，都是认真贯彻落实科学发展观的结果。要继续又好又快发展，就必须坚定不移地用科学发展观武装头脑、指导实践、推动工作。实践证明，真正把科学发展观落到实处，我们的事业就顺利发展，人民的生活就持续改善，就能有效解决前进道路上的困难和问题；只把科学发展观挂在嘴上，我们的事业就困难重重，人民就不能得到实惠，我们就什么问题也解决不了。

尽管云南的发展成就令人鼓舞，但离又好又快发展的要求还有相当大的差距。一方面，无论是从综合经济实力看还是从群众生活水平看，云南目前都还处于相对后进的发展阶段，加快发展的任务十分繁重。另一方面，发展不平衡的问题日益突出。从区域看，民族自治地方的面积和人口分别占全省的70.2%和49.7%，但去年经济总量只占全省的38.2%，地方财政收入只占全省的26.6%；从城乡看，城镇居民人均可支配收入与农民人均纯收入的差距，由改革开放初期的180元拉大到去年的8896元；从经济社会看，社会事业滞后于经济发展，特别是在农村和边疆民族地区，由于社会事业欠账较多，已直接影响到全面建设小康社会的进程。生态环境的整体状况也不容乐观，发展的资源环境压力越来越大。我们必须以全局的视野、政治的高度和发展的眼光认识全面落实科学发展观的长期性和艰巨性，努力走出一条符合云南省情的科学发展道路。

始终坚持好中求快，努力提高整体发展水平。云南目前所有的矛盾和困难，归根到底是发展不充分、发展不平衡、发展质量不高。要与全国同步实现全面建设小康社会的奋斗目标，就必须始终把发展作为执政兴国的第一要务，作为富民兴滇的第一大事、总揽全局的第一要求，努力保持又好又快的发展势头。云南有很大的发展潜力和优势，经过近几年的调整，支撑我省发展的内在因素不断增加，我们也积累了在困难中前进、在竞争中发展的经验。只要思路对头，措施得力，云南完全能够发展得更快一些。但发展必须是好字优先。所谓好，就是在发展目的上，充分体现以人为本的要求；在发展内涵上，充分体现全面发展的要求；在发展方略上，充分体现协调发展的要求；在发展道路上，充分体现可持续发展的要求；在发展方法上，充分体现统筹兼顾的要求。要在巩固经济持续快速发展成果的同时，更加重视解决“三农”问题，千方百计增加农民收入，逐步缩小城乡发展差距；更加重视边疆民族贫困地区发展，认真组织实施新一轮“兴边富民”工程，全力打好扶贫攻坚战，实现各族群众共同富裕；更加重视发展科技、教育、文化、卫生、体育等各项社会事业，丰富群众的精神文化生活，提高城乡文明程度；更加重视生态环境保护和资源科学开发，推进产业发展生态化、生态建设产业化，实现可持续发展。

始终坚持加快转变发展方式，努力提高发展的质量和效益。加快转变发展方式，是贯彻落实科学发展观的内在要求。从总体上看，云南占主导地位的依然是传统的发展方式，不仅效益低下，而且资源浪费、生态破坏严重。随着经济快速发展，发展方式粗放的问题更加突出。必须尽快转变发展方式，促进经济增长由主要依靠投资拉动向依靠消费、投资、出口协调拉动转变，由主要依靠第二产业带动向依靠第一、二、三产业协同带动转变，由主要依靠增加物质资源消耗向主要依靠科技进步、劳动者素质提高和管理创新转变。在今后一个较长时期内，我省的固定资产投资必须继续保持一定规模。但我们扩大投资的主旨是要通过优化结构，加大基础设施和基础产业等薄弱环节的建设，积蓄发展后劲。在此基础上，努力改善消费环境，培育消费热点，争取在全国消费拉动的过程中占领更多市场，求得更好发展。产业结构调整是一个随着市场变化而不断推进的过程，要继续坚定不移地加快发展第二产业，巩固提高第一产业，做大做强现代物流、康体休闲、度假旅游、文化产业等新兴服务业，构建具有云南特色和比较优势的现代产业体系，最大限度地降低资源环境承载压力。要把提高自主创新能力放在突出位置，加大科教兴滇战略和人才强省战略的实施力度，加快建立企业为主体、市场为导向、产学研相结合的技术创新体系，提高科技进步对经济增长的贡献率，从根本上解决我省发展能耗高、产业链条短、发展效益低的问题。实现了这“三个转变”，我们就能把近五年来平稳较快发展的良好势头继续保持下去，经济社会将迈上新的台阶，展现出新的发展前景。

始终坚持重视改善民生，保证各族群众共享发展成果。科学发展观的核心是以人为本。以人为本，就是要充分尊重人民群众的主体地位，坚持发展为了人民、发展依靠人民、发展成果由人民共享。就云南而言，就是要坚持把富民放在首位，以富民的目标凝聚人心，以富民的举措鼓舞人心，以富民的实绩安定人心。经济社会发展的各个环节、各项工作，都要充分体现人民的根本利益，使各族群众在科学发展中得到越来越多的实惠。要在经济发展的基础上，把财政支出更多地向公共服务、困难群众、广大农村、贫困地区和基层倾斜，加快建设一批事关民生的发展项目，不断提高各族群众的生活水平。从群众最关心、最直接、最现实的利益问题入手，深入实施“民心工程”建设，下大力气解决好群众在上学、看病、住房、用电、饮水、就业等方面的突出问题，确保百姓安居乐业。加快建设覆盖城乡居民的社会保障体系，重点做好基本养老、基本医疗和最低生活保障工作，逐步把符合条件的贫困人口全部纳入保障范围。同时，继续动员全社会力量，坚决遏制毒品和艾滋病的蔓延，维护全省人民的身心健康。

实现云南经济社会又好又快发展，关键是要不断提高贯彻落实科学发展观的能力和水平，切实把科学发展观转化为谋划发展的正确思路，转化为促进发展的有力举措，转化为领导发展的实际本领。

要着力转变不符合科学发展观的思想观念。云南正在全省组织开展以贯彻落实科学发展观为主题的解放思想大讨论活动，这是关系全省发展全局的重要举措。讨论中，我们强调必须始终坚持解放思想、实事求是、与时俱进的思想路线，兴起新一轮解放思想热潮，以思想解放促进改革的深化、开放的推进、工作的落实、经济的发展、社会的和谐。这一活动得到了全省广大干部群众的热烈响应，他们自觉破除安于现状、不思进取的思想，树立居安思危、奋发图强的观念；破除因循守旧、狭隘封闭的思想，树立改革创新、开放合作的观念；破除惧怕困难、畏首畏尾的思想，树立敢想敢干、敢于负责的观念；破除盲目攀比、急功近利的思想，树立求真务实、真抓实干的观念。在解放思想中开阔发展思路，在更新观念中转变发展方式，在改革开放中统一认识，在锐意创新中转换思维，把大讨论的过程转化为促进当前各项工作、推动经济社会又好又快发展的过程，切实提高领导科学发展的本领。贯彻落实科学发展观，一个重要前提是树立正确的政绩观。一方面，每个领导干部都要自觉地以是否代表广大人民群众的根本利益检验工作业绩，多干打基础、利长远的事，不做急功近利、浪费民力的事。一切工作都要坚持从实际出发，把加快发展的愿望与科学的态度结合起来，既尽力而为又量力而行，使每项工作都经得起实践、群众和历史的检验。另一方面，要建立完善体现科学发展观的干部考核评价体系。既要看当前取得的显绩，又要看对长远发展有利的潜绩，切实把善于领导科学发展、实绩突出、群众公认的优秀干部选拔到重要领导岗位上来。

要着力消除影响和制约科学发展的体制机制障碍。贯彻落实科学发展观，需要良好的体制机制作保障。影响科学发展的体制机制矛盾，归根到底要靠深化改革来解决。哪里的改革抓得好，哪里的发展就生机勃勃、后劲十足。不改革就没有出路，来之不易的发展成果就会毁掉，这是云南多年来的实践得出的一个基本结论。全省上下都要有这个共识，以更大的气魄、更大的决心，努力在行政管理体制改革、投融资体制改革、社会事业改革、国有资产管理和国有企业改革、集体林权制度改革、农村综合配套改革、分配制度改革、干部人事制度改革等重要领域和关键环节改革上闯出一条路子来，形成有利于科学发展的体制机制环境。要围绕转变发展方式和完善社会主义市场经济体制，加快转变政府职能，减少和规范行政审批。各级政府要全面履行经济调节、市场监管、社会管理和公共服务职责，善于用市场的办法、法律的手段处理经济事务和社会事务，提高行政效率。要建立和完善科学民主决策机制，坚持没有调查就没有发言权、没有决策权，使制定出来的政策措施更加符合实际、符合客观规律。对事关全局的重大问题和关系群众切身利益的决策部署，要广泛听取社会各方面的意见，最大限度地集中集体智慧，体现最广大群众的愿望。要进一步强化开放意识，扩大开放领域，优化开放环境，把云南的对外开放推向更高水平，拓宽发展空间，增强发展活力。

要着力推进干部作风转变。要领导好云南的科学发展，就必须以改革创新精神全面推进党的建设新的伟大工程，着力解决干部作风上存在的突出问题。各级领导班子和领导干部要努力做实践科学发展观的表率，带头树立“立党为公、执政为民”的宗旨意识，按照“八个坚持、八个反对”的要求，切实加强思想作风、学风、工作作风、领导作风和生活作风建设。坚持一切工作都要求真务实，察实情、出实招、办实事、求实效。各级干部要脚踏实地，勤政为民，多深入实际，深入基层，深入群众，把精力用在谋发展上，心思用在抓落实上，劲头用在抓工作上，坚决反对形式主义、官僚主义，反对弄虚作假、华而不实，坚决纠正损害群众利益的不正之风。进一步加强和改进党员干部的思想教育，拓展从源头上防治腐败的领域，认真落实党风廉政建设责任制，促进领导干部廉洁自律，以优良的党风和政风保证科学发展观落到实处。

（作者：中共云南省委书记）

建设善于领导科学发展的坚强领导集体

郭声琨

领导班子是党执政兴国的决策者和组织领导者。提高党的执政能力，核心是提高各级领导班子领导科学发展的能力。我们要结合广西各级领导班子换届后的实际，以提高领导科学发展能力为重点，大力加强各级领导班子建设，努力把我区各级领导班子建设成为坚定贯彻党的理论和路线方针政策、善于领导科学发展的坚强领导集体。

一、不断提高领导科学发展的能力是各级领导班子面临的重大任务

当前，我国改革开放正处在一个关键时期，全面贯彻落实科学发展观，实现经济社会又好又快地发展，是摆在我们面前的根本任务。要完成这一任务，关键是提高各级领导班子领导科学发展的能力。

首先，是深入贯彻落实科学发展观的根本要求。深入贯彻落实科学发展观、加快建设富裕文明和谐新广西，需要各级领导班子精心谋划、组织实施。面对新的机遇和挑战，只有不断提高各级领导班子领导科学发展的能力，才能切实把科学发展观的要求转化为谋划发展的正确思路、促进发展的政策措施、领导发展的实际能力，真正做到在继续解放思想上迈出新步伐，在坚持改革开放上实现新突破，在推动科学发展上取得新进展，在促进社会和谐上见到新成效。

其次，是实现广西经济又好又快发展的必然要求。这些年来，经过广大干部群众的艰苦奋斗和不懈努力，全区经济社会发展取得了显著成绩，但广西仍属于后发展地区，经济发展规模不大、结构不优，发展任务很重、压力很大。要实现党的十七大提出的人均国内生产总值翻两番的目标，与全国同步建成全面小康社会，今后13年，在提高质量和效益的基础上，我区生产总值年均必须增长10.5%，比全国高3.7个百分点。当前，广西已进入加快发展的重要时期，面临多区域合作、多优惠政策叠加、多方面支持关注的重大历史机遇。要抓住机遇、加快发展，关键在提高各级领导班子和领导干部领导科学发展的能力。

再次，是提高我区各级领导班子执政能力的迫切需要。近年来，全区各级领导班子建设不断加强，干部队伍整体素质明显提高，但还不能完全适应加快广西科学发展的需要，仍不同程度地存在着影响发展的突出问题。有的领导班子和领导干部政治责任意识淡薄，对发展这个党执政兴国第一要务认识不到位，用脑用心用力不够，安于现状，缺乏加快发展的紧迫感；有的决策能力不强，不善于运用科学的理论和方法研究新情况、新问题，面对市场被动应付，缺乏创新的勇气和魄力；有的统筹兼顾能力不强，重规模重速度，轻效益轻质量；重经济重GDP，轻社会轻生态；重局部重眼前，轻全局轻长远的现象时有发生，等等。这些问题影响了广西经济社会的科学发展，必须下功夫解决，为促进科学发展提供坚强有力的保证。

二、坚持把发展作为党执政兴国的第一要务，不断提高科学发展的能力

一要不断提高驾驭市场经济的能力。驾驭市场经济的能力，实质上就是认识、把握和遵循市场经济规律的能力。各级领导干部要努力把握社会主义市场经济的内在要求、运行特点和

基本规则，了解各种调控手段的特点、原理和功能，学会用市场经济的办法解决发展中出现的问题。尤其是针对当前美国次贷危机、人民币升值、油价飙升、粮价高企、自然灾害频发等因素，要未雨绸缪、科学谋划，因势利导、趋利避害，千方百计保持经济发展的良好势头。要主动适应建立社会主义市场经济体制的要求，把职能转变到经济调节、市场监管、社会管理、公共服务上来，努力营造优质高效的政务环境、规范有序的市场环境、公正严明的法制环境，使各级政府成为营造环境的主体，使市场成为配置资源的主体和创造财富的主体。

二要不断提高坚持以人为本、和谐发展的能力。坚持以人为本、执政为民，是加强领导班子思想政治建设的根本要求。要始终坚持发展是第一要务、改善民生是第一要求、保持稳定是第一责任，以发展保民生、促稳定。特别是要加强抗灾救灾避灾工作，坚持和完善为民办实事制度，着力解决库区移民、代课教师等群体的困难。实施积极的就业再就业政策，大规模开展各种形式的职业技能培训和创业培训，建立健全社会保障制度，努力实现“失地不失业、无业者有业、失业者就业、就业者乐业、有志者创业”的和谐发展格局。深入推进平安广西建设，加强和改进新形势下的群众工作，积极预防并有效化解社会矛盾纠纷，依法妥善处置各类群体性事件。全面贯彻落实民族区域自治法，加快民族地区经济社会发展步伐，广泛开展民族团结进步活动，激发全区各族人民共同团结奋斗、共同繁荣发展。大力推进生态广西建设，加强生态工程建设，深化污染治理，狠抓节能减排，努力保持我区山川秀丽、碧海蓝天的优美环境，实现人与自然和谐相处。

三要不断提高推进改革开放的能力。改革开放是推动发展的强大动力。各级领导班子和领导干部要带头解放思想，敢于冲破一切妨碍发展的陈旧理念，变革一切妨碍发展的做法和规定，革除一切制约发展的体制机制，用发展的眼光、科学的态度、创新的思维，去研究解决经济社会发展面临的新情况新问题，努力形成符合科学发展、加快发展、和谐发展的发展理念、发展模式和发展举措。要深刻把握经济全球化和区域经济一体化深入发展的新形势，尤其是抓住用好国家批准实施《广西北部湾经济区发展规划》的重大机遇，把思想放开、目光放远、范围放大，进一步增强沿海意识、开放意识和合作意识，大力实施开放带动战略，深化开放合作，努力把广西北部湾经济区打造成为中国—东盟开放合作的物流基地、商贸基地、加工制造基地和信息交流中心，成为带动、支撑我国西部大开发的战略高地和开放度高、辐射力强、经济繁荣、社会和谐、生态良好的重要国际区域经济合作区，成为我国沿海发展的新一极。

四要不断提高自主创新的能力。提高自主创新能力是国家发展战略的核心，是提高综合国力的关键。必须坚定不移地走中国特色自主创新道路，深入实施科教兴桂和人才强桂战略，以科技创新的新跨越促进经济社会发展的新跨越。要按照“多引进、促转化、兴产业、强支撑”的总体要求，以发展广西主导产业为主线，以培育创新型企业和企业集群为重点，以研发高新技术产品为核心，以产学研结合为动力，大力实施创新计划，为经济社会发展发挥引领和支撑作用。要围绕支撑广西工业化、城镇化、农业现代化、信息化等战略重点，组织实施一批重大科技攻关项目，提升产业技术水平，促进经济结构调整和发展方式转变。要建立完善企业为主体、产学研相结合的技术创新体系，搭建以重点实验室、工程技术开发中心和科技服务网络等为主体的创新基础条件平台，营造有利于科技发展的政策环境，构建科技体制机制新优势。

五要不断提高科学执政、民主执政、依法执政的能力。要广集民智、广求善策，继续实施全区经济社会发展重大课题招投标制度，进一步健全专家咨询论证制度、社情民意信息反馈制度、重大决策事项社会公示制度和社会听证制度，增强决策前瞻性、科学性、可操作性。要充分发挥党委总揽全局、协调各方的作用，积极主动地支持人大、政府、政协和人民团体依法行使各自的职能，定期听取各民主党派、工商联的意见和建议，最大限度地调动方方面面的积极因素。要进一步增强法治观念，严格按照法律法规要求的范围、程序、原则和手段来行使权力，把领导方式由主要依靠行政手段办事转变到主要依靠法律手段办事上来，努力形成用制度管权、按制度办事、靠制度管人的有效机制。

三、以提高领导科学发展的能力为重点，全面加强各级领导班子思想政治建设

一是认真抓好理论武装，提高领导班子的思想理论水平。思想是行动的先导，理论是实践的指南。实践表明，领导班子的理论素养、理性思维能力，决定着一个地区、一个部门的工作层次和工作水平。必须把理论武装作为首要任务来抓，健全完善各级党委中心组学习制度，丰富学习内容，创新学习方式，深入学习邓小平理论、“三个代表”重要思想和科学发展观等重大战略思想，用中国特色社会主义理论体系武装头脑，做到学有所思、学有所悟、学有所获，切实解决好真学、真信、真懂、真用的问题，使每个领导干部在党性修养上有新加强，在领导水平上有新提高，在实践能力上有新进步，在推动建设富裕文明和谐新广西上有新成效。

二是着力优化班子结构，提高领导班子的战斗力。要着力优化领导班子的知识和专业结构，做到既看干部所接受教育程度，又看其所学专业和解决实际问题能力，特别是围绕建设广西北部湾经济区、培育优势产业、推进工业化城镇化等方面，注重选配熟悉工业经济、金融、法律、城市建设与管理、外经外贸等方面知识的干部。着力形成合理的年龄梯次结构，在大力选拔优秀年轻干部的同时，注意用好不同年龄层次的干部，从宏观上调动各个年龄段干部的积极性。着力推进干部交流，进一步加大干部跨区域、跨部门、跨行业的纵向横向交流力度，激发干部队伍活力。着力建立领导干部正常退出机制，推行领导干部自愿辞职、责令辞职和引咎辞职制度，调整不称职领导干部，提高干部队伍整体素质。

三是坚持民主集中制，促进班子成员和谐共事。民主集中制作为党的根本组织制度和领导制度，对于增进班子的团结、提高科学决策水平，具有十分重要的作用。我们既要加强实体性制度建设，又要注重程序性制度建设，从制度上解决酝酿不充分、沟通不到位、发扬民主不够的问题。要按照“集体领导、民主集中、个别酝酿、会议决定”的原则，完善班子内部的议事和决策机制。积极探索和认真落实常委分工负责制，修订和完善自治区党委常委会议事决策规则，进一步完善集体领导与常委分工负责相结合的制度，充分发挥集体领导的作用。要切实加强团结，建设团结和谐的领导班子。班子主要领导要充分发扬民主，心胸开阔，虚怀若谷，从善如流，平等待人，善于听取各种意见包括反对意见，支持班子成员放手大胆开展工作。班子成员之间要增强团结协作的意识，相互配合不拆台，相互信任不猜疑，努力形成靠共同事业支撑团结，靠公道正派维系团结，靠同志情谊提升团结的良好局面，以领导班子的团结和谐，带动干部队伍的团结协作，促进经济社会协调发展。

四是加强党风廉政建设，始终保持清正廉洁。“官廉则政举，官贪则政危”。必须坚持党要管党、从严治党，贯彻为民务实清廉的要求，以保持党同人民群众的血肉联系为重点加强作风建设，以完善惩治和预防腐败体系为重点加强反腐倡廉建设。要建立健全党内民主监督的程序和制度、定期报告工作制度、廉洁从政制度和巡视制度，强化群众监督、社会监督和法律监督，努力探索建立结构合理、配置科学、程序严密、制约有效的权力运行机制。要认真落实党风廉政建设责任制，严肃查处违法违纪案件，严厉惩治腐败分子。广大领导干部要自觉以党纪政纪和法律法规来约束自己，以远大理想和宏伟事业来激励自己，以党和人民的殷切期望来

鞭策自己，任何时候、任何情况下，都要耐得住清苦、稳得住心神、管得住身手、抗得住诱惑、经得起考验。

（作者：广西壮族自治区党委书记）

坚持解放思想 推进科学发展

刘奇葆

四川是中央确定的深入学习实践科学发展观活动全国三个试点省份之一。我们坚持突出实践特色，结合国情省情和改革发展任务，进一步明确深入贯彻落实科学发展观的基本思路，形成了把“加快建设灾后美好新家园、加快建设西部经济发展高地”作为四川学习实践科学发展观基本任务的共识，以思想解放的成果推动又好又快发展。

一、充分认识推动新一轮思想大解放的重大意义

党的十七大的主题，把继续解放思想摆在突出的位置。我们党和国家的事业不停顿，首先要求思想理论不停顿。必须从理论与实践、历史与现实、责任与使命的高度，深化对不断解放思想重要性、必要性和紧迫性的认识。

解放思想是党的思想路线的本质要求，是发展中国特色社会主义的一大法宝。我们党建党80多年的历程，就是一个不断解放思想的过程，就是一个不断求是创新的过程，就是一个马克思主义中国化的过程。毛泽东思想、邓小平理论、“三个代表”重要思想，都是解放思想、不断推进理论和实践创新的产物，科学发展观同样也是在新的历史起点上解放思想的成果。改革开放30年，既发端于思想解放，也始终贯穿了思想解放。可以说，解放思想是永葆政党生机与活力的不竭源泉。

解放思想是贯彻党的十七大精神的基本要求，是把握新形势、适应新情况、完成新任务的根本思想武器。党的十七大着眼于党和国家事业新发展，提出了一系列重大理论观点、重大战略思想、重大工作部署。学习贯彻党的十七大精神，只有继续解放思想，才能把握精神实质，紧密结合实际，创造性地把各项战略任务落实好。抓住机遇、应对挑战，解决前进道路上的突出矛盾和问题，加强党的自身建设、保持和发展党的先进性，都需要进一步解放思想。在新的起点上推进事业发展，必须以思想解放为先导，坚持不懈地推进党的理论创新和实践创新。

解放思想是深入学习实践科学发展观的内在要求，是深入理解、有效实践科学发展观的必要条件。科学发展观是我们党坚持解放思想、与时俱进，推进理论创新的重要成果，只有依靠解放思想、求是探索的理论品质和实践勇气才能贯彻落实好。这就意味着在学习实践科学发展观中开拓前进的过程，就是解放思想、改革创新的过程。只有把解放思想贯穿于学习实践科学发展观的始终，才能取得贯彻落实科学发展观的丰硕成果，创造更多的实践经验。

二、推动新一轮思想大解放，核心是要深入学习实践科学发展观，深刻理解“四个辩证统一”，在新的历史起点上进一步统一思想、统一行动

党的十七大报告指出，科学发展观是我国经济社会发展的重要指导方针，是发展中国特色社会主义必须坚持和贯彻的重大战略思想。科学发展观是关于发展的世界观和方法论，反

映了我们党对发展的本质、内涵和规律的把握，是关于发展的总体看法和根本观点，是辩证唯物主义和历史唯物主义在发展问题上的具体运用与发展。

科学发展观“第一要义是发展”，必须深刻理解发展目标的统一性和发展过程的阶段性的辩证统一。强调发展是第一要义，就是强调必须坚持以经济建设为中心，把解放和发展生产力作为根本任务。发展中国特色社会主义、全面建设小康社会，是全党全国的共同目标。这既是普遍性的发展要求，又是统一性的发展任务。但发展是一个动态的过程，不同阶段具有不同特征和不同要求，不同地区所处的阶段又有所不同。四川作为西部省份，既面临发展水平不高的问题，也面临发展不足的问题，要赶上全国迅速发展的步伐、与全国同步实现全面小康，更需要以科学发展观为指导，狠抓发展这个第一要义，实现跨越式发展。

科学发展观“基本要求是全面协调可持续”，必须深刻理解发展平衡与非平衡的辩证统一。平衡和静止是相对的，非平衡和运动是绝对的。发展是一个由不平衡到平衡，然后打破平衡再达到新的平衡的一个不断循环往复的前进过程。我国区域之间、城乡之间，发展呈现出不平衡状态，欠发达地区是形成不平衡的主要方面，在其区域内也存在着发展失衡的问题。从我国发展的实际状况看，东西部发展不协调，主要是西部发展滞后，许多社会问题包括较大面积的贫困和民族、宗教、分裂破坏等问题都集中在西部，欠发达地区加快发展是促进全国协调发展的内在要求。对经济欠发达地区来讲，贯彻落实科学发展观更具有重要性、现实性和紧迫性。越是欠发达，越要加大科学发展力度，做到努力于快、服从于好。在促进经济加快发展的同时，着力加强薄弱环节，正确处理城乡关系、区域关系、经济与社会的关系、人与自然的关系，提高发展的平衡度、协调度。

科学发展观“根本方法是统筹兼顾”，必须深刻理解发展的系统性与重点性的辩证统一。统筹兼顾是要考虑整个现代化建设全局中各个方面和各个层次的关系，需要坚持发展的重点性与发展的系统性的统一。东部率先、东北振兴、中部崛起、西部开发，就是中央统筹兼顾实施的区域发展总体战略。发展要考虑方方面面，要综合平衡，但必须抓主要矛盾、抓关键环节，实现重点突破，推动全面发展。针对工业化、城镇化水平低，交通等基础设施建设滞后等突出问题，四川要全面实施“一主、三化、三加强”（以工业强省为主导，大力推进新型工业化、新型城镇化、农业现代化，加强开放合作，加强科技教育，加强基础设施建设）的跨越发展思路，以建设西部经济发展高地为重点突破，促进全局发展。

科学发展观“核心是以人为本”，必须深刻理解人的全面发展与社会发展进步的辩证统一。科学发展观强调发展依靠人民、为了人民、成果由人民共享，把人民群众作为推动发展的主体和基本力量，从最广大人民的根本利益出发谋发展、促发展。这充分体现了历史唯物主义关于人的全面发展是社会历史发展最终目的的观点，坚持了马克思主义的社会理想和价值取向。学习实践科学发展观，必须解决好“发展为了谁、发展依靠谁”的问题，改变“见物不见人”的思维，更加重视保障和改善民生，促进社会和谐，让改革发展的成果惠及全体人民。

三、推动新一轮思想大解放，关键要联系实际找准突破口和切入点，以科学发展观为指导实现又好又快发展

解放思想的本质是实事求是，外在表现是创造性实践，根本目的是解决问题、推进发展。因此，解放思想不能泛泛而谈，不能为了解放思想而解放思想，不能让解放思想成了口号、成了标签，必须有针对性、实效性。当前，要围绕科学发展，找准解放思想与实际工作的结合点，努力突破，务求实效。要跳出盆地看四川，在深化省情认识上有新突破。

立足西部看优势，转变发展方式要有新突

破。解放思想的成果要体现到发展思路的转变上，探索具有西部特征、四川特色的产业发展模式。确定“一主、三化、三加强”的跨越发展思路，是从根本上转变发展方式的新思路。从农业大省的实际出发，在稳定粮食生产的基础上，发展特色效益农业，加快农业产业化经营，加强以水利为重点的农业基础设施建设，走现代农业发展之路。以工业强省为主导，联动推进新型工业化、新型城镇化，着力优化产业结构，实施“7＋3”产业发展规划，加快“四大城市群”建设，加强自主创新，强化节能减排，加强生态省建设。

对照东部看活力，推动全民创业要有新突破。东部发达省（市）经济活力强，主要是发展具有多样性，资本呈现多元化，以公有制为主体，多种所有制经济竞相发展、尽显活力。归结起来，是市场化程度较高。四川在这些方面与东部存在很大差距。要加快我省的市场化进程，坚持国有与民营、内资与外资、个体与集体一起上。民营经济产权明晰、机制灵活、适应市场，是百姓经济、富民经济，更是活力经济。虽然我省民营经济的比重已经过半，但与东部一些省份相比，还是发展的“短板”。在发展民营经济的问题上，要更加解放思想，真正做到放手、放心、放胆，让千家万户、千军万马的民营经济成为我省重要的自主增长力量。要优化发展环境，营造崇尚创业、竞相创业的浓厚氛围，推进全民创业，形成多种所有制共同发展的局面。

国际国内看开放，加强区域合作要有新突破。开放程度低、国际化水平低，是制约四川发展的突出问题。深入贯彻落实科学发展观，推进我省又好又快发展，必须善于借助外力，实施充分开放合作战略。一是要有开阔的眼界。在经济全球化的今天，多区域合作是我们面临的新机遇。要统筹国内国际两个大局，树立世界眼光，克服狭隘观念，以全球视野、战略思维谋划四川的发展。二是要有开放的意识。要立足经济全球化和区域经济一体化的时代背景，充分利用“两个市场、两种资源”，推进区域、次区域、泛区域多层次的合作，提高我省的开放型经济发展水平，以大开放促进大发展。三是要有开明的心态。无论是大还是小，无论是富还是穷，都有互补的优势，都有合作的可能。

比肩前沿看改革，体制机制创新要有新突破。改革开放是当代中国的主旋律。东部发达省份率先发展，正是因为走在改革开放最前沿，率先创造了体制优势。内陆地区发展滞后，但观念不能落后，改革不能拖后。实现追赶跨越，必须在体制创新上与改革前沿看齐，敢于率先，争当先行者。要通过开展深入学习实践科学发展观活动，建立起一批完善的制度规范，构建充满活力、富有效率、更加开放、有利于科学发展的体制机制，为实现跨越发展创造条件。重点要探索建立“六个机制”，即符合科学发展观的经济社会发展评价机制、干部实绩考核机制、改善民生评价机制、促进优势产业发展和重大项目建设机制、突发事件应急管理机制、行政效能建设机制。

“5·12”汶川特大地震发生后，在党中央、国务院的坚强领导和全国人民的大力支援下，我省开展了一场气壮山河、艰苦卓绝的抗震救灾斗争，取得了阶段性重大胜利。我们坚持把抗震救灾作为贯彻落实科学发展观的具体实践，一手抓抗震救灾工作、一手抓经济社会发展，科学推进抢险救灾、安置群众和恢复重建。以科学规划为前提，以优先解决民生问题为基点，把建设物质家园和建设精神家园结合起来，加快建设人民安居乐业、城乡共同繁荣、人与自然和谐的社会主义新家园，努力实现“三年基本恢复、五年发展振兴、十年全面小康”的灾后恢复重建目标。

推动新一轮思想大解放，各级领导干部要切实肩负起学习实践科学发展观的历史使命，做学习实践科学发展观的先行者、组织者、推动者。树立正确的用人导向，坚持用科学发展观的要求看干部，把那些思想解放、善于领导科学发展的干部选拔进领导班子。切实转变观念、增强本领，提高领导科学发展的能力。大力改进作风，特别讲大局、特别讲付出、特别讲实干、特别讲纪律，脚踏实地、爬坡实干，狠抓工作落实。通过开展深入学习实践活动，把全省各级领导班子建设成为坚定贯彻落实科学发展观、善于领导科学发展的坚强领导集体。

（作者：中共四川省委书记）

深入学习领会科学发展观　推动河南发展实现新跨越

徐光春

人类社会是在发展中不断前进的，发展是人类社会的永恒主题。作为马克思主义中国化最新理论成果，科学发展观全面、科学地回答了关于发展的认识问题、实现问题、评价问题和发展成果享用问题，对于丰富和发展马克思主义具有重大的理论意义，对于指导我国经济社会发展具有重大的实践意义。

一、科学发展观的显著特征

实践性。首先，它根植于实践。科学发展观的提出，立足我国社会主义初级阶段的基本国情，针对我国经济社会发展的阶段性特征，着眼于解决发展中的突出问题，适应了实践发展的迫切要求。其次，它服务于实践。科学发展观推动了发展观念的更新、发展思路的完善、发展机制的创新、发展方式的转变、发展难题的破解，不断开创了发展的新局面。再次，它发展于实践。从十六届三中全会以后从不同层面先后提出有关科学发展观的内容，十六届五中全会明确提出科学发展观这一理论概念，开始形成比较完整的科学体系，党的十七大进行了系统全面的阐述，全党深入学习实践科学发展观活动动员大会暨省部级主要领导干部专题研讨班上，对科学发展观的深刻内涵和精神实质作了进一步丰富和完善，表明我们党对科学发展观的理论阐述和生动实践又有了新的发展和新的成果。

科学性。科学发展观进一步深化了对人类社会发展规律的认识。它在继承党的三代领导集体关于发展的重要思想的基础上，借鉴国外发展理论的有益成分，适应时代的主题和形势的变化，突出以人为本，强调尊重规律、合乎科学、持续发展，探索了一条具有中国特色的现代化道路，丰富了人类社会的发展模式。科学发展观进一步深化了对社会主义建设规律的认识。它在提出发展是第一要义的同时，强调“四位一体”全面发展、人与自然和谐发展、要实施人民生命国家财产不受损害的安全发展、中国同世界各国和平发展等思想，深化了对社会主义本质的认识，丰富了社会主义发展的目标和要求，完善了中国特色社会主义事业总体布局的框架。科学发展观进一步深化了对共产党执政规律的认识。它提出了以中国最广大人民群众的根本利益为本、构建和谐社会、以改革创新精神加强和改进党的领导等一系列执政理念上的新思想新观点，深化了对共产党历史使命的认识、根本宗旨的认识和对共产党执政能力的认识。在科学认识这三大规律的基础上，科学发展观正确回答了在新形势下什么是发展、为谁发展、怎样发展的重大问题，构成了一个完整系统的科学理论体系。

群众性。科学发展观的核心是以人为本，它的贯彻落实离不开人民群众这个实践主体。发展为了人民，就是着力解决人民群众最关心、最直接、最现实的利益问题，把发展的目的真正落实到满足人民需要、提高人民生活水平上，极大地激发了群众干事创业的积极性。发展依靠人民，就是谋划发展思路时问计，查找发展问题时倾听，改进发展措施时请教，落实发展任务时依靠，衡量发展成效时评判，都需要面向群众、依靠群众，充分发挥人民群众的主体作用，最大限度地集中全社会广大群众的智慧和力量。发展成果由人民共享，就是把改革发展取得的各方面成果，体现在不断提高人民的生活质量和健康水平上，体现在不断提高人民的思想道德素质和科学文化素质上，体现在充分保障人民享有的经济、政治、文化、社会权益上，使我们的事业获得最广泛最可靠的群众基础和最深厚的力量源泉。

开放性。首先，继承创新融合。科学发展观在理论基点、理论渊源、理论主题、理论品质、理论目标上与邓小平理论和“三个代表”重要思想一脉相承，同时又与时俱进，充分体现了继往与开来的最佳结合、坚持与发展的有机统一。其次，内外兼容并蓄。科学发展观立足于我国社会主义现代化建设实践的同时，又充分借鉴世界各国发展经验、汲取国外发展理论有益成果，以海纳百川的气派对人类社会发展经验进行了深刻总结和高度概括。其三，国际国内统筹。科学发展观强调树立世界眼光，加强战略思维，把我国的发展放在一种宏大的全球视野中去思考，既坚定不移地抓好国内发展，又坚定不移地推进对外开放，充分利用一切有利的外部条件发展自己，并通过自身发展促进世界和平发展。

二、科学发展观的指导作用

导航作用。主要表现在：让发展方位更准确。就是以科学发展观的系统思维、战略思维、立体思维发挥好“定位仪”的作用，在统揽全局中抓住重点，在复杂多变中抓住根本，在交织激荡中抓住关键，在综合比较中明确方位，确保发展大势了然于胸，既不迷失方向、又不超越阶段。让发展目标更科学。就是以科学发展观的人本理念发挥好“瞄准星”的作用，把以人为本，促进人的全面发展作为生产力和政治、文化、社会发展的终极目标，作为衡量发展的基本原则和评价标准，实现由物本向人本的转变。让发展道路更宽广。就是以科学发展观全面协调可持续的基本要求发挥好“平衡器”的作用，促进经济政治文化社会发展四位一体，坚持经济增长与结构优化、效率提升、民生改善、环境友好相促进相统一，把经济社会发展转入又好又快发展的轨道，更大程度地实现科学发展、和谐发展、安全发展与和平发展。

统领作用。主要表现在三个方面。全面性，是指科学发展观是指导全局的，是指导经济、政治、文化、社会以及党的建设的理论，是指导全国、整体、各个领域的理论。长远性，是指科学发展观不仅管一时的也是管长远的，对中国特色社会主义事业建设整个过程都具有指导意义。主导性，是指在党的十六大以来的一系列重大理论创新中，科学发展观居于主导，处于统领的地位，这是在历史和实践中形成的，是由它的合乎规律性和全面指导性决定的。

助推作用。主要表现在：经济腾飞的金翅膀。科学发展观着眼于好字优先、好中求快，注重创新创造，注重统筹兼顾，注重优化配置，注重人的主体作用，使各类生产要素的潜能充分释放，不断推动经济发展从稳进到提速、从跟进到赶超的飞跃，实现经济社会又好又快发展。稳健发展的调控器。科学发展观要求我们准确把握发展的时机、方向、节奏和力度，及时进行预调和微调，使经济热的时候能降下来，慢的时候能快起来，过快的时候能稳下来，从而确保经济社会持续快速健康发展。激发活力的催化剂。科学发展观根植于改革开放的生动实践，其本质要求继续解放思想、深化改革开放，通过着力构建充满活力、富有效率、更加开放、有利于科学发展的体制机制，让创造活力竞相迸发。

标尺作用。科学发展观是真理观和价值观的统一，是群众观和政绩观的统一，为我们衡量评价发展提供了准则。可以说，科学发展观已成为衡量经济社会发展利弊得失的价值尺度。

三、坚定不移地以科学发展观指导河南发展实现新跨越

一要在认清发展大势上更清醒。从世界看，和平与发展仍然是时代主题，经济全球化深入发展，区域经济一体化方兴未艾，科技革命加速推进。从全国看，工业化、信息化、城镇化、市场化、国际化趋势明显，区域竞争日趋激烈。从我省看，工业化、城镇化、农业现代化进程不断加快，正在推进由大到强的历史性跨越。面对发展变化的新形势，必须树立世界眼光、强化战略思维，在综合分析国际国内省内形势的相互联系中找准发展定位、明确发展方向，做到与世界潮流同向、与时代发展同步、与人民要求同行。要善于在复杂局面中抓住主要矛盾，在千头万绪中抓住重点，分清缓急，明辨主次，做到突出中心、带动全局；善于在矛盾变化中把握发展趋势，用发展的眼光看问题，注重分析形势变化，准确把握全局动态，及时摸清可能出现的突出矛盾和问题，不断提高趋利避害、掌握主动的能力；善于通过现象看本质，真正找准影响和制约科学发展的根本症结，及时发现经济发展的新变化、新问题，不断增强推动科学发展的预见性和创造性。

二要在遵循发展规律上更自觉。把握规律，就能抓住机遇乘势而上，就能应对风险赢得主动。当务之急是要围绕推动科学发展、加快中原崛起这个主题，着力把握产业转移规律、产业升级规律、科技创新规律、生态建设规律、人才成长规律等等，增强预见性、主动性和针对性。关键要抓好三个方面。首先，要在深入学习中认识规律。全面加强新理论、新知识、新观念的学习，特别是中国特色社会主义理论体系的学习，不断完善知识结构、提升知识层次，着力培养理论思维、战略思维、系统思维，进一步提高认识规律的能力。其次，要在总结实践中掌握规律。改革开放的实践波澜壮阔，人民群众的实践生动丰富，基层群众的创造多姿多彩，要做一个有心人，多观察、多思考、多研究，从中认识事物发展的本质联系，及时将实践成果转化为规律性认识。第三，要在完善机制中运用规律。建立健全民主决策机制和程序，畅通民意渠道，做到集思广益；建立健全符合科学发展观要求的经济社会发展综合评价体系和干部考核使用机制，形成促进科学发展的用人机制，督促各级领导干部树立正确的政绩观，不断提高促进科学发展的能力。

三要在创新发展方式上更主动。要在认识上提高一步，把创新发展方式作为实现科学发展的根本举措，作为打造区域竞争力的重大战略，摆在经济社会发展全局中的突出位置，使其贯穿于经济社会发展的全过程、各方面。要在行动上先行一步，涉及重大难题要及早破解，涉及核心技术和关键技术要强力攻关，涉及创新人才要积极延揽培养，涉及研发经费要舍得加大投入，涉及成果转化要主动牵线搭桥。要在措施上更进一步，抓住推进结构调整重要途径，在实施服务业与制造业双轮驱动战略、打造现代产业体系上有新进展；抓住自主创新中心环节，在增强区域核心竞争力上有新突破；抓住集约发展主攻方向，在发展园区经济、楼宇经济、品牌经济上有新作为；抓住节能减排重要抓手，在发展循环经济、低碳经济上有新气象。

四要在贯彻以人为本上更坚定。近年来，我们集中财力、物力、人力，连续四年开展为群众办好十大实事活动，使群众得到了实惠。但也应看到，一方面，由于受历史欠账、发展水平、改革滞后等多重因素影响，上学难、看病难、就业难、住房难、社会保障水平低等民生问题仍然十分突出，统筹协调各方面利益关切的难度加大。另一方面，推进新跨越新崛起任务重、难度大、要求高，需要我们充分发挥广大人民群众的积极性和创造性。为此，我们必须始终坚持以人为本，以更加有力的措施改善民生、激活民力、集中民智。在执政理念上，恪守立党为公、执政为民，作决策、定政策、部署工作都把人民群众的利益作为第一原则，真正做到权为民所

用、情为民所系、利为民所谋。在发展依靠力量上，充分尊重人民群众的主体地位和首创精神，激发人民群众的创造活力，凝聚推动科学发展的深厚力量。在发展成果享用上，保障人民群众各项权益，使发展的过程成为不断提高人民生活质量和水平的过程；真正做到让发展成果普惠于民。

（作者：中共河南省委书记）

突出实践特色 破解发展难题

苏 荣

根据中央的统一部署，江西省于2008年3月下旬至8月底在省级领导班子和省直单位，开展了深入学习实践科学发展观活动的试点工作。省委对试点工作高度重视，不仅把它作为党中央交给我们的一项重大政治任务来认真落实，更作为推动我省经济社会又好又快发展的重大机遇来牢牢把握。我们紧紧围绕学习实践科学发展观，建设绿色生态江西、创新创业江西、和谐平安江西、富裕文明江西这一主题，加强领导，精心组织，扎实推进，试点工作取得了较好成效。广大党员干部加深了对科学发展观的理解，进一步增强了贯彻落实科学发展观的自觉性和坚定性；制约科学发展、群众反映强烈的突出问题，有的得到了初步解决，有的正在解决之中；着眼形成有利于科学发展的长效机制，建立完善了一些务实管用的制度；坚持“两手抓、两促进”，有力地推动了各项工作。全省人民以高度的自觉全力支援四川抗震救灾和灾后重建，捐款额度超过了建国以来全省捐赠的总额，其中包括党员交纳的大量“特殊党费”；国家下达我省援建过渡安置房任务提前全面完成；对口支援四川小金县恢复重建工作全面启动。全省上下以强烈的责任感切实维护奥运期间的社会稳定，确保了奥运火炬在我省的安全传递，奥运期间全省未发生一起群体性事件和重大安全事故。全省干部群众以顽强拼搏的精神，战胜了历史罕见的雨雪冰冻灾害，抗御了两次强降雨和一次强台风的袭击，在大灾之年保持了经济社会又好又快发展的态势。今年1至9月，全省生产总值增长13%；粮食总产创历史新高，实现连续5年增产；城镇新增就业完成年目标的81.24%，基本实现了零就业家庭动态清零；财政收入和城乡居民收入均有较大增长。

一、坚持以解放思想为先导，把加强学习、调查研究贯穿始终，用科学发展观统一思想，凝聚共识

贯彻落实科学发展观的自觉性和坚定性，源于对科学发展观的深刻理解和准确把握。我们采取多种形式，组织广大党员特别是县处级以上党员干部认真学习《毛泽东邓小平江泽民论科学发展》、《科学发展观重要论述摘编》两个读本和中央印发的规定文件，注重把加强学习与分析总结我们的发展实践结合起来，与走出去学习考察兄弟省市区科学发展的先进经验结合起来，在总结和对比中进一步增强贯彻落实科学发展观的自觉性和坚定性。广泛开展“继续解放思想，推动科学发展”主题教育活动，从深化省情认识、完善体制机制、发展民营经济、优化发展环境、拓展对外开放的广度和深度等五个方面着力，进一步破除阻碍科学发展的思想观念、思维定势和利益格局，强化尊重规律、科学发展的理念，抢抓机遇、积极赶超的意识，敢于探索、勇于创新的氛围，众志成城、加快崛

起的合力。省委常委会研究确定了 10 个事关经济社会发展全局的调研课题，由省委常委分别领题带头开展调查研究，取得了一批有分量、有价值的调研成果，为进一步理清发展思路、制定推进科学发展的政策措施奠定了基础。为保证学习调研的效果，我们还主动把这一阶段的时间延长了 20 天。通过广泛深入的学习调研，全省上下对省情的认识不断深化，在一些重大问题上形成了广泛共识。一致的看法是，党的十六大以来，江西的发展势头很好，但欠发达地位尚未根本改变；江西的生态环境很好，但在经济加速发展中也面临严峻挑战。从江西的省情出发，我们既要紧紧抓住发展不足这个主要矛盾，千方百计加快发展，又要坚持"既要金山银山，更要绿水青山"的发展理念，切实保护好、建设好江西的绿水青山，努力实现加快发展与科学发展的统一、富民与强省的统一。这既是我省贯彻落实科学发展观的主要着力点，也是今后一个相当长时期的努力方向。

二、坚持走群众路线，广泛听取群众意见，切实解决群众最关心、最直接、最现实的问题

群众参与的程度，决定学习实践活动的广度和深度；群众的满意度，是衡量学习实践活动成效的根本标准。我们坚持学习实践活动请群众参与、听群众意见、让群众评价、受群众监督，切实做到听取民意找问题，顺应民意抓改进，依据民意看效果。省委先后召开 7 次座谈会，听取党代会代表、人大代表、政协委员、离退休干部、基层群众的意见和建议。省委常委民主生活会、分析总结报告评议以及满意度测评等主要环节，都请上述人员中的代表参加。试点工作的每期简报印发 2000 份，使基层党员群众也能及时了解试点工作情况。我们还通过新闻媒体和网络发表公开信，面向省内外征询对江西科学发展的意见建议，共计 4.2 万余条。省委有关部门每天将意见建议分门别类进行整理，以"快报"形式直报省委常委和副省长，并摘要在媒体上公布，不少意见建议已被采纳。省直各试点单位也通过多种渠道，将征求意见对象向服务对象延伸，向系统内基层单位延伸，向相关兄弟单位延伸，向社会公众延伸，敞开大门搞教育，广开言路求良策。

我们把群众的意见建议作为查找和解决问题的重要依据，坚持边学边改、边查边改，取信于民。今年，省财政安排了 100 亿元资金，集中办好民生工程 60 件实事。近期，省委、省政府又出台了进一步保障和改善民生的多项措施，在实现城乡困难群众最低生活保障全覆盖、城乡困难群众大病医疗救助全覆盖、城乡义务教育免学杂费和贫困生资助政策全覆盖、农民和缺乏基本医疗保障的城镇居民合作医疗全覆盖的基础上，进一步提高全省企业退休人员人均养老金水平，适度扩大了养老保险范围，提高了建国前参加革命工作的老工人的医疗待遇；推行新型农村合作医疗"直补"，提高参保农民住院报销比例；将国有企业改制后的"老工伤"人员纳入工伤保险范围；通过财政适当补贴，在省直医院、乡镇卫生院开展降低药价试点；将符合条件的被征地农民等各类失业人员统一纳入失业登记范围，享受就业扶持政策；逐步把民办普通高中和国家统招民办高校、独立学院的家庭经济困难学生纳入资助范围；积极探索解决在城市规划区内国有征用土地上的农民拆迁安置房的产权问题。为从根本上保障农民群众安全便捷出行，我们还全面启动了农村渡口改渡建桥工程，目前已开工建设大桥 478 座，计划在五年内取消 800 个农村渡口。群众反映，这次学习实践活动雷声大，雨点更大，老百姓得到了更多实惠。

三、坚持突出重点与全员参与相结合，加强组织领导，形成学习实践活动上下互动、整体推进的局面

开展深入学习实践科学发展观活动，是用中国特色社会主义理论体系武装全党的重大举措。为此，既要突出领导班子和领导干部这个

重点，又要让广大党员普遍受教育。在这方面我们探索了一些具体方法。学习实践活动的每个阶段采取统一部署、领导带头、压茬推进的方式进行，由省级领导班子和党员领导干部先行一步，省直试点单位相隔10天左右跟进，使上级机关更好地发挥对下级机关的指导和示范作用。省委派出10个巡回指导组加强检查指导，省委试点工作领导小组在每个阶段中期召开一次推进会，确保试点工作环环相扣、步步深入。党员领导干部带头学习宣讲，带头调查研究，带头抓好联系点，带头查找问题，带头解决问题，发挥示范带动作用。同时，充分发挥广大党员的主体作用，在省直试点单位开展了以创新思路、评优秀调研成果，创造业绩、评优秀实践成果，创优机制、评优秀制度成果，服务群众、服务基层为主要内容的"三评三创两服务"活动，在全体党员中开展了"我为科学发展献一策、见行动"活动。每个阶段还相应举办一次专题论坛，省委、省政府领导与社会各界代表同台演讲，网络在线直播，场内场外互动，激发了广大党员参与学习实践活动的积极性。

四、坚持立足实际破解发展难题，着眼长远创新体制机制，促进科学发展与加快发展的有机统一

开展学习实践活动，重在实践，贵在实效。我们注重把学习的收获、认识的成果转化为谋划发展的正确思路、促进发展的政策措施、领导发展的实际能力，从江西实际出发实施了几项重大举措。

一是确立了以建设鄱阳湖生态经济区为龙头，努力实现全省经济社会又好又快发展的总体思路。鄱阳湖是我国最大的淡水湖，其流域面积占全省的97.2%。抓好鄱阳湖及其流域的开发与保护，不仅对全省经济社会又好又快发展具有决定性意义，对维护长江下游水生态安全也具有重要战略意义。省委、省政府在广泛听取意见、深入调查研究的基础上，提出了建设鄱阳湖生态经济区的战略构想。初步考虑，按照科学发展的要求，划分若干个主体功能区，统一规划，分步实施，在保护中开发，在开发中保护，努力实现生态文明、经济文明与社会文明的有机统一。目前规划纲要编制和论证工作已基本完成，正在按程序报批。同时，坚持边规划、边行动，能做的事抓紧做。一方面着眼于加强鄱阳湖流域的生态环境保护，加大"五河一湖"源头生态保护力度，坚决关停并转违法排污企业；加快县(市)污水处理厂和地下管网建设，在两年内完成所有县(市)污水处理设施建设任务并投入运行；大力推进城市、乡镇、农村和工业园区四个重点区域的绿化，确保到2010年全省森林覆盖率由60.05%提高到63%；采取多种形式，解决农村垃圾污染问题。另一方面，着眼于提升发展层次和水平，把加强项目建设与调整经济结构、转变发展方式结合起来，大力推进重大基础设施和重大产业项目建设。今年以来，一批能源、铁路、高速公路等重大基础设施项目相继开工建设，对全省经济社会发展具有重大战略意义的几个重大项目前期工作取得重大进展。

二是着力解决影响和制约科学发展的突出矛盾和问题，进一步促进全省经济社会又好又快发展。重点组织实施经济社会发展"九大工程"，即产业经济"十百千亿工程"、高新矿产经济工程、科技成果产业化工程、造地增粮富民工程、基础设施建设工程、绿色生态江西建设工程、科教人才兴赣工程、机制体制创新工程和民生工程。同时，从今年起实施"新增百亿斤优质商品粮生产能力建设"规划，并积极推进鄱阳湖生态水利枢纽工程立项建设。

三是创新干部选拔任用和人才工作机制，为推动科学发展提供组织保障和人才支撑。采取"双推双考"办法，建立一支1000人左右的厅局级后备干部队伍；面向国内外招聘20名具有博士学位和教授职称的高校副校长；面向全省公开选拔10名正厅级领导干部；选聘700名左右高校毕业生到村任职。并且制定了《党政领导班子和领导干部综合考核评价实施办法》等

文件，扩大了由省委全委会民主推荐和票决人选范围，启动了省委常委会讨论决定干部任免实行不记名票决办法。

四是大力推进体制机制创新，建立有利于科学发展的长效机制。近期主要抓好 8 项工作：完善财政管理体制，改革投融资体制，建立环境保护奖惩机制和生态补偿机制，深化国企改革，健全科技创新机制，健全统筹城乡发展机制，完善经济社会发展综合评价指标体系，积极稳妥地推进行政管理体制改革。省委还将总结试点工作的实践经验，作出关于深入学习实践科学发展观的决定，把试点工作中的成功做法进行梳理和提炼，长期坚持下去。

（作者：中共江西省委书记）

从黑龙江实际出发　深入贯彻落实科学发展观

吉炳轩

黑龙江是个资源大省，自然条件、区位条件、人才条件比较优越，经济发展的基础环境在国内是不多见的。凭借这些优越条件，黑龙江为国家贡献了大量的石油、木材、粮食、电力、煤炭和重型机械装备，支援了国家经济建设和国防建设。当前，深入贯彻落实科学发展观，推动经济社会又好又快发展，必须坚持从黑龙江的实际出发，把丰厚的资源优势科学地利用好、发挥好，使之转化为实实在在的经济优势、竞争优势和发展优势。

一、发挥土地资源优势，推进农业再上新台阶

黑龙江省有耕地近 1.8 亿亩，主要分布在松嫩、三江两大平原，土质十分肥沃。但农业基础设施比较薄弱，特别是水利设施严重不足，抗灾能力不强，基本上还是靠天吃饭。这些不足，实际上也是增产潜力，如果解决得好，在去年粮食总产量 397 亿公斤的基础上，通过三到五年的努力，使粮食产量登上 500 亿公斤大台阶是完全可能的。最近，党的十七届三中全会作出了《中共中央关于推进农村改革发展若干重大问题的决定》，前不久国务院讨论并原则通过了《国家粮食安全中长期规划纲要》，黑龙江要按照中央要求，抓紧研究制定增产 100 亿公斤的粮食规划和措施，为农业迈上更大台阶提供保证。要加强以水利设施为重点的农田基本建设，把抗旱排涝的问题解决好，加快进行中低产田改造，大幅度增加高产稳产田面积。发挥土地平坦、集中连片的有利条件，引导土地承包经营权合理流转，实行农业生产规模经营，提高农业机械化水平。加快农业科技项目创新开发，健全农业科技推广体系，加强良种引进和繁育，全面提高耕作水平和栽培技术。特别是要发挥好垦区机械化、规模化、产业化水平高的优势，进一步搞好场县共建，更好地发挥垦区的辐射、示范、带动作用，加快推进农业产业化进程，促进传统农业向现代农业跨越。努力把土地上的各种资源开发好、利用好，既要搞好种植业，也要搞好养殖业，加工转化好各类农副产品，提高土地的综合效益。

二、发挥矿产资源优势，积极推进系列开发

目前，黑龙江省已经发现的矿藏有 133 种，已探明储量的有 81 种，其中石油、天然气、煤炭等战略性资源在全国位居前列。尽管石油储量已经不多，但维持年产 4000 万吨，还可以再坚

持几年。天然气已探明储量2000多亿立方米，有待开发利用。煤炭已经探明储量200多亿吨，铁矿、金矿、石灰岩矿等，都有一定的储量，有很高的开采利用价值，而且已产生了很好的效益。突出的问题是矿产品系列开发不足，精深加工不够。石油和煤炭，在系列开发上还有很大的空间。近年来在石油化工和煤炭化工上抓了一些项目，但多数是刚刚开始建设，有的还在论证过程之中。仅有这些项目远远不够，还要在系列开发上下更大的力气。石油开发要努力多上精细化工项目，并着眼新的经济增长点，规划好天然气综合开发、有效利用，切实抓好燃气化工项目建设。煤炭开发要重点发展煤转电、煤转焦、煤转气，以及向下游延伸的各类产业，搞好煤矸石、煤层气的综合利用。特别要针对电多用不了、输不出去的问题，加快输变电工程建设，并在城市交通、城乡居民生活等各个领域研究推广电气化等可开发的产业和项目。

三、发挥森林资源优势，提高综合利用水平

黑龙江省林地面积2000多万公顷，森林覆盖率达43.6%，森林面积和蓄积量居全国之首。虽然经过半个多世纪的开采，木材资源消耗很大，可采资源大幅度缩减，但活立木总蓄积仍有16.5亿立方米，可采蓄积还有2.9亿立方米，如果现在坚持少伐，做到合理消长，20年以后木材蓄积量有望达到22亿立方米，森林资源仍是黑龙江的优势。林产工业一直是一个重要产业，但发展至今，产品仍很简单，多数是初级加工、低级加工，没有形成大的品牌。林下资源的开发也很早，有一些好的经验，但作为一个产业来经营，明显不够，市场营销、产品加工、产品包装、综合经营、系列开发没有真正搞起来。林下养殖也存在这个问题，多是散户小养，缺乏企业和公司等经营载体把他们联结起来，没能规模化生产、系列化经营。要挖掘林区经济增长潜力，在抓好森林资源保护的前提下，加快林区经济转型，提高森林资源综合利用水平。林产工业要加快由粗放加工向精深加工转变，大力发展中高档家具、精细木制品等终端产品，提高附加值。充分利用采伐和制材剩余物，大力发展人造板、集成材，提高资源利用率。在林木资源锐减的情况下，必须把林区多种经营摆在更加重要的位置来抓，以多种经营来兴林富民。要抓好林区经济龙头企业建设，探索公司、基地、林户相结合的路子，变一家一户分散采集、种植、养殖及商贩收购为规模化、系列化经营，创出在市场上叫得响的品牌，拉动林区经济快速发展，推动黑龙江省成为国内有影响的林木产品、山特产品加工基地和集散中心。

四、发挥水资源优势，做好以水兴业这篇文章

黑龙江省河流纵横，湖泊密布。有大小江河1900多条，多数河流少有污染，有的河流毫无污染，黑龙江、乌苏里江两条大的界江，水量丰盈，水质清纯。有大小湖泊600多个，比较大的有兴凯湖、镜泊湖、莲花湖等，这在中国北方是极其罕见的。水是生命的源泉，是发展的重要保障。黑龙江有丰富的水资源，这就为更好更快发展提供了优越条件。但由于基础设施薄弱，大的控制性工程少，相当大的水资源白白浪费，江河、湖泊、水面的综合利用很不够。以水富民、以水兴业，大有文章可做。做好这篇文章，就要大兴水利，留住天上水，用好地表水，合理开发地下水，在防治水患的同时，有效扩大农田灌溉面积。要重点规划建设几个大的枢纽工程和一些小水电项目，集灌溉、发电、航运、旅游效益为一体。当前，要加快松花江梯级航电枢纽工程建设和已经定下来的各类水利工程建设，使其尽快发挥效益。临江而建的城市，要充分利用好这一有利条件，搞好城市建设，优化城市环境，完善城市功能，提高城市品位。要积极研究探索如何大规模开发具有黑龙江区域特色的水产养殖业，努力提高寒带水域的养殖技术水平，向集约化和规模化养殖要效益。

五、发挥生态资源优势，做大做强旅游业

黑龙江省有大森林、大草原、大湿地、大湖泊、大界江、大冰雪、大熔岩等，自然风光独特，生态环境一流。春季林海绿涛，夏季清凉怡人，秋季五花山色，冬季银装素裹，北国风光，四季妖娆。良好的生态资源，不仅提供了优越的生存空间，也是发展旅游产业的重要依托。近年来，我们利用良好的生态环境，加大旅游开发力度，建设了一些景点、景区，旅游收入逐年攀升，但还没有真正做大做强，许多有极大开发价值的生态旅游资源还没有挖掘利用，特别是大森林、大湿地、大界江旅游开发远远不够。大小兴安岭、三江平原有大面积湿地，全国少有，大部分在那里沉睡。两条大界江风光秀美，也仅仅开发了一些旅游景点，而且水平都还不高，还没有形成旅游热线。旅游是大有发展前景的一个重要产业，是带动黑龙江省形成投资热、开发热的重要一极。推动生态旅游，我们得天独厚。要充分利用好优越的生态资源，大力发展北国风光游、四季风情游、养生度假游等具有黑龙江特色的旅游项目，着力抓好景点、景区建设，搞出一批旅游热点热线。要在已经开发的旅游线路中，精选地域特色突出、在市场能够叫得响的旅游热线，集中打造黄金旅游线路。对旅游线路、旅游产品的开发，起点要高，标准要高，做到建一处成一处，扩大影响一处，防止低水平重复建设。开发生态旅游，必须遵循自然规律，保护生态环境，体现自然风貌，突出黑龙江特点，给人以大自然的享受。

六、发挥物产资源优势，在提高附加值上下功夫

黑龙江省粮食、石油、煤炭、木材、电力等物产丰饶，这是加快发展、提高经济实力的重要支撑。黑龙江不但有粮，而且商品率还很高，现在年产已近400亿公斤，商品率高达74.3%。黑龙江的电力资源也是富足的，截至2007年底，装机容量已达1500多万千瓦，年发电量达680多亿千瓦时，富余装机容量近100万千瓦，闲置产能很大。虽然这些关系国计民生的战略性物质产品非常丰富，但生产总值并不高，财政收入也不高，人均收入水平更不高，丰富的物产资源优势，没能很好地转化为经济实力。要扭转这一不利局面，根本的出路就是要多搞一些经济效益好、竞争实力强、拉动作用大的物产加工、转化项目。在物产转化增值的同时，要注意抓好两个问题，一个是专业化市场建设，特别是粮食产品、林木产品的专业化市场建设，一定要摆上日程，不能让这笔商业财富流失掉。过去我们卖原料，现在我们出产品，都有美中不足，要大力开发市场、建设市场，进行市场化经营。另一个是龙头企业要加强原料基地建设，并要统筹规划，合理布局，防止一哄而起，出现争抢原料的不良竞争，结果谁也吃不饱、谁也干不好。

七、发挥外贸资源优势，扩大对外贸易和经济合作规模

黑龙江同俄罗斯5个州区接壤，边境线3000多公里，其中黑龙江、乌苏里江两大界江，长2000多公里，没有高山峻岭和险滩恶岸。全省有大大小小的口岸25个，其中边境口岸15个，全部口岸年过货能力已达2900万吨，去年对俄贸易额达到107亿美元，约占全国的1/5，已经有了很好的贸易基础。这是非常宝贵的资源，是内陆不具备的优势资源。对日、韩等国家和地区的经济往来、经贸合作近年来也有了较快发展。但总体来看，开放的力度、程度，贸易的热度、额度，合作的深度、广度还远远不够。必须充分认识对外贸易和经济技术合作的重要地位和广阔前景，加强口岸基础设施和进出口加工基地建设，提高通关服务水平，优化开放开发的硬、软环境，把一些重要口岸建设成为面向欧亚、通往世界的商品集散地。要针对外贸市场需求，加强与沿海发达地区及港澳地区的经贸联系，共同研究建立开发外贸市场的合作机

制，提高黑龙江省对外产品出口水平，扩大市场影响。要加强与相邻地区的交流合作，建立起更加紧密的互利互惠关系，不断巩固和扩大现有煤、油、林、矿、电等境外资源合作开发的规模，并逐步向更宽领域拓展。要推动对外经贸战略升级，谋划产业对接，争取更高层次、更广领域的经贸合作。

八、发挥科技资源优势，加快科研成果向现实生产力转化

黑龙江省科技实力较强，科研机构有701个。有中国农科院哈尔滨兽医研究所、中国船舶重工集团七〇三研究所、中国机械科学研究院哈尔滨焊接研究所等一批国内知名的科研机构，有省科学院、省农科院等一批地方重点科研院所，有哈尔滨工业大学、哈尔滨工程大学等69所高等院校和2个国家级大学科技园，都有很强的科技实力。有大庆油田有限责任公司、哈尔滨电站设备集团公司、中国第一重型机械集团有限责任公司、哈尔滨飞机工业集团有限责任公司等一批国宝级企业。这些企业在石油勘探、开采、加工等方面技术研发能力达到国内领先水平，在大型装备制造业领域制造技术开发能力处于同行业领先地位。近年来，黑龙江省有很多科研项目达到了国内先进水平，甚至国际先进水平，很多科技成果被应用到神舟飞船、三峡水电站等国家重特大项目上，应该说实力很强，成果颇丰。但比较遗憾的是，科技成果转化为产品、转化为商品、转化为现实生产力却远远不够。据统计，现有科技成果真正实现产业化、商品化，占一定市场份额的只有20%左右。怎样发挥好科技优势，使成果转化为产品、产业、商品、品牌，是我们要破解的一个难题，也是要下大力气抓好的一项重点工作。要积极推进科教兴省战略，加快高教强省建设，研究制定政策，创造各种条件，调动科技工作者、科研单位、高等院校、骨干企业的积极性、创造性，向科技要产品、要产业、要生产力、要经济效益。要瞄准国内国际科技前沿，组织新技术、新产品研发攻关。要积极稳妥地推进科研体制改革，整合科技资源，建立健全规划、研究、试验、转化、生产为一体的机制。要加强高新技术园区、创业中心建设，为科研成果向现实生产力转化搭建平台。

九、发挥人才资源优势，为加快发展提供智力支撑

黑龙江有近80万各类科技专业人员，其中有高级职称的近10万人，两院院士35人，这是我们的国宝、省宝，是最为宝贵的资源。把人才的积极性、创造性发挥出来了，就会产生巨大的能量，其创造出来的物质财富、社会财富是难以估量的。但客观地说，由于体制机制、发展环境、外部因素等原因，造成许多人才流失，许多人才创新积极性不高，没能够充分发挥人才在推进发展中的作用。要加快发展，必须充分尊重人才、真心爱护人才、合理用好人才。要加强人才服务体系建设，在资金、项目、科研基础设施等方面，尽可能地为科技人才发挥作用创造更好的条件。要加强对人才资源的统筹整合，围绕黑龙江优势产业和未来具有极大发展潜力的新兴产业，围绕能够带动全省产业升级的核心技术和关键技术，围绕对区域发展具有牵动作用的重大项目，组织联合攻关，努力取得更多的科研成果。对有重大贡献的科技人才要给予重奖，使他们在政治上有位、经济上有酬、社会上有名、工作上有为。一定要树立正确的人才导向，为科技人才施展才华、报效国家、强省富民提供一个广阔的舞台。

十、发挥精神资源优势，汇集加快发展的强大动力

精神的力量是不可忽视的。社会财富绝大多数是由人来生产、创造的，人是靠精神来支撑的。精神的力量是十分巨大的。从某种意义上说，黑龙江省近1.8亿亩耕地，是人民群众靠精神的力量用双手开垦出来的。在黑龙江发展的历史进程中，人民群众创造了可歌可泣的“闯关

东精神”、“北大荒精神”、“大庆精神”、“铁人精神”。这些精神反映了艰苦奋斗、奋力拼搏、勇于创造、敢于开拓的创业历程，体现了中华民族生生不息、与时俱进的宝贵品格，哺育了几代人、十几代人，开发出了黑龙江锦绣的大地和蓬勃的事业。当前，我们要靠这些精神去创造更加美好的未来。要通过开展思想教育、新闻宣传、文艺创作、树立典型等多种形式来大力弘扬这些精神，并赋予新的时代内涵。要通过弘扬这些伟大的创业精神，进一步破除长期以来传统农耕文化、计划经济的思维方式，推动黑龙江新一轮思想解放，形成全民开拓创业的良好氛围。要把这一笔宝贵的精神资源优势发挥好，使之成为推动经济社会发展最为生动、最有活力的动力源泉。

（作者：中共黑龙江省委书记）

深入学习实践科学发展观
做党的忠诚卫士和人民群众的贴心人

孟建柱

按照中央的决定和部署，深入学习实践科学发展观活动已在全党分批开展。当前和今后一个时期，全国公安机关和广大民警的首要任务，是认真学习贯彻胡锦涛总书记在全党深入学习实践科学发展观活动动员大会上的重要讲话精神，深入贯彻落实科学发展观，积极适应当前公安工作面临形势的新变化，以推进公安信息化建设为载体，以加强执法规范化建设为重点，以构建和谐警民关系为支撑，深入推进“三基”工程建设（抓基层、打基础、苦练基本功），进一步推动公安工作又好又快发展，做党的忠诚卫士和人民群众的贴心人。

一、深刻认识当前公安工作面临形势的新变化，进一步增强政治责任感和工作紧迫感

在经济全球化、社会信息化的时代背景下，影响国家安全和社会稳定的不确定因素明显增多，难以预料的挑战和风险明显加大。从今年情况看，公安工作面临的形势发生了许多新变化，呈现出许多新特点，突出表现在三个方面：

境内因素与境外因素互相影响的关联性更加明显。当前，我国发展对世界发展的作用和影响不断增大，国际环境发展变化对我国发展的作用和影响也不断增大；国际关系中的中国因素增强，国内工作受国际因素的影响也明显加大。在这种情况下，境内因素与境外因素的相互影响越来越突出，内政与外交的相互作用越来越明显。面对境内因素与境外因素相互影响日益明显的趋势，如何科学统筹国内国外两个大局，妥善处理国内国外两种因素对国家安全和社会稳定的影响，不断提高应对风险挑战的能力，是我们面临的一个新课题。

传统安全因素与非传统安全因素相互交织的复杂性更加明显。当今世界，传统安全因素有增无减，非传统安全因素日益突出，两种因素相互交织、错综复杂，应对难度进一步加大。我们不仅要维护国家政治安全、军事安全，还要维护国家经济安全、金融安全、信息安全；不仅要预防和打击盗窃、抢劫等多发性侵财犯罪、黑恶势力等刑事犯罪，还要预防和打击暴力恐怖犯罪等各类新型犯罪。非法集资、非法传销、地

下钱庄等经济犯罪突出，由此引发的群体性事件增多，成为影响社会稳定的重要因素。如何妥善应对传统安全因素与非传统安全因素的挑战，有效避免和防止发生连锁反应，确保国家安全和社会稳定，是我们面临的一个新挑战。

“虚拟社会”与现实社会相互作用的互动性更加明显。随着网上“虚拟社会”的衍生、发展，“虚拟社会”与现实社会之间的影响和作用更加直接。现实社会中的生活方式，在“虚拟社会”中同样存在；“虚拟社会”中的思维方式和表现形态，在现实社会生活中同样都能体现，维护稳定工作面临的形势更加复杂。在飞速发展的网络信息条件下，如何加强对“虚拟社会”的管理，坚持网上防范与网下管理相结合，最大限度地趋利避害，是对我们做好维护稳定工作的一个新考验。

面对这一系列新变化、新特点，各级公安机关特别是领导干部要牢固树立世界眼光，切实强化战略思维，善于以开阔的视野、宽广的视角分析研究国际国内发展大势，以马克思主义的立场观点分析判断经济、社会、政治、科技、文化等诸多要素对国家安全和社会稳定的影响，居安思危，切实增强忧患意识，始终把工作的基点放在随时应对可能发生的各种突发问题上、放在驾驭各种复杂局势上。要认真总结经验教训，牢牢抓住公安信息化建设、执法规范化建设和构建和谐的警民关系这三个事关公安工作和队伍建设长远发展的战略性、全局性、根本性问题，着力解决制约当前公安工作发展的突出问题，以更好地应对新形势、新任务对公安工作提出的新要求、新挑战。

二、大力推进公安信息化建设，全面提高公安机关战斗力

加强公安信息化是提高公安机关整体战斗力的重要途径，是提升基层基础工作水平的重要载体，是牵动警务机制改革的重要纽带。各级公安机关要积极适应信息化的发展趋势，坚定不移地走科技强警之路，向科技要素质、要警力、要战斗力，把信息化打造成提升公安机关核心战斗力的重要支柱。

要以信息化提升公安机关侦查破案能力。信息化手段已成为侦查破案的重要手段，要坚定不移地走科技强警之路，加快信息化建设。各级公安机关要依靠网上排查、网上串并、网上追逃等新型工作模式，通过对各类信息进行关联整合、比对，及时侦破案件，逐步改变传统侦查破案方式和侦查手段，全面提升公安机关的实战能力。

要以信息化带动基层基础工作。各级公安机关要把信息化作为带动基础工作的主要手段，把随时随地掌握情况信息、随时随地录入信息数据作为基层民警日常工作的基本内容，切实掌握人的基本情况信息，做到底数清、情况明，掌握得了、控制得住，这是一项基础性、源头性工作，务必把它做好；要把信息化与基础工作有机融合起来，为网上排查、网上串并、网上比对、网上追逃等信息化应用提供强大的信息支撑，进一步提高公安基层基础工作的层次、质量和水平。

要以信息化推动警务机制创新。要把信息化作为改进警务方式、指挥模式和队伍管理方式的强大推动力，创新警务机制，全面提升公安机关的整体效能。一要使信息资源实现高度整合和共享，打破部门、警种之间的壁垒，提高公安机关合成作战能力，推动打防管控一体化；二要为领导机关决策指挥提供便捷高效的技术手段和第一手信息资料，拉近指挥与实战、机关与一线的时空距离，使决策更加科学、指挥更加精准，实战指挥的层级进一步压缩、效能进一步提高；三要加强情报信息综合分析研判，使巡逻防控的重点更具针对性，警务部署、警力投向和勤务方式更具科学性；四要对民警执法办案等业务活动从受理到办结各个环节进行网上全程监督，规范业务流程管理和民警日常工作管理，既保证执法公正，又保护民警的执法权益。

三、狠抓执法规范化建设，不断提高公安机关执法公信力

坚持严格、公正、文明执法，是公安工作的生命线，也是公安机关和公安民警最基本的履职要求。因此，必须首先做到规范执法。各级公安机关要积极适应发展社会主义民主政治的要求，大力加强执法规范化建设，进一步提高公安机关执法公信力。

要深入开展社会主义法治理念教育。加强执法规范化建设，根本要靠广大民警认识的提高与行动的自觉。各级公安机关要紧紧抓住深入学习实践科学发展观和开展大学习、大讨论活动这一契机，综合采取各种有效措施，进一步加强社会主义法治理念教育，真正把以人为本、执法为民、公平正义、严守法纪等理念根植到每一名民警的头脑中，落实到每一名民警的实际行动中，贯穿到每一项执法工作和每一个执法环节中，使广大民警牢固树立正确的执法理念，从源头上解决执法不规范问题。要深入剖析一些执法不规范、不公正、不文明和不作为、乱作为的典型案例，有的放矢地开展警示教育。

要健全完善各项执法制度。加强执法规范化建设，关键在于各项执法制度对执法活动的有效规范和约束。在程序制度建设方面，要从基层民警日常执法活动最急需的方面入手，针对交警纠正违章、治安盘查巡控、武器警械使用等容易发生问题的执法活动、执法环节，抓紧健全完善相关程序规定和标准规范。进一步细化各类执法标准，严密执法程序，规范执法环节，确保民警有法可依、有章可循。各省、自治区、直辖市公安厅(局)可针对执法实践中可能遇到的各种问题，根据国家法律法规有关规定，制定具体明确、通俗易懂、便于操作的细则或具体操作程序。在实体制度建设方面，要针对容易发生执法问题的重点岗位和关键环节，制定完善刑事案件立案标准、证据标准以及治安行政案件裁量标准。

要进一步改进执法方式。各部门、各警种要根据自身特点，主动适应全面开放、高度透明的社会环境，按照“理性、平和、文明、规范”的要求，在维护社会秩序、加强社会管理过程中，遇到挑衅、面临复杂情况时，不冲动、不感情用事，不说过头的话、不做过激的事。要规范民警在执法中的语言和动作，区分不同执法环境，统一执法语言，统一动作规范，切实做到言行文明、举止得当。要准确把握当前社会心理的变化和执法对象的感受，讲究方式方法，尽可能融法、理、情于一体，最大限度地实现法律效果和社会效果的有机统一。

要进一步加强执法监督。坚持以公开促公正，扩大警务公开的范围和层次，及时向社会公开涉及公民权利和义务的执法依据，最大限度地公开执法程序、执法进度、执法结果和执法文书，提高执法工作透明度，努力使公平正义以群众看得见的方式得以实现。要充分借助信息化手段，加强执法监督信息系统建设，努力从网上录入、审批、办理到结案等各个环节实现对民警执法办案的全程监督。要以深化执法质量考评工作为载体，健全完善案件法律审核把关和个案监督机制，严格落实执法过错责任追究制，确保民警严格按照法定权限和程序行使权力、履行职责。

四、切实加强公安队伍思想政治建设，着力构建和谐的警民关系

科学发展观的核心是以人为本，人民警察肩负着人民的重托，必须坚持人民利益高于一切。构建和谐的警民关系，是我们党的根本宗旨对公安工作的本质要求，是做好新形势下社会稳定工作的根本保证。各级公安机关特别是领导干部要站在巩固党的执政基础、提高党的执政能力的高度，深刻认识构建和谐警民关系的特殊重要性，不断增强公安队伍的凝聚力、战斗力、亲和力，着力构建和谐的警民关系。

要切实加强对公安民警的思想政治教育，做党的忠诚卫士。各级公安机关要有针对性地开展宗旨意识和群众观念、群众路线教育，使广

大民警始终把“三个至上”(党的事业至上、人民利益至上、宪法法律至上)作为永恒追求,坚定不移地做中国特色社会主义事业的建设者、捍卫者。在实际工作中,必须着眼公安机关不同于一般行政机关的特殊性,坚持从人民群众反映最强烈的问题改起、从人民群众最期盼的事情做起,严肃警纪、整饬警风,集中整改公安队伍中存在的“冷硬横推”、“吃拿卡要”等伤害群众感情、侵犯群众利益的突出问题,严肃查处公安民警执法犯法、徇私枉法等社会各界反映强烈、人民群众深恶痛绝的违法违纪问题,持之以恒地抓好“五条禁令”等从严治警措施的落实,以良好作风和形象扶正祛邪、取信于民。

要积极做好新形势下的群众工作,做人民群众的贴心人。群众工作是一项基础工作,也是基层民警必须具备的一项基本功。各级公安机关要努力提高广大民警做群众工作的能力,千方百计为群众做好事、解难事、办实事,争做人民群众的贴心人。努力做到“三懂四会”,即懂群众心理、懂群众语言、懂沟通技巧,会化解矛盾、会调处纠纷、会主动服务、会宣传发动。要深入实施城乡社区警务战略,推动警务前移、警力下沉,让更多的民警走进社区、农村,融入群众,扎根基层。要把群众满意作为检验社区和农村警务工作成效的最高标准,把对警务工作的评判权真正交给群众,不断提高基层民警做基础工作、为群众服务的自觉性、主动性。要加强和改进公安信访工作,把解决群众信访问题作为改进群众工作的重要着力点,带着对人民群众的深厚感情去工作,健全完善公安厅局长接访制度,妥善处理重信重访案件,确保定分止争、案结事了。要不断推出新的便民利民措施,让群众感到更方便、更快捷、更高效。

要切实加强舆论引导工作,提高联系沟通的能力。要在公安机关与新闻媒体和人民群众之间架起一座沟通的桥梁,营造一种警民互动、有利于公安工作、有利于社会和谐稳定的良好舆论环境。加强舆论引导工作总的原则是“及时、主动、准确、统筹”。所谓“及时”,就是要完善新闻发布制度,健全突发事件舆论引导机制,争取在第一时间发布权威信息,第一时间公布事实真相;所谓“主动”,就是要密切跟踪、深入研判舆情发展走向,准确把握媒体需求和受众心理,有针对性地主动发布正确信息,加强正面引导;所谓“准确”,就是要坚持用事实说话、用数字说话,以正视听,消除不实传闻;所谓“统筹”,就是要统筹考虑国际国内两个大局、网上网下两个阵地,综合判断各种复杂因素,权衡利弊,特别是在一些重大、敏感、热点问题的舆论引导上,注意把握好分寸,掌握好尺度。

要进一步规范各类非警务活动,做到合理用警。要从公安机关的职责任务入手,严格界定警务活动与非警务活动的界限,做到有法可依、有章可循、出警有据,对必须动用警力的非警务活动,在行为上进行规范。在处置群体性事件中,要明确公安机关的主要任务是维护现场秩序,化解矛盾,制止过激行为,防止局势失控。工作中,必须讲究政策、讲究策略、讲究方法,坚持“三个慎用”(慎用警力、慎用武器警械、慎用强制措施),坚决防止因用警不当、定位不准、处置不妥而激化矛盾,坚决防止发生流血伤亡事件。要严格请示报告制度,凡调用警力参与重大非警务活动的,必须逐级上报、严格审批;情况特别紧急,不及时果断采取措施难以有效控制事态时,要边出警、边处置、边报告。各级公安机关要加强向党委、政府请示汇报,积极争取理解和支持。

加强公安信息化建设、执法规范化建设和构建和谐的警民关系,是深入贯彻落实科学发展观、进一步深化“三基”工程建设的战略举措,也是新形势下全面推进公安工作和公安队伍建设发展进步的强大动力。让我们在以胡锦涛同志为总书记的党中央领导下,统一思想、提高认识,坚持不懈、扎扎实实地把打基础、管长远、利全局的事情抓紧抓好,为在新的历史起点上开创公安工作新局面、回应人民群众新期待作出新的更大的贡献!

(作者:国务委员、公安部部长)

改善民生是落实科学发展观的核心工程

袁纯清

在经济发展的基础上，通过扩大公共服务，着力保障和改善民生，是党的十七大提出的新要求。去年以来，陕西省委、省政府在认真调研的基础上，决定实施八大民生工程，在发展社会事业制度化、解决民生问题项目化、促进公共服务均等化方面，进行了积极探索。

站在科学发展的高度认识民生工程

科学发展观的核心是以人为本，实施民生工程体现了以人为本的根本要求。坚持以人为本，就是要尊重人在发展中的主体地位，实现社会进步与人的全面发展相协调。在当前，关键是要从社会主义初级阶段的实际出发，把改善民生摆在首位，不断提高人的生活质量和幸福指数。为此，必须找到一种行之有效的载体，将改善民生的各项任务有计划、分步骤地加以推进。游离于以人为本这个核心，一切发展终将失去目标，也没有任何意义；缺乏现实载体，改善民生的任务就难以落到实处，效果也会大打折扣。

通过项目化手段发展社会事业，可以集中财力办大事，提高资金使用效率，有效改变经济建设和社会事业“一条腿长、一条腿短”的局面，在一定程度上扭转农村经济社会发展滞后的现状，逐步缓解区域之间公共服务差距较大的矛盾，增强经济社会、城乡和区域发展的协调性，这本身就是科学发展的题中应有之义。同时，运用工程化措施解决民生问题，目标明确，措施具体，短期内可使一批群众最关心、最直接、最现实的利益问题得到切实解决，使全体人民学有所教、劳有所得、病有所医、老有所养、住有所居的问题落到实处，从而进一步激发群众推动科学发展的能动性和创造力。

总之，我们一定要从科学发展观“第一要义”与“核心”的结合上来领会关注民生的重要性，在科学发展与改善民生的统一中来把握改善民生的着力点，以实施民生工程为载体，把发展的目的真正体现到满足人民需要、实现人民利益、提高人民生活水平上。

围绕解决群众的实际困难谋划民生工程

民生问题的解决，是一个随着经济发展和社会进步渐进的过程。在现阶段，解决群众最关心、最直接、最现实的利益问题尤为迫切。

近年来，陕西省在经济持续快速增长、财政状况明显好转的基础上，努力扩大公共服务，2003年至2007年在民生方面的财政投入达318亿元，比上一个五年的110亿元增加了208亿元。政府投入的不断增加，有力地促进了民生事业的发展。但由于经济欠发达、财政底子薄，公共服务方面的欠账仍然比较多，教育、卫生、社会保障、住房、社区服务等方面与全国平均水平还有较大差距，城乡之间不均衡的问题也比较突出，解决这些问题既是群众的迫切期望，更是各级政府义不容辞的责任。

在广泛深入调研的基础上，我们从全省社会事业发展的实际出发，结合各级财政的实际保障能力，经过认真研究筛选，决定在今后5年积极调整财政支出结构，着力实施教育、就业和再就业、公共卫生、社会保障、住房保障、农村基础设施、公益性文化体育设施、城乡社区服务体系建设等八大民生工程，使我省公共服务水平位居西部前列，力争接近全国平均水平。八大民生工程共涉及40个项目，在实施工程中，将选择群众要求最迫切、经济社会关联度最高的职业教育、人力资源市场、城镇居民基本医疗保险、农民安居、农村饮水、农村供养服务机构、广播电视“村村通”、信息入村、社区服务体系等10个项目实施重点突破，5年内实现项目范围内的全覆盖。以上10个重点项目如期完成后，三秦大地将呈现上学就医不再难、养老就业有保障、贫困家庭有住房、家家用上干净水、社区服务广覆盖、油路信息通到村的美好景象。

以改革创新精神推进民生工程

通过实施民生工程解决民生问题，是在新形势下推进社会建设的有益尝试，必须以改革创新精神不断完善工作机制，积极探索新的工作措施。只有这样，才能保障其健康发展，并焕发出新的活力。

一要编制“民生预算”，创新财政保障机制。民生工程的实施，标志着社会事业的发展进入了规模有序推进的阶段，这就对财政保障能力提出了更高的要求。依靠过去那种临时性、短期性安排资金或在预算外追加经费“办实事”的做法，显然已经不适应了，必须建立解决民生问题的科学系统规划和预算制度。为此，我省确定实施八大民生工程后，围绕所有项目的资金需求进行了深入分析和认真测算，编制了2008—2012年“八大民生工程”预算，5年财政投入829亿元，人均2242元，为前5年的2.6倍，这在我省历史上是空前的。这个预算既是全省解决民生问题的第一个五年中期预算，也是我国率先制定的省级“民生预算”，其数据将分解纳入每一年度的政府预算，提请省人大审议后即开始实施，以有效解决财政的持续保障问题。

二要实施项目管理，创新工作推动机制。民生工程包含的各项任务，无论是有形的基础设施还是无形的公共服务，无论是政府提供的纯公共产品还是社会力量参与投资的准公共产品，都应以项目的理念策划、项目的手段推进、项目的标准验收，并以项目为载体，整合各级和条块的财政资金与社会资本，分门别类地予以推动。这样做的好处是显而易见的，主要是建设质量有标准，实施过程可控制，资金来源有保证，完成期限很明确。我省实施的农民安居工程，就是在一家一户摸底造册的基础上，按照统一的方案和标准，提出5年任务和年度计划，由省发改委、扶贫和民政等部门分别予以实施。这一项目完成后，将在西部率先消除农村无房户、茅草房和地质灾害区危房，使20多万户农民住房条件得到彻底改善。

三要改革运行模式，创新服务经营机制。民生工程要建设好并持续发挥作用，必须进行运行模式的创新。在资金支持上，既可直接补助给受益对象，也可通过财政贴息等方式投入到项目上。在服务产品上，既可由政府直接提供，也可以购买方式间接提供。在设施管理上，也要把发挥社会效益与增强自身活力结合起来。在这方面，我们进行了许多探索。比如职业教育机构的建设，就没有由政府大包大揽，而是通过科学规划、政策引导和资金扶持，动员各方力量共同兴建。为解决农村五保户集中供养问题，由政府出资建设供养机构，五保户用供养费支付服务费用，既解决了有钱难养老的问题，又缓解了养老机构的经费困难。再如，在集中解决1300多万农村人口饮水困难和饮水安全问题的过程中，同步理顺供水管理体制机制，实行有偿用水，确保了供水设施持续正常运转。

四要强化目标考核，创新激励约束机制。要切实解决一些单位存在的工作落实不力问题，使民生工程能够真正造福于民，必须将其纳入经济社会发展规划，对实施情况及效果进行目标责任考核，对工程质量实行终身负责制，并建立奖罚追究制度。我们已经决定，将省级各部门和各市区实施民生八大工程的进展情况，作为省委、省政府年度考核的主要内容，予以重点督查和考核。同时，建立工程进展情况通报和舆论监督制度，每个项目的年度任务及进度，都要通过媒体或其他形式公布于众，未完成计划目标的必须说明理由，直接接受社会和公众的监督。

按照统筹兼顾的根本方法指导民生工程

民生工程涵盖面广，投入量大，时间跨度长，组织协调任务很重，必须坚持统筹兼顾、协调运作的方法，正确处理好以下关系。

正确处理发展经济与改善民生的关系。关键是要避免两种倾向：一是把改善民生看成单纯的福利问题，认为增加民生方面的投入会影响发展。这种担心完全没有必要。社会主义经济发展的根本目的，就是要不断提高人民群众的物质与文化生活水平，使人们过上更好生活的新期待得以实现，而民生工程的许多项目，也都是直接或间接促进发展的。比如，发展职业教育可使劳动者素质明显提高，建设人力资源市场有利于促进充分就业，信息入村将实现小生产与大市场的有效对接，民生领域投入的增加还可激活消费、扩大内需。从这个意义上讲，民生工程不仅是惠民工程，实质上也是发展工程。二是不顾经济发展水平，盲目规划，轻率许愿，乱铺摊子，把民生工程搞成了脱离实际的“形象工程”和“政绩工程”。应该看到，经济发展是改善民生的物质基础，改善民生是经济发展的根本目的。实施民生工程，必须从实际出发，充分考虑各方面的条件和承受能力，把当前与长远、需要与可能有机结合起来，尽力而为，量力而行，多谋群众期盼的惠民之策，多行符合实际的惠民之举。

正确处理政府引导与社会投入的关系。民生工程大部分是公共基础设施建设，应当充分发挥政府的主导作用。同时，要高度重视建立和完善公共服务供给的社会参与机制，搞好项目规划，强化政策引导，拓宽筹资渠道，鼓励和引导企业、社会组织、个人资金投资经营信息入村、饮水安全、农村公路等准公共产品，形成多元化投入格局。我省的八大民生工程计划投资 1118 亿元，其中社会资本 289 亿元。只要正确处理好政府引导和社会投入的关系，社会资本的投入不仅能够完全落实，而且会进一步增加。

正确处理保证重点与整体推进的关系。八大民生工程，既有国家统一要求的，又有我省主动安排的，既有需要继续推进的，又有准备启动实施的，是一项社会系统工程。在实施过程中，要辩证处理问题。一方面，要突出重点，抓住主要矛盾，解决突出问题，利用重点项目和重点区域的突破及其示范效应，带动和促进整个工程的协调推进；一方面，要整体推进，注重城乡、区域之间的利益均衡，统筹民生工程与其他社会事业的发展，努力做到各类公共产品供给的普及性。

正确处理各负其责与协作配合的关系。民生工程的责任主体是省、市、县各级政府。省一级的任务主要是规划和统筹，市一级的任务主要是协调和指导，县一级的任务主要是组织和实施。各级政府都要按照其事权范围，承担起应尽的责任，完成好各自的任务。政府有关部门作为组织实施单位，一定要强化全局观念，在规划制定、资金筹措、项目实施等各个环节，既要认真履行职责，又要主动沟通协调，既要当好主角，又要甘做配角，共同为实施民生工程贡献力量。只有形成了上下联动、多方协同、各负其责、各尽其职的工作格局，才能形成强大的合力，推进民生工程才有坚强的组织保证。

（作者：陕西省人民政府省长）

深入学习实践科学发展观
坚持为大局服务为人民司法

王胜俊

人民法院深入学习实践科学发展观，必须坚持"三个至上"指导思想，坚持"从严治院、公信立院、科技强院"工作方针，着力解决好人民法院依法保障经济社会科学发展和自身科学发展的问题，确保人民法院各项工作始终为党和国家工作大局服务，为人民司法，履行好中国特色社会主义事业建设者和捍卫者的政治责任和司法责任。

一、按照科学发展观的要求，切实转变思想观念

转变发展观念，树立"三个至上"指导思想和社会主义法治理念。"党的事业至上、人民利益至上、宪法法律至上"的指导思想和社会主义法治理念，是马克思主义法律观在指导社会主义法治建设实践中形成的最新理论成果，是人民法院必须始终坚持的重大政治原则。必须紧紧把握社会主义民主法治建设规律，切实转变不符合科学发展的思想观念，坚决抵制各种错误思潮的影响，实现党的领导、人民当家作主、依法治国的有机统一；紧紧把握中国特色社会主义司法事业发展规律，努力做到与经济基础状况相适应、与上层建筑其他方面发展相协调，自觉把人民法院工作纳入中国特色社会主义事业发展全局，实现与经济建设、政治建设、文化建设、社会建设协同发展；紧紧把握中国特色社会主义司法制度的优势，坚决防止和克服本位主义、利己主义和法律虚无主义，努力建设公正高效权威的社会主义司法制度，实现政治性、人民性、法律性的高度统一。

转变服务观念，树立大局意识。人民法院为党和国家工作大局服务，必须切实转变就案办案、机械司法的观念，充分发挥审判职能，依法保障科学发展，促进社会和谐，确保社会大局稳定；必须切实转变被动服务、消极司法的观念，保持高度的政治敏锐性，提高政策执行力，紧紧围绕党的中心任务，确定工作重点，确保党的路线方针政策和决策部署在审判工作中得到不折不扣的执行；必须切实转变重裁判、轻调解的观念，坚持调解优先原则，充分运用综合协调的手段，采取教育、协商、疏导、救助等多种办法，努力化解社会矛盾纠纷，确保审判工作法律效果和社会效果的有机统一，积极主动为经济社会发展提供良好的司法服务。

转变司法观念，树立为人民司法意识。要从思想上解决"为谁掌权、为谁执法"的根本问题，始终坚持为人民司法，真正做到司法公正为了人民，事业发展依靠人民，公平正义的成果由人民共享。坚持为人民司法，必须站稳政治立场，克服特权思想，把维护好人民权益作为工作的根本出发点和落脚点，实现好、维护好、发展好最广大人民的根本利益；必须杜绝衙门习气，克服官僚作风，尊重人民主体地位，推进司法民主，保障人民的知情权、表达权、参与权、监督权；必须克服司法神秘主义、形式主义，增强群众观念，增进群众感情，体现司法人文关怀，努力解决人民最关心、最直接、最现实的利益问题，把人民群众是否满意作为检验工作成效的根本标准。

转变思维观念，树立统筹兼顾、改革创新意识。要切实转变机械、教条的思维观念，树立战略思维、辩证思维、系统思维，坚持多角度、多方

位、多层次观察、分析、解决问题，既要总揽全局、统筹谋划，又要抓住牵动全局的主要工作、事关群众利益的突出问题，着力推进、重点突破，努力破解司法难题；切实转变因循守旧、封闭保守的观念，树立求真务实、尊重规律、改革创新的观念，加快推进人民法院体制和工作机制改革步伐，增强推动科学发展的能力。

转变政绩观念，树立正确的司法政绩意识。要切实转变重“显绩”轻“潜绩”的观念，不仅要提高结案率、执结率，而且要努力做到服判息诉、案结事了；不仅要推出改革政策举措，而且要解决实际问题，让人民群众满意。要切实转变重当前轻长远的观念，不仅要做好稳控工作、减少非正常上访，而且要注重源头治理，努力实现公平正义、维护法律尊严和权威；不仅要解决人民群众反映强烈的突出问题，而且要构建有利于科学发展的长效机制。切实转变见物不见人的观念，不仅要改善审判工作条件，更要提高干警素质和司法能力；不仅要优化诉讼物质环境，更要优化诉讼人文环境，从而做出经得起实践、人民、历史检验的实绩。

二、坚持为党和国家工作大局服务，促进经济社会又好又快发展

围绕党和国家的中心任务，确定工作思路和重点。要进一步研究、认真落实应对国际金融危机的司法政策，化解金融风险，保证我国经济平稳较快发展；认真贯彻落实党的十七届三中全会决定，按照加速破除城乡二元结构、形成城乡经济社会发展一体化新格局的目标要求，切实提供司法保障和司法服务，推动农村改革发展；深入实施国家知识产权战略，加大知识产权司法保护力度，切实发挥司法保护知识产权的主导作用，依法保障和促进创新型国家建设。

围绕维护人民权益，强化诉讼功能。要深化诉讼方式改革，尊重民事行政诉讼当事人的程序选择权、辩论权、处分权，注重发挥诉讼程序对话说理功能，健全科学有效、公平合理的诉讼机制，发挥诉讼协调利益关系、监督依法行政、依法维护人权的作用，从根本上化解社会矛盾，保障和促进经济社会又好又快发展。

围绕社会和谐安宁，充分发挥审判职能。要充分发挥刑事审判职能，依法打击惩罚危害国家安全犯罪、恐怖犯罪、暴力犯罪和黑社会性质组织犯罪，严惩各类经济犯罪，积极开展打黑除恶、禁毒禁赌、治理商业贿赂等专项行动，营造安全稳定的发展环境；充分发挥民事审判职能，依法调节经济社会关系，化解社会矛盾纠纷，维护社会主义市场经济秩序和人民生活秩序，营造安定和谐的社会环境；充分发挥行政审判职能，支持、监督行政机关依法行政，保护人民合法权益，服务法治政府建设，营造便捷高效的服务环境；充分发挥审判监督职能和强制执行职能，做好涉诉信访工作，维护国家法制的统一、尊严、权威，营造公平正义的法治环境。

围绕改革发展稳定，加强司法解释和业务指导。人民法院要抓紧建立和完善民意表达沟通机制，推进司法民主和司法公开，针对审判工作中遇到的具体应用法律问题，积极履行司法解释职责，为及时稳妥审判各种诉讼案件和经济社会科学发展提供科学合理的规范依据；加快建立和完善案例指导制度，为审理疑难复杂案件提供案例参考，引导当事人自行解决矛盾纠纷。上级人民法院要积极履行监督指导职责，针对审判工作中遇到的突出问题，加强调查研究，采取适当形式，及时依法给予业务指导，努力实现审判工作规范化、科学化，推动经济社会又好又快发展。

围绕社会突出问题，加强司法建议、法律宣传和法律服务。人民法院和广大干警要把结合执法办案提出司法建议作为一项重要的工作职责，克服就案办案的思想，善于从执法办案中发现社会问题，提出切实可行的司法建议。结合司法活动，加强法律宣传，弘扬法治精神，提升公民法律意识，普及现代诉讼法律知识。发挥人民法院的法律专业知识优势、纠纷解决技能和经验优势，加强对人民调解组织的业务指导和人民调解员的业务培训，强化与律师、公证、

仲裁等有关行业组织的沟通协调工作，积极参与国家法律、地方性法规和政策制定过程中的征求意见活动，深入实施诉讼便民、利民各项措施，为社会提供宽领域、多方位、多层次、高水平的法律服务。

围绕防控化解社会矛盾纠纷，加强司法调研与配合。人民法院要围绕建立和完善社会矛盾纠纷综合防控化解体系，加强调查研究，积极为党委、人大建言献策。在党委领导下，与有关部门密切配合协作，结合构建社会治安综合治理体系，积极参与、推动诉讼外纠纷解决体系建设；结合构建社会信用体系，积极推动执行威慑体系建设；结合社会保障体系建设，努力促成刑事被害人救助体系、信访当事人社会救助体系的建立，实现人民安居乐业、社会和谐稳定。

三、坚持为人民司法，推动人民法院自身科学发展

统筹业务建设与队伍建设，坚持用制度管权、管事、管案、管人相结合，着力优化司法职权配置。要建立健全决策权、执行权、监督权相互制约、相互协调、透明运作的内部权力结构，形成结构合理、配置科学、程序严密、制约有效的审判权力运行机制，规范司法行为，保证人民法院依法独立公正行使审判权。优化队伍结构，提高审判效率和质量，切实解决“案多人少”、“案结事不了”的问题，确保司法公正高效权威。

统筹基层建设与机关建设，坚持审判、建设、改革、管理相结合，着力完善基层建设工作机制。要优化资源配置，强化司法保障，紧紧依靠党的领导的政治优势，发挥上级法院的监督协调指导作用，采取领导蹲点包片扶持、后备干部上下挂职锻炼提高、加强基层党组织建设等办法，切实解决基层建设薄弱、资源过于向机关和综合部门集中的问题，充实一线审判力量和管理力量，增强一线化解矛盾纠纷能力，实现基层稳、全局安的目标。

统筹局部工作与整体发展，坚持总揽全局、统筹谋划与突出重点、整体推进相结合，着力解决影响整体发展的突出问题。要紧紧围绕人民群众日益增长的司法需求同司法功能滞后之间的矛盾，着力把握司法工作规律，改变司法工作方式，破解法院工作难题。针对各种可能出现的法律适用问题，深入探索各级人民法院履行职责的新方式新途径；紧紧抓住执行工作中易滋生腐败的重点环节，建立健全权力运行监控机制；紧紧抓住造成非正常涉诉信访的关键问题，采取有力措施，切实提高审判工作质量，实现源头治理。

统筹当前工作与长远发展，坚持治标与治本相结合，着力推动经济社会科学发展。要把加强疑难复杂案件审判工作与建立健全案例指导制度、完善司法解释工作机制结合起来，切实解决发展中出现的无法可依、有法难依的新问题；把抓好重大典型案件审判工作与公民社会法治教育结合起来，依法追究背离科学发展观要求的安全事故责任，切实解决和防范执法不严、违法难究的问题，弘扬法治精神，教育公民法人自觉学法守法用法，形成依法推动科学发展的良好社会氛围，坚决防止以牺牲法律秩序为代价求得暂时安宁的短期行为。

统筹立足国情与借鉴国外，坚持从国情出发与学习吸收国外有益经验相结合，着力发挥社会主义司法制度优越性。要立足我国社会主义司法制度的根本要求，立足人民群众的法律知识、诉讼能力、新要求新期待，立足我国司法资源的条件和水平，有针对性地学习借鉴国外有益的司法管理经验、审判工作经验，为建设公正高效权威的社会主义司法制度服务。在学习借鉴外国经验时，要保持高度的政治敏感性和政治鉴别力，防止照抄照搬。

统筹发扬优良传统与坚持改革创新，坚持思想教育与机制创新相结合，着力建设公正文明廉洁的人民法院队伍。要加强党的优良传统、思想作风、反腐倡廉教育，坚持教育与管理相结合，坚定理想信念，发扬优良传统，弘扬新风正气，切实做到为民、务实、清廉。深入研究

社会主义市场经济条件下权力运行规律，建立健全反腐倡廉工作新机制，把惩治与预防贯穿于反腐倡廉的全过程。深入探索审判工作规律和特点，完善司法人事管理体制机制，落实司法工作人员分类管理制度，探索建立人民法院与党政部门干部交流机制，强化司法人员的政治纪律和工作责任，切实解决好司法队伍中政治方向、司法能力、工作作风、职业道德、司法廉洁等方面的问题。

（作者：最高人民法院党组书记、院长）

深入贯彻落实科学发展观　加快法治政府建设

马　凯

党中央、国务院高度重视推进依法行政、建设法治政府。改革开放30年来，适应我国经济社会发展的客观要求，党中央、国务院对依法行政作出了一系列重要决策，采取了一系列切实有效的措施，促进和保障了经济、政治、文化和社会各项事业的健康发展。党的十七大对加快建设社会主义法治国家作出了新的全面部署。我们要深入贯彻落实科学发展观，紧紧围绕十七大确定的奋斗目标和任务，坚持解放思想、实事求是、与时俱进，坚定不移地推进依法行政，确保法治政府建设取得新成效，为经济社会又好又快发展创造更加良好的法治环境，提供更加有力的法治保障。

充分认识加快法治政府建设的重大意义。改革开放30年来，我国社会主义现代化建设取得了举世瞩目的巨大成就。同时，我国经济社会发展中也出现了许多新情况、新问题，面临许多新挑战。当前，城乡、区域、经济社会发展还不平衡，缩小城乡、区域发展差距和促进协调发展任务十分艰巨；人民群众的物质文化需要不断提高，社会利益关系更趋复杂；收入差距拉大，劳动就业、社会保障、教育、医疗、住房、食品安全、社会治安、资源环境等关系群众切身利益的问题比较突出；体制创新进入攻坚阶段，触及深层次矛盾和问题，触及利益关系的深刻调整；政府自身建设和管理水平，与形势的要求和人民群众的期望还存在差距。解决这些问题，离不开科学合理的制度安排和有效的运行机制，需要建立一套反映客观规律、符合人民群众根本利益并得到有效执行的法律制度作保障，要求政府规范运作，依法办事，降低管理成本，提高管理效能。这次抗震救灾的实践经验再一次证明，越是情况紧急，越要依法办事。在抗震救灾和灾后恢复重建过程中，国务院依法采取各种应急处置措施，控制、减轻和消除地震灾害引起的严重危害，及时发布并实施《汶川地震灾后恢复重建条例》，依法解决因地震灾害而引起的各种矛盾和问题，有力地保障了抗震救灾各项工作规范、有序、有效进行，为积极稳妥恢复灾区群众的生活、生产、学习、工作，促进灾区经济社会的恢复和发展，发挥了重要作用。因此，我们要更加清醒地认识到，依法行政、建设法治政府事关党和国家工作全局，事关改革和经济发展大局，事关依法治国基本方略和党的各项路线方针政策的落实，事关国家长治久安。我们要切实增强责任感、使命感和紧迫感，采取有效措施，扎扎实实地全面推进依法行政，加快建设法治政府，保障科学发展，促进社会和谐。

加快法治政府建设必须紧紧围绕党和国家中心工作。坚持服从并服务于党和国家工作大局，是全面推进依法行政、建设法治政府的基本前提。我们要按照党和国家的战略部署和重大决策，立足于改革开放和社会主义现代化建设的实际，根据经济社会发展的客观需要，着力把党的路线方针政策通过法定程序及时转化为国家意志，把改革开放和社会主义现代化建设的成功经验以法律制度的形式固定下来，并保障其得到全面正确的实施，以保持党的路线方针政策的长期性、稳定性和连续性，保障并促进党和国家大政方针的贯彻落实，保障并促进改革开放和社会主义现代化建设的顺利进行。要增强大局意识、政治意识和责任意识，善于把推进依法行政、建设法治政府的每一项具体工作，放到改革发展稳定的大局中去研究、去把握，围绕党和国家的中心工作去谋划、去安排。要牢牢抓住发展这个党执政兴国的第一要务，紧紧围绕全面建设小康社会的奋斗目标，紧紧围绕改革发展稳定的重大问题，紧紧围绕人民群众普遍关心的热点难点问题，不断推进依法行政。要重点研究通过依法行政促进改善民生、推进社会建设、节约能源资源、保护生态环境、维护市场经济秩序、转变政府职能的新机制、新举措、新方法，切实强化法律在解决经济社会发展突出矛盾和问题中的作用，切实提高政府依法解决经济社会发展中复杂问题的能力和水平，促进经济社会全面协调可持续发展。

突出抓好法治政府建设的重点环节。推进依法行政、建设法治政府是一项复杂的系统工程，不可能一蹴而就，既要统一规划、统筹安排、分步实施，又要分清轻重缓急，突出重点。国务院《全面推进依法行政实施纲要》对全面推进依法行政作出了全面部署，提出了明确要求。四年多来，各级政府和政府各部门为贯彻落实《纲要》做了大量扎实细致的工作，成效显著，但与建设法治政府的目标相比还有较大差距。我们要认真研究妨碍和制约依法行政的关键环节、突出问题，按照建设人民满意政府的要求，从完善体制、机制和制度入手，着力规范和约束行政权力，完善运行机制，强化法律责任，严格责任追究，促进政府职能向创造良好发展环境、提供优质公共服务、维护社会公平正义的根本转变，促进行政运行机制和政府管理方式向规范有序、公开透明、便民高效的根本转变。要认真研究加强和改进政府立法、提高立法质量的新机制、新方法，坚持以人为本，切实维护广大人民群众的根本利益。要完善科学民主决策机制，推进政府决策的科学化、民主化和法治化，确保重大决策真正体现科学发展观的要求，真正体现人民群众的意愿和诉求。要加强和改善行政执法，改革行政执法体制，健全执法机制，严肃执法纪律，确保严格执法、公正执法、文明执法，切实维护社会公平正义。要强化行政监督，及时纠正违法和不当的行政行为，切实维护法制统一和政令畅通，确保人民赋予的权力真正用来为人民谋利益。要大力弘扬法治精神，自觉维护宪法和法律的权威，切实增强行政机关及其工作人员依法行政的理念和能力，着力培养社会公众学法、守法和依法办事的意识和习惯。

以改革创新的精神加快法治政府建设。创新是推进依法行政、建设法治政府的动力。要适应客观形势的新变化，顺应人民群众的新期待，全面准确把握经济社会发展的客观规律和依法行政的自身规律，以改革创新精神做好工作，努力推进制度创新、机制创新、理论创新和观念创新。要大兴调查研究之风，善于及时探索、总结实践中行之有效的好经验、好做法。要进一步解放思想，切实转变思想观念，敢于冲破不合时宜的观念束缚。要切实提高战略思维能力，善于从政治上、战略上思考推进依法行政、建设法治政府中的重大问题，把握方向、抓住大事、谋划全局，提高工作的预见性和主动性。要善于把现代科技知识和管理知识运用到推进依法行政、建设法治政府的实践中去，创新工作手段、工作方法，努力使依法行政工作更好地体现时代性、把握规律性、富于创造性。要求真务实、讲求实效。实践是检验真理的唯一标准，也是检验推进依法行政、建设法治政府成效的唯一标准。推进依法行政、建设法治政府的效果如何，关键要看是否真正维护广大人民群众的根本利益，是否真正解决经济社会发展中的突出矛盾和问题、促进经济和社会的发展，归根到底要看人民群众满意不满意。要切实加强领导，科学制定计划，精心组织实施，加强监督检查，切实把依法行政的精神实质、基本要求落实到政府工作的各个方面、各个环节，贯穿于政府管理的全过程。

科学理论是推动社会发展的指南。依法行政、建设法治政府的新实践、新发展，迫切要求我们不断推进理论创新，总结新经验，提出新观点，形成科学理论并用以指导新的实践。要坚持以科学发展观为统领，以宪法为依据，把理论与实践有机结合起来，不断深入研究依法行政、建设法治政府中的重大理论与实际问题，在探索依法治国、依法行政的规律方面，不断取得新的成就。

（作者：国务委员兼国务院秘书长）

深入贯彻落实科学发展观 奋力开创中国妇女事业更加美好的未来

黄晴宜

今年是改革开放30周年。30年的改革开放使中国人民的面貌、社会主义中国的面貌、中国共产党的面貌发生了历史性变化，也使中国妇女事业焕发出无限生机与活力。特别是中国妇女第九次全国代表大会以来，在党中央的高度重视和坚强领导下，我国妇女事业与时俱进、开拓创新，收获了累累硕果，创造了辉煌成就。党的十七大开启了中国特色社会主义新的征程，为亿万妇女投身科学发展、和谐发展、和平发展，实现自身全面发展提供了新的机遇，提出了新的更高的要求。我们要高举中国特色社会主义伟大旗帜，深入贯彻落实科学发展观，紧紧围绕党和国家工作大局，团结带领全国各族各界妇女继续解放思想、坚持改革开放、推动科学发展、促进社会和谐，在夺取全面建设小康社会新胜利的伟大实践中充分发挥“半边天”作用。

一

改革开放30年来特别是中国妇女九大以来，妇女发展环境进一步优化，妇女创造活力竞相迸发，妇联工作全面活跃，妇女事业实现了新的跨越。

全党全社会把促进妇女发展作为全面建设小康社会、构建社会主义和谐社会的重要任务，牢固树立马克思主义妇女观，坚决贯彻男女平等基本国策。以胡锦涛同志为总书记的党中央高度重视妇女发展和妇女工作，就进一步加强党对妇女工作的领导、更好地发挥妇联组织的作用、切实解决妇女发展中的问题作出了一系列重要指示，为新时期的妇女事业指明了前进方向。国家坚持宪法确定的男女平等原则，进一步完善促进妇女发展、维护妇女儿童权益的法律法规体系、政策支持体系和组织机构体系，坚持把妇女儿童发展纳入经济社会发展总体规划，大力实施中国妇女发展纲要和中国儿童发展纲要，努力促进妇女儿童与经济社会的协调发展。特别是新修订的妇女权益保障法和未成年人保护法，首次以法律的形式确立了男女平等基本国策和儿童优先原则，明确了政府的执法主体地位，为从源头上促进性别平等起到了十分重要的作用。各级党委和政府切实把妇女工作纳入重要日程，健全领导机制，创造必要条件，大力支持妇联组织依照法律和章程创造性地开展工作。社会各界越来越关注妇女事业发展,妇女儿童工作协调机制日趋完善,大众传媒特别是主流媒体宣传马克思主义妇女观和男女平等基本国策的意识与力度明显增强,扶持妇女儿童发展的社会资源更加丰富,妇女儿童公益慈善事业蓬勃发展,男女平等观念日益深入人心,全社会进一步形成尊重妇女、保护儿童的良好氛围。

全国广大妇女自强不息、艰苦奋斗、开拓创新,在全面建设小康社会的伟大实践中,创造新岗位、创造新业绩、创造新生活,谱写出无愧于时代的壮丽篇章。在经济建设主战场,广大妇女把每一个岗位都当作奋斗和奉献的舞台,主动适应产业结构调整,积极参与市场竞争,最大限度地发挥积极性、主动性和创造性。目前全国女性就业人口达3.47亿,占就业人口总数的45.4%,一批又一批"三八红旗手"、"巾帼建功标兵"等优秀女性群体在各行各业、各条战线脱颖而出,成为推动经济发展的重要力量。在民主政治建设中,广大妇女以强烈的责任感参与国家和社会事务管理,参政议政水平明显提高,党的十七大女代表、十一届全国人大女代表和十一届全国政协女委员比例比上届分别提高了2个、1.09个和1个百分点,全国女干部和女党员数量不断增长,一大批德才兼备的优秀女性走上了各级领导岗位,城乡妇女在基层民主政治建设中发挥着越来越重要的作用。在精神文明建设中,广大妇女传承民族文化,弘扬时代新风,踊跃投身公民道德建设、廉政文化建设、"迎奥运、讲文明、树新风"等群众性精神文明创建活动以及扶贫助困、保护生态等社会公益活动,推动营造团结友爱、和谐进步的良好氛围,特别是为抗震救灾斗争取得重大胜利,北京奥运会、残奥会取得圆满成功作出了应有贡献。在自身发展方面,妇女接受各类教育的比例持续上升,综合素质明显提高;自主创业意识增强,职业层次得到优化;卫生保健状况日趋改善,平均预期寿命提高到75.25岁;参加养老、医疗、失业、工伤和生育等保险的人数大幅度增加,生活质量明显提高,广大妇女在为国家建功立业的同时,自身获得了新的进步。

各级妇联树立和落实科学发展观,坚持服务大局、服务妇女、服务基层,在组织妇女、引导妇女、服务妇女和维护妇女儿童合法权益方面发挥了应有的作用。围绕促进经济社会又好又快发展,深化"双学双比"、"巾帼建功"活动,为1.2亿妇女人次提供教育培训,带动妇女创业就业及劳动力有序转移1300多万人次,有力地促进城乡、区域、不同群体妇女共同发展。围绕国家民主法制建设,建立健全妇女儿童利益协调、诉求表达、矛盾调处和权益保障机制,积极参与国家多部法律的制定修改,与有关部门联合建立2.7万多个妇女维权服务机构,依法维护妇女权益实现新突破。围绕社会主义核心价值体系建设,在妇女和家庭中深入开展学习实践社会主义荣辱观等主题宣传教育,大力推进和谐家庭、平安家庭创建活动,各级创评"五好文明家庭"2500多万户,增强了广大妇女团结向上的精神力量。围绕中央关于加强和改进未成年人思想道德建设的部署,开展"争做合格家长、培养合格人才"活动和关爱农村留守流动儿童行动,发挥54万多个家长学校和家庭教育指导机构作用,促进儿童身心健康发展。围绕巩固中华民族的大团结,拓展为政协女委员以及民主党派妇女工作机构服务的工作平台,加强少数民族妇女工作,加强同爱国宗教妇女团体的联系,扩大与香港、澳门和台湾妇女的交流,广泛凝聚各族各界妇女。围绕国家总体外交部署,加强中外妇女的友好交流与务实合作,使新时期妇女民间外交工作更加富有活力。目前,全国妇联已与164个国家和地区的697个妇女儿童组织、机构及国际组织建立了友好关系。围绕全面推进党的建设新的伟大工程,加强妇联组织和干部能力建设,实施"强基固本"工程,不断提高做好党的妇女群众工作的本领,全国目前有妇联基层组织83.3万多个、各级妇联干部7.6万多名,妇联的组织覆盖、工作覆盖和服务覆盖水平明显提高。

二

当前，全党正在开展深入学习实践科学发展观活动。全国妇联作为第一批学习实践活动单位，责任重大、使命光荣。我们要全面把握科学发展观的科学内涵、精神实质、根本要求，进一步增强深入贯彻落实科学发展观的自觉性和坚定性。

必须坚持用发展的办法解决妇女前进中的问题。发展是解决中国一切问题的关键，也是妇女不断实现自身解放与进步的根本出路。只有把妇女发展纳入国民经济和社会发展的总体规划，使妇女发展成为经济社会发展的有机组成部分，全面建设小康社会的宏伟蓝图才能成为现实。同时，妇女只有积极投身建设和改革的时代洪流，在一切可以发挥作用的领域主动作为，妇女实现自身进步的主客观条件才能越来越充分，才能赢得越来越广阔的发展空间。我们要牢牢把握发展这个第一要务，引导妇女把个人的理想追求与党和国家的事业紧密联系起来，更加自觉、更加坚定地扭住经济建设这个中心，聚精会神搞建设、一心一意谋发展，为发展中国特色社会主义贡献智慧和力量。要把妇女发展放到经济社会又好又快发展的全局中去思考、去谋划、去推进，用发展的思路研究妇女面临的新情况，用发展的办法解决妇女前进中遇到的新问题，促进妇女与经济社会和谐发展、男女两性协调发展、妇女自身全面发展。

必须大力推进男女平等的进程。男女平等是社会和谐的重要特征之一。党和政府把男女平等确定为促进我国社会发展的一项基本国策，从各方面切实加强保障，强有力地推进了男女平等进程。但由于历史、经济、文化等方面的原因，目前部分妇女在社会分工和社会资源占有等方面仍处于相对弱势，歧视妇女的落后观念和损害妇女人格尊严的现象依然存在，法律规定的男女平等权利在某些领域还没有得到充分实现，这不仅制约了妇女发展，也势必影响到社会和谐。我们要充分认识推动科学发展、促进社会和谐为实现男女平等创造的难得机遇和有利条件，加大推动将性别意识纳入决策主流的力度，综合运用法律、政策、经济、行政以及教育、宣传等各种手段，切实维护好广大妇女的合法权益，促进男女两性平等参与发展、平等享有发展成果。

必须积极回应广大妇女的新期待。坚持以人为本，就是要把最广大人民的根本利益作为一切工作的出发点和落脚点。随着物质文化生活水平的提高，妇女的主体意识不断增强，对自身的发展有了越来越多的新期待。不充分了解、不认真研究这些新期待，以人为本就很容易流于形式。我们要坚持深入实际、深入基层、深入群众，真正把妇女群众新期待的内容搞清楚，把不同妇女群体新期待的差异弄明白，从解决妇女最关心、最直接、最现实的利益问题入手，扎扎实实地为广大妇女群众办实事、做好事、解难事，从而使贯彻落实科学发展观的过程成为不断为妇女谋福祉的过程，成为不断提高妇女生活质量和水平的过程，成为不断提高妇女的思想道德素质、科学文化素质和健康素质的过程，成为不断保障妇女的经济、政治、文化、社会权益的过程。

必须加大解放思想、改革创新的力度。改革开放以来，我国经济社会的深刻变革对妇女的思想观念、行为方式、群体结构等都产生了重大而深远的影响，妇女工作既面临着前所未有的发展机遇，同时又面临着前所未有的严峻挑战。我们要继续坚持以解放思想为先导，以改革创新为动力，深刻审视工作对象、内容、环境等各方面发生的变化，深入研究新时期党的群众工作规律、妇女发展规律和妇联工作规律，着力推动解决影响和制约妇女发展的突出问题，努力使工作思路、工作方式、工作载体、工作机制以及妇联自身建设更加符合科学发展观的要求，不断增强妇联组织的创造力、凝聚力和战斗力，为扩大党的群众基础、巩固党的执政地位、完成党的执政使命贡献力量。

三

经过30年改革开放,我国的经济实力、综合国力和国际地位显著提高,为妇女的进步与发展奠定了坚实的物质基础和社会基础。党的十七大描绘了继续全面建设小康社会、加快推进社会主义现代化的宏伟蓝图,党的十七届三中全会作出了推进农村改革发展的重大战略决策,为亿万妇女提供了更加广阔的发展舞台。中国妇女第十次全国代表大会提出了今后五年妇女发展的目标,即妇女的素质和能力进一步提高,在全面建设小康社会中的主体作用得到充分发挥;妇女的经济社会地位不断提升,各项合法权益得到切实尊重和保障;男女平等基本国策进一步贯彻落实,妇女发展环境更为优化。同时提出了新的任务,即妇女参与经济建设的广度与深度不断拓展;妇女参与国家和社会事务管理的程度明显提高;妇女在文化建设中的作用更加突出;妇女在社会事业发展中享有更多的机会与资源;妇女权益保障机制更加完善。这些目标和任务充分体现了科学发展观的根本要求,充分体现了我国发展的阶段性特征,充分体现了广大妇女的新期待。以中国妇女十大的胜利召开为新的起点,中国妇女事业必将继往开来,开创更加美好的未来。

开创妇女事业更加美好的未来,需要广大妇女为之共同努力奋斗。妇女是推动经济发展和社会进步的一支伟大力量,也是解放自己、发展自己的决定性因素。在新的历史起点上,广大妇女要坚定不移地跟党走中国特色社会主义道路,自觉地把思想和行动统一到中央的重大战略部署上来,在复杂多变的环境中始终保持清醒头脑,坚持正确的发展方向。要增强参与科学发展的主体意识和创新意识,在经济建设、政治建设、文化建设、社会建设以及生态文明建设中勇挑重担,努力在平凡的岗位上追求卓越,以出色的工作和优异的成绩展示女性自身的价值。要自觉践行社会主义荣辱观,继承和发扬中华民族传统美德,积极参与各种形式的和谐创建活动和社会志愿服务,追求科学文明健康的生活方式,正确行使民主权利,认真履行公民义务,以实际行动促进家庭和谐、人际和谐、社会和谐。要把学习作为毕生追求,孜孜不倦地汲取新理论、新知识,树立与时代发展相适应的新思想、新观念,大力弘扬"四自"(自尊、自信、自立、自强)精神,在中国特色社会主义道路上,与全国人民一道,共促科学发展,共建和谐社会,共创美好生活。

开创妇女事业更加美好的未来,需要各级妇联组织充分发挥自己的优势。妇联组织是党和政府联系妇女群众的桥梁纽带及国家政权的重要社会支柱,是妇女事业发展的中坚和骨干力量。在新的起点上,各级妇联组织要认真研究和把握国内外形势发展的新变化、全面建设小康社会的新要求、广大妇女群众的新期待以及党赋予人民团体的新任务,进一步从"党政所需、妇女所急、妇联所能"的结合点上找准工作定位,确定更好地服务大局、服务妇女、服务基层的工作举措。既要紧紧围绕推动科学发展、促进社会和谐、实现全面建设小康社会的奋斗目标这一党和国家工作大局,努力为广大妇女全面参与、施展才华创造条件,又要牢牢把握代表和维护妇女权益、促进男女平等这一妇联组织的基本职能,切实推动解决妇女最关心、最直接、最现实的利益问题;既要立足于妇联传统的工作领域和工作优势,根据形势发展的需要赋予新的时代内涵,又要顺应经济社会发展的要求,在社会管理和公共服务等一些新的领域拓展职能、发挥作用;既要注重妇联工作的改革创新,为妇女事业的蓬勃发展不断注入新的活力,又要注重加强妇联组织自身建设,为妇女事业的长远发展奠定坚实基础;既要立足我国基本国情和妇女发展的实际,积极探索具有鲜明中国特色的妇女工作模式,又要善于学习借鉴各国妇女工作的有益经验,形成自身参与国际合作的新优势。

开创妇女事业更加美好的未来,需要积极营造良好的社会环境。妇女工作是党的群众工作的重要内容，促进男女平等是全社会的共同责任。要大力推进性别意识纳入决策体系的进程，党政部门在制定实施经济社会发展规划、研究确定重要政策和重大项目时，应充分考虑妇女的特殊利益和发展需求，增加面向妇女的公共服务，加大政策、资源、项目等的倾斜力度，自觉将男女平等基本国策的要求贯穿于各项决策的全过程。要充分发挥妇女儿童工作委员会和妇女儿童工作协调机构的作用，充分调动社会各方面的积极性，广泛动员社会各方面力量，不断提高妇女工作的社会化程度，进一步完善党委领导、政府支持、妇联协调、社会参与的妇女工作格局。要深入持久地开展男女平等基本国策宣传教育，把男女平等基本国策的要求融入国民教育和群众性精神文明创建活动之中，贯穿于大众媒体的传播之中，落实到精神文化产品的创作之中，坚决抵制腐朽落后的思想文化观念，加强对贬损妇女形象、侵害妇女权益现象的舆论监督，使男女平等观念在全社会更加深入人心。

（作者：全国妇联党组书记、副主席、书记处第一书记）

服务科学发展　促进改善民生

肖　捷

今年4月是全国第17个税收宣传月，主题是“税收·发展·民生”。这个主题不仅概括了税收服务科学发展、改善民生的功能，而且体现了取之于民、用之于民的社会主义税收本质。这个主题的核心，就是要坚持以科学发展观统领税收工作，充分发挥税收的职能作用，扎实有效地做好促进经济与社会发展和改善民生的各项工作。由此出发，当前和今后一个时期，税务部门的主要任务是：

一、依法加强税收征管，为科学发展和改善民生提供可靠的财力保障。随着经济的不断发展，党中央、国务院更加重视加强社会建设，不断完善社会管理，不断扩大公共服务，着力保障和改善民生，着力促进社会公平正义，致力于使全体人民共享改革发展成果，这都需要强大的财力支持。目前，我国税收已占国家财政收入的90%以上。近几年来，我国税收保持了持续快速增长的态势，2003－2007年年均增长23.8%，2007年税收总额49449亿元，比上年增收11813亿元。在国家财力不断增强的基础上，党中央、国务院的一系列重大战略决策和部署都得到了有效贯彻实施。而国家税务部门服务科学发展和改善民生的最重要职责，就是要依法加强税收征管，坚持依法征税、应收尽收、坚决不收过头税、坚决防止和制止越权减免税的原则，确保国家税收随着经济发展而不断增加，确保各级政府能够有效地履行公共服务和社会管理职能。为此，要认真做好税收征管基础工作，建立和完善税收经济分析、企业纳税评估、税源监控和税务稽查的互动机制，加强税收预测和能力估算工作，进一步落实对重点税源的分析监控，及时发现和解决征管中存在的问题。要大力推行税收科学化、精细化管理，尤其要加强企业所得税管理和反避税工作，组织力量对关联交易进行反避税调查和审计，着力解决通过转让定价等方式逃避税收问题，维护国家的税收权益。要加快税收管理信息化建设，不断提高税收征管的质量和效率。

二、积极稳妥地推进税制改革，建立健全有利于科学发展和公平分配的税收制度。按照实现科学发展的要求，必须进一步深化税制改革，调整税收制度安排，充分发挥税收筹集收入和调控经济、调节分配的职能作用，更加自觉主动地为促进科学发展与社会和谐服务。继续推进所得税制改革，全面贯彻新的企业所得税法及其实施条例，制定和完善配套管理制度和办法，努力做好新旧税法的衔接工作，确保新税法顺利实施；推进个人所得税制改革，认真研究综合与分类相结合的个人所得税制度，更好地调节个人收入分配。深化流转税制改革，进一步完善增值税制度，继续在东北地区部分行业和中部地区部分城市进行增值税转型试点，并研究制定在全国范围内实施的方案；合理调整增值税起征点。根据国家的产业政策和消费政策，研究调整消费税的征税范围和税率。着力抓好地方税制改革，按照“健全中央和地方财力与事权相匹配的体制”等要求，把地方税制的改革和完善作为下一步税制改革的一项重要内容，在继续完善共享税制度的同时，努力构建更加科学合理的地方税制体系。研究推进房地产税制改革，深化房地产模拟评税试点工作。改革资源税制度，加大保护资源的力度。研究推进城建税改革，调整扩大征税范围，简并现有税率。在充分调查研究基础上，研究制定环境税方案。

三、合理调整税收政策，加大政策执行力度。进一步完善农产品加工税收政策，支持农产品加工业发展和农业产业化建设。研究制定有利于节约能源资源和保护生态环境的税收政策，促进节能减排和环境保护，推动建设资源节约型和环境友好型社会。进一步完善出口退税政策，抑制高耗能、高排放、资源性产品出口，不断优化出口商品结构。落实国家中长期科学技术发展规划纲要，研究完善软件、集成电路等税收优惠政策，支持和鼓励自主创新。研究完善下岗职工、军队转业干部、城镇退役士兵、随军家属及残疾人就业等税收优惠政策，促进就业再就业。落实国务院加快发展服务业的若干意见，研究实施有利于服务业发展的税收政策，加快服务业发展。继续落实支持西部大开发、振兴东北老工业基地、促进中部崛起等税收政策，促进区域协调发展。研究支持教育、文化事业发展的税收政策，促进教育发展和文化体制改革。研究支持经济适用房、廉租房等保障性住房建设和促进住房租赁市场发展的税收政策，落实国家房地产调控措施。通过调整和完善税收政策，积极支持解决好人民群众最关心、最直接、最现实的利益问题，使经济发展成果更多地体现到改善民生上。

四、改进和优化纳税服务，构建和谐的征纳关系。搞好纳税服务是构建和谐征纳关系的重要内容。税务机关要按照建设服务型政府的要求，为纳税人提供优质服务。要牢固树立征纳双方法律地位平等的理念，公正、公开和文明执法的理念，纳税人正当需求应予合理满足的理念，不断强化服务意识，促进纳税人主动依法纳税，自觉提高税法遵从度。要广泛宣传、大力普及税法知识，围绕“税收·发展·民生”的主题做好税收宣传工作。要积极开展纳税服务援助，无偿为纳税人提供纳税咨询和办税指南，有针对性地对不同群体提供个性化的纳税服务。进一步优化办税流程，简化办税程序，推行包括邮寄申报、电话申报、网络申报等多种申报缴款方式，方便纳税人缴税。为切实减轻纳税人负担，精简并统一需要纳税人报送的报表资料，全面实行国税、地税共同办理税务登记证、设立纳税服务热线、开展纳税信用等级评定和税务检查，降低征纳成本。积极推进办税公开，充分保障纳税人的知情权、参与权、表达权、监督权，大力开展法律援助，维护纳税人合法权益。加强注册税务师行业监管，促进税务代理业健康发展。完善管理制度，健全纳税服务体制机制，统一和规范纳税服务标准，建立和完善以纳税人满意度等为内容的纳税服务考核指标体系。

五、打造政治素质高、业务技能强的专业化队伍，推动税收事业全面发展。税务干部队伍是税收事业发展的根本，是服务科学发展、促进改善民生的组织保障。要以坚定理想信念为重点加强思想建设，以造就高素质、专业化干部队伍为重点，加强组织建设；以优化服务、规范执法为重点，加强行业作风建设；以完善税务系统惩治和预防腐败体系为重点，加强反腐倡廉建设，造就一支高素质的专业化干部队伍。要深化干部人事制度改革，不断完善公开选拔、竞争上岗办法，加强领导班子建设和对后备干部与优秀中青年干部的培养、选拔工作，进一步完善体现科学发展观和正确政绩观要求的干部考核评价体系。要分级分类开展全员教育培训，重点抓好高层次专家队伍、中层管理干部和基层业务骨干的培训，着力培养一支高素质的专业人才队伍。要不断完善惩治和预防腐败体系，进一步推进税务系统反腐倡廉建设。大力开展依法治税、公正治税、廉洁治税为主要内容的廉政教育，不断增强税务干部廉洁自律意识，加强税务廉政文化建设，筑牢税务干部拒腐防变的思想防线。切实加强领导干部监督工作，完善体制机制，认真落实党风廉政建设责任制和廉洁自律各项规定，寓反腐倡廉于税收管理服务之中，加强对税务执法权和税政管理权的监督制约，严肃查处违法违纪案件，坚决纠正损害群众利益的不正之风。

（作者：国家税务总局局长）

深入学习实践科学发展观　推进宝钢二次创业

中共宝钢集团有限公司委员会

今年2月底，宝钢被确定为全党深入开展学习实践科学发展观活动试点单位。这是中央对宝钢的高度信任，既是光荣，更是责任。按照中央的要求和部署，在中央学习实践活动试点工作领导小组的直接领导和中央试点办、国务院国资委党委的精心指导下，宝钢聚焦“二次创业、科学发展”的主题，认真完成了深入开展学习实践科学发展观活动试点工作的各项任务，实现了统一认识、提高能力、解决问题、创新机制的目标，取得了党员干部受教育、科学发展上水平、职工群众得实惠的较好效果。

一、提高认识，聚焦宝钢二次创业、科学发展主题

宝钢党委把学习实践活动作为今年工作的头等大事，积极贯彻落实党的十七大提出的以改革创新精神推进党的建设的要求，在“务实创新”上下功夫，力求取得实效。

首先解决好对学习实践活动的认识问题。联系宝钢实际，需要解决的认识问题主要有三个。一是对于宝钢这样先进、优秀的国有企业，开展学习实践活动的重要性何在？二是学习实践科学发展观涉及面很广，怎么抓住关键？三是开展学习实践活动会不会影响日常工作？我们通过深入学习调研，与世界一流钢铁企业对标，不断提高认识，达到思想统一。

我们认识到，开展学习实践活动，既是党中央的重大战略部署，也是宝钢自身发展的迫切需要。今年是宝钢开工建设30周年。在看到宝钢建设30年来取得巨大成绩的同时，必须清醒地看到，与世界一流的钢铁企业相比，宝钢无论在产能规模、技术水平、节能减排等硬实力方面，还是在公司治理、管理水平、员工综合素质等软实力方面，都存在差距。国内优秀钢铁企业加大发展力度，不断提升技术、管理水平，也对宝钢形成了强有力的挑战。我国正处于重要战略机遇期，宝钢面临难得机遇，国内外经济局势复杂，钢铁工业进入高成本时代，宝钢面临严

峻挑战。“三十而立”的宝钢，今后的路该怎么走？我们在思考、研究，寻求突破。正逢此时，开展学习实践活动，为宝钢解决面临的重大问题提供了良好契机。

宝钢开展学习实践活动，总体要求是用科学理论武装头脑，进一步把握发展规律，提高破解难题的能力。我们认识到，无论是缩小与世界一流钢铁企业的差距，还是有效应对压力与挑战，都必须站在理论武装、把握规律、破解难题的高度。我们经常讲，国有企业的改革发展仍处于攻坚破难阶段，必须解决一系列躲不过、绕不开、拖不起的深层次问题。怎么才能从根本上解决这些问题？学习胡锦涛同志关于学习实践活动总体要求的重要论述，使我们豁然开朗，答案是：从理论武装、进一步把握规律的高度来提高破解难题的能力。宝钢开展学习实践活动，就是要用科学理论指导，审视客观环境，特别是审视主观行为，自觉地按国有企业发展、钢铁行业发展和宝钢自身发展的客观规律办事，提高破解发展难题的能力。

开展学习实践活动，有利于我们保持清醒头脑，理清思路、明确方向，促进工作、促进发展。开展学习实践活动，要求我们集中更多精力研究事关企业发展的重大问题。只有把重大问题搞清楚、弄明白，工作才能做到点子上，避免忙乱和盲目，更加自觉、坚定、有效地走科学发展道路。我们紧密联系宝钢实际，联系宝钢正在做的工作、正在解决的问题，扎扎实实地开展学习实践活动，坚决反对形式主义，做到学习实践活动与日常工作两不误、两促进。

在解决好认识问题的基础上，聚焦宝钢二次创业、科学发展的主题开展学习实践活动。

经过 30 年的建设和发展，宝钢已初步建成我国规模最大、现代化程度最高、工艺技术最先进的钢铁精品基地和钢铁新工艺、新技术、新材料研发基地。宝钢连续 4 年在中国制造业企业中名列第一位，连续 5 年进入世界 500 强企业行列，连续 3 年被《财富》杂志评为“全球最受尊敬的公司”之一。在改革开放中，我们逐步探索了一条具有自身特色的国有企业发展之路。这是宝钢的第一次创业。

作为中国钢铁工业的领先企业，我们承担着钢铁报国、为中国从钢铁大国发展成为钢铁强国作贡献的历史使命。去年 8 月，我们提出了新一轮发展战略（2007—2012 年规划），确定了规划期实现 8000 万吨规模、世界钢铁业前三强，世界 500 强企业 200 强的目标。实施这一战略，标志着宝钢第二次创业的开始。

宝钢的二次创业，将是规模、技术和管理的历史性大跨越，必须以科学发展观为统领，在继承和发扬一次创业优良传统的基础上，全面转入科学发展的轨道。学习实践活动要突出实践特色，“二次创业、科学发展”是宝钢当前和未来的实践主题，学习实践活动应当聚焦这一主题，所有活动都围绕这一主题来设计和开展，唱响宝钢“二次创业、科学发展”的主旋律，进一步明确方向、凝聚人心、焕发激情，为宝钢二次创业提供强大动力。

二、突出领导班子和党员领导干部这个重点，同时抓好党员的学习实践活动和对员工的教育引导工作

我们重点抓好领导班子和党员领导干部的学习实践活动。一是以自学与集中学习相结合的方式抓好学习，深化对科学发展观的认识。二是以“聚焦宝钢二次创业，共谋宝钢科学发展”为载体，开展进一步解放思想大讨论，深刻审视环境变化，深刻反思精神状态，深刻分析差距与不足，把思想从不适应、不符合科学发展的束缚中解放出来。三是以“带着感情深入基层、带着问题虚心求教”的态度，采取多种方式深入开展调查研究。四是在过好专题民主生活会的基础上，以“制定宝钢二次创业的行动纲领和行动计划”为目标，认真撰写分析报告，研究制定和实施整改落实方案。五是边查边改与集中整改相结合，全面梳理影响和制约宝钢科学发展的突出问题以及党员领导干部党性党风党纪方面群众反映强烈的问题，着力加以解决，着力构

建充满活力、富有效率、更加开放、有利于宝钢科学发展的体制机制。

我们以"党员登高计划"活动为主要载体，组织全体党员的学习实践活动。组织党员立足本职岗位，对照科学发展观的要求，从觉悟、技能、业绩三个方面查找差距，制定并实施"登高计划"。党员不仅要发挥带头作用，而且要发挥带动作用。我们要求党员做员工的第一知情报告人、第一关心帮助人和第一带动责任人，在力所能及的范围内做好员工工作。

同时，我们在员工中广泛深入地开展使命感(钢铁报国)、宝钢文化(以"严格苛求的精神、学习创新的道路、争创一流的目标"为主线，以诚信和协同为基本价值观)、形势任务三项教育，点燃广大员工投身二次创业、科学发展的激情。

为了使各级领导干部、广大党员和员工更直接地感受和更自觉地践行科学发展观，我们开展了"感动员工、感动用户"故事征集和主题实践、"保护环境、节约资源行为养成"两项具体活动。"感动员工、感动用户"故事征集和主题实践活动，体现以人为本的理念，推动员工与宝钢共同发展、用户与宝钢共赢发展。"保护环境、节约资源行为养成"活动，引导广大员工增强保护环境、节约资源意识，从自己做起、从岗位做起、从小事做起、从细节做起，养成良好的行为习惯。

三、以科学发展观为指导，推动宝钢二次创业、科学发展

我们提出，宝钢的二次创业，根本特征是科学发展，其主要内涵是：(1)以建成"具有国际竞争力的大企业集团"为目标。我国要实现现代化，必须有一批具有国际竞争力的大企业集团作支撑。中央企业是国家的脊梁，力争早日实现这个目标，做强做优中国民族品牌，宝钢重任在肩、义不容辞。(2)坚持与员工，与用户、供应商和所有利益相关者共同发展。把人力资源发展作为企业一切工作的关键和根本，在人的发展中实现企业发展，在企业发展中实现人自身的发展。(3)立足于"全面"，实行"一业特强、适度相关多元化发展"的产业方针；立足于"协调"，做到"精品"和"规模"两个战略基点的协调，建设、生产、营销和研发培训四个基本环节的协调，海内事业和海外事业的协调；立足于"可持续"，把节约资源、保护环境放在更加突出的位置，建设资源节约型、环境友好型企业。(4)持续推进体制、技术、管理和党建创新。紧紧抓住落实责任这个关键，进一步完善公司治理结构和管控模式；强化体系建设，提升整体技术创新能力，形成宝钢的科技高度；转变领导方式，优化领导行为，增强管理体系能力，始终高度重视基础管理，实行以人为本的现代化管理；完善工作机制，充分发挥党组织的政治核心作用和工会、共青团等群众组织的桥梁纽带作用，把政治优势转化为企业的核心竞争力。同时，正确处理改革发展稳定的关系。增强改革意识，以建立现代企业制度为目标，坚定不移地深化改革；妥善处理各种矛盾，维护企业稳定，促进企业和谐；自觉承担社会责任，为构建社会主义和谐社会作出新的贡献。

我们从9个方面明确了促进宝钢二次创业、科学发展的整改方向和重点举措：(1)以创建"四好"领导班子为抓手，进一步加强领导班子和领导干部队伍建设；(2)深化集团公司规范的董事会试点工作，优化集团公司管控模式，大力提升管理效能；(3)着力实施"精品加规模"战略，充分发挥协同效应，全面提升钢铁主业核心竞争力；(4)走开放式自主集成的技术创新道路，提高整体规划和技术创新能力；(5)改善经营管理方式，提高公司运营水平；(6)明确相关产业发展方向，落实资源配置，创新管理机制；(7)坚持以人为本，进一步加强人才开发和人力资源管理，促进员工与企业共同发展；(8)认真履行社会责任，实现企业、员工、用户和社会的和谐发展；(9)推进党建创新，按照以人为本的工作格局，充分发挥党组织的政治核心作用。

领导力是企业发展最重要、最核心的软实

力。我们着眼宝钢发展，进一步明确了宝钢领导力发展的重点内容，推进领导力开发，提高领导科学发展的能力。通过系统总结宝钢发展史，深入研究思考、提炼精髓，把传承中华民族优秀传统文化与借鉴国外一流企业的方法有机结合，我们初步确立了宝钢领导力核心要素：(1)钢铁报国的使命感——宝钢领导力之源泉；(2)追求品德高尚、能力高超的自我管理——宝钢领导力之基石；(3)推进现代企业持续发展的文化创新能力——宝钢领导力之灵魂；(4)以人为本的人力资源发展能力——宝钢领导力之根本；(5)富有远见的决策能力——宝钢领导力之关键；(6)基于系统整合与优化的执行能力——宝钢领导力之保证；(7)着眼于解决问题的领导方法应用能力——宝钢领导力之智慧。

学习实践科学发展观是长期任务，我们要以学习实践活动为新起点，按照胡锦涛同志在全党深入学习实践科学发展观活动动员大会上重要讲话的要求，把贯彻落实科学发展观提高到新的水平，扎实推进宝钢二次创业，早日实现宝钢新一轮发展的宏伟目标，为中国从钢铁大国发展成为钢铁强国作出应有的贡献！

切实提高贯彻落实科学发展观的领导水平

袁水春

科学发展观是马克思主义中国化的最新理论成果，是发展中国特色社会主义必须坚持和贯彻的重大战略思想。要把科学发展观贯彻落实到实际工作中，必须不断深化思想认识，全面准确把握其精神实质，大力提高各级党委贯彻落实科学发展观的领导能力和水平。

一、从战略全局上认识科学发展观的历史地位

科学发展观是对人类社会发展规律认识的进一步深化。科学发展观是从解决当前社会发展所面临的实际问题入手，在充分吸取发达国家和发展中国家经济社会发展经验教训的基础上，凝聚了我们党半个多世纪对中国发展认识的一切重要成果而提出来的。这一重大战略思想的提出，进一步深化了对人类社会发展规律的认识。

科学发展观是马克思主义与时俱进的必然产物。科学发展观坚持马克思主义的立场、观点和方法，紧紧扭住发展这一主题，审视世界发展趋势，分析中国发展的阶段性特征，总结我国发展经验，把以人为本、全面发展、协调发展、可持续发展等理念，融入发展这个我们党执政兴国第一要务的范畴，进一步回答了什么是发展、为什么发展、怎样发展等当代社会发展的根本问题，是对马克思主义发展理论的独特贡献，无论在中国社会主义现代化建设史上，还是在科学社会主义发展史上，都具有宝贵的创新价值。

科学发展观是探索中国特色社会主义道路的思想结晶。科学发展观针对我国发展中存在的突出矛盾和问题，把发展作为第一要义，深化了对中国特色社会主义主题的认识；把以人为本作为核心，深化了对中国特色社会主义价值追求和根本动力的认识；把全面协调可持续作为基本要求，深化了对中国特色社会主义总体布局和建设道路的认识；把统筹兼顾作为根本方法，深化了对中国特色社会主义建设方略的认识。这些认识，是探索中国特色社会主义道路新的思想精华。

科学发展观是又好又快建设小康社会的客

观要求。在新的历史起点上全面建设小康社会，发展中国特色社会主义，最根本的就是要坚持以科学发展观为指导，不断推进经济社会又好又快发展。只有按照科学发展观的要求，正确处理以经济建设为中心与全面发展、经济发展与社会发展、当前发展与长远发展、城市发展与农村发展、地区与地区之间发展的关系，才能真正实现这些新要求，完成又好又快全面建设小康社会的历史任务。

二、从哲学视野上把握科学发展观的博大思想

辩证统一的思想。科学发展观运用对立统一的“两点论”与抓主要矛盾的“重点论”相结合的思想方法，强调要正确处理经济发展与社会发展、发展速度与效益、市场机制与宏观调控等一系列重大关系，解决好与经济增长相关的各种社会问题。这种坚持“两点论”与“重点论”相统一的全面发展理念，体现了辩证统一的思想，深化了对社会发展客观规律的认识。

系统筹划的思想。科学发展观认为，任何一方面的发展都是与其他方面的发展相互联系、相互依存、相互制约的，这集中体现于“五个统筹”的工作布局上。科学发展观的统筹思想，吸取了以往经济社会发展中单项冒进、兼顾不够的教训，强调城乡、区域、经济社会、人与自然、国际国内的统筹协调发展，是辩证唯物主义联系和发展观点在新的时代条件下的创造性运用。

以人为本的思想。以人为本以实现人的全面发展为目标，强调社会发展的主体是人民群众，社会发展的根本目的也是为了人民群众，要从人民群众的根本利益出发谋发展、促发展，让发展成果惠及全体人民。以人为本的哲学理念，把发展目的定位于造福全体人民，使之与社会主义的本质属性相一致，与中国共产党为人民服务的宗旨相统一，开拓了马克思主义唯物史观的新境界。

改革创新的思想。科学发展观所蕴涵的可持续发展理念，是可持续发展规律的继承与创新辩证关系的集中体现。正是遵循可持续发展规律的辩证法思想，十七大报告提出了“增强自主创新能力，建设创新型国家”的战略思想，强调坚持继承与创新的统一，走中国特色自主创新道路。要求把增强自主创新能力贯彻到现代化建设各个方面，加大自主创新投入，建设自主创新体系，转变经济发展方式，形成可持续发展机制，为长远发展和民族振兴奠定坚实基础。

求真务实的思想。科学发展观的理论品质和精神内核是求真务实。坚持“求真”与“务实”的有机结合，实现了知与行的统一、理论与实践的统一、认识世界与改造世界的统一，不仅从哲学层面上反映了马克思主义认识论的本质特征，而且从实践层面上提供了贯彻党的思想路线的行动指南。

三、从军队使命上明确贯彻落实科学发展观的实践要求

我军要肩负起新世纪新阶段历史使命，加速推进中国特色军事变革，就必须按照科学发展观的实践要求，努力推动各项建设创新发展。

提高战略谋划、驾驭全局的战略思维。着力提高战略谋划、驾驭全局的战略思维，用世界的眼光观察和分析问题，用历史的视角研究事物的发展规律，用科学发展的要求进行决策部署，真正使思考问题、谋划工作、解决矛盾都能着眼全局、服务全局、体现全局。切实增强把握事物发展变化的能力，善于从不同的角度、不同侧面，用不同的方法进行比较分析，透过纷繁复杂的表象抓住问题实质，努力使各项决策部署符合科学发展的要求。

理清全面建设、科学发展的工作思路。根据国家发展战略和军队承担的任务，立足现有条件，着眼未来发展，制定切合实际的发展目标。围绕建设目标，切实弄清发展重点、发展步骤、发展途径、发展要求，真正使各项建设有序推进、协调发展。就我们学院的工作来讲，就是要着眼于为我军培养高素质装备人才，紧紧围

绕建设全军一流装备指挥院校的奋斗目标，以装备指挥为重点加快推进学科建设和教学改革，以任职教育教员为重点加快推进干部队伍转型，以强化事业心责任感为重点加强校园风气建设，以完善制度为重点优化竞争激励机制。

掌握遵循规律、统筹兼顾的科学方法。掌握和运用科学的工作方法，是贯彻落实科学发展观的关键环节。要切实把握事物发展的脉络，看清事物发展的趋势，自觉按照客观规律办事。正确处理全局与局部、整体与部分之间的关系，系统筹划，整体推进，努力实现各项建设协调发展。分清主次和轻重缓急，学会"弹钢琴"，防止眉毛胡子一把抓。

弘扬真抓实干、优质高效的务实作风。大力弘扬求真务实的作风，牢固树立符合科学发展观要求的政绩观，坚持工作高标准，踏踏实实干事业，一心一意谋发展。善于发现矛盾，倡导发现问题是能力、揭露问题是党性、解决问题是政绩、回避问题是失职的思想，在解决矛盾中推动科学发展。坚持以人为本，积极为教职员工办实事、办好事，帮助他们排忧解难。

坚持德才兼备、公正公平的用人原则。要切实贯彻德才兼备原则，把那些思想政治强、业务技术精、工作作风实、群众基础好、发展潜力大的干部选拔到各级领导班子中来。坚持公正公平公开，大力倡导用良好素质做人、靠干好事业立身、凭业绩能力进步的风气，真正让干事业的人受到尊重，有能力的人有机会施展才华，做出贡献的人得到重用，努力为广大干部创造一个公平竞争的良好环境。建立和完善激励机制，鼓励先进，激励中间，鞭策后进，激发教职员工做好本职工作的内在动力。

（作者：解放军装备指挥技术学院政委）

把改善民生落到实处

韩志然

人民幸福、社会和谐，是我们共产党人始终不渝的追求。胡锦涛总书记2007年11月到呼和浩特市考察时指出：民生问题事关人民的幸福安康，事关社会的和谐稳定，各级党委、政府一定要采取积极的措施，落实好民生工作。呼和浩特市按照中央和区委、政府的要求，在实现经济又好又快发展的同时，脚踏实地地推进"五立足一坚持"工程，加大投入力度，改善民生取得明显成效。

立足学有所教，坚持优先发展教育，促进教育公平。我们坚持把教育放在优先发展的战略地位，努力办好人民满意的教育、发展需要的教育，不断提高区首府的教育水平。在全区率先建立"按需择优"公开招录教师机制，累计招聘教师1077名。全市高中阶段入学率达到88%，市区普及了高中阶段教育；城区53所中小学接入教育城域网，农村495所中小学建成现代远程教育卫星教学收视系统。7个旗县区顺利通过了自治区"两基"巩固提高的复查验收，全面实现了从农村到城市的免费义务教育。近三年累计落实义务教育保障经费1.79亿元（其中市本级和旗县区财政匹配6341万元），累计免除学杂费6971万元，补助寄宿生生活费3206万元，并免费为中小学生提供课本。市区集中改造、扩建、新建了15所中小学，有效缓解了上学难问题。

立足病有所医，积极发展医疗卫生事业，

提高城乡居民健康水平。健康是国民素质的重要体现，是人全面发展的基本需要，关系着千家万户的幸福。我们坚持不断完善城乡公共卫生和基本医疗服务体系，从2003年开始，四年累计改扩建乡镇卫生院52所，新建社区卫生服务机构54个。在9个旗县区全面实施了新型农村合作医疗，参加合作医疗的人数达到86.7万人，参合率为90.3%。与此同时，还启动了城镇居民基本医疗保险试点工作。通过自治区卫生城市的评比验收，我市实现了创建自治区级卫生城市的目标。

立足老有所养、贫有所济，加大社会保障和贫困救助的力度。社会保障是劳动者的“安全网”、社会运行的“稳定器”和收入分配的“调节器”。我们按照统筹城乡发展的要求，坚持广覆盖、保基本、多层次、可持续的指导方针，以社会保险、社会救助、社会福利为基础，以基本养老、基本医疗、最低生活保障制度为重点，以慈善事业、商业保险为补充，不断完善覆盖城乡的社会保障体系。逐年扩大保障范围、提高保障标准，到2007年，已将市四区城市居民低保补助标准由人均每月190元提高到230元，低保人数达到63628人。在自治区率先实施了农村最低生活保障制度，低保补助标准由每人每年720元提高到1000元，低保人数达到57918人。建立了在“城中村”改造中失地农民的社会保障制度，已有2.3万名失地农民加入了社会养老保险，其中5420名到龄参保人员开始领取养老金。在提高企业离休人员补贴的基础上，先后六次共为企业退休（退职）人员人均每月提高养老金待遇440元。先后三次共为环卫一线工人人均每月增加工资260元。切实加大财政投入和社会扶持力度，从2003年到2007年，累计投入财政扶贫资金20359万元，改善了16.5万贫困农民的生产生活条件，使他们逐步实现了稳定脱贫。

立足劳有所得，千方百计扩大就业。就业是民生之本、致富之源、和谐之基。从2003年到现在，全市累计安置下岗失业人员8.9万人，其中“零就业家庭”成员就业4893人。城镇登记失业率从2003年的4.5%下降到4%以下。同时，各级党委、政府狠抓劳动就业培训，大力实施富余劳动力转移工程，2003年以来，全市共有15万农村富余劳动力实现转移或输出就业。同时，投入资金2.6亿元，集中为原内蒙古化纤厂、呼市糖厂、呼市第二橡胶厂等一批破产转制国有企业职工分流安置工作。

立足住有所居，构建多层次的住房保障体系。住有所居是人的基本权利。我们把解决低收入群众住房问题作为重要的民生工程来抓，切实加大廉租房建设和补贴力度。从2004年起，对租赁公房住户中的140户低保家庭每年核减租金14500元。从2005年开始，三年累计为低保家庭发放廉租房补贴资金388万元。2006—2007年，全市共投入2450万元用于廉租房建设。到2007年底，市四区共建有200套廉租房，收购45套廉租房。2008年，计划新建廉租房1000套，基本解决城区低收入者的住房问题。

坚持以人为本，不断改善居民生活环境。让群众生活在明媚的阳光下，呼吸上新鲜的空气，不断改善群众的生活环境，一直是我市城建的主要工作目标。为了使居民有一个良好的生活环境，我们加大市政建设力度，新建二期、三期集中供热工程，全市集中供热总面积超过2000万平方米。旧城区和城中村改造快速推进，以整体搬迁、建设新小区的方式推进城中村改造，极大地改善了旧城区居民和失地农民的生产条件和生活环境。治理大气环境，实施拆并锅炉和天然气入户工程。2007年，全年空气质量优良天数达到320天，使呼市成为北方15个空气质量最好的城市之一。同时，进一步拓展道路框架，二环路全线贯通，绕城高速公路正在建设之中，市区内形成了八横八纵八车道的都市交通网络。加大公交事业扶持力度，公交车况明显改善，营运车辆由2003年的588标台增加到1552标台，营运线路由46条、673公里发展到71条、1210公里，并且延长了部分营运线路。公交事业的长足发展，极大地方便了居民出行。

改善民生是一项长期而艰巨的工作。我们要继续坚持以经济建设为中心，不断增强我市的综合经济实力，不断增加社会财富，从而为改善民生、加快社会建设奠定物质基础。在量力而行的前提下更加注重尽力而为，在经济发展的基础上更加注重民生，在增加投入的前提下更加注重深化改革。要紧紧围绕人民群众最关心、最直接、最现实的利益问题，以更大的决心、更多的投入和更好的工作，搞好各项民生工程，使改革发展的成果真正体现在民生上。

（作者：内蒙古自治区党委常委、呼和浩特市委书记）

以科学发展观引领新的思想解放

张洪水

在改革开放30周年之际兴起的思想解放热潮中，我们到底应该把握什么样的方向，明确什么样的认识，突出什么样的重点，才能使新一轮思想解放真正变成人民的福祉，变成推动中华民族伟大复兴的巨大动力？这是我们必须思考和把握的重大问题。

每一次思想解放，都因其深刻的时代背景，打上鲜明的时代印记。推进科学发展，是新一轮思想解放的主旋律，是新一轮思想解放的时代特征。

推进科学发展，迫切需要确立科学态度。我们必须明白，推进科学发展是一场全面系统的解放运动，既是经济的又是政治的，既是物质的又是精神的。科学发展的本质要求是遵循规律。如果我们在推进科学发展的思想解放运动中单兵突进，只指一方面不思另一方面，只孤立地看问题不普遍联系地看问题，就难以避免举科学发展之旗而难行推进科学发展之实。因此，在新一轮思想解放的过程中，当我们竭尽全力推进时，一定要思考是否真正有利于推进科学发展；当我们感到难以把握时，一定要用推进科学发展作为尺子；当我们感到比较迷茫时，一定要用推进科学发展作为指路明灯。我们推进思想解放，一定要真正领会中央精神，把科学发展观的学习与实践作为出发点，作为标尺，作为归宿，做到思想向上提升一大步，科学发展向前跨进一大步。

当然，我们也必须清醒地看到，这一次思想解放与过去相比，起点更高，难度更大，推进科学发展任重道远。

现在缺少“穷则思变”的社会思想基础。穷则变、变则通。30年前，“文化大革命”的影响还没有消除，国民经济处于崩溃边缘，人们的生存都成问题；十多年前，经济发展缓慢，社会缺乏活力，人们求富思变的愿望十分强烈，因而中央振臂一呼，应者云集，思想解放很快席卷神州大地，渗透到角角落落。而经过30年的改革开放，人民物质生活已经从温饱走向小康，精神活动由贫乏走向丰富，渴望改变命运的愿望有，但程度不一；希望变革的群体有，但诉求各异。如何使解放思想、科学发展成为全社会的共识，凝聚起全社会的力量，这是摆在我们面前的重大课题。

违背科学发展的实际后果不会立竿见

影。现在反映比较突出的资源消耗巨大、环境破坏严重等问题，是累积了几十年才显现出来的。而有些地方特别是落后地区，对传统发展方式带来的恶果没有感性认识，更没有切肤之痛，第一位的还是千方百计上项目、抓速度，却不顾资源环境代价。这种冲动借着求富思变的口号，一时很得人心、颇有市场，也确实难以很快扭转。一些人陶醉在已经取得的巨大成就之中，不正视问题，不反思问题。30年的辉煌成就，给我们带来了夺目的光环。在一些发达地区，有的人已自比于美国纽约、英国伦敦、日本东京，自我陶醉，只看到城市像欧洲，看不到有的农村还像非洲；只看到一部分人先富起来了，看不到社会底层、困难群体的窘迫；只看到经济的快速发展，看不到发展过程中出现的种种不协调、不和谐问题。在这种情况下，思想解放如何能真正震撼心灵并化为积极的行动，是需要我们认真思考的问题。

有鉴于此，新一轮思想解放，必须以追求真理、实现理想的坚定信念，以不怕牺牲、舍身忘我的战斗精神，以“山高人为峰”、“青松挺且直”的顽强韧劲，义无反顾地投身其中，才能逢山开路、遇水架桥，到达胜利的彼岸。

知是为了行，思想的光辉只有在推动现实发展中，才能更加光芒灿烂。我们推动思想解放，就是要有胆有识，无惧无畏，在实践科学发展的重大问题上勇闯新路。

要在发展目标定位上解放思想。区域不同、基础不同、资源不同，目标定位也必然不同。我们要从过去“不分东西南北中，口号一致向前冲”的固有模式中解放出来，不照搬照抄已有的经验，不简单重复别人走过的老路，适合发展什么就发展什么，适合什么速度就是什么速度，有条件的地方就是要以香港、新加坡做参照系；没有条件的地方哪怕受一时之穷，受一时之困，也不要急功近利，浮躁冒进，过分追求经济指标，而要努力追求幸福指数。

要在政府职能转型上解放思想。清醒地认识政府应有的职能定位，用现代政府理念架构建设新型政府。尤其是奉行强势政府策略而取得阶段性重大实惠的地方，更要敢于自我革命，克服巨大的行为惯性，走上依法行政、科学行政的轨道。

要在社会公平建设上解放思想。不可否认，在中央的大力倡导下，全社会更加注重公平正义、更加关爱民生的浓厚氛围已经形成。但还存在地方弱于中央、落后地方弱于发达地区、民生工作重视程度弱于经济工作等问题。悠悠万事，发展为大，经济发展了，有钱才好办事，大河满了，小河才有，这些道理大家都懂，也都会讲，但切不可把这当成一种穿新鞋、走老路的借口，消极懈怠，无所作为。要真心贯彻科学发展的理念，真心为群众谋福祉，再穷不要穷教育，再苦不要苦下一代，再难不要难困难群体，再急不要牺牲环境，使我们的社会充满爱心、洒满阳光、布满绿色。

要在集约利用资源、严格保护环境上解放思想。从利益调节上想办法，用行政手段来引导，依市场经济规律去解决，切实把资源环境问题处理好。对一些重要流域，要建立下游补偿机制，通过下游受益地区补贴上游吃亏地区，调动上游保护环境的积极性；对生态脆弱地区，要改变考核体系、考核内容，不再考核经济指标，引导干部群众把工作重心转移到生态保护上来；对产业发展，要征收调节基金，用高能耗行业的税收鼓励和补贴高科技行业的发展，用经济杠杆推动产业结构调整，诸此等等，用我们的智慧走出一条建设资源节约型、环境友好型社会的后发争先之路。

（作者：中共镇江市委常委、宣传部长）

深入学习贯彻科学发展观
以改革精神全面推进首都社会建设

梁 伟

改革开放以来，尤其是2001年获得奥运会的举办权以来，北京市的社会建设发展进入了历史的“快车道”。政治、经济、文化、社会“四位一体”的协调发展，为首都实践“新北京、新奥运”的战略构想，举办一届“高水平、有特色”的奥运会奠定了雄厚的基础。奥运筹办工作的七年，是北京社会发展速度最快、体制机制创新最多、民生事业建设成效最明显、人民群众满意度最高的七年。随着北京奥运会、残奥会的胜利闭幕，首都的社会发展又一次站在了一个新的历史起点上。总结奥运筹办工作经验，我们深深感到，奥运筹备和举办期间北京社会建设取得的巨大成就，本身就是科学发展观在社会领域伟大实践的成果。在后奥运时期进一步推动北京社会发展，要求我们必须更加深入学习贯彻落实科学发展观，进一步解放思想，以“人文北京、科技北京、绿色北京”为建设目标，以解决阻碍首都社会发展的重点难点问题为突破口，以体制机制创新为根本途径，在构建具有现代特征、中国特色、首都特点的社会建设管理新格局的基本框架中推动首都经济社会又好又快发展。

一、奥运筹办期间北京社会建设取得巨大成就

近年来，尤其是党的十七大以来，全市上下深入贯彻落实科学发展观，先后制定了《关于建设和谐社区和谐村镇的若干意见》和《关于构建社会主义和谐社会首善之区的若干意见》，市十次党代会又把建设繁荣、文明、和谐、宜居首善之区作为今后五年的奋斗目标。始终把社会建设放在更加突出的位置，不断加大工作力度。全市上下紧紧围绕办好奥运会这件大事，以体制创新作为突破口，着力改善民生，发展社会事业，扩大公共服务，加强社会管理，首都社会建设取得了显著成绩。

(一)改善民生和公共服务体系建设取得新进展。民生系国运。近年来，市委始终高度关注民生问题，把解决人民群众在教育、就业、医疗卫生、社会保障、住房、交通等方面的突出问题作为学习贯彻科学发展观和实践执政为民根本宗旨的重要举措，针对人民群众反映强烈的问题，不断加大投入，不断创新公共服务的提供方式，使困扰人民群众生活的突出问题得到显著改善，教育、卫生、文化、社会保障、就业等方面的重点指标不仅在全国领先，有的已经达到或超过了世界发达国家的平均水平。较好地实现了发展成果由人民共享的发展目标。

科学发展观首先要求政府实行从行政管理型向公共服务型的转变。为此，市委市政府不断加大公共财政的投入力度，2007年全市财政在教育、卫生、文化、社会保障和就业上的投入，分别比上年增加了32.2%、31.4%、29.2%和20.7%。此外，通过开展政府购买服务试点，不断创新公共服务提供方式，提高公共财政资金的使用效率。在连续多年通过“折子工程”等形式坚持开展为群众办实事的基础上，市委又提出了“无零就业家庭、无城镇危房户、无重大重复上访户、无社会救助盲点、无拖欠工资问题”的奋斗目标，着力解决民生的突出问题。

(二)基层基础工作取得新成效。街道和社区是首都社会建设的基层，而蓬勃发展的社会

组织是加强首都社会建设的基础。基础不牢，地动山摇，夯实基层基础对于首都社会建设具有十分重要的现实意义。

近年来，北京市按照“统筹辖区发展、监督专业管理、组织公共服务、指导社区建设”的功能定位，进一步转变街道职能，调整机构设置，完善工作制度，推动街道工作创新。各街道围绕为居民和社会单位服务这个中心任务，不断拓展服务领域，改善服务方式，提高服务能力，努力打造社会管理和公共服务平台，实现行政管理、社会管理与民主自治管理的互联互动。在全市广大社区中，根据“民主选举、民主决策、民主管理、民主监督”的要求，深入开展“和谐社区”创建活动，完善社区民主自治制度，加强社区服务设施建设，增加社区工作经费、改善社区办公条件和提高社区工作者待遇，使社区自我管理、自我服务、自我教育、自我监督的能力和水平不断提高。

对于广大的社会组织，北京市始终坚持培育与依法管理并重的方针促进其健康发展。通过制定《关于促进我市行业协会发展和改革意见》，对社会团体、民办非企业单位、各类基金会、行业协会进行清理整顿，进一步规范社会组织管理和登记程序，解决了党政领导干部在协会中兼职的问题，不断完善推动社会组织发展的各项政策。到目前为止，全市有新经济组织106.7万个、新社会组织2.8万个，在这些组织中就业职工达420万人，占全市就业人数75%以上。众多社会组织在推动首都经济社会又好又快发展上发挥了重要作用。

（三）社会动员能力有了新提高。举办奥运会，本身就是一次最广泛、最深刻的社会建设实践。奥运会的举办为我们通过多种渠道最大限度地动员社会提供了崭新的实践平台。在保留传统的行政动员渠道优势的基础上，通过广大社区、社会组织、志愿活动“三驾马车”广泛动员社会，成为这次奥运筹办期间的最大亮点。

奥运筹办期间，全市各个社区通过深入开展“建设和谐社区、喜迎奥运盛会”系列活动，通过文明社区评比和人文奥运“周末大讲堂”的开展，使“迎奥运、讲文明、树新风”活动深入千家万户，“绿色奥运、科技奥运、人文奥运”三大理念深入人心。而广大社区工作者组成的百万平安奥运“红袖标”队伍，为成功举办奥运，特别是实现“平安奥运”做出了重要贡献。

以志愿者协会、球迷协会、车友会为代表的各类社会组织也广泛开展了“立足本职建和谐、迎接奥运作奉献”主题活动。他们围绕“绿色奥运、科技奥运、人文奥运”的全局目标，先后举办了“少开一天车”、“争当文明观众”等系列特色活动，以各自特有的方式支持奥运。在汶川特大地震发生后，广大社会组织纷纷行动，通过慷慨解囊、捐物献血、提供专业技术服务等多种方式，以实际行动支援灾区人民。充分发挥了广大社会组织反应迅速、联系面广、动员能力强的优势。

举办奥运和抗震救灾工作，也使首都社会志愿服务发展达到了一个新的阶段。在“大众参与、以人为本、传递微笑、构建和谐”原则的指引下，全社会涌现出不可阻挡的志愿热潮。先后有310多万人报名参加各类志愿者，其中有170万作为赛会和城市志愿者直接为奥运会服务。全市广大党员干部也积极投身“平安奥运社区志愿活动”，在做好本职工作的同时，以志愿服务的方式参与基层平安创建。志愿服务大军的真诚微笑成为北京市最好的“城市名片”，受到了与会国内外嘉宾的高度赞扬。

（四）社会管理体制改革取得新成果。近年来，北京市委、市政府始终坚持把体制创新作为社会建设工作的推动力，先后五次召开城市管理工作会议和推进和谐社区建设座谈会，对街道、社区、城市管理体制进行改革，在社会体制创新上进行了积极探索和实践，取得了很大成效。党的十七大之后，北京市成立了由刘淇同志任组长、38个市委、市政府部门为成员单位的“北京市社会建设工作领导小组”，统筹规划全市的社会建设工作。2007年12月，北京市在全国率先成立了市委社会工委、市政府社会建设办。截至 2008 年 10 月，8 个城区和 2 个远郊区县的社会工作机构也已组建完毕。统筹全市社会建设的管理体制初步建立。

为了进一步深化改革，市委、市政府在广泛调研的基础上，先后制定了《北京市社会建设实施纲要》以及《北京市社区管理办法》、《社区工作者管理办法》、《关于加快推进社会组织改革与发展的意见》、《关于进一步加强和改进社会领域党建工作的意见》。2008 年 9 月，北京市社会建设大会胜利召开，明确了首都社会建设未来三到五年的总体思路、奋斗目标和主要任务，为未来首都社会建设的改革发展指明了方向。

二、坚持以科学发展观为指导，推动后奥运时期首都社会建设的全面进步

当前，北京正处在人均地区生产总值从 7000 美元向 10000 美元迈进的关键时期。根据国际上的发展经验，这一时期往往又是社会结构的转型期、社会矛盾的多发期。促进社会发展、维护社会稳定、保持社会和谐的任务比以往任何时候都要繁重。随着首都经济结构不断调整，社会结构发生了重大变化，新经济组织、新社会组织大量涌现，许多都是我们社会管理的空白地带；而随着生活水平的不断提高，广大人民群众对公共服务和公共产品的需求日益增加，民主法制意识、政治参与意识明显增强，表达个人意愿、参与社会事务、实现自我价值的要求越来越强烈；随着改革的不断深化，全社会的利益关系和利益格局日趋多元化、复杂化，社会矛盾和社会问题不断凸显。这些都为首都社会建设提出了许多新课题，推进首都社会建设的任务任重而道远。

我们认为，面对新时期的新任务，要全面推进首都社会建设，最关键的就是要深入学习领会科学发展观的精神实质，以科学发展的理念来指导首都社会建设的各项改革工作。贯彻落实科学发展观的要求，现阶段首都社会建设的主要任务，就是在为广大人民群众提供更多更好公共产品和公共服务的同时，加大体制机制创新，努力建立起具有时代特征、中国特色、首都特点的社会建设新格局的基本框架，这一框架的重点就是“五大体系”建设。

（一）构建社会公共服务体系。为广大市民和社会各界提供便捷优质的公共服务，让人们生活得更方便、更舒心、更幸福，是对首都社会建设的基本要求。加强公共服务体系建设，首先要从人民群众最关心、最直接、最现实的利益问题入手，切实解决好教育、医疗、就业、社会保障、住房、交通、环境等民生问题；其次要加快推进服务型政府建设步伐，强化政府的公共服务和社会管理职能，健全公共财政体系，加大政府扶持社会组织、购买公共服务的力度；再次要加强城乡统筹，加快农村基础设施和公共服务项目建设，进一步完善社会保险、社会救助、社会福利、慈善事业相衔接的覆盖城乡的社会保障体系。以基本公共服务均等化为目标，逐步建立健全覆盖城乡、功能完备、分布合理、运转高效的公共服务体系。

（二）构建社区管理体系。当前，我们要以建设新型社区服务站作为切入点，构建规范的社区管理模式，推动社区建设的深入发展。社区服务站是政府延伸到社区的公共服务平台，我们计划通过“一分三定”（即社区服务站和社区居委会的职能分开和两者的人员、经费和工作职责的明确）的改革措施，来减轻社区居委会的行政负担，推动建设一支专业化、职业化的社区工作者队伍。逐步建立健全以社区党组织为核心、社区自治组织为基础、社区服务站为依托、社区社会组织为补充、驻社区单位密切配合、社区居民广泛参与的新型社区治理结构。

（三）构建社会组织管理体系。当前，制约社会组织发展的突出问题是政社不分、管办不分。因此，加强社会组织建设，关键就是创新社会组织管理模式，积极推动政社分开、管办分离。改革的重点是在坚持双重管理体制的同时，逐步把业务主管职能从各个行政部门剥离出来，在此基础上，构建“枢纽型”社会组织工作

体系来加强对社会组织的管理。初步设想"枢纽型"社会组织由人民团体和行业联合会等"龙头组织"来担任。政府通过制定各种扶持政策，充分发挥"枢纽型"社会组织在推动社会组织管理、发展、服务中的重要作用，为社会组织的良性发展和规范管理提供广阔的空间。

(四)构建社会工作运行体系。社会建设本身就是一项宏大的系统工程，需要社会各个方面的协作配合。我们的目标是要建设在党的领导和政府主导下，以社区为基础，以社会组织为载体，以市场为依托，以社会工作者和社会志愿者为骨干，以社区和"两新"组织党建为保障，组织动员社会各界广泛参与的社会工作格局。当前，要在市区两级广泛建立社会建设主管部门的基础上，通过建设市、区社会建设工作领导小组及其工作制度，来建立全市统筹协调、分工协作的社会建设管理机制。同时，通过社会工作队伍的专业化建设和社会志愿者的管理机制建设，努力提升社会工作者的专业素质和职业水平，为社会工作人才的发展解决后顾之忧。

(五)构建社会领域党建工作体系。加强社会领域党的建设，需要我们在进一步明确各类党组织的任务、职责和工作要求的基础上，优化组织设置，创新工作方法，充分发挥作用。力争在三到五年时间实现党组织在符合条件的"两新"组织中的全覆盖。按照分类管理、分级负责的原则，逐步构建社会领域党建网络化管理体系。社区党建，由街道工委以块管理为主；社会组织党建，由"枢纽型"社会组织以分类管理为主；新经济组织党建，则由市、区(县)、街(乡镇)、社区(村)以及开发区(商务区、金融区)和商务楼宇党组织实行分级管理政策。逐步建立健全党委统一领导、组织部门牵头、社会工委具体负责、各有关部门积极配合的社会领域党建工作格局。

(作者：中共北京市委常委、北京市总工会主席)

科学发展观的精神实质

李兴山

一个完整的发展观，至少应当包括四方面相互联系的内容，即什么叫发展、为什么要发展、为谁发展和怎样发展。第一个内容主要是回答发展的内涵外延和判断标准，第二个内容主要是回答发展的重要性和必要性，第三个内容主要是回答发展的宗旨和目的，第四个内容主要是回答发展的方式方法和基本要求。我们党所提出的关于"发展才是硬道理"、"必须把发展作为党执政兴国的第一要务"等一系列论断，侧重阐述了为什么要发展的问题。十六届三中全会提出的"坚持以人为本，树立全面、协调、可持续的发展观"又进一步阐明了什么叫发展、为谁发展和怎样发展的问题。把上述内容综合起来说，这就是我们党所提倡树立的科学发展观。

十七大报告对科学发展观的内涵特征和精神实质作了更加深刻全面简明扼要的阐述。这就是，科学发展观的"第一要义是发展，核心是以人为本，基本要求是全面协调可持续，根本方法是统筹兼顾"。从这个阐述中，我们对于科学发展观的精神实质可以作以下几点理解：

第一，科学发展观是一个积极的发展观。它首先强调和重视发展，而不是否定和减缓发展，只不过更加强调发展要好字当头，做到又好又快的发展。为此，十七大报告在强调必须把发展作为党执政兴国第一要务的同时，也强调

"要创新发展理念、转变发展方式、破解发展难题，提高发展质量和效益，实现又好又快发展"。

第二，科学发展观是一个求实的发展观。它强调发展要从实际出发，而不能只从主观愿望出发；要尊重客观规律，按客观规律办事，而不能违背客观规律。实际上，科学发展观之所以科学，就在于它来自于实践，是对客观规律的认识和总结。这里所说的客观规律，既包括经济发展规律、社会发展规律，也包括自然规律和人类思维规律。

发展要从实际出发，必须坚持量力而行，不提脱离实际的高指标，不搞贪大求洋；坚持求真务实，在科学发展观总的精神指导下，努力走出具有地方特点的发展路子。

第三，科学发展观是一个辩证的发展观。它不但强调发展要全面协调可持续，而且强调要用系统辩证和统筹兼顾的思想方法来正确认识与处理发展中的各种关系，而不能用孤立片面的观点和方法去处理解决发展中的问题。为此，十七大报告强调，在发展中，要正确认识和妥善处理中国特色社会主义事业中的重大关系，不但要做到原来所强调的"五个统筹"，而且还要正确处理中央和地方的关系、个人利益和集体利益的关系、当前利益和长远利益的关系。同时，还要认识到，我们讲全面发展，并不是没有中心和重点，我们既要总揽全局，又要抓住牵动全局的主要工作、事关群众的突出问题，着力推进、重点突破。我们强调协调发展，并不是提倡无差别的同步前进，而是要实现非均衡的协调发展。我们提倡可持续发展，也不是把为后代留下好的环境和条件同当代的发展对立起来，放松当前的发展，而是要始终如一地坚持发展是第一要义。

第四，科学发展观是一个历史唯物主义的发展观。它提出发展要坚持以人为本，发展的宗旨和目的是为了人的发展，而不是为了发展而发展；发展的基本主体和动力是广大人民群众，而不是仅把他们看作积极性的调动对象。为此，十七大报告强调，坚持以人为本，不但要始终把实现好、维护好、发展好最广大人民的根本利益作为党和国家一切工作的出发点和落脚点，而且要"尊重人民主体地位，发挥人民首创精神，保障人民各项权益，走共同富裕道路，促进人的全面发展，做到发展为了人民、发展依靠人民、发展成果由人民共享"。

（作者：中共中央党校原教育长、博士生导师）

论科学发展观对发展中国特色社会主义的意义

郝永平

从"建设中国特色社会主义"到"发展中国特色社会主义"，是党的十七大报告作出的新论断，也是党站在新的历史起点上提出的新要求。发展中国特色社会主义是一项具有艰巨性、复杂性和长期性的伟大使命，面临着相继递进的三大历史任务。正如胡锦涛同志在十七大报告结尾处指出："实现全面建设小康社会的目标需要继续奋斗十几年，基本实现现代化还需要奋斗几十年，巩固和发展社会主义制度则需要几代人、十几代人甚至几十代人坚持不懈地努力奋斗。"作为中国特色社会主义理论体系的重要组成部分，科学发展观是同马克思列宁主义、毛泽东思想、邓小平理论和"三个代表"重要思想既一脉相承又与时俱进的科学理论，它坚持了马克思主义发展进程中的一脉相承和与时俱进，体现了立足基本国情与适应新的发展要求的统一，实现了总结我国发展实践与借鉴国外发展经验的结合，因而既是我国经济社会发展的重要指导方针，也成为“发展中国特色社会主义必须坚持和贯彻的重大战略思想”。

一、通过实现全面建成小康社会的奋斗目标来发展中国特色社会主义，要求深入贯彻落实科学发展观

党的十六大所确立的全面建设小康社会的奋斗目标，是实现社会主义现代化建设历史进程中承上启下的必经阶段，也是发展中国特色社会主义的一个重要环节。在当前我国仍然处于社会主义初级阶段的历史条件下，虽然人民生活总体上已经达到小康水平，但这是低水平的、不全面的、发展不平衡的小康。经过五年的努力，我们已经在全面建设小康社会的征途上迈出了坚实的步伐；今后要继续努力奋斗，进一步加强经济建设、政治建设、文化建设、社会建设和生态建设，确保到2020年实现全面建成小康社会的奋斗目标。党的十七大报告指出，在新的发展阶段继续全面建设小康社会、发展中国特色社会主义，必须坚持以邓小平理论和“三个代表”重要思想为指导，深入贯彻落实科学发展观。

1. 全面建设小康社会，必须按照科学发展观的要求，增强发展的协调性，实现经济又好又快发展。“经济更加发展”是全面建设小康社会的第一个特征，体现了“好”与“快”的统一。要按照科学发展观的要求，根本转变发展方式，重点解决优化结构、提高效益、降低消耗、保护环境的问题。为此，要继续完善社会主义市场经济体制，努力形成更加开放的经济体系；不断增强自主创新能力，着力提高科技进步对经济增长的贡献率；进一步提高居民消费率，形成消费、投资、出口协调拉动的增长格局；加快社会主义新农村建设，基本形成城乡和区域互动发展机制。

2. 全面建设小康社会，必须按照科学发展观的要求，进一步加强民主法制建设，更好保障人民权益和公平正义。“民主更加健全”是全面建设小康社会的第二个特征，党的领导、人民当家作主与依法治国相统一是全面建设小康社会在政治方面的必然要求。要按照科学发展观的要求，统筹兼顾政治建设与经济建设的关系，随着经济社会的发展不断深化政治体制改革；正确处理扩大民主与法制建设的关系，深入落实依法治国的基本方略，在全社会进一步增强法制观念，在法治政府建设中取得新成效；切实坚持以人为本的执政理念，以人民当家作主为根本，不断扩大人民民主，有序扩大公民政治参与，进一步完善基层民主制度，努力增强政府基本公共服务能力，保障人民享有更多更切实的民主权利。

3. 全面建设小康社会，必须按照科学发展观的要求，进一步加强文化建设，不断提高全民族文明素质。“文化更加繁荣”是全面建设小康社会的又一个重要特征。全面建设小康社会，不但需要从经济、政治、社会等领域下功夫，而且需要从文化方面创造条件；进一步说，不但需要良好的文化环境，而且需要具有文明素质的建设者。因此，必须按照科学发展观的要求，按照协调和统筹原则，以社会主义核心价值体系引领多样化社会思潮，在弘扬中华文化的基础上吸收各国优秀文明成果，正确处理文化事业建设与文化产业发展的关系，以覆盖全社会的公共文化服务体系来满足人民群众不断增长的精神文化需求，着力提高全民族的科学文化素质与思想道德风尚，推动社会主义文化大发展大繁荣。

4. 全面建设小康社会，必须按照科学发展观的要求，进一步加快推进以改善民生为重点的社会建设。“人民生活更加殷实”是全面建设小康社会的重要特征，是中国共产党长期奋斗的根本目标，也是发展中国特色社会主义的价值追求。为此，必须按照科学发展观的要求，坚持以人为本，从解决广大人民群众最关心、最直接、最现实的利益问题入手，推动建设和谐社会。具体来说，要从增加投入、创新体制、加强

管理与化解矛盾等环节入手，正确处理公平与效率的关系，在优先发展教育、扩大社会就业、增加城乡居民收入、建立社会保障体系、提高全民健康水平、维护社会安定团结等方面下功夫，把人人有责与人人共享结合起来，努力使全体人民学有所教、劳有所得、病有所医、老有所养、住有所居。

5. 全面建设小康社会，必须按照科学发展观的要求，加快建设生态文明。生态良好与生产发展、生活富裕是科学发展观确立的文明发展道路的重要特征；良好的生态环境是实现社会可持续发展的必要条件，是全面建设小康社会的重要基础，也是发展中国特色社会主义的重要条件。要实现全面建设小康社会奋斗目标，必须按照科学发展观的要求，着眼于实现人与自然的和谐关系，在全社会牢固树立生态文明观念，着力建立节约能源资源、保护生态环境的产业结构、增长方式和消费模式，大力发展循环经济，不断提升可再生资源比重，有效控制主要污染物排放，努力改善生态环境质量。

二、通过基本实现社会主义现代化来发展中国特色社会主义，也要求深入贯彻落实科学发展观

现代化是一场体现社会化大生产发展趋势和先进文化前进方向的深刻变革，是任何民族与国家都必须面对的时代潮流。虽然近代中国已开始了现代化的艰难探索，但真正建设社会主义现代化是新中国成立后的事情。建国以后，党领导全国人民首先进行了社会主义改造，并开展了现代化建设的初步实践，也积累了一些重要的经验。然而，1957 年以后，由于党的领导人对国内外形势的认识发生了失误，因而严重偏离了建设现代化的正确道路。十一届三中全会之后，以邓小平同志为核心的第二代中央领导集体在拨乱反正的同时，确立了以经济建设为中心的正确指导方针，提出了“三步走”的现代化发展战略。江泽民在党的十五大报告中对其进一步丰富和发展，提出到 21 世纪中叶基本实现现代化，把我国建设成为富强民主文明的社会主义国家。在继承党的三代中央领导集体关于社会主义现代化建设重要思想的基础上，以胡锦涛为总书记的党中央把构建社会主义和谐社会提到了战略高度，把“富强民主文明和谐”确立为社会主义现代化建设的总体目标。可以说，把我国建设成为富强民主文明和谐的社会主义现代化国家，是发展中国特色社会主义的重大任务，也是中国共产党人和全国各族人民共同的奋斗目标。实现这一伟大目标，必须深入贯彻落实科学发展观。换言之，全面概括和总结了我国经济社会发展规律的科学发展观，也是社会主义现代化建设的重要指导方针。

1. 必须按照科学发展观的要求，以战略眼光总揽现代化总体目标，全面协调持续地推进社会主义现代化建设。富强、民主、文明、和谐，是社会主义现代化的本质特征，又是中国特色社会主义的奋斗目标。为实现这一总体目标，必须以科学发展观为指导，全面加强经济建设、政治建设、文化建设、社会建设，努力建设社会主义市场经济、社会主义民主政治、社会主义先进文化、社会主义和谐社会；必须促进现代化建设各个环节、各个方面相协调，促进生产关系与生产力、上层建筑与经济基础相协调；必须把握好现代化建设的全过程与各阶段的关系，持续地推进以经济建设为中心的社会全面进步，为发展中国特色社会主义提供雄厚的物质基础、可靠的制度保障、强大的精神动力与良好的社会条件。

2. 必须按照科学发展观的要求，坚持以人为本，把人的现代化作为整个现代化事业的核心。实现人的自由全面发展，是马克思主义的基本观点，是社会主义的必然要求，是中国共产党的性质和根本宗旨的必然要求。中国特色社会主义现代化包括社会现代化和人的现代化，其中社会现代化是基础，人的现代化是核心，二者是相辅相成的一体化进程。实现人的现代化，就是实现人由传统向现代、由片面发展向全面发展、由依赖物的统治向自由个性的发展过

程，就是实现人的自由全面发展。科学发展观，对“为谁发展”和“靠谁发展”问题的解答，突现了发展过程中人的主体地位：人，既是社会发展的根本手段，更是社会发展的根本目的。贯彻以人为本的理念，必须始终把实现好、维护好、发展好最广大人民的根本利益作为党和国家一切工作的出发点和落脚点，尊重人民主体地位，发挥人民首创精神，保障人民各项权益，走共同富裕道路，促进人的全面发展。因此，在推进社会现代化的同时实现人的现代化，就必须坚持以科学发展观为指导。

3. 必须按照科学发展观的要求，统筹兼顾社会主义现代化建设进程中的若干重大关系。建设社会主义现代化，是一项宏大而又复杂的系统工程，也是诸种因素之间相互影响、相互制约的历史进程。正确认识和处理这一进程中的各种重大关系，是社会主义现代化建设的必然要求。科学发展观为正确认识和妥善处理我国社会主义现代化建设进程中的各种重大关系提供了科学的方法论指导。按照科学发展观的要求，坚持统筹兼顾，在正确认识和处理城乡关系、区域关系、经济与社会发展、人与自然关系、国内发展与对外开放关系的基础上，必须进一步统筹中央与地方的关系，统筹个人利益和集体利益、局部利益和整体利益、当前利益和长远利益的关系，统筹国内与国际两个大局，充分调动和发挥各方面的积极性、主动性与创造性，保证现代化建设目标的顺利实现。

三、通过几代人、十几代人甚至几十代人坚持不懈的努力奋斗，来巩固和发展社会主义制度，同样必须深入贯彻落实科学发展观

虽然社会主义制度是人类有史以来最先进的社会制度，但却是在经济文化比较落后的国家首先建成的。因此，社会主义要体现出与资本主义相比所应有的优越性，无疑要经历一个长期的历史过程。经过近百年的建设，中国特色社会主义在基本实现现代化之后，社会主义的优越性必将得到比较充分的展现。但是，基本实现现代化并不是共产党人的最终目标，也并不能完全体现出社会主义制度的优越性。因此，我们应当按照社会主义的本质要求，必须进一步创造比资本主义更高的劳动生产率，必须进一步实现更高水平的公平正义，必须在更高层次上推动人的自由全面发展，以此来巩固和发展社会主义制度。由于科学发展观在揭示社会主义建设规律的同时，也揭示了人类社会的发展规律，因而有理由成为巩固和发展社会主义制度的指导方针。

1. 在基本实现现代化的基础上，通过创造比资本主义更高的劳动生产率来巩固和发展社会主义制度，应当深入贯彻落实科学发展观。列宁曾经说过：“劳动生产率，归根到底是使新社会制度取得胜利的最重要最主要的东西。……资本主义可以被最终战胜，而且一定会被最终战胜，因为社会主义能创造新的高得多的劳动生产率。”社会主义要体现出比拟于资本主义的优越性，必须极大地提高劳动生产率，创造出更加丰富的社会财富，不断满足人民日益增长的物质文化需要。然而，由于社会主义制度基本上是在经济文化比较落后的国家建立的，直到现在还不能说创造出了比资本主义更高的劳动生产率。即使在基本实现现代化之后，我们的劳动生产率与资本主义国家相比，也难以显示出明显的优越性；到那时，我们的现代化仅仅相当于中等发达国家水平，与发达的资本主义国家相比还会有不小的差距。更为重要的是，共产党人不仅要在与资本主义的竞争与斗争中赢得社会主义的优势，而且在将来要把人类社会的前途引向物质产品极大丰富、实行“各尽所能、按需分配”的共产主义。

发展，不仅对于全面建设小康社会、加快推进社会主义现代化具有决定性意义，而且，对于创造比资本主义更高的劳动生产率，不断巩固和发展社会主义制度，同样具有决定性意义。在基本实现现代化的基础上，通过创造比资本主义更高的劳动生产率来巩固和发展社会主义

制度，应当深入贯彻落实科学发展观。一方面，要继续坚持把发展作为党执政兴国的第一要务，牢牢扭住经济建设这个中心，坚持聚精会神搞建设、一心一意谋发展，不断解放和发展社会生产力，创造更高水平的劳动生产率；另方面，应在新的发展实践中进一步把握新的发展规律、创立新的发展理念、开拓新的发展方式、破解新的发展难题，不断提高发展质量和效益，创造更加丰富的社会物质财富，为巩固和发展社会主义制度打下更加坚实的物质基础。

2. 在基本实现现代化的基础上，通过实现更高水平的公平正义来巩固和发展社会主义制度，应当深入贯彻落实科学发展观。公平正义，就是社会各方面的利益关系得到妥善协调，人民内部矛盾和其他社会矛盾得到正确处理，人们各方面的权益得到切实维护与保障。公平正义贯穿在经济、政治、文化、社会各个领域，体现在居民收入分配、文化教育、劳动就业、社会保障、市场竞争、公共服务、个人发展等环节，随着经济社会的不断发展而得到历史性的实现。

与资本主义条件下社会严重不公相比，实行人民当家作主的社会主义制度无疑为实现公平正义开辟了广阔的道路。但是，要清醒地认识到：公平正义在社会主义条件下的实现，必将经历一个长期的历史过程，即使在基本实现现代化之后，公平正义得到了一定程度的提升，也仍有进一步实现的必要和余地。在中国特色社会主义事业不断发展的过程中，社会各方面的利益之间会出现新的矛盾，人民内部矛盾和其他社会矛盾会呈现新的特点，人民群众必然对公平正义有新的更高的期待；同时，一些发达资本主义国家为缓和社会矛盾，在改善社会福利等方面正在并将要采取的一些具体措施，无疑会对中国特色社会主义提出新的挑战。为此，在基本实现现代化的基础上，巩固和发展社会主义制度，要求实现更高水平的公平正义。

在基本实现现代化的基础上，通过实现更高水平的公平正义来巩固和发展社会主义制度，也应当深入贯彻落实科学发展观。一是要按照以人为本的要求，始终把实现好、维护好、发展好最广大人民群众的根本利益作为党和国家一切工作的出发点和落脚点，尊重人民主体地位，发挥人民首创精神，保障人民各项权益，走共同富裕道路，促进人的全面发展。二是应当以科学发展观为统领，更好地统筹个人利益和集体利益、局部利益和整体利益、当前利益和长远利益，正确处理在新的历史条件下出现的新型人民内部矛盾和其他社会矛盾，努力促进公平正义在更高层次上的实现。三是按照科学发展观的要求，把创新体制机制与完善社会管理结合起来，把发展社会事业与扩大公共服务结合起来，把人人有责与人人共享结合起来，在提高发展效率的同时促进社会公平正义。

3. 在基本实现现代化的基础上，通过在更高的层次上实现人的自由全面发展来巩固和发展社会主义制度，也应当深入贯彻落实科学发展观。共产主义社会是“以每个人的全面而自由发展为基本原则的社会形式”。在马克思看来，人的全面发展“不是在某一种规定性上再生产自己，而是生产出他的全面性”，是对畸形的片面发展的扬弃，是在体力和智力上的充分发展，并具备了全面的才能、志趣以及共产主义道德品质；人的自由发展是指“自由个性的实现”，是独立性对依附性的取代，是完全出于自己意愿和需要的发展，是在把握客观必然性的基础上对现实的超越。

随着社会主义现代化的基本实现，人也初步完成了由传统向现代、由片面发展向全面发展、由对物的依赖向自由个性的转变，成为社会主义现代化新人。但是，要清醒地认识到：那时，我们还只是基本实现了现代化，综合国力只是达到中等发达国家水平，经济基础、民主政治、精神文化与主体素质等并未达到共产主义的要求，因而这样的新人只是共产主义新人的雏形。为此，巩固和发展社会主义制度，要求在基本实现现代化的基础上，在更高的层次上实现人的自由全面发展。

在基本实现现代化的基础上，在更高的层

次上实现人的自由全面发展，巩固和发展社会主义制度，也应当深入贯彻落实科学发展观。科学发展观提倡以人为本，把人作为社会发展的核心目标和根本目的，并在发展中实现人与自然、人与社会、人与人之间的和谐，充分体现了马克思关于人的自由全面发展的思想。为此，在基本实现现代化之后，我们一方面要以科学发展观为指导，进一步统筹经济社会发展，进一步建设社会主义物质文明、政治文明、精神文明与和谐社会，努力创造出比资本主义更高的劳动生产率，实现更高水平的公平正义，为造就共产主义新人提供良好的物质基础、政治保障、精神文化条件与社会氛围；另一方面，要按照以人为本的要求，在更高的层次上凸现人在社会发展中的主体地位，更好地体现发展为了人民、发展依靠人民、发展成果由人民共享，更好地满足人的社会需要、发展人的全面才能、完善人的综合素质、提高人的思想觉悟、展示人的自由个性、实现人的社会价值，从而在更高层次上实现人的自由全面发展。

（作者：中共中央党校科研部副主任、研究员）

第六部分

构建社会主义和谐社会

继续解放思想　推动科学发展　促进社会和谐

李景田

30年前的真理标准讨论，是社会主义建设新时期呼唤伟大变革的一场思想解放运动，对重新确立实事求是的思想路线，推进改革开放和社会主义现代化建设，具有十分重大的历史意义和现实意义。今天我们纪念真理标准讨论30周年，最重要的是继续解放思想，推动科学发展，促进社会和谐，为夺取全面建设小康社会新胜利而奋斗。

一

30年前，中国正处在一个重大的历史关头。虽然粉碎“四人帮”，宣告了“文化大革命”的结束，但“两个凡是”如同一道无形的枷锁紧紧地束缚着我们的手脚。国家在徘徊中前进，人民在困惑中思索。这种矛盾，最终以思想路线的冲突尖锐地表现了出来。1978年5月，由胡耀邦同志审定的《实践是检验真理的唯一标准》这篇文章，在中央党校《理论动态》和《光明日报》先后发表，引发了关于真理标准问题的大讨论。在邓小平同志等老一辈无产阶级革命家的领导和支持下，一批具有政治胆识和理论勇气的党的领导干部、理论和新闻工作者担当了这场大讨论的先锋，很快形成了一场影响全国的思想解放运动。

回顾总结邓小平同志领导和支持这场思想解放运动历程，我们可以看到，他倡导重新确立党的实事求是的思想路线，是为了推动政治路线和组织路线的拨乱反正，是为了推动全党全民族把意志和力量集中到社会主义现代化建设这个最大的实践上来。他不是就历史问题谈历史问题，而是以团结一致向前看为讨论历史问题的出发点；他不是就解放思想谈解放思想，而是以研究新情况解决新问题为解放思想的着眼点；他不是就思想理论问题谈思想理论问题，而是以社会主义现代化建设为思想理论上拨乱反正的落脚点。因此，这场讨论实际上就成为一场呼唤把工作重点转移到社会主义现代化建设上来的思想解放运动；是形成以经济建设为中心，坚持四项基本原则、坚持改革开放的基本路线的思想解放运动；是为波澜壮阔的改革开放提供强大精神动力的思想解放运动。从当时看，这场讨论为党的十一届三中全会的召开作了充分的思想理论准备；从长远看，为完成党在指导思想上的拨乱反正，开辟中国特色社会主义道路，创立中国特色社会主义理论体系，奠定了坚实的思想基础。

30年来，我们党每一次推进思想解放，都牢牢把握我国处于社会主义初级阶段这一基本国情，牢牢把握人民日益增长的物质文化需要和落后的社会生产之间的矛盾这一现阶段我国社会的主要矛盾，牢牢把握以经济建设为中心、推进社会主义现代化这一根本任务。真理标准讨论及之后30年的思想解放，给我们一个十分重要的启示是，解放思想必须围绕党的中心任务展开，为党的中心任务服务。这是加强党的思想建设的成功经验和规律性认识。

二

胡锦涛同志在党的十七大报告中明确指出：“解放思想是发展中国特色社会主义的一大法宝。”今天，我们站在新的历史起点上。一方面，面临发展的重大战略机遇；另一方面，经济、政治、文化、社会建设和各方面体制改革进入关键的攻坚阶段，面临更多更加复杂而又亟待解决的重大问题。在新的历史条件下推进党的伟大事业，必须继续解放思想。

当前和今后一个时期，继续解放思想，要紧紧围绕深入贯彻落实科学发展观这个中心来进行，要为推动科学发展、促进社会和谐服务。在一定意义上说，实践科学发展观的过程就是不断解放思想的过程。继续解放思想要贯穿于实践科学发展观的全过程和各方面，切实推动科学发展，促进社会和谐，开创中国特色社会主义的新局面。这是继续解放思想的根本任务。

围绕深入贯彻落实科学发展观继续解放思想，要在以下三个方面下功夫。

一是要立足基本国情，坚持实事求是、求真务实。进入新世纪新阶段，我国经济社会发展呈现出一系列新的阶段性特征，这是社会主义初级阶段基本国情在新世纪新阶段的具体表现，是科学发展观提出的客观依据。围绕贯彻落实科学发展观继续解放思想，必须从这一基本国情及新的阶段性特征出发。比如我们要坚持以经济建设为中心，转变经济发展方式，实现国民经济又好又快发展；要继续推进政治体制改革，发展社会主义民主，建设社会主义法治国家；要大力建设社会主义核心价值体系，兴起文化建设新高潮，推动社会主义文化大发展大繁荣；要处理好经济社会协调发展问题，解决好人民最关心、最直接、最现实的利益问题，构建社会主义和谐社会，等等，都要从我国社会主义初级阶段的基本国情出发，解放思想，科学决策，谋划发展。

二是要着眼于新的发展，做到"三个解放"。面对新情况、新任务、新要求，围绕贯彻落实科学发展观继续解放思想，就要按照党的十七大的要求，勇于变革、勇于创新，永不僵化、永不停滞，既要以辩证态度看待历史成就、历史经验，又要以创新精神来研究新情况、解决新问题。尤其要打破常规，突破前人，自觉地把思想认识从那些与科学发展观不相适宜的观念、做法和体制的束缚中解放出来，从对马克思主义的各种错误的和教条式的理解中解放出来，从形形色色的主观主义和形而上学的桎梏中解放出来；冲破一切妨碍科学发展和社会和谐的思想观念，改变一切束缚科学发展和社会和谐的做法和规定，革除一切影响科学发展和社会和谐的体制弊端。

三是要贯彻落实以人为本的理念。以人为本的理念，一方面揭示了我们推动经济社会发展的根本目的，也就是为了谁的问题，从根本上来说，就是全心全意为人民服务。另一方面，揭示了社会发展的主体和根本动力，也就是依靠谁的问题。推动科学发展、促进社会和谐，归根到底是为了人的解放和发展。那种只重 GDP、"见物不见人"的片面发展，忽视生态文明，忽视教育、文化、卫生等社会发展指标，甚至直接损害人民群众合法权益的做法，不仅是一种"短视"，也是没有出路的。围绕贯彻落实科学发展观继续解放思想，要始终关注民生和最广大人民的利益，把实现好、维护好、发展好最广大人民的根本利益作为党和国家工作的根本出发点和落脚点；要始终把提高人的素质包括提高思想道德素质和科学文化素质，作为改革和发展的重要任务，最大限度地把人的积极性、创造性调动和发挥出来。

三

中央党校作为党的重要思想理论阵地，改革开放 30 年来始终高举解放思想的旗帜，密切关注中国特色社会主义建设过程中新的实践、新的进步和发展，以及新的经验、新的思想和理论，始终把推进思想解放和党的理论创新作为不懈的追求和光荣的任务。

在轰轰烈烈的真理标准讨论中，在改革开放以来的思想解放中，中央党校都发挥了积极作用。新世纪新阶段，我们将坚定地与以胡锦涛同志为总书记的党中央保持政治上的高度一致，进一步营造更加有利于解放思想的氛围，把学习、研究、宣传中国特色社会主义理论体系特别是科学发展观作为党校工作的中心内容，用马克思主义中国化的最新成果武装学员头脑，指导党校工作，为党的干部教育事业和推进党的理论创新作出新的贡献，为继续解放思想、推动科学发展、促进社会和谐作出新的贡献。

（作者：中共中央党校常务副校长）

促进城乡协调发展　推动和谐中原建设

徐光春

在党的十七届三中全会召开前夕，胡锦涛总书记在视察河南时指出，河南作为农业大省，近年来在农村改革发展上下了很大功夫，取得了明显成效。总书记特别肯定了河南在探索统筹城乡发展的体制机制方面迈出了新步伐。胡锦涛总书记对河南统筹城乡发展给予的充分肯定，既是对我们工作的巨大鼓励，也为我们进一步深化农村改革、推进城乡协调发展指明了方向。近年来，河南坚持以科学发展观统领中原崛起，加快推进工业化、城镇化、农业现代化，实现了由传统农业大省向新兴工业大省的历史性转变，目前正在向经济强省迈进。在这一进程中，河南始终把解决好"三农"问题作为工作的重中之重，大力推进社会主义新农村建设，在促进城乡协调发展，推动和谐中原建设方面进行了积极探索，取得了一定成效。

一、强力促进农业不断增效、农民持续增收，为城乡协调发展、建设和谐中原奠定牢固的物质基础

省委、省政府始终注重扎实推进经济社会又好又快发展，在连续3年生产总值突破万亿元、居全国第五位的情况下，做到了耕地面积不减少、粮食产量不下降、农业基础地位不削弱，强农兴工两篇文章一起做，探索出了一条不以削弱农业为代价，加快工业化、城镇化进程的新路子。

抓住巩固和提高粮食综合生产能力这个核心，确保粮食产量稳定增长。不折不扣落实各项支农惠农政策，充分调动农民种粮积极性。严格耕地保护制度，耕地连续9年实现占补平衡，粮食播种面积稳定在1.3亿亩以上。不断改善生产条件，旱涝保收田面积占耕地面积一半以上，有效灌溉面积近年每年增加100万亩以上，机耕机种面积达到93%左右。扎实开展粮食丰产科技工程和科技增粮行动，科技对粮食生产的贡献率和科技成果转化率分别达48%和40%左右。小麦良种覆盖率在98%以上，玉米良种覆盖率达100%。大力推广普及关键技术，总结出了抗旱防涝、促弱控旺、防病治虫等方面的应变管理措施。2008年全省粮食总产量预计达1073亿斤，连续3年超过1000亿斤、连续5年创历史新高、连续9年居全国首位，新增粮食产量占全国增量的1/3以上。2008年夏粮生产首次突破600亿斤大关，达612亿斤，占全国小麦产量的1/4强。河南用占全国1/16的耕地生产出占全国1/10的粮食，成为全国最大的粮食生产基地，不仅确保了近亿人口的吃饭问题，每年还向省外调出商品粮和粮食制成品300多亿斤，为国家粮食安全作出了贡献。

抓住农业结构调整这条主线，稳步推进农业产业化。着力推进农业区域化布局。2005年以来，以24个产粮大县为重点，强力打造粮食核心产区，2007年核心产区粮食产量占全省近40%，对全省粮食增产的贡献率达72.6%。大力建设以优质小麦为主的全国重要优质粮生产和加工基地、全国重要的优质畜产品生产和

加工基地，优质专用小麦面积达5208万亩，占小麦播种总面积的66%；畜产品产值占农业总产值45%以上。大力发展花卉、食用菌、茶叶、中药材等特色农产品，创出了一大批有市场竞争力的品牌。大力推进机械化耕种、基地化种植、规模化生产、专业化合作、产业化经营、社会化服务，推广公司＋基地＋农户等经营模式，推进产供销及服务的一体化，加快发展订单农业、创汇农业、品牌农业。全省农民专业合作经济组织达8473家，社(会)员总数达183万户，占全省农户总数的9.2%，带动755万农户，占全省农户总数的近45%。农业产业化龙头企业达5724家，年销售收入超亿元的有421家。全省50%的农户通过龙头企业进入市场，户年均从中增收1303元。

抓住农副产品精深加工这个重点，做大做强农村非农产业。确立“跳出农业抓农业，围绕农业上工业，上了工业促农业，大搞农副产品加工增值”的发展战略，连续三个五年计划将发展食品工业放到优先位置，加大扶持力度，食品工业由小到大，由弱到强，形成了小麦、大豆、油料、玉米、肉类加工等为主体的五大产业链条，建立起具有河南特色的食品加工业体系。味精、面粉、方便面、挂面、面制速冻食品等产量均居全国首位，涌现了双汇肉制品、莲花味精、三全凌汤圆、思念水饺、白象方便面等一批驰名中外的名牌产品。在国内市场上，河南生产的方便面占33%、面制速冻食品占60%、味精占45%、火腿肠占47%，麦当劳、肯德基在中国的主要半成品原料中90%来自河南。2007年全省规模以上食品工业实现主营业务收入2633亿元，居全国第二，居全省工业各行业之首。这充分表明，河南已经实现了由卖原料向卖产品、由“中国粮仓”向“国人厨房”的历史性转变。

抓住增加农民收入这个根本点，拓宽农民致富渠道。加大对农民增收的政策扶持力度，2007年通过免除农业税和各项涉农补贴，农民由农村税费改革前承担101亿元变为种地零税赋，2008年享受补贴超过100亿元。大力培育和造就有文化、懂技术、会经营的新型农民，不断提高农民的创业增收能力。把大力发展县域经济、提升其综合实力作为促进城乡协调发展的重要途径，通过“扩权”和“松绑”，县域经济得到较快发展，农村转入二、三产业的劳动力50%实现了县域转移。以加强技能培训、建立服务体系、加强流动管理、保障合法权益为重点，大力发展劳务经济。目前，全省18个省辖市均已建立了劳务输出工作机构，在沿海等地建立了338个驻外劳务办事机构。2007年全省农村富余劳动力转移就业1974万人，全年劳务总收入1316亿元，输出人员总量和经济收入均居全国第一。

二、大力加强农村公共服务体系建设，为城乡协调发展、建设和谐中原提供有力支撑

省委、省政府把改善民生作为促进社会和谐的根本途径，2005年以来以每年解决好涉及人民群众切身利益的十大实事为抓手，推进城乡协调发展。

加大农村基础设施建设力度。积极推进道路、广播电视、电话、农村用电“村村通”工程和农村沼气、便民连锁店建设。电话、用电“村村通”工程已全部完成，今年底全省实现户户通电。全省农村公路总里程达22.2万公里，居全国第一位，在中西部地区率先实现所有行政村通油路或水泥路。2004年开始在全国率先解决高氟、高砷、苦咸、重污染等地区农村人口安全饮水问题，已解决777.9万农民的饮水安全。大力推进“万村千乡市场工程”，今年底农村便民超市将覆盖全省2/3以上的行政村。用3年时间从环境卫生综合整治入手，加快农村饮水、道路、电力、沼气、文化、卫生等基础设施建设，有效改善环境卫生和村容村貌，社会主义新农村建设取得了突破性进展。

加快农村社会事业发展。提高农村义务教育水平，促进城乡教育均衡发展。不断加大农村教育投入，每年新增教育经费的80%用于农

村教育。“两免一补”覆盖面达到100%，资助人数和投入资金量均居全国首位。大幅提高中小学生均公用经费标准和农村家庭经济困难寄宿生生活费补助标准。在全国率先完成农村中小学危房改造任务，建立了覆盖全省农村中小学的远程教育网络。大力推进农村文化卫生体系建设，已建成106个数字电影广场，解决了180多万偏远地区农民听广播、看电视问题，民间艺术创作和群众性文化活动日趋活跃；全省乡镇卫生院已基本改造一遍，标准化村卫生室建设加快，县乡村卫生服务网络逐步完善，医疗服务水平进一步提升。

加强农村社会保障体系建设。初步建立了包括农村最低生活保障制度、五保户供养制度、医疗救助制度和自然灾害救助制度在内的农村社会救助体系。2007年农村低保对象达259.8万人，逐步提高低保标准，农村五保集中供养率今年底将达到40%以上。全省157个县（市、区）全部实施新型农村合作医疗，覆盖7249.07万农业人口，有效缓解了农民群众因病致贫、因病返贫问题。积极探索建立农村养老保险制度，开展多种形式的农村社会养老保险试点。

三、加大转移支付力度，为城乡协调发展、建设和谐中原提供财力保障

近年来，河南把财政资源配置重点转移到为全省人民提供均等化的基本公共服务上来，确保全省人民共享改革发展成果，促进和谐中原建设。

发展壮大县域经济。坚持把提升县域财政经济实力作为促进河南城乡协调发展、建设和谐中原的重要保障，制定出台一系列扶持政策强力推进。2005年到2008年，每年安排两亿元专项资金支持13个经济困难县完善基础设施、发展龙头企业；对沿黄沿淮发展相对较慢的4市除政策上给予支持外，同时专设发展资金，支持4市县域加快发展；每两年安排3亿元，奖励经济实力强、发展快的县（市）。2007年，河南县域地方一般预算收入完成327.2亿元，增长28.5%，占全省一般预算收入的37.9%，县均一般预算收入达到3亿元。在前不久评选出的“第八届中国中部县域经济基本竞争力百强县（市）”中，河南占41席，前10名中河南有8个。

提高公共服务保障水平。坚持促进财力配置向基层倾斜，向困难地区倾斜，增强县乡政权保障和基本公共服务能力。2006年，县级财力占全省财力的比重为58.8%，比全国平均水平高14.7个百分点。2007年，省对县级财力性一般转移支付达115.5亿元，增长91.9%；按照基本公共服务均等化的要求，促进财力配置向人均财政支出水平低的地方倾斜，全省有43个县财力性一般转移支付比上年增加5000万元以上，其中10个县增加1亿元以上；县均一般预算支出达8.3亿元，基层公共服务保障能力明显增强。

加大扶贫开发力度。2005—2007年，全省投入财政扶贫资金18.5亿元，信贷扶贫资金22.8亿元，社会扶贫资金13.9亿元，226万农村贫困人口实现脱贫；3258个贫困村完成整村推进任务，生产生活条件有效改善；13710户深山区散居、独居贫困户，53446人搬出深山，从根本上解决了行路难、吃水难、看病难、上学难、就医难等问题；培训转移贫困家庭劳动力59万多人，提高了贫困农民致富能力；向56家扶贫龙头企业投放扶贫贴息贷款14.6亿元，向18万贫困户发放小额扶贫贴息贷款8.3亿元，带动了贫困地区经济发展和贫困农民增收。组织4774个单位、派出11543名干部参与定点扶贫工作，为贫困地区尽快改变面貌注入了新的活力，加快了脱贫步伐。

推进和深化农村综合改革。制定财政配套政策，推进和深化乡镇机构改革，全省撤并乡镇153个，清退临时人员两万多人，分流超编人员17万多人，减轻了财政供养负担。全面推行乡财县管，2007年底纳入乡财县管的乡镇共1897个，占乡镇总数的98.7%，规范了乡镇财政收支行为，巩固了农村税费改革成果。按照谁举

债谁负责、先清理后化解、先化解后补助、补助额不与债务额挂钩的原则，分两年筹措45亿元全面清理化解农村义务教育"普九"债务，确保2009年底基本完成，促进农村义务教育健康发展。

四、积极探索新形势下群众工作新机制，为城乡协调发展、建设和谐中原提供稳定环境

省委、省政府把信访工作作为构建社会主义和谐社会的基础性工作，要求各级党委和政府牢固树立"发展是第一要务、稳定是第一责任"的意识，用新思路、新方法解决新问题。

建立群众工作网络。总结推广义马市创新群众工作体制的经验，积极整合各方面群众工作力量，形成了党委政府领导、相关部门联动、群团组织参与的群众工作大格局。全省18个省辖市、158个县(市、区)全部成立了党委群众工作部，乡镇(街道)设立了群众工作站，行政村(社区、居委会)设立了群众工作室，配备了群众工作信息员，初步形成市县乡村四级群众工作网络。

拓宽民意沟通渠道。坚持用疏导的办法，建设民意表达渠道，努力使广大人民群众遇到的困难和问题能够及时、便捷地得到反映，从而把矛盾和问题化解于萌芽，解决在基层。开办"河南在线对话"网络平台，由省委、省政府领导同志或省直部门负责人与广大网友就社会热点和民生问题进行互动交流，听取意见、解答问题；设立电子信访网络，及时收集处理群众电子信访问题；建立"民生在线"信息平台，广泛收集社情民意。在全省开展县(市、区)委书记大接访活动，并全面启动省直机关干部下访督查活动。全省各地各部门普遍建立了群众接待日、基层联系点、社会舆情收集分析、村民或公民恳谈交流等制度，大量关系人民群众切身利益的问题及时得到了反映和妥善解决。

建立矛盾纠纷排查调处机制。全省各地各部门坚持经常排查和集中排查、普遍排查与重点排查相结合，建立了群众工作台账和定期分析制度；建立了县、乡、村和市、县、乡直属部门三级信访工作例会制度，在全省推行了"两查一访"、三级终结办法解决涉法涉诉信访难题和重大疑难信访问题，使90%以上的涉法涉诉信访事项达到案结事了、息诉罢诉和群众满意。坚持"属地管理，分级负责，谁主管、谁负责"的原则，对重大决策、改善民生、落实惠农政策、社会治安、信访工作、行风建设等涉及群众利益的各项工作，严格实行责任倒查，促使大量的矛盾和纠纷就地得到化解，群众信访量明显下降。

完善民主管理机制。广泛推行政务公开、厂务公开、村务公开等制度，切实保障群众的知情权、参与权和监督权。2006年，省委、省政府制定下发了《关于对涉及群众利益的重大决策事项进行信访评估的意见》，要求各级党委、政府及其部门对凡是涉及群众利益的重大决策事项，必须进行信访评估，切实做到科学、民主决策，着力从源头上解决信访突出问题。通过信访评估，较好地解决了土地征用、城市建设拆迁、企业改制、环境保护、涉法涉诉中群众反映强烈的问题，既促进了发展，又确保了社会大局稳定。

当前和今后一个时期，促进城乡协调发展，推进和谐中原建设，我们将按照党的十七大和十七届三中全会的总体部署，以胡锦涛总书记视察河南时的重要讲话精神为指导，以深入开展学习实践科学发展观活动为动力，坚定不移地贯彻落实中央关于做好"三农"工作的一系列方针政策措施，通过深化农村各项改革，进一步创新农村体制机制；通过打造河南粮食核心区，切实提高农业综合生产能力；通过强化农业科技和人才支撑、推进农业产业化，发展现代农业，繁荣农村经济，促进农业不断增效、农民持续增收；通过加大财政投入，不断繁荣农村公共事业；通过加快建立以工促农、以城带乡的长效机制，不断缩小城乡差距；通过解决农民最关心、最直接、最现实的利益问题，不断改善民生，保障农民合法权益；通过扎实推进新农村建设，

促进农村经济社会全面进步；通过以改革创新精神全面推进农村党的建设，不断提高党领导农村工作的水平，带领河南人民创造新福祉，为国家发展作出新贡献。

（作者：中共河南省委书记、河南省人大常委会主任）

加强和改进思想政治工作　推进社会主义和谐社会建设

翟卫华

党的十六届六中全会和党的十七大，站在新的历史起点，全面规划了建设社会主义和谐社会的宏伟蓝图。实现这一宏伟蓝图，既需要有强大的物质支撑，也需要有强大的精神支撑。思想政治工作是我们党的优良传统，也是我们党的一大政治优势。无论是革命和建设，无论是改革和发展，都离不开强有力的思想政治工作。在最近的抗震救灾工作中，我国的政治优势显示出巨大的作用，这包括党的坚强领导、社会主义制度的优越性、人民军队的力量、伟大的民族精神，也包括强有力的思想政治工作。在抗震救灾中思想政治工作着力凝聚人心、振奋精神，鼓舞全国各族人民万众一心、团结奋斗，对抗震救灾取得重大阶段性成果，起到了不可替代的作用。实践充分说明，思想政治工作任何时候都不能放松。

一、加强和改进思想政治工作是建设社会主义和谐社会的迫切要求

建设社会主义和谐社会的伟大实践中，思想政治工作有着重要作用。

1.加强和改进思想政治工作，是为建设社会主义和谐社会打牢团结奋斗共同思想基础的需要。不断扩大思想共识，增强社会认同，是凝聚人心、实现社会和谐的思想保障。随着我国社会主义市场经济体制的逐步完善，人们思想活动的独立性、选择性、多变性、差异性明显增强。各种思想文化有吸纳有排斥、有融合有斗争、有渗透有抵御，这种交流、交融、交锋，发生在国际，也发生在国内。对不同思想文化的冲突、碰撞、摩擦，如果不注意协调、妥善解决，就会引起思想混乱，甚至导致社会危机。加强和改进思想政治工作，用中国特色社会主义旗帜、中国特色社会主义道路和中国特色社会主义理论体系统一全国各族人民的思想，在全国各族人民中牢固树立中国特色社会主义共同理想，才能在多元中立主导，在多样中谋共识，增进社会认同，为建设社会主义和谐社会打牢团结奋斗的共同思想基础。

2.加强和改进思想政治工作，是为建设社会主义和谐社会营造良好社会道德风尚的需要。良好的社会道德风尚，是建设社会主义和谐社会的现实要求，也是社会主义优越性的重要体现。当前，我国已进入改革发展的关键时期，经济体制深刻变革，社会结构深刻变动，利益格局深刻调整，思想观念深刻变化。在这种情况下，传统的社会道德教化功能不断被消解，人们的道德选择多元化日益明显，现代的与传统的、先进的与落后的思想道德观念相互交织。社会的一些领域和一些地方道德失范，拜金主义、享乐主义和极端个人主义有所滋长，不讲诚信、欺骗欺诈成为社会公害，权钱交易、腐化堕落等消极腐败现象严重存在，迫切需要思想政治工作积极营造良好社会道德风尚。加强和改进思想政治工作，推进社会公德、职业道德、家庭美德、个人品德建设，大力弘扬社会主义荣辱

观，才能在全社会形成知荣辱、讲正气、促和谐的社会道德风尚。

3. 加强和改进思想政治工作，是为建设社会主义和谐社会创造安定团结政治环境的需要。安定团结的政治环境，既是社会主义和谐社会的主要特征，也是建设社会主义和谐社会的重要前提。当前，我国社会总体上是安定的、和谐的，但由于社会结构、社会组织形式、社会利益格局和社会分配方式发生了深刻变化，关系群众切身利益的民生问题逐渐增多，社会建设和管理中存在的许多深层次矛盾和问题日益显现，各种社会矛盾凸显，利益冲突加剧，一些社会成员也会发生心理失衡。这些矛盾和问题，如果得不到及时的、合理的、有效的解决，就不可能有安定团结的政治环境。加强和改进思想政治工作，充分发挥其理顺关系、化解矛盾、平衡心态的作用，才能完善社会管理，妥善处理人民内部矛盾，形成安定有序、和睦融洽的政治环境。

4. 加强和改进思想政治工作，是为建设社会主义和谐社会提供强大精神动力的需要。建设社会主义和谐社会，是一个奋斗目标，也是一个长期过程，需要长时间的不懈努力。这中间既有难得的机遇，也面临严峻的挑战，要求广大党员干部始终保持积极进取的精神状态。加强和改进思想政治工作，不断丰富人们的精神世界，增强人们的精神力量，才能形成积极、健康、向上的思想主流，激发全社会的创造活力，为建设社会主义和谐社会提供强大的精神动力。

二、进一步明确思想政治工作在建设社会主义和谐社会中的任务

我们党提出建设社会主义和谐社会这一重大战略思想以来，思想政治工作紧紧围绕建设社会主义和谐社会的目标任务，找准定位，改进创新，充分发挥功能作用，取得了显著成效。当前和今后一个时期，思想政治工作要坚持以邓小平理论、“三个代表”重要思想为指导，深入贯彻落实科学发展观，深入学习贯彻党的十七大精神，按照建设社会主义和谐社会的要求，坚持解放思想、实事求是、与时俱进，坚持贴近实际、贴近生活、贴近群众，为继续解放思想、坚持改革开放、推动科学发展、促进社会和谐，夺取全面建设小康社会新胜利、开创中国特色社会主义事业新局面提供强大的精神动力和思想保证。重点抓好以下工作：

1. 建设和谐文化。和谐文化既是和谐社会的重要特征，也是实现社会和谐的文化源泉和精神动力。建设社会主义和谐社会，不仅内在地需要而且必将催生出与之相适应的和谐文化。社会主义核心价值体系是和谐文化的灵魂，只有深刻认识和正确把握社会主义核心价值体系，才能在和谐文化建设中突出重点、抓住根本。思想政治工作必须紧紧抓住建设社会主义核心价值体系这个根本，着力推动社会主义核心价值体系的学习、研究、宣传、实践。要加强教育引导，注重实践养成，把社会主义核心价值体系转化为社会群体意识，把社会主义核心价值理念融入到日常工作生活之中，把人们的思想和行为引导到符合建设社会主义和谐社会的要求和方向上来。

2. 倡导和谐理念。建设社会主义和谐社会，是一个将和谐理念转化为和谐社会建设实践，又在和谐社会建设实践中不断丰富发展和谐理念的动态过程。思想政治工作要在全社会培育和谐精神，大力弘扬和以处众、和衷共济、政通人和、内和外顺等和谐思想观念，引导人们追求世界和平、社会和谐、家庭和睦，用和谐的思维认识事物，用和谐的态度对待问题，用和谐的方式处理矛盾，使崇尚和谐、维护和谐成为全社会的共同追求。

3. 增进人际和谐。思想政治工作在协调利益关系、妥善处理社会矛盾、正确处理人际关系、最大限度地增加和谐因素、减少不和谐因素等方面，具有很强的优势。要认真研究新时期的人民内部矛盾，运用民主沟通、平等对话、说理教育等方法，引导人们正确处理国家利益、集体利益和个人利益的关系，妥善处理不同利益

群体之间的利益关系，相互尊重、相互信任、相互帮助，宽容、理性地处理人际关系，以真诚友善的态度对待他人，乐于帮助他人，善待困难群体，形成人人为我、我为人人的人际环境。

4. 营造心理和谐。良好的心态、健全的人格，是人的身心健康的重要标志，也是社会和谐的基本条件。要引导人们正确对待自己、他人和社会，正确对待困难、挫折和荣誉，塑造自尊自信、理性平和、积极向上的社会心态。要有效调节人们的心理和情感，引导人们以乐观豁达、融洽和谐的态度对待生活，以开阔的心胸和积极的心境看待一切，摒弃激化矛盾的思想和行为，用理性合法的方式表达利益诉求。要塑造健全的人格和良好的意志品质，提高人们的境界、情趣、品位，培育乐观、豁达、宽容的精神，促进人的素质提高、精神解放和全面发展。

三、努力增强思想政治工作的针对性和实效性

建设社会主义和谐社会，更加凸显思想政治工作的地位和作用，也对思想政治工作提出了新的更高要求。要根据建设社会主义和谐社会的需要，按照胡锦涛总书记在全国宣传思想工作会议上提出的“高举旗帜、围绕大局、服务人民、改革创新”的总要求，深化拓展创新思想政治工作，进一步增强其针对性和实效性。

1. 坚持把服务人民作为出发点和落脚点。人民群众是建设社会主义和谐社会的主体，服务人民是思想政治工作的根本宗旨。要更加自觉、更加主动地服务群众，带着对群众的深厚感情做工作，注重从人们的意愿出发，真正关注人们的内心世界和精神需求，想人民之所想，急人民之所急。要维护好、实现好人民群众的切身利益，把解决思想问题与解决实际问题结合起来，了解群众最现实、最关心、最直接的利益问题，帮助群众特别是困难群体解决在基本生活、教育医疗、劳动就业等方面的实际困难，使人民群众感受到党和政府的温暖、社会的关心。

2. 更加注重人文关怀。注重人文关怀和心理疏导，是坚持以人为本在思想政治工作中的具体体现。要着眼于实现人的全面发展，既教育人引导人鼓舞人，又尊重人理解人关心人；对人们的思想认识问题要民主讨论、疏通开导、说服教育，提升人们思想觉悟。要善于体察人们不同的感受和需求，关注人的理想、信念和情感，促进人的个性发展、才智和潜能的充分实现，引导人们加强自身修养，提高精神境界，完善自我人格。要大力加强心理健康教育和保健工作，健全心理咨询网络，积极帮助人们进行心理调适，保持心理平衡，及时化解人们心理上的不满、焦虑甚至怨恨情绪，有效消除不稳定心理因素。当前，应加强对地震灾区受灾群众及救援人员的心理健康教育，消除地震灾害造成的心理障碍，开展灾后心理重建援助计划，做好心理疏导工作。

3. 积极主动做好重大事件中的思想政治工作。近年来，在我国发生的一系列重大事件中，思想政治工作对于统一思想、凝聚人心、振奋精神发挥了显著的作用。今年发生的西藏打砸抢烧暴力事件、奥运圣火海外传递遭袭事件，使广大群众受到了深刻的爱国主义教育，特别是年轻一代，爱国热情尤为高涨，振兴中华的历史责任感大大增强。在这次抗震救灾斗争中，广大干部群众万众一心、众志成城，不怕困难、顽强拼搏，集中展现了伟大的民族精神和时代精神。实践证明，广大民众普遍关注的重大事件发生时，因势利导，乘势而上，加强和改进思想政治工作，往往能够收到事半功倍的效果。在重大事件发生时，要着力做好稳定人心、鼓舞士气的工作，及时通报事件发展的真实情况、党和政府处理事件采取的政策措施，稳定群众的思想情绪，积极营造全社会同舟共济、共渡难关的良好氛围。要大力宣传在重大事件中涌现出的先进人物和先进事迹，为广大干部群众树立楷模，大力弘扬社会正气，努力形成一个崇尚先进、学习先进的良好氛围。要进一步发挥各级党组织的战斗堡垒作用，党员领导干部的模范带头作用和广大共产党员的先锋模范作用，努力形成坚

不可摧的应对重大事件的社会中坚。

4. 关注新对象、运用新载体、开辟新渠道。随着社会发展，我国出现了许多新的社会组织、新的社会群体，思想政治工作要适应新的发展形势和要求，把触角延伸到社会的各个方面。在做好传统领域的思想政治工作的同时，要对新兴社会组织和群体给予更多的关注，加强对新经济组织、进城务工人员、离退休人员、下岗失业人员等群体的思想政治工作。要积极运用网络开展思想政治工作，充分发挥各级主流新闻网站的作用，积极组织引导商业网站，利用博客、论坛、网络电视、手机报纸和手机短信等形式，掌握网上舆论引导主动权，形成网上宣传舆论强势。要抓住国家决定公益性博物馆免费开放的时机，把公益性博物馆作为思想政治工作的基地，使社会公众特别是广大青少年受到教育、增长知识、陶冶情操。要大力发展红色旅游，突出知识性、增强趣味性，做到导向正确，富有感染力，寓教于乐、寓教于游，给人们以心灵的感动、精神的激励和思想的启迪。

5. 动员全社会共同来做思想政治工作。建设社会主义和谐社会是一项系统工程，需要通过全社会的共同努力，形成思想政治工作的强大合力。要切实加强党对思想政治工作的领导，各级党委特别是基层党组织要牢牢掌握思想政治工作的领导权和主导权，切实把思想政治工作提到更加突出的地位，经常分析本地区本部门思想政治工作的状况和动态，研究存在的突出问题，提出切实可行的对策和具体工作方案。要建立健全齐抓共管的工作机制，联合文化、广电、新闻出版、教育等部门和共青团、工会、妇联等有关群众团体，充分发挥基层思想政治工作的协同作用，全力开展思想政治工作。要把专职队伍与社会力量结合起来，注重发动社会力量、利用社会资源，充分调动企事业单位、行业协会以及慈善总会、社会研究机构、社会中介组织和志愿者队伍参与思想政治工作的积极性和主动性。要注意发挥"五老"和文化长者在青少年思想政治工作中的作用，以他们的丰富学识和个人经历，向青年人言传身教。要激励全社会共同努力、加强协作，开拓进取、改进创新，努力把思想政治工作提高到新的水平，为和谐社会建设作出应有的贡献。

（此文是中央宣传部副部长翟卫华 2008 年 6 月 3 日在全国和谐社会建设思想政治工作现场经验交流会上的讲话，发表时有删节）

科学发展、社会和谐是发展中国特色社会主义的基本要求

严书翰

科学发展、社会和谐是发展中国特色社会主义的基本要求，这是党的十七大提出的重大理论观点。这个重大理论观点体现了马克思恩格斯的基本思想，我们要正确把握科学发展与社会和谐是内在统一的，要适应发展中国特色社会主义的基本要求，在新的历史起点上进一步推进科学发展，促进社会和谐。

一、科学发展、社会和谐体现了马克思恩格斯的基本思想

马克思恩格斯的发展思想是非常丰富的。可以从两个层面上加以概括。

一是世界观和方法论层面。从世界观和方法论上我们可以把整个马克思主义理论称之为

发展论。列宁就是从这个意义上讲的。列宁指出，马克思“就是运用最彻底、最完整、最周密、内容最丰富的发展论去考察现代资本主义。自然他也要运用这个理论去考察资本主义即将到来的崩溃和未来共产主义的发展问题”。

二是社会发展层面。这方面马克思恩格斯有大量论述，其主要点有三。第一，全面评价了工业化。马克思恩格斯把工业化与社会化大生产紧密联系起来，又把社会化大生产与工人阶级的诞生和壮大以及历史进步联系起来。恩格斯曾经深刻指出：“英国工人阶级的历史是从18世纪后半期，从蒸汽机和棉花加工机的发明开始的。大家知道，这些发明推动了产业革命，产业革命同时又引起了市民社会中的全面变革，而它的世界历史意义只是在现在才开始被认识清楚。”第二，高度评价了科学技术在社会历史发展中的革命性作用。马克思指出，社会生产力当然包括科学技术。在推动传统社会向现代社会发展的各种动因中，科学技术是最高意义上的革命力量。第三，预测了未来社会发展。马克思恩格斯认为，资本主义社会最终必然要被社会主义社会所取代，这是不以人们的意志为转移的客观规律。资本主义向社会主义发展的途径或形式并不是单一的。未来社会主义社会也同任何其他社会一样是不断发展和改革的社会。

马克思恩格斯的和谐思想也主要体现在两个层面。

一是价值观层面。和谐是古今中外人们共同的向往和追求。在马克思恩格斯时代就有不少思想家对和谐作过大量的论述。马克思恩格斯认为，和谐不仅仅是知识性的认识，而主要是价值性的认识。和谐体现了人们对价值观的追求。但是，真正的和谐在资本主义社会是实现不了的。只有到了共产主义社会才能实现真正的和谐，实现“每个人的自由发展是一切人的自由发展的条件”。

二是未来社会特征层面。科学社会主义与空想社会主义的区别不在于有无对未来社会进行预测，而在于用什么样的世界观和方法论来预测。马克思指出：“新思潮的优点就恰恰在于我们不想教条式地预料未来，而只是在批判旧世界中发现新世界。”马克思恩格斯在《共产党宣言》中之所以肯定了圣西门、傅立叶和欧文关于未来社会是和谐的主张是正确的，是因为马克思恩格斯认为，从根本上说资本主义制度是不和谐的。而未来社会在人与人、人与自然界的关系上是可以做到和谐的。关于人与人的关系，恩格斯指出“只是从这时起，人们才完全自觉地自己创造自己的历史”。关于人与自然界的关系，马克思恩格斯也有很多深刻的论述。他们认为，未来社会是生产力高度发达和人的精神生活高度发展的社会，是实现了人与自然和谐共生的社会。从而克服了以往把自然界当作人类征服对象的错误。

二、科学发展与社会和谐是内在统一的

党的十七大指出，科学发展与社会和谐是内在统一的。没有科学发展就没有社会和谐，没有社会和谐也难以实现科学发展。

1. 两者都强调以人为本。十六届三中、五中全会是把以人为本作为科学发展观的核心提出来的，十六届六中全会把以人为本作为构建社会主义和谐社会的出发点、落脚点和基本原则。十七大进一步展开论述了科学发展观的核心是以人为本。把以人为本摆在中国特色社会主义现代化建设的重要指导地位。

在中外思想史上对以人为本存在着两种即马克思主义与非马克思主义的解释。我们党选择了对以人为本的马克思主义的解释，并注入了具有时代精神的丰富的内涵：第一，以人为本的“人”不是抽象的人，而是具体现实的人，也就是全体人民，包括他们的利益以及与此密切联系的人的生命权、人权和人的尊严。第二，以人为本中的“人”是主体而不是客体。人民群众是贯彻落实科学发展观与构建社会主义和谐社会的主体。第三，以人为本中的“人”是社会发展

的主体，但不是自然界的主宰，应当保持人与自然界的和谐，这是我们党提出建设生态文明的根本依据。第四，以人为本中的“本”不是指事物的本质或本体，而是指改革和发展的出发点和落脚点，是构建社会主义和谐社会的力量之源。

2. 两者都强调统筹兼顾。十六届三中全会提出“五个统筹”是贯彻和落实科学发展观的根本要求。十六届六中全会通过的《决定》制定了构建社会主义和谐社会的 6 项基本原则。其中第 2 项原则就是要坚持统筹兼顾原则。《决定》还指出，要适应我国社会结构和利益格局的发展变化，坚持统筹兼顾，正确协调各方面利益关系，妥善处理社会矛盾。十七大把统筹兼顾作为贯彻落实科学发展观的根本方法。

此外，我们还要看到科学发展观与构建社会主义和谐社会所共同强调的统筹兼顾，实际上是我们治党治国治军的重要理念。

3. 两者都强调全面协调可持续发展。十六届三中全会首次提出科学发展观时就指出，它是“全面协调可持续的发展观”。十六届五中全会指出，全面贯彻落实科学发展观要做到“六个必须”，体现了科学发展观的基本要求。正如十七大指出的，贯彻落实科学发展观必须坚持全面协调可持续发展；我们党提出构建社会主义和谐社会的直接依据就是我国经济社会发展呈现出一系列阶段性特征。处在这样的阶段，我们讲发展不仅仅是经济的发展或 GDP 总量的提高，而是既要继续发展，又要科学发展、和谐发展。也就是需要解决发展中遇到的一系列两难问题，从而实现全面协调可持续发展。正如十七大指出，构建社会主义和谐社会是在发展的基础上正确处理各种社会矛盾的历史过程和社会结果。要通过发展增加社会物质财富、不断改善人民生活，又要通过发展保障社会公平正义、不断促进社会和谐。

4. 两者都强调要提高党的执政能力。十六届五中全会指出，贯彻和落实科学发展观，胜利实现“十一五”规划，关键在加强党的领导，并且指出要加强党的执政能力建设和先进性建设。这就是说与以往相比，树立和落实科学发展观对党的执政能力提出了新的更高的要求。因为科学发展观的提出适应了当代中国发展的阶段性特征，它要求我们党要不断提高把握中心、驾驭全局的能力；科学发展观抓住了当今影响我国社会和谐的突出矛盾和问题，它要求我们党要不断提高引领和推进科学发展、和谐发展的能力；科学发展观的核心是以人为本，即以最广大人民群众的根本利益为本，它要求我们党要不断提高统筹协调各方面利益关系、妥善处理社会矛盾的能力，把代表最广大人民的根本利益落到实处。

十六届四中全会提出构建社会主义和谐社会是把它作为执政党五大能力之一提出来的。十六届六中全会通过的《决定》是我们党执政后制定的第一份指导社会建设的纲领性文献。《决定》指出，构建社会主义和谐社会是建设中国特色社会主义的重大战略任务，是对我们党执政能力的重大考验，并从中得出结论：构建社会主义和谐社会关键在党。落实到各级领导班子和领导干部，就是要提高他们领导建设社会主义和谐社会的本领，即管理社会事务、协调利益关系、开展群众工作、激发社会创造活力、处理人民内部矛盾、维护社会稳定这 6 方面的本领。十七大提出要以改革创新精神全面推进党的建设新的伟大工程，使党成为构建社会主义和谐社会的坚强领导核心。

三、必须适应发展中国特色社会主义的基本要求

推动科学发展，促进社会和谐，既是十七大主题的重要内容，又是发展中国特色社会主义的基本要求。

1. 科学发展观是立足社会主义初级阶段基本国情，总结我国发展实践，借鉴国外发展经验，适应新的发展要求提出来的。社会主义初级阶段的国情告诉我们：我国已进入社会主义社会，但还处于并将长期处于初级阶段。虽然

经过半个多世纪尤其是改革开放30年的不懈努力，我国取得了举世瞩目的发展成就，我国已经成为世界第四大经济体。新时期我国最显著的成就是快速发展，从生产力到生产关系，从经济基础到上层建筑都发生了深刻变化。但是我们要看到这“三个没有变”：我国仍处于并长期处于社会主义初级阶段的基本国情没有变，人民日益增长的物质文化需要同落后的社会生产之间的矛盾这一社会主要矛盾没有变，巩固和发展社会主义制度的长期性没有变。

进入新世纪新阶段，我国经济社会发展出现了一系列阶段性特征。十七大从8个方面分析并概括了这些阶段性特征，这些阶段性的特征表明：我国发展既面临着前所未有的机遇，也面临着严峻挑战。现阶段的特征可以用“两期并存”和“四个深刻”加以概括，就是发展黄金期和矛盾凸显期并存；经济体制深刻变革，社会结构深刻变动，利益关系深刻调整，思想观念深刻变化。展开说，当前我们遇到了一系列突出的两难问题。比如，既要全方位地对外开放，又要承受并化解西方国家在经济技术上长期占优势的压力；既要使经济持续较快增长，又要加快社会建设步伐；既要推动产业升级和技术进步，又要扩大就业；既要保持东部地区发展的势头，又要促使东中西部协调发展；既要推进城镇化，又要加大反哺农村的力度；既要重视公正、缩小差距，又要保持活力，提高效率；既要扩大吸引外资，又要优化引资结构；既要以市场换技术，又要增强科技自主创新；既要推进全面改革，又要保持社会稳定；既要倡导市场竞争，又要关心困难群众的生产生活问题，等等。上述阶段性特征虽然主要是发生在经济社会领域，但它会导致上层建筑等其它方面的深刻变化。事实也是如此，当前我国经济社会发展中的深层次矛盾逐步显现，影响社会和谐的问题明显增多。解决上述一系列两难问题，必须坚持以科学发展观作为我国经济社会发展的重要指导方针，坚持和谐理念，适应全面协调可持续的基本要求，全面贯彻统筹兼顾的原则，实现我国经济社会又好又快发展。

2. 科学发展观是在吸收借鉴当代世界的发展实践和发展理念基础上提出来的。第二次世界大战结束后，加快经济发展已成为世界各国的共识。西方发达国家在自我调整的过程中，抓住科技革命的机遇，极大地推动了经济的发展，从而也带动了经济全球化。西方发达国家在这一时期的大发展过程中也出现了严重问题。如单纯追求经济增长，忽视社会发展与社会公平的关系，造成严重的两极分化，忽视能源资源节约和生态环境保护等，从而使发展陷入困境，有的国家走了弯路并为此付出了高昂的代价。20世纪70、80年代，西方国家在反思产生发展困境原因的基础上，提出了新发展观。在新发展观影响下，当今世界已形成了新的发展潮流，这就是不但重视经济发展，而且也重视政治、文化、社会的协调发展，还重视人与自然界相和谐的可持续发展。我国作为世界上最大的发展中国家，要实现今后又好又快发展，也必须顺应当今世界发展潮流，决不走西方国家曾经走过的“先发展、后治理”的老路，只能走科学发展、和谐发展、共享发展、和平发展这条具有鲜明中国特色的发展新路。

3. 科学发展、社会和谐也是根据中国特色社会主义本质属性提出的要求。我们党对社会主义本质的揭示，标志着对社会主义认识达到新的科学水平。社会主义本质是解放生产力，发展生产力，消灭剥削，消除两极分化，最终达到共同富裕。这就非常明确地告诉我们：虽然社会主义生产方式内部存在着矛盾，但本质上是和谐的。我们可以通过不断地解放和发展生产力以及调整生产力与生产关系之间的矛盾，最终达到共同富裕的目标。我们党在提出促进人的全面发展是建设社会主义新社会的本质要求后，又提出了社会和谐是中国特色社会主义的本质属性这一重大理论观点。

这个重大理论观点反映了建设富强民主文明和谐的社会主义现代化国家的内在要求，体现了全党全国各族人民要求推动科学发展，促进社会和谐的共同愿望。这个重大理论观点包含着以下深刻的内涵:任何社会都不可能没有矛盾,人类社会总是在矛盾运动中发展进步的。构建社会主义和谐社会是一个不断化解社会矛盾的持续过程。我国社会总体上是和谐的,但也存在不少影响社会和谐的矛盾和问题。社会主义中国完全可以解决影响社会和谐的矛盾和问题。我们要最大限度激发社会创造活力,最大限度增加和谐因素,最大限度减少不和谐因素。

(作者:中共中央党校科学社会主义教研部主任、教授)

关于构建社会主义和谐社会的几点思考

张宝欣

一、认知和谐

党的十六届四中全会通过的《决定》,从适应我国社会的深刻变化、巩固党执政的社会基础,实现党执政的历史任务的高度出发,鲜明地提出和阐述了"构建社会主义和谐社会"的科学命题,充分体现了党的政治智慧和历史眼光,它象一股和煦的春风,浸润着全国人民的心扉。胡锦涛总书记指出:"把社会更加和谐作为我们党要为之奋斗的一个重要目标提出来,这在我们党历次代表大会的报告中是第一次。"构建社会主义和谐社会,关系到最广大人民群众的根本利益,关系到巩固党的执政地位,关系到全面建设小康社会以及国家的长治久安。全党同志必须从这样的战略高度,深刻认识构建社会主义和谐社会的重要意义,自觉承担起和谐社会建设的历史重任。

构建和谐社会必须首先认知和谐,了解和谐的本质含义及其历史价值。不同的历史阶段,人们对于和谐社会有着不同的认知和憧憬。

"和谐"曾是中国传统文化的核心理念和根本精神。无论是《尚书》、《周礼》还是《说文解字》,都有对"和谐"一词的解释,字面意思指音乐的合拍与禾苗的成长,引申表示为各种事物的有条不紊、井然有序和相互协调。中国的传统文化中既有人与自然和谐的理解,也有人与社会和谐的理解,包括对世界和谐的理解,概括起来无非是"天人合一"、"和为贵"、"以德治国"、"以中国为一人,以天下为一家"、"大同社会",等等。特别是"大同社会",代表了中国古代思想和谐社会的最高境界。尽管中国传统文化提倡的和谐、和为贵、和气生财、和衷共济、政通人和、和而不同、和平共处、家和万事兴,是中华民族历史悠久的基本特征,在今天追求和平发展的世界体系中,仍具有无法估量的价值,但它毕竟是奴隶社会和封建时代的产物,有着明显的历史局限,那种"君权神授"体制下的社会和谐,是难以真正做到平等和谐的。

毋庸讳言,和谐也是西方文明的主要内容。从古希腊的民主制到古罗马的民主共和制,从文艺复兴、宗教改革时期开普勒写成的《宇宙和谐论》到资本主义兴起后亚当·斯密写的《道德情操论》,林林总总,不胜枚举,都从各个方面对"和谐"问题进行了极其深入的研究和各具特色的实践、探索,但是再怎么完美的古希腊民主制,也只是在"市民"阶层求得和谐,而广大奴隶则绝对与此无缘。再怎么希冀宇宙和谐,却总是着眼于有产者的利益维护,最终导致的是资本主义制度的建立和延续。在崇尚个人主义和市场竞争的资本主义制度下,"利己主义"的经济思想和"利他主义"的道德原则天然矛盾，如何协调统一，始终是个大难题。因此，资本主义倡导的社会和谐，始终都难突破资本主义社会所固有的主要矛盾樊篱的束缚，最终只能停留在愚弄广大人民群众的口号上。

马克思主义的产生就是从关注和谐问题开始的，早期的空想社会主义表现得非常明显。傅立叶发表的《全世界和谐》一书中，明确提出不和谐的资本主义制度必将被"和谐制度"所代替。欧文所进行的共产主义试验也以"新和谐公社"命名。马克思虽然批判了空想社会主义，但对其中的积极主张都给予了肯定。马克思毫不隐讳地将自己的哲学定义为"人道主义"、"实践的人道主义"。他将社会和谐解释为，"它是人和自然界之间、人和人之间的矛盾的真正解决"。也就是说，共产主义和谐社会，是人类摆脱异化，回归自我，使人的社会属性和自然属性合而为一，实现人与人、人与自然真正和谐的社会。"是通过人并且为了人而对人的本质真正占有。因此它是人的自身向社会的即合乎人性的人的复归，这种复归是完全的、自觉的和在以往发展的全部财富的范围内生成的，这种共产主义作为完成了的自然主义等于人道主义，而作为完成了的人道主义等于自然主义"。不难看出，马克思主义的产生是从关注社会和谐开始的，马克思主义理论的终极目标就是实现社会真正完全和谐——即共产主义。马克思主义对社会和谐问题的理解，是从实践结果的角度去考察的。而我党十六届四中全会的报告中，则是"第一次"提出了在社会主义阶段构建和谐社会问题。因此既要看到马克思主义社会和谐思想为我国社会主义和谐社会理论体系建立奠定了坚实基础，同时也必须认真研究构建社会主义和谐社会所面临的具体理论和实践问题。

考察社会主义和谐社会问题，必须首先考察一般和谐社会问题。什么是和谐？什么是和谐社会？具体解释多种多样，归结到一点，无非指事物发展处于协调、均衡、有序的状态。而和谐社会，则是指社会系统中的各个子系统、各种要素处于一种相互依靠、相互协调、相互促进的状态。理解和谐及和谐社会的内在规定性，要把握三点：一是和谐泛指一切事物，和谐社会专指以人为主体的社会，它既包括人与人之间的和谐，也包括人与自然界的和谐，但是自然界自身是否和谐不包括在内；二是无论一切事物或是人类社会都是一个矛盾物的对立统一体，而和谐则是对立物的统一状态；三是对立物的统一是一个不断运动的过程，因此和谐是一个不断实践的过程，不是静止的、不发生变化的固化状态。

从以上分析我们不难看出，和谐首先是一种状态。是指矛盾物的不同方面，由于带有一定自觉性的运动规律，相互之间处在了一种平衡状态。这种状态的形成是自觉的，也就是由于有了人的主动行为而得到的结果，这种状态处置不好，也可能随时会被打破。

和谐同时是一种目标。是指不同的社会成员为了相互长远的利益，都在努力争取的一种结果。因为只有和谐，才能给大家带来更大的共同的利益，因而和谐成为了大家努力追求的共同的目标。

和谐还是一个持续的过程。既然和谐是矛盾物的统一状态，矛盾是在不断运动和发展中的，和谐也只能在矛盾物的不断统一中去实现。因此，为了维护这种统一，就需要全体社会成员的不断努力，这个不断努力的过程，就是不断保持社会和谐的过程。

说到底，和谐是一种实践。作为一种平衡状态，作为一种追求目标，作为一种持续过程，它的形成，是全体社会成员共同实践的结果，它的维护更要靠全体社会成员的共同实践。离开了社会成员在实践中自觉求同存异、顾全大局，离开了社会成员之间为了共同利益，不惜暂时地牺牲局部的、个人的利益，任何和谐都将无从谈起。由此，我们认知了和谐的精髓或真章，那就是社会成员之间的相互谦让和协调。

这就涉及到了和谐的实现问题。社会成员

之间为什么要相互谦让？相互协调？为什么能够相互谦让，相互协调？说明实现和谐是要有条件的。首先，必须是建立在人民利益根本一致的基础之上的。迄今为止的人类社会，只有社会主义社会才真正实现了人民利益的根本一致。试想两个根本对立的阶级，经常以武装手段谋求自身利益，怎么能谈得上相互之间谦让与协调呢？其次，是要建立在经济不断发展的基础之上。古人云，仓廪实而知廉耻。如果经济长期得不到发展，人民生活十分拮据，当活命成了第一需要的时候，何谈谦让与协调？实现和谐社会就难以想象。故有人说，和谐首先要保证人人有饭吃。这话虽然有点浅显直白，毕竟揭示了一个深刻的道理，真正的社会和谐，必须以经济持续发展为基础。再次，是要建立在充分发扬民主基础之上。民主是实现社会和谐的稳压器。尽管用“皆言”二字解释和谐的内涵，有点过于牵强，但广开言路，充分发扬民主，让广大群众有充分表达自己各种诉求的通道却是绝对少不了的。如果人民的心声不能充分表达，对社会发展过程中一些不理解现象的激愤情绪不能及时得到恰当宣泄，积累多了，怎能不酿成事端，影响社会稳定呢？所以说，只有社会主义，才真正为和谐社会的建立创造了条件。

考察社会主义和谐社会问题，也要弄清社会主义本身的特点。社会主义是共产主义的初级阶段。我国的社会主义则是社会主义的初级阶段，虽然共产党领导人民翻了身，当家做了主人，但经济极不发达，封建残余极其浓厚，建国初期，又走了极大的弯路，虽然改革开放取得了极大的成绩，但以公有制为主体，多种经济形式并存，以按劳分配为主体多种劳动要素共同参与分配的状态，仍将长时期存在下去。这就决定了非公经济在发挥有利于经济社会发展的积极作用的同时，某些消极作用，也会时常呈现。劳动要素参与分配在鼓励竞争、刺激发展的同时，加剧不同人群的收入差距，甚至一定程度上导致分配不公的负面影响也会时有发生。所有这些，都提醒我们，构建社会主义和谐社会是一个漫长的过程。构建社会主义和谐社会同样面临着许多矛盾和问题。我们不仅要满怀信心，同时要高度重视这些问题，不仅要加强和谐社会的理论研究，更要注重和谐社会的实践与探索。像我们实施改革开放战略一样，坚定不移地朝着社会主义和谐社会的目标迈进。

二、畅想秩序

和谐社会首先必须是一个讲秩序的社会，没有秩序就没有和谐，离开了秩序，和谐就无从谈起。从这个意义上讲，秩序就是和谐社会的核心，秩序就是和谐社会的精髓。牢固树立秩序观念，努力建立良好的社会秩序，是构建社会主义和谐社会最基本的原则。

何为秩序？古汉语中这样解释：《诗经·大雅》：“威仪抑抑，德言秩秩”，“秩秩，清也。……教今人清明，天下皆乐”。《诗经·小雅》：“宾之初筵，左右秩秩”。凡此种种，秩和序分开使用，秩的主要含义是常规的意思。“秩，常也。君则日使人以常膳致”。“序”通常指秩序。古人所云的“言有序”，“序，第次其先后大小”，“以岁时序其祭祀”等中的“序”，都是次序的意思。秩序合用，主要仍指次序。

现在凡事好讲国际惯例。英文如何解释秩序呢？英文“order”一词大体相当于汉语中的“秩序”。该词起源于古希腊“drdo”。由于哲学、自然科学的发达，该词的含义已较丰富。当时的政治理论中，人们就开始使用“秩序”一词，同时，把秩序分为内部秩序和外部秩序，并分别用 kosmos、taxis 来指称，这为以后的理论家把秩序分为自生自发秩序和人造秩序提供了理论来源。今天，英文中“order”一词含义十分丰富，它有时候相当于系统、结构、模式的意思，被人们广泛用作描述复杂现象的述语。英国社会学家科亨把西方学者对秩序的理解概括为以下几种意思：①社会的可控性，即存在于社会体系中的各种调控因素，包括限制和禁止因素等。②社会生活的稳定性，如某一社会持续地维持某种状态的过程。③行为的互动性，这是指人们的行为具有相互引起、相互补充和配合的特点，因而不是偶然的、无序的。④社会活动中的可预测因素，因为在无序状态中，人们便无法预测社会活动的发展变化，难以进行各种活动。尽管这种概括仍不一定全面。例如，秩序一词至少还有结构的形式和模式的含义。“显而易见，在社会生活中，肯定存在着一致性和常规性的东西，而且社会也必定拥有某种秩序，人们和睦相处，乃是因为每个社会都有一种我们可以称之为系统或结构的形式或模式，而社会成员正是在这种模式中，以及在与这种模式相符合的情况下过自己生活的”。这里，结构的形式或模式就是指秩序。不过，科亨对秩序的理论概括已大体揭示了社会科学领域里秩序概念所应包含的内容。

从中外语义学对秩序概念的分析中可以看出，秩序概念内涵十分丰富，在历史流变中有永恒不变的基本要素。一个完整的秩序概念通常应包括主观、客观和形式三个要素。客观要素是指任何秩序都是人们依据一定规则的互动行为。不管是自生自发的秩序，还是人造秩序，社会领域中的秩序总以人们的一定行为为核心内容，自然领域里的秩序的客观性在于客观事物之间的为之恰当的联结方式。主观因素是指人类社会的任何秩序所凝结的行为都是有目的的行为，即使自生自发秩序中所凝结的行为也是有确保该秩序的维持、绵延的趋向。形式要素指任何秩序都外在为一定的社会状态。它的主客观要素有机结合的外在表现形式，是人们形象地把握秩序存在的方式。

对秩序这些缛繁的索引解释中，至少让我们明白秩序概念具有以下基本特征：

秩序的客观性。它实实在在存在于自然界和人类社会中，不以人的意志为转移。即使是人造秩序，也必然是以客观世界的规律性为依据的。无论自生自发秩序，还是人造秩序，都是人类对自然规律和社会规律认识不断深化的结果。几千年来的人类文明史，本质上就是自生自发秩序和人造秩序不断维持和绵延、完善的过程。这些秩序一旦形成，就对人类社会的繁衍和稳定起到了决定性作用。例如婚姻，从群婚制到对偶婚制，再到一夫多妻制、一夫一妻制，这一秩序的不断确立和完善，就使人类本身进化得更聪明更健康。还有日出而作日落而息的耕作秩序，从人类诞生一直延续至今，谁能从根本上改变它呢？即使出现了加班这个例外，不是也要给予加倍的补贴吗？还有劳动期间需要进餐，是一日两餐还是一日三餐，总是要符合一种规律，建立一种秩序，而不可能不间歇地进餐或不间歇地劳作。我们讨论这些最为简单的问题就是要使大家认识一个最为简单的道理，秩序之于人类社会，就像阳光空气之于人类本身，是须臾不可或缺的东西。

秩序的普遍性。秩序存在自然界和人类社会的角角落落。不能想象，社会生活中有哪个地方没有秩序的存在。秩序在调解和规范着人类社会的每一项具体活动。从哲学角度看，矛盾是普遍的，矛盾的普遍性就决定了秩序的普遍性。因为任何矛盾的调节和处理，都离不开秩序。

秩序的强制性。也就是秩序对人类活动的约束力。首先，秩序本身就是一种约束，或叫强制。其次，这种约束有刚性和非刚性之分。所谓刚性约束，即制度与法律形式的约束。所谓非刚性约束，即习惯与道德形式的约束。尽管这种约束有刚性与非刚性之分，但从根本上讲，秩序是具有强制性的。任何违背秩序的行为，最终是要受到抵制或惩罚的。譬如我们不排队从门里通过，就会因拥挤而卡在一起，谁也无法过去。

秩序的建设性。秩序既为人类社会所须臾不可或缺，即说明了它对人类社会具有巨大的建设性作用。它的建设性就在于使人类社会按一定规则组织起来，并按一定规则运行发展起来。人类若不按一定规则组织起来，很难想象是一种什么样的混乱状态。人类社会若不按一定规则运行发展，又将是什么样子？恐怕比战争中的难民流还要混乱。

秩序的隐蔽性。秩序一旦成为人们的约定俗成或者习惯,往往就会变得不被人们在意或重视。只有人们违背了秩序,受到了惩罚,才会发现它的重要。例如市场规律作为一种秩序,是一只看不见的手,它直接操纵着市场,对资源配置起着基础性的作用。当你顺应市场规律时,就会处处繁荣,有时并不在意这是市场秩序良好的表现。当你违背了这一规律,导致市场混乱时,你才会发现建立良好市场秩序的极端重要性。

秩序的神圣性。自然界并没有神,人类总喜欢造个神出来。你造个玉皇大帝,我拥戴释迦牟尼,他又造个上帝。其实无论是人圣例如释迦牟尼,还是妄神例如上帝,所有主张或宣扬的理念,其实都是在缔造和维护一种社会秩序。而秩序本身就是神圣的。信仰秩序,就是信仰真理,维护秩序,就是维护未来。所谓求神不如求己,就是这个道理。求己就是辛勤劳动,奉公守法。只要信仰和遵守社会秩序,便会有丰硕的收获。

秩序的永恒性。人类社会存在的过程,会始终贯穿着秩序。虽然秩序常常会遭到反社会力量的各种形式的抵制和破坏,但秩序最终是不可战胜的,并得到不断发展和维护。

秩序的特征决定了秩序与诸多社会规范及信仰有着十分密切的联系。

秩序与法律:所有的法律都是为维护秩序而制定而存在的。所有违法的行为,都是破坏秩序的行为。一定的法律体现着一定的秩序,但法律并不完全等同于秩序。法律只是工具,只是手段,而秩序才是目的,才是最终要达到的效果。如果秩序不受到威胁和破坏,法律只有威慑作用。

秩序与道德:道德作为一种社会观念和行为规范,其实也是秩序的体现。一种社会道德,从形成到完善,正是一种秩序从产生到巩固的过程。道德是为培植秩序而产生的,也是为维护秩序而存在的。表面上看,一些不道德的行为,破坏的是社会公德,从根本上分析,其实是破坏了对绝大多数人有益的社会秩序。因此,所有不道德的行为,根本上都是不守秩序的行为。

秩序与民主:秩序是民主的结果。所有的秩序都应体现绝大多数人的共同意志,都要被绝大多数人自觉接受和认可。同时,秩序也促进和保证着民主的长期贯彻和实施。秩序一旦形成和确立,就要受到绝大多数人的尊重和拥护,这正是民主必须与集中相结合的意义所在。也就是说,民主也必须积极维护和巩固有利于人民根本利益的秩序。

秩序与宗教:无论虚拟的神明,还是众拥的人杰,无论宣扬生命轮回还是高歌善恶报应,其实质都是通过宣扬一种超意志的力量,来维护和绵延某种秩序。结果,宗教成了秩序的化身,秩序通过宗教的形式去实现,所有的秩序,都被披上了宗教的外衣。

秩序与革命:作为一种暴力,革命是反秩序的。作为一种催生手段,革命是秩序自我变革的特别方式。良好的社会秩序被某种社会力量摧残、扭曲到难以为继的时候,革命其实是必须的。但革命只是拯救秩序,革命不能长期支配秩序,革命之后,仍然应该由秩序主宰人类社会。否则就会从一种混乱走向另一种更大的混乱。“十年动乱”不正是这种现象的鲜明写照吗?

秩序与改革:改革是维护和完善秩序的手段,秩序是通过不断改革而巩固的。世界上从来没有一成不变的东西,变有裂变和渐变两种方式,裂变就是革命,渐变就是改革。坚持渐变才能避免裂变。因此,秩序需要改革维护,改革保障秩序绵延。只有坚持不断改革的精神,秩序才能具有强大的生命力。

秩序与稳定:稳定是一种社会状态,这种状态的基本内涵是秩序。社会最稳定的时候也就是社会成员最讲秩序的时候。反之,社会成员最敬仰秩序最遵守秩序的时候就是社会最稳定的时候。因此,单纯讲稳定是难以真正达到稳定的,只有社会成员都敬仰秩序、遵守秩序,社会自然就达到了稳定状态。

秩序与发展：秩序是发展的保障，发展是秩序的结果。什么时候社会最有秩序，什么时候就国泰民安、发展最快。什么时候社会秩序最乱，什么时候就内忧外患、民不聊生。古今中外无一例外。因此，没有秩序，就没有发展，为了发展，必须敬仰和遵守秩序。

务虚之后，应该讨论点现实问题。人们首先会问秩序是为谁服务的？也就是敬仰秩序、遵守秩序，对谁有利？可能有人会说，这是既得利益者为了麻痹群众而倡导的一种说教，肯定只对少数人有利！这话听起来好像有点道理，其实大错特错！我们不妨平心静气地想一想，历史上任何时候社会秩序松弛破坏，真正遭殃的不都是普通老百姓吗？无论是古代史上的战乱时期，还是近代史上的军阀混战，颠沛流离的都是一无所有的广大群众，而国泰民安、秩序井然的兴盛时期，广大群众都是受益和欢迎的。我们再把眼光拉回现实，试想如果没有一个稳定的社会秩序，几千万职工下岗何以被顺利消化，并逐步培训再就业？如果没有一个稳定的社会秩序，数以亿计的农村劳动力，何以有序转移到城镇就业？也许有人会问，如果职工不下岗不是更好吗？其实这又回到了原始起点，是要共同贫穷的低水平静止公平，还是要效益优先的高水平的动态公平，肯定没有人再愿意回到物质极度贫乏的过去。

其次，秩序是用来约束谁的？也就是敬仰秩序、遵守秩序，对谁约束？不少人认为，这些无非都是用来约束老百姓的，从来都是撑死胆大的，饿死胆小的。要求老百姓敬仰秩序、遵守秩序，那些投机取巧的人什么时候遵守过秩序？说的有道理！投机取巧的人，从来就不敬仰秩序，也很少遵守纪律。但是，投机取巧的人，也往往会受到秩序的约束甚至制裁。也有人认为，秩序是约束普通群众的，不约束达官贵人，这种说法其实没道理，成克杰是普通老百姓吗？储时健做出了多大的贡献？有了腐败行为仍然受到了惩罚。胡长清、王雪冰、韩桂芝、刘方仁……近年来多少不遵纪守法的人受到了制裁，包括不少职位很高的人，更不用说他们的违法子女了！这些足以说明，秩序既是为全体社会成员服务的，也必然要约束全体社会成员，任何人都不可违反和破坏它。

另外，秩序靠谁来维护？当然是要靠全体社会成员来维护。没有全体社会成员共同敬仰秩序、遵守秩序，良好的社会秩序是难以形成和稳固的。改革开放以来，随着人们竞争意识的日益增强和分配机制的大幅调整，部分群众不平衡的心理因素激增，认为都是中华人民共和国的公民，凭什么你拥有个人资产百万千万，我却只能靠老老实实打工维生？同样都是在国有单位工作，凭什么你的年薪十几万甚至数十万，而我却要下岗？同样都是国家公职人员，凭什么你所在部门各项待遇都很优厚，而我们单位却是清水衙门，很少有特殊的福利？凡此等等，无非都是在抱怨社会分配不公问题。这些抱怨并非毫无道理，改革开放到了今天，在经济快速发展的前提下，一些管理滞后的问题逐渐显露。为此，中央多次会议决议中，明确提出要逐步解决这些问题。同时，我们还要看到，这些分配不公问题的出现，既有客观原因，也有一个客观过程。说有客观原因，是因为改革初期一些弄潮儿敢为人先，率先探索，较早占有了较多的社会资源，在改革日益深入的情况下，他们在为社会做出贡献的同时，自己也获得了较多的收益。这些收益本应通过较完善的税务手段作必要的调节，但管理措施一时并未跟上。还有长期受“大锅饭”的影响，为了引入竞争机制，打破分配上绝对平均主义的束缚，在某些部门某些行业出现了矫枉过正的偏差，或通过承包经营，或通过行业垄断，造成了分配不公的现象。说有客观过程，是指有些改革措施、出发点是好的，初始效果也是好的，但其他条件变化之后，如不加以完善，也会逐渐造成分配不公，如鼓励招商引资给予的奖励，如为了扭亏增盈给予的超额提成，等等。这些问题已经引起了中央的高度重视。但是这些问题的产生有一个过程，它的解决同样需要一个过程，不可能一蹴而就。当然，还有一些行业不正之风，特别是社会腐败现象，更让广大人民群众深为不满，这是需要全力以赴予以纠正和彻底根除的。其实，行业不正之风和各种腐败现象恰恰都是反秩序的行为，纠正行业不正之风和铲除社会腐败现象，就是维护良好社会秩序的过程。因此，我们必须以良好的心态、积极的行为，在党的领导下，齐心协力同一切不正之风和腐败现象作最坚决的斗争，努力维护改革开放之后形成的经济快速发展、人民生活水平不断提高的良好局面。全体社会成员充分动员起来，全力维护当前难得的良好社会秩序！

三、漫议包容

翻遍《辞海》、《辞源》没有发现“包容”这个词条，只有诸如“包含”、“包涵”、“容人”、“容忍”等等词汇，满满堆了一大片。据此臆断，包容不是古汉语，而是一个现代词汇。其内涵应是对包涵、容忍等词意的综合和概括，囊括了这一系列词汇的主要含义。例如包涵，就是容纳、宽容、原谅的意思。通常指由于情有可原而宽恕某种过失、疏忽、失职或失败。而容忍则是宽容、忍耐的意思。两个词意结合起来，就构成了“包容”一词的基本内涵。

党中央提出构建社会主义和谐社会这一重大命题，意义十分深远。特别是市场经济发展到今天，社会经济多元，不同利益群体占有社会资源出现明显差异，构建社会主义和谐社会就更有它的现实意义。因为随着改革发展进入关键时期，我国社会存在的一些人民内部矛盾出现了多发多样的状况。这既是我国社会深刻变革中难以完全避免的现象，也是一个必须认真正视认真解决的问题。解决这些问题，政府积极完善各项调控政策，依法逐步建立胡锦涛总书记倡导的以“权利公平、机会公平、规则公平、分配公平为主要内容的社会公平保障体系”，把社会成员之间的收入差距控制在合理范围之内是第一位的，但是全体社会成员之间在马克思主义、毛泽东思想、邓小平理论和“三个代表”重要思想指导下，为了建设社会主义伟大强国这个共同的理想，互谅互让、相互包容，也是绝对不可缺少的。所以说，包容在社会主义建设事业中具有极其重要的作用。

首先，包容是一种社会粘合剂。我国是一个多民族国家。13 亿人口、56 个民族，不同的宗教信仰、民族习惯和文化背景，除了共同的理想信念把大家组织在一起之外，相互间的理解和包容也是非常重要的因素。没有包容，就没有我们今天如此紧密的民族团结；没有包容，就没有我们今天如此强盛的社会进步。我国的民族自治法规，通篇充分体现了包容精神，我们的各项民族政策，处处渗透着坚持社会主义基本原则前提下各民族之间的相互尊重和包容。包容作为一种粘合剂，促进了不同民族之间的相互团结和不同地区的共同进步，使全社会变得更加和谐和有序。

其次，包容是一种溶化剂。凡有人群的地方都有左中右，有左中右就不可避免地存在矛盾。矛盾的普遍性决定了在共产党领导下的社会主义国度中，人民内部矛盾也会同样普遍存在着。所以建国后毛泽东同志专门撰写了《正确处理人民内部矛盾》和《论十大关系》等论著，深刻论述社会主义条件下两种不同性质矛盾的性质和处理方法，以及如何正确处理不同地区、不同行业等诸多关系的方法，而包容则是这些不同类型内部矛盾的溶化剂。我们处理人民内部矛盾的原则是从团结的愿望出发，经过批评达到新的团结。从团结的愿望出发，就是要抱着一种包容的姿态。无论批评者还是被批评者，只要抱着这种姿态，就能通过善意的批评，真正达到新的团结。特别是在社会主义市场经济条件下，有很多矛盾和问题，一时很难分辨是非对错，需要摸着石头过河，需要边实践边总结边完善。这种情况下，就更需要相互包容和谅解。

再者，包容是一种清凉剂。当前，我们社会正处在历史发展的转型期，各种矛盾交替，不同利益格局不断调整。某些情况下，在个人或团体利益受到影响时，人们容易焦虑不安，容易急躁上火，甚至为了表达某种正当诉求而采取不恰当的方式，反而达不到预想的目的。这种情况下，就特别需要有包容、忍耐的精神。有了包容的思想，就会冷静观察事物，平和地对待各种利益格局调整。即使遇到一些不遂心顺意的事情，也会据理反映不满，合理表达诉求，而不会采取极端行为，激化矛盾。

另外，包容也是一种安乐剂。古人云，境由心造。科学研究表明，人的幸福指数、安适度主要源于自我感觉。所谓知足者常乐，就是这个道理。那么如何提高幸福指数，增加安适度呢？物质条件的改善是一个重要方面。而培养包容心，保持平和的心态，则是主要的途径。现在不少人抱怨，物质条件大大改善之后，还没有以前生活艰苦时心情舒畅，讲的就是这种情况。因为，物质条件的改善是有限度的，如果没有知足常乐的思想，可能物质条件越改善，渴求更高物质享受的心理预期越强烈，反而更不快乐。同时，物质条件的改善速度也是不平衡的。地区之间、不同人群之间，一定会存在着差距，如果没有包容平和的心态，这些差距，更会冲淡或抵消物质条件改善带来的幸福指数增长和安适度提高的快感。所以，只有具备了包容心，以平和的心态面对生活，才能对日常生活中遇到的各种困难和问题泰然处之。对物质条件改善中的不平衡状态，予以客观地理解和认同，由此反而会增加自身的幸福指数，提高生活安适度。

以上分析都在反复说明着以下这些道理：

改革是需要包容的。没有包容，改革就难以为继。作为社会主义制度的自我完善，改革不可避免地要对不同阶层的利益格局有所调整，从而使某些阶层或个人的局部利益受到影响。为了使经济社会发展更加健康和快捷，这些调整不可避免，而且还必须坚决果断地实施。这就需要眼前利益受到影响的阶层和个人，以理智的眼光、包容的心态去对待、去适应、去支持。否则，改革就难以顺利开展下去。

发展是需要包容的。没有包容，发展就会延滞。社会主义市场经济条件下，受资源占有量，交通便捷、信息通畅与否等客观条件的影响，不同地区、不同行业的经济发展速度呈现出较大的差距，并由此导致不同地区不同行业就职的人员收入分配存在差距是不可避免的。这种情况下，尽管中央始终坚持效益优先、兼顾公平的原则，采取了许多政策予以调节，仍然避免不了不同地区、不同行业之间发展上的差距。如果要继续发展，就必须在承认这种差距的前提下，适当限制，而承认这种差距就要求大家都得相互理解和包容，否则就会延滞甚至破坏发展。

稳定更需要包容，没有包容，其实就没有稳定。党中央提出稳定压倒一切，而保持稳定的前提条件，就是社会成员之间必须相互理解相互包容。任何时期，社会成员之间总会有各种各样不同的利益诉求，不同的利益诉求要逐渐趋同并最终得到满足，都需要一个艰苦的过程。这期间就需要不同利益诉求的社会成员间相互理解，相互支持，从而和谐相处，共谋发展，在发展中不断满足这些诉求。如果大家都斤斤计较各自的局部利益，一时满足不了就采取各种过激行为，那怎么还能有稳定的社会局面？如果得不到稳定，这些不同的利益诉求最终也就难以圆满实现。所以包容是稳定的精髓。

创新也是需要包容的，没有包容，创新就会处处受阻。创新是一种探索。无论创新型社会还是创新型国家，首先必须要营造创新的社会氛围，创造有利于创新的宽松的社会环境。创新可能一次成功，也可能伴随无数次的失败。成功了需要包容，不能指责那些提出不同意见的人，也可能是这些不同意见，避免了你走弯路，从而取得成功。失败了更需要包容，创新路上不可能一帆风顺，一蹴而就，免不了会有各种艰难险阻，崎岖挫折。只要有了相互包容的心态，只要能实实在在地相互支持，创新型国家和社会的目标就一定会实现。

说了这么多包容的好处，包容到底是一种

什么东西？毋庸置疑，包容是一种崇高的品德。战国时期的蔺相如，身挂相印，为了国家的利益，不计个人恩怨，处处容忍武将廉颇的不敬行为。以天下为量者，不计细耻。几千年来一直受到人们的敬重，会车巷的故事广为流传。

包容的内核是强大的自信。历史经验证明，凡是有包容心的人基本上都是有很强自信心的人。不能容人之过，不能顾全大局、忍辱负重，往往反映了自身不够自信。所以，包容需要知识支撑，包容更需要智慧壮行。缺乏知识、缺乏智慧的人，是很难做到包容的。

包容的真谛是博大的爱心。任何时候任何情况下，每个人都有自己的个人利益所在。包容往往就是以影响个人利益为代价，去宽恕、容让别人的失误或过失，或以牺牲个人的眼前的局部利益为代价，去维护、追求民族的、国家的、整体和长远利益。所以能做到这一点，正因为他们有博大的爱心。有了爱心，才能理解别人，体谅别人，尊重别人，以邻为善。老吾老以及人之老，幼吾幼以及人之幼。有了爱心，才能先天下之忧而忧，后天下之乐而乐。诗圣杜甫在《茅屋为秋风所破歌》中所体现的就是这种伟大的爱心。

包容展现的是宽广的胸襟。常言道，海纳百川，有容乃大。宰相肚里能撑船。自古能成大事立大业者，莫不是有宽广胸怀，能容各种难容之事的人。每个人由于所处地位、环境不同，认识了解事物的全貌有限，必然会遇到许多看不懂、想不通的事物。这个时候既不能听之任之，一味盲从，但也不能凡自己看不懂的事就一律拒绝，凡自己想不通的事就一律反对，而是要加强学习，刻苦钻研，力求有所理解。一时不能理解的，也要用宽容的心态慢慢观察，逐步调整自己的视角，力求能够正确认识和对待客观事物。“横看成岭侧成峰，远近高低各不同”，就是告诉我们要善于多角度观察事物，这样许多看不懂的事物就会逐渐看得懂，许多想不通的道理就会逐渐想得通。

包容体现的是永恒的比拼。包容既不是示弱，也不是气馁，而是一种高瞻远瞩的轻重权衡，一种追求远大目标的求同存异，一种顾全大局的高度律己，本质上是一种为了民族长远利益的孜孜追求。这是智者的选择，强者的气概！

因此，包容不是一味无原则的谦让，面临大是大非问题，仍然需要旗帜鲜明，坚持原则，需要把认识和行动毫无保留地统一到民族和国家根本利益上。包容也不是没有是非界限的乱和稀泥。凡事都要在弄清事实的基础上，正视问题，顾全大局，鼓励先进，鞭策后进，调动全体社会主义事业建设者的积极性，共同建设我们美好的家园！

四、鼓呼合力

“历史是这样创造的：最终的结果总是从许多单个意志的相互冲突中产生出来的，而其中每一个意志，又是由于许多特殊的生活条件，才成为它所成为的那样。这样就有无数相互交错的力量，有无数个力的平行四边形，由此就产生出一个合力，即历史结果，而这个结果又可以看作一个作为整体的、不自觉地和不自主地起作用的力量的产物。因为任何一个人的愿望都会受到任何另一个人的妨碍，而最后出现的结果就是谁都没有希望过的事物。所以到目前为止的历史总是像一种自然过程一样的进行，而且实质上也是服从于同一运动规律的。……每个意志都对合力有所贡献，因而是包括在这个合力里面的。”这是恩格斯1890年9月20日致约·布洛赫的信中的一段话。中心意思是说明，历史是在无数个平行四边形的合力中向前发展的。党中央提出构建社会主义和谐社会，正是基于对人类社会历史发展规律的本质认识，为了把所有社会主义建设者的积极性，充分调动到共建社会主义强国这个伟大目标上来而采取的具有深远历史意义的举措。

历史是在无数个平行四边形的合力中向前发展的。恩格斯所揭示的这一历史发展规律的意义就在于，告诉人类社会的每一个成员，必须清醒地认识合力，虔诚地重视合力，正确地对待合力。合力是客观的，人类社会在无数个平行四边形的合力中向前发展也是客观的。任何个人、任何团体都不可能脱离这个合力，任意地或单方面地改变历史的进程。这就是合力的客观性。

最终的结果总是从许多单个的意志的相互冲突中产生出来的。换句话说，历史进程中每一个单个意志总是要受到其他单个意志的影响和制约的。任何单个意志既无法孤立发挥作用，也不可能完全按照自己的个人意志行事。单个的意志最终要汇入到由众多单个意志形成的合力中去发挥作用。合力不仅具有客观性，同时具有强制性。任何单个意志都必然会受到合力的客观性的强迫。都是在合力的强迫中曲折地发挥着作用。

每个单个意志都对合力有所贡献，因而是包括在这个合力里面的。这说明合力不仅不是对单个意志的任意扼杀，而且是对诸多单个意志的客观整合。每个单个意志既不可能游离于合力之外，也不可能完全主导合力，它必须接受合力的强迫，但这并不是说它毫无作用。恰恰相反，每个单个意志都在历史发展的合力中发挥着作用，或大或小地做着自己的贡献。合力不仅具有强迫性，同时具有包容性，它包容着所有单个意志的因素。合力本身就是一种博大的包容。

平行四边形的力是由夹角形成的，那么是否可以这样认为，构成平行四边形夹角的度数越小，形成合力的障碍就越小，因而形成合力的社会成本也就越低。反之，众多单个意志之间的差异越大，形成合力的难度就越大，从而付出的社会成本就越高。在形成合力已定的前提下，每一种社会制度都在追求着社会合力成本的降低。构建社会主义和谐社会，其意义就在于能大大降低形成合力的社会成本，促进国家经济和社会更快速地发展。

认识合力客观性的意义之一，在于不违背客观规律，片面追求单个意志的直接实现。现实生活中，不同个体不同阶层，由于所处社会地位的不同，都有各自不同的社会主张，都存在着各自不同的利益诉求。这些各自不同的社会主张和利益诉求，都会用一定的方式表现出来，经过相互的比较、磋商、修正、吸收，最终以一种大家都能接受的方式实现，这是一个正常的客观过程。如果一味强调某一方的主张或利益，就必然会影响或破坏其他方面的正当利益，从而对整个社会的发展造成负面的影响。

认识合力客观性的意义之二，在于要明确社会不同利益格局的不断调整是一种客观现象，永远没有固定的模式。这种利益格局调整，只要是对社会发展有利的，就是必须的。我们都必须持一种积极态度，予以真诚的支持。现实生活中，经常听到一些人抱怨，自己这方面如何不如以前，那方面如何不如以前，又想多收益，又不想多出力，更不想受约束。其实这仍然是把自身的主观意志置于了客观规律之上。只追求个人的单个意志的实现，而忽视了要受到其他众多单个意志的影响和制约，最终仍然要被动地接受合力的强迫。

认识合力客观性的意义之三，在于要弄清合力形成过程当中，尽管众多单个意志受到了各种各样的影响和制约，但都或多或少地发挥了促进社会合力形成的作用。因此，每个人都要增强社会责任感，在社会生活的各个领域内积极有作为，而不能消极地放弃自己的权利和责任。譬如现在的城市农民打工族，他们既有工作的权利，同时也承担建设和维护城市的责任。假如有一天，这些打工族集体回乡了，城市的正常生活还能继续吗？

以上都是基于社会合力客观性的分析。合力的客观性，并不意味社会意志在合力形成过程中毫无积极的意义。认识合力，重视合力的目的，就是为了更自觉地促进合力。既然历史只能在合力中向前发展，那么完全被动地形成合力，还是一定意义上自觉地形成合力，对历史的发展进程，就会产生不同的影响和作用。军阀混战时期的历史发展带来的是民族危难和社会倒退，而改革开放后的历史发展则极大地促进了民族团结和社会进步。由此看来，自觉形成合力对于历史发展有着极大的积极意义。

首先，自觉性合力是经济社会发展的前提。建国后我们有许多发展经济的好机遇，但由于当时党的指导思想出了偏差，没有把经济建设摆在中心位置，结果到处都是宁要社会主义的草，不要资本主义的苗，致使国民经济走向濒临崩溃的境地。直到十一届三中全会，中央纠正了极左思想的影响，明确提出一切工作以经济建设为核心，才把全党的注意力集中调动到经济建设上来，从而使国民经济有了长足的发展。

其次，自觉性合力是民族强盛的保障。历史经验反复证明，什么时候我们的民族越团结，国家就越强盛；什么时候国内矛盾突出，到处一盘散沙，我们就处处受人欺负，任人宰割。从清政府后期的腐败统治，到国民党时期的宗派林立，都给外敌入侵造成了极好机会。而在建国以后，即使遇到了三年自然灾害及苏联政府同时逼债，由于全国人民在党的领导下团结一致，同甘共苦，勒紧裤带，共渡难关，形成了极强的自觉性合力，所以都顺利地挺了过来。尽管蒋介石集团曾经想趁人之危落井下石，高喊了半天反攻大陆的口号，终于未敢真正付诸实施。

再次，自觉性合力是国家安全的基础。国家安全包括政治安全、经济安全、文化安全、社会安全等，而政治安全则是最根本的安全。没有政治安全，其他一切安全都谈不上。政治安全的基础在于全社会是否具有自觉性的合力，有了自觉性合力，绝大多数社会成员都能以国家的安全为己任，讲政治、顾大局，一事当前，首先以国家安危为重，为了国家的政治安危，不惜放弃甚至牺牲个人的局部利益，那么国家的安全就肯定有了广泛的社会基础。如果一事当前，人人都只为个人利益打算，为了个人一己私利，不惜国家的全局利益，这样，国家还有什么政治安全可谈呢？

另外，自觉性合力是技术创新的动力。党中央提出要把我国建设成创新型国家。建设创新型国家没有一个自觉性合力的良好社会环境是很难实现的。要创新就需要改革，要创新就需要相互协作。如果固步自封的思潮十分严重，稍有对固有模式的冲撞或突破，就会遭到来自各个方面的强力封杀，还能谈得上创新吗？如果互不交流科研信息，各自为政，相互封锁，生怕别人抢了自己的风头，还怎么能相互鼓励，大搞创新呢？

如果再从实践的层面上去考察，我们就会发现自觉性合力对于社会主义现代化建设更有着伟大的现实意义。改革需要合力，没有合力，改革中遇到传统势力的阻碍就很难予以跨越或突破。发展需要合力，没有合力，前进中的困难和问题就会无休止地影响发展方向和速度，造成各种建设力量的相互损耗和抵消。稳定更需要合力，没有合力，稳定就成了无源之水、无本之木，就会脆弱地变成一句空洞的口号。只有从思想上到行动上，全体社会成员都能形成一种自觉的合力，稳定的社会局面才能真正得以实现。

了解了自觉性合力的意义和作用之后，如何培育自觉性合力呢？首先，民主助推合力进程。既然合力源于许多单个意志的相互冲突之中，那么充分发扬民主，广泛听取民意，真正营造好畅所欲言、各抒己见的生动良好的社会舆论环境，对于伸张正义、抑压邪气，助推有利于社会主义现代化建设的合力形成，必然大有好处。其次，团结放大合力效应。有首歌唱得好，“团结就是力量，这力量是铁，这力量是钢，比铁还硬，比钢还强”，充分说明了团结对合力形成的正效应。在自觉性合力的形成过程当中，社会成员之间有了密切的团结，其合力效应就会被无形放大，进而达到促进社会更快速发展之目的。不言而喻的是，改革也会降低自觉性合力成本。经济社会发展的许多障碍，往往不是来自外部，而是来自经济社会管理体制和机制本身。一些最初旨在规范和促进经济社会发展的制度和措施，由于逐渐脱离了社会发展变化的实际，反而成了影响和阻碍经济社会发展的桎梏，例如部门扯皮，相互推诿等。这些障碍只有通过不断改革才能逐渐消除。所以，改革不仅加速自觉性合力的形成，而且还往往同时降低自觉性合力形成的成本。

和谐的社会必然是处处充满自觉性合力的社会，积极培育自觉性合力的过程，实际上也就是构建和谐社会的过程。让我们中华民族的全体成员都积极动员起来，按照胡锦涛总书记倡导的“八荣八耻”要求，敬仰、遵守秩序，相互尊重、包容，为建立人类有史以来最具自觉性合力、最为和谐的社会而努力奋斗。

（作者：国务院三峡办党组成员）

坚持以科学发展观统领反腐倡廉建设
为构建和谐大同提供坚强的政治保证

高　璋

科学发展观是马克思主义关于发展的世界观和方法论的集中体现，是推进社会主义现代化建设必须长期坚持的重要指导思想，也是构建社会主义和谐社会的根本指南。实现科学发展、构建和谐大同，必须全面贯彻落实科学发展观，以科学发展观统领和谐大同建设，把科学发展观贯穿于和谐大同建设的全过程，落实到构建和谐大同的各个方面，以发展保障和谐，以和谐推进发展。

一、充分认识科学发展观与和谐社会的内在统一性，进一步增强推动科学发展、构建和谐社会的自觉性和坚定性

党的十七大报告指出，深入贯彻落实科学发展观，要求我们积极构建社会主义和谐社会。“科学发展和社会和谐是内在统一的。没有科学发展就没有社会和谐，没有社会和谐也难以实现科学发展”。社会和谐是中国特色社会主义的本质特征。构建社会主义和谐社会是贯穿中国特色社会主义事业全过程的长期历史任务，是在发展的基础上正确处理各种社会矛盾的历史过程和社会结果。我们党明确提出构建社会主义和谐社会的重大任务，就是要求全党同志在建设中国特色社会主义的伟大实践中更加自觉地加强社会主义和谐社会建设，使社会主义物质文明、政治文明、精神文明建设与和谐社会建设全面发展。二者都是党中央着眼于我国改革开放和社会主义现代化建设的全局，紧密结合国内外形势的变化，紧密结合我国社会生产力的最新发展和经济体制深刻变革的实际，紧密结合人民群众对物质文化生活提出的新的发展要求，深入思考而提出的重要思想。就我市来讲，显得更加紧迫而必要。

贯彻落实科学发展观，构建和谐大同，是促进大同转型发展的迫切需要。长期以来，大同的历史欠账和地域局限给大同经济社会发展造成了严重障碍。如，产业结构单一、生态严重破坏、环境日趋恶化、资源逐年减少、企业负担过重、民营经济不强不大、科技文化水平相对落后、县域经济发展相对滞后。为此，市委、市政府作出了“转型发展、绿色崛起”，实现“四个转变”的战略决策。站在新的历史起点上，要想走出一条“转型发展、绿色崛起”的新路，就必须贯彻落实好科学发展观，坚定不移地走可持续发展之路，努力打造新型能源基地、生态工业强市、历史文化名城和现代物流中心城市。

贯彻落实科学发展观，构建和谐大同，是开创反腐倡廉建设新局面的必然要求。科学发展观为我们指明了反腐倡廉建设必须坚持的正确的政治方向，要求我们必须用中国特色社会主

义理论体系武装头脑、指导实践、推动工作，自觉地将反腐倡廉建设融入到中国特色社会主义事业总体布局中，坚定不移地走中国特色社会主义反腐倡廉道路；要求我们必须始终坚持用科学发展观检验自己的思想和工作，不断增强服务、保障和促进科学发展的自觉性，切实加强以保持党同人民群众血肉联系为重点的作风建设，以完善惩治和预防腐败体系为重点，不断拓展从源头上防治腐败的工作领域。

贯彻落实科学发展观，构建和谐大同，是提高全市领导干部履职能力和水平的重要途径。开展科学发展观教育有利于领导干部继续解放思想，更新发展观念、转变发展思路、破解发展难题，使思想和行动更加符合“转型发展、绿色崛起”的思想路线；有利于领导干部不断总结发展经验，探索发展规律，正确处理各种关系，提高组织领导“转型发展”的水平；有利于领导干部牢固树立正确的政绩观，解决好“什么是政绩”、“为谁创造政绩”、“怎样创造政绩”的问题，实实在在造福一方百姓、谋求一方和谐、促进一方发展。

二、始终坚持以科学发展观统领反腐倡廉建设，为构建和谐大同提供坚强的政治保证

立足“发展是第一要义”，更加注重围绕中心、服务大局，坚定不移地保障和促进和谐发展。发展是硬道理，是解决一切重大社会矛盾的基础。反腐倡廉建设必须围绕经济建设这个中心，服从服务于发展大局。要注意从适应落实科学发展观的需要来谋划和实施，无论是部署任务、确定重点还是实施各项措施，都应放在推进经济社会和谐发展的进程中来把握，与落实科学发展观的重要步骤、各项举措相配套。要做到主动介入，围绕各项经济发展目标任务的落实开展监督检查，着重解决当前发展中存在的突出问题。要不断优化经济发展软环境，切实解决党风政风方面影响发展的突出问题，积极为构建和谐社会兴利除弊、清障排阻。

着眼“以人为本”这一核心，更加重视民意、关注民生、维护民权，坚定不移地促进社会和谐。和谐社会是代表全体人民根本利益，保障全体社会成员共享改革发展成果的社会。纪检监察工作要把群众呼声作为第一信号，把群众需要作为第一选择，把群众满意作为第一标准，认真解决人民群众最关心、最直接、最现实的利益问题。要深入开展专项治理，认真纠正损害群众利益的不正之风，坚决维护社会公平正义；要大力加强作风建设，努力促进领导机关和领导干部作风的进一步转变，以优良的党风政风带民风，营造和谐的党群干群关系；要积极为群众监督创造便利条件，拓宽社情民意表达渠道，畅通信访举报渠道，努力发挥群众参与民主决策、民主管理、民主监督等方面的作用，调动群众参与反腐败的热情；针对群众反映强烈的突出问题，要加大查处力度，以反腐倡廉的实际成效取信于民。在执纪办案中要注意维护党员干部的正当权益，依纪依法查办案件，实践以人为本理念。

紧贴“全面协调可持续”的基本要求，更加注重拓展工作领域，坚定不移地将反腐倡廉建设融入建设社会主义和谐社会的总体布局。反腐倡廉建设是新形势下对党风廉政建设和反腐败斗争事业的新定位，显示了其在中国特色社会主义事业的总体布局中与经济、政治、文化、社会建设的辩证关系和重要地位。反腐倡廉建设必须不断拓展工作领域，达到与其他建设相互融入、相互贯通，才能实现全面、协调、可持续发展。要坚持把反腐倡廉建设融入到大同经济建设之中，认真解决妨碍改革和发展的突出问题，加大对经济领域违纪违法案件的查处力度，积极推进经济体制改革，最大限度地减少权力寻租的机会。要坚持把反腐倡廉建设融入到大同政治建设之中，切实加强对权力运行的制约和监督，加强对领导干部特别是主要领导干部的监督，加强对人财物管理使用等关键岗位的监督，逐步建立健全决策权、执行权、监督权既相互制约又相互协调的权力结构和运行机制，

加大对《党内监督条例》贯彻执行的监督力度。要坚持把反腐倡廉建设融入到大同文化建设之中，紧紧围绕建设社会主义核心价值体系，加大对党员及领导干部的反腐倡廉教育，推进廉政文化创建活动，积极营造以廉为荣、以贪为耻的社会风尚。要坚持把反腐倡廉建设融入到大同和谐社会建设之中，纳入和谐社会建设的总体规划，及时督促和协调有关部门解决好民生、民安、民富、民和等方面的问题，强化政风行风建设，通过改善民生促进社会和谐。

把握"统筹兼顾"的根本方法，更加注重工作实效，更加有效地保障和促进和谐社会建设。统筹兼顾是反腐倡廉建设取得实效的根本方法。在工作格局上，要科学健全完善领导体制和工作机制，切实改变纪检监察机关在反腐倡廉建设中唱"独角戏"的局面，坚持在党委的统一领导下，充分发挥纪检监察机关的组织协调职能，积极协调各方，调动一切积极因素抓好反腐倡廉工作，逐步完善党委统一领导、党政齐抓共管、纪委组织协调、部门各负其责、人民群众广泛参与的反腐败领导体制和工作机制。在工作方略上，要按照标本兼治、综合治理、惩防并举、注重预防的根本方针，注意惩治腐败和预防腐败相协调，做到既坚持治标，又坚持治本，两者相互促进、统筹发展；此外，要注意惩防体系建设各项工作的相互协调，坚持教育、制度、监督、改革、惩处并重，五项中心工作相互配套、相互贯通、相互依存、相互促进。在工作部署上，要充分认识到反腐败斗争的长期性、复杂性和艰巨性，科学制定反腐倡廉建设的总体规划和阶段性目标，要注意正确把握策略、节奏和时机，完善政策思路和工作布局，使反腐倡廉的目标取向与经济社会发展的方向、反腐倡廉工作措施与经济社会发展举措、反腐倡廉总体规划和阶段性任务等方面相互平衡、协调统一。在工作方法上，要坚持辩证思维、战略思维和创新思维，以联系、发展、对立统一的观点分析观察事物，从全局和宏观的高度解决问题，在认识和实践两个层面作出科学判断，推动纪检监察工作的观念创新、理论创新、实践创新和制度创新；要坚持做到点和面、质与量、上和下、虚和实的有机结合，以点带面，分析问题、寻找规律、总结经验、全面铺开，确保反腐倡廉工作特色鲜明、推进有序、取得实效。

三、积极创建和谐机关，进一步提高纪检监察干部服务保障科学发展的本领

构建社会主义和谐社会包含着许许多多的和谐因素，其中建设一支团结和谐的队伍、创建一个和谐有序的机关是做好工作的基础。为此，各级纪检监察机关和广大纪检监察干部要以科学发展观为指导，积极倡导和谐理念，培育和谐作风，努力争做和谐社会的先行者和实践者，努力在构建和谐机关、和谐队伍上做出表率。

创建和谐机关必须把思想统一到科学发展观的精神上来，不断提高服务大局的能力。通过学习，要提高开拓创新能力，解放思想、与时俱进、大胆创新，创造性地抓好纪检监察各项工作；要提高把握大局的能力，熟悉了解党委和政府的中心工作，提升服务、保障、推动科学发展的水平；要提高组织协调能力，注意协调、凝聚和整合资源，积极协助党委和政府抓好反腐败工作；要提高运用政策能力，充分发挥政策的导向和规范作用；要提高执纪执法能力，认真执行党内法规和国家法律法规，实施严格有效监督，提高新形势下查办案件水平；要提高理论思维能力，加强调查研究，积极探索研究新形势下反腐倡廉建设的特点和规律，增强工作的预见性、前瞻性；要提高自我防腐能力，加强自我约束，增强法纪意识，廉洁高效做好反腐倡廉各项工作，进一步增强政治意识、大局意识，做到认识上有新提高、运用上有新收获、行动上有新形象，全面履行党章赋予的职责，为推进和谐机关建设做出积极的贡献。

创建和谐机关必须不断加强机关内部的协调配合。纪检监察工作涉及的点多、线长、面广，涵盖了信访举报、纠风、执法监察、案件检查、案件审理等方方面面的工作，做好反腐倡廉

工作并非哪一个部门单打独斗就可以完成好，作为工作整体上的一个循环链，每个部门都是这个循环链上不可或缺、又非常重要的链条，任何一个链条出了问题，都会影响整个反腐倡廉工作的成效。因此，纪检监察机关内部部门必须形成一种共识，在工作中不断加强协调、加强沟通，相互配合、相互督促，牢牢握成一个“拳头”，紧紧拧成一根“绳索”，不断增强工作的凝聚力和战斗力，形成一种团结协作、努力工作、和谐相处、心情舒畅的机关风貌。

创建和谐机关必须把队伍建设牢牢地抓在手上，更加注重思想教育，更加注重作风培养，更加注重监督管理。要带头开展科学发展观教育活动，用先进思想武装头脑，遵守党章、维护党章，增强党性观念，牢记根本宗旨，坚定政治信念，做到爱岗敬业，干一行、爱一行、专一行、精一行，做到遵纪守法，清正廉洁，一身正气。要坚持民主集中制原则，切实执行集体领导和个人分工负责相结合制度，充分发挥集体的整体效能和核心领导作用。要坚持实事求是，认真调研，讲实话、办实事、求实效。要坚持党的群众路线，自觉接受党和群众的批评和监督。要发挥艰苦奋斗传统，努力造就纪检监察干部胜不骄、败不馁，善于克服困难、敢于勇往直前的坚强意志。要加大干部培训、轮岗、交流和调整力度，不断推进办公自动化建设，提高工作效率。要强化内部监管，严格执行工作纪律特别是办案纪律和保密纪律，完善考核制度，真正把干部的德才表现、工作实绩考核出来，使纪检监察队伍成为创建和谐机关的主力军，成为推动和谐社会建设的生力军。

（作者：中共大同市委副书记、纪委书记）

坚持立德树人的办学理念
为构建社会主义和谐社会培养高素质人才

周　凯

党的十六届四中全会提出了构建社会主义和谐社会的重大战略目标，十六届六中全会又作出了《关于构建社会主义和谐社会若干重大问题的决定》。这一决定系统地阐述了社会主义和谐社会的历史地位、科学内涵和时代意义，明确提出了构建社会主义和谐社会的具体要求，即“民主法治、公平正义、诚信友爱、充满活力、安定有序、人与自然和谐相处”。人是社会的主体，人的全面发展既是构建社会主义和谐社会的最终目的，又是构建社会主义和谐社会的重要保证。中国特色社会主义事业建设与构建社会主义和谐社会既需要雄厚的物质基础，需要先进的生产力的支持，需要科学技术的创新与发展，更需要的是高素质的建设者和可靠的接班人。高校是培养全面发展、德才兼备的高素质人才的摇篮，是向国家和社会输送各类高素质人才和可靠接班人的基地。大学生是十分宝贵的人才资源，是民族的希望，是祖国的未来，是建设和谐社会的生力军。对于高校来说，坚持以人为本的科学发展观，就是坚持以学生为本，一切为了学生，为了学生的一切，面向经济社会发展的需要，提高学生的综合素质，造就适应市场需求的复合型、应用型的高素质人才，千方百计为学生的就业创造条件。高校作为培养高级专门人才的摇篮，除了注重对人才专业知识、应用能力的培养外，更应该体现社会主义和谐社会的价值取向。

一、坚持育人为本、德育为先的理念，把立德树人作为高等教育的根本任务

胡锦涛总书记在十七大报告中指出："教育是民族振兴的基石，教育公平是社会公平的重要基础。要全面贯彻党的教育方针，坚持育人为本、德育为先，实施素质教育，提高教育现代化水平，培养德智体美全面发展的社会主义建设者和接班人，办好人民满意的教育。"这是党中央在新的历史阶段，为进一步实施科教兴国战略和人才强国战略提出的新的重大战略目标。新的历史时期，高等教育工作正面临前所未有的挑战，必须坚持育人为本、德育为先，把立德树人作为教育的根本任务，培养造就千千万万具有高尚思想品质和良好道德修养、掌握现代化建设所需要的丰富知识和扎实本领的优秀人才。

培育师德师风。欲树人，先立德，要立德树人，必先立师德。大学教师的道德情操、处世方式、行为准则、治学态度等，对大学教育至关重要。教师的道德素养如何，与学生的道德品质培养直接相关，教师人格本身就是一门隐性课程。民族精神、人文特质、科学理性、开放胸襟、务实作风等应当成为大学教师必备的品德，这样才能保证教师以优良的品质塑造学生、以高尚的情操熏陶学生、以优秀的业务影响学生。高校应通过加强师德教育、严格考核管理、健全制度等多种措施，促进良好师德师风的形成。广大教师要按照胡锦涛总书记所提出的要求，努力做到爱岗敬业、关爱学生，刻苦钻研、严谨笃学，勇于创新、奋发进取，淡泊名利、志存高远，静下心来教书，潜下心来育人，做一个无愧于党和人民的人类灵魂工程师，以人格魅力、学识魅力和一流的教学水平赢得广大学生和全社会的尊重。

重视育人为本。大学教育的良好境界，就是使受教育者能够通过自我教育和自我修养达到自我发展。因此，必须树立育人为本的观念，建立起有利于培养学生形成自我管理、自我教育能力和健康人格的教育模式。要更加关注每个学生的内心需求、个性特征和成长背景，有针对性地开展教育和指导，调动他们通过提高思想政治素质实现自我发展和完善的积极性、主动性。要更加关注学生的全面发展，引导广大学生把掌握科学文化知识与提高思想道德素质结合起来，真正成为合格的中国特色社会主义事业建设者和接班人。要更加注重培养学生的和谐发展意识，引导广大学生以理性的眼光看待和处理好与自然、与社会、与他人之间的关系。

增强责任意识。历史经验告诉我们，高校在维护社会安全稳定方面起着重要的作用。我国目前正处在一个重要的战略发展机遇期，以建立社会主义市场经济为目标的改革取得了巨大成功，但随之也产生了贫富差距等一些突出矛盾，社会矛盾对高校发展的负面作用不可忽视。因此，强调"立德树人"显得格外迫切。爱因斯坦曾经在名篇《培育独立思考的教育》中告诫，用专业知识教育人是不够的，通过专业教育，他可以成为一个有用的机器，但是不能成为一个和谐发展的人。这句话是对受教育者说的，更是对教育工作者说的，值得我们深思。作为高校管理者，要以更加开阔的眼界、开拓的思路、无私的胸襟担负起立德树人的政治责任。

二、坚持加强和改进高校思想政治教育，把提高大学生的思想政治素质放在突出位置

青年兴则国家兴，青年强则国家强。大学生是我们党的事业的后备力量，加强和改进大学生思想政治教育，提高大学生的思想政治素质，是高校落实十七大精神和科学发展观的重要任务。科学发展观提出的"必须坚持以人为本"的精神对于我们加强和改进大学生思想政治教育工作有着重大指导意义。以人为本就是要尊重人的主体地位，把促进人的发展作为我们工作的出发点。加强和改进大学生的思想政

治教育，提高他们的思想政治素质，把他们培养成中国特色社会主义事业的建设者和接班人，对于全面实施科教兴国和人才强国战略，实现全面建设小康社会奋斗目标，促进国民经济又好又快发展，推动社会主义文化大发展大繁荣，具有重大而深远的战略意义。为此，我们政治理论课教师在当前和今后一个时期内的最主要任务就是要把党的十七大精神真正贯彻落实到具体的教学中去。

加强基层党组织对思想政治教育的领导。党的领导是高校做好大学生思想政治教育工作的根本保证。要发挥党的思想政治优势，确保做好大学生思想政治教育的根本方向；发挥党总揽全局、协调各方的优势，调动共青团、学生会等组织的积极性，建立全员德育机制。高校人才培养工作的历史和实践都证明，党在政治上的领导和思想上的引导，是大学生思想政治教育的根本保障。面对新世纪世界教育、科技和人才竞争日趋激烈的现实，高校必须加强党的思想政治教育的领导，进一步解决好“培养什么样的人、怎样培养人”的问题。高校实行党委领导下的校长负责制，要充分发挥党委在政治上的领导核心作用，完善由党的组织系统和学校的行政指挥系统共同组成的思想政治教育工作机制，围绕思想政治教育的中心任务和工作目标，调动各部门积极性，形成合力，抓好落实。学校各院（系）的党组织要把学校党委的要求和本单位的实际结合起来，构建本单位学生思想政治教育的组织体系和工作机制。

发挥思想政治理论课教育的主渠道作用。思想政治理论课是大学生的必修课，是帮助大学生树立正确世界观、人生观和价值观的重要途径，体现了社会主义大学的本质要求。政治理论课教师要按照充分体现当代我国马克思主义最新成果——中国特色社会主义理论体系的要求，全面加强思想政治理论课的学科建设、课程建设、教材建设和教师队伍建设。要联系改革开放和构建社会主义和谐社会的实际，联系大学生的思想实际，把传授知识与思想教育结合起来，切实改革教学内容，改进教学方法，改善教学手段。加强教师队伍建设，提高教师素质。积极探索思想政治理论课教学与科研的新思路、新形式和新方法。坚持对学生的正面教育和引导，把主导性与多样性、先进性与广泛性有机统一起来。要深入研究和回答青年学生在成长发展过程中遇到的一些热点、难点和疑点问题，组织开展社会调查，提高他们识别真伪和鉴别是非的能力，从而进一步提高思想政治理论课的吸引力和感染力，增强针对性和实效性，努力使高校思想政治理论课成为大学生真心喜爱、终身受益的优秀课程。

持之以恒地抓好高校辅导员队伍建设。辅导员是开展大学生思想政治教育的骨干力量，是大学生日常思想政治教育和管理工作的组织者、实施者和指导者，是大学生健康成长的知心朋友。辅导员队伍是高校师资队伍和管理队伍的重要组成部分，工作在大学生思想政治教育的第一线，对大学生的成长起着至关重要作用。高校辅导员要经常深入学生宿舍，开展谈心活动，有针对性地帮助大学生处理好学习成才、择业交友、健康生活等方面的具体问题，释疑解惑，疏导情绪，提高思想认识和精神境界。大学生思想政治教育能否进一步加强和改进，大学生能否健康成长，加强高校辅导员队伍建设是关键。要进一步明确高校辅导员的工作职责和任务，建立健全高校辅导员的选拔和聘任制度，加强高校辅导员的考核和奖惩工作，切实把高校辅导员队伍建设提高到一个新水平。

深入细致地开展心理健康教育。心理健康教育应引起高校管理者的高度重视。学生具有强健的体魄和健康的心理，才能成为德智体美全面合格的人才。要有计划有步骤地开展心理健康教育，并且对大学生分阶段进行心理测试。通过举办专题讲座，学校开设的咨询室及开辟心理健康专栏，培养学生良好的意志品质。此外，高校还应把学生的综合人文素养、艺术素养、科学素养的培养，作为学生综合素质教育的重要内容，贯穿于整个教学的全过程，并重视部分优秀学生的个性化培养，培养他们的创新精神。要给与不同志向、不同追求的学生施展自己才华的空间和自由，为他们创造必要的条件，满足他们的合理要求。同时，还要开展思想政治教育科学研究，进一步繁荣哲学社会科学。

三、坚持以社会主义核心价值体系为引领，把人的全面发展作为办学的首要任务

社会主义核心价值体系是社会主义意识形态的本质体现，其基本内容为“马克思主义指导思想、中国特色社会主义共同理想、以爱国主义为核心的民族精神和以改革创新为核心的时代精神、社会主义荣辱观”。建设社会主义核心价值体系是党在思想文化建设上的一个重大理论创新。“建设社会主义的核心价值体系，形成全民族奋发向上的精神力量和团结和睦的精神纽带”，这是党中央针对我国思想道德建设的新形势提出的一项重大战略任务。随着科学技术的迅猛发展，对人的全面发展在内涵和外延上都提出了新的要求，其中，道德素养是人的素质全面提高的重要内容。大学生是未来社会主义和谐社会的主要建设者和中坚力量，高校应该按照社会主义和谐社会的要求，坚持以社会主义核心价值体系为引领，加强对大学生进行理想信念和以爱国主义为核心的民族精神、以改革创新为核心的时代精神、社会主义荣辱观等为主要内容的教育，培养社会主义和谐社会所需的合格人才。

树立社会主义荣辱观。以“八荣八耻”为主要内容的社会主义荣辱观，是建设和谐社会新观念体系和信仰体系的基石，是构建社会主义和谐社会的新路标、新尺度、新标准。树立社会主义荣辱观不仅是单一道德意义上的“重大而紧迫的战略任务”，它是关乎政治、经济、思想、社会、文化、道德等多领域的一个当代哲学命题。一个人的荣辱观状况，决定了其文明的水平，从而也决定了其发展的限度。无论中西方对道德与人性的关系之认识有多大差异，但对道德特别是荣辱观对人的教化功能的认识则是一致的。事实上，道德及其荣辱观教化的程度，在客观上决定了人的文明素质和文明水平。而一个社会的和谐程度，除了制度上的因素外，基本上取决于这个社会全体成员的文明素质和文明水平的高低。因此，在这个意义上我们可以说，构建和谐社会，有两条必须考虑：一是社会制度，二是人的素质。而在人的素质系统中，起核心和灵魂作用的是思想道德素质。在思想道德建设领域，我们党一贯坚持社会主义的价值导向，大力倡导社会主义基本道德规范，促进良好社会风气的形成和发展。

培养道德的约束力。社会主义和谐社会不仅要求社会秩序安定、社会生活和谐，而且要求人的心理安然和行为协调。“自静其心延寿命，无求于物长精神”。高校要注重培养学生的心理和谐，加强对学生的人文关怀和心理疏导，引导学生正确对待困难、挫折和荣誉。把培养自觉的道德约束力作为学校德育的重要内容，以增强学生的道德认识、丰富学生的道德情感、促进学生的道德实践为核心，积极引导和培养学生的道德判断能力、道德选择能力、道德调控能力、道德评价能力，使学生能够完善自我，逐渐形成一种内在、稳定、趋于良性状态的道德理性和道德品质。

培养道德的责任心。社会主义和谐社会是以责任为基础的社会。大学生作为我国公民中知识层次较高的群体，在构建社会主义和谐社会中肩负着重大的历史责任。责任包括对自身的责任，对社会的责任和对未来的责任。道德教育的核心是责任教育，高校要教育学生不仅对自己负责，而且要对他人、对社会、对国家乃至对整个人类负责。自身责任感的养成重在修身立德，不为积习所蔽，不为时尚所惑，“勿慕时为，勿甘小就”，树立自立、自强、自重的精神；社会责任感的养成重在认识做人的根本，养成诚实守信的品德，掌握创造的本领，树立服务他人、造福社会、报效民族、献身国家、推动世界共同发展的志向；未来责任感的养成重在把现实的发展与

未来的可持续发展结合起来，认识人与社会发展的特点和规律，明确人的生存、发展、创造的未来指向，勇于迎接挑战，具有在艰难困苦的情况下求生存、求发展、求创造的本领。高校要通过道德责任的教育，使大学生明确自己所肩负的责任，引发其主动思考和自觉实践。

总之，大学生是民族的希望，祖国的未来。注重大学生素养的培育，促进大学生全面发展，是高校一切工作的出发点，也是高校履行构建社会主义和谐社会历史使命的着力点。高校要坚定不移地按照构建社会主义和谐社会的要求，在大力实施科教兴国战略和人才强国战略中充分发挥应有的作用。

（作者：安徽机电职业技术学院党委书记）

浅谈欠发达地区构建和谐社会的几点体会

方振元

揭阳市东山区地处欠发达的粤东地区，是揭阳市委市政府所在地。近年来，在构建和谐社会的实践中，我们坚持以科学发展观统揽全局，紧紧围绕建设“和谐文明新东山”的目标，大力实施“工业立区、商贸兴区、宜居旺区、文化强区、和谐东山”五大战略，坚持在谋求跨越发展中注重发展实效和发展质量，在构建和谐社会中注重改善民生，营造良好投资创业和居住环境，全区呈现经济跨越发展、各项事业全面进步、社会和谐文明的良好局面，探索出一条欠发达地区如何建设和谐社会的新路子。主要做法和体会：

一、抓好经济发展，是构建和谐社会的物质基础

只有经济发展了，人民生活才能提高，构建和谐社会才有物质基础。近年来，我们紧紧抓住发展这个第一要务，工贸并举，城乡联动，突出区位和产业特色，致力打造富有特色的国际玉都。2008 年全区生产总值比增长 16%，与 1994 年建区时比增长了 11 倍；财政一般预算收入比增长 32.6%，是建区时的 17 倍。单以特色产业为例，在发展玉器产业上，我们切实加强规划、引导和扶持，完善产业配套，注重品牌建设和人才培养，使东山区成为海内外最大型的高中档翡翠玉器设计、加工和贸易基地，成为国内首屈一指的“亚洲玉都”、“中国玉都”。东山区的另一特色产业——五金不锈钢也是“中国五金基地市”的核心产业，形成了金属材料购销、产品设计、成品加工、质量检测、产品销售的产业链。玉器和五金两大特色产业，不仅做大了全区经济规模，打造了区域品牌，而且带动了投资、就业，粗略估计全区两大特色产业吸纳就业达 20 万人，吸引了全国各地英才荟萃。在特色经济的带动下，全区呈现了经济发展、人民富裕的喜人局面，和谐的基础更加扎实了。如中国玉都的发祥地、仅 4000 人不足 700 户的阳美村，近 60%的农户拥有私家车。

二、抓好环境建设，是构建和谐社会的前提条件

优美舒适的宜居环境，和谐文明的人文环境，高效廉洁的政务环境，安全稳定的治安环境，是构建和谐社会的重要条件。近年来，我们从推动发展、促进和谐的高度，大力抓好四大环境建设。宜居环境方面，致力实施“宜居旺区”战略，以打造“岭南水城”为主题，广集民资民力参与城区基础设施和功能设施建设，重点抓好

道路、排污、绿化等基础设施，加快城中村改造开发和高档住宅区建设。两年来共投入基础设施建设资金超过20亿元，促进了城市功能和环境的不断优化。人文环境方面，坚持以提高市民素质为根本，深入开展“争做奋进有为东山人”系列活动，大力倡导“自强自信、创业创新、感恩奉献”的精神，培育现代市民的发展意识、大局意识、创新意识、文化意识、和谐意识、诚信意识、责任意识和感恩意识，提高人民群众素质，为全区建设发展创造了良好的人文氛围。如在实施城市建设拆迁工作上，人民群众充分发挥主人翁精神，自觉理解支持配合，去年仅用3个月时间即完成10.1万平方米的市政道路拓宽工程拆迁工作，并实现了“零上访、零事故、零伤亡、零遗留”的工作目标。政务环境方面，切实转变机关作风，提高各级党委、政府的执行力和服务质量，形成“政府造环境，企业创效益”的发展氛围。对重点项目、招引项目、重点企业，落实各级领导班子成员挂钩，对口部门重点联系，营造务实高效、服务到位的良好政务环境。治安环境方面，深入开展平安东山建设。近两年来，我区投入4000多万元，在市区各主干道、村道安装视频监控器近3000个，并在主要地段设置警务室，健全社会治安防控体系，实施群防群治综合治理，群众的安全感大幅提高。同时，坚持“预测走在预防前、预防走在调解前、调解走在激化前”的工作方针，落实接访领导包案制，推动维稳工作重心下移，变上访为下访，最大限度消除不稳定因素。近两年，全区没有发生群体性事件和越级上访，有力地维护了辖区社会的政治稳定。

三、抓好文化建设，是构建和谐社会的精神支撑

文化是发展的软实力，是社会和谐的精神支撑。近年来，我区大力实施文化强区战略，加快文化建设步伐，繁荣了地方文化，满足了广大人民群众日益增长的精神文化需求，促进社会的全面进步。一是办好玉器节。每年举办一届“中国（揭阳）国际玉器节”和“中国玉器百花奖”，吸引海内外大批玉商前来参展参观，丰富了玉文化内涵，为玉都文化建设和产业发展注入新的活力。二是着力实施“基础教育新突破”。按照“巩固小学、加强初中、发展高中”的工作思路，两年来投入基础教育建设资金近2亿元，新建、扩建了东山中学、新河学校、南河小学等一批中、小学校，增配了一批大学本科学历教师，有效解决优质学位紧缺的问题。三是加强文化设施建设，实施文化重心下移。坚持现代文化、传统文化、群众文化和社区文化相结合，配套乡村文化设施建设，实现村村有文化场所，丰富群众的文化生活。四是挖掘、保护我区的物质和非物质文化遗产，其中乔林烟花火龙、阳美翡翠玉雕刻技艺于2008年被评为国家级非物质文化遗产。

四、抓好民生民计，是构建和谐社会的客观要求

民生问题是构建和谐社会的根本问题，构建和谐社会的目的是提高全民幸福指数。近年来，我们坚持“人民群众利益无小事”的理念，高度重视解决群众关注的重点、热点和难点问题，着力解决民生民计，发展社会事业，强化社会管理，促进社会和谐。一是高度重视就业工作。针对东山城市化进程加快，“洗脚上田”农民较多的实际，近年来我们加大对农村青年和富余劳动力的技能培训和转移就业力度，采取专业办学、与学校联合、与社会力量联合等办学方式，每年完成各类就业再就业培训近3000人，有效地解决了农民就业再就业的问题，农民收入明显增加。二是高度重视医疗卫生事业。加快农村卫生网络规范化建设，在抓好区级医院建设的同时，加强基层卫生机构的规划建设，确保每个镇、办有一家社区卫生服务中心。扎实推行新型农村合作医疗制度，全区参合率100%，农民住院看病报销封顶达到5万元，切实解决群众看病难的问题。三是高度重视优抚扶贫和社会保障事业，积极开展特殊群体、弱势

群体的社会救助、社会福利和优抚保障工作，扩大社会保险覆盖面，进一步完善城乡居民最低生活保障制度，推进城乡社会福利机构建设，使之成为构建和谐社会的重要内容。

五、抓好党的建设，是构建和谐社会的根本保证

构建社会主义和谐社会，关键在党，关键在于各级领导干部的率先垂范。只有切实加强党的建设，才能为构建和谐社会提供坚强有力的组织保证。近年来，我们坚持“发展是最大的政治、稳定是最大的责任、团结是最大的本事、纪律是最大的保证”的理念，从严治党，从严治政，努力打造一支想干事、善共事、会干事、干成事、不出事的干部队伍。一是坚持把思想建设摆在首位。运用理论学习中心组、宣讲团、干部读书班等形式，加强党的理论和政策教育。为开拓干部视野，我们还组织干部包括新一届村(居)委会书记、主任赴浙江义乌、嘉兴学习考察，开阔视野，使各级基层领导干部的超前意识、机遇意识得到强化，服务民生和发展经济能力得到提高。比如仁港村、淡浦村启动了城中村改造工程，以实际行动体现学习成果。二是坚持把组织建设作为抓手。加强基层班子建设，继续推进固本强基工程，不断提升各级党组织的执行力和战斗力。实行基层干部绩效考核，以实绩论英雄，以德才选干部，唯才是举、唯能是用，营造了党风正、政风好、民风顺的风清气正、干事创业、构建和谐的发展环境。去年我区在全市率先顺利完成村(居)换届选举工作。三是坚持把党风廉政建设作为重点。党风问题事关人心向背，事关公平正义，事关事业成败。因此，我们把党风廉政建设作为重点，贯穿于构建和谐社会的全过程，切实加强干部党风廉政教育，全面落实党风廉政建设责任制，提倡讲党性、重品行、作表率，深入开展机关效能建设、纪律教育学习月活动、“五·五”普法的实施等活动，建立完善了效能规章制度，组织纪律教育学习制度和组织监督、群众监督体系。去年查处违纪违规党员干部5人，有效提高了干部的廉政意识、责任意识、服务意识和效率意识，有效提高了党委政府的公信力，有力地促进了社会的和谐进步。

(作者：中共揭阳市东山区委书记)

社会主义和谐社会的基本特征

秦　刚

一、社会主义和谐社会的经济特征

经济是社会发展和进步的基础。各种所有制经济平等竞争、相互促进，劳动者权利平等、互助协作，收入分配公正合理、走向共同富裕，是社会主义和谐社会的经济特征。

1. 各种所有制经济平等竞争、共同发展

生产关系上的协调，是社会主义和谐社会的重要经济特征。社会主义和谐社会的追求，必须要以现存的基本经济制度为基础。多种所有制经济能否和谐发展，对建设社会主义和谐社会产生着至关重要的影响。

在我国社会发展的现阶段，实现社会主义的和谐发展，必须坚持以公有制为主体。这是社会主义的基本原则，也是坚持走社会主义道路的根本要求。公有制的主体地位主要体现在：公有资产在社会总资产中占优势；国有经济控制国民经济命脉，对经济发展起主导作用。

同时要积极推行公有制实现形式的多样化，使股份制成为公有制的主要实现形式。个体、私营等非公有制经济是社会主义市场经济的重要组成部分，是促进我国社会生产力发展的重要力量。只有积极促进非公有制经济健康发展，才能充分调动社会各方面的积极性。在建设社会主义和谐社会过程中，必须确立尊重多样、求同存异的理念，既要毫不动摇地巩固和发展公有制经济，又要毫不动摇地鼓励、支持、引导非公有制经济发展，形成各种所有制经济平等竞争、相互促进的新格局。要使各种所有制经济在市场竞争中发挥各自优势，起到相辅相成的作用。这样，社会主义和谐社会建设和发展才有稳固的经济基础。

2. 劳动者权利平等、互助协作

社会主义社会是一个消灭了阶级剥削，消除了阶级对立的社会，劳动者成为国家和社会的主人。劳动者权利平等，并形成新型的互助协作关系，是建设社会主义和谐社会的重要基础和条件，也是社会主义和谐社会的重要经济特征。

社会主义使劳动者有了各尽其能、各尽其才的制度条件，劳动者可以自主选择适合自己的劳动形式、劳动内容，发挥自己的才智和技能。劳动者可以自主创业，可以进入不同所有制企业，也可以选择不同的劳动岗位。在公有制经济中，经营者和企业的全体职工在生产资料的占有关系上是平等的，都是生产资料的主人，都是生产过程的主人。股份合作制经济作为公有制实现的新形式，更直接地体现社会主义社会劳动的平等性。在非公有制经济中，存在着一定的雇佣与被雇佣劳动关系，劳动者的劳动有一定的不平等性。但是，无论是非公有制经济中的劳动者，还是非公有制经济中的资产所有者、管理人员、技术人员等，都是中国特色社会主义事业的建设者。他们在国家和社会中政治地位是平等的，劳动权利也是平等的。

在我国现阶段，社会有不同的分工，人归为不同的群体，尽管存在着利益上的矛盾，存在阶层上的差别，但每一个社会成员都是中国特色社会主义的劳动者，每一个群体都是中国特色社会主义建设者。建设社会主义和谐社会，强调人与人、人与社会和谐相处，是以消除了阶级对立，确立了权利平等，形成了互助协作新型劳动者关系为前提的。否定了这个前提，也就否定了人与人、人与社会和谐相处的可能。

3. 收入分配公平合理

收入分配是社会经济关系中的一个核心问题，与人们的切身利益密切相关，也是衡量社会是否公平的一个重要尺度。公平合理的收入分配，是实现社会和谐的深厚基础，也是体现社会主义和谐发展的重要标志。

实现公平合理的收入分配，必须以坚持和完善现有的分配制度为前提。按劳分配是社会主义经济制度的一个基本特征，是社会主义社会收入分配的基本原则。按劳分配也是以社会分工为基础的，也是以劳动作为个人谋生手段为前提的，这样的收入分配必然要承认劳动差别，体现劳动差别。按劳分配主要是在一个企业的局部范围内实现的，同样是按劳分配，在社会范围内也存在着较大的差异。按劳分配在社会发展过程中也会产生事实上的不平等。针对这种事实上的不平等，社会要进行合理的调节。劳动、资本、技术和管理等生产要素按贡献参与分配，是我国社会主义初级阶段基本经济制度的一个重要特征。生产要素参与分配，使收入形式产生了多样化状态，除了按劳分配的劳动收入外，还存在着按劳分配以外的非劳动收入。合法的劳动收入和非劳动收入，都要受到应有的保护。

坚持按劳分配为主体、生产要素按贡献参与分配的分配制度，只是体现了收入分配起点的公平合理和过程的公平合理，并不能完全保证收入分配结果的公平合理。收入分配的差距是必然存在的，但这个差距必须保持在合理的范围内，保持在社会各个劳动群体都能认可和接受的程度。

4. 走向共同富裕

社会主义和谐社会不可能建立在普遍贫穷的基础上，也不可能建立在贫富差距扩大的基础上。在不断解放和发展生产力的基础上，逐步走向共同富裕，充分实现社会公平，是社会主义的本质要求，也是建设社会主义和谐社会的重要条件和实际体现。

走向共同富裕不仅有社会主义质的规定，还要受初级阶段基本国情的制约，必须从中国的国情出发考虑共同富裕的问题。共同富裕是一个社会发展的目标，也是一个社会发展过程。只有承认差别，承认社会成员有先富后富的不同，让一部分先富起来，然后才可能实现共同富裕。这个先富带后富、走向共富的战略构想，体现着社会主义的本质要求，遵循了社会经济发展的客观规律，是符合基本国情的一种现实选择。

改革开放过程中，我们明确强调要坚持效率优先，兼顾公平。强调效率优先，兼顾公平，是同鼓励和支持一部分地区、一部分人先富起来的大政策相联系的。针对我国社会成员的收入差距出现了拉大的趋势，以胡锦涛为总书记的党中央提出了初次分配和再分配都要处理好效率和公平的关系，再分配更加注重公平。提高居民收入在国民收入分配中的比重，提高劳动报酬在初次分配中的比重，提高低收入者收入，提高扶贫标准和最低工资标准，扩大中等收入者比重，已是走向共同富裕的明确思路。

二、社会主义和谐社会的政治特征

政治是社会发展和进步的保障。执政党与参政党团结一致，人民当家作主，依法治国，国家统一、民族团结，是社会主义和谐社会的政治特征。

1. 执政党参政党团结一致

社会主义和谐社会的建设，离不开政党的领导，也离不开政党和谐的带动。执政党与参政党团结一致，和谐相处，相互促进，是社会主义社会和谐发展的重要体现，也是构建社会主义和谐社会的必然要求。

中国共产党作为执政党，是构建社会主义和谐社会的根本保证。各民主党派作为参政党，是构建社会主义和谐社会的重要促进力量。在长期共存、互相监督、肝胆相照、荣辱与共方针的指导下，中国共产党与各民主党派形成了通力合作的新型社会主义政党关系。各民主党派的政治纲领虽说各具特色，但基本内容与中国共产党在社会主义初级阶段的基本路线是一致的。在指导思想上，各民主党派和中国共产党也都是一样的。党的政治纲领的一致性和指导思想上的共同性，体现了中国共产党与各民主党派有着共同的根本利益和目标追求。这是中国共产党和各民主党派团结一致、和谐相处的思想政治基础，也是实现政治稳定、社会和谐的前提条件。

共产党领导、多党派合作，共产党执政、多党派参政的政治格局，已成为我国政党制度的显著特征，包含着浓厚的和谐精神。这样的政党制度，使协商民主成为中国特色社会主义民主政治的重要形式。协商民主为执政党与参政党的团结一致提供了基础，也为实现政党关系的和谐创造了条件。在我国社会利益多元化的情况下，执政党与参政党坚持民主协商，可以把多种多样的政治资源、多种多样的社会力量有效地整合起来，也可以使多种多样的利益诉求得到合理的疏导，避免造成社会混乱。在民主协商中解决分歧，凝聚共识，有利于加强中国共产党与各民主党派的团结合作，形成和谐的政党关系，也可以避免多党竞争、互相倾轧造成的政治动荡。

2. 人民当家作主

人民当家作主，是社会主义民主政治的本质和核心。发展社会主义民主政治，归根结底就是要实现人民当家作主。这是社会主义和谐社会的内在要求，也是社会主义和谐社会的重要基础。

人民当家作主必须通过一定的民主途径和形式才能实现。人民代表大会制度是我国社会主义民主政治的根本体现，是人民当家作主的重要途径和最高实现形式。人民代表大会的代表来自人民，人民代表大会的权力来自人民，人民代表大会必须对人民负责，受人民监督。坚持人民当家作主，就要坚持和完善人民代表大会制度，要通过不断完善体制机制，密切人民代表同人民群众的联系，使人民代表大会更好地代表人民，并接受人民的监督。人民代表大会应当成为联系人民群众、反映民意、解决矛盾的主要民主渠道。各级人民代表必须密切联系人民群众，充分反映人民群众的意见、要求和呼声，成为人民群众的代言人。基层民主是人民当家作主最有效、最广泛的途径。实行基层群众自治，发展基层直接民主，是尊重和保障人民权益的重要体现，是社会主义民主最广泛的实践。人民依法直接行使民主权利，管理基层公共事务和公益事业，可以实现自我管理、自我服务、自我教育、自我监督。扩大基层群众自治范围，完善民主管理制度，发挥社会组织在扩大群众参与、反映群众诉求方面的积极作用，增强社会自治功能，是保障人民当家作主、促进社会和谐的有效举措。

3. 依法治国

构建社会主义和谐社会，要有社会主义民主，也需要社会主义法治。依法治国是实现国家繁荣昌盛、社会和谐发展、人民幸福安康的必要保障。

依法治国是社会文明进步的重要标志，是党领导人民治理国家的基本方略，也是国家和社会长治久安的重要保障。为了从制度上保证人民当家作主的实现，更好地组织和支持人民群众依法行使管理国家和一切社会事务，党必须领导人民制定宪法和法律，走依法治国之路。国家权力能够严格依照宪法和法律规范来运行，人民的民主权利能够得到制度和法律充分保护，社会主义民主才能得到有效的推进和发展。没有法制，国家的安危就只能寄托在个人或少数人身上，国家权力的运行和社会秩序的维系也必然缺乏相应的制度制约，往往会导致人亡政息和社会的动荡。

社会主义和谐社会是有序运行的社会，而法治是社会有序运转的重要保证。坚持依法治国，以法律作为社会的明确规范，作为人们的行为规则，人们在社会生活中就可以有章可循，有法可依，从而减少混乱和无序状态。坚持依法治国，不仅可以减少社会矛盾，而且还可以有效化解社会矛盾，使已经产生的纷争能够得到及时解决。

4. 国家统一、民族团结

国家统一、民族团结，是社会主义和谐社会的重要基础，也是社会主义和谐社会的重要体现。对于中国这个多民族国家而言，实现国家的富强、人民的幸福与民族的振兴，必须要有国家的统一和民族的团结。

国家统一、民族团结，则政通人和、百业兴旺；国家分裂、民族纷争，则社会动乱、人民遭殃。这种历史经验已使中国人民深切地认识到，国家统一、民族团结，是社会的发展和民族复兴的基本前提。为巩固国家统一、民族团结，中国共产党创立了民族区域自治制度。用民族区域自治制度解决民族问题，体现社会主义民主的本质和特点，符合中国国情和各民族根本利益。民族区域自治制度，作为中国特色社会主义的一项基本政治制度，实现了多民族国家在民主基础上的高度统一，也为各民族平等团结、共同繁荣奠定了基础。

巩固国家统一、民族团结，要牢牢把握各民族共同团结奋斗、共同繁荣发展的主题。共同团结奋斗，就是要把全国各族人民的智慧和力量凝聚到全面建设小康社会上来，凝聚到建设中国特色社会主义上来，凝聚到实现中华民族的伟大复兴上来。共同繁荣发展，就是要牢固树立和全面落实科学发展观，切实抓好发展这个党执政兴国的第一要务，千方百计加快少数民族和民族地区经济社会发展，不断提高各族群众的生活水平。加快少数民族和民族地区经济社会发展，不仅是一个重大的经济问题，而且也是关系民族是否团结的重大政治问题。

三、社会主义和谐社会的文化特征

文化是社会发展和进步的思想旗帜。奋发向上的精神力量，不断释放的民族精神，积极健康的思想舆论氛围，尊重差异、包容多样的文化意识，文明先进的道德风尚，是社会主义和谐社会的文化特征。

1. 奋发向上的精神力量

构建社会主义和谐社会，需要有奋发向上的精神力量。在实现国家强盛、人民富裕的过程中，我们党创立了中国特色社会主义理论体系，开辟了中国特色社会主义道路，确立了全面建设小康社会、实现社会主义现代化、实现民族复兴的奋斗目标，使我们全党和全国人民有了统一的思想基础和共同的理想追求。

建设和发展中国特色社会主义的共同理想，反映了人民群众的共同愿望和要求，代表了人民群众的根本利益，表达了党和人民的共同理想和目标追求，体现着民族团结、社会和谐的趋势，是引领、激励全党和全国人民团结奋斗的旗帜。坚持不懈地用中国特色社会主义理论体系武装全党、教育人民，用中国特色社会主义共同理想团结一切可以团结的力量，可以使社会主义和谐社会的发展产生强大的内在动力和深厚的社会基础。

中国特色社会主义为中国的发展带来了生机和活力，使中国的面貌焕然一新，正在改变人们的生活，改变人们的精神风貌。随着中国特色社会主义建设的拓展，随着社会主义现代化建设的全面展开，我们已经解决了许多改革和建设中的重大问题，积累了许多经验，获得了许多新的认识。只要坚持中国特色社会主义理论体系不动摇，坚持中国特色社会主义道路不动摇，就能使我们的国家和社会在和谐中获得更大的发展。

2. 不断释放的民族精神

构建社会主义和谐社会，离不开民族精神的支撑。随着中国特色社会主义的兴起，民族精神得到了不断的焕发和释放，并被融汇在社会发展的各个方面，渗透到社会生活的各个领域，成为推动社会发展和进步的内在精神支撑。不断焕发和释放的民族精神，为构建社会主义和谐社会提供重要的精神基础，也成为社会主义和谐社会的重要特征。

在当代中国，爱国主义已融入到建设和发展中国特色社会主义实践中。这不仅使中国特色社会主义有了深厚的思想基础，而且也使爱国主义有了具体的实际内容。人们投身于改革开放和现代化建设事业，致力于促进和维护祖国统一和民族团结的事业，献身于捍卫国家利益和民族尊严的事业，已成为爱国主义的实际体现。社会主义与爱国主义结合所产生的力量，不断强化着人们对强国富民的追求，也正在深刻地改变着社会和人们的精神风貌。历史的沧桑和磨难，锻造和铸就了中华民族自强不息的气节。中国共产党和中国人民在改革开放中表现出来的进取精神，在建设国家中焕发出来的创造热情，在克服前进道路上的各种困难中表现出来的顽强毅力，成为中华民族自强不息精神在当代中国的生动写照。

中国特色社会主义的兴起，切合了民族精神的内在追求。社会主义和谐社会的追求，使中国特色社会主义与民族精神有了更强的一致性。在构建社会主义和谐社会过程中，要进一步继承和发扬中华民族的优良传统，培育和强化民族精神，在全社会形成一种不屈不挠、奋发向上的精神状态，使其成为社会和谐发展的内在动力。

3. 尊重差异、包容多样的文化环境

社会生活中的差异性和多样性是和谐社会的前提，没有差异和多样，也就失去了和谐的实际意义。尊重差异、包容多样，是繁荣思想文化的内在要求，也是社会主义和谐不可缺少的文化特征。

差异性和多样化是现代社会的鲜明特征，也是文明发展的必然趋势。正因为有了差异性、多样性，社会的精神文化才能呈现出千姿百态的风格，思想文化作品才能产生百花齐放的面貌。差异性、多样性是社会精神文化生活中的普遍现象，统一性则表现为对差异性、多样性背后共同本质的追求。尊重差异、包容多样，有助于理解并照顾到大多数人的感受和需要，充分考虑到人们需求层次的多样性、思想观念的差异性。尊重差异，不是倡导思想文化的多元化；包容多样，也不是放任各种错误思潮的任意蔓延。而是要在尊重人的权利、尊重人们自由选择的前提下，以社会主义核心价值体系引导社会进步。

尊重差异、包容多样，也意味着具有不同文明、不同文化的国家和民族要在竞争比较中取长补短，在求同存异中共同发展。多种文化的共生共存是世界多样化的生动体现，也是世界充满活力的根本原因。无论是东方国家还是西方国家，在文化发展上，都有自己的独到之处，都有追求和谐的内容，都对人类进步作出了贡献，应该彼此尊重、相互学习和吸收。

4. 高尚文明的道德风尚

道德力量是社会和谐的重要因素。一个社会是否和谐，一个国家能否长治久安，很大程度上取决于全体社会成员的思想道德素质。高尚文明的道德风尚，是社会主义精神文明的重要体现，也是社会主义和谐社会的重要特征。任何时代、任何社会都有自己的道德规范和标准，用以维系社会秩序，调整社会关系。社会主义社会是有着更高追求、更高理想的社会，必然有着更高的道德追求。它不仅要消除其他剥削制度所必然产生的种种贪婪和不公正现象，还要通过道德建设创造出高尚文明的社会风尚。

社会主义荣辱观的提出，进一步明确了社会进步和发展的基本价值取向、道德规范和行为准则，是引领社会风尚的明确导向。牢固树立社会主义荣辱观，把社会主义荣辱观所倡导的道德观念和价值取向融入社会生活各个领域，渗透到日常工作和生活中去，引导人们用正确的思想道德观念去看待社会变化，用宽容理解的态度看待和处理各种问题，有助于培养人们与人为善、乐于助人的道德情感，形成相互关爱、团结互助的社会道德风尚；有助于人们在为家庭谋幸福、为他人送温暖、为社会作奉献的行动中，感受真情，领悟崇高，体验光荣；有助于人们把自身的利益追求提升为一种社会责任，产生更高尚的利益动机；有助于促使人们把单纯的利己意识转化为一种互利互惠的合作精神，克服那种见利忘义、损人利己的行为；也有助于人们把步入小康社会的安逸享受思想升华为追求人生意义的超越精神，形成奋发向上、不断进取的精神状态。

四、社会主义和谐社会的社会特征

社会事业是社会发展和进步的综合体现。完善的公共服务体系，安定有序的社会环境，充满活力的发展局面，人人享有社会发展成果，是社会主义和谐社会在社会领域的基本特征。

1. 完善的公共服务体系

完善的公共服务体系是促进社会公平和权利平等的重要条件，对于调整社会初次分配和再次分配都产生着积极影响，对于缓解和抑制社会矛盾也发挥着重要作用，是社会主义社会和谐发展的重要标志。

人类社会发展是一个需要不断增长而又逐步得到满足的过程。随着社会化大生产的推进、科学技术的进步和物质财富的积累，人们的公共服务需要也在不断增长。在满足人们基本物质需要的同时，创新公共服务体制，改进公共服务方式，加强公共服务设施建设，实现基本公共服务均等化，为人们的生活创造更好的条件，这是社会主义和谐社会的要求，构建社会主义和谐社会应有的目标。公共服务体系涵盖的内容比较广泛，主要包括公共教育、公共卫生、公共文化等社会事业，也包括公共交通、公共通信等公共产品和公用设施建设，还包括社会就业、社会保障、社会安全等。这些公共服务产品和公共服务的提供，是政府调控收入差距、促进社会公平正义、保障社会安定有序的有效手段和机制。

基本公共服务均等化，是公共服务体系建

设的长远目标，也是服务型政府建设的重要价值追求。公共服务体系建设的指导思想是惠及全民和公平公正，但建设步骤要把握水平适度、可持续发展的原则，要在经济发展的基础上，依据经济发展程度和水平，逐步推进。

2. 安定有序的社会环境

安定有序是社会主义和谐社会不可取消的特征，其主要表现应该是社会组织机制健全，社会管理完善，社会秩序良好，人民群众安居乐业，社会保持安定团结。

健全的社会组织机制，完善的社会管理，是保持社会安定有序的前提。在深入研究社会管理规律，不断总结实践经验的基础上，我国在不断地完善社会管理体系和政策法规，并努力整合社会管理资源，建立健全党委领导、政府负责、社会协同、公众参与的社会管理格局。广泛的社会参与，是社会安定有序的重要基础。各地各部门广泛开展的和谐创建活动，有利于增强公民、企业、各种组织的社会责任。和谐创建活动同创建文明城市、文明行业、文明村镇、文明单位的结合，有利于进一步形成全社会共同追求和谐、维护和谐的局面。社区和谐是社会和谐的基础，社区成为管理有序、治安良好、文明祥和的社会生活共同体，对社会和谐起着很大促进作用。

人民群众安居乐业，社会保持稳定团结，这是社会安定有序的直接体现。加强社会治安综合治理，完善社会治安防控体系，依法严厉打击严重刑事犯罪活动，才能为人民群众创造安定有序的社会环境。

3. 充满活力的发展局面

社会主义和谐社会，是充满活力的社会。社会活力是历史进步的源泉，也是社会和谐发展的条件。社会发展充满活力，就是最广泛最充分地调动一切积极因素，使一切有利于社会进步的创造愿望得到尊重，创造活动得到支持，创造才能得到发挥，创造成果得到肯定。

建设社会主义和谐社会的过程，实际上也是一切积极因素得到最广泛最充分调动的过程，是各方面的积极性、主动性、创造性得以发挥，创造活力不断增强的过程。构建社会主义和谐社会，就是要更好地尊重和发挥人民群众的首创精神，最大限度地调动人民群众的积极性和创造性，形成各尽所能、各得其所的建设局面。劳动者充分发挥自身的能动性和创造性，能够充分享有正当的经济、政治、文化和社会权益，这是建设和发展中国特色社会主义，实现社会和谐发展的必然要求。营造出全体人民各尽其能的社会氛围和社会环境，使一切有利于社会进步的创造愿望都得到尊重，一切有利于社会进步的创造活力都得到支持，一切有利于社会进步的创造才能都得到发挥，一切有利于社会进步的创造成果都得到肯定，一切为我国社会主义现代化建设作贡献的劳动都得到承认，一切合法的劳动收入和合法的非劳动收入都得到保护，社会主义和谐社会就有了充满活力的实际体现。

4. 人人共享社会发展成果

人人共享社会发展成果，体现着社会主义和谐社会的要求，也体现社会主义和谐社会的特点。

让人人共享社会发展成果，是对人民群众主体地位和创造性劳动的尊重，也体现着对人民群众基本权利的切实保障。人民群众既是一个整体，也是个体的联合；既有共同利益，也有不同的群体利益，还有个体的要求。在建设社会主义和谐社会过程中，要把人民群众的整体利益放在首位，充分实现广大人民群众的根本利益；要反映和兼顾不同的群体利益，协调好各方面的利益关系；要关心每个人的利益要求，关注人的价值、权益和自由，满足人们的发展愿望和多样性的需求。

使全体人民学有所教、劳有所得、病有所医、老有所养、住有所居，是人人共享社会发展成果的具体目标。实现这个目标，既立足于长远，又着眼于现实。利益关系人心，人心决定成败。要通过解决实际问题，理顺群众的情绪，赢得群众的信任和支持。人民是否得到实惠，人民生活水平与生活质量是否得到提高，人民的合法权益是否得到保障，人民是否高兴和满意，是检验社会是否和谐发展的一个根本尺度。

（作者：中共中央党校科社教研部教授、博士生导师）

论科学发展观与和谐文化建设的内在统一

谢晓娟

以人为本，全面、协调、可持续的科学发展观，是马克思主义中国化的产物，是一种科学的理论，是全面建设小康社会和构建社会主义和谐社会的指导思想。和谐文化是和谐社会的重要特征与精神支撑，是衡量社会和谐水平的重要尺度。和谐文化建设的提出符合科学发展观的精神实质与内在要求。和谐文化建设的内涵、功能与理念等要符合科学发展观的要求才具有科学性、现实性和时代性。同时，科学发展观作为一种意识形态，本身就是和谐文化的重要组成部分。

一、科学发展观指导和谐文化建设的内涵、功能与理念

1. 和谐文化的内涵体现科学发展观的要求

一是和谐文化建设目标体现了理想与现实的结合。和谐文化建设首先包括了社会主义理想，又包括了和谐社会和小康社会的奋斗目标。这种目标的确定体现了科学性与现实性。把人们对远大理想的追求建立在现实的基础之上，这样既给人民一种高尚的理想与向往，又给人们一种现实的动力与追求。

二是和谐文化发挥着取向、规范与导向功能，以及弥合心理创伤的功能。社会转型时期，和谐文化针对不同的群体发挥着取向、规范与导向功能，对社会成员的行为模式和心理取向进行引导，同时把人们的思想、意识和行为控制在社会秩序之内。另一方面，和谐文化又弥补人们因为社会变革产生的心理创伤与精神危机。

三是和谐文化建设的主体是人民主体与政府主体的统一。和谐文化建设是人人参与的事业，同时，每个人会成为和谐社会的受益者。人民即是文化建设的主体，和谐文化最终也会从人的信仰、道德规范、精神面貌等方面体现出来。在和谐文化的建设中，政府是最重要的决策者与引导者。政府在利益分配、政策导向、制度安排与舆论引导方面起着关键的作用。

2. 和谐文化建设理念具有开放性与世界性

以科学发展观为指导，就要看到多元文化交流、碰撞的现实，采取客观的理性的开放的态度对待外来文化和西方文化。和谐文化建设首先要抛弃非黑即白的二元对立的思维模式，转向务实中和的思维模式；要避免情感主义的判断，代之以务实、理性与变通的思维方式。和谐文化强调各种健康文化相互借鉴、相得益彰，在区分先进与落后、有益与有害、健康与腐朽、正确与错误的文化的基础上，使民族文化与外来文化、传统文化与现代文化、高雅文化与通俗文化在交流比较中互动融合、相互促进，使各种文化形式、文化门类、文化形态各展所长、共同发展。尊重文化的多样性，推动不同文化相互学习、取长补短，实现弘扬主旋律与提倡多样化的有机统一。在尊重差异中扩大社会认同，在包容多样中增进思想共识。

二、和谐文化中蕴涵着科学发展观的丰富内涵

科学发展观的提出进一步丰富和发展了马克思主义意识形态理论。科学发展观通过发展集体主义价值观、丰富共产党执政理论、提出和谐世界理念等，进一步丰富和发展了社会主义意识形态理论。

1. 科学发展观主张在集体主义与个人主义之间的合理调适

和谐文化体现了人们在和谐思想引导下建立的一系列调整利益关系、化解社会矛盾的制度和机制。集体主义价值观是社会主义价值观的集中体现。集体主义是精神内容和实践内容的统一。当然，不同的时代，集体主义的内涵有着不同的内容。在计划经济时代，高度强调整体的价值观念，忽视或淡化个人权利的追求。在多种经济成分共存的今天，尊重个人的选择，尊重个人的生存能力与个人奋斗的意义。当个人利益与单位利益产生冲突时，个人可以选择服从集体利益，也可以选择谈判和抗争。社会也开始逐渐承认合理的个人利益诉求。在追求个人利益过程中，社会开始承认个人的一些合理的因素，比如个人权利、个人自立、个人价值、个人奋斗、自我实现、自主精神等等。个体性内容的丰富和发展，还能促进集体中人的价值的发展和升华，这无疑是对集体主义有益的完善和补充。

科学发展观坚持以人为本，把社会、国家作为集体的单元，在这个大框架下给予个人权利与能力的发挥以最大的尺度，把促进社会公平和正义作为重要的目标，提出坚持人人平等原则，把尊重个人权利与潜能等观念作为主流价值观提出，这些不是对社会主义集体观念的冲击，而是在坚持大方向的前提下，对集体主义的完善和补充。

2. 科学发展观要求执政党树立科学、民主和以人为本的执政理念

和谐文化理念深深地植入执政党的执政理念中，执政党才能发挥和谐社会建设的领导作用。

按照科学发展观的要求，党的执政理念包括了：(1)立党为公、执政为民的执政理念。在新的历史时期，我们党对这一执政理念的认识和阐述更加深刻，突出强调了始终保持党同人民群众血肉联系的重要性，突出强调了为人民执政必须依靠人民执政的重要性。(2)以人为本的执政理念。坚持以人为本，就是坚持党的执政能力建设的历史唯物主义基本立场和方法，即以实现人的全面发展为目标，从人民群众的根本利益出发谋发展、促发展，不断满足人民群众日益增长的物质生活需要和精神文化需要，切实保障人民群众的经济、政治和文化权益，让发展的成果惠及全体人民。(3)科学执政、民主执政、依法执政的理念。所谓科学执政，就是要深刻把握共产党执政的规律，科学分析和界定党与国家、政府、市场和社会的关系与界限，科学分析和界定执政党的政治和社会功能，做到有所为、有所不为。所谓民主执政，就是要在治国理政中既要为人民执政又要靠人民执政，不断提高发展社会主义民主政治的能力。所谓依法执政，就是党必须在宪法和法律的范围内活动，依照宪法和法律的规定来治理国家和管理社会事务，正确认识和处理党的政策和法律的关系，把共产党执政同依法治国统一起来，不断提高执政水平。

党的执政理念作为主流意识形态的组成部分，起着引领作用，是执政党的灵魂，也是执政党的出发点与归宿。党的执政理念是马克思主义理论的组成部分，也是和谐文化建设的核心内涵。

3. 和谐世界理念是科学认识外部世界的重大理论创新

和谐世界的思想包括丰富的内涵。首先，树立新安全观。新的安全观已经不再局限单纯的政治对抗与军事攻略，而是有多层次的军事、政治、经济、科技与文化等构成的相互依存的网络。新安全观突破了国家安全本位的观念，把

安全从以国家安全为中心扩大到世界安全与人类安全。人类所面临的诸多非军事威胁等具有跨国性与溢散性，只有通过国际社会的通力合作才可以得到解决。其次，坚持互利合作，实现共同繁荣。经济全球化的过程应该是各国特别是广大发展中国家普遍受益的过程，应该积极推动建立健全开放、公平、非歧视的多边贸易体制，进一步完善国际金融体制，为世界经济增长营造健康有序的贸易环境、金融环境、能源环境等。所以，和谐世界需要超越国界，各国真正协力构建各种文明多样性并存、和睦相处、兼容并蓄的和谐世界。

科学发展观本着开放的、宽容的、客观的态度看待目前中国所处的外部世界与外部环境，致力于建设和谐世界，既为中国的发展与复兴创造良好的外部环境，又有利于中国充分借鉴和吸收人类社会的一切优秀文明成果，提高中国的整体实力，提高中国的国际影响力。从这个意义上说，和谐世界理论进一步拓展了和谐文化建设的丰富内涵。

（作者：辽宁大学马克思主义学院教授、博士生导师）

注重建设和谐的社会心理

李德周

建设健康和谐的社会心理，是建设社会主义和谐社会的主要内容，是提升人们主观幸福感的主要途径，是社会主义制度优越性的重要体现。当前我国社会心理在引导人们日常生活过程中存在一些倾向性问题，对建设社会主义和谐社会形成了挑战，我们必须全面贯彻以人为本的科学发展观，把“和谐”灌注到人们的日常生活中，真正体现出社会心理的和谐与健康。

一、建设健康和谐的社会心理，是建设社会主义和谐社会的重大课题

内心和谐了，社会才算真和谐。建设健康和谐的社会心理是建设社会主义和谐社会的重大课题。

1. 建设健康和谐的社会心理是建设社会主义和谐社会的主要内容。健康和谐的社会心理是与社会主义和谐社会的社会状态相对应的一种心理状态。心理的倾向性导致行为方式的倾向性，心理的和谐倾向性必然导致行为方式的和谐特质。建设社会主义和谐社会应当深入到健康和谐的社会心理层面，这也是建设和谐社会的基本要求。倡导健康和谐的社会心理，就是要把和谐确立为社会发展的目标，树立以非对抗的、对话协商的方式解决社会矛盾的思维方式，形成诚信友爱的行为准则，营造相互尊重、相互关爱、相互体谅、相互帮助的社会风气，培育坦诚、大度、宽容、开放的社会心理。

2. 建设健康和谐的社会心理是提升人们主观幸福感的主要途径。社会主义和谐社会归根到底是要落实到具体的日常生活之中的。社会的政治经济文化状态，会以一种社会情绪的方式贯穿到人们的日常生活中，这种社会情绪的内容主要包括个人的人生感受、生活满意度、压力感和前景预期。个人的成长离不开整个社会的浸染，社会的各种现象都会以个人人生感受的形式留存到人的记忆和生活当中；在个人成长过程中体会到社会温暖和关爱的多寡，直接影响个人对生活的态度和对外在事物的看法，从而决定着生活满意度、压力感和前景预期的取向。由此可见，社会中的每一个个体和群体

人生感受的强弱、满意度的大小、压力的多少、期望值的高低都受到社会环境的深刻影响，这种影响是以一种社会情绪的形式发生作用的。这种社会情绪就是社会心理的内容。要提高人们的主观幸福感，最有效的办法无疑是提高人们的社会心理水平，因为其他所有的方法手段归根结底都要作用于人们的心理层面，所以建设健康和谐的社会心理是提升人们主观幸福感的主要途径。

3. 建设健康和谐的社会心理是社会主义国家凝聚力主要的民意指针。社会主义国家凝聚力是指社会主义国家自身的向心力及内部的聚合力。国家凝聚力高低的主要评价指标在民意，民意则具体体现于社会心理之中。通过社会心理可以表征人民群众对国家和政府整体上的认同程度，与主导意识形态的兼容程度，与国家制度、政府政策的亲近程度，体现出人民群众在国家发展、社会秩序和思想文化方面特定的、稳定的精神动力程度。所以，社会心理是国家凝聚力主要的民意指针，建设健康和谐的社会心理的过程就是提升社会主义国家凝聚力的过程。

二、当前我国社会心理在引导人们日常生活过程中存在着一些倾向性问题，对建设和谐社会形成了挑战

人们在日常生活过程中面临着许多具体的、生动的问题，并寻找解决之道。这些思路和方法有的是有利于和谐的，有的则是破坏和谐的，区分和鉴别面临着许多麻烦，对建设社会主义和谐社会形成了挑战。

1. 经济的高速发展带动人们的利益观念空前增强，以利益冲突为内核的社会矛盾也相应增加，社会心理在利益和矛盾冲突中能发挥什么样的作用将面临重大考验。改革开放带来了莫大的实惠，人们从得到的实惠中产生了进行改革的巨大动力，拥护改革支持改革。随着改革进程的深入，利益调整的深化，以利益为内核的社会矛盾问题凸显出来，相互之间难免会产生各种矛盾甚至冲突。社会心理往往表现为一种情绪，一种态度，一种指向。这种情绪、态度、指向分别作用于社会矛盾之上，产生的效果则取决于社会心理本身的取向。健康和谐的社会心理用安定的情绪、平和的心态、公平客观的指向作用于社会矛盾之上，可以平复社会矛盾带给人们的情绪、平和社会冲突中人们的心态，并且公平地指向有利于解决矛盾的方向。建设健康和谐的社会心理首先要学会有效地平衡社会利益、化解社会矛盾，才可能营造出和谐的环境。公平是破解利益冲突的根本法宝，把公平公正公开的基本原则贯穿于建设社会主义和谐社会的全过程，健康和谐的社会心理就并不遥远。

2. 社会的进步加快了人们平等意识民主观念的进步，反对腐败呼唤社会公平正义的声音此起彼伏，社会心理在引导人们维护社会的公平与正义方面将面临重大考验。改革开放以来，社会突飞猛进，人们的平等意识、民主观念得到了很大的提高，特别是在腐败问题日益突出之后，呼唤社会公平正义的声音此起彼伏，人们对于民主和公平的认识得到了空前的提高。人们尊重靠劳动致富，但是对于用不公正的手段或者凭借对行政权力的控制获取财富的现象，却是深恶痛绝的。只有在公平公正的环境中，人们的社会心态才平和、安稳，人们之间才友爱、互助。各国的历史经验反复提醒我们，应高度关注社会不公正、不公平问题，加速建设“社会安全网”，形成一种有效的社会平衡协调机制。社会心理是一层无形的“社会安全网络”，它从人文精神的角度引导人们应对问题的思维模式，并把这种应对模式贯穿于社会生活的方方面面。社会心理可以引导人们正确地积极地看待当前存在的各种困难和不足，引导人们以合理的心态、情绪和方法来处置社会日常生活中的不平等问题，引导人们在维护公平正义与维护国家稳定之间找到恰当的途径和方法，引导人们在建设公平正义的人文环境和法治环境方面贡献自己的聪明才智。

3. 经济高速发展的同时社会文化也得到了长足进步，各种良莠不齐的文化形态进入了人们的生活，社会心理在弘扬什么样的人文精神方面将面临考验。20 世纪 90 年代以来的中国已经走上了市场经济的轨道，“竞争”是市场经济的法则。在成功与失败的选择面前，利益成为首当其冲的问题。虽然体现“主旋律”的主流文化试图通过宣传来表达改变“唯利是图”、“一切向钱看”的决心，然而，在市场经济的初始阶段，人们对金钱的攫取欲望和对世俗生活享乐的期待，几乎成为不可逆转的潮流。为了满足人们现实的、感性的、直接的需要，大量即时性、实用性的“世俗文化”、“社会文化”甚至“泡沫文化”充斥于网络。面对良莠不齐的文化冲突，社会心理担负着重塑、坚持和弘扬人文精神的重任，十分具有挑战性。

三、以社会主义核心价值体系为指针，全面贯彻以人为本的科学发展观，努力把社会心理建设得更加和谐

社会心理的建设离不开社会主义核心价值体系的指导，离不开以人为本的科学发展观的指引，只有这样才能把指导思想和共同理想、民族精神和时代精神、价值观念和发展思路融合成和谐的精神，贯彻到社会心理之中去。

1. 用社会主义核心价值体系引领社会心理的发展方向。价值观的多样化与人类社会的进步并存。社会经济发展与政治发展都导致人们选择的多样化。我们已进入一个百家争鸣的时代，一个多种文化并存、相互竞争的时代。在当前，我们应当允许“主体价值与主导价值并存”。所谓主体价值即青年所追求的比较开放、前卫的个体价值；所谓主导价值即能被社会绝大多数群众接受，并能影响未来实际走向的主导意识形态所提倡的规范价值。我国的主导价值就是社会主义核心价值体系，我们不能忽略主导价值的主导作用和引导作用。

社会心理与主体价值的关系比较密切。社会心理作为一种思维模式可以内化为主体价值，主体价值通过行为可以表现出社会心理的特征，社会心理是全社会每个个体主体价值的总和，反映了时代的特征和社会的进程。这种特征和进程可能掺杂着一些时代特有的诸如郁闷的、浮躁的、悲观的、冷漠的社会情绪，无法自发地保证整个社会的和谐与安宁，所以需要由主导价值观念来引导。从认识问题的方式方法开始，再到影响社会情绪的倾向，到影响行为方式的取向，从而把人们的思维方式导向更加科学、理性、客观的一面，导向和谐、温情的一面，把主流文化的价值贯彻到日常生活之中去。与此同时，“主导价值”也无需过多地干涉个人的主体价值。因为极其不同的生活方式可以同样是合理的，同样合理的生活方式也可以有完全不同的合理性，宽容已经被历史证明是通往和谐的手段，也是社会主义核心价值体系本身自信的标志，我们需要一个包含多样文化和生活方式的世界。

2. 继承中华民族优秀的历史文化传统，融传统与现代的精髓营造健康和谐的社会心理。中华民族光辉灿烂的历史文化传统，蕴含着深厚的人文精神，是建设健康和谐的社会心理最坚强的人文后盾。中国传统文化的和谐的观念成为当今社会心理的基本底蕴。当前我们所要建设的健康和谐的社会心理是以社会主义制度为基础，以先进文化为根本，面向时代立足现实，既受中华民族传统的和谐文化浸染，又要吸收和借鉴西方文化中关于和谐的合理思想观念，还要把当代中国和世界开拓创新的和谐精神贯彻进来。作为中国特色的社会心理，它必须是以往价值观念、思想观念、生活方式的凝聚和积淀，必须保持鲜明的民族特色，并且使民族特色实现现代化转化。

3. 倡导积极的健康的社会心理，坚决抵制负面文化心理的冲击和影响。社会心理是无法明确把握的，只有通过文化思潮来表征，抵制了有害的文化思潮也就抵制了有害的社会心理本身。从思潮的阶级性来讲，社会主义、资本主义、封建主义文化思潮同时在场；从思潮的进步

性上来讲，先进思潮、落后思潮、腐朽思潮相互激荡；从思潮的时代性来讲，传统、现代和后现代思潮同时并存；从思潮的地域性来讲，国内思潮和国外思潮相互交织转化。这种异质的文化思潮在当代中国同时空并存，一方面可以使不同的观念相互激荡交锋，为人们价值观念的选择提供了充分的空间；另一方面，不同的价值观念同时挤压人们的头脑，难免使人应接不暇、优劣难辨，甚至使一些人思想困惑、理想迷失和信仰动摇。我们必须坚决抵制违反人类普世价值理念的文化心理，比如恐怖的、暴力的、血腥的、极端的、惨无人道的、色情的、迷信的、封建的、种族歧视的、威胁人权的文化和行为；坚决抵制违反中国传统文化特色的思潮，比如极端个人主义的、拜金主义的、享乐主义的、极端民族主义的、分裂主义的思潮；坚决抵制违反社会主义性质的思潮，比如危害国家安全的、危害社会主义制度的、危及党的领导基础的、危及党对军队的绝对领导的、宣扬西方民主化的以及其他违反我国社会主义性质的社会思潮。

4. 贯彻以人为本的科学发展观，强化社会心理冲突调控的制度性设置。强化对社会心理冲突的调控，必须培育起一种科学民主公平的公民社会形态，推动公民通过协商、对话、沟通等民主方式来解决公民与公民之间的矛盾，化解纠纷的同时也化解仇恨的心理，增强公民之间的团结，建立起一种和谐的公民关系，并在此基础上调整党的执政方式与政府的施政方式。培育公民社会的关键是设计一套真正以人为本、科学发展的制度，从制度上建立起健康和谐的社会心理发展所需要的强有力的社会支持系统，营造能感受到理想和意义的精神家园。

因此，必须确立公平的利益分配机制。利益是心理之源，利益公平了心理的冲突也就平和了。公平的利益分配机制要求在承认利益多元的前提下，把差异控制在合理适度的范围内。就我国社会发展的现阶段而言，国家要在政策上向中西部倾斜，向广大农村倾斜，向社会弱势群体倾斜，实行“穷人经济”、“阳光经济”，逐步缩小地区差距、城乡差距、社会成员的收入水平和发展差距。加强规范竞争和平衡利益的法制力度，反对不正当竞争，打击非法暴利，加强对腐败的打击和监督，提倡慈善事业、爱心工程，扶助弱势群体。必须全方位拓宽社情民意表达的渠道，把群众利益诉求纳入制度化、规范化、法制化的轨道。社情民意表达渠道不畅、沟通失灵必然导致民意堵塞，影响社会稳定和谐。

（作者：西安政治学院政治工作学系教授、博士生导师）

论构建和谐社会必须提高领导干部的沟通协调能力

刘朝军　陈先春

领导干部的沟通协调能力，是指领导干部为了完成总目标，利用权力和非权力影响力，在领导活动中运用沟通协调等手段和措施，对领导系统内部各要素各环节之间、领导系统与其他系统之间存在的矛盾或可能产生的摩擦等进行协商、调节、调整，使领导系统各环节各要素之间达到步调一致、协调配合，形成一个和谐整体，以最大限度地发挥整体效能，高效地实现组织目标的本领。构建社会主义和谐社会，是我们党站在深入贯彻落实科学发展观、实现中华民族伟大复兴、履行执政使命的高度作出的战略决策，是从中国特色社会主义事业总体布局和全面建设小康社会全局出发作出的重大部署，是我们党的执政理念和治国方略的集中体现。构建和谐社会对提高领导干部的沟通协调能力提出了紧迫要求，但当前我们领导干部中或多或少地存在着忽视沟通协调的问题，主要表现为沟通协调意识不强，缺乏沟通协调主动性，致使民意转变成民怨或民怒。因此，有必要对提高领导干部在构建社会主义和谐社会中沟通协调能力的必要性和实践意义加深认识。

一、提高领导干部的沟通协调能力是由我国当前社会矛盾的非对抗性质决定的

由于国际国内复杂因素的影响，现阶段非对抗性和对抗性的矛盾在我国仍将长期存在，但是突出地、大量地、经常地表现出来的仍然是非对抗性矛盾，诸如工人阶级、农民阶级和其他社会阶层、群体之间的矛盾；各民族之间的矛盾；地方和地方、企业和企业、群体和群体之间的矛盾；工人阶级内部的矛盾，农民阶级内部的矛盾，知识分子内部的矛盾，非公有经济经营者内部的矛盾；市场经济的生产者、经营者、销售者、消费者之间的矛盾；执政党、政府同人民群众之间的矛盾；领导干部与被领导干部之间的矛盾，等等。用不同质的方法解决不同质的矛盾，这是解决矛盾的根本原则。社会矛盾的这种非对抗性质，决定了我们处理社会矛盾只能用沟通协调的方法即用经济的、民主协商的、说服教育的方法去化解。否则，不但不能最大限度地减少不和谐因素，反而可能增加不和谐因素。武汉“禁麻”就是典型事例。针对武汉市5万辆“麻木”（武汉对三轮摩托的叫法）形成的高事故率、高排放、高噪音，影响投资环境等危害，从1997年到2003年，市政府一直在着手整治，但整治工作却一波三折。1997年强制“禁麻”首次失利，2000年实施了一个“百日交通秩序整顿”行动再告失利。两次整治的结果不但没有解决问题，反而引发了更突出的矛盾，出现了上访、静坐、开着车上街游行等现象。2003年5月第三次实施“禁麻”，拟用三个月完成，但仅用了10天时间，全市有证麻木就已上交了99.8%。“麻木”问题至此成功解决，被媒体称为“武汉速度”。为什么对同一个问题的处理会出现不同的结果？主要原因与采取处理问题的方法不同有关。1997年和2000年，采取的都是简单的、强制性的收缴方法，2003年彻底改变了过去的作法，而是采取“依法整治、有情操作、回收车辆、帮助择业”的工作思路和沟通与协调方法。首先，注意了信息的公开，建立了910个广播站、发布了5000余份通知告示、10万余份宣传材料，信息的传递使车主明白了政府“禁麻”的目的和将采取的政策措施；其次，注意了行政的协调，对实施“禁麻”决定给车主就业和生活带来的困难和问题，市有关部门专门研究制定了一系列相关政策予以利益补偿。为了从时间上控制“禁麻”的进程，还规定视车主上交车辆的时间给予相应的奖励等。第三，注意了思想的沟通和情感的交流，建立了由25000名工作人员组成的5673个五包工作小组，带着微笑和耐心深入“麻木”车主家中，与车主进行面对面的交流，通过耐心的说服教育，成功化解了抵触情绪。此事虽然已过去几年了，但其经验教训对于我们处理非对抗性的矛盾促进社会和谐仍具有重要的启发意义。正如毛泽东同志指出的：“凡属于思想性质的问题，凡属于人民内部的争论问题，只能用民主的方法去解决，只能用讨论的方法、批评的方法、说服教育的方法去解决，而不能用强制的、压服的方法去解决。”“企图用行政命令的方法，用强制的方法解决思想问题，是非问题，不但没有效力，而且是有害的。”

二、提高领导干部的沟通协调能力是由转型时期人民内部矛盾的新特点决定的

转型时期是改革的关键时期，是利益格局的调整时期，也是矛盾的易发期、多发期、凸现期。随着经济体制的深刻变革，社会结构的深

刻变动，利益格局的深刻调整，思想观念的深刻变化，当前我国人民内部矛盾出现了以下新特点：一是利益性矛盾突出。30年的改革开放，市场经济体制的逐步确立，已经使人们逐渐接受了差异性、个性化的社会，群众的生活观、价值观都发生了很大的变化。由于受市场作用的驱使，经济利益、物质利益成为生产、生活的主要驱动力，人们更重视和追求与自己密切相关的实际利益，功利主义价值取向逐渐凸显，从而使经济利益矛盾和物质利益冲突成为引发矛盾纠纷的核心内容。二是群体性矛盾增多。社会转型期不少利益矛盾都是存在于不同利益群体之间，因此，一旦出现利益矛盾，就不单单是个体性利益矛盾，而是群体性利益矛盾，这种群体性利益矛盾，往往造成群体性事件的增多。特别是很多矛盾都是由于政策性因素所引起，涉及的对象也往往是一个群体，他们住在同一地区或在同一单位，有相同的利益受损的背景，只要有人挑头，马上就群起响应。比如，企业倒闭破产、职工下岗待岗、拖欠职工工资、打白条、农民负担过重、土地承包、征地拆迁安置、医保改革等，这些问题往往带有普遍性，涉及到很多人的切身利益，极易在一些人的组织串联或煽动下，酿成群体性事件。三是矛盾的层次性加深。当前的矛盾，不仅突出表现为经济利益矛盾，还会从经济利益矛盾波及到政治利益，甚至影响到不同利益群体人生观、价值观、政治观的差异，某种程度上会因经济利益处理不好上升到对现行社会制度和意识形态的认识分歧。四是矛盾的复杂性增大。利益主体的多样化、价值取向的多元化、利益差别扩大化，本身就意味着差异与矛盾。一方面，不同利益群体间的矛盾往往交织在一起，相互渗透，形成十分庞杂的矛盾网络，牵一发而动全身。另一方面，特定利益群体的利益诉求也往往交织着理性与非理性、政治与经济等多种因素。五是矛盾的对抗性增强。如有些群体矛盾以非理性过激行为表现出来，或呼口号、打标语、穿状衣，或冲击机关办公场所，或辱骂、殴打工作人员，或拦截车辆、堵塞交通，或以自杀、爆炸相要挟等。毛泽东同志告诫我们："在一般情况下，人民内部的矛盾不是对抗性的。但是如果处理得不适当，或者失去警觉，麻痹大意，也可能发生对抗。"转型时期人民内部矛盾的复杂性、多样性、多变性等这些特点，对提高我们领导干部的沟通协调能力提出了紧迫要求。常言道：民情如水，宜散不宜聚，宜疏不宜堵，宜解不宜结，宜顺不宜逆。为了有效地化解这些复杂多变的矛盾，不仅要不断提高领导干部的沟通本领，通过人文关怀和心理疏导，通过以理服人、以情感人去了解民情，化解民怨，而且还要不断提高领导干部的协调能力，通过行政的、法律的、民主协商的方法去调节、调整不同利益群体最关心最直接最现实的利益需求。

三、提高领导干部的沟通协调能力是降低处理社会矛盾成本的客观需要

提高领导干部的沟通协调能力不仅是妥善处理矛盾和冲突的最佳手段，还有助于降低处理矛盾的成本。一是有效运用沟通协调的手段耗费的资源最少，成效最佳。诸多实践中的事例告诉我们，运用命令、压服等手段处理矛盾与纠纷，往往压而不服，不但不能化解冲突，反而易激化矛盾。与命令、压服等方法相比，在化解矛盾和冲突的过程中注重信息的传递和情感的交流，坚持耐心的说服教育，通过心灵的碰撞，往往能消弭隔阂、增进共识，从而减少了由于矛盾久拖不决带来的人力物力财力的损耗。尤其是在化解矛盾和冲突的过程中有效运用语言艺术常常达到"不战而屈人之兵"的效果。所谓"三寸不烂之舌，强于百万之师"，这也从一个侧面说明了有效的沟通协调耗费成本最低而成效最佳的道理。二是通过有效的沟通协调能有效消除内耗、整合资源，实现资源利用的最大化。有效的沟通协调不仅能化解矛盾冲突、减少磨擦、降低内耗，而且具有整合功能。人与人之间、部门与部门之间，如若没有相应的协调，在经济社会建设中没有统一的思想和协调的行动

就会各吹各的号，各唱各的调，事情就无法顺利进行，即使能勉强应付，也会造成资源的极大浪费。而通过有效的沟通协调能整合人、财、物、信息、时间等资源，使各种资源要素匹配得当、运转协调，从而提高资源利用整体效能。三是及时的沟通协调，能把问题解决在萌芽状态，有效防止各种要素事态的扩大造成的损失。四是有效的沟通协调能赢得民心，提高党和政府的威信，增加政治效益。领导干部与群众真诚真心的沟通交流，能加深群众对党执政理念的理解、对政府工作的了解，从而增强群众对党和政府的信任和拥护，增强构建社会主义和谐社会美好前景的信心，并自觉为促进社会和谐尽力。

四、提高领导干部的沟通协调能力是由和谐社会的重要特征与构建社会主义和谐社会的总要求决定的

单色不美，单调难听。和谐的前提是要素的多元性与多样性、结构的层次性与差异性的并存。社会和谐的重要特征是多样的统一、结构的有序、关系的协调、力量的平衡、功能的优化。实现这种和谐之美，要求领导干部必须善于协调好各元素之间的关系、调节好结构之间的差异、均衡利益差别。如果说构建和谐社会就是演奏一部旋律和谐、曲调优美的交响曲，那么，领导干部就是这部“交响曲”的指挥员，要使参与演奏的每一件乐器都按照“交响曲”整体和谐的要求奏出美妙和谐的旋律，领导干部的责任就是要发挥好指挥棒的作用，与每一个演奏的参与者进行高效的协调与沟通。

党的十六届六中全会通过的决定指出，我们所要构建的社会主义和谐社会“是民主法治、公平正义、诚信友爱、充满活力、安定有序、人与自然和谐相处的社会”。这6句话28个字是从社会的政治基础、价值取向、人际关系、内在机制、运转状态以及社会外部关系等方面对社会主义和谐社会的内涵与特征进行的科学概括，也是我们党构建社会主义和谐社会的总要求总目标。实现社会主义和谐社会的总目标，从多个角度对我们领导干部的沟通协调能力提出了紧迫要求，但社会和谐的核心和关键是实现人与人的和谐。人是社会活动的主体，更是社会和谐的主体，只有人际关系和谐了，才会有诚信友爱、充满活力、安定有序的局面；只有人际关系和谐了，才会为保护生态环境、营造人与自然和谐的社会共同努力。可以说，人际关系的和谐是建设和谐社会的根本前提与基础。但是随着改革的深入和体制的转轨，当前出现了利益主体多元化、利益取向多极化、利益差别显性化的趋势，不同利益群体、不同社会阶层、不同社会成员间的利益关系错综复杂，利益摩擦愈来愈突出，加之市场竞争的优胜劣汰给在竞争中处于优势或劣势的群体和个体造成的差异，人际关系出现了较严重的不和谐状况。据洛阳《百姓生活状况的满意程度调查报告》对人际关系的调查，结果显示：九成以上被调查者认为人际关系一般或冷漠。52.6%的被调查群众认为目前社会人与人之间的关系“一般”，37.9%的人认为是“较冷漠”或“很冷漠”，只有9.5%的人认为是“较友好”，没有人选择很友好。这从一个侧面反映社会成员之间的和谐存在着突出问题。十七大报告指出，要“加强和改进思想政治工作，注重人文关怀和心理疏导，用正确方式处理人际关系”。这为我们解决人际关系的不和谐，进而促进社会的全面和谐指明了方向。沟通与协调是可寓人文关怀和心理疏导于一体“处理人际关系”的正确方式和最有效的方法与途径之一。因此，提高领导干部的沟通协调能力对于理顺情绪、化解人际关系的不和谐因素进而促进社会主义和谐社会总目标的实现具有重要意义。

五、提高领导干部的沟通协调能力是由领导干部在构建和谐社会中的重要责任决定的

沟通协调是领导干部最基本的领导职能，沟通协调能力是领导干部必须具备的基本能

力，无论处于哪个领导层次的领导干部莫不如此。构建社会主义和谐社会的复杂性与领导干部在推进和谐社会建设中的重大责任，进一步强化了提高领导干部在推进社会和谐建设中沟通协调职能和能力的必要性。十六届六中全会决定强调，构建社会主义和谐社会，关键在党。“关键在党”，一是强调关键要充分发挥党的领导核心作用，二是说明在构建社会主义和谐社会中各级领导干部的作用很关键。正如毛泽东同志所强调的，政治路线确定之后，干部就是决定的因素。党的各级领导干部是党的路线方针政策的制定者和执行者，也是社会主义和谐社会建设的领导者、组织者、协调者和推动者。在构建社会主义和谐社会中，领导干部不仅肩负着化解人民内部矛盾、协调利益关系的责任，还肩负着调动一切积极因素、激发社会创造活力的责任；不仅肩负着把握方向、制定政策、整合力量、营造环境的责任，还肩负着向群众宣传党的执政理念、执政方略，用党的执政价值观引导社会方向的责任等。而要履行好这些重大职责，都离不开领导干部沟通协调能力的发挥。制定政策需要倾听群众民意、了解民情；整合力量需要加强思想沟通、统一认识；协调利益关系、化解人民内部矛盾，需要通过做细致的思想政治工作疏通思想、理顺情绪；调动一切积极因素，需要领导干部深入实际、深入群众，向群众作宣传教育工作，化解人民群众的不满情绪，增强人民群众对构建和谐社会重大意义的理解和认同感；激发社会创造活力，更需要领导干部尊重知识、关爱人才，营造鼓励人才创业的环境。因此可以说，提高领导干部的沟通协调能力，是构建社会主义和谐社会的必然要求，也是对领导干部履行领导职责的必然要求。

（作者：中共武汉市委党校党史党建教研部主任、教授；党史党建教研部教授）

凝心聚力　建和谐企业

吕振树

中铝矿业公司是中铝公司氧化铝生产的主要供矿单位。去年以来，公司党委以科学发展观为指导，以企业和谐发展为目标，找准切入点、抓住结合点、落实着力点，深入实施“聚力工程”，形成了用科学的理论武装员工，用宏伟的目标激励员工，用榜样的力量引导员工，用办实事感化员工，用企业形象同化员工，用职业道德规范员工等一系列举措和机制，创新了企业党建工作方式，丰富了工作内容，提升了工作质量，促进了企业和谐发展。公司荣获全国企业文化建设优秀单位、文化管理先进单位、创建学习型组织先进单位和河南省“五一”劳动奖状、创建和谐劳动关系模范企业、建功“十一五”劳动竞赛指标创新工作先进单位等称号。

抓思想教育夯实凝心聚力的基础

观念转变，凝聚思想合力。近年氧化铝市场急剧升温，铝土矿竞争空前激烈，矿山生产困难重重。同时，企业新旧体制的转换，各种矛盾的交织，员工思想观念、行为方式的变化，给企业思想政治工作带来大量新情况、新问题。公司党委认为，在转机建制、深化改革中，做好观念的转变，超前的导向工作是头道“工序”。为此，党委在全体员工中深入开展“转变观念，创建一流矿业企业”大讨论，建立起与市场经济相适应的思想政治工作机制，即以生产经营为中心，坚持继承与创新相结合，拓宽职能，改进方式，更新载体，全方位推进“凝聚力工程”建设，使广大员工认清形势，转变观念，明确任务，为企业走赢市场提供精神动力、舆论支持和思想保证。

强化引导，构建价值体系。随着近年铝土矿企业地位的不断提升，公司党委牢记企业所肩负的历史使命和政治责任，结合生产经营状况和员工思想动态，以社会主义荣辱观教育为平台，以讲政治、讲大局、讲学习、讲正气、讲奉献、讲效率"六讲"教育为载体，积极培育"责任、诚信、卓越"的企业核心价值观，并使之转化为广大员工可遵循的行为准则、规范和公司的对外形象上。公司党委制定下发了《组织开展社会主义荣辱观教育活动实施意见》，结合生产经营实际，提出符合公司实际的"十荣十耻"：以热爱企业为荣、以危害企业为耻，以保质供矿为荣、以劣质欠产为耻，以获取资源为荣、以保障不力为耻，以降低成本为荣、以铺张浪费为耻，以廉洁自律为荣、以损公肥私为耻，以创建一流为荣、以满足现状为耻，以顾全大局为荣、以损害整体为耻，以勤奋敬业为荣、以消极懒惰为耻，以岗位成才为荣、以不思进取为耻，以技术创新为荣、以因循守旧为耻。这些教育有力克服了员工中小富即满、不思进取的惰性思想，初步形成企业的价值观体系，为员工再接再厉注入新的动力，使员工的心在更高认识层次上凝聚在一起。

抓班子建设强化凝心聚力的核心

第一，强化理论提素质。公司党委制定了领导班子政治理论学习、中心组每月一课、每月一题等"十项制度"，提出"四项要求"，即自学与集中学习相结合；学习原著与专题研讨相结合；系统学习与重点学习相结合；学习理论与指导工作相结合。明确了"一个创新、两个统一、三个确保"，即创新活动形式；统一学习内容、统一配发学习资料；确保学习时间、学习效果、学习人数，班子成员参学率达95％以上。通过循序渐进的理论教育，两级班子的大局意识、政治意识和责任意识普遍增强，政治理论素质得到提高。第二，科学决策提能力。公司党委完善了相关会议制度、议事规则、决策程序。以党委会、经理办公会、政工例会、班子碰头会等形式逐级落实民主集中制，做到思想同心，目标同向，行动同步，相互支持，促进了班子成员在重大问题上达成共识，增进了班子团结，保障了员工的民主管理、民主决策、民主监督权利，有效避免了重大决策失误。第三，强化管理谋发展。针对以前公司管理粗放、成本偏高、资源保障程度低的状况，领导班子科学决策，在经营管理上采取一系列举措：加强与各分公司的协调沟通，合理安排专列计划，新增发运站点21个，提高专列运矿能力；制定矿石采购、验收、化验、结算业务流程及相关人员职责及考核办法，实施采购、验收、化验、发运全过程质量确认；推进矿区建设，实施生产模式转变，变"坐商"为行商；实施"间断作业，定期清零"堆场管理模式，使矿石供应全员、全流程"阳光"化操作，数量和质量误差持续降低，堵塞了矿石管理不规范造成的质检负误差漏洞。第四，履行责任建和谐。公司注重承担企业的社会责任，不断增强社会效益。积极参与新农村建设，配合渑池县政府投资6000万元实施洪阳河综合治理工程，造地1600亩；主动参与陕县支建煤矿"7·29"淹井事件抢险工作，向陕县灾区捐款35万元；组织参加"春蕾计划"活动，公司中层以上管理者与禹州市30名"春蕾计划"受助女童建立帮扶资助关系。第五，党风廉政树形象。公司党委把班子成员的廉洁自律作为党风廉政建设和树立班子良好形象的重要环节来抓，建立健全监督制约机制，从源头上预防和治理腐败。认真组织学习中纪委六次全会精神和郑州市纪委三次全会精神。在"双节"期间，公司纪委下发《关于加强节日期间党风廉政建设的通知》，请检察院领导到公司为党员和中层以上管理人员作预防职务犯罪专题报告，举办反腐倡廉图片展、生活与法漫画展、廉洁自律知识答卷、征集廉政格言警句等活动，营造尚廉、行廉的良好环境。修订完善党风廉政建设责任书，细化责任制目标，明确责任追究制度。公司党政一把手与各单位党政领导、机关部室负责人分别签订《党风廉政建设责任书》，把党风廉政建设与生产经营管理同布置、同检查、同考核。公司纪委去年共开展效能监察立项15项，全部结项，避免经济损失1969.2万元，挽回经济损失40.37万元，增加效益70万元，节约资金96.23万元。

抓载体创新营造凝心聚力的环境

公司党委把“聚力工程”作为党建工作的一项系统工程来抓，下发了《“聚力工程”活动实施方案》，制定活动的考核标准。“聚力工程”做到“四个结合”：与“转变观念，创建一流矿业企业大讨论”活动相结合、与“六讲”教育活动相结合、与荣辱观教育相结合、与“三创两争”活动相结合。各下属企业开展的活动各有特色，富于实效。如豫中铝矿党总支开展“和谐建矿区，聚力促生产”活动；洛阳铝矿开展“聚力工程”黑板报展评、党员义务劳动活动；小关铝矿相继开展“优化作风、优化服务、优化环境”的“三优化”活动，“关键在示范，作用在岗位”活动，为“保产、保质、保供矿”建言活动；渑池铝矿开展“拓资源、保供矿、争一流”劳动竞赛活动；张青岗矿开展“凝心聚力保中心”劳动竞赛活动。去年公司组织7场劳模事迹巡回报告会、全国劳动模范事迹巡展，让广大员工学习劳模的先进思想和道德情操，以及艰苦奋斗、无私奉献、爱岗敬业、改革创新的精神。编发了劳模事迹汇编材料——《矿业先锋》，加大宣传力度，使每个层次、不同类别都有学习榜样，形成多层次的典型群体，在企业的改革发展中发挥出巨大的辐射效应。

抓民生建设增强凝心聚力的源泉

矿业公司党委以帮扶为手段，推进阳光作业，落实员工的知情权、参与权、监督权，把发展锁定在科学民主决策上，把凝聚人心建立在关心员工、体现人文关怀之中，形成齐心协力搞建设，一心一意谋发展的强大合力。首先，突出维护职能。公司积极组织学习贯彻《劳动法》、《劳动合同法》、《企业工会法》，提高广大员工的法律意识。先后制定了《矿业公司女工专项集体合同》、《矿业公司工会经费审查制度》、《首席员工评选管理实施意见》、《工人先锋号评选实施意见》、《劳动模范评选管理实施意见》等十几项制度，组织签订集体合同，协商修改公司《集体合同（草案）》，从法律上维护员工的合法权益，促进企业劳动关系的和谐发展。其次，体现人文关怀。公司党委抓住以人为本的理念，不断增强企业的凝聚力。工会冬送温暖，夏送清凉，慰问和救济困难员工80户，发放慰问金6.17万元，慰问住院员工200多人次；夏日，为一线员工送去空调及电扇等价值80多万元的降温用品；还为员工办理半费医疗、组织100多名先进人物和骨干出国考察或疗养；“六一”期间为基层幼儿园赠送价值15000元的彩电、书籍等。以班组建设为契机，开展操作室、更衣室、值班室的“三室”改造，美化环境，改善工作条件。再次，提高员工素质。公司举办各类培训班70期，引进50名技术人才，2名员工荣获郑州市第四届职工技术运动会装载机和质检工种的技术比武状元。坚持收入分配向生产、技术、资源获取等一线关键岗位和骨干员工倾斜，对多技能员工增加技能津贴，试行“首席员工”制，促进了员工队伍整体素质的提高。最后，陶冶员工情操。在郑州市总工会举办的企业歌曲大赛中，公司的两首自创歌曲《矿业公司之歌》和《这就是矿山人》荣获二等奖；参加郑州市总工会成立80周年系列活动，获“五一”文化奖；在庆“三八”系列活动中，所属各工会分别举行了跳绳、拔河等十余项寓教于乐、寓教于文的活动，450多名女员工参加，组织了4场“心系女性”素质教育、妇女健康知识讲座活动。

（作者：中铝矿业有限公司党委书记）

以民生和谐促进社会和谐

王海涛

解决民生问题，是贯彻落实科学发展观、构建社会主义和谐社会的一个重要着力点，也是我们党践行全心全意为人民服务宗旨的必然要求。近年来，神农架林区把关注民生、为民谋利作为各项工作的出发点和落脚点，通过大力改善民生促进了社会和谐。

坚持多措并举，建立高效的就业模式。就业是民生之本，是保障和改善人民生活的重要条件。我们始终把扩大就业放在经济社会发展的突出位置。以解决“零就业”家庭为重点，通过优先安排公益岗位、开发社区就业岗位、社保补贴流动就业者等形式，化解就业难问题。加强就业服务体系建设。加大信息设备投入和工作人员培训，建立“一站式”服务。开展职业培训，建立“培训＋就业”一条龙服务，协调用人单位及时发布就业信息，扩大劳务派遣规模。开展诸如发放“外出务工线路图”、大中专技校毕业生“就业服务月”等专项活动。

建立长效机制，办人民满意的教育。教育公平是社会公平的重要基础。我们坚持教育优先，大力提升办学条件和教学质量。多方筹资进行学校基础设施建设，积极推进新课程改革。建立助学机制，制定《神农架林区高等教育助学救助暂行办法》，资助贫困生圆大学梦；免收职业中专学生学杂费。提高教师素质，改善教师结构。积极开展送教下乡活动，鼓励教师通过双考、函授、离职进修等途径提升能力。

健全社保体系，确保群众基本生活。社会保障是社会安定的重要保证。我们深入推进养老保险制度转轨，理顺农村社会养老保险体制。启动“城镇低保人员参加医疗保险”制度。初步建立以基本医疗保险为主的社会化医疗保险制度，基本实现医疗服务网络的计算机全程监控。建立新型农村合作医疗机制，完善补助方案，加强资金管理。优化医疗资源配置，实施“惠民医院”工程，发展乡村卫生组织，建成三级医疗预防保健网络。逐步规范失业保险制度，建立“失业保险预警机制”，制定流动人员参保的具体办法。建立工伤、生育保险制度。

建设生态家园，改善群众生活环境。以沼气池建设为抓手，配套改厨、改圈、改厕，推广节煤炉、省柴灶，大力推进农村基础设施建设。以农村饮水安全工程为抓手，建设蓄水池、引水管道，改善群众的饮水条件。以通村公路建设为抓手，推进畅通工程，解决群众行路难问题。以生态移民工程为抓手，实施移民搬迁和扶贫搬迁，改善农民住房条件的同时保护生态环境。以“户户通”工程为抓手，实施农网、城网改造，解决农村信息不通和用电难问题。乡镇通有线电视率和村通电话率都达100％。

推进平安建设，打造和谐社会环境。社会稳定是人民群众的共同心愿，是改革发展的重要前提。我们紧紧围绕构建社会主义和谐社会的要求，以化解社会矛盾为主线，为林区发展创造良好社会环境。针对山区实际，开展基层政法综治资源整合工作，形成齐抓共管、群防群治的工作网络。建立信访维稳工作新格局，形成各乡镇与区直各部门的分工协作机制，将信访问题及时化解在萌芽状态。全面加强社会治安管理，开展治安基础调查工作和专项整治行动，严厉打击各类违法犯罪活动。

（作者：湖北省神农架林区党委书记、人大常委会主任）

从构建和谐社会看我国农民工问题

张玉香

党的十六届四中全会首次完整提出了“构建社会主义和谐社会”的概念，十六届六中全会作出的《关于构建社会主义和谐社会若干重大问题的决定》明确指出，社会和谐是中国特色社会主义的本质属性，十七大又进一步将社会和谐与科学发展并列为发展中国特色社会主义的基本要求。作为在我国经济社会工业化、信息化、城镇化、市场化、国际化进程中扮演重要角色的庞大群体，农民工的生存和发展问题，既是构建和谐社会的重要内容，也是观察我国和谐社会建设进程的重要指标。

一、认识解决新时期农民工问题的重要意义

农民工是我国城乡分割的二元体制下，经济社会转型过程中产生的一种历史现象，是中国经济社会市场化、工业化、城市化及现代化进程中的客观存在。构建和谐社会，农民工既是参与建设的主力军，也是需要被重点关注的对象，一定要让他们在参与共建的同时，能够更好地共享社会文明进步的成果。

(一)农民工是共建和谐社会的重要力量。2004年中央1号文件明确指出：“进城就业的农民工已经是产业工人的重要组成部分。”据调查，全国第二产业就业人员中农民工占57.6%，其中加工制造业占68%，建筑业占80%；在全国第三产业从业人员中，农民工占52%；同时，城建、环保、家政、餐饮服务人员的90%都是农民工。这些数据充分说明，农民工在促进经济发展和社会进步中正发挥着重要的作用。农民工已成为中国特色社会主义不可或缺的重要建设者。

(二)农民工是促进城乡协调发展的现实载体。大多数农民工，随着农村的变化，往返于农村与城市之间。这种流动也伴随着资金、信息和技术的转移，促进了城乡经济和社会的繁荣。一方面，对城市和二、三产业而言，农民工在提供劳动力的同时，也创造了市场。农民工的发展，对于城市交通、通讯、金融、饮食等行业都带来了直接的“利好”。另一方面，对于农业农村发展而言，农民工带回的新信息、新技术、新观念及宝贵的资金，对于社会主义新农村建设具有直接意义。世界银行调查报告估计，2004年农民工汇回家的款项总额为1690亿—3000亿元人民币，2005年为1910亿—3300亿元人民币，未来5—10年内仍将保持增长。农民工汇款占收到汇款家庭收入比重的20%－50%，是这些家庭子女学费、医药费用和日常生活消费的重要经济来源。

(三)农民工是决定我国工业化、城市化、现代化和国际化进程的关键因素。在我国经济社会发展的今天，农民工的存在和发展已远不是其自身的问题，而是关系到经济社会发展的进程。首先，作为中国产业工人的主体，农民工的状况直接影响了相关产业的发展。稳定的产业工人群体将为现代化建设提供坚实基础。其次，作为兼业或准兼业农民，农民工的变化直接关系到现代农业的发展。理论界普遍认为，面对人多地少的国情，解决“三农”问题的核心是农民问题，其出路是减少农民。今后几年，农村仍有1亿—2亿的剩余劳动力需转移出来，这些已经和将要转移出来的农民工能否稳定留在城市、留在非农产业，对于我国现代农业发展影响深远。再次，农民工是未来的“市民”，其面貌

直接关系到城市未来发展。截至2006年底,我国城市人口占全国总人口的44%,按照过去15年年均1.106个百分点的上升幅度计算,到2025年,这一比重将达到65.11%。此外,依据中国人均GDP与发达国家的差距不断缩小的趋势分析,中国城市人口比重有接近甚至超过70%的可能。生活在城市的中国人口将由目前的5.62亿人增长到10亿人以上。相当一部分农民工以及亲人,将成为真正意义上的市民,农民工也将从“参与”转为“融入”城市化进程。最后,农民工是“世界工厂”的主力,其素质将直接关系到“中国制造”及其国际竞争力。

(四)农民工仍是共享社会和谐亟须关注的特殊群体。近年来,中央对农民工给予了极大关注,切实解决了有关问题。但农民工这个特殊群体仍需给予极大关注。这个群体是弱势群体,长期忍受着社会的不公平对待而奋力前行,坚持不懈地追求自身的幸福,其成员的每一项权利和利益都来之不易;这个群体也是一个成长群体,他们有着数以亿计的庞大规模,并且其组织性、自我保护意识也在不断增强,其整体实力和利益需求会日益彰显;这个群体还是一个复杂群体,人员成分复杂,有相当一部分已经逐步适应了城市社会的巨大变化,有的甚至成为高级蓝领和白领,但也有一部分难以适应城乡之间的巨大反差,承受不了社会地位之间的落差,产生强烈的逆反心理,存在严重的心理障碍,有的甚至走上反社会的犯罪道路。近年来发生的一些跨区流动的大案要案,很多都与进城务工的农民工相关。

因此,农民工问题处理得如何,直接影响社会的和谐稳定。在建设和谐社会的过程中,妥善解决农民工问题,就能充分调动广大农民工的积极性和创造性,推动社会文明进步。否则,就有可能导致社会矛盾的激化,引发社会动荡和不安,这是一个关系全局的大问题。从某种意义上讲,社会越发展,解决好农民工的问题也越紧迫。

二、把握当前农民工问题的发展变化

在构建和谐社会的过程中,不仅要了解农民工问题的特殊意义,还要见微知著,把握趋势,防患于未然。把握农民工的发展变化趋势,是积极稳妥解决农民工问题、加快推进和谐社会建设的必然要求和现实选择。

从总体上看,今后一个时期,我国农民工的发展变化至少将呈现三大趋势:一是农民工群体的规模仍会继续扩大,但增长速度将逐渐趋向平稳;二是农民工群体的流向仍会以东部地区和大中城市为主,但将逐步向中西部地区和小城市(镇)扩散;三是农民工群体的流动仍会以在城乡之间双向流动为主,但在城市(镇)安居的农民工将逐步增多。在这样的大趋势下,应密切关注和研究近年来农民工流动出现的五大新特点:

一是农民工结构性短缺和总体过剩并存。从总体上看,我国农村劳动力整体过剩的局面没有根本改变,而且随着农村人口的自然增长以及农业劳动生产率的提高,每年还将有数以千万计的新增劳动力转入城市。与此同时,由于缺乏具有较高素质的蓝领技术型人才和熟练工人,近年来,绝大部分省市出现农民工结构性短缺,许多企业由过去“挑人”转为“留人”。

二是农民工需求层次多样化并逐步升级。随着农民工在城市的广泛存在并逐步扎根,农民工的住房、子女就学、社会保障、文化、情感以及自身价值等各项需求逐步彰显。简单提供就业机会已难以满足农民工需求层次多样化和升级化的要求。一项对农民工文化生活的调查显示,我国超过80%的农民工主要靠睡觉、闲聊打发工余时光,近60%农民工对文化生活状况表示“不满意”或“很不满意”,超过四成的受访农民工没有一本书,打扑克、看电视、聊天几乎成为农民工文化生活的全部。正是在这样的背景下,农民工子弟学校、农民工公寓及文化站在一些城市广泛兴起，受到广大农民工的欢迎。

三是新生代农民工群体壮大，诉求凸显。新生代农民工是指20世纪90年代后，初中或高中毕业，直接流入城市社会以及第一代农民工在城市生育并哺育成人的子女。新生代农民工几乎没有务农经历，对城市的认同超过了对农村的认同，因此比上一代农民工有着更为强烈的融入城市的愿望和要求。随着时间推移和社会进步，新生代农民工群体会日渐扩大，最终改变农民工队伍构成，成为农民工中举足轻重的力量。

四是农民工返乡创业和参与乡村管理增多。近年来，一些富裕起来的农民工，通过返乡创业实现了自我价值的提升。据有关部门测算，有近500万农民工利用在外学到的管理和技术、积累的经验和资金，回到农村发展现代农业、创办工商企业。农民工返乡创办的企业总数只占全国乡镇企业总数的20%，但他们带动力大、创新精神强、市场意识足，对农村经济社会发展的影响正在不断扩大，成为推进新农村建设的重要力量。另据报道，河北、山东等地部分外出务工人员在城市取得成功后，再度回乡，被选为村支部书记、村委会主任，成为加强乡村民主管理，推进乡村经济、文化、政治和社会全面发展的领头人。因此，在促进农村劳动力向外转移的同时，如何吸引农村人才回流、充实现代农业和新农村建设的力量，是我们需要研究的新课题。

五是城市农民工聚居区在发展中得到演变。随着农民工人数的增加和进城时间的延长，在一些城市的部分地区出现了人口规模成千甚至上万的农民工聚居区。最初多以租住当地城郊村民的出租房为主，后逐步发展壮大。随着城市规模的扩大，相当一部分农民工聚居区已经从城市边缘变为城区，成为“城中村”。北京大红门地区的南苑乡原来只有约2.7万人，上世纪90年代后，10余万来自浙江、福建、广东的外来农民先后在这里落户，由于管理没有跟进，大红门地区成了北京市有名的卫生和治安环境恶劣的问题地区。其后，在管理部门和农民工们的共同努力下，浙江村逐步改变了昔日的面貌，成为新型商贸中心。从浙江村的发展变化看，怎样建设好、管理好城市农民工聚居区，适时推进其升级改造，避免出现拉美国家的贫民窟，是城市管理的当务之急。

三、努力探索解决农民工问题的新途径

2006年国务院出台的《关于解决农民工问题的若干意见》明确了做好农民工工作的指导思想和基本原则，为解决好农民工问题明确了方向。当前和今后一个时期，贯彻落实国务院文件的精神，必须围绕促进科学发展和构建和谐社会，在坚持“公平对待，一视同仁；强化服务，完善管理；统筹规划，合理引导；因地制宜，分类指导；立足当前，着眼长远”基本原则的基础上，创新思维方式和思想方法，创造性开展农民工的管理和服务工作，切实解决农民工生产和生活遇到的实际问题。

一要坚持以人为本，切实做好农民工培训工作，使农民工能够“进得城”。农民工培训是提升农民工素质、促进农民工稳定转移的基础性工作。已组织实施的阳光工程、雨露工程、农民工职业技能培训工程，都应继续加大力度，扩大培训覆盖的广度和深度，提升培训效果。同时，也要鼓励公立和民间技术职业学校加快发展，帮助农民工得到适宜的职业培训。只有让广大农民工掌握必要的知识和技能，熟悉和适应城市的生活环境，才能使他们适应产业升级和全球竞争的要求，为国家的经济建设和社会进步作出更大的贡献。

二要坚持城乡一体，建立健全有助于农民工在城镇立业安家的制度安排，使农民工在城镇能够“立得稳”。近年来，过去城镇特别是大中城市对农民工实行的种种限制性规定陆续取消，一些不合理的收费也在逐步减少，但在户籍制度、社保制度、子女入学等方面还存在严重的不平等。对此，应通过试点示范的办法，在探索

城乡平等就业制度上取得突破，逐步形成城乡一体的管理制度和服务模式。同时，也要放宽限制，降低门槛，让想在城镇安家立业的农民工能够以比较合理的成本，在城镇安下家，并成功融入城镇社会。

三要坚持统筹兼顾，切实改善对农民工的综合服务，使在城镇工作的农民工能够“放得心”。改善对农民工的服务，最重要的是要加强输出地和输入地政府之间的协调行动，努力让农民工消除后顾之忧。输出地要加强对农民工转移的组织引导，减少农民工流动的盲目性。同时，做好对留守老人和儿童的安排，让农民工在城里能够安心。输入地要热心做好对农民工流入的吸纳安排，简化办事程序，规范管理和服务行为。

四要坚持共建共享，多渠道加强农民工与城市居民的和谐建设，使农民工在城镇能够“过得好”。一方面，要积极创造条件，让农民工尽快适应城镇的工作和生活；另一方面，也要让多方开展活动，使城镇居民能够敞开心扉，改变对农民工的错误观念，消除城镇居民与农民工之间的隔膜。只有不断加强城镇居民与农民工的沟通与交流，才能增加理解，形成关心农民工、爱护农民工的良好氛围。只有大家同心携手，才能真正打牢和谐社会的根基。

五要坚持标本结合，加快探索和创新促进经济社会全面进步的体制与机制，最终实现农民工的终结。农民工是城乡分割体制下过渡性的社会存在，最终必将随着我国经济社会的全面进步而消亡。为使这一天早日到来，必须坚持改革创新，加快构建城乡统筹、协调发展的长效机制，探索城市管理和发展的新模式，为打破地区和身份的限制，实现农民工的全面转化创造宽松的环境和条件。

（作者：农业部总经济师、市场与经济信息司司长）

关于社会建设的理论和实践

陆学艺

十六大以来，我们党领导全国人民继续进行中国特色社会主义建设实践，在理论方面，也不断探索创新，提出了科学发展观、构建社会主义和谐社会等重大战略思想，提出了“以人为本”、“社会建设”等一系列新概念、新理论，使中国特色社会主义理论体系不断发展和完善。本文就社会建设的理论价值和实践意义，谈几点看法。

一、社会建设理论的提出和正在形成

2004年党的十六届四中全会，有两个重大的理论贡献。一是提出了构建社会主义和谐社会这个非常重要的战略思想，一经提出就受到了全国上下广大干部和群众的强烈关注和认同，成为与全面小康社会、社会主义现代化社会齐名的战略目标。现在，构建社会主义和谐社会已经落实贯彻到社会主义现代化建设的实践中，起到了精神变物质的巨大作用。二是提出了社会建设这个很重要的新概念，适应了国家工业化、城市化新的发展阶段的需要，把正在进行着的各项社会组织、社会结构、社会秩序、社会事业等方面的建设，作了一个明晰的概括，明确叫做社会建设，从而使上述诸方面工作的地位得到了提高，理论上有了依据，建设的目标更加明确，未来建设的前景也更加清楚。所以，社会建设这个新概念的提出，使中国社会主义建设的总体布局，由原来的经济建设、政治建设、文化建设的三位一体，变为包括了社会建设在内的四位一体的新格局。党的十七大政治报告则明确把社会建设单辟一节，与经济、政治、文化建设并列为四位一体。十七大还把四位一体的布局写进了新修改的党章总纲里。由此可见，提出“社会建设”这个新概念的重要意义。

十六届四中全会提出的构建社会主义和谐社会与社会建设，就两者关系来说，实质上前者是战略目标，后者是重要手段——社会主义和谐社会要通过经济建设、社会建设、政治建设、文化建设等方面的建设来实现。

社会主义建设的总体布局由经济建设、政治建设、文化建设三位一体扩展为包括社会建设在内的四位一体，这个事实本身既反映了当今中国社会已经发生了深刻变化的客观实际，也反映了我们对于这种经济社会结构深刻变化有了新的概括，有了突破性的新的认识。最早把中国的建设分为政治、经济、文化三个方面的，是毛泽东同志在1941年撰写的《新民主主义论》一书中提出来的。他说，“新民主主义的政治、新民主主义的经济和新民主主义的文化相结合，这就是新民主主义共和国，这就是名副其实的中华民国，这就是我们要造成的新中国”。那时的中国，还是半封建半殖民地的农业社会，小农经济是汪洋大海，农民占90%以上。在这样的背景下，对未来作构想，勾勒出政治、经济、文化三大领域，是符合中国国情的。新中国成立以后，我们在谋划社会主义建设总体布局时，还常以经济建设、政治建设、文化建设为架构。1982年，制定第六个五年计划时，增加了社会发展的内容，从此以后的五年计划，都冠名为国民经济与社会发展第N个五年计划。又过了二十年，到十六大，在政治报告中，还是以经济体制改革与建设，政治体制改革与建设，文化体制改革与建设的三位一体的布局，但在讲到2020年实现全面小康社会的目标时，指出要达到“使经济更加发展、民主更加健全、科教更加进步、文化更加繁荣、社会更加和谐、人民生活更加殷实”，加进了社会更加和谐一项。这反映了改革开放二十多年后，中国的经济社会已经发生了深刻的转变，国家总体上已经从农业社会转变为工业社会，已经从乡村社会转变为城市社会，这种转型对于经济社会建设提出了新的要求。生产力极大提高，经济结构深刻变化，要求社会结构变化与之相协调；经济高速发展，要求社会事业发展与之相配合；人民物质生活的极大提高，要求社会安定有序。所以，十六大提出的“社会更加和谐”，反映了生产力发展的要求，反映了我们党对社会主义现代化建设规律的新认识。这之后不久，十六届四中全会提出构建社会主义和谐社会与社会建设的新概念，十六届六中全会专门就构建社会主义和谐社会若干重大问题做出决定，十七大则进一步指出要加快推进以改善民生为重点的社会建设。几年来，关于构建社会主义和谐社会、关于社会建设的理论正在逐步形成，成为中国特色社会主义理论体系中的一个重要组成部分，这是一项新的理论成就。

二、社会建设的涵义和主要内容

社会建设的实践一直在进行着。建国以后，我们在大规模进行经济建设的同时，也展开了大规模的社会建设，只是过去我们没有用社会建设这个概念去指称它，而把它分别归到经济建设、政治建设、文化建设的名下。改革开放以后，我们把社会领域的建设，都称之为社会发展。其实，社会建设和社会发展是两个概念，有相同的方面，也有不同的方面。社会建设的涵义应是：从社会所处的发展阶段的实际出发，顺应社会发展的趋势，遵循社会发展的规律，有组织、有目的、有计划地动员各种社会力量，在社会领域从事的各项建设。其中，社会建设的主体，主要是政府、社会组织与民众等；社会建设的原则，是公平与公正；社会建设的目标，是实现社会和谐与社会进步；社会建设的保证，是社会安全运行，包括社会安全阀构建；社会建设的动员机制，是建立协调各阶层利益的机制，充分动员民众参与社会建设；社会建设的重要手段，是社会管理，主要是在社会运行方面科学管理，保证社会良性运行。因此，社会建设是一项庞大的系统工程。有人以为，社会建设就是科学、教育、文化、体育、卫生等社会事业的建设，这显然是把社会建设的涵义理解窄了。作为中国特色社会主义建设总体布局四位一体中的社会建设，其涵义和内容要宽广、深刻得多。

（一）社会结构的调整与构建

一个国家，最重要最基本的是经济结构和社会结构。这两个结构要协调，相辅相成，互为表里。没有经济的发展与经济结构的调整，社会建设与现代社会结构的形成不可能实现，反过来，社会的建设与现代社会结构的形成又有力支撑起经济的进一步发展。但是经济发展不等于社会建设与现代社会结构调整会自发实现，这有赖于社会主体有目的有计划地进行各方面建设的推动。

现在，我们国家的经济结构已经从前工业化时期的经济结构转变为工业化中期的经济结构。但是我国的社会结构还是工业化初期的结构。存在着经济结构与社会结构的矛盾，这是当今中国产生诸多经济社会矛盾问题的结构性根源。解决这些社会矛盾和问题，构建社会主义和谐社会，一个很重要的任务就是要继续深化改革，创新社会政策，构建与经济结构相适应、相协调的社会结构。

（二）社会流动机制建设

社会流动是指社会成员从一种社会地位转移到另一种社会地位的社会现象。通常有垂直流动（社会地位上升或下降）和水平流动（社会地位基本相同）。在农业社会，个人的社会地位主要由先赋性因素决定，而且世代相替，如“士之子常为士，农之子常为农，工之子常为工，商之子常为商”，这种社会称之为封闭型社会。在工业社会，随着社会化大生产不断拓展，产业结构不断向高层次演变，社会分工发达，职业结构渐趋高级化，不断创造出新的社会岗位，需要社会流动的加快。个人通过学习和努力奋斗，可以实现上升流动，获得更高层次的社会岗位的愿望，个人的社会地位主要由后致性因素决定，这种社会称之为开放型社会。

改革开放三十年来，随着经济发展，工业化、城市化的推进，中国已经从一个基本封闭的社会转变为基本开放的社会，社会流动渠道多元化，社会流动频率加快，亿万群众正通过努力奋斗，实现向上流动的愿望，涌现了诸如私营企业主、个体工商户、经理、自由职业者、农民工等一些新的社会阶层和社会群体，产业工人、科技人员、国家与社会管理者等社会阶层的队伍极大地扩大了，农业劳动者阶层的规模缩小了。整个国家正在形成合理、开放的现代化社会阶层结构，以后致性规则为主的现代社会流动机制也正在形成。但是计划经济时期形成的户籍、就业、人事等体制还没有得到根本性的改革，还在限制着社会流动的顺畅进行，致使该扩大的阶层（如社会中间阶层）大不起来，该缩小的阶层（如农业劳动者阶层）小不下去，阻止社会结构的正向演化。所以，要通过改革和创新，构建社会流动新体制，这是一项重要的任务。

（三）社会组织建设

工业化、城市化的现代社会是一个高度组织化的社会，社会成员都分属于这样那样的社会组织，许多人同时是多个社会组织的成员。中国原来是个农业社会，小农经济自给自足，社会组织很不发达，有人形容是“一盘散沙”。1949 年建国之后，实行计划经济体制，在城市的企事业和机关实行单位制，在农村实行政社合一的人民公社体制，从而把全国人民组织起来了。改革开放后，单位制式微了，单位人成了社会人；农村人民公社解散了，改为乡镇政府和村民自治组织，绝大多数农民回到一家一户的生产生活状况，很多村几年也开不了一个群众会。当今中国，客观上需要在新的条件下，用新的形式，把群众组织起来。党的十六届六中全会的文件指出，“健全社会组织，增强服务社会功能”。这里讲的社会组织，指的是社会民间组织、社团组织。这类社会组织在工业化国家是很多的，发挥着社会公益服务和社会福利服务的功能，弥补了政府和市场的不足，在有些方面还起到了政府和市场不能起的作用。

因为各种原因，我国现在的民间组织、社会团体还很少。远远不能适应经济社会发展的需要，不能满足广大人民群众的要求，这对促进经济社会协调发展，加强社会管理，推进社会主义和谐社会建设是很不利的。需要我们按照十六届六中全会的精神，培育和支持各类民间组织、社会团体的发展。

(四)社会阶层利益关系协调机制建设

当前，我国的社会结构已经发生了深刻变迁，社会利益关系也随之发生了深刻变化。社会利益主体多元化，利益要求多样化，利益关系复杂化。在目前经济发展水平的背景下，不同社会阶层的利益要求，很难都能得到充分实现，难免会产生这样或那样的社会矛盾和社会冲突。建设协调社会利益关系的机制，统筹协调各社会阶层的利益关系，使各社会阶层能够共建、共享、共赢，形成各得其所和谐相处的局面，是一项重大的任务。

统筹协调社会阶层利益关系的机制，应包含以下三个方面：一是要建立科学合理的阶层、群体、个人的利益诉求表达机制；二是要建立新形势下的劳资之间、干群之间、阶层之间、群体之间的平等对话协商机制；三是要建立社会矛盾和社会问题的排查调处的工作制度。

(五)社会事业建设

新中国成立后，我们一般把教育、卫生、科研、文化、艺术、体育机构称为社会事业单位，与经济领域的企业单位并称为企事业单位。社会事业同广大人民群众的生产生活密切相关，关系到每个家庭和个人的福祉和前途。改革开放以来，我国的科、教、文、卫、体各项事业都有了很大发展，使城乡居民在衣食住行等各个方面的水平都有了很大的提高。不容讳言的是，上世纪 90 年代中期以来，在一些地区和有些部门，把经济建设为中心曲解到唯一的地步，致使科技、教育、卫生等社会事业发展相对滞后了，出现了诸如就业难、上学难、看病难、住房难的问题。党的十七大专门做出了"加快推进以改善民生为重点的社会建设"的决策，非常正确，顺应了广大人民群众改善生活的要求，也有利于调整社会结构，有利于经济社会协调发展，促进社会和谐。现在的问题是，因为社会事业建设方面(如教育、科研、医疗卫生)欠账太多，同客观需求差距太大，要真正做到"学有所教、劳有所得、病有所医、老有所养、住有所居"，还有很多工作要做。所以必须按照十六届六中全会和十七大的决定，把社会建设工作放到突出重要的位置上来。当前，推进社会事业建设必须进一步深化社会事业体制的改革。

(六)社会保障制度建设

社会保障制度是现代国家经济社会基本制度的重要组成部分，是工业社会的稳定器、安全网。

中国的社会保障制度是在仿照苏联的社会保障制度的基础上逐步建立起来的。上世纪 80 年代中期以后，开始进行改革。90 年代，随着社会主义市场经济的发展，适应城镇国有和集体所有制企业改革的需要，逐步建立了"社会统筹和个人账户相结合"的社会保障体制。十六大以后，在农村逐步建立新型农村合作医疗和农村最低生活保障制度。应该说，现行的社会保障制度还很不健全，社会保障的覆盖面小，保障基金严重不足，社会统筹层次低，城乡差距很大，地区间差距也很大，这与经济发展和广大居民的迫切需要很不适应。十七大提出了要"加快建立覆盖城乡居民的社会保障体系，保障人民基本生活"的目标，这个任务是很重很艰巨的。如何建设一个符合中国国情，适应经济发展需要，标准合理，运行健全，管理有效，适应人民群众的要求，维护社会公平，化解社会矛盾，保证国家社会稳定的社会保障制度，是亟须抓紧解决的问题。

(七)社区建设

这里讲的社区，主要是指基层政权、基层组

织治理形式。人民公社解体以后,公社改为乡镇,大队变为行政村,生产队变为村民小组,三级治理的组织架构未变。上世纪80年代以后,农村实行村民自治,民主选择、民主决策、民主管理、民主监督,不少地区搞得有声有色,虽然各地参差不齐,有些地区的基层组织几近瘫痪,但九亿农民是有组织的。现在基层组织治理问题,主要是在城区。80年代中期以后,随着城镇化发展加快,城市人口大量增加,但是多数是无组织的,只有公安系统有个统计数。

目前像北京、上海、天津等大中城市,市以下设区、县,区、县以下设街道、乡镇,街道以下设居民委员会,也称社区委员会(上海把街道称为社区,居委会称小区)。在北京,上世纪90年代以前的居委会是没有脱产干部的,也没有党组织。近几年由街道办事处向居委会派出脱产干部(事业单位编制),建立党组织,管辖数千居民,正在逐步把居民组织起来。有很多大中城市,因为各种原因,在城区中有很多城中村,街道办事处以下,既有居委会,也有村民委员会。像深圳、东莞等城市,实有居民已超过1000万人了,但相应的基层组织还未建立起来。在这样的条件下,要进行社会建设和有效的社会管理,实在是难。

全国两千多个县(市)的县(市)政府所在地,在上世纪80年代一般只有几千人,多则也只有上万人、几万人,多数是通过城关镇,同管理农村一样管理的。随着经济的发展,现在有很多县(市)城区,已形成几万人、十几万人乃至二十万、三十多万人的规模了,街道、大马路、高楼大厦、楼堂馆所等设施也建起来了,但是基层的组织建设、社区建设都没有相应建起来,很多还是通过城关镇在兼管着,还是农村式的管理。这可以说是社会矛盾多发、社会治安状况不佳的主要原因,这种状况亟须改变,要通过社区建设,把城市基层组织建设完善起来。

(八)社会安全体制建设

国家要长治久安,人民要安居乐业,必须要搞好社会安全体制建设。任何社会都不可能没有社会矛盾,现代工业社会是开放的多元社会,相对于农业社会,社会矛盾更多、更复杂。维护国家安全、保护人民权益、化解社会矛盾、预防惩治犯罪、维护公平正义、促进社会全面进步,是社会安全体制的主要任务。我们已经建立了一个社会安全体系,创造了诸如群防群治、专群结合、综合治理等做法,是比较有效的。但是,在实现社会转型、经济体制转轨的现阶段,单靠增加警力、多安装摄像头等办法不能从根本上解决问题。在社会利益矛盾凸显、社会冲突多发的背景下,如何做好维护国家稳定、保护人民权益的工作,特别是要在完成这个新任务的同时,积极探索适应社会主义市场经济体制的要求,建设起一个中国特色的社会安全体制,是我们面临的新任务。

(九)社会管理机制建设

社会管理是政府和社会组织通过行政、法律等各种形式对社会生活的各个领域、各个环节进行组织、指导、规划、服务、协调控制、监督的职能,以保证社会正常有序、安全地运行,实现社会和谐、全面进步的目标。改革开放以来,经济社会各领域都发生了很大变化,原来城乡社会治理的格局已经不能适应,要求我们深入研究社会管理规律,更新社会管理观念,创新社会管理的体制机制,修正和制定社会政策和法规,整合社会管理资源,加强社会管理。

十六届四中全会提出了要建立"党委领导、政府负责、社会协同、公众参与的社会管理格局",这个指导方针是符合客观实际需要的,各地正在贯彻落实。从近几年社会管理的实践看,在创新社会管理体制机制方面,有一个问题值得重视,就是如何使政府的调控作用顺应社会发展规律逻辑运行的方向(像经济调控要顺应价值规律一样),如何使政府调控机制同社会协调机制相结合,如何使政府行政功能与社会自治功能相结合,如何使政府调节的力量同社会民间组织的调节力量相结合,逐步形成与社会主义市场经济体制相协调的社会管理机制体制的新体系。

三、像抓经济建设一样，抓好社会建设

党的十六届六中全会提出要把构建社会主义和谐社会摆在更加突出的地位，党的十七大又进一步提出加快推进以改善民生为重点的社会建设，这是党中央根据经济社会发展的全局，审时度势，做出的重大战略决策。

从社会学的视角来看，进行社会主义现代化建设一定要遵循经济社会协调发展的规律。首先，经济发展是社会发展的基础，经济要优先发展；其次，经济要持续发展，一定要有科学技术、文化教育的进步，要有社会建设作为支撑，要有和谐、稳定的社会环境作为保证，否则，经济发展不可持续；最后，经济发展的目的是满足人们的物质文化需要，实现人的全面发展。因此，经济发展的最终目标是服务与服从于人的发展，可以说经济发展是手段，社会发展才是最终目的。

要改变目前社会发展、社会建设滞后于经济发展与经济建设的状况，使经济社会协调发展。如何抓好社会主义和谐社会建设呢？现成的经验，就是要像抓经济建设那样，抓好社会建设。要把社会建设作为社会主义建设总体布局中的重要内容去对待，去抓好抓实。

第一，要更加注重社会建设。在一定意义上也可以说是补课，过去疏漏拉下了，现在要抓紧补上这一课。要深入贯彻落实科学发展观，继续解放思想，实事求是，提高对于构建社会主义和谐社会的重要性、紧迫性的认识，真正把和谐社会建设放到议事日程上，摆到突出位置上，改变经济建设孤军独进的状态，真正从思想上树立起经济社会要协调发展的全局意识。

第二，要抓发展。这是执政兴国的第一要务，也是和谐社会建设的内在要求。改革发展中出现的问题都是发展中的问题，需要通过发展来加以解决，特别是当前诸如教育、医疗、住房、社会保障等民生问题都是源于社会建设滞后的根本原因。因此，唯有发展才是解决问题之道。但是，发展必须是包含社会发展在内的全面发展，不能仅仅是经济发展，是经济与社会协调的发展，是全面、协调、可持续的发展。

第三，要继续坚持改革开放。十七大明确指出，“必须在经济发展的基础上，更加注重社会建设，着力保障和改善民生，推进社会体制改革，扩大公共服务，完善社会管理，促进社会公平正义”。我国的社会体制，包括社会事业体制，也进行过一些改革，有些取得一定的成效，有些则并不成功，有些则还没有破题，整个社会体制还带有很浓的计划经济时期的色彩，还没有按社会主义市场经济体制的要求根本改变过来，在经济社会运行中，两种体制并行的矛盾很大，社会成本很高。诸如城乡二元结构的体制、户口制度、就业人事制度、社会保障制度以及教育、医疗卫生制度等等都需要改革，社会体制不改革，社会建设就不能顺利进行。因此，必须“推进体制改革”，为社会建设顺利进行开道。当然，在现阶段进行社会体制改革，难度很大，阻力也很大，会牵涉到不少社会阶层、社会群体的切身利益，这实际上是又一场革命，必须精心策划，周密安排，采取自上而下、自下而上相结合进行。好在我们已经有了进行经济体制改革并取得了伟大成功的经验做基础，社会体制改革也一定会成功的。

第四，社会建设要有组织领导，从组织上落实。我们搞经济建设，曾经建立了计委、经委、基建委和若干个经济部门，还有中央财经领导小组，统筹、规划、组织、协调、控制、监督、领导指挥经济建设有序有效地进行，虽然也产生过这样或那样的问题，但总体上是成功的。近六十年来国家建设的一条基本经验，是提出的任何一项战略任务，必须在组织上落实，要有组织、有人去贯彻执行，才能实现。如果只停留在文件上、会议上，那只能是一纸空文，正反两方面的经验都可以说明这点。如计划生育的成功，就是最好的例证。社会建设要取得成功，也必须有组织保证。2007年，北京在市委系统建立了社会工作委员会，在政府系统建立社会建

设办公室，两块牌子，一套人马，合署办公。下设：规划、项目、社会组织、社区建设、党建、社工人才队伍建设等6个处，55个编制，把民政局、计生委等有关部局部分处室的职能、编制、人员成建制地划过来，领导组织、协调全市的社会建设工作。2008年，北京市还将在各区、县建立相应的机构。这个做法很值得借鉴。

第五，社会建设要有相当的投入。首先要有领导和人员的投入。十六届六中全会的决定指出，“各级党委要把和谐社会建设放在全局工作的突出位置，把握方向，制定政策，整合力量，营造环境，切实担负起领导责任”，“坚持正确的用人导向，选好配强领导班子，注重培养选拔熟悉社会建设和管理的优秀干部”。“建设宏大的社会工作人才队伍，造就一支结构合理、素质优良的社会工作人才队伍，是构建和谐社会的迫切需要”。在经济建设过程中，我们培养选拔造就了一支很大的经济工作者队伍。要把中国的社会建设搞好，同样需要造就一支很大的社会工作者队伍。但是，现在这支队伍还很小，而且分散在各个领域，还没有形成合力，没有形成组织优势。我们应该按照十六届六中全会决定的精神，通过建立相应的机构，把社会工作方面的人员、人才队伍组织起来，并在实践中逐步扩大，培养造就有相当规模的社会工作者队伍，把社会建设的事情办好。

其次要有财力和物力的投入。曾经有一种观点，认为经济建设投资是挣钱的，社会建设投资是花钱的。在一个相当长的时期里，有些地区和部门，把财力的主要部分乃至绝大部分投到经济建设上，有的甚至削减社会事业必要的开支，牺牲社会事业的发展，造成了经济社会发展不平衡、不协调的状况，实践证明，这种观点是不对的。十六大以来，国家加大了对社会事业、社会建设的投入，情况正在好转，但因为欠账太多，加上国民收入分配格局还未调整过来，有钱还是习惯于往经济建设方面投，这在市场经济国家是不应该的，经济建设投入应该主要通过市场去解决。据联合国开发计划署《2004年人类发展报告》的数据，在2001年前后，瑞典、丹麦、法国、德国和古巴等国家用于教育、卫生保健的公共支出相当于GDP的比例为13％—15％，加拿大、美国、英国、澳大利亚、日本等，为10％—12％，而中国只有4.5％，还不如巴西、泰国和印度。近几年，国家增加了对教育、医疗卫生的投入，但差距还很大。我们应该按照十六届六中全会的决定，完善公共财政制度，逐步实现基本公共服务均等化。健全公共财政体制，调整财政收入结构，把更多财政资金投向公共领域，加大财政在教育、卫生、文化、就业、就业服务、社会保障、生态环境、公共基础设施、社会治安方面的投入。真正加大对社会建设的投入，把社会事业、公共服务搞得更好，减少社会矛盾，降低社会成本，对经济发展反而是有利的。

第六，两点具体建议。其一，建议把中国特色社会主义事业总体布局四位一体排序中的社会建设由第四位摆到第二位，调整为经济建设、社会建设、政治建设、文化建设。现在，在社会主义现代化建设四位一体的总体布局中，是按经济建设、政治建设、文化建设、社会建设的顺序排列的。这是因为经济建设、政治建设、文化建设三位一体的总体布局沿用多年，习以为常了，社会建设是十六届四中全会提出后加进去的，把社会建设排在最后了。但是按社会主义现代化建设的逻辑顺序，经济建设达到一定水平之后，应该是重点进行社会建设，然后是政治建设、文化建设。从社会主义现代化建设的实践看，改革开放以来，我们把工作重点放到经济建设为中心上，十六届六中全会根据全局发展的要求，提出把构建社会主义和谐社会放到更加突出的位置上，要更加注重社会建设。2000年前后，学术界有个议论，认为前二十年是中国经济学繁荣做贡献的时期，后二十年应该是中国社会学发展的黄金时期，再二十年则是政治学做贡献的时期。这个说法有一定道理。因此，把中国特色社会主义事业总体布局中四位一体的排序中的社会建设由第四位进到第二位，调整为经济建设、社会建设、政治建设、文化建设，是有必要的。

其二，建议中共中央、国务院在每年召开经济工作会议前后召开一次社会建设工作会议，或者把社会建设工作的内容纳入经济工作会议中，把会议名称改为全国经济社会工作会议。实践证明，全国经济工作会议是一种很好、很有意义的会议形式和工作方法。现在构建社会主义和谐社会、进行社会建设的任务突出了，要改变经济社会发展不平衡不协调的矛盾，促使更多干部熟悉重视社会建设任务，每年召开一次社会建设工作会议很有必要，这对于加快社会建设，推动科学发展，促进社会和谐，很有意义。

（作者：中国社会科学院名誉学部委员）

《矛盾论》——构建社会主义和谐社会的思想武器

李　勇

一、《矛盾论》为构建社会主义和谐社会提供了方法论

毛泽东同志的重要著作《矛盾论》，首先从总体的角度研究矛盾本身，再进一步研究矛盾的各方面。就矛盾本身，《矛盾论》阐释了“两种宇宙观”，然后阐述了矛盾的普遍性和特殊性的关系以及相关的方法论；就矛盾的诸方面包括矛盾两方面的同一性和斗争性两个问题，《矛盾论》重点论及了斗争性中的特殊形式——对抗。《矛盾论》有着极强的阶级性和实践性，每一部分内容都紧密联系中国革命斗争的实际和国际形势，对“三个阶段”的矛盾作了深入分析，并从中总结出解决矛盾的方法，为我们正确运用矛盾的法则，正确解决构建社会主义和谐社会过程中所遇到的矛盾和问题提供了范例。

1. 构建和谐社会要分清事物发展的内外因。《矛盾论》告诉我们，要善于去观察和分析各种事物的矛盾运动，并根据这种分析，找出解决矛盾的方法。“事物发展的根本原因，不是在事物的外部而是在事物的内部，在于事物内部的矛盾性。”“一九二七年中国大资产阶级战败了无产阶级，是通过中国无产阶级内部的（中国共产党内部的）机会主义而起作用的。当着我们清算了这种机会主义的时候，中国革命就重新发展了。后来，中国革命又受到了敌人的严重的打击，是因为我们党内产生了冒险主义。当我们清算了这种冒险主义的时候，我们的事业又重新发展了。由此看来，一个政党要引导革命到胜利，必须依靠自己政治路线的正确和组织上的巩固。”同样，我们党领导人民完成构建社会主义和谐社会伟大任务的关键，也在于党的内部，在于把握好不同阶段矛盾的内外因关系。

2. 构建和谐社会要用不同质的方法解决不同质的矛盾。《矛盾论》明确了解决不同质矛盾的具体方法：无产阶级和资产阶级的矛盾，用社会主义革命的方法去解决；人民大众和封建制度的矛盾，用民主革命的方法去解决；殖民地和帝国主义的矛盾，用民族革命战争的方法去解决；在社会主义社会中工人阶级和农民阶级的矛盾，用农业集体化和农业机械化的方法去解决；共产党内的矛盾，用批评和自我批评的方法去解决；社会和自然的矛盾，用发展生产力的方法去解决。旧过程和旧矛盾消灭，新过程和新矛盾发生，解决矛盾的方法也因此而不同。同革命战争时期相比，我们构建和谐社会所面临的矛盾和问题要更加复杂和多样，我们更需要

区分不同质的矛盾，采用不同的方法解决不同质问题，这是我们完善和谐社会工作机制的目标导向。

3. 构建和谐社会要重点抓好主要矛盾和矛盾的主要方面。《矛盾论》把矛盾特殊性问题中的两种情形特别地提出来加以分析，这就是主要矛盾和矛盾主要方面。这种方法论告诫我们，研究事物发展过程中各个发展阶段上的矛盾的特殊性，必须从各个阶段中矛盾的各个方面去看。生产力和生产关系的矛盾，生产力是主要的；理论和实践的矛盾，实践是主要的；经济基础和上层建筑的矛盾，经济基础是主要的。同时必须看到，它们的地位是互相转化的。生产关系、理论、上层建筑这些方面，在一定条件下，又转过来表现其为主要的决定的作用。当不变更生产关系，生产力就不能发展的时候，生产关系的变更就起了主要的决定的作用。构建和谐社会，我们面临的矛盾和问题层出不穷，我们必须集中力量抓主要矛盾，重点从矛盾的主要方面入手。构建社会主义和谐社会是一个长期的过程，是一个动态变化的过程，我们要根据主要矛盾的变化，及时调整工作重点，对已经成为矛盾主要方面的生产关系和上层建筑进行改革，从而加快经济和社会协调发展。

4. 构建和谐社会要注意区分矛盾和对抗。矛盾和斗争是普遍的、绝对的，但是解决矛盾的方法，即斗争的形式，则因矛盾的性质不同而不相同。有些矛盾具有公开的对抗性，有些矛盾则不是这样。根据事物的具体发展，有些矛盾是由原来非对抗性的而发展成为对抗性的；也有些矛盾则由原来对抗性的发展成为非对抗性的。中国共产党的历史就有过这样的情形。正确区分矛盾和对抗，对我们当前治理腐败问题和大量的群体事件问题，有极其重要的理论和现实意义。执政党要完成构建社会主义和谐社会的任务，必须首先处理好政府和群众的矛盾、领导和群众的矛盾、管理者和被管理者之间的矛盾，处理好这些矛盾的前提就是正确区分矛盾和对抗。

二、《矛盾论》及其思想的发展对构建社会主义和谐社会的初步探索

毛泽东同志运用《矛盾论》中所阐述的思想指导社会主义建设的理论与实践，其发展成果集中体现在《论十大关系》和《关于正确处理人民内部矛盾的问题》这两篇文章上。这两篇著作对我国社会主义建设初期所面临的复杂矛盾系统以及如何正确处理这些矛盾作了生动具体的阐述，为我们构建社会主义和谐社会提供了有益借鉴。

1.《论十大关系》对构建社会主义和谐社会的探索。1956 年毛泽东发表的《论十大关系》，全面总结了我国社会主义建设的经验，提出了调动一切积极因素为社会主义建设事业服务的基本方针，对适合中国情况的社会主义建设道路进行了初步的探索。十大关系是：在重工业和轻工业、农业的关系问题上，要用多发展一些农业、轻工业的办法来发展重工业；在沿海工业和内地工业的关系问题上，要充分利用和发展沿海的工业基地，以便更有力量来发展和支持内地工业；在经济建设和国防建设的关系问题上，在强调加强国防建设的重要性时，提出把军政费用降到一个适当的比例，增加经济建设费用；在国家、生产单位和生产者个人的关系问题上，三者的利益必须兼顾，不能只顾一头，既要提倡艰苦奋斗，又要关心群众生活；在中央和地方的关系问题上，要在巩固中央统一领导的前提下，扩大地方的权力，让地方办更多的事情，发挥中央和地方两个积极性；在汉族与少数民族的关系问题上，要着重反对大汉族主义，也要反对地方民族主义，要诚心诚意地积极帮助少数民族发展经济建设和文化建设；在党和非党的关系问题上，共产党和民主党派要长期共存，互相监督；在革命和反革命的关系问题上，必须分清敌我，化消极因素为积极因素；在是非关系问题上，对犯错误的同志要实行“惩前毖后，治病救人”的方针，要允许人家犯错误，允许并帮助他们改正错误；在中国和外国的关系问题上，

要学习一切民族、一切国家的长处，包括资本主义国家先进的科学技术和科学管理方法，要反对不加分析地一概排斥或一概照搬。

毛泽东《论十大关系》，为我们今天协调处理各种矛盾，贯彻落实科学发展观，构建社会主义和谐社会提供了许多有益的启示，特别是在工业化道路上，不是以重工业挤轻工业和农业，而是农、轻、重协调发展；在分配上，必须兼顾国家、集体、个人三者利益，纠正我国社会主义建设中重积累轻消费的倾向，改善人民生活特别是农民生活；在经济管理体制上，反对中央集权过多，主张给地方和企业以适当的权力，让地方办更多的事；在经济体制方面，提出了经营权和所有权相分离；在加快发展上，通过鼓励沿海工业的发展以促进内地工业的发展，加速经济建设以支持国防建设。《论十大关系》是运用《矛盾论》的基本思想，对解决经济社会协调发展方面遇到的矛盾和问题的探索，对我们构建和谐社会具有重要的指导和借鉴意义。

2.《关于正确处理人民内部矛盾的问题》明确了化解矛盾的途径和方法。《矛盾论》明确了敌我矛盾和人民内部矛盾是两类不同性质的矛盾。敌我矛盾是对抗性矛盾，人民内部矛盾是非对抗的；在剥削阶级和被剥削阶级之间来说，除了对抗性一面，还有非对抗性一面。两类矛盾性质不同，解决的方法也不同。对敌我矛盾采用专政的方法，对人民内部矛盾采用民主的方法，即“团结——批评——团结”。对粮食问题、灾荒问题、就业问题、教育问题、知识分子问题等，从对全体人民的统筹兼顾这个观点出发，就当时当地的实际可能条件，做出各种适当的安排；对科学、艺术等文化事业，采取“百花齐放、百家争鸣”的方针；对少数人闹事问题，重要因素是官僚主义。必须坚决克服官僚主义，很好地加强思想政治教育，恰当地处理好各种矛盾。

目前我们所面对的两类不同性质的矛盾，同建国初期相比，敌我矛盾有新变化，人民内部矛盾更加复杂多样，需要我们进一步探索解决矛盾和问题的方法与手段，但《关于正确处理人民内部矛盾的问题》中的矛盾分析和矛盾解决方法，是我们今天所必须坚持的。

三、运用《矛盾论》正确处理构建和谐社会所面临的矛盾

社会主义和谐社会本身就是差异状态的和谐，有差异就有矛盾。正确处理矛盾，首先要敢于正视矛盾。《矛盾论》指出，矛盾具有普遍性，矛盾存在于一切事物的发展过程中；每一事物的发展过程中存在自始至终的矛盾运动。世界上的每一差异中就已经包含着矛盾，差异就是矛盾。劳资之间，从两阶级发生的时候起，就是互相矛盾的，仅仅还没有激化而已；工农之间也有差异，它们的差异就是矛盾；党内不同思想的对立和斗争是经常发生的，这是社会的阶级矛盾和新旧事物的矛盾在党内的反映。党内如果没有矛盾和解决矛盾的思想斗争，党的生命也就停止了。矛盾是普遍的、绝对的，存在于事物发展的一切过程中，又贯穿于一切过程的始终。学会矛盾分析的方法，正视矛盾，不回避不掩盖矛盾，在矛盾斗争中发展完善，这是我们构建社会主义和谐社会必须坚持的指导思想。

1. 正确对待和处理不同层次的矛盾。我国处于社会主义社会的初级阶段，构建社会主义和谐社会必须面对三个层次的矛盾，即社会基本矛盾、社会主要矛盾和具体矛盾。社会的基本矛盾必然是生产力与生产关系、经济基础与上层建筑之间的矛盾；我国社会的主要矛盾是落后的社会生产与人民群众日益增长的物质文化需要之间的矛盾。在将社会矛盾区分为社会基本矛盾、社会主要矛盾的同时必须认识到，无论是社会的基本矛盾还是社会的主要矛盾都是抽象的，需要通过具体的社会矛盾来体现。针对不同层次矛盾，我们要采取不同的处理方法，即坚持用改革的方法，解决社会基本矛盾存在的不适应；用发展的方法，解决社会的主要矛盾；通过改革促进发展，发展又有利于具体矛盾和问题的解决；在社会具体矛盾解决的基础上，

实现社会基本矛盾和社会主要矛盾的全面解决。

2. 坚持用改革的方法解决社会基本矛盾所面临的问题。我国社会基本矛盾是非对抗性矛盾，生产关系和上层建筑成为影响矛盾解决的主要方面，解决的出路就是改革。通过继续深化经济体制改革，解放生产力，为经济发展注入新的动力。我国的改革进入攻坚阶段，生产关系领域存在制约生产力和经济基础发展的因素。通过改革，解决管理权和经营权分离问题；通过改革，使多种所有制经济都得到迅速发展；通过改革，使多种要素参与分配，解决调动劳动者积极性问题；通过改革，完善市场经济，解决垄断行业存在市场化水平低和过高收入问题，等等。

经济体制改革要求政治体制也必须进行相应改革，否则上层建筑领域就会暴露出大量的矛盾和问题，影响经济发展。创业环境不良，是当前上层建筑与经济基础之间不适应的一个突出表现。国家工商总局的数据表明，1999 年我国有个体工商户 3160 万户；到了 2004 年，这一数字降为 2350 万户；截至 2005 年底，全国内资企业有 350 万户，比上年净减少 30.1 万户，下降 7.9%。这两项指标的降低，不仅影响到各地区经济的发展，而且进一步加剧各地区就业形势的严峻性。造成这种局面的直接原因是，政府部门严苛的审批登记和程序烦琐，沉重的税费负担，缺位的创业服务等抑制创业活力；深层次原因是政治体制改革没有与经济体制改革相适应。从和谐社会的内涵来看，和谐社会是民主法治的社会，是公平正义的社会，是各种创新能力喷涌的社会。完善社会主义民主，加强社会主义政治文明建设，是和谐社会的主体；建立严格科学的法治系统，是公平正义的需要，是社会和谐的保障机制；加强社会主义思想文化建设，营造良好的伦理生态环境，维护社会价值取向和个体价值取向的统一，是从深层次构建和谐社会的需要。改革就是生产力，改革是在非对抗性矛盾前提下，化解社会基本矛盾、促进和谐的基本途径。

3. 坚持用科学发展化解社会主要矛盾。落后的社会生产与人民群众日益增长的物质文化需要之间的矛盾是当前社会的主要矛盾。这个矛盾集中体现在就业问题、群体事件问题、环境问题以及城乡间、地区间差距过大问题上。

就业形势紧张，劳动力供求矛盾突出，这也是当前社会存在不和谐因素的直接原因之一。我国每年新增劳动力 1000 万，下岗失业人员 1300 多万，大中专毕业生 400 多万，还有复员退伍军人和残疾人需要安置；此外，在城市化过程中，需要转移 1.5 亿富余劳动力，其中 3400 多万农民失去或减少了土地，今后失地农民每年还要新增 300 万。解决就业问题，出路只有快发展。近些年群体事件数量增加，而引起群体性事件的原因大多是经济利益原因，除干部官僚主义作风外，影响问题解决的主要因素是经济发展水平低。发展是硬道理，发展可以解决很多问题，但同时也带来环境问题。人与自然的和谐被打破，未来的发展受影响，解决的出路在科学发展，在于建立循环经济、节约型社会。在构建和谐社会过程中，我们还要面对贫困问题、三农问题和地区差异问题。贯彻落实科学发展观，实现“五个统筹”，能够有效抑制和克服差异过大问题。所以构建和谐社会，实现社会关系和谐、人与自然的和谐，就必须贯彻落实科学发展观，解决当前社会的主要矛盾。

4. 形成正确处理人民内部矛盾的工作机制。和谐社会是人际和谐、人与自然和谐的社会。人际和谐、人与自然和谐，又可以归结为社会政治关系的和谐，因而和谐社会的本质在于人的政治生活和谐。人的政治生活和谐，必须首先正确处理人民内部矛盾。坚持《矛盾论》的基本观点，正确处理人民内部矛盾，一定要抓好主要矛盾和矛盾的主要方面，形成正确处理人民内部矛盾问题的工作机制。

确立人民内部主要矛盾，科学认识和着力解决这个矛盾是构建和谐社会的关键。毛泽东在《关于正确处理人民内部矛盾的问题》中——

列举了人民内部矛盾的种种表现，特别指出："我们的人民政府是真正代表人民利益的政府，是为人民服务的政府，但是它同人民群众之间也有一定的矛盾。这种矛盾包括国家利益、集体利益同个人利益之间的矛盾，民主同集中的矛盾，领导同被领导之间的矛盾，国家机关某些工作人员的官僚主义作风同人民群众之间的矛盾。"领导与群众之间的矛盾分两种情况，一种是在根本利益一致基础上的具体利益冲突。其中领导在矛盾中居于主导地位，起决定作用。解决人民内部主要矛盾应当成为构建和谐社会的工作中心，抓住这个主要矛盾和工作中心，可以清醒地观察和把握构建和谐社会的全局，解决好这个主要矛盾可以有效构筑和谐社会的政治基础。另一种是建立在根本利益不一致基础上的矛盾。我国目前最高收入群体与最低收入群体的收入差距已达33倍，而造成当前贫富差距拉大的主要原因是机会不平等。国务院发展研究中心研究员吴敬琏认为，造成机会不平等的主要原因，一是腐败，二是垄断。要缩小收入差距，最重要的就是把腐败治住，使垄断行业市场化。腐败造成的机会不均等，还表现在就业、受教育机会和提拔使用上，其所造成的矛盾已经转化为对抗性矛盾。解决这类性质的矛盾，除用解决人民内部矛盾的方法外，对严重腐败犯罪分子，还必须采取专政的方法。

要综合运用政策、法律、行政、经济等手段，采取教育、引导、疏导、协调、调解等方法，妥善处理人民内部矛盾。加强社会主义民主法治建设，引导群众以合理、合法、合情的形式来表达利益诉求，解决利益矛盾，维护社会安定，促进社会发展。社会主义民主法治建设是一个长期的过程，不同历史时期，解决人民内部矛盾的思路、方法、手段、重心有所不同。当前，正确处理人民内部矛盾，要把矛盾解决在基层，解决在萌芽状态，在源头上解决事关群众切身利益的实际问题。其中，最重要的是完善信访工作责任制，依法及时合理有效地处理各种人民内部矛盾，特别是涉及群众切身利益的矛盾，形成具有中国特色、行之有效的、稳定的处理各类人民内部矛盾的机制。

（作者：中共哈尔滨市委党校哲学教研部教授）

构建社会主义和谐社会
必须更加注重发展社会事业

张军果　张均良

2006年10月11日，党的十六届六中全会通过了《中共中央关于构建社会主义和谐社会若干重大问题的决定》。这是我们党站在全面建设小康社会、开创中国特色社会主义事业新局面的全局高度，为适应我国经济社会的新变化所作出的重大历史性决定。为构建社会主义和谐社会，《决定》强调，要"坚持协调发展，加强社会事业建设"。并强调，要"更加注重解决发展不平衡问题，更加注重发展社会事业，推动经济社会协调发展"。在这里，中央把发展社会事业放在构建社会主义和谐社会目标任务的第一条，并用"更加注重"予以强调。2007年6月25日，胡锦涛同志在中央党校省部级干部进修班的重要讲话中进一步指出，"科学发展，社会和谐，是发展中国特色社会主义的基本要求，是实现经济社会又好又快发展的内在需要，必须坚定不移地加以落实"。并强调，"社会建设与广大人民群众的切身利益紧密相连，必须摆在更加突出的位置”。那么，为实现科学发展、社会和谐，为什么要把社会建设摆在更加突出的位置，强调更加注重发展社会事业？

本文认为，我们党把加强社会事业建设、推动经济社会协调发展，放在构建社会主义和谐社会的突出位置，有着科学的理论依据和深刻的时代背景，它是由社会事业本身的特殊性、我国目前所处的特殊历史阶段，以及影响社会和谐的现实矛盾所决定的。

一、社会事业的特殊性要求市场经济条件下政府应予以更多关注

事物的发展，内因总是起决定性作用。中央之所以强调要更加注重发展社会事业，与社会事业本身的特殊性密切相关。事实上，社会事业建设在构建社会主义和谐社会中之所以重要，除了它本身是构建社会主义和谐社会的重要内容之外，还在于它不同于其它领域，有其独特之处。这种特殊性，决定了在市场经济条件下，如果没有政府的特别关注、扶持和引导，必将影响经济社会的协调发展，进而影响到社会的和谐进步。

（一）社会事业建设是社会建设的核心内容，也是社会主义和谐社会建设的重要组成部分

在人类社会史上，虽然早就有互助事业、救济事业或慈善事业，但社会事业这个名称，直到二十世纪才开始通用。尽管社会事业在不同国家发展时间、历程不同，表现有所差异，但总的来看，社会事业起源于慈善事业，后又发展为社会救济事业，再发展到社会福利事业，进而又发展到今天的内容更为宽泛的社会事业。

关于社会事业的内涵，我国著名社会事业专家言心哲在其所著的《现代社会事业》一书中，对其作了较早的研究和界定。他指出：“社会事业是运用现代科学的知识与方法，办理各种社会救济事业，以免除个人当前的痛苦及解决社会当前的问题，消极地减少各种社会病态。同时，并注意于社会生活的改进，积极地预防各种社会病态的产生。其主要目标在于调整个人与社会生活的共同关系，增进大众的福利。凡消极的社会救济事业与积极的社会福利事业，通可包括在内。”

依据上述界定，言心哲把社会事业分为诸多种类。概而言之，主要包括三大类：一类是具有社会救济性质的，如社会救助、社会优抚、社会慈善、社会保险（失业、养老、医疗）等；一类是具有社会福利性质的，如义务教育、卫生保健、福利住房、社会保障等；一类是具有社会发展性质的，如科技教育（尤其是高等教育）、文化体育、环保旅游、促进就业等。

从当今社会学界和政府文件通用说法看，我们所说的社会事业主要包括科技教育（包括义务教育和高等教育）、文化体育、医疗卫生、人口资源、旅游环保等，可称之为小概念社会事业；但有时也将社会保障纳入其中，包括养老保险、失业保险、医疗保险、工伤保险、生育保险等社会保险，以及社会救助、社会福利（如福利住房等）、社会优抚、社会慈善事业等，可称之为中概念社会事业；当然也有人把社会管理也纳入其中，包括社会治安管理、公共安全管理、危机突发事件的处置等，可称之为大概念社会事业。大概念社会事业建设，相当于狭义的社会建设（即“社会主义和谐社会”建设中的“社会建设”）。它包括小概念社会事业建设、社会保障体系建设和社会管理建设。其中，中概念社会事业建设，是社会建设的核心内容。结合我国国情和目前中央文件的精神，可把中概念社会事业所包含的内容，视为我国进一步加强社会事业建设所应做的工作。

中央提出构建社会主义和谐社会的奋斗目标，包括经济建设、政治建设、文化建设、社会建设“四位一体”的系统整体。这是对传统意义上“三位一体”社会建设内涵的新发展，也是适应当今经济社会发展格局变化的需要，特别是为实现经济社会协调发展，以化解社会矛盾，构建和谐社会的需要。

由此可见，社会事业建设是社会建设的核

心内容，又是构建社会主义和谐社会的重要组成部分。因此，社会事业建设，自然也是构建社会主义和谐社会的重要内容。

（二）社会事业的独特功能及特点，要求在市场经济条件下政府应予以更多的扶持与引导

从社会事业的主要功能看，言心哲认为，社会事业的功用，大致可以概括为七种：第一，可以促进社会进步；第二，可以谋求社会公道；第三，使人树立推己及人与仁民爱物之哲学；第四，可以改善民众的生活状况、提高民众的生活水平；第五，可以消弭社会乱源，培养国家元气，增强人民对于政府的信任；第六，可以增强人们对于社会矛盾和问题更深刻、更辩证的认识；第七，可以解除个人的痛苦。概而言之，社会事业建设具有扶助弱者、疏解矛盾、维持稳定、增进福利、体现公平、促进发展等功能。

在深化改革、扩大开放的今天，在我国大力发展社会事业，同样具有十分重要的意义。主要具有“四个器”的功能：一是缓冲器功能。在改革开放过程中，我们将面对诸多新的风险，特别是内外市场冲击带来的风险如产业风险、资本风险等。通过社会救济类社会事业发展，可以缓解由于改革和经济社会发展本身所带来的不确定性风险对经济社会的过大冲击。二是减压器功能。在改革开放过程中，我们还将面对诸多新的困难，如下岗、失业、大病、老龄化时代的养老等问题所带来的困难。通过社会救济型和社会福利型社会事业的发展，可以有效减轻改革开放给人们带来的各种社会压力。三是稳定器功能。在改革开放过程，我们还会面临许多新的矛盾，如因贫富差距扩大所带来的不同群体之间的矛盾等。通过社会救助、社会福利型社会事业的发展，可以舒解不同群体在改革开放过程中所形成的错综复杂矛盾，进而确保社会相对稳定。四是促进器功能。随着改革开放和国家的发展，人才和技术的作用显得越来越重要。我国劳动力资源丰富，但人才和技术资源缺乏，如何把人力资源大国转化为人才技术资源大国，是我们面临的突出问题。为此，可通过科技教育、文化体育、环保旅游等社会发展型社会事业的发展，改善生态环境，促进人的全面发展，进而推进社会进步。

从社会事业的特点看，突出表现为“五性”：一是抚助性。如对弱势困难群体的救济、帮助与扶持，通常具有单向无偿支付的特点。二是公益性。即具有非排他性特点，可免费搭车。如环境绿化、公益性文化事业等。三是社会性。指非针对个人，而旨在增进社会福利。如科技教育、文化体育、生态环保、公共安全等。四是弱质性。在市场经济条件下，社会事业领域的资源优化配置，难以完全依靠市场机制自发作用来实现。五是政府性。非人人愿做、人人能为，需要政府的大力扶持、引导，方能健康发展。

社会事业的上述“五性”中，抚助性、公益性、社会性决定了它的弱质性和政府性。社会事业的这些特性表明，它所提供的产品（主要表现为公共服务）具有很多区别于其他产品和服务的特殊性质。由这些特殊性质决定了它的发展不可能简单地依赖市场，而必须借重政府的关注、扶持和引导。

事实上，从系统论的角度看，系统具有强势和弱势之分。社会主义和谐社会这个大系统，它所包含的每个子系统，又具有不同的结构和功能，拥有不同的生命力。它们都试图占有更多的资源发展壮大，因而各子系统之间就会发生争夺资源的冲突。由于子系统生命力有强有弱，获得资源的能力有大有小，因而社会子系统之间不可能自动协调。为此，欲确保社会子系统之间的和谐，必须通过政府这只“有形的手”，超越所有子系统的局限，综观全局，兼顾各方，以约束和调节社会各子系统之间的关系。其中，社会建设，尤其是社会事业建设，由于其抚助性、公益性、社会性等特点，决定了市场机制在其资源配置中难以充分发挥作用，因而在市场经济条件下它具有明显的弱质性特点。如果没有政府的着力引导和扶持，就很难与其它子系统协调发展。

可见，在市场经济条件下构建社会主义和

谐社会，社会事业不仅要发展，而且要着力发展。

二、经济社会发展的特殊阶段尤需社会事业的大发展为闯关提供支撑

社会事业的特殊性，决定了在经济社会发展的任何阶段，它的发展需要政府部门的更多关注，这是它的一般规律。但从历史发展的阶段性特征看，在不同的历史时期，它的重要性又是有所区别的。当前我国正处于一个特殊的发展时期，社会事业的发展具有特殊意义。

2003年是具有里程碑意义的一年，在这一年我国人均GDP突破了1000美元。从此，我国开始进入人均GDP1000美元向3000美元过渡的关键时期。胡锦涛同志明确指出："我国经济社会发展正处于国内生产总值从1000美元向3000美元过渡的关键时期，这既是一个发展机遇期，也是一个矛盾凸现期。"怎样理解这个问题？

从理论上讲，在这一时期，从供求关系看，随着人们收入水平的提高，一方面，人们的消费需求会比较旺盛，从而为经济社会发展提供强劲动力，另一方面，人们的消费结构面临升级的需要，社会需求更趋多元化，生产结构与消费结构的矛盾将会凸显；从群体关系看，随着社会的发展，一方面，社会群体趋向多元化，这将有助于增强社会活力，另一方面，收入差距也将进一步扩大，社会结构面临转型，不同群体之间会出现明显的分层现象，社会群体矛盾将会凸显；从人与自然的关系看，随着社会生产规模的快速扩大，一方面，为我们更多地动用自然的和社会的资源加快发展奠定了基础，另一方面，人与自然之间的矛盾将会更加突出，表现为资源短缺、环境承载能力下降等；从国内与国际关系看，随着综合国力的增强，一方面，我们在国际上的地位将不断提高，话语权越来越多，影响力越来越大，这为我们更好地利用国际资源、国际市场、国际环境加快发展提供了机遇，另一方面，此时的国际关系将更为复杂，尤其像我们这样一个拥有世界1/5人口的大国，它的发展崛起，会引起世界尤其是周边的不安乃至恐慌，加之对资源的空前需求，对环境不可避免带来更大的影响，在经济社会领域与国际上的矛盾和摩擦会进一步加剧。由此可见，在这一时期，既面临着诸多发展机遇，又面临着诸多发展挑战。

从国际经验看，在这一时期，将面临着两种发展道路，两种发展结果。一种是能够正确处理各种矛盾，特别是如果能够通过社会事业的大发展，实现经济社会相协调，就会像"亚洲四小龙"那样，进入经济快速发展、社会快速进步、生态环境不断改善的黄金发展期；另一种是不能正确处理各种矛盾，特别是如果忽视了社会事业的建设，导致经济社会间的矛盾进一步加剧，就有可能陷入拉美国家所经历的经济动荡、社会不安、环境恶化、政权更替不断这样一种混乱期。

回顾近30年的发展历程可以看出，我国经济在全球中的地位迅速提升，走的是一条高起点、跨越式的经济发展道路。这种发展模式的优点是可以充分发挥后发优势，实现后来者居上。缺点是如果处理不好，极易导致结构性矛盾凸显。经过这些年来的改革和发展，我国的社会发展总体上也是不断进步和健康和谐的。但同时我们也必须清醒地看到，社会结构转型的阵痛逐渐明显，弱势群体的规模逐渐增加，收入差距日益扩大，教育和医疗的昂贵收费已成为许多居民的沉重负担。当前的改革开放已触及深层领域，已进入了一个关键阶段。在这关键时期，如果我们政策把握得当，更加注重社会事业建设，就能推动经济社会协调发展，顺利实现工业化和现代化；反之，就会出现经济社会发展脱节，导致社会差距扩大，社会矛盾加剧，经济社会发展徘徊不前，甚至出现社会动荡和倒退。

上述分析表明，社会事业的大发展，将是我们把握机遇、应对挑战、顺利闯关的重要支撑。

三、当前面临的诸多社会矛盾要求通过社会事业的大发展予以破解

中央根据社会事业的特殊性及当前我国所处的特殊发展阶段，提出要更加注重发展社会事业。但这一决定的提出为什么会迅速引起社会的广泛关注？这是因为当前我国经济社会发展中面临的诸多矛盾的焦点就在于社会事业发展的滞后，中央把准了这个脉。

改革开放近30年来，伴随着我国经济年均9%以上的快速增长，经济实力明显增强，综合国力明显提升，但与此同时，诸多矛盾也在不断累积。这些矛盾集中体现在“五个不协调”上：

第一，城乡发展不协调。中国是传统的农业国，在推动工业化的过程中，不同程度地忽视了农业的发展。改革开放以前，国家把绝大部分财力投入到工业部门，同时提高工业品价格，压低农产品价格。这使得工农业产品的价格剪刀差不断扩大，从而影响了农民的生产积极性。改革开放后，我们虽然认识到“三农”问题的重要性，但对农业和农村的投入还很不够，农业发展明显滞后于工业，农业基础薄弱的状况至今仍制约着“三农”问题的解决，城乡发展的差距仍在拉大。从统计数据看，城乡居民收入之比已从上世纪80年代中期的1.8∶1扩大到了2005年的3.2∶1；而从实际情况看，考虑到我国农村的特殊情况，有专家估计，这一差距应有6∶1，大大超过了世界上的许多国家。更为重要的是，由于城镇劳动生产率始终高于农业劳动生产率，这就决定了城镇收入增幅必然高于农民收入，如果农村没有特殊的政策支持，则城乡差距的扩大趋势将难以扭转。可以说，目前我国城乡关系不协调，是社会最大的不和谐，是构建社会主义和谐社会的最大障碍。

第二，区域发展不协调。改革开放以前，为了追求均衡发展，采取投资均分的方式，把有限的资源分散到各个领域，结果不仅没有实现均衡发展，反而导致整体落后。改革开放以来，我们改变了过去分散投资的思路，通过重点投资促使一部分地区、一部分产业率先发展。实践证明，这条路径对于发展中国家实施追赶战略是比较可行的。但是，由于长期倾斜式发展，使本已存在的地区发展不平衡进一步扩大。资料表明，1990年以来，上海与河南的差距从5.5倍扩大到6.2倍，与贵州的差距从7.3倍扩大到13倍。地区之间如此大的差别，在国际上是少见的。2002年欧盟15国，24个地区之间最大的差距只有2.4倍。更为重要的是，由于这些差距的存在，使得中西部地区的农村劳动力，通过农民进城务工、经商等形式，大量流入东部经济发达地区。其中大部分人是青壮年劳力，也有一部分是有高学历的人才。他们创造的巨额财富都留在输入地了，使富者愈富、穷者愈穷。可以看到，如果不采取相应的经济社会政策，这种地区差距还会扩大。尤其值得关注的是，这种区域发展的不协调，不仅导致了商品、资本、技术的区域化排浪式转移受阻，而且还导致了“孔雀东南飞”和一年一度世界上最大规模的人口迁徙，这给我国交通运输和社会管理带来的压力是空前的。

第三，经济社会发展的不协调。改革开放以来，我国经济实现了年均9%以上的高速增长。但在经济快速增长的同时，各种社会矛盾也日益凸现出来。其一，就业增长缓慢。在改革初期，经济每增长一个百分点会带动约0.4%的就业增长，但到了2000年，这一拉动作用降低到只有0.1%，目前这种下降趋势还在持续。其二，收入差距不断扩大。改革以来，我们在经济发展中采取的是差异性政策，这一政策使得一部分地区、行业和社会群体率先发展，形成了较为明显的发展差距，目前，收入差距已经超过公认的国际警戒线。据2004年联合国人类发展报告中的基尼系数：中国已高达0.45—0.53，高于美、法、日、英、德、韩等国的0.3—0.4。这种差距的存在，使得富者越富、贫者越贫的马太效应在发挥作用，而且还引起了富者过度储蓄和穷人的紧缩消费。据估算，在金融资产和储蓄存款中，60%—80%为20%的高收

入者所占有，而80%的中低收入者虽对消费有较大需求，但购买力低下，这对经济的可持续发展是不利的。同时，贫富悬殊还会导致社会矛盾的激化，如群体性事件、各种社会治安案件、刑事案件均呈上升趋势。其三，社会保障体系矛盾突出。改革开放后，计划经济体制下的社会保障体系逐步退出，但是新的社会保障体系并没有迅速建立和完善，医疗、失业、养老、住房等方面的矛盾比较突出，群众的意见较大，各种集体上访、犯罪事件频繁发生。比如，在养老方面，目前我国面临巨大压力。按国际标准，如果65岁以上人口超过7%，就是老龄化国家。我国在2000年就达到7%，进入了老龄化国家。一般地说，经济发达国家才成为老龄化国家，而我国是未富先老。另据有关资料估算，在全国60岁及以上的1.4亿多人口中，贫困人口约有2000—2500万人，贫困率达13%—17%，平均6个老年人中就有一个贫困人口，而且主要分布在农村。这使我国的社会保障面临更大的压力，解决起来困难也更大。此外，一些社会成员诚信缺失、道德失范问题，也是当前我国社会建设需要着力解决的问题。

第四，人与自然之间不协调。我国的经济增长对能源资源的严重依赖，使得这种增长越来越接近资源和环境约束的边界。以石油为例，根据国际能源署（IEA）最新估计，如果一切照旧，到2020年，石油外部依赖率将达到75%，而这个数字在1995年仅为7.6%。石油、铁矿石短缺导致国际市场价格上涨，进而导致经济增长成本上升。粗放型的增长模式，还使环境问题越来越突出，人们的生活质量受到影响。

第五，国内发展与对外开放不协调。主要表现为，经济发展对外依赖性明显，内需不足的矛盾进一步突出。2005年上半年9.5%的经济增长率中，有5.7个百分点是外需拉动的。但是，利用外资、增加外需也带来一些关联性影响，诸如加剧了经济外资化倾向、提高了经济的外贸依存度、形成了所谓的“打工经济”。经济发展对外依赖性的增强，对于我们扩大内需和加强国民经济的控制力都带来不利影响，内需不足已经成为制约我国经济健康发展的瓶颈。特别是加入WTO以来，中外贸易摩擦加剧，汇率政策面临巨大国际压力等，都使中央政府在经济上处理内外关系面临更多挑战。

应该说，社会主义和谐社会包含着上述五个关系的和谐。因而，上述五个不协调，也是我国目前构建社会主义和谐社会迫切需要解决的突出矛盾。这些问题的产生虽然原因复杂，但与社会事业发展滞后不无关系。这些矛盾的解决，无一不需要社会事业的大发展。城乡以及区域发展的不协调，与城乡及区域社会事业发展的不平衡密切相关，尤其是因科技、教育、卫生事业发展的不平衡。如果能够统筹城乡、区域社会事业的均衡发展，将有助于解决城乡、区域劳动生产率差距扩大，以及农村剩余劳动力的远距离转移等问题。同时，对缓解人与自然、国内发展与对外开放之间的矛盾，也将产生重要的积极影响。

总之，如果没有社会事业的大发展，就不会有真正意义上的社会和谐；如果不能更加注重发展社会事业，社会主义和谐社会的奋斗目标就不可能真正实现。

（作者：国防大学马克思主义教研部副教授、硕士生导师；武警指挥学院硕士研究生）

第七部分

改革开放30年的回顾与展望

改革创新　跨越发展
走中国特色自主创新道路
——中国科学院30年改革开放的实践与启迪

路甬祥

改革开放30年来，我国的科技事业发生了历史性的变化：从科学技术是第一生产力的提出，到实施科教兴国战略和可持续发展战略；从尊重知识、尊重人才，到实施人才强国战略；从呼唤创新意识，到提高自主创新能力、建设创新型国家……中国科技的发展理念和发展战略不断与时俱进，体现了时代的要求，服务和支撑了经济社会的发展。在这一伟大的历史进程中，中国科学院作为国家战略科技力量，始终牢记历史使命，不断改革创新，努力发挥科技国家队的骨干作用和改革先行者的示范带动作用。

30年来，中国科学院持续研究国家战略需求和世界科技发展的新趋势、新特点，把握改革发展的新情况、新要求，科学前瞻，谋划未来

在我国科技发展的每个关键时期，中国科学院都积极发挥国家科学思想库的作用，及时提出关系我国科技全局和长远发展的战略建议。1975年，邓小平同志领导、胡耀邦同志主持的中国科学院治理整顿工作，为邓小平同志提出"科学技术是生产力"、"知识分子是工人阶级的一部分"、"四个现代化关键是科学技术的现代化"等著名论断，做了实践探索和思想准备。1978年，中国科学院积极参与了全国科学大会的筹备工作，邓小平同志在大会上发表了重要讲话。科技界开始拨乱反正，恢复正常科研秩序，落实知识分子政策，迎来了科学的春天。

1984年，中国科学院率先建立了面向全国的科学基金，为国家自然科学基金的启动进行了有益的探索，有力地促进了我国基础研究特别是高校科研的发展。1986年，4位中国科学院学部委员（院士）针对当时世界高技术快速发展的态势，向邓小平同志提出了《关于跟踪研究外国战略高技术的建议书》，邓小平批示"此事宜速作决断，不可拖延"，促成了我国"863计划"的形成与实施。1997年，中国科学院向中央提交了《迎接知识经济时代，建设国家创新体系》的战略研究报告，科学分析了初显端倪的知识经济给我国带来的机遇与挑战，系统提出了建设国家创新体系、实施知识创新工程试点的建议与思路。中央采纳了建议，作出了建设国家创新体系的重大决策。

2004年，中国科学院向中央提交了《创新促进发展，科技引领未来》的战略研究报告，提出"把我国建设成为具有强大自主创新能力并在国际竞争中处于主动地位的国家，成为人民充分享受科技创新实惠并对民族创新能力充满自信的国家"、"科技发展再也不能跟在他人之后亦步亦趋，而应选择重点实现跨越进而带动整体发展"、"科技是经济社会全面协调可持续发展最重要的基础资源"、"建立能够引领我国未来经济社会发展的雄厚的科技基础"等重要观点，系统阐述了"以人为本、创新跨越、竞争合作、持续发展"的科技发展理念，提出了正确处理好政府主导作用与市场基础作用、自主创新与引进技术、国防科技与民用科技、科技创新与人才培养以及原始科学创新、关键技术创新与系统集成创新五个关系，为我国新时期科技发展提供了新的思路。

在国家创新体系整体框架下，中国科学院持续开展战略研究，不断明晰战略定位，及时把党和国家对科技发展的新期望、新要求，融入中国科学院的价值理念和发展目标，适时提出改革发展的新任务、新思路。明确了“中国科学院作为国家战略科技力量，致力于解决关系国家全局和长远发展的基础性、战略性、先导性、系统性的重大科技问题，致力于培养适应国家发展要求的高水平科技创新与创业人才，致力于促进科技成果转移转化与规模产业化，致力于发挥国家科学思想库作用，致力于提升中国科学技术国际竞争力，引领我国自主创新和科技进步，支撑我国科学发展与和谐发展”的战略定位；确立了“面向国家战略需求，面向世界科学前沿，加强原始科学创新，加强关键技术创新与系统集成，攀登世界科技高峰，为我国经济建设、国家安全和社会可持续发展不断作出基础性、战略性、前瞻性的重大创新贡献”的新时期办院方针；确定了将中国科学院建设成为具有国际先进水平的科研基地、高级科技人才的培养基地和促进高新技术产业发展的基地，成为具有“一流的成果、一流的效益、一流的管理、一流的人才”的国家科研队伍的发展目标。

30年来，中国科学院坚持以发展科技第一生产力为中心，以提高创新能力为主线，凝练创新目标，优化科技布局，夯实发展基础，不断作出基础性、战略性、前瞻性的创新贡献

中国科学院作为国家战略科技力量，其布局对我国科技事业发展具有基础和引领作用。1978年，中国科学院恢复和重建“文革”中受到严重破坏的学科体系，逐步形成了学科齐全、侧重基础、侧重提高的科技布局。1987年，确立了“把全院主要力量动员和组织到为国民经济和社会发展服务的主战场，同时保持一支精干力量从事基础研究和高技术创新”的办院方针，在科技布局上约有40%的力量直接从事解决生产中的重大科技问题，30%从事资源环境有关问题研究，30%从事基础研究和高技术创新。1998年启动知识创新工程试点以来，中国科学院进行了建院以来涉及面最广、意义最为深远的科技布局调整，整合了一大批研究所，推进部分研究所整体转制，通过与地方和国际合作新建了若干研究所，培育了一批新的科技生长点。重点领域方向从以学科为基础的科技布局，逐步聚焦到关系我国当前和长远持续发展的战略必争领域，以提升科技创新能力为主线，重点建设科技创新基地，发挥综合优势，集中力量做大事。加强了大科学工程、科研装备体系、国家科学图书馆、科研与管理信息化、野外台站网络、植物园体系、标本馆、种质资源库等科教基础设施建设，整体科技布局更加适应我国经济社会发展战略需求和世界科技发展趋势。

在战略高技术、重大公益性创新和重要基础研究方面，中国科学院取得了一大批重大创新成果：建成我国第一个大科学装置——正负电子对撞机；成功实施黄淮海中低产田改造；完成人类基因组1%测序；率先研制成功“龙芯”系列通用CPU芯片和“曙光”、“深腾”系列超级计算机并实现大规模应用；成功解决青藏铁路建设中的冻土路基等关键技术；圆满完成载人航天工程、月球探测工程应用系统及相关任务；建成世界第一个全超导非圆截面托卡马克核聚变实验装置；先进功能晶体、激光物理、高温超导、生命进化和有机分子簇集等基础研究取得重大突破；量子信息、神经科学等取得重要进展；基因组测序与研究进入世界先进行列；纳米科技在世界前沿占有重要一席；为北京奥运会环境监测、节能减排、安全直饮水系统、防恐安全、信息网络系统等提供了关键核心技术和系统解决方案；在抗击汶川特大地震灾害中发挥科技和人才优势，在灾情监测、通讯保障、心理救助、灾后重建等方面提供了重要决策建议和技术手段。

30年来，中国科学院坚持以激发科技人员的创新活力为出发点，尊重和发挥科技人员的首创精神，用创新事业吸引和凝聚人才，在创新实践中识别和造就人才

1978年，根据邓小平同志“尊重知识、尊重人才”的指示，中国科学院率先落实知识分子政策，恢复专业技术职称评审与晋升，按照学有所用的原则，为8万余位科研工作者提供了专业研究岗位。1979年，中国科学院学部恢复活动，次年在全国范围内选举增补了283名中国科学院学部委员。1985年，中国科学院扩大了研究所的用人自主权，实行人员岗位的双向选择、公开招聘，实施专业技术职务聘任制。知识创新工程实施以来，实行“按需设岗、按岗聘用、竞争择优、合同管理”的岗位聘用制度，大批青年科技人才在竞争中脱颖而出，顺利完成了人才队伍的代际转移。同时，通过实行体现绩效优先、公正公平原则的分配制度，有效激发了科技人员的积极性。

在改革发展中，中国科学院不断用创新事业吸引和凝聚人才，在创新实践中识别和造就人才。1976年到1979年，通过与德国马普学会合作，在洪堡基金会的支持下，中国科学院向德国派遣访问学者和留学生150人，开启了改革开放后我国向国外派遣访问学者和留学生的先河。1978年，建立了新中国第一家研究生院，各研究所恢复了研究生招收培养工作，1982年开始授予博士和硕士学位，培养了新中国第一位理学博士、第一位工学博士、第一位女博士。1987年，实行了优秀青年科技人才晋升职称的特批制度，其后10年间全院共特批1600余人，多数人成为我国科技和管理骨干。1994年，率先出台了“百人计划”，这是我国第一个面向海外、以吸引和培养跨世纪高层次学术带头人为目标的人才计划，至2007年底，已累计支持优秀青年尖子人才1331人。

30年来，中国科学院坚持以深化改革为动力，解放思想，积极探索，破除制约和影响创新发展的各种旧观念，革除阻碍科技创新的各种体制机制障碍，适时推出重大改革举措和制度创新

1985年科技体制改革以来，中国科学院实行“一院两种运行机制”，扩大研究所在人事制度、拨款制度和科技布局调整方面的自主权。探索实施了开放实验室（研究所）制度，为国家重点实验室建设奠定了基础。同时，面向国民经济主战场，积极推动科技成果转移转化，创办了我国第一家高新技术企业，涌现出以联想集团为代表的规模化高技术企业；与深圳市政府共同创办了我国大陆第一个科技工业园区——深圳科技工业园，在推动我国科技园区的发展方面发挥了先导作用。

知识创新工程实施以来，中国科学院分期分批推动研究所进行创新工程试点，进一步凝练提升科技目标，改革人事制度，改革资源配置制度，改革创新项目组织方式，改革科技奖励制度，改革经营性国有资产管理，建立了科学公正的评价体系，制定了《中国科学院章程》和《中国科学院研究所综合管理条例》，基本建立了“职责明确、开放有序、评价科学、管理规范”的现代科研院所制度。在此基础上，积极探索科技创新基地管理模式，建立了持续开展战略研究的机制、发挥综合优势组织实施重大科技任务的机制、紧密结合创新项目培养造就战略科技专家和尖子人才的机制，形成了以研究所为点、科技创新基地为阵的矩阵式网格化的科技创新发展和管理模式。

30年来，中国科学院坚持扩大开放、联合合作，有效整合和利用创新资源，提升创新起点，构建科技创新价值链，促进科技成果转移转化，着力提升我国科技国际竞争力

早在1974年，中国科学院就与德国马普学会开展合作，开启了我国与西方发达国家科技合作的大门。1979年，邓小平访问美国期间，时任中国科学院院长的方毅与美方签订了两国高能物理合作协议，打开了中美在基础研究领域国际合作的窗口。经过30年的对外开放，中国科学院已成为国际科技界一支十分活跃和有影响力的科研团体。合作对象不断拓展，从科研机构为主拓展到重要国际科技组织、研究型大学和跨国公司等。合作方式不断丰富，从常规的交流互访发展到联合建立研究机构、联合组织重大国际科技合作项目和构建战略合作伙伴关系。目前，中国科学院与50多个国家和地区的重要研究机构、著名大学和重要国际组织签署了合作协议，年国际交流量已达数万人次，来访人次已超过出访人次。

1986年，中国科学院与国家计委、国家经委首次联合发布了推动产学研合作的文件，20余位院士提出了科技界与大企业紧密合作的倡议。特别是知识创新工程实施以来，中国科学院全面推进与国家创新体系各单元的联合合作，支持东部和中部地区产业结构升级、发展高新技术产业，组织实施西部行动计划、东北振兴计划、科技援藏、科技支新等工程。与地方共建研究机构、区域技术转移转化中心和科技园，与企业共建联合实验室或工程中心，与大学共建国家重点实验室、联合研究中心，联合培养研究生、联合承担国家基础研究项目等。积极推进院所投资企业与社会要素结合。2007年，知识技术转移与成果转化使社会企业形成销售收入623亿元，利税总额102亿元，为社会提供就业机会7.5万个。

30年来，中国科学院坚持以追求科学真理、服务国家目标和创新为民为己任，端正科学理念，建设创新文化，着力营造有利于创新创业、和谐奋进的环境与氛围

30年改革开放的进程，不断提升着我们的科学理念。继承科学共同体追求真理、造福人类的价值理念，适应20世纪以来科学研究与国家目标紧密联系的新态势，中国科学院形成了“科教兴国为己任、创新为民为宗旨”的科技价值观。大力弘扬科学精神，坚持实践是检验真理的唯一标准，坚持在真理面前人人平等，尊重学术自由，提倡学术争鸣，鼓励理性质疑，使科学家的首创精神受到鼓励、创新思想受到尊重、创新活动受到支持、创新成果得以推广和应用。自觉遵守人类社会的基本伦理，尊重自然系统的演化规律，珍惜和尊重自然与生命，尊重人的价值、尊严和平等权利，恰当运用科学技术，减少科学技术的负面影响。信守科研道德，诚实守信，严谨求实，尊重知识产权，鼓励团结协作，着力营造宽松和谐的学术环境。

总结中国科学院改革开放30年来的发展经验，一是始终坚持科学技术是第一生产力的战略思想，将面向国家战略需求和面向世界科技前沿紧密结合，不断明晰战略定位，不断凝练创新目标，着力提升自主创新能力；二是始终坚持立足中国国情，认知规律，不断前瞻，适时实施一系列科技发展战略，发挥代表国家最高水平的科技国家队和引领我国科技发展“火车头”的作用；三是始终坚持解放思想，改革创新，与时俱进，不断革新科技管理体制，更新观念，解放和发展科技生产力，发挥科技改革先行者的作用；四是始终坚持以人为本，以事业的发展凝聚人，以正确的价值观引导人，以良好的创新环境吸引人，以合理的待遇激励人，以创新实践培养造就人，充分发挥科技创新队伍的主动性和创造性，建设一流的科技创新队伍；五是始终坚持对外开放，以开放的心态对待人类创造的一切新知识，有效利用全球科技创新资源，在联合合作中共同发展。

展望我国现代化进程，在新的历史时期，中国科学院将坚持以科学发展观统领科技创新工作全局，进一步增强使命感、责任感和发展的紧迫感、危机感，解放思想，科学前瞻，开放合作，加快发展。在基础研究方面，聚焦于能够带动新技术变革、促进与引领产业发展的重大科学问题，建设以大科学装置为依托、开放共享的国家科技创新平台。在可持续发展研究方面，聚焦于人口健康、现代农业、资源环境等关系我国经济社会可持续发展的重大问题，提供系统的科学认知和解决方案。在战略高技术研究方面，聚焦于关系我国国际竞争力和国家安全的战略必争领域，突破关键核心技术，提供重大系统集成创新或系统解决方案。同时，要高质量地实现知识创新工程的总体目标，为深入贯彻落实科学发展观提供坚实的科学基础和有力的技术支撑，为全面建设小康社会、实现中华民族的伟大复兴作出无愧于时代、历史和人民的新贡献。

（作者：全国人大常委会副委员长、中国科学院院长）

改革开放30年宣传思想文化工作的回顾与展望

刘云山

今天我们召开座谈会，深入学习领会胡锦涛总书记在纪念党的十一届三中全会召开30周年大会上的重要讲话精神，回顾总结改革开放30年宣传思想文化工作的光辉历程和宝贵经验。我结合学习胡锦涛总书记重要讲话精神，结合30年宣传思想文化工作实践，谈谈自己的认识和体会。

一、认真学习、深入贯彻胡锦涛总书记重要讲话精神

胡锦涛总书记在纪念党的十一届三中全会召开30周年大会上发表的重要讲话，高瞻远瞩、立意深远，具有很强的理论性、战略性和指导性，通篇闪耀着马克思主义真理的光辉，进一步丰富了中国特色社会主义理论体系，是全党全国各族人民坚持不懈地推进改革开放伟大事业的政治宣言，是在新的历史起点上坚持和发展中国特色社会主义的纲领性文献，也是我们做好宣传思想文化工作的行动指南。学习领会胡锦涛总书记重要讲话，一是使我们对改革开放伟大意义的认识更加深刻。讲话把改革开放30年放到近一个世纪以来中华民族为实现伟大复兴进行的三次伟大革命的历史进程中来认识和把握，用“两个标志”、“一个显示”，高度评价了十一届三中全会对党和国家乃至整个中华民族的重大意义和历史性贡献。通过学习，我们更加深刻认识到改革开放是决定当代中国命运的关键抉择，是发展中国特色社会主义、实现中华民族伟大复兴的必由之路。二是使我们对党带领人民在改革开放历史进程中取得的辉煌成就和开创的伟大道路更加珍惜。讲话全面回顾了改革开放30年的伟大历程和辉煌成就，深刻阐述了党带领人民实现“两个伟大历史转折”、开辟“一条成功道路”的历史必然性。让人们更深刻地感到改革开放的巨大成绩和崭新局面来之不易，更深刻地领悟“两个只有”的伟大真理，这就是只有社会主义才能救中国，只有改革开放才能发展中国、发展社会主义、发展马克思主义。三是使我们对改革开放历史经验的理解更加深化。讲话深入系统阐述了我们党在30年改革开放创新实践中经过艰辛探索积累的“十个结合”的宝贵经验。这些宝贵经验贯穿着解放思想、实事求是、与时俱进的精髓，凝结着我们党对改革开放伟大实践的理性思考，反映着我们党对中国特色社会主义伟大事业规律性认识的进一步深化，政治分量很重，理论内涵丰富，是对建设中国特色社会主义丰富经验的集中概括，是党和国家弥足珍贵的精神财富。四是使我们对推进改革开放伟大事业的信心更加坚定。讲话描绘规划了“两个100年”的宏伟蓝图和奋斗目标，就是到我们党成立100年时建成惠及十几亿人口的更高水平的小康社会，到新中国成立100年时基本实现现代化，建成富强民主文明和谐的社会主义现代化国家。我们坚信，只要不动摇、不懈怠、不折腾，坚定不移地推进改革开放，坚定不移地走中国特色社会主义道路，就一定能胜利实现这一宏伟蓝图和奋斗目标。

学习好、宣传好、贯彻好胡锦涛总书记的重要讲话精神，是当前宣传思想文化战线的一项重要政治任务。我们一定要认真学习、深刻领会胡锦涛总书记重要讲话，切实把思想认识统一到讲话精神上来。一是通过认真学习领会讲话精神，进一步增强坚持“一面旗帜、一条道路、

一个理论体系”的自觉性坚定性。深入把握改革开放30年的伟大历程和辉煌成就，深入把握改革开放30年的宝贵经验，充分认识到30年的改革开放归结起来就是举起了一面旗帜、开辟了一条道路、形成了一个理论体系，进一步做到思想上坚信不疑、行动上坚定不移，决不走封闭僵化的老路，也决不走改旗易帜的邪路，而是坚定不移地走中国特色社会主义道路。二是通过认真学习领会讲话精神，进一步增强贯彻落实科学发展观的自觉性坚定性。把学习领会讲话精神作为深入学习实践科学发展观活动的重要内容，把讲话精神贯彻到学习实践活动的各个环节，以讲话精神推动学习实践活动的深入开展，引导广大党员干部进一步深化对科学发展观的重大意义、科学内涵、精神实质和根本要求的理解，掌握贯穿其中的马克思主义立场观点方法。三是通过认真学习领会讲话精神，进一步增强坚持改革开放的自觉性坚定性。进一步坚定走中国特色社会主义道路、推进改革开放和社会主义现代化建设事业的信念，不断适应国内外形势的新变化，顺应人民群众的新期待，坚持不懈地把改革创新精神融入到工作的各方面、贯穿到全过程，继续解放思想、坚持改革开放、推动科学发展、促进社会和谐，为夺取全面建设小康社会新胜利而奋斗。四是通过认真学习领会讲话精神，进一步增强统一思想、坚定信心、战胜困难的自觉性坚定性。宣传思想文化战线贯彻讲话精神，要多做统一思想、凝聚力量的工作，多做增强信心、振奋精神的工作，多做促进改革发展、维护稳定和谐的工作，引导人们充分认识克服国际金融危机影响、实现经济平稳较快发展，必须深入贯彻落实科学发展观，坚定不移地走改革之路、开放之路，走科学发展之路，进一步增强战胜困难、共克时艰的巨大勇气和必胜信心。五是通过认真学习领会讲话精神，进一步增强在新的历史起点上开创宣传思想文化工作新局面的自觉性坚定性。胡锦涛总书记在重要讲话中，无论总结辉煌成就、概括宝贵经验，还是规划未来、指明方向，都包含了宣传思想文化工作的丰富内容。我们要以讲话精神为指导，认真总结改革开放30年宣传思想文化工作的成功实践和宝贵经验，进一步深化规律性认识，推动宣传思想文化工作开创新局面、迈上新台阶。

二、深刻认识改革开放30年宣传思想文化工作的光辉历程、巨大成就和宝贵经验

在改革开放30年波澜壮阔的历史进程中，宣传思想文化工作努力抓住机遇，勇于迎接挑战，逐步实现“四个历史性转变”。一是从“以阶级斗争为纲”向以经济建设为中心、服从服务于改革开放和社会主义现代化建设转变。在这一进程中，宣传思想文化工作深刻把握、充分体现社会主义初级阶段的要求，进一步明确了指导思想、职能定位、工作方针和基本任务，在坚定不移地推进改革开放和社会主义现代化建设中开启了新时期。二是从适应计划经济体制向适应社会主义市场经济体制转变。在这一进程中，党的宣传思想文化工作深刻把握、充分体现中国特色社会主义经济基础的要求，进一步创新观念思路、体制机制、方式方法，在推动社会主义市场经济体制不断完善中开创了新局面。三是从封闭半封闭向适应全方位对外开放和信息技术迅猛发展转变。在这一进程中，党的宣传思想文化工作深刻把握、充分体现经济全球化、信息化的要求，视野更加开阔、领域不断拓展、手段更加先进，影响力、感召力进一步提高，在有力推动经济社会全方位对外开放中迈上了新台阶。四是从适应温饱不足到总体小康向适应全面建设小康社会转变。在这一进程中，党的宣传思想文化工作深刻把握、充分体现推动科学发展、促进社会和谐的要求，积极促进社会全面进步和人的全面发展，积极推动文化与经济、政治、社会的协调发展，在全面建设小康社会进程中进入了新境界。

30年来，宣传思想文化战线以高度的政治责任感和历史使命感，坚决贯彻中央决策部署，

全面推进各项工作，为推动党的理论创新成果深入人心、打牢全党全国人民团结奋斗的共同思想基础做出重要贡献，为促进改革发展稳定、推进社会主义现代化进程做出重要贡献，为丰富人民群众精神文化生活、提高全民族思想道德素质做出重要贡献。与此同时，宣传思想文化工作在改革中前进、在创新中发展，内容领域不断拓展，方法手段不断改进，体制机制不断完善，活力实力得到增强，队伍素质明显提高，实现了与时代发展同步伐，与党和国家事业齐发展。

改革开放30年，是党的宣传思想文化工作坚持不懈地推动马克思主义中国化，推动中国特色社会主义理论体系宣传普及，把全党全国各族人民团结和凝聚在中国特色社会主义伟大旗帜下的30年。用马克思主义立场、观点、方法研究解决中国的实际问题，是推动中国特色社会主义理论和实践不断发展的重要前提。30年来，宣传思想文化战线把学习中国特色社会主义理论体系作为一项根本战略任务，着力在武装头脑、指导实践、推动工作上下功夫，兴起学习邓小平理论、"三个代表"重要思想和科学发展观的高潮，先后编辑出版《邓小平文选》、《江泽民文选》、《科学发展观重要论述摘编》，组织编写并印发理论学习纲要和学习读本，开展重大主题宣传活动，推动用发展着的马克思主义指导新的实践。30年来，把马克思主义理论研究和建设作为一项基础工作，坚持以改革开放和现代化建设中的实际问题、以我们正在做的事情为中心，研究新情况，探索新办法，解决新问题，实施马克思主义理论研究和建设工程，建设反映马克思主义中国化最新成果的哲学社会科学学科体系和教材体系，全面系统准确阐述马克思主义中国化最新成果的深刻内涵、精神实质和基本内容，努力回答改革开放和社会主义现代化建设中的重大理论与实际问题，形成一批有价值的研究成果，为党的理论创新提供有力的学理支撑。30年来，把马克思主义中国化最新成果的宣传普及作为一项重要任务，积极推动马克思主义的大众化和通俗化，用干部群众喜闻乐见的形式、通俗易懂的语言，进行深入浅出的阐释，制作播出电视理论专题片，组织编写系列通俗理论读物，积极探索网上理论宣传新方式，使党的理论创新成果日益深入人心。

改革开放30年，是党的宣传思想文化工作坚持不懈地把握正确导向，不断巩固壮大积极健康向上的主流舆论，为促进改革发展、维护社会和谐稳定营造良好舆论环境的30年。改革开放和社会主义现代化建设离不开良好的舆论环境。30年来，宣传思想文化战线坚持团结稳定鼓劲、正面宣传为主的方针，唱响主旋律、打好主动仗，精心组织重大主题和重大节庆、纪念日宣传，围绕党和国家重要会议、重大活动、重大事件组织策划实施一系列重大宣传战役，唱响了共产党好、社会主义好、改革开放好、人民军队好、人民群众好、伟大祖国好的时代主旋律。30年来，不断提高舆论引导能力，积极改进创新典型宣传、热点引导、舆论监督，做好突发公共事件的舆论引导。重视发挥互联网、手机等新兴媒体的作用，推动形成定位明确、特色鲜明、功能互补、覆盖广泛的舆论引导格局。30年来，探索构建全方位、多层次、宽领域的大外宣格局，积极主动地向世界宣传介绍中国，回应国际社会关切，有针对性地开展国际舆论斗争，树立良好国家形象，推动形成于我有利的国际舆论环境。全面实施文化"走出去"战略，举办中国文化主题活动，建立海外中国文化机构，大力推动主流媒体境外落地，中华文化的国际影响力不断扩大。

改革开放30年，是党的宣传思想文化工作坚持不懈地提高公民思想道德素质和社会文明程度，重在建设、贵在坚持、着眼长远、注重过程，成功地探索出一条社会主义精神文明建设路子的30年。社会主义精神文明是中国特色社会主义的重要特征。30年来，宣传思想文化战线引导广大干部群众深刻认识社会主义精神文明建设是全面建设小康社会的重要内容，是实现中华民族伟大复兴的显著标志，是坚持社会主义道路、进行现代化建设、促进全面改革和对外开放的重要保证；引导广大党员干部不断增强“两手抓，两手都要硬”的自觉性坚定性，不断深化对社会主义精神文明建设规律的认识。30年来，紧紧围绕培育有理想、有道德、有文化、有纪律的社会主义公民这一根本任务，深入开展爱国主义、集体主义和社会主义的宣传教育，大力弘扬以爱国主义为核心的民族精神和以改革创新为核心的时代精神，大力弘扬伟大抗洪精神、抗击非典精神、抗震救灾精神、北京奥运精神、载人航天精神，树立了一大批在全社会产生广泛影响的重大典型。实施公民道德建设工程，大力倡导公民道德规范，弘扬和践行社会主义荣辱观，评选表彰全国道德模范，加强社会公德、职业道德、家庭美德、个人品德建设，加强未成年人思想道德建设和大学生思想政治教育，全民族的思想道德素质明显提升。30年来，结合社会主义市场经济发展要求，抓住人民群众最关心最直接最现实的利益问题，开展“五讲四美三热爱”活动，开展文明城市、文明村镇和文明行业创建活动，形成了“讲文明、树新风”、“三下乡”、“四进社区”、“百城万店无假货”和志愿服务等创建活动品牌，大力发展红色旅游，健康向上、文明和谐成为社会风气的主流。

改革开放30年，是党的宣传思想文化工作坚持不懈地推动中国特色社会主义文化建设，大力解放和发展文化生产力，促进文化建设与经济、政治、社会建设协调发展的30年。文化是民族的血脉和灵魂，是衡量社会文明程度和人民生活质量的显著标志。30年来，宣传思想文化战线积极稳妥推进文化体制改革，探索建立党委领导、政府管理、行业自律、企事业单位依法运营的文化宏观管理体制。坚持以政府为主导，鼓励社会参与，加快公益性文化事业发展，积极构建覆盖全社会的公共文化服务体系，实施全国文化信息资源共享、广播电视“村村通”、农村电影放映、农家书屋等文化惠民工程，公共文化服务主渠道发展迅速，文化基础设施建设成果突出。坚持以市场为导向，调动社会力量，紧紧抓住经营性文化单位转企改制这个重点，推动经营性文化产业在市场竞争中不断壮大，一批跨行业经营、有竞争力的大型文化骨干企业和企业集团相继建立，一批文化产业园区、产业基地和特色产业群陆续形成，新的文化业态不断涌现，文化生产能力大大提高。30年来，坚持“二为”方向和“双百”方针，尊重作家艺术家的创造性劳动，尊重精神产品创作规律，大力实施精品战略，充分发挥精神文明建设“五个一工程”、国家舞台艺术精品工程、国家重点出版工程的示范带动作用，涌现了一大批展示中国特色、反映时代风貌、思想性艺术性观赏性俱佳的精品力作。30年来，坚持一手抓繁荣，一手抓管理，不断健全管理体制和工作机制，努力做到科学管理、依法管理、有效管理。不断完善政策法规，加大执法力度，提高执法水平，大力加强文化市场管理，深入开展“扫黄打非”斗争，切实保护知识产权。

改革开放30年，是党的宣传思想文化工作坚持不懈地抓好队伍和人才建设，切实加强和改进知识分子工作，宣传思想文化工作队伍整体素质全面提升的30年。做好宣传思想文化工作，归根到底要靠人才、靠队伍。30年来，宣传思想文化战线坚持党管干部、党管人才原则，按照干部队伍“四化”方针和德才兼备原则，加强各级领导班子建设，特别是选好配好一把手，确保宣传思想文化战线领导权始终掌握在忠于党和人民的人手里。30年来，认真落实党的知识分子政策，鼓励和引导广大知识分子坚持为人民服务、为社会主义服务的方向，最大限度地把知识分子团结和凝聚在党的周围。组织实施全国宣传文化系统“四个一批”人才培养工程，在理论、新闻、文艺、出版，以及文化经营管理和专门技术等领域培养造就了一批领军人物和高层次专门人才，各领域专业人才数量迅速增长。30年来，突出抓好队伍的思想政治建设，认真组织“三讲”教育活动，开展保持共产党员先进性教育活动，开展深入学习实践科学发展观活动，开展“三项学习教育”活动。逐步建立全方位、多层次、多渠道、大规模的干部培训格局，举办各级党委宣传部长培训班、研讨班，举办高校哲学社会科学科研骨干、高校思想政治理论骨干教师和人才建设研修班，安排中青年骨干到基层挂职锻炼，队伍素质不断提高。

回顾这30年，宣传思想文化战线与全国人民一道走过了不平凡的历程，宣传思想文化工作伴随着中国特色社会主义实践不断与时俱进，逐步深化了对意识形态工作规律、社会主义文化建设规律、人的思想认识规律的认识，逐步增强了社会主义市场经济条件下做好宣传思想文化工作的本领，逐步完善了党委统一领导，党政各部门、社会各方面、各地区齐抓共管、各负其责的大宣传格局，形成了很多宝贵经验。最重要的有这样几点：一是必须始终坚持以中国特色社会主义理论体系为指导，坚定自觉同党中央保持高度一致。坚定不移地把中国特色社会主义理论体系作为宣传思想文化工作的根本指针，坚定不移地用中国特色社会主义伟大旗帜统一思想、凝聚力量，深入贯彻落实科学发展观，不断巩固马克思主义在意识形态领域的指导地位，不断巩固全党全国人民团结奋斗的共同思想基础。二是必须始终坚持以经济建设为中心，服从服务于党和国家工作大局。全面贯彻党的基本路线，牢牢把握正确导向，坚持以科学的理论武装人，以正确的舆论引导人，以高尚的精神塑造人，以优秀的作品鼓舞人，唱响主旋律，打好主动仗，努力为改革开放和现代化建设提供强大的思想保证、精神动力、舆论环境、文化条件。三是必须始终坚持以人为本、服务人民，贴近实际、贴近生活、贴近群众。牢记党的根本宗旨，尊重人民群众的主体地位和首创精神，了解群众的愿望和呼声，在满足人民群众的信息需求中有效引导舆论，在办实事办好事中逐步提高公民素质，在丰富人们精神文化生活中不断促进人的全面发展。四是必须始终坚持社会主义先进文化前进方向，弘扬主旋律、提倡多样化。认真贯彻“二为”方向、“双百”方针，坚持经济效益和社会效益相统一，深入挖掘和弘扬传统文化有益价值，吸收借鉴世界各民族文化优长，善于从时代伟大实践中汲取新鲜养分，积极发展面向现代化、面向世界、面向未来的，民族的科学的大众的社会主义文化。五是必须始终坚持解放思想、实事求是、与时俱进，更好地体现时代性、把握规律性、富于创造性。把改革创新作为宣传思想文化工作的永恒主题，用时代要求审视宣传思想文化工作，以改革精神推动宣传思想文化工作，不断创新内容形式、创新体制机制、创新方法手段，改进宣传思想文化工作的领导方式、组织方式、工作方式、管理方式，努力使宣传思想文化战线在改革创新方面走在前列。六是必须始终坚持一手抓繁荣、一手抓管理，促进宣传文化事业持续健康发展。按照谁主管谁负责和属地管理的原则，把宣传思想文化工作同各领域的行政管理、行业管理、社会管理更加紧密地结合起来，综合运用法律、行政、经济、思想教育等手段提高管理效能，确保所属舆论阵地坚持正确舆论导向，确保所属文化单位提供健康向上的文化产品，确保所属互联网站等现代媒体不为有害信息提供传播渠道，确保所属高校、党校、社会科学研究单位成为宣传科学理论、弘扬先进文化的重要阵地。七是必须始终坚持重在建设，妥善处理意识形态领域的问题。坚持既尊重差异、包容多样，又有力抵制各种错误思想的影响，努力在多元中立主导、在多样中谋共识。正确区分学术问题、思想认识问题和政治问题，具体问题具体分析，是什么问题就解决什么问题，在什么范围发生就在什么范围解决，无论处理什么问题，都要有利于维护改革发展稳定的大局。八是必须始终坚持党对宣传思想文化工作的领导，不断提高驾驭意识形态领域复杂局面的能力。把意识形态工作摆在各级党委和政府的重要议事日程，自觉从政治上观察和处理问题，密切关注社会思想动态和文化发展趋势，着力提高驾驭意识形态复杂局面、引导社会思潮的能力，提高建设大众媒体、引导社会舆论的能力，提高发展文化事业和文化产业、满足人民群众精神文化需求的能力，提高借鉴世界优秀文化成果、促进我国文化发展繁荣和维护国家文化安全的能力，提高推动改革创新、激发全社会文化创造活力的能力。

三、在新的历史起点上开创宣传思想文化工作新局面

回顾历史，是为了更好地开辟未来。胡锦涛总书记要求全党清醒看到，在前进道路上，我们还会遇到这样那样的困难和风险，改革发展任重道远，全党同志一定要更加兢兢业业地工作，永远不辜负人民的信任和期望。宣传思想文化工作是党和国家工作的重要组成部分，在实现十七大描绘的宏伟蓝图的征程中担负着统一思想、凝聚力量的重大任务，担负着推动文化大发展大繁荣、兴起社会主义文化建设新高潮的重大使命。我们一定要从我国基本国情出发来认识和把握宣传思想文化工作面临的实际和所处的方位，从四位一体总体布局来认识和把握宣传思想文化工作的地位和作用，从伟大事业与伟大工程的联系互动中来认识和把握宣传思想文化工作的任务和使命，从国内国际两个大局的相互影响中来认识和把握宣传思想文化工作的环境。要清醒地看到，我国仍处于并将长期处于社会主义初级阶段的基本国情没有变，人民日益增长的物质文化需求同落后的社会生产之间的矛盾这一社会主要矛盾没有变，我们面临的重要战略机遇期没有变，同时改革进入关键时期，经济社会发展呈现出新的阶段性特征，面临一系列新矛盾、新课题、新任务，如何更好地围绕中心、服务大局，为继续解放思想、坚持改革开放、推动科学发展、促进社会和谐营造良好氛围，这是对我们的重大考验。要清醒地看到，文化建设是社会主义现代化建设事业四位一体总体布局的重要组成部分，随着人们生活水平不断提高和文化消费进入快速增长期，全社会对精神文化生活提出了新的更高期待，如何更好地维护人民群众基本文化权益，满足人们多层次、多方面、多样性的精神文化需求，这是对我们的重大考验。要清醒地看到，办好中国的事情关键在党，必须把党建设成为建设中国特色社会主义事业的坚强领导核心，如何为党的建设新的伟大工程提供有力思想保证，更好地推动党的思想、组织、作风、制度和反腐倡廉建设，这是对我们的重大考验。要清醒地看到，经济全球化趋势深入发展，科学技术日新月异，国际环境中不确定、不稳定、不安全因素明显增多，世界范围各种思想文化交流、交融、交锋日益频繁，国内社会思想意识多样、多元、多变特征更加凸显，如何用中国特色社会主义伟大旗帜凝聚社会共识，引导人们坚定不移地走中国特色社会主义道路，这是对我们的重大考验。

现在，我们已站在了新的历史起点上，在未来的征程中，宣传思想文化工作任重道远、大有可为。社会发展进步为宣传思想文化工作提供了更加广阔的舞台，党和人民事业的深入推进呼唤宣传思想文化工作发挥更大作用。我们一定要自觉承担起时代赋予的历史使命，深入学习领会胡锦涛总书记关于意识形态工作、文化建设的一系列重要指示，全面贯彻落实高举旗帜、围绕大局、服务人民、改革创新这一总要求，把握正确方向、着力把广大人民群众团结凝聚在中国特色社会主义伟大旗帜下，认清肩负职责、着力为推动改革发展稳定营造良好氛围，牢记根本宗旨、着力满足人民群众日益增长的精神文化需求，坚持与时俱进、着力增强宣传思想文化工作的吸引力感染力，努力在新的历史起点上开创宣传思想文化工作新局面。

第一，扎实推进社会主义核心价值体系建设，更好地凝魂聚气、强基固本。社会主义核心价值体系是社会主义意识形态的本质体现，是当代中国人民的主心骨。在我们这样一个发展中的社会主义大国，要把13亿人民团结起来共同前进，必须大力推进社会主义核心价值体系建设，在全社会形成共同理想信念、强大精神力量和良好道德风尚。我们要把社会主义核心价

值体系建设作为宣传思想文化工作的主线，坚持不懈地用马克思主义中国化最新成果武装全党、教育人民，用中国特色社会主义共同理想凝聚力量，用民族精神和时代精神鼓舞斗志，用社会主义荣辱观引领风尚。建设社会主义核心价值体系，绝非一日之功，必须立足当前、着眼未来，多做打基础、利长远的工作，既加强面向社会的宣传教育，又突出青少年这个重点，既营造浓厚氛围，又建立有效机制，积极探索用社会主义核心价值体系引导社会思潮的有效途径，努力把社会主义核心价值体系转化为社会群体意识和自觉行动，凝聚起13亿人民的强大力量，形成中华民族共有的精神家园。

第二，进一步提高舆论引导能力，掌握话语权、赢得主动权。新闻舆论处于意识形态领域前沿。在未来经济社会发展中，舆论的作用和影响将会越来越大。当今时代，信息技术快速发展、媒体格局深刻变化、舆论环境日益复杂，能不能提高舆论引导能力，巩固和发展积极健康向上的主流舆论，是我们必须研究解决的一个重大课题。要把体现党的主张与反映人民心声统一起来，把坚持正确导向与通达社情民意统一起来，把正面宣传为主与加强改进舆论监督统一起来，牢固树立政治意识、大局意识、阵地意识，始终把正确导向放在首位，坚持团结稳定鼓劲、正面宣传为主，高举伟大旗帜，唱响奋进凯歌，形成积极健康向上的主流舆论。新闻舆论的竞争说到底是话语权的争夺。要按照导向正确、及时准确、公开透明、有序开放、有效管理的要求，不断推进新闻宣传的改进创新，不仅显著增强把握正确导向的自觉性，而且显著提高舆论引导的有效性，努力掌握话语权、赢得主动权。

第三，更加自觉、更加主动地推动文化大发展大繁荣，不断提高国家文化软实力。中华民族的伟大复兴，必然伴随中华文化的繁荣兴盛。党的十七大突出强调了文化建设的极端重要性，对兴起社会主义文化建设新高潮、推动文化大发展大繁荣作出全面部署。当前和今后一个时期宣传思想文化工作的一项重要任务，就是认真贯彻党的十七大精神，推动社会主义文化大发展大繁荣。实现这一战略任务，关键要有文化建设的大视野，就是把文化建设放在全党全国工作大局中来思考，放在全球化的大背景下来谋划；要有文化生产力的大解放，就是要通过深化改革和科技进步，努力营造有利于出精品、出人才、出效益的文化发展环境；要有文化发展的大格局，就是坚持两手抓，推动形成文化事业和文化产业两促进、两加强的良好局面；要有文化创造的大手笔，就是顺应时代发展要求，以大的气魄、大的思路、大的举措推动文化繁荣发展。要营造有利于文化建设的浓厚氛围，让一切文化创造的活力竞相迸发，让一切文化创造的源泉充分涌流，让一切有志于文化创造的建设者积极性得到充分发挥。

第四，切实增强国内国际传播能力，构建传输快捷、覆盖广泛的现代传播体系。传播力决定影响力。当今时代，谁的传播手段先进、传播能力强大，谁的文化理念和价值观念就能更广泛地流传，谁就能更有力地影响世界。构建覆盖广泛、技术先进的现代传播体系，形成与我国经济社会发展水平和国际地位相称的传播能力，已经成为一项十分紧迫的战略任务。要加大投入和支持力度，推动我国主流媒体特别是中央重点媒体提高整体实力，逐步实现由国内发展为主、兼顾国际向国内国际并重发展转变，建设语种多、受众广、信息量大、影响力强、覆盖全球的国际一流媒体。要注意加强宣传效果的分析和反馈，善于运用现代化手段和国际通用规则，提高我国新闻信息的自采率、首发率、落地率，使我们的图像、声音、文字、信息更广泛地传播世界各地，进入千家万户。

第五，充分发挥互联网等新兴媒体的积极作用，占领信息化条件下宣传舆论的制高点。互联网的产生和广泛普及，带来了传播方式的革命性变革和舆论格局的深刻变化。现在，互联网正以难以想象的速度在发展，日益渗透到社会生活的各个角落，越来越成为人们了解信息、学习知识、休闲娱乐的重要渠道。在这种形势下做宣传思想文化工作，如果对互联网、手机等新兴媒体不高度重视、不善于运用，就会陷入被动，更谈不上扩大覆盖面、增强影响力。必须紧紧抓住信息化的历史机遇，按照大力发展、充分运用、积极引导、有效管理的要求，优化资源配置、完善政策保障，着力建设一批综合实力强、在国内外有广泛影响的重点新闻网站。要通过全社会的共同努力，把互联网建设成为传播社会主义先进文化的前沿阵地、提供公共文化服务的有效平台、促进人们精神文化生活健康发展的广阔空间。

第六，努力造就一支宏大的人才队伍，为开创宣传思想文化工作新局面提供有力保障。这些年，随着宣传文化事业的快速发展，宣传思想文化工作队伍不断壮大。未来伴随宣传思想文化工作领域的不断拓展，将需要更多的人才投身党的宣传事业。同时要看到，我们正处在大发展大变革的时代，有许多新情况需要去探索，有许多新领域需要去熟悉，有许多新知识需要去掌握，对宣传思想文化工作者的政治素养、知识结构、精神状态和工作本领提出了新的更高要求。必须把队伍建设作为一项关系长远的战略工程，拓宽选拔视野，加强教育培训，注重实践锻炼，把调动体制内人才积极性与发挥体制外人才作用结合起来，努力建设一支适应形势发展要求的宏大的宣传思想文化工作队伍。作为党的宣传思想文化工作者，我们一定要进一步增强党的意识，忠诚党的事业，树立坚定的政治立场、宽广的战略眼光和崇高的职业精神，不断提高运用马克思主义立场、观点、方法分析和处理问题的能力，不断增强在复杂形势下做好宣传思想文化工作的本领，努力在为人民服务、为社会主义服务过程中实现自身的人生价值。

纪念改革开放30年，重温光荣与辉煌，我们倍感自豪、倍感骄傲；展望未来征程，我们充满希望、充满力量；面对前进道路上的风险和考验，我们信念坚定、信心百倍。让我们紧密团结在以胡锦涛同志为总书记的党中央周围，以更加饱满的热情、更加豪迈的气魄，鼓舞全国各族人民奋力开拓中国特色社会主义更为广阔的发展前景，铸就党的宣传思想文化工作的新辉煌！

（此文是刘云山同志2008年12月25日在中央宣传文化单位负责同志座谈会上的讲话，《求是》发表时有删节）

改革开放以来的中国外交

杨洁篪

1978年，中国共产党召开具有重大历史意义的十一届三中全会，开启了改革开放历史新时期。这场历史上前所未有的大改革大开放，使当代中国同世界的关系发生了历史性变化，也使中国外交进入了崭新的历史时期。30年来，在党中央坚强有力的领导下，我们顺应形势，开拓进取，把握机遇，化解挑战，取得了举世瞩目的辉煌成就。中国国际地位显著提高，国际影响日益扩大，与世界各国友好合作关系全面发展。刚刚结束的北京奥运会盛况空前，标志着中国将以更加开放的姿态活跃在世界舞台上。

一、改革开放以来的中国外交经历了三个重要历史发展时期，外交工作取得了重要成就

（一）20世纪70年代末到80年代末，东西

方“冷战”逐步接近尾声，世界多极化趋势日益发展。邓小平同志高瞻远瞩，抓住机遇，及时作出一系列重大战略调整，打开了我国外交工作的新局面。

首先，科学判断形势，从根本上调整外交战略。邓小平同志对国际形势和时代主题作出新的科学判断，指出和平与发展是当今世界两大主题，世界大战并非不可避免和迫在眉睫。这为我们集中精力搞经济建设提供了重要依据，也为对外政策的一系列重大调整提供了条件。

第二，提出独立自主和不结盟，改善和发展同各主要大国的关系。调整联合一切力量制衡苏联的“一条线”战略，不与任何大国或国家集团结盟，不以意识形态定亲疏。1979年1月，中美正式建交，两国各领域交流与合作稳步发展。逐步缓和同苏联的关系，于1989年5月实现了中苏关系正常化。同日本、西欧及东欧国家的务实合作有了长足发展。

第三，妥善处理同邻国的历史遗留问题，促进与周边国家关系的改善和发展。调整对东南亚国家的政策，注意严格区分党际关系与国家关系，使我国同东南亚国家的双边关系有了很大改善。提出解决中印边界问题的五点方针，同印度恢复高级互访和边界谈判。

第四，推动同广大发展中国家的务实合作。提出“平等互利、讲求实效、形式多样、共同发展”经济合作四原则，开展形式多样的经济合作，使我国与发展中国家关系有了更深厚的经济基础。

第五，在国际和地区事务中发挥作用，扩大国际影响。积极参与柬埔寨问题的政治解决进程，为缓和东南亚地区紧张局势发挥了重要作用。为阿富汗问题的解决作出了自己的贡献。

第六，创造性地提出“一国两制”构想，推进祖国统一大业。1982年，邓小平同志提出按“一国两制”原则收回香港。经过艰苦谈判，中国政府于1984年12月和1987年4月，分别与英国和葡萄牙政府就对香港、澳门恢复行使主权签署联合声明。

(二)20世纪80年代末，世界进入新旧格局交替时期。以江泽民同志为核心的第三代中央领导集体，创造性地继承和发展邓小平外交思想，我国外交工作取得新的成就。

第一，坚持原则性和灵活性相结合，顶住国际压力，打破西方“制裁”。1989年春夏之交北京发生政治风波后，西方国家对我采取“制裁”措施，我坚持原则、顶住压力、多做工作。1989年底，日本率先恢复对华政府援助。从1990年底起，我国同西欧国家逐步恢复高层互访。1993年，江泽民主席与美国总统克林顿会晤，结束了1989年6月以来中美没有元首会晤的不正常局面。

第二，推动同各大国建立面向21世纪的新型合作关系，构筑有利的大国关系框架。1996年，中俄建立战略协作伙伴关系。2001年，中俄签署《睦邻友好合作条约》，将“世代友好”的和平思想用法律形式固定下来。1997年，中美决定共同致力于建立建设性战略伙伴关系，表明两国愿共同积极寻求发展一种长期稳定的、合作性而非对抗性的关系。1998年，中国与欧盟建立建设性伙伴关系，与日本建立友好合作伙伴关系。

第三，发展睦邻友好，营造有利的周边环境。继与印尼复交、与新加坡和文莱建交、与越南和老挝关系正常化后，1997年中国与东盟确定建立睦邻互信伙伴关系。在与朝鲜保持传统友好关系的同时，实现同韩国关系正常化。在中亚继与中亚五国建交后，又与俄罗斯共同推动成立上海合作组织。我还与绝大多数陆上邻国解决了边界问题。

第四，加强同发展中国家的团结与合作。2000年，中国和非洲国家共同倡议成立“中非合作论坛”。我国同不结盟运动、77国集团等发展中国家组织加强了联系和协调。

第五，广泛参与国际事务，维护世界和平，促进共同发展。全面参与多边外交各领域的活动，并开始积极参加联合国维和行动。2000年9月，江泽民主席参加联合国千年首脑会议，倡议举行安理会五个常任理事国领导人首次会晤。我国成功承办2001年亚太经合组织领导人非正式会议。

第六，捍卫国家主权、领土完整和民族尊严，推进祖国统一大业。恢复对香港、澳门行使主权。多次挫败台湾当局“重返联合国”图谋，挫败世界卫生大会涉台提案。在联合国人权委员会上多次挫败西方国家的反华提案。妥善处理了我国驻南斯拉夫使馆遭袭和我国军机被撞事件。

(三)进入21世纪以来，国际形势处于深刻演变之中。以胡锦涛同志为总书记的党中央冷静分析国内外形势，紧紧抓住战略机遇期，高举和平、发展、合作的旗帜，我国对外工作取得新的重大进展。

第一，与主要大国关系稳定发展。中俄两国战略协作伙伴关系全面深入快速发展，进入历史最好时期。中美同意全面推进21世纪建设性合作关系。我国同欧盟及其主要成员国建立了全面战略伙伴关系。2008年5月，胡锦涛主席对日本成功进行“暖春”之旅，开创中日战略互惠关系新局面。我国同各主要大国启动战略对话磋商机制。

第二，同周边国家睦邻友好合作关系进一步扩大和深化。我国同印度、印尼等国建立不同形式的战略伙伴关系，同哈萨克斯坦等国签订友好合作条约。推动上海合作组织成员国缔结长期睦邻友好合作条约，上合组织进入全面务实合作阶段。我国作为首个非东盟国家加入《东南亚友好合作条约》，东盟—中国(10＋1)、东盟—中日韩(10＋3)合作成果显著。推动南海、东海共同开发迈出新步伐。

第三，同发展中国家的团结合作取得重要进展。2006年，我国成功主办“中非合作论坛”北京峰会，这是新中国外交史上主办的规模最大、领导人出席最多的国际会议，对巩固和发展我国与非洲国家的友好关系具有重大意义。2004年成立“中阿合作论坛”。同拉美、加勒比和南太平洋地区国家互利合作不断深化。加强了同巴西、南非、墨西哥等发展中大国的协调与合作，中俄印、中俄印巴(西)“金砖四国”等合作机制日益充实、完善。

第四，多边外交丰富多彩，更加活跃。在联合国、八国集团同发展中国家领导人对话会(G8＋5)等多边舞台上，胡锦涛主席等党和国家领导人积极开展高层外交，宣示我重大理念及主张，拓展与各方关系，维护我利益与形象。我国推动形成朝鲜半岛核问题六方会谈机制，为推动朝核问题和平解决发挥了重要独特作用。积极参与解决全球性和地区热点问题，发挥负责任大国作用，迄今已向22项联合国维和行动派出维和人员两万人次。

第五，积极开展安全外交。全力维护国家主权安全。在国际上与“台独”、“藏独”、“东突”等分裂活动进行坚决有效斗争。严防和遏制“法轮功”等境外敌对势力的分裂干扰活动。大力倡导互信、互利、平等、协作的新安全观，积极开展和深化反恐等非传统安全领域的国际合作。

第六，全面开展经济外交。利用高层互访和国际多边峰会等重大外交活动，促成一批重大合作项目。大力推动区域和双边自由贸易区合作，我国与有关国家和地区正在建设的自贸区有12个，其中已签署协议并开始实施的有6个。承认我国完全市场经济地位的国家达77个。提出新能源安全观，积极开展能源资源外交。为我国企业“走出去”提供服务。

第七，努力开展公共外交和文化外交。党和国家领导人深入阐述我国和平发展道路、科学发展观等治国理念和内外方针，努力增进各国民众对我内外政策的了解和支持。主办“文化年”、“文化节”等对外文化活动，建立“孔子学院”和海外文化中心。以筹办北京奥运会、上海世博会等重大活动为契机，大力开展多层次多领域的公共外交活动，增进了国外公众对中国的了解和友好感情。我国和平、民主、文明、进步的国家形象进一步树立。

第八，坚持以人为本、外交为民。切实维护

我国公民和法人在国外的合法权益。建立境外中国公民和机构安全问题部际联席会议制度,建立健全海外安全风险评估和防范预警机制。成功实施多起从动乱国家大规模撤侨行动,妥善处置我人员海外遇袭事件。设立外交部领事保护中心,不断加强领事保护的机制建设。

二、中国外交30年的光辉历程,积累了十个方面的宝贵经验

第一,坚持党对外交工作的集中统一领导。外交工作所取得的一切成绩,都是历代中央领导集体英明决策、精心指挥的结果。在外交工作中坚持党的领导,就是要坚持以毛泽东思想、邓小平理论和"三个代表"重要思想为指导,深入贯彻落实科学发展观,把思想认识统一到中央对国际形势的判断上来,统一到中央提出的对外大政方针和战略部署上来,坚决贯彻中央制定的各项对外方针政策。

第二,坚持解放思想,实事求是,与时俱进。我们在外交理论和实践上取得的重大成就,都是坚持解放思想,实事求是,与时俱进的结果。与时俱进是改革开放历史新时期最突出的标志。新时期外交工作面临的新情况、新问题层出不穷,往往无先例可循,只有大胆探索,才能够不断开创外交工作新局面。

第三,坚持科学判断国际形势和我国外部环境。这是做好外交工作的重要基础和前提。我们坚持用辩证唯物主义和历史唯物主义的立场、观点和方法观察世界,科学把握国际形势的发展变化,重视掌握国际形势的发展规律,增强外交工作的战略性和前瞻性。

第四,坚持统筹国内国际两个大局。我们秉承外交为全面建设小康社会服务的宗旨,紧紧围绕党和国家的中心工作,自觉从国内建设和发展需要出发开展外交工作,努力营造和平稳定的国际环境、睦邻友好的周边环境、平等互利的合作环境、互信协作的安全环境和客观友善的舆论环境。

第五,坚持开展全方位外交。同发达国家加强对话,深化合作,妥善处理分歧,推动相互关系长期健康稳定发展;坚持"与邻为善、以邻为伴",加强同周边国家的睦邻友好,积极开展区域合作;加强同广大发展中国家的团结合作,维护发展中国家的正当要求和共同利益;积极参与多边事务,发挥建设性作用,树立负责任形象。

第六,坚持原则坚定性与策略灵活性的统一。在涉及国家核心利益的重大问题上,必须立场坚定,旗帜鲜明,敢于斗争,善于斗争,决不拿原则作交易。同时讲究策略,灵活务实,坚持有理、有利、有节,维护我国的长远和根本利益。

第七,坚持独立自主的和平外交政策。从中国人民和世界人民的根本利益出发,根据事情本身的是非曲直来决定自己对国际事务的立场和政策。不以意识形态划线,不以社会制度的异同来决定国家关系的好坏或亲疏。按照和平共处五项原则处理国家关系,充分尊重各国特别是广大发展中国家自主选择发展道路的权利。

第八,坚持走和平发展道路。中国走和平发展道路,是由中国国情决定的,是由中国文化传统决定的,是由中国适应世界发展潮流决定的,归根到底是由中国共产党领导的社会主义国家的性质决定的,由中国实现社会主义现代化的目标决定的。和平发展道路的精髓是争取和平的国际环境来发展自己,又以自己的发展促进世界的和平。

第九,坚持互利共赢的开放战略。坚持以自身的发展促进地区和世界共同发展,在实现本国发展的同时兼顾对方特别是发展中国家的正当关切。坚持按照通行的国际经贸规则,扩大市场准入,依法保护合作者权益。支持国际社会帮助发展中国家增强自主发展能力,缩小南北差距。支持完善国际贸易和金融体制,推进贸易和投资自由化、便利化,通过磋商协作妥善处理经贸摩擦。

第十,坚持推动建设持久和平、共同繁荣的

和谐世界。遵循联合国宪章宗旨和原则，恪守国际法和公认的国际关系准则，在国际事务中弘扬民主、和睦、协作、共赢的精神，倡导国与国之间政治上相互尊重、平等协商，经济上相互合作、优势互补，文化上相互借鉴、求同存异，安全上相互信任、加强合作，环保上相互帮助、协力推进。

三、展望未来，中国外交面临前所未有的机遇和挑战

当前，中国与世界的关系正在发生历史性变化。北京奥运会的成功举办，进一步提高了我国的国际地位和影响，增进了中国人民与世界人民的相互了解和友谊，扩大了中国与世界各国的友好合作。我们要更加紧密地团结在以胡锦涛同志为总书记的党中央周围，在继承和发展改革开放30年来中国外交成功经验的基础上，深入贯彻落实科学发展观，统筹国内国际两个大局，努力抑止热点、克服难点、创造亮点，大力推进全方位外交。

——继续巩固和发展与主要大国的关系。既保持与美、欧、日等西方大国关系续有发展的良好势头，妥善处理矛盾分歧，努力增进互信和利益汇合点，同时进一步加强与俄罗斯、印度、巴西等新兴大国的战略对话与合作，拓展大国外交的新空间。

——全面深化与周边及发展中国家的友好务实合作。珍惜周边外交来之不易的良好局面，进一步加大对区域合作的投入。巩固发展中国家在我外交工作中的基础地位，深化传统友好与务实合作关系，扩大在国际事务中的沟通协调。

——继续在国际和地区热点问题上发挥积极和建设性的作用。既要坚持原则，根据事情本身的是非曲直和我们的根本利益决定立场和政策，又要展现中国负责任大国的形象，努力推动热点问题当事方通过和平对话方式解决分歧，维护世界和地区的和平稳定。

——积极开展经济外交、安全外交和公共外交，努力开创有中国特色的多元化外交新格局。针对外交任务和对象日益多元的趋势，进一步发挥外交在推进对外经济合作、维护国家安全、塑造国家形象等方面的重要作用，更好地服务于国内经济社会的持续稳定发展。

——深入总结和研究北京奥运会、汶川地震抗震救灾涉外工作的有益经验和启示，进一步改善我外部环境、扩大我与世界互动和提升我软实力。着眼于"后奥运外交"，最大限度地利用和放大北京奥运会带来的良好效应，推进外交工作机制、体制和理念创新。

站在改革开放30周年的重要历史节点上，我们深知中国外交所肩负的重要历史责任与使命，将全力以赴、奋发图强，为中国的改革开放创造更良好的外部环境，为世界的和平与发展作出新的更大贡献。

（作者：外交部部长）

具有当代中国特色的政党外交

——纪念党的十一届三中全会召开30周年

王家瑞

1978年，党的十一届三中全会开启了中国改革开放的新时期。30年来，党的对外工作在中央领导集体的直接领导和亲自参与下，坚持解放思想，实事求是，与时俱进，开拓创新的精神，在转折中实现调整，在探索中着力发展，在创新中不断突破，开拓了既符合我国总体外交

发展需要，又顺应当今世界政党政治发展大势的中国特色政党外交新局面，为推进改革开放和社会主义现代化建设，促进国家关系的发展，树立党和国家良好的国际形象作出了积极贡献。

一、改革开放的伟大历史进程与中国特色政党外交的开拓创新

（一）邓小平新型党际关系思想与党的对外工作的历史性调整。党的十一届三中全会实现了具有深远意义的伟大历史转折。邓小平同志从现代化建设的大局出发，把党际关系放在我国对外关系的全局之中谋划，提出“党与党之间要建立新型的关系”。新型党际关系思想的主要内容包括：一是反对以一党一国的理论和实践来判断别党别国的是非；二是坚持各国党要根据本国实际独立自主地决定自己的事情；三是强调完全平等、相互尊重和互不干涉内部事务；四是主张意识形态的差异不应成为建立新型党际关系的障碍；五是对历史遗留问题，主张结束过去，开辟未来。1982年，党的十二大在此基础上，提出了“独立自主、完全平等、互相尊重、互不干涉内部事务”的党际关系四项原则，明确了新时期党的对外工作的根本任务是为改革开放和社会主义现代化建设争取一个有利的国际环境。

在邓小平新型党际关系思想的指导下，党的对外工作进行了一系列重大调整。我们党逐步与一些同我有分歧的共产党实现了关系正常化，与亚非拉地区发展中国家的民族民主政党开始往来，与西欧国家的社会党建立了联系。到20世纪80年代末，我们党已与110多个国家的270多个政党建立了各种形式的交往，党的对外工作呈现出蓬勃发展的势头。

（二）第三代中央领导集体的外交战略思想与党的对外工作的开拓创新。20世纪80年代末90年代初，苏东剧变，世界社会主义运动遭受严重挫折。面对严峻形势，以江泽民同志为核心的党的第三代中央领导集体，坚持改革开放不动摇，带领全党全国各族人民经受住国内外政治风波和经济风险的种种考验，在深刻认识和把握世情、国情、党情发展变化的基础上，形成了“三个代表”重要思想，并立足于国际形势和世界格局的变化，着眼于党的中心工作和国家外交全局，提出了党的对外工作跨世纪发展的指导方针。1997年，党的十五大明确提出：坚持在党际关系四项原则的基础上，“同一切愿与我党交往的各国政党发展新型的党际交流和合作关系，促进国家关系的发展”。党的对外工作把维护国家利益和促进国家关系发展作为根本出发点和落脚点。

在“三个代表”重要思想指导下，党的对外工作按照党中央的总体外交战略部署，积极主动创造性地开展工作。我们党与朝鲜、越南、老挝、古巴等社会主义国家执政党的关系更加巩固，与亚非拉地区广大发展中国家政党交往的形式和内涵更加充实丰富，与欧洲发达国家主流政党的联系更加广泛深入，与未建交国政党的往来更加频繁，与社会党国际等政党国际和地区组织的多边交往更加活跃。到2002年，我们党已同140多个国家和地区的400多个政党与政治组织建立和保持着不同形式的联系及交往，一个全方位的政党外交格局初步形成。

（三）新一届中央领导集体的重大外交战略思想与中国特色政党外交的深化发展。党的十六大以来，以胡锦涛同志为总书记的党中央坚持科学发展观，高度重视外交战略的总体运筹和长远谋划，要求外事工作坚持统筹国内国际两个大局、坚持走和平发展道路、坚持推动建设和谐世界，把国内执政理念与外交理念相衔接，体现了以国家发展战略为基石、国内战略和外交战略协调统一的发展思路。

在科学发展观和总体外交战略思想的指导下，政党外交注重发挥优势、体现特色、突出重点、讲求实效，突出高层次交往、预防性外交、前瞻性调研、基础性工作的特点，充分发挥做社会主义国家、做未建交国、做人的工作的优势，进一步深化了与各国各类政党的友好交流和合

作，结交了一批"知华"、"友华"的政党政要，实现了与日、俄、印、澳等一些大国大党交往的机制化，拓展了与政党国际组织的联系和交往。目前，我们党已同世界上166个国家和地区的528个政党与政治组织保持着不同形式的友好交往及联系，一个以各国主流政党和政党国际性或区域性组织为对象的，全方位、多渠道、宽领域、深层次的政党外交新格局基本形成。

二、中国特色政党外交的基本特征

（一）中国特色政党外交既坚持了马克思主义党际关系理论的基本原则，又紧密联系党和国家的具体实际。马克思、恩格斯在领导国际工人运动的历史进程中，逐步形成了马克思主义的党际关系理论：一是强调实现无产阶级政党的国际团结与合作；二是主张各政党在内部事务上保持自主和独立，强调民族独立是一切国际合作的基础；三是尊重各党的选择权，反对把一个党的观点强加给另一个党；四是主张灵活处理无产阶级政党与其他政党的关系。

中国特色政党外交思想总结了国际共运史和我党对外交往史的经验教训，是马克思主义党际关系理论在当今时代和当代中国的具体运用与发展，它与和平共处五项原则和其他普遍公认的国际关系准则相一致，既有广泛的国际基础，也有鲜明的中国特色，体现了我们党对外交往对象的开放性、交往原则的平等性、交往内涵的务实性和交往形式的灵活性，奠定了新时期中国特色政党外交的理论基础，也得到了外国政党的广泛认同和支持。

（二）中国特色政党外交是我们党积极顺应时代潮流，与时俱进，开拓进取的产物。中国特色政党外交的形成有着深刻的时代背景。20世纪70年代末以来，我们党对时代主题的把握实现了从"战争与革命"到"和平与发展"的转变，我国的外交方针实现了从"一条线"、"一大片"到奉行独立自主和平外交政策的转变，党的对外工作的目标实现了从"支左反修"到为改革开放和现代化建设争取有利的国际环境的转变，这些转变体现了时代要求，顺应了时代潮流。

30年来，政党外交始终注意把握时代发展的脉搏，紧紧围绕党和国家的中心任务开展工作，不仅着力于维护国家利益、促进国家关系发展，而且注重交流治党治国经验、树立党的良好国际形象；不仅深入研究外交战略、安全战略等重大课题，为中央决策提供有益参考，而且系统研究外国执政党的执政理念、执政体制、执政方式和执政规律，深刻总结国外政党兴衰成败的经验教训，为提高我们党的执政能力、巩固党的执政地位提供智力支持。

（三）中国特色政党外交是历代中央领导集体不懈探索、长期实践的结晶。作为中国特色政党外交的核心和主体，邓小平、江泽民、胡锦涛等中央领导同志在党际交往的重大问题上直接领导，亲自参与。邓小平同志曾长期主管中联部的工作。他作为国际共运许多重大事件的亲历者，不仅在总结历史的基础上提出了新型党际关系思想，而且亲自指导我们党恢复了与一些国家共产党的关系，建立了与欧洲社会党的联系。20世纪90年代以来，江泽民同志多次会见来访的党宾，有力地推动了双边关系的发展。世纪之交，江泽民同志提出了党的对外工作跨世纪发展的指导方针，为政党外交的发展指明了方向。胡锦涛同志充分肯定党的对外工作既是"党的事业不可或缺的重要方面"，也是"我国总体外交的一个重要组成部分"，"对于促进国家关系的建立、巩固和发展，对于推进改革开放和社会主义现代化建设，具有不可替代的重要作用"。他多次率党的代表团出访，会见到访的外国政党代表团。2004年，胡锦涛总书记等18位中央领导同志，在短短的3天时间里分别会见来京出席第三届亚洲政党国际会议的近80个代表团，就有关问题深入做工作，集中展现了新一届中央领导集体求真务实，开拓创新，致力于和平与发展、推动区域交流与合作的良好形象。

三、深入贯彻落实科学发展观，努力开创中国特色政党外交新局面

（一）坚持以人为本、外交为民的宗旨，统筹国内外两个大局，不断提高国家总体外交的合力，推动国家关系全面、稳定、健康发展。当代中国同世界的关系发生了历史性变化，中国的前途命运日益紧密地同世界的前途命运联系在一起，我国内政与外交的关联性进一步增强。我们要按照党的十七大的重大战略部署，自觉把党的对外工作置于国内外两个大局的互动中去谋划，进一步加强与总体外交不同部门之间的协调配合，进一步深化对总体外交全局性、战略性、前瞻性重大问题的系统研究和整体筹划，把工作的出发点和着力点放在促进党和国家的工作全局上，努力为维护和用好重要战略机遇期，为推动国家关系全面、稳定、健康发展做出新贡献。

（二）紧紧围绕发展这个党执政兴国的第一要务，主动为社会主义现代化建设和党的自身建设提供智力支持。我国已经形成了全方位对外开放格局，在经济、政治、文化、社会、安全等方面同国际社会建立了前所未有的密切联系。当前，全党全国各族人民正在为全面建设小康社会、加快推进社会主义现代化而团结奋斗。政党外交要紧紧围绕发展这个党执政兴国的第一要务，不断丰富政党外交中的经济、文化含量，坚持政治、经济、文化因素相结合，维护国家主权、安全、发展利益相统一，主动为中国特色社会主义经济、政治、文化、社会建设及党的自身建设提供智力支持，切实履行好党中央的参谋助手职责。

（三）进一步深化对中国特色政党外交规律的研究和把握，不断提高党的对外交往能力，积极树立我们党良好的国际形象。系统总结党的对外工作的历史经验，不断深化对中国特色政党外交的规律性认识，把实践经验提升到理论高度，努力探索新形势下开展政党外交的新机制、新途径、新方法，是党的对外工作在新的起点上继续前进的必由之路。要进一步增强大局意识、忧患意识、创新意识，准确把握当今世界发展大势和国际格局根本走势，准确把握当代中国与当今世界的紧密联系，准确把握党和国家对外工作的大政方针，切实提高科学判断国际形势和进行战略思维的水平，继续加强应对国际局势和处理国际事务的能力，不断提高同外国政党和政治组织交往的本领。在对外交往中，努力提升对外交往的话语权，树立我们党立党为公、执政为民和民主、进步、开放、创新的良好国际形象，进一步增强党和国家的软实力。

当今世界正在发生广泛而深刻的变化，当代中国正在发生广泛而深刻的变革。新世纪新阶段的政党外交工作，面临着许多新形势、新情况、新挑战。我们一定要更加自觉、更加主动地以科学发展观为指导，以改革创新的精神状态、思想作风和工作方法，全面加强和改进政党外交工作，同心同德、齐心协力、求真务实、锐意进取，努力开创中国特色政党外交新局面！

（作者：中共中央对外联络部部长）

中国广播影视在改革开放进程中发展繁荣

王太华

改革开放30年来，广大广播影视工作者紧紧围绕党和国家工作全局，牢牢把握正确舆论导向，积极宣传党的主张，充分反映人民心声，热情讴歌火热生活，及时传播国内外重要信息，

为满足人民群众日益增长的精神文化需求、为推动党和国家事业发展发挥了不可替代的作用。

一、改革开放以来中国广播影视的发展历程和主要成就

中国广播影视的发展大体经历了以政策突破、技术突破和整体推进为特点的三个阶段:一是从改革开放初期到邓小平同志发表南方谈话。这一阶段,确立了中央、省、有条件的地(市)和县“四级办广播、四级办电视、四级混合覆盖”的政策方针,各级广播电视从无到有,从少到多,从基本停滞到高速发展,规模迅速扩大。二是从党的十四届三中全会到党的十六大之前。这一阶段,有线电视崛起、卫星电视开播,形成了广播电视传输覆盖新格局。三是从党的十六大召开至今。这一阶段,突出抓好电台电视台内部机制改革、公共服务体系建设、影视剧和影视动画产业发展、数字化和广播影视“走出去”等,广播影视呈现出整体快速发展的良好势头。

舆论引导水平不断提高。首先,圆满完成重大宣传报道任务,突出做好重点主题、重要会议、重大活动的宣传报道。其次,不断推进宣传创新,突出新闻价值,增加信息含量,注重宣传效果,同时加强和改进舆论监督,以“及时准确、公开透明”为原则,以主导国内外舆论、引导世界舆论为目的,建立健全重大突发性事件报道机制。再次,积极发展网络电视、移动多媒体广播电视等新媒体新阵地,使它们在舆论宣传中发挥越来越大的作用。

事业规模与传输覆盖迅速扩大。到2007年底,我国共有广播电台263座、电视台287座,分别比1978年增长3倍和9倍;开办公共广播节目2477套、公共电视节目1283套,分别比1980年增长17倍和32倍。有线电视用户达1.53亿,居世界首位。数字电视用户2686.05万户,用户数逐年增加。收音机、电视机社会拥有量分别达到5亿台和4亿台,千人平均拥有量居世界首位。建立了广播与电视并重,无线、有线、卫星、互联网并用,模拟与数字并存的多层次、现代化的广播电视传输体系。全国有广播电视发射台、转播台6万多座,卫星上行站30多座,卫星接收设施2000多万面,微波线路8万多公里,有线电视网络300万公里。广播电视人口综合覆盖率达95.43%和96.58%,分别比1982年增长了49%和69%。全国共有34条城市电影院线,股份制农村数字电影院线公司46家,数字电影放映点达5000多个。

节目生产制作能力大幅提升。2007年全年制作广播节目633.25万小时,电视节目255.33万小时,分别比1984年增长26倍和91倍。电影连年保持快速增长态势,2007年产量达到402部;电视剧年产量连续多年稳居世界第一,2007年产量超过1.4万集。影视动画实现跨越式发展,2007年突破10万分钟。涌现出一大批优秀电影、电视剧和动画片,受到人民群众好评。

安全播出保障能力不断提高。面对高科技条件下日益严峻的安全播出形势,各级广播影视部门加大投入、健全体制、建立制度、完善技术,安全播出水平显著提高。经过多年建设,广播电视安全播出基础设施普遍加强,初步形成了反应快捷、指挥有力、调度灵活、令行禁止的覆盖全国的安全播出调度指挥和管理机制,完善了广播电视安全播出预警信息发布系统,制定了广播电视安全播出应急预案,安全播出工作实现由重点防范向安全运行转变。

农村公共服务体系初步建立。着眼于解决农村群众听广播看电视看电影难的问题,加大广播影视资源向农村倾斜,大力实施广播电视村村通工程、西新工程、农村电影放映工程等广播影视重点工程,解决了近亿农民群众收听收看广播电视问题,提高了边境少数民族地区广播电视覆盖和电影放映能力。农村广播影视基础设施建设不断加强,财政保障机制和内容供

给机制逐渐完善。

产业规模日益扩大。 2007年全国广播电视总收入1300亿元，比1982年增长149倍。电影综合收入67亿元，创历史新高。视听新媒体业务迅猛扩张，收入明显增加，逐步成为广播影视产业新的经济增长点。截至2007年底，东方明珠等广播影视系统6家上市公司资产总额达到263.27亿元。改革开放初期，财政收入占广播电视总收入的90%以上，2007年财政收入仅占总收入的13%。广播影视经营性产业的发展有力地支持了其他事业建设。

国际影响力不断提升。 目前，中国国际广播电台拥有11座境外整频率电台、153家境外合作电台、15个对内外宣频率、12家环球网络电台，通过53种语言对外播出，同时拥有38种外文报纸、3158个海外听众俱乐部、10家海外孔子课堂，逐步构建起现代化的国际传播新体系。中国电视长城平台覆盖范围进一步扩大，中央电视台英语、中文国际、法语和西班牙语频道海外用户总数超过8400万。30年来共有541部影片在国际国内电影节上获得大奖，我国电影越来越具有品牌影响力。

人才队伍逐步壮大。 2007年全国广电系统共有从业人员近58万人，比1980年增长了164%，基本形成了一支以新闻宣传、艺术创作、工程技术和经营管理人员为主体的门类齐全的人才队伍。

二、改革开放以来中国广播影视发展的基本经验

改革开放以来中国广播影视发展取得了以下五个方面的基本经验：一是必须始终坚持正确的政治方向。广播影视是党的宣传文化事业的重要组成部分，具有鲜明的党性原则、政治属性和意识形态属性。牢牢把握正确的舆论导向，始终是广播影视最大的政治、最硬的道理、最根本的任务。二是必须始终坚持深化改革。中国广播影视既有鲜明的意识形态属性，又有产业属性。在社会主义市场经济条件下推动广播影视繁荣发展，既要遵循社会主义文化发展规律，也要遵循社会主义市场经济规律。要通过改革创新，找准社会主义文化发展规律和社会主义市场经济规律的结合点，找准社会效益和经济效益的结合点，进而找准改革发展的用力方向和着力点，解放和发展广播影视生产力。三是必须始终坚持科技创新。广播影视是现代科技的产物，科技创新是广播影视实现跨越式发展的重要支撑和先导力量。无论是发挥广播影视的内容优势、提高广播影视的传播能力，还是提升广播影视的影响力，都必须适应传媒发展的新趋势，充分运用技术发展的新成果，改造传统媒体，发展新媒体，进而促进广播影视的发展进步。四是必须始终坚持依法管理。实践证明，改革越深化、科技越进步、事业产业越发展，加强依法管理就越重要。必须遵循广播影视发展规律，坚持抓管理、保安全、促改革、促发展的原则，综合运用经济、行政、法律和科技等手段，推进管理的科学化、规范化和制度化。五是必须始终坚持一切从实际出发。要把党的方针政策与广播影视实际紧密结合，根据广播影视的性质任务职能，创造性地贯彻落实党的各项路线方针政策。大力弘扬求真务实之风，说实话、办实事、讲实效，让中央放心、让群众满意。

三、深入贯彻落实科学发展观，努力推动广播影视大发展大繁荣

当前，我国广播影视已进入发展变革的关键时期，必须在认真总结30年成功经验的基础上，深入贯彻落实科学发展观，努力推动广播影视大发展大繁荣。

深入贯彻落实科学发展观，要求我们继续围绕中心、服务大局，进一步提高广播影视引导能力。 新形势下，广播影视在整个宣传思想工作中的地位和作用不断增强，影响不断扩大，责任更加重大。这就要求广播影视必须更好地贯彻落实“三贴近”原则，从思想观念、方式方法、体制机制等方面入手，不断提高引导能力。特别是要认真总结我们在抗震救灾、北京奥运宣

传报道中获得的成功经验，真正做到发生在中国的事情，话语权由我们掌握，国内舆论由中国媒体主导，更好地为全面建设小康社会提供强大的精神动力和良好的舆论氛围。

深入贯彻落实科学发展观，要求我们继续面向基层、服务群众，进一步满足人民日益增长的精神文化需求。当前，要把服务“三农”作为事业发展的重中之重，按照“巩固成果、扩大范围、提高质量、改善服务”的要求，采取无线、有线、直播卫星等多种技术手段，力争“十一五”期间全面实现20户以上已通电自然村通广播电视。同时积极推进县对乡广播电视的垂直管理，加快由工程建设向公共服务体系建设转变，确保村村通、长期通。西新工程要继续按照“建养并重”的方针和播出与监测、节目与覆盖、广播与电视统筹发展的原则，重点加强边境地区广播电视基础设施建设，提高民族语言节目翻译制作能力。要继续按照“企业经营、市场运作、政府买服务”的思路，进一步抓好农村电影放映工程，力争2010年基本实现一村一月放映一场电影的目标。

深入贯彻落实科学发展观，要求我们继续解放思想、深化改革，进一步增强广播影视发展活力和竞争力。我们过去取得的成就靠改革，今后的发展仍然要靠改革。当前，电台电视台等公益性事业单位要按照“增加投入、转换机制、增强活力、改善服务”的要求，突出公益性质，重点是做好制播分离改革试点，努力降低节目制作成本，不断提高节目质量。影视剧和影视动画等经营性产业，要按照“创新体制、转换机制、面向市场、壮大实力”的要求，加快产业发展步伐，重点要加快经营性电影事业单位转企改制，积极推进广播影视企业利用资本市场直接融资，加快各类影视产业基地建设，促进规模化、集约化、现代化发展。

深入贯彻落实科学发展观，要求我们继续充分运用高新技术，进一步提高广播影视传播力和影响力。传播力决定影响力。当前，要紧紧围绕实施广播影视数字化工程，创新广播影视传播体系，带动体制机制变革，加速广播影视由传统媒体向现代媒体、由传统产业向现代产业的转变。一要推进电台电视台数字化网络化建设，二要推进有线电视、无线广播电视数字化，三要推进移动广播电视发展，四要推进直播卫星的应用，五要推进电影制作、发行、放映、存储等各环节数字化，加快构建多层次的数字电影放映体系。

深入贯彻落实科学发展观，要求我们继续统筹国内国外发展，进一步加快广播影视“走出去”步伐。要与外交、外援、外宣等相结合，统筹规划、整合资源、健全网络、形成合力，加快建立多媒体、跨平台、广覆盖的广播影视国际传播新体系。要创新手段，拓展渠道，积极争取鼓励广播影视产品和服务出口的财税优惠政策，加快构建海外营销网络，鼓励有条件的企事业单位采取合资、合拍、以进带出等多种方式，积极开拓国际市场。

深入贯彻落实科学发展观，要求我们继续加强管理，进一步为广播影视科学发展提供有力保障。要加强和改进党对广播影视工作的领导，强化政府全面履行导向把握、政策调节、公共服务、社会管理、市场监管的各项职能。要抓好宣传导向管理、播出机构管理特别是广播影视新媒体管理。同时要结合深入开展学习实践科学发展观活动，着力提高广播影视系统广大党员特别是党员领导干部贯彻落实科学发展观的自觉性和本领。要创新体制机制，扩大人才总量，提高人才素质，优化人才结构，为广播影视发展繁荣提供有力的人才保障。

回顾过去，我们倍感自豪；展望未来，我们充满信心。广大广播影视工作者要认真学习领会胡锦涛同志在纪念党的十一届三中全会召开30周年大会上的重要讲话精神，按照胡锦涛同志在纪念中国电视事业暨中央电视台建台50周年大会上贺信的要求，在更高的历史起点上实现新腾飞。

（作者：中央宣传部副部长、国家广播电影电视总局局长）

改革开放30年党的宗教工作理论创新

叶小文

改革开放30年来，我们党从总结建国以来正反两方面的经验、阐明社会主义时期党对宗教问题的基本观点和基本政策起步，以解放思想、实事求是的理论勇气，把马克思主义宗教观与社会主义初级阶段宗教问题的特点与规律、与改革开放的实践紧密结合，形成了一套"社会主义的宗教论"，并在此基础上继续与时俱进，按照推动科学发展、促进社会和谐的新要求和新实践，向着创建"和谐社会的宗教论"（即"社会主义和谐社会的宗教论"）迈进。

理论基点：把握问题根本，抓住认识关键

对于马克思主义执政党来说，正确认识和处理社会主义社会的宗教问题，必须正确认识宗教问题的长期性和群众性。"社会主义的宗教论"正是在这两个方面取得理论突破，"和谐社会的宗教论"则在这两个方面继续深化。

马克思主义政党是坚持唯物论、主张无神论的政党，在世界观上与一切有神论对立，但特别注意防止在领导群众革命和建设的实践中忽略宗教问题的群众性；在看待宗教问题时防止短视症，忽视宗教问题的长期性。社会主义运动产生之初，剧烈阶级斗争的特殊时代条件，使这种"忽略"和"忽视"有其合理性。因为当时的欧洲特别是德国，宗教被统治阶级作为维护旧秩序的工具。马克思、恩格斯提出，日耳曼的革命要从反对宗教开始，"对宗教的批判是其他一切批判的前提"。但是，马克思主义宗教观与马克思主义群众观是一致的。马克思讲"宗教是人民的鸦片"，立意的着重点并非是麻醉人民的鸦片，而是受鸦片麻醉的人民，是哀其不幸，怒其不争，促其奋斗。

20世纪初，世界上第一个社会主义国家诞生前夜，列宁提出了"宗教与社会主义"这个政治难题：坚持唯物主义和无神论的工人阶级政党如何对待宗教？如何处理社会主义和宗教的关系？列宁强调在通过批判宗教唤醒群众的同时，又要认识到宗教信仰涉及广大信教群众，对宗教问题要采取十分严谨和周密考虑的态度，要求工人阶级政党一方面坚持"宗教是麻醉人民的鸦片"，主张"彻底的"无神论；另一方面又"宽容"宗教，实行宗教信仰自由政策，以利于团结信教群众为实现党的主要任务而共同奋斗。他指出"在迂腐或无知的人看来是动摇的表现，其实都是从辩证唯物主义中得出的直接的必然的结论"。

辩证唯物主义和历史唯物主义也是在不断克服历史局限和时代特殊性的制约中，显现其真理光芒的。如果马克思主义政党对宗教问题的长期性和群众性缺乏透彻、深刻的认识，实践中就容易犯简单化、短视症、片面性的毛病，违背辩证唯物主义和历史唯物主义的基本要求。

在新民主主义革命时期，以毛泽东同志为核心的中国共产党人，在血与火的斗争中，同爱国宗教界人士结成了"统一战线"。社会主义新中国建立后，正如周恩来同志指出的："列宁在1909年曾说过宗教就是鸦片，这是革命时期的口号。现在我们有了政权，可以不必强调宗教就是鸦片，而要尊重其民族的信仰。"1954年颁布的新中国第一部宪法，明确规定公民有宗教信仰自由。但由于对宗教问题的群众性和长期性仍然缺乏透彻深刻的理论认识，党内很多人难免把宗教完全等同于"愚昧落后"，看作是"侵

略工具”，处理宗教问题就往往过急、过粗、过头。而建国以来的历史教训一再表明，不仅是宗教问题，我们在其他方面出问题、犯错误，很多也是由于急于求成，盲目行动；过急必然导致工作过粗，草率决策，操切从事；过粗又会导致措施过头，调门升高，上纲上线；终于搞得局面难以收拾，左右摇摆，反复折腾。这一顽症，在经济工作中使我们吃过不少苦头，我们已高度警惕并切实纠正。宗教工作同样不可过急、过粗、过头，反复折腾，留下隐患。而敌人也有意让我们发急，使我们用自己的手把矛盾闹大。

改革开放初期的拨乱反正，恢复了党的宗教信仰自由政策。邓小平同志把“宗教与社会主义”这个问题再次提出来了。他说：“对于宗教，不能用行政命令的办法，但宗教方面也不能搞狂热，否则同社会主义，同人民利益相违背。”但社会主义究竟怎样对待宗教？邓小平同志没有说，把解决难题的任务留给了后人。

江泽民同志2001年在全国宗教工作会议上发表的重要讲话，针对马克思主义政党在宗教问题上容易“过急、过粗、过头”的毛病，着手从根子上解决对宗教问题长期性和群众性的认识问题。

一是强调宗教的长期性。按照唯物辩证法，一切事物都有它发生、发展、消亡的过程，宗教也不例外。但当前不是要去看宗教何时消亡，而是要承认宗教存在的长期性，找出宗教问题的规律性。江泽民同志指出：“宗教的最终消亡可能比阶级和国家的消亡还要久远。”既然如此，我们处理宗教问题就急不得，只能承认和正视这一客观存在，遵循规律、因势利导去做工作。

二是强调宗教的群众性。宗教构成强大的社会力量，宗教问题也是个群众问题，宗教既有消极因素也有积极因素，关键看我们怎么引导其发挥积极作用。肯定宗教中的积极因素，目的不是为了发展宗教，而是要努力使已经存在的宗教多为祖国统一、民族团结、经济发展、社会稳定服务。

这两个理论观点，一是把握了问题的根本。对反复出现、长期存在的东西，要特别注意把握其规律。深刻认识宗教的长期性，分析宗教问题才能把握规律性和复杂性。对大量出现、普遍存在的东西，要特别注意掌握好政策。深刻认识宗教的群众性，从事宗教工作才能找准立足点和出发点。二是抓住了认识的关键。针对忽视宗教问题的长期性和群众性的问题，作了明确透彻的说明。

于是，建立科学的“社会主义的宗教论”就有了立论的基础。即：我们看宗教问题，“根本是长期性”，“关键是群众性”，还有“特殊的复杂性”。强调这“三性”，有助于纠正认识不清晰，工作中左右摇摆的毛病。把握好这“三性”，对错综复杂的宗教问题，对特殊的“社会主义与宗教”的问题，“怎么看”就清楚了，“怎么办”也就好办了：

——“根本是长期性”，所以要“积极引导宗教与社会主义社会相适应”；

——“关键是群众性”，所以要“全面贯彻党的宗教信仰自由政策”；

——“特殊的复杂性”，所以要“依法管理宗教事务”，“坚持我国宗教独立自主自办的原则”。

“全面贯彻党的宗教信仰自由政策，依法管理宗教事务，坚持我国宗教独立自主自办的原则，积极引导宗教与社会主义社会相适应”。这“四句话”，党的十七大明确地作为“宗教工作基本方针”，列入党章总纲。

真理总是朴素的，但真理又总是具体、丰富的。基本方针的“四句话”，是在我们党关于社会主义社会宗教问题的一整套基本观点和基本政策基础上提炼的，在贯彻的实践中又形成了若干基本的规定和具体政策。

核心内容：注重“宗教关系”，发挥积极作用

宗教自身追求真善美、追求和谐的一面获得发挥，就会产生一定的积极作用；而自身负面

因素的发热膨胀，就会释放或放大消极作用。历来黑暗势力都要利用宗教的消极面，使群众信仰的宗教反过来成为群众的枷锁。因此，我们对宗教问题处理得好，可以对社会发展和稳定产生积极作用；处理得不好，就会产生消极作用，甚至产生很大的破坏作用。

在当今纷繁复杂的国际形势中，宗教到底是和谐因素还是冲突因素？令人困惑。一方面，宗教大都主张仁爱、慈善、和平，为维护世界和平做出了积极的努力；另一方面，宗教问题成为热点，实际的经济、政治利益的冲突便常常从宗教"借光"、"借力"，披上宗教的神圣外衣，甚至被某些极端势力和恐怖主义利用。敌对势力把利用宗教渗透作为西化、分化社会主义国家的突破口。社会邪恶势力也打着宗教的旗号，图财害命，危害社会。我国已进入经济社会快速发展和改革攻坚的关键时期，经济体制深刻变革，社会结构深刻变动，利益格局深刻调整，思想观念深刻变化，人们思想活动的独立性、选择性、多变性、差异性明显增强。空前的社会变革给我国发展进步带来强大动力和巨大活力，又难免引发种种矛盾和问题。人民群众精神文化需求日趋旺盛，宗教作为人们精神文化生活的一种传统方式，也随之活跃。一些利益群体的诉求，如果缺乏合理机制和渠道表达，以宗教的形式集中或爆发，有可能给社会和谐带来潜在的不确定。宗教方面的群体性事件，虽然多属人民内部矛盾，但随着其不断地累积、突发、扩展、变异、沉淀，其性质容易转化，矛盾形式容易激化，也容易被敌对势力和邪恶势力所利用。

在当今这个不安宁的世界里，在我国的发展机遇期和矛盾凸现期，面对宗教方面可能释放出的消极因素和突如其来的问题，我们如果受制于长期形成的思维惯性，把宗教问题的长期性、群众性、复杂性的认识抛到脑后，就容易再度急躁和简单化。

构建和谐社会，必须使已经存在的宗教发挥积极作用，为发展"帮忙"；而不是释放消极作用，在矛盾中"添乱"。有两种选择：或者对宗教的消极作用消极防范，但可能防不胜防；或者通过主动工作，注重放大宗教的积极因素，发挥宗教的积极作用，引导、化解和抑制宗教可能释放的消极因素。科学发展观指导我们转换思路，以更多地发挥宗教的积极作用来更好抑制其消极作用。崇尚和谐的思维取向，要求我们正确认识无神论与有神论的关系，改变过去你死我活的两极思维模式，告别以"斗争哲学"为主导的思维方式。以人为本的价值导向，要求我们在观察宗教问题时眼中有"人"——信教群众和宗教界人士；在宗教工作实践中围绕着"人"——把做好信教群众工作作为宗教工作的根本任务。协调关系的基本要求，促使我们善于化解宗教方面的人民内部矛盾；善于学会运用统筹协调与社会管理、公共服务的手段来处理宗教方面的关系；善于发挥宗教团体作为社会组织在"提供服务、反映诉求、规范行为"方面的积极作用。统筹兼顾的科学方法，要求我们总揽全局，统筹规划，把宗教工作放到全局中去谋划；立足当前，着眼长远，把当务之急与长远工作结合起来；全面推进，重点突破，善于在纷繁复杂的矛盾中抓住根本，把握方向；兼顾各方，综合统筹，把握宗教工作的协调与平衡。

按照这种新的思路，就要进一步深化对宗教"根本是长期性"和"关键是群众性"的认识。

深化对"根本是长期性"的认识，提出正确处理宗教关系，是我国社会政治生活领域要处理好的五大基础关系之一。胡锦涛同志指出，要全面认识宗教产生和存在的深刻的自然根源、社会根源、认识根源和心理根源，全面认识宗教在社会主义社会将长期存在的客观现实。既然宗教的产生和存在有着广泛深刻的根源，这些根源又不能在短期内消失，既然宗教在社会主义社会将长期存在是客观的现实，那么，就必须正确认识和妥善处理宗教与社会主义社会的关系。一方面，我们任何时候都不应把意识形态领域让给宗教去主导；另一方面，我们无论如何不能把"促退宗教"甚至"消灭宗教"作为社会主义阶段的目标或者任务。胡锦涛同志在

2006年7月召开的全国统战工作会议上，首次提出了正确认识和处理社会主义社会宗教关系这一重大的理论和实践课题，明确指出，在我国政治领域和社会领域，要正确认识和处理政党关系、民族关系、宗教关系、阶层关系、海内外同胞关系。正确认识和处理这五大关系，并且把“宗教关系”列为五大关系之一，对于我们团结各种社会力量，解决各种社会矛盾，保证在重要战略机遇期顺利发展，具有重要意义。这样，我们对“根本是长期性”的认识，就从基础性的“五大关系”的高度，得到了进一步落实与深化。

深化对“关键是群众性”的认识，提出“发挥宗教界人士和信教群众在促进经济社会发展中的积极作用”。胡锦涛同志指出，要“全面认识宗教问题同政治、经济、文化、民族等方面因素相交织的复杂状况，全面认识宗教因素在人民内部矛盾中的特殊地位”。把宗教问题放到改革开放的全局中来把握，“着力激发信教群众的爱国热情和建设中国特色社会主义伟大事业的积极性，把他们同不信教群众团结在一起，共同为经济社会发展作贡献”。这表明，我们既冷静、清醒地看到了宗教方面可能存在的消极因素，又以更大的热情、更广阔的胸怀，接纳并激发宗教界人士和信教群众的爱国热情，和建设中国特色社会主义伟大事业的积极性。2006年11月通过的《中共中央关于构建社会主义和谐社会若干重大问题的决定》明确提出：“发挥宗教在促进社会和谐方面的积极作用。”胡锦涛同志在十七大报告中强调，要“全面贯彻党的宗教工作基本方针，发挥宗教界人士和信教群众在促进经济社会发展中的积极作用”。在十七届中央政治局第二次集体学习时，胡锦涛同志又明确提出：“全面贯彻党的宗教工作基本方针，发挥宗教界人士和信教群众在促进经济社会发展中的积极作用，是做好新形势下宗教工作的根本要求。”这样，对“宗教问题群众性”的认识，就从发挥宗教积极作用的高度得到了进一步落实与深化。

有了这两个深化，并在此基础上，把做好信教群众工作作为宗教工作的根本任务，把促进社会和谐作为现阶段“引导宗教与社会主义社会相适应”的明确目标，创建新的“和谐社会的宗教论”就有了立论的基础。

新的实践：建设和谐宗教，促进社会和谐

“和谐社会的宗教论”，是坚持和发展马克思主义宗教观的中国共产党人在执政兴国的实践中，与时俱进的新探索；是正确认识和处理社会主义社会宗教问题、妥善解决“社会主义与宗教”政治难题的新尝试；是在宗教工作中深入贯彻落实科学发展观的新要求；是建设和谐宗教，促进社会和谐的新实践。

坚持党的宗教工作基本方针。胡锦涛同志指出，发挥宗教的积极作用，“关键是要把党的宗教工作基本方针贯彻好、落实好”。党的宗教工作基本方针的“四句话”，经过了改革开放30年来的宗教工作实践的检验，反映了全党的共识，写入了党章总纲，是全党必须遵循的党规党法。要进一步深入贯彻落实宗教事务条例，运用法律法规保护宗教信仰自由和正常的宗教活动，防范宗教方面可能发生的消极作用。要善于化解矛盾，善于运用社会管理和公共服务的手段来协调宗教关系。

加强信教群众工作。胡锦涛同志强调，“做好信教群众工作是宗教工作的根本任务”。要坚持政治上团结合作、信仰上互相尊重，努力使宗教界人士和信教群众在拥护中国共产党的领导和社会主义制度、热爱祖国、维护祖国统一、促进社会和谐等重大问题上增进共识。要坚持以人为本，真心实意关心信教群众特别是生活困难的信教群众，帮助他们解决实际困难，使他们切实感受到党和政府的关怀和温暖。要加大培养、选拔、使用力度，努力造就一支政治上靠得住、学识上有造诣、品德上能服众的合格宗教教职人员队伍。要发挥爱国宗教团体的积极作用，帮助他们增强自养能力，搞好自我管理，反映信教群众意愿，切实维护宗教

界合法权益。

促进宗教和谐。按照"信仰上互相尊重，政治上团结合作"的要求，鼓励信教群众和不信教群众之间互相尊重，和睦相处，营造和谐共处的良好社会氛围。鼓励各宗教之间开展对话交流，形成沟通机制，增进理解，防范因信仰差异发生矛盾和冲突。认真解决各宗教内部存在的新老矛盾，促进团结和谐。重视解决涉及宗教的利益矛盾，抓紧落实宗教房产政策遗留问题，依法妥善处理城市建设中拆迁宗教房产问题，协调解决风景名胜区寺观教堂管理体制和合法权益问题。对侵犯宗教界合法权益的行为，要坚决予以纠正。

创建和谐寺观教堂。人、活动、场所这三个要素中，场所是实施依法管理的着力点。改革开放以来，我们始终围绕宗教活动场所，制定法规，实施管理。现在按照"发挥积极作用"的思路，要把宗教活动场所被动地"接受管理"变为积极地主动地"创建和谐寺观教堂"，引导宗教界营造积极健康、崇尚和谐的氛围，增强其自我教育、自我管理、自我服务、自我完善的能力和机制。

探索和开辟更多发挥作用的载体和渠道。胡锦涛同志指出，要"鼓励我国宗教界发扬爱国爱教、团结进步、服务社会的优良传统"，支持宗教界对宗教教义做出符合时代发展和社会进步要求的阐释，积极弘扬宗教教义、宗教道德和宗教文化中积极向上、健康文明的内容。努力发掘"和谐思想资源"，积极参与和谐文化的建设。鼓励有条件的宗教团体和宗教活动场所充分发挥自身特点和优势，积极参与社会救助、社会公益慈善事业，在扶贫、济困、救灾、助残、支教、养老、义诊等方面发挥有益作用。

近年来，党和政府帮助和支持宗教界不断探索和开辟了发挥积极作用的各种渠道和平台。中国宗教界共同致力于"建设和谐宗教"，成为发挥积极作用的重要载体。基督教界的"神学思想建设"，天主教的"民主办教"，伊斯兰教的"解经"，佛教提倡"人间佛教"，道教主张"道法自然、修身致和"等，都是建设和谐宗教的积极尝试，既反映了我国宗教界适应时代的深度自觉，也体现了他们关怀社会的高度责任。2006年，中国佛教界举办了以"和谐世界，从心开始"为主题的首届世界佛教论坛。同年中国基督教界和伊斯兰教界召开交流对话会，加强不同信仰对话。2007年，中国道教界举办了以"和谐世界，以道相通"为主题的国际道德经论坛。2009年春天，以"和谐世界，众缘和合"为主题的第二届世界佛教论坛，将由两岸三地佛教界合办，在无锡开幕、台北闭幕。这些都已成为宗教界发挥积极作用的重要平台和渠道。中国宗教界将以持续的实际行动，为构建和谐社会、共建和谐世界发挥积极作用。

（作者：国家宗教事务局局长）

行政管理体制改革30年回顾与前瞻

魏礼群

30年来行政管理体制改革取得重大进展

胡锦涛同志在纪念党的十一届三中全会召开30周年大会上的重要讲话中指出，30年来，我们锐意推进各方面体制改革，使我国成功实现了从高度集中的计划经济体制到充满活力的社会主义市场经济体制的伟大历史转折。在

30年改革开放过程中，我国行政管理体制改革取得了重大突破和重大进展，有力地促进了改革开放和现代化建设事业的发展。纵观30年历史进程，行政管理体制改革大体经历了三个阶段。

从党的十一届三中全会召开到1992年党的十四大之前，主要是冲破高度集中的计划经济体制和行政管理模式，这一时期是行政管理体制改革积极探索阶段。过去我国实行高度集中的计划经济体制和行政管理模式，国家统得过多、管得过死，严重压抑了企业和干部群众的积极性创造性，制约了社会生产力发展。在改革开放的进程中，以简政放权为重点的经济体制和行政管理体制改革逐步展开。主要是：废除人民公社体制，加强乡镇基层政权建设；扩大企业生产经营自主权，放宽地方经济社会管理权限；进行政府机构改革，精简人员和编制；推进干部队伍革命化、年轻化、知识化、专业化，废除实际存在的领导职务终身制，开始探索建立国家公务员制度。通过这些改革，初步摆脱了与计划经济体制相适应的行政管理模式的羁绊，激发了社会经济活力，促进了生产力解放和发展。

从党的十四大召开到2002年党的十六大之前，主要是按照发展社会主义市场经济的要求全面推进改革，这一时期是行政管理体制改革取得重大进展阶段。党的十四大确立了建立社会主义市场经济体制的目标，行政管理体制改革也随之向适应建立市场经济体制的要求转变，改革的重点是加快实行政企分开、转变政府职能。主要是：着力推进国有企业改革，培育市场体系，推进计划、投资、财政、金融、商贸等部门的管理体制改革，撤并了一些部门管理的国家局；下放权力，减少行政审批事项，减少对企业生产经营活动的直接干预和管理，实行党政机关与所办经济实体脱钩；逐步调整政府部门之间关系，解决了一些长期存在的职责交叉、权责不清、多头管理等问题；理顺中央与地方关系，特别是实行分税制；进一步精简机构人员，在1998年进行的政府机构改革中，国务院组成部门由40个减为29个，人员编制减少一半。总体上看，这一时期的行政管理体制改革努力与建立社会主义市场经济体制相适应，在一些重点领域和关键环节取得了重大突破和实质性进展。

从党的十六大召开到现在，主要是推进服务型政府和法治政府建设，这一时期是行政管理体制改革全方位深化阶段。党的十六大以后，我们党提出了科学发展观、构建社会主义和谐社会等一系列重大战略思想，行政管理体制改革也随之全方位推进，重点围绕构建有利于推动科学发展和社会和谐的体制机制，着力进行制度机制创新和管理方式创新。更加注重以人为本，促进经济社会全面协调可持续发展和人的全面发展；更加注重发展社会主义民主政治，大力推进科学民主决策，增强决策透明度和公众参与度；更加注重转变和全面履行政府职能，强化社会管理和公共服务；更加注重规范政府行为，全面推进依法行政，加快建设法治政府；更加注重改进管理方式，大力推进政务公开和电子政务，探索实行行政绩效管理制度。2008年国务院机构改革取得了新突破：政府职能转变取得明显进展，取消、下放、转移职能60余项，在探索实行职能有机统一的大部门体制方面迈出新步伐，集中解决了在宏观调控、资源环境、市场监管、文化卫生等方面70余项部门职责交叉和关系不顺的问题，通过制定和完善"三定"规定，明确和强化了200多项责任，做到有权必有责、权责对等。

经过30年的不懈努力，我国行政管理体制改革取得重大进展。一是摒弃了高度集中的计划经济体制和行政管理模式，基本建立了与发展社会主义市场经济相适应的行政管理体制。二是转变政府职能取得实质性进展。企业作为市场竞争主体的地位得到确立，市场配置资源的基础性作用明显增强。三是政府组织结构不断优化。建立了以宏观调控部门、市场监管部门、社会管理和公共服务部门为主体的政府机构框架,机构设置和职责体系趋于合理。四是依法行政全面推进,政府立法工作不断改进,行政执法体制逐步健全,对行政权力的规范、制约和监督进一步加强。五是管理方式创新取得重要进展,普遍建立重大问题集体决策制度、专家咨询制度、社会公示制度和听证制度,政务公开制度逐步完善,科学民主决策水平不断提高。六是政府自身建设不断加强。服务政府、责任政府、法治政府、廉洁政府建设迈出重要步伐;公务员管理法律法规体系逐步健全,中国特色的国家公务员制度基本建立;政风建设和廉政建设不断推进,公务员队伍整体素质和能力明显提高。所有这些,都为建立和完善中国特色社会主义行政管理体制奠定了重要基础。

行政管理体制改革经验弥足珍贵

一是坚持以人为本、执政为民、依靠人民。这是推进各项改革的根本出发点和动力所在。30年来的行政管理体制改革,始终着眼于推进经济和社会发展,不断提高人民群众物质文化生活水平,尊重人民群众的主体地位,重视发挥人民群众的积极性、主动性和参与性。实践证明,行政管理体制改革只有符合人民利益,反映人民呼声,紧紧依靠人民,建设人民满意的政府,才能得到广大人民群众的真心拥护和有力支持。

二是坚持解放思想、实事求是、与时俱进。行政管理体制改革既是对原有行政权力结构和利益格局的重大调整,也是一场深刻的观念变革和思想革命,必须以解放思想为先导,把创新精神贯穿于改革的全过程和每个环节。只有不断解放思想,切实更新观念,敢于冲破不合时宜的观念和做法,大胆探索,不断创新,才能排除各种困难和障碍,使行政管理体制不断适应改革发展和对外开放的新形势,才能坚持从中国国情出发,不盲目照搬国外模式,同时善于研究借鉴国际上行政管理方面的有益成果,顺应时代发展和变革的潮流。

三是坚持把握大局、统筹兼顾、协调推进。行政管理体制改革涉及国家经济、政治、文化和社会生活各个方面,涉及中央与地方、政府与社会、整体利益与局部利益等一系列重要关系,必须放到党和国家发展的大局中统筹谋划,服从并服务于促进经济社会发展的需要,做到与完善社会主义市场经济体制进程相适应,与建设社会主义民主政治和法治国家相协调。同时,还要正确处理改革与发展稳定的关系,正确处理政府机构与党委、人大、政协机构设置的关系。只有这样,行政管理体制改革才能有效推进,从而保障中国特色社会主义各项事业协调发展。

四是坚持统筹中央与地方关系,发挥两个积极性。行政管理体制改革涉及行政权力关系的调整和政府组织结构的变动,必须在中央的统一领导下进行。同时,我国地域辽阔,各地情况差异性很大,发展很不平衡,因而必须注意充分发挥地方的积极性。中央制定改革方案,既需要从全局出发,统一部署,也要充分考虑各地特点,分类指导,鼓励和支持地方探索试验;地方要认真贯彻落实中央的决策和部署,并结合本地实际,敢于实践,勇于创新。实践证明,只有充分发挥中央和地方两个积极性,行政管理体制改革才能顺利推进。

五是坚持审时度势、积极稳妥、循序渐进。行政管理体制改革是深化整个改革的重要环节,是一个渐进式的改革过程,不能企求毕其功于一役。推进行政管理体制改革,既要有长远目标和总体规划,明确改革的路径与方向,又要确定每个时期的重点任务;既要充分利用各方面的有利条件,正确把握有利时机,坚决、果断地推进改革措施,在一些重要领域迈出较大步伐,又要全面分析面临的矛盾和风险,充分考虑各方面的承受能力,积极稳妥实施;既要毫不动摇地坚持改革方向,又要提高改革决策的科学性,增强改革措施的协调性。

这些经验归结起来,就是坚定不移地走中国特色社会主义道路,始终不渝地坚持中国共产党的领导,坚持以邓小平理论和"三个代表"

重要思想为指导，深入贯彻落实科学发展观，积极探索和遵循党的执政规律，正确认识和把握改革开放发展规律，妥善处理和协调各方面改革关系。我们要继续深化和自觉运用这些成功经验，不断把行政管理体制改革引向深入。

继续深入推进行政管理体制改革

党的十七大和十七届二中全会站在新的历史起点上，作出了加快行政管理体制改革、建设服务型政府的战略部署，明确提出“到2020年建立起比较完善的中国特色社会主义行政管理体制”的总体目标，为继续深化行政管理体制改革指明了方向。纵观未来发展趋势，推进行政管理体制改革，要充分考虑到“四个方面的要求”，即深入贯彻落实科学发展观的要求、完善社会主义市场经济体制和提高对外开放水平的要求、发展社会主义民主政治和依法行政的要求、建设创新型国家的要求，全面推进体制机制创新，努力建设高效率、服务型、现代化政府。为此，要着重研究解决以下六个问题。

进一步转变和正确履行政府职能。要坚持以人为本的施政理念，以服务人民为根本宗旨，围绕推动科学发展、促进社会和谐，在政府职能方面实现四个根本性转变。一是向大力创造良好发展环境转变。主要是制定和执行宏观调控政策，搞好基础设施建设和公共服务，加强生态环境和资源保护，健全行政执法、行业自律、舆论监督、群众参与相结合的监管体系，创新监管方式，提高监管能力，维护统一开放、竞争有序、安全健康的市场秩序。二是向有效提供优质公共服务转变。主要是更新管理理念，做到在服务中实施管理、在管理中体现服务；不断满足人民群众对公共产品、公共服务日益增长的需求，推进城乡、区域基本公共服务均等化；加快完善公共财政制度，扩大公共产品和公共服务的覆盖范围，切实保障农村、基层和欠发达地区人民群众基本公共服务的需要；实行更加有力的政策措施，推进教育、卫生、文化等社会事业加快发展。三是向注重维护社会公平正义转变。要正确认识和处理效率与公平的关系，更加注重社会公平和社会管理，强化政府促进就业和调节收入分配的职能；加快完善社会保障体系，调节社会利益关系，大力发展社会保险、社会救助、社会福利等事业；更加注重突发事件应急管理体系建设，健全社会矛盾疏通调处和安全预警机制，维护社会和谐稳定。四是向实行科学化的公共治理转变。要由以行政控制为主向以服务公众为主转变，由“全能型政府”向“有限型政府”转变；逐步完善公共治理机制，建立健全公开、参与、评价和责任制度；建立健全公共治理结构，改进公共治理方式，综合运用现代管理方法和科技手段，不断推进政府管理创新。

进一步简政放权和规范市场、社会秩序。继续深化企业改革、行政审批制度改革、事业单位改革，完善现代市场体系，推进政企分开、政资分开、政事分开、政府与中介组织分开。要适应人民群众政治参与和社会活动参与积极性不断提高的新形势，发挥公民和社会组织的作用，鼓励、支持、引导公民和社会组织依法有序参与社会公共事务管理，扩大基层民主。注重提高政府科学管理水平，不断加强和改善宏观调控，有效实施监管，克服和纠正“市场缺陷”、“市场失灵”、“社会无序”等现象，注重发挥国家法令政策、行政规制、行政指导和行政合同在行政管理中的积极作用，引导社会经济发展既充满活力、富有效率，又规范有序、持续稳健运行。

进一步优化行政组织结构。根据经济社会发展变化和全面履行政府职能的需要，科学规范部门职责，合理调整机构设置，优化人员结构，既要解决有些部门机构臃肿、人浮于事的问题，也要解决有些部门编制过少、人员不足的问题，做到职能与机构相匹配、任务与人员编制相匹配。要按照精简、统一、效能的原则和决策权、执行权、监督权既相互制约又相互协调的要求，继续探索实行职能有机统一的大部门体制，精简和规范各类议事协调机构及其办事机构，健全部门间协调配合机制。要严格执行机构编制审批程序和备案制度，加快政府机构编制管理科学化、规范化、法制化进程。

进一步推进制度创新和管理创新。主要是加快实现行政运行机制和政府管理方式向规范有序、公开透明、便民高效、权责一致的根本转变。做到规范有序，就要继续全面推进依法行政，完善有关法律法规体系，规范政府的立法行为、决策行为、执法行为，进一步健全行政监督制度，切实用制度管权、管事、管人。做到公开透明，就要进一步完善政务公开制度，畅通人民群众了解公共信息的渠道；要实行民主管理，保障人民群众依法管理国家和社会事务、管理经济和文化事业，保障人民群众的知情权、参与权、表达权和监督权；加快"阳光政府"建设，提高政府工作透明度，同时加快电子政务建设，推进公共管理和服务信息化。做到便民高效，主要是规范和发展行政服务性机构，改进和完善政府各类审批制度和办事制度，简化程序，减少环节，提高政府效能，为社会、企业和公众提供更加方便、快捷、高效的服务。做到权责一致，就要强化责任意识，坚持有权必有责、用权受监督、违法要追究；建立科学合理的绩效管理制度，推行行政目标责任制，健全并认真实施质询、问责、经济责任审计、引咎辞职、罢免等制度。通过多方面推进管理制度创新，努力实现政府管理现代化。

进一步理顺政府职责关系。要合理划分不同层级政府的职权，突出管理和服务重点，形成责任明确、各有侧重、相互衔接、高效运行的职责体系。研究探索不同层级政府关系的调整方式，综合运用立法规范、政策指导、行政协调、司法裁决以及财政转移支付等方式，逐步实现各层级政府关系调整的规范化、制度化和程序化，做到财权与事权相对应，权力与责任相统一。积极探索减少行政层级，扩大县域发展自主权，推进省直接管理县财政体制，依法积极探索省直接管理县的体制，同时加快推进乡镇机构改革。调整和健全垂直管理体制，完善市场经济条件下的中央与地方关系，规范垂直管理部门与地方管理的事权范围和权责关系，健全协调配合机制。

进一步加强公务员队伍建设。完善公务员管理配套制度和措施，健全公务员激励、约束机制和进人、退出机制，强化对权力运行的监督和制约，建设爱岗敬业、忠于职守、素质优良、作风过硬、勤政廉政的公务员队伍。要按照党的十七大作出的继续大规模培训干部、大幅度提高干部素质的战略决策，切实把干部教育培训放在先导性、基础性、战略性地位抓紧抓好，努力提高干部教育培训的针对性和实效性，为改革开放和社会主义现代化建设提供强有力的人才保证和智力支持。

（作者：国家行政学院党委书记、常务副院长）

改革开放30年党的建设成就和经验

郑科扬

我国改革开放的30年，是中国共产党团结带领全国各族人民在艰难中奋起，不断开辟中国特色社会主义新道路、开创中国特色社会主义现代化事业新局面、开拓马克思主义中国化新境界，创造了国家发展奇迹的30年；也是党在波澜壮阔的征途上，锐意进取，坚持理论创新与实践创新，不断推进党的建设新的伟大工程，取得重大成绩和显著进步的30年。30年来，我们党在世界风云迭起、矛盾错综复杂和国内深刻变革、机遇与挑战并存的环境中，坚持以马克思主义特别是马克思主义中国化最新理论成果为指导，集中探索回答什么是社会主义和怎样从国情出发建设社会主义、新时期要建设成一个什么样的党和怎样建设党、当今中国应实现什么样的发展和怎样发展这三个根本问题，走过了很不平凡的光辉历程。

从党的十一届三中全会到十三届四中全会的11年间，以邓小平同志为核心的第二代中央领导集体把马克思列宁主义、毛泽东思想创造性地运用于当代中国，以巨大的理论勇气和政治智慧重新确立解放思想、实事求是的思想路线，冲破长期"左"的错误思想的束缚，全面实现拨乱反正，促进党和国家工作重心迅速完成战略转移，作出并坚决实行改革开放的历史性决策，坚定不移地不断排除前进中遇到的各种干扰。在新的伟大实践基础上率先推动马克思主义中国化的第二次飞跃，创立了邓小平理论，引领全党全国人民胜利开辟建设中国特色社会主义的新道路，开启党的建设新的伟大工程。

党的十三届四中全会到十六大的13年间，以江泽民同志为核心的第三代中央领导集体受命于重大历史关头，高举邓小平理论伟大旗帜，坚持与时俱进、继往开来，创立"三个代表"重要思想，从容应对国内外政治风波、经济风险和自然灾害等严峻考验，坚持和维护改革、发展、稳定的大局，捍卫中国特色社会主义，创建社会主义市场经济体制，实行全方位对外开放。同时，聚精会神抓党建，密切联系全面贯彻党的基本路线、加快社会主义现代化建设步伐的实践，把中国特色社会主义伟大事业和党的建设新的伟大工程一起推向21世纪。

党的十六大到现在的6年间，以胡锦涛同志为总书记的党中央率领全党，高举邓小平理论和"三个代表"重要思想的旗帜，提出和贯彻落实科学发展观等重大战略思想。在新世纪、新阶段，沉着应对国内外局势发展变化带来的新问题、新挑战，牢牢把握重要战略机遇期、深化改革攻坚期、人民内部矛盾突显期的特征，坚持"两个务必"，发扬求真务实精神，不断开拓创新，推动经济社会走上以人为本、全面协调可持续的科学发展的轨道。以加强党的执政能力建设和先进性建设为主线，以保持党同人民群众的血肉联系为核心，紧扣解决"两大历史性课题"，在新的水平上扎实推进党的建设新的伟大工程，保证伟大事业继续又好又快地发展。

回顾党的十一届三中全会以来30年的光辉历程，我们看到：中国共产党在世纪交替的历史时期，在人口众多、地域辽阔、发展很不平衡的中国，成功地领导着一场以改革开放为鲜明时代特征的新的革命。党坚持解放思想、实事求是、与时俱进，贯穿全过程；坚持推进新的伟大事业和新的伟大工程，在实践创新与理论创新互动中前行，贯穿全过程；同全国各族人民血肉一体、命运与共，在风雨中同心协力创造辉煌业绩，贯穿全过程。在30年开辟中国特色社会主义新道路、开创中国特色社会主义新局面的整个进程中，社会主义现代化建设新的伟大事业同党的建设新的伟大工程交相辉映，社会主义制度的优越性以无可争辩的事实展现在当今中国和当代世界，马克思主义的真理之光更加璀璨夺目。

一、新时期党的建设取得显著进展

实践是检验真理的根本标准，也是检验政党的根本标准。一个真正先进、得到人民群众拥护的好党，只能是始终坚定站在时代前列、推动社会历史不断进步、并保证发展成果为人民所共享的党。中国共产党就是这样的党。

改革开放30年来，在以毛泽东同志为核心的第一代中央领导集体领导人民建立新中国并取得伟大成就的基础上，我们党领导中国人民又取得了举世瞩目的伟大成就。以邓小平同志为核心的第二代中央领导集体，带领全党全国人民开辟中国特色社会主义新道路，实现了社会主义现代化建设"三步走"战略的第一步发展目标，基本解决了世界上一些人认为根本不可能解决的十几亿人民的温饱问题。以江泽民同志为核心的第三代中央领导集体，带领全党全国人民沿着中国特色社会主义道路破浪前行，提前实现了国家发展第二步战略目标，人民生活总体达到小康水平。在以胡锦涛同志为总书记的党中央领导下我国改革开放取得重大突破，全面建设小康社会取得重大进展，综合国力大幅提升，人民生活水平和质量显著提高。30年中，我国从生产力到生产关系、经济基础到上层建筑诸领域，都发生了历史性变化，展示了中国特色社会主义的美好前景，也取得了自身建设的重大成绩和显著进步。

（一）党员队伍持续发展壮大、结构不断优化，党员素质普遍提高、先锋模范作用得到新的发挥和展示。改革开放以来，我们党的队伍不断发展壮大，成为当今世界最具有吸引力的马克思主义政党之一。工人、农民、知识分子、军人、大学生以及新社会阶层中的优秀分子，自觉接受党的纲领，遵守党的章程，源源不断加入到党内。党员总数从1978年底的3698.1多万名，已增加到2007年底的7400多万名。其中，1976年11月后入党的近70.9%，具有大学专科和高中、中专以上文化程度的分别占32.4%、60.5%。上个世纪90年代初以来，申请入党的积极分子更是逐年增加，2007年达到1950.6万人；1995年后每年新发展党员均在200万名以上，去年激增到270万人。广大党员站在改革开放和现代化建设前列，团结群众，艰苦奋斗，积极进取，发挥了先锋模范作用。哪里有艰险、有危难，哪里就有共产党员冲锋在前。特别是在城乡改革攻坚、破解发展难题、维护社会稳定的关键时刻，在抗击严重自然灾害、防控重大疫情、处置突发事件等严峻考验面前，大批共产党员为了人民的利益，顾全大局、无私奉献，展现出中国共产党人的时代风采。多年来，我国各条战线上经过群众评选的劳动模范、先进工作者、科技创新代表、社会道德标兵等，共产党员都占总数的80%以上。

（二）党的基层组织覆盖面不断扩大，凝聚力、创造力和战斗力不断提升，党执政的组织基础更加巩固。30年来，无论是从农村实行家庭承包责任制，开创改革先河，还是改革向城市拓展，探索国企建立现代企业制度；也无论是发展社会主义市场经济、建设社会主义新农村，还是走新型工业化、城镇化、现代化的发展道路，党的基层党组织都奋斗在最前线，坚持正确方向，同广大群众一起勇于攻坚克难，显示了巨大的能量。2007年，党的基层组织已从1978年的211.6万多个增加到366.3万多个，构成了覆盖社会各方面、各领域并且日渐完善的组织体系。全国共有38.4万户非公有制企业建立了党组织，占具备建立党组织条件的非公有制企业总数的99.3%。特别是农村基层党组织充分发挥领导核心作用，为经济发展、社会稳定、人民安康发挥着重要保证作用。

（三）党自觉坚持马克思主义的思想路线，在伟大实践基础上形成了新的理论体系，同时在用于指导新的实践中展示出先进政党的创新活力。解放思想、实事求是、与时俱进的思想路线的确立和一以贯之的执行，极大地活跃了全党的思想，释放出巨大的创造力。在新时期，我们党围绕建设中国特色社会主义这个主题，集中探索回答关于社会主义、执政党建设和国家发展的一系列基本问题，形成了包括邓小平理论、“三个代表”重要思想和科学发展观等重大战略思想在内的中国特色社会主义理论体系。这个理论体系，大大丰富了马克思主义理论宝库，代表了马克思主义中国化发展的新境界。党在实践基础上的理论创新过程，同用创新的理论武装全党、指导实践的过程紧密联系在一起，表明理论联系实际的马克思主义学风和作风在新形势下得到了新的发扬。现在，中国特色社会主义理论体系不仅成为全党的共同思想基础，而且在这一理论体系指导下制定的路线、方针、政策和决策，以及关于执政党建设的理论思想，不断转化为全党的共同行动。新时期党的思想理论建设的重大成绩和显著进步，成为我们党保持蓬勃生机与创造活力的一个决定性因素。

（四）培养造就了一支素质和能力总体适应改革开放和现代化建设需要的干部队伍，凝聚了一大批各类新型专门人才。30年来，我们党把培养和造就一支符合新时期党的政治任务、政治路线要求的高素质骨干队伍，作为党的建设新的伟大工程的关键性工程，紧紧抓在手里。从坚决平反冤假错案，到顺应社会主义现代化建设的需要和干部新老交替的自然规律，提出和执行干部队伍建设"四化"方针；从重点加强各级党政领导班子建设，到全面实施党政干部人才、企业经营管理人才、专业技术人才三支队伍建设一起抓的人才战略；从以废除干部领导职务终身制为突破口启动干部制度改革，到以扩大干部工作中的民主为重点，全面推进干部人事制度改革，干部队伍建设始终与中国特色社会主义建设事业的发展同步推进。整个干部队伍呈现出发展壮大、素质提高、结构优化、能力增强的态势。就地方党政领导班子而言，省、市、县三级已逐步形成了比较合理的年龄梯次结构，较好地发挥了各年龄段干部的积极作用，大专以上文化程度均达99%以上。在30年里，改革开放和现代化建设的进程历经"大浪淘沙"，干部新老交替、薪火相传，保证了党的正确路线和伟大事业顺利延续、不断发展创新。随着党管人才原则的提出和人才强国战略的实施，人才资源开发、人才队伍建设成为国民经济和社会发展总体规划和工作部署的重要内容，人才工作体制在创新中加快建设步伐，尊重劳动、尊重知识、尊重人才、尊重创造的社会氛围日益浓厚，人才培养使用成效明显。

（五）以扩大民主、坚持和健全民主集中制为重点的党内制度建设取得突破性进展，党内政治生活稳定地走上制度化、规范化的健康发展轨道。改革开放以来，我们党着眼于激发广大党员和党组织的积极性、主动性、创造性，凝聚全党意志、智慧和力量，积极扩大党内民主，坚持和健全民主集中制，取得了明显进步。党内民主是党的生命的观点成为全党共识，保障党员的权利被实际地摆在贯彻民主集中制的基础地位，党内生活质量不断提高。党员和干部中以党的事业为重、独立思考、敢于发表意见的同志愈来愈多，领导班子决策科学化、民主化、制度化愈来愈受到重视。我们党适时修改、完善党章，对党内政治生活原则作出更为明确和科学的规定，形成了一套正确处理党内关系的行为准则和具体制度，其中包涵一系列重要的创新和突破。不仅如此，我们党将党内民主建设作为我国政治体制改革的重要内容，把发展党内民主与发展人民民主联系起来，使党内监督同群众监督、舆论监督、民主党派和无党派人士的监督相结合，党纪政纪监督与法律法规监督相结合，自上而下和自下而上的监督相结合，初步形成了一套较为完整的民主监督体系。

（六）党的作风建设和反腐倡廉建设不断取得阶段性成果，党在改革开放和现代化建设进程中始终保持着党同群众的血肉联系。30年来，我们党一直高度重视党风廉政建设，认真研究解决存在的突出问题。党的十三届六中全会和十五届六中全会先后作出《关于加强党同人民群众联系的决定》和《关于加强党的作风建设的决定》。中央领导集体以身作则，坚持权为民用、情为民系、利为民谋，深得人民群众的称赞。绝大多数领导干部积极实践中央提出的"八个坚持、八个反对"的要求，倾听群众呼声、关心群众疾苦，说实话、办实事、求实效。我们党对在改革开放中推进作风建设和反腐败斗争的特点及其复杂性的认识不断深化，工作目标的确定越来越符合实际；着重查处违法违纪案件，同时抓源头、重预防、强化综合治理，工作更有系统性、预见性。作风建设和反腐败斗争，更加注重围绕权力合理配置、有效运行与权力运行过程中的监督和制约来开展。

二、新时期党的建设经验弥足珍贵

中国共产党在领导全国各族人民建设社会主义现代化的伟大历程中，经历了前所未遇的考验和锻炼，党的建设也取得了丰富的经验。

胡锦涛同志指出："改革开放以来，我们取得一切成就和进步的根本原因，归结起来就是：开辟了中国特色社会主义道路，形成了中国特色社会主义理论体系。高举中国特色社会主义伟大旗帜，最根本的就是要坚持这条道路和这个理论体系。"这是我国30年改革开放的根本经验，也是领导这场伟大变革的中国共产党自身建设的根本经验。

（一）清醒认识、准确把握党所处的历史方位和肩负的历史使命，确立符合时代要求的党建总目标，保证党的建设新的伟大工程始终沿着正确的方向前进。在一定历史阶段，一个政党要解决好怎样建设党的问题，首先必须弄清楚应把自己建设成为什么样的党的问题。我们党先进性的一个突出之处，就在于能够立足于世情、国情、党情，冷静观察和把握时代特征、环境变化及其发展趋势，把探索解决什么是社会主义、怎样建设社会主义与建设什么样的党、怎样建设党联系起来，使党的建设同党肩负的历史使命要求相一致，始终坚持正确的前进方向。党的十二大确定，必须把党建设成为"领导社会主义现代化建设的坚强领导核心"。党的十四届四中全会把新时期党的建设上升到新的伟大工程的高度，明确提出："要把我们党建设成为用建设有中国特色社会主义理论武装起来、全心全意为人民服务、思想上政治上完全巩固、能够经受住各种风险、始终走在时代前列的马克思主义政党。"这个新时期的党建总目标，把伟大事业同伟大工程统一于建设中国特色社会主义，具有鲜明的时代特征，充分反映了党所处的历史方位和形势任务的新变化、新要求，既彻底否定了"文革"时期那个"以阶级斗争为纲"的建党纲领，又拒绝了否定党的领导作用和执政地位、企图按照西方政党的理论改造我们党的主张。改革开放的伟大实践在发展，党的建设总目标的内涵也在与时俱进、不断丰富。党的十五大、十六大、十七大充分运用实践创新和理论创新成果，又为党的建设总目标注入了新内容，强调我们党是中国工人阶级先锋队，同时是中国人民和中华民族的先锋队。

（二）紧密联系党的政治任务、政治路线建设党，坚持社会主义初级阶段的基本路线、基本纲领不动摇，党就能建设得更加成熟坚强，担当好历史重任。能不能制定并坚决执行正确的政治任务和政治路线，是一个马克思主义政党政治上成熟与否和成熟程度的重要标志。改革开放30年中，来自国内外的各种干扰不断，大大小小的风浪时起时伏，西方反共反社会主义势力对我"西化"、"分化"从未停止，但是都未能阻止我们党领导人民前进的步伐，未能改变党的建设和中国特色社会主义建设发展的方向，相反，我们党在不断排除干扰、抗击风浪和压力中变得更加成熟坚强了。其根本原因，就在于我们党有十一届三中全会制定的符合国情和时代要求、体现人民意志和根本利益、反映社会主义社会发展规律的政治路线，即"以经济建设为中心，坚持四项基本原则，坚持改革开放"的基本路线。30年来，全面坚持贯彻执行党的基本路线不动摇，保证了党在开辟中国特色社会主义道路、开创中国特色社会主义新的奋斗中，不为任何风险所阻、不为任何干扰所惑，经受住了各种考验。党的基本路线是党和国家的生命线。确保坚持党的基本路线一百年不动摇，是党在新时期最根本的政治建设。

（三）遵循马克思主义认识论揭示的规律，不断在实践创新中推进理论创新，用理论创新成果武装全党、指导新的实践，在实践创新与理论创新互动中永葆党的生机与活力。勇于和善于创新，是我们党的一大优势，也是党保持发展先进性的根本要求。30年来，党围绕建设中国特色社会主义这个主题不断推进实践创新，同时在实践创新基础上不断推进理论创新。历届中央领导集体一以贯之地站在时代的高度，用马克思主义的世界观、方法论观察当今中国和世界的新变化，引导全党解放思想、实事求是、与时俱进，不论是推动改革开放和现代化建设，还是推动党的建设，都不断摆脱教条主义和一切不符合客观实际的思想观念与习惯思维的束缚，努力从本质上认识事物及其发展变化，严格按照客观规律办事，在实践——认识——再实践的过程中深化对“三大规律”的认识。正因为如此，我们党对关系党和国家前途命运的一系列重大问题的探索，获得了丰富的管用的理论创新成果，彰显了党的先进性和创造力。我们党坚持实践创新与理论创新相结合，在用理论创新成果武装全党时坚持改造主客观世界相统一，把新时期党的思想理论建设引向了新的境界，为进一步加强党的思想理论建设积累了新经验。

（四）以党的执政能力建设和先进性建设为主线，把提高领导科学发展的能力作为加强执政能力建设的重中之重，构建和实施加强党的建设的总体部署，有效地推进新的伟大工程。保持和发展党的先进性，是马克思主义政党加强自身建设的永恒主题。在执政条件下，加强党的执政能力建设、保证完成执政使命，是加强党的先进性建设的根本要求。30年实践告诉我们，只有紧紧扣住高举中国特色社会主义伟大旗帜，坚持中国特色社会主义道路，确保经济社会又好又快地科学发展，才能解决好新时期加强党的执政能力建设和先进性建设面临的问题。高举伟大旗帜，抓紧一条主线，围绕解决“两大历史性课题”，把加强党的思想、政治、组织、作风建设和反腐倡廉建设内在地统一起来，制度建设贯穿其中，已经成为党的建设新的伟大工程的系统科学构架。这是新时期我们党的建设理论创新、实践创新的重大成果，是特别珍贵的经验。而把发展作为党执政兴国的第一要务，把提高领导科学发展的能力放在提高党的执政能力、保持发展党的先进性的突出位置，使党的建设新的伟大工程主线更鲜明、更富有时代特色、更符合执政党建设规律和社会主义建设规律。在这个问题上，我们领悟得越深刻，执行得越自觉，党的建设水平就越能提升到一个新高度。

（五）紧紧抓住为人民掌好权、用好权这个根本问题，不断加强党的作风建设和反腐倡廉建设，竭力实现好、发展好、维护好人民的利益，巩固和增强党同广大群众的血肉联系。我们党的性质和使命决定了全党同志必须时刻牢记党的根本宗旨。党在新的历史时期加强作风建设取得的新认识，十分重要的一条就是执政党的作风建设和反腐倡廉工作，必须紧紧抓住解决为谁掌权、为谁用权和怎样掌好权、用好权的问题，把实践党的宗旨，落实权为民用、情为民系、利为民谋的要求，贯彻到党的建设、特别是领导干部队伍建设的各方面。30年的实践证明，新时期党员干部在党风党纪方面发生的问题，大都同不能正确用权直接相关。党的作风建设和反腐败斗争，必须同党的全部执政活动，特别是行使权力的过程紧密联系起来。经济、政治、文化、社会建设和改革开放的每一项政策的制定和执行，都要“以人为本”，尊重人民的主体地位和权利，认真走群众路线，吸取群众智慧，统筹各方群众的利益；各级领导机关、领导干部的工作，必须置于人民群众监督之下，确保权力在阳光下运行，为人民谋利益；时刻重视并切实做好教育和引导广大干部牢固树立正确的世界观、人生观和价值观，构筑起抵御各种腐朽没落思想特别是拜金主义、享乐主义、极端个人主义侵蚀的坚固思想防线。

（六）扩大党内民主，全面加强民主集中制建设，为激发和凝聚全党智慧和力量、发挥党的组织优势、完成执政使命，提供根本的党内制度保证。民主集中制是我们党的组织优势的制度根基。30年来，我们党以保证党员在党内生活中享有平等权利为基础，以健全民主集中制度为核心，加强制度建设，有许多新经验值得重视。其中包括：坚持以马克思主义的民主观和党内民主理论为指导，从国情、党情出发推进民主集中制建设，为党的政治任务、政治路线服务，确保正确的前进方向，防止陷入认识和实践误区；坚持解放思想、实事求是、与时俱进，深入研究新情况新问题，鼓励和支持以改革的精神推进制度创新；坚持辩证统一地看待和处理民主与集中的关系，高度重视保障党员权利，同时坚持民主基础上的正确集中，确保全党在党中央领导下的团结统一，严肃党的纪律；坚持既积极又稳妥地推进党内民主建设，遵循“实践——认识——再实践”的认识规律，贯彻“从群众中来、到群众中去”的工作路线；坚持以党内民主的发展带动人民民主的完善，把健全民主集中制、改进党的领导方式、执政方式同深化政治体制改革、促进社会主义民主政治建设结合起来。党的民主集中制建设的全过程，都要增强和发挥党的组织优势，提升党内政治生活质量，提高汇聚党心、党智、党力的效率，形成公平公正、扶正祛邪的氛围，促进全党团结奋进，以党内和谐带动社会和谐。

（七）围绕中心、服务大局，以改革精神推进党的基层组织建设，不断增添党的内在活力，巩固和增强党执政的组织基础。党的基层组织是党的全部工作和战斗力的基础。对于基层党组织建设，我们党始终坚持为加强而改进、在改进中加强，不断排除削弱党组织政治核心作用的错误思想和做法。加强基层党组织建设，关键在于建设一支符合各条战线改革开放和现代化建设要求、真正得到群众拥护的基层干部队伍，优化领导班子结构。要主动适应客观形势的发展变化，从实际出发创新党组织的设置形式、活动内容与活动方式，坚持围绕中心开展工作，强化服务功能和改进群众工作。对基层党组织要保持动态管理，支持发展先进，促进中间状态向先进转化，对软弱涣散支部的领导班子及时进行帮扶，促进转变。上级党委要常年投入足够的力量帮助基层组织增加内在活力。实践证明，推进改革、促进发展、维护社会稳定，每前进一步都离不开党的基层组织宣传党的主张、执行党的路线方针政策，充分发挥党在群众中的政治核心作用和党员的先锋模范作用。

（八）坚持党要管党、从严治党，建立健全党委负责党的建设的责任制，不断提高既善于治国理政又善于治党建党的能力。世界社会主义运动的曲折和我国改革开放的历程告诉我们，执政党保持思想政治上的先进和组织上的纯洁，社会主义国家的发展就不会出大问题；一旦出了问题，也能够依靠自身的力量和人民群众的支持加以解决。马克思主义政党执政后，特别是在长期执政的情况下，加强自身建设比执政前的难度更大；处在和平建设环境和改革开放时期，党的自身建设比革命战争年代和计划经济时期工作更复杂、更艰巨。党中央一再强调党要管党，党委特别是书记要带头管好党的建设。指出党委不抓党的建设是失职，抓不好党的建设是不称职。要求高中级党员领导干部要努力成为既善于治国理政、又善于治党管党的政治家。党中央以身作则，带头管党、从严治党，为全党树立了榜样。上世纪80年代以来，从中央到地方各级逐步建立了党委抓党建的责任制，不断创新工作体制和机制，基本形成了党委统一领导、党的职能部门各司其职、各有关方面共同努力的格局。这是一项前所未有的重要举措，也是一条重要经验。

30年来，我们党在世界大变化、大调整和国内大变革、大发展的环境中，高举中国特色社会主义伟大旗帜，团结带领全国各族人民顽强探索、拼搏奋进，坚持实践创新和理论创新，通过改革开放使社会主义现代化事业蓬蓬勃勃地向前推进，铸就了国家发展的罕见奇迹，谱写了马克思主义政党在当今世界、当代中国不断发展壮大、更加团结坚强的历史新篇章。回顾历史，是为了走向未来。总结经验，是为了把今后的事做得更好。我们党肩负的使命光荣，任重道远。我们坚信，在以胡锦涛同志为总书记的党中央领导下，继续高举中国特色社会主义伟大旗帜，运用好30年积累的宝贵经验，我们就一定能把党建设得更加坚强有力，更有把握按照党的十七大规划的蓝图，把全面建设小康社会的事业又好又快地推向新境界。

（作者：全国党建研究会顾问、中央政策研究室原主任）

中国财税改革30年的历史进程

高培勇

发端于1978年并与整体经济改革如影随形、亦步亦趋，已经持续30年的中国财税体制改革历程，大致可以归纳为如下四个既彼此独立又互为关联的阶段。

第一阶段：1978—1994年

中国的经济体制改革是从分配领域入手的。最初确定的主调，便是“放权让利”。通过“放权让利”激发各方面的改革积极性，提高传统经济体制下几乎窒息的国民经济的活力。在改革初期，政府能够且真正放出的“权”，主要是财政上的管理权。政府能够且真正让出的“利”，主要是财政在国民收入分配格局中所占的份额。这一改革思路与财税体制自身的改革任务——由下放财权和财力入手，打破或改变“财权集中过度、分配统收统支，税种过于单一”的传统体制格局相对接，便有了如下的若干改革举措：

——在中央与地方的财政分配关系上，实行“分灶吃饭”。从1980年起，先后推出“划分收支、分级包干”、“划分税种、核定收支、分级包干”以及“收入递增包干、总额分成、总额分成加增长分成、上解递增包干、定额包干、定额补助”等多种不同的体制模式。

——在国家与企业的分配关系上，实行“减税让利”。从1978年起，先后推出企业基金制、利润留成制、第一步利改税、第二步利改税、各种形式的盈亏包干制和多种形式的承包经营责任制等制度。

——在税收建设制度上，着眼于实行“复税制”。从1980年起，通过建立涉外税制、建立内资企业所得税体系、全面调整工商税制、建立个人所得税制、恢复和改进关税制度、完善农业税等改革，改变了原来相对单一的税制格局，建立起以流转税、所得税为主体，其他税种相互配合的多税种、多环节、多层次征收的复税制体系。

——在与其他领域改革的配合上，给予“财力保障”。以大量的财政支出铺路，配合并支撑了价格、工资、科技、教育等相关领域改革举措的出台。

上述的这些改革举措，对于换取各项改革举措的顺利出台和整体改革平稳推进所发挥的作用，可说是奠基性的。然而，无论放权，还是让利，事实上，都是以财政减收、增支为代价的。主要由财税担纲的以“放权让利”为主调的改革，却使财政收支运行自身陷入了不平衡的困难境地。

一方面，伴随各种“放权”、“让利”举措的实施，财政收入占GDP的比重数字和中央财政收入占全国财政收入的比重数字迅速下滑：前者由1978年的31.1%，相继减少到1980年的25.5%、1985年的22.2%、1990年的15.7%、1993年的12.3%；后者则先升后降，1978年为15.5%，1980年为24.5%，1985年为38.4%，1990年下降为33.8%，1993年下降至22.0%。

另一方面，财政支出并未随之下降，反而因“放权”、“让利”举措的实施而出现了急剧增加（如农副产品购销价格倒挂所带来的价格补贴以及为增加行政事业单位职工工资而增拨的专款等）。从1978年至1993年，财政支出由1122.09亿元增加至4642.20亿元，15年间增加了2.1倍，年均增加21%。

与此同时，在财政运行机制上也出现了颇多紊乱现象。诸如擅自减免税、截留挪用财政收入、花钱大手大脚、搞财政资金体外循环、非财政部门介入财政分配等问题,相当普遍,随处可见。

作为“两个比重”数字迅速下降并持续偏低、财政支出迅速增长以及财政运行机制陷于紊乱状态的一个重要结果,不仅财政赤字逐年加大、债务规模日益膨胀,而且,中央财政面临的困难,已经达到难以担负宏观调控之责的空前水平。

从1979年至1993年,除1985年财政收支略有结余外,其余年份均出现财政赤字,且呈逐年加大之势:1981年为68.9亿元,1990年上升至146.9亿元,到1993年则扩大至293.35亿元。若按国际通行做法,将当年债务收入纳入赤字口径,则1993年的财政赤字水平实为978.58亿元。

从1979年起,政府恢复了中断长达20年之久的外债举借。1981年,又开始以发行国库券的形式举借内债。后来又先后发行了重点建设债券、财政债券、国家建设债券、特别国债和保值公债。1993年,国家财政的债务发行收入规模已达739.22亿元。

以中央财政债务依存度(债务收入/〈中央财政本级支出+中央财政债务支出〉)而论,1993年已达到59.63%的国际罕见水平。这意味着,当年中央财政本级支出中一半以上,要依赖举债或借款收入来解决。

第二阶段:1994—1998年

如此困难境况,很快让人们从改革最初成果的喜悦中冷静下来。意识到“放权让利”的改革不可持续,在这一思路上持续了十几年之久的财税改革自然要进行重大调整:由侧重于利益格局的调整转向新型体制的建立。恰好,1992年10月中共十四大正式确立了社会主义市场经济体制的改革目标,1993年11月召开的中共十四届三中全会又通过了《中共中央关于建立社会主义市场经济体制若干问题的决定》。于是,以建立适应社会主义市场经济财税体制为着眼点,从1994年起,中国的财税体制改革踏上了制度创新之路。

1994年元旦的钟声刚刚敲过,政府便在财税改革方面推出了一系列重大举措:

——按照“统一税法、公平税负、简化税制和合理分权”的原则,通过建立以增值税为主体、消费税和营业税为补充的流转税制,统一内资企业所得税,建立统一的个人所得税制,扩大资源税的征收范围,开征土地增值税以及确立适应社会主义市场经济需要的税收基本规范等一系列行动,全面改革税收制度,搭建了一个新型的税收制度体系。

——在根据中央和地方事权合理确定各级财政支出范围的基础上,按照税种统一划分中央税、地方税和中央地方共享税,建立中央税收和地方税收体系,分设中央税务机构和地方税务机构,实行中央对地方税收返还和转移支付制度,建立了分税制财政管理体制基本框架。

——根据建立现代企业制度的基本要求,在降低国有企业所得税税率、取消能源交通重点建设基金和预算调节基金的同时,实行国有企业统一按国家规定的33%税率依法纳税,全面改革国有企业利润分配制度。

——彻底取消向中央银行的透支或借款,财政上的赤字全部以举借国债的方式弥补,从制度上斩断财政赤字与通货膨胀之间的必然联系。

这是一个很重要的转折。在此之前所推出的财税体制改革举措,多是围绕利益格局的调整而展开的。而且,也是在整体改革目标定位尚待明晰的背景下而谋划的。这次改革的显著不同之处,就在于它突破了以往“放权让利”思路的束缚,走上了转换机制、制度创新之路。从重构适应社会主义市场经济体制的财政体制及其运行机制入手,在改革内容与范围的取舍上,既包含有利益格局的适当调整,更注重新型财税体制的建立,着重财税运行机制的转换,正是1994年财税改革的重心所在。

迄今为止,我们所颇为看重并为之自豪的

发生在中国财税领域的一系列积极变化，比如财政收入步入持续快速增长轨道、“两个比重”持续下滑的局面得以根本扭转、财政的宏观调控功能得以改进和加强、国家与国有企业之间的利润分配关系有了基本的规范等等，正是那一次财税改革所收获的成果。可以说，通过那次财税改革，已经为我们初步搭建起了适应社会主义市场经济体制的财税体制及其运行机制的基本框架。

第三阶段：1998—2003年

1994年的财税改革，固然使中国的财税体制走上了制度创新之路，但并没有解决问题的全部。因为，说到底，1994年财税改革所覆盖的，还只是体制内的政府收支，游离于体制之外的政府收支，则没有进入视野。而且，1994年财税改革所着眼的，也主要是以税制为代表的财政收入一翼的制度变革，至于另一翼——财政支出的调整，虽有牵涉，但并未作为重点同步进行。与此同时，既得利益的掣肘加之财政增收的动因，也在一定程度上束缚了改革的手脚，使得一些做法带有明显的过渡性或变通性色彩。

随着1994年财税改革成果的逐步释放，蕴含在游离于体制之外的政府收支和财政支出一翼的各种矛盾，便日益充分地显露出来并演化为困扰国民收入分配和政府收支运行过程的“瓶颈”。于是，在上世纪90年代后期，以规范政府收支行为及其机制为主旨的“税费改革”以及财政支出管理制度改革，先后进入中国财税体制改革的重心地带并由此将改革带上了财税体制整体框架的重新构造之路——构建公共财政体制框架。

1998年3月19日，朱镕基总理在当选之后举行的首次记者招待会上说了一段颇具震撼力的话：“目前存在的一个问题是费大于税。很多政府机关在国家规定以外征收各种费用，使老百姓不堪负担，民怨沸腾，对此必须进行改革。”以此为契机，中国拉开了“税费改革”的序幕。

实际上，在全国性“税费改革”正式启动之前，各地已有过治理政府部门乱收费的尝试。最初的提法，是所谓“费改税”，其主要的初衷，是通过将五花八门的收费改为统一征税的办法来减轻企业和居民的负担。后来，随着改革的深入和视野的拓宽，人们逐渐发现，现存政府收费的种种弊端，并非出在政府收费本身。现存的、被称为政府收费的大量项目，既未经过人民代表大会的审议，又基本不纳入预算，而是由各部门、各地区自立规章，作为自收自支的财源，或归入预算外收入，或进入制度外收入，直接装入各部门、各地区的小金库。因而，它实质是一种非规范性的政府收入来源。“费改税”的目的，显然不是要将本来意义的政府收费统统改为征税，而是以此为途径，将非规范性的政府收入纳入规范化轨道。于是，“费改税”开始跳出“对应调整”的套路而同包括税收在内的整个政府收入盘子的安排挂起钩来。也正是在这样的背景下之，“费改税”一词为“税费改革”所取代，进而被赋予了规范政府收入行为及其机制的特殊意义。

在“税费改革”日渐深入并逐步取得成效的同时，财政支出一翼的改革也在紧锣密鼓地进行。先后进入改革视野的有：财政支出结构由专注于生产建设领域逐步扩展至整个公共服务领域的优化调整；推行以规范预算编制和分类方法、全面反映政府收支状况为主要着眼点的“部门预算制度”；实行由财政（国库）部门集中收纳包括预算内外收入在内的所有政府性收入且由国库单一账户集中支付政府部门所有财政性支出的“国库集中收付制度”；推进将政府部门的各项直接支出逐步纳入向社会公开竞价购买轨道的“政府采购制度”。

然而，无论是财政支出一翼的调整，还是以“税费改革”为代表的收入一翼的变动，所涉及的，终归只是财税体制及其运行机制的局部而非全局。当分别发生在财政收支两翼的改革的局限性逐渐凸现出来之后，人们终于达成如下共识：零敲碎打型的局部调整固然重要，但若没有作为一个整体的财税体制及其运行机制的重新构造，并将局部调整纳入整体财税体制及其运行机制的框架之中，就不可能真正构建起适应社会主义市场经济的财税体制及其运行机制。于是，将包括收入、支出、管理及体制在内的所有财税改革事项融入一个整体框架之中，并且作为一个系统工程加以推进，便被提上了议事日程。在当时，人们发现，能够统领所有财税改革线索、覆盖所有财税改革事项的概念，除了公共财政之外，还找不到任何其他别的什么词汇担当此任。于是，以1998年12月15日举行的全国财政工作会议为契机，决策层做出了一个具有划时代意义的重要决定：构建中国的公共财政基本框架。正是从那个时候起，作为整个财税体制改革与发展目标的明确定位，带有整体改革布局性质的公共财政框架的构建，正式进入财税体制改革的轨道。

第四阶段：2003年——

正如社会主义市场经济体制要经历一个由构建到完善的跨越过程一样，伴随着以构建公共财政基本框架为核心的各项财税体制改革的稳步推进，财税体制改革也逐渐步入深水区而面临着进一步完善的任务。在时隔5年之后，2003年10月，中共十六届三中全会召开并通过了《中共中央关于完善社会主义市场经济体制若干问题的决定》（以下简称《决定》）。在那次会议上以及那份重要文献中，根据公共财政体制框架已初步建立的判断，提出了进一步健全和完善公共财政体制的战略目标。认识到完善的公共财政体制是完善的社会主义市场经济体制的一个重要组成部分，将完善公共财政体制放入完善社会主义市场经济体制的棋盘，从而在两者的密切联系中谋划进一步推进公共财政建设的方案，也就成了题中应有之义。以此为契机，中国财税体制改革开始了旨在进一步完善公共财政体制的一系列操作。

最先进入操作程序的，首推新一轮税制改革。在《决定》的第20条中，新一轮税制改革的内容被概括为如下八个项目：改革出口退税制度；统一各类企业税收制度；增值税由生产型改为消费型，将设备投资纳入增值税抵扣范围；完善消费税，适当扩大税基；改进个人所得税，实行综合和分类相结合的个人所得税制；实施城镇建设税费改革，条件具备时对不动产开征统一的物业税，相应取消有关收费；在统一税政前提下，赋予地方适当的税政管理权；创造条件逐步实现城乡税制统一。从2003年10月《决定》通过至今，已经先后有出口退税制度的改革、改进个人所得税内容之一——上调工薪所得减除额标准和实行高收入者自行申报、实现城乡税制统一改革的重要一步——取消农业税、增值税由生产型转为消费型改革在东北地区三省一市和中部地区26个城市进行试点、统一各类企业税收制度的主要内容——内外资企业所得税法合并等几个项目得以启动。并且，以处于核心地位的改革项目——内外资企业所得税合并改革的启动为标志，新一轮税制改革已进入实质操作期。

几乎是与此同时，财政支出以及财政管理制度线索上的改革也投入了操作。对此，《决定》第21条描绘了如下一幅蓝图：健全公共财政体制，明确各级政府的财政支出责任；进一步完善转移支付制度，加大对中西部地区和民族地区的财政支持；深化部门预算、国库集中收付、政府采购和收支两条线管理改革；清理和规范行政事业性收费，凡能纳入预算的都要纳入预算管理；改革预算编制制度，完善预算编制、执行的制衡机制，加强审计监督；建立预算绩效评价体系、实行全口径预算管理和对或有负债的有效监控；加强各级人民代表大会对本级政府预算的审查和监督。与以往发生在这些事项上的改革有所不同，这一轮的改革适逢科学发展观和构建社会主义和谐社会重大战略思想提出，故而，在全面落实科学发展观和构建社会主义和谐社会的总体要求下推进财税体制的改革，并在两者的密切联系中谋划财税体制改革的方案，也就成为一种必然的选择。

应当说，在上述这些方面，我们已经获得了重要进展：公共财政开始了逐步覆盖农村的进程；财政支出越来越向以教育、就业、医疗、社会保障和住房为代表的基本民生事项倾斜；围绕推进地区间基本公共服务均等化，加大了财政转移支付的力度并相应调整了转移支付制度体系；从实行全口径预算管理和政府收支分类改革入手，强化了预算监督管理，进一步推进了政府收支行为及其机制的规范化，等等。

从主要着眼于为整体改革"铺路搭桥"、以"放权让利"为主调的改革，到走上制度创新之路、旨在建立新型财税体制及其运行机制的1994年的财税改革；从主要覆盖体制内政府收支和以税制为代表的财政收入一翼，到体制内外政府收支并举、财政收支两翼联动；从以规范政府收支行为及其机制为主旨的"税费改革"以及财政支出管理制度的改革，到作为一个整体的财税改革与发展目标的确立；从构建公共财政基本框架，到进一步完善公共财政体制和公共财政体系，可以看出，中国的财税体制改革事实上存在着一条一以贯之的主线。这条主线，说到底，就是由"非公共性"的财税运行格局及其体制机制不断向"公共性"的财税运行格局及其体制机制靠拢和逼近。中国的财税体制改革，事实上也有着一个一以贯之的基本取向。这个基本取向，说到底，就是构建并实行既与完善的社会主义市场经济体制相适应，又与财政的本质属性相贯通的公共财政制度体系。

（作者：中国社会科学院财贸所副所长）

在中国特色社会主义旗帜指引下开拓成功发展之路

——对改革开放以来全国18个典型地区的调研综合报告

中国特色发展之路课题调研组

2007年12月中旬到2008年3月中旬，中央政策研究室、中央财经领导小组办公室组成调研组，就改革开放以来在中国特色社会主义旗帜指引下开拓成功发展之路问题到全国有关地区进行专题调研。

一、调研背景和基本情况

改革开放以来，全国各地坚持以邓小平理论和"三个代表"重要思想为指导，深入贯彻落实科学发展观，从各自的实际出发，创造性地贯彻落实中央的大政方针和决策部署，大胆探索，勇于创新，推动当地经济实力、人民生活、城乡面貌发生了显著变化，在实践基础上开拓出各具特色的发展之路。这些各具特色的发展之路，是中国特色社会主义道路的组成部分，也是对中国特色社会主义道路的生动诠释。在我国改革开放30周年之际，深入分析全国一些地方的成功发展之路，系统总结他们的实践经验，对于深刻认识当代中国的发展规律，坚持和发展中国特色社会主义，把党的十七大确定的目标任务落到实处，不断开创改革开放和社会主义现代化事业新局面，具有十分重要的意义。

在调研对象选择上，我们既注重具有典型意义、又注意把握地区平衡，主要依据是所选地方从当地实际出发走出了一条成功发展之路，积累了重要发展经验，体现了科学发展要求，而不单纯以地区生产总值多少为依据。经过认真综合比较，调研组最后选择了以下18个地方。东部地区10个：上海市浦东新区、江苏省昆山市、江苏省江阴市、浙江省义乌市、浙江省温州市、福建省泉州市、山东省威海市、山东省寿光市、广东省深圳市、广东省东莞市；中部地区3

个：安徽省芜湖市、江西省吉安市、湖南省长沙县；西部地区3个：内蒙古自治区鄂尔多斯市、云南省丽江市、甘肃省定西市；东北地区2个：辽宁省沈阳市铁西区、黑龙江省绥芬河市。这18个地方改革开放以来取得的发展成就都很突出，走出的发展路子也都有鲜明特色。这18个地方中，有率先改革开放、大力发展外向型经济的地区，有发挥后发优势、通过调整优化产业结构快速崛起的地区，有发扬艰苦奋斗精神、通过埋头苦干实现脱贫致富的革命老区、贫困地区，有突出重围、实现经济振兴的老工业基地，等等。

调研工作从2007年12月中旬开始，历时88天。调研期间，共召开座谈会76次，其中党政部门座谈会21次、专家学者座谈会14次、企业家座谈会12次、乡村干部座谈会18次、老干部座谈会4次、综合座谈会7次。参加座谈会人员1595人，其中省部级干部19人、地厅级干部168人、县处级干部490人、基层干部和群众572人、专家学者91人、企业家167人、老干部88人。调研人员走访企业、乡村等基层单位共234家。调研组在深入调研、获得大量第一手材料的基础上，经过多次讨论、修改，形成了调研报告。

二、各具特色的发展之路

调研情况表明，党的十一届三中全会以来，这18个地方坚持解放思想、实事求是、与时俱进，注重把中央的方针政策同本地实际紧密结合起来，紧紧抓住发展机遇，勇于开拓创新，注重完善体制机制，充分利用已有发展条件，努力挖掘发展潜力，不断创造新的发展优势，不仅取得了骄人的发展成就，而且走出了各具特色的发展之路。

（一）上海市浦东新区，坚持以开放促改革促发展，抓住历史机遇，用国际化思路探索城市发展新模式，高起点规划建设基础设施，高标准发展高新技术产业和现代服务业，打造现代化、国际化、多功能新城区，创建国际区域性经济、金融、贸易、航运中心，成为带动上海和长江三角洲地区现代化建设的重要增长极。

（二）江苏省昆山市，利用东依上海的地缘优势，大力实施外向型发展战略，高起点引进先进技术，以国际化带动工业化，以工业化推动城市化，实现了由单一农业向全面现代化的跨越式发展，综合经济实力跃居全国百强县（市）之首，走出了共同富裕、和谐发展的"昆山之路"。

（三）江苏省江阴市，从发展乡镇企业起步，因具有民族特色的大企业集团迅猛发展和成批上市而被誉为"华夏A股第一县"，以"天下第一村"华西为样板的社会主义新农村建设闻名全国，是"苏南模式"的发源地之一。

（四）浙江省义乌市，充分利用市场先发优势，以创业创新为动力，以小商品流通为载体，推进市场化，带动工业化，催生城市化，演进为国际化，把一个贫穷落后的农业小县造就成"全球最大的日用商品批发市场"和实力雄厚的经济强市，创造出"无中生有、无所不有"的义乌奇观。

（五）浙江省温州市，尊重和发挥人民首创精神，以市场取向改革激活发展动力，以促进就业推动全民创业，以商贸兴盛带动工业繁荣，以产业集聚支撑城镇崛起，以构建营销网络创新经济业态，以差异化经营打造品牌经济，以文化创新推动实践创新，从贫穷落后的海港小城发展成为富裕发达的沿海大市，形成了独特的温州发展模式。

（六）福建省泉州市，着力打好"侨牌"，以"三来一补"起步，带动乡镇企业发展，培育优势特色产业，形成众多知名品牌，大力增强县域经济实力，实现城乡协调发展。

（七）山东省威海市，充分利用区位比较优势和文化传统优势，以对外开放总揽发展全局，大力发展对韩贸易和对外经济技术合作，带动体制创新和特色产业培育，成功将区位优势、环境优势转化为经济强势，实现经济发展和环境保护良性互动、人与自然和谐相处。

（八）山东省寿光市，发挥初始的农业比较优势，由农业起步，创新农业生产方式，以农业培养工业，以工业提升经济，靠农业富民，靠工业强市，实现工农互助、城乡互动、工业和农业共同繁荣、城市和农村协调发展。

（九）广东省深圳市，依托毗邻香港、背靠珠三角及广阔内陆腹地的独特地缘优势，抓住经济特区开放开发的先机，以大规模引进外资带动对外经济合作，以发展高新技术支撑产业结构优化升级，以推进自主创新提升产业竞争力，以不断扩大开放促进体制机制创新，从贫穷落后的小渔村发展成为我国南部综合经济实力、技术创新能力、国际竞争力最强的现代化大都市。

（十）广东省东莞市，大力引进外资，扩大劳动力就业，建立加工贸易基地，培育出口产业集群，形成外向型经济、园区经济、民营经济交相呼应和信息产业、现代服务业互为支撑的发展路子。

（十一）安徽省芜湖市，坚持把自主创新作为核心竞争力的根本，坚持有所为、有所不为，着力培育具有国际竞争力的特色支柱产业，形成了以汽车制造为代表的三大产业集群，探索出中西部地区发挥后发优势的成功道路。

（十二）江西省吉安市，实施以新型工业化为核心的发展战略，兴办工业园区，加速工业崛起，支持和带动农业集约化、产业化，推动城市化，实现工业兴、农业稳、群众富，使贫困的革命老区走上全面小康之路。

（十三）湖南省长沙县，利用毗邻省会和交通便利的条件，吸引外来投资，建设工业园区，发展优势企业和产业集群；坚持以工促农，促进粮食生产和特色农业发展，实现兴工强县、强农富民，成为闻名遐迩的“三湘第一县”。

（十四）内蒙古自治区鄂尔多斯市，通过科学利用优越的资源条件，高起点引进和配置生产要素，全面推行资源节约型、环境友好型、集约化的工业和农牧业生产经营方式，创造后发优势，实现跨越式发展，走出了一条西部资源富集地区快速发展的路子。

（十五）云南省丽江市，利用当地优势特色资源，做大做强做精旅游产业，以旅游业带动经济社会发展，从名不见经传的西南边陲小镇发展成为富裕繁荣文明和谐的旅游文化名城。

（十六）甘肃省定西市，弘扬“领导苦抓、部门苦帮、群众苦干”的精神，发挥比较优势，注重引进国际先进生产模式，把小土豆做成大产业，形成种草养畜——发展沼气——沼渣肥田——增粮增收——改善生态的循环经济模式，初步走出一条自然条件恶劣地区脱贫致富的成功路子。

（十七）辽宁省沈阳市铁西区，通过全面贯彻振兴东北地区等老工业基地的战略部署，抓住新一轮经济上升周期的历史机遇，大胆进行行政管理体制改革和国有企业制度创新，充分发挥比较优势，加快技术进步和经济结构调整步伐，完善社会保障体系，使老装备制造业基地焕发勃勃生机。

（十八）黑龙江省绥芬河市，通过发挥区位优势，以沿边开放为基本战略，大力发展对俄边境贸易，搭建商贸旅游、进出口加工、跨境投资合作三大产业体系，带动农村和城市建设，推动社会事业全面发展，走出了一条以开放促开发的口岸城市发展之路。

三、对各地发展经验的共性认识

这18个地方发展的成功实践，是中国特色社会主义发展道路的生动缩影和具体体现。尽管这些地方发展的条件、路径、模式各不相同，做法也不尽相同，但具有以下主要特点。

（一）善于在国内外经济环境的变化中抓住发展机遇。这些地方都具有强烈的机遇意识和危机意识，抢抓机遇不松劲，遇到困难不退缩。从国内看，能够自觉顺应我国工业化、信息化、城镇化、市场化、国际化深入发展的新形势，从中寻找机遇、赢得先机，并积极应对风险和挑战。从国际上看，能够正确把握经济全球化新趋势，抓住生产要素在全球范围内重组和产业转移加快的机遇，主动承接国际产业转移，充分利用国际国内两个市场、两种资源，着力拓宽发展空间，积极分享经济全球化利益。

（二）充分发挥比较优势。这些地方都能认识到，自己既有相对优势也有相对劣势，要在激烈的市场竞争中赢得主动、实现又好又快发展，必须充分利用本地独特的区位条件、资源禀赋、特色产业、历史文化等资源，发挥比较优势，找准发展突破口。在实际工作中，这些地方都能坚持把中央精神同当地实际紧密结合起来，坚持因地制宜、突出特色、扬长避短，使比较优势转化为竞争优势，做到人无我有、人有我优。

（三）正确处理市场和政府的关系。这些地方都能坚持社会主义市场经济的改革方向、不断完善社会主义市场经济体制，既充分发挥市场在资源配置中的基础性作用，又高度重视政府的引导、调控、服务作用，加快转变政府职能，建设服务型政府，为发展创造无障碍、低成本、高效率的良好环境，努力使“看不见的手”和“看得见的手”各展所长、有机结合、相得益彰。

（四）坚持以开放促改革促发展。这些地方都高度重视开放对发展的推动作用，积极主动地通过扩大开放来促进改革、推动发展。在实践中，这些地方既积极扩大对外开放，也积极扩大对内开放；既积极“引进来”，也主动“走出去”。通过扩大开放，干部群众开阔了视野、解放了思想、转换了理念、创新了思路，有力促进了体制机制障碍的消除和资源配置效率的提高，这些地方抓住了更多发展机遇、获得了更广发展空间、赢得了更大发展优势。

（五）增强决策的科学性和执行力。这些地方都注重从实际出发，自觉遵循客观规律和科学规律，努力推进各级党委和政府决策科学化、民主化；同时，注重树立正确政绩观，坚持决策执行的严肃性、连续性，正确处理继承和创新的关系，对在实践中形成的符合本地经济社会发展实际的战略、规划、目标，坚持不懈抓落实，并且是一张蓝图管到底、一届接着一届干。

（六）以经济发展促进社会和谐。这些地方较好地处理了经济建设和社会建设的关系，深刻认识到经济发展和社会和谐是相互依存的统一体，没有经济发展就不能为社会和谐提供坚实物质基础，没有社会和谐稳定也不能为经济发展创造良好社会环境。在实际工作中，这些地方都强调推动经济社会发展各项工作必须坚持以人为本，实现好、维护好、发展好最广大人民的根本利益，正确处理改革发展稳定关系，着力保障和改善民生，妥善处理各方面利益关系，努力把提高效率同促进社会公平结合起来，实现经济发展、社会和谐相互促进、共同提高。

（七）尊重人民首创精神。这些地方都自觉坚持人民主体地位，及时掌握和有效运用人民群众在发展实践中创造出的新思路、新做法、新模式。各级党政干部能够深入群众，体察民情，了解民意，集中民智，珍惜民力，注重调动人民群众的积极性、主动性、创造性，为推进改革开放和社会主义现代化建设提供最深厚的力量源泉。

（八）发挥党的领导核心作用。这些地方都重视加强和改进党的建设，强调加强和改善党对经济工作的领导需要通过各级党组织和党员、干部来实现。从这些地方的实践看，经济发展成功的地方，都有一个过硬的领导班子、一批具有战斗堡垒作用的基层组织、一支能够发挥先锋模范作用的党员干部队伍、一些独具特色而又与时俱进的党建做法，党组织能够充分发挥总揽全局、协调各方的作用，有效实现了党的建设和社会主义现代化建设的内在统一。

四、各地发展中面临的新挑战

这18个地方在前进道路上仍然面临一些新的挑战。主要是：经济发展方式还比较粗放，经济发展付出的资源环境代价较大，转变经济发展方式的任务很繁重、很紧迫；产业结构不尽合理，农业基础薄弱，工业大而不强，服务业发展滞后；自主创新能力不强，缺乏自主知识产权、核心技术和世界知名品牌；在社会结构深刻变动和利益格局深刻调整面前，社会建设和管理面临诸多新课题，等等。这些情况表明，在我国发展已站在新的历史起点上的新形势下，各地要解决发展过程中遇到的突出矛盾和问题，最根本的是要高举中国特色社会主义伟大旗帜，以邓小平理论和“三个代表”重要思想为指导，深入贯彻落实科学发展观，继续解放思想，坚持改革开放，推动科学发展，促进社会和谐，扎扎实实落实党的十七大作出的战略部署，努力按照实现全面建设小康社会的新要求，全面推进社会主义经济建设、政治建设、文化建设、社会建设以及生态文明建设，全面推进党的建设新的伟大工程，不断在中国特色社会主义道路上迈出新步伐。

国有企业改革 30 年的回顾与思考

周叔莲

今年是国有企业改革 30 周年。30 年来，国有企业改革取得了巨大的成绩，积累了宝贵的经验。现在国有企业改革的任务尚未完成。回顾国有企业改革的历程，认真研究和总结经验教训，具有重大的理论意义和实践意义。

一、国有企业改革的进程

国有企业改革是我国经济体制改革的中心环节。早在改革以前，人们就逐步认识到国家对国有企业管得过多过细的弊端。1956 年毛泽东同志在《论十大关系》中指出：“把什么东西统统都集中到中央或省市，不给工厂一点权力，一点机动的余地，恐怕不妥。”上世纪 60 年代，孙冶方在《关于全民所有制经济内部的财政体制问题》中提出，要以资金价值量为标准来划分“大权”和“小权”，认为“属于扩大再生产范围的事是国家的‘大权’，国家必须严格管理”，“属于简单再生产范围的事是企业应该自己管的‘小权’，国家多加干涉就会管死”。1978 年党的十一届三中全会公报指出：“现在我国经济管理体制的一个严重缺点是权力过于集中，应该有领导地大胆下放，让地方和工农业企业在国家统一计划指导下有更多的经营管理自主权。”基于当时这种认识，我国国有企业改革是从扩大企业自主权开始，以后又经历了实行两权分离、建立现代企业制度、改革国有资产管理体制等阶段。

第一阶段：扩大企业自主权（1978－1984 年）

1978 年 10 月，四川选择宁江机床厂等 6 个企业进行扩权试点，这是这一次国有企业改革的开始。十一届三中全会以后，1979 年 5 月，国家计委等 6 个单位，在北京、天津、上海选择首都钢铁公司等 8 个企业进行扩大企业自主权的试点。1979 年 9 月，国务院发布了扩大国营工业企业经营自主权、实行利润留成、开征固定资产税、提高折旧率和改进折旧费使用办法、实行流动资金全额信贷等 5 个文件，又要求地方部门按照统一规定选择少数企业试点。1979 年底试点企业扩大到 4200 个，1980 年又发展到 6000 个，约占全国预算内企业数的 16%，产值的 60%，利润的 70%。1981—1982 年在工交企业实行的经济责任制，以及 1983 年、1984 年试行的利改税制度，也都是以扩大企业自主权为指导思想的。

在上世纪 50 年代后期，我国就提出对国有企业进行改革并曾进行改革，但当时的改革主要是在中央和地方权限的划分上做文章。1978 年开始的改革则把重点放在调整国家与企业关系上，着眼于调动企业和职工的积极性和主动性。因此，扩大企业自主权的改革思路与过去改革的思路比较，是一个很大的进步。但是，扩大企业自主权的改革思路是在计划经济的框框下进行的。这一阶段理论界许多同志提出国有企业要自主经营、自负盈亏。但扩大企业自主权的改革思路是不可能实现这个要求的。

第二阶段：实行两权分离（1985—1992年）

1984年10月党的十二届三中全会通过的《关于经济体制改革的决定》中提出社会主义经济是在公有制基础上的有计划的商品经济，并明确提出要使企业成为自主经营自负盈亏的商品生产者和经营者。《决定》还指出："过去国家对企业管得太多太死的一个重要原因，就是把全民所有同国家机构直接经营企业混为一谈。根据马克思主义的理论和社会主义的实践，所有权同经营权是可以分开的。"由此国有企业改革进入了两权分离阶段。在这一阶段，两权分离是通过多种形式的企业经营承包责任制实现的。企业经营承包责任制的基本特征是：包死基数，确保上交，超收多留，欠收自补。到1987年底，预算内的承包面达到78%，大中型企业达80%。1988年2月国务院发布了《全民所有制工业企业承包经营责任制暂行条例》，1990年第一轮承包到期的预算内工业企业有3.3万多户，占承包企业总数的90%，接着又开始了第二轮承包。

两权分离的改革思路同以往扩大企业自主权的改革思想相比，是又一次飞跃，对发挥企业积极性主动性产生了积极作用，这种积极作用是不容否认的。但是企业承包经营责任制也有其固有的缺陷，主要是企业仍在相当程度上隶属于政府机关，不能实现政企分开，尤其是两权分离理论只承认国有企业有经营权，所有权完全属于国家，不承认企业作为法人应该有财产权，这就决定了国有企业不可能真正实现自主经营自负盈亏，而且会带来企业结构、产业结构固定化等弊端。

第三阶段：建立现代企业制度（1993－2002年）

1992年10月，党的十四大提出我国经济体制改革的目标是建立社会主义市场经济体制。1993年11月，十四届三中全会通过的《关于建立社会主义市场经济体制若干问题的决定》提出，建立产权清晰、权责明确、政企分开、管理科学的现代企业制度是我国国有企业改革的方向，并规定企业拥有包括国家在内的出资者投资形成的全部法人财产权，以其全部法人财产权依法自主经营自负盈亏，充实和发展了两权分离理论。1994年国务院确定100家企业进行建立现代企业制度的试点，各省市自治区也进行了试点，试点取得了经验。但由于长期积累的历史问题没有解决，当时国有企业困难重重，全部国有工业企业有1/3明亏、1/3潜亏，只有1/3赢利。为了给建立现代企业制度创造条件，1997年党中央决定用三年时间帮助企业脱困，采取了多种措施，到2000年底，全国6599户国有大中型亏损企业减少到了4391户，基本上完成了"三年脱困"的目标。

在建立现代企业制度试点中发现，仅仅从企业层次着眼是建立不起现代企业制度的，必须着眼于搞好整个国有经济，才能深化国有企业改革，完成改革的任务。1995年9月，党的十四届五中全会指出："要着眼于搞好整个国有经济，通过存量资产的流动和重组，对国有企业实施战略性改组。这种改组要以市场和产业政策为导向，搞好大的，放活小的，把优化国有资产分布结构、企业结构同优化投资结构有机结合起来，择优扶强，优胜劣汰。"党的十五大报告进一步阐明了这个指导思想。十五届四中全会《关于国有企业改革和发展的若干重大问题的决定》中把它概括为"从战略上调整国有经济布局和改组国有企业"，并作为推进国有企业改革和发展的一条重要指导方针。由此可见，调整国有经济布局和建立现代企业制度一样，是这一阶段国有企业改革的指导思想。

党的十五大和十五届一中全会要求到20世纪末使大多数国有大中型骨干企业初步建立现代企业制度。经过努力，国务院确定的和各地选择的 2700 户现代企业制度试点的企业很、大部分按时完成了股份制改革，基本实现了改制任务。到 2000 年底，我国基本形成了公有制为主体、多种所有制经济共同发展的格局，初步建成了社会主义市场经济体制。其后的两年里进一步推进国有企业的改革，发展和完善社会主义市场经济体制。

第四阶段：改革国有资产管理体制(2003——今)

这一阶段继续采取多种措施建立完善现代企业制度和调整国有经济的布局、结构，其中一项关键措施是改革国有资产管理体制。我国国有资产管理体制很不合理，存在的主要问题有三个：一是政企不分，政资不分。政府部门既要承担社会经济管理职能，又要承担国有资产所有者职能；既具有国有资产的管理者和监管者的身份，同时又是国有资产的经营者。由此造成职责混乱，难以形成企业公平竞争的环境。二是多头管理，产权责任主体不明确。其结果是企业办事程序复杂，效率低下，难以建立国有资产的产权责任制，国有资产大量流失。三是中央和地方分工和权责不明晰。2002 年 11 月，党的十六大提出了深化国有资产管理体制改革的任务。指出：要在坚持国家所有的前提下，充分发挥中央和地方两个积极性。国家要制定法律法规，建立中央政府和地方政府分别代表国家履行出资人职责，享有所有者权益、权利、义务和责任相统一，管资产和管人、管事相结合的国有资产管理体制；关系国民经济命脉和国家安全的大型国有企业、基础设施和重要自然资源等，由中央政府代表国家履行出资人职责；中央政府和省市(地)两级地方政府设立国有资产管理机构。2003 年 10 月，十六届三中全会《关于完善社会主义市场经济体制若干问题的决定》中，又指出：要建立健全国有资产管理的监督体制；坚持政府公共管理职能和国有资产出资人职能分开；国有资产管理机构对授权监督的国有资本依法履行出资人职责，维护所有者权益，维护企业作为市场主体依法享有的各项权利，督促企业实现国有资产保值增值，防止国有资产流失；建立国有资本经营预算制度和企业经营业绩考核体系。2003 年 3 月，成立了代表国务院履行国有资产出资人职责的特设机构——国务院国有资产监督管理委员会；到 2004 年 6 月，全国各省也成立了相应的机构；截至 2007 年底，全国市(地)级国有资产监管机构的组建工作已基本完成，国有资产监管的组织体系基本建立。国务院国资委以《企业国有资产监督管理暂行条例》为依据，共制定了企业改制、产权转让、资产评估、业绩考核、财务监管等 16 个规章和 40 余件规范性文件，各地国有资产监管机构也相继出台了 1000 多件地方性法规和规章制度，国有资产监管的法规体系基本形成。经过几年的努力，加强了企业国有产权管理工作，基本形成了国有资产的出资人财务监管体系，规范了国有企业改制和产权转让制度，推动了国有经济布局和结构的调整，国有企业特别是中央企业的改革发展也取得了明显进展。

有人认为，经过改革，国有经济比重降低了，现在国有经济在国民经济中已经不起主导作用了。这种说法不符合实际情况。据国务院国资委主任李荣融的介绍：改革以来国有企业数量虽然减少了，但国有经济整体素质和竞争力不断提高，国有经济的控制力、影响力和带动力大大增强。截至 2006 年底，全国国有企业户数共计 11.9 万户，比 2003 年减少 3.1 万户，年均减少 8%，但户均资产 2.4 亿元，比 2003 年增长 22.7%。国有资本向能源、原材料、交通、军工、重大装备制造和冶金行业集中的态势明显。2006 年基础行业的国有资本 3.3 万亿元，占全部国有企业占用国有资本总量的 70.6%，比 2003 年提高 5.4%。国有资本的控制力不断增强，国有资本直接支配或控制的社会资本 1.2 万亿元，比 2003 年增长 1.1 倍。目前，中央企业 80% 以上的国有资产集中在军工、能源、交通、重大装备制造、重要矿产资源开发领域，承担着我国几乎全部的原油、天然气和乙烯生产，提供了全部的基础电信服务和大部分增值服务，发电量约占全国的55%，民航运输总周转量占全国的82%，水运货物周转量占全国的89%，汽车产量占全国的48%，生产的高附加值钢材占全国的60%，生产的水电设备占全国的70%，火电设备占全国的75%。党的十五大报告明确指出：国有经济起主导作用，主要体现在控制力上。

经过30年的渐进式改革，我国国有企业的面貌焕然一新，成绩斐然。建立现代企业制度取得成效，企业法人治理结构趋于完善，为加强企业管理和加快技术进步建立了制度基础，国有企业的活力和竞争力明显增强，国有经济的布局结构有所改善，保证和促进了社会主义市场经济体制的建立和完善。在我国国民经济中，国有经济的整体素质和竞争力、控制力、影响力和带动力上了新的台阶，国有经济不仅仍占有主导地位，并且比以前更好地发挥着主导作用。

二、国有企业改革道路的理论分析

我国国有企业改革经过了漫长曲折的过程，这个过程是由多种主客观因素决定的。从主要方面来看，改革的指导思想和改革阶段的发展是有内在联系甚至是有必然联系的。探索我国国有企业进程的轨迹，研究国有企业改革的道路，对于总结历史经验和继续完成国有企业改革的任务都是必要的。

1998年我曾提出国有企业由产品生产者转变为商品生产者和经营者过程中的五种理论模式。这五种国有企业模式反映了我国国有企业改革的轨迹。它们是：①实行供给制的企业模式。②实行经济核算制的企业模式。③有简单再生产自主权的企业模式。④有经营权的企业模式。⑤有法人所有权的企业模式。

第一种模式是马克思主义经典作家曾经设想过的企业模式，他们曾把整个社会设想为一个大工厂，这样企业就类似一个车间，就要用产品分配来代替产品交换，对企业实行供给制的管理办法。这种模式在俄国战时共产主义时期实行过，在我国革命根据地也实行过。第二种企业模式在斯大林主持下编写的苏联政治经济学教科书中有完整的表述，即企业不仅归国家所有，而且由国家经营，实行经济核算制度。它是苏联和我国以及其他一些社会主义国家改革前实行的模式。第三种企业模式是孙冶方20世纪60年代提出的模式，孙冶方把资金价值量的简单再生产和扩大再生产作为划分企业和国家职权的界限，主张企业有资金价值量简单再生产的自主权。第四种企业模式是《关于经济体制改革的决定》中肯定的模式，其理论根据是所有权和经营权可以适当分离，国家掌握所有权。第五种企业模式主张企业不仅有经营权，而且有法人财产权，国家则保留最终所有权。

我认为，这五种企业理论模式反映着由产品生产者向商品生产经营者递进的过程。它们的依次递进是有着某种必然性的，就是渐进式的改革。

就企业独立性来说，第一种模式的企业附属于政府机关，没有独立性，第二种模式的企业有了一定的独立性，第三种模式的企业有了更多的独立性，第四种模式要求政企职责分开，企业的独立性又增强了。不过第二种模式、第三种模式、第四种模式的独立性都是相对的独立性，企业不能摆脱或不能完全摆脱对政府的依赖，只有到了第五种模式，企业才有了完全的独立性。

就企业经营自主权来说，第一种模式的企业没有任何意义上的经营自主权。第二种模式的企业开始有自主权，不过严格来说企业仍不存在经营问题。第三种模式的企业有了简单再生产的自主权，但仍不承担经营的职能。第四种模式的企业开始有了经营自主权。第五种模式的企业有了完全的经营自主权。

就盈亏责任制来说，第一种模式的企业没有盈亏责任，也负不起盈亏责任。第二种模式的企业需要核算盈亏，但由于国家统收统支，企业也不负盈亏责任。这不是说盈亏对企业职工和管理人员没有任何影响，对个人的影响是有的，但企业没有独立的利益，负不起也不需要负盈亏的责任。第三种模式的企业在盈亏责任制方面和第二种模式的企业情况相仿，企业对盈亏也负不起责任。第四种模式的企业在盈亏上可以负一定的责任，因为企业有了经营权，有了相对独立的经济利益。但是，在这种情况下企业仍不能实行自负盈亏。在企业没有自己财产的情况下，要求第四种模式的企业建立一定盈亏的责任制是可能的，实现自负盈亏则不可能。只有实现了第五种模式，企业才可能真正自负盈亏。

就财产的所有权关系来说，从第一种模式到第四种模式，企业的财产都只归国家所有，企业没有任何意义上的财产所有权。第一种模式的企业在财产使用权上也受到很大限制；第二种模式和第三种模式的企业对财产有了使用权；第四种模式的企业对国家授予其经营管理的财产有了占有使用和依法处分的权利；第五种模式的企业对国家授予其经营管理的财产有了法人财产权，国家则保持最终所有权。第五种模式和第四种模式的根本区别就在于企业有无法人财产权。

我把这五种国有企业模式称之为理论模式，是为了从理论上分析我国国有企业改革的进程。事实上，1978 年改革前我们已经处于第二种模式，从 1978 年到 1984 年的第一阶段改革就是要从第二种模式转变为第三种模式，从 1985 年到 1992 年的改革就是要从第三种模式转变为第四种模式。我提出这个理论观点时它们都已经不仅是理论模式而且是现实模式了。不过当时第五种模式还只是理论模式。我归纳理论界一部分同志意见，认为第四种模式向第五种模式转变有其必然性。这是由两权分离这个改革思路的特点所决定的。

因此，两权分离理论比起传统的两权合一理论是一个巨大的进步，必须坚持，但是为了给企业自主经营自负盈亏奠定更加科学的理论基础，至少要从以下三个方面充实和发展这一理论。①必须实行政府行政管理权和国家所有权的分离。②对国家所有权要实行分割，国家保留最终所有权，企业得到法人财产权。③在企业内部实行所有权和经营权的分离。为了使企业真正能够自主经营自负盈亏，是必须使企业具有财产所有权的。在国有经济中，这就是要实行国家最终所有权和企业法人所有权的分离。也就是国家保留最终所有权的前提下，使企业对国家授予经营管理的财产不仅有占有使用处分权，而且有财产权。这样企业就成了财产所有者。企业的经营权有了所有权作为依据，作为财产主体也就可以实行自负盈亏了。国家对财产最终所有权类似于西方股份公司中股东掌握的股权，股权虽然也是所有权（最终所有权），但股东不能直接掌握公司的财产，公司的财产是由公司作为法人直接掌握的，公司是财产所有者。在股份公司，盈亏责任最终由股东负责，国有企业盈亏的责任最终也由国家负责。不过，把国家所有权分割为国家最终所有权和企业法人财产权以后，国家授予某一企业经营的财产已经和国家的其他财产严格区分开来了，企业作为真正的法人首先要负起盈亏的责任，国家负最终责任的也只是这特定部分的财产，像股份公司的股东那样只负有限责任。国家不再像过去那样实行统负盈亏和担负无限责任了。

以后在改革的第三阶段中，经过党的十四届三中全会、十四届五中全会、十五大、十五届四中全会，以上问题大体按照上述思路在方针政策上得到了解决。从建立现代企业制度开始，国有企业的第五种理论模式也成为现实模式了。

应该说，我国在理论上和实践上都已经形成了一条比较科学和有效的改革国有企业的道路。这条道路是 30 年经济改革的结晶，内涵极其丰富，经验值得珍视：

1. 国有企业改革的目标是建立“产权清晰、权责明确、政企分开、管理科学”的现代企业制度。这四句话是互相联系的统一整体，应有正确全面的理解。要通过建立现代企业制度，使绝大多数国有企业成为真正自主经营、自负盈亏、自我发展、自我约束的商品生产经营者和真正独立的市场竞争主体。

2.坚持以国有经济为主导、公有经济为主体、多种经济成分共同发展的方针。包括非公有经济在内的多种经济成分共同发展，是有中国特色社会主义的一个主要内容。没有国有经济的主导作用和公有经济的主体地位，就谈不上社会主义。而没有非公有经济成分的发展，就不能建成有中国特色的社会主义。因此，国有经济的改革要同发展多种经济成分结合起来。

3.着眼于搞好整个国有经济，实行分类指导。抓好大的、放活小的，对国有企业实施战略性改组。对国有大中型企业实行规范的公司制改革。以资本为纽带，通过市场形成具有较强竞争力的跨地区、跨行业、跨所有制和跨国经营的大企业集团。采取改组、联合、兼并、租赁、承包经营和股份合作制、出售等形式，加快放开搞活小型企业的步伐。

4.把深化改革与促进发展、提高经济增长质量结合起来。为此，要在改革过程中始终重视企业管理，努力改进和加强企业管理，把企业改革和企业管理有机结合起来。

5.推进企业技术进步，鼓励、引导企业和社会的资金投向技术改造，形成面向市场的新产品开发和技术创新机制，积极促使企业成为技术进步的主体。

6.实行鼓励兼并、规范破产、下岗分流、减员增效和再就业工程，形成企业优胜劣汰的竞争机制。采取积极措施，依靠社会各方面的力量，关心和安排好下岗职工的生活，搞好职业培训，拓宽就业门路，努力适应改革和发展的新要求。

7.实行政企分开，这是深化国有企业改革的关键。进一步明确政府和企业的权利和责任。国家按投入企业的资本额享有所有者权益，对企业的债务承担有限责任。政府不能直接干预企业的经营活动，企业也不能不受所有者约束，损害所有者权益。要进一步转变政府职能。政府的职能应转变到制定和推行宏观调控政策，搞好基础设施，创造良好的竞争环境上来，建成服务型政府。把不应由政府行使的职能逐步转给企业、市场和社会中介组织。进一步改革和调整政府机构。

8.积极推进各项配套改革。建立有效的国有资产管理、监督和营运机制，促使国有资产的保值增值，防止国有资产流失。建立社会保障体系，实行社会统筹和个人账户相结合的养老、医疗保险制度，完善失业保险和社会救济制度，提供最基本的社会保障。建立城镇住房公积金，加快改革住房制度。加快金融体制改革，积极稳妥地发展资本市场。这将有利于企业采取多种方式充实资本金，并有利于培育和发展多元投资主体。

9.加强企业领导班子建设，完善企业法人治理结构，充分发挥企业家的作用。

10.全心全意依靠工人阶级。没有工人群众的支持，企业改革是不可能成功的，企业也是办不好的。

三、国有企业改革尚未完成

国有企业改革是空前艰巨的事业，虽然改革已经取得的成绩是辉煌的，同时走出了一条成功的道路，但是改革的任务尚未全部完成，还有很多任务包括一些难度很大的任务有待完成。

（一）建立和完善现代企业制度有很多工作要做。一些国有企业尚未按照《公司法》的要求进行公司制股份制改造，名义上已经建成现代企业制度的，也往往“形似神不似”。截至2006年底，159户中央企业的母公司，只有6户是多元股东的企业，其他153户都是国有独资企业。由于央企改制大多在子公司层面进行，如果话语权最多的大股东不改制，也难以要求下面改制的企业严格按照现代企业制度行事。公司法人治理结构不健全和内部人控制问题是普遍现象，多数按照《公司法》注册的国有独资公司，董事会成员与经理人员高度重合，董事会的决策职能与经理层的执行职能事实上合一，与按照《企业法》注册、实行总经理负责制的国有独资企业一样，都是"一把手"负责制。其结果是大企业的兴衰成败系于一个人身上，风险极大。"一把手"在投资决策、人事、财务等方面权力过大，甚至一个人说了算，与现代企业制度要求的决策权与执行权分开、重大事项集体决策的体制相悖。由于一个人的权力过大，企业的决策机构中没有利益超脱的、能真正代表股东利益的董事，缺乏制度上的有效制衡，容易使"一把手"在处理国家、企业、经理层、职工利益关系上，为自己和下属人员在薪酬、福利方面谋取私利。在"一把手"的默许、授意、指使下，一些企业往往编制不实的财务会计报表，夸大业绩，使触动"一把手"利益的改革和重组难以推进。

（二）国有经济布局结构仍不尽合理。虽然经过多次调整，国有企业小而散的状况尚未完全改变。2006年，在11.9万户国有企业中，小型企业比重为87.4%，其中9.7万户地方国有企业中，小型企业占89.5%。亏损企业也较多，2006年底，亏损企业共计5万户，亏损面达42.1%，企业亏损额达2122亿元，冲销国有企业整体经济效益的14.8%。相当一部分企业资产运行效率低，2006年净资产收益率和销售利润率均低于1%的企业有5.2万户。还有不少企业盲目扩张，债务风险很大。2006年底，资产负债率超过80%的企业有4.7万户，占39.5%，其中有近2.5万户企业处于资不抵债状态。中央企业的分布也仍然过宽，在国民经济的95个大类行业中，中央企业三级以上企业涉足86个行业，分布面达90%以上。再以北京市为例，按照国民经济行业分类，市国资委监管范围内的国有及国有控股企业涉及20个门类中的17个，在国民经济的95个大类中涉足76个行业，行业分布面为80%。企业数量也过多，规模较小，北京市2006年的财务快报显示，82家市监管企业户均资产为103.5亿元，其中26家企业资产不足10亿元，少数企业净资产不到1亿元，大中型企业占全部三级及三级以上企业总数的比重不到10%。而且管理层级过多，资本链条过长，不少二、三级企业业务重叠交叉，专业化发展能力薄弱，主业不强，缺乏核心竞争力。有的企业资产不多，却有四级或更多的管理层级，层级过多使有些企业出现失控现象。

（三）垄断企业改革任务艰巨。垄断行业是中国国有经济中最集中和控制力最强的领域，垄断行业中的主要大型骨干企业，几乎都是中央国有企业。垄断行业大多数是具有一定自然垄断性的行业，如电力、铁路、邮电、民航、电信、邮政、天然气，但技术的发展和经济理论的创新在很大程度上已经弱化了通过管制维持垄断的理由。从上世纪90年代以来，我国已对电力、电信、民航等行业进行了政企分离、政资分开、业务分离、引入新竞争者等方面的改革，如电力行业实行了"电网分开"，电信行业实施了"成立联通"、"移动分家"、"南北分拆"等改革，改革取得了进展，但问题依然严重。总体上垄断行业改革仍滞后于整个经济体制改革的进程。现有改革偏重现有企业重组、忽视创造公平准入环境和引入新企业，没有形成真正竞争的市场结构。而且在产权改革和监管改革方面也相对滞后，难以避免垄断行业滥用垄断优势地位。自然垄断和行政垄断交织在一起，抑制了行业技术进步和创新，使外部资本面临很高的进入成本，造成了资源配置的扭曲和这些行业的低效率。目前社会上对不少垄断行业收费高、服务差、效率低而职工收入奇高等现象意见颇大。根据中国企业家调查系统2007年对企业经营者的调查，有47.4%的被调查者认为垄断行业改革是当前最紧迫的三项改革之一。这些都说明垄断行业改革是一场真正的攻坚战，是今后国有企业改革的重点。

（四）国有企业创新能力不强。国有企业，特别是中央企业，在获得科技资源方面具有优势，大量的科研人才集中在大型国有企业。过去几年中国有企业自主创新活动也不断增强。尽管如此，我国国有企业的自主创新能力还较低，而且总体上自主创新的活跃程度还不如非国有企业。据中国企业家调查系统2006年秋季对中国4000多家企业的调查，54.3%的企业当年研究投入比上年增加，只有8.2%的企业有所减少，研发投入增加的企业所占比例比研发投入减少的企业所占比例要高出46.4个百分点。但是，其中非国有企业要高出48个百分点，而国有企业只高出32个百分点。可见，非国有企业增加研发投入的现象比国有企业更加普遍，国有企业增加研发投入的积极性不如非国有企业。在同样的调查中，企业当年新产品销售收入占全部销售收入比重增加的占52%，减少的占8.6%，增加的比减少的高出43.4个百分点。但是，其中非国有企业要高出45.4个百分点，而国有企业只高出27.4个百分点。可见，国有企业新产品开发和投入市场的活跃程度不如非国有企业。同一时间国有工业企业增加值占规模以上工业企业增加值的比重有所上升，国有企业销售收入和净利润逐年大幅度增加，而国有企业又拥有大量的高层次科研人员，在这种情况下，国有企业增加研发投入不如非国有企业，国有企业新产品投入也不如非国有企业，说明国有企业自主创新存在严重不足。国有企业也存在经营管理不善的现象。有的国有企业财务资金管理松散，对会计报表的财务管控不力，投资决策屡有错误。企业管理信息化和风险防范体系与发达国家的大公司相比更有差距，花架子多，缺乏实效。有的企业对安全生产重视不够。

（五）改革遗留问题需要解决。多年改革中遗留下来许多应该重视和解决的问题。全国人大财经委员会课题组去年年底对江西、湖北、贵州、重庆、新疆、上海、广东和福建八省市国企改制的调研，提供了这方面的情况。一个问题是，国有企业改制过程中职工转换身份的经济补偿标准偏低，有时偏低的补偿标准都得不到严格执行。一些地方的年补偿标准为500元到1000元，武汉市相当一部分企业仅为591元/年。部分国企老职工因企业改制生活陷入困境，很多企业的离退休职工和下岗老职工，在转换身份后，不仅没有得到经济补偿，原有的一些养老、医疗方面的福利都被取消了。一些内退职工因尚未办理退休手续，不能在社保基金领取养老保险金，只能在企业领取每月二、三百元的生活费，由于物价上涨，基本生活都难以维持。重庆市共有270万国企职工，其中离退休职工100万，在改制时按每人每年600元计提医疗费10年，计提的费用连青壮年都不够用，远远不敷老职工的医疗支出。调研报告认为：国企职工在改革中承担了巨大的改革成本，应在国家财力能够承受的范围内尽可能给予一定补偿，中央国企2007年利润1万多亿元，建议将这些利润的一部分回报改制企业职工的付出和贡献。另一个问题是有些企业改制后陷入困境。如有的地方股份合作制不但没有发展起来，反而再次使企业陷入困难。上海实行股份合作制的企业最多时超过1.5万家，现在仍有8600多家，这些企业反映，现在既无法倒退回去，也无法取得所有股东同意进行新的改制，感到上天无路，入地无门。调研报告认为，政府不能笼统地将国企一改了之，要有补救改革失败的具体政策，积极帮助企业解决改制后的困难问题。再一个问题是，在2003年政府机构改革中，按行业设立的工业管理机构基本撤消，但有些被撤消的机构稍加归并，换个名称后继续存在。有的地方转变为若干行业管理办公室，有的地方转变为若干行业投资促进中心，政企不分的问题依然存在。此外，如企业主辅分离改制分流、分离企业办社会职能以及政策性关闭破产等方面，也有大量工作要做。

（六）国有资产管理体制有待改进。党的十六大以来，我国国有资产管理改革取得了显著的成绩，近年来国有企业取得良好的业绩，是和国资委的工作分不开的。但是对于国资委的工作也有不同的评论，前述调研报告中就说：一些地方国资监管机构片面理解做大做强国企，将精力过多放在组建大型企业集团上，甚至人为捏合，盲目扩张企业规模。报告还说：一些企业反映，有的国资监督管理机构是个新“婆婆”。我参加过一次讨论会，在会上，与会同志在充分肯定国资委的工作以后，认为目前国有资产监督管理体系还存在以下五个方面的问题。第一，国资委在角色定位上，依然存在既当“裁判员”又当“运动员”的问题，对国有企业而言，基本上还是“婆婆”加“老板”的管理方式。有人强调，国资委本身存在身份定位的模糊，“特设机构”本身并没有明确的概念界定，国资委是经济组织还是政府组织的问题依然没有得到回答。第二，国资委在管控模式上，具有太多“淡马锡”的情结，具有把自身建设成为全国国有资产经营公司的倾向，但是这种做法既不符合中国国情，也不符合国有经济“有进有退”的战略思路。第三，国资委在整体工作部署上，缺乏战略向导，没有从国民经济和国有经济的高度去思考国有企业的定位，重点只是关注企业之间的重组。客观上，许多央企在国资委提出做行业前3名的压力下，盲目扩张和投资，跑马圈地，目前中央企业已经成为地方国有企业引进的重要战略投资者。第四，国资委在企业考核上，重视短期利益和对经济业绩的考核，忽略了对社会公共效益的考核，没有在考核上处理好国有企业本身具有双重职能定位的问题。有人指出，如果按照市场经济原则，将国家在资金（例如债转股）、土地、特许经营权等方面的低成本甚至零成本投入，按照市场价格计算，国有企业的经济业绩将会大打折扣。第五，谁来监管国资委的问题。目前，国资委作为“出资人”代表，集监督、管理职能于一身，那么谁又来考核这个“代表”的工作业绩呢？有人还担心，国资委和国有企业有可能形成利益共同体，以追求保值增值而忽略国有经济重要的战略性功能，或者以承担社会公共职能为借口逃避经营低效率的责任。以上意见不一定都正确，更不能据此否认国有资产管理改革已经取得了巨大成绩。但进一步改革和完善国有资产管理体制，确实还有艰苦的工作要做。

应该指出，我国国有企业改革存在的问题，很多是和政治体制改革滞后有关的。十七大报告指出：政治体制改革作为我国全面改革的重要组成部分，必须随着经济社会发展而不断深化，与人民政治参与积极性不断提高相适应。还指出，要加快行政管理体制改革，建设服务型政府，并提出了原则要求。我们一定要把经济体制改革和政治体制改革更好地结合起来，加快改革行政管理体制、建设服务型政府的步伐。只有这样做，我们才能完成国有企业改革尚未完成的任务。

（作者：中国社会科学院学部委员、研究员）

中国农村改革30年回顾与展望

韩　俊

我国改革发端于农村。30年来，农村改革取得了极大成功，农村发生了历史性巨变。农村的率先改革开启了我国改革开放的大门，为建立社会主义市场经济体制摸索了经验，为国民经济持续快速发展奠定了基础，对建设有中国特色社会主义事业起到了开拓性作用。经过30年的改革开放，我国经济和社会发展已经站在了一个新的起点上。从新的历史起点出发，农村改革仍然是我国改革的关键环节，农村发展仍然是我国发展的战略基础。党的十七届三中全会对30年来农村改革发展成就和经验作了全面总结，对新形势下继续推进农村改革发展作了全面部署。必须按照党的十七届三中全会的要求，进一步解决制约农业和农村发展的深层次体制性矛盾，着力破除城乡二元结构，给农村发展注入新的动力，为整个经济社会发展增添新的活力。

一、我国农村改革发展的主要成就

（一）建立了适合我国国情和农村生产力发展要求的农村经济体制

改革开放前，农业、农村、农民不仅受到人民公社体制的束缚，而且受到计划经济体制的制约。在旧的集体经济体制下，农民缺乏生产经营自主权和财产支配权，积极性长期受到挫伤；在统购统销的计划经济体制下，农民没有自由交易权，农产品价格失真，农业资源配置效率低下。30年来，农村改革取得了一系列重大的突破：一是废除了人民公社制度，实行以家庭承包经营为基础、统分结合的双层经营体制，赋予农民生产经营自主权，这是迄今为止农村最具实质意义的重大变革。这一改革确立了我国农村的基本经营制度，为农村生产力的发展奠定了新的制度基础。二是取消了农产品统派购制度，全面放开搞活农产品购销，赋予农民自由交易权。农产品流通体制改革为市场机制发育创造了条件，流通渠道多元化，以批发市场为中心的农产品市场体系迅速发育，促进了农村土地、劳动力、资金等要素市场的兴起。这些改革从根本上改变了农村经济的运行方式，使市场在资源配置中的基础性作用得以有效发挥，从而大大提高了农村经济的活力和效率。三是改革了单一的集体经济所有制结构，鼓励农村个体私营经济发展，赋予农民财产支配权，开创了多种所有制经济和混合型经济共同发展的新局面。

（二）农产品供给告别长期短缺，农村经济结构不断优化

改革开放前，粮食生产跨越3000亿斤至6000亿斤这4个台阶用了29年，而改革开放以来，粮食生产跨越7000亿斤至10000亿斤4个台阶，只用了18年。农业结构发生了显著变化，由以粮食为主向多种经营和农、林、牧、渔业全面发展转变。1978—2007年，种植业增加值占农业增加值的比重由80%下降到56.1%；林业比重由3.4%上升到4.4%；畜牧业比重由15%上升到29.8%；渔业比重由1.6%上升到9.7%。农产品供给告别了长期全面短缺，城乡居民的“菜篮子”日益丰富。我国用占世界近9%的耕地、6.5%的水资源，稳定解决了十几亿人口的吃饭问题，人均农产品生产量和消费量达到世界中等以上水平。加入世界贸易组织以来，我国优势农产品出口快速增长，农产品进口也大幅度增加，农业发展战略布局从立足于国内资源和市场，逐步转向面向国内外两种资源和两个市场。1978—2007年，我国农产品贸易总额从61亿美元增加到776亿美元，29年间增长了近13倍。土地密集型农产品出口呈下降趋势，劳动密集型农产品出口走势较为稳定。目前，我国已经成为世界第4大农产品进口国和第5大农产品出口国。

农村经济全面繁荣，农村三次产业构成由1978年的84：14.2：1.8，调整为2006年的30.2：54.3：15.5。在过去的30年中，我国经济发展的一个显著特点是乡镇企业的异军突起。据统计，1978年我国乡镇企业产值还不到农村社会总产值的1/4，而到了1987年就首次超过农业总产值，达52.4%，成为农村经济的“半壁江山”。与此同时，乡镇企业中的工业产值在全国工业总产值中的比重也迅速攀升，从1978年的9.1%，1984年的16.3%，到1992年这一比重就已达到36.8%，名副其实“三分天下”。2007年，我国乡村工业增加值47800亿元，占工业增加值的44.5%。乡镇企业的发展增强了农村经济的整体实力，推动了国家工业化、城镇化水平快速提高。

（三）现代农业生产要素投入大幅增加，农业现代化水平显著提高

农机装备总量快速增长，2007年与1978年相比，农机总动力增长了5.5倍，拖拉机保有量从193万台增加到1834万台。农机作业水平持续提高，1978年全国机耕、机播、机收综合机械化水平为19.7%，2007年提高到41%。化肥施用量(折纯)从884万吨增加到4766万吨，增加3882万吨，增长439.1%。粮食生产用工数量显著减少，由1978年每亩33.3个工日，减少到2006年每亩8.7个工日。2007年农田有效灌溉面积是1978年的1.2倍。科技对农业增长的贡献率由1978年的27%提高到2007年的49%。

(四)农村劳动力大规模转移就业，亿万农民工成为产业工人重要组成部分

改革开放前，我国农业劳动力向制造业及相关部门的转移，从结构意义上讲，是相当微弱的。1952—1978年，我国社会总产值中，农业所占份额由45.4%下降到20.4%，而同期农业劳动力占社会总劳动力的份额只由83.5%下降到73.8%，就业结构变动异常滞后于产出结构的变动。从20世纪80年代中期开始，乡镇企业异军突起，大量农村劳动力“离土不离乡”，形成了就地转移的浪潮。1996年乡镇企业的从业人员达到1.35亿人，比1978年的社队企业从业人员数量增加了1亿以上。尽管上世纪90年代中期以后乡镇企业吸收农村富余劳动力的增长速度开始减缓，但仍是转移农村富余劳动力的重要途径。2007年末，全国乡镇企业从业人员达1.5亿人，占全国农村劳动力的比重达到28%。目前，农村劳动力结构中，农业就业比重已下降到59.5%，比1978年的92.9%下降33.4个百分点；非农就业比重已上升到40.5%，其中第二产业比重达到23.2%，第三产业比重达到17.3%。

进入20世纪90年代以后，国家逐步放宽对农民转移就业的限制，赋予农民自主择业权，形成了农村劳动力在城乡和地区间全方位流动的新格局。到2007年，离开本乡镇到外地就业的农村劳动力数量已超过1.3亿人，加上在本地乡镇企业就业的劳动力，全国转移出来的农村劳动力总量已超过2.2亿人，已占到农村劳动力总数的46%，亿万农民工成为产业工人的重要组成部分。

(五)农民收入持续增长，扶贫开发成效显著

改革开放前，我国农村普遍处于贫困状态。1978年全国农村人均消费粮食199公斤，比1957年还少3%。尤为突出的是，农民人均纯收入只有134元，农村有2.5亿人没有解决温饱，占农业人口总数的30%以上。实行家庭承包经营后的短短几年，农民人均纯收入大幅增加，到1986年，农民人均纯收入达到424元，是1978年的3.16倍，我国农村大部分地区迅速脱贫，基本解决温饱问题。从1978年到2007年，农民人均纯收入从134元增加到4140元，年均实际增长7.1%；农村居民家庭恩格尔系数从67.7%下降到43.1%。农村贫困发生率从1978年的30.7%下降到2007年的1.6%，贫困人口从2.5亿人减少到1479万人。国际社会对我国大规模减贫成就给予了高度评价，联合国开发计划署在一份报告中指出：“中国在全球千年发展目标中所做的贡献，给予再高的评价也不过分。如果没有中国的进步，整个世界在减贫方面从总体上说是倒退了。”

(六)国家对农业支持保护体系不断完善，统筹城乡经济社会发展迈出重大步伐

30年来，国家不断增加农业的资金和物质投入，改善农业生产条件，提高农业综合生产能力和抵御自然灾害的能力，千方百计巩固农业的基础地位。实施了具有划时代意义的农村税费改革，农民人均减负约140元，这项改革直接带动了农村义务教育管理体制、县乡财政体制和乡镇机构等领域改革的深化，引发了农村综合性的制度创新和城乡分配关系的重大调整，成为改革城乡二元结构的重要突破口。自此开始，国家对农民实现了由“取”向“予”的重大转折，开始了向“工业反哺农业、城市支持农村”的历史性转变，公共财政覆盖农村的范围不断扩大，基本形成了强农惠农的政策体系，初步建立了促进城乡经济社会一体化发展的制度框架。2003—2007年，中央财政用于“三农”的资金投入累计达到1.56万亿元，年均增长17.8%。2008年，中央财政用于“三农”投入达到5955.5亿元，比上年实际增长37.9%，占中央财政预算支出的17.1%。对农民实行直接补贴，实行重点粮食品种最低收购价政策等，有力促进了农民增收和粮食增产。政府分级负责的农村义务教育经费保障机制初步建立，1.5亿农村中小学生的学杂费全部免除，免费义务教育得以实现。新型农村合作医疗制度建设取得突破性进展，农民医疗保障服务水平显著提高。截至2007年年底，新型农村合作医疗制度覆盖面已达到86%，7.3亿农民从中受益，农民看病难的问题得到有效缓解，农民的医疗负担进一步减轻。农村社会保障体系建设取得重要进展，全国普遍建立农村最低生活保障制度。截至2008年3月底，全国31个省、自治区、直辖市都已健立农村最低生活保障制度，3551万农村人口纳入低保范围。

（七）农村社会流动性显著增强，农村社会结构发生深刻变化

改革开放前20多年人民公社体制的历史实践，呈现在世人面前的农村社会是一个“超稳定结构”，即经济上的均贫、政治上的同质、文化上的单一和社会上的封闭。除了参军、升学、招工等形式外，城乡之间的自由流动基本被隔绝，农村社会的“流动性”严重不足。改革以来，随着农村社会分工的发展，人口流动增大，生活空间扩展，农村社会内部的封闭性开始动摇，农民不再只是从事农业生产经营，不再只是在农村生活和工作，农民开始了前所未有的社会大分化。农村改革启动不久，随着乡镇企业的崛起，出现了大量的乡镇企业工人和一批私营企业主和个体户。20世纪90年代以后，随着农村劳动力进城务工经商，出现了一个庞大的农民工阶层。近年来，农村社会中出现了农民工、农民个体工商者、农民私营企业主、农民知识分子、农民企业家、农村管理者等不同的利益群体和阶层。改革开放前，导致农村社会分化的主要因素是家庭、出生、亲属等，以及农民参军、考学等。现在，除了以上因素仍在起作用外，农民可以通过打工、经商、创业等多种途径改变自己的身份。农村正在由“先赋型”社会演变为“后致型”（社会身份经过后天努力可以改变的）社会。无论是从职业角度，还是拥有经济资源角度，农民不再是一致的均质性社会群体，农村也不再是单一的同构性社会，农村社会结构发生了深刻的变化。

（八）农村基层民主建设有序展开，农村治理方式发生深刻变化

人民公社时期，实行高度集权的政社合一体制，国家行政权力取代了传统的社会控制手段，对农村实行直接控制。改革开放以后，国家主导农村社会的格局虽然没有发生根本性的变化，但国家对农村的控制程度和传统意义上“集体”的职能已大大弱化，引入了一些新的治理要素。现在的乡镇政权已不再是政社合一的政权组织，而是执政党在农村基层依法设立的政权代表。农民拥有了参与社区管理的民主权利，以村民自治为核心的治理已基本成型。依照《村民委员会组织法》设立的村民委员会，已成为经村民直接选举产生的群众自治组织。村民自治实行民主选举、民主决策、民主管理、民主监督，自治制度不断完善，村务、政务公开逐步推进，农民对基层民主建设表现出空前的参与热情。

二、推进农村改革发展面临的深层矛盾和突出问题

在充分肯定农村改革发展30年成就的同时，也必须看到，在我国经济快速增长、社会结构加快转型、利益格局深刻变化的大背景下，我国农村改革发展在不少深层次矛盾尚待解决的背景下，又面临着一系列必须引起人们高度重视的新情况新问题，特别是城乡二元结构矛盾突出。

(一)农业发展方式依然粗放,保障国家粮食安全和主要农产品供求平衡压力增大

一是农业资源与环境约束增强。近10年我国耕地面积减少1.25亿亩,人均耕地面积仅有1.38亩,仅为世界平均水平的40%,人均淡水资源仅为世界平均水平的1/4,耕地减少、水资源匮乏的趋势难以逆转。二是农业基础设施薄弱,农业物质技术装备相对落后。我国中低产田占2/3,有效灌溉面积仅占耕地总面积的46%,还没有从根本上解决靠天吃饭的被动局面。农业科技进步贡献率仅为49%,大大低于发达国家70%—80%的水平。灌溉水有效利用系数只有0.46,只有国际先进水平的60%。三是农业物质投入成本和劳动力成本不断提高,农民种粮比较收益明显下降,远低于种植经济作物和外出打工的收益。四是农业生态环境脆弱,农产品质量安全问题突出。我国已成为世界上最大的化肥施用国,但氮肥当季利用率仅为30%左右,其余漂移、流失、污染土壤和水等自然环境。不合理使用化学农药问题严重。农田地膜残留率为20%—30%。由于生产的清洁化水平不高,畜牧业和水产养殖业发展造成的新污染日益增加。工业"三废"中许多有害化学物质直接威胁产地环境。水生生物资源过度开发利用,导致水域生态环境日益恶化。全国90%的可利用草原存在不同程度的退化,载畜能力很低。随着全球气候变化,气象灾害对农业生产的危害总体上呈加重趋势。目前,食品行业在原料供给、收购储运、加工包装及批发零售等环节的安全管理都存在严重的问题,农产品和食品质量安全监管体制很不完善,农产品和食品安全重大事件频发,严重危害人民身体健康和生命安全,给群众造成了很大的心理恐惧,成为我国扩大农产品出口的重大制约因素。五是随着我国农业与国际市场联系的日趋加深,农业面对的国际竞争压力全面加大。从长期看,我国粮食等土地密集型农产品在国际市场上没有竞争优势,而我国有价格优势的一些农产品,由于不具有质量优势,面临的技术性贸易壁垒不断加强,短期内出口难有较大增长。另外,不容忽视的是,外商凭借其庞大的资本和先进的管理技术,较容易在我国农业相关产业形成垄断地位。此外,国际价格传导机制的作用明显增强,国内市场价格受到冲击的压力日益加大。当前,国际市场农产品供求关系趋紧,复杂多变的国际环境使得我国利用国际市场维持国内农产品供需平衡的难度明显增加。

(二)农村经济体制尚不完善,协调工农、城乡利益关系任重道远

一是农民进入市场组织化程度低。迄今为止,真正代表农民利益的新型合作经济组织发挥的作用还不够,普遍存在规模不大、管理制度不健全、改组解体过于频繁等问题。据不完全统计,我国各类农民专业合作组织有15万多个、加入农民专业合作组织的农户成员占全国农户总数的13.8%。

二是农民土地权益缺乏有效保障。土地制度是农村的基础制度,它不仅直接影响资源配置效率,而且关系到社会和谐稳定。农村改革以来,尽管我国一直在探索加强和扩大农民权利的途径,但农村土地制度仍不完善,农民的土地权利仍缺乏有效保障,侵犯农民土地权益的现象还大量存在。对全国2749个村庄的调查表明,村民上访反映最集中的问题是土地问题,因承包地流转问题引发的上访占26%,因土地征收、征用问题引发的上访占40%,合计为66%。从农村土地承包关系看,过短的土地承包期限和土地的频繁调整,使得农民对土地使用权缺乏安全感;随意解除土地承包合同、侵犯农民合法权益的现象经常发生,农民缺乏充分行使自己土地权利的能力;土地承包经营权权能仍不够充分,农民缺乏长期稳定的预期。土地问题的背后是利益分配问题。当前,土地问题之所以成为矛盾的一个焦点,主要是源于工业化、城镇化进程中巨额土地增值收益分配问题。在现行征地制度下,土地收益分配明显是向城市、向非农部门倾斜,农民得到的太少。对分布在4个省市1000多个被征地农户的调查显示，征地补偿费一般只够维持被征地农民6—7年的基本生活。如果在落后地区或者公益性项目征地，补偿标准更低，一般只够维持3—5年的基本生活。

三是农业支持和保护水平低，与财力增长状况不相匹配。财政支农资金占中央财政收入的比重，“六五”时期为8.69%，“七五”时期为9.38%，“八五”期间为9.75%，“九五”期间为9.29%，“十五”期间约为7.4%，2006年为7.85%，总体上处于波动和下降状态。从最近几年财政支农资金的支出结构来看，农田水利的投入总体呈下滑趋势，农田水利设施建设严重滞后；对农业科研和科技推广服务的投入很低，农业科技支撑不足，农业科技成果到户困难；动植物防疫体系不健全，基层防疫力量相当薄弱，无法及时发现、及时处置动物疫情；政策性农业保险制度还处于探索阶段，缺乏现代农业发展需要的保险手段；对市场流通基础设施、食品安全等方面的投入偏低；农业生产成本大幅上升，农产品价格保护政策不健全，价格总体水平偏低，有些农产品价格大起大落，农业生产比较收益总体上处于弱势。农业支持和保护政策运作方式不规范，影响了整体效能的发挥。财政支农资金被层层分割，形成“天女散花”的局面，导致资金使用分散现象比较严重，直接影响了投入效率。

四是农村金融改革明显滞后。当前农村金融体系存在的突出问题，首先是农村金融体系不完善。农业银行作为农村金融体系中的骨干和支柱，在为农服务方面发挥的作用还不够；农业发展银行功能单一，农村政策金融功能不健全，农业中长期政策性信贷投入严重不足；农村信用社发展不平衡，法人治理有效性不足、内部控制和风险防控能力薄弱等问题仍然突出，一些信用社脱农倾向明显，体制改革成效未能充分显现；邮政储蓄功能单一，吸收的存款极少用于支持农村；保险公司缺乏开展农业保险的积极性，农业保险覆盖面低，贷款风险集中于金融机构；新型农村金融机构数量少，农村金融市场竞争性不足；农村信用担保体系刚起步，农村信用环境不理想，等等。其次，农村金融产品和服务方式不适合农村特点。微型金融服务业是我国金融服务业中的“短板”，金融机构一般不愿涉足微型金融服务业。现有的各类小额信贷机构资金来源有限，可持续性差。各类银行业金融机构都把担保抵押资产是否充足，作为决定贷款的主要条件，这使得大量缺乏抵押品又难以找到担保方的小型、微型企业和农户的资金需求问题还没有得到解决。

五是公共财政覆盖农村范围有限。近年来，中央着力调整国民收入分配格局，覆盖城乡的公共财政制度建设开始迈出较大步伐。但由于历史欠账多，农村基础设施落后和农村公共服务供给不足的状况仍然没有大的改观。突出表现在，农村行路难、饮水不安全、供水难、环境污染难治理等问题仍然突出。城乡教育资源差距大，基本医疗服务城乡差距过大。我国农村社会养老保险、医疗保险、最低生活保障以及失地农民社保、农民工社保等社会保障体系还很不健全。

六是城乡劳动者平等的就业制度尚未形成。城乡劳动者同工不同酬，农民工工资长期偏低。2004—2007年外出农民工实际工资年均增长7%左右，增幅比同期城镇职工实际工资年增长率低3—4个百分点，两者的工资差距继续加大。农民工超时间劳动比较普遍、农民工的劳动小时工资水平更低。农民工无法平等地享受城市公共服务。进城农民工子女纳入流入地公立学校义务教育体系的比例偏低，进城农民工不能平等享受城镇公共卫生服务和医疗救助，不能享受城市廉价租房和经济适用房政策。户籍制度抬高了农民工进城的门槛，成为农民工谋求机会公平、待遇平等、权益保障和融入城市社会的最大障碍。

（三）农民持续增收困难，缩小城乡居民收入差距前景堪忧

进入新世纪以来，我国城镇居民可支配收入年均增长率达到10.1%，农民人均纯收入保持了年均6.2%的增速。城乡居民收入比从1978年的2.6∶1,曾缩小到1985年的1.86∶1,2000年扩大到2.79∶1,2007年进一步扩大到3.33∶1。城乡居民收入差距持续扩大,不仅成为"三农"问题的主要症结,而且成为国民经济增长的重要制约,成为影响社会和谐稳定的突出矛盾。到2020年农民人均纯收入要实现比2008年翻一番的目标,今后12年年均增长速度必须保持在5.95%以上。从过去30年农民收入增长的经验看,这是一个需要付出较大努力才能实现的目标。农民收入增长最快的时期是1978—1984年,年均增长达到16.5%;1985—1988年农民收入增长速度明显放缓,年均增长4.9%;1989—1991年,年均增长只有1.9%;1992—1996年年均增长5.6%;1997—2000年,收入增幅连续4年下降,年均增长3.7%;进入新世纪以来,农民收入增长保持了年均6%以上的速度。这是在粮食等农产品价格大幅度上涨、各项支农补贴持续增加的基础上实现的。如果今后国民经济出现较大波动,农民增收出现徘徊甚至滑坡,农民人均纯收入翻一番的目标就有可能落空。

(四)农村社会不平等程度加深,兼顾各方利益和搞好社会管理难度加大

改革开放前,农村平均主义盛行,农民普遍贫困,贫富差距很小。改革开放30年来,总的趋势是,农村居民不同群体之间的收入差距不断扩大,农村贫富分化趋势加速。1980—2000年,全国农村不同群体之间人均纯收入差距显著扩大,基尼系数由0.2455上升到0.3558,上升44.9%;2000—2004年,不同群体之间人均纯收入差距有所缩小,基尼系数在4年之中下降到0.3553。有资料显示,农民人均纯收入最低平均值和最高平均值之比为1∶6到1∶8之间,而且这一差距还有进一步扩大的趋势。

随着改革开放的深入,农村社会的不断觉醒和进步,农民身份平等意识和权利意识普遍提高。目前农村解决社会矛盾的方式很不规范,解决冲突还缺乏制度化的手段。农村多元利益主体的格局已经形成,城乡利益关系、农村不同社会阶层间的利益关系复杂化,由此产生的社会矛盾也在加剧,解决社会矛盾单靠政府行政动员已经力不从心。

一是农民利益诉求表达渠道不畅。由于历史和制度上的原因,农民的利益表达机制没有得到应有的重视,农民缺乏自己的利益代表人,利益表达渠道不畅。农民与其他阶层相比,在利益代表和表达机会方面处于不平等的地位。公民的选举权与户口相联系,农民工在居住、就业的城市没有选举权、被选举权,不能参与民主选举、民主管理、民主监督,导致在社会政策制定、利益关系协调中对他们的忽视或伤害。

二是农村社会组织发育和作用发挥不足。在市场经济迅速推进过程中,政府权力正在退出越来越多领域,社会本身的自主运行程度不断提高。从政府和社会的互动过程看,主要问题是政府力量过于强大,农村社会组织力量过于弱小,社会参与力弱,发挥作用的制度空间狭小。

三、进一步深化农村改革的方向和重点

(一)强化农民土地承包经营权,健全土地承包经营权流转市场

1.完善土地承包经营权权能。家庭承包制的推行,实现了集体土地所有权与使用权的分离。1984年中央1号文件明确集体所有土地可以以15年的期限承包给农户。1993年中共中央、国务院在《关于当前农业和农村经济发展的若干政策措施》中规定:在原定的耕地承包期到期之后,再延长30年不变。《物权法》明确了农民的土地承包经营权是用益物权。《物权法》规定,当目前30年的"承包期届满,由土地承包经营权人按照国家有关规定继续承包"。十七届三中全会明确提出,现有土地承包关系保持稳定并长久不变,夯实了党的农村土地承包政策的基础。农民对稳定土地产权关系的愿望非常强烈,必须依法保障农户享有的对承包土地

的占有、使用、收益等权利，完善土地承包权权能，赋予农民更加充分而有保障的土地承包经营权。这样，有利于减少现行农村土地产权关系中内涵的不确定性，使农民形成长期的预期。

2.规范土地承包经营权流转。农村改革以来，国家一直实行允许农村土地承包经营权合理流转的政策，各种形式的土地流转有了一定发展。根据国务院发展研究中心课题组对全国2749个村庄的调查，平均每个村出租土地农户的比例为20.2%，东部省份达到27.4%，中、西部地区分别为11.8%和14.1%。在总结实践中正反两方面经验教训的基础上，国家逐步完善了农村土地承包经营权流转的政策和法律。一是明确了土地承包经营权流转必须坚持“依法、自愿、有偿”的基本原则。二是在不同的时期，对承包地使用权流转提出了一些具体的政策要求。例如，1993年中央就提出，土地使用权流转要“坚持土地集体所有和不改变土地用途”；1998年党的十五届三中全会提出：“不得以任何理由强制农户转让土地”；2001年，中央18号文件《关于做好农户承包地使用权流转工作的通知》指出：中央不提倡工商企业长时间、大面积租赁和经营农户承包地等等。党的十七届三中全会关于土地承包经营权流转的政策与过去一脉相承，明确提出，允许农民采取转包、出租、互换、转让、般份合作等方式流转土地承包经营权。在有条件的地方发展以专业大户、家庭农场、农民专业合作社等为主体的多种形式的适度规模经营。十七届三中全会提出了土地承包经营权流转的“三个不得”：不得改变土地集体所有性质、不得改变土地用途、不得损害农民土地承包权益。按照这一要求，必须禁止擅自通过承包地流转、“村改居”等方式将农民集体所有土地转为国有，确需转为国有的，必须履行法定程序；必须坚持农地农用的原则，农户和农村集体经济组织不得非法出让、出租集体农用地用于非农业建设；必须保证农户的承包权益，土地承包经营权流转收益归承包方所有，任何组织和个人不得侵占、截留；必须防止采用行政命令去推进土地流转，积极培育土地流转中介服务组织，加强土地承包经营权流转管理和服务。

(二)推进农业经营体制创新，提高农民组织化程度

我国2亿多农户的分散经营方式，导致农民难以保护自身利益，农产品生产与市场需求难以有效衔接，农业服务成本难以降低，农业劳动生产率水平难以提高。在稳定农村基本经营制度的基础上，把家庭分散经营的优势与统一经营和服务的优势结合起来，形成有活力的农村经营体制，这是走中国特色农业现代化道路必须要解决好的一个根本性问题。十七届三中全会明确提出，统一经营要向发展农户联合与合作，形成多元化、多层次、多形式经营服务体系的方向转变。这是一个具有重要理论创新意义的论断。1986年中央1号文件第一次正式提出了“统一经营与分散经营相结合的双层经营体制”这一说法。在中央的有关政策性文件中，曾把它界定为“家庭分散经营与集体统一经营的有机结合”。自从使用“双层经营”这种提法后，对这个概念是否科学和准确的争议就没有停止过。一种较有代表性的意见认为，强化统一经营，就是要建立和健全社区集体经济组织。有的甚至认为，强化集体这一层次，就是要将农民承包田收回，由集体统一经营。另一种意见则认为，社区集体经济组织是行政干预的产物，强化社区集体经济必然导致旧体制的复归，完善健全统一经营层次，不是离开家庭承包制另搞一套，而是通过健全农业社会化服务体系、发展新型合作组织、实行农业产业化经营等，更好地为家庭经营提供服务。从实践来看，在一些发达地区，农村集体经济组织有一定的实力，能够为农户提供统一的服务，但多数村级组织集体收入微薄，一般只具备对村庄内部事务进行管理的职能，真正能为农户提供服务的极其有限。在农业向专业化、商品化、社会化转变的大背景下，农业的各种经营服务活动早已突破了原来社区集体的界限，相比集体组织而言，各种农业社会化服务组织、龙头企业加农户的农业产业化经营组织、农民新型合作组织等在提供服务、引领农民进入市扬方面发挥着更大的作用。十七届三中全会明确把这些新的服务主体都作为统一经营的主体看待，赋予了双层经营体制更加丰富、更符合实际的内涵。创新农村经营体制，一方面，要进一步探索新形势下农村集体经济的有效实现形式，加大扶持力度，完善针对村庄一级的财政转移支付政策，增强村庄公共事务管理能力和公共服务供给能力；另一方面，要在自愿的基础上，引导农民发展多种形式的联合与合作。近年来，我国各类农民专业合作组织已发展到15万多个，加入农民专业合作组织的农户成员占全国农户总数的13.8%。与许多发达国家农民的组织化水平相比，我国差距还很大。应把依法规范、加快发展农民专业合作社作为深化农村经营体制改革的战略举措，切实按照“服务农民、进退自由、权利平等、管理民主”的要求，充分发挥合作社在组织农民、落实政策、对接市场等方面的作用。要落实好《农民专业合作社法》，从财政投入、税收优惠、金融支持等方面，加大对农民专业合作社的扶持力度，提高合作社为农服务的能力和水平，使之成为引领农民参与国内外市场竞争的现代农业组织。

（三）改革征地制度，建立城乡统一的建设用地市场

征地制度存在的突出问题是，土地征占规模过大，失地农民群体越来越多；对失地农民的补偿偏低，失地农民就业和社会保障是很大的难题。在加快城镇化和工业化进程中，土地征用应当有利于富裕农民，而不是造成大批农民失地失业；应当有利于缩小城乡差距，而不是扩大社会不公。

1.严格界定公益性和经营性建设用地。我国宪法明确规定，国家为了公共利益的需要，可依照法律规定对土地实行征收或者征用并给予补偿。但《土地管理法》等相关法律并未对公共利益作出明确的界定，征地中公益性和经营性建设用地不分，征地范围模糊不清，大量商业性用地也都打着公共利益的名义进行征地。今后征地制度改革的重要方向是，明确地界定“公共利益”，缩小强制性征地的范围。在土地利用规划确定的城镇建设用地范围外，经批准占用农村集体土地建设非公益项目，允许农民依法通过多种方式参与开发经营并保证农民合法权益。

2.合理确定征地补偿标准。我国《土地管理法》规定的征收土地补偿费、劳动力安置补助费都是按照被征收土地前3年的平均年产值计算的，而与被征地的区位、经济社会发展水平、土地供求状况等地价因素以及土地征用后的用途和市场价值无关，这使得对农民的补偿偏低。调查显示，作为永久丧失土地的补偿，一般只给予被征地农民每亩2至3万元补偿费，经济发达地区为3至5万元，国家重点工程等征地补偿更低，一般每亩只有几千元。征用补偿费一般只够维持6—7年的基本生活，如果在落后地区或者公益性占地，补偿费一般只够维持3—5年的基本生活。2004年国务院通过《关于深化改革严格土地管理的决定》，在征地补偿方面提出了确保被征地农民生活水平不降低的要求，在补偿分配上提出了土地补偿费主要用于被征地农户的原则。十七届三中全会《决定》对完善征地补偿机制提出了新的要求，即“依法征收农村集体土地，按照同地同价原则及时足额给农村集体组织和农民合理补偿”。在规划划定的相同区片内，征地应采取统一标准补偿农民，征地补偿标准不应随项目性质不同而不同。在征地过程中要维护被征地农民的知情权、参与权、监督权和申诉权，逐步建立和完善征地补偿争议的协调裁决机制，为被征地农民提供法律援助。

3.解决好被征地农民就业、住房和社会保障问题。土地被征用后，农民不再享有土地的保障，一般也不享有与城镇居民同样的社会保障。在土地被征用后，多数离城镇较近的农户，主要得益于有较多外出务工机会，他们的收入程度不同地有所增长。有些农户能较好地运用得到的补偿资金自主创业，生活稳定并有所提高。但也有一些失地农民就业不稳定甚至失业，靠征地款来维特生计，过几年征地款“吃”完了，其最终结果往往是生活没有保障。要解决好被征地农民就业、住房和社会保障问题，确保被征地农民基本生活长期有保障。为此，必须加强对失地农民的就业培训，多渠道促进失地农民就业，在贷款、税收、场地等方面对自谋职业和自主创业的失地农民提供优惠政策。被征地农民的社会保障费用，按有关规定应纳入征地补偿安置费用，不足部分由当地政府从国有土地有偿使用收入中解决，社会保障费用不落实的不得批准征地。对土地征用面积超过一定数量的村，可以在征地以后给农民留下一定面积的居住地、经营地，由村集体按照统一规划，开发经营项目，使农民有长期稳定的收入。

4.改革农村集体建设用地使用制度。我国土地要素市场还不完善，土地要素市场在城乡之间发展不平衡、不统一，特别是集体建设用地基本被排斥在土地市场之外。目前，集体建设用地自发地进入市场流转的现象普遍发生。但政府各部门对农村集体建设用地流转没有统一、规范的管理措施与办法，集体建设用地流转处于自发和无序状态，带来了很多问题。由于缺乏规划指导和法律规范，使大量农村集体建设用地自发、盲目进入土地市场，造成违规项目不断出现，规划指标屡遭突破，建设用地供应总量很难有效控制，正常的土地市场秩序受到干扰。规范集体建设用地交易行为，已成为今后加强农村土地管理工作的重要任务。随着工业化、城镇化的发展，农村集体建设用地的资产价值已经充分地显现出来。逐步建立城乡统一的建设用地市场是规范土地市场的需要，是农村集体建设用地使用制度改革的方向。推动农村集体建设用地在符合规划的前提下进入市场，与国有建设用地享有平等权益，以公开规范的方式转让农村集体建设用地土地使用权，可以防止以权力扭曲集体土地的流转价格，有利于充分挖掘集体建设用地的巨大潜力，有利于形成反映市场供求关系的土地价格，建立与城镇地价体系相衔接的集体建设用地地价体系，促进土地在竞争性使用中实现更合理的配置。

（四）放松对农村金融的管制，加快建立普惠型农村金融体系

农村金融是现代农村经济的核心。党的十七届三中全会《决定》提出，加快建立商业性金融、合作性金融、政策性金融相结合，资本充足、功能健全、服务完善、运行安全的农村金融体系，引导更多的信贷资金和社会资金投向农村。《决定》为深化农村金融改革指明了方向。

1.健全农村金融服务体系。一是明确各类正规涉农金融机构职能，强化银行业金融机构的支农责任。各类金融机构都要积极支持农村改革发展。农业银行作为农村金融体系的骨干和支柱，应坚持为农服务方向，稳定和发展农村服务网络，切实按照中央提出的“面向‘三农’、整体改制、商业运作、择机上市”的总体原则，全面深化内部各项改革，进一步强化为“三农”服务的市场定位和责任，充分利用在县域的资金、网络和专业等方面的优势，更好地为“三农”和县域经济服务。要完善农村政策性金融，拓展农业发展银行支农领域，完善其功能定位和运行机制，加大各类政策性金融对农业开发和农村基础设施建设中长期信贷支持。继续深化农村信用社改革，加快推进股份制改造，改善法人治理结构，把农村信用社改造成为产权明晰的社区性农村金融机构，进一步引导农村信用社朝着更加贴近“三农”的方向发展，确保其服务方向不改变、信贷资金不外流、支农力度不减弱，发挥好为农民服务的主力军作用。要按照政企分开的原则，处理好农村信用社省联社与基层法人社的关系，防止通过行政手段推动农村信用社的兼并、重组和联合，人为将农村信用社做大或法人层级做高，维护和保持县（市）社法人地位的稳定，强化基层社服务“三农”的能力。为了使邮政储蓄在农村地区吸收的资金更多地留在农村，必须扩大邮政储蓄银行涉农业务范围。

二是放宽农村金融机构准入政策，规范发展多种形式的新型农村金融机构。随着各大商业银行纷纷从农村地区撤出，在切实加强监管的基础上，应允许新设机构进入农村金融市场，规范发展多种形式的新型农村金融机构和以服务农村地区为主的地区性中小银行，特别是重点引导各类资本到金融机构网点覆盖率低、金融服务不足、金融竞争不充分的地区投资设立机构。允许有条件的农民专业合作社开展信用合作。民间借贷是正规金融的有益补充，要规范和引导民间借贷健康发展。对依法运作、操作规范的民间借贷，要依法保护借贷双方的权益。对涉嫌非法集资的，要依法处置，坚决打击。

三是鼓励发展适合农村特点和需要的小额信贷和微型金融服务。目前，我国小额信贷和微型金融服务业的主体是农村信用合作社，其次还有近两年刚刚发展起来的村镇银行、贷款公司、农村资金互助社、小额贷款公司等新型农村金融机构。在我国，微型企业和农户数量巨大，小额信贷和微型金融现实和潜在的客户量众多，小额信贷和微型金融服务业前景看好。为了能建立普惠性的农村金融体系，要进一步放宽对小额信贷和微型金融服务业的市场准入，开放民营资本进入小额信贷和微型金融服务业的途径，允许农村小型金融组织从金融机构融入资金。

2.健全政策性农业保险制度。一是积极探索适合我国国情的政策性农业保险经营机制和发展模式。建立政策性农业保险制度，必须运用政府和市场相结合的方式，政府决定农业保险供给的方向和数量，制订统一的制度框架，各种被批准的组织机构在这个框架中经营农业保险和再保险，同时政府对规定的农业保险产品根据可能给予相应的财政支持和其它支持。要加大财政对农业保险的支持力度，增加财政对农业保险保费的补助资金，稳步提高农业保险覆盖面，提高保障程度。

二是加快建立农业再保险和巨灾风险分散机制。农业保险因大面积干旱、台风等巨灾造成的系统性风险远大于普通保险。国外通常建立农业再保险机制和巨灾风险转移机制，在更大范围分散风险和积累资金。我国目前没有上述机制，巨灾风险只能由保险公司承担。一方面，缺乏巨灾风险分散机制，保险公司承保能力受到较大限制。另一方面，随着试点覆盖面不断扩大，无法分出的巨灾风险随之积累，严重威胁金融市场稳定。随着农业保险业务的迅速扩大，承担的风险不断累积，迫切需要加快建立健全农业再保险体系。要尽快建立巨灾风险基金，对因重大自然灾害形成的大额赔付，由风险基金给予一定比例的补偿，逐步形成农业巨灾风险转移分担机制。

(五)完善农业支持保护制度

从发达国家的成功经验看，大都形成了一套较为完善的农业支持和保护政策体系。不同类别的政策措施从不同角度发挥作用，共同实现既能稳定农业生产，又保障农户收入的政策目标。我国不仅在农业支持和保护水平上与国外存在很大差距，需要提高，而且农业支持和保护政策体系也存在缺陷和不足，需要完善。

1.完善对农业生产和农民增收的财政支持与补贴政策。就农业支持和保护水平而言，根据经济与合作发展组织（OECD）的估算，2002—2003年，我国用百分数表示的“生产者补贴等值”(它表示政府对农业生产者的公开的和隐形的支持总额占农业总收入的比例)为6%，高于农业补贴水平最低的新西兰、澳大利亚、巴西，比OECD国家的平均值(31%)低得多，更远低于日本和韩国(分别为58%和64%)。根据我国入世所作的承诺，目前我国加大对农业支持力度尚有很大空间。对农业实施大规模、广覆盖的支持和保护政策在我国还是刚刚开始。要大幅度增加各级财政对农业的投入总量，提高财政预算内支出用于农业的比重。

就农业支持和保护政策体系而言，需要突出农业支持和保护的重点。针对近年来农产品市场出现剧烈波动，需要大幅度增加对良种培育、动物防疫体系、规模化饲养、农业技术推广体系、农业机械化、小型农田水利、农产品市场流通基础设施、政策性农业保险制度等的支持力度。针对种粮比较效益低、农民积极性不高的问题，需要大幅度增加对农民的直接补贴，逐步形成目标清晰、受益直接、类型多样、操作简便的农业补贴制度，确保各项政策落到实处，发挥预期的政策效应。要根据财政支农目标和重点，有效整合财政支农资金，突出财政支农资金的公共性，健全政府农业投资监督机制，发挥资金使用的综合效果。

2.完善农产品价格形成机制。从改革开放30年的情况看，我国城乡居民收入差距能够缩小的时期，都是农产品价格上涨幅度较大的时期。如1978—1985年和1994—1996年这两个时期，我国城乡居民收入差距只有在这两个时期出现过相对缩小的局面，与这两个时期国家大幅度提高粮食收购价格有直接关系。而农民增收最严峻、城乡收入差距持续扩大的时期，都是农产品价格持续低迷的时期。如1990—1993年和1998—2002年这两个时期，宏观紧缩政策导致粮食价格全面下降，农业增产不增收，甚至减收。过去的经验表明，使农产品价格保持在合理的水平上，对实现今后农民增收的政策目标至关重要。农业是高度依赖自然资源的产业，在人多地少的国家，大幅度提高农业劳动生产率不易，从事小规模经营的农民消化生产成本上涨的能力很弱。在这种情况下，农产品价格合理上涨就成为保障农产品供给，平衡工业农业利益关系的手段，这也是工业反哺农业的重要内容。要按照市场化取向和调控保护相结合的原则，合理构建适合我国国情的农产品价格形成机制，充分发挥市场手段在农产品价格形成中的基础作用，充分发挥价格对农民增收的促进作用。要综合考虑农产品市场供求、直接生产成本、人力成本以及农民从事其他产业的收益情况等因素，完善农产品最低保护价政策和国家专储收购政策，使农产品生产保持一个合理的收益率，为农民抵御市场风险提供必要的支持和保护。

（六）加快建立城乡统一公共服务制度

为包括城乡居民在内的全体国民提供均等化的基本公共服务，是政府和公共财政的基本职责。应强化政府职责，按照逐步实现城乡基本公共服务均等化的要求，与经济发展水平和公共财政能力相适应，全面提高财政对农村基本公共服务的保障水平。加快发展农村教育事业，提高农村义务教育的水平，使农村人人享有接受良好教育的机会。创造条件，实行免费的农村职业教育，加快在农村普及高中教育；加快发展农村卫生事业，增强公共卫生和基本医疗服务能力，逐步提高新型农村合作医疗的保障水平，做到人人享有基本医疗卫生服务；完善农村最低生活保障制度，探索建立新型农民社会养老保险制度，加快解决失地农民和农民工社会保障问题，完善农村社会救助制度，做到人人享有基本生活保障。要逐步改变城乡分治的制度安排状况，形成城乡统一的制度框架，促进公共财政资源在城乡均衡配置，为城乡居民共享经济社会发展成果提供制度保障。

（七）保护农民工合法权益，推进农民工市民化进程

保障农民工合法权益是社会公正的体现，更是政府的基本职责所在。目前我国正处在第一代农民工向第二代农民工快速转换的后期，20世纪80年代以后出生的新生代农民工已经超过1亿人，成为农民工的主体力量。他们对土地的情结弱化，务农意愿低，向往城市文明生活，渴望成为城市“新市民”。大量农民工长期处在城市的边缘，不被城市认同接纳乃至受到忽视、歧视或伤害，融不进城市社会，享受不到应有的权利，定会累积很多矛盾。从长期发展趋势看，大量的流动人口终将会融入城镇社会。必须顺应经济社会发展规律和亿万农民工的意愿，把以人为本，公平对待、一视同仁作为解决好农民工问题的根本要求，加强农民工权益保护，努力实现农民工就业有技能、劳动有合同、工资有保障、伤病养老有保险、维权有手段、居住有其屋，保障农民工平等享受城市基本公共服务，逐步建立公民身份统一、机会均等、权利平等的城乡统一的社会管理制度，推进农民市民化进程。一是消除影响农村劳动力自由流动的制度障碍，完善城乡统一、平等竞争的劳动力市场。继续鼓励农民进城就业，扩大农村劳动力就近转移，支持农民工回乡创业。二是抓住工资和劳动保护等突出问题，促进企业改善生产条件，确保农民工生产安全，享受工伤及职业病的待遇。把当前最需要的工伤保险覆盖到大多数农民工。建立劳资双方平等协商的利益协调机制，建立正常的工资增长机制。三是保障进城务工人员子女在城市享有平等的受教育权利；改善对农民工的公共卫生、疾病防治和计划生育的服务管理；将解决农民工居住问题纳入政府居民住房规划，积极改善农民工居住条件；尽快提高养老保险、医疗保险等对农民工的覆盖程度。四是推进城乡二元户籍制度改革。户籍制度涉及公民基本权利，既要鼓励地方勇于创新，又需要从国家层面统筹考虑。既要充分考虑农民工的落户意愿，又要充分考虑流入地人口承载能力。应因地制宜制定政策，先试点后推开，循序渐进，区别情况，逐步放宽户口迁移政策和农民工的落户条件，允许有固定住所、稳定职业的农民工获得合法的市民身份和权利。

(八)更新农村治理理念，转换社会治理方式

治理不是自上而下的强制性行为，而是一个上下互动的管理过程。治理不是政府唱独角，而是政府组织、非政府组织等多种主体，主要通过合作、协商、建立伙伴关系来管理公共事务。今天的中国农村，农民自主管理村庄公共事务的权力还不足，农民对县乡政府乃至市、省政府和国家的诉求渠道不畅，政治影响力有限，保障自身及乡村公共权益的能力相应就弱，村民自治的作用还没有真正发挥出来。在农村工作中，政府规划一切、管理一切的方法已经行不通了，一切以政府组织为中心的治理格局应该转变。乡村治理要“有破有立”。破，就是破除政府运行体制中那些不合时宜的东西，特别是那些不尊重农民主体地位的东西；立，就是培育确立那些有利于农民自主治理的东西。应建立政府与乡村社会的新型关系，改变政府对于乡村社会的行政性管理和控制，让乡村内部的自主性力量在公共服务供给、社会秩序维系、冲突矛盾化解等多种领域充分发挥应有的作用，让这些主体在伙伴关系的基础上协同共治，使乡村社会内部充满活力。

（作者：国务院发展研究中心农村经济研究部部长、研究员）

《思想政治工作研究》杂志25年发展历程

《思想政治工作研究》编辑部

《思想政治工作研究》杂志创刊于1983年。杂志的创刊，几乎与中国政研会同生同长。中国政研会的前身——中国职工政研会成立后的第一件事，就是创办杂志，建立一个传达中央精神、传递工作信息、发表研究成果、总结交流经验、反映政工呼声的宣传阵地。杂志从一创刊，就得到中央领导和有关部门的高度重视与关怀。小平同志亲笔为杂志创刊题写了刊名，徐向前、聂荣臻、王震、陆定一等同志为创刊号题词，胡乔木、邓力群、郝建秀、曾志等同志为创刊号撰写了文章。1988年,杂志创刊5周年时,李先念、徐向前、聂荣臻、姚依林、邓力群、钱正英等同志题词祝贺。1993年,中国政研会成立10周年、《思想政治工作研究》杂志创刊10周年时,李鹏、乔石、李瑞环、朱镕基、姚依林、宋平、宋任穷、康世恩、倪志福、李锡铭、邓立群等同志分别题词、写信或发表讲话,表示祝贺。江泽民、朱镕基、丁关根等同志还在人民大会堂亲切接见了出席纪念会的代表,江泽民同志作了十分重要的讲话。2005年2月22日和6月22日,中央政治局委员、中央书记处书记、中宣部部长刘云山同志两次作出重要批示,要求把《思想政治工作研究》办成全国思想政治工作领域权威刊物。

杂志创刊后,成为我们党开展思想政治工作的重要阵地和重要喉舌,成为广大政工干部和思想政治工作者的共同园地,不仅一直得到中央领导和各级领导的高度关注和关心爱护,同时也得到各行各业党政干部、理论工作者和思想政治工作者的关心、支持和爱护,受到基层广大政工干部的欢迎,发行量逐步扩大,最高时突破40万份,在全国思想政治工作研究领域具有广泛的影响力和知名度,被评为全国重点社科期刊,被列入国家"双奖"期刊方阵。

长期以来,《思想政治工作研究》杂志对于帮助广大思想政治工作者提高认识,统一思想,凝聚人心,做好工作,发挥了积极作用,成为我国思想政治工作领域上下结合、上下联动、上下互动的重要桥梁和纽带。为了更好地发挥《思想政治工作研究》杂志的应有作用,根据形势的发展和实际需要,2007年,杂志从小16开版改为大16开版,从48页扩至为64页。同时,按照创新办刊理念,贴近生活、贴近实际、贴近群众的方针,大胆改革栏目设置、丰富刊物内容、活跃版面形式。改版后,杂志更加突出"传达工作指导,深化理论研究,宣传基层经验"的基本定位,更加紧密结合宣传思想工作、思想政治工作、思想理论建设的工作实际。

刊物及时传达和反映党中央、中宣部关于思想政治工作的指示精神,及时刊登中央领导、中宣部领导的指导性文章和一些围绕党和国家工作大局、围绕宣传思想战线重点工作的有分量的理论研究成果,及时组织刊发关于对马克思主义中国化最新理论成果进行科学阐发的理论文章,及时传达中国政研会的工作部署和要求,更加突出刊物的权威性和指导性。重视刊发深入探讨新形势下思想政治工作规律、方法与途径的理论文章,重视刊发专家学者对思想政治工作领域和思想、政治、文化、道德等领域的重大理论和现实问题的最新研究成果,刊发思想政治工作理论的观点争鸣、前沿动态、研究综述、国际经验,重视组织刊发反映人民群众关注的热点难点疑点问题和反映社情民意的调查研究报告,突出刊物的思想性、理论性、探索性和可读性。全面反映各地区各部门各行业包括农村、社区、企业、军队、机关、院校等基层思想政治工作的经验性、创新性和应用性成果,刊发各行各业各单位各部门加强改进思想政治工作的新做法、新载体、新形式,坚持面向基层、面向一线、面向广大党政干部和思想政治工作者,突出实践性、实用性和服务性。

回顾历史,总结经验,是为了创新发展,开拓未来。我们深知,刊物的质量与部领导和广大读者的要求还有很大差距。如系统阐述、深入浅出、科学理解马克思主义中国化最新成果的文章还不够多;洞察思想趋势、体现时代精神、引领思想前沿的文章还不够多;深入反映思想界、理论界、学术界最新动态和世界潮流的文章还不够多;深入实际、释疑解难、语言鲜活的文章还不够多;有针对性、系统性、前瞻性和对策性的研究报告还不够多;内容新颖、形式活泼、实践性强的文章还不够多;用事实说话、用典型说话、用数字说话的文章还不够多;真正使读者入眼、入脑、入心的文章还不够多。此外,选题策划还需要进一步加强,版式设计有待进一步改进,编辑素质有待进一步提高,杂志社管理有待进一步完善,社会影响力有待进一步扩大,等等。

我们将以纪念创刊25周年为新起点，永远铭记邓小平同志等老一辈无产阶级革命家和中央领导同志的关心、爱护和勉励，按照刘云山同志要求“把刊物办成全国思想政治工作领域权威刊物”的指示精神，认真贯彻落实“高举旗帜、围绕大局、服务人民、改革创新”的总要求，始终坚持正确的办刊方向，进一步明确定位、办出特色、办出水平，下大力气创新思路、丰富内容、改进文风，以高度的政治责任感、团结奋进的精神状态和创新务实的工作作风，努力把《思想政治工作研究》办成全国思想政治工作领域权威刊物。

重要数据库

一、中国经济总量已占世界6%

国家统计局最近公布的报告显示，中国经济总量占世界经济的份额已从1978年的1.8%提高到2007年的6%。

“按照世界银行的划分标准，我国已经由低收入国家跃升至世界中等偏下收入国家行列。”国家统计局报告说，中国人均国民总收入由1978年的190美元上升至2007年的2360美元。

二、我国城市数量达655个

国家统计局最近发布的报告显现，截至2007年末我国城市数量达655个，比1978年增加462个，其中地级及以上城市由1978年的111个增加到287个。其中1992年以来，我国城市数量进入平稳发展阶段，平均每年增加11个。

在城市个数增加的同时，城市规模也在不断扩大，大城市的数量增长迅速。2007年我国地级及以上城市（不包括市辖县）年末总人口37156万人，比1978年增长1.2倍；行政区域土地面积为62.2万平方公里，比1978年增长2.2倍。2007年我国城市市辖区人口（不包括市辖县）200万人以上城市个数达36个，比1978年增加26个；100万—200万人口城市达83个，比1978年增加64个。

三、我国能源总自给率达到90%

国家统计局最近发布的报告显示，2007年我国能源生产总量达到23.5亿吨标准煤，比1978年增长2.8倍，年均增长4.7%，已成为世界上除美国之外的第二大能源生产国，能源总自给率达到90%。

统计显示，在主要能源中，2007年我国原煤产量25.26亿吨，居世界第一位，比1978年增长3.1倍。2007年末，发电装机容量7.18亿千瓦，比1978年增长11.6倍，年均增加9.1%。2007年发电量达到32816亿千瓦小时，比1978年增长11.8倍，年均增长9.2%。与此同时，可再生能源开发效果明显，水电、核电、风电占能源生产总量的比例由1978年的3.1%提高到2007年的8.2%。

四、我国银行业金融机构总资产已近60万亿元

中国银监会最近发布的数据显示，截至2008年9月末，我国银行业金融机构境内本外币资产总额为59.3万亿元，比上年同期增长17.2%。

数据显示，截至三季度末，我国各类金融机构总资产均有所增长。中国工商银行、中国农业银行、中国银行、中国建设银行和交通银行等国有商业银行资产总额30.5万亿元，增长

11.1%；包括中信银行、光大银行、华夏银行、广东发展银行在内的12家股份制商业银行资产总额8.4万亿元，增长21.5%；城市商业银行资产总额3.9万亿元，增长25.8%；其他类金融机构资产总额16.6万亿元，增长25.5%，这其中包括政策性银行、农村商业银行、农村合作银行、外资金融机构、城市信用社、农村信用社等。

五、中国股市一年蒸发24万亿

据四川在线载，上证指数从去年10月16日的6124点一泻千里，直到今年10月28日上证指数最低点1664.93点，最大跌幅近73%；而伴随着股指节节下滑，两市市值亦如洪水决堤，一发不可收拾。据统计，从去年高点至今市值已经蒸发了近24万亿。

据统计，目前的A股市场中，持股市值100万元以下的中小投资者占到总数的99.4%，占总市值的50%。

六、全国工资收入北京第一

据国家统计局反馈的资料，截至到今年三季度末，城镇单位在岗职工平均工资水平仍然位居前列的有北京（39663元）、上海（39004元）、西藏（32436元）、天津（27687元）、浙江（23603元）、广东（23078元）。

不同的行业，职工平均工资也存在差距。前三季度排在前三位的依次为：金融业42838元，信息传输、计算机服务和软件业36600元，电力、燃气及水的生产和供应业35380元。

（此文载《党政干部文摘》2008年第12期）

改革开放30年与中国特色社会主义理论研讨会综述

马建辉

2008年10月24日至27日，“改革开放30年与中国特色社会主义”理论研讨会在四川师范大学召开。研讨会由中国高等教育学会马克思主义研究会、《高校理论战线》杂志、四川师范大学联合主办，来自北京大学、清华大学、中国人民大学、武汉大学、首都师范大学、北京科技大学、安徽大学、湖北大学、河南师范大学等20余所高校和科研单位的50多位专家学者参加了研讨会。教育部高等学校社会科学发展研究中心主任冯刚、中共四川省教育工作委员会委员周光富、四川师范大学党委书记高林远莅会并致辞。《高校理论战线》杂志总编辑田心铭向与会代表介绍了本次研讨会的组织情况，并对研讨会主题进行了说明。研讨会围绕“改革开放30年与中国特色社会主义”这一主题，结合党的十七大报告，展开了广泛而深入的思想交流和理论研讨。

一、关于改革开放的重大历史意义

党的十七大报告指出：“改革开放是决定当代中国命运的关键抉择，是发展中国特色社会主义、实现中华民族伟大复兴的必由之路；只有社会主义才能救中国，只有改革开放才能发展中国、发展社会主义、发展马克思主义。”对于这一科学论断，学者们给予了充分肯定和认同。

学者们认为，实行改革开放是党的一个历史性决策。改革开放进一步解放了人们的思想，增强了综合国力，改善了人民生活。改革开放给中国带来了勃勃生机，根本原因就在于我们党领导的改革开放，是依据新的伟大革命同社会主义制度自我完善和发展相统一的原则来进行的。在改革开放的伟大实践中，我们党深化了对中国特色社会主义的认识，形成了中国特色社会主义理论体系，开辟了中国特色社会主义道路。中国特色社会主义之所以具有蓬勃的生命力，就在于它是实行改革开放的社会主义；我国的改革开放之所以能够顺利推进，就在于它是有利于发展中国特色社会主义的改革开放。

有学者分析了改革开放实践与马克思主义理论创新的关系，认为中国改革开放的30年是当代中国马克思主义理论创新、发展的30年。改革开放的实践需要马克思主义理论的指导，也呼唤马克思主义理论的创新。发展着的马克思主义为中国的改革开放事业提供了正确的理论指导，同时又通过汲取鲜活的实践经验来实现自身的创新发展。实践的创新推动了理论的创新，而理论的创新又促进了改革开放实践的进一步发展。

二、关于科学社会主义基本原则与中国特色社会主义的关系

中国特色社会主义道路之所以完全正确、之所以能够引领中国发展进步，关键在于我们既坚持了科学社会主义的基本原则，又根据我国实际和时代特征赋予其鲜明的中国特色。在当代中国，坚持中国特色社会主义道路，就是真正坚持社会主义。

有学者指出，科学社会主义基本原则是马克思主义基本原理的重要组成部分。无产阶级专政是科学社会主义基本的政治原则，生产资料社会占有是科学社会主义基本的经济原则，有计划地组织社会生产是科学社会主义基本的发展原则。我国正处于并将长期处于社会主义的初级阶段，科学社会主义的基本原则与我国社会主义初级阶段的基本国情相结合开辟了中国特色社会主义道路。改革开放以来，我们正是坚持了这一科学的结合，才使改革开放既方向正确，又充满活力。这一科学的结合，要求我们必须旗帜鲜明地坚持社会主义方向，反对全盘西化、走资本主义道路，警惕打着改革开放旗号、企图演变社会主义的思潮。

有学者认为，贯彻党的十七大精神，高举中国特色社会主义伟大旗帜，必须与民主社会主义划清界限。从理论上讲，中国特色社会主义同民主社会主义是两个不同的思想体系。中国特色社会主义属于科学社会主义的思想体系，民主社会主义属于资本主义的思想体系，是资本主义的一种改良主义思潮，从实践上看，中国特色社会主义是在中国共产党的领导下，以通过暴力革命建立的革命政权为政治前提，以社会主义制度作为制度基础，是社会主义制度的自我完善和发展的结果，是科学社会主义基本原则与时代特征和中国实际相结合的产物，是科学社会主义基本原则在当代中国的实践。学者们指出，30年的改革开放实践证明，中国特色社会主义既立足于中国国情，又适应于时代发展，是我国实现民族振兴、国家富强和人民幸福的必由之路，是中国人民的共同理想。无论从历史还是从现实来看，中国特色社会主义都是当代中国发展的唯一正确的道路。只有坚持走中国特色社会主义道路，才能发展中国、振兴中国。

三、关于如何理解和把握中国特色社会主义理论体系

中国特色社会主义理论体系内容丰富，博大精深，准确理解和把握其科学内涵和精神实质，有利于增强走中国特色社会主义道路的自觉性和坚定性，具有重要的理论意义和现实意义。

学者们强调，理解和把握中国特色社会主义理论体系，要正确处理继承和发展的关系。正确处理继承和发展的关系，主要是要正确认识、处理马克思主义基本原理和马克思主义中国化理论成果的关系，正确认识、处理毛泽东思想和中国特色社会主义理论体系的关系。马克思主义中国化的理论成果是对马克思主义基本

原理的继承和发展，中国特色社会主义理论体系是对马克思列宁主义、毛泽东思想的继承与发展。

有学者认为，中国特色社会主义理论体系具有十大辩证特性，即理论性与实践性的辩证统一，真理性与价值性的辩证统一，共性与个性的辩证统一，传承性与创新性的辩证统一，稳定性与开放性的辩证统一，整体性与阶段性的辩证统一，传统性与时代性的辩证统一，反思性与前瞻性的辩证统一，主导性与多样性的辩证统一，民族性与世界性的辩证统一。

还有学者总结了中国特色社会主义理论体系的时代特征，认为时代特征和中国特色都是中国特色社会主义理论体系的本质规定和重要内涵。中国特色社会主义理论体系的时代特征，从理论形态的视角看，表现为其依据新的历史条件，发展了科学社会主义基本原则；从实践的视角看，中国特色社会主义理论体系是对苏联模式的突破，实现了社会主义建设模式单一性向多样性的转变；从全球视野看，中国特色社会主义理论体系是当代具有开放性、兼容性和世界性的科学社会主义理论，它以一种现代意识、开放意识和世界意识，兼容并包，科学借鉴了人类社会创造的一切文明成果，具有强大的生命力和影响力。

四、关于进一步解放思想和学习实践科学发展观

如何进一步解放思想，深入学习实践科学发展观也是这次研讨会的一个热点。

有学者认为，作为马克思主义认识路线的重要原则，解放思想是指在马克思主义指导下打破习惯势力和主观偏见的束缚，研究新情况，解决新问题，使思想和实际相符合，使主观和客观相符合，做到实事求是。回顾改革开放30年的历史，中国特色社会主义道路确立与发展的进程实际上也是不断解放思想的进程。今天，站在新的历史起点上，落实党的十七大提出的“继续解放思想”的战略任务，就要冲破教条主义和经验主义两种主观主义的束缚。只有从形形色色的主观主义束缚中解放出来，我们才能深入贯彻、践行科学发展观，才能更好地坚持和发展党历经艰辛开创的中国特色社会主义道路和中国特色社会主义理论体系。

有学者强调，学习实践科学发展观关键在落实。而要落实科学发展观，就必须进一步解放思想。解放思想与科学发展观的内在逻辑统一表现在三个方面：其一，解放思想是科学发展观形成的思想基础，科学发展观是在解放思想推动下形成的理论结晶；其二，解放思想是科学发展观贯彻落实的根本思想保证；其三，科学发展观作为一种先进、科学的发展理念，一经产生，就对进一步解放思想起着指导的作用。因此，新形势下，学习实践科学发展观，最根本、最重要的就是继续解放思想，而继续解放思想要求必须以科学发展观为统领。

学者们还对马克思主义中国化、“以人为本”的科学内涵、“普世价值”思潮的实质、如何发挥社会主义核心价值体系引领社会思潮的作用、苏联演变的教训等问题进行了分析和研讨。

第八部分

社会主义核心价值体系建设

学习贯彻胡锦涛同志关于大力培育当代革命军人核心价值观重要论述

徐才厚

胡锦涛同志在不久前召开的军队一次重要会议上，郑重提出并系统阐述了“忠诚于党，热爱人民，报效国家，献身使命，崇尚荣誉”的当代革命军人核心价值观，要求全军把大力培育当代革命军人核心价值观作为思想政治建设的重要基础工程来抓。这一重要论述，以中国特色社会主义理论体系为指导，从时代发展和军队建设全局高度，科学概括和阐明了当代革命军人必须坚持的最基本、最核心的价值观念，赋予了新形势下军队思想政治建设一项重大战略任务，为强化全军官兵的精神支柱提供了基本遵循。我们必须认真学习贯彻胡锦涛同志重要论述，充分认清培育当代革命军人核心价值观的重大意义，切实把这项军队思想政治建设的重要基础工程抓紧抓好。

一、大力培育当代革命军人核心价值观是强化官兵精神支柱的重大战略任务

核心价值观在人们的价值观念体系中居于基础和支配地位，是一个国家、一个民族、一支军队生存和发展的精神支柱。军人核心价值观，从根本上决定和反映着军人的政治立场、理想信念和价值追求，对军人思想道德和行为方式起着主导作用。重视军人核心价值观教育，是我军政治工作的优良传统，也是世界各国军队的普遍做法。实践证明，鲜明的、富有凝聚力和感召力的军人核心价值观，是凝聚军心、鼓舞士气的强大精神力量。

我军作为一支无产阶级性质的新型人民军队，从创建之初就确立了体现我军性质和宗旨的革命军人核心价值观，它蕴含在我军建设的基本原则以及人民军队所特有的革命精神和革命作风中。毛泽东同志为我军确立了党指挥枪的根本原则和全心全意为人民服务的根本宗旨，提出了“三大纪律八项注意”，并大力倡导“一不怕苦，二不怕死”等革命精神。邓小平同志强调我军“始终要忠于党，忠于人民，忠于国家，忠于社会主义”，发扬“五种革命精神”，培育“有理想、有道德、有文化、有纪律”的革命军人等。江泽民同志要求我军做到“打得赢、不变质”，强调铸牢党对军队绝对领导这个军魂，并倡导开展“爱国奉献、革命人生观、艰苦奋斗和尊干爱兵”教育等。正是由于我们党注重革命军人核心价值观建设，我军在不同的历史时期、不同的军事实践中，培育和形成了具有鲜明特色的优良传统，始终保持了坚定正确的政治方向，保持了强大的凝聚力战斗力，不断从胜利走向胜利。历史经验表明，革命军人核心价值观，是我军战斗力的重要源泉，是我们必须十分珍视的政治优势。

进入新世纪新阶段，胡锦涛同志着眼我军永葆本色、科学发展和履行使命，高度重视培育当代革命军人核心价值观。他担任军委主席后，就要求全军继承和发扬我军优良传统，以后又把我军优良传统高度概括为“听党指挥、服务人民、英勇善战”。党的十七大之后，他明确提出用中国特色社会主义理论体系指导构建当代革命军人核心价值观，指导全军积极开展理论研究和实践探索，并作了一系列明确指示，倾注了大量心血。胡锦涛同志以马克思主义创新精神和对军队建设高度负责的态度，集中全军智

慧和各方面意见，经过深入缜密思考，科学概括和系统阐述了当代革命军人核心价值观。胡锦涛同志关于大力培育当代革命军人核心价值观的重要论述，是对党的三代领导核心关于革命军人核心价值观重要论述的继承、丰富和发展，适应了军队思想政治建设面临的新形势新任务，具有重大的现实意义和深远的历史意义。

大力培育当代革命军人核心价值观，是建设社会主义核心价值体系的重要方面。当前，国际政治和思想文化领域的斗争日趋激烈。随着经济社会的深刻变革，人们的思想观念、道德意识、价值取向日趋多样。我们党提出建设社会主义核心价值体系，就是要在全社会形成共同的理想信念、强大的精神力量和良好的道德风尚。在军队培育当代革命军人核心价值观，就是带头践行社会主义核心价值体系的实际行动。面对各种思想文化的相互激荡，面对敌对势力的渗透破坏，必须通过培育当代革命军人核心价值观，从根本上铸牢广大官兵的精神支柱，为建设社会主义核心价值体系、巩固全党全军全国各族人民团结奋斗的共同思想基础，作出应有贡献。

大力培育当代革命军人核心价值观，是发展先进军事文化的现实需要。当今时代，先进军事文化越来越成为增强军事软实力、赢得军事竞争优势的重要方面。军人核心价值观是军事文化的灵魂，不仅决定着军事文化的发展方向，也决定着军事文化的感召力影响力。在社会主义市场经济和社会信息化深入发展、军队现代化建设步伐不断加快、官兵精神文化需求日益增长的新形势下，要始终保持我军军事文化的先进性，必须用当代革命军人核心价值观引领我军军事文化建设。只有这样，才能坚持军事文化繁荣发展的正确方向，更好地为提高部队战斗力服务；才能充分发挥先进军事文化的育人功能，促进官兵的全面发展；才能有效增强我军软实力，塑造和展示我军威武之师、文明之师、和平之师的形象。

大力培育当代革命军人核心价值观，是履行新世纪新阶段我军历史使命的必然要求。军人核心价值观从根本上回答了"为谁当兵、为谁打仗"的问题，是军人履职尽责的思想基础和动力源泉。履行党和人民赋予的新世纪新阶段历史使命，我军担负的任务更加多样、所处的环境更加复杂、面临的考验更加严峻，这对广大官兵的政治信念、价值追求、战斗意志和心理素质等提出了新的更高要求。2008 年，我军官兵在执行抗击低温雨雪冰冻灾害、抗震救灾、支援奥运等重大任务中，坚决听从党的召唤，坚决维护国家和人民利益，一往无前、勇挑重担，经受住了严峻考验，展现了崇高的价值追求。这启示我们，军队思想政治建设要围绕履行使命发挥服务保证作用，必须大力培育当代革命军人核心价值观，进一步凝聚军心士气，不断升华官兵忠诚使命、献身使命、不辱使命的思想境界，为有效履行使命打牢坚实思想基础、提供强大精神动力。

二、全面准确地理解和把握当代革命军人核心价值观的科学内涵和精神实质

胡锦涛同志把当代革命军人核心价值观概括为"忠诚于党，热爱人民，报效国家，献身使命，崇尚荣誉"。这一概括，高度凝炼，内涵丰富，意蕴深刻，科学阐明了我军官兵的根本价值取向和行为准则。

忠诚于党，就是要自觉坚持党对军队的绝对领导，高举中国特色社会主义伟大旗帜，坚定中国特色社会主义理想信念，任何时候任何情况下都坚决听党指挥。忠诚于党，这是由我军根本性质决定的。我军是党绝对领导下的人民军队，党的绝对领导是我军永远不变的军魂。培育当代革命军人核心价值观，首要的就是要强化忠诚于党的政治意识。特别是在当前敌对势力大肆鼓吹"军队非党化、非政治化"、"军队国家化"的形势下，铸造我军官兵忠诚于党的政治品格，尤为重要。践行忠诚于党的要求，最重要的是强化军魂意识，自觉以党的旗帜为旗帜、以党的意志为意志、以党的方向为方向，忠贞不渝听党话、跟

党走，一切行动听从党中央、中央军委指挥。

热爱人民，就是要忠实践行全心全意为人民服务的根本宗旨，视人民利益高于一切、重于一切，永葆人民子弟兵政治本色，与人民群众心连心、同呼吸、共命运，为人民无私奉献。热爱人民，这是由我军根本宗旨决定的。我军是人民的军队，来自于人民、服务于人民，是人民的子弟兵。维护最广大人民的根本利益，是我军全部奋斗的根本价值所在。只有热爱人民，才能自觉地服务人民。不管时代如何发展、形势和任务如何变化，我军都要同人民群众血肉相连、鱼水相依，完全彻底地为人民利益而奋斗。践行热爱人民的要求，必须强化宗旨意识，弘扬奉献精神，把服务人民作为全部行为的根本准则，始终无怨无悔地为人民奉献一切。

报效国家，就是要大力弘扬爱国主义精神，把个人的前途命运与国家的前途命运紧密联系在一起，坚决捍卫国家主权、安全、领土完整和人民民主专政的国家政权，为建设富强民主文明和谐的社会主义现代化国家贡献力量。报效国家，这是由我军在社会主义国家中的地位作用决定的。我军是人民民主专政的坚强柱石，是社会主义祖国的钢铁长城，是建设中国特色社会主义的重要力量。报效国家是我军官兵最基本的价值准则之一。只有具备报效国家的高尚情怀和坚定志向，广大官兵才能为保卫祖国安宁、维护国家利益，义无反顾、冲锋在前。践行报效国家的要求，就是要强化国家利益至上的观念，把爱国与爱党、爱人民、爱社会主义统一起来，真正把爱国之心化为报国之行。

献身使命，就是要履行革命军人神圣职责，爱军精武，爱岗敬业，不怕牺牲，英勇善战，坚决履行好党和人民赋予的新世纪新阶段军队历史使命。献身使命，这是由我军根本职能决定的。军队因使命而存在，军人为使命而献身。我军新的历史使命承载着党的重托、人民的福祉和国家的利益，对革命军人献身使命的价值追求提出了新的要求。有了献身使命的精神境界，我军官兵才能恪尽职守、不辱使命，在党和人民需要时挺身而出、顽强战斗。践行献身使命的要求，必须增强忧患意识、责任意识，把强烈的使命感转化为爱军精武、爱岗敬业的实际行动，转化为不怕牺牲、英勇善战的战斗精神，转化为提高应对多种安全威胁、完成多样化军事任务的素质能力，切实在履行党和人民赋予的职责使命中展现革命军人的价值。

崇尚荣誉，就是要自觉珍惜和维护国家、军队、军人的荣誉，视荣誉重于生命，自觉践行社会主义荣辱观，弘扬革命英雄主义和集体主义精神，提高素质、全面发展，争创一流、建功立业，贞守革命气节，严守军队纪律。崇尚荣誉，这是由革命军人特有的精神需求决定的。荣誉是军人牺牲奋斗的重要动力，为祖国和人民建立功勋是革命军人的荣誉所在。崇尚荣誉是践行忠诚于党、热爱人民、报效国家、献身使命要求的重要道德基础。在发展社会主义市场经济条件下，在价值观念日趋多样、人们更加注重物质利益的情况下，崇尚荣誉对革命军人显得尤为重要。有了强烈的荣誉感，我军官兵就能更好地弘扬优良传统，保持革命军人本色，以实际行动为党和人民再立新功，为军旗增辉，为人生添彩。践行崇尚荣誉的要求，必须树立正确的荣誉观，把追求个人荣誉和维护国家、军队和集体的荣誉统一起来，把崇尚荣誉与淡泊名利统一起来，把践行社会主义荣辱观与遵守军人道德规范统一起来。

当代革命军人核心价值观的五个方面，是相互联系、相互贯通的整体。一方面，它是反映我军官兵与党、人民、国家、军队的关系以及我军官兵相互间关系最基本、最核心的价值观念。在我军官兵的现实生活中，有许多价值关系需要把握，但最基本、起主导作用的是这五个方面的关系。当代革命军人核心价值观，进一步明确了我军官兵在认识和处理与党、人民、国家、军队关系和官兵相互间关系时必须坚持的价值取向，表明了党、人民、国家、使命、荣誉在军人价值天平上的分量最重。把握了这五个方面的价值关系，才能更好地理解掌握当代革命军人核心价值观科学内涵和精神实质。另一方面，它体现了我军优良传统、时代发展要求、官兵价值追求的统一。这五个方面作为一个整体，坚持了我军听党指挥、服务人民、英勇善战的优良传统，融入了高举中国特色社会主义伟大旗帜、忠实履行新世纪新阶段军队历史使命、自觉践行社会主义荣辱观等时代内涵；坚持了党和人民对军队思想上政治上的要求，反映了官兵实现全面发展、在军营建功立业的强烈愿望。总之，当代革命军人核心价值观具有鲜明的政治性、科学性、时代性和实践性，是我军官兵的思想和行为指南。

三、在全军部队大力倡导和培育当代革命军人核心价值观

大力培育当代革命军人核心价值观，是新的历史条件下我军思想政治建设的重大创举。我们要切实把这项工作作为基础工程、灵魂工程抓紧抓好，充分发挥当代革命军人核心价值观凝魂聚气、强基固本的作用，为官兵全面发展和履行使命提供强大精神力量。

坚持不懈地用当代革命军人核心价值观引领官兵思想和行为。要紧贴时代发展、紧贴使命任务、紧贴官兵实际，特别是针对当前意识形态领域的复杂斗争和官兵价值追求趋于多样的实际，通过培育当代革命军人核心价值观，帮助广大官兵坚定理想信念、端正价值追求，始终保持政治坚定和思想道德纯洁，真正做到打得赢、不变质。要以培育当代革命军人核心价值观为重要抓手，牵引和促进思想政治建设创新发展。紧紧抓住培育当代革命军人核心价值观这个基础工程，军队思想政治建设的各项工作就能更好地发挥培养人、提高人的作用，进一步提升起点和层次，实现新的发展进步。

坚持把培育当代革命军人核心价值观融入部队建设的方方面面。培育当代革命军人核心价值观是一项系统工程，必须抓好思想教育、舆论引导、文化熏陶、典型示范、实践养成、制度保障等，全方位加以推进。要坚持不懈地抓好中国特色社会主义理论体系武装，认真开展深入学习实践科学发展观活动，为培育当代革命军人核心价值观提供有力的理论指导，打下扎实的理论根基。在全军广泛开展培育当代革命军人核心价值观主题教育活动，深化我军历史使命、理想信念、战斗精神、社会主义荣辱观教育，加强舆论宣传，营造学习践行的浓厚氛围。以培育当代革命军人核心价值观为主题，加强军事文艺创作，开展群众性文化活动，建设特色鲜明、多姿多彩的军营文化。大力宣扬我军在长期的光辉历程中涌现出来的英雄模范的革命事迹和崇高精神，总结宣传践行当代革命军人核心价值观的先进典型，使广大官兵从中受到鼓舞、汲取力量。以军事训练、教育管理、遂行任务和日常生活为基本平台，引导官兵深化学习认识，注重点滴养成，加强品德修养，坚持在本职岗位上践行，在急难险重任务中锤炼。把当代革命军人核心价值观的要求体现到军队的条令条例等法规制度中，形成有利于培育当代革命军人核心价值观的制度机制。

坚持以强有力的组织领导确保培育当代革命军人核心价值观扎实有效。培育当代革命军人核心价值观，是党委加强对部队思想政治领导一项极为重要的工作，必须坚持大事大抓，认真筹划部署，精心组织指导。机关各部门要在党委统一领导下，各尽其责，齐抓共管。领导干部要带头学习、身体力行，不断加强世界观改造，提高思想境界和人生追求，真正做到讲党性、重品行、作表率，充分发挥在培育当代革命军人核心价值观中的示范作用。要把培育当代革命军人核心价值观落实和体现到部队建设和完成以军事斗争准备为龙头的各项任务中去。通过大力培育当代革命军人核心价值观，进一步增强官兵高举旗帜、听党指挥、履行使命的自觉性坚定性，促进思想政治建设的全面加强，从思想上、政治上、组织上确保我军始终成为党绝对领导下的人民军队，确保国防和军队建设科学发展，确保有效履行新世纪新阶段我军历史使命。

（作者：中共中央政治局委员、军委副主席）

探索建设社会主义核心价值体系的新形式

刘上洋

社会主义核心价值体系是社会主义意识形态的本质体现，在整个社会主义文化建设中居于统摄和支配地位。在当前这样一个思想大活跃、观念大碰撞、文化大交融的时代，我们必须把社会主义核心价值体系建设作为第一位的任务，紧密联系实际，采取多种方式，高扬伟大时代的主旋律，唱响团结奋进的最强音，努力在全社会形成统一的指导思想、共同的理想信念、强大的精神支柱和基本的道德规范。

一、着眼于坚定理想、增强信念，充分发挥红色资源的教育作用

利用红色资源加强革命传统和爱国主义教育，是推进社会主义核心价值体系建设的重要手段。江西是中国革命的摇篮、共和国的摇篮和人民军队的摇篮，有着光荣的革命传统和丰富的红色资源。近年来，我省特别注重发掘和利用红色资源，增强社会主义核心价值体系的吸引力和凝聚力。比如，连续两年举办的中国红歌会，用红色经典传承红色文化，弘扬主旋律，引起广大观众的强烈共鸣。“红歌会”之所以“唱红”，从根本上说，就是它所具有的鲜明的思想性和强大的震撼力。正如许多观众所说：“一支红歌可以催生一股精神”，“红歌有一种催人奋进的力量”，“‘红歌会’是对红色精神的回归”。“红歌会”所表达的是对革命英雄的景仰，对红色历史的缅怀，对幸福生活的赞美。又比如，我们围绕井冈山这一红色文化资源，打造大型情景歌舞剧《井冈山》和重大革命历史题材电视连续剧《井冈山》，兴建了井冈山革命斗争全景画馆，特别是在中央的亲切关怀和国家有关部门支持下，“一号工程”——井冈山革命博物馆于去年10月竣工开馆，成为弘扬社会主义核心价值体系的重要阵地。实践证明，红色资源承载着我们党波澜壮阔的革命史、艰苦卓绝的斗争史、可歌可泣的英雄史，体现了中华民族的卓越精神和我们党的优良传统，是一笔极为宝贵的精神财富，是社会主义核心价值体系的重要组成部分。我们要充分开发和利用红色资源，寓教于乐、寓教于唱、寓教于看、寓教于游，不断用体现社会主义核心价值体系的优秀精神文化产品和文化服务，丰富人们的精神世界，提升人们的精神境界，增强人们的精神力量，构筑人们的精神家园。

二、着眼于鼓舞人心、凝聚力量，充分发挥主题教育活动的促进作用

建设社会主义核心价值体系，关键在于引导和发动广大人民群众，使人民群众真正了解和践行这一价值体系。自2002年起，我省围绕“塑造江西人新形象”、“建设和谐平安江西，共创富民兴赣大业”、“科学发展，和谐创业”等主题，每年开展一次大型、集中的主题教育活动。通过组织开展系列新闻宣传、系列宣讲论坛研讨、系列文艺演出、系列评选表彰、系列社会实践等活动，切实把社会主义核心价值体系的基本内容和要求融入宣传教育之中，引领广大干部群众树立正确的世界观、人生观、价值观，进一步坚定信念、鼓舞士气、激发斗志，逐步形成符合社会主义核心价值体系的思想观念和生活方式，为实现江西在中部地区崛起和全面建设小康社会而不懈奋斗。实践有力地证明，开展集中宣传教育活动是弘扬社会主义核心价值体系的有效途径和重要形式，群众在活动中受到

了熏陶，在参与中受到了教育，在实践中得到了提高。我们要进一步采用集中宣传教育的方式，不断丰富教育内容，创新教育形式，大力传播先进思想和先进文化，正确引领社会思潮和社会风尚，使社会主义核心价值体系在整个社会占据主导地位。

三、着眼于解疑释惑、扩大共识，充分发挥大型宣讲活动的激励作用

社会主义核心价值体系只有被人民群众普遍接受和掌握，并转化为社会群体意识，才能为人们所自觉遵守和奉行。近年来，我们每年都按照中央和省委的部署，紧密联系干部群众的思想、工作和生活实际，集中资源和力量，开展形式多样的宣讲活动，变“背靠背”为“面对面”，变“单向式”为“互动式”，使社会主义核心价值体系为广大人民群众所感知、所认同、所接受。从2003年开始，围绕学习“三个代表”重要思想、树立科学发展观、构建社会主义和谐社会以及学习宣传贯彻党的十七大精神等主题，我省先后10次组织省委宣讲团，深入基层开展声势浩大的宣讲活动，累计作宣讲报告650余场，召开小型座谈会、报告会380余场，直接听众达117万人次。宣讲活动的持续深入开展，唱响了主旋律，打好了主动仗，进一步弘扬了爱国主义、集体主义、社会主义精神，充分发挥了“增信心、鼓干劲、树雄心”的重要作用，广大党员干部群众热情地称之为“加油鼓劲团”、“解疑释惑团”。与此同时，我们还针对干部群众普遍关心的重大理论和现实问题，把大型报告会与小型座谈会、政策咨询、现场提问解答等形式结合起来，用群众容易理解、便于接受的语言，在虚与实的结合中讲清道理，在情与理的交融中达成共识，不断提高宣讲的说服力和感染力，真正使社会主义核心价值体系家喻户晓，深入人心。

四、着眼于弘扬正气、树立新风，充分发挥先进典型的引领作用

时代孕育典型，典型反映时代。先进典型是时代的先锋、社会的楷模，是践行社会主义核心价值体系的优秀代表。努力发现培养和宣传推广先进典型，是我们党思想政治工作的优良传统，也是不断推进中国特色社会主义事业的需要。近年来，我们以社会主义核心价值体系作为树立先进典型的重要标准，浓墨重彩地推出了袁政海班组、邱娥国、刘焕荣、凌美龙、施华山等一大批在全省全国有重大影响的先进典型。这些典型源自生活、来自群众，生动鲜活、真实可信，事迹感人、催人奋进。他们具有坚定的理想和信念，具有高尚的思想品质和道德情操，是社会主义核心价值体系的鲜活载体，具有巨大的示范力和感召力。在先进典型的宣传中，我们始终注意紧扣时代脉搏，充分发掘先进典型的时代意义与现实价值，更加注重典型的广泛性，确保典型来自于各行各业、各条战线特别是基层一线；更加注重典型的深刻性，确保典型在贴近性和创新性方面能够走在时代前列；更加注重典型的可学性，确保典型更具公信力和亲和力；更加注重典型的鲜活性，确保典型来自于工作实践，扎根于现实生活；同时，着力提高典型宣传的艺术和方法，不断增强典型宣传的吸引力和感染力。

五、着眼于优化环境、提升素质，充分发挥文明创建和道德实践活动的推动作用

建设社会主义核心价值体系离不开广大人民群众。积极开展各种形式的文明创建和道德实践活动，有助于倡导爱国、敬业、诚信、友善等基本道德规范，培育社会公德、职业道德、家庭美德、个人品德，形成尊老爱幼、扶危济困、礼让宽容的人际关系，从而打牢社会主义核心价值体系的群众基础和实践基础。近年来，我省把社会主义核心价值体系贯彻于精神文明建设全过程，努力在提升人的文明素质、提高社会文明程度上下功夫，让人们在日常生活工作中潜移默化地受到熏陶、得到教育。比如，我们以道德公评公议为载体，以农村小额信贷为手段，在全

省农村广泛开展了创评“文明信用农户”活动，将道德建设和农村小额贷款相结合，找到了一条既能提高农民思想道德素质又能增加农民收入的好路子，吸引2000多万农民参与其中，真正惠及到千家万户，有力地推动了社会主义新农村建设。这一做法被列为公民道德建设的先进典型，在全国进行了集中宣传。面对广大青少年，我们组织开展了社会主义荣辱观读书活动、“知荣辱，树新风”社会实践活动等，并通过主题演讲、文艺演出等形式，营造了知荣辱、促和谐的良好风尚。事实证明，推进精神文明创建，是提升公民素质的重要途径，是培育民族精神、弘扬时代精神的重要手段。

（作者：中共江西省委常委、宣传部长）

伟大的抗震救灾精神宣示了社会主义核心价值体系的蓬勃生机

教育部邓小平理论和“三个代表”重要思想研究中心

四川汶川特大地震，是新中国历史上破坏性最强、波及范围最广、救灾难度最大的一次地震灾害，人民群众的生命财产遭受了巨大损失。在同特大地震灾害的艰苦斗争中，全党、全军、全国各族人民在以胡锦涛同志为总书记的党中央坚强领导下，形成了万众一心、众志成城，不畏艰险、百折不挠，以人为本、尊重科学的伟大抗震救灾精神。这种精神鲜明地宣示了社会主义核心价值体系与时俱进的蓬勃生机，是中国特色社会主义事业发展的强大精神动力。

抗震救灾精神凸显马克思主义以人为本的价值观

马克思主义指导思想是社会主义核心价值体系的灵魂。以人为本，促进人的全面发展，凝聚了马克思主义价值观的精华，是社会主义核心价值的最高理念，集中体现了当代中国共产党人的执政理念。抗震救灾精神凸显了马克思主义以人为本的价值观，以人为本的理念在抗震救灾斗争中得到充分践行和升华。

以人为本，尊重生命。生命权是人的所有权利的前提和基础。以人为本，首先要尊重和保障人的生命权。在灾难发生的第一时间，党和国家领导人亲临第一线，夜以继日组织指挥抢救被困群众。抗震救灾工作千头万绪，胡锦涛总书记一再强调：“抗震救灾工作必须坚持以人为本，抢救人民群众生命是首要任务”。“只要有一线希望，只要有一点生还可能，我们就要做出百倍努力”。广大干部群众、人民子弟兵、医护工作者和志愿者舍生忘死，与时间赛跑，与死神争夺生命，托起一个又一个生命的希望，创造了一个又一个生命的奇迹。对生命的尊重还包括对逝去生命的尊重。在中国历史上第一次为普通国民设立了全国哀悼日，以国家的名义悼念遇难群众，让人感到了生命的平等和崇高，以人为本的价值理念得到有力的诠释和生动的实践。

以人为本，互助友爱。急他人之急、忧他人之忧，互助友爱，真诚奉献，是以人为本精神的生动体现。在自然灾害面前，个人的力量是有限的，集体和社会的力量是巨大的。地震发生后，举国上下紧急动员，全国人民倾力支持，四面八方昼夜驰援。在灾区，到处可见满载救灾物品的车队，到处可见从祖国各地赶来的志愿者；在学校、街头、社区，在企业、机关、部队，人们踊跃捐款捐物。这一切，凸显了广大人民群众在危急时刻，为国分忧、共克时艰的高尚情操。大爱无声，大爱无疆，这种真诚的互助奉献品格，彰显着社会主义核心价值的时代内涵和精神品质。

以人为本，尊重科学。以人为本是马克思主义基于历史发展规律的一种价值追求，体现了科学性和价值性的统一。实现以人为本，必须尊重科学，倡导科学精神。这次抗震救灾，受气候、地形和交通的不利影响，难度极大。党和政府以科学的态度组织指挥救灾工作，努力把握灾情特点和救灾工作规律，充分发挥科学技术在抗震救灾中的重要作用，统筹安排使用人力、物力、财力和各种技术手段，保证救灾工作有力、有序、有效地进行。在防震减灾、防病防疫、救治善后、灾后重建等方面，也都努力实现科学领导和统筹规划，重视科学技术的作用。总之，信科学、讲科学、用科学，按科学规律办事，在整个救灾过程中得到全面体现，保证了以人为本理念的贯彻实现，而尊重科学的抗震救灾精神，也从一个崭新的视角丰富了社会主义核心价值体系的内涵。

抗震救灾精神彰显了中国特色社会主义共同理想的强大凝聚力

中国特色社会主义共同理想是中国人民共同的价值追求。这一共同理想能够凝聚起全民族的力量，成为社会主义核心价值体系的主题。抗震救灾斗争的实践显示了中国特色社会主义制度的巨大优越性，抗震救灾精神彰显了中国特色社会主义共同理想的强大凝聚力。

中国特色社会主义建设取得的巨大成就，改革开放取得的巨大成就，综合国力的显著增强，是夺取抗震救灾斗争胜利的强大物质基础。截至 9 月 8 日 12 时，各级政府共投入抗震救灾资金 674.72 亿元，中央财政投入 600.77 亿元。共接收来自社会各界 593.47 亿元的捐赠款物。中央今年安排 700 亿元建立灾后重建基金，明后两年中央预算还要再做相应安排。这一切都说明，中国特色社会主义事业的蓬勃发展为抗震救灾斗争提供了充分的物质保障。

党和国家政权机关的高效运行，各种资源的快速动员和有效调配，显示了中国特色社会主义制度的组织优势。面对特大地震灾害，各级党委和政府快速反应、果断决策、有力指挥，充分发挥了领导核心作用。地震发生后，党中央立即作出决策部署，迅速成立国务院抗震救灾总指挥部，建立了上下贯通、军地协调、全民动员、区域协作的工作机制，展开了一场我国历史上规模最大、难度最大的抗震救灾斗争。灾区各级党委和政府坚决贯彻执行中央决策部署，带领干部群众奋力开展抗震救灾。从中央到地方，各级党组织和政府，展现了强有力的总体指挥能力、群众动员能力和统筹协调能力，充分显示了中国特色社会主义制度的优越性。

基层党组织和广大党员发挥战斗堡垒与先锋模范作用，成为抗震救灾的中流砥柱，鼓舞和坚定了灾区群众夺取抗震救灾斗争胜利的斗志与信心。地震发生后，全国各级党组织和广大党员急灾区之所急，视支援灾区为己任，迅速投入到支援灾区的行动中去；各类“党员突击队”、“党员抢险队”在抗震救灾一线组建，形成了一个个坚强战斗堡垒；各级干部和广大党员挺身而出、身先士卒、舍生忘死，成为灾区群众的主心骨和贴心人。这一切，充分彰显了党的先进性，显示了党的凝聚力和战斗力，证明了我们党完全能够担当起领导中国特色社会主义事业的历史重任。

抗震救灾斗争的伟大实践表明，中国特色社会主义共同理想符合并体现了广大人民的根本利益，抗震救灾斗争就是在特殊情况下实现和维护人民根本利益的实际行动，从这个意义上说，抗震救灾斗争也是中国人民追求共同理想的实际行动。弘扬伟大的抗震救灾精神，必将更加坚定中国人民走中国特色社会主义道路的信心和决心。

抗震救灾精神升华了民族精神和时代精神

在抗震救灾中，民族精神得到极大的洗礼，

民族力量得到极大的凝聚。伟大的抗震救灾精神，从伟大的民族精神中汲取力量和养分，又赋予其新的时代内涵，开拓和提升了民族精神的新境界。

抗震救灾精神诠释了中华民族热爱祖国、为国解难的高尚情怀。在抗震救灾中，上自党和国家领导人，下至广大民众，万众一心，共克时艰，谱写了感天动地的壮丽诗篇。人们把爱国主义与公民责任紧密地结合起来，把对祖国和人民的忠诚热爱之情化作迅疾有力的行动。中华民族的爱国热情空前高涨，爱国力量迅速凝聚，以爱国主义为核心的中华民族精神又一次焕发出绚烂动人的时代风貌。

抗震救灾精神升华了中华民族万众一心、众志成城的坚强意志。在抗震救灾中，地不分南北，人无论老幼，全国人民乃至全世界炎黄子孙的心都连在一起，力量迅速聚集，创造了全体中国人团结动员的范例，也为中华民族万众一心、众志成城的精神提供了最好的证明。有了这种精神，再大的困难也难不倒英雄的中国人民。

抗震救灾精神激发了中华民族不畏艰险、百折不挠的拼搏精神。灾难会给一个国家和民族带来极大的痛苦与创伤。但在民族精神的激发下，这种痛苦和创伤会化作不屈不挠的斗志和顽强奋斗的动力。在抗震救灾中我们看到：虽然余震不断、道路艰险、气候恶劣，但救援人员仍以坚韧的意志，顽强奋战；灾区人民强忍悲痛、自救互救，创造了一个个人间奇迹。正是全国人民不抛弃，灾区人民不放弃，才使废墟上又升起明天的希望。

以改革创新为核心的时代精神也在抗震救灾中得到具体展现和新的升华。救灾工作的一些新变化、新举措，折射出了改革开放带来的时代进步和创新精神。救灾信息透明，保障了人民的知情权、参与权、监督权，避免了大范围的恐慌，提高了救灾工作的效率，体现了党和政府的负责、理性与信心，也赢得了世界各国政府和人民的信任与尊重。赈灾款物公开，主动向社会公开抗震救灾款物的来源、数量、种类和去向，接受社会的全程监督，为防治腐败提供了新的经验和启示。接受外援开放，主动向国际社会表示接受援助，允许国外专业救援队、医疗队进入灾区，还允许外国媒体记者深入灾区，报道中国抗震救灾的生动事迹，让世界认识真实的中国政府与人民，中国在感动世界的同时，世界也在关切中国，我国的国际交往与对外开放呈现出新姿态、新内容。

在抗震救灾队伍中涌现出的大量志愿者也给人留下深刻印象，他们与人民子弟兵、救援人员和医疗队伍一道，共同谱写了一曲感天动地的颂歌。有外国媒体惊叹：发生在中国的毁灭性地震催生出中国的志愿者大军！志愿者群体是改革开放带来的新生事物，他们身上凝结着鲜明的改革创新的时代精神。

抗震救灾精神体现了社会主义荣辱观的时代活力

以“八荣八耻”为主要内容的社会主义荣辱观，是社会主义核心价值体系的基础。在全社会进行社会主义荣辱观教育和实践，是引领社会风尚，推动人们认同社会主义核心价值体系的重要举措。这次艰苦卓绝的抗震救灾斗争，本身就是一次社会主义荣辱观的深刻教育和生动实践，抗震救灾精神体现了社会主义荣辱观的时代活力。

抗震救灾精神充分体现了社会主义荣辱观倡导的爱国主义价值理念。在抗震救灾中，无论是冒着生命危险毅然从5000米高空跳下的空降兵，还是远在异国他乡仍情牵祖国的海外侨胞；无论是从四面八方赶赴灾区一线的广大志愿者，还是坚守工作岗位为灾区人民提供力所能及援助的普通大众，都在以不同的方式真挚地表达着热爱祖国的高尚情怀。

抗震救灾精神充分体现了社会主义荣辱观倡导的集体主义道德准则。在灾难面前，中国人民表现出强大的互助友爱精神。“一方有难、八方支援”，“大地无情人有情，我们都是汶川人!”整个中华民族都心系灾区、支援灾区，大地震使全中国人民更加紧密地团结在一起。这种万众一心、众志成城的精神为社会主义荣辱观的教育和实践提供了珍贵素材。

抗震救灾精神充分体现了社会主义荣辱观倡导的艰苦奋斗作风。抗震救灾斗争本身就是艰苦奋斗的过程。在恶劣的自然环境和救灾条件下，短时间内打通主要干道、恢复电力和通讯设施、营救安置广大受灾群众，没有一种顽强拼搏、踏实苦干的精神是不行的。参加救灾的解放军官兵和广大干部群众表现出了“特别能战斗、特别能吃苦、特别能奉献”的精神，这种艰苦奋斗精神在和平建设时期尤显珍贵。

地震带来的悲痛将渐行渐远，而从废墟中升华的精神必将永存！抗震救灾，是对我们民族精神的又一次洗礼，是对我们民族团结的又一次检验，是对我们民族力量的又一次凝聚。伟大的抗震救灾精神宣示了社会主义核心价值体系的蓬勃生机，是弥足珍贵的精神财富。

（执笔：王炳林　阚和庆）

用社会主义核心价值体系引领高校思想政治教育深入发展

冯　刚

党的十七大报告关于建设社会主义核心价值体系的论述，为我们准确理解、把握和践行这项重大战略举措，打开了新视域，提出了新要求，开拓了新境界。高校承担着培养社会主义合格建设者和可靠接班人的历史责任，加强高校思想政治教育是解决好“培养什么人”、“如何培养人”这一根本问题的关键。用社会主义核心价值体系引领高校思想政治教育深入发展，用社会主义核心价值体系新视域、新要求、新境界指导高校思想政治教育不断创新，对教育引导大学生高举中国特色社会主义伟大旗帜，坚持中国特色社会主义道路，坚持中国特色社会主义理论体系，具有十分重要的现实意义。

一、立足社会主义核心价值体系建设新视域，充分认识高校思想政治教育的重要性和紧迫性

党的十七大站在新的历史起点上，从科学发展观的高度，把社会主义核心价值体系建设纳入到更为广阔和更富有时代感的新视域，强调要切实把社会主义核心价值体系融入国民教育和精神文明建设的全过程，转化为人民的自觉追求。

首先，党的十七大报告把社会主义核心价值体系建设纳入到全面建设小康社会的新视域。“加强文化建设，明显提高全民族文明素质”，是实现全面建设小康社会奋斗目标的新要求之一。其中一个最基本的衡量指标是“社会主义核心价值体系深入人心，良好思想道德风尚进一步弘扬”。全面小康社会的建设指标是全方位的，包括经济、政治、文化、社会、生态等。在全面小康社会，人民不仅生活质量明显改善，充分享有民主权利，而且文明素质和精神追求也更加提高。没有更高程度的文明素质和精神追求，小康社会建设就是有缺陷的，不全面的。从这个视域去把握社会主义核心价值体系，就要更充分地认识到，社会主义核心价值体系建设既是巩固社会主义意识形态的根本要求，也是人民群众在文明素质方面自觉发展、自我提升的基本精神追求。

其次，党的十七大报告把社会主义核心价值体系建设纳入到提高国家文化软实力的新视域。“当今时代，文化越来越成为民族凝聚力和创造力的重要源泉、越来越成为综合国力竞争的重要因素”。谁占据了文化发展的制高点，谁就能够更好地在激烈的国际竞争中掌握主动权。十七大报告提出“提高国家文化软实力”这一重大命题，标志着我们党和国家已经把提升国家文化软实力作为实现中华民族伟大复兴的新的战略着眼点。文化软实力的主要表征在于国家意识形态的吸引力和凝聚力，建设好作为社会主义意识形态本质体现的社会主义核心价值体系，是提高我国意识形态吸引力和凝聚力的根本和关键。社会主义核心价值体系也是中华文化当代形态的核心与精华，弘扬中华文化，同样必须加强社会主义核心价值体系建设。加强社会主义核心价值体系建设，是从根本上提高我国国家文化软实力和维护国家文化独立与安全的重大战略举措。

这两个新视域，使我们对社会主义核心价值体系建设意义的认识更为深入。通过这两个新视域，我们可以更深入地看到社会主义核心价值体系建设与经济社会发展的密切联系。它不仅能够促进发展，为发展提供理论支撑和精神动力，而且其本身也是社会全面发展的一个不可或缺的重要方面。经济的持续快速发展必然要求文化的繁荣，“硬实力”的不断增长必然要求“软实力”的提升。“随着世界多极化、经济全球化的深入发展和科学技术的日新月异，文化与经济、政治相互交融的程度不断加深，与科学技术的结合更加紧密，经济的文化含量日益提高，文化的经济功能越来越强”。我们既不能离开经济社会发展，孤立地来看待以社会主义核心价值体系建设为主导的文化发展问题，也不能离开文化发展，孤立地看待经济社会的发展。社会主义核心价值体系建设新视域，为我们在科学发展观指导下深入全面准确地把握社会发展问题提供了重要启示，也为我们深刻理解新形势下加强高校思想政治教育的重大意义带来了新的视角。

高校思想政治教育在中国特色社会主义事业全局中具有重要地位，发挥着不可替代的作用。实现党的十七大描绘的宏伟蓝图，高校思想政治教育担负着在青年学生群体中统一思想、凝聚力量的重大任务，担负着为推动社会主义文化大发展大繁荣、兴起社会主义文化建设新高潮培育合格人才的重大使命。我们要全面审视高校思想政治教育面临的机遇和挑战，从国家长治久安、中华民族伟大复兴的高度，从全面建设小康社会、推进中国特色社会主义事业全面发展的高度，从繁荣和发展社会主义文化、用马克思主义占领意识形态阵地的高度，从培养中国特色社会主义事业合格建设者和可靠接班人、培育全面发展的人的高度，充分认识以社会主义核心价值体系引领高校思想政治教育的重要性和紧迫性。

二、结合社会主义核心价值体系建设新要求，进一步明确高校思想政治教育的使命和责任

党的十七大报告指出：“社会主义核心价值体系是社会主义意识形态的本质体现。要巩固马克思主义指导地位，坚持不懈地用马克思主义中国化最新成果武装全党、教育人民，用中国特色社会主义共同理想凝聚力量，用以爱国主义为核心的民族精神和以改革创新为核心的时代精神鼓舞斗志，用社会主义荣辱观引领风尚，巩固全党全国各族人民团结奋斗的共同思想基础。”这些以社会主义核心价值体系的基本内容为依托提出的新要求，既明确了高校思想政治教育的使命和责任，也指明了高校思想政治教育的前进方向。

社会主义核心价值体系建设的新要求表明，建设社会主义核心价值体系的总体目标是要巩固全党全国各族人民团结奋斗的共同思想基础。这也是精神文明建设的核心目标，其主要目的之一是指向人们的思想素质培育和思想道德建设的。社会主义核心价值体系的新要求

就是要在马克思主义指导下，用共同理想凝聚力量，培育人们在思想和情感上的向心力；用民族精神和时代精神鼓舞斗志，培育人们在推动实践上不断前行的向前力；用荣辱观引领风尚，培育人们在提升精神品质上的向上力。这三种“力”作为人的素质，是中国特色社会主义伟大事业对其建设主体的基本要求，也是高校思想政治教育对其对象即大学生基本素质的培育目标。“高素质人才是决定国家和民族前途命运的重要力量，是建设创新型国家的强大依托。”马克思主义指导下的向心力、向前力、向上力是高素质人才培养的必要前提和基础，也是社会主义核心价值体系建设对于高素质人才培养的基本要求。

高校思想政治教育同国际国内形势紧密相关，同党和国家各项事业紧密相关，同学校的改革发展稳定紧密相关。我们必须把思想政治教育放在当今世界深刻变化和当代中国深刻变革的大环境中来审视，放在党的十七大确定的奋斗目标和发展要求的大背景下来思考，紧紧围绕高校育人工作，牢牢把握和坚持正确的舆论导向，唱响主旋律，打好主动仗，准确把握面临的新形势、新任务、新要求，更好地承担起历史使命。

我们正处在一个大发展、大变革的时代，空前复杂的境遇不可避免地会引起人们的行为习惯、心理状态、思维方式、价值观念和生活态度的重大变化，这既给高校思想政治教育带来了新的机遇，也带来了前所未有的挑战。进入新世纪，我国已进入改革发展的关键时期，经济社会发展呈现出许多新的阶段性特征。特别是随着利益格局的不断调整，社会生活日趋多样化，社会意识更加多样、多元、多变，这一方面为社会发展进步注入了活力，同时也带来了社会思潮的纷繁变幻。高校历来是各种不同的理论学术观点、思想政治观点交汇、融合、争斗的阵地。当代大学生思想政治状况的主流是好的，其思想发展和价值取向反映了当今时代和社会的特征、是积极向上的。但由于他们生长在价值观念迅速变化的年代，特别是社会生活中的积极与消极、美好与丑恶、文明与愚昧、传统与现代、东方与西方、先进与落后、规范与不规范等矛盾冲突的影响，容易使大学生的思想、思维结构以及价值观念发生裂变，产生困惑，甚至偏离正确的前进方向，少数学生中存在着理想信念淡化、主流价值观模糊、社会责任感缺乏的问题，思想状况呈现出多元、多变的特点。在这种情况下，如何加强思想政治教育，提高对大学生价值观念的整合能力；如何用马克思主义特别是当代马克思主义中国化最新成果武装青年大学生头脑，扩大主流意识形态在青年学生中的影响；如何弘扬积极健康的道德风尚，帮助大学生树立正确的人生观和价值观，这是我们党的理论研究和思想政治建设面临和必须解决的重大课题，也是高校思想政治教育必须认真研究解决的重大课题。

国际国内形势的剧烈变化以及科技信息化的快速发展，对高校思想政治教育提出了严峻挑战。我们党提出建设社会主义核心价值体系，为进一步巩固和壮大社会主义意识形态提供了重要依循，有利于掌握意识形态领域的主动权、主导权、话语权，有利于团结凝聚不同阶层、不同认识水平的人们共同前进，也有利于我们更好地加强和改进高校思想政治教育，切实把社会主义核心价值体系建设新要求落到实处。

三、把握社会主义核心价值体系建设新境界，不断增强高校思想政治教育的创新性和有效性

社会主义核心价值体系建设，标志着我们党对社会主义制度在价值层面的探索达到了一个新的高度和新的境界，为全面推进中国特色社会主义事业提供了更为有力的精神支撑。

社会主义核心价值体系建设新境界，在内容上体现为党的主张、国家意志和人民意愿的综合与统一。社会主义核心价值体系内涵丰富、意蕴深远。党的十六届六中全会把社会主

义核心价值体系概括为四个方面，即马克思主义指导思想、中国特色社会主义共同理想、民族精神和时代精神、社会主义荣辱观。其中，马克思主义的指导是灵魂，共同理想是主题，民族精神和时代精神是精髓，社会主义荣辱观是基础。这四个方面既包括了我们党和国家的根本指导思想，又反映了全体中国人民的根本利益和共同愿望；既指明了中国人民开拓进取、创造崭新业绩的力量源泉，又概括了社会主义社会的基本价值准则和行为规范。这就把党的主张、国家意志和人民意愿有机统一起来，从而把社会主义核心价值体系建设推向一个新高度和新境界。

社会主义核心价值体系建设新境界，在特征上体现为科学性、民族性、时代性、开放性的综合与统一。社会主义核心价值体系，是我们党汲取人类思想精华、适应时代发展要求创造性提出的，体现了马克思主义价值观与中国传统价值观的有机统一，具有鲜明的科学性、民族性、时代性、开放性，拥有广泛而深厚的历史基础和现实基础。这个核心价值体系以科学的世界观和方法论为指导，坚持马克思主义的基本原则，反映马克思主义中国化的最新成果，因而它是科学的；这个核心价值体系源于中华民族的优秀传统文化，积淀着中华民族最深层的精神追求和行为准则，符合民族心理、反映民族特性，具有广泛的民众基础，因而它是民族的；这个核心价值体系植根于当代中国特色社会主义的伟大实践，体现时代潮流、富有时代气息，反映着人类发展进步的要求，因而它是时代的；这个核心价值体系具有与时俱进的品格和开放包容的气度，充分吸收世界各国优秀思想文化成果，充满改革创新精神，随着实践发展而不断丰富和完善，因而它是开放的。

高校思想政治教育应准确把握建设社会主义核心价值体系的新境界，在此基础上，结合大学生思想实际，以改革创新精神，积极探索思想政治教育的新途径、新办法，持续增强其创新性和有效性。一要坚持立德树人，做到学校教育，育人为本；德智体美，德育为先。思想政治素质是最重要的素质，“没有正确的政治观点，就等于没有灵魂”。社会主义核心价值体系的新境界，使“正确的政治观点”更具有时代感，更易于融入大学生头脑之中，高校思想政治教育应准确把握，将其转化为大学生的自觉追求。二要坚持以学生为本，充分体现人文关怀。党的主张、国家意志和人民意愿综合统一的新境界表明，社会主义核心价值体系建设的出发点不是外在于教育对象的，它既是社会对个人要求的体现，也是受教育者内在成长成才愿望的外化和升华。因此，要充分尊重大学生的主体地位，贴近生活、贴近实际、贴近学生，关注他们的精神诉求，引导他们自我教育、自我提高、自我完善，让青年学生在成长成才过程中理解和认同党的主张，自觉接受社会主义核心价值体系。三要尊重差异、包容多样。科学性、民族性、时代性、开放性综合统一的新境界要求，要尊重青年学生在思想意识、价值观念上的差异性，既鼓励先进，又照顾多数，根据不同大学生的思想实际提出不同要求。要增强核心价值体系的包容度和影响力。在尊重差异中扩大社会认同，在包容多样中形成思想共识，有力抵制各种错误思想和腐朽文化的影响。四要创新方式方法。高校思想政治教育应深入调查研究，在此基础上，调整思路，创新机制，改进方法，发挥新媒体、新载体的功能和作用，注重实践养成，强化制度保障，整合各种资源和各方面力量，充分发挥社会主义核心价值体系的引领作用，创造性地推动高校思想政治教育深入、有效地开展。

可以说，建设社会主义核心价值体系，既是一个重大的理论问题，又是一个长期的实践问题；既需要理论上的建设，也需要实践上的探索。如何把理论成果转化为制度、把理论成果运用于实践，是建设社会主义核心价值体系必须进一步深入思考的课题。社会主义核心价值体系建设是一项长期的系统工程，既需要踏踏实实地做好理论上的阐释，也需要实实在在做好制度和实践上的建设，进而建构起核心价值体系建设的长效机制。社会主义核心价值体系建设的新视域、新要求、新境界，要求我们用这一体系引领高校思想政治教育深入发展，树立科学的、全局的、发展的理念，以开放的视野和敏锐的眼光，深刻把握其基本内容、重大意义和实现途径，在高校思想政治教育中，把这一体系讲深、讲透、讲新、讲活，讲出实效。

我们要牢牢掌握高校思想政治教育领导权和主动权，高举中国特色社会主义伟大旗帜，把社会主义核心价值体系融入和谐校园建设的全过程，贯穿高校教育教学和管理工作的各个方面，使社会主义核心价值体系的基本要求得到深入贯彻，使其新视域、新要求、新境界得以充分体现，为高校发展和人才培养提供坚实的理论基础和思想支撑。这既是高校思想政治教育的努力方向，也是在新时期新阶段高校思想政治教育应该承担的光荣使命。

（作者：教育部社科中心主任）

用社会主义核心价值体系引导教育青年学生

秦良玉

社会主义核心价值体系是社会主义意识形态的本质体现。党的十六届六中全会通过的《中共中央关于构建社会主义和谐社会若干重大问题的决定》第一次明确提出了“建设社会主义核心价值体系”这个重大命题和战略任务，并指出“马克思主义指导思想，中国特色社会主义共同理想，以爱国主义为核心的民族精神和以改革创新为核心的时代精神，社会主义荣辱观”，构成社会主义核心价值体系的基本内容。在党的第十七次全国代表大会上，胡锦涛总书记再次强调要“建设社会主义核心价值体系，增强社会主义意识形态的吸引力和凝聚力”。

高校承担着思想文化建设和人才培养的重要使命。大学生作为特定的青年群体，正处于价值观形成发展的关键时期。如何运用社会主义核心价值体系引导教育青年学生，帮助他们树立正确的价值观念，成为高校思想政治教育工作的一项重要而紧迫的任务。

应该看到，当前大学生的价值取向主流是积极进步的，他们思想活跃，追求上进，崇尚奋斗，积极参与社会竞争，努力实现自我价值。但也出现了一些值得注意的新特点：一是价值取向多元化，对一些明显不同甚至相互对立的价值观念持兼收并蓄的态度。应该说，价值取向的多元化具有一定的积极意义，但也容易造成积极与消极、正确与错误的价值观交织并存的局面，使正确的价值导向受到淡化、曲解甚至冲击。在一些大学生眼里，似乎一切存在的都是合理的，比如“及时行乐”、“金钱至上”、“个人主义”等，都被他们看成个人可以自由选择与追求的价值取向，别人无权干涉。二是价值目标选择重个人理想轻社会理想，更多地关注自己的发展和现实的利益，对他人、集体和社会漠不关心。有的大学生不仅缺乏对社会的责任感，甚至对父母、对自己也不负责任。三是价值评判标准存在偏差。一些学生错误地把经济收入多寡、职权大小、社会地位高低作为衡量人生价值大小的标准，有些学生对自己和他人的评价持双重标准，只求权利、不尽义务，对社会要求高、对自己要求低。

高校思想政治教育必须直面当代大学生价值观现状，用社会主义核心价值体系积极加以引导。

首先，高校思想政治教育必须坚持马克思

主义指导思想。马克思主义指导思想是社会主义核心价值体系的灵魂。高校作为思想文化建设的重要阵地，必须在坚持和巩固马克思主义的主导地位方面毫不动摇，坚持“学术无禁区，讲台有纪律”，用中国特色社会主义理论体系占领主阵地，发挥其对青年学生的正确导向作用。

其次，要把社会主义核心价值体系的主要内容贯穿于高校思想政治教育体系之中。社会主义核心价值体系具有丰富的内容，落实到高校思想政治教育工作中，最为重要的内容有三个层次：一是以“八荣八耻”为主要内容的社会主义荣辱观教育。其目的是规范大学生的道德行为和情操，引导大学生成为社会的合格公民。二是以爱国主义为核心的民族精神教育和以改革创新为核心的时代精神教育。民族精神和时代精神是社会主义核心价值体系的精髓，是中华民族赖以生存和发展的强大精神支柱和推动时代发展进步的强大精神动力。高校思想政治教育必须大力弘扬民族精神和时代精神，引导大学生深刻领会中华民族数千年血脉相传的伟大民族精神，并自觉成为民族精神的继承者和发扬者；把握改革与创新这个时代最强音，培养与时俱进、开拓进取、求真务实、奋勇争先的时代精神，培养勇于创新的学习和实践勇气，走在时代前列。三是中国特色社会主义共同理想教育。共同的理想信念是一定社会主体共同价值目标的集中体现。我们的大学培养的是社会主义事业的建设者和接班人，因此，中国特色社会主义的共同理想教育是高校思想政治教育工作的灵魂和核心。高校思想政治教育的实质就在于从思想政治理论的高度，使大学生充分认识到中国特色社会主义共同理想的科学性，不仅在情感上，更能从世界观的高度，理性地接受和认同中国特色社会主义的价值目标，牢固树立中国特色社会主义共同理想。

第三，要以社会主义核心价值体系为指导，从四个方面对青年学生加以引导。一是价值取向方面。在我国，基本的价值导向应该是坚持集体主义。它的精神实质是：从无产阶级和人民的根本利益出发，自觉地坚持集体利益高于个人利益；积极在集体中求得个人的自由发展，努力发挥个人主动性为集体作贡献；当二者发生矛盾时，能够做到个人利益服从集体利益。随着时代的发展，我们对集体主义的理解也应该与时俱进：集体主义最基本的要求是个人对集体、对社会的责任感，其实质并不排斥个性的发展，而是更加强调个人和集体、个人利益与社会责任的协调统一。

二是价值目标方面。在社会转型带来的多元文化背景下，我们的价值目标体系是社会主义核心价值体系。在这个体系指引下，应该吸收借鉴全人类共同的优秀文化理念和先进的价值观念，与时俱进，按照先进性与广泛性相结合的原则，把价值观教育的重心放到实践层面，克服过去价值观教育中理想化色彩过浓的缺点，用更加务实的目标体系引导大学生树立理想与现实完美结合的价值观。

三是价值评判方面。在社会主义市场经济条件下确立价值评价的标准，需要正确处理个人和集体、创造和索取、精神和物质三方面的关系，确立一种既反映社会主义市场经济体制和现代化发展的本质要求，也能为大多数人接受的价值标准。这个评价标准的核心应该是：以人的能力在社会生活中得到充分正确发挥为本位。集体的最大功能在于集中个人的力量做单个人无法做的事，而个人对集体的贡献主要依赖于他的能力。一个人的能力强弱、对集体的贡献大小，决定了这个人从社会中获得回报的大小。

四是价值实践方面。当代大学生在价值认知层面存在的问题还不是特别突出，但在具体的价值行为上与其价值认知水平差距很大。所以在大学生价值观构筑过程中，应把重点放在价值实践这个环节上。要培养大学生自我评价、自我指导的能力，并把这种能力转化为具体行为和积极实践，使他们能够适应复杂多变的生活，提高分析、处理道德问题和社会问题的能力，避免价值失范行为的发生。在多元化的社会面前，教育者必须解放思想，更新观念，从授人以“鱼”向授人以“渔”转变，在价值观教育中遵循个人取向和集体取向相统一、一元性和多元性相统一的原则，通过师生互动，全面促进大学生自我价值判断、自我价值选择和自我教育能力的提高。

（作者：山西大学党委书记）

努力建设以社会主义核心价值体系为主体的意识形态

全国思想政治工作科学专业委员会

《中共中央关于构建社会主义和谐社会若干重大问题的决定》中，第一次明确提出了“建设社会主义核心价值体系”的重大命题和战略任务。这是新世纪我们党马克思主义中国化最新成果的一项重要内容，是推动社会主义和谐文化、和谐社会建设的重大举措。党的十七大在论述“推动社会主义文化大发展大繁荣”时，明确把“建设社会主义核心价值体系，增强社会主义意识形态的吸引力和凝聚力”摆在首要地位，可见这个问题在文化建设中多么重要。那么，党中央为什么在十七大强调新世纪新阶段要提出建设社会主义核心价值体系？怎样完整准确理解社会主义核心价值体系的科学内涵和基本内容？应该采取哪些措施建设社会主义核心价值体系？这些都是党政领导和广大党员干部很关心的问题。

一、建设社会主义核心价值体系提出的时代背景和重大意义

有同志问：党中央在新世纪新阶段提出建设社会主义核心价值体系有什么重要背景？重要背景有两个方面：一是直接背景；二是时代背景。从直接背景看，这是构建社会主义和谐社会、和谐文化自身的需要，这一点十六届六中全会《决定》讲的很清楚，同志们容易理解；从时代背景看，这是国际国内形势发展向我们党提出的新要求。这个问题下边要着重加以论述。

首先，从国际形势发展变化看，除了“和平与发展”这个主题给我们带来了发展的机遇和有利条件之外，还带来了面临西方敌对势力“正在打一场无硝烟世界大战”的严峻考验。这场无硝烟战争的核心是用资本主义演变社会主义，其焦点是用资本主义核心价值体系演变社会主义核心价值体系，最终目标是演变社会主义政权。提出建设社会主义核心价值体系，就是为了抵制资本主义核心价值体系的侵袭，巩固社会主义政权。同时面临着国际共产主义运动低潮的严峻考验。列宁讲过，国际共产主义运动低潮中容易出现三种思潮，即悲观失望思潮、消极颓废思潮、政治背叛思潮。这三种思潮实质上是资本主义人生价值观腐蚀人们灵魂的结果。现在，我们正处在国际共产主义运动第三次低潮的最低谷阶段，列宁所讲的那三种思潮严重存在着。党中央提出建设社会主义核心价值体系，就是为了抵制资本主义人生观、价值观对党员干部思想的腐蚀，以便顺利渡过低潮，迎接新世纪高潮的到来。

其次，从国内形势发展变化看，总的局势是向“又好又快”的方向发展，前途是光明的，但路途并不平坦。特别是深化改革的过程中，我们每个党员干部都要面对市场经济的两重性：其积极性的一面，就是它能推动生产力发展，合理配置社会资源，促使人们观念更新；其消极性的一面，就是它能诱发社会人群产生一种自发势

力，从而把市场经济条件下人们已经强化了的金钱观念推向极端而导致出现拜金主义；把人们已经强化了的享乐观念推向极端而导致出现享乐主义；把人们已经强化了的个人利益观念推向极端而导致出现利己主义。这三种主义是资产阶级人生价值观的核心。这就告诉我们，如果忽视教育和管理，市场经济的消极性就可能摧生资产阶级人生价值观的滋长。党中央提出建设社会主义核心价值体系，就是为加强这方面的教育和管理，以防止和克服资产阶级人生价值观对人们思想的腐蚀，巩固社会主义意识形态在我国社会的主导地位。

从上述背景看，提出建设社会主义核心价值体系有着重大的现实意义，具体表现在以下三个方面：一是它有利于推动社会主义和谐社会建设。就是说，建设社会主义核心价值体系，就能为构建社会主义和谐社会提供共同理想和精神动力。二是它抓住了社会主义意识形态的本质。党的十七大报告指出："社会主义核心价值体系是社会主义意识形态的本质体现。"之所以说是本质体现，是因为社会主义核心价值体系决定着我国意识形态的性质和方向。三是它能促使全社会价值取向和道德建设的共同进步。随着改革开放的深化，人们的价值取向和道德意识越来越多样化，多样化的价值观念和道德意识，必须有核心价值观和道德观加以引导，否则，社会生活中就会出现不良价值取向和败坏的道德风气。总之，建设社会主义核心价值体系既有利于推动社会主义意识形态建设，又有利于促进社会主义价值观树立和社会伦理道德建设。只要认真学习和贯彻这一战略思想，就能形成一种强大的精力动力，推动经济社会"又好又快"发展。

二、建设社会主义核心价值体系的科学内涵和基本内容

马克思指出："'价值'这个普遍的概念是从人们对待满足他们需要的外介物的关系中产生的。"这就告诉我们，价值产生于外界物质关系，而价值观则是这种物质关系在人们头脑中的能动反映，并且在实践中会逐步形成价值观体系。在这个价值观体系中，居于主导地位的称"核心价值体系"。社会主义核心价值体系，是指在马克思主义指导下，坚持社会主义共同理想、坚持中华民族精神和时代精神、坚持社会主义荣辱观的价值体系。社会主义核心价值体系是社会主义政治制度精神之魂，是社会主义意识形态之本质，是社会主义先进文化之根本。社会主义核心价值体系是其价值观念与价值行为的有机统一体，既有鲜明的阶级性和能动的导向性特征，又有强烈的时代性和广泛的包容性特征。

十六届六中全会《决定》指出："马克思主义指导思想，中国特色社会主义共同理想，以爱国主义为核心的民族精神和以改革创新为核心的时代精神，社会主义荣辱观，构成社会主义核心价值体系的基本内容。"这"四位一体"的基本内容，有着严密的内在逻辑结构，形成了完整的科学理论体系，是党在新世纪新阶段理论创新的重要成果。党的十七大文件对社会主义核心价值体系的内容作了进一步发挥，强调"要巩固马克思主义指导地位，坚持不懈地用马克思主义中国化最新成果武装全党、教育人民，用中国特色社会主义共同理想凝聚力量，用以爱国主义为核心的民族精神和以改革创新为核心的时代精神鼓舞斗志，用社会主义荣辱观引领风尚，巩固全党全国各族人民团结奋斗的共同思想基础"。下边，结合实际对这四项基本内容加以论述，以帮助党员干部加深理解。

（一）马克思主义指导思想，这是社会主义核心价值体系的灵魂。党中央一再指出，马克思主义是我们党认识世界、改造世界的科学世界观和方法论，是改革、建设、发展的理论基础和行动指南。只有把马克思主义指导思想放在第一位，才能确保社会主义核心价值体系的性质，才能保证中国特色社会主义事业的胜利。在建设社会主义核心价值体系中，当前之所以特别强调坚持马克思主义指导思想，是因为马克思主义在武装人的过程中遇到了严峻挑战。

首先，在经济领域，相当长一段时间西方经济学占领了很多高校和科研院所这些培养人才的重要阵地，并直接影响到企业的改革，刮起了阵阵私有化风，助长了腐败滋长。2005年7月15日，中国社会科学院原副院长、著名经济学家刘国光教授给中央常委写了一封长信，反映了这种情况，引起了党中央的高度重视，并采取措施积极应对这种挑战。经过反复较量，才逐渐有所好转。其次，在政治领域，一段时间以来，境外敌对势力和媒体大肆攻击我国的政治制度，国内有些人打着政治改革的旗号宣传西方自由化观点，指责我党领导的人民代表大会制度和多党合作制度，鼓吹西方的“三权鼎立”和议会民主。西山会议事件的出现，就是这种新自由化抬头的一种表现。中央领导同志明确指出：“新自由主义是国际垄断资产阶级关于全球化意识形态的理论表现，其根本目标是肢解民族国家，为垄断资本提供更多空间。对此，必须保持清醒认识，否则就有可能导致理论和政策上的失误。”再次，在思想领域，随着市场经济的发展和意识形态多元化的出现，一些人发生了对马克思主义信仰的动摇，认为“马克思主义是空的，科学技术是硬的，黄金钞票是实的”，主张要“丢掉空的、掌握硬的、只要实的”。上述情况说明，把马克思主义指导思想放在社会主义核心价值体系的第一位，不仅很重要，而且很紧迫。应该指出，强调坚持马克思主义指导地位，并不排斥人们思想信仰的多样化。然而经验教训告诉我们，越是多样化越要加强马克思主义的指导地位。否则，就会动摇中国特色社会主义道路的根基，动摇人民团结统一的思想基础，甚至会导致思想混乱乃至社会动荡。只有坚持马克思主义指导思想，才能有效引领、整合社会思潮，团结不同信仰和认识水平的人们共同进步。

（二）中国特色社会主义共同理想，这是社会主义核心价值体系的主题。马克思主义认为，理想是一种信念，表示着人们对未来的向往和追求。人们的理想大体有三类：一是生活理想，主要是对未来美好生活的一种向往和追求；二是工作理想，主要是对自己从事工作和事业的一种美好向往和追求；三是政治理想，主要是对未来美好社会的一种向往和追求。政治理想是一种高层次的理想。共产党人追求的共产主义理想和社会主义理想，就是这种高层次理想。其实，社会主义是共产主义的重要组成部分，是共产主义的第一阶段。我们要为共产主义远大理想奋斗，首先要为第一阶段的社会主义理想奋斗。在当前，为什么党中央反复强调要为中国特色社会主义共同理想而奋斗呢？一是因为这个共同理想集中了我国工人、农民、知识分子和其他劳动者、爱国者的利益和愿望，是保证全体人民在政治上、道义上和精神上团结一致，凝聚力量，战胜困难，夺取全面建设小康社会新胜利的强大思想武器。二是因为最近一段时间有人鼓吹非社会主义的理想，其中最突出的就是鼓吹“民主社会主义”理想，企图取代中国特色社会主义理想。三是因为有些人受到拜金主义和消极颓废等不健康思想的腐蚀，因而对社会主义理想信念发生动摇，认为“苏联和东欧的社会主义红旗都倒了，中国的社会主义红旗早晚也要倒下去”。于是有些人就不择手段地捞钱，甚至搞权钱交易，贪污受贿，走上了犯罪道路。这些活生生的事实告诉我们，在建设社会主义核心价值体系中，加强共同理想教育，不仅很重要，而且很紧迫。根据以往的经验教训，进行理想信念教育，一定要掌握理想与现实的最佳结合点。革命烈士蔡和森同志曾经说过，人生的第一要义就是奋斗，实现理想与现实的最佳结合点也是奋斗。要奋斗，就必须付出艰辛的劳动，就必须具有顽强的拼博精神，甚至还要作出自我牺牲。在革命战争年代，在奋斗中常常要牺牲个人生命；在和平建设年代，在奋斗中常常要牺牲个人利益。实践证明，有了这个顽强拼博精神和自我牺牲精神，就一定能实现中国特色社会主义共同理想。

（三）民族精神和时代精神，这是社会主义核心价值体系的精髓。这里说的民族精神，是以爱国主义为核心的民族精神，是中华民族在长期社会实践中形成的民族意识、民族品格、民族气质和爱国精神的总和。在新世纪加强爱国主义教育和弘扬民族精神，主要应抓好四个要点：一是教育人们正确认识和对待我国的历史和现状，培养人们热爱祖国的高尚情操；二是要把爱国主义和社会主义结合起来，激励人们为社会主义祖国富强而奋斗；三是把热爱祖国同热爱共产党结合起来，引导人们在党的领导下为建设现代化的祖国贡献力量；四是要把树立民族自尊心、自信心和虚心好学结合起来，引导人们在弘扬民族精神中善于团结世界人民争取和平发展。民族精神和时代精神是互相交融的。所谓时代精神，是指在新世纪以改革创新为核心的与时俱进精神。改革开放是我们党的既定方针，必须坚定不移地贯彻执行。改革的生命力在于创新，不创新就不能与时俱进。所谓创新，就是开发新事物的创造性活动过程，是适应时代需要在实践中解决新课题的活动过程。创新有三个层次：第一层次是原始创新，主要是个人独立发明创造活动；第二层次是集成创新，主要是集体智慧的系统创造活动；第三个层次是再创新，主要是在学习和借鉴他人先进技术和经验中的再创造活动。创新的关键是思想解放和观念创新。为此，就必须抓住两个要点：一是要具有敢创和求实的精神，没有这种精神就谈不上创新；二是要善于在"六新"上下功夫，即善于适应新时代，善于研究新情况，善于形成新思路，善于找出新办法，善于开创新局面，善于做出新贡献。实践证明，只有既敢创又善创，把两者结合起来，才能真正做到与时俱进，这是时代精神的精髓。

（四）社会主义荣辱观，这是社会主义核心价值体系的基础。荣辱观是人们对荣誉和耻辱的根本看法和态度，属于伦理道德范畴。社会主义荣辱观，在建国初期是以五爱（爱祖国、爱人民、爱劳动、爱科学、爱社会主义）为主要内容进行建设的，并在长期实践中形成了各民族平等、团结、友爱、互助的新型人际关系。改革开放时期，我们党又提出了"五讲四美三热爱"的新内容，对建设新时期的伦理道德关系起了积极作用。到了新世纪新阶段以后，以胡锦涛为总书记的党中央，在继承以往道德优良传统的基础上，把社会主义荣辱观的基本内容概括为"八荣八耻"，即"以热爱祖国为荣，以危害祖国为耻"；"以服务人民为荣，以背离人民为耻"；"以崇尚科学为荣，以愚昧无知为耻"；"以辛勤劳动为荣，以好逸恶劳为耻"；"以团结互助为荣，以损人利己为耻"；"以诚实守信为荣，以见利忘义为耻"；"以遵纪守法为荣，以违法乱纪为耻"；"以艰苦奋斗为荣，以骄奢淫逸为耻"。以上八条内容，其实质是倡导树立社会主义人生价值观，推动社会主义核心价值体系建设。"八荣八耻"对社会主义荣辱观的内容概括比较全面、用语精炼准确、正反鲜明对照、针对性非常强。不仅立意高、起点实，而且覆盖面比较广，只要不懈努力，都可不同程度地做到。

总起来说，社会主义核心价值体系"四位一体"的基本内容，第一个是讲思想信仰问题，第二个是讲理想信念问题，第三个是讲精神动力问题，第四个是讲道德基础问题。其中以马克思主义理论为指导，统领着共同理想、民族精神与时代精神和荣辱观，形成了互相联系、相辅相成、融会贯通、比较完整的科学价值体系。这是我们党在新世纪新阶段实现马克思主义中国化的最新成果之一，对社会主义意识形态建设具有长远的指导意义。

三、建设社会主义核心价值体系的对策措施

建设社会主义核心价值体系，重在贯彻落实。而要贯彻落实，关键要采取切实有效的对策措施。根据党中央的要求和各地的实践经验，有以下四个问题应认真抓好：

（一）加强党的领导和管理，使其真正落到实处。这是建设社会主义核心价值体系的根本保证。从历史上看，任何一项重大决策的贯彻，都要加强党的领导和管理，尤其在西方价值观念不断渗透和人们的价值观念多元化的情况

下，更要加强党的领导和管理。为此，就要从四个方面入手：一是党政领导要高度重视，把建设社会主义核心价值体系看成是党中央在新阶段的一项战略决策，看成是提高党员干部思想政治素质的一项重大举措。有位省委书记说得好："人生价值观是人们头脑里的总开关，总开关把握好了，其他一切问题都好解决；总开关出了问题，其他一切行为都容易出问题。"二是要把这项工作摆到党政领导工作的重要议事日程，定期开会研究讨论，解决实践中遇到的热点难点问题，周密部署，精心指导，不断推动这项工作深入开展。有位市委书记反映，有些领导同志把价值观教育看成是一项软任务，说起来重要，干起来次要，忙起来忘掉。所以把这项工作摆到重要议事日程加以落实，还是一个很艰巨的任务。三是党政领导干部要带头树立社会主义价值观，为党员和群众作出表率和榜样。因为领导干部地位高，影响大，责任重，只要领导以身作则，模范带头，党员和群众就会跟着学习和贯彻，很快就会形成树立社会主义价值观的良好风气。焦裕禄同志当县委书记时曾经说过，领导干部的模范行为是一种无言的教育，榜样的力量是无穷的。这是被实践证明了的真理。四是党政领导同志要同心协力抓好政工队伍建设，为建设社会主义核心价值体系提供组织保证。这里所说的政工队伍，主要是指专职政工队伍，同时还包括兼职政工队伍，包括广大党员干部，这是马克思恩格斯讲的大政工队伍概念。这里所说的"队伍建设"，既包括提高政工队伍素质的软件工程建设，又包括加强编制、投资、管理等硬件工程建设，只有把两者紧密结合起来，才能真正加强政工队伍建设。

(二)加强舆论宣传工作和深入细致的思想政治工作，使其不断深入党心民心。我们党一贯重视舆论宣传和思想政治工作，把它看成是我们党的传家宝和政治优势。建设社会主义核心价值体系，就要发挥这个政治优势。为此，就要抓好两个方面的工作：首先要抓好报刊、电视、广播和网络等现代化传媒的宣传工作，为建设社会主义核心价值体系营造浓厚的舆论氛围。这里关键是要善于唱响我国意识形态的主旋律，在尊重差异、包容多样中引领社会思潮，使社会主义人生价值观逐渐深入人心。其次要做好深入细致的日常思想政治工作，帮助人们树立正确的人生价值观。这就要求我们必须从荣辱观这个基础内容入手，紧紧抓住民族精神和时代精神这个精髓，进而深入抓好理想信念这个灵魂和马克思主义理论这个根本，不断提升人们的政治觉悟和理论水平，坚定人们的政治信仰和立场。深入细致的思想政治工作，不仅在于方法形式上的生动活泼和灵活多样，而且在于教育内容上的层次性适合人的思想构成层次性。深入细致的关键在于坚持由浅入深的原则，善于由心理认识层逐步深入到思想意识层，进而再深入到政治理论层。只有这样由浅入深，才能触及到人们的灵魂，使社会主义价值观深入党心民心。

(三)改进党员干部的培训工作和理论研究工作，不断提高教育培训效果。重视干部培训和理论研究，这是我们党的优良传统。面对新世纪的社会主义核心价值体系建设，最重要的是不断改进干部培训和理论研究工作。只有在改进上下功夫，才能使党员干部受到深入系统的社会主义价值观教育和理论提升。为此，各级党校、干校就要把社会主义核心价值体系纳入教育培训课程，积极推进研究式教学、案例式教学、体验式教学、答辩式教学，在改进中提高教育培训效果。同时，还要结合地方和基层的特点，组织一批有较高理论水平和研究能力的人员，深入研究人生价值观教育中的热点难点问题，如研究马克思主义面临的挑战与创新问题；研究中国特色社会主义共同理想与民主社会主义的本质区别问题；研究社会主义人生价值观同资产阶级人生价值观的本质区别问题；研究重视金钱与拜金主义、重视娱乐与享乐主义、重视个人利益与利己主义的本质区别问题；研究如何积极推进社会主义核心价值体系的社会化和现代化问题，等等。这些热点难点问题研究清楚了，有利于提高社会主义价值观教育和培训的实际效果。

（四）从党组织和个人两个方面共同努力，推动社会主义核心价值体系的具体落实。社会主义核心价值体系建设，既是党组织的任务，也是每个党员干部的任务，只有把两者的积极性都调动起来，才能真正有效地具体贯彻落实。为此，就要从两个方面共同努力。首先，从党组织来说，必须善于“三抓”：一是善于抓教育。重点要把党员干部教育好，使他们成为践行社会主义价值观的模范，这是提高中华民族素质的关键；同时要把党的积极分子和广大群众教育好，使他们具有正确的人生价值观，这是提高中华民族素质的基础。二是善于抓管理。重点是抓好“党要管党”工作，关键是落实中央委托中组部制定的十项管理制度。管好党的目的是为了管好社会，管好社会的基础是管好社会群体。管好社会群体既要坚持以法治国与以德治国相结合，又要完善社会道德规范和制定具体管理制度，使管理逐步科学化、规范化、制度化。三是善于抓监督。人的能动性和自发性是极强的，不仅要教育、引导和管理，而且要实施必要的监督。监督的重点是搞好党内监督，健全党的纪检部门，同时还要抓好舆论监督、人大监督、政协监督、社团监督和群众监督。监督是互相的，群众和组织应互相监督。就是群众之间，也应互相监督。在市场经济条件下，人们的民主、自由观念越来越强，多元化、多样化的问题越来越突出，因而加强监督也越来越重要。要充分认识到，抓监督是保护社会主义核心价值体系不受错误思潮侵袭的有效手段，任何时候都不能轻视和放松。

其次，从个人角度来说，必须做到“三要”：一要勤于学习，主要是学习关于社会主义核心价值体系的科学理论和相关知识，增强对其精神实质的理解。学习要在“勤学”上多下功夫，挤时间学，刻苦地学，学而不倦，学而不厌。要牢记革命导师列宁的教导：“学习、学习、再学习”。学习是为了获得知识，更是为了改造思想和增强党性修养。通过思想改造和党性修养，使自己牢固树立社会主义人生价值观。我们要向周恩来同志学习：“活到老、学到老、改造到老”。这应该成为我们的座右铭。二要勇于实践，主要是积极参加改革、发展和建设的社会实践，在社会实践中提高自己的认识能力，纯洁自己的思想意识，检验自己的人生价值观念。参加社会实践必然会遇到艰难困苦，没有勇气和意志去克服它，是难以坚持下去的。比如，组织上派你到贫困艰苦的地区和单位工作，这对你的人生价值观是一个严峻考验，若能经得起艰苦实践的考验，就证明你能自觉地培养和树立社会主义人生价值观，将来必然会成就一番事业。三要善于总结，就是指在学习和实践中善于总结经验教训，在总结中使自己的精神世界得到升华，工作有所创新。有的同志只知看书学习，只顾埋头实践，而不善于总结经验教训，忙碌一生，无所作为。毛泽东同志说过，只有在实践中善于总结，才能有所发现、有所发明、有所创造、有所前进、有所贡献。我们应该牢牢记住这段至理名言。

马克思主义指导思想是社会主义核心价值体系的灵魂

段若鹏

胡锦涛同志在党的十七大和纪念党的十一届三中全会召开30周年大会上及其他场合，多次提出和阐述“社会主义核心价值体系”这样一个十分重要的命题，标志着我们坚持社会主义先进文化前进方向新的战略目标。社会主义核心价值体系重在建设。什么是社会主义核心价值体系建设的指导思想？或什么是社会主义核心价值体系的灵魂？毫无疑问，马克思主义是社会主义核心价值体系建设的指导思想，马克思主义指导思想是社会主义核心价值体系的灵魂。

一、用马克思主义指导社会主义核心价值体系建设，是坚持和巩固马克思主义在社会主义意识形态领域指导地位的关键环节

四项基本原则是我们的立国之本，是我们党和国家生存发展的政治基石，任何时候任何情况下都含糊不得、动摇不得。四项基本原则之一的坚持马克思主义，就是坚持和巩固马克思主义在社会主义意识形态领域的指导地位。

新世纪新阶段新形势下我国的意识形态领域空前活跃、气象万千，百花齐放、百家争鸣，各种主义、主张、思想、思潮、理论、理念，古代的、今天的、中国的、外国的，应有尽有、层出不穷，借助现代传媒无孔不入、铺天盖地，多样性多变性大势所趋，但指导思想没有变、没有多元化，并且，意识形态领域越是多样多变，越是要坚持马克思主义的指导地位，否则，后果不堪设想。思想混乱和极端，舆论误导和失控，是最大的危险，早有前车之鉴。

坚持和巩固马克思主义在社会主义意识形态领域的指导地位，是一项宏大的动态的系统工程，任务千头万绪，情况千变万化，必须抓住主要矛盾。抓住了主要矛盾，事情就好办了。抓主要矛盾就是抓关键环节。用马克思主义指导社会主义核心价值体系建设，把社会主义核心价值体系作为主线贯穿到国民教育和精神文明建设全过程，就是抓住了坚持和巩固马克思主义在社会主义意识形态领域指导地位的主要矛盾和关键环节。

二、用马克思主义指导社会主义核心价值体系建设，是坚持和巩固马克思主义在社会主义意识形态领域指导地位的基础工作

马克思主义是我们立党立国的根本指导思想，坚持马克思主义是党和人民团结一致，始终沿着正确方向前进的根本思想保证。学习、研究、宣传、掌握、运用和发展马克思主义，不是少数人的专利，更不是个别人的特权，而是全党全国各族人民的共同职责和任务，应当成为一切有正常认知和行为行动能力的人生活方式的一部分。当然，党的高中级领导干部应率先垂范，理论宣传工作者应做得更好、更专。

研究马克思主义重要，普及马克思主义同样重要，甚至更重要。马克思主义从诞生起就天然具有与广大人民群众的亲和力。普及马克思主义是坚持和巩固马克思主义在社会主义意识形态领域指导地位的基础工作；社会主义核心价值体系是社会主义意识形态的本质体现，本质的东西即基础的东西，普及马克思主义也是用马克思主义指导社会主义核心价值体系建设。

坚持和巩固马克思主义在社会主义意识形态领域的指导地位，必须注重本质体现和基础工作。用马克思主义指导社会主义核心价值体系建设，推进马克思主义大众化，就是注重了坚持和巩固马克思主义在社会主义意识形态领域指导地位的本质体现和基础工作。

三、坚持马克思主义一脉相承，是用马克思主义指导社会主义核心价值体系建设的原则立场

马克思主义是“一脉相承”的，“老祖宗不能丢”。“一脉相承”什么？“老祖宗”是谁？最主要的，指的就是共产主义或共产主义终将实现。共产主义是马克思主义中的固有之义，马克思

主义也叫共产主义。

马克思主义如果摈弃共产主义，就不是马克思主义。

马克思主义政党可以不冠名“共产党”，但如果摈弃共产主义，就不是马克思主义政党。如果某党既自称马克思主义政党，又冠名共产党，却摈弃共产主义，那就是滑天下之大稽了。

在全人类实现共产主义，的确很遥远，非常遥远，不能精确预期，也不能大致预期。在未来的共产主义社会，科学技术和思想文化如何先进，生产力如何发达，公共管理和服务如何高效和公开公平公正，物质产品如何充足富余，精神产品如何丰富多彩，生态环境如何美好，道德境界如何高尚，个性发展如何自由、全面、尽善尽美，一句话，世界多么和谐，生活多么幸福，今天的人们是无法想像的。但这绝不是否定共产主义终将实现的理由。共产主义不是凭空臆造的，共产主义终将实现是160多年前马克思恩格斯科学探索和总结人类社会发展规律得出的极富逻辑哲理、极具远见卓识、极其令人信服的科学结论。从那时以来，世界各国一代代马克思主义者、共产党人“一脉相承”地抱定“英特纳雄耐尔就一定要实现！”

信不信仰共产主义，相不相信共产主义终将实现，至少在思想上理论上是辨别真假马克思主义者的试金石。

坚持马克思主义一脉相承，就是坚持共产主义理想信念不动摇。这是用马克思主义指导社会主义核心价值体系建设的原则立场。

在马克思主义发展的历史长河中，共产主义理想信念是永恒不变的；在社会主义核心价值体系的建设过程中，始终不渝地弘扬共产主义理想信念是坚定不移的。

四、坚持马克思主义与时俱进，是用马克思主义指导社会主义核心价值体系建设的基本方针

马克思主义既是“一脉相承”的，又是“与时俱进”的，体现了不变与可变的辩证关系：不变的是终极目标，可变的是达到终极目标的路线图。马克思主义与时俱进是指马克思主义基本原理与各国具体国情、各国党和人民的具体实践相结合，伴随时代进步而不断发展。

任何主义、思想、理论一旦僵化教条，一旦奉行原教旨主义，必定对国家对民族对国际社会有害无益。

马克思主义拒绝僵化教条，拒绝原教旨主义。社会主义核心价值体系建设的指导思想，只能是与时俱进的马克思主义。

其一是发展着的马克思主义。自《共产党宣言》发表以来，人类社会变化、发展、进步多快、多大啊！从第一国际到第二国际到共产国际，从十月革命到中国革命，从战争与和平到和平与发展，世界多极化、经济全球化、知识经济、双赢共赢、互联网、地球村等等，整个世界天翻地覆，瞬息万变，换了人间。马克思主义如果没有与时俱进，早就进了历史博物馆，不可能指导各国共产党人和人民群众的实践。

其二是中国化的马克思主义。中国共产党和中国人民最了解中国、最热爱中国，中国的革命和建设只能用中国化的马克思主义指导才能成功。这是铁的事实。用毛泽东思想这个中国化的马克思主义指导中国革命，我们推翻了三座大山，建立了新中国，人民站起来了。用中国特色社会主义理论体系这个中国化的马克思主义指导中国改革和建设，我们连续30年高速发展，取得举世瞩目的伟大成就，人民富起来了。

当前，建设社会主义核心价值体系，要坚持马克思列宁主义和毛泽东思想，要高举邓小平理论和“三个代表”重要思想伟大旗帜，最重要的是，要以发展着的中国化的马克思主义最新成果科学发展观为指导。

坚持马克思主义与时俱进，就是坚持发展着的中国化的马克思主义不动摇。这是用马克

思主义指导社会主义核心价值体系建设的基本方针。

总结新中国成立60年的经验，特别是总结改革开放30年的经验，社会主义现代化建设须臾离不开坚持和巩固马克思主义在社会主义意识形态领域的指导地位，而后者又取决于用发展着的中国化的马克思主义指导社会主义核心价值体系建设。发展着的中国化的马克思主义，特别是其最新成果科学发展观，是社会主义核心价值体系建设的指导思想，是社会主义核心价值体系以至社会主义意识形态的灵魂。

（作者：中共中央党校研究生院副院长、教授、博士生导师）

中国特色社会主义共同理想是社会主义核心价值体系的时代主题

朱　地

建设社会主义核心价值体系是当前我国意识形态领域一项重要的战略任务，其中“用中国特色社会主义共同理想凝聚力量”，又是这项战略任务的重要组成部分，是我们所要建设的核心价值体系的时代主题。因此，深刻认识和理解这个主题形成的历史过程和它的深远影响及历史作用，进一步加强这个共同理想的凝聚力，可以说是这项重要战略任务的重中之重。

一、中国特色社会主义共同理想是历史的和时代的产物

核心价值体系以及这个体系的主题，是社会政治经济秩序的本质反映，归根结底是由经济基础所决定的；同时，一个核心价值体系及反映时代特点的主题，对于维护社会政治经济秩序的巩固与稳定，可以起到至关重要、无可替代的作用。

汉武帝时期，董仲舒提出“罢黜百家，独尊儒术”之后，儒家学说就成为中国封建社会的核心价值体系，而它的主题，就是所谓的“三纲五常”中的“三纲”，即“君为臣纲、父为子纲、夫为妻纲”，也就是“君君、臣臣、父父、子子”。他提出的这套对策，在封建社会上升时期，确实起到了巩固与稳定社会秩序的作用。

任何核心价值体系及其主题，都是历史的、时代的，从而也是客观的产物，都反映了政治、经济的客观要求。从中国共产党历史上看，在不同的历史时期，中国共产党总是能够根据时代特点和中国实际提出符合中国最大多数人民根本利益的奋斗目标，这个目标也就成为凝聚力量的一面大旗。这一历史事实也可以说明：为什么只有中国共产党而不是其他任何政党能够成为中国人民的领导核心。

第一面凝聚力量的大旗是新民主主义的大旗。以毛泽东的《新民主主义论》为代表作，中国共产党提出了建设一个在政治上实行民主集中制的各革命阶级联合专政、在经济上走“节制资本”和“平均地权”的道路、在文化上发展反帝反封建的民族的科学的大众的新文化的新民主主义共和国奋斗目标。正是在这面大旗的号召下，最广泛的四个阶级的统一战线才建立、壮大起来。

第二面凝聚力量的大旗是社会主义的大旗。以第一届全国人民代表大会第一次会议和第一部《中华人民共和国宪法》为标志，中国共

产党提出了“建设一个伟大的社会主义国家”的奋斗目标。毛泽东在大会的开幕词中提出:“我们的总任务是:团结全国人民,争取一切国际朋友的支援,为了建设一个伟大的社会主义国家而奋斗,为了保卫国际和平和发展人类进步事业而奋斗。”这个奋斗目标,反映了历史的和时代的客观要求,因此获得了全国各阶层人民大众的普遍拥护,并迅速在全国掀起了建设社会主义的高潮。也正因为这个奋斗目标反映了历史和时代的客观要求,所以在这一目标的引领下,中国发生了翻天覆地的变化。

第三面凝聚力量的大旗就是“中国特色社会主义”的大旗。在新的历史时期,我们党开辟中国特色社会主义道路,也经历了一个艰难曲折的探索历程。胡锦涛总书记在纪念十一届三中全会召开 30 周年大会上的讲话中总结说:“经过 30 年的实践探索和理论创新,我们对中国特色社会主义在认识上更深化、把握上更深刻了。中国特色社会主义道路,就是在中国共产党领导下,立足基本国情,以经济建设为中心,坚持四项基本原则,坚持改革开放,解放和发展社会生产力,巩固和完善社会主义制度,建设社会主义市场经济、社会主义民主政治、社会主义先进文化、社会主义和谐社会,建设富强民主文明和谐的社会主义现代化国家。”这就是“中国特色社会主义共同理想”的深刻内涵。这种深刻的认识和把握,可以说是来之不易。

二、中国特色社会主义共同理想是社会主义核心价值体系的“核心”

社会主义核心价值体系包含四个方面的内容:马克思主义指导思想,中国特色社会主义共同理想,以爱国主义为核心的民族精神和以改革创新为核心的时代精神,社会主义荣辱观。其中,居于核心地位或者称为主题的就是“中国特色社会主义共同理想”。

第一,马克思主义中国化的目的就是为了探索、开创和发展中国特色社会主义

早在民主革命时期,毛泽东就对马克思主义与中国革命的关系做过精辟的论述。1942 年 2 月 1 日,在中共中央党校开学典礼的演说,即《整顿党的作风》中,毛泽东强调:“马克思列宁主义理论和中国革命实际,怎样互相联系呢?拿一句通俗的话来讲,就是‘有的放矢’。‘矢’就是箭,‘的’就是靶,放箭要对准靶。马克思主义和中国革命的关系,就是箭和靶的关系。有些同志却在那里‘无的放矢’,乱放一通,这样的人就容易把革命弄坏。有些同志则仅仅把箭拿在手里搓来搓去,连声赞曰:‘好箭!好箭!’却老是不愿意放出去。这样的人就是古董鉴赏家,几乎和革命不发生关系。马克思列宁主义之箭,必须用了去射中国革命之的。这个问题不讲明白,我们党的理论水平永远不会提高,中国革命也永远不会胜利。”对于毛泽东的这种“有的放矢”的态度,邓小平深以为然。他在南巡谈话中也提到了这种态度:“学马列要精,要管用的。……我们改革开放的成功,不是靠本本,而是靠实践,靠实事求是。……实践是检验真理的唯一标准。我读的书并不多,就是一条,相信毛主席讲的实事求是。过去我们打仗靠这个,现在搞建设、搞改革也靠这个。我们讲了一辈子马克思主义,其实马克思主义并不玄奥。马克思主义是很朴实的东西,很朴实的道理。”

从价值追求的角度来看,不论是毛泽东所说的“有的放矢”也罢,还是邓小平所说的“要管用的”也罢,其实都揭示了马克思主义与中国革命和建设的关系,实际上也是我们当前所要明确的马克思主义中国化与中国特色社会主义共同理想的关系。概括地说,用马克思主义中国化的最新成果武装全党、教育人民的目的是为了实现中国特色社会主义共同理想,而且,也只有坚持用马克思主义中国化的最新成果武装全党、教育人民,才能实现我们的共同理想。最终的价值追求目标只能是我们的共同理想。如果颠倒了这种关系,为了学而学,就会像当年的王明一样,夸夸其谈,不仅不管用,还会严重危害我们的事业。

第二,民族精神和时代精神产生于追求共

同理想的伟大实践中，是实现我们共同理想必不可少的精神动力

开创中国特色社会主义道路的伟大实践，不仅使我国的经济总量有了历史性的突破，到2008年跃升至世界第三，主要的工农业产品产量稳居世界第一，而且，中国人民的精神面貌也发生了巨大的变化，其中最显著的表现，就是以爱国主义为核心的民族精神被赋予了更深刻的内涵，并产生了以改革创新为核心的时代精神。

什么是民族精神？党的十六大报告对这个概念曾做过专门的论述。报告指出：民族精神是一个民族赖以生存和发展的精神支撑。一个民族，没有振奋的精神和高尚的品格，不可能自立于世界民族之林。在五千多年的发展中，中华民族形成了以爱国主义为核心的团结统一、爱好和平、勤劳勇敢、自强不息的伟大民族精神。同时，十六大报告还指出：我们党领导人民在长期实践中不断结合时代和社会的发展要求，丰富着这个民族精神。当然，其中就包括了开创中国特色社会主义道路的实践。

什么是时代精神？时代精神是一个社会最新的精神气质和精神风貌的综合体现。时代精神只能产生于引领时代进步潮流的社会实践中，而在这种精神被社会成员普遍认同和接受之后，又成为推动时代潮流的强大精神动力。改革开放以后，我们国家进入了新的历史时期。新时期最鲜明的特点是改革开放，改革创新已成为我们当今时代的最强音。进入新世纪不久，中央在《公民道德建设实施纲要》中把时代精神概括为：解放思想、实事求是，与时俱进、勇于创新，知难而进、一往无前，艰苦奋斗、务求实效，淡泊名利、无私奉献。

由此可见，民族精神和时代精神产生于人们对于理想追求的社会实践中，而任何推动时代进步的社会实践又离不开精神支撑。

第三，社会主义荣辱观是实现中国特色社会主义共同理想的基本道德规范和准则

在任何社会里，如果要维护和巩固社会秩序，必然要求有一种社会成员共同认可和遵守的基本思想道德规范和准则，这种道德规范和准则可以说是这种社会秩序的内在要求。我们要建设一个什么样的社会秩序，实现什么样的共同理想，就需要建设一个什么样的道德体系来维护它。在这里，共同理想的确立是一个政治前提。但是，道德体系又具有相对的独立性，又会对社会秩序和共同理想的实现发挥促进或阻碍作用。关于道德、风尚等等对于社会秩序的反方向作用力，早在我国改革开放初期邓小平就十分重视和强调。1986年1月17日，他在中央政治局常委会上指出："经济建设这一手我们搞得相当有成绩，形势喜人，这是我们国家的成功。但风气如果坏下去，经济搞成功又有什么意义？会在另一方面变质，反过来影响整个经济变质，发展下去会形成贪污、盗窃、贿赂横行的世界。"

由此可见，在核心价值体系这个系统中，共同理想的确立是一个起决定作用的政治前提，是价值目标，它决定了这个系统中道德风尚的走向；反过来，道德风尚又不是消极适应共同理想或政治目标，它又具有相对的独立性，它对于共同理想或政治目标的实施和实现起着积极的促进作用，或者阻碍作用。即使确定了正确的政治目标，提出了符合时代要求和人民意愿的共同理想，如果忽略了社会道德风尚的建设，也会出现如邓小平所说的"在另一方面变质"的令人痛心的情况。这正是胡锦涛同志提出"社会主义荣辱观"重要的现实意义。

从以上的分析中可以得出这样一个结论：在社会主义核心价值体系四项基本内容中，中国特色社会主义共同理想是这个体系的主题与核心，其他三个方面都是围绕这个主题或核心而展开和发挥作用。

三、共同理想是人民的要求和党的主张的内在统一

胡锦涛同志在纪念党的十一届三中全会召开30周年大会上的讲话中指出："人民群众是党的力量源泉和胜利之本。改革开放是人民的

要求和党的主张的内在统一，是亿万人民自己的事业。”胡锦涛同志所说的“人民的要求和党的主张的内在统一”是一项非常重要的原则，是保证党的事业从胜利走向胜利的关键环节和政治前提。所谓共同理想，实质上就是人民群众的根本意愿与党的阶段性政治目标的内在统一。能否做到这种“内在统一”，直接关系到党的事业的兴衰成败。

从党的历史上看，一个历史时期中党的阶段性的政治目标，只有在成为最大多数人民群众共同理想的情况下，才能够组织起浩浩荡荡的革命大军，取得革命的胜利；否则，只能成为“孤家寡人”，陷入“孤军奋战”的局面，给革命事业造成重大损失。

历史经验告诉我们，在中国革命的重大关头，我们党立于不败之地的最根本原因，无不源于中国共产党制定了“人民的要求和党的主张的内在统一”的政治目标。在这里，关键是如何把握人民的要求，或者说，如何才能代表最大多数人民的根本利益。根据建国以来的历史经验，在对待人民要求方面，应该把握以下几个要点：

第一，要站在时代的制高点上把握人民的要求

马克思、恩格斯在《共产党宣言》中指出：“共产党人为工人阶级的最近的目的和利益而斗争，但是他们在当前的运动中同时代表运动的未来。”代表运动的未来，或者说代表工人阶级及人民大众的长远利益，可以说是共产党先进性的根本体现。这就需要共产党能够把握时代的脉搏，把握世界发展大势，能站得更高，看得更远，把人民大众的近期利益与长远利益有机地统一起来。需要注意的是，这种时代的脉搏、世界发展的大势，一时间或许并不为多数人们所理解，这就需要共产党人既要有政治眼光，也要有政治勇气和理论创新勇气。开创中国特色社会主义道路的历程，就充分体现了这种政治眼光、政治勇气和理论创新勇气。在很长时期里，我们对于什么是社会主义和怎样建设社会主义的问题没有从根本上搞清楚，给社会主义和资本主义都附加了许多成分，特别是在生产力和生产关系的问题上，我们的许多做法，可以说是形而上学和教条主义的。我们的固有观念和习惯做法，束缚住了我们的手脚，使我们难以有所作为，难以有大的举动和突破。由于陷入到形而上学和教条主义的桎梏中，所以在很长时间里经济建设的步伐不快，社会主义的优越性没有充分发挥出来。在中国共产党内，率先打破这些思想桎梏的，是邓小平。他从中国的实际出发，讲了许多“老祖宗”没有讲过的话，在有些人看来，其中不少是“离经叛道”的话。但正是这些论述，深刻揭示了社会主义的本质，指明了建设有中国特色社会主义的道路。正是沿着这条道路，我们才有了今天的大好形势。

第二，要以发展的眼光把握人民的要求

人民的要求不是静止不变，而是在不断发展变化的。所谓“人民群众不断增长的物质文化需求”，指的就是这种状况。在纪念改革开放30周年大会上的讲话中，胡锦涛同志用了“顺应人民新期待”的提法，实际上讲的也是这种状况。胡锦涛同志还深刻指出：“党的先进性和党的执政地位都不是一劳永逸、一成不变的，过去先进不等于现在先进，现在先进不等于永远先进；过去拥有不等于现在拥有，现在拥有不等于永远拥有。”怎么办呢？就是要了解人民的新期待，顺应人民的新期待。

第三，要以全局的眼光把握人民的要求

人民是分为阶层的，各阶层人民既有共同的全局的利益所在，又有各自局部的独特的利益所在，甚至会出现利益冲突的情况。这就需要我们以全局的眼光统筹兼顾处理社会各阶层的利益关系，统筹个人利益与集体利益、局部利益与整体利益、当前利益与长远利益的关系，形成各尽其能、各得其所、和谐相处的社会环境。

第四，要以辩证的眼光把握人民的要求

应该承认，在人民群众内部，也经常会出现部分群众提出一些超越现实可能的要求，也就是说，人民群众中的部分成员，也会提出一些不尽合理的要求，对于这些要求必须要辩证地加以分析和处理。根本办法还是加强思想政治教育，尤其是共同理想的教育。

只有站在时代的制高点上，以发展的、全局的、辩证的眼光来把握人民的要求，才能做到人民的要求与党的主张的内在统一，才能形成经得住实践检验的真正的共同理想。

四、共同理想是党的最高理想的必经阶段和具体体现

中国共产党人是最低纲领和最高纲领的统一论者。在不同的历史时期，党的章程内容不尽相同，但有一条却是一致的，这就是党的最高理想是实现共产主义。不论是“农村包围城市”的战争年代，还是社会主义和平建设时期，我们党始终坚持自己的最高理想是实现共产主义。

但是，对于实现共产主义是一个怎样艰巨、漫长的历史过程，我们党在认识上曾经有过迷失。1958年大跃进时期，有过一句口号，叫做“跑步进入共产主义”。后来邓小平评价说：“我们的用心是好的，想早一点进入共产主义。这往往使我们不能冷静地分析主客观方面的情况，从而违反客观世界发展的规律。”经过艰苦的探索，我们终于认识到，通往共产主义的社会主义是一个漫长的历史过程，仅社会主义初级阶段，就需要上百年的历史。我们的一切路线、方针、政策，都要从这个实际出发。邓小平指出：“我们搞社会主义才几十年，还处在初级阶段。巩固和发展社会主义制度，还需要一个很长的历史阶段，需要我们几代人、十几代人，甚至几十代人坚持不懈地努力奋斗，决不能掉以轻心。”我们党关于社会主义初级阶段的理论，成为整个中国特色社会主义理论体系的基石。正是由这个正确的判断出发，改革开放的理论与实践才充分展开。

承认我们处在社会主义初级阶段，巩固和发展社会主义，需要几代、十几代、甚至几十代人坚持不懈的努力奋斗，并不是说中国共产党的最高理想就遥不可及了，恰恰相反，是把最高理想落在了现实的基础之上。

一方面，我们的共同理想，就当前而言即中国特色社会主义，是我们党最高理想在现阶段的具体体现，是实现最高理想的必经阶段。对最高理想的信仰不是一句空话，而是体现在现实的实践之中。在历史发展长河中，最高理想正是通过一个一个具体奋斗目标的实现而实现的。

另一方面，实现最高理想，是我们的共同理想的必然趋势和终极目标。中国特色社会主义共同理想只是在一定历史时期内全国人民的共同理想，在实现了这个共同理想之后，还会在最高理想的引导下，树立起一个新的共同理想。正如新民主主义革命的目标实现之后，全国各族人民共同走向社会主义初级阶段一样。

最低纲领与最高纲领的统一论者，在实践中必然表现为不断革命论与革命发展阶段论的统一。毛泽东在《新民主主义论》中即指出：“谁人不知，关于社会制度的主张，共产党是有现在的纲领和将来的纲领，或最低纲领和最高纲领两部分的。在现在，新民主主义，在将来，社会主义，这是有机构成的两部分，而为整个共产主义思想体系所指导的。”进入社会主义社会后，社会发展同样分为若干阶段，我们目前就处于初级阶段。中国特色社会主义就是我们目前所处阶段的共同理想。而后社会向前发展了，我们的共同理想也必然要更新，要具有更丰富、更深刻的内涵。同样，不论发展到哪一个阶段，都“为整个共产主义思想体系所指导”。也就是说，在共产主义思想体系的指导下，我们根据社会发展的客观规律，逐渐地有步骤地实现一个阶段一个阶段的共同理想，向着中国共产党人的最高理想迈进。对于社会发展的这一规律的深刻把握，可以说是人类认识史上由必然王国向自由王国发展的一次巨大飞跃。

（作者：中共中央党史研究室研究员，百年潮杂志社原社长）

民族精神和时代精神是社会主义核心价值体系的精髓

戴焰军

人是要有一点精神的。个人是这样，一个组织、一个团体、一个民族和国家也是这样。没有精神，就失去了灵魂，失去了方向，失去了动力，失去了生命力。我们弘扬社会主义核心价值体系，从根本上说，就是要弘扬一种伟大的精神，为完成我们中国特色社会主义伟大事业坚守一种强大的精神支撑，这就是民族精神和时代精神。正因为此，我们说，民族精神和时代精神，是社会主义核心价值体系的精髓。

中华民族有五千年的文明史。美国前总统克林顿访华期间在北京大学所做的演说中，有一句给人们留下深刻印象的话，他说：中国历史的千年数比美国历史的百年数还要多。的确，在整个人类发展的历史中，中国是唯一一个保持了自己五千年独立历史的国家，中华民族是唯一一个保持五千年民族文化延续不断的国家。是什么原因成就了中华民族这样一个薪火不断、文明传承的历史？历史学家和文化学者从他们各自的角度分析了各种各样的原因。虽然这中间可能有各种不同的观点，但是，毫无疑问，有一点是大家共同认可的，那就是在中华民族的历史发展中，始终贯穿着一种有着极强生命力的民族精神。

的确，世界上很多民族发展的历史都证明了这一点，一个国家，一个民族，不管它在政治上、经济上、军事上遇到多少坎坷，遭受多少磨难，只要它的民族精神不灭，它就会在废墟中建起新的家园，在艰难困苦中实现自己的凤凰涅磐。第二次世界大战中，当美军进驻满目疮痍的德国城市以后，有士兵嘲笑还住在摇摇欲坠破楼房中的德国市民在自己的窗台上摆放了鲜艳的花草，美国将领马歇尔却严肃地告诉自己的士兵，不应该嘲笑而应该敬重这种现象，它说明这个民族的伟大，他们没有为眼前遇到的巨大困难所屈服，他们对前途充满了信心，这样的民族是会重新崛起的。是的，虽然希特勒把德国带进了灾难的深渊，但作为一个伟大的民族，它的民族精神没有灭。在我们中华民族的历史上，也曾有过数不尽的艰难曲折，也曾有过诸侯割据、天下纷争的局面，也曾有过山河破碎、割地赔款的屈辱，但是，我们一次次地由四分五裂走向统一，由国破家亡走向新的振兴和辉煌。其根本原因也在于，我们的民族精神仍然延续着、发展着。

民族精神是一个民族的血脉，一个民族的灵魂，一个民族发展的不竭动力。今天，经过六十年的奋斗，经过三十年的改革开放，中华民族正在迅速发展中走向新的辉煌。在这种令世人瞩目的发展中，民族精神无疑是我们整个民族和国家重要的精神支撑。首先，民族精神在我们的发展中体现为一种强大的凝聚力。之所以称民族精神，就是因为它是一个民族共同拥有的文化品格。当然，它也就成为一个民族的凝固剂。特别是在这个民族发展的一些非常时期，这种凝聚力会显示出强大的力量。像当代中国史上，当我们遇到外敌入侵的时候，当我们遇到各种自然灾害的时候，当我们在发展中出现曲折和困难需要万众一心共渡难关的时候，我们的民族都会显示出一种令人肃然起敬的凝聚力。而在我们今天推进现代化的过程中，面对前进道路上的各种困难和阻力，我们需要的就是这种精神。其次，民族精神在我们的发展中体现为一种强大的战斗力。我们中华民族的民族精神，是在我们民族漫长的发展历史中积淀而成的优秀文化品格。这些品格之所以能被世代相承，就是因为它在民族的生存发展中被反复证明，只有以这种品格、这种精神去面对各种敌人和困难，才有可能继续发展，这种品格和精神，就是一种不屈不挠的战斗力。再次，民族精神在我们的发展中体现为一种包容性。中华民族是一个由五十六个民族组成的大家庭，在我们的历史上，也有一个不断演化的民族融合过程。我们的民族文化所以能绵延不断，有着极强的生命力，很重要的一个原因，就是我们民族文化的包容性。我们在自己的发展中不断吸纳其他民族文化中的有益成果，并把它有机地融汇于我们民族固有的文化之中。这种民族精神特性，在我们今天重铸民族辉煌的过程中是非常需要的。

民族精神体现的是一个民族的文化传承。而任何一个民族要发展，都必须使自己的这种文化传承与社会发展的新要求相一致，也就是说必须在继承中不断创新，体现时代精神。中国共产党是中华民族优秀文化传统的忠实继承者，同时又是时代的开拓者。中国共产党所领导的革命、建设和改革之所以能取得不断的成功，重要原因就在于它深谙中国国情，它的理论、路线、方针、政策，能够为中国最广大人民所认同、所接受。这国情，既包括我们的文化传统，也包括现实的时代要求。中国共产党把马克思列宁主义这个体现时代要求的革新精神与中华民族精神，与中国国情相结合，领导推动了中国的巨大发展。

民族精神和时代精神是相融相生的关系。时代精神离不开民族精神，离开民族精神，时代精神就失去了根，成为无本之木，成为没有承载的浮萍。这样的所谓时代精神，是没有办法在实践中得以体现的。在我们中国共产党的历史上，就曾经有过那么一些教条主义者，他们挥舞着马克思主义的本本，自以为已经把握了时代精神的精髓，不顾中国的现实国情和文化传统，结果使中国共产党领导的反帝反封建的民主革命遭受巨大挫折。这中间，不是马克思主义这样一种反映时代要求的思想本身有什么不对，而是没有能使这种精神和中国本民族的东西有机结合起来。社会发展到今天，我们在倡导时代精神时，仍然需要把握好这一点。时代精神需要从民族精神中汲取养分。同样，民族精神也离不开时代精神。民族精神不是一成不变的，它需要在实践中不断丰富发展，需要用时代精神来丰富自己的内涵。因为时代精神体现的是实践发展的新要求，如社会生产力的发展，科学技术的发展，人们思想观念的发展变化，社会结构和组织形式的发展变化等等，都会形成反映和代表这些新发展的新精神。这些精神就它产生的具体文化背景和现实国情来看，也是一种民族精神的延续和变革。无视这种新的发展，固守传统，那民族精神也就失去了自己的生命力。所以，我们要把弘扬民族精神和时代精神统一起来。

中国共产党是中华民族精神的继承者、弘扬者和培育者，在领导中国各族人民进行革命、建设和改革的实践中，中国共产党继承民族精神，又根据新的实践要求赋予其新的更为丰富的内涵，形成了自己的优良传统。井冈山精神、长征精神、延安精神、西柏坡精神、雷锋精神、大庆精神等等，就是中华民族精神在新的历史条件下的延续和发展。这些精神，既表现了中华民族精神的影响力和生命力，也集中反映了中国人民在中国共产党领导下意气风发、一往无前、奋发图强的精神风貌。在今天我们实现中华民族伟大复兴的实践活动中，我们更需要弘扬这种精神。民族精神，固然在一个民族发展的某些重要历史时刻和民族遭遇各种重大挫折时更能明显地表现出来。这一点，在我们历史上遭遇外敌入侵时，遭遇各种重大自然灾害时都看得很清楚。但每一个民族在自身发展历史中，更多的都是常态发展。所以，我们弘扬民族精神，不但表现为在国家安危、民族存亡的紧要关头，挺身而出、舍生忘死；在他人生命财产遇到危难时，见义勇为、扶危济困；而且更多地需要每一个人从每一件具体的、平凡的事情做起。在自己的本职工作中,自己的日常行为中去体现对祖国对人民深沉的爱,体现我们民族的优秀品格和精神。

我们弘扬和培育时代精神,就需要在当前改革开放的历史大潮中,认清时代发展方向,把握社会发展规律,解放思想、大胆探索,突破陈规、勇于创造。我们进行的改革开放是一项前无古人的伟大事业,各种新观念、新思想、新事物层出不穷。不能紧跟时代发展步伐,实现思想解放,就很难始终走在时代前列。三十年来,我们国家从经济、政治、文化、社会等各方面的体制,到人们的思想观念、认识水平,都发生了巨大的变化。这些变化是改革开放的结果,也是时代精神的威力体现。在现实的发展中,我们还需继续解放思想,不断推进改革开放事业。弘扬以改革创新为核心的时代精神,我们同样要着眼于改革开放的具体实践,从实际出发,着力回答和解决时代发展中提出的新课题,解决体制转变中出现的深层次矛盾和问题,使时代精神真正成为推动改革开放,推动各方面工作创新的强大动力。

(作者:中共中央党校党建部副主任、教授、博士生导师)

社会主义荣辱观是社会主义核心价值体系的基础

张蔚萍

社会主义核心价值体系是理论信仰、理想信念、精神动力、道德基础“四位一体”的价值体系。其中社会主义荣辱观起着基础性的作用。荣辱观是人们对荣誉和耻辱的根本看法和态度,属于伦理道德范畴,有广泛的群众基础和实践基础。社会主义核心价值体系若失去了这一基础,就不可能牢固地建立起来。所以,建设社会主义核心价值体系,一定要重视社会主义荣辱观的教育和建设。

一、新形势下进行社会主义荣辱观教育的重要意义和背景

重视思想道德教育是我们党的优良传统。早在民主革命时期,我们就重视思想道德教育,比如,选拔培养干部中提出了“德才兼备”的标准;在党的建设中提出了着重从思想上建党的原则;在教育党员和群众中提出了“做一个有道德的高尚的人”的思想,等等。建国以后,我们党不仅坚持了上述思想和原则,而且在国民教育事业中提出了“德、智、体”全面发展的方针,并且强调把德放在首要地位。改革开放以后,我们党在培育新人中,突出了道德教育,并且在干部队伍建设中提出了“德才兼备、以德为先”的原则。在新世纪新阶段,我们党继承了以往的优良传统,明确提出了“社会主义荣辱观”的新思想,并在十六届六中全会《决定》中把它纳入社会主义核心价值体系之中。那么,为什么在新世纪新阶段党中央强调要进行社会主义荣辱观教育呢?主要有以下四个方面考虑:

第一,这是实现全面建设小康社会目标的客观要求

党的十六大确立了全面建设小康社会的宏伟目标,提出到2020年人均国民生产总值翻两番。为了实现这个目标,党的十六届五中全会向全国人大代表提出了制定“十一五”规划纲要的建议。党中央认为,实现这个“纲要”必须有高尚而强大的精神动力,这样才能使全国人

民同心同德为实现“纲要”的目标而奋斗。正是基于这样的考虑，胡锦涛同志在全国政协讨论“十一五”规划纲要时，明确提出了对全国人民进行以“八荣八耻”为主要内容的社会主义荣辱观教育问题。因为只有进行这种教育，才能提高全国人民的思想道德水平，从而把人民群众的历史主动精神充分发挥出来，为全面建设小康社会提供一种正义而高尚的精神支撑，进而使这种精神支撑转化为一种激励性的精神动力，推动人们冲破各种艰难险阻去实现理想目标。过去我们讲精神动力，着重从理想信念高度讲的比较多，这是完全需要的。然而，仅仅从理想信念这个高层次讲还不够普及，还必须从思想道德这个层次来讲，其覆盖面更广，更易于为广大群众所接受。事实上，一个人有了强烈的光荣感和耻辱感，就会产生一种上进心和内在动力，从而促使个人进步和事业发展。胡锦涛同志以高度的敏锐性洞察到这个问题，及时提出进行荣辱观教育，这对于实现全面建设小康社会的宏伟目标是有重大现实意义的。

第二，这是应对市场经济两重性的迫切需要

我国建立市场经济已经有十多年了。随着市场经济的建立和发展，我们党对市场经济两重性有了深刻的认识。所谓市场经济的两重性，是指它既有积极性，又有消极性。其积极性的一面，主要表现在能比较合理配置社会资源，推动生产力发展，搞活经济运转，促使人们观念更新；其消极性一面，主要表现在有盲目性、滞后性、自发性。特别是这种自发性，能促使人们产生一种自发势力。列宁认为，这种自发势力若形成一种习惯势力，那就是一种可怕的势力。之所以可怕，是因为这种自发势力能把市场经济条件下人们已经强化了的金钱观念推向极端，产生和滋长拜金主义；能把市场经济条件下人们已经强化了的享乐观念推向极端，产生和滋长享乐主义；能把市场经济条件下人们已经强化了的个人利益观念推向极端，产生和滋长利己主义。这“三种主义”既是资产阶级人生价值观的核心内容，也是资产阶级伦理道德观的核心内容。现在，我国正处于进一步完善市场经济的关键时刻，如果不采取有效措施大力加强和改进思想政治教育和伦理道德教育，人们头脑里就容易受到市场经济消极性的影响，因而就容易产生和滋长资产阶级人生价值观和道德观。一旦这种观念控制了某些党员干部特别是领导干部的头脑，就容易产生和滋长不正之风和腐败行为，甚至导致一些人走向犯罪的道路。多年来腐败不断滋长蔓延，就是活生生的事实。所以，面对市场经济的两重性问题，我们只有加强以“八荣八耻”为主要内容的社会主义荣辱观教育，才能使广大党员干部和群众明荣知耻，掌握立人之本，自觉发挥市场经济的积极性，坚决抵制市场经济的消极性，从而有效地驾驭市场经济，使其更好地为社会主义建设服务。

第三，这是端正社会风气和构建和谐社会的重要措施

社会风气是社会文明程度的重要标志，也是构建社会主义和谐社会的重要条件。倡导社会主义道德规范，则是端正社会风气和构建和谐社会的重要措施。胡锦涛同志提出树立社会主义荣辱观，就是为了建立适应市场经济的社会主义道德规范，促进良好社会风气的形成以及和谐社会的构建。这里特别要看到，我国的社会主义市场经济还处于不完善阶段，不仅市场经济的运行机制和规章制度不完善，而且与之相适应的法制体系和道德体系也不完善。在这种情况下，市场经济在运转中必然空隙很多、漏洞很多，是非、善恶、美丑、荣辱混淆不清的问题也很多，这就容易造成一些人认识上的偏差，甚至使一些人特别是青少年的荣辱观发生畸变。比如，对国家和人民利益采取事不关己、高高挂起的冷漠态度，甚至出现某些损害国家和民族利益的言行；又比如，有些人将诚实守信、辛勤劳动、艰苦奋斗视为不合时宜的“傻冒”行为，而把好逸恶劳、损人利己、见利忘义视为“人的本性”要求；更有甚者则违法乱纪、挥霍浪费、骄奢淫逸。若长期放松这方面的教育和管理，就会导致一些人走向违法乱纪和腐败变质的犯罪道路。在这种情况下，加强思想道德建设和进行荣辱观教育，不仅很重要，而且很紧迫。社会主义荣辱观教育就是在这样的社会背景下提出来的。

第四，这是加强党的自身建设的重要课题

党要领导改革开放不断取得胜利，关键是把党自身建设好。根据马克思主义建党原理，加强党的自身建设，主要有四个方面的内容：一是思想政治建设，二是组织制度建设，三是执政能力建设，四是道德作风建设。道德作风建设是党的自身建设不可或缺的一项重要内容。在过去，我们对作风建设的具体内容讲的比较多，也比较明确，毛主席提出"理论联系实际、密切联系群众和批评与自我批评"的三大优良作风，已经深入人心。然而，对党的道德建设的具体内容，却一直不明确、不系统。这次胡锦涛总书记概括的"八荣八耻"，就是对党的道德观明确而系统的概括。这就为加强党的道德建设提供了坚实的理论指导。只要全党同志严格按照"八荣八耻"的要求去实践，就一定能提高全党同志的道德素质，促使党的优良作风形成和完善，推动党风根本好转。这是增强党的先进性的一个重要方面。正是从这个意义上讲，坚持以"八荣八耻"为主要内容的社会主义荣辱观教育，是加强党的自身建设的需要，也是增强党的先进性的需要。

二、新形势下开展社会主义荣辱观教育的精神实质和内容特征

社会主义荣辱观教育的主要内容就是"八荣八耻"教育。所谓"八荣八耻"，是指"以热爱祖国为荣、以危害祖国为耻，以服务人民为荣、以背离人民为耻，以崇尚科学为荣、以愚昧无知为耻，以辛勤劳动为荣、以好逸恶劳为耻，以团结互助为荣、以损人利己为耻，以诚实守信为荣、以见利忘义为耻，以遵纪守法为荣、以违法乱纪为耻，以艰苦奋斗为荣、以骄奢淫逸为耻"。胡锦涛同志关于"八荣八耻"的内容讲的很明确，只要仔细阅读，认真学习，就能学得懂，记得住。然而，要深刻理解它的精神实质，自觉指导实践，却是一件很不容易的事情。

"八荣八耻"是对新时代社会主义荣辱观的高度理论概括，是对马克思主义伦理道德观的继承和发展。进行"八荣八耻"教育，其实质是要帮助人们树立社会主义伦理道德观和人生价值观。马克思主义认为，荣辱观属于伦理道德范畴，而伦理道德观则是人生价值观的突出表现。进行"八荣八耻"教育，就是要从伦理道德观教育入手，最终解决人们的人生价值观问题。因为人生价值观是人们头脑里的总开关，若总开关出了问题，其它方面就容易出问题；若总开关把握得好，社会主义伦理道德观才能牢固地树立，才能持久地在实践活动中发挥作用。所以，进行"八荣八耻"教育的实质，是为了引导人们树立社会主义的人生价值观，提高全民族的思想道德素质。只有站在这个高度来认识"八荣八耻"教育的重大意义，我们才能把"八荣八耻"教育同培育社会主义新人的总体目标密切联系起来，从而坚定不移地把"八荣八耻"教育纳入社会主义核心价值体系教育的重大课题之中，采取有效措施在实践中贯彻落实。

为了加深对"八荣八耻"精神实质的理解，有必要对它的内容特征深入分析。概括起来，主要有以下三个重要特征：

第一，内容概括全面，用语精练准确

这里所说的内容概括全面，是指"八荣八耻"涵盖了社会主义伦理道德的方方面面，涉及到政治、经济、社会、人文、科学、党风等方面的道德问题，从多角度、多方面论述了社会主义道德观念，规范了党员、干部和群众的道德行为。其中第一项和第二项内容，着重从政治角度论述人们的道德观念和道德行为。因此，把"以热爱祖国为荣、以危害祖国为耻"，"以服务人民为荣、以背离人民为耻"作为我国人民政治道德的基本要求。这是伦理道德观念的高层次要求。所以，排列在首要地位。第三项和第四项内容，着重从对待科学和劳动态度上来论述人们的道

德观念和道德行为。因此，把“以崇尚科学为荣、以愚昧无知为耻”，“以辛勤劳动为荣、以好逸恶劳为耻”作为新世纪社会主义道德的基本要求，这是高科技迅猛发展时代对人们的道德呼唤，也是体制转轨时期对“劳动光荣”的充分肯定。第五项内容是从人际关系和利益关系的视角来论述人们的道德观念和道德行为。因此，把“以团结互助为荣、以损人利己为耻”作为社会主义人际关系和利益关系的行为准则。这既是对集体主义精神的赞扬，也是对损人利己行为的斥责。第六项和第七项内容，是从完善市场经济体制的角度论述人们的道德观念和道德行为，因此，把“以诚实守信为荣、以见利忘义为耻”，“以遵纪守法为荣、以违法乱纪为耻”作为市场经济条件下必须遵守的道德规范。这对建立与市场经济相适应的诚信体系和法制体系是有积极作用的。第八项内容是从发扬优良传统作风的角度来论述人们的道德观念和道德行为。因此，把“以艰苦奋斗为荣、以骄奢淫逸为耻”作为社会主义现代化建设时期的长远道德规范。这对执政党永葆艰苦奋斗的本色和清正廉洁的作风，是有指导和鞭策作用的。

从上述分析可以看出，“八荣八耻”从多方面、多角度、多层次论述了社会主义道德观念。不仅内容全面系统，而且文字精练准确。八个方面的内容，仅用了112个字就论述清楚了，并且层次分明，排列有序，从而构成了新世纪新阶段比较完整的社会主义伦理道德体系。可见党中央对“八荣八耻”的理论概括下了很大的功夫。革命导师说过，真正的马克思主义理论家，能把很复杂的问题讲得很简明，使工农大众易记易懂；而装模作样的理论家，却把很简明的问题说得很复杂，使人们听不懂，记不住，这样才能显示其高深莫测。今天我们学习贯彻“八荣八耻”，不仅要树立社会主义荣辱观，而且要继承发扬党的马克思主义优良传统和文风。

第二，正反鲜明对照，针对性很强

“八荣八耻”采用正面与反面鲜明对照的形式来表述，不仅旗帜鲜明，而且针对性很强。它既从正面对社会主义伦理道德作了系统概括，又从反面对什么是耻辱的问题作了系统概括。从这个意义上讲，它是一篇简明扼要论光荣、论耻辱的宣言书。“八荣八耻”的针对性，突出地表现在对耻辱的论述上，其目的要强化人们的知耻感，唤醒人们的知耻之心。这里所说的耻，是指人们羞愧的心理感受和羞愧的耻辱之事。所谓唤醒人们的知耻之心，就是教育人们知道什么是羞愧和耻辱，使其具有最基本的道德修养。在古代，孟子说过：“无羞恶之心，非人也。”就是说，有无知耻之心，是人与动物的最大区别之一。在近代，康有为也说过：“人之所以不为，皆赖有耻心。”这就告诉人们，只要具有羞耻之心，就不会产生不道德行为；若失去羞耻之心，就会产生不道德行为，甚至会不讲道德而胡作非为。我们党一贯重视对人们的道德教育，延安时期，毛泽东同志在《纪念白求恩》一文中就教育人们要做“一个高尚的人，一个纯粹的人，一个有道德的人，一个脱离了低级趣味的人，一个有益于人民的人”。改革开放以来，党中央一直把讲文明、有道德作为培育社会主义“四有”新人的重要内容，并制定了一系列加强道德教育的文件。在党的教育下，人们都在努力“争取最大光荣，不做耻辱之事”。这已经成为中国人民的道德风尚。然而，随着改革的深化和市场经济的发展，一些人荣辱感有所下降，不知耻的人多了起来；有的人甚至颠倒荣辱，做一些不知羞耻之事。比如，有的人打着要做世界公民的旗号，干一些吃里爬外、损害祖国利益之事；有的人利用职权谋取私利，干一些坑害人民、背离人民利益之事；有的人不学科学不懂科学，干一些害人害己的愚昧无知之事；有的人否定“劳动创造财富”的神圣原则，干一些丑化劳动人民、赞扬剥削者的蠢事；有的人不讲团结互助，不想助人为乐，干一些损公肥私、损人利己的丑事；有的人心不诚实、行不守信，干一些过河折桥、见利忘义的缺德事情；有的人没有法纪观念，没有养成遵纪守法习惯，干一些违纪违规甚至违法乱纪的行为；有的人认为艰苦奋斗已经过时，干一些铺张浪费、贪图享乐之事，等等。上述这些不知耻的行为，如不及时加以纠正，任其蔓延滋长，势必在社会上造成荣辱颠倒，致使一些人道德伦丧。发展下去，还会影响年青一代人的健康成长，甚至会影响国家的前途命运。古人曰："礼义廉耻，国之四维"，"不知耻则无所不为，国家其有不亡者乎！"鉴于这种情况，我们不仅要重视正面道德教育，而且要从反面揭示种种不道德行为，使其对照鲜明，针对性强，这就能有效地强化人们的光荣之感和知耻之心，有利于新形势下进行社会主义荣辱观教育。

第三，立意高，起点实，覆盖面广

这是胡锦涛同志概括"八荣八耻"的又一个特点。所谓立意高，是指站在治党治国的高度来论述社会主义荣辱观。具体来说，是从提高全党全民族思想道德素质的高度，从树立社会主义人生价值观的高度，从培养一代又一代社会主义事业接班人的高度来论述荣辱观问题。认识到这一点，我们就能把当前进行的"八荣八耻"教育，同引导人们树立人生价值观紧密联系起来，同培养接班人联系起来，同提高中华民族素质联系起来。这样，我们就能自觉地抓好荣辱观教育，坚持不懈地抓下去。

所谓起点实，是指"八荣八耻"从最实际、最普遍、最起码的道德标准入手，内容实实在在，文字通俗易懂。这表明总书记是在进行大量调查研究的基础上，从实际出发提出来的。因此，八项内容贴近现实，贴近基层，贴近生活，贴近群众。只要大家努力，人人都可以做到。"八荣八耻"的要求，不是高不可攀的，而是经过努力可以做到的。我们说"八荣八耻"起点实，不仅表现在内容实在、贴近实际，而且还表现在文字通俗易懂。这表明总书记提出"八荣八耻"时，考虑到绝大多数群众的觉悟程度和文化水平，尤其考虑到十几亿工农大众的觉悟程度和文化水平。有位在乡镇工作多年的党委书记说，"八荣八耻"就是念给农村的老大爷和老太太听，也基本都能听懂，个别词语，略作解释就懂了。"起点实"的关键在于"实"，认识到这一点，就能自觉引导人们在实践上多下功夫，在贯彻落实上多下功夫。

所谓覆盖面广，是指教育的覆盖面大，接受教育的群体广。前一阶段开展的先进性教育和党章教育，教育面只限于七千多万共产党员，而"八荣八耻"教育的覆盖面却是十三亿中国人民。可以说，从党内到党外，从上层到基层，从专家学者到普通群众，从中老年到青少年，从大学生到小学生，都可以进行这种教育。当然，对象不同，要求也不同。只要教育得法，一切从实际出发，都能不同程度受到社会主义道德的熏陶，都能不同程度地提高自身的道德素质。

三、新形势下开展社会主义荣辱观教育的重要措施

在深化改革、扩大开放和完善市场经济体制的新形势下，如何有效地开展"八荣八耻"为主要内容的社会主义荣辱观教育活动，这是摆在各级党政领导面前的一个新课题。根据我们党长期开展思想政治工作的实践经验，结合新时代基层工作的特点，有以下三点必须抓好：

第一，从领导角度讲，党政领导者必须自觉践行，同心协力抓好荣辱观教育

这里所说的党政领导者自觉践行，是指党政领导干部要以身作则，自觉在实践中起模范带头作用。"八荣八耻"首先是领导者的道德标尺。为此，中央组织部要求各级党委把社会主义荣辱观教育作为领导班子建设的重要内容，作为党政领导干部考核的重要标准，作为选拔使用干部的重要依据。实践证明，只要领导干部以身作则，模范带头，党员干部和群众就会跟着学习和贯彻，就会形成学习实践"八荣八耻"的良好风气。当然，仅仅领导者自己模范践行是不够的，还必须同心协力抓好对群众的教育。所谓同心协力抓好对群众的教育，主要是指党政领导干部必须共同把"八荣八耻"教育工作摆到议事日程的重要地位，采取有效措施贯彻落实。包括定期开会研究分析党员、干部和群众的思想动态，制定具体的践行标准，及时回答在

教育中遇到的热点难点问题，亲自出马作报告和做深入细致的思想教育工作。同时，还要共同努力采取措施抓好制度建设和队伍建设，并在物力、财力、人力和时间等方面提供必要的保障。根据以往的经验教训，要做到同心协力去抓，关键是党政领导者要互相理解、互相尊重、互相支持、互相配合。实践证明，只有同心协力，才能共同把握荣辱观教育的社会主义大方向；共同努力把荣辱观教育纳入公民道德建设和精神文明建设的全过程；共同努力把荣辱观教育同各时期的中心工作紧密结合起来，从而使社会主义荣辱观教育长期坚持下去。

第二，从党组织角度讲，必须抓好舆论宣传、抓好学习培训、抓好组织管理

首先，要抓好舆论宣传，造成良好的学习氛围，形成浓厚的舆论环境。为此，就要把传统的宣传教育工具与现代传媒工具结合起来，把外请专家学者讲授与领导者亲自讲授结合起来，把党员骨干宣讲与群众学习讨论结合起来。通过一系列舆论宣传，使人们充分认识到新形势下树立社会主义荣辱观的重要意义和精神实质，明荣知耻，自觉践行。其次，要抓好培训工作，把“八荣八耻”作为培训人才的重要标准。这里所说的培训工作，既包括短期培训工作，又包括长时间的正规培训工作。为此，就要充分运用各级党校和干部培训中心的阵地，把“八荣八耻”引入教材，纳入培训课程；在高校和中小学校，还应按照教育部的要求，把荣辱观教育引入教材和课堂，充分发挥课堂教学在荣辱观教育中的主渠道作用。同时，还要与学校的社会实践、校园文化和师资队伍建设结合起来。再次，要抓好组织管理工作，完善道德规范和基本制度。教育和培训都是为了帮助人们树立社会主义荣辱观念，这是最基础性的工作，必须首先抓好。然而，要让“八荣八耻”真正变为党员、干部和群众的实际行为，还必须抓组织管理工作。为此，就要依据“八荣八耻”的要求制定具体规则，建立必要的制度，使高尚的道德行为受到表彰和奖励，使不良的道德行为受到纠正和遏制，使丑恶的道德行为受到批判和惩罚。经验教训告诉我们，只有把教育培训同组织管理紧密结合起来，才能使荣辱观教育有可靠的组织和制度保证。

第三，从个人角度讲，必须勤于学习，善于修养，积极实践，不断总结

勤于学习，主要是学习与“八荣八耻”有关的各种理论知识和科学知识，以加深对“八荣八耻”的理解。学习要在“勤学”上下功夫，挤时间学，刻苦地学，学而不倦、学而不厌。要牢记革命导师列宁的教导：“学习、学习、再学习”。学习是为了获得知识，更是为了改造思想。通过思想改造，使自己具有社会主义的人生价值观和伦理道德观。我们要向敬爱的周恩来同志学习：“活到老、学到老，改造到老”。善于修养，就是以“八荣八耻”为理论武器来修身养性，使自己成为一个具有高尚道德的人。修养的方式很多，最基本的就是以“八荣八耻”为标准，经常对照检查自己，看哪些做对了、做好了，看哪些还没有做对、没有做好；好的要发扬光大，不好的要努力改正，这样日长月久地不断反省自己，就能把自我塑造成为一个具有高尚人格的人。积极实践，就是要把自我修养同社会实践结合起来。因为我们讲的修养，不是主观唯心主义的修养，而是辩证唯物主义的修养。辩证唯物主义修养的一个最大特点，就是积极参加社会实践。我们讲的社会实践，不是机械唯物主义的实践，而是勇于创新的社会实践。创新这个词人们经常讲，关键是要明确进行创新的两大要点：一是要明确创新的前提是敢创，也就是有胆量创，没有勇气和胆量是无法创新的；二是要明确创新的实质在于“新”。至少要做到“六新”，即适应时代新变化，研究现实新情况，形成决策新思路，探索实现新思路的新办法，打开工作的新局面，为祖国和人民作出新贡献。我们党的伟大事业，需要一大批既有高尚道德素养又有创新精神的人才，二者缺一不可。不断总结，就是指要不断总结经验教训。总结是为了不断提高自己的思想觉悟和工作能力。只有不断总结，才能把自己的感性认识提高到理性认识，使自己逐步具有现代化的思维能力。这样，我们才能在实践中有所发现，有所发明，有所创造，有所前进，从而对社会主义现代化事业作出自己应有的贡献。

论以社会主义核心价值体系引领大众价值体系建设

王明初

在实现全面建设小康社会奋斗目标的新要求中，“加强文化建设，明显提高全民族文明素质”是一个重要方面。在文化建设中，首要的任务是让“社会主义核心价值体系深入人心，良好思想道德风尚进一步弘扬”。“建设社会主义核心价值体系”这个重大命题，向理论工作者提出了一个重大而现实的战略任务。如何构建社会主义核心价值体系，如何在核心价值体系引领下构建覆盖全社会的、切合群众实际需要的，适应不同区域、民族、行业乃至不同年龄段群体的大众价值体系，是一个任务的两个方面。如果这个问题解决得不好，“建设和谐文化，巩固社会和谐的思想道德基础”的目标就不能实现，“建设社会主义核心价值体系”的任务就不能完成。

一、社会主义价值体系应该是完整而有层次的

1. 社会主义核心价值体系的提出

马克思认为，“价值”这个概念是从人们对待满足他们需要的外物的关系中产生的。在适应和改造世界的过程中，人们对价值的认识在不断改变，并逐步形成一定的、在较长时间内比较稳定的、能作用于每一个人的观念体系，也就是价值体系。价值体系随着人们所处的历史条件的变化而变化，并且这个变化又会反过来作用于身处其中的每一个社会成员。一个社会形态的价值体系发生嬗变，往往意味着社会形态要发生更替。所以，随着人类社会不断前进，人们的价值体系也不断从奴隶主的价值体系、封建地主的价值体系演进到资本主义的价值体系。

随着社会主义在世界上出现，尤其是中国特色社会主义的蓬勃发展，客观上要求与其基本制度相适应的社会主义价值体系。中国特色社会主义事业是一项前所未有的开创性事业，因此，中国特色社会主义价值体系还处在构建之中。十六届六中全会提出“建设社会主义核心价值体系”的战略任务，就是全面建设中国特色社会主义价值体系的极为重要的一步。

党的十一届三中全会以来，中国特色社会主义建设已经有了近 30 个年头。在全面贯彻落实科学发展观、建设社会主义和谐社会的今天，提出建设社会主义核心价值体系问题，是因为在社会主义市场经济条件下，“理想主义”的价值体系已经难以维系，社会出现了严重的价值迷茫。人们寄希望于通过核心价值体系的构建，带动整个社会价值体系的重建，使中国社会能按照规范、理性的轨道健康发展。

2. 完整的社会价值体系应包括两个层次

社会价值体系是一个包括核心价值体系在内的有层次的价值体系。完整的社会主义社会的价值体系应包括两个层次：一个处于核心位置，占统治地位，决定着社会主义发展模式、目标任务等重大问题的核心价值体系，它所反映的是党和国家的价值判断、价值选择和价值导

向；一个是体现核心价值原则和精神，守住道德底线，切合群众生活实际需要，适应不同区域、民族、行业、性别乃至不同年龄段群体的社会大众价值体系。

建设社会主义价值体系，必须首先着眼于建设社会主义核心价值体系。社会主义核心价值体系是社会主义制度内在的精神灵魂，是社会主义意识形态大厦的基石。没有社会主义核心价值体系做主导，整个社会就会迷失方向。

建设社会主义核心价值体系，必须落脚于人民大众价值判断和道德水准的提高。在世界文化大碰撞、大融合的大背景下，多元时代的到来使人们的思想日渐活跃，没有一个能包容多样、尊重差异、又能整合整个社会思潮、继而形成全社会共同理想信念和道德规范的大众价值体系，社会主义建设的成果就不能保持，中华民族伟大复兴的历史任务就不能实现。

3. 核心价值体系与大众价值体系相辅相成

在建设社会主义价值体系中，核心价值体系和大众价值体系相辅相成，缺一不可。核心价值体系要外化为大众价值体系，大众价值体系应内含核心价值体系的要求。有了核心价值体系，大众价值体系才有方向和灵魂；有了大众价值体系，核心价值体系才有了广泛的社会基础，才能深入地影响到每一个社会成员。

在构建社会主义价值体系中，核心价值体系的重要性是不言而喻的。自建国以来到十一届三中全会前，在持续不断的政治运动中，人们耳熟能详的多是一些大道理，但口号式的大道理并没有成为引领社会发展的核心理念。十一届三中全会以后，我党重新恢复和确立了解放思想、实事求是的思想路线。今天，我们高兴地看到，人们对构建核心价值体系高度关注。因为“社会主义核心价值体系是社会主义意识形态的本质体现”，各级党委都很重视。但要抓落实，就丝毫也不可忽视应用价值体系建设。我们必须重视应用价值体系在社会主义价值体系中的基础作用，在社会主义核心价值体系中的社会支撑作用。在建设社会主义核心价值体系中配套建设应用价值体系，是社会主义价值体系建设的题中之意，也是社会主义核心价值体系建设的题中之意。

二、以核心价值体系引领大众价值体系建设

1. 任何社会的价值体系都是在统治阶级主导下形成的

十六届六中全会将社会主义核心价值体系的基本范围和内容确定为马克思主义指导思想、中国特色社会主义共同理想、以爱国主义为核心的民族精神和以改革创新为核心的时代精神以及社会主义荣辱观等四个方面，为构建整个社会主义价值体系奠定了坚实的理论基础。

在建设核心价值体系的过程中，常常会遇到这样一个问题，就是如何使这些大道理变成身边可触摸的规则，让人们在感受规则的同时能体会这些核心价值体系的基本内容和精神内涵。解决问题的出路，就是在核心价值体系引领下创建贴近群众生活的应用价值标准并形成体系。

任何社会的价值体系，都是在统治阶级主导下形成的。中国封建社会以“三纲五常”为主要内容的核心价值体系，从精神、观念层面维护了两千多年的封建统治秩序。但它为地主统治阶级服务的封建礼教却禁锢了人们的思想，阻碍了社会的发展进步。在西方，资产阶级在反封建斗争中以“自由、平等、博爱”为思想武器赢得了胜利，却在发展资本主义过程中不可避免地形成了以拜金主义、享乐主义、极端个人主义为实质内容的核心价值体系。社会主义作为崭新的社会制度，从根本上改变了无产阶级和劳动人民的历史命运，在建设新型思想道德文化方面也取得了显著进步。我们在构建社会主义核心价值体系的时候，将四个方面基本内容作为“纲”，四个方面基本内容的展开是“目”。纲目之中，旗帜鲜明、简明扼要，形成对社会价值体系的主导。纲目之下，则可以有巨大的包容：既有厚重的历史传承，也有鲜活的时代内涵，还

有对人类一切文明价值观的学习与借鉴。纲目之下的应用价值体系建设，是全民族的思想道德建设，必须坚持国家主导，但也不是要把任何一个应用价值标准都上升到政治的高度。大众化、普世性，应是应用价值体系的显著特征。

2. 大众价值标准建设要着眼于人们生活的细微

价值观代表一个人对周围事物的是非、善恶和重要性的评价。公道自在人心，这是价值标准。人人都有价值标准，但人们对各种事物的评价，如对“自由、幸福、自尊、诚实、服从、平等”等在心中自有轻重主次之分，这种轻重主次的排列，构成了个人的价值体系。价值观和价值体系是决定人们期望、态度和行为的心理基础。在同一的客观条件下，具有不同价值观的人会产生不同的行为。在同一价值体系下，具有不同轻重主次价值观的人，也会产生不同的行为。

每一个人都必须经历成长过程，每一个人都必须担当多重社会角色，在他成长的各个阶段，在他面对多重社会要求担当多重社会角色时，他的为人处事每时每刻都在进行和接受着社会的价值评判和约束。因此，在核心价值标准引领下构建贴近群众生活的应用价值标准，不妨从细微处着眼。

对同一事物，由于人们所处位置不同，看问题的角度不同，会出现不同的价值判断和选择，只要不与我们这个社会的核心价值相抵触、相对抗，都应当是被允许的。应用价值标准的全社会覆盖，就是要让全社会都明白事理，形成对是非、好坏、爱憎的价值判断和选择，即使有些人对事理明白但做不到，羞愧感也是一种对人生的矫正和鞭策，比不明白事理要好。

三、努力构建覆盖全社会的大众价值体系

1. 大众价值体系里面也有核心价值观

我们把社会主义价值体系分为核心价值体系和大众价值体系两个层次。在大众价值体系里面，每一个个体、群体，也都有自己的核心价值观。个体、群体的核心价值观在某些基本准则上与社会主义核心价值体系中的内容相同，而正是这种相同、相通、相融，使得社会主义价值体系是浑然一体的。构建覆盖全社会的大众价值体系，要抓住核心价值观这个关键，有了个体或群体的核心价值观，也就具有了覆盖全社会的大众价值体系的基本网络全息图。

无论是一个企业、一个学校，还是一个独立的个体，都有他自己的核心价值观。就构建中华民族的价值观而言，其核心价值观必须由普世的理念和原则支撑起来，必须建立在民族优良文化传统之上，必须满足政党政治的需求，必须拥有崇高的精神因子，必须将历史的厚重与时代的要求结合起来，必须以建设富强民主文明和谐的社会主义现代化国家为崇高目标，因而必须突出强调“爱国、奉献、节俭”，“民主、公平、正义”，“宽容、互助、和谐”这样一些价值准则。

2. 应用价值体系建设要从娃娃爱心抓起

应用价值体系建设是一个过程。在这个过程中，娃娃和娃娃爱心的培养是一个起点。孩提时代是一个人世界观、价值观、人生观形成的关键时期，构建应用价值体系必须首先从娃娃抓起，从娃娃的爱心抓起。小孩在他开始面对这个世界的时候，最需要的就是“爱”，这也是这个时期最主要的教育内容。“爱”的教育是任何一个人都不可缺失的，对青少年乃至对全社会而言，构建应用价值体系，就是要从“爱”开始，再逐步扩展到社会生活的各个领域。这是人的成长过程与价值体系形成过程的有机统一。当然，不同的人，对“爱”的体验、要求不同，我们不需要用同一个标准去束缚。事实上，正是多种多样的“爱”的教育，才能将“爱”的理念记在心间，才能去践行“爱祖国、爱社会主义、爱中国共产党”的大爱，才能去向往“人人相亲、人人平等、天下为公”的仁爱，才能去追求“与邻为伴、与邻为善”，“协和万邦、海纳百川、有容乃大”的博爱。

3. 建设覆盖全社会的应用价值体系要以社区基层为重点

创建贴近群众生活的应用价值体系，城市、农村、机关、部队、学校和企业都是主体，而且其创建成果会影响整个社会。但我们必须同时认识到，过于单纯的应用价值标准往往难以适应复杂的社会生活。而社区是社会的缩影，以社区基层为重点制定贴近群众生活的应用价值标准，形成和谐文化，有许多便利之处。以目前的情况看，人们居住地带有很强的群体性特征，不同收入标准、不同工作性质、不同学历背景、不同地域来源等等自身条件不同的人们都会选择和自己条件相近的居住地来居住。只要认真研究本社区成员的特点，广泛征求成员的想法，就可以制定出一系列比较有针对性的应用价值标准，形成应用价值体系。

目前，我国经济社会和文化发展日新月异，体制改革、结构改革都在不断加深，生活方式、利益分配方式等等都发生了巨大变化，区域、城乡等等特征不断冲撞和融合。这一切在使人们的价值观念和思想活动获得巨大活力的同时，也使人们的各种观念发生了巨大碰撞，每个人都在变化的大潮中不断寻找自己的位置，不断寻找发展的机会。在这种情况下要想使每一个人都接受核心价值体系所蕴含的理念，就必须研究他的心理，创造多种途径和机会使社区成员亲身体验和实践应用价值标准，用他能接受的语言、能接受的方式来教育他，这样才能有更好的效果。

（作者：海南师范大学教授，海南省邓小平理论和“三个代表”重要思想研究中心常务副主任）

建设社会主义核心价值体系必须高扬民族精神和时代精神的旗帜

王　岩

马克思主义认为，作为社会意识的崇高发展和本质体现，社会的精神文化的性质与状态必将对社会生活诸领域产生巨大的实践指导作用。党的十六届六中全会通过的《中共中央关于构建社会主义和谐社会若干重大问题的决定》（以下简称《决定》）高屋建瓴地把“马克思主义指导思想”、“中国特色社会主义共同理想”、“以爱国主义为核心的民族精神和以改革创新为核心的时代精神”以及“社会主义荣辱观”作为社会主义核心价值体系的基本内容，这对于巩固马克思主义在意识形态领域的指导地位，形成全民族奋发向上的精神力量和团结和睦的精神纽带，团结、引领全体社会成员在思想上、道德上共同进步，具有重大的意义。胡锦涛同志所作的题为《高举中国特色社会主义伟大旗帜，为夺取全面建设小康社会新胜利而奋斗》的十七大报告，进一步总结了社会主义核心价值体系的基本内容，从科学世界观的高度向世界宣告了当代中国和谐社会建构的意识形态性质和主导价值诉求。社会主义核心价值体系作为时代孕育的崇高精神，必将激发起其价值理性的内在驱动力，并转换为强大的实践精神，实现其价值理性和工具理性的有机统一，对社会主义和谐社会的建构起到支撑和推动作用。

一、社会主义核心价值体系是当代中国的主流意识形态和主导价值

作为社会存在的内在精神，核心价值体系

是社会意识的本质体现。党的十六届六中全会提出了建设社会主义核心价值体系，并从核心价值体系的"灵魂"、"主题"、"精髓"和"基础"四个方面，全面阐明了我国社会主义制度的思想根基和意识形态的性质。

江泽民同志指出，一个民族、一个国家，如果没有自己的精神支柱，就等于没有灵魂，就会失去凝聚力和生命力。胡锦涛同志多次指出，要增强"民族精神"，巩固"精神支柱"，形成"共同理想信念"，这是一个党、一个国家、一个民族赖以存在和发展的根本前提。因此，一个社会占统治地位的思想，是一个时代的精神的象征，"如果从观念上来考察，那么一定的意识形式的解体足以使整个时代覆灭。"社会主义和谐社会既是社会主义的本质属性，也是社会主义的价值追求和理想目标。构建社会主义和谐社会的时代任务，要求全社会最大限度地形成主导价值共识和社会思想共识，以奠定社会和谐的思想根基，从而引领社会思潮，尊重差异，包容多样，求同存异，引导人们超越民族、城乡、地域以及社会阶层等方面的差异，增强社会成员的归属感和向心力，促进整个社会的团结和稳定。因此，要积极倡导和大力践行这一核心价值体系，坚定不移地坚持马克思主义的指导地位，弘扬民族精神，舒展爱国情怀，领悟时代风范，追求改革创新，知荣明耻，崇德尚礼，为实现中国特色社会主义的共同理想而共同奋斗。只有这样，才能确保党领导下的各项建设事业在社会主义的前进道路上又好又快地发展。

可见，就当代中国价值观建设而言，社会主义核心价值体系是最核心、最重要的部分，是引领社会思想道德建设的一面旗帜，决定着中国特色社会主义的建设道路，彰显着社会主流意识形态的发展方向和主导价值观的内在要求。

二、民族精神和时代精神是社会主义核心价值体系的精髓

在社会主义核心价值体系的有机整体中，以"爱国主义"与"改革创新"为核心的民族精神和时代精神是社会主义核心价值体系的精髓。

胡锦涛同志指出，民族精神是我们民族的生命力、凝聚力和创造力的不竭源泉。在五千多年的发展中，中华民族积淀下来的是博大精深、影响深远持久的民族文化，形成了以爱国主义为核心的团结统一、爱好和平、勤劳勇敢、自强不息的伟大民族精神。这一精神已经深深地融入我们的民族意识、民族品格和民族气质之中，成为各族人民团结一致、共同奋斗的价值取向。这是中华民族五千年来生生不息、奋发进取的强大精神动力，也是中国人民在未来的岁月里薪火相传、继往开来的强大精神动力。

伴随着中华民族迈向现代化的雄健步伐，一种勇于改革、敢于创新的时代精神正在神州大地激越弘扬。这是一个奋发向上的民族所应有的民族意识，是一个古老的民族迎接时代挑战所应有的民族品格，是一个强大的民族屹立于世界民族之林所应有的民族气质，更是一个昂扬向上、与时俱进的民族精神的时代凸显。一个民族要在当今激烈的综合国力竞争中占据一席之地，就必须勇于改革，敢于创新。以改革创新为核心的时代精神，是马克思主义与时俱进的理论品格、中华民族富于进取的思想品格与改革开放和现代化建设实践相结合的伟大成果，已经深深地融入我国经济、政治、文化、社会建设的各个方面，成为各族人民不断开创中国特色社会主义事业新局面的强大精神力量。在中国革命和建设的各个历史时期，先后形成了井冈山精神、延安精神、铁人精神、雷锋精神、"两弹一星"精神等一系列闪烁着时代光辉的伟大精神，影响和激励着一代代中国人，深刻地改变了一个时代的面貌。

伟大的时代需要伟大的精神，伟大的时代需要树立全社会的共同理想和精神支柱。作为社会主义核心价值体系精髓的民族精神和时代精神，在历史上是中华民族赢得民族独立和解放的力量源泉，在现时代是中华民族抓住机遇、加快发展、实现中国特色社会主义共同理想的强大精神动力。在建设社会主义和谐社会的今

天，我们必须弘扬这种精神，使社会主义核心价值体系既深深扎根于民族精神的丰厚沃土，体现出浓郁的民族特色，又紧跟时代潮流，沐浴人类文明的阳光雨露，体现出鲜明的时代特征。

三、民族精神和时代精神与社会主义核心价值体系其他内容的关联与相互促进

社会主义核心价值体系四个方面的内容是一个相互联系、相互贯通、相互促进、有机统一的整体。作为其精髓的民族精神和时代精神必然与其他三个方面的内容有着内在的、本质的和逻辑的联系，使民族精神和时代精神在实践理性的深度拓展中得到有机的升华。

作为中华民族五千年来生生不息、继往开来的强大精神动力，以爱国主义为核心的民族精神和以改革创新为核心的时代精神，必然要在建设中国特色社会主义的伟大实践中具有鲜明的意识形态特征。马克思主义指导思想的优先地位是不容置疑的，历史一再表明，马克思主义是人类共同的精神财富，其历史性、民族性、时代性特征和与时俱进的理论品质，是我们正确认识世界和改造世界的强大思想武器。只有坚持马克思主义在核心价值体系中的指导作用和灵魂地位，新时代的民族精神和时代精神才能体现其科学的内涵和理性的特征，才能把握其正确的方向和鲜明的本质，才能真正升华成为核心价值体系的精髓。同时，在中国特色社会主义建设的伟大实践中，马克思主义也只有融入中国的历史和时代之中，从博大精深的民族文化和改革创新的时代精神中汲取营养和内涵，才能真正实现其与时俱进的理论品质，显示出强大的时代性和生命力，实现马克思主义的中国化。

民族精神和时代精神只有与全体社会成员的共同理想相结合，才能具有明确的目标指向和现实的实践意义，才能在社会成员的自觉行动中彰显出强大的精神动力。在新的历史时期，全体社会成员的共同理想就是在中国共产党的领导下，走中国特色社会主义道路，实现中华民族的伟大复兴，为全体社会成员创造美好幸福的生活。这也是社会主义核心价值体系的时代主题。民族精神只有升华为时代精神，才能使一个民族始终走在时代前列；时代精神只有生根于民族精神，才能转化为催生民族向上的不竭动力。为了这一共同理想，中国特色社会主义的伟大事业必然成为新时期爱国主义的主题。江泽民同志指出，在当代中国，爱国主义和社会主义在本质上是统一的。为了实现共同理想，改革创新、创业创优、科学发展的进取精神必然成为新时期时代精神的核心，从而为新时期的民族精神和时代精神赋予崭新的内涵和现实的基础，使之达到高度的融合与统一，滋生出强大的感召力、亲和力和凝聚力，成为伟大事业的强大精神动力。

民族精神和时代精神只有以全体社会成员的道德修养和思想素质为基础，才能为全体社会成员确立主体行为的道德保障，为民族的和时代的精神树立鲜明的主体道德原则。以“八荣八耻”为主要内容的社会主义荣辱观，囊括了爱国主义、集体主义、社会主义和社会风尚的本质要求，是与社会主义市场经济相适应、与社会主义法律规范相协调、与中华民族传统美德相承接、与改革创新的时代精神相呼应的基本道德原则，是社会主义思想道德体系全面系统、准确通俗的表达，体现了鲜明的时代精神和人民群众创造历史的实践特征，是民族精神和时代精神的统一。坚持把民族精神和时代精神与社会主义荣辱观相融合，就能更好地体现核心价值体系所彰显的对真善美的崇高而纯粹的追求，使得社会成员在纷繁复杂、价值多元的时代里明白应该坚持什么、反对什么、倡导什么、抵制什么，从而在弘扬民族精神和时代精神的过程中成为塑造社会主义公民的精神指导，为公民道德建设树起新的标杆。

四、“三创”精神是民族精神和时代精神的具体体现

当今社会，精神文化引领着社会发展方向，

民族精神和时代精神的力量已经深深熔铸在整个社会发展的凝聚力、创造力和竞争力之中，是社会发展的动力源泉。它与经济发展和政治建设相互交融，在综合实力竞争中的地位和作用越来越突出。以艰苦创业、开拓创新、争先创优为特色的“三创”精神，是新时期人文精神的鲜明特质，是民族精神和时代精神的具体体现。

1.“三创”精神与社会主义核心价值体系具有总体上的内在一致性。“三创”精神的实质就是引领着作为实践主体的全国人民，高举马克思主义伟大旗帜，在民族精神和时代精神的感召下，践行社会主义荣辱观，开创中国特色社会主义的伟大实践。正是在这个意义上，“三创”精神必然成为社会主义核心价值体系的题中应有之义，两者在总体上是统一的。

2.“三创”精神尤其突出地体现了民族精神和时代精神的本质要求。新时期民族精神的本质要求，就是广大社会成员献身于社会主义现代化建设，实现中国特色社会主义的共同理想。为此，改革创新已成为我们当今时代的最强音，成为新时期时代精神的崭新内涵。在这里，民族精神与时代精神达到了高度的融合与统一，成为社会主义核心价值体系的精髓。

3.“三创”精神是对民族精神和时代精神的延伸拓展。作为社会主义核心价值体系精髓的民族精神和时代精神是中华民族生存和发展的精神动力，对民族的生命力、创造力和凝聚力产生了极为重要的作用。同时，作为一个精神总纲，它必然昭示着人们在领会和践行这一精神时所应采取的与时俱进和因地制宜的态度。

可见，作为全国人民在实现共同理想的伟大实践中形成的精神素质和时代风尚的凝聚和升华，“三创”精神汲取了负重奋进、开拓创新的人文精神的精髓，它不仅体现了民族精神和时代精神的本质要求，而且从具体的实践精神中丰富了民族精神和时代精神的内容，使之具有了更加具体、明确的价值导向，鲜活、生动的民族特征以及朴实性和人民性的时代特征，在一定程度上延伸和拓展了民族精神和时代精神的内涵，从而成为新时期民族精神的核心，成为社会主义核心价值体系的具体体现。

五、在践行“三创”精神中彰显社会主义核心价值体系

讲究实践是马克思主义理论的核心命题，尚务实、戒空谈是中华民族的文化传统。“三创”精神作为马克思主义理论创新成果的重要文化载体，鲜明地体现了社会主义核心价值体系实践探索中的理论旗帜和灵魂统摄作用。创业则兴，守业则亡；创新则进，守旧则灭；创优则胜，庸常则败。“三创”精神以其特有的内涵为我们弘扬社会主义核心价值体系作出了时代的注解。

1. 在创业实践中彰显社会主义核心价值体系的要求。创业，在中华文化中具有“修身齐家治国平天下”的崇高志趣，体现着规整人生目标、反映人生价值、实现社会责任的远大理想。在今天，创业的实质就是要以创造的精神去实现中国特色社会主义的宏图大业和共同理想，这是社会主义核心价值体系的时代要求。

2. 在创新探索中彰显社会主义核心价值体系的要求。创新是发展之源，作为时代精神的核心内涵，创新的实质就是要求我们在实现中国特色社会主义共同理想的过程中思想解放、敢干敢变、推陈出新、与时俱进，这与社会主义核心价值体系的精神实质是一脉相承的。

3. 在创优追求中彰显社会主义核心价值体系的要求。创优的实质是超越。创优，就是要求我们在实现中国特色社会主义共同理想的过程中争先进位、勇于攀登、争创一流，这是民族和时代精神的呼唤，是社会主义市场经济价值取向的内在要求，更是全体社会成员实现理想和追求应有的道德品质。

构建社会主义和谐社会是一个开拓奋进、创新发展的征程，是一个不断实践、不断升华的征程，更是一个经济发展与精神弘扬相映生辉的征程。社会主义核心价值体系直面全局，“三创”精神直面发展，是集全民之智、举全民之力

的思想总动员。“三创”精神与社会主义核心价值体系融合互动，将带来新一场的思想洗礼，奏响新一轮的华彩乐章，成为当代中华民族在建设中国特色社会主义大业中实干兴邦的最强音符。

（作者：南京航空航天大学人文学院院长、特聘教授、博士生导师，江苏省马克思主义中国化研究中心特聘研究员）

以三大核心价值观的确立推进社会主义核心价值体系建设

公方彬

党的十六届六中全会和党的十七大，都把建设社会主义核心价值体系作为繁荣社会主义文化，建设和谐社会，巩固社会思想道德基础的重大工程。胡锦涛总书记在全国宣传思想工作会议代表座谈会上又突出强调：“以更深刻的认识、更开阔的思路、更有效的政策、更得力的措施，着力建设社会主义核心价值体系。”如何才能深化认识、开拓思路，以有力措施保证社会主义核心价值体系建设有效推进？笔者认为恰当的着力点和正确的突破口很重要。

确立核心价值观是建设社会主义核心价值体系的着力点和突破口

核心价值观是整个价值体系中最基础、最核心的部分，是一个人、一个集团乃至国家和民族长期秉承的一整套根本原则。它从深层次稳定而又恒久地影响着个体或群体的思想观念与价值取向。核心价值观是无形的，并且不具有强制力，但当其为主体所接受，就会进入无意识，进而成为内在的支撑和左右价值判断、行为取向与行为准则的强大影响力。一般来说，一个社会的价值观是多元的，但核心价值观只能是一元的。

一定社会的核心价值观，渗透于经济、政治、文化、社会等方方面面，深刻反映于国家的政策、制度、法律，及其道德和行为规范之中。历史证明，只有立身于人类文明制高点上的核心价值观，才能带来民族的跃升，落后的和扭曲的核心价值观，只会把一个民族和社会导入误区。所以，核心价值观的沦落，往往意味着一个阶级、一种制度或一种文明形态的衰落。同样，一种新型核心价值观的确立，则意味着一种新文明的崛起。一个国家如果没有核心价值观的支撑，一个时期表面的经济繁荣可以出现，但不可能长期持续下去，因为核心价值观的缺失，最终要反映到现实生活中来，并逐渐演化为精神危机，甚至是社会危机。

如果从核心价值观上认识社会主义核心价值体系，该由哪些核心价值观构成一个体系呢？我们认为要包括三大核心价值观：中华民族的核心价值观、中国共产党的核心价值观、中国人民解放军的核心价值观。其中，民族核心价值观是基础，党的核心价值观是骨干，军队的核心价值观是重要支持。

确立三大核心价值观的现实意义

核心价值观对于全社会的价值选择、价值追求具有导向作用，对不同类型、不同层次的价值观具有整合作用，对社会意志和力量具有凝聚作用，对塑造民族精神境界具有奠基作用，对民族的崛起具有支撑作用。因此，确立三大核心价值观有着很强的现实意义。

第一，实现共同理想，保证社会和谐的需要。建设和谐社会是我们的奋斗目标，社会要实现和谐，并不仅体现于对多元价值观的宽容，还需要在多元价值观中塑造主流精神和核心价值观。目前存在于社会中的信仰失重、行为失规、道德失范、心理失衡，根本原因之一是大众没有深及灵魂、溶于血液、永恒不变的价值标准和精神追求。由此，要凝聚社会共同意志和精神力量，形成共同追求，就政治集团而言，需要共同的信仰，就整个社会或全民族而言，需要主流精神和核心价值观。

第二，强化民族精神，支撑民族崛起的需要。回顾人类的发展史，每一大国崛起之时，由于打破了既有的国际格局和运行秩序，导致政治生态发生巨变，因而使一些国家产生多方面的不适，甚至是心理上的抗拒和排斥，这也是每一大国崛起之时，往往引发战争的重要原因。在中华民族崛起过程中，要避免“中国威胁论”成为阻抑中国前进的力量，一方面是西方国家必须放弃冷战思维，另一方面是我们的核心价值观要与世界接轨，要找到交集点。这一点在大国博弈已经进入以核心价值观为中心内容的时代更为重要。正如有人说，三流国家输出产品，二流国家输出标准，一流国家输出价值观，一个不能输出价值观的国家不能称之为大国，更不敢言引领世界潮流和文明走向。我们必须善于运用世界熟悉的语言和方式来传播我们的核心价值观，最大限度减少磨擦，提升我国的软实力。

第三，繁荣社会主义文化，提升国民人文素养的需要。长期以来，我们在思想文化领域投入了大量的人力物力和财力，但效果并不理想，原因是多方面的，其中很重要的一点是缺少永恒不变的东西。比如，就各个时期开展的某一思想文化建设而言，都是完备的必要的，但相互间缺少关联和支持，难以形成互动和放大效应，有时甚至存在着抵触和消解作用。这样，花的力气不小，效果难求理想。所以说，惟有确立核心价值观，民族文化尤其是精神创造才会有骨干和建设的基础，才会成就为巍峨的大厦，而非化作文明的碎片。从提升民族人文素养来看，确立核心价值观也十分重要。假如国家的发展带来的不是国民人文素养的提升，而是极端民族主义泛滥，那么这个发展就是有限的。

确立三大核心价值观的原则和具体表述

(一)民主、平等、公正、互助——支撑中华民族崛起的核心价值观。确立中华民族核心价值观应坚持何种原则？第一，普世性原则。既然大国的崛起是文明的崛起，是人类文明制高点上的运动，那么，将整个人类文明积淀下来的最具普世意义的价值准则结合进去，十分必要。第二，民族性原则。由封闭到开放，由农业文明走向工业文明的中国社会，需要构建新的与时代背景相适应的核心价值观，这个核心价值观必须建立于民族文化传统之上，而不是奠基于外来文化。第三，政治性原则。在一个价值观念多元的社会要形成主流精神与核心价值观，没有执政党的倡导和推动是难以想象的。所以说，民族核心价值观的确立，一定不能脱离执政党的执政理念。第四，崇高性原则。核心价值观是一个民族思想文化和精神世界的综合反映，是一个民族净化灵魂走向卓越的重要途径。只有信仰信念和公共道德范畴的价值追求，或者说只有精神世界的追求，才具有广泛的号召力。也就是说，民族核心价值观只能崇高，不能媚俗。第五，时代性原则。强烈的时代呼唤必然建立于社会需求或重大缺失之上，尤其是能够成为大众的共同要求，必定具有普遍意义，因为纯粹利益的分配和获取会涉及某个集团和阶层，尤其是利益分配往往在政策调整过程中改变群体的参与，才会成为时代的最强音，才会使人产生不达目的不罢休的强烈意识。

在坚持以上原则的基础上，我们把中华民族的核心价值观概括为：民主、平等、公正、互助。民主是普世的价值准则，是人类共有的文明成果，不独享于某个国家、民族和政党。正因如此，民主法治是和谐社会的首要特征。平等也是普世的价值观，是共产党执政的法理基础。当今时代，平等已经成为证明一个民族和社会文明进步的基本指标，成为全人类的共同价值追求。平等的内涵很丰富，包括人与人的平等，国家与国家的平等，民族与民族的平等，文明与文明的平等。公正即为公平和正义，它是人类社会文明进步的标志，也是我们党倡导的和谐社会的基本构成所在。人类发展史一再证明，当一个社会仅有效率，而缺乏公平和正义，这个社会再富有，物质生活水平再高，都不会产生真正的意义，并且这种效率也不会持久。互助是一种最朴素的不经修饰的行为，同时它又必然折射出人类的美德。互助是天性使然，并经社会改造，这种天性伴随于人类发展始终。互助既是人性的体现，同时也是社会主义制度的体现，因而必然地要进入核心价值观的范畴。

(二)民主、法制、勤政、为民——奠基中国共产党执政基础的核心价值观。确立党的核心价值观应坚持的原则：第一，政治性原则。政党是政治斗争的产物，因此，用以指导思想和行为的核心价值观，必然体现和反映着政党的理论基础、执政理念、执政目标和基本任务。第二，人民性原则。依照现代政治理念判断问题，政党实质上是“一个通过选举获得公职以求控制统治工具的团体”，因而必须获得民众的广泛支持，否则便无以获得坚实的执政基础。第三，传承性原则。传承性并不仅仅反映于政党政治理念的传承，还包括从更基础上支撑党的思想的民族文化。第四，时代性原则。执政党有引导和塑造社会价值取向的职能，同时也有适应时代变化的要求，二者之间只有有效互动，才会产生符合支撑中华民族崛起的满足执政党执政需要，得到社会大众认同的核心价值观。第五，稳定性原则。坚持稳定性原则，并不意味着党的理想信念和理论不能作任何的调整，我们党同样是随着科学的发展，随着人类发展规律的变化而不断加深认识，但是终极目标方面，如果总是处于变化中，内聚力、向心力必然会弱化。

在以上原则的规定下，党的核心价值观可以概括和抽象为：民主、法制、勤政、为民。民主和法制是执政方式和途径，勤政和为民是对执政集团成员的要求。更为具体分析，民主是关键，法制是前提，勤政是要求，为民是目的。强调民主，是因为中国共产党的执政权来自人民的委托，由此决定着党和人民皆为执政主体，其政治地位关系是平等的，既然是平等的，民主执政便具备了坚实的基础，同时也决定着我们党必须实行民主执政。强调法制，突出反映在中国共产党实现立党为公、执政为民不能仅仅停留在政策层面，更应当体现为制度安排，并把依法执政作为实现好、维护好、发展好广大人民利益和需要的重要途径。所以，依法执政就成为党执政的根本要求。强调勤政，是因为现阶段提高执政能力、巩固执政地位、完成历史使命，突出表现在努力为人民做实事，做好事，其要义便是勤政。强调为民，在于为谁服务是一个根本问题，因为主体是谁，意味的就是党要为谁服务，就要代表谁的利益，在此基础上产生评价尺度。一定意义上，一个政党的工作根本的是为什么和为了谁。

(三)使命、忠诚、纪律、牺牲——当代中国军人的核心价值观。我军的核心价值观应奠基于何种理论支持之上，该如何抽象和概括？我们认为，应奠基于政治性、崇高性、时代性、功用性、民族性和普遍性。关于政治性。我军与西方国家的军队相比较，一个突出特点是对政治素质有更高的要求。尽管西方国家的军队本质上并没有脱离政治，因为任何军队都必须为国家和这个国家实行的政治制度服务，但表面上却是要求军队国家化，且不允许政党在军队中活动。我军一直是将自己定位为党和人民的军队，明确规定坚持党对军队的绝对领导。关于崇高性。从人类社会的发展规律及其表现来看，能够使人不计代价勇于赴汤蹈火的只有信仰和信念，即只有精神世界的圣洁才会带来强大的精神引导力，才能使人勇于面对死亡。关于时代性。将一个时代的目标任务和要求反映到核心价值观中来，是核心价值观产生现实价值的基本条件。关于功用性。我军是党绝对领导下的、为实现政治任务服务的武装集团，我们不可能还有超出国家和民族利益之外的独立任务，这支军队唯有坚持其功用性，定位于功用性，自觉服从于功用性，才能避免历史上出现过的以军权压党权的沉痛教训。关于民族性。在中华民族的历史长河中，有一种道德品质十分突出地存在着，这就是义，是杀身成仁，是为国可以忘我忘家。因此，涌动在民族血液中的优秀文化因子与精神特质，应当在当代军人的核心价值观中反映出来。关于普世性。军队拥有许多共有的东西，善于借鉴他人的优差精神要素有利于我们的提高。所以，构建我军的核心价值观，同样需要吸取世界军队建设史上积淀下来的能够为我所用的优秀精神因子。

在以上原则的规定下，我们可以将当代中国军人的核心价值观概括为：使命、忠诚、纪律、牺牲。使命与忠诚解决的是政治和社会属性问题，纪律和牺牲解决的是军事和职业属性的问题。进一步区分，使命是核心，忠诚是前提，纪律是条件，牺牲是要求。强调使命，在于新的历史阶段，我军的职能任务在内涵外延上都有了新的发展，突出表现于党中央、胡主席赋予我军新的历史使命。能否很好地履行这一使命，直接决定着这支军队的性质、历史定位和价值实现。强调忠诚，在于只有“忠于党，忠于人民，忠于国家，忠于社会主义”，我军才有存在的价值，才能在任何情况下都能保证发挥强大的战斗力。强调纪律，是因为纪律乃军队的生命，是战斗力生成的重要源泉，只有把纪律作为核心价值观来看待，来遵循，才能保证更深刻地弄清我军的政治品质与努力方向。强调牺牲，在于军人的牺牲是无条件的和最为彻底的，只有将牺牲作为自己的天职和灵魂的军队，才是不可战胜的。

（作者：中国军事科学院军队政治工作研究所副所长、教授）

社会主义核心价值体系在当代中国文化发展中的引领作用

周中之

社会主义核心价值体系是建设和谐文化的根本，是社会主义意识形态的本质体现。在建设中国特色社会主义的事业中，必须加强社会主义核心价值体系建设。在当代中国多样化文化的发展中，各种社会思潮汇集到一点上，就是中国举什么旗、走什么路的问题。社会主义核心价值体系明确地回答了这一问题。中国特色社会主义理论继承和发展了马克思主义，是马克思主义中国化的最新成果，同时反映了亿万中国人民的根本利益。高举中国特色社会主义旗帜，走中国特色社会主义道路，就能凝聚人心、凝聚力量。当然，社会主义核心价值体系作为主流意识形态，在文化发展中必须处理好它与非主流意识形态的关系。在和谐文化建设中，主流意识形态要发挥主导的作用，但也不能代替非主流意识形态的作用。主流意识形态和非主流意识形态要良性互动，共同发展。

一、全面理解社会主义核心价值体系在文化发展中的引领作用

社会主义核心价值体系在文化发展中占有重要地位，但这种地位是在引领中实现的。如

何理解这种“引领”？需要我们从历史和现实、理论和实践两方面完整地把握，特别是要突出以下三方面：

1. 社会主义核心价值体系引领作用的提出是继承和创新的统一

20世纪50年代，毛泽东在《关于正确处理人民内部矛盾的问题》中提出，必须贯彻“百花齐放，百家争鸣”的“双百”方针，才能更好地繁荣和发展我国的文化事业，同时他又进一步提出了在政治生活中判断言论和行动的“六条是非标准”。这六条标准包含“规范”的意义，同时也或多或少地蕴含着“引领”的意义。

20世纪70年代末，邓小平提出了在思想政治建设上必须坚持“四项基本原则”，这“四项基本原则”是毛泽东“六条是非标准”的继承和发展。20世纪90年代以后，江泽民又提出了“主旋律”和“先进文化”的概念，他认为：“唱响社会主义文化的主旋律，坚持为人民服务、为社会主义服务，实行百花齐放，百家争鸣，是发展先进文化必须贯彻的重要方针。”在这里，具体涉及了“主旋律”与“非主旋律”的问题、“先进文化”与“非先进文化”的问题。认真思考一下，不难看出，文化多样化的前提已蕴含在前提中，同时更重要的是“主旋律”有“主导”的含义，“先进文化”的理论论述中强调“以科学的理论武装人、以正确的舆论引导人、以高尚的精神塑造人、以优秀的作品鼓舞人”，直接有“引领”的内容。

胡锦涛提出的“用社会主义核心价值体系引领社会思潮”是重要的理论创新，是中国特色社会主义理论的继承和发展。换言之，这一理论创新与毛泽东的“百花齐放，百家争鸣”的“双百”方针和“六条是非标准”、邓小平的“四项基本原则”以及江泽民的“主旋律”和“先进文化”理论，是一脉相承的。胡锦涛的创新与发展是在文化发展、特别是社会主义意识形态建设中更强调“引领”，将“引领”放在了主要地位。“引领”肯定了非主流意识形态的多样文化的存在和发展，将其纳入主流意识形态的指导、率领下，更好地反映了社会发展的客观要求。

2. 社会主义核心价值体系引领的目标是将其转化为人民的自觉追求

社会主义核心价值体系是社会主义理想信念的直接表达，属于精神信仰层面的东西。精神信仰只有为人民群众所接受才能在社会生活中产生巨大的作用，这也就是说，社会主义核心价值体系引领的目标是要将其转化为人民的自觉追求。这种“自觉”是建立在理性认识基础上的。马克思主义是社会主义核心价值体系的灵魂，它不能停留在象牙之塔中，而要深入回答当代中国面临的重大理论和实际问题，帮助人们认识社会发展的客观规律，在中国特色社会主义的实践中为人民所接受、信仰。可见，社会主义核心价值体系转化为人民的“自觉追求”是与马克思主义大众化结合在一起的。为了达到这一目标，马克思主义大众化的内容、形式和方法必须强调“三贴近”的原则，即贴近实际、贴近生活、贴近群众。对群众所关心的重大现实问题必须给予充分的关注，对其中蕴含的重大理论问题必须认真加以研究。

当然，在文化的发展和繁荣中，要实现社会主义核心价值体系转化为人民的自觉追求的目标，不仅要解决意识形态层面的问题，而且要解决审美情趣等个人修养层面的向题，前者主要涉及马克思主义指导思想、中国特色社会主义共同理想等问题，后者往往涉及荣辱观等问题。在当前的文化建设中，社会主义核心价值体系对一些敏感的政治问题导向比较有力，底线比较清楚，执行也比较坚决，但在审美情趣等方面，情况比较复杂。如何在审美情趣上坚持社会主义核心价值体系的导向，使社会主义荣辱观成为人民的自觉追求，是文化建设中的一个突出问题。

3. 社会主义核心价值体系的引领作用是在尊重差异、包容多样和抵制错误思潮的统一中实现的

文化的发展和繁荣依赖于多样化，没有多样化就没有文化的发展和繁荣。各种文化形式植根于不同的文化土壤，各种文化内容与不同的文化渊源相联系。即使是同一种文化形式和内容，不同的人在表达中也有不同的特点，这是不以人的意志为转移的。社会主义核心价值体系在文化发展引领中，要尊重差异、包容多样。这是对客观事实和文化发展客观规律的尊重。不同形式、不同内容、不同风格的文化各有所长，也各有所短，多样文化在满足不同群体的精神文化需求的同时，它们之间的相互交融也体现了文化的繁荣，推动了文化的发展。

社会主义核心价值体系的引领作用是在尊重差异、包容多样和抵制错误思潮的统一中实现的，它必须在一定的底线基础上对不同的文化现象加以区别对待。在全球化的背景下，国外的文化大量地进入了开放的中国，我们必须尊重其他国家的民族文化，使其在中国多样化的文化生活中占有一席之地，但同时对于外来文化中错误和腐朽的思想必须加以抵制。作为现实生活中的文化生态，不可能纯而又纯。要通过社会主义核心价值体系的引领，使人们通过比较、分析和鉴别，自觉抵制错误和腐朽的思想，缩小其空间和影响力。

二、实现社会主义核心价值体系在文化发展中引领作用的有效途径

落实社会主义核心价值体系在文化发展中的引领作用，不仅要解决认识问题，更重要的是解决操作性问题，要积极探索发挥这种引领作用的有效途径。毛泽东同志说："我们的任务是过河，但是没有桥或没有船就不能过。不解决桥或船的问题，过河就是一句空话。""桥"和"船"就是方法和途径。在新的形势下，社会主义核心价值体系在文化发展中引领作用的有效途径应该强调以下三方面：

1. 社会主义核心价值体系引领作用的有效性是建立在接受和认同基础上的，只有接受和认同了社会主义核心价值体系，才能有效发挥其作用

在当代中国的现实背景下，民族文化和民族精神具有最大的可接受性。以弘扬民族精神为突破口，才能更好地实现社会主义核心价值体系引领的有效性。

从理论和逻辑上分析，一个人总是生活在一定的民族文化氛围中的，无形中已接受了民族精神的熏陶，民族精神中所蕴含的价值观念已融化在血液中。在此基础上建立核心价值体系，有着接受和认同的先天优势。此外，经济全球化使各民族文化相互激荡，各民族只有在加强对自身文化认同的基础上才能实现其民族的自身发展。中华民族文化以其悠久的历史、独特的形态在世界上占有重要一席。对民族精神的认同，是中华民族自立于世界民族之林的需要，它反映了中国人民的意志和愿望，因而有着更大的可接受性。

从操作上分析，民族精神教育有着丰富的资源。从历史到现实，从物质资源到精神资源，应有尽有。在总结思想政治教育的经验时不难发现，空洞的、教条式的思想政治教育在日益丰富的社会生活面前显得苍白无力，难以受到人们的欢迎，教育效果可想而知。社会主义核心价值体系要有效发挥引领作用，就要通过具体的、感性的载体，寓教于乐，将抽象的原则转化为人们的自觉追求。而从民族文化入手，以弘扬民族精神为突破口，是一个不错的选择。

在中国这样贫穷落后的国家里，无论是革命时期还是建设时期，从民族文化和民族精神中都可以孕育出社会主义的价值取向，因为只有社会主义才能救中国，也只有社会主义才能发展中国。在民主革命时期，一大批热血青年正是从抗日救国的追求中接受和认同了社会主义的理想信念。民族精神所展现的巨大凝聚力是任何其他力量所难以企及的。从接受和认同民族精神，到接受和认同社会主义核心价值体系，这是发挥社会主义核心价值体系引领作用的有效途径。

当然，中国的发展离不开世界，弘扬民族精神也要处理好中华民族与世界其他民族的关系，反对狭隘的民族主义。改革开放以来，中国的跨越式发展震动了世界。但中国的发展是和

平的发展，有利于中国人民，也有利于世界各国人民，决不会对其他国家构成“威胁”。弘扬民族精神和加强与各国人民的和平相处、建设“和谐世界”是可以统一起来的。

2. 社会主义核心价值体系引领作用的有效性需要借助于现代科技手段，特别是互联网的作用

要加强从传统媒体到新兴媒体的平台建设，特别是网络建设，让社会主义核心价值体系渗透到网络文化中，更快、更好地发挥其引领作用。

21世纪的中国，互联网已经走进了千家万户，人们在工作、学习、生活中越来越离不开网络，同时网络对人们思想行为的影响也越来越大。在这样的形势下，社会主义核心价值体系要实现其有效引领，必须高度重视网络这一平台。通过网络实现领导与群众以及社会不同群体之间的相互交流对话，有利于扩大社会主义主流意识形态的阵地，有利于扩大社会主义核心价值体系的辐射力和感染力。胡锦涛总书记今年在网络上与网民亲切交流，代表着中国新一代领导人的新形象，受到国内外舆论的高度评价和人们的广泛欢迎，同时也为社会主义核心价值体系如何更有效地发挥引领作用指出了重要方向。

社会主义核心价值体系要融入国民教育和精神文明建设的全过程，其中青少年是重点。而青年人是网民中的主力军，上网已成为青年人生活中的重要组成部分。因此，社会主义核心价值体系以网络为重要平台，将极大地增强其在青少年中的影响。

3. 社会主义核心价值体系引领作用的有效发挥需要把握当代中国人的心态和人性需求，通过心理疏导和人文关怀，化解人们的心理矛盾，理顺人际关系

当代中国社会主义市场经济的建立和发展，将中国的经济水平提高到一个新的高度，但利益的分化、贫富的差异也带来了一系列的社会问题。这些问题必然要反映到人们的心态上，影响到人们对中国特色社会主义理论和实践的认识和接受。

社会主义核心价值体系必须针对人们思想心理的新特点，积极做好引领工作，通过社会主义荣辱观的引导，扩大先进文化在生活中的影响，培养良好的社会心态和生活情感，尽可能地实现利益的双赢，促进社会的和谐。

社会主义意识形态的吸引力和凝聚力的增强，直接反映了社会主义核心价值体系引领作用的有效性。通过人文关怀，即关心人、尊重人、理解人，才能建立这种吸引力和凝聚力的情感基础，使广大人民从心底里热爱中国特色社会主义。当代中国社会主义不仅要旗帜鲜明地提出“以人为本”的价值取向，还要扎扎实实地予以落实。“以人为本”在实际生活中的贯彻执行，将使社会主义核心价值体系不仅在理性上，而且同时也在情感上被更广大的群众所认同和接受，其引领作用将更有成效。

（作者：上海师范大学法政学院教授、博士生导师，思想政治教育研究所所长）

社会主义核心价值体系的实践品格

陈　静

社会主义核心价值体系是新一届中央领导集体的重大理论创新，是新中国成立以来特别是改革开放30年来意识形态建设历史经验的升华。它来自实践、指导实践、服务实践、发展于实践，彰显出植根实践、与时俱进、指导实践、开放包容的特质，呈现出鲜明的实践品格。

一、形成于实践：核心价值体系缘于30年改革开放的实践

所谓核心价值体系，是指在社会生活中居于统治和引领地位的、反映社会发展内在要求和趋势的、反映统治阶级根本利益的社会价值体系。社会主义核心价值体系这一新的理论概念的形成，有着坚实的实践基础和迫切的现实要求。它体现时代潮流、富有时代气息，是时代呼唤的产物。它与中国特色社会主义的伟大实践相伴而生，与广大人民群众的创造实践紧密相连，从根本上说，根源于中国改革开放30年的伟大实践。

（一）源于社会主义经济体制改革的实践

改革开放30年来，我国经济建设取得了举世瞩目的成就，人民生活总体上达到了小康水平，人均GDP已超过2000美元。随着改革开放的深入和社会主义市场经济体制的逐步建立，我国思想道德建设的经济基础、体制环境和社会条件都发生了深刻的变化。社会经济成分、组织形式、就业方式、分配方式和利益关系日趋多样化，人们思想活动的独立性、选择性、多变性和差异性不断增强。特别是随着以公有制为主体的多种经济成分的出现，必然会滋生反映不同利益主体需求的思想观念，因而价值取向上的多样化就难以避免。在一定意义上讲，价值观的多样化有利于人们解放思想，促进人们在社会实践活动中突破陈规、大胆创新，不断增强社会的创造活力。

但是，市场经济的自身缺陷和消极因素，使一些原本十分清楚的价值观受到了质疑，诚信危机、拜金主义、贪图享乐、自私自利、冷漠无情等现象屡见不鲜，原有的价值理念和道德标准受到了严峻挑战，导致不少人的思想观念出现了困惑、迷茫、盲从。这些问题的出现，损害了社会风气，严重影响了经济社会又好又快发展，对社会主义市场经济造成了严重冲击。在这样的背景下，既尊重市场经济发展的基本规律、有利于市场经济的健康发展，又保持社会主义本质特征与特色的社会主义核心价值体系就应运而生。

（二）源于社会主义政治发展的实践

中国共产党和中国人民在长期实践中，逐步探索并建立起一套适合我国国情的政治制度体系，即人民代表大会制度、中国共产党领导的多党合作和政治协商制度、民族区域自治制度以及基层群众自治制度。坚持党的领导、人民当家作主与依法治国的有机统一，既是走中国特色社会主义政治发展道路最重要、最根本的原则，也是中国特色社会主义政治发展道路区别于其他政治发展道路的本质特征。中国特色社会主义政治发展道路所选择的是渐进式的发展策略。

中国特色社会主义政治发展道路，是中国共产党在创建人民民主专政的国家政权、建立社会主义制度、推进社会主义现代化建设中，走出的一条完全不同于西方民主政治模式、符合中国国情的正确的政治发展道路。要坚持中国特色社会主义政治发展道路，说服不相信中国民主政治发展模式可以最大限度地促进人民当家作主的言论与行为，必须以马克思主义为指导。因为中国特色社会主义政治发展道路是在马克思主义指导下探索出来的，也必须在马克思主义指导下坚持和发展。而作为社会主义核心价值体系灵魂的马克思主义，不仅保证了我国政治发展的正确方向，而且保证了我国政治发展稳定的政治环境和统一的思想基础，是全党全国人民团结奋斗的共同思想基础。

（三）源于社会主义先进文化建设的实践

进入新世纪，国际形势空前复杂，经济全球化趋势深入发展，各种思想文化相互交织、相互激荡，文化软实力在综合国力竞争中的战略地位日益凸显，西方发达国家加紧意识形态的渗透和扩张。在国内，改革发展进入关键时期，经济体制深刻变革、社会结构深刻变动、利益格局深刻调整、思想观念深刻变化，社会意识更加多

样、多元、多变，社会思潮纷繁复杂。在这样的背景下，我们党始终坚持马克思主义在意识形态领域的指导地位不动摇，积极建设社会主义先进文化。

建设社会主义先进文化的重要内容就是建设和谐文化。和谐文化是积极引领社会思潮的主导文化，是大力弘扬主旋律，坚持正确导向，培育社会正气，移风易俗，改造社会，逐步提高全体社会成员文明程度的过程，它内在地包含着对核心价值体系的要求。任何社会都有一种思想处于支配地位，必然要有一个主导全社会思想和行为的核心价值体系。这是社会得以运转、秩序得以维持的基本精神寄托。因此，和谐文化要建立一种占主导地位的道德观念与价值取向，这样才能为人们提供强有力的价值导向，才能引领不同社会阶层、不同认识水平的人们最大限度地形成社会思想共识，促进全社会形成共同的理想信念、道德规范和积极向上的精神文化追求。因此，社会主义核心价值体系的形成，适应了激烈的综合国力竞争和世界范围内思想文化的相互激荡，适应了国内思想文化领域的新变化，适应了建设社会主义先进文化的实践需求。

(四)源于社会主义和谐社会构建的实践

中国特色社会主义和谐社会的构建是以改善民生为重点的社会建设。它以解决人民群众最关心、最直接、最现实的利益问题为重点，努力使全体人民学有所教、劳有所得、病有所医、老有所养、住有所居。社会主义和谐社会的基本特征是民主法治、公平正义、诚信友爱、充满活力、安定有序、人与自然和谐相处。这些基本特征所代表的社会秩序和社会环境的营造，需要人们在一种价值观念的引领下形成一种合力，需要确定一种共同的理想信念，从而消除不同群体间的分歧和差异，增强社会成员的归属感和向心力，不断化解社会矛盾。所以说，改善民生、构建和谐社会客观上推动了社会主义核心价值体系的形成。

马克思主义作为我们立党、立国的根本，是我们始终毫不动摇坚持的指导思想。改革开放以来，我们党提出走自己的路，建设中国特色社会主义，强调要在全体人民中牢固树立中国特色社会主义这一共同理想。进入新世纪，适应激烈的综合国力竞争和世界范围内思想文化的相互激荡，我们党又提出大力弘扬以爱国主义为核心的民族精神和以改革创新为核心的时代精神。为适应社会主义市场经济的根本要求，在全社会培育文明道德风尚，胡锦涛总书记在2006年提出了以“八荣八耻”为主要内容的社会主义荣辱观。

党的十六届六中全会深刻总结我国意识形态建设的历史经验，集社会主义价值理念之大成，把我们党倡导的基本理论、思想观念、价值取向，系统、凝练地整合在一起，第一次鲜明地提出了社会主义核心价值体系的重大命题，明确了核心价值体系的基本内容，为全面推进中国特色社会主义事业提供了思想保证与精神支撑。

二、指导着实践：核心价值体系服务于意识形态建设需要

社会主义核心价值体系是一个内容丰富、深刻、严整的价值观念体系，形成一个完整的、相对稳定而又不断发展的基本框架结构，成为社会主义意识形态的旗帜和灵魂，为进一步巩固和壮大社会主义意识形态提供了重要的遵循，为全面建设小康社会、加快推进社会主义现代化提供了强大的思想保证，为中国特色社会主义实践的发展提供了“方向盘”和“稳定器”。在中国特色社会主义建设中发挥着不可替代的指导作用。

(一)服务于坚持和巩固马克思主义指导地位的需要

作为社会主义核心价值体系的核心和灵魂，马克思主义的指导思想，是我们认识世界和改造世界的强大思想武器，马克思主义中国化的最新成果发挥着武装全党、教育人民的作用。人类社会迄今为止的发展仍然没有越出马克思主义所揭示的基本规律。马克思主义理论所以

充满生机与活力，就是因为它总是能与不断变化的实际相结合，不断得到丰富和发展。马克思主义中国化的历史进程，就是不断与中国国情及实际相结合的过程。毛泽东思想、邓小平理论、“三个代表”重要思想和科学发展观一脉相承，都是发展着的马克思主义，都是经受过实践检验的充满生机与活力的科学真理，都是我们必须长期坚持又需要根据新的实践，不断丰富和发展的中国特色社会主义理论体系。中国特色社会主义实践，必须充分发挥理论的指导作用，坚持不懈地用科学的理论武装全党、教育群众、指导实践。坚持高举中国化的马克思主义旗帜，坚持以马克思主义特别是马克思主义中国化的最新成果为指导。马克思主义是中国特色社会主义实践的旗帜与灵魂。以马克思主义为指导建设中国特色社会主义，是中国人民经过长期艰难探索而做出的正确选择，是由马克思主义的理论品格和我国经济、政治、文化和社会发展的内在要求决定的。我们必须始终坚持马克思主义的指导地位不动摇，坚持用发展着的马克思主义指导中国特色社会主义实践，用马克思主义中国化的最新成果武装全党、教育人民。

(二)服务于用社会主义的共同理想凝聚力量的需要

中国特色社会主义共同理想，是现阶段我国各族人民的共同理想。把我国建设成为富强、民主、文明、和谐的社会主义现代化国家，这是从我国社会主义初级阶段国情出发提出的阶段性奋斗目标，它既立足初级阶段实际勾画现代化建设的未来，又着眼于现代化美好未来不断改造落后的现实，很好地体现了现实性与超越性的统一。这个共同理想，集中了我国工人、农民、知识分子和其他劳动者、爱国者的利益和愿望，是保证全体人民在政治上、道义上和精神上团结一致，克服任何困难，创造美好未来、争取胜利的强大精神武器和精神动力。它把国家的前途、民族的未来和每个社会成员的切身利益有机结合起来，具有高度的整合力和向心力，有利于全体劳动者和爱国者团结起来，结成广泛坚实的爱国统一战线，并在党的领导下，走中国特色社会主义道路，实现中华民族的伟大复兴。中国特色社会主义共同理想对全体中国人民起到凝聚力量的作用。

(三)服务于以民族精神和时代精神鼓舞斗志的需要

以爱国主义为核心的团结统一、爱好和平、勤劳勇敢、自强不息的伟大民族精神，是中华民族生生不息、薪火相传的精神血脉，是维护国家团结统一、鼓舞各族人民奋发进取的精神支撑。爱国主义历来是中华民族共同的精神支柱，是动员和鼓舞中国人民团结奋斗的一面旗帜，是推进中国社会发展的巨大精神力量。

以改革创新为核心的与时俱进、开拓进取、求真务实、奋勇争先的时代精神，是推动时代发展进步的强大精神动力，是在当代中国人民伟大奋斗中不断创造新辉煌的力量源泉。改革是当代中国的第二次革命，创新是社会进步的不竭动力。坚持通过深化改革破除生产力发展障碍，把创新精神贯穿到治国理政的各个环节，激发创新热情，鼓励创新实践，增强创新能力，放手让一切创造社会财富的源泉充分涌流，是现代化建设的时代要求。

现阶段爱国主义最突出的表现就是为中国特色社会主义改革创新事业作贡献，而改革创新实践的目标指向，就是要实现民族复兴和国家富强。民族精神和时代精神一直在中国特色社会主义实践中发挥着凝聚力量、激发活力、鼓舞斗志的作用。

(四)服务于用社会主义荣辱观引领社会风尚的需要

作为社会主义核心价值体系道德基础的社会主义荣辱观，鲜明地体现了社会主义核心价值体系的主流价值导向。社会主义荣辱观是社会主义价值观在荣辱认知和判断方面的具体体现，反映了社会主义核心价值体系对“立德”的要求。以“八荣八耻”为主要内容的社会主义荣辱观，是对与社会主义市场经济相适应、与社会主义法律规范相协调、与中华民族传统美德相承接的社会主义思想道德体系全面系统、准确通俗的表达，是市场经济条件下社会成员判断行为得失、确定价值取向、做出道德选择的基本准则，成为调整人与人、人与社会之间相互关系的伦理规范，对社会主义荣辱观的倡导，在全社会确立了主流价值导向和行为准则，强调要分清是非荣辱、明辨善恶美丑，在全社会培育文明道德风尚。社会主义荣辱观在社会主义现代化实践中起到了确定价值取向、调节道德行为、引领社会风尚的作用。

三、发展于实践：核心价值体系在建设中不断完善

社会主义核心价值体系不是静态封闭的抽象观念体系，它总是随着实践的变化、时代的进步、科学的发展、人民群众的新需求，在实践中得到检验、在实践中得到建设、在实践中得到丰富完善，从而始终保持旺盛的生机和活力，始终保持吸引力、凝聚力和感召力，彰显开放与包容的气度，呈现出开放性。

（一）社会主义核心价值体系在养成实践中完善

社会主义核心价值体系在实践中养成是由价值体系的基本特性决定的。社会主义核心价值体系建设的过程是把观念形态的核心价值体系内化到主体内心，进而外显为主体行为习惯的过程。具体来说，就是一个人们认知、认同、内化、最终转化为行为的过程，所以一个社会的核心价值体系，只有真正成为整个社会的普遍价值准则，被广大群众普遍接受，真正认同，成为广大社会成员的自觉实践，才能达到核心价值体系建设的目的，收到实效。

社会主义核心价值体系能否成为人们自觉的价值选择和价值追求，要看它的树立和推行究竟能对社会的发展和人民生活的改善有多大用处，要看当人们以此规范和指导自己的实践行为时，对其社会生活能否产生积极的实际作用。只有人民群众在践行过程中获得了实实在在的实惠、利益和幸福，才可能在内心深处真正认同社会主义核心价值体系，并由衷地转化为自己的自觉信念、价值追求和道德规范，落实到自己的日常行为之中。

汶川抗震救灾就是一次社会主义核心价值体系的伟大实践。全国各族人民也在这次抗震救灾中净化了心灵，提高了觉悟，弘扬了社会主义的道德风尚，实实在在地领会到了指导思想、共同理想、民族精神、时代精神、荣辱观念，社会主义核心价值体系以实践的方式，通过亿万普普通通的人民群众的思想境界和道德水准体现出来，向全世界人民展示了中国人民的力量和中国的力量。

（二）社会主义核心价值体系在培育实践中完善

社会主义核心价值体系建设是靠实践推动、在实践中培育的。其一，把社会主义核心价值体系的要求融入到先进典型的示范和引领作用中，使人们“学有榜样”。通过培育、选树、宣传来自群众身边符合社会主义核心价值体系要求的各方面先进典型，引领人们根据身边实实在在的模范的人和事去选择、塑造自己的生活，从而使社会主义核心价值体系的要求具体实在、可感可亲、可信可行。

其二，把社会主义核心价值体系的要求融入到各种精神文明创建活动中，充分发挥文明城市、文明村镇、文明行业、文明社区、文明单位的示范作用，以共建实现共享，以共享促进共建，使人们在服务他人、服务社会中提升精神境界、培育文明风尚。

其三，把社会主义核心价值体系的要求融入到各行各业的规章制度中，进一步完善市民公约、乡规民约、学生守则等行为规范，推动思想道德建设日常化具体化，努力在落实上下功夫，增强人们的认同感，使核心价值体系成为人们日常工作生活的基本遵循和主流价值理念。

党的十七大提出了社会主义核心价值体系建设的两大任务，一是要坚持把社会主义核心价值体系融入到国民教育和精神文明建设全过

程、贯穿到现代化建设的方方面面，转化为人民的自觉追求。二是要探索以社会主义核心价值体系引领社会思潮的基本途径，尊重差异，包容多样，最大限度地形成社会思想共识。两大任务的实现都离不开实践的铸造和逐步推进。离开了实践，社会主义核心价值体系就是无本之木、无源之水，只能停留在观念中、书本上、说教里，只能是空中楼阁。

(三)社会主义核心价值体系在学习实践中完善

马克思主义和社会主义核心价值是开放的体系，它没有离开世界文明大道，而是不断地从各种社会思潮中吸取优秀成果，经过批判、消化和吸收，充实、丰富和发展自己。实践证明，社会主义核心价值体系以马克思主义的宽广眼界、博大胸怀和辩证思维，积极借鉴人类长期积累的智慧结晶，在继承、借鉴和扬弃中，向历史的和现实的不同文化敞开，挖掘汲取中华民族的优秀人文精神和丰富文化积淀，吸纳人类创造的一切先进的、有益的思想文化成果。对世界各国文化思想中一切有价值的东西认真吸收，勇于学习借鉴国外在构建核心价值体系方面的有益探索和成功经验，将某些适应新的时代发展要求、反映新的社会发展阶段的价值要求，不断添加进社会主义核心价值体系之中。如崇尚科学，开拓创新，竞争进取，自由、平等、博爱，惜时守时，讲求效率，重视法制，尊重人的人格、权利和价值，具有较强的主体意识，恪守社会公德，社会管理中以人为本等，都已成为我们认真借鉴和研究的有益因素。

总之，社会主义核心价值体系建设是一个长期艰巨的实践过程，它永远向时代和社会实践敞开，以社会主义现代化建设事业为源泉，关注新实践、总结新经验，进行新思考、做出新概括，不断汲取新的精神滋养，始终做到与时俱进，始终保持实践品格。

(作者：黑龙江省社会科学院政治学研究所研究员、副所长)

荣辱观与社会主义核心价值体系

葛晨虹

社会主义荣辱观是社会主义核心价值体系的基础。要充分认识荣辱观建设任务的必然性和必要性，构建社会共同“道德感”，加强全社会尤其是重点群体的荣辱观教育，建立起全方位的价值观导向合力机制，加强社会主义荣辱观建设，为社会主义核心价值体系建设打下坚实的基础。

荣辱观建设与社会非正式制度建设

我们要建设的社会，是一个民主法治、公平正义、诚信友爱、充满活力、安定有序、人与自然和谐相处的文明富强的和谐社会。和谐社会的构建，要求社会各个方面协调发展，均衡发展。在影响社会和谐发展的诸多因素中，有些因素是硬性或显在的，如社会政治制度和法律体系等正式制度体系；有些因素是软性或潜在的，如社会意识形态、共同价值观、民族文化传统、伦理道德要求等非正式制度层面的内容。

就社会治理作用的发挥而言，正式制度治理即为我们所说的法治，非正式制度即为我们所说的德治。对和谐社会建构而言，二者都具有不可或缺的重要地位。古人言：“道之以政，齐之以刑，民免而无耻；道之以德，齐之以礼，有耻且格。”仅仅依靠法治，社会不可能完全得到有效治理。只有让全社会百姓明德知耻，自觉守法，自律遵德，才可能实现全社会真正的和谐发展。在一定意义上，非正式制度从精神文化、社会习俗及其道德力量层面产生的非强制性约束，对社会和谐治理，对引导社会成员自觉主动接受社会规则约束，具有更加积极的作用。诺贝尔经济学奖获得者道格拉斯·C·诺斯对此就曾强调，在人类行为的约束体系中，非正式制度具有十分重要的地位，即使在最发达的经济体系中，正式规则也只是决定行为选择的总体约束中的一小部分。人们行为选择的大部分行为空间是由非正式制度即伦理道德、文化传统、价值观念、意识形态等规则来约束的。

社会和谐发展，必须要有和谐统一的共同价值理念系统。和谐社会的规范秩序，民族精神和民族凝聚力，社会文明的协调发展，都离不开来自共同价值观的维系和支撑。可以说，在一个缺乏共同价值理念、价值是非不明、善恶荣辱不辨的社会环境中，是不可能有效建设和谐社会的。

荣辱观体现的就是社会共同价值观念中的道德价值取向。道德作为一种价值理性，是一种关于人类社会"应当怎样"的智慧。它表达并设定一定社会价值取向和理想目标，引导社会发展方向，规定社会发展目标，把握和调整着社会各个方面的善及其合理性。这些价值取向和理想目标深深渗透在政治、法律和经济生活等各个领域，无处不在地发挥着作用。因此，要想有效建设和谐社会，就必须在加强社会主义法治建设和制度建设基础上，加强意识形态、伦理文化、共同价值观等非正式制度的建设。在这个意义上，荣辱观建设任务的提出，是我们在时代发展新阶段中对社会治理方式和社会发展规律的更自觉的把握。

荣辱观与"社会道德感"建设

社会道德力量的发生通常建立在自律和他律的引导约束机制中，但无论哪种机制发生作用，其前提是个人和社会必须有善恶荣辱分明的道德共识和道德感。个体道德共识和道德感表现为个体良心自我调控，社会道德共识和道德感表现为社会道德舆论的评价能力。

社会荣辱观建设有助于公民个体道德感的培养。人生活在社会群体中，社会群体的评价是形成个体名誉的直接媒介。人的社会归属感使人需要得到社会群体的接受肯定而不是贬斥否定，社会形成的荣辱观共识会让个体感受到来自社会群体的强烈的褒扬或贬斥，并从中形成强烈的荣誉感或耻辱感。荣辱感在本质上是主体对荣誉的一种追求及对耻辱的一种厌弃。荣辱感培养是公民形成自尊自爱道德素质的必要环节。羞耻心是人们不做恶事的心理保证，人只有知耻，才能做到自律，才能自觉追求荣誉，避免耻辱。一个人如果缺乏这种道德感或道德良知，荣辱感淡漠，不以耻为耻，不以荣为荣，甚至以耻为荣，那么任何道德律令对他来讲都不可能发生任何效力。

社会荣辱观建设有助于"社会道德感"或社会道德调控机制的营造。一个社会的正气和风尚，与这个社会的公民整体道德素质密切相关，也与这个社会的道德调控机制的建构密切相关。如果社会群体"道德感"或道德调控能力缺弱，社会善恶美丑是非混淆，荣辱评价不明，不以荣为荣，不以耻为耻的人增多，社会风气就必定败坏。正因为如此，古人总结说："礼义廉耻，国之四维，四维不彰，国乃灭亡！"中国传统文化强调："风俗之美，在养民知耻。"在西方传统文化中，荣誉感也被看作社会普遍追求道德高尚生活的基础动力。全社会如果没有形成一个善恶荣辱分明的群体"道德感"环境和社会风气，道德对社会的约束和引导就会形同虚设，道德力量就无从实现。全社会只有在荣辱观上达成共识，形成共同价值观，建构起相应的道德舆论机制环境，社会才可能形成憎恶假、恶、丑，追求真、善、美的良好风气。

加强全社会尤其是重点群体的荣辱观教育

首先，领导干部和各级公务员担负着代表

人民和国家行使公共权力、管理公共事务的重任，他们的思想素质和群体德性形象，不仅关系到国家公务员能否正当行使公共权力，完成好国家公务，而且关系到为全社会公民作怎样的表率的问题。因为如此，我们党和国家历来非常重视领导干部的模范带头作用。邓小平同志就多次强调："领导干部，特别是高级干部以身作则非常重要。群众对于干部总是要听其言、观其行。连长指导员不以身作则，就带不出好兵来；领导干部不做出好样子，就带不出部队的好风气，就出不了战斗力。"所以，党员尤其是领导干部要以身作则，率先垂范，带头做社会主义荣辱观的实践者和引领者；要坚持正确的用人导向，把荣辱观等道德素质和社会主义思想素质作为综合考评干部的考核内容，从制度机制上加强荣辱观等价值导向建设。

其次，青少年群体关系祖国未来，因而对青少年要特别加强荣辱观等道德教育。荣辱观教育应当走入课堂，走入家庭，全方位走入社会生活。中国传统文化历来重视童蒙荣辱观教育，认为只有在幼年时期对其进行道德教育，使之言行举止有所循持，有所检束，长成后方可行圣贤之事，止邪于未形。同时更认为，"教之耻为先"，养蒙莫先于知耻达礼。荣辱感是青少年道德素质养成的重要心理机制。青少年以及社会公民的知耻心并非与生俱来，它是通过后天教育和培养形成的。我们一直在抓教育，但知耻教育这种"治教之大端"如何更加到位还须进一步思考。如果青少年的荣辱感淡化甚至泯灭，新一代公民就不可能发展出合格素质，道德要求也会丧失其社会功能。

再次，公众明星的言行对社会有着不同于一般民众的影响力和感召力，要注重加强公众明星群体的荣辱观培育。"公众明星"，一般是指具有广泛社会影响力或社会知名度，并与社会公共利益密切相关的人物，也可以称作"公众人物"。大众对明星的认同感尤其是崇拜情感会产生"晕轮效应"，使人们不觉中认同、模仿偶像身上所具有的一切行为特征和价值取向。而明星由于在占有社会公共资源方面有得天独厚的名人效益资本，他们拥有独特的话语权和形象展示权，借由公共媒体资源平台，自觉不自觉地影响着受众。公众人物的荣辱观及其德性素质，会极大地影响社会荣辱风气的形成，尤其影响年轻一代的荣辱观与行为塑造。所以，在荣辱观建设方面，他们有着非常重要的社会影响力。社会应该对这个群体重点进行塑造，使他们成为社会道德文明形象的榜样，让他们在社会主义核心价值体系建设中发挥积极的影响力和引领作用。

最后，理论工作者的研究和宣传是社会形成共同价值观的重要因素。理论工作者由于其独特工作性质和社会身份，他的思想、观点及社会工作实践，随时随地都在从理论层面影响着社会公众。如果这个群体缺乏对社会主义核心价值体系的认同和理论信念，就不可能指望全社会形成社会主义核心价值共识。社会主义发展事业需要在全社会成员中形成共同价值观。日本学者土界屋太一在他的《历史的波澜》一书中提出："任何政权，只有两种情况会使它发生毁灭性的大变革，那就是丧失治安的能力和人们不再信任支撑它的文化。"他认为"使苏联的社会主义体制走向崩溃的其实是"变化了的"社会主义文化"，也就是人们不再信任领导层的决策、人品，放弃了对社会主义理想的追求。我们今天进行社会主义核心价值体系建设，就是要在全社会增强对社会主义的价值认同，而理论工作者在此方面任重而道远。目前，我国社会理论环境和舆论格局正在发生深刻变化，应该促使哲学社会科学理论工作者坚持正确理论导向，坚持马克思主义为指导，发挥认识世界、传承文明、创新理论、咨政育人、服务社会的重要作用。

营造全社会形成荣辱观建设的合力氛围

首先，要加强社会意识形态领域内的理论建设与思想整合。应该看到，在坚持社会主义核心价值体系方面，还存在着一些不和谐因素甚至反作用力。比如，西方敌对势力在意识形态领域中进行着思想渗透，封建残余的思想观念也在社会生活中残留并产生影响，西方各种价值观随着我国文化的对外开放也不可避免地进入，一些理论思潮如自由主义、享乐主义、个人主义、拜金主义等也有意无意地起着消解社会主义核心价值体系的作用。加强社会意识形态领域内思想理论建设，是建立社会主义核心价值体系的最有力的步骤，要使来自意识形态领域的思想理论，形成对社会主义核心价值体系以及荣辱观的建设合力而不是消解力量。

其次，要使主渠道舆论导向和现实生活舆论环境进一步有机融合。应当说，社会主要宣传教育渠道在坚持正确舆论导向方面，发挥了巨大作用，但也存在一些问题。一是社会主要教育渠道(如学校)的德育和大众生活道德养成环境存在一定脱节；二是在社会主要宣传教育渠道舆论系统中，某些环节也存在着和主旋律不和谐的因素；三是舆论宣传战线和大众生活中一些人实际奉行的唯利是图等行为准则也存在不吻合。大众舆论是社会生活的重要表现，是大众的意识观念、心态和经验的表达。社会成员的荣辱观是在社会生活中形成的。在这个意义上，大众舆论起着一种潜在“导向”和“教育”作用。所以，荣辱观建设不仅要着力抓主渠道的道德价值导向，还要注意培育社会生活中的大众舆论市场。

最后，进一步完善扬荣贬耻的社会制度体系。在一个缺乏扬荣抑耻的制度安排环境里，行道德的人得不到社会的荣誉肯定，不道德或不以耻为耻的人，也得不到社会的耻辱贬斥，高尚成了高尚者的墓志铭，而不知耻则成了无耻者的通行证，道德选择得不到应有的扬善机制保障，不道德选择得不到应有的抑恶机制制约。这种荣辱评价不明、道德赏罚不公的氛围，久之必导致德行与社会回报、荣誉与耻辱的二律背反，在社会生活中引发不利于社会道德建设和和谐发展的恶性循环。应该在制度规章层面中体现出社会主义荣辱观的价值导向。要使人们在赏善罚恶、扬荣贬耻的社会环境里，感到做有道德者高尚、光荣，有所作为，做违背道德者可耻，并在反复“博弈”中体会到违背道德带来的利益代价，引导或迫使他们放弃违背道德的行为，选择遵从社会荣辱观的行为。一个公正理想的社会道德环境，应当努力消除贡献与获得、德行与幸福的二律背反，使它们成为相辅相成的良性循环关系。只有建立这样的机制环境，我们的社会才能形成善善相生的良性循环。

总之，要充分认识荣辱观建设任务的必然性和必要性，构建社会共同“道德感”，加强全社会尤其是重点群体的荣辱观教育，建立起全方位的价值观导向合力机制，大力加强社会主义荣辱观建设，从而为社会主义核心价值体系建设打下坚实基础。

（作者：中国人民大学哲学系教授、博士生导师，教育部伦理学重点研究基地常务副主任）

社会主义核心价值体系的特点与建设路径

姚润皋

建设社会主义核心价值体系，是以胡锦涛同志为总书记的党中央在认真总结改革开放以来我国思想文化建设经验的基础上作出的重大战略决策。当前，面对社会思潮呈现多元、多样、多变的发展态势，始终不渝地坚持用社会主义核心价值体系教育和引导高校广大师生，对于巩固马克思主义在我国意识形态领域的指导地位，繁荣社会主义文化，巩固和发展中国特色社会主义事业，具有重要意义。

一

社会主义核心价值体系包括四个方面的重要内容，即马克思主义指导思想、中国特色社会主义共同理想、以爱国主义为核心的民族精神和以改革创新为核心的时代精神、社会主义荣辱观。这四个方面构成一个科学的、辩证的、动态的、统一的整体，具有极其鲜明的特点：

第一，就与时代和现实的关系而言，社会主义核心价值体系是先进性和现实针对性的统一。社会主义核心价值体系的提出是人类价值观上的一次重大飞跃，是中国共产党人在总结中国社会主义革命与建设的实践经验特别是改革开放的新鲜经验、凝结时代精神精华的基础上形成的先进的、科学的理论成果。社会主义核心价值体系是社会主义意识形态的基石，集中体现了社会主义意识形态的本质，集中反映了社会主义制度的内在精神和灵魂。作为一种价值追求，它面向实际，着眼于实践，作用于实践，带有强烈的现实针对性。马克思主义指导思想、中国特色社会主义共同理想、以爱国主义为核心的民族精神和以改革创新为核心的时代精神，为中国特色社会主义现代化建设提供了理论前提和思想导向，社会主义荣辱观则为公民思想行为提供了现实的道德规范。这四个方面完整地统一在建设中国特色社会主义的现实过程中。

第二，就与意识形态中各种不同类型、不同性质思想派别的关系而言，社会主义核心价值体系是主导性和包容性的统一。我国是社会主义国家，社会主义核心价值体系理应在我国社会价值体系中居于核心地位，发挥主导作用，决定整个价值体系的基本特征和方向。然而，随着我国改革开放的进一步深入和发展，多种多样的社会思潮不断产生，其中有正确的，也有错误的。这就需要我们运用社会主义核心价值体系引领与整合多元文化和多元价值取向，引导社会思潮，以理性的态度，尊重差异、包容多样，保持社会主义文化的活力和生命力。

第三，就与理论的传承关系而言，社会主义核心价值体系是继承性和创新性的统一。社会主义核心价值体系在继承马克思主义科学价值观的同时，实现了融合时代特征、反映实践内涵的价值观念的创新和发展。在中华民族五千多年的发展历程中，我们形成了以爱国主义为核心的团结统一、爱好和平、勤劳勇敢、自强不息的伟大民族精神，这些精神已经深深地融入我们民族意识、民族品格、民族气质之中，成为建设社会主义核心价值体系的宝贵资源。在继承民族优秀传统文化的同时，社会主义核心价值体系广泛吸收了西方关于科学、民主、法治思想的精髓，吸取了人类社会共同创造的文明成果，并结合我们党领导人民在长期革命斗争中形成的革命精神和以改革创新为核心的时代精神，成为指引中国各族人民不断开创中国特色社会主义事业新局面的巨大精神力量。

第四，就其自身的结构而言，社会主义核心价值体系是整体性和层次性的统一。社会主义核心价值体系四个方面的内容是一个互相联系、互相作用、有层次性的有机统一体。马克思主义指导思想处于社会主义核心价值体系的最高层次，是社会主义核心价值体系的核心和灵魂。中国特色社会主义共同理想，规定了社会主义核心价值体系建设的时代主题，符合中国社会发展的阶段性目标和长远性历史趋势。民族精神和时代精神，为社会主义核心价值体系建设提供精神动力。社会主义荣辱观是最基本的层次，它为社会主义核心价值体系建设提供道德基础，是社会主义核心价值体系最直接的体现。

二

高校担负着培养中国特色社会主义事业的合格建设者和可靠接班人的历史重任。用社会主义核心价值体系武装广大师生，具有十分重大而深远的意义。我们认为，在高校建设社会主义核心价值体系，至少要着力抓好以下几个方面的工作：

首先，用科学的理论武装头脑。马克思主义指导思想决定着社会主义核心价值体系的性质和方向，是社会主义核心价值体系的灵魂。对当代大学生进行社会主义核心价值体系教育，其中最根本的就是要把坚持和发展马克思主义统一起来，特别注重用马克思主义中国化的最新理论成果来武装师生。中国共产党人在长期的革命和建设实践中，坚持把马克思主义基本原理同中国具体实际相结合，相继创立了毛泽东思想和包括邓小平理论、“三个代表”重要思想以及科学发展观等重大战略思想在内的中国特色社会主义理论体系，指导中国革命、建设和改革不断走向胜利。我们一定要坚持用这些马克思主义中国化的理论成果武装青少年头脑，引导他们树立正确的世界观、人生观、价值观；要适应新形势新情况，不断探索加强马克思主义理论教育的新方法、新手段和新机制，推动社会主义核心价值体系基本内容进教材、进课堂、进学生头脑。

其次，用共同理想创造未来。当代大学生是未来社会主义现代化建设的主力军，他们思维活跃、视野开阔、积极进取，但在理想、信念问题上需要给予正确的引导。对他们进行社会主义核心价值体系教育，有助于他们深刻认识理想和现实之间的关系，有助于他们将自己的理想和追求融入社会主义现代化建设中来，引导他们为祖国的前途和民族的未来努力奋斗。从理论上讲，就是要帮助青年学生坚定社会主义信念，树立科学的世界观、人生观和价值观。从实践上讲，一是引导学生关注社会发展的成就，树立坚持走中国特色社会主义道路的理想；二是指导学生关注社会热点、难点问题，树立献身社会主义建设事业的社会责任感和历史使命感；三是倡导学生运用所学专业知识进行就业创业等活动，培养其敬业、创新和奉献的精神。

再次，用爱国主义和时代精神激励斗志。爱国主义是中华民族赖以存在、发展的情感纽带与精神支柱，是维护国家团结统一、鼓舞人们奋发进取的精神旗帜。面对世界范围各种思想文化的相互激荡，我们必须把弘扬和培育爱国主义精神作为大学生思想政治教育的重要任务，不断增强当代大学生对中华民族的认同感、归属感，增强中华民族的自尊心、自信心和自豪感，增强爱国意识、团结意识和发展意识，使他们始终保持昂扬向上的精神状态。改革创新是我们时代最明显的特征。一个国家、一个民族要实现繁荣昌盛，就必须始终高扬改革创新的精神。我们国家发展的希望在创新，创新的希望在青年。青年大学生朝气蓬勃，思维敏捷，最富有创新活力和开拓精神。弘扬以改革创新为核心的时代精神，必须坚持解放思想、实事求是、与时俱进，实施科教兴国战略，全面推进素质教育，激发青年大学生的创新热情，不断增强他们的进取精神、开拓勇气和创新能力。

最后，用高尚品德完善自身。以“八荣八耻”为主要内容的社会主义荣辱观，与社会主义市场经济相适应，与社会主义法律规范相协调，与中华民族传统美德相承接。它旗帜鲜明地指出了在社会主义市场经济条件下，应当坚持和提倡什么、反对和抵制什么，为全体社会成员判断行为得失、作出道德选择、确定价值取向，提供了基本的价值准则和行为规范，为构建社会主义和谐社会提供了强大的思想道德力量。当代大学生由于人生观、价值观尚不成熟、还没有最后定型，因而在道德判断和行为方面往往存在着许多矛盾，甚至有的出现道德失范的情况。这就需要以社会主义核心价值体系为指导，一方面引导他们承认差异、包容多样，另一方面在坚持正确立场、保持纯洁本色的基础上，自觉抵制错误和腐朽观念的侵蚀，为弘扬正气、促进社会发展作出贡献。同时，我们还要加强师德建设，把立德树人作为教育的根本任务，通过教师的学术魅力、人格魅力，为大学生的健康成长提供必要的条件。

（作者：南京大学党委宣传部部长）

加强多元文化背景下的社会主义核心价值体系建设

王贵贤

分化与整合

近三十年以来，中华民族之所以能够迅速崛起于世界民族之林，最为关键的因素就是中国共产党的正确领导。改革开放以来，尤其是十六大以来，为了实现和谐发展，中国共产党在总结经济建设成功经验、立足国情的基础上全面分析了当前经济全球化对我国发展带来的新机遇和新挑战，明确了今后我国发展的新形势和新任务。社会主义核心价值体系就是在这样一系列科学分析的基础上在思想文化领域提出来的新举措。

马克思主义认为，随着交往的扩大，历史的发展必然会进入到世界历史阶段。毫无疑问，当前社会已经步入了世界历史阶段，这在经济上表现得最为明显。经济全球化以及现代社会的其它特征导致社会文化领域和意识形态领域也必然会随之发生改变。经济交往的扩大促进了世界各国和世界各种文明之间的交流，这种交流因为表面所呈现出来的复杂性导致了人们对世界形势的判断差异巨大。比如福山断言世界历史已经终结，所有的历史已经汇集到了一个所谓的最能代表世界发展潮流的集合点——自由主义历史之上。亨廷顿教授却认为，世界上主要文明形态将长期共存且会发生剧烈的碰撞甚至是冲突。中国共产党审时度势，科学地指出当前世界的两大主题是“和平与发展”，各个民族、国家和社会制度之间能够在全球化的大背景下共处，能够在整体上保持一种相对稳定的状态，同时全球经济的发展才是世界的主流。但我们也不否认如下事实，即“和平共处”的表象并不能掩盖民族国家之间相互竞争的实质，而且这种竞争决不仅仅局限在经济领域，不同的社会制度、思想文化等方面也会形成某种角力的局面。

各种文化和民族国家之间的竞争在国际层面描述了社会分化的本质内容。实际上，社会分化还表现在国内社会各个领域。在经济领域，各种经济成分共存是社会分化的表现；在思想文化领域，价值多元与马克思主义思想的指导地位之间的共存也是社会分化的一种表现。客观而言，价值多元带来了文化的大繁荣和大发展；但另一方面，这种“诸神纷争”局面的出现也使得“诸如世界的‘意义’一类的信念连根拔掉”。毫无疑问，这非常不利于形成民族的凝聚力和创造力，不利于主流价值体系对社会风尚的引导作用。分化之后的社会必须重新进行整合，确立主流价值体系在思想文化领域内的指导性地位，必须解决“一”与“多”的关系问题。社会主义核心价值体系的提出正是顺应了这一社会发展要求而提出来的理论体系。

继承与创新

社会主义核心价值体系的提出是时代的需求，是主流文化健康发展的内在要求，包含了非常丰富的理论内容，体现了马克思主义与中国文化实践相结合的实事求是的精神和态度。社会主义核心价值体系包含的“两个继承”和“两个创新”为其承载历史使命奠定了基础。

所谓的“两个继承”是指，社会主义核心价值体系继承了马克思主义的思想实质，继承了中华民族优秀的传统文化。社会主义核心价值体系强调要巩固马克思主义的指导地位，这种巩固是在准确把握和继承马克思主义思想精髓基础上的巩固，是经过充分、科学、系统论证基础上的继承和巩固。与此同时，社会主义核心价值体系还充分继承了中华民族优秀的文化传统。社会主义核心价值体系明确提出要用“以爱国主义为核心的民族精神”鼓舞斗志，就是对中国传统文化中思想精华的继承。社会主义荣辱观的提出既是对马克思主义思想精髓的深刻把握，也是对中国传统文化的灵活运用。通过分析不难看出，社会主义荣辱观的八个条目包含了丰富的传统文化知识。

所谓的“两个创新”，是指社会主义核心价值体系方法上的创新和思路上的创新。在方法上，要“破解发展难题，提高发展质量和效益”，必须做到与时俱进，要“坚持不懈地用马克思主义中国化最新成果武装全党、教育人民”，做到了理论与实践相统一，要把马克思主义的基本原理与中国的具体实践相结合。社会要发展，必须紧跟时代潮流，不断创新发展理念，任何一个理论体系都具有其时代的局限性，只有不断创新，不断在实践的基础上产生自己的理论成果，才能够真正实现科学发展。在思路上，要用一种开放的视野俯瞰世界发展形势，充分吸收国外的发展理念。中国特色社会主义是开放心态下发展起来的先进的社会制度，社会主义核心价值体系也必然是在开放视野下发展起来的先进文化。只有不断改革和创新，才能够科学转变发展方式，实现社会主义思想文化的大繁荣大发展。

理论创新应该既具有继承性又具有创造性，没有对原有理论和文化的继承，理论创新就会成为无源之水，没有在继承的基础上进行创新，理论就会固步自封。社会主义核心价值体系不但有所继承，而且创造性地把历史上、国内外的思想文化中的精华进行了综合和再创造，从而使得中华民族在世界上的地位得到了空前的巩固和提高。

开拓与实践

哈佛大学奈教授提出了“软实力”的概念，亦即一个国家的实力应该既包括经济、政治和军事等方面的“硬实力”，也包括文化、意识形态吸引力等方面的“软实力”。奈教授认为，软实力作为国家实力中无形的精神要素，其在国际竞争中的地位越来越重要。社会主义核心价值体系对如何发展文化软实力提供了指导，指明了方向，但是我们必须不断深入研究如何把社会主义核心价值体系落到实处这些实践问题。

首先，社会主义核心价值体系必须解决好“一”与“多”的关系。国家要发展，民族要富强，我们必须统一思想，用科学的理论来指导我国的社会主义建设事业，这就需要我们必须解决好“一”与“多”之间的关系问题，亦即解决好社会主义核心价值体系与其他社会思潮之间的关系问题。这就要求我们必须进一步巩固马克思主义在思想文化领域内的指导地位，发挥马克思主义对社会思潮的引领作用，主动做好意识形态工作，有力抵制各种错误思潮和腐朽思想的消极影响，从而引领社会主义文化健康发展。但同时又要“尊重差异，包容多样”，积极吸收其他思想文化中的精华，不断丰富社会主义核心价值体系的内涵和外延。

其次，加强人文与社会科学领域的科学研究工作。社会主义核心价值体系具有很强的理论性，是对社会主义文化和意识形态的科学诠释和系统总结，但它确实应该面向实践活动。为了能够更好地理论联系实际，把理论有效地应用于实践活动之中，必须加强人文社科领域的科学研究工作。人文社会科学领域的科学研究就是意识形态领域的“科学实验”，它能够在理论和实践之间起到桥梁的作用。所以我们应该大力“推进马克思主义理论研究和建设工程”，以便能够“深入回答重大理论和实际问题”。此外，我们还应该“繁荣发展哲学社会科学，推进学科体系、学术观点、科研方法创新”，让哲学和社会科学研究领域成为中国特色社会主义事业发展的思想库。

最后，要进行制度创新，通过制度建设推动社会主义文化繁荣发展。要想使马克思主义与中国具体实践密切结合，不断生发出马克思主义中国化的新成果，要想使中华文化继承下来，使其能够与“当代社会相适应、与现代文明相协调，保持民族性，体现现代性”，就必须有制度上的保障。只有制度保障，才能解放和发展生产力，才能够使社会主义文化贴近实际、贴近生活、贴近群众，才能够使社会主义核心价值体系为广大人民群众所接受，才能够使中华民族具有高度的凝聚力和创造力，才能够把社会主义核心价值体系融入到社会主义文化建设的各个方面。

（作者：清华大学马克思主义研究中心博士后）

民族精神和时代精神与社会主义核心价值体系建设

余维法

一、民族精神和时代精神是社会主义核心价值体系的精髓

社会主义核心价值体系包括四个方面的基本内容，即马克思主义指导思想、中国特色社会主义共同理想、以爱国主义为核心的民族精神和以改革创新为核心的时代精神、以“八荣八耻”为主要内容的社会主义荣辱观。这四个方面的内容相互联系、相互贯通，构成社会主义核心价值体系的有机整体。民族精神和时代精神成为社会主义核心价值体系不可分割的重要组成部分，是社会主义核心价值体系的精髓。

一个民族、一个国家，如果没有自己的精神支柱，就等于没有灵魂，就会失去凝聚力和生命力。胡锦涛同志多次指出，要增强“民族精神”，巩固“精神支柱”，形成“共同理想信念”，这是一个政党、一个国家、一个民族赖以存在和发展的根本前提。在五千多年的历史发展中，中华民族积淀下来的是博大精深、影响深远持久的民族文化，形成的是以爱国主义为核心的团结统一、爱好和平、勤劳勇敢、自强不息的伟大的民族精神。这一精神已经深深地融入我们的民族意识、民族品格和民族气质之中，成为各族人民团结一致、共同奋斗的价值取向。这是中华民族五千年来生生不息、奋发进取的强大精神动力；也是中国人民在未来的岁月里薪火相传、继往开来的强大精神动力。这是一个奋发向上的民族所应有的民族意识，是一个古老的民族迎接时代挑战所应有的民族品格，是一个强大的民族屹立于世界民族之林所应有的民族气质，更是一个昂扬向上、与时俱进的民族精神的时代凸显。在中国革命和建设的各个历史时期，先后形成的井冈山精神、延安精神、铁人精神、雷锋精神、“两弹一星”精神等一系列闪烁着时代光辉的伟大精神，影响和激励着一代代中国人，深刻地改变了一个时代的面貌。

伟大的时代需要伟大的精神，伟大的时代需要树立全社会的共同理想和精神支柱。作为社会主义核心价值体系精髓的民族精神和时代精神，在历史上是中华民族赢得民族独立和解放的力量源泉，在现时代是中华民族抓住机遇、加快发展、实现中国特色社会主义共同理想的强大精神动力。在建设社会主义和谐社会的今天，我们必须弘扬这种精神，使社会主义核心价值体系既深深扎根于民族精神的丰厚沃土，体现出浓郁的民族特色，又紧跟时代潮流，沐浴人类文明的阳光雨露，体现出鲜明的时代特征。

二、民族精神和时代精神与社会主义核心价值体系其他元素的关联与促进

社会主义核心价值体系四个方面的内容是

一个相互联系、相互贯通、相互促进、有机统一的整体。作为其精髓的民族精神和时代精神必然与其他三个方面的内容有着内在的逻辑联系，使民族精神和时代精神在实践理性的深度拓展中得到有机的升华。

作为中华民族五千年来生生不息、继往开来的强大精神动力，以爱国主义为核心的民族精神和以改革创新为核心的时代精神，在建设中国特色社会主义的伟大实践中必然要具有鲜明的意识形态特征。以人为本的科学发展观、构建社会主义和谐社会、建设创新型国家、社会主义荣辱观等这些重大战略思想作为马克思主义在当代中国的最新发展成果，体现了鲜明的实践特色、民族特色和时代特色。历史一再表明，只有坚持马克思主义在核心价值体系中的指导作用和灵魂地位，新时代的民族精神和时代精神才能体现其科学的内涵和理性的特征，才能把握其正确的方向和鲜明的本质，才能真正升华成为核心价值体系的精髓。同时，在中国特色社会主义建设的伟大实践中，马克思主义也只有融入中国的历史和时代之中，从博大精深的民族文化和改革创新的时代精神中汲取营养和内涵，才能真正实现其与时俱进的理论品质，显示出强大的时代性和生命力，实现马克思主义的中国化。

民族精神和时代精神只有与全体社会成员的共同理想相结合，才能具有明确的目标指向和现实的实践意义，才能使社会成员自觉投入到轰轰烈烈的社会实践行动中。在新的历史时期，全体社会成员的共同理想就是在中国共产党领导下，走中国特色社会主义道路，实现中华民族的伟大复兴，为全体社会成员创造美好幸福的生活。这也是社会主义核心价值体系的时代主题。民族精神只有升华为时代精神，才能使一个民族始终走在时代前列；时代精神只有生根于民族精神，才能转化为催生民族向上的不竭动力。为了这一共同理想，中国特色社会主义的伟大事业必然成为新时期爱国主义的主题。在当代中国，爱国主义和社会主义在本质上是统一的。为了实现共同理想，科学发展的进取精神必然成为新时期时代精神的核心，从而为新时期的民族精神和时代精神赋予崭新的内涵和现实的基础，使之达到高度的融合与统一，滋生出强大的感召力、亲和力和凝聚力，成为伟大事业的强大精神动力。

民族精神和时代精神只有以全体社会成员的道德修养和思想素质为基础，才能为全体社会成员确立主体行为的道德保障，为民族的和时代的精神树立鲜明的主体道德原则。以“八荣八耻”为主要内容的社会主义荣辱观，囊括了爱国主义、集体主义、社会主义和社会风尚的本质要求，是与社会主义市场经济相适应、与社会主义法律规范相协调、与中华民族传统美德相承接、与改革创新的时代精神相呼应的基本道德原则，是社会主义思想道德体系全面系统、准确通俗的表达，体现了鲜明的时代精神和人民群众创造历史的实践特征，是民族精神和时代精神的统一。坚持把民族精神和时代精神与社会主义荣辱观相融合，就能更好地体现核心价值体系所彰显的对真善美的崇高而纯粹的追求，使得全体社会成员在开放、多元、纷繁复杂的时代里明白应该坚持什么、反对什么，倡导什么、抵制什么，进而在建设社会主义核心价值体系的过程中塑造社会主义的新公民。

三、大力弘扬民族精神与时代精神，建设社会主义核心价值体系

大力弘扬民族精神与时代精神，建设社会主义核心价值体系，首先要与时俱进推动民族精神的丰富、发展与创新。

中华民族发展的历史，就是不断弘扬和培育民族精神的历史。在构建和谐社会的过程中，我们所要弘扬和培育的民族精神，既要与中华民族的传统美德相承接，又要赋予其新的时代内涵。坚持与时俱进、遵循继承优秀文化与弘扬时代精神相结合的原则，把民族的优秀传统熔铸到时代精神中去，这才是有生命力的民族精神。只有这样的民族精神，才会真正成为

当代中华民族的精神支柱，成为全面建设小康社会的强大精神动力。以毛泽东为核心的第一代领导者在革命和建设时期所创立和形成的时代精神，包括井冈山精神、长征精神、延安精神、红岩精神、西柏坡精神、雷锋精神、铁人精神、红旗渠精神、焦裕禄精神等都是民族精神在特定时代的具体化，已成为当代中华民族精神的重要组成部分，是中华民族宝贵的精神财富。以邓小平为核心的第二代中央领导集体所弘扬的敢为人先、开拓进取、勇于变革、兼收并蓄的改革开放精神；以江泽民为核心的党的第三代中央领导集体，在新的历史条件下，大力倡导的“艰苦创业精神”、“98抗洪精神”、“两弹一星精神”和“新航天精神”，这些精神既体现了中国共产党人的崇高思想境界和坚定的理想信念，也给民族精神增添了时代的新内容。在抗击非典，抗震救灾的关键时刻，胡锦涛总书记向全党和全国人民提出：“我们要大力弘扬万众一心、众志成城，团结互助、和衷共济，迎难而上、敢于胜利的精神。”这都是对民族精神新的丰富和发展，是鼓舞全党和全国人民夺取抗击重大自然灾害斗争胜利的强大动力。时代发展的潮流推动了民族精神的培育，深化了民族精神的内容。在今天新的历史条件下，时代发展出现了许多新情况新特点，世界格局呈现多极化趋势，经济全球化趋势愈演愈烈，知识经济和信息革命扑面而来，大国之间的科技、经济竞争日趋激烈，文化多元化方兴未艾。因此，我们要继续保持和发扬与时俱进的民族精神，必须始终保持昂扬向上的精神状态，为不断开拓民族精神，包括培育开放精神、竞争精神、科学精神、民主精神、团结精神、兼容精神、理性精神等民族精神，以使民族精神富有时代气息，顺应时代的潮流。时代和社会发展对民族精神的要求，最终都体现在人们的实践活动中。构建和谐社会，建设中国特色社会主义伟大实践，是培育民族精神的深厚土壤。只有立足于这一土壤，通过实践经验的总结和升华，才能不断培育和丰富我们的中华民族精神。

大力弘扬民族精神与时代精神，建设社会主义核心价值体系，必须要用民族精神和时代精神凝心聚力，增强建设社会主义核心价值体系的凝聚力和号召力。

建设社会主义和谐社会需要伟大的民族精神作支撑和推动。社会主义和谐社会要求实现社会、经济、政治、文化的协调发展，实现物质文明、政治文明、精神文明的共同进步，促进人的全面发展，促进人与自然的和谐，实现可持续发展。建设社会主义核心价值体系其根本目的就是要在全社会形成中国特色社会主义的共同理想和精神支柱，为现代化建设提供精神动力和智力支持。以爱国主义为核心的民族精神和以改革创新为核心的时代精神，是凝聚中华民族的重要思想基础，是各族人民团结和睦、共同奋斗的精神纽带。构建社会主义和谐社会，建设富强民主文明和谐的现代化国家，实现中华民族的伟大复兴，这是中华儿女的共同愿望，也是前无古人的伟大事业。伟大的事业呼唤伟大的精神。大力弘扬民族精神和时代精神，牢牢把握社会主义核心价值体系的精髓，唱响和谐文化建设的主旋律，才能传承中华民族历经磨难而不倒、饱经风霜而弥坚的精神实质，不断拓展我们民族自强不息、团结奋进的精神内涵，不断增强我们民族的自尊心、自信心和自豪感。

建设社会主义核心价值体系就是要不断发掘、整理、倡导和传播优秀的民族精神，不断丰富民族精神的内涵，不断增强社会主义文化的吸引力和感召力，带动整个民族精神境界的提升和精神面貌的更新。要旗帜鲜明地坚持以马克思主义、毛泽东思想、邓小平理论、“三个代表”重要思想为指导，全面贯彻落实科学发展观，坚持以爱国主义、集体主义、社会主义的思想道德为核心，正确处理新文化与传统文化、外来文化的关系，努力体现发展面向现代化、面向世界、面向未来的，民族的、科学的、大众的社会主义文化的新要求。

大力弘扬民族精神与时代精神，建设社会主义核心价值体系，要从新的社会实践总结和提升出能够体现民族品格与时代进步相统一的理念与价值，不断丰富社会主义核心价值体系的内涵。

2008年的5·12汶川大地震，是中华民族经历的一场大的自然灾难。但在抗震救灾过程中，生动体现出了中华民族的伟大精神。中华民族自古就有患难相扶、携手共进的民族精神和顾全大局、团结合作的传统美德。多难兴邦，苦难砺志，越是艰难困苦，越能体现民族精神；越是危难当头，越要弘扬民族精神。任何艰难困苦都不能动摇中国人民战胜困难的勇气和坚强意志，不能磨灭人们对美好生活的向往和追求。地震摧毁了物质家园，但又形成了“万众一心、众志成城，不畏艰险、百折不挠，以人为本、尊重科学”的伟大抗震救灾精神。抗震救灾精神体现出来的是新时期人文精神的全貌，是民族精神和时代精神的具体体现，它赋予了社会主义核心价值体系新的内涵。

大力弘扬民族精神与时代精神，建设社会主义核心价值体系，还必须要加强民族精神和时代精神教育，推进社会主义核心价值体系建设。

社会主义核心价值体系的建设既需要积淀了优秀价值目标的民族精神的浸润和滋养，也需要代表了先进价值走向的时代精神的牵引和推动，代表民族力量的民族精神和具有改革创新特点的时代精神是社会主义核心价值体系建设的抓手。开展民族精神和时代精神教育是实现社会价值传递和个体价值塑造的重要载体，也是协同社会价值观、激发民族凝聚力，促进社会和谐、统一、稳定的根本途径。因此，要把弘扬和培育民族精神、时代精神纳入国民教育、党员教育和精神文明建设的全过程。一切思想文化阵地、一切精神文化产品，各类主题宣传教育、各类精神文明创建活动，都要积极传播民族精神和时代精神，充分体现民族文化和时代风采。使以爱国主义为核心的伟大民族精神深深地融入我们的民族意识、民族品格、民族气质之中，成为各族人民团结一心、共同奋斗的价值取向；使以改革创新为核心的时代精神，即马克思主义与时俱进的理论品格、中华民族富于进取的思想品格与改革开放和现代化建设实践相结合的伟大成果，深深地融入我国经济、政治、文化、社会建设的各个方面，成为各族人民不断开创中国特色社会主义事业新局面的强大精神力量。

总之，继续弘扬和培育民族精神与时代精神，努力实现社会主义核心价值体系与中华传统文化相承接，形成具有民族特色和民族风格，更容易为广大群众所认同和接受，是中国特色社会主义的重要内容，也是发展中国特色社会主义、实现中华民族伟大复兴的强大精神动力。

（作者：中共广东省湛江市委党校副教授）

关于“普世价值”的若干问题

教育部邓小平理论和“三个代表”重要思想研究中心

近来，学术界有些人宣扬“普世价值”。他们说，“国际通行”的民主、自由、人权、平等、博爱等就是“普世价值”，在这些“普世价值”面前没有必要区分历史、阶级和社会属性，中国不应强调特殊性而自外于这些普世价值。“30年改革开放的历史功绩”就是“人权、法治、公平、正义、自由、平等、博爱等普世价值日渐成为我们文明中的核心价值”。“改革开放以来中国共产党所走过的历程，就是不断学习和实践人类普世价值的过程”。还有人提出“解放思想应该有核心目标”，这个核心目标“就是要确立普世价值”，主张无论是经济、政治还是社会、文化方面的理论创新，都必须以“普世价值”为尺度，与国际上的民主、宪政等观念接轨。一时间，“普世价值”成为时髦的流行语。

那么，他们所说的“普世价值”的实质是什么？中国是不是要沿着他们所说的“普世价值”去发展？这些都是事关我国前途、命运的大问题，需要认真探讨。

他们所说的“普世价值”并不是普世的

什么叫“普世价值”？也就是说，价值的“普世性”指的是什么？宣扬“普世价值”的人认为，第一，这种价值观念适用于所有的人，不管哪个阶级、哪个个人都赞成并实践这种价值，即它具有普遍适用性；第二，这种价值观念适用于任何社会，不管哪种社会经济形态都存在并适用这种价值，即它具有永恒性。

很明显，这种论断在逻辑上是自相矛盾的：如果他们说的价值观念是普世的，那么中国早就应该是赞成并实践了的，怎么会“自外于”这种价值观念呢？反过来说，既然拥有13亿人的中国不赞成或没有实行他们所说的“普世价值”，这种价值观念怎么能说是“普世”的呢？可见他们所说的“普世价值”并不真正是“普世”的。人们都清楚，所谓“国际通行”的“普世价值”，其实就是指西方资本主义国家的价值体系，就是指西式的民主、自由、人权、平等、法治等等。

某些西方学者对这一点看得比较清楚。按照我国宣扬“普世价值”人的说法，英、美、法等发达资本主义国家里的民主、自由、平等、人权、博爱、法治等是“普世价值”，中国必须遵行。然而恰恰是这些国家的某些学者对这些价值观念的普世性表示怀疑。法国前外长韦德里纳与法国国际和战略关系研究所所长博尼法斯在新近联合出版的新书《全球地图册》中，就谈到了这个问题。有人质疑韦德里纳是否“过于偏激”地放弃了人权、自由和民主等“普世价值”，他回答说：“我一直坚信和捍卫这些价值，但我不无伤感地告诉您，西方世界10亿人口在全球60亿人口中占少数，我们认定的‘普世价值’未必真的就是‘普世’的，现在我们没有理由也没有能力强迫别人接受我们的价值观。”显然，得不到大多数人认同的价值不能算是普世的，这一点，连一些西方学者也是承认的。

可见他们宣扬的那些价值观念的普世性是自封的，并不真的就是普世的，其目的是想借口“普世性”把那些价值观念强加给别人，而不允许别人有所怀疑。

价值观念从来都是具体的，抽象的、共同的价值在现实生活中不可能独立存在

我们并不否认普世价值，但价值总是具体的、社会的。人的基本特性是社会性，人是在社会中进行生产和生活的，脱离社会的个人无法生存。像鲁宾逊那样不同其他人发生关系的人，只存在于小说里，现实生活中是找不到的。在生产和生活中，人与人之间必然发生一定的社会关系。由于人们在社会关系中的地位不一样（在阶级社会里就形成不同的阶级），追求的利益也不一样，所以不同的人对同一种事物的价值判断必然也是不同的。

当然，为了使社会正常运转，在长期的社会生活中人们也会形成一些人人必须遵守的行为规范（这些行为规范或者是约定俗成的，或者是由法律规定的），但即使是公认的行为规范，不同的人也赋予不同的内涵。宣扬“普世价值”的人往往把不同阶级、不同人群存在的价值观念中的共同点，抽象出来把它叫做“普世价值”。例如，资产阶级讲民主，无产阶级也讲民主，这两种民主的性质和内容是根本不同的，但两者之间也有一些共同之处，有人就把共同点抽象出来，然后把民主说成是“普世价值”。

但是，这种抽象的民主在现实生活中不可能独立存在。从哲学上讲，共性寓于个性之中，

没有脱离了个性而独立存在的共性，共性总是与个性结合在一起，总是体现在个性中。人们可以在思维中把不同事物的共同点抽象出来，形成概念，但能够在现实生活中看得见、摸得着的只是个性的东西。打一个比方，人们可以从各种各样的具体水果——苹果、橘子、梨、香蕉等——中抽象出共性的东西，把它概括为水果，但在市场上只能买到具体的水果，而买不到抽象的水果，因为水果这一概念只存在于具体的水果中。同样，在实际的社会生活中，抽象的民主、自由等也是不存在的。毛泽东说过："实际上，世界上只有具体的自由，具体的民主，没有抽象的自由，抽象的民主。在阶级斗争的社会里，有了剥削阶级剥削劳动人民的自由，就没有劳动人民不受剥削的自由。有了资产阶级的民主，就没有无产阶级和劳动人民的民主。"他还指出："民主自由都是相对的，不是绝对的，都是在历史上发生和发展的。"

正因为这样，邓小平针对我国存在的民主发扬不够的问题，在提出"继续努力发扬民主，是我们全党今后一个长时期的坚定不移的目标"的同时，强调"我们在宣传民主的时候，一定要把社会主义民主同资产阶级民主、个人主义民主严格地区别开来"。他明确指出，有的人讲的"民主化"的含义不十分清楚，"资本主义社会讲的民主是资产阶级的民主，实际上是垄断资本的民主，无非是多党竞选、三权鼎立、两院制。我们的制度是人民代表大会制度，共产党领导下的人民民主制度，不能搞西方那一套。"不能抽象地谈论民主，不区分资本主义民主、社会主义民主，更不能说只要主张民主，不管是什么性质的民主，就都是社会主义。

其实，历史上早就有人鼓吹抽象的民主，考茨基就是一个典型的例子。考茨基在反对十月革命胜利后建立的无产阶级专政性质的苏维埃政权时，也宣扬所谓的"纯粹民主"，也就是抽象的、普世的民主。针对考茨基的谬论，列宁曾一针见血地指出："如果不是嘲弄理智和历史，那就很明显：只要有不同的阶级存在，就不能说'纯粹民主'，而只能说阶级的民主。"考茨基谈论"纯粹民主"的目的是"蒙骗工人，以便回避现代民主即资本主义民主的资产阶级实质"。近90年过去了，列宁的这一论断，今天读来，仿佛就是针对眼前鼓吹"普世价值"的人说的。

自由、民主、人权、公平、正义、法治等是人类共同的追求，但三权分立、多党制、极端个人主义等并不是也不可能是普世的。而那些宣扬"普世价值"的人，正是在自由、民主、人权的旗号下，推销西式政治制度、价值观念，这才是问题的实质和要害。

价值的内涵是由社会经济关系决定的，因而没有永恒的价值

人们对客观事物的价值判断，是一种观念，属于上层建筑的范畴，它的内涵是由经济基础决定的。因此，价值观念的内容、人们的价值判断的标准，是随着社会经济关系的变化而不断改变的。在不同的社会经济关系下，人们赋予同一个价值观念以完全不同的内涵。也就是说，价值是历史的，而不是永恒的、不变的。从人类社会发展史的角度看，没有普遍适用于一切社会的永恒的价值。马克思、恩格斯指出："人们的观念、观点和概念，一句话，人们的意识，随着人们的生活条件、人们的社会关系、人们的社会存在的改变而改变，这难道需要经过深思才能了解吗？""至今的一切社会的历史都是在阶级对立中运动的"，所谓的"永恒真理"反映的恰恰是过去各个世纪所共有的、在私有制基础上产生的"社会上一部分人对另一部分人的剥削"这一事实，因此，"共产主义革命就是同传统的所有制关系实行最彻底的决裂；毫不奇怪，它在自己的发展进程中要同传统的观念实行最彻底的决裂"。

人们喜欢议论公平，把它说成是永恒的、人人都追求的东西，似乎这就是普世的价值观念了。试问，有谁不赞成公平呢？然而抽象的、适用于一切社会的公平是不存在的。恩格斯在批评蒲鲁东小资产阶级的"永恒的公平"时，给公

平下过一个经典性的定义。他说：公平“始终只是现存经济关系的或者反映其保守方面、或者反映其革命方面的观念化的神圣化的表现。希腊人和罗马人的公平认为奴隶制度是公平的；1789年资产者的公平要求废除封建制度，因为据说它不公平。在普鲁士的容克看来，甚至可怜的行政区域条例也是对永恒公平的破坏。所以，关于永恒公平的观念不仅因时因地而变，甚至也因人而异，这种东西正如米尔柏格正确说过的那样，‘一个人有一个人的理解’”。

马克思在批评拉萨尔的“公平的分配”时，用提问的方式阐述了自己关于公平问题的观点，这一观点同恩格斯是完全一致的。他说：“什么是‘公平的’分配呢？难道资产者不是断言今天的分配是‘公平的’吗？难道它事实上不是现今的生产方式基础上唯一‘公平的’分配吗？难道经济关系是由法的概念来调节，而不是相反，从经济关系中产生出法的关系吗？难道各种社会主义宗派分子关于‘公平的’分配不是也有各种极不相同的观念吗？”

公平作为人们的一种观念，是经济关系的反映。不存在某种永恒不变的、超越社会经济关系的公平，在不同的社会制度下，公平的标准是不一样的。奴隶社会有奴隶社会的公平标准，封建社会有封建社会的公平标准，资本主义社会有资本主义社会的公平标准，社会主义社会则有社会主义社会的公平标准。如果把资本主义社会的公平标准宣布为“普世价值”，把它当作永恒的、不变的标准，用它来衡量奴隶社会、封建社会乃至社会主义社会的事情，判断是不是公平，那是荒唐可笑的。对于民主、自由、人权等观念，我们也应该这样去理解。社会存在决定社会意识，经济基础决定上层建筑，这是历史唯物主义的基本道理。

那些宣扬“普世价值”的人不是根据社会经济关系来确定价值的内容，而是倒过来，先验地确定了所谓的“普世”的价值观念（这有点像黑格尔的“绝对精神”），然后根据这些“普世”的价值观念来判断现实社会的是非对错，进而要求按照这些“普世价值”来安排社会关系。他们从来不回答他们所主张的抽象的、适用于一切社会的“普世价值”是哪儿来的，仿佛这是人一生下来就必然具有的，是人的本性，或者是上帝赋予的“天赋人权”。其实他们所说的“普世价值”并不是人人所固有的或上帝赋予的，而是由资本主义的社会经济关系决定的。看一看他们“普世价值”的具体内容，就可以明白这一点。他们正是把西方发达资本主义国家里的民主、自由、人权、公平等称之为“普世价值”的，而这些价值观念的内涵不就反映了资本主义的政治经济关系吗？他们之所以否认其所讲的“普世价值”有社会制度上的区别，恰恰是因为现实中存在着社会主义与资本主义的根本区别。

宣扬“普世价值”的目的是想改变我国发展的方向道路

江泽民同志曾经明确指出：“我们纠正过去一度发生的‘以阶级斗争为纲’的错误是完全正确的，但这不等于阶级斗争已不存在了。只要阶级斗争还在一定范围内存在，我们就不能丢弃马克思主义的阶级和阶级分析的观点和方法。这种观点和方法始终是我们观察社会主义同各种敌对势力斗争的复杂政治现象的一把钥匙。在坚持改革开放、加强对外经济文化交流的同时，要十分注意警惕和防范敌对势力的渗透、颠覆活动。”这一科学论断，为我们认识宣扬“普世价值”的实质提供了指南。

宣扬“普世价值”并不是什么纯粹的学术问题，而是有着鲜明的政治目的。改革开放以来，意识形态领域始终存在着尖锐的斗争，而且这种斗争将长期存在。宣传“普世价值”，把西方发达资本主义国家的民主、自由、平等、人权等封为“普世价值”，然后用这个标准来衡量中国特色社会主义的实践，指责这也不行，那也不行，要求按照西方的战略意图改造中国，把西方发达资本主义国家的多党制当作普世的、惟一的民主制度，攻击中国共产党领导下的多党合作、共同协商的制度，说这是“另搞一套”，要求进行“宪政改革”；把资产阶级的民主、自由、平等、博爱宣布为人类共同的核心价值，要求放弃以马克思主义为指导的社会主义核心价值体系；最可笑的是，居然把在中国共产党坚强领导下发挥社会主义制度优越性取得的抗震救灾的伟大胜利，说成是实施“普世价值”的结果，宣布中国走到了拐点，即放弃中国特色社会主义，拐到西方的“主流”社会去。这样的观点，不是讨论学术问题，而是要求彻底西化。

当前出现一股宣扬“普世价值”之风，并不是偶然的。一股思潮的出现总有它的根源，我们可以从国际国内尖锐复杂的意识形态斗争的形势中找到鼓吹“普世价值”这股风的源头。有一位同志旗帜鲜明地指出了“普世价值”的实质，说所谓“普世价值”就是霸权主义的价值，他们想用他们的价值观改造世界。真是一语中的！霸权主义把他们的民主说成是惟一正确的普世价值，从而要求世界各国（尤其是社会主义国家）都照此办理，以便达到其演变社会主义、独霸世界的目的。大量事实证明，正是他们，打着民主、自由、人权等旗号，在全世界到处进行思想上政治上的渗透，把所谓“持不同政见者”组织起来，通过街头政治的办法，搞“颜色革命”，推翻不符合他们意愿和利益的政府，甚至干脆动用武力达到他们的目的。“普世价值”的功用就在于此。这方面的例证，比比皆是，无须赘述。从思想根源上说，多年来一些人所以看不清“普世价值”的实质，分辨不了是非，就是因为其忽视甚至放弃了历史唯物主义，特别是马克思主义的阶级和阶级分析的观点与方法。

大量的事实告诉我们：旗帜鲜明地坚持马克思主义价值观，剖析鼓吹“普世价值”的阶级实质，明辨思想上政治上的大是大非，鼓舞广大人民群众在科学发展观的指导下坚定不移地沿着中国特色社会主义道路阔步前进，是哲学社会科学界应当承担的重要任务。

遵循思想政治工作规律
探索建设社会主义核心价值体系途径

曾德保

建设社会主义核心价值体系是在人们的精神领域和价值世界搞建设，要遵循思想政治工作一般规律，从实践上积极探索建设核心价值体系的有效途径，努力把核心价值体系转化为人民群众的价值取向、愿望要求和实践行为，实现建设核心价值体系这一重大战略任务。

遵循思想与行为相互转化规律，把社会主义核心价值体系转化为人们的思想认识、价值观念和实际行动

思想与行为相互转化规律，是指思想支配行为，行为对思想具有反作用，思想和行为相互渗透。建设社会主义核心价值体系，遵循思想与行为相互转化规律，就是要把社会主义核心价值体系转化为人们的认识，并内化为自身信念，外化为实践行为。

1. 把社会主义核心价值体系转化为人们的思想认识。社会主义核心价值体系是与社会主义社会存在相适应的社会意识，是社会主义制度的内在精神和生命之魂。建设社会主义核心价值体系，首先应解决好认识问题，只有深刻认识和正确把握社会主义核心价值体系，才能抓住社会主义价值需要、价值创造和价值实现的关键，也才能在意识形态建设中突出重点、抓住

根本。要通过宣传教育，引导人们深刻认识社会主义核心价值体系的重大意义、深刻内涵、基本内容、现实目标、鲜明特征和实践要求，增强建设社会主义核心价值体系的自觉性、坚定性。

2. 把社会主义核心价值体系内化为人们的自身信念。内化是人们把一定的思想意识、价值观念等要求，转化为自身内在需要的过程，是实现从外部要求到内心自觉、从他律到自律的反复深化过程。内化过程有着自身的规律，它注重从人的思想实际出发，寻找人的思想共鸣点，强化“认同点”，注重人的主观能动性的发挥，注重教育与实践的紧密结合。建设社会主义核心价值体系要注重内化的规律，在人们正确、全面认识社会主义核心价值体系的基础上，进一步强化人们的认知，使之渗透到人的心理和精神层面，形成人的思维方式和心理认同，转化为人的内在需要和价值追求，从而使人们更加自觉地投入到建设社会主义核心价值体系中来。

3. 把社会主义核心价值体系外化为人们的实践行为。所谓外化，就是在人的自觉支配下，将价值理念转化为具体行动。社会主义核心价值体系只有外化为人们的自觉行动，才能真正落到实处。人们在内化阶段所形成的正确价值观，由于受到各种条件包括人们的需要和动机、主观能动性的发挥、知识经验和能力等内在因素以及外在的物质条件、社会风尚、社会思潮等因素的制约，并不必然地外化为自觉行为。这就要发挥好思想政治工作的转化职能，进一步使人们认识到社会主义核心价值体系的科学性、正确性，提高人们的自我控制、自我调节能力，引导人们把正确思想认识转化为实际行动，促成人们行为习惯转变到符合社会主义核心价值体系的要求上来。

遵循思想行为与利益相关规律，在建设社会主义核心价值体系过程中，把解决思想问题和解决实际问题结合起来

思想行为与利益相关规律，是指人的利益追求决定思想行为，思想行为来源于利益需求并受其支配。建设社会主义核心价值体系，遵循思想行为与利益相关规律，就是要充分认识和高度重视人的现实利益与合理需要，在解决人们的利益问题过程中，促进人们正确认识和自觉践行社会主义核心价值体系。

1. 把实现和维护人民群众的根本利益作为建设社会主义核心价值体系的根本出发点。社会主义核心价值体系能否成为人们普遍的价值选择和实践追求，要看它究竟对经济社会发展和人们生活质量改善有多大意义。因此，建设社会主义核心价值体系就不仅仅是教育引导问题，更重要的是要解决与人们思想意识相关的利益问题。要重视从解决人们利益问题入手，把引领社会思想意识同解决人民群众最关心、最直接、最现实的利益问题结合起来，使人们感受到社会主义核心价值体系的重大实践价值，并在内心深处认同它，把它由衷地转化为自己的坚定信念、价值追求，并自觉地践行。

2. 要把握好社会主义核心价值体系建设与人民群众现实利益结合点。中国改革发展进入攻坚阶段，社会结构、利益格局和人们的思想观念都将进一步发生深刻变化。人们对进一步深化改革的期望、对社会公平的期待、对切身利益的关注成为人们的思想认识问题乃至一些社会思潮聚焦点。建设社会主义核心价值体系必须适应这种发展变化，找准与群众利益、思想关切等具体结合点，发挥思想引导和利益调节的作用。要善于从政策取向上把握最广大人民的根本利益、新阶段群众的共同利益和不同群体特殊利益的关系，统筹兼顾各方面的诉求，使各个利益主体共享改革发展成果。要正视人们切身利益，关注民生，通过切实解决好就业、住房、医疗、教育等与人们利益密切相关的问题，不断夯实形成社会思想共识的群众基础。要在确保人们利益实现的同时，引导人们正确认识当前社会问题的深层次原因，正确认识社会公平完全实现的长期性，正确认识个人利益与他人利益、社会利益的关系。

3. 善于把握社会主义核心价值体系与人们

精神诉求的契合点。社会主义核心价值体系和人的精神诉求都属于精神层面的范畴，它体现了人民群众共同价值追求。改革开放以来，随着社会的发展和进步，人们精神诉求层次和自我认知价值越来越高，要把握人们精神诉求的特点，让人们感知社会主义核心价值体系对于个人价值实现的重要作用。要坚持以人为本，尊重人、理解人、关心人，协调好坚持社会主义核心价值体系的主导地位与社会成员不同层次的精神诉求的关系。既要大力加强社会主义核心价值体系建设，消除和抵御各种腐朽思想文化的侵蚀，又要根据人们不同的觉悟层次和文化程度，尽可能满足人们日益多样化的、健康的精神文化需求。要高度重视人的感受和情绪，充分关注人的理想、信念，人的自身成长与发展的需要，努力创造让人人都能够发挥聪明才智的环境，使人人都有凭借能力改变处境的机会，促进人的个性、才智和潜能的充分实现。

遵循人与环境互动规律，建设社会主义核心价值体系，既要立足现实环境，又要不断优化环境

人与环境互动规律，是指客观环境对人的思想和行为具有决定作用，思想和行为对客观环境具有能动的反作用。建设社会主义核心价值体系，遵循人与环境互动规律，就是既要从现实环境出发，立足人们思想实际，又要发挥人的主观能动性，改造和优化环境，提高人们认知水平和实践能力。

1. 着眼于现实社会环境和人的思想实际，增强社会主义核心价值体系的引领力和整合力。任何价值观念都是社会生活的反映。随着改革开放的深入和市场经济的发展，社会思想意识多元、多变、多样性不断增强，各种价值观念相互交织、相互碰撞、相互影响。建设社会主义核心价值体系，要坚持从我国经济社会发展和人们的思想实际出发，把理想性与现实性、先进性与广泛性、主导性与包容性结合起来。既要坚持理想性，体现社会主义发展目标，又要体现现实性，承认价值多样化，使不同阶层、不同群体都能从中找到适合自己的价值遵循；既要坚持先进性，把先进的价值观念作为思想文化领域的核心，不断增强社会主义核心价值体系的主导地位，又要体现广泛性，承认价值观念多层次性，肯定一切有利于社会生产力发展、有利于社会全面进步的思想意识；既要坚持主导性，坚持用一元化指导思想引领整合多样化的思想意识，又要体现多元性，承认社会的多元诉求，坚持尊重差异、包容多样，扩大价值认同，增进思想共识。

2. 着重于优化现实环境，为建设社会主义核心价值体系建设提供载体、营造氛围。人在一定环境中工作、生活，通过自己的活动改变和影响着环境；环境也影响人、塑造人，直接或间接地影响人的思想意识的形成与发展。要重视物质环境建设，为建设社会主义核心价值体系提供载体。特别要注重人文环境建设，良好的人文环境能彰显先进的思想理念、价值判断和审美取向，激发人的向上精神，完善人的品格，提升人的素质。要通过开展各种形式的文明创建活动、群众文化活动和道德实践活动，倡导“科学、文明、健康”生活方式，倡导和睦的家庭和邻里关系，营造健康向上的思想舆论，推崇合作竞争、共同发展的理念，提倡包容、协作精神等，发挥人文环境在推进社会主义核心价值体系建设中的独特作用。

遵循教育与管理相统一规律，建设社会主义核心价值体系，既要注重软性的思想引导，又要注重硬性的行为规范

教育与管理相统一的规律，是指教育与管理相互依赖，管理能够规范人们的行为，使教育更有效；教育能够促使人们对管理产生认同。遵循教育与管理相统一的规律，建设社会主义核心价值体系，既要注重思想教育，又要注重用法律、政策、制度等手段和管理手段规范人的行为，把价值导向与政策导向、道德规范与法律规范、教育与管理有机结合起来。

1. 抓住教育中心环节，夯实社会主义核心

价值体系建设基础性工作。要创新教育方式，紧紧围绕社会主义核心价值体系的内容和要求，在全社会不断加强灌输教育，同时善于发现人民群众中蕴藏的积极向上的思想精神，引导群众自我教育。要抓好教育对象，把党员干部特别是领导干部作为重点，引导他们带头学习践行社会主义核心价值体系，推动一般社会成员接受核心价值理念。要抓好青少年教育，把核心价值体系的基本内容渗透到学校的教育教学之中。要发挥各类公众人物的特殊优势，大力传播核心价值体系。要探索教育途径，把社会主义核心价值体系教育渗透到各种社会实践中去，渗透到国民教育、社会管理和人们日常生活中去。要借鉴国外价值观教育的有益经验，善于通过多种渠道进行价值观传播，在潜移默化中培养人们的价值认同。

2. 加强改进社会管理，把社会主义核心价值体系渗透到社会生活各方面。建设社会主义核心价值体系一刻也离不开强有力的社会管理。社会管理在协调各方利益关系，化解各种社会矛盾，维护社会公平正义，激发全社会的创造活力等方面的内在要求与社会主义核心价值体系相一致。在社会管理过程中，要把社会主义核心价值理念贯穿其中，把握社会管理方向、形成社会管理共识、凝聚社会管理合力。各级各类管理部门要把倡导社会主义核心价值体系作为分内工作，建立健全有效的激励约束机制，注重在日常管理中体现价值导向。要注意发挥人民团体、行业组织、社会中介组织、群众自治组织的辅助作用，从而形成建设社会主义核心价值体系合力。公民是多元社会管理主体中的重要成员，要注重在公民参与社会管理过程中，培育公民意识，提高公民素养，提高全社会的文明程度。

3. 加快推进相关政策制度和法律法规建设，强化社会主义核心价值体系建设的制度、机制保障。任何社会要使其主流价值理念得到广泛认同并保持稳定性、持续性，都必须把这个价值理念融于国家的法律法规和有关政策之中，确保价值理念得到普遍推行。建设社会主义核心价值体系也应如此，要积极促进把核心价值体系的基本要求上升到法律层面，用法律的强制性来推动核心价值体系的建设。要充分发挥政策导向作用，使经济、政治、社会、文化各方面建设体现社会主义核心价值体系要旨。要把社会主义核心价值体系的基本要求渗透到市民公约、学生守则等具体行为准则之中，使之成为人们日常工作学习生活的基本遵循。要建立健全有效的激励和约束机制，最大限度地调动人们践行社会主义核心价值体系的积极性、主动性和创造性。

（作者单位：思想政治工作研究杂志社）

有关“普世价值”讨论观点综述

李艳玲

近期，理论界对所谓“普世价值”进行了深入的分析和阐述，现将其中的重要观点综述如下。

一、价值观是有阶级性和历史性的，抽象的所谓“普世价值”是不存在的

清华大学教授冯虞章在《怎样认识所谓“普世价值”》一文中指出，在历史和道德领域不存在“普世价值”，奢谈“普世价值”是没有根据、也站不住脚的。文章回顾和援引恩格斯对于杜林“永恒道德”论的分析批判。杜林为了鼓吹人类历史领域也存在“永恒真理”、“永恒道德”、“永恒正义”，先确定了他的道德观和正义观适用于

一切世界，认为道德的原则凌驾于“历史之上和现今的民族特性的差别之上”，就是认为存在着凌驾于历史和民族差别之上的道德原则，即类似于今天一些人所说的历史和道德领域里的“普世价值”。对这种“永恒道德”论，恩格斯进行了深入的剖析和批判。首先，恩格斯指出道德是具有历史性的。人们的道德观念因历史时代、历史条件的发展变化而变更。就拿道德领域被认为具有绝对意义的善恶来说，其对立就是“在属于人类历史的领域中运动”，善恶观念从一个民族到另一个民族、从一个时代到另一个时代变更得这样厉害，以致它们常常是互相直接矛盾的。因此，不存在超历史的适合于一切民族和时代的善恶观念。其次，恩格斯指出，在阶级产生以后，道德又具有阶级性。不同的阶级有不同的道德。“人们自觉地或不自觉地，归根到底总是从他们阶级地位所依据的实际关系中——从他们进行生产和交换的经济关系中，吸取自己的道德观念”。因此，不存在超阶级的、对各阶级都“绝对适用”的道德。与此同时，恩格斯还分析了不同阶级的道德论中的某种共性和不同社会形态中某种共同的道德戒律的问题，指出由于“有共同的历史背景”，不同阶级的道德论还是有一些共同的东西的。但归根到底，人们总是从他们阶级地位所依据的经济关系中吸取自己的道德观念的，所以各个阶级“都各有自己特殊的道德”。由于“经济发展阶段”的相似或限制，不同的社会里也会有大致相同的道德论，但这绝不意味着“永恒道德”的存在。所以，恩格斯说：“我们驳斥一切想把任何道德教条当作永恒的、终极的、从此不变的道德规律强加给我们的企图，这种企图的借口是，道德的世界也有凌驾于历史和民族差别之上的不变的原则。相反地，我们断定，一切以往的道德论归根到底都是当时的社会经济状况的产物。而社会直到现在还是在阶级对立中运动的，所以道德始终是阶级的道德。”前面的剖析说明，不存在凌驾于历史和民族差别之上的道德原则和“永恒道德”，其逻辑的结论就是，这个领域并不存在“普世价值”。或者换个角度来说，价值观与道德观具有同一的一面，相互贯通、相互制约，因而价值观如同道德观一样也具有历史性和阶级性。历史发展中不同阶级的利益主体的价值诉求各不相同，以至相互对立。由此也可以得出结论，超历史、超阶级的“普世价值”是不存在的。何况，人的本质在其现实性上是一切社会关系的总和，只有在一定的历史条件下和一定的社会关系中的具体人性，而没有超历史、超阶级的抽象的“永恒”的“普遍人性”，又何来作为这种“普遍人性”的价值取向和观念表现的“普世价值”呢？对于在“普世价值”旗号下宣扬的价值观，应当进行历史的、阶级的分析。只有这样，才能认清它的实质，给予其符合事物本来面目的评价。当然，真正的普世价值、普世道德是会有的。但现在我们还没有超出阶级的价值观、道德观。只有在消灭了阶级对立，而且在实际生活中也忘却了这种对立的社会发展阶段上，超越阶级对立和超越这种对立的回忆的、真正的人的道德才成为可能，普世价值、普世道德的发展也才成为可能。这就是人类社会的共产主义时代了。

《北京日报》刊登甄言的文章《关于普世价值的几个认识问题》，认为观念形态的东西很难存在真正意义上的普世性。作者指出，从哲学角度看，所谓价值，是客体与一定主体发生关系时所产生的作用、效果的特定质态。区别这种质态（正负、好坏及其量的等级）的标准并不在于客体，而在于具体的主体。从主客体关系角度来说，所谓普世价值，是具有永恒的、普世性的价值，是对所有人都普遍适用的价值。这有三层意义：第一，这种价值具有普遍适用性，即不仅适用于个别人、少数人甚至大多数人，而且适用于所有的人；第二，这种价值具有普遍的永恒性，不仅适用于一时一地，而且适用于所有时间、所有地点，不以任何条件为转移；第三，这种价值要以具有普遍必然性的命题来表述。可以说，这是关于普世价值的绝对和抽象意义上的定义。按照这个定义，观念形态的东西很难存在真正意义上的普世性。而且从人类发展史看，几乎没有形成从古至今不变的、适用于所有人的“普世价值”。从理论上说，价值是客体与一定主体发生关系时所产生的作用、效果的特定质态，我们不可能抛开主体去空谈价值特别是普世价值。人的主体形态不是抽象单一的，而是具体的、多层次的、多样化的。每一个个体（包括个人以及团体、民族、国家等共同体），都以一定的方式存在并成为独立的主体。这些主体在生存环境、意识形态和文化传统上存在的差别，以及其生活方式和活动内容的不同，构成了主体多样化的现实。尊重、确立多样化、多层次性的主体的地位，肯定他们的文化传统与现实利益的差别，承认特色和不同，是文明社会的基本准则。也就是说，这些特定的主体并不能简单地靠某种强力“统一”、“一致”起来。从实践来看，在当今国际社会，在全球化条件下，“国家利益高于一切”仍然是通行的不容置疑的原则，越是强国，越是毫无顾忌，直言不讳。而弱势国家也已逐渐觉醒，通过不断探索实践，形成自己的发展特色和道路，维护着自己民族、国家的利益，对人类文明做着自己应有的贡献。民族国家如此，诸如宗教、阶级、企业、个人等，立场更是复杂而难以协调，差异和分歧更是多样而尖锐。理论上不存在全球统一的主体，现实中不同种群、国家的利益需求，又千差万别，怎么可能产生对谁都适用的普遍价值？因此，普世价值的主体——人、民族、国家，是具体的、历史的、相对的，那么普世价值的内涵、内容、作用方式等也是具体的、相对的。那种所谓的“适用于所有人适用于所有时间、所有地点，不以任何条件为转移的、必然性的”普世价值，事实上是不存在的。

中国人民大学教授周新城认为，价值观念从来都是具体的，抽象的、共同的价值在现实生活中不可能独立存在。鼓吹“普世价值”的人往往把不同的阶级、不同的人群存在的价值观念中的共同点，抽象出来把它叫做“普世价值”。从哲学上讲，共性寓于个性之中，没有脱离了个性而独立存在的共性，共性总是与个性结合在一起，总是体现在个性中。人们可以在思维中把不同事物的共同点抽象出来，形成概念，但能够在现实生活中看得见、摸得着的只是个性的东西。毛泽东说过：“实际上，世界上只有具体的自由，具体的民主，没有抽象的自由，抽象的民主。在阶级斗争的社会里，有了剥削阶级剥削劳动人民的自由，就没有劳动人民不受剥削的自由。有了资产阶级的民主，就没有无产阶级和劳动人民的民主。”他还指出：“民主自由都是相对的，不是绝对的，都是在历史上发生和发展的。”他认为，价值的内涵是由社会经济关系决定的，因而没有永恒的价值。人们对客观事物的价值判断，是一种观念，属于上层建筑的范畴，它的内涵是由经济基础决定的。因此，价值观念的内容、人们的价值判断标准，是随着社会经济关系的变化而不断改变的。在不同的社会经济关系下，人们赋予同一个价值观念以完全不同的内涵。也就是说，价值是历史的，而不是永恒的、不变的。从人类社会发展史的角度看，没有普遍地适用于一切社会的永恒的价值。比如公平，作为人们的一种观念，是经济关系的反映。不存在某种永恒不变的、超越社会经济关系的公平，在不同社会制度下，公平的标准是不一样的。奴隶社会有奴隶社会的公平标准，封建社会有封建社会的公平标准，而资本主义社会则有资本主义社会的公平标准。如果用资本主义社会的公平标准去衡量奴隶社会、封建社会乃至社会主义社会的事情，那是荒唐可笑的。对于民主、自由、人权等观念，我们也应该这样去理解。社会存在决定社会意识，经济基础决定上层建筑，这是历史唯物主义的基本道理。

中国社科院研究员侯惠勤指出，从马克思主义的观点看，马克思主义并不笼统地否定“普世价值”的存在，但指明它的基础在于人类共同利益，如果缺乏共同利益的支撑，“普世价值”只能作为一种美好的愿望或幻想而存在（例如关于“世界大同”及各种乌托邦的追求），不具有真正的意义。

二、认清某些人宣传所谓普世价值的真实目的

冯虞章认为，宣扬“普世价值”的典型舆论具有鲜明的政治指向性，对此要有清醒的认识。我们的同志不应把“普世价值”当作时髦的用语，随声附和。近几年来，宣扬“普世价值”的舆论比较集中在民主、自由、人权和私有化等问题上，这不是偶然的。在我们坚持通过改革完善、发展社会主义制度的过程中，这是国内外某些势力打着“普世”旗号，把他们那一套全盘西化的主张和要求塞给我们，企图改变我国社会主义制度的一种手段。有人声称：“市场经济容纳不了四项基本原则”，因为“市场经济是统一的”，“各国都必须按照国际经济一体化的规则去行事”、“什么又要改革开放，又要四个坚持啊”，“这些都不符合市场经济发展规律的统一要求”；并声言：“要实现现代化，就要西化，就是要实行西方那一套。”这里虽然没有“普世价值”的用语，但其逻辑正是借把自由放任的市场经济奉为“普世价值”而企图否定四项基本原则，借把全盘西化奉为“普世价值”而企图否定中国特色社会主义道路。这里触及举什么旗、走什么路的根本方向问题。这也使我们进一步看到：国内外某些人宣扬的“普世价值”说，具有极大的政治指向性。我们的同志自然不应把“普世价值”当作时髦用语随声附和。有的文章把党的十七大强调的解放思想解读为“我们应该追求‘普世价值’”；有的把党的文件中讲的社会主义民主法治、公平正义，以及摆脱贫困、实现现代化等，都随心所欲地解释为所谓选择了“普世价值”；有的甚至说“普世价值不应成为迁就民族特色的祭品”，要转向“普世价值体系”、“拥抱普世价值”。这是一种混乱而错误的观念，是同党的基本理论相悖的，也是违背十七大精神的。我们要注意同用“普世价值体系”取代马克思主义指导地位的倾向划清界限。

周新城指出，一些人使劲鼓吹的“普世价值”实质上就是西方的价值，鼓吹“普世价值”的目的是想改变我国社会发展的方向道路。他认为，鼓吹“普世价值”并不是什么学术问题，而是有着鲜明的政治目的。改革开放以来，一直有一股势力，想把我国引向资本主义道路。意识形态领域始终存在着尖锐的斗争，这种斗争的集中表现就是四项基本原则与资产阶级自由化的斗争。这种斗争将长期存在。鼓吹“普世价值”的人，把英美等发达资本主义国家的民主、自由、平等、人权等等封为“普世价值”，然后用这个标准来衡量中国特色社会主义的实践，指责这个不行、那个不行，然后要求按照资本主义的标准改造中国，把中国特色社会主义改称资本主义。他们把西方发达资本主义国家的政党轮流执政制度当作普世的、惟一的民主制度，攻击中国共产党领导下的多党合作、共同协商的制度；他们竭力歪曲和攻击无产阶级专政，把它同民主对立起来；他们把资产阶级的民主、自由、平等、博爱宣布为人类共同的核心价值，要求放弃以马克思主义为指导的社会主义核心价值体系。矛头所向，十分清楚。

侯惠勤指出，今天，通过否定阶级性话语而抽象地谈论“普世价值”，本质上是西方话语霸权的表达，是其“西化”、“分化”我国图谋的具体方式，也是当代中国产生价值混乱的一个根源，其目的是割断当代中国的发展成就与社会主义的联系。例如，我们把夺取这次特大抗震救灾的伟大阶段性胜利首先归结于“制度优越”，因而要唱响“六好”（共产党好、社会主义好、改革开放好、人民军队好、人民群众好、伟大祖国好）。可是就有那么一种力量，努力把抗震救灾的胜利抽象化为国际社会慈善行动的胜利、尊重生命和个人价值的人性胜利，摆脱了一切主义纠缠的“普世价值”的胜利等，就是避而不谈社会主义制度。

甄言指出，把西方文明完全等同于普世价值，把非西方文明看作是特殊价值，这过分夸大了西方文明中的普世价值，把其中的特殊价值也普世化了。在现实中的突出表现就是，一些国家自认为是人权、自由、民主等普世价值的发

明者、垄断者和输出者。他们成了普世价值的惟一认定者。这种西方文明中心论、西方价值绝对普世化的理论，一方面把非西方的各种文明和各种价值当作其对立面，一方面用经济制裁、外交封锁、政治颠覆、武力打击等手段来推进他们自认为是普世价值的东西。假如这种缺少对话的文化相对主义大行其道，必然导致极端民族主义的猖撅，这是对人类尊严、人类文明的严重亵渎。如果每个国家或民族都把自己的价值观念视为普世价值观念，而把其它文化当作普世价值的对立面或附属物，那么普世价值就变成了人们手中任意摆布的一张牌，成了一个标签，可以按照自己的标准来随便贴。历史告诉我们，全人类统一意义上的普世价值，并不能产生于任何人的主观设计和良好愿望，哪怕这种设计和愿望本身是先进的、合理的；也不能靠强力推行去实现普世价值的推广。任何人的设计和愿望要想得到全人类的普遍认同，都必然是有条件的，这就是：它必须不仅在理念上，而且在实际上都能够适合人类绝大多数个体的生活方式和切身利益，并且为人们的经验和条件所认同。也就是说，只有在主观和客观上都具备了条件的价值选择，才有可能实现；否则，任何人也不可能将一种设计强加于全人类。

三、意识形态建设应该注意的几个问题

冯虞章认为，为了巩固马克思主义的指导地位，做好意识形态工作，在增强社会主义意识形态的吸引力和凝聚力的同时，必须注意那种把“淡化意识形态”宣扬为“普世价值”的主张和倾向，认清它的严重危害，清除它的影响。所谓“淡化意识形态”或“去意识形态化”，是一种国际性的资产阶级性质的思潮，其哲学基础是抽象的人道主义和人性论。由此出发，必然否定、反对马克思主义的阶级观点和阶级分析，用抽象的“共同人性”、“人类本性”作为最高的价值标准。从而，也就把否定阶级分析的所谓“淡化意识形态”、“非意识形态化”奉作“普世价值”。这种观点无疑是很虚伪的。因为“淡化”也好，“去”也好，它要“淡化”和“去”的只是马克思主义的意识形态，并不“去”反马克思主义的意识形态。但是，由于缺少马克思主义理论学习、不能正确总结历史经验教训和西方思想文化渗透等原因，崇尚“淡化意识形态”、“非意识形态化”的倾向在一定范围内较为广泛地存在着，并由于抽象人道主义和“告别革命”的历史虚无主义思潮不断出现而得到加强。这种“淡化意识形态”、“非意识形态化”的倾向较之前面剖析的在“普世价值”外衣下的错误思潮，是从否定马克思主义观察社会历史现象的基本方法论的层面上提出的问题。从这一点来说，有其特殊的危害性。这种倾向的蔓延，将会严重危害党对意识形态领导的主动权，严重危害社会主义核心价值体系建设，也将严重危害青年一代的健康成长和社会主义事业接班人的培养。它会对青年学生的成长产生双重不良效应：一方面，由于崇尚“淡化意识形态”、“非意识形态化”，会大大削弱马克思主义和社会主义意识形态对青年学生的影响力；另一方面，也由于崇尚“淡化意识形态”、“非意识形态化”，青年学生会对各种渠道来的错误思潮缺乏必要的戒备和鉴别力，而受其污染和侵蚀。那种一面在“普世价值”旗号下宣扬西方主流意识形态、一面又把“淡化意识形态”宣扬为“普世价值”的舆论，是在复杂的国际国内条件下出现的一种现象，应该引起我们的高度重视和警惕，并继续加以研究。

周新城指出，必须坚持马克思主义的阶级观点和阶级分析方法。近年来不讲马克思主义阶级观点和阶级分析方法，甚至把它当作宣传思想教育工作的禁区，这是导致很多人看不清“普世价值”的阶级实质，陷入抽象的价值观念的泥坑，分辨不了是非，引起了许多思想混乱的根本原因。有人把坚持马克思主义的阶级观点和阶级分析方法同以阶级斗争为纲混淆在一起，仿佛否定阶级斗争为纲就不能再讲阶级分析了。这是极大的误解。只要阶级斗争还在一定范围内存在，我们就不能丢弃马克思主义的

阶级和阶级分析的观点与方法。这种观点方法始终是我们观察社会主义与各种敌对势力斗争的复杂政治现象的一把钥匙。我们应该理直气壮地宣传马克思主义的阶级斗争学说，坚持用马克思主义的阶级观点和阶级分析方法来观察和分析意识形态领域的种种现象。

侯惠勤指出，今天我国意识形态建设面临的严峻挑战就在于如何把我国改革开放的伟大成就，及时充分有效地转化为对于中国特色社会主义制度的认同。虽然社会主义意识形态今天更多地遇到了人类性话语的挑战，但我们还是必须坚持阶级性、人民性以至人类性的统一前提下应对，而不能通过淡化阶级性大谈抽象的普世价值。在“四位一体”（马克思主义、中国特色社会主义、时代精神和民族精神、荣辱观）的社会主义核心价值体系中，马克思主义的指导始终是灵魂。因此，构建社会主义核心价值体系，首先要加强对于这个“体系之魂”的认识。

甄言指出，中国应该为丰富人类的共同价值做出自己的贡献。在当代社会，随着各国交往的深入发展，特别是发展中国家在国际事务中的积极参与，使得多样化的特殊性价值观念之间频繁发生碰撞和融合，在此过程中共同的价值观念得到不断充实、重构和完善。从实际需要看，由于人类所面临的全球性新问题层出不穷，需要更加丰富的价值观来引导和处理。发展中国家要以独立的文化价值融入国际社会，把自身文化中包含的共同价值贡献给全人类，以此来为解决这些全球性问题奉献力量。同时，这也可以改变原先西方总是共同价值的输出国、自己总是共同价值的接受国的状态。由此形成各个国家地区的人们既是共同价值的认同者，又是共同价值的创造者的和谐局面。

（此文载《红旗文稿》2008年第19期）

第九部分

重大理论与热点问题探讨

始终坚持社会主义政治制度的特点和优势

杜青林

建立在不同国情基础上的各国政治制度，反映了各国的政治发展道路，呈现出不同的特点。我国是社会主义国家，我国现行的政治制度深深植根于中国土壤，体现了中国社会发展的内在规律和客观要求，符合全国各族人民的根本利益。坚持和发展中国特色社会主义，必须坚持社会主义政治制度的特点和优势，推进社会主义民主政治制度化、规范化、程序化，为党和国家长治久安提供政治和制度保障。

一、坚持中国共产党的领导、人民当家作主和依法治国的有机统一

这是我国政治制度区别于西方国家政治制度的本质特征，也是坚持和完善我国政治制度必须遵循的基本方针和政治准则。党的领导是人民当家作主和依法治国的根本保证，人民当家作主是社会主义民主政治的本质要求，依法治国是党领导人民治理国家的基本方略。只有把这三者贯穿于社会主义民主政治建设实践的全过程，才能从根本上坚持社会主义政治制度的特点和优势。

中国共产党的领导是历史的选择、人民的选择，是发展中国特色社会主义的根本保证。我国是一个拥有13亿人口的多民族的发展中大国，在这样一个国家里领导人民进行现代化建设，除了共产党没有任何其他政治力量具备这种能力。实践证明，中国共产党始终坚持全心全意为人民服务的宗旨，始终保持与时俱进的品格，具有强大的创造力、凝聚力和战斗力。只有坚持共产党的领导，中国才能实现人民解放、国家富强和民族振兴。统一战线广大成员要自觉在政治上与中国共产党保持一致，维护中国共产党的领导，与中国共产党同心同德、团结奋斗，共同推进中国特色社会主义伟大事业。

人民当家作主是社会主义民主政治的本质和核心，是发展社会主义民主政治的根本出发点和落脚点。社会主义民主是人民当家作主的民主，是反映绝大多数人意愿的民主，只有社会主义才能实现真正的民主。中国共产党执政就是领导和支持人民当家作主，着眼于一切为了人民、一切依靠人民、一切权力属于人民，通过丰富民主形式，扩大公民有序的政治参与，实现最广泛的人民民主。要始终坚持尊重人民的主体地位，切实保障人民群众管理国家事务和社会事务的权利，切实反映各方面群众的愿望和要求，维护和实现人民群众的根本利益。

依法治国是党领导人民治理国家的基本方略，是发展社会主义民主的重要保障。宪法和法律是党的主张和人民意志的统一，任何组织和个人都不允许有超越宪法和法律的特权。必须依法执政、依法办事，执法必严、违法必究，保证各项法律的实施。要牢固树立社会主义法治理念，维护宪法和法律的尊严和权威，维护社会公平正义，推动实现国家各项工作法治化，确保人民民主权利不受侵犯，确保人民的意志和要求通过法律程序得到有效贯彻实施。

二、坚持人民代表大会制度、中国共产党领导的多党合作和政治协商制度、民族区域自治制度和基层群众自治制度的有机统一

人民代表大会制度、中国共产党领导的多党合作和政治协商制度、民族区域自治制度和

基层群众自治制度，构成了我国社会主义民主政治的基本制度框架。必须充分发挥这四项制度在不同层次、不同方面的功能，更好地体现我国民主政治的广泛性和包容性。

人民代表大会制度是我国人民当家作主、参与管理国家事务和社会事务的根本政治制度。我国的政治结构、政治体制和运行规则，没有采用西方国家实行的“三权分立”原则，而是根据我国国情实行“议行合一”。表现在政治体制上，就是实行人民代表大会制度。全国人民代表大会是我国的最高权力机关和最高立法机关。国务院作为我国的最高行政机关，最高人民法院和最高人民检察院作为我国的司法机关，都由人大选举、受人大监督、对人大负责。实践证明，我国实行的“议行合一”原则，具有很大优越性。邓小平同志明确指出：“我们实行的就是全国人民代表大会一院制，这最符合中国实际。如果政策正确，方向正确，这种体制益处很大，很有助于国家的兴旺发达，避免很多牵扯。”要始终坚持和完善人民代表大会制度，支持人民代表大会依法履行职能，保障人大代表依法行使职权，确保立法、决策更好地体现国家意志、维护人民利益，切实发挥人大在国家政权建设、国家事务管理、国家方针政策和法律法规制定执行中的重要作用。

中国共产党领导的多党合作和政治协商制度，既是我国的一项基本政治制度，也是具有中国特色的社会主义政党制度。我国的多党合作制度是马克思主义统一战线理论和政党学说与中国实际相结合的重大成果，是中国人民政治智慧和政治经验的结晶，具有历史必然性、伟大独创性和巨大优越性。这项制度以合作、参与、协商为基本精神，以团结、民主、和谐为本质属性，具有政治参与、利益表达、社会整合、民主监督、维护稳定等重要功能，有利于最大限度地集中社会资源，形成统一意志。这项制度坚持尊重多数与照顾少数的统一，坚持广泛民主与集中领导的统一，有利于进一步把各种社会力量纳入政治体制，畅通和拓宽社会利益表达渠道，使人民群众的知情权、参与权、表达权和监督权得到更好的保障，使社会各方面的愿望和要求得到更充分的反映和实现，使中国特色社会主义民主更加充满生机和活力。要坚持长期共存、互相监督、肝胆相照、荣辱与共的方针，加强同民主党派和无党派人士合作共事，支持他们更好地履行参政议政、民主监督职能，巩固和发展我国各政党之间民主团结、生动活泼的良好政治关系。

民族区域自治制度是解决我国民族问题、实现民族平等、维护国家统一和领土完整的一项基本政治制度。民族区域自治制度是中国共产党在探索解决我国民族问题的过程中，坚持把马克思主义民族基本理论同我国民族问题实际相结合的重大成果，是符合中国国情的唯一正确选择。这项制度体现了民族因素与区域因素、政治因素与经济因素、历史因素与现实因素、制度因素和法律因素的有机结合，实现了我国社会主义多民族国家在民主基础上的高度统一。这项制度能够保障少数民族享有自治权利，广泛参与国家和本民族内部事务的管理，维护和保障少数民族和民族自治地方的合法权益。要坚持民族区域自治制度，牢牢把握各民族共同团结奋斗、共同繁荣发展的主题，加快少数民族和民族地区经济社会发展，尊重和保障少数民族的合法权益，大力培养少数民族干部和各类人才，推进民族团结进步事业，坚决打击民族分裂活动，巩固和发展平等团结互助和谐的社会主义民族关系。

基层群众自治制度是最直接体现人民当家作主的一项重要政治制度。基层群众自治制度是广大人民群众在城乡基层单位和组织中，依法直接行使民主选举、民主决策、民主管理和民主监督权利的民主制度。自《中华人民共和国村民委员会组织法》和《中华人民共和国城市居民委员会组织法》实施以来，全国绝大多数农村和城市已进行了六次以上的村(居)民委员会换届选举。85％的农村建立了实施民主决策的村民大会或村民代表大会，90％以上的农村建立了保障民主监督的村民理财小组、村务公开监督小组等组织，村务公开、民主评议等活动普遍开展。89％的城市社区建立了居民(成员)代表大会，64％的社区建立了协商议事委员会，不少社区建立了业主委员会，居民评议会、社区听证会等城市基层民主形式普遍推行。要继续促进基层民主的发展，扩大基层群众自治范围，完善民主管理制度，推动基层群众自治机制不断完善，帮助提高群众的民主素质和民主管理能力，努力把城乡社区建设成为管理有序、服务完善、文明祥和的社会生活共同体，切实保障人民群众的民主权利得到充分实现。

三、坚持选举民主、协商民主、自治民主、监督民主等民主实现形式的有机统一

新中国成立以来，我国探索和形成了选举、协商、自治和监督等多种社会主义民主的实现形式，为人民群众行使当家作主的权利提供了有效渠道。这些形式互相补充、相得益彰，既符合社会主义民主政治本质的要求，又体现我国社会主义政治制度的优势。

选举民主是人民通过选举、投票来行使民主权利。选举权和被选举权是公民一项重要的政治权利，参加选举是公民行使管理国家权利的重要途径。我国实行的选举制度，保证每一位公民都能在平等的基础上参加选举，同时任何人都不能在选举上享有特权。这一民主形式有利于充分发扬社会主义民主，使人民真正选出自己了解、信得过的人民代表，保障各族人民行使管理国家的权利。要在实践中进一步完善选举民主的程序和方法，完善选举程序，增强选举的透明度，扩大差额选举的比例，使我国的民主政治建设走上健康发展之路。

协商民主是人民内部各方面在重大决策之前和决策执行过程中进行充分协商。协商民主是中国共产党和中国人民在社会主义民主形式方面的伟大创造，是确保人民当家作主的重要形式。这一民主形式有利于实现最广泛的政治参与，能够广开言路、广求良策、广谋善举，在充分、民主、平等、真诚的协商讨论中达成一致。要把协商纳入党和国家民主决策的程序，建立健全相关制度和机制，努力促进协商民主的制度化、规范化和程序化。要保持宽松稳定、团结和谐的政治环境，让广大群众和各界人士敢于提出不同意见，真正做到知无不言、言无不尽，造成既有集中又有民主、既有纪律又有自由、既有统一意志又有个人心情舒畅的生动活泼的政治局面。

自治民主是由人民群众实行自我管理、自我教育、自我服务。自治是保证人民群众直接行使民主权利、依法管理自己事情的重要民主形式，是中国特色社会主义民主最具体和最生动的体现。这一民主形式能够有效地保障人民群众最关心、最直接、最现实的利益，能够实现政府行政管理和社区自我管理的有效对接，有利于巩固党执政的群众基础。要正确引导和不断激发人民群众实行自治的积极性和主动性，进一步推进和完善村民自治、城市居民自治和企事业单位民主管理等基层群众自治，不断丰富自治民主的内容和形式，使之更好地体现社会主义民主的本质要求。

监督民主是人民群众对公共权利和公共事务拥有监督权。监督是民主制度的试金石，是反映社情民意的重要途径。要通过努力，在我国逐步形成比较完备的监督体系。要充分发挥人民民主的监督功能，建立健全决策权、执行权、监督权既相互制约又相互协调的权力结构和运行机制。把党内监督与党外监督、专门机关监督与人民群众监督、法律监督与社会监督有机结合起来，使其相互配合，共同作用，形成监督合力。加强监督的制度化建设，提高监督实效，确保权力在阳光下运行，始终用来为人民谋利益。

四、坚持我国社会主义政治制度自我完善和发展的原则方向

我国政治制度要始终保持旺盛的生命力，

必须在中国特色社会主义事业不断推进的前提下，遵循长期以来形成的重要原则，不断汲取新的时代要素、体现新的时代精神，始终沿着社会主义民主政治建设的正确方向前进。

推进社会主义政治制度自我完善和发展，要始终坚持走中国特色社会主义政治发展道路。中国共产党团结带领中国人民走出了一条具有鲜明中国特色的政治发展道路。这条政治发展道路符合中国国情，能够为经济快速发展和社会稳定和谐提供根本的政治保障，对我国政治制度的自我完善和发展起着方向性、规定性的作用。要充分认识坚持走中国特色社会主义政治发展道路的重大意义，全面领会其丰富内涵，准确把握其基本要求，增强走中国特色社会主义政治发展道路的自觉性和坚定性，使这条道路越走越坚实、越走越宽广。

推进社会主义政治制度自我完善和发展，要适应我国经济社会发展和人民政治参与积极性不断提高的新要求。只有使政治制度的完善和发展与经济社会发展的总进程相协调，才能紧跟时代发展步伐、永葆强大生机活力；只有与人民政治参与积极性不断提高相适应，才能受到人民拥护、得到人民支持。要科学认识和正确把握我国经济社会发展要求，促进形成一整套更加成熟、更加完备的政治体制，使政治建设更好地体现改革开放的伟大成果，更好地促进经济社会又好又快发展。要准确把握人民群众的意愿，更好地代表和反映他们的政治诉求，从各个层次、各个领域扩大有序的政治参与，推动社会主义民主政治建设取得新进展。

推进社会主义政治制度自我完善和发展，要吸收借鉴人类政治文明成果，但绝不照抄照搬别国的政治发展模式。人类政治文明成果是人类社会共同的智慧结晶，是丰富多彩、不断交融的。中国特色政治制度是在不断吸收和借鉴人类政治文明成果的过程中发展和完善的。要立足我国的基本国情，善于借鉴人类政治文明有益成果，推动社会主义政治制度的自我完善和发展，坚决抵御西方两党制、多党制和议会制的影响，绝不盲目效仿和照抄照搬西方政治制度和政党制度模式，始终坚持走中国特色社会主义政治发展道路。

五、充分发挥统一战线在社会主义政治制度自我完善和发展中的独特作用

统一战线作为最广泛的政治联盟，能够团结一切可以团结的力量，调动一切可以调动的积极因素，增进团结、凝聚力量，为完成党在各个历史时期的中心任务提供强大的力量支持。统一战线在我国的政治制度建设和发展中具有独特的优势和作用。

发挥统一战线在扩大有序政治参与中的优势，使我国社会主义政治制度更具包容性。统一战线坚持求同存异的原则，在根本利益一致的基础上尊重社会各界成员在信仰、利益和观念等方面的差异，通过政治协商、参政议政、民主监督，为社会各界提供了更加广泛、有序的政治参与形式和途径，从而进一步扩大我国政治制度的包容性。要准确把握统一战线广大成员的民主意识和政治参与意识，通过各种民主形式，使社会各群体中个别、分散的意见、要求和见解，得到有组织、有秩序的表达，得到最大限度、最大范围的包容和吸纳，确保社会主义民主健康、有序发展。

发挥统一战线在畅通利益表达渠道中的优势，使我国社会主义政治制度更具有效性。统一战线是中国共产党加强同各方面群众联系、充分反映社情民意的重要渠道，能够有效地把社会各界的利益要求反映到国家政治生活的各个层面，既反映多数人的普遍愿望，又吸纳少数人的合理主张；既接受支持的、一致的意见，又听取批评的、不同的声音，进一步增强我国政治制度运转的效率和效果。要进一步畅通下情上达和上情下达的渠道，使社会各阶层正当合理的利益诉求体现到党和国家的各项重大决策中，努力实现不同社会群体利益的统筹兼顾和总体协调。要发挥统一战线高度的社会整合功能，调动各方面的积极性，协调各方面的利益关

系，促进各党派、各阶层、各群体和各界人士的团结合作，使我国社会主义政治制度的优势得到有效发挥。

发挥统一战线在推进制度化建设中的优势，使我国社会主义政治制度更具科学性。统一战线与我国社会主义政治制度密切相关，在其形成和发展过程中发挥了重要作用。推动中国特色社会主义政治制度建设，发展社会主义民主政治，建设社会主义政治文明，是统一战线为中国特色社会主义作贡献的重要方面。要充分发挥统一战线在坚持和完善我国社会主义政治制度中的独特优势和作用，进一步推进我国社会主义民主政治制度化、规范化、程序化。要健全完善统一战线广大成员政治参与的制度和机制，及时总结实践中的有益做法和成功经验，并上升为规章制度，使我国社会主义政治制度更加科学规范。

（作者：全国政协副主席、中央统战部部长）

深入推进政务公开
为发展社会主义民主政治作出新贡献

何　勇

一、十六大以来政务公开工作取得明显成效

党的十六大以来，党中央、国务院高度重视政务公开工作。各地区各部门按照中央的要求和部署，有计划、有步骤地开展政务公开工作，取得了明显成效。目前，全国乡镇和县（市）政务公开日趋规范，市（地）政务公开全面推行，省（区、市）和国务院部门政务公开正在积极推开，政务公开逐渐成为各级政府施政的一项基本制度。

一是紧紧围绕党和政府的中心任务开展工作，政务公开的综合效应进一步增强。各地区各部门坚持把政务公开放在党和政府工作大局中来把握，既推动了中心任务的贯彻落实，也促进了政务公开自身的深入发展。从促进经济又好又快发展入手，积极探索政务公开为经济发展提供服务的切入点。按照构建社会主义和谐社会的要求，坚持把政务公开与维护人民群众利益结合起来，把关系群众切身利益的事项作为公开的重点，把便民利民作为公开的基本要求，细化公开内容，创新公开形式，切实解决人民群众关心、关注的突出问题，赢得了人民群众广泛支持。根据中央关于行政管理体制改革的决策和部署，积极推行行政权力公开透明运行，推动政务公开由静态的信息公开向动态的行政权力运行过程公开，强化了对权力的制约和监督。目前，大部分省（区、市）和中央国家机关开展了行政权力公开透明运行工作，河北、黑龙江、安徽、江苏等地已全面推开。着眼于加大预防腐败的工作力度，坚持把政务公开与村务公开、厂务公开、政府采购、工程建设项目招标投标、行政审批制度改革、干部人事制度改革等治本抓源头工作结合起来，一起部署，统筹安排，工作合力进一步形成。

二是切实加强制度建设，政务公开逐步走上制度化、规范化的轨道。从 2004 年起，经过反复征求意见和修改论证，研究起草了《关于进一步推行政务公开的意见》，报国务院常务会议和中央政治局常委会议审议通过，2005 年 3 月以中央办公厅、国务院办公厅文件印发执行。2005 年初，按照《意见》要求，对各地区各部门

政务公开制度建设作出具体部署，研究确定主动公开和依申请公开制度、政务公开评议和责任追究制度建设的试点单位，积极开展全国政务公开制度建设试点工作。同时，把信息公开制度建设纳入完善政务公开制度、建立反腐倡廉长效机制的总体部署，加快政务公开和信息公开的法制化进程。在全国政务公开领导小组的积极推动下，经过国务院法制办、原国务院信息办和其他相关部门的共同努力，《政府信息公开条例》得以审议通过，这在我国政务公开的发展进程中具有重要意义。各地区各部门结合实际，不断深化政务公开工作制度。截至目前，各省（区、市）和国务院45个部门出台了推行政务公开的具体规定，15个省（区、市）公布了地方性法规，明确了政务公开的内容、形式、标准和具体要求，形成了相对完整的自上而下的政务公开制度体系。

三是坚持与时俱进，政务公开改革创新的力度不断加大。各地区各部门积极推进政务公开的内容、形式创新，取得明显成效。紧紧抓住人民群众普遍关心和关系人民群众切身利益的问题，以及容易产生不正之风、滋生腐败的环节，围绕决策、执行、监督的工作程序、工作方法、工作结果等事项，不断丰富和拓展政务公开的内容。不少地区和部门在明确合法授权依据的基础上，积极开展政务公开目录编制工作，促进了政务公开内容的规范化建设。在充分利用政务公开栏、政府公报、公开指南等政务公开形式的基础上，大力推行社会听证、专家咨询、新闻发布、点题公开等适应现代社会发展要求的公开形式，重点抓好政府门户网站和行政服务中心建设，政务公开的形式更加丰富。目前，全国80%的县级以上政府或政府部门建立了政府网站，全国80%以上的政府机关、85%的公共企业事业单位开通了热线电话。全国已建立综合行政服务中心2100多个，办事窗口11000多个，31个省（区、市）、国务院74个部门建立了新闻发布和新闻发言人制度。

四是广泛宣传教育，政务公开理念逐渐深入人心。通过在中央主要新闻媒体刊登或播发政务公开文稿、召开新闻发布会等形式，大力宣传中央关于政务公开的重要决策和部署，政务公开的有效做法和经验，以及政务公开工作取得的实际成效。特别注意抓住《关于进一步推行政务公开的意见》出台、《政府信息公开条例》颁布实施等重要时机，积极组织新闻媒体进行广泛深入的宣传报道。全国政务公开领导小组办公室还组织编印《政务公开制度建设汇编》、《政务公开理论研讨会文集》、《三公开工作实务》等书籍，切实加强培训工作，在指导工作的同时又宣传了政务公开。经过各方面的共同努力，政务公开的社会影响力进一步扩大，人民群众参与社会主义民主政治建设的积极性和主动性明显增强，为政务公开的推行营造了良好的氛围。

五是强化组织领导，政务公开领导体制和工作机制更加健全。为进一步加强对政务公开工作的领导，2003年7月，成立了由中央纪委、监察部、国务院办公厅、中央组织部、全国总工会、民政部、财政部、人事部、国务院信息化工作办公室等9个单位有关负责同志组成的全国政务公开领导小组。五年来，领导小组坚决贯彻落实党中央、国务院关于政务公开工作的方针政策和重要指示精神，切实加强对全国政务公开工作的组织、协调和指导，有力地推动了政务公开的深入开展。各地区各部门按照领导小组的要求，相继成立领导机构和办事机构。目前，各省（区、市）、国务院68个部门以及大部分市、县成立了专门机构，黑龙江、吉林、安徽、湖南等省还设立常设机构，落实人员、经费和办公场所。经过多年努力，“党委统一领导、政府主抓、政府办公厅（室）组织协调、纪检监察机关监督检查”的政务公开领导体制和工作机制已基本形成。

实践证明，政务公开的深入推进，拉近了政府同人民群众的距离，拓宽了人民群众参政议政的渠道，保障了人民享有更多更切实的民主权利，促进了政府职能转变和管理创新，有力地推动了社会主义民主政治建设。同时也要清醒地认识到，当前政务公开工作与形势发展和人民群众的要求还不相适应，还存在一些亟待解决的问题，主要表现在有的地方和部门对政务公开的重要性认识不足，有的地方和部门政务公开制度建设相对滞后，工作不够规范，工作进展不平衡等方面。我们要在已有工作基础上，以改革创新精神扎实开展工作，努力把政务公开提高到一个新的水平。

二、从发展社会主义民主政治的战略高度加深对政务公开重要意义的认识

党的十七大对发展社会主义民主政治提出了新的要求，并从扩大人民民主、发展基层民主、全面落实依法治国基本方略、壮大爱国统一战线、加快行政管理体制改革、完善制约和监督机制等六个方面作了部署。党的十七届二中全会提出，发展社会主义民主政治是党始终不渝的奋斗目标，必须更高地举起人民民主的旗帜；中国特色社会主义政治发展道路是我国发展社会主义民主政治的正确道路，必须更加坚定不移地走中国特色社会主义政治发展道路；政治体制改革是社会主义政治制度自我完善和发展，必须深化政治体制改革。中央的这些决策和部署，既为发展社会主义民主政治指明了方向，也对政务公开提出了新的更高的要求。我们要更加自觉地高举中国特色社会主义伟大旗帜，更加主动地把政务公开放在发展社会主义民主政治的全局中来把握。

（一）政务公开是发展人民民主、实现人民当家作主的重要途径。人民民主是社会主义的生命，人民当家作主是社会主义民主政治的本质和核心。在革命、建设、改革的各个历史时期，我们党为争取民主、维护民主、保障民主、发展民主做了大量卓有成效的工作。同时也要看到，我国社会主义民主政治的体制、机制、程序、规范以及具体运行上还存在不完善的地方，在保障人民民主权利、发挥人民创造精神方面还存在一些不足，必须继续加以完善。政务公开是扩大人民民主、健全民主制度、拓宽民主渠道的有效形式，有利于增强决策透明度和公众参与度，把群众在民主实践中创造的好经验好做法上升为政策，把成熟的政策上升为法律法规，推进决策科学化、民主化，保证人民依法实行民主选举、民主决策、民主管理、民主监督，保障人民的知情权、参与权、表达权、监督权。这对于加强人民民主制度建设，切实保证国家一切权力属于人民，具有十分重要的作用。

（二）政务公开是加快行政管理体制改革、建设服务型政府的具体体现。行政管理体制改革是发展社会主义市场经济和发展社会主义民主政治的必然要求，是政治体制改革的重要内容。胡锦涛总书记在党的十七大报告中强调，要着力转变职能、理顺关系、优化结构、提高效能，形成权责一致、分工合理、决策科学、执行顺畅、监督有力的行政管理体制；加快推进政企分开、政资分开、政事分开、政府与市场中介组织分开，规范行政行为，加强行政执法部门建设，减少和规范行政审批，减少政府对微观经济运行的干预；加强公民意识教育，树立社会主义民主法治、自由平等、公平正义理念，等等。温家宝总理在十一届全国人大一次会议上的政府工作报告，着眼于解决当前政府社会管理和公共服务比较薄弱，一些部门办事效率低下，一些政府工作人员服务意识不强等问题，就加强社会主义民主法制建设、加快行政管理体制改革作了具体部署。政务公开是政府管理创新的重要方面。及时将政府的行政依据、行政程序、行政结果予以公开，能够在一定程度上满足公众对政务过程的参与需求，增强政府和公众的互动互信，促进政府转变职能，改进管理方式，提高行政效率，降低行政成本，提高政府工作透明度和公信力，同时也有利于促进政府工作人员自觉地把依法行政与高效便捷服务结合起来，切实维护和发展最广大人民的根本利益。

（三）政务公开是强化对权力的制约和监督、从源头上预防和治理腐败的必然要求。党的十七大对深化政治体制改革提出了一系列重

大举措，强调要确保权力正确行使，必须让权力在阳光下运行；要坚持用制度管权、管事、管人，建立健全决策权、执行权、监督权既相互制约又相互协调的权力结构和运行机制。行政权力在政治、经济和社会生活中的运用最为广泛，对经济和社会发展产生的影响最为直接，与社会公共利益和公民个人利益的联系最为密切。在行政权力行使过程中，存在着相当大的自由裁量权。现在，一些部门、一些干部之所以发生以权谋私、与民争利等问题，其中一个重要原因就是权力运行缺乏透明度，办事不公开，人民群众难以对政府和领导干部进行有效监督。政务公开畅通了政府与人民群众沟通的渠道，有利于人民群众对政府行政行为和领导干部从政行为进行直接监督，加强对权力行使的规范和限制，形成科学有效的权力制约和协调机制，这就为防止“暗箱操作”和滥用权力，从源头上预防和治理腐败，促进廉政勤政建设，提供了制度保证。

三、切实抓好 2008 年的政务公开工作

第一，认真做好《政府信息公开条例》的施行工作。《政府信息公开条例》已于今年 5 月 1 日正式施行。《条例》是政务公开的基本法规，是政务公开规范、持续、稳定发展的重要制度保证，是建设服务型政府的一项重要举措。《条例》施行涉及许多政治性、政策性、技术性很强的工作，国务院办公厅作为实施《条例》的主管部门，已经围绕《条例》施行做了大量准备工作。我们要集中时间、集中力量，及时研究解决施行中可能遇到的困难和问题，把《条例》施行的各项工作做实做细，确保各项措施落到实处。正确处理主动公开和依申请公开的关系，推动各级政府按照《条例》要求，拓宽信息发布渠道，加大主动公开的力度；认真受理和妥善处理依申请公开的信息，既防止因不公开侵害人民群众的知情权，也防止因公开不当损害经济安全和社会稳定。落实好《条例》施行的保障机制和有关配套措施，抓紧建立政府信息发布协调、政府信息公开申请受理、政府信息发布保密审查和监督保障等机制，确保《条例》顺利施行。

第二，继续深入推进行政权力公开透明运行。深入推进权力公开透明运行，是政务公开不断深化的标志，是政务公开内容和方式方法的创新。我们要结合行政管理体制改革，按照权力的取得要有据、权力的配置要科学、权力的运行要公开、权力的行使要依法、权力的监督要到位的要求，继续下大气力推进权力公开透明运行。进一步扩大权力公开透明运行的领域，特别注意公开与人民群众利益密切相关的事项。要围绕人、财、物管理等容易滋生腐败的关键环节以及权力行使的重点部位，抓住防止权力滥用、谋取非法利益这个主要问题，公开权力运行的全过程，扎实推进重点领域预防腐败工作。尽快完善行政权力公开透明运行的监督检查、考核评价、责任追究等配套制度，建立健全内外并举的监督制约机制。

第三，扎实有序地推进中央国家机关政务公开工作。中央国家机关掌握着大量公共资源，在党和国家事务中处于重要地位，在中央国家机关全面推进政务公开，可以起到引导作用和示范效应，使中央与地方政务公开工作相互衔接，增强政务公开工作的整体效能。中央国家机关要进一步加大政务公开的工作力度，带头执行《政府信息公开条例》，注意结合部门和行业特点，编制信息公开目录和指南。充分发挥中央国家机关电子政务发展较快、信息化程度较高的优势，建设网上公开平台，完善电子监察系统，把政务公开与业务工作紧密结合起来，做到相互促进、共同发展。在抓好本单位政务公开的同时，还要加强对本系统、本行业政务公开工作的协调和指导。

第四，加强示范点建设。2007 年，全国政务公开领导小组命名了 63 个全国政务公开工作示范点。这些示范点在推进政务公开工作中发挥着积极的引领作用。要加强对政务公开示范点的跟踪指导，认真总结推广示范点在实践中积累的好做法和新鲜经验，充分发挥示范点

辐射和带动作用。各省（区、市）政务公开领小组要加强对示范点的培育和扶持，深入研示范点建设的思路和办法，积极解决示范点设遇到的矛盾和问题，为示范点的发展创造好条件。各示范点要加大工作力度，以改革创的精神，积极探索，大胆尝试，不断拓展政务公的深度和广度，不断完善政务公开的制度和措，不断提高政务公开工作的质量和水平。

各地区各部门要继续坚持党委统一领导，府主抓，政府办公厅（室）组织协调，纪检监察关监督检查的领导体制和工作机制。加强监督检查，把政务公开纳入政府行政管理工作中，坚持与各项业务工作同部署、同检查、同考核、同推进。加强调查研究，深入实际、深入基层、深入群众，看看各项任务落实方面还存在什么突出问题，下一步要采取什么措施，使我们的工作部署更加符合中央的要求和人民的期待。

政务公开意义重大而深远。我们要更加紧密地团结在以胡锦涛同志为总书记的党中央周围，高举中国特色社会主义伟大旗帜，以邓小平理论和“三个代表”重要思想为指导，深入贯彻落实科学发展观，振奋精神，开拓进取，不断开创政务公开工作的新局面，为发展社会主义民主政治，夺取全面建设小康社会新胜利作出应有的贡献。

（作者：中共中央书记处书记、中央纪委副书记）

解放思想就是解放和发展生产力

徐光春

在神州大地共享奥运盛典之时，在全国上下涌动新一轮解放思想热潮之际，河南省也按省委的部署，开展了“新解放，新跨越，新崛起”大讨论。这将对河南的改革开放和现代化建设产生重要意义。这里，结合河南实际和学习体会，谈几个问题。

一、解放思想是一个广泛的、科学的、历史的命题，其出发点和落脚点是解放和发展生产力，推动社会的进步和发展

解放思想一词的起源可追溯到1919年民主思想先驱梁启超的《思想解放》这篇文章，该文提到“要个性解放，必须从思想解放入手”。在中国的革命、建设和改革开放过程中，这一名词被我们共产党人经常使用，并被赋予新的深刻的革命含义。从广义上讲，解放思想是人们在各个领域、各个方面不断探索发现事物发展的新的规律性现象和问题，通过新的思想观念战胜旧的思想观念，从而推动社会进步的过程。人类社会每次深刻的社会变革和重大历史进步，都是以思想解放为先导，思想解放及其形成的先进理念和认识，为社会变革和历史发展提供了精神动力、方向指导和理论武装，极大地推进了生产力的发展和社会的进步。

解放思想是一个广泛的命题，涉及各个领域、各个范畴，大到人类社会与自然界发展规律的探索认知，中到经济、政治、文化、社会领域的创新发展，小到具体工作、专业技术上的推陈出新、发明创造等等，可以说是无所不在、无时不有、无事不需。每个领域每个方面每个细节的变革创新都直接或间接地促进了社会发展和生产力的解放。就社会的发展变化看，从“商鞅变法”、“王安石变法”到辛亥革命、“五四”运动；就具体领域的发展演变看，从我国文学领域里唐诗、宋词、元曲、明清小说的推陈出新，西方基础科学领域中哥白尼的日心说取代原有的地心

说，应用科学领域里瓦特改良蒸汽机、爱迪生发明电灯，到当代社会原子能、计算机、纳米技术、航天科技等新技术的发明应用，诸如此类的创新、发展都是人类思想解放的结果，都促进了文化生产力、科技生产力、社会生产力的发展。

解放思想是一个科学的命题，完全符合人类认识社会、改造社会的客观规律。人类认识事物的过程，是一个实践——认识——再实践——再认识的循环往复以至无穷的过程。由于人类认识事物、认识社会能力的不断提高，人类改造社会的能力也不断得到提升，实践也不断得到发展，生产力变得越来越发达。这些，无不源于思想的不断解放。就拿中国社会演变来说，由于思想的不断解放和发展，先后出现了在历史发展的某个阶段占主导地位的思想、理论。从孔孟之道到程朱学说，从旧民主主义思想到新民主主义理论，从马克思主义到马克思列宁主义，从毛泽东思想到邓小平理论，从“三个代表”重要思想到科学发展观等重大战略思想，这一系列创新思想和理论，使中国人民认识社会、改造社会的能力不断提高，社会生产力不断发展，社会形态不断进步。因此，解放思想是一个科学的命题，它符合人类社会发展变化的客观规律，也指导人们用科学的理念和方法去改造社会、改造自然，推动人类社会和自然界的发展进步。从这个意义上说，人类社会的发展史就是一部人类思想的解放史。足见，解放思想对生产力的发展和社会的进步是多么的科学和重要。

解放思想也是一个历史的命题，从人类历史的长河看，一部思想解放史就是一部生产力发展史。从原始社会到奴隶社会、封建社会、资本主义社会、社会主义社会以及将来的共产主义社会，这个过程都是在解放思想中推进生产力不断跃升的过程。比如，正是春秋战国时期兴起的百家争鸣，加速了奴隶制的瓦解，孕育催生了新兴的封建经济。又如，正是意大利的文艺复兴和法国的启蒙运动，打破了封建神学的枷锁，敲响了封建制度的丧钟，促进了新兴资产阶级的发展壮大，开始迈入生产力大发展的资本主义时代。回顾我们党的历史，解放和发展生产力也是我们党领导解放思想工作始终格外关注和重点解决的问题。在新民主主义革命时期，我们党通过解放思想，把马克思主义与中国的实际紧密地联系起来，以农村包围城市的成功革命道路，推翻了帝国主义、封建主义、官僚资本主义的反动统治，从根本上破除了束缚生产力发展的政治体制障碍。在社会主义革命和建设时期，我们通过解放思想，成功地进行了社会主义改造，建立起社会主义基本制度，空前地解放和发展了生产力，在一穷二白的基础上建立了独立的比较完整的工业体系和国民经济体系。“一五”时期的156项重点工程中，我们河南有7项，经过了历史风雨的考验，特别是通过改革开放30年来的改革重组，现在重新焕发出生机，在我省工业经济发展体系中仍然占据着相当的分量，成为经济社会的重要生产力。在改革开放和社会主义现代化建设时期，邓小平同志作为改革开放的总设计师，领导我们党通过解放思想，形成中国特色社会主义理论，开创了中国特色社会主义道路，初步建立起社会主义市场经济体制，极大地解放和发展了生产力，开创了解放思想前无古人的崭新历史。可以说，我们党领导解放思想工作的过程，就是破除制约生产力发展的思想观念制约、体制机制障碍的过程，就是解放和发展生产力的过程。

总之，不管是从广泛性、科学性，还是历史性的角度来看，解放思想就是解放和发展生产力，两者互为因果、相互促进。解放思想是解放生产力的先导，解放生产力既是解放思想的归宿，又为更高水平更高层次上的思想解放创造了条件、奠定了基础。

二、继续解放思想的主攻方向和主要任务，是进一步解放和发展生产力，实现经济社会科学发展这一更高层次的发展

党的十七大强调要继续解放思想，提出“解放思想是发展中国特色社会主义的一大法宝”的重要论断，指出要坚持改革开放，推动科学发

展，促进社会和谐，为夺取全面建设小康社会新胜利而奋斗，表明党在新的历史起点上继续解放思想是同进一步解放生产力紧密联系在一起的，是同新时期肩负的新使命新任务紧密联系在一起的。

30年来，我们共经历了三次大的思想解放，每一次思想解放都步入了新境界，有力地促进了生产力的大发展，不断开创了中国特色社会主义事业的新局面。第一次是以真理标准大讨论和党的十一届三中全会召开为标志的思想解放，重点是解决要不要发展的问题。我们突破了极“左”的思想禁锢，彻底否定了“以阶级斗争为纲”的错误理论和实践，把党和国家的中心工作转移到经济建设上来，拉开了改革开放这场新的伟大革命的帷幕。第二次是以邓小平同志南方谈话和党的十四大为标志的思想解放，重点解决的是发展方向、道路、重点和基本框架问题。我们冲破了姓“资”姓“社”、姓“公”姓“私”等传统观念束缚，牢固确立了“三个有利于”标准，明确了建立社会主义市场经济体制的改革方向，继承、发展和成功推进了改革开放的伟大事业。这次党的十七大提出继续解放思想，重点是实现科学发展这一更高层次的发展，着力解决的是如何又好又快发展中国特色社会主义事业，夺取全面建设小康社会的新胜利。从突破发展禁区到明确发展方向，到实现科学发展，是一个渐进的、不断深化、不断提高的历史进程。正如胡锦涛总书记指出的：“世界上没有放之四海而皆准的发展道路和发展模式，也没有一成不变的发展道路和发展模式，必须适应国内外形势的新变化、顺应人民过上更好生活的新期待，结合自身实际、结合时代条件变化不断探索和完善适合本国情况的发展道路和发展模式，不断增加全社会的生机活力，真正做到与时代发展同步伐、与人民群众共命运。”这就更加透彻地阐明：新的历史起点上的继续解放思想，既着眼于承前继往，更着眼于启后开来，其目的就是要为我们党领导的中国特色社会主义伟大事业和党的建设新的伟大工程继续注入强大精神动力和思想活力，沿着科学发展的轨道更好更快发展，使我们党和国家生机长存、活力长在、青春常驻。

改革开放30年来，我们的经济社会建设取得了举世瞩目的成就，进入了发展的新时期。但我国仍处于并将长期处于社会主义初级阶段的基本国情没有变，人民日益增长的物质文化需要同落后的社会生产之间的矛盾这一社会主要矛盾没有变。在当代中国，最大的政治仍是发展问题。同时，与改革开放初期相比，发展又呈现出一系列阶段性特征。从发展任务看，当前主要不是解决发展不足、发展太慢的问题，而是要解决发展低水平、不全面、不均衡的问题；从发展途径看，粗放型发展方式带来了资源、环境等方面的巨大压力，以前具备的生产要素和劳动力价格低廉等比较优势正在逐步递减；从发展环境看，我国已形成全方位、多层次、宽领域的对外开放格局，面临的国际竞争日趋激烈，发展风险逐步加大。特别是2007年下半年到2008年上半年，我们发展的外部环境发生了很大变化，国内经济社会发展面临特别严峻的形势。这样的状况一方面来自于外部的压力，同时也与国内经济社会发展不够科学有着密切联系。因此，继续解放思想，必须坚持以中国特色社会主义理论体系为指导，深入贯彻落实科学发展观，着力把握发展规律，创新发展理念，转变发展方式，破解发展难题，提高发展的质量和效益；建设要以经济为中心，做到经济、政治、文化、社会建设“四位一体”全面发展；工作要统筹兼顾，做到城乡发展、区域发展、经济社会发展、人与自然和谐发展、国内发展和对外开放“五个统筹”，按照以人为本，全面协调可持续发展的要求，更好地推进社会主义现代化建设，夺取全面建设小康社会的新胜利。

三、继续解放思想，进一步解放和发展生产力，需要解决的几个重大问题

新一轮解放思想是更高层次、更深程度、更广领域的思想解放，要求更高、难度更大、任务

更艰巨，需要紧紧围绕科学发展这一主题，努力改变主观方面的不适应，破除客观方面的不符合，不断分析新情况、研究新问题、解决新矛盾，以思想的新解放推动生产力的新发展，使我们经济社会转入科学发展的轨道。

第一，继续解放思想，要深化改革开放，着力解决体制机制对生产力发展的制约。体制机制作为上层建筑的组成部分，对经济基础具有重要的反作用，是影响生产力发展的关键因素。一个国家或一个地区要保持快速健康发展，不断促进生产力的进步，就要建立一套适应其发展要求的制度和机制，并根据生产力的变化和要求，适时进行体制改革和机制创新。过去的30年，就是在解放思想中推进改革开放的30年，在体制机制创新中解放和发展生产力的30年。经过30年的改革开放，虽然我们基本建立了社会主义市场经济体制，但经济、政治、文化、社会等体制改革还不到位、进展还不平衡、衔接还不配套，尤其是一些长期积累的深层次矛盾和问题亟待解决，距离形成一套促进生产力持续发展的比较完整、比较定型的体制机制还有很长的路要走。例如，在改革的领域方面，明显存在着行政管理体制改革滞后于经济体制改革，事业单位改革滞后于企业改革；国企改革、农村综合改革等“存量改革”还没有完成，生态补偿机制改革、农村金融改革等“增量改革”又接踵而至；行业垄断、地区封锁仍大量存在，资本等要素市场发育还不够，全国统一开放的现代市场体系远未形成。又如，在对外开放方面，虽然我国的经济外向度已经超过60%，外汇储备超过1.8万亿美元，但这些繁荣的数字背后，很大程度上是以物质的过度消耗、环境成本的急剧透支和大量劳动力的廉价使用为代价的。从河南的发展实际看，改革不仅“慢三拍”，而且力度小，开放不仅“门”开得迟而且开得窄。反映市场化程度和开放度的证券化率、对外贸易依存度均比全国平均水平低60个百分点左右，改革开放的任务尤其繁重。只有坚持不懈地以继续解放思想为先导，坚定不移地深化改革、扩大开放，坚持用改革开放的办法解决前进中的问题，不断增强改革决策的科学性和改革措施的协调性，掌握发展的规律性，增强开放的有效性，才能破除旧的体制机制性障碍，建立充满生机的新体制新机制，推动生产力又好又快发展。

第二，继续解放思想，要推进科学发展，着力解决发展理念方法对生产力发展的制约。发展理念方法是人们对发展的理性认识、理想追求、实现途径及其所形成的观念体系。合乎规律的发展理念方法，对发展路径的选择、发展思路的形成和发展措施的提出能够给予科学的引导，从而推动生产力的健康发展；与规律相背离的发展理念方法最终必然导致发展的停滞、中断甚至倒退。30年来，随着思想的不断解放，我们在创新发展理念中破解发展难题，推进了经济社会持续快速发展。与此同时，经济社会发展中也出现了增长方式粗放，资源环境约束趋紧，路径依赖增强，城乡、区域发展不协调等新情况新问题。出现这些问题的原因固然很多，但根本在于我们的发展理念方法不科学，集中地表现为“重速度、轻效益，重生产、轻生活，重建设、轻管理，重开发、轻环境，重自强、轻开放，重物质、轻精神，重发展、轻稳定，重人治、轻法治，重行政、轻服务，重眼前、轻长远”这样一些片面的关于发展的思想观念。解决这“十重十轻”问题，必须在解放思想中更新观念，推进科学发展。关键是要树立“六种观念”：一是确立以人为本的发展观念，走出“见物不见人”的误区，始终把实现好、维护好、发展好最广大人民的根本利益作为一切工作的出发点和落脚点。二是确立全面发展观念，充分认识社会发展系统各要素之间相互联系、相互作用、相互制约、相互促进的关系，在发展中确立经济增长与结构优化、效率提升、民生改善、环境友好等方面相统一的发展理念，确立经济政治文化社会四位一体、四元互促、全面协调发展的观念。三是确立绿色发展观念，改变发展不计资源环境代价的错误思想，更加重视生态环境保护和资源清洁节约利用，更加重视知识资源和人力资源的开发，在经济发展与资源环境相协调中实现永续发展。四是确立开明的开放发展观念，改变小打小闹、小进即满的保守观念，培养世界眼光，树立全球视野，推动发展向内源型与外源型经济共同增长转变。五是确立创新发展观念，走出发展就是拼资源、拼能耗的传统发展误区，走依靠科技进步、劳动者素质提高和管理创新之路，推动经济发展由资源驱动型向创新驱动型转变。六是确立统筹发展的观念，打破分割发展的思想，把统筹兼顾根本方法贯穿于经济社会发展的全过程和各个方面。总之，要通过解放思想、更新观念，把经济社会发展纳入科学发展的轨道。

第三，继续解放思想，要构建和谐社会，着力解决社会环境条件对生产力发展的制约。良好的社会环境是生产力持续快速发展的基础和保障，只有在安定祥和的社会环境中，才能熨平社会褶皱，疏通人们的情绪，融洽人际关系，营造创业氛围，调动全社会的积极性、主动性和创造性，激发创业活力，形成蓬勃发展的生动局面。当前，我们仍处于经济社会发展的转型期，一方面，随着改革开放不断深化，民主政治建设不断推进，人民群众主体意识、法制意识、权利意识日益增强，不同的利益主体、价值观念、行为模式、利益诉求增多，引发的各种冲突和摩擦增多，一些可以预见或难以预见的群体性、突发性事件增多，影响社会稳定的不利因素大量聚集、相互交织。另一方面，促进社会和谐的动力不足，突出反映在受发展水平的限制，公共服务和社会保障体系相当滞后、很不健全，民生改善能力还不足；服务型政府建设缓慢，发展环境不优，创业创新创造氛围不浓；民主法制建设滞后，和谐文化建设亟待进一步加强。总之，构建良好社会环境的阻力较大、推办不强，必须高度重视并加以解决，否则将直接影响到经济社会的健康发展。从河南构建和谐中原的实践看，这些方面表现得也比较突出。近年来，我们省委省政府在研究分析河南发展形势时，认为中央提出构建和谐社会的方向、目标、任务是完全正确的，是完全符合经济社会发展的客观规律的。但同时也认为，就我省而言，当前还处于和谐社会建设的初级阶段，与理想的和谐社会目标还相距甚远，保稳定是和谐社会建设的第一步，也是为经济社会发展创造基本条件。因此，我们坚持把维护稳定作为现阶段构建和谐中原的首要任务，作为各级党委政府的第一责任，创新思路和办法，创造了用群众工作统揽信访工作，以覆盖到基层的全方位群众工作网络为载体，把矛盾和问题解决在基层的“义马经验”；创造了在重大决策、项目建设、人事安排等工作中引入信访分析评估，让群众参与决策，把可能形成的不稳定因素化解在萌芽状态的“渑池经验”，得到了中央领导的充分肯定，被外界誉为“河南经验”。这些经验的推广，有力地促进了社会的稳定和谐发展，社会总体呈现出安定祥和新气象，全省公众安全感达到93%，河南老百姓都感觉，这几年是河南少有的比较太平的几年。但深入分析，影响和谐稳定的外在矛盾和潜在问题还很多，并带有深刻的时代烙印和明显的地域标记。从我们河南整体上看，社会状况还不能说是“稳定状态”，而只能说是“稳而不定”状态。河南这几年没有发生特别重大的案件、特别重大的安全事故、特别重大的群体性事件，可以说是稳定的。但仔细分析，稳中还有不安定因素、不稳定问题。人口多、基础差、底子薄、公共服务和保障水平偏低的基本省情，作为全国重要交通枢纽人流物流更加密集的实情，客观上增加了维护稳定的强度和难度；加之，一些党政领导干部重发展轻稳定的现象还存在，一些执法机关和执法人员的群众观念和法治观念还不强，社会管理的方式还相对滞后，促进社会和谐的基础还不牢。为经济社会发展保驾护航、提供良好环境面临的任务十分繁重。创造良好的社会环境，必须以和谐社会建设为主线，以科学发展为主题，不断强化群众观、法治观、共建观，努力实现全面、动态和可持续的和谐稳定，促进一切创造活力竞相迸发，一切发展潜能充分释放。

第四，继续解放思想，要创新党的建设，着力解决领导方式能力对生产力发展的制约。中国共产党是中国特色社会主义事业的坚强领导核心。办好中国的事情关键在党，关键在科学的领导方式和过硬的执政本领。面对世情、国情、党情的新发展新变化，我们党切实加强执政能力建设，不断创新领导方式和执政方式，总体上看，适应了科学发展、和谐发展、和平发展的新要求。但不可否认，一些地方和一些党员领导干部在很多方面还不适应新形势新任务的要求。集中表现在，一是科学执政、民主执政、依法执政的水平还不高。有的对市场经济知识的学习不够，对市场运行的规律把握不准，仍习惯于用行政的、经验的办法推动工作；有的不善于甚至不愿意发扬民主，定政策搞决策主观臆断多；有的法制观念淡薄，不善于也不乐于依法行政、依法管理，甚至是以言代法、以权压法。二是贯彻落实科学发展观的能力还不强。具体地说，就是驾驭市场经济的能力、驾驭全局的能力、协调利益关系的能力、服务人民群众的能力和务实创新的能力还不够。比如，有的因循守旧，不能根据发展实践的变化创新基层组织的工作方式，致使一些基层党组织软弱涣散，严重削弱了党的执政基础。又如，有的摆不正和群众的关系，把服务当成管理，把引导当成强制，致使许多矛盾不仅得不到有效化解，还产生了新的问题。理念上的问题、知识上的局限严重影响了我们执政能力、执政水平的提高。我们必须加强执政能力的研究，创新执政方式方法，只有这样才能为经济社会科学发展创造有利条件。在领导方式和执政能力方面存在的上述问题具有一定的普遍性，当然在河南也不同程度地存在。这些年我们省紧紧抓住党的执政能力建设和先进性建设这条主线，不断改善党的领导方式和执政方式，提高各级党组织和领导干部的执政能力，进行了积极的探索，也取得了一定的经验。实践和现实告诉我们，只要按照党的十七大提出的以改革创新精神全面推进党的建设新的伟大工程，拿起解放思想这一大法宝，创造新思路，创造新制度，创造新办法，就能把各级领导班子建设成为善于领导科学发展的集体，把领导干部队伍建设成为能够推动中国特色社会主义事业发展的骨干，把党员队伍建设成为推进改革开放和现代化建设的先锋模范，为进一步解放和发展生产力提供有力的政治和组织保障。

目前，河南正在开展“新解放、新跨越、新崛起”的大讨论活动，就是要紧密结合河南实际贯彻落实党的十七大精神，以思想的新解放开创中原崛起新局面。这是河南省委贯彻中央精神，推进全省科学发展，进一步满足河南广大人民群众新期待的重要举措。通过继续解放思想，要着力转变一切不适应、不符合科学发展观要求的思想观念，着力解决一切制约科学发展的突出问题，以思想的大解放实现改革大深化、开放大带动、创新大弘扬、经济大发展、社会大进步，加快跨越，推进崛起。要在解放思想中统一思想，在统一思想中凝聚力量，在凝聚力量中开创科学发展新局面。

（作者：中共河南省委书记）

中国特色农业现代化道路的伟大探索

孙政才

党的十七届三中全会《决定》，是指导新形势下农村改革发展的纲领性文件。紧密结合改革开放30年的伟大实践，立足工作实际，认真学习《决定》精神，对于我们牢牢把握中国特色农业现代化的基本方向，推动农业农村经济又好又快发展，具有重大而深远的意义。

一、农村改革掀开了中国经济社会发展新篇章

党的十七届三中全会系统回顾了我国农村改革发展的光辉历程，使我们温故而知新。

农村改革经历了波澜壮阔的历程。改革首先从调整农村经营体制开始，实行家庭承包经营，废除人民公社体制，农民有了生产经营自主权。上世纪80年代中后期，农村改革全面推进，逐步取消农产品统购统销，乡镇企业异军突起，形成了多种所有制经济共同发展的局面。90年代，按照建立社会主义市场经济体制的要求，深化农产品流通体制改革，调整经济结构，促进劳动力转移，繁荣和发展了农村市场经济。党的十六大以来，农村改革进入了统筹城乡发展新阶段，实行以工促农、以城带乡，现代农业和新农村建设扎实推进。30年的农村改革发展，不仅从根本上改变了我国农业、农村、农民的面貌，而且为探索中国特色社会主义道路和形成中国特色社会主义理论体系做出了重要贡献。

改革给农业农村带来了历史性的变化。改革前，我国农业生产力水平低，农民生活困难，2.5亿人口吃不饱饭。改革充分调动了农民的生产积极性，农业综合生产能力显著增强，粮食生产不断跃上新台阶。1978—2007年，我国粮食产量由6095亿斤增至10032亿斤，成功地解决了13亿人的吃饭问题；农村经济结构不断优化；农民人均年纯收入由134元增加到4140元，农村贫困人口降至1479万人；农村社会事业不断进步。一个充满活力的社会主义新农村逐步呈现在世人面前。

农村改革为国民经济持续快速发展提供了有力支撑。改革推动了农业生产力的发展，不仅满足了人们不断增长的消费需求，而且为工业发展提供了大量原料和资金积累；改革推动了生产要素在城乡间的流动，大量劳动力从农业转向非农产业，为经济发展提供了丰富的劳动力资源；改革推动了外向型经济发展，农副产品进出口贸易稳定增长，乡镇企业出口创汇不断增加，提高了我国农业的国际竞争力。

农村改革对建立和完善我国社会主义初级阶段基本经济制度和社会主义市场经济体制进行了创造性探索。农村改革使农民有了自主经营权和个人财产权，促进了农村多种经济成分的快速发展，培育了农产品和其他要素市场，形成了农村新的产权制度，推动了社会主义初级阶段基本经济制度的建立。农村改革使乡镇企业率先走上了市场经济的道路，对国有、集体经济实行市场化改革发挥了示范作用，为建立社会主义市场经济体制进行了创造性探索。

农村改革为战胜各种困难和风险、保障社会大局稳定奠定了坚实基础。改革中，我们始终重视维护农民民主权利，巩固新时期工农联盟，夯实党在农村的执政基础，实行党组织领导下充满活力的村民自治制度，依法实行民主选举、民主决策、民主管理、民主监督，为实现经济社会和谐稳定发展创造了有利条件。

二、认真汲取农村改革的基本经验

《决定》认真总结我国农村改革的历史经验，指出只有坚持把解决好农业、农村、农民问题作为全党工作重中之重，坚持农业基础地位，坚持社会主义市场经济改革方向，坚持走中国特色农业现代化道路，坚持保障农民物质利益和民主权利，才能不断解放和发展农村社会生产力，推动农村经济社会全面发展。

着力解放和发展农村社会生产力。在农村改革发展中，我们党牢牢抓住解放和发展生产力这个根本，每年下发的中央农业农村工作文件，特别是改革初期的5个1号文件和十六大以来的5个1号文件，都把推动农业和农村经

济发展摆在首位，着力促进农业农村经济科学发展。农村改革的30年，是我国农村生产力获得极大发展的30年，也是农民得到实惠最多的30年。实践证明，以经济建设为中心推进改革，通过改革解放和发展农村生产力，改变了农村的落后面貌，促进了农村经济社会的全面发展。

充分调动农民的积极性、主动性和创造性。我国农村改革始终在探索中前行，每一步推进、每一个创造，都源于农民的实践。改革之初，对包产到户、包干到户，中央高度重视，放手让农民探索；对乡镇企业的兴起，中央给予了高度评价和有力指导，推动乡镇企业健康发展；对大量农民进城务工，中央于2002年制定“公平对待、合理引导、完善管理、搞好服务”方针，建立平等就业制度，促进了农村劳动力平稳有序转移。正是在农村改革中，我们党始终坚持及时总结推广基层和农民创造的好经验、好做法，农村改革发展才得以顺利推进。

稳定和完善农村基本经营制度。以家庭承包经营为基础、统分结合的双层经营体制，是我国农村的基本经营制度，必须长期坚持并不断完善。为稳定农村基本经营制度，1984年中央1号文件，明确土地承包期15年，让农民吃了“定心丸”。1993年中央决定，在15年承包期到期后，再延长30年。党的十七届三中全会进一步指出，现有土地承包关系要保持稳定并长久不变。为赋予农民长期而有保障的土地使用权，1993年将农村基本经营制度载入《宪法》，2002年通过《农村土地承包法》，2007年制定《物权法》，强化了对农民土地承包经营权的保护。并在稳定和完善家庭承包经营的基础上，建立农村土地承包经营权流转市场，不断丰富统一经营的内涵。实践证明，以家庭承包经营为基础、统分结合的双层经营体制，是党的农村政策基石，是适应社会主义市场经济体制、符合农业生产特点的农村基本经营制度，具有广泛的适应性和旺盛的生命力。

加快建立健全农业市场体系和政府支持保护制度。农村改革的过程就是发展市场经济的过程。改革一开始，国家减少了农产品统派购任务，给农民更大的农产品购销自主权。1985年中央决定，放开水产品市场和价格。随后，按照“有调有放，调放结合”的原则，除棉花由国家定价，粮、油、生猪等实行“双轨制”价格外，其余大多数农副产品价格全部放开。1999年，我国放开了棉花市场价格。2004年，全面实行粮食流通体制改革，实现粮食购销市场化。目前，除烟叶、蚕茧外，其余农副产品市场已全部放开，农产品市场体系进一步完善。在放开市场的同时，我国注重发挥政府宏观调控作用，弥补市场调节的缺陷与不足，从农业补贴、农产品价格保护、农业生态环境补偿等方面着手，逐步建立起了农业支持保护体系。

积极推动城乡经济社会统筹协调发展。统筹工业化、城镇化、农业现代化建设，破除城乡二元结构，破解“三农”难题，不仅要靠进一步放开搞活农村经济，更要靠推进城乡经济社会协调发展。党的十六大立足全面建设小康社会这个宏伟目标，提出了统筹城乡经济社会发展；党的十六届三中全会深入贯彻落实科学发展观，提出了“五个统筹”，把城乡统筹放在首位；党的十六届五中全会提出社会主义新农村建设；党的十七大进一步强调统筹城乡发展；十七届三中全会明确建立促进城乡经济社会一体化制度。正是从经济社会发展全局出发，贯彻统筹城乡发展方略，迈出工业反哺农业、城市支持农村的历史性步伐，才有力地推动了我国农村经济社会的全面发展。

三、深入贯彻十七届三中全会精神，努力实现农村经济社会又好又快发展

当前及今后一个发展时期，我们要按照十七届三中全会《决定》要求，把建设社会主义新农村作为战略任务，把走中国特色农业现代化道路作为基本方向，把加快形成城乡经济社会发展一体化新格局作为根本要求，努力推动农村经济社会又好又快发展。

深入贯彻落实科学发展观，坚持“重中之重”的战略思想，切实强化农业这个国民经济的基础。历史和现实告诉我们，把中国的事情办好，必须高度重视加强农业基础，解决好粮食问题。这是最迫切的民生问题，关系党和国家工作全局。要坚决守住18亿亩耕地这条红线，努力构建农业稳定发展的长效机制，确保国家粮食安全及主要农产品有效供给。落实科学发展观，要始终坚持以人为本，切实维护农民利益，让农民共享改革发展成果；要始终坚持全面协调可持续发展，建设资源节约型和环境友好型农业，实现农村生产、生活、生态协调发展；要始终坚持统筹兼顾，处理好新时期工农、城乡之间，农产品总量平衡、结构平衡与质量安全之间，保障国家粮食安全、增加地方财政收入与提高农民种粮效益之间，居民消费者利益与农民生产者利益之间，立足国内基本供给与利用两种资源两个市场之间的相互关系，促进农村经济实现科学发展。

着眼全面建设小康社会，立足农村改革发展，扎实推进社会主义新农村建设。要认真遵循“生产发展、生活宽裕、乡风文明、村容整洁、管理民主”的要求，协调推进农村经济、政治、文化、社会和党的建设。经济建设上，坚持把发展现代农业作为新农村建设的首要任务，促进粮食稳定发展、农民持续增收。政治建设上，要大力加强农村民主法制建设，完善村民自治制度，扩大农村基层民主，切实维护农民的合法权益。文化建设上，要实施新农村实用人才培训工程，培养一批有文化、懂技术、会经营的新型农民。社会建设上，要继续加强道路、饮水、能源等农村基础设施建设，完善新型农村合作医疗制度，加快建立农村社会保障体系，不断扩大公共财政覆盖农村范围。党的建设上，要继续完善基层党组织设置，加强领导班子建设。

立足国情，适应现代农业发展规律，坚定不移地走中国特色农业现代化道路。从人多地少、农业资源紧缺的实际出发，必须加强农业基础建设，着力提高农业综合生产能力和效益，增强农业可持续发展能力。从农户规模小、经营分散的实际出发，必须坚持农村基本经营制度，在稳定土地承包关系并长久不变的前提下，允许农民采取多种形式流转土地承包经营权，发展多种形式的适度规模经营。从农村生产力水平低的实际出发，必须加快推进农业科技进步，全面提高农业物质装备水平，大力培育新型农民，着力转变农业发展方式。从农业比较效益低的实际出发，必须继续坚持多予少取放活的方针，努力构建支持农业发展、促进农民增收的长效机制。从农产品市场与国际市场融合日益加深的实际出发，必须立足国内生产，扩大农业对外开放，增强农业国际竞争力。从农村地域广、农业发展不平衡的实际出发，必须因地制宜、循序渐进，积极探索建设现代农业的多元模式。

坚持城乡统筹发展，构建以工促农、以城带乡长效机制，加快形成城乡经济社会发展一体化新格局。在新的形势下解决“三农”问题，必须统筹城乡发展，努力形成城乡经济社会发展一体化新格局。要统筹城乡收入分配，构建促进农民持续增收的长效机制，逐步缩小城乡收入差距。要统筹土地利用和城乡规划，合理安排城镇建设、农田保护、产业聚集、村落分布、生态涵养等空间布局。要统筹城乡产业发展，发挥工业对农业的辐射带动作用。要统筹城乡基础设施建设，把国家基础设施投入的重点转向农村，促进城市基础设施建设向农村延伸，不断改善农村人居环境。要统筹城乡劳动就业，建立城乡统一的人力资源市场。要统筹城乡公共服务，扩大公共财政覆盖农村的范围，为城乡居民创造平等的发展环境。

实现中国农业的现代化任重而道远，我们要进一步解放思想，坚持改革开放，推动科学发展，促进社会和谐，不断开创农村改革发展新局面。

（作者：农业部部长）

坚定不移地走中国特色的开放式发展道路

陈德铭

30年来，我国对外开放作为改革开放伟大事业的重要组成部分，在党领导下取得了举世瞩目的成就。从沿海到沿江沿边、从东部到中西部，渐进形成了全方位、多层次、宽领域的全面开放格局。社会主义市场经济体制日趋完善，经济发展活力不断增强，综合国力和世界影响力显著提高，走出了一条中国特色的开放式发展道路。

一

30年对外开放走过不平凡历程。开放初期，我们通过设立经济特区，为国内进一步改革开放积累了宝贵经验。1992年邓小平同志发表南方谈话后，建立社会主义市场经济体制的目标得以确立，对外开放由沿海向内地纵深推进。我国立足自身比较优势积极参与经济全球化，在国际分工中的地位不断提升。2001年12月，经过长达15年艰难而曲折的历程，我国成为世贸组织成员。以此为标志，开启了新世纪新阶段全面融入世界经济的进程。

对外开放使我国实现了向经贸大国的转变。30年来，我国市场开放水平不断提高，多双边和区域经济合作日益深化，对外经济贸易取得长足发展。1978年，我国对外贸易额只有206亿美元，2007年增长到2.2万亿美元。加入世贸组织以来，我国进出口总额世界排名一年上升一个名次，2007年出口上升到第2位。我国吸收外商直接投资几乎从零起步，目前已成为全世界吸收外商直接投资最多的国家之一，连续16年居发展中国家首位。截至2007年底，实际吸收外商投资累计达7630亿美元，现存注册外商投资企业28.6万家，世界500强中有480多家在华投资。在上世纪90年代后期中央提出的“走出去”战略指引下，对外投资合作加快发展，截至2007年底，对外直接投资累计达到1179亿美元。

中国特色开放式发展道路取得巨大成功。在对外开放中，对外经济贸易已成为拉动经济增长的重要动力。出口占国内生产总值的比重，由1978年的4.1%上升到2007年的37.5%。外汇储备从1978年的1.67亿美元，增加到2007年的1.53万亿美元。对外贸易吸纳的直接就业达8000万人，外商投资企业直接就业达4500万人。30年来我国国内生产总值年均实际增长9.8%，大大高于同期世界经济年均增长3.0%的速度，经济总量占世界经济的份额由1978年的1.8%上升到2007年的6.0%。开放在促进增长、扩大就业的同时，还激发了国内思想观念的转变和全方位的制度创新，有力推动了社会主义市场经济体制的建立与完善。

二

回顾30年的开放实践，有许多值得重视的宝贵经验：

始终坚持对外开放不动摇。30年来，无论国际风云如何变幻，无论国内出现什么情况，党的几代领导集体都反复强调要毫不动摇地坚持对外开放基本国策。邓小平同志说：“对外经济开放，这不是短期的政策，是个长期的政策，最少五十年到七十年不会变。……即使是变，也只能变得更加开放。”江泽民同志说：“实行对外开放，是中国推进现代化建设的一项重大决策，也是中国一项长期的基本国策。”胡锦涛同志说：“对外开放是我国的一项基本国策，必须长期坚持，毫不动摇。”在一次又一次的关键时刻和重大挑战面前，我们党始终旗帜鲜明地坚持对外开放，统一了思想，排除了干扰，抓住了机遇，确保我国与世界各国互利合作的航船不断破浪前进。

始终坚持开放与改革相互促进。回首30年，从开放思想的萌芽、启迪、碰撞、试验到思维的转变，从配套改革的纵深推进到辐射带动，等等，对外开放为国内改革和体制创新输入了源源不断的外生动力。经济特区和各类特殊经济功能区作为开放载体，发挥了先导、窗口和辐射作用，揭开了由点带面式改革的历史篇章。外商直接投资通过技术、管理等外溢效应，对中国的体制变革发挥着潜移默化的作用。同样，正是由于计划体制、价格体制、分配体制、金融体制等一系列改革的不断深化，才有了今天蓬勃发展的开放局面。特别是我国确立建设社会主义市场经济体制目标，为加入世贸组织创造了条件，加快了中国与世界经济的融合。开放也是改革，开放兼容才能强国，这不仅是过去30年开放历程的经验浓缩，更是新时期坚定不移推进改革开放的重要指针。

始终坚持探索中国特色的对外开放道路。作为发展中的社会主义大国，我国对外开放没有成功先例可循。改革开放初期，立足劳动力丰富、国内市场广阔而资本、技术、人才和管理短缺的比较优势格局，紧紧抓住国际产业转移的宝贵机遇，以渐进式区域开放为主线，通过发展对外贸易和吸引外商直接投资，促进了国民经济发展。加入世贸组织后，在推动企业走出去、主动参与国际竞争等领域不断探索，在实施自贸区战略、深化多双边关系和区域经济合作等方面务实推进，在承担国际责任、开展对外援助等舞台上既有所作为又量力而行，不断丰富对外开放的实践。回首30年，我国的对外开放始终体现了自身国情与世情、时情的紧密结合，具有鲜明的中国特色。

始终坚持在开放中维护经济安全。30年来，我们始终坚持开放是为了自身更好地发展、更有效地维护国家根本利益这一宗旨。我们早期设立经济特区、经济开发区，目的就是发挥其在开放上的先导和示范作用，避免一些政策对全国带来较大冲击。我们一直秉承以利用外商直接投资为主、间接投资为辅的方针，同时审慎开放国内资本市场，有效防范了国际金融风险。在加入世贸组织谈判中，我们根据中央确定的方针，在原则问题上从不妥协和让步，为国内产业尤其是关系国计民生的产业争得了必要调整期。与改革开放初期相比，中国今天的经济抗风险能力已明显提高。实践充分证明，对外开放有利于增强我国的综合国力，有利于维护国家经济安全。

封闭必然落后，开放强国富民。过去30年，我们坚持走开放式发展道路取得了巨大发展，在新的历史起点上，我们仍然要靠进一步的开放再创辉煌，这是今后必须坚持的方向。

三

当前，我国经济社会发展正面临着新的形势和环境。从国内来看，经济总量扩大和人口不断增加，与能源、淡水、土地、矿产等战略性资源不足的矛盾日益尖锐。如果继续依赖高投入、高消耗、高污染、低产出、低效益的增长方式，资源支撑不住，环境容纳不下，经济发展也不可持续。从国际来看，作为一个快速崛起的发展中大国，我国既要面对来自意识形态领域和冷战思维的遏制，也要受到现存国际政治经济体系与规则的制约。伴随综合国力增强、与世界经济联系更加紧密，我们在国际事务中的回旋余地增大，但外部对我的疑虑、担心和防范也与日俱增，不确定因素和潜在风险更多。这些都对我们更好地统筹国内发展和对外开放提出了更高要求。

特别值得注意的是，最近一段时间，国际经济形势复杂多变，金融危机在全球范围蔓延，并逐渐影响到实体经济。我国经济与世界经济关联度日益提高，全球金融动荡和世界经济衰退风险带来的不利影响也会逐步显现，加上国内困难和压力的聚合叠加，有可能遭遇改革开放

30年来的最大挑战。一方面，我们更加体会到，正是由于过去30年我们积累起较强的经济实力和较大的外汇储备，才能在此次危机中拥有一定的回旋空间，避免遭受更大冲击。另一方面，国际贸易中的摩擦加剧，国内经济运行中的结构性矛盾凸显，例如西方国家不断对我进行反倾销、反补贴调查，高投资、低消费，产业结构低层次雷同，服务业发展滞后，自主创新能力不足等。这些都促使我们深刻思考未来一个时期经济发展和对外开放的模式。

面对新机遇和新挑战，展望未来30年，更应坚定对外开放的信心和决心，坚持对外开放基本国策不动摇。我们要按照党的十七大提出的“拓展对外开放广度和深度，提高开放型经济水平”的要求，认真贯彻落实科学发展观，不断提高驾驭国内国际两个大局的能力，在深化开放中维护好、发展好我国的根本利益。

妥善应对全球金融危机，更好地统筹国内发展和对外开放。当前，在外部形势异常复杂、全球经济衰退几成定局的背景下，扩大消费、稳定出口对于防止经济下滑尤为重要。特别要处理好内需与外需的关系。既要大力扩大内需，重点是最终消费需求，也要保持外需的增长，避免大幅回落。应当看到，今后一段时期，全球经济衰退对外需的滞后影响会更加凸显。要把稳定出口增长放在突出位置，迅速出台一揽子应对当前全球金融危机形势的外贸外资政策，大力化解出口面临的压力，防止出口过快下滑。我们要学会“危”中找“机”，加大支持企业开拓新市场、开发新产品的政策导向力度，帮助企业扩大市场份额、提高附加价值。特别是要从信贷、保险、财税等各方面出台政策，加大对中小出口企业的扶持，帮助其渡过难关。

切实践行科学发展观，促进对外经济结构调整与优化。一是以开放促发展、促创新、促升级。大力支持高附加值产品、高新技术产品和机电产品出口，发展具有自主知识产权和自主品牌产品出口。积极扩大国内短缺的资源能源、先进技术和关键设备及零部件进口，增强自主创新能力。根据自身发展需要，自主有序地扩大服务业开放，提高服务业发展水平。二是以开放增强资源配置能力，提高“引进来”和“走出去”水平。继续创新利用外资方式，完善知识产权保护制度，引导外资更多地投向高技术产业、高端制造环节和现代服务业，促进我国的技术进步和产业升级。我国人均GDP已超过2400美元，加快实施“走出去”战略的条件更为成熟。应在推进对外投资、境外加工、境外资源合作、对外工程承包、劳务合作等方面，放宽门槛，拓宽渠道，创新方式，加强服务，推动企业在更高层面上参与国际竞争。三是以开放促进区域经济协调发展。东部发达地区要注重制度创新，更多承接国际先进制造业和现代服务业，中部地区要积极承接国外和东部发达地区劳动密集型产业的梯度转移，力争形成若干产业聚集度高和带动力强的区域性开发中心。要实施沿边开放战略，把西部大开发、振兴东北等老工业基地结合起来，促进沿边经济实现跨越式发展。

深入实施互利共赢开放战略，促进共同发展。我们要继续拓展各种形式的互利合作，增强与世界各国的利益交汇点，构建和谐的对外经贸关系，促进中国与世界的共同发展。充分利用各种多双边组织和机制，妥善处理分歧和摩擦，营造良好的国际环境。在全球经贸体系中发挥建设性作用，继续推进多哈回合谈判，积极参加气候、环境等问题的全球对话，推动建设公正合理的国际贸易和金融体制。加快实施自贸区战略，广泛参与区域经济合作，完善以周边为重点、辐射全球的自贸区网络。深化与发展中国家的传统友谊，力所能及扩大援外规模，使受援国实实在在分享中国经济发展的成果。在扩大对外开放的同时，也要继续深化涉外经济体制管理改革，规范行政行为，减少各种不必要的行政审批，推进贸易和投资自由化、便利化和规范化，给予企业更大自主权。同时要始终保持清醒头脑，注意在扩大开放中趋利避害，防范各种外部冲击和风险，更好地维护国家经济安全。

（作者：商务部部长、党组书记）

坚持扩大投资与调整结构并重

李毅中

受国际金融危机的影响，近期我国工业增速下滑，发展面临严峻挑战。对此，中央果断决策，及时出台了一系列扩大内需、促进经济增长的政策措施，中央经济工作会议进一步作出了周密部署与安排。我们必须坚决贯彻落实中央的战略决策，把保增长、扩内需、调结构、促改革、惠民生有机地结合起来，采取有力措施，坚决抑制、扭转工业经济增速下滑的态势，促进国民经济平稳较快发展。

一、清醒认识我国工业面临的严峻挑战

2008年上半年，我国工业发展保持了高速增长态势，但下半年特别是7月份以来，受国际金融危机影响，工业增速连月下滑。一是工业增长明显放缓，下行压力加大。工业经济的增长速度从6月份的16%大幅下降到7月份的14.7%、8月份的12.8%、9月份的11.4%、10月份的8.2%和11月份的5.4%。二是部分行业出现亏损。受国际市场初级产品价格高企高落影响，国内市场部分原材料价格出现剧烈波动，钢铁、有色、石化等行业受到前期高价库存原材料和当期产品价格跳水的双重压力，出现亏损。三是企业困难程度加深、范围扩大，限产停产半停产、减员减薪、农民工返乡现象增多，资金严重短缺，库存大幅增加，订单明显减少。一批中小企业陷入困境，一些大企业受挫。

为应对国际金融危机的严重冲击，中央及时调整宏观经济政策，果断实行积极的财政政策和适度宽松的货币政策，及时出台了加快民生工程、基础设施、社会事业、生态环保、自主创新和灾后恢复重建等扩内需促增长的10项措施。这些措施对稳定市场、改善预期、增强信心、促进增长发挥了重要作用。此后，国务院又专门研究并提出解决企业困难、促进工业经济发展的政策措施，主要包括：大力支持重点产业发展；加快推进企业技术改造、自主创新和兼并重组；加大重要物资、资源的国家收储和商业收储力度；大力支持中小企业发展；加快服务业发展，等等。这是中央在10项措施的基础上，首先抓住工业这个最重要的领域保持经济增长的重要举措。中央的这些决策和部署必将对促进我国经济平稳较快增长产生积极而深远的影响，必将增强全党和全国人民应对挑战的信心。

按照国务院“出手要快，出拳要重，措施要准，工作要实”的要求，工业和信息化部会同相关部门逐一对钢铁、汽车、造船、石化、轻工、纺织、有色金属、装备制造、电子信息等9个行业以及乳制品产业发展情况进行了调查研究，听取了行业协会和部分大企业的意见与建议，摸清了情况，找准了问题。在此基础上，我们提出了促进相关行业平稳较快发展的应对措施和政策建议，国务院对此高度重视，认真听取汇报，逐项专题研究。目前，国家已陆续出台了税收、财政、信贷、技术改造、兼并重组等相关扶持政策和应对措施，帮助企业克服困难。

二、当前我国工业发展存在的深层次问题

当前，我国工业面临的困难，既有国际金融危机等外部因素的冲击，也有工业内部的深层次矛盾和问题。对此，我们要有清醒而客观的认识。

从行业看，近年来我国工业发展的深层问

题主要表现在：一是发展偏快，重复建设造成一些行业生产能力过剩。市场需求旺盛时，企业都能赚钱，一旦市场需求下降，一些企业就出现了开工不足、停产甚至关闭的现象。二是缺乏核心技术和关键技术，承接的国际产业转移多数属于低端制造业，缺乏竞争实力。三是缺少自主知识产权和品牌。许多产品是贴牌生产，产品质量不高，市场占有率低。四是产业集中度不高，缺乏行业龙头企业和骨干企业，市场控制力弱。

从企业看，问题主要表现在：产品品种和质量不适应市场和消费者的要求；能源资源消耗过大，生产成本偏高，产品缺乏竞争力；部分企业不符合生态环境要求，污染严重；装备水平不高，更新不及时，技术含量不高；安全生产保障能力差，甚至事故多发，危害人民生命健康；企业管理方式粗放，难以应对劳动力成本上升、原材料价格上涨的冲击。

为有效解决这些问题，我们必须采取有力措施。当务之急是要扭转工业经济增长速度下滑的势头，避免生产力受到破坏。在严峻形势下，信心比黄金更重要。面对危机，我们既要增强忧患意识，更要看到有利条件和积极因素，充分认识我国所处的战略机遇期没有改变，充分认识当前工业化、城镇化加速发展阶段没有改变，充分认识支撑工业经济发展的基础条件没有改变。

我们要认真回顾昨天、应对今天、谋划明天。回顾昨天，就是要总结发展的成绩和经验教训，找准不符合科学发展观要求的深层次矛盾和问题。应对今天，就是举全系统之力，坚决抑制、扭转工业经济增速下滑趋势，保护、发展社会生产力。谋划明天，就是要科学谋划行业未来的发展，着力调整结构、转变发展方式，渡过国际金融危机的严冬，迎接工业经济发展的春天。

三、在扩大内需中着力调整工业结构

当前，我们要把投资拉动作为促进工业结构调整的机遇，把加快工业结构调整作为扩大内需、应对危机的重要举措，共克时艰，积蓄力量，提升水平，推动我国工业经济由大变强。

制定实施重点行业调整和振兴规划。按照国务院部署，我们正在与相关部委共同抓紧制定钢铁、汽车、造船、石化、轻工、纺织、有色金属、装备制造和电子信息等 9 个重点产业的调整和振兴规划。针对行业当前存在的突出问题，围绕控制总量、淘汰落后、产业集聚、提升技术水平、创新自主品牌、开发高端产品，兼顾较长时间发展需要，优选科技开发课题和投资项目，重点解决当前产业运行和发展中的突出问题，力争在短时间内有所突破，形成新的增长点，带动行业发展上台阶。

优化产业组织结构，推动企业兼并重组。大型企业关系国家安全和国民经济兴衰，具有产业链条长、上下游关联度高、辐射带动作用大的特点，在国民经济和社会发展中具有举足轻重的作用。我们要抓住当前推进产业组织结构调整的有利时机，支持有优势的大企业以资产、资源、品牌、市场为纽带，实施跨地区、跨行业的联合、兼并、重组，鼓励优势企业做强做大，形成一批拥有自主知识产权、主业突出、核心竞争力强的大公司和企业集团，提高企业规模经济水平和产业集中度。继续推动钢铁、汽车、机械、化工等重点行业的企业联合重组，保护先进产能，提高产业集中度，同时推动中小企业实行规模经营，提升技术水平，增强抗风险能力，加快形成大中小合理布局的产业组织结构。

加快淘汰落后产能，全力推进节能减排。要坚决淘汰落后产能，用好淘汰落后奖励资金，一手抓淘汰落后，一手抓升级改造，继续淘汰一批小钢铁、小水泥、小化工、小造纸等，加快电石、铁合金、焦化、铅锌等行业技术升级步伐，加强对已淘汰企业的“后监管”，严防死灰复燃。在扩大内需投资中，要严格执行产业政策和准入条件，把能耗、污染排放和安全生产标准作为项目核准和备案的强制性门槛，严防“双高”项目搭上扩大内需投资的顺风车，坚决避免和遏制高耗能、高排放行业和能力明显过剩的制造业产能出现新一轮扩张。在加大投资的情况下，工业节能减排压力很大。要打好工业节能减排攻坚战，把做好工业节能降耗和资源综合利用工作作为推动工业结构调整和转型升级的有效途径，切实加强工业“三废”综合利用和重点工业污染源治理，大力发展循环经济，逐步形成新型工业发展模式。

加快区域布局调整，推进工业集聚发展。 鼓励各地发挥比较优势，发展特色优势产业，形成具有竞争力的产业集群。做好工业园区和产业集中区规划，在已有基础上发展一批在自主创新、节能减排、平台建设、产业链延伸等方面具有明显优势的示范园区。研究制定促进产业转移、提高产业承接能力的政策措施，鼓励东部地区产业向中西部梯度转移。落实鼓励服务业发展的各项政策措施，推动现代物流等商贸流通业发展，大力发展科技研发、工业设计、技术咨询等生产性服务业，重点促进软件、服务外包、信息服务业的拓展，加快电子信息技术在传统工业中的应用。

优化发展环境，促进中小企业健康发展。 落实财政支持政策，完善中小企业融资担保体系，继续推动金融机构切实落实信贷责任，创新中小企业金融产品，解决中小企业融资难问题。建立健全中小企业社会化服务体系，支持建立一批中小企业公共服务平台，推进中小企业信用制度建设。增加中小企业专项基金，重点支持中小企业采用先进技术、工艺和设备，走“专、精、特、新”和与大企业协作配套路子。支持和引导中小企业集聚发展，突出技术研发、品牌建设、市场营销，改善管理，降本增效，提高企业应变能力。

四、把技术改造作为保增长调结构的重要手段

技术改造不是搞量的低水平扩张，而是注重质的提高。实践证明，技术改造具有技术新、投资省、工期短、见效快、效益好的突出特点，也是应对危机、提高投资拉动效应的有效手段。从此次金融危机看，注重技术改造的企业，抗风险能力和应变能力就比较强。一般来说，企业技改项目自有资金比例较大，如果对贷款给予贴息补助，用少量投入即可带动企业和社会大量的投入，起到“四两拨千斤”的作用，拉动效果十分显著。1999—2003年间，国家实行技术改造财政贴息政策，共运用355亿元国债贴息，带动了4354亿元投资，支持了2000多个技改项目，为我国平稳克服1998年亚洲金融危机的影响发挥了积极作用。

当前是实施技术改造的有利时机。我们要以科学发展观为指导，以市场为导向，以企业为主体，以结构调整为主线，以技术创新为动力，以提高经济效益为中心，抓住世界经济调整的有利时机，着力推动技术改造与提升产业层次相结合、与推动企业自主创新相结合、与推动信息化与工业化融合相结合、与推动节能减排相结合，把技术改造作为扩大内需、改善供给、促进经济平稳较快增长的重要措施，为下一个周期的经济发展打好基础。

一是抓紧落实中央有关技术改造的政策措施。要制定技术改造的指导意见，发布技术改造投资指南，引导资金、技术、人才等要素合理流向重点技改领域，推动工业技术改造。特别是重点行业振兴规划，要把技术改造作为重要内容，通过技术改造优化、提升产业结构和行业水平。

二是专项支持重点行业、重点企业技术改造。要建立技术改造专项资金，主要用贷款贴息的办法，支持产业政策鼓励类技改项目。重点支持关系国计民生的重要行业和关键领域，重点支持产业关联度高的大企业、大集团和龙头企业，重点支持有基础、有市场、目前面临特殊困难的企业，特别是那些属于“专、精、特、新”的中小企业等。

三是抓好企业技术改造项目的优选和实施。要统筹规划，按照“改造一批、投产一批、储备一批”的思路，建立完善重点项目库；对贴息

的技改项目要严格实施项目法人负责制、招投标制和工程监理制，落实责任，加强考核；引导企业转变经济发展方式，走内涵为主的发展道路。

四是加快用信息技术改造提升传统产业。结合实施信息技术应用"倍增计划"，组织实施工业行业信息化应用提升等一批重大工业技术改造项目，实现研发设计、流程控制、企业管理、市场营销、人力资源开发等应用环节的突破，发展应用电子技术、工业软件、行业解决方案，为技术改造提供支撑。

（作者：工业和信息化部部长）

论深化行政管理体制和政府机构改革

王东明

党的十七大提出了加快行政管理体制改革、建设服务型政府的任务，十七届二中全会提出要坚定不移地把行政管理体制改革推向前进，到2020年建立起比较完善的中国特色社会主义行政管理体制。深刻领会和认真贯彻落实中央精神，准确把握这次改革的任务和要求，对于在新的历史起点上全面推进行政管理体制和政府机构改革，具有十分重要的意义。

一、深刻认识深化行政管理体制和政府机构改革的重大意义

这次行政管理体制和政府机构改革，是在我国改革发展进入关键时期进行的一次重要改革，是承上启下、继往开来的一次改革。改革开放以来，我国行政管理体制和政府机构改革不断推进，政府职能转变取得重要进展，机构设置和人员编制管理逐步规范，体制机制创新取得积极成效，行政效能显著提高，为改革开放和社会主义现代化建设提供了重要的制度保障。从总体上看，我国目前的行政管理体制基本适应经济社会发展的要求。但同时，面对经济社会发展的新形势新任务，现行行政管理体制仍然存在一些不相适应的方面，必须通过深化改革加以解决。

深化行政管理体制和政府机构改革是贯彻落实科学发展观的必然要求。深入贯彻落实科学发展观，是十七大提出的重要任务。政府作为经济活动管理者、公共权力行使者和改革创新组织者，在完善落实科学发展观的体制保障任务中发挥着重要作用，只有不断深化行政管理体制和政府机构改革，加快转变政府职能，形成充满活力、富有效率、更加开放、有利于科学发展的体制机制，才能推动经济发展方式的根本转变，促进经济社会全面协调可持续发展；才能更好地落实以人为本的执政理念，切实解决人民群众最关心、最直接、最现实的利益问题，促进社会和谐。

深化行政管理体制和政府机构改革是深化改革开放的必然要求。行政管理体制和政府机构改革是按照经济社会发展的客观需要，对政府及各部门的职责权限、组织机构和运行机制进行的调整和改革。它既是整个体制改革的重要组成部分，又对其他改革起着体制支撑和保障作用。无论是发展社会主义市场经济、发展社会主义民主政治、建设社会主义先进文化，还是构建社会主义和谐社会，政府的组织和运转都具有至关重要的作用和影响。近30年来，改革开放取得的每一项重要进展，也都与行政管理体制和政府机构改革密切相关。当前，我国经济社会发展进入关键时期，改革攻坚面临深

层次矛盾和问题，只有深入推进行政管理体制和政府机构改革，才能更好地应对新时期新阶段面临的各种挑战，为深化改革、扩大开放创造良好环境。

深化行政管理体制和政府机构改革是建设服务型政府的必然要求。建设服务型政府，就是在经济发展的基础上，不断扩大公共服务，逐步形成公平公正、惠及全民、水平适度、可持续发展的公共服务体系，切实提高政府为经济社会发展服务、为人民服务的能力和水平。建设服务型政府，也是加快行政管理体制改革、加强政府自身建设的重要任务。当前，我国政府的公共服务职能较为薄弱，与人民群众日益增长的对公共服务的需求还不相适应，必须加快转变政府职能，完善社会管理和公共服务；必须优化政府组织结构，加强公共服务部门建设；必须创新公共服务体制，改进公共服务方式，发挥公益类事业单位提供公共服务的重要作用，支持社会组织参与公共服务供给；必须切实保障和改善民生，让人民群众共享改革发展成果。

二、准确把握深化行政管理体制改革的基本要求和主要任务

深化行政管理体制改革，必须坚持中国特色社会主义道路和中国特色社会主义理论体系。要通过不断努力，最终建立起比较完善的中国特色社会主义行政管理体制。中国特色社会主义行政管理体制是中国特色社会主义的题中应有之义，建立中国特色社会主义行政管理体制，必须坚持党的领导、人民当家作主和依法治国的有机统一，坚持解放思想、实事求是、与时俱进，正确处理继承与创新、立足国情与借鉴国外经验的关系，按照以人为本、执政为民、建设人民满意政府的要求，着力转变职能、理顺关系、优化结构、提高效能，使政府定位更加准确，政府组织更加科学，政府行为更加规范，政府责任更加明晰，为全面建设小康社会提供体制保障。

深化行政管理体制改革，必须从总体上把握，在大局下行动。行政管理体制改革是政治体制改革的重要内容，政府的组织和运转牵涉到国家经济、政治、文化和社会生活的方方面面，必须从总体上进行谋划。一是要把行政管理体制改革放到改革开放和经济社会发展的全局中通盘考虑，整体设计，要与完善社会主义市场经济体制相适应，与建设社会主义民主政治和法治国家相协调。二是要把政府机构改革放在行政管理体制改革的大局中统筹考虑，政府机构改革要体现转变政府职能、全面推进依法行政和加强制度建设的要求。三是要立足当前、着眼长远、统筹兼顾、突出重点，在着力解决当前面临的突出矛盾和问题的同时，明确今后一个时期行政管理体制改革的方向和任务，做到长远目标与阶段性目标相结合、全面推进与重点突破相结合。

深化行政管理体制改革，必须以转变政府职能为核心。政府职能问题是政府管理的核心问题。行政管理体制改革能否顺利推进，关键在于政府职能转变是否取得实质性进展。通过多年来的不断改革，我们在转变政府职能方面取得了明显成效，但仍存在一些突出问题：政府仍然管了许多不该管、管不了也管不好的事，一些该由政府管的事却没有管或者没有管好，对微观经济活动干预仍然过多，社会管理和公共服务有待进一步加强，转变政府职能的任务还很艰巨。必须继续把转变政府职能作为深化行政管理体制改革的核心和关键，力争取得新的进展。

要坚持政企分开、政资分开、政事分开、政府与市场中介组织分开，凡是公民、法人和其他组织能够自主解决的事项，凡是市场机制能够自行调节的事项，凡是行业组织通过自律能够解决的事项，除法律法规有规定的外，行政机关不应干预。要从制度上更好地发挥市场在资源配置中的基础性作用，更好地发挥公民和社会组织在社会公共事务管理中的作用，更加有效地提供公共产品。

要进一步明确中央政府与地方政府转变职

能的重点。在此基础上，按照中央统一领导、充分发挥地方主动性积极性的原则，清晰界定、合理划分不同层级政府经济社会事务的管理责权。

要理顺部门之间的职责关系。进一步明确政府各部门的职责权限，划清各部门的职责边界，坚持一件事情原则上由一个部门负责，建立健全部门间的协调配合机制，切实解决职责交叉、政出多门问题。

要做到权责一致。权力就是责任，有权必须尽责，权力与责任必须对等。要在配置部门职能的同时明确相应的责任，健全政府职责体系，切实解决有权无责、有责无权和权责不匹配问题。

深化行政管理体制改革，必须全面推进依法行政，加强制度建设。要按照合法行政、合理行政、程序正当、高效便民、诚实守信、权责统一的要求，全面推进依法行政，加快建设法治政府。进一步规范政府立法行为，坚持科学立法、民主立法，提高立法质量。规范行政执法，严格按照法定权限和程序履行职责，建立健全权责明确、行为规范、监督有效、保障有力的执法体制，规范行政自由裁量权，全面落实行政执法责任制。进一步健全行政复议体制，加强行政应诉，完善行政补偿和行政赔偿机制。制度建设带有根本性、全局性、稳定性和长期性。要以强化责任为核心，建立健全政府运行和管理的各项制度，坚持用制度管权、管事、管人。进一步完善科学民主决策制度，不断提高政府决策水平。完善行政监督和政务公开制度，确保权力在阳光下运行。推行政府绩效管理和行政问责制度，做到有权必有责、用权受监督、违法要追究，切实增强政府执行力和公信力。

三、积极稳妥推进政府机构改革

政府机构改革是行政管理体制改革的重要组成部分。深化政府机构改革，要按照精简统一效能的原则和决策权、执行权、监督权既相互制约又相互协调的要求，紧紧围绕转变职能和理顺职责关系，探索实行职能有机统一的大部门体制，进一步规范机构设置，优化组织结构，完善行政运行机制。要坚持积极稳妥的方针，既充分利用各方面的有利条件，坚定不移地推进改革；又充分考虑应对经济社会发展面临诸多矛盾和潜在风险等因素，循序渐进，分步实施。

着眼于推动科学发展和促进社会和谐，解决当前面临的突出矛盾和问题。当前，我国经济社会发展面临着一些突出矛盾和问题，比如，结构性矛盾和粗放型增长方式尚未根本改变，保持经济平稳较快增长任务非常艰巨，统筹兼顾各方面利益关系、促进经济社会协调发展的难度加大，等等。推动科学发展、促进社会和谐是当前政府面临的十分重要的任务，政府的组织结构、运转机制、管理方式和效能等都要围绕这一任务来考虑，通过改革，消除影响发展的体制机制障碍。这次政府机构改革，从推动解决制约经济社会发展的突出矛盾和人民群众最关心、最直接、最现实的利益问题出发，合理配置宏观调控部门的职能，进一步加强和改善宏观调控；加强社会管理和公共服务部门建设，更好地保障和改善民生；完善能源资源和环境管理体制，促进可持续发展，力求在一些重要领域取得实质性进展。

探索实行职能有机统一的大部门体制。这是党的十七大提出的重要任务，是一项带有探索性、创造性的改革举措。实行大部门体制，是指把相同或者相近的政府职能加以整合，归入一个部门为主管理，其他部门协调配合；或者把职能相同或者相近的机构归并为一个较大的部门。大部门体制的关键是部门在职能上实行有机统一，以利于明确责权、协调配合和行政问责。实践表明，在有机整合基础上组建大部门，对于解决机构设置过多、职责分工过细、权责脱节以及决策、执行、监督职能配置不够科学、协调与制约机制不健全等影响政府运转效能的突出问题，有着非常重要的作用。实行大部门体制是一个长期的过程，不可能一蹴而就，必须经过坚持不懈的努力，不断探索，不断总结经验。

这次国务院机构改革，综合分析各方面因素，在条件比较成熟的部门迈出了重要步伐，既保持了国务院机构的相对稳定，同时也为今后改革打下了坚实基础。

统筹推进其他各项改革。地方政府机构改革、事业单位分类改革以及议事协调机构的改革，都是政府机构改革的重要组成部分，必须与国务院机构改革相衔接，统筹推进。要推进地方政府机构改革，加快职能转变，合理调整和设置机构，深化乡镇机构改革，加强基层政权建设。精简和规范议事协调机构及其办事机构，该撤销的坚决撤销，任务交给职能部门承担；严格控制议事协调机构设置，进一步规范议事协调机构的工作任务和程序。要按照政事分开、事企分开和管办分离的原则，立足于建立公益目标明确、投入机制完善、治理结构规范、微观运行高效的管理体制和运行机制，加快推进事业单位分类改革。同时，配套推进事业单位养老保险制度和人事制度改革，进一步完善相关的财政政策。

处理好改革发展稳定的关系，确保改革顺利推进。政府机构改革涉及有关部门和机构的职责与权限调整，遇到的问题和矛盾会比较多。要加强领导、精心组织，做到思想认识到位，组织领导到位，工作措施到位。要正确处理改革发展稳定的关系，使改革有利于充分调动广大人民群众的积极性、主动性、创造性，有利于增强全社会的创造活力，有利于巩固和发展民主团结、生动活泼、安定和谐的政治局面。要及时研究解决改革过程中出现的新情况、新问题，加强思想政治工作，正确引导社会舆论，确保干部队伍思想稳定，确保政府各部门工作平稳有序运行，圆满完成各项改革任务。

（作者：中央机构编制委员会办公室主任）

在应对挑战中促进资本市场科学发展

尚福林

面对当前国际金融市场动荡加剧的严峻挑战，面对全流通环境下资本市场改革发展的新情况新问题，我们必须深入学习贯彻科学发展观，全面加强基础性制度建设，推动资本市场稳定健康发展，加大资本市场对实体经济的支持力度，促进国民经济平稳较快发展。

一、近年来推动资本市场科学发展的实践

党和国家从我国经济社会发展的内在需要出发，从资本市场改革发展的规律出发，通过不断解决历史遗留的老问题与改革进程中的新矛盾，开创了一条在中国特色社会主义条件下建立和发展资本市场的道路。

上世纪80年代末90年代初，党中央、国务院批准成立上海、深圳证券交易所，这标志着中国资本市场的正式建立。市场发展初期，邓小平同志提出“允许看，但要坚决地试”的论断，破除了思想和理论障碍，推动资本市场迈出关键性的发展步伐。2001年后，由于股权分置问题悬而未决，市场制度性缺陷日益突出，严重束缚了市场功能的发挥。党中央、国务院从全局出发，及时颁布了《国务院关于推进资本市场改革开放和稳定发展的若干意见》，将大力发展资本市场提升到国家战略高度，明确了解决股权分置等历史遗留问题的基本原则，破除了长期制约资本市场发展的制度性障碍。在资本市场出现转折性变化的新阶段，党的十七大高屋建瓴

地提出，要提高证券业竞争力，优化资本市场结构，多渠道提高直接融资比重，防范和化解金融风险。2008年以来，面对十分复杂的国内外经济形势，党的十七届三中全会强调，要保持经济稳定、金融稳定和资本市场稳定。

经过10多年的改革发展，特别是近年来，我们积极推进股权分置改革、提高上市公司质量、开展证券公司综合治理、大力发展机构投资者、完善资本市场法制等一系列综合改革，我国资本市场基础性制度建设不断加强，市场的广度和深度不断拓展，整体结构和质量明显改善，为经济社会发展作出了重要贡献。一是有效支持了实体经济又好又快发展。截至2008年底，境内资本市场累计为企业股票融资2.3万亿元，债券融资1.3万亿元，上市公司达到1625家；我国经济领域中绝大多数骨干企业都已上市，上市公司已成为各行业的领军企业，成为推动国民经济发展的生力军。二是积极促进了创新型国家战略的实施。伴随着主板市场、中小企业板、代办股份转让系统的协同推进，生产要素和社会资源不断向优质创新型企业聚集。目前上市公司中国家重点高新技术企业超过300家，占上市公司总数的五分之一。三是显著增强了金融系统的抗风险能力。近5年来，我国主要商业银行和保险公司基本都实现了改制上市，大幅充实了资本金，有效改善了资产质量和公司治理。经过综合治理，证券期货经营机构风险管理明显加强。资本市场为我国金融系统有效应对国际金融危机提供了有力的支撑，维护了国家经济和金融安全。四是开辟了更广泛的投资渠道，促进了上市公司改善治理结构，推动了市场法制建设，推动了公平正义、诚实信用等社会主义市场经济基本观念的普及。

实践使我们深刻地体会到，只有从我国的实际出发，不断深化对资本市场发展普遍规律和我国资本市场发展特殊规律的认识，才能抓住和用好战略机遇期，在妥善应对复杂局面的过程中实现新发展；只有坚持全面、协调、可持续的基本要求，注重改革力度、发展速度和市场可承受程度的统一，才能形成改革发展合力，实现持续发展；只有坚持“远近结合、统筹兼顾”，坚定不移地加强市场基础建设，保持政策的稳定性和连续性，才能不断夯实资本市场健康发展的基础；只有始终坚持“公开、公平、公正”的原则，注重保护投资者合法权益，才能更好地调动各方面的积极性，促进市场稳定健康发展。在新的起点上，推进资本市场改革发展，最根本的要求就是把科学发展观的理念、精神实质和基本要求落实到资本市场的每一个领域与环节，促进资本市场科学发展。

二、在科学发展观指导下全面深化对我国资本市场的认识

当前，影响资本市场发展的内外部环境日趋复杂。要着力解决制约资本市场科学发展的突出问题，首先必须在科学发展观的指导下，进一步统一思想，全面提高对我国资本市场的认识水平。

要充分认识大力发展资本市场的重要意义。资本市场是价格发现的平台，中国要参与国际经济竞争，就必须建立自己的资本市场，否则就会丧失我国资产的定价权，损害国家利益和人民利益；资本市场是优化资源配置的平台，支持国民经济发展，提高自主创新能力，需要通过资本市场将社会资源配置到能够创造良好效益的环节中去；资本市场是管理社会财富的平台，让更多群众获得增加财产性收入的机会，完善社会保障体系，也必须充分发挥市场财富管理的功能。要坚定信心和决心，以更大的力度支持资本市场稳定健康发展，使其更好地服务国民经济发展全局。

要充分认识我国资本市场“新兴加转轨”的阶段性特征。我国资本市场与成熟市场相比，具有国有股占多数的特殊股权结构、以中小投资者为主的特殊投资者结构和不成熟的特殊股权文化等特征，资本约束和市场约束不健全，法律制度、信用体系和市场股权文化亟待完善。“新兴加转轨”是我国资本市场的最大实际。我

们必须妥善处理好成熟市场经验、规则与我国市场特点和需求的关系，坚定不移地走符合我国实际的资本市场发展之路。

要充分认识加强市场基础建设的重要性和长期性。随着我国资本市场与实体经济及国际经济联动性的不断加强，市场发展面临的内外部环境更趋复杂多变，迫切要求加强市场基础性制度建设。世界上一些有着百年历史的成熟资本市场，面对全球金融市场的深刻变化都在不断探索、革新制度。我们更需要以科学发展观为指导，主动适应市场形势的新变化和经济发展的新要求，一以贯之地加强市场基础建设，努力完善资本市场科学发展的体制机制。

三、坚持用科学发展观统领资本市场改革发展全局

在资本市场贯彻落实科学发展观，核心是保护投资者合法权益，基础是形成体制机制，措施是远近结合、统筹兼顾，动力是改革创新，目标是维护“公开、公平、公正”的市场原则，促进资本市场稳定健康发展。

更加突出保护投资者合法权益，严格依法治市。切实保护投资者特别是中小投资者的合法权益，是推进资本市场改革发展应始终坚持的基本理念。股权分置改革后，我国资本市场各类股东利益趋于一致，要引导上市公司增加分红，提高为投资者服务的水平，推进建立合格投资者制度，依法严厉打击市场违法行为，积极探索保护投资者合法权益的长效机制，努力建设制度健全、措施有力、投资者合法权益得到有效保护的资本市场。

更加突出发挥市场机制作用，促进形成新体制新机制。继续坚持市场化取向，强化资本约束机制，提高上市公司规范运作水平，提高服务股东的自觉性；强化价格约束机制，培育市场化的发行和创新机制；完善激励机制，建立激励与约束相统一、收益与风险相协调的制度措施，努力建设约束到位、激励有效、配置合理的资本市场。

更加突出统筹兼顾，促进市场协调发展。要统筹国际市场与国内市场、实体经济与虚拟经济、资本市场与其他金融市场的关系，统筹资本市场各项政策总体推进与重点攻坚的关系，统筹促进市场发展与维护市场稳定的关系，兼顾近期可能与长期需要、局部利益与整体利益，努力使各项政策措施近期有利于维护市场稳定，远期有利于夯实市场基础，努力建设结构合理、功能健全、运行协调的资本市场。

加强改革力度，提高运行效率。要充分认识金融创新在风险管理中的重要作用，正视我国资本市场创新活动的差距与不足，准确把握全流通环境下的市场发展需求，稳妥促进金融创新，通过改革创新增强资本市场发展的活力。同时，要认真汲取国际金融市场过度创新、放松监管的教训，切实加强和改善监管，提高市场透明度，确保资本市场的创新活动真正服从和服务于实体经济需要，努力建设充满活力、富有效率、监管到位的资本市场。

更加突出维护市场“三公”原则，规范市场运行秩序。资本市场是公共投资场所，各类主体有着不同的利益诉求。只有处理好不同市场主体的关系，使各类主体平等地利用资本市场，才能增强市场的吸引力和发展的活力。只有坚持市场整体利益高于单个市场主体需求，才能维护市场稳定。要始终坚持“三公”原则，完善监管和执法机制，努力建设法制、公信、有序的资本市场。

四、深化资本市场改革创新，促进国民经济平稳较快发展

去年12月召开的中央经济工作会议对推进资本市场稳定健康发展提出了新的要求。我们要按照党中央、国务院的部署，坚定不移地深化资本市场改革，夯实基础，完善机制，强化功能，改进监管，进一步发挥资本市场对促进经济平稳较快发展的积极作用。

一是加强市场体系建设，增强资本市场服务国民经济的能力。继续推进多层次资本市场

建设，加大对“三农”、自主创新、节能减排等重点领域和薄弱环节的支持。加大对中小企业的支持力度，完善中小企业板，创新融资方式，拓展融资渠道，缓解中小企业融资难的问题。完善创业板制度设计，适时推出创业板。进一步完善代办股份转让试点的制度设计，择机将试点扩大到其他具备条件的国家级高新技术园区。

二是进一步提高上市公司质量，促进经济平稳较快增长。大力推进上市公司兼并重组，完善收购、合并、分立的相关制度安排，完善并购重组定价机制，改进并购重组审核方式，提高重组效率，促进产业结构调整和升级。进一步强化上市公司独立性和透明度建设，促进上市公司改善治理结构。进一步鼓励和规范上市公司现金分红，增强其回报股东的能力。保持上市公司健康发展的良好势头，使上市公司成为推进国民经济平稳较快发展的中坚力量。

三是大力发展公司债券市场，进一步优化投融资结构。扩大债券市场融资规模，积极做好上市商业银行在证券交易所参与债券交易试点工作。优先安排与基础设施、民生工程、生态环境建设和灾后重建相关的债券发行，鼓励参与国家重点建设项目的上市公司通过发行公司债、可转换债等固定收益类产品进行融资。完善债券市场发行规则和监管标准，统筹规划公司债券发展的制度框架，为建设统一互联的债券市场奠定基础。

四是稳步推进市场创新，不断拓展市场深度和广度。深入推进证券发行制度改革，完善新股询价制度，规范证券发行保荐业务。稳步推进证券公司融资融券业务，择机推出股指期货，完善风险管理机制。探索建立合格投资者制度，逐步建立不同类别的投资者、不同风险程度的投资产品与不同监管要求相协调的制度安排。研究鼓励各类长期资金入市的政策措施，努力提高保险资金、社保基金、企业年金等长期资金的入市比例。

五是加强和改进市场监管，严惩违法违规行为。完善资本市场法律制度基础，进一步加大对操纵市场、内幕交易、利益输送等违法违规案件的查处和曝光力度。坚持不懈地抓好日常监管，有效落实上市公司、证券公司、基金公司、期货公司的基础管理和内部控制，及时发现和化解风险隐患。完善与资本市场改革发展相适应的监管制度和协调机制，完善应急预案，有效防范系统性风险，维护我国经济金融安全。

（作者：中国证监会主席）

中国能够经受住国际金融危机的考验

易　纲

9月以来，美国次贷危机日益恶化，迅速演变成世界性金融危机，其来势之猛、波及之广、影响之深，远超出各方面预料。此次危机严重冲击了国际金融体系，并进一步传导至全球实体经济。目前，美、欧、日等主要发达经济体已陷入衰退，一些新兴和发展中经济体也面临严重困难，个别国家发生了债务危机。

在金融经济全球化的条件下，中国很难避免这次国际金融危机的影响。但要清醒地看到，不同国家因各自条件不同，所受冲击程度是不一样的，并非所有国家都会发生系统性的金融动荡。我们完全有理由相信，中国整个金融体系是稳健安全的，国际金融危机对中国金融稳定的影响是有限的。

判断一国经济基本面是否良好、金融业是否健康，主要看四张资产负债表。

首先，当前中国金融业的资产负债表处于历史最好水平。由于党中央、国务院正确决策，中国从2003年起就积极推进国有商业银行、农村信用社等金融体制改革，并抓住有利时机成功实现主要国有商业银行上市。与以往相比，这次金融改革有三个显著特点，一是从单纯的财务重组向建立现代企业制度深化，二是首次引进了境外战略投资者，三是改革效果显著，不仅初步建立了规范的公司治理结构和风险内控机制，而且资本充足率大幅提高，不良资产持续下降，盈利水平稳定上升。这是银行业转轨过程中的一个最大突破。据银监会统计，截至今年6月末，资本充足率达标的商业银行为175家，达标银行资产占商业银行总资产的比例为84.2%，比上年末提高5.2个百分点。今年前三季度，境内商业银行不良贷款继续保持“双下降”态势，不良贷款余额1.27万亿元，比年初下降30.2亿元，不良贷款率5.49%，比年初下降0.67个百分点。此外，资本市场股权分置改革基本完成，实现了证券公司客户保证金的第三方存管，可以有效地防范投资者资金被挪用的风险。保险业保持较快发展，今年前三季度保费收入7940亿元，同比增长49%，9月末保险公司资产总额3.2万亿元，同比增长14%。中国金融机构“走出去”刚刚开始，持有境外资产相对较少，虽然在这次危机中遭受了一些损失，但总量相对有限。

其次，中国居民、企业和政府部门的三张资产负债表也相当稳健。我国居民历来有储蓄传统，债务负担较低。今年9月末，居民存款余额20.5万亿元，消费贷款余额3.7万亿元，居民作为一个整体是储蓄的最大提供者。企业资产负债率比较合理，总体上盈利能力较强，保持了较好的发展态势。据中国人民银行5000户企业调查，今年9月末非金融类企业资产负债率平均为55.1%。中国政府债务负担率低于主要发达国家，财政状况稳健。2007年末中国国债余额占GDP的比例仅为22%，同期美国为71%，欧元区为67%，日本为163%。2007年我国中央财政赤字占GDP的比例只有0.8%。中国还持有近两万亿美元外汇储备，政策调节有较大空间。

我们再来看市场的流动性。这次金融危机的一个突出特点就是流动性的枯竭。由于担心交易对手方风险，市场越来越不愿意或没有能力提供流动性资金或购买资产，造成全球范围内的信贷紧缩和流动性枯竭。中国的流动性状况与此不同，金融体系流动性依然充裕。从2003年到这次金融危机前，中国一直存在着流动性过剩，中央银行需要通过发行央行票据和提高存款准备金率来对冲多余流动性。目前，情况虽有一些变化，但总体上流动性供给是充足的。境内个别外资银行因受母行牵连而发生的流动性困难已得到解决。

当然，抵御这场严重的国际金融危机绝非易事。目前，世界金融经济形势的不利变化对中国的冲击已逐步显现，明年可能会进一步加重。我们宁可把困难估计得充分一些，把准备工作做得充分一些。

国际金融危机对中国的影响主要通过两条渠道传导。一是全球经济增长放缓导致外需下降，这会对中国出口产生较大冲击。中国出口与美国和欧洲国家的关联度很高。历史数据表明，这些国家经济增长每下降1个百分点将导致中国出口增长下降6—8个百分点。第二，国际金融市场不断恶化，恐慌性的不安情绪会传染到国内。这已在我国市场运行中显露出来：货币市场对交易对手方风险的担心有所增加，股票市场出现较大幅度下跌，房地产市场成交较为低迷。如果应对不好，上述负面冲击可能扩大蔓延，影响我国经济和金融的稳定。因此，必须高度重视潜在风险，采取有力措施妥善化解。

针对危机的两条传导渠道，我国在宏观政策上要采取两方面应对之策。

第一，着力扩大内需特别是消费需求，加快转变经济发展方式。面临世界经济放缓的形势,过去主要依赖外需的经济增长方式必须转变。要实行积极的财政政策,把重点放在保障民生上,优先增加财政对个人的转移性支出、社会保障支出,以拉动消费;适当加快与民生、灾后重建、节能减排、环境保护、发展瓶颈有关的基础设施项目建设,以拉动投资。在税收政策上,通过推进增值税转型、服务业营业税制改革和个人综合所得税制改革等措施,鼓励企业技改投资和服务业发展,增加就业机会,提高居民可支配收入。同时,坚持城乡统筹,适当提高粮价,增加农民收入,促进农村消费。

第二,保证金融体系流动性充分供应,阻断恐慌情绪的传染。今年7月以来,中央银行已适时调减公开市场操作力度,停发3年期央行票据,降低1年期央行票据发行频率,并已连续3次下调基准利率、两次下调存款准备金率。下一步,为应对国际金融危机带来的不确定性冲击,要实行适度宽松的货币政策。根据形势变化,继续综合运用利率、央行票据到期、存款准备金率等工具将银行体系流动性保持在适当水平。引导商业银行合理投放贷款,优化信贷结构,预防惜贷现象。维护货币市场正常拆借,中央银行可通过常规公开市场操作、设立短期招标工具等方式向存款类金融机构(含境内外资金融机构)提供足够的流动性支持。以外汇市场供求为基础,保持人民币汇率的基本稳定。

当前我国的经济形势总体是好的,经济保持较快增长,金融业稳健运行,经济发展的基本态势没有改变。尽管面临不利的外部环境,但在中央支持经济增长的各项政策作用下,我们对明年中国经济平稳发展同样充满信心。经济稳定是金融稳定的基础,再加上比较健康的金融机构、充足的流动性供应和不断健全的金融市场,中国金融体系一定能够经受住这场国际金融危机的考验。

(作者:中国人民银行副行长)

毛泽东对中国社会主义建设道路的积极探索

沙健孙

一、毛泽东倡导探索适合中国情况的社会主义建设道路

1.提出探索中国社会主义建设道路的任务

随着1956年社会主义改造的基本完成,中国开始进入全面建设社会主义时期。如何建设社会主义,如何巩固和发展社会主义,成为中国共产党面临的基本的历史性课题。

新中国的经济建设,从1949年就开始了。由于没有管理全国经济的经验,第一个五年计划的建设不得不照抄苏联的办法。"这在当时是完全必要的,同时又是一个缺点,缺乏创造性,缺乏独立自主的能力。这当然不应当是长久之计"。第一个五年计划的建设有成效,但对这种"基本照抄"的办法,毛泽东"总觉得不满意,心情不舒畅"。

在社会主义改造即将基本完成的时候,毛泽东"当时就想,苏联和中国都是社会主义国家,我们是不是可以搞得快点多点"。也就是说,是不是可以用一种更加适合中国情况的办法,更好地建设社会主义。当时.有两个情况促使他提出这种想法。一个是经过第一个五年计划的建设,中国已经在建设方面积累了一些经验。另一个是经过苏共二十大,苏联方面暴露了他们的一些缺点和错误。毛泽东说:"他们走过的弯路,你还想走?过去我们就是鉴于他们

的经验教训，少走了一些弯路，现在当然更要引以为戒。”正是基于这种情况，在毛泽东的倡导下，中国共产党人决心走自己的路，开始探索适合中国情况的社会主义建设道路。

2.阐明实行马克思列宁主义与中国实际“第二次结合”的基本原则

探索中国的社会主义建设道路，从根本上说，是要解决如何把马克思列宁主义的基本原理同中国社会主义建设的实际正确地结合起来的问题。

1956年4月初，在中共中央书记处会议上讨论《关于无产阶级专政的历史经验》一文时，毛泽东提出：我认为最重要的教训是独立自主，调查研究，摸清本国国情，把马克思列宁主义的基本原理同我国革命和建设的具体实际结合起来，制定我们的路线、方针、政策。现在是社会主义革命和建设时期，我们要进行第二次结合，找出在中国进行社会主义革命和建设的正确道路。

在提出实行“第二次结合”这个命题时，考虑到以往经济建设中有过照搬苏联办法的倾向，毛泽东首先指出，现在我们“应当更加强调从中国的国情出发，强调开动脑筋，强调创造性，在结合上下功夫”。

苏共二十大以后，西方敌视社会主义的势力利用赫鲁晓夫的秘密报告攻击共产党和社会主义，叫嚣要“改变共产主义世界的性质”，掀起了一个世界性的反共浪潮。针对这种情况，毛泽东和中共中央又指出，苏联革命和建设的教训必须认真汲取，但对那些具有普遍意义的基本经验则必须坚持。从基本原理上说来，十月革命道路“反映了人类社会发展长途中一个特定阶段内关于革命和建设的普遍规律”。我们必须“保卫十月革命所开辟的这一条马克思列宁主义的道路”，这“在目前的国际形势下具有特别重大的意义”。

在毛泽东看来，坚持马克思列宁主义的基本原理，与从中国社会主义建设的具体实际出发，两者应有机地结合在一起，不能只强调一个方面，而否定另一个方面。如果否定了马克思列宁主义的基本原理，否定了社会主义的共同性，即否定了社会主义必须具备的基本特征，那搞的就不是社会主义，而是别的什么主义了；如果不从中国实际出发，那社会主义建设也是不可能搞好的。不可能设想，社会主义在各国的具体发展过程和表现形式，只能有一个千篇一律的格式。

毛泽东提出的关于实行马克思列宁主义同中国实际的“第二次结合”的思想，为中国共产党和中国人民探索适合中国情况的社会主义建设道路，提供了基本的指导原则，指示了正确的方向。

3.论述实行“第二次结合”的主要途径和方法

首先，为了实行“第二次结合”，必须勇于实践，善于总结实践经验。

毛泽东说：“社会主义谁也没有干过，没有先学会社会主义的具体政策而后搞社会主义的。”不经历一个在实践的基础上积累经验的过程，要正确认识建设社会主义的规律，是不可能的。

这里所说的经验，包括正面经验和反面经验两个方面。正面经验告诉人们怎么做是对的；反面经验告诉人们怎么做是不对的。毛泽东认为，不犯错误，人们的经验就不完全。“犯错误是正确路线形成的必要条件”。不犯任何错误，这是不可能的；重要的是要善于从所犯的错误中吸取教训。事实上，只有经过正反两个方面经验的比较和对照，人们对社会主义建设的认识才能逐步地符合实际。

毛泽东认为，“真理不是一次完成的，而是逐步完成的”。探索适合中国情况的社会主义建设道路，是一个长期的任务。他在1960年6月所作的《十年总结》中说过：“对于我国的社会主义革命和建设，我们已经有了十年的经验了，已经懂得了不少的东西了。但是我们对于社会主义时期的革命和建设，还有一个很大的盲目性，还有一个很大的未被认识的必然王国。我们还不深刻地认识它。我们要以第二个十年时间去调查它，去研究它，从其中找出它的固有的规律，以便利用这些规律为社会主义的革命和建设服务。”对于一个人的一生来说，十年不是一个很短暂的时间。毛泽东决心再用十年时间去探索中国社会主义建设的规律，可见他认识到了这个探索的任务仍然是很艰巨的。不过从后来的实践看，即使再用十年时间去探索，也还不够。

其次，为了实行“第二次结合”，必须注重调查研究。

调查研究，这是把马克思列宁主义的基本原理同中国社会主义建设的具体实际结合起来不可或缺的中间环节，是探索中国社会主义建设规律的必由之路。

为了纠正“大跃进”中发生的主观主义的错误，毛泽东于1961年发出了“大兴调查研究之风”的号召。他认为，“要是不做调查研究工作，只凭想象和估计办事，我们的工作就没有基础”。“用马克思列宁主义观点到群众中去做深入的调查研究，是做好一切工作的前提”。

为什么在“大跃进”中会发生主观主义的错误呢？毛泽东恳切地说：“建国以来，特别是最近几年，我们对实际情况不大摸底了，大概是官做大了，我这个人就是官做大了，我从前在江西那样的调查研究，现在就做得很少了。”他表示，“我自己的毛病当然要坚决改正”。他同时希望大家都去做调查研究，“把实事求是的精神恢复起来”。

进行调查研究，这是向实践学习的过程、“向群众寻找真理”的过程。毛泽东强调，“各级党委，不许不作调查研究工作。绝对禁止党委少数人不作调查，不同群众商量，关在房子里，作出害死人的主观主义的所谓政策”。为此，中共中央指示“各级党委都要把调查研究定为经常的工作制度”。

再次，为了实行“第二次结合”，必须以科学的态度对待马克思主义。

进行调查研究，必须坚持以马克思主义为指导。

毛泽东说：“马克思这些老祖宗的书，必须读，他们的基本原理必须遵守，这是第一。但是，任何国家的共产党、任何国家的思想界，都要创造新的理论，写出新的著作，产生自己的理论家，来为当前的政治服务，单靠老祖宗是不行的。”总之，一要遵守、坚持，二要创造、发展，这就是他提倡的对待马克思列宁主义理论的科学态度。

要遵守、坚持马克思主义的基本原理，首先就要“认真看书学习，弄通马克思主义”。因为马克思主义是科学，科学的东西不经过认真的钻研是掌握不了的。在全国胜利前夕，党的七届二中全会就确定了十二本干部必读的马克思主义书目。新中国成立后，更对干部学习理论制定了严格的制度。为了纠正“大跃进”中的一些错误认识，毛泽东在1958年建议各级干部学习斯大林著《苏联社会主义经济问题》和《马克思恩格斯列宁斯大林论共产主义社会》这两本书。1963年12月，他表示赞成中共中央宣传部提出的组织干部学习或选学马克思主义三十部著作的建议。在晚年，他还反复地讲过学习马克思主义的重要性。他说：“我党多年来不读马、列，不突出马、列，竟让一些骗子骗了多年。”这个教训很严重，应当记取。

毛泽东之所以要提倡学习马克思主义，是因为只有掌握了马克思主义，我们才能了解事物的本质及其发展趋向，具有政治上的坚定性和工作中的预见性。如果“不重视学习理论，天天搞事务，一定要迷失方向”；只有掌握了马克思主义，我们才能正确地进行调查研究，科学地总结经验，使之系统化、条理化；我们“要学马克思主义，才有方法，才有共同语言”，党内的团结和干部队伍的团结才能有牢固的思想基础。

怎样学习马克思主义？毛泽东指出，“学习有两种方法：一种是专门模仿；一种是有独创精神，学习与独创结合”。我们的思想方法，应当是“坚持原则和独创精神”。独创，绝不是闭门造车。人的正确认识只能从实践中来。必须坚持运用马克思主义的立场、观点、方法，深入实际，深入群众，去调查研究新的情况，总结新的实践经验，才有可能作出理论上的创造。正是从尊重实践的观点出发，毛泽东在中共八大二次会议上才说，“我们的实践超过了马克思。实践当中是要出道理的”。所以，我们“要产生自己的理论”。

毛泽东的这些思想，针对性很强，对于中国共产党人进一步去积累经验，探索适合中国情况的社会主义建设道路，具有长远的指导意义。

二、毛泽东等探索中国社会主义建设道路取得的积极成果

从1956年到1976年这二十年间，中国的社会主义建设是在探索中曲折前进的，一方面取得了巨大的成就，另一方面也经历过“大跃进”和“文化大革命”两次严重的挫折。

应当承认，既然是探索，就不可能没有曲折和失误。这种曲折和失误，并不单纯是消极的东西。碰了钉子，汲取了教训，人会变得聪明起来。对于我们的党来说，也是这样。1961年6月，毛泽东在总结“大跃进”的教训时就说过：“现在同志们解放思想了，对于社会主义的认识，对于如何建设社会主义的认识，大为深入了。为什么有这个变化呢？一个客观原因，就是一九五九年、一九六〇年这两年碰了钉子。”

我们党正是通过对正反两方面经验的总结，在对许多重大问题的认识上取得了重要的积极成果，并由此把社会主义建设事业推向前进的。

在民主革命时期，毛泽东就提出，“我们要使中国革命丰富的实际马克思主义化”，即将中国的实践经验上升为理论，以丰富和发展马克思主义。在探索中国社会主义建设道路的过程中，以毛泽东为代表的中国共产党人同样十分重视将中国建设的实践经验上升为理论，使马克思主义得到丰富和发展。在这方面，毛泽东等是作出了理论上的重要建树的。主要是：

1. 提出必须实行马克思列宁主义与中国实际“第二次结合”的思想

这个问题的主要方面，我们在前面已经讲过了。

这里需要补充说明的是，毛泽东所说的中国实际，并不是脱离世界的孤立的存在。在《论十大关系》这个探索适合中国情况的社会主义建设道路的重要开篇之作中，他就专门提出了“中国与外国的关系”这个问题。随后，他在明确提出“我们必须把马克思列宁主义的普遍真理同中国社会主义建设的具体实际”结合起来的同时，也提出了使之“同今后世界革命的具体实际，尽可能好一些地结合起来”的问题。

中国是一个经济文化落后的国家，为了实现现代化，借鉴外国的有益经验，是很必要的。为此，1956年，毛泽东明确地提出了“向外国学习”的口号。他说：“我们的方针是，一切民族、一切国家的长处都要学，政治、经济、科学、技术、文学、艺术的一切真正好的东西都要学。”

怎样贯彻实施“向外国学习”的方针呢？这就是，“世界各国，什么地方有好东西，统统学来”。“但是，必须有分析有批判地学，不能盲目地学，不能一切照抄，机械搬用”。

具体地说，就是：首先，我们要学习的，是外国的长处，是他们的先进经验和先进事物。“他们的短处、缺点，当然不要学”。如果说学，那就是从反面去学，引以为戒，不予照办。

毛泽东说：“外国资产阶级的一切腐败制度和思想作风，我们要坚决抵制和批判。但是，这并不妨碍我们去学习资本主义国家的先进的科学技术和企业管理方法中合乎科学的方面。”

其次，学习外国的好东西，也要同本国的特点相结合，做到“外为中用”。“一个国家总有它的特点，不适合这个特点就行不通”。“应该是在中国的基础上面，吸收外国的东西。应该交配起来，有机地结合”。“向外国学习”是为了什么？他强调，“向外国人学习是为了今天的中国人”。“要向外国学习，学来创作中国的东西”。“应该学习外国的长处，来整理中国的，创造出中国自己的、有独特的民族风格的东西”。

最后，学习外国，既要有世界的眼光、虚心的态度，又不能“在外国人面前伸不直腰”，“丧失民族信心”。“贾桂（即奴才）是谁也看不起

的”。必须反对贾桂思想。他认为，“对西方的崇拜，是一种迷信”，要破除。“它们在政治上是落后的，是腐败的，是低级趣味的”。东方人“要在破除迷信的条件下学习西方”。

从根本上说，“中国的问题只能由中国人解决”。毛泽东指出：“自力更生为主，争取外援为辅，破除迷信，独立自主地干工业、干农业、干技术革命和文化革命，打倒奴隶思想，埋葬教条主义，认真学习外国的好经验，也一定研究外国的坏经验——引以为戒，这就是我们的路线。”

2. 阐明关于建设社会主义的若干重大理论原则

主要是：提出全面建设社会主义的任务。1956年社会主义改造基本完成以后，毛泽东及时指出，我们“现在处在转变时期：由阶级斗争到向自然界斗争，由革命到建设，由过去的革命到技术革命和文化革命”。他把这个“产业革命或者说经济革命”，称作是“第二个革命”。

提出社会主义现代化建设的奋斗目标和发展战略。毛泽东指出，中国社会主义现代化建设的目标，是实现农业、工业、国防和科学技术“四个现代化”；中国的发展所遵循的是“两步走”战略，即首先建立独立的、比较完整的工业体系和国民经济体系，而后全面实现“四个现代化”；中国全面实现“四个现代化”，大约需要一百年甚至更长的时间。

提出社会主义社会基本矛盾的学说。毛泽东指出，社会主义社会的基本矛盾仍然是生产关系和生产力、上层建筑和经济基础之间的矛盾，正是这些矛盾推动着社会主义社会的发展；同时又指出，这些矛盾可以经过社会主义制度本身不断地得到解决，从而为进行社会主义性质的改革提供了理论上的根据。1957年3月，他说：“中国的改革和建设靠我们来领导。”“我们国家要有很多诚心为人民服务、诚心为社会主义事业服务、立志改革的人。我们共产党员都应该是这样的人。”他还说：“我们还需要有一批党外的志士仁人，他们能够按照社会主义、共产主义的方向，同我们一起来为改革和建设我们的社会而无所畏惧地奋斗。”1958年1月，他进一步提出：“共产党准备大改革。”这个思想，他以后又反复讲过多次。比如，经他修改的关于1960年国民经济报告稿就指出：“根据生产力迅速发展的要求，对生产关系和上层建筑进行不断的改革，就为生产力的不断发展开辟了广阔的道路。而生产力的发展，又迫使生产关系和上层建筑不能不进行不断的改革。”

提出关于社会主义社会发展阶段的理论。1956年社会主义改造基本完成时曾经宣布，中国进入了社会主义社会。这个判断是正确的，但由于对在经济文化落后的中国建设社会主义的长期性、艰巨性估计不足，中共中央一度认为，“共产主义在我国的实现，已经不是什么遥远将来的事情了”。由于在“大跃进”中碰了钉子，中共中央领导人开始矫正对中国社会主义发展阶段的认识。1959年底、1960年初，毛泽东在读苏联《政治经济学教科书》的谈话中，提出了一个重要的观点：“社会主义这个阶段，又可能分为两个阶段，第一个阶段是不发达的社会主义，第二个阶段是比较发达的社会主义。后一阶段可能比前一阶段需要更长的时间。”他说：“在我们这样的国家，完成社会主义建设是一个艰巨的任务，建成社会主义不要讲得过早了。”这就是说，共产主义的实现，还很遥远；在一个长时期里，中国还处在“不发达的社会主义”阶段。毛泽东提出的这个观点具有重大的理论价值。

提出关于两类矛盾的学说。1957年，毛泽东指出，我们必须正确区分和处理敌我矛盾和人民内部矛盾，以便调动一切积极因素，并且尽可能地化消极因素为积极因素，为建设社会主义服务。这是我们建设社会主义的基本方针。

提出在政治生活中判断是非的标准。毛泽东在论述两类矛盾的学说时，提出了在政治生活中判断我们的言论和行动是非的六条标准，其中最重要的是社会主义道路和共产党的领导两条。坚持这六条标准，是我国的建设和改革沿着正确方向前进的政治保证。

3. 制定中国社会主义经济、政治、文化建设等方面的重要指导方针

在经济建设方面：

提出走“中国工业化的道路”这个命题，指出要以农、轻、重为序安排国民经济工作，并把“以农业为基础，以工业为主导”作为发展国民经济的总方针；

主张实行工业和农业、重工业和轻工业、中央工业和地方工业、大中小企业、洋法生产和土法生产等一系列的“同时并举”即“两条腿走路”的方针；

阐明必须发展商品生产，利用价值规律，为社会主义建设服务；

对经济体制改革的问题进行探索，提出了若干重要思想（如发挥中央和地方两个积极性，实行“两参”“一改”“三结合”，试办托拉斯，在社会主义经济占优势的条件下“可以消灭了资本主义，又搞资本主义”等）。

在民主政治建设方面：

提出“我们的目标，是想造成一个又有集中又有民主，又有纪律又有自由，又有统一意志、又有个人心情舒畅、生动活泼，那样一种政治局面”；

主张把正确处理人民内部的矛盾作为国家政治生活的主题，坚持人民民主，尽可能团结一切可以团结的力量，使中国“变成一个大强国而又使人可亲”；

主张切实保障人民当家作主的各项权利，让人民参与国家和社会事务的管理；强调劳动者管理国家、管理军队、管理各种企业、管理文化教育的权利，是社会主义制度下劳动者最大的、最根本的权利；社会主义法制要保护劳动人民利益，保护社会主义经济基础，保护社会生产力；

要求处理好中国共产党同各民主党派的关系，坚持长期共存、互相监督的方针，巩固和扩大爱国统一战线；

提出了关于政治体制改革的若干意见和设想（如国家主席的任期不得超过两届，党代表实行常任制等）。

在文化建设方面：

指明在思想文化领域中必须坚持马克思主义的指导地位，坚持工人阶级及其政党的领导权；

提出“百花齐放，百家争鸣”的方针和“古为今用”、“洋为中用”、“推陈出新”的方针；

提出思想政治工作是经济工作和其他一切工作的生命线，要实行政治和经济的统一、政治和技术的统一、又红又专的方针；

提出要向科学进军，不能走世界各国发展科学技术的老路，而应独立自主、自力更生、奋发图强，努力赶超世界先进水平；

提出建立一支宏大的工人阶级知识分子队伍的历史任务。

4. 论述在执政条件下加强共产党自身建设的思想

毛泽东最早觉察到帝国主义“和平演变”战略的危险，号召共产党人提高警惕，同这种危险作斗争。同时，他十分警惕党在执政以后可能产生的种种消极现象，要求采取坚决措施加以防止和纠正。

为此，他提出：共产党员必须坚持共产主义的远大理想，务必继续地保持谦虚、谨慎、不骄、不躁的作风，继续地保持艰苦奋斗的作风；

各级领导干部必须自觉地运用人民赋予的权力为人民服务，依靠人民群众行使这个权力，并接受人民群众的监督；

必须以普通劳动者的姿态出现，平等待人；必须防止在共产党内、在干部队伍中形成特权阶层、贵族阶层；必须依靠人民群众，坚决地反对党内和干部队伍中的腐败现象；

必须切实解决“培养无产阶级的革命接班人”的问题。

除此之外，在军队和国防建设、国际战略和外交工作等方面，毛泽东等也提出过许多重要的战略思想。

诚然，对于社会主义和建设社会主义的这些认识，还有待于深化和发展。1959 年底、

1960年初在读苏联《政治经济学教科书》时，毛泽东说过："社会主义社会的历史，至今还不过四十多年，社会主义社会的发展还不成熟，离共产主义的高级阶段还很远。现在就要写出一本成熟的社会主义共产主义政治经济学教科书，还受到社会实践的一定限制。"由于实践是发展的，理论也要随之发展。所以在中共八大二次会议上，他曾对与会者明确讲过："你们应当超过我。"

凡事开头难。我们应当充分认识，毛泽东等老一代中国革命家提出和阐明的这些富于独创性的理论，是具有十分重要的价值的。正如邓小平所说，他们为我们在新的历史条件下坚持和发展马克思主义"提供了一个基础"。

三、毛泽东等探索的积极成果是中国特色社会主义理论体系的重要思想来源

毛泽东思想、毛泽东在探索中国社会主义建设道路的过程中所取得的积极成果，同中国特色社会主义理论体系是什么关系呢？这是在学习十七大精神的过程中，大家十分关注并且希望得到明确答复的问题。

为了正确理解毛泽东思想、毛泽东在探索中国社会主义建设道路的过程中所取得的积极成果，同中国特色社会主义理论体系的关系，我们应当很好地学习和领会十七大文件中提出的以下论断：

其一，十七大报告强调："我们要永远铭记，改革开放伟大事业，是在以毛泽东同志为核心的党的第一代中央领导集体创立毛泽东思想，带领全党全国各族人民建立新中国、取得社会主义革命和建设伟大成就以及艰辛探索社会主义建设规律取得宝贵经验的基础上进行的。"

其二，十七大报告指出，这个理论体系"凝结了几代中国共产党人带领人民不懈探索实践的智慧和心血，是马克思主义中国化最新成果，是党最可宝贵的政治和精神财富，是全国各族人民团结奋斗的共同思想基础"。

其三，十七大报告指出，这个理论体系是对马克思列宁主义、毛泽东思想的继承和发展。

其四，十七大概括的中国特色社会主义道路，包括了坚持四项基本原则的内容，而四项基本原则中的一项，就是坚持马克思列宁主义、毛泽东思想。

十七大的这些论断表明，中国特色社会主义理论不是从天上掉下来的，不是在1978年12月十一届三中全会上突然产生的。毛泽东思想同中国特色社会主义理论体系密切关联，把二者割裂开来是错误的。

十七大以后，中央领导人又多次对这个问题作了进一步的论述。

胡锦涛同志指出："我们党能够在新时期开创出中国特色社会主义道路，其理论基础是对马克思列宁主义、毛泽东思想的科学继承。"

习近平同志在不久前发表的《关于中国特色社会主义理论体系的几点学习体会和认识》一文中，明确地说："毛泽东同志带领我们党在艰辛探索中形成的重要思想成果，是我们党的宝贵财富，也是中国特色社会主义理论体系的重要思想来源。"

这些论述，针对性很强，值得我们认真研究。

为什么说对毛泽东思想的科学继承是中国特色社会主义的理论基础？为什么说毛泽东带领我们党在艰辛探索中形成的重要思想成果，是中国特色社会主义理论体系的重要思想来源呢？这是一个需要认真研究并加以系统阐述的重大课题。

在这里，我仅就这个问题的若干方面讲一些看法。

1. 关于中国特色社会主义这个命题的提出

邓小平在中共十二大上所致的开幕词中说："把马克思主义的普遍真理同我国的具体实际结合起来，走自己的道路，建设有中国特色的社会主义，这就是我们总结长期历史经验得出的基本结论。"很明显，这个基本结论是对毛泽东提出的实行马克思主义同中国实际"第二次结合"这个重要思想的继承和发展。诚然，当时

毛泽东还没有具体地提出“建设有中国特色的社会主义”这个命题，但他确实明确地论证过中国的社会主义必定带有中国特点这个思想。他说：“我国是一个东方国家，又是一个大国。因此，我国不但在民主革命过程中有自己的许多特点，在社会主义改造和社会主义建设的过程中也带有自己的许多特点。”

2. 关于中国特色社会主义理论所遵循的思想路线

贯穿于毛泽东思想的活的灵魂，是实事求是、群众路线和独立自主。这些原则，同时也是中国特色社会主义理论所遵循的思想路线。

“从理论渊源上说，毛泽东思想和中国特色社会主义理论体系都坚持解放思想、实事求是、与时俱进，坚持党的群众路线，坚持独立自主地走自己的路。这是它们在立场、观点、方法等基本方面的共同点”。

3. 关于开辟中国特色社会主义道路的政治前提和制度基础

以毛泽东为核心的中共中央领导集体带领全党全国各族人民创建了新中国，确立了社会主义的政治制度，主要是：工人阶级领导的、以工农联盟为基础的人民民主专政的国体，民主集中制的人民代表大会制度的政体，中国共产党领导的多党合作和政治协商制度这个适合中国情况的政党制度，统一的多民族国家这种国家结构形式以及单一制国家中的民族区域自治制度等；随后又进行了有中国特点的社会主义改造，确立了以生产资料公有制为基础的社会主义的经济制度。

十七大报告指出：“新民主主义革命的胜利，社会主义基本制度的建立，为当代中国一切发展进步奠定了根本政治前提和制度基础。”我们新时期的改革开放和现代化建设，是在这个根本的政治前提下和制度基础上进行的。很明显，离开毛泽东领导时期所创设的上述根本政治前提和制度基础，离开毛泽东关于创立社会主义基本制度的理论和实践，我们就不可能开辟中国特色社会主义道路，创立中国特色社会主义理论体系。

4. 关于中国社会主义现代化建设的目标、步骤

中国社会主义现代化建设的目标和“两步走”战略等，都是毛泽东首先提出来的，并且已经被中国特色社会主义理论体系所吸收，至今仍然在发挥着作用。诚然，由于中共中央在1979年宣布，“两步走”战略中的第一步，即建立独立的、比较完整的工业体系和国民经济体系这个任务已经基本实现，因此，邓小平又在此基础上进一步提出了“三步走”的战略。这个“三步走”的战略，是为实现“两步走”战略中的第二步所作出的切合实际的战略构想，是对“两步走”战略的继承和发展。

5. 关于进行社会主义建设的正确思想

比如，中国的基本国情是，我们正处于并将长期处于社会主义初级阶段。毛泽东提出的社会主义可分为不发达的社会主义和比较发达的社会主义两个阶段的论断，正是我们党后来提出社会主义初级阶段理论的最初的思想来源。

比如，社会主义社会基本矛盾的学说为进行社会主义改革提供了理论上的依据。而这个学说，是由毛泽东提出来的。

比如，科学发展的根本方法是统筹兼顾。而“统筹兼顾，适当安排”的思想，也是由毛泽东提出来的。

比如，促进社会和谐必须区分两类不同性质的矛盾、正确处理人民内部矛盾。而两类矛盾的学说，同样是由毛泽东提出来的。

这类例子，还可以举出很多。

这些情况表明，毛泽东思想，毛泽东带领我们党在艰辛探索中形成的重要思想成果，确实是中国特色社会主义理论体系的重要思想来源。离开对毛泽东思想、对毛泽东关于中国社会主义建设的正确理论的科学继承，许多问题是难以讲清楚的。

正因为如此，中央马克思主义理论研究和建设工程重点教材《中国近现代史纲要》，专门对毛泽东等老一辈革命家“在探索中形成的建设社会主义的若干重要原则”作出了归纳和说明，并且指出：“毛泽东是探索中国自己的社会主义建设道路的开创者。他领导全党和全国人民顶住来自外部的各种压力，坚持不懈地进行这种探索。毛泽东等老一辈革命家作为中国社会主义建设道路开创者的历史功绩，将永远记载在党和国家的史册上。”“以毛泽东为主要代表的中国共产党人所阐明的这些重要思想，为党继续进行探索并系统形成中国特色社会主义理论提供了重要的基础。”这些论述，是符合实际的。

（作者：北京大学马克思主义学院教授、中央党史研究室原常务副主任）

邓小平与中国特色社会主义理论体系

石仲泉

改革开放的30年，是富强中国的30年。党的十七大指出，改革开放伟大事业，是以邓小平同志为核心的第二代中央领导集体带领全党全国各族人民开创的。改革开放以来我们取得一切成绩和进步的根本原因，归结起来就是：开辟了中国特色社会主义道路，形成了中国特色社会主义理论体系。纪念改革开放30年，特别需要研究和宣传邓小平与开辟中国特色社会主义道路和形成中国特色社会主义理论体系的关系。本文主要阐释邓小平与形成中国特色社会主义理论体系的关系，以及邓小平理论对改革开放30年的巨大作用。

邓小平与中国特色社会主义理论体系是什么关系呢？简单地说，邓小平为其原生初始形态的“建设有中国特色社会主义理论”的主要奠基人。

为什么这样定位呢？

首先，“中国特色社会主义理论体系”的核心概念“中国特色社会主义”是邓小平提出的

现在人们对于“中国特色社会主义”这个理念耳熟能详。但是，它是怎么来的呢？这就不能不“回放历史镜头”。在1976年粉碎“四人帮”之后，中国面临着向何处去的历史抉择是异常艰难的。那时，摆在党和国家面前可供选择的路有多条：走西方的道路；走不要“四人帮”的“文革”老路；或走“文革”前的旧路。对于走这几条路，当时都有强大的声音。但这些路或不适合中国国情，或会继续将中国引向灾难，或不能将中国引向富强。最后，是作为改革开放和现代化建设总设计师的邓小平作出伟大抉择：“走自己的道路，建设有中国特色的社会主义。”这是他在1982年党的十二大的开幕词中首次宣布的。从此，“建设有中国特色的社会主义”这个科学称谓成为改革开放30年来高擎的旗帜、开辟的道路、形成的理论等的专有指代。尽管党的十四大和十六大先后对“建设有中国特色的社会主义”的表述有所修饰，删去了词组中的“的”、“建设”和“有”几个字，但这是简化词语，无碍本意，无关大局，基本含义没变。党的十七大提出的“中国特色社会主义理论体系”就是由“建设有中国特色的社会主义”演变而来。后者是前者的初始表述。如果讲“品牌”和“知识产权”之类，这是改革开放30年最具价值的“品牌”，是“黄金有价玉无价”似的无形资产，其“知识产权”的原创者无疑当属邓小平。

其次，邓小平理论是“中国特色社会主义理论体系”的本源理论

在党的十二大提出“建设有中国特色的社

会主义"理念后,党的十三大报告对十一届三中全会以来形成的一系列新的理论观点作概括时,已使用"建设有中国特色的社会主义理论"概念。党的十四大报告对这个理论作进一步总结时,明确冠以"邓小平同志"名字,称之为"邓小平同志建设有中国特色社会主义理论"。党的十五大报告讲我们党实现两次历史性飞跃,产生两大理论成果时,对第二次飞跃理论成果的表述,就是"建设有中国特色社会主义理论"。同时指出,由于"它的主要创立者是邓小平,我们党把它称为邓小平理论"。这就是说,中国特色社会主义理论与邓小平理论在那时是等值的。党的十六大在继续肯定邓小平理论为党的指导思想的同时,将"三个代表"重要思想提升为指导思想,并指出它是邓小平理论的继承与发展。这样,邓小平理论的本源性开始显现。党的十七大报告,一方面对科学发展观作了最新定位,指出它是与邓小平理论和"三个代表"重要思想既一脉相承又与时俱进的科学理论;另一方面又将改革开放以来作为指导思想的创新理论加以整合,统称为"中国特色社会主义理论体系"。它包括邓小平理论、"三个代表"重要思想以及科学发展观等重大战略思想。这是对马克思主义中国化第二次历史性飞跃的理论成果的高度概括,也是一个有长远眼光的、富于开放性的新思想。通过对上述理论称谓演变的"回放",不难看出,"建设有中国特色社会主义理论",是"中国特色社会主义理论体系"的原生形态;邓小平理论作为"中国特色社会主义理论体系"本源理论的历史脉络一目了然。

第三,邓小平理论是马克思主义在中国发展的新阶段,也使以邓小平理论为本源的"中国特色社会主义理论体系"成为马克思主义发展的新阶段

1992年的党的十四大,在阐述"邓小平建设有中国特色社会主义的理论"时,明确指出这个理论第一次比较系统地初步回答了中国这样经济文化落后的国家如何建设、巩固和发展社会主义的一系列根本问题,是当代中国的马克思主义。1997年的党的十五大,首次使用"邓小平理论"称谓时,对这个理论的认识提到了一个新的高度,指出马克思主义与当代中国实践和时代特征相结合的邓小平理论,把对社会主义的认识提高到新的科学水平,开拓了马克思主义的新境界,"是马克思主义在中国发展的新阶段";在当代中国,只有邓小平理论,"而没有别的理论能够解决社会主义的前途和命运问题"。从党的文献学来考察,对党的理论作这样高度的评价是很罕见的。这既说明了它对当代中国无与伦比的贡献,也说明了它在马克思主义发展史上的划时代地位。在纪念邓小平诞辰100周年的学术研讨会上,我将它解读为把马恩的科学社会主义理论由原生形态发展为当代形态,是科学社会主义观的一个新阶段。我认为,中国既是社会主义大国,也是发展中的大国。作为发展中的大国建设社会主义实践经验的总结,邓小平理论的若干理论观点在发展中国家具有一定的普遍意义。邓小平本人说过:我们进行的改革开放,马克思没有讲过,我们的前人没有做过,其他社会主义国家没有干过,"是社会主义新生事物","不仅影响中国,而且会影响世界";"如果成功了,可以对世界上的社会主义事业和不发达国家的发展提供某些经验"。如果将马克思恩格斯的科学社会主义观视为发达国家建设社会主义的理论模型,那么邓小平理论则可视为发展中国家建设社会主义的一种理论模型。这也就是说,它是科学社会主义观的一个新形态。既然如此,以邓小平理论为本源的"中国特色社会主义理论体系",无疑也是科学社会主义观的一个新形态和马克思主义发展的一个新阶段。

第四,邓小平理论的"金砖四论",无论在理论指导上还是在实践运用上都对改革开放30年的成绩和进步发生了最直接的重大影响

邓小平理论尽管是"中国特色社会主义理

论体系”中的一个理论形态，但它本身也是个博大精深的体系，有着丰富的内容。在学术界，对其各个具体理论对改革开放的作用有不同看法。这首先是因为对于邓小平理论内容的概括有一个演变过程。党的十三大在勾画“建设有中国特色的社会主义理论的轮廓”时，概括了12个理论观点。党的十四大在明确提出“建设有中国特色社会主义理论的主要内容”时，论列了9个方面。《邓小平文选》第3卷出版后，中央宣传部编写的《邓小平同志建设有中国特色社会主义理论学习纲要》将其理论内容扩展为16个专题。2004年胡锦涛同志在邓小平诞辰100周年纪念大会上的讲话，又将其主要观点突出了12个基本思想。这些概括，有同有异，总的说来更加完整。同时，也应看到，由于邓小平本人并没有对自己的理论观点作系统梳理，将其归纳为一个理论体系，上述这些概括尽管有助于对它的深入学习和解读，但也留下了很大的研究空间。这是建立“邓学”非常需要的。作为学术问题，或立足于不同的参照，或强调不同的视点，有见仁见智之论，根据十七大讲的“尊重差异，包容多样”，是应当允许的。

邓小平理论的主题既然是回答“什么是社会主义，怎样建设社会主义”这个根本问题，它的各个具体理论无疑以这样那样的形式在作回答。但是，就在理论上最具原创性的，能使邓小平理论称其为邓小平理论，构成它享有“马克思主义在中国发展的新阶段”殊荣特质形态的，同时又在实践层面上对改革开放30年的成绩和进步发生直接重大影响、并最具统领全局意义的理论观点，在我看来，主要有这么四论，姑且称为“金砖四论”。

一是社会主义初级阶段论。社会主义初级阶段问题是1981年邓小平主持制定的《关于建国以来党的若干历史问题的决议》中首次明确提出的。过去犯“左”的错误，一个重要的认识论根源就在于对我国社会发展所处的历史方位缺乏正确把握，对基本国情作了错误判断。经过拨乱反正，以邓小平为代表的中央领导集体对我国的基本国情有了清醒认识，从社会性质和社会发展阶段两个方面，作出了我国处于社会主义初级阶段的科学论断。邓小平讲，中国社会主义处在一个什么阶段？社会主义的初级阶段，就是不发达的阶段。“一切都要从这个实际出发，根据这个实际来制定规划”。党的十三大阐发邓小平的思想提出社会主义初级阶段理论。10年之后以江泽民为代表的中央领导集体在十五大报告中对社会主义初级阶段的内涵作了新的界定，强化了对社会主义初级阶段的认识。2007年2月，温家宝总理发表《关于社会主义初级阶段的历史任务和我国对外政策的几个问题》一文，强调讲初级阶段，不光要讲生产力的不发达，还要讲社会主义制度的不够完善和不够成熟，必须认识和把握好两大任务：一是解放和发展生产力，极大地增加全社会的物质财富；一是逐步实现社会公平与正义，极大地激发全社会的创造活力和促进社会和谐。这个思想进一步丰富了社会主义初级阶段理论。社会主义初级阶段理论是我们党为什么在现阶段必须实行“一个中心、两个基本点”的基本路线和基本政策而不能实行别的路线和政策的根据，并为不发达国家的社会主义建设向发达阶段的社会主义建设的衔接开辟了新的途径。改革开放30年来，我们国家既保持快速持续发展，又没有超越阶段犯过去“左”的错误，与坚持社会主义初级阶段理论有密切关系。这个理论的创立，既为构筑邓小平理论体系大厦，也为构筑“中国特色社会主义理论体系”大厦奠定了第一块理论基石。

二是社会主义市场经济论。关于社会主义与市场经济的关系，是世界现代经济理论的一大难题。上个世纪20年代以来世界上的共产党人和非共产党人就在研究，上个世纪50年代以来的社会主义国家为它进行了艰辛的探索，但一直没能解决。邓小平自改革开放始，就在研究这个问题。他前后讲了10多次,认为社会主义和市场经济之间不存在根本矛盾,“不要以为搞点市场经济就是资本主义道路,没有那回事”,“它为社会主义服务,就是社会主义的”。在1992年“南方谈话”中,他再次强调,计划和市场都是经济手段,不是社会主义与资本主义的本质区别;并且要求社会主义应大胆吸收和借鉴当今世界各国包括资本主义发达国家的一切反映现代社会化生产规律的先进经营方式和管理方法。以邓小平对社会主义和市场经济关系的认识为基础,十四大正式提出社会主义市场经济理论,使我国最终实现了由计划经济向社会主义市场经济的转变。10多年来,江泽民、胡锦涛领导的党中央,使这个理论及其社会主义市场经济体制和机制的若干重大方针政策得到不断的丰富和完善。这是一个伟大的理论创造,使我们党不仅实现了对于经济体制改革认识的飞跃,而且对于整个社会主义的认识也有巨大改变。社会主义市场经济理论的创立是对马恩科学社会主义观的重大发展,也是邓小平理论构建成为一个新的理论形态的根本标志。同时,它的实践价值也非常突出,我国这些年的快速、持续发展所取得的震惊世界的成就是最好的诠释。

三是社会主义主体论。既然我们国家处于社会主义初级阶段,生产力发展水平落后,其他非社会主义的经济形式,包括某些资本主义经济成分都未丧失其存在和发展的理由,那么我国社会主义的现实状况,就是以社会主义为主体、允许其他有助于社会主义发展的非社会主义形式共存并进。这表现在所有制结构上,实行社会主义公有制为主体、多种所有制经济共同发展的基本经济制度;在分配方式上,实行按劳分配为主体、允许和鼓励资本、技术、管理等生产要素参与收益分配的多种分配方式并存的制度。此外,在文化政策上,坚持主旋律和多样化的统一;在政党关系上,实行共产党领导的多党合作制度;在政治关系上,随着港澳回归祖国,我国的政治制度以社会主义为主体、在少数地区实行资本主义,等等。这种状况会存在相当长的时期。党的十七大再次重申要坚持和完善公有制为主体、多种所有制经济共同发展的基本经济制度,毫不动摇地巩固和发展公有制经济,毫不动摇地鼓励、支持、引导非公经济发展,以及其他体现社会主义主体论的制度和政策。社会主义主体论是相对于过去纯而又纯的社会主义观而言的。尽管上述各种对邓小平理论内容的归纳里没有这样的概括,但我以为这是邓小平理论又一个重大的理论创造。改革开放30年,正是因为毫不动摇地坚持并在不断完善这样的制度和政策,它成为我国取得巨大成绩和进步的一个强大推动力。

四是社会主义本质论。社会主义本质是什么?尽管社会主义从空想到科学160年来,共产党人都将它作为理想在追求,但从未这样提出过问题,我们熟读的包括老祖宗在内的无数“本本”也没有定义过这个问题。人们只是习惯地认为,讲社会主义就应当是公有制、按劳分配、计划经济、无产阶级专政、马克思主义为指导等。这些要素长期被朦胧地看作社会主义本质。这些要素对于建设社会主义无疑都很重要,但将其作为对社会主义本质的认识却带有很大的片面性。它不符合唯物史观从生产力和生产关系矛盾运动的两个方面界定社会形态的一般原理,也与对社会主义社会的基本矛盾——仍然是生产关系和生产力之间的矛盾,上层建筑和经济基础的矛盾——的认识相偏离。那些被朦胧地视为社会主义本质的要素,都属于生产关系和上层建筑方面的内容,完全撇开了对发展生产力的要求。理论认识的片面性,必然导致在制定社会主义的方针政策时发生错误。邓小平在上世纪80年代中期反思我国建设社会主义的教训时曾语重心长地指出:“虽说我们也在搞社会主义,但事实上不够格。”为什么“不够格”?一个重要原因就在于没有把集中力量发展生产力作为社会主义的根本任务。有了这样沉重的教训,邓小平在“南方谈话”中才第一次提出社会主义本质问题。他明确指出："社会主义的本质，是解放生产力，发展生产力，消灭剥削，消除两极分化，最终达到共同富裕。"对社会主义本质的这个新界定，纠正了过去长期的偏颇认识，突出了生产力的最终决定作用和生产力与生产关系、经济基础与上层建筑的矛盾运动，从而为社会主义的根本任务论和后来提出的第一要务论奠定了理论基础。在我看来，它的意义有如过去宣传过渡时期总路线说的，"是照耀我们各项工作的灯塔"。中国特色社会主义事业离开了它，就会犯这样那样的错误。

为什么将上述四论称为"金砖四论"呢？就是因为这四论对于构筑邓小平理论大厦发挥了特殊作用。社会主义初级阶段论奠定了邓小平理论大厦之基，社会主义市场经济论支撑着邓小平理论大厦之柱，社会主义主体论犹如邓小平理论大厦之门，社会主义本质论凸显邓小平理论大厦之顶，其他理论构建邓小平理论大厦之体。从而，邓小平理论在马克思主义理论发展史上的作用，犹如当年苏联实施新经济政策以后，列宁所讲的，"根据书本争论社会主义纲领的时代已经过去了，我深信已经一去不复返了。今天只能根据经验来谈论社会主义"。"我们不得不承认我们对社会主义的整个看法根本改变了"。如果说列宁那时对社会主义观念的改变，还属于个别的、暂时的（几年以后，随着苏联经济的好转，斯大林改变了新经济政策），那么，在我们中国，改革开放30年来，经过长期的理论建构、政策实施、实践检验，还有国际认同，有的原本意义的社会主义观念确实"已经一去不复返了"，有的还待以后的实践继续检验。就已经成为现实、并在不断展示勃勃生机的社会主义而言，邓小平理论在实践指导上为改革开放30年来"中国人民的面貌、社会主义中国的面貌、中国共产党的面貌的历史性变化"立下了极其卓越的功勋。

当然，目前我们所生活的中国特色社会主义现实状况的某些方面，与立足于邓小平理论而构建的中国特色社会主义理论体系的理想要求还有一定差距，有的甚至是不小的差距。但是，坚冰已经打破，航道已经开通，只要坚持中国特色社会主义的正确方向不动摇，经过若干年的艰苦奋斗，那么人们所企盼的美好理想就能完全变为现实。

（作者：中央党史研究室原副主任）

科学社会主义和民主社会主义
既不"同祖"，也不"同根"，更不是"同义语"

徐崇温

党的十七大报告把改革开放以来我们取得一切成绩和进步的根本原因归结为开辟了中国特色社会主义道路，形成了中国特色社会主义理论体系，指出这个理论体系是马克思主义中国化的最新成果，是党最可宝贵的政治和精神财富，是全国各族人民团结奋斗的共同思想基础，并号召全党同志要倍加珍惜、长期坚持和不断发展，使中国特色社会主义道路越走越宽广。

有一种观点说"科学社会主义和民主社会主义同祖、同根，是一回事，是同义语"。这个问题需要澄清，以便保持清醒的头脑，统一思想，凝聚力量，进一步增强高举中国特色社会主义旗帜的自觉性和坚定性。

一、科学社会主义的开创者是马克思、恩格斯，民主社会主义的鼻祖是拉萨尔、蒲鲁东；科学社会主义的根是革命的无产阶级，民主社会主义的根是小资产阶级民主派

民主社会主义，是二战以后社会民主党人给自己的思想体系名称由社会民主主义颠倒形容词和名词时提出的。那么，什么是社会民主主义、社会民主派，他们的主张是什么？

最初自称为社会民主主义者的，是1848年革命后法国议会中的民主共和主义者，在德国则是拉萨尔派。在《路易·波拿巴的雾月十八日》一文中，马克思曾经揭示过法国议会中的这个社会民主派说，"与联合的资产阶级相对抗的，是小资产者和工人的联合，即所谓社会民主派"，在这种所谓社会民主派的联合中，"无产阶级的社会要求已被磨掉革命的锋芒，从而发生了民主主义的转折，小资产阶级的民主主义要求则丢掉了纯政治的形式而显露出社会主义的锋芒。这样就产生了社会民主派"。这种"社会民主派的特殊性质表现在，它要求把民主共和制度作为手段并不是为了消灭两极——资本和雇佣劳动，而是为了缓和资本和雇佣劳动之间的对抗并使之变得协调起来。无论它提出什么办法来达到这个目标，无论目标本身涂上的革命颜色是淡是浓，其内容始终是一样的：以民主主义的方法来改造社会，但是这种改造始终不超出小资产阶级的范围"。

在《1848年至1850年的法兰西阶级斗争》一文中，马克思揭示这种社会民主派所主张的社会主义，是一种"乌托邦"、一种"空论的社会主义"，其实质是"想使全部运动都服从于运动的一个阶段，用个别学究的头脑活动来代替共同的社会生产，而主要是幻想借助小小的花招和巨大的感伤情怀来消除阶级的革命斗争及其必要性；这种空论的社会主义实质上只是把现代社会理想化，描绘出一幅没有阴暗面的现代社会的图画，并且不顾这个社会的现实而力求实现自己的理想"。

至于德国的拉萨尔派之所以要自称为社会民主主义者，是因为在拉萨尔看来，民主应该是一种社会民主，正因为这样，他把德国工人协会的新日报定名为《社会民主报》。

那么，这些人所主张的社会民主主义，同无产阶级的革命主张有什么区别？马克思恩格斯对于这种社会民主主义又采取什么态度？

马克思恩格斯在1850年3月的《共产主义者同盟中央委员会告同盟书》中指出，这些民主派小资产者根本不愿为革命无产者的利益而变革整个社会，他们要求改变社会状况，是想使现存社会尽可能让他们感到日子好过而舒服，他们希望用多少是经过掩饰的施舍来笼络工人，用暂时使工人生活大体过得去的方法来摧毁工人的革命力量，他们只不过希望实现上述要求后就赶快结束革命。十分明显，这里存在着民主主义小资产者的革命半途停顿论和无产阶级的不间断革命论的根本对立。事情正如马克思恩格斯所指出的，无产阶级共产主义者和这些民主主义小资产者的原则界限在于："我们的利益和我们的任务却是要不间断地进行革命，直到把一切大大小小的有产阶级的统治全都消灭，直到无产阶级夺得国家政权"；"对我们说来，问题不在于改变私有制，而只在于消灭私有制，不在于掩盖阶级对立，而在于消灭阶级，不在于改良现存社会，而在于建立新社会"。也正因为这样，马克思恩格斯在当时就一直把自己称做是共产主义者，而不是社会主义者。恩格斯曾经说过："在1847年，社会主义是资产阶级的运动，而共产主义则是工人阶级的运动。当时，社会主义，至少在大陆方面，是'有身份的'，而共产主义却恰恰相反。"因此，在直到19世纪70年代的一段时期里，恩格斯说"我处处不把自己称做社会民主主义者，而称做共产主义者。这是因为当时在各个国家里那种根本不把全部生产资料转归社会所有的口号写在自己旗帜上的人自称是社会民主主义者"，"虽然他们中间的许多人已愈来愈深刻地意识到生产资料归社

会公有的必要性，但是道地拉萨尔式的由国家资助的生产合作社仍然是他们纲领中唯一被正式承认的东西。因此对马克思和我来说，用如此有伸缩性的名称来表示我们特有的观点是绝对不行的”。

所有这一切清楚地说明了，从“祖”、从“根”上来说，科学社会主义和民主社会主义都是截然不同的。开创科学社会主义的是马克思和恩格斯，而民主社会主义的鼻祖却是拉萨尔和蒲鲁东之流；而就阶级根源来说，科学社会主义的“根”是革命的无产阶级，而民主社会主义的“根”则是小资产阶级民主派。因此，说民主社会主义和科学社会主义“同祖”、“同根”，纯属无稽之谈。

二、即使在19世纪70—90年代，马克思恩格斯暂时“容忍”社会民主党这个名称期间，仍然认为这个名称是不恰当的、不正确的

马克思恩格斯对社会民主主义所持的态度在19世纪70年代以后发生了变化，这是因为在1871年巴黎公社失败以后出现的特殊形势，要求工人政党在革命尚未提上日程的时候，要慢慢地训练人民群众，在日常斗争中要善于妥协，服从从策略考虑的联盟，既不回避选举，也不放弃议会斗争。这种形势使得社会民主主义这个概念在国际工人运动的队伍中迅速流行起来，如西欧的许多工人政党都把自己称做社会民主党；而在另一方面，马克思主义在工人运动中的广泛传播，又使那些自称为社会民主主义者的人也接受了共产主义即科学社会主义的基本原则。

这种情况使得马克思恩格斯对社会民主主义者的态度做了一些调整，正如恩格斯在其临终前一年即1894年为重印其《“人民国家报”国际问题论文集（1871－1875）》所写序言中指出的：“现在情况不同了，这个词（指社会民主主义）也许可以过得去，虽然对于经济纲领不单纯是一般社会主义的而直接是共产主义的党来说，对于政治上的最终目的是消除整个国家因而也消除民主的党来说，这个词还是不确切的。”对于马克思恩格斯对社会民主主义所持态度的这种变化，列宁在1917年4月的俄罗斯社会民主工党（布）彼得格勒市代表会议上提议用“共产党”来取代“社会民主党”的时候，曾经作过一个阐述：“‘社会民主党’这个名称是不恰当的，在科学上是不正确的。马克思和恩格斯不止一次地谈到过这一点。他们‘容忍了’这个名称，那是因为1871年以后形成了一种特殊的形势：必须慢慢地训练人民群众，革命还没有提上日程。”

所以，即使在19世纪70－90年代中期，马克思恩格斯因为形势的变化而调整他们所持态度，暂时“容忍”社会民主主义的时候，科学社会主义和社会民主主义也并不是一回事，绝不是什么“同义语”。

（作者：中国社会科学院研究员）

对社会主义认识的拓展和深化

赵　曜

马克思恩格斯是人类历史上最伟大的思想家和社会主义理论家，他们在发现唯物史观和剩余价值学说的基础上，使社会主义从空想发展成为科学，创立了科学社会主义。马克思恩格斯生活在资本主义社会，那时没有社会主义实践，他们只能运用唯物辩证法的发展观，分

析资本主义社会的基本矛盾及其发展趋势，对未来社会作出科学预测。正如他们自己所说的是在批判旧世界中发现新世界的，从而把社会主义“置于现实的基础之上”。这是他们与空想社会主义者从阶级感情出发，以伦理道德原则去认识社会主义的根本区别。马克思恩格斯的科学社会主义理论，为后人实践社会主义提供了重要理论依据。但是，社会主义绝不是伟大思想家预言的简单塑造，而是人民群众在实践探索中的伟大创造。列宁在十月革命以后，即在有了社会主义实践以后，特别强调实践对认识社会主义的意义。他有两句名言，一句是：“对俄国来说，根据书本争论社会主义纲领的时代已经过去了，我深信已经一去不复返了。今天只能根据经验来谈论社会主义。”另一句是：“现在一切都在于实践，现在已经到了这样一个历史关头，理论在变为实践，理论由实践赋予活力，由实践来修正，由实践来检验。”这两句话应该作为我们认识社会主义的重要指导原则。

今年是党的十一届三中全会和改革开放30周年。通过30年改革开放的伟大实践，我们对社会主义的认识不断拓展和深化，涉及的问题几乎是全方位的，将其加以概括有如下十个方面。这十个方面如果从成果说可称为十大理论创新。这十大理论创新构成中国特色社会主义理论体系的重要组成部分和重要理论支撑。

一、社会主义的发展阶段

马克思经过长期探索，在1875年所写的《哥达纲领批判》中，首次提出未来社会将经历第一和高级两个阶段的学说。这个设想很留有余地，因为在第一阶段和高级阶段之间还可以有其它阶段。列宁后来把第一阶段称为社会主义社会，高级阶段称为共产主义社会。列宁在十月革命以后，从俄国实际出发，着重探讨了经济文化比较落后的国家怎样向社会主义、共产主义过渡的问题，提出每一个发展阶段都有一个多级发展过程，即大阶段里有小阶段。他在《共产主义运动中的“左派”幼稚病》一书中，把无产阶级夺取政权以后的发展分为四个阶段，即“最初阶段”、“低级阶段”、“中级阶段”、“高级阶段”。这里说的“最初阶段”相当于过渡时期，“低级阶段”和“中级阶段”属于社会主义社会的两个发展阶段，“高级阶段”指的是共产主义社会。这些是马克思没有论及的。后来，社会主义国家在实践中出现的带有普遍性的失误，一是把社会主义社会看得很短暂，因而不去划分阶段，并急于向共产主义过渡；二是当认识到社会主义是一个很长的历史阶段后，又对本国社会主义所处的发展阶段估计偏高，如认为是“发达社会主义社会”等。这两个失误有一个共同特点，就是没有把社会主义社会看成是相对独立的发展阶段，既混淆了社会主义较低发展阶段和较高发展阶段，又混淆了社会主义和共产主义发展阶段的界限，从而做出一些超越阶段的事情。这种情况表明，清醒地、准确地判断本国所处的社会主义发展阶段是一个科学问题，没有足够的实践经验是难以做到的。

十一届三中全会以后，我们党认真总结历史经验，提出在我国这样经济文化比较落后的国家进入社会主义社会以后必须经历一个很长的初级阶段的马克思主义的新的科学论断。初级阶段的主要特征是各方面不发达，主要任务是发展市场经济，实现社会主义现代化，时间至少要一百年。初级阶段还可以划分若干小阶段，如温饱、总体小康、全面小康、基本上实现现代化等。初级阶段的含义有两层：其一是就社会性质来说，我国已经是社会主义社会，而不是过渡时期，因而必须坚持社会主义方向，而不能倒退回去补什么“资本主义的课”；其二从发展程度来说，我国社会主义社会的成熟程度还很低，还很不发达，仅是初级阶段，而不是较高阶段，因而我们必须从这个基本的客观实际出发，搞改革和建设，而不能要求过高，操之过急，急于求成，做超越阶段的事情。这是一个重大的理论创新。这个科学论断的提出，既同过渡时期划清了界限，又同社会主义的较高阶段划清了界限，这就把我们党的路线、方针、政策置于现实的科学的基础上，从而避免了右的和重蹈过去超越阶段的“左”的错误。

二、社会主义经济的实质和经济体制

社会主义经济的实质和经济体制，属于社会主义的经济运行机制范畴，是长期以来理论与实践相矛盾、学术界争论不休的一个问题。马克思主义创始人和19世纪同时代的几乎所有社会主义者，都把商品经济和私有制联系在一起，认为未来社会在全社会占有生产资料的基础上社会实行的是产品经济，商品和货币将退出历史舞台。列宁坚持马克思恩格斯的思想，在1919年3月俄共(布)八大的党纲中认为社会主义社会是没有商品和货币的社会，仍把商品和货币看作资本主义的范畴，他还试图在战时共产主义时期取消商品和货币，但在实践中碰了壁，后来在实行新经济政策时期，采取了灵活和务实的政策，强调商品生产和交换，试图通过市场向社会主义过渡。上述思想，对国际共产主义运动有着长期影响，社会主义各国普遍实行高度集中的计划经济体制，按计划产品经济模式搞建设，经济缺乏弹性和活力，又由于长期不改革，成为僵化的经济体制，严重阻碍生产力的发展。

第二次世界大战以后，社会主义国家实行计划经济，并没有像想象的那么顺利，产品质量低，品种少，缺乏活力；相反，西方发达国家实行有宏观调控的现代市场经济，普遍发展较快，经济富有活力。严酷的现实逼得我们不得不进行反思。对这个问题认识得最早和最透辟的是邓小平。他在1979年以后多次提出社会主义也可以搞市场经济，认为市场和市场经济不带有社会制度的属性，计划和市场都是方法，是中性的，“它为社会主义服务，就是社会主义的；它为资本主义服务，就是资本主义的”。在他的指导和影响下，1984年10月党的十二届三中全会通过的《中共中央关于经济体制改革的决定》明确提出社会主义经济的实质是“公有制基础上有计划的商品经济”的科学论断；1992年10月党的十四大进一步提出建立社会主义市场经济体制。我国从传统的高度集中的计划经济体制向社会主义市场经济体制的转变，是一个根本转变，是经济体制的破旧立新和彻底转型。我国所创建的社会主义市场经济体制，把社会主义基本制度和市场经济结合起来，既发挥了社会主义制度的优越性，又充分体现了市场经济的活力，它在资源配置中的灵活性和有效性，极大地调动了人们的积极性，促进了生产力的发展，是人类历史上的伟大创举。我们现实所实行的经济体制，深深地植根于我国的土壤之中，对传统经济理论是一个重大修正。

三、社会主义的主要矛盾和根本任务

社会主义的主要矛盾是什么？这完全是一个在实践中提出的具有全局性意义的重大问题，认识得是否正确，关系社会主义的兴衰成败。我们党在这个问题上经历了一段曲折的认识过程。1956年，对私有制的社会主义改造基本完成以后，标志着我国已由过渡时期进入社会主义社会。党的八大明确指出：社会主义改造基本完成以后，国内的主要矛盾已不是工人阶级和资产阶级的矛盾，而是“人民对于经济文化迅速发展的需要同目前经济文化不能满足人民需要的状况之间的矛盾”。这个回答应当说是正确的，但文字表述不够科学准确。后来这一提法遭到毛泽东的批评，在他的坚持下，1957年10月党的八届三中全会否定了八大的这一正确提法，认为我国社会的主要矛盾仍然是无产阶级和资产阶级、社会主义和资本主义两个阶级、两条道路的矛盾。基于这种错误认识，我们长期坚持“以阶级斗争为纲”，不断地开展政治运动，从1957年的反右派斗争，到1959年的反对右倾机会主义，到1964年的城乡社会主义教育运动，再到1966年持续十年之久的“文化大革命”，整整全力以赴地搞了20年阶级斗争，使社会主义事业遭致严重挫折。

1978年12月召开的具有历史性转折意义的党的十一届三中全会，确定把党和国家的工作重点从以阶级斗争为纲转移到以经济建设为中心的社会主义现代化建设上来，虽然没有提及和澄清对主要矛盾的错误认识，但随着工作重点的转移，实际上已经得到了解决。1981年党的十一届六中全会通过的《关于建国以来党的若干历史问题的决议》，重新肯定了八大对我国社会主要矛盾的科学分析，进一步指出："在社会主义改造基本完成以后，我国所要解决的主要矛盾，是人民日益增长的物质文化需要同落后的社会生产之间的矛盾。党和国家工作的重点必须转移到以经济建设为中心的社会主义现代化建设上来，大大发展社会生产力，并在这个基础上逐步改善人民的物质文化生活。"正确认识社会主义社会的主要矛盾在实践上具有重大的战略意义。第一，必须抛弃把阶级斗争作为国家政治生活的主题。主要矛盾既然不是阶级斗争，就必须停止"以阶级斗争为纲"的口号，废除"无产阶级专政下继续革命"的错误理论，结束连续不断的政治运动。诚然，社会上还有阶级斗争，但已退居次要地位，而正确处理人民内部矛盾就成为国家政治生活的主题。第二，必须把大力发展生产力作为社会主义社会的最根本任务。主要矛盾决定根本任务。只有大力发展生产力，才能逐步解决社会需要和社会生产的矛盾。第三，必须把党和国家的工作重点转移到以经济建设为中心的社会主义现代化建设上来。工作重点的转移是一个全局性的历史转折，它是解决主要矛盾、完成根本任务的前提条件。第四，必须把改善和提高人民的物质文化生活作为社会主义现代化建设的指导方针。它揭示了发展生产是手段，改善人民的物质文化生活是目的。

四、社会主义的本质和特征

社会主义是个什么样子，怎样认识社会主义社会，这是一个重大的理论问题，要由社会主义的本质和特征来回答。我们知道，人们对任何一个事物的认识，总是由浅入深、由表及里、由现象到本质，透过现象才能捕捉到本质。对社会主义的认识也是如此。人们探讨社会主义，是从社会主义特征开始的。马克思主义创始人在分析资本主义社会的矛盾及其发展趋势时，运用严格和严密的逻辑推理，对未来社会的"特征"作出科学预测，其中包括生产力的高度发展，生产资料公有制，按劳分配，对社会生产进行有计划的指导和调节，用产品经济代替商品经济，国家逐步消亡，人的自由全面发展等。这是人们认识未来社会的一个蓝图。列宁在十月革命前夕，曾经探讨过社会主义的经济特征，而不是全部特征。1918年3月，在俄共(布)七大上，布哈林主张在新党纲中全面阐述社会主义的特征，列宁不同意他的意见，认为现实条件不成熟。他指出，"要论述一下社会主义，我们还办不到；达到完备形式的社会主义是个什么样子，——这些我们不知道，也无法说"，因为"建设社会主义的砖头现在还没有烧好"。第二次世界大战以后，社会主义从一国实践发展为多国实践，这就为全面探讨社会主义的特征提供了条件。

1982年，我们党在十二大报告中第一次把社会主义的特征概括为：剥削制度的消灭，生产资料公有制，按劳分配，国民经济有计划按比例的发展，工人阶级和劳动人民的政权，社会主义精神文明，最终要有高度发达的生产力和比资本主义更高的劳动生产率。这七条概括，既很实际，较马克思主义创始人的预测前进了一大步，又有历史局限，反映了我们党在全面改革开放前对社会主义的认识，有某种"纯粹"的痕迹。必须指出，随着社会主义实践的发展，社会主义的专用名词越来越多，各有各的特定内涵，现在讲社会主义的特征已不是一个无所不包的概念，而主要是对社会主义制度的理论概括，是社会主义区别于资本主义和其它一切社会形态的主要标志。邓小平是一位伟大的无产阶级战略家，他并不满足于对社会主义特征的认识，而更关注于对社会主义本质的探讨，因为本质比特征更宏观、更集中、更深层、更重要。他针对多年来离开发展生产力，抽象谈论社会主义的历史教训，在坚持社会主义特征即社会主义基本制度的前提下，在社会主义发展史上首次提出了社会主义本质。他指出："社会主义的本质，是解放生产力，发展生产力，消灭剥削，消除两极分化，最终达到共同富裕。"这个科学论断的现实针对性很强，它揭示了摆在社会主义首位的，既不是变革和完善生产关系的"穷过渡"，也不是反修防修、防止资本主义复辟的巩固无产阶级专政，更不是离开生产力的发展追求所谓的"公平"和"平等"，而是解放和发展生产力，发展经济和文化；只有解放和发展生产力，并在公有制和按劳分配的基础上，才能消灭剥削和消除两极分化；只有把解放和发展生产力同消灭剥削、消除两极分化结合起来，才能通过先富带后富最终实现共同富裕。邓小平关于社会主义本质的科学论述，把人们对社会主义的认识提高到一个新的境界。

五、社会主义的发展动力

这个问题属于社会的动力机制。我国经过30年的长期探讨，到1978年十一届三中全会才找到这种动力，这就是改革开放。先说改革。恩格斯在他的晚年，认识到社会主义社会也需要改革。他在1890年致奥·伯尼克的信中指出："所谓'社会主义社会'不是一种一成不变的东西，而应当和任何其他社会制度一样，把它看成是经常变化和改革的社会。"在社会主义史上第一个明确提出社会主义必须改革的人是列宁。他在1921年为纪念十月革命四周年所写的《论黄金在目前和社会主义完全胜利后的作用》一文中指出：无产阶级夺取和巩固政权以后，对于革命者最大甚至是唯一危险，就是夸大革命的作用，把"革命"奉为神明。他要求必须把改革及时提到日程，并对什么是革命、什么是改革从理论上作出界定。他还在最后几篇论文中提出了改革国家机关的主张。但是，还没有实施，列宁就过世了。列宁的后继者斯大林领导苏联取得了社会主义建设的伟大胜利，但他思想上有许多形而上学，把刚刚建立起来的社会主义制度和模式看成是尽善尽美的，讳言和拒绝改革。毛泽东坚持和发展了对立统一规律，认为这是宇宙的根本规律；强调社会主义社会还存在矛盾，批评了苏联学术界长期居统治地位的关于社会主义社会"无冲突论"的形而上学观点；他不同意斯大林关于社会主义社会的生产力和生产关系、经济基础和上层建筑"完全适应"的观点，认为它们之间又相适应又相矛盾。这些都是正确的，极大地解放了人们的思想，打开了改革这个闸门。但是，他对"又相矛盾"的环节做了错误判断，把它归结为生产关系领域的非纯粹公有制、上层建筑领域的资产阶级意识形态和国家机关的官僚主义。于是，为了"适应"，他所采取的措施就是"兴无灭资"、"斗私批修"、"继续革命"。结果，不仅未能"适应"，反而更加"矛盾"。邓小平继续毛泽东的未竟事业，他对中国社会主义改革的一个重大贡献，就是找到了"又相矛盾"的环节，这就是体制问题，也就是原有的高度集中的计划经济体制由于长期不改革已变成僵化的经济体制，严重地阻碍生产力的发展。中国的经济体制改革，就是要变僵化的计划经济体制为充满生机和活力的社会主义市场经济体制。从十一届三中全会以后，中国进行了大规模的改革，包括经济体制、政治体制、文化体制，成效异常明显。

与改革相联系的是对外开放。马克思恩格斯在《共产党宣言》中提出了世界市场论。他们指出，由于资本主义商品经济的发展，海陆交通的发达，不仅破坏了一个国家和民族内部的封建割剧状态，而且开拓了世界市场。从此，一切国家的生产和消费都成为世界性的，物质的生产是如此，精神的生产也是如此。进入20世纪，随着自由资本主义向垄断资本主义过渡，世界经济日趋全球化。面对这种形势，列宁在十月革命以后特别重视苏俄同资本主义国家的经济交往，指出："社会主义共和国不同世界发生联系是不能生存下去的，在目前情况下应当把自己的生存同资本主义的关系联系起来。”他还提出实行租让制等举措。这是最早的对外开放思想。后来在社会主义实践中，由于受到资本主义的包围，以及斯大林的“一国建成论”、“两个世界、两个平行市场”等理论的负面影响，导致社会主义国家很少同资本主义国家交往，长期处于封闭、半封闭状态。党的十一届三中全会打破了这种局面，我们实行了一个大政策，即把对外开放作为长期不变的基本国策。邓小平深刻总结了长期的历史经验，指出中华民族在人类文明史中的大部分时间处于领先地位，只是近几百年落后了。落后的一个重要原因是闭关自守，没有实行对外开放。他还指出，当代世界是开放的世界，经济全球化趋势日益明显，新科技革命席卷全球，在这种情况下，任何一个国家关起门来都不可能实现现代化。经过 30 年的努力，我国已经形成从沿海到内地的全方位、宽领域、深层次的对外开放格局。我国对外开放的结果，引进了大量资金、先进的科学技术和管理方法，促进了国内改革和与世界经济接轨，推动了中国的发展。实践证明，改革开放是社会主义基本矛盾运动的客观要求，是发展中国特色社会主义的强大动力。

六、社会主义与人类文明

“文明”一词，是从近代以后，资产阶级启蒙学者和空想社会主义者大量使用的一个概念，并在社会上广泛传播开来。马克思在《1844 年经济学哲学手稿》、《摩尔根〈古代社会〉一书摘要》，恩格斯在《家庭、私有制和国家的起源》等著作中，借鉴了启蒙学者、空想社会主义者特别是美国考古学家、进步历史学家摩尔根的研究成果，在深入研究人类进化史的基础上，阐述了马克思主义的文明观。(1)科学地阐明了文明和文明时代，认为文明是人类社会发展到一定阶段的进步状态，人类社会的发展分为三大时代，即原始社会的蒙昧时代、野蛮时代和从奴隶社会开始进入文明时代。人类进入文明时代的决定性条件是生产力的发展，它的主要标志是手工业的出现，文字的发明和广泛使用，国家的诞生等等。从人类进入文明时代以后，依生产方式的划分，相继出现了奴隶社会的文明、封建社会的文明和资本主义社会的文明，即恩格斯所谓的文明时代的三大时期。(2)深刻地揭露了资本主义文明的两重性，它一方面推动社会进步，创造了巨大的物质财富和辉煌的精神财富，另一方面又扩大社会对抗，在把一切权力赋予一个阶级的同时又把一切义务推给另一个阶级。(3)从理论上论证了文明和社会主义是不可分割的，文明的发展需要社会主义，社会主义的建立和完善也需要高度的文明。列宁指出：“马克思主义同‘宗派主义’毫无相似之处，它绝不是离开世界文明发展大道而产生的一种固步自封、僵化不变的学说。”十月革命以后，列宁开创了不发达国家建设社会主义文明的崭新道路。我们党一贯坚持马克思主义创始人的思想。毛泽东早在建国前夕就曾预言：“随着经济建设高潮的到来，不可避免地将要出现一个文化建设的高潮。中国人被人认为不文明的时代已经过去了，我们将以一个具有高度文化的民族出现于世界。”建国以后，我们一方面取得了建设社会主义文明的巨大成就，另一方面又发生了有悖于社会主义文明的失误。

恩格斯指出：“伟大的阶级，正如伟大的民族一样，无论从哪方面都不如从自己所犯错误的后果中学习来得快。”文明和野蛮是对立的。针对“文化大革命”的种种野蛮行径，有了切肤之痛以后，我们党倍加珍惜文明，更加重视社会主义文明建设。先是提出物质文明和精神文明，要求两个文明建设都搞好，才是中国特色社会主义，而后进一步提出政治文明建设。十一届三中全会以后，我们党对建设社会主义文明认识上的提高和实践上的贡献有如下几个方面：一是把建设社会主义文明作为社会主义现代化建设的重要目标和重要任务。党在现阶段的奋斗目标是，“为把我国建设成为富强民主文明和谐的社会主义现代化国家而奋斗”。社会主义文明是以往文明的高度发展，是在社会主义基础上新的更高类型的文明。二是首次把文明区分为物质文明、精神文明和政治文明。文明和文化既有联系又有区别，文化不一定是成果，文明必须表现为成果。依据这个认识，物质文明表现为物质生产的进步和物质生活的改善；精神文明表现为教育、科学、文化知识的发达和思想道德水平的提高；政治文明表现为民主政治的进步和法制的完善。三是把社会主义文明建设和社会主义现代化建设相统一。物质文明建设就是社会主义现代化经济建设；政治文明建设就是社会主义民主政治建设；精神文明建设就是社会主义文化建设。这三大文明都是属于社会形态的文明。此外，还有非社会形态的文明，即生态文明。四是强调世界上各种文明不要相互排斥而要协调发展。世界各种文明应相互交流和相互借鉴，在竞争比较中取长补短，在求同存异中共同发展。总括起来，十一届三中全会以后，我们对社会主义文明的认识不断提高，我国的社会主义文明建设大大向前推进了。

七、社会主义和谐社会

实现社会和谐，建设美好社会，是人类长期孜孜以求的一个社会理想。古今中外不少思想家都曾提出过有关社会和谐的思想。中国传统文化的核心思想和核心价值就是和谐思想。儒家学说以“人”为中心，追求人与社会的和谐，道家学说以“自然”为中心，追求人与自然的和谐，儒道两家各把握一端，以其相互对立和补充，构成中国传统文化发展的一条基本线索。但是，这些美好主张，在我国几千年的封建社会无法实现，因为那是一个阶级矛盾和等级矛盾十分尖锐的社会。19 世纪的一些空想社会主义者把这个思想提得更高，明确提出建立和谐社会。傅立叶将代替资本主义的未来社会称为“和谐制度”；欧文把在美国印第安那州建立的共产主义劳动公社称为“新和谐村”；魏特林把取代资本主义的未来社会称为“和谐、自由和共有共享的制度”。马克思恩格斯在《共产党宣言》中批判空想社会主义的同时，也充分肯定了他们关于未来社会的积极主张，其中包括“提倡社会和谐”。在马克思主义创始人的著作中没有明确提出建立“和谐社会”的主张，因为“和谐”是一种社会状态，而不是社会形态。但是，他们在《共产党宣言》中关于未来社会是“自由人联合体”那一段表述中，充分体现了社会和谐状态，不过这指的是高级阶段的共产主义社会。毛泽东在我国社会主义改造基本完成以后，首次提出两类矛盾的学说，认为在革命时期大规模的阶级斗争基本结束以后，大量的是属于人民内部矛盾，要把正确处理人民内部矛盾作为国家政治生活的主题。他还提出用民主的方法解决人民内部矛盾，目的“是想造成一个又有集中又有民主，又有纪律又有自由，又有统一意志、又有个人心情舒畅、生动活泼，那样一种政治局面”。这种政治局面，当然是一种和谐的社会状态。以胡锦涛为总书记的党中央，在新世纪新阶段，立足现实，面向长远，为实现国家和社会的长治久安，创造性地提出了构建社会主义和谐社会的战略思想。构建社会主义和谐社会的关键是把握住“构建”二字，在这个方面做文章。胡锦涛同志还提出了社会主义和谐社会的六条标准，以便有所遵循，即按照民主法治、公平正义、诚信友爱、充满活力、安定有序、人与自然和谐相处的总要求，努力形成全体人民各尽所能、各得其所而又和谐相处的局面。和谐社会的和谐度有高、中、低之分。我国现在所构建的和谐社会是社会主义初级阶段低度的和谐社会，基本上实现社会主义现代化以后才能向中度、高度的和谐社会推进。构建社会主义和谐社会是一个长期过程，社会主义社会有多长它就有多长。

八、社会主义的最高价值目标

马克思恩格斯十分重视人和人的全面发展，在这方面有许多精辟论述。他们在《共产党宣言》中指出：“代替那存在着阶级和阶级对立的资产阶级旧社会的，将是这样一个联合体，在那里，每个人的发展是一切人自由发展的条件。”这段话表明，在未来社会中，人是社会的主人，具有至高无上的地位。后来马克思把这段话简称为“自由人的联合体”。1894 年 1 月，意大利友人卡内帕给恩格斯写信，希望他为《新纪元》周刊找一段题词，用简短的字句来表述未来社会主义新纪元的基本思想，以别于但丁曾说的“一些人统治，另一些人受苦难”的旧纪元。恩格斯回答他，就是《宣言》中关于“自由人的联合体”这段话，此外，再找不到合适的语言了。可见，实现人的自由全面发展是人类社会发展的必然趋势，是共产主义社会的本质特征。后来，马克思主义创始人的这个重要思想遭到误解和曲解。由于过分地强调阶级和阶级斗争，“人”、“人性”、“人道”、“人道主义”遭到批判，成为“忌词”和禁区。

十一届三中全会以后，通过拨乱反正，正本清源，重新恢复了人是社会主义的最高价值目标。江泽民创造性地运用马克思主义创始人的思想，提出在社会主义初级阶段就要脚踏实地地推动人的全面发展。所谓人的全面发展，现阶段就是指教育方针上所规定的德、智、体、美的全面发展，而不是“大跃进”时期的“多面手”。这个标准比马克思恩格斯所说的人的自由全面发展，层次要低。以胡锦涛为总书记的党中央，提出“以人为本”的科学发展观，又把人的全面发展提到最为重要的位置上。“本”就是事物的本源或根基。“以人为本”就是把人的发展作为根本。这是科学发展观的核心和灵魂，也是发展的实质，它反映了我国社会主义现代化建设指导思想的重大转变。这就是说，发展不只是经济社会的发展，更重要的是人的发展。我们必须坚持发展为了人民，发展依靠人民，发展成果由人民共享。总之，经济社会的发展为人的全面发展提供了前提，人的全面发展反过来又会极大地推动社会的发展和进步。这些充分体现了人的价值目标在逐步实现。

九、社会主义的对外关系

这是社会主义的一个重要方面。马克思恩格斯在其整个一生中，在提出“两个必然”的基础上，思索未来的社会主义将在哪里突破时，始终把注意力放在西方发达资本主义国家。他们曾经设想，社会主义革命首先在英、法、美、德等最发达的资本主义国家同时发生并同时胜利，接着其他国家也会效法这些国家走上社会主义道路，这就不存在社会主义和资本主义长期并存的问题。到 20 世纪初，列宁通过分析资本主义经济政治发展不平衡规律和资本主义体系的薄弱环节，认为“社会主义不可能在所有国家内同时获得胜利，它将首先在一个或几个国家内获得胜利，而其余的国家在一段时间内仍然是资产阶级的或者资产阶级以前的国家”。由此就产生了社会主义和资本主义两种制度长期并存的问题。十月革命以后，苏俄在经历了三年国内战争和粉碎帝国主义武装干涉这场两种制度的殊死搏斗之后，国际形势出现了某种“均势”，在这种形势下，列宁提出著名的和平共处原理，强调两种制度应和平共处而不要战争共处。中华人民共和国成立以后，为建立和发展对外关系，打开对外关系局面，我们做了大量工作，最主要的，一是把列宁的和平共处思想具体化了，周总理创造性地提出了和平共处五项基本原则，即互相尊重主权和领土完整、互不侵犯、互不干涉内政、平等互利、和平共处。这就有了共同遵循的原则，并得到世界各国的认同。二是毛泽东、周恩来为我们制定了独立自主的和平外交政策。所谓独立自主，就是既不屈从某些资本主义大国，也不屈从某个社会主义大国，一切从本国利益出发，确定自己的外交政策，不受任何国家所左右。其主要内容就是和平政策，因为社会主义制度的本性要求和平，中国的发展需要和平，中国人民热爱和平。

十一届三中全会以后，随着改革开放和社会主义现代化建设的进展，我国的对外关系进入到一个新的阶段。最主要的进展，一是国家关系，彻底抛弃了战争年代形成的“敌、友、我”思维方式，坚持在和平共处五项原则的基础上，建立和发展同世界各国的友好合作关系。二是党际关系，突破了过去只与共产党和进步政党联系的局限，在遵守独立自主、完全平等、互相尊重、互不干涉内部事务四项原则的基础上，建立和发展中国共产党同世界各国一切政党的友好合作关系。当代世界各国大多实行政党政治，党际关系是国家关系的基础。三是坚持走和平发展道路。中国既争取和平的国际环境来发展自己，又通过自己的发展促进世界的和平与发展，这是一条既有利于中国，又有利于世界各国，实现"互利双赢"的阳光大道。过去没有这个条件，帝国主义、霸权主义封锁、孤立甚至想扼杀我们。上个世纪70年代中期以后，世界的主题由战争与革命转化为和平与发展，在这种条件下，邓小平不失时机地带领中国人民成功地走上了和平发展道路。四是顺应和平、发展、合作的历史潮流，积极促进世界多极化，维护世界多样化，提倡国际关系民主化和发展模式多样化，坚持国家不分大小、强弱、贫富一律平等，树立互信、互利、平等、协作的新安全观，主张通过对话和合作解决争端，反对诉诸武力或以武力相威胁，反对各种形式的霸权主义和强权政治，反对一切形式的恐怖主义，推动建立公正合理的国际政治经济新秩序，推动建设持久和平、共同繁荣的和谐世界。总括上述，30年的改革开放和现代化建设，已把我们的对外关系推进到一个新的更高的阶段。

十、社会主义的领导核心

中国共产党是中国特色社会主义事业的领导核心。这个核心地位的确立，是人民的选择，是历史形成的。要坚持和发挥好党的领导作用，关键是搞好党的建设，实现从革命党向执政党的转变。马克思恩格斯认识到，无产阶级要实现推翻资本主义、建设社会主义、解放全人类的伟大历史使命，必须建立无产阶级革命政党。为建立这样的政党，他们奋斗了一生。从1847年在国际范围内建立共产主义者同盟，到70年代以后欧美一些国家建立民族国家范围内的社会主义政党，再到1889年建立第二国际，就是这样的政党。1895年恩格斯逝世后，伯恩施坦修正主义的出现，第二国际内部分化为左、中、右三派，各国党逐步蜕化为迎合资产阶级需要的改良主义政党。在20世纪新的历史时期，列宁在俄国建立了一个以职业革命家为核心的广泛联系群众的新型无产阶级革命政党。在俄国布尔什维克党的领导下，取得了1917年十月社会主义革命的伟大胜利。在十月革命的影响和1919年建立的第三国际的帮助下，许多国家建立了共产党。就是在这个大背景下，在中国工人运动和马克思主义相结合的基础上，1921年建立了中国共产党。在中国共产党这个无产阶级革命政党的领导下，经过28年艰苦卓绝的斗争，取得了新民主主义革命的伟大胜利。1949年3月，在党的七届二中全会上，毛泽东在报告中提出夺取全国政权后，党的工作重心要从农村转到城市，城市工作要以发展生产为中心，牢记"两个务必"，说明他当时已有执政党意识。建国以后，我们党已成为执政党，但是从1957年反右派斗争到"文化大革命"长期坚持"以阶级斗争为纲"，不停顿地开展政治运动，表明我们对从革命党到执政党的转变认识的并不完全清醒。

自觉实行从革命党到执政党的历史转变，是在十一届三中全会以后，其标志是从坚持"以阶级斗争为纲"到坚持以经济建设为中心。十一届三中全会以后，党的建设取得了重大成绩，主要是指：一是自觉认识到党所处的历史方位，这就是从1949年在全国范围执政以来，特别是1978年改革开放之后，已经从一个领导人民为夺取全国政权而奋斗的党，转变为一个领导人民掌握全国政权并长期执政的党；从一个受到外部封锁和实行计划经济条件下领导国家建设的党，转变为一个在对外开放和发展社会主义市场经济条件下领导国家建设的党。这个转变，是根本性的转变，是从1921年建党以来最重要、最深刻的转变。二是逐步形成了具有中国特色的马克思主义执政党建设的理论。这个理论，以"建设什么样的党、怎样建设党"为主题，以党的执政能力建设和先进性建设为主线，以改革创新的精神全面推进党的思想、理论、组织、作风、制度和反腐倡廉建设，实行科学执政、民主执政、依法执政，目的是把我们党建设成为用中国特色社会主义理论体系武装起来、全心全意为人民服务、思想上政治上组织上完全巩固、能够在复杂多变的国内外环境下长期执政、始终走在世界前列的马克思主义执政党。这两条表明，我们党已牢牢把握了共产党执政规律。

总括上述十条，就是改革开放 30 年对社会主义认识的拓展和深化，是科学社会主义的新成果和新发展，是中国特色社会主义理论体系的重要内容。对这些理论创新，广大群众的实践活动，理论工作者的研究成果，从不同角度和侧面都做出了贡献。但是，做出最大贡献的是党中央。在我国，党中央集中了全党全国人民的智慧，不断在实践基础上做出新的理论概括，既是政治权威又是理论权威，而且能够用创新理论直接指导实践的也只有党中央。对社会主义的认识，不可能一次完成，要通过实践——认识——再实践——再认识的多次反复过程才能完成。社会主义是一个很长的历史阶段，只要这个客观历史过程没有完结，人们对社会主义的认识过程就不会终结。

改革开放实践对马克思主义哲学的创造性运用和发展

李崇富

中国特色社会主义是科学社会主义的新形态。马克思主义哲学世界观特别是历史唯物主义，是科学社会主义最重要的理论支柱，也是中国特色社会主义最重要的理论支柱。在改革开放 30 年的伟大实践中，我们党创造性地坚持和运用马克思主义哲学，并在运用中推进了马克思主义哲学的丰富和发展。

一、在改革开放的伟大实践中创造性地运用马克思主义哲学

党的十一届三中全会以来，我国在改革开放中不断取得巨大成就的根本原因，归结起来，就是开辟了中国特色社会主义道路，形成了中国特色社会主义理论体系。正如胡锦涛总书记在党的十七大报告中所指出的："中国特色社会主义道路之所以完全正确、之所以能够引领中国发展进步，关键在于我们既坚持了科学社会主义的基本原则，又根据我国实际和时代特征赋予其鲜明的中国特色。"我们党坚持运用科学世界观和方法论，指导我国社会主义改革开放和现代化的实践探索。这是由 30 年前那场由邓小平同志指导和支持的关于"实践是检验真理的唯一标准"的大讨论开始的。从而为我们党恢复和确立"解放思想、实事求是"的思想路线扫清了思想障碍，提供了理论支持。这条思想路线的基本精神，就是辩证唯物主义、历史唯物主义哲学世界观及其方法论的精神实质和基本要求。此后全党全国各族人民在贯彻落实这条思想路线的过程中，在改革开放的实践探索中，在中国特色社会主义道路的开辟和理论体系形成过程中，马克思主义哲学尤其是历史唯物主义发挥了思想导向和理论支撑作用。

我们知道，邓小平同志在改革开放的实践探索中开辟中国特色社会主义道路、创立中国特色社会主义理论体系，是围绕"什么是社会主义、怎样建设社会主义"这个基本问题展开的，是创造性地坚持和运用马克思主义哲学而发生的认识飞跃，是马克思主义中国化的伟大成果。

第一，在改革开放的实践探索中，首先受到邓小平同志重视和创造性运用的是马克思主义的历史唯物论。而历史唯物论与历史辩证法是内在统一、相辅相成的；历史辩证法同样是立足于历史唯物论的基础之上的。马克思唯物论认为，社会物质生产力的发展是“整个社会生活以及整个现实历史的基础”，就是说，是“人们所达到的生产力的总和决定着社会状况”。据此，列宁还把“促进生产力的发展”视为“社会进步的最高标准”。而邓小平同志正是从“生产力标准”的高度，来理解和阐发“什么是社会主义”，并为当代中国的社会主义作出了科学的历史定位。其一，鉴于过去我们在认识“什么是社会主义”之时，曾经有过忽视生产力、过分强调生产关系、过分强调公有制的“单一性”的偏颇，邓小平同志在关于“社会主义的本质，是解放生产力，发展生产力，消灭剥削，消除两极分化，最终达到共同富裕”的科学论断中，强调“解放生产力，发展生产力”，是“消灭剥削，消除两极分化，最终达到共同富裕”的根本基础。这是坚持历史唯物论的典范，同时也为“社会主义的根本任务是发展生产力”的提出、坚持、贯彻和实现，奠定了直接的理论前提。其二，党中央和邓小平同志把我国现阶段所处的历史方位，确定为“社会主义初级阶段”，即“不是指任何国家进入社会主义都会经历的起始阶段，而是特指我国在生产力落后、商品经济不发达条件下建设社会主义必然要经历的特定阶段”。这是以历史唯物论及其“生产力标准”作指导，综合地概括我国的基本国情、科学地判定当代中国之历史方位的重大理论创新，是对科学社会主义的丰富和发展。其三，党中央和邓小平同志认定在社会主义初级阶段我国所要解决的主要矛盾，是人民日益增长的物质文化需要同落后的社会生产之间的矛盾。这是根据我国生产力总体发展比较落后的实际状况，而从根本上对国情的科学把握。这为我们党实现从“以阶级斗争为纲”到“以经济建设为中心”的战略转变，提供了客观依据和理论支持。关于社会生产力的发展状况对社会主义本质、对我国社会目前所处历史阶段及其主要矛盾的根本性决定作用的正确认识，具有全局性、根本性、长远性的指导意义。

第二，中国特色社会主义理论体系所体现的历史唯物论中所指的生产力是与一定的生产关系及其经济体制相结合的现实生产力。因此它正确指导同我国现阶段生产力发展状况相适应的生产关系、经济体制和利益结构的选择、改革和调整，同样是坚持历史唯物论题中应有之义。这包括：(1)我国进行社会主义体制改革，坚持以经济体制改革为中心，而其他领域的改革都必须与之配套进行和为其服务，以促进生产力的发展。(2)在总体上坚持和维护社会主义基本制度，并把改革作为社会主义自我完善和发展的前提下，根据我国目前生产力的发展状况而对现阶段的基本经济制度作出必要的调整，即由单一公有制的社会经济结构，调整为“公有制为主体、多种所有制经济共同发展的基本经济制度”。为此，邓小平同志多次强调说：“在改革中，我们始终坚持两条根本原则，一是以社会主义公有制经济为主体，一是共同富裕。”(3)邓小平同志把“生产力标准”发展为“三个有利于”标准，即对于我国改革开放和各项政策成败得失“判断的标准，应该主要看是否有利于发展社会主义社会的生产力，是否有利于增强社会主义国家的综合国力，是否有利于提高人民的生活水平”。(4)正是鉴于现实生产力与其生产关系的内在和历史的统一、鉴于作为社会主义生产关系及其实现形式的社会经济制度及其体制终归要体现为一定的利益结构，所以江泽民同志在表述“三个代表”重要思想时，既突出社会生产力特别是“先进生产力”的最终决定作用，又要求我们党“必须始终代表中国先进生产力的发展要求，代表中国先进文化的前进方向，代表中国最广大人民的根本利益”。中国特色社会主义理论体系通篇闪烁着历史唯物论的思想光辉，它保障着中国特色社会主义的理论和实践探索，始终被置于现实的基础之上。

第三，中国特色社会主义理论体系所体现

的历史唯物论始终是同历史辩证法内在地结合在一起的。事实上，也只有在坚持社会生产力的最终决定作用的前提下，始终坚持历史唯物论和历史辩证法的统一，才是真正坚持历史唯物主义。这主要表现在：

——坚持运用历史唯物论和历史辩证法相统一的观点，根据我国长期处于社会主义初级阶段的基本国情，制定了党在现阶段的基本路线，可以主要表述为"一个中心、两个基本点"的基本路线。在这里，"一个中心"就是"以经济建设为中心"，就是把大力发展生产力放在大于一切、重于一切的地位，这体现了历史唯物论；而坚持"两个基本点"的统一，即"坚持四项基本原则"和"坚持改革开放"的统一，则体现了坚持科学社会主义的"基本原则"对于指导社会主义实践，坚持和完善社会主义基本制度、改革社会主义体制对于促进生产力发展和社会全面进步，具有巨大的和能动的反作用。

——坚持运用社会主义社会基本矛盾的观点，说明和论证社会主义经济体制和其他相关体制改革的必然性。因为"社会主义社会的基本矛盾仍然是生产关系与生产力、上层建筑与经济基础之间的矛盾"，所以"我们改革经济体制，是在坚持社会主义制度的前提下，改革生产关系和上层建筑中不适应生产力发展的一系列相互联系的环节和方面"，以便进一步解放和加快发展生产力。

——坚持历史辩证法关于社会各个领域相互作用、普遍联系的原理，促进经济社会的协调发展和全面进步。邓小平同志提出社会主义的"物质文明建设"和"精神文明建设"，要"坚持两手抓、两手都要硬"，要协调发展；江泽民同志提出要加强"社会主义政治文明建设"。这样，就发展为社会主义的"三大文明"建设和协调发展；党的十六大以来，党中央提出社会主义的物质文明建设、政治文明建设、精神文明建设和社会文明建设"四位一体"，党的十七大又提出"生态文明建设"。实际上，以人为本的科学发展观所要求的全面协调可持续发展，是包括上述"五大文明"建设和做好"五个统筹"。

第四，坚持历史唯物论和历史辩证法之内在统一的最为生动的体现，就是在改革和建设中充分尊重人民群众的主体地位和首创精神。因为工人阶级是社会主义国家的领导阶级。他们同广大人民群众一道，都是我国社会和社会实践的主体力量，是社会物质力量和精神力量的根本载体，是我国改革和建设的主力军。所以，党中央历来强调，在革命、改革和建设中，要全心全意依靠工人阶级，要坚持群众观点和群众路线，要全心全意为人民服务。我们党在科学和民主决策中的一项取舍原则，是看人民群众拥护不拥护、赞成不赞成、满意不满意。在邓小平理论、"三个代表"重要思想和科学发展观中，都把人民群众的主体地位和根本利益置于核心地位。

二、科学发展观是马克思主义关于发展的世界观和方法论的集中体现

党的十六大以来，以胡锦涛同志为总书记的党中央提出了一系列重大的战略思想，如以人为本的科学发展观、构建社会主义和谐社会、加强党的先进性建设、建设创新型国家和建设社会主义新农村等等，都具有长远和全局性的指导意义。其中，坚持以人为本的科学发展观更具有根本性，是马克思主义关于发展的世界观和方法论的集中体现。科学发展观，第一要义是发展，核心是以人为本，基本要求是全面协调可持续，根本方法是统筹兼顾。这里所坚持和体现的科学世界观和方法论，主要就是唯物辩证法。新世纪新阶段，我国推进中国特色社会主义事业的发展，必须坚持以下三个原则：

首先，必须坚持"以人为本"。这是发展的社会主体和根本目的。坚持"以人为本"，就是以人民为本，以人民的根本利益为本。发展为了人民，发展依靠人民，发展成果由人民共享。人民作为我们党和国家事业发展的力量之源和胜利之本，同把发展生产力作为社会主义建设的根本任务，是完全一致和内在统一的。坚持

这种统一，是马克思主义世界观和方法论的基石。

其次，坚持全面、协调、可持续发展。这是坚持唯物辩证法的生动体现。提出“全面发展”，是针对、防止和克服“片面发展”而言的。大力发展经济，毫无疑问是党和国家长期的工作重点。但理论和现实都要求，发展应是重点论和两点论的统一。经济发展是社会进步的基础。在重点发展经济的同时，必然要求和完全能够实现经济发展和社会的全面进步。提出“协调发展”，是针对、防止和克服不“协调发展”，甚至畸形发展而言的。胡锦涛同志说：“协调发展，就是要统筹城乡发展、统筹区域发展、统筹经济社会发展、统筹人与自然和谐发展、统筹国内发展和对外开放，推进生产力和生产关系、经济基础和上层建筑相协调，推进经济、政治、文化建设的各个环节、各个方面相协调。”科学发展观所要求的这“五个统筹”，是唯物辩证法普遍联系原理的实践应用和体现。而提出“可持续发展”，是针对、防止和克服无视自然条件和生态环境的制约，搞只顾眼前的竭泽而渔、激化人与自然关系的那种难以为继的“跨越式发展”而言的。2004年，胡锦涛同志在中央人口资源环境工作座谈会上的讲话中指出：“可持续发展，就是要促进人与自然的和谐，实现经济发展和人口、资源、环境相协调，坚持走生产发展、生活富裕、生态良好的文明发展道路，保证一代接一代地永续发展。”可见，党中央提出可持续发展，就是要求把社会发展进步看作一个连续和不断前进的历史过程，而不是割断历史过程；是要求唯物辩证地看待和处理人与自然界的关系，使人与自然和谐相处，而不是人为地激化人与自然之间的矛盾。所以，可持续发展也是唯物辩证法对于我们的客观要求。否则，人们就会受到自然界及其客观规律的报复和惩罚。

第三，坚持统筹兼顾。科学发展观的根本方法是统筹兼顾。在方法论上，与坚持全面协调可持续发展的基本要求是同义的，都是要求做到唯物辩证地看待和处理好改革、建设和发展中的方方面面的关系。只不过，“全面协调可持续发展”是就发展应该达到的基本要求而言的，而“统筹兼顾”则是就工作过程和工作方法而言的。其共同点都是在表明科学发展观在方法论上的实质性要求。

三、社会主义改革开放和建设的实践经验丰富发展了马克思主义哲学

我国改革开放和现代化建设的实践探索，正因为有了马克思主义哲学的指导，才使中国特色社会主义的理论创新和实践应用具有科学的世界观和方法论基础。马克思主义哲学引领着中国改革和建设的正确方向，而改革开放和社会主义现代化建设的伟大实践也促进了马克思主义哲学的丰富和发展。我们党在运用马克思主义哲学指导改革开放和现代化建设的具体实践及其经验总结中，从哲学的高度上提出的一些新概念、新观点和新思想，进一步丰富和发展了马克思主义世界观和方法论。例如：

（一）“第一生产力”概念。这里讲的“第一”，不是生产力的排序，而是指在现代生产力体系中，现代科学技术是一个决定性的主导因素，是现代先进生产力的根本标志。由于科学技术作为第一生产力，不仅仅是社会主义国家独有的现象，而且是整个人类社会发展的必然趋势，因此它体现了社会技术形态发展的一般规律。而且，“科学技术是第一生产力”的重要论断，同时也深化现代“生产力”概念，促使它由生产力的“二因素论”和“三因素论”，进一步发展到生产力的“系统论”。与之相关的是，这还有助于我们对于当代工人阶级的科学内涵和阶级结构的正确理解。

（二）与社会制度相对应的“体制”概念。“体制”和“体制改革”作为中国特色社会主义理论体系中的两个核心概念，是从党的十一届三中全会开始的。全会决定停止使用“以阶级斗争为纲”的口号，决定“把全党工作的着重点和全国人民的注意力转移到社会主义现代化建设

上来”的同时，还决定要“对经济管理体制和经营管理方法着手进行认真的改革”，就是“要求多方面地改变同生产力发展不相适应的生产关系和上层建筑，改变一切不适应的管理方式、活动方式和思想方式，因而是一场广泛、深刻的革命”。我国社会主义体制改革的主要理论根据是社会基本矛盾，即生产关系与生产力、上层建筑与经济基础之间的矛盾。然而，在我国社会主义的上层建筑和生产关系与生产力的发展要求基本适应的情况下，需要改革的就主要不是社会主义的基本制度，而是原有的社会主义体制了。

所以，邓小平同志说：“革命是解放生产力，改革也是解放生产力。推翻帝国主义、封建主义、官僚资本主义的反动统治，使中国人民的生产力获得解放，这是革命，所以革命是解放生产力。社会主义基本制度确立以后，还要从根本上改变束缚生产力发展的经济体制，建立起充满生机和活力的社会主义经济体制，促进生产力的发展，这是改革，所以改革也是解放生产力。”这样，邓小平理论就在生产关系与生产力之间、上层建筑和经济基础之间发现了一个中介，即作为社会主义基本经济制度的实现形式和运行机制的经济体制，还有作为社会主义的基本政治制度的实现形式和权力运作机制的政治体制，以及其他相关体制等。抓住“体制”进行改革创新，是使社会主义重新焕发生机活力的关键。应该说，任何社会制度下都存在“体制”问题。其体制设计和选择是否得当或适宜，会使得该社会的基本制度存在一个能否有效地发挥作用的问题。即是说，至少存在这样两种情况：一是，当一个社会的基本制度趋于“过时”和腐朽的时候，即使在其体制上无论怎样作改进和改良，也不能从根本上解决问题，就像当代资本主义制度一样；二是，当一种社会的基本制度是刚刚产生的新生事物的时候，虽然它的上层建筑和生产关系与生产力的发展要求是基本一致的，但是也可能因为体制性问题，而使制度的优越性不能充分发挥出来，就像改革开放以前的社会主义中国一样。可见，“体制”是与社会的基本制度相关的一个重要的、必不可少的社会层次。因此“体制”概念具有普遍性，它能够丰富和深化我们对于社会基本矛盾的认识。

（三）新的“社会”概念。在马克思主义原有话语体系中，社会是所有社会现象即包括经济、政治和文化等社会现象在内的总概括。而在“构建社会主义和谐社会”的提法中，以及在与经济建设、政治建设、文化建设相并提的“社会建设”这个“四位一体”中，“社会”这个概念的内涵显然要小得多。这样，就在社会有机体中明确地划分出了一个新层次，即以社会经济利益为基础的、包括社会伦理道德关系在内的、人与人之间关系的新领域。由此从理论上解决了长期没有明确解决的一个问题，就是历史唯物主义与社会学的研究对象的划界问题。从一定角度看，这两者确实都在研究现实社会，列宁还把历史唯物主义称为“科学的社会学”。因此很容易产生两种错误倾向：一种是只要历史唯物主义，并用历史唯物主义代替社会学，否认社会学的合理性；另一种是只要社会学，否认历史唯物主义对于认识社会的指导作用。而今有了“大社会”和“小社会”这两个概念，问题就比较容易解决了。其实，历史唯物主义和社会学在研究对象上，是各有分工、相辅相成的。其中，历史唯物主义主要以历史和现实的“大社会”作为研究对象，以研究整个人类社会的发展过程和规律；而社会学主要以现实的“小社会”作为研究对象，通过对社会现象的实证性研究，为协调和解决人与人之间的关系上的具体问题，提供理论和方法上的帮助。可见，历史唯物主义所要揭示的是整个人类社会发展普遍的本质和规律。因此，它对于认识各种具体社会现象和社会问题，理所当然地具有指导作用；而社会学对于现实社会所作的实证性研究，也会为历史唯物主义的研究和实践应用，提供学科性的和实证性的支持。我们党所提出的“四位一体”的“社会”概念，具有普遍性和方法论意义，它有助于我们丰富和深化对社会有机体的认识。

（四）“生态文明”概念。这是党的十七大提出的一个新概念，是我国贯彻科学发展观、坚持社会全面协调可持续发展的一个重要方面。这里所讲的，是现代社会中一个带普遍性的重大问题：就是人们必须同时处理好人与人之间、人与自然之间的两方面关系。实际上，这两方面的关系，是自从有了人类社会以来就一直存在的。因为，当人类一开始进行物质生产，就同时产生了人与人和人与自然的双重关系。只不过在原始社会和农业社会中，由于人与人之间的狭隘关系规定、制约着人与自然的关系；而人与自然之间的狭隘关系也规定、制约着人与人的关系。所以在当时，人们同自然界之间还能保持一种自发的、低水平的统一和原始和谐。但从近代西方社会产生机器大工业并开始实行工业化和电气化以来，特别是由于资本主义生产方式和资产阶级生活方式，在日益大量地浪费资源和污染环境，不仅形成了无产阶级与资产阶级的对抗性的社会关系，而且也激化了人与自然之间的矛盾和对抗，使得生态问题和可持续发展问题日益严重起来。现在，尽管西方有识之士及有关方面比较关注这个问题，并在采取措施使西方发达国家的生态问题有所缓解。但同时，他们却损人利己地把生态灾难竭力向发展中国家转移。全球性生态问题并没有从根本得到缓解。由于资本主义生产方式的反生态性质，所以全球性生态问题的根本解决，即“生态文明”的全面实现，只有在共产主义制度下才是可能的。

由于我国只能在社会主义制度下实现国家的工业化、城市化和现代化，所以资源、环境和生态问题，也是一个必须面对和积极解决的重大问题。党的十七大在提出“四位一体”战略布局的同时，提出“生态文明”问题和搞好“生态文明建设”，就是解决这个问题的总思路。从理论上看，我们党提出“生态文明”概念，属于哲学层次的新认识，是对于人与人和人与自然关系认识上的一个新飞跃。这是对狭隘的“人类中心论”的否定和扬弃，也是对“人定胜天论”的深刻反思。也就是说，人类所具有的历史主动性和主观能动性的发挥，是有前提、有限度和有条件的。这就是，人们对于社会、对于自然界的认识和改造，必须要有一定的物质条件和精神条件，必须尊重和顺应自然、社会和思维发展的客观规律，以及各相关科学的规律。否则，就会受到客观辩证法和客观规律的惩罚。对此，恩格斯曾指出：“我们不要过分陶醉于我们人类对自然界的胜利。对于每一次这样的胜利，自然界都对我们进行报复。每一次胜利，起初确实取得了我们预期的结果，但是往后和再往后却发生完全不同的、出乎预料的影响，常常把最初的结果又消除了。”恩格斯还以古时候美索不达美亚、希腊和小亚细亚等地的人们，为了得到耕地，大肆毁林开荒，后来使当地变成了不毛之地的教训，要求人们记住：“我们统治自然界，决不像征服者统治异族人那样，决不是像站在自然界之外的人似的，——相反地，我们连同我们的肉、血和头脑都是属于自然界和存在于自然之中的；我们对自然界的全部统治力量，就在于我们比其他一切生物强，能够认识和正确运用自然规律。”党中央提出的“生态文明”概念，就是要在“构建社会主义和谐社会”的同时，逐步建立起人与自然界之间的和谐和可持续发展的良性关系，这是对马克思主义哲学的坚持和创新。

总之，我们党在改革开放和现代化建设的伟大实践中，不断地在推进马克思主义中国化，在这个过程中提出的“第一生产力”、“体制”、新的“社会”和“生态文明”等概念，都是对马克思主义哲学的创新，由于这些概念的内涵延伸和逻辑展开所包含的新观点和新思想，从而多方面地丰富和发展了马克思主义哲学。当然，在整个中国特色社会主义理论体系中所包含的对马克思主义哲学的丰富和发展，远不止这些。但仅此就足以表明，马克思主义哲学在我国改革开放的实践探索中，在中国特色社会主义建设的实践运用中，已经并将继续得到创造性地运用和多方面的丰富与发展。

（作者：全国政协委员、中国社会科学院学部委员、中国历史唯物主义学会会长）

社会主义社会建设理论的形成及其重要意义

严书翰

新中国成立以来尤其是改革开放以来，我们党在领导人民进行社会主义现代化建设的过程中积累了宝贵的社会建设经验，并在这个基础上逐步形成了社会主义社会建设理论，从而构成了中国特色社会主义理论体系的重要内容。

一、新中国成立以来党领导人民进行社会建设的历史经验及其经验总结

我们党为实现社会和谐目标而进行的不懈奋斗，生动地体现在新中国成立以来党领导人民进行社会主义社会建设的历史经验及其对经验的科学总结之中。这一历史过程充分体现了理论来源于实践，理论发展的动力是实践，以及科学理论对实践的指导作用。

毛泽东思想中包含了丰富的社会建设思想。新中国成立之初，以毛泽东同志为核心的党的第一代中央领导集体在阶级矛盾是主要矛盾，生产建设是中心工作的历史条件下，提出了符合中国实际的社会主义改造方针。进入社会主义社会以后，以毛泽东同志为代表的中国共产党人领导人民在全面建设社会主义过程中提出了一系列关于社会建设的重要观点。主要包括以下五个方面：第一，提出了必须调动一切积极因素为建设社会主义服务的基本方针。第二，创立了关于两类不同性质矛盾的学说。毛泽东同志在《关于正确处理人民内部矛盾的问题》中明确提出了社会主义基本矛盾的理论，回答了社会主义社会发展的动力问题。第三，形成了统筹兼顾的重要思想。这是我们党成为执政党后提出的治国理政的重要理念。第四，指出要高度重视和处理好汉族与少数民族的关系。毛泽东同志把它列为我国社会主义建设的十大关系之一。第五，倡导妇女解放，主张男女平等。

邓小平理论关于社会建设的新论述。需要着重从四个方面把握这些新论述：第一，科学概括了社会主义本质。这就是解放生产力，发展生产力，消灭剥削，消除两极分化，最终达到共同富裕。这个科学概括是我们进行和谐社会建设的指导思想。第二，明确提出社会主义现代化建设不能单打一，要注意综合平衡。根据邓小平同志的思想，党中央从 1982 年提出制定“六五”计划的建议开始，把以往国民经济发展五年计划的提法改为国民经济与社会发展五年计划。这是我们党开始越来越重视社会建设的有力佐证。第三，阐述了要十分重视树立和保持良好的社会风气。邓小平同志反复强调要“两手抓，两手都要硬”，把社会风气好与社会主义制度优越性紧密联系在一起。第四，高度重视并切实抓好社会稳定问题。强调维护社会稳定是进行社会建设的根本前提。

“三个代表”重要思想对社会建设理论的新发展。对此，要着重把握以下四个方面的内容：第一，使用“和谐”的概念来表达社会建设要达到的状态和目标。党的十六大用“安定和谐的政治局面”来表述这是我国社会主义民主政治建设要达到的一个重要目标。第二，揭示了要重视社会建设的深层原因。江泽民同志在 2001 年的“七一”讲话中提出了“五个多样化”的重要论断。他指出：“由于实行改革开放和发展社会主义市场经济，我国社会经济成分、组织形式、就业方式、利益关系和分配方式日益多样化。”这“五个多样化”揭示了我国经济社会体制发生转变的深层原因，是我们必须重视社会建设的重要立论依据。第三，阐明了改革发展稳

定是我国整个社会主义初级阶段都要处理好的关系。第四，制定并实施可持续发展战略。

十六大以来党对社会主义社会建设的理论创新。十六大以来，我们党在深刻总结新中国成立以来社会主义社会建设的经验和教训的基础上，适应我国经济社会发展出现的阶段性特征的要求，在社会建设方面提出了一系列新思想、新论断。包括社会建设在内的构建社会主义和谐社会理论，是以胡锦涛同志为总书记的党中央提出的重大战略思想和理论创新成果。这个理论指明了实现社会和谐是我们党不懈奋斗的目标，是中国特色社会主义的本质属性。论述了科学发展观与构建社会主义和谐社会是内在统一的，科学发展、社会和谐是发展中国特色社会主义的基本要求。构建社会主义和谐社会理论是对马克思主义关于社会建设理论的丰富和发展，是对党中央三代领导集体关于社会建设思想的进一步继承和发展。

二、社会主义社会建设理论的主要内容

我国理论界对社会建设的研究由来已久。但是掀起研究社会建设理论的热潮是近几年的事，以党的十六届四中全会为标志。一般认为，社会建设理论主要包括以下八个方面的内容。

第一，社会结构的变动和建构。改革开放以来，由于社会主义市场经济的发展，我国工人阶级队伍不断壮大，素质不断提高，农民阶级队伍也发生了很大变化，知识分子队伍更加壮大。在社会变革中出现了民营科技企业的创业人员和技术人员、受聘于外资企业的管理技术人员、个体户、私营企业主、中介组织的从业人员、自由职业人员等社会阶层。这六个新的社会阶层与工人、农民和知识分子一样，都是中国特色社会主义事业的建设者。我们党要善于因势利导，在阶级阶层的变动中实现社会结构的优化。

第二，社会有序流动。社会流动是社会发展过程中普遍存在的现象。我国社会正处于由农业社会向工业社会转变时期，尤其是改革开放打破了原来计划经济时代封闭式的二元社会结构，出现了大规模大范围的流动，这是优化社会结构的重要动力。我们要在研究社会发展规律的基础上，驾驭社会结构的变化，促进社会人员的有序流动，使之既成为改革原有社会体制机制的动力，又不影响社会安定和谐。

第三，社会组织建设。党的十六届六中全会通过的《决定》指出："健全社会组织，增强服务社会功能。"这里指出了我国社会组织建设的方向。发展社会主义市场经济和构建社会主义和谐社会急需建立健全社会组织，在这方面我们还有很多事情要做。

第四，利益关系的协调和机制保障。随着我国社会结构的深刻变动，新的社会阶层的出现等，我国社会利益主体已经多元化了，由此带来了利益要求多样化，利益关系复杂化。因此，协调并理顺利益关系就成了推进社会建设的必然要求。必须统筹协调社会各利益主体之间的关系，努力使社会各阶层在利益关系上都能做到共享和双赢。为达到这个目标需要建立起一整套保障机制。

第五，社会事业的发展。社会事业的发展与人民的幸福安康息息相关。学有所教、劳有所得、病有所医、老有所养、住有所居，这是全面建设小康社会的重要目标。在社会事业发展上，由于历史欠账太多，在目前综合国力的条件下能投入的资金是有限的，要实现社会事业与经济建设协调发展，任务艰巨。我们必须统筹兼顾，把社会事业的发展摆在更加突出的位置。

第六，社会保障制度的建设。当前，从总的看，我国社会保障的覆盖面窄，社会保障资金不足，社会统筹层次低，城乡反差大等等。与推动科学发展，促进社会和谐以及人民群众的期盼差距很大。我们要按照党的十七大提出的"加快建立覆盖城乡居民的社会保障体系，保障人民基本生活"的目标要求，从我国实际出发，建立起与经济发展水平相适应、标准适中、覆盖面广、运行健康、管理有效、体现公平的具有中国特色的社会保障制度。

第七，社区建设。改革开放以来，在社会主义市场经济体制建立的过程中，与“单位人”大量变为“社会人”状况相适应，我国社区体制发生了很大变化，社区建设也有明显的发展。但是，当前我国社区建设存在着明显的不平衡。一是城乡社区发展不平衡，二是各地区城市社区发展不平衡，三是社区内部组织发展不平衡。为此，我们要下决心从建设和谐社区入手，促进构建社会主义和谐社会。

第八，社会管理体制的建设和完善。改革开放以来，由于我国经济社会等领域发生了巨大变化，城乡二元结构虽未根本改变，但也受到了冲击。原有的某些社会管理体制要么瓦解，要么过时，急需对这部分管理体制进行重建。伴随着社会主义市场经济的发展而建立起来的新的社会管理体制也有待完善。因此，在推进我国社会建设过程中，社会管理体制建设和完善的任务还很重。我们要围绕“党委领导、政府负责、社会协同、公众参与的社会管理格局”，建设和完善我国的社会管理体制。

社会建设的重点是民生。党的十七大提出今后要着力抓好关系民生问题的六项工作。这就是：优先发展教育，建设人力资源强国；实施扩大就业的发展战略，促进以创业带动就业；深化收入分配制度改革，增加城乡居民收入；加快建立覆盖城乡居民的社会保障体系，保障人民基本生活；建立基本医疗卫生制度，提高全民健康水平；完善社会管理，维护社会安定团结。这六项事业与民生息息相关，是我国社会建设的重点。

三、社会主义社会建设理论提出和形成的重要意义

社会主义社会建设理论是十六大以来我们党的理论创新成果的重要组成部分。对于这个理论的主要内容和意义，党的十六届六中全会通过的《决定》和十七大报告都作了全面而深刻的论述。对此，我们要全面把握，深刻领会。

这是我们党的执政理念提升的重要标志。自从我们党提出构建社会主义和谐社会这个战略任务后，中国特色社会主义事业总体布局由三位一体扩展为四位一体，这是我们党的执政理念的重要提升。对于我国社会主义现代化建设事业而言，经济建设是基础，政治建设是保障，文化建设是方向，社会建设是支撑。应当看到，在这四大建设中，社会建设与人民幸福安康最息息相关。以人为本是我们党的执政理念的核心。而社会建设方面的多数内容都直接关系到党的“权为民所用，情为民所系，利为民所谋”的宗旨。因此，社会建设体现了我们党以人为本的执政理念，重视社会建设是党执政理念提升的重要标志。

这是全面建设小康社会的必然要求。2002年以来，全面建设小康社会有了很好的开局。党的十七大又对全面建设小康社会提出了新的要求。这新的要求既体现在对四位一体总体布局的论述上，又体现为增加了建设生态文明这个极其重要的内容。也就是说，在经济方面，要增强发展的协调性，努力实现经济又好又快发展；政治方面，要扩大社会主义民主，更好地保障人民权益和社会公平正义；文化方面，要加强文化建设，明显提高全民族文明素质，适应人民需要的文化产品更加丰富；社会方面，要正确处理人民内部各阶层之间的利益关系，维护社会安定团结，为其他三个方面的建设提供良好的社会环境。所增加的建设生态文明，是指要形成节约能源和保护生态环境的产业结构、增长方式、消费模式。建设生态文明的目的是要建设资源节约型、环境友好型社会。从十七大制定的全面建设小康社会的基本纲领和提出的新要求中可以看出，论述社会建设和涉及社会建设的分量（或称任务）是很重的。这也说明了把社会建设摆在更加突出的地位，是全面建设小康社会的必然要求。

这是巩固党的执政基础的客观需要。改革开放30年来，尤其是进入新世纪新阶段以来，我国社会经济体制深刻变革，社会结构深刻变动，利益格局深刻调整，思想观念深刻变化。这

“四个深刻”再加上新兴媒体迅速崛起，对党执政的阶级基础，尤其是群众基础提出了严峻挑战。为此，我们要认真研究社会管理规律，完善社会管理体系和政策法规，整合社会管理资源，建立“党委领导、政府负责、社会协同、公众参与的社会管理格局”，尤其是要加强社区建设。而这一切都属于社会建设范围。因此，加强社会建设也是巩固党的执政基础的客观需要。

（作者：中共中央党校科学社会主义教研部主任、教授、博士生导师）

国际金融危机对我国经济的影响及应对措施

张蔚萍

当前，国际上发生了严重的金融危机，进而导致一些国家发生经济危机，这就不同程度地影响了我国经济社会发展。面对国际国内的这一新情况，党中央提出要用马克思主义特别是当代马克思主义——科学发展观解读当前发生的国际金融危机及其对我国的影响。只有这样，才能提高认识，统一思想，采取正确的政策应对，从而满怀信心地推动我国经济社会沿着科学发展的方向前进。

一、当前国际金融危机的成因及其特点

要有效地应对当前的国际金融危机，就必须正确认识它的成因。科学发展观是马克思主义中国化的最新成果，它是我们正确认识当前国际金融危机的望远镜和显微镜。科学发展观的核心是以人为本，其基本要求是全面、协调、可持续。这就告诉我们，观察事物要站在人民大众的立场，要坚持全面辩证分析问题的科学方法。也就是要从多层面透过现象看本质解读当前国际金融危机的成因。

（一）从表层分析它的成因，即从操作层面分析其成因

国际国内学者普遍认为，这次国际金融危机的成因，主要有四大因素，即透支消费因素，特别是倡导贷款消费潮流；监管缺位因素，特别是政府对金融投机缺乏监管；政策失误因素，特别是运用新自由主义经济理论指导制定政策和建立所谓新的金融体系；低估风险因素，特别是对出现金融风险严重性认识不足，导致未能及时采取有效对策等。这是导致这场金融危机的四大直接原因，主要是从操作层面描述这场金融危机的技术性失误和政策性弊端，因而还没有触及到它的理论和思想根源。

（二）从中层分析它的成因，即从理论根源分析其成因

重点应从新自由主义经济理论特别是新自由主义市场经济理论的误导来分析它的成因。对这个问题，中国社会科学院原副院长、教授刘国光 2005 年就明确指出，新自由主义经济理论有很多弊端可能会给各国经济发展造成严重危害。他认为这种理论主要有四个方面的内容：一是经济人假想化。强调“自私自利是不变的人性”。二是国民经济私有化。强调“私有制是最有效率的，是永恒的，是市场经济的唯一基础”。三是市场经济自由化。提出完全自由竞争的假想和完全信息的假想，迷信自由市场竞争能解决一切问题。四是政府作用最小化。反对国家对经济的干预和调控，反对必要的计划安排。以上四点内容，是新自由主义经济理论的主要内容。美国这些年来，就是在这种经济理论指导下建立的所谓现代金融体系，并以美

元为本位推动建立了国际金融体系。所以，一旦美国发生金融危机，必然导致国际发生金融危机。这次出现的国际性金融危机，已经宣布新自由主义经济理论和政策的破产。主导新自由主义经济理论和政策的美国权威人士格林斯潘已承认这个理论和政策之错误。

（三）从深层分析它的成因，即从根本制度上分析其成因

北京一些著名专家教授认为，当前出现的国际金融危机，是资本主义生产方式的基本矛盾——生产社会化与生产资料私人占有制之间的矛盾产物。说到底，是资本主义基本经济制度和政治制度的产物。因此，这场金融危机，确切的说法，应当称为“西方资本主义金融危机”，也可以简称为“国际金融危机”，但不应叫做“全球金融危机”。因为占全球20%人口的社会主义中国，并没有发生金融危机，只是受到西方金融危机的冲击和影响。这说明在中国特色社会主义理论体系指导下建立的中国金融体系有着无比的优越性，它能有效地抵制西方资本主义金融危机。

这场金融危机有以下三个特点：一是来势比较凶猛，对经济社会冲击比较广。西方学者把它称为金融海啸。所谓冲击比较广，不仅是指它迅速蔓延到全世界，而且是指它迅速渗透到企业实体，以至整个经济和社会领域，甚至影响某些国家的政局。二是持续时间比较长，对各阶层人群的信心都有较强的影响。西方学者认为这次金融危机导致的国际经济危机，大约萧条期需要3—5年，最快也需要1—2年。关键看每个国家的救市政策和措施是否得力有效。因此，要有长期应对危机的思想准备。要看到，这次金融危机不仅对经济严重冲击，而且对不同国家民众的心灵也有严重冲击。美英等西方国家的一些学者和民众对资本主义神圣论，对私有化永恒论，对自由市场经济崇拜论都产生了动摇和怀疑。有许多人对资本主义不自信了，对社会主义却又不能接受，处于痛苦迷惘之中。所以，这次金融危机的冲击是深层次的。三是涉及范围广泛，对不同国家有不同程度的冲击。简单来说，这次危机对资本主义国家冲击最大，对社会主义国家冲击较小。严格来说，这次金融危机和经济危机，应称为是“国际资本主义金融危机和经济危机”，不能说是“全球普遍经济危机”。后一种说法，容易鱼目混珠，容易挫伤社会主义国家人民的信心。

二、国际金融危机对我国经济的影响及其对策

（一）国际金融危机对我国经济的影响

要坚持两点论。首先，要看到有影响，但不是决定性影响，而且这种影响有大有小。具体表现在五个方面：一是对沿海影响比较大，对内地影响比较小。因为沿海外向型企业比较多。二是对经济影响比较大，对政治影响比较小。因为金融危机已经直接渗透到经济领域，而政治领域基本没有渗透进来。三是对企业影响比较大，对农业影响比较小。2008年国有企业虽然增长，但同比仍有下降，而农业连获丰收，农产品很丰富。四是对外向型民营企业影响比较大，对大中型国有企业影响比较小。因为外向型民营企业从原材料到市场直接受国外经济形势影响，且抗风险能力弱，不如大中型国有企业强。五是对股市影响比较大，对金融体系影响比较小。因为股市基本通用西方股市规则，敏感性极强，所以影响最直接最严重，而我国金融体系是独立的，基本影响不大。

总起来说，这场金融危机对我国有影响、有冲击，某些影响和冲击甚至很严重，但由于国家性质不同、指导理论不同和社会制度不同，因而这种影响是有限的，不是决定性的。

（二）应对国际金融危机的对策措施

对策措施很多，但基本上还是两手抓，即一手抓经济，一手抓思想。这是应对金融危机的两个关键环节。

首先要抓经济。主要对策可以概括为四句话，这就是保增长、扩内需、调结构、抓改革。一是保增长，就是保2009年8%的增长速度。这是我国发展的正常速度，在国际上属于高速度，

只要努力，就能够达到。中国的人口多，就业压力很大，必须有较快的增长速度。有关专家测算，7%—8%的增长速度是可持续发展的最佳速度。二是扩内需，这是保增长的关键。重点是抓四大建设，即抓基础建设，包括农业基础和工业基础建设，重点是交通、铁路、水利等建设；抓科技建设，包括工业、农业、国防等方面的科技研究和建设，重点是大型科技建设；抓社会建设，包括教育、医疗、住房、社保、就业、环保等建设；抓文化建设，包括抓精神文明、企业文化和思想政治工作等，重点是提高中华民族素质，这是扩大内需之根本。三是调结构，这是保持又好又快发展的重要途径。调整结构既包括调整产业结构，即工业、农业、商业及各产业内部结构；又包括调整经济结构，即产业之间的结构、能源之间的结构、地域之间的结构等，同时还包括转变经济发展方式问题。四是抓改革，这是保证科学发展的强大动力。改革不仅指经济体制改革，还包括政治体制、管理体制和文化体制改革。通过改革促进经济社会又好又快发展。

其次要抓思想。当前抓思想的关键是帮助人们树立信心。我们常讲，信心贵如黄金，甚至比黄金更珍贵。而信心源于"三信"之中，立于事实之基。所谓源于"三信"，是指源于信仰、信念和信任；所谓立于事实之基，是指我们的信心建立在客观事实基础之上，不是凭空而生的。那么，当前的客观事实是什么？就是伟大成就与严重冲击并存。这里，关键是如何正确认识2008年我国所取得的成就。2008年的成就可以用六句话来概括：一是经济仍然保持高速发展趋势，1—9月达9.5%，全年也在8.5%以上，出口虽然下降，但仍增长17.2%；二是国企仍然保持高速增长，其中中央企业全年增长20%左右，营业收入11.5万亿，利润1万亿；三是农业、畜牧业、水产业连获丰收，保证了市场的供应；四是财政收入突破6万亿，这是实施应对措施的物质基础；五是金融体系运行良好，没有受到大的冲击，且有较好发展；六是社会稳定、市场繁荣，广大人民群众的生活没有受到太大影响，并且有所改善。特别是党中央及早觉察到国际金融危机发生的可能，并采取了积极有效的防范措施。首先在理论上提出贯彻落实科学发展观，强调又好又快发展，强调要实现"三个转变"，并在2008年8—9月及时采取应对措施，果断决策拿出4万亿力撬内需，提出了10项硬措施；同时还加强了对金融系统的管理和监督，加强了对企业的扶植和调整。

总之，我们应该相信党和政府一定能够领导全国人民战胜这次金融危机的影响和冲击，从而满怀信心地为实现既定目标奋斗。温家宝总理今年1月在江苏考察工作时说："人的信心、创造能力和不怕困难的精神，是应对危机的最重要因素。有了这些，我们的企业就能在困难中挺过来……大家要同舟共济，为克服困难贡献自己的力量。"

三、要善于在国际金融危机中抓住机遇求发展

面对国际金融危机和经济危机，人们有两种不同的态度。一种是消极态度。这些人往往只看到危机中的"危"，甚至过分夸大这种"危"，因而产生悲观思想。另一种是积极态度。这些人能够从危机中看到"机"，也就是看到发展的机遇，因而在行动中善于在危中求机、危中抓机。最近召开的一次座谈会上，许多专家学者和企业干部认为，在金融危机对实体经济的影响日渐加深的同时，积极迹象也开始显现。也就是说，金融之"危"孕育着实业之"机"。具体表现在五个方面。

（一）人才资源回归之机

在过去经济的高速增长中，金融成了高端人才的集聚地和高收入的代名词。工业、农业、服务业等实体经济只能是人才退而求其次的选择。现在就不同了，许多人开始转变自己的发展方向，人才回流潮悄然涌动。现在是引进人才的大好时机。

（二）资金投向回流之机

资金永远会流向更高回报的地方，特别是

民间资金。当前，金融危机中救市只能是救急，是应付眼前，而危机终会成为过去。金融危机过后必然更加重视实体经济。金融只是经济发展的工具，实体才是经济的支撑，才是长远利益。所以，国务院推出 10 项措施扩内需促增长，增加 4 万亿投资主要投向实体经济。而这 4 万亿投资作为导向，必定会带动更多的商业银行贷款配套、地方配套，再加上国际金融资金、民间资本等其他资金的加入，肯定要比 4 万亿多得多。从过去的经验看，财政资金的放大效应一般为 2 至 3 倍，这样 4 万亿就会变成 8—12 万亿。有人说可能达到几十万亿。我们应抓住这个机遇，用好这些资金。

（三）技术创新和产业升级之机

创新的前提是敢创，关键是善于在“新”字上做文章，努力做到“六新”，即适应形势的新变化，吃透现实的新情况，形成决策的新思路，探索实施决策的新办法，开创工作的新局面，为国家作出新贡献。现在是我们创新的大好时机，决不可丧失良机。只有抓住创新之机，才能真正促进产业升级，增强企业的竞争力。

（四）管理变革和利用资源之机

我们常说要把我国先进管理与国际先进管理结合起来，现在是结合的大好时机。因为我们可以借助金融之“危”带来的变革力量，抓住当前资金换市场、时间换空间、思维换地位的有利时机，与全球优秀资源和企业合作联合，真正做到危中求机、化危为机，力争在危机中抓住机遇实现新一轮大发展。

（五）思维变革和思维现代化之机

我国的著名企业家张瑞敏和鲁冠球有句名言，“思路决定出路”。这里讲的思路，主要是指发展的新思路。比尔·盖茨也说过，新思维决定新思路，新思路决定新出路。我们要在这场危机中找到新的出路，必须实现思维变革，树立现代化思维方式。

思维科学告诉我们，现代化思维方式具有以下四个重要特征：一是善于战略思维，即善于从全局性、长远性、根本性来思考问题，并能把握好全局与局部、长远与暂时、根本与非根本之间的辩证关系，在解决策略问题的过程中实现战略目标。二是善于创新思维，即善于从开拓性、预见性和超前性来思考问题，并能把握好机遇与挑战、继承与创新、与时俱进与稳步前进的辩证关系，在解决新课题的实践中及时抓住机遇实现创新目标。三是善于立体思维，即善于从各个方面、各个角度、各个层次透过现象看本质来思考问题，并能把握好点性与线性、面性与立体、环节与系统、低层与高层、表层与深层之间的辩证关系，在历史发展地、全面系统地分析问题的过程中得出科学结论。四是善于效益思维，即善于捕捉最新信息，用最低成本、最快速度取得最佳效果，并能把握好信息的收集与加工、判断与推理、过程与结果之间的辩证关系，在科学的运筹中获得最好效果。实践证明，只有树立了现代化思维方式，才能正确认识和应对国际金融危机给我们带来的冲击和挑战，才能面对种种困难充满信心并善于抓住新的发展机遇，才能自觉地以改革创新精神推进科学发展和现代化建设事业。

信心最坚实的根据在哪里

洪　淇

中国 2008 年在历史罕见的特大自然灾害和国际金融危机的双重夹击下，国内生产总值竟超过30万亿元，比上年增长9.0%！这样的发展奇迹，让国人对国家2009年的经济发展形势充满信心，也让世界对中国抗击金融风暴的潜力刮目相看。

反观环球之内，几乎所有的经济发达体，眼下都被经济下行指数导致的信心指数大幅下降的厄运死死纠缠，无论这些国家的政府如何给国民打气，无奈全面不景气的经济幽灵，仍然在继续制造着悲观低迷的不祥氛围。漫漫寒夜何时是尽头？经济学家无解，发达国家的政府无解！一些人甚至带着扭曲的心态，一面恶意把危机的责任嫁祸到中国头上，一面高调传播唱衰中国的陈词滥调。

面对国际舆论的责难疑问，面对中国经济的诸多困难，中国共产党和中国政府铮铮铁言并付诸经济良策，其后面，支撑着的是中国人民对中国经济继续保持平稳较快发展坚如磐石的信心。这样的信心，来自中国经济发展的基本面没有改变，来自中国经济发展的长期趋势没有改变，来自中国经济发展的优势没有改变，更为重要的，是来自于我们找到了一条符合中国国情、顺应时代潮流的正确发展道路。这条道路，就是中国特色社会主义的发展道路，就是科学发展、和谐发展、和平发展的道路。

正如总结中国经济发展的巨大成就，不能只看到经济的技术层面一样，认识今天中国信心的根据，也不能只从经济的技术层面去考量，而是必须认真分析中国的社会制度和发展道路的优势。那些戴着有色眼镜看中国的人之所以看不懂中国，是因为总是自负地把他们的社会制度及发展道路视为"普世价值"，并以此为标准来妖魔化中国。

中国国家统计局最新的调查报告，从一个侧面，证明了中国为什么有特殊优势。调查显示，人们对国家的发展方向、发展前景"很有信心"和"较有信心"的分别为56.3%和35.2%，合计为91.5%，"信心不足"和"没有信心"的分别仅占3.8%和1.3%，合计占5.1%。认为中国特色社会主义政治制度"非常符合"和"基本符合"国情的比重合计达95.1%。与此紧密相联，人们对国家经济形势总体向好依然保持较高信心，对金融危机的影响看待理性，"关心担心但不害怕"是社会主流，认为我国能够实现经济又好又快发展和基本能实现又好又快发展的分别占45.4%和35.5%，合计占80.9%。民心所向，力量所聚，优势所鉴！

从社会制度和发展道路上来分析中国信心的根据，一个基本的出发点，是同样要从社会制度和发展道路上来分析这次世界金融危机的深层次根源。越来越多的有识之士已经认识到，导致这次世界金融危机的祸根，不是别的，正是贪婪的资本主义制度和新自由主义发展道路本身。温家宝总理在达沃斯论坛上分析总结了造成这场危机的多方面原因，包括有关经济体宏观经济政策不当、长期低储蓄高消费的发展模式难以为继；金融机构片面追逐利润而过度扩张；金融及评级机构缺乏自律，导致风险信息和资产定价失真；金融监管能力与金融创新不匹配，金融衍生品风险不断积聚和扩散。这些难道不都是贪婪的资本癌变的天然温床？

从这里我们就不难理解，为什么发达经济体在采取应对危机的办法时，首先想到的都似乎是"社会主义"的方案，有海外媒体调侃说，小布什采取的应对金融危机的办法，是实行"有美国特色的社会主义"。这不能不使人联想起当年大萧条时期罗斯福新政的"社会主义"特征，当时确实是社会主义"救"了资本主义的命。

由于我们坚持了中国特色社会主义的制度和发展道路，从而决定了我们的机体内部并没有生成金融危机的病源。中国特色社会主义的制度和发展道路，恰恰具备防止和清除这些病源的特有机理，因此，我们在面对严重危机的挑战的同时，也面临着巨大的历史性发展机遇。我们的信心最坚实的根据就在这里！

（此文载《红旗文稿》2009年第3期）

主流媒体话语权与改革开放

陈高桐

中国改革开放的大幕，是在思想解放的前奏曲中拉开的，在推进思想解放运动中，媒体作用不可低估，特别是主流媒体，承担了极其重要和光荣的角色。比如说，《实践是检验真理的唯一标准》一文，就是在中共中央党校主办的《理论动态》第60期上最先发表的，并由此带动了关于这个问题的大讨论。此后，便是全党、全民族的思想大解放。有了思想解放的旗帜，才有改革开放这场中国的第二次革命。所以，在我们总结改革开放30年实践和理论发展时，媒体和改革开放的关系，以及媒体在社会进步中的作用，是值得深入研究而不应忽视的。

主流媒体不同于一般媒体，它与国家的兴衰发展，与人民群众的要求愿望，与执政党的大政方针，有着密不可分的关联，始终给予着高度关注，而且要通过自身功能的发挥，对于整个民族的思维、社会的舆论和国家的进步，起着主导性的影响作用。正因为如此，它对于党的路线、方针、政策的宣传并促进其贯彻落实，对于现实重大问题的关注度之高、反映度之宽、研究度之深，以及对于最广大人民群众的要求愿望和社会发展趋向的把握，是其他媒体很难做到的。

在历经了30年改革开放的今天，我们来总结主流媒体的作用和功能，以及它与改革开放和历史进步的关系，探讨它在推动改革开放和社会进步中的影响和作用，就不能不研究主流媒体的话语权问题。你有没有这个话语权，是能否发挥作用的根本。你的话语权有多大，也就基本决定了你能产生多大的影响，发挥多大的作用。所以，话语权决定了媒体的生存权，是衡量媒体有无存在价值的根本标准。怎样增强话语权，对于主流媒体而言，是一个提高影响力和竞争力的至关重要的事情。这大体可以概括为三个问题：其一，为谁说话；其二，说些什么；其三，怎样去说。对于主流媒体而言，这三个问题解决得好，就会有较大的影响力和较强的竞争力，就是真正的而不是徒有虚名的主流媒体，其功能就发挥得好，在推动社会进步的过程中，所发挥的作用就更加明显。

先看第一个问题，为谁说话。这说到底就是对谁负责的问题。对党和人民负责的一致性，是主流媒体必须一以贯之的一个原则。主流媒体的声音必须反映人民群众的愿望和要求，并把这种愿望和要求上传到执政党，使其基本路线、基本方针、基本政策与之相吻合。同时，还要把代表着人民群众根本利益的党的各项政策全面地宣传开来，推动各级的执行，深化群众的认识与理解。在建设中国特色社会主义实践中，这样做就是对国家负责的精神，就是对历史负责的精神，就是体现党和人民群众利益的一致性。主流媒体之所以得以存在并能够发挥主导作用，根本原因就在于此。

再看第二个问题，说些什么。主流媒体的内容无疑应是丰富多彩的，但也不是把实际中的什么事都照搬上来，而是要有选择，并使这些选择与我们要达到的目标相一致。总括起来，要有这么几个特征：一是要有时代性，要反映出时代特点、时代需求。比如说，当前我们正站在一个新的时代的起点上，亟须大力地深入研究和宣传马克思主义中国化最新成果，并以此指导我们的一切行动。还有，我们现在正在搞市场经济，搞科学发展，建设和谐社会，加强执政党建设，等等，主流媒体必须反映出这些内容。反映这些，就是反映时代发展，推动社会进步。二是要有现实性，要关注和反映社会普遍存在的重大问题。比如说，老百姓较为关心的上学、医疗、就业、收入、社会保障、环境、安全、腐败现象，等等，缺了这些，就是漠视人民的利益，漠视人民的情绪，你的调子无论怎么高雅、你的版面无论怎么新颖都难以得到人民群众的认同，人们也不会把你当作主流媒体来看待。三是要有开放性。我们不能关起门来发议论，自我欣赏性地办媒体。主流媒体要通过自己的表现，让群众不仅知道身边的事，还知道省内、国内的事；不仅要知道本国的事，还要知道世界上发生了什么事，有什么变化。怎样做到这一点？就是要增强公开度、透明度，把知情权真正地交到老百姓手上。2008 年，我们经历了南方暴雪和汶川地震两大自然灾害，就是因为主流媒体的及时公开报道，发布现场信息，才把党中央国务院对灾情的关注、对人民群众的关怀、对处理突发自然灾害的正确决策传达给广大群众，由此凝聚起党心和民心，取得抗灾的胜利。现在是信息社会，主流媒体若不能把正面的、真实的、负责任的信息传给大家，就会有那些模糊的、虚假的、不负责任的信息满天飞，而后者对党和人民的事业是极为有害的。

最后，来看怎样说的问题。话语权首先要有话语而后才看是否有分量。主流媒体必须说一些群众愿意听、乐于接受的话，否则，人家就拒绝你，不买你的账。失去了乐于听你说话的群众，你就没有了竞争力，所谓主流媒体也就徒有其名了。关于主流媒体的话语，核心的东西是文风问题。就是用什么样的有针对性、创新性的表现形式使人民群众喜闻乐见。就主流媒体而言，一是要质朴而避免花哨，把真实的东西告诉群众，不要刻意扮靓，不要过分渲染，不要哗众取宠。二是要简洁不要复杂。用简洁的语言阐述深刻的道理，这是真功夫。非要把原本简洁的事情弄得复杂化，就流于炫耀和卖弄了。主流媒体的文风，骨子里必须守住质朴和简洁，这是最有生命力的。

（作者：中共中央党校校刊社总编辑）

评《市场经济概念是怎样提出来的?》一文中存在的问题

卫兴华

拜读了晓亮研究员发表于《中国流通经济》2007 年第 3 期的“本刊特稿”文章《市场经济概念是怎样提出来的?》。文中有这样一段话：“直到 1983 年中央文件中出现了社会主义经济是‘有计划的商品经济’，才允许用市场经济的概念。实际上真正提出市场经济概念的是邓小平同志，他在这方面的贡献最大。据考证，邓小平同志在 1985 年接待外宾时就使用过这个概念，但学术界不知道，到 1992 年南巡谈话才公开使用这一概念。1992 年十二届三中全会的中央文件公开提出把社会主义市场经济体制作为改革的目标模式，市场经济概念才被确定下来。”对这段话中所涉及的有关史实和理论问题，笔者有些不同看法。

一、关于市场经济概念是何时和怎样提出的问题

此文中说，“直到 1983 年中央文件中出现

了社会主义经济是‘有计划的商品经济’，才允许用市场经济概念”，存在史实上的错误。众所周知，社会主义经济“是公有制基础上的有计划的商品经济”这一新的论断，是1984年党的十二届三中全会通过的《中共中央关于经济体制改革的决定》中提出来的。而晓亮先生却将1984年误认为1983年，并没有讲是1983年的哪个“中央文件”中“出现”的，其实1983年根本没有这样的“中央文件”。

即使肯定晓亮所讲的1983年的中央文件，是1984年《中共中央关于经济体制改革的决定》之误，其转述也有两处不准确。一处是说这一文件“允许使用市场经济概念”，没有根据。《决定》是这样讲的：“就总体说，我国实行的是计划经济，即有计划的商品经济，而不是那种完全由市场调节的市场经济。”显然，这里是否定“总体”上实行“完全由市场调节的市场经济”的，与晓亮的论断不同；另一处是，晓亮说中央文件提出了“社会主义经济是‘有计划的商品经济’，也与原文不符。《决定》中的提法是，社会主义经济“是公有制基础上的有计划的商品经济”。因为对“社会主义经济”的界定，不能撇开公有制为基础。

第二，晓亮说，“据考证”，邓小平在“1985年接待外宾时”就提出了市场经济概念。从史实上看也不准确。邓小平远在1979年11月26日与外宾谈话时，就提出了“社会主义也可以搞市场经济”。1985年10月23日与外宾谈话时，也提出“把计划经济和市场经济结合起来”。但不应漏掉远在6年前邓小平就讲“社会主义的市场经济”概念的重要文献。

第三，晓亮说，“1992年十二届三中全会的中央文件中公开提出把社会主义市场经济体制作为改革的目标模式”。这一论断也不正确。首先，党的十二届三中全会召开于1984年，不是1992年，《中共中央关于经济体制改革的决定》正是在十二届三中全会通过的。1992年党的十四大而不是十二届三中全会，确立了我国经济体制改革的目标模式是建立社会主义市场经济体制。这种史实上的错误，不仅在两千字的正文中存在，在其“摘要”中也存在。

二、商品经济与市场经济是否是内涵相同的两种称谓

什么是商品经济？什么是市场经济？两者究竟是同一内容的两种称谓，还是既相联系又有区别的两个概念？学界的认识是不同的。

在马克思和恩格斯的著作中，既没有商品经济的概念也无市场经济的概念。在《资本论》和其他有关论著中，更多地是讲商品生产、商品交换、商品流通。不过，马克思所研究的资本主义经济中的商品生产、商品流通及其运行规律，实际上，就是研究资本主义商品经济或市场经济及其内在规律的。在列宁的著作中，既有商品经济也有市场经济的概念。在发达资本主义国家，商品经济与市场经济是一回事。甚至只讲市场经济而不讲商品经济。在西方的一些权威性经济学辞典中，连“商品经济”的词条都没有。但在中国，能否如发达资本主义国家那样，认为商品经济就是市场经济呢？晓亮先生认为，商品经济是经过市场的经济，也就是市场经济，按他的讲法，商品经济与市场经济的关系，有如土豆和山药蛋的关系一样，是同一事物的两个称谓。笔者不能赞同这种理解和认识。

首先，在中国，同发达国家不同，商品经济与市场经济的内涵不应画等号，可以从经济实践的历史事实说明这一点。我国在计划经济时期，并没有消灭商品经济，遍布城乡的百货公司、国营商品、供销社等都属于商品经济。居民购买消费品，都是用货币到商店里去交换，是商品市场行为。但那时虽有市场而无市场调节。因为调节经济活动的包括调节商品价格、调节生产经营、调节供给和需求的，不是市场机制，而是国家计划。我国实行市场经济，是要让市场在资源配置中起基础

性作用。在计划经济条件下的市场不起“市场调节”的作用，也就不起配置资源的作用。所以，有商品经济、有市场而无市场经济。而且，市场经济是竞争经济，我国计划经济条件下的商品经济，是排斥市场竞争的。当时认为，市场竞争是资本主义经济弱肉强食的斗争，社会主义只有竞赛。大家知道，竞争机制是市场经济的重要机制，没有竞争的商品经济不会是市场经济。

其次，从邓小平理论和中央有关文件看，也是把商品经济与市场经济区别开来的。在《中共中央关于经济体制改革的决定》中，高度评价发展商品经济的重要意义，提出社会主义经济是公有制基础上的有计划的商品经济，并强调提出，“商品经济的充分发展是社会经济发展不可逾越的阶段”。但同时又肯定说，“就总体说，我国实行的是计划经济，即有计划的商品经济，而不是那种完全由市场调节的市场经济”。并没有将商品经济与市场经济相等同。

第三，社会主义要发展商品生产与商品流通。作为二者的统称，就是要发展商品经济，这一点，中外社会主义国家的理论认识，在上世纪50年代基本上取得了共识。但是，社会主义国家能否由计划经济转型为市场经济，是产生了长期的激烈的争论的。而且，西方国家并没有因为社会主义国家强调发展商品经济，事实上也存在商品经济，就承认你是市场经济国家。在世界银行的统计文献中，曾长期把资本主义国家统称为市场经济国家，而把社会主义国家，统称为非市场经济国家或计划经济国家。

第四，如果认为商品经济与市场经济是内容相同的概念，那么，我国在计划经济时期，既然一直存在商品经济，也就是一直存在社会主义市场经济了。这样，一切有关争论，都是多余的无意义的对同一事物在称呼上的差别与争论了。于是，改革开放以来，提出市场经济概念，并最终将建立社会主义市场经济体制作为改革的目标模式，都不是新的理论认识和实践，是早已有之的内容，只是过去没有给它加个市场经济名称罢了，自然也就谈不上理论创新和体制创新问题了。显然这种的认识逻辑是不符合我国经济体制改革的理论发展轨迹的。

三、市场经济概念究竟是怎样提出来的

晓亮研究员说，市场经济概念最早是由邓小平同志1985年提出，笔者在前面讲过，邓小平同志早在1979年就提出社会主义市场经济概念。这里想补充说明的是，据曾担任陈云秘书的中国社会科学院副院长朱佳木同志的考证，远在1978年的国务院务虚会上，李先念同志就根据陈云同志的意见，提出了“计划经济与市场经济相结合”的改革思路。另外，根据有文字可证的资料，1979年2月，李先念在一次公开的会议上讲：“我同陈云同志谈，他同意在计划经济前提下，搞点市场经济作为补充，不是小补充，是大补充。”同年，陈云在3月8日写的《计划与市场问题》一文中，将市场调节与市场经济两个概念通用。有的地方用市场调节，有的地方用市场经济，公开发表时，根据编者的建议，将市场经济一词改为市场调节。1995年出版《陈云文选》第二版时，才又恢复原貌，将原改为市场调节的地方，又改回为市场经济。

从上述论述中，我们可以看出，我国由计划经济转向社会主义市场经济在认识上的曲折与复杂性。我提及这类历史事实，是希望学者们在回顾与总结我国改革开放的理论与实践时，多一点实事求是，多一点理论分析和评论的准确性，尊重理论与实践发展的真实性，使我们的理论研究更加健康科学正确。

（作者：中国人民大学教授、博士生导师）

当今世界的共产主义运动

高 放

一、当今世界共产主义运动仍在继续

20世纪80年代末、90年代初，苏联解体、东欧剧变，世界共产主义运动遭受了空前的重大挫折。此后，很多人发出了这样的疑问：现在世界上还有共产主义运动吗？我们的回答是肯定的。

世界共产主义运动始于1847年马克思和恩格斯参与创建的共产主义者同盟，至今已经走过了160多年的道路，呈现出波浪式曲折前进的特点。前50年，世界共产主义运动的重心在欧洲，工人阶级在与资产阶级的反复较量中逐渐壮大成熟起来，到1889年建立第二国际时，各国已建立了20多个工人政党。1917年，俄国十月革命取得了胜利，建立了第一个社会主义国家。二战前后，世界共运狂飙突进，到1949年，除了苏联，欧亚又有12个国家共产党掌握了政权，走上社会主义道路。以苏联为首的13个社会主义国家形成世界社会主义阵营，与以美国为首的世界资本主义阵营对峙、对立，甚至对抗。

我们必须看到，到20世纪30年代形成的苏联模式的社会主义，既取得了重大成就，也存在严重弊病。可是苏联几任领导人对此并没有清醒的认识，一再延误了改革时机。到1989年至1991年苏联东欧发生剧变，苏联共产党和欧洲8国共产党下台。此后，世界共运陷入新的低潮，这可以说是世界共产主义运动有史以来的最大挫折。苏联东欧剧变后，好多共产党消亡了，有的自行解散，有的更换了名称。现在全世界还有130多个共产党，共产党员仍然有8000多万。一些国家的共产党仍在进行艰苦的改革和探索。这表明，世界上还有共产主义运动。

二、低潮中的观察

我们应该如何看待苏东剧变给世界共产主义运动带来的空前未有的大挫折呢？中西方学者均提出自己的观点，但有的欠妥当。

西方有代表性的是弗朗西斯·福山的著作《历史的终结?》。在此书中，他认为苏联东欧剧变意味着共产主义的终结、世界共产主义运动的终结、马克思主义的终结。我认为这种看法并不符合实际。苏联解体的主要原因是苏联共产党长期误解马克思主义，在苏共的理论、路线、方针、体制等方面严重背离科学社会主义，无法实现体制内的改革和自我完善。我们要从中吸取深层教训，但不能丧失马克思主义、共产主义的信念。

国内则有学者认为："我们对600多年世界经济历史的考察发现，国际共产主义运动是资本主义早期的历史现象，是对工业化带来的社会巨变的一种反应。"接着，作者以英、法、德、奥、俄、中六国为例进行了分析，并且认为："工业化国家只要渡过了工业化早期的社会剧变阶段就会进入一个相对稳定的经济增长与发展阶段。"

我认为，他所列举的六个国家要分为三种情况。英、法、德、奥为一类。19世纪七八十年代后，这些国家的资本主义进入相对稳定的发展阶段。他们从共运中吸取有益的教训，完善社会保障制度，使失业工人得到救济，使就业工人劳动条件有所改善，生活状况也有所保障。在这种条件下，共产主义运动的任务、道路也就应该相应地发生变化。正如马克思和恩格斯晚年所讲的，当暴力革命的条件不成熟、议会民主又有所发展之时，工人阶级要善于利用合法条件，开展议会斗争，争取选民支持，进而掌握政权，逐步限制乃至最终消灭资产阶级的剥削。因此，不能说这些国家的共产主义运动终结了，准确的说法是这些国家资本主义进入稳定发展阶段后，共产主义运动的任务和道路不同了。

再看俄罗斯，现在俄罗斯还有7个共产党，这些共产党都在进行新的探索和努力。

最后看中国，中国共产党汲取苏联的经验教训，逐步探索出中国特色的社会主义道路，极大地发展了世界共产主义运动。

三、世界共产主义运动的前景展望

我们对世界共产主义运动的前景要充满信心。苏共为什么会在执政74年，而且导致国家、社会制度大改变后自行解散呢？我认为，要痛定思痛，认真总结其失败的经验教训。

苏共失败最根本的原因，“从特定意义上可以说是因为苏联共产党既反苏又反共”。“苏”是指苏维埃。1917年社会主义革命胜利后，苏维埃成为国家最高权力机关。但在实际操作过程中，苏联长期推行以党代政的政治体制，把代表全体人民的苏维埃变成了橡皮图章和表决机器，党中央的很多决定甚至是背着最高苏维埃作出的。结果，苏维埃被架空了。恩格斯早就明确说过：“民主就是共产主义。”共产党理应是民主的政党，党的权力中心必须在党的全国代表大会，而斯大林在1924年列宁逝世后，却把党的权力中心转到政治局，转到总书记，这是违背共产主义党内民主原则的。苏共既违背苏维埃民主原则，又违背党内民主原则，所以最后难逃被人民抛弃的命运。

当今世界出现了与马克思、恩格斯时代不同的新形势。最主要的是以微电子技术为先导的新科技迅猛发展，全球化进入一个新的发展阶段。在新科技革命的推动下，当今世界资本主义国家的社会、经济、政治、文化都发生了巨大的变化。我们应该看到，由于社会生产力的迅速提高和社会的全面进步，共产主义理想愈益显示其历史必然性。另一方面，从实现共产主义理想的现实道路来看，又更加长远了，只能渐进，难以突进。

过去，战争与革命是时代的主题，共产主义的实现要依靠世界革命，采取狂飙突进的方式。现在，和平与发展是时代的主题。要实现共产主义不能进行世界革命，不能狂飙突进、疾风挺进、顶风强进。从世界全局来看，要善于长期奋斗，通过逐步改良，来完成世界革命的任务。这并不否定某些地区、某些国家由于社会矛盾激化而可能爆发革命。看来大多数尚未执政的共产党更有可能是长期坚持合法斗争，争取逐步扩大劳动人民权益，争取得到多数选民支持上台执政，逐步改变资本主义、建设社会主义。过去世界共运主要依靠干重活、低收入的蓝领工人为主力军，现在蓝领工人越来越少，西方蓝领工人的待遇反而较高。今后，除蓝领工人外，更要依靠五颜六色衣领的工人——白领（管理人员）、灰领（技工、技师）、绿领（环保人员）、金领（高级管理人员）、粉领（妇女）工人等等。更为重要的是，各国共产党自身要不断进行改革，继承历史上好的经验和做法，坚持与时俱进，勇于开拓创新。

（作者：中国人民大学教授、博士生导师、中国国际共运史学会顾问）

论广延持续发展着的世界观

熊胜安

关于我们这个世界在持续运动中一并作广延运动的观念，到现在也应该将其置于全部客观规律的基础上建立起来了，而为此要做的中心工作，就是揭示出事物空间广延发展的基本规律，从而完备辩证唯物主义这一科学的世界观。这一任务的完成不仅是必须的，而且就现在来说已经具有了明显的紧迫性，因为倘不如此，作为科学世界观的辩证唯物论便无法再直面当今时代，尤其是现代科学的迅猛发展，更不要说去指导日益丰富的实践活动了。

导　论

现代科学在发展中，最令人注目的，是一门科学经分化产生出分支科学、两门或多门科学经相互凝结生成边缘科学这样两种现象。经考察发现，分化和凝结生成新事物这两种广延发展的现象，其实并不只是表现在科学界，在人类的思维整个领域和自然界与人类社会之中也一样极其普遍地存在着。

人类的思维活动，表现为概念的发展变化。在这里，实际情形并不像已有逻辑学所描述的那样，所谓发展就是一个概念产生另一个概念，而呈现出的，是概念分化与概念融合并凝结生成新概念，在这两种广延拓展中又表现为持续推进这样一种纵横交错的图景。微观物质领域新概念的形成，现时期主要表现为通过分化而实现。随着人们对物质层次认识的深化，使得“粒子”这一概念的内容得到了增加，于是人们按其质量及其它特性作出划分，将粒子分为四个大族，结果就获得了规范粒子、轻子、介子、重子这样四个新的概念，粒子概念就在这种分化中表现出了演进出新。现有的那些复合性概念，从根源上说，其实是基于客观存在与实际需要，在思维中对单纯性概念加以融合形成的。比如植物这个概念，当人们在思维中依据实有将它与绿、黄、白、红等各种颜色分别相互融合的时候，就得出了绿色植物、黄色植物、白色植物、红色植物等等一些复合性概念。

在自然界宏观领域，现在利用高性能天文望远镜进行观测的结果已经证实，宇宙天体正处于结合成新银河的阶段，一个天体经过碰撞分化成许多小的天体，许多小的天体经过合体凝聚成一个大的天体，银河与银河在碰撞、合体中形成新银河的情况正在频繁发生。在微观领域，β衰变是以分化形式发生的一种广延变化。一个中子在弱相互作用力的作用下，放出一个电子和一个反中微子，它本身也变成了质子。在高能量的情况下，另外的质子或中子融合凝结到一种原子核中去的事情也会发生。如果一种元素的原子核内融入了另外的中子，那么这个原子就会变为另一种同位素；如果融入的是另外的质子，那么这个原子就变为了另外一种元素的原子。

在有机界，生物学的研究结果表明，植物与动物的出现本身就是生物分化的结果。当无机物经过十几亿年的化学过程产生生命之初，并无动、植物之分，有的只是如眼虫一类单细胞生物，兼有自养和异养两种功能。在进一步发展中，其中一部分异养功能和运动功能加强，自养功能退化，从而进化为单细胞原生动物，由此发展为动物界；另一部分自养功能加强，异养功能和运动功能退化，进化为单细胞藻类，由此发展成了植物界。接着，它们各自又开始了再分化和相互融合生成新物种以及新个体的广延发展。

人类社会领域也是如此。现代人类社会活动中职业的多样性，从一个方面上来说，是由不断进行的社会分工造成的。我们知道，早期人类是靠猎取野生动物和采集野果、野生植物种子生活的，经过几次社会大分工和无数次小的分工，就从中分化出了农业、畜牧业、工业、商业等等以及许许多多具体的行业。而在另一个方面，也是不同职业间相互融合的结果。比如，在当代，由于电脑等电子技术的广泛应用，使得劳动具有了更多的科技含量，许多原来单纯依靠体力进行的劳动，现在也必须渗入脑力劳动于其间，于是既要动体力又要靠脑力的劳动者就出现了。

从现象性考察中，我们可以得出这样两条规律性结论：一是一个事物发展到一定程度，只要具备了一定条件，便会形成自身的分化，从中产生出另外的新的事物；二是两个或多个事物各自发展到一定程度，只要具备了一定条件，便会在其边缘上发生相互融合，进而在它们之间凝结生成新的事物。

对于被归结为这两个结论的那些现象，经典理论中的辩证法基本规律，能否给予合理解释呢？为了解这个问题，就必须对这些规律展开的情形作出考察。

在经典理论中，矛盾的对立统一与相互转化规律揭示出，事物是由矛盾构成的；矛盾诸方面的地位不平衡，有的居于主导地位，其它方面则居于次要和服从的地位，这种不平衡性就内在地造成了矛盾发展变动的倾向；这种倾向在矛盾诸方面相互斗争的推动下成为现实，而结果，总是在具备了一定条件的情况下，矛盾的主、次方面发生互易所居地位的转化，原来居于次要地位的矛盾方面上升为主要方面，原来居于主导地位的方面则变成了次要方面；转化的完成就导致了事物性质发生了变化，变成了它物，由此就造成了这一事物的完结和另一事物的生成。于是，我们看到，发展便由一个点过渡到了另外的一个点，表现为发生了前进性运动；新的事物又会在矛盾的推动下发展变化，经历同样的一个过程，于是发展又前进了一步；世界的发展持续不断，新事物层出不穷，于是这种发展便会依次展开，就好象形成了一条既没有开端也没有终端的连续的线。辩证唯物主义哲学经典理论中矛盾对立统一与相互转化规律的展开所描述的，正是事物持续向前发展运动的这样一种一维线性轨迹。

量变质变规律也是如此。这一规律揭示出，在任何一个现实的事物中，都具有质的规定和量的规定，质与量相互依赖而存在，辩证地统一于具体事物之中；一个事物的发展运动，总是先表现为量的变化，量变到达了一个“度”，就会转化为质的变化；质变一经发生，事物的根本性质就发生了改变，变成了另外的事物。于是，发展就由一个点“飞跃”到了另外的一个点，也是表现为发生了前进性运动；新的事物又会发生新的量变和质变，经历同样一个过程，于是发展又前进了一步；这种发展也会依次展开，从而形成了一个既没有开端也没有终端的连续的线。辩证唯物主义哲学经典理论中量变质变规律的展开所描述的，同矛盾的对立统一与相互转化规律一样，也正是事物持续向前发展运动的一种一维线性轨迹。

否定之否定规律还是如此。这一规律揭示出，任何一个客观存在的事物，其内在成分从性质上都可以分为肯定和否定两个方面，其中肯定方面是事物保持自身存在即保持其性质不变的因素，否定方面则是促使现存事物灭亡、新事物产生的因素，这两个方面相互联结、相互依赖、互为条件地存在于事物统一体之中；一个事物在其发展壮大的整个过程中，肯定方面占据着支配的、主导的地位，否定方面则处于受支配和服从的地位；随着发展，否定方面逐步成长壮大起来，待到了一定程度的时候，就取得了支配和主导的地位，这时，事物的发展进程就会发生一次否定，结果是导致了旧事物的完结、新事物的产生；随着新事物的产生，原来的否定方面就转到了新事物那里成为了肯定方面，同时又产生了新的否定方面，重新构成了一个矛盾统一体；这个矛盾统一体发展的结果，是新的否定方面再次实现否定，于是就出现了否定之否定，这个又一次否定，导致了一个更新事物的产生。在这里，经过两次否定，发展便由一个点“跳跃”到了另一个点又“跳跃”再一个新的点，还是表现为发生了前进性运动；同样，这种发展会依次展开，从而形成了一个既没有开端也没有终端的连续的线。辩证唯物主义哲学经典理论中否定之否定规律的展开所描述的，同其它两个规律一样，仍然是事物持续向前发展运动的一种一维线性轨迹。

这种一维前进性发展，在经典作家那里，或称之“曲折发展”，或叫为“螺旋式上升”，或写作“波浪式前进”，实质上并没有区别；所反映的，都只是事物以时间为基本形式的持续运动。因此，对于事物分化与凝结生成新事物这两种空间广延发展的现象，不能而且也不可能给予合理解释。

还不止于此，在辩证唯物主义的基本理论中，经典作家关于事物发展运动的直接论述，与辩证法三个基本规律的展开所反映的事物发展运动也是一致的。这表明，他们关于事物发展运动的基本观念就是如此，只反映了前进或者上升运动，即只有时间持续，没有空间广延。

的确，在这一理论中，关于物质运动基本形式的观念是完备的，肯定了物质既以时间也以空间为形式发展运动。在他们的有关论述中，也并非没有注意到事物的广延发展，特别是在恩格斯的《反杜林论》、《自然辩证法》等著作中，确曾讲过许多关于事物分化和相互凝结产生新事物的事例。但是，问题是在于，对于所涉及到的那些广延发展现象，他们只是作了前进运动或上升运动的归结。结果是，在空间广延形式方面，并没有从理论上揭示出质变的发生，从而没有引出发展运动的基本规律。于是在这一理论那里就出现了这样的情形：发展运动这匹骏马拖着的车子里虽然装的是时、空一并展开的观念，但却只是在时间的历史通道上奔驰。任务就这样提到了辩证唯物主义理论的面前：要合理地对客观存在的分化与凝结生成新事物两种现象作出解释，就必须提出关于事物以空间为形式发展运动的基本规律；非如此，这个理论就不可能成为完备的理论。

原　理

辩证法的全部真谛和奥妙，都存在于事物的矛盾之中。

辩证唯物主义的经典理论已经揭示了，正是矛盾，为事物的自己运动提供了根本动力和源泉；导致客观事物自己运动发生的原因，不在于它之外的一切，而是在于它所固有的矛盾。在这一理论中，矛盾的概念也就是相互作用的概念，矛盾就是相互作用。因为，矛盾之成为矛盾，就是由于它的双方发生相互作用；没有相互作用，也就谈不上矛盾。说矛盾是事物自己运动的动力和源泉，实际上这个动力和源泉直接来自相互作用，是矛盾双方的相互作用引起了运动。在《自然辩证法》一书中，恩格斯表示同意黑格尔关于“相互作用是事物的真正的终极原因”的说法；紧接着他明确指出：“我们不能比对这个相互作用的认识追溯得更远了，因为在这之后没有什么要认识的东西了。”

的确，指出了事物之中存在着矛盾，是矛盾双方相互作用导致了事物的发展运动，也确实可以认为是找到了事物之所以能够自己运动的原因；但问题是在于，如果不搞清楚矛盾双方到底为什么会发生相互作用，究竟是怎样发生相互作用的，我们就还是不能确切地认识相互作用，因而就不能确切地认识矛盾，从而也就不能切实地认识事物的自己运动。

解决问题的途径是显见的，这就是深入到矛盾的内部，对矛盾的属性作出分析，从中揭示出矛盾推动事物自己运动更深刻的根据来。这是因为，从简单的逻辑关系上就可以看明白，矛盾双方之所以能够发生相互作用，是由于矛盾本身内在地具备了那种使其双方发生相互作用的性质；如果它本身之中不具备那种性质，相互作用就不可能发生，从而事物的自己运动也就成为根本不可能。

矛盾内在的属性，必定是存在于矛盾本身之中，是通过矛盾双方之间关系表现出来的那种性质。我们知道，经典理论中已经提出，矛盾具有普遍性、特殊性和同一性与斗争性四种基本属性。普遍性是指一切事物的发展过程中以及一切过程发展的始终，都毫无例外地存在着矛盾，矛盾无时不有、无处不在；而特殊性则是从不同矛盾、不同矛盾方面，以及矛盾与矛盾方面在各个不同发展过程、不同发展阶段的比较中表现出来的特殊点。显然，这两种属性是从矛盾在事物中的存在状况方面表现出来的性质，不可能成为矛盾内在的属性。再来看同一性和斗争性。所谓同一性，是指矛盾存在着双方之间互相联结、互相贯通、互相渗透的性质，这种性质就使它们双方形成了一种互相依赖、各以对方的存在为自己存在前提和条件的关系；而斗争性，则是指矛盾存在着双方彼此区别与对立的性质，这种性质就使它们双方形成了一种相互斗争的关系。分析表明，在矛盾的四种属性中，唯有同一性和斗争性，才属于矛盾本身所具有的、表现了矛盾双方之间关系的性质。因为，所谓矛盾，从本来的意义上说，就在于它的双方既互相联结在一起，是统一的、同一的，又是互相区别、存在差异，彼此对立和斗争着的；而矛盾的双方之所以能够形成这种既对立又统一的关系，正是由于矛盾自身之中存在着同一性和斗争性使然，如果不是由于这两种属性的存在，它们就不可能形成这种关系。

如此看来，所谓关于矛盾内在属性的研究，也就是关于矛盾的同一性与斗争性及其相互关系的研究。我们现在面临的任务就是，在经典理论论述的基础上，对同一性和斗争性及其相互关系进一步作出分析，以得出关于它们在事物的矛盾中到底起到了什么作用，以及所起到的作用怎样导致了矛盾双方的相互作用和导致了怎样的相互作用的认识。

现在先来看同一性的作用。

从同一性的性质含义中可以看出，它在矛盾中所起到的一个重要作用，就是把矛盾的两个方面保持在一起，从而保持现实事物的存在；它将本来对立着的而现在已经联结成统一体的东西紧紧扭结在一起，它束缚着它们，控制着它们，使它们囿于这个统一体之中不致突破而去。

那么，我们现在要问，存在于这里的把不同东西束缚在一起的，到底是一个什么作用呢——毛泽东在《矛盾论》中也是这样发问的——“如此说来，只是极不同一，极不统一，怎么又说是同一或统一的呢？”

存在于这里的，不是别的，是吸引作用。正是吸引作用，成了将矛盾双方联结在一起的真正襻纽。这种吸引作用就存在于矛盾之中，它因同一性的存在而存在，是同一性这种矛盾属性所起到的作用。如果不是因为吸引作用，一个统一体中的矛盾双方非要互相联结在一起，并且非要互相依赖、互为存在前提和条件地保持为一个统一体，那就真正成了无缘无故的悖理事情。

束缚作用是吸引作用的一种表现形式。如果说，由于吸引作用在这里还只是维持了既成事物的存在而总不免被认为是一种保守作用的话，那么，这种作用的进一步发挥就与此截然不同了。

我们知道，世界上的所有事物都是各不相同的，哪怕仅仅有两个。那么又是什么作用把那些存在差异的、本来并不在同一个统一体中的东西凝聚、集结到一起，成为了一个具体的统一体，构成了一个具体事物的呢？不是别的，也正是吸引作用。比如，一位从事机关工作的市民，他与出租汽车司机在行业上有很大差异，因而在理论上也是矛盾着、对立着的；但是，如果他总不去打车，那么他就永远也不会与出租汽车司机构成一个现实的、具体的矛盾统一体，只有在他有了打车的需要并且去打车，而且因为出租汽车司机也有载客需要并且负载了他的情况下，就是说，是在存在于他们之间的吸引作用下，他们才形成了一种服务与被服务的关系，才构成了一个现实的、具体的矛盾统一体。可以看出，在这里，同一性一扫保守、被动之态，它变得完全是图新进取、积极主动的了。

接着再来看斗争性的作用。

从斗争性的性质含义中可以看出，它在矛盾中所起到的作用，就是从发展上变动现存的矛盾统一体。那么，现在我们也是要问，存在于这里的到底是一个什么作用呢？不是别的，是排斥作用。这种作用也是就存在于矛盾之中，它因斗争性的存在而存在，是斗争性这种矛盾属性所起到的作用。矛盾的双方之所以会产生彼此对立和相互斗争，正是排斥作用使然。

我们已经看到，存在于事物矛盾之中的同一性和斗争性两种属性，所起到的作用就是吸引和排斥作用。这是两种发生于矛盾双方之间的作用——所谓吸引，是矛盾双方之间的互相吸引；所谓排斥，也是矛盾双方之间的互相排斥。正是吸引和排斥，直接导致了矛盾双方的相互作用；矛盾双方之所以会发生相互作用，其原因就是因为属性本身就具有这种作用。

这样，我们的思维就在这一系列求索之中，将事物自己运动的根源归结到了吸引和排斥。正是吸引与排斥，从根源上推动了事物的自己运动。

吸引和排斥既是引起相互作用的原因，又是相互作用的方式——矛盾着的双方就是以吸引和排斥这样两种基本方式发生相互作用的。作为相互作用的两种基本方式，它们存在于事物矛盾的属性之内，而在具体事物的运动中则以各具特点的多种样式表现出来。比如，在机械运动中，它们分别以引力和斥力等样式表现出来；在物理运动中，分别以负电与正电、负正磁极等样式表现出来；在化学运动中，分别以化合与分解等样式表现出来；在生物运动中，分别以同化与异化等样式表现出来；在社会运动中，分别以对立阶级的联系与斗争等样式表现出来，如此等等。不管具体以何种样式表现出来，但究其实质，都无非是吸引与排斥在其中发生着作用，都可以毫无例外地归结为吸引作用或排斥作用。所谓事物的自己运动，归根结底，就是事物在其本身矛盾属性之中具有的吸引与排斥作用的推动下的自行运动。

我们就将看到，正是事物矛盾之中所固有的吸引与排斥这两种相互作用以及它们之间矛盾关系的展开，形成了事物广延发展运动的基本规律。迄今为止，我们发现的事物广延运动的规律是两个：一个是存在于事物本质自身之中的矛盾，在一定条件下，其对立的双方突破原统一体而发生分化，从而由一个事物中生成两个或多个新的事物的规律；另一个是不同事物本质中的矛盾之间，在一定条件下，发生相互融合进而实现相互凝结，从而在两个或多个事物之间生成一个或多个新的事物的规律。前一个规律可以简要地表述为矛盾的分化律，后一个规律可以简要地表述为矛盾的凝结律。

矛盾分化的规律

物质世界及其事物各种各样分化现象的形成，最深刻的根源在于矛盾同一性与斗争性这两种内在属性所起作用出现的不平衡。我们已经指出，在事物中，由于矛盾双方所居地位的不平衡，已经内在地造成了矛盾发展变动的倾向。由于矛盾之中吸引与排斥两种作用的不平衡，又造成了矛盾双方发展变动的不同趋向。这其中的一种趋向，就是对立的双方向着两极方向分化的趋向；这种趋向的出现，是排斥作用强于了吸引作用导致的。

在一个事物作为新生事物开始出现以及之后处于发展壮大的期间，其内部矛盾中的吸引与排斥作用，总是处于基本平衡的状态；非如此，事物便不可能在保持自身根本性质不变的情况下稳定发展。但是，当着具备了一定条件的情况下，矛盾双方之间排斥作用就开始加大起来；到了排斥作用已经开始强于了吸引作用的时候，就推动了事物矛盾统一体由相对静止转而进入显著变动状态。伴随着这个阶段的到来，事物矛盾的旧有联结方式和依存关系便发生了重要变更，但还没有出现根本性变化：原来占据主导和制约地位的矛盾方面失去了主导和制约地位，但也并没有下降为次要方面；原来居于从属和被制约地位的矛盾方面不再居于那种从属和被制约的地位，但也并没有跃居于主导地位。这时出现的情形，就如一个弹簧逐步释去束缚缓缓弹开了一般，将矛盾双方向着两极推去，于是便使它们出现了相离而去的分化趋向。这里出现的趋向之所以终归还是趋向，是由于此时斗争性的排斥作用还没有完全克服同一性的吸引作用。

于是，统一体会否破裂，分化能否实现，只是取决于排斥作用是否再得到进一步加大了。

在客观事物的自己运动中，这里的结论是肯定的。这是因为，这时的矛盾统一体依然可以从外界获取有利于自身发展的成分，在这种成分已经获取了的情况下，排斥作用的增强是必然的。那么，继之而发生的结果也具有了充分必然性：在排斥作用进一步加大到足以使同一性吸引作用无法再与之相抗衡的时候，统一体就不可避免地发生破裂了，事物矛盾着的双方于是便发生了分化；分化一经实现，它们就随即分别具备了另外的质的规定，因而也就获得了独立存在的资格，各自作为一个新的事物而出现了。

事物矛盾的统一体由出现分离趋向发展到矛盾双方的两极化，最后发展到分化的实现，展现为一条必然的规律。这个规律运行的结果，是由一个事物发展成了两个或者多个事物，从而导致世界发生了广延变化。矛盾分化的规律就是这样一个广延发展的规律。如同辩证法其它规律一样，这也是一个极为普遍的规律，广泛地存在于自然界、人类社会和人的思维三大领域之中。现实世界上大量存在的分化现象，其背后无不是这种矛盾分化规律发生作用的结果。

矛盾凝结的规律

物质世界及其事物各种各样融合凝结现象的形成，最深刻的根源也是在于矛盾同一性与斗争性这两种内在属性所起作用出现的不平衡，是矛盾中吸引作用强于了排斥作用导致的。只是，这里的矛盾，是存在于不同事物之间的矛盾。

我们在矛盾分化规律的论述中已经指明，任何一个正在发展中的事物，其规模得以扩展的根源，是在于内在矛盾中排斥作用得到了增强。在两个事物所构成的矛盾统一体这里，这两个事物也会分别如此。一当诸种内外因素都已具备，它们各自矛盾中的排斥作用就会加大起来；而随着排斥作用的加大，这两个事物就会在其相邻一面发生相向的运动。我们知道，这种相向的运动，与这两个事物所构成的矛盾中由吸引作用导致的运动趋向是一致的；那么，在这里，这两种造成运动趋向一致的作用之强度，必然会大于两个事物之间所存在的起着相反作用的排斥作用。

于是，这两个事物之间相向运动的发生，现在就已经成为必然的了。那么，随着两个事物各自矛盾之中排斥作用的进一步加大和两个事物所构成的矛盾之中吸引作用的进一步加强，下一步的结果也就必然要发生了——两个间接矛盾着的事物，就在它们相邻的一面，实现了双方的相互融合；随之而来的，是间接的矛盾转变成了一对直接的矛盾，成了一个直接的矛盾统一体。

这里的道理，同一块磁铁和一块质量一样大小的铁块之间关系上的道理相仿：在磁铁与铁块之间，本来就已形成了磁场，存在着等量的吸引与排斥作用；如果在磁铁与铁块本身之中又分别施加了一种相向而去的推动力，那么这里的磁引力与推动力之和，一定会大于磁铁与铁块发生相向运动的任何阻抗力，而结果必然是磁铁与铁块直接地碰撞到一起。依照哲学的说法，就是构成为一对直接性矛盾。

在这里，事实上，两个事物所构成的间接性矛盾中的吸引作用，成了它们融合到一起从而实现由间接性矛盾向直接性矛盾转变的内在根据，造成了这两个事物发生相向运动的可能性；而这两个事物各自矛盾中排斥作用的加大，对两个事物所构成的矛盾中的吸引作用的增强，并在与排斥作用的关系中逐步居于主导地位，起了直接的促进作用。

到现在，我们所面对的两个事物所构成的矛盾，已经由原来的间接性矛盾转变成直接性矛盾。但此时的两个事物，依然还是原来的两个事物；就是说，到这里，事物的运动还并没有造成任何质变发生。要得到质变的发生，还有待于事物的进一步发展。

这时进一步的发展是一种什么样的情形呢？在这对由两个事物构成的矛盾统一体里，首先我们看到，其吸引作用强于排斥作用已经成了一个不争的事实；其次我们还看到，两个事物各自的广延发展已经到了一个很高的程度，这种所谓很高的程度表明的是，存在于它们各自内部的排斥作用已使其矛盾双方走到了面临分化的地步；再次我们又看到，从外部条件方面，也没有阻止这种融合趋向再进一步发展的任何依据了。于是，两个事物间的凝结就理所当然地发生了：两个事物矛盾统一体中各自的一个方面、一个部分，分别与原统一体脱离开来，并各自作为一个方面与对方耦合到一起，从而凝结成了一个新的矛盾统一体。

这个新的矛盾统一体一旦生成，便具有了自己的独立资格和自己特殊的质的规定，成了一个具体的事物。这是一个全新的矛盾统一体、一个真正的新生事物。它是由原来的两个事物发展而来的，但并不是这两个事物构成一对直接矛盾之后所形成的那个事物，同时也不是从这两个事物中各取一部分的简单加和；它是这两个事物在高度发展之后，经过相互融合，进而其相融部分经过有机整合，才得以凝结生成的一种新的事物。如果要问发生于这里的凝结到底是什么样的一种情形，只要想一想不同元素化合时如何由它们的化学键加以耦合生成一种新的化合物的情形，我们就会全然明了了。

两个间接矛盾着的事物，由出现融合趋向，到融合为一对直接性矛盾，再到实现凝结，展现为一条必然的规律。这个规律运行的结果，是在两个或多个事物之间又另外生成一个或多个新的事物。如同矛盾分化规律以及其它辩证法规律一样，这也是一个极为普遍的规律，广泛地存在于自然界、人类社会和人的思维三大领域。现实世界上大量存在的融合凝结现象，其背后无不是这种矛盾凝结规律发生作用的结果。

世界观

新的世界观是在经典理论基础上建立起来的理论体系。这一理论在完备辩证唯物主义哲学上所做的工作，从根本上说，就是阐发了事物广延运动的两条基本规律；然而，由此也就必然要涉及到这一学说的方方面面。当一系列新的观点有机地融入于经典辩证唯物主义基本理论的时候，关于运动着的世界的观念就发生了新的变革，从而使世界观的发展展现出一番新的图景。这种新变革集中地表明，物质世界及其事物，并不只是在作以时间为形式持续向前的运动，与此一并发生的，还有以空间为形式的广延运动；因而所形成的，是一个关于广延并持续发展着的世界的观念。

在这一世界观看来，当我们面对这个现实世界的时候，首先涌到面前的是五彩缤纷、姿态万千的各种现象。这些现象表现为一个个具体事物以及事物各种各样的关系；它们分化着，融合着，流逝着，生成着，一切都处在变化中，没有完全不变的东西。当感觉到的信息传递到思维那里之后，思维发现了，在现象的背后，原来存在着虽然感觉不到却也同样实在而且在丰富性上也毫不逊色的另一领域。这里存在的，是各具特殊的本质性东西。这些本质由各种因素耦合于一起而构成，其中有一些因素对现存事物起着肯定的作用，另外的一些起着否定的作用；在否定因素中，有一种起着积极的否定作用，另外的一种则起着消极的否定作用。它们既对立又统一于一起，构成为矛盾的关系，彼此之间发生相互作用。

新的世界观理论在对矛盾作进一步分析中揭示了，同一性与斗争性两种属性所分别起到的吸引与排斥作用，是矛盾双方相互作用的直接原因，也是相互作用的两种基本方式；归根结底，正是吸引与排斥作用，从根本上推动了事物的自己运动。这样，就揭示出了矛盾诸方面产生相互作用的内在根据，解决了相互作用何以能够发生的原因问题以及怎样发生的问题。新的理论还揭示了，正是吸引与排斥相互关系上的发展变动，造成了事物矛盾发展变动的种种不同趋向：当着排斥作用强于了吸引作用的时候，矛盾着的双方就会表现出相离而去的趋向；当着吸引作用强于了排斥作用的时候，就会表现出统一体中不同因素或不同事物相互接近与相互融合的趋向。

新的世界观理论肯定地认为，本质中的矛

盾并不能单独地造成运动，事物运动的发生，必须要有量的参与。这是因为，虽然质是事物的直接规定性，而量是它的间接规定性，但是部分质变以及质变最后的完成，却都是通过量的变化来实现的。这是一方面。另一方面，任何一个事物都只能处于同其它事物的关系中才能发展运动，而能够直接与外界构成关系的，是量，不是质，一个事物的质只能通过量才能同其它事物发生关系。在这里，量成了事物同外界构成关系的中间环节，外部因素首先对这个事物的量产生影响，引起了量的变化，然后，变化了的量再去影响质发生变化。新生幼儿只有在不断得到外界的食物，身体长起来之后，才能发生一连串的质的变化而步入少年，成为青年，直到壮年；封建制度下的小作坊生产，只有在不断从自然界获取物质资源和从社会上获得必要条件，待发展到一定规模和程度的时候，才能质变为资本主义大生产；研究工作只有从方方面面做了相当的资料积累并作出大量的深入研究，才能发生质上的变化而形成新的理论观点，如此等等。各个事物的质就是分别通过它们各自的量形成了相互影响、相互作用关系的。整个世界的事物，也就在这种相互影响、相互作用中构成了一个整体。这样，在新的世界观这里，由于有力地沟通了一个事物与其它事物的关系，内因与外因固定不变的界限就被溶解了，从而将一切事物的发展运动都归结到了矛盾的相互作用之中；现实的物质世界也就是在这种相互作用中运动起来的。

新的世界观理论提出并阐发了矛盾分化和矛盾凝结这两个反映事物空间广延运动的基本规律。这样，在辩证唯物论哲学的发展中，就第一次从理论上阐明了物质运动在空间形式上也有质变的发生，也有新生事物的产生。从而，就彻底地改变了自形而上学机械唯物论产生以来一直认定的空间广延只是个长、宽、高三维存在的观念，使空间真正成了物质运动、事物发展变化的形式。于是，空间广延也同时间持续一样具有了辩证的性质，从而辩证的方法被贯彻到了全部的物质运动。

在这一理论看来，这些规律共同运行在事物的发展运动中，而从不同的角度、不同的方面发生着不同的作用，它们的关系是等列的，彼此之间哪一个都不能取代另外的一个。不仅反映持续运动与反映广延运动的规律是如此，就是共同反映持续运动的三个规律之间和共同反映广延运动的两个规律之间，也同样如此。矛盾的对立统一与相互转化、质变量变和否定之否定三个规律，虽然由于反映的都是事物以时间为形式的持续运动，所以它们在一些基本环节上确实可以交互作出解释，但它们在对事物持续运动所作的反映中，每一个都起到了自己特定的作用，相互之间不可能彼此替代；矛盾分化与矛盾凝结两个规律，虽然反映的都是事物以空间为形式的广延运动，但由于它们是分别从两个方面、两种现象的内在本质关系上，反映了广延运动的两种不同形式，所以彼此之间就更不能互相取代。

辩证法的这些规律，在事物发展运动中虽然各自起到了不同的作用，但它们在实际中又是统一于一起的。首先我们看到，矛盾分化的规律与矛盾凝结的规律，分别从两种现象的内在本质关系上，反映了事物空间广延的两种基本样式，它们的统一，就统一在事物的广延运动中；其次我们看到，矛盾的对立统一与相互转化、量变质变与否定之否定三个基本规律，互为补充地构成为一个整体，它们的统一，就统一在事物以时间为形式的持续运动中；然后我们看到，反映事物以空间为基本形式广延运动的两个规律和反映事物以时间为基本形式持续运动的三个规律，在事实上是融为一体的，它们的统一，是统一于物质运动。

物质运动的空间与时间两种基本形式不可分，任何一个事物都既以空间为形式也必然以时间为形式发展运动，不可能单独以其中一种形式而不以另一种形式发展运动。空间与时间这两个概念的分别提出，以及持续运动与广延运动两方面规律的分别揭示，其实都是人们在思维中加以分别考察的结果。因矛盾分化和矛盾凝结而生成新事物,所表现出来的毫无疑问是广延发展,但绝非单纯的空间广延,与之一并发生的,还有时间持续;在这里,矛盾的分化与矛盾的凝结,也一并就是质变的发生、否定的实现和转化的完成。反过来,一个事物所作的时间持续运动也绝非单纯的持续,与之一并发生的,还有空间的广延;而在这里,质变的发生、否定的实现、转化的完成又一并就是矛盾的分化或矛盾的凝结。

我们先来了解事物的广延发展也一并就是持续运动这个道理。

事物经过分化或者不同事物相融合凝结导致的广延发展,固然是造成了空间形式上的扩张;但是,不管是分化还是凝结产生新的事物,这本身就是对产生它们的那个原事物的否定,标志了运动过程中质变的发生。这样,事物的发展变化,就呈现出了也是由原事物到新生事物的过渡、飞跃或者跳跃;新生事物的系列产生,就表现为虽然从局部看来是间断的但从整体看来却是连续的一个过程,是运动以时间为基本形式的前进性持续。

这个说起来似乎是很抽象的道理,其实一放到具体事物的发展运动中,就会立刻就变得极为浅显。在自然界微观领域发生的放射性现象中,一种原子在放出 α、β 和 γ 射线之后,就变成了另外一种新的原子。在这里,一个原子在瓦解了自身的同时,放出了三种射线并生成了一个新的原子,显然是在分化中作了广延发展。但是,只要我们把它分化生成的那些射线和新原子看作为一个新的点,那么相对于原来的原子来说,就是从一个点发展到了另一个点,是发生了持续性前进运动。在植物界,同种异株异花或同株异花间经授粉结出了新的种子,是在凝结中作了广延发展,但我们只要把原来的植株或花朵与新结出的种子分别看作为两个不同的点,就马上会发现,在这里也发生了持续性前进。其实,不管是分化产生新事物还是凝结产生新事物,这种分化与凝结总是要表现为时间的一定历程,如此而已,这个道理本来就是十分明白的。

我们再来了解事物的持续发展也一并就是广延运动这个道理。

任何质变、否定以及转化,都是事物矛盾发展变化导致的,而事物矛盾的发展变化,是其内部吸引和排斥的结果。我们已经知道,吸引与排斥二者关系发展的结果,不是造成分化,就是发生凝结;而在这两种情况下,都必然会造成广延变化。由此看来,质变与否定及转化,就只能或者通过分化、或者通过凝结表现出来。因此,在这里,事物运动的持续过程,就一定表现为广延的过程。

对于持续也一并就是广延这个看起来一样很抽象的道理,一放到具体事物的发展运动中,也就会立刻就变得极为浅显。我们只要看一看幼苗破土而出的情形就会明白。一粒种子萌发之后,幼苗一经长出,就作为一个新生事物而存在了;这标志着,事物的质变已经发生,否定已经实现,转化已经完成。从种子到幼苗,这表现为一个过程,相对于原来的种子,幼苗的出现显然是发生了持续运动上的进步。但是,我们只要看一看原来的种子现在已然成为空瘪种壳这个事实就会清楚,这株幼苗其实是从种子之中分化出去的。也就是在这种分化中,它将原来的种子决定成了又空又瘪的种壳这种纯粹的旧事物;在分化完成之后,它与种壳便成了新与旧两个不同的事物,它们之间的对立,已经成了外部的对立。由此可见,在这里发生的,也是空间广延。

由矛盾展开到新事物产生,这对于每一个事物以及整个世界来说,都是依照客观规律进行的;这种规律就蕴含于其中,由事物的发展变化表现出来。这些规律有机地联结在一起而成为一个统一的整体,存在于事物运动中,表现为事物时、空一并展开的发展变化。它们是客观地存在着的,但一当作为辩证法的规律,实质上就成了人们对事物发展变化的主观反映;至于将它们区分成时间持续和空间广延两方面的规律，也就是这种实质的表现，其实它们是融为一体、一并展开的，只是为了清楚地加以认识，人们在思维中将它们分开来叙述了。因此，这种分开来进行的认识便只能把握在思维中，一旦到切实地面对发展着的这个现实世界的时候，就必须将这两种运动形式如实地融为一体，因为只有如此，才是正确地看待了这个运动着的世界。

世界上的各种事物在其本质之中矛盾的彼此作用和量的参与下，并在与其它事物的相互作用中，由存在于矛盾双方间吸引与排斥作用作为根本的推动力量，依照固有规律，广延并持续地自己运动着、发展变化着。就其中的每一个具体事物来说，它的广延与持续都是有限的，最后总要归于萎毁消亡；而物质世界的发展却是无限的，因此它总是要经常地产生出新生事物，从而呈现出无止境的扩展和永恒的进步。这，就是我们人类所面对的发展着的现实世界；而辩证唯物主义哲学新理论所反映的，就是这样一种关于世界发展运动的观念。

（作者：中共中央巡视组正局级专员、中国纪检报原副总编）

中国为什么要怀疑西方的普世价值

宋鲁郑

冷战结束以后，西方的外交工具就以普世价值取代了过去的反共大旗。关于普世价值，就是西方经常挂在嘴上的“民主、自由、人权、平等”，等等。且不说这些是不是公认的普世价值，仅就西方竭力甚至强行在当今世界推销，就十分令人起疑。特别是对于我们中国，更要打一个问号。

一、从东西方关系看普世价值

1840 年，西方凭借大炮和鸦片打开了中国的大门，东西方也进入了全面交流时代。在这此后的 100 多年间，西方在东西方关系上一直是处于支配地位，对中国更是极尽掠夺和欺凌之能事。甚至即使中国在第一次世界大战和第二次世界大战中都是西方的盟友和战胜国，也仍然无法避免西方对中国利益的侵占和出卖。众所周知，一战后，西方主导的“巴黎和会”把战败国德国在青岛的权益转交给日本；二战后，英国和美国更联手瞒着中国把东北利益出卖给苏联，英国甚至继续蛮横占据香港，拒绝交还中国。当面对这种只追求自身利益、毫无诚信而言的西方所推销的东西时，怎么可能让中国人相信是为了中国好呢？退一万步讲，即使这次西方真的放下屠刀，立地成佛，可是中国鉴于过往惨痛的历史，本着“吃一堑长一智”的古训，怎么可能毫无戒备地接受呢？

其次，随着全球经济一体化，中国与世界日益成为一体，形成你中有我、我中有你的经济共同体；当面对经济危机时，还是命运共同体。然而，即便如此，当中石油于 2005 年收购美国一家陷入困境、规模也并不大的石油公司时——这是一件买卖双方都无异议、单纯得不能再单纯的商务活动，美国国会、美国政府却横加干涉，强力反对，认为不符合美国的利益或者国家安全。一件单纯的商务交易尚且如此，更不用说美国先进的科技和军事装备。然而，令人非常奇怪的是，何以西方当做价值核心的普世价值却没来由地大方得很，不但积极推销，甚至还要强买强卖。这和中国购买美国石油公司形成了鲜明的对比。这葫芦里究竟卖的什么药，实在令人犯思量。难道石油公司比普世价值更重要？所以才导致西方宁可把普世价值推销甚至是免费送给中国，也要把石油公司留在手里甚至继续亏损也无妨？当然，如果从纯商务角度看，美国除了不卖给中国石油公司、高科技和先进军事装备，有一样东西是向中国大力推销的，而且是由美国的财长亲自到中国来推销，这就是美国的"两房"债券，也就是现在俗称的"毒债券"。至于后果如何，大家都看到了。所以，西方你不能怪中国对你的积极推销抱怀疑态度，甚至拒之于千里之外。毕竟，万一普世价值是"两房"债券，什么时候中国就毁在这上面也未可知。

最为可疑的是英国。"民主国家"英国统治香港150多年，就是不给香港人民民主权利。但就在中英双方签订香港回归的协定后，英国人突然对香港的民主热心起来，主动要推进香港的民主。显然，如果香港实行民主对英国有利的话，英国早就让香港民主化了。而当香港回归中国不可避免的时候，英国人才恍然大悟突然要搞民主，不惜违反中英两国所签协议的有关规定，不惜得罪中国，其司马昭之心就路人皆知了。于是乎，国际社会上出现了这样不可思议的一幕：一个西方眼里不民主的中国，仅仅在收回香港十年后，就释法推动香港特首直选；而一个西方眼里民主的英国，在统治香港150多年间，居然一直拒绝在香港实行民主！当然，这件事上其他西方国家也同样可疑。为何英国统治香港时，美国等西方国家并不向英国施加压力迫使其实行民主？

最后，在西方眼里，西藏是人权问题，台湾是人权问题，俄罗斯的车臣是人权问题，前南斯拉夫的科索沃也是人权问题。然而，何以西班牙对巴斯克大开杀戒不是人权问题，土耳其派军越境到伊拉克清剿库尔德人也不是人权问题，英国在北爱尔兰滥杀无辜还不是人权问题，魁北克被加拿大联邦取消公投权利仍然不是人权问题？就只因为他们是北约成员，是西方的一分子?！从东西方160年历史看，西方主动式、强迫式地向中国推销的东西确实不少：初期有鸦片、治外法权、租界，现在则有"两房"债券和普世价值。前几样，已证明是毒害或损害中国，只有普世价值还待确认，也许已经吸取了众多经验教训的中国人民，已经不会再给西方一次机会了。

二、从民主与自由、人权、平等的关系看普世价值

如果我们再回到西方极力推崇的普世价值本身，即捆绑在一起的民主、自由、人权、平等，仍然令人疑惑丛生。因为从西方民主国家300多年的历史来看，至少民主和自由、人权、平等并没有天生的必然关系，甚至是毫无关系。

英国是世界上第一个宪政国家。但这个制度建立后却并没有带给人民自由、平等和人权。对内采用残酷的"羊吃人"的圈地运动进行原始资本积累，同时立法禁止失地的农民乞讨——连乞讨的自由都被剥夺——只能被迫成为新生的工人阶级，在没有任何劳动保障的环境下每日工作12至18个小时，所得甚少。更别说政治上的选举和被选举权。这个时候的英国民众可以说是完全的无人权、无自由状态。对外则通过殖民掠夺、武力扩张、贩卖黑奴积累了庞大的肮脏财富。当爱尔兰被强行并入英国后，发生严重的饥荒，英国不但不救助，而且阻止其他国家的援助。甚至在灾荒最严重的几年间，爱尔兰仍然大量向外输出粮食。在长达200多年的时期，英国人民别说什么人权，就是最基本的生存权都受到威胁。随着财富的增加和下层民众的强烈抗争，"民主制度"下的英国才慢慢不得不建立社会保障体系，扩大选举的范围——从过去的贵族、有产者向城市男性劳动者、农村男性劳动者和女性扩展。英国妇女作为最后一个得到选举权利的群体，是在付出暴力、绝食、自杀等代价以及在一战时的巨大牺牲和贡献后才得到的。瑞士则到上世纪70年代才给予女性投票权，实现了西方所宣扬的普选。

法国大革命被认为是人类历史上最伟大的革命，革命中诞生的自由、平等、博爱原则响彻云霄。然而，推翻了王室、僧侣和贵族统治的资

产阶级，立即成为新的特权阶层。曾同为第三等级的下层人民转而成为被镇压和盘剥的对象。当然，和英国一样，在100多年过后，随着财富的增加和人民的暴力反抗，这些民主国家不得不做出让步，建立保障体系，扩大选举权，最后发展成为今天的模样。

美国独立时喊得最响的就是“人人平等”。然而包括华盛顿在内的众多开国之父们大多是奴隶主，蓄有黑奴。美国内战时，打着废奴旗号的林肯总统，他的夫人家里就是养黑奴的大家，而北方的军队就被拥有众多黑奴的格兰特将军率领（颇为反讽的是，南方军统帅罗伯特·李反而没有黑奴）。在刚开始通过的美国宪法中，居然没有人权条款！而就是在这部宪法中，在南方奴隶主的要求下，在众议院按人口比例选举议员，南方蓄奴州的黑奴（在当时是按奴隶主的固定资产来看待的，不交税，没有投票权）按3/5的人口数计算。美国独立后，开始了工业化进程。英国和法国原始积累的一幕再现美国。这期间，对所有的工人罢工一律镇压。现在的“八小时工作日”和“五一”劳动节就是芝加哥工人用鲜血换来的。二战后，美国已成为全球头号强国。然而，美国国内仍然实行严格的种族隔离制度。所有的公共场所，甚至教堂、墓地都要分黑人、白人。于是，无法忍受的黑人长达10多年间，用暴力或和平的方式争取自己的权利，终于在1965年得到了公民权和选举权。而女性记者可以参加白宫举行的记者招待会，也是在肯尼迪时代才实现的。

纵观西方民主300多年历史，民主确实和自由、平等、人权没有必然的联系。但西方为什么要歪曲历史，把民主和自由、人权、平等挂起钩来，是非常需要打一个问号的。至于西方把包装起来的普世价值当作谋利的外交工具，就更有违普世价值的本意了吧。

三、从民主在西方的历史演变看普世价值

如果从古希腊民主算起，西方民主发展到今天已经有2500多年的历史。然而，令人不解的是，民主在西方，2000多年来，无论是先贤先哲，还是精英政府，不少人对民主持强烈的否定甚至厌恶态度。而仅仅是最近这两三百年才算是扶正，特别是冷战后才跃升为现在的崇高地位。

在西方，有产阶级和知识精英反对民主主要有两个理由：一是大多数人是无知无识的，他们对问题的看法经常是错误的。而政治是专业人才的领域，但专业人才永远是少数。二是由于大多数人都是无知无识的，就很容易受人蛊惑、摆布，特别是被无耻而又有野心的鼓动家利用。因此，他们得出结论：多数人一旦获得参政的权利就会变成集体暴君。因此，在他们眼里，民主就是占多数的穷人对富人横行霸道的制度。这种观点从苏格拉底到美国的开国之父那里都能找到影子。《柏拉图对话录》曾记录下苏格拉底这样一段对话：他力图说服某人，作决定时不应受民意的左右，因为大众大多是无知的，他们的意见不值得采纳。色诺芬在《苏格拉底回忆录》中，就通过对话得出“民主实际上就是另一种形式的暴政”的结论。至于苏格拉底的学生柏拉图更深信，只有哲学家才能充当统治者，普通民众没有能力也不适于管理国家。由于民主让所有的人参与，他认为这就取消了分工和专业化，其后果是让政治变成一种无效率的东西。柏拉图的学生亚里斯多德把民主定义为“适用于穷人控制政府的体系”，“包含着专制君主的性质，简直不能算是一个政体”。柏拉图师徒都深信，人天生就在智力和道德上不平等，政治制度的设计就必须反映这种天然的不平等。

同一时代的历史学家修昔底德和波里比阿也对民主持否定的态度。在《伯罗奔尼撒战争史》中，修昔底德提供了雅典民主导致败坏、堕落、滥权、不讲法制、压制富人的大量事实。波里比阿则直指民主是建立在不讲原则的平等和自由之上。

在西方政治思想史上，罗马共和国晚期的

思想家和政治家西塞罗也对民主持反对态度。他认为,把地位不平等的人置于同等的位置是“最大的不平等”。在他看来,正是民主带来的无序和混乱,才导致雅典的灭亡。

进入公元后,欧洲陷入中世纪的黑暗时代,民主更成为反面和被抨击的对象。中世纪最重要的思想家阿奎那就认为:“不义的政治可以由许多人行施,那就叫做民主政治。当平民利用人数上的优势来压迫富人时,这种政治就是暴民统治。”民主政治不过是暴民政治的别称而已。

欧洲进入文艺复兴时期,尽管掀起了整理、学习和研究古希腊、罗马精神遗产的热潮,但民主却依然无法改变被否定的命运。现代政治哲学的奠基人马基雅维利鼓吹罗马式的“共和政体”和民主的最大区别在于不能让人民当家作主。而整个文艺复兴时期的主流也是认为民主主义不过是“愚民、暴民”统治的代名词。

17世纪,欧洲进入启蒙时代。这些启蒙大师又是如何看待民主的呢?英国伟大的政论家、诗人弥尔顿一方面高呼“对于暴君,人民有权反抗,人民的权利至高无上”,但另一方面他却认为必须由少数开明者强迫多数人接受自由,否则多数人可能出于卑劣的动机迫使少数人成为奴隶。英国的洛克强调个人自由和个体权利,但认为人类的未来只能由少数人掌握,只能由开明者掌握。对他而言,最重要的“天赋人权”是财产权!

法国百科全书派是重要的启蒙运动派别。但他们政治上的主张大都十分保守,主张开明君主制。孟德斯鸠一方面激烈抨击专制政体,但又认为,在民主政体下,平等精神会走向极端。由此产生一窝窝小暴君,而且很快自由就会消失,单一暴君就会出现。因此,他主张英国式的有节制的君主政体。伏尔泰主张“人人自由,人人平等”,但他认为民主政体“只适合于非常小的国家。即使如此,也会出错,因为它是由人构成的,相互倾轧在所难免”。狄德罗则更直截了当,认为一个种族的未来不能掌握在多数人手里,未来只能抓到像他自己一样有教养的人手里。他为《百科全书》编写的“民众”词条写道:“民众是愚昧与迟钝的。”

在那个时代,卢梭是一个少有的例外。他倾向于直接民主制。因此,他对于英国的议会制大加批评:“英国人自以为自己是自由的,他们是大错特错了。他们只有在选举国会议员时才是自由的;议员一旦选出之后,他们就是奴隶,他们就等于零了。”值得一提的是,当时英国700万人中,有权投票的只有25万人!只有这25万人在投票时才有自由,剩下的600多万人连投票时也没有自由。但卢梭也认为“真正的民主制从来不曾有过,而且永远也不会有”。因为“多数人统治而少数人被统治,那是违反自然的秩序的”。因此,当波兰人请他设计一份民主的宪法时,他却劝告波兰人选择世袭君主制。

德国的康德也认为民主不是一种合理的政治制度,因为它不是建立在从事物的永恒秩序中生发出来的理智和正义之上,而是多数人随性而为的结果。

法国大革命揭开了人类的新篇章,但法国大革命高举的大旗是“自由、平等、博爱”而没有民主。尽管如此,有产者仍然把法国大革命当作民主发作的后果。民主被当成“财产掠夺、暴民政治、红色恐怖”的代名词。柏克诅咒这种纯粹的民主制是不光彩的寡头政治,并指责“纯粹的民主制就是世界上最无耻的东西”。大卫·李嘉图认为,选举权只能赋予那些不会推翻私有财产权的人。当英国发生大规模的宪章运动争取普选权时,英国历史学家麦考莱认为,普选权意味着“私有财产以至整个人类文明的终结”。

美国独立之后,民主也长期受到开国之父的冷遇。与现在美国总统张口闭口民主不同,从第一任总统华盛顿到第二任总统亚当斯再到第三任总统杰弗逊都绝口不提民主。第四任总统麦迪逊更认为:“政府若采用民主形式,与生俱来的就是麻烦和不方便，人们之所以谴责民主，原因就在这里。”如果查看《美国制宪会议记录》，充满了对民主的声讨。民主总是和“愚蠢、过分、危险、罪恶和暴政”连在一起。麦迪逊在《联邦党人文集》第十篇大谈美国的共和政体如何胜于民主政体。

然而，民主最终成为西方的核心价值和外交工具则是出于以下三个原因：一是人民发起的声势浩大的运动，迫使西方资产阶级不断作出让步。二是西方对民主加以限制，比如提出“宪政民主、代议民主、程序民主”等修饰词，以确保保护私有财产的底线。民主等于被阉割和驯化乃至篡改。三是通过一段时间的普选实践，他们发现在媒体和财富仍然在他们控制之下的普选，自己的权利不但没有受到损害，反而更增加了政权的合法性，更可将社会不安定因素消除于无形，特别重要的是并没有出现多数人对少数人的暴政。在这种背景下，民主便成了显学，成了西方统治最为有利的工具。

四、从一个世纪的全球实践看普世价值

民主在西方确定“独尊”地位之后，便伴随着西方的扩张在全球传播。然而，这是一种怎样的传播方式呢？1898 年，美国进行了北美大陆以外的第一次扩张，发动了美西战争，并借此占领了菲律宾，但遇到当地人民的强烈反抗。美国一方面残酷镇压，一方面仍然振振有词地为自己辩护。美国时任总统麦金利声明：“我们没有什么别的办法，只能镇压这些起义。这块土地是我们的。我们要给他们带去文明。”“我们在菲律宾的旗帜既不是帝国主义的大旗，也不是压迫的象征，而是自由的旗帜，是希望和文明的旗帜”。一位战地将军则在信中写道：“也许需要杀掉一半的菲律宾人，才能使剩下的那一半进入更高水平的生活。”美国就是以这种逻辑来到这个世界，并凭着这种逻辑迅速发展壮大至今。而当整个西方都是以这种逻辑来输出文明和普世价值的时候，便不可避免地迎来两次世界大战。到现在为止，人类历史上代价最为惨重的两次世界大战和两次严重的经济危机，全都发生在普世价值诞生地欧洲及普世价值发扬地北美，这实在不是一个意外。

如果侵占菲律宾是久远的过去，那么发生在 21 世纪的美国入侵伊拉克则仍然是历史的翻版。2003 年，时逢经济衰退的美国再次把目标投向了伊拉克。然而，这一次美国遇到了国内外空前的反对和阻力。它的西方盟国法国、德国都站到了反对的第一线。甚至美国这个基督教国家，总统就职宣誓都必须手按圣经的国家，竟然十分罕见地遭到罗马教皇的公开反对！在看到通过联合国无法达到目的的情况下，美国干脆绕开联合国，仅仅联合了英国等少数盟国就用武力推翻了萨达姆政权。如果说此前不久的阿富汗战争，美国还有一个反恐的理由，但这一次美国就什么借口都没有了：既没有萨达姆与恐怖组织合作的证据，也没有大规模杀伤性武器的凭据，仅仅是以“企图拥有”这等莫须有的罪名入侵了伊拉克。美国占领伊拉克后，自然什么也找不到，面对这种尴尬场面，美国政府只好以“情报错误”搪塞了事。而几年后，真相才大白于天下：一是情报部门为迎合布什而将情报修改。二是美国情报人员用 50 万美元收买了一位伊拉克高官，伪造了一封给萨达姆的信。而这位高官一收到钱就消失得无影无踪。至此，美国用暴力和谎言建立和维持的伊拉克民主政权真相才水落石出！只是世界要问：一个靠暴力和谎言建立并维持的政权是民主政权吗？也许，当小布什卸任前最后一次访问伊拉克而遭到出席新闻发布会的一名愤怒的记者不顾一切地用两只鞋子这一阿拉伯世界最为传统和极端的羞辱方式欢迎他时，这个答案已经昭然若揭了。美国占领伊拉克五年，把这个中东地区曾经教育水平最高、医疗设备最为先进、基础设施最完备的国家，变成了世界最不安全、腐败排名高居世界前列的国家！与此相对应，小布什在国内的支持率创下难以置信的新低，达到了 24%，而当年深陷“水门事件”的

尼克松的支持率还有34%。美国自二战之后，还没有哪一位总统的不支持率超过70%，当然小布什除外！

我们再来看那些接受了普世价值的发展中国家，又是何番景象。

印度是除中国之外最大的发展中国家，也是一个实行民主已经60多年的号称世界上最大的“民主国家”。2008年，总部设在德国的国际透明组织公布了最新的腐败榜。前年尚和中国并列72位的印度，由于存在严重的政治贿选现象，排名一下跌到85位（透明国际专门评论中国说：“中国今年的得分和1995年我们第一次发表清廉指数的时候相比，中国的得分进步了1.4分。这个进步在整个亚太地区还是非常实质性的巨大进步）。不久，总部设于华盛顿的国际食品政策研究所发布的饥荒指数，印度又很不幸地排在88个国家中的第66位（中国第15位），而凡是倒数30位的国家，都是饥饿严重存在而迫切需要首先解决的国家。与此相印证，在联合国公布的全球贫困人口中，印度又以4.5亿高居榜首。尽管印度目前最大的挑战是饥荒，但令人不可思议的是，印度多年以来仍然是粮食净出口国，而且政府还提供大量的补贴用于鼓励出口。因此，尽管印度是一个实行免费医疗的国家，但是根据联合国儿童基金会体现儿童生活状况最重要的指标“五岁以下儿童夭折率”，印度为76‰，高居全球49位（死亡人数越少名次越靠后，中国24‰，101位，美国8‰，151位）。而其原因，就在于饥饿造成的营养不良！印度儿童低于正常体重的高达43%（美国2%，中国7%）！此外，由于宗教、种姓制度、民族矛盾和不公正的选举，动乱和骚乱此起彼伏。2008年临近年终发生在经济首都、造成近200人死亡的孟买恐怖袭击事件则更是震动全球。短短三天，造成的直接经济损失高达1000亿美元，而这三天印度的汇率损失约为200亿美元，直接打击了已严重受全球经济危机冲击的印度。直到现在，“粮食无保障和人命无保障”一直是印度最大挑战。根据英国《每日电讯报》评选的全球高危的20个国家和地区，大多数都是“民主国家”。显然，这并不是巧合。

在已经民主化70多年、号称“微笑之国”的泰国直到今天仍然在军事政变、街头暴力进行政权更替的方式轮回。“投票箱里出政权”仍然是梦想。现在是专制也不成，民主也不成，整个国家丝毫看不到隧道尽头的光明。对于泰国70年的民主教训，现代政治哲学奠基人马基雅维利的观点可以称之为最好的解释：既不相信权力不受限制的君主，也不信任行为不受约束的人民。

至于俄罗斯，在叶利钦的“民主十年”，国家居然到了崩溃的地步，迎来了“三百年来最黑暗的时期”，出现和平时期人均寿命减少的罕见现象，而俄罗斯的腐败排名更沦至惊人的147位。而和俄罗斯同时进入转轨的东欧国家，除东德有西德这一亲兄弟外，其他东欧国家保加利亚、罗马尼亚、捷克、波兰等国，在经过初期的政治动荡后，迎来了贪腐时期。2008年，保加利亚和罗马尼亚甚至由于过于严重的腐败和黑社会犯罪被欧盟予以经济制裁。如果仅仅是经济下滑、社会腐败还不能动摇这些国家的民主制度的话，罗马尼亚2008年底举行的议会选举却发出了严重的信号：由于投票率仅39%，投票的合法性令人大为质疑，更显示罗马尼亚人民对民主制度的信心丧失。特别值得一提的是，当年罗马尼亚是唯一付出血的代价才得到西方的民主与投票权。华人社会第一个搞西方民主的台湾地区，20年间不仅被称之为“全球最大的笑话”，更给台湾人民带来经济下滑、社会分裂和对立、政党贪污腐化的乱世，以至于台湾评选2008年度代表字——“乱和骗”高居第一和第二。

五、从西方的双重标准看普世价值

西方宣扬的普世价值之所以令人起疑，还在于西方推销时的双重标准和昨是今非的特点。

二战时，面对法西斯纳粹德国的严重威胁，

西方联合所有可能联合的国家组成前所未有的同盟战线，共同对抗。然而，二战胜利后不久，西方立即把矛头对准了曾是盟友的苏联。因为在二战期间发展起来的苏联此时已跃升为西方的头号威胁。为此，西方不惜联合二战后残余的两个法西斯政权葡萄牙和西班牙，共同发起冷战。更为离奇的是，葡萄牙居然不久加入了北约！而且还接受了马歇尔援助！其转变之快，令人瞠目。当然，这还不包括同为西方盟国的许许多多实行家族独裁或军事统治的众多第三世界国家，如韩国、印尼、菲律宾、智利，等等。然而，不得不提的是，尽管西方强烈向全球推销民主等普世价值，但对世界上可以说最为落后的中东封建君主王室制度却网开一面，只要不是公开反美的国家均相安无事。

再看看高调宣扬人权外交的西方是如何对待卢旺达的。1994 年，卢旺达胡图族总统飞机遇难身亡，瞬间引爆该国长期存在的种族矛盾和血腥仇杀。短短 100 天内共造成 100 万人死亡！200 多万人流离失所！这在仅有 800 万人口的非洲中部小国卢旺达来说意味着什么可想而知。然而，对于发生在当代空前的人道灾难，西方均袖手旁观。要找到这场发生在克林顿执政时期的惨案无人干预的原因，就需要先从克林顿入主白宫初的外交政策中寻找答案。据美国前国防部部长助理伍兹回忆，克林顿政府上台初期，曾指示五角大楼研究世界上可能爆发的危机，以供白宫决策使用。熟悉非洲事务的伍兹将卢旺达和布隆迪问题列进名单。很快他就接到了上面的指示："我们不在乎在卢旺达或布隆迪发生的事情，把它们从名单中去掉。美国的利益不在那里，我们不能把这些无聊的人道主义问题和诸如中东、朝鲜等重要问题混为一谈。"

如果美国的举动与此前在索马里受挫多少有关的话，而其他西方国家的表现则更是令人难以接受。比利时作为卢旺达过去长达近半个世纪的殖民地宗主国，有着众多的利益，因此，在该国拥有最多的部队和最精良的武器。不料，当 10 名护送卢旺达图西族总理避难的比利时士兵被一起杀害后，比利时政府选择的不是继续维护人权和和平或者对凶手进行报复，而是将所有维和人员撤出，从而造成了卢旺达局势的迅速恶化。至于法国，根据卢旺达现政府长达 500 页对法国的起诉报告，则是令人发指和触目惊心。根据这一报告，法国对当时的胡图族政府的支持是多方面的，包括政治、军事、外交和后勤支援。报告指控法国训练那些对种族灭绝负责的胡图族军队，帮助他们制定大屠杀的计划，法国军队甚至直接参与了屠杀行动。此外，法军被指控的其他罪行还包括强奸生还者与谋杀。报告还指控法国政府与军队的 33 名官员参与了种族灭绝，其中包括已故前总统密特朗、前总理德维尔潘、前外交部长及总理于贝、前总理巴拉迪尔。虽然到现在，法国政府一直强烈否认同 1994 年的大屠杀有直接关系，但是有一点是肯定的，那就是，法国军队在大屠杀数周后再次进入卢旺达并控制了西南部地区，而一些手上沾着鲜血的胡图族极端分子就是从法国军队控制的地区逃跑的。

六、西方普世价值何以没有和平

出于以上所述原因，西方鼓吹的普世价值"民主、自由、人权"是充满争议的。但如果纵观人类历史，无论国家、种族、政体，超越时空唯一没有争议的普世价值应该是和平。然而，令人奇怪的是，西方包装成一揽子的普世价值却唯独没有和平！个中原因，我想应该有二：

一是所有的当代发达"民主国家"，在其当年发展过程中都依靠国家暴力和军事扩张。英国靠战争建立起日不落帝国，美国则在全球建立起霸权，其他国家像法国、德国、比利时、荷兰则在全球各地建立起自己的殖民地。这也是为什么两次世界大战都发生在欧洲的原因。除了这两次世界大战，各"民主国家"为了争夺殖民地和海外市场更是大打出手。至于西方宣传的"民主国家"之间从来没有发生战争，就只能是"谎言重复一千遍就成为真理"的笑话。不说别的国家，仅英国和美国之间就发生过两次战争。第一次算是美国独立战争，第二次虽然仍然号称独立战争，实际是美国想扩张到西部和垂涎英国控制的加拿大而导致的，而且是美国首先宣战并进攻加拿大，双方为此打了 13 年才结束。

二是冷战后，西方把战争手段作为输出普世价值的手段。短短 20 年间，西方直接参与的战争包括：两次海湾战争、一次科索沃战争、一场阿富汗的反恐战争。而且两场战争仍然在持续，还遥遥无期。这也是为什么 2004 年雅典奥运会开幕时，国际奥委会曾提议所有国家签订休战协议。尽管这是一个没有约束性的提议，正在伊拉克打得火热的美国仍然拒绝签署。2008 年北京奥运会开幕当天，西方大力支持的“民主国家”格鲁吉亚选在这天发动大规模军事行动，引发与以独联体名义并得到联合国认可的在此地执行维和任务的俄罗斯的严重冲突。至于“民主国家”以色列对中东“民主国家”黎巴嫩和其邻国巴勒斯坦频繁发动的军事行动就更是习以为常。对于此举，美国一线作战的将军们说得还是更直白一些。美国 30 年代受勋最多的巴特勒将军 1935 年在美国杂志《常识》上发表文章，直言不讳：“我把海地与古巴变成一个花旗银行的小子们可以收集财富的地方，我帮着华尔街抢劫了半打中美洲国家。敲诈勒索的名单很长。我在 1909－1912 年帮助布朗兄弟国际银行公司净化了尼加拉瓜，我在 1916 年为美国制糖业的利益而给多米尼加共和国带去了光明，我在 1903 年为了美国水果公司而把洪都拉斯摆平了。”

显然，西方的普世价值没有和平，并不是一时的疏忽，而是有意为之。否则，将何以用战争手段去掠夺？这和过去的逻辑是一脉相承的：民主可以从不是好东西到变成好东西，普世价值从只包括民主到再添加进去自由、人权、平等。也许在将来的某一天，根据需要，和平也会进入到西方的普世价值中。只是现在还不行！只是没有和平、也不能导致和平、甚至威胁到世界和平的普世价值还是普世价值吗？这种不顾他国国情强行推销甚至强迫第三方接受的价值是普世价值吗？其实，关于国情的重要性，美国的国父们是很清楚的。他们在谈到历史上存在的共和国模式：斯巴达、罗马和迦太基时，提出“这些先例，因与国情未合，美国自难效法”。只是到了今天，就像他们推崇普世价值一样，都变成可“有”或可“无”的工具了。

面对西方的普世价值，中国难道不应该问一个为什么吗？

（作者：法国《欧洲时报》时事撰稿人）

近期有关“中国模式”研究观点综述

庄俊举　张西立

近年来，关于“中国模式”的讨论受到了海内外舆论界和学术界的格外关注。2008 年是中国改革开放 30 周年，学术界围绕“中国模式”的历史背景、主要内涵以及发展趋势和未来影响等话题进一步发表意见。现将有关观点整理如下。

一、关于“中国模式”近年来特别受到关注的原因

实际上，早在 20 世纪六七十年代开始，国外学者已经开始关注中国发展道路问题，这其中包含了对“中国模式”的初步探讨。美国普

林斯顿大学社会学教授吉尔伯特·罗兹曼在20世纪70年代末编著的《中国的现代化》一书中，就集中分析、探讨了中国现代化进程中的有利因素及障碍。以色列学者艾森斯塔德则在《现代化：抗拒与变迁》、《对多重样现代性的反思：欧洲的、中国的和其它的诠释》等著作中，从传统社会文化的秩序特征以及中国社会变迁两个方面分析了中国发展的路向。

关于近年来海内外舆论对“中国模式”或中国发展道路特别关注的原因，学者们的观点主要有以下几点：

一是苏东剧变后，西方国家对中国发展战略和发展模式的重新审视。苏东剧变后，西方国家对中国的发展态势先后抛出“中国威胁论”和“中国崩溃论”。关于“中国威胁论”方面的论点以20世纪90年代美国的伯恩斯坦和芒罗撰写的《即将到来的美中冲突》为代表。“中国崩溃论”始于1984年美国世界经济研究所的布朗提出的“谁来养活中国?”一说，继而引起全球性的争论。自2001年以来，针对中国经济的新的论调又在国外盛行，如诺贝尔经济学奖得主、有“国际经济乌鸦”之称的克鲁格曼教授提出疑问说，中国这个亚洲奇迹中的最大奇迹，是否会成为下一个崩塌的神话。美国华裔律师章家敦则提出，“与其说21世纪是中国的世纪，还不如说中国正在崩溃”。而中国历经1997年亚洲金融危机和2008年的经济危机还能保持比较稳定和快速发展使得这些言论不攻自破，也使得他们不得不重新审视中国的发展战略和发展模式，乃至于美国和欧洲最近对金融市场的干预都被认为是在学习中国。

二是中国共产党领导下的人民政府在应对汶川特大震灾和举办北京奥运会上展现出的“举国体制”，让全球对中国政治体制刮目相看。长期以来，针对中国改革开放取得的显著成就，国际舆论界一种有代表性的声音认为，中国经济奇迹的背后是陈旧落后的政治体制，一党执政的格局不改变，市场经济的发展就没有保障。然而，面对无论是“神舟”系列航天飞船的太空空间活动，还是2008年成功应对雨雪冰冻灾害和四川特大地震灾害，显示出的中国“举国体制”所具有的巨大威力，国际上怀疑、批评乃至否定中国政治体制和社会制度的声音明显减少，取而代之的是对中国政治体制和社会管理体制的肯定和赞扬。有学者认为，作为一个尚存许多问题的发展中国家，能够给世界留下如此众多和非同凡响的奥运遗产，光用经济发展和国力的增长还不足以完全解释，而“举国体制”无疑是这一切奇迹中的关键。还有学者认为，举全国之力，集中优势资源，聚焦特定的工程、项目、事件，往往可以形成跨越性、突破性、高效率的发展，同时还能够形成带动效应，提升整体的经济社会发展水平。正像国际奥委会主席罗格所说，在这次奥运会中，单单是出动这么多的人力就没有其他国家能够企及。中国有13亿人口，这样的资源是世界上其他国家所无法比拟的。还有，中国作为一个经济大国在财力方面的投入也是其他国家没有办法达到的。

三是以“华盛顿共识”为主要内容的新自由主义造成重灾区和“中国奇迹”的出现所形成的鲜明对比，使得人们更加关注“中国模式”。“华盛顿共识”主张私有化、自由化的经济发展道路，结果在东欧、拉美和亚洲造成了三个重灾区。特别是随着这次华尔街金融风暴肆虐全球，人们在深刻反思资本主义固有矛盾的同时，不由得把目光纷纷投向蓬勃发展的社会主义中国。事实上，中国30年的改革开放创造了“中国奇迹”。据世界银行统计，过去25年来全球脱贫所取得的成就中，约67%的成就应归功于中国。中国的发展，不仅使中国人民稳定地走上了富裕安康的广阔道路，而且为世界经济发展和人类文明进步作出了重大贡献。正反两方面的比较使得国际社会不得不进行冷静反思，开始认真探究中国发展战略和发展模式所包含的丰富意蕴。

二、关于“中国模式”蕴含的主要内容

30年的改革开放，不仅大大改善了中国人民的生活水平，也极快地提升了中国的经济实力。不少第三世界国家、特别是非洲国家认为，中国经济发展的模式，很值得他们借鉴。中国已成为发展中国家参考的、可供选择的模式之一。那么，在外界看来，中国发展模式有哪些成功之处呢？

其一，中国经济飞速发展是“中国模式”最突出和最令人赞叹的地方。有学者认为，世界上许多大的发展中国家，没有一个比得上中国如此大的经济成就。改革开放30年间，中国经济的增长速度和国民收入增长速度，远远超过了世界的平均速度。中国过去30年内在减少贫穷人口方面成绩显著，远远超过印度和越南。据世界银行的数据，中国的贫穷人口，从改革初1981年的65%大幅减少到2001年的18%左右，其下降幅度是世界少见的。中国各级政府在推动经济开放、吸引外资、扩大出口、招商引资方面，成绩显著。中国在1980年建立头四个经济特区，在1992年接受市场经济，在2001年加入世界贸易组织，在迈向市场经济和经济全球化方面，步子大，也有相应的防范措施，是发展中国家做得最出色的。

其二，中国改革开放30年的成功经验在于采取了以比较优势为中心的综合发展战略。这一战略的主要内容有：一是在处理改革、发展和稳定三者的关系方面，中国找到了平衡点，即在坚持稳定的前提下大力推动改革开放和经济发展；二是中国现代化进程的指导方针非常务实，即集中精力满足人民最迫切的需求，首先就是消除贫困，并在这个领域取得了显著的成绩；三是不断地试验、总结和汲取自己和别人的经验教训，不断进行大胆而又谨慎的制度创新；四是确立了先易后难的优先顺序，先农村改革、后城市改革，先沿海、后内地。

其三，中国改革采取了积极稳妥的步骤，避免走极端。首先，中国的改革就其本质而言是一场革命，因为它从根本上改变了国家经济体制的主要特征，从计划经济转向市场经济。其次，中国的改革就其过程而言是渐进变化的，这种并不惊天动地的平稳变化累积的效果，深刻地改变了计划经济。有学者认为，中国领导人不赞成激进的政治民主化，只支持渐进的政治试验和温和改革。中国的这一做法，引起外界诸多争议，但中国保持了政治稳定，保证了投资者的信心。

其四，“中国模式”既不同于苏联模式，也不同于西方发达国家的社会发展模式，而是有着自身鲜明的制度特色。中国不实行全面私有化，而实行以公有经济为主导的混合所有制；虽然也引入了市场经济制度，但政府调节和干预的程度比西方国家要强大得多；中国没有推行多党制和议会政治，不搞立法、行政、司法的“三权分立”；中国虽然允许不同思想流派的存在，但始终坚持马克思主义在意识形态领域中的主导地位。

其五，中国特色社会主义道路是“中国模式”的实质内容，它是与时代潮流相随、与世界文明相伴的道路，是一条与全球发展既相联系而又独立自主的发展道路。不少学者认为，“中国模式”的实质是中国在经济全球化背景下为实现社会现代化所作出的一系列自主选择的集中体现。改革开放以来，在解放思想、实事求是思想路线指引下，中国立足于解决实际问题，坚持走自己的路，把马克思主义普遍真理与中国具体实际相结合，以理论创新推进实践创新，结出了中国特色社会主义理论体系的卓越理论成果，同时在其指导下开辟了中国特色社会主义伟大道路。如果说“中国模式”有什么成功之处的话，对此最精辟的概括就是中国共产党第十七次全国代表大会政治报告中提到的一面旗帜、一条道路、一个体系——高举中国特色社会主义的旗帜、坚持走中国特色社会主义的道路、确立中国特色社会主义的理论体系。

上述学者对中国的发展战略和发展模式进

行的总结，各有侧重。总的来讲，“中国模式”的内涵还需要在实践中继续完善和补充，相应地，人们对“中国模式”的研究有待于进一步深入。

三、关于“中国模式”的发展趋势及未来影响

其一，“中国模式”导致的中国崛起，是一个具有世界历史意义的重大事件，它深刻改变了国际政治格局，甚至在某种程度上改变着世界历史进程。有学者认为，中国改革开放的伟大成就和成功经验，是在落后国家如何建设社会主义、如何实现现代化的经验。它不仅是中国巨大的精神财富和宝贵的文化遗产，也是人类社会的共同精神财富和文化遗产，是对人类社会的重要贡献，必将对在探索中前进的其他国家产生积极的影响。

有学者认为，“中国模式”的相对成功，为中国赢得了宝贵的话语权。中国崛起带来的可能是一种全新的思维、一种深层次的范式变化、一种西方现存理论和话语还无法解释的新认知。

有学者认为，对于中国说来，华盛顿共识与北京共识这两种模式的较量意义重大，因为这既关系到经济利益又关系到政治利益。如在非洲大陆，“中国模式”就有着相当大的吸引力。如果北京成功地让国际社会接受“北京共识”的话，北京就可以使得世界重新意识形态化，质疑西方规范的普世性。

其二，国内外学者对“中国模式”有期待、有信心。俄罗斯科学院院士季塔连科在2004年曾撰文论述中国现代化进程及其发展模式的国际意义。她认为，中国实现现代化、成功解决深刻的国内和国际矛盾的经验，不仅为发展中国家树立了鲜活的榜样、提供了切实可行的现代化模式，更为它们发展与中国的合作提供了广阔的平台。

印度学者在比较中印发展模式时，认为中国发展模式所取得的成果远远高于印度发展模式。中国选择了社会主义的发展模式，而印度选择了资本主义的发展道路。在减少贫困、财富分配、人均寿命、识字率和电话普及率等方面，中国的表现都远远好于印度。

历史学家汤因比在中国改革开放伊始就对中国的发展充满了信心，他说，“西方观察者不应低估这样一种可能性：中国有可能自觉地把西方更灵活、也更激烈的火力与自身保守的、稳定的传统文化融为一炉”，“如果中国能够在社会和经济的战略选择方面开辟出一条新路，那么它也会证明自己有能力给全世界提供中国和世界都需要的礼物。这个礼物应该是现代西方的活力和传统中国的稳定二者恰当的结合体”。

华尔街金融危机暴露出经济全球化的深刻弊端，但经济全球化的进程不会也不应因此而中断。事实上，只有全球的多样性的相互交流才能催生世界的和谐。“中国模式”是经济全球化背景下一种积极回应和参与全球发展的社会发展模式，是坚持社会主义、强调民族特色、同时又倡导不同社会制度和意识形态“共处竞争、对话合作”的社会发展模式。“中国模式”的出现，丰富和发展了世界发展模式，为全球的发展注入了强劲、健康、鲜活的因素，必将为人类文明不断走向繁荣与发展作出自己的贡献。

（作者单位：中央编译局；求是杂志社）

第十部分

党的建设与党务工作

坚持德才兼备、以德为先的用人标准

李源潮

70年前，毛泽东同志在延安提出了“才德兼备”的干部标准和“任人唯贤”的干部路线，为党的干部工作奠定了思想基础。70年后，胡锦涛同志在今年召开的全国组织工作会议上提出，选人用人要“坚持德才兼备、以德为先”。深刻理解和全面贯彻这一重要思想，对于新形势下更好地贯彻执行党的干部路线和干部政策，为推进科学发展、全面建设小康社会提供组织保证，具有十分重要的意义。

一、坚持德才兼备、以德为先是我们党一贯的选人用人思想

党的政治路线要靠组织路线来保证，以什么样的标准选人用人是组织路线的核心内容。在长期革命、建设和改革实践中，我们党始终强调选人用人要坚持德才兼备，把德放在首要位置。早在1938年，毛泽东同志在党的六届六中全会上就指出，“中国共产党是一个在几万万人的大民族中领导伟大革命斗争的党，没有多数才德兼备的干部，是不能完成其历史任务的。”他还指出，“共产党的干部政策，应是以能否坚决地执行党的路线，服从党的纪律，和群众有密切的联系，有独立的工作能力，积极肯干，不谋私利为标准，这就是‘任人唯贤’的路线。”1940年，时任中央组织部部长的陈云同志具体阐述了德才兼备标准，强调“德才并重，以德为主。”1943年，周恩来同志强调，“挑选干部的标准，政治标准与工作能力，两者缺一不可，而政治上可以信任是先决问题。”新中国成立后，适应领导社会主义建设的需要，毛泽东同志形象化地提出，干部要“又红又专”。改革开放初，邓小平同志根据党的工作重心转移和干部队伍的实际状况，提出了干部队伍“四化”方针，并强调“首先是要革命化。”面向新世纪，江泽民同志提出了“以德治国”的重要思想，指出领导干部一定要树立和保持共产党人的高尚情操和革命气节，不仅讲学习、讲政治、讲正气，而且讲修养、讲道德、讲廉耻。在新的历史条件下，胡锦涛同志强调选人用人要坚持德才兼备、以德为先，真正把那些政治上靠得住、工作上有本事、作风上过得硬、人民群众信得过的干部选拔到各级领导岗位上来，这更加鲜明地突出了德在干部标准中的优先地位和主导作用，是对党的三代中央领导集体制定和形成的干部路线和干部政策的继承和发展。

二、坚持德才兼备、以德为先抓住了当前领导班子和干部队伍建设的关键

中国共产党是社会主义中国的领导核心，党员干部是党为人民执政的骨干力量。在改革和发展的关键时期，党面临的任务和干部队伍的现状，要求我们在坚持德才兼备的同时，对干部的德提出更高的标准和更严的要求。一是世界上不同力量之间的政治、经济和思想文化竞争日益激烈，要求党的干部要有更坚定的理想信念。现在，确有少数干部在西方价值观念影响下，对中国特色社会主义信念发生动摇。要坚持和发展中国特色社会主义事业，保证我们党不走改旗易帜的路，必须对干部尤其是领导干部加强理想信念教育，提高思想鉴别力，增强政治坚定性。二是我国通过科学发展、和谐发展走向现代化的艰巨任务，要求党的干部有更优良的政治素质。今年以来一些地方发生的较大规模群体性事件、重大生产安全事故、食品安

全事故，大都与少数干部为民意识淡薄、缺乏责任意识有关。实现科学发展、和谐发展，不仅要求干部提高破解发展难题的本领，而且要求干部牢固树立正确的政绩观，坚持以人为本、发展为民的价值导向。三是长期执政和发展市场经济的考验，要求党的干部有更严格的道德操守。改革开放和发展社会主义市场经济，为我国经济社会生活注入了强大活力，但市场经济中消极腐朽的东西也滋生蔓延起来，对党员干部的世界观、人生观、价值观产生巨大冲击。少数干部经不住形形色色的诱惑，放松党性修养，降低品德操守，甚至走上腐败堕落之路，严重损害了党的形象。因此，越是长期执政，越是改革开放，越要从严治党，越要对干部严格要求。四是当前广大人民群众对党员干部的品德有更高的要求和期待。现在干部出问题，多数不是出在"才"上，而是出在"德"上。人民群众对干部的意见，主要集中在"德"上。我们要密切与人民群众的血肉联系，必须坚持德才兼备、以德为先的用人导向，用人民群众拥护的人。

三、准确把握坚持德才兼备、以德为先的时代要求

干部的德与才是具体的，在不同历史时期，党的中心任务不一样，所处的社会环境不一样，德才标准的具体要求也有所不同。在当前新形势下，强调党员干部的德，要突出三个重点。一是坚定理想信念。举不举中国特色社会主义旗帜，信不信中国特色社会主义理论，走不走中国特色社会主义道路，能不能忠诚党的事业、坚持党的路线、维护党的原则，这是当代中国共产党人政治品质的灵魂。邓小平同志说过，"所谓德，最主要的，就是坚持社会主义道路和党的领导。"党的干部一定要坚持以邓小平理论和"三个代表"重要思想为指导，深入贯彻落实科学发展观，坚定中国特色社会主义信念，坚定不移地贯彻党的路线方针政策，任何时候、任何环境中都站在党和人民的立场上想问题、办事情，自觉与党中央保持高度一致。二是坚持执政为民。干部从政必须正确对待权力、责任和利益。为政之德的核心是为民用权、为民谋利、为民守责。要牢记党的宗旨，密切联系群众，始终做最广大人民利益的代表。要对党对国家对人民高度负责，忠于职守，坚持原则，不回避矛盾，不文过饰非，真正做到为官一任富一方百姓、保一方平安。要求真务实，勇于革新，不怕困难，不怕挫折，兢兢业业，甘于奉献。三是坚守清正廉洁。这是党的干部做人做事的底线。古人说，"廉者，政之本也。"在中华民族传统中，"清廉"是老百姓对官员最高的褒奖，"贪婪"是老百姓对官员最大的不满。领导干部要严格廉洁自律，堂堂正正做人，干干净净干事，不以公权谋取私利，始终保持清廉的本色。过去我们党在延安的小窑洞里干出了带领群众翻身解放的大事业，现在条件好了，但有些干部和老百姓的距离却远了，这很值得深思。我们要继承和发扬延安精神，牢记"两个务必"，艰苦奋斗、勤俭办事，坚决抵制拜金主义、享乐主义和奢侈之风。

四、干部要有自觉高尚的道德追求

道德的养成主要靠人们的自觉追求。我国古代思想家都强调为官从政要以修身为本、正己为先。党员、干部的道德情操对全社会有着重要的示范和导向作用。领导干部要按照德才兼备、以德为先的要求，自觉践行社会主义核心价值体系，自觉践行社会主义荣辱观，牢固树立正确的世界观、人生观、价值观和权力观、地位观、利益观，常思贪欲之害，常修为政之德，常怀律己之心，带头讲党性、重品行、作表率。

一要以学立德。学习是加强道德修养的基本方法。胡锦涛同志强调，"加强学习不仅是领导干部提高自身知识水平的重要途径，也是提高自身精神境界的重要途径。"一个人的道德水准，与他担任职务的高低没有必然联系，也不会随着职务的提升而自然上升。人们对《论语》中的"学而优则仕"都很熟悉，但这话还有半句是"仕而优则学"，就是说一个人要想从政做事，不仅要先把学问基础打好，而且走马上任后更要

坚持读书学习，才能把事情做好。现在有的干部走上领导岗位后，就自我感觉良好，以为各方面都比别人强，放松学习，放松世界观改造，这就很容易犯错误。我们一定要深刻认识学习对于立德的基础性作用，把学习作为终身追求，把读书当作最大的人生乐趣，用科学知识和先进文化净化灵魂、陶冶情操，不断提升道德境界。

二要以行立德。道德具有强烈的实践性，不仅来自于实践，而且要行之于实践。人民群众对干部总是听其言、观其行的。干部只有把共产党人的道德要求，“体诸身、见诸行”，经受苦与乐、荣与辱、公与私、权与法等各方面的考验，才能不断锤炼道德品质，树立良好的道德形象。孔繁森、郑培民、任长霞等党的优秀干部之所以能够得到老百姓的真心爱戴和拥护，就是因为他们身体力行了为民、务实、清廉的价值观。极少数腐败分子台上讲得漂亮，台下胡作非为，最终都遭到人民的唾弃。言行一致、知行统一，是我们共产党人的本色。党员干部要注重在艰苦环境、危难时刻磨练意志、砥砺品质，在直面矛盾、破解难题中培养敢于负责、勇于创新的精神，在自觉践行党的宗旨、为群众排忧解难中增强为民意识、升华爱民情怀，真正当好人民公仆。

三要以律立德。加强干部道德建设，要坚持严格教育、严格管理、严格监督。一方面，组织上对干部要从严要求，坚决纠正干部管理中失之于宽、失之于软的现象。另一方面，领导干部要严以自律，把组织的要求和外在的约束转化为内在的意志和信念。现在有少数领导干部追名逐利，喜欢听好话、信好话，只喜欢掌声和恭维，听不进批评意见，这是非常危险的。“物必自腐，而后虫生”。古人把“励志自强”、“自律改过”作为品德修养的基本态度，强调“吾日三省吾身”。我们党一再强调干部要自重、自省、自警、自励，都是要求加强自律以立德。广大干部要始终以党性原则和道德规范严格要求自己，珍重自己的人格，珍重自己的声誉，珍重自己的形象。要见贤思齐，见不贤而自省。不仅在公众场合、有人监督的时候，而且在个人独处、无人监督的时候，都要严以律己，防止萌发错误的意识、不正当的欲望和不健康的心理。当干部要有敬畏之心，一是敬畏历史，使自己的工作能经得起实践和历史的检验；二是敬畏百姓，让自己做的事情对得起养育我们的人民；三是敬畏人生，将来回首往事的时候不会感到后悔。

五、把德才兼备、以德为先贯穿于干部工作的全过程

坚持德才兼备、以德为先，科学概括了党的干部应当具备的基本条件，既强调了德与才缺一不可，又突出了德的主导作用，强调选人用人要坚持以德为前提、以德为基础、以德为先决条件。干部一旦失去“德”，就失去了被提拔重用的基本资格。我们要把这一思想贯彻落实到领导班子和干部队伍建设的各个方面、各个环节，加强教育培养以育德，完善考核机制以察德，树立用人导向以彰德，强化管理监督以律德。

一要把德的培养放在干部教育更加突出的位置。教育培训对提高干部德才素质具有基础性、先导性作用。干部教育培训要体现以德为先，加强理论武装和理想信念教育，引导广大干部坚定不移地走中国特色社会主义道路；加强忠诚党和人民的教育，引导广大干部遵守党的纪律，服从党的决定，维护党的团结，时刻把党和人民的利益放在高于一切的位置；加强党的宗旨教育，引导广大干部增强群众观念，坚持群众路线；加强责任意识和敬业精神教育，使广大干部在其位、谋其政、尽其责；加强道德情操教育，引导广大干部始终保持道德品行的纯洁性和先进性；加强艰苦奋斗、拒腐防变教育，增强广大干部对各种诱惑的免疫力。

二要把德的考核作为干部管理的经常性任务来抓。坚持德才兼备、以德为先，必须加强对干部德的考核评价。对德的考核评价一直是干部考核工作的难点，存在着简单化、公式化、空泛化现象。要建立完善促进科学发展的干部考核评价机制，进一步充实考德内容，明确考德标准，创新考德方法，提高考核结果的科学性和真

实性。要全面地考核干部的德，既看政治思想觉悟，又看作风和品行；既从工作实绩看德，又防止用成绩代替对德的评价。要特别注意考察干部在关键时刻、重大事件和涉及个人利益问题时的表现，把群众公认作为重要依据，注意把领导的意见、服务对象的意见、群众的意见结合起来进行分析，对干部的德作出客观公正的评价。要把干部的工作圈、交往圈、生活圈进行对照，看其是不是圈内圈外两种表现，台上台下两个形象。要加强对干部德的经常性考核，了解其一贯表现，及时发现苗头性、倾向性问题，有针对性地加强教育管理。

三要把德的表现作为干部选拔任用的首要依据。坚持德才兼备、以德为先，目的是要把政治上靠得住、工作上有本事、作风上过得硬、人民群众信得过的干部选拔到各级领导岗位上来。要真正树立注重品行、科学发展、崇尚实干、重视基层、鼓励创新、群众公认的正确用人导向，不让老实人吃亏，不让投机钻营者得利，提高选人用人的公信度。选用干部，既要重能力，更要重品行，不能简单地以票取人、以年龄取人、以学历取人、以演讲取人，而要以思想水平、工作实绩、品德作风、群众公认取人。尤其是主要领导和关键岗位，更要用那些政治坚定、敢于负责、奉公为民、清正廉洁、开拓创新、艰苦奋斗的优秀干部，而不用那些以权谋私、弄虚作假、干部群众信不过的人，不用那些跑官要官、投机钻营、只为自己谋名利的人，不用那些不讲原则、不负责任、怕得罪人的"老好人"，不用那些不干实事、无所作为、混日子的人。

四要把德的监督作为干部监督的重要内容。干部良好品德的养成，既靠严格自律，也靠管理监督。要认真贯彻落实党内纪律处分条例和党内监督条例，严格执行领导干部个人重大事项报告、述职述廉、诫勉谈话、岗位问责等制度，充分发挥党内监督对干部的约束和警示作用。重点加强对干部用权行为的监督，让权力在阳光下运行，切实防止以权谋私、搞权钱交易。要加强对干部德的全程监督，既管好八小时以内，又注意八小时以外。对那些理想信念动摇、漠视群众疾苦的干部，要严肃批评教育；对跑官要官、买官卖官、拉票贿选的，发现一起、查处一起；对生活不检点、群众有意见的，要及时提醒指正，对腐化堕落的，必须依纪严肃处理。要把党内监督与人大政协监督、民主党派监督、群众监督、社会舆论监督结合起来，努力形成对干部道德监督的强大合力。

（此文是李源潮同志在延安出席中国浦东、井冈山、延安干部学院2008年秋季开学典礼时的讲话，发表时略有修改）

党员干部心里要始终装着人民群众

张春贤

党的十七大明确提出加强反腐倡廉建设，并把反腐倡廉建设同思想建设、组织建设、作风建设、制度建设一起确定为党的建设的基本任务，这是从提高党的执政能力、保持和发展党的先进性的全局高度作出的重大决策。新形势下加强反腐倡廉建设，是发展中国特色社会主义的必然要求，是推进党的建设新的伟大工程的必然要求，是适应反腐败斗争形势发展的必然要求，是加快富民强省、构建和谐湖南的必然要求。

全心全意为人民服务是我们党的根本宗旨。能否做到心里始终装着人民群众，殚精竭虑实现好、维护好、发展好人民群众的根本利益，是衡量党员干部风气正不正、作风好不好的重要标志。近年来，我们按照为民、务实、清廉的要求，狠抓干部作风建设，在实际工作中成效明显。权为民所用、情为民所系、利为民所谋，成为广大党员干部更加自觉的精神追求和行为准则。

围绕实现人民群众根本利益，广大党员干部坚持以加快富民强省为己任，深入贯彻落实科学发展观，致力于推进又好又快发展。近年来，全省经济社会发展呈现增长加快、效益提高、结构优化、活力增强、民生改善、社会进步的良好态势。

围绕实现人民群众根本利益，广大党员干部把保障民生作为最大的责任，把改善民生作为最大的政绩，全方位加大了改善民生的力度。近年来，各地各部门在人民群众的就学、就业、就医、社保、住房等方面办了一大批实事，人民群众得到越来越多的实惠。比如，去年全省各级党组织和政府共同努力，通过就业扶持、公益性岗位援助等方式，为全省 3.09 万户城镇零就业家庭解决了每户至少 1 人就业，是全国第 2 个解决零就业家庭问题的省份。各级劳动部门向社会公开承诺，今后凡出现零就业家庭，只要对岗位不挑不拣，48 小时内帮助解决就业岗位。

特别是在遭遇严重自然灾害、人民群众生命财产安全面临威胁的时候，广大党员干部义无反顾、挺身而出，为保护群众利益不怕吃苦受累，不惧流血牺牲。今年元月中旬至 2 月初，我省遭遇历史罕见的严重冰冻灾害，给基础设施、工农业生产和人民生产生活带来严重影响。比如交通，湖南地处南北交通大通道，加之春节、春运、冰冻三碰头，来自全国各地的车辆大量滞留在京珠高速公路湖南段，高峰时滞留车辆延绵近 200 公里，车辆超过 3 万台，旅客和司乘人员超过 10 万人。全省上下全体动员，全力以赴，打了一场抗冰救灾保交通、保供电、保民生的攻坚战。夺取这场艰苦卓绝的抗冰救灾斗争的胜利，是党中央、国务院坚强领导、亲切关怀的结果，是中央各部门、全国各地、社会各界及解放军、武警官兵、民兵预备役人员全力支持的结果，是全省人民万众一心、舍命拼搏的结果。党和政府、党员干部在危急面前成为人民群众最可信赖的主心骨。严重冰灾面前，全省广大党员干部视人民利益高于一切，毫不犹豫地冲锋在前，到灾情最严重的地方去，到最困难的地方去，到群众最需要的地方去。哪里任务最紧急、最危险、最艰巨，哪里就有党员、干部的身影。在极端气候条件下的抗冰救灾工作，气温低、强度大、时间长，广大党员干部克服了平时难以想像的困难，忍受了平时难以承受的苦累，很多同志都是连续奋战在冰天雪地之中，累了、病了、伤了不下火线，涌现出“抗冰政委”——郴州军分区政委魏永景、抗冰烈士——桃源县西安镇副镇长鄢志刚等一大批感天动地的英雄模范。他们是冰天雪地中人民群众的保护神，给人民群众以战胜灾难的信心和力量。他们用自己的汗水、鲜血和生命，践行了人民利益高于一切的誓言。

根据中央的要求，结合湖南的实际，近年来我们在抓干部队伍建设上着重抓了几个方面工作。

一是坚持正确的用人导向。干部队伍的作风怎么样，精神面貌怎么样，和选人用人的导向关系极大。省委明确提出，坚持干部队伍“四化”方针和德才兼备原则，严格执行干部选拔任用条例，公道正派选人用人，不能让综合素质高的人吃亏，不能让干事的人吃亏，不能让老实人吃亏。“三个不吃亏”在干部队伍中引起强烈反响，凭实干获认可、凭实绩求进步成为干部队伍的共识。从 2006 年开始到前不久结束的省、市、县、乡四级换届都非常顺利，结果非常圆满。班子配备改革要求得到落实，组织提名人选高票当选。换届过程心齐气顺、风清气正。通过换届，进一步调动了各级干部干事创业的积极性，巩固发展了全省上下同心、精神振奋的良好局面，增强了全省人民加快富民强省的信心。

二是重视基层、加强基层。县、乡、村基层干部是干部队伍的主体。基层干部承担的工作任务重，面对的矛盾困难多，一些改革发展中的客观矛盾和问题，群众有怨气往往多发泄在基层干部身上。关心基层干部，重视基层、加强基层、服务基层，是加强干部队伍建设的重要基础性工作。近年来，省委在抓基层组织和基层干部队伍建设上采取了一系列措施。选拔了一批优秀县、乡干部到省直机关任职，在省直机关选派优秀干部到县市区任职，实行机关和基层干部双向交流。研究出台了关于加强村干部队伍建设的意见和关于保障村级组织运转经费的意见，从 2007 年开始，全省对村主职干部给予每人每月不少于 200 元的误工基本补贴，离任后符合条件的每人每月补助 30 元，给予村级组织每年不低于 2.2 万元的最低经费保障。全省共选派 5500 多名优秀县乡机关干部到村担任“第一支部书记”或“党建工作指导员”。选送了一批优秀村党支部书记、村委会主任到发达地区学习培训。积极实施“一村一名大学生”计划，近三年共为村级培养大学生 12500 多名。选拔 84 名优秀村党支部书记、村委会主任为乡镇公务员。全省筹措资金 3.3 亿元，支持 6823 个没有活动场所的村建起了活动场所。健全基层组织体系，全省“一社区一支部”率达到 99.9%以上，规模以上非公有制企业党组织覆盖面达到 97.8%，其中具备建党组织条件的 2885 家非公企业已全部建立党的组织。

三是加强干部作风建设。要求广大党员干部认真践行胡锦涛总书记倡导的八个方面良好风气，带头大兴勤奋好学、真抓实干、亲民爱民、勤俭节约、廉洁从政之风。省委制定下发了《关于省委常委会改进作风、加强自身建设的若干规定》、《关于加强领导干部作风建设的决定》，对领导干部作风建设提出了一系列具体要求和量化指标。去年在全省组织开展“围绕‘三最’搞调研，排忧解难促发展”作风建设主题活动，组织各级干部深入基层和群众，深入掌握了解并研究解决人民群众最关心、最直接、最现实的利益问题，受到群众普遍欢迎。结合灾后补损和恢复重建工作，3 月初，省委在全省部署开展“救灾补损保目标，改进作风促和谐”作风建设主题活动，组织省市县乡党员干部深入受灾严重的地方，帮助基层妥善安排受灾群众生活，加快恢复基础设施和工农业生产，积极化解矛盾，促进和谐稳定。

四是严惩腐败分子。对那些以权谋私、损害群众利益的腐败分子，坚持毫不手软地给予惩处。近年来在中央纪委的关心指导下，重点查处了李大伦等腐败案件，惩治了腐败，教育了干部。

（作者：中共湖南省委书记、省人大常委会主任）

以改革创新精神推进党的建设

张文岳

以改革创新精神加强思想建设，为加快辽宁全面振兴提供强大精神动力

要大力推动中国特色社会主义理论体系的学习贯彻，不断增强走中国特色社会主义道路的自觉性和坚定性。引导广大党员干部深刻认识中国特色社会主义理论体系，是马克思主义中国化最新成果，是党领导的改革开放伟大实践的重要理论结晶，也是进一步推进改革开放的强大思想武器，自觉用这一理论体系指导客观世界和主观世界的改造，不断提高运用科学理论分析解决实际问题的能力。

科学发展观是中国特色社会主义理论体系的重要组成部分，是发展中国特色社会主义必须坚持和贯彻的重大战略思想。这就要求我们必须把学习贯彻科学发展观作为当前和今后一个时期理论武装的重中之重，按照中央的部署，认真开展好深入学习实践科学发展观活动。

要进一步推进思想解放。解放思想、实事求是、与时俱进，是贯穿中国特色社会主义理论体系的灵魂，是适应新形势、应对新挑战、认识新事物、完成新任务的根本思想武器。各级党组织和广大党员干部要充分认识思想解放的极端重要性，在新的时代条件下、新的历史起点上、新的发展进程中，坚定不移地继续解放思想。

以改革创新精神加强组织建设，造就适应辽宁全面振兴需要的高素质干部、人才和党员队伍

要以提高领导水平和执政能力为核心内容，切实加强领导班子和干部队伍建设。各级党委要把换届后领导班子建设的重点放到思想政治建设上来，教育和引导领导干部讲党性、重品行、作表率，认真贯彻民主集中制，健全党内政治生活，增强班子团结，不断提高领导班子的凝聚力和战斗力。继续大规模培训干部，着力提高推动全面振兴的开拓创新能力。全面贯彻干部队伍“四化”方针，坚持德才兼备、以德为先，树立注重品行、科学发展、崇尚实干、重视基层、鼓励创新、群众公认的正确用人导向，为辽宁长远发展积蓄优秀后备领导人才。

要以培养高层次和高技能人才为重点，整体推进创新型人才队伍建设。必须认真贯彻党管人才原则，深入实施人才强省战略，推进人才工作体制机制创新，加大各类人才资源开发力度。

要全面加强党的基层组织建设。扎实抓好党员队伍建设这一基础工程，深入开展“共产党员工程”活动，在服务群众的实践中充分体现党员的先进性。全面推进农村、企业、城市社区和机关、学校、新社会组织等基层党组织建设，建立健全城乡党的基层组织互帮互助机制，努力形成以城带乡、城乡互促、双向受益、共同提高的城乡统筹的基层党建新格局。

以改革创新精神加强作风建设，营造有利于全面振兴的良好环境

当前，辽宁振兴发展的目标和任务已经明确，关键在于抓好落实。各级党委和领导干部要把中央精神、省委要求和本地区本部门的实际紧密结合起来，脚踏实地，埋头苦干，创造性地开展工作，真正把各项任务落到实处。

要大兴深入基层、联系群众之风。牢固树立马克思主义群众观点，始终坚持党的群众路线，真正做到权为民所用、情为民所系、利为民所谋，从人民群众最关心、最直接、最现实的利益问题入手，大力推进重点民生工程。加快建立覆盖城乡居民的社会保障体系。切实做到工作重点进一步向民生倾斜、财政资金进一步向民生投放，使发展振兴成果普惠于民。

以改革创新精神加强制度建设，推进党的工作科学化、民主化、制度化

要着眼于增强党的创新活力和巩固党的团结统一，健全和完善党内民主制度。正确处理保障党员权利和提高党员素质的关系、发扬民主和正确集中的关系、积极推动和循序渐进的关系、扩大党内民主和带动人民民主的关系，在中央统一领导下，有组织、有计划、有步骤地扎实推进党内民主制度建设。进一步健全保障党员民主权利的制度，探索扩大基层党内民主的多种形式，在一些县（市、区）试行党代表大会常任制，积极探索党代表发挥作用的具体途径和方式。改革和完善党内选举制度，进一步增强党内选举的科学性和规范性。

要坚持民主、公开、竞争、择优，进一步完善干部选拔任用制度，规范和完善干部任用提名制度和民主推荐、民主测评制度，完善干部选拔任用决策机制，把群众的有序参与贯穿到干部选拔任用的全过程。进一步完善干部考核评价制度体系和干部监督制度，加强对干部选拔任用全过程的监督。建立健全地方各级党委常委会向全委会定期报告工作并接受监督的制度，推行地方党委讨论决定重大问题和任用重要干部票决制。

以改革创新精神加强反腐倡廉建设，不断增强拒腐防变能力

要深化反腐倡廉教育，深入进行理想信念、党风党纪、廉洁从政、艰苦奋斗教育，打牢广大干部廉洁从政的思想基础。要严肃查办大案要案，重点是严肃查办发生在领导机关和领导干部中的案件，坚决纠正各种损害群众利益的不正之风。要扎实推进惩治和预防腐败体系建设，努力形成拒腐防变教育长效机制、反腐倡廉制度体系、权力运行监控机制，拓展从源头上防治腐败工作领域，切实增强反腐倡廉建设的整体性、协调性、系统性、实效性。

（此文是中共辽宁省委书记张文岳2008年4月21日在全省组织工作会议上的讲话摘要）

改革开放以来党的执政理论的发展和创新

虞云耀

改革开放30年，中国共产党的面貌发生了历史性变化。这种变化集中体现在：适应改革开放和时代的要求，党的执政理论和实践不断创新；在引领当代中国发展进步中，党的先进性建设和执政能力建设不断加强。胡锦涛同志指出，加强党的执政能力建设的过程，既是不断提高党的执政能力的实践过程，也是不断把实践经验上升为理论、深入把握执政规律的过程。共产党的执政理论，包括执政目标、执政理念、执政方式、执政体制、执政方略、执政基础、执政资源等诸多方面内容，核心是为人民执好政、掌好权。以毛泽东同志为核心的第一代中央领导集体，对社会主义建设规律和共产党执政规律进行了艰辛探索，在领导社会主义经济、政治、文化建设中积累了宝贵的执政经验，在此基础上形成的执政理论具有鲜明的中国特点。改革开放以来马克思主义中国化的最新成果——邓小平理论、“三个代表”重要思想和科学发展观等重大战略思想，进一步回答了中国共产党为什么执政、靠谁执政、怎样执政等重大问题，实现了党的执政理论在新的历史条件下的与时俱进。

一、邓小平理论奠定了新时期党的执政理论的基础

邓小平同志是我国改革开放的总设计师。他围绕“什么是社会主义、怎样建设社会主义”这个首要的基本的问题，深入思考党在社会主义初级阶段如何执政、中国如何发展的问题，提出了一系列顺应时代潮流、符合人民要求的新思想新观点，为新时期党的执政理论创新和实践创新打下了坚实的基础。

——“发展是硬道理”，坚持以经济建设为中心。邓小平同志根据马克思主义基本原理和社会主义的实践经验指出：“社会主义的本质，是解放生产力，发展生产力，消灭剥削，消除两极分化，最终达到共同富裕。”他提出的“中国解决所有问题的关键是靠自己的发展”，“抓住时机，发展自己，关键是发展经济”等重要论断，深刻阐明了我们党的执政目标和根本任务。

——“改革是中国的第二次革命”，“坚持改革开放是决定中国命运的一招”。邓小平同志提出，改革是社会主义社会发展的直接动力。改革的实质和目标，是要从根本上改变束缚我国生产力发展的经济体制，建立充满生机和活力的社会主义经济体制，同时相应地改革政治体制和其他方面体制。他还强调，开放也是改革，对外开放是建设中国特色社会主义的一项基本国策。这就明确了党在执政过程中推进经济社会发展的根本途径、方法和动力。

——“没有民主就没有社会主义，就没有社

会主义现代化”。邓小平同志指出，民主是社会主义和现代化的一个本质特征。并且强调，我们的民主，不是抽象的民主，而是具体的民主；不是照搬资本主义国家的民主，而是适合自己国情的具有中国特色的社会主义民主。他还指出：“我们党致力于维护和保障我国公民的人权，并把生存权、发展权放在首位，使公民享有我国宪法规定的各项基本权利，体现了社会主义民主的优越性。”这就明确了党在执政中发展社会主义民主政治的基本要求。

——健全社会主义法制，改革党和国家的领导制度。邓小平同志深刻指出：“必须使民主制度化、法律化，使这种制度和法律不因领导人的改变而改变，不因领导人的看法和注意力的改变而改变。”他还指出，要做到有法可依、有法必依、执法必严、违法必究。社会主义市场经济体制的建立和完善，要靠法制来引导、规范和保障。这些重要思想，明确了共产党治国理政的基本方略。

——“压倒一切的是稳定”。邓小平同志指出：“中国的问题，压倒一切的是需要稳定。没有稳定的环境，什么都搞不成，已经取得的成果也会失掉。”他提出，坚持四项基本原则，才能有一个稳定的社会主义中国。四项基本原则对改革开放和现代化建设起着政治保证作用。这就明确了共产党执政必须坚持的政治原则，以及应当具备的执政条件和执政环境。

——以人民“拥护不拥护”、“赞成不赞成”、“高兴不高兴”、“答应不答应”作为党的全部活动的出发点和归宿。邓小平同志反复强调，坚持全心全意为人民服务的宗旨决不能有丝毫的动摇。把为人民谋利益作为党执政的最高价值目标，把让最广大的中国人民尽快过上富裕文明的幸福生活作为思考问题、制定政策的出发点和落脚点，这就明确了共产党执政的根本目的和最终归宿。

二、“三个代表”重要思想丰富和发展了新时期党的执政理论

“三个代表”重要思想，开辟了马克思主义中国化的新境界，蕴涵着许多关于共产党执政的新思想、新观点、新论断。

——发展是党执政兴国的第一要务。江泽民同志坚持并发展了邓小平同志关于“发展是硬道理”的思想，强调指出：“无论国际形势如何变化，无论遇到什么样的困难，只要正确坚持和贯彻发展的思想，我们就能够从容应对挑战，克服困难，不断前进。”他提出，要聚精会神搞建设，一心一意谋发展，发展对于中国是须臾不可偏离的主题。这些重要论断，进一步阐明了发展是党执政的首要任务。

——坚持立党为公、执政为民。江泽民同志总结国内外正反两方面的历史经验，深刻指出：“人心向背是决定一个政党、一个政权兴亡的根本性因素”，“一个政权也好，一个政党也好，其前途与命运最终取决于人心向背。不能赢得最广大群众的支持，就必然垮台”。坚持立党为公、执政为民，成为我们党在新的历史条件下最重要、最本质的执政理念。

——发展社会主义民主政治，建设社会主义政治文明。党的十六大把政治文明同物质文明和精神文明一道，确定为社会主义现代化建设的三大战略任务，强调要不断促进三个文明的协调发展。江泽民同志指出，共产党执政就是领导和支持人民当家做主，最广泛地动员和组织人民群众依法管理国家和社会事务，管理经济和文化事业，维护和实现人民群众的根本利益。这些重要思想，进一步指明了共产党执政的本质和战略任务，具有鲜明的时代特征。

——坚持依法治国，建设社会主义法治国家。江泽民同志提出，要保证国家各项工作都依法进行，逐步实现社会主义民主的制度化、法律化。把建设社会主义法治国家作为中国特色社会主义的目标，确立依法治国的执政方略，党的领导方式和执政方式实现了重大转变。

——增强党的阶级基础，扩大党的群众基础。江泽民同志指出，贯彻“三个代表”要求，我们必须坚持党的工人阶级先锋队的性质，始终保持党的先进性，同时要根据经济发展和社会

进步的实际，不断增强党的阶级基础和扩大党的群众基础，不断提高党的社会影响力。这些重要思想，从我国社会阶级阶层变化的实际出发，着眼于团结和凝聚最广泛的社会力量，巩固和扩大了党的执政基础。

——两大历史性课题：提高党的领导水平和执政水平，提高拒腐防变和抵御风险的能力。"两大历史性课题"的提出，表明我们党在新的历史条件下，对时代发展的要求、党肩负的历史重任和面临的挑战与考验，有了更加深刻和清醒的认识。江泽民同志指出，推进党的建设新的伟大工程的重点是加强党的执政能力建设。这就指明了党自身的素质能力，直接关系到党的执政地位的巩固和执政使命的实现。

三、科学发展观把党的执政理论的发展和创新推向了新阶段

从一定意义上说，科学发展观和构建社会主义和谐社会等重大战略思想的提出，是党的执政理论和实践发展的一个飞跃。

——坚持以人为本、全面协调可持续发展。胡锦涛同志指出："坚持以人为本，就是要以实现人的全面发展为目标，从人民群众的根本利益出发谋发展、促发展。"他还指出，只有坚持以人为本，才能充分调动人民群众的积极性、主动性、创造性，发挥人民群众在建设中国特色社会主义伟大事业中的主体作用。只有更加自觉地推进全面协调可持续发展，才能更好地化解对我国发展的各种制约因素，更好地推动我国经济社会发展进程，确保实现我国发展的战略目标。这些重要思想，进一步回答了共产党执政依靠谁、为了谁，为什么发展、怎样发展等一系列根本问题。

——坚持权为民所用、情为民所系、利为民所谋。党的十六大闭幕不久，胡锦涛同志就和中央书记处成员一起前往西柏坡考察学习，郑重提出全党同志要牢记"两个务必"，坚持做到"权为民所用、情为民所系、利为民所谋"。他强调，要始终不渝地坚持全心全意为人民服务的根本宗旨，时刻把群众的安危冷暖放在心上，真诚倾听群众呼声，真实反映群众愿望，真情关心群众疾苦，着力保障和改善民生，着力解决人民最关心、最直接、最现实的利益问题。这些重要思想，指明了新形势下党执政必须坚持的核心价值和应当着力把握的基本原则。

——坚持经济建设、政治建设、文化建设、社会建设四位一体的总体布局，促进经济社会又好又快发展。胡锦涛同志提出中国特色社会主义事业经济建设、政治建设、文化建设、社会建设四位一体的总体布局。并指出，这四个方面建设既紧密联系、相互作用、不可分割，又有各自的独特地位和发展规律。"四位一体"总体布局以及生态文明建设的提出，表明我们党对中国特色社会主义建设规律和共产党执政规律的认识进一步深化。

——坚持统筹兼顾，正确认识和妥善处理中国特色社会主义事业的重大关系。胡锦涛同志提出，要"统筹城乡发展、统筹区域发展、统筹经济社会发展、统筹人与自然和谐发展、统筹国内发展和对外开放"。在党的十七大上，他进一步提出要统筹中央和地方关系，统筹个人利益和集体利益、局部利益和整体利益、当前利益和长远利益，统筹国内国际两个大局。这些重要思想，进一步指明了党在发展社会主义市场经济条件下长期执政，必须注重统筹兼顾这个根本方法。

——维护和实现社会公平和正义，构建社会主义和谐社会。胡锦涛同志指出："我们所要建设的社会主义和谐社会，应该是民主法治、公平正义、诚信友爱、充满活力、安定有序、人与自然和谐相处的社会。"他还指出："维护和实现社会公平正义，涉及最广大人民的根本利益，是我们党坚持立党为公、执政为民的必然要求，是我国社会主义制度的本质要求。"在经济发展的基础上，更加注重社会公平正义，反映了我们党对中国特色社会主义建设规律和共产党执政规律的新认识、新觉醒。

——坚持科学执政、民主执政、依法执政。

胡锦涛同志指出，科学执政，就是党要按照科学的思想、理论和科学的制度、方法来执政。民主执政，就是党要坚持为人民执政、靠人民执政，支持和保证人民当家做主。依法执政，就是党要坚持依法治国，不断推进国家经济、政治、文化、社会生活的法制化、规范化，从制度上、法律上保证党的路线方针政策的贯彻实施。这些重要思想，从新的高度和视角明确了共产党领导人民有效治理国家的基本方式。

四、新时期党的执政理论发展和创新的启示

党的执政理论的发展和创新，是在改革开放和社会主义现代化建设的伟大实践中推进的，来源于实践并经过实践检验，又指导实践，给我们的启示是多方面的。

（一）围绕一个主题：建设中国特色社会主义。30 年来我们党在执政理论上的发展和创新，始终围绕着建设中国特色社会主义这个主题，与推进中国特色社会主义伟大事业相适应。

（二）抓住一个关键：发展。从邓小平理论、“三个代表”重要思想，到科学发展观，发展始终处于党的执政理论的核心位置。解决中国的问题，根本在发展；共产党执政，关键在领导好发展。实现又好又快发展，使中国人民稳定地走上富裕安康的广阔道路，这是共产党执政的根本目的，也是我们党取得长期执政资格的根本保证。

（三）贯穿一个宗旨：全心全意为人民服务。实现好、维护好、发展好中国最广大人民的根本利益，是党的根本宗旨的集中体现，是党的核心价值。坚持立党为公、执政为民的执政理念，党就能始终得到人民的支持和拥护，永远立于不败之地。

（四）把握一个精髓：解放思想、实事求是、与时俱进。我们党要长期执政，带领人民走向充满希望的未来，就必须坚持解放思想、实事求是、与时俱进，不断推进实践创新和理论创新，这是党永葆先进性，始终具有生机活力和创造力的力量所在。

（五）遵循一个规律：共产党执政规律。党的执政理论的创新和发展，既是探索执政规律的过程，也是遵循和运用执政规律的过程。一切从实际出发，按照客观规律办事，这是我们党取得执政成功的最宝贵经验。

作为长期执政的党，执政实践没有止境，对执政理论的探索和创新也没有止境。坚持以马克思主义为指导，以改革创新精神审视自己、完善自己、加强自己，我们党的执政能力就会不断增强，执政地位就会不断巩固，就能更好地履行所肩负的历史使命。

（作者：全国人大常委会委员、全国党的建设研究会会长）

以改革创新精神全面推进农村党的建设

何毅亭

一、中国共产党是中国特色社会主义事业的领导核心，推进农村改革发展，关键在党

我国农业 30 年举世瞩目的发展变化，农村 30 年日新月异的改革发展，农民 30 年彪炳史册的伟大创造，使我们从中得出一个朴素的历史真理：今天的小康生活，是在党的领导下取得的；明天的全面小康，同样也离不开党的领导。加强和改善党的领导，以改革创新精神加强党的

建设，是增强各级党组织的创造力、凝聚力、战斗力的需要，也是推进农村改革发展、造福亿万农民的需要。党的十七届三中全会通过的《中共中央关于推进农村改革发展若干重大问题的决定》(以下简称《决定》)，着眼于加强和改善党的领导，对以改革创新精神全面推进农村党的建设提出了明确要求、制定了切实措施，充分体现了办好中国的事情关键在党的战略思想。

二、根据党的十七届三中全会精神，以改革创新精神推进农村党的建设的总体要求

我理解的总体要求是，把党的执政能力建设和先进性建设作为主线，坚持党要管党、从严治党，贯彻为民、务实、清廉的要求，以增强党员宗旨意识和提高党员的思想道德素质为重点加强农村党的思想建设，以推进党的基层组织建设和基层干部队伍建设为重点加强农村党的组织建设，以发扬党的优良传统和作风、密切党群关系和干群关系为重点加强农村党的作风建设，以改革和完善农村基层组织领导班子选举办法、健全村民自治制度为重点加强农村党的制度建设，以推进农村惩治和预防腐败体系为重点加强农村反腐倡廉建设，切实增强各级党组织的创造力、凝聚力、战斗力，不断提高党领导农村工作的水平。

三、以改革创新精神推进农村党的建设，首先要按照《决定》的要求坚持党管农村工作，始终把加强和改善党对农村工作的领导作为推进农村改革发展的政治保证

我们党是由农村起家的，我国改革开放是由农村起步的。党管农村工作，是我们党领导体制和执政方式的一大特色和优势，是30年农村改革发展取得举世瞩目成就的一个重要原因和一条基本经验。基于对这个问题的深刻认识，《决定》强调实现2020年农村改革发展的目标任务要遵循的五条重大原则即“五个必须”中，一条重大原则就是：必须坚持党管农村工作，始终把加强和改善党对农村工作的领导作为推进农村改革发展的政治保证。为此，《决定》要求，各级党委和政府要坚持把农村工作摆上重要议事日程，在政策制定、工作部署、财力投放、干部配备上切实体现全党工作重中之重的战略思想。这句话分量很重。就是说，“三农”工作是全党工作的重中之重不是抽象的口号，而是有实实在在内容的要求。最重要最管用的要求，就是既要在政策制定上体现重中之重，在党委工作部署上体现重中之重，更要在财力投放上体现重中之重，在干部配备上体现重中之重。这就把“重中之重”具体化了，既便于以此部署工作，又便于以此抓督促检查。

《决定》还明确提出，各级党委和政府主要领导要亲自抓农村工作，省市县党委要有负责同志分管农村工作，县(市)党委要把工作重心和主要精力放在农村工作上。这些都是加强党对农村工作的领导很重要的举措和要求。特别是《决定》强调，注重选好配强县乡党政领导班子，特别是主要负责人，对于搞好“三农”工作十分重要。县乡在我国行政区划和政权结构中处于很重要的位置。我国的郡县制从战国时期开始，2000多年来行政区划变化很多、很大，但县一级始终保持着稳定，从来没有撤销过，可见县一级政权组织的重要性。现在，我国县乡这两级直接面对基层、面对农村。县乡领导干部级别不高，但责任重大，素质要求高。按照《决定》的要求把县乡党政领导班子配备好，特别是把县委书记、县长和乡(镇)党委书记、乡(镇)长选好配强，对于贯彻落实好党的农村政策、推进农村改革发展的重要意义是不言而喻的。

四、以改革创新精神推进农村党的建设，必须按照《决定》的要求强化党委统一领导、党政齐抓共管、农村工作综合部门组织协调、有关部门各负其责的农村工作领导体制和工作机制

现在各级涉农部门很多，加强党对农村工

作的领导，需要有一个综合部门把“三农”工作统起来，形成合力。在这方面，中央有农村工作领导小组及其办公室，地方也有26个省区市成立了农村工作领导小组。办事机构有的是独立的，有的放在省委办公厅，有的放在省委研究室，也有的放在农委。要根据《决定》要求，完善党领导农村工作的体制机制，加强党委农村工作综合部门建设，建立职能明确、权责一致、运转协调的农业行政管理体制。

此外，还要完善责任制，包括坚持和完善“米袋子”省长负责制、“菜篮子”市长负责制；完善干部考核评价体系，把粮食生产、农民增收、耕地保护、环境治理、和谐稳定作为考核地方特别是县（市）领导班子绩效的重要内容；完善全社会共同参与机制，支持人大、政协履行职能，发挥民主党派、人民团体和社会组织的积极作用，共同推进农村改革发展。

五、以改革创新精神推进农村党的建设，必须按照《决定》的要求加强农村基层组织和干部队伍建设

农村基层组织是党在农村工作和战斗力的基础，广大农村基层干部是贯彻党在农村的方针政策、完成各项任务、团结带领农民群众建设新农村的骨干力量。加快农村经济社会发展，必须把以党组织为核心的农村基层组织和农村基层干部队伍建设好。

第一，要创新农村基层党组织设置和扩大党组织覆盖范围。这些年不少地方根据农村经济社会发展变化的实际状况，在按照行政区划设置和不断巩固、加强农村基层党组织建设的同时，积极推进农村党组织设置方式、活动方式的创新，在农村社区、农民专业合作社、专业协会和产业链上建立党组织，按照产业类别划分党小组；还有一些地方实行村与村联建，村与企业联建，村与居委会、社区联建党组织的设置方式，积极探索农村社区党建工作的运行机制和城乡党的基层组织互帮互助机制，逐步形成以工促农、以城带乡的农村基层党建工作格局。《决定》对这些创新做法给以充分肯定并大力推广，倡导各地要创新农村党的基层组织的设置形式。这对于增强农村基层党组织的活力和战斗力，无疑是十分重要的。

第二，要拓宽农村基层干部的来源。这些年的实践表明，加强农村基层干部队伍建设，全面提高基层干部素质，需要从多方面采取措施；其中很重要的，就是要拓宽农村基层干部队伍的来源。《决定》总结实践经验，明确提出要注重从农村致富能手、退伍军人、外出务工返乡农民中选拔村干部，引导高校毕业生到村任职，实施一村一名大学生计划；鼓励党政机关和企事业单位优秀年轻干部到村帮助工作，探索村党组织书记跨村任职。这些都是加强农村基层干部队伍建设的新举措。

第三，要尽力改善村干部待遇。村干部工作很辛苦，但他们不吃“皇粮”，总体上待遇很低。胡锦涛总书记反复强调，要真正重视、真情关怀、真心爱护广大基层干部。中央对改善村干部待遇很重视，近几年连续出台的几个“一号文件”都提出了一些要求和措施。这次《决定》又明确提出，要通过中央和地方财政转移支付和党费补助等途径，形成农村基层组织建设、村干部报酬和养老保险、党员干部培训专项资金保障机制，加大从优秀村干部中考录乡镇公务员和选拔乡镇领导干部的力度等等。这些措施，对于解除村干部的后顾之忧，充分调动他们的工作积极性，必将起到很重要的作用。

六、以改革创新精神推进农村党的建设，必须按照《决定》的要求加强农村党员队伍建设

在加强农村党员队伍建设方面，《决定》提出了不少新要求新举措，如扩大党内基层民主，尊重党员主体地位，保证党员按照党章规定履行义务、行使权利，广泛开展党员设岗定责、依岗承诺、创先争优等活动，建立健全

党内激励、关怀、帮扶机制等。这里，我着重谈谈探索发展党员新机制和建立健全城乡一体党员动态管理机制的问题。

目前，在一些农村存在着党员年龄结构不合理、老党员多、年轻党员少、青年农民入党积极性不高的问题，有的地方甚至存在着宗教组织与党组织争夺农村青年的现象。加强和改进农村新党员发展工作，提高党员发展质量，关系到党在农村执政基础的巩固。《决定》提出，要加大在优秀青年农民中发展党员的力度，探索发展党员新机制，这反映了实践的要求，是很有必要的。这些年不少地方在改进农村党员发展工作上作了许多有益的探索。比如：把农村的优秀青年吸收到党的队伍中来，把符合条件的农村致富能手和农民企业家培养成党员；从农村的特点出发，把发展农村党员工作的着力点放在入党积极分子队伍的建设上来，采取多种形式在农村优秀人才中发现和培育入党积极分子，加强对入党积极分子的培养教育，对成熟的积极分子及时吸收他们入党。这些做法都是值得借鉴和推广的。

现在，跨地区流动的农民工规模不断扩大，由农村进入城市或跨区流动务工经商的党员也不断增多。这部分农村党员从业和居住的流动性，给党员教育管理提出了新课题。《决定》明确提出：要加强和改进流动党员管理，建立健全城乡一体党员动态管理机制。这为加强农村流动党员管理指明了方向。根据《决定》精神，建立健全城乡一体党员动态管理机制，就要改变城乡之间、地域之间、党员居住地和就业单位之间基层党建工作相对分离的状态，把党员流出地和流入地的党建工作紧密衔接起来，把对流动党员的教育管理和关怀帮助紧密结合起来，推动形成城乡衔接、全面覆盖、协同配合、运转有序的党员管理工作格局，使每个党员无论在农村还是在城市、无论在流出地还是流入地，都能融入党的组织，参加党的活动，受到组织管理，得到组织关怀，发挥先锋模范作用。

七、以改革创新精神推进农村党的建设，必须按照《决定》的要求加强农村党风廉政建设

加强农村党风廉政建设，是密切党同农民群众血肉联系、巩固党在农村执政基础的重要举措。《决定》提出，要坚持教育、制度、监督、改革、纠风、惩治相结合，推进农村惩治和预防腐败体系建设。主要措施是打基础、建制度、抓查处。根据《决定》的要求，在打基础上，要以树立理想信念和加强思想道德建设为基础，深入开展反腐倡廉教育，弘扬求真务实、公道正派、艰苦奋斗的作风，筑牢党员、干部服务群众、廉洁自律的思想基础；在建制度上，要以规范和制约权力运行为核心，全面推进政务公开、村务公开、党务公开，健全农村集体资金、资产、资源管理制度，做到用制度管权、管事、管人；在抓查处上，要以维护农民利益为重点，围绕党的农村政策落实情况加强监督检查，切实纠正损害农民利益的突出问题，严肃查处涉农违纪违法案件。

（作者：中共中央政策研究室副主任）

改革开放30年党员队伍建设的成就与启示

欧阳淞

改革开放30年，是中国特色社会主义伟大事业取得辉煌成就的30年，也是党的建设

新的伟大工程取得巨大进步的30年。在这一伟大历史进程中，作为党的建设基础工程的党员队伍建设得到了全面加强，党员队伍的先进性在推动经济发展和社会进步中得到了充分体现。

一、改革开放30年来党员队伍建设的主要历程和突出成就

30年来，世情、国情和党情发生了重大而深刻的变化，我们党科学判断和全面把握党所处的历史方位和肩负的历史使命，紧紧抓住保持和发展党的先进性这一永恒主题，以改革创新精神推进党员队伍建设，为党的建设新的伟大工程夯实了基础。

以邓小平同志为核心的党的第二代中央领导集体，在开辟中国特色社会主义道路的历史进程中开创了党的建设新的伟大工程。针对党的建设在十年动乱中受到严重破坏的状况和新形势新任务的需要，我们党鲜明地提出，要适应改革开放和社会主义现代化建设的新形势新要求，坚持党的领导、改善党的领导，紧密联系党的基本路线和中心任务加强和改进党的建设，把党建设成为领导社会主义现代化事业的坚强核心。围绕党的建设的总目标，邓小平同志对在改革开放中加强和改进党员队伍建设提出了一系列重要思想，党员队伍建设从此走上了制度化、规范化之路。

以江泽民同志为核心的党的第三代中央领导集体，在开创中国特色社会主义事业新局面的历史进程中把党的建设新的伟大工程成功推向21世纪。在这个进程中，党明确提出，必须切实解决好提高党的领导水平和执政水平、提高拒腐防变和抵御风险能力这两大历史性课题，把党建设成为中国特色社会主义事业的坚强领导核心。江泽民同志反复强调，党员队伍质量重于数量，建设高素质的党员队伍是提高党的战斗力的关键，必须根据时代变化和中国社会前进的要求对党员标准充实新的内容，使党员始终成为站在时代潮流前列的先锋战士。同时，我们党提出，要正确认识我国社会阶层结构的新变化，不断增强党的阶级基础和扩大党的群众基础，提高党的社会影响力。

党的十六大以来，以胡锦涛同志为总书记的党中央，高举中国特色社会主义伟大旗帜，在全面建设小康社会实践中坚定不移地把党的建设新的伟大工程继续推向前进。在这个进程中，我们党提出，必须以改革创新精神全面推进党的建设新的伟大工程，把党建设成为立党为公、执政为民，求真务实、改革创新，艰苦奋斗、清正廉洁，富有活力、团结和谐的马克思主义执政党。围绕这一目标，我们党牢牢把握党的执政能力建设和先进性建设这条主线，全面加强党的建设。胡锦涛同志指出，必须把增强党员意识作为执政党建设带有根本性的问题来抓，把保持和发展党员的先进性始终作为党的建设的永恒主题，使党员真正成为牢记宗旨、心系群众的先进分子。

30年来，我们党以改革创新、与时俱进的精神，坚持不懈地推进党员队伍建设。党员队伍结构发生了深刻变化，整体素质明显提高。截至2007年，党员总数达到7400多万名，比1978年增长了101%。党员队伍的年龄、学历结构得到明显改善，党员的分布更加合理，覆盖范围更加广泛。广大党员的理想信念更加坚定，宗旨意识更加牢固，履行岗位职责、推动科学发展、服务人民群众的本领不断提高。党的阶级基础不断增强，群众基础不断扩大。

党员队伍建设取得丰硕实践成果。30年来，通过坚持不懈地加强党员队伍建设，造就了素质优良、作用突出的党员队伍，使党的基层组织更加富有创造力、凝聚力和战斗力，使党的干部队伍更加充满生机与活力，使各级领导班子建设拥有了充裕、合格的后备人才，为党的执政能力建设和先进性建设提供了有力支撑。广大党员立足岗位，建功立业，为推

动经济社会发展做出了突出贡献。改革开放以来，中央组织部先后表彰优秀共产党员740名。十六大以来，受到县级以上党委表彰的优秀共产党员950多万名。我国各行各业、各条战线涌现出的劳动模范、先进工作者、新长征突击手、“三八”红旗手等先进模范人物，绝大多数是共产党员。孔繁森、牛玉儒、史来贺、吴仁宝、许振超、宋鱼水等优秀共产党员以及在抗洪救灾、抗击非典、抗击雨雪冰冻灾害、抗震救灾等重大斗争中涌现出来的无数舍生忘死、无私奉献的共产党人，就是其中的优秀代表，他们用实际行动诠释了党的宗旨，赢得了群众的赞誉，树立了党的光辉形象。

党员队伍建设步入制度化、规范化、科学化轨道。我们党坚持把制度建设贯穿于党员队伍建设的各个方面，着力探索改革开放和社会主义市场经济条件下党员队伍建设的科学方法和长效机制。从党的十二大到党的十七大，党章有关党员的内容都进行了与时俱进的充实和完善。30年来，中央颁布了30多个相关条例和制度规定，中央纪委、中央组织部、中央宣传部等部门制定了200多个意见办法，各级党组织结合实际建立完善了制度措施，基本形成了覆盖全面、完备管用的制度体系和相互衔接、运行顺畅的工作机制，为扎实推进党员队伍建设提供了根本保证。

党员队伍建设实现重大理论创新。30年来，我们党明确提出了党要管党、从严治党的思想，对党员特别是领导干部严格要求、严格教育、严格管理、严格监督；明确提出了保持党员队伍先进性的思想，把保持和发展党员的先进性作为党的先进性建设的永恒主题，把增强党员意识作为执政党建设带有根本性的问题来抓；明确提出了尊重党员主体地位的思想，保障党员民主权利，充分发挥党员在党内事务中的参与、管理、监督作用；明确提出了党是中国工人阶级的先锋队、同时是中国人民和中华民族的先锋队的思想，坚持党的性质，不断巩固党的阶级基础，扩大党的群众基础；明确提出了融党员教育、管理、监督、服务于一体的思想，把适当的集中性教育和经常性教育结合起来；探索建立城乡一体的党员动态管理机制，建立健全党内激励关怀帮扶机制，等等。这些新思想新论断，为全面推进新时期党员队伍建设指明了方向。

二、改革开放30年来党员队伍建设的重大举措

实现党的组织路线拨乱反正。十一届三中全会后，党的组织工作转到以经济建设为中心，为社会主义现代化建设服务的轨道上来。党的十一届五中全会通过了《关于党内政治生活的若干准则》，重申“民主集中制是党的根本组织原则”，强调要“坚持集体领导，反对个人专断”。整顿党的组织，恢复和健全各级党的代表大会或党员大会制度、党委制、党的组织生活和“三会一课”制度。在党员队伍建设上，坚持实事求是、有错必纠原则，平反了大量冤假错案，到1982年底，共为47万多名党员恢复党籍，为12万多名党员撤销原来给予的错误处分。党的十二大提出全面整党的任务，从1983年10月起，用3年时间对党的思想、组织和作风进行全面整顿。党的十三大明确提出，对党员的教育管理“要作为基层党组织主要的经常工作来做”，党员队伍建设走上了不搞政治运动、而靠改革和制度建设来推进的新路子。

积极稳妥地做好发展党员工作。十二大修改通过的党章对党员提出了严格要求，确立了新时期党员标准。这一标准在坚持党的性质和宗旨的前提下，随着时代发展和党面临形势与任务的变化，不断被赋予新的内容。1988年6月，全国组织工作会议明确提出了“坚持标准、保证质量、改善结构、慎重发展”的发展党员工作指导方针。十三届四中全会以来，中央有关部门多次召开发展党员工作座谈会，就做好新形势下发展党员工作提出意见。坚持重点做好在工人、农民、知识分

子、军人和干部中发展党员的工作，注意在生产、工作第一线发展党员，注意在高知识群体和各类人才中发展党员，注意在青年、妇女、少数民族中发展党员，注意在党的力量比较薄弱的地方发展党员。30年来，共发展党员5500多万名，占党员总数的74.2%；大学专科以上学历的党员达2390多万名，占总数的32.3%；35岁及以下的党员、女党员和少数民族党员分别占到党员总数的23.3%、20.4%和6.5%。把在新的社会阶层中发展党员工作纳入发展党员的经常性工作之中，截至2007年底，非公有经济单位中的党员达330多万名，新的社会阶层中有党员88万多名。

适时开展集中性教育活动。十三届四中全会以来，先后在全党开展了以中国特色社会主义理论和党章为主要内容的“双学”活动，在县级以上领导班子和领导干部中开展了以“讲学习、讲政治、讲正气”为主要内容的“三讲”教育活动，在全国农村开展了“三个代表”重要思想学习教育活动等。每一次集中教育活动之后，党员队伍状况都得到明显改善。十六大后在全党开展的保持共产党员先进性教育活动，是党中央着眼于保持和发展党的先进性作出的重大战略决策。党的十七大作出了开展深入学习实践科学发展观活动的重大战略决策。按照中央要求，学习实践活动从今年2月开始在23个单位进行试点，从今年9月起在全党分批开展。

与时俱进加强党员经常性教育。30年来，我们党不断丰富和拓展党员教育内容。始终把马克思主义中国化最新理论成果作为党员教育的中心内容，先后在全党兴起学习邓小平理论新高潮、学习实践“三个代表”重要思想新高潮，开展深入学习实践科学发展观活动。根据不同时期的形势和任务，结合不同领域、不同行业和不同岗位党员的实际情况，科学安排教育内容，进一步拓展党员教育内容，形成了包括党的基本理论、基本路线、基本纲领、基本经验，党的基本知识、党的优良传统和作风、党的纪律和反腐倡廉教育以及市场经济知识、法律知识、科学文化知识和业务技能教育的完备体系。党员教育的方式方法不断改进，工作制度不断完善，增强了党员教育的针对性和实效性，为不断提高党员队伍整体素质发挥了重要作用。

探索创新党员管理方式。30年来，中央及有关部门、各级党组织根据党员队伍的新变化，积极探索建立党员管理工作新机制，实现了由单一的管理向教育、管理、监督、服务相结合的转变，由管住向管好、管活的转变，由静态、封闭管理向动态、开放管理的转变。截至2007年底，全国流动党员达200多万名。面对流动党员日益增多的新情况，不断加强和改进流动党员管理工作，逐步建立城乡一体的党员动态管理机制。我们党在坚持对党员进行教育、管理和监督的同时，加强了对党员的服务，注重在管理中体现服务，在服务中强化管理，逐步建立健全党内激励、关怀、帮扶机制。同时，中央和地方各级党组织高度重视改善基层党组织的工作条件和党员活动条件，为开展党员教育管理工作提供物质保障。

切实保障党员民主权利。30年来，我们党坚持以保障党员权利为基础，积极探索发展党内民主的有效途径和形式，明确规定了党员的权利和义务，制定了《党员权利保障条例（试行）》，修订、颁布了《党员权利保障条例》、《党内监督条例（试行）》；坚持和完善党内情况通报、情况反映、党务信息发布等制度，逐步推行党务公开；积极探索实行党员议事会、党员旁听党委会（支委会）等多种形式，不断拓展党员参与党内事务的渠道；不断完善党内选举制度，颁布《基层组织选举工作暂行条例》、《地方组织选举工作条例》等，实行党的代表大会代表任期制，在总结试点经验基础上试行县（市、区）党代会常任制；探索实行基层党组织“公推直选”、“两推一选”，不断扩大干部工作中的民主；逐步建立和完善重大决策征求意见、党员民主评议、公开评价党员干部等制度。这些重要举措，保障了党员民主权利的行使，激发了广大党员的积极性、主动性和创造性，对增强党的生机和活力具有重大而深远的意义。

三、改革开放30年来党员队伍建设的主要启示

必须按照围绕中心、服务大局的根本要求，始终坚持党员队伍建设的正确方向。改革开放以来，我们党始终坚持以经济建设为中心，建设和发展中国特色社会主义。这个大局既赋予了新时期党员队伍建设新的历史使命，又为其拓展了广阔的发展空间。30年的实践表明，只有紧紧围绕党和国家工作大局来谋划，紧密联系发展这个党执政兴国的第一要务来进行，努力把党员队伍的组织优势转化为发展优势，把党员队伍的组织资源转化为发展资源，把党员队伍的建设成果转化为发展成果，党员队伍建设才有强大动力，才能大有作为。

必须坚持以马克思列宁主义、毛泽东思想和中国特色社会主义理论体系武装党员，始终把坚定理想信念作为党员队伍建设的首要任务。改革开放以来，我们党探索创立的中国特色社会主义理论体系，为党员队伍建设提供了强大的理论武器和科学的行动指南。30年的实践表明，只有坚持高举中国特色社会主义伟大旗帜，推动全党坚持不懈地学习实践中国特色社会主义理论体系，始终保持共产党人的崇高理想和坚定信念，党员队伍建设才有可靠的思想保证。

必须增强共产党员的党员意识，使广大党员真正成为牢记宗旨、心系群众的先进分子。党员意识是党员政治觉悟和党性观念的集中体现，是共产党员的立身之本，是党保持和发展先进性的重要前提。尊重党员主体地位，发挥党员主体作用，是培育和激发党员的党员意识的关键。30年的实践表明，只有紧紧抓住这个关键，始终坚持立党为公、执政为民，把实现好、维护好、发展好最广大人民的根本利益作为党员队伍建设的核心价值，才能建设一支高素质的党员队伍，把广大党员的先进性更好地激发出来，把广大党员的先锋模范作用更好地发挥出来。

必须坚持融党员教育管理监督和服务于一体，不断增强党组织对广大党员的凝聚力。对党员既严格教育、管理和监督，又真切关心和服务，这是在党的建设和党内生活中贯彻落实科学发展观的必然要求。30年的实践表明，只有坚持以人为本，把教育、管理、监督和服务紧密结合起来，在教育管理监督中体现服务，在服务中实施教育管理监督，才能把广大党员紧紧地团结凝聚在党组织周围，不断增强党组织的亲和力和凝聚力。

必须统筹推进党员队伍建设和党的基层组织建设，切实做到哪里有党员哪里就有党的组织，哪里有党的组织哪里就有党员充分发挥作用。党员队伍建设和党的基层组织建设相互依存、相互促进，统一于党的建设新的伟大工程之中。30年的实践表明，只有围绕加强党的执政能力建设和先进性建设这条主线，统筹推进党员队伍建设和基层组织建设，着力锻造合格的党员队伍，健全严密的基层党组织体系，才能发挥党的组织优势，巩固党的执政基础，扩大党在全社会的影响力，同时为领导班子建设和干部队伍建设创造条件，提供保证。

必须坚持与时俱进、改革创新，使党员队伍建设始终做到体现时代性、把握规律性、富于创造性。改革创新是增强党的创造力、凝聚力、战斗力的必由之路，也是加强党员队伍建设的重要法宝。30年的实践表明，只有从我们党所处的历史方位和所肩负的历史使命出发，牢牢把握世情、国情、党情的深刻变化，紧紧抓住保持党员队伍先进性这个永恒主题，以改革创新精神推进党员队伍建设，不断研究党员队伍建设中的新情况新问题，不断推进理论创新、制度创新、工作创新和方法创新，才能使党员队伍建设始终符合时代发展和进步的要求，始终符合人民群众的意愿和期待，始终保持旺盛的生机与活力。

（作者：中共中央组织部副部长）

创新基层党建工作机制

杨　松

近年来，武汉市委以创新基层党建工作运行机制为重点，大力实施以抓基层、打基础为主要内容的“双基工程”，推动了经济社会发展，服务了群众，凝聚了人心，促进了社会和谐。

一、建立健全党员联系和服务群众机制

服务群众是基层党组织的核心职能。全市各级党组织在搭建平台、拓宽渠道、注重激励、确保实效上加大力度，努力构建党员联系和服务群众工作体系。

贴近基层，健全服务体系。在建立健全街道、社区等基层党组织的基础上，整合各方资源，搭建服务群众平台。在街道建党员服务中心，在社区建党员服务站。目前，全市127个街道全部建立了党员服务中心，1180个社区都建立了党员服务站。与此同时，建立健全日常接待、情况报告、信息沟通、开展活动等相关工作制度，不断探索和强化服务中心功能。

贴近群众，丰富服务内容。根据不同群体的实际情况，突出“下岗特困职工、残疾人、进城务工人员、农村留守流动儿童、孤寡老人”五大服务重点，有针对性地开展扶贫帮困救助服务、便民利民生活服务、化解矛盾疏导服务、政策宣传咨询服务。近年来，全市成立“吴天祥小组”4000多个，小组成员达6万多人，发展党员义工4.8万人，筹集解困资金4000余万元，为群众解决实际困难3万余件次。

贴近党员，创建服务载体。各级党组织根据党员的实际情况，创建活动载体，创新活动方式。一是深入开展主题教育实践活动。先后开展了“党员先进性实践行”、“群众在心中、服务见行动”、“党员创业”等主题实践活动，引导党员把先进性体现在日常生活中，展示在工作岗位上，落实在服务群众中。二是在城市社区大力开展“三大行动”（党员“吴天祥小组”社区服务行动、下岗党员带头就业和带领下岗职工再就业的“双带”行动、在职党员进社区行动），发挥各类党员在社区建设和服务中的作用。三是在农村广泛开展“双学双培双带”活动（学理论、学知识，把致富能手培养成党员干部、把党员干部培养成致富带头人，党员干部带头致富、带领群众致富）。

二、建立健全城乡基层党组织互帮互助机制

按照工作目标上相协调、工作部署上相呼应、工作成效上相促进的思路，建立健全城乡党的基层组织互帮互助机制，努力实现各类基层党组织资源共享、功能互补、共同提高。

探索城乡对接的组织设置，打牢互帮互助基础。按照资源共享、优势互补、以强带弱原则，探索“村企联建”、“村居联建”、“村与园区联建”等模式，探索建立联建型党组织，促进城乡基层党建资源优化配置；在新经济组织和新社会组织集中的地方，探索建立区域型党组织，统一负责区域内党员发展、党组织筹建和党的群众工作；适应产业发展需要，探索建立产业型党组织，把支部建在农村专业合作社、产业链等经济组织上；在流动党员相对集中的地方，探索建立流动型党组织，做好流动党员教育管理和服务工作；根据城镇化发展需要，在条件具备的村，按照城市社区党组织的模式探索建立农村社区型党组织。

探索城乡对接的联动方式，加强流动党员管理。探索对流动党员“双联双管”（党组织与党员、流出地和流入地党组织双向联系，流入地党组织日常管理、流出地党组织跟踪管理）模式，着力构建城乡互动、异地互联、实时动态的党员管理机制。一是在武汉市的劳务输出地设立流动党组织，同时帮助籍贯、职业相同，活动时间、地点比较集中的流入武汉的外地党员建立党组织，实现流出地与流入地党组织双重管理。二是依托项目、工程建立流动党员临时党组织，实现公司总部党组织与业主方党组织双重管理。三是建立经常性联系制度，形成流出地与流入地党组织密切合作的长效机制，将不同地区党组织间的合作制度化、规范化。

探索城乡对接工作载体，开展互帮互助活动。大力开展中心城区对口支持远郊城区共建新农村活动，重点在农业产业发展、农民培训和转移就业、人才智力支持等方面进行对口帮扶；积极组织开展“百企联百村、互利帮老区”活动，目前已有 116 家企业与 147 个老区村结对帮扶；开展结对帮扶活动，2003 年以来，全市共有 751 名副局级以上干部、3393 名处级干部对口帮扶贫困户；组织小康工作队进驻老区、贫困地区开展对口帮扶活动；积极动员企业、大专院校和驻军单位等社会力量参与新农村建设。

三、建立健全基层党组织创先争优机制

针对各领域基层党建工作的不同情况，在全市党的基层组织和党员中深入开展形式多样的创先争优活动，推动基层党建工作整体水平不断提升。

在城市、农村基层党组织中深入开展“双创”、“三级联创”活动。将城市街道、社区党组织以及农村乡镇、村党组织创先争优活动统一规范为争创“五好”，即领导班子好、党员干部队伍好、工作机制好、工作业绩好、群众反映好。在全市基层党组织中开展以创建“五好”党组织为主要内容的农村“三级联创”、城市“双创”活动，调动广大基层党组织参与创先争优工作的积极性。

在企业党组织中深入开展“双比双争”竞赛活动。在全市国有企业党组织中广泛开展“比效益、争创先进党组织，比贡献、争当优秀党员”为主要内容的“双比双争”竞赛活动，实现企业党的建设与经济发展的最佳结合。2004 年以来，全市 5000 多家国有企业党组织和 10 多万名党员参加竞赛活动。近两年，这一竞赛活动延伸到非公有制企业党建工作中，推动了非公有制企业党建工作开展，扩大了党的工作的覆盖面和影响力。

四、建立健全基层党建工作责任机制

建立健全基层党建工作保障机制，为基层党建工作顺利开展创造条件。坚持基层优先方针，解决人员、经费、场地等基层党组织建设面临的实际问题。充实工作力量，解决“有人办事”问题。市委明确提出，区委组织部从事基层组织建设工作的干部，要不少于本单位行政编制的 1/4。各区按照市委的要求，配齐配强工作队伍，把政治素质好、能力水平高的党员充实到基层党组织领导班子中。加大资金投入，解决“有钱办事”问题。市委下发《关于实行农村、社区基层党组织工作运行经费补贴的意见》，将基层党组织建设工作经费纳入各级财政预算，并有计划、有重点地增加党费投入。加强基础设施建设，解决“有场地办事”问题。在城市社区推进党员服务中心、党员服务站建设，在农村推进办公活动场所建设，为基层党建工作提供新阵地，为党组织开展活动提供新场所，为服务党员群众提供新渠道，为党员发挥作用提供新平台。

健全有关制度，突出领导责任。市委制定了《关于实行党的基层组织建设责任制的规定》，明确区委书记为基层党组织建设第一责任人，区委组织部长为直接责任人，把基层党建工作成效作为考核区委领导班子的一项重要内

容，形成了党委统一领导，组织部门牵头抓总，各有关部门密切配合，上下联动、齐抓共管的基层党建工作格局。

实行目标管理，推动工作落实。市委把基层党建工作纳入各级目标考核体系，围绕基层党组织建设重点工作提出年度目标任务，量化工作目标。明确每项目标的责任人及完成时限，实行全过程跟踪督办。每年年底组织检查考核，评选基层组织建设工作先进单位。通过严格考核奖惩，推动基层党建工作责任制落实，激发大家做好基层党建工作的动力。

（作者：中共湖北省委副书记、武汉市委书记）

党委书记要提高领导科学发展的能力

胡汉武

党的十七大强调，要站在完成党执政兴国使命的高度，把提高党的执政能力、保持和发展党的先进性，体现到领导科学发展、促进社会和谐上来。党委书记作为领导班子中的一班之长，在领导科学发展、促进社会和谐上，起着领导带头作用。在新形势下，只有不断提高党委书记的能力素质，才可能把班子建设成为善于领导科学发展的坚强领导集体，促进部队建设又好又快发展。

要提高学习的能力。学习是锤炼党性、树立正确人生观价值观的前提和基础，是提高思维层次和能力素质的重要途径，也是防止思想庸俗化、抵制不正之风的根本举措。不学习，思想和能力素质就跟不上形势任务发展的需要，就会见事迟、反应慢，履行不了职责、做不好工作。新形势下，学习能力是最重要的能力，最有活力的能力，最有竞争力的能力。人与人之间能力素质的差别，在很大程度上取决于学习能力。作为党委书记要以高度的政治责任感抓好学习，自觉把学习作为第一需要和最重要的工作，理论创新推进一步，理论学习和武装就要跟进一步。学习并不仅仅是学书本知识，而是学、思、干的统一，只学不思就不深，只干不悟就不精。我们常常有这样的感受：在学习中思考工作，很多理性的思路就产生了，在工作中加深对学习的理解，对理论观点的领会就深刻得多；很多认识在学习和思考中提高了，很多复杂的问题在学习和思考中找到了解决的办法。

要提高贯彻民主集中制的能力。民主集中制是党的根本组织原则和根本领导制度。严格贯彻落实民主集中制，是深入贯彻落实科学发展观的重要保证。对民主集中制这个“真经”必须经常学、反复念，端正态度，纠正偏向，不断强化民主集中制意识，使民主集中制在党委中得到坚决贯彻执行。要坚持议事先议政，先把规章制度搞清楚，再来研究具体问题。切实把重大问题提到原则高度来认识，放在全局中思考，不就事论事，不随意变通。要坚持按程序办事，党委议事和决策的步骤和程序既是民主集中制的重要内容，也是贯彻民主集中制的重要保证，决不能认为办好事就可以不按程序办，领导交办的事就可以不按程序办，也不能借口时间紧、任务急而减少程序。要坚持按职责办事，军政主官各有各的职责，要严格按照党委统一的集体领导下的首长分工负责制办事。凡重大问题要认真听取党委成员的意见，反复酝酿；凡涉及官兵切身利益的问题，要广泛听取下级党委和广大官兵的意见建议，做到群众大多数不赞成的不上会，班子成员大多数意见不统一的不上会，没按程序规定办的不上会，形成决议后及时通报下级党组织，让大家明明白白抓落实。要树立现代决策理念，坚持专家论证、群众参与和纪检审计监督相结合的机制，不断提高科学决策民主决策依法决策水平。

要提高调查研究的能力。毛泽东说过，“没有调查就没有发言权”。调查研究是领导干部的基本功，是谋事之基，成事之道。贯彻落实科学发展观的质量水平，在很大程度上取决于对实际情况的深入了解和透彻分析，理论联系实际抓落实。党委书记是管全局、抓大事的，只坐在办公室听汇报、看材料，远远不够，必须亲自深入一线掌握一手情况、真实情况和新情况。只有把事情的来龙去脉、前因后果、发展过程弄清楚，才能看到事物的全部、事物的过程、事物的本质，作出科学的、有针对性的决策。调查研究要放下架子，甘当小学生，和官兵交朋友，虚心向他们学习，切不可兴师动众官气十足，那样是听不到实话的。调查研究既要调查又要研究，对被调查者的话，要全面地听，辩证地听，有分析地听，去粗取精，去伪存真。调查研究的目的是为了指导工作，是通过党委和机关这个“加工厂”，把群众的意见、经验、做法集中起来，把感性认识上升到理性认识，把零碎做法上升为系统经验，再来指导实践。调查研究要把一般号召与具体实施结合起来。没有一般号召，就不能组织和动员群众；没有具体深入的实施，突破一点，取得经验，一般号召就会落空。凡事只有解剖麻雀，才能了解具体，只有具体抓，才能深入，才能一件一件落实。对一些重大任务、关键性工作，党委书记一定要沉到基层一线，切实取得点上的经验，指导好面上的工作。

要提高团结的能力。团结是深入贯彻落实科学发展观的力量，是胜利的保证。搞不好团结，既影响班子的战斗力，影响部队建设，也影响个人感情。搞不好团结，能力再强，水平再高，也将一事无成。要从团结的愿望出发，珍惜在一起工作的缘分，以诚待人，坦诚相见，不说假话，不糊弄人，不算计人，经常互通情况，相互沟通，不要老死不相往来。有了成绩多往别人头上记，有了问题多往自己身上揽。对同志多看优点，当面道短，背后道长，多想别人的难处，经常换位思考，不乱猜忌，不把别人一时的气话、个别时候的个别行为当成本质。做到心胸豁达，有容人容事的雅量，经得起吃亏的气量，搁得住事的度量，团结起来干事业。有了强烈的事业心责任感，就会有共同的语言、团结的纽带，就有了团结的基础。团结的第一要求是党性原则，丧失原则当老好人那不是团结，是一团和气。陈毅曾经说过，难得是诤友，当面敢批评。每一个同志都要学会善于和不同的人共事，在不同的岗位上做事，在不同的环境下干事，把困难和矛盾作为锻炼自我、提升自我的有利条件。

要提高统筹兼顾的能力。统筹兼顾是贯彻落实科学发展观的根本方法。只有在统筹中抓好工作、处理好矛盾，在兼顾中突出重点、把握好平衡，在协调中提高效益、促进发展，才能做到全面地抓、联系地抓、适应形势任务变化地抓。只有把科学发展当作一个整体来把握，把单项工作放在全局中来思考，才能总揽全局，统筹规划，重点突破，整体推进。统筹兼顾就要学会弹钢琴，十个指头的动作要有节奏，要互相配合。抓部队建设也是如此，要形成清晰的工作思路，一个时期围绕一个工作重点来开展并带动其他工作。

要提高开拓创新的能力。当今世界正在发生广泛而深刻的变化，我们要顺应世情、国情、党情的发展大势，着力转变不适应不符合科学发展观的思想观念，着力解决影响和制约科学发展的突出问题，着力确立新的观念。观念一变天地宽。有了新观念才有新思路、新办法。观念不更新，墨守成规，就会落后于形势，落后于任务，落后于实际。转变观念，说起来容易，做起来很难。在我们“潜意识”当中的一些陈旧观念根深蒂固，很难在短时期内真正转变过来。有些同志自以为转得差不多了，但一到具体工作中，就自觉不自觉地用老眼光看问题，凭老经验、老套路办事。由此可见，更新观念的任务还很重，必须牢固树立解放思想、更新观念、自主创新的思想意识，真正突破思维瓶颈和观念障碍，以新视野认识新事物，以新观念研究新情况，以新理论回答新问题，使我们的思想与党的十七大精神一致，与科学发展观一致，与当前面临的形势任务一致。要善于借鉴别人的经验，虚心学习借鉴兄弟单位乃至外国军队在教育、训练、管理等方面的经验做法和有益成果，更好地推动部队建设创新发展。

（作者：武警吉林省总队政治委员）

党委专职副书记如何做好工作

陈全国

按照中央的部署和要求，中共河南省委坚持明确方向、积极稳妥、突出重点、分步到位的原则，积极推进党委领导班子配备改革，圆满完成了省、市、县、乡四级党委换届工作。新班子带来了新气象。作为一名党委的专职副书记，我认为，必须把思想认识统一到党中央关于领导班子配备改革的决策部署上来，切实找准位置、严格要求，为全党的工作大局搞好服务、多作贡献。

一、充分认识领导班子配备改革的重要性

要充分认识这次改革的重要性、必要性，以实际行动拥护改革、支持改革，确保改革稳步推进、取得实效。

推进领导班子配备改革，有利于加强党的领导。减少副书记职数，实行常委分工负责制，不搞重叠分工，减少中间层次，有利于党委书记直接过问各个方面的工作，更加迅速、全面、准确地了解掌握各个方面的情况；有利于党委书记直接领导各个方面的工作，更好地统揽全局、贯彻落实各项决策部署；有利于党委书记直接推动各个方面的工作，从而进一步加强党的领导。

推进领导班子配备改革，有利于健全民主集中制。减少副书记职数，取消书记办公会这个层次，解决一些地方存在的书记办公会实际上取代常委会的问题，保证地方党的各级常委会按照党章和《中国共产党地方委员会工作条例（试行）》的规定行使决策职能，有利于各个常委在重大问题上进一步解放思想、发扬民主，增强决策科学性。

推进领导班子配备改革，有利于提高工作效率。减少副书记层次，有利于各个常委直接向党委书记、向常委会汇报重大问题；有利于各个常委创造性地开展日常工作；有利于各个常委更加放手、大胆、独当一面地完成任务，提高党委领导班子的工作效率。

二、找准专职副书记的位置

当好书记的助手。《中国共产党地方委员会工作条例（试行）》明确规定："党的地方委员会书记组织常委会活动，协调常委会委员的工作。"显而易见，书记是党委的一把手，肩负着党中央的重托，承担着带领党委一班人贯彻党的路线方针政策、推动地方发展、保一方平安的艰巨任务。这就要求班子成员都要理解书记、尊重书记、支持书记。作为专职副书记，更要带头尊重和维护书记的权威，积极主动地当好助手，为党委书记开展工作分忧解难。一要承担好党委书记分配的工作，做到在自己职责范围内管理好、组织好、协调好，不给书记添麻烦。

二要完成好党委书记交办的任务，做到不推不拖、不等不靠，尽最大努力完成，并及时向书记汇报任务完成情况。三要处理好书记授权的事情，在书记授权范围内积极稳妥地做好工作，不遗余力地把各项任务完成好，把各种事情办好。四要做好为党委书记补台的工作，对于其他常委不便于出面做的工作，要从大局出发，为班子集体着想、为班长着想，发挥好拾遗补缺的作用。五要维护好党委书记的形象和权威，增强助手意识，有牺牲精神和奉献精神，主动为书记分忧、担责、解难。

当好常委的帮手。一要加强联系，根据党委书记的授权和常委的分工，加强与常委分管工作的联系，了解掌握有关情况，为书记总揽全局、协调各方当好参谋。二要注重协调，根据党委书记的授权，对常委分工负责的工作之间需要协调的，积极进行协调，推动各项工作有序高效运转。三要搞好服务，在党委书记的领导下，尊重常委的权力，支持常委的工作，为常委的活动和工作创造良好环境。

当好部门的“二传手”。一要上下沟通，做到下情上传、上情下达，对于分管战线和部门的重要工作情况，要及时向书记、向常委会报告；对于常委会的重要部署、书记的重要指示，要及时向分管战线和部门传达。二要积极支持，做到分管不包揽、联系不包办，支持所分管的战线和部门独立负责、创造性地开展工作。三要排忧解难，经常深入基层听取工作汇报，认真了解情况，加强工作指导，对分管部门遇到的困难及时帮助协调解决，使分管的部门工作有更高的热情、干事有更好的舞台、创造有更大的空间。

三、严格要求自己

要政治坚定。要自觉成为实践社会主义核心价值体系的模范，始终做共产主义远大理想和中国特色社会主义共同理想的坚定信仰者、科学发展观的忠实执行者、社会主义荣辱观的自觉实践者、社会和谐的积极促进者。要认真贯彻执行党的基本理论、基本路线、基本纲领、基本经验和各项方针政策，在重大原则问题上头脑清醒、立场坚定，在政治上思想上行动上与以胡锦涛同志为总书记的党中央保持高度一致，自觉维护中央权威。

要自觉学习。一要学理论。深入学习马列主义、毛泽东思想、邓小平理论和“三个代表”重要思想，深入学习科学发展观，做到真学、真懂、真信、真用，切实增强运用马克思主义中国化最新成果武装头脑、推动工作、指导实践的自觉性和坚定性。二要学政策。对经济建设、政治建设、文化建设、社会建设和党的建设的各项方针政策要认真领会，对联系战线和分管部门工作的有关政策规定要悉心学习，切实做到对有关的政策融会贯通，对有关的程序了如指掌，对有关的规则运用自如，当好书记助手、常委帮手、部门“二传手”。三要学经济。经济建设是党的中心工作。在社会主义市场经济条件下，必须学经济、懂经济，才能在党委集体领导下，在书记带领下，为经济发展尽好职责，贡献力量。四要学科技。重点学习现代化建设所需要的各类知识，特别是要适应科技进步日新月异的新形势，注重学习现代科技知识、应用科技知识，进而培养世界眼光、强化开放思维、增强创新能力、提升综合素质，以更好地担负起党和人民赋予的职责。

要勤奋工作。一要以强烈的事业心和责任感干工作，以对党和人民的事业高度负责的态度看待工作、干好工作，真正把心思和精力用到干好工作上来，把智慧和力量凝聚到干好工作上来。二要以良好的精神状态干工作，始终保持蓬勃朝气、昂扬锐气、浩然正气，始终保持克难制胜、奋发有为的进取意识，对任何一项任务都满怀激情、满腔热情、尽心竭力，雷厉风行、只争朝夕、忘我工作。三要以高标准、高质量的要求干工作，保持锲而不舍、创先争优的劲头，确立一流的目标，拿出一流的干劲，创出一流的业绩。

要作风扎实。要以求真务实的作风，把工作做深、做细、做出成效，确保把中央和上级党委的要求落到实处。一要查实情，围绕工作重点，围绕遇到的新情况、面临的新问题，真正沉下来、蹲下去，深入基层、深入一线，开展调查研究，特别要深入到问题多、困难大、条件艰苦、矛盾复杂的地方，了解情况、解决问题、推动工作。二要说实话，对分管的工作，定目标、提要求、下任务都要从实际出发，坚持言必信、行必果，做得到的就说，做不到的就不说；对领导、对下级、对同志、对群众，任何时候都要言行一致、表里如一，以诚相待、以情感人，诚实守信、肝胆相照。三要干实事，立足于多干事、干实事、干好事，努力做到多干少说；对自己分管的工作，要尽最大努力抓紧、抓实、抓好。四要求实效，对党委和书记交办的工作任务，做到有部署、有检查、有落实，抓住不放、抓出成效；对分管的工作，做到高标准、严要求，不做表面文章，不搞形式主义，不能有短期行为。要以对党负责、对人民负责、对历史负责的精神，做出经得起历史和实践检验的工作业绩。

要作风廉洁。要正确行使手中的权力，珍惜为人民服务的机会。在日常工作、生活中，要认真遵守中央和中纪委及省委提出的廉洁从政纪律规定，自觉做到不吃请、不收礼，管好自己、管好亲属子女、管好身边工作人员、管好分管的部门和单位，坚持从严要求，落实好党风廉政建设责任制。

要戒骄戒躁。党委专职副书记要认识到，这是很重要的领导岗位，走上这个岗位，是党多年培养、教育、关怀的结果。必须安下心来、沉下身来，尽职尽责地为党工作、为民奉献，淡泊名利、不计得失，设身处地为班长着想，理解班长的难处，多做分忧解难之事，不做为难添乱之事，决不能心浮气躁，决不能好高骛远，决不能为个人的名利、地位、升迁而向党组织伸手。

四、在党委的领导下多作贡献

在顾全大局上多作贡献。顾全党和国家的大局，按照党中央的要求，紧紧抓住本世纪头20年的重要战略机遇期，主动为全面建设小康社会多作贡献；顾全改革发展稳定的大局，按照既定的目标任务，主动为深化改革、促进发展、维护稳定多作贡献；顾全党委工作的大局，坚持局部利益服从全局利益、个人利益服从整体利益，主动为贯彻好党委的意图、执行好党委的决策、落实好党委的部署多作贡献。

在维护团结上多作贡献。要像爱护眼睛一样爱护党委班子的团结。一要坚持始终如一、表里如一地做到常想团结的局面、常说团结的话、常做团结的事、常尽团结的责；做到有利于团结的话就多说，不利于团结的话就坚决不说；有利于团结的事就多做，不利于团结的事就坚决不做。地方党委班子是在党中央和上级党委领导下的一个团结坚强的战斗集体，必须做到在重大原则问题上认识一致、行动一致、步调一致，不能有杂音，不能各行其是。二要大事讲原则，小事讲风格，襟怀坦白、心胸坦荡，光明磊落、公道正派，与班子成员彼此尊重、加强沟通，互相支持、互相配合，做到在合作共事中增进了解、在相互帮助中搞好团结。三要坚持五湖四海，不搞亲亲疏疏、拉拉扯扯，不搞小团体、不拉帮结派，一身正气为官、清清白白做人。在班长的带领下，做到与班子的同志们心往一处想，话往一处说，劲往一处使，共同维护好班子的权威，共同维护好班长的形象，共同营造班子团结和谐的氛围，共同开创本地工作的新局面。

在履行职责上多作贡献。一要按照党委分工，围绕协助党委书记处理日常事务的要求，在为党委主要领导同志和常委同志们搞好服务方面尽好职责。二要按照党委分工，围绕所联系战线的工作，在使战线工作与党委的全局工作相结合、取得新成就方面尽好职责。三要按照省委分工，围绕所负责部门的工作，在支持部门工作、使部门工作有新起色方面尽好职责。四要按照省委分工，围绕新的领导体制的要求，在拾遗补缺、帮忙补台方面尽好职责。

在促进崛起上多作贡献。要以深入学习贯彻胡锦涛同志视察河南时的重要讲话精神为动力，自觉地为全面建设小康社会、加快中原崛起、构建和谐中原贡献力量。一是要牢记崛起的使命，充分认识到中原崛起既是党中央的重托，又关系到全省近一亿人民的福祉，视崛起为己任。二是要明确崛起的任务，明确省八次党代会提出的建设富裕中原、和谐中原、美好中原的要求，自觉地把各项任务与自己的职责相联系，时时处处为完成崛起的任务而努力。三是要尽好职责，把自己的分工与崛起的大局相统一，以饱满的热情、良好的状态、忘我的精神、拼搏的干劲，把每一项工作做好，为中原崛起这一宏伟目标的实现作出新贡献。

（作者：中共河南省委副书记）

以改革创新精神全面推进基层党的建设

张少农

近年来，贵州省委坚持解放思想，以观念创新推动基层党的建设工作思路、工作方法、工作机制创新，全省党员队伍建设、党的基层组织建设、党内基层民主建设水平得到显著提高。

一、创新教育管理，夯实党员队伍建设这一基础工程

创新活动形式，抓好党员经常性教育。全省各级党组织不断创新党员经常受教育、永葆先进性的内容和形式，充分运用各类教育培训阵地和手段，认真抓好党员教育培训和党员队伍建设。发挥贵州作为全国农村党员干部现代远程教育试点省份，网络覆盖100%乡镇和99.8%行政村这一优势，组织农村党员、群众进行党的路线方针政策、党的基本知识、法律法规、科学文化知识以及农村实用技术的学习培训，提高党员素质。

创新服务平台，做好党员联系和服务群众工作。各级党组织通过搭建平台、拓宽渠道、注重激励、确保实效等一系列措施，切实做好上级党组织关心基层党组织、党组织关心党员、党组织和党员联系服务群众的工作。在城市社区和农村基层建立党员服务站、为民服务全程代理中心等，凝聚党员力量，服务群众需求。广泛推行党员承诺制，要求党员参加设岗定责和结对帮扶等活动，在帮助群众解决生产生活实际困难中发挥作用，在了解群众意愿需求、反映群众意见建议中发挥作用。建立党员领导干部联系点，通过领导干部到联系点调研指导工作、帮助理清发展思路、解决实际问题，进一步拓宽了解民情、体察民意、服务群众的渠道。

创新管理模式，加强和改进流动党员教育管理。针对贵州常年有4万多名党员在外务工的实际，积极探索建立城乡一体化的党员动态管理机制。通过建立流动党员登记制度、流出地党组织与流入地党组织沟通制度，主动与流动党员进行联系，有针对性地对他们进行培训，关心和帮助他们解决困难。省委组织部在深圳建立了“流动党员服务站”，为流动党员提供联系接转党组织关系、推荐就业、维护合法权益等服务。在外出流动党员集中地建立流动党支部、党小组，使党员无论流动到哪里，都能参加党的活动，受到组织管理，得到组织关怀，发挥先锋模范作用。

二、创新工作思路，全面推进党的基层组织建设

创新组织设置，不断扩大党组织覆盖面。坚持有利于加强对党员教育管理、有利于发挥

党的领导作用、有利于巩固党的执政地位的原则，在按照地域、单位为主设置党组织的基础上，积极探索符合实际的基层组织设置模式和做法，形成与经济社会发展相适应的党的基层组织格局。适应农村经济社会发展需要，把党的基层组织建立在农业产业链、农村经济组织、行业协会；针对撤乡并村后村的行政范围扩大的实际，及时研究农村基层党组织作用发挥的途径和办法；社区党组织积极适应城市基层管理体制改革，通过建立“楼宇党支部”、“单元党小组”等形式，将在社区工作和生活的党员基本上都纳入到党组织中来；积极探索在重点建设项目工程区到风景名胜区建立基层党组织，为西部大开发重点工程项目和旅游业的健康发展提供保证；采取联建、依托、挂靠等方式，切实做好新社会组织和非公有制企业党组织的设置。截至2007年底，全省1209家规模以上非公有制企业建立了党组织，组建率达97.6%。

创新活动载体，全面推进各类基层党组织建设。围绕创建领导班子好、党员队伍好、工作机制好、工作业绩好、群众反映好的“五好”基层党组织目标，坚持突出重点、统筹兼顾，在抓好农村、企业和城市社区基层党组织建设的同时，整体推进机关、高校、科研单位、新社会组织等基层组织建设，努力实现基层组织建设资源共享、优势互补、互帮互助，全面协调发展。一是深化农村党的建设“三级联创”活动，开展以“上下联创、示范带创、城乡共创”和“强基础、强素质、强机制”为主要内容的“三创三强”活动；开展“四在农家”创建活动，推进社会主义新农村建设；实施“四有”工程，切实帮助农村基层党组织解决“有人办事、有钱办事、有场所办事”等实际问题。二是深入开展“四好”领导班子、“五好”党支部、“六先”党员队伍创建活动，大力推进国有企业党组织建设。三是以搞好社区管理、服务群众为重点，深入开展“四民社区”创建活动。把农村党的建设中行之有效的“三级联创”活动、党员干部现代远程教育、组织活动场所建设和党员承诺制四项工作引入社区党建工作，开展“四进社区”试点工作。四是紧紧围绕服务发展、服务基层、服务群众，扎实推进学习型、服务型、效能型、廉洁型机关创建活动。

创新党内激励、关怀、帮扶机制。全省各级党组织把要求党员尽义务、作奉献与保障党员权利、关怀帮扶党员统一起来，逐步建立起城乡党的基层组织互帮互助机制和党内激励、关怀、帮扶机制。2007年，全省完成新建、改扩建5080个村级组织活动场所，基本实现了农村基层组织有地方办公、农村党员有场所开展活动的目标，为党员群众学习知识、获取信息、交流经验、民主参政等提供条件。省委每年从省级党政机关、省属企事业单位抽调人员组成50个党建扶贫工作队，到全省50个扶贫开发重点县开展党建扶贫工作；开展“万个支部结对，万名党员帮扶”活动，重点对5486个一类贫困村进行结对帮扶。省委组织部从2005年以来，组织开展了以联系基层党组织、帮助党员群众解决生产生活中的实际困难为主题的“三联三帮”活动，使真正重视、真情关怀、真心爱护基层党员干部落到实处。

三、创新民主形式，大力推进党内基层民主建设

尊重党员主体地位，保障党员民主权利。建立重大决策前广泛征求意见制度。党委（党组）在作出重大决策部署前，广泛听取党员和群众的意见，不断完善内部议事规则和决策程序，每年省委常委会民主生活会召开前，都要广泛征求基层党组织和党员的意见。建立党代表参与督查活动制度，通过征求党代表意见、邀请党代表参加督查活动等形式发挥党代表的作用。建立党代表参与对干部的评价制度，在对领导班子和领导干部的考核中，广泛听取党代表中基层党员、干部、群众的意见。推行党务公开，在一些市（州、地）开展党务公开试点工作，对党务公开原则、对象、内容、时限、形式和程序等进行探索。

探索完善基层党内选举制度，增强基层党

内选举的科学性和规范性。我们按照中央的要求，积极探索党内民主选举改革，努力实现选举结果组织满意、党员和群众拥护的统一。2005年以来，在部分县(区)开展了“公推直选”和“公推民评全委票决”乡镇党委书记试点工作。在全省第七届村(居)换届选举中，广泛推行“两推一选”方式，扩大选举范围，选好配强村(居)党支部班子。在全省乡镇换届工作中，坚持把发扬民主贯穿提名、考察等换届工作全过程，把一大批“想干事、能干事、干成事”的干部选拔到基层领导班子中来。

探索扩大党内基层民主多种实现形式，以基层党内民主带动基层民主。我们把扩大党内基层民主作为党内民主的基础和重要切入点，近年来，在全省部分地方和国有企业、高校进行党代会常任制试点。试点工作中，注意创新党内民主形式，拓展党内民主渠道，丰富党内民主内容，有力地推进了党内基层民主建设的经常化、制度化、规范化。积极探索村级民主管理有效形式，探索建立党组织领导下的村民自治运作机制，在一些地方推行“三会制”(村民代表大会、村理事会、村监事会)，有力地推进了农村民主政治建设。

(作者：中共贵州省委常委、组织部长)

努力提高党内民主的质量

黄建国

党内民主是党的生命。发展党内民主，历来是党的建设的重大问题。党的十七大报告强调“积极推进党内民主建设，着力增强党的团结统一”。在推进党内民主建设的进程中，应不断提高党内民主的质量，最大限度地激发党的创新活力，最大限度地调动党员的积极性、主动性和创造性，以党内民主带动人民民主，以党内和谐促进社会和谐，不断开创中国特色社会主义事业新局面。

一、切实保障党员的民主权利

保障党员民主权利是发展党内民主的重要基础。发展党内民主，要把保障党员民主权利摆在突出位置。

尊重党员主体地位。以人为本是科学发展观的核心，也是党的建设要面对的一个新问题。保障党员民主权利要真正体现党员的主体地位，扭转只强调组织的权威而不注重党员应有的主体地位的偏向。因为在这种情况下，党员很难找到和认同自己的主体地位。所以，提高党内民主质量，必须在强调党员应尽义务的同时，强调党员应有的权利，牢固树立党员主体意识，发挥党员主体作用。要强化党员权利保障的观念，增强党员的主体意识，引导广大党员把握党内民主建设的重要意义，激发广大党员投身党内民主建设的热情，切实增强发展党内民主的自觉性和坚定性。还要加强对广大党员进行党的基本知识、党的方针政策及党规党纪等方面的学习教育，积极引导广大党员正确认识自己的民主权利，增强广大党员的主体意识和民主意识，完善广大党员的知识结构，不断提高广大党员发现问题、分析问题和思考问题的能力，保证广大党员民主权利的正确行使，使之不断增强发挥主体作用的能力。

营造党内民主讨论的环境。恩格斯说：“在党内绝对自由地交换意见是必要的。”毛泽东指出：“一切党的领导人员都要发扬党内民主，让人讲话。”我们要从三个方面营造党内民主讨论的良好氛围：一是营造平等的氛围。积极创新手段，拓宽广大党员反映和表达意见的渠道，使党内各种不同的意见能够平等地进行讨论，各抒己见。二是营造宽松的氛围。鼓励和保护党员讲真话、讲心里话，保证广大党员特别是基层党员的意见和建议能够及时反映到上级党组织中来。三是营造包容的氛围。邓小平说过："我们要创造民主的条件，要重申'三不主义'：不抓辫子，不扣帽子，不打棍子。在党内和人民内部的政治生活中，只能采取民主手段，不能采取压制、打击的手段。"在坚持少数服从多数的原则基础上，同时尊重党内少数人的意见。

逐步推进党务公开。列宁说过，没有公开性，谈民主是很可笑的。党的十七大报告明确提出，把推进党务公开作为党内民主建设的一项重要措施。要坚持公开的原则，增强党组织工作的透明度，使党员更好地了解党内事务，坚持先党内后党外的原则，做到重要情况党内先通报，重要文件和决定党内先传达，重要问题决定前要在党内先讨论，重要决策的实施在党内先动员。合理地确定公开的范围，在不涉及党和国家机密的前提下，尽可能地公开党的中心工作、思想建设、组织建设、作风建设、制度建设等方面的有关情况。丰富党务公开的载体，创新党务公开的形式，结合实际，有效利用各种媒体，积极稳妥、健康有序地推进党务公开工作。

落实党员民主权利的保障措施。党内民主从本质上讲，就是全体党员在党内的政治权利及其相关制度，离开党员权利的充分行使和切实保障，党内民主就是空中楼阁。要落实好《中国共产党党员权利保障条例》，制定具体有效的措施，切实保障党员的民主参与、民主选举、民主决策、民主监督等民主权利的平等行使。要完善监督机制，加强党内监督，维护和保障党员的民主权利，强化责任机制，任何组织和个人侵犯党员民主权利的行为，都必须受到追究。

二、着力提高民主决策的质量

民主决策是民主政治建设的一个重要内容，是作出正确决策的关键所在。因此，提高党内民主的质量，必须提高民主决策的质量，推进决策的科学化。

增强决策基础的广泛性。列宁指出："应该努力做到对代表大会的决定进行最广泛的讨论，应该要求全体党员以十分自觉的、批判的态度对待这些决定。"党员是党内事务的主人，要使党员尽可能多地参与党内决策，增强广大党员参与决策的主体意识，提高广大党员参与决策的主动性、积极性和创造性，为民主决策和科学决策献计出力。多层次、多途径、多方面疏通和拓展民主渠道，根据决策的内容，选择适当的范围尽可能广泛地征求广大党员的意见和建议。探索建立决策的党内听证机制，充分发挥全体党员的智慧和力量。建立健全有关的民主决策机制，使广大党员和各级党组织参与党内决策制度化。党委讨论党务工作，可以适当地邀请基层党员或党员代表列席常委会。尊重广大党员有关决策的意见和建议，畅通沟通渠道，及时公开决策情况，努力形成良性互动，力求决策更加科学合理，使党的各项决策在党内拥有最广泛的群众基础。

突出全委会的作用。完善党的地方各级全委会工作机制，充分发挥全委会对重大问题的决策作用。改革党内领导体制，正确处理党代会、全委会、常委会的权力关系，完善常委会向全委会、全委会向党代会负责并报告工作制度。常委会成员要坚持每年向全委会述职、述学、述廉，适当增加全委会召开的次数，强化全委会的决策权限，拓展全委会的决策内容，加强全委会监督职能，把更多重大问题交由全委会来决策，保证决策的民主化和科学化。

大力推行票决制。在重要干部任免、重大项目安排和大额资金使用等重大决策方面逐步实行票决制，并逐步扩大票决制的范围。在干部任用方面，还要逐步推行差额票决制，适当提高差额比例。严格票决制的程序，坚持议决分离、先议后决的原则，重视酝酿讨论的作用，票决前进行认真调研，开展充分讨论，票决后当场对票决结果进行裁定，并在一定范围内公示票决结果。

规范党委领导班子的议事规则。按照“集体领导、民主集中、个别酝酿、会议决定”的原则，进一步增强班子内部议事规则的科学性。明确地方党委常委会的决策范围，涉及本地区经济建设、政治建设、文化建设、社会建设和党的建设等方面的重要事项，必须由常委会集体讨论决定，任何个人或少数人无权作出决定。明确党委常委会决策议题的确定方式。明确酝酿的方式和范围，特别是重大问题和干部任用的决策酝酿必须要由书记、副书记、纪委书记、组织部长及有关常委进行会前沟通酝酿，会前酝酿不得以任何形式代替常委会决策。

三、加快基层党内民主的创新

基层党内民主是构建整个党内民主的基石，加强党内基层民主建设，是发展社会主义民主的基础性工作。毛泽东曾指出：“真要实行民主集中制，是要经过认真的教育、试点和推广，并且经过长期反复进行，才能实现的。”否则，“始终不过是一句空话。”

鼓励基层探索扩大党内基层民主的多种实现形式。充分认识加强基层党内民主的重要性和紧迫性，充分调动广大党员推进基层党内民主建设的主动性、积极性和创造性，保护基层党组织探索基层民主的开拓精神，创造一种鼓励和支持基层民主创新的良好环境，对一些方向正确的突破性做法，要加强指导，认真总结，促其早日成熟。

扩大基层党内选举中的民主。积极探索候选人提名办法，变单纯由组织提名为组织提名、党员推荐和党员个人自荐相结合，实现党组织意图与党员意愿的有机统一。不断拓展直接选举的范围、扩大差额范围和差额比例，坚决杜绝人为干预和操纵选举、变相等额选举的现象，试行基层党组织书记、副书记差额直接选举。探索在党内选举中引入竞争机制，由上级党委组织候选人参加竞职演说，为候选人提供一个公平竞争的舞台，帮助选举人对选举对象有更直观、更充分的了解。有效地激发基层党员的政治热情，增强基层干部对群众负责、为党员服务的自觉性。

以基层党内民主促进基层民主政治建设。扩大基层党内民主，会直接带动基层民主政治建设。要充分发挥基层党内民主对基层民主的示范和带动作用，健全基层党组织领导的、充满活力的基层群众自治机制，为基层民主的发展创造良好环境，形成基层党内民主和基层民主相互配合、相互促进、共同发展的局面。对基层民主政治建设中出现的有价值、规律性的东西，要注重从理论上去总结，从制度上去完善，帮助基层总结提高，逐步形成指导性的政策原则。

四、推进党内民主制度建设

邓小平提出，制度建设是发展党内民主的关键，“必须使民主制度化、法律化，使这种制度和法律不因领导人的改变而改变，不因领导人的看法和注意力的改变而改变”。“我们过去发生的各种错误，固然与某些领导人的思想、作风有关，但是组织制度、工作制度方面的问题更重要”。发展党内民主，要从完善党内民主的制度机制入手，坚持用制度化的方法解决问题，用制度权威代替领导权威，建立健全充分反映党员和党组织意愿的、体现发展党内民主各项要求的、贯穿于发展党内民主各个环节的制度体系和行之有效的工作机制，以完备的制度保障党内民主。

改革和完善党的代表大会制度。党的代表大会制度是党内民主集中制最生动的体现，是党员行使自己管理党内事务权利的最主要的渠道。要积极探索党代会闭会期间党代表发挥职能作用的途径和形式，实行党代表大会常任制，建立党代表巡视制度，在党代会闭会期间组织党代表开展巡视和调研活动，检查督促同级、下级党委的工作或对有关问题进行质询。

建立健全地方党委选举制度。改进候选人提名制度和选举方式。地方党委领导班子对候选人的提名要做到组织满意、党员公认、群众拥戴。要规范候选人的初始提名权，完善考察制度，对候选人要按照《体现科学发展观要求的地方党政领导班子和领导干部综合考核评价试行办法》来考评，按照差额推荐提名、差额考察、差额酝酿、差额选举的办法来确定进入党委班子的人选，实现"好中选优"，防止出现"陪选"现象。要改进选举表达方式，设立独立投票室，切实保障广大党员自由表达选举意志的权利，并建立与选举制度相配套的弹劾、罢免制度，形成党内选举自我纠错机制。

建立健全配置科学、制约有效的民主监督体制。疏通党内监督渠道，强化党员对党的组织、党代会对全委会、全委会对常委会的监督。疏通人大监督渠道，党的各级组织和全体党员都必须在宪法和法律范围内活动。疏通民主党派监督、新闻舆论监督渠道，积极推行社会公示、社会听证、社会评价等民主形式，丰富举报形式，规范网络举报、电话举报以及信函举报的程序和处理办法。通过切实有效的监督，确保党内权力健康有序地运行。

（作者：中共湖南省委常委、组织部长）

把思想政治建设作为班子建设的首要任务抓紧抓好

徐松南

把思想政治建设作为领导班子建设的首要任务，是我们党加强自身建设的鲜明特点、成功创造和优良传统，也是长期以来加强领导班子建设的一条宝贵经验。加强新形势下领导班子思想政治建设，必须从宁夏实际出发，着力做好以下几项工作。

加强理论武装，永葆共产党人的政治本色

新形势下加强领导班子思想政治建设，要用中国特色社会主义理论体系武装头脑、指导实践、推动工作。进一步坚定理想信念，理直气壮地坚守共产党人的精神家园，对党忠诚、为党分忧，对民尽责、为民奉献。加强对党的路线方针政策的学习研究，结合下情吃透上情，准确把握精神实质，创造性地贯彻执行。进一步增强党性修养，带头讲党性、重品行、作表率，始终保持政治上的坚定性，严格遵守党的政治纪律，坚决贯彻党的理论和路线方针政策及各项决策部署，善于从政治上观察和处理问题。加强道德品行修养，保持道德品行的纯洁性和先进性，遵守从政准则，保持健康向上的生活情趣和精神境界。积极践行社会主义核心价值体系，始终坚持马克思主义指导思想不动摇，牢固树立中国特色社会主义共同理想，大力弘扬以爱国主义为核心的民族精神和以改革创新为核心的时代精神，坚持不懈地用社会主义荣辱观引领社会风尚。

不断增强开拓创新能力，切实提高各级领导班子的领导水平和执政本领

去年，胡锦涛同志在宁夏考察工作并作了重要讲话，为宁夏经济社会发展进一步指明了方向。前不久，温家宝同志来宁夏考察工作并作了重要讲话，国务院常务会议审议并通过《关于进一步促进宁夏经济社会发展的若干意见》，这是实现宁夏跨越式发展的重大机遇。全区各级领导班子和领导干部要切实增强政治意识、机遇意识和责任意识，不断解放思想，以更加开阔的眼界、更加开阔的思路、更加开阔的胸襟，创新

发展理念、创新发展思路、创新发展举措、创新领导方法，坚决克服满足现状、不思进取的思想，居安思危、奋发图强；坚决克服因循守旧、固步自封的思想，勇于创新、昂扬向上；坚决克服惧怕困难、畏首畏尾的思想，锐意进取、勇往直前。

坚持和完善民主集中制，不断增强领导班子的团结和活力

认真贯彻中央关于进一步完善地方党委领导班子配备改革后工作机制的意见和宁夏自治区党委的实施意见，切实完善地方党委工作机制，建立健全集体领导和个人分工负责相结合的制度，按照集体领导、民主集中、个别酝酿、会议决定的原则，完善领导班子议事规则和决策程序，实行民主决策、科学决策、依法决策，提高决策水平。研究制定党委常委会向全委会定期报告工作并接受监督的具体制度，建立健全常委会接受全委会监督的操作性规定，明确和细化全委会讨论决定重大问题的范围，制定和完善配套的实施细则，探索建立全委会对常委会成员进行民主评议制度，落实党委委员、纪委委员对常委会进行质询、询问制度。进一步推行地方党委讨论决定重大问题和任用重要干部票决制。建立民主生活会测评制度，切实提高民主生活会的质量。建立健全班子内部谈心制度，努力营造团结和谐的氛围。

牢固树立正确的用人导向，努力为跨越式发展选好干部、配强班子

坚持德才兼备、以德为先的用人原则，牢固树立注重品行、科学发展、崇尚实干、重视基层、鼓励创新、群众公认、干净干事的用人导向，真正把政治上靠得住、工作上有本事、作风上过得硬、人民群众信得过的干部选拔上来。尤其是主要领导岗位，更要重用那些政治坚定、原则性强、扎实苦干、清正廉洁、品德高尚、情趣健康的优秀干部，坚决不用那些以权谋私、弄虚作假、干部群众信不过的人，不用那些不负责任、拉私人关系、搞投机钻营的人，不用那些不讲原则、怕得罪人丢选票的“老好人”，不用那些不干实事、无所作为混日子的人。按照科学发展观和正确政绩观的要求考核评价干部，建立健全门类齐全、各具特色、简便实用的干部考核评价指标体系。通过同类别横比、同岗位纵比、同要求互比，提高干部考察的真实性和准确性。坚持把换届考核和届中考核、年度考核结合起来，强化经常性考核，完善定期考核，把考核结果作为干部使用、培养和奖惩的重要依据，建立干部考核与干部培训、选拔、任用相衔接的良性机制，真正做到对优秀者重用，对有潜力者培养，对落后者鞭策。进一步扩大选人用人的民主，规范干部任用提名制度，完善民主推荐、民主测评制度，完善干部选拔任用决策机制，积极探索以差额推荐、差额考察、差额酝酿、差额表决为主要内容的差额选任办法，积极推行并完善公开选拔、竞争上岗制度，营造优秀人才脱颖而出的环境。坚决整治选人用人上的不正之风，严禁封官许愿、搞权钱交易，对那些跑官要官、买官卖官的干部，发现一个查处一个，决不让老实人吃亏，决不让投机钻营者得利。科学规范和有效监督党委（党组）主要负责人的用人行为，建立健全干部选拔任用工作责任追究制度，对用人失察失误造成严重后果的，追究主要责任人和直接责任人的责任。定期进行选人用人满意度调查，把满意度作为考核领导班子思想政治建设成效和工作、实绩的重要指标。继续加强干部任前公示工作。坚持和完善一把手季度汇报、党员领导干部报告个人有关事项、述职述廉、函询和诫勉谈话等制度，加强对领导干部的经常性监督。

切实加强和改进领导作风，始终保持密切联系群众和清正廉洁的良好风气

大力弘扬密切联系群众的作风，坚持领导干部联系点制度，体察群众的冷暖疾苦，了解群众所思所想，解决群众的实际问题。建立领导干部下访制度，变群众上访为干部下访。坚持领导干部接待日制度，畅通群众反映问题的渠

道，直接倾听群众的愿望和呼声。越是贫困落后的地方，越是条件艰苦的地方，越是矛盾多、问题大、群众有意见的地方，领导干部越要多去，面对面地做群众工作，解决群众合法利益诉求。大力弘扬求真务实的作风，针对换届后的实际，把尽力而为和量力而行有机统一起来，保持工作的连续性，多干打基础、利长远的事，创造经得起实践、群众、历史检验的实绩。加强对实际情况的调查研究，建立健全领导班子决策调研制度，围绕工作中的重点、难点问题，制定年度调研计划，组织班子成员分工进行深度调研，提出解决问题的办法。精简会议和文件，改进会风和文风，提倡开短会、讲短话、写短文。大力发扬艰苦奋斗的作风，牢记“两个务必”，反对追求享受、铺张浪费，在思想上筑起崇俭戒奢的坚固长城，在工作上吃苦耐劳、埋头苦干，在生活上艰苦朴素、情趣健康，真正把有限的资金和资源用在刀刃上，加快推进宁夏跨越式发展。大力弘扬干干净净干事的作风，牢固树立正确的权力观、地位观、利益观，不断增强拒腐防变能力，真正做到干干净净干事、堂堂正正做人。

（作者：宁夏自治区党委常委、组织部长）

开创非公有制企业党的工作新局面调查

全国党建研究会课题组

新形势下，如何进一步加强非公企业党的建设，开创党的工作新局面，就这个问题，2007年全国党建研究会课题组到福建、浙江、重庆、江苏、辽宁等地进行调研，另外还有8个省、市党建研究会承担了子课题调研。现将调研结果综合报告如下。

一、非公有制企业党建要抓住机遇乘势而进

从调查看，党的十六大以来，特别是2006年以来，各地大力开展规模以上非公有制企业组建党组织的工作，取得了明显成效。一是各地党委普遍把加强非公有制企业党建列入工作日程，有些地方初步形成了非公有制企业党建领导体系和工作机制。二是建立起了一支初具规模的非公有制企业党务工作骨干队伍。三是规模以上非公有制企业组建党组织工作成效显著，覆盖率一般达到90%以上。四是培育、树立了一批非公有制企业党建工作先进典型，发挥了带动作用。五是对非公有制企业建立党组织、发挥党组织作用的社会认可度明显提高。这些都为在这一新领域进一步开展党的工作、发挥党组织作用，引导企业健康发展，提供了有利条件。

调查中也发现，有些同志把关注非公有制企业的精力主要集中在企业经营管理和纳税上，认为企业是市场竞争主体，抓不抓企业党建无所谓；有的就党建抓党建，或只强调党组织为企业生产经营服务，忽视全面贯彻党的方针政策和要求。这显然不符合中央精神和形势发展需要。

（一）从我国社会主义初级阶段的实际出发，在坚持公有制为主体、国有经济为主导、多种经济成分共同发展的情况下，保持非公有制经济快速健康发展，是走中国特色社会主义道路的必然选择。截至2007年3月底，全国非公有制企业已达504.4万户。截至2007年6月底，全国共在非公有制企业建立党组织25.2万个，比2002年底增长了2.5倍。18.7万户规模以上非公有制企业已经基本上实现了党组织全覆盖。党的建设和党的工作必须与非公有制经济和非公有制企业发展的态势相适应。从调

查的情况看，在非公有制企业开展党建工作还任重道远。

（二）我国已经出现了一个由党和政府政策扶持、主体来自劳动人民的先富人群，同时在非公有制企业中汇集了一支庞大的工人阶级新队伍。在新的社会阶层中，私营企业主占了相当比重，人数将越来越多、影响也越来越大，不少人的思想状况和政治诉求正随着经济社会地位的变化而变化。非公有制企业中集聚了大量从原国有企业分流出来的职工以及农民工，他们是我国在开辟新型工业化道路进程中正在不断壮大的工人阶级队伍的组成部分，其总数达1亿多人，已大大超过国有企业工人数。怎样针对新经济组织中这两部分群体的现状，引导他们继续沿着中国特色社会主义道路前进，不仅关系到企业的发展与和谐，而且关系到新时期增强党的阶级基础、扩大党的群众基础的战略大计。

（三）在非公有制企业组建党组织、开展党的工作取得了显著成效，但仍是一个薄弱环节，党组织发挥作用也很不平衡。据各地反映，这类企业中的党组织作用真正发挥较好的，一般仅占三分之一左右。而普遍反映的一个突出问题，就是上级党组织对非公有制企业党建的要求能否落实，落实到什么程度，有多大成效，现在多数情况不取决于企业党务干部的努力，而是取决于业主对建立党组织和党组织起何作用所持的态度。面对这种情况，亟须进一步解放思想，坚持改革创新的精神，把党在非公经济领域的工作水平提升到一个新高度。

二、开创非公有制企业党的工作新局面关键在于加强党委领导

党委重视、书记带头，是推动在规模以上非公有制企业组建党组织和扩大工作覆盖面的一条重要经验，也是进一步做好党在非公有制企业的工作、发挥党组织作用的根本保证。

（一）党委特别是党委主要领导同志要带头树立抓好非公有制企业党建的责任意识，确保领导的精力和力度到位。有些地方党委抓非公有制企业党建的责任意识还不够强，工作力度时重时轻，关心操作层面多、关注大政方针少。有些领导同志把非公有制企业开展党的工作，当成只是组织部、工会、工商联的事。由于缺少党委统一领导，部门未能凝成合力，结果大家都费力不少，效果却不理想。

（二）建立健全党委领导、有关部门齐抓共管的党建工作体系和机制。福建、浙江、重庆等省市和一些地市已基本形成“党委统一领导，组织部门牵头抓总，相关党政部门和群团组织参与配合”的非公有制企业党建工作新格局，把工作抓到了实处。

（三）统筹兼顾，突出重点，分类指导。非公有制企业数量多，分布面广，类型多样，规模不一，对经济社会的影响各异。党委要把那些在不同地区、不同行业中经营规模大、职工人数多、高新技术密集、对经济社会影响较大的企业党建紧紧抓在手里，精心培育和用好一批先进典型，借以带动一大片。对规模以上非公有制企业，已建立党组织的要着重指导抓好党组织作用的发挥；对还没有建立党组织的，要着重创造条件指导抓好组建工作；对一些中小型非公有制企业，要通过规模以上非公有制企业党建工作的带动和影响，用灵活、适用的方式指导抓好党的工作。

（四）逐步规范非公有制企业党组织的隶属关系。目前对非公有制企业党组织的管理还没有统一和规范。有的隶属街道、社区或农村基层党组织，有的隶属工商联或行业协会党组织，这种分散复杂的管理方式容易出现多头领导、重管漏管等问题，企业也感到难办。有些地方按照“属地为主、属业为辅、条块结合、分层分类”原则，逐步理顺了关系。对此，应力争在条件成熟时，从上到下逐步建立起科学规范的非公有制企业党组织管理体制。

三、进一步明确非公有制企业党组织的政治核心地位

（一）明确非公有制企业党组织的地位是加

强企业党建工作的需要。党章对非公经济组织中党的基层组织没有提政治核心作用，只对职责和任务作了规定。根据这几年的实践，不少党务工作者认为，在非公有制企业建立党组织是为了发挥党的作用，而发挥什么作用是由所处地位决定的。不明确企业党组织的政治地位，开展工作缺少依据，腰杆子也不硬。

（二）明确非公有制企业党组织在企业中发挥政治核心作用，既合理又合法。其主要根据是：第一，我们党是全国人民的领导核心，在全体人民中发挥政治核心作用。党是一个整体，非公有制企业党组织也是党的一部分，理应在企业全体人员中发挥政治核心作用。企业作为经济组织存在产权归属问题，这与党的执政地位和领导核心作用是两个不同范畴，不能混淆。第二，党章对非公有制企业党组织职责任务的六条规定，实质上正是企业党组织政治核心定位的实践要求，是发挥政治核心作用的行动体现。第三，明确非公有制企业党组织的政治核心地位，在一些企业的实践证明是可行的，我们讲清楚以后业主是能够接受的。

（三）要辩证地认识和处理企业党组织的地位和作用的关系。党在一定经济组织、政治组织、社会组织中所处地位与应发挥的作用，是辩证、互动的关系。明确非公有制企业党组织在企业全体人员中处于政治核心地位、发挥政治核心作用，绝不是为了在企业争夺生产经营管理权，更不是为了去跟业主唱对台戏。这完全是企业健康发展的内在需要，是坚持和完善我国基本经济制度的需要，是增强党的阶级基础和扩大党的群众基础、巩固党的执政地位的需要，也是更有效地开展党的工作的需要。根据一些地方的探索，非公有制企业党组织发挥政治核心作用，主要体现在三个方面：一是政治上帮助企业把握正确的发展方向；二是领导企业先进文化建设，发挥党的思想政治优势，促进企业人员素质全面提高；三是协调企业内部矛盾，推动正确处理各方利益关系，团结凝聚业主和职工群众，增进企业和谐。

四、认真总结推广非公有制企业党组织发挥作用的基本经验

（一）坚持围绕企业又好又快发展这个中心开展党的工作，展现党组织的作用。非公有制企业党组织坚持围绕生产经营开展活动，就是坚持把科学发展作为党执政兴国第一要务的延伸。有些党组织紧紧围绕促进企业发展，使企业党组织与企业主和员工共建共行“三同”，即目标同向、工作同力、发展同步，使党组织的地位和作用更容易为各方所理解和支持，也得到了广大员工的积极响应。

（二）强化企业党组织的服务意识，在服务中体现党和党员的先进性。在调查中发现，凡是凝聚力、吸引力、战斗力强的非公有制企业党组织，都十分注意把党组织和党员时刻置身于群众之中，不断强化服务意识；十分注意在活动中兑现服务承诺，通过服务的实践展现先进性、检验先进性。

（三）把党的思想政治工作同企业文化建设结合起来，提升企业的软实力和竞争力。企业文化是企业的一种软实力。党组织应当抓住机会，在引领企业文化建设中发挥自己的政治优势。在一批较为成功的非公有制企业，党组织都把塑造企业进步文化、培育企业团队精神、帮助员工树立主人翁意识作为工作的重要内容，使思想政治工作寓于企业文化建设之中，虚实结合，入脑入心，以促进人的全面发展。

（四）创新党组织的活动载体，根据要求开展富有特色的党建主题实践活动。非公有制企业党建工作有创新才有发展。调查表明，非公有制企业党组织作用发挥好的，大都善于从实际出发，通过创新活动载体，开展形式多样的主题实践活动，为广大党员展示才能、充分发挥先锋模范作用提供平台；大都能通过党组织主题实践活动，引导企业从经济发展、科技创新、攻关解难、企业精神培育等诸方面，把党的建设与企业发展结合起来、相互促进。

（五）非公有制企业党组织开展活动要坚持

“实际、实用、实效”的原则。这就是根据促进企业生产经营发展和增进内部和谐的需要，从党组织活动主题选定到活动方式方法使用，都要有针对性，立足于解决问题，不搞形式主义，务求取得扎实效果。

五、全面贯彻党对私营企业主的工作方针

新形势下，如何加强和改进党对私营企业主的工作，把这个先富阶层始终紧紧团结在党和政府周围，引领他们继续沿着正确的方向前进，已成为我们党领导人民群众坚定不移走中国特色社会主义道路、完成执政使命必须面对的一个重大课题。

（一）进一步明确党对私营企业主的工作方针。2006 年 7 月，胡锦涛同志在全国统战工作会议上指出：“对新的社会阶层人士，要坚持充分尊重、广泛联系、加强团结、热情帮助、积极引导的方针。”但是，一般认为这只是统战部门工作的方针。现在，亟须引起全党的高度重视，各级党委和私营企业党组织都要全面贯彻落实好这个正确方针。

为了贯彻落实好这一方针，需要将内涵具体化。我们研究认为，对非公经济人士，充分尊重，就是要尊重他们的政治地位，尊重他们的劳动和创业精神，尊重他们对经济社会发展的贡献。广泛联系，就是要面向整个新社会阶层进行工作，既重视他们中实力强、影响大、具有代表性的人士，也要联系分散在各行业的其他人士，了解其意愿，注意其呼声和要求，善于协商共事，尽可能调动一切积极因素，充分吸纳中国特色社会主义事业所需要的一切智慧。加强团结，就是要彼此肝胆相照、荣辱与共、互相监督、命运相连，共同维护和增强在坚持中国特色社会主义道路基础上的人民大团结，共同维护国家法律和基本经济、政治制度的权威，齐心协力实现全面建设小康社会的宏伟目标。热情帮助，就是要满怀真情帮助他们全面提高素质，办好做强企业，解决发展中遇到的问题，获取合法权益。积极引导，就是要教育引导他们把企业和自己的命运同国家富强、人民幸福、民族振兴，同中国特色社会主义事业发展紧紧联系起来，使私人资本真正作为社会资本发挥积极作用。各级党委、政府和企业党组织的干部，要善于与私营企业主真心实意交朋友、做挚友、当诤友。见面只说好听的话、一味迁就不行，搞对抗也不行，贪图私利、搞权钱交易更不行。

（二）要改进和加强对私营企业主的思想政治工作。从调查看，现在对私营企业主的思想政治工作缺少针对性，存在简单化、片面性问题，工作方法和力度同实际情况也不适应。私营企业主所处的经济、社会地位影响其人生观、价值观，并正在强化其政治诉求，而我们对此了解不深。一些企业党务工作者囿于自己是“雇佣人员”的思想困境，不敢理直气壮地以党务干部身份同业主交往，不知应遵循什么原则。这显然不足以团结、引导新社会阶层人士不断前进。

（三）当前对私营企业主做思想政治工作，要从三个方面入手加强引导。第一，要帮助他们做到“三个明白”。一是非公有制经济在整个国民经济中已经占了不小比重，而且呈发展趋势，这是可喜现象。但不能据此认为，非公有制经济可以取代公有制经济的主体地位和国有经济的主导作用。坚持走中国特色社会主义道路，就必须全面坚持我国现阶段的基本经济制度，使各类经济成分各就其位、各尽所专，相互促进、共同发展。二是非公有制企业的发展提供了大量新的就业岗位，支持了国有企业改革中的职工分流，为打破城乡二元结构、接纳农村剩余劳动力创造了有利条件，作出了贡献。但切不可因此就认为是自己“养活了工人”。必须尊重劳动，尊重劳动创造价值。作为中国特色社会主义建设者的非公经济人士同作为中国特色社会主义事业主力军的广大工人之间，是谁也离不开谁的关系，绝不能在当代中国重新引发“谁养活谁”的争论。三是非公有制企业交纳的税款在国库里的比重越来越大，这是事实。

但不能因此认为“我养活了公务员，支撑着国家财政”，所以就可以求所欲求，为所欲为。企业依法经营、照章纳税，是世界通行规则，不纳税就是违法。何况，非公有制企业交税的背后是财富，这同企业生产经营获得的财富一样，是生产要素综合作用的结果，是大家共同创造的。第二，要帮助私营企业主经常提醒自己。一是当今中国的私营企业主是中国特色社会主义建设者，不是资本家，但要警惕，不能走旧社会资本家的老路，不能为富不仁，仗财欺人，谋财害人。二是当今社会出现一批先富群体，这是好事，但要自觉摆脱旧社会那个“富不过三代”的周期率。现在，不少私企正在由第一代创业者向第二代过渡，有的已经开始出“败家子”，有的为争夺财产而发生家族内斗。必须防患于未然。第三，要帮助私营企业主懂得，有效防止和解决以上两个问题的根本出路，就是坚定不移地跟着中国共产党走中国特色社会主义道路。只有走这条道路不动摇、不转向，把自己和所办企业的命运同国家、人民、民族的利益和未来紧紧联系在一起，才能有光明前途。

（四）要特别注意发挥私营企业主中共产党员的作用。据统计，私营企业主中的党员，约占业主总数的 1.7%左右，在东南沿海地区比重大一些，约占 5%。他们人数虽然不多，但其思想状况、政治态度在新社会阶层以至更大范围的影响不小。这部分党员绝大多数还能够保持先进性，但也有些人正在起变化，自视特殊，不履行党员义务，不支持企业中党的工作。党组织对党员业主的教育管理也有些松散，缺少针对性。应当明确指出，党员业主首先是党员，然后才是企业主，必须遵守党章，保持先进性。党组织对于党员业主，应同其他党员一样看待，给予关心、爱护、支持和帮助，不能因他们是业主而另眼相看，也不能把他们视为可以不守党的规矩的特殊党员。党员业主对开展企业党建工作负有特殊的责任和义务，不论是否担任党内职务，都要尽可能为搞好企业党的建设、发挥党的作用提供有利条件。共产党员当了“老板”，如果不能支持企业党组织工作，我们何以说服非党业主和外商。因此，应要求党员业主切实遵守党章，履行党员义务，积极支持党组织工作；模范遵纪守法，照章纳税，尊重劳动，维护员工合法权益；在日常工作和生活中，向党如实反映本阶层成员的愿望和意见，但不能在党内成为只是本阶层利益的代表，而要作为工人阶级先锋队战士活动在这个新阶层之中，为党团结凝聚一切积极因素而努力工作。

六、加强非公有制企业群众工作应放在更加突出的位置

非公有制企业的员工，相当一部分是国有企业下岗职工，不少人存在失落感或被遗弃的心态。另有很大一部分员工是从农村进入企业的，总的看文化低、待遇低，不少人有较强的自卑感。还有一部分大中专毕业生，他们年轻、有知识、精力旺盛，思想活跃，但社会经验不够，缺少工人阶级意识。从调查情况看，非公有制企业广大员工总体上是积极向上的，但有相当一部分员工感到，他们应有的社会地位没有受到尊重，利益诉求无法表达，正当权益缺少保障，迫切希望党组织帮助他们排忧解难，而有些党组织却感到“手中无权，难有作为”，以致因为不能或不敢理直气壮地主动做群众工作而脱离员工群众。为了改变这种状况，应加强以下工作：

（一）旗帜鲜明地贯彻落实全心全意依靠工人阶级的方针。要唱响“工人伟大，劳动光荣”这支新时代工人阶级之歌，真正在全党全社会造成尊重劳动、尊重知识、尊重人才、尊重创造的浓厚氛围，实现好、维护好、发展好员工的政治、经济、文化、教育等合法权益。

（二）要下决心做艰苦细致、深入扎实的群众工作。要抓住生产经营这个中心，在构建和谐企业中，以党员的先进性来影响和带动员工的政治热情，激发员工参与企业工作的主动性、积极性，要切实增强党组织和党员服务员工、服务群众的意识，真诚关心和服务员工，多做扶贫济困的工作，并使之经常化。这方面工作越有

成效，业主也越能从内心深处理解党的力量和党建工作的重要。

（三）要重视广大员工企盼通过全面提高素质和技能，以争取自己有一个美好前途的愿望，千方百计推动企业加强和改进对员工的培训工作。

（四）要积极主动地依法维护各方利益，及时化解企业内部的矛盾。非公有制企业内部的利益关系，突出表现为老板与员工的利益关系，本质上也是劳动和资本的关系。要努力学习和提高妥善处理劳资矛盾的本领。当前，尤其要理直气壮地帮助和推动工会与企业签订集体劳动合同，推行工资集体协商协议，严格执行劳动合同法等法律规定，同时，积极帮助搭建业主与员工、业主与政府以及党员与员工、员工与员工之间的沟通协调平台。

七、继续积极慎重地做好在非公有制企业发展党员的工作

近几年来，在非公有制企业中发展党员工作有了新的进展。但是，这类企业中的党员人数还是普遍偏少。主要原因是：不少农民工为谋生外出打工，流动性大，要求入党的热情不高；有些党组织认为，在这种情况下发展党员难度大，费力多，见效慢。还有些地方，对吸收新党员的指标控制过严，有的企业虽然要求入党的积极分子不少，但因指标限制发展不了。有些地方的同志希望区别情况，适当放宽在非公有制企业中发展党员的控制数。有的非党业主也表达了这个愿望。

在非公有制企业中发展党员，要根据企业的情况和党的工作需要，科学制定规划。重点抓好在规模以上、重要行业以及社会影响大，但没有党员或党员太少的企业中发展党员。已建立党组织的，要做好经常性的发展党员工作，要特别注意在企业管理层和岗位标兵、技术骨干以及道德楷模中培养积极分子，适时发展符合条件的入党。

这次调查发现，近年来，在有些地方，业主要求入党的热情明显下降。我们必须经常研究新情况，有针对性地做好工作。一是切实加强和改进对业主群体的思想政治工作，激发优秀分子争取入党的内在要求，帮助他们打牢思想基础，端正入党动机。二是发展党员时，要坚持标准，严格程序，成熟一个发展一个，不勉强，不刮风，确保质量。三是在审查入党资格时，对于在企业初创过程中，在政策法规尚未配套、工作体制和机制尚不完善的情况下，业主从事生产经营中发生的某些问题，在他们要求入党时怎样掌握和处理？需要研究几条政策原则，妥善解决。四是在拟安排业主担任人大代表、政协委员或其他社会职务时，必须全面考察其思想政治状况，包括是否支持党建工作。有的地方同志提出，从便于在非党人士中开展工作考虑，有选择地让一些符合党员条件的新社会阶层先进分子暂不入党是必要的，但待条件成熟时，还是应该允许他们加入共产党。

八、抓紧建设适应非公有制企业党建工作发展要求的党务工作者队伍

（一）进一步明确选用非公有制企业党务工作者的基本条件和素质要求。鉴于非公有制企业的特殊性，这些企业中的党务工作者，不仅应当具有一般党务工作者的素质，还应当有一些特殊要求。比如，有相当的思想理论水平，坚定的政治信念，正确执行党对非公经济和新社会阶层人士的方针政策，熟悉相关法律、善于处理劳资关系和各种利益矛盾，具有较强的沟通协调、增进和谐的能力，具有公正清廉、与人亲和的人格魅力等。应抓紧拟定新经济组织中党务工作者必须具备的基本条件和素质要求。

（二）拓宽选拔渠道，创新选任方式。凡企业内部有合适人选的，在认真征求党员、业主和员工意见的基础上，按党内法规召开党员大会或党员代表大会民主选举产生。企业内部尚无合适人选的，可在征求业主意见后由上级党组织委派；也可从退居二线、具有丰富党建工作经验的党政机关干部、国有企业骨干中物色合适

人选，委派到这类企业做专职指导员或担任党组织书记。同时，还可以面向社会招聘，通过双向选择，由企业在人才市场聘用合适的党员员工，然后经过必要程序，从中择优选任党组织负责人。总的趋势应当是，把坚持党管党组织的干部同面对市场选聘企业经营管理者结合起来。

（三）加强教育培训的针对性、实效性。一要制定规划。把培训非公有制企业党务工作者纳入大规模培训干部的总体规划和各级党校、行政学院和干部学院的培训计划，由党委组织部门负责牵头，各部门共同努力，分级分类实施。二要强化教育培训内容的科学性、针对性。根据开创党在非公有制企业工作新局面的总体要求、党组织工作对象的特点、新形势下企业又好又快发展的需要，以及培训对象的现实要求，拟定培训内容和工作方案，编写高质量的教材，组成胜任的教师队伍。三要创新培训方法。坚持理论联系实际，运用马克思主义基本原理特别是马克思主义中国化的最新理论成果，围绕坚持走中国特色社会主义道路的基本问题，有针对性地进行培训，回答培训对象遇到的工作难点和思想困惑。用教学相长、民主研讨和先进典型现身说法等方式，把教学工作做活、做深、做实。

（四）建立健全对非公有制企业党务工作者的激励和保障机制。首先，要建立健全包括企业党建工作和党组织负责人岗位责任制的绩效考核制度，据此定期考察、科学评价党务工作者的工作。其次，要落实相应待遇。非公有制企业党务工作者是企业聘用的员工，应该与其他员工一样在企业获得合理报酬，同时作为党的工作者应当名正言顺地享有相应的政治地位。第三，企业党务工作者因履行职责遭受不公正待遇时，上级党组织和政府有关部门要及时介入，帮助解决。目前各地采取了一些措施，例如：有的地方建立解聘备案制度，要求业主解聘党务工作者必须事先说明原因，未经上级党组织同意，企业不得随意解聘；有的规定党务工作者与企业发生劳动争议时，必须提交仲裁机构或有关主管部门进行仲裁或调解；建立党务工作者权益保障基金，党务工作者因履行职责、维护员工合法权益被企业解除劳动合同或遭受重大损失时，通过权益保障基金给予适当补偿。这些做法，需要在实践中继续探索创新，逐步加以完善。

（执笔：郑科扬、卢先福、姚林楠、彭贵刚）

尊重党员主体地位的调查

中共上海市委组织部

近年来，上海市按照党中央的要求，在尊重党员主体地位、发挥党员主体作用方面进行积极的探索和实践，取得了初步成效。

一、坚持党员行使权利、履行义务、发挥作用的有机统一，大力开展“三服务”活动

从2002年开始，我市按照“凝聚党员、凝聚群众、凝聚社会”的总体目标，坚持党员行使权利、履行义务、发挥作用的有机统一，大力开展以“党的上级组织为基层组织服务、党的基层组织为党员服务、党的各级组织和党员都为群众服务”为内容的“三服务”活动，从建强组织、关怀党员、服务群众入手，不断探索和完善基层党建工作的载体和机制，用“三测评”的机制（群众测评党员、党员测评支部、下级党组织测评上级党组织）来检验和推动“三服务”。

（一）着眼于构建社区党建的资源支撑体

,加大党的上级组织为基层组织服务的力度。“三服务”活动中,坚持重心下移、力量下沉,着于建强每个基层组织。地方党委综合运用行、组织和经济手段,为基层党组织建设提供多面的支持。在工作力量上,以“社会化招聘、契式管理、专业化培训、职业化运作”的方式,建专职党群工作者队伍。在工作经费上,各区县委积极探索把基层党组织和党员活动的经费入财政预算,加大对基层党组织的支持力度。

(二)着眼于增强党组织的凝聚力,落实党基层组织为党员服务的措施。在“三服务”活中,通过推进互助、发扬民主、搭建舞台等办,广泛开展了以加强教育、提供服务和保障权为内容的党组织为党员服务活动。

一是探索建立党内关爱机制。对生活困难党员及其家庭建立慰问制度,着重帮助他们应市场,提高就业的竞争力。潍坊新村街道门设立下岗职工党员培训基地,免费为他们供再就业培训,多渠道推荐他们再就业,鼓励们带头就业。

二是拓宽党员行使民主权利、参与政治事的渠道。把提高全体党员对社区民主政治的与程度和参与能力,作为增强社区党组织的力和能量、提高社区党组织影响力和战斗力重要途径,通过动员和支持有条件的党员积参与工青妇等群众组织、居民自治组织和社团体、行业协会、业主委员会等各类新社会组的选举和推荐活动,提高各类自治性、社会性组织中的党员比例。

三是搭建党员服务群众、发挥作用的舞台。适应不同领域、不同岗位的特点,设定活动载体和评价标准,构建党员发挥作用的载体和舞台。在社区各类公共服务窗口,推行党员示范岗评比活动,调动党员积极性,提高服务质量;在居民区建立在职党员理事会等组织载体和在职党员联系卡等工作载体,推动在职党员参与社区建设和管理;在部分社区探索和实行党员责任岗制度,通过设立政策宣传、绿化维护、卫生监督等“无职党员责任岗”,使党员做事有平台、管事有抓手,为党员发挥先锋模范作用解除了顾虑、注入了动力。

(三)着眼于增强党的社会凝聚力,强化党组织和党员服务群众的激励机制。树立导向,把服务群众作为基层党组织工作的出发点和落脚点。一些社区街道党工委把“三服务”分解,将责任落实到党政班子每个成员和各个支部,作为年度考核评比的重要依据。明确主体,发挥党员服务群众的积极性主动性创造性。南码头路街道临沂六村的党员经过讨论,自发地以小区内的20多个党员教师为主体组成了教师联谊会,为小区内无力请家教的孩子开展义务家教活动,展现了党员的良好社会形象。

通过几年的实践,“三服务”活动把党员享有权利、履行义务、发挥作用有机结合起来,在关心、服务党员的基础上,激发党员发挥先锋模范作用的内在动力,体现了组织要求、群众需求、党员追求的统一,是尊重党员主体地位的有效机制。

二、探索党员代表议事会制度,落实普通党员的民主权利

青浦区委以推进、发展基层党内民主为切入点,积极探索了“农村党员代表议事会”制度。

议事会的代表,由村党组织全体党员民主选举产生的党员代表和村党组织班子成员组成。民主选举产生的党员代表人数原则上按党员总数20%左右的比例确定,但不得少于10人,其构成要具有广泛性和代表性,要兼顾地域、阶层、年龄、学历、职业等结构情况。村党组织班子成员作为当然代表,可不经选举直接参加议事会。党员议事会代表中要有不少于1/3的代表由村民代表中的党员担任。不进村党组织班子的村委会中的党员可列席议事会议。议事会代表的工作属于“义务”性质,不发放任何补贴。议事会议原则上每季度召开一次,商议本季度的重要事项,提出下季度的工作要求。根据工作需要或有1/2以上议事会代表提议,可临时召开。议事会可由村党组织书记主持召开,也可推选党员代表议事会召集人来主持

召开。

召开议事会议一般遵循以下几个程序：一是会前准备。主要是在议事会议召开前，由村党组织对议事会代表提出的意见和建议进行集中整理、遴选，并根据工作需要和党员、群众反映的热点、难点问题，初步确定议事会的议题和方案。之后，村党组织要在征得多数议事会代表同意后，正式确定会议日期、地点、议题，并通过村务公开栏或其他方式向全体党员和群众公布。议事会代表在接到会议议题后，要通过不同方式及时听取、收集党员和群众对议题的意见。二是会中商议。议事会议必须有不少于4/5的议事会代表到会方可召开。会议中，代表根据收集到的意见、建议和了解、掌握的情况，对议题进行充分酝酿、讨论。在此基础上，由全体与会代表对议题进行表决，表决须经半数以上与会代表赞成，方可列为正式议案交基层党组织审定。三是会后实施。村党组织对议案进行审定并组织实施或办理。需提交党员大会、村民代表会议或村民会议讨论通过的，则依法、依程序及时办理，并由村党组织督促落实。议事会议形成议案的落实情况，由村党组织负责及时向议事会代表反馈，并以一定方式向全村党员和群众通报。

青浦区通过推行农村党员代表议事会制度，增强了党员的作用意识，推动了村级组织决策的民主化、科学化；增强了党员的角色意识，提高了村级组织的决策能力和执行力；增强了党员的责任意识，提高了村级组织的工作和管理绩效；增强了党员的监督意识，提升了村级组织的凝聚力和公信力；通过保障党员民主权利，强化了党员主体地位，发挥了党员的积极作用。目前，这一制度已在全市推广。

三、组建社区党建志愿者队伍，拓展党员发挥主体作用的空间

徐汇区斜土社区（街道）党工委在深刻剖析基层各类矛盾中，积极探索社区服务管理，紧紧依靠社区党组织和党员，通过组建党员志愿者队伍，发挥党员的主体作用。

（一）针对社区服务管理复杂性特点，引党员收集民意、建言献策，在推进党组织科学策中发挥主体作用。召开党员志愿者座谈会汇集居民群众最新意愿。由党政班子成员下导干部联系点，每季度与党员志愿者座谈一次听取他们近期了解的社区民意汇报，居民区党织由一名委员负责每月收集一次情况。根据区党员建议，由职能科室梳理提炼，形成党工会议讨论会议的议题。组织党员志愿者参与区重要事项研究。组织党员志愿者代表参加月一次的主任办公会议，每季度一次的社区建管理质询会议，在研究社区重要事项中让他们接陈述观点，提出意见建议。党员志愿者代表席党组织研究社区建设管理工作的会议。基党组织在研究涉及群众利益问题的议题时，邀党员志愿者代表列席会议，让他们在党的会议充分发表意见想法，为党组织决策提供参考。

（二）针对社区党员参加党日活动多样性点，引导党员组织协调、设计策划，在开展党活动中发挥主体作用。组织协调、设计策划题实践活动。为增强党日活动的吸引力，各民区党组织引导社区党员献计献策，共同组策划党的组织生活，得到了党员的积极响应组织协调、设计策划党日活动。一年多来，在员志愿者的积极参与、精心组织设计下，党日动生动活泼，形式多样，吸引了党员积极参加大部分党支部（党小组）组织活动的出勤率80%以上。组织协调、设计策划党员示范楼创建。斜土社区（街道）党工委在注重指导居区党组织按楼组建立支部（小组），根据商品小区和旧公房小区特点，引导党员以“热心邻事、参与社区事、关心天下事”为基本要求，加强楼组党建的探索。

（三）针对社区服务管理职能的群众性点，引导党员模范带头、争作表率，在贯彻执党的意图中发挥主体作用。“社区是我家，建靠大家”。斜土社区（街道）党工委根据社区建管理服务的职能要求，在组织发动居民群众

与社区建设管理的同时，注重引导党员志愿者在宣传党的时事政策中、在推进社区建设管理中、在协调化解小区矛盾中以模范带头作用彰显主体作用，得到了党员和群众的欢迎，促进了和谐社区建设。

四、完善党员服务中心网络，构建党员发挥主体作用的平台

党员服务中心是我市根据中央关于加强党的基层组织建设的总体精神和部署，针对新形势下基层组织建设和党员队伍管理中出现的新情况、新问题，探索建立的关怀凝聚党员的新载体、联系服务群众的新网络、发挥党员主体作用的新平台。

上海党员服务中心建设，大致经过三个阶段，前后历时五年，目前基本建成了覆盖全市、功能比较完备的党员服务中心网络。第一阶段(2001 年至 2003 年)为探索初创阶段。2001 年 3 月，普陀区曹杨新村社区(街道)成立了全市第一家党员服务中心。2002 年 3 月，市委组织部党员服务中心正式成立。第二阶段(2003 年至 2005 年)为整体推进形成网络阶段。2003 年底，市委组织部召开推进会，明确了中心的基本功能定位，提出用一年左右的时间在全市街道、乡镇全面推进党员服务中心建设的目标，辅之以配套扶持措施，以及“两个确保”(确保所有的流动党员都能够就近找到党的关系的接纳地，确保所有缺少资源的基层党组织都有开展党的活动的地方)的要求。截至 2004 年底，全市 221 个街道(乡镇)全部建立了党员服务中心并通过验收。在实践中，有的开发区、经济园区也建立了党员服务中心，从而使党员服务中心的总数达到 224 个，形成了覆盖全市的网络。第三阶段(2005 年至今)，为完善提高阶段。在先进性教育活动中，全市 220 多个党员服务中心发挥了突出作用，成为党员集中教育的开放、共享式阵地。2006 年，全市党员服务中心进一步健全了制度规范，深化拓展了服务功能。

上海党员服务中心是流动党员的接纳地，是“两新”组织构建党的基层组织的孵化器，是区域内所有基层党组织共享资源的平台，是党组织服务党员的温馨家园，是区域内党组织和党员面向群众、面向社会的服务窗口。通过党员服务中心网络的建立和运作，在实际工作中实现了“四个转变”：即转变了原来由党组织找党员和流动党员找组织难的被动局面，转变了原来根据组织隶属关系封闭配置党建资源的局限，转变了只重视教育管理忽视关心服务党员的观念，转变了只重党内生活不注重直接联系服务群众的工作方式。党员服务中心还成为党在基层社会加强社会建设的有效载体，开发党建资源的集约途径，树立公众形象的亮丽品牌。

在统筹城乡发展中加强农村基层党组织建设

中共辽宁省委组织部

农业丰则基础强，农民富则国家盛，农村稳则社会安。农业、农村、农民问题关系党和国家事业发展全局。党的十七届三中全会审议通过了《中共中央关于推进农村改革发展若干重大问题的决定》，强调要深入贯彻落实科学发展观，把建设社会主义新农村作为战略任务，把走中国特色农业现代化道路作为基本方向，把加快形成城乡经济社会发展一体化新格局作为根本要求。推进农村改革发展，关键在党。要高度重视农村基层组织建设，并将其放在统筹城乡发展的大局中来谋划、来推进。

加强农村基层组织建设是统筹城乡发展的必然要求

辽宁既是工业大省，也是农业大省，是全国13个粮食主产区之一。全省总人口4200万，农业人口2200万。省第十次党代会把建设社会主义新农村确定为实现辽宁老工业基地全面振兴的三大任务之一。实现辽宁老工业基地全面振兴，难点在农村，基础在农村。没有农村的改革发展，就没有辽宁的全面振兴。辽宁城市化、工业化程度在全国处于前列，教育、科技比较发达，已进入以工促农、以城带乡的发展阶段，进入着力破除城乡二元结构、形成城乡经济社会发展一体化新格局的重要时期。

辽宁省农村基层党组织1.4万个，农村党员81万名，农村基层干部56000人。改革开放以来，通过6年的整顿建设、农村"三个代表"重要思想学习教育活动、农村党的建设"三级联创"活动、保持共产党员先进性教育活动，农村基层组织建设得到进一步加强，为推动农村经济社会发展作出了重要贡献。但由于长期受城乡二元结构的影响，目前农村基层组织建设还存在着投入不足、基础条件较差，党员干部知识层次较低、发展思路不宽，为农村群众提供服务的条件有限、能力不够强等问题，一定程度上制约了农村基层党组织建设的健康发展。

建设社会主义新农村，任务艰巨而复杂，所有的政策、措施，归根结底要靠农村基层组织团结带领农民群众去落实。统筹城乡发展，推进社会主义新农村建设，首先要把农村基层组织建设好。要适应统筹城乡发展的新形势，引导机关、企事业单位人才、智力等资源流向农村，加大城市科技、教育等方面为农村服务的力度，建立健全帮扶农村基层组织的工作机制，把农村基层党组织建设成为推进社会主义新农村建设的领导核心和战斗堡垒。

在统筹城乡发展中加强农村基层组织建设的创新实践

在统筹城乡发展中加强农村基层组织建设是一个崭新的课题，必须在创新中实践在实践中创新。近年来，辽宁省坚持发挥城市的比较优势，围绕统筹城乡发展加强农村基层组织建设，初步探索出了"城乡结对帮扶"、"村企互助共建"、"科技教育支农"、"机关干部指导"等加强农村基层组织建设的路子。

"城乡结对帮扶"。就是城市党的基层组织与农村基层组织结成帮扶对子，引导资金、信息、技术等发展要素向农村倾斜，坚持以城带乡，推动社会主义新农村建设和农村基层组织建设突出问题的解决。本溪县针对大多数农户有劳力、有土地，但没项目、没资金，想富不会富的实际，开展了县直机关党组织与村党组织结对、带领村党组织发展集体经济，县直机关干部与农民群众结对，带领群众致富增收的"双结双带"活动。近3年累计投资5558.3万元，发展致富项目3500多个，有经营项目的农户达1.1万户，占全县总农户的21%，2007年全县农民人均纯收入达到5759元。庄河市开展了"百局包百村"活动，市直部门党组织与村党组织结成对子，近3年各部门累计投入资金1500多万元，协调贷款4000多万元，为农村解决生产发展难题1000多个，全市有家庭项目农户达85%。开原市152个市直机关党组织与117个村级党组织结成共建帮扶对子，共投入资金800多万元，帮助村党组织搞好基础设施建设，全市农村普遍建起了图书室、文化室和文化广场。沈阳市东陵区结合城郊的特点，把街道党组织与乡镇党组织结成共建对子，街道党组织利用自身资源帮助乡镇搞好干部培训，提供劳动力转移服务，抓好进城务工党员的教育管理。据统计，目前全省城乡基层党组织共建立帮扶对子6200余对，省、市、县三级机关党组织定点扶持3137个农村基层党组织，2007年投入资金1.6亿元，引进致富项目515个，资助贫困户3.2万户，有力地推动了农村发展。

"村企互助共建"。就是企业党组织与农村基层组织建立互助关系，村企之间优势互补，相互支持，促进农村基层组织建设水平不断提高和企业不断发展壮大。大石桥市非公有制企业已发展到1116家，非公有制经济已占财政收入的90%。而与快速发展的非公有制企业相比，村级经济发展却相对滞后，迫切需要获得各个方面特别是企业的支持和帮助。针对这种情况，市里制定下发了《关于进一步深化村企互助共建推动社会主义新农村建设的实施意见》。目前全市311家企业与238个建制村结成了共建对子，企业向村里无偿提供资金1500多万元，帮助修路、修桥、打井、维修村部、校舍；组织各类农业技术讲座80余次，向村民提供致富信息1400多条，受益群众达2万多人，帮助村里上致富项目35个，为村里安排劳动力就业2.9万人。2006年以来，全省开展村级组织活动场所建设，共投入资金2.8亿元，其中企业赞助近2亿元，建成2600个村级组织活动场所，平均面积180.6平方米，为村级组织开展工作创造了良好条件。据统计，全省共有3900余个企业与村党组织建立互助关系，推进了农村资源与企业资源的优化组合，一方面企业发挥资金、技术等优势，兴办公益事业，帮助加强农村基层组织建设，为农民群众提供生产生活服务，另一方面农村基层党组织为企业充实职工队伍，营造发展环境，呈现出村企共赢的良好局面。

"科技教育支农"。就是充分利用城市高校、科研院所的科技教育资源，坚持以智助农，强化为农村基层组织服务，提高农村党员干部素质，为农村经济社会发展提供科技支持。从2003年起，全省实施了乡村领导班子素质建设工程，省委组织部依托省内高校举办了3期全省农村党员干部农业经济与管理专业函授大专班。省、市、县财政和党费补助4200万元，对3万名农村党员干部进行学历教育，培养了一批"留得住、用得上、养得起"的农村实用人才。各地普遍在高等院校建立了农村党员干部培训基地，坚持长期与短期相结合、学历教育与技能培训相结合，大规模培训农村党员干部。2006年以来，沈阳市共投入资金300余万元，聘请专家学者120余人次，依托高校培训村党组织书记4500多人次。为抓好培训工作，省、市、县三级财政每年筹资1800万元，专门用于农村党员干部学历教育和技能培训。现在村干部中掌握一至两门农村实用技术的有36417人，占农村干部总数的65.3%；拥有稳定致富项目的30138人，占总数的54%。与此同时，全省启动了省级优秀专家智力支农行动，省科协编写了《辽宁省农村党员干部科技培训教材》，组织专家深入农村基层、深入群众之中，传播农业科技知识，培训新型农民；省委组织部编制了《省级优秀专家开展社会主义新农村建设智力支持项目对接目录》，共有200余名省市级优秀专家与162个涉农项目进行对接，推动了科技的普及和农民群众致富项目的发展。

"机关干部指导"。就是根据农村工作需要，有计划地选派机关干部到农村基层担任驻村指导员，面对面地进行工作指导，夯实新农村建设的组织基础。结合农村党员先进性教育活动，全省普遍开展了选派机关干部驻村指导工作。为扎实推进这项工作，全省召开了选派机关干部开展驻村指导工作现场经验交流会，把这项工作作为巩固和发展先进性教育活动成果、推进新农村建设的长效机制坚持下来。按照指导不包办、帮忙不添乱、干事不扰民的原则，每年从县乡机关选派1万余名优秀干部开展驻村指导工作，重点开展"四帮四促"，抓好新农村建设和农村基层组织建设任务的落实。即帮助建设好的队伍，促进农村党员干部能力素质的提升；帮助拓宽致富门路，促进农民增收和集体经济发展；帮助解决民生问题，促进农村生产生活条件的改善与社会和谐稳定；帮助营造文明新风，促进民主法制意识和科学文明意识的增强。在2007年全省村级组织换届中，广大驻村干部积极配合乡镇党委政府同步推进村党组织和村委会换届选举工作，把那些政治素质好、带头致富能力强、带领群众致富能力强的"一好双强"人才选进村班子，积极推行村党组织书记和村委会主任"一肩挑"及"两委"成员交叉任职。目前全省村党组织书记和村委会主任

“一肩挑”比例为46.1%，比上届增长12.1%；“两委”成员交叉任职的比例为51.6%，比上届增长8.6%。换届选举后，结合推进新农村建设，驻村指导任务转到指导先进村党组织“富而思进”，把工作重点放在建好社会主义新农村示范村、实现发展新跨越上；指导中等村党组织破除“小富即安”思想，把工作重点放在追赶先进、力争上游上；指导后进村党组织“穷则思变”，把工作重点放在进一步强化发展意识，尽快改变落后面貌上，进一步提升了农村基层组织建设整体水平。

在统筹城乡发展中加强农村基层组织建设的几点体会

实践证明，在统筹城乡发展中加强农村基层组织建设，有效推动了农村基层组织建设工作任务的落实，有利于建立健全城乡党的基层组织互帮互助机制，为进一步加强农村基层组织建设提供了许多有利条件。回顾这方面工作，我们主要有三点体会。

（一）在统筹城乡发展中加强农村基层组织建设，必须按照科学发展观的要求，与统筹城乡经济社会发展同步推进。坚持以科学发展观为指导，推进城乡经济社会统筹发展，既包括经济、政治、文化、社会建设的统筹发展，也包括党的建设的统筹发展。统筹城乡发展突出的是城市对农村的支持。要把加强农村基层组织建设纳入到城乡经济社会一体化发展之中，在坚持以工促农、以城带乡，推动农村经济社会发展的实践中，坚持统筹兼顾，整合城市资源，形成加强农村基层组织建设的合力，使农村基层组织建设与农村经济社会同步发展、共同提高。

（二）在统筹城乡发展中加强农村基层组织建设，必须注重从实际出发，创新形式、丰富内涵。加强农村基层组织建设，要充分考虑城乡之间的差距，战线之间的差异，注意发挥机关、企事业单位等城市基层党组织的比较优势，抓住不同地区、不同类型农村基层组织建设的主要矛盾，创新工作方法，搞好分类指导，采取灵活多样的方式，加强农村基层、服务农村基层，切实帮助农村基层组织解决好自身难以解决的问题，全面提升农村基层组织建设水平，为推动农业发展、农民增收、农村稳定服务。

（三）在统筹城乡发展中加强农村基层组织建设，必须坚持立足当前、着眼长远，建立健全长效机制。加强农村基层组织建设是一个循序渐进的过程，是一项长期的任务。要立足当前、着眼长远，自觉把思想认识从那些不合时宜的观念、做法和体制的束缚中解放出来，从各种不适应、不符合科学发展观要求的思维定势中解放出来，坚持以改革创新的精神，研究新情况、解决新问题。要把在统筹城乡发展中加强农村基层组织建设的好经验、好做法，用制度的形式固定下来，形成加强农村基层组织建设的长效机制，使农村基层组织建设更好地体现时代性、把握规律性、富于创造性。

改革开放30年党建理论创新的主要成果及经验

中央组织部党建研究所

30年党建理论创新的伟大历程

（一）30年沧桑巨变，30年铸就辉煌。改革开放30年来，我们党科学判断世界形势，准确把握时代脉搏，带领全国人民以一往无前的进取精神和波澜壮阔的改革实践，谱写了中华民自强不息、顽强奋进新的壮丽史诗。今天，一个面向现代化、面向世界、面向未来的社会主义中国巍然屹立于世界东方。

新的时代呼唤新的理论，新的理论指导新实践。在这个伟大历史进程中，我们党紧紧围绕在长期执政特别是在改革开放和发展社会主义市场经济条件下“建设什么样的党、怎样建设党”这一重大课题，集中全党智慧、顺应历史潮流、反映人民心声，创造性地提出了关于党的建设一系列新思想、新观点、新论断。这些理论成果，既坚持了马克思主义建党学说和毛泽东建党思想的基本原则，又赋予马克思主义执政党建设理论以鲜明的时代特色，形成了具有中国特色、中国风格、中国气派的马克思主义执政党建设理论。

（二）30 年开拓创新，30 年主题如一。对“建设什么样的党、怎样建设党”这一重大课题的理论探索，以党的十一届三中全会的召开为标志翻开了崭新的一页。这次全会的重要意义，不仅在于我们党彻底否定了“以阶级斗争为纲”的错误理论和实践，重新确立了党的思想路线、政治路线和组织路线，实现了党和国家工作重心的转移，同时在实践上开始了加强执政党自身建设的新历程。改革开放是我们党领导的第二次革命，党自身也经历了执政以来深刻的伟大变革，谱写了马克思主义执政党建设史上党建理论创新的光辉篇章。

（三）紧紧围绕“建设什么样的党、怎样建设党”，以邓小平同志为主要代表的中国共产党人，正确把握和平与发展的时代主题，自觉适应从“以阶级斗争为纲”到以经济建设为中心，从封闭半封闭到全面对外开放，从计划经济到社会主义市场经济的三大转变，明确提出“执政党应该是一个什么样的党”的问题，明确要求在整个改革开放过程中既要坚持党的领导，又要加强和改善党的领导，对全面加强党的思想建设、政治建设、组织建设、制度建设和作风建设作出科学阐述，形成了比较完整的执政党建设理论体系，初步回答了在改革开放条件下如何加强和改进党的建设的一系列重大问题。邓小平党的建设理论，既继承了毛泽东建党思想，又果断纠正了过去的错误，是中国特色社会主义理论体系关于党的建设理论的开篇之作。

（四）紧紧围绕“建设什么样的党、怎样建设党”，以江泽民同志为主要代表的中国共产党人，科学分析苏东剧变后世界社会主义运动进入低潮的客观形势，勇敢面对国内外政治风波和经济风险的严峻考验，明确提出必须坚持用时代发展的要求审视自己，以改革的精神加强和完善自己，切实解决好“提高党的领导水平和执政水平、提高拒腐防变和抵御风险能力”这两大历史性课题，全面推进党的建设新的伟大工程。在深刻认识和全面把握世情国情党情新变化的基础上，创立了“三个代表”重要思想，深化了我们党对长期执政条件下自身建设规律的认识，为我们党科学制定并正确执行党的路线方针政策打开了新的理论视野。

（五）紧紧围绕“建设什么样的党、怎样建设党”，以胡锦涛同志为总书记的党中央，立足社会主义初级阶段基本国情，总结我国发展实践，借鉴国外发展经验，科学把握改革开放进入攻坚阶段呈现出的新特点，提出并贯彻落实以人为本、全面协调可持续发展的科学发展观。科学发展观，以新的时代内容和实践经验丰富了马克思主义执政党建设理论，是中国特色社会主义理论体系关于党的建设理论的最新成果，为在新的历史起点上全面推进党的建设新的伟大工程和中国特色社会主义伟大事业，提供了强大的理论支撑和政治保证。

（六）30 年的伟大实践是一个不断解放思想、实事求是、与时俱进的历史过程。党的建设理论长青，实践常新。在马克思主义指导下，我们党不断突破各种习惯势力和主观偏见的束缚，取得了一个又一个新的胜利。30 年的伟大实践，是一个不断总结经验的历史过程。我们党善于在实践中汲取营养，善于借鉴中外执政党建设的经验教训，不断赋予马克思主义党的建设理论以新的内容。30 年的伟大实践，是一个不断改革创新的历史过程。我们党顺应时代发展的新要求、人民群众的新期待，敢于突破陈规、开拓进取，不断提出新思想、作出新概括，以理论创新引领党的事业不断前进，昂首阔步走在时代前列。30年的伟大实践充分说明，马克思主义执政党建设理论只有与本国国情相结合、与时代发展同进步、与人民群众共命运，才能焕发出强大的生命力、创造力和号召力。

30年党建理论创新的丰硕成果

（七）30年奋力开拓，30年硕果累累。我们党紧紧围绕探索和回答"建设什么样的党、怎样建设党"这一重大课题，不断深化和丰富对共产党执政规律的认识，党建理论创新成果丰硕、亮点纷呈。

——实现了党的指导思想的与时俱进。自诞生之日起，我们党就把马克思主义作为自己的指导思想。在领导革命、建设和改革的长期实践中，我们党把马克思主义基本原理同中国具体实际和时代特征相结合，不断推进马克思主义中国化，用发展着的马克思主义指导新的实践，实现了两次历史性飞跃，形成了两大理论成果：毛泽东思想和中国特色社会主义理论体系。中国特色社会主义理论体系包括邓小平理论、"三个代表"重要思想以及科学发展观等重大战略思想，是我们党领导的改革开放和现代化建设伟大实践的理论结晶。这个理论体系作为马克思主义中国化的最新成果，在新的时代条件下继承和发展了马克思列宁主义、毛泽东思想，实现了党在指导思想上的与时俱进。在当代中国，坚持中国特色社会主义理论体系，就是真正坚持马克思主义。

——恢复和发展了党的思想路线。"一切从实际出发，实事求是，在实践中检验真理和发展真理"，这是我们党在长期实践中总结出的正确的思想路线。在这个问题上，邓小平同志的重大贡献在于，他不仅重新确立了我们党实事求是的思想路线，而且率先提出要解放思想，把实事求是和解放思想联系起来，深刻阐述了解放思想对坚持实事求是思想路线的重要意义。马克思主义具有与时俱进的理论品质。江泽民同志提出："坚持党的思想路线，解放思想、实事求是、与时俱进，是我们党坚持先进性和增强创造力的决定性因素。"胡锦涛同志也指出"求真务实是辩证唯物主义和历史唯物主义一以贯之的科学精神，是我们党的思想路线的核心内容，也是党的优良传统和共产党人应该具备的政治品格"，为党的思想路线赋予了新的时代内容。正是在正确的思想路线指引下，全党在思想上不断有新解放，理论上不断有新发展，实践上不断有新创造。

——深刻认识并进一步表述党的性质。江泽民同志在庆祝中国共产党成立80周年大会上的重要讲话和十六大报告中指出，中国共产党是中国工人阶级的先锋队，同时是中国人民和中华民族的先锋队，是中国特色社会主义的领导核心，代表中国先进生产力的发展要求，代表中国先进文化的前进方向，代表中国最广大人民的根本利益。党的最高理想和最终目标是实现共产主义。理论上的新认识带来了实践上的新突破。在统一认识的基础上，我们党提出新的社会阶层中具备党员条件的先进分子可以加入中国共产党，通过开展这项工作，不断增强了党的阶级基础，扩大了党的群众基础。

——对党的历史方位作出科学判断。方位决定方略，使命昭示未来。经过多年艰辛探索，我们党对自身的历史任务和执政环境有了更加清醒的认识。在庆祝中国共产党成立80周年大会上，江泽民同志第一次提出党的历史方位问题。党的十六大报告进一步表述为："我们党历经革命、建设和改革，已经从领导人民为夺取全国政权而奋斗的党，成为领导人民掌握全国政权并长期执政的党；已经从受到外部封锁和实行计划经济条件下领导国家建设的党，成为对外开放和发展社会主义市场经济条件下领导国家建设的党。"这两个历史性转变的新概括，既坚持了前进方向，又没有割断历史，既紧跟时代，又没有超越阶段，是新形势下加强党的建设的逻辑起点，是党建理论创新重要的成果之一。

——确立并发展了新时期党的建设的总目标。随着改革开放和社会主义现代化建设的逐步深入，我们党的建设目标越来越明确，表述越来越全面。1983年，党的十二届二中全会第一次明确提出了新时期党的建设的目标，即把我们党建设成为有战斗力的马克思主义政党，成为领导全国人民进行社会主义物质文明和精神文明建设的坚强核心。党的十五大首次提出了“面向新世纪的中国共产党”这个新的命题，正式在党代会报告中把加强党的建设作为新的伟大工程提到全党面前。党的十七大明确提出“以改革创新精神全面推进党的建设新的伟大工程”，确立了新世纪新阶段党的建设的总目标，即始终成为立党为公、执政为民，求真务实、改革创新，艰苦奋斗、清正廉洁，富有活力、团结和谐的马克思主义执政党。新时期党的建设总目标的确立和发展，使我们党能够始终以崭新的面貌和强大的战斗力，带领全国人民为完成新的历史使命而共同奋斗。

——拓展党的建设的总体思路和布局。我们党成立后，党的建设一直围绕思想、组织和作风三大建设来展开。改革开放以来，邓小平同志在深刻总结历史经验的基础上，强调制度建设更具有根本性、全局性、稳定性和长期性，将党的建设伟大工程由思想、组织、作风三大建设发展为思想、组织、作风、制度四大建设。江泽民同志提出的“三个代表”重要思想，把加强党的执政能力建设和保持党的先进性问题作为重点。党的十六大以后，以胡锦涛同志为总书记的党中央强调要坚持以党的执政能力建设为重点、以党的先进性建设为主线，全面加强党的思想、组织、作风和制度建设。党的十七大进一步完善了党的建设总体布局，指出必须把党的执政能力建设和先进性建设作为主线，大力加强党的思想、组织、作风、制度和反腐倡廉建设。把反腐倡廉建设纳入党的建设总体布局，是我们党面对反腐败斗争的新形势，从提高党的执政能力、保持和发展党的先进性的全局作出的又一重大决策。

——将发展党内民主提到重要位置。邓小平同志指出，没有民主就没有社会主义，就没有社会主义现代化，提出要恢复和发扬党的民主传统。进入新世纪新阶段后，我们党在党内民主建设问题上不断有新的突破。党的十六大作出“党内民主是党的生命，对人民民主具有重要的示范和带动作用”的重要论断，为新时期党内民主建设夯实了理论基石。党的十七大明确指出，“党内民主是增强党的创新活力、巩固党的团结统一的重要保证”，要求以扩大党内民主带动人民民主、以增进党内和谐促进社会和谐。将“尊重党员主体地位”写进党代会报告，是党的十七大对党建理论的重要发展，深刻阐明了发展党内民主的根本要求，把党内民主建设推进到一个新的阶段。

——丰富组织路线为政治路线服务的内涵。党的组织路线是由党的政治路线决定并为之服务的。十一届三中全会以来，围绕为党的政治路线服务的根本任务，党的组织路线的内涵不断丰富和发展。从干部队伍建设“四化”方针，到建设高素质干部队伍，把各级领导班子建设成为坚持贯彻“三个代表”重要思想的坚强领导集体，再到把各级领导班子建设成为坚定贯彻党的理论和路线方针政策、善于领导科学发展的坚强领导集体，党的干部路线内涵越来越丰富；从落实党的知识分子政策，到提出人才强国战略和党管人才原则，人才工作的理念更加符合时代发展要求；从发挥基层党组织战斗堡垒作用和党员先锋模范作用，到把党的基层组织建设成为贯彻“三个代表”重要思想的组织者、推动者、实践者，再到健全让党员经常受教育、永葆先进性长效机制，充分发挥基层党组织推动发展、服务群众、凝聚人心、促进和谐的作用，党的基层组织和党员队伍建设更加符合科学发展观要求。

——明确提出加强党的执政能力建设。进入新世纪新阶段，我们党科学分析党的领导和执政面临的考验和挑战，提出“党的执政地位不是与生俱来的，也不是一劳永逸的”。在党的十六大上，党中央向全党提出加强党的执政能力建设的重大战略任务，要求各级党委和领导干部提高五大能力。党的十六届四中全会作出的《关于加强党的执政能力建设的决定》，对加强党的执政能力建设的深刻内涵、基本原则、根本目标和主要任务等重大问题作了系统的阐述。

——鲜明提出加强党的先进性建设。针对党员队伍中存在的与保持党的先进性不相适应不相符合的问题，胡锦涛同志指出“党的先进性建设是马克思主义政党自身建设的根本任务”，抓住先进性建设，就抓住了党的建设的根本，就抓住了加强党的执政能力建设、巩固党的执政地位的关键。围绕这个命题逐步展开，我们党在先进性的内涵和要求、先进性建设的重大意义、保持先进性的途径和方法、先进性建设历史进程和主要经验、先进性建设的规律等方面，取得了丰富的理论成果，形成了关于先进性建设的系统理论。同时在全党开展了以实践“三个代表”重要思想为主要内容的保持共产党员先进性教育活动，取得了可喜的实践成果、制度成果和理论成果。

（八）在30年的伟大历程中，我们党既生动而具体地坚持了马克思列宁主义、毛泽东思想关于党的建设的基本理论，又注重总结改革开放不同时期、不同阶段党的建设新经验，注重探索和回答不同时期、不同阶段党的建设遇到的新矛盾、新问题，发展了马克思列宁主义、毛泽东思想关于党的建设的基本理论。这些理论成果既突出重点，又相互联系，是一个完整的理论体系。

30年党建理论创新的宝贵经验

（九）30年励精图治，30年薪火相传。党的建设理论创新在取得巨大历史性成就的同时，也在改革发展中积累了丰富经验，留下了深刻启示。

——伟大工程离不开伟大事业，必须紧紧围绕建设中国特色社会主义伟大事业来推进党建理论创新。建设中国特色社会主义，实现中华民族的伟大复兴，是当代中国共产党人全部理论和实践的核心内容。30年来，我们党紧紧围绕这个大局推进理论与实践创新，不仅为伟大事业提供了坚强的组织保证和不竭的动力支持，党的自身建设也在实践中得到了检验和加强。实践表明，党建理论只有紧紧围绕中国特色社会主义伟大事业的现实任务来展开，才能找到自身的创新动力和时代价值，才能推动党的建设新的伟大工程不断开拓新局面、取得新成效。

——中国共产党是马克思主义执政党，必须始终结合马克思主义中国化的伟大历史进程来推进党建理论创新。马克思主义是照耀人类前行的灯塔，也是中国共产党历经革命、建设和改革而始终坚持的行动指南。30年来，我们党始终坚持把马克思主义的立场、观点、方法贯彻到党的建设的各个方面，创造性地推动党的建设理论创新，丰富和发展马克思主义党的建设理论。实践表明，只有坚持以发展着的马克思主义为指导，党建理论创新才能沿着正确的方向不断开拓前进，才能使党的建设的航船不断破浪前行。

——解放思想是发展中国特色社会主义的一大法宝，必须坚持以改革创新、求真务实的精神推进党建理论创新。思想解放、理论创新是引导社会前进的强大力量，是党和人民事业不断取得胜利的重要保证。30年来，我们党关于党的建设和理论创新的累累硕果，无一不是解放思想、实事求是、与时俱进、求真务实的产物。实践表明，只有立足于新的历史起点和新的历史任务，始终坚持解放思想，发扬求真务实精神，坚持真理，修正错误，从那些不合时宜的观念、做法和体制的束缚中解放出来，努力认识和掌握党的建设的规律，才能推动党的建设在实践上有新开拓，在理论上有新成果。

——理论的价值在于运用，必须坚持面向实际，着眼于解决重大现实问题来推进党建理论创新。科学的理论植根于人民群众创造历史的伟大实践，同时也只有在实践中不断丰富和发展才能发挥出巨大的指导作用。30 年来，我们党不仅十分重视理论建设，而且始终坚持理论联系实际，坚持在中国特色社会主义事业和党的建设实践中检验理论、发展理论。实践表明，只有坚持深入实际、深入基层、深入群众，感受实践的脉动，倾听群众的心声，认真研究解决新的条件下党的建设面临的新课题，认真总结各级党组织特别是基层党组织和广大党员在实践中创造的新经验，才能使党建理论创新不断取得新成果，才能使党的建设不断适应时代发展的新要求。

——马克思主义党建理论是开放的理论体系，必须坚持用面向现代化、面向世界、面向未来的开阔眼界和宽广胸襟来推进党建理论创新。鲜明的实践性和不断发展的开放性，是马克思主义党建理论强大生命力的基础和源泉。30 年来，我们党始终坚持把党的建设放在国际大背景中去思考，放到世界社会主义运动的大潮流中去分析，放到当代世界政党政治的大格局中去把握，使党的建设始终与时代潮流、世界大势同频共振。实践表明，只有坚持面向现代化、面向世界、面向未来，才能在历史的比较和国际的观察中更好地把握规律性、增强预见性、富于创造性，才能使党建理论创新始终充满生机活力。

——党中央的高度重视和各级党组织、党建理论工作者和实际工作者的积极参与是党建理论创新的根本保证，必须坚持全党共同努力，形成推进党建理论创新的强大合力。30 年来，党中央领导集体高度重视党的建设，带头进行理论创新，科学回答新形势、新任务对党的建设提出的新问题、新要求。中央组织部成立了党建研究所，一些省市也成立了专门机构，加强对新时期党的建设重大理论和现实问题的研究。各级党组织以及全国党建理论工作者和实际工作者在中央的统一部署下，对党的建设理论创新进行了不懈探索，使党的建设改革创新不断向前推进，研究领域不断拓展。实践表明，只有全党上下形成共同努力抓党建、议党建、研究党建的良好氛围，党的建设的各项任务才有可靠的领导保证、机制保证、工作保证，才能真正落到实处，取得实效。

（十）实践发展永无止境，党建理论创新也永无止境。当今世界和中国正在发生广泛而深刻的变革，党面临的执政考验、改革开放考验、市场经济考验，将是长期的，也是严峻的。党的理论创新引领各方面创新。在新的历史起点上，坚持和发展中国特色社会主义理论体系特别是党的建设理论，奋力开拓中国特色社会主义更为广阔的发展前景，使党的建设更富有时代气息、更富有实际成效，是当代党建理论工作者和实际工作者的庄严使命。

大力推进党的建设的制度创新

王长江

在党的十七大对党的建设所作的总体部署中，党的制度建设占有极其重要的地位。这些年来，我们在党的制度建设方面取得的进展是有目共睹的，为今后进一步推进这一建设打下了坚实的基础。但是，同样应当看到的是，在制度建设方面仍然存在着一些不可忽视的问题。我们对制度建设的认识是否足够清晰？对制度建设中存在的问题是否有足够的估计？制度建设的方向是否足够明确？这些看似简单的问题，实际上并没有完全解决。对这些问题进行更加深入的思考和探索，对大力推进党的建设的制度创新，把十七大提出的党的建设的任务落到实处，有着十分重要的意义。

一、深化对制度和制度建设问题的认识

一提起制度建设，我们自然会想到，这是邓小平早在1980年在他著名的关于党和国家领导制度改革的讲话中就已经鲜明地提出的思想，是邓小平理论的最重要的创新点之一。可以说，他关于"制度是决定因素"、"制度问题更带有根本性、全局性、稳定性和长期性"的著名论断，今天早已成为全党的共识。然而，在我看来，如果就此得出结论，认为在制度问题上人们的认识超乎寻常地一致，恐怕至少是过于乐观的。其实，事情并不像想象的那么简单。

在实践中，我们时常会坠入一种迷惘。我们看到，这些年来，出台的各种规定、要求和条例已经不少，甚至在某种意义上完全可以认为，制度建设硕果累累。遗憾的是，和这些规定、要求、条例数量上增加的速度相比，实际效果却差强人意，这是不争的事实。若干年前，无论党在执政还是在自身建设过程中出现问题，我们都可以把制度不健全作为重要原因。但在我们已经有了一大堆规定和条例的情况下，再把问题归咎于制度，似乎就缺乏足够的理由了。

于是有人告诉我们一个"常识"：制度是人制定的。有制度固然比没有制度好，但如果人不去执行制度，再好的制度也是无用的。这个"常识"，听似有理，实际上使我们掉到了一个认识陷阱里。很显然，邓小平把制度建设放在突出位置，并不仅仅是要在党的思想建设、组织建设、作风建设的后面加上一个制度建设，把几大建设简单并列，而是要强调，制度建设更重要。这个"更"，是比较而言的。比什么更重要？比人的因素更重要。"我们过去发生的各种错误，固然与某些领导人的思想、作风有关，但是组织制度、工作制度方面的问题更重要。这些方面的制度好可以使坏人无法任意横行，制度不好可以使好人无法充分做好事，甚至会走向反面"。如果说来说去，我们的结论又回到了人的因素比制度更重要，那就不但在逻辑上是混乱的，而且从根本上违背了邓小平的原意。

这说明，人们对制度和制度建设的认识，仍然存在一些误区。要打破这种逻辑悖论，就必须澄清这些认识误区。

制度的作用，在于为人们的行为提供规范。因此，制度首先是一系列规定、要求，以及若干规定和要求组合而成的条例。建立制度的过程，首先是一项项规定、一条条要求和一个个条例出台的过程。这可以看做是构成制度的基本要素。就好比建筑一座房屋，不管最后的风格是中式的、欧式的，还是阿拉伯式的，砖头、水泥总是最基本的材料；制造一台机器，不管它是车床，还是动力机车，螺丝钉螺丝帽都是不可缺少的。没有构成制度的要素，制度也就无从谈起。

但是，制度的要素和制度本身又不是一回事。制度不仅仅是几个要求、规定和条例，也不仅仅是一大堆要求、规定和条例的堆砌。制度是要素之间的有机连接。要素之间有机连接形成的网络、系统，才叫制度。所以我们看到，在英文中，制度、体制、体系、系统是一个词。打个比方：要制造一辆汽车，必须有制造这辆车所需要的零部件。零部件有了，就有了实现这个目标的基本条件。但是，一堆汽车零部件集中在一起，并不能叫汽车，而只能叫一堆汽车零件。只有当这些零部件之间按照规律相互有机连接、有机啮合起来，构成动力系统、传动系统、行驶系统时，我们才可以把它叫做汽车。而且，其中的规律也是显而易见的：即使是同样的零部件，如果相互之间的连接不同，实际效果就会大不一样。所以可以说，有机连接是制度的灵魂。

可见，对制度建设的认识，仍然存在一个不断深化和科学化的问题。没有连接的制度是死的制度，是没有灵魂的制度，是不能运行的制度。其中的要求、规定、条例，或许一时管用，但用不了多久，人们便能找到对付它们、绕过它们的办法，这些所谓的"制度"也就寿终正寝了。

当然，光强调制度要素的连接，而不顾连接得是否有机、是否科学，也是不行的。不遵循组织运作的规律，即使把各个要素连接起来了，其目标和实际作用也往往适得其反。正是在这个意义上，我以为有必要提出一个观点：今后仍然应当大力加强党的制度建设。但是，制度建设的重点，应当更多地从制度要素的建设，逐步转向制度体系的建设。

当然，这里无意贬低各种规定、要求、条例的重要性。作为构成制度的要素，无论是规定、要求，还是由若干规定和要求组合起来的条例，都是形成一个完整的制度所不可或缺的部分。制度要素的建设，是制度建设的基础性工作。而且，从哲学意义上说，要素和制度也有相对性。一个要素相对于更大的制度来说是要素，相对于更低层次的要素，则可能自身就是一个系统。我们要强调的只是，不能简单化地对待制度建设问题，不能把制度要素的建设当做制度建设的全部，停留和满足于要素建设，更不能因为我们自己对制度的认识缺乏科学性和深刻性，就怀疑乃至否定制度建设的重要意义。相反，这恰恰说明，在改革进一步深入的今天，需要深化对制度和制度建设问题的认识，才能把制度建设摆放到更加科学、更加重要的位置上，不断把制度建设提升到更高的质量和水平。

二、当前党的制度建设存在的问题

在制度建设问题上的误区，并不仅仅是认识上的，很大程度上还在实践中反映出来，极大地影响着党的制度建设的成效，其后果不可小觑。略加归纳，就可以发现不少这类问题。

一是重视制度要素建设，忽视制度体系建设。由于对制度的认识简单化、有片面性，往往误以为制度要素建设就是制度建设，把制度要素建设看做制度建设的全部，满足于出台各种各样的规定、要求、条例，却缺乏系统思维，以至规定、要求、条例之间不但不相衔接，还经常相互矛盾，相互抵消。有的地方动不动就声称自己有了“长效机制”，实际上稍加观察就能发现，那里并无任何机制可言，只不过是提出了一些长期性的要求，并用文字形式把它们规定下来而已。

制度建设不能缺少制度要素建设的环节，因为要素建设是制度建设的基础。但是，如果制度建设停留在要素建设上，甚至满足于要素建设，制度建设就会浮在表面，无法深入。导致的一个结果，就是形式主义。可以看到，这些年来，党的政治生活中的“数字化”风气兴盛得很。停留和满足于要素建设，恐怕就是其中原因之一。你来一个“一二三四五六七”，我就来一个“七六五四三二一”；你来一个“七个推进”，我就来一个“八个带动”。领导干部乐此不疲，广大群众和党员却冷眼旁观，缺乏参与的积极性。到后来的结果可能是，“推进”没有效果，“带动”一纸空文，只是实实在在地降低了党在广大群众和党员中的形象。这种风气，必须彻底扭转。办法之一，就是把大家的精力引导到制度建设上，引导到制度体系建设上，以制度体系建设的实际成效，而不是以数字，来评判领导干部在党的建设改革创新方面的作为。

二是制度体系建设不够，导致潜规则盛行。我们忽视制度要素之间的连接，不等于要素之间就没有了连接。实际情况是，要素多了，相互之间不但会自动形成某种组合，而且还会根据一个组织的历史传统、文化意识、运作惯性等，把一些要素固定下来，把另一些要素排除出去，或者架空这些要素，使之变得无效。如果我们忽视科学观念的指导，不从深层次上思考和解决问题，听其自然，那么，很可能出现这样的情况：长期习惯形成的、惰性的、已经逐渐落后于时代要求的要素，会排挤新的、符合时代发展要求的要素，产生类似经济学中那种“劣币驱逐良币”的效果，形成潜规则。什么叫做潜规则？潜规则就是理论上与整个系统的目标和价值取向相背离、实际上却有利益作支撑、对人们的行为方式有强大导向作用的规则。

潜规则运行对我们党内生活有着十分消极的影响。在现实生活中，这种潜规则是大量存在的。例如，上级任命干部，密切联系群众，不许跑官要官，都可以在党的文件中找到相应的规定和要求。但是，在现实中我们往往看到，在使用干部的权力掌握在党的一把手那里、而一把手的权力又很难受到有效监督和约束的情况下，跑官要官就成了挡也挡不住的风气。在这种风气中，不跑不送的人很可能吃亏，丢掉升迁的机会。这又促使很多本来不情愿去“跑”去“送”的人也加入其中，从而使跑官要官成为带有一定普遍性的现象。在这种情况下，“不许跑官要官”实际上是一项无法实现的要求，主动“跑”、“要”才是真正起作用的潜规则。又如，各级党委把发展作为第一要务，既要重视 GDP，更要重视全面协调可持续发展，都是对各级党组织提出的明确要求。然而事实上，当我们把 GDP 作为领导干部个人升迁的重要指标时，不科学的发展就成了一种普遍的现象。哪个领导干部把 GDP 放在一边，为追求科学发展而降低了发展速度，他在仕途竞争中就处于劣势，尽管事实上他的思路可能更符合科学发展观的要求。而当 GDP 进一步被抽象成几个简单的数字时，在数字上做文章、甚至虚报掺假等现象也就不可避免地出现了，“干部出数字、数字出干部”就成了人们信奉的潜规则。再如，认真听取群众的意见，认真接待群众的上访，拓宽群众参与的渠道，也都是这些年来对广大干部和党组织提出的新要求。但是，当我们把降低上访率作为对地方党组织和政府进行考核的重要指标时，上访这条渠道就开始变形，出现了压访、截访这些怪现象。各级党组织的任务，成了不是充分地利用信访这个渠道来和群众沟通，而是千方百计地堵住这个渠道。对我们这个信奉“从群众中来，到群众中去”的群众路线的党来说，这是很不应该的。

三是既得利益正在成为影响党的制度建设的因素。如前所述，当前制度建设的主要问题在于要素之间缺乏连接。究其原因，虽然认识上不到位是一个重要的方面，但另一个重要的方面是，在提出各种要求、作出各种规定、制定各种条例的同时，也在这些规定、要求和条例中为各个部门留下了过大的自由裁量空间。执行部门确实需要有一定的自由裁量权，才能保证党内权力运行有足够的灵活性。但问题在于，这些权力必须受到足够的约束。受高度集权的苏联模式的影响，我们过去体制中一直存在实权部门自由裁量权过大、而这些过大的权力又缺乏监督的问题。一些部门既当“运动员”，又当“裁判员”，还经常自己就是“啦啦队”。在市场经济的条件下，这种情况很容易导致公共利益部门化的现象，滋生出既得利益来。应当承认，和国家行政机关相比，党内情况要好得多。不能说，我们党内已经出现了既得利益集团。但是，同样不能不看到，制度建设进程中出现的问题或多或少地意味着，既得利益对党的制度建设发挥着一定的影响。我们必须对既得利益集团的形成保持足够的警觉。

三、大力推进党的建设的制度创新

综上所述，不难看出，推进党的建设的制度创新，不但迫切，而且有大量的事情要做。具体从哪些方面推进制度创新，限于篇幅，本文无法展开详细论述。但是，我以为，要加快推进党的制度创新的步伐，以下三个问题是首先应当加以考虑的。

第一，尊重、鼓励、支持、引导地方和基层党组织的探索创新

随着改革开放不断深入，以改革创新精神推进党的建设，也成为越来越迫切的任务。其实，在地方和基层，一些党组织出于应对执政带来的各种风险，已经在这方面进行了积极探索。其中很重要的一部分内容，属于制度创新的范畴。取得的大量成果，都是非常令人振奋的。固然，地方和基层党组织进行探索创新的动因很复杂，总体说来，不能把它们仅仅归结为追求政绩。在很大程度上，它是整个党面临新情况新问题的反映，只不过这些党组织处在党的建设实践的最前沿，全党需要解决的问题首先被他们遇到了而已。因此，对他们的探索精神应当予以肯定和鼓励，对他们改革创新的尝试应当予以引导，对他们取得的积极成果应当予以尊重和支持。认真研究地方和基层党组织改革创新党的建设的经验，概括、总结、提升这些经验，把它们变成对党组织活动的新要求，正是当年邓小平探索和制定党的改革开放政策所采用的正确而有效的方法。今天我们推进党的建设，应当遵循同样的路径。压制、斥责、一棍子打死的态度要不得，应当坚决摈弃。

改革创新意味着突破陈规。从这个角度讲，有一个如何处理好打破常规和维护制度权威的关系问题。鼓励改革创新，就是允许对既有的东西进行改变和调整。如果这也不许，那也不准，就不可能有改革和创新。尤其在党的建设领域，我们党处于从革命党向执政党转变的大转折过程中，更需要摆脱传统观念和传统体制的束缚。但是，因为要改革创新，就随意否定现有制度和规范，就可以不遵守大家都在遵循的规则，同样会在实践中带来严重后果。解决这一矛盾的最好方法是进行试点。应该为改革者划出相当的空间，给他们提供有利的条件，降低他们的政治风险，鼓励他们的各种尝试。如果对改革者不是鼓励，而是采取“后果自负”、“风险自担”的态度，往往会挫伤改革者的积极性，久而久之，弄到没有人替党分忧的地步，我们党就离真正的危机不远了。

第二，把防止既得利益集团的形成作为党的制度建设的重要目标

应当实事求是地承认，和社会上一样，党内也存在着利益问题。这个观点，我已经在2004年的一篇文章中作了阐述。对这个问题，不应再像过去那样讳莫如深。改革本质上是权和利的重新分配。对于一个政党来说，亦是如此。党自身的改革创新也不能不涉及利益格局的变化和调整。

为什么要把防止党内既得利益集团的形成作为党的制度建设的重要目标？就是因为，尽管我们党已经是一个有着近30年领导社会主义市场经济经历的执政党，但由于我们过去长期是强调权力集中的党，实行的是从苏共那里继承下来的严格的等级制，权力高度集中于党的机关和部门。这种权力配置方式在战争时期和计划经济时期自然有它的合理性，但在实行市场经济、权力和利益更加紧密地联系在一起的情况下，这种权力配置方式就必然导致党内权力和利益关系的失衡。说到底，既得利益就是这种失衡给部门和掌权者个人带来的超过合理范围的利益。这种既得利益是一种客观存在。承认这一事实，才能对解决这一问题有一种理性的、积极主动的态度。

党的制度建设的一个很重要的方面，就是通过建章立制，规范党内权力的运作，使党自身的活动和执政活动科学化，使党内权力和利益布局合理化。因此，它的本质，仍然是权力和利益的调整。推进党的建设的制度创新，就意味着需要打破既得利益。这也是改革进入深层次的标志。对一个有着80多年历史、近60年执政史的党来说，这是一项十分艰巨的任务，需要我们拿出壮士断腕的勇气来。

第三，建立专门的改革设计规划机构，有序推进改革创新

改革在执政党的掌控之下有序地发展，是我们改革和发展的一条经验。我们对“有序”的期望，应该说一直是比较明确的。简言之，还是毛泽东所讲，就是要形成一种又有民主又有集中、又有纪律又有自由、又有统一意志又有个人心情舒畅、生动活泼那样一种政治局面。但是，这里描述的只是一种理想的状态，一种境界。更加关键的问题在于，如何才能达到这样一种境界？显然，我们不能仅仅依赖每个人都有这样一种良好愿望，而需要有规划和设计。这个规划和设计，就是我们所说的“序”。按照设计来推动改革、创新，推动制度建设，就是有序的改革。这是制度建设最重要的一环。主张“有序”，但又拿不出这个“序”，“有序”就只能停留在字面上，停留在一厢情愿上。

要对改革进行设计和规划，就必须有专门的设计规划机构。我们过去曾建立了体制改革委员会作为这样的机构。但是，体改委撤消之后，类似的机构便长期处在缺位状态。经常采用的往往是从各部门临时抽调人员的办法，来应付遇到的迫切问题。作为一种应对方式，这种做法无可厚非。但是，这却不能代替专门的设计规划机构。原因在于，一是这种机构的临时性，决定了它不可能对改革大局进行深入的研究，而只能就事论事、围绕化解危机开展工作，提升不到设计、谋划整个改革的高度。二是组成人员都从各部门临时抽调而来，往往带有比较明显的部门倾向。稍不注意，这个机构就有可能变成各部门利益讨价还价的博弈场。很显然，这样的机构是难以担当重任的。

不仅如此，即使过去曾经有过的机构，也离专门化的要求有一定的距离。我们往往有一种思维惯性，似乎认为，要加强一个机构的权威性，就必须赋予其实际的权力。于是，本来务虚的、承担总体规划和设计的机构，也得到了项目审批权、资金管理权等具体权力。这样一来，理应超脱于其他机构之上的设计规划机构，本身也变成了众多实权部门之一，与其他部门争权夺利。如我们所看到的，其实际效果，是无法建立足够的权威。既然是专门的设计规划机构，就应当是一个最高咨询机关。它不应该握有实权，而应以高于所有实权部门之上的视野，切实从党和国家全局的角度看问题，对党和国家发展的大局进行设计。它提出的方案，只供最高权力机关和领导人选择。确定、批准之后，才成为法律、法规或党的决策。这也是解决现存的“部门立法”现象的根本途径。

（作者：中共中央党校党建教研部主任、教授、博士生导师）

新形势下地方领导干部思想政治状况调查

中央组织部党建研究所课题组

2007年，中组部党建研究所课题组针对新形势下地方领导干部思想政治状况，先后赴辽宁、湖北、广西等省(区)进行调研。同时，山西、辽宁、安徽、湖北、贵州、陕西、宁夏等7个省(区)委组织部和广州市委组织部就8个子课题展开调研，并请部分市(地)委组织部长、县(市、区)委书记和有关专家学者就一些重点问题进行专题研讨。现将调研情况报告如下。

一、新形势下地方领导干部思想政治状况的分析

党中央一贯高度重视领导班子和领导干部思想政治建设。十六大以来，各地各部门从实际出发认真贯彻中央要求，把领导班子思想政治建设纵向延伸到地(厅)、县(处)级领导班子，横向延伸到地方国有企事业单位领导班子，形成了全方位加强、整体推进的局面。

从总体上看，当前地方领导干部思想政治状况的主流是积极、健康、向上的。一是各级领导干部自觉贯彻落实党的路线方针政策，对中国特色社会主义道路充满信心，政治立场坚定。二是各级领导干部贯彻落实科学发展观，坚持科学发展、和谐发展的自觉性不断增强。三是各级领导干部坚持科学执政、民主执政和依法执政，执政能力和执政水平不断提高。有57.56%的被调查者认为所在单位在对“三重一大”(重大决策、重大项目、重要干部与大额资金使用)事项进行决策时，多数能按照民主集中制的原则和程序进行民主决策。四是各级领导干部坚持立党为公、执政为民，为民、务实、清廉的作

风正在形成。五是各级领导干部自觉坚持解放思想、与时俱进，改革意识、创新意识、进取意识不断增强。

当前地方领导干部的思想政治状况，还存在一定差距和不足。主要有：一是理想信念有待进一步强化。二是大局意识、忧患意识需要进一步提高。有些地方领导干部的本位思想和地方保护思想比较突出，一些领导干部满足于已有的成绩，不能居安思危，对党和国家在前进道路上可能遇到的困难和风险认识不清，对全面建设小康社会、巩固和发展社会主义制度的长期性和艰巨性认识不足。三是贯彻落实科学发展观的自觉性和坚定性还不够强。片面追求经济增长速度，吃“资源饭”、“子孙饭”，忽视经济发展质量等违背科学发展观的观念和做法在一些地方还不同程度地存在。四是宗旨观念、公仆意识不强。有些地方领导干部宗旨观念淡薄，对群众缺乏真感情。五是作风不实，形式主义、官僚主义问题比较突出。六是民主集中制贯彻过程中“两少一突出”现象比较明显。基层反映，随着社会主义民主进程的不断推进，地方领导干部在贯彻执行民主集中制过程中搞独断专行和真正讲民主的都是少数，而借民主程序、民主形式实现个人或少数人意图的现象比较突出。七是党性修养和党性锻炼有待加强。八是精神状态需要进一步振奋。九是一些干部的生活作风和生活情趣不够健康。

二、地方领导干部思想政治状况存在问题的原因

——放松自我修养是领导干部思想政治方面存在问题的内在根源。主观因素表现为部分干部忽视对马克思主义基本理论、党的基本规章制度以及优良传统和作风的学习，放松了世界观的改造。理论虚无主义思想在一些干部中占有一定的市场，很难在理论学习上投入足够的时间和精力，很难静下心来认真思考一些重大理论和实践问题。客观因素表现为不少干部缺少必要的严格的党内生活锻炼。经过多年的努力，一大批优秀中青年干部进入各级领导班子，45 岁及以下干部已成为干部队伍的主体。这些同志普遍受过高等教育，具有较高的科学文化水平，思想解放、思维敏锐、年富力强、充满活力，有较强的改革创新精神。但他们大多成长于改革开放时期，经历比较简单，成长比较顺利，缺乏艰苦环境的磨练，缺乏严格的党内政治生活和组织生活的熏陶，致使一些同志在思想政治素质方面存在一定差距。

——党组织特别是上级党组织对思想政治建设重视不够、措施不力是领导干部思想政治方面存在问题的关键。长期以来，对领导干部思想政治建设的要求更多的是倡导性和原则性的，缺乏刚性制度作保证，缺乏配套的政策作支持，缺乏有效机制作约束，“高压线”不带电，致使有的地方党委特别是党政主要领导同志把领导干部思想政治建设看成是软指标，说起来重要，做起来不重要；会上强调，会后忘掉；平时忽视，出了问题才重视。有的地方对干部日常管理缺乏有效的手段，除届中考察、年度考核外，难以及时了解干部平时的表现；组织监督在一些地方还比较薄弱，“看得到的管不到，管得到的看不到”，尤其对领导班子一把手的监督很难，存在监督盲点和监督空当的现象。

——干部人事制度改革中存在的一些深层次矛盾和问题，是引发领导干部思想政治方面存在问题的重要因素。近年来，干部人事制度改革取得了较大进展，但一些深层次的矛盾和问题还未真正破解。在扩大干部工作民主过程中，受参加推荐和测评人员范围、对被推荐和测评对象了解程度的制约，以及各种利益关系和不正之风的影响，民主推荐和民主测评中“利益票”、“人情票”问题普遍存在；虽然规定了“防止简单地以票取人”，但这一尺度在实际工作中很难把握。

——地方党委实行新的领导体制和工作机制，对领导干部的思想状况带来多重影响。地方党委实行新的领导体制和运行机制，有利于提高领导班子的整体效能。由于新体制还处在磨合过程当中，整个机制的运转还存在一些问

题，这些问题必然对干部的思想和精神状况产生一定的影响。问卷调查中，有29.68%的同志认为领导班子配备改革“对地方领导干部思想政治建设带来许多问题和挑战”。

——多样化的客观环境对地方领导干部思想政治状况产生直接影响。社会经济成分和组织形式的多样化及其发展，使价值取向多样化。有的领导干部淡化了国家观念、集体主义观念和社会责任感，迷失了政治方向；利益关系和分配方式多样化，导致各种物质利益刺激的强度日益加大，追求个人利益的趋利性侵蚀人们的思想，以致极少数领导干部把市场经济等价交换原则带进党的政治生活，把权力、地位作为与利益交换的筹码，经不住权、钱、色的诱惑，产生拜金主义、享乐主义和极端个人主义思想，甚至以权谋私，一步步走向腐败。此外，封建主义残余思想对领导干部的影响也不可低估。

综合分析可以看出，地方领导干部的思想政治状况，具有鲜明的时代性，是在相互交织、相互渗透、相互作用的多种因素共同影响下发展变化的；在新的时代条件下，领导干部的思想政治状况与社会利益关系及个人发展的联系更加紧密，其发展变化更加复杂多样，不同职级、不同地域、不同年龄段领导干部的思想政治状况的差异性更加突出；领导干部思想政治状况的形成、发展和变化，是在长期的社会实践中遵循人的认识规律和思想形成规律发展变化的，在不同时期和阶段呈现不同的变化趋势和形式。

三、进一步加强新形势下地方领导干部思想政治建设的思考和建议

新形势下地方领导干部思想政治建设，要在总结和继承过去好的经验和做法的基础上，结合党的十七大后以及地方党委、人大、政府、政协换届后领导班子和干部队伍的新情况新问题，突出重点，着力增强贯彻党的理论和路线方针政策的自觉性和坚定性，着力增强领导科学发展的能力和水平，着力增强领导班子的团结与活力；突破难点，在完善考核评价体系上下功夫，在制度的整体配套和刚性约束上下功夫，在坚持分类指导、狠抓落实上下功夫，把地方领导干部思想政治建设提高到一个新水平，为夺取全面建设小康社会新胜利、开创中国特色社会主义事业新局面提供坚强保证。

（一）进一步明确新形势下地方领导干部思想政治建设的重点内容

以深入学习贯彻中国特色社会主义理论体系为重点，突出抓好各级地方领导干部的理论武装。按照党的十七大的部署和要求，组织地方各级领导干部深入学习贯彻中国特色社会主义理论体系，切实抓好用马克思主义中国化最新成果武装干部工作。在全面开展的学习实践科学发展观活动中，应以县处级以上干部为重点，有计划、有组织地进行科学发展观专题集中培训，用一年左右时间对省（区、市）、市、县党政主要领导干部进行一次集中轮训。围绕学习、宣传、贯彻十七大精神，选择部分地区、部门，开展县处级以上领导干部学习实践科学发展观活动试点，在试点基础上选择适当时机全面推开。要进一步挖掘和借鉴保持共产党员先进性教育活动的成功经验，进一步拓展主题实践活动的载体和手段，确保主题学习实践活动取得实效。进一步健全和完善领导干部中心组学习制度、理论学习考试考核制度等，探索实行领导干部政治理论资格考试认证制度。要在牢固树立马克思主义的立场、观点和方法上下功夫。一是认真领会中央文件和领导讲话，二是系统学习全国干部学习培训教材和各种教科书，三是潜心研读马克思主义经典原著，真正做到钻进去，晓悟大义，心领神会，并能走出来，化为思路，自觉应用，解决问题。不同干部要区别不同情况根据自身需要有选择、有重点地开展学习竞赛，把学习作为一种觉悟、一种修养、一种境界、一种责任，努力建设学习型政党。

以增强民主意识、提高民主质量和水平为重点，加强民主训练，着力抓好各级地方领导干部的民主集中制建设。加强对各级领导干部民主意识的培养和民主行为的锻炼，切实提高各

级领导干部民主执政的能力。建立健全并严格执行民主集中制的各项规定，进一步明确贯彻民主集中制的责任，完善领导班子内部的议事、决策规则和程序，加强监督检查，加大对违反民主集中制行为的查处力度。要敢于触及和打破长期形成的民主集中制执行过程中的潜规则，努力使权力和决策在阳光下运行。加强对民主生活会的指导和监督，提高民主生活会质量。正确处理党内和谐与积极健康的思想斗争的关系，既要转变只有斗争才能解决矛盾、达到团结的思维方式，又不能放弃必要的党内思想斗争，实事求是地处理党内矛盾。在民主生活会中开展无记名书面式批评，会前要求每位领导干部对班子成员存在的不足进行无记名的书面批评，会上由专人宣读。被批评的同志应对他人提出的批评意见作出解释和说明，对确实存在的问题提出整改的办法，并实行整改措施落实情况通报制度。探索建立地方领导干部参加社区党组织生活会制度。在领导干部向工作单位或居住地所在社区党组织汇报思想、工作情况的基础上，由社区党员对领导干部进行民主评议，并将评议结果在单位和社区内公示。

以营造为民、务实、清廉的良好风气为重点，突出抓好各级地方领导干部的作风建设。加强群众路线、群众观点教育，增强地方领导干部的公仆意识。创新领导干部联系群众的载体和方法，从增进与群众的感情入手，切实解决群众最关心、最直接、最现实的问题。大力倡导求真务实、真抓实干的工作作风，把狠抓落实作为地方领导干部开展深入学习实践科学发展观活动的重要内容和根本措施。大力倡导八个方面的良好风气，解决地方领导干部在执行党的路线方针政策、坚持群众路线、落实廉洁从政规定、遵守组织人事纪律以及生活作风等方面存在的突出问题，坚决反对和纠正形式主义、官僚主义、享乐主义、弄虚作假等行为，全面加强地方领导干部的思想作风、学风、工作作风、领导作风和生活作风建设。坚持教育、制度、监督并重，加强对地方领导干部的党风党纪教育，确保各级地方领导干部廉洁从政、清正为民。

以培养健康的生活情趣和高尚的精神追求为重点，着力抓好各级领导干部的道德建设。在道德建设上应有战略的、长期的打算，充分借鉴我国古代道德教化的成功经验，掌握其规律，避免短期性和非规律性的道德规范频繁出台。当前，最主要的就是要抓住那些基本的、本质性的、规律性的问题，以“于党忠”、“于民信”、“于业敬”、“于人和”、“于己廉”等五个方面内容为重点，既重视道德理想，又重视现实道德，从提高道德认识、确立道德信念、陶冶道德情操、锻炼道德意志、培养道德习惯等环节入手，培养积极健康的精神追求，培育广大干部的基本道德信仰，营造一个健康向上的精神家园。学习借鉴一些国家公务员道德立法的经验和做法，开展对我国领导干部道德立法的研究，强化领导干部道德法规化建设。建立科学可行、便于操作的领导干部道德评价机制，把为政者的道德操守的考评交给群众，对道德表现差、品行不端的实行一票否决。

以加强心理辅导、提高抗压能力为重点，着力抓好各级地方领导干部的心理保健。高度重视地方领导干部的心理健康问题，把心理保健的内容纳入干部教育培训课程体系，在各级党校、行政院校和干部学院主体班中开设心理保健和辅导课。注重人文关怀和心理疏导，注意在谈心谈话中了解干部的心理状况。格外关注那些长期在条件艰苦、工作困难地方工作的干部，异地交流任职、夫妻长期分居的干部，以及面临进退留转、经受挫折干部的心理状况。聘请心理专家开设讲座、对领导干部进行心理辅导，有条件的地方也可由组织部门和相关专业机构合作设立领导干部心理热线，帮助领导干部疏导和缓解心理压力。

（二）进一步完善干部综合考核评价体系，加强和改进对地方领导干部思想政治状况的考核

领导干部的思想政治状况，是干部德才标准中“德”的综合反映，加强领导干部思想政治建设，关键在于强化对领导干部思想政治状况的考核，在现有的干部综合考核评价办法中加大思想政治状况考核指标权重，使思想政治建设由软指标变成硬杠杠。

对干部综合考核评价体系中涉及思想政治状况考核指标的内容进行整合，适当提高思想政治状况考核的比重。从实践来看，综合考核办法对思想政治状况的考核指标分散在几个类别中，一些指标的考核标准比较抽象，具体指向不很明确。比如，对领导班子成员的民主测评要求从德、能、勤、绩、廉等5个方面进行评价，对拟提拔人选考察对象的民主测评要求从政治态度、思想品质等12个方面进行评价，不利于参评人员准确判断和评价领导干部的思想政治状况。调研中，大家提出，应科学、合理设置领导干部思想政治状况的考核指标，把对思想政治状况的考核指标集中起来，形成较为完整的思想政治状况考核指标体系，加大对地方领导干部思想政治状况的考核力度。根据党章和《干部任用条例》的规定，地方领导干部思想政治状况的核心考核指标，主要应该集中在8个方面：①政治态度，包括理想信念、政治立场、政治观点、政治鉴别力和政治敏锐性；②思想品质，包括党性修养和思想修养；③理论素养，包括理论水平、政策水平，及运用理论解决实际问题的能力；④作风状况，包括思想作风、学风、工作作风、领导作风和生活作风情况；⑤道德品质，包括社会公德、职业道德、家庭美德和个人品德的情况；⑥精神状态，包括事业心和责任感、敬业精神、心理素质等；⑦组织纪律观念，包括法制意识、组织观念，执行党纪国法情况，以及坚持原则、自我约束等情况；⑧廉政情况，包括遵守廉政规定，对配偶、子女和身边工作人员的教育与要求，接受群众监督等情况。同时，根据不同层次、地区和职位领导干部的职责和工作实际，适当增加一些体现其工作特点的指标。进一步明确每一考核指标的内涵和外延，尽可能将考核指标具体化，每个指标可适当分解为3至4个便于作出明确判断和评价的考核点。按照系统分析的思路，综合考虑多种因素，赋予各项考核指标、每一考核点以相应的权重，并根据每个考核环节对同一指标的评价结果，加权计算积分，对领导干部的思想政治状况进行量化分析评价。

进一步改进领导干部思想政治状况考核方法。一是完善民主测评方法。应制定体现科学发展观和正确政绩观要求的职位说明书，明确职位任职资格、职位职责、工作目标等，并在民主测评前向参加测评人员发放职位说明书和领导干部的述职报告，确保参评人员充分了解测评要求和测评对象的基本情况，如实填写测评内容，切实解决民主测评中存在的“上面发单单、下面画圈圈”的问题。应按领导干部的职务层次和职位特点，根据代表性、知情度和相关性，合理界定参加民主测评的人员范围。进一步完善民主测评的指标设置。增加领导干部工作是否坚持原则、是否大胆负责、是否经常开展批评等测评内容，以解决民主测评中存在的老好人得票偏高，而一些工作上敢抓敢管、不怕得罪人的同志得票偏低的问题。二是改进民意调查方式。应由“请上来”为主变为“走下去”为主，增加到调查对象所在地区和单位的调查，增加街头随机调查，增加电话调查、随机走访、邮寄问卷和电子问卷的数量，更广泛地听取真实民意。总结一些地方委托相对独立的第三方开展民意调查的经验，积极探索民意调查工作专业化的途径。精心设计民意调查问卷。调查问卷涉及的问题，既要力求全面、准确、规范，又要体现调查对象的岗位职责，突出重点，简明易懂，让参与调查人员看得懂、评得准。应适当增加一些群众有切身感受的、有话要说的题目，减少一些大而无当的调查题目；增加一些群众不满意、有看法的题目，减少一些评功摆好的题目；增加一些针对具体人、具体事的评价项目，减少一些搁谁头上都行的普适项目，增强民意调查的针对性。三是改进个别谈话方式。应尽可能选择了解干部情况的同志参加个别谈话，切实解决“进不了想进的圈、听不到想听的话”

等问题。面上谈话中，应从考核考察对象的思想政治素质、能力、工作实绩等方面是否符合提拔条件分别设计问题，避免笼而统之的“是否同意提拔使用”的提问。考核考察组与考核考察对象集体面谈中，可就考核考察中了解到的一些情况向考核考察对象提出询问，请考核考察对象予以回答，以深入了解考核考察对象的德才素质及心理素质。

健全和完善领导干部思想政治状况考核制度机制。领导干部的思想政治状况是动态的、变化的。不仅要对拟提拔对象的思想政治状况进行考核考察，防止思想政治素质不高的人走上领导岗位，更要注重对在位者的思想政治状况进行经常性的考核考察。建立定期民意调查制度，逐步把考核的触角延伸到领导干部的日常工作和生活中。通过个别访谈、走访考察对象的居住地基层党组织、邻居和家庭等方式，了解干部生活圈、社交圈的表现情况。建立领导干部思想政治状况定期考核分析制度和领导干部定期党性分析制度，结合领导干部年度考核工作和领导班子民主生活会，对领导干部的思想政治状况进行综合分析，逐步建立和完善领导干部思想政治状况考核档案。加强与纪检监察机关、巡视组和信访等部门的联系，建立领导干部思想政治动态信息共享机制。建立考核评价结果公示、公议、反馈、申诉制度，进一步增强干部考核工作的透明度。

强化对地方领导干部思想政治状况考核评价结果的运用。要把对地方领导干部思想政治状况的考核评价结果作为调整、使用干部的重要依据。根据每次考核和分析结果，把握地方领导干部思想政治方面的薄弱环节和存在的倾向性问题，有针对性地加强教育和改进。对思想政治方面存在问题较轻，没有造成较大社会负面影响的干部，进行诫勉谈话，限期改正；对存在问题明显，且造成一定社会负面影响的干部，进行批评教育，已任职的要适当调整，未任职的要暂缓使用；对问题较为严重，造成较大社会负面影响、群众反映强烈的干部，要严肃处理。

（三）完善地方党委领导班子配备改革后的工作机制，进一步健全领导体制

规范领导班子配备改革后的常委会工作机制。按照民主集中制原则和党章规定的地方党组织权力架构，理清地方党政领导班子职能权限，建立健全地方各级党委常委会向全委会定期报告工作并接受监督的制度。科学合理确定全委会和常委会议事决策范围，明确哪些事情由分管常委决定，哪些事情由常委会集体讨论决定，哪些事情交全委会审议决策，既确保对重大问题进行集体决策，又防止事无巨细都拿到常委会上进行讨论决定。完善议事规则和决策程序，建立健全包括会议制度、民情民意反映制度、重大决策专家咨询和社会听证制度、决策失误责任追究制度在内的一系列工作制度，保证领导班子民主议事、科学决策，努力形成用制度管权、按制度办事、靠制度管人的有效机制。推行重大事项票决制、会议讨论书记“末位发言”等做法，进一步界定和规范一把手的职权，防止一言堂的独断作风。

进一步健全集体领导和个人分工负责相结合的制度。适当减少常委职数，压缩书记的管理幅度，克服书记将过多精力用于应付协调而不能集中精力抓大事谋大事的状况。探索实行常委原则上不再兼任部门领导职务的制度，使常委从具体工作中走出来，站在全局的角度思考问题，防止产生部门主义思想。探索建立定期协调和信息沟通机制，实行常委例会、专题办公会、情况通报会、常委定期向常委会和书记汇报分管工作及常委述职等方式，加强常委之间的日常沟通交流，使常委掌握全局情况，增强大局意识，加强协调配合。

完善领导班子内部监督管理制度。要认真执行《中国共产党党内监督条例（试行）》，加强对领导班子的日常管理和监督，完善巡视制度。进一步健全对领导班子、领导干部的监督管理机制。加强常委会、全委会对常委的监督，建立常委目标管理考评制度和向分管部门负责同志述职述廉制度，运用好述职评议和目标考核结果，增强常委的岗位责任意识。同时要配套研究体现权力与责任相统一的责任制和责任追究具体办法，科学界定各环节的责任主体和责任人，建立健全工作记实制度，进一步区分责任的主次和轻重，防止不愿负责和不敢负责。要总结多年来开展民主评议领导干部的经验，完善民主评议制度，制定对民主评议中群众意见大和民主测评中不称职票超过一定比例的领导干部进行组织处理的办法；探索建立对不称职领导干部的罢免、撤换制度。

（四）进一步加强一把手队伍建设，充分发挥一把手在领导干部思想政治建设中的作用

选好配强地方党政一把手。应针对地方党政正职的岗位特点，把政治标准放在首位，制定更高标准、更严要求的具体选拔条件。注重选拔那些政治素质好、民主作风好、统筹协调能力强、领导经验丰富、清正廉洁的优秀干部担任地方党政一把手。特别要抓紧选拔、培养、锻炼、考验40岁以下的县委书记。要拓宽视野，大胆使用那些年富力强、勇于改革创新、善于统筹协调的干部。要注重从有党务工作经历的干部中选拔地方党委一把手。对那些年纪轻、素质好、有发展潜力的高知识层次、专家型和企业经营管理人才，要有意识地安排到党务工作岗位上锻炼。

加强对地方党政一把手的教育、管理和监督。应按照马克思主义政治家的标准，加强对地方党政一把手的培养和教育，使他们更讲党性、更重品行、更作表率。加强对地方党政一把手的日常管理监督，规范一把手正确行使职权。完善上级组织与一把手定期谈话制度，既谈工作经验和教训，也谈面临的困难和问题；既交流工作，也思想见面，营造领导干部向组织诉衷肠、讲心里话的良好氛围。

进一步发挥一把手推进思想政治建设第一责任人的作用。适时举办省、市党政领导干部党的建设专题研讨班、党建理论专题培训班，增强地方党政一把手抓党的建设的责任意识，切实把党建工作摆在全局工作的重要位置。进一步完善地方党委主要负责同志抓思想政治建设责任制，督促地方党政一把手认真履行职责，做到思想、精力、工作三到位，坚持一级抓一级，一级带一级，一级促一级，充分发挥导向和表率作用。

对讲党性重品行作表率的感悟

王秀国

党的十七大报告提出，全党同志特别是领导干部要讲党性、重品行、作表率。这是党中央面对新形势提出的新要求，具有很强的现实性、针对性和指导性。讲党性是保证，重品行是基础，作表率是关键，三者辩证统一，相辅相成。这一要求为新时期领导干部作风建设指明了方向。

一、讲党性——就是要上不愧党、下不负民

讲党性是领导干部的立身之本。要时刻绷紧政治这根弦，时刻坚持正确的政治立场、政治方向和政治观点，严守政治纪律，提高政治敏锐性，增强政治鉴别力，善于从政治上认识和判断形势、思考和处理问题。

要立场坚定、顾全大局。要坚持马克思主义与时俱进的理论品格，善于运用科学的理论指导新的实践、创造新的经验，实现观念的更新、实践的创新、工作的进取。要胸怀大局，把自己所从事的工作、所承担的责任放到全县乃至全国社会经济发展的大局中去把握、去思考、去衡量。善于抓住关键，把握方向，掌握规律。要坚持原则，公道正派，在大是大非面前敢于表

明态度，立场坚定，旗帜鲜明。

要牢记宗旨、执政为民。干部的职位是为人民服务的岗位。要做一名称职的领导干部，必须树立强烈的事业心和责任感，做到心系事业，忠于职守，勤奋努力，扎实工作。要有一种时不我待的紧迫感和责任感，做到为官一任，振兴一方事业，确保一方平安，造福一方百姓。要始终牢记权为民所用、情为民所系、利为民所谋的根本要求，勤政为民，努力工作，真抓实干，讲求实效，做到发展为了人民、发展依靠人民、发展成果由人民共享。

要忠于职守、敢于负责。作为一名领导干部，无论担任什么职务、从事什么工作，都要忠于职守、敢于负责。要敢抓敢管，旗帜鲜明地褒扬先进，做到大事难事勇担当，面对矛盾不回避；要殚精竭虑，为党和人民不遗余力，以只争朝夕的精神，忘我工作；要奋发图强，始终保持旺盛的工作劲头；要坚韧不拔、勇敢面对挑战，攻坚克难，力争把工作做得更精更优更好。

二、重品行——就是要以德树威、以廉服人

重品行是领导干部的做人之道。品行好，则威信高，品行不是建立在职位、权力的基础之上，而是在德育的教化和熏陶、法纪的约束、工作的磨砺中逐步形成的，是领导干部人格魅力的核心。

要待人以诚。诚实守信是做人的美德，也是对领导干部品行的必然要求。领导干部工作对象是群众，在讲原则的前提下要讲真诚、讲感情，这种感情不是庸俗的关系学，而是用诚实播种，用热情培育，用原则衡量的爱民之情、工作合力。作为领导干部，要时刻把群众的安危冷暖放在心上，只有对群众一腔赤诚，群众才能感觉到党的温暖，党群干群关系才能得到改善，群众才会对领导真心拥护，从而形成同心同德干事业的合力。

要从政以德。从政以德，就是要正确对待手中权力，把权力用在改善民生、服务人民的有益工作上，而不是把权力当作为自己谋取私利的工具。要正确对待荣辱得失，把全部精力放在推动事业发展上，不断提升权力之外的道德影响力。要自觉加强思想道德修养，培养健康、高雅的生活情趣，以平和之心对“名”，以淡泊之心对“位”，以知足之心对“利”，以敬畏之心对“权”。自觉做到条件变了艰苦奋斗的作风不丢，环境变了吃苦耐劳的精神不减，时代变了甘于奉献的传统不变，切实保持共产党员的政治本色。

要律己以严。要按照自重、自省、自警、自励的要求，自觉抵制各种诱惑，过好金钱关、名利关、色情关，做到自我防范，廉洁自律，远离腐败，达到慎独的境界。同时要经常检查自己的思想和行为，勇于进行自我剖析、自我批评，在“吾日三省吾身”中升华思想境界，完善政治品行。

三、作表率——就是要以身作则、率先垂范

作表率是领导干部的为政之要。领导干部以身作则，就是要时时处处走在前面，当先锋、做模范，要求别人遵守的自己先遵守，要求别人做到的自己先做到，这既是义不容辞的职责，也是重要的领导方法和工作方法。

要做学以致用的表率。作为领导干部，坚持不懈地开展学习，努力提高自己的政治理论水平和文化素养，不断增强驾驭全局和科学执政的本领。要在学习政治理论上下功夫，带头完成学习任务；要在学以致用上下功夫，在理论与实践的结合上勇于创新，把学习成果变成研究新情况、解决新问题的有效方法，变成指导工作、推进改革的科学决策；要持之以恒地坚持学习，努力克服工作任务重、学习时间少的困难，挤出更多的时间和精力用到学习中来，努力使自己成为政治上强、业务上精、胜任本职工作的行家里手。

要做维护团结的表率。团结是推动各项事业成功的重要条件。能不能维护团结，是衡量和检验领导干部素质高低、党性强弱的重要标准。领导干部既要能干事，又要能共事，干事需

要共事，共事是为了更好地干事。要坚持民主集中制，大事讲原则，小事讲风格，遇事多商量，有难多帮忙，做到学人之长，容人之短，记人之功，谅人之过，努力造就一种和谐共事的良好风气，形成干事创业的强大合力。

要做把握大局的表率。“在其位，则谋其政”，领导干部应具备一定的战略决策能力，善于找准并抓住牵一发而动全身的关键问题和关键环节开展工作。要实现科学决策、正确决策，必须吃透上级政策精神、摸清本地实际情况、掌握群众所想所盼，努力寻求三者之间最佳结合点。

（作者：中共黑龙江省漠河县委书记）

以科学发展观统领机关党务工作的几点思考

段宝平

胡锦涛总书记在全党深入学习实践科学发展观活动动员大会暨省部级主要领导干部专题研讨班上的讲话指出：“要紧紧围绕党员干部受教育、科学发展上水平、人民群众得实惠，着力转变不适应不符合科学发展要求的思想观念，着力解决影响和制约科学发展的突出问题以及党员干部党性党风党纪方面群众反映强烈的突出问题，着力构建有利于科学发展的体制机制，提高领导科学发展、促进社会和谐的能力，使党的工作和党的建设更加符合科学发展观的要求。”总书记的讲话，充分阐述了在实际工作中实践科学发展观，用科学发展观指导推动实际工作的重要性和必要性。

机关党组织属于党的基层组织。根据党章规定，其主要职能，一是协助行政负责人完成工作；二是对包括行政负责人在内的每个党员进行监督；三是不领导本单位业务工作。那么，在机关党务工作中如何学习实践科学发展观？如何以加强党的执政能力建设和党的先进性建设为总要求，不断创新工作方式方法，用科学发展观统领机关党务工作的各个方面？本文就此谈几点看法。

一、提高对以科学发展观统领机关党务工作重要性的认识

在现实工作中，存在着这么一种理解，认为机关党员干部素质相对较高，党务工作抓与不抓无关紧要；机关党务工作是一项务虚的工作，难有作为。其实，正因为机关党员干部比较集中，正因为机关党务工作内容虚，才更要求我们把虚事做实，把实事做好，把好事做细，在围绕中心、服务大局、服务教职员工上多做文章；才更要求我们一要讲热爱，二要讲奉献，三要讲方法，在实践中不断增强工作的主动性、针对性、前瞻性和科学性；才更要求我们在继承好的传统、好的作风和好的做法基础上更加注重观念和思路上的创新，在党委的统一领导下，形成上下联动、分工负责、密切配合、齐抓共管的党务工作新格局。

科学发展观为深入认识机关党务工作的本质要求，推动机关党务工作取得实效，提供了强大思想武器。这也是坚持党在指导思想上的与时俱进，用发展着的马克思主义指导新的实践，使我们党始终保持先进性的重要保证。科学发展观强调以人为本，这就要求机关党务工作必须把实现好、维护好、发展好广大教职员工的根本利益作为出发点和落脚点。科学发展观强调全面协调可持续，强调统筹兼顾，这就要求开展机关党务工作时，要不断提高解决复杂问题和驾驭全局的能力，善于站在一定的高度观察问题，善于在事物的普遍联系中把握问题。

二、紧抓发展这个第一要义，树立围绕中心抓党建、抓好党建促发展的理念

《中国共产党党和国家机关基层组织工作条例》明确指出，机关党组织要紧紧围绕党的基本路线，结合本部门的工作任务和特点，充分发挥党的思想政治优势、组织优势和密切联系群众的优势，促进本部门各项工作任务的完成，为改革开放和社会主义现代化建设服务。这是机关党务工作的政治方向，也是各项工作的根本出发点和落脚点。

机关党务工作应紧扣谋发展、抓发展、促发展的中心任务，牢固树立围绕中心抓党建、抓好党建促发展的工作理念。始终坚持把推动教学科研工作的完成作为出发点和落脚点，把机关党务工作有机地渗透到教学科研和行政管理工作中去，不断拓宽协助渠道，提高协助效能，使之与推动各项工作的开展在思想方法上相一致，工作目标上相衔接，工作部署上相呼应。

三、紧扣以人为本这个核心，切实将其贯穿于机关党务工作的全过程

党务工作本质上是做人的工作。以科学发展观统领机关党务工作，一定要增强服务意识，始终坚持尊重人、理解人、关心人，切实把以人为本贯穿于工作的全过程，体现到工作的各环节。

尊重和发挥各级党组织与广大党员的主体地位和首创精神。制订工作计划应认真听取他们的意见和建议，反映他们的呼声和心愿，尽量使各项活动更加贴近他们的思想、工作和生活实际，集中大家的力量和智慧，把机关党务工作落到实处。

确保党员有效行使民主权利。以建立健全党的集体领导制度为出发点，坚持集体决策制度，在对重大问题、重要事项决策的过程中，认真落实党员的知情权，广开言路，集思广益，认真听取来自于党内的不同声音，接受党员评议，给予党员广泛参与的议事权、决策权，形成民主讨论、民主决策的工作氛围，使广大党员有效行使党组织赋予的各项民主权利。

健全机制使党组织成为名副其实的“党员之家”。建立健全党内关心关爱服务机制，诚心诚意关心爱护广大党员。建立健全政治上的激励机制，及时有效地对工作中涌现出的先进集体和个人予以表彰奖励；建立健全工作上的保障机制，上级党组织要对下级党组织提供强有力的支持，强化活动阵地建设，不断增强基层党组织的工作效能；建立健全党内帮扶制度，尽力解决好老党员和生活困难党员的实际困难。与此同时，机关党组织还要进一步加强对党员的教育培养，切实关心党员的思想、工作和成长进步。

加强党员队伍建设，提高党务工作者整体素质。通过不断转变广大党员的思想观念，调动党员干部的积极性、主动性、创造性，充分发挥党员的先锋模范作用，进而影响带动机关整个干部职工队伍，强化素质，转变作风，提高效率。按照德才兼备的原则，把那些党性强、作风正、业务精的优秀干部选拔到党组织的领导岗位上来。激励机关党务工作者忠于党的事业，热爱党务工作。

四、按照全面、协调、可持续的基本要求推动党务工作

以科学发展观统领机关党务工作，一定要把机关党务工作看作一个系统工程，妥善处理系统构成要素之间的关系，保证机关党务工作全面协调可持续发展。

整体推进，促进机关党务工作的全面发展。在推进机关党务工作过程中，要整体推进思想建设、组织建设、作风建设和制度建设的全面发展，不能顾此失彼；在制定工作制度时，要将目标、责任和监督有机结合，做到浑然一体，环环相扣；在部署工作时，要有系统性、连续性和科学性，做到前后呼应，有始有终。

系统考虑，促进机关党务工作的协调发展。机关党务工作涉及方方面面和诸多环节，在开展工作时，要使机关党务工作与教学科研工作相协调，工委与机关党组织相协调，机关党务工

作自身各个方面、各个环节互相协调，等等，充分运用有限的人力、物力，整合党建资源，形成合力，使各个环节互为补充，相互促进，保证机关党务工作的协调发展。

开拓创新，促进机关党务工作的可持续发展。机关党务工作实现可持续发展，要在工作的规划、部署、实施中，既立足当前，又考虑长远，探索建立健全机关党的先进性建设的长效机制。进一步加强机关党务工作的创新，创新工作理念，创新工作载体和工作机制，努力使机关党务工作与时俱进，充满生机。

五、运用统筹兼顾的方法开展党务工作

科学发展观的根本方法是统筹兼顾。开展机关党务工作，机关党组织应注重统筹兼顾，做到上下左右目标同向、思想同心、工作同步。机关党组织应树立大局观、整体观、全局观，准确把握工作定位，明确工作职责，掌握工作尺度。营造和谐的机关氛围，使得机关风气良好、团结向上、规范有序、关系融洽、充满活力。

以科学发展观统领机关党务工作是一项长期的政治要求和历史任务，我们要进一步加强学习探索，从思想上保障机关党务工作树立和落实科学发展观。通过多种形式的学习，深刻认识和领会科学发展观的时代背景、指导意义和科学内涵，切实把思想统一到科学发展观上来，努力把科学发展观的要求转化为谋划工作的科学思路、促进工作的具体措施、领导工作的实际能力，真正做到符合科学发展观的事情全力以赴地去做，不符合科学发展观的事情毫不迟疑地去改。

（作者：中共中央党校办公厅机关党委副书记）

着力开创“两新”组织党建工作新局面

中共无锡市委

近年来，我们站在巩固党的执政地位和群众基础的战略高度，主动适应经济社会的发展，统筹城乡基层党的建设，系统推进全市新经济组织和新社会组织党建工作，为经济社会又好又快发展提供了坚强的组织保证。

一、以党建规划为总揽，切实加强地方党委对“两新”组织党建工作的领导

大力建设“强基工程”，全面加强“两新”组织党建工作。我市于 2004 年底制定出台了《关于全面推进“强基工程”加强和改进基层党组织建设的意见》，作为引领全市基层党建工作的总体规划和战略部署。《意见》把“两新”组织党建工作作为新时期基层党的建设的重中之重，从指导思想到目标任务，从组织设置到阵地建设，从班子建设到队伍建设，从加强领导到制度保障，都提出了明确要求和具体措施，为切实抓好“两新”组织党建工作提供了强有力的政策保障。

着力争创全省党的建设模范区，系统推进“两新”组织党建工作。我们确立了争创全省党的建设模范区的奋斗目标，颁发了《争创全省党的建设模范区行动纲要》，从党要管党的要求出发，把加强“两新”组织党建工作，作为一项基础工程，纳入党的建设新的伟大工程，统一规划部署，并将“两新”组织党建工作的目标要求作为考核地方党委工作的重要内容，使以往的“软任务”变成“硬指标”。

围绕党的中心工作，不断创新“两新”组织党建工作。我们坚持把推进党和政府的中心工作与加强“两新”组织党建工作有机结合起来，

服务大局中强化“两新”组织中党组织的功能，彰显“两新”组织中党组织和广大党员的先进性。譬如，在大力推进“强基工程”中，全市广泛开展了创建“学习型、创新型、服务型”党组织活动，为提高“两新”组织党建工作水平提供了一个有力抓手。

二、以创新管理体系为关键，构建上下贯通、高效运作的“两新”组织党建工作网络

构建全市“两新”组织中党组织管理体系。市委成立了新经济社会组织工作委员会，9个市（县）区和所有乡镇（街道）也相继成立了“两新”组织党工委，从而在全市形成了三级领导管理体系，进一步明确了“两新”组织党建工作管理和责任主体，有效解决了党务干部力量与党建工作任务难以匹配的问题。

拓展“两新”组织党建工作组织管理网络。部门按照“以块为主、条块结合”的管理要求，以乡镇（街道）工业集中区党工委为主体，建立了“集中区党工委、行政管理服务中心党总支、企业党支部或党小组”三级组织体系；以行业协会和产业链为主体，建立了桃农协会党组织、律师协会党组织、新区外企党建沙龙、“华东药谷”党建沙龙等；以大型商贸楼宇、专业市场和建设工程项目为主体，建立了楼宇党组织、市场党组织、工地党组织等。

实现规模以上非公企业党组织全覆盖。通过加强对非公业主宣传教育、增强非公企业党建骨干力量、选派党建工作指导员等途径，加大规模以上非公企业党组织组建力度。截至2007年底，全市规模以上非公企业党组织单独组建率达到95%以上，整体组建率达到99%以上，部分市（县）区达到了100%。

三、以整合资源为手段，不断提高“两新”组织党建工作的效能

大力整合组织资源。坚持以乡镇（街道）党（工）委、村（社区）党组织为主体，充分发挥块面党组织直接面向和广泛联系“两新”组织的优势，实现基层党组织“领导核心”与“政治核心”的互联、互补和互动；坚持以工商管理部门为主体，抓好非公企业党建工作“登记申报、年检年报”工作，建立“两新”组织党建工作信息资源的共享平台；坚持以各新闻媒体为主体，大力选树和宣传“两新”组织党建工作的先进典型和新经验，积极营造“两新”组织党组织组建工作舆论氛围。

充分挖掘活动资源。各市（县）区积极动员规模以上骨干型企业参加“苏南苏北双百强民营企业党组织结对挂钩活动”，以党建工作为纽带，促进两地企业的经济合作与共同发展；部分市（县）区开展了以“经济强、党建强”为主题的“双强”企业争创活动，取得了经济建设与党建工作的双赢成效。

积极培植典型资源。广泛开展创建“两新”组织党建工作示范点活动，培养一大批“两新”组织党建工作先进群体。红豆集团、远东集团等已成为规模以上非公企业党建工作的先进典型，其中红豆集团党建工作的先进经验已产生了较大影响。

四、以提供保障为重点，加快建立“两新”组织党建工作资源支撑体系

建立公共服务体系。按照资源共享、平台共建的基本思路，全面推进各开发区和工业集中区、各镇（街道）和村（社区）党员服务中心建设，初步形成了上下贯通、覆盖城乡的党员公共服务体系，以完善的服务设施、丰富的服务内容、优质的服务方式，为“两新”组织党组织和党员提供个性化服务的公共平台。同时，部分专业市场和规模以上非公企业，有计划有重点地推进党员服务中心和党员活动室建设，精心打造党员教育、管理、服务的主阵地，为凝聚群众、武装党员、服务企业打下了坚实的基础。

建立经费保障机制。在建立市和市（县）区两级基层党建工作专项资金的基础上，每年制定“两新”组织党建工作专项投入计划和实施方案，对“两新”组织党员教育、党组织活动、新建

党组织工作经费、党务工作者培训和奖励等，给予更多的投入和支持。根据省委组织部的要求，积极推行“两新”组织党组织工作经费列入企业年度财务计划，并在县(市)区委单位进行试点，不断扩大这项工作的覆盖面。

建立人才培养机制。积极采取有效措施，建立完善“两新”组织党务工作者培养、选拔和激励机制。大力推行市、市(县)区、乡镇(街道)三级联动、分级培训的方式，进一步加强对“两新”组织中党组织书记、党建工作指导员和业主的教育培训；积极推广红豆集团党委领导班子成员公推直选的试点成果，进一步创新“两新”组织中党组织领导班子成员选拔任用方式；拓宽“两新”组织党务工作者社会化招聘渠道，完善“两新”组织党务工作者激励约束机制。

五、以改革创新为动力，积极探索“两新”组织党组织作用发挥的新途径

引导党组织围绕企业发展发挥政治优势。坚持把企业党建工作融入企业生产经营管理工作，通过党组织参与企业重大问题决策，开展党员主题实践活动，充分发挥党组织的政治优势和党员的先锋模范作用，促进企业加强科学管理，提高经济效益。

引导党组织围绕企业文化建设发挥政治优势。坚持把企业文化建设与党建工作紧密结合起来，积极创新制度文化，培育企业精神，提高员工素质，凝聚团队合力，努力营造企业与员工共同的价值观，构建具有自身特色的企业文化理念。

引导党组织围绕企业社会责任发挥政治优势。坚持以构建和谐企业为目标，坚持把党的政治要求、企业的发展需求和党员的个人追求结合起来，把贯彻党的方针政策、增强企业社会责任感作为重要的政治任务，推动企业建立劳资平等、社会诚信、互利共赢的和谐关系，在创造财政税收、提供就业机会、保护生态环境、参与公益事业等方面作出贡献。

摩尔多瓦共产党人党为什么能够连续两次执政

中联部六局、中组部党建研究所

摩尔多瓦原是前苏联的一个加盟共和国，1991年苏东剧变时宣布独立，实行多党议会制，摩尔多瓦共产党也被迫停止活动。1993年，摩共党人重新组建了摩尔多瓦共产党人党(简称摩共)，并在2001年获得执政地位，2005年再度获胜。摩共是目前中东欧和独联体20多个国家中唯一执掌国家政权的共产党。在苏东各国纷纷放弃社会主义、世界社会主义运动处于低潮的情况下，在实行多党议会制的国家里，摩共之所以能得到人民支持连续两次执政，关键在于摩共既坚持社会主义方向，不随波逐流，又大胆改革创新，不墨守成规，走出了一条符合国情和人民需要的道路。

一、深刻反思苏共垮台的教训，创建新型共产党

苏东剧变后，摩共对苏共垮台和苏联解体的教训进行了深刻反思。摩共认为，不能正确认识并始终坚持马克思列宁主义是苏共脱离群众、失去人民支持的思想根源；保守僵化、缺乏创新是苏共丧失活力的重要原因；而戈尔巴乔夫推行的错误改革则最终导致了苏共垮台和苏联解体。摩共在全面肯定马列主义、正确评价“十月革命”，严厉批判“戈尔巴乔夫式改革”的

基础上，提出了比较符合本国实际的社会主义理论和建党学说。摩共强调，应把自己建设成为善于根据现实变化不断创新的马列主义政党，并将"党的理论基础是创造性的马列学说"明确写入党章。摩共提出了"两个政治阶段论"和"革新形态的社会主义目标"的理论主张，认为"社会主义和资本主义的斗争并未历史性地结束，而是进入了一个新的阶段"，摩社会在经历"泛民主主义阶段"和"复兴社会主义阶段"之后，方可进入建立"形式上更新的、符合当代生产力条件、生态安全和社会任务要求的社会主义"时期。根据这个基本判断，摩共提出要努力创建"全新意义的、现代型政党"的任务。经过十多年的艰苦努力，摩共已成为摩国内党员人数最多、规模最大、组织最严密的政党，先进性和战斗力不断增强。

二、适应议会斗争新形势，塑造良好政治形象

摩共深刻意识到，在世界社会主义运动处于低潮，在多党议会制的国家里，试图通过暴力夺取政权是不符合实际情况和人民愿望的。摩共主张遵守议会制规则，通过民主选举获得政权。为了获得胜利，摩共努力研究议会斗争的特点和规律，积极采取符合现代政党政治特点的方法和手段。摩共主要采取以下斗争方式：一是坚持民主与协商原则开展议会斗争，以实际行动表明自己不是一个集权政党；二是支持一切有利于国家建设和人民生活改善的议案，使民众认识到摩共是一个主张改革、支持发展的政党；三是本着对选民负责的精神，对一切违背人民利益的政治主张给予应有回击。此外，摩共还积极参与各级地方权力机构选举，积累管理国家的具体经验。摩共的这些政策主张和行动有力消除了反对派对共产党的诬蔑，塑造了一个坚持民主、勇于革新、以人民利益为重的良好形象。

三、坚持群众路线，努力获取选民支持

摩共在逆境中复生，深知民众支持的重要性。为了获得选举胜利，摩共明确提出"最大限度地争取每一个选民"的口号，要求党员参加全国巡回宣讲团，挨家挨户做工作，倾听民众意见。为了让高层领导更好地接近民众，摩共要求政治执行委员会的委员每个人负责一个选区，平时主要做选民工作，选举时负责竞选活动。由于了解群众意愿，摩共提出的竞选口号富有内容、针对性强，能紧紧抓住选民心理。此外，摩共还注重做好工人、农民和知识分子的工作，并将重点放在青年身上，不仅有力地稳定了占 60%的工农党员基础，而且扩大了在知识分子和青年中的影响。目前，摩共党内知识分子约占 40%，年轻党员的比例接近一半。

四、反对全面私有化，采取符合本国实际的经济措施

在摩共之前，掌权的是亲西方的"民主派"。"民主派"不顾本国国情，一味照搬西方模式，推行激进的私有化改革，导致国家经济处于崩溃边缘、社会严重分化、民众生活持续恶化。摩共指出，"民主派"违背人民意愿强行重新划分基本生产资料所有权的做法，"不仅使社会主义的经济基础不复存在，而且使几代人通过劳动建立起来的生产潜力被掠夺殆尽"。面对危机，摩共主张停止掠夺性的私有化进程，通过国家收购已被私有化的企业股份等方式，恢复作为经济基础的生产资料公有制。考虑到摩所处的特殊历史阶段，摩共主张实行多种经济成分共存，在消费品生产、销售和服务领域允许并鼓励私营。为适应国际经济发展的潮流，摩共还主张在最短时间内实现经济发展战略的转变，由原料出口型经济向高科技经济过渡，由粗放型经济向集约型经济过渡。在此基础上，摩共致力于建设一个多种经济成分并存、促进民族经济发展、应对经济全球化需要的开放式经济发展模式。

五、提高人民福祉，维护社会稳定

摩共始终强调，改革的目的是提高人民的福祉，"饥饿的人不可能是自由的人，贫穷的社会不可能是民主的社会"。摩共执政第一年就

解决了全国退休金和残疾人补贴的拖欠问题，第二年全部偿还了拖欠多年的国家公职人员工资，并对前苏联解体时被冻结的居民银行存款进行补偿，这在前苏联地区国家较为少见。为了维护社会秩序，摩政府全力打击社会上的黑势力，特别是对那些贩卖毒品、贩卖人口，严重威胁群众正常生活的犯罪团伙更是毫不手软。摩共的这些措施极大地赢得了苏东剧变后深受社会混乱之苦的摩民众的支持。

六、积极开展反腐败斗争，建设廉洁型政党

与以前的执政党相比，摩共在反腐倡廉面做得比较好。摩共执政前的10年，摩尔多腐败盛行，大小官员以种种办法捞钱。摩共政后坚定不移地开展反对腐败的斗争。摩共席沃罗宁当选总统后本来可以搬到政府提供豪华别墅中，但他仍坚持住在当选前居住的寓楼内，只在楼前设立了警卫。这一做法得了群众的称赞。摩共规定，到基层视察工作干部不准参加地方宴请，要自己花钱到餐馆饭。因此，反对党虽然经常攻击摩共的内外策，但在廉政问题上却很少攻击摩共，因为没多少把柄可抓。

俄罗斯联邦共产党的组织建设状况

中国社科院马克思主义研究院课题组

俄罗斯联邦共产党的前身是苏联解体前成立的俄罗斯苏维埃联邦社会主义共和国共产党。8·19事件后，俄罗斯共产党和其他共产党组织的活动一度被禁止，然而经过广大共产党人一年的努力，俄共于1992年恢复合法活动。在当代俄罗斯政党格局中，俄共是最大的左翼政党和最大的反对党。在叶利钦时期，俄共一度以杜马第一大党的身份与当局进行了针锋相对的斗争，对叶利钦政府起到了一定的牵制作用。后来，俄罗斯政治格局发生了一系列不利于俄共的变动，俄共在内外压力下，思想分歧加剧、组织分裂、杜马选举失利、党员人数锐减。经过2005年第十一次(非常)代表大会和2007年第十二次(非常)代表大会，俄共对自己的政治斗争策略进行了重大调整，并开始重建社会基础，为新一轮的地区选举和国家杜马选举做准备。

一、俄共对苏共垮台的反思

苏联解体后，俄共经过痛苦的反思，认为苏联的解体不是马克思列宁主义和社会主义本的失败，而是几十年来“执政党内部危机引的”。俄共在自己的纲领中指出，由于对小资阶级的影响估计不足，由于对政权和意识形的垄断，由于党的一些领导人犯了“共产主义妄症”，苏联共产党变成了“骄傲自大的党”。层领导人与千百万共产党员和劳动者之间的离越来越远。苏联共产党内形成了两派。它之间不断斗争，在斗争过程中形成了实际奉的政治路线。

在党的思想状况方面，俄共认为苏共许多干部和党员丧失了共产主义理想和社会主义信念，很大一部分人入党不是为了共产主义理想和社会主义事业，而是为了捞取个人好处。

在党的组织原则方面，俄共认为苏共没有解决好民主集中制的问题。一方面，党的领袖和上层越来越脱离普通党员和群众，不能及时掌握群众的情绪。另一方面，苏共没有努力把工人阶级中的优秀分子培养成理想信念坚定、政

于和善于斗争的“阶级斗士”，而只要求他们服从上级领导的意志，上层出了问题，党员不知所从。

在干部队伍方面，俄共认为，苏共没有解决好领导层新老干部更替问题，党内健康力量无法有效监督党内上层，无法防止越来越多的投机钻营分子甚至背叛社会主义事业的人混入党内，窃取党和国家的最高领导职位。久加诺夫等多位俄共人士都特别强调，由于西方敌对势力长期在苏共内部进行收买活动，由于党的领导层中一些人逐步发生蜕变，苏共内部出现了“第五纵队”。

在党员队伍方面，俄共认为苏共单纯追求党员数量的增长，党员队伍质量下降，不能发挥先锋作用，使党失去了保卫自己、推进事业的组织力量。

二、俄共的组织建设状况

俄共在反思苏共垮台教训的基础上，根据新的经济、政治和社会环境，重新调整自己的组织路线。

俄共的组织原则。俄共纲领规定，俄共在组织上巩固党，首先巩固党的基础——基层组织，根据地域、职业特征在劳动集体中建立基层组织；俄共实行民主集中制，在思想和道义一致、同志情谊以及平等的基础上保证党的纪律；党内生活民主化，在实行领导干部定期更换制的基础上杜绝领袖至上现象；在党内杜绝败坏党的声誉的政治腐败分子和投机钻营分子；促进党员成分年轻化，广泛吸收年轻一代加入党的队伍；对共产党员进行系统的政治教育，把先进的社会主义思想灌输到劳动群众中去。

俄共的党员队伍情况。俄共在1992年底重建之后，很多俄罗斯共产党人把它看作是苏共的合法继承人，纷纷转入俄共，到1993年底俄共的党员总数达到50万人。然而在2003年，随着政权党“统一俄罗斯”的逐渐壮大，俄共第一大党的地位被取代。俄共内部分裂，党员人数锐减。截至2006年6月，仅剩党员18.4万人。从党员构成上看，工人党员占11.4%，农民党员占11.3%，学生党员占4.2%，科学、文化和艺术界的党员占5.3%。从社会基础来看，俄共的重要依靠力量大都是城市中的底层群众，在工人、农民和知识分子中的影响力并不是很大。

俄共的组织结构。俄共的组织机构分中央、地区、地方和基层多个层级。俄共的中央机构包括代表大会、中央委员会、中央委员会主席团、中央书记处和中央监察委员会。代表大会是俄共的最高领导机构，由俄共中央委员会召开。代表大会有权就党的任何问题进行审议并通过决定。中央委员会是俄共的常设领导机构，其成员由代表大会通过匿名投票选举产生，任期4年。中央委员会从其成员中选举任期内的中央委员会主席、第一副主席、副主席及中央主席团和书记处成员。中央委员会下设中央咨询委员会，由资深党员组成；下设若干常设工作委员会，负责各领域工作。中央监察委员会是俄共的监察机构，其成员由代表大会匿名投票产生，任期4年。

俄共的分支机构由地区分部、地方分部、基层支部等多层体系组成。地区分部是俄共在共和国、边疆区、州、民族区、直辖市一级的分支机构，最高领导机构是代表会议，每两年至少召开一次。地方分部是俄共在市、区一级的分支机构。基层支部是党的基础，截至2006年6月，俄共拥有14700个基层支部。基层支部的最高领导机构是全体党员大会。基层支部其成员不得少于15人，其常设领导机构是领导小组，经支部全体党员大会选举产生。领导小组每月至少召开一次会议。基层支部根据党的倡议可以建立咨询委员会、党的俱乐部、理论研讨班等。

俄共的活动方式。俄共纲领规定，俄共的活动建立在自愿、平等、自主管理、合法性和公开性的基础上。在联邦法律内，党自由确定自己的内部结构、目标、活动的形式和方式。同时党纲指出，俄共在争取社会主义前途时，坚持通过和平的方式实现。俄共认为，为了提高党对社会进程的影响，必须保证俄共在所有对人民至关重要的社会活动领域和组织中有代表出席。比如，参加联邦和地区的各级权力代表机关的选举和地方自治机关的选举，改进劳动集体、工会、工人运动、妇女组织、青年组织中的政治工作，等等。

（执笔人：康晏如）

逆境中奋斗的美国共产党

——访美共中央主席山姆·韦伯

刘建飞

2007年10月1日，笔者来到位于纽约曼哈顿中心区的美国共产党全国总部，采访了美共全国主席山姆·韦伯先生。韦伯介绍了美共目前的状况以及他对中国发展道路及中美关系等问题的看法。

一、社会主义是人类的未来

美共成立于1919年，最兴盛时（1938年）曾有党员7.5万人。冷战期间，反共思潮在美国盛行，美共遭受打击，力量下降；越战期间有所恢复。冷战后，美共与多数发达国家的共产党一样，受到苏东剧变的冲击，从而处于逆境。现有党员3000多人。位于曼哈顿中心区的美共全国总部虽然拥有一栋八层的大楼，但目前只占用上面的两层，下面的都出租给了商家，这是美共经费的重要来源之一。总部的办公条件还不如美国很普通的研究机构。韦伯本人的办公室非常简朴，比普通员工的好不了多少。

不过，美共并未像许多发达国家的共产党那样，经不起共产主义运动低潮的考验，改旗易帜，或者退出政治舞台。美共顽强地生存下来，并不断探索发展道路。在2000年4月的中央全会上，美共完成了领导班子的新老交替工作，年富力强的山姆·韦伯接任党的主席。新的领导集体上任后，根据世纪之交的新情况，对党的一些理论、纲领和策略进行了新的调整。2001年第27次全国代表大会通过了新的党章。2005年第28次全国代表大会通过了题为《通向美国社会主义之路：团结起来争取和平、民主、就业和平等》的党纲。2006年12月，韦伯发表了《共产党的性质、作用和工作》小册子，系统阐述了美共的基本理论、纲领和发展战略，特别是中期选举民主党控制国会后的斗争策略。

韦伯认为："尽管遭受了20世纪90年代的失败，但社会主义正在全球各个角落重新吸引着人们的注意力，而资本主义在经历了短暂的所谓'历史性'的胜利后，在千百万人的眼中正失去合理性。""社会主义不单是一个好的理念，而且还是人类解决其所面临的各种问题的首要的、必然的选择。这些问题包括严重的不平等和贫穷、全球变暖、战争与核扩散、能源和资源枯竭、传染病，等等，它们威胁着人类的未来。"不过，韦伯强调："社会主义没有统一的道路和模式，她必须成长于特定国家的土壤、时间和环境。我们的国家也不例外。我们将走我们自己国家的特殊道路。"在社会主义运动中，一直存在着"美国例外论"，即美国没有搞社会主义的基础和条件。韦伯不这样看，他坚信社会主义是整个人类的未来，也是美国的未来，当然要走美国式的道路。

经过改革和不懈努力，美共开始出现新的气象，党员人数近年有所增加。

二、斗争策略：支持民主党上台

韦伯认为，社会主义在美国还未纳入日程。美共目前的主要任务是发展力量，投身于工人阶级的运动并在其中发挥领导作用。美共需要应对现实的问题，关注人民的福利。美国虽然是个高工资的社会，但是仍有许多人是低工资。此外还有失业问题。美共要为改善工人的工资待遇和就业而斗争。美国号称是最强大的民主国家，但资本主义的民主有很大的局限性，广大人民群众真正享受到的民主权利相当有限。所以，为人民群众争取更多的民主权利也是美共目前的重要任务之一。在国际事务中，美共高举和平的旗帜，为维护世界和平而努力。

在即将到来的美国总统和议会选举中，由于美共的力量有限，不能提名自己的候选人，所以美共的斗争策略是支持民主党上台，因为共和党更多地代表大资产阶级的利益，而民主党更多地代表中下层人民群众的利益，所以民主党掌权，有利于人民福利的改善。在国际上，美共认为，布什政府奉行单边主义政策，试图依靠独一无二的军事力量来实行对世界的统治，这是不符合全世界工人阶级利益的。

三、中国找到了一条社会主义新路

韦伯曾两次访问中国，最近一次是2006年。他对中国改革开放所取得的成就印象深刻。他并不像许多西方媒体和学者那样认为中国正在走向资本主义。他说："社会主义这个概念的内涵在变化，共产主义也在变化。我访问过中国，也访问过越南。它们仍然是社会主义，当然不同于20世纪。苏联模式已经过时，冷战时代已经过去。中国找到了一条搞社会主义的新的路子。"

在谈到其他一些社会主义国家时，他强调，古巴、朝鲜应该探索新的社会主义道路和新的制度，应该进行改革。社会主义国家不能使经济快速发展，不能使人民生活水平提高，社会主义制度的优越性就体现不出来，社会主义对人民就没有吸引力。这是上个世纪90年代国际社会主义运动遭受失败的根本原因。

韦伯强调，社会主义国家除了发展经济、提高人民生活水平外，还应当大力发展民主。这是对社会主义国家的一个挑战，甚至是长期的挑战。"如何调动人民的积极性，吸引他们从事社会主义事业？除了让人民生活水平提高外，还应当让他们享受民主权利。苏联在发展民主上是不成功的，这也是它失败的一个重要原因。当然，社会主义国家发展民主不是一夜之间的事情，而是应当根据自己的国情，循序渐进。我访华的一个印象是，人民对共产党是满意的。我想这与中国共产党重视发展民主有关"。

关于中国民主政治的模式，韦伯认为："中国有自己的历史、文化，所以应当有中国自己的特色。我不认为只有一种民主模式。"

四、美共支持发展中美关系

在《美共的性质、作用和工作》小册子中，韦伯将"中国正变成美国资本主义全球统治的主要对手"作为世界形势的最主要特征之一。但是，韦伯并不认为中国应当同美国进行意识形态对抗。在同笔者的谈话中，他强调，中美必须进行合作。一方面，中美是两个重要大国，中美需要合作来维护世界和平，而中美对抗肯定会危害世界和平。另一方面，美国需要中国，中国也需要美国，两国有共同的利益。中美保持良好的关系符合两国人民的利益。所以，美国共产党支持发展中美关系。在这一点上，美共不反对布什政府的政策。不过，他批评布什政府的对华政策中还存在着一些消极因素。

针对美国工会反对发展中美关系的立场，韦伯认为，"中国低价产品大量进入美国市场，从而夺走美国工人的工作岗位"，这只是问题的一个方面，或者是表面现象，工会应当从更大的视野来看问题。美国工人失去工作，不仅是因为中国产品的进入，还有其他因素。没有中国产品的进入，还会有其他国家如印度、墨西哥的产品进入。把责任都推到中国身上，是不对的。

（作者：中共中央党校国际战略研究所研究员）

以改革创新精神开创党的建设新局面研讨会综述

全国党建研究会秘书处

2008年，全国党的建设研究会在北京召开“深入学习贯彻党的十七大精神研讨会”。与会同志围绕以改革创新精神全面加强党的建设的课题，进行了深入研讨。现将会议的主要观点综述如下：

一、深刻理解以改革创新精神全面加强党的建设的重要性和紧迫性

与会者一致认为，十七大提出的以改革创新精神全面推进党的建设新的伟大工程这一重大战略任务，具有重大的理论意义和现实指导意义。

党的建设改革创新，是时代发展进步的迫切要求。我们党是马克思主义执政党，党的性质、宗旨和历史使命决定了党既要敢于和善于在自己所领导的伟大事业中坚持改革创新，又要敢于和善于在自身建设中坚持改革创新。我们党在长期执政中积累了治国理政和加强自身建设的宝贵经验，同时在深刻变化的社会环境中也面临许多前所未有的新课题新考验。只有以改革创新精神推进党的建设，党才能始终站在时代前列，党的建设才能更加富有实际成效。

党的建设改革创新，是贯彻落实科学发展观的内在要求。科学发展观是马克思主义中国化的最新理论成果。党的建设必须坚持以科学发展观为指导，紧紧围绕发展这个党执政兴国的第一要务，坚持以人为本、尊重党员主体地位，充分调动广大党员的积极性、主动性和创造性，落实全面协调可持续发展的基本要求，坚持用统筹兼顾的方法来推进，着力转变不适应科学发展观的思想观念，着力解决影响和制约科学发展的突出问题，推动科学发展、促进社会和谐。党的建设越是符合科学发展观的要求，我们党就越能保持蓬勃生机和旺盛活力，党的事业就会无往而不胜。

党的建设改革创新，是党高举中国特色社会主义伟大旗帜，始终走在时代前列、带领人民不断开创伟大事业新局面的必然要求。在新的发展阶段，党必须准确把握所处的时代条件、内外环境以及社会思潮发展变化对党的建设的影响，勇于创新。要用改革的思路研究党的建设的新情况新问题，用创新的办法破解党的建设中的难题，不断推进党的建设的理论创新、制度创新、工作创新和方法创新，推动党的各方面工作与时俱进。要最大限度地激发全党的创新活力，更好地凝聚全党的意志和力量，为实现党的路线、纲领和目标而团结奋斗。只有这样，党才能更好地科学执政、民主执政、依法执政，担当起执政兴国、执政为民的历史重任。

二、深刻理解十七大关于党的建设的总体部署

与会同志指出，党的建设的总体部署概括起来就是：明确一条主线，突出五个重点，实现一个目标，落实六项任务。“一条主线”，就是以党的执政能力建设和先进性建设为主线，坚持党要管党、从严治党，全面贯彻为民、务实、清廉的要求。“五个重点”，就是以坚定理想信念为重点加强思想建设，以造就高素质党员、干部队伍为重点加强组织建设，以保持党同人民群众的血肉联系为重点加强作风建设，以健全民主集中制为重点加强制度建设，以完善惩治和预防腐败体系为重点加强反腐倡廉建设。“一个目标”，就是把党建设成为立党为公、执政为民，

真务实、改革创新，艰苦奋斗、清正廉洁，富有力、团结和谐的马克思主义执政党。“六项任”，就是深入学习贯彻中国特色社会主义理论系，着力用马克思主义中国化最新成果武装党；继续加强党的执政能力建设，着力建设高质领导班子；积极推进党内民主建设，着力增党的团结统一；不断深化干部人事制度改革，力造就高素质干部队伍和人才队伍；全面巩和发展先进性教育活动成果，着力加强基层的建设；切实改进党的作风，着力加强反腐倡建设。

会议指出，党的建设的总体部署，坚持解放想与实事求是的统一、全面推进与突出重点统一、发扬优良传统与坚持开拓创新的统一。认真落实这个总体部署，以改革创新为动力，动党的各方面建设相互协调、相互促进、共同展，不断提高领导水平和执政水平，不断提高腐防变和抵御风险能力，使党始终成为中国色社会主义的坚强领导核心。

三、以改革创新精神推进党内民主建设需要重点突破、整体推进

与会同志认为，以改革创新精神推进党内主建设，要求我们认真领会十七大和全国组工作会议提出的推进党内民主建设的新思、新举措，找准切入点和突破口，通过以点带，实现整体推进。

在保障党员民主权利上有新的突破。尊重员主体地位，最根本的是要认真落实党章及员权利保障条例等党内规章赋予党员的知情、参与权、选举权、被选举权和监督权等各项主权利，使党员真正发挥主体作用。要加强党员的权利和义务教育，切实增强党员维护保障自身民主权利的自觉性和责任心，提高员主体的素质。要积极拓宽党员行使权利、挥主体作用的渠道和方法。通过营造保障党民主权利的良好环境，创新党员活动载体，打党员行使权利、发挥作用的平台，使党员的创活力得到充分发挥。要不断完善保障党员民主权利的制度和机制，通过建立健全党员参与党内事务机制、党内监督机制、党员激励约束机制、侵害党员民主权利的责任追究制度等，切实保障党员的民主权利，激发党员参与党内事务的积极性、主动性和创造性。

在完善党的代表大会制度和党的地方委员会工作机制上有新的突破。落实十七大的要求，进一步完善党的代表大会制度和委员会制度，需要在四个方面有所作为。制定和完善实行党代表任期制的具体意见；继续选择一些县（市、区）试行党代表大会常任制；科学界定和规范全委会、常委会的职责权限；健全党委集体领导和个人分工负责相结合的制度。

在改革党内选举制度上有新的突破。要在三个方面进行探索，力求取得突破。一是改进候选人提名制度，进一步完善上下结合的提名方式，采取组织推荐、党员推荐、群众推荐和个人自荐相结合的办法，真正把大多数群众的意愿作为推荐候选人的基础。二是逐步扩大基层党组织领导班子直接选举范围，精心组织好在基层党组织进行的“公推直选”试点。三是规范选举程序和方式，完善候选人介绍办法，适当扩大差额的比例和范围。

在提高选人用人公信度上有新的突破。要认真贯彻十七大提出的“民主、公开、竞争、择优”的方针，落实广大干部群众对干部工作的知情权、参与权、选择权、监督权，增强干部工作的透明度，让选人用人在阳光下运行，不让老实人吃亏，不让投机钻营者得利。要不断提高扩大干部工作民主的质量，通过规范提名制度、完善考核制度、加强监督制度等措施，在体现群众公认上下功夫，防止“公认”不“公”的问题，以提高人民群众对干部选拔任用工作的满意度。

在探索扩大党内基层民主的多种实现形式上有新的突破。大家认为，近年来在发展党内民主上探索最深入、实践最广泛、经验最丰富的是在基层。进一步探索扩大党内基层民主的多种实现形式，当务之急是要对这些丰富的实践进行总结、提升和规范。对已经成熟的做法，要

形成可操作的意见和办法；对不太成熟的做法，要加强指导，进一步试点，取得经验，逐步推开；对存在明显问题的做法，要适时加以规范，引导其健康发展。

论党的建设新的总体布局

商志晓　谭　建

党的十七大在强调以改革创新精神全面推进党的建设新的伟大工程的同时，提出并阐发了由先进性建设、执政能力建设与思想建设、组织建设、作风建设、制度建设、反腐倡廉建设等各方面建设构成的“一条主线”、“五个重点”、“一个目标”的党的建设新的总体布局。这是党的建设理论的重大创新，是党的建设深化发展的科学指南，需要我们准确把握、认真思考、深入研究。

一、党的建设新的总体布局的提出，是总结党的建设实践经验和理论认识的必然结果

党的建设新的总体布局，是逐步形成和客观存在着的，是党的建设一系列创新成果的凝结，是总结党的建设实践经验和理论认识的必然结果。

我们党自改革开放以来特别是十六大以来，不断加强和改进党的建设，取得了一系列实践创新和理论创新的丰硕成果。实践方面的创新成果，如：紧紧围绕不断提高驾驭社会主义市场经济、发展社会主义民主政治、建设社会主义先进文化、构建社会主义和谐社会、应对国际局势和处理国际事务等方面的能力，大力加强党的执政能力建设；从提高党员素质、加强基层组织、服务人民群众、促进各项工作的目标要求出发，在全党广泛深入地开展保持共产党员先进性教育活动；以 2004 年 9 月颁布的《中国共产党党员权利保障条例》为标志，党内民主在各级党代表选举差额比例提高、党内选举制度改革和完善、党务公开不断推进、党的代表大会制度和党的决策体制日趋完善等方面全面推进，发展党内民主的步伐逐步加快；党风廉政建设和反腐败工作在继承中发展，在改革中创新，工作力度进一步加大，工作成效十分显著，在查办大案要案、深挖腐败分子、强化对领导干部的监督、纠正损害群众利益的不正之风等方面取得重要进展。

理论方面的创新成果，如：提出科学发展观等一系列重大战略思想，使之成为推进中国特色社会主义伟大事业和党的建设伟大工程的科学指南；提出加强党的先进性建设的重大命题，强调先进性建设是改革开放条件下党的建设的根本任务和永恒课题，抓住了先进性建设就抓住了党的建设的根本；提出加强党的执政能力建设的时代课题，突出科学执政、民主执政、依法执政的重要性和紧迫性，要求以执政能力建设为重点，全面加强新形势下党的建设；提出要牢记“两个务必”、倡导八个方面的良好风气，要求建立健全与社会主义市场经济体制相适应的教育、制度、监督并重的惩治和预防腐败体系；提出要加强以党章为核心的党内法规制度体系建设，要求以制度建设构建起保持共产党员先进性的长效机制；提出党内民主是党的生命，是增强党的创新活力、巩固党的团结统一重要保证的重要论断，强调以扩大党内民主带动人民民主、以党内和谐促进社会和谐；提出以改革创新精神全面推进党的建设的总的原则，突出为

务实、清廉的新要求，确保我们党始终保持先进性、经得住各种风浪的考验。

党的建设的这一系列创新成果，为党的建设新的总体布局的形成做了准备，打下了基础。其中，先进性建设、执政能力建设是我们党在党的建设方面最重要的理论创新成果和实践创新成果。它们的提出和推进，极大地丰富了党的建设的理论，深化了党的建设的实践，拓宽了党的建设的视野，提升了党的建设的境界。这两项建设一经提出，就被纳入党的建设体系之中，被赋予"主线"、"核心"、"关键"、"根本"、"重点"（在不同场合和语言背景下的各种表述）地位，使党的建设在原有的思想建设、组织建设、作风建设、制度建设的基础上，增加了新要素，充实了新内容。加上我们党在推进反腐倡廉建设过程中，逐渐提升反腐倡廉建设的地位，使之与思想建设、组织建设、作风建设、制度建设并列起来，这就在很大程度上改变了党的建设原有的结构，使党的建设呈现出新特点、展现出新面貌，使党的各方面建设相互联结、互为作用的关系有了新的内涵、新的定位。

正是在这一背景下，党的十七大报告将已经形成并现实存在着的党的建设新的总体布局明确阐发出来，即把党的执政能力建设和先进性建设作为主线，坚持党要管党、从严治党，贯彻为民、务实、清廉的要求，以坚定理想信念为重点加强思想建设，以造就高素质党员、干部队伍为重点加强组织建设，以保持党同人民群众的血肉联系为重点加强作风建设，以健全民主集中制为重点加强制度建设，以完善惩治和预防腐败体系为重点加强反腐倡廉建设，使党始终成为立党为公、执政为民，求真务实、改革创新，艰苦奋斗、清正廉洁，富有活力、团结和谐的马克思主义执政党。

二、科学把握党的建设新的总体布局，必须突出"主线"、抓住"重点"、明确"目标"

党的建设新的总体布局，昭示出党的各方面建设的内在联系，展示出党的各方面建设的地位和作用，明确了当前以至今后一个时期党的建设要把握的主线、要突出的重点、要奋斗的目标，从静态和动态两个维度揭示出党的建设新的伟大工程的完整结构。

这样一个总体布局，由包括先进性建设、执政能力建设、思想建设、组织建设、作风建设、制度建设、反腐倡廉建设等在内的党的各方面建设，构成一个崭新体系，形成一个完整结构。其中，先进性建设、执政能力建设是主线，贯穿并联通其他各项建设，是搞好党的建设的关键和根本；思想建设、组织建设、作风建设、制度建设、反腐倡廉建设是基础，是党保持先进性、提高执政能力、把党建设好的保障，它们既相互依存又各有重点；把党建设成为"立党为公、执政为民，求真务实、改革创新，艰苦奋斗、清正廉洁，富有活力、团结和谐"的马克思主义执政党，是党的建设的总目标，是党的各方面建设的努力方向，它动态地联结着先进性建设、执政能力建设、思想建设、组织建设、作风建设、制度建设、反腐倡廉建设，使党的各方面建设在共同追求、统一目标下相互作用、紧密联结。

科学把握党的建设新的总体布局，必须在突出"主线"、抓住"重点"、明确"目标"三个方面深化理解。

一是突出先进性建设、执政能力建设在党的建设中的主线地位。先进性建设、执政能力建设在党的建设中的主线地位不是主观赋予的，是先进性建设、执政能力建设自身的价值、作用、意义、影响所决定的。当前，我们党要着力解决的根本问题是执好政、长期执政问题，党的各方面建设都必须围绕致力于提高党的执政能力来进行，以此巩固党的执政地位、完成党的执政使命。而执好政、长期执政的关键，在于保持好、发挥好党的先进性，在于党以其先进性而始终站在时代发展的前列，这就要求党的各方面建设都必须体现先进性的要求。以先进性建设、执政能力建设为主线来加强党的建设，就是把先进性建设、执政能力建设置于党的建设的中心地位，以是否促进和有助于党保持先进性、提高执政能力来衡量优劣得失；就是把先进性建设、执政能力建设作为党的建设的根本任务，使党的各项工作紧紧围绕保持先进性、提高执政能力这个主题去努力和奋斗。

同为"主线"，先进性建设与执政能力建设既有共同的追求和价值取向，又各有特点、各有侧重，但从根本上说，二者是有机结合、辩证统一的。这表现在：其一，保持党的先进性，内在地蕴含着对党提高执政能力的明确要求；党的执政能力的提高，会极大地促进党的先进性的保持、实现和发展。其二，先进性建设是执政能力建设的深厚基础，是党提高执政能力的根本取向；执政能力建设是党在执政条件下先进性建设的重要内容，是党的先进性的现实体现。其三，党的先进性要依赖执政能力建设，才能使自身获得强有力的支持并赢得更加充分的发展；党的执政能力又依靠先进性建设的引领，使自身的功能和价值得到有效发挥和充足实现。只有在同为"主线"的基础上厘清并把握二者有机结合、辩证统一的关系，我们才能够在保持党的先进性的实践过程中，始终把党的执政能力建设放在重要地位上并使之不断得到加强；才能够把提高党的执政能力作为保持党的先进性的重要内容，寓于党的先进性保持之中；也才能够真正突出先进性建设与执政能力建设的主线地位，使之贯通于党的建设的各个方面和各个环节，进而创造出并切实实现以先进性建设和执政能力建设统领和带动党的各方面建设协调发展的局面。

二是抓住思想建设、组织建设、作风建设、制度建设、反腐倡廉建设的重点。在党的建设新的总体布局中，相对于先进性建设、执政能力建设的主线地位，思想建设、组织建设、作风建设、制度建设、反腐倡廉建设处于基础、保障地位。所谓基础，强调它们是党的最基本建设，是不可或缺的基础性建设；所谓保障，强调它们对党的建设起保护、保证作用，是必不可少的建设项目和建设内容。无论是作为主线的先进性建设、执政能力建设，还是作为基础或保障的思想建设、组织建设、作风建设、制度建设、反腐倡廉建设，都是围绕着党的建设全局来展开，都是服务于党的建设整体来推进的，并且它们相互之间又是不可分割的，是凝结为一体而共同发挥作用的。事实上也是如此。先进性建设、执政能力建设不可能孤立地进行，需要贯穿于思想建设、组织建设、作风建设、制度建设和反腐倡廉建设之中，才能落到实处，取得实质性效果；而思想建设、组织建设、作风建设、制度建设和反腐倡廉建设，必须以保持先进性和提高执政能力为主题、按照先进性建设和执政能力建设的要求去推进，才能确保自身建设成效并发挥应有作用。正如胡锦涛总书记在建党85周年讲话中所指出的："加强党的执政能力建设和先进性建设是紧密相关、相辅相成的，要贯穿于党的思想建设、组织建设、作风建设和制度建设之中，统一于党的建设新的伟大工程。"

为了把思想建设、组织建设、作风建设、制度建设、反腐倡廉建设这个基础打牢，发挥其保障作用，党的十七大明确揭示了各项基础性建设应当抓住的重点，即思想建设要以坚定理想信念为重点，组织建设要以造就高素质党员、干部队伍为重点，作风建设要以保持党同人民群众的血肉联系为重点，制度建设要以健全民主集中制为重点，反腐倡廉建设要以完善惩治和预防腐败体系为重点。重点指明了，各项建设的任务就更有针对性了，努力方向就更加清晰了。为此，在深化理解党的建设新的总体布局时，在把握思想建设、组织建设、作风建设、制度建设、反腐倡廉建设在党的建设中的基础、保障地位时，我们必须紧紧抓住各自的重点。抓住了这些重点，就抓住了各项基础性建设的要害和根本，就抓住了各项基础性建设在新的总体布局中各自承担的责任以及应当扮演的角色，就能有效促进党的建设新的总体布局的贯彻落实。

三是明确"立党为公、执政为民，求真务实、改革创新，艰苦奋斗、清正廉洁，富有活力、团结

和谐”的马克思主义执政党建设总目标。由各方面建设构成的党的建设全貌，尽管有“主线”、“基础”之分，并由此形成包含各种关系的一种网络结构，但如果仅限于此，它仍然只是一种平面化、静态化的结构状态。当把党的各方面建设的重点和努力方向揭示出来，特别是赋予党的建设一个总的目标、昭示出各方面建设的统一指向和共同追求时，党的建设就由平面化转向立体化、由静态化转向动态化，党的建设新的总体布局就活了起来，就有了生机。这是我们把党的建设总目标纳入党的建设新的总体布局之中、使之成为其中一个重要方面的原因所在。

党的十七大把马克思主义执政党建设总目标分解为四个方面，这四个方面是紧密结合、有机统一的。其中，立党为公、执政为民，是党的根本宗旨方面的要求；求真务实、改革创新，是党的思想路线方面的要求；艰苦奋斗、清正廉洁，是党的优良作风方面的要求；富有活力、团结和谐，是党的政治局面方面的要求。这四个方面的目标要求与党的各方面建设（七项建设）虽然不具有对应关系，却也体现出某一方面建设侧重某一方面要求、某一方面要求需要某一方面建设支撑的联接。如执政能力建设联接立党为公、执政为民的目标要求，作风建设联接求真务实、改革创新的目标要求，反腐倡廉建设联接艰苦奋斗、清正廉洁的目标要求等。这从一个角度说明，党的建设的总目标与或作为“主线”或作为“基础”的各方面建设，不是互相隔离，而是密切结合的。我们只有结合党的建设总目标去认识党的建设全貌、去把握党的建设整体结构，才会进一步深化理解，才能够更全面、更系统地把握党的建设新的总体布局。

三、党的建设新的总体布局，为进一步推进党的建设提供了创新思维和科学指导

党的建设新的总体布局，展现出党的各方面建设紧密联系、有机统一的整体面貌，规划出党的各方面建设相互作用、协同推进的发展前景，对全面推进党的建设新的伟大工程，具有重要指导意义。

体现着理论创新精神的党的建设新的总体布局，为进一步推进党的建设在理论上提供了创新思维。

党的建设新的总体布局，既是我们党研究新情况、解决新问题的创新产物，又是党把握党的建设规律、提炼新认识的理论结晶，同时它还是以改革创新精神思考和总结党的建设实践、提炼和总结党的建设新经验的具体成果。新的总体布局的概括，既凝结了我们党执政得失的历史经验，又借鉴了当代世界其他政党兴衰成败的规律，同时充满了改革创新的时代精神，具有鲜明的时代性、针对性，它标志着我们党对共产党执政规律的认识和把握进入了一个新的境界。

在新的总体布局的意义上把握党的建设，会使我们的思维立于一个更高的层次上。在党的建设主要包括思想建设、组织建设、作风建设、制度建设的时候，因党的建设被划分为不同领域、被切割为不同板块，我们对党的建设的认识是有局限的，对党的建设的思维会带有平面化、直线化特征，因为思想、组织、作风、制度建设本身就处在一种平面化、直线化结构之中。由于这样一种认识局限和思维特征，我们会不自觉地把党的建设视为党内建设、视为党的内部的建设，而且很容易把思想、组织、作风、制度建设看做是各自完全独立的。以这样一种认识和思维去推动党的建设，显然是有缺陷的。党的建设新的总体布局，在充分重视思想建设、组织建设、作风建设、制度建设的同时，突出和强调先进性建设、执政能力建设，又加入反腐倡廉建设，揭示了党的各方面建设的辩证统一关系，这使我们的认识达到了新的高度，使我们的思维跃上了新的层次。以这样全新的认识和思维去推动党的建设，必将使党的建设收到事半功倍的成效。

在实践推进中形成的党的建设新的总体布局，为进一步推进党的建设在实践方面提供了

科学指导。

党的建设新的总体布局，明确各方面建设的地位、作用、工作重点及其总目标，使之在有机联系中稳步推进。这表明：党的建设新的伟大工程的推进，既要靠先进性建设，又要靠执政能力建设，还要靠思想建设、组织建设、作风建设、制度建设和反腐倡廉建设。党的建设的这些内容，不是截然分开的，而是浑然一体的；不是各不相干的，而是相互渗透的。在实践中，我们不可人为地将它们割裂开来，更不能分而治之、各自独立操作。先进性建设和执政能力建设，要依赖并具体落实到思想建设、组织建设、作风建设、制度建设和反腐倡廉建设之中；思想建设、组织建设、作风建设、制度建设和反腐倡廉建设，又必须围绕先进性建设和执政能力建设来进行，结合时代要求和工作重点来推进。

按照党的建设新的总体布局去抓党的建设，我们的思路会更加明晰，任务会更加具体，目标会更加明确，工作也就更能落到实处，党的建设实践会进入一个更宽广的境地中。辩证法告诉我们：实践每前进一步，认识就会深化一步；而深化了的认识，又能够极大地推动实践前进。当我们以新的总体布局的视野和高度来思考党的建设、认识党的建设、把握党的建设、推进党的建设时，党的建设实践就进入了宽领域深层次，就会全面展开、协调运作。这时候党的建设实践，就不单单是思想建设、组织建设、作风建设、制度建设和反腐倡廉建设，而包括更为重要、更具综合价值的先进性建设和执政能力建设；就不单单是党的各方面建设的平面化、直线化的实践推进，而是内容更丰富、关系更紧密、结构更完备的立体化、交叉化的综合式实践推进。这样的党的建设实践，就不再是党内建设实践、不再是党的内部的建设实践，而是联结着党的执政、党的事业的实践，是联结着中国特色社会主义事业、联结着中国特色社会主义经济建设、政治建设、文化建设、社会建设的实践。这样的实践，必然是宽阔深广的，必然是影响巨大的，也必然是卓有成效的。

党的建设新的总体布局，是现阶段对党的建设新的伟大工程的系统规划和全面部署，它以对党的建设的根本思路、基本任务、重点工作和重大举措的进一步明确，制定出党的建设面向未来的总的蓝图。坚持这一总体布局，在实践中大力推进和实施这一总体布局，党的建设新的伟大工程必然跃上新台阶，取得新成就。

（作者：中共山东省委党校副校长；中共山东省委党校副教授）

第十一部分

组织工作与人才工作

在解放思想改革创新中不断开创组织工作新局面

李源潮

我国改革开放已经走过30年不平凡的历程。30年来，我们紧紧围绕改革开放和现代化建设伟大实践，积极推进党的建设和组织工作，取得了重大成就，积累了宝贵经验。经中央领导批准，中央组织部、全国党的建设研究会召开纪念改革开放30周年党的建设和组织工作理论研讨会。会议的主要任务是：全面贯彻党的十七大精神，高举中国特色社会主义伟大旗帜，以邓小平理论和“三个代表”重要思想为指导，深入贯彻落实科学发展观，认真总结改革开放30年来党的建设和组织工作的成就和经验，深刻把握新的历史条件下党的建设和组织工作的特点和规律，以改革创新精神全面推进党的建设新的伟大工程，为把中国特色社会主义伟大事业继续推向前进提供坚强政治保证和组织保证。

前不久召开的党的十七届三中全会，从新的历史起点出发，对新一轮农村改革发展作出了重大部署，也对党的建设和组织工作提出了新的要求。胡锦涛同志在全会上发表重要讲话，强调要继续按照党的十七大对党的建设作出的总体部署，坚持把党的执政能力建设和先进性建设作为主线，继续全面推进党的建设各项工作。这对我们回顾总结30年来党的建设和组织工作的历程与经验，进一步做好今后党的建设和组织工作，具有重要指导意义。今年9月，习近平同志在中央党校秋季学期开学典礼上发表重要讲话，全面回顾了30年党的建设的历史背景和伟大历程，系统总结了党的建设取得的成绩和进步，科学概括了党的建设的重要理论创新成果，深刻阐述了30年党的建设给我们的重要启示。这对我们联系本部门的实际，深入研究和总结改革开放30年来党的组织工作的理论与实践，提供了重要遵循。

组织工作是党的建设的重要组成部分，组织部是各级党委领导的重要工作部门。组织工作30年来的成就，是在改革开放的大背景下、党的建设的大格局中取得的，是党的建设光辉历程和重大成就的重要体现。联系改革开放以来党的建设的历史进程，回顾总结组织工作的发展进步，我感受最深的一点就是，坚持解放思想、实事求是，改革创新、与时俱进，是30年来组织工作最生动的实践、最鲜明的特点、最宝贵的经验。下面，我着重从这个角度谈点认识，和大家一起交流。

一、30年来组织工作的历史是一部解放思想、改革创新的发展史

党的十一届三中全会是我国社会主义事业发展的崭新起点，也是党的建设和组织工作的崭新起点。30年来，我们党经受住了前进道路上各种困难和风险的严峻考验，团结带领全国各族人民不断开创中国特色社会主义事业新局面。从高度集中的计划经济体制到充满活力的社会主义市场经济体制，从封闭半封闭到全方位开放，这场广泛而深刻的变革，使中国人民的面貌、社会主义中国的面貌、中国共产党的面貌发生了历史性变化。在这个伟大历史进程中，党的组织工作紧紧围绕在新的时代条件下“建设什么样的党、怎样建设党”这个党的建设的根本问题，大力加强领导班子、干部队伍和人才队伍建设，大力加强党的基层组织和党员

队伍建设，以思想的解放促进活力的迸发，以改革的突破推动事业的发展，在推进党的建设新的伟大工程、服务中国特色社会主义伟大事业中取得了突出成就，写下了波澜壮阔的历史篇章。

从党的十一届三中全会到党的十三届四中全会，以邓小平同志为核心的党的第二代中央领导集体，以马列主义、毛泽东思想为指导，坚持解放思想、实事求是，在开辟中国特色社会主义道路的伟大实践中创立了邓小平理论，开创了党的建设新的伟大工程。党的组织工作适应伟大历史转折的新要求，在拨乱反正、改革开放中开启了蓬勃发展的新时期。

党的十一届三中全会重新确立了马克思主义的思想路线、政治路线和组织路线，彻底否定了“以阶级斗争为纲”的错误理论和实践，作出了把党和国家工作重心转移到经济建设上来、实行改革开放的战略决策。党中央明确提出要适应社会主义现代化建设的新形势新任务，坚持党的领导、改善党的领导，紧密联系党的基本路线加强党的建设，把党建设成为领导社会主义现代化事业的坚强核心。围绕中央提出的目标，组织系统按照邓小平同志“各级党委和组织部门要坚决解放思想”的要求，以思想解放引领组织工作的拨乱反正和改革创新，用正确的组织路线保证正确的思想路线和政治路线的贯彻落实。一是冲破“两个凡是”的思想束缚，提出了按照“两个不管”原则(不管是什么时候、什么情况下搞的，不管是哪一级组织、什么人定的，只要是冤假错案，都要实事求是地改正过来)，实事求是地平反冤假错案，落实干部政策。到1982年底，共平反和纠正了300多万名干部的冤假错案，给47万多名党员恢复了党籍，给12万多名党员撤销原来给予的错误处分。二是针对干部队伍不适应现代化建设需要的突出问题，坚决贯彻邓小平同志提出的干部队伍“四化”方针，突破论资排辈、求全责备的用人观念，不拘一格选人用人，大力选拔培养各级领导班子接班人。废除实际存在的领导职务终身制，建立干部离休退休制度，推进新老干部的合作与交替，建设后备干部队伍。三是按照中央的方针，纠正轻视和歧视知识分子的错误倾向，全面落实党的知识分子政策。坚持政治上充分信任、工作上放手使用、生活上关心照顾，为大批知识分子解决工作与生活中的实际问题，彻底改变了知识分子长期受排挤、受压抑的状况。四是针对党内存在的思想、作风、组织严重不纯的问题，按照中央开展全面整党的部署，纯洁党员队伍，巩固党的组织，改进党的作风。五是适应改革开放和现代化建设需要，加强党员、干部教育，开展以学习马克思主义理论、党的方针政策和文化科学知识、业务知识为主的综合培训，全面提高党员、干部素质和本领。这一阶段的组织工作，与党重新确立实事求是的思想路线、实现伟大历史转折相适应，与党和国家各项事业革故鼎新、开拓前进的历史进程相一致，与党的建设全面恢复和加强的历史步伐相协调，走在了解放思想的前列。

从党的十三届四中全会到党的十六大，以江泽民同志为核心的党的第三代中央领导集体，高举邓小平理论伟大旗帜，坚持改革开放、与时俱进，创立“三个代表”重要思想，把中国特色社会主义伟大事业和党的建设新的伟大工程成功推向21世纪。党的组织工作坚持围绕中心、服务大局，在经受各种风浪考验、推动社会主义市场经济发展中开创了改革创新、全面进步的新局面。

这13年，我们党经历了国内发生政治风波、国际发生苏东剧变的严峻考验，经历了亚洲金融危机、特大洪水灾害，以及其他关系我国稳定、安全和发展全局的严峻考验，既面临着坚持和改善党的领导、加强党的建设的紧迫任务，又担负着建立社会主义市场经济体制的艰巨任务。我们党坚持党的基本路线不动摇，正确认识、科学把握党所处的历史方位，紧紧围绕解决好提高党的领导水平和执政水平、提高拒腐防变和抵御风险能力这两大历史性课题，聚精会神地抓党的建设，全面推进党的建设新的伟大工程。特别是1992年邓小平同志视察南方发表重要讲话和党的十四大后，全党兴起了新一轮解放思想的热潮。党的组织工作主动适应建立社会主义市场经济体制的改革目标和加强党的建设的新形势，主动适应把中国特色社会主义伟大事业推向21世纪的新要求，认真学习贯彻邓小平理论和“三个代表”重要思想，不断解放思想、改革创新，取得了重大进展。一是按照中央下发的《关于加强党的建设的通知》精神，着力解决党组织和党员队伍中存在的思想混乱、组织涣散、作风不正、纪律松弛等突出问题，密切与人民群众的血肉联系，确保党和国家的领导权牢牢掌握在忠诚于马克思主义的人手里。二是着力用马克思主义中国化的创新成果武装广大党员、干部。党的十四大后，按照中央部署，在全党开展学习邓小平建设有中国特色社会主义理论、学习党章“双学”活动。十五大后，兴起学习邓小平理论新高潮，在全国县级以上党政领导班子、领导干部中开展以“讲学习、讲政治、讲正气”为主要内容的党性党风教育，组织广大党员干部认真学习“三个代表”重要思想，在全国农村开展“三个代表”重要思想学习教育活动。三是努力建设高素质干部队伍。全面贯彻干部队伍“四化”方针和德才兼备原则，坚持把思想政治建设放在首位，优化领导班子和干部队伍结构，加大培养选拔年轻干部工作力度，坚持党政干部队伍、企业经营管理者队伍和科技人才队伍三支队伍一起抓。按照“八个坚持、八个反对”的要求，着力改进干部的思想作风、学风、工作作风、领导作风和生活作风。四是积极推进干部人事制度改革，着力转变“少数人说了算”等陈旧、封闭的选人用人观念，制定《党政领导干部选拔任用工作条例》和《深化干部人事制度改革纲要》，扩大民主、完善考核、推进交流、加强监督，全面规划、整体推进干部人事制度改革。五是按照中国共产党是中国工人阶级的先锋队，同时是中国人民和中华民族的先锋队的重要思想，着眼于巩固党的阶级基础、扩大党的群众基础，发展符合党员条件的其他社会阶层优秀分子加入中国共产党，增强党在全社会的影响力和凝聚力。针对改革开放和社会主义市场经济条件下出现的“四个多样化”等新情况，以改革创新精神加强党的基层组织建设，提出党的基层组织要强化服务功能、拓宽服务领域，明确农村、国有企业、机关、高等院校党组织的地位和作用，对农村基层党组织进行集中整顿，探索加强街道社区和非公有制企业等社会新领域党的建设。这一阶段党的组织工作，坚持原则、把握方向，在解放思想、改革创新中，为捍卫中国特色社会主义，为促进社会主义市场经济体制的初步建立，为把改革开放和社会主义现代化事业成功推向新世纪，提供了坚强组织保证。

党的十六大以来，以胡锦涛同志为总书记的党中央坚持以邓小平理论和“三个代表”重要思想为指导，提出科学发展观等重大战略思想，继往开来、与时俱进，在全面建设小康社会实践中把党的建设新的伟大工程继续推向前进。党的组织工作紧紧围绕党的执政能力建设和先进性建设这条主线，在不断改革创新、推动科学发展中迈向新的高度。

进入新世纪新阶段，国际形势发生广泛而深刻的变化，我国经济社会发展呈现出一系列新的阶段性特征。党中央根据世情、国情、党情的新变化，牢牢把握党的执政能力建设和先进性建设这条主线，全面加强党的建设。党的组织工作坚持以邓小平理论和“三个代表”重要思想为指导，认真贯彻落实科学发展观，进一步解放思想，着力转变不适应不符合科学发展观的思想观念，着力解决影响和制约科学发展的突出问题，着力为科学发展选干部、配班子，建队伍、聚人才，抓基层、打基础，取得了显著成效。一是把理论武装和干部教育培训摆在更加突出的位置，兴起学习“三个代表”重要思想新高潮，在全党开展以实践“三个代表”重要思想为主要内容的保持共产党员先进性教育活动，组织学习《江泽民文选》，开展深入学习实践科学发展观活动。落实大规模培训干部、大幅度提高干部素质的战略任务，颁布《干部教育培训工作条例（试行）》，全面推进干部教育培训工作。二是进一步确立德才兼备、以德为先选人用人标准，坚持党管干部原则，按照“民主、公开、竞争、择优”方针，大力推进干部人事制度改革，制定和实施“一法、一纲要、三条例、十余个法规性文件”，形成较为完备的干部人事工作制度体系，树立注重品行、科学发展、崇尚实干、重视基层、鼓励创新、群众公认的正确用人导向，深入整治选人用人上的不正之风，着力提高选人用人公信度。三是提出党管人才原则和人才强国战略，进一步贯彻尊重劳动、尊重知识、尊重人才、尊重创造的方针。2003 年中央召开了第一次全国人才工作会议，作出了《关于加强人才工作的决定》，以高层次人才队伍建设为重点，整体推进各类人才队伍建设，充分调动和激发各类人才的创造活力和创新热情。四是确立党内民主是党的生命的理念，提出尊重党员主体地位，强调以扩大党内民主带动人民民主、以增进党内和谐促进社会和谐，积极推进党内民主建设。实行党代会代表任期制，试行县（市、区）党代表大会常任制，完善地方各级全委会、常委会工作制度，颁布《党员权利保障条例》、《党内监督条例（试行）》，改革党内选举制度，推进党务公开，探索扩大党内基层民主多种实现形式。五是提出保持和发展党员的先进性是党的建设的永恒主题，把增强党员意识作为执政党建设的一个带有根本性的问题来抓，制定实施保持共产党员先进性四个长效机制文件。针对社会生活新变化，扩大党的组织覆盖，创新活动方式，加强流动党员管理，推进非公有制企业组建党组织工作，健全以社区党组织为核心的社区组织体系，探索建立城乡统筹的基层党建新格局。今年以来，在抗击南方部分地区严重低温雨雪冰冻灾害、抗击四川汶川特大地震、维护藏区稳定等几场重大斗争中，在举办北京奥运会、残奥会的过程中，各级党组织充分发挥了领导核心作用和战斗堡垒作用，各级领导干部和广大党员充分发挥了模范带头作用和先锋模范作用，显示了党的组织工作的强大优势，得到了人民群众的高度评价。我们还提出，组织工作要按照中央的要求，开阔眼界、开阔思路、开阔胸襟，进一步解放思想、改革创新，不断增强政治意识、大局意识、责任意识、忧患意识，更好地为科学发展服务，为党员、干部和各类人才服务，为人民群众服务，让全党满意、让人民满意。这一时期党的组织工作，在我们党正确应对国际国内形势发生新的复杂变化带来的机遇和挑战、积极化解改革发展的各种风险和矛盾、妥善处置重大突发事件和重大自然灾害的斗争中，以奋发有为的精神状态、为党分忧的责任意识、求真务实的工作态度、改革创新的有力举措，推动科学发展、促进社会和谐，为全面推进中国特色社会主义伟大事业提供了坚强组织保证。

纵观过去的 30 年，党的组织工作紧跟全党解放思想、改革开放的历史步伐，适应党所处历史方位和肩负历史使命的深刻变化，实现了从服从于“以阶级斗争为纲”到服务于以经济建设为中心的重大转变，从领导革命的党的组织工作到长期执政的党的组织工作的重大转变，从计划经济体制下的组织工作到社会主义市场经济体制下的组织工作的重大转变，从封闭半封闭条件下的组织工作到对外开放条件下的组织工作的重大转变。党的组织工作一以贯之地解放思想、改革创新，呈现出清晰的发展脉络，具有鲜明的时代特征，生动而具体地体现了党的思想路线和政治路线要求，不断深化了我们党对组织工作的规律性认识。组织工作创新发展的历程深刻表明，党和国家改革开放的伟大事业，是党的建设和组织工作创新发展的根本动因和强大动力；党的建设和组织工作的与时俱进，是改革开放伟大事业的有力支撑和坚强保证。回顾这一光辉历程，我们更加清醒而坚定地认识到，坚持解放思想、改革创新，既是组织工作发展前进的理念，又是组织工作发展实践的主线；既是组织工作走在时代前列的重要法宝，又是组织工作在新的历史起点上开辟未来的必由之路。

二、30年来组织工作解放思想、改革创新取得了显著成就

30年的解放思想、改革创新，使党的组织工作的面貌发生了历史性变化。概括地说，主要体现在以下六个方面。

（一）坚持用马克思主义中国化最新成果教育党员、培训干部，理论武装工作在创新中取得重大进展。党的理论创新每推进一步，理论武装就跟进一步。一是广大党员干部认真学习邓小平理论、“三个代表”重要思想以及科学发展观等重大战略思想，马克思主义理论水平不断提高，中国特色社会主义理想信念更加坚定。二是中国特色的干部教育培训体系初步形成。建立了以党的事业需要和干部需求为导向、组织按计划调训和干部自主参训相结合的培训工作体制和运行机制，构建起国家级干部教育培训机构新格局，各级各类干部的素质能力通过培训得到大幅度提高。三是党员、干部教育培训手段和方式不断创新，推动了学习型政党建设。经常性教育与适当的集中教育相结合，院校教学与示范基地培训相结合，国内教育与境外培训相结合，拓宽了教育培训途径，增强了教育培训效果。党员电化教育和农村党员干部现代远程教育蓬勃开展，全国建成乡镇、村党员干部现代远程教育终端接收站点40多万个。

（二）坚持提高各级领导班子领导水平和执政能力，领导班子和干部队伍建设在创新中取得重大进展。发展中国特色社会主义，关键在党，关键在人，关键在各级领导班子。30年来，我们以建设善于治国理政的高素质干部队伍和坚定贯彻党的理论和路线方针政策、善于领导改革开放和现代化建设的各级领导班子为目标，全面加强领导班子和干部队伍建设，形成了一茬又一茬朝气蓬勃、奋发有为的各级领导层。一是各级领导班子在思想上政治上更加成熟和坚强。坚持把思想政治建设放在领导班子建设首位，多次召开省区市、中央和国家机关、高等院校、国有企业领导班子思想政治建设座谈会。各级领导班子贯彻执行民主集中制，不断提高领导水平和执政能力，形成了团结和谐、开拓进取的良好局面。各级领导干部强化宗旨意识，加强品德修养，改进领导作风，树立了讲党性、重品行、作表率的良好形象。二是培养选拔优秀年轻干部工作成效显著。鼓励年轻干部到基层和艰苦地区锻炼成长，注重从基层和生产一线选拔优秀年轻干部，干部队伍年轻化取得明显成效。截至2007年底，全国机关干部中35岁以下的占30%，36—45岁的占41.5%，46—54岁的占23.1%，55岁以上的占5.4%。初步建立了一支素质优良、数量充足、结构合理的省、市、县级后备干部队伍。三是领导班子和干部队伍结构不断优化。从1982年到2007年，省、市、县三级党政领导班子成员的平均年龄分别下降了8.4岁、6.8岁、5.7岁。截至2007年底，99%以上的省、市、县党政领导班子成员达到大专以上文化程度，共配备女干部6200多人，少数民族干部6900多人，党外干部2800多人；全国机关干部中，具有大专以上文化程度的占87.5%，比1978年提高了78.2%。领导班子配备改革取得实质性进展，初步形成合理搭配、优势互补的梯次年龄结构，整体功能进一步增强。干部交流力度不断加大，2003年至2007年，全国共交流机关干部173.8万人。老干部工作不断加强，老干部的政治待遇和生活待遇得到较好落实。四是领导班子换届和干部工作逐步实现规范化。坚持严格要求、严格教育、严格管理、严格监督，干部考核体系日趋完善，体现科学发展观要求的党政领导班子和领导干部考核评价体系初步建立。干部监督工作不断加强，监督机构日益健全，监督制度不断完善，监督渠道不断拓宽。坚持开展《干部任用条例》和有关规定执行情况监督检查，开通“12380”专用举报电话，建立严重违规用人问题立项督查制度，开展组织工作和

组工干部形象民意调查工作，整治用人上不正之风工作深入开展。

（三）坚持党管干部原则，推进干部工作的科学化、民主化、制度化，干部人事制度改革在创新中取得重大进展。干部人事制度改革是造就高素质干部队伍和人才队伍的根本途径。经过30年的改革探索，干部人事制度改革实现了“四个转变”：一是实现了从实际上的干部领导职务终身制到退休制、任期制的转变。建立老干部退休制度，自1982年到1990年，全国共有526万多名达到离退休年龄的老干部陆续从领导岗位上退下来，任职到龄退休已经为广大干部自觉遵循。党政领导干部职务任期制已经实行。二是实现了从高度集中的干部管理模式到分级分类管理模式的转变。改革开放初期，提出了“管少、管好、管活”和分级分类管理的原则。2005年《公务员法》的颁布，标志着中国特色公务员制度正式建立。同时，国有企业和事业单位逐步改变运用党政干部管理模式进行管理的状况，干部分类管理的格局基本形成。三是实现了从单一封闭的干部选任方式到建立在发扬民主基础上的多样化选任方式的转变。干部工作的民主程度和公开程度不断提高，民主推荐、民主测评成为干部选拔任用的必经程序。从党的十五大起，运用了民主推荐的方法确定“两委”考察人选。党的十七大前后，进行了民主推荐党和国家高层领导干部人选的实践。全委会票决制、任前公示制普遍推行，公开选拔、竞争上岗成为选拔任用党政领导干部的重要方式，领导干部考试与测评水平不断提高。2003年至2007年，全国公开选拔党政领导干部1.7万人，通过竞争上岗走上领导岗位的干部22.1万人。一些地方还探索实行了公推公选、公推直选等新的竞争性选拔方式。面向海内外公开招聘国有企业高级经营管理者积极推行。四是实现了主要靠领导“伯乐相马”到主要靠制度选人的转变。改革开放之初，干部人选主要靠领导“伯乐相马”特别是老同志推荐。随着《干部任用条例》等法规的实施，干部选拔任用工作制度日趋完善，相互配套、有机衔接、较为完备的干部人事工作制度体系初步形成。

（四）坚持党管人才原则，人才工作在创新中取得重大进展。人才资源是党执政兴国的根本性资源。30年来，适应经济社会发展的需要，伴随着不断解放思想、解放人才、解放科技生产力，人才工作在改革创新中蓬勃发展。一是实施人才强国战略成效显著，人才工作在组织工作中的重要地位更加突出，形成了鼓励人才干事业、支持人才干成事业、帮助人才干好事业的良好社会环境。二是党委统一领导，组织部门牵头抓总，有关部门各司其责、密切配合，社会力量广泛参与的人才工作新格局逐步形成，市场在人才资源配置中的基础性作用得到有效发挥，有利于各类人才脱颖而出、健康成长、各尽其能的人才工作体制机制逐步完善。三是以党政干部人才、经营管理人才、专业技术人才为主体的人才资源开发力度不断加大，各类人才大量涌现，人才队伍的规模、结构发生了根本性变化，整体素质明显提高。

（五）坚持抓基层、打基础，党的基层组织建设和党员队伍建设在创新中取得重大进展。党的基层组织是党的全部工作和战斗力的基础。30年来，我们坚持抓基层、打基础不放松、不动摇，党的基层组织建设和党员队伍的生机活力不断增强。一是基层党组织设置形式更加灵活，组织覆盖更加广泛。积极探索“村村联建”、“村企联建”、“村居联建”、按地域组建、依托行业协会（专业协会）组建、把党组织建在产业链（项目、楼宇）上以及在外出务工经商党员集中的地方建立流动党组织等多种方式，确保了党的组织对社会各个领域和各种组织的有效覆盖。以村党组织为核心的村级组织配套建设不断加强。38.4万户非公有制企业建立了党的组织，规模以上非公有制企业基本上实现了党组织全覆盖。全国城镇社区党组织组建率达99.9%。国有企业和机关、学校、科研院所党建工作全面加强。截至2007年底，全国共有366.3万个基层党组织，比1978年增加了154.7万个。二是基层党组织活动方式更加丰富，与党员群众的需求和意愿更加符合。深入开展“创先争优”、“三级联创”、党员责任区、党员承诺制、党员志愿者等活动，探索了“支部＋协会”、党群共同致富联合体、为民服务代理制等有效途径。基层党组织活动场所建设取得明显成效，到2008年上半年，全国共新建村级组织活动场所15.59万个。探索建立城乡一体党员动态管理机制、城乡党的基层组织互帮互助机制，形成了党的上级组织为基层组织服务、党的基层组织为党员服务、党的各级组织和党员为人民群众服务的良好局面，充分发挥了党的基层组织推动发展、服务群众、凝聚人心、促进和谐的作用。三是基层干部队伍结构得到改善，素质能力明显提高。鼓励高校毕业生、党政机关和企事业单位优秀年轻干部到村任职，农村基层干部整体素质明显提高，农村党组织成为推动科学发展、带领农民致富、密切联系群众、维护农村稳定的坚强领导核心。按照“双向进入、交叉任职”办法配备国有企业领导班子，开展“四好”领导班子建设活动，确保了企业党组织充分发挥政治核心作用。街道社区等领域基层干部队伍得到进一步充实和加强，大批德才兼备、实绩突出、群众公认的优秀人才走上基层领导岗位。四是党员发展和教育管理工作协同推进，党员队伍整体素质全面增强。贯彻“坚持标准、保证质量、改善结构、慎重发展”的方针，认真做好发展党员工作，党员总数由1978年的3690多万名发展到2007年底的7400多万名，党的阶级基础和群众基础不断巩固和扩大。党员教育、管理、监督和服务有机结合的工作机制逐步完善，党内激励、关怀、帮扶机制和党员队伍自我纯洁机制不断健全。广大共产党员“平时能看出来、困难面前能站出来、生死关头能豁出来”，在抗洪救灾、抗击“非典”、抗震救灾等重大斗争中充分发挥了先锋模范作用。在今年抗震救灾中，4500万党员自愿交纳特殊党费97亿多元，充分体现了共产党员在特殊考验前的先进性。

（六）坚持建立健全以民主集中制为核心的组织制度体系，组织制度建设在创新中取得重大进展。制度建设是根本性建设，制度创新是根本性创新。30年来，我们始终把制度建设贯穿于组织工作的各个方面，把实践中获得的理论成果和实践成果用制度的形式固定下来。一是党章内容进一步充实和完善。在党的十二大制定的新党章基础上，党的十三大之后的历次党代会与时俱进地对党章进行修改，学习、遵守、贯彻和维护党章日益成为广大党员的自觉行动。二是民主集中制进一步健全。以颁布《关于党内政治生活的若干准则》为标志，民主集中制的各项具体制度不断完善。1996年中央印发《地方党委工作条例（试行）》，对地方党委职责、组织原则、议事和决策规则等进行了规范，党委集体领导和民主决策逐步制度化、规范化。党的十六大后，建立中央政治局向中央委员会全体会议、地方各级党委常委会向委员会全体会议定期报告工作并接受监督的制度。党的十七大后，推行地方党委讨论决定重大问题和任用重要干部票决制度。三是组织制度创新进一步推进。先后制定了地方党组织、基层党组织选举工作条例，颁布了农村、机关、高校基层党组织工作条例和发展党员工作细则等党内法规，初步形成了适应于各类基层党组织和各级地方党组织工作的制度体系。四是党内基层民主进一步发展。普遍采用“两推一选”的办法选举产生村党组织书记，一些地方开展了乡镇党委领导班子公推直选试点，基层党务公开普遍推行，广大党员的知情权、参与权、选举权、被选举权和监督权得到进一步落实，党的创新活力进一步增强，团结统一局面进一步巩固。

30年来，围绕党的建设和组织工作改革发展，党建理论研究成绩显著，组织工作宣传不断改进，党建读物出版日益繁荣，各级组织部门自身建设进一步加强，组工干部队伍整体素质明显提高，服务科学发展的能力显著增强。

30年来组织工作的成就，充分证明我们党在不同时期关于党的建设和组织工作的重大决策和部署是符合实际的、完全正确的。30年的成就源于改革，源于中国特色社会主义理论体系的指导，30年的成就来之不易。在纪念改革开放30周年的时候，我们要始终牢记，我们所取得的成就，是党中央坚强领导的结果，是各级党组织和组织人事部门开拓创新的结果，是广大党员、干部探索实践，社会各方面积极支持的结果。

三、30年来组织工作解放思想、改革创新积累了宝贵经验

30年来，党的组织工作解放思想、实事求是，改革创新、与时俱进，形成了许多规律性认识，创造了许多新鲜经验。认真总结这些经验，对于推动组织工作继续解放思想、改革创新，具有重要意义。

第一，必须始终高举中国特色社会主义伟大旗帜，坚持用中国特色社会主义理论体系指导组织工作。中国特色社会主义伟大旗帜是当代中国发展进步的旗帜，中国特色社会主义理论体系是全党全国人民团结奋斗的共同思想基础。30年来，党的组织工作始终坚持以马克思主义中国化的最新成果为指导，始终坚持马克思主义的立场、观点和方法不动摇，这是组织工作不断开创新局面、取得新进步的根本保证。实践证明，只有坚定不移地高举中国特色社会主义伟大旗帜，自觉学习实践中国特色社会主义理论体系，组织工作才能沿着正确的道路和方向前进。

第二，必须始终坚持服从服务于党的政治路线，紧紧围绕党的中心任务、按照党的建设总目标开展组织工作。党的政治路线是党的生命线，党的中心任务是党和国家工作的大局。服从党的政治路线，服务党的中心工作，是组织工作的根本任务。30年来，党的组织工作紧紧围绕经济建设这个中心，紧紧围绕把党建设成为中国特色社会主义事业坚强领导核心这个目标，把促进改革发展稳定作为第一位的任务，把加强党的执政能力建设和先进性建设作为主线，为贯彻执行党的基本路线、全面推进伟大事业和伟大工程提供了坚强组织保证。实践证明，只有把组织工作放到时代发展的大背景下来思考，放到完成党执政兴国使命的高度来认识，放到党和国家发展大局下来谋划，放到党的建设的总体布局中来推进，组织工作才能明确科学定位，保持旺盛活力，体现自身价值。

第三，必须始终坚持解放思想、实事求是、与时俱进，不断创新组织工作。解放思想、实事求是、与时俱进是党的思想路线的本质要求，改革创新是党的生机与活力的不竭源泉。30年来，我们在继承和发扬优良传统的基础上，始终坚持以解放思想为先导，积极推进组织工作理念创新、思路创新、方法创新和制度创新，使党的组织工作更加符合改革开放和党的建设的要求。实践证明，组织工作只有坚持一切从实际出发，不断解放思想、改革创新，才能适应世情国情党情的新变化，顺应党和人民群众的新期待，更好地肩负起历史赋予的光荣使命。

第四，必须始终坚持党的根本宗旨和核心价值，遵循立党为公、执政为民的理念做好组织工作。实现好、维护好和发展好最广大人民的根本利益是党的核心价值。这一核心价值体现在党的组织工作中，就是要使组织工作让党满意、让人民满意。30年来，组织工作坚决贯彻中央决策部署，充分反映广大党员和人民群众的意愿，促进党的执政基础更加巩固，党同人民群众的血肉联系更加紧密。实践证明，组织工作只有始终把党和人民的利益作为一切工作的出发点和落脚点，才能得到广大党员干部的认可，才能得到人民群众的支持，才能汲取开拓前进的无穷力量。

第五，必须始终遵循组织工作发展规律，不断推进组织工作的科学化、民主化、制度化。党的组织工作是一门科学，有着自身的特殊规律。30年来，各级组织部门和广大组工干部，积极探寻组织工作的发展规律，按照加强党的建设的要求和部署，把组织工作与党的各方面建设协调推进，既注重抓好领导班子和干部队伍建设，又注重抓好基层党组织和党员队伍、人才队伍建设；既立足当前解决突出问题，又着眼长远注意夯实基础；既注重在新的时代条件下坚持完善实践证明可行管用的已有制度，又注重从变化了的实际出发制定新的制度，用制度规范各项工作，用制度巩固成功经验，走出了一条不是靠政治运动、而是靠制度保障自身科学发展的新路子。实践证明，组织工作的体制机制不可能一成不变，改革与完善不可能一蹴而就。只有把制度的稳定性和适应性紧密结合起来，既善于立制，又敢于变制，才能为组织工作的科学发展提供可靠制度保障，不断推进组织工作的科学化、民主化、制度化。

第六，必须坚持不懈地抓好组织部门自身建设，努力打造模范部门和过硬队伍。推进党的组织工作改革创新、与时俱进，关键在人。组工干部的素质、组织部门的形象，直接关系到党的路线方针政策的贯彻，关系到党的建设和组织工作的成效，关系到党在人民群众中的形象。30年来，我们坚持从严治部、从严律己、从严带队伍，弘扬“政治坚定、公道正派、廉洁勤奋、求实创新”等优良传统和作风，持之以恒地加强组织部门自身的思想建设、作风建设、制度建设和能力建设，不断深化和拓展以公道正派为主要内容的“树组工干部形象”活动，教育广大组工干部在改革开放和发展社会主义市场经济的复杂环境中，锤炼党性、提高素质、增强本领，使组织部门成为党员之家、干部之家、知识分子（人才）之家。实践证明，只有坚持不懈地加强自身建设，把组工干部队伍建设成为讲党性、重品行、作表率的过硬队伍，把组织部门建设成为高举中国特色社会主义伟大旗帜、深入贯彻落实科学发展观的模范部门，才能保证党的组织路线得到正确贯彻执行。

以上六条经验，既是30年来组织工作解放思想、改革创新的实践总结，也是组织工作进一步解放思想、改革创新必须坚持的重要原则。我们要在新的实践中充分运用并不断升华这些经验。

四、在新的历史起点上进一步解放思想，大力推进组织工作改革创新

胡锦涛同志多次强调，一个政党过去先进不等于现在先进，现在先进不等于永远先进；过去拥有不等于现在拥有，现在拥有不等于永远拥有。在纪念改革开放30周年之际，我们一定要保持清醒的头脑，既要看到30年来党的建设和组织工作的巨大进步，又要看到新形势下党的组织工作面临的新挑战、新任务，尤其是组织工作中存在着许多亟待解决的深层次矛盾和问题。比如，一些领导班子和领导干部的素质和能力不能胜任党和人民赋予的重要职责；一些党员、干部的思想意识、知识本领、道德修养与党的先进性的要求不相称；一些基层党组织软弱涣散，对群众缺乏凝聚力；干部选拔任用科学机制不够健全，干部管理中存在失之于宽、失之于软的现象，选人用人上的不正之风屡禁不止，人民群众对选人用人的满意度不够高；组织工作的理念、方式、手段等与科学发展观的要求不完全适应，等等。30年来组织工作发展的历程启示我们，解放思想永无止境，改革创新不能停步。我们要高举中国特色社会主义伟大旗帜，坚持中国特色社会主义道路和中国特色社会主义理论体系，在党中央的正确领导下，以纪念改革开放30周年为契机，以更加开阔的视野、更加开阔的思路、更加开阔的胸襟，不断推进组织工作的改革创新。

进一步解放思想、改革创新，就要深入贯彻落实科学发展观，使组织工作更好地服务科学发展。科学发展观是我国经济社会发展的重要指导方针，也是党的建设和组织工作的重要指

导方针。我们要按照科学发展观的要求来审视组织工作，深刻认识组织工作中心任务的客观性和阶段性，深刻认识组织工作与其所处环境的关联性和互动性，深刻认识组织工作所面临矛盾的根本性和周期性，继续探索和把握组织工作的发展规律，推进组织工作改革创新。要深刻理解科学发展观的科学内涵、精神实质和基本要求，着力转变影响和制约组织工作科学发展的思想观念，着力解决组织工作与科学发展不适应、不符合的问题，着力探索建立充满活力、富有效率、更加开放、更加有利于科学发展的组织工作体制机制。要紧紧围绕推动科学发展、促进社会和谐，以加强党的执政能力建设和先进性建设为主线，以深化干部人事制度改革、推进组织制度改革和人才工作创新为重点，加强战略规划，抓好基础工作，解决突出问题，完善体制机制，使组织工作更好地做到“三服务”、实现“两满意”。开展深入学习实践科学发展观活动，是当前党的建设和组织工作的重要任务。各级组织部门既要在各级党委的领导下、会同有关部门履行好具体组织和指导职责，又要高标准、创造性地开展好自身的学习实践活动。要围绕科学发展加强领导班子和干部队伍建设，把学习实践活动与领导班子和干部队伍思想政治建设结合起来，在学习实践活动中培养、锻炼和考察干部。要切实抓好新一轮大规模培训干部工作，努力使各级领导班子和领导干部的马克思主义理论素质、现代科学文化知识水平有新的提高，统筹国内国际两个大局的能力，推动科学发展、促进社会和谐的能力，总揽全局、应对复杂局面的能力，治党管党、解决自身问题的能力有新的增强。

进一步解放思想、改革创新，就要积极回应党员、干部和人民群众的新期待，把群众关注的热点难点问题作为组织工作改革创新的着力点，不断提高全党和人民群众对组织工作的满意度。组织工作方针政策制定得怎样，工作开展得如何，工作效果的好坏，最终都要由党的事业发展实践来检验，由广大党员和人民群众拥护不拥护来评判。改革开放 30 年来，广大党员、干部和群众的民主意识显著增强、政治参与积极性明显提高，对组织工作改革创新，尤其是对深化干部人事制度改革和推进党内民主建设的关注度和期望值都很高。我们要把群众关注的热点、难点问题作为组织工作改革创新的着力点，大胆探索、攻坚克难。一是要进一步深化干部人事制度改革，提高选人用人的公信度。这是建设高素质干部队伍的重要保证，也是防止和克服用人上不正之风的治本之策。要坚持党管干部原则，坚持德才兼备、以德为先标准，坚持民主、公开、竞争、择优方针，坚持科学化、民主化、制度化方向，形成干部选拔任用科学机制，把政治上靠得住、工作上有本事、作风上过得硬、人民群众信得过、善于领导科学发展的优秀干部选拔到各级领导岗位上来。要积极探索扩大干部工作民主的新途径、新形式，进一步加大竞争性选拔干部的力度，健全干部选拔任用中的择优机制，建立干部选拔任用工作信息公开制度，增强干部工作的透明度，让选人用人权在阳光下运行。要建立干部选拔任用工作责任制，加强对干部选拔任用工作全过程的监督，严格执行组工干部“十严禁”纪律，坚决查处选人用人上的违规违纪行为，真正做到不让老实人吃亏、不让投机钻营者得利。二是要按照“从严治党”的要求从严管理干部。从严管理干部，事关党的事业发展和人民的利益，也是对干部真正的关心爱护。一段时间以来，有些地方群体性事件和损害人民利益的事故频发，有的小事酿成大事，与这些地方和部门治党理政不严、对干部疏于管理监督有直接关系。要建立健全干部考核评价体系，健全干部管理制度，坚持和完善问责制，促使干部正确履职、秉公用权、认真负责。对那些敢于负责、工作得力、作风务实、群众满意的干部，要表彰奖励；对那些敷衍塞责、工作不力、作风飘浮、群众不满的干部，要坚决调整下来。只有这样，干部工作在群众中才有说服力、才有公信力。三是要积极推进党内民主建设。发展党内民主关系党的团结统一，关系广大党员的政治权益。要按照十七大的要求,有组织、有计划、有步骤地加快党内民主建设进程。要建立健全党的代表大会代表任期制,完善党的地方各级全委会、常委会工作机制,改革和完善党内选举制度,扩大基层党组织领导班子直接选举范围,积极探索扩大党内基层民主的多种实现形式,拓宽党员参与党内事务的渠道,落实和保障党员的民主权利。中组部正在抓紧制定党内基层民主建设实施纲要。四是要建立健全组织工作群众满意度定期调查制度,自觉接受人民群众的监督,使组织工作更加开放、更加透明。

进一步解放思想、改革创新,就要以更宽广的世界眼光、更系统的全局观念、更长远的战略思维来思考和推进组织工作。组织工作的改革创新,是从思想观念、工作方法到体制机制的全面变革。我们必须加强对组织工作改革创新的系统性、前瞻性、战略性研究,既要善于运用"显微镜"见微知著,又要善于运用"望远镜"审时度势。一是要抓长远、抓大事。立足于未来10年、20年乃至更长时期对领导人才的战略需要,加大培养选拔优秀年轻干部力度,研究制定和实施《2009—2013年全国党政领导班子建设规划》、《2009—2020年全国党政后备干部队伍建设规划》、《2009—2020年深化干部人事制度改革规划纲要》和《全国人才队伍建设中长期规划纲要(2009—2020年)》。要建立来自基层一线的党政干部培养链,组织和安排年轻干部到基层、到生产一线去经受锻炼,引导和组织高校毕业生到农村、企业、社区去经受锻炼,加强从基层和生产一线选拔优秀干部充实各级党政机关的工作。要进一步建立健全人才培养、引进、评价、选拔、流动、激励、保障机制,组织实施"海外高层次人才引进计划"。二是要着眼于夯实党的执政基础,大力推进基层党建工作创新。要认真研究新一轮农村改革发展给农村基层党建工作提出的新任务、新要求,以领导班子建设为重点、以健全党组织为保证、以"三级联创"为载体,积极探索党建工作以工促农、以城带乡的有效途径,构建城乡统筹的基层党建新格局。三是要增强改革措施的科学性、合理性、协调性。组织工作的改革创新,必然涉及到权力和利益的调整,会带来一些新的问题,也会有一定风险。每一项改革措施的出台,都要统筹考虑党的事业需要、党内和社会上的承受度,加强对改革风险的评估,把握好改革的时机、力度和节奏,密切关注、及早发现和解决改革中出现的新情况新问题,保证改革积极稳妥、有序可控。

进一步解放思想、改革创新,就要始终保持奋发进取的精神状态,不断提高攻坚克难、开拓创新的能力。解放思想是一个不断自我扬弃、自我完善的过程,改革创新是一个主动兴利除弊、革故鼎新的过程。只有敢于自我解剖、自我变革、自我超越,才能不断有所突破、有所创造、有所发展、有所前进。我们要始终保持蓬勃向上的朝气、开拓进取的锐气、不畏艰险的勇气、求真务实的风气,既坚持党的基本原则、发扬组织部门的优良传统,又摈弃封闭保守的陈旧观念,努力创造有利于组织工作改革创新的环境和条件。要尊重和鼓励基层改革创新,支持基层的实践探索,推广基层创造的有益经验,充分发挥各级党组织和广大党员、干部的积极性、主动性和创造性,努力形成创新活力竞相迸发、改革实践异彩纷呈的生动局面。

中国特色社会主义事业是改革创新的事业。党的建设和组织工作只有勇于变革、勇于创新,永不僵化、永不停滞,才能更好地紧扣中心、服务大局,才能更加充满朝气、富有活力。让我们更加紧密地团结在以胡锦涛同志为总书记的党中央周围,以邓小平理论和"三个代表"重要思想为指导,深入贯彻落实科学发展观,在推进中国特色社会主义伟大事业和党的建设新的伟大工程的历史进程中,高举旗帜,坚定信念,解放思想,改革创新,不断开创党的建设和组织工作新局面。

(此文是李源潮同志2008年11月6日在纪念改革开放30周年党的建设和组织工作理论研讨会上的讲话)

创新服务科学发展的选人用人机制

张春贤

科学发展，关键在人。近年来，湖南省委紧紧围绕实现科学发展、富民强省的战略目标，坚持正确的用人导向，创新选人用人机制，极大地激发了广大干部干事创业的热情，促进了全省上下风清气正、心齐气顺氛围的形成。

坚持“三个不吃亏”的用人导向，营造良好的用人环境。选用什么样的人，直接关系事业成败，关系人心向背。我们认真贯彻落实党的十七大关于干部人事制度改革的重要精神，从湖南实际出发，坚持“不让综合素质高的人吃亏、不让干事的人吃亏、不让老实人吃亏”的用人导向，大力褒扬和重视使用综合素质高的人、干事的人、老实人，使他们有舞台、有作为、有地位、有公正评价。近年来，按照“三个不吃亏”的用人导向，省委提拔重用了一大批实绩突出的优秀干部，营造了风清气正的用人环境。

把优秀基层干部选上来，激励更多干部立足基层岗位建功立业。我们高度重视从基层一线选拔优秀干部。2006 年直接提拔了 10 名优秀县(市、区)委书记和乡镇党委书记到省直部门任职。2008 年 11 月，又提拔 14 名优秀县(市)委书记到省直重要部门任职。近两年来，全省从优秀村干部中考录乡镇公务员 210 名，部分特别突出的村党支部书记被提拔为乡镇党委委员或副书记。全省 14 个市州已选拔 180 多名优秀乡镇党委书记、乡镇长到市直机关或县(市、区)党政领导班子任职。这些改革举措，有效地激励和鼓舞了基层干部安心基层工作，立足基层建功立业，并促进了上情下达、上下沟通，使上级机关的决策和工作更加贴近基层，更符合实际。

把优秀年轻干部派下去，让他们在基层实践中锻炼成长。群众讲，给钱给物不如派一个好干部。重视基层、加强基层，首先是要努力在基层造就一支高素质的干部队伍，特别要选配好领头人。基层又是锻炼培养干部队伍的基础阵地，我们在注重从基层一线选拔干部的同时，注重选拔优秀年轻干部充实基层、加强基层，让他们去接触群众，服务群众，增强群众观念，去经受实际工作的锻炼，丰富阅历，增长才干。2006 年，我们从省直机关选拔 10 名优秀年轻干部到县市区任副职。2007 年，选派 15 名博士到县市区担任党政副职。2008 年 11 月，又选派 11 名综合素质高、发展潜力大但缺乏基层岗位锻炼的厅级干部到市、县任职，补好“基层”这一课。

扩大民主，提高选人用人公信度。改革干部评价考核机制，扩大用人民主，建立科学的选人用人机制，实现由少数人选人向多数人选人、由单一渠道考察向多层复合考察转变，用民主促进公正，用公开提高公信。2008 年 11 月，在提拔优秀县(市)委书记到省直机关任职过程中，我们整合各种资源，通过五条线进行考察选拔。一是省委派出从领导岗位上退下来的老同志组成考查组，对全省 122 个县(市、区)、部分省属高校、大型企业的工作进行全面考查，从中发现了一批优秀的领导干部；二是 14 个市州委考察推荐；三是省委巡视组了解情况；四是统计部门民意调查；五是组织部门综合考察。对这五个方面了解考察的情况进行综合后，又召开省“两代表一委员”(党代表、人大代表、政协委员)座谈会征求意见，然后召开省委常委会进行讨论研究，并将拟任人选名单提交省委全委会进行票决。由于充分发扬了民主，拟任人选在省委全会上均获高票通过，上下反映都很好。

(作者：中共湖南省委书记、省人大常委会主任)

全面提升我国人才的国际竞争力

王伟光

人才问题，是关系党和国家事业发展全局的关键问题。胡锦涛同志指出，人才是事业发展最可宝贵的财富。世界范围的综合国力竞争，归根到底是人才特别是创新型人才的竞争。大力实施人才强国战略，建设创新型人才队伍，全面提升我国人才的国际竞争力水平，对于全面建设小康社会，发展中国特色社会主义，实现中华民族的伟大复兴具有重大意义。

一、认清世界人才形势，把握机遇迎接挑战，全面提升人才国际竞争力

从世情看，全球化进入新的阶段，世界发展呈现更加纷繁复杂的态势。科学技术突飞猛进，促使科技投入和创新力度加大，对创新型人才的需求越发紧迫，争夺越发激烈，人才竞争国际化成为新的趋势。各国在全球化背景下展开人才竞争，核心是争夺国际高端人才。目前，国际人才竞争的大趋势是，发展中国家的人才大量流向发达国家。在全球化的进程中，全世界形成一个整体的人才市场，总体上发展中国家处于不利地位。

面对世界范围内日趋激烈的人才竞争，各国政府越来越清醒地认识到人才对于发展的极端重要性，纷纷制定和实施本国的人才战略，以提升国家人才总体竞争力。比如，美国政府提出的总目标是为21世纪培养充足的人才，吸引全球精英服务美国，保持美国全球创新大国的地位；印度政府为使信息技术成为经济增长的发动机和消除贫困的武器，在21世纪初提出了2008年软件人力资源开发国家战略，大力培养信息技术人才。这不仅为我国人才战略的制定和实施提供了借鉴，也提出了挑战。

从国情看，我国发展正进入一个新的阶段，处于加速转型的关键时期，未来国家经济社会发展的新形势对人才工作提出了新的要求，必须大力实施人才强国战略，全面提升我国各类人才的数量与质量，重点抓好以创新型人才为主的“五支队伍”建设。

一是党政人才队伍建设。改革开放30年来，党政人才队伍建设取得了显著成绩，文化素质不断提升，专业结构进一步改善，初步形成了较为合理的结构。但要使党政人才适应科学发展的需要，还需进一步提高他们的思想政治素质和执政水平、领导能力。

二是专业人才队伍建设。目前，我国虽然已有一大批高层次专业人才，但仍严重缺乏领军人才；科技人力资源数量多，但急需的尖端人才匮乏；留学回国人才趋多，但急需的高层次人才回归少；科技型人才多，但创业型人才少；自然科学类人才多，但社会科学类人才少。因此，加强创新型专业人才队伍建设迫在眉睫。

三是企业经营管理人才队伍建设。当前我国企业经营管理人才队伍的整体素质还不适应企业的需要，结构性矛盾比较突出，企业经营管理人才工作机制不够健全，尤其是人才规划不到位，评价体系不科学，服务体系不健全，激励机制不完善，培养使用模式不适应等问题普遍存在。如何根据我国的实际情况，建设能经得起全球化和市场经济考验的创新型经营管理人才队伍是重要任务。

四是技能人才队伍建设。目前我国技能人才不论是数量还是质量，缺口都很大，特别是高

技能人才尤为缺乏。而且这类人才培养与使用的环境令人担忧，社会认可程度不高。一方面是大量的大学生就业难，另一方面又面临大量的技能人才短缺，随着发展的结构性调整，这个矛盾越发突出。

五是农村实用人才队伍建设。在新一轮改革过程中，要缩小城乡差别、地区差别、贫富差别，必须使农村各个领域有足够的人才保证。但目前看来，农村人才现状远远难以满足农村经济社会又好又快发展的需要。农村实用人才缺乏是制约农业农村发展的一个瓶颈。

面对复杂变化的世情与国情，必须以科学发展观为指导，抓住我国国际地位日益提升、综合国力显著增强的大好机遇，迎接国际人才竞争愈演愈烈对我国人才发展形成的严峻挑战，努力改变我国在人才工作方面的不利局面。首先，要坚持党管人才的原则，加强对人才工作的统一领导，形成人才工作的整体合力，在日益激烈的国际竞争中夺得先机，牢牢掌握主动权。其次，要科学确定我国未来人才发展的中长期战略目标，将人才工作置于经济社会发展大局之中通盘考虑，一并推进。第三，要着眼于我国经济社会发展对创新型人才的需要，明确人才发展的主攻方向，全面提升我国“五支队伍”的数量与素质，重点造就杰出的创新型人才。第四，要加快推进我国人才国际化进程，加快提升人才的国际化素质，推进教育对全球开放，采取多种形式加大人才国际化培训力度。第五，要继续贯彻支持留学、鼓励回国、来去自由的方针，扩大出国留学规模。吸引广大留学人员回国工作或以多种方式为国服务。最后，要尽快出台国际通行的投资、技术政策，推进专业技术人员职业资格的国际互认，以更加积极的姿态和更宏大的气魄参与国际人才竞争。

二、以人为本，深化改革，全面改善我国人才发展环境

良好的人才发展环境是造就人才、吸纳人才、用好人才的客观条件，是当今各国着力提升本国人才国际竞争力的重要保障。我们应当立足当前，把握未来，坚持以科学发展观为统领，坚持改革，全面改善我国人才发展环境。

一是建立运行高效的人才管理体制机制。要进一步深化党政干部选拔任用制度改革，建立以公平竞争为基础、择优为导向的选人用人机制；深化事业单位人事制度改革，全面推行聘用制和岗位管理制度；完善企业用人制度，增强企业培养、使用人才的能力；在人才流动中加快户籍和社会保障制度改革，促进人才自由流动；加强知识产权保护、税收、融资、公共服务等领域的体制创新，为人才发展提供优质服务；形成党管人才的科学运行体制机制，按照管宏观、管政策、管协调、管服务的要求，完善人才工作统分结合、协调高效、优势互补、整体联动的机制，建立健全相应的组织保障体系。

二是建立现代化的国民教育体系和继续教育体系。要按照建立全民学习、终身学习的学习型社会，促进人的全面发展要求，努力推进教育体制机制改革，推进中外合作、产学合作的多种办学形式，让更多的人才有机会接受继续教育。要大力发展各类职业教育，通过职业教育培养数以千万计的急需的各类应用型人才。在加大财政支持力度方面，把职业教育放在与普通高等教育同等重要的位置来考虑。

三是加快建立与完善我国人才政策法规体系。通过人才政策法规体系建设，依法贯彻党管人才原则，落实党的人才发展战略和人才政策。当前要着力提升人才立法层次，优化人才政策法规体系，根据人才类型特点，健全针对各类人才的法律制度，如制定《人才促进法》，发挥对人才立法的统领作用；制定《国家荣誉法》，完善人才激励机制；制定《移民法》，大力吸引海外优秀人才等等。

四是坚持以人为本，从尊重人才出发，努力满足人才的物质文化需求。要营造良好的工作环境，努力改善各类人才的工作条件，积极主动

地帮助他们解决工作中遇到的困难与问题。要营造良好的人文环境，倡导奋发进取、敢为人先的精神，尊重人才的劳动和创造，使各类人才充分感受到自身的价值。要营造良好的服务环境，进一步转变政府职能，提高公共服务的效率和质量，为各类人才的成长发展、干事创业提供便捷、高效的服务。

三、大力培养哲学社会科学人才，推动哲学社会科学人才走向世界，增强我国的话语权和主导权

当今世界的人才竞争是全方位的，当然也包括哲学社会科学人才的竞争。建设中国特色社会主义需要在实践和理论上进行不懈探索，不断在实践的基础上创新理论，用发展的理论指导实践。在实践和理论的双重探索中，哲学社会科学具有不可替代的重要作用。胡锦涛同志在党的十七大报告中提出了推动我国哲学社会科学优秀成果和优秀人才走向世界的战略任务。随着综合国力的不断增强，我国在国际舞台上扮演的角色越来越重要，但在国际交流和对话中，我国哲学社会科学的优势尚显不足，不利于我国在国际事务中发挥更大的作用。为了在国际社会发出更多属于中国的声音，努力抢占先机、赢得话语权、掌握主动权，就要扩大我国哲学社会科学的国际影响力，增强我国在文化领域的凝聚力和号召力。在这种形势下，实施中国哲学社会科学"走出去"战略，无疑是塑造负责任大国形象的必然选择。

推动哲学社会科学人才走向世界，也是进一步繁荣我国哲学社会科学的需要。作为综合国力构成因素中的精神生产能力和先导性要素，哲学社会科学历来在综合国力中占有重要位置。总体上看，我国还不是一个哲学社会科学发达的国家，哲学社会科学研究成果在增强综合国力方面的作用尚不显著，实施"走出去"战略，推动哲学社会科学人才走向世界，目的之一就是通过加强哲学社会科学的国际交流，促进哲学社会科学的进一步发展和繁荣，使我国哲学社会科学工作者开阔视野，更加全面地了解中国，了解世界。

加强哲学社会科学人才队伍建设，推动哲学社会科学优秀成果和人才走向世界，是一项双重的战略性任务，需要精心组织和策划，制定具有战略性、指导性、前瞻性的总体规划和可操作性强的实施方案，对重点领域、阶段和中长期目标以及实施步骤等进行科学部署。第一，要努力培养一大批坚定的马克思主义者，造就一大批善于运用马克思主义基本立场、观点、方法，紧密联系我国经济社会发展实际分析说明问题，全面掌握中国特色社会主义理论体系，政治坚定、与党同心同德、具有广泛社会影响的理论家、思想家。第二，要抓紧培养哲学社会科学高层次国际性人才，培养一大批方向明确、学贯中西、博通古今的专家、名家、大家，通过对外学术交流、国际学术活动、选派留学人员等多种渠道，促进国际性哲学社会科学人才的成长。第三，要抓紧培养造就一批中青年高级专家，重视对青年人才的扶持和培养。结合我国当前处于学科带头人代际交替的实际情况，要切实采取措施，使中青年骨干迅速成长，培养和造就一大批政治坚定、崇尚真理、学识渊博、学风优良、品德高尚的中青年理论家、思想家和哲学社会科学专家。第四，要贯彻"以我为主"的原则，组织力量着手进行我国哲学社会科学优秀成果的整理和翻译工作，为世界更好地了解和认识我国哲学社会科学的价值提供便利，推动我国哲学社会科学优秀人才和优秀成果走向世界。第五，要拓宽对外交流的渠道，既要重视政府间文化交流活动在推介优秀成果和人才中的作用，又要鼓励和支持跨国民间学术交流。在传播形式上，既可以经由学术界，以纯学术的方式进行，也可以发挥市场作用，以产业化半产业化的方式运作，鼓励和支持有实力的学术机构走出去。

（作者：中国社会科学院常务副院长）

加大干部选拔任用工作中的竞争力度

沈红光

党的十七大提出了干部人事制度改革的八字方针："民主、公开、竞争、择优"。根据这一要求，增强干部选拔任用工作的竞争力度，是深化干部人事制度改革的重要内容，也是组织工作改革创新的一项重要任务。我们要充分认识做好这项工作的重要性和紧迫性，积极探索实践，加大选拔任用干部工作的竞争力度。

一、竞争增强干部队伍建设活力

竞争促使公开透明，有利于提高选人用人公信度。在干部选拔任用工作中引入真正的竞争机制，不是简单的"二选一"，或"多选一"，而是需要设置一些配套前提条件的。比如，参与竞争的机会必须是平等的，竞争的过程不是暗箱操作的，竞争的程序和评判标准必定是公开的，竞争的结果必然是令人信服的，等等。这在客观上需要改变过去那些封闭式、神秘化的操作方式，改变长期形成的干部任用"关起门来"研究、定岗定人的传统做法，营造公开透明的选人环境，把整个干部选任过程置于"阳光"之下。竞争在给予更多干部"参赛权"的同时，也必然要赋予广大党员群众以更多的知情权、参与权、选择权和监督权，这有利于扩大选人用人中的民主，消除"少数人选人"和"在少数人中选人"的现象，从而防止和纠正选人用人上的不正之风。

竞争打破条条框框，有利于让优秀人才脱颖而出。必须看到，由于各种因素，不少地方在选人用人中仍然存在视野不宽、观念落后，甚至论资排辈的现象。在干部选拔任用工作中引入竞争机制，打破条条框框、不拘一格选拔人才，就是要为那些善于领导科学发展的干部搭建展示才华、一显身手的舞台，这样一方面有利于组织拓宽识人选人视野，更好地发现和使用干部，促进干部合理流动，实现人才资源的优化配置；另一方面也有利于调动广大干部的工作积极性和主动性，特别是让那些埋头苦干、不事张扬，又有真才实学的优秀干部脱颖而出，为他们更快地成长、更好地为党和人民建功立业创造条件。

竞争产生外在压力，有利于激发干部的潜能和进取心。在干部选拔任用工作中引入竞争机制，能够激发干部的潜能，把外在压力转化为内在动力，有利于增强广大干部的竞争意识和危机意识，促使干部勤奋学习工作、不断提高素质、积极参与竞争，从而在干部队伍中树立正确的选人用人导向，真正形成相互促进、共同提高、你追我赶、充满活力的生动局面。总之，我们要切实增强加大竞争力度的责任感和紧迫感，鼓励干部敢于竞争、善于竞争，积极探索"赛场选马"的选人用人机制，为推动竞争性选拔干部工作创造好的环境。

二、加大竞争力度要把握几个原则

第一，坚持党管干部，把好政治方向。党管干部是加强党的领导在干部工作中的重要体现，是实现党的思想领导和政治领导，贯彻党的基本路线和基本纲领，巩固党的执政地位的重要保证。我们开展的竞争性选拔与西方的"竞选"有本质的不同，要坚持党管干部原则，保证党对干部人事工作的领导权和对重要干部的管理权。在具体操作过程中，要毫不动摇地贯彻落实党的组织路线和干部路线，按照德才兼备、注重实绩、群众公认的原则，认真负责地把好资格关、考试关、考察关等，特别要加强对竞争过程的组织监督，严厉遏制和惩处请客送礼拉票贿选等不正之风，确保让那些靠得住、有本事、过得硬，忠诚党的事业，真正让广大党员群众信得过的干部走上各级领导岗位。

第二，坚持阳光操作，实现公平竞争。竞争是否公平决定了能否选拔出真正的人才，也决定了竞争本身的价值和意义。因此，开展竞争性干部选拔，保证整个运作过程的公正性至关重要。实现公平竞争，必须做到机会平等、过程公开、评判公正。机会平等，就是要根据拟任岗位对年龄、知识、阅历、能力等各方面的客观要求设定参与竞争的资格条件，不能因人而设，搞意向性限制和加权优先，要使符合资格的人都有机会站在同一起跑线上参与竞争；过程公开，就是要让拟任岗位、资格条件以及竞争的程序、规则、结果等都公开透明，让整个选拔过程在阳光下运作，以便更好地接受广大群众的监督，不能"打闷包"、搞"暗箱操作"；评判公正，就是对人选能力素质的评价要以事实为依据，力求全面客观准确，不能受到人为因素的影响和干扰。

第三，坚持科学规范，实现有序竞争。没有规矩，不成方圆。开展竞争性选拔，要在合理规则规范下进行，具体来说要做到"三个性"：一是统一性。竞争的程序规则要统一规范，相同层面、相同类型的竞争性选拔，其程序、规则应是相近的，不能因人而异，随意修改程序和规则。二是科学性。要遵循于法周延、于事简便的原则制定竞争的程序和规则，使其既不繁琐复杂，又确实能达到筛选人才的效果。对人选能力素质的测评方法要增强客观性，减少主观因素的影响。三是严肃性。要坚持按程序和规则办事，在整个竞争过程中，既定的程序不能走形式，更不能"飞过海"。否则，竞争就会出现无序状态，难以达到选准人、用好人的目的。

第四，坚持团结合作，实现同向竞争。竞争就是要优胜劣汰，让优秀人才脱颖而出。但有的同志担心竞争会影响团结，造成内部矛盾。防止出现这种现象要从两个方面入手：对各级党委及其组织部门而言，要辩证地看待"优胜劣汰"，一方面要尊重竞争的结果，用好通过公平竞争胜出的干部，充分发挥他们的才智；另一方面又不能只以一次成败论英雄，要把竞争看作是发现和培养人才的机会，对那些虽然落选但素质较好、具有潜能的干部要予以关注，纳入视野，及时跟踪和培养。对参与竞争的干部而言，要正确认识和对待竞争，把它看作是展示自身才华、接受组织挑选的契机，是向其他同志虚心学习、取长补短的良机，而不是相互拆台的"明争暗斗"，更不是水火不容的战场。参与竞争的同志要心底坦荡、胸襟开阔，优胜者不能志得意满，被淘汰者也不能心怀怨气。组织部门在整个竞争过程中要加强引导和监督，对那些心胸狭窄、不择手段，暗中"做手脚"破坏团结的人决不能提拔重用，要严肃教育和处理，努力从各方面为竞争营造和谐融洽的氛围。

三、建立健全干部选拔任用机制要体现竞争性

要积极推进公开选拔、竞争上岗工作。近年来，上海在市管干部层面进行了公开选拔工作的探索试点，积累了一些经验，但也存在一些问题。加强公开选拔工作要着力建立和完善"四个机制"：一是建立经常化、规范化的工作机制。加强职位分析的基础性工作，明确岗位职责和要求，便于因岗择人。加强统筹协调，实行定期集中的公开选拔，从实践看，一年开展一次较为适宜。进一步完善公开选拔工作流程，合理设定公开选拔的时间周期，认真把好报名关、笔试关、面试关和考察关。二是完善科学规范的考试机制。公选工作的难点是如何通过考试甄别"会考试"与"会干事"的干部，因此在考试的安排上应与公务员考试有别，具体来说要加大三个"比重"：即在考试中加大面试的比重，面试成绩要重于笔试成绩；在笔试中加大主观性试题的比重，以利于测试应试者分析问题、解决问题的能力和水平；在面试中加大岗位能力测试的比重，以更好地检验应试者是否胜任所报考的岗位。同时，要加强考官队伍建设和考试题库建设，不断提高考试的科学性和实效性。三是完善公选人选考察机制。针对公开选拔跨

地区、跨单位、跨部门的特点，要采取区别于传统考察的方法，注重运用综合考核评价办法，广泛听取平行单位、上级单位、业务联系单位和周、围群众的反映，全面了解考察对象的基本情况、工作能力和工作实绩，避免“失真”。四是完善公选结果运用机制。做到“三个结合”：与延伸选用相结合，积极探索“一考多用”的办法，逐步把公开选拔结果运用到干部的日常考察和选配工作中；与储备人才相结合，对所有进入面试的干部建立人才档案，纳入到后备干部队伍进行管理和培养；与激励干部相结合，通过公开选拔，进一步树立民主、公开、竞争、择优的用人导向，形成奋发、竞争、进取的良好氛围。

单位内部的竞争上岗，要进一步规范竞争上岗的操作程序和组织方式，明确竞争上岗应在职位出现空缺时适用，逐步做到缺位必竞。竞争上岗的人员可由部门内设机构领导职务扩大到部门领导成员。竞争上岗必须经过考试和民主测评程序，考试内容应侧重于岗位专业特点，民主测评可采用量化计分的方法进行，以保证竞争的科学性和公正性。

要进一步改进差额选拔方式。在干部选拔任用中实行差额竞争，有利于好中选优、优中选适。近年来，各地在选拔党政领导干部工作中进行了积极探索，主要是在推荐、考察、酝酿、讨论决定四个环节上实行差额。从上海的实践体会看，在各个环节上应有所侧重：差额推荐要注重公开性。不久前上海在政法系统探索实行了“两次推荐”的办法：第一次推荐是“海推”，重点是解决扩大视野问题；第二次推荐在第一次推荐结果的基础上，主要是解决好中选优问题。这样有利于把基层干部、中层干部和班子成员，把知情者、关联者、代表者等各方面的民意切实表达出来。差额考察要注重客观性。主要是两个方面：人与人的比较，即对同一职位的所有考察人选进行比较鉴别，从客观上看谁的各方面表现更好；人与岗位的比较，即把考察对象的条件和岗位要求进行对照，从客观上看谁更适合这个岗位。差额酝酿要注重广泛性。可以根据拟任岗位的要求，适当扩大酝酿范围，除了按照《干部任用条例》规定的范围酝酿外，还可以征求相关单位和部门领导成员的意见，以便更好地进行比较。差额表决要注重程序性。要通过严格的程序保证选人用人讨论的充分性和决策的公正性。在讨论人选时，要规定发言顺序，主要领导应在最后发表个人意见，并根据多数同志意见确定是否进入表决程序。表决方法应采用无记名差额票决，当场公布表决结果。

要探索竞争性的干部选举制度。近年来，上海在基层组织的选举中进行了探索，目前的重点是推进“公推直选”工作。当前要以此为契机，在建立健全竞争性的干部选举制度上加大力度。一要改革完善候选人提名制度。提名是选举的首要环节，也是充分体现选举人意志的一个重要环节。要进一步完善民主提名程序，坚持组织提名与党员群众提名相结合，自下而上推荐和自上而下推荐相结合，进一步扩大选举人的可选择面，保障其充分行使民主权利。二要改革完善差额选举办法。差额选举是选举人充分表达民主意志的重要形式。应根据选举的层次和类型，适当扩大候选人的差额比例和差额人数，为选举人投票表达自己的意志提供选择空间。要坚决杜绝“硬差”、“软差”现象。候选人无论谁当选，都是民主选举的结果，都应予以充分的尊重。三要改革完善干部选举程序。改进选举前对候选人介绍的方式方法，除介绍候选人基本情况外，还可以通过自我介绍、演说、辩论、答疑等形式，让选举人能够全面了解候选人。坚持和完善票决制，从有利于充分发扬民主出发完善选举程序，以保证选举人真实意志的表达。四要改革完善选举配套制度。要进一步建立健全与党内选举制度相配套的任期制、免职制和辞职制等相关制度。目前比较突出的问题是选举产生的干部在任期内调整过频。应明确规定：如无特殊情况，选举产生的干部特别是主要领导干部在任期内原则上不应调动、交流，以体现对选举人和选举结果的尊重。

（作者：中共上海市委常委、组织部长）

构建开放式干部培训工作格局

任泽民

近几年，中共山西省委在充分发挥党校、行政学院干部教育培训主渠道主阵地作用的基础上，坚持以改革创新的精神和思路，以创建省院干部培训资源共享机制为切入点，积极探索构建开放式大培训工作格局，干部培训的质量效益大幅度提高，促进了山西经济社会发展。

一、立足科学发展，抓住主要矛盾，确立开放式大培训工作思路

作为内陆欠发达省份，山西近年来正处于深化、跨越、崛起发展的关键时期。如何适应新形势新任务新要求，更好地为科学发展服务，为干部成长服务，成为干部培训工作必须认真面对并着力解决的重要课题。

省委组织部立足山西实际，抓住主要矛盾，进一步理清工作思路。一方面，山西要全面实现科学发展，迫切需要创新干部培训工作，尽快提高各级领导干部领导科学发展的能力和水平；另一方面，干部培训与形势任务、与干部个性化多样化需求不符合、不适应的问题，又集中反映出机制体制弊端成为制约干部培训工作的瓶颈。比如，相对封闭、单一的培训体制；“千人一面”、“满堂灌”、“一锅煮”，几年一贯制的培训模式；高端师资、精品课程、品牌班次等优质培训资源总量不足等。针对存在的这些问题，我们明确提出，要在充分发挥好主阵地、主渠道作用的基础上，放宽视野，树立开放式大培训理念和思路，大胆打破相对封闭、单一的体制机制弊端，积极探索“走出去”培训干部的方法途径，特别是要首先争取国家级干部培训机构的直接支持，用全国最优质的资源培训干部。

二、创建省院干部培训资源共享机制，探索构建开放式大培训工作格局

去年4月，我们在太原召开了省院干部培训资源共享座谈会，省院干部培训资源共享机制正式创建。

（一）以签订协议形式建立长期稳定的省院合作关系。在省院干部培训资源共享座谈会上，山西省与7所国家级干部培训机构正式签订了省院干部培训资源共享合作协议。协议明确了省院双方平等自愿、共建共享、长期合作的内容、方式和责任、义务。一方面，山西可以通过有计划地到国家级干部培训机构举办班次、聘请师资、开展课题研究等方式，分享国家级干部培训机构的优质培训资源；另一方面，国家级干部培训机构也可以充分利用山西作为中华文明发祥地、革命老区和国家能源重化工基地的资源优势，开展教学实践、科研考察，挖掘开发教学资源，实现共建共享。目前，我省在办好省委党校主体班次和专题班次的同时，已在中央党校、中国井冈山干部学院、中国大连高级经理学院举办专题班次6期，培训省管领导干部近300人。同时，中央党校、中国浦东干部学院、延安干部学院和中国大连高级经理学院等，也先后到我省开展了教学实践、科研考察和教学资源开发。

（二）从“订单培训”模式入手，选择培训机构、设置班次课程。为突出针对性和实效性，我省坚持在培训内容、方式和机构上向广大干部开放，在培训项目上向国家级干部培训机构开放的“双向开放”原则，从“订单培训”模式入手，在国家级干部培训机构主要设置

了三个层面的班次：一是根据“省管领导干部订单培训年度需求调查”，把相对集中的需求（30人以上）确定为培训专题，然后选择培训机构、设置班次和课程。比如，我们按需求把50多名县委书记一次性集中到中央党校，接受为期半个月的党建创新理论培训。二是根据国家级干部培训机构的不同教学特色开展“订单培训专项调查”，设置不同类型的专题班次和课程。比如，我们在中国大连高级经理学院举办了2期“山西省高级企业管理人才专题培训班”，在中国井冈山干部学院举办了“山西省新任市厅级领导干部理想信念教育专题培训班”。三是在省委党校主体班次中开展“延伸培训需求调查”，把省委党校欠缺的课程延伸到国家级干部培训机构。比如，我们把省委党校省管领导干部进修班延伸到中央党校，把省委党校中青年领导干部培训班延伸到中国井冈山干部学院等。

（三）以省院干部培训资源共享机制为依托，不断拓宽培训视野，增加优质培训资源总量。在创建省院干部培训资源共享机制基础上，为增加优质培训资源总量，充分满足广大干部的个性化、多样化培训需求，我们进一步拓宽培训视野，积极寻求与省内外高等院校的合作途径和方式。去年以来，先后在西安交通大学、山西农业大学等院校举办了专题班次。今年4月，我省又紧紧围绕学习实践科学发展观，推动新基地新山西建设又好又快发展，提出12个研究方向的培训需求，以《高等院校“山西省省管领导干部专题培训”教学资源专项评估调查》形式，正式向北京大学、清华大学等20所省内外高等院校提出合作意向，争取把一些对山西科学发展十分紧迫的知识性、专业性强的专题班次，有选择地办到教学资源优势相对集中的高等院校。目前，已有中国人民大学、中国农业大学等13所高等院校针对我省的培训需求提供了合作清单。我们将在充分利用好省内培训资源的同时，不断拓展“省院干部培训资源共享机制”的合作主体、合作空间和合作方式，积极探索构建开放式大培训工作格局。

三、扩大视野培训干部，形成充满生机与活力的干部培训局面，推动山西经济社会建设又好又快发展

省院干部培训资源共享机制的创建，为适应新形势新任务提出的新要求开辟了新天地，为满足广大干部个性化、多样化的培训需求开辟了新途径，形成充满生机与活力的干部培训生动局面。

首先是促进体制内培训机构之间展开竞争。开放式大培训格局的构建，进一步拓展了培训资源的选择空间。你教的好就选择你，教的不好就另选他人。比如省委组织部举办的专题班次，有的放在党校，有的放在干部院校，有的放在高等院校，这种宽广的培训视野，使党校、干部院校无形之中面临竞争的压力。其次是促进体制外培训机构之间展开竞争。省委组织部每次在高等院校举办专题班，都要根据需求先期进行“高等院校教学资源专项评估”，择优安排班次。这对高等院校来说既是一种考验，又是一种激励。比如，新农村建设乡镇党委书记培训，领导干部科学决策能力培训，公共事件处置能力培训，我们都采取择优选择院校、科学设置班次的办法。省内部分高等院校，都想争取这些项目，但是没有开设相关课程或师资力量不足的院校只能暂时被淘汰。第三是激活了党校的办学动力。在开放式大培训格局的推动下，各级党校感受到前所未有的巨大压力，增强了教学改革的自觉性和主动性。在教学上打破几年一贯制的僵化模式，实行了互动式、模拟式、研讨式等教学方式，特别是加大了案例教学力度。在师资力量上实行了“学员评议、末位淘汰”制。广大干部参加党校学习的积极性大大增强。

通过创建省院干部培训资源共享机制，探索构建开放式大培训格局，山西省干部培训

工作呈现出四大变化：一是从过去的培训来了“躲着走”变为现在的跑学要学“争着上”；二是从过去强制式的“要我学”变为现在主动式的“我要学”；三是从过去的培训机构“单打一”变为现在的培训资源“多渠道”；四是从过去的教学与需求“两张皮”变为现在的培训与工作“两促进”。创建省院干部培训资源共享机制，构建开放式大培训格局，不仅激发和调动了培训机构办学的内在动力，更重要的是有效地激发和调动了广大干部参加培训学习的内在动力。“两个动力”的产生极大地促进了广大干部思想观念的大解放大转变，促进了广大干部领导科学发展能力的大进步大提高。有的干部说，过去参加培训主要靠打考勤、装档案逼着干部学，现在大家参加培训的态度转变了，关键就是培训的实效性增强了，为干部提供了很大的帮助，感到学有所用。太原重型机械集团董事长在中国大连高级经理学院培训过 10 天，他评价，这次培训根据学员需求，请来了国务院研究中心研究员、名牌大学名教授，内容针对性非常强，特别是对提高大家的战略思维能力很有帮助。

四、创建省院干部培训资源共享机制，探索构建开放式大培训格局的几点启示

(一)干部培训工作必须敢于创新、勇于创新、善于创新。面对新的形势和任务，干部培训工作必须敢于创新、勇于创新、善于创新。敢于创新、勇于创新，就是首先要站在加强和巩固执政党地位的高度，以与时俱进的改革精神，在干部培训工作出现新情况、新矛盾、新问题时，要敢于、勇于打破与形势任务要求，与干部个性化、多样化需求不符合不适应的机制体制弊端，不为旧有框框所限，大胆革故鼎新，着力实现干部培训工作新的突破。善于创新，就是要坚持一切从实际出发，坚持深入调研的工作方法，坚持循序渐进的改革措施，先从主阵地主渠道改起，再从体制内突破，然后走向体制外，实现开放培训。

(二)干部培训要以干部为本，扩大视野办培训。干部培训的出发点、落脚点在哪里？在干部。所以，首先就应把干部培训的主体和客体搞清楚。过去人们习惯把干部培训主管部门、培训机构和教师摆到主体地位，而把培训对象放在客体位置，实际上是本末倒置。干部培训以人为本，就是以干部为本，干部培训主管部门、培训机构和教师都应以服务干部为宗旨。努力做到干部需求什么内容，我们就培训什么内容；干部需要什么形式，我们就采取什么形式；哪个培训机构能够更好地完成培训任务，我们就选择哪个培训机构。以干部为本，也不能简单地按干部级别设置班次，因为一个级别的干部未必都是一类需求。因此，在招生时，因人而异，根据干部的不同需求，按类别设置班次和课程，选择培训机构。

(三)干部培训要着眼于科学发展，实现质量效益最大化。新时期的干部培训是以科学发展观为指导的干部培训，所以必须以更好地为科学发展服务作为着力点，实现培训质量效益的最大化。干部培训服务科学发展，要把干部培训作为战略性基础性工作纳入推进山西科学发展的大局来规划。去年以来，我们在省委党校、国家级培训机构、高等院校举办的各类专题培训班，都是紧紧围绕山西科学发展，通过“订单培训”形式开展培训。在总结去年工作的基础上，我省今年又出台了干部培训计划。干部培训为科学发展服务，就必须摒弃“单纯培训”观点，不能就培训抓培训，而要深入研究探索干部培训服务科学发展的方法途径，从务虚到务实，充分发挥干部培训推动科学发展的重要作用。

（作者：中共山西省委常委、组织部长）

进一步深化干部人事制度改革

弘　强

深化干部人事制度改革，是我国政治体制改革的一个重要内容，是选好用准干部、防止和克服用人不正之风的治本之策。近年来，江西省把干部人事制度改革作为加强党的建设、做好组织工作的重要内容来抓，以落实中央"一法、一纲要、三条例以及十一个法规性文件"为重点，制定相关细则和实施意见，坚定不移地推进改革；以扩大民主为方向，推行和完善民主推荐、民主测评、差额考察、任前公示、公开选拔、竞争上岗、全委会投票表决等制度，坚定不移地推进改革；采取"上下互动，先点后面，逐步完善"的方法，破解干部人事工作中亟待解决而又难度较大的问题，坚定不移地深化改革。站在新的历史起点上，面对新的发展和实践，进一步推进和深化干部人事制度改革，必须以十七大精神为指导，坚持"民主、公开、竞争、择优"的八字方针，着力做好以下四个方面的工作。

一、坚持把扩大民主与规范程序统一起来

扩大民主是干部人事制度改革的重要原则。这些年，干部选拔任用工作民主程度有了很大提高，实行了民主推荐、民主评议和民主测评等一系列的改革制度，进一步扩大了群众对干部选拔任用工作的知情权、参与权、选择权和监督权。然而，在推进干部选拔任用工作民主化进程中，也还面临着如何把握民主推荐、民主测评科学性和真实性等方面的问题，这就要求我们把扩大民主与规范程序统一起来，用具体的程序来规范民主权利，用切实的制度来保证民主权利的落实。近几年，中央出台了《干部任用条例》等一批法规，强化了制度的刚性和程序的完备性，人民群众行使民主权利越来越实，干部工作公开透明度也越来越高。但是，在具体操作过程中，也面临着一些需要进一步完善的问题。如干部考察中，究竟应由哪些群众参与，参与群众的成分如何确定，多少群众参与才算合乎扩大民主的要求；如何具体规范候选人与选举人见面、介绍情况、回答问题或发表公开演说等做法。

这次地方党委集中换届，我省按照中央的要求，把扩大民主的要求贯穿于换届工作的全过程，按照于法周延、于事简便的原则，紧紧抓住提名、考察、选举等关键环节，推进选任工作科学化、程序化、具体化，确保换届工作的顺利完成。其一，扩大群众参与度，确保民意的真实性。针对地方党政领导班子及其成员的工作特点，科学设置对班子、班子成员及考察对象的民意调查类别、内容、考核评价项目，坚持随机抽取来自基层各行业、未参加民主测评和推荐大会的社会各方面代表，扩大了参加民意调查的人数，参评人员普遍在150至200人左右，确保评价主体具有广泛性，民意调查更具真实性。其二，拓宽考察层面，确保程序的规范性。考察过程中，执行程序一丝不苟，履行程序一步不差，不仅找人谈话了解情况，而且到实地察看政绩，联合统计、财政、审计等经济职能部门核实政绩。对考察对象还进行集中面试，有针对性地了解其适应职位能力、应变能力、表达能力及心理素质等方面。其三，完善考评办法，确保考核的科学性。我们运用了《体现科学发展观要求的地方党政领导班子和领导干部综合考核评价试行办法》，在党委换届考察中收到了良好效果。在市人大、政府、政协的换届中，进一步完

善和运用了综合考核评价办法。比如，在政府领导班子考核项目中，增加了人均固定资产投资及增长率、城乡居民收入比、下岗失业人员再就业率等评价指标，评价体系更加明确、更加科学。其四，加强制度建设，确保规则的刚性。在考察结束后，反复调研，多次讨论，着力细化人事安排操作原则，就副书记的安置、干部交流和扩大党政成员交叉任职等制定了具体、量化、刚性的操作规定，使人事安排调整有了统一尺度，既消除了干部的思想疑虑，又对用人上的一些不良现象起到了遏制作用。

二、坚持把提高选人用人公信度和提高党委组织部门的公信力统一起来

十七大提出提高选人用人公信度的新要求，这是党在选人用人上的郑重承诺，是组织人事部门的工作标准。提高选人用人的公信度，就是要着力把干部选拔的标准、要求和程序交给群众，把干部任用的过程也亮给群众，不断拓宽民主渠道，改进群众参与方式，努力把促进社会公平正义的要求真正体现到党政领导干部选拔任用工作中。

组织部门作为党委选人用人的职能部门，选准用好干部是责任和使命所在，也是组织部门公信力的集中体现。组织部门的公信力越高，人民群众对选人用人的公信度也就越高。当前在选人用人上出现的干部“带病上岗”、“带病提拔”等问题，降低了选人用人的公信度。我们要深刻认识解决这一问题的重要性，加强公信力建设，树立组织部门公道正派的形象。一是提高选贤任能的能力，提高群众的认可度。选人用人要有很强的职业能力和业务水平。列宁认为“组织家”的才能就是“善于考察人，善于判断他们的品格，善于把每个人安排到适当的岗位上去”。我们以此为标尺，紧扣提高选贤任能的能力，一手抓学习培训，一手抓实践锻炼，在学习中长本领，在实践中增才干。同时，围绕组织工作中难点问题开辟“试验田”和示范点，鼓励探索，支持创新，在破解难题中提高知人善任的实际能力。二是树立公道正派的新形象，提高群众的满意度。公道正派是干部选任工作的基本要求，是提高选人用人公信度的重要保障。我们积极深化和拓展以公道正派为主要内容的“树组工干部形象”集中学习教育活动，引导大家以公道正派之心行公道正派之事，公道正派地考察、评价、推荐和使用干部，当好伯乐，甘为人梯。采取“请进来、走出去、面对面”的办法，通过部务公开、开门评部和聘请部风监督员等举措，让群众知情，请群众参与，听群众评价，受群众监督，把公道正派形象树在群众心中。三是防止和遏制用人上的不正之风，提高群众的信任度。我们从完善制度入手，注重防范，着力在规范干部任用提名制度、完善干部考核评价体系、加强干部选拔任用工作的监督上下功夫。对于那些群众反映强烈的跑官要官、买官卖官、许官送官、拉票贿选等行为，出台了11条相应措施，发现一起，查处一起，决不姑息，决不手软，让群众信得过、放下心。

三、坚持把选人标准和选任方式统一起来

选拔任用干部标准是党的干部路线、方针和政策的具体体现，是最直接的用人导向。新时期我们党形成了德才兼备、任人唯贤、群众公认、注重实绩的干部选任原则和标准。近几年来，我们选拔干部的方式越来越多，但是怎样既严格按照标准一把尺子量人选人，又适应各类人才的不同特点不拘一格地选人用人，把那些政治上靠得住、工作上有本事、作风上过得硬、群众信得过的干部选拔到领导岗位上来，仍然是干部人事制度改革中需要深入探索的一个重大问题。

深化干部人事制度改革，主要是按照“民主、公开、竞争、择优”的原则，以科学化、民主化、制度化为目标，坚持“五湖四海”，不断拓宽选人用人的范围和渠道，改进选人用人的方式，就德才论干部、以公认选干部、凭实绩用干部。一是创新干部选拔形式。打破单一的选人用人

式，把“自我荐才、赛场比才、群众举才、伯乐才”有机结合起来，看资历但不唯资历，讲台但不抠台阶，引导干部比能力、比德才、比贡，营造激励先进、鞭策后进的良好人才选拔环。鼓励基层大胆创新，对一些地方“公开推、差额选举”试点工作进行规范和完善。二是大公开选拔、竞争上岗的范围。公开选拔、竞上岗把竞争机制引入干部管理，体现了不拘格的用人思想和改革精神。我省在总结经验基础上不断加大公开选拔和竞争上岗工作力，使之成为选拔任用干部的一种重要方式，尤是一些重要岗位和较高职位也在全省进行公公选。同时，对公开选拔和竞争上岗的程序、围、方法等进行了积极探索，并在实践中不断善和规范。三是建立选人方式与标准相匹配制度，防止方法上的实用主义。我们注意到，式的多样性对推进民主起到了积极作用，但有少数地方采取实用主义的方法，各取所需，人而异地使用不同的选人方式，影响了政策严肃性和约束力，在群众中产生了一些消极影响。为此，我们出台了有关规定，建立以工实绩为主要内容的考核指标体系，细化不同次、不同类别领导岗位的职责和素质标准，对用方式进行相应规范，加大公开选拔和竞争岗的力度，逐步提高公开选拔的领导干部在提拔同级干部中的比例；党政机关在调整充内设机构中层领导干部职位时，除规定不宜争上岗的职位外，一般应通过竞争上岗方式生。在干部选拔任用工作中严格条件，适度低委任制比例。

四、坚持把尊重群众和教育群众统一起来

尊重人民的主体地位，尊重群众的首创精，是党的群众路线在干部人事制度改革中的中体现。各级党委及其组织部门在代表人民众履行选人用人职责时，必须摆正自己的位，充分尊重人民群众的主体地位，把群众的需、愿望摆在第一位，充分调动群众行使知情权、参与权、选择权和监督权的积极性，把干部工作的重心放在全面、准确地听取群众呼声，把群众的意愿科学地转化为党委的决策上来，把人民群众满意的、需要的、拥戴的干部选出来、用上去。

当前，仍有一些同志对民主的重要性认识不够，对民主的程序和操作比较茫然。一些地方考察干部民意失真，甚至出现拉票贿选的现象。如何防止民意失真、考察失实？制度是根本，教育是基础。一方面，我们总结规范基层创造出来的离岗考察等制度，改进考察内容和方法，拓宽“民声通道”，强化日常考察，完善延伸考察，实行考察工作责任制，确保考察真实可靠。另一方面，加强对群众的教育和引导，做到“三个注重”。一是注重提高群众的民主意识。通过报刊、广播、电视等新闻媒体进行引导，广泛宣传党在干部人事制度改革中的民主政策，广泛宣传人民群众在干部工作中的主体作用，广泛宣传民主参与的重要性，营造浓厚的民主氛围，调动群众参与干部工作的积极性、主动性和创造性。二是注重强化群众的民主责任。推进民主，人人有责。我们通过典型示范、榜样引路和案例警示教育，消除群众对干部考核工作的顾虑，正确引导参评人员抛开个人恩怨，客观、公正、准确、负责地评价干部，珍惜投票权力，拒绝贿选。去年，我们对拉票贿选的12名当事人给予了组织处分和党纪政纪处分，起到了较好的警示作用。三是注重提高群众的民主能力。通过举办短训班、座谈研讨、印发宣传手册、知识竞赛等形式，推进《干部任用条例》等法规制度的学习，使干部任用标准、程序、方法被群众普遍掌握，操作起来不变形、不走样。

干部人事制度改革是一项长期而艰巨的任务。我们将始终坚持以辩证的思维来谋划改革、以务实的作风来推进改革、以创新的精神来深化改革，使干部队伍充满生机与活力。

（作者：中共江西省委常委、组织部长）

努力形成干部选拔任用科学机制

李锦斌

党的十七大报告指出，坚持民主、公开、竞争、择优，形成干部选拔任用科学机制。近年来，我们适应干部人事制度改革不断深化和广大群众民主意识不断增强的要求，积极探索干部选拔任用工作新机制，着力解决“由少数人选人”和“在少数人中选人”的问题，真正把那些人民群众满意和拥护的干部选拔到各级领导岗位上来，大大提高了选人用人公信度和广大党员群众对干部选拔任用工作的满意度。

一、创新干部民主推荐制度

民主推荐是扩大干部工作民主的首要体现，是干部选拔任用的“第一道关口”，对选准用好干部至关重要。实践中，我们紧紧抓住几个环节大胆创新、积极实践。一是注重公开干部工作内容。扩大民主的基本问题就是让群众知情。我们在民主推荐前，积极做到公布干部选任的原则、条件、方法和程序，公布班子职数、职位要求、职位空缺情况，根据实际情况公开组织部门选任干部的过程、环节和结果，在一定范围内公开进行民主推荐、民意测评、考察情况，从而调动了广大群众参与干部选拔的积极性，提高了民主推荐的针对性，保证了民主推荐质量。我省旬阳县在干部民主推荐前实施的“四公开”制度（即公开干部调配原则、公开干部调整范围、公开提名任用程序、公开干部选拔任用标准），打破了选人用人过程的神秘感，增强了干部工作的透明度。二是扩大民主推荐范围。倾听民声、尊重民意、集中民智，是干部推荐工作的基础和重要依据。我们在广泛采取全员推荐，召开领导干部大会推荐，召集部分人大代表、党代表、政协委员推荐的基础上，还积极吸收部分群众代表、服务对象和离退休老干部参加民主测评和个别谈话，从而有效扩大了群众在干部民主推荐环节的参与面，把“群众公认”体现在“源头”上。2006年，在全省市、县两级党委换届中，不少市县分别召开领导干部大会进行公开推荐，省委考察组召开民意调查座谈会，组织基层干部和群众代表参加了民意调查。今年1月，省委又召开全委（扩大）会议对6市11名党政正职人选进行了“面上”的民主推荐，随后又到有关市进行了“点上”的推荐。三是建立责任推荐制度。即署名推荐并写明推荐理由。我们实行了推荐干部工作责任制度，明确规定不管是个人提名，还是组织推荐提名，都要署名填写《党政领导干部人选推荐表》，在表中如实反映提名人、被提名对象、任职意向和提名理由。这一制度，减少了人为因素对推荐过程的影响，更大程度地唤起推荐人的责任心，增强了干部的责任意识和主体意识，规范了推荐人的推荐行为。四是实行差额推荐办法。通过多个人选的比较分析，有利于把最优秀的干部推荐上来，真正实现好中选优。为此，我们适当扩大了差额推荐干部的比例。西安市未央区委去年对缺职的22个区政府组成部门岗位进行了差额推荐，差额推荐比例由以往的2∶1左右提高到12∶1。

二、创新干部考察制度

准确识人没有捷径，只有通过扩大民主，充分听取广大干部群众的意见，才能客观公正地评价和识别干部。为此，我们不断创新，初步形成了一套较为科学的干部考察评价机制。第一,扩大干部考察的覆盖面。考察中,我们注重多方面听取普通群众、人大代表、政协委员、知情人群、服务对象等的意见;尽量多同考察对象本人接触,进行必要的"面试",直观地了解干部;注意考察干部的社交圈和生活圈,注重听取离退休老干部的意见,必要时还到考察对象上级主管部门、业务联系单位、相关职能部门、本人工作过的单位和住宅所在地社区、小区调查了解情况。第二,完善干部考察方式方法。我们认真落实《综合考核评价试行办法》,依据岗位任职条件、目标任务和能力要求,设置量化的考察评价指标,制定要素测评表,会同纪检、监察、审计、统计等部门进行实绩分析和综合评价,把落实科学发展观的实际成效作为评价干部政绩的根本标准,全方位、多途径了解、掌握和甄别干部德、能、勤、绩、廉各方面的情况,客观公正地评价干部的现实表现。我们积极研究开发干部量化考察软件系统,运用现代科技手段,使考察工作更加科学、透明、公正。还实行了考察的常态化,把日常考察与日常管理结合起来,随时掌握干部情况,使干部始终处于动态的考察和管理之中,避免"一次考察定任用"可能造成的失误。此外,省委组织部还在市级党委换届人选的考察中,引入了"面试",先后对78名拟提拔人选进行了集中面试,直观、准确地了解和掌握他们在知识积累、语言表达、逻辑思维、心理素质、综合能力等方面的情况。第三,扩大干部差额考察比例。近年来,我们把差额考察人选的比例逐步由过去的1名扩大到2至3名,有的还扩大到4名。实践证明,扩大差额考察比例,是充分发扬民主的有效方式和途径,增强了考察对象的可比性,有效避免了选人用人上的失误。第四,提高干部考察队伍水平。建立高素质的干部考察队伍,是防止干部考察工作失真失实的决定因素。着眼于新形势新任务对考察工作提出的新要求,我们积极探索建立灵活的训练和实践提高机制,加强组工干部业务培训,不断提高考察人员思想政治素质和业务技能。按照"谁考察,谁签字,谁负责"的原则,严格实行考察工作责任制。针对干部考察中的一些重大问题,探索建立由组织部门牵头,吸收纪检监察、审计、财政、统计等部门参加考察结果认定办法,有针对性地对被考察对象的政绩、经济发展指标、廉洁自律等方面情况进行综合分析认定,真正做到客观、准确地认定干部的政绩。我们还考虑试行干部考察员制度,从必备条件、分级办法、评审程序、基本职责、管理规范等方面入手,尝试建立专兼职结合的考察员队伍,不断提高干部考察队伍的素质和考察工作质量。

三、创新干部任用民主表决制度

民主表决是干部任用的最终决定环节。干部工作中的民主发挥得充分不充分,在很大程度上取决于民主表决制度是否完善、是否真正落实到位。近年来,我们在认真总结试点经验的基础上,逐步在全省各市和大部分的县(市、区)推行干部任用全委会票决制,特别是今年1月份通过省委全委会议集体表决方式任用6市11名市级党政主要领导干部。实践中,一些县(区)还探索将民主表决制度范围从决定任用环节延伸到组织部部务会提名干部、常委会审定考察人选上,使干部的提名推荐、考察评价和决定任用主体真正由少数人变为多数人。在多年的探索实践中我们认识到,要使全委会民主表决干部制度不断得到丰富和完善、充分发挥积极作用,必须从实际出发,做好以下几项工作。一是逐步扩大全委会表决干部范围。目前,全委会民主表决干部制度在多数地方只局限于上级党委对下一级党政领导班子正职人选的表决,未将党政工作部门领导干部人选纳入表决范围。随着经济社会的不断发展,一些涉及经济调节、市场监管、公共服务、社会管理等职能的党政工作部门作用日益突出,能否选准用好干部对各项事业发展影响很大,尤其是重要部门领导干部的选配越来越受到社会的广泛关注。因此,适当扩大全委会表决干部范围,逐步对各级党政重要工作部门正职领导干部人选实行全委会表决，并在此基础上探索将表决范围进一步延伸到重要岗位副职领导干部人选，是创新干部任用民主表决制度的重要方面。二是不断完善表决程序和相关配套制度。完善表决程序，让全委会成员在正式表决前，充分听取拟任人选基本情况、推荐考察民意、主要特点、任用考虑等情况介绍，全面掌握人选提出、形成的过程，并在此基础上进行认真思考和讨论，形成个人表决意见或建议。同时，配套完善公示制、试用期制等表决后续制度，以弥补全委会表决中可能存在的缺陷或不足，确保把人选准。三是积极试行差额表决。差额表决有利于好中选优。目前这一制度尚在实践探索之中，应本着积极稳妥的态度，选择试行条件较为成熟的部分地区先行试点，取得经验后再逐步推广。我们在今年省委制定下发的《关于以改革创新精神加强和改进组织工作的意见》中，对扩大全委会票决干部范围、进行差额票决试点等工作已作了安排部署，下一步将在具体落实中进一步探索完善。

四、创新干部监督制度

加强监督是把好选人用人关、提高干部选拔任用工作质量的重要保证。近年来，我们在加强干部监督工作制度建设方面进行了一些积极探索，先后制定出台了《关于提拔任用干部进行廉政鉴定工作的规定》等制度，会同省纪委建立了巡视制度、警示训诫制度等，初步形成强化预防、及时发现、严肃纠正的干部监督工作制度体系，在实践中取得较好成效，但也遇到一些亟待研究解决的问题。比如，科学规范的干部提名制度还不完善，组织提名、个人提名在操作中难以界定，提名主体不够明确，提名责任不好追究，等等。这些问题存在的一个重要原因，在于监督主体单一、监督制度不完善、监督手段缺失。从我省一些地方基层的探索经验看，要切实加强对干部选拔任用工作的监督，必须从以下几个方面积极推进干部监督制度创新。一是实行干部任用工作责任制。把监督贯穿于干部选拔任用工作全过程，科学界定干部提名、推荐、考察、决定任用等环节的责任主体、责任内容，明确对违规用人行为进行组织处理的具体办法。二是完善对“拉票贿选”等非组织行为查处的办法。明确规定在民主推荐、民主测评和民主选举等过程中拉票等行为的认定标准和具体处分措施，有效遏制各种非组织行为。三是制定相关制度有效制止跑官要官现象。首先把干部向组织提出正当要求与跑官要官行为区分开来，研究制定对跑官要官行为的认定和处理办法。其次，明令禁止“说官”现象。从现实情况看，跑官要官者不仅反复跑组织人事部门，而且大都采取各种手段和渠道向上“跑”，利用上面的关系向组织人事部门打招呼，施加影响和压力。因此，要有效制止跑官要官现象，还必须制定相关制度，对“说官”者说“不”。四是研究制定对各级党委（党组）主要负责人用人行为加强监督的办法。进一步完善干部选拔任用工作有关事项报告制度，各级党委（党组）研究任用干部时，凡在重要问题上意见不一致的，属于破格提拔的，超过任职年龄需继续留任的，领导干部的配偶、子女以及身边工作人员在领导干部所在单位（系统）提拔的，一次提拔超过一定数量的，都要坚持事前书面征求上一级组织人事部门和纪检部门的意见，同意后方可研究。认真开展科学规范和有效监督县（市、区）委主要负责人用人行为调研试点工作，探索加强对各级党委（党组）主要负责人用人行为的有效监督，完善相关制度。五是建立和完善干部监督工作协调配合机制。坚持干部监督工作联席会议制度，及时沟通信息，加强情况交流，形成监督合力。加强组织部门干部选拔任用工作的内部监督，做到科学分工、相互配合，实现合理制约、高效运行。努力拓宽监督渠道，建立和完善覆盖面广、渠道畅通、反馈及时、信息共享的干部监督信息网络。

（作者：中共陕西省委常委、组织部长）

从干部人事制度改革实践看提高选人用人公信度

陈存根

改革开放的30年，既是我国经济社会发展取得辉煌成就的30年，也是党的干部工作实现巨大进步的30年。30年来，我们党坚持以中国特色社会主义理论体系为指导，主动顺应经济体制改革和政治体制改革的发展形势，按照加强党的执政能力建设和先进性建设的要求，积极稳妥地推进干部人事制度改革，加快推进干部工作科学化、民主化、制度化建设进程，为改革开放和现代化建设提供了坚强的组织保证和人才支持。30年来干部人事制度改革的丰富实践和宝贵经验，对于我们认真贯彻落实党的十七大精神，全面做好新形势下的干部工作，切实提高选人用人公信度，具有十分重要的启示意义。

一、提高选人用人公信度必须坚持德才兼备、以德为先，把树立正确的用人导向作为首要前提

事业兴衰，唯在用人；用人之要，重在导向。导向不对，选人用人就会失去正确方向，公信度也就无从谈起。改革开放30年来，我们党的选人用人导向十分鲜明。邓小平早在1980年就提出了干部队伍“四化”方针，并多次指出选人用人要坚持德才兼备。江泽民同志也一再强调，选拔干部总的原则，还是德才兼备。进入新世纪新阶段后，我们党更加重视选人用人导向问题。在去年底召开的全国组织工作会议上，胡锦涛同志针对当前经济社会发生深刻变化、少数干部品德缺失现象屡禁不止、腐败案件居高不下的问题，明确提出要坚持德才兼备、以德为先，真正把那些政治上靠得住、工作上有本事、作风上过得硬、人民群众信得过的干部选拔到各级领导岗位上来。在“四化”方针和德才兼备原则的指引下，我们党培养选拔了一大批高素质干部，整个干部队伍的年龄、知识、专业结构发生了根本性变化。

德为政之本，也为人之本。领导干部的素质特别是思想政治素质如何，对一个地方、一个部门影响极大。坚持德才兼备、以德为先，既是我们党选人用人的一贯原则，也是做好新形势下选人用人工作必须牢牢把握的重要导向。现在一些领导干部出问题，主要不是出在“才”上，而是出在“德”上，人民群众对这些领导干部有意见也主要集中在“德”上。加强新形势下的干部工作，提高选人用人公信度，必须进一步坚持德才兼备，更加强调以“德”为前提、以“德”为先决。尤其要注重选拔具有坚定理想信念、真学真信真用中国特色社会主义理论体系、带头贯彻落实科学发展观的干部，牢记党的宗旨、密切联系群众、清正廉洁、干净干事的干部，对党和国家事业高度负责、敢于坚持原则、不回避矛盾、不贪功诿过的干部，自觉践行社会主义荣辱观、自觉遵纪守法、保持高尚情操、情趣健康的干部。对于“德”不合格的干部，绝不能选拔进领导班子；对于思想品德存在问题的领导干部，要严肃批评教育，问题严重的要坚决果断地予以调整。努力形成注重品行、科学发展、崇尚实干、重视基层、鼓励创新、群众公认的用人风气，以正确的用人导向来保障公信度的提高。

二、提高选人用人公信度必须坚持科学评价、准确识人，把加强和改进干部考核工作作为重要基础

知人才能善任，善选才能致贤。改革开放30年来，我们党着眼于选准用好干部，在加强

干部考核、科学准确识别干部方面作了大量探索。早在改革开放之初，就制定了第一个干部考核的综合性文件——《关于实行干部考核制度的意见》。上世纪80年代，分别颁发了县市区、地方政府工作部门、中央国家机关司局级领导干部年度考核工作试行方案。90年代，专门制定了《党政领导干部考核工作暂行规定》。党的十六大以后，制定出台了《体现科学发展观要求的地方党政领导班子和领导干部综合考核评价试行办法》。最近，按照党的十七大的部署，又在抓紧研究制定加强干部考核的意见、办法。干部考核制度的逐步建立和形成，使组织选人有了重要依据，干部努力有了正确方向，群众监督有了明确标准，为选人用人工作奠定了良好基础。

但是，从实践来看，当前一些地方干部考核指标还不够完善、考核方法还不够科学、考核机制还不够健全、考核失真失实的问题仍然比较突出，干部"带病提拔"、"带病上岗"现象时有发生，这是群众反映比较强烈、直接影响选人用人公信度的一个突出问题。要按照科学发展观的要求，着眼于既促进事业的全面发展又促进干部队伍的全面发展，既确保有效防错纠错又使优秀人才脱颖而出，进一步丰富考核内容，改进考核方式，完善考核机制，提高考核质量和水平。一是着力完善考核评价指标体系。要根据不同区域、不同部门、不同层次领导干部实际，构建门类齐全、重点突出、各具特色、简便易行的考核评价体系，更加突出科学发展、关注民生、公共安全和廉政建设等内容。同时，要高度重视考核干部在关键时刻、危难关头和涉及个人利益等问题上的立场和表现。二是着力扩大群众在干部考核评价中的话语权。要将目前主要以下级和同级评价的考核方式，扩大到服务对象和一般群众评价，在"官考官"的同时引入"民考官"。要尽可能将干部考核指标转化为群众易于感知和评判的具体项目和量化标准，以准确了解和掌握真实民意。三是着力变静态考核为动态考核。要坚持把换届考核、届中考核、年度考核和任职考核结合起来，探索将经常性考核与任前考核加权累计综合得出考核结果的办法，防止"一考定终身"，真正做到准确识别干部、科学评价干部。同时，要强化考核结果的运用，把考核评价结果作为领导班子调整和领导干部选拔、奖惩、培训的重要依据，真正实现对优秀者重用、对有潜力者培养、对落后者鞭策。

三、提高选人用人公信度必须坚持群众路线、群众公认，把扩大干部工作中的民主作为根本途径

群众路线是我们党的根本工作路线，是实现党的政治路线、思想路线、组织路线的重要保证。改革开放30年来，我们党把扩大民主作为深化干部人事制度改革的基本方向，始终坚持走群众路线，不仅使干部工作民主在理论上有了许多突破，而且在实践上有了很大进展。特别是2000年以来，相继出台了《深化干部人事制度改革纲要》、《党政领导干部选拔任用工作条例》、《公开选拔党政领导干部工作暂行规定》等一系列重要文件，全面推行了民主推荐、民主测评、民意调查、公开选拔、竞争上岗、全委会表决等制度，进一步扩大和落实了人民群众在干部选拔任用中的知情权、参与权、表达权和监督权，得到了广大人民群众的积极参与和热情拥护。实践证明，要把干部选准用好，最根本、最有效的办法就是要充分发扬民主，坚持走群众路线。

党的十七大对发展社会主义民主政治和加强党内民主建设作出了新部署，对扩大干部工作民主提出了新要求。当前，尤其要针对在扩大干部工作民主中出现的新情况新问题，既要注重民主形式更要注重民主质量，既要注重民主程序更要注重民主实体，既要注重民主过程更要注重民主结果，防止民意失真失实带来的用人失察失误。要抓住干部提名、推荐、考察、任用等关键环节，重点探索完善五个方面的制度。一是完善干部选任工作公开制度。在公开干部选任工作原则、方法、程序的基础上，区别不同情况，公开领导班子的职数、结构、空缺情况以及任用标准和条件，并在一定范围内公开

主推荐、民主测评和干部考核等情况，使干部工作逐步从“封闭”走向“透明”。二是规范干部任用提名制度。明确干部选拔任用初始提名的主体、原则、程序、纪律和责任，完善组织提名、领导干部个人推荐、干部自荐、群众联名推荐相结合的办法，把干部选任的初始提名权真正交给多数人。三是改进民主推荐、民主测评制度。扩大民主推荐、民主测评、民意调查的参与人员范围，合理界定不同类别票的权重，并切实为群众行使民主权利创造宽松环境，确保群众意见的真实表达，增强民主推荐、民主测评、民意调查结果的真实性和准确性。四是完善公开选拔、竞争上岗、差额选任制度。加大竞争性选拔干部的工作力度，逐步提高公开选拔领导干部的比例，全面推行部门中层干部竞争上岗。探索差额推荐、差额考察、差额酝酿、差额表决的“四差额”选人办法，努力搭建公平竞争平台。五是探索建立干部比选制度。要建立科学的民意分析和运用机制，把“尊重民意”和“不简单地以票取人”辩证统一起来。开展任职岗位适应性评价，将符合任职条件的干部均纳入比选范围，择优任用，确保干部品行、才能、资历与任职岗位相匹配，真正实现干部资源与岗位资源的优化配置。

四、提高选人用人公信度必须坚持严格纪律、严格监督，把预防和整治用人不正之风作为保障举措

吏治腐败是为害最烈的腐败。选人用人上的不正之风，直接损害党的形象，削弱选人用人公信度。改革开放 30 年来，我们党始终坚持从严治党的方针，高度重视加强干部监督工作，防治选人用人不正之风。1995 年出台的《党政领导干部选拔任用工作暂行条例》，就明确规定了干部选拔任用工作必须遵守的十条纪律和五项监督措施。随后，制定了第一个处理干部选拔任用工作中违纪行为的党内专门法规——《关于对违反〈党政领导干部选拔任用工作暂行条例〉行为的处理规定》，对干部选拔任用工作的监督和违纪处理提出了具体意见。2000 年，中央召开了全国第一次干部监督工作会议，并在组织部门成立了专门的干部监督机构。近年来，各地各部门按照中央的部署，在加强干部监督工作上持续发力、频施硬招，在预防和整治选人用人不正之风方面做了大量工作，积累了宝贵经验。

从总体上讲，当前干部选拔任用工作情况是好的，但一些地方和部门“跑官要官”、“买官卖官”、“拉票贿选”现象仍屡有发生，干部群众对此深恶痛绝。我们必须以最坚决的态度和更强的战斗力，深入整治选人用人上的不正之风，集中解决选人用人中的突出问题，以实际行动取信于民，提高选人用人公信度。一是科学规范和有效监督党委（党组）主要负责人的用人行为。明确规定党委（党组）主要负责人选拔任用干部的职责、权力、具体行为及应承担的责任，并积极推行干部选拔任用工作报告和评议制度，实行党委（党组）主要负责人用人行为离任检查制度，加强对党委（党组）主要负责人用人行为的管理监督。二是强化干部选任全程监督记实制度。以书证形式将干部选任过程中的重要情况详录在案，使推荐、考察、酝酿、决定等各环节都有据可查，让选人用人工作始终处于干部群众的有效监督之下。三是建立健全用人失察失误责任追究制度。科学界定干部选拔任用工作各个环节的责任主体、责任内容，细化责任追究办法，做到权力与责任对等，用权受监督，违规必追究。实行严重违规用人问题立项督查制度，坚决严惩跑官要官、买官卖官、拉票贿选等行为，以铁的纪律保障用人风清气正。四是认真落实选人用人公信度测评制度。研究建立科学的选人用人公信度指标测评体系，探索实行委托独立机构开展调查测评的办法，定期对干部选拔任用工作满意度和防治用人不正之风满意度开展测评，并将测评结果作为考核干部选拔任用工作的重要依据，促进选人用人的公信度不断提高。

（作者：中共重庆市委常委、组织部长）

以改革创新精神深化干部人事制度改革

李玉妹

干部人事制度改革是组织工作改革创新的重大任务。党的十七大和全国组织工作会议强调,要大力弘扬改革创新精神,不断深化干部人事制度改革,提高选人用人公信度。按照中央的部署要求,我们山东省紧密结合实际,以解放思想为动力,以造就高素质干部队伍为目标,以“服务科学发展,提高选人用人公信度”为重点,更新选人用人观念,创新选人用人方式,完善选人用人机制,在深化干部人事制度改革上进行了有益探索。

一、着力扩大干部工作民主,让选人用人权在阳光下运行

扩大干部工作中的民主,是干部人事制度改革的基本方向,是提高选人用人公信度的前提和基础。只有充分发挥群众在干部选拔任用工作中的作用,落实好他们的知情权、参与权、选择权和监督权,增强干部工作的透明度和公开性,使更多的人了解、参与和支持干部工作,才能不断提高群众对干部选拔任用工作的满意度。

一是规范干部初始提名。干部初始提名是干部选拔任用工作的基础环节。对干部初始提名的主体、原则、程序、纪律作出明确规定,可以有效防止操作运行中的随意性,真正把干部选准用好。今年5月份,我们在广饶县开展了规范初始提名试点工作,采取“两公开四差额”的方式选任干部,即公开空缺职位及职位要求,公开选任程序及方法,实行差额推荐、差额考察、差额酝酿、差额表决。对初始提名人选,由县委全委会按1∶2的比例署名差额推荐,在此基础上进行差额考察、差额酝酿,最后由县委常委会无记名差额票决。从实践看,这种初始提名方式,扩大了参与干部提名的途径和范围,增加了比较取舍的余地,有利于好中选优,实现组织认可与群众认可的统一。下一步,我们将认真总结试点工作经验,在全省范围内推开。

二是创新公开选拔方法。实践证明,公开选拔是干部选拔任用的重要方式,充分体现了民主、公开、竞争、择优的原则,有利于拓宽选人视野、促进优秀人才脱颖而出,着眼于提高公开选拔工作的科学性、实效性。近年来,我们在公开选拔上突出了“三个深化”,即公选方式向扩大民主深化,考试内容向注重能力深化,公选办法向机制创新深化。前不久,我们实行省市县三级联动,由省里统一发布简章、统一命制试题,各地具体组织实施,公开考选了112名县处级领导干部,包括部分市直部门正职和挂职副县(市、区)长。为了把扩大民主贯穿公开选拔全过程,在考察办法上进行探索创新,对考察人员的民主测评、民主评议情况实行量化打分,把考试成绩、民意基础和工作实绩结合起来,更全面地了解干部的德才素质。在今年组织的公选省属企业领导人员工作中,对人选进行心理素质测评,引入“无领导小组讨论”面试方法,并请职工代表现场旁听作出评价,使考选工作更加准确、更加科学。

三是完善干部任用民主决策制度。为保证党委集体决定干部任免,防止少数人或个人说了算,必须进一步规范决策程序,改进决策形式,健全民主议事规则和工作机制,增强干部决策的民主化、科学化。2002年,我省开始实行党委全委会票决干部制度,近几年结合地方党委领导班子配备改革后的特点,建立健全配套

度和操作办法，扩大了全委会票决范围，从市党政正职扩展到省直部门正职。同时，研究定了干部选拔任用民主决策操作规程，进一规范和约束党委及组织人事部门的用权为。

二、着力创新干部培养交流方式，延拓展党政干部培养链

干部的成长成才是一项系统工程，包括发、培养、教育、管理、使用等多个环节，其中培教育是基础性的工作。深化干部人事制度改，很重要的就是创新干部培养交流方式，拓宽部培养锻炼渠道，延伸拓展党政干部培养链。们坚持重实践，打基础，强化综合素质，提高拓创新能力，探索建立“走下去”、“选上来”、广交流”的干部培养选用机制。

一是选派干部到基层和艰苦环境锻炼。这年一大批学历较高的年轻干部进入党政机，既给干部队伍增添了活力，又带来了干部来源和经历相对单一的新问题。选派干部特别是年轻干部到条件艰苦、情况复杂的基层一线锻炼，有利于砥砺品质、磨练意志、锤炼作风、增长才干，在实践中增进与人民群众的感情。一方面，我们坚持做好选调应届优秀大学毕业生到基层工作，自1980年以来，先后选拔了1万多名优秀大学毕业生充实到乡镇和基层公检法机关。另一方面，结合对口帮扶等重点工作任务，选派干部到艰苦地区挂职。在对口支援四川北川恢复重建工作中，选派了大批援川干部到灾区一线，仅建设、交通系统就选派了1万多人，其中70%是40岁以下的年轻干部。为优化县级领导班子结构，前不久，又从省直单位公开选拔了30名副处级干部到县(市、区)挂任常委、副县(市、区)长，从省市直机关选拔了70名科级干部挂任县(市、区)长助理。

二是注重从基层和生产一线选拔干部充实上级机关。基层既是干部锻炼成长的大舞台，又是干部的重要来源。我们感到，重视基层、关心基层，不仅要积极引导干部扎根基层，在生产一线锻炼成长，而且要注意选拔基层干部到上级机关工作，实现上下交流，优化干部结构，增强上级机关干部队伍活力。目前，全省从基层干部中考选上级机关工作人员，已经形成长效机制。省里每年拿出省直机关一半的公务员录用计划，定向从基层选调生中招考。今年，选择4个县(市)，首次开展从优秀村干部中试点考录乡镇公务员工作。考选中，紧密结合农村干部实际，报考条件宽严适度，试题内容贴近“三农”，注重考察工作实绩，一批优秀村干部走上了乡镇机关公务员岗位，极大地调动了农村干部的积极性。最近，还从县(市、区)党政领导班子成员中选拔了50名优秀干部挂任省直部门副处长。

三是拓宽机关、企业和事业单位干部交流渠道。按照科学发展观的要求选人用人，必须打通“三支队伍”之间的交流渠道，以更加开阔的视野谋划干部工作，从领导班子和干部队伍建设全局推进干部交流。这些年，全省通过领导班子换届、公开选拔、日常调整、挂职锻炼等途径，以年轻干部和正职干部为重点，不断加大党政干部、企业领导人员、事业单位干部之间的交流力度，实行多岗位、多层次培养锻炼。先后从高等院校、企业选拔了33名干部到市级领导班子任职，15名干部到省直部门领导班子任职；交流120多名党政干部到高校、企业任职，为各级领导班子注入了活力。

三、着力完善干部综合考评机制，发挥干部考核在贯彻落实科学发展观中的导向作用

推动科学发展、促进社会和谐，关键在领导班子，关键在各级干部。而干部综合考核评价体系，又是导向标和驱动器，决定着干部以什么样的方式推动发展，以什么样的作风开展工作。去年以来，我们选择烟台、德州两市开展推动科学发展促进社会和谐综合考核试点工作，进一步完善考核指标，创新考核方式，着力构建以群众评价为基础，以综合考核为主导，以专项考评

为印证的综合考核评价体系。

一是充分体现科学发展观的要求，优化考核指标。在已有的党政领导班子和领导干部综合考核指标体系基础上，按照科学发展观的要求，合理调整考核内容，分列了经济发展、社会发展、可持续发展、民生状况、政治建设、文化建设、党的建设和群众满意度等 8 个类别 60 项指标。这些指标，既考核发展速度，又考核发展质量；既考核经济发展，又考核经济与社会、人与自然和谐发展；既考核“显绩”，又考核“潜绩”，同时充分考虑发达地区和欠发达地区在发展基础、资源禀赋、工作条件上的差异，综合把握客观条件和主观努力等因素，力求客观公正、简便易行。特别是指标体系突出对人口资源、社会保障、节能减排、环境保护、安全生产、社会稳定、党风廉政等约束性指标考核，增强了考核的刚性约束作用。

二是把群众满意度作为重要考核系数，改进考核方法。我们在综合考核工作中，采取定量考核、定性考核和群众满意度调查相结合的方式。定量指标由统计、财政、劳动等部门提供数据。定性指标主要根据民主评议结果计算得分。民意调查情况由统计部门社情民意调查机构提供，重点了解群众对收入、就业、医疗、住房、教育、干部作风等方面的评价，综合计算群众满意度。考核过程实行全程公开，公开标准、公开程序、公开办法、公开结果，接受群众监督。

三是发挥考核工作的导向作用，科学运用考核结果。我们坚持把考核结果作为干部奖惩和领导班子调整、干部选拔使用的重要依据，对自觉坚持科学发展、善于领导科学发展、积极推动科学发展，实绩突出、群众公认的，优先提拔重用；对贯彻落实科学发展观不力，特别是约束性指标任务完成不好的，及时予以调整。同时，还注意把考核结果作为干部教育培训的依据，针对考核反映出的问题，按照缺什么补什么的原则，加强干部的教育培训和实践锻炼，尽快提高干部素质和能力。

四、着力健全制度、强化约束，建立科学的干部监督工作体系

一是健全制度。近两年，我们针对干部选拔任用的重点环节，相继出台了一些制度办法。比如，在部分市县开展试点的基础上，建立实行干部选拔任用工作全程记实制度，如实记录拟任人选的民主推荐、考察、酝酿、讨论决定、任前公示等情况，及时发现、纠正程序运行中存在的问题，为实施责任追究提供依据。制定出台了省管干部任职前征求省纪委、省检察院意见的暂行办法，把征求意见的时间由部长办公会确定拟任人选后，提前至考察对象确定后或考察工作进行中，并对征求意见的对象、内容、方式和有关事项进行规范。建立举报查实案件跟踪整改制度，进一步规范整改的内容、程序、方式、时限和纪律要求等，切实防止和纠正查实举报件处理不到位等问题。

二是强化监督。围绕贯彻执行《干部任用条例》，研究制定了深化监督检查工作的意见，明确了监督检查的重点环节、重点对象和重点内容，及时发现工作中的问题，有针对性地加以解决。结合组织工作和组工干部形象民意调查，全面了解一个地方、一个单位选人用人情况。对群众满意度比较低、选人用人问题反映较多的地方和单位，进行重点督查。不断拓展监督渠道，延伸监督触角，充分发挥法律监督、群众监督、舆论监督的作用，构建系统的监督体系，成立了举报中心，并借助“12380”举报电话、信访举报等途径，广泛收集案件线索，加大举报件立项督办力度。同时，认真做好巡视工作，重视巡视成果运用，形成强大的监督工作合力。

三是严肃纪律。我们坚持把严格纪律贯穿始终，不断强化制度的权威性和干部选任工作的严肃性。注重健全干部选拔任用责任追究制和用人失察失误责任追究制，坚持“谁提名谁负责、谁推荐谁负责、谁考察谁负责、谁决定谁负责”，从民主推荐、考察、酝酿到决策任用，每一项工作都细化责任，每一个环节都明确追究责

任，着力解决责任主体难认定、责任追究难落实的问题。围绕科学规范和有效监督党委(党组)主要负责人的用人行为，在6个县(市、区)开展了“科学规范和有效监督县(市)委书记用人行为”试点工作。同时，严肃查处各种违规选人用人行为，切实防止和纠正选人用人上的不正之风。

(作者：中共山东省委常委、组织部长)

组织工作要更好地服务于改革开放事业

斯鑫良

改革开放30年，是组织工作解放思想、与时俱进的30年，是组织工作自觉服务经济社会发展的30年，是组织工作深入研究新情况、解决新问题的30年。30年来，浙江省组织工作坚持在继承中创新，在改革中发展，为中国特色社会主义在浙江的实践提供了坚强的组织保证。站在新的历史起点上，我们必须深刻认识面临的新形势和肩负的新使命，以改革创新精神全面推进组织工作，努力为改革开放事业提供更好的服务。

改革开放对组织工作的深刻影响

改革开放为组织工作提供了新机遇，也对组织工作贯彻落实科学发展观提出了新要求。 30年来，浙江和全国一样，经济社会发展取得了巨大成就，但仍然存在诸多深层次矛盾和问题，需要我们进一步深化改革开放。这既为组织工作发挥作用提供了广阔舞台，同时也对组织工作贯彻落实科学发展观提出了更高要求。如何进一步健全和完善干部综合考核评价体系，大力选拔那些坚持又好又快发展、工作实绩突出的干部，如何帮助各级领导班子和领导干部切实提高领导科学发展、促进社会和谐与务实创新的能力等，都是组织部门应该深入思考、努力实践的课题。

改革开放给组织工作带来了新理念，也给党员干部队伍的思想政治建设提出了新任务。 改革开放使民主、法治、竞争等观念深入人心，为深化改革开放奠定了坚实的思想基础，也有力促进了组织工作的创新发展。但是，必须认识到，经济体制深刻变革、社会结构深刻变动、利益格局深刻调整、思想观念深刻变化，也给党员干部的思想观念带来了多方面影响。如何进一步帮助党员干部和各类人才牢固树立社会主义核心价值理念，巩固团结奋斗的共同思想基础；如何改进党员教育管理方式，增强教育效果；如何切实加强思想政治建设，培养造就一支素质高、能够担当重任、经得起风浪考验的干部队伍，等等，都要求我们有效应对，有所作为。

改革开放开辟了组织工作新领域，也对巩固党的执政基础提出了新课题。 改革开放以来，浙江省新经济组织和新社会组织蓬勃发展。目前，民营经济产值占浙江全省生产总值的72.5%，从业人员逾千万。新经济组织和新社会组织的大量出现，为组织工作开辟了崭新的领域，同时也对扩大党的执政基础提出了新课题。新经济组织和新社会组织领域仍然是党建工作的薄弱环节，党员数量少、流动性大，党组织组建率低，党组织活动开展难，党组织和党员发挥作用难等问题比较突出。所有这些，都需要我们在实践中进一步探索解决。

改革开放拓展了组织工作新平台，也对提升组织工作水平提出了新考验。 经济全球化为我们参与国际竞争、吸引高层次人才提供了机遇，同时也迫切要求我们创新人才工作体制机制，以应对日益激烈的人才国际化竞争。信息化为我们开展电子党务，扩大党内民主，拓展组织工作空间提供了平台，同时也要求我们因势利导，建立健全网上舆情分析和快速反应机制，积极构建互联网舆论引导工作体系。市场化不断推进，为我们运用市场化机制推进组织工作打开了思路，同时也要求我们及时教育党员干部处理好市场经济原则和党性原则的关系问题。

改革开放为组织工作注入了新活力，也对更好地坚持党的领导提出了新挑战。深化干部人事制度改革，要坚持民主、公开、竞争、择优原则，加大竞争性选拔干部的工作力度，同时又要深入研究如何坚持党管干部原则，努力实现组织认定和群众认可的统一。要尊重党员主体地位，完善民主制度，同时又要深入研究如何严格按照党章办事，引导和规范基层党内民主实践。要大胆吸收借鉴外国政党管党治党和执政的经验，同时又不能照搬照抄西方的政治模式。

组织工作要更好地服务改革开放

深入学习中国特色社会主义理论体系，更加自觉地坚持正确的政治方向。坚定不移地高举中国特色社会主义伟大旗帜，把中国特色社会主义理论体系作为统一思想的强大武器、开创新局面的行动指南。坚持不懈地抓好理论武装，帮助广大党员特别是各级领导干部自觉运用这一理论体系指导客观世界和主观世界的改造，提高运用科学理论分析和解决实际问题的能力。当前，要按照中央部署，认真组织开展深入学习实践科学发展观活动，认真贯彻落实科学发展观，努力使组织工作思路更加科学、布局更加合理、措施更加完善，实现以人为本、全面协调可持续发展。

紧密联系党的基本路线加强组织工作，更加有效地提供坚强组织保证。立足社会主义初级阶段基本国情，想问题、办事情、作决策，都要坚持从实际出发，努力使组织工作与初级阶段的基本国情相一致，奋斗目标相协调，工作部署相呼应，体制机制相衔接。坚持“围绕发展抓党建、抓好党建促发展”，努力为科学发展育干部、配班子，建队伍、聚人才，抓基层、打基础。着力加强和改善党的领导，不断改善领导方式和执政方式，保证党的基本路线全面贯彻落实。

围绕贯彻落实省委“两创”总战略开展组织工作，更加主动地服务全省工作大局。创业富民、创新强省，是中国特色社会主义在浙江的最新实践，也是当前我省的工作大局。组织工作应自觉地放到这一大局中去认识，强化责任，主动服务，努力做到党委、政府有部署，组织部门有行动。充分发挥组织部门职能作用，找准立足点，把握切入点，选好着力点，积极探索服务创业创新的有效载体和工作抓手。树立正确导向，鼓励包容那些勇于创业创新的同志，褒奖重用那些创业创新实绩突出的同志，保护支持那些因创业创新遭受非议、责难甚至受到不公正对待的同志，鞭策教育那些在其位不谋其政、不思进取、无所作为的同志。

用开阔的眼界、开阔的思路、开阔的胸襟审视组织工作，更加努力地提升组织工作水平。既要立足组织部门认识组织工作，又要跳出组织部门认识组织工作，善于把组织工作放在时代大背景下来考察，这样才能看得远、想得长、谋得深。既要立足组织部门推动组织工作，又要跳出组织部门推动组织工作，充分发挥组织工作对资源配置、放大、倍增的作用，提高组织资源整合的质量，努力实现组织工作的政治效益、经济效益和社会效益的有机统一。既要立足组织部门评价组织工作，又要跳出组织部门评价组织工作，主动接受舆论监督，不断改进组织工作，努力提高人民群众对组织工作的满意度。

以改革创新精神推进组织工作，更加有为地开创新局面。深入开展“新起点、新观念、新局面”解放思想大讨论，推动组工干部解放思想，努力做到讲规矩而不僵化，讲严谨而不刻板，讲原则而不保守，讲程序而不教条。结合组织部门“讲党性、重品行、作表率”活动，扎实开展“百名部长破百题”活动，以重点难点问题突破，带动整体水平提高。立足实践推进组织工作创新，尊重基层首创精神，善于从实践中汲取营养。总之，要努力使组织部门成为改革创新思维最活跃、动力最强劲、成果最显著的部门。

（作者：中共浙江省委常委、组织部长）

在组织工作中深入贯彻落实科学发展观

段敦厚

胡锦涛同志在十七大报告中指出，在新的发展阶段继续全面建设小康社会、发展中国特色社会主义，必须坚持以邓小平理论和“三个代表”重要思想为指导，深入贯彻落实科学发展观。在组织工作中深入贯彻落实科学发展观，是加强党的执政能力建设和先进性建设的客观需要，面对新形势新任务，我们必须按照科学发展观的要求认真审视、谋划和推进组织工作，为实现经济社会又好又快发展提供坚强的组织保证。

一、深刻认识科学发展观的重大指导意义，切实增强在组织工作中贯彻落实科学发展观的自觉性和坚定性

以科学发展观为指导是组织工作始终保持正确前进方向的根本保证。科学发展观紧紧围绕建设中国特色社会主义这个主题，总结我国发展实践，借鉴国外发展经验，适应新的发展要求，坚持和丰富了党的基本理论、基本路线、基本纲领、基本经验，是同马克思主义、毛泽东思想、邓小平理论和“三个代表”重要思想既一脉相承又与时俱进的科学理论，深化了对经济社会发展一般规律的认识，进一步丰富了中国特色社会主义理论体系。深入贯彻落实科学发展观，就是坚持党的基本理论、基本路线、基本纲领、基本经验。组织工作只有坚持以科学发展观为指导，才能继续沿着正确方向前进，才能取得更大的成效，完成肩负的使命。

以科学发展观为指导是组织工作始终围绕中心服务大局的客观需要。全面贯彻落实科学发展观，推动我国经济社会发展转入以人为本、全面协调可持续发展的轨道，是当前全党面临的重大战略任务。组织工作从来都是为完成党的政治任务和中心工作服务的。坚持在大局下行动，主动为大局服务，是组织工作的生命线。党的建设和组织工作只有找准科学定位，才能更加奋发有为；只有围绕中心服务，才能拓展工作思路；只有把组织工作放到全面建设小康社会、构建和谐社会的大局中来认识、把握和部署，紧紧围绕党执政兴国的第一要务来开展，为促进经济社会的科学发展提供优质、高效服务，才能找准位置、履行职责、发挥作用。

以科学发展观为指导是推进组织工作改革创新的内在要求。科学发展观坚持辩证唯物主义和历史唯物主义的基本原理，充分体现了唯物论和辩证法的精髓。组织工作涉及党的建设各个方面，要坚持按照科学发展观的价值取向和方法论原则，树立以人为本、公平公正、改革创新、效率效益的理念，用全面的、辩证的、联系的、历史的、发展的观点，不断研究新情况、解决新问题，突出重点、统筹兼顾、整体推进，努力使组织工作的各个方面、各个环节都符合科学发展的要求。

二、准确领会科学发展观的科学内涵，牢牢把握组织工作深入贯彻落实科学发展观的根本要求

科学发展观的第一要义是发展，组织工作必须坚持为推动科学发展提供组织保证。发展是贯穿中国特色社会主义的主线，是党执政兴国的第一要务。科学发展观强调经济建设是党的中心工作，发展社会生产力是党的首要任务，经济发展是一切发展的前提。组织工作必须服从和服务于党的中心工作，把推动经济社会又好又快发展作为组织工作的基本定位和基本职能，真正做到组织工作的目标始终着眼于科学发展、措施始终服务于科学发展、成效始终用科学发展来检验，切实把党的组织资源转化为发展资源，组织优势转化为发展优势，组织活力转化为发展活力，奠定推动科学发展的坚实组织基础。

科学发展观的核心是以人为本，组织工作必须坚持充分发挥广大党员干部和人民群众的主体作用。在组织工作中坚持以人为本，就是要坚持广大人民群众在中国特色社会主义事业中的主体地位与党员在党的建设中的主体地位的有机统一。既要把实现好、维护好、发展好最广大人民的根本利益作为组织工作的根本出发点和归宿，又要坚持群众满意这一根本价值取向，始终把组织工作放在推动科学发展、实现人民根本利益的实践中来衡量和检验。既要坚持党管干部原则，保持党对干部工作的领导权和对重要干部的管理权，严格按照党的干部工作方针政策和各项规定选拔任用干部，又要坚持群众公认，认真落实广大群众对干部工作的知情权、参与权、选择权和监督权，让群众更多地参与对干部的推荐、考察等工作。既要激发党员的积极性、主动性和创造性，使他们在推进党的建设新的伟大工程和全面建设小康社会的生动实践中充分发挥先锋模范作用，又要充分发挥群众的首创精神，把人民群众紧紧团结、凝聚在党的周围，通过人民群众的支持、参与和监督来推进组织工作。

科学发展观的基本要求是全面协调可持续，组织工作必须坚持整体协调、改革创新。组织工作贯彻全面协调可持续发展的基本要求，就是要实现党的思想建设、组织建设、作风建设、制度建设和反腐倡廉建设同步展开，领导班子和干部队伍建设、人才工作和人才队伍建设、党的基层组织和党员队伍建设整体推进；要使组织工作与经济、政治、文化、社会建设相适应，与党的各方面工作相协调，使自身工作的各项要素有机整合、各个环节紧密衔接，使各项工作制度和措施实现整体配套；要做到当前工作与长远工作的统一，既立足当前，制定有效措施，解决突出问题，又着眼长远，针对组织工作存在的各种不适应问题，大胆探索，勇于创新，不断探索和遵循客观规律，提高组织工作的前瞻性、战略性和科学性，实现组织工作可持续发展。

科学发展观的根本方法是统筹兼顾，组织工作必须坚持重点带动、统筹推进。坚持统筹兼顾，关键是坚持科学的思想方法和工作方法，用发展的、联系的、全面的观点看问题、抓工作。在组织工作中坚持统筹兼顾，就要正确认识和妥善处理组织工作中的重大关系，坚持组织工作、干部工作、人才工作三个轮子一起转，坚持干部考核评价、选拔任用、管理监督、激励保障等各个环节紧密衔接，坚持农村、企业、城市社区和机关、学校、新社会组织等各个领域的基层党组织建设全面推进，坚持以高层次人才和高技能人才为重点统筹抓好各类人才队伍建设，坚持加强组织部门自身建设与推进组织工作有机统一，从而更加有力地促进科学发展观的贯彻落实。

三、切实把科学发展观贯彻落实到组织工作中去，为推动科学发展提供坚强的组织保证

用中国特色社会主义理论体系武装党员干部，以扎实有效的思想建设保证科学发展观的贯彻落实。要深入学习贯彻十七大精神，深入

学习邓小平理论和“三个代表”重要思想，开展深入学习实践科学发展观活动。要弘扬理论联系实际的学风，教育引导党员干部善于把中央精神与本地本部门实际结合起来，运用科学发展观分析和解决本地本部门的具体问题，努力把科学发展观的要求转化为谋划发展的正确思路、促进发展的政策措施、领导发展的实际能力；要紧密联系个人思想实际，把改造客观世界与改造主观世界结合起来，自觉加强主观世界的改造。要认真落实大规模培训干部、大幅度提高干部素质的要求，加强现代经济、科技、社会管理和法律知识的学习培训，不断提高领导科学发展的思想水平和业务素质。

建设高素质领导干部队伍，以奋发有为的领导班子保证科学发展观的贯彻落实。继续按照加强党的执政能力建设的要求，把提高领导水平和执政能力作为核心内容，努力把各级领导班子建设成为坚定贯彻党的理论和路线方针政策、善于领导科学发展的坚强领导集体。要以地方领导班子集中换届为契机，注重在改革和建设的实践中考察、识别干部，把善于领导科学发展的优秀干部选拔到一把手岗位上来，配强各级领导班子。换届后要把领导班子建设的重点及时转到思想政治建设上来，改进领导班子思想作风，提高领导干部执政本领。要坚持党管人才原则，紧紧抓住培养、吸引、用好人才三个环节，加强人才资源能力建设，深化人才工作体制改革，加快人才结构调整，优化人才资源配置，努力把各类优秀人才集聚到党和国家的各项事业中来。

扎实推进基层组织建设，以坚强有力的基层党组织保证科学发展观的贯彻落实。党的基层组织是党执政的组织基础。要围绕社会主义新农村建设，继续推进“三级联创”、“双培双带”先锋工程、无职党员设岗定责、流动党员“双向带动”、为民服务全程代理、党员承诺制等六大载体活动，不断推进农村基层党组织建设。要结合企业改革与发展的实际，以提高经济效益、增强市场竞争能力和技术创新能力为目标，推动国有企业党建工作整体水平提高。要以促进发展、提高效益为目标，重点加强规模以上非公企业党建工作，带动促进其他中小型非公企业党建工作，增强党对非公经济的影响力和控制力。要围绕和谐社区建设，拓展联系群众的途径，建立服务群众的网络，搭建服务群众的平台，努力构建城市社区党建工作新格局。要尊重党员主体地位，保障党员民主权利，推进党务公开，营造党内民主讨论环境。建立健全党内激励、关怀、帮扶机制，做好关心、爱护老党员和生活困难党员工作，增强党组织的凝聚力和亲和力。以巩固和发展先进性教育活动成果为重点，进一步落实保持共产党员先进性的长效机制文件，引导党员在推动科学发展、促进社会和谐的实践中当好表率。

改革和完善党的领导体制和工作机制，以科学完善的制度体系保证科学发展观的贯彻落实。要按照“集体领导、民主集中、个别酝酿、会议决定”的原则，完善党委内部的议事和决策机制，同时进一步建立完善领导、专家和群众相结合的科学决策机制，不断增强各级领导班子科学决策的能力。要按照“把握方向，谋划全局，提出战略，制定政策，推动立法，营造良好环境”的科学定位，改善党对经济工作的领导，着力提高贯彻落实科学发展观、驾驭全局、处理利益关系和务实创新的能力。要针对地方领导班子配备改革后的实际情况，进一步完善领导班子的工作运行机制，充分发挥地方党委总揽全局、协调各方的作用。要以科学化、民主化、制度化为目标，以建立健全干部选拔任用和管理监督机制为重点，从整体上不断推进干部人事制度改革。坚持正确用人导向，按照德才兼备、注重实绩、群众公认原则选拔干部，提高选人用人公信度。要继续全面推行地方党政领导班子和领导干部综合考核评价办法，形成有利于贯彻落实科学发展观和正确政绩观的制度保证。

着力解决密切党同人民群众血肉联系这个核心问题，以领导干部的良好作风保证科学发展观的贯彻落实。要把加强领导干部作风建设作为干部教育培训的重要内容，教育和引导广大党员干部尤其是各级领导干部继承和发扬我们党的优良传统和作风，按照"两个务必"和"八个坚持、八个反对"的要求，牢固树立科学的世界观、人生观、价值观和正确的权力观、地位观、利益观，坚持权为民所用、情为民所系、利为民所谋。要进一步加强对领导干部作风状况的考察考核工作，把干部思想作风、学风、工作作风、领导作风、生活作风等方面的表现作为重要内容，进行深入了解，并作为衡量干部德才素质的重要方面。引导领导干部大力弘扬求真务实精神，大兴求真务实之风，在推进发展中增强主动性、减少盲目性、克服片面性。

（作者：中共安徽省委常委、组织部长）

把"讲党性、重品行、作表率"落实到组织工作中

叶冬松

党的十七大指出，全党同志特别是领导干部都要讲党性、重品行、作表率。组工干部要切实增强"讲党性、重品行、作表率"的意识，增强参与这一活动的自觉性和主动性，正确处理活动与工作的关系，真正把活动与工作有机结合，做到目标上相互一致、举措上相互协调、成效上相互检验，推动组织工作不断取得新突破。

一、开展"讲党性、重品行、作表率"活动，要与学习贯彻党的十七大关于党的建设和组织工作的新思想紧密结合起来

党的十七大对以改革创新精神全面推进党的建设新的伟大工程作出了总体部署。开展"讲党性、重品行、作表率"活动，是贯彻落实十七大精神的具体举措，是以十七大精神为指导推动组织工作改革创新的实际行动，是加强组织部门自身建设的重要载体。我们要紧紧围绕学习贯彻十七大精神，通过开展活动，把广大组工干部的思想统一起来、意志凝聚起来、干劲激发起来，切实增强贯彻落实十七大精神的自觉性和坚定性，真正做到：高举一面旗帜，就是高举中国特色社会主义伟大旗帜；把握一个理论体系，就是把握中国特色社会主义理论体系；围绕一个中心任务，就是夺取全面建设小康社会新胜利；贯彻一个根本要求，就是坚持改革创新；落实一个总体部署，就是把十七大对党的建设的总体部署体现到组织工作的各个方面。

二、开展"讲党性、重品行、作表率"活动，要与贯彻落实中央和省委关于组织工作的新要求紧密结合起来

全国、全省组织工作会议强调指出，组织系统要扎扎实实开展"讲党性、重品行、作表率，树组工干部新形象"活动，真正把组织部门建设成为高举中国特色社会主义伟大旗帜、深入贯彻落实科学发展观的模范部门，把组工干部队伍建设成为讲党性、重品行、作表率的过硬队伍。开展"讲党性、重品行、作表率"活动，是贯彻落实全国、全省组织工作会议精神的重要内容，目的是把组织战线的全体同志动员起来，振奋精神，团结一致，为贯彻落实好中央和省委的要求、加快中原崛起而奋斗。我们要通过开展活动，进一步把全国、全省组织工作会议精神融会到思想上、体现到行动上、落实到岗位上，使组工干部进一步统一思想认识，明确目标任务；进一步砥砺意志品格，转变工作作风；进一步提升素质能力，提高工作效率，更好地为全国、全省

工作大局服务，为党员、干部和各类人才服务，为人民群众服务，为实现河南发展新跨越、开创中原崛起新局面服务。

三、开展“讲党性、重品行、作表率”活动，要与积极探索组织工作改革创新的举措紧密结合起来

开展“讲党性、重品行、作表率”活动，一个重要目的是使组工干部在认清世情国情党情省情的新变化中明确新使命、在推进组织工作新实践中体现新理念、在完成组织工作新任务中探索新途径，不断开创组织工作新局面。我们要紧紧围绕推动组织工作的改革创新开展活动，通过抓重点、破难点、搞试点、出亮点，使组织部门成为创新思维最活跃、创新动力最强劲、创新成果最显著的部门。抓重点，就是要抓住全年组织工作的“四个重点”，即启动新一轮大规模培训干部计划，在增强教育培训的针对性、实效性上取得新进展，切实提高各级领导干部的素质和水平；制定和落实进一步深化干部人事制度改革规划，创新干部选拔任用方式，加强干部选拔任用全过程监督，使选人用人权在阳光下运行，切实提高选人用人公信度；推进组织制度创新，保障党员民主权利，探索党务公开的具体办法和途径，完善党内激励、关怀、帮扶机制，切实提高党内民主程度；落实“可信、可靠、可敬、可亲”的基本要求，树立组工干部新形象，切实提高干部群众对组织工作的满意度。破难点，就是要破解组织工作和自身建设方面不符合不适应十七大精神的突出问题，不符合不适应科学发展观要求的突出问题，妨碍落实讲党性、重品行、作表率要求的突出问题。特别是要抓住人民群众对干部工作、组织工作最希望解决的重点难点问题，找准原因，制定措施，着力解决。搞试点，就是在需要改革创新的重点难点问题上，先行试点，积累经验，完善提升，逐步推开。比如，抓好党代会常任制、规范干部任用提名、基层党组织领导班子“公推直选”、从基层一线选拔干部、解决离任村干部待遇试点等。同时，要指导各地各单位从实际出发，积极探索，大胆创新，形成崇尚创新、鼓励创新、竞相创新的生动局面。出亮点，就是各项工作要着眼于求突破、创特色、出经验，去谋划、去推进、去开展。比如，面向全国公开选拔省直副厅级和高校校级领导干部工作，要在选拔优秀人才、提高公选质量、扩大公选成果上下功夫；深化“三级联创”活动，要在提升标准、拓宽范围、创新载体、完善制度上出经验；实施“大学生村干部”计划，要在创新选拔方式、培养方式、管理方式上找出路；流动党员管理工作，要在优化组织设置、创新教育管理、发挥党员作用上求突破；现代远程教育工作，要在整合教育资源、创新教育模式、提高教育效果上做文章。

四、开展“讲党性、重品行、作表率”活动，要与树立组工干部的新形象紧密结合起来

开展“讲党性、重品行、作表率”活动，为树立组工干部新形象找到了有效途径和重要载体。我们要教育引导广大组工干部自觉参与、完善提高、树好形象，把活动引向深入、落到实处。要在尽职尽责中诠释形象，坚持明确责任、忠于职守，对每一项工作、每一项任务都高度负责、一丝不苟、精益求精，做到认真履责、全力尽责、勇于担责。要在强化学习中提升形象，坚持把学习作为一种工作需求、政治要求、精神追求，紧密结合工作实际，自觉刻苦地学习科学理论、政策法规、业务知识，积极向实践学习、向先进典型学习、向基层同志和周围同志学习，不断提高党性修养、工作能力和思想道德水平。要在公道正派中维护形象，坚持对己清正、对人公正、对内严格、对外平等，特别是在干部工作上要做到“三不”，即事前不许愿、事中不泄密、事后不表功，以公道正派的作风、推功揽过的品德，为建设高素质领导班子和干部队伍选人、育人、用人。要在廉洁自律中规范形象，坚持时时处处严格要求自己，以平和之心对“名”，以淡泊之心对“位”，以知足之心对“利”，以敬畏之心对

"权",做到上班下班一个样、进家离家一个样、本地外地一个样,始终保持党员干部的政治本色。要在团结和谐中塑造形象,坚持讲原则、讲大局、讲团结,上下级之间、处室之间、同事之间要多沟通、多交流、多配合,优点互相学习、经验互相借鉴、问题互相提醒、工作互相补台,同心同德谋发展,齐心协力干事业,努力创建和谐处室、和谐机关、和谐氛围。要在示范带头中展示形象,不论是开展活动,还是推进工作,省委组织部都要为全省组织系统带好头,上级组织部门要为下级组织部门带好头,部领导要为全体干部职工带好头,处室负责同志要为本处室带好头。

(作者:中共河南省委常委、组织部长)

新时期我国人才工作成就辉煌

中组部人才工作局

新中国成立后,党和国家高度重视人才工作,尤其是改革开放30年来,更是把人才工作放在十分突出的位置,大力加强人才资源开发和各类人才队伍建设,全面实施人才强国战略,人才工作蓬勃发展,取得了辉煌的成就。回顾30年,从"科学技术是第一生产力"到"人才资源是第一资源",从"尊重知识、尊重人才"到科学人才观,从实施"科教兴国战略"到"人才强国战略",从"党管干部"到"党管人才"……我们党爱才、识才、用才、聚才的串串音符,汇聚成一部民族复兴、国家强盛的恢弘乐章。

一、为"中国奇迹"奠定坚实的人才基础

1977年,在邓小平的极力主张下,中央决定恢复高考。这年冬天,570万考生走进了久违11年的考场。恢复高考,揭开了改革开放和现代化建设的一幕,为30年高速发展的"中国奇迹"奠定了坚实的人才基础。正如一位亲历者在回忆时所感慨:恢复高考为国家插上了智慧的翅膀,使她朝着民族复兴的方向飞得更高、飞得更远!以此为发端,中国的人才培养工作进入全新发展时期。

健全法规制度,促进教育发展。1980年,《学位条例》正式颁布,这是新中国第一部教育法规,标志着我国教育事业开始走上依法治教的轨道。1982年,国家把教育方针、地位和作用等内容写入《宪法》,教育的突出位置在根本大法中确定下来。此后,国家陆续颁布实施了《义务教育法》、《教育法》、《教师法》、《高等教育法》、《职业教育法》等法律法规,我国人才培养的教育制度体系日臻完善。

培养高层次拔尖创新人才。1985年,我国建立了博士后制度,开始探索为现代化建设培养高层次人才的有效路径。截至目前,累计招收博士后研究人员5万多人,有近3万人出站,并取得了一批高水平的科研成果。1993年,国家正式启动了旨在重点建设一批高等学校和重点学科的"211工程"。1998年5月,江泽民同志在北京大学百年校庆大会上发出"建设若干所世界一流大学"的动员令,教育部等有关部门启动了"985"工程。这两项工程的实施,有力提升了高等教育的整体实力,增强了高校培养拔尖创新人才的能力。近年来,在国家提高自主创新能力、创建创新型国家的伟大进程中,高等教育发挥了重要的生力军作用。依托高校建立的国家重点实验室已有115个,超过总数的50%,产生了有"中国芯"之称的北大众志—863

系列的CPU系统芯片、清华USB移动数字电视控制芯片等一批拥有核心技术的自主创新成果。同时，一大批经济社会发展急需的拔尖创新人才迅速成长，成为走中国特色自主创新道路的重要力量。

制定国家战略和发展规划。1995年，我国首次提出实施科教兴国战略。随后，江泽民同志在全国科学技术大会上对科教兴国战略进行了全面部署。从此，“科教兴国”上升为国家战略，成为我国的基本国策和社会主义现代化建设的重要方针。1998年，国家成立科技教育领导小组，为科教兴国战略的实施提供坚强的领导保障。进入新世纪新阶段，随着改革发展的深入推进，教育的基础性、先导性、全局性作用日益凸显。

不断开创和推进干部教育培训事业。领导干部是党和国家各项事业发展的骨干力量，加强各级领导干部的学习是一项重大战略任务。党的十六大以来，中央提出建设学习型政党的重大任务。以胡锦涛同志为总书记的中央领导集体坚持政治局学习制度，截至2008年7月，已累计进行了51次集体学习，为全党作出了表率。中央把大规模培训干部、大幅度提高干部素质作为干部队伍建设的重要环节，不断开创和推进干部教育培训事业。各级党校、行政学院、干部学院等干部教育培训机构建设得到切实加强，分工明确、优势互补、布局合理、竞争有序的干部教育培训机构体系初步形成。《干部教育培训工作条例》等相关规章制度的颁布和实行，使干部教育培训工作的规范化、法制化水平进一步提高。目前，全国80％县(处)级以上领导干部，已达到5年内累计3个月以上脱产培训的要求。

经过30年的发展，目前，我国普通高校在校学生达1800万人、规模居世界第一，职业教育在校学生接近3000万人，每年培训城乡劳动者则高达1.5亿人次。我国正在加速完成从人口大国向人力资源大国的历史转变，向人才资源强国的新征程大踏步迈进。

二、解放思想，解放人才，解放科技生产力

1978年3月18日，全国科学大会在北京隆重召开。邓小平在会上全面阐述了科技人员的政治地位、人才培养等重大问题，旗帜鲜明地提出科学技术是生产力、知识分子是工人阶级的一部分、四个现代化关键是科学技术现代化等著名论断，打破了长期束缚科学发展的思想禁锢，开辟了解放思想、解放人才、解放科技生产力的新天地。

1981年，中央成立知识分子工作联系小组，中央组织部和各地党委组织部门成立了知识分子工作办公室，专门负责落实知识分子政策、解决历史遗留问题。冤、假、错案得到平反昭雪，大批用非所学、用非所长的知识分子工作得到调整，一大批优秀知识分子加入中国共产党，很多人走上领导岗位，知识分子的政治地位得到提高，广大知识分子心情舒畅。1984年，中央组织部会同有关部门印发了《关于优先提高有突出贡献的中青年专家待遇的通知》。1990年，中央印发了《关于进一步加强和改进知识分子工作的通知》。各地各部门相继出台了大量关于知识分子工作的政策文件，积极地改善了知识分子的工作、学习、生活条件。1996年以来，中央组织部先后为900多位院士专家办理了享受住院医疗照顾手续，每年组织在京院士专家集中体检。从1998年开始，中央直接联系了一大批杰出专家，各级党委组织部门普遍建立了联系专家、服务人才制度，大力开展“人才之家”建设。

1986年3月，四位科学家联名给邓小平写信，提出为了抢占世界高科技的制高点，应尽快制定发展我国高科技的计划。邓小平迅即作出批示：“此事宜速作决断，不可拖延。”著名的“863”高科技计划随之诞生。此后，“973”计划、星火计划、火炬计划等一系列科技发展专项计划相继实施，聚集、培养和造就了一大批杰出人才，为经济社会发展提供了有力的科技和人才

支撑。

1977年,党中央批准成立中国社会科学院;1979年,中国科学院学部恢复活动;1994年,中国工程院成立,中国科学院学部委员改称为中国科学院院士,两院院士制度正式建立。多年来,院士专家以及广大的自然科学、社会科学工作者围绕国家经济社会发展中的战略问题、世界和我国科技发展中的重大问题等积极建言献策,充分发挥"智囊团"和"思想库"作用。

30年来,解放思想、解放人才、解放科技生产力始终是我们党与时俱进的执政实践。

1988年,邓小平提出"科学技术是第一生产力"的著名论断,揭示了科学技术对经济社会发展的变革作用。2001年,江泽民同志作出了"人才资源是第一资源"的科学论断,阐明了人才是生产力中最具有决定性的力量。党的十六大进一步提出"尊重劳动、尊重知识、尊重人才、尊重创造"的方针,强调要把更多优秀人才聚集到党的事业中来。党的十七大报告更加凸显了"科技进步和创新的关键是人才"这一根本理念。2008年11月,胡锦涛同志在庆祝神舟七号载人航天飞行圆满成功大会上强调,"人才是事业发展最可宝贵的财富","谁能够源源不断地培养、吸引、凝聚创新型人才,谁就能够掌握实现发展目标的第一资源"。

如果说人才是科技创新的种子,那么,鼓励和支持科技创新的社会环境就是其土壤。1993年,国家颁布了《科学技术进步法》,首次以法律形式明确了科学技术是第一生产力,确立了科学技术在社会主义现代化建设中优先发展的战略地位。进入新世纪新阶段,党和国家不断加强科技人才队伍建设和科技创新环境建设。2001年,中央印发了《关于加强专业技术人才队伍建设的若干意见》,进一步建立完善了有利于优秀人才脱颖而出、人尽其才的政策措施。2005年,国务院制定了《国家中长期科学和技术发展规划纲要》,对中国未来15年科学技术发展作出全面规划。近年来,国家不断加大科学技术经费投入,仅2007年,全社会研究与试验发展经费达3664亿元,占GDP的1.49%。围绕推进自主创新,建设创新型国家,建立国家知识创新体系,在中国科学院试点实施"知识创新工程",创新用人机制,建立产学研相结合的技术创新体系,完善知识产权制度,推进绩效优先的分配制度,改革科技人员聘用制度等,极大地激发了人才的创新激情和活力。在全社会大力弘扬科学精神,发展创新文化,提倡敢为人先、勇于实践、不屈不挠的精神,倡导敢于创新、勇于竞争、宽容失败的精神,逐步形成"鼓励人才干事业、支持人才干成事业、帮助人才干好事业"的社会氛围。

国家科技和人才奖励制度不断完善。2000年,国家在自然科学领域设立了国家最高科学技术奖、自然科学奖、技术发明奖、科技进步奖和国际科学技术合作奖等五大政府奖,其影响力和高达500万元的奖金引起海内外的极大关注。中国青年科技奖、中华技能大奖、中华农业英才奖、全国"杰出专业技术人员"称号、政府特殊津贴等一系列奖励制度,充分发挥了经济利益和社会荣誉价值的双重激励作用,让人们切实感受到了知识的价值,鼓舞着各类人才为国家的富强、民族的复兴贡献智慧和力量。

30年来,我国科技事业始终沿着为经济社会发展服务、为人民服务的方向迈进。从科学研究理念到科技工作地位、从科技体制机制到科研环境条件、从科研布局到科技实力等各个方面都发生了深刻变化。那个"科学的春天"播下的种子,如今已收获丰硕的果实。从"神舟"系列飞船遨游太空到探月工程取得圆满成功,从取得杂交水稻、高性能计算机、高温超导研究等领域的重大成果到三峡工程、南水北调、西电东送、西气东输、青藏铁路、高速轨道交通等重大工程建设……人们看到,在经济社会建设的主战场上,"第一生产力"正日益发挥其"第一"的作用,人才这个"第一资源"在建设中国特色社会主义伟大实践中正迸发着无穷的活力。

三、建设“绿色通道”，吸引海外优秀留学人才

1978年末的一天，52名中国年轻学者，从北京出发，辗转前往美国。那一刻，关闭了十余年的留学之门在“文革”后重新开启。派出留学生，无疑重新打开了中国了解世界的一个窗口，为学习和吸收国外先进科学技术、经营管理经验开辟了重要渠道。随着改革开放不断深化和现代化建设需要，国家通过政策引导、财政资助、社会参与、国际合作等多种方式，不断加大留学生选派力度。目前，我国先后在39个国家的我驻外使领馆设立了58个教育处或教育组，在国外成立了2000多个中国学生学者联谊会团体和300多个中国专家学者专业学术团体，在国内则有中国留学服务中心、多家出国留学培训中心以及近400家出国留学中介机构。2007年，我国出国留学人员达到14.4万人，其中自费留学12.9万人。30年间，我国共有121.17万人出国留学，分布在100多个国家和地区。

伴随着改革开放和社会主义现代化建设波澜壮阔的历史进程，神州大地先是出现了一波又一波的“留学热”，接着又出现一浪接一浪的“回国潮”。

30年来，党和政府始终坚持“支持留学、鼓励回国、来去自由”方针，鼓励留学人员回国工作或以适当方式为祖国服务。有关部门组织实施了“留学回国人员科研启动基金”、“跨世纪优秀人才培养计划”、“春晖计划”、“创新团队国际合作伙伴计划”、“百人计划”、“长江学者奖励计划”等与吸引留学人才回国工作和为国服务密切相关的人才培养计划和项目。

在中央的关怀下，有关部门妥善安排了杨振宁、李政道、丁肇中、林家翘等海外著名华人科学家回国工作和居住，在海内外科技界产生了良好反响，为吸引海外留学人员和团队回国创新创业起到了积极的示范和带动作用。各地各部门积极打造留学人才回国创业绿色通道，创建留学人员创业园、创业基地和服务机构，改善留学回国人员的创业环境、工作条件和生活待遇。2004年，公安部颁布实施中国“绿卡”制度，简化出入境和居留手续。近年来，北京市不断完善创业环境和政策措施，极大地调动了“海归”们的创业热情。目前，仅中关村科技园区，8000多名海外留学人员就创建了2200多家高新技术企业，年产值高达300多亿元。上海市大力实施“万名海外人才集聚工程”，形成社会、政府和用人单位三方合力聚才的机制。中国广州留学人员智力交流会、中国辽宁海外学人创业周、中国山东海外百名博士创新周、浙江留学人员经贸洽谈会、欧美同学会“21世纪中国”系列研讨会等等，为广大出国留学人员回国工作和为国服务搭建了平台，赢得了广泛赞誉。

进入新世纪新阶段，国家把吸引海外高层次人才作为人才队伍建设的重中之重。2003年，党中央、国务院隆重召开全国留学回国人员先进个人和先进工作单位表彰大会，311名先进个人和22个先进工作单位受到表彰。2005年，中央组织部、人事部印发《关于在留学人才引进工作中界定海外高层次留学人才的指导意见》，首次界定了海外高层次留学人才的范围。2006年，中央制定的《关于贯彻落实“十一五”规划纲要，加强人才队伍建设的实施意见》，对吸引留学和海外高层次创新人才和创新团队工作作出了具体部署。2007年，国家16个部委联合印发《关于建立海外高层次人才回国工作“绿色通道”的意见》。

各地各部门围绕国家重大战略和重点项目，采取团队引进、核心人才带动等方式，大力引进海外优秀人才。从1994年起，中国科学院开始实施“百人计划”，累计引进具有博士学位、在海外有多年科研成果积累的高层次优秀人才1239人，其中25人当选为中国科学院院士，85人成长为研究所领导，推动了国内科研机构核心人才队伍的“代际转移”。2005年，在中央组织部、中编办、国家发改委、教育部等部门密切配合下，科技部、北京市组建了北京生命科学研

究所，采取与国际接轨的管理和运行机制，面向全球招聘所长和研究人员，吸引了20位顶尖留学人员和团队回国工作。三年时间，该所便跻身国内外同类院所前列，产生了许多国际瞩目的原创性成果。2000年，江苏从澳大利亚引进了从事太阳能研究的施正荣博士在无锡市创办尚德公司。短短几年，这家公司就将中国光伏产业与世界先进水平的差距缩短了15年，造就了一个新能源产业的财富神话。

改革开放以来，广大留学回国人员作为我国十分宝贵的人才资源，在建设创新型国家中正在发挥着重要作用。截至2007年底，累计回国留学人员近32万，分布在教育、科技、经济、社会发展、国防等众多领域。据统计，回国留学人员在教育部直属高校校长中占77%，“长江学者”中占94%，在两院院士、国家“863计划”首席科学家中也占有很高的比例。“海归”已经成为加快自主创新、缩短我国与世界先进技术差距的一支重要力量。

四、人才资源优化配置，实现人才管理体制机制变革

今天，“爆棚”已经成为形容人才招聘会盛况的高频词。人才市场已成为配置人才资源的主要平台，成为引导人才合理流动、推动人才管理体制机制变革的重要力量。

一系列政策，记录着人才市场发展的轨迹。1993年，党的十四届三中全会作出《关于建立社会主义市场经济体制的若干问题的决定》，第一次明确提出“劳动力市场”的概念。1994年，中央组织部、人事部印发《加快培育和发展我国人才市场的意见》，提出人才市场发展的总目标是“实现个人自主择业，单位自主择人，市场调节供求，社会服务完善，社会保障健全，在国家宏观调控下，使市场在人才资源配置方面起基础性作用”。进入新世纪，有关部门先后出台《人才市场管理规定》、《中外合资人才中介机构管理办法》等，形成国有、民营、合资人才机构竞相发展的局面；2003年，中央《人才工作决定》提出“全面推进机制健全、运行规范、服务周到、指导监督有力的人才市场体系”；2007年，党的十七大鲜明地提出“建立统一规范的人力资源市场”，明确了人才市场统筹协调科学发展的方向。

一系列举措，让人们真切感受到了人才市场快速发展的足音。各地相继打破部门、地区和所有制壁垒，培育形成与其他要素市场贯通的人才市场，促进人才合理流动。1994年，第一个国家级区域性人才市场在沈阳成立后，天津、上海、广州、武汉、成都、陕西等省市紧随其后，7个国家级区域性人才市场布局完成。在此基础上，一批国家级专业性人才市场相继建立。全国省、地级城市和95%以上的县（市）建立了基础性人才市场，一个覆盖全国的多层次、多领域的人才市场格局初步形成。

今天，人才已经和市场密不可分。目前，全国共有6800多家人才服务机构，从业人员近6万人。仅2007年，全国各类人才服务机构接待流动人员就达到8000多万人次，1300万人通过市场找到了工作或转换了岗位。依托市场这个平台，三支队伍之间、公有制和非公有制经济社会组织之间、不同地区之间的人才流动渠道正在不断拓展。

随着社会主义市场经济体制一道成长发展的人才市场，给传统的人才管理模式带来了前所未有的冲击，一个符合市场经济规律的新的人才管理机制应运而生。

对人才的评价，以能力和业绩为导向，出现了用人单位与市场结合，业内与社会结合的多种评价体系和标准。企业经营管理人才市场和出资人认可，专业技术人才社会和业内认可，成为衡量和评价人才的基本尺度。“民主、公开、竞争、择优”成为选人用人的导向，“能者上，平者让，庸者下”成为人们普遍的共识。人才在市场中自主择业，用人单位在市场中自主择人，人才和用人单位的市场主体地位得到进一步明确和落实。

在市场的优胜劣汰中，以按劳分配为主体，

多种分配方式并存的分配制度初步建立。工资已经不能涵盖薪酬的全部，越来越多的人才依靠知识、技术、管理等“发家致富”。人们对年薪制、期权、股权这些名词已不再那么陌生，与工作业绩紧密联系、鼓励人才创新的分配激励机制越来越受到重视。

建立劳动合同，实施事业单位聘用制，流动人员人事档案管理、人事代理，建立完善养老、失业和医疗等社会保障制度，增加户籍管理灵活性，实施居住证制度，创新“户口不迁、关系不转”人才柔性流动机制……一系列配套措施和保障机制，加快了人才由“单位人”向“社会人”的转变，解决了人才流动的后顾之忧，拓展了人才开发空间。

随着社会主义市场经济的快速发展，在充分发挥市场在人才资源配置中基础性作用的同时，综合运用经济、法律、行政手段，建立健全人才配置宏观调控体系，成为政府管理改革的一个重要方面。从制定实施人才市场发展规划到规范人才市场秩序，从营造公平竞争的市场环境到制定优惠政策引导人才向中西部、基层和艰苦地区流动，从保护人才和用人单位的合法权利到为特殊人才群体提供就业服务，一个市场调节、政府宏观调控的良性互动局面和人才资源优化配置的良好社会环境正在形成。

五、党管人才，形成人才工作新格局

2007 年，党的十七大通过的新党章，首次把人才强国战略写入其中。这一重大决定是党中央高瞻远瞩、审时度势，站在全局和战略的高度为增强党的执政能力、巩固党的执政基础，全面推进小康大业、开创中国特色社会主义新局面作出的历史性抉择。

2001 年，国民经济和社会发展第十个五年计划专章强调大力开发人才资源，首次把人才问题提升到国家战略层面。2002 年，中央印发了《2002—2005 年全国人才队伍建设规划纲要》和《西部地区人才开发十年规划》，提出实施人才强国战略。2003 年，中央提出了“党管人才”原则。这是我们党适应全面建设小康社会的新任务，按照完善社会主义市场经济体制的新要求，根据党所处历史方位的新变化作出的一项重大决策。这年，中央专门成立人才工作协调小组，中央组织部成立了人才工作局，履行人才工作的战略规划、政策研究、宏观指导、工作协调等职责。

2003 年 12 月 19 日，全国人才工作会议召开。这是党和国家历史上第一次专门的人才工作会议，具有里程碑意义。胡锦涛同志在会上深刻阐述了科学人才观的内涵，对实施人才强国战略进行全面部署，对当前和今后一个时期的人才工作提出明确目标要求。会后印发的中央《关于进一步加强人才工作的决定》，提出了新的历史条件下人才工作的指导思想、根本任务和政策措施，成为新世纪新阶段人才工作的行动纲领。

一项项围绕人才强国战略作出的重大决策部署，形成了党在新世纪新阶段人才工作的基本思路和宏观布局，为人才强国之路指明方向。

“人才存在于人民群众中”，“不唯学历、不唯职称、不唯资历、不唯身份”，“鼓励人人作贡献、人人都能成才”……我国的人才观从以学历和职称为主要内涵，发展为坚持以人为本、主要看实际能力和贡献大小的科学人才观。从 2001 年开始，每年盛夏，北戴河都会迎来一批特殊的客人，来自各条战线的百余位专家受党中央、国务院邀请到这里休假。他们中既有著名院士专家，也有优秀科技工作者和教师，还有工人技师、“土专家”和“田秀才”……他们来自不同行业、不同岗位，但他们都是为我国经济社会发展作出突出贡献的优秀人才，党深切地关怀着他们。

全国人才工作会议后，人才工作新理念、新观点、新思路层出不穷。加强人才资源能力建设、人才资源开发质量为先、人才以用为本、人力资本投入、人才国际化、培养造就创新创业创优人才等，引领人们不断开创人才工作新局面。

大力加强以党政人才、企业经营管理人才

和专业技术人才为主体的各类人才队伍建设。《党政领导干部选拔任用工作条例》、《公务员法》相继颁布实施，干部竞争上岗、公开选拔、票决制等逐步在全国推广；企业人才市场化选聘力度进一步加大，经营管理人才市场化、国际化步伐不断加快；以全员聘用、岗位目标责任管理为主要内容的事业单位人事制度改革不断深入……

围绕党的中心工作和国家重大发展战略培养人才。中央陆续研究制定了加强国防科技高层次人才队伍建设、鼓励高校毕业生面向基层就业、加强高技能人才工作、加强农村实用人才队伍建设和农村人力资源开发等一系列政策措施。有关部门组织实施了“四个一批”人才培养工程、新世纪百千万人才工程、高层次创造性人才计划、三年五十万新技师培养计划、百万中专生计划、大学生村官、“绿色证书”培训工程等专项工程，有力促进各类人才队伍建设。

大力促进区域人才的协调发展。围绕振兴东北老工业基地、进一步促进西部大开发等区域发展战略，有关部门研究制定了各具特色的人才政策措施和人才支持计划。中央制定印发了《贯彻落实中央关于振兴东北地区等老工业基地战略，进一步加强东北地区人才队伍建设的实施意见》和《关于进一步加强西部地区人才队伍建设的意见》，启动实施了“振兴老工业基地专项活动”、“东北之春”、“院士专家行”、“博士服务团”、“西部之光”等活动，不仅促进了区域人才发展，人才资源配置也得到进一步优化。

各级党委把人才工作放在重要战略位置，坚持党管人才原则，管宏观、管政策、管协调、管服务，为加强和改进人才工作提供了根本保证。目前，全国31个省区市全部成立了人才工作领导(协调)机构及其办事机构。近85%的地(市)组织部门建立了专门人才工作机构，78.8%的县(市、区)组织部门配备了专职人员。一个党委统一领导，组织部门牵头抓总，有关部门各司其职、密切配合，社会力量广泛参与的人才工作新格局已经形成。

30年光辉历程，党和国家人才资源开发和人才工作的生动实践，造就了一支规模宏大、专业门类齐全、素质较高的人才队伍，为全面建设小康社会、推进社会主义现代化提供了强大的人才和智力支撑。

精心组织指导　深入探索实践
科学规范和有效监督县(市)委书记用人行为

中共吉林省委组织部

我们自2002年承担“科学规范和有效监督县(市)委书记用人行为”调研试点任务以来，在中央组织部指导下，紧密结合吉林实际，切实加强对调研试点工作的领导和组织指导，不断拓展试点范围，丰富试点内容，及时推广试点成果，重点在建立科学规范和有效监督县(市)委书记用人行为的制度体系等方面，进行了积极探索实践，取得了较好成效。

一、高度重视，始终把推进试点工作作为一件大事来抓

省委对试点工作高度重视，主要领导亲自过问。省委组织部始终坚持把试点工作作为组织工作的重中之重，摆上突出位置，认真抓好试点的研究谋划、组织领导、综合协调、督查指导和总结推广等方面工作。2002年以来的全省

组织工作会议、组织部长会议、干部监督工作会议，都对试点工作提出具体要求。部务会定期听取试点工作进展情况，及时研究解决试点中遇到的问题。采取实地调研、交流研讨、督查指导等措施，切实加大推进力度。我们要求各试点单位及所在市(州)党委普遍成立试点工作领导小组，党委主要领导亲自抓，组织部门具体抓，并抽调专门力量负责这项工作。同时，充分发挥县(市)委书记第一责任人的作用，在试点关键阶段及书记人选发生变动时，及时进行谈话，提出明确要求，提醒他们防止和克服畏难情绪，增强主动性和创造性，确保试点工作扎实推进。

2002 年以来，我们按照边调研、边实践、边规范、边推广的思路，循序渐进，使试点工作始终适应形势发展需要，逐步深化拓展、逐层延伸展开。一是试点单位由少到多。在 2003 年完成课题调研任务后，中央组织部确定我省桦甸、德惠两个县级市为先行试点单位。2006 年，我们把试点县(市)扩大到 9 个，使每个市(州)都有一个试点县(市)。二是试点层次由低到高。今年初，我们把通化市确定为试点单位，试点工作由县一级提升到地市级，扩大了试点的辐射面和影响力。三是试点内容由单项试验到综合配套。为使试点工作与时俱进，我们认真贯彻落实党的十七大和全国组织工作会议精神，研究提出“综合配套、集成创新”的试点思路，要求试点县(市)加大配套措施的探索创新力度。同时，选择松原、白山两个地级市作为全省干部人事制度改革综合试验区，把干部人事制度改革的各项措施全部拿到综合试验区进行试点试验，进一步发挥试点工作引领、带动全局工作的作用。四是试点成果由点到面。试点县(市)取得经验后，我们先在试点单位之间进行交流，再向其他县(市)推广，最后在全省推开。省委今年制定出台的《关于改进地方党委讨论任用干部决策办法的意见》、《关于加大竞争性选拔干部工作力度的意见》等政策性文件，其中很多内容借鉴了试点单位的经验。省委组织部先后制定出台了干部任前审核等 11 项制度规定，前不久又制定下发了《吉林省县(市、区)委书记用人行为规范(试行)》和《吉林省县(市、区)委书记用人行为全过程监督办法(试行)》，对规范县(市、区)委书记用人行为、提高干部选拔任用工作水平，起到了有力的促进作用。

二、科学谋划，牢牢把握试点工作的正确方向

我们感到，试点工作是一项政策性强、涉及面广、难度较大的工作，必须保证试点工作始终沿着正确的轨道向前推进。为此，我们注意从三个方面对试点工作进行把握。

第一，把握试点工作的目标要求。我们按照试点工作的主要任务和基本要求，对县(市)委书记在用人过程中容易出现的普遍性问题，进行认真梳理和分析，研究提出试点工作要实现“四个明显提高”。一是县(市)委书记选任干部的法规意识、责任意识、公平公正意识明显提高，严格按规章制度办事，自觉接受各方面监督，切实为党和人民掌好选人用人权。二是干部选任工作的科学化、规范化水平明显提高，构建科学规范、程序严密、制约有力的干部选拔任用工作制度体系，确保党的干部工作的路线方针政策得到全面贯彻落实。三是选人用人质量明显提高，建立健全选人用人质量监测和反馈机制，促进优秀人才脱颖而出，进一步激发干部队伍建设的生机与活力。四是选人用人公信度明显提高，“买官卖官”、“跑官要官”等选人用人上不正之风得到有效遏制，进一步树立正确的用人导向。

第二，把握试点工作的基本原则。为保证试点工作朝着正确方向健康发展，我们在组织开展试点工作中始终坚持“四个结合”的原则。一是坚持规范和监督用人行为与保障权力充分行使相结合。我们理解，规范和监督县(市)委书记用人行为，不是要削弱县(市)委书记应有的用人权，而是为了防止用人权被滥用。为此，我们始终把工作立足点放在规范和监督权力运行上，属于书记的权力保证给足用好，不够确定

或缺乏规范的加以明晰，保证县（市）委书记充分、正确、规范地行使用人权。二是坚持规范个人用人行为与规范集体用人行为相结合。县（市）委班子集体的用人行为与县（市）委书记个人的用人行为互为影响，共同决定着干部选拔任用工作的质量。实际工作中，我们把规范县（市）委书记用人行为和规范班子集体用人行为统筹谋划、一并研究，通过充分发挥班子集体的作用，有效规范和监督书记的用人行为。三是坚持严格执行政策法规与积极探索创新相结合。把中央、中央组织部制定出台的干部工作政策法规，作为开展试点实践的基本依据，不折不扣地贯彻执行。同时，坚持不断解放思想，紧紧围绕规范和监督县（市）委书记用人行为的关键环节和难点问题，加大改革创新力度，务求取得新的突破。四是坚持发挥试点单位的能动作用与发挥上级部门指导推动作用相结合。工作中，我们既注意发挥试点单位的主体作用，充分尊重基层的首创精神，注重调动他们的积极性和创造性，又切实加大自上而下的推动力度，加强对试点工作的组织领导和督查指导，促进试点工作深入扎实开展。

第三，把握试点工作的主要步骤。为了保证试点工作有序推进，我们统一明确了试点工作必经的四个步骤。一是调研分析。要求各试点单位深入开展调查研究，切实摸清县（市）委书记和县（市）党委选人用人的基本情况，找准问题，分析原因，有针对性地制定试点工作方案。二是廓清权责。根据县（市）委书记的岗位职责，科学界定县（市）委书记在用人上应有的权力和责任，为其充分履行职责、正确行使用人权提供政策支持。三是制定规则。建立健全规范县（市）委书记用人行为的各项制度及与之相配套的监督措施，保证用人行为、监督制约和责任追究有章可循、有规可依。四是实践验证。要求各试点单位充分利用每一次提拔调整干部的机会，对创新性措施进行实践验证，根据检验结果进行修订完善，不断增强试点成果的科学性、可行性和实效性。

三、精心指导，大力推动试点工作的创新发展

几年来，我们坚持把开拓创新贯穿试点工作的全过程，加强跟踪指导，注重发挥试点主体的能动作用，推动试点工作在重点内容和关键环节上不断有所创新。

1. 指导试点单位在规范县（市）委书记用人行为上创新。紧紧抓住干部选拔任用中与县（市）委书记紧密相关的环节，在规范权力运用方式、行为界限、工作程序和纪律要求等方面，进行探索创新。在干部初始动议和提名环节上，合理确定书记的权限、地位和作用，明确规定动议提名的主体、原则、程序、纪律和责任等；在民主推荐环节上，改进民主推荐方式，严格规范书记对推荐结果的运用，促进群众公认原则的落实；在组织考察环节上，改进完善干部考察的方式方法，研究探索防止县（市）委书记对考察工作渗透个人意志的有效措施，提高干部考察工作质量；在沟通酝酿环节上，根据地方党委领导班子配备改革后的实际，重新明确沟通酝酿的主体、方式和结果运用，保证沟通对象能够充分表达真实意见；在讨论决定环节上，完善讨论决策规则，全面推行党委常委会和全委会票决制。同时，积极创新干部选任方式，加大竞争性选任干部工作力度，用公开竞争、扩大民主的办法，从根本上解决在选人用人上少数人甚至个别人说了算的问题。

2. 指导试点单位在监督县（市）委书记用人行为上创新。建立完善与县（市）委书记用人行为规范相匹配的监督措施，努力做到全面覆盖。一是研究制定履行程序的监督措施。围绕干部选任工作各个环节，创新实施与选任程序相伴行的监督措施，突出抓好干部任前监督，充分发挥程序监督的提醒作用和纠偏功能，保证任何一个环节出现问题都能够及时发现和解决。二是探索建立用人质量验证评价机制。坚持把选准用好干部，作为衡量规范和监督县（市）委书记用人行为成效的重要标准。研究强化干部任

后跟踪监督的有效措施，探索建立选人用人公信度监测评价体系，充分运用测评结果，改进干部选任工作，不断提高选人用人质量和公信度。三是健全完善纪律监督和责任追究办法。围绕干部选拔任用工作纪律要求，建立查处违规问题和实施责任追究的规程，做到问题的反馈、查处、定性、纠正、追究责任都有制度依据。

3. 指导试点单位在规范和监督县(市)委书记用人行为制度体系上创新。试点开始后，各试点单位紧密结合实际，探索形成了一系列规范和监督县(市)委书记用人行为的制度措施，在实践中发挥了重要作用。但随着制度创新力度的加大，单项制度不断增多，有些制度内容相互交叉、缺乏衔接，操作起来不够方便，影响了整体效能的发挥。去年以来，我们指导试点单位认真学习贯彻党的十七大和全国组织工作会议精神，全面总结试点经验，对各项制度措施进行认真梳理，建立形成以"县(市)委书记用人行为规范"和"县(市)委书记用人行为全过程监督办法"为主体、有关措施制度相配套的制度体系，进一步规范、深化了试点工作。

四、注重实践，试点工作取得初步成效

几年来，我们坚持认真履行工作职责，督促指导试点县(市)认真抓好制度落实，切实把各项改革措施运用于干部选拔任用和监督工作的具体实践，确保试点工作取得实效。从各方面反映和实际效果看，试点工作成效初步显现。

一是保证了县(市)委书记用人权的正确行使。试点工作中，各试点县(市)探索建立并严格执行规范和监督县(市)委书记用人行为的各项制度措施，把县(市)委书记的用人行为纳入制度化、规范化的轨道，既激励了县(市)委书记加强自身修养，树立良好作风，提高规范用权、廉洁从政的自觉性，又使县(市)委书记从"裙带风"、"说情风"中解脱出来。试点县(市)的书记们普遍反映，试点工作使他们切实增强了选人用人的政策法规意识、责任意识，同时也为他们排除各种干扰和抵制用人上的不正之风提供了有力武器。

二是选人用人质量和公信度进一步提高。试点县(市)在认真贯彻执行干部工作政策法规的同时，坚持民主、公开、竞争、择优原则，积极探索创新规范和监督措施，健全完善工作运行机制，提高了选人用人质量和公信度。从各市(州)开展的问卷调查和民意测验情况看，9个试点县(市)干部选任工作的群众满意率平均达到97.7%，对新提拔干部的满意率平均达到97.4%。

三是选人用人环境不断优化。通过试点，干部选拔任用工作得到了有效规范，为防止和纠正用人不正之风，克服少数人在少数人中选人的问题，营造风清气正的用人环境提供了制度保证，初步形成了选人靠制度、评人看公论、用人凭德才的良好导向。在试点县(市)，投机钻营、弄虚作假、跑官要官的干部失去了市场，埋头苦干、政绩突出、群众公认的干部得到提拔重用，"有为才能有位"、"老实人不吃亏"的观念深入人心。以前，试点县(市)提拔调整干部时，总会有人想跑一跑关系、搞点小动作，我们也查处过这方面的问题。试点工作开展以来，这种现象越来越少。在县、乡领导班子集中换届期间，没有接到关于9个试点县(市)存在拉票贿选、突击提拔干部等问题的举报，上级党委批复的换届人选全部顺利当选。

在6年的试点实践中，中央组织部给予了有力指导，兄弟省区市也为我们提供了许多宝贵经验。下一步，我们将从三个方面继续抓好试点工作：一是认真贯彻落实这次会议精神，虚心学习兄弟省区市试点工作的好做法、好经验，启发思路，拓宽视野，促进我省试点工作进一步深化。二是进一步加大改革创新力度，把试点工作纳入干部人事制度改革的总体框架，努力研究和破解干部选拔任用工作中的重点难点问题，以试点推进干部人事制度改革的不断深化。三是把试点实践变成工作常态，抓好我省出台的县(市、区)党委书记用人行为规范和全过程监督办法的贯彻落实，使试点实践扩大到全省范围，确保试点工作达到预期目标。

扩大干部工作民主　完善选人用人机制

中共广东省委组织部

党的十七大对深化干部人事制度改革作出了新部署，要求坚持民主、公开、竞争、择优，形成干部选拔任用科学机制。实践证明，扩大干部工作民主是深化干部人事制度改革必须始终坚持的方向。近年来，我省在干部工作中深入贯彻落实科学发展观，继续解放思想、改革创新，积极探索党内民主和人民民主的有效实现形式，不断创新选人用人制度机制。

一、把扩大民主贯穿干部提名环节，实行省委全委会民主推荐重要干部，规范干部初始提名

干部初始提名是选人用人的基础环节，也是干部工作的重点。2008 年初，我省人大、政府、政协换届以后，需对 16 名市厅级党政正职进行配备。省委积极探索，大胆创新，将重要干部的初始提名权交给省委全委会成员集体行使。主要抓好三个环节的工作：一是在认真推荐的基础上产生初始人选。提前向参加民主推荐的省委全委会成员公布空缺职位及条件、要求，接着召开省委委员、候补委员和其他现职省级领导干部会议，按照 1∶2 的比例推荐人选。会议推荐之后，又在省级党政领导班子成员，省人大、政协主要负责人及拟退出现岗位的有关市厅级党政正职人员范围内进行个别谈话推荐。同时，根据有关规定和要求，到拟出缺职位的市（部门）进行民主推荐，听取意见。综合上述三个层面的推荐情况，根据职位要求，通盘考虑，提出考察对象人选名单，由省委常委会讨论确定，并及时向省委委员、候补委员书面通报。二是公示考察对象。对拟定的考察对象，按照有关规定进行组织考察，在此基础上提出综合分析评价意见，并就考察对象德能勤绩廉，尤其是廉洁自律方面的情况征求有关部门意见。向省委常委会书面报告考察和征求意见情况后，通过省内主要媒体公示，听取各地各单位和广大干部群众对考察对象的意见，接受社会监督。三是经充分酝酿再投票表决。省委常委会综合推荐、考察等情况，集体讨论确定拟任人选并提请全委会投票表决。表决前，先将拟任人选基本情况印发与会人员，由组织部门作提名的综合说明后，与会人员分组进行酝酿审议，接着由拟任人选分别在全委会上作自我陈述和专题发言，在与会人员了解拟任人选情况的基础上，再采取无记名方式进行票决。最后产生的 16 名市厅级党政正职人选，有 9 人是“60 后”干部，其中 1 人 39 岁，2 人为女干部，1 人为党外干部，交流任职的占了一半以上。

这次调整配备在四个方面进行了有益探索。一是创新重要干部初始提名人选的产生方式，使干部提名方式进一步规范化、透明化。通过省委全委会成员“海推”产生考察对象，增加了初始人选产生的透明度，让选拔干部的权力在阳光下运行，有利于提高选人用人的公信度。二是扩大党内民主，有效遏制了干部工作中的不正之风。通过省委全委会差额推荐产生候选人、常委会确定考察对象后及时向全委会成员通报、全委会无记名投票表决等关键程序，使全委会成员对干部任用的决策权、选择权、监督权真正落到实处，从制度上克服了少数人说了算的现象。三是

改进拟任人选的介绍方式，使省委委员更好地行使民主权利，形成了良好的用人导向。对拟任人选的介绍方式除了常规的书面介绍、综合说明、分组审议等之外，还首次增加了现场陈述的方式，让当事人直接面对全体委员、候补委员作自我陈述，并就同一问题发表自己的见解，使与会人员能近距离了解当事人，解决了委员投票时的"盲投"问题，对当事人的触动大，对干部工作导向好。四是完善干部监督方式，加强了监督的超前性、有效性。把干部公示的时间从常委会确定拟任人选之后移到确定拟任人选之前，增强了干部公示的有效性，有利于干部群众更早、更充分地了解考察对象的情况，更从容地发表意见、提出建议，防止干部"带病提拔"、"带病上岗"，广大干部群众对这种干部选拔任用方式给予了充分肯定。

二、把扩大民主贯穿干部公开择优环节，实行"大评委制"，让干部在同一起跑线上公平竞争

为创新干部培养选拔方式，给科学发展增添新生力量，省委组织实施了"双百"领导干部人才计划，即从本省机关企事业单位选拔100名省管干部，面向全国公开选拔100名厅处级优秀年轻干部。各地结合实际，积极探索干部选拔新方式，一是着眼于推动区域协调发展、培养锻炼干部，采取"两推一述评"方式（民主推荐、党委党组推荐、述职发言、会议测评），从珠三角地区选拔20名优秀年轻干部担任东西两翼和山区县级党政正职；二是着眼于推进干部交流，采取公推公选方式，先由全省各地级以上市和省直机关事业单位和省各民主党派在各自范围内开展民主推荐，然后经过党委党组决定产生初步人选，再对初步人选集中进行述职发言、会议测评，按综合得分由高至低确定考察对象，对经考察后产生的43名副厅级领导干部进行交流任职；三是按照"按需选派、好中选优"的要求，从5000多名报名人员中遴选出58名厅处级干部对口支援四川省汶川县灾后恢复重建工作。同时，省市联合面向全国公选的100名优秀年轻干部，也经过多环节、多侧面的综合考试测评后脱颖而出，到岗履任。

在干部选拔任用中，我们坚持实行"大评委制"。每个环节、每个步骤的评委具体由以下人员组成：省、市的党代表、人大代表和政协委员；职位所在单位的干部群众；省、市直相关单位的中层以上干部，部分环节还有专家学者参与。在实践中我们注意把握好以下几点：一是坚持干部群众的有序参与。"两推一述评"、公推公选、省市联合公选等工作均在省委的统一领导下进行，具体由组织部门负责实施。评委都是在职的干部群众，他们在制度框架内有序参与干部选拔任用工作，这样既坚持了党管干部原则，又扩大了选人用人民主，落实了干部群众的"四权"。二是与现行政策法规相衔接。在面试、测试各个环节，我们邀请职位所在单位的干部群众参与评委工作。经过若干环节后，拟任人选正式产生前，职位所在单位有一半以上的干部群众参加了对人选的评价，从而实现了与现行《干部任用条例》和有关政策法规的有效衔接。三是评委的数量和构成合理。评委数量一般控制在50至200人之间，结构要求合理，尽量考虑各方面的代表人物。为扩大评委参与面，又不增加工作成本，在对5名珠三角地级市副市长人选面试时，还采取视频会议方式，设1个主会场和5个分会场同时进行。据统计，这次省市联合公选，面试、测试环节评委总数达到1万人次，被干部群众称为"万人选百官"。四是精心设计工作程序。我们注意在细节上下功夫，出台了2008年省市联合公开选拔年轻干部工作监督办法，聘请监督员对评委工作进行全过程全方位监督。所有评委都由电脑随机确定，提前一天由专人通知到评委，每位评委在同一职位组中只能参加一个环节的评委工作。考生用序号代替姓名，在答题过程中不得透露可识别本人身份的信息。计分方法上，参照国际通行的竞技评分办法，先去掉10%的最高评价

档次和5%的最低评价档次，再把其余的有效评价档次按百分制计算得出综合评分。各个环节均严格按分数由高至低确定人选。实行等额考察，考察不合格则依次递补。这些制度设计，有效杜绝了人情干扰，确保了省内省外的考生在同一个平台上公平竞争。

除此之外，我们在发展中国特色社会主义民主政治方面作了有益探索，主要做法是，让省、市"两代表一委员"广泛参与干部选拔，使党管干部的领导权和党委讨论干部任免的决定权，建立在更加广泛的党内民主、人民民主和更加牢固的群众基础之上。

去年初，省委全委会票决市厅级正职人选之前，省委召开民主协商会，向省各民主党派、工商联主要负责人和无党派及民族宗教界代表人士介绍拟任人选的产生过程和提名理由，充分听取意见，进行民主协商，并将情况向全委会报告。面向全国联合公选年轻干部，在省委常委会讨论决定任职人选前，也专门召开了民主协商会，就拟任人选及职务安排充分听取省各民主党派、工商联主要负责人和无党派及民族宗教界代表人士的意见，为省委决策提供参考。

三、把扩大民主贯穿干部考核评价环节，制定科学发展考评办法，使群众满意与否成为干部考核硬指标

我们深化干部人事制度改革的一个新突破，就是制定出台了《广东省市厅级党政领导班子和领导干部落实科学发展观评价指标体系及考核评价办法（试行）》（以下简称《考评办法》），对考核对象、内容、程序、结果运用和纪律监督等都作出明确规定，健全和完善了促进科学发展的干部考核评价机制。

《考评办法》的制定过程体现了民主原则。按照省委的要求，省委组织部、省发展改革委、省统计局等有关单位在深入调研的基础上，起草了《考评办法》初稿，书面征求了省级领导同志和地级以上市市委书记、市长，省委、省政府工作部门主要负责同志的意见，在进一步修改后又征求了省各民主党派、省工商联主要负责人和无党派人士代表以及部分党代表、人大代表和政协委员的意见。历经数月调研、几易其稿后，提交省委常委会集体研究。经省委常委会原则同意后，又在省各主要媒体和网络上全文公布，向社会公开征求意见。对此，省内外反响热烈，10天时间网上点击超过16万人次，提出意见建议140多条。对社会各界提出的意见建议，调研组逐条梳理，认真甄别，充分吸收修改，还征求了省委委员、候补委员的意见。总的来看，《考评办法》的制定过程是一个集思广益、集中民智的过程。广泛发扬民主、充分听取民意，为《考评办法》的出台奠定了坚实的群众基础。

《考评办法》的内容设计体现了民生为重的导向。将全省21个地级以上市划分为都市发展区、优化发展区、重点发展区和生态发展区四个区域类型，每一个区域类型的指标体系包括经济发展、社会发展、人民生活和生态环境4个指标组，共设43个指标，包括24个共同指标和19个类别指标。其中，最引人注目的是新增设人民生活指标组，并在经济发展指标组中增设了人均GDP指标，把改善民生作为干部考核的重要内容。

《考评办法》的实施体现了民意的分量。《考评办法》的一个亮点，是在实绩考核、民主测评基础上，增加群众满意度测评环节。群众满意度是干部政绩的试金石，把它作为干部考核的重要内容，广泛听取社会各界意见，让群众满意成为检验工作成效的重要标准，有利于促进领导干部改进作风，更加关注民生，更加关注群众疾苦。同时，《考评办法》还对加强群众监督作出了具体规定，要求从党代表、人大代表、政协委员、党外人士中聘请科学发展监督员，对各地落实科学发展观的评价考核情况进行监督。

着力增强领导班子的凝聚力和战斗力

中共吉林省委组织部

加强领导班子思想政治建设是提高党的领导水平和执政水平，推进各项事业持续健康发展的根本保证。中共吉林省委始终高度重视领导班子思想政治建设，坚持把它作为领导班子建设的灵魂和主线，特别是针对领导班子配备改革后的实际，紧紧围绕实现振兴吉林、富民强省目标，着眼增强领导班子的凝聚力、战斗力，在全省大力加强各级领导班子的思想政治建设，着力营造心齐劲足、风清气正、干事创业的良好氛围，为实现经济社会又好又快发展提供坚强的组织保证。

一、推动思想解放，打牢团结干事的思想基础

我省坚持把推动思想解放作为提高各级领导干部思想政治素质、增强领导科学发展能力的重要举措，力求在解放思想中统一思想，激发和调动广大领导干部团结干事的内在动力。在中央作出振兴东北等老工业基地战略决策之初，我们就在全省广泛开展“解放思想、二次创业”系列大讨论活动，通过开展理论研讨、集中培训和到国（境）外、发达省份及地区学习考察，教育引导各级干部打牢开拓创新、共谋发展、团结干事的思想基础。2008年召开的省委九届五次全会着眼于推动新一轮大发展，在全省深入开展“继续解放思想、推动吉林振兴”大讨论活动。省委、省政府领导亲自带头并组织部分市县和省直部门主要负责同志赴沿海发达地区学习考察，教育引导各级领导干部自觉用先进的思想理念、先进的思维方式、先进的方法指导工作、解决问题，靠创新观念抢抓机遇，靠解放思想共谋发展。近年来，我省地区生产总值快速增长，增速位居全国前列；城镇居民人均可支配收入较快增长，农民人均纯收入超过全国平均水平；城市棚户区改造取得突破性进展，136万城市居民住进新居，和谐社会建设迈出新的步伐。我们感到，之所以能够取得这样的成绩，主要得益于解放思想，得益于大胆改革，得益于各级领导班子和领导干部团结干事。

二、改进领导作风，营造和谐共事的良好环境

我省结合开展“树新风正气、促和谐发展”主题教育活动，大力加强各级领导班子和领导干部思想作风建设，努力营造风清气正、团结和谐、合作共事的政治环境和社会氛围。一是坚持用好的作风选作风好的人。把选准用好干部作为领导班子思想政治建设的基础和保障，完善用人制度，健全用人机制，大力倡导为民、务实、清廉的风气，引导和鼓励领导干部合作共事、创业干事。在做好选拔任用工作的同时，加大对不称职、不团结干部的调整力度。近年来，共调整不团结、不称职县处级以上领导干部104名，其中地厅级干部26名，为各级领导干部树立了正确导向。二是切实转变工作作风。省委、省政府先后制定出台了《进一步精简会议、文件和改进省领导公务活动的意见》、《进一步加强和改进基层信访工作的意见》和《解决群众看病难看病

贵问题的意见》等一系列文件规定，推动各级领导班子和领导干部进一步转变作风、团结干事。省委、省政府领导带头坚持农村党建和扶贫联系点制度，全省共建立省市县三级党员领导干部联系点 9255 个。三是大力抓好“民生工程”。引导各级领导干部坚持把实现好、维护好、发展好最广大人民的根本利益作为各项工作的根本出发点和落脚点，努力为基层群众办实事、做好事、解难题。省委、省政府提出并全力落实建立“零就业家庭”就业动态援助机制、农村泥草房改造工程、落实扶贫开发计划等八件民生实事，在全省上下产生良好反响。各地普遍实施了安居解困、扶贫助学、城区改造等一系列民生工程，认真解决与群众生产生活息息相关的重点难点问题。各级领导班子和领导干部在抓好“民生工程”的过程中，自身受到深刻教育，进一步密切了党群干群关系，树立了和谐干事的良好形象。四是突出抓好一把手队伍建设。领导班子能否和谐共事，一把手是关键。一把手素质高低、能力强弱、作风好坏，对班子建设、事业发展影响极大。通过选准配强班子一把手、重视提高一把手素质能力、健全工作运行机制、规范用权行为等途径，进一步强化对一把手的培养教育和管理监督，引导其提高综合素质，增强民主意识，改进作风，在处理领导班子成员关系上讲原则、讲胸怀，切实发挥维护班子团结、促进班子和谐、树立清风正气的表率作用。

三、加强民主集中制建设，确保领导班子按章办事

我省坚持把加强民主集中制建设作为促进领导班子和谐的重要措施，健全完善各项制度，努力推进各项措施的落实。一是强化民主集中制原则教育。坚持把民主集中制作为党委（党组）中心组学习的重要内容，认真抓好领导班子成员特别是新进班子成员民主集中制再教育，引导班子成员深刻认识贯彻民主集中制的重大意义，准确理解和把握民主集中制的各项要求，切实增强贯彻执行民主集中制的自觉性。二是建立完善民主决策机制。按照“集体领导、民主集中、个别酝酿、会议决定”的方针，制定实施领导班子工作制度和决策重大事项议事规则，切实做到用制度管权、按制度办事、靠制度管人。重视研究建立领导班子配备改革后新的领导体制和工作运行机制，制定出台了《关于贯彻落实〈中共中央关于进一步完善地方党委领导班子配备改革后工作机制的意见〉的意见》，切实发挥新体制新机制在促进班子和谐中的保证作用，确保各项工作协调高效运转。三是切实加强对民主生活会的管理和指导。各级党委把民主生活会作为沟通情况、交流思想、解决问题、增强团结的重要载体，不断创新形式、增强实效。省委制定出台《省管领导班子民主生活会的若干规定》，建立了上级党委派员参加下级领导班子民主生活会制度、会前征求意见和会后通报制度，促进了各级领导班子民主生活会质量的提高。

我们要认真贯彻落实党的十七大精神，坚持以中国特色社会主义理论体系为指导，继续深入抓好领导班子思想政治建设，努力把各级领导班子建设成为坚定贯彻党的理论和路线方针政策、善于领导科学发展的坚强和谐的领导集体。坚持用中国特色社会主义理论体系武装头脑，认真组织开展深入学习实践科学发展观活动，进一步提高各级领导干部的思想政治素质，促进各级领导班子团结干事。认真贯彻执行民主集中制原则，落实民主集中制的各项要求，确保各级领导班子按章办事，进一步增强凝聚力和战斗力。按照中央提出的“八个坚持、八个反对”和“两个务必”的要求，坚持不懈地抓好作风建设，务求以干净干事的良好形象取信于民。

按党政干部成长规律加强教育培训是培养执政骨干的根本之举

中共黑龙江省委组织部

当前，我国改革发展已经进入关键时期，如何采取有效措施，尽快培养造就一批适应经济社会发展需要、特别是善于治国理政的干部队伍，显得非常紧迫。我们必须根据形势任务发展变化的需要，积极研究并顺应干部成长规律，切实加强干部教育培训工作。

干部成长规律，是干部成长过程中各种要素之间内在的本质的相互联系、相互作用所产生的成长轨迹和成长模式。为了更好地研究这个问题，我们随机抽样了1000名厅级干部档案，对其工作简历特别是职务晋升情况进行了统计分析，研究了这些党政干部在每一个职务层面工作的时间段。通过对党政干部成长中涉及的主要因素及干部职级的综合分析，将党政干部的成长划分为四个阶段，按照每个阶段党政干部的成长特征，将这四个阶段概括为经验积累期、能力成长期、成熟工作期、平缓着陆期。研究和掌握干部成长过程的阶段性规律及各阶段的主要特征，可以针对不同阶段干部的特点进行培训锻炼，有效缩短干部成才时间，更好更快地发挥其作用。

一、"经验积累期"重点强化党政领导干部政治取向的唯一性，着力在理论武装上下功夫

"经验积累期"大体是在参加工作到30岁这个年龄段。这一时期的主要特点是：身体强壮，是一生中发育最好的时期，各方面机能逐渐成熟，观察力、记忆力、想象力和思维能力都很强；有做好工作的强烈愿望，上进心强，对人生充满希望，可塑性强。同时，价值取向和目标还不十分明确，世界观、人生观、价值观容易动摇；刚走出校门，业务不熟悉，机关环境不熟悉；社会阅历少，缺乏机关工作经验。

经验积累期，是党政干部成长过程中打基础的阶段。在这一时期，除了重点加强业务知识培训和技能训练外，最主要的是针对党政干部在这段时期政治取向和价值取向容易发生偏差的实际，切实加强理论武装工作，使党政干部牢牢树立崇高的理想信念，树立正确的政治取向。

一是加强理想信念教育。必须在党政干部中坚持不懈地开展党纪和国家法律法规、社会主义荣辱观、国内外形势和基本国情、艰苦奋斗等方面的教育，引导党政干部牢固树立正确的世界观、人生观、价值观和权力观、地位观、利益观，不断提高政治敏锐性和政治鉴别力，确保在理想信念上不犹疑、不含糊、不动摇，真正成为党的忠诚卫士。

二是加强中国特色社会主义理论教育。中国特色社会主义理论，是党最宝贵的政治和精神财富，必须坚持不懈地教育引导党政干部把这一科学理论学深学透学精，入脑入心，内化为毫不动摇的执著追求，外化为坚定自觉的实际行动，始终保持政治的坚定性、理论的系统性、行为的先进性。

三是加强党的路线方针政策教育。党的路线方针政策是党的最高理想在现阶段的具体体现，是全国各族人民的根本利益所在，也是检验党政领导干部政治取向的"试金石"。必须采取有效形式，加大党的路线方针政策的教育力度，提高贯彻落实的准确性和实效性。

二、"能力成长期"重点突出党政领导干部成长潜质的差异性，着力在提高执政能力上下功夫

"能力成长期"大体是从30岁到40岁。这一时期党政干部身体处于比较好的阶段，体能好，精力充沛；工作热情高，有冲劲，有闯劲，积累了一定的经验，对社会了解程度比较深，能力处于较快增长阶段。同时，自我意识、自我设计能力比较强，容易按自己的思路做事，干部个体差异性得到较为充分的体现。

差异和个性是干部成长固有的特性，而干部在能力陡长期的个体潜质差异性显得更突出。所以，应该根据干部在"能力成长期"的特点，尊重差异性规律，坚持人的全面发展理念，以差异为导向，以满足不同潜质干部的需求为目的，按照科学执政、民主执政、依法执政的要求，分层级、分领域、分类别、分需求地开展个性化培训，推动各级领导干部不断提高推动科学发展、促进社会和谐的本领，善于审时度势、进行战略思维的本领，总揽工作全局、应对复杂局面的本领，协调利益关系、开展群众工作的本领，创新务实、把握客观规律的本领，治党理政、解决自身问题的本领。

一是针对不同层级领导干部履行职责的不同要求，搞好分级培训。干部教育培训工作总体上应按照干部管理权限，遵循干部成长逐级提升、逐步提高的规律，根据干部培养的不同方向和履行职责的不同要求，区分不同层级来确定培训对象、培训内容与培训方式。同时，注意干部个体潜质的差异，充分考虑干部潜质的提升空间，在培训对象的选择上突破逐级培训的定式，对有培养价值的特殊群体提前做好"育苗"工作。具体到工作中，就是要进一步坚持做好分层级培训干部工作，把进修班、培训班等班次作为各级党校的主体班次，结合不同层次干部的培养方向和履行岗位职责的不同要求，在培训内容、培训方式、培训时间、培训重点等方面有所区别、有所侧重，按照高层次高起点、低层次高要求的原则，深入做好党政领导干部的轮训工作。

二是针对不同类别领导干部分管工作的不同领域，立足工作需要，努力强化专项培训。能力陡长期是党政干部成长速度最快时期，也是决定干部成长取向最关键阶段，对干部朝什么方向发展，成为什么样的领导干部至关重要。因此，对这一时期干部的教育工作，更要突出目的性，体现出明显的趋向性特征。主要是针对干部的特点和潜质的差别，按照门类齐全、结构合理、适应需要的要求，对干部培训工作定好位，对干部具体教育培养目标定好向，对干部教育培养的具体方案定好调，更加体现专门、专学、专用的特点，突出抓好专项培训，帮助干部进一步丰富与履行职责相关的专业知识，提升业务水平和专业能力。

三是针对不同个体领导干部提升素质的不同方式，突出个性需求。针对干部潜质上存在的差异，坚持以人为本、因人而异、因需施教，是干部教育培训工作落实和体现科学发展观的必然要求。近些年来各地开展干部教育培训的实践证明，开展"菜单式"选学培训，可以有效满足干部多样化、个性化的学习需求，增强培训的针对性和实效性。"菜单式"选学的突出特征是尊重学员的个人选择。因此在实施"菜单式"培训中，要注重调查摸底，掌握干部教育培训的个体需求，突出培训内容的个性化；要整合教育资源，建立专兼职师资队伍，突出培训力量的专业化；要改进教学方式，致力于教学创新，突出培训形式的多样化，努力实现"以教为主导、以学为主体"的双向互动。

四是针对不同特质领导干部适应岗位的不同选择，强化潜力挖掘，重点在实践中培养锻炼干部。干部的个体潜质是否得到有效挖掘，干部素质能力是否得到有效的提高，关键是干部在丰富多彩的社会实践中是否能够充分地汲取营养、广泛地积累经验。因此，各级干部管理部门要把实践锻炼作为干部教育培训的关键环节和重要方式，有计划地安排领导干部特别是有

发展潜力的优秀年轻干部到艰苦地区、复杂环境和基层一线去任职或挂职锻炼，在实践中汲取智慧、磨炼意志、陶冶情操、经受考验，不断提高做好群众工作和处理复杂问题的能力和本领，使干部在攻坚克难、应对复杂局面中锻炼成长。

三、"成熟工作期"重点突出党政领导干部成长的实践性，着力在履行为民宗旨、积极干事创业教育培训上下功夫

"成熟工作期"大约在40岁至55岁。这一时期党政干部正是年富力强、大展宏图、贡献自己聪明才智的最佳时期。大多数干部已走上单位或部门中层以上领导岗位，有的已步入更高的领导行列。同时，也容易出现一些问题，比如处世尊重他人不够，学习易出现浮躁心理，不愿意抓小事，只想干有影响和轰轰烈烈的"大事"，"上升"待提拔成长的念头强烈，一旦出现不测或事与愿违，就易出现心态失衡、精神不振、思想退坡等现象。

成熟工作期是党政领导干部的黄金时期，也是在实践中为党工作、为民造福，在事业上取得成就的关键时期。这一时期的健康成长，必须是在价值追求的引领下，在工作的实践中依据一定的规则和方式，通过展示自己的综合素养、专业特长、工作实绩等个性化表现，在相互比较、竞争择优中脱颖而出，担负更高一级领导职务、更重要工作责任或获得更广阔的干事创业平台，这也是干部在竞争中健康成长的实践性要求。因此，这一时期的干部教育培训工作，主要任务就是要教育干部认真履行岗位职责，更好地完成党和人民赋予的历史使命，树立正确的权力观、地位观、利益观，增强为党干事业、为人民谋福祉的思想动力和创造活力；要教育引导干部注重实践、注重实效、注重实绩，以正当的方式和突出的表现让组织信任、群众认可；要教育引导干部重品行、增学识、提素质、创业绩，坚持科学执政、民主执政、依法执政，适应时代潮流、发展要求和群众期盼，增强学习提高的自觉性、主动性和实效性，切实提高自身的素质和能力。

一是加强践行宗旨教育，不断增强立党为公、执政为民的意识。在宗旨教育中，一要规范。要建立一套严明的学习规章制度，按制度要求开展正常的学习教育活动。二要引导。要注意案例教学，用正反两方面典型案例正确引导领导干部的行为。三要造势。要综合利用新闻媒体、文学艺术、广播电视等多种手段，制造强大的社会声势、舆论氛围，弘扬中华民族的传统美德。四要务实。要防止从理论到理论，要同干部工作实际和思想实际结合起来，体现在具体工作之中，真正使干部深怀爱民之心，恪守为民之责，善谋富民之策，多办利民之事。

二是加强解放思想教育，不断增强与时俱进、开拓创新的意识。针对这一时期干部容易出现过多靠经验决策处理问题的现象，干部教育培训工作还要注意进行解放思想的教育，着力破除因循守旧、故步自封的思想观念，坚持与时俱进、开拓创新；破除小富即安、小进即满的思想观念，坚持海纳百川、勇攀高峰；破除畏缩不前、无所作为的思想观念，坚持迎难而上、锐意进取。着力解决精神状态问题，始终保持蓬勃向上的朝气、开拓进取的锐气、不畏艰险的勇气、争创一流的志气，顽强拼搏，奋发有为，为党和人民建功立业。

三是加强责任使命教育，不断增强干事创业、真抓实干的意识。主要是教育干部牢记肩负的责任，把精力集中到干事创业上来，振奋精神，勤于奉献，清醒看待和使用手中的权力，一心为公不谋私，专心致志干事业，坚定干事创业的信念和信心。切实增强干事创业的本领，做到在思想上想干事、在能力上会干事、在效能上干成事、在廉洁上不出事，真正成为坚定信念、保持清醒、在政治上靠得住的人，求真务实、真抓实干、在工作上有本事的人，牢记宗旨、执政为民、在作风上群众信得过的人。

四、"平缓着陆期"主要针对党政领导干部的"到站"心理，着力在加强晚节教育、保持良好心态上下功夫

"平缓着陆期"大约在55岁至60岁。这一时期的党政干部存在着"到站"心理、自信心理和依赖心理。有的党政干部尚有工作能力和继续从事工作的愿望，希望体现自身价值，但由于年龄、身体和干部体制等原因，他们中绝大多数的行政级别处于静止状态，有的人已经退居"二线"或骤然间离开工作岗位，容易产生失落感，于是兴奋点和关注点由过去的群体和事业，转向自我和家庭。也有部分人出现了消极的思想、心态，认为年龄到杠、职务到头，特别是个别免疫力弱的准离退休干部信仰出现了令人心痛的转移，"58岁现象"就出现在这个时期。根据"平缓着陆期"党政领导干部的身心特点，有针对性地开展干部教育培训，显得尤为必要。

一是着力进行再创业教育，使他们贡献余热。通过教育培训使他们继续关心党和国家大事，关心本地本单位的建设和发展，永葆政治生命的青春。

二是着力进行"传帮带"教育，使他们甘为人梯。鼓励他们充分发挥经历广、经验多，看问题深刻、透彻的优势，把培养造就事业接班人作为重要责任，主动与年轻干部交朋友，互助互动，言传身教，甘做人梯，把优良传统、优秀品质和工作经验传授给年轻干部，促使年轻干部尽快健康成长起来，承接重任。

三是着力进行"晚节"教育，使他们站好最后一班岗。要注意对"58岁现象"问题研究，掌握这一时期干部心理变化规律，通过理论研讨、现象研究、案例分析等多形式、多渠道、多方位的教育，使他们继续保持廉洁奉公的美德，自觉抵制社会上腐朽思想的侵蚀，自重、自省、自警、自励，始终以党和国家的利益为重，克服个人的种种错误思想。

四是着力进行身心健康教育，使他们具有"平常心"。各级党组织要经常同这一时期的干部谈话谈心，交流思想，掌握他们的需求和愿望，帮助他们解决生活方面的困难和问题。

创新年轻干部培养方式

中共福建省委组织部

党的十七大报告指出，要"加大培养选拔优秀年轻干部力度，鼓励年轻干部到基层和艰苦地区锻炼成长，提高年轻干部马克思主义理论素养和政治素质"。适应不断发展变化的新形势，进一步创新年轻干部培养方式，是做好年轻干部培养选拔工作的重要环节，对于建设高素质的领导班子和干部队伍具有重要作用。

一、新形势新情况新任务迫切要求创新年轻干部的培养方式

年轻干部呈现的新特点要求创新年轻干部培养方式。现在的年轻干部大多文化层次高，知识面宽，思想解放，思维敏锐，进入角色快，但也存在缺乏党内严格的政治生活和组织生活熏陶，党性修养和锻炼不够，缺乏艰苦环境或基层磨练，实践经验相对不足等问题。这些特点，迫切要求我们必须不断改进对他们的培养方式，提高针对性和实效性。

年轻干部培养的新任务要求创新年轻干部培养方式。党的十六大以来，为贯彻落实科学发展观等重大战略思想，中央对干部队伍建设

提出了许多新的目标任务。比如，贯彻落实科学发展观，要求培养一大批政治坚定、能力突出、作风过硬、群众信任、善于领导科学发展的优秀干部；推进社会主义和谐社会建设，要求培养一批熟悉社会建设和管理的优秀年轻干部。这些目标任务，对改进年轻干部培养方式提出了新要求，提供了新思路。

干部人事制度改革的新进展要求创新年轻干部培养方式。党的十六大以来，干部人事制度改革形成了“一法、一纲要、三条例、十一个法规性文件”的法规体系。既促进了干部工作的规范化制度化，也要求创新年轻干部培养方式。

社会大环境的新变化要求创新年轻干部培养方式。世界多极化、经济全球化、各种思想文化思潮交流、交融、交锋频繁，对年轻干部思想冲击猛烈。国内经济体制深刻变革、社会结构深刻变动、利益格局深刻调整、思想观念深刻变化，互联网等高科技广泛运用，对年轻干部学习方式、知识获取途径以及干事创业渠道有重大影响。创新年轻干部培养方式，已成为干部选拔培养工作必须解决的重要任务。

二、当前年轻干部培养存在的主要问题

年轻干部培养，既包括大面积、整体性培养，也包括对优秀年轻领导干部的重点培养。目前的培养方式主要有以下五种：一是“调训式”教育培养，由干部教育培训管理部门根据各个时期干部教育培训整体规划，有计划地选调年轻干部参加脱产培训；二是“选派式”挂职培养，通过组织安排，将年轻干部选派到基层一线、艰苦地区或上级机关挂职锻炼；三是“轮岗式”交流培养；四是“抽调式”锻炼培养，根据特定工作需要，抽调年轻干部参加中心工作进行“负载”锻炼和到“急、难、险、重”工作进行“火线”锻炼；五是“选调式”实践培养。选调(聘)高校毕业生到乡(镇)、村基层工作。多年来，通过坚持这些措施，培养了一大批政治坚定、素质较高、能力突出、作风过硬、群众公认、善于领导科学发展的优秀干部。

但是，与新形势新情况新任务要求相比，这些培养方式仍然存在着一些问题。主要有：从认识上看，存在重视程度不够的问题。有的仅把培养当例行任务完成；有的认为“能干的干部单位离不得，实干的干部工作离不了，会干的干部岗位离不开”；有的把学习锻炼当作“镀金”、“过渡”、“做客”，消极应付，等等。从培养年轻干部的实际操作过程看，存在统筹规划不够，针对性不强的问题。有的经常在挂职，很少参加教育培训；有的被轮番选调参加教育培训，却从未参与实践锻炼；有的不能根据干部自身经历、专长、潜能以及发展趋势来设计合适的培养方式。从培训结果的使用看，存在选、育、用脱节的问题。个别地方存在“选而不管、学而不用、育用脱节”，导致学与不学一个样，使年轻干部感到多培训、多锻炼，不如在单位熬年头。

三、遵循干部成长规律，不断创新年轻干部培养方式

深化思想认识，高度重视培养方式的重要性。关键是深化各级主要领导干部的认识，建议在科学发展观学习实践活动中，将创新年轻干部培养工作与培养方式作为重要内容。同时，教育培养对象珍惜每一次机会，针对自身需要，主动申请选择培养锻炼方式。

科学制定规划，确立符合年轻干部实际的培养方式。抓紧研究制定《年轻干部培养规划》，使年轻干部培养工作走向科学化、规范化、制度化。在制定整体规划中把创新年轻干部培养方式作为一项重要内容。遵循年轻干部成长规律，根据年轻干部个人经历、知识结构和培养方向等实际，规划不同年龄、不同层次、不同类别的年轻干部所采取的不同培养方式，突出培养个性化、差异化特点。如乡科级层次的，要跟踪了解，及时“好中选优”，物色“苗子”；县处级层次的，要岗位轮换，培养驾驭全局的领导能力；地厅级层次的，要加强管理和监督，促其自重、自省、自警、自励。

总结推广经验，不断创新年轻干部培养的

方式方法。对近年来各地在实践中探索的一些行之有效的培养方式方法，应通过深入调研，总结创新推广。在方式上主要有四种：一是“跟班式”学习培养，即把经历单一的年轻干部选派到上级部门、信访部门进行跟班学习；二是“结对式”传帮带培养，即选派年轻干部担任主要领导干部助理，由结对的主要领导“一对一”对年轻干部进行指导培育；三是“提拔式”使用培养，即把培养教育与及时提拔使用有机结合，使具备条件的优秀年轻干部在更高一层领导岗位上得到进一步锻炼；四是“岗位式”提高培养，即通过搭建诸如岗位练兵活动等平台，提升其业务素质，培养实干型人才。在方法上主要有五种：一是境外培训法；二是“一班一策”法，增强培训针对性和实效性；三是压担锻炼法，对一直在顺境中成长的，放到艰苦环境或矛盾较多的地方锻炼；对具备一定条件和发展潜力的放到更为重要的岗位锻炼；四是集中教育法；五是网络教育法，构建基于网络的学习平台，缓解工学矛盾。

完善制度机制，促进年轻干部培养方式进一步发挥作用。“调训式”教育培养要对培训时间、次数作硬性规定，建立培训考核结果使用的相关机制；“选派式”挂职培养要制定和完善跟踪考察制度、工作日志制度、定期或不定期检查制度；“轮岗式”交流培养要进一步细化规则，扩大交流面；“抽调式”锻炼培养要形成定期抽调的工作制度，建立成效评估考核制度；“选调式”实践培养要健全完善选录、培养、激励、保障等方面制度规定。

解决相关问题，营造年轻干部培养方式作用发挥的良好环境。一是整合教育资源，探索建立动态管理的教育培训师资库，研究建立跨省、跨地区的资源共享保障体系，探索利用社会培训资源服务年轻干部教育培养的有效办法和途径。二是规范培养与使用，在制定党政领导班子建设规划和后备干部队伍建设规划时，对配备的年轻干部所必须经过的培养方式作出刚性规定，达不到要求的不予审批。对经过培养的除提拔使用外，也可把其调整到关键、重要岗位。三是提高培训的针对性，研究制定《实行年轻干部培养需求的调研和申报的意见》，要求组织部门通过定期调研了解年轻干部培养需求。

军队干部队伍和人才建设的创新发展

解放军总政治部干部部

胡锦涛主席在纪念党的十一届三中全会召开 30 周年大会上的重要讲话中指出，30 年来，“我们坚持党对军队绝对领导，国防和军队建设取得重大成就。军队革命化、现代化、正规化建设全面加强”。改革开放以来，在党中央、中央军委的高度重视下，军队干部队伍和人才建设坚持在继承中创新、在改革中发展、在应对挑战中加强，为建设听党指挥、服务人民、英勇善战的人民军队，提供了坚强的组织保证和人才支持。改革开放的 30 年，是军队干部队伍和人才建设创新发展承前启后、继往开来的 30 年，是革故鼎新、锐意进取的 30 年，是整体跃升、成果丰硕的 30 年。

30 年军队干部队伍和人才建设创新发展最核心的标志是坚持指导思想的与时俱进，确立了具有时代特征、符合发展要求的指导理论，保证了干部工作的正确方向

着眼党的事业后继有人和推进军队现代化

建设，确立了干部队伍建设“四化”方针。改革开放初期，针对当时干部队伍思想不纯、组织不纯、能力不够、年龄老化等问题，邓小平同志科学总结党的干部队伍建设历史经验，鲜明地提出了干部队伍“革命化、年轻化、知识化、专业化”的战略目标。“四化”方针的提出，实现了干部工作指导思想的拨乱反正，确立了新时期干部工作的理论依据和行动指南，对干部队伍和人才建设发展产生了极其深远的影响。

围绕“打得赢”、“不变质”两大历史性课题，确立了建设高素质军事人才队伍战略目标。20世纪90年代以后，面对国际战略格局的深刻变化和世界新军事变革的迅猛发展，江泽民同志提出“人才是兴军之本”的思想，强调必须培养和造就大批高素质军事人才，大力推进人才战略工程，按照“综合性和复合型”的素质要求培养军事人才。人才战略工程的实施，为建设适应军队整体转型的人才队伍奠定了坚实的基础，有力推动了干部队伍和人才建设创新发展。

围绕全面履行我军历史使命，确立了干部队伍和人才建设科学发展理念。新世纪新阶段，面对多种安全威胁和完成多样化军事任务的严峻挑战，胡锦涛同志明确提出，要确立科学人才观，把促进发展作为人才工作的根本出发点；要科学确立人才衡量标准，坚持德才兼备、以德为先，扩大干部工作民主，提高选人用人公信度；要建立完善军民结合、寓军于民的军队人才培养体系和全程培养机制，探索建立中国特色军官职业化制度。干部队伍和人才建设科学发展理念的确立，为建设一支能够带领部队科学发展的高素质干部队伍提供了科学指南。

30年军队干部队伍和人才建设创新发展最显著的成就是建设水平整体跃升，锻造了一支能够有效履行使命、经受住各种考验的人才队伍，保证了军队战斗力提高和各项任务圆满完成

各级领导班子更加坚强有力。坚持在大是大非面前和急难险重任务中考察识别干部，各级领导班子政治上更加坚定可靠，在各种风浪考验面前保持了政治清醒和立场坚定。科学确定干部考评标准，科学搭建考察选拔平台，一大批善于谋全局、谋打赢、作战指挥能力强的干部走上领导岗位。注重培养选拔优秀年轻干部，一大批年富力强、学历较高、具有开拓精神的优秀年轻干部担当起领导重任，领导班子结构得到明显改善。

联合作战指挥人才培养稳步推进。坚持把培养联合作战指挥人才，作为干部队伍和人才建设带方向性、全局性、战略性的重大问题来抓。注重加强院校培训，调整院校训练任务，实施军兵种知识交叉轮训，积极探索院校、部队、科研机构联教联训、合力培养联合作战指挥人才的新路子。注重加强实践锻炼，采取跨军兵种交叉任职代职、参与重大军事行动、加强对外军事交流等措施，联合作战指挥人才培养质量有了大幅提高。

专业技术人才队伍建设成就显著。实施高层次人才创新工程和科技强军计划，依托国家和军队重大科研项目培养尖子人才和创新团队，高层次人才队伍建设水平明显提高。探索特招特聘专家和聘用文职人员新路子，采取灵活方式吸引社会人才到部队任职，为军队现代化建设增添了新生力量。着力改善人才成长环境，逐步探索从技术专家中选拔领导干部的路子，建立完善人才培养经费保障机制，形成集聚人才、激发动力的良好环境。

干部队伍整体素质大幅跃升。军队干部学历层次大幅提升。目前全军干部大学本科以上学历的达到72.4%，研究生学历的达到12.3%。队伍结构持续优化。按照质量建军、精兵合成要求，大规模调整精简干部队伍，提高军兵种干部数量占全军干部总数的比例，保证基层干部队伍稳定。建立实行全军干部计划管理制度和干部目标管理责任制，制订中长期干部宏观调控计划，理顺了干部编配、进出和训用关系。专业素质不断增强。通过更新培训内容、改进培训模式、开展高科技知识培训等措

施，干部队伍专业素质明显提升，信息化素养逐步提高。

30年军队干部队伍和人才建设创新发展最突出的特征是政策制度调整改革，初步构建了科学有效、完善配套的制度体系，促进了干部工作科学化、民主化和制度化

军官服役制度改革有序推进。改革开放以来，对军官服役制度进行了四次修订和完善。先后颁布和修订颁布了《干部服役条例》、《现役军官服役条例》、《军官军衔条例》、《文职干部暂行条例》和《现役军官法》。军官服役制度的建立健全，为规范干部管理工作提供了基本法律遵循，对于理顺干部进出关系、保持队伍稳定、增强队伍活力，发挥了重要作用。

选拔任用制度逐步健全。干部任免制度更加科学民主。颁发《团级以上领导干部职务任免暂行条例》和《现役军官职务任免条例》，从制度上把党管干部原则和干部任用实行民主推荐、评议、测评确立下来。指挥军官考评制度更加系统。颁发团级以上指挥军官通用能力基本标准，探索实行指挥军官考评体系，有效促进了科学考察和使用干部。培养选拔优秀年轻干部制度更加科学。制定培养选拔优秀年轻干部相关措施，实行后备干部制度，从制度上为加快干部队伍年轻化步伐创造了条件。干部选拔任用监督制度更加严密。建立干部推荐、考核、提名、任用责任制，推行用人失察失误责任追究制，干部选拔任用公信度明显提高。

培训制度趋于完备。实行经院校培训提拔干部制度，实施人才战略工程，制定出台《实施军队人才战略工程规划》，对2020年前军队人才建设作出整体筹划和全面部署。建立完善干部培训制度，以恢复三级培训制度为基础，构建完善了以逐级培训为主体、岗位培训为补充、培训与使用相一致的全程全员培训体系。健全依托培养制度，建立依托普通高等教育培养军队干部制度，为建立军民结合、寓军于民的军队人才培养体系奠定了坚实基础。

科技文职干部制度日趋成熟。先后建立了专业技术干部职称评定制度和专业技术等级制度，使军队专业技术职务评任工作规范化；颁布《文职干部暂行条例》，对于保留骨干、稳定队伍、改善编配结构发挥了重要作用；建立文职人员制度，开辟了利用社会人才为军队服务的“绿色通道”。与这些基本管理制度相适应，建立完善了相关配套制度，形成了相互衔接、互为补充的制度体系。

工资福利制度不断完善。30年来，我军干部工资福利制度先后实施了十余次调整改革，初步形成了具有我军特色的工资制度框架，为提升军人社会地位、稳定干部队伍发挥了重要作用。同时，相继建立完善了休假探亲疗养、家属随军就业、子女教育等相关福利制度，基本形成了适应经济社会发展、体现军人职业特点的军队干部工资福利制度体系。

军官退役安置制度和预备役军官制度日益配套。先后出台《关于军队干部退休的暂行规定》、《关于军队干部离职休养的暂行规定》，初步建立了符合我国国情军情的退休干部管理制度。颁布《军队转业干部安置暂行办法》，军队转业安置工作法制化、制度化建设取得历史性进步。颁布实施《中华人民共和国预备役军官法》及相应配套措施，保证了军事人才与社会人才的有效衔接。

30年军队干部队伍和人才建设创新发展最基本的规律是坚持我军特色，在继承借鉴与开拓创新的伟大实践中创造积累了宝贵经验，为进一步加强干部队伍和人才建设提供了有益启示

始终不渝坚持党管干部、党管人才这一根本原则，确保干部队伍和人才建设的正确方向。30年来，我军始终保持高度稳定和集中统一，一个根本原因就是牢牢把握了党管干部这一重要原则，建设了一支听党指挥、让党放心、与人民同呼吸共命运的干部队伍。必须根据新形势

新任务新变化，更加坚定自觉地坚持党管干部、党管人才的原则，始终保持干部队伍和人才建设的政治方向。

紧紧围绕军队使命任务筹划干部队伍和人才建设，实现干部工作向现代化转型。30年来，我军干部队伍和人才建设坚持以服务打赢为主线，始终把各项工作融入军队改革发展的大局中运筹，使建设方向更加明确，目标更加清晰，重心更加突出，模式更加科学。必须紧紧围绕军队的使命任务，切实把干部队伍和人才建设的重点放在全面提高部队战斗力上，保证干部工作充分发挥职能作用，更好地为军队建设转型服务，实现全面、协调和可持续发展。

把军队干部队伍和人才建设融入国家改革发展大局之中，最大限度地提高军事人才资源培养开发的整体效益。30年来，无论是服从服务于国家经济建设、培养军地两用人才，还是走中国特色军民融合式发展路子，军队干部工作始终放眼全局、服从大局，与国家人事制度改革在方向上相一致、内容上相衔接、步伐上相协调，有力推动了人才队伍建设的快速发展。必须正确把握局部与整体的关系，使军队干部工作更好地服从服务于大局，跟上时代、有所作为。

把培养高素质军事人才作为干部队伍和人才建设的重中之重，确保干部队伍担当起建设信息化军队、打赢信息化战争的历史重任。30年来，全军坚持把大规模培养人才、大幅度提高素质作为干部队伍和人才建设的战略抓手，以军队现代化建设和军事斗争准备对人才的需求为牵引，不断健全培养体系、拓宽培养渠道、完善培养机制，干部队伍整体素质显著提高，有力推动了军队现代化建设发展进程。必须从我军新的历史使命对干部队伍的能力素质提出新的更高要求出发，把人才培养摆在更加突出的位置，努力培养造就大批高素质新型军事人才。

坚持科学民主、公平公道的用人导向，激发干部队伍的活力、效率和积极性。30年来，全军各级正确把握坚持党管干部与坚持群众路线的关系，选人用人的科学性、准确性和公信度不断提高；正确把握选拔标准与选拔程序的关系，实现了程序与结果的统一；正确把握择优任用与合理流动的关系，促进优秀人才脱颖而出和疏通干部能上能下渠道取得明显突破。必须坚持选人用人的正确导向，促使干部队伍结构不断优化、素质日益提高，沿着正确的轨道阔步前行。

把改革创新贯穿于干部工作各个环节，有效解决干部队伍和人才建设的深层次矛盾问题。30年来，我军干部队伍和人才建设始终坚持解放思想、实事求是、与时俱进，认真研究干部工作特点规律，积极破解发展难题，以改革的办法解决前进中的矛盾问题，大大提高了干部队伍和人才建设的科学化、制度化、规范化水平。必须大力弘扬改革创新的时代精神，着力转变不适应不符合科学发展观的思想观念，着力解决影响和制约科学发展的突出问题，不断开创军队干部工作新局面。

关于干部队伍建设的几个问题

朱克民

这次全省干部工作会议是对我省领导班子思想政治建设、干部教育培训、培养选拔年轻干部、干部监督和干部制度改革五项工作进行集中部署的一次重要会议。与会同志对省委

“关于加强领导班子思想政治建设的意见”、“2008—2012年培养选拔年轻干部工作规划”以及省委组织部“2008—2012年大规模培训干部工作的实施意见”三个征求意见稿，进行了充分讨论，提出了很好的意见和建议。

贯彻落实好这次会议精神，重点是要按照王珉书记和松鹤部长的讲话要求，抓好当前和今后一个时期各项重点工作任务的落实。

一、领导班子思想政治建设，重点是贯彻落实好十项制度性措施

松鹤部长在工作报告中就改进和加强领导班子思想政治建设及干部监督工作提出了10项制度性措施：一是每届领导班子至少要开展一次以理想信念为主题的集中学习教育活动；二是要把学习研讨实际问题作为中心组学习的主要形式，做到研讨一个专题、推动一项工作；三是建立领导班子理论研究与当前重点工作相结合的研讨制度，每半年或一年召开一次研讨会；四是建立健全包括责任机制、协同机制、总结反思机制在内的科学领导机制；五是建立干部初始提名情况和推荐、测评结果在领导班子内部公开制度，接受班子成员的监督；六是建立民主生活会测评制度；七是健全和落实谈心谈话制度，主要负责同志每年至少要与班子成员谈心一次，班子成员也要相互谈心，上级要经常与下级谈心谈话，组织部门要经常与所联系的领导干部谈心谈话；八是建立领导干部下访、蹲点调研和坚持领导干部接待日、领导干部联系点制度，建立健全领导科学决策的调研制度，每个班子成员每年应写一篇调研报告；九是研究制定和贯彻落实好促进科学发展干部考核评价机制的“一个意见、三个办法”；十是定期进行选人用人满意度调查，把满意度作为考核领导班子思想政治建设成效和工作实绩的重要指标。这十项措施应当作为当前和今后一个时期我省各级领导班子建设的着力点和突破口。大家回去之后，要对这十项制度进行认真研究和思考，结合领导班子自身建设和本地本部门党的建设工作，提出贯彻落实的具体措施。

二、干部教育培训，重点是围绕“四个统筹”抓好体制机制创新

新一轮大规模培训干部是未来五年干部工作中的重要任务。王珉书记和松鹤部长在讲话中都对大规模培训干部和干部教育培训改革创新工作提出了要求，这次会上我们还印发了大规模培训干部实施意见的征求意见稿。应当说，任务已经明确，要求也很清楚，下一步的关键是各地各部门如何紧密联系本地本部门实际，研究、制定具体的贯彻落实措施。要围绕“四个统筹”，加大体制机制上的改革创新力度，确保中央和省委的要求落到实处。一是统筹上下共同发展，重点提升基层培训能力和质量，确保培训面覆盖乡镇、街道、中小企业和事业单位基层干部；二是统筹“三支队伍”培训齐头并进，重点是协调有关部门抓好公务员、企业经营管理人员和专业技术人员的培训；三是统筹规模与效益的协调统一，重点加强宏观指导和规模调控，保证培训质量和效益；四是统筹培训引力和干部学习内驱力的同步增强，推进培训模式创新，建立积极的参训机制，重点调动干部学习的内生动力。试点地区要积极探索培训资源整合、调动干部学习内生动力等方面的机制和规律，为全省做出示范和表率，同时注意总结经验和创新的做法。各地各部门要通盘考虑长远规划和年度计划，加强领导，加大投入，加强管理，强化措施，把五年轮训一遍的要求落实到单位和人头。

三、培养选拔年轻干部，重点是实施“七五”工程

“七五”工程是年初省委组织部确定的十二项重点工作之一，是我省培养选拔年轻干部工作的创新载体。“七五”工程主要有3项任务：一是选拔1000名45岁左右的地厅级后备干部，后备干部人选考察工作已基本完成，名单确定后，要把重点放到培养锻炼上。各地各部门

要根据本单位后备干部的实际情况，逐人提出培养锻炼计划，与省委组织部共同实施好培养锻炼工作。二是选拔2000名35岁左右的县处级或县处级后备干部到省、市（州）党政机关任职，这项工作在这次会上启动，具体工作要求和需求计划表已经发给大家了，回去以后要抓紧研究部署。目前凡是有空缺编制的省直和市（州）直部门，都必须提出需求计划；没有空缺编制的，到2012年以前，出现自然减员、空出编制要优先用于安排这些从基层到省、市机关任职的同志。11月底前一定要把空缺职位和需求计划分级上报省、市两级组织部门。12月中下旬我们将进行首批干部选拔考试。三是选拔4000名25岁左右高校优秀毕业生到社区、乡村任职，第一批选拔工作已经圆满结束，第二批选拔工作也要争取早谋划、早动手。长春市要继续保持100名选调生的名额，其他各市州明年起要选调50名左右优秀高校毕业生到基层任职。要搞好沟通协调，将选拔计划纳入各地公务员招录计划，确保完成目标要求。

四、干部监督工作，重点是抓好干部选任全程监督、领导班子及领导干部思想作风监督和用权行为监督

中央和省委对干部监督工作一直非常重视，特别是近年来出台了一系列政策措施，形成了比较完整的制度体系，松鹤部长的讲话对加强干部监督工作要求非常明确。贯彻会议精神要抓住三个重点：一是立足提高选人用人公信度，加强干部选任过程监督并自觉接受监督。全面实行干部选拔任用信息公开制度，落实群众知情权和监督权。严格执行提拔任用干部讨论决定前报上级组织部门审核、组织部门监督机构内部审核、任前公示、任前经济责任审计、干部选拔任用全程记实等制度，加强事前监督，防止违规用人。定期开展对干部选拔任用工作满意度、对整治用人不正之风满意度测评，及时发现倾向性、苗头性问题，及时研究解决。建立实施干部选拔任用责任追究制度，对严重的用人失误，既要对当事人从重处理，也要对责任人依法依纪追究责任。二是立足促进干部勤政廉政，加强思想作风监督。要认真做好准备，开好民主生活会。要落实好谈心谈话制度，按照会议要求，主要负责同志与班子成员、上级党委（党组）主要负责同志与下一级党政正职、分管领导与所分管部门的主要负责同志，以及组织部门都要坚持与领导干部谈心谈话制度。干部职务变动、班子出现不团结苗头，特别是在廉政勤政上发现问题时，要及时谈话教育。三是立足提高决策的民主化科学化，加强用权行为监督。严格执行党委（党组）决策重大事项议事规则。县（市、区）党委要以科学的态度和创新的精神，进一步细化并严格执行用权行为规范和监督办法。要建立定期检查制度，对违反规定的用权行为严格查处。

各级党委特别是主要负责同志必须增强监督意识和自觉接受监督的意识，通过监督和自觉接受监督提升干部工作的规范水平。要把监督工作的主要精力放在研究制定完备的制度体系上，放到严格执行监督规定和行为规范上，真正做到防患于未然。要加强对监督工作的领导，关心爱护从事监督工作的同志，支持他们积极开展工作。

五、干部制度改革，重点是抓好试点工作总结研究和制度创新

今年3月，省委组织部决定在白山、松原两市进行干部人事制度改革综合试点，部署了8项试点工作任务；5月底，召开了试点工作座谈会，听取了试点工作情况汇报，并就有关问题进行了研究探讨。按照试点工作的统一部署，白山和松原两市围绕规范干部任用提名制度、差额选任制度、多种公开竞争选人用人方式、选人用人公信度测评等方面，进行了实践探索，取得了初步效果。下一步，要对试点情况进行认真总结，明年适当时机要召开试点工作现场会，推广试点工作经验，带动干部制度改革整体推进。

要及时将试点试验的成功经验规范化、制度化，力争在规范干部任用提名制度、干部选拔任用内部公开制度、选人用人公信度测评制度等方面取得突破。

（此文是吉林省委组织部常务副部长朱克民在2008年11月全省干部会议上的总结讲话）

着力提高选人用人水平

张迈曾

选人用人，是领导班子和干部队伍建设的关键问题。能否选准人用好人，直接关系科学发展与社会和谐大局。适应世情、国情和党情新变化，要不断更新选人用人理念、创新选人用人方法、完善选人用人评价体系，努力提高选人用人水平。

一、树立正确的选人用人理念

树立选人用人重品行的理念。品行，包括政治品质和道德操守，是做人的根本，成事的基础。选用干部坚持德才兼备、以德为先，就是强调要把品行放在首位。现阶段衡量干部的政治品行，重点要看三条：一看干部是否具有坚定的理想信念，自觉与党中央保持高度一致，自觉贯彻执行党的路线方针政策；二看干部是否牢记党的宗旨、心系群众，在领导科学发展的进程中实现好、维护好、发展好人民群众的根本利益；三看干部是否坚持胡锦涛同志倡导的八个方面良好风气，以过硬的思想作风和工作作风履职尽责。选干部、用人才，除了看政治品行，还要看生活品行，主要指道德操守。要看干部能否正确对待手中权力，正确对待进退留转，严于律己、廉洁从政，始终保持艰苦奋斗的革命本色；要看干部能否全身心投入工作，始终把心思放在为人民群众谋发展、谋利益上。

树立选人用人重实绩的理念。树立重实绩的选人用人理念，就是要把干部是否创造出经得起历史、实践和人民群众检验的实绩作为选人用人的一个重要标准。对地区而言，工作实绩就体现在城乡面貌的改变上，体现在人民群众收入的提高上，体现在人与自然的和谐上；对机关而言，工作实绩就体现在服务基层、服务群众的质量上、效率上和效果上。选人用人重实绩的理念，就是要在干活的人中或只在干活的人中选人，绝不能让跑门子、拉关系、请吃喝、送礼品的人靠不正当手段得到提拔。

树立选人用人重制度的理念。选贤任能，从根本上说要靠好的制度来保证。近年来，中央相继出台了一系列制度规定，为选准用好干部提供了制度保证。坚持用科学的制度选人用人，可以帮助党组织扩展人才来源，可以为各类人才提供一个平等竞争的舞台，谁有本事谁“中标”，谁有水平谁“上榜”。用科学的制度选人用人，也可以有效杜绝拉关系、跑门子、找靠山等不正之风。有了好的选人用人制度还不够，还要严格遵守和执行，不使制度虚置、程序空转，这样，才能使制度真正成为选准用好干部的有力保证。

二、创新选人用人方法

党的十七大提出“民主、公开、竞争、择优”，是对选人用人工作提出的原则要求。按照这一要求探索科学的选人用人方法，重点要在四个方面下功夫。

扩大民主。扩大选人用人工作中的民主，就是让更多的党员群众参与到干部选拔任用工作中来，扩大民主推荐、民主测评和民意调查的参与人员范围。要认真贯彻执行党的民主集中制度，按照“集体领导、民主集中、个别酝酿、会议决定”的原则做好干部选任工作，做到多数人不同意的不提名、多数人不赞同的不通过。防止个人和少数人说了算。要坚持集体决策，进一步完善党委内部的议事和决策机制，健全决策程序，严格决策纪律，不断提高决策水平。要充分发挥各级党的代表大会和全委会对重要干部任用的决策作用，对重要岗位干部的选用做到由党的委员会全体会议审议并进行投票表决。

坚持公开。公开是民主对干部工作的客观要求。长期以来，干部工作的公开度不高，多数群众对干部的选拔任用、监督管理了解甚少，缺乏参与的积极性，也影响了干部工作的公信度。要进一步增强干部工作的透明度和公开性，让选人用人权在阳光下运行。要及时公布干部选任的原则、条件、方法和程序，公布班子职数、职位要求、领导职位空缺的情况，公布拟任人选的基本情况等。落实好群众的知情权、参与权、选择权和监督权，让一些“跑”的人、“要”的人、“给”的人无处遁形，有效防止选人用人权被滥用、错用等现象的发生。

鼓励竞争。平等竞争，是保证优秀人才脱颖而出的科学方法。但在现实中，论资排辈的问题还比较突出，导致的后果，一是使富有朝气、能力，素质优秀的干部在等待中失去锐气、失去激情、失去创新动力；二是会失去干部评判的正确标准，因为论资排辈的人到了一定年龄就向组织要职务。所以，要引入竞争机制，大胆创新，用科学的方法判断考察干部的综合知识水平、逻辑思维能力、决策能力、应变能力和语言表达能力，真正使那些对事业充满激情、有水平、有能力、有实绩的优秀人才脱颖而出。

注重择优。好中选优是选任干部的主要目的，要把差额推荐、差额考察、差额票决等方法引入择优过程，要扩大差额推荐的比例，通过对多个人选的比较分析，力求把最优秀的干部推荐上来；要扩大差额考察的比例，增强考察对象的可比性，有效避免选人用人上的失误；要扩大差额票决的比例，赋予党委常委会（全委会）更大的选择空间，使更多实绩突出的干部进入选任视野。要通过层层差额筛选，多中选好、好中选优，使最终选用的干部总体上是推荐考察得票高、政绩突出、群众公认的好干部。

三、完善干部考核评价体系

考核评价干部，是选准用好干部的基础环节和重要依据。要在实践中逐步规范考核内容、完善考核方法、用好考核结果，充分发挥考核的导向和评价作用。

逐步规范考核内容。考核工作具有很强的导向性。上级考核什么，干部就会关注什么、重点抓什么、努力干什么。在考核内容上，要特别突出对关乎国计民生核心指标的考核。比如，对一个地区的考核，要把重点放在对生产总值、财政收入、城乡居民收入和节能减排等事关科学发展、事关百姓生活、事关环境保护的核心指标上来；对一个部门的考核，要把履行基本职能、围绕发展与和谐开展服务、服务的质量和效率作为重点，从而充分体现领导科学发展、促进社会和谐、以人民群众利益为重的正确导向。

不断完善考核方法。考核方法科学与否，直接影响考核的真实性和公正性。要坚持平时考核与定期考核相结合，加大平时检查督导的力度，科学组织年终考核，切实做到看过程与重结果的有机统一。要坚持重点考核与日常了解相结合，同时利用巡视、经济责任审计、人大执法评议检查和行风评议等形式，全面了解干部的德、能、勤、绩、廉。在运用传统考核手段的基础上，积极研究开发量化考核考察的软件系统，运用多种方法和手段进行综合分析，力争做到科学化、规范化。

科学运用考核结果。考核结果是选拔任用干部的重要依据，不能束之高阁，要根据考核情况，提出干部选用建议。要积极探索建立干部考核资料信息库，对干部的日常考核、年终考核的结果定期进行汇总研究，及时形成分析报告。要把平时考核、年度考核的结果与对干部的考察结果结合起来分析比较，相互印证，力求为干部的使用提供全面、准确的参考。对德才表现和政绩突出的干部，及时予以提拔重用；对德才表现较差和工作不出力的干部要及时予以调整，从而在干部中树立争先、干事、创优的良好风尚。

（作者：中共陕西省委组织部常务副部长）

建设高素质的领导班子

姚待献

十七大报告指出，要着力建设高素质领导班子，把提高领导水平和执政能力作为各级领导班子建设的核心内容抓紧抓好。这是摆在各级党委和组织部门面前的重大课题。建设高素质领导班子，重点要做到“四个坚持”。

一、坚持苦学为先，建设学习型领导班子

领导班子的整体素质是由每个班子成员的个体素质决定的。高素质离不开勤奋学习。

要坚持困学勉行。困学勉行出自《中庸》：“或困而知之，或勉而行之。”讲的是克服困难，以求得知识，努力实践，以修养品德。困学勉行，需要毅力，需要定神。学贵有恒，学贵有诚，学贵有韧。只有持续学习，日复一日地掘进，才能有所收获，有所进步。郭沫若称赞杜甫：“胸藏万汇凭吞吐，笔有千钧任歙张。”只有博览群书，“胸藏万汇”，才能达到“凭吞吐”、“任歙张”的境界。学习应是贯穿人生全过程的一种行为，不是生命某一阶段的事情。只有常怀“本领恐慌”，常感“能力危机”，常找自身差距，才能把学习作为一种陪伴终身的修炼，远离低俗，涵养品性，陶冶情操。

要注重学习方法。一是学理论。当前学习的主要内容是十七大报告和中国特色社会主义理论体系，着力用马克思主义中国化最新成果武装头脑，提高运用科学理论分析和解决实际问题的能力。做到对理论真学真懂真信真用，对政策应知尽知了然于胸，解答实践中的困惑，廓清思想上的迷雾。二是想思路。就是根据上级精神想贯彻思路，学习外地经验想借鉴方法，结合本地实际想指导意见，做到超前、创新、进取、灵活，形成新思想、新观点、新创意、新举措。能够提出主题鲜明、观点新颖、言简意赅、令人振奋的方案和部署，从而形成工作主线，以此统领全局，凝聚队伍。三是会工作。就是要深入下去搞调研，实事求是定决策，组织实施抓落实。善于把学习的体会和工作的成果转化为谋划工作的思路、促进工作的措施、推动工作的本领，成为推动经济社会发展的巨大物质力量，成为加快发展的强大战斗力、生产力和创造力。四是善总结。就是勤于思考提炼和总结升华，对学习的东西去粗取精、去伪存真、提炼升华、消化吸收，从而做到举一反三、触类旁通、形成经验、指导实践。

要丰富学习途径。学习的途径至少有四条：一是国内学经验。必须保持谦虚的态度、开放的心态、进取的精神，时刻跟踪了解工作的最新动态，做到耳聪目明，通过外学标杆、内挖潜力、汇聚合力，谋求跨越。二是境外见前沿。“海不辞水，方能成其深；山不辞土，方能成其高”。必须紧跟世界发展的潮流，及时把握时代

进步的脉搏，做到视野开阔、理念先进、知识同步、信息通畅。三是领悟新精神。就是要及时学习领会党的方针政策，准确把握党的基本理论、基本路线、基本纲领的精神实质，在结合实际的基础上，拿出新举措，开拓新局面。四是专家问高端。就是要善于借助外力，借鉴间接经验，就实践中的一些战略性、全局性、技术性的问题向有关专家学者请教，追踪思考和研究。

二、坚持团结为上，建设和谐型领导班子

实践证明，一个地方和单位团结和谐，这个地方和单位就发展，就进步，就有凝聚力和战斗力。作为领导干部，要搞“五湖四海”，讲团结和谐。具体工作中，要处理好三个关系。一要处理好集体领导与个人分工负责的关系。凡是涉及到重要问题，重大的工作部署，干部任免、调整和处理，群众的重大利益等，都要由班子集体讨论，不能个人说了算。讨论之前要向有关成员征求意见，会议议题要提前通知班子成员，一般不要搞临时动议，防止决策的随意性。班子集体决定的事情，要坚决执行。在工作中不但要明确一把手的责任，而且要确定其他领导成员的责任；同时还要对临时性重要工作确定各自的职责，不但要有时间上的限制，而且要有质量上、数量上的要求，真正使班子决定的事情有人负责、有人落实。二要正确处理好正职与副职的关系。正职一定要有良好的个人素质和民主作风，要为副职作表率。平时正职要经常与副职就重大问题交换意见，班子会上要充分启发副职发表意见，实行正确的集中。正职也要与其他副职一样，自觉地把自己摆在集体之中，在班子中形成浓厚的民主气氛。日常工作中，正职要放手支持副职的工作，不揽权、不包办，使其有职有权有责。作为副职，首先要增强大局观念，甘当配角，当好助手。工作中要尊重正职，该请示的请示，该汇报的汇报，不要主观臆断，随意表态，妄加评论。该承担的工作责任要主动承担，不要上推下卸，自己分管的工作要主动去做，并做实做好。要努力做到不争权力，不争待遇，积极工作，主动配合。三要处理好副职与副职之间的关系。副职与副职之间，既分工又合作，不争位次先后，不争分工轻重，不争荣誉多少，真诚地相互支持相互帮助。

三、坚持实干为本，建设务实型领导班子

十七大报告要求，以求真务实作风推进各项工作，多干打基础、利长远的事。求真务实，关键在实干，就是说实话、想实招、办实事，解决实际问题。当前我们的工作，不是缺少唱家，而是缺少干家；不是缺少空洞的说教，而是缺少实在的行动；不是缺少各类规章制度，而是缺少不折不扣地执行。班子成员都要做“三真三实”型干部，即政治上对党真心实意，能力上有真才实学，工作上能够真抓实干。一是思想上要求实。求实需要勇气、毅力，有时还需要承担风险。要坚持实事求是的思想路线，一切从实际出发，理论联系实际。发挥主观能动性，按客观规律办事。把注重调查研究作为达到实事求是的根本方法。要锤炼坚持真理的勇气，敢于和善于坚持正确的东西，抵制不正确的东西，敢于较真，不怕压，不信邪。要从世界观和价值观上，从思想根子上打好“只唯实”的基础，坚决克服浮躁情绪和功利心理，坚决反对唯上不唯实，造假浮夸追求高指标，追求虚假政绩和轰动效应等错误做法。二是作风上要务实。要养成真抓实干的作风，抓而不紧，等于不抓，抓而不实，等于抓空。工作上的差距，很大程度上是抓实上的差距，我们要在抓实上统一思想，在抓实上齐心协力，在抓实上狠下功夫。要养成立说立行的作风，做到知行统一，雷厉风行，言必信，行必果；做到见事早、定位准、有主见，运筹于前，把握战机，不失时机，高效推进。要养成以身作则的作风，坚持高标准严要求，时时处处带头示范，身先士卒，靠前指挥，以实际行动作为无声的号令。三是工作上要落实。要把上情与下情、理论与实际、决策与实践、思想与行动、中心工作

与其他工作结合起来，胸怀全局，着力局部，有联系地而不是孤立地抓工作，坚持抓到过程，抓到环节，抓到细节。

四、坚持廉政为要，建设廉洁型领导班子

十七大报告指出，全党同志特别是领导干部都要讲党性、重品行、作表率。对于领导干部来说，能不能在种种考验面前管好自己，始终做到一身正气、两袖清风、洁身自好，是对自身人格、品质、意志、情操的考验。作为领导干部，识人用人要公道正派，经济往来要严格自律，办事办案要秉公执法。这三点，是试金石，是分水岭。用人要坚持德才兼备、以德为先，任人唯贤，"量才授官，以德定位"。对待财、物要克服人为我为的模仿心理，下不为例的自慰心理，不为人知的侥幸心理。办事办案，有法律的依法办事，有制度的依制度办事，没有法律和制度规范约束的，依党性办事。一是要顶住诱惑。要在大是大非面前立场坚定，站稳脚跟，以高度的自觉性和坚忍不拔的意志，管好自己，同各种消极现象作斗争，从而达到"出淤泥而不染"的境界。二是要秉公用权。权力是把双刃剑。用得好，利党利国利民；用不好，误党误国误己。党员干部只有始终牢记党的宗旨，在思想深处树立立党为公、执政为民的理念，才能祛除特权观念和"官本位"意识，做到权为民所用、情为民所系、利为民所谋。三是要慎独慎微。古人云："祸患常积于忽微"、"不以恶小而为之"，讲的是忽视小节终会铸成大错的道理。如果平时疏于拂拭思想行为的尘埃，日积月累，积少成多，待到走向歧途时再去拂拭，必然积重难返。做到了慎独慎微，就能抵制各种腐朽思想文化的侵蚀和影响，就不会丧失共产党人的浩然正气，就能做到不该去的地方坚决不去，不该要的东西坚决不要，不该做的事情坚决不做。四是要自律自省。要按照自重、自省、自警、自励的要求，任何时候、任何情况下都能把握自己，自觉遵守党章党纪和法律法规，做到为民、务实、清廉。

（作者：中共郑州市委常委、组织部长）

正确对待和帮助处于逆境的干部

王小建

所谓逆境，指一个人在工作、学习和生活中遇到的各种不幸、挫折和困难，干部也难免一时处于逆境。党的十七大报告提出，要加强和改进思想政治工作，注重人文关怀和心理疏导。组织部门应主动担负起组织关怀的责任，帮助身处逆境的干部走出逆境。

要帮助干部正确对待逆境。"祸兮福之所倚，福兮祸之所伏"。顺境与逆境不是绝对的，好事与坏事之间可以相互转化。要善于从事物的整体和全局来审视问题，不能片面、狭隘地看待问题。比如，有的干部自认为怀才不遇，只考虑到自己的贡献和付出，没有仔细分析自己的不足和差距。这就要求干部不能局限于个人封闭的小圈子，不以自我为中心，而是要公正客观地评价自己和他人，对自己保持清醒的认识，排除不良情绪。做到处于逆境而不为逆境所折磨，以积极进取的姿态战胜逆境，让生命焕发出灿烂之光。在逆境面前，要拥有良好的心态，学会辩证思考，坦然面对一切困难，才会具有重新站起来的力量，立于不败之地。

要帮助干部鼓起勇气走出逆境。要树立信心。信心是一种坚不可摧的强大精神力量。有

些干部陷入逆境后，心理非常脆弱，承受能力低，对前途悲观失望。对此，组织部门应深入了解情况，注重思想、情感的交流，鼓励他们以正确的心态克服困难。一是要有平常心。“人生有坎坷，遇人有不贤”是平常事，古往今来多少英雄豪杰莫不是在逆境中成功的。二是要有进取心。要引导干部把逆境当作一种考验、历练和财富，要在逆境中奋发有为，逆势而上，自强不息。三是要平心静气。要客观冷静地解剖自己，多从自身找原因，找不足。“能干事时拼命，不能干事时读书”，切实把工夫用在提高自身的人格道德修养上，用在提升自己的知识能力上。组织部门要善于发现干部思想的异常情况，正确引导他们克服心理障碍，缓解心理压力。要把心理教育渗透到经常性思想政治工作中，从干部最困惑的地方求解，从干部最需要的地方入手，引导他们形成健康豁达的心理。要引导干部把个人发展和国家发展、个人需要与组织需要、个人价值与社会价值的实现统一起来，摒弃个人主义的价值观，追求多样化的人生实现方式。

要积极营造有利于干部成长的环境。要完善党内民主生活会制度，通过开展批评与自我批评，帮助干部不断提高党性修养。进一步建立健全干部联系制度、思想状况调查制度、信息公开制度、谈话交流制度等，畅通干部表达诉求的渠道。在干部选拔任用过程中，要严格按照规定的条件、范围、程序和要求，严格履行民主推荐、考察、酝酿、讨论、决定等程序，提高选人用人公信度。要大力推行公开选拔和竞争上岗制度，扩大群众的知情权、参与权、选择权和监督权，增加干部选拔任用工作的透明度。推行差额考察制度，扩大选人用人视野，择优选用合适的人选。加大对选任干部的管理和监督力度，发现问题要及时纠正和处理，促进干部选拔任用工作的规范化。此外，对身处逆境的干部，要采取多种帮扶形式，既要从物质上帮助，又要从精神心理上帮助。要注重培养干部海纳百川的胸怀、积极进取的心态，引导干部以开阔的胸襟处理人与人的关系，学会自我心理调适，缓解紧张情绪，释放精神压力，增进身心健康，从而达到内心和谐。

（作者：中共南京市秦淮区委常委、组织部长）

党管人才理论研讨会观点综述

中组部人才工作局

今年1月，中央组织部人才工作局会同江苏省委组织部在南京市召开党管人才理论研讨会，11个省、市党委组织部有关负责同志和部分专家学者参加会议。会议对2007年4月以来开展的“坚持党管人才原则，探索人才工作规律”理论研讨活动进行了总结交流。大家一致认为，面对经济全球化和我国经济社会“四个多样化”趋势，我们党站在推进改革开放和建设社会主义现代化的战略高度，提出了党管人才原则，这是对党管干部原则的深化和拓展，是着眼于增强我国综合国力和国际竞争力，适应全面建设小康社会的新任务，着力提高党的执政能力作出的重大决策，具有鲜明的时代特征和重大而深远的意义。近几年全国人才工作蓬勃发展的实践充分证明，坚持党管人才原则，有力地保证了人才强国战略的实施，保证了人才工作沿着正确的方向前进，推动了各类人才队伍建设，得到了全社会的广泛认同。

研讨中，大家围绕学习贯彻党的十七大精神，更好地坚持党管人才原则的有关问题进行了深入讨论，提出了许多有价值的观点、建议。

一、必须在人才工作中深入贯彻落实科学发展观。与会同志认为，科学发展观是我国经济社会发展的重要指导方针，人才工作尤其要强调以科学发展观为指导。人才工作深入贯彻落实科学发展观，就是要坚持为发展服务，围绕科学发展来确立人才工作的目标任务，根据科学发展来制定人才工作的政策措施，按照科学发展来检验人才工作的成效；坚持以人为本，把尊重人才、服务人才，充分发挥人才作用，促进人才全面发展作为人才工作的根本出发点和落脚点，建立健全有利于人才成长和发挥作用的体制机制，努力营造人才辈出、人尽其才的良好环境；坚持全面协调可持续，坚持统筹兼顾，立足当前，着眼长远，统筹人才发展和经济社会发展，统筹“三支队伍”和“两类人才”，统筹人才培养、评价、选拔、流动、激励、保障各个环节，更好地实施人才强国战略。编制人才队伍建设中长期规划，要把深入贯彻落实科学发展观贯穿全过程，围绕科学发展需要谋划人才工作，提出实施人才强国战略的指导思想、目标任务和重大举措，为实现全面建设小康社会的宏伟目标提供坚强的人才保证。

二、必须准确把握党管人才原则的深刻内涵。大家认为，管宏观、管政策、管协调、管服务，是中央关于党管人才总的要求。坚持党管人才原则要加强党对人才工作的领导，重点是把握好人才工作和人才队伍建设的方向，抓好人才队伍建设的大事，解决好人才队伍建设的关键问题，充分发挥党的思想政治优势、组织优势和密切联系群众的优势，广泛调动党内和社会方方面面的积极性，重视人才工作，支持人才工作，做好人才工作。从根本上说，党管人才就是党爱人才，党兴人才，党聚人才，为人才服务，通过制定政策、创新机制、改善环境、提供支持和帮助等，让一切有志成才的人健康成长，让优秀人才脱颖而出，让各类人才放开手脚施展才华。大家认为，随着形势的发展，党管人才的内涵也要进一步丰富和拓展。李源潮同志提出的党管人才主要是“抓战略思想的研究、抓总体规划的制定、抓重要政策的统筹、抓创新工程的策划、抓重点人才的培养、抓典型案例的宣传”的要求，是对几年来各地各部门成功经验的科学总结，既与“四管”原则一脉相承，又有新的丰富和发展，既是实践的结晶，也是新的理论概括。这“六个抓”，为党委及其组织部门抓好人才工作指明了方向，明确了工作着力点，对于加强人才工作和人才队伍建设具有重要指导作用。

三、必须正确处理党管人才与尊重人才成长规律、发挥市场配置人才资源的基础性作用和依法管理人才的关系。大家提出，坚持党管人才必须以尊重人才成长规律为前提，以市场配置人才资源为基础，以依法管理人才为保障。处理好党管人才与尊重人才成长规律的关系，要认真研究、准确把握和充分尊重各类人才成长的客观规律，增强各项决策和工作的科学性。当前，重点要加强对创新型人才成长规律的研究，建立和完善创新型人才培养体系。处理好党管人才与市场配置人才资源的关系，既要加强人才工作的宏观管理和综合协调，又要注重充分发挥人才市场的基础性作用，善于通过市场调节把人才资源配置到最能发挥作用的岗位上，以发挥人才的最大效能。目前，人才正常合理流动受到多种因素制约，市场分割现象比较严重，要积极推动户籍管理、社会保障、人事档案管理等相关体制改革，加快建立统一规范的人力资源市场。处理好党管人才与依法管理人才的关系，要加快立法进程，努力把人才工作纳入法制化轨道。与会同志认为，法制建设是当前人才工作的一个薄弱环节，要下大力加强人才管理立法问题研究，抓紧制定人才流动、人事关系、职业培训、收入分配、社会保险、劳动保护、争议仲裁等方面的法律法规。

四、必须进一步创新人才工作体制机制。近年来，中央人才工作协调小组各成员单位和有关部门按照中央要求，积极推进人才工作体制机制创新，成效明显。各地在人才工作体制机制创新上也进行了有益探索。比如，四川省探索建立社会化的人才评价机制，天津市制定人才市场与劳动力市场相互贯通的意见，江苏省开展“人才特区”试点工作等。各地打破体制障碍，积极倡导人才“柔性”流动，加大人才激励力度，对为经济社会发展作出重大贡献的优秀人才给予崇高荣誉并实行重奖，取得了很好效果。同时，大家也指出，人才工作体制机制仍然存在一些深层次矛盾和问题，创新体制机制既是一项长期任务，又是当务之急，要统筹推进人才培养、评价、选拔、流动、激励、保障等六大机制建设，近一个时期要重点在人才评价、流动、激励机制创新方面取得新的突破。

五、必须努力构建人才工作新格局。坚持党管人才原则，完善人才工作新格局，是加快推进人才强国战略的根本保证。近年来，各地各部门在这方面大胆探索实践，创造了许多好的经验。比如，江西等地实行人才工作目标责任制考核，推动各级一把手把人才工作摆上重要位置；浙江、上海等地制定专门文件，对组织部门牵头抓总和有关部门各司其职、密切配合提出要求；吉林、江苏等地组织实施了一批重点项目，整合了人才工作力量；湖北、广东等地建立部门联席会议制度，完善了人才工作协调落实机制。

与会同志认为，随着形势的发展和改革的深入，人才工作格局还需要进一步完善。党委统一领导，关键是各级党委要高度重视，把人才工作摆上重要日程，做到一把手抓“第一资源”；组织部门牵头抓总，关键是明确牵头抓总的工作职责和实现途径，充分调动各职能部门的工作积极性、主动性、创造性；有关部门各司其职、密切配合，关键是进一步明确责任，发挥各自优势，协调一致地做好工作；社会力量广泛参与，关键是积极引导工青妇、企事业单位、社会中介组织等广泛参与人才工作，尤其是要注意发挥好企事业单位在人才培养、吸引、使用方面的主体作用。通过各方共同努力，形成强大合力，推动人才工作不断迈上新台阶。

第十二部分

党风建设与反腐倡廉

高举中国特色社会主义伟大旗帜
深入开展党风廉政建设和反腐败斗争

——改革开放30年党的纪律检查工作

何　勇

党的十一届三中全会开启了改革开放历史新时期。为了适应党和国家工作重心转移到经济建设上来这一战略性转变，全会决定加强社会主义民主和法制建设，加强党的领导机构和成立中央纪律检查委员会。全会选举产生了以陈云同志为第一书记的由100人组成的中央纪律检查委员会，地方各级纪委随后相继恢复重建。改革开放30年来，我们党在集中精力领导经济建设的同时，始终把加强党风廉政建设和反腐败斗争作为重大政治任务来抓。在党中央的坚强领导下，各级纪律检查机关坚持以邓小平理论和"三个代表"重要思想为指导，深入贯彻落实科学发展观，扎实开展党风廉政建设和反腐败斗争，为改革开放和社会主义现代化建设提供了有力保证。当前，我国已进入改革发展的关键阶段，各级纪律检查机关要全面贯彻落实党的十七大精神，高举中国特色社会主义伟大旗帜，正确把握反腐倡廉发展规律，深刻总结反腐倡廉实践经验，坚持标本兼治、综合治理、惩防并举、注重预防，切实加强以完善惩治和预防腐败体系为重点的反腐倡廉建设，不断把党风廉政建设和反腐败斗争引向深入。

一、新时期党的纪律检查工作的发展历程

改革开放以来，党的纪律检查工作在中国特色社会主义伟大旗帜指引下，始终同党的中心任务相联系，始终同改革开放的伟大进程相一致，在继承中发展，在发展中创新。

党的十一届三中全会以后，以邓小平同志为核心的党的第二代中央领导集体，带领全党全国各族人民开创改革开放伟大事业，坚持"两手抓、两手都要硬"，探索出在不搞政治运动的条件下端正党风、反对腐蚀的新途径；各级纪律检查机关按照中央要求积极开展工作，为改革开放健康发展提供了重要保障。关于长期执政和改革开放条件下如何加强党风廉政建设和开展反腐败斗争，邓小平同志强调，"开放、搞活政策延续多久，端正党风的工作就得干多久，纠正不正之风、打击犯罪活动就得干多久，这是一项长期的工作"。"我们一手抓改革开放，一手抓惩治腐败，这两件事结合起来，对照起来，就可以使我们的政策更加明朗，更能获得人心"。"要坚持两手抓，一手抓改革开放，一手抓打击各种犯罪活动。这两只手都要硬"。邓小平同志还着眼于指导反腐倡廉实践，提出"廉政建设要作为大事来抓。还是要靠法制，搞法制靠得住些"。邓小平同志关于党风廉政建设的重要论述，是邓小平理论的重要组成部分，明确了在改革开放新形势下反腐倡廉建设的基本工作思路。中央纪委坚决贯彻中央的决策部署，确立以端正党风为中心的工作指导方针，同地方各级纪律检查机关一道集中力量处理"文化大革命"及以前的冤假错案，拨乱反正；坚决查处违反政治纪律的案件，切实纠正经济领域中的不正之风，严厉打击严重经济犯罪活动。切实履行"保护、惩处、监督、教育"四项职能，既维护了党的纪律，又保护了党员干部投身改革开放的积极性和创造性，有力地促进了改革开放政策的贯彻执行。

党的十三届四中全会以后，以江泽民同志

为核心的党的第三代中央领导集体，继续引领改革开放沿着正确方向前进，对党风廉政建设和反腐败斗争实行坚强有力的领导，探索出一条适合我国基本国情的有效开展反腐倡廉的路子；各级纪律检查机关紧紧围绕全党全国工作大局开展工作，不断把党风廉政建设和反腐败斗争引向深入。江泽民同志在中央纪委全会上十次发表重要讲话，在总结党的历史和实践经验的基础上，明确提出，坚决反对和防止腐败是全党一项重大的政治任务；治国必先治党、治党务必从严；要坚持领导干部廉洁自律、查办违纪违法案件、纠正部门和行业不正之风三项工作一起抓；标本兼治，教育是基础，法制是保证，监督是关键，通过深化改革，不断铲除腐败现象滋生蔓延的土壤；要继承和发扬党风廉政建设的好传统、好作风，推动纪律检查工作在解决提高党的领导水平和执政水平、增强拒腐防变和抵御风险能力这两大历史性课题中发挥更加积极的作用，等等。江泽民同志关于反腐倡廉的重要论述，是“三个代表”重要思想的有机组成部分，明确了党风廉政建设和反腐败斗争的指导思想、基本原则、工作方针、主要任务等。1993 年初，根据中央的指示精神，党的纪律检查机关和政府行政监察机关实行合署办公。各级纪检监察机关认真贯彻中央关于反腐倡廉的重大决策部署，紧紧围绕经济建设这个中心，认真抓好领导干部廉洁自律，坚决查办违纪违法案件，切实纠正部门和行业不正之风，有效遏制了腐败现象在党政机关和干部队伍中蔓延的势头。坚决查办陈希同、成克杰、胡长清等严重违纪违法案件，查办湛江特大走私案、厦门特大走私案、无锡新兴实业总公司非法集资案等一批有重大影响的案件，维护了党纪国法的严肃性。党中央、国务院果断作出军队、武警部队和政法机关不再从事经商活动和党政机关与所办经营性企业脱钩的重大决策，实行“收支两条线”、工程招标投标、政府采购制度等重大举措，逐步加大从源头上预防腐败工作力度，努力铲除腐败现象滋生蔓延的土壤，为改革开放的顺利进行和社会主义市场经济体制的建立提供了重要保证。

党的十六大以来，以胡锦涛同志为总书记的党中央坚定不移地把改革开放伟大事业继续推向前进，始终旗帜鲜明、毫不动摇地反对腐败，党风廉政建设和反腐败斗争进入新的发展阶段；各级纪律检查机关坚持反腐倡廉方针，扎实推进惩治和预防腐败体系建设，为全面建设小康社会提供了重要保证。党中央先后颁布了《建立健全教育、制度、监督并重的惩治和预防腐败体系实施纲要》、《建立健全惩治和预防腐败体系 2008—2012 年工作规划》。胡锦涛总书记连续六年在中央纪委全会上发表重要讲话，系统论述了加强党风廉政建设和反腐败斗争的一系列重要问题，号召全党学习贯彻党章，大兴求真务实之风，大力弘扬八个方面良好风气，自觉接受监督。他强调，坚决惩治和有效预防腐败，关系人心向背和党的生死存亡，是党必须始终抓好的重大政治任务；要充分认识反腐败斗争的长期性、复杂性、艰巨性，把反腐倡廉建设放在更加突出的位置，旗帜鲜明地反对腐败；坚持标本兼治、综合治理、惩防并举、注重预防的方针，扎实推进惩治和预防腐败体系建设，在坚决惩治腐败的同时，更加注重治本，更加注重预防，更加注重制度建设，拓展从源头上防治腐败工作领域；坚持深化改革和创新体制，加强廉政文化建设，形成拒腐防变教育长效机制、反腐倡廉制度体系、权力运行监控机制，等等。胡锦涛同志的这些重要论述，为新世纪新阶段党风廉政建设和反腐败斗争指明了方向。各级纪律检查机关按照中央的决策部署，坚持从严治党，严厉惩治腐败。严肃查处陈良宇、田凤山、韩桂芝、郑筱萸、陈同海等严重违纪违法案件，表明我们党反对腐败的鲜明态度和坚强决心；会同有关部门深入开展治理商业贿赂工作，对规范市场经济秩序、促进经济健康发展发挥了重要作用。同时适立改革开放和完善社会主义市场经济体制的需要，加大从源头上预防腐败的工作力度，从制度上更好地发挥市场在资源配置中的基础性作用，有力地推动了党风廉政建设和反腐败斗争的深入开展。

二、全面总结党的纪律检查工作经验

紧紧围绕党的中心任务开展党风廉政建设和反腐败斗争，是新时期党的纪律检查机关深入开展党风廉政建设和反腐败斗争的一条基本原则和基本经验。我们要高举中国特色社会主义伟大旗帜，坚持和发展中国特色社会主义道路和中国特色社会主义理论体系，在认真总结改革开放以来党的纪律检查工作经验的基础上，把党风廉政建设和反腐败斗争进一步推向深入。

——必须坚持中国共产党的领导，保证党风廉政建设和反腐败斗争沿着正确的方向发展。深入开展党风廉政建设和反腐败斗争是党加强自身建设的需要，是巩固党执政地位的需要，必须在党的领导下进行。改革开放以来的实践充分说明，我们党完全有能力领导党风廉政建设和反腐败斗争。只有坚持党的领导，才能作出符合实际的反腐倡廉战略决策和工作部署，逐步把腐败现象遏制到最低程度；才能有效动员和组织全党全社会的力量反对腐败，保证反腐败斗争始终沿着正确的方向平稳健康地向前发展。

——必须坚持以马克思主义中国化的最新成果指导反腐倡廉新的实践，使党的纪律检查工作始终充满生机活力。中国特色社会主义理论体系是指导党风廉政建设和反腐败斗争的强大思想武器。我们在推动反腐倡廉建设中高举旗帜，最重要的是要深刻理解和牢牢把握中国特色社会主义理论体系的基本内涵、精神实质和根本要求，坚持解放思想、实事求是、与时俱进，坚持党在长期反腐倡廉实践中形成的指导思想、基本原则、工作方针和成功经验，不断探索新形势下反腐倡廉的特点和规律，切实加强对全局性、战略性问题的研究，着力推进反腐倡廉理论创新、制度创新、实践创新，用发展的思路和改革的办法推动党的纪律检查工作新的实践。

——必须坚持党的基本路线，保证基本路线的贯彻落实。党的纪律检查机关肩负着保证党的政治纲领和政治目标顺利实现的重大责任。要把捍卫中国特色社会主义伟大旗帜作为维护党的政治纪律的核心内容，使全党高举中国特色社会主义伟大旗帜不动摇，坚持中国特色社会主义道路不动摇，坚持中国特色社会主义理论体系不动摇，坚决维护以胡锦涛同志为总书记的党中央的权威。要把党风廉政建设和反腐败斗争贯穿于改革开放的全过程。围绕发展这个党执政兴国的第一要务，把反腐倡廉建设融入中国特色社会主义事业总体布局之中，既通过开展经济建设、政治建设、文化建设、社会建设，推动反腐倡廉建设向纵深发展，又通过加强反腐倡廉建设，更好地保障和促进经济建设、政治建设、文化建设、社会建设任务的落实。

——必须坚持党要管党、从严治党，不断提高党拒腐防变和抵御风险的能力。坚持党要管党、从严治党，是我们党在长期执政条件下保持先进性和纯洁性，提高拒腐防变和抵御风险能力的重要保证。如果治党不严，纪律松弛，听任腐败现象滋生蔓延，党同人民群众的血肉联系就会受到严重损害，党的执政地位就有丧失的危险，党就有可能走向自我毁灭。必须把从严治党方针全面贯穿于党的思想建设、组织建设、作风建设、制度建设和反腐倡廉建设之中，引导党员干部特别是领导干部讲党性、重品行、作表率。要严格执行党的纪律，对任何腐败分子都必须彻底查处、严惩不贷，绝不允许腐败分子有藏身之地。

——必须坚持党的群众路线，紧紧依靠人民群众的支持和参与开展党风廉政建设和反腐败斗争。开展党风廉政建设和反腐败斗争，必须紧紧依靠人民群众的支持和参与，把人民群众的愿望和要求作为反腐倡廉决策部署的重要依据，集中人民群众的智慧和力量推动党风廉政建设和反腐败斗争。要健全民主制度，丰富民主形式，拓宽民主渠道，依法实行民主选举、民主决策、民主管理、民主监督，保障人民的知情权、参与权、表达权、监督权。要以是否符合最广大人民的根本利益为最高标准，切实维护人民群众的根本利益，以反腐倡廉建设的实际成效取信于民。

三、各级纪委要以完善惩治和预防腐败体系为重点加强反腐倡廉建设

党的十七大提出，要以改革创新精神全面推进党的建设新的伟大工程，切实改进党的作风，着力加强反腐倡廉建设。2008 年 5 月，中共中央印发的《建立健全惩治和预防腐败体系 2008—2012 年工作规划》，对党的十七大以后五年的反腐倡廉工作作了全面部署，是推进惩治和预防腐败体系建设的指导性文件。当前和今后一个时期，各级纪律检查机关要把工作重点放在抓好《工作规划》的贯彻落实上，深入推进党风廉政建设和反腐败斗争。

全面贯彻反腐倡廉方针，坚持治标和治本、惩治和预防两手抓、两手都要硬。坚持标本兼治、综合治理、惩防并举、注重预防的反腐倡廉方针，最重要的是要正确处理坚决惩治腐败与有效预防腐败的关系，做到治标与治本、惩治与预防两手抓、两手都要硬。从总体上看，腐败现象在一些部门和领域仍然易发多发，反腐倡廉建设面临不少新情况新问题，反腐败斗争形势仍然严峻。因此，各级纪律检查机关要始终把查办案件作为基本职责，毫不放松地抓紧抓好。坚决查处发生在领导机关和领导干部中滥用职权、贪污贿赂、腐化堕落、失职渎职的案件，严肃查处官商勾结、权钱交易和严重侵害群众利益的案件，始终保持惩治腐败的强劲势头。在坚决惩治腐败的同时，更加注重治本、更加注重预防、更加注重制度建设。只有真正做到反腐倡廉常抓不懈、拒腐防变警钟长鸣，才能向人民群众表明我们党反对腐败的坚定决心，才能遏制住腐败现象的滋生。

坚持从实际出发，着力解决反腐倡廉建设面临的突出问题。各级纪律检查机关要紧紧抓住腐败现象易发多发的重点领域和关键环节以及群众反映强烈的突出问题，推动工作全面开展。要抓住领导干部这个重点，加强反腐倡廉教育，引导各级领导干部自觉改造主观世界，着力解决党性党风党纪方面群众反映强烈的突出问题，始终做到为民、务实、清廉。要认真解决人民最关心、最直接、最现实的利益问题，让人民群众切实感受到我们党反腐倡廉的实际成效。以改革统揽预防腐败的各项工作，积极推进改革和制度创新，着力解决导致腐败滋生的深层次矛盾和问题，着力解决影响和制约科学发展的体制机制障碍和各种突出问题，推动经济平稳较快发展。抓住规范和制约权力这个核心，加强对领导机关、领导干部特别是各级领导班子主要负责人的监督，加强对遵守党的政治纪律、贯彻落实科学发展观、执行民主集中制、遵守廉洁自律规定等方面的监督，确保全党同党中央保持高度一致，确保党的路线方针政策的贯彻执行。

大力弘扬改革创新精神，着力解决与新形势新任务的要求不适应不符合的问题。各级纪律检查机关要按照胡锦涛同志提出的改革创新、惩防并举、统筹推进、重在建设的基本要求，坚持与完善社会主义市场经济体制的进程相适应，着力解决思想观念和思想方法、工作思路和工作方法、人员素质和工作作风方面存在的问题；坚持与贯彻落实科学发展观的要求相适应，用符合科学发展观的思想方法、工作方法推进党的纪律检查工作；坚持与中国特色社会主义事业总体布局相适应，更加自觉地结合经济建设、政治建设、文化建设、社会建设开展纪律检查工作，更好地为“四个建设”服务；坚持与全面推进党的建设新的伟大工程相适应，更加自觉

地把反腐倡廉建设体现到党的思想建设、组织建设、作风建设和制度建设各个方面，确保党始终经受住长期执政的考验、改革开放的考验、发展社会主义市场经济的考验，确保党始终保持同人民群众的血肉联系。

纪律检查机关担负着协助党委组织协调、监督检查惩治和预防腐败体系建设工作的重要职责，任务光荣而艰巨。要在党中央的坚强领导下，紧紧依靠各级党委、政府及其职能部门，紧紧依靠人民群众，认真履行党章赋予的职责，全面坚持反腐倡廉方针，立党为公、执政为民，求真务实、改革创新，扎实推进惩治和预防腐败体系建设，努力开创党风廉政建设和反腐败斗争的新局面，为推进中国特色社会主义伟大事业和党的建设新的伟大工程作出新的更大的贡献。

以改革创新精神贯彻落实《工作规划》

何　勇

加强以完善惩治和预防腐败体系为重点的反腐倡廉建设，是我们党深刻总结反腐倡廉实践经验、准确把握我国现阶段反腐倡廉形势得出的科学结论，是从提高党的执政能力、保持和发展党的先进性全局的高度作出的重大决策，是发展中国特色社会主义、推进党的建设新的伟大工程的必然要求，对于实现党的十七大确定的各项任务、夺取全面建设小康社会新胜利，具有十分重要的意义。最近，中央印发了《建立健全惩治和预防腐败体系 2008－2012 年工作规划》，这对扎实推进惩治和预防腐败体系建设具有重要意义，我们要采取切实有效措施，以改革创新精神抓好《工作规划》的贯彻落实，不断取得惩治和预防腐败体系建设的新成效。

充分认识建立健全惩治和预防腐败体系的重要意义

2005 年 1 月，中共中央印发《建立健全教育、制度、监督并重的惩治和预防腐败体系实施纲要》。今年 5 月，中共中央又印发《建立健全惩治和预防腐败体系 2008－2012 年工作规划》。在 3 年多的时间内，中共中央就惩治和预防腐败体系建设专门下发两个文件，这在党的历史上还是第一次，充分体现了党中央对党风廉政建设和反腐败斗争的高度重视，也充分说明建立健全惩治和预防腐败体系在党的建设中具有举足轻重的地位和作用。

《实施纲要》是党风廉政建设和反腐败斗争理论与实践发展的产物，体现了我们党在新的历史条件下对执政规律和反腐倡廉工作规律认识的深化。从理论基础上看，它既是对党的十五大作出的“教育是基础，法制是保证，监督是关键。通过深化改革，不断铲除腐败现象滋生蔓延的土壤”这一重要论断的新发展，也是对党的十六大精神特别是党的十六届三中全会提出的“建立健全与社会主义市场经济体制相适应的教育、制度、监督并重的惩治和预防腐败体系”这一重要任务的新体现。从实践基础上看，它是对改革开放以来反腐倡廉建设经验的科学总结，是从源头上防治腐败的根本举措。《实施纲要》颁布 3 年来，惩治和预防腐败体系建设扎实推进，突出表现在：一是全党动手抓反腐倡廉的局面进一步形成。各地区各部门认真执行党风廉政建设责任制，自觉把贯彻落实《实施纲要》作为一项重要政治任务，开展学习宣传，制定具体意见，明确目标要求，建立工作机制，抓好任务分解，全党动手反对和防止腐败的良好局面得到巩固和发展。二是坚持用发展思路和改革办法解决腐败问题的自觉性进一步提高。各地区各部门更加自觉地把反腐倡廉纳入经济社会发展的整体进程，特别是按照完善社会主义市场经济体制的要求，提出许多涉及党的建设以及反腐倡廉工作的重要政策措施，把反腐倡廉工作与中国特色社会主义伟大事业和党的建设新的伟大工程更加紧密地结合起来。三是反腐倡廉的工作方式方法进一步转变。《实施纲要》颁布后，我们更加重视从宏观上考虑和处理问题，更加重视系统治理和有效解决腐败问题，党风廉政建设和反腐败斗争逐步走上制度化、规范化的轨道。实践证明，中央关于建立健全惩治和预防腐败体系的决策是完全正确的，对深入开展党风廉政建设和反腐败斗争发挥了重要作用。

《工作规划》对党的十七大以后5年的反腐倡廉工作作了全面部署，是对《实施纲要》的继承、发展和创新。具体来说，有以下几个特点：一是全面贯彻了党的十七大精神。《工作规划》较为全面地体现了高举中国特色社会主义伟大旗帜，深入贯彻落实科学发展观，坚持改革开放，推进社会主义经济建设、政治建设、文化建设、社会建设，以改革创新精神加强党的建设，以及有关反腐倡廉建设的决策和部署，进一步回答了当前和今后一个时期党风廉政建设和反腐败斗争坚持什么方向、抓什么工作、怎么抓好工作的问题。《工作规划》既是贯彻党的十七大精神的重要体现，也是落实党的十七大提出的重大理论观点、重大战略思想、重大工作部署的重要保证。二是更加突出地强调了改革创新精神。我国改革发展已进入关键阶段，呈现出一系列阶段性特征，我们在经济建设、政治建设、文化建设、社会建设中面临不少亟待解决的困难和问题，党的建设面临许多前所未有的新课题新考验。《工作规划》着眼于这些问题的解决，坚持把反腐倡廉建设融入经济建设、政治建设、文化建设、社会建设和党的建设各个方面，提出了一系列改革创新和制度建设的任务，使惩治和预防腐败体系建设更加富有改革创新精神。三是注意解决经济社会发展进程中党风廉政建设方面出现的新情况新问题。当前，反腐败形势总体上是好的，但也面临不少新情况新问题。比如，商业贿赂、国有资产流失、党政干部和国有企业负责人投资入股矿产资源开采、领导干部利用职务之便谋取私利等方面的问题，经过一段时间治理，得到一定程度的解决，但在新的历史条件下又表现为新的形式。此外，在社会保障、就业、环境保护等方面也出现了一些新的问题。《工作规划》准确把握当前反腐倡廉建设面临的形势和任务，紧紧抓住党风廉政建设中存在的突出矛盾和问题，从治标和治本两个方面提出了具体的解决措施和办法，更加具有针对性和可操作性。四是进一步拓宽了反腐倡廉建设的领域。《工作规划》把增强惩治和预防腐败体系建设的科学性、系统性、前瞻性作为一项基本要求，提出整体推进教育、制度、监督、改革、纠风、惩治等各个方面的工作，惩治和预防腐败体系的构成进一步扩展、内涵进一步丰富，我们推进工作的思路更加明确、视野更加开阔。

《工作规划》集中了全党的智慧，是一个很好的文件。我们要从全面贯彻党的十七大精神，以改革创新精神推进党的建设新的伟大工程的战略高度，充分认识建立健全惩治和预防腐败体系的重要意义，切实增强贯彻落实《工作规划》的责任感和自觉性。

深刻理解《工作规划》的指导思想和基本要求

《工作规划》是今后5年推进惩治和预防腐败体系建设的指导性文件。胡锦涛同志在中央政治局常委会议审议《工作规划》时，要求我们根据新的时代条件和新形势新任务的需要，以改革创新精神抓好《工作规划》的贯彻落实。贺国强同志对贯彻落实《工作规划》也提出了明确要求。我们要认真学习领会，坚决贯彻落实。

全面贯彻反腐倡廉战略方针，坚持治标和治本、惩治和预防两手抓、两手都要硬。坚决惩治腐败是我们党执政能力的重要体现，有效预防腐败更是我们党执政能力的重要标志。胡锦涛同志指出，要全面坚持标本兼治、综合治理、惩防并举、注重预防的方针，特别要加深对“全面”这两个字的理解。我们学习领会胡锦涛同志重要指示精神，全面贯彻这个方针，要准确理解《工作规划》的基本思想和主要精神，正确把握惩治和预防的关系，坚持治标和治本、惩治和预防两手抓、两手都要硬，惩治于已然，防患于未然。在当前经济体制深刻变革、社会结构深刻变动、利益格局深刻调整、思想观念深刻变化的条件下，腐败现象仍处于易发多发期，惩治腐败工作必须继续抓得紧而又紧，不能有丝毫放松。只有坚决惩治腐败，对腐败分子进行严厉的惩处，才能向人民表明我们党反对腐败的坚定决心，保持党的先进性和纯洁性，维护改革发展稳定的大局；才能遏制住腐败的滋生，更加有效地预防腐败，并为预防腐败创造条件。我们要在坚决惩治腐败的同时，加大预防腐败工作力度，特别要通过深化改革，创新体制，强化权力制约和监督，努力形成拒腐防变教育长效机制、反腐倡廉制度体系、权力运行监控机制，不断铲除腐败滋生的土壤。

扎实抓好教育，切实加强监督。教育是基础，重点解决的是自律问题；监督是关键，重点解决的是他律问题，两者相辅相成、相互促进。《工作规划》在推进反腐倡廉教育方面提出了3大项18小项任务，在强化监督制约方面提出了3大项35小项任务，内容十分丰富。我们要按照《工作规划》的要求，抓住即将在全党开展深入学习实践科学发展观活动的有利时机，深入进行党的基本理论、基本路线、基本纲领、基本经验教育，深入进行马克思主义中国化最新成果教育，深入进行社会主义核心价值体系教育，深入进行党的作风和纪律教育，使广大党员干部始终保持对马克思主义、对中国特色社会主义的坚定信念，切实加强党性修养和从政道德修养，打牢廉洁从政的思想政治基础。同时，要以建立健全决策权、执行权、监督权既相互制约又相互协调的权力结构和运行机制为重点，加强对领导机关、领导干部特别是各级领导班子主要负责人遵守党的政治纪律、贯彻落实科学发展观、执行民主集中制、落实领导干部廉洁自律规定等方面情况的监督，保证权力在阳光下运行，保持全党在指导思想、路线方针政策和重大原则问题上的高度一致，促进中央重大决策和部署的贯彻落实。

坚持改革创新，注重制度建设。改革创新是党的事业发展的不竭源泉和动力。只有坚持改革创新，反腐倡廉才能始终保持生机和活力。改革创新成果要靠制度和法律法规来体现，制度和法律法规的完善是改革创新取得成效的重要保障。《工作规划》部署了27项制度、20项反腐倡廉国家立法和35项改革任务。我们要把深化改革和完善法规制度有机结合起来，使两者相互吻合、相互促进。要积极适应完善社会主义市场经济体制的需要，逐步完善党内民主和党内监督、违纪行为惩处、反腐败领导体制和工作机制等方面的制度，适时将经过实践检验的反腐倡廉具体制度和有效做法上升为国家法律法规，把制度建设贯穿于反腐倡廉的各个环节，不断提高反腐倡廉的科学化、规范化、制度化水平。同时，要以改革统揽预防腐败的各项工作，紧紧围绕权力制约、资金监控和从政行为规范，深入推进干部人事、司法体制、行政管理、社会体制、财税、金融、投资体制、国有企业等方面的改革和现代市场体系建设及相关改革，努力解决导致腐败滋生的深层次问题，最大限度地减少以权谋私、权钱交易的体制机制漏洞。

在贯彻落实《工作规划》中要注意解决反腐倡廉建设面临的突出问题

贯彻落实《工作规划》是一项艰巨的政治任务，也是一项复杂的系统工程。贯彻落实《工作规划》，既要全面准确地把握《工作规划》的主要精神，又要坚持一切从实际情况出发。要善于把《工作规划》的精神和本地区本部门的实际有机结合起来，紧紧抓住惩治和预防腐败体系建设中的重点难点问题，提出解决这些问题的新思路新举措，努力取得新进展新成效。

要突出抓好党的政治纪律。政治纪律是党的最重要的纪律，严格遵守党的政治纪律是共产党员和各级领导干部党性原则的重要体现。在当前复杂的国际国内形势下，我们贯彻落实《工作规划》，首先要严肃党的政治纪律。要善于从政治上和全局上观察问题，在纷繁复杂的社会现象和各种突发事件面前保持清醒的政治头脑，坚决拥护党的十七大作出的重大决策和部署，始终在“举什么旗、走什么路”的问题上毫不动摇，始终在深入贯彻落实科学发展观上毫不动摇，自觉同以胡锦涛同志为总书记的党中央保持高度一致。对西方敌对势力“西化”、“分化”的图谋，要始终保持高度警惕；对社会上一些错误的思想和思潮，要善于识别，敢于斗争；对党内存在的问题和经济社会发展中的矛盾，要心中有数，不能麻痹大意、掉以轻心。要统筹考虑各种社会矛盾，高度重视群众反映的突出问题，特别要通过做好信访举报工作，主动排查化解矛盾，把问题解决在基层、消除在萌芽状态，全力维护政治社会稳定。要加强对政治纪律执行情况的监督检查，严肃查处违反党的政治纪律的行为，坚决维护党的集中统一，确保党和国家各项事业顺利向前发展。

要着力解决重点领域和关键环节存在的腐败问题。从总体上讲，当前违纪违法案件有所下降，但一些部门和领域的案件数量居高不下。特别是市、县两级领导干部违纪违法案件中涉及党政主要领导干部的案件有所上升。工程建设、土地管理、房地产开发、矿产资源开发、金融等领域的案件仍然易发多发。一些违反组织人事纪律特别是买官卖官的案件性质严重。国有企业和司法等领域的腐败问题仍是群众反映强烈的问题。我们要坚持从严治党方针，对于这些领域和环节出现的腐败问题特别是严重违纪违法案件，必须严肃处理，决不姑息迁就。要积极探索新形势下开展工作的特点和规律，针对这些领域和环节存在的苗头性倾向性问题，认真分析原因，注意从政策和制度层面进行思考，努力从源头上进行预防和治理。

要认真解决人民群众最关心、最直接、最现实的利益问题。党的十六大以来，党中央、国务院把解决人民群众反映的突出问题作为反腐倡廉的工作重点，取得了明显成效，得到了人民群众的衷心拥护。但也要看到，当前损害群众利益的问题在一些地方和部门还比较突出，人民群众反映强烈。《工作规划》专门对纠正损害群众利益的不正之风工作作了部署，提出了十分明确的要求。我们要想人民群众之所想，急人民群众之所急，重点解决物价、生态环境保护、食品药品质量、安全生产、征地拆迁等方面群众反映强烈的问题，强化对社保基金、住房公积金和扶贫资金、救灾资金的监管，深化涉农负担、教育收费、医疗卫生方面的专项治理，严肃查处侵害进城务工人员利益等方面存在的问题。还要从维护人民群众长远利益入手，坚持纠建并举、寓纠于建，着力改革体制机制，切实加强制度建设，努力解决利益驱动等深层次问题，逐步建立防治不正之风的长效机制。当前，特别要加强对抗震救灾资金和物资管理、使用情况的监督检查。四川汶川大地震给灾区人民群众造成了极大损失，抗震救灾工作正在有力有序有效地进行。为确保救灾款物全部用于受灾群众，5月20日，中央纪委、监察部、民政部、财政部、审计署下发《关于加强抗震救灾资金物资监管的通知》。各级纪检监察机关要会同有关部门，扎实有效地开展监督工作，严肃查处贪污、挪用、截留抗震救灾资金和物资等行为，为夺取抗震救灾全面胜利作出应有的贡献。

贯彻落实《工作规划》，关键在于加强领导、狠抓落实

坚决惩治和有效预防腐败，关系人心向背

和党的生死存亡，是党必须始终抓好的重大政治任务。贯彻落实《工作规划》，是全党的一件大事，必须坚持全党抓，抓全党，通过全党努力，齐抓共管，形成整体合力。要坚持党委统一领导、党政齐抓共管、纪委组织协调、部门各负其责、依靠人民群众的支持和参与的反腐败领导体制和工作机制，把各方面的力量调动起来，共同抓好《工作规划》的贯彻落实。

各级党委(党组)要切实加强对《工作规划》贯彻落实的组织领导。各级党委(党组)是贯彻落实《工作规划》的责任主体，担负着全面领导《工作规划》贯彻落实的政治责任。要以高度的政治责任感和使命感，把贯彻落实《工作规划》列入重要议事日程，认真组织实施。要严格执行党风廉政建设责任制，党委(党组)主要负责同志要负总责，领导班子中要确定一名负责同志具体抓，其他成员也要根据分工，抓好职责范围内的工作。要加大宣传力度，引导各级党组织和广大党员干部理解《工作规划》的基本精神，熟悉《工作规划》的主要内容，切实把思想和行动统一到中央精神上来，努力营造贯彻落实工作的浓厚氛围和良好环境。我们要把工作体现在深入思考、真正理解、狠抓落实上，特别要抓好任务分工，明确每一项任务的时间进度、工作要求和具体责任。要制定贯彻落实《工作规划》的考核办法，把贯彻落实《工作规划》情况列为对领导班子和领导干部考核的重要内容，做到履行责任有规范、检查考核有标准、责任追究有依据。

各级纪委要切实承担起在《工作规划》贯彻落实中的重要责任。党的十七大强调，要以改革创新精神全面推进党的建设新的伟大工程，把反腐倡廉建设放在更加突出的位置，以完善惩治和预防腐败体系为重点加强反腐倡廉建设。纪委是深入推进反腐倡廉建设的职能机关，一定要转变思想观念，把工作重点放在完善惩治和预防腐败体系上，放在抓好《工作规划》的贯彻落实上。要创新工作思路，更加注意用全面系统的思想方法加强惩治和预防腐败体系建设。要积极主动向党委(党组)汇报请示工作，加强组织协调，出好主意，当好参谋，依靠各部门的力量，共同抓好落实，进一步巩固和发展全党抓反腐倡廉的良好局面。要加强调查研究，深入了解《工作规划》贯彻落实中出现的新情况新问题，及时提出解决的措施和办法。要协助党委(党组)加强督促检查，推动建立健全督查、评估、考核、奖惩等工作机制，为《工作规划》的贯彻落实提供制度保障。纪委系统要把贯彻落实《工作规划》情况作为纪委领导班子工作考核的重要内容。中央纪委、中央组织部巡视组要把贯彻落实《工作规划》情况作为巡视工作的重要内容，各地区各部门巡视机构也要按照这个要求开展巡视工作。要严格实施责任追究，对那些责任不落实，措施不得力，不抓不管，敷衍应付，以致造成工作落空、出了问题的，要严肃追究有关领导的责任。为推动《工作规划》的贯彻落实，中央纪委将加强对各地区各部门特别是重点部门贯彻落实《工作规划》情况的工作指导和督促检查。

党委和政府职能部门要充分发挥在《工作规划》贯彻落实中的重要作用。《工作规划》的许多任务是党委和政府职能部门职责范围内的工作。贯彻落实《工作规划》，必须充分发挥党委和政府职能部门的作用，特别要从中央和国家机关抓起，从上向下抓起。党委和政府职能部门特别是中央和国家机关要把《工作规划》提出的任务贯穿于制定经济、文化、社会发展政策的全过程，融入本部门本行业的实际工作中，与各项改革紧密结合，积极查找容易诱发不廉洁行为和腐败现象的部位和环节，有针对性地研究提出预防和治理的措施，认真抓好落实。要统筹安排，确定当前、中期和长期的目标和任务，分阶段、分步骤开展工作，最终实现各方面工作的整体推进。

加强作风建设　改进领导工作

赵乐际

一个地方、一个单位的领导工作特别是领导作风关系形象、关系人心向背。领导工作做得好，作风求真务实，就有凝聚力、战斗力，群众就会拥护信赖；反之，就会队伍涣散、工作停滞不前，损害党群干群关系。要把加强作风建设，改进领导工作放在更加突出的位置，切实做到为民、务实、清廉。

一、继续解放思想、坚持改革开放

要结合纪念改革开放30周年，深入开展解放思想大讨论活动，以思想的大解放推动经济社会的大发展。解放思想是具体的而不是空泛的，必须增强针对性，防止一般化，避免走过场。要围绕发展与和谐解放思想，梳理制约发展、影响和谐的突出问题，查找原因，提出对策，及时解决。要联系工作实际解放思想，用科学发展观的要求审视各项工作，看看思路是否科学、重点是否突出、措施是否得力，适时修改、不断完善，使工作月月都有新进展、年年都有新突破。要联系改造主观世界解放思想，清醒认识存在的差距和不足，不为过去的成绩而自满，不为既有的经验所束缚，不为习惯的做法所局限，进一步强化排头意识、竞争意识，使自己的思想观念不断适应形势发展的要求。要以思想解放来推动改革开放，积极推进重点领域和关键环节的改革，努力拓展对外开放的广度和深度，不断增强经济社会发展的生机与活力。

二、善于结合实际不断学习、开拓创新

各级干部特别是主要领导干部一定要树立终身学习的思想，把学习作为一种政治责任、一种精神追求、一种思想境界，多读书、多思考、多钻研。要学习理论知识，坚持不懈地用马克思主义中国化的最新成果武装头脑，不断提高运用科学理论解决实际问题的能力。学习现代经济、科技、法律、社会管理等新知识，特别是学习掌握做好领导工作、履行岗位职责所必需的各种知识。要结合正在做的事情学习，熟知本地发展的基础条件、比较优势、发展潜力和制约因素，掌握发展特色产业、增加居民收入、加快项目建设等方面的相关知识。要善于学习，既向书本学、向实践学、向群众学，也要向先进学、向内行学、向专家学，老老实实地学，恭恭敬敬地学，与时俱进地学，不断提高领导科学发展、服务人民群众、应对突发事件和驾驭复杂局面的能力，努力使各项工作体现时代性、把握规律性、富于创造性。

三、谋大局、抓大事

不谋全局者，不足以谋一域。不抓大事者，不足以成大业。作为领导干部特别是主要领导一定要自觉认清大局，跳出一地一域的局限，开阔视野，纵横比较，清醒认识本地本部门在全省谋发展、促和谐中的方位和使命，力求做到站得高、看得远、想得深。要大局在胸，想问题、做决策、办事情都要看是不是有利于推动科学发展，是不是有利于促进社会和谐。要大事在握，找准制约科学发展的重大问题和影响社会和谐的突出问题，比如，如何转变发展方式、如何增加居民收入、如何解决因利益问题引发的人民内部矛盾等。对于这些大事，一定要抓住不放，坚持不懈地抓下去。有些同志整天很忙碌，也很

辛苦，但忙来忙去，一年又一年，还是面貌依旧，经济社会发展上不去，城乡居民收入上不去，矛盾问题没解决，群众不满意，社会不和谐。这种情况的根本原因是大局不清楚，大事没抓住。在工作中我们一定要坚持“重点论”和“两点论”的辩证统一，善于“弹钢琴”，分清主次先后，区分轻重缓急，聚精会神谋大局，全力以赴办大事，扑下身子抓重点。

四、敢于负责、勇于承担

领导的重要职责就是管好班子、带好队伍，出好主意、办好事情。怎么管班子、带队伍？重要的一条就是敢于负责、勇于承担，分清责任、分级负责，从严要求、奖罚分明。敢于负责、勇于承担，就是对本地本部门发展中的主要矛盾和突出问题，一定要积极面对，亲自动手解决，不能绕开矛盾、回避问题，也不能上推下卸、敷衍塞责，更不能推过揽功。分清责任、分级负责，就是要把集体领导与个人分工负责结合起来，充分发挥班子整体作用，既各司其职、各负其责，又团结协调、步调一致；充分发挥下级和基层的作用，该下级办的就交给下级办，该基层做的就让基层做，不要越俎代庖、包办代替；充分发挥社会各方面力量的作用，进一步转变政府职能，加快推进政企分开、政资分开、政事分开，坚持依法行政，创造良好的市场环境。从严要求、奖罚分明，就是要实行严格的目标责任管理制度，严肃工作纪律，按规矩办事、用制度管人，该表扬的表扬，该批评的批评，不能搞好人主义，坚决克服干与不干一个样、干好干坏一个样的现象。

要形成敢于负责、勇于承担的局面，就必须建立健全责任追究制度，这是加强反腐倡廉建设的一个重要内容，也是改进工作作风、推进工作落实的一项重要措施。既要严厉惩治贪污受贿、以权谋私等腐败行为，也要严格追究不作为、乱作为的行为。发生在我省的“华南虎照”事件，教训非常深刻，应该痛定思痛、认真反思。这个事件给我们上了思想路线的一课，警示我们，任何时候都必须始终坚持实事求是，说老实话、做老实人，扎扎实实地为人民群众办实事、办好事。这个事件给我们上了科学发展观的一课，警示我们，任何情况下都必须科学理性思考问题、脚踏实地做好工作。这个事件给我们上了政绩观的一课，警示我们，任何工作中都必须把实现好、维护好、发展好人民群众的根本利益作为出发点和落脚点，一切业绩都应该经得起实践、人民和历史的检验。

五、坚持求真务实、真抓实干

这是领导工作的基本要求。无论多美好的蓝图、多周密的部署，如果束之高阁、得不到落实，就等于一张白纸。当前，我省抗震救灾工作进入恢复重建阶段，实现今年经济社会发展预期目标进入关键时期，形势逼人，任务繁重。各级领导干部都要大力弘扬求真务实精神，大兴求真务实之风，察实情、谋实策、干实事、求实效。要把中央的路线方针政策与本地本部门的实际结合起来，创造性地开展工作。要进一步改进会风文风，精简会议文件，拿出更多的时间和精力深入实际调查研究，帮助基层解决问题，帮助群众解决困难。要进一步简化办事程序，优化工作流程，加快工作节奏，提高工作效率。

六、重视舆论工作

良好的思想舆论环境，是推动科学发展、促进社会和谐的重要条件。要充分发挥舆论的重要作用，更加有力地向省内外宣传陕西改革开放和现代化建设的新气象、新成就，把富民强省的气氛营造得更浓一些，把干事创业的劲头鼓得更足一些。怎么正确对待舆论，关键要注意以下几个方面：一是坚持实事求是，做到公开、公正、真实。二是完善新闻发布制度，健全突发事件新闻报道机制，及时、准确、主动地向社会公布权威信息。三是自觉接受舆论监督，加强舆情研判，及时发现问题，认真改进工作。对公众和媒体关注的热点问题，要真诚面对，积极回应，妥善处理。四是坚持正确的舆论导向，把党和政府所倡导的与群众所需要的紧密结合起来，增强把握正确导向的自觉性和舆论引导的有效性。当前，互联网已成为思想文化信息的集散地和社会舆论的放大器。要趋利避害，因势利导，加强对新兴媒体的应用和管理，营造良好的网络环境。

（作者：中共陕西省委书记、省人大常委会主任）

弘扬新风正气　加强武警部队作风建设

吴双战

"弘扬新风正气"，是胡锦涛总书记在十七大报告中向全党同志特别是领导干部发出的号召。武警部队各级领导机关和领导干部带头弘扬新风正气，是高举旗帜、听党指挥的政治要求，是推动部队建设又好又快发展和有效履行职责使命的重要保证。

一、深化思想认识，进一步增强抓好作风建设的自觉性

党的作风问题的实质是党性和党的宗旨问题。我们党在长期的实践中不断加强和改进党的作风建设，以自己的实际行动和良好形象，赢得了人民群众的拥护和支持。不论从完成伟大的历史使命看，还是从经受住改革开放和长期执政的考验看，都必须有好的作风。

认清形势，树立有所作为思想。科学判断形势是抓好作风建设的重要基础和前提。从党风看，十六大以来，党中央高度重视党风廉政建设，深入开展反腐败斗争，取得了明显成效。从武警部队看，作风建设不断加强和改进，社会主义核心价值体系融入部队教育全过程，转化为官兵的自觉追求，部队风气总体上是好的。但也要看到，受"四个多样化"（经济成分和经济利益多样化、社会生活方式多样化、社会组织形式多样化、就业岗位和就业方式多样化）的影响，各种不正之风仍不同程度地存在。看待作风建设形势，既要看到主流，也要正视问题。看不到主流，就会丧失信心；看不到问题，就会放松警惕。领导机关要有忧患意识和坚强决心，牢固树立抓部队作风建设要有所作为的思想，不断增强锤炼党性、端正品行、作好表率的自觉性。

摆正位置，树立常抓不懈思想。风气是软环境，带部队重在带风气，风气好才能出正气、出人才、出业绩、出战斗力。作风建设的长期性、艰巨性，决定了扭转不良风气不容易，形成好风气更需要长期努力。作风建设对部队建设至关重要。作为武警部队领导机关，必须从打得赢、不变质的高度，切实把作风建设摆在更加突出的位置，作为一项长期战略任务来抓。必须坚持经常抓与集中抓相结合，对不良风气露头就抓，对倾向性问题果断纠治，决不让不正之风滋长蔓延。要注重研究作风建设中的新情况新问题，增强工作的前瞻性、针对性和主动性。

明确责任，树立认真负责思想。作风建设人人有责，主要领导是第一责任人。能不能形成好风气，是领导能力和水平高低的重要标志。有的领导对一些不良风气见怪不怪、习以为常，缺乏应有的警觉；有的老好人思想严重，对歪风邪气不敢抓不敢管；还有的被动应付，上级强调了或者出了问题，才不得不抓。这些都是缺乏责任感的表现，助长了不良风气的滋生蔓延。风气既关系着官兵的成长进步，又关系着部队

队建设发展。领导干部要本着对党的事业、部队建设和官兵成长进步高度负责的精神，切实履行好端正本单位风气的职责，积极主动抓风气，较真碰硬正风气，不因问题小而迁就，不因处理难而回避。

二、坚持知行统一，努力在部队建设实践中培育新风正气

好风气不是讲出来的，而是脚踏实地做出来的。领导机关要在作风建设的实践中坚持高标准，以良好的风气促进部队建设发展。

弘扬讲政治的风气，始终高举旗帜、听党指挥。讲政治是我军优良传统的精髓，其核心是高举旗帜、听党指挥。弘扬讲政治的风气，不能光凭朴素的感情，而要靠思想上的自觉和理论上的成熟；不能笼统地抽象地理解，而要准确把握其内在要求；不能忽冷忽热，而要始终如一。党委机关肩负着把好部队建设方向的重大责任，在弘扬讲政治的风气上要有更高的标准。必须坚持不懈地学习宣传中国特色社会主义理论体系，进一步坚定理想信念，打牢高举旗帜、听党指挥的思想理论基础。必须毫不动摇地坚持党对武警部队绝对领导的根本制度，旗帜鲜明地抵制“军队非党化、非政治化”和“军队国家化”等错误思潮影响，任何时候任何情况下都始终与党中央、中央军委保持高度一致，坚决听从党中央、中央军委和胡锦涛主席指挥。必须不折不扣地严守政治纪律，坚决反对自由主义，始终保持政治上的清醒与坚定。

强化爱岗敬业的风气，忠实履行职责使命。武警部队具有政治要求的严格性、执行任务的多样性、兵力部署的分散性、联系社会的广泛性、执勤和处置突发事件的经常性等基本特点。深入学习贯彻十七大精神，全力维护社会稳定，做好奥运安全保卫，这些重大政治任务，要求我们必须努力把部队建设成为听党指挥的忠诚之师、服务人民的文明之师、英勇善战的威武之师。如果没有爱岗敬业的精神和风气，就不可能有效履行职责使命，就会辜负党和人民对武警部队的重托和信任。发扬爱岗敬业精神，强化爱岗敬业风气，领导机关的同志特别是领导干部必须正确对待岗位、倍加珍惜岗位，在建设好部队、履行好使命中实现理想追求；就要围绕中心任务开展工作，真正把本职工作放到全局中思考、筹划和落实；就要坚持高标准，认真负责地对待每项工作，努力实现机关建设争上游、业务工作创一流。

培养讲团结守纪律的风气，保持干部的良好形象。讲团结守纪律是作风建设的重要内容。一方面要维护团结。一个单位不团结就出不了政绩，出不了人才。团结是德也是才，是党性也是能力。党委的团结是机关团结的“根”，是部队团结的“梁”。领导机关要牢固树立加强团结是党性、维护团结是大局、搞好团结是责任的思想，高度重视团结，加倍珍惜团结，自觉维护团结。要眼界开阔，胸襟坦荡，容得下人，容得下事，大事讲原则，小事讲风格；善于团结与自己有不同意见的同志，不仅“闻过则喜”，而且“闻不同声音则喜”；从团结的愿望出发，思想上互帮互助，既不搞无原则的一团和气，也不搞无原则的矛盾纠纷，营造风清气正、和谐干事的环境，使领导机关真正成为团结战斗的坚强集体。另一方面，要严守纪律。要严格遵守廉洁自律各项规定，经得起权力、地位和利益的考验，始终保持共产党人的政治本色。要慎重用权，用权要看是否用得公道、是否符合程序和规章制度。要本分做人，光明磊落，谦虚谨慎，与人为善。要有健康的生活情趣，有高尚的人生追求和文明的生活方式，把握住小事小节，慎独、慎初、慎微、慎行，管住管好自己的交往圈、生活圈、娱乐圈。

树立服务部队的风气，坚持心系基层情注官兵。服务部队是领导机关的根本职责，也是衡量领导机关风气好坏的试金石。要经常想一想官兵在我们心目中处于什么位置，经常想一想领导机关在部队是什么样的形象，不断改进对基层工作的指导，努力提高服务基层的质量。要端正对部队和官兵的态度，经常进行换位思

考，真正把基层至上、士兵第一的观念牢固确立起来。要继续加大为部队服务的力度，带着感情，全心全意、千方百计地为部队办好事办实事，为广大官兵排忧解难，改善和提高官兵的物质文化生活条件，尊重和维护官兵的民主权利。

三、贯彻重在建设的要求，着力抓好关键环节

重在建设是加强党风廉政建设的基本要求，也是加强部队风气建设的基本要求。按照重在建设的要求抓风气，就是要做到坚持经常、重在治本、主动预防，努力形成有利于弘扬新风正气的思想观念、制度机制和良好氛围。

抓好学习教育，打牢风气建设的思想基础。风气是价值观念、思想道德、精神状态的综合反映，是世界观的具体体现。在我国经济社会处于大变革时期，在各种思想文化相互激荡，人们思想活动的独立性、选择性、多变性、差异性明显增强的社会环境中，影响风气的因素很多。越是情况复杂多样，越要加强学习教育，加强世界观改造，加强风气建设，不断夯实弘扬新风正气的思想根基。一要加强党性修养。把党性修养作为世界观改造的核心内容，认真学习、遵守、贯彻和维护党章。把党性修养作为终身课题，遇事多想想入党时的誓言，多想想党和人民的重托，多想想肩负的职责。二要培育高尚人品。党员干部特别是领导干部的人品，不单是个人的事情，而且关系一个单位的风气。高尚的品行操守是党员干部抵御歪风邪气的盾牌，是拒腐防变的思想道德防线。要认真学习践行社会主义核心价值体系，牢固树立社会主义荣辱观，自觉抵制错误、腐朽思想文化的侵蚀影响，永葆共产党员的高风亮节。三要培养良好"官德"。所谓"官德"，就是领导干部的公仆之心、从政之德。领导干部官德好可以造福一方，否则贻害无穷。培养良好官德，核心是克己奉公，解决好"为谁服务，为什么当干部"这一根本问题。要坚持秉公用权、廉洁从政，坚决纠正以权谋私、权钱交易；坚持埋头苦干、求真务实，坚决纠正形式主义、弄虚作假；坚持艰苦奋斗、勤俭节约，坚决纠正奢侈挥霍、铺张浪费；坚持顾全大局、维护团结，坚决纠正团团伙伙、亲亲疏疏；坚持靠素质立身、靠政绩进步，坚决纠正盲目攀比、乱找关系。

健全规章制度，为作风建设提供有力的制度保证。靠制度管人管事，是加强风气建设的治本之策。要树立靠法规制度正风气的观念，针对新形势下不断出现的新情况新问题，进一步完善责任、管理、监督、奖惩等方面的制度规范。当前最重要的是要做到用人公道、花钱透明、理顺心气、扎实做事。用人公道，是一个重要的导向问题。用人正，人心齐，风气才能好。近年来，武警总部在选人用人上，按照军队干部任用制的要求和有关规定办事，充分体现了党委多数人的集体意志，有效地解决了少数人说了算的问题；扩大选人用人的参与权、知情权、监督权，较好地体现了官兵的意愿，提高了用人的公信度；坚持按制度选人用人，排除了主观随意性，有效地制约、防止了跑官要官现象。花钱透明，主要是保障经费的使用方向和效益。我们在制定、完善、坚持经费管理运行规范、职责规范、监督规范的基础上，进一步采取了七项举措，加强对经费的管理。理顺心气，关键是用社会主义荣辱观规范言行，不断巩固和发展团结和谐的内部关系。对领导、对同志有意见，既可当面提，也可向组织提出，不能压制意见，要保护官兵的民主权利，领导要自觉接受监督。要襟怀坦白，敢于同不良风气作斗争，但反映问题要实事求是。扎实做事，就是通过建立健全各种制度机制，采取各项有效措施，促进各项工作落实。

坚持领导带头，推动作风建设健康发展。在风气建设上，领导干部起着关键性作用。从一定意义上说，好风气是带出来的。领导干部立言立行，对部属是无形的命令，能产生很强的示范性和号召力。抓风气要始终把抓领导干部的作风作为重中之重。各级领导干部要自觉践行"讲党性、重品行、作表率"的要求，带头树立

正确的人生观价值观，带头树立正确的权力观地位观，带头树立正确的政绩观发展观，带头树立正确的荣辱观。要坚持一级抓一级、一级带一级，要求部属做到的自己首先做到，要求部属不做的自己坚决不做，真正以领导机关的好风气带出部队的好风气，为在新的起点上推动部队建设又好又快发展创造良好环境。

（作者：中国人民武装警察部队司令员、上将）

讲党性　重品行　作表率

喻林祥

胡锦涛同志在党的十七大报告中指出："全党同志特别是领导干部都要讲党性、重品行、作表率。"这一重要论述，体现了党的先进性建设对党员领导干部的新要求，为广大党员特别是领导干部进一步加强作风建设指明了方向。为切实贯彻落实党的十七大精神，进一步弘扬新风正气，武警部队党委根据部队建设的实际，决定在团以上党委机关开展"讲党性、重品行、作表率"学习教育活动，以确保武警部队以奋发有为的精神状态，完成维护国家安全和社会稳定、保障人民安居乐业的神圣职责。

一

讲党性，就是要坚定理想信念，牢记党的根本宗旨，做到高举旗帜、听党指挥。重品行，就是要牢固树立社会主义荣辱观，注重思想道德修养，做到生活正派，情趣高尚。作表率，就是要时刻不忘肩负的重任，做到以身作则，率先垂范。

要按照讲党性、重品行、作表率的要求，引导各级领导机关和领导干部锤炼党性，加强修养，端正风气，打牢为官从政的思想基础，为部队作好表率。当前，要把学习十七大精神不断引向深入，把"武装头脑、指导实践、解决问题、推动工作"的要求落到实处，关键是各级领导机关和领导干部要学在前面、用在前面，发挥好模范带头作用，进一步弘扬新风正气，以奋发有为的精神状态做好我们的工作。

当前，国际形势复杂多变，国内改革发展处于关键时期，武警部队担负着十分重大的任务。今年我国将承办第29届奥运会，进行改革开放30周年纪念活动，国内外敌对势力蠢蠢欲动，极尽干扰、破坏之能事，武警部队担负奥运会等重大活动的安保任务。贯彻落实中央军委扩大会议精神，深入研究解决部队建设中的重大现实问题，推进部队改革发展的任务十分繁重。全面落实科学发展观，推进部队建设科学发展、安全发展，对抓好部队建设，特别是经常性基础性工作提出了新的更高的要求。面对这样的新形势、新任务，我们只有把各级领导机关和领导干部的作风抓实，把风气搞正，才能带领部队出色地完成各项任务。

武警部队领导机关的形象体现着党委、首长的形象，领导机关的风气影响着部队的风气。机关干部是建军治军的重要骨干力量，机关干部的党性观念、思想觉悟、精神状态、能力素质如何，直接决定着部队建设的水平和质量。开展学习教育活动，就是要引导大家对照共产党员先进性的标准，认真查找讲党性、重品行、作表率方面存在的差距和不足，提高思想境界，加强道德修养，增强是非观念，真正把做人为官的基本道理搞清楚、弄明白，从而按照共产党员先进性的要求，高标准地加强机关风气建设。

二

全面贯彻党的十七大精神，为构建社会主义和谐社会作贡献，对各级领导机关和干部作风建设提出了新的更高的要求。我们武警部队机关作风建设总体上是好的，但用“讲党性、重品行、作表率”的要求来衡量，还要着力做好以下工作。

坚持淡泊名利，反对跑官要官。有些同志把官位看得过重，把职务高低当成衡量能力强弱、政绩大小甚至人生价值有无的唯一标准，整天盯着位置干，凭着情绪干，算着年头干；有的认为提职当官都是跑出来的，看到一个空位置就到处托人说情，找上级机关，找地方领导，找退下来的老首长，绞尽脑汁，想尽办法；有的在进退去留面前跟组织讨价还价，一旦提升不了就说领导不公道，发牢骚，讲怪话，甚至乱告状。这是一种很坏的作风。正确对待名利地位，核心是要树立正确的价值观，做到知恩、知足、知责。知恩，就是要知道人民的哺育之恩、父母的养育之恩、老领导老战友的帮助之恩，最重要的是要知道党组织的培养之恩。知足，就是要解决好“制欲”的问题，解决这个问题，关键是要“知足知止”。这是人生修养的高境界，需要长期学习，逐渐养成重事业、淡名利的健康心态。知责，就是要弄清干工作图什么，解决好尽心尽责的问题。尤其是总部领导机关的同志，肩负着重要责任，一定要以高度的政治责任感和强烈的事业心，尽职尽责，扎实工作，以实绩求得进步，以作为赢得地位，真正做到“利居众后，责在人先”。

坚持秉公用权，反对以权谋私。能不能过好权力关，是检验党员干部党性强弱的试金石。怎样正确使用权力，关键是要保持公仆之心，常怀畏惧之心，事事出以公心。所谓保持公仆之心，就是要牢固树立立党为公、执政为民的理念，把全心全意为人民服务作为人生追求，自觉做到权为民所用、情为民所系、利为民所谋。所谓常怀畏惧之心，就是要有如履薄冰般的谨慎，如负泰山般的责任和压力。要按照职责分工，是谁的职责就由谁行使相应的权力，行使什么样的权力就承担什么样的责任。所谓事事出以公心，就是心要放正，水要端平，腰要挺直，千万不能做在少数人中“得分”，在多数人中“丢分”的事。当前，在行使权力问题上存在四种不良倾向，一是“私有化”，假公济私，损公肥私，以权谋私；二是“人情化”，投人情票，说人情话，办人情事；三是“庸俗化”，讲哥们义气，搞投桃报李，行礼尚往来；四是“商品化”，搞权权交易、权钱交易、权色交易。这四种倾向严重腐蚀干部队伍，败坏社会风气，损害党的形象，必须坚决反对，靠制度和体制严加防范。

坚持求真务实，反对弄虚作假。坚持求真务实，根本的是要端正工作指导思想，树立正确的政绩观。出政绩是对一个领导干部起码的职责要求，也是衡量一个干部称职与否的基本标准。就武警部队领导机关而言，衡量一个部门、一个领导的政绩，主要看三条：一看是否形成了一种好风气；二看是否培养出一批综合素质较高的好干部；三看指导部队建设和完成各项任务是否取得了好成绩。只有这三个方面过得硬，才能真正服人。要始终把工作重心放在基层。机关因基层而存在，是为基层服务的。因此，我们出主意、想办法、干工作，眼睛一定要盯着基层，鼓实劲，出实招，求实效，不能烧虚火、使虚劲、出虚招、做虚功。要注重全面建设，不搞单打一；注重基础建设，不做表面文章；注重长远建设，不搞急功近利；注重对上负责与对下负责相统一。要敢于正视问题、勇于揭露矛盾。“患生于所忽，祸发于细微”，要有见微知著、小中见大的精神和细致的工作作风，把矛盾和问题解决在萌芽状态。

坚持择善而交，反对交往过滥。怎样对待人际交往，不是生活小节，而是关系个人前途命运和部队建设的大问题。正确对待交往，关键是把握好两条：一是与什么人交往的问题。“近朱者赤，近墨者黑”。朋友之间是互相影响的，交什么样的朋友,就会有什么样的爱好追求,也就会有什么样的前途命运。在一定意义上,选择朋友就是选择命运。作为高层机关的干部,要"多同普通群众交朋友,多同基层干部交朋友,多同先进模范交朋友,多同专家学者交朋友"。二是怎么交往的问题。与人交往,不能把钱、权、利夹杂其中,一定要讲政治、讲原则、讲格调、讲纪律,真正做到择善而交、择贤而交。

坚持健康情趣,反对庸俗奢侈。一是追求要高尚。我们共产党人追求高尚,就是要坚定共产主义远大理想和中国特色社会主义信念,树立正确的世界观、人生观、价值观,为人民的事业不懈奋斗。有了这样的追求,就能够摆脱低级趣味,自觉抵制腐朽思想文化和生活方式的侵蚀影响,模范遵守社会公德、职业道德、家庭美德,做到讲操守、重品行。二是要艰苦奋斗。这是中华民族的传统美德,也是我党我军的优良传统。一定要牢记"两个务必",带头艰苦奋斗、厉行节约,带头反对铺张浪费和大手大脚,带头抵制拜金主义、享乐主义和奢靡之风。我们要经常想一想当官为什么、工作图什么、身后留什么,自觉做到"虚心平志,待物以正"。三是要节制嗜好。作为领导干部和领导机关的同志,不良嗜好要去除,对一些容易引发不良后果的一般嗜好也要有所节制,防止自己的嗜好被那些别有用心的人利用。

三

讲党性、重品行、作表率,是一个很高的政治要求,也是为官从政、履行职责起码的道德标准。我们一定要把讲党性、重品行、作表率作为政治要求来落实,作为道德修养来加强,作为素质能力来提高,努力在学习、工作和生活中认真加以践行。

要加强学习。努力学习是锤炼党性,树立正确的世界观、人生观、价值观的前提和基础,是提高思想水平和能力素质的重要途径,是防止思想庸俗化,抵制不正之风的有效手段。一个努力学习的人思想品位相对就高,胸怀就博大、眼界就开阔,就不容易为名利所累、为蝇头小利所惑,就可以少犯错误。在当今科技进步日新月异、知识更新空前加快的时代,我们更要心存一份本领恐慌感和紧迫感,真正把学习作为一种使命、一种职责、一种终身追求来对待。作为党员领导干部,更要以滴水穿石的恒心和毅力锲而不舍地学习,博学笃志,切问近思,集中时间和精力深入实际,调查研究。学习的成果最终要体现到改造主观和客观世界上,做到学以达志、学以立德、学以增智、学以致用。

要注重修养。党员干部坚强的党性、高尚的情操、良好的品行,都不是与生俱来的,必须经过长期的自我磨练、自我改造、自我修养才能获得。机关的同志都是从部队优中选优挑选上来的,人品官德、能力素质应该说都是好的,但随着形势的发展和环境的改变,人也是会变化的。因此,一定要把不断提高党性修养作为终身任务,做到活到老、学到老、改造到老。要自省自律自强,做到富贵不淫、贫贱不移、威武不屈;要注重点滴培养,坚持不懈,"积小善成大德";要顶住歪理、耐住清贫、抗住诱惑、管住小节,自觉做到不仁之事不为,不义之财不取,不正之风不染,不法之事不干。

要遵纪守法。讲党性、重品行、作表率,对党员干部来说,首先要做遵纪守法的模范。这一条看似简单,其实真正做到并不容易。要时时处处以共产党员的标准严格要求自己、自觉约束自己守规矩,任何时候、任何情况下,都不能突破起码的政治底线、法律底线、道德底线。自觉做到领导面前和群众面前一个样,有人监督和无人监督一个样。遵纪守法是刚性标准,没有折扣可打,没有条件可讲,必须丁是丁、卯是卯,不能"闯红灯",不能打"擦边球",更不能搞上有政策、下有对策。

(作者:中国人民武装警察部队政治委员、上将)

反腐倡廉理论的创新发展

王伟光

十一届三中全会以来，我们党在改革开放这场新的伟大革命中，开创了中国特色社会主义事业。30年来的反腐倡廉建设，一直在为改革开放伟大进程清除道路障碍，为发展中国特色社会主义事业保驾护航，为建设一个永葆先进性的执政党提供政治保障。在反腐倡廉的丰富实践中，党的反腐倡廉理论得到了创新发展。

改革开放伟大实践推动反腐倡廉理论创新发展

改革开放以来，我国面临着前所未有的机遇，也面对着极其复杂的新矛盾和新问题。从计划经济到建立社会主义市场经济，从封闭半封闭状况到全方位开放，从集中发展经济到推进政治、文化和社会各个领域的全面建设，我国的经济社会发生了广泛而深刻的变革，世界形势也发生了巨大变化。党及其领导干部能否经受住改革开放的严峻考验，我们这样一个长期执政的党能否提高执政能力和永葆先进性，是摆在全党面前的重大历史课题。正是在改革开放的伟大实践中，在不断清除腐败和纯洁党的肌体的斗争中，我们党逐步探索适合国情的反腐倡廉建设道路，不断推进了反腐倡廉理论创新。

在建设中国特色社会主义的实践中，我们党创造性地发展了马克思主义、列宁主义和毛泽东思想，在党的建设理论方面，发展了毛泽东同志关于跳出“周期律”、“两个务必”和防止“糖衣炮弹的攻击”防治腐败等重要思想，形成了反腐倡廉建设一系列重大理论创新成果。这些理论创新成果，其核心思想是“执政为民”，基本要求是“为民、务实、清廉”，关键措施是对权力进行有效监督制约，战略方针是标本兼治、综合治理、惩防并举、注重预防，现阶段的主要目标是建立健全惩治和预防腐败体系。这些理论成果明确回答了作为执政党的中国共产党“为谁执政”、“怎样执政”，“为什么要抓反腐倡廉建设”、“怎样抓好反腐倡廉建设”等基本问题，丰富了党的建设思想，是中国特色社会主义理论体系的重要组成部分。

反腐倡廉理论具有丰富的科学内涵

党的反腐倡廉建设理论创新成果，是30年来党的反腐倡廉建设实践经验的升华与概括，具有十分丰富的内涵。其主要内容包括：

第一，关于反腐倡廉建设战略地位的观点。处于改革开放的新时期，能否拒腐防变，关系到人心的向背，关系到国家的安危，关系到党的执政地位，反腐倡廉建设是党必须始终抓好的重大政治任务。

进入改革开放的新时期，根据世情、国情和党情的变化，党把反腐倡廉建设不容置疑地放在了重要的战略位置上。改革开放之初，针对改革开放大潮冲击下“腐败这股风来得很猛”的形势，中央明确提出“执政党的党风是关系党的生死存亡的问题”。随着改革开放进程的不断推进，针对一些领域出现的腐败现象易发高发的问题，我们党深刻认识到反腐倡廉建设的艰巨性和复杂性，明确提出“反腐败是一项长期的战略任务”。进入20世纪90年代，在总结国外一些共产党丧失执政权力教训的基础上，我们党揭示了人心向背与执政地位兴衰的内在联，及时阐明了“执政为民”的核心思想。十六大以来，党更加重视反腐倡廉工作，反复强调要把党风廉政建设和反腐败斗争作为提高党的执政能力，巩固党的执政地位，加强党的先进性建设，维护社会公平正义，促进社会和谐的一项重大政治任务抓紧落实。胡锦涛同志在党的十七大报告中，更加深刻地分析了反腐倡廉建设面临的新形势，从党的性质和宗旨的高度，明确提出党与腐败“水火不相容”，进一步丰富了党的建设理论内涵。这些重要思想是对古今中外正反两个方面历史经验的深刻总结，也是对当前我国反腐倡廉建设“成效明显与问题突出”总体态势的准确把握，体现了党对于反腐倡廉建设极端重要性的清醒认识，为党和国家制定符合国情的防治腐败的法规和政策提供了思想理论基础。

基于这样的思想理论，反腐倡廉建设的战略地位不断增强。十一届三中全会恢复了中央纪律检查委员会，之后我国相继重建国家监察部，建立了检察院反贪局和国家预防腐败局。各级党委建立了以党委(党组)书记作为第一责任人的党风廉政建设责任制，把反腐倡廉建设作为党始终抓好的重大政治任务。党的历次代表大会和中纪委全会报告中，都要强调“反腐蚀斗争”、“反腐败斗争”、“党风廉政建设和反腐败斗争”或“反腐倡廉工作”。2006 年的中央经济工作会议首次使用了“反腐倡廉建设”这个提法，党的十七大明确提出“党的反腐倡廉建设”这一概念，把反腐倡廉建设与党的思想、组织、作风和制度建设并列，载入新修改的党章，纳入中国特色社会主义经济、政治、文化、社会建设的总体布局。党对反腐倡廉的认识和采取的重大举措表明，反腐倡廉建设已经在党的建设中具有重要的战略地位。

第二，关于加强拒腐防变教育的观点。筑牢拒腐防变的防线，必须把廉洁自律教育作为基础工作常抓不懈，从思想道德和法规纪律教育抓起，牢固树立立党为公、执政为民的执政观，始终坚持“权为民所用，情为民所系，利为民所谋”。

我党历来把思想建设摆在党的建设的首位。党的干部具有贯彻落实党的理论路线方针政策的能力和水平，具有立党为公、执政为民、老老实实做人、干干净净做事的品格和表现，才能提高党的自身凝聚力和战斗力，才能保持党的工人阶级先锋队性质。

为了筑牢拒腐防变的思想防线，充分发挥教育在反腐倡廉建设中的基础性作用，党中央在改革开放之初就明确指出，克服腐败现象，“根本问题是教育人”。20 世纪 90 年代以来，党中央进一步指出，加强思想政治建设，是一项很重要的预防措施，同打击和惩处违法犯罪、加强制度建设相辅相成。党的十六大以来，为了不断夯实廉洁从政的思想基础，中央在 2005 年颁布的《建立健全教育、制度、监督并重的惩治和预防腐败体系实施纲要》中，在 2008 年印发的《建立健全惩治和预防腐败体系 2008－2012 年工作规划》中，都把反腐倡廉教育置于各项措施的首位。中央领导同志一再强调，必须坚持立党为公、执政为民，坚持“权为民所用、情为民所系、利为民所谋”，落实以人为本为核心的科学发展观，制定路线、方针、政策必须顺应民心，做到“为民、务实、清廉”，把维护和发展人民群众的根本利益作为反腐倡廉建设的出发点和落脚点，使党员干部树立科学的世界观、人生观、价值观和正确的权力观、地位观、利益观。这些要求充分体现了以胡锦涛同志为总书记的党中央对马克思主义执政党本质的深刻把握，是对我们党光荣传统的继承与发展。

改革开放以来，我们党集中开展了“三讲”教育、党的先进性教育和深入学习实践科学发展观教育活动，不断用马克思主义中国化最新理论成果武装全党，持续开展了理想信念教育、廉洁自律教育和党规法纪教育，强化了党的思想作风、学风、工作作风、领导作风、干部生活作风建设，从群众反映强烈的问题入手，切实解决发生在老百姓身边的、严重损害群众切身利益的问题，着力纠正部门和行业不正之风，促进了党员干部的廉洁自律和党风、政风及行风的改善。

第三，关于加强权力监督制约的观点。不受制约的权力必然导致腐败。要重点加强对领导机关和领导干部的监督，加强对重要领域和关键环节权力的监督，拓宽监督渠道，形成结构合理、配置科学、程序严密、制约有效的权力运行机制，让权力在阳光下运行。

发展社会主义民主，加强对权力运行的监督制约，是遏制权力腐败的重要途径。改革开放前，我们党把腐败现象产生的根本原因主要归结为党内骄傲自满情绪的滋长和党外资产阶级思想的影响。改革开放后特别是20世纪90年代以来，党进一步分析了市场经济条件下权力运行的新特点，认识到由于对权力缺乏监督制约，商品交换原则渗透到党的政治生活中，是产生腐败的重要原因。

在借鉴古今中外反腐败经验教训的基础上，党中央提出了一系列对权力进行监督制约的新思想。中央领导同志不断指出，"不受制约的权力必然导致腐败"，"加强对权力运行的制约和监督，是有效预防腐败的关键"；强调监督的重点是党的各级领导机关和领导干部，要加强对重要领域和关键环节的监督，用制度管权、管事、管人。党的十六大以来，中央提出了"建立决策权、执行权、监督权既相互制约又相互协调的权力结构"和"建立结构合理、配置科学、程序严密、制约有效的权力运行机制"的党内权力制衡新思想，并要求让权力在阳光下运行。我们党提出的这些权力制衡新观点，区别于西方三权分立的权力制衡思维，是执政党在制约权力腐败方面的重大理论突破。

为强化对权力的监督制约，党建立健全了中央政治局向中央委员会全体会议、地方各级党委常委会向委员会全体会议定期报告工作并接受监督的制度；推行了地方党委讨论决定重大问题和任用重要干部票决制；建立健全了党内专门监督机构，先后成立了派驻纪检组并实行"统一管理"，建立并实行了巡视制度；实行了党代会代表任期制和扩大了党代会常任制的试点；积极推进了政务公开、厂务公开、村务公开和党务公开。同时，党中央强调要形成监督合力，把党内监督与人大监督、政府专门机关监督、政协民主监督、司法监督、群众监督和舆论监督结合起来，发挥各监督主体的作用，使各种监督力量有效配合，以加大监督力度，提高监督效果。

第四，关于注重源头治理腐败的观点。反对腐败，既要惩戒于后，又要防范于前。必须更加注重治本，更加注重预防，更加注重制度建设，坚持用改革统揽和推进制度创新，拓展从源头上防治腐败的工作领域。

以始终坚持为人民群众服务的宗旨、捍卫党的纯洁性为基本要求，从源头上主动自觉地防治腐败，是我党反腐倡廉建设的又一重大理论创新。改革开放之初，党中央就提出反腐倡廉建设必须靠教育和法制的思想，强调要通过政治体制改革和完善制度来防止官僚主义的滋生，"在党的建设上走出一条不搞政治运动，而靠改革和制度建设的新路子"。20世纪90年代，针对体制转换过程中消极腐败现象滋生蔓延的态势，我党明确提出了"从源头抓起"的思想。党的十六大以来，党中央积极探索新形势下反腐败斗争的特点和规律，进一步丰富和发展了源头治腐思想，强调要"加强教育，发展民主，健全法制，强化监督，创新体制，把反腐败寓于各项重要政策措施之中，从源头上预防和解决腐败问题"。针对反腐倡廉的严峻形势，在总结以往经验的基础上，中央指出，"把反腐败寓于各项重要改革措施之中，坚持用改革的办法解决导致腐败现象发生的深层次问题，是有效预防腐败的根本途径"，明确提出了"拓展从源头上防治腐败工作领域"，"坚持改革统揽"的新思路，要求与中国特色社会主义事业总体布局相适应，把反腐倡廉工作纳入经济建设、政治建设、文化建设、社会建设和党的建设之中。党的十七大提出的"更加注重治本，更加注重预防，更加注重制度建设"的新论断，更是从内涵、功能、机制等方面对源头治腐思想的精辟概括，反映了党对反腐败斗争规律认识的进一步深化。

依据源头治理腐败的思想，我党不断建立健全有利于防范腐败的体制机制，持续推动了行政审批制度、财政管理体制、干部人事制度、投资体制、司法体制、金融体制和国有企业等改革，完善了工程建设项目招标投标、经营性土地使用权招标拍卖挂牌出让、产权交易、政府采购等制度，坚持把制度建设贯穿于反腐倡廉工作的各个环节，努力铲除腐败现象滋生蔓延的土壤。

第五，关于严厉惩处高压威慑腐败的观点。腐败现象屡禁不止的一个重要原因，在于相当一些地方和单位的党组织和领导者管党治党不严。坚持从严治党，最根本的是严格按照党章办事，依法治理国家工作人员队伍，以高压态势坚决惩处腐败分子。

改革开放初期，党中央就提出了"中国的问题关键在党"的论断。进入新世纪新阶段，中央更加清醒地认识到，随着改革开放和社会主义市场经济的不断发展，随着党执政时间的增加和党的队伍的变化，"管党治党的任务比过去任何时候都更为繁重"，"从严治党，是我们党的优良传统和宝贵经验，也是我们党的一贯方针"，只有坚持从严治党的方针，坚决惩处腐败分子，才能有效地遏制腐败滋生蔓延的势头，维护广大人民群众的根本利益，并强调"治国必先治党，治党务必从严"。20 世纪 80 年代末，党中央提出"依靠党章从严治党"，确立了依法治国的基本方略。新世纪新阶段，进一步提出了"党章是坚持从严治党方针的根本依据"，要"加强以党章为核心的党内法规制度体系建设"，强调"要通过法规制度建设，把党要管党、从严治党的方针转化为具体规定，将原则性的要求转化为具有约束力和强制力的法规制度"，提出了依法执政、依法行政的新理念。针对中高级干部腐败案件增多的情况，党中央明确提出，不论职务多高，对领导干部中发生的违纪违法行为一定要严肃查处，决不手软。必须"始终保持惩治腐败的强劲势头"，"坚决惩处腐败分子"，"要深挖腐败分子，震慑腐败分子，使腐败分子政治上身败名裂，经济上倾家荡产，思想上后悔莫及"。这些思想和主张，体现了从严治党的方针，抓住了从严治党的关键，宣示了我们党坚决惩治腐败的决心。

在实践中，我国先后开展了严厉打击走私活动，集中治理了房地产热、开发区热、集资热、党政机关办企业热中违纪违法问题，持续纠正了教育乱收费、医疗服务中收受和索要红包等不正之风和土地征用、房屋拆迁、企业改制破产中损害群众利益的问题，特别是突出重点严厉查处了发生在领导机关和领导干部中滥用职权、贪污贿赂、腐化堕落、失职渎职案件，坚决查处了极少数党政干部和国有企业负责人投资入股矿产资源开采或充当不法矿主的"保护伞"案件以及生活用水污染、企业违法排污、假冒伪劣农资、不合格食品药品等问题背后隐藏的腐败问题，并加强专项治理，着力治理了商业贿赂，惩处腐败的力度不断加大。仅 2002 年 12 月到 2007 年 6 月，全国纪律检查机关共立案 677924 件，结案 679846 件，给予党纪处分 518484 人，严厉惩处了陈希同、王宝森、成克杰、胡长清、慕绥新、陈良宇、杜世成、郑筱萸、刘志华等一批严重腐败分子。在惩处腐败的实践中，实行经济和政治措施并举，法律、纪律和组织处理手段并用，有力地打击了腐败分子的嚣张气焰。

第六，关于系统整体科学反腐的观点。要不断探索反腐倡廉建设的规律，坚持"标本兼治、综合治理、惩防并举、注重预防"的战略方针，以建立惩治和预防腐败体系为重点加强反腐倡廉的建设，运用系统的观点和方法使反腐倡廉建设不断取得实效。

改革开放尤其是十六大以来，党坚持系统

整体地推进反腐倡廉建设的思想，从反腐败斗争领导体制和工作机制到纪检监察工作格局，从反腐倡廉的战略方针到惩治和预防腐败体系建设，都体现了系统整体防治腐败的新思路，推动反腐倡廉建设进入到科学发展的新阶段。

党的十五大正式确立了“党委统一领导、党政齐抓共管、纪委组织协调、部门各负其责、依靠群众的支持和参与”的反腐败领导体制和工作机制。2005年中央3号文件明确指出，“这一领导体制和工作机制是我们党加强领导、发挥政治优势，形成反腐倡廉建设整体合力的有效机制，是深入开展反腐倡廉建设的组织保证”。作为一个完整的组织系统，反腐败领导体制和工作机制具有整合党委、纪委、党政各部门和人民群众各方力量的功能。

党的十六大以来，中央明确提出了“治标和治本，是反腐倡廉相辅相成、相互促进的两个方面”的辩证思想，强调既要坚决惩治腐败，又要有效预防腐败；既要坚决纠正不正之风，又要重视解决苗头性、倾向性问题。党的反腐倡廉方针，从改革开放初期“标本兼治、综合治理”到十六届四中全会概括为“标本兼治、综合治理、惩防并举、注重预防”，并载入十七大修改的党章加以固定。这“十六字”反腐倡廉战略方针的提出，揭示了惩治腐败和预防腐败相辅相成的辩证关系，适应了反腐倡廉形势的新变化和党的建设的新要求。

1993年中纪委第二次会议将“领导干部廉洁自律、查办案件、纠正行业和部门不正之风”确定为反腐倡廉工作的“三项格局”。在反腐倡廉建设理论和实践的交互推进中，反腐倡廉建设的工作格局不断丰富。党的十七大以来，全国反腐倡廉建设呈现出“教育、制度、监督、改革、纠风、惩处”等六项工作格局，把改革的推动力、教育的说服力、制度的约束力、监督的制衡力、纠风的影响力、惩治的威慑力结合起来，推进了惩治和预防腐败的阶段性任务与战略性目标的有机结合。

党的十六届三中全会提出，要建立健全“教育、制度、监督并重的惩治和预防腐败体系”。2005年中央3号文件颁布实施了《建立健全教育、制度、监督并重的惩治和预防腐败体系实施纲要》。党的十七大把惩治和预防腐败体系作为反腐倡廉建设的战略目标和重点载入党章。2008年中央9号文件印发了《建立健全惩治和预防腐败体系2008－2012年工作规划》。建立健全惩治和预防腐败体系，是对我国反腐倡廉实践经验的科学总结，是新形势下反腐倡廉建设进入科学发展阶段的必然要求，增强了反腐倡廉建设的前瞻性与系统性，有利于反腐败工作整体推进、统筹协调和科学发展。

反腐倡廉理论具有鲜明的时代特点

我党30年反腐倡廉理论的创新发展，是在改革开放、完善社会主义市场经济体制以及全面建设小康社会的历史条件下，依据社会主义初级阶段的具体国情推进的。它既有不同于西方廉政理论的鲜明中国特色，又有改革开放新时期的鲜明时代特征：

在政治保证上，始终不渝地坚持党对反腐倡廉建设的领导。党的领导是反腐倡廉工作健康发展的政治保证。“只有坚持党的领导，才能确立正确的反腐败指导思想、基本原则和领导体制，作出符合中国国情的党风廉政建设和反腐败斗争的战略决策和工作部署”，这是我国反腐倡廉建设需要始终坚持的一条基本经验。坚持这一基本经验，我党始终重视加强对反腐败斗争的领导，各级党委作为反腐倡廉建设的责任主体，在反腐败斗争中发挥了总揽全局的领导作用。

在建设力量上，始终不渝地坚持依靠人民群众的支持和参与。依靠群众、加强民主监督是我国反腐倡廉建设取得成效的法宝。在30年反腐倡廉实践和理论创新中，我党始终把依靠群众、发扬民主置于重要位置，坚持以党内民主带动人民民主，改革创新体制机制，健全民主制度，拓宽民主渠道，尊重和保障人民群众的知情权、参与权、表达权、选举权、监督权，从各个层次、各个领域保证群众对反腐倡廉建设的有序参与，使反腐倡廉建设获得了取之不尽的力量源泉。

在根本要求上，始终不渝地坚持围绕中心、服务发展大局。处于社会主义初级阶段执政的中国共产党，在科学分析我国基本国情的基础上，确立了“以经济建设为中心，坚持四项基本原则、坚持改革开放”的基本路线，要求党的各项工作都要服从和服务于发展的大局。依据这些思想，党始终把反腐倡廉建设同改革发展有机统一起来，围绕中心，服务大局，作出反腐倡廉建设的部署，使反腐倡廉建设发挥着为改革发展保驾护航的作用。特别是党的十六大以来，在科学发展观指导下，反腐倡廉建设紧紧围绕中央关于科学发展的重大部署，着力解决影响和干扰科学发展的突出问题，为经济社会又好又快发展提供了有力的政治保障。

在方法途径上，始终不渝地坚持把反腐倡廉建设寓于各项改革措施中。改革发展中出现的矛盾必须通过改革的办法来解决。改革开放之初，我党就明确提出了“整个改革开放过程中都要反对腐败”的科学论断。30 年来，我党反复强调“用发展的思路和改革的办法解决腐败问题”、“以改革统揽预防腐败的各项工作”，把反腐倡廉建设寓于各项重要改革措施之中，努力铲除腐败滋生蔓延的土壤和条件，不断从源头上开展了治理腐败的工作。

在新的实践中继续推进反腐倡廉理论创新

我们正站在新的历史起点上，中国特色社会主义伟大实践深入发展，反腐倡廉理论也必将在新的实践中继续发展。纵观古今中外，“官贪则政危、官廉则政举”，搞腐败必然垮台，治理腐败无实际成效也会垮台。应当清醒地看到，在长期执政的条件下，在权力与利益的考验面前，一些党员尤其是党员领导干部放松了世界观改造，理想信念动摇，革命意志衰退，经不住权力、金钱、美色的考验。目前，腐败现象在一些地方和领域仍然处于易发高发期，特别是一些中高级领导干部的严重违纪违法甚至贪桩枉法行为屡禁不止，严重损害了党群和干群关系。同时，社会上也弥漫着严重的“腐败泛化”情绪，影响着对我党的执政信心。

我国仍处于并将长期处于社会主义初级阶段，存在着滋生腐败的复杂社会土壤和条件；虽然社会主义市场经济体制已初步建立，但使之更趋成熟完善的任务还十分艰巨，伴随着经济体制深刻变革、社会结构深刻变动、利益格局深刻调整、思想观念深刻变化，反腐倡廉建设面临许多新情况和新问题。西方敌对势力利用腐败问题对我进行分化和演变的图谋一刻也没有停止，与经济全球化相伴随的腐败跨国化，也向我党反腐倡廉建设提出了更为复杂的新挑战。反腐倡廉形势仍然严峻，任务仍然艰巨，必须清醒地认识到反腐败斗争的长期性、复杂性、艰巨性。

中国共产党作为一个建党 88 年、执政 60 年、拥有 7400 多万党员的大党，能否跳出“周期律”，经住长期执政的考验，是摆在全党面前需要不断解决的重大历史课题。我们必须根据发展变化着的党情、国情和世情，深入研究新形势下反腐倡廉建设的新特点、新趋势和新规律，借鉴国际反腐败有效经验，从我国实际出发，继续探索并着力回答反腐倡廉建设一系列重大理论与实践问题，比如怎样充分发挥社会主义公有制的主体作用和市场机制配置资源的基础性作用，怎样充分发挥社会主义分配制度的优越性，怎样充分发挥党内和社会民主监督作用，怎样充分发挥共产主义理想和社会主义核心价值体系的主导作用，等等。要认真总结新经验，探索新办法，使反腐倡廉建设的思路和对策更具针对性、预见性和科学性，在实践创新中继续推进反腐倡廉理论创新。

（作者：中国社会科学院党组副书记、常务副院长）

要努力提高案件监督管理工作的质量和水平

干以胜

党的十六大以来，各级纪检监察机关坚决贯彻落实党中央和中央纪委关于党风廉政建设和反腐败斗争的重大决策和部署，坚持把查办案件作为反腐倡廉工作的重要任务来抓，始终保持查办案件的强劲势头，取得了明显成效。通过查办案件，挽回了经济损失，促进了经济发展，维护了社会稳定，取得了良好的经济、政治和社会效果。在各级纪检监察机关的领导下，经过广大案件监督管理干部的共同努力，案件监督管理工作在继承中发展，在改革中创新，思路日渐清晰，职责更加明确，机制趋于完善，工作不断深入。特别是在对查办案件的协调和服务、管理和监督、数据统计和综合分析、制度建设和信息化建设等方面取得了重要进展，为推进反腐倡廉建设特别是查办案件工作作出了应有的贡献。

党的十七大对反腐倡廉建设提出了新要求新任务。各级案件监督管理部门要高举中国特色社会主义伟大旗帜，坚持以邓小平理论和“三个代表”重要思想为指导，深入贯彻落实科学发展观，按照党的十七大关于反腐倡廉建设的总体要求，坚持为领导决策服务、为查办案件服务，促进依纪依法办案，把案件监督管理工作贯穿于查办案件的全过程，认真履行线索管理、组织协调、监督检查、督促办理、统计分析的职能，完成好各项任务，充分发挥案件监督管理工作在反腐倡廉建设中的作用。

提高认识，加强对案件监督管理工作的组织领导

查办案件是党风廉政建设和反腐败斗争的一项重要工作，案件监督管理是做好这项工作的重要保证，是提高办案质量和执纪水平的主要措施，是加强纪检监察机关内部监督的重要职能。加强案件监督管理工作，是适应反腐败斗争形势发展的现实需要，是推进反腐倡廉建设的必然要求，是在查办案件工作中贯彻落实科学发展观的重要体现。我们一定要充分认识案件监督管理工作的重要意义，进一步增强责任感和使命感，增强做好工作的主动性。

各级纪检监察机关要切实加强对案件监督管理工作的领导，把案件监督管理工作摆到重要位置，列入议事日程，与案件检查工作同部署、同检查、同考核。要建立主要领导负总责、分管领导具体抓，案件监督管理部门组织协调、相关部门分工协作、紧密配合，一级抓一级、一级对一级负责的领导体制和工作机制。要经常听取案件监督管理部门的工作汇报，支持和督促案件监督管理部门履职尽责，充分发挥职能作用。要在经费、设备、人员配备等方面给予支持，保证必要的工作条件。

全面履行职能，进一步提高工作能力和水平

加强对重要案件线索的统一管理。涉及同级党委管理的干部的线索、上级机关交办的线索、领导批示的线索、查办案件和巡视工作中发现的线索，要依照有关规定由案件监督管理部门统一登记、保管、汇总、报告。对涉及上级党委管理的党员干部的案件线索，要及时报送上级纪检监察机关案件监督管理部门备案。要建立案件线索集体排查制度，对重要或复杂案件线索进行集体排查，防止案件线索流失和有案不查现象的发生。

完善查办案件组织协调机制。要认真做好腐败协调小组办公室的日常工作，承办协调组会议，督促落实会议决定事项。加强与本机关其他部门的沟通联系，对查办案件中遇的组织协调方面的重要问题，组织相关部门同研究，提出解决问题的方案。协助案件检部门对办案力量调配、办案装备配置等事项行组织落实。建立健全与司法机关、金融、证、审计、电信、工商、税务等单位的沟通联系机，充分发挥他们的职能作用，提高突破大案要和疑难复杂案件的能力。要进一步规范组织调的具体事项、方式方法、适用程序等，以提组织协调的实际效果和工作效率。

加强对查办案件全过程的监督检查。要加对案件初核、立案、调查、移送审理等各环节作程序的监督检查，加强对办案措施使用情、暂扣涉案款物管理情况、办案制度执行情、办案人员依纪依法办案情况的监督检查。要加强对使用“两规”措施的管理，严格执行“两规”报批程序和时限要求。要积极探索开展监督检查的方式方法，采取统计、审核、定期检查以及建立案件检查程序备案制度、使用办案措施情况备案制度等形式，加大监督检查的力度。要深入研究办案监督工作的特点和规律，处理好监督与服务的关系，做到既要敢于监督，又要善于监督，不断提高监督实效。

加强对重要案件和重要线索及相关事项的督促办理。要深入贯彻落实胡锦涛同志关于形成督办机制的批示精神，加强对本级机关自办案件、上级机关交办案件、领导交办事项的督办。承办单位要明确办理责任人，负责督办事项的具体落实，并及时向案件监督管理部门反馈进展和完成情况。对复杂疑难督办事项，案件监督管理部门要组织有关单位共同研究，认真审核把关。要逐步健全督办机制，进一步提高督办工作质量和效率，发挥好督办工作的治本功能。

深化和完善案件统计和综合分析工作。要严格执行案件统计制度，认真做好案件统计数据的录入、审核、汇总、上报工作，进一步提高统计资料的全面性、准确性、时效性。要扩大统计范围，拓展统计领域，改进统计考核办法，发挥好统计监督作用。要加强对案件统计资料的管理，完善统计资料库，整合案件信息资源，提高统计资料的使用价值，更好地为领导和有关部门提供服务。要做好案件监督管理系统软件开发应用工作，进一步提高信息化水平。要加强案件综合分析工作，重点对一个时期违纪违法案件的特点、发案原因、发案态势进行全面分析，对办案中的新情况新问题进行研究分析，对领导和群众关注的热点、难点、重点问题进行专题分析，对典型案件进行剖析，充分发挥综合分析工作为领导决策服务和预防腐败的作用。

加强制度建设，建立健全制度体系

加强制度建设，依靠制度对查办案件进行管理和监督，是深入开展案件监督管理工作的重要保证。要抓紧案件监督管理条例的起草工作，条例颁发后，各级纪检监察机关要认真组织学习，全面贯彻落实。要按照条例规定履行职能，开展工作，并结合实际完善工作职能。要注意收集条例落实过程中遇到的新情况新问题，认真分析研究，提出对策建议。

要认真总结各地案件监督管理工作中形成的好经验、好做法，进一步完善案件线索统一管理办法，研究制定办案流程、办案文书备案等有关制度。各地要根据形势和任务的需要进一步完善规范办案工作、促进依纪依法办案方面的制度。通过几年的共同努力，初步形成以案件监督管理条例为核心的制度体系，推动案件监督管理工作制度化、规范化、程序化。

加强业务指导和理论研究，努力提高业务素质

要加强对全系统案件监督管理工作的指导、检查，推动整体工作的开展。各省（区、市）纪检监察机关和有关部门纪检监察机构要全面

掌握本地区本部门案件监督管理工作情况，抓住突出问题和薄弱环节，研究提出具体措施，督促帮助有关单位解决实际问题。市、县两级纪检监察机关要加强案件监督管理工作基础建设，落实好各项任务。重视和加强调研工作，提高研究解决问题的能力。改进和规范案件监督管理联系点工作，发挥好联系点的示范和带动作用。加强上下级之间、省（区、市）之间的联系、沟通和交流，相互学习借鉴，提高工作水平。

要加强案件监督管理理论研究，自觉运用马克思主义的基本理论、基本观点和基本方法，分析解决工作中遇到的新情况新问题。要增强理论研究工作的针对性和实效性，紧紧围绕反腐倡廉建设重点，努力探索案件监督管理工作的新方法、新途径。要对已有的经验加以总结和归纳，及时发现工作中的新经验。要组织力量深入研究，推出一批理论成果，编写案件监督管理教程，以更好地指导工作。

加强队伍建设，为案件监督管理工作深入开展提供组织保证

案件监督管理部门是办案工作的综合部门，其工作性质和工作内容决定了必须把队伍建设放在更加突出的位置，必须以更高的标准要求案件监督管理干部。要加强思想政治工作，把思想政治工作寓于对干部的教育、管理和监督之中。要深入学习中国特色社会主义理论体系，学习党的基本理论、基本路线、基本纲领、基本经验，不断加深对党的路线方针政策的理解和把握；加强对现代经济、财政、金融、科技和管理等方面知识的学习，不断完善知识结构。要加强业务培训和能力建设，不断提高学习能力、把握大局能力、调查研究能力、组织协调能力和主动服务能力，进一步增强工作本领。要改进作风，坚持原则，实事求是，谦虚谨慎，不骄不躁，注意方法，工作中同有关部门的同志多商量、多沟通。要严格遵守工作纪律特别是保密纪律，严格自律，增强接受监督的意识，自觉接受来自各方面的监督。要干净做事，勤政为民。要在对案件监督管理干部严格要求、严格管理的同时，从政治上、工作上、生活上关心爱护案件监督管理干部，加大培养、交流和选拔力度，促使他们更好更快地成长成才。

（作者：中央纪委副书记）

努力开创纪检监察信访举报工作新局面

张惠新

当前，我国正处在改革发展的关键阶段，也是社会深层次矛盾凸显期。同时，消极腐败现象在一些地方和领域仍然比较严重，反腐倡廉形势仍然严峻。各级纪检监察机关及其信访举报部门一定要正确认识当前形势，进一步增强政治意识、大局意识、忧患意识，增强责任感和使命感，以改革创新的精神，锐意进取，真抓实干，推动信访举报工作再上新台阶。

今后五年信访举报工作总体要求与主要任务

今后五年信访举报工作的总体要求是：认真贯彻党的十七大精神，高举中国特色社会主义伟大旗帜，以邓小平理论和“三个代表”重要思想为指导，深入贯彻落实科学发展观，围绕中心，服务大局，发扬改革创新精神，加大信访情况反映力度，精心筛选案件线索，着力解决信访问题，狠抓基层基础工作，妥善处理群众来访，有效化解矛盾纠纷，加快信访举报工作规范化和信息化进程，充分发挥职能作用，切实维护群众利益，切实保障党员干部民主权利，为反腐倡廉建设服务，为维护社会和谐稳定服务。

今后五年信访举报工作的主要任务：

第一，精心筛选案件线索，充分发挥案件线索主渠道作用。精心筛选案件线索，为查办案件工作服务，是纪检监察信访举报工作的一项主要职责，必须始终抓紧抓好。当前腐败行为的隐蔽性和规避性越来越强，加上举报人受主观认识和客观条件的限制，从纷繁复杂的信访件中筛选有价值案件线索的难度越来越大。因此，信访干部要不断增强政治敏锐性和政治鉴别力，提高政策法律水平，围绕查办案件工作部署，精心筛选案件线索，充分发挥案件线索主渠道作用。

实行信访举报件内部归口管理。对本级纪检监察机关各部门收到的信访举报件，由信访举报部门按照《中国共产党纪律检查机关控告申诉工作条例》、《监察机关举报工作办法》等规定的原则、程序，统一受理、转办和管理，以保证信访举报件办理质量和时效，保证案件线索不流失。

加强对案件线索的分析。信访举报部门要经常与案件管理、案件检查等部门联系，把握违纪违法问题的新特点，掌握办案工作新形势，不断增强筛选案件线索工作的主动性和针对性。要从举报动机、线索来源、举报署名形式等方面，认真分析每一封信访举报件，仔细推敲，去伪存真，提高筛选案件线索的准确性和可查性。要围绕党和国家工作大局，结合当地实际，对一段时期群众信访举报反映的突出问题进行综合分析，还可以有针对性地提出工作建议，为领导和有关部门提供参考。建立健全案件线索集体排查机制。2005 年 2 月中央纪委、监察部印发的《关于依纪依法规范纪检监察信访举报工作的若干意见》(中纪办发〔2005〕1 号)，明确要求建立健全案件线索集体排查机制。对此，各地执行情况有所不同，有些地方取得了进展，但还不够规范。各地要根据形势的发展变化，认真总结实践中的成功经验，积极探索，不断完善这项机制，切实提高案件线索利用率，防止重要案件线索流失。对案件线索要严格办理程序，认真履行交接手续，各个环节要指定专人，明确责任，加强管理，严格保密。

第二，加强信访信息反映工作，为领导决策提供依据。及时捕捉、筛选和提供信访信息，是纪检监察信访举报工作的基本任务和重要职责。要采取有效措施，进一步改进和加强信访信息反映工作，提高信访信息的时效性、针对性和实用性。

努力提高采用信息的质量。要从被动接收信息向主动了解情况、跟踪事态发展、及时报告情况转变，从反映一般动态向提供有情况、有分析、有建议的信息转变，从简单反映问题表象向提供揭示问题本质及发展趋势的深层次信息转变。加强信访情况的综合分析，对一个时期信访举报反映的重要问题，反映比较集中的突出问题，腐败现象易发多发的重点领域和关键环节的问题，进行分类、比较和综合整理，及时报送领导机关。加强对形势的分析判断，对信访活动的趋势进行预测，努力探索和发现规律，增强工作前瞻性和预见性。在分析和鉴别的基础上，选择一些重要信访信息进行必要的初核，保证信息所反映事实的准确性。

加强信息报送和反馈工作。建立健全多层次、全方位的信息网络，确保信息传递渠道畅通。对关乎全局的重要信访信息，要及时呈报党委、政府和纪委主要领导。特别是对涉及大规模集体访和群体性事件苗头的情况，必须及时报告并超前做好应对处置工作。加强信息反馈，密切关注上报的信息领导是否批示，并按照领导批示抓好落实，掌握下传的信息所反映问题是否得到解决，所提意见和建议是否得到采纳，以便向信访举报人进行回复，以及对信息价值作出评价，为信息的再次开发利用积累资料。为保证信息报送和反馈工作的落实，各级信访举报部门要确定专人负责。

第三，认真解决群众反映强烈的信访问题，维护群众的合法权益。维护群众的合法权益，是信访举报工作的出发点和落脚点。切实解决群众反映强烈的信访问题，是维护信访群众合法权益的重要体现，是做好信访举报工作的关键。各级纪检监察机关要始终抓住解决信访问题这个根本，采取有效措施，加大解决力度，努力做到“件件有着落、事事有回音”。

认真核查信访问题。注重解决损害群众切身利益的信访突出问题，严肃查处其背后隐藏的腐败行为。上级信访举报部门要筛选确定一批重点问题，及时向下级交办。上级交办的信访案件，承办单位要制订方案，确定专人，限时办结，并及时报告办理结果。结合自身实际，建立一套符合本地区、本部门特点的督办机制。加强内部组织协调，充分发挥机关各有关职能部门的作用，努力形成共同督办信访案件的合力。注重发挥直查快办职能作用，选择一批情况紧急、易查易结以及打击报复举报人的问题，进行直接查办，提高时效。认真总结信访监督工作实践中的成功经验，积极探索实施信访监督的新途径、新举措，不断完善和规范信访监督工作，努力提高工作实效。核查信访问题，既要坚决查处违反党纪政纪的问题，又要注意通过核查为党员干部澄清是非，保护他们干事创业的积极性。

加大协调解决信访问题的力度。对情况复杂、涉及部门较多的信访问题要紧紧依靠党委、政府，发挥组织协调作用，加强与有关部门和单位的联系沟通，定期会商研究，通报情况，交流信息，协调各方面的力量，形成合力，促进问题的解决。在解决信访问题的同时，要带着责任和感情关心信访群众的实际困难，在政策范围内尽量帮助协调解决。

第四，加强法规制度建设，严格依纪依法处理信访举报。法规制度建设是依纪依法处理信访举报的基础，依纪依法处理信访举报是做好信访举报工作的关键。各级纪检监察机关要按照《关于依纪依法规范纪检监察信访举报工作的若干意见》的要求，结合本地区、本部门实际，以建立制度、规范程序为重点，以加强管理、强化监督为保障，以提高信访工作人员依纪依法处理信访举报的能力和水平为基础，做到严格依纪依法处理信访举报，保障党员群众的信访举报权利，维护信访举报秩序。

今后五年信访举报工作法规制度建设的重点是，协助法规室等有关部门，做好《中国共产党纪律检查机关控告申诉工作条例》和《监察机关举报工作办法》的修订工作，研究起草举报人保护制度和实名举报办理规定。各级纪检监察机关要围绕这一重点开展专题调查研究，提出切实可行的意见和建议。地方纪检监察机关要对实践中的成功经验进行总结提炼，制定出台一些工作亟需的法规制度。

各级纪检监察机关信访举报部门要不断增强纪律意识、法制意识，严格按法律法规、党纪条规和信访举报工作的有关规定办事。信访举报件办理的各个环节，都要严格执行有关程序，避免办理过程中的随意性，尤其要防止办人情信和利用办信接访谋取私利以及失密泄密等问题的发生。要重视群众对信访工作人员违规违纪问题的反映，及时了解核实，发挥群众的监督作用。

第五，妥善处理群众来访，维护社会和谐稳定。胡锦涛同志指出：“妥善处理人民群众上访问题，既是保持社会稳定大局的需要，也是贯彻落实‘三个代表’重要思想的重要体现。”各级纪检监察机关要认真学习，深刻领会，充分认识做好群众来访工作的重要性和紧迫性，进一步加大工作力度，努力减少不稳定因素。

建立健全矛盾纠纷排查化解机制，把工作重心从事后处理转移到事前排查化解上来。定期排查重点上访人员、集体访苗头和不稳定因素，对排查出的苗头隐患，逐一研究分析，逐一落实责任，逐一疏导稳控，切实做到发现一起，化解一起。结合矛盾纠纷排查化解工作，集中开展重信重访专项治理工作，对重信重访问题进行全面梳理，逐件登记建档，组织专门力量深入分析原因、研究解决办法，全力攻克一批“钉子案”、“骨头案”，确保案结事了。

建立和完善来访接待工作应急机制，明确各部门的职责和任务，加强与有关单位的协调配合。制订重大政治活动敏感期和信访活动多发期的来访接待工作预案，增强工作的主动性和预见性。加强非正常上访处置工作，完善信息通报、现场处置、劝返接回、教育稳控工作机制，对非正常上访的组织者、煽动者、挑头闹事者和屡教不改者，配合公安机关依法予以处理。引导群众更多地以书信、传真、电子邮件等书面形式表达诉求，引导群众就地就近信访，减少越级赴省进京上访。

第六，加强基层基础工作，提高基层预防和妥善处理信访问题的能力。基层是党和国家工作最坚实的基础。基础不稳，危害甚大。近年来，不少地方群众越级信访、重复信访、集体上访增多，群体性矛盾突出，其中一个重要原因还是一些基层单位基础工作薄弱。应当看到，群众信访反映的问题大多数发生在基层，大多数也能够在基层得到解决。各级纪检监察机关要坚持重心下移，关口前移，继续把加强基层信访举报工作作为重点来抓，下大力气抓出成效。

预防和解决基层发生的信访问题，乡镇是基础，县级是关键。各级纪委要加强基层信访信息网络建设，逐步完善聘请信访信息员、建立信访责任区等有效做法，充分发挥信访网络的作用，对基层可能出现的不安定因素进行预测、排查，并及时采取措施予以防范。高度重视并认真解决群众初信初访反映的问题，提高办结率和办理质量。县级纪检监察机关要坚持多办少转，加大下访工作力度，继续深入推进基层信访举报工作办事公开，使之成为基层信访举报工作的一项重要制度，不断拓宽公开的内容，创新公开的形式，促进信访问题及时就地解决。积极探索整合人力资源的有效方式，统筹调配使用乡镇（街道）和县直部门纪检机构工作人员，集中力量解决基层信访问题。

各级纪检监察机关要高度重视县级和乡镇信访举报工作，切实加强指导。要经常深入信访问题较多、群众上访量大、工作比较薄弱的地方，查找存在的问题并及时帮助解决。各省（区、市）要根据实际情况继续推行目标管理，以提高信访案件按期结案率、初信初访办结率为重点，提出切实可行的数量、质量、效率等管理目标，加强监督检查和考核，促进基层提高工作水平。

扎实做好当前信访举报工作

下半年，我们党和国家大事多、喜事多，维护社会稳定的任务艰巨而繁重。当前要着重抓好以下几方面工作：

第一，继续深入开展矛盾纠纷排查化解工作。要按照中央联席会议和中央纪委、监察部的部署，加强领导，加大工作力度，进一步提升排查化解工作水平。要有重点、有步骤地组织开展党员干部下访和领导干部集中接访活动，进一步落实领导包案处理责任，着力化解容易引发集体访、非正常上访和群体性事件的矛盾纠纷。对党员干部违纪违法、失职渎职问题，要进一步加大查处力度；对因党员违纪违法导致群众合法权益受到侵害的诉求问题，要加大处理力度，对群众的合理诉求问题也要积极协调有关部门解决，并督促落实；对一时难以化解矛盾的上访老户，要继续耐心做好思想工作，坚决稳控在当地，并尽可能地帮助解决一些实际困难；对缠访闹访、屡劝不止的非正常上访，要配合公安机关依法进行处理。

第二，集中开展重信重访专项治理工作。重信重访是长期困扰信访举报工作的难点，也是导致非正常上访的一个重要因素。今年年初，中央联席会议第十次全体会议提出，要进一步做好重信重访专项治理工作。按照中央联席会议的要求，中央纪委、监察部下发了《关于集中开展重信重访专项治理工作的通知》。近段时间来，各地各部门按照《通知》的要求，积极行动，抓紧工作，取得了一定成效。各级纪检监察机关要进一步加强领导，坚持多措并举，把解决信访问题与解决实际困难、做好思想工作结合起来，把加强法制教育与依法处理结合起来，集中解决一批到中央纪委、监察部的重信重访问题，努力实现息诉罢访。

第三，加大对进京非正常上访处置力度。年初，中央联席会议制定下发了《关于加强对在京非正常上访行为依法处理工作和完善非正常上访人员劝返接回机制的实施意见（试行）》。各地各部门要按照《实施意见》的要求，高度重视进京非正常上访问题，切实加强依法处置工作，绝不能因工作不到位使上访群众长时间在中央纪委、监察部机关门前聚集，绝不能因工作疏忽酿成恶性事件。要建立健全应急处理机制，进京访比较多的省份，必要时成立驻京应急处理小组，具体负责处理到中央纪委、监察部的非正常上访。一旦出现紧急情况，应急处理小组要及时赶赴现场，主动靠前工作。要注意方式方法，坚持以疏导教育为主，安全劝返接回，绝不能因简单粗暴而激化矛盾；对反复缠访闹访、严重扰乱秩序的，配合公安机关依法处理。加强信息沟通，中央纪委信访室对到中央纪委、监察部的非正常上访，要随时通知有关地方和部门应急处理小组；各应急处理小组也要确定专人与中央纪委信访室保持联系，及时沟通情况。

第四，加强敏感时期的信息反映工作。各级纪检监察机关要充分发挥信访信息灵敏、快速的优势，利用目前已有的信访信息网络，发挥信访信息员的作用，加快信息传递速度，密切关注并及时掌握潜在的不稳定因素，争取工作主动权。要特别关注可能进京上访的异常动向，一旦发现苗头，及时报告，及时采取果断措施，妥善化解。要采取一切措施，确保重要信息不漏报、不迟报、不错报，绝不能因信息不灵通、工作不到位，导致影响社会稳定、危及重大活动安全、损害国家形象的事件发生。

（作者：中央纪委副书记）

对学习贯彻中央纪委、中央组织部巡视工作会议进一步搞好巡视工作的几点初步体会

刘峰岩

7月中旬召开的中央纪委、中央组织部巡视工作会议是党的十七大后召开的第一次全国性的巡视工作会议，中央纪委、中央组织部高度重视，国强同志作了重要讲话，源潮同志主持会议，何勇同志作了工作报告。会议认真总结了党的十六大以来的巡视工作，进一步明确了当前和今后一个时期巡视工作的总体要求和主要任务，对进一步做好巡视工作具有重要指导意义。下面我谈一下学习中央纪委、中央组织部巡视工作会议精神和参加巡视工作的主要体会。

一、要进一步提高对巡视工作极端重要性的认识

国强同志在讲话中比较系统地梳理了我国古代历史上的各种巡视制度，说明巡视制度作为监察制度的一部分，在我国具有源远流长的历史；对我们党自建党以来对党内巡视制度的探索历程，也进行了回顾和总结。他强调指出，从上世纪90年代，党中央就提出开展巡视工作，并进行了初步探索；党的十六大以后，巡视工作被正式确立为党内监督的一项重要制度；

党的十七大把巡视制度正式写入党章，使巡视工作以党内根本大法的形式确定下来。国强同志的重要讲话，从理论与实践的结合上、从历史与现实的结合上深刻阐述了巡视工作的极端重要性。充分说明巡视作为一种重要的监督形式和监督制度古代就存在，具有较强的生命力，在不同社会的政治生活中发挥了重要的作用。但由于历史的原因，古代巡视制度都存在着历史的局限性。我们党要建立和完善的巡视制度，与之有着本质的区别。我们要建立和完善的巡视制度，是党中央在新的历史时期为进一步强化党内监督、严肃党的纪律、改进党的作风、深入贯彻落实科学发展观而采取的一项重大举措。十六大以来的实践进一步证明，中央关于建立和完善巡视制度、开展巡视监督的重大决策是完全正确的，取得的成效是明显的，广大党员干部群众也是拥护的。我们必须把思想进一步统一到中央的精神上来，不断提高对巡视工作重要性的认识，以对党和人民高度负责的态度、严谨细致的作风，不断提高巡视工作的质量和水平。

这次巡视，也切身感受到巡视制度作为一项重要的监督制度，正在逐步深入人心，地方各级领导高度重视，广大干部群众十分关注，积极参与，大力支持。主要领导同志亲自作指示、提要求，全力配合、提供方便，这充分说明巡视制度正在发挥着越来越重要的作用和影响。针对培训期间领导对这次巡视工作的两个担心，即被巡视单位逆反心理和巡视组思想放松工作走过场，我们在全组会和被巡视地区领导班子见面会上，有针对性地讲了三点：一是党的十七大在总结以往经验的基础上，明确提出要“完善巡视制度”，搞好巡视工作，完善巡视制度是贯彻落实党的十七大精神的具体体现，是自治区各级党委和巡视组共同的责任；二是党的十七大把巡视制度第一次写入党章，党章是党内的根本大法，遵守党章、贯彻党章是各级党组织和每一个党员的基本义务，必须认真自觉履行；三是胡锦涛总书记在第十七届中央纪委第二次全会上强调：“党的各级领导干部要增强监督意识，自觉接受监督，带头开展监督。能不能做到这一点，是衡量一名领导干部政治上、思想上是否真正合格的重要标准。”“一些干部之所以走上违纪违法道路，一个重要原因就是脱离了党组织和群众的监督。有些干部认为组织监督、群众监督是跟自己过不去，总是排斥监督，等到出事之后又追悔莫及。这样的事例不少，各级领导干部要引以为戒。”在理论上讲清楚的同时，我还结合实际简要地讲了韩桂芝、慕绥新、马向东、陈良宇等大要案的情况，特别是这些罪犯深刻忏悔的情景，对被巡视单位的同志是一次强烈的心灵震撼和警示教育。通过有针对性地宣传教育，较好地解决了被巡视的单位存在的不正确的想法，取得了好的效果，使大家充分认识到开展巡视工作的重大意义；充分认识到开展巡视是一项经常性和制度化的工作，是与促进地区经济社会发展的根本目标是一致的；充分认识到开展巡视工作、加强监督是对领导干部的最大关心和爱护。同时，使我们的同志认识到，巡视工作是一件新生事物，需要在实践中不断探索、创造、总结和完善，松懈不得，更不能走过场。

二、要进一步提高巡视工作的制度化、规范化水平

在学习国强同志报告时，我理解制度化和规范化包括两个方面的内容：一是已有的规章制度要结合实际认真落实；二是在实际工作中要坚持不断创新、探索、总结和完善。总体上看，巡视工作在总结实践经验的基础上，不断向制度化、规范化方向发展。今年3月，中央纪委、中央组织部制定出台了《关于加强和改进巡视工作的若干意见》，对健全中央纪委、中央组织部巡视工作领导体制、突出巡视工作重点、加强巡视队伍建设等提出了明确要求。巡视办还组织编印了《巡视工作资料汇编》等，明确了开展巡视工作应当遵循的一些具体规定，比如巡视报告的撰写要求以及规范和改进巡视情况反

馈工作的意见，等等，这些都是巡视工作制度化、规范化的重要成果和工作依据。目前，《中国共产党巡视工作条例（试行）》正在征求意见，这是对原有《巡视工作暂行规定》和《若干意见》的进一步完善，是巡视工作的一项基础性法规，是开展巡视工作的重要制度依据。《条例》对巡视工作的指导思想和原则、监督对象、机构设置和职责、工作程序、人员管理、纪律与责任等作了比较系统地规范，对促进巡视工作制度化、规范化具有重要意义。

我们在巡视工作实践中，深刻领会、认真贯彻落实国强同志关于"进一步提高巡视工作的制度化水平"的要求。一方面，结合工作实际，认真学习贯彻巡视工作已有的规章制度，把"有章必循、执纪必严"的要求贯穿到巡视工作的每个环节和各个方面，通过认真执行已有的各项制度，促进巡视工作制度化、规范化，提高巡视工作实效。另一方面，我们感到，巡视作为党内重要的监督制度，还需要不断地进行探索、总结和完善，还需要进一步提高制度化、规范化水平。国强同志在讲话中指出："这些年来，在党中央的坚强领导下，在中央纪委、中央组织部以及地方党委的共同努力下，巡视工作取得了重要进展和明显成效，得到了党内外的广泛认可。但是我们也要看到，这项工作开展的时间毕竟还不长，有关制度还不够健全，还需要在总结实践经验的基础上进一步健全和完善。"

巡视期间，我们在学习借鉴的基础上作了一些初步的探索和尝试。一是针对培训期间领导指出的两种不好的认识和倾向，在与自治区和各盟市的领导班子见面会上都要认真准备讲稿，特别是结合实际着重强调开展巡视工作的三个方面重大意义，这在我们组已经形成一项新的制度，这样讲既解决了被巡视地区一些同志的思想认识问题，同时也是一次加强监督的廉政教育，对干部是提醒、教育和保护，很好地发挥了巡视工作教育、监督和保护干部的职能。二是我们在巡视期间特别强调严格要求自己，对我们的同志定了几条规矩，在各种不同的场合我都要讲欢迎自治区的领导和全区干部群众监督我们，每结束一个盟市的工作都要听取对我们的意见，效果较好。三是按照委部机关的要求，我们认真开展"做党的忠诚卫士，当群众的贴心人"主题实践活动，认真学习党中央关于抗震救灾的重要指示和伟大的抗震救灾精神，利用周末休息时间定期开展党支部活动，形成了良好的组织生活制度，使我们的同志经常得到党内组织生活的熏陶和教育，加强党性修养和锻炼，努力做到"两不误、两促进"。四是在巡视工作中始终注重把握工作定位的问题，按照国强同志提出的"四不、一找准"的要求，坚持做到"找准工作定位，既要加强对被巡视单位领导班子及其成员的监督，又不能站在被巡视单位党组织的对立面，切实做到不承办具体案件，不干预被巡视单位的日常工作，不处理被巡视单位的具体问题，对涉及到的紧急情况和重大问题不作个人表态，积极支持和配合被巡视单位党委（党组）做好改革发展稳定的各项工作"。五是严格按照巡视办的有关具体规定，规范起草和撰写各种文字材料，特别是巡视报告和反馈意见等，做到认真不随意。

三、要进一步加强巡视干部队伍建设

国强同志强调指出："巡视工作是一项政治性、政策性、专业性、纪律性很强的工作。做好当前的工作，关键是要进一步加强巡视队伍建设，不断提高巡视干部队伍的政治、思想、能力、作风素质，为做好巡视工作提供有力的组织保证。"我们在工作实践中深切体会到，进一步加强巡视干部队伍建设，是一个非常重要和紧迫的问题。要做好巡视工作，不仅需要巡视干部具备坚定的政治思想素质和优良的作风，还需要巡视干部立足工作实际，认真学习纪检监察、组织人事、经济、政治、社会、法律等各方面的知识，不断更新知识内容，完善知识结构，不断提高做好巡视工作的业务本领。对巡视干部的选拔任用要高度重视，要按照国强同志的要求，选派一定数量的后备干部参加巡视工作，要配备一定数量的专职巡视干部。同时，还应当通过竞争上岗、轮岗交流、基层选调等多种方式选好配强巡视干部。要加大对巡视干部的培训力度，定期召开巡视工作会议或座谈会，交流巡视工作经验和体会，互相学习、共同提高。要继承和发扬党的优良传统和作风，始终保持昂扬向上的精神状态，求真务实、开拓创新、扎实工作，坚持原则、秉公办事、不徇私情，谦虚谨慎、严于律己、率先垂范；要严格遵守党纪政纪和巡视工作纪律要求，慎重对待组织和人民赋予的权力。巡视期间，我们严格按照领导要求，切实执行巡视工作的各项纪律规定，认真开展“做党的忠诚卫士，当群众的贴心人”主题实践活动，积极践行“四个对”的基本要求，即对党和国家无限忠诚、对腐败分子和消极腐败现象坚决斗争、对广大干部和群众关心爱护、对自己和亲属严格要求，努力树立可亲、可敬、可信的良好形象。

这次巡视，对我来说还是第一次，缺乏经验。我坚持不会就学，不懂就问，学中干、干中学。在工作中我坚持“吃透上情，掌握下情，学习左右，理性思考，集思广益，科学决策，狠抓落实，务求实效”的工作思路。所谓“吃透上情”，就是把上级的精神弄明白，研究透。在出发前集中培训期间，我把全部精力都用在了学习中央文件、领导同志的讲话和有关规章制度上。出发前我们除了听取中央纪委、中央组织部相关部门的同志介绍情况，我还亲自拜访了中央纪委和中央组织部有关领导，听取他们的指导。所谓“掌握下情”，就是要摸清被巡视地区的基本情况，通过听取汇报、召开座谈会、个别谈话、实地考察等方式，逐步了解了情况，进而明确了工作重点和难点。所谓“学习左右”，就是看一看其他巡视组是怎么干的，把人家好的做法和经验借鉴过来变成自己的。所谓“集思广益”，就是充分发扬民主，最大限度地调动全组最大多数人的积极性，出主意，想办法，这样把大家的智慧集中起来，主意就多了，力量就大了。所谓“理性思考”，就是勤于动脑，注意把感性的东西上升到理性高度来考虑，针对被巡视地区经济社会发展中存在的一些薄弱环节，我们从理论和实践结合的高度，总结了被巡视地区进一步贯彻落实科学发展观需要注意的四个方面的问题。所谓“科学决策”，就是做到决策的民主化和科学化。这样工作就会减少失误，避免走弯路，提高效率，做好工作。所谓“狠抓落实、务求实效”就是要按照中央纪委和中央组织部领导对这期巡视工作的要求和我组的计划，一步一个脚印地、扎扎实实地抓具体、具体抓，经过全组共同努力，按时完成巡视、汇报等各项工作，反馈稿也如期上报。总体上来说，效果还是比较令人满意的。

（作者：中央纪委、中央组织部第三巡视组组长）

充分发挥制度建设在惩治和预防腐败中的重要作用

刘春良

今年，安徽省委、省政府决定在全省深入开展“反腐倡廉制度建设推进年”活动，这是贯彻党的十七大和十七届中央纪委二次全会精神、加强反腐倡廉建设的重要举措，对于我们全面落实中央关于《建立健全惩治和预防腐败体系2008—2012年工作规划》，推动经济社会又好又快发展具有重要的意义。我们要充分发挥制度建设在惩治和预防腐败中的重要作用，以规范权力运行为核心，努力构建反腐倡廉制度体系，逐步形成用制度管权、管事、管人的体制机制。

准确把握当前加强反腐倡廉制度建设的着力点

当前和今后一个时期，必须坚持以党的十七大精神为指导，以改革创新为取向，以规范权力运行为核心，以形成制度体系为目标，深入推进反腐倡廉制度建设。重点推进四个方面制度创新：

紧紧围绕腐败问题易发多发的重点领域及关键环节推进制度创新，从制度上堵塞滋生腐败现象和不正之风的漏洞。目前，在工程建设、土地出让、产权交易、医药购销、政府采购、资源开发和经销、组织人事、国企监管、财政管理、政府投资以及管权、管人、管财、管物、管事等领域和环节，腐败问题仍呈易发多发的态势。推进反腐倡廉制度建设，首先要重点抓好这些领域和环节的制度完善、改革和创新，努力形成用制度管权、按制度办事、靠制度管人的体制机制制度。同时，要着力抓好损害群众利益问题易发多发领域和环节的制度改革创新，有效遏制损害群众利益问题的发生，让群众切身感受到反腐倡廉建设的实际成效。还要重视抓好领导班子自身建设、监督制约和领导干部廉洁从政、转变作风等方面的制度改革创新，用制度规范领导班子和领导干部的决策行为、管理行为和从政行为。

紧紧围绕更好地发挥市场在资源配置中的基础性作用推进制度创新，从制度上减少权钱交易的机会和空间。实践表明，市场经济体制不完善、尤其是市场配置资源方面的制度不完善，是以权谋私、权钱交易等腐败问题屡禁不止、纠而复生的重要原因。推进反腐倡廉制度建设，必须与完善社会主义市场经济体制的要求相适应，紧紧围绕从制度上更好地发挥市场在配置资源中的基础性作用来进行。要积极推进行政审批制度、财政管理制度、投资体制、国有资产经营管理体制、金融体制等改革，切实转变政府职能，减少行政权力对微观经济活动的直接干预；建立健全建设项目招标投标，经营性土地、工业用地和探矿权、采矿权出让，以及产权交易、政府采购等制度，最大限度地发挥市场在资源配置中的基础性作用，减少腐败行为滋生的机会和空间。

紧紧围绕党务、政务、厂务、村务、事务公开推进制度创新，从制度上规范权力在阳光下运行并接受社会监督。确保权力正确行使，必须让权力在阳光下运行。只有大力推进党务、政务、厂务、村务和事务公开，增强决策的透明度和公众的参与度，使广大党员和人民群众更多地了解党务、政务、事务，更好地享有知情权、参与权、表达权、监督权，才能把滥用职权、以权谋私等腐败行为的可能性减少到最低程度。因此，在推进反腐倡廉制度建设中，要从群众最关注、权力最集中的领域、部位和环节入手，进一步建立健全党务、政务、厂务、村务和事务公开制度，着力打造透明政府和阳光政务，切实提高政府工作的透明度和公信力。通过建立健全各类公开制度，努力实现权力运作的规范化、程序化和公开化，真正把公共权力和公共事务置于人民群众的监督制约之下，防止决策失误、权力失控、行为失范，做到公开、公平、公正。

紧紧围绕深化行政管理体制改革推进制度创新，从制度上保证决策权、执行权、监督权既相互制约又相互协调。建立健全决策权、执行权、监督权既相互制约又相互协调的权力结构和运行机制，既是深化行政管理体制改革的重要目标，也是通过制度确保权力规范运行的重要任务。要把健全权力结构和运行机制作为建设惩治和预防腐败体系的重要任务抓紧抓好，按照结构合理、配置科学、程序严密、制约有效的原则，切实把预防腐败的要求落实到健全权力结构和运行机制的各个环节。紧紧围绕深化行政管理体制改革、完善权力结构和运行机制推进制度创新，进一步合理划分、科学配置各部门及其内设机构的权力和职能，进一步推进政企分开、政资分开、政事分开、政府与市场中介组织分开，进一步加强对权力行使特别是人财物的权力行使的规范和限制，形成科学有效的权力制约和协调机制，使决策职能、执行职能、监督职能由不同部门相对独立地行使，使不同性质的权力既相互制约又相互协调，做到决策更加科学、执行更加顺畅、监督更加有力，既保证权力高效运行，又保证权力正确行使。

切实提高反腐倡廉法规制度的执行力

推进反腐倡廉制度建设，必须坚持"立"、"行"并重，尤其要强化制度落实的措施，切实提高制度的执行力，坚决维护制度的严肃性。

加大宣传教育力度，提高党员干部遵守制度的自觉性和坚定性。一些党员干部制度意识淡薄，缺乏严格遵守和执行制度的自觉性，是影响制度执行效果的重要原因。推进反腐倡廉制度建设，必须把制度的宣传教育摆上重要位置。要借鉴普法宣传教育的成功经验，把反腐倡廉制度宣传教育纳入反腐倡廉制度建设整体工作之中，统一安排部署，统筹组织落实。要采取多种行之有效的形式，发挥各种新闻媒体的作用，重点在领导机关和领导干部中广泛开展反腐倡廉制度的宣传教育，增强他们的法治理念和制度意识，引导他们带头学习制度、严格执行制度、自觉维护制度，养成严格按制度办事的习惯，真正用制度规范自己的行为。同时，要面向全社会搞好反腐倡廉制度的宣传教育，提高制度的透明度、影响力和知晓率。

加大监督检查力度，维护反腐倡廉制度的权威性和严肃性。要一手抓制度的建立和完善，一手抓制度的贯彻落实，坚持"两手抓、两手都要硬"。要把对制度贯彻执行情况的监督检查，与党风廉政建设责任制考核检查结合起来，与开展巡视检查结合起来，与反腐倡廉各项工作检查结合起来，形成有效的制度监督检查机制。要充分发挥党内监督、人大监督、政协监督、群众监督和舆论监督的作用，对制度贯彻执行情况进行全方位、立体式监督。要严肃查处不认真执行制度、不及时执行制度和拒不执行制度的行为，坚决纠正有令不行、有禁不止的行为，切实维护制度的严肃性和权威性。

加大改革创新力度，增强反腐倡廉制度的科学性和适用性。要密切关注腐败现象发生发展的新情况新动向，建立科学有效的制度评估和反馈机制，针对制度制定和执行过程中存在的问题，不断改革创新，不断完善反腐倡廉制度体系，切实增强制度的系统性、科学性和适用性。认真做好制度调研和制度清理工作，对适应形势发展变化和反腐倡廉建设要求并切实可行、行之有效的制度，要继续严格执行；对不适应、不严密、不配套、不具体和不便执行的制度，要及时补充、修订和完善；对工作急需、条件成熟但还没有的制度，要在充分调研论证的基础上尽快制定，努力做到不留死角；对已经过时、甚至与党和国家新出台的有关规定相抵触的制度，要及时废止。

（作者：中共安徽省委常委、纪委书记）

加强宣传教育工作　深化反腐倡廉建设

臧献甫

党的十七大鲜明地提出了反腐倡廉建设的重大命题。这是对新形势下开展反腐败工作的新论断、新要求和新概括，体现了我们党对执政规律特别是反腐倡廉规律认识的深化，是马克思主义中国化最新成果的有机组成部分。反腐倡廉宣传教育工作要以十七大精神为指导，把握新形势，开拓新思路，再上新水平，深入推进反腐倡廉建设。

一、深化反腐倡廉建设对宣传教育工作提出了新要求

首先，加强和深化反腐倡廉建设，需要宣传教育工作来统一思想、凝聚人心。宣传思想工作是我们党的优良传统和政治优势。毛泽东同志曾指出："掌握思想教育，是团结全党进行伟大政治斗争的中心环节。如果这个任务不解决，党的一切政治任务是不能完成的。"党的十六大以来，以胡锦涛同志为总书记的党中央，作出了反腐倡廉的一系列重大决策和部署。必须通过做好宣传教育工作，使广大党员干部不断深化对反腐倡廉方针政策和决策部署的认识，充分认识反腐败斗争的长期性、复杂性、艰巨性，深刻认识坚决惩治和有效预防腐败是党必须始终抓好的重大政治任务，自觉把思想和行动统一到中央决策和部署上来。同时，也要通过深化宣传教育工作，让人民群众正确认识反腐倡廉工作的形势，切实感受到反腐倡廉的实际成果，坚定反腐败必胜的信心，从而为反腐倡廉建设奠定坚实的思想基础。

其次，加强和深化反腐倡廉建设，需要宣传教育工作提供精神动力。反腐倡廉宣传教育是党的宣传思想工作的重要组成部分，必须坚持以正面宣传为主，以科学的理论武装人，以正确的舆论引导人，以高尚的精神塑造人，以优秀的作品鼓舞人，达到教育党员干部和人民群众提高思想道德水平、遵纪守法、崇尚廉洁的目的。在深化宣传教育中，有效调动和引导广大干部群众参与反腐倡廉建设，从而为反腐倡廉建设提供强大的精神动力。

第三，加强和深化反腐倡廉建设，需要宣传教育工作提供思想文化氛围。廉政文化是社会主义先进文化建设的重要内容，是文化软实力的重要体现。反腐倡廉宣传教育以廉政文化建设为载体，把社会主义先进文化的核心元素注入和渗透到廉政建设当中，结合职业道德、社会公德、家庭美德和个人品德教育弘扬新风正气，在全社会营造"以廉为荣、以贪为耻"的社会风尚，形成有利于反腐倡廉建设的思想观念文化氛围。

二、正确把握新形势下反腐倡廉宣传教育的指导思想、基本原则和基本思路

首先，要高举旗帜，坚持正确的舆论导向。高举中国特色社会主义伟大旗帜，是我们应对前进道路上各种新情况新问题、不断开创事业新局面的根本保证。在反腐倡廉宣传教育工作中高举旗帜、坚持正确的舆论导向，就是要把学习宣传贯彻党的理论创新成果作为长期的重要任务，牢牢把握举什么旗、走什么路、以什么样的精神状态、朝着什么样的发展目标继续前进等重大原则问题，充分运用多渠道、多层次、全方位的舆论宣传网络等有形阵地和无形资源，大张旗鼓、理直气壮地进行反腐倡廉舆论宣传。宣传教育工作者要始终坚持正确的政治立场，不断增强政治敏锐性和政治鉴别力，严格遵守政治纪律、宣传纪律、新闻纪律，保持宣教工作的正确政治方向。

其次，要服务大局，提供有力的思想支撑。围绕中心、服务大局，是对反腐倡廉建设的根本要求。反腐倡廉宣传教育工作围绕大局，就是要服从服务经济社会又好又快发展，把提供思想文化保证、营造良好舆论氛围作为中心任务，着力推动科学发展，促进社会和谐。要围绕贯彻落实科学发展观，深入开展党的纪律特别是政治纪律教育，促进各级党组织、全体党员自觉做到"六个决不允许"，始终不渝地高举中国特色社会主义伟大旗帜，坚定不移地坚持中国特色社会主义道路和中国特色社会主义理论体系，坚决维护党的集中统一，始终同以胡锦涛同志为总书记的党中央保持高度一致，坚决维护

中央权威，切实保证政令畅通。要围绕营造团结稳定和谐、风清气顺心齐、想干会干干好的良好氛围，开展多种形式的主题教育，教育引导广大党员干部讲党性、重品行、作表率，为民、务实、清廉。要大力加强廉政文化建设，并使之纳入公共文化服务体系建设，融入社会主义先进文化和核心价值体系建设之中，努力形成拒腐防变教育长效机制。要结合开展学习实践科学发展观活动，大力总结宣传先进经验和理论成果，充分发挥宣教工作格局的优势，积极深入地发掘生动的典型事例，形成有力的宣传声势，为深入贯彻落实科学发展观服务。要把反腐倡廉宣传教育融入党的宣传思想工作的总体部署，贯穿于反腐倡廉建设各个环节，积极探索新形势下有效开展反腐倡廉宣传教育的路子和方法，纪检监察宣教工作部门要以战略眼光，从更高起点、更高层次、更大范围和更宽视野想问题、办事情，坚持把反腐倡廉宣传教育工作放在大局中思考和谋划，在大局下行动和展开，以服务大局的实际成果来体现和检验反腐倡廉宣传教育的工作效果。

第三，要把握规律，实现工作的有序发展。反腐倡廉宣传教育以提高党员干部的拒腐防变能力、增强社会公众的反腐倡廉意识为主要目的，是有组织的舆论引导和思想劝诫活动。其特点是政治性和社会性相统一；理论性与实践性相统一；长期性与阶段性相统一；传统性与时代性相统一。要坚持以人为本，尊重党员主体地位，把增强党员干部的拒腐防变能力作为反腐倡廉宣传教育工作的出发点和落脚点，把握反腐倡廉宣传教育工作的正确方向；要坚持统筹兼顾，正确认识和处理舆论宣传与教育培训、领导干部教育与廉政文化建设、整合党内宣传教育资源与发挥社会力量的作用等重要关系，搞好总体部署，通盘谋划反腐倡廉宣传教育工作；要适应形势任务的发展变化，把握全局，突出重点，扭住关键，全面推进反腐倡廉宣传教育，努力增强工作的整体性、协调性、系统性和实效性，实现健康有序发展。

三、坚持不断创新，保持反腐倡廉宣传教育工作的生机与活力

改革创新是时代精神的核心内容，也是宣传教育最本质的内核和要求。作为精神活动最活跃的领域，宣传教育只有坚持不断创新，才能保持生机与活力。

一要加强学习，在解放思想上下功夫。结合当前反腐倡廉建设面临的新的形势和任务，结合开展学习实践科学发展观活动，着眼于反腐倡廉宣传教育工作的新发展，组织纪检监察宣教干部全面系统地学习党的十七大、第十七届中央纪委第二次全会精神，学习党章，学习党的三代中央领导集体反腐倡廉重要思想和以胡锦涛同志为总书记的党中央关于反腐倡廉的重要论述，用马克思主义中国化的最新成果武装头脑、指导实践，在深化对形势的认识中解放思想，在认清目标、明确任务中解放思想，在解放思想中统一思想。

二要真抓实干，在取得实效上下功夫。要坚持求真务实、真抓实干，重实际、鼓实劲、办实事、求实效，坚持贴近实际、贴近群众、贴近生活，运用生动形象的内容和群众喜闻乐见的形式，寓教于理、寓教于文、寓教于乐，真正做到入情入理、入脑入心。要加强载体建设，整合各部门的宣传教育资源，推出一批廉政文化精品成果，建成一批革命传统和廉政教育基地，建设一批廉政文化示范机关、社区、街道、乡镇、学校、企业以及廉政文化景观和主题公园。要坚持软任务从硬处抓，抽象的往具体抓，抓重点、抓强项、抓特色，出亮点，创造性地开展工作，务求取得实实在在的效果。

三要重在协调，在完善机制上下功夫。充分发挥反腐倡廉宣传教育协调小组成员单位的优势，进一步完善权责分明、任务明确、责任到人、落实有力的责任机制；进一步完善动员部署、中期推动、全程跟踪、保障落实的督查机制；进一步完善科学分析、量化考核、尊重事实、公平公正的测评机制；进一步完善奖勤罚懒、奖优

罚劣、表彰先进、督促后进的奖惩机制；进一步完善领导支持、人财完备、团结共事、争创一流的保障机制。以良好的体制机制推动工作、落实各项任务，推动反腐倡廉宣传教育工作不断取得新进展、新成效。

（作者：中共天津市委常委、纪委书记）

切实加强纪检监察调查研究工作

王华元

调查研究是我们党的优良传统，是各级干部必备的基本领导方法。历届中央领导同志都高度重视调查研究，身体力行，作出许多精辟论述。毛泽东同志在新民主主义革命时期，提出了“没有调查就没有发言权；不做正确的调查同样没有发言权”的著名论断。邓小平同志曾强调：“离开了调查研究，任何天才的领导者也不可能进行正确领导。”江泽民同志多次指出，坚持做好调查研究这篇文章，是我们的谋事之基，成事之道。胡锦涛总书记一直强调，各级领导干部要加强调查研究，了解真实情况，掌握工作主动权。历史和现实的经验教训反复证明，什么时候重视调查研究，什么时候我们的事业就会顺利发展。加强调查研究，不仅是一个工作方法问题，更是一个关系事业兴衰成败的重大问题。

一、始终坚持正确的指导思想，努力抓好调查研究这一重要的基础性工作

要准确把握做好调查研究工作的指导思想，最重要的是把握正确的政治立场和政治方向。要坚持以中国特色社会主义的理论体系为指导，认真贯彻以胡锦涛同志为总书记的党中央关于反腐倡廉建设的一系列重要指示，善于用马克思主义的立场、观点和方法，分析、研究和解决问题。这就需要我们悉心领悟，把握真谛，以马克思主义中国化的最新成果，来指导我们的调查研究，认真吃透上级的精神，紧密结合本地本单位的实际，创造性地开展工作。

要充分认识做好调研工作的重要性。调查研究是科学决策的前提，只有经过系统的调查研究，充分分析各方面的实际情况，把握事物的内在规律，这样的决策才有底气，这样作出的决定才会切实可行。正如陈云同志指出的：“我们应该用百分之九十以上的时间去弄清情况，用不到百分之十的时间来决定政策。”我们要看到，与过去相比，当前影响决策的因素增多了，决策所需的信息量增大了，决策的难度和风险加大了。这就要求我们必须更加重视调查研究，把情况搞全、搞准，多作符合实际的决策，多干能见成效的实事。

浙江得改革开放之先，市场经济活跃，民营经济比重大，新情况、新矛盾、新问题层出不穷。这既是我们面临的挑战，更是我们开创工作新局面的机遇。要做到人无我有、人有我特、人特我好。这就需要我们注重对有浙江特色的工作、情况和问题的调查研究，注重开展反腐倡廉的热点难点问题的调查研究，做到敏锐观察、深入思考。别人没有总结思考的，我们要总结思考；别人没有总结好的，我们要总结好。从而形成我们的亮点，上升为理性认识，然后再去指导实践。

二、要突出重点，切实提高调研工作的前瞻性、指导性和实效性

当前，反腐倡廉建设面临的问题很多，任务

很重。调查研究工作不可能面面俱到，必须紧扣中心，突出重点，着力解决本地区本部门反腐倡廉建设中需要解决的一些实际问题，着力提高工作的前瞻性、指导性和实效性。

要注重全局性问题研究，增强工作前瞻性。“不谋全局者不足以谋一域”，只有虑长远者才能免近忧。当前，要积极围绕一些具有全局性、战略性的重大课题开展调研。比如，如何更加有效开展监督检查，为省委“创业富民、创新强省”总战略的顺利实施提供有力保障。我省惩防体系建设经过几年的努力，已初步建立基本框架，下一步要就如何按照“以完善惩治和预防腐败体系为重点加强反腐倡廉建设”的要求，进一步推进和完善具有浙江特色的惩防体系建设。又如，2007 年“作风建设年”活动取得了明显成效，下一步要着重就建立健全作风建设长效机制开展调查研究，提出能够管长远的制度规范，等等。这些都需要我们从全局的高度去把握，用战略的思维去研究，形成有价值、富远见的对策建议。

要注重对策性问题研究，增强工作实效性。领会精神求准，思考问题求深，研究对策重效。搞好对策性研究，很重要的一条，就是做到忙在点子上，谋在关键处；就是要吃透上情、摸清下情，做到上下结合，融会贯通，使措施可行，对策管用。只有“把准脉、看准病”，才能“开对方，医好病”。要准确把握纪检监察工作的“需求点”、“关节点”和“切入点”。一般来讲，问题的难度越大，研究的价值就越大。比如，对要素市场的消极腐败问题，如何采取更加有效的对策予以解决，是一个很值得深入研究的课题。比如，当前工程建设领域的不正之风，为何屡禁不止？症结到底在哪里？应采取什么措施？再比如，近几年我省国有企业和高校案件增多，如何加强国有企业和高校的党风廉政建设？等等，都迫切需要我们去深入研究。

要注重理论性问题研究，增强工作指导性。调查研究不是对客观事物和领导意图的简单描述，而是对调研内容和社会实践进行去粗取精、去伪存真、由此及彼、由表及里、由事推理的分析和概括，力求透过现象把握本质和规律。从实践中总结新经验，从理论上作出新概括，是我们党十分重要的思想方法和工作方法。要坚持理论联系实际，尊重群众首创精神，善于从基层发现好的做法，从实践中总结好的经验，通过对情况和问题的分析、透视和过滤，进行提炼概括，用以指导具体实践。现阶段需要研究的理论和实践问题很多。比如，党的十七大把反腐倡廉建设列为党的“五大建设”之一，需要我们结合我省实际，对这一新论断的精神实质、与其他四大建设的辩证关系等理论和实践问题，进行认真研究。又如，今年是我国改革开放和党的纪律检查机关恢复重建 30 周年，当前研究的一项重要任务，就是要总结研讨浙江省 30 年来在改革开放条件下反腐倡廉的重要成果、基本经验和对策建议。研究无禁区、讲授有纪律，我们的理论研究也要鼓励大家放开手脚，积极探讨。

三、调查研究要出成果、出精品、出人才

纪检监察调查研究的目的是为制定反腐倡廉政策或策略提供科学依据，因此，衡量调查研究工作成绩的一个重要方面，是看推出了多少成果、精品，看发现、培养了多少优秀的人才，这应该成为我们调研工作的重要目标。

要多出成果。古人讲立德、立功、立言。立言，就是对某些重大问题，经过反复调查研究，提出有价值的思路和建议，成为“一家之言”。“文可载道，以用为贵”。如果我们每年能拿出若干个高质量、有水平的调研报告、理论文章，研究和回答反腐倡廉建设中遇到的各种各样的现实问题，这就是建言立论。如果我们能使这些经过深入调研取得的观点、对策和建议，进入党委、政府的决策部署，转化为政策性文件，转化为反腐倡廉的具体措施，那更是一种了不起的成就。在这一点上，我们应下苦功夫、真功夫。

要多出“精品”。我们的调研要多出精品、上品，而不是次品、废品。出精品，并不是一件轻而易举的事，既要学会综合分析，摸清、搞准情况，不断反复地把材料掰开、揉碎、消化、吸收，还必须花大心血，熬夜、吃苦、推敲，抱着一股“众里寻他千百度”的毅力和“衣带渐宽终不悔”的韧劲，才能还原事物的本来面目。对重要文稿、课题报告等各类文章要反复调研，反复论证，反复修改，做到精耕细作，精雕细刻，精益求精。在内容上要观点鲜明、重点突出、言之有物，资料翔实，论证有力。要力求生动简练，不能过于平淡或空话套话连篇，如同“八股”。从形式上讲，要结构严谨，条理分明，“眉清目秀”。总之，要多出思想深刻、内容翔实、对策周全、措施有效的精品。

要多出人才。要一如既往地把这支队伍建设好，严把进人关，抬高进人的门槛。既要选调一些有一定专业知识、学历比较高的年轻同志，也要选调一些有丰富的实践经验、写作水平比较高的同志。学高为师，德高为范。不管是办案，还是做调研工作，要做成事，必须有几个骨干。要关心调研干部的成长和进步，既要对他们交任务、压担子、严要求，又要帮助他们解决工作中的实际困难，为他们展示才华创造良好条件和氛围。

四、努力增强做好调研工作的三种意识

做好调研工作，领导重视是关键，坚持创新是动力，求真务实是根本。要切实增强带头意识、创新意识和唯实意识，努力在调研工作中多献良策，当好参谋。

要增强带头意识。“离开研究的领导是瞎领导，离开领导的研究是白研究”。从一定意义上说，领导干部调查研究的水平有多高，指导工作的水平就会有多高。我们的领导同志不要天天忙于决定这个，决定那个，不能光坐在机关里，用空谈代替调查，由感想定出政策。各级纪检监察机关的领导干部，务必要重视调查研究、支持调查研究，做调研工作的实践者、指导者和协调者。每个领导同志一定要身体力行，多做调查研究，多进行学习思考，多向实践请教，亲自动手搞调研。每年要主持一两个重大课题，进行深入调研，分析问题，提出举措。要大兴调查研究之风，努力在全系统形成认真学习的风气、积极探索的风气、求真务实的风气。

要增强求新意识。只有破得旧说，才能立得新论。没有创造，就谈不上真正的调查研究。更何况现实生活当中，有许多我们知之不多、知之不深的问题，有许多尚未破解的难题难事。调查研究工作的性质决定了它必须是一项开拓性、创新性的工作。就是要敢于从因循守旧、墨守成规的思维桎梏中解脱出来，善于推陈出新，使提出的对策出新意、上水平；就是要有见微知著的洞察和分析能力，善于从纷繁复杂的事情中抓住主要矛盾，提出有针对性的措施；就是要紧紧抓住新的带有普遍性的问题，捕捉领导难以听到或不易看到的问题，剖析显性和潜在的矛盾，把问题摸透，找到工作新路子。

要增强唯实意识。调查贵在求实，研究重在求真。要有很强的党性原则，坚持实事求是、敢于追求真理的科学态度，做到不“唯上”，不“唯书”，只“唯实”，做到有一说一，有二说二，有喜报喜，有忧报忧。做到“唯实”，很重要的一点，就是必须在联系群众上下功夫，真心实意地拜群众为师，和人民群众交知心朋友，既了解群众盼什么，也了解群众怨什么；既听群众的顺心话，也听群众的逆耳言。只有这样，我们才能听到实话、摸到实情，调查研究也才能收到实效。要有好的文风，要学会说自己的话，善于说自己的话，要说真话、实话，这也是领导干部和调查研究人员应具备的基本素质。我们搞调研工作的同志，要经常反思自己，是不是改进了文风，是不是贴近了实际，贴近了群众，是不是言简意赅，让群众喜闻乐见，只有这样，才能切实把文风搞端正。

（作者：中共浙江省委常委、纪委书记）

整合各方面资源和力量　提升反腐倡廉建设水平

冯敏刚

胡锦涛总书记在第十七届中央纪委第二次全会上明确指出，反腐倡廉建设要坚持“改革创新、惩防并举、统筹推进、重在建设”，特别强调要把反腐倡廉建设纳入经济社会发展和党的建设全局之中，整合各方面资源和力量，增强反腐倡廉建设的整体性、协调性、系统性、实效性。深入学习胡锦涛同志重要讲话精神，对于我们进一步强化反腐败领导体制和工作机制，更好地发挥纪委组织协调作用，明确任务，落实责任，整合资源，形成合力，有效推进反腐倡廉各项工作，提高反腐倡廉建设水平，具有十分重要的意义。

一、深刻认识当前形势下整合反腐资源的重要性和必要性

当前，我国改革发展已进入关键阶段，反腐倡廉建设正处于重要发展时期，随着反腐败斗争向纵深推进，特别是源头治理力度的进一步加大，反腐倡廉工作涉及的领域越来越宽，分工越来越细，要求越来越高。新的形势和任务，迫切要求我们解放思想，拓宽思路，树立科学发展理念，增强资源整合意识。

整合反腐资源是全面推进反腐倡廉建设的客观需要。党的十七大提出了加强反腐倡廉建设的重大战略任务。这既是对反腐倡廉理论的重大创新，又是对反腐倡廉工作要求的重要提升，预示着反腐倡廉将实现由阶段部署到整体规划、从重点突破到统筹推进的重大转变。这就需要我们以战略的眼光、开阔的视野来审视反腐倡廉工作，切实把它当作一项系统工程来抓，统筹各方力量，兼顾各行各业，整体推进各项工作。这些年来的实际情况也表明，腐败现象和不正之风的危害是全面性的，渗透到思想、政治、经济、社会各个领域。因此，反腐倡廉建设必须是全方位的，反腐倡廉建设的主体必须是全体性的。我们要自觉把反腐倡廉建设融入经济、政治、文化、社会建设之中，体现在党的建设各个方面，与各项工作整体联动、同步实施。充分运用经济的手段，深入推进改革和制度创新，斩断权钱交易的利益链；运用政治的手段，发展党内民主，强化对权力运行的制约和监督；运用文化建设成果，加强廉政宣传教育，营造崇廉尚洁的社会氛围；运用社会的力量，发动并紧紧依靠广大人民群众的支持和参与，形成全党动手、全民参与的良好工作局面。

整合反腐资源是完善惩治和预防腐败体系的必然要求。建立健全惩治和预防腐败体系在反腐倡廉建设中具有全局性、战略性地位。这是一项系统复杂的工程，基本涵盖了党风廉政建设和反腐败斗争的主要任务，本身就要求整体性、系统性、协调性。这些年来，我们认真贯彻落实中央《实施纲要》，坚持反腐倡廉战略方针，正确处理坚决惩治腐败和有效预防腐败的关系，不断拓宽从源头上防治腐败的工作领域，推动反腐倡廉工作呈现系统治理、协调发展的良好局面。进一步完善惩治和预防腐败体系，要求我们认真贯彻落实好中央最近下发的《建立健全惩治和预防腐败体系 2008－2012 年工作规划》，既立足当前，又着眼长远，用发展的思维和联系的观念，科学、动态地协调各项工作之间的关系，加大统筹推进的力度，把改革的推动力、教育的说服力、制度的约束力、监督的制衡力、惩治的威慑力有机结合起来，使它们既发挥各自效能，又产生整体效应，形成一个完整、严密的科学体系。

整合反腐资源是提升反腐倡廉整体工作水平的重要举措。当前，反腐倡廉大政方针已定，任务也已明确，要确保这些任务高质量完成，关键在于加强组织领导，落实工作责任。多年来的实践表明，党委统一领导、党政齐抓共管、纪委组织协调、部门各负其责、依靠群众支持和参与的反腐败领导体制和工作机制，是加强党的领导、形成反腐败斗争整体合力的组织保证。但实际工作中，这一制度在一些地方和部门并没有得到很好的落实。有的任务分工不合理，职能交叉重叠，导致战线过长、力量分散、忙闲不均、效率较低；有的工作各自为政，缺乏统一调度，信息交流不畅，资源不能共享，导致理论成果没有得到有效利用，经验做法不能及时推广，技术开发重复浪费；在纪检监察系统内部，任务重、工作忙、人手紧也是一个亟待解决的现实问题。为此，必须坚持和完善反腐败领导体制和工作机制，切实加强对现有各类反腐资源的优化配置，完善机构设置，理顺工作关系，协调各方力量，发掘各自潜能，实现反腐资源整合管理最优化，不断推动反腐倡廉整体工作上水平。

二、努力形成齐抓共管反腐倡廉建设的整体合力

加强反腐倡廉建设是全党一项重大的政治任务，必须在党的领导下动员各方面力量共同完成。我们要按照中央的统一部署要求，把整合各方面的资源和力量作为提升反腐倡廉建设水平的重要途径，通过搭建新的平台，更好地发挥各方面的作用，真正形成全党全社会齐抓共管、共同参与反腐倡廉建设的良好局面。

(一)进一步完善反腐倡廉宣传教育工作格局。反腐倡廉宣传教育是社会主义先进文化建设的重要内容，是反腐倡廉建设的基础性工作，必须纳入全党宣传教育的总体部署。中央《工作规划》明确提出："要加强面向全党全社会的反腐倡廉宣传教育。健全联席会议制度，完善反腐倡廉宣传教育工作格局。"这就要求我们确立整体推进、齐抓共管的理念，把思想教育、纪律教育与社会公德、职业道德、家庭美德教育和法制教育结合起来，加快构建反腐倡廉教育体系。要坚持在党委的统一领导和纪委的组织协调下，紧紧依靠各部门、各单位的积极参与和密切配合，依靠社会各界和人民群众的大力支持，利用报刊、广播、电视、出版、文学、艺术、互联网等多种载体，积极挖掘具有地方特色的廉政文化资源，最大限度地把各方面的积极性调动起来、发挥出来。推进廉政文化进机关、进社区、进学校、进农村、进企业、进家庭、进网络，实现反腐倡廉教育的全覆盖，形成反腐倡廉教育的"大合唱"，把宣传舆论声势造大造强，把教育引导工作做细做实，真正显现教育在反腐倡廉建设和社会主义核心价值体系建设中的巨大威力。

(二)统筹推进反腐倡廉制度体系建设。制度建设是反腐倡廉建设的重要组成部分，是构建惩防体系的决定性因素。制度建设要有大局观，形成体系效应，增强整体效能。要以惩防体系建设为统领，把制度建设贯穿于加强教育、发展民主、健全法制、强化监督等各个环节，融入改革开放和经济建设的重要决策和措施之中，充分发挥各业务主管部门的职能作用。坚持党内法规与国家法规相衔接，通过国家立法机关的法定程序，使党在反腐倡廉方面制定的大政方针、确定的政策策略成为国家意志，成为全社会遵循的行为规范和准则。充分运用理论研究成果，组织社科和党建研究机构开展调研，深入研究社会主义市场经济条件下党的建设和反腐倡廉工作的特点和规律，以理论成果推动实践创新。

(三)建立健全系统完善的权力监督网络。加强监督是防治腐败的关键，必须完整严密、不留死角、注重实效。这几年，我们认真贯彻党内监督条例，在落实十项监督制度、优化民主监督措施等方面，进行了一些探索，特别是形成了市厅级干部巡视、县乡级干部勤廉公示、村干部勤廉双述、无职党代表询问和质询等一系列重要制度，取得了很好的成效。实践证明，把几种监督措施有机地结合起来，有利于形成严密的监督体系，增强监督的整体效力。我们要本着于

法周全、于事简便、注重实效的原则，充分发挥党内监督的优势，进一步优化组合各项监督措施，认真研究和建立各种监督主体协同配合的机制，将党内监督同人大监督、司法监督、审计监督、舆论监督、群众监督等形式紧密结合，实现协同监督的制度化、规范化、网络化，不断拓宽监督渠道，提高监督的整体效果。

（四）构建查办大案要案的整体联动机制。查办腐败案件，特别是查办大案要案，是构建惩防体系的重要方面，必须精心组织，加强协调。要建立查处大要案协调机制，加强纪检监察、公安、检察、法院、审计等执法执纪部门的协同联系，完善违纪违法线索和案件移送等方面制度，健全联手追逃、追赃机制。各级纪委书记要切实担负起反腐败协调小组组长的责任，主动协调，善于协调。纪检监察机关内部也要建立上下联动机制，组建办案人才库，根据不同案情调配人员，发挥所长，各显其能，提高突破案件能力。坚持依法办案，加大处理力度，综合运用法律、纪律、行政和经济处罚、组织处理、限制从业等手段，增强办案的政治、经济和社会效果。

三、充分发挥纪委在整合反腐资源中的重要作用

组织协调是党章赋予纪委的一项重要职责。纪检机关的组织协调，是在党委统一领导下合理配置、综合运用人力、职能、财力、信息等资源，形成整体合力、发挥最佳效能的过程，简言之，就是一种整合反腐资源的过程。体现到具体工作中，主要有以下几种途径。

（一）协助党委政府认真落实党风廉政建设责任制。党风廉政建设责任制是调动和依靠各方面力量反腐败的重要基础，也是纪委履行组织协调职能的重要抓手。抓住了这个“龙头”，对党风廉政建设全局就会起到提纲挈领、纲举目张的作用。实践证明，党风廉政建设责任制是一项能够整合各方面力量、推动全局工作开展的好制度。这项工作要持之以恒开展，纪委要充分发挥职能作用，主动为党委政府出主意、想对策，认真研究制定检查方案，提出运用考核结果建议，确保制度效果，做到常抓常新。

（二）督促各有关部门切实履行职能加强协作配合。反腐倡廉建设涉及方方面面。纪委搞好组织协调的一个关键，就是要督促有关部门切实发挥各自职能，加强协作，齐抓共管。对内容比较单一的工作，要按照“谁主管、谁负责”原则，督促有关部门认真履行职能，切实抓好落实；对需要多部门共同完成的工作，要通过召开部门联席会议、专题会议等形式，有效组织，合理调配，形成分工协作、合力攻坚的工作氛围；对因部门之间所处角度不同而产生意见分歧的，要积极帮助理顺关系，协调解决矛盾和问题。纪委的组织协调要讲究方法，注意把握发挥整体优化的原则，努力使各种职能和手段优势互补，做到既各司其职，又服从整体；既不越权，又不失职；既不替代，又不推诿，使之步调一致，整体运作。

（三）合理调配和使用纪检监察力量。整合不是简单的集中和合并，在现有纪检监察体制下，要使有限的力量发挥出最大的效益，必须理顺工作关系，统筹人员安排，充分挖掘潜能，激发队伍活力。首先要统筹使用好派驻机构力量。创新统一管理形式，加大机关干部和派驻机构干部的轮岗交流力度，不断调整和优化干部队伍结构，提升整体战斗力。其次要统筹使用好基层纪检监察力量。改革乡镇纪检监察管理体制，总结推广一些地方分片成立纪检监察工作室的做法，正确处理集中和分散的关系，在不增加机构和编制的前提下，实现资源重组，放大工作效应。再次要统筹协调好机关各内设机构力量。重要信访件处理、重大课题调研、重要任务安排、重要稿件起草，都从多个部门抽调人员，成立专门工作小组，集中优势兵力，攻坚克难。

（四）为人民群众参与反腐倡廉工作搭建平台。人民群众的参与和支持，是党风廉政建设和反腐败斗争持续健康发展、不断取得新成效的不竭动力。如何把人民群众参与反腐败的愿

望和行为引导好、组织好、激励好，把人民群众的主体力量发挥出来，是纪委履行组织协调职能的一项重要的工作任务。近年来，我们在这方面作了一些探索，畅通群众诉求渠道，鼓励群众署实名举报；大力推行党务、政务、村务、厂务公开，保障群众的知情权、监督权；开通省、市、县(市)"政行风热线"，架设政府和群众之间的"空中桥梁"；组织党风联络员和特邀监察员参加专项检查活动，定期听取他们的意见、建议和反映等，收到社会各界的普遍好评。深入推进反腐倡廉建设，必须进一步动员和发动群众，拓宽群众参与的渠道，激发群众参与的热情，形成加强反腐倡廉建设强大合力和不竭源泉。

（作者：中共江苏省委常委、纪委书记）

加强农村基层党风廉政建设为推进农村改革发展提供保障

臧胜业

中央决定今年10月在北京召开中国共产党第十七届中央委员会第三次全体会议，一项主要议程就是研究推进农村改革发展问题，这对进一步统一全党全社会认识，加快推进社会主义新农村建设，夺取全面建设小康社会新胜利、开创中国特色社会主义事业新局面具有重大而深远的意义。农业、农村、农民问题关系党和国家事业发展全局，加强农村基层党风廉政建设，是解决"三农"问题，推进农村改革发展的重要保障，我们要适应新形势新任务的需要，进一步突出工作重点，抓住关键环节，加大工作力度，增强工作成效，创造风清气正的良好环境，推动农村经济社会又好又快发展。

一、以强化对支农惠农政策措施执行情况监督检查为重点，确保党在农村各项方针政策的落实

近年来，各级在"三农"方面投入了大量资金，出台了一系列支农惠农政策和改革措施。落实情况总体是好的，但也存在一些问题。推动社会主义新农村建设，首先应加强对各项"三农"政策落实情况的监督检查，尤其应突出以下三个方面：一是开展对涉农专项资金综合治理。紧紧抓住退耕还林补助资金、粮食直补资金、大型农机具购置补贴、新型农村合作医疗资金、教育"两免一补"资金、农村水路电气投入资金、农村卫生基础设施建设资金、抗震救灾扶贫资金等进行重点治理。通过开展自查自纠、重点审计、查处违纪违法案件、完善监管制度，进一步加强对涉农专项资金的监管，规范资金使用，充分发挥各项资金的效益。二是开展对农村土地问题专项治理。协调配合有关部门，进一步加大对农村土地执法监察力度。坚决纠正和查处侵害农民土地承包权益、违背农民意愿强制推行土地流转以及农村机动地承包中的以权谋私等问题。规范农村宅基地的发放，认真解决发放过程中的违规随意发放以及乱收费问题。规范土地征收征用程序，认真解决以租代征、非法批地、侵占基本农田等问题，完善征地补偿和安置办法，加强对土地补偿费监管，维护被征地农民的合法权益。三是加强对农村环保政策落实情况的执法监察。加强对农村"十五小"企业环保问题的监察，加大对环保违纪违法案件实地督办和直查力度，

对瞒案不报、压案不查、处理不力的和玩忽职守充当违法排污企业保护伞、损害群众环境权益的责任单位及责任人，严肃追究责任，坚决防止污染企业向农村的转移。

二、以增强农村基层党组织的创造力、凝聚力和战斗力为目标，切实加强农村基层干部作风建设

农村基层干部的作风直接关系着农村基层党组织战斗堡垒作用的发挥，直接影响着社会主义新农村建设的进程。加强农村基层干部作风建设，应切实做好四方面工作。一是加强对基层党员干部的教育。针对农村基层党员干部队伍的思想和素质状况，抓住群众普遍关心、干部普遍关注的热点问题，依托县乡党校、各类培训基地和村级组织活动场所，重点加强对乡、村领导班子成员和基层站所负责人的教育，丰富教育内容，改进教育方式，创新教育载体，深入开展正面典型示范教育、反面典型警示教育、党纪政纪条规教育，大力加强农村廉政文化建设，开展丰富多彩的农村廉政文化创建活动，真正做到入情入理、入脑入心。二是建立健全对基层党员干部监督管理的制度体系。以推进决策民主化科学化为重点，建立完善议事决策规则；以加强“三资”管理为重点，完善村级事务的管理制度；以发展民主、推进公开为重点，完善对权力运行的监督制度；以推进农村基层干部职务消费制度改革为重点，进一步规范农村基层干部行为。建立完善体现科学发展观和正确政绩观要求的农村基层干部考核评价体系，实行农村基层党风廉政建设责任制，把制度建设贯穿于农村基层党风廉政建设的各个环节，形成用制度管权管人管事的权力运行机制。三是大力推进效能建设。在乡镇大力开展机关效能建设，切实提高工作效率，提升服务质量，提高队伍素质，认真解决推诿扯皮、作风飘浮、对群众冷横硬等作风方面存在的突出问题。对村“两委”班子也要采取多种形式，提高工作效能，多为群众办实事、办好事。四是继续深化农村基层综合改革。结合农村税费改革，积极推进乡镇机构改革，转变职能，精简人员。进一步完善选派优秀的大学毕业生到农村任职制度。建立健全农村基层干部激励机制。政治上，对在乡镇工作时间长、实绩突出的优秀干部要进行表彰、奖励，对符合条件的优先提拔重用；经济上，要研究建立村干部补贴发放、报酬增长、离职补偿等制度，把农村干部的工作和作风情况与工资补贴挂钩，对工作实绩突出的给予奖励。

三、以深化权力公开透明运行为切入点，切实保障农民群众的民主权利

发展基层民主，切实保障农民群众的知情权、参与权、表达权和监督权，既是推进基层民主政治建设的要求，也是强化监督的有效途径。一是以推行行政权力公开透明运行为突破口，深化乡镇政务公开。结合乡镇综合改革和职能转变，立足于服务农民群众，按照《政府信息公开条例》的要求，深入推进乡镇行政权力公开透明运行工作，建立健全权力运行前的风险评估和防范机制、运行中的程序化和公开透明运行机制、运行后的绩效评估和责任追究机制，积极构建覆盖权力运行全过程的监控机制。二是进一步深化村务公开。编制村务公开目录，凡涉及“三农”的有关政策和农民群众切身利益的问题，以及群众关心的事项都要及时、全面、如实公开，建立健全配套制度，完善工作流程，规范公开程序，推动村务公开由事中公开向事前、事中、事后全过程公开透明运行转变，切实解决“不公开”、“半公开”、“假公开”等问题。三是扎实开展民主评议活动。抓好对乡镇“七所八站”的民主评议，通过评议解决乡镇及站所的作风问题；开展“百姓评议村干部”活动，紧紧抓住“承诺、教育、述职、质询、测评、奖惩”等环节，搞好对农村干部的民主评议；实行民主评议日制度，由村“两委”成员、全体党员、村民代表和部分村民参加，听取村干部工作报告，当场对有关问题提出质询、意见和建议，更好地发挥群众的民主监督作用。

四、以改善民生和促进农村和谐稳定为根本，切实解决损害农民群众利益的突出问题

一是加强对农村集体“三资”监管。大力推进乡村财务管理规范化建设，深化和完善村级财务委托代理服务制度，健全集体资产、资源监管制度，凡集体企业、设施、设备等资产的出租出让，集体土地、滩涂、水面等资源的开发利用，集体公益项目建设、大型和大批设备购置，都要在民主决策和科学评估的基础上，引入市场机制，实行公开竞价承包和招投标制度。强化民主理财和审计监督，对财务管理混乱的乡镇和村进行集中整治，防止集体财产流失。二是继续减轻农民负担，继续开展对侵害农民利益突出问题的专项治理，紧紧抓住一些部门的乱收费、乱摊派问题，加大治理力度。建立健全农民负担监管制度，强化对农村“一事一议”筹资筹劳管理，严格执行涉农负担案(事)件“责任追究制”，对违反规定加重农民负担的行为，严肃追究有关人员的责任。三是进一步加强农村基层信访工作。加强乡镇信访工作，建立乡镇信访服务中心，在乡镇党委领导下，由乡镇纪委书记牵头，在不增加编制和人员的情况下，整合内部力量，组成专门队伍，设立专门场所，及时解决群众反映的问题和提出的诉求。完善“三位一体”(司法调解、行政调解、人民调解)调解工作机制、干部下访、大街接访等做法，变群众上访为干部下访，及时发现苗头性、倾向性问题，把矛盾化解在基层和萌芽状态。四是严肃查处涉农违纪违法案件。重点要查处截留、挪用、侵占、贪污支农资金、土地补偿费案件，侵占集体资金、资产、资源案件，利用职权谋取非法利益案件，涉及农民负担恶性案件，为黑恶势力和不法业主充当“保护伞”案件。同时，注意加强案件剖析，建立健全有效的利益协调、诉求表达、矛盾调处、权益保障的长效机制，充分发挥查办案件的治本功能。

五、以改革创新为动力，积极探索推进农村基层党风廉政建设的新途径

一是建立乡镇便民服务中心。群众办事难是当前农民群众关注的一个热点问题。建立乡镇便民服务中心，实行“集中人员、通透式办公”的模式，将民政、土地、计生等各职能部门的服务事项全部纳入大厅，按照工作性质和特点，完善承接和办理制度，进一步增强工作的透明度，提高办事效率和质量，方便群众办事和监督。二是实行村级重要事务流程化管理。村务活动不规范、随意性大，往往引发违纪问题的发生。加强农村基层党风廉政建设，应紧紧抓住村级重要事务的管理，比如农村党支部换届、村委会换届、村务公开、宅基地发放、土地补偿费发放等，在规范办理流程上下功夫，拓宽群众参政议政的渠道，减少不作为、乱作为和违法违纪问题的发生。三是推行县级纪检监察派驻机构改革。在不增加机构、编制和领导职数的前提下，撤销县级纪检监察派驻机构，设置县直纪工委、监察分局，强化对县直部门的监督，为加强农村基层党风廉政建设提供有力的组织保证。

（作者：中共河北省委常委、纪委书记）

在改革开放中大力推进反腐倡廉建设

李法泉

改革开放以来，我们党把反腐败纳入经济社会发展之中，不断探索执政条件下防治腐

的有效思路和办法，找到了一条标本兼治、合治理、惩防并举、注重预防的反腐倡廉建新途径，反腐倡廉建设在继承中发展，在改中创新，不断取得新的进展和明显成效。践证明，改革开放为反腐倡廉建设提供了大动力，在新的历史起点上推进反腐倡廉设，必须坚持改革开放。

当前，反腐倡廉建设面临许多亟待解决的情况新问题。存在这些问题的原因是多方的，一个重要的原因是我国仍处在体制深转换、结构深刻调整和社会深刻变革过程，腐败现象滋生蔓延的土壤和条件仍然存。因此，解决腐败问题的根本出路，是继续放思想、坚持改革开放、促进科学发展，在革创新、与时俱进中不断开创反腐倡廉建新局面。

要认真研究把握腐败发生的特点规律，增反腐倡廉建设的科学性和有效性。加强反倡廉建设，必须把科学发展观的要求转化推动反腐倡廉建设的正确思路，做到科学排、科学推进。要适应中国特色社会主义业总体布局，自觉将反腐倡廉建设融入经、政治、文化、社会建设和党的建设之中，统规划，同步推进，增强反腐倡廉建设的整体、协调性、系统性、实效性。要充分认识反败斗争的长期性、复杂性和艰巨性，在战略总体规划、战术上分阶段部署，既抓好反腐廉各项工作落实，不断取得阶段性成果，又眼长远，提出切实可行的战略目标和任务，增强反腐倡廉建设的现实针对性和战略前瞻性。坚持用科学发展观研究和解决反腐倡廉工作中的重大理论和实践问题，不断破解难题，积极探索适应时代要求、富有生机活力的创新措施，使反腐倡廉建设更加符合客观实际，更加符合群众意愿。

要继续保持惩治腐败的力度，坚决查办大案要案。通过多年来的不懈努力，党内违纪违法案件总量有所下降，群众满意度有所提高。但是，腐败现象在一些领域和部门依然易发多发，还出现了一些新的案件多发领域，受到刑事处分的案件增多，作案的方式更加隐蔽，一些重大恶性事故和群体性事件的背后往往隐藏着腐败问题，查办案件的工作难度加大。要继续重点查办发生在领导机关和领导干部中的腐败案件，严厉查办官商勾结、权钱交易、权色交易的案件，严肃查办以各种手段侵吞国有资产的案件，深入开展治理商业贿赂专项工作。加大对腐败分子的经济处罚和赃款赃物的追缴力度，加大对腐败分子的追逃力度，决不能让他们得到任何不法之财，决不能让他们逍遥法外。同时要加强对重大典型案件的剖析，以吸取教训，堵塞漏洞。只有坚决惩治腐败，有效预防腐败才有坚实基础，反腐倡廉建设才能更加扎实稳步地向前推进。

要进一步完善社会主义市场经济体制，减少权力“寻租”的机会。目前我国的经济体制改革还有待继续深化，要素市场化改革、产权制度改革、金融体制改革、垄断行业改革等领域的改革还远未到位，权力“寻租”式的腐败还有可乘之机。必须进一步深化社会主义市场经济体制改革，更好地发挥市场在资源配置中的基础性作用，凡是应该由市场机制解决的事情尽量用市场机制去解决，凡是应该由社会组织承担的事情尽量让社会组织去承担，减少政府对微观经济运行的干预，使企业成为真正的市场主体。加快推进公共资源交易市场建设，将市场竞争机制引入垄断性社会资源和基础设施、公用设施、公共服务领域，在更深层次、更大程度、更广领域实现资源的市场化配置。逐步建立统一、开放、竞争、有序的国有产权交易有形市场，对土地、矿产等自然资源和国有企业产权、行政事业性资产等国有资产，都应纳入有形市场进行公平交易。

要深化行政管理体制改革，依法规范行政行为。行政管理体制方面存在的问题，不仅制约经济发展，而且容易滋生各种不正之风和消极腐败现象。加快行政管理体制改革，对于深入推进反腐倡廉建设具有十分重要的意义。要按照建设服务型政府的目标要求，着力转变职能、理顺关系、优化结构、提高效能，形成权责一致、分工合理、决策科学、执行顺畅、监督有力的行政管理体制。深化政府机构改革，有效解决机构重叠、职责交叉、政出多门等问题。深化行政审批制度改革，进一步减少审批项目，下放审批权力，最大限度地防止公职人员以权谋私。加快推进职务消费货币化改革，规范领导干部职务消费行为，有效解决铺张浪费和廉洁从政方面的问题。

要加强对权力运行的制约与监督，确保权力正确行使。权力缺乏有效监控而导致不正当行使是腐败产生的重要原因。要以强化党内监督带动各方面的监督，把对领导干部特别是主要领导干部的监督、对人财物管理使用和关键岗位的监督作为重点，进一步完善决策权、执行权、监督权既相互制约又相互协调的权力结构，进一步合理划分、科学配置各部门及其内设机构的权力和职能，形成结构合理、配置科学、程序严密、制约有效的权力运行机制，解决权力过分集中的问题。按照集体领导、民主集中、个别酝酿、会议决定的原则，坚持重大事项和重要人事任免由集体研究决定，防止个人凌驾于组织之上。认真贯彻党员权利保障条例，尊重党员主体地位，积极推进党务公开，使广大党员更多、更好地了解和参与党内事务。把党内监督与人大监督、政府专门机关监督、政协民主监督、司法监督、群众监督和舆论监督结合起来，形成监督合力。围绕破解监督难题，提高监督效能，积极探索强化监督的有效思路和办法。

要加强制度建设与创新，努力从源头上有效预防腐败。惩治和预防腐败，制度建设与创新最具根本性。要将制度建设贯穿于反腐倡廉的各个方面和各个环节，用制度建设推动工作，靠制度创新解决问题，以制度落实加强管理，努力形成用制度管权、管事、管人的体制机制。从重点领域和关键环节入手，深入推进干部人事制度、行政审批体制、财政管理制度、金融体制、投资体制、国有资产经营体制、工资制度改革、招投标制度、司法体制和公共资源交易制度等改革创新。加强反腐倡廉国家立法，建立健全多层次、全方位的反腐败法律法规。进一步完善以党章为核心的党内法规制度体系建设，适时将一些经过实践检验的反腐倡廉制度按法律程序上升为国家法律法规。遵循制度建设的客观规律，努力健全完善能够制约权力运行、实体和程序相结合的制度，增强制度的科学性、可操作性和实效性。抓住制度执行这一关键环节，督促领导干部带头遵守执行制度，严肃查处违反制度的行为，强化制度的执行力。

要继续扩大开放，加大反腐倡廉交流与合作的力度。反腐倡廉建设要有开放的眼光、开放的思路和开放的方法，博采众长，为我所用。一方面，以开放促公开。继续完善政务公开、厂务公开、村务公开和公共企事业单位办事公开制度，增强工作透明度和公众参与度，保障人民群众的知情权、参与权、表达权、监督权。建立健全与群众利益密切相关的重大事项社会公示和社会听证制度，广泛开展民主评议，逐步形成利益协调、诉求表达、矛盾调处、权益保障的长效机制。继续推进电子政务建设，完善网上审批、服务办理、信息发布、沟通交流渠道，方便群众办事和监督。另一方面，以开放促合作。既要加强省与省之间、地区与地区之间、部门与部门之间的交流，相互学习，相互配合，取长补短，丰富和完善反腐倡廉实践经验，又要坚持解放思想，实事求是，注意吸收和借鉴国际社会反腐败的成功做法与经验，不断拓宽反腐倡廉建设的思路，在更深的层次、更广的领域大力推进反腐倡廉建设。

（作者：中共吉林省委常委、纪委书记）

切实发挥监督在反腐倡廉建设中的关键作用

年福纯

建立健全教育、制度、监督并重的惩治和
预防腐败体系，必须充分发挥监督的关键作用。
新的历史起点上推进军队反腐倡廉建设深入
展，必须充分认清监督的重要地位，把握监督
点，探索有效监督形式，增强监督综合效能，
过对权力运行进行全方位、全过程的监督制
有效防止权力失控、决策失误和行为失范，
进军队建设和军事斗争准备又好又快发展。

一、充分认清监督的重要性

监督是整体推进反腐倡廉建设的关键环
是构建惩治和预防腐败体系的重要内容。
分认清监督在反腐倡廉建设中的重要作用，
于拓展从源头上防治腐败，永葆人民军队性
宗旨，推动军队全面建设，具有十分重要的
义。

**(一)监督是党风廉政建设和反腐败斗争的
要手段。**我们党历来高度重视通过有效监督
持肌体健康和先进性。在长期的革命、建设
改革开放历程中，我们党始终把监督作为加
党风廉政建设和反腐败斗争的重要手段。以
泽东同志为核心的党中央领导集体，在革命
争年代，就十分重视加强纪律和监督工作，
大纪律、八项注意"家喻户晓。经过延安整
全党形成了理论联系实际、密切联系群众、
评与自我批评的三大作风，为党执政后开展
督工作，打下了坚实的基础。改革开放以来，
小平同志一方面继承和发展我们党以往民主
督的优良传统，另一方面认真研究探索改革
放条件下加强党内外监督的新途径、新方法。
he指出：更重要的还在于从各方面加强党的
导作用，从国家制度和党的制度上作出适当的规定，以便于党的组织和党员实行严格的监督。党的十一届三中全会恢复重建了党的纪律检查机关，使监督在反腐倡廉建设中的地位进一步确立。十三届四中全会后，江泽民同志多次强调从严治党、从严治官，坚决反对和防止腐败，使监督工作得到进一步加强。十六大以来，以胡锦涛同志为总书记的党中央，提出为民、务实、清廉的要求，确立了标本兼治、综合治理、惩防并举、注重预防的方针，明确了建立健全惩治和预防腐败体系的目标，拓展了从源头防治腐败工作的领域，使监督工作迈出了崭新步伐。

(二)监督是惩治和预防腐败体系的关键环节。2008年3月，中共中央颁布的《建立健全惩治和预防腐败体系2008－2012年工作规划》，强调贯彻党的十七大精神，整体推进反腐倡廉教育、制度、监督、改革、纠风、惩处工作，这表明我们党对执政规律和反腐倡廉规律认识的深化。在这六项工作中，教育是基础、制度是保证、监督是关键、改革是动力、纠风是重点、惩处是手段。六者之间相互依存、相互配套、相互促进，是一个密不可分的有机整体。需要强调的是，在这六项工作任务中，监督既有治标作用，又有治本的功能，其承上启下的关键作用具有不可替代的地位。只有建立完善反腐倡廉监督制约机制，才能充分发挥教育的说服力、制度的约束力、改革的推动力、纠风的遏制力、惩处的威慑力，才能逐步建立健全惩治和预防腐败体系，才能整体推进反腐倡廉各项工作协调发展。从查处的案例来看，被查处法办的胡长清、成克杰、王怀忠、王守业等高级领导干部的腐败案件，无一例外地说明，对权力运行制约和监督不力，是发生消极腐败现象的一个重要原因。也

可以说，掌权者失去监督制约，就容易发生腐化变质。因此，加强反腐倡廉建设一定要充分认识监督工作对预防腐败起着关键作用，努力构建权力运行监控机制，确保权力运行不失控，干部行为不越轨，不断从源头和根本上解决腐败问题。

（三）监督是军队有效履行历史使命的重要保证。有效履行我军历史使命，是包括军队党的建设在内科学发展的着眼点。胡主席科学把握时代发展大势和我国安全形势的发展变化，着眼实现党的三大历史任务，鲜明提出了新世纪新阶段我军“三个提供、一个发挥”的历史使命，充分体现了党的任务对我军的新要求，适应了我国安全形势的新变化，反映了国家发展战略的新需要，顺应了世界军事发展的新趋势，抓住了军队建设带有全局性根本性的重大问题，拓展了我军的职能任务，丰富和发展了党的军事指导理论，为我军建设和发展明确了方向。军队反腐倡廉建设要紧紧把握有效履行我军历史使命，围绕中心、服务大局，依靠党中央正确领导，保持军队党的先进性，加强党委领导班子建设，不断强化党内监督，使各级党组织更加坚强有力，党员干部形象更加清正廉明，权力运行更加阳光透明，从而为有效贯彻从严治军、从严治官的方针，为圆满完成新任务、履行历史使命提供坚强的纪律支持和政治保证。

二、把握监督的功能

标本兼治是反腐倡廉指导方针的重要内容。所谓治标即惩治已然，所谓治本即防患未然。在反腐倡廉体系中监督既是治标的手段，又有治本的功能。因为监督不仅可以把结果直接作为惩处的依据，而且还可以通过发挥纠错、参与、督导、预防、教育等功能效应，达到防范在先的效果。因此，贯彻十七大提出的“一个坚决”、“三个更加注重”的新要求，必须把握监督的治本功能，努力在充分发挥监督功能效应上下功夫，真正实现关口前移，防范在先，提高成效。

（一）监督的纠错功能。监督的纠错功能是指经常性、广泛性的监督，因其监督方式的便易行和监督参与者众多，可以迅速帮助、督权力的行使者及时纠正错误行为，进行必要整。当前，监督工作存在着上级监督下级太远下级监督上级太难，同级监督同级太软，法纪督太晚的问题。发挥监督纠错功能效应，要重在有错必纠上下功夫。按照权力结构和运的轨迹，在纵向上可通过严格落实《党内监督例》，细化各项监督制度，真正形成自上而下自下而上监督、内部监督与外部监督、职能监与社会监督相结合的全方位、立体化监督模式在横向上可通过对权力运行的全过程监督，各类监督主体能够真正参与、积极作为，真正挥经常性监督效能，及时防偏纠错。

（二）监督的参与功能。监督的参与功能是指官兵通过行使监督权广泛介入政治生活表达自己的意志和愿望，并对各种权力主体力行为实行有效的控制，使权力的行使能够表广大官兵的利益，遏制权力的滥用，有效防腐败现象的产生。发挥监督的参与功能，要重在监督效果上下功夫。一是营造“人人接监督、人人自觉监督”的良好氛围，调动群众参与热情。二是增加权力运行的透明度，特是在办理官兵关注的人、财、物等事项时，在密要求许可的情况下，做到条件、标准、程序、果的公开，用公开保证官兵参与的落实。三把官兵参与监督与党风廉政教育、制度建设、部管理等工作结合起来，让官兵在看到监督切实实成效的基础上提高监督的能力。

（三）监督的督导功能。监督的督导功能是指通过监督，及时、真实、可靠评价所监督事项的活动过程及结果，科学分析影响管理行为的相关因素，为被监督者的决策和行为提供科学依据，支持被监督者大胆而又审慎地行使职权，履行职责。发挥监督的督导功能，要注重在抓落实上下功夫。当前，制约监督督导发挥的瓶颈问题就是缺乏科学合理、行之有效的考评机制。因此，应尽快建立与军队现代化建设步求相统一，与中国特色军事变革相协调，与我军战略转型相一致的决策考核评价机制，通过确立求实、系统、持续、可行的考评原则，制定以提高战斗力为核心的考评标准，整合多元化考评主体资源，科学规范考评运行程序，合理设定考评实施方式，及时准确地对各级党委决策全程的各个环节进行可靠评价，增强决策的科学性、正确性，及时校正失误，纠正错误消除隐患。

（四）监督的预防功能。监督的预防功能，是指通过事前督察，提前发现和排除权力行使过程中可能出现的问题和潜在的弊端，超前防范，及时纠偏，减少损失，保护干部。发挥监督的预防功能效应，要注重在关口前移上下功夫。一是强化组织自身监督。邓小平同志曾指出，领导干部的真实情况，“上级不是天天能看到的，下级也不是能天天看到的，同级的领导成员之间彼此是最熟的”。通过坚持和完善民主生活会等正常的组织生活，充分开展批评与自我批评，切实实行相互监督，有效防止干部腐败特别是集体腐败案件的发生。二是建立和完善预警机制。严格落实干部部门与纪检部门联系通报、干部考核情况反馈、领导干部诫勉谈话、责任追究、领导干部报告个人有关情况等制度，把问题解决在萌芽状态。三是延伸监督边界。发动群众对干部“八小时以外”、生活圈、交往圈、娱乐圈的监督，让领导干部时时处处能够感觉到有群众的眼睛在盯着自己，从而确保领导干部在自己支配的时间不失控。

（五）监督的教育功能。监督的教育功能，是指广大官兵通过参与监督，接受民主与法制教育，不断确立起正确的权力观，不断提高参与意识和参与能力，不断增强监督的有效性。由于官兵接受教育提高觉悟是一个被动的过程，因此，发挥监督教育功能效应，要在把握好教育时机上下功夫。要注意把监督工作与反腐倡廉法制教育有机地结合起来，紧紧抓住党和国家新的政策出台、部队调整精简和任务转换、群众关注的热点敏感事项和重大工作展开、干部职务提升和岗位轮换以及单独外出执行任务等，作为加强监督检查的关键时机，充分利用思想政治工作、纪检监察机关、示范警示教育、现代媒体等优势教育形式，重点针对团以上领导干部和领导机关管人、管钱、管物等重点岗位的党员干部，及时有效地开展针对性教育，使官兵在监督中不断接受教育，在教育中不断提高监督能力。

三、突出监督重点

任何工作都需要把握重点。没有重点就没有政策。发挥监督的关键作用，必须针对权力运行中存在的问题，突出重点，增强效果。

（一）突出对各级党委班子和主要领导干部的监督。各级党委班子和主要领导干部，位高权重，能否正确行使权力，与部队建设全局息息相关，必须突出加强监督，使他们对反腐倡廉这个重大问题有清醒的认识，真正做到勤政廉政相一致、自律他律相统一。一是加强教育，严格自律。通过教育切实使大家认识到，搞腐败，最终只能是政治上自毁前程、经济上倾家荡产、亲情上妻离子散；使大家明白，越是位高权重，越要克服特权思想、严格自律，自觉接受监督。二是多法并举，严格监督。通过把有效监督与科学配置权力、加强组织管理、落实党风廉政责任制等措施结合起来，逐步建立起宽领域、多层次、全方位的监督机制，确保领导干部面对腐败诱惑，顶得住也站得住，看得见也管得着。三是维护法纪，严格办案。通过严格的执纪办案，对那些既不自律、也不他律的个别腐败分子，依据法纪坚决律他，教育和警示党员干部守住“底线”、不踩“黄线”、不越“红线”。从实践看，先摘“乌纱帽”，再给予纪律处理的办法，“惩一儆百”的效果最好。

（二）突出对重点领域及权力行使的监督。权力“寻租”离不开所要依附的客体。强化监督，必须把涉及人财物管理使用的重点领域及权力行使，作为监督重点，缩小权力运行过程中的弹性和随意性，防止滥用或用偏权力。一是加强“人权”监督，防止用人不正之风。要建立健全公开公平公正的用人机制，通过把推荐提名的对象，实行公开民主测评，让官兵“评头论足”；把提升对象张榜公示，让群众评判优劣；把群众评议结果作为常委会重要参考，确保用好的作风选人，选作风好的人，防止干部“带病上岗”、“带病提拔”。二是加强“财权”监督，避免资金违规操作。要坚持党委理财，注重发挥纪检、财务和审计等职能部门的监督作用，通过进行严格的审核审查、综合检查、专项检查和财经审计，实施有效监督，确保经费物资使用符合军事斗争准备需求和财经法规制度，防止发生经济违纪违法问题。三是加强“事权”监督，防止重大问题个人专断和失误。对重大事项决策权的监督，要重点把好调查论证、适度公开和集体研究这三关，突出对物资采购的立项、采购方式、合同签订等环节的监督检查，对工程建设的项目审批、招标投标、质量验收等环节的监管，防止和纠正在工程建设过程中的违纪违法问题。

(三)突出对极易诱发权力滥用的关键环节的监督。反腐倡廉工作实践告诉我们：每逢大项政策出台、部队任务转换、体制编制调整、干部选拔任用、士官选取、兵员征接等时机，最易诱发权力失管、用权失范的问题。突出监督工作重点，必须紧紧抓住这些极易导致权力滥用的关键环节，有针对性地做好监督工作。一是事前积极预防。及时分析形势，坚持监督关口前移，对违纪苗头和人员及时通过诫勉谈话、召开民主生活会等形式，拉“袖子”，敲“警钟”，开展批评，责令其改正，做到防微杜渐。二是事中抓好督促。对决策执行情况进行跟踪了解，加强参与指导，组织检查考核，做到权力影响延伸到哪里，组织的监督就跟进到哪里，防止发生权力“不作为”、“乱作为”的问题。三是事后严格奖惩。坚持把监督工作与奖惩工作紧密联系起来，通过总结经验教训，表彰廉政典型，惩处违规违纪行为，把监督工作的成效体现出来，保证权力正确运行。

四、积极探索有效监督的途径

反腐败斗争的长期性、复杂性、艰巨性，要求反腐倡廉的监督工作必须努力适应新形势，研究新情况，树立新观念，解决新难题，不断探索实现有效监督的方法和途径。

(一)强化监督教育。思想是行为的先导。突出监督教育的针对性和实效性，树立正确监督和被监督意识是做好监督工作的前提。一是规范监督教育的基本内容。要紧紧围绕中心工作和反腐倡廉工作的实际，设置教育的内容，有的放矢开展教育，防止泛教育化。二是改进教育的形式、手段。要加强教育载体建设，增强教育的感染力、影响力。如警示教育、新任干部岗前廉政培训等，相比较一般教育而言，效果会更好。三是确立教育评估标准。通过定量和定性分析，综合评定教育的实际效果，克服和纠正长期以来教育投入多效果差的问题。四是制定教育保障措施。既要明确教育的各种保障，也要明确教育的责任者及失职责任追究。

(二)科学配置权力。实现权力的正确运用，关键是对权力进行分解，使决策权、执行权、监督权既相互制约又相互协调。邓小平同志曾深刻指出：“权力过分集中，越来越不能适应社会主义的发展。对这个问题，长期没有足够的认识，成为发生文化大革命的一个重要原因，使我们付出了沉重的代价。现在再也不能不解决了。”要改变权力过于集中的状况，基本方法就是将权力进行必要的、合理的分解。科学配置权力，实现合理分权，要按照结构合理、配置科学、程序严密、制约有效的原则，突出针对一些过于集中、缺乏制约的权力进行适当分解，变一人管为多人管，变一个部门全程抓为多个部门分段抓，形成各负其责又相互制约的权力运行格局；针对选人用人、经费开支、工程建设等容易发生问题的环节部位，建立考察与任用分管、管事与管钱分离、审批与经办分开的措施，防止个别人、个别部门集权、专权。

(三)健全监督制度。制度问题带有根本性、全局性、稳定性和长期性。科学严密的监督制度体系是实现监督工作规范有效的保证。近年来，中央军委和总政治部以党章和《党内监督条例》为依据，结合军队实际，制定了很多监督制度规定。但由于制度本身的滞后和监督体制的某些局限，现有的监督制度，有些在质的要求和量的规定上还显不足，制度的调节功能还存有脆弱、乏力的问题。健全监督制度，必须紧紧盯着这些薄弱环节，积极探索，建立完善一套与军队领导体制和工作机制相适应、能够经常坚持的科学严密、行之有效的监督制度。比如，建立干部差额考评制度、公开选拔制度、任前公示制度、推行个人财产申报制度、经济责任审计制度、报告个人有关事项制度、有限舆论监督制度、廉政巡视制度等。切实用健全完善的制度保证监督的效果。

五、切实增强监督的整体效能

反腐倡廉建设的监督工作是一个长期的、复杂的系统工程，必须把各种监督形式有机结合起来，充分发挥各类监督主体的积极作用，通过强化组织协调、整合监督资源，不断形成各监督主体一起动手，各领域协调行动，各种手段配合运用，全方位、多维度加强权力运行制约监督的局面，用监督的合力，最大限度地减少权力"寻租"的机会。

(一)发挥党内监督的主导作用。党内监督是指在党内生活中，依据党的章程和其他党内法规，监察、督促、保障党组织行使职权、完成任务，党员履行义务、行使权利，党的干部履行职责、正确行使权力的活动，是党的自我约束和自我完善。我军是党绝对领导下的人民军队的性质，决定了党内监督在各类监督中，处于核心地位，起着主导性作用。发挥党内监督的主导性作用，一是严格执行党内监督各项制度，加强上级党委和纪委对下级党委及其成员的监督，健全上级党委对下级党委常委的经常性考察和定期考核机制。二是切实改进民主生活会的方式方法，增强党内生活的原则性战斗性，积极开展批评与自我批评，加强领导班子成员间相互监督。三是坚持领导干部参加双重组织生活制度，执行党员领导干部报告个人有关事项的规定，落实领导干部述职述廉、诫勉谈话和函询制度。四是认真贯彻《中国共产党党员权利保障条例》，切实保障党员批评、建议和检举等权利。五是落实党风廉政责任制，建立和完善领导责任追究机制，形成一级抓一级、一级带一级的监督格局和下级"生病"、上级跟着"吃药"的联运机制。六是扎实组织军队巡视工作的论证和试点，科学总结经验，积极稳妥地开展巡视工作。这些措施的贯彻落实，必将推动党内监督的深入开展。

(二)发挥专门机关监督的职能作用。专门机关监督主要是指纪检监察机关、审计机关、司法机关，在党委的统一领导下，按照法定的职责履行监督权力的活动。发挥专门机关监督的职能作用，纪委要切实履行好组织协调职责，健全组织协调机制，明确组织协调内容，规范组织协调程序。一是强化监察职能，纪检监察部门要切实履行"一岗双责"的职责，在发挥党内监督专门机关职能，注重抓好党的纪律监督的同时，要积极开展执法监察、廉政监察和效能监察，使纪检和监察的两项职能，协调运行，整体推进。二是强化审计监督，加强对重点领域、重点部门、重点专项资金和领导干部经济责任审计，注重审计结果的运用，维护军事经济秩序，改善军事经济管理，提高军事经济效益。三是加强司法监督，依法公正审理案件，加大查办贪污受贿、渎职侵权等职务犯罪的力度，积极推进预防职务犯罪工作，督促各级领导干部和领导机关依法指导和开展工作。四是强化法律监督，依法加强对申诉控告、立案侦察、审判和判决执行活动的监督，维护公平正义。

(三)发挥群众监督的重要作用。群众监督是指广大官兵直接或通过一定专门机构间接对各级党组织、党员和党员干部制定和执行各项制度、方针政策以及他们的工作进行检查和督促的活动。它是发扬军队内部民主的重要标志。发挥群众监督的重要作用，前提是要充分肯定广大官兵实施监督的主体地位，通过学习教育实践，使他们愿监督、会监督、能监督，激发其广泛参与、有效管理和积极监督。一是充分发挥军人代表大会、军人代表会议、军人大会的监督作用，保证官兵正确行使民主权利。二是严格执行基层有关事务办事公开的规定，营造公平竞争环境，规范公开的内容、范围、时机、方式，增强对涉及官兵切身利益事项处理的透明度，让官兵充分行使知情权、参与权、表达权、监督权。三是拓展监督渠道，扩大监督信息来源大力提倡实名举报，切实保障举报人合法权益认真受理群众通过来信来访、廉政举报等渠道反映的权力运行中的不洁行为，对经调查属实的一般性问题要责成限期整改，对违规违纪的给予严肃处理，对违法犯罪的移交司法机关处理，使各级领导干部，特别是军政主官时时处处感受到监督的存在，从而自觉约束言行，检点操守，真正做到廉洁奉公，勤政为民。

（作者：军事科学院副政委兼纪委书记、中将）

改革开放30年来党中央加强反腐倡廉建设重大决策回顾

中央纪委研究室

改革开放30年的历程是不平凡的。我们党面对复杂多变的国际环境和艰巨繁重的国内任务，解放思想，实事求是，与时俱进，将马克思主义基本原理与中国实际相结合，开创了中国特色社会主义事业的新局面，开拓了马克思主义中国化的新境界，也开辟了中国特色反腐倡廉的新道路。党风廉政建设和反腐败斗争在继承中发展，在改革中创新，不断取得重要进展和历史性突破，大致经历了三个发展阶段。

第一阶段：十一届三中全会至十三届四中全会，我们党开辟了在不搞群众性政治运动的情况下健康有序地开展反腐败的新途径

党的十一届三中全会决定把党和国家工作中心转移到经济建设上来，作出实行改革开放的战略决策。在改革开放大潮的冲击下，一些党员干部被腐蚀，党内不正之风来势很猛，党的建设面临新的考验。以邓小平同志为核心的第二代中央领导集体，清醒地认识到在改革开放尤其是经济体制转换的历史条件下可能出现腐败易发多发的严峻形势，邓小平同志指出：“这股风来得很猛。如果我们党不严重注意，不坚决刹住这股风，那末，我们的党和国家确实要发生会不会‘改变面貌’的问题。”告诫全党如果失去警觉，可能要毁掉一批干部，“风气如果坏下去，经济搞成功又有什么意义？会在另一方面变质，反过来影响整个经济变质，发展下去会形成贪污、盗窃、贿赂横行的世界”。作出了“执政党的党风问题是有关党的生死存亡的问题”这一重要论断，把加强反腐倡廉的问题及时地提到全党同志面前。

这一时期，党中央作出了一系列反腐倡廉重大决策和部署。一是恢复、重建党的纪律检查机构。这是一项具有历史性意义的重大举措，为推进反腐倡廉工作提供了组织保证。十一届三中全会中央纪委恢复重建以后，县以上各级纪委陆续恢复成立，一方面集中力量处理“文革”及以前的冤假错案，拨乱反正；另一方面履行“保护、惩处、监督、教育”四项职能，维护党规党法，切实搞好党风。二是认真纠正群众反

映强烈的“三招”(招工、招干、招生)、“三转”(农转非,农村青年转城市下乡知识青年,临时工或合同工、民办教师转国家正式职工)、“一住”(职工住房的建设和分配)等不正之风。三是开展了以打击走私、套汇、投机倒把、贪污受贿等严重经济犯罪活动为重点的专项斗争。四是用三年时间对党的作风和组织进行全面整顿,推动全党动手抓党风。经过全党的共同努力,党开辟了在不搞群众性政治运动的情况下健康有序地开展反腐败的新途径,为探索中国特色反腐倡廉道路打下了基础。

在开辟反腐倡廉的新途径的实践中,形成了邓小平党风廉政建设和反腐败理论。这一理论内涵十分丰富,其主要内容是:(1)执政党的党风问题关系党和国家的生死存亡。中国要出问题,还是出在共产党内部。对这个问题要清醒。(2)坚持“两手抓、两手都要硬”的方针,一手抓改革开放,一手抓惩治腐败;开放、搞活的政策延续多久,端正党风的工作就得干多久,纠正不正之风、打击犯罪就得干多久,整个改革开放过程都要反对腐败。(3)要坚持和发扬党的优良作风,保持艰苦奋斗的传统才能抗得住腐败。(4)要坚持不懈地纠正各种不正之风,坚决制止和取缔严重危害社会的腐败现象。(5)反腐败不搞群众运动,但必须紧紧依靠群众。(6)党风廉政建设和反腐败要以领导干部为重点,领导干部尤其是高级领导干部要做全党的表率。(7)反腐败要靠教育,更要靠法制。搞法制靠得住些。(8)坚持从严治党,严肃纪律,在法律和纪律面前人人平等。对违纪违法案件,不管涉及到谁,都要一查到底,只有真正坚决地做到了这些,才能彻底解决搞特权和违法乱纪的问题。(9)党要接受监督,要加强党内监督,要有专门机构进行铁面无私的监督检查。(10)只有社会主义才能消除腐败,我们党和国家有能力逐步克服并最终消除腐败。这些重要思想,回答了在新的历史条件下我们党如何正确开展反腐败斗争的基本问题,是在改革开放新形势下反腐倡廉的基本工作思路,具有鲜明的时代特色,为探索中国特色反腐倡廉道路作了重要的理论准备。

第二阶段:十三届四中全会至十六大,我们党逐步走出一条适合我国现阶段基本国情的有效开展反腐倡廉的路子

20世纪90年代,我国的社会主义市场经济体制处于初步建立过程中,新旧体制转换加快。世界多极化和经济全球化的趋势在曲折中发展,国际竞争日趋激烈。一些领域的消极腐败现象一时呈现滋生蔓延的势头,反腐倡廉面临复杂严峻的形势。十三届四中全会以来,以江泽民同志为核心的第三代中央领导集体,从新时期如何全面加强和改进党的建设的政治高度,对社会主义市场经济条件下的党风廉政建设问题进行了深入思考,作出加大反腐败斗争力度的重大决策,在全党开展以“讲学习、讲政治、讲正气”为主要内容的党性党风党纪教育活动,提出“八个坚持、八个反对”的要求,大力开展反腐败斗争,推动反腐倡廉从侧重遏制转到标本兼治、综合治理、逐步加大治本力度的轨道,反腐倡廉理论与实践得到重大发展。

这一时期,从实践上看,党风廉政建设和反腐败斗争力度明显加大,呈现出一些显著特征。第一,反腐败斗争作为党的重要政治任务和各级纪检监察机关的重点工作更加明确。党的十四大以后,中央纪委每年召开全会,向全党部署反腐倡廉工作。同时,中共中央总书记出席中央纪委全会并作重要讲话,深刻阐述反腐倡廉的重大意义和一个时期的主要任务。反腐败斗争成为加强党的建设一项重大任务。第二,在纪检监察合署办公新的体制下,逐步建立健全反腐败领导体制和工作机制,为深入推进反腐倡廉提供了组织保证。为了加强党中央和各级党委对党风廉政建设和反腐败工作的统一领导,1993年初,党的纪检机关和行政监察机关开始实行合署办公。一度被削弱和取消的派驻纪检组织也陆续恢复建立起来。同时,为了促进全党抓反腐败的局面,1996年,中央纪委第

六次全会明确了“党委统一领导，党政齐抓共管，纪委组织协调，部门各负其责，依靠群众的支持和参与”的反腐败领导体制和工作机制。1997年，建立了党风廉政建设责任制，进一步巩固和发展了全党抓反腐败的良好局面。第三，反腐败工作格局逐步建立和完善，为深入开展反腐败斗争提供了一个有力的载体。1993年，中央纪委第二次全会提出加强领导干部廉洁自律、严肃查办违纪违法案件、认真纠正部门和行业不正之风三项工作任务，侧重遏制腐败现象滋生蔓延的势头。党的十五大以后，各级纪检监察机关在坚持三项工作格局的基础上，从改革体制、机制、制度着手，加大从源头上预防和治理腐败的工作力度，积极推行行政审批、财政管理和干部人事三项制度改革，反腐败斗争逐步从侧重遏制转到标本兼治、加大治本力度的轨道上来。2002年，中央纪委向党的十六大报告提出：“经过全党全社会的共同努力，我们党初步探索出一条适合我国现阶段基本国情的有效开展反腐倡廉的路子。”

从理论上看，这段时期我们党关于党风廉政建设和反腐败斗争思想进一步得到丰富和发展。以江泽民同志为核心的第三代中央领导集体，在总结党的历史和实践经验的基础上，对党风廉政建设和反腐败斗争从战略地位、指导思想、基本原则、领导体制到工作格局，提出了一系列新论断、新举措，积累了社会主义市场经济条件下开展反腐败的重要经验，形成了江泽民反腐倡廉思想。其要点主要包括：(1)贯彻“三个代表”重要思想，紧紧围绕发展这个党执政兴国的第一要务开展党风廉政建设和反腐败斗争。(2)坚持党要管党、从严治党的方针，首先要治理好领导班子和领导干部。(3)坚决反对和防止腐败，是全党一项重大的政治任务；不解决好反腐倡廉的问题，改革发展稳定就没有坚强的政治保证，党和政府就会严重脱离群众，就有亡党亡国的危险。(4)治国必先治党、治党务必从严，必须严格执行党的政治纪律、组织纪律、经济工作纪律和群众工作纪律。推进党的作风建设，核心是保持党同人民群众的血肉联系。(5)要坚持领导干部廉洁自律、查办违纪违法案件、纠正部门和行业不正之风三项工作一起抓，建立并完善思想道德建设和党纪国法约束两道防线。(6)要把防治腐败作为系统工程来抓，坚持标本兼治、综合治理，逐步加大治本的力度。(7)标本兼治，教育是基础，法制是保证，监督是关键，通过深化改革，不断铲除腐败现象滋生蔓延的土壤。(8)要加强教育、发展民主、健全法制、强化监督、创新体制，把反腐败寓于各项改革和重要政策措施之中，从源头上预防和解决腐败问题。(9)要坚持和完善反腐败领导体制和工作机制，认真落实党风廉政建设责任制，形成党风廉政建设和反腐败的整体合力。(10)要继承和发扬党风廉政建设的好传统、好作风，推动纪律检查工作在解决提高党的领导水平和执政水平、增强拒腐防变和抵御风险能力这两大历史性课题中发挥更加积极的作用。这些重要思想是对邓小平反腐倡廉理论的丰富和发展，是“三个代表”重要思想的有机组成部分，有力地指导了新形势下党风廉政建设和反腐败斗争的深入开展，为进一步探索中国特色反腐倡廉道路奠定了理论基础。

第三阶段：党的十六大以来，我们党走出一条中国特色反腐倡廉道路

进入新世纪新阶段，随着工业化、信息化、城镇化、市场化、国际化步伐加快，我国进入改革发展的关键时期，经济体制、社会结构、利益格局、思想观念发生深刻变化。十六大以来，在国际形势深刻变化和国内改革发展任务艰巨繁重的情况下，针对党的建设和反腐倡廉工作所面临的新形势，以胡锦涛同志为总书记的党中央带领全党继续深入推进党风廉政建设和反腐败斗争，在全党开展以实践“三个代表”重要思想为主要内容的保持共产党员先进性教育活动，在全社会大力倡导“八荣八耻”的社会主义道德新风尚，采取有力措施，进一步探索走出从源头上预防和解决腐败问题的中国特色反腐倡

廉道路。

十六大以来的反腐倡廉工作思路的一个突出特点就是在坚决惩治腐败的同时，进一步加大预防腐败工作力度。这主要体现在三个层面。一是确立了标本兼治、综合治理、惩防并举、注重预防的反腐倡廉方针，惩治腐败与预防腐败关系更加明确。党的十六届四中全会强调，要坚持标本兼治、综合治理，惩防并举、注重预防，做到治标与治本、惩治与预防“两手抓、两手都要硬”，在坚决惩治腐败的同时，更加注重从源头上预防和解决腐败问题。这是党中央从完成经济社会发展的重大任务和巩固党的执政地位的全局出发，为做好新形势下反腐倡廉工作作出的重大战略决策，是对改革开放以来反腐倡廉方针的坚持、完善和发展。二是提出建立健全惩治和预防腐败体系的目标，反腐倡廉工作更加系统化。教育不扎实、制度不完善、监督不得力，是腐败现象滋生蔓延的重要原因。为了整体推进反腐倡廉工作，十六届三全会提出要“建立健全与社会主义市场经济体制相适应的教育、制度、监督并重的惩治和预防腐败体系”。2005 年 1 月，中央颁布了《建立健全教育、制度、监督并重的惩治和预防腐败体系实施纲要》。这是当前和今后一个时期深入开展党风廉政建设和反腐败斗争的指导性文件，对于推动建立思想教育的长效机制、反腐倡廉的制度体系、权力运行的监控机制，具有重要意义。三是提出要拓展从源头上防治腐败工作领域，防治腐败的实现途径更加多样化。党的十六届六中全会提出了建设社会主义和谐社会的任务，中国特色社会主义事业总体布局发展为经济建设、政治建设、文化建设、社会建设四位一体。适应这一总体布局的变化，中央提出要不断拓展防治腐败领域，把反腐倡廉融入经济建设、政治建设、文化建设、社会建设和党的建设之中。配合有关部门深入推进行政审批制度、干部人事制度、司法体制和工作机制、财政管理制度、投资体制、金融体制改革，完善工程建设项目招标投标、经营性土地和工业用地招标拍卖挂牌出让、产权交易、政府采购等制度，建立巡视机构，对纪检监察派驻机构实行统一管理，2007 年 5 月又成立国家预防腐败局，推动党风廉政建设和反腐败斗争在继承中发展，在改革中创新。坚持方针、构建体系、拓展领域，构成了新时期党中央关于反腐倡廉工作的总体思路。按照这个思路，十六大以来的反腐倡廉指导思想更加明确，工作思路更加清晰，工作目标更加系统，工作布局更加全面，领导体制和工作机制更加完善，各项工作在过去的基础上进一步深入推进，特别是在查办大案要案、深挖腐败分子、加强制度建设、强化对领导干部的监督、治理商业贿赂、纠正损害群众利益的不正之风等方面取得重要进展，党风廉政建设和反腐败斗争理论和实践进入一个新阶段。为此，中央纪委向党的十七大工作报告提出，我们党“走出了一条中国特色反腐倡廉道路”。

在领导全党继续探索中国特色反腐倡廉道路的伟大实践中，以胡锦涛同志为总书记的党中央，高举邓小平理论和“三个代表”重要思想的伟大旗帜，全面落实科学发展观，提出了一系列关于反腐倡廉建设的重要理论观点。主要包括：(1)党越是长期执政，反腐倡廉的任务越艰巨，越要坚定不移地反对腐败。(2)一定要从中国特色社会主义事业兴衰成败、党的生死存亡和国家长治久安的战略高度，进一步认识做好反腐倡廉工作的极端重要性；充分认识反腐败斗争的长期性、复杂性、艰巨性，把反腐倡廉建设放在更加突出的位置。(3)坚决惩治腐败是我们党执政能力的重要体现，有效预防腐败更是我们党执政能力的重要标志；在坚决惩治腐败的同时，要更加注重治本，更加注重预防，更加注重制度建设。(4)要坚定不移地贯彻落实标本兼治、综合治理、惩防并举、注重预防的反腐倡廉方针，抓紧完善惩治和预防腐败体系，把反腐倡廉工作融入经济建设、政治建设、文化建设、社会建设和党的建设之中；拓展从源头上防治腐败工作领域。(5)要把推动贯彻落实科学发展观作为党风廉政建设的重要内容，积极履行监督检查职责，维护党的纪律；把解决损害群众利益的突出问题作为党风政风建设的工作重点，严肃查处损害群众利益的突出问题。(6)加大预防腐败的工作力度，绝不是要放松惩治腐败的工作，不仅不能放松，而且要继续抓得紧而又紧。(7)必须以改革统揽预防腐败的各项工作，通过深化改革、创新体制，从源头上预防和解决腐败问题。(8)党内民主是党的生命，是保持党的生机和活力的关键，也是搞好党风廉政建设和反腐败工作的根本途径。(9)加强对权力运行的监督制约，保证把人民赋予的权力用来为人民服务。(10)大力推进党的执政能力建设和先进性建设，做到为民、务实、清廉。这些重要思想，进一步丰富和发展了我们党反腐倡廉理论，为新世纪新阶段的党风廉政建设和反腐败斗争指明了方向，为中国特色反腐倡廉道路的形成提供了思想保证。

2008年5月13日，中共中央印发了《建立健全惩治和预防腐败体系2008－2012年工作规划》，紧紧围绕党和国家工作大局，从教育、制度、监督、改革、纠风、惩处等方面提出了今后五年惩治和预防腐败体系建设的工作目标和重点任务，是惩治和预防腐败体系建设的指导性文件。我们要认真落实《工作规划》提出的各项改革举措，不断健全《工作规划》提出的各项法规制度，积极推进惩治和预防腐败体系建设理论和实践创新，努力使反腐倡廉建设体现时代性、把握规律性、富于创造性。

回顾改革开放以来30年的反腐倡廉历程，可以看出，党的纪律检查工作最鲜明的特点就是始终坚定不移地与党中央保持高度一致，坚决执行和维护党的路线方针政策和决议，坚决维护党的团结统一。在改革开放新形势下，我们党不断深化对反腐倡廉特点和规律的认识，经过艰苦努力，一步步探索，走出了一条中国特色反腐倡廉道路，我们要继续坚持以改革创新的精神，把党风廉政建设和反腐败斗争不断引向深入。

把以人为本的精神贯穿于反腐倡廉建设

邵景均

党的十七大审时度势，要求全党"把反腐倡廉建设放在更加突出的位置，旗帜鲜明地反对腐败"。在新的形势下，怎样才能有效地贯彻十七大战略部署，开创反腐倡廉建设新局面？最重要的，是高举中国特色社会主义伟大旗帜，全面贯彻落实科学发展观，尤其要把以人为本的精神贯穿到反腐倡廉建设中去。

一、坚持以人为本是深入推进反腐倡廉建设的必然要求

在新的历史条件下，反腐倡廉建设之所以必须坚持以人为本，从根本上说，源于我们党指导思想的发展以及党风廉政建设和反腐败斗争的现实需要。

我们党是一个十分重视马克思主义理论指导的党，总是根据时代特点和实践要求发展党的理论，努力运用马克思主义的最新理论成果指导新的实践。进入新世纪新阶段，我国发展呈现一系列新的阶段性特征，为了更好地指导发展实践，以胡锦涛同志为总书记的党中央立足社会主义初级阶段基本国情，总结我国发展实践，借鉴国外发展经验，适应新的发展要求，创造性地提出科学发展观。而科学发展观的核

心，就是以人为本。

反腐倡廉建设是党的建设的组成部分，纪律检查机关是从事反腐倡廉建设的专门机关，贯彻以人为本的科学发展观是对全党的要求，理所当然也是对纪律检查机关和反腐倡廉建设的要求。

——只有坚持以人为本，才能把握反腐败斗争的正确方向。腐败行为的基本表现形式是不正当地运用公共权力谋取私利，其实质是对人民群众根本利益的冷漠、侵害和掠夺。广大人民群众是腐败的最大受害者。如果执政党对腐败现象不能有效地遏制，就会离人民群众越来越远，乃至丧失民心。坚持以人为本，就能够始终着眼于实现好、发展好、维护好最广大人民的根本利益，正确把握反腐败斗争的本质和正确方向。

——只有坚持以人为本，才能抓好反腐倡廉教育和领导干部廉洁自律工作。领导干部作为执掌一定公共权力的公职人员，既是领导群众反腐败的带头人，又可能是腐败的主体。如何使领导干部廉洁自律，始终是反腐倡廉建设的核心问题。必须坚持以人为本，对广大干部进行不懈的反腐倡廉教育，不断完善领导干部廉洁从政行为准则和道德规范，及时对领导干部廉洁从政方面的突出问题进行专项治理，防止小错变大错。

——只有坚持以人为本，才能形成反腐倡廉建设的强大动力。人民群众是推动历史进步的最伟大动力，也是加强反腐倡廉建设的主力军。必须形成人民群众广泛参与反腐倡廉建设的体制和机制，充分发挥群众的参与和监督作用，防范可能发生的腐败问题和各种不良倾向。

——只有坚持以人为本，才能更好地依法办案、文明办案。查办违纪违法案件是做"人"的工作，涉及人的权利，尤其需要体现以人为本的精神。这就要求在办案中牢固树立惩治腐败不手软、不含糊与保护公民、党员权利并重的意识，尊重被调查人员和涉案人员的人格与权利。

二、正确把握以人为本推进反腐倡廉的深刻内涵和基本要求

反腐败斗争是关系执政成败的严重的政治斗争。如何在这一斗争中既坚持政治斗争的原则又贯穿以人为本的精神，这对许多同志来说还是一个新课题。

胡锦涛同志指出："坚持以人为本，就是要以实现人的全面发展为目标，从人民群众的根本利益出发谋发展、促发展，不断满足人民群众日益增长的物质文化需要，切实保障人民群众的经济、政治和文化权益，让发展的成果惠及全体人民。"这一论述，集中而深刻地阐明了以人为本的本质要求。结合反腐倡廉实践能够进一步看到：

其一，以人为本是一种新的反腐倡廉工作理念。坚持以人为本推进反腐倡廉建设，与我们党全心全意为人民服务的根本宗旨和立党为公、执政为民的本质要求是完全一致的。只有始终坚持相信人民、依靠人民、为了人民，教育、帮助和督促广大干部做到权为民所用、情为民所系、利为民所谋，才能使反腐倡廉建设更加富有成效。

其二，以人为本为衡量反腐倡廉成效提供了根本标准。坚持以人为本，就必须把人民拥护不拥护、赞成不赞成、高兴不高兴、答应不答应作为衡量一切决策和工作的标准。反腐倡廉工作做得好不好，反腐倡廉建设是否取得成效，归根到底要看最广大人民的根本利益是否得到有效维护，人民的法定权利是否得到充分保证，人民是否满意。

其三，以人为本是反腐倡廉的重要价值取向。以最终解放全人类为己任的中国共产党人，历来强调尊重人、保护人、解放人、塑造人。从反腐倡廉的角度讲，主要是尊重公民的合法权利和利益，尊重人的独立人格、正当需求、能力差异、创造个性；依法依纪保护公民、党员、干部的权利和正当利益不受侵犯；把人从错误的

思想观念和思维方式中解放出来；努力把犯错误的党员干部改造成对社会有用的人。总之，是把实现人民群众的权利、维护人民群众的利益，教育、挽救犯了腐败罪错的干部，看作反腐倡廉最有价值的事情。

其四，以人为本是反腐倡廉的科学思维方式。坚持以人为本，就是要求我们思考和解决问题的时候，不能只管事不见人，而必须首先着眼于人，善于把遵循客观规律同反映人民群众的意愿结合起来，把执纪执法同教育人、挽救人结合起来。怎样有利于人的发展和进步，怎样有利于化解党内和人民内部的矛盾，我们就怎样去做。

三、按照十七大部署，努力开创以人为本加强反腐倡廉建设的新局面

以人为本科学发展观的提出，对深入开展反腐倡廉工作提出了新的更高的要求。我们要全面、准确地贯彻党的十七大精神，努力开创以人为本加强反腐倡廉建设的新局面。从坚持以人为本推进反腐倡廉建设的角度看，应着重抓好以下工作。

（一）坚持以领导干部为重点，深入开展理想信念和廉洁从政教育，切实做到为民、务实、清廉

注重对党员干部的教育，使之不犯错误或少犯错误，是坚持以人为本推进反腐倡廉的基本要求。第一，必须针对党员干部思想和作风方面存在的突出问题，有的放矢。当前，主要是加强理想信念教育、权力观教育和党纪国法教育，使广大干部坚持正确的政治方向、政治立场、政治观点，严守政治纪律；认真遵守党章和其他党内法规，模范遵守宪法和法律法规；坚持全心全意为人民服务的宗旨，牢记权力是人民赋予的，决不能用来谋取私利。第二，建立健全有效的教育机制，改进教育方法。始终把领导干部的教育置于上级领导和广大群众的监督之下。要采取党员干部易于接受、乐于参加、丰富多彩的教育形式，使教育富有吸引力和感染力。第三，在全社会开展廉政文化和廉洁文化建设，推动廉政文化进社区、进家庭、进学校、进企业和进农村，增强全社会反腐倡廉意识，形成领导干部廉洁从政的良好社会文化氛围。

（二）深化改革，加强反腐倡廉制度体系建设

制度的根本性与以人为本的精神是一致的。好的制度，就是尊重人、保护人、解放人、塑造人的制度，就是最大限度地实现好、维护好、发展好最广大人民根本利益的制度。必须按照十七大关于“更加注重制度建设”的要求，坚持改革创新的精神，按照依法治国、依法执政的要求，切实加强以党章为核心的党内法规制度建设，加强国家廉政立法，努力形成反腐倡廉的制度体系。第一，制定制度要完善、管用。对于那些直接推动反腐倡廉的制度，要加快制定的步伐。尤其要深化干部人事制度改革，建立健全科学的干部选拔任用和管理监督机制，防止考察失真、“带病提拔”等问题。加快行政管理体制改革，全面推行以行政首长为重点对象的行政问责制。深化财政管理制度改革，保证财政资金使用的规范性、安全性和有效性。深化金融体制改革和投资体制改革。推进司法体制和工作机制改革，促进司法公正。第二，执行制度要坚决、准确。建立健全督办机制，加强对制度执行情况的监督检查，切实解决好“有法不依、执法不严、违法不究”的问题。努力形成用制度管权、按制度办事、靠制度管人的体制机制，不断提高反腐倡廉法制化水平。

（三）关注民生，着力解决损害群众利益的突出问题

政之所行，在顺民意。胡锦涛同志明确提出“群众利益无小事”的执政理念，一再告诫党员干部，“凡是涉及群众切身利益和实际困难的事情，再小也要竭尽全力去办”。中央纪委向党的十七大报告指出：“坚持以人为本、关注民生，坚决纠正损害群众利益的不正之

风，是我们党实践全心全意为人民服务宗旨的必然要求，是促进社会和谐的重要任务。必须把这项工作摆在党风廉政建设更加突出的位置抓紧抓好。”第一，要围绕维护群众切身利益问题深入开展专项治理。继续纠正教育收费、医药购销和医疗服务中的不正之风，做好减轻农民负担工作。同时，结合实际，着力解决食品药品安全、环境保护、土地征用、房屋拆迁、企业改制、安全生产、社保基金管理等方面损害群众利益的问题。第二，注重建立健全防治不正之风的长效机制。针对现行体制机制制度存在的缺陷和缺乏制度规范的环节，堵塞漏洞，建章立制，从根本上铲除不正之风滋生的土壤。

（四）紧紧依靠人民群众，形成惩治和预防腐败的强大合力

反腐倡廉建设必须发挥专门机关的作用，但更要依靠广大党员和群众。第一，进一步发展党内民主和人民民主。民主是最好的防腐剂。如果我们党的7400多万名党员都能够积极行动起来反腐败，那就是无坚不摧的巨大力量。为此，必须按照党章积极推进党务公开，建立和完善党内情况通报制度，认真落实广大党员的知情权、选举权、参与权和监督权，使广大党员更多、更好地了解、参与和管理党内事务。在发展人民民主方面，进一步扩大公民有序的政治参与，保证人民依法实行民主选举、民主决策、民主管理和民主监督。广泛开展民主评议活动，积极推行重大决策民主听证，充分保障群众参与反腐败的权利，发挥群众支持和参与反腐败的积极性。第二，进一步加强信访举报工作。信访举报工作是人民群众直接参与反腐倡廉的重要形式之一，具有发现问题早、信息量大等优势，是反腐倡廉专门机关密切联系群众的桥梁和纽带，是反腐倡廉的“第一道工序”。要满腔热情地处理好群众反映的问题，做到件件有结果。对群众举报的腐败行为，要认真调查处理，其中署名举报的，要将受理情况和处理结果答复给举报人；对一些涉及群众切身利益应该解决、又能够解决的问题，要及时解决，绝不能因为工作不力而把事情拖大。坚持把依纪依法的要求融入到信访举报工作的各个环节中去。进一步完善信访工作机制，健全举报人和证人保护制度。实行严格的工作责任制，确保群众来信来访的渠道畅通，社情民意能够及时、准确地反映到有关的领导机关和领导干部那里。第三，进一步依靠各行各业各部门的支持。要加强与各党政机关、社会团体的沟通与联系，及时倾听反腐倡廉的意见和建议，充分发挥他们在预防腐败方面的积极作用。坚持正确的舆论导向，加大舆论监督的力度。进一步规范人大监督、政协和民主党派监督的作用。通过有效的组织协调，形成共同反腐倡廉的强大合力。

（五）保持查办案件的工作力度，正确把握政策

查办违纪违法的腐败案件是坚持以人为本、保护人民利益的必然要求。第一，继续重点查办发生在领导机关和领导干部中滥用职权、贪污贿赂、腐化堕落、失职渎职等案件，查办官商勾结、权钱交易、权色交易和严重侵害群众利益的案件。坚持在法律和纪律面前人人平等，对腐败分子必须坚决查处、决不姑息。第二，坚持惩治与保护并重。既严肃执纪，又要为受到非议、诬告、陷害或遭到打击的党员干部澄清是非，消除不良影响，支持和鼓励他们继续积极工作。第三，正确把握政策，坚持惩前毖后、治病救人。严格办案措施的使用条件、时限、适用对象和审批权限，更加注重安全办案、文明办案。重视保障被调查人、被处理人的合法权利，维护他们的申辩权、申诉权、人身权、知情权和财产权。要尽力教育和挽救犯一般错误的党员干部，多给他们改正错误的机会，帮助他们重新为国家的现代化事业奋斗。

（作者：中央纪委研究室副局级纪律检查员、监察部监察专员、研究员）

新加坡人民行动党的党内监督机制和廉政文化建设

曾瑜华

新加坡政党政治的最为显著特征是一党长期执政：人民行动党自1959年以来连续赢得10余次大选，从而长期执掌新加坡政权。新加坡人民行动党创建于1954年11月，自执政以来，新加坡政治文明取得了举世瞩目的成就，截至2007年，新加坡连续13年成为透明国际组织的廉洁排行榜首十名的亚洲唯一经济体。在长期执政条件下，新加坡人民行动党成功地避免了由于集权和缺少监督而引发的权力滥用及腐败问题。

一、加强党内监督机制的建设

（一）完善法律制度，加强对党员的监督

新加坡人民行动党努力建立严密的法律监督和严厉的惩罚措施。在法律法规建设上，基本上形成了完备的法律监督体系，这些法律法规包括《公务员法》、《公务员纪律条例》、《财产申报法》、《防止贪污法》等。在监督机构设置上，贪污调查局长直接向总理负责，局长和特别调查员被赋予很大的监督权力，他们可以动用特别权力调查和逮捕涉嫌贪污受贿者，有权入屋搜查等。新加坡的另一个廉政机构审计总署，审计长由总统根据总理征求公务委员会主席的意见后任命，直接向总理负责，其工作也不受任何政府部门的干扰，独立行使自己的职权。

（二）高薪养廉，为党内监督机制的有效性提供物质基础

新加坡政府让大多数普通公务员的工资保持在社会中上水平，并根据实际情况作出相应调整。1994年10月21日，新加坡政府发表题为《以具竞争性薪金建立贤能廉洁政府——部长和高级公务员薪金标准》的白皮书，决定将政府政务官员和行政服务公务员的工资与私人企业部门正式挂钩，使公务员的工资市场化，使他们的工资接近市场价格。高薪一方面使新加坡人民行动党得以将社会上绝大部分最优秀人才纳入党和政府的体制当中，更重要的是使党员有丰厚的物质生活基础，没有必要贪污以改善自己的生活状况。

（三）保持党的自我更新，保持廉洁风气

新加坡人民行动党实行的是“精英政治”，仅有15000名党员，相对于将近400万的总人口，党员数量可以说是微不足道，但是这15000名党员却集中了新加坡的社会精英。新加坡人民行动党为干部党员的选拔制定了严格的程序。受邀成为干部党员之前，他们必须经过6次严格的遴选，高素质的党员降低了腐败的概率。

为了促进行动党自我更新，在李光耀带领推动下，老一辈先后退出政坛，一大批具有高学历高素质的人才进入新加坡人民行动党政府。输入新鲜血液的新加坡人民行动党，保持党的活力，防止利益集团化倾向，有利于抑制腐败产生。

（四）选举中反对党和选民对党员的制约

新加坡现在注册的合法政党有24个，虽然没有一个反对党能对新加坡人民行动党形成威胁，但是新加坡毕竟实行自由选举，人民在国会议员选举中可以自由投票。反对党为了提高支持率，往往拿腐败等问题攻击新加坡人民行动党，宣传本党的廉洁等优点，以期获得选票，这样就在一定程度上对参加议员竞选的新加坡人民行动党党员形成压力。

二、廉政文化促进党内监督

在廉政文化建设方面，新加坡人民行动党了如下努力：

(一)领导人的示范作用有力地促进了党员自我监督

新加坡人民行动党领袖在反对腐败上有坚强的决心，党的创始人李光耀在这方面挥了不可替代的作用。毕业于剑桥大学、师出身的李光耀虽然身为党的领袖，权力少受到制约，但是他能够带头自觉尊重法，以身作则，保证自己不做违法的事情，这他在制裁违法者时能够理直气壮，从而顺推动廉政措施的实施。党的其他领袖们也身作则，包括后来的领袖吴作栋、李显龙都常强调自身廉洁，从而为高层廉洁树立了好的模范。正如李光耀 1992 年在菲律宾讲时所说：高层的政治领袖如果以身作则，立榜样，贪污之风就可以铲除。只要把两个高官绳之以法，就足以产生"杀鸡儆猴"作用。这是新加坡的经验。

(二)对党员和整个社会培养廉政意识

在廉政意识培养方面，新加坡人民行动不仅仅着眼于党员，也着眼于整个社会，社会中形成一种廉洁意识，从而对党员形有力监督。李光耀总结提出作为新加坡具体行为准则的"忠孝仁爱礼义廉耻"八，其中就有"廉耻"两德。新加坡人民行动很注意宣传"廉"观念。李光耀指出：我们创造一种舆论，告诉人们什么是错的，需受罚；什么是对的，应当发扬。他认为，如一个国家的公民美丑不分，对文明的行为以为美，对丑恶的行为不以为丑，那么，这国家距离垮台已为时不远了。通过对廉意识的培养，促进了新加坡形成一种浓厚"以贪为耻"的廉政氛围，大部分党员都能觉保持廉洁。

(三)对党员灌输危机感

新加坡人民行动党的领袖们充满了忧患意识、危机意识和生存意识，他们致力于向党员灌输这种危机意识。1965 年 10 月，时任总理的李光耀在一次高级公务员的讲话中说：新加坡要生存，唯一的办法是刻苦干练四字。他们认为，新加坡国土小，人口少，资源少，在粮食、水源等很多资源上依赖于外国，因此为了保证新加坡的生存，必须一直努力。在 1992 年 11 月的干部大会上，李光耀又说：我们必须让人民明白，我们现在所有只不过是一个富裕和和平的感觉。这不是真实的也不是永久的，我们现在只走到一半，还不能像瑞士那样，就像对面是一座山我们还要向上攀……否则我们将成为输家。这种危机意识使党员并不会因为新加坡取得如此骄人的成绩而有丝毫的乐观和自满情绪，避免了浮夸作风，避免了由于自我放松而导致腐败。

(四)培养儒家价值观

新加坡是一个受儒家文化影响相当深的国家。1994 年李光耀在北京举行的孔子诞辰 2545 周年纪念大会上说：从治理新加坡的经验，特别是 1959 年到 1969 年那段艰辛的日子，使我深深地相信，要不是新加坡大部分的人民都受过儒家价值观的熏陶，我们是无法克服那些困难和挫折的。新加坡人民行动党非常注重儒家所倡导的品德，主张以儒家思想治国和强调君子执政的新加坡人民行动党政府特别重视维护自己的道德权威。在人才选拔上首先注重候选人的道德，只有廉洁和正直的人才有可能进入候选人的行列。在新加坡前总理吴作栋接任总理前夕，李光耀曾这样评价自己接班人的品行：他的廉洁正直是没有问题的；在事业上，他对金钱是无动于衷的，你不能用金钱收买他或出卖他；在社交上，他的人际关系是一流的。

新加坡人民行动党的党员监督机制是根据新加坡的国情建立起来的，在党的努力下，已经形成了一套良性运作机制。

国外是如何预防腐败的

康贵民

国外是如何预防腐败的？笔者从以下几个方面进行了研究和总结，期望对我国当前正在开展的预防腐败工作有一定的参考和借鉴作用。

一、提出预防理念

20世纪以来，各国腐败大案层出不穷，震惊世人。出现在发展中国家和发达国家中的这种结构性、系列性的腐败现象使国际社会领悟到，单靠法律的惩治已经是杯水车薪，远不能遏制腐败现象的发展势头。“预防为主”的反腐理念为应付全球性的腐败形势而产生。对腐败问题的治理采取“预防为主”的方针，修正了以往把精力只放在事后处罚、挽回损失方面的被动局面。这是一种职能的转变，更是一种观念上的转变。第四届国际反贪污大会更为具体地指出：消除贪污、腐败要以预防为主。这说明，“标本兼治，预防为主”的预防腐败理念已经成为世界各国在反腐败问题上的共识。

二、组建预防机构

世界各国反腐败机构主要有两大类：一类是惩处与预防机构分设，另一类是惩处与预防兼而有之。国外专门的预防腐败机构职能主要是制定和执行有效的反腐败政策，定期对反腐败的相关法律、措施进行评估以确定是否有效。当前，建有典型的专门预防腐败机构的国家主要有韩国、法国和中国。韩国的国家清廉委员会专司预防腐败工作，其主要任务是研究制定预防腐败的政策方案，检查和协调有关部门开展预防腐败工作，进行反腐败宣传教育和国际合作等。法国设有“预防贪污腐败中心”，基本任务是收集国家政府管理和经济部门中有关贪污腐败的蛛丝马迹，分析腐败案件的类型，总结反腐经验，研究利用新科技手段预防腐败犯罪的各种可能性。这些预防腐败机构具有机构相对独立、权威和队伍精干、人员素质高的特点。

三、确定预防部位和领域

无论是透明国际组织、世行、经合组织等国际组织，还是发达国家、发展中国家，对预防发生腐败的重点领域或部位看法都比较一致，归纳起来大概有以下几点：一是对重点部门、重点行业的预防。对那些经济活动或交往活动频繁、掌管行政执法权和审批权、自由裁量权和有权支配巨额钱财或资源的部门和垄断企业，如交通、能源、通讯等战略性部门和公共采购、城建、工程建设、土地出让、金融证券、司法、医疗卫生、房地产、电力、社会保障等，以及有可能被不法商人列为拉拢对象的部门，进行严格管理，有针对性地制定特别规定；二是对易发生腐败活动的重点环节的预防，如对政府工程项目、大宗进出口贸易、高额贷款项目进行监控；三是对高级官员、特殊政府部门中退职的官员、易于产生腐败行为的官员以及曾对政府官员行贿的人员进行重点监控。另外，西方国家对官员个人预防的重点主要是对其公务、个人经济生活进行全面的控制，包括公职选举、吏治制度、党派活动、公务活动、日常交往和个人收益等方面。

四、建立预防机制

在预防腐败机制建设问题上，注重多管齐下，实施综合治理，大致有以下几种模式：

1. 高层协调机制。如韩国每年要召开3—

次"腐败关系部门协议会"。参会者是腐败多发易发的政府部门和大型企业,由总统办公室和国家清廉委员会召集,国家反腐败机关列席,总统亲自主持,分析和讨论存在的问题,部署下一步的预防腐败工作任务。

2.国际合作机制。如《联合国反腐败公约》规定,缔约国应当就打击公约规定的腐败进行国际合作,建立包括引渡、司法协助、执法合作等合作机制,以获取预防腐败的最新经验与信息,同时防止本国腐败行为超出国界。现在,国际上以联合国为代表的组织,通过交流与合作,联络国际上的各个官方和民间组织机构开展预防和打击腐败工作。

3.廉政评估机制。如韩国1994年成立了独具特色的国民苦衷处理委员会,受理解决政府部门错误或不当行政行为对公民的侵害。根据公众对腐败问题的投诉情况和公民问卷调查结果等,制定政府部门清廉评价指数,对其廉政建设的成效进行评估,并以白皮书方式向社会发布。清廉指数低的政府部门的部长要定期在媒体上轮流接受公众和专家的质询。这些措施震动很大,各政府部门据此加强内部廉政建设。

4.合理薪酬机制。如英国从法律上规定一般公务员的实收工资不得少于最低生活费用的120%,且必须高于劳动者保障工资额,而国家的津贴、奖金收入更为可观。另外,公务员实行无过长期任职制,工作相当稳定,退休金也高于私营部门,对官员给予充分的报酬大大减少了官员腐败的必要性,有效预防了腐败行为的发生。

5.信息公开机制。如新西兰的法律规定,任何政府信息经公民要求必须予以公开,并且由监察专员公署负责监督信息公开过程,保证每一个政策环节公开透明,防止政府部门及其雇员营私舞弊等不良行为。以选拔公务员为例,所有公职人员岗位出现空缺都须通过各种媒体提前向社会公布,社会各阶层人员(包括外国人)都有资格参加竞争上岗,相关部门成立考核小组进行评判,择优录用,招考过程高度公开、透明,几乎不可能作弊。

6.社会参与机制。如瑞典是最早开放政府记录供民众查询政府官员廉洁与否的国家。早在230多年前,瑞典任何一个公民都有权查看官员直至首相的财产及纳税清单,该制度一直延续至今。如果公众发现哪个官员账户上出现了不明进项或不正常消费,可能就要接受调查。通过简化行政程序,建立公众与国家机关的联系管道,保证了社会积极参与预防腐败工作。

7.防止私营部门腐败机制。很多西方国家制定了私营机构廉洁的标准和程序,促其形成良好商业惯例,制定私营部门的会计和审计标准,并酌情对不遵守措施的行为进行处罚,从而有效地防止公职人员和私营企业主的勾结。

五、采取预防方法

世界各国政府在预防腐败活动中逐渐意识到,预防是一个系统工程,为此,必须采取多种方式防止腐败发生。

1.严密法网。在预防腐败制度建设上,国外普遍注重立法和道德约束,制定了比较完备的法律法规。这是一种最主要的预防腐败的方法。国外预防腐败的法制建设有两个特点:

一是完备。许多国家既有最高立法机构制定的反腐败总法规,又有配套的分类制度。而且这些法制大多数是预防性而非惩罚性的规定,预防腐败内容占的分量很重。这反映出他们对治理腐败的基本态度是避免腐败发生,防患于未然。如英国的《防腐化法》,美国的《从政道德法》,韩国的《防止腐败法》,新加坡的《公务准则》,俄罗斯的《国家公务员体制法》,日、法、德等国的《公务员法》等。分类法规如美国的《国务院官员责任和行为守则》,日本的《教育公务员特别法》,印度的《中央文官行为准则》,巴西的《联邦高官行为准则》,法国的《法官章程》、《议会工作人员章程》,德国的《腐败预防准则实施建议》等。这些法规制度上下衔接,构成体系。

二是细密。这些法规的预防性内容主要

有：财产申报、人事任用回避、限制公务员家属从事某些营利活动、限制退休公务员从事经营活动、公务员收受礼品和接受宴请、公务接待等。法规对这些事项规定得非常具体，使每个公职人员都能“对号入座”，可操作性和适用性很强。如芬兰法律规定，公务员不能接受价值较高的礼品。所谓“价值较高”，根据物价指数调整，一般在 24 美元（20 欧元）左右。芬兰的物价水平较高，在一些餐馆里，一杯白开水可能都要 5 美元。这样看来，如果请公务员喝白开水，也要数一数能喝几杯才可以。新加坡法律规定，接受下属人员的款待，必须报告时间和地点，款待必须适度，不能超过款待者月工资的 2%。这些详细的、具体的、明确的行为规范严格约束了公务员的行为，较好地做到有效防范腐败。

2. 开展教育。注重发挥教育在预防腐败中的特殊功能。法国预防腐败教育的主要对象是国家公务员，重视对公务员队伍进行职业道德、操守和行为规范教育；英国注重加强职业道德教育，如“公共生活七原则”，即无私、正直、客观、负责任、公开、诚实和发挥典范作用，这也是英国公务员制度的一个重要组成部分。

3. 吸收公众参与。公众监督属于体制外的预防。国外把公众参与当作预防腐败的重要组成部分，没有这一部分就不能形成社会对腐败的综合治理。公众被允许咨询官员的个人经济状况，查阅官员的财产申报情况，这是西方国家采取的比较普遍的公众参与反腐做法。另外，反腐败机构接受公众对官员腐败的投诉，并采取措施保护投诉人的安全，也是国外吸收公众参与预防腐败的重要途径。

4. 信息公开透明。西方国家十分注重对官员公务活动和个人经济状况进行公开，表现在如下方面：反腐败机构参与对官员财产申报的监督；官员在公务活动中对有关制度执行情况的巡查；向有关部门报告官员申报材料中的问题；向公众通报官员财产申报情况；允许公民自由查询政府资金的去向情况等。如巴西设立了政府“透明网站”，公布所有联邦政府拨款的信息，任何公民均可上网查看公共资金的去向。近期，巴西联邦政府所有物品、服务的采购和招标都在网上进行，实行电子竞价，有效预防了腐败行为发生。

5. 开展舆论监督。西方国家注重发挥舆论监督作用，引起公众对反腐败行动的关注。同时还向媒体主动提供有关反腐败的新闻素材，鼓励媒体揭露腐败事件。如奥地利监察院每月召开一次新闻发布会，散发有关材料，向 300 多家新闻单位通报有关情况，组织电视讨论，形成压力，有利于预防腐败发生。

6. 实行财产申报。有关财产申报、登记和公布的制度，被称为“阳光法”。西方多国参与签署的《阳光法案》对官员的个人财产收入实行申报，予以公开化。这是西方国家预防腐败的通行做法。美国于 1965 年颁布的《政府官员及雇员道德操行准则》对各类高级官员及其配偶、子女的财产申报做了规定，1978 年美国国会又颁布《道德法案》，对此问题进一步做了全面而系统的规定，堪称财产申报立法的典范。美国总统、副总统每年申报的收入和纳税数字无一例外成为新闻报道的热点。

7. 加强道德教育。道德教育是预防腐败的重要组成部分，以弥补法律惩戒所遗留的空缺。在世界上最清廉的国家芬兰，全国各地法院每年受理的行贿受贿案件不足 10 起，而且几乎没有大案。专家认为，这与其良好的社会道德以及民族历史文化传统有密切的关系。国外从道德视角设计其反腐败工作，通常有三种做法：一是不断丰富和调整道德行为规范，如美国有专司廉政文化建设的政府道德署，美国的《公务员道德法》就由最高立法机关国会通过颁布，可见其对“以德治国”的重视。二是开展形式多样的道德教育活动。三是领导的道德示范作用。典型例子是古巴。古巴政治局委员也住在普通居民区，生活轻车简从，传为佳话。

8. 利用科技手段。现代科技手段具有公开性、严密性、程序性、实时交互性等特点，这些特点与预防腐败的制度设计相结合，显示着规范权力、制约权力的强大功能。在腐败犯罪形式日益多变、更加隐秘、更加国际化的形势下，利用科技手段更加专业化地预防腐败发生，是永远不会过时的一个话题。《联合国反腐败公约》提出，要通过技术援助和信息交流的方法，加大利用科技手段来预防腐败。如韩国针对首都房地产建设竞争过热、不正当行为普遍的问题，实行了特别顺序制规定，优先保障解决无房户项目的建设和销售，并建立了电子数据系统，避免类似问题继续发生。

（此文载《中国党政干部论坛》2008 年第 6 期）

第十三部分

政工干部和学者论坛

发挥国企党委政治优势　促进区域经济共同发展

——涟钢党委促进本区域内主体企业与相关企业共同发展的思考与实践

张怡中

涟钢是一个有着50年历史的大型钢铁联合企业，与中国很多具有几十年历史的大型企业一样，几十年来既使自己获得了很大发展，又带动了区域内相关企业的成长和发展，同时还促进了区域经济的发展。随着改革开放的不断深化，在同一个区域内，以涟钢为主体，多种经济组织并存已成为现实，而如何促进本区域内主体企业与相关企业共同发展，又是摆在我们面前的一个重大课题。这些年来，涟钢党委按照科学发展观的要求，坚持解放思想，发挥政治优势，履行社会责任，在本区域内促进主体企业与相关企业共同发展方面做了一些有益探索。

一、以解放思想为动力，当好主体企业与相关企业共商的联络者

不断解放思想是涟钢持续发展的动力之源。党的十七大报告指出，要"坚持解放思想、实事求是、与时俱进"。改革开放30年来的实践证明，解放思想是党的思想路线的本质要求，也是我们适应新形势、应对新挑战、认识新事物、完成新任务的重要法宝。涟钢作为一个1958年建成投产的国有老企业，经过50年改造发展，成为现代化的大型钢铁联合企业和重要的超薄板带材生产基地，离不开坚持不懈解放思想。特别是在国民经济三年困难时期想方设法保留一座高炉"冒烟"，在改革开放初期率先实行利润递增包干，在新世纪初成功争取并优质高速建成200万吨超薄板带钢工程及其配套项目等，每一次在决定涟钢改革发展的关键时期，都是各级党委和政府以解放思想来指导我们，一代又一代涟钢人以解放思想为动力创造的结果。

正确面对主体企业与相关企业长期共存发展的客观现实。"大企业、小社会"，这是计划经济时期对国有大企业生存状况的生动写照。改革开放30年来，随着市场经济体制的建立完善，国有企业改革改制，处于社会转型期的国有大企业往往都已围绕主业建立起一个多元化发展的"大企业、大社区"。现在的涟钢，已经形成一个以钢铁主体企业为"龙头"，相关企业辅助配套，多种经济成分并存，国有独资与股份制、合资、集体、民营、个体企业竞相发展，主体企业文化与相关企业文化相互交融，近两万职工与四万职工家属、上万外来人口聚居的独特区域。在这个区域里，以涟钢为核心，相关企业大体可分为四个层次：一是涟钢控股、参股的紧密层，如涟钢各改制子公司、各参股控股公司等；二是计划经济时期随着涟钢发展而发展起来的支持层，如几个集体企业；三是服务主体企业生产经营与技改建设的合作层，如本地或外来的建筑、工程、检修、设备制造等相关服务型企业；四是与主体企业的资源供应、产品销售及文化生活紧密相关的辐射层，如供应商、经销商与产品用户、周边企业等。这些企业总数可能上100家。主体企业党组织与相关企业党组织的关系，大体可分为三种情况：一是对紧密层、支持层企业党组织的委托代管关系；二是对合作层企业的合作关系；三是对辐射层的辐射影响关系。

切实担负起主体企业与相关企业联络共商的责任，是区域经济发展对主体企业党组织的必然要求。在利益分化和利益主体多元化的今天，主体企业与相关企业的利益矛盾和冲突必然存在。无论是主体企业还是相关企业，其董事会、经理层都只能"各为其主"，对各自的股东负责，目标的不一致性必然导致企业之间利益

的冲突；政府管理有时难以到位，有时协调不及时。而主体企业的党组织没有自己的特殊利益，能够站在公正、客观的立场上处理相关利益关系，这是企业党组织的独特优势。同时，主体企业党组织与相关企业党组织之间的委托代管关系、合作关系、辐射影响关系，也使主体企业党组织担当起主体企业与相关企业共商的联络者这个角色成为必然。

当好主体企业与相关企业共商的联络者需要不断解放思想。毛泽东同志曾经说过，社会的发展到了今天的时代，正确地认识世界和改造世界的责任已经历史地落在无产阶级及其政党身上。主体企业党组织要当好主体企业与相关企业共商的联络者，必须解放思想，用改革创新精神创造性地工作。要树立协调发展才能促进科学发展的思想，切实摒弃“无关论”、“困难论”和“多一事不如少一事”的观点，敢于克服怕“引火烧身”、惹来麻烦，怕牵扯精力、影响主体，怕“抢权揽权”、带来非议，怕本末倒置、“不务正业”等思想障碍，积极履责、勇于担当，发挥主体企业党组织的政治优势，按照党的十七大要求，充分发挥基层党组织推动发展、服务群众、凝聚人心、促进和谐的作用。只有这样，主体企业党组织担负起服务区域经济、协调各方发展的角色，才能理直气壮，才能放开手脚，才能收到应有的效果。

二、以共同发展为目标，当好主体企业与相关企业发展的统筹者

“科学发展观，第一要义是发展，核心是以人为本，基本要求是全面协调可持续，根本方法是统筹兼顾”。其中，统筹区域发展，是各级党组织推动协调发展的重要内容之一。这些年来，涟钢党委主动履责，大胆工作，积极当好主体企业与相关企业发展的统筹者，为区域内企业的共同发展发挥了主体企业党组织应有的作用。

一是树立和谐发展理念，把统筹区域发展作为构建和谐企业、和谐社区的切入点。主体企业与相关企业同在一片蓝天下，同饮涟河水，既是企业法人之间的兄弟关系，又有长期形成的千丝万缕的人际关系，可谓唇齿相依、血肉相连。任何一个企业的发展问题、和谐问题都涉及到主体企业的发展与和谐。涟钢党委坚持以区域和谐发展为落脚点，以主体企业与相关企业统筹发展为切入点，首先从发展战略上统筹考虑。积极促进主体企业在制定发展战略时，将紧密层、支持层、合作层企业作为主体战略发展的要素组成，纳入主体企业的战略规划统筹考虑。其次在规划执行层面统筹考虑。在制定主体企业中长期发展规划时，同时明确“做强主业、做大‘两头’”，“打造牢固的上下游产业链”，“大幅度提升集团实业的盈利能力”等促进相关企业共同发展的战略举措。再次在战略分解落实层面统筹考虑。将紧密层企业的供产销、技术改造项目作为主体企业生产经营与协作的重要组成部分，纳入主体企业生产经营与技改建设的日常计划。长期以来，涟钢区域内相关企业保持有序运行，和谐发展，既实现了相关企业与主体企业的功能互补，又避免了相关企业之间的恶性竞争，为主体企业的发展与整个社区的和谐创造了良好的条件。

二是坚持共同发展目标，正确处理主体企业发展与相关企业发展的关系。现代企业的竞争，是产业链的竞争，是区域内企业群体的竞争，过去那种靠主体企业单打独拼、“先主业、后辅业”的发展模式，已不能适应竞争的需要。我们把主体企业与相关企业共同发展作为统筹涟钢所在区域发展的目标，在努力发展自身的同时，促进和带动区域内相关企业共同发展。近年来，随着涟钢规模扩张、产品结构调整，涟钢党委在服务企业做强主业的同时，积极支持将部分炼焦、耐材、产品包装、物流运输、三废资源回收处理、设备检修维护、建筑安装、劳务派遣等每年总额达十几亿元的业务分配给区域内相关企业，让主业集中精力“做强”，让相关企业发挥优势“做活”，既给它们解决了“有事可做”的问题，也解决了“做正确的事”的问题，避免了投

资的重复与资源的浪费，为相关企业与主体企业协调发展奠定了坚实的基础。

三是建立统筹发展机制，把主体企业与相关企业统筹发展落到实处。以解放思想为动力，以主体企业党组织与相关企业党组织之间的关系为纽带，涟钢党委逐步探索建立起一套区域统筹发展的工作机制。建立定期研究工作制度，党委主要负责人与相关企业党组织负责人就重大工作事项定期进行研究与沟通；邀请党组织关系托管企业领导班子成员参加主体企业每五年一届的党代表大会，每半年一次的常任制党代表大会，每月一次的月度工作例会、月中党委书记（纪委书记、工会主席）工作交流会；主体企业党政下发的有关文件、工作计划安排与活动部署，同时印发各相关企业，确保了相关企业与主体企业保持思想统一，发展同心，工作同步，促进了区域内主体企业与相关企业统筹发展机制的完善。

三、以共同价值理念建设为根本，当好主体企业与相关企业文化的引领者

文化是社会的粘合剂，它对生活于其中的人们产生同化作用，进而成为影响社会或组织发展的巨大力量。随着改革开放的不断深化，涟钢党委逐渐认识到，在有多种经济组织并存的区域中，产生反映不同利益主体需求的不同思想观念和价值取向是一种客观必然，而这种多样化的价值观念既不能放任不管，又非主体企业的行政力量所能调适。发挥政治优势，担当历史责任，涟钢党委较早地主动扮演起了主体企业与相关企业文化引领者的角色。

一是培育共同价值理念，引领多样化的价值观念。共同价值理念培育以市场经济观念和社会主义核心价值体系为重点。2004 年，当涟钢主业完成重组、辅业实施改制，多种经济组织将在涟钢区域内蓬勃发展的时候，涟钢党委即组织包括涟钢集团、华菱涟钢、涟钢薄板各直属党委以及集体企业、拟改制企业在内的党组织负责人，围绕“社会主义市场经济与企业可持续发展”、“主辅分离辅业改制”主题，开展了两场较大规模的培训教育活动，引导各种经济组织牢固树立“市场经济是竞争经济，要加强核心能力建设；市场经济是法制经济，要坚持依法治企原则；市场经济是信用经济，要倡导诚实守信文化；市场经济是开放性经济，要提升治理公司的能力”的观念。党的十七大提出建设社会主义核心价值体系的重要战略任务后，涟钢党委及时部署辖区内各种经济组织的党组织紧密结合自身实际，用马克思主义中国化最新成果武装全体员工，用科学理论引领企业发展方向；引导员工牢固树立中国特色社会主义共同理想，增强对共同理想的信念和企业发展的信心；用民族精神、时代精神和企业精神鼓舞斗志，激发全体员工的爱国爱企和改革创新的热情；用社会主义荣辱观为道德引领，大力加强思想道德建设，提高员工素质，形成“扬荣弃耻、共建和谐”的涟钢社区新风尚。市场经济观念和社会主义核心价值体系，成为区域内经济组织多样化价值观念的统领。

二是加强主体企业文化建设，让主体企业文化在区域文化中发挥主导作用。主体企业党委要扮演好相关企业文化引领者的角色，主体企业自身的企业文化建设必须具有鲜明的特色和强烈的感召力、吸引力、凝聚力。近年来，涟钢党委高度重视企业文化在企业发展中的作用，致力促进企业从经验管理、科学管理向文化管理迈进，提炼并形成了以“诚信，人和，创新”为核心价值观、以“为用户创利，为员工造福，为股东增值，为社会履责”为企业使命、以“精品板材，卓越企业”为企业愿景、以“崇尚学习、勇于创新、团结拼搏、追求卓越”为企业精神、以“精诚、精业、精品”为经营理念的企业理念体系，用共同的价值观统一员工的思想观念和行为规范。在此基础上，推行 5S、六西格玛、TnPM 管理和标准化作业，开展全员素质教育，实施岗位量化考评，有效提高了员工队伍的素质；制定并实施《涟钢员工全面发展白皮书》，开展员工职业生涯规划设计，拓展职业发展通道，建立扶贫

帮困长效机制，实现“三个确保”承诺，大大激发了员工为企业奉献才智的创造性和热情。不断推进的企业文化建设为涟钢跨越式发展提供了有力支撑，公司先后荣获全国“五一”劳动奖状、全国质量管理奖、全国模范职工之家等荣誉称号，双菱牌商标被评为中国驰名商标，企业美誉度和文化软实力不断提升。涟钢的和诚文化也潜移默化地影响着区域内的人们，进而影响着区域内的相关企业，为促进主体企业与相关企业合作共赢、实现共同发展目标奠定了坚实的思想文化基础。

三是坚持和而不同，实现主体企业与相关企业在区域文化建设中的不同侧重。无论主体企业还是相关企业，从其本质属性来看，都是以市场为导向、以赢利为目标、从事商品生产和经营活动的经济组织，其市场主体地位和因之而形成的各自的企业文化都应受到尊重。但是，在“合作共赢、共同发展”的主题下，主体企业和相关企业的文化中的某些因子必须得到强化或者弱化。涟钢党委通过发挥政治优势，从三个层面对主体企业与相关企业的文化建设进行引导。首先，在角色定位上，要求主体企业在共同发展中“主导而不主宰”，充分尊重相关企业，不能有高人一等、盛气凌人的优越感；相关企业在共同发展中“依托而不依赖”，不能有失去自立、“等靠要赖”的依附思想。其次，在价值取向上，主体企业要讲共同发展，不能“独善其身”；相关企业要讲合作共赢，不能“单边索取”。再次，在行为方式上，主体企业要对相关方负责，关联交易必须依法依规，不能因“血缘”关系而循私情；相关企业要对自身负责，业务活动必须合理合度，不能因“熟人”关系而违反制度。总之，主体企业与相关企业既要尊重历史、相互支持、共同发展，又要遵循市场经济的公平正义、权责对等法则，诚实守信，互利共赢。

四、以合作共赢为基础，当好主体企业与相关企业利益的协调者

马克思有句名言：人们努力奋斗所争取的一切，都同他们的利益有关。协调利益关系，有效化解矛盾，推进共同发展，构建和谐社区，主体企业党组织必然承担更多的责任与义务，这是基层党委的使命所在，也是科学发展观的要求所在。涟钢党委在协调主体企业与相关企业利益时，坚持以合作共赢为基础，发挥政治优势，注重事前把关，从协调机制、自主发展、制度制定、环境优化方面做好协调工作。

一是搭建平台，建立协调机制。涟钢党委通过近些年的探索，建立起了多个层面的协调平台：建立月度工作交流例会制度，通过这一平台，及时传达党和国家的方针政策，通报区域内各种经济组织的工作动态，提出利益协调的有关要求；在“十五”期间，成立了中共华菱涟钢超薄板带钢工程建设工作委员会，在“十一五”期间，成立了中共华菱涟钢产品结构调整与薄板深加工项目建设工作委员会，通过建设工委这一平台，对来自全国各地参与涟钢改造建设的设计、施工、监理、设备制造等各种经济组织的利益矛盾进行了及时调处，促进了涟钢主体、内部施工企业、外来施工单位的共同发展；对有资产纽带关系的各相关企业，则采取“双向进入、交叉任职”的形式，按责任、权利、义务相统一的原则，完善党组织参与重大问题决策的规则和程序，将党组织政治核心作用贯穿于决策、执行、监督全过程，起到协调利益的作用。

二是明确原则，促进自主发展。涟钢党委高度重视改制企业的自主发展，既着力促成涟钢主体力所能及地给予改制企业政策、项目、市场扶持，又着意防范改制企业产生“等靠要赖”思想，丧失自我发展能力，于是提出了“让市场，不让价格”、“适度保护，合理竞争”的原则，保持改制企业基本内部市场份额。鼓励改制企业围绕主体企业的发展规划，找准自身的产业方向和切入点，投资参与相关配套项目及产业链延伸项目建设，培育新的经济增长点，形成合理产业规模。充分发挥董事会和监事会的作用，促进改制企业完善法人治理结构，创新经营管理机制，规范企业运作，提高管理水平，实现改制

企业稳定和壮大。

三是健全制度，规范市场秩序。区域内主体企业与相关企业以及相关企业互相之间的矛盾，主要表现为市场、业务与关联交易的矛盾，这些矛盾处理，曾牵扯了主体企业太多的精力。为了规范市场秩序、避免恶性竞争、促进共同发展，涟钢党委通过调研和不断摸索，促成主体逐步建立和健全了内部市场制度和关联交易制度。对紧密层企业，如炉料、田湖、机电、建设、物流等改制企业，由主体与相关企业签订关联交易协议，以合同的形式明确双方的权利与责任，这样既保证了主体生产相关协作业务的及时到位，又消除了改制企业害怕失去市场的担忧，夯实了共同发展的基础。对支持层、合作层企业，涟钢制定企业产品与业务目录，确定业务承接顺序，形成以主体企业为中心的内部市场体系。对辐射层企业，建立分级客户管理制度，根据客户的资质、信誉以及合作情况，每年进行评分评级，业绩不良、诚信度差的企业从客户名单中取消。

四是共建共享，优化社区环境。环境是主体企业与相关企业共同发展的依托与前提。涟钢党委主要从企业的社会责任入手，营造良好的发展环境。一方面着眼可持续发展，加强主体企业的节能减排，并通过主体企业的示范作用引导、约束相关企业节能减排，共同实现区域环境的改善进而赢得发展的广泛支持；另一方面，着眼和谐社区建设，加大住房、医疗、道路、文化体育设施投入，加强社会治安综合治理、社区文明创建和群众性文体活动，为待业子女提供就业支持，关爱帮扶困难群体，通过直接提高主体企业员工、家属的生活质量进而间接提高相关企业员工、家属的生活质量，总体提升涟钢社区的美誉度和吸引力，为主体企业和相关企业的可持续发展吸引包括人才、智力、资金、管理在内的更多优质资源。

以大企业为核心的区域发展、社区建设，是我国政治、经济、文化、社会“四位一体”建设中的一个重大课题，也是企业党建工作的一个崭新课题。涟钢党委在这一方面仅仅做了一些初步的思考与探索。随着社会主义市场经济体制的不断完善和国企改革的不断深入，我们将在科学发展观的指导下，继续解放思想，努力探索实践，进一步当好本区域内主体企业与相关企业共商的联络者、发展的统筹者、文化的引领者、利益的协调者，为促进区域内企业的科学发展作出更大的贡献。

（作者：涟源钢铁集团有限公司党委书记）

高职院校学生干部选拔与培养工作长效机制研究

芮柏苓

大学生是青年中的优秀群体，是我国社会主义现代化建设的预备队和生力军，也是构建社会主义和谐社会的一支重要力量。学生干部是大学生中最活跃、最具潜质、最具影响力和号召力的先进分子。加强学生干部的选拔与培养，使他们逐步成长为政治素质高、业务能力强、作风形象好、群众基础牢的优秀人才，是高校党建和思想政治教育工作中的一项光荣任务，是事关构建社会主义和谐社会，事关党的事业后继有人和国家长治久安，事关全面建设小康社会和中华民族的伟大复兴的大事。

党和政府历来高度重视高校学生工作和学生干部的培养工作。毛泽东同志、邓小平同志、江泽民同志都对做好这项工作作出过重要论述。胡锦涛总书记对加强高校学生干部培养工作作过重要批示。他指出，重视并加强对学生干部的培训和实践锻炼是一件有深远意义的事情，要注意总结各地行之有效的经验，引导一大批优秀学生干部健康成长。2006 年，团中央、全国学联在广泛调研的基础上，制定下发了《全国高校学生干部培养规划(2006—2010)》，明确了学生干部培养工作的指导思想、工作原则、主要任务。作为高职学院，我院在落实《高校学生干部培养规划》，加强学生干部选拔与培养工作方面做了一些探索，在实践中积累了一些有益经验。

一、把学生干部培养工作纳入学院人才培养总体规划

学生干部是高职学院校园活动中的积极组织者和主要参与者，是学院育人工作、校园文化建设的中坚力量。学生干部的素质和能力，直接关系到学院的人才培养质量。我院党委高度重视院团组织建设和学生干部培养工作，按照党建带团建的要求，切实加强和改善了对院共青团工作的领导，把学生干部培养纳入学院人才培养总体规划之中，确定一名党委副书记分管共青团工作，一名行政副院长协管共青团工作。学院分管领导经常听取共青团工作汇报，学院党委每年召开一至二次会议，专题研究共青团的工作。院团委书记列席院党委、常委的有关会议。

为深入贯彻团中央、全国学联《高校学生干部培养规划(2006—2010)》通知精神，充分发挥团、学干部在学生自我教育、自我管理、自我服务中的作用，学院党委于 2007 年下发了《关于做好 2007 年学生干部选拔任用工作的通知》(船院党字〔2007〕46 号)，成立了学生干部选拔任用工作领导小组，党委副书记、学生工作副院长任组长，团委书记任副组长，党委宣传部、组织部、纪检审办、学生处、教务处、保卫处等相关部门领导为成员，设立学生干部选拔任用工作办公室，明确规定了选拔任用办法。

二、建立健全学生干部培养工作长效机制

(一)建立健全选拔机制

学生干部的选拔是培养的前提，是实现有效管理的一个重要条件，因此，高校必须重视学生干部的选拔工作。《高校学生干部培养规划》中指出："建立健全选拔机制。坚持'自愿、民主、公开、公正'的原则，依照团的章程、学联和学生会章程及相关制度，采取民主选举、组织推荐、公开招聘等多种方式，把政治素质好、品学兼优、组织领导能力较强的学生选拔到学生干部岗位上，保证学生干部的高素质。"按照这个通知精神，我们的做法是：

1. 把握用人标准，科学选拔人才

首先，制定科学的选拔标准。依照团的章程、学联和学生会的章程、班级管理及有关规定，从思想品德、学习成绩、工作热情、工作能力、奉献精神、吃苦精神、服务意识、同学中的威信、教师的了解和信任等方面进行综合考察，确保所选拔人才的可靠性、可用性和可培养性。

其次，严格做好竞选人资格审查。在系部把关的基础上，对选举人按两种层次进行审查。一是提交教务处、保卫处等学院职能部门，按资格条件进行审查；二是面向全院进行公示，接受全院学生的监督。

2. 合理优化选拔程序

学生干部选拔的基本程序是推出岗位、公开报名、资格审查、竞职演讲、代表测评、领导小组研究决定、公示、任用等八个步骤。

为让学生更好地参加到选拔工作中来，学院利用板报、广播、网站等形式对外公布岗位设置、选拔办法、选拔程序、学生干部条件及岗位指数，提高工作的透明度，并开通了两部咨询电话。

竞岗测评按学院、系部、班级三个层次进行。每层次按以下步骤进行：一是召开学生代表大会，竞选人竞岗演讲，各级领导小组分别参

加相应测评大会，当场公布测评结果。二是每场测评结束后，召开各领导小组会议，预审定对每个岗位前两名为拟用人选。三是及时对拟用人选进行公示，接受全体学生对公示人选的评议审核，三日后公示任用人员。

对于大学一年级新生班级学生干部的选拔，可由辅导员参考学生档案资料，根据个人自荐情况和入学后的表现临时指定，试用一段时间后，按照学生干部选拔程序进行竞争上岗。

我院2007年启动的学生干部选拔工作，推出475个岗位，其中院级82个岗位、系部393个岗位；有近3000人报名参加竞选，报名人数占院学生总人数的35％。一个月内，新当选的学生干部全部到岗。

竞岗活动，增强了学生的竞争意识，锻炼了参选人的综合能力，更为每名参选人提供了一个展示自我的舞台。正如竞选学生所说，"竞选没有成败输赢，敢站在这个舞台上，我就是成功的，因为我从来没有尝试过"。学生干部选拔活动，为学生的健康成长奠定了良好的思想基础。

我们有理由相信，竞选产生的学生干部不但威信高、能力强，而且政治素质过硬；院系两级28场竞岗大会的成功举办，也为学院各级团组织提供了一个锻炼能力的平台。

这项工作使我们认识到，学生干部的选拔聘用是一项认真严肃的工作，要解放思想、更新观念，破除论资排辈、求全责备、迁就照顾等陈旧观念；要拓宽选拔视野，用摆"擂台"变"伯乐相马"为"疆场赛马"选贤，活"源头"、多渠道汇聚人才，真正选拔出政治可靠、思想过硬、具有开拓精神、愿为同学服务、威信较高、成绩突出、具有较强工作能力的学生担任各级学生干部。

（二）规范学生干部培训工作

学生干部的思想认识以及工作能力的提高，是需要培养的。学生干部的培养教育工作是一项长期而艰巨的任务。

1. 明确培养原则

要坚持培养政治素质和提高工作能力兼顾，普遍培养与重点培养相结合，教育培训与实践锻炼相结合，组织培养与自主教育相结合，阶段培养与长期培养相结合的原则。通过教育培养和实践锻炼，不断提高学生干部的思想政治素质、政治理论水平、创新实践能力和组织协调能力。

2. 明确培训内容、方式及方法

一是把思想政治素质培养放在首位。作为优秀的学生干部，必须具有明确的政治方向，对中国共产党和中国特色社会主义有坚定的信念。为此，我们坚持不懈地用马列主义、毛泽东思想、邓小平理论和"三个代表"重要思想武装学生干部，用科学发展观教育学生干部；制定了切实可行的培养目标和计划，以院系两级团校、党校为阵地，保证了每个学生干部都参加政治理论学习；充分利用已有的校内外报刊、杂志、广播站、宣传网络，开辟学生干部思想政治学习专刊、专栏；积极引导，将学生干部的行为纳入正确轨道，提升其认识水平，使其树立"先天下之忧而忧，后天下之乐而乐"的精神追求和理想境界。

二是培训内容、方式、层次要全面。在培训内容上，既突出政治理论、科学理论的学习，又注重工作方法和领导能力以及处理突发事件能力的培养。在培训方式上，既充分利用我院现有的团校、学生党校和学生干部培训班等有效形式，又充分利用爱国主义教育基地、法制和国防教育基地、社会实践基地、就业见习基地等社会培训教育资源，增强了培训工作的开放性、专业性、科学性。在培训层次上，既面向全体学生干部，进行全员培训，又突出重点，加大对学生干部骨干的培训力度。

三是重视实践锻炼。深入开展实践锻炼，高度重视实践环节在学生干部培养过程中的重要作用。组织学生干部广泛深入地参与实践锻炼，利用假期组队参加"三下乡"和进社区等社会实践活动，组织和引导学生干部积极参加日常志愿服务，积极探索高职院校优秀学生干部在校挂职（担任低年级辅导员）锻炼培养的有效途径。

四是坚持培养与使用相结合。实践表明，对学生干部的培养要坚持“在培养中使用，在使用中培养”。给学生干部交任务、压担子、搭舞台。通过承办各种活动项目，对学生干部进行强化锻炼；通过组织一定的社会工作、社会活动，提高他们组织管理、语言表达、解决问题等方面的能力。

五是搭建经验交流平台。定期举办学生干部经验交流会，提高学生干部的工作能力，鼓励学生干部结合工作实际积极进行理论探讨和工作创新。

（三）建立健全约束机制

学生干部考核工作是学生干部管理工作的一个重要组成部分，也是我们全面真实地掌握学生干部的思想、工作和学习情况，培养、选拔、聘用学生干部的依据。《高校学生干部培养规划》中指出：“坚持高标准、严要求的培养方式，强化学生干部的表率意识、模范意识、自律意识，加强对学生干部的教育、监督和管理。”按照团中央、全国学联制定的《高校学生干部守则》，学院团委、学生处对学生干部遵守《守则》的情况予以认真考核，并制定了科学的评价方法，对学生干部的表现和综合素质进行评价。同时，严格学生干部素质拓展特色学分的认定，对主要学生干部的评价以鉴定的形式计入本人档案。

我院学生干部考核是从思想品德、学习成绩、工作能力、工作作风、工作成绩等方面进行的。采取日常考核与定期考核相结合的方法。日常考核由分管部门和辅导员负责，发现问题及时提醒解决，及时整改。定期考核每学期一次，学生工作组织和共青团组织根据学生干部个人情况进行定性、定量考评，考评等级可分为优秀、良好、及格、不及格四个等级，并建立考核档案。

院级学生干部由院学生处、团委负责考核，系级学生干部由系学工办、团总支负责考核，班级学生干部由辅导员负责考核。

学生干部的考核工作要坚持原则，实事求是，全面分析，做到客观公正准确。对考核不格的学生干部要调整、撤换。实行“优者上、者下”的动态管理模式。

（四）建立健全激励机制

对工作积极、成绩显著、群众基础较好的生干部，要给予表彰和奖励。团中央、全国学设立了“全国高校学生干部奖章”，每年颁发次，用于奖励表现突出的优秀学生干部。我按照《渤海船舶职业学院优秀学生干部实施则》，每学年都要评选“优秀学生干部”、“优秀干部”，对其进行表彰和奖励。同时，学院还台了《推荐优秀共青团员、青年入党实施细则在团组织推荐优秀团员作为党员的发展对时，根据考核情况以及工作表现，把优秀学生部和优秀团干部作为重点对象进行推荐。学院党委、行政部门的支持下，对表现特别出的学生干部，在推荐免试本科生和推荐业等方面给予倾斜。对参加培训后考核合的学生干部，颁发培训证书，提高他们的就竞争力，积极向用人单位和社会各界推荐秀学生干部。

此项举措，给我们的体会是：对学生干部行激励，能够提高学生干部工作的积极性和动性，更重要的是对学生干部进行激励会促学生干部对自己的反思，有助于培养学生的我发展、自我成才的能力。同时，对学生干部激励过程也是学生干部相互学习的过程，在励过程中学生干部会作横向纵向比较，找到己在工作中的不足之处，有助于学生干部改缺点，提高工作能力。

总之，高校学生干部的培养工作是一项统工程，需要社会各方面加强合作，常抓不懈我们相信高校共青团组织在学校党委的正确导下，在社会各界的大力支持下，一定能切实行教育引导青年的神圣职责，着力抓好大学干部培养工作，为构建社会主义和谐社会、培中国特色社会主义事业合格建设者和可靠接人做出应有的贡献。

（作者：渤海船舶职业学院党委书记

构建学习共同体　加强高校学生思想道德建设

李德敏

哈佛大学校长陆登庭曾说过，最好的教育，不仅能帮助我们在工作时得心应手，它同样使我们更积极，在心理上更完整，更具人性……它帮助我们过一种更有意义和价值的生活，不是作为个体，也作为社会中的一份子。多少年来，我们的教育家不断追求教育方式的改进，每当社会处于转型时期，人们对社会现状不满时，总会去寻求教育的变革。改革开放30年，我们的教育也在变革与回归的循环中走过了30年的历程。现代社会向信息化、学习化发展，客观上要求我们每个社会成员都具有学习能力，但是我们在强调知识的获得的同时，如何使学生精神生命的主动健康成长获得内在动力和精神源泉？"学习共同体"作为一种新型的学习环境，使学习活动的所有参与者在共同完成任务的过程中相互砥砺，相互帮助，在学习资源的支持下，无论是心智还是主体都得到充分的发展。

彼得·圣吉博士在1990年的畅销书《第五项修炼》一书中，第一次使用了"学习型组织"一词。他以系统动力学为基础研究如何建立一种理想的组织，书中介绍如何创造"学习型组织"的五项修炼，包括自我超越、改善心智模式、建立共同愿景、团体学习、系统思考。虽然他写的是商业团体，但是此后这一词很快进入教育文献中。萨乔万尼将圣吉的五项原则之一"团体学习"，翻译到教育情境中。之后Kruse、Louis&Bryk(1994)认为"校本学习共同体"包括几个方面，即教师的反思性对话，去私人化的实践，共同聚焦于学生学习，合作，共享规范和价值观。1995年，博耶尔对美国的一些基础学校进行调查研究，发表了题为《基础学校：学习的共同体》报告，并在该报告中首先提出了学习共同体的概念。根据博耶尔的观点，学习共同体是所有人因共同的使命并朝共同的愿景一起学习的组织，共同体中的人共同分享学习的兴趣，共同寻找通向知识的旅程和理解世界运作方式，朝着教育这一目标相互作用和共同参与。关于学习共同体的构成要素主要有助学者、学习者和信息三种要素。助学者一般指在学习共同体中的教师、学科专家和受过培训的辅导者。学习者是指在学习共同体中从事个性化学习、协作学习进行交流和反思的成员。信息是在学习共同体中学习者与学习者、学习者与助学者之间的交流信息，既包括知识、能力的交流，也包括情感的交流。

我国在由计划经济向市场经济转轨的过程中，德育教育与日益变化的客观环境的不相适宜，以及德育本身改革的相对滞后性，德育效果不理想的问题引起了我国学者的高度重视。高校是培养人才的地方，我们培养的人才不仅应具有某方面的知识和特长更应具有道德。随着社会对人才道德要求越来越高，各行各业也都在提倡职业道德建设。近几年，80后和90后的年轻人，都是改革开放的新生一代，进入高校和社会，他们的道德规范已严重影响社会道德的发展，由于这两代人，生活在相对富裕的年代，而且大都是独生子女，道德问题更显突出。因此，高校的道德建设不得不进行实验性的调整。我们了解了，知识的学习可以通过与他人和环境的互动进行，学习者在一定的情景下，借助于教师、学习伙伴的帮助，利用必要的学习材料，在自己已有的知识结构基础上，通过意义建构的方式获得的。道德知识也是如此。鲁洁教授认为，人在他的实际活动中生成规范，并赋予它以特定的意义，同样形式的规范在不同情境中被赋以不同的意义。人类在长期活动中，通过经验的积累，建构起了一系列具普遍意义的道德观念和规范，这些观念、规范代代相传，但是这种相传与继承并非是原封不动的，在人的某一具体活动中，它们都在人对人的理解中不断地再生成并赋予它新的意义，它们不是不可改变、不可逾越的。

目前，建立社会道德学习共同体是一项系统工程，需要多方面的努力和更多的时间。学习共同体的学习者和助学者，彼此之间经常在学习过程中交流，分享各种学习资源，共同完成学习任务，因而在成员间形成了相互影响、相互促进的人际关系。我们说学习共同体具有两种基本功能：社会强化，学习者对共同体的归属感、认同感以及尊重感有利于增强学习者对共同体的参与程度，维持他们持续、努力的学习活动；信息交流，学习者可以获取不同的信息，看到理解问题的不同角度，这会促使他们反思自己的想法，重新组织自己的理解和思路。在道德学习中，学习共同体的建立可以增强成员归属感，这一点可以促进成员对共同体价值观的认同，感受规则的意义，自己的所作所为可以得到更直接的评定。因此，道德共同体的建设中，我们应该注意以下几点建设。

1. 加强助学者道德学习共同体的建设

助学者在学校主要指教师，以前往往是教师向学生提出各种要求，而不注重自己的行为，也就谈不上好的教育效果了。在道德学习共同体建设中，教师首先是共同体的成员，首先是一个与学习者平等的行动者。需要教师不断地自我反省，反省自己的认识，也反省自己的行为，在自我反省的同时引导学生学会并愿意自我反省。只有基于以行为基础的自我反省，师生对话才能真正促进双方的发展。此外，教师道德学习共同体的构建也是道德学习共同体的关键，一方面教师学习共同体是师生共同体的重要组成部分，另一方面教师共同体也为学生共同体的建构提供了很好的、直接的榜样。教师的道德霸权与道德放纵必然会阻碍道德学习共同体的形成。

2. 改变单一个别化学习方式，在团队学习中进行道德教育

传统的道德教育方式是针对个人应做什么，而不是从群体上应做什么。把学生放在集体中，如以班级为单位，进行道德教育，在多样的集体活动中，通过思想和行动的“对话”得到来自集体的教育力量，这远远胜于教师单纯的教之所得。人类属于群居的生物，作为社会人，在集体中体会道德教育，是对其进行的最自然的教育方法。

3. 要共同建构道德知识，营建良好的、有利于互动的内外环境

先秦时期思想家墨子说：“染于苍则苍，染于黄则黄。所入者变，其色亦变；五入必而已则为五色矣。故染不可不慎也！”环境的重要性可想而知。构建道德学习共同体的过程中，给个人德性提供良好、平等、和谐的环境，是非常重要的。如果一个人从家庭到学校再到工作中始终保持着这样良好的情感链条，那么这个人的心理就比较健康，他对人、对集体、对社会就有信任感。有信任就会有亲近感，就能够与人合作，道德就能得到发展。所以在道德学习共同体的构建过程中要赢得家庭和社区的积极参与。家长和老师要有联系和交流，不只是等待孩子思想道德出现问题时才去弥补。好多出问题学生，一开始都已经暴露出如果助学者能及时予以进行思想梳理，家长及时鼓励劝告，也不会出现让大家后悔莫及的事情。还有，学校所在的社区，对于学生的教育也是不可忽视的。高校学生都是气血正旺的年轻人，如果社区的环境单纯、学校的生活丰富多彩，年轻人的注意力就会集中于学校。在这样一个互动的过程中，家长、社区、学生作为道德学习共同体的成员，得到了同样的进步。

（作者：唐山职业技术学院党委书记）

用科学理论塑造一代新人 让先进文化引领企业发展

戴 利

北京首钢建设集团机运公司是首钢旗下的大型吊装运输公司，始建于1958年。半个世纪以来，经过几代人艰苦努力，不仅为首钢各个时期的重点工程建设立下赫赫战功，而且凭借多年积累的丰富吊装经验和配套完善的机械设备，使公司在计划经济年代成为全国吊装行业的“明星”企业。然而这样一个实力雄厚、地处首都的“国字号”企业，进入市场经济以后，却一头扎进没有市场、没有活源、经济效益连年下滑的泥潭而不能自拔。

2007年初，北京首钢建设集团果断调整了机运公司的领导班子，通过大力解放思想，以建立现代企业制度为目标，以创建先进企业文化为手段，以全面提高员工素质、培养塑造一代新人为核心，认真做好以人为本这篇大文章，大刀阔斧地进行改革创新，极大地增强了员工的主人翁意识，调动和激发了员工的积极性、主动性和创造性，使企业发生了翻天覆地的变化，经济效益有了质的飞跃。

一、确立现代企业管理制度，树立创新发展的先进企业文化理念

优秀的企业文化就是与时俱进的创新文化，创新是企业发展的动力源泉，创新是实现人与企业共同发展美好愿景的实践过程。要把企业改革面临的压力和挑战转化为前所未有的动力和机遇，就必须旗帜鲜明地提倡和树立优秀的企业文化。

长期以来，首钢建设集团机运公司在为社会创造巨大的物质财富的同时，也受到了计划经济体制的影响，在“皇帝女儿不愁嫁，背靠大树好乘凉”的时代背景下，公司长期积累下来的诸多弊端和问题，诸如机构臃肿、思想僵化、机制体制落后、思想政治工作流于形式、经济效益下滑、员工队伍不稳定、人才流失严重等一下子暴露出来。

“乱世用重典、陈苛用猛药”。2007年初，公司领导班子清醒地认识到，要想让积重难返的机运公司真正获得脱胎换骨的变化，就要解放思想，就要对企业的体制机制、管理方式、市场开发措施等进行全方位的改革。而要保证改革取得成功，就必须下大力量培育打造符合企业发展、符合市场规律的企业文化，用现代企业文化来统领全体员工的思想和行动。

对此，公司明确提出了现代企业文化发展的九大理念：一是人人思变、天天创新、保持现状就是倒退的企业精神；二是敢想敢干、敢抓敢管、善于较劲、永不服输，有敢于胜利的自信的企业作风；三是寻找人才、引进人才、培养人才、留住人才、给能人无限的舞台的人才观；四是扎扎实实做事、堂堂正正做人、兢兢业业工作、明明白白挣钱的道德观；五是人为存在价值生存、你为自己幸福工作的利益观；六是胸怀有多大、事业干多大，境界有多高、路就走多远的生存理念；七是对业主忠诚、对顾客真诚、对同事坦诚的服务理念；八是以实会友、强强联合、互惠互利、实现多赢的合作理念；九是永远视今天为落后、完成任务的最佳时间是昨天的竞争理念。

“群山嵯峨无足道，踏出青山路一条”。创新求变的现代企业文化理念一经实践，便迅速在全体员工中产生了“地震般”的震动。有鼓掌叫好的，有冷眼旁观的，有暗中设障的，还有骂街告状的。但是为了重振国企之威，重塑机运公司的辉煌，公司坚持原则不动摇。不仅大会

说，小会讲，还把企业文化的九大理念做成宣传条幅和桌牌，张贴放置在公司每一间办公室、车间的每一个机台、每辆车的驾驶室里，并组织全员企业文化的培训，培训成绩直接和工资挂钩。通过大张旗鼓的宣传和深入人心的讲解，以及严格考核制度，使现代企业文化理念很快成为公司检验各项工作的标准。

与此同时，针对机运公司观念陈旧、管理落后，体制滞后于市场需求的客观实际，公司克服各种阻力，坚决进行改革。一是在机关部室设置上，突出经营意识和强化市场观念，形成了新的“八部一室”管理模式，对各专业部门职责分工做了重新划分；二是在内部经营实体设置上，坚持以吊装运输为主业，将原有分散的吊装资源重新组合，形成撞开市场大门的铁拳；三是进行管理岗位和操作岗位全员竞聘上岗，在竞聘过程中坚持贯彻“给能干事的一个舞台，给想干事的一个平台，让不干事的下台”的用人原则，唯才是举。通过竞聘，使公司中层领导干部大专以上文化程度由过去的21.9%提高到45%；平均年龄由过去的45.9岁下降到不足40岁。技术含量最高的操作岗位人员的整体素质也得到了进一步提升，员工队伍的工作热情有了明显提高。

二、精心培育企业核心精神，建设富有企业特色的现代企业文化

首钢建设集团机运公司是有着光荣历史的大型国有企业。50年来，作为首都和首钢建设的主力军，在为社会创造巨大的物质财富的同时，也逐步形成了具有自身特点的优秀文化。公司正是坚持“甘于奉献、顽强拼搏、勤奋学习、精益求精、勇于实践、严格要求”的企业精神，成为全国吊装行业的龙头老大。尤其近两年，经过积极探索，着力培育、完善现代企业文化，逐步形成了卓有成效、内涵丰富的以“一个中心、七个意识”为主要内容的企业文化体系。

“一个中心”，就是“你中有我，我中有你，我们与企业同呼吸、共存亡”的企业核心精神。它是机运公司企业文化建设的核心价值观。“七个意识”即：

（一）重视利益相关者的责任意识

重视和履行社会责任，首先体现在公司向业主和客户提供高质量的产品和服务，帮助客户进步与成功。

2008年3月，公司接到河北京唐港中厚板厂的告急电话，急需租用一台300吨吊车，并表示租赁合同可以先不用签，马上先把足额的租赁费给公司送来。客户的要求就是命令。我们当即决定将位于承德钢厂的300吨吊车打一个时间差，按客户的要求进行转场，在公司的直接指挥下，负责转场的员工立即连夜完成了300吨吊车的拆卸、装车。近600公里的转场路程，转场队员日夜兼程，风餐露宿，只用了5天时间就赶到了客户施工的工地。在吊车组装中，客户只要求吊车接上43米臂杆就行了，但机组人员经过对施工现场的实际勘察后，发现客户的吊装方案有纰漏，必须还要接一根12米的臂杆才能满足施工需要，便马上向客户负责施工的人员说明了这一情况。这一切，使客户深受感动。

机运公司正是凭着利益相关者的责任文化，坚持对业主忠诚、对顾客真诚、以实会友、强强联合、互惠互利、实现共赢的合作理念，在向业主和客户提供高质量的产品和服务同时，使公司品牌和信誉度不断扩大，公司的经济效益也得到了长足的提高。

（二）做事就要做好的执行意识

视慢为敌，疾错如仇，敢想敢干，敢抓敢管，善于较劲，永不服输，有敢于胜利的自信。这是机运公司两年来通过抓企业管理、抓市场开发、抓项目施工的实践总结出的重要法宝。

一次，公司急需一台油罐车，因为涉及三个部门，公司召开专题会议部署，并委派一名部门领导全权负责。但直到半个多月后，油罐车才买了回来。结果不但油泵压力不足，而且新车又进了修理厂改装，造成十余台吊装运输车辆的停工。虽然这名部门领导找了许多客观理由

为自己开脱责任，但公司坚持“谁砸企业的牌子，公司就砸了他的饭碗”的原则，对这名部门领导作出就地免职的处理。

2008年2月，机运公司200T吊车在张北施工时，机组人员在例行保养时发现吊装绳发生100米左右的抽丝现象。这种钢丝绳是由美国原厂进口的，每根价值达10万元。公司设备部在巡检时，也发现钢丝绳有抽丝现象，经过认真分析确认是因为生产厂家的质量问题引起的，立即与厂家取得联系，运用大量的事实和厂家进行谈判、检测并提出索赔。经过一个月的谈判和磋商，最终在事实面前，该厂家同意为吊车更换新的钢丝绳，为公司挽回了经济损失。

强化执行力意识，使公司的管理工作发生了脱胎换骨的变化，人人想事，人人干事，事事负责的理念深入人心。在经营、管理和战略目标的实施上，都能做到未雨绸缪，准备充分，抢占机遇，快人一步，推动了公司前瞻能力和执行力的整体提高。

（三）在实践过程中的学习意识

企业的实力来自人才的实力，企业的竞争归根结底是人才的竞争。为此，机运公司大力实施人才强企战略，突出人才培养、使用、吸引三个重要环节，培养出一支掌握现代知识，管理能力强的高层次、复合型管理队伍，一支技术精湛、结构合理的特种作业和技能型高级技工队伍，形成了有利于优秀人才大量涌现、健康成长和留住人才、吸引人才的良好氛围。一是实施校企联合、科教兴企和人才强企战略，创办了人才培训中心。在对员工培训过程中，坚持做到六个结合，即培训内容与公司的发展目标相结合，招收的生源与各地职校相结合，毕业分配与用人单位相结合，社会保障与派遣公司相结合，专业化与军事化相结合，奖学与助学相结合。在短短的半年多时间里，就为公司招收和培训技校生149名，培训在职员工230多名。大大改变了公司人才断档、青黄不接的现状，为企业储备了大量后备人才。二是只要员工自觉参加各种学习并取得行业证书，公司报销70%的培训费用，以此激发员工学习的积极性。通过鼓励政策，现在机运公司中高级技工已经占到操作岗员工的97%以上。公司管理层中5人拥有一级建造师资格，2人考取了二级建造师资格，6人考取了高级人力资源师资格。公司还在中央电视台举办的2007、2008年度的全国吊车先生大赛上，获得了好成绩。

（四）持续优化管理模式的创新意识

持续优化管理模式，就是在实际工作中要不断消除管理工作中的瓶颈问题，提高管理和技术上的含金量。几年来，机运公司始终坚持随着市场的变化来调整公司自身的发展目标和管理模式，把学习吸收引进的先进管理理念与公司战略目标结合，大力推进管理创新和技术创新，按照市场规律整合公司的人力资源和设备资源，并通过机制转换达到优化资源配置，取得了明显成效。首钢搬迁调整过程中，在北京吊装、检修市场萎缩的情况下，公司及时快速优化管理模式和产业机构，以最快的速度将主要市场转移到环渤海经济圈的京唐港和曹妃甸，并很快打开了局面。

（五）注重利益原则的价值意识

要想实现企业的持续发展，就必须保持和激发员工干事创业的持久动力，而要保持这种持久动力，关键是要建立健全激励机制，使为企业作出成绩的员工能够获得应有的待遇和荣誉。对此，机运公司不断完善激励体系：一是事业激励。坚持“你有多大能力，就给你搭建多大的舞台”的做法，对于想干事、能干事的员工给予支持，全方位提供施展才华的舞台。二是物质激励。对于为公司经济建设作出贡献的员工，坚持依据奖励办法给予兑现，上不封顶。三是精神奖励。大张旗鼓地宣传优秀员工的先进事迹，开展向优秀员工学习的活动。

由于公司坚持了事业激励、物质激励和精神激励相结合的原则，不但使干事业的人有干事业的舞台，还使他们得到物质上的回报，更使得他们成为了公司全体员工，特别是年轻员工学习和超越的榜样。

(六)提升企业竞争力的人才意识

企业宝贵财富是拥有一批人才。一届班子的主要职责是培养一批人才，一任领导的突出贡献就是造就一批人才。

机运公司根据实际情况，一是制定了《人才引进培养规划》，广泛吸收外部人才，弥补了公司内部技术管理人才匮乏的局面。两年来共招聘大专以上学历的学生18名，引进专业管理和技术人才30余名。二是为了真正做到以事业留人、以待遇留人和以环境留人，公司不仅制定了《管理岗竞聘上岗制度》、《干部能上能下再能上制度》，还建立了《管理人员交纳风险抵押金制度》和《项目经理竞标任职风险制度》。而且相继制定了《关于对劳动合同期满人员终止合同或续订暂行规定》及《加快首建机运职工自由流动(调出、调入)管理办法》。三是引入竞争机制，按照德、能、勤、绩四个方面，对干部由组织任命变为公开竞聘上岗。做到能者上、平者让、庸者下，多给想干事的人创造施展才华的机会。

由于坚持人才队伍的培养和引进，使公司的有生力量得到了及时的补充，管理岗位以上的员工从2007年大专以上文化程度不足40%，达到现在100%拥有大专以上学历。机加工、设备检修和大型吊装设备等技术含量高的操作岗位已经由大批年轻的中专和技校生挑起了大梁。

(七)培育和谐企业的凝聚力意识

创建和谐企业，营造和谐氛围，对员工加强人文关怀，增强企业凝聚力、向心力，一直是企业文化建设的重点。

两年来，公司坚持把关心员工的疾苦，丰富员工的精神文化生活作为"民心工程"来抓，增强员工对企业的归属感。主要做法：一是为了树立公司的新形象，让管理人员有一个为之自豪的办公环境，多方筹资改造机关办公楼，安装了中央空调，购置了标准统一的多功能文件柜和电脑桌，安装了光纤网，给每名管理人员购买了新电脑。同时又组织几个外埠项目部也先后建起了自己的办公区、生活区，使全公司实现了网络化、无纸化办公。良好的办公环境使管理人员的精神面貌发生了显著的变化，增强了干事创业的激情，使公司的管理效能成倍地提高。二是根据员工的要求，公司抽出专业资金为员工建立了多功能活动中心，建设了篮球场、羽毛球场。还先后组织生产骨干、大学生到外地进行考察观光，增长知识、开阔眼界。三是领导班子成员在员工家庭生活发生暂时性困难的时候，都必到进行慰问，带头组织募捐，帮助员工渡过生活难关。对施工在曹妃甸、迁钢、武安等外埠的员工，将慰问品和奖金逐门逐户送到他们家中。

人性化管理带来的直接效益就是员工有了尊严，员工把公司当成自己的家，把公司的事业当成自己的生命，把公司的荣誉当做自己的眼睛一样来呵护。这种和谐的企业文化理念对企业的发展，起到了"发动机、润滑剂、减压阀"的作用，使员工的利益与企业的利益更加紧密地联结在一起，从而凝聚了企业全体员工的力量，为企业不屈不挠前进、又好又快发展提供了不竭的动力。

三、大力解放思想凝聚力量，实现先进企业文化的健康有序发展

机运公司企业文化之所以能在公司崛起和发展过程中，发挥出如此巨大的催化剂作用，在员工中迸发出催人奋进的力量，是和公司党政领导齐心协力、采取有效推进措施，大力开展企业文化建设分不开的。

首先是公司党政领导团结一心，形成企业文化理念的共识，用既有现代意识、又结合公司实际的企业文化九大理念统一员工的思想认识。广大员工把这种精神和理念体现在生产经营的实践过程中，并不断丰富和完善了企业文化的内涵，再经公司总结、提炼、升华，最终形成了比较完整的、具有时代特征的、符合公司实际的企业文化。

其次是在公司日常的经营管理中，坚持让企业文化落地生根，变成全体员工共同遵守的

个值观和爱岗敬业的工作作风。公司非常注重把企业文化的核心价值观与经营实践活动融为一体，积极探索与企业文化相适应的新型管理模式，坚持突出“有权有为、权责分明、管理科学、激励与约束相结合”的管理体制和运行机制。

再次是充分利用各种载体和有效形式，大力宣传和推广普及企业文化。为了使企业文化深入人心，公司出版了《我是机运人》的内部刊物，大力宣传为公司争得荣誉的先进人物和先进典型。并利用《施工企业管理》杂志、中国吊装网、吊车资源网、中国建筑协会租赁分会、首钢电视台等网络平台和媒体传播公司的企业文化理念，着力塑造与公司战略目标相适应的企业形象，以增强全体员工的自豪感和责任感。

胡锦涛总书记在党的十七大报告中指出，要“坚持不懈地用马克思主义中国化最新成果武装全党、教育人民，用中国特色社会主义共同理想凝聚力量，用以爱国主义为核心的民族精神和以改革创新为核心的时代精神鼓舞斗志，用社会主义荣辱观引领风尚，巩固全党全国各族人民团结奋斗的共同思想基础”。公司上下将进一步解放思想，坚持以科学发展观为指导，大力加强和改进企业文化建设，把企业改革发展的重点、难点作为企业文化建设的着力点，把提高企业核心竞争力作为企业文化建设的着眼点，把充分调动员工工作的积极性、主动性、创造性作为企业文化建设的落脚点，与时俱进、不断创新，增强企业文化的效能，为推进企业健康稳定和可持续性发展提供可靠的基础保障。

（作者单位：北京首钢建设集团有限公司机械运输分公司）

追求发展　以人为本　完善企业制度

王玉涛

我公司属于民营股份制企业，是以专业强项施工机电设备安装工程，钢结构安装工程，液压管道安装工程，工业机械设备修、配、改工程为一体的专业承包单位。主要服务于全国各大钢铁企业。

民营企业是在党的政策鼓励下不断发展壮大的，在此结合民营企业贯彻落实科学发展观阐述三个问题。

一、正确选择企业制度，谋求企业的可持续发展

现代企业没有不追求可持续发展的。企业的可持续发展，是指企业在追求自我生存和发展的过程中，既要考虑企业经营目标的实现和提高企业市场地位，又要保持企业在已领先的竞争领域和未来扩张的经营环境中，始终保持持续盈利的增长和能力的提高，保证企业在相当长的时间内长盛不衰。面对竞争的激烈以及创业的艰难，更体现了企业制度的正确选择和完善的管理制度对于企业能够持久立足于社会的重要性。企业制度是指以产权制度为核心的企业组织和管理制度的总称，是一个包含产权制度、组织制度和管理制度的制度体系。民营企业经过一段时间的发展都会遇到管理危机，需要在产权制度、组织制度和管理制度方面探索创新。

现在企业正处于发展初期，对于企业来说，不但要有灵活经营思想、特色经营思想、快速应变思想、补缺经营思想、集中经营思想、联合经营思想，而且还要实行两权合一的产权制度。

这种制度会由于激励和约束的充分有效带来制度效益，然而为了提高规模效益和能力效益，需要实行两权分离的产权制度。这也是企业以后发展的必然趋势。但是实行两权分离，必须得认识到两权分离条件下的制度效益，不可能达到两权合一条件下的制度效益，这种损失必须通过规模效益和能力效益予以补偿，否则，两权分离就没有存在的可能性。所以，企业制度的正确选择需要管理者善于观察总结，以及具有敏锐的洞察力。但是无论是实行两权合一还是两权分离的产权制度，公司的治理都要建立有效的内部约束。这就需要构建有行权能力的股东大会、构建科学的公司内部组织治理结构、构建科学的公司内部决策治理结构、设计有效的公司内部控制制度，以及构建完整的财务体系，形成以预算为基础的实现路径。

二、引入先进管理方式，创建以人为本的企业文化

市场的经济发展是一个优胜劣汰、资源不断优化组合的过程。管理的最大特点是：把资源最佳地组合到投资和建设项目中，减少管理链与管理环节，集中优秀的专业管理人员，采用先进科学方法，真正体现到风险与效益、责任与权利、过程与结果的统一，低成本、高品质，以满足业主和用户的需求。

加强施工项目管理，必须对施工项目的生产要素认真研究，强化其管理。项目管理优，则企业强大兴盛、政通人和；项目管理劣，则企业动力缺失、举步维艰。只有进一步加强项目管理，才能适应可持续发展的要求，在激烈的市场竞争中立于不败之地！

管理制度的完善与有效实施，其决定性因素就在于企业的凝聚力。做任何事情，单凭一个人的能力是远远不够的，互相配合才能够快速高效地完成各项工作，而企业中的大部分员工分工明确这一点，久而久之使得员工心中形成了“个人自扫门前雪，不管他人瓦上霜”的工作态度，严重阻碍了企业的发展。作为企业管理者，应该努力创造一个良好的团队氛围，做到以人为本，使自己的员工都能够主动互相帮助。为了构建和谐企业，结合公司实际情况，坚持做到：（1）引导员工树立正确的人生观、价值观，经常组织员工培训，灌输团队思想，无论从安全教育还是团结协作上，经常性地、不定时地说教，让员工增强团结协作的意识。（2）关心员工、深入员工。深入到基层员工和各管理层中了解他们的难处，给予帮助。增加每位员工的福利待遇，并经常组织员工聚餐或外出活动，以增进员工与员工、员工与领导之间的感情，树立“企业就是每一个员工的家”的概念。（3）对于员工之间出现的摩擦以及员工对公司的不满情绪，这些问题应在日常生活中细心观察，并进行说服教育、调解，及时解决，防患于未然。（4）创造和谐的人际关系，不搞有损团队利益的个人绩效考核。取消导致员工之间互相排斥、互相攻击的考核，不要使团队内部员工之间的矛盾升级。作为企业的领导者，要时刻保持清醒的头脑和清晰的思路，因为每一项决策都有可能会影响到员工对团队的认知，从而影响员工的行为。

一个有凝聚力的团队，并非一朝一夕可以建设好的，需要管理者在平时的工作中逐步地加强员工的团队意识。以谦虚严谨的工作态度把公司建设成为有独特企业文化的、有严密管理体系的新型民营股份制企业。

作为处于发展初期的企业，还是以学习和借鉴为主，在观察和总结的同时也会创造出适合自己的企业文化。公司的文化目标是：以人为本，强化管理，以质量求生存、以信誉求发展，为社会做贡献、为企业创效益。

三、创建党组织，把党的政治优势与企业的经济优势结合起来

改革开放以来，民营企业党的建设逐步走出一条新路。今天，形成规模以上的民营企业党组织基本达到了全覆盖。民营企业党组织的建立不仅巩固了党的执政基础，提升了党的执政能力，也极大地促进了民营企业自身的发展。

江浙一带很多民营企业把党的建设作为一种牌来维护。作为一名共产党员，我始终坚信营企业应当建立党组织，而且一定能够发挥组织的应有作用。

公司下一步的目标就是创建党支部，发扬的优良传统，把党组织的先进性与经济组织创造性结合在一起，借鉴国有企业中的优秀理制度，继承发扬民营企业的灵活管理制度。传统优势与先进管理结合起来，取长补短。努力适应现代企业制度要求，充分发挥党支部战斗堡垒作用。尤其是企业管理者中的党员，在实际工作中，要严格要求自己，严谨、细致、尽职尽责，努力做好本职工作，充分发挥党员的先锋模范作用。我们要让党的光辉在民营企业中普照，让党员的形象在员工中闪亮，使民营企业成为民族经济振兴的希望。

（作者：北京恒安通达机电安装工程有限公司总经理）

以科学发展观为指导 创新国土资源管理的几点思考

关乐原

科学发展观，是我国经济社会发展的重要导方针。全面落实科学发展观，是摆在全党前的头等重要的政治任务。2008 年，党中央确提出要在全党范围内开展深入学习实践科发展观活动，充分说明了我们党对贯彻落实学发展观的高度重视。国土资源部作为中央家机关深入学习实践科学发展观活动的试，这是党中央赋予国土资源部的一项政治任。要搞好试点工作，以科学发展观为指导，创国土资源管理体制，全面提高国土资源管理水平，担负起党和国家赋予的重任。在此时十分感谢国土资源部人力中心党委对民主党工作的关心、信任和支持，邀请我有幸参加了习活动。这充分体现了中国共产党和民主党荣辱与共、肝胆相照的光荣传统和优良作风。过学习和工作实践，我想就以科学发展观为指创新国土资源管理问题，谈点学习体会。

一、国土资源管理面临前所未有的挑战

这些年，我们国土资源部三令五申地强调保护国土资源的重要性，严厉打击了国土资源领域的违法犯罪活动，我国的国土资源管理工作取得了丰硕的成果。政府采取了一系列基本农田保护、封山育林、关闭非法开采的小矿山、退耕还林、退耕还草、天然林保护、母亲河保护工程等雷厉风行的措施，去年围绕整顿土地市场秩序的百日风暴行动取得了更加显著的成效。对于保护我国国土资源，促进我国国土资源的合理利用，发挥了积极重要的作用。

新型工业革命以来，全球各国在 GDP 主义的疯狂鼓舞下，快速地进行工业化建设，在这个过程中，大肆地破坏大自然，这是全人类迄今为止为发展付出的最惨重的代价。大自然对人类破坏资源、环境的行为进行了有力的反击，它报复人类的方式很简单，就是频繁发生的极端自然灾害。从我国的实际情况看，土地资源、矿产资源、水资源、海洋资源都受到了沉重的创伤。

这里有几个具体的数据：

我国土地沙漠化的现象非常严重，每年有大约一个县的面积被风沙吞噬，变成沙漠，遥感检测的结果表明，我国大部分的国土面积没有

被植被覆盖，而是以赤裸裸的黄色直接面向宇宙。严重威胁着我国政府提出的确保十八亿亩耕地质量。

水土流失的现象同样不容乐观。根据水利部2000年开展的第二次土壤侵蚀遥感普查，全国现有水土流失面积356万平方公里，超过国土总面积的三分之一，其中水力侵蚀面积165万平方公里，风力侵蚀面积191万平方公里，水、风蚀交错的面积25万平方公里。此外还有125万平方公里冻融侵蚀面积没有公布。华夏大地960万平方公里，有三分之一强的国土是遭受了水土流失的侵害的。每年被流失进大海的国土，不亚于一个珍宝岛。

工业污染现象仍然严重。我们现在存在着效率低下、规模庞大的工业经济体系，这个工业经济体系业已造成我国三分之一的国土遭受到不同程度的工业污染，而且仍然在以极快的速度继续吞噬着我国宝贵的国土资源。

这样的状况是令人寝食难安的。在今后的很长一段时间内，不可抗拒的自然灾害肯定还会继续发生，并且会愈演愈烈，对国土资源造成的破坏作用也是难以估量的。快速发展的城市化和工业化进程，也将从现有的耕地资源中征用更多的土地。国土，作为关系到国民经济命脉的不可再生资源，所面临的挑战是前所未有的。正因为这种挑战前所未有，我们肩上的任务才会异常艰巨。今后，在很长一段时间，我国的国土资源管理工作都会是一场接一场的硬仗和苦仗。这种硬仗和苦仗，既会发生在我们人类与自然之间，也会发生在人类自身之间。我们不但要与自然作斗争，还要与人类贪婪的欲望和错误的行为作斗争。

鉴于这样的现状，我们必须全面地贯彻科学发展观。通过在国土资源系统大力推行科学发展观的实践试点工作，创新国土资源管理体制，建立一支高素质、高技能、廉洁奉公、忠于职守的新型国土资源管理队伍。这既是解决当代经济社会发展中新情况、新问题的需要，也是中华民族伟大复兴的需要和我国经济社会战略发展的需要，更是为子孙后代造福进行长远规的需要。

因此，用科学发展观来指导国土管理工是当前摆在我们面前的一项迫切的重要政治务。我认为，以下两点是值得思考的。

（一）大力发展国土资源管理的各种科学术，用科技手段改变目前国土资源管理中存的不足

邓小平同志曾说过，科学技术是第一生力。国土资源部要更高效地为经济建设、社发展服务，就要高度重视科学技术的管理应用利用我部现有的科技资源合理规划，积极探开发国土资源管理的重大科研项目，以点带面全面推进科技管理的最佳效应。

（二）在国土资源管理系统广泛开展统一想工作，切实提高国土资源管理队伍的凝聚和执行力

统一思想的工作非常重要，无论是在战时期还是在社会主义经济建设时期，统一思都是我们贯彻党和国家战略方针的重要保证各部门、各地方各自为阵，一盘散沙，工作就本无法顺利开展。全国国土资源系统的干部不负使命，忠于职守，保证政令畅通，认真理执行党中央、国务院关于国土资源的重要指示在部党组的统一领导下，步调一致，齐心合力完成好自己的各项工作任务。

二、进一步加强对国民进行保护国土资源宣传教育工作

这些年，我们国土资源系统对社会的宣和教育工作取得了令人瞩目的成绩。我们现开展的地球日、土地日、海洋日等纪念活动，很多国民对国土的重要性有了基本的认识，是令人欣慰的。但是这种固定的宣传模式达到的教育全民保护国土资源的效果还不深入。必须动员全社会都来支持关心我们的国土资源保护工作，应编辑形式多样的保护国土资源知识的宣传材料和画册，或者通过网络宣传，在我们国土资源系统的厅、局、所

的日常工作中形成宣传体系。这种宣传教育不但要扩大规模，还要讲究方法，对不同的层次群体，要实行不同的教育方法，开展梯级式教育，让更多的人民群众认识到国土资源保护的重要性。建议在小学课程内增设保护国土资源的内容，使他们从小树立保护国土资源的社会风尚。

三、积极开展国土资源方面的国际合作

2008 年，全球大范围地出现粮荒。粮荒出现后，沙特阿拉伯等国土贫瘠的国家，向泰国提出租赁泰国的土地种稻谷。我国政府也号召我国企业到海外去发展农业。我国人均耕地严重不足，这个现实情况成了束缚我国农业发展的重要桎梏，也造成了我国面临粮食危机的严峻现实。随着广大人民群众收入的不断提高，大家对生活水平的要求肯定会不断增长，肉类制品的消费将会不断增加，而这需要更多的粮食作支撑，粮食又要靠土地种出来，但是我们的土地资源是不足的。面对这一现实，我们的确应该认真考虑充分利用国外的土地资源和矿产资源。在这方面，我们国土资源部是可以做一些工作的，我们可以利用我们与国外同行之间的互动关系，为我国企业和群众创造国际合作的平台，缓解我们面临的国土资源的压力。这对于促进我国经济的发展，改善人民群众的生活质量都是很有好处的。

四、用科学发展观指导矿产资源管理的实践

矿产资源是工业发展的重要基础资源，在我国经济建设中扮演着非常重要的角色。与土地资源一样，我国矿产资源的人均占有量远远低于世界平均水平。而这些年，中国作为名副其实的“世界工厂”，对矿产资源的需求又是全世界最高的国家之一。这就加大了矿产资源供应与需求之间的矛盾。这一矛盾在今年年初的雪灾中得到了充分的体现，雪灾爆发后，我国很多城市火电厂的煤炭严重不足，全国一度出现煤炭危机。胡锦涛总书记亲临一线，号召煤炭企业加大煤炭的生产，确保受灾城市电力正常供应。

与此同时，由矿产资源引发的环境和社会问题也日益突出。山西省作为煤炭资源大省，为全国的工业建设贡献了大量珍贵的煤炭资源，但是山西省的环境污染相当严重，太原市在全球的污染城市中，名列前茅。矿产资源并没有让山西省广大百姓富裕起来，相反，由于环境破坏太严重，许多农田遭到破坏，山西省的部分农民相当贫困。与此类似的还有江西萍乡，经常出现土地塌陷、地下水干涸的现象，不但生产受到了严重影响，人民群众的基本生活，乃至于生命都受到威胁。

整体来说，矿产资源的管理面临的压力很大，形势也非常严峻，这些压力既产生于经济的快速发展，又对经济的发展产生反作用。矿产资源供应不足，不但会影响到经济发展的速度，还会对依赖矿产资源的各行业产生深远的影响，增加了它们的生产成本，促使这些企业生产的成品涨价，进而影响整个国民经济又好又快的发展。这些，都是我们不能忽视的问题。为此，我提出以下四点建议：

（一）要做好开源、节流工作

开源就是要增加矿产资源的供应，要做好两方面的工作。一是要在国内大力找矿，在现代地球科学理论的指导下，大力应用地球物理和地球化学的各种技术方法，分层次地实现“攻深探盲，寻找大矿富矿”。二是要大力开展矿产资源的国际合作，确保矿产资源的供应安全。为了有效遏止一些矿产大国趁机对我们进行勒索，我们要更多地发展安全的矿产供应合作伙伴，比如通过经济援助，与非洲一些矿产资源丰富的国家建立良好的合作关系，争取这些国家的矿产资源。

节流就是要响应国家的号召，建设“节约型”社会。大力发展节约资源的生产技术，切实做好经济转型工作，积极发展节约型企业，发展

循环经济，这对于提高我国经济发展水平，防止因矿产资源枯竭而导致的经济衰退，是有很大的作用的。

（二）要加大国家战略储备

在当今世界，国家的安全，已经不仅仅只是国防安全这么简单了。经济发展的隐患同样应纳入到国家安全应关注的重大领域之内。美国、日本等发达国家，都有丰富的战略储备。石油、矿产、粮食，这些关系到国计民生的基础资源，都被纳入到国家安全领域。我国是发展中国家，人口众多，基础薄弱，我们更应加大国家战略储备。这对巩固国家安全是有重大意义的。

（三）要重视与矿产资源相关的科学技术的应用和发展

矿产资源是影响工业发展的最重要的物质基础，一旦这个物质基础受到冲击，经济发展就会受到影响。重视与矿产资源相关的科学技术发展，加大对相关领域科研的投入，大量培养相关的专业人才，是非常必要的。现在随着经济社会的快速发展，愿意从事地质工作一线的人越来越少，因为地质工作不但辛苦，需要长期在野外工作，福利、工资待遇较低，对年轻大学生产生不了吸引力，后继人才堪忧。然而要想吸引更多的人才投入到这项光荣而伟大的事业中来，就必须做好地质队伍的结构调整，加快培养地质队伍的后备力量。同时还要加强地质矿产队伍的精神文明和物质文明建设，改革创新激励机制，切实解决生活待遇等实际问题。

（四）要重视安全生产，稳步扩大生产规模

我国矿业生产安全引发的社会问题相当多，给政府造成的舆论压力也相当大。为了确保矿业的生产安全，我国政府采取了一系列强有力的措施，关闭了不合格的矿山，确实起到了积极的作用。但是，这样的调整必然在短期内影响到矿业的生产能力，加剧了矿产资源供应紧张的局面。所以就非常有必要在重视安全生产的同时，稳步扩大生产规模。让有资本实力、技术基础的国有企业稳步扩大生产规模，确保矿产资源的供应能够跟得上国家经济的发展。

五、关于国土资源系统的人才资源开发和体制改革的问题

（一）加强国土资源系统的文明建设和思想道德教育

在国土资源系统要切实地实践好科学发展观，就必须坚持政治文明、精神文明、物质文明和社会文明建设一起抓的战略方针，就必须高度重视党政干部队伍的思想道德教育工作。思想道德教育的核心是：让我们的党政干部真正以实事求是的政治态度，坚持高举中国特色社会主义伟大旗帜，深入学习实践科学发展观，在政治风浪面前经得起考验，始终和党中央保持高度一致，忠实履行党和国家赋予的神圣职责；让我们的党政干部以饱满的工作态度，全面提高思想政治觉悟和综合素质，勇于创新，知难而上，努力完成各项任务。

国土资源部管理的是我们国家重要国土资源，对国民经济发展起着举足轻重的作用，这就注定了我们肩上的担子重。正因为有这样的重要性，我们国土资源系统的干部职工，面临各种不良诱惑和侵袭的机会也多，滋生不良风气的风险也存在。这些年我部在政治文明、精神文明、物质文明、社会文明建设上，取得了巨大的成绩，曾多次被评为中央国家机关文明单位。但是，不可否认的是还有少数干部，经受不住金钱诱惑的考验，陷入腐败的泥潭，给党和人民丢了脸，使国家蒙受了经济损失，这种教训是值得我们深思的。我结合自己的工作实践经验，提出以下几点建议：

第一，要坚持正面教育，重视典型教育。我们绝大部分干部的思想是健康向上的，他们在工作中的表现是出色的，我们要积极寻找树立突出的典型模范人物，发挥榜样的作用，激励更多的干部群众向模范人物学习。这既能有效地激励先进分子，也能通过楷模人物教

育普通的干部群众，在工作中形成良好的竞争机制。

第二，要创新党政干部的培训教育工作。实践科学发展观，首先就要对党政干部的思想作风观念进行更新，使其跟上时代的发展步伐。要以马克思列宁主义、毛泽东思想、邓小平理论、“三个代表”重要思想和科学发展观为指导。通过学习试点活动，解决过去在经济发展思路中片面追求经济效益，而忽视对环境和资源进行保护的问题。现在我们要用科学发展观来指导践行我们的实际工作，这就必然会产生不少新的矛盾，甚至要影响到许多部门和单位的切身利益，肯定会遭到一些人的反对和阻挠。这就需要加强对党政干部的培训教育工作，纠正他们思想中的错误观念；不但如此，还要进一步对他们进行新形势下工作艺术的培训工作，树立新型的国土资源管理形象和提高管理水平，使他们能够更好地为民勤政。

第三，要建立长效监督制度。“四个文明建设”和思想道德教育，不能只靠培训教育。权力有两重性，既有积极性，又有消极性，其消极性就会滋生腐败。这句政治名言在任何时候都是正确的。即使我们的培训教育工作再到位，我们也不能有丝毫的马虎和懈怠，只有把监督制度和培训教育工作相结合，才能在政治文明、精神文明、物质文明、社会文明的建设中更好地发挥作用。使我们的干部队伍增强拒腐防变和自我保护的能力，用良好的思想道德作风约束自己，清清白白做事，干干净净做人。

（二）国土资源系统的人才资源亟待开发

经过多年的发展和实践，全党培养造就了适应我国经济社会发展所需的三支人才队伍，即党政干部人才队伍，经营管理人才队伍和科学技术人才队伍。国土资源部在这方面也取得了很大的成绩，但在人才资源开发方面还有不足。为此，我提出如下几点建议：

第一，提高工作效率，积极推行岗位责任制。国土资源部门担负着国土资源管理和宏观调控的重任，每个工作岗位配置十分重要。每一个岗位一个人，每个人负责一项工作。这件事情看起来非常简单，但是实际操作的过程中却经常出现推卸责任、互相搪塞、扯皮等现象。究其原因是责任制的缺乏造成的。所以，我们在部署工作的时候，一定要明确每个人的职责、权力和任务，要为具体岗位的责任、权力和任务制定出十分明确的标准，加强执行力，全面推行岗位责任制，让每个工作岗位的同志知道自己在干什么，应该干什么，必须干什么和不能干什么，必须干而不干会有什么样的结果，不能干而又越权干了又会有什么样的后果，都要一一明确。并且在办公桌前面显眼的位置进行职权公示，让群众都知道，都能够参与监督。

强调责任的同时，权力也必须到位。在一些地方，往往会出现领导出面干涉工作的情况，侵犯了部分干部的权力，使得有责任而没有权力，无法正确地行政。权力到位别人就只能监督，不能干涉，权力到位才能保证工作的有效开展。

还要明确工作任务。我们在谈责任和权力的时候，往往回避谈任务。这是不符合人力资源管理的科学规律的。职责和任务对于每个工作岗位的同志非常重要，是确保一个人尽职尽责的重要的保障。如果没有明确的任务和激励机制，就只会在工作中滋生懒惰的情绪。干好干坏一个样，干与不干一个样，甚至干了事情的反而遭殃，不干事情的反而平安无事，这就会造成一种怠政的风气，没有人会积极地参与到工作中去。对干出成绩的要大胆地奖励和提拔，对成绩平庸的要实施淘汰制，唯有将其切身利益与其工作挂钩，才会激励我们的干部努力去工作。而且这种激励机制，最好是完善制度，按照制度规章来行事，而不是凭领导的好恶来行事。奖励和惩罚都应该是公平、公开的，严格按照规章制度办事，依照民主集中制的原则来进行，接受群众的监督并且取得认同。

第二，要多方面地招贤纳士，开辟引才渠道。我们政府现在采用的是公务员考核制度，公务员考核制度为大家提供了一个公开、公正、公平竞争的平台，这些年公务员考试竞争激烈，大量的优秀人才通过考试进入了公务员队伍，这是令人欣喜的进步。除此之外，我们还应该大力吸引更多的优秀的社会专业人才，参与到我们国土资源系统工作中来，对于优秀的海外人才和社会上表现卓越的人才，也要大胆地吸收进来。拓展引进专业人才的用人渠道，大力实施各种引才计划，壮大国土资源系统的专业人才队伍，担负起党和国家赋予我们的历史重任。

第三，积极探索选拔人才途径，扩大干部任职交流面。搞好国土资源管理工作，需要一支高素质干部管理队伍。合理使用干部非常重要，优秀出众的人才得不到重用和提拔，会出现人才的严重滞留浪费和逆向淘汰现象，劣币驱逐良币，最后造成的结果就是优秀的人才到不了位，这就会严重影响我部的改革和发展。目前，在部机关内部和事业单位，或多或少地都存在不合理使用人才问题。我们要克服这种不合理现象，创新人才管理机制，为优秀人才的发展创造良好的环境。使那些真正想干事情，又能干成事情的优秀人才选拔充实到领导岗位上来。国土资源系统各级机关，要敢于提拔、任用才能突出的专业人才，使他们更好地为国家和人民服务。我部是否可参照近年来国家公安部、中纪委监察部等部委扩大干部任用交流面的经验，部机关的司、局长、处长和有关省、市、区的厅、局长进行交流，这样既锻炼干部的实际工作本领，合理使用了干部，又增强了信息的沟通和执行力，保证了政令畅通，对国土资源的管理和结构调整是十分有益的。

第四，要坚持德才兼备的择人原则，建立民主选举制度。国土资源管理工作中选人用人十分重要，国土资源系统的工作人员责任重大，专业水平高，政策性强。如果在用人方面稍有不慎，对党和国家及我部的发展，都是很不利的。所以在我们选用干部时，要特别强调择人一定要坚持德才兼备的原则，对于有才无德或者无才无德的，要坚决不用。对于德才兼备的，要敢于重用。唯有这样，才能建立起一支受人民群众爱戴，对国家和人民负责的高素质国土资源管理干部队伍。

我部作为科学发展观实践的试点单位，应该高度重视中央政治体制改革的精神，在有条件的直属事业单位率先试行改革，弘扬民主作风，推进民主选举制度的建立。这对于选举领导干部人才和事业单位的发展，有着关键的积极的意义。

六、用科学发展观指导体制改革、体制创新

在科学发展观的思想体系中，科学执政也是一个重要的组成部分，科学执政概念本身就是一种创新。在这个问题上，我有以下两点想法。

（一）认真地开展执政科学的研究，落实科学执政的方针，重视结构调整

我们的政治体制是典型的威权政治体系，威权政治有其益处，也有其弊端。它的最大的好处就是可以克服单纯的市场经济体制和民主社会的无序状况，提高效率，但是它的弊端也很明显，就是容易滋生腐败。

国土资源部从1998年成立以来，国务院对我部的机构设置至今一直未作过大的调整。我国现在正处在社会转型的关键时期，在经济社会的发展过程中，出现了许多新情况、新问题，经过科学研究，对我部机构设置和结构进行调整是非常必要的。政治体制改革的成功必然会为我国引来一个新的发展高峰期，在这个时候，我们更要注意结构调整的重要性。

（二）更广泛地吸纳人民群众的真实想法，与社会产生充分的互动，并在此基础上进行改革和创新

邓小平同志在论述法制建设问题时曾说过，我们不期望完善的法制社会一下子就建立起来，要在实际工作中，一项一项地去建设，一条一款地去添加。政治体制改革也是一样的。我们要针对人民群众在实际的生活、生产中出

的种种问题，一点一点地去解决，在这种解决题的过程中，逐渐完善我们的体制，改进我们体制。这样的改革和创新是有现实意义的，能够解决人民群众现实的困难和问题的，也真诚的和循序渐进的。我们国家幅员广阔，口众多，政治体制的改革是无法实行一刀切，法一蹴而就完成的，政治体制改革如果不够慎重，带来的后果也是严重的。

所以，我们有必要从实际出发，一点一滴地去改革，逐步地完善，从思想意识到实际行动，一步一个脚印地来进行改革创新，不断地积累经验，实现从量变到质变。

（作者：中国民主同盟盟员，国土资源部人力资源开发中心研究员）

关于思想政治工作运作机制创新的几点思考

毕　德

新世纪新阶段的思想政治工作不仅要有创的领导机制、管理机制，而且要有创新的运作制，只有这样才能保证把思想政治工作落到处，收到实效。思想政治工作的运作机制是关于如何开展思想政治工作并保持思想政治作有效运行的规定、条例、原则、制度等的有组合。笔者认为，实现思想政治工作运作机创新关键是建立全方位思想政治工作网络、众性思想道德教育组织以及必要的投入制。所谓全方位思想政治工作网络，就是针对势的发展变化，在时间上把思想政治工作延到八小时以外，在空间上把思想政治工作拓到社会各个领域，在对象上把思想政治工作大到社会各类人群的工作系统。建立全方位想政治工作网络的目的是减少盲区和空白，增强思想政治工作的系统性和整体性，形成盖全社会的思想政治工作格局。全方位思想治工作网络要与群众性思想教育组织相结，这是挖掘民间教育资源、促进社会主义新道德教育的新形式。建立全方位思想政治作网络和群众性思想道德教育组织是时代展的要求，是社会变化的需要。在这一网构建中，要注意把握非公有制企业、社区与龄人群这几个方面的制度安排。在群众性思想道德教育组织的发展中，要注意发挥党组织的引导作用，鼓励群众性组织开展各种健康有益的活动。

一、建立和完善非公有制企业思想政治工作网络

非公有制经济是社会主义市场经济的重要组成部分，在公有制为主体的条件下发展非公有制经济，是社会主义初级阶段生产力发展的客观要求，它对扩大社会就业，搞活生产和流通，繁荣城乡经济，增加财政收入，促进区域经济发展具有重大意义。在新世纪新阶段，建立和完善非公有制企业思想政治工作网络，对于发挥党组织在这些企业中的政治作用，对于正确引导非公有制经济健康发展，消除思想政治工作的空白点，是必不可少的制度保证。

建立和完善非公有制企业思想政治工作网络，首先要着力于这些企业党组织的建设。各级党委应高度重视非公有制企业思想政治工作网络建设，充分发挥党组织在这一网络系统中的核心作用。非公有制企业凡是能建立党组织的，要积极创造条件，尽快把党组织建立起来；党组织暂时建立不起来的，应依照有关法律法规先把工会组织建立起来，为建立党组织创造

条件；已经建立党组织的，要研究在新的环境中开展工作的途径和办法，发挥自己的作用。要加强对非公有制企业中党组织的管理，把领导关系理顺。放在村里和乡镇可以，放在街道也可以，有的还可以放在行业协会或工业小区。不允许出现有党员无组织、有组织无上级的现象。同时要严肃组织纪律，对那些长期脱离党组织、经教育不愿悔改的党员，不能迁就，该处分的要严肃处分。

在建立和完善非公有制企业党组织和工会、共青团组织的同时，要充分发挥职能部门、个私协会和思想政治工作宣传员队伍在构建非公有制企业思想政治工作网络中的重要作用。各级工商行政管理部门是政府市场监管和行政执法的职能部门。由于个体、私营企业没有直接的主管部门，而工商行政管理部门从个体、私营经济诞生之日起都与其有密不可分的联系，因此，各级工商行政部门在进行监管和服务的同时，积极开展个体、私营经济领域的思想政治工作，提高个体工商户、私营企业主及从业人员的思想政治素质、职业道德意识，引导其合法经营，则是新形势下对工商行政管理部门提出的新任务、新要求。工商行政管理部门处于非公有制企业的管理地位，应发挥好主导作用。个体劳动者协会、私营企业协会是挂靠在各级工商行政管理部门的群众团体，是党和政府联系广大个体劳动者和私营企业主的桥梁和纽带，具有“自我教育、自我管理、自我服务”的功能。因此，构建非公有制企业思想政治工作网络在充分发挥职能部门主导作用的同时，还要充分发挥个私协会的助手作用。实践证明，许多地方的个私协会成立以后，在抓载体、增活力，抓服务、解忧难，抓合力、强力量，抓舆论、创氛围等方面做了大量工作，在非公有制企业思想政治工作网络系统中发挥着不可替代的作用。

构建非公有制企业思想政治工作网络，不仅要发挥主管部门的主导作用、个私协会的助手作用，还要建立思想政治工作宣传员队伍，使这些企业的思想政治工作有人管、有人办。如，浙江省一些地方把建立一支过硬的思想政治宣传员队伍作为新形势下加强和改进个私企业宣传思想工作的突破口来抓。通过建立个私企业思想政治工作宣传员队伍，加强了党委、政府与个私企业广大员工的联系和沟通，完善了非公有制企业思想政治工作网络系统，解决了个私企业思想政治工作“无人员、无制度、无投入”的“三无”问题，推进了个私企业党组织、工会组织和共青团组织的建设，取得了良好的效果。

总之，构建和完善非公有制企业思想政治工作网络是新世纪新阶段思想政治工作运作机制创新的一个新问题，各级党委应高度重视，不仅要发挥各级党组织的政治核心作用，逐步建立和健全非公有制企业的党组织、工会组织和共青团组织，而且还要发挥政府主管部门、个私协会的重要作用，逐步建立和完善思想政治工作宣传员制度，使非公有制企业的思想政治工作扎扎实实地开展起来。

二、不断完善社区思想政治工作网络

社区是城市的细胞，是城区各项工作的落脚点。只有着力激活社区这个城市的细胞，着重加强社区建设，才能使精神文明建设和思想政治工作在城市里取得事半功倍的效果。社区的文明化又是当今现代化城市的必然选择，城市现代化不仅表现在城市空间的拓展、基础设施的完善和经济结构的优化等方面，还体现在人的文化素质、思维方式、行为方式、道德观念的现代化上。同时，随着经济体制改革的深入、经济结构的调整、就业形式的多样化，许多离退休人员、下岗待业人员和个体工商户、私营企业主等，都要依托社区来进行教育和管理。

一要建立社区思想政治教育网络。建立教育网络，调动离退休干部、教师、有关专业人员的积极性，组成思想道德教育队伍；建立宣传阵地，开办黑板报、宣传栏、标语牌、家长学校、市民夜校等，形成学校、党校、社会三位一体、配合联动的教育格局；开展美德宣传教育，并举办“三德”知识竞赛、“树文明新风、做文明市民”等评比活动，吸引群众广泛参与。

二要寓教育于文化活动之中。搞好社区文化阵地建设，建立文化馆（站）、文化大院（室）、图书馆（室）、体育场等；举办各项文化体育娱乐活动，吸纳居民参加，丰富居民业余生活。

三要寓教育于管理服务之中。从实际出发，虚功实做，切实解决居民生活的实际困难和问题。加强管理，把思想政治工作与管理工作紧密结合起来。

三、努力办好老龄人群思想政治工作网络

老龄人群的思想政治工作是社区思想政治工作的组成部分。由于新的世纪中国将进入老龄社会，老龄人群的思想政治工作越来越重要，因此，有必要把老龄人群思想政治工作网络从社区思想政治工作网络中单列出来加以论述。在新世纪新阶段，老龄社会要求更加健全的老龄人群思想政治工作制度。老年人思想教育工作的切入点，主要是他们所关心的社会热点难点问题和自身的具体实际问题，建立老龄人群思想政治工作网络要紧密结合这些问题。

一要在全社会形成敬老养老助老的良好社会风尚，建立寓思想政治工作于敬老爱老中的制度。助老养老是中国的优良传统美德，要大力弘扬这一传统，每个家庭要承担起赡养老人、照顾长辈的义务，每个公民都要关心老人、尊敬老人，形成敬老、爱老、养老的好风气，关心老年人疾苦，帮助老年人建立起健康的生活方式，实现自我价值和人的尊严，使之真正能同其他社会成员一起享受社会发展成果。同时，要贯彻执行《老年人权益保障法》，使老龄事业尽快走上科学化、法制化的发展轨道。各地要根据本地实际情况，改革和完善社会养老保险制度和社会福利制度，为做好老年人的思想教育工作打下良好基础。

二要建立寓思想政治工作于活动中的制度。开展适合老年人身心特点的活动，将思想教育工作渗透到各项活动之中。要充分利用文化馆（站）、图书馆（室）、球艺馆（室）、书画之家、老年之家、老年人大学、健身场所等设施，积极开展文艺演出、书法、绘画、健身、学习等具体活动。重视老年人的知识、经验和智慧，支持和吸引他们参加力所能及的文化活动，丰富他们的休闲生活。

三要建立寓思想政治工作于服务中的制度。各地各部门还要开展适合老年人特点和需要的社会服务，如医疗保健、健康咨询、生活疑难解答、日用品的维修、孤寡老人的照顾、交心谈心、时事政策解答等，帮助老年人解决思想问题和困难，维护老年合法权益，促进社会的和谐与稳定。

四、积极发展群众性的思想道德教育组织

积极发展群众性的思想道德教育组织是新世纪新阶段思想政治工作运作机制创新的重要方面。所谓群众性的思想道德教育组织，是指在各级党组织的宏观指导下由社会贤达和有影响有威望的知名人士牵头，而建立的旨在促进本地区、本部门思想道德进步的群众广泛参与的思想教育组织。这是挖掘和利用民间思想道德教育资源的有益尝试。历史经验告诉我们，开展社会主义新型道德教育，必须充分调动全社会的力量、充分利用各种教育资源，而建立群众性思想道德教育组织则是开发民间丰富的道德教育资源的重要实现形式。

群众性思想道德教育组织是各级党组织开展思想政治工作的得力助手。它来自于民间，服务于民间，与广大群众的联系更紧密，对于调解各种社会矛盾、形成强大的道德舆论力量、促进本地区本部门思想道德建设更具有直接性、主动性特征。群众性思想道德教育组织是各级

党组织开展思想道德教育的外围组织，是解决各种思想道德问题的第一道防线，也是开展群众自我教育、自我管理、自我服务的制度化、组织化形式。从某种程度上，可以弥补一些党政工团开展思想政治工作中存在的滞后性、被动性缺陷。

群众性思想道德教育组织的活动形式要多种多样、丰富多彩。如开设“道德法庭”，对于那些不讲道德的人进行“道德审判”，达到祛恶扬善、扶正压邪的目的。如开展信誉道德评估活动，对于讲信誉、守信用的企业和公民予以表彰，使他们受到全社会的赞扬。对于不讲信誉、不守信用的企业和公民予以揭露，促使他们尽快改正。近年来，有的地方充分发挥老党员、老干部、老教师、老工人、老劳模的“五老”作用。一些农村针对封建迷信、婚丧大操大办等现象成立了科普协会、计生协会、禁赌协会、红白理事会等“四会”组织。这些活动有力地促进了城镇和农村良好社会风气、文明健康生活方式的形成。

总之，大力发展群众性思想道德教育组织可以更好使用民间教育资源，更好发挥社会贤达、有威望有影响的知名人士在社会主义新型道德教育中的作用，形成群众自我约束、自我调解、自我管理、自我教育的新机制，促进新世纪思想政治工作运作机制的创新。

五、人与物的投入制度是运作机制创新的保证

开展思想政治工作必须有人力、物力的投入，如果缺乏这些必要的物质保障，思想政治工作只能是纸上谈兵，而保障机制的创新要靠人与物投入的制度作保证。

对于人员配置的比例要科学合理，并加以制度化，不能因领导人注意力的改变而改变，不能借口改革随便撤消和削弱。基层思想政治工作队伍建设要做到组织落实、人员落实、责任明确、制度健全。思想政治工作具有现实性、经常性、广泛性的特点，如果没有常设机构，缺少一定数量的属于国家正式编制的专职政工人员，思想政治工作就难以顺利开展，大量的、经常的、现实的思想问题就无从解决。因此，政工人员的配置必须有一个比例的硬性规定。无论何地区、何部门，不论采取何种领导体制和组织形式，必要的职工思想政治工作机构只能加强，不能削弱，更不能取消。思想政治工作的机构一般包括三个方面：一是各级党的组织，即党委及组织、宣传、党办、纪检等有关部门，直到基层总支和支部等；二是群众团体和某些社会组织，如共青团、工会、妇联等；三是专门从事思想政治工作研究和教育的部门，如专门的研究所、研究室、院校、系及群众性的学术研究机构。这些机构是思想政治工作正常开展和顺利进行的基本组织保障，其人员的投入和配置必须有一个制度化的合理比例。

对于思想政治工作的经费投入也要制度化，使经费在相对稳定的基础上，按照科学合理的比例逐年提高。思想政治工作必须加大投入改善条件，经费投入的范围，不仅应包括经常性思想理论教育经费、大型宣传教育活动经费、组织思想政治工作理论研究和实践调研的经费，还应包括思想政治工作干部的培训提高、表彰奖励以及思想政治工作部门基本建设（如图书资料、现代化设备）所需经费。对于政工师的各种物质待遇包括职称评定，必须充分保证，决不能搞“双重标准”。要把思想政治工作的职称评定纳入国家职称系列，由国家统一拨款，各部门协助，以保证职称评定的落实。各地还要把思想政治教育设施、设备、活动场所、基地建设纳入本地和本单位总体建设规划，并从基本建设费和设备费中给予保证。思想政治教育设施、设备和活动场所的建设要现代化，要善于运用现代技术和手段，使教育内容形象生动、寓教于乐，不断提高思想政治工作的效果。这一切都要通过制度化的人力投入与经费投入，确保落实到位。

（作者：中共广东省委党校党史党建部主任、副教授）

用社会主义核心价值体系引领海关思想建设的探索

邹志武

我国海关系统多年来形成了“忠诚公正、兴关强国”的海关精神。在此基础上，深圳海关组织开展了“深圳海关核心价值观”大讨论，逐步确立了“忠诚、公正、专业、卓越、和谐”的共同价值观念，在积极探索用社会主义核心价值体系引领海关思想建设方面迈出了可喜的一步。

一、深圳海关核心价值观的意义和特征

深圳海关提出的核心价值观，既不是赶时髦强硬杜撰出来的，也不是仅仅挂在口头上的，而是根据深圳海关队伍和业务建设的内在要求提出来的，反映了社会主义市场经济条件下海关工作的本质要求。

深圳特区市场经济发展较早、较快，碰到的问题也较新、较多，市场经济中的交换、求利等价值理念渗入生活领域，带来一定的负面影响。坐落于经济特区又毗邻香港的深圳海关，6000多关员的思想观念也不可避免地呈现多样性。思想观念越是复杂就越需要主心骨，如果缺乏“共同语言”，就无法形成合力推动事业发展。因此，树立核心价值观，形成共同的思想基础，不断巩固和发展思想文化高地，用核心价值观把认识统一起来，把精神振奋起来，把力量凝聚起来，就成为一项紧迫的任务。

随着经济社会的发展，海关作为国家进出境监督管理机关，处在多种利益冲突的交汇点上。海关的行业特点和执法性质决定了海关人员始终处在反走私、反腐败的风口浪尖上。深圳海关处在改革开放和反走私反腐败“两个前沿”，队伍面临更为严峻的考验。在各种诱惑和利益冲突面前，应当坚持什么、反对什么，倡导什么、抵制什么，都必须旗帜鲜明。深圳海关这支队伍能否成为维护国家经济安全和人民利益的中坚力量，很大程度上取决于全体成员有没有共同的道德规范和普遍遵循的行为准则。对深圳海关来说，树立核心价值观，确立人人皆知、普遍奉行的道德规范和行为准则，提高广大关员的政治素质和执法能力，具有更为重要的现实意义。

深圳海关核心价值观的基本特征表现在：一是与海关精神一脉相承，是社会主义核心价值体系的具体体现。深圳海关的核心价值观秉承海关精神，是社会主义荣辱观的职业道德准则结合深圳海关实际、对深圳海关队伍提出的特殊要求；深圳海关核心价值观是社会主义核心价值体系共性要求与深圳海关个性特征有机统一的结果。二是体现了道德理想与基本准则的有机结合。在推进社会主义核心价值体系建设中，务实的做法是把重心放在基本准则上，防止堕落，在此基础上，再引人向上。“忠诚、公正”确立了全体干部普遍认同的行为准则；“专业、卓越、和谐”反映了未来发展方向，具有凝心聚力鼓舞人们不断前进的作用。三是体现了继承与创新、扬长与制短的辩证统一。所有的信仰力量都不能脱离传承文明的状态，不能脱离科学发展的规律，否则就失去凝聚力和号召力，也将失去时代的地位。就深圳海关核心价值观的提炼而言，不仅要根植于长期的实践，而且要牢固树立与时代要求相适应的观念。因此，核心价值观的提炼不是在创造全新的理念，而是将原来模糊不清的准则提炼出来，将关员内心深处崇高、正义、美好的愿望激发出来，加入时代元素，突出创建一流组织的目标，扬“忠诚”之

长，制“腐败”之短；扬“公正”之长，制“徇私”之短；扬“专业”之长，制“低能”之短；扬“卓越”之长，制“平庸”之短；扬“和谐”之长，制“无序”之短，以引导人的价值取向、提升人的精神境界、寻求不懈发展动力为立足点。

二、深圳海关核心价值观的基本内涵

(一)忠诚：尽忠于国、至诚于关

忠诚是海关职业道德的基本准则。对于公务员而言，忠诚就是要忠于国家和人民；忠于宪法和法律，遵守纪律；忠于职守，清正廉洁。我们强调忠诚，是因为忠诚是一个人、一个组织乃至一个民族最重要的精神品质，是个人成功、组织发展和民族存继的关键所在。回顾深圳海关的历史，无论面对多少困难挫折，一代又一代的深圳海关人始终坚守着忠诚为国、勤勉为民的优秀品质。1998 年全国打私会议以来，海关系统包括深圳海关发生了震惊全国的执法腐败问题。在这样的情况下，全关员工忍辱负重，埋头苦干，取得了一系列新的成绩，靠的是忠诚。

(二)公正：公正执法、执法为公

公正就是要求广大关员在执法意识上秉承公正理念、法治精神，牢固树立法律的意识，准确把握法律的深刻内涵、实质精神；在执法方式上，要不偏不倚地执行法律实体性和程序性规定，做到统一规范；在执法效果上，要平等地保护管理相对人的合法权益，不断增进社会公平正义。

(三)专业：素质精良、业务过硬

专业在这里首先指的是专业精神。它要求关员具有良好的政策法律观念和岗位素养，熟练掌握海关业务知识和操作技能，具有丰富的实践经验，能够正确应对和处置复杂业务问题，出色完成本职工作任务。

(四)卓越：开拓创新、拼搏进取

卓越是关于组织发展目标的价值判断。深圳海关追求卓越，就是要当好改革的排头兵，不断开拓创新，创建一流的队伍、一流的管理、一流的业绩、一流的形象。深圳海关地处“特别能改革、特别能创新、特别能开放”的深圳特区，深圳经济的快速发展，决定了深圳海关会遇到更多的新情况、新问题、新挑战。创新是深圳海关的根和魂。长期以来，我们扮演着海关改革试验田、排头兵的角色，发挥着带头和辐射作用，坚持服务于改革开放，从提高通关效率、便利守法企业的角度出发，不断创新监管模式，促进了经济的发展，产生了积极而深远的影响。

(五)和谐：协调互促、和睦共进

和谐理念体现在业务建设上，就是坚持科学发展观，做到把关与服务的平衡；体现在队伍建设上，就是坚持以人为本，营造民主友爱、充满活力的管理氛围。深圳海关长期以来致力于改革创新，不断加强风险管理，建立海关和企业之间的伙伴式合作关系，促进深港合作、泛珠合作等，充分体现了协调各方利益的和谐价值取向。

三、深圳海关核心价值观的实践要求

(一)通过广泛的宣传教育促进价值认同

一是舆论宣传。运用刊物、墙报、内部网络等宣传载体，有步骤有层次地阐述深圳海关核心价值观的主要内涵，使广大关员逐步认识理解，增进认同。二是领导示范。各级领导干部要成为核心价值观的忠实信奉者，要促进关员在深入思考的基础上加强对核心价值观的认同，并转化为实际行动。三是教育培训。将核心价值观的内容融入各类干部培训中，开展海关职业道德、海关历史文化、核心价值观实践案例教育，使教育培训的过程，既成为业务技能传输的过程，也成为核心价值观教育的过程。

(二)健全管理制度，保障核心价值观的实现

通过对关员的职业行为、日常行为进行细化规范，制定行为守则和奖惩办法，让关员清楚地认识到，作为一名关员，应该做什么、怎么做，

如何在日常的一举一动、一言一行中体现核心价值观的要求。

(三)为核心价值观搭建鲜明的文化载体

一方面，将核心价值观人格化，树立一个“纵成行、横成排”的多层次、多侧面的践行核心价值观的先进典型群体，使各层次的人都有自己的榜样；另一方面，将核心价值观情境化，通过特定的艺术形式和符号，对核心价值观进行集中的维系与传承。

(作者：深圳海关党组书记、关长)

三大盛世与改革开放三十年

张新文

在中国历史上，比较公认、最为后人称道的盛世有三次，即西汉盛世、大唐盛世和清代的‘康雍乾盛世”。我国改革开放30年取得了举世瞩目的成就，经济繁荣，社会稳定，人民安居乐业。可以说，我们正处于一个新盛世的开端。历史上的“三大盛世”，都未能避免“盛极而衰”的结局。因此，汲取历史上“三大盛世”的教训，对今天我们持续推进改革开放，建设社会主义和谐社会，实现中华民族的伟大复兴具有重要的参考价值。

一、“三大盛世”的共同点

比较、分析中国历史上“三大盛世”的形成和发展历程，虽然具体情况有很大差异，但总体上看有许多共同点。

1.“三大盛世”都承乱勃兴，速臻大治。大乱之后盛世兴。新朝统治者们吸取前朝灭亡的教训，经过几代人的拨乱反正，最终实现新的大治。西汉在秦朝废墟上重建一代封建王朝，历170多年“休养生息”后才达到全盛。大唐盛世，是在隋末大乱之后，重新走向大治而出现的。其间，走过了近百年的曲折道路。清入主中原，剿灭李自成、张献忠两支农民军，扫荡南明势力，花费了近20年的时间，再建一代王朝，又经过近70年，终由大乱转为大治。

2.“三大盛世”都励精图治，政局稳定。建立盛世，首先要致力于达成全国的统一与稳定。缔造盛世的明君，除了勤政这一基本条件之外，都很注重广开言路和虚心纳谏，知人善任和用人不疑。汉文帝为了鼓励臣下进谏，下诏废除“诽谤”、“妖言”之法。“贞观之治”之所以彪炳青史，与唐太宗主动求谏、纳谏有极大关系。康熙帝通过御门听政、共议国政，全面了解大臣的才学、品德，甚至其性情、生活。这些措施，展示了一代君臣苦心求治的风范，促进了上下同心大好局面的形成。

3.“三大盛世”都经济发展，国强民富。经济繁荣、民富国强是支撑盛世不可或缺的物质基础。西汉盛世，改变了汉初经济凋敝的窘况，出现了“京师之钱累百巨万，贯朽而不可校。太仓之粟陈陈相因，充溢露积于外，腐败不可食”的富裕气象。大唐盛世，更是留下许多国泰民安、官私富裕的佳话。“忆昔开元全盛日，小邑犹藏万家室。稻米流脂粟米白，公私仓廪俱丰实”。“康雍乾盛世”时期，农业与商品经济发展速度之快、财政收入之高，都达到了我国古代社会的最高水平。乾隆年间，中国人口占世界1/3，经济总量占世界的比重最多时达51%，对外贸易长期出超。

4.“三大盛世”都文化昌盛，社会久安。汉武帝时独尊儒术，奠定了两千年封建社会的思想基础；设太学，置乐府，诞生了大气磅礴、彪炳千古的《史记》。唐朝的吐故纳新，造就了贯古绝今的唐诗，在科学、艺术方面也都有着卓越的创造。贞观年间，都城长安成为了世界的文化中心。康雍乾盛世，文教大兴。《红楼梦》堪称时代的史诗。《古今图书集成》、《四库全书》的编纂，使清代学术取得了“超汉越宋”、集历代之大成的地位。“三大盛世”持续时间都较长。汉代的盛世从文帝继位（公元前 179 年）到宣帝去世（公元前 49 年），持续 130 年；唐代的盛世从太宗登基（公元 627 年）到安史之乱爆发（公元 755 年），持续 128 年；清代康雍乾盛世从 1662 年延续到 1795 年，长达 133 年。“三大盛世”都在一个世纪以上的时间里，保持了较为繁荣的局面。

5.“三大盛世”都人心思上，胸襟开阔。由于经济繁荣，政治清明，加之刑罚宽松，所以百姓都“人人自爱而重犯法”，社会风气日益改观，“移风易俗，黎民醇厚”，“商旅野次，无复盗贼”，“马牛布野，外户不闭”。“舞遍两行红结队，儿童齐唱太平年”，是对康雍乾盛世的写照，体现出当时百姓丰衣足食、心平气和。百姓心中没有多少怨气，犯罪的概率很少。630 年，全国判处死刑的囚犯只有 29 人。盛世的繁荣也折射出人们不屈不挠的进取精神。张骞出生入死十几年，开辟丝绸之路；孙思邈“白首之年，未尝释卷”，70 岁写成医典《千金要方》。盛世对待外域文化，开放包容，兼容并收。丝绸之路的开辟，把中华对外开放交流的范围扩大到域外。唐贞观年间，外国人入境和中国人出境并没有太严格的限制，国民对外国侨民既不歧视也不逢迎，既不盲目排外也不“拿来主义”，一幅不卑不亢的大国风范。

二、改革开放 30 年就是一个新盛世的开端

我国改革开放走过了 30 年波澜壮阔的历程。30 年改革开放，影响和改变了国家的前途和命运，取得了举世瞩目的巨大成就。

1. 政治局势空前稳定。从鸦片战争到新中国建立之前，内忧外患、战乱不已、饥荒频仍、人心惶惶。建国后头 20 多年，政治运动不断，特别是“文化大革命”期间法制遭到破坏，人权遭到践踏。而改革开放 30 年来，没有发生过大的战乱和社会动荡。社会主义民主的制度化、规范化和程序化推进到一个新阶段，特别是在扩大基层民主、政务公开方面有了长足进步。当前政治环境十分宽松，人们享受相当广泛的自由，民主团结、生动活泼、安定和谐的政治局面正在形成。

2. 经济快速健康发展。1978 年全国 GDP 总量仅 3624 亿元，2007 年已达到 246619 亿元，年均增长 9.7%，增长速度极为罕见。中国经济从一度濒临崩溃的边缘跃居总量世界第四。经济总量从占世界的 3%增长到占 7%以上，对世界经济增长的贡献也日益加大。据统计，从 2005 年起，我国对世界经济增长的贡献占 14%以上，并逐年提高，仅次于美国，排世界第二位。近 10 年来，我国不仅经受住了来自政治、经济和自然界的各种风险和考验，而且确立了社会主义市场经济体制的框架，制定和实施了科教兴国战略和可持续发展战略，加入了世界贸易组织，为重新崛起提供了动力机制和体制保障。

3. 人民生活水平明显提高。人民生活从温饱不足发展到总体小康，城镇居民人均可支配收入由 343.4 元增长到 13786 元，农民人均纯收入由 133.6 元增长到 4140 元，农村贫困人口从两亿五千多万减少到两千多万，人均 GDP 超过 2000 美元，进入中等收入国家之列和工业化中期阶段。广大人民群众最为关心的教育、就业、收入分配与社会保障等重大民生问题不断改善，不仅使群众得到了实惠，而且提升了群众的幸福指数和信心指数。

4. 中国重新融入世界主流文明。改革开放前，我国对外搞闭关自守，拒“资本主义文明”于国门之外，对内限制商品经济发展。正是 30 年前的改革开放，结束了闭关锁国的半封闭状态而走向现代文明。经过 30 年的改革开放，中国

已重新逐步融入世界文明，人权、法治、公平、正义、自由、平等、博爱等普适价值日渐成为我们文明中的核心价值。

总之，改革开放30年，是新中国成立以来最好的历史时期，是中国近代史以来唯一的天下大治时期。改革开放30年使社会主义中国具备了盛世的基本特征，使我们正处于一个新盛世的开端，使中华民族迎来伟大复兴的光明前景。改革开放30年的伟大历程证明：没有中国共产党的领导，就没有改革开放事业的开启和顺利进行，党的领导是我国改革开放事业不断取得胜利的根本保证。

三、盛世给我们的启示

盛世应该是各阶层人民和谐共处可持续发展的美好状态，而不是一劳永逸的目标。“三大盛世”虽然都先后持续了100多年的时间，但堪称典范并产生巨大影响的时期都不过四五十年。今天的改革开放与历史上的盛世有着质的不同。而且，改革开放伟大事业有党的正确领导，我们今后的发展是古代盛世所无法比拟的。但古今中外兴亡之理、治乱之道相通。早在新中国成立前夕，郭沫若先生就撰文《甲申三百年祭》总结历史的经验教训，激发人们对未来的思考。基于《甲申三百年祭》对历史经验教训的总结，毛泽东同志提出了著名的“两个务必”。今天，只要我们深刻汲取历史上盛世兴衰的经验和教训，认清历史发展规律，时刻保持清醒的头脑，就一定会把改革开放伟大事业继续推向前进，一定会使改革开放新盛世持久延续下去。

1. 盛世的持久延续，需要坚持和加强党的领导。“三大盛世”之所以昙花一现，根本原因在于封建专制制度本身缺乏自我更新和改造功能。我们党始终不懈地加强自身建设，为党卓有成效地领导改革开放事业奠定了坚实基础，提供了根本保证。今后，要实现改革开放的持续、健康、稳步推进，必须继续加强党的建设，进一步巩固党在改革开放事业中的领导核心作用。

2. 盛世的持久延续，需要增强忧患意识。历史上的“三大盛世”都未能避免“盛极而衰”的结局，都没有跳出历史周期律的“怪圈”。而且，盛世的倾颓，往往在极短时间内定局，随之而来的是乱世、衰世以至变世。正所谓“其兴也勃焉，其亡也忽焉”，正所喻“盛世是两大山谷之间的高峰”。出现这种令人扼腕叹息的现象，其中一个重要原因，就是当时的统治者丧失了忧患意识，贪图享乐，不思进取而酿成了恶果。今天，我们应清醒地看到，30年改革开放取得了巨大成就，但我们积聚了大量的社会矛盾、社会冲突，许多领域的改革正待进一步展开和深入，许多挑战正摆在我们面前。因此，我们要居安思危，增强忧患意识，承认忧患、直面忧患，在忧患中奋起，在忧患中保持开拓进取的锐气，在忧患意识的引领下应对挑战，一定要也一定会走出历史“怪圈”。

3. 盛世的持久延续，需要进一步加强民主建设。“三大盛世”的形成都有伟大人物出现，往往需要一代或几代明君不间断的努力。汉有文帝、景帝、武帝，唐有太宗、武后、玄宗，清有康熙、雍正、乾隆，他们雄才大略，励精图治，知人善任。这是促成盛世不可缺少的因素。但在当时的封建专制制度下，国家的命运寄托在一两个人身上，缺乏有效的社会制度作保证，难免出现“一人兴邦、一人丧邦”，“人在政存、人亡政息”的现象。新中国成立前夕，我党就开始探索找到一条新路，跳出这周期律的支配。1945年，毛泽东同志与黄炎培先生谈话时说，我们已经找到新路，我们能跳出这周期律。这条新路，就是民主。只有让人民来监督政府，政府才不敢松懈。只有人人起来负责，才不会人亡政息。今天，我们更要特别重视民主法制的作用，适应经济发展、社会进步和人民群众政治参与积极性不断提高的要求，通过体制创新，健全民主制度，丰富民主形式，拓宽民主渠道，从各个层次、各个领域扩大公民有序的政治参与，保障人民的知情权、参与权、表达权、监督权，不断扩大和保障人民的民主权利，不断增强党和国家的活力，保障改革开放事业向前发展。

4. 盛世的持久延续，需要加强党风廉政建设。“三大盛世”在由盛转衰之际，大小官员纷纷贪污腐化，以权谋私，为所欲为，不受制于外部监督，整个官吏队伍素质严重下降。贪官污吏横行，吏治与社会风气败坏，成为“官逼民反”的导火索，把民众推向政权的对立面。加强廉政建设和反腐败斗争，是顺利进行改革开放和现代化建设的一项重要政治保证。越是改革开放，越是发展社会主义市场经济，越要加强党风廉政建设和反腐败斗争。在坚决惩治腐败的同时更加注重治本、更加注重预防、更加注重制度建设，建立教育、制度、监督三道反腐防线，让官员“不愿”、“不能”、“不敢”腐败，从源头上防止腐败现象的发生，促进改革开放和现代化建设健康发展。

5. 盛世的持久延续，需要建立起合理的社会结构。“三大盛世”处在农业时代，社会财富基本上是以土地作为衡量标准的，土地的分配就是封建社会的财富分配。凡是国家稳定繁荣之时，小农经济占优势；而国家衰败，接近崩溃灭亡之时，土地往往高度集中于少数的大地主、大官僚手中。改革开放以来，我国贫富差距拉大，造成了利益、资源等占有差距较大的社会状况，对社会的和谐稳定产生较大的负面影响。最合理最稳固的结构模式是橄榄型，即两头小、中间大，非常富裕的与非常贫困的都只占社会的很小一部分，而以中产阶层为社会主体。因此，要实施积极的就业政策和收入政策，进一步优化城乡居民的分配结构，进一步完善帮困济贫的政策和机制，努力提高低收入群众的生活水平和生活质量，扩大中产阶层的比重，构建合理的社会结构，促进社会持久稳定和谐。

（作者：中共山东省济阳县委书记）

关于新时期企业文化建设的几点思考

白明俊

近年来，企业文化建设已经成为企业共同关注的重要课题。党的十七大召开之后，企业文化建设更成为热点问题。胡锦涛总书记在十七大报告中深刻指出：“当今时代，文化越来越成为民族凝聚力和创造力的重要源泉，越来越成为综合国力竞争的重要因素，丰富精神文化生活越来越成为我国人民的热切愿望。要坚持社会主义先进文化前进方向，兴起社会主义文化建设新高潮，激发全民族文化创造活力，提高国家文化软实力，使人民基本文化权益得到更好保障，使社会文化生活更加丰富多彩，使人民精神风貌更加昂扬向上。”一个没有优秀文化的民族，不能自强于世界民族之林，同样，一个没有优秀企业文化的企业，也很难自强于市场竞争之中。企业文化及其建设对企业的生存和发展具有决定性的影响。企业文化作为一种现代企业管理思想，要求以人文文化的创新、激发职工的潜能和完成企业的战略目标、工作任务为自己的神圣使命，从而提高企业的核心竞争力。下面结合沈阳市自来水总公司近几年来企业文化建设情况，谈一下对新时期企业文化建设的几点认识。

一、正确认识企业文化建设在企业改革发展中的重要作用

一是企业文化建设是现代企业管理的最新科学理论和管理方法，其理论核心是人本管理，

对企业改革发展具有导向作用。新的世纪，是经济的世纪，也是文化的世纪，先进的文化将成为社会经济和生产力发展的重要保障和精神支柱。以人为本作为企业文化理论的核心，就是强调文化认同与群体意识的作用，把管理的重点从物的管理转移到人的管理，充分尊重企业职工的人格、权利和主人翁的地位；要通过建立明确的价值体系，实现企业目标和职工目标的有效结合，使职工由靠规章制度的“他律管理”变为实现价值的“自主管理”，促使职工自我发展、自我完善，实现企业效益和社会效益的最大化。

二是企业文化建设是企业创新发展的思想理念基础，对企业改革发展具有推动和激励作用，企业文化就是生产力。企业的创新包括技术创新、管理创新、机制创新、经营创新，是企业生存发展的必经之路。企业文化的力量，就是不断激励广大职工的“心智模式”，把潜在的智慧开发出来，产生创新的推动力。企业文化的创新，必然会带来职工价值理念的创新，而这种价值理念的创新，又会持续推动企业制度的创新和经营战略的创新，成为企业改革发展的思想理念基础，成为企业活力的源泉和动力，企业文化就是生产力。

三是企业文化建设是企业个体行为的规范和企业团队精神的发挥，对企业改革发展具有约束和凝聚的作用，企业文化就是企业的灵魂。在企业运营过程中，必须通过严格的管理制度对全体职工行为进行规范，这是强制性的外在约束。而企业文化作为广大职工在共同认同企业价值理念的前提下，用来约束自己行为的一种无形的、非强制性的力量，能够弥补规章制度的不足；同时企业文化要求把个人目标同化成企业目标，企业一方面要坚持对职工的理想追求进行引导，使整个企业形成一个由共同的价值理念凝聚成的组织，一方面要将这种价值理念形成一种强制性的文化氛围，增强企业内部的凝聚力和向心力。可以说，企业文化就是企业的灵魂。

二、准确把握在新形势下企业文化建设的深刻内涵和主要内容

企业文化的实质是企业在长期的生产经营实践活动中所创造和逐步形成的，并为全体职工所认同和共同遵循的，具有本企业特色的价值理念。它主要分三个层次：

一是整合企业精神文化，建立企业基本的价值理念系统，培育健康向上的企业精神文化氛围。对于供水企业来说，在企业文化建设中，要对沈阳供水 93 年的历史形成的优良传统和精神进行提炼，形成符合企业实际和时代要求的企业精神；要建设体现企业精神文化的基本价值系统，形成与企业发展相适应的核心价值观、经营理念、管理理念、服务理念、共同愿景等，逐步形成具有行业特色的理念识别系统，为广大职工所认同和接受。

二是规范企业行为文化，建立行为规范系统，打造全新有序的规则企业。要通过制定职工手册、加强职工职业道德建设、完善职工奖惩激励机制、建立健全企业各项规章制度等建立完善企业行为识别系统，使企业核心价值观成为统一全体职工思想和行为的标尺，成为约束全体职工思想行为的准绳。

三是企业文化是企业社会责任的象征，通过创造企业形象文化，建立形象识别系统，树立企业良好的社会形象。企业的社会责任是企业的天职，对于服务行业，用户利益高于一切。要通过对供水企业 CI 形象设计，以全方位多层次的表层形象来反映深层的企业价值理念，通过对包括企业名称、企业标志、职工服装、企业内部刊物、企业对外宣传、企业文化体育设施建设等进行策划、创作、设计和制作，形成具有鲜明个性和方向感、立体感的视觉识别系统，树立企业良好的社会形象。四川汶川特大地震发生后，短短几天公司全体干部职工就为灾区捐款 100 多万元，之后，党员又缴纳特殊党费 58.4 万元，其中 76 名党员交纳了千元以上。公司组织的抢修供水生命线 24 名突击队员刚刚出发，

就又有2500多名职工主动请战第二梯队、第三梯队突击队员。这就是被国家建设部誉为“铁军”所具有的素质，这爱国主义、集体主义、英雄主义的三种精神，就是沈阳自来水人，在企业文化的感召下所结出的丰硕成果。

三、营造和培育具有行业特色的企业文化，增强企业的凝聚力和向心力

几年来，沈阳市自来水总公司始终坚持“诚信为本、以德治企”的原则，深入贯彻落实“保障城市供水，创建诚信企业”的企业理念，充分发挥企业文化建设在企业改革发展和企业管理中的重要作用和重要影响，积极借助多种有效活动载体，逐步建立起适应企业改革发展、符合企业发展战略、遵循企业文化发展规律、体现职工根本利益的具有行业特色的企业文化新体系，提高企业的凝聚力和向心力。

一是紧紧围绕企业改革发展实际，加强舆论宣传工作。在中央电视台《焦点访谈》、《中国建设报》、《中国供水节水报》等主流媒体发表《沈阳供水这几年》、《沈水之变》等介绍企业改革成果的文章；与市委宣传部共同完成“东北振兴、沈阳先行”创业典型宣传活动，沈阳日报、电台、电视台连续报道总公司改革发展历程。总公司被沈阳市委确定为东北老工业基地振兴创业典型，被国家建设部确定为市场化改革试点单位。认真创办水世纪杂志，发展创新《水世纪——信息速递》。出版《水世纪》55期，《水世纪——信息速递》23期。三年来，在各新闻媒体播发稿件500余件。

二是组织开展企业文化月系列活动。组织制定企业文化建设实施纲要，逐步形成以人为本的管理氛围、以绩择人的务实氛围和和谐宽松的创新氛围。总公司党委从2002年成功举办庆祝城市供水88周年大会后，这一活动已连续举办6年，每年邀请全国水司代表、省市领导与广大职工欢聚一堂、共庆节日；采编完成反映城市供水辉煌历史的大型画册《历程》、《历史回眸》；创作完成了企业改革发展纪实教育片《跨越》和反映城市供水93年历程的纪实片《梦考》；撰写了大型报告文学《红旗飘飘》；组织完成了《感动沈阳》感人事迹纪录片；选树建成了10个爱国主义教育基地和18个民心风景区，组建了企业改革发展展览室，组织“做、展、看”活动50场次，参观人数达2000人次；组建“泉水清”文化轻骑队，深入社区演出19场；组织开展了足球友谊赛、冬季长跑、乒乓球、篮球等职工喜闻乐见的活动。

三是组织开展“创建诚信企业，争做诚信职工”宣传教育活动。组织起草《创建诚信企业，争做诚信职工活动实施方案》及考核评选细则，相继完成试点评定工作；组织编写《沈阳供水职工“三德”教育读本》，通过组织开展系统教育、业务培训、理论实践等活动，广泛地进行了职业道德、家庭美德、社会公德教育，增强了广大职工的自律意识；组织开展创建学习型企业活动，制定下发创建星级学习型班组活动方案；拍摄完成总公司新闻备忘、沈阳供水游记等短片7部。通过组织开展理论教育、业务培训、专家讲座、参观学习、专题研讨、经验交流等多种形式的学习教育活动，调动广大职工的学习热情和积极性，提高了企业的凝聚力和向心力。

四、建设现代企业文化的三点建议

第一，根据市场发展要求适时分析企业现状、行业态势、竞争状况，确定企业目标，调整企业文化方向。

第二，根据企业的远景、使命、精神、理念、战略等，归纳总结出具有科学性、艺术性、可操作性的企业文化纲要，设计企业行为规范，即职工行为规范、服务规范、生产规范。

第三，企业文化部门与专业文化机构合作，使企业文化形成行业与区域文化的品牌。

综上所述，只要做到了正确认识企业文化建设在企业改革、发展中的重要作用，并能准确地把握在新形势下企业文化建设的深刻内涵和主要内容，同时努力营造和培育有行业特色的

企业文化，以增强企业内部的凝聚力和向心力，那么，这个企业就会提高核心竞争力，就会在激烈的市场竞争中生存发展。

（作者单位：辽宁省沈阳水务集团）

紧扣育人主题　发挥自身优势
在配合学生思想政治教育上求提高见成效

南京航空航天大学关工委

我校关心下一代工作，认真贯彻党的十七大精神和中共中央、国务院《关于进一步加强和改进大学生思想政治教育的意见》，紧紧围绕学校育人树人的总目标，遵循配合补充原则，选准着力点，积极开展相关活动，尤其是在配合学生思想政治教育上，成效明显。据不完全统计，近3年来共举办相关主题讲座100多场，参与师生达3万多人次。其特点是：实施力度比较大，结合实际比较紧，教育效果比较好。

一、理想信念教育提高升华

我们把配合开展理想信念教育放在首位，以贯彻党的十七大精神为主线，促进青年学生对中国特色社会主义的认识不断深化。

一是在配合党校入党积极分子培训中贯彻体现。承担党的基本理论、知识授课任务的有关同志，讲课时适逢党的十七大召开，他们认真学习，研读报道，把握主题，使十七大的精神能以最快的时间，进教案，进课堂，得到领导和大学生们的欢迎和称赞。

二是在配合党委部署的学生教育中帮助落实。校关工委有关负责同志，根据2008届本科毕业生教育计划，紧张备课，赶制课件，以《把忠诚和奉献写在党旗上》为题，配合机电、民航、经济管理等学院，为毕业生党员主讲离校前的最后一次党课。他紧密联系中国特色社会主义建设发展的巨大成就，特别是党领导抗震救灾的中流砥柱作用，并结合同学们在校的成长经历，以及南航杰出校友的榜样，生动阐述，讲明道理，引导大家进一步升华对党的认识，坚定为党的事业奋斗终身的理想信念，为国奉献，为校争光。

三是在学生社团的理论学习研讨活动中参与交流。校学生会在党的十七大刚刚闭幕之时，就及时组织了“我看十七大”的青年峰会，校关工委的负责同志和有关老教师到场参与交流、点评指导，对这一活动给予热情支持和鼓励。

四是在干部、教师和学生辅导员的有关培训中交流融入。与育人者相互切磋，共同提高，为提升育人质量抓好源头作出努力。

二、形势政策教育及时跟进

对青年学生进行形势政策教育是全面提高育人素质的必然要求。校关工委结合学校“长空讲坛”、共青团校和形势政策课，举办《国际形势与国际战略》、《台海局势与对台方针》讲座，引导学生们及时了解形势，把握政策，加深对十七大关于“始终不渝走和平发展道路，推动建设持久和平、共同繁荣的和谐世界”和“牢牢把握两岸关系和平发展的主题，两岸同胞要共同反对和遏制‘台独’分裂活动”的理解，增强大局意识，自觉维护良好的发展环境。

同时配合进行改革开放教育。结合纪念改革开放30年和迎接奥运契机，深化党的十七大精神的学习宣传教育，举办了《凝聚在中国特色社会主义伟大旗帜下，奉献于全面建设小康社会光辉事业上》和《坚定目标科学发展，以人为本改善民生》等讲座。开展“四讲四颂”活动，即讲改革开放历史、讲国家经济社会发展成就、讲学校办学层次水平提高、讲个人家庭变化，赞颂党的领导、赞颂中国特色社会主义、赞颂改革开放、赞颂中华民族伟大复兴事业。同时，注重发挥老同志在改革开放教育中的优势和作用。

三、南航文化教育效果显著

优良办学传统和大学文化教育，是帮助大学生确立社会主义核心价值观、培养高素质人才的重要举措。

校关工委常务副主任丁荣茂依据对我校办学历史传统、文化特色的深入研究，结合学校发展和学生思想政治教育的实际需要，精心准备，做出课件。两年来，他先后为各院学生和组织部、人事处、学工部举办的培训班进行《南航办学传统、跨越发展与大学文化》专题讲座10多场，听讲的学生、干部、教师和学生辅导员达数千人次，成为深受大家欢迎的品牌讲座，成为我校文化传统教育的必修课。讲座全面介绍南航的发展历程、办学传统、文化特色，深入解读南航校风、校训和大学精神以及学校重要标识、载体的文化信息内涵；帮助青年学子和新进校的干部、教师、职工，了解南航跨越发展的奋斗历程，加深体验南航办学精神，深刻领悟南航文化精髓，增进光荣感、自豪感和责任感；引导大家自觉关注、维护和支持南航文化建设，促进南航文化传承与创新，在发展中不断提升，在建设中大力推进，在实践中充分展现大学文化建设的重要作用。

老教授丁秋林结合自己几十年的执教体会撰写出了《科技与人生》、《科技与人文》、《科技与和谐》三本论著，并开出《国学与信息社会》、《科技创新与文化创新》等相关讲座，大力倡导科技与人文的有机结合。老年摄影学会举办的“南航校园风光摄影展”，受到学生热情关注和喜爱。《南航报》副刊每期都有老同志的新作发表。大家通过书画、篆刻、诗词、杂文和文艺等多种形式，舒发爱校情感、陶冶师生情操，为营造校园浓厚的文化氛围发挥了积极作用。

四、强军荣校教育扎实开展

2007年是中国人民解放军建军80周年，校关工委紧紧围绕我校创建“具有国防科技特色的高水平研究型大学”的奋斗目标，配合开展了“爱国强军荣校”教育。在航空航天领域和国防战线有许多南航毕业校友作出了杰出贡献，堪称楷模。胡锦涛总书记亲自接见的空军试飞英雄李中华，歼10飞机的主要研制者，中国支线飞机和新型直升机的总设计师，神5和神6的飞船、控制以及嫦娥1号卫星的副总设计师、年轻的少帅们，都是国防科技战线的精英和功臣，也是南航的光荣和骄傲。学校邀请他们回校作报告，引起强烈共鸣。他们“南航永远是自己成长、起飞的机场和跑道”和“母校时刻在我心中”的爱校情结，他们“使命永远重于生命”的高尚境界，他们“勇于创新，拼搏进取”的攻关毅力，他们“成就荣誉面前不懈追求”的精神风貌，感人至深，催人奋进。

校关工委在举办讲座等教育中，充分运用这些生动感人的典型事迹，把“负重奋进、献身国防、求实创新、志在超越”的南航精神与“特别能吃苦、特别能战斗、特别能攻关、特别能奉献”的载人航天精神和“热爱祖国、无私奉献、自力更生、艰苦奋斗、大力协同、勇于登攀”的“两弹一星”精神紧密结合起来，弘扬军工文化。向学生们解读什么是社会主义核心价值观，解读什么是军工科技工作者的追求，解读什么叫“今日我以母校为荣，明日母校以我为荣”，为在校大学生立志成才，勇于创新，追求卓越，报效祖国树立了“看得见”、“学得着”的优秀榜样，成为激励他们努力学习进取的强大精神动力。

我国重大专项工程大型飞机研制经国务院正式批准立项后，学校党政高度关注，采取了许多切实的举措，牵引、推动学校人才培养和科研创新工作。为了帮助学生特别是研究生，掌握言息，抓住机遇，校关工委及时组织专场报告会，邀请南航老校长朱剑英教授，为学生们作了《中国大型飞机研制的重大意义、机遇、挑战与对策》的科技报告，深受学生们的欢迎。500来人的报告厅，座无虚席，还有近乎一倍的学生是站着听完了2个小时的精彩报告。大家称赞这一报告"太及时，太重要了"。

五、崇尚廉洁教育初见成效

对大学生进行崇尚廉洁教育，是掌握未来反腐倡廉主动权的实际需要，也是高校向社会输送高素质人才的必然要求。中纪委、教育部明确要求反腐倡廉教育进教材，进课堂，进头脑。校关工委配合党委、纪委进行调研，撰写了《关于高校廉政文化建设初探》的论文，把学生的廉洁文化教育列入高校廉政文化建设的指导思想和目标要求之中，强调"重在干部，面向教工，关注学生，服务社会"；要求领导干部"执政为民，廉洁从政，廉洁治校"，教师"执教为民，廉洁从教，为人师表"，学生"崇尚廉洁、知荣明耻、筑基固本"。论文被校党委评定为一等奖，在全国思想政治工作科学专业委员会年会上作过介绍，刊载于2006年度《中国思想政治工作年鉴》。

同时我们狠抓落实，举办各类廉洁文化讲座，对青年学生早打预防针，倡导艰苦奋斗，严于律己，迈好人生之路。校关工委负责同志为航空宇航学院2007届毕业生党员上的在校最后一次党课《崇廉尚洁、筑基固本》，语重心长。学生们铭记母校政治嘱托走向新的征程。这次党课被学校党委评选为"优秀党日"。校关工委在配合党校培训中，对青年入党积极分子、新上岗的青年教师、学生辅导员举办的《党的纪律与反腐倡廉》、《做一个清正廉洁的管理者》和《为人师表，为教清廉》等培训讲座，都收到了良好效果。

六、理论与实践研究成果丰硕

校关工委十分重视参与学校思想政治工作和党建工作研究，努力提高工作层次。在2008年全省高校党建工作会议上，丁荣茂同志承担完成的校党委立项课题《关于高校领导班子提高贯彻落实科学发展观能力问题研究》荣获一等奖，并在大会上作论文报告。2007年校党委评选党建论文一等奖3项，其中由关工委负责同志完成的占2项。对于加强高校关心下一代工作理论与实践的研究也起步较早，在省教育系统关工委2005年骨干培训班上所作的研究报告，受到领导同志充分肯定和广泛好评。

几点体会：

1. 党政重视，热情支持，是关工委配合学生思想政治教育抓落实见成效的前提。学校领导为关工委配合主渠道开展大学生思想政治教育提供了良好的氛围。工作有位置：党委把关工委工作纳入学生教育工作体系，写入学校章程，列入年度工作计划。条件有保证：组织健全，保障适应，工作支持，有困难帮助解决，有成绩给予肯定和鼓励。

2. 思路清晰，重点突出，是关工委配合学生思想政治教育抓落实见成效的关键。我校关工委工作的方向是：贯彻落实中发16号文件，重在加强改进大学生思想政治教育，配合帮助培养德才兼优的高素质人才。面对的特点是：高校教育对象的整体性，育人力量的全员性和"五老"人员直接参与关工委教育的不确定性。工作的定位是：配合补充，补需、补缺、补能；坚持配合不越位，补充不趋同；强调发挥自身优势，突出重点方向，力求形成工作特色。

3. 精心组织，讲究实效，是关工委配合学生思想政治教育抓落实见成效的根本。配合主渠道加强大学生思想政治教育，必须勤奋学习，紧跟形势；围绕中心，结合实际；超前策划，务实运作；注重创新，讲究实效；总结提高，坚持不懈。这样才能逐步构建一个配合教育的基本格局，形成既符合本校实际，又能发挥关工委自身优势的教育特色。

用科学发展观指导企业党建工作发展

谭明喜

随着市场经济的快速发展，企业改革的不断深化，社会经济成分、组织形式、资源配置方式、就业方式、利益关系和分配方式日益多样化，企业党建工作面临的环境和条件发生了很大变化，企业党建工作方式也随之发生了深刻的变化。

科学发展观的第一要义是发展，核心是以人为本，基本要求是全面协调可持续，根本方法是统筹兼顾。这四句话是对科学发展观的内涵所作的最全面、最深刻而又最鲜明的新概括，对我们深刻认识和深入贯彻落实科学发展观，具有重大指导作用。

党的十七大报告关于加强基层党的建设一系列重要思想和工作部署，充分体现了科学发展观的本质内涵和以改革创新精神加强基层党的建设的基本要求。在新形势下，企业党组织如何以人为本，落实科学发展观，促进人的全面发展和企业健康发展，是企业党建工作面临的一个重大课题。

实业公司是中国长江三峡工程开发总公司劳动密集型的专业化服务公司，长期承担三峡水利枢纽、葛洲坝水利枢纽及两座电站的生产区、办公区、生活区的物业管理和园林绿化等业务，同时承担正在兴建的金沙江流域水电站的物业管理业务。实业公司所肩负的创世界一流的水电物业服务任重而道远，要想把这块物业蛋糕做大、做强，必须用科学发展观去指导实践，努力创新，不断寻求发展。应围绕以下几个方面扎实做好企业党建基础工作。

一、落实科学发展观是新形势下创新企业党建工作的必然要求

落实科学发展观，坚持以人为本，就是要实现人的全面发展与企业的协调发展相统一。在企业学习实践“三个代表”重要思想，就是以生产力发展的要求、先进文化的前进方向和最广大群众的利益去引导企业科学决策、有效管理并实现可持续发展。这与科学发展观的要求是完全一致的。通过科学管理，合理配置各种资源，实现效益最大化，实现可持续发展。科学发展观强调人与企业的共同发展。人的发展是根本，企业的发展是人发展的基础，企业党组织是实现二者共同发展的核心力量。人的全面发展必然体现在职工群众的根本利益和自身价值的实现上，实现好职工群众的根本利益是企业发展的出发点、根本点，也是企业协调发展的根本动力。因此，企业党建工作必须把关心人、尊重人、理解人、发展人作为企业发展的目的，把保障职工权益、激发职工积极性创造性和提高职工素质作为着力点，把实现好、维护好职工的根本利益作为一切工作的出发点和落脚点，切实尊重和保障职工的政治、经济、文化权益，不断提高职工的思想道德素质、科学文化素质和健康素质，创造职工平等发展、充分发挥聪明才智的良好环境。

二、落实科学发展观必须把维护职工群众利益作为党建工作的着力点

落实科学发展观，坚持以人为本，必须在企业改革发展过程中，维护好职工群众的利益，正确处理企业与职工、眼前与长远、局部与全局的关系，把职工发展与企业发展协调统一起来，实现人与企业的共同发展。人的全面发展首先要有物质条件，要满足职工求富、求为、求知、求新愿望，必须靠企业的经济发展来实现。坚持把

企业发展作为第一要务，用全面、协调、可持续发展来不断满足职工群众的物质利益需要。基层党组织的主体是党员，服务对象是人民群众；企业的主体是员工，这就要求基层党的建设必须始终坚持以人为本，坚持组织关心党员，党员服务群众，充分发挥党员的主体作用，切实做好服务群众的工作。

实业公司党委坚持"回头看"做好整改提高工作，每半年征求一次群众意见，通过民主生活会或专题组织生活会制定整改措施，将整改情况及时向群众通报。近几年以来，公司两级领导班子为职工解决实际困难，陆续投入400多万资金，用于改善职工住宿、就餐和工作环境。公司领导每年坚持在高温酷暑时节、春节到一线慰问值班职工，让广大职工感受到企业的温暖。通过先进性教育活动整改提高，促进了公司党委和党支部两级领导班子建设，进一步转变了领导干部作风，推动了企业规范管理，公司呈现加速发展、稳健经营的良好态势。从2003年公司改制重组5年来，营业收入从9600万元增长到2.11亿元，营业收入已翻了一番，年平均增长速度达到26%；利润总额从252万元增长到2557万元，翻了三番多；资产总额增加3878万元，增长了30.5%，实现了国有资产的保值增值。

三、落实科学发展观必须建立体现以人为本的服务与管理机制

落实科学发展观，坚持以人为本，必须增强党建工作的服务意识。服务是宗旨、是责任、是途径、是载体，是新形势下企业党建功能最重要的体现。

一要建立掌握社情民意的沟通机制。只有渠道畅通，把职工的需求和呼声作为党建工作的第一信号，改革发展决策才能符合广大职工根本利益。

二要建立办实事、解难题的监督机制，使职工的呼声和需求能够得到回应。主动接受群众监督，党组织才会赢得信任。

三要建立解疑释惑的疏导机制。职工对利益的理解是多元化的。因此，各级党组织要及时掌握职工关注的热点问题和思想倾向，有针对性地正面引导，说服教育，开启思路，稳定情绪，化解矛盾，凝聚人心，鼓舞士气。

四要建立民主公开的群众参与机制。把发挥职工参与管理的作用作为党组织的重要职责，进一步健全和完善企业的民主制度，丰富民主形式，充分尊重和扩大职工的知情权、参与权、选择权、监督权，依法维护职工民主权益。

实业公司党委以创建"四好"班子为抓手促进班子队伍稳定。一是把开展"四好"领导班子创建活动作为党建和思想政治工作的主线，提出了明确的创建任务和具体措施。公司党委认真落实"三会一课"、民主生活会、党员组织发展等制度，对各单位创建过程加强督导检查；在年度考核时，把每个工作项目量化成具体的分值进行打分，与单位的经济责任制考核和班子成员个人的年度绩效挂钩，形成了有效的考核激励机制，使"四好"领导班子创建活动能更好地围绕中心、服务大局、融入管理。近3年，公司出台了一系列重大的管理措施，如全员绩效考核、高技能人才评聘、人才津贴、单项工程核算等等，促进了企业的改革发展。二是严格执行民主集中制，制定了《党委议事规则》、《领导班子工作规则》和《领导班子民主生活会制度》。公司党委对"三重一大"事项都按照"集体领导、个别酝酿、民主集中、会议决定"的原则进行决策，定期向董事会、监事会报告重大工作事项，提高决策的科学化、民主化、制度化，发挥班子的整体作用，搞好团结协作，营造和谐的工作氛围。三是坚持每季度组织一次中层干部、重点岗位人员参加"反腐倡廉教育日"学习活动，每年组织全体党员、干部开展一次反腐倡廉"宣传教育月"活动，增强党员干部的法纪意识和反腐倡廉的自觉性。公司改制重组以来，逐步制定和完善了80多项经营管理制度，通过规范管理提高了制度的执行力，提高了贯彻落实科学发展观的自觉性。同时，公司党委按照责任明

确、运转有序、保障到位的要求，逐步建立健全党建工作机制，使基层支部党建工作逐步走向经常化、制度化和规范化。

四、落实科学发展观必须不断创新企业党建工作机制，增强党组织的活力

实现人的全面发展、促进企业的健康发展和党建工作良性互动，关键在于党组织自身是否具有创新的活力。企业党建工作要紧紧围绕以人为本的科学发展观提出的新要求，根据依法治国、现代企业制度、深化产权制度改革带来的新变化，不断探索和实践，以创新党建工作提供坚强组织保证，来引领各方面工作创新发展。

第一，建设一个强有力的领导班子。一是抓学习。适应新形势、新任务、新挑战和新机遇要求，就必须加强学习。企业要成为学习型企业，各级领导班子要成为学习型领导班子。只有抓学习，才能不断获取新知识，拓展新视野，开创新境界，提高领导班子驾驭全局的能力和本领，使领导班子能作为。二是抓作为。把领导干部的注意力引导到企业的发展目标上来，把创新作为自己永无止境的追求，使领导班子勇作为。三是抓作风。深入实际，深入基层，讲真话、办实事、解难事，以扎实的作风带队伍、促发展，使领导班子有作为。

第二，创新企业党员教育管理机制。把对党员队伍的教育和管理，与维护党员权利、提供服务有机结合起来，在要求党员多做贡献的同时，要维护党员的合法利益；在强调党的纪律的同时，要尊重党员的民主权利；在强调党员发挥先锋模范作用的同时，要切实帮助党员解决实际困难，激发党员为企业改革发展尽职尽责的积极性和创造性。教育党员成为学习的模范者、工作的先进者、职工的带领者和攻关克难的带头者。引导党员把完成创新课题、创新项目、工作任务看成是学习修炼、自我提高的机会，展示才华、实现价值的舞台，永葆先进性。

第三，大力加强人才队伍建设。按照管宏观、管政策、管协调、管服务的要求，全面推进人才强企战略。努力营造各类人才发挥作用的良好环境，用共同的理想凝聚人才、用宏伟的事业锻造人才、用激励的机制开发人才、用良好的环境吸引人才。要通过富有成效的工作，加快形成优秀人才脱颖而出、充分施展才干的企业环境。努力把各类人才培养成党员，把党员培养成各类人才，使党员成为企业优秀的人力资源。

第四，拓展党建工作领域，增强党组织的凝聚力和战斗力。加强党组织建设，坚持事业拓展到哪里，党组织就建到哪里，党组织的服务就跟到哪里，党员的先锋模范作用就展现在哪里。以创新党员教育形式、管理方式为突破口，加强在职、退休和流动党员的教育管理，尤其是发挥退休和流动党员作用，在不同领域、不同层次人员中，充分发挥党组织政治核心作用与党员的先锋模范作用，不断提高各级党组织的凝聚力和战斗力。

近几年来，实业公司党委紧紧围绕生产经营中心任务，以科学发展观为指导狠抓基层党建工作并取得了一定的成果。党组织自身建设明显加强，党建工作水平明显提升，生产经营发展态势良好，“两个文明”建设硕果累累。公司所管理服务的三峡坝区十三、十四小区和紫阳二区荣获全国物业管理优秀住宅文明示范小区；三峡总公司总部大楼荣获全国城市物业管理优秀示范大厦；三峡建设管理中心、九州大厦、星座大厦荣获湖北省城市物业管理优秀示范大厦；紫阳一区、幸福小区、三峡坝区东岳庙小区荣获湖北省城市物业管理优秀住宅小区；金沙江溪洛渡工区三坪业主营地荣获云南省物业管理优秀示范小区，花椒湾施工营地荣获云南昭通市物业管理优秀示范小区。2005 年公司获得全国物业管理企业一级资质，是中国物业管理协会常务理事单位。2001—2007 年，公司连续 7 年被三峡坝区综治办授予“社会治安综合治理先进单位”；2006—2007 年，连续两年被国家工商总局评为“全国守合同重信用企业”，被湖北省消费者协会评为“消费者满意单位”；2008 年 7 月，葛电运输分公司党支部书记

东建国被湖北省国资委授予"优秀共产党员"光荣称号。这些荣誉的取得，是实业公司以科学发展观为指导，积极践行总公司建好一座电站、带动一方经济、改善一片环境、造福一批移民的"四个一"水电开发服务理念的结晶，也为总公司提供了坚强的政治保障和后勤服务保障。

基层党建工作是一项重要的系统工程，任重而道远。在新形势下，实业公司党委将以科学发展观为指导，坚持以人为本，不断开拓创新，努力使基层党建工作再上一个新台阶！

（作者单位：中国三峡工程开发总公司实业公司）

新兴媒体环境下大学生思想政治教育实效性探索

国万忠

大学生是国家十分宝贵的人才资源，是民族的希望，是祖国的未来。切实增强当代大学生思想政治教育的实效性，是关系中国特色社会主义事业兴衰成败、关系中华民族前途命运、关系党的生死存亡和国家长治久安的重大战略课题。目前，基于互联网、无线网络等网络基础上的新兴媒体受到大学生的普遍关注并广泛使用。这极大地影响着大学生的思想政治教育。2008 年 1 月中国互联网络信息中心（CNNIC）发布的《第 21 次中国互联网络发展状况统计报告》显示，目前中国的网民群体中，学生所占比例最大，达 28.8%，在读大学生手机上网占到手机网民总体的 13.8%，居于首位。

从在校大学生和毕业大学生两个层面，通过调查他们接触新兴媒体的种类、频度以及新兴媒体对大学生个人生活、学习、心理、道德、政治等方面的影响后感到，在思想政治方面的影响主要表现是：其一，新兴媒体环境下，马克思主义意识形态的主导地位在大学生思想领域中面临挑战；其二，新兴媒体的信息传播优势与大学生文化素质的提高存在矛盾；其三，新兴媒体发展在促进大学生个性发展的同时，导致个人主义思潮及其行为的蔓延，弱化了大学生个体社会化的进程；其四，中国传统道德观念在新兴媒体环境下挑战和机遇并存。因此，必须不断加强研究当代大学生如何在新兴媒体环境下健康地成长，增强大学生思想政治教育的实效性，提高当代大学生社会公德、职业道德、家庭美德和个人品德，实现思想道德素质和社会责任意识、政治责任感及相关能力的有机统一。

一、增强新兴媒体环境下大学生思想政治教育实效性的必要性和紧迫性

首先，增强新兴媒体环境下大学生思想政治教育实效性，是为中国特色社会主义事业输送大批合格的后备人才，为我国社会主义和谐社会建设造就良好的建设者和接班人的迫切需要。当前，世界范围内各种思想文化通过各种媒体尤其是新兴媒体进行交流、交融、交锋更加频繁，"西强我弱"的国际舆论格局还没有根本改变，思想政治领域的斗争更趋激烈、更趋复杂。在这样的情况下，大学生思想政治教育工作任务更为艰巨、责任更加重大，因为高校承担着人才培养、知识创新和社会服务的重要任务，其中关键是要向社会输送大量合格的建设者和接班人。从未来的发展状况实际分析，中国特色社会主义事业建设队伍的源泉主要是当代的知识分子群体尤其是大学生群体，因此，今天"80 后"大学生综合素质的优劣直接关系到我国的未来。站在未来发展的高度，培养和提升

当代大学生的社会责任感、政治责任感和未来意识将成为增强大学生思想政治教育工作实效性的重要立足点。

其次，增强新兴媒体环境下大学生思想政治教育实效性，是不断巩固正确意识形态在大学生思想阵地的主导地位和发挥其作用的需要。随着社会组织形式和信息传播方式的变化，主流意识形态不再仅仅通过各种组织和行政力量来推行，更多地要通过网络、电视等大众媒体来传播。在现代社会，大众媒体的作用和影响越来越大，尤其是互联网已成为思想文化信息的集散地和社会舆论的放大器，依靠互联网等新兴媒体获取信息的人数和频度远远超过了电视、报刊等传统媒体。例如，手机已经成为当今大学生生活的重要组成部分，成为他们信息交流的重要途径，甚至已经成为影响国家生活、群众情绪和社会舆论的重要因素，成为意识形态工作的重要阵地。因此，要运用高超的工作艺术有效调控、引导当今高校中的各种舆论，用主流意识形态来整合日益多样化的大学生思想观念，占领他们的思想阵地。

第三，增强新兴媒体环境下大学生思想政治教育实效性，是加强高校基层党组织建设，推动党的执政能力和水平提高的需要。进入新世纪新阶段，国际局势发生新了深刻变化，各种思想文化相互激荡，各种矛盾错综复杂，敌对势力对我国实施西化、分化的战略图谋没有改变，我们面临发达国家在经济、科技等方面的压力。同时，当前我国改革发展正处在关键时期，社会思想多元化增强，社会利益关系更为复杂。在汶川地震以及抗震救灾过程中，当今大学生通过网络交流和社会交往所反映出来的正反两方面的现象，就能充分说明当今大学生有关社会责任、国家政治责任的现状与我们的要求存在很多矛盾，这是我们必须面对的现实和挑战。因此，必须不断加强和改进大学生思想政治教育，提高他们的思想政治素质，把他们培养成合格的中国特色社会主义事业的建设者和接班人。

二、增强新兴媒体环境下大学生思想政治教育实效性的可行性措施

我国正处于深刻的社会变革期和重要的战略机遇期，经济成分和经济利益等的多样化日趋明显，大学生的思想观念和价值取向、活动方式等都已发生了并将继续发生很大变化，许多社会现象都可能对当代大学生诱发各种思想问题，引起思想波动和心理失衡。“基础不牢，地动山摇”。如果党的思想政治教育工作在高校有名无实，势必会导致部分大学生精神不振，思想混乱，组织涣散，管理松懈，长此以往将会动摇他们建设社会主义现代化的信念和信心，影响高校工作的实际效果，削弱党的阶级基础和群众基础。因此，大学生思想政治教育工作必须增强针对性和实效性。

第一，要坚持把社会主义核心价值体系建设融入大学生思想政治教育全过程，以此作为增强大学生思想政治教育工作实效性的基本原则。大学生是中国特色社会主义事业的建设者和接班人，是社会文明的重要体现者和传承者。当代大学生要不断提高思想道德等综合素质，就必须成为学习和践行社会主义核心价值体系的最积极、最活跃的群体。因此，要以坚持马克思主义的指导地位为灵魂，以树立中国特色社会主义共同理想为主体，培养和弘扬民族精神和时代精神，切实践行社会主义荣辱观。要以大学生的社会责任感、政治责任感和政治意识为突破口，坚持以人为本，坚持大学生培养共性与个性相结合的方针，坚持思想政治教育引导的先进性和广泛性的统一，贴近实际、贴近生活、贴近学生，努力提高思想政治教育的针对性、实效性和吸引力、感染力。

第二，要从建立和完善制度入手，进一步推进思想政治教育工作的制度化，增强大学生思想政治教育工作实效性。要建立和完善在党委统一领导下，党政工团齐抓共管的“大政工”格局，要建立和完善有利于提高大学生思想道德素质以及调动他们的积极性、主动性和创造性

政策、制度、机制，实现良性互动的“一体化”工作机制。如，建立思想政治工作与教学科研工作的联系会议制度、工作效果反馈制度、思想政治工作实效性评估体系等，尤其是建立鼓励运用新兴媒体开展大学生思想政治教育的相关制度，用制度保证思想政治工作落到实处。

第三，要积极运用包括网络、手机等新兴媒体在内的各种媒体，努力推进思想政治教育工作方法手段的现代化，增强大学生思想政治教育工作实效性。新形势下，大学生思想政治教育工作要高举中国特色社会主义伟大旗帜，坚持正确教育导向，提高教育引导能力，营造良好校园舆论环境，更好地宣传党的主张、弘扬社会正气。要把提高思想政治教育的理论指导和舆论引导能力放在突出位置，与时俱进，不断充实教育的内容，充分运用现代化传播手段，通过网络、手机等，掌握大学生的学习和生活特点与规律，掌握他们的思想动态，并切实将定量分析和定性分析结合起来，提高工作效率，增强实际效果。

第四，要充分发挥高校思想政治理论课的主渠道作用，增强大学生思想政治教育工作实效性。高等学校开设的思想政治理论课，是对大学生进行系统思想政治教育的主渠道和主阵地，在培养他们成为社会主义事业的建设者和接班人方面具有重要作用。因此，要按照充分体现当代马克思主义最新成果的要求，全面加强思想政治理论课的学科建设、课程建设、教材建设和教师队伍建设，进一步推动中国特色社会主义理论体系“三进”工作。对于中国特色社会主义理论体系和道路，广大高校政治理论课教师要真信、真懂、真爱、真干，联系改革开放和社会主义现代化建设的实际，联系当今大学生的思想实际，联系当今世界的发展格局，把传授知识与思想教育结合起来，把理论武装与实践育人结合起来，使思想政治理论课成为大学生“真心喜爱，终身受益”的课程，以充分发挥政治理论课教育在大学生思想政治教育中的主渠道作用。

第五，要进一步提高思想政治教育工作队伍的综合素质，这是增强大学生思想政治教育工作实效性的基础。当代大学生思想政治教育工作是一项复杂的劳动，需要其工作者具有较高的科学文化素质和相关的学科知识，具备多种教育工作能力和艺术。在高校思想政治教育工作中，既要高标准、严要求，选拔那些政治素质高、业务能力强、热爱思想政治工作的人员到专职政工岗位上来，还要不断加强培训，着力提高他们适应党的执政能力建设和先进性建设所需要的政治素质、业务素质和道德素质，与时俱进地更新现有工作人员的知识和能力。

高校思想政治理论课教师作为大学生思想政治教育工作队伍的主力军，肩上的担子无比重大，他们的一言一行直接影响着大批的学生，尤其是在高校扩招的情况下，其影响更加广泛和深入。所以，高校思想政治理论课教师一定要牢固树立政治意识、大局意识、责任意识、阵地意识，把坚持正确导向放在教育教学的首位，坚持正面教育为主，唱响中国特色社会主义核心价值体系的主旋律，打好主动仗，更加自觉主动地将为人民服务、为社会主义服务、为党和国家工作大局服务的意识贯彻到教育教学的方方面面。思想政治教育工作队伍的每一个人都要不断增强政治敏锐性和政治鉴别力，严格教育教学和政治宣传纪律，做到守土有责，在重大问题、敏感问题、热点问题上把好关、把好度。

思想政治工作是一项系统工程，它包括教育的内容、方式方法、领导体制、运行机制、主体队伍、阵地载体、客体对象等许多方面。面对当前的大学生学习和生活实际，要以有利于不断增强思想政治教育工作实效性为目的，真正贯彻“教书育人、育人为本，德智体美、德育为先”的方针，把思想道德教育贯穿到学校工作的各个方面，形成强大的思想政治工作合力，树立高校思想政治教育工作的威信和威严，形成系统的工作体制和机制，增强大学生思想政治教育工作的说服力和感染力，向我国的社会主义现代化建设和人民群众交上一份满意的答卷。

（作者：河北农业大学人文社会科学学院教授）

在构建和谐社会过程中加强思想政治工作的战略对策

谢德民

一、构建和谐社会与思想政治工作的基本内涵

(一)构建和谐社会的基本内涵

所谓和谐社会，是指公正而又仁爱的、平衡而又充满活力的、安定有序而又能够协调发展的社会。

我们所要构建的和谐社会是社会主义的和谐社会，其基本内涵：

一是在中国特色社会主义道路上，中国共产党领导全体人民共同建设、共同享有的社会。

二是社会主义和谐社会具有“六大要求”或“六大特征”，即民主法治，公平正义，诚信友爱，充满活力，安定有序，人和自然和谐相处。

三是构建和谐社会的重点，是解决人民群众最关心、最直接、最现实的利益问题。

四是要构建和谐社会，必须坚持“六条原则”，即必须坚持以人为本，必须坚持科学发展，必须坚持改革开放，必须坚持民主法治，必须坚持正确处理改革发展稳定的关系，必须坚持在党的领导下全社会共同建设。

(二)思想政治工作的基本内涵

简言之，思想政治工作就是为了完成党的政治任务而对广大干部和人民群众进行的思想教育工作、思想互动工作和思想转化工作。详言之，思想政治工作就是以保证党的政治任务的完成和奋斗目标的实现为宗旨，以宣传社会主义的思想体系为内容，以解决人的思想问题和普遍提高人的思想政治素质为任务，以充分发挥人的工作积极性、创造性和培养社会主义新人为目的，而对广大干部和人民群众进行的思想教育工作、思想互动工作和思想转化工作。

思想政治工作具有鲜明的党性、广泛的群众性和很强的实践性、贯穿始终的通情达理性、工作的高难度性和反复长期性等基本特征。

思想政治工作的基本任务，一是坚持调查研究，解决人的思想问题；二是坚持灌输教育，普遍提高人的思想政治素质。

思想政治工作的根本目的，一是解放人的思想，充分调动人的积极性；二是促进人的全面发展，培养造就社会主义新人。

二、思想政治工作在构建和谐社会过程中的地位、作用及其理论根据

(一)思想政治工作在构建和谐社会过程中处于“中心环节”和“生命线”的地位

“中心环节”地位：“掌握思想教育，是团结全党进行伟大政治斗争的中心环节”。在构建和谐社会过程中离不开思想政治教育工作这个中心环节。

“生命线”地位：“思想政治工作是经济工作和其他一切工作的生命线”。思想政治工作是中国共产党的政治优势和优良传统，是我们搞好各项工作的锐利武器和致胜法宝。和谐社会的构建归根结底是人的问题，是人和人的和谐、人和社会的和谐、人和自然的和谐的问题。人的思想问题解决不了，人的感情沟通不了，人的素质提高不了，人的积极性、主动性、创造性发挥不出来，人的利益问题解决不好，构建和谐社会只能是一句空话。因此，构建和谐社会一定要高度重视思想政治工作，思想政治工作正是以解决人的思想问题、感情问题、素质问题、积极性问题、利益问题为己任的重要工作。思想政治工作在构建和谐社会的过程中仍然处于

生命线”的地位。

(二)思想政治工作在构建和谐社会过程中的重要作用

服务作用。这种服务作用是通过它自身两大基本任务的完成和两大根本目的的实现而体现出来的。即通过解决人的思想问题,提高人的思想政治素质为构建和谐社会服务,通过调动人的积极性和培养社会主义新人为构建和谐社会服务。

保证作用。一是保证党的经济工作及各项业务工作的正确方向。二是保证改革开放和三大文明建设的健康深入发展。三是保证社会主义和谐社会的顺利构建。

协调作用。一是协调人际关系矛盾和冲突。二是协调利益矛盾或冲突,如协调个人、集体和国家利益之间的矛盾等。

(三)在构建和谐社会过程中大力加强和改进思想政治工作的理论根据

马克思主义关于物质与精神的辩证法原理,管理学上的人本主义原理,事物发展的总量平衡原理,事物之间的互相作用原理及合力论原理等,都可以作为我们在构建和谐社会过程中大力加强和改进思想政治工作的理论根据。

三、在构建和谐社会过程中加强和改进思想政治工作的战略对策或措施

(一)在宏观的领导管理层面,尤其是党政企一把手应重视确立“识”、“行”、“境”三种观念

1.确立“识”的观念,即确立“见识、知识、胆识”的观念。它要求从事宏观的思想政治工作领导管理决策的人,对和谐社会中的思想政治工作一定要有见识、有知识、有胆识。有见识,就是有高度、有远度(深度)、有关键度。有见识就是站在事关党和国家的命运前途、事关三大文明建设与和谐社会构建的大局上,去认识思想政治工作的极端重要性,从而去高度重视思想政治工作。有知识,就是要求从事宏观的思想政治工作领导管理决策的人,也要掌握一套较为系统的思想政治工作的科学理论知识,这样往往能大大增强领导管理决策的科学性、正确性、实用性。有胆识,就是在当前思想政治工作“市场”普遍“疲软”、普遍低迷的情况下,从事宏观的思想政治工作领导与管理的人,敢于积极大胆地倡导和开展思想政治工作,而不致于被一些轻视乃至诋毁取消思想政治工作的错误言行所迷惑。

2.确立“行”的观念,即确立“行动”的观念或“导之以行”的观念。它要求从事宏观的思想政治工作领导管理决策的人,在和谐社会构建的过程中,亲自行动起来,以身作则,率先垂范,用自身良好的行为首先带头做好自己的思想政治工作,尔后带头做好广大人民群众的思想政治工作。以身作则,导之以行是无声的思想政治工作,然而也是最直观、最有效、常常能起到立竿见影效用的思想政治工作。行动是一种巨大的导向力量和人格力量。“其身正,不令而行;其身不正,虽令不从”。在和谐社会的构建过程中,各级领导干部和先进分子行为的好坏优劣,在很大程度上甚至从根本上决定着思想政治工作效果的好坏,制约着和谐社会构建的成败。

3.确立“境”的观念,即确立“人和环境互动”的观念。它要求从事宏观的思想政治工作领导管理决策的人,一定要懂得环境与人的辩证法,既要看到人可以影响、改变环境,又要看到环境同样可以影响、改变人。因而既要注重发挥人在环境面前的主观能动性,又要看到不同的客观环境对人的思想行为的决定、支配、影响和制约,进而通过营造或塑造良好的环境来影响人、改变人、提高人。在构建和谐社会的过程中,通过营造良好环境去加强和改进思想政治工作,主要包括以下几个方面:一是要通过贯彻落实“三个代表”重要思想和构建和谐社会的基本要求,大力反腐倡廉,端正党风和净化社会风气,营造良好的党风和社会风气环境,用良好的社会环境来改变人、塑造人、培育人。二是要通过坚持科学发展观,大力发展社会生产力,提高人民的生活水平,用良好的经济生活环境教

育人、鼓舞人、激励人。三是要通过各级领导者坚持以人为本的原则，用尊重人、关心人、理解人、信任人的实际行动，营造良好的人际关系环境，用良好的人际关系环境来影响人、帮助人。四是要通过高度重视和努力健全科学文化设施，弘扬积极的、健康向上的文化和科学精神，营造良好的文化环境和科学教育环境，用良好的文化环境和科学教育环境去陶冶人，感染人，全面提高人的科学文化素质。五是要为群众营造良好的生活和工作环境，用良好的生活和工作环境去影响人、关心人、教育人，全面提高人的生活质量和工作质量。

（二）在具体的操作手段层面，坚持或掌握“情”、“理”、“利”三大基本方法

做思想政治工作是解决人的思想问题的。人的思想通常有三大问题：一是感情心理的沟通问题，二是思想认识的转化提高问题，三是利益的需求满足问题。这三个基本问题解决了，人的思想问题也就解决了，思想政治工作也就算是做好了。因此，围绕解决人的思想问题的三大基本方法——“情”、“理”、“利”方法，也就应运而生了。

1.情——动之以情、以情感人的方法。思想政治工作的对象是人，而人都是有感情的。人的感情常常在相当大的程度上支配人的言行。要实现说服人、教育人、提高人的思想政治素质的任务，思想政治工作者首先就要善于和工作对象沟通感情、加深感情，即注重情感投入，尔后才能达到情感的共振、心灵的融通，你讲的话、说的理，工作对象才能听得进、用得上。正可谓：“未成曲调先有情”，情通而后才能理达。思想政治工作的重要任务之一，是要帮助人解决思想问题。而现实生活中人的许多思想问题，常常包含着大量的情感因素在内。感情沟通了，人际关系融洽了、和谐了，许多思想问题也就迎刃而解。反之，情感不通，情绪不顺，没问题就会变成有问题，小问题就会变成大问题，一个问题可以变成一连串的问题等等。思想政治工作者要做好情感投入工作，和工作对象融通感情，一是要做到尊重人。就是以平等的态度尊重人的独立人格和尊严，尊重人的才能，尊重人的不同意见。二是要做到关心人。就是关怀体贴人、热心帮助人，为人解决工作上、生活上、学习上遇到的各种困难。三是要做到理解人。就是设身处地地了解人，善于换位思考，懂得别人心中在想些什么，需要些什么。四是要做到信任人。就是充分相信人，肯定人的价值，最大限度地利用和发挥人的自身潜能。

2.理——晓之以理、以理服人的方法。解决人的思想问题，不但要通情，而且要讲理，即晓之以理，以理服人。所以如此，是由于人们的各种思想问题，作为一种客观存在，堵，是堵不住的；压，也是压不服的。用强迫压制的办法解决人的思想问题，必然事与愿违。只有采取讲道理的方法，让人们畅所欲言，把各自的思想观点和意见都充分讲出来，然后有针对性地晓之以正确的道理，才能解开人们心中的疙瘩，使思想问题得以顺利解决。要通过讲理的方法去解决人们的思想问题，一般应注意的问题：一是要坚信正确的道理能够说服人，二是要将讲道理和摆事实结合起来，三是要在说理时有一个民主平等的态度，四是要讲究说理艺术，五是要和思想政治工作的其他方法相结合。

3.利——赋之以利、利益驱动的方法。按照马克思主义的基本观点，利益是人们行为的内在驱动力。全心全意为人民谋利益是中国共产党的宗旨所在。使思想政治工作的一切言行都符合和代表最广大人民群众的最根本利益，是对思想政治工作的最基本的要求。在当前和谐社会的构建过程中，重点问题就是要解决广大人民群众最关心、最直接、最现实的利益问题。由此可见，利益问题是一个多么重要的问题。然而，问题的关键是，利益不仅仅是我们工作追求的目的，而且也是达到目的的一种行之有效的基本方法或手段。在现实的社会生活中，大量的不和谐因素由利益原因而造成，相当多的思想问题由利益原因而生发，各种复杂矛盾问题背后，终极原因常常是利益问题而引起。

因此,要解决和化解各种复杂的社会矛盾和人的大量的思想问题,使不尽和谐的社会尽快走向和谐,就必须要坚持采用赋之以利、以利驱动或利益驱动的方法,以满足或解决人们的利益诉求。在现实的思想政治工作中坚持赋之以利、利益驱动的方法,一般应从以下几个方面入手:一是通过卓有成效的思想教育,引导广大人民群众认识到自己的利益并努力为之奋斗。二是要切切实实地为群众多办实事、多办好事,多解决难事,让群众通过得到实实在在的利益而感受到党的温暖,感受到思想政治工作的威力。三是将解决群众的思想问题和实际问题结合起来,通过妥善解决群众的实际问题而化解思想问题。四是坚持物质利益和精神利益的有机结合,既要为群众谋取物质利益,也要为群众谋取精神利益。

有必要特别指出的是,以上具体操作过程中的"情"、"理"、"利"方法,既相对独立、各有所长、各有其短,又互相作用、相辅相成、三位一体。在实际运用过程中应根据实际情况互相结合,优势互补,有所侧重。

(三)在效果的追求尺度层面,突出和把握"新"、"活"、"实"三条标准

1.突出和把握一个"新"字。即在构建和谐社会的过程中,大力倡导创新观念,用符合时代要求的新内容、新形式、新方法、新载体、新机制来创新思想政治工作。而要做到这一点,一是要求各级党政领导干部和广大思想政治工作者,一定要有强烈的创新意识和创新观念,要真正从内心深处认识到,创新是做好和谐社会建设中思想政治工作的迫切要求和应有之义,是开创思想政治工作新局面的重要保证。二是要结合新形势下思想政治工作对象出现的新情况、新特点,大力抓好思想政治工作的内容创新和理论创新。要在马克思主义基本理论的指导下,用符合时代要求和群众要求的鲜活的知识内容武装人、教育人、塑造人。三是要根据构建和谐社会的需要,不断探索思想政治工作的新形式、新方法、新手段、新载体等等。

2.想方设法做好一个"活"字。即在新形势下的思想政治工作中,围绕构建社会主义和谐社会这个重大的战略任务,坚持以人为本的理念和贴近生活、贴近实际、贴近群众的原则,把思想政治工作搞得生动活泼、灵活多样、充满活力。众所周知,把现实中的思想政治工作搞活,难度很大,门坎很高,需要的条件很多。但又不是完全不能搞活。在构建和谐社会的过程中,要使思想政治工作"活"起来,最主要的应在以下三个方面下功夫:一是生动活泼的内容,二是灵活多样的手段和形式,三是充满活力的创新。而要达到上述三方面要求,关键则是在坚持"三贴近"过程中使思想政治工作走出政治教条、说教工具、刻板老套的误区,逐步走向思想化、心理化、多样化、网络化、人性化、生活化、艺术化、实用化。

3.贵在落实一个"实"字。即在构建和谐社会的过程中,大力倡导求真务实的作风,脚踏实地,实实在在地做好思想政治工作。具体说来,就是在思想政治工作中坚持说实话,办实事,讲实效,落实处。坚决防止和克服思想政治工作中一度存在着的形式主义、华而不实、不求实效、落不到实处的假大空现象。

(四)在切实的保障措施层面,重视和强化"研"、"队"、"领"三大要素

1.重视和强化"研",就是重视和加强思想政治工作的理论研究和宣传工作。江泽民指出:"思想政治工作是一门科学 ,各级领导干部和政工干部都需要努力认识和掌握它的基本知识和规律。"李瑞环在中国职工政研会第六届年会上指出,对思想政治工作这个重大问题的认识,必须从理论上加以研究和探讨。应当看到,新形势下的思想政治工作在取得不少成就的同时,也存在着诸多亟待解决的问题,其中一个很重要的问题,就是在思想政治工作上普遍存在着"理论准备不足"的问题。也就是说,我们在思想政治工作这门科学的理论研究上做得还不够,对思想政治工作这门科学从理论上还缺乏足够的认识;理论宣传上做得也不够,为数不少的思想政治工作者思想政治工作理论素质还不高，做起思想政治工作来仍然停留在朴素的感性经验阶段上。鉴于此，不少同志做思想政治工作盲目性很大，简单化、表面化和形式化的倾向时常发生，思想政治工作中的低效益甚至无效屡见不鲜。由于这个问题的存在，已在相当程度上削弱了新形势下思想政治工作的威力，制约着我们党思想政治工作科学化的进程。我们如果对此问题不给予足够的重视，构建和谐社会过程中的思想政治工作很可能仍然会在较低的层次上徘徊。尽管有时在表面上轰轰烈烈、热热闹闹，但实际上由于缺乏扎实的理论功底而不能实现思想政治工作深层次上的突破，不可能使新形势下的思想政治工作得到切实的加强和改进。

加强构建和谐社会过程中思想政治工作的理论研究和宣传，需要做的主要工作是：(1)中央及省市主管思想政治工作的领导者和部门要真正高度重视思想政治工作的理论建设工作，并制定出切实可行的措施保证这项工作的开展。(2)组织一批精干的思想政治工作专家和实际工作者合力攻关，编写出一套较为系统规范、能得到社会公认的思想政治工作论著。(3)拟定出一批思想政治工作深层次的同现实紧密结合的课题，加以专门研究。(4)全国及省市一级的思想政治工作基础理论研讨活动要坚持不断地开展下去。(5)加强对毛泽东、邓小平、江泽民的思想政治工作理论研究。(6)重视和加强对构建和谐社会与思想政治工作关系问题的研究。(7)组织不同层次的思想政治工作理论研讨班、培训班、宣讲团等，搞好思想政治工作理论的普及推广工作。(8)重视抓好思想政治工作理论研究队伍的建设，保证思想政治工作理论研究后继有人。

2.重视和强化"队"，就是重视和强化思想政治工作队伍的建设与管理。这既是在构建和谐社会过程中做好思想政治工作的基础，也是不断开创思想政治工作新局面的重要保证。在构建和谐社会的过程中，重视和加强思想政治工作队伍的建设与管理，首先是重视和加强思想政治工作队伍的建设。这主要包括两方面的内容：一是要抓好思想政治工作队伍的组织机构建设，二是要抓好思想政治工作队伍的综合建设。思想政治工作队伍的组织机构建设，重在建立健全，设置合理，人员精干，定岗定责，分工合作。思想政治工作队伍的综合建设，重在全员建设和立体建设。也就是说我们不仅要注重专职政工干部队伍的建设，还要重视发挥各级行政业务干部在思想政治工作中的作用，同时还要发动广大群众共同来做思想政治工作，建设一支以各级思想政治工作机构为核心，以专、兼职思想政治工作者和各级行政业务领导为骨干，贯通上下、联结左右、生机勃勃的思想政治工作的全员队伍。其次是要抓好思想政治工作队伍的管理。这也包括两方面主要内容：一是要通过科学管理，解决好政工干部的选拔、任用、培训、提拔、考核、奖惩、待遇的问题。二是要通过科学管理，建立健全或完善思想政治工作的各项制度，诸如目标管理责任制、岗位责任制、思想政治工作的例会制等等。

3.重视和强化"领"，就是重视和强化党对思想政治工作的领导作用。这是在构建和谐社会过程中做好思想政治工作的关键和根本保证。所以如此，乃是因为：其一，思想政治工作是各级党组织的一项头等重要的任务，各级党组织都应把思想政治工作放在重要地位，切实加强领导。其二，思想政治工作是实现党的领导的基本途径，只有切实加强党对思想政治工作的领导，做好了思想政治工作，党的领导才能落到实处。其三，加强和改善党的领导，最主要的是加强思想政治工作，只有加强了党对思想政治工作的领导，党的领导作用才能得以真正的加强和改善，同时也才能使改进思想政治工作真正落到实处并始终保持正确的方向。

在构建和谐社会的过程中，重视和加强党对思想政治工作的领导，首先要明确几项主要任务，其次要实现和达到几项基本要求。党对思想政治工作领导的主要任务：一是要坚持调查研究，掌握信息，对党的思想政治工作作出科学决策；二是要对思想政治工作精心指导，组织协调，周到服务；三是要监督检查、狠抓落实；四是要切实加强对思想政治工作队伍的领导与管理。加强党对思想政治工作领导，一是要求党组织的主要负责同志要带头抓好思想政治工作；二是要求各级党组织注重加强自身的思想建设和组织建设；三是要求各级党组织和广大党员大力反腐倡廉，端正党风，努力提高党在人民群众中的威信；四是要求基层党组织切实提高思想政治工作的水平和能力，切实把党对思想政治工作的领导落实到基层，体现到实处。

（作者：中共河南省委党校教授）

自觉践行核心价值观
努力打造优秀的信息化建设团队

汪　忠

大庆油田第九采油厂信息中心成立于1998年，下设开发室、系统室、管理室和档案室。几年来，我们坚持以邓小平理论和“三个代表”重要思想为指导，深入贯彻落实科学发展观，本着“贴近实际、效果突出”的原则，不断加强企业文化建设，取得明显效果。2006年，我们领导班子从中心的特点出发，总结出信息中心企业精神，即“四种精神”：终生学习的进取精神、挑战自我的拼搏精神、相互合作的团队精神、甘于寂寞的奉献精神。2007年，我们又在“四种精神”基础上，认真总结提炼出信息中心核心价值观和四个单项理念。核心价值观：学习、创新、超越、服务。学习理念：淘金于网络和书本知识的浩瀚海洋，成才于创新和奉献智慧的信息岗位。创新理念：新思想、新技术、新成果。超越理念：战胜自我，跨越发展。服务理念：用高超的智慧创造一流的软件成果，用精湛的技艺提供优质的信息服务。

一、紧密结合中心实际，总结提炼出企业文化建设核心价值观和四个单项理念

在企业文化建设过程中，核心价值观和理念的提出必须符合企业的实际，并得到员工的认同，只有这样，它才会有生命力，真正发挥出强大的文化推动力。在这方面，我们做到“四个结合”：

1. 结合“四种精神”的实践经验。“四种精神”作为中心的企业精神是在2006年正式提出的，它来自于中心成立9年以来企业文化的积淀。“四种精神”得到科研和管理人员的积极响应，获得比较好的效果。在此基础上，我们将“学习”列为核心价值观的内容，并据此丰富学习理念的内容。

2. 结合中心的岗位特点。软件开发岗位是信息中心的关键岗位。由于信息技术更新比较快，这就要求从事软件开发的人员记忆力强、思维敏捷、接受新知识快。开发岗位的工作职责是为我厂的油气生产和管理提供高效的软件成果；系统管理人员的工作职责是为计算机用户提供一对一的现场服务和全厂计算机人员的培训；网络管理员的工作职责是负责全厂各开发区块计算机网络的连接并保证网络的畅通。以上岗位的特点决定了“创新”和“超越”成为我们信息中心企业文化建设的主题，决定了“创新”和“超越”成为核心价值观的主要内容。

3. 结合中心的目标定位。为我厂的油田开发提供信息服务是我们信息人的最终目标，这一定位决定了“服务”是中心企业文化建设的最终目的，决定了“服务”是核心价值观的重要内容。

4. 结合科研和管理人员的讨论意见。企业文化理念的总结不是闭门造车，而是要向员工进行广泛的征集。我们利用科研和管理人员人人都有计算机的优势，通过腾讯通这一平台，进行核心价值观和单项理念的讨论。采取网上讨论这一新颖的方式，受到年轻人的欢迎，得到大家的热情参与，引发了一场信息中心核心价值观的网上争论。在征集企业文化核心价值观的讨论中，共征集到以下 8 条理念：开拓创新，追求无限；全面创新，追求无限；在学习中创新，在创新中超越；不断学习，创新思维，勇于超越；学习、开拓、创新、超越；创新思维，不断超越；让学习成为习惯、思考成为自觉；扎实的工作、创新的思维、骄人的战绩、年青的心态。经过整合，第一次讨论结果是学习、创新、超越。有同志提出，这一价值观缺少信息中心的服务职能，我们信息中心最终是为油田开发服务的，这一职能应当成为信息人的一个重要价值取向。在征集创新和超越理念的讨论中，征集到以下几条创新和超越理念。创新理念如下：以和谐的理念服务油田，用精湛的技艺打造人生；以先进的科学发展观提高整体素质，承前启后自主开创新型信息技术；新思想、新思路、新素质、新技术；新思路、新思想、新举措、新效果。最后结合信息的特点，确定创新理念为：新思想、新技术、新成果。这 9 个字告诉我们的科研和管理人员如何去创新，就是运用新思想和新技术创造出新的具有应用价值的成果。征集到的超越理念有：飞跃梦想，敢想敢为；战胜自己，超越梦想；超越自我，飞跃梦想。经过整合，确定超越理念为：战胜自我，跨越发展。通过讨论，使科研和管理人员加深了对企业文化建设意义的认识，深入理解了核心价值观和单项理念的内涵，达到了全员参与企业文化建设的良好效果。

二、广泛宣传核心价值观和单项理念，使员工准确理解并掌握其内涵

经过集体智慧总结出来的核心价值观和理念，要想为员工真正掌握并在实践中落实，首先要明确其深刻内涵，并进行广泛的宣传。

1. 根据讨论意见和中心实际，为价值观和理念准确下定义。我们认真整理员工各种关于价值观和理念的讨论意见，从中心近年来取得的成果和企业文化建设的实践经验出发，给价值观和理念进行准确的定义。核心价值观内涵就是发扬中心“四种精神”，不断地学习新知识，创造新成果，战胜一切困难，为油田服好务。学习理念内涵：通过网络和书本学习新知识，努力创造新成果，把自己培养成优秀的信息化建设人才。创新理念内涵：采用新的思路、新的理论、新的工具、新的方法，创造出具有实际应用价值并能广泛推广的新成果。超越理念内涵：克服困难，挑战自我，实现个人和事业的大进步。服务理念内涵：用聪明才智创造领先的软件成果，用娴熟的技术提供高品质的系统服务和档案信息服务。

2. 通过网络宣传价值观和理念，使员工牢记并准确理解其内涵。我们通过网络平台宣传核心价值观和理念的内涵，使每名员工都能理解和掌握，并落实到行动中，真正起到企业文化激励人、鼓舞人、塑造人的作用。

三、建立推动企业文化建设的制度，为企业文化实施提供保证

企业文化建设的实施需要良好的制度作保证。为此，我们重点抓了学习制度和激励机制两方面的建设。

1. 以抓学习制度为重点，提升员工创新、超越和服务能力。主要做法是每月召开一次学习交流会，会上要求每名科研和管理人员结合项目谈自己在学习方面的进步、存在问题和改正措施。通过交流会，总结收获和体会，增强学习动力和兴趣，形成赶超先进学习典型的浓厚

氛围。

2. 抓好激励机制建设，鼓励员工努力学习、创新、超越和服务。对于刻苦学习勇于创新的员工，中心给予精神和物质奖励，从而形成了让勇于学习、创新、超越和服务的员工受到尊重的良好氛围。2007 年 12 月，我们中心领导班子经过认真研究，将大胆创新和奉献的物流管理系统开发人黄鹤推荐为厂优秀员工标兵，起到很好的激励和示范作用。

四、认真落实核心价值观和单项理念，取得明显效果

企业文化建设的最关键步骤是核心价值观和单项理念的实施与强化效果。我们的主要做法是：

1. 在学习中获取创新的智慧。信息中心作为以应用脑力和发掘智慧为主的单位，员工只有不断地学习才能得到创新的智慧，否则将无法完成繁重的软件开发任务并跟上快速更新的计算机技术。2007 年，开发室科研人员自觉落实学习理念，结合完成手头的科研任务，共浏览了 30 多个软件开发的专业网站，获取新信息和工具 185 条，查阅了 87 本软件开发方面的专业书籍，获取新知识和工具近千条。吕占东在编程时，对动态生成组合 SQL 语句遇到的问题非常头疼，在询问同事反复试验无果的情况下，他搜索了网页中大量的相关信息，最终得到了启发，从而圆满解决了问题。开发室的王睿 2006 年 10 月开始从事软件开发工作，由于所学的专业不是计算机专业，加上计算机专业性很强，感觉压力比较大。于是他利用网络学习软件开发的知识，了解软件开发的新技术。遇到问题时，及时向有经验的同事虚心请教，得到同事们的鼎立相助。他还利用业余时间充电，看一些计算机软件编程方面的书籍，从中汲取了新的知识，解决了许多在工作中遇到的无法解决的问题。2007 年 3 月开始负责大队级的《科技管理系统》的项目调研和开发工作，独立完成了这个项目的开发任务。2007 年 8 月初参与了大队级的《厂调度综合管理系统》的项目调研和开发工作，出色地完成了这个项目的开发任务。

2. 在超越中服务于油田。人生最大的敌人是自己，只有战胜自我，才能取得辉煌的成绩。为了尽早完成工作任务，员工们经常克服疲劳，加班加点地工作，在晚上，信息中心的灯光总是亮到深夜。党员王艳萍承担了基于 SVG 的油田 WebGIS 开发数据平台推广项目，由于任务繁重，经常在晚上和节假日把只有 10 岁的女儿送到朋友家照看，而自己却来到单位加班加点地工作，至于年带薪休假就更没有考虑过。青年员工黄鹤一人独立承担了物流管理系统项目，在项目的组织调研、分析设计、编码和推广应用过程中，他克服牵扯面广、协调工作量大、技术难点多等诸多困难，不辞辛苦地跑遍全厂所有小队，对项目应用进行现场回访和答疑。为了抢时间，他经常加班，有时甚至忘记吃饭、一直工作到凌晨 4 点多。正是这种拼搏精神，使他出色完成了该项目的开发。2005 年的新毕业生亓文娟，在承担开发油田安全信息管理系统项目工作中，由于需要应用 ORM 这个对她来说十分陌生的新技术，她感到压力很大，缺乏信心。我们多次找她谈话，在思想上进行鼓励，在攻关过程中安排人员与她协同作战，使她鼓足了勇气，全身心投入到项目的开发中。最终掌握了 ORM 技术，圆满完成了安全信息管理系统的研发。开发室的周玉科在《网上办公系统》开发期间，由于对系统的开发工具 Lotus Notes 比较陌生，在学习和了解系统功能结构的同时，利用空余时间学习了 Notes，逐步掌握了开发技术，并结合我厂的实际工作情况，开发制作了具有我厂特色的办公流程。在对网上办公系统升级的过程中，为了确保全厂用户能正常使用办公系统办公，他利用夜间和周末进行系统的备份和升级更新，通过不断地调试，使系统逐步稳定。网络管理员梁洪军为了保证新投产区块网络畅通，从网络的前期设计、现场调研到现场施工，始终工作在第一线。培训员林霞为了编制《九厂常用软件操作手册》，克服丈夫

常年有病需要照顾的实际困难，经常工作到深夜，终于完成全书6万余字的撰写任务，该书收录了全厂各个应用系统的安装与使用说明，为提高全厂计算机应用人员的技术水平做出了贡献。系统维护员马长青负责全厂的计算机维护及病毒防护，每天不但要面对各种各样的用户，还要解答用户提出的各种问题，他热情耐心，从不嫌麻烦，给信息中心树立了良好的形象。

3. 在服务中取得成果。中心全体科研和管理人员通过践行核心价值观，努力服务于九厂，在人才培养、科研成果和系统与网络管理三方面获得丰收。

2006年，网上办公系统获得第六届OA办公自动化国际研讨会典型应用系统称号。2007年完成公司基于SVG的油田WebGIS开发数据平台推广项目和录入系统生成平台，参与基于GIS导航的油田应用集成研究公司工程项目，协助公司推广实施双核心网络改造、SMS系统管理服务、ERP之人力资源、HSE管理信息系统、上游生产信息系统A2和前磁档案数字化与存储应用系统6个项目。其中《基于SVG的油田WebGIS开发数据平台》获得2007年度中国石油和化学工业协会科学技术三等奖，申办了计算机软件著作登记证书。自主研发的物流管理系统在全厂推广应用，节约了奖金，节省了人力、物力，使我厂物资管理改革走在油田公司前列。信息中心首次独立组织编写了《石油企业生产单元信息化建设与实践》一书。

在系统维护方面，管理室人员刻苦学习和勇于创新，一是通过明确工作程序、编制使用说明，使普通的计算机用户通过网络就可以查询，方便了用户。二是对计算机用户进行分类管理，一些重点岗位的计算机内安装多个应用系统，给这部分用户编制了操作手册，详细标明需要安装应用系统的安装说明及使用说明，给用户带来了极大方便。在网络管理方面，开展"网络故障诊断方法研究"科研项目的攻关，摸索出了网络监测的方法，建立了企业网运行状况监测系统。通过此系统，全厂任何一个计算机用户都可以了解全厂网络的运行状况，哪里网络是畅通的、哪里网络有问题，一目了然。当某个网络设备出现故障时，网络管理人员会立即发现并及时去处理，避免了用户在网络不通时打电话咨询的麻烦，使网络故障率降低到0.7起/月，维护及时率达到97%。

（作者：大庆油田第九采油厂信息中心党总支书记）

加强科研单位主题教育应着力把握的几个问题

张晓强　王德岩

结合科研单位实际，强化主题教育效果，必须要坚持高起点，确立高标准，讲究高质量，切实在科学指导、把握特色、搞好结合、创新办法、解决问题上下功夫。

一要区分层次，注重在科学指导上下功夫。主题教育是贯穿全年政治工作的一项较大的教育活动，涉及面广，时间跨度大，必须周密安排，加强科学指导。一是坚持分类指导。针对科研单位人员类型多、层次差别大的特点，从教育内容到组织形式，从目标要求到办法措施，不搞"一刀切"、"一锅煮"，区别不同情况，因人因地制宜，确保教育的针对性和实效性。对团以上领导干部，主要结合党委中心组学习进行，以树立自身良好形象影响和带动基层的学习教育；

寸机关干部主要结合履行职责，在为领导当好参谋、为基层服好务中练作风、强素质；对科研人员主要立足本职岗位，在科研攻关、甘于奉献上求作为、创一流；对基层官兵主要结合日常教育训练，养成雷厉风行、英勇果敢、不畏艰难的意志品质。二是搞好理论辅导。按照“两个保证”的要求，坚持用马克思主义中国化最新理论成果武装官兵头脑，按步骤、分专题、有重点地进行辅导教育，充分发挥单位局域网的作用，积极创新教育方式方法，采取所集中教育和支部自主教育相结合，普遍教育与针对性教育相结合，组织教育与自我教育相结合等形式，把主题教育不断引向深入。三是加强典型引路。紧密结合单位人员思想实际，重点宣扬和表彰在科研攻关、本职工作中作出突出成绩的先进典型，通过典型的示范导向作用，促进教育向深层次发展，进一步激发全所官兵研为战、学为战的热情，努力形成“学有榜样，赶有目标”的良好局面。

二要贴近实际，注重在把握特色上下功夫。开展主题教育，对于科研单位而言，应力求做到“三个紧贴”：一是紧贴官兵思想。针对当前官兵思想认识上存在的“误区”和“偏差”，采取具体问题具体分析的办法，通过办主题网页、看战斗影片、讲战斗故事、学先进典型等形式，培养理想信念，帮助官兵养成时时、事事、处处培养理想信念的良好习惯。二是紧贴中心任务。找准教育的“切入点”，坚持把本职岗位作为主题教育的主阵地。抓住教育的“关注点”，紧跟新军事变革发展趋势进行主题教育；夯实教育的“落脚点”，把主题教育融入到科研攻关、管理服务、学习工作中去，切实营造“人人都参与、处处受教育”的良好氛围。三是紧贴培养目标。结合实战演练，坚持从难、从严、从实战需要出发，开展练体能、练技能、练智能一体化训练，练就官兵的高素质、高技能和过硬的体魄；结合心理战演练，培养官兵过硬的心理承受能力，磨练官兵战斗品质，使主题教育与专业特长相互融合、共同提高，努力培养符合信息化战争需要的高素质人才。

三要主动谋划，注重在搞好结合上下功夫。要坚持从实际出发，进行调查研究，不等不靠，着眼长远，主动谋划，形成方案，把主题教育贯穿于思想政治教育的全过程，全方位搞好与其他教育活动的结合。一是与讲党性重品行作表率学习实践活动结合起来。坚持把立身做人、立德做官、立志做事作为基本的工作标准，充分发挥党员干部的先锋模范作用。二是与经常性思想教育结合起来。在继续深化“三进入”的基础上，进一步加大对马克思主义战争观教育、我军根本职能教育、革命英雄主义和党的优良传统教育，帮助广大官兵树立与军人职责使命相一致的世界观、人生观、价值观，切实打牢其献身国防的思想根基。三是与加强实战研究结合起来。重点研究把握高技术战争对油料保障官兵心理影响的特点和规律，把培养官兵的心理承受力，作为提高战斗力的一项重要内容来抓。在油料保障演习中开展心理训练的有益尝试，增设主题教育的相关科目，搞好心理战知识的普及教育，培养部队官兵顽强拼搏精神和沉着冷静、英勇顽强、机智大胆的心理品质。

四要用活载体，注重在创新办法上下功夫。主题教育，既是一个传统性的老课题，同时，又是一个内涵丰富的新课题。要做到常抓常新、卓有成效，必须在创新方法手段上使实劲、求突破。一是拓展教育途径。通过组织官兵收看新闻、阅读报刊等渠道，跟踪国际最新动态，适时宣讲周边最新局势，聘请军内相关专家教授来所辅导，引导大家牢固树立时刻准备打仗的思想。二是丰富教育内容。通过闭路电视和局域网等途径，加大对我军政治优势、战争潜力、杀手锏武器和高性能作战装备的介绍力度，进一步鼓舞士气，引导官兵用马克思主义战争观分析研究形势，正确认识人与武器的辩证关系，把打赢信心建立在科学认识的基础之上。三是盘活教育资源。充分运用多媒体、电视新闻广播、革命教育基地等载体，采取生动活泼、富有特色、官兵喜闻乐见的形式，大力加强单位文化建设，主动占领网络教育新阵地，努力增强教育的吸引力和感染力。

五要讲求实效，注重在解决问题上下功夫。联系实际，解决问题，注重实效，是开展教育的根本要求。从当前科研单位各类人员的思想反映看，有的职能意识淡化，习惯于当“和平官”、做“和平兵”，缺乏当兵打仗的信念和牺牲奉献精神；有的感到军事斗争准备是上级的事，是一线部队的事，存在“与己无关”的思想，缺乏危机感和使命感；有的对中国特色社会主义发展道路还有模糊认识，或者思想有疑虑。解决这些问题，离不开思想政治教育。要通过全面系统的教育，重点解决好四个方面的问题：一是进一步坚定理想信念，着力解决增强永远跟党走的决心问题；二是进一步铸牢军魂意识，着力解决“研为战、学为战”的问题；三是进一步提升能力素质，着力解决“学得好、用得上、打得赢”的问题；四是进一步培育过硬作风，着力解决“勇当先锋、敢打头阵、争创一流”的问题。要通过卓有成效的教育方法，真正使教育成果转化为坚定的理想信念和敢打胜仗的决心。

（作者单位：北京市南苑93668部队）

加强政治机关作风建设　不断提高干部整体素质

薄兴盛

随着军队现代化建设进入新的历史时期，政治工作面临着新的机遇和挑战，肩负着重大责任和使命。政治机关和政治干部作为思想政治工作的组织者、指导者和实践者，只有坚决贯彻落实胡主席关于改进党的作风的一系列重要指示和中央军委关于防止和克服形式主义、官僚主义的有关精神，继续大力加强作风建设，才能树立政治坚定、敬业奉献、廉洁自律、求真务实的良好形象，充分发挥其职能作用。

一、勇于开拓，大胆创新

作为一名政治机关工作人员，良好的精神状态应该定在“勇于开拓，大胆创新”上。一要在观念上创新。开拓创新要从惯性思维、单一思维和经验型思维方式中解放出来，增强工作的主动性、预见性、创造性。坚定有新问题就会有新办法的信念，积极调整思维，校正视角，大胆“继承传统的，摒弃过时的，完善现有的，构建新鲜的”。不唯书，不唯上，只唯实，不断探索思想政治建设的新思路、新方法、新经验。二要在“结合”上创新。在领会上级精神上动脑子，在联系本单位实际上花气力，在搞好结合上做文章。对上级的指示，既要坚决执行，又不能盲目照搬；对本单位的实际，既要看到共性之点，更要看到特殊之处，把上级共性的要求通过符合本单位特殊情况的方法去落实。善于选准上级要求与本单位实际的切入点，把上级指示变成具体可操作的内容，创造出富有本单位特色的新举措。三要在探索上创新。开拓创新要在重点、难点工作的突破上下功夫。善于用敏锐的眼光发现新情况，用求真务实的作风研究解决新问题，在大胆探索的实践中获得真知灼见，把握工作主动权，推进政治工作的全面落实。

二、团结奋斗，协调一致

作为政治机关干部，必须牢固树立“团结是一个单位发展的基础，是个人一种能力素质”的共识，只有上下一条心，拧成一股绳，才能实现既定目标。政治机关目前人少事多的矛盾比较突出，有的一人兼管几项业务工作，头绪多、任务重，这就要求机关干部必须有团结拼搏的精神状态。在工作上一专多能，顾全大局，既要明确分工，又要齐心协力，互相支持。在生活中讲友谊、讲谅解。正确对待自己，多找不足，取他人之长补己之短；正确对待他人，尽管彼此性格、阅历、水平不一样，但要多看他人的长处；正确对待名利，老老实实做人，扎扎实实做事；正确对待工作中的不同意见和分歧，既要讲充分发扬民主，也要讲集中、纪律和服从。此外，还要处理好机关部门之间的关系。机关各部门是一个不可分割的整体，工作上有着密切的联系，必须要以大局为重，不争你高我低，互相支持，互相配合，维护机关整体的统一性。

三、求真务实，狠抓落实

一是坚持求真务实的工作指导思想。把对上负责与对下负责一致起来，从实际出发创造性地提出贯彻落实上级指示的办法和措施，通过机关的工作，把这些办法和措施变为部队的自觉行动。经常深入基层调查研究，做到亲知、深知、真知，按照事物的本来面目反映实际情况，敢于直言，喜忧并报，不掺假，不拔高。二是坚持盯着薄弱环节做工作。做好工作的过程就是处理矛盾、解决问题的过程。要把善于发现和解决本单位建设中的薄弱环节，作为工作的重点和难点来抓，攻克难点就是突破，克服弱点就是前进。找准立足点，强根固本，打好基础；解剖麻雀，对症下药，分类指导；艰苦深入，严谨细致，反复抓、抓反复，落实不好不收兵。三是坚持为基层服务的方向。切实端正对基层的态度，进一步强化领导机关的服务意识。多为基层排忧解难，少给基层添忙加乱；多一些“雪中送炭”，少一些“锦上添花”；多办实事，把基层满意不满意作为衡量机关工作优劣的重要依据。加强工作的科学指导，布置任务从实际出发，充分考虑单位的承受能力，要求不能过高过急。坚持层次领导，一级抓好一级，充分调动大家的积极性和创造性。

四、遵章守纪，公正廉洁

政工干部的一言一行、一举一动不仅关系到自身声誉，而且直接影响党委、首长的威信，不论在哪方面出了问题，都会产生很坏的影响。因此，必须自觉严格要求，严格管理，严格监督，努力做到以下三点：一是公道正派。主要是在选人用人上坚持公道正派，在办案执纪上不徇私情，在评功评奖上敢于坚持标准。二是甘做“公仆”。主要是识大体、顾大局，个人利益无条件地服从集体利益；热爱本职，忠于职守，把本职工作做好；坚持领导就是服务、机关就是服务的观念，把工作的着眼点放在基层。三是洁身自好。顶得住各种诱惑和腐朽思想文化的侵蚀，不贪图享受，不追求低级趣味，永葆共产党人的高尚情操和艰苦奋斗的政治本色。

五、严谨细致，快捷高效

一要主动做事。作为政治机关干部，任何时候都要脑中装事，自觉干事，不能推一推动一动，更不能被动应付，要形成同心想事业、协力干工作的良好氛围。二要避免失误。误事就是失职。对上级交待的任务和下级反映的问题，要一件件地记录下来，明确完成时限，确保事事有着落，件件有回音。三要不办错事。想问题、办事情，立足点是从部队建设大局出发把事情办好，不能掺杂任何私心杂念。办事情的依据就是政策法规，要严格掌握政策规定，切实了解部队情况，既善于灵活运用，又不能违章违规。四要把事办好。快、准、严、细、实是机关工作作风的内在要求，办事拖拉、作风疲沓是政工干部的大忌。工作要有高标准，办事讲究高效率，当日事，当日毕，急事急办，特事特办，养成严谨高效的优良作风。

六、勤学善思，总结提高

学习、实践、总结是增长才干的主要途径。一要勤于攻读。政治机关干部必须有学习求知的强烈欲望，结合自己的工作实际，认真钻研必备的理论和业务知识。并使学习真正进入思想、进入工作，努力把学习成果转化为保持政治坚定、思想道德纯洁的自觉行动，转化为指导工作的科学思路和方法，转化为提高日常业务工作水平的具体能力。二要勇于实践。政治机关人才的成长是一个实践—总结—再实践—再总结无限循环的过程，干中学、学中干是大多数政治机关干部提高工作能力的基本途径。要成为政治机关的人才，必须克服眼高手低，大事做不来、小事不会做的坏毛病，既能把接电话、做记录这些看似琐碎的事务性工作做好，又能够承担比较复杂、难度较大的业务工作，做出有创造性的成绩。三要善于总结。对一个时期内自身各方面的情况进行全面系统的总结分析，加深对工作特点及其规律的认识，从正反两方面的经验教训中增长才干，在政治工作实践中不断有所发现、有所作为、有所创造有所前进。

（作者单位：空军油料研究所）

关于深化国有林权制度改革有关问题的对策建议

李前龙

2006年4月29日，我国国有林区林权制度改革第一锤在伊春市乌马河林业局乌马河经营所正式敲响，并相继在5个试点林业局推开。这一开先河的伟大实践，开启了中国国有林业产权制度改革的新纪元，一举打破了国有林业沿用至今的国有国营一统天下旧的体制机制。这项改革的实施，第一次引进了多元体制，第一次突破了传统国有林业经营模式，第一次将责权利统一起来，第一次引进社会资本建设国有林区，第一次从根本上解决了林区历史欠账问题，也是第一次解除了束缚生产力发展的旧的生产关系，使林业职工的积极性空前提高，使生产力中人的因素得以极大发挥。

改革中，我们始终恪守“稳定压倒一切；生态效益优先、林地不逆转；改革受益资金不流失、国有森林资产保值增值；公开公平公正；积极有序、配套推进”五大基本原则，在保证林地用途和国有森林资源主体地位不变的前提下，按照“远封近分”的原则，对浅山区林农交错、相对分散、零星分布、易于分户经营的部分国有商品林，根据一沟一系一坡的自然界限，并结合森林经营区划，按每户5—10公顷的规模，由林业职工家庭承包经营，期限为50年。对大面积集中连片的公益林和远山区的商品林，仍由伊春林业管理局依法进行管理。目前，首批8万公顷试点林地通过签订林地承包和林木流转合同形式，已分给6623户林业职工承包经营。经过近3年的改革探索实践，已取得了阶段性成果，一直以来许多困扰国有林业发展的顽疾之症迎刃而解。实践证明，这项改革是顺应林业发展规律、顺乎林区职工群众意愿、合乎林区实际的重大创举，是加快林业发展、振兴林区经济、富裕职工群众的根本途径，也是落实科学发展观、构建社会主义和谐社会、建设社会主义新林区的有效举措，不仅使伊春林区的发展进入一个重要的历史拐点，也必将为全国林业的发展探索出一条新路，成为中国林业发展史上的一个重要里程碑。

没有改革，就没有出路。只有改革才能不断适应时代和人民群众需求的新变化，破除旧体制、完善新机制，增添新动力、注入新活力，从而化解根本矛盾，促进和谐发展。但改革也从不会一帆风顺，伴随着改革进程的加快，利益的深度调整，矛盾的不断转换，也同样会产生一些新情况和新问题。随着国有林权制度改革的深入推进，我们也逐渐发现，现今的改革实践与原有的国有林业管理方面，在法律上、体制上、政策上、制度上、措施上都存在不一致的问题，在一定程度上制约了改革的深入推进，影响到改革的整体成效，更影响到林业职工的切身利益，需要从国家、法律、政策、措施等各个层面认真加以完善和解决，从而切实把国有林权制度改革引向深入，不断放大改革效应，扩大改革成果。我个人认为，主要应着力解决好以下几个方面问题。

一、着力解决法律层面问题，进一步明确林业产权归属

我国现行的《森林法实施条例》明确规定："使用国务院确定的国家所有的重点林区的森林、林木和林地的单位，应向国务院林业主管部门提出登记申请，由国务院林业主管部门登记造册，核发证书，确认森林、林木和林地使用权以及由使用者所有的林木所有权。"由此可见，深入实施国有林区林权制度改革所遇到的一个重要法律阻力，就是产权问题。按法律规定，国有重点林区林地和林木的所有权和使用权必须是以单位为法人形式，也就是由国有林业企业(林管局或林业局)担任法人，而不能划为公民个人名义所有和经营使用。作为国有重点林区的伊春，所实施的国有林权制度改革试点工作，触及了国有林业的产权问题，改变了以往森林资源国有国营铁板一块的局面，将林地的所有权继续归国家所有，而林地的经营权、林木的所有权、使用权、受益权、处置权交给了林业职工。在此基础上，探索建立了"产权归属清晰、经营主体落实、责权划分明确、利益保障严格、流转规范顺畅、监管服务到位"的现代产权制度和国有森林资源经营的新模式。通过前段试点工作，取得了非常明显的效果，并顺利解决了造林、护林、防火、职工脱贫致富及历史欠账等一系列问题，受到了林业职工的欢迎和社会的普遍认可，实现了国家和林业职工利益的双赢。目前所遇到的问题就是，按照《森林法实施条例》和相关规定的约束，国有林权证只能发到国有林业企业，而不能按照承包经营合同直接发放给承包职工。由此派生出承包职工对承包的林地使用和林木产权问题出现了质疑。没有林木权属证书，承包职工也无法进行林地抵押贷款、参加林木资产保险等活动，从而影响到职工营林和发展林下经济的再投入，影响到职工承包林地的安全，影响到职工参与国有林改的积极性。从另一方面看，根据《物权法》的有关规定，作为已和林业局签署林木产权协议的职工，其对林木所有权应该受到法律保护，并依法享有林地的经营，林木的占有、使用、收益和处置权力，国家就应该为其核发标明其合法产权的证明文件或证件。因此，我个人认为，国家有关部门应根据试点的改革实践结果，不断修改、补充、完善原有法律法规，从法律层面支持国有林权制度改革，推动国家尽快为承包职工颁发权属证书，真正落实产权主体，以解除承包职工的后顾之忧，推动改革试点工作不断深化，推动国有林业全面、协调、可持续发展。当然，给职工发放林木所属权证后，职工承包的林木面积应从国家给林业局核发的林权证上扣除，以免出现对同一块森林资源，国家既给林业局核发林权证，又给承包职工核发林权证的重叠现象。

二、着力解决政策层面问题，打破林改进程中的体制障碍

实施国有林权制度改革，实现了"山定权、树定根、人定心"，为稳定国有林业发展提供了根本性保障。国家拿出一块林子承包给林业职工，把林地经营权、林木所有权和处置权(以下简称"三权")下放给承包职工，并保持50年不变，承包职工可以转让、可以继承、

可以抵押贷款、可以参加保险，也使职工的利益得到了根本保障。但随着改革的不断深入，我们也遇到了一些现行体制和政策方面的制约，导致了国家给予承包职工的权利无法落实。从一定意义上讲，国家把“三权”下放给承包职工，职工即可自主经营。这种体制确立后，承包职工的造林积极性空前高涨，实现了“要我造林”到“我要造林”的转变，造林的质量也大为提高，国家也节约了造林投资。但造林不仅仅是栽树，更需要后期一系列的管护，包括对有林地进行抚育等。而国家现行政策规定，承包经营林地内林木采伐消耗林木蓄积列入林业局限额之内。按照这一政策，承包职工进行低产低价林改造、抚育采伐等正常森林经营活动所消耗的采伐限额，必须经过当地林业局批准，然后才能进行正常的经营活动。这不仅在程序上十分繁琐，加大了林业局的工作量，而且每采一棵树都要报批，也会严重影响承包职工的正常经营活动，承包职工也无法及时获取合法收入。这种“只有投入权利，没有或者影响收益权”的政策规定，只能降低职工投入的积极性，也将极大地影响改革的成效。因此，建议国家根据党的十七届三中全会作出的《关于推进农村改革若干重大问题的决定》精神，进一步扩大国有林场和重点国有林区林权制度改革试点，尽快落实承包职工森林抚育权，将私有林木采伐限额计划单列，并允许限额指标跨年度滚动使用，从根本上解决这一体制障碍。

此外，国家出台的《关于加快林业发展的决定》提出了“三林流转和大力发展民有林”的概念。在国有林权制度改革过程中，职工承包的林子可以作为资产和资本进入活立木交易市场进行有偿流转，通过有序的资本运营，实现资产的保值增值。在改革中，我们已建立了活立木产权交易中心，搭建了活立木产权交易平台，但一直未获批准启动，这势必影响林权制度改革的深入实施。因此，建议尽快批准启动活立木产权交易市场，着力解决资产流转和流通问题，实现林业产权合理有序流动。

三、着力解决措施层面问题，实现林改全方位稳步推进

国有林权制度改革是统领，相关配套措施是保障。实施国有林权制度改革是突破林业体制性矛盾所迈出的第一步，解决的是制约林区发展体制中的核心问题，并不能解决国有林区的所有问题，还必须及时跟进实施一系列配套的改革措施，加快建立和完善保障林改顺利实施的长效机制，从而破解体制性矛盾中的其他问题。一是进一步优化林业生产力布局。根据实施林改后国有林区森林资源培育、经营与管理的实际情况，及时调整试点林场（所）的设置和布局，科学有序地撤并林场（所），努力提高林业生产的效率。同时，要扎实做好各项林业基础设施建设，在营林道路维护、森林防火、病虫害防治等方面提供必要保证，为承包职工生产、经营、管护创造良好环境。二是建立配套改革的长效机制。立足于解决承包职工的资金需求，加快建立林业小额贷款机制，研究制定林业小额贷款实施意见、管理办法和操作规程，推进“林农卡”、“林农联保贷款”、“林下经济小额贷款”等林业金融产品创新，加快林权抵押贷款步伐，盘活森林资源资产。逐步探索推出林改担保贷款，放大林改收益基金的效用，为实现林业资产证券化奠定基础。立足于解决承包林地安全问题，积极与财产保险公司协商沟通，启动森林保险业务，划分不同险种，采取灵活措施，切实减小火灾、水灾、风灾、森林病虫害等自然灾害对职工承包林地的威胁。立足于为职工提供援助和支持，加快森林资产评估中心、科技服务中心、法律服务中心等各类社会组织建设步伐，不断完善社会化、市场化服务体系，为承包职工提供全方位优质服务。立足于消除承包职工的后顾之忧，逐步建立比较完善的社会保障体系，使所有的承包职工都能纳入到养老保险、失业保险、医疗保险、工伤保险和生育保险范畴，切实解决承包职工老有所养、老有所保、

病有所医等社会性问题。三是加快建立新型资源管理模式。以国有林权制度改革试点为契机，深入实施国有森林资源管理体制改革，把着力点放在彻底解决国有森林资源所有者主体缺位、产权虚置问题上，进一步确立国有森林资源的所有者主体，明确其权责，代表国家行使森林资源管理职责，使森林资源的管理职能真正从森工企业中分离出来，实现森林所有权与经营权的有效分离，建立与市场经济体制相适应的责权利统一、管资产和管人管事相结合的森林资源管理新机制，保障国有森林资源可持续经营，促进国有森工企业建立现代企业制度，推动林区各项事业又好又快发展。

四、着力解决生产生活等现实问题，切实保障林业职工的根本利益

改革是为了兴林，兴林是为了富民。在国有林权制度改革过程中，我们始终坚持以人为本，把林区职工利益放在第一位，正确把握和处理兴林与富民的关系，使林业职工在林业改革与发展中真正得到实惠。实践证明，只有树立科学的改革理念，把富民作为林业建设和发展的出发点和落脚点，才能充分调动林业职工的积极性，为林业的改革和发展注入活力；只有林业职工通过发展林业实现脱贫致富，才会为林业建设提供不竭的物质保障和精神动力，推动林业又快又好发展。在深化林权制度改革的进程中，保障林业职工的利益，必须帮助职工解决生产生活中的现实问题。一是必须减负。由于过去国有林区长期受到“两危”和资源性、结构性、体制性、社会性四大矛盾的困扰，导致了林业职工的收入水平始终处于较低状态。职工承包林地后，除营林和发展林下经济投入外，需要承担的经营税赋也比较重。特别是按照现行税费征收标准，承包户所缴纳的林地使用费、育林基金以及流转环节各项费用，给承包职工在经济方面造成了严重负担。因此，建议国家有关部门借鉴集体林权制度改革税收政策，制定出台符合国有林权承包经营者实际的税费征收政策，降低税费征收额度，切实减轻林业职工负担。二是以短养长。长期以来，林业职工作为名义上大山的主人，却没有真正属于自己的林业生产资料，增收致富渠道十分狭窄，只能望山兴叹。通过实施林权制度改革，职工有了林地自主经营权，通过对森林资源的立体综合经营，大力发展林下经济和自营经济，使生产力得到了解放，林地产出率不断提高，林业职工收入不断增加。下步要针对承包职工发展林下经济各自为战的现状，动员承包职工围绕林区优势产业和非林替代产业，大力发展特色养殖业、绿色食品和小兴安岭地道药材种植业、山特产品采集业，加快实现短期效益最大化，推动林下经济和职工自营经济产业化发展，进而促进林区接续替代产业不断壮大。要积极发展林外经济，组织富裕职工开展劳务输出，用当期劳动收益反哺林业发展，不断扩大林木资产的总量和质量，实现以短养长。三是搞好扶持。针对林改后林权分散、经营单位变小、抗风险能力弱、市场组织化程度低等问题，鼓励和支持承包职工在自愿的基础上，创立股份林场、合作林场、家庭林场、林业合作社等新型经济合作组织，加快与市场对接。要充分发挥林改发展基金的作用，重点支持困难承包职工从事营林生产和林业多种经营。要组织承包职工建立各类专业学协会，派出专家和技术人员不定期指导，为承包职工发展产业提供项目、技术、信息、营销等多方面支持，增强抵御市场风险的能力，提高森林规模化、集约化经营的水平。要根据承包职工的需求，着手建立中介组织，向承包职工提供产、供、销全过程优质服务，解决职工一家一户难办的事情，保证职工产前有计划、产中有技术、产后有效益，变盲目生产为有序生产，变产后等销为产前定销，变风险收入为可靠收入，进一步保护和调动职工培育森林资源和发展林下经济的积极性，推动国有林权制度改革向纵深发展。

（作者：中共伊春市委副书记）

以科学发展观为指导
加强和改进科研单位思想政治建设

周　亮

科学发展观博大精深，有着深刻的思想内涵。按照科学发展观的要求加强和改进科研单位思想政治建设，就是要确立科学发展观在思想政治工作中的指导地位，联系科研单位实际，着力在谋深化、激活力、强功能上下功夫，在新的起点上把思想政治工作提高到一个新水平。

一、坚持统筹兼顾，谋求思想政治工作的协调发展

统筹兼顾是科学发展观的根本方法，是科学方法论的集中体现，是科学发展观得到贯彻落实的切入点和实现途径。科研单位思想政治工作要把握好统筹兼顾这个根本方法，就要用科学的发展思维来统筹和统领各项工作，突出重点、兼顾一般，处理好政治工作与科研工作、硬件建设与软件建设、当前建设与长远发展等关系。

一要处理好思想政治工作与科研工作的关系。我们要始终把思想政治建设摆在首位，同时，要紧紧围绕科研工作来开展思想政治工作。在谋划政治工作时，要端正工作指导思想，理清思路，认真谋划，科学决策，统筹安排，确保工作思路和决策措施符合科研单位的特点和规律，符合科研工作的实际和需要。在具体抓落实时，要坚持全程跟踪、全程渗透，做到科研工作一上马，政治工作服务即开始；对经常性工作、阶段性任务，合理分配时间、协调力量抓到位，不与科研工作争位子、抢时间，在促进科研任务完成中发挥思想政治工作服务保障作用。在执行重大任务时，特别是在重大课题攻关和突击性技术保障任务中，政治工作要靠前指挥、一线指导，使思想政治教育渗透贯穿于全过程，充分发挥思想政治工作的战斗功能。

二要处理好硬件建设和软件建设的关系。硬件建设是发展的基础，软件建设是发展的关键。在抓好文化活动中心、图书阅览室、多功能健身场、政治环境建设等硬件建设的同时，更要注重抓好软件建设。针对科研单位科技干部为主体，科研人员思想活跃，接受理解能力强的特点，运用现代教育手段，着力在增强科技干部思想政治教育的针对性实效性上下功夫；针对研究室党支部书记为兼职的特点，采取办班集训、以会代训、难题会诊等形式，抓好党支部书记能力素质的提高，着力在提升基层党组织建设发展水平上下功夫；针对科技干部文化层次高，对文化生活需求要求高的特点，强化军魂意识，探索创建具有科研单位特色的军营文化，真正形成风格、形成品牌，着力在营造和谐的人文环境上下功夫。要防止重“硬”轻“软”倾向，坚持两手抓，两手都要硬，相互促进，相得益彰。

三要处理好当前抓与长远建的关系。要保持思想政治建设可持续发展，必须要立足当前，着眼长远，把当前建设与长远发展有机结合起来，把近期工作与长远目标一致起来。当前，既要抓好主题教育活动，又要抓好理想信念、战斗精神培育等经常性思想政治教育，使科技干部始终保持坚定的政治信仰和奋发有为的进取精神，积极献身国防科研事业不动摇；既要制定人才短期培养计划，抓好科技干部的学习、培训和考评，又要搞好顶层设计，研究制定五年乃至十年人才发展规划，为单位的长远发展储备力量。要注意防止和克服重眼前轻长远、重突击轻经

常等急功近利的倾向，避免“走一步看一步”、只顾近期利益的短期行为。

二、坚持创新发展，激发思想政治工作的生机活力

发展是第一要义。发展必须坚持和深化改革。思想政治工作发展创新就是要准确把握新形势新任务，积极应对新课题新矛盾，以改革创新精神探索工作新路子、拓展工作新领域。

一要理念创新。要坚持树立与时俱进的观念，牢固树立与形势任务要求相适应的前瞻眼光和发展意识，把制约科研单位思想政治工作发展的突出矛盾，作为创新发展、长远建设的突破口，积极探索新思路，创建与形势任务衔接、与科研单位实际相符、与科技干部愿望一致的方法措施，使思想政治工作始终沿着正确的方向发展；坚持树立质量效益观念，建立和完善政治机关各部门抓工作的协调机制，统一研究部署，统筹安排工作，统合力量资源，防止和克服工作不讲科学、不计成本、不重效益的现象；坚持树立正确的政绩观念，把“三个有利于”作为一切工作的出发点和落脚点，说实话、办实事、求实效，防止和克服形式主义，防止出现一届班子出政绩，几茬官兵背包袱的现象，真正通过观念更新，为思想政治工作发展提供广阔空间。

二要机制创新。机制创新是创新的关键。要建立健全学习机制，把科学发展观作为党委中心组学习、科技干部理论轮训的重要内容，纳入年度学习计划常抓不懈；党委每半年、支部每季度对所属人员学习情况进行一次考评，考评结果记入学习档案，作为考察干部的重要依据。建立健全决策机制，进一步规范党委议事内容和程序，重大工作部署、重大工作展开、干部调配任职以及重大问题处理反馈等，都要在科学发展观指导下坚持民主集中制原则，努力提高党委科学决策的水平。建立健全激励机制，研究制定一系列能够充分调动科技干部积极性的具体措施，对工作中做出突出成绩的科技干部，在提升使用、立功受奖、职称评定、评选先进等方面给予倾斜，激发科技干部不辱使命、献身使命的政治热情。

三要方式方法创新。思想政治工作要以形式之新，求工作落实之效。教育中，要针对科技干部出差多、难以集中的实际，采取“大集中”、“小穿插”的形式，充分利用科研间隙搞教育，既不影响科研工作的完成，又保持思想教育的连续性、不间断，使教育任务得到很好落实；针对社会教育资源丰富的实际，通过组织参观爱国主义教育基地、高新科技园区，通过邀请大专院校、科研院所的学者教授讲课辅导，增强思想政治工作的感染力、吸引力和说服力；发挥现代网络传媒的优势，进一步完善科研单位现有的局域网，开设网上论坛，开展网上读书、教育、心理咨询活动，实现资源共享。

三、坚持以人为本，强化思想政治工作的服务保障作用

以人为本是科学发展观的本质和核心。科研单位思想政治工作要贯彻以人为本的指导思想，就是要以人为中心，把工作的目标、原则和方法，定位在尊重人、理解人、关心人、提高人和造就人上。

一要依靠人，充分尊重科技干部的主体地位和创造精神。科技干部是科研单位主体，民主参与意识比较强。要充分尊重科技干部，把信任和依靠科技干部作为重要原则，充分发挥科技干部的能动作用，让一切有利于部队建设进步的创造愿望得到尊重、创造活动得到支持、创造才能得到发挥，对政治、科研、管理和后勤等经常性工作，让科技干部广泛参与，多方听取他们的意见建议，有力地保持科技干部队伍建设的内在活力。要注重畅通民主渠道，认真落实基层事务公开制度，不断完善行使民主权利的相关机制，对科技干部关注的重大敏感和切身利益问题，坚持及时公开，主动接受监督，保证他们有充分的知情权、参与权、发言权和监督权。要切实改进工作作风，坚持从领导和机关自身做起，牢固树立为科研服务的思想，切实摆正

党委、机关与基层的关系，处理好领导与服务、职务、职责的关系，真正实现和维护好科技干部的合法权益，不断增强科技干部的使命感责任感，把他们中蕴涵的巨大积极性和创造性充分调动起来，使他们积极投身到科研工作中来。

二要培养人，为科技干部搭建实现自我、发挥才能的平台。针对科技干部成长和工作特点，采取多种渠道，为他们成就事业、实现自我价值创造条件。抓好在职学习，选送优秀科研人员入校、出国深造，并支持鼓励跨学科、跨专业学习，促使他们更新知识结构、提高学历层次，逐步从单一型向复合型转变，实现一专多能，一技多长。坚持专家带教培养，对年轻科技干部，指定理论功底深厚、实际科研工作经验丰富的同志担任带教老师，采取"一帮一，结对子"的形式，教方法、带作风，促进科技干部的全面发展；坚持实践锻炼，主动给年轻科技干部交任务、压担子，让他们在重大课题和任务中摔打锻炼，催生优秀人才脱颖而出。

三要关心人，倾力为科技干部排忧解难。要把为科研人员办实事、办好事，解决他们关心的具体问题，作为党委的重要责任，积极实施"暖心工程"。要政治上关心，经常同科技干部交流谈心，了解他们在想什么，关心他们的成长进步，时刻体现组织的关怀。要工作上关心，想方设法建立现代大型实验室，引进先进仪器设备，改善科研办公环境，为他们发挥聪明才智、早出多出成果创造条件。要生活上关心，当他们婚恋受到挫折时，要主动帮助；长期出差时，要关心家庭困难；亲属生病住院时，要及时看望；对家属随军、子女入学和就医住房等实际问题，尽一切可能全力解决，营造一种富有信任感、亲切感、舒适感的人文关爱环境。

（作者单位：空军油料研究所）

信息时代应加强网络思想政治教育引导

李　功

随着网络化、信息化时代的到来，思想政治教育也必然要适应新时代的发展要求，逐步走上网络化道路。构建网络思想政治教育平台势在必行。虽然我国整体的网络工程建设取得了长足的发展，但国内企事业单位的政工网络仍处于初级阶段，需要多重保障措施来确保这一新型、有效的思想政治教育方式能在企事业单位得以建立并切实运用，从而为提升我国总体的文化软实力水平作出贡献。现就新形势下如何实施"网络政工"谈几点认识。

一、要加强"网络政工"人才队伍建设

网络思想政治教育的特殊性决定了人才的特殊性。他们应是一批既掌握了企业思想政治教育规律与艺术，又熟悉现代信息技术的复合型人才。这样的人才应具备深厚的马克思主义基本理论素养，掌握教育学、企业文化学、管理心理学和社会心理学等领域的丰富知识；具有马克思主义的世界观、人生观、价值观以及维护这些思想观念的强烈责任感、使命感；拥有较高的网络技术应用技能，能够建设网络、利用网络、维护网络，及时解决网络传播中的各类常见问题；富有积极开拓的进取精神、创新精神，敢于和善于在网络时代的思想政治教育工作中开创出一片新天地。鉴于这方面人才的严重匮乏，笔者建议在高校思想政治教育专业中设置网络思想政治教育方向的本科教育和研究生教

育，并且加强现有政工人才队伍的培训。

二、要重视网络思想政治教育理论研究

作为一门新兴的学科，思想政治教育学没有受到学术界和企业界的应有重视。网络思想政治教育的理论研究也一直滞后于网络给企事业单位思想政治教育工作带来的影响。广大政工人员急需这方面的科学理论来指导自己的工作。因此，加强网络思想政治教育的理论研究，已是当前搞好网络思想政治教育的一项迫切任务。就目前企业网络思想政治教育的现状而言，笔者认为至少有以下几大理论课题亟待研究：网络对企业职工尤其是青年职工的思想观念和生活方式带来的影响以及企业如何应对这些影响；如何引导企业员工提高"网德"；如何利用网络塑造和传播企业文化；如何在网络环境下建立企业思想政治教育新机制等。只有从理论上较好地解决了这些问题，才能为网络思想政治教育的实践提供更好指导，实现企业与员工在思想上更有效的互动，从而为企业构建新型、健康、动态、稳定和普遍认同的企业文化打下坚实的基础。

三、要建立良好的网络思想政治教育运行基础

当前我国相当一部分企事业单位已经建立起了自己的思想政治教育网络系统，但普遍存在运行不畅的问题。这有技术问题等方面的原因，但主要还是工作没有做到位。企事业单位在思想政治教育网络的具体建设和维护过程中应注意以下几方面的问题。一是网络信息传递要及时准确，保证必要的刷新率。二是网络信息内容应是积极向上的，正面引导的信息量应能阻挡和抵消消极信息的冲击。三是在教育方式上要采取主动积极、活泼多样的形式。例如，在开展思想政治教育的过程中，可以引导员工积极参与社会热点问题的探讨，及时做好员工通过网络反应的带有倾向性或普遍性问题的反馈工作，充分利用网络与员工进行思想上的沟通，使员工能逐步认同单位的核心价值观，并不断深化对其认识，在潜移默化中培养员工的凝聚力、向心力，最终将员工的行动协调到实现组织目标的轨道上来。四是要变被动为主动，让广大员工切身参与进来。网络可以随时实现人与人之间的对话，员工不再是单方面接受思想政治教育的灌输，而是平等地参与职工与领导、职工与职工间的相互交流和沟通。这样，党政工作者才能更准确、更迅速、更真实地了解员工的内心世界，因人施教，有的放矢。例如，刚创办的时代政工网拟开辟一个社区论坛板块，主要涉及政工知识问答、信息咨询、职工维权、答疑解惑、心灵驿站等内容，通过这些活动的参与，既可以激发职工对现代科技的兴趣爱好，又可以通过活动了解其思想变化，掌握思想脉动。"网络政工"大有可为。

（作者：时代政工网主编，全国思想政治工作科学专业委员会理事）

践行科学发展观　建精品医院　造福社会百姓

李　捷

科学发展观是统领中国特色社会主义事业发展的重要指导思想，也是现阶段卫生事业改革和发展的指导思想。党的十七大报告中明确指出，科学发展观的第一要务是发展，核

心是以人为本，基本要求是全面协调可持续，根本方法是统筹兼顾。多年来，我院党委积极践行科学发展观，解放思想，转变观念，理清构建和谐医院的思路，积极探索和谐医院的深刻内涵，勇于创新、真抓实干，突出医院各项事业协调发展。通过不懈的努力，实现了以临床治疗为主的眼科医院向学术型眼科医院的转换，从根本上转变了医院发展模式，站稳了国内同行第一梯队的位置，名副其实地成为国内发展比较好的知名眼科医学中心之一。

一、解放思想，抢抓机遇，把握发展主动权

深入落实科学发展观的前提是解放思想，开拓创新，也只有不断解放思想，才能创新观念，抢抓机遇，把握住发展的主动权。从1924年成立防盲诊所到1952年改名为天津市眼科医院，从1975年眼科医院住院部扩建到1990年的眼科医院门诊扩大，能有一个独立的、功能合一的眼科专科医院，成为眼科医院干部和职工的“梦”。历任领导为此纹尽脑汁，想方设法，有的带着“梦”而故去，有的带着遗憾而退休，事业在传承，“梦”也在继续。市委、市卫生局党委建设区域卫生中心和一批专科医院，进行卫生资源调整的重大决策，给我们带来了新的希冀。观念决定思路，思路决定出路，思想解放的空间决定医院事业发展的空间，面对置换筹资，贷款压力，院党委突破思想禁锢，抢抓机遇，千方百计挤入第一轮卫生资源调整行列。“挤”和“抢”，从一开始就是党委一班人统一思想的核心，最终如期完成了新院建设，改变了多年来医院分处三地的发展窘境，实现了眼科医院几代人的夙愿，综合服务能力迅速提升，为医院向更高层次发展搭建了平台。眼科医院新址是院党委坚持发展是硬道理，解放思想、干事创业、率先发展、尽职工作的结晶，是坚持解放思想、改革创新，抓住机遇，在实践中践行科学发展、率先发展的行动体现。

二、转变观念，统筹兼顾，创造全面可持续发展局面

（一）医、教、研、防协调同步是科学发展的根本

坚持把发展作为第一要务，不断增强医院综合实力，促进医院可持续发展，是构建社会主义和谐医院的物质基础。院党委以科学发展观为指导，转变发展理念，在坚持“以病人为中心”的前提下，改变“粗放式”发展模式，注重医、教、研、防协调发展，处理好社会效益与经济效益、数量与质量、科研教学与临床工作之间的关系，着力推进人才队伍建设、科技进步、医院管理和经济发展协调同步，靠增加服务项目和工作量保经济增长，靠质量管理扩大生存，靠科教进步、学科建设求事业发展。调整好住院床位使用周转率、住院天数与周转次数，控制好药品收入比率。经过多年不懈的努力，医院功能实现重大转变，服务环境巨变，服务本领增强，“一切以病人为中心”的服务理念深入人心，医院环境、就医流程持续改进，突出以人为本，力求每个细节都充满人文关怀。学科特色进一步突出，名科、名医、名专业数量不断增多，斜视弱视与小儿眼科、眼视光专业始终保持全国领先水平。白内障专业、眼眶专业、视网膜专业等进入全国第一方阵。医院医疗主要业务指标也取得迅猛增长，2008年年诊疗人次达到86万，同比2005年增长近一倍；出院人次1.45万，增长42%；住院病床率达91%。医院为越来越多的患者解除病痛，送去光明，更有国外患者不远万里慕名求医。医院的年诊疗人次、手术人次、全院劳动生产率、固定资产增长率、人均收益等各项指标，在本市同行及国内同行名列前茅，医院的知名度、美誉度不断提升，服务半径愈拓愈宽。

坚持统筹兼顾，医院在发展中始终把社会公益性放在首位，积极组织派员参加援疆、援藏、支农、支医、防盲等公益活动，还先后出台了低保患者免挂号费、党员专家定期义诊等长效

机制，关注民生，关爱社会弱势群体。2006年院党委筹资200万元组建了眼科社区服务直通车，利用直通车的便利条件深入革命老区、社区、学校、农村、工地等，开展义诊检查服务活动。粗略统计，目前累计参加志愿服务2100余人次，为患者免费义诊检查服务超过3万人次，为贫困群体捐钱、捐物，赠送药品，为400余名患者免费实施了复明手术。

（二）抓好第一资源是和谐发展的关键

和谐发展是落实科学发展观的基本保障，医院的和谐发展不是回避矛盾和难题，而是在不断化解难题和矛盾中促进和谐、持续前进的状态和境界。人才作为第一资源，是生产力最重要的要素，也是事业进步和传承的载体所在。医院发展必须走内涵制胜的道路，这就要求我们必须从抓好第一资源入手，以人的梯队建设为核心，为医院和谐发展提供人才保障。早在上世纪90年代中期，面对医院人才断档、后继乏人的严峻局面，院党委就及时制定了调整全院人员结构的目标，不断增强用人、育人的使命感和责任感，大力提倡“发挥好老同志作用、稳定激励中年同志、全方位加快年轻人锻炼成长”。鼓励创新，不求全责备，唯才是举，包容缺点。积极探索实施人才柔性机制，树立“不求为我所有，但求为我所用”的观念，只要是能为医院发展进步起到推动作用，任何用人模式，都鼓励支持。如：聘请国内外知名专家为我院首席专家、名誉主任、客座教授等，促进学科建设和学术交流。护理工作中，采取全市公开招聘护理部主任，聘请国外著名眼科机构护理主任担任高级护理顾问，提高护理管理水平。千方百计通过在职培养、对外引进、社会招聘等形式改善结构。止是靠多年来我们锲而不舍的韧劲和求贤若渴的真诚，以及控编运转、结构调整的思路，形成了全院总在岗人数16年基本不变，而医院业务量翻了数倍，专业技术人员已经调整到占全院职工总数的83.4%；医生中具有博士学历人员占医生总数21.2%，具有博士、硕士学位的中青年骨干的比例由1995年的6%提高到现在的55%。全院管理人员中大学以上文化占管理人员的比例也提高到72%。形成了职工出生地来自祖国各地，毕业院校来自四面八方，优化了“学缘”结构，促进了职工文化素质提升，为医院和谐发展奠定了坚实的基础。

（三）发挥领先优势是率先发展的必然要求

全球化时代，只有在开放中才能实现真正的发展，开放、开放、再开放，是时代的要求，是医院领先发展的制胜法宝。我们坚持开放办院，积极推动国内外的交流与合作。目前，与美国、英国、澳大利亚、日本、瑞典、印度等国外十几个著名眼科机构建立了良好合作关系，在国内我们依托天津医科大学建立眼科临床学院。视光学领域，我们还与香港中文大学眼视光学、台湾中山大学、天津职业大学等建立了良好的交流和合作关系。开放的眼科医院，坚持与国际前沿共同进步，在科研和专业发展上始终保持了国内同行领先水平，始终处于国内领先地位，做到眼科技术你无我有，你有我全，你全我精。

近年来，医院共获各级科研课题36项，其中，国家自然科学基金4项，国家自然科学基金重点项目1项；共取得科研成果奖18项，其中，省部级成果奖10项（其中，天津市科技进步一等奖一项）。实用新型专利2项，临床应用新技术填补市空白21项。特别是在2008年，美国斜视与小儿眼科学会中国医师培训中心的成功建立，开创了我国该领域国际化与规范化的事业，我院斜视与小儿眼科的优势进一步确立，我院将成为培养该领域专家的国际化中心，为我院更好地发挥领先优势搭建了一个更广阔的平台。

三、以人为本，倾心文化建设，营造和谐发展环境

医院科学发展与和谐发展是内在统一的，没有科学发展就不能实现和谐发展，没有和谐发展也难以实现科学发展。医院文化作为医院核心竞争力的重要组成部分，是实现科学发展、

建设和谐医院的重要途径之一。只有通过不断加强精神文明建设推进医院文化建设，进而整合发展富有生命力和创新活力的医院精神，形成具有自身特色的行为准则与价值标准，塑造良好的医院形象，才能有效调动各方面积极因素，从而为医院的改革与发展提供强大的思想保证、精神动力和舆论支持，有力地促进医院的改革与发展。

多年来，眼科医院按照科学发展观的要求，始终坚持以人为本，通过思想教育、制度建设、环境营造、典型塑造等环节，培育以病人为中心，全心全意为患者服务、精益求精、光明使者，救死扶伤为核心的医院文化，大力弘扬德高医粹的精神，在全院职工中确立认同的价值观和人生观，把医院文化建设贯穿于眼科事业发展的长期任务中。通过不懈的努力，广大职工正确的世界观、人生观、价值观进一步确立。领导班子坚持正确的政绩观和利益观，积极营造干事业的良好氛围，打牢构建和谐医院的思想基础，以尊重广大职工的主人翁地位推进医院文化建设，让职工在医院体会到家的关爱和温暖，以此不断创造和谐发展的局面，为事业进步提供良好的发展环境。近几年，医院先后获得“全国百姓放心示范医院”、“全国精神文明建设先进单位”、“全国模范职工之家”、“全国文明单位”、“天津市五一劳动奖状”等国家级和省部级称号十余项，精神文明建设硕果累累。通过先进的医院文化凝聚职工，增强医院的凝聚力和向心力，促进和谐医患关系的构建，努力实现人与医院发展的和谐同步，为眼科事业发展营造良好环境，推动眼科事业取得更大进步。

（作者：天津市眼科医院党委书记）

坚持以人为本　构建和谐医院

王　晨

和谐医院是充满创造活力、具有和谐医患关系、人员和睦相处、稳定有序、利益关系协调的医院。和谐社会的基本落脚点，就是真正实现以人为本。但是我们应该看到，改革开放30年来，中国进入了史无前例的快速发展通道，同时也带来了许多矛盾，尤其凸显在教育、医疗、住房等方面。医院是老百姓健康和生命的保护神，是与人民群众切身利益密切相关的社会机构，也是体现党和政府关爱的重要载体。建设和谐医院，以人为本是关键，要通过学习和实践科学发展观，倡导人性化管理，使医院的物质文明、精神文明处于有序发展的状态，保持和谐的医疗秩序和医疗环境。建设和谐医院，既是新形势下医院发展的基本前提，也是医院发展的基本目标。

一、以平等为基础，以尊重为前提，构建和谐医患关系

构建和谐医患关系，是构建和谐医院的前提条件。目前，医患关系紧张已经成为社会关注的热点问题。这其中虽然有经济社会转型、社会保障制度不完善等多方面因素的影响，但根源是没有真正形成以病人为中心和把社会效益放在首位的思想环境。

医院作为主导方，首先应进一步增强服务意识，改变“病人是求医生看病”的观念，真正把病人当朋友，体恤其痛苦，同情其困难，尊重其想法，打消其顾虑。应拓宽沟通渠道，让患者了解更多的医疗信息，增强对医务人员的理解；健全法规制度，建立科学的服务质量评估机制，明

确医务人员在接诊医疗过程中的行为规范。同时，注重宣传教育，加强监督检查，不仅让每个医务人员知道自己应该怎么做，而且也让每个患者知道应该如何维护自己的权利。

二、激活动因，凝聚精气神，构建和谐的医院内部环境

医院每天直接面对患者的是广大医务人员，没有医务人员的高度责任心和良好的医疗道德，构建和谐医院就是一句空话。因此，坚持以人为本，引导医务人员不断提高思想认识，树立正确的价值观、利益观，着力建立一个充满活力和公平合理，使各种利益协调的医院内部环境至关重要。

一是增强员工的主人翁意识，培养员工的归属感，建立和谐的医院内部环境。医院高度重视医务人员的专业服务价值，让每个员工的尊严、需求、权利能充分得以满足和体现，并受到尊重。我院充分利用《承德医学院附属医院院报》这一窗口，及时向员工报告医院发生的重大事件，宣传和介绍名医、良医，报道他们的优秀事迹，树立他们的良好形象。同时，我院还建立自己的网站，开辟各种栏目，各个科室都能够将自己想要发表的信息及时发布在网站上。这两个窗口的设立，调动了医务人员主动为患者服务的积极性，培养了医务人员的主人翁意识，强化了员工对医院的认同度和归属感。

二是提高员工的待遇，改善医院的内部环境，增强员工的凝聚力。为了提高医务人员的责任心和医疗道德，充分发挥其在构建和谐医患关系中的主动性和积极性，医院除了对医务人员进行医风医德教育与规范化的管理之外，还注意改善医院的内部环境，充分关心和保障他们的根本利益。医院的工作重心是为工作在医疗第一线的群体服务，想其所想，做其所需，使他们感受到医院的关怀和温暖，并将这种感受化作对患者的关心与热情，共建和谐医院。

三是加强医务人员之间的协作。医疗行为具有很强的合作性，在现代医学条件下，几乎没有一个医师可以不依靠其他卫生技术人员的合作，单独完成疾病的诊疗工作。医疗行为的这一特点，打破了长期以来那种一对一的医患关系，形成了一名患者与众多医务人员的关系。医疗行为合作性的一方面是医院院内协调合作。疾病的诊疗需要医师与护士、药剂及其他技术人员的合作方能完成，同时，负责组织、协调、供应的行政管理、后勤人员的合作也是必不可少的。医疗行为合作性的另一方面是医患合作。医师对疾病的诊断、治疗，在很大程度上取决于患者对疾病发生、发展过程的认识和陈述，以及对检查检验、治疗方法的配合。我们实行“临床路径”，就是强化各个医疗环节之间的紧密协作，以及医护之间、医务人员与管理者之间、后勤与临床一线之间的和谐相处，以增强医务人员的团结合作精神，营造一个良好的和谐工作环境。

三、在互动中沟通，在感受中理解，构建和谐的社会氛围

医院的发展，离不开良好的外部环境，离不开社会各界的理解和支持。良好的外部环境，可以让广大医务人员在一个支持、理解、关心的和谐的氛围下，更好更快地进入新的发展机遇期。

一是开设医患和谐论坛。医患和谐论坛的开设，可以作为加强医疗行风建设，探索构建和谐医患关系的一次有益的尝试。在全院举办“医患和谐你我他”论坛，进一步推进员工的职业道德建设，增强全院员工做好医疗服务工作的自觉性，营造医患和谐互动的双赢局面，使医护人员了解患者的就医感受和需要，使患者理解医疗行业的特殊性，在医患之间搭起一个心灵互动的平台，使医患之间心与心的交流能够成为现实。

近年来，为了树立良好的社会形象，我院不断地在内强素质方面下大力气。比如，数年来，医院领导班子坚持每月深入病房，做好在院病人及出院病人的满意度测评及跟踪随访；我们

坚持对出院病人实行电话随访，让病人在家中就能得到专业的医疗指导；我们坚持定期邀请社会监督员对医疗服务质量进行暗访，发现问题及时整改；我们坚持认真对待每一个纠纷投诉事件，认真处理而决不流于形式；我们坚持用心去接受每一位患者提出的善意批评或意见，并且尽可能地付诸于行动。

二是请患者为创建和谐科室"打分"。为避免和谐医院创建活动出现自己创自己评的主观结果，医院成立由院方、人大代表、政协委员、新闻媒体和社会监督员等各方组成的专业审评组，对创建活动进行公开透明和更具可信度的审评。医院的患者可以直接参与医院和谐科室创建活动，在医院的门诊部、住院部、内外科都设立多个创建和谐科室评选征集箱，患者可以在这些征集箱旁领取创建和谐医院患者参与评选投票表，对各个科室进行投票。这些投票将作为各个科室进行创建竞争的一项重要考量指标。

三是积极与媒体加强沟通，树立良好医院外部形象。医院积极与媒体加强沟通，可以使其对医疗卫生工作有更进一步的了解和认识，尤其是在具体的纠纷案例中，得到他们的理解和支持，在一定程度上有利于对医疗事故争议的处理产生积极的影响。

（作者单位：承德医学院附属医院）

做好机关经常性思想工作的几点思考

王德岩

机关是部队的指挥中枢，地位突出，责任重大，做好经常性思想工作尤为重要。从近年来我所机关开展经常性思想工作的情况看，感到有以下几点须引起重视。

一、认识须进一步提高，切实把经常性思想工作当成一项重要工作来抓

解决"不用做"的问题。有些部门领导认为，机关干部都是从基层精选推荐上来的，思想基础好，有一定的自控能力，不会发生出格的问题，经常性思想工作做不做关系不大。有的对经常性思想工作抱无所谓态度，认为是零打碎敲，成不了气候，不做不一定会出问题，做了也不会有大的起色。这种"不用做"的思想对工作是十分有害的。马克思主义认为，人的思想是随着时空环境的发展变化而变化的。过去基础好的人不等于会永远好下去。如果放松学习改造，经常性思想工作跟不上，一些同志就会思想滑坡，甚至走向反面。作为部门领导，应看到这样一种现实：机关机密要害部门多，必然是敌对势力策反、渗透的重点；地处繁华闹市，必然是"酒绿灯红"侵蚀的重点；位高权重，必然是反对拜金主义、克服以权谋私的重点。因此，新形势下必须大力加强思想政治建设，在经常性思想工作方面，只能加强，不能削弱。

解决"不愿做"的问题。机关部门担负的工作任务繁重，标准高，要求严，时限性强，加班加点是常事。在这种情况下，还要抽出精力做所属人员的思想工作和管理工作，有的领导存有不情愿的心理。克服这种"不愿做"的思想障碍，一方面要强化职责意识。认识到做好部属经常性思想工作是履行职责的需要，是本职工作的重要组成部分，不是可做可不做的问题，而是必须做并应尽量做好的问题。另一方面，要强化敬业意识。克服守摊子的思想，勤奋敬业，在完成业务工作的同时，积极主动地去想、去做

那些见效慢但管长远的经常性思想工作。

解决"不好做"的问题。有些部门领导平时不大重视人员的管理教育和思想工作，存在重业务轻思想，重使用轻管理，重集中教育轻个别教育的倾向，导致有些问题积重难返，有些矛盾处理起来非常复杂，使人感觉经常性思想工作"不好做"。经常性思想工作难在经常，贵在经常，平时要"多打预防针、多吃预防药"，注意把人员的思想问题解决在萌芽状态。同时还要注重提高做经常性思想工作的本领。

二、教育须进一步加强，切实提高经常性思想工作的针对性、有效性

集中教育既要确保教育任务的完成，又要紧密联系实际，注重高质量。要做好经常性思想工作，重头戏是把集中教育搞好，把机关干部的政治理论功底搞扎实。从机关近些年的情况看，集中教育存在两个主要问题。一是教育的时间、人员、内容落实不好；二是联系实际不紧密。发什么教育材料就照本宣科地读什么材料，不触及人员思想及本单位的问题，导致一些人对教育产生不了兴趣。解决上述问题，关键是要领导思想重视，合理安排时间，加强督促检查，落实好登记、补课等制度，并认真搞好备课，敢于摆出存在的问题，敢批歪歪理。在这方面，政治部门在搞好调查研究的基础上，为部门准备有一定质量的教育提纲是必要的，但要做到有的放矢，必须依靠授课者精心准备，这样才能确保教育的质量。

随机教育既要抓准时机，又要就事论理，注重效果。机关随机教育应把握好三个环节。一要抓住政治生活中出现大事的时机。比如党和国家重要会议、大的人事变动等，都可能引起不同的思想反映，这时思想教育工作一定要跟上，以确保机关的高度稳定和统一。二要抓住执行急难险重任务的时机。不仅要做好思想发动工作，还要注意关心解决干部工作或家庭生活中遇到的困难和问题。近年几次大的军事演习中，机关前推的人员比较多，机关就统一组织力量，强化了随机教育，既派人到前线进行慰问，又派人看望他们的家属，收到了很好的鼓舞士气作用。三要抓住职级晋升、岗位调整、大的评功评奖活动等时机。机关干部个人素质较高，一般心理承受能力比较强，但对较大的个人利益关系调整，同样是非常关注的，这时的思想工作应及时跟上。要使随机教育取得理想效果，还要注意选择身边的人和事，据事论理，使他们口服心服，见诸行动。

个别教育既要讲感情，又要讲原则，注重高格调。当前，做思想工作存在重入情轻入理，教育格调不高的现象。有的对部属工作中的缺点错误不说不讲，回避矛盾，不敢较真；有的对机关流传的歪歪理，明知不对，也不理直气壮地批驳，甚至还随声附和；还有的搞小恩小惠，把组织的关心照顾变为个人施惠，以期得到对方的信任和回报，等等。坚持思想工作的高格调，必须按照科学发展观的要求，坚持用科学理论和正确的道理去教育人、培养人、塑造人。

三、方法须进一步务实，切实把经常性思想工作做细做活

第一，把课堂教育与丰富多彩的群众自我教育结合起来。近年来，机关组织读书班及一些大的教育整顿活动，采取座谈讨论形式，通过"问题大家摆，是非大家辨，答案大家找"，促进了教育质量的提高。经常举办高科技知识讲座、知识竞赛和开展多种文体活动等，不仅丰富了机关生活，也使干部在娱乐活动、求知成才中受到了教育。还利用"七一"、年终总结等时机，召开干部大会，让有理想的人讲理想，守纪律的人讲纪律，埋头苦干的人讲奉献，在机关建设中起到了很好的示范导向作用。

第二，把扶持正气与祛除邪气结合起来。一方面，通过大张旗鼓地表扬奖励、树立典型，形成比学赶帮超的氛围。另一方面，抓好突出问题的查处，使大家从反面典型中吸取教训，引起震动。同时，加强对部属的教育引导，开展积极的思想斗争，不断提高批评与自我批评的质

量，多管齐下，达到扶正祛邪的目的。

第三，把经常性思想工作与管理工作结合起来。经常性思想工作离开了行政管理，就会缺乏“硬度”，失去应有的威力；经常性管理没有思想工作紧密配合，也会缺少动力和后劲。要把经常性思想工作与管理工作捆在一起抓，做到“教中有管，管中有教”，坚决防止和纠正只教不管或以管代教、以罚代教的倾向。在不同阶段，对不同问题可有所侧重，但不能抓一个放一个、紧这个松那个，必须把二者有机地结合起来，互相渗透、互相促进，使之收到良好的效果。

（作者单位：空军油料研究所）

打造一流的高技能人才摇篮

——唐山职业技术学院迎接建院60周年科学发展纪实

周从军　杨国军　冯连海

冀东大地，物华天宝，人杰地灵。坐落于享有“近代工业摇篮”美誉的工业重镇、历史文化名城——河北省唐山市的唐山职业技术学院，伴随着共和国发展的铿锵步伐，走过了半个多世纪的如歌岁月，即将迎来建院60周年的喜庆日子。

几经风雨，几经变革，唐山职业技术学院如今已发展成为拥有医学、农学、经济学、管理学、工学、文学、法学等7大学科门类、13个专业类别、38个专业的，河北省学科门类最为齐全的一所高等职业院校。目前拥有在校生1万多人，每年都向唐山和京、津、冀及全国各地输送4000多名合格的毕业生，成为区域经济社会发展培养和输送高技能人才的摇篮。半个多世纪以来，10万余名毕业生工作在全国各行各业，为国家建设与发展做出了重要贡献。

一、科学定位、明确目标——向环渤海区域一流高职院挺进

学院全面落实科学发展观，以办好人民满意的高等职业教育为宗旨，高扬“塑树形象、增强团结、科学发展、争创一流”的主旋律，秉承“勤、诚、朴、和”的校训精神，以教学和人才培养为中心，树立全新的高等职业教育办学思想，创新人才培养模式，强化“质量立校、人才强校、特色兴校”意识，坚持“综合性、技能型、区域化”的办学定位，立足唐山，面向京津冀，服务环渤海，辐射区域产业延伸地区，在服务区域经济社会发展中充分发挥了提供大批高技能人才的强力支撑作用。

目前，学院设置党委办公室、组织部、宣传部、行政办公室、教务处、学生处、人事处、财务处、总务处、科研处等16个职能部门；设置图书馆、学报编辑部、现代教育技术中心、高等职业教育研究所等4个教辅机构；设置医学院、继续教育学院、护理系、口腔系、临床医学系、管理系、财经系、信息工程系、文法系、机电工程系、农林工程系、基础医学部、基础部、社会科学部、公共外语部、体育部等16个教学机构。面向环渤海区域崛起和唐山科学发展示范区建设，开办了口腔医学技术、护理、会计电算化、园艺、机电一体化等38个专业，其中口腔医学技术专业为河北省示范专业，逐步形成了涵盖医学、农学、财经、计算机、机电等13个学科门类的专业结构体系，发展成为唐山地区唯一一所综合性高职院校。与此同时，学院还设有国家职业技能鉴定所和5个职业技能鉴定点，既可培训、鉴定32个工种，又能为学院32个专业提供职业技能培训、考核、鉴定等服务。学院近3年先后获得“河北省高校毕业生就业指导与服务工作

优秀单位”、“河北省高校毕业生就业工作先进集体”、“河北省首届大学生职业生涯规划设计大赛优秀组织奖”、“河北省招生工作先进集体”等荣誉称号。2008年，学院顺利通过河北省高职高专院校人才培养工作水平评估后，确定了创建河北省示范性高职院校的发展目标并为之不懈奋斗，学院步入了新的发展阶段。同年12月，占900亩的学院迁建工程获准立项，一座具有鲜明职业教育特色的高标准、现代化的新校园，将崛起于唐山凤凰新城，进一步推动唐山职业教育事业的发展。

二、以人为本、和谐发展——打造强有力的领导班子和专业教学团队

为创办一流的高职院，学院党政领导班子带领全院师生改革创新、执着奋进，广大教职工爱校如家、甘于奉献，全院形成了较强的亲和力和凝聚力，建立了一支人员精干、素质优良、结构合理、专兼结合、特色鲜明、相对稳定的专业教学团队。几年来，全院教职工公开发表学术论文1069篇；各级各类立项课题75项，其中国家级1项、省级21项；已获教育、科研成果奖34项，其中省级教学科研成果奖1项，国家知识产权专利1项，省级发明专利奖2项。参与国家级教材编写，主(参)编教材135部，自编教材153部。

学院党委在科学发展观“以人为本”核心理念指引下，大力加强精神文明建设，丰富内涵、创新形式，着力构建“和谐文明校园”。为了进一步加强和改进大学生思想政治工作，学院还着力构建了以党委为核心、党政群团齐抓共管、学校家庭社会共同参与的立体化、网络化、开放式的思想政治工作格局，收获了思想政治工作的累累硕果。2005、2006年连续荣获唐山市“文明单位”、“思想政治工作先进单位”称号。四川汶川大地震发生后，广大师生心系灾区，踊跃为灾区人民捐款达30万元。学院编排的校园舞剧《青青校园》荣获全国第一届大学生艺术展演优秀组织奖、全国第一届大学生艺术展演作品三等奖、河北省第一届大学生艺术展演作品优秀组织奖、河北省第一届大学生艺术展演一等奖。

三、产学结合、校企合作——形成独特的办学模式和鲜明的办学特色

立足唐山地方经济和区域经济的支柱产业，学院定位“多元化、紧密型、产学结合”办学模式，充分发挥高职教育服务经济建设的能动作用，力求实现“领导能力领先、综合水平领先、教育教学改革领先、专业建设领先、社会服务领先”的示范建设目标，形成了“以研促教、锤艺炼能、特色育人”的鲜明的办学特色。

学院坚持与企业、行业紧密联系，开展全方位、全过程、多层次的合作，近年来先后与唐山百货大楼集团公司、唐山工人医院等143个单位签订了实训基地协议书，建立了长期稳定的校外产学研合作教育基地，并通过加强和推进学生校外顶岗实习的力度，保证了学生职业技能训练，也促进了学院与企业、社会合作开展应用研究和技术开发。如学院积极配合新农村建设，为河北省农村素质工程培养人才达711人，举办农业科技推广培训班52期，培训人员5000余名。学院与唐山市口腔医院合作开展的种植义齿应用研究已为1000余名患者解除病痛，直接经济效益达1500万元。学院和企业合作，推广苹果优质高效配套技术10050亩，技术辐射面积51800亩，年新增纯收益1.2亿元。学院教师、青年林果专家刘玉祥教授主持的《核果类果树根癌病防治新技术研究》，解决了防治果树根癌病这一世界性难题，研究成果达到了国际先进水平，为农民挽回损失3000多万元。他历时18年研究的“秋红早蜜”、“秋红蜜”、“秋红晚蜜”桃树系列晚熟、极晚熟新品种和果品安全生产技术为国内领先水平，作为国家农业科技成果转化资金项目，获国家无偿资助经费50万元，中试推广3000亩，农民增收近2000万元。

近年来，学院还以改革的理念开辟了多样化的人才培养途径。机电专业在实训中，与曹

妃甸港务公司、二十二冶、唐山瑞丰金友钢铁公司等多家企业合作，开展订单教育，校企双方共同制定教学计划和人才培养方案，共同组织理论和实践教学，并实现学习与就业“零距离”对接，实施了人才“订单式”培养。口腔专业在实训中，积极尝试“校企双向介入，共同育人”的双向介入式，充分利用珠海义齿加工厂等16个校外实训基地，有计划地组织学生企业顶岗实训，把课堂搬到企业的生产线上，把企业产品的工艺流程作为学生的活教材，卓有成效地提高学生能力素质，为毕业生“零距离”就业提供了良好的机遇。护理专业实施外向型拓展式人才培养模式，依据国际就业市场岗位需求和国际化职业标准，以“护理程序”为知识构架，注重实践与理论的有机结合，强化英语训练，突出应用能力，培养了一大批既能适用国内也能适用国外护理人才需求的“两用人才”。

四、质量立校、内涵发展——人才培养工作水平不断提高

学院始终把人才培养作为其永恒的主题，坚持以内涵发展为主，坚持以教学为中心不动摇，大力深化教育教学改革，努力提高人才培养质量，取得了教育教学工作的丰硕成果。

学院坚持以就业和市场为导向，根据经济社会发展和产业结构调整要求，准确把握市场对各类人才需求，有针对性地设置和调整专业；聘请各行业专家学者，组建了9个专业指导委员会，促进和加强专业建设；按照技术领域和职业岗位群的实际需要，构建了以应用为主旨和特征的教学内容和课程体系。抢抓“建设新唐山，实现新跨越”千载难逢的机遇，面对曹妃甸科学发展示范区建设、南堡大油田开发的喜人形势，瞄准唐山建设科学发展示范区和幸福之都的宏伟目标，学院乘势而上，顺势而为，主动将专业建设、开发与唐山的7大主导产业经济对接。目前，学院设置的护理、口腔医学技术、报关与国际货运、物流管理、物业管理、旅游管理、会计电算化、园艺技术、畜牧兽医、机电一体化等专业，全部直接面向和服务于唐山7大主导产业链为重点的现代产业体系和社会主义新农村建设，展现出了广阔的发展前景。口腔医学技术专业凭借鲜明的专业特色成为河北省首批高职高专教育教学改革示范专业。同时，学院已建设1门国家级精品课程、2门省级精品课程、16门院级精品课程，构建了院、省、国家三级精品课程体系。为不断加快学生实践和实训教学环节建设步伐，着力加强学生的实践能力和职业技能培养，学院在建立了10大实训（验）中心、166个校内实验室、59个校内实训基地的基础上，还建立了143个校外实训基地。学院还依托设在本院的农业部唐山农民就业培训基地、吉林大学远程教育中心、北京中医药大学唐山函授站、河北经贸大学唐山函授站等，为社会培训了一大批各类人才。

学院临床专业、护理专业在历年河北省技能比赛中，竞赛名次一直稳居前列，口腔、护理等专业毕业生享誉京、津、冀、沪。解放军北京301、305、309医院和中日友好医院、唐山港等都已成为学院稳定的就业基地。学院还向沙特阿拉伯、澳大利亚、塞浦路斯、爱尔兰、英国等输送了45名护理类人才，使毕业生跨出国门，为学院赢得了国际声誉。几年来，学院毕业生就业率一直保持在90%以上，多次被评为河北省“就业指导与服务先进单位”。2006年，机电工程系毕业生阮国强、王新毕业后应聘到曹妃甸实业开发有限公司工作，由于工作业绩十分突出，作为国家重点项目一线建设者的优秀代表，分别受到国务院总理温家宝、中央纪委书记贺国强的亲切接见。2006届环境工程系毕业生王学斌积极响应国家的号召，踊跃投身“三支一扶”活动，赴贵州“牵手家乡，爱心援助”，建立“唐山爱心小学”的典型事迹，受到家乡父老和省市两级媒体的广泛关注。就职于北京军区255医院的徐颖等8名我院护理专业毕业生，在四川汶川发生地震后，随野战医院赶赴救灾第一线救死扶伤，被称颂为“抗震救灾中的一道独特风景线”，她们的先进事迹在各级新闻

体播发，引起社会的广泛关注和强烈反响。

抚今追昔，岁月峥嵘；继往开来，事业壮阔。今，唐山职业技术学院师生正紧紧抓住创建北省示范性高职院校工作契机，高扬“塑树形象、增进团结、科学发展、争创一流”的主旋律，用勤劳和智慧、奉献和拼搏谱写着更加绚丽的新篇章。

（作者单位：唐山职业技术学院）

树立正确事业观、工作观、政绩观 努力开创中国特色社会主义公安监管事业新局面

赵春光

胡锦涛总书记在十七届中央纪委三次全会强调指出：必须坚持不懈地加强领导干部党修养，使各级领导干部始终保持共产党人的荣传统和优良作风，树立和坚持正确的事业、工作观、政绩观，以优良的作风带领广大党、群众迎难而上、锐意改革、共克时艰。这一求具有很强的现实针对性，为进一步做好中特色社会主义公安监管工作指明了方向。

一、树立正确的事业观，增强干事创业的自觉性和紧迫感

事业观是对事业的根本看法和对工作的根态度，是干事创业的动力源泉。事业观决定管工作的发展方向和水平高低。事业观问题，根结底是理想信念问题。马克思主义事业观求我们站在党和人民的角度看待事业，从党人民的利益出发对待工作，以艰苦奋斗、爱岗敬业、无私奉献的精神，忠诚于党的事业，立足职为人民谋利益、为社会做贡献。只有树立马克思主义事业观，公安监管队伍才能保持蓬勃的朝气、奋发的锐气、高昂的士气和高度的凝聚力、战斗力。孟建柱部长在全国公安厅局长会议上提出“要把工作当成事业来追求、当成学问来研究”，要“专心干事、用心干事”，这是对公安民警事业观的重要要求。我们要自觉地将监管工作看作是党的事业和公安事业的重要组成部分，以实际行动来推进党的事业、公安事业兴旺发展。

（一）充分认识监管工作的重要性

做好监管工作十分重要。我们要把公安监管工作放到中国特色社会主义事业发展全局中来认识其重要性。立足当前形势，从更高视野、更深层次、更大范围来研究和判断公安监管工作肩负的历史使命和工作责任，真正把公安监管工作放在构建社会主义和谐社会的总目标中来研究、认识和落实。要从讲政治的高度，充分认识到公安监所是人民民主专政工具，是国家政权建设的重要内容，是巩固党的执政地位的基石；要从依法治国的高度，充分认识到监管工作是保证刑事诉讼、行政执法活动顺利进行的重要工作，是公安执法工作的特殊阵地；要从构建和谐社会的高度，充分认识到监管工作是保障人权、减少不和谐因素的重要载体，是联系人民群众、体现党和政府形象的重要窗口；要从维护国家长治久安的高度，充分认识到公安监所是发现犯罪、打击犯罪、惩治犯罪的重要战场，是社会治安综合治理的重要环节。监管工作的好坏，不仅关系到公安机关能否依法履行职责，关系到人民群众对公安工作的满意度，而且直接关系到党和政府在人民群众中的威望，直接关系到我国在国际上的形象，反映我国社会主义法制的发展程度。国务委员、公安部部长孟

建柱和公安部党委一直高度重视公安监管工作，近期对公安监管部门存在的困难和问题，又作出重要批示，要求给予支持解决。各级公安机关和监管部门要认真学习部领导的一系列批示精神，进一步增强做好监管工作的责任感和现时紧迫感。

（二）深入开展爱岗敬业教育

爱岗敬业精神是社会主义核心价值体系和社会主义荣辱观的重要内容，是警察职业道德的核心。爱岗敬业是监管民警的职责所在，要求监管民警立足本职工作，专心致志，一丝不苟，精益求精，全身心地投入到监管工作中；耐得住寂寞，受得住艰苦，经得住考验，勤勤恳恳，拼搏执着，咬住青山不放松，努力在平凡的岗位上做出成绩，成就一番事业。总的来看，全国公安监管系统近9万名民警精神状态是好的，干劲十足，我们的公安监管队伍是一支特别能吃苦、特别能战斗、特别能奉献的队伍，在第三届"我最喜爱的十大人民警察"评选活动中，监管系统就有王晶、李跃进两名监管民警获得这一荣誉。前不久，孟建柱部长到辽宁调研时，专程到丹东市看守所看望王晶同志。孟部长动情地说："丹东市看守所硬件条件非常有限，但是在这种条件下，能够培养出王晶这样深受人民群众喜爱的民警，能够收到这么多感谢信和锦旗，甚至是死刑犯家属送来的锦旗，证明你们在工作中始终坚持人性化管理，如春风化雨，感化了在押人员，也感动了他们的亲人。"孟部长这番话不仅是对丹东看守所、对王晶同志的肯定，也是对全国公安监管民警的肯定和鼓励。要在全国公安监管系统中广泛开展爱岗敬业教育活动，大力弘扬"爱岗敬业，忠于职守；秉公执法，廉洁奉公；吃苦耐劳，坚忍不拔；昂首向上，务实开拓"的公安监管精神，教育每名监管民警都要认清监管工作的重要使命，充分觉悟所肩负的政治责任和社会责任，把本职工作看成是组织的信任，当成实现自己人生价值的平台，把默默无闻、踏踏实实干工作当成本分和追求。要努力改变个别民警存在的不愿从事监管工作的消极心态和倦怠情绪，纠正个别民警的思想偏差，横不攀竖不比，盯住自己抓自己，千方百计地在监管系统营造爱岗敬业的良好氛围。平凡是工作岗位，平庸是工作态度，态度决定了一个人的能力素质和工作水平。我在基层调研时听到有一种说法，"在押人犯有期，而监管民警无期"，这种说法是错误的。在押人犯的"有期"，是接受司法审判和法律制裁的过程，而监管民警的"无期"，则是履行神圣使命，实现人生价值的过程，两者有着本质的不同。我们的监管民警不仅了解社会，也了解大墙里的世界，这是一笔不可多得的人生阅历和财富。监管岗位可以砥砺意志，培养耐性，磨练洞察力，提高综合素质，这是其他岗位所不可比的。希望广大监管民警能够以自己所从事的工作岗位为荣，把干好本职工作当作一种追求，一种快乐。要教育广大监管民警树立在平凡岗位上建功立业的事业观，保持充足的激情和动力。要加强作风养成，从自身做起，从岗位做起，脚踏实地，埋头苦干，真正做到想干事、会干事、干成事、戒虚、戒浮、戒躁，真正把心思用在干事业上，把精力集中到创一流上，力争创出亮点和品牌。当然，各级公安机关和监管部门也要积极采取措施解决监管民警流动性小、职级待遇偏低、受表彰奖励较少等问题，增强监管民警的工作积极性。

（三）要以有为争有位

思路决定出路，作为决定定位。邓小平同志说，世界上的事情都是干出来的，不干，半点马克思主义也没有。监管工作是实打实的工作，来不得半点空谈。实干的过程，就是探索客观规律、增强实践能力的过程。问题只有在实干中才能解决，机遇只有在实干中才能抓住，水平只有在实干中才能提高。近年来，公安监管工作在各级领导的重视、关心和广大监管民警的共同努力下，取得了显著成效，实现了又好又快发展。工作规范程度和管理水平有了较大提高，狱内打击犯罪力度进一步加大，职能不断拓展，服务诉讼、服务中心工作的作用进一步显现。但是，也要看到工作中还存在着不少困难、题和薄弱环节。对此，要辩证地、历史地、实事求是地分析，不能过分强调客观，更不能怨天尤人。要从自身做起，坚定做好工作的信念，想方设法把工作做好，以干事创业的姿态积极寻求破解难题的有效方法。“事不避难，知难不难”，只有坚定信心，迎难而上，积极作为，才能化压力为动力，化危机为机遇。实践证明，只有真正把心思和精力用到工作上，充分解放思想、发挥主观能动性，才能够用积极主动的工作，突破各种阻碍，克服各种困难和薄弱环节。相反，如果一味抱怨困难多，压力大，消极被动，止步不前，势必会贻误监管事业发展。因此，全体公安监管民警必须坚持立足本职，尽职尽责，积极主动，奋发有为，坚决防止畏难情绪、无所作为。特别是要克服少数监管民警中存在的“多干多出事，少干少出事，不干不出事”的消极思想，变“要我干”为“我要干”。

二、树立正确的工作观，增强忧患意识、责任意识和创新意识

各级公安监管部门要以“建一流班子，带一流队伍，创一流业绩，树一流形象”为目标，以监管安全为核心，以队伍正规化建设为抓手，以等级化创建工作为重点，以三项建设为载体，抓重点、破难点、出亮点，努力开创公安监管工作新局面。

（一）要增强忧患意识

受国际金融危机和世界经济衰退的影响，国际国内不稳定、不和谐因素增多，各种刑事犯罪高位运行，监所押量居高不下，监管对象日趋多样、复杂。各级监管部门和民警必须增强监管工作应对各类风险和挑战的能力，积极应对并掌握工作主动权。要增强监管民警发现和消除隐患的能力，认真研判狱情，主动预警，有针对性地开展防控，未雨绸缪，做到防患于未然；要增强监管领导干部防范队伍内部违法违纪问题发生的能力，建立监管民警职业行为监管和制约机制，定期分析监管民警的思想状态，抓小、抓早、抓苗头，努力实现监管队伍“零违纪”；要抓好重点监所和重点地区的整治，针对个别地方公安监管工作整体落后，监所事故频发的情况，开展集中整治，限期改变落后面貌。

（二）要增强责任意识

监管工作的核心是监所安全。安全是监管工作基础中的基础，离开了安全，提高监管工作水平就无从谈起。监管安全责任事故的发生，根本原因在于责任意识匮乏。监管系统的规章制度比较健全，从收押到出所有一套完善的制度和流程，这是对长期以来监管工作实践的总结与升华，是监管民警在日常工作中必须遵循的操作规程，是保障监所安全的重要保证。但是，再完善的制度如果不落实到行动中，也形同虚设。制度不落实是监所安全的最大隐患。做好监管工作，关键在落实。要把工作责任落实到每一个岗位、每一个环节、每一个民警。“千里之堤，毁于蚁穴”。工作中的薄弱环节，往往就是最容易出问题的地方，也是最脆弱、最容易被攻击的地方。我们要牢记监管无小事，监管出事公安对谁都无法交待的深刻道理，用最严格的眼光审视，不留死角，不留空白点，不留隐患，确保“发现得了、控制得住、处置得好”。

（三）要增强创新意识

公安监管工作是公安业务工作中一项具有传统性、稳定性、持久性和长期性的工作，工作中容易形成墨守成规、循规蹈矩、安于现状、固步自封的思想和保守心态。没有创新，就没有发展；没有创新，就没有出路。监管工作要适应时代和社会发展，就必须要在继承优良传统的基础上，加大改革创新力度。解放思想永无止境。我们要坚持以创新为先导，用时代发展的要求审视监管工作，做到事业宽广，眼界高远，思想敏锐，方法灵活，使监管工作充分体现时代性，把握规律性，富于创造性。要按照中央关于深化司法体制和工作机制改革的要求，进一步深化监管勤务模式和警戒模式改革，推进监所管理机制改革。把创新渗透到监管工作的方方面面，在符合法律规定的范围内，凡是有利于工作发展的，我们都应当大胆地试，大胆地探索；

凡是阻碍工作发展，不利于工作进步的东西，我们都要敢于纠正，坚决地予以摒弃。学习是创新的前提和基础。监管工作是公安工作的一项专门业务，政策和法律性强。监管民警不仅要有过硬的政治素质，还要掌握法学、社会学、心理学等多方面知识；不仅要熟知国家法律和党的政策，还要会做人的工作，懂得“攻心”战术和技巧。要在公安监管系统大兴学习之风，要根据实战的要求，加强监管民警在职培训，形成崇尚重学习、钻业务、精技能的风气和人尽其才、各得其所的良好局面。要尊重民警的首创精神，大力推广基层先进工作经验和工作方法。要注重研究和把握监管工作的基本规律，积极运用现代科技和理论成果，通过召开经验交流会、典型带动、组织考评考核、开展比武竞赛、东西部监管民警跟班观摩学习、评选业务专家能手和练功标兵等活动，建立健全苦练基本功活动长效机制，不断加强监管民警的执法素质和能力建设。

三、树立正确的政绩观，推动监管工作全面协调可持续发展

发展是硬道理，是第一要务；稳定是硬任务，是第一责任；发展是政绩，稳定也是政绩。就公安机关而言，打击破案是政绩，管理保障也是政绩；热情主动服务、为企业和群众排忧解难是政绩，消除安全隐患、减少不和谐因素也是政绩。公安监管战线要树立正确的政绩观，坚持以科学发展观指导监管工作，尽最大努力提升监管工作水平，改善监所的装备保障，增强监所的软实力，更好地担负起维护党的执政地位、维护国家安全、维护人民权益、确保社会大局稳定的首要政治任务。

（一）坚持用科学发展观指导公安监管工作

科学发展观，是我们党对社会主义市场经济条件下经济社会发展规律在认识上的重要升华，是我们党执政理念飞跃提升的结果。各级公安监管部门要深入学习实践科学发展观，用科学发展观的理论思考工作，指导实践，不断改革创新，转变不适应、不符合科学发展观要求的思想观念和做法，开创公安监管工作新局面，努力创造经得起实践，经得起人民和历史检验的政绩。要把监管工作置于党和国家社会工作大局和公安工作全局中，把公安监管工作提升到维护社会公平正义、促进社会和谐、保障全面建设小康社会的高度来谋划，把工作基点放在随时应对各种困难、驾驭复杂局势上，努力从根本上消除妨碍监管工作健康发展的因素。要将坚持以人为本，坚持执法为民，维护人民群众合法权益，作为监管执法工作的目标追求。要着眼于实现监管工作全面协调可持续发展，处理好当前与长远的关系。既要立足当前，抓紧解决监管工作中存在的安全隐患多、关押量大而设施薄弱，监管人员数量、素质还不相适应等突出问题，又要着眼公安事业长远发展，认真分析研究解决制约监管工作发展的体制性、机制性和保障性难题，不断增强监管工作的发展后劲，夯实公安监管工作的根基。既要总揽全局、统筹规划，又要抓住牵动全局的主要工作、事关群众利益的突出问题，着力推进、重点突破。要统筹监管业务工作和监管队伍建设，促进东部沿海发达地区与中西部欠发达地区监管工作和谐发展；统筹加强基础设施建设与推进执法规范化建设、监所信息化建设，确保监所安全与监管队伍活力；统筹民主与专政、打击犯罪与保护人权、管理与服务的职能，既要强调公安监管工作的统一性，又要因地制宜、区别对待、分类指导、实现监管工作整体推进、协调发展。

（二）推进“三项建设”，进一步提升监管工作水平

加强公安信息化建设、执法规范化建设和构建和谐警民关系，是公安部党委为推动公安事业长远发展作出的一项重大战略决策。各级监管部门要把“三项建设”置于更加突出位置，坚持不懈抓紧抓好。监管系统的“三项建设”不仅不能慢半拍，而且要力争走在各警种的前列。

一要努力打造“规范监管”。规范执法是监管工作的生命线。依法是规范监管的本质要

求。监管民警要牢固树立严格依法履行职责观念、法律面前人人平等观念、尊重和保障人权观念，坚持理性、平和、文明、规范执法，完善执法措施，提高执法质量。尤其是要在被监管人员收押解押、提讯会见、劳动教育、生活就医等日常管理中严格依法办事，保障在押人员合法权益。要进一步加强监管执法规范化工作，针对日常执法活动的各个环节，细化各类执法标准和流程，将执法要求通过程序规定，具体到监管民警的每一个执法行为和执法动作上来。等级化管理是规范监管的有效手段。公安监所等级评定办法规定的必备条件和考核性标准，是总结监管工作实践经验，以规章标准方式制定的监所必须达到的基本条件和要求。要高度重视全国公安机关“三基”建设取得全面成效情况下，少数监管单位仍未达标的问题。先进单位的做法表明，解决监所未达标确有因经济存在客观困难之说，但关键是各级公安机关尤其是主要领导认识不足、重视不够，没有把推进监所达标、确保监所规范安全放在应有位置加以有力领导，没有适应中央关于政法工作经费和基础设施由财政全额予以保障的政策采取积极有效工作措施。各级公安机关和监管业务指导部门要以对历史和工作高度负责的责任感、使命感，认真分析和衡量本地区本单位监所工作的实际水平和状况，迅速有效地加强和改进工作，改变落后面貌。要抓住国家实施拉动内需政策，加大对公安安全基础设施投入的有利时机，加大督导检查力度，督促后进单位针对存在问题逐项落实整改措施，加快监所基础设施建设，力争将一些基础设施落后和严重超容量羁押的监所建设项目纳入当地经济社会发展建设总体规划，分期分批予以根本性解决。

二要努力打造“数字监管”。随着社会形势的发展，监管工作科技手段落后、技术运用不足的问题十分突出，有的监管场所未能实现全覆盖监控，信息化水平很低，严重制约了监所管理水平的提高。打造数字监管，是实现监所管理现代化的标志，也是服务公安政法机关、有效打击违法犯罪、确保监管安全文明的需要，是一项具有先导性、全局性的基础工作。要狠抓监管场所信息普及工作，做到“全警采集、全警录入、全警共享”，依托监管信息警务平台，推进信息综合应有、深度应有和应急应有；建立健全信息主导警务机制，利用情报信息和犯罪线索管理系统，及时开展信息分析研判，为打防控提供强大支持；建立立体化、多方位、全天候的动态监控模式，完善安全预警系统，实现人防、物防、技防有机结合，提高工作效率，缓解警力不足，确保监所安全；建立监所信息化运行机制，完善安全保障技术系统，减少人为执法偏差，使民警从疲于应付变为主动开展工作。同时，充分发挥监所信息化在人性化管理、成绩考核、监管公开等方面的作用，树立监管场所文明规范有序的良好形象。“数字监管”建设是一项系统性工程，要坚持合理规划，分步实施，强力推进。要从基层入手，加快基层基础建设的信息化应用步伐，实现信息化工作从简单的电脑资料录入到对信息化的综合研判处理的转变。坚持全警参与，全警应用，加强信息化培训，提高监管民警的操作应用水平。各级领导要以身作则，率先垂范，带头学习信息化知识，苦练信息化应用本领。

三要努力打造“和谐监管”。各级公安监管部门机关和广大民警必须充分认识构建和谐警民关系的重要作用，紧紧围绕“最大限度地激发社会创造活力、最大限度地增加和谐因素、最大限度地减少不和谐因素”的总要求，切实把构建和谐警民关系作为一项战略性的任务认真抓实抓好。首先，要注重保护在押人员合法权益。现实发生的少数监管民警执法不规范特别是严重侵害在押人员合法权益等问题，很容易引发在押人员及其亲友对党和政府不信任、不满意甚至对立情绪，稍有不慎，就有可能激化矛盾，损害党执政的群众基础和社会根基。这就要求我们必须正确理解和全面落实宽严相济的刑事司法政策，努力使每一项监管执法行为和结果都成为体现社会公平正义、促进社会和谐的具体实践。要将依法严格管理与尊重人权有机结合，深化人性化管理。加强监室条件标准化建设和监区文化建设，为在押人员提供一个适合认罪服法、安心改造的监管环境。其次，要建立完善监所教育矫治工作机制。要立足于改变监管场所“重管理、轻教育”的倾向，创新教育形势，丰富教育内容，用好用活教育转化手段，寓教于管，管教并举，通过教育，有效改变各类在押人员敌视和对抗社会心理，最大限度地减少被监管人员重新违法犯罪，最大限度地化解社会矛盾和对抗心态。再次，要深入开展大走访活动。前段时间，全国各级监管部门结合实际、多措多举，扎实开展“大走访”爱民实践活动，不但做了大量听民声、解民忧、暖民心的实际工作，而且也使监管民警在内部管理、执法执勤、工作方法、工作作风等方面有了很大改进。实践证明，监管民警认真做好本职工作并深切了解社会各方面情况，重视做好监管工作每一件小事都可能产生对教育改造在押人员，赢得社会对监管工作的认同，扩大监管工作良好社会影响的作用，对做好新形势下监管工作十分重要。下一步，要认真总结全国公安监管系统开展“大走访”活动中形成的有益经验，建立监管部门与在押人员家属的沟通联系机制、特困在押人员家庭帮扶救济机制、监管部门与法、检协调联系机制、执法监督员定期评议监所工作机制、人大代表政协委员视察监所工作机制、跟踪回访帮教工作机制等，使“大走访”制度化、规范化、长效化，提高社会各界对监管工作的认同感和满意度。监管部门领导干部要深入基层开展调查研究，对基层需要解决的问题，有条件的立即解决，暂时没有条件的，积极协调创造条件解决。

（三）建设中国特色社会主义公安监管文化，提升公安监管部门的软实力

监管文化是公安文化的重要组成部门，对引导广大民警树立正确的价值观，形成对公安机关的认同感、自豪感、归属感，激发起献身公安监管事业的热情和建功立业的事业心，有着积极的作用。首先要抓认识提高。各级公安监管部门要充分认识公安监管文化建设的重要意义，在用先进的监管文化引领民警现实精神追求和价值取向上下功夫，深刻挖掘新时代监管工作应把握的理想、信念、价值观。文化是一种软实力，是提高监管工作品位和境界的重要保证。我们不能把目光只盯在硬件的改善上，更不能因为监管工作客观存在的人、财、物的困难而忽视监管部门软实力的增强，切实防止硬件不硬、软件也不行的问题。其次，要加强组织领导。各级公安监管部门作为公安监管文化的领导者、实践者、推动者，要亲自抓、重点抓。既要把公安监管文化融入公安文化的大格局，又要立足部门特色，积极构建符合监管工作实际的思想理念、价值观念、规章制度、行为规范、评判尺度。要创新监管文化机制，丰富监管文化载体，使监所文化生活更加丰富多彩，民警精神风貌更加昂扬向上，监所不和谐因素最大限度减少。第三，要形成合力。要加强监管宣传工作，通过各种渠道，采取多种形式，向全社会宣传和展示监管工作情况，赢得各级部门和人民群众的关心理解支持。监管系统领导和宣传干部要重视监管宣传工作，不断拓展宣传渠道，提高宣传质量和水平。当前要深入开展向王晶、李跃进等优秀监管民警学习活动，积极借助主流媒体，大张旗鼓、广泛深入地宣传监管系统的先进典型，唱响主旋律，使广大监管民警的奋斗牺牲、辛勤付出及时得到社会舆论的充分肯定，以赢得社会各界和人民群众对公安监管工作更多的理解与支持。还要高度重视做好监管工作中突发事件处置的舆论控制导向作用，防止不利于监管工作发展的不当舆论在社会上蔓延。要尊重民警主体地位，落实从优待警各项措施。结合民警职业特点，建立保护民警身心健康的工作机制，落实民警年休假和定期体检制度，注重人文关怀和心理疏导，增强民警在相对封闭环境中的心理承受力，采取现代化、科学化管理手段用警，进一步减缓民警思想、工作和心理压力。积极探索建立有利于监管队伍发展，有利于监管民警成长的机制和用人制度，积极探索建立新警入所锻炼制度、监所民警跨警种轮岗交流制度等，保持监管队伍活力。

（作者：公安部监所管理局局长）

全力推进交通信息化建设 努力为现代运输业发展构建信息高速公路

范正金

信息化是现代化建设的一项重要战略举措，已成为衡量一个行业综合实力的重要因素。作为促进交通行业管理和服务水平全面提升的重要手段，交通信息化在交通运输业由传统产业向现代服务业转型的进程中越来越凸显出不可或缺的功能作用。

一、交通信息化是构建现代交通业的必然选择

现代交通业，主要包括构建高效、经济、快捷、安全的运输大通道，与其他运输方式共同构筑完善的综合运输体系，实现客运快速化、货运物流化、运营智能化、安全与环境最优化等内容。实现上述目标，必须以信息化作支撑，广泛应用现代信息技术，深入开发、利用信息资源，实现各类信息的全方位采集、即时筛选和科学分析，实现科学调度与决策。

第一，应对复杂多变的外部环境，集约利用资金，离不开信息化。当前，国际金融经济形势激烈动荡，国内经济增速下行，交通运输业受经济形势影响较大，基础设施投资、水陆运力和运价大幅下滑，需要充分利用信息化手段，实施开源节流。一方面认真贯彻中央扩大内需要求，加快交通基础设施建设，运用信息化手段，及时掌握资金需求状况，合理确定资金的流向和配比，实现投资比例协调。另一方面，运用信息化手段，减少中间环节，提高工作效率，降低生产和管理成本，有效节约资金。

第二，满足经济社会发展需求，及时提供快速优质、便捷高效的服务，离不开信息化。交通服务于社会，公众的交通需求和实际享有的交通服务水平是衡量经济发展和社会进步的标志之一。随着经济社会的发展，公众的出行方式趋于多样，不但要求出行便捷舒适，更需要及时高效的信息服务作为出行参考。同时，随着综合交通体系的逐步建立，要将各种运输方式进行有效衔接，进行多种运输方式间信息的快速采集、处理、传输和控制，实现各种运输方式在网络规划、节点布局、运输组织、运输装备和信息平台等方面的统筹协调，也需要信息化予以支撑，以较低运营成本，提高整体效率。

第三，适应政府信息公开的要求，实现政务公开、公正、透明、便捷、利民，离不开信息化。《中华人民共和国政府信息公开条例》于2008年5月1日起正式施行。《条例》对保护公众知情权，提高政府透明度，建立阳光政府，促进依法行政，充分发挥政府信息对人民群众生产、生活和经济社会活动的服务作用都有了明确规定。适应《条例》要求，交通运输行业需要以公众的需求为出发点，通过信息化建设，一方面，更加公正、公开、透明、便捷地提供各种服务，大大提高对公众意见和需求的反应速度；另一方面，利用信息网络，将各类信息快速、便捷、廉价、准确地传递给社会公众，减轻公众为获取信息付出的经济和时间负担，真正实现行业与公众双向、直接的沟通和互动。

第四，按照建设节约型行业的目标，规范流程、简化程序、整合资源，离不开信息化。随着公路网的逐步完善，需要充分利用信息化手段，增强交通网络的可靠性，提高基础设施利用效率，减少车辆在途时间和交通拥堵，达到节能减排目的；通过加强运输信息的交换和共享，不断提升运输组织管理和服务水平，减少无效出行，空驶运输，减低物耗和能耗，保护环境。适应建设节约型行业的要求，需要充分利用已有的网络基础、业务系统和信息资源，建立和完善信息收集、分析、处理、交换、共享的体制和机制，协调好各信息系统间的数据交流，加强整合，促进互联互通、信息共享，使有限的资源发挥最大效益。同时，对各工作岗位、业务及其工作流程进行梳理，按照信息化建设的要求精简优化，使之标准化、规范化。

第五，提高交通行业廉政建设水平，预防为主、全面监控、防患于未然，离不开信息化。信息化建设能有效规避人为因素滋生的腐败现象，是建设廉洁行业的保障。推行信息化建设改变了权力运行的方式，使行政审批的职权、程序、办事结果、办事过程、时限、监督方式等在公开透明的环境中进行，行政行为均为公众所周知，可以避免出现暗箱操作或权钱交易。同时，可以使公众通过网络监督政府政策的制定与执行，从而切实保障决策的顺利执行。

第六，推进交通现代化，实现自我提升，促进行业科学发展，离不开信息化。信息化建设使交通信息集成系统、综合运输系统、安全保障系统和决策支撑系统在交通行业各领域得以有效应用，对提高交通系统在电子政务、行业管理、智能交通、公众服务等方面的科技化、智能化水平，打造“数字交通”方面具有重要作用。同时，信息化建设有效贯彻了科学、创新、节约、环保等理念，可实现环境保护、节能减排和资源综合利用，对促进交通发展与资源、环境的可承载能力相适应，增强发展的可持续性具有重要意义。

二、交通信息化建设的目标要求

当前和今后一个时期，交通各项事业的发展对信息化的要求更加迫切，这一时期，交通信息化建设应以服务、高效、廉政为目标，着眼于通过动态与静态交通信息的全面利用，创新运行方式，提升服务功能，提高行业亲和力和竞争力，实现交通行政许可、执法、收费、资金流转、服务信息、建设养护作业现场的即时分析、即时监控和突发事件的应急处置等全行业跨区域跨业务部门的综合管理，以及为社会公众提供全方位、全天候的交通信息服务。

系统规划：力求做到科学定位，拓展功能，规范服务，提升形象，从便捷服务、资源共享角度出发，建立涵盖交通全行业，与气象、交警、旅游、民航、铁路、海关等方面互联互通的交通信息综合服务平台，为行业运营和出行者提供准确、及时、全方位、多门类的实用信息，解决多方建设、信息封闭问题。

完善功能：从提高行政效能、提高应急处置能力入手，建立涵盖分析、预测、实时监控、网上办理、科学决策的全过程的信息体系，提升交通行政的规范化和透明度，避免分工过细，推诿扯皮等问题。

规范服务：坚持以人为本，从方便使用者与服务对象的角度出发，建立健全电子政务系统，突破时间空间限制，实现远程、全天候办公，便利社会公众办事和享受公共服务，切实提高依法行政水平、管理效能和文明服务质量。

提升形象：创造更为通畅的政府与公民之间的沟通渠道，提高管理透明度，便利群众参政议政、实行监督；使政府正确、及时、全面地获取信息，从而实现科学决策和有效管理；减少重复性的简单劳动，大大提高政府自身运转效率，提升部门行业形象。

三、交通信息化建设的内容特点

交通信息化的主要目的是通过广泛应用现代信息技术，实现交通产业升级，使社会公众享有更多的信息资源，提高科研、生产和管理的效率和能力，加快推进交通现代化。通过一系列交通信息化系统的建设，有助于提高行业服务管理，有助于满足社会公众多元化、复杂性的服务需求，有助于改进管理方式、规范运作流程、提高工作效率。

一是建设统一的交通信息网络平台。按照“集中管理、统一规划、统一标准、统一设计”和“集中管理、分期实施”的原则，通过优化资源配备，有效整合利用网络基础设施资源，节约投资。采用高速公路信息网和社会公共网结合的方式，逐步建设覆盖公路、港航、站场与相关单位的省市县乡四级交通综合网络信息平台，预留公安、民航、公交、邮政、铁路等资源接口，上接省委省政府、交通运输部，下联交通各单位，为各个系统互联互通提供基础网络环境。

二是充实完善交通信息资源中心。通过完善省市两级交通资源汇集、整合、共享体制，建设包含公路信息、车船信息、运政信息、稽查信息、交通量信息等信息类别的交通信息资源中心，完善交换平台建设，形成包括 1 个省级中心、17 个市分中心的两级资源中心平台。并对基础设施、基础数据库、业务应用系统等资源进行整合，推进各业务应用系统的完善和提升，加强部门间的交流协作。充实完善已有的车辆、船舶、路网、航道、港站、组织机构、建设项目、科技项目、行政、人力资源、文档的全省交通基础数据主题库；建立省级资金管理数据库、交通地理信息管理数据库、资产管理数据库、综合执法数据库和信用体系数据库。同时在此基础上搭建一套交通地理信息系统(GIS－T)平台，分层次管理交通基础数据信息和属性信息，为交通业务管理、交通信息服务、交通应急指挥、交通安全监管等系统的可视化管理提供技术平台支持。

三是开发完善交通行业管理信息系统。以交通信息资源中心和技术支撑平台为基础，发挥数据集中的优势，通过建立完善办公自动化系统、交通行业资金管理系统、交通行业工程项目管理系统、交通应急指挥调度系统、交通运输企业信誉管理系统、领导综合查询统计分析系统等应用，从事件的起点、数据的流动，到最后业务的完成，实现全过程的监控和追踪。

四是建设优化交通行业服务信息系统。完善交通出行信息服务网站，向社会公众提供一站式道路和港口航道信息查询、路况信息查询、公路水路客运班次信息查询、GIS 引路等出行信息服务。整合省一级服务热线资源，形成各省统一号码的咨询服务热线，建设改造以市为节点的热线分中心，实现省市热线联动，形成交通咨询热线服务平台，为公众提供统一的热线服务。通过路侧广播、诱导屏、短信、媒体等方式，发布公路交通出行信息，使社会公众处处感到出行的便利。建设交通行政许可网上审批系统，通过后台对涉及审批业务的多个部门进行业务流程及信息资源的整合，建设规范、简洁、高效的审批流程，提高交通内部行政审批效率，实现管理型政府向服务型政府的转变。建设现代交通物流公共信息平台，以公用物流信息系统为切入点、以资源整合为基础、以企业运作为主渠道、以会员制管理为手段，将交通物流行业中各种信息资源纳入一个系统，包括物流园区(场站)、营运车辆、配载业户、物流企业、生产企业、仓储基地等，在此基础上与运政、银行、工商以及各企业信息系统对接联合，形成一个组织化、开放性、高效能的公共物流服务体系。同时，尽快完善高速公路不停车收费与非现金支付系统。

四、科学推进交通信息化的方法途径

按照“统一规划、优化资源、突出创新、注重实效、统一标准、保障安全”的建设原则，从实际出发，高起点、高标准地建设信息基础设施和业务应用系统，全面提高交通信息化水平，力争把交通信息化的基础做实、功能做优、质量做精，充分发挥信息化在带动交通产业升级、构建现代化交通体系中的重要牵动作用,实现交通行业的持续健康发展。

一是立足高起点规划。高起点的规划,是实施高质量建设的前提和基础。交通信息化建设必须坚持"统筹规划、协调发展"的原则,实行统一规划,分步实施。要强化顶层设计,做好统筹规划。通过部省联网、路港运联网,加强数据采集、交换和更新,建设数据中心,建立公路基础信息库、运输企业库、船舶库、车辆库、从业人员库等大型基础信息资源库,形成信息集中再反馈的互联互通机制。规划过程中,要充分考虑统筹、集约、便民等因素,以整合、升级为主,改造、新建为辅,并注重与国家和相关行业的规划相衔接,为各类资源的综合利用奠定基础。规划既要体现综合性、权威性和计划性,明确交通信息化建设的方向、目标、基本原则和建设重点,实施统一的建设标准与规范,又要明确各阶段的建设目标,保证信息化建设的有序、持续发展。

二是实施高水平整合。信息化建设是一个涵盖建设、升级、整合、开发利用的循环往复的动态过程。交通信息化已进入"资源整合+应用服务"的新阶段,交通信息资源的整合、共享和开发利用是一个循序渐进,不断完善的过程。要充分利用已有的资源,以业务为主线,以核心部门数据为基础,按照"一数一源、共建共用"方式,推进信息资源整合与共享,实现业务协同,探索低成本、高效率的发展模式。要立足接轨国际,兼容行业内外,协调不同门类,按照市场运作模式,进一步整合和利用各方面的信息资源,重点加强对交通系统网络、信息、人才资源的综合开发利用,实现跨平台、跨区域、跨部门的多系统信息资源整合,促进信息资源共享,减少重复投资。同时,本着边建设边优化的原则,在建设中优化设计,在优化设计中提高建设、维护、管理的质量和水平。

三是坚持高标准完善。信息化标准工作是交通信息化建设的重要保障。要围绕网络平台和系统运行平台这两个重点,大力加强覆盖全系统省、市、县、乡交通传输网络建设,为行业综合业务信息系统和数据交换汇总提供基础网络平台,铺就互通互联、安全快捷的"信息高速公路"。要保证交通信息资源的高质量开发利用,使交通信息资源得以最广泛共享、快捷的流通和对信息进行深层次的挖掘。

四是倡导高效能服务。"以人为本"是交通信息化建设的出发点和最终归宿,提供全方位的公众出行信息服务将成为交通信息化建设的必由之路。要从方便使用者的角度出发,进一步加强交通信息查询、在线办事等业务服务功能,实现即时应用与高效分析、预警判断、科学决策并举,在信息化的应用中洞察趋势,发现问题、化解矛盾、防患未然。要从提高行业管理的现代化水平入手,以现代化的手段引领传统管理方法的改革完善,以成熟的管理理念促进信息化的日趋完善,逐步开发适合交通行业的信息化系统应用平台,完善数据库建设,为全行业提供一个集浏览、检索、查询、办公、审批和服务为一体的交通信息服务网络体系。

五、加快交通信息化建设的保障措施

一是加强组织领导,提高思想认识。实践经验表明,信息化不仅仅是技术和经费问题,领导重视是其成功的关键。进一步加强组织领导,强化对信息化建设的组织协调、统筹规划和监督管理,切实做到认识到位、领导到位、责任到位、措施到位。健全完善各级交通主管部门信息化工作的机构职责,明确任务目标体系,配备得力人员,贯彻执行信息化建设的方针政策,分阶段实施信息化建设任务,强力推进信息化建设应用的各项工作。

二是健全管理机制,完善保障体系。进一步优化业务管理流程,完善交通数据采集、共享的体制和机制,建立科学的监督、考核、激励机制,确保信息化建设方案各项任务目标落到实处。要尽快建立和完善交通信息化标准体系,从联网技术、应用系统开发、数据分类及采集标准、安全技术等方面建立统一的技术规范和标准，并严格贯彻执行，构建科学、开放、系统的交通信息标准体系框架。

三是加大专项投入，强化资金保障。资金保证是信息化建设与发展的基础。积极落实信息化建设配套专项资金，确保确定的信息化重点项目顺利建设实施。将系统运行维护资金列入财政预算或单位预算，保障系统正常运行。加强信息化建设资金管理，采取有效措施，避免资金分散投入、分散使用、分散管理。加强资金的统筹规划和项目的前期研究，使资金投入更加科学合理。加强信息化建设资金审计监督，确保专款专用。

四是加强队伍建设，落实技术保障。信息化建设集高、新技术于一体，技术含量高，建设难度大。必须十分重视交通信息化的组织队伍建设和人才的培养，培养、引进既熟悉交通业务又精通信息技术的复合型人才，同时多渠道、多层次、多形式开展信息技术和应用技能的培训，提升从业人员信息化意识和综合业务能力，推进交通信息化建设的顺利进行。

五是增强安全意识，保证信息资源安全。随着信息技术和信息网络的高速发展，信息网络的安全已经越来越重要，它关系到信息化建设的成效。建立健全交通信息安全保障体系，增强交通系统职工信息安全保密意识，确保交通行业的信息网络和信息资源安全，保证交通信息化建设快速、健康、持续发展。

（作者：山东省交通厅副厅长）

加强反腐倡廉工作　促进和谐矿区建设

杨儒范

中共中央《关于构建社会主义和谐社会若干重大问题的决定》提出了“党风正则干群和、干群和则社会稳”鲜明的构建和谐社会的深刻内涵。按照这一要求，加强反腐倡廉工作，是加强党的执政能力建设和先进性建设的重要任务。构建和谐矿区，促进和谐新矿区建设，这是全省煤炭行业广大干部职工必须践行的时代课题，也是维护社会公平正义的重大任务。只有强化思想教育，创新工作制度，加强民主监督，完善党内监督机制，才能推进反腐倡廉的深入开展，为构建和谐矿区提供坚强有力的保障。

基础——强化思想教育

反腐倡廉是一项系统工程，在这个系统工程中，搞好反腐倡廉思想教育对促进和谐新矿区建设起着基础性作用。思想是行动的先导，提高党员干部思想素质尤为重要。俗话说：“基础不牢，地动山摇。”无数案例表明：党员干部走上违反党纪、政纪、国法的道路，往往是从思想蜕化变质开始的。只有夯实思想教育基础，才能筑牢党员干部的思想道德防线。加强反腐倡廉思想教育工作，就是要使党员干部具有坚实的马克思主义理论功底，善于用马克思主义的立场观点和方法观察、分析和解决发展着的实践中遇到的各种新情况、新问题，牢固地树立全心全意为人民服务的宗旨，牢固地树立正确的权力观、地位观，牢固地树立共产主义的理想和信念，正确行使手中的权力，处理好各种利益关系，遵章守纪，见薇知著，防微杜渐，做到耐得住寂寞，经得住诱惑，自觉地远离腐败。

加强反腐倡廉思想教育，要以干部特别是党员领导干部为重点。一个不廉洁的党员领导干部，从小处说会影响一个企业、一个部门的风气和发展；从大处讲，会影响党风、政风和社会经济的发展和技术进步。所以，我们必须切实加强对党员干部的思想教育。

加强反腐倡廉思想教育，要充分发挥典型的作用。将示范教育、警示教育、专题教育、党规条例教育等有机地结合起来，并在构建惩防体系上下功夫。总结宣传本系统、本部门党员干部的先进事迹，运用身边的事感染身边的人，剖析违法违纪党员干部的思想根源，让党员干部照镜子，做到身上的尘埃天天拭，心中的警钟日日敲。编辑《廉政文化手册》，不断丰富教育的内容，坚持在继承中发展，发展中创新，创新中提高，增强说服力和感染力，起到榜样和警示作用，从而使其自觉地抵制不正之风，把员工的利益高高举在头上，把党和人民的利益放在第一位。

加强反腐倡廉思想教育，要创新载体。采取直观形式，坚持廉政警示短信时时发，廉政网络月月看，廉政展示季季贴，使党员干部时时处处受到廉政教育。坚持开展理想信念教育、思想道德教育、党风党纪教育、廉洁从业教育、艰苦奋斗教育，认真落实“八个坚持、八个反对”，坚决纠正形式主义、弄虚作假和奢侈浪费行为。使党员干部保持清正廉洁，讲党性、重品行、作表率，做到想事成事、干净干事。进一步密切党群干群关系，努力构建廉洁自律长效机制。

加强反腐倡廉思想教育，要充分发挥党性教育工作大格局作用。把反腐倡廉教育纳入党的宣传教育的长效工作机制和整体部署，定期举办企业领导人员培训班，请上级领导或集团公司领导就党风廉政建设、企业经济建设、加强纪律性等专题进行辅导讲课。举办“知荣明耻、为政清廉、发展经济”演讲会。开展反腐倡廉大讨论，启发大家自己教育自己，增强免疫力。建立由党委组织，纪委牵头，宣传、行政、人事、审计等部门参加的联席会议制度，充分发挥各职能部门作用，做到互相协调配合，形成全方位一体化、多角度、多层次党性教育工作的大格局。

保障——创新工作制度

高标准、严要求地开展治腐防腐工作，是纪检部门保持和促进党的先进性建设的重要使命。要完成这一使命，纪检部门必须针对薄弱环节和苗头性问题，及时制定强有力的工作制度，堵塞漏洞，为企业经济建设保驾护航。

一是坚持完善工作制度。协助领导班子建立健全各项规章制度，提高领导班子依法经营、科学决策的水平。杉松岗矿业集团公司相继建立《党委议事规则》、《党员干部联系群众工作制度》、《管理人员聘任和解聘办法》、《全资公司管理者聘用办法》、《企业领导者廉洁从业规定》、《企业领导者廉洁申报制度》。此外，还健全完善了《责任调度制度》、《党风廉政建设考核制度》、《领导干部述廉制度》、《干部经济责任审计制度》，不断地完善纪检工作的目标责任制，自觉地参与监督与保护，构建用制度规范从业行为，用制度管事、管人的有效机制。

二是坚持从严制内。对省局《关于加强党风廉政建设若干规定》坚决认真地贯彻执行。把班子建设放在首位，做到一个坚持、两个认真、两个不允许：坚持遵守政治纪律；认真执行集团公司提出的“五要五严禁”规定，认真执行集团党委安全生产工作方针及措施；决不允许在群众中散布违背党的路线方针政策的言论，决不允许对集团公司决策阳奉阴违。近几年来，集团公司特别是在各煤矿井口技术改造、引进新设备方面，参与了设备采购的招投标工作，并跟踪参与各个环节的运行，共参与招投标、工程验收等 40 余次，使这些工作都在阳光下操作，也为企业节约了大量资金。

三是坚持健全企业内部管理制度。从企

业人、财、物三个环节着手，通过健全企业内部《招投标制度》、《财务工作制度》、《内部审计管理制度》、《物资采购制度》等，完善监督机制，把管理与监督有机地结合起来。

四是坚持搞好决策。保证企业领导班子在企业项目开发、安全生产及经营方面的总体思路、重大举措和思想政治工作、党风廉政建设、领导干部选拔任用、重要规章制度的建立以及关系职工切身利益等重大问题上，进行集体决策。使董事会、党委会、监事会、经理层的每名成员正确识位，正确定位，既能切实地履行自己的职责，又能主动关心全局的工作，互相信赖、互相配合、互相支持，做到胸怀宽广，以整体利益为重，大事讲原则、小事讲风格，增强班子凝聚力。

关键——加强民主监督

搞好党内监督特别是对企业领导干部的监督，是促进企业经济发展的关键。事关企业兴衰成败，事关企业改革发展大业。

一是拓宽渠道，注重监督的规范性。首先，建立领导干部廉洁自律机制，教育领导干部增强忧患意识，认真落实好中纪委关于国有企业领导人员"七不准"的要求。其次，深入学习贯彻《中国共产党党内监督条例（试行）》。不断地完善基层党政领导班子民主生活会和党员领导干部述职述廉考核等制度，并按时进行检查。对新提拔的干部进行廉政谈话，并发廉政警示卡，做到事前警示。再次，加强责任制落实。健全《基层党组织抓党风廉政建设工作制度》，设立兼职纪检员和党风监督员，建立廉政档案，完善监督职能，积极探索有效的监督途径，认真执行党风廉政建设责任制，推行党务公开、政务公开，使各项工作处于监督之中。

二是加强监督，注重解决存在的突出问题。加强党内监督，重点解决好群众最关心、最现实、最直接的利益问题。加强党内监督，重点解决干部，尤其是党员领导干部在思想作风、工作作风、领导作风、生活作风等方面存在的问题，提高领导干部促进和谐矿区建设的自觉性。加强党内监督，重点解决纪检部门自身建设问题，自觉地用马克思主义中国化最新成果武装头脑，推动工作，忠实地履行党章赋予的职责。任何时候、任何情况下，政治觉悟不降低，政治方向不迷失，政治立场不动摇，与党中央保持高度一致，做党的忠诚卫士，做群众的贴心人。

三是突出重点，注重处理好三方面的关系。即：监督与信任的关系。对党员干部实施监督，既要达到监督的目的，又要把握好尺度，肯定他们的工作和能力，保证他们搞改革、干事业、谋发展的积极性，实现监督与支持、监督与鼓励、监督与保护、监督与提高的有机统一，做到思想上信任，政治上关怀，工作上支持，生活上关心。自律与他律的关系。对领导干部的监督必须内外并举，标本兼治，实现自律与他律的有机结合。一方面，党组织要对领导干部严格监督，领导干部要严格自律，做到自重、自醒、自警、自励。另一方面，党员领导干部要正确对待监督，把党和人民的监督看成是对自己的关心和保护，自觉虚心地接受来自各方面的批评和监督。预防和惩处的关系。做好对党员领导干部的监督，一方面要将监督的重心和关口前移，立足于教育的防范，通过任前谈话、警示谈话、亮黄牌等方式做到防微杜渐，防患于未然，将问题解决在萌芽状态之中。另一方面，又要加大对腐败分子的惩处力度，增强震慑力，提高监督工作的权威性。

总之，按照构建和谐矿区的要求，就是要坚持科学的态度，以改革创新的精神，加强反腐倡廉工作，坚定信心，以更加积极的态度、更加有力的措施，把准服务经济、矿区和谐、生产发展、安全生产的切入点、着力点和结合点，推动企业又好又快发展。

（作者单位：吉林省杉松岗矿业集团有限责任公司）

国有企业在构建和谐社会中大有可为

马鹤亭

构建社会主义和谐社会，是以胡锦涛同志为总书记的党中央提出的重大战略决策和部署。企业作为社会有机体的组织细胞，是构建和谐社会的重要组成部分，企业的和谐与否，直接关系到社会的和谐。国有企业是国民经济的重要支柱，在构建社会主义和谐社会中肩负着重要责任，必须将构建和谐社会的思想融入到企业的经营和管理之中，努力创建和谐企业，积极履行社会责任，为构建和谐社会作出更大贡献。

一、牢牢把握发展第一要务，为构建和谐企业提供物质基础

构建社会主义和谐社会，是在发展的基础上正确处理各种社会矛盾的历史过程和社会结果。要通过发展增加社会物质财富、不断改善人民生活，又要通过发展保障社会公平正义、不断促进社会和谐。科学发展和社会和谐是内在统一的，没有科学发展就没有社会和谐。

企业要和谐，首先要发展，国有企业必须坚持以科学发展观统揽企业工作全局，转变发展方式，创新发展模式，努力提高经济效益，为建设和谐企业奠定坚实的物质基础。天津市房地产开发经营集团有限公司(天房集团)是天津市第一家大型国有房地产企业，曾经为天津市的城市建设作出过突出贡献。但是，到了上世纪90年代后期，随着市场竞争的日趋激烈，企业发展渐渐出现迟缓和萎缩的状况，职工情绪波动，很多同志纷纷离开企业。2002年，新一届领导班子面对企业生死存亡的考验，确定了以“抓班子、抓发展、抓规范”为重点和“盘活上市公司、做强做大母体公司、不断培育新的经济增长点”的工作思路，努力拓展新的发展空间，使企业迅速摆脱了困境。从2002年到2007年，主要经济指标翻了两番，集团总资产由33.3亿元增长到123亿元；年利润总额由3269万元增长到2.2亿元；职工收入逐年增加。目前，集团公司已发展成为土地开发、房产开发、基础设施投资和资本运营四大支柱产业并举的综合性大型企业集团，企业改革发展各项工作不断取得新进展，职工群众心齐气顺，形成了团结一心干事创业的良好氛围。

当前，面对金融危机带来的严峻局面，国有企业必须坚定信心，迎难而上，善于在危机中发现机遇、把握机遇、抢抓机遇，善于在逆境中迎难而上，化不利条件为有利因素，牢牢把握新的发展机遇，继续保持又好又快的发展态势。最近，中央和各省市出台了一系列扩大内需、促进经济平稳较快增长的政策措施，金融危机的影响将得到有效控制和减弱，中国经济仍将保持持续健康发展的良好态势。特别是滨海新区开发开放不断深化，为天津的发展、为天津企业的发展提供了难得的历史性机遇。我们必须紧紧抓住这极为难得的发展机遇，克服外部经济环境带来的不利影响和前进道路上的各种困难，增强加快发展的责任感、使命感和紧迫感，开拓创新，扎实工作，寻求新市场，拓展新领域，在加快推进滨海新区开发开放中不断发展壮大自己。

二、构建和谐企业，要着重处理好各方面的关系

企业的和谐，说到底，是与企业相关联的各利益群体之间的和谐。构建和谐企业，本质上

是要公平合理地对待各方面的利益诉求，协调和满足相关方面的利益。在实践中我们深深地体会到，要构建和谐企业，关键是要处理好以下五个方面的关系。

（一）处理好企业与员工之间的关系。企业与员工之间联系紧密、互相依存，两者之间的关系密不可分。在国有企业改革发展过程中，一方面，企业的经营管理系统正常运行，企业的快速健康发展，必须依靠全体员工的协调配合和共同努力才能实现。因此，集团公司十分注重在各级领导人员中树立发展依靠员工、发展为了员工、发展成果由员工共享的思想，始终真心实意地维护员工切身利益。另一方面，员工收入的增长，工作、生活条件的改善，价值需求的满足，只有在企业持续快速健康协调发展的基础上才能实现。为此，我们坚持在全体员工中开展形势任务教育，教育全体员工与企业风雨同舟、齐心协力，共同把企业建设发展好。

（二）处理好领导与员工之间的关系。国有企业中，领导与员工之间关系是否和谐，是企业和谐的关键因素。为处理好企业内部干群关系，一方面，集团公司党委要求各级领导人员，要牢固树立以人为本的发展理念，在提高企业经济效益的同时，不断改善员工工作、生活条件，促进员工全面发展。既要严肃执行各项规章制度，大胆管理，全力推进企业创新发展，又要兼顾职工群众的承受能力。要坚持深入基层、深入群众，增进与职工群众的感情，调动好、发挥好职工的积极性、主动性和创造性。要以求真务实、真抓实干的作风，清正廉洁、勤政廉政的行为和企业改革发展的实际成果取信于民，塑造和维护领导人员在职工群众中的良好形象。另一方面，积极组织开展思想教育，使广大职工群众认识到，国有企业职工与领导只是工作岗位不同、职责分工不同，而不是雇主与雇工的关系。职工群众也要增强主人翁责任感，服从和支持企业领导人员的严格管理，自觉遵守企业各项规章制度，积极完成好本职工作。

（三）处理好员工与员工之间的关系。人是各种社会关系的总和，人际关系的实质是一种经济利益关系。这一利益关系处理的妥善与否，直接影响人际关系的和谐与企业的和谐。近年来，集团公司始终把妥善处理好员工与员工之间的关系作为重要工作，致力于在企业内部建设新型人际关系，即公平合理的利益关系和关心他人、互相帮助的互助关系。在收入分配、岗位调整等事关职工切身利益的问题上，努力保持职工利益关系的平衡与稳定。同时，大力加强职工的思想道德建设，在企业内部形成互相尊重、互相关心、互相爱护、团结友爱、平等互助的良好氛围，收到了很好的效果。

（四）处理好局部与整体之间的关系。在天房集团加速发展的进程中，随着集团公司产业链条的进一步延伸和新项目的增多，企业规模越来越大，下属全资、控股子公司逐渐增多；同时，集团公司内部各子公司、各部门的分工也越来越细、越来越明确，各专业、领域、程序联系日渐紧密。但是，各子公司、各部门作为不同的利益主体，也都有着不同的利益诉求。为此，集团公司在促进其竞相发展的同时，十分注重协调处理好他们之间的关系，最大限度地发挥他们的积极性，形成加快企业发展的整体合力。同时，也要求各子公司、各部门，都要摒弃本位主义思想，以企业的整体利益为重，不能因为过分强调自身利益而忽视和损害整体利益，最终伤害到自身的利益。

（五）处理好内部与外部之间的关系。构建和谐企业，还要处理好内部与外部的关系，为企业的健康发展营造良好的外部环境。近年来，天房集团在找准自身定位的基础上，不断加强与政府部门、社会团体、合作企业、服务客户等利益相关者的沟通，努力建立长期稳定的合作关系，谋求更加广泛、深入的合作，实现企业又好又快发展。集团公司始终坚持“为市委市政府作劲，为百姓造福”的工作思路，根据天津市经济社会发展状况和市场情况，确定企业的发展战略和着力方向，在服务地方经济社会发展、支持社会公益事业、维护社会稳定等方面作出了积极贡献。

三、建设和谐企业，努力走在构建和谐社会的前列

构建和谐企业的目的是促进企业又好又快发展，促进和谐社会建设。国有企业要自觉把企业发展目标融入构建和谐社会之中，积极探索构建和谐企业的思路和举措，加强构建和谐企业的各项工作，增强构建和谐企业的本领，始终走在构建和谐企业、和谐社会的前列。

（一）加强机制制度建设，为构建和谐企业提供制度保证。制度具有根本性、全局性、稳定性和长期性特征，是构建和谐企业的根本保证，国有企业必须大胆探索、率先建立相应的机制和制度。近年来，天房集团着手加强了构建和谐企业的机制和制度建设。一是建立了用工规范机制。集团公司健全和完善了劳动合同和集体合同制度，规范了劳动用工管理，有效维护了职工和企业的合法权益。二是建立了诉求表达机制。完善了职工代表大会制度、领导定期深入基层调查研究制度和职工来信来访制度，确保及时听取职工群众的意见和建议，及时解决职工的合理诉求。同时，通过走访、座谈等形式，对职工进行有针对性的教育和疏导，把矛盾化解在萌芽状态。三是建立了利益协调机制。集团公司根据企业发展形势要求，不断完善工资分配制度，对不同层级人员实行相应的工资分配制度。建立了职工工资正常增长机制和工资协商制度。对各子公司主要负责人实施年薪制考核，并制定了具体的奖惩办法。四是建立了权益保障机制。集团公司认真落实保障职工权益的各项法律法规，通过实行厂务公开、民主管理等制度，落实职工的知情权和参与权，有效地维护了职工的合法权益。

（二）坚持发展成果由职工共享，实现好、维护好、发展好广大职工的根本利益。近年来，天房集团立足加快发展多创效益，真心实意地解决好职工最关心、最直接、最现实的利益问题。一是根据企业年度经济发展和效益增长情况，提高职工工资收入和保险福利待遇，使职工切实感受到企业加速发展带来的现实利益。集团公司每年都根据企业经济效益的增长情况，为员工提高工资福利待遇。多次提高内退和退休职工收入，为离退休人员发放生活补贴。在天津市规划建设系统首个建立和实行了企业职工年金制度，为职工缴纳补充养老保险。二是关注大多数职工关心的热点难点问题，主动自觉地进行解决。国家实行基本医疗保险制度后，一些年老多病的职工反映个人负担较重，集团公司立即进行研究，及时出台了职工医疗费补助制度，减轻了职工医疗费用负担。三是建立企业内部救助制度，关心企业内部弱势群体。集团建立了企业内部救助基金，扶助患重大疾病和遇到暂时困难职工。对于身体有残疾职工和内退、离退休职工，针对各自情况，及时、经常性地给予关心和帮助，使他们感受到企业的温暖，感受到党和政府的关怀。

（三）加强企业文化建设，为构建和谐企业营造良好氛围。优秀的企业文化是构建和谐企业的强大精神支撑。把企业建设成为人际关系融洽、充满友爱、精诚团结、蓬勃向上的和谐企业，是构建和谐社会的重要内容。一是坚持用社会主义核心价值体系统领企业文化建设，并以其为主要内容开展思想道德教育。我们在广大职工中广泛开展了以“八荣八耻”为主要内容的社会主义荣辱观等教育，教育广大职工树立正确的世界观、人生观、价值观。二是明确企业文化建设的目标。近年来，集团公司把企业文化建设作为一项长期性、战略性任务抓紧抓好。我们积极编制并组织实施企业文化建设纲要，初步形成了富有天房个性、特色鲜明的企业文化，有效提升了企业的文化软实力，增强了企业核心竞争力。三是加强和改善思想政治工作，促进企业文化建设。集团公司在坚持正面教育为主的基础上，积极做好多种形式的思想教育工作，加强对职工的人文关怀和心理疏导，增强了职工对企业的认同感、归属感。教育和引导职工正确处理利益关系，正确对待自己、他人和

社会，正确对待困难、挫折和荣誉，保持积极向上、和谐理性的心态。四是丰富企业文化载体，开展多种多样的文化活动。集团公司坚持寓教于乐，组织职工开展经常性的文化体育活动。近年来，先后组织了多个职工业余文化活动团体，举办了职工文艺晚会和书法笔会等活动，活跃了职工的业余文化生活，营造了心情舒畅、团结协作、奋发向上的良好氛围。

(四)正确处理改革发展稳定的关系，为构建和谐企业提供保证。改革是发展的动力，稳定是发展的前提，国有企业必须正确处理改革发展稳定的关系，才能实现企业和谐发展。随着新一轮的产业升级和经济结构调整，国有企业面临的深化改革、加快发展的任务依然繁重。特别是随着法律法规的进一步完善和职工群众维权意识的不断增强，对企业深化改革工作提出了更高的要求。近年来，我们在推进各项改革工作中，准确把握各项改革措施的出台时机，充分考虑职工的切身利益，兼顾改革的力度、发展的速度和职工承受的程度，使各项改革措施平稳实施。在改革实施过程中，我们注重发挥国有企业思想政治工作的优势，通过做耐心细致的思想工作，达到统一思想、解疑释惑、提高认识、激发活力的目的，使绝大多数职工能够理解和支持改革。

(五)不断强化社会责任，努力为构建和谐社会作贡献。国有企业在改革发展进程中，不仅要努力加速企业自身发展，承担起自身的经济责任；而且要积极服务社会，承担必要的政治责任和社会责任。一是加快自身发展，增强企业经济实力，努力成为本地区的重要经济增长点，积极为本地区重大项目、重点工作提供服务和支持。天房集团积极投身天津经济建设，集团投资开发的项目已覆盖滨海新区、中心城区和周边区县，形成了三个层面项目协调联动、竞相发展的良好局面，为天津又好又快发展发挥了重要作用。二是积极进行公益事业项目建设。国有企业要以社会公益价值实现和民计民生改善为目标，把追求经济效益和追求社会效益统一起来，率先投入到公益事业项目建设中。作为国有大型房地产龙头企业，多年来，天房集团坚持将民心工程作为集团的“生命工程”、“一号工程”，先后承建了经济适用房、限价商品房等社会保障性住房和新家园等公益项目，2008年承担建设经济适用房、限价商品房、还迁房等各类社会保障性住房172万平方米，占全市保障住房开工面积的33.6%，为满足中低收入群众住房需求作出了贡献。三是积极支持社会慈善事业。积极参与各项社会公益活动和慈善捐助活动，为困难群众和弱势群体提供帮助，为社会献爱心，为弘扬社会新风尚作出更大贡献。天房集团始终以高度的政治责任感，倾心回报社会、造福民生，在支援灾区、资助弱势群体等方面发挥带头作用，为社会作出表率。四川汶川地震发生后，集团公司率先捐款，并通过交纳“特殊党费”、捐建过渡安置房、资助抗震救灾英雄少年学费等各种方式，累计向地震灾区捐款700余万元，得到各级领导和社会各界的广泛赞誉。

（作者：天津市房地产开发经营集团有限公司党委书记、董事长）

让理论更贴近人民群众

朱光亮

“开展中国特色社会主义理论体系宣传普及活动，推动当代中国马克思主义大众化”。这是党的十七大对理论工作者在新时期提出的新课题、新任务。如何让理论更贴近人民群众，能否在信息化、全球化条件下顺利推动这一重大而艰巨的理论大众化战略，关系到能否增强社会主义意识形态的吸引力和感染力，关系到能否切实把社会主义核心价值体系转化为人民的自觉价值追求。这需要理论宣传部门和广大理论工作者创新理念、创新机制、创新方法，以神圣的历史使命感和高度的社会责任感，努力推动理论宣传普及工作的以人为本、与时俱进。

一、理论信仰教育要忠诚坚定

信仰本质上是社会性的存在，是人的社会关系在意识形态上的集中反映。作为当代中国的公民，只有使个人信仰走进当代中国马克思主义，个人的信仰体系才能不断受益于真理的沐浴，不断洗刷去非科学的成分，从而不断提升个人信仰的价值指数和生命力，促进个人的健康全面发展。要让理论更贴近人民群众，首先党员干部要真学、真懂、真信，具有坚定信仰，这是普及当代中国马克思主义理论的中坚力量和前提条件。如果连党员干部自己都不学、不懂、不信，又怎能说服广大群众。信仰是对某种主张、主义的忠诚相信和坚定不移的态度，是人的精神支柱。革命战争年代，无数先烈为革命抛头颅、洒热血，具有“砍头不要紧，只要主义真，杀了夏明翰，还有后来人”的大无畏英雄气概，就是因为他们有坚定的信仰，为了信仰可以牺牲一切，乃至生命。可以说，他们把信仰融入了血液和生命。再看一些宗教的牧师、方丈，他们对各自教派的信仰也是极其坚定的，有一种殉道精神，所以他们的布道和说经往往容易打动群众。目前，全国有7000多万党员和7000多万团员，如果每一个党团员都有坚定的理想信仰，把当代中国马克思主义化作精神力量，成为生命的重要组成部分，那么这将是多么强大的力量。俗话说，村看村、户看户、群众看干部，全体党员干部以一带十，以十促百，层层推进，马克思主义理论就一定能走进广大人民群众的心里，真正做到入脑入心。

二、理论普及语言要通俗易懂

让理论贴近群众，必须注重理论宣传普及的通俗化，因为马克思主义理论对广大人民群众的精神生活和社会实践有着很强的指导性、针对性。中国特色社会主义理论体系是富民强国、为百姓谋幸福的理论，以往我们的宣传往往只重视把理论与国家政治、经济社会层面问题联系起来，与人民群众的生产、生活、发展联系不够，这样做是有差距的。要让广大人民群众接受理论，必须从群众的生产劳动、生存发展的角度来阐释理论的深刻内涵，如果总是教条式的宣讲理论，罗列空洞的政治口号，那么再好的道理也会让人生厌，听不进去，结果不是传播了理论，而是糟蹋了理论。而且人们奋斗的一切都与利益有关，革命战争年代，我们的口号是为人民求解放、谋幸福，让人民群众成为真正的主人，从而赢得了民心；今天改革开放，仍然要把理论与群众的生产、生活、利益结合起来，在群众关注的贫富差距、教育、就业、医疗、住房、养老等问题上动脑筋，用群众熟悉的语言，谈群众关心的问题，把道理融入其中。列宁说：“最高限度的马克思主义＝最高限度的通俗化。”把马克思主义理论与广大人民群众的生产生活联系起来，不是降低了马克思主义的品位或者把马克思主义庸俗化，而是真正把马克思主义落到实处，让人民群众做到真学、真信、真懂、真用。

三、理论宣传内容要富有鲜明的时代特色

鲜明的时代特色是马克思主义走进人民群众的“资格证”，也是人民群众走近马克思主义的“标示牌”。赋予当代中国马克思主义鲜明的时代特色，要高扬马克思主义的理论品质，始终走在时代前列，敏锐把握时代特征，准确反映时代要求，与时俱进地推进理论创新；要坚持用马克思主义中国化最新成果武装全党、教育人民，

努力把最新成果的时代内涵和要求贯注到广大人民群众实践中，引导人民群众不断提高运用最新成果，认识新情况、分析新矛盾、揭示新规律、解决新问题、总结新经验的能力。当前，让理论贴近群众，重在用中国特色社会主义理论体系统一全国人民的思想。十七大报告指出，中国特色社会主义理论体系，“是马克思主义中国化最新成果，是党最可宝贵的政治和精神财富，是全国各族人民团结奋斗的共同思想基础”。“在当代中国，坚持中国特色社会主义理论体系，就是真正坚持马克思主义”。坚持和发展中国特色社会主义，必须用中国特色社会主义理论体系统一全国人民的思想，进一步巩固全国各族人民团结奋斗的共同思想基础。这是让理论更贴近人民群众最首要、最根本的任务。

四、理论宣传形式要灵活多样

理论宣传的形式不应该仅仅是课堂式的教育灌输，应该有多种渠道、多种形式，所以要在继承中创新。我们要继续组织理论宣讲进基层、进农村、进学校、进企业的活动，继续搞好各级党委、党组理论中心组学习，新农村建设指导员进村入户宣讲，大学生社会实践活动，理论骨干深入基层宣讲等活动。当今社会人们的思想观念越来越独立，价值取向越来越多元，思想水平、生活方式也有很大差异，大众化的教育灌输仍然需要，但更需要“一把钥匙开一把锁”，通过耐心细致的思想政治工作，交流思想、理顺情绪、树立信心、激发动力。正如十七大报告中提出的，“加强和改进思想政治工作，注重人文关怀和心理疏导，用正确方式处理人际关系”。还要研究不同社会群体的思想心理、兴趣爱好、接受习惯，把理论教化与不同社会群体的关注点、兴趣点、接受方式结合起来，把理论宣传融入文学、艺术、游戏、广告、信息、健身等各种社会生活，真正做到寓教于学、寓教于乐。让人民群众在学习、工作、生活、休闲中不知不觉、潜移默化地接受理论教育，这是让理论更贴近人民群众的最佳途径。

五、理论宣传手段要体现现代化

让理论更贴近群众，必须充分利用广播电视、互联网、手机等现代信息工具。广播电视的普及、特别是互联网的产生和使用使人类社会的传播方式发生了质的飞跃，要拓宽原有的宣传教育阵地，就必须建立全方位立体式的理论传播网络。要借助互联网传播迅速、影响广泛、交流互动等优势，充分运用自己的政府网站，把理论教育与党务政务、政策法规信息服务结合起来，发挥电脑多媒体技术的特点，使理论普及的内容图文并茂、声像俱全、生动形象，增强吸引力和感染力。还要利用手机短信这一大众化的信息工具，在自办的手机报上及时准确地传播党的理论创新、重大决策、重点工作，让人民群众及时了解党和国家为百姓谋利益的一系列新思路、新举措，从而取得群众认同，激发群众热情，凝聚人心。建立全方位立体式的理论传播网络，这是让理论更贴近人民群众的必由之路。

（作者：中共云南省保山市委宣传部副部长、市政研会会长）

第十四部分

高校党建与思想政治教育

用抗震救灾伟大精神推进高校思想政治教育

李卫红

在抗震救灾取得重大阶段性胜利、举国上下喜迎奥运之际，我们在此召开“抗震救灾精神与高校思想政治教育”专题理论研讨会，深入学习、广泛宣传灾区师生面对生死考验奋不顾身、舍己救人的崇高品格，以及广大青年学生在大灾面前表现出的爱党、爱国、爱社会主义的深厚情感，探讨新形势下如何进一步以抗震救灾精神和伟大实践作为生动教材和宝贵资源，推进高校思想政治教育。下面，我就如何以伟大的抗震救灾精神推进高校思想政治教育讲几点意见。

一、抗震救灾伟大实践是推进高校思想政治教育的生动教材和宝贵资源

四川汶川特大地震发生后，在党中央、国务院和中央军委的坚强领导下，全党、全军、全国各族人民众志成城，迎难而上，顽强奋战。教育系统广大干部和师生员工积极响应党和政府的号召，同全国人民一道迅速投入抗震救灾斗争，作出了突出的贡献。同特大地震灾害的艰苦搏斗，显示了党和人民的伟大力量，谱写了中国人民自强不息、团结奋斗的英雄凯歌，形成了伟大的抗震救灾精神，这就是胡锦涛总书记在抗震救灾先进基层党组织和优秀共产党员代表座谈会上概括的“万众一心、众志成城，不畏艰险、百折不挠，以人为本、尊重科学”的精神。这种精神是对抗震救灾实践的精辟总结，是党和人民极为宝贵的精神财富，也是推进高校思想政治教育的生动教材和宝贵资源。

抗震救灾伟大实践充分表明，中国共产党是中国人民的主心骨，是战胜一切艰难险阻的坚强领导核心。面对特大地震灾害，我们党坚强领导、果断决策、有力指挥，最广泛地凝聚起人民群众的共识，最大限度地调动起蕴藏在人民群众中的伟大力量，从容应对最严峻的挑战，驾驭最复杂的局面；始终坚持以人为本，坚持立党为公、执政为民，关爱人民、关爱生命，把确保人民群众生命安全放在首位，努力把地震灾害造成的损失降到最低限度。各级党组织、领导干部和广大共产党员，奋力投入抗震救灾第一线，发挥了领导核心、战斗堡垒和先锋模范作用。我们党表现出强大的领导力、动员力、组织力和凝聚力，受到人民群众的衷心爱戴，赢得了国际社会的普遍赞誉。正如国外一些媒体所讲的，如果没有共产党和人民政府的坚强、有力领导，想组织好这么大规模的抗震救灾是不可想象的。

抗震救灾伟大实践充分表明，中国特色社会主义具有强大的生命力，是战胜一切艰难险阻的制度保证。这次抗震救灾斗争，救援速度之快，动员范围之广，投入力量之大，充分显示出社会主义制度能够集中力量办大事的巨大优越性。邓小平同志说过：社会主义的一个优势，是能够集中力量办大事。这是对我国社会主义制度优势的一个重要概括。正是有了社会主义制度，才能迅速举全国之力投入抗震救灾；正是有了社会主义制度，才能树立全国“一盘棋”的思想，形成一切为了灾区、一切支援灾区的火热局面；正是有了社会主义制度，才能发扬“一方有难、八方支援”的集体主义和人道主义精神，使灾区人民感受到社会主义大家庭的温暖。抗震救灾斗争有力证明，我国社会主义制度能够集中力量办大事、抗大灾，中国特色社会主义有着强大的感召力、亲和力，从而增强了人们高举

中国特色社会主义伟大旗帜、坚持中国特色社会主义道路、坚持中国特色社会主义理论体系的自觉性和坚定性。

抗震救灾伟大实践充分表明，改革开放是强国之路，是战胜一切艰难险阻的重要条件。抗震救灾是对一个国家综合国力的全面检验。从空中、陆路、水路源源不断送往灾区的物资中，从中央和地方财政投入救灾的巨额资金中，从生命探测仪、海事卫星电话等用于救灾的科技手段中，从电视、网络等媒体报道灾情和救灾进展的全程直播中，人们强烈感受到一个发生历史性变化的中国，真切地看到了一个走向现代化、充满希望的中国。胡锦涛总书记在党的十七大报告中指出："从改革开放以来，中国人民的面貌、社会主义中国的面貌、中国共产党的面貌发生了历史性变化。"这次抗震救灾，以一种极为特殊的方式，检验、折射和展示了这种变化。没有改革开放 30 年一心一意谋发展铸就的强大实力，就难以提供抗震救灾的技术保障和物质支持；没有改革开放 30 年全面推进的体制改革和制度创新，就难以形成高效的应急救援体系和国家管理能力。正是改革开放 30 年所取得的巨大进步，为抗震救灾有力有序有效展开提供了强大支持。

抗震救灾伟大实践充分表明，民族精神是中华民族的宝贵财富，是战胜一切艰难险阻的强大动力。胡锦涛总书记在 2003 年中共中央政治局第四次集体学习时指出："中华民族是具有伟大民族精神的民族。千百年来，中华民族之所以能够历经磨难而不衰，饱尝艰辛而不屈，千锤百炼而愈加坚强，靠的就是这种威力无比的民族精神。"我们党领导人民在革命、建设、改革的实践中，不断丰富着以爱国主义为核心的民族精神。改革开放以来，民族精神成为建设和发展中国特色社会主义的强大精神支柱，成为社会主义核心价值体系的基本内容。抗震救灾的伟大实践让中华民族精神又一次得到锤炼和提升，为中华民族精神注入新的内涵。规模空前的生命大营救、历经险阻的千里大驰援、处处涌动的爱心大奉献、共克时艰的社会主义大协作，都是伟大的中华民族精神的具体体现。实践再一次有力地证明，中华民族具有高度的凝聚力，历经曲折而愈挫愈勇，饱受磨难而自强不息，以爱国主义为核心的团结统一、爱好和平、勤劳勇敢、自强不息的民族精神，是中华民族五千多年生生不息、发展壮大的强大精神支撑和牢固精神纽带，是我们不断开辟新征程、开创新未来的不竭精神动力。

抗震救灾伟大实践充分表明，以"80 后"为主体的年轻一代在抗震救灾中的表现令人欣慰，是战胜艰难险阻的青春力量。青年是民族振兴的新希望、历史进步的新动力。在这次抗震救灾中，以"80 后"为主体的中国年轻一代经受了人生中最严峻的考验、用自己的实际行动勾勒了"80 后"一代的英雄群像，谱写了一曲曲新时代的青春之歌！在灾区到处活跃着青春的身影，流传着感人肺腑的青春故事。年轻的女警察敞开母爱的胸怀，用自己的乳汁喂慰灾民的婴儿；年轻的教师在最危险的时刻抢救出一个又一个学生，却献出了自己宝贵的生命；年轻的学生用自己稚嫩的双肩和血肉模糊的双手救助着同伴；7 名大学生历时 15 天完成长达 4 万字的"震后恢复建议"；还有那 20 多万志愿者的队伍，10 多万战斗在抗震救灾第一线的解放军战士、武警官兵，其主体是正在成长起来的年轻一代！在抗震救灾的大后方，千百万大学生在献血、在捐款、在组织各种各样的志愿者行动、在尽自己的每一份力量为灾区人民送去温暖和祝福……在他们身上表现出了爱党爱国的情怀，表现出了团结互助的力量，表现出了吃苦耐劳的品德，表现出了不畏艰险的精神。在他们身上我们看到了与祖国同呼吸、共命运的忧患意识；看到了时刻心系民族命运、心系国家发展、心系人民福祉的责任感、使命感；看到了中华民族未来的希望。他们勇敢、独立和坚强的青春形象令国人动容，令世界刮目相看。经过了特大地震灾害洗礼的他们，正用自己的实际行动展现着成长与成熟，书写着责任与担当，传递着爱心与希望。实践证明，改革开放30年来，特别是《关于进一步加强和改进大学生思想政治教育的意见》（中央16号文件）下发以来，大学生思想政治教育取得了显著成效，在改革开放中成长起来的“80后”一代是热爱党、热爱祖国、热爱社会主义的一代，是充满理想、大有希望、值得信赖的一代，是能够经受住重大考验的一代。

二、用抗震救灾伟大精神深入推进高校思想政治教育

用伟大的抗震救灾精神深入推进高校思想政治教育，就是要在青年学生中大力加强坚持中国共产党领导的教育。中国共产党是中国特色社会主义事业的领导核心，是战胜一切艰难险阻的中流砥柱，这是中国人民不倦探索的历史结论。这次抗震救灾斗争进一步证明，中国共产党是全心全意为人民服务的党，是同人民群众同呼吸、共命运、心连心的党，是始终代表最广大人民根本利益的党。要教育广大师生深刻理解并时刻铭记，在中国共产党领导的英雄人民面前，任何艰难险阻都可以克服。在当代中国，除了共产党，任何别的政治力量都不可能组织社会主义的经济建设、政治建设、文化建设和社会建设。只有中国共产党才能最广泛地凝聚起人民群众的共识，最大限度地调动起蕴藏在人民群众中的伟大力量，从容应对各种严峻挑战。要进一步教育广大青年学生坚定跟党走的信念。

用伟大的抗震救灾精神深入推进高校思想政治教育，就是要在青年学生中大力加强理想信念教育。理想信念，是一个政党治国理政的旗帜，是一个民族奋力前行的向导，也是广大师生奋发向上的动力。当前，以抗震救灾为契机，加强对广大师生的理想信念教育至关重要。共产主义远大理想和中国特色社会主义共同理想是中国共产党人的崇高追求和强大精神支柱，对理想信念坚贞不渝是我们党的强大政治优势。在抗震救灾斗争中，广大共产党员大灾面前不低头、大难面前不弯腰，始终以高昂的斗志、饱满的热情奋战在最前线，充分显示了理想信念的强大力量。要引导和帮助广大师生深刻认识中国特色社会主义理论体系的时代背景、实践基础、科学内涵、精神实质、历史地位和重大意义，加深对“一面旗帜、一条道路、一个理论体系”的理解，用“一面旗帜”凝聚青年学生，用“一条道路”引领青年学生，用“一个理论体系”武装青年学生，增强他们对中国特色社会主义的理论认同、政治认同和情感认同，确保我们的事业兴旺发达、后继有人。

用伟大的抗震救灾精神深入推进高校思想政治教育，就是要在青年学生中大力加强坚持改革开放的教育。改革开放促进了我国的全面发展、全面进步，使中国特色社会主义呈现出勃勃生机，综合国力显著增强，人民生活水平不断提高，这为战胜震灾提供了坚实的物质保障，也是我们万众一心、共克时艰的基础所在、力量所在和信心所在。当前要紧紧抓住大力弘扬抗震救灾精神的有利契机，引导帮助广大师生加深对改革开放这场新的伟大革命的历史背景、目的性质、伟大成就和宝贵经验的理解，深刻认识改革开放是强国之路，是决定当代中国命运的关键抉择，是贯穿中国特色社会主义理论体系的一条主线，只有改革开放才能发展中国、发展社会主义、发展马克思主义，不断增强他们贯彻落实党的基本路线、基本纲领、基本经验的自觉性和坚定性。

用伟大的抗震救灾精神深入推进高校思想政治教育，就是要在青年学生中大力加强民族精神教育。伟大的事业需要崇高的精神来支撑，崇高的精神推动着伟大的事业。党的十七大提出，要“弘扬中华文化，建设中华民族共有精神家园”。而“建设中华民族共有精神家园”，一个重要方面是弘扬和培育民族精神，通过民族精神的弘扬和培育，形成中华民族共有的精神、观念、理想、目标和追求。我们要以大力弘扬抗震救灾精神为契机，广泛开展以爱国主义为核心的民族精神教育，把弘扬和培育民族精

神作为建设社会主义核心价值体系的重要任务，融入国民教育和精神文明建设的全过程，着力建设中华民族的共有精神家园。要通过教育使广大师生深刻认识到，伟大的民族精神过去是、现在是、将来也永远是中华民族从胜利走向胜利的强大精神动力，从而不断增强民族自信心、自豪感和责任感。

用伟大的抗震救灾精神深入推进高校思想政治教育，就要广泛宣传抗震救灾斗争中涌现出来的英雄人物和模范事迹。榜样的力量是无穷的。要大力宣传抗震救灾斗争中涌现出来的包括英雄教师、英雄少年在内的模范集体和先进人物。在这场大灾面前，我们的教师忠于职守，把死的威胁留给自己，把生的希望让给学生；我们的学生表现出惊人的从容和无畏。我们不会忘记，在灾难袭来的瞬间，张开双臂死死护住学生的谭千秋老师，不会忘记危难时刻三次冲上危楼去抢救学生而被砸断双腿的苟晓超老师。正是这些英雄们的事迹感动着我们、激励着我们、鼓舞着我们，成为对广大师生进行思想政治教育的巨大精神财富。我们常说，要让有理想的人讲理想，让守纪律的人讲纪律，就是要用师生身边的典型来教育师生，感动社会。我们要以此为契机，进一步总结大学生思想政治教育的好经验、好做法，把大学生思想政治教育不断引向深入。

灾难是一把双刃剑，它在摧毁物质世界的同时也锤炼了人的精神。多难兴邦，抗震救灾实践中所孕育和形成的伟大抗震救灾精神弥足珍贵。用伟大的抗震救灾精神深入推进高校思想政治教育，是一项十分重要而紧迫的任务。各级教育部门和学校要紧紧抓住大力弘扬抗震救灾精神这个有利契机，切实贯彻落实全国加强和改进高校思想政治理论课工作会议精神，在高校师生中弘扬抗震救灾精神，广泛开展形式多样、主题鲜明的教育活动，把教育内容渗透到教材、渗透到课堂、渗透到学生头脑中去，不断增强教育的针对性、实效性和吸引力、感染力，把高校思想政治教育提高到一个新的水平。

（作者：教育部副部长）

深入开展高校反腐倡廉建设

王　伟

胡锦涛同志在今年初召开的第十七届中央纪委第二次全会上指出，当前出现一些案件多发的新领域，高校、医院等单位案件呈多发态势，反腐倡廉建设必须常抓不懈，一刻也不能放松。贺国强同志在全会工作报告中，对加强高校反腐倡廉建设提出了明确要求，强调要“健全领导班子科学民主决策机制，加强对财务、基建、采购、科研经费、校办企业的管理和监督，提高校务公开制度化和规范化水平”。这些年来，高校广大党员和领导干部认真贯彻执行党的路线方针政策，从严治教、依法治校、规范管理，遵守廉洁自律各项规定，总体情况是好的，但也有个别高校领导干部因违纪违法受到查处。认真贯彻落实中央的部署和要求，坚持不懈地把高校反腐倡廉建设抓好抓实，是当前和今后一个时期加强党风廉政建设和反腐败工作的一项重要内容。

充分认识加强高校反腐倡廉建设的重要意义

加强高校反腐倡廉建设是建设社会主义新型大学的必然要求。教育是发展科学技术和培养人才的基础性工作，更是塑造未来的事业，在推进中国特色社会主义伟大事业中具有先导性、全局性作用。要实现全面建设小康社会的宏伟目标和中华民族伟大复兴的壮丽蓝图，就必须更加坚定地实施科教兴国战略和人才强国战略，切实把发展教育科技事业和培养德才兼备的高素质人才摆在更加突出的战略位置。高校是我国实施科教兴国战略和人才强国战略的主力军之一，承担着培养人才、创新科技、传承文明、服务社会等重大使命。适应国家建设和社会发展的需要，着力建设社会主义新型大学，推动高等教育繁荣发展，是我国社会全面进步的重要标志，也是全面建设小康社会的重要条件。如果任凭消极腐败现象在高校滋生蔓延，就必然扭曲高校的办学宗旨，损害办学质量，影响社会主义新型大学建设，危害我国的科教兴国战略和人才强国战略，最终对中国特色社会主义事业造成不利影响。因此，加强高校反腐倡廉建设，是建设社会主义新型大学过程中必须常抓不懈的重大政治任务。

加强高校反腐倡廉建设是培养中国特色社会主义事业接班人的必然要求。本世纪头20年，是我国经济社会发展的重要战略机遇期。我们必须紧紧抓住和用好这个重要战略机遇期，牢固树立和认真落实科学发展观，把科技进步和创新作为经济社会发展的首要推动力，把提高自主创新能力作为调整经济结构、转变经济发展方式、提高国家竞争力的中心环节，把建设创新型国家作为面向未来的重大战略，依靠科技进步和提高劳动者素质来实现全面协调可持续发展。完成这些任务，归根到底要落实到人。高校是培养优秀创新人才的重要基地。各高校要坚持以培养中国特色社会主义事业的合格建设者和可靠接班人为己任，适应我国经济社会发展对高素质人才的需要，为国家和社会源源不断地输送德才兼备的人才。高尚的师德，是对学生最生动、最具体、最深远的教育。如果学校的领导干部不以身作则甚至作风不正、违法乱纪，就难以营造积极健康的校园氛围，就会影响到德才兼备的高质量人才的培养。只有深入开展高校反腐倡廉建设，促进高校各级领导干部自觉抵制拜金主义、享乐主义、极端个人主义思潮和各种腐朽思想的侵蚀，自觉坚持社会主义核心价值体系，带头实践社会主义荣辱观，不断加强师德修养，保持高尚的道德情操和精神追求，以人格魅力和学术造诣为人师表，才能使我们的高校既成为探索学问和真理、追求人类文明进步的精神殿堂，又成为风清气正的廉洁净土，从而给今日之学子、明日之栋梁以潜移默化的良好影响。

加强高校反腐倡廉建设是全面推进新时期高校党的建设的必然要求。高等教育事业的健康发展，离不开党的建设这个根本保证。高等院校是知识分子的汇聚之地，是各种思想文化的集散之地，也是新思想新观念的发源之地。尤其是当前处于社会转型时期，经济的高速发展、社会生活的多样性变化、利益分配的多元化趋势，使高校师生思想活动的独立性、选择性、多变性、差异性进一步增强，一方面它可以促进高校的知识创新和人才培养，另一方面也给高校党的建设提出了许多新的课题，使广大教育工作者面临许多新的考验。如果高校不能与时俱进地加强反腐倡廉建设，不能与时俱进地加强党的建设，失于教育，疏于管理、监督和防范，就容易让社会上的不正之风和消极腐败现象侵蚀校园，败坏校园风气，扭曲校园文化，就可能使一些意志薄弱者经不住权力、金钱的诱惑，滑向违纪违法的深渊。新时期新任务要求我们必须把党的执政能力建设和先进性建设作为主线，坚持党要管党、从严治党，贯彻为民、务实、清廉的要求，以坚定理想信念为重点加强思想建设，以造就高素质党员干部队伍为重点加强组织建设，以保持党同人民群众的血肉联系为重点加强作风建设，以健全民主集中制为重点加强制度建设，以完善惩治和预防腐败体系为重点加强反腐倡廉建设。我们必须充分发挥高校各级党组织的领导核心作用，落实党建工作责任制，把反腐倡廉建设作为高校党组织始终要抓好的重大政治任务，放在更加突出的位置，旗帜鲜明地反对腐败。要结合高校工作实际，把反腐倡廉建设与思想建设、组织建设、作风建设、制度建设一起研究、一起部署、一起落实，采取更加有效的措施，坚决遏制腐败现象在一些高校滋生蔓延的势头，切实提高高校党建工作的整体水平。

结合实际深入推进高校反腐倡廉建设

各高校要深入学习贯彻胡锦涛同志在第十七届中央纪委第二次全会上的重要讲话精神及中央纪委第二次全会的部署和要求，以完善惩治和预防腐败体系为重点，结合实际，统筹推进反腐倡廉各项工作，把改革的推动力、教育的说服力、制度的约束力、监督的制衡力、惩治的威慑力结合起来，把阶段性任务与战略性目标结合起来，不断提高高校反腐倡廉建设的整体水平。

切实加强对反腐倡廉工作的领导，抓好高校反腐倡廉建设，关键在加强领导。各高校领导班子要把反腐倡廉建设列入高校工作的重要议事日程、寓于各项业务工作之中，同业务工作一起部署、一起检查。要严格执行党风廉政建设责任制，校长、书记不仅要严于律己，发挥模范带头作用，还要敢抓敢管，对班子成员和职责范围内的反腐倡廉建设负总责。领导班子其他成员要切实抓好分管范围的反腐倡廉工作，尤其要加强对重点环节、重点部位的管理，确保责任到人，切实形成一级抓一级、层层抓落实的工作格局。学校的重要情况要与校纪检监察部门及时沟通，重要会议、重要业务活动要邀请纪检监察部门的同志参加，主动接受监督。

严格遵守和维护党的政治纪律。胡锦涛同志在第十七届中央纪委第二次全会上指出，"遵守党的纪律，首要的是严格遵守党的政治纪律"，强调"党的各级组织和全体党员要自觉遵守党的政治纪律，坚持党的基本路线，坚决维护党的集中统一，始终同党中央保持一致，坚决维护中央权威，切实保证政令畅通"。当前，高校在遵守政治纪律方面总的是好的，广大教职员工坚决拥护中央的路线方针政策，在政治上同党中央保持一致。但同时也有个别人在涉及党的基本理论、基本路线、基本纲领、基本经验等重大政治问题上背离中央有关精神，甚至不负责任地传播政治谣言。研究可以无禁区，但宣传有纪律、行为要守法。高校各级党组织要始终保持高度的政治敏锐性和鉴别力，把维护党的纪律特别是政治纪律作为反腐倡廉建设的重要内容，密切关注可能发生在高校中的违反政治纪律的情况，严肃查处严重违反政治纪律的问题，确保高校工作始终坚持正确的政治方向。

深入开展廉洁从政教育，严格执行廉洁自律各项规定。加强教育是反腐倡廉的基础性工作，是党员干部拒腐防变的思想保证。各高校党组织要针对党员干部思想和作风方面存在的突出问题，深入开展党风党纪教育，弘扬新风正气，抵制歪风邪气。要按照建设学习型政党的要求，紧密结合改革开放和现代化建设的实践，紧密结合高等教育发展的实践，深入学习马克思列宁主义、毛泽东思想、邓小平理论和"三个代表"重要思想，深入开展学习实践科学发展观活动，坚持用发展着的马克思主义指导客观世界和主观世界的改造。要通过加强理想信念教育和思想道德建设，使高校广大党员干部和教职员工成为实践社会主义核心价值体系的模范，做共产主义远大理想和中国特色社会主义共同理想的坚定信仰者、科学发展观的忠实执行者、社会主义荣辱观的自觉实践者、社会和谐的积极促进者。要加强对领导干部遵守廉洁自律规定情况的监督检查，认真贯彻中央纪委《关于严格禁止利用职务上的便利谋取不正当利益的若干规定》，对违反廉洁自律规定的苗头性、倾向性问题，要早发现、早提醒，确保廉洁自律各项规定的贯彻落实。要加大廉政文化进校园工作的力度，注意总结经验，结合实际，把廉洁教育纳入学生思想品德教育的重要内容抓实抓好。

严肃查处违纪违法案件。查办案件是加强

反腐倡廉工作的重要手段，也是推进反腐倡廉建设的必然要求。要继续保持查办案件工作力度，严肃查处高校党员领导干部搞权钱交易、贪污贿赂、失职渎职的案件；查办利用人事权、招生权、办事权谋取私利的案件；查办在学校工程建设中规避招标、虚假招标的案件；查办在校办企业重组改制、产权交易、资本运营和经营管理中隐藏、私分、侵占、转移国有资产以及学校及校办企业领导人员失职渎职造成国有资产流失等案件。要深入研究违纪违法案件的新情况新特点，针对高校管理中存在的问题和薄弱环节，举一反三，提出建章立制、加强管理的建议，充分发挥办案的治本功能。

切实加强和改进监督工作。历史和现实都表明，失去监督的权力必然导致腐败。要以高校领导班子及其成员为重点，认真落实好党内监督条例规定的各项监督制度。要抓住关键环节和重点部位，切实加强对高校财务、基建、采购、科研经费管理等工作的监督。要充分发挥行政监察、审计监督部门的职能作用，加大对招生、收费、基建工程、科研经费、财务、图书教材设备等大宗物资采购以及科研经费使用等方面的监督检查。要继续总结对高校开展巡视工作的成功经验，不断提高高校巡视工作的质量和水平。

大力推进制度建设。制度建设是反腐倡廉建设的核心工作。要按照结构合理、程序严密、制约有效的原则，努力建立健全科学的运行机制和程序规则，切实做到决策更加科学、执行更加顺畅、监督更加有力。要建立决策、执行、监督三权相互制约、相互协调的权力结构和运行机制。要处理好集体领导与个人分工负责的关系，明确用权界限，规范权力运行流程，健全程序规则，凡属“三重一大”事项都必须集体讨论决定，任何个人不得擅自决定重大问题。要积极推进民主管理和监督，提高权力运行透明度，使决策、执行、监督工作在阳光下运行。要健全和完善各项校务公开制度，深入推进校务公开，使广大教职工和学生更多、更好地了解和参与校内事务；要切实加强对制度执行情况的监督检查，严肃查处违反制度的行为，确保制度的贯彻执行。

积极开展反腐倡廉理论研究。我国现阶段的党风廉政建设和反腐败斗争是在深入推进改革开放和全面建设小康社会的大背景下进行的，面临着许多新情况新问题，迫切需要加强调查研究和理论创新。加强理论研究，要靠做实际工作的同志，同时还要依靠社会力量和专家学者。据不完全统计，党的十六大以来，全国已有15所高校建立了廉政研究机构。要充分利用高校相关理论资源丰富、相关学科研究人才资源丰富、学术交流渠道丰富的优势，发挥高校在反腐倡廉理论建设方面的独特作用。要抓住苗头性倾向性问题，加强反腐倡廉战略性、前瞻性和系统性问题的研究，廉政基础理论和廉政学科建设方面的研究，以及教育系统反腐倡廉建设理论问题的研究。研究工作要坚持和运用马克思主义的立场、观点和方法，努力形成经得起实践和历史检验的新思路新观点，为加强和改进反腐倡廉工作提供重要参考依据。

按照新形势新任务的要求加强高校纪检监察干部队伍建设

党中央对加强高校反腐倡廉建设提出了新的更高的要求。抓好高校反腐倡廉建设，高校党委和行政领导要担负起主要责任，高校纪检监察部门也承担着重要职责。当前，高校纪检监察干部的综合素质总体是好的，但也要看到，有的高校纪委干部配备不齐，有的同志开展监督检查和查办案件方面的工作经历、经验较少，还有一些新同志不熟悉、不了解纪检监察工作的基本程序和方法，等等。适应新形势新任务的要求，必须以改革创新精神，着力加强高校纪检监察干部队伍建设，不断提高高校纪检监察干部政治和业务素质。

切实加强思想政治建设。高校纪检监察干部要认真学习党的理论和路线方针政策，不断提高政治理论水平和党性修养，更加坚定不移地高举中国特色社会主义伟大旗帜，坚持中国特色社会主义道路和中国特色社会主义理论体系不动摇，始终忠于党、忠于人民，在思想上、政治上、行动上与党中央保持高度一致，始终做党的忠诚卫士，当群众的贴心人。

切实加强工作能力建设。高校纪检监察干部要坚持不懈地加强纪检监察业务学习，紧密结合高校建设发展实际，深入研究、准确把握高校反腐倡廉建设的特点和规律，加强实践锻炼，增强工作本领，不断提高监督检查能力、案件调查能力、组织协调能力、文字综合能力和调查研究能力，努力提高纪检监察工作的专业化水平。同时，要拓宽知识领域，积极学习经济、管理、法律、金融等知识，不断完善知识结构，促进知识更新。

切实加强工作作风建设。高校纪检监察干部要始终牢记“两个务必”，自觉加强道德修养，带头践行社会主义核心价值体系，坚持原则、实事求是，秉公执纪、敢于碰硬，严以律己、以身作则，始终保持纪检监察干部可亲、可信、可敬的良好形象。

（作者：中央纪委常委、监察部副部长）

高校马克思主义理论建设30年回顾与展望

教育部课题组

高校马克思主义理论建设是我国马克思主义理论建设的重要组成部分，它不仅承担着研究和宣传马克思主义的重要任务，还担负着对大学生进行系统的马克思主义理论教育，用马克思主义特别是用当代中国马克思主义最新理论成果武装大学生的特殊使命。改革开放30年来，高校马克思主义理论建设紧密结合中国特色社会主义的伟大实践，紧密结合马克思主义理论教育教学和大学生思想政治教育的新形势新任务，在恢复中发展、在改进中加强、在创新中推进，取得了突出成绩，积累了宝贵经验，为在新的历史起点上全面推进高校马克思主义理论建设奠定了坚实基础。

一、高校马克思主义理论建设30年的历史回顾

改革开放30年，高校马克思主义理论建设经历的发展，大致可以通过“三个十年”来总结。

第一个十年，高校马克思主义理论建设在恢复中发展。在这一时期，理论研究取得初步成果，发表了一定数量的研究论文，编写了教材，发掘搜集整理出有价值的学术资料和教学参考资料，如出版了研究和讲解《资本论》的著作等。在国家“六五”和“七五”哲学社会科学规划中，由高校牵头的重点项目达35%和40%。从1978年到1988年，高校社会科学工作者发表学术论文17万篇，各类著作约3.5万部，约有6900项成果获国家和省市自治区政府部门奖励；理论教育逐步趋于正规化，纠正了马克思主义理论课“可有可无”的错误倾向，开展了马克思主义理论课教学；同时纠正了把学习马克思主义与学习专业对立起来的错误观点，马克思主义理论教育逐步渗透到哲学社会科学课程教学中；教师队伍建设得到加强，针对教师队伍存在的理论水平低、文化科学知识差、后继乏人等问题，各高校逐步恢复了政治理论课教学研究和科学研究机构，教育部和各省市自治区教育部门分期分批举办各种培训进修研讨活动，教育部建立马克思主义理论师资培养基地、依托力量较强的高校有计划地培养师资，提高教

师的基本素质；思想政治教育工作受到重视。1980 年 4 月，教育部、共青团中央颁发《关于加强高等学校学生思想政治工作的意见》，1981 年 8 月，教育部召开全国学校思想政治教育工作会议，随后，教育部要求高校逐步开设共产主义思想品德课、法律基础课及形势政策教育课等，这些举措都为加强高校思想政治教育理论和实践的研究提供了重要平台。1984 年 12 月，高校思想政治教育研究会成立。

第二个十年，高校马克思主义理论建设在改进中加强。在研究方面，国家教委建立邓小平理论研究中心，设立重点科研项目，支持对邓小平理论进行研究；针对大学生中存在的“社会主义失败了”、“马克思主义过时了”等错误观点，组织开展马克思主义基本原理、马克思主义发展史的深入研究，推出了一批有重要学术价值的著作和论文。在教学方面，不断总结和吸取 1985 年以来马克思主义理论教学改革的经验、特别是改革试点的重要成果，对原有课程内容和方法进行改革，1997 年成立“国家教委普通高等学校马克思主义理论课和思想品德课教学指导委员会”，加强了专家学者对教学改革和建设的咨询指导；1998 年，教育部会同中宣部先后颁发《关于普通高等学校开设邓小平理论概论课的通知》和《关于印发关于普通高等学校“两课”课程设置的规定及其实施工作的意见的通知》，对以邓小平理论“三进”为主要任务的马克思主义理论教学改革和课程建设作出新部署，形成思想政治理论课“98 方案”。在学科建设方面，将思想政治教育学科和马克思主义理论教育学科整合为“马克思主义理论与思想政治教育”，设为政治学一级学科下的二级学科，这对后来形成马克思主义理论学科起了极为重要的推动作用。在高校党建和思想政治工作方面，完善党委领导下的校长负责制，加强大学生社会实践活动并使其制度化。学生党建工作发展迅速，1997 年，全国高校本专科生中党员比例由 1990 年的 0.81%上升为 4.1%。

第三个十年，高校马克思主义理论建设全面推进。在理论研究上，中央颁发《关于进一步繁荣发展哲学社会科学的意见》和实施马克思主义理论研究和建设工程，直接推动了高校马克思主义理论研究；教育部创建“211 工程”和“985 工程”，并通过成立社会科学发展领导小组、组织“教育部哲学社会科学重大课题攻关项目”、设立重点研究基地等举措，组织高校教师围绕马克思主义经典文本、马克思主义中国化历程及发展规律等问题展开深入研究，推出了一批重要理论成果。在理论教学上，以中央马克思主义理论研究和建设工程的实施为契机，经过深入调研及对“98 方案”的总结，2005 年春形成了以马克思主义中国化理论成果为核心，结构合理、相对稳定的思想政治理论课“05 方案”，随后，思想政治理论课教材编写出版工作被纳入中央马克思主义理论研究和建设工程，于当年秋季开始在一些重点高校试点，并逐步在高校实施。在学科建设上，根据中央精神，在实施“05 方案”推动下，2005 年底建立了马克思主义理论一级学科，这对加强马克思主义理论研究，巩固马克思主义在高校教育教学中的指导地位，加强马克思主义理论课程建设及师资队伍建设，都产生了深远影响。在队伍建设上，高校贯彻落实中央马克思主义理论研究和建设工程关于加强马克思主义理论队伍建设精神，着力培养一批年富力强、政治和业务素质良好、锐意进取的青年理论骨干。从 2005 年起，中组部、中宣部、教育部等五部委联合举办高校哲学社会科学教学科研骨干研修班，从 2006 年起，教育部分期分批、分课程培训高校思想政治理论课教师，使教师的理论水平普遍提高。在思想政治工作上，在中共中央国务院 2004 年 8 月颁布的《关于进一步加强和改进大学生思想政治教育的意见》指导下，高校充分发挥党团组织和各类思想政治教育研究团体的作用，运用开展社会实践、校园文化建设、网络建设、心理健康教育等多种途径，加强思想政治教育工作，进一步增强了高校思想政治工作的针对性和实效性。

二、高校马克思主义理论建设30年的主要成就

改革开放的30年，是我们党把坚持马克思主义基本原理同推进马克思主义中国化结合起来的30年，也是高校马克思主义理论建设取得辉煌成就的30年。回顾30年来的发展历程，高校马克思主义理论建设的整体水平有了显著提高，高校马克思主义理论研究和教学、学科建设等取得了重要成就。

1. 马克思主义在高校意识形态领域的指导地位得到加强和巩固。30年来，高校始终坚持社会主义办学方向，以高度的政治责任感，牢牢守住高校马克思主义意识形态阵地。高校各级党组织坚持用马克思主义及马克思主义中国化的最新成果武装广大师生的头脑，认真抓好广大党员和教职工的理论学习，进一步坚定他们对马克思主义的信仰和对社会主义的信念，不断增强他们识别及抵制非马克思主义、反马克思主义的能力；充分发挥思想政治理论课的主渠道、主阵地作用，高扬主旋律，用马克思主义特别是马克思主义中国化的最新成果占领讲台、武装大学生头脑；加强网络阵地建设，推进思想政治教育进网络工作，建立起弘扬主旋律和进行马克思主义意识形态教育的网上新阵地；发挥党的政治优势和组织优势，加强党员先进性教育，努力提高广大师生党员的党性修养。马克思主义在高校意识形态领域的地位不断得到加强和巩固，使高校真正成为培养中国特色社会主义事业建设者和接班人的坚强阵地。

2. 马克思主义理论研究推出一批重要学术成果。30年来，高校始终坚持解放思想、实事求是、与时俱进，坚持理论联系实际，充分发挥马克思主义基础理论研究实力雄厚的优势，深入研究马克思主义理论的基本问题和当代中国马克思主义。以党的思想政治教育的历史经验为依据，立足于建设中国特色社会主义的生动实践，开展对思想政治教育学科问题的探讨，积极推进理论创新。新世纪以来，高校马克思主义理论研究在中央马克思主义理论研究和建设工程的指导和带动下，重点建设了一批马克思列宁主义、毛泽东思想、邓小平理论、“三个代表”重要思想研究基地，设立了一批马克思主义研究的重大攻关课题，重点对马克思主义经典文本、马克思主义发展史、马克思主义中国化的历程及发展规律、中国特色社会主义理论等问题作了深入研究，推出了一批有学术价值的成果。这些成果在什么是马克思主义、怎样对待马克思主义，什么是社会主义、怎样建设社会主义等问题上提出了许多创新性见解，在破除对马克思主义的教条式理解、澄清附加在马克思主义名下的种种错误观点、引导大学生用科学态度对待马克思主义、用发展着的马克思主义指导新的实践等方面作出了积极贡献。

3. 马克思主义理论学科建设获得重大突破。30年来，高校始终以加强马克思主义哲学、政治经济学、科学社会主义与国际共产主义运动、中共党史、马克思主义理论与思想政治教育等学科建设促进马克思主义理论建设。2005年底以来，形成了马克思主义理论一级学科及所属的六个二级学科，着力强化马克思主义整体性，从综合性角度促进马克思主义理论建设。目前，全国已设立了马克思主义理论一级学科博士点21个、硕士点73个，六个二级学科博士点103个、硕士点453个，扭转了一度出现的马克思主义学科萎缩的趋势。与此同时，着力强化马克思主义的整体性研究，从综合性角度促进了马克思主义理论建设。一批马克思主义学院、马克思主义研究院等教学科研组织机构相继建立，并成立了“高校马克思主义研究会”、“高校马克思主义理论学科研究会”等研究团体。高校还组织研究和探讨了马克思主义理论学科的性质、特点和要求，凝练了学科方向，明确了思想政治理论课的学科依托和归属问题，进一步提高了思想政治理论课的学科地位。

4. 马克思主义理论教育的实效性显著增强。30年来，高校始终把加强大学生马克思主义理论教育，提高他们的思想政治素质作为一

项重大而紧迫的战略任务，将马克思主义理论渗透于哲学社会科学的课程教学中，最为突出的是直接以思想政治理论课教学为主渠道，对大学生进行系统的马克思主义理论教育，帮助他们树立正确的世界观、人生观、价值观。党中央国务院及有关主管部门高度重视高校思想政治理论课改革，相继颁布了多个关于改进和加强高校马克思主义理论教育的文件，提出了切合高校实际的意见和政策措施，先后形成和实施了“85方案”、“98方案”和“05方案”，使高校思想政治理论课始终紧跟时代步伐，及时融入和充分体现马克思主义中国化的最新成果，促进了高校马克思主义理论教育不断趋于成熟。特别是“05方案”，以马克思主义中国化理论成果为核心，结构合理、相对稳定、有史有论有应用，使思想政治理论课的说服力、吸引力和感染力明显提高。思想政治理论课教学通过课程体系的进一步完善、教材的进一步规范、师资队伍建设的进一步加强、教学方法的进一步改进、学科建设的进一步推进、齐抓共管格局的进一步形成，初步扭转了一度出现的教师不会教、学生不愿学的局面，提高了教育教学效果。大学生通过思想政治理论课的学习，更加深刻地感受到自己的成长成才与国家的发展和民族的进步紧密相连，对走中国特色社会主义道路充满了信心，对思想政治理论课的认同度和满意度明显提高。2008年5月，教育部在全国200所高校10万名大学生中进行了测评，结果显示，85%的大学生对思想政治理论课教学“满意”或“基本满意”，近91%的学生对教师感到“满意”或“基本满意”。大学生们深深感到学习思想政治理论课对自己的成长成才“有很大帮助”或“有帮助”。

5.马克思主义理论教师的整体素质明显提高。30年来，中宣部、教育部和各地各高校在加强马克思主义理论教师队伍建设方面采取了多种措施，取得了明显成效。各高校逐步建立了思想政治理论课教学科研组织，成立了各门思想政治理论课的教学研究会；教育部和各省(市、区)教育部门为高校马克思主义理论教师分期分批举办了各种类型的进修班、理论研讨班、教学经验交流会等；教育部建立了马克思主义理论师资培养基地，依托马克思主义理论研究和教学力量较强的高校有计划地开展在职攻读硕士博士学位的培养工作；中组部、中宣部、教育部等五部委分期分批举办了高校哲学社会科学教学科研骨干研修班，教育部分期分批分课程举办了高校思想政治理论课教师课程培训班。目前，高校已基本改变了马克思主义理论教师队伍存在的理论水平低、学历层次低的状况；在回答经济建设和社会发展中的重大理论和现实问题、参与国际对话交流以及科学研究的整体实力和水平等方面都得到了显著提高；一大批坚持正确方向、理论功底扎实、勇于开拓创新、善于联系实际的学科带头人和优秀人才脱颖而出，成为中央组织实施的马克思主义理论研究和建设工程的一支重要生力军。高校初步形成的优秀人才脱颖而出、人尽其才的良好机制，有力地促进了教师队伍的整体健康发展，使马克思主义理论建设具有了坚实基础和持续发展的保证。

6.大学生思想政治教育扎实推进。30年来，高校着力恢复和弘扬党的思想政治工作的优良传统，高度重视和扎实推进大学生思想政治教育。先后开设了思想道德修养、法律基础、形势政策教育等课程；积极开展爱国主义、集体主义、社会主义教育及中华民族传统美德教育；加强大学生的党建工作，积极发展优秀大学生入党。大力推进思想政治教育教学手段现代化，推进思想政治教育进网络。成立了高校思想政治教育研究会，积极开展思想政治教育的科学研究，加强思想政治教育学科建设。积极推进社会主义核心价值体系的研究和建设，充分发挥课堂教学在大学生思想政治教育中的主导作用，努力拓展新形势下大学生思想政治教育的有效途径，充分发挥党团组织在大学生思想政治教育中的重要作用，大力加强大学生思想政治教育工作队伍建设，努力营造大学生思想政治教育工作的良好社会环境，开创了大学生思想政治教育的新局面。

三、高校马克思主义理论建设30年的基本经验

改革开放30年，在我国经济社会的发展历程中，高校马克思主义理论建设的任务虽十分艰巨，但经过积极探索，走出了一条具有高校特点的马克思主义理论建设之路。在这一过程中，不仅取得了突出的成绩，而且积累了丰富宝贵的经验。

1. 加强高校马克思主义理论建设必须紧紧围绕和服务于改革开放的伟大实践。实践发展既是理论建设的源泉和推动力，又为理论建设提供了广阔的发展空间。马克思恩格斯曾经说过："一切划时代的体系的真正的内容都是由于产生这些体系的那个时期的需要而形成起来的。"理论建设的意义在于能够回答和解决重大现实问题。改革开放是一个全新的探索，它的深刻性和广泛性是前所未有的。改革开放的丰富实践为高校马克思主义理论建设提供了深厚的土壤，许多新情况、新问题需要从理论上给予回答和解决。高度关注实践发展对理论建设的要求，高度关注大学生的成长对理论建设的需求，以强烈的问题意识推进马克思主义理论建设，既使马克思主义理论在回答和解决现实问题的过程中获得发展，也使高校马克思主义理论建设扎扎实实建立在实践发展的基础之上。紧紧围绕改革开放的伟大实践，以改革开放和现代化建设的实际问题、以我们正在做的事情为中心，着眼于马克思主义理论的运用，着眼于对实际问题的理论思考，着眼于帮助大学生解决他们的思想认识和存在的理论困惑，着眼于新的实践和新的发展，推进高校马克思主义理论建设和发展，既是对马克思主义理论建设30年的经验总结，更是高校马克思主义理论建设必须始终坚持的一条基本原则。

2. 加强高校马克思主义理论建设必须与思想政治理论课建设紧密结合。坚持正确的政治方向，高举中国特色社会主义伟大旗帜，用马克思主义中国化的最新成果武装大学生，是高校马克思主义理论建设的重要目标，而实现这个目标的主渠道是思想政治理论课教学。这就是说，思想政治理论课既是马克思主义理论建设的重要内容，也是实现其功能和目标的主要平台，必须把马克思主义理论建设与思想政治理论课教育教学结合起来。一方面，思想政治理论课教育教学中出现的新情况、新问题是马克思主义理论建设的新的生长点。在高校思想政治理论课"05方案"中，课程内容的综合性特征日益突出，成为马克思主义理论建设需要切实解决好的新问题。另一方面，思想政治理论课教育教学提出的新要求，又从实际需求的角度推动着马克思主义理论建设的深入发展。增强思想政治理论课教学的说服力、感染力，要求理论建设不断研究新情况、解决新问题、取得新进展。正是基于高校马克思主义理论建设与思想政治理论课教育教学两者之间的内在联系，中央和中央有关部门把实施"05方案"与加强马克思主义理论建设作为一个系统工程同步推进，把研究中国特色社会主义理论体系作为高校马克思主义理论建设的重点，着力建立全面反映马克思主义中国化最新理论成果，具有中国特色、中国风格、中国气派的哲学社会科学学科体系和教材体系，为高校思想政治理论课建设提供有力的理论支持，使理论建设与高校思想政治理论课建设在互动、互促的过程中实现共同发展。

3. 加强高校马克思主义理论建设必须要有强有力的学科支撑。学科建设是理论建设的重要依托和支撑。高校的马克思主义理论建设，无论是专业建设还是课程建设，无论是开展党建工作还是开展思想政治工作，都离不开学科建设的支撑。把马克思主义理论建设纳入学科建设范畴，按照学科建设的规律，促进理论建设的科学研究规划、专业建设、课程体系建设、教材建设、人才培养等各方面工作走上科学化、规范化发展的轨道，保证了马克思主义理论建设

具有良好的发展平台和稳固的载体。从学科的高度加强马克思主义理论建设，不仅可以使马克思主义理论建设有明确的学科归属，而且可以使马克思主义理论建设具有良好的支撑条件，使马克思主义理论建设在不断增加学术含量，更好地与其他学科融合，形成良性互动、共同发展的格局。实践证明，高校马克思主义理论建设纳入学科发展的轨道后，其发展的稳定性和持续性将得到进一步体现。中央马克思主义理论研究和建设工程的实施，马克思主义理论一级学科及其所属的各二级学科的建立，以及国家对学科点建设的投入，从制度上、规划上、经费上为马克思主义理论建设的稳定和持续发展提供了可靠的体制保障。

4. 加强高校马克思主义理论建设必须大力加强师资队伍建设。队伍建设至关重要。胡锦涛同志强调："搞好马克思主义理论研究，很关键的一个问题是要建设一支政治强、业务精、作风正的马克思主义理论队伍。"努力培养和造就一支高素质的马克思主义理论教师队伍，是确保高校马克思主义理论建设可持续发展的关键。改革开放以来，高校马克思主义理论建设之所以取得了突出成就，一个重要的原因就在于始终把师资队伍建设作为一项重大的工程放在突出的位置抓紧抓实。与高校其他学科专业的师资队伍相比，马克思主义理论队伍建设有一定的特殊性。必须尊重高校马克思主义理论研究和教学规律，积极探索马克思主义理论队伍建设体制机制的改革，通过各种人才工程建设，以及各类培训、教育等形式，加强以热爱学生、教书育人为核心，以"学为人师、行为世范"为准则，以提高教师思想政治素质、职业理想和职业道德水平为重点的师德建设。要求教师用发展着的马克思主义理论武装头脑，增强社会责任感，加强学术道德修养，坚持严谨治学、实现做人、做事、做学问的统一。实践证明，在理论建设的实践中加强队伍建设，通过队伍建设推进理论研究和教学发展，形成理论建设和队伍建设的良性互动，使高校马克思主义理论建设具有了坚实的基础和可持续发展的保证。

5. 加强高校马克思主义理论建设必须要有良好的学术环境和政策保障。理论研究和建设需要理论工作者不断地探索和创新思维，需要破除传统思想观念的束缚，不唯书、不唯上，把实践作为检验真理的标准。高校马克思主义理论建设是一项创新性的工作，必须始终坚持百花齐放、百家争鸣的方针，营造适合理论研究和发展的良好风气；必须正确处理政治问题与学术问题的关系；必须尊重理论工作者的创造性劳动，充分发扬学术民主，形成生动活泼、求真务实的学术氛围，努力创造增强理论工作者创新意识并进行创造性学术探索的环境。另一方面，理论研究和建设同样也离不开基本的政策保障。改革开放以来，高校马克思主义理论建设在我国高等教育跨越式发展过程中得到了高度重视，在制度和政策、经费投入、资源配置等方面得到了有力的支持，理论建设的条件得到了显著的改善。特别是中央实施的马克思主义理论研究和建设工程，以及教育部门对马克思主义理论实施的建设项目，为高校马克思主义理论建设创造了良好的条件。对理论建设投入的增加，不仅改善了马克思主义理论工作者的研究条件，更重要的是使理论工作者创造性劳动的价值得到更充分的体现，从而进一步增强了理论工作者的信心，调动了研究的积极性，增强了马克思主义理论建设对优秀人才的吸引力，使马克思主义理论建设取得了大批高质量的研究成果，形成了投入和产出的良性循环。

四、以科学发展观为指导，大力推进高校马克思主义理论建设

成绩来之不易，经验弥足珍贵。面对党的十七大提出的新要求和国内外形势的新变化，面对高校改革发展的新情况和大学生成长成才的新特点，在高校马克思主义理论建设中，我们既要看到成绩，也要对不足有清醒的认识，在新的历史起点上，以邓小平理论和"三个代表"重要思想为指导，全面贯彻落实科学发展观，着眼

于新的实践和新的要求、新的任务和新的发展，系统规划，整体推进。

1. 推进高校马克思主义理论建设全面协调可持续发展。当前，我国既处于改革开放和社会主义建设新的历史机遇期，又处于发展的关键期，需要我们以马克思主义理论勇气，不断回应现实挑战，把马克思主义理论研究推向新的境界。高校马克思主义理论建设要从进一步繁荣哲学社会科学、推进马克思主义中国化发展创新的战略高度，进一步提高对马克思主义理论建设的地位和作用的认识，明确马克思主义理论建设的责任，提升高校马克思主义理论建设在国家主流意识形态建设中的作用，在中国特色社会主义实践中的作用，提升其对思想政治理论课程建设的影响力，促进马克思主义理论人才的培养。有条件的高校要把马克思主义理论研究纳入“211 工程”、“985 工程”进行重点建设，整体规划高校马克思主义理论建设与发展。要围绕中国特色社会主义建设过程中的重大理论和实践问题组织联合攻关，为形成中国特色、中国气派、中国风格的马克思主义理论体系和教材、教学体系奠定坚实的理论基础；要整合高校马克思主义理论建设的资源，加强对马克思主义理论建设的领导，发挥马克思主义理论学科对其他哲学社会科学学科的引领作用，协调处理马克思主义理论学科与其他哲学社会科学学科的相互关系，增进马克思主义理论研究的科学发展。

2. 努力推动当代中国马克思主义的大众化。胡锦涛同志在党的十七大报告中明确提出：“大力推进理论创新，不断赋予当代中国马克思主义鲜明的实践特色、民族特色、时代特色。开展中国特色社会主义理论体系宣传普及活动，推动当代中国马克思主义大众化。”中国特色社会主义理论体系是马克思主义中国化的最新成果。高校要在用中国特色社会主义理论武装头脑、教育人民、凝聚力量的过程中作出新贡献。要积极参与中央马克思主义理论研究与建设工程，积极推动马克思主义理论研究成果的现实转化工作，把当代中国马克思主义理论研究成果转化为易于被人们接受的形式和内容，使高校成为学习、研究和宣传马克思主义理论的重要阵地。要充分发挥思想政治理论课在大学生思想政治教育中的主渠道作用，积极推进中国特色社会主义理论体系进教材、进课堂、进学生头脑工作。要充分发挥高校马克思主义理论教学、科研和学科建设优势，采取多种多样的形式，对不同群体进行马克思主义理论教育和培训，为完成用马克思主义特别是用马克思主义中国化的最新成果武装全党的战略任务作出贡献。

3. 积极推进马克思主义理论学科建设。马克思主义理论学科既具有一般学科的普遍性，又具有不同于一般学科的特殊性。要充分发挥马克思主义理论学科在马克思主义理论建设、思想政治理论课程教学和大学生思想政治教育工作中的引领和支撑作用，加强马克思主义理论学科点建设。要按照稳定规模、提升质量，优化队伍、调整结构，完善体系、强化管理的总体思路，对马克思主义理论学科点进行合理布局和优化；要加强对马克思主义理论学科建设和人才培养的指导，制订示范性的马克思主义理论学科各二级学科培养方案，帮助各高校马克思主义理论学科点正确处理马克思主义理论学科与其他哲学社会科学学科的关系、马克思主义理论一级学科所属的各二级学科之间的关系等，形成较为完善的马克思主义理论一级学科人才培养方案；要进一步凝练马克思主义理论学科建设方向，明确马克思主义理论学科建设重点；要加强对各高校马克思主义理论学科建设的评估，建立和完善马克思主义理论学科评估机制，提高学科建设水平，推进马克思主义理论学科建设和发展。

4. 积极营造马克思主义理论教学研究人才成长的良好环境。要按照培养和造就一批学贯中西、在国内外有广泛影响的马克思主义理论大家，造就一批马克思主义理论学科带头人和教学名师，造就一批具有较高素质的中青年理论骨干和后备人才的发展要求，不断壮大高校马克思主义理论教学与研究队伍，形成以马克思主义理论学科人才为主体、以马克思主义理论相关学科人才为支撑、以其他哲学社会科学人才为补充的多层次、结构梯队合理、功能互补的庞大的马克思主义理论教学研究人才队伍。要按照一定比例选配好思想政治理论课教师，确保思想政治理论课教师数量充足；建立马克思主义理论教育教学人才培训基地和多层次的人才培训研修体系，建立健全培养马克思主义理论学科优秀人才的长效机制，鼓励优秀人才脱颖而出；开展马克思主义理论教育教学人才出国学习交流计划；加大马克思主义理论研究与教学人才的表彰力度，树立马克思主义理论研究与教学优秀典型；充分发挥马克思主义理论学科研究会在整合马克思主义理论研究资源、交流研究信息、开展学术交流方面的独特作用。要建立健全高校马克思主义理论教学与研究机构，完善马克思主义理论建设的教学科研机制；加大对高校马克思主义理论建设的经费投入，确保马克思主义理论研究和教学的健康发展；建立马克思主义理论教育和研究网站，为高校马克思主义理论教师队伍发挥作用搭建更为广阔的平台，为他们的成长创造更加良好的条件。

不断推进高校党建工作的改革创新

中共北京市委教育工作委员会

北京是全国的政治中心和文化中心，是高等学校的汇聚之地。北京高校各方面工作对于全国具有辐射和示范作用。特别是高校党的建设工作状况不仅直接影响党的基本路线和教育方针的贯彻落实，影响人才培养这个根本任务的完成，而且影响着北京乃至全国的稳定。在中组部、中宣部、教育部党组和北京市委的领导下，多年来，中共北京市委教育工作委员会始终高度重视高校党建工作，紧紧围绕党的中心工作，适应形势任务的发展变化，不断推进北京高校党建工作的改革创新，为促进高等教育事业的科学发展提供了政治保证和组织保证，为维护首都及全国的稳定作出了贡献。

一、探索创新高校党的思想理论建设的方法途径

思想理论建设是党的根本建设。在加强高校党的思想理论建设方面，我们按照党中央的整体部署，确立了如下工作思路。

——抓思想理论学习的基本内容。我们要求各高校把用马克思主义中国化最新成果武装干部党员头脑放在日常学习的首位，推动广大党员特别是各级领导干部自觉运用这一理论体系指导客观世界和主观世界的改造。在学习马克思主义中国化最新成果的同时，注意学习行业相关知识。

——抓思想理论学习的基本途径。思想理论学习是一项经常性的工作，必须有相应的渠道和制度保证。我们通过坚持理论中心组学习制度，推进校系两级领导干部的理论学习；通过开展经常性党内教育学习活动，推进一般干部和党员的学习。针对知识分子的学习特点，注重发挥其在理论学习中的主体作用，做到集中学习与分散学习相结合，党内教育与自我教育相结合。近几年，我们还充分发挥首都高校拥有光荣革命传统、蕴藏丰富教育资源的优势，推出《跨越历史的青春之歌》、《党旗下的风采》等一批具有首都高校特点的党员教育片和教育读

本，使教育内容更加贴近学校工作实际和党员思想实际。

——**抓思想理论学习的引导**。在组织高校理论学习的过程中，我们特别注重发挥领导干部的带动作用，要求他们通过带头撰写理论学习体会文章、讲党课等，带动基层广大干部党员的学习。我们还注重发挥党员知名学者、专家教授、学术骨干的作用，组织和引导一批有较高威望的院士、教授党员走上讲台、走近党员，帮助基层党组织和党员解决在思想上和理论上存在的一些疑难问题。

——**抓思想理论学习的管理**。对高校领导干部中心组学习，我们要求做到有记录、有考勤，领导干部每人每年撰写一篇理论学习文章、讲一次党课。同时每年对高校领导干部学习进行一次检查和一次优秀论文评选。对党员的学习，我们推广了一些高校开展党员述学考评的经验。

——**抓思想理论学习与实践的结合**。高等学校党的建设必须紧密结合学校的事业发展来进行。我们既重视教育的内容、方法途径与高校实际的结合，也重视评价思想理论教育成效与评价事业发展成效的统一。对于各高校思想理论教育的成效，我们结合学校在谋划科学发展、坚持社会主义办学方向、人才培养和社会服务等方面的情况来加以检验。

二、探索创新领导班子建设的制度体系

为贯彻落实《中国共产党普通高等学校基层组织工作条例》，保证党委领导下的校长负责制在高校的正确实施，我们着力加强制度建设，明确校院两级党政领导及领导班子的工作职责，完善高校党委工作流程，规范基层党组织和行政、群团组织的工作程序，按照“统分结合、协调制约、运行有序、简便易行”和“民主决策、民主管理”的原则，建立和完善院（系）党政分工协作、共同负责的工作机制，保证党组织发挥政治核心作用。

我们按照“抓住一条主线、围绕‘两家’标准、突出三大重点、构建四个体系”的工作思路实施领导班子能力建设工程。即抓住思想政治建设这条生命线，按照“社会主义政治家和教育家”的标准，抓住理论建设、制度建设、作风建设三大重点，构建制度规范、教育培养、监督检查表彰奖励四个体系，全面推进高校领导班子能力建设工程，努力提高领导班子的治校理教能力。

我们以科学化、民主化和制度化为目标，不断深化高校干部人事制度改革。具体做法是实现一个转变，通过制定职位说明书、建立完善职责绩效考核指标体系等，使高校干部的管理方式实现了从以职务管理为主向以职责管理为中心的转变；建立一个系统，即以现代化信息技术手段为支撑，推进领导干部管理信息系统的建设；构建三个机制，即以《党政领导干部选拔任用工作条例》为依据，不断健全干部发现选拔机制、监督管理机制和激励约束机制；完善一个体制，即形成完善的高校干部管理体制。

三、探索创新基层党组织的工作方式

基层党组织是党在高校教学、科研、管理第一线的战斗堡垒。积极推进高校基层党组织工作的创新，使党的基层组织充满生机与活力，是提高党的执政能力的重要环节。2006 年，市委教育工委制定了《关于推进高校基层党建工作创新的意见》，大力推进基层党建创新。

党的先进性建设在高校不是抽象的，而是具体的、实际的，体现在党的各项工作之中，体现为党组织的基本职能。在新形势下，高校基层党组织必须紧密结合学校事业发展，强化和完善以下六个方面的职能：一是引领思想的职能。思想政治的引领是党组织的首要职能。我们要求基层党组织在坚持用马克思主义中国化最新成果武装党员头脑、巩固发展党员群众团结奋斗的思想基础方面发挥作用。二是推进事业的职能。基层党组织要坚持发展这个第一要务，为推进高等教育事业健康发展提供思想、政治和组织上的保证。三是协调利益的职能。基

层党组织、党员要加强与广大师生的沟通，建立健全师生利益表达和利益协调机制，努力建设和谐的校园。四是服务群众的职能。基层党组织要服务基层、服务群众，营造以人为本、科学和谐、公平公正的发展环境。五是建设队伍的职能。要从党的事业兴旺发达的战略高度，把更多的优秀青年师生吸引和凝聚到党的事业中来。六是发展民主的职能。按照党的群众路线和民主集中制原则决定重大问题，保证决策过程及结果充分体现民意，以党内民主带动高校的民主政治建设。

几年来，“以服务为切入点，凝聚群众共同奋斗”的工作理念已经在首都高校各级基层党组织中基本树立，并涌现出以中国农业大学博士生党支部与密云县农村党支部共建活动、北京理工大学“党员在隔壁，助学零距离”活动、首都经济贸易大学“教师职业生涯设计”活动等为代表的一大批基层党组织服务群众精品项目，增强了基层党组织的影响力。

发展党内民主也日益受到首都高校各级基层党组织的重视。近几年，北京高校按照党中央关于发展党内民主的总体要求，认真落实党员权利保障条例，探索进行了党的代表大会提案工作、党委常委会向委员会全体会议定期报告并接受监督、党委定期向党代表报告工作、党务公开等工作。

为增强党在高校知识分子中的影响力和感召力，提升基层党组织的形象和威望，实现党对高等学校的有效领导，我们选择政治素质好、人格魅力强、业务水平高、具有影响力的优秀人才担任高校基层党组织负责人；定期开展先进基层党组织、优秀共产党员、优秀党务工作者评选和表彰活动，大力宣传先进典型的重要贡献和突出业绩；要求高校基层党组织每月至少开展一次组织活动，并在经费上给予大力支持。

四、探索创新基层党建工作的评价体系

为使高校党的建设工作规范化、制度化，北京市委教育工作委员会研究制定了《北京普通高校党建和思想政治工作基本标准》（以下简称《基本标准》），广泛开展党建工作评估达标创优活动，按照以评促建、以评促改、评建结合、重在建设的要求，全面加强和改进高校党建和思想政治工作。《基本标准》设立了党委对学校工作的领导、领导班子和干部队伍建设、党的基层组织建设和作用发挥、党风廉政建设、宣传思想政治工作、安全稳定工作、统战工作、老干部工作、群众团体工作、特色工作等 10 个一级指标、34 个二级指标和 67 个测评要素，涵盖了高校党建工作和高校办学的主要方面，力求体现高校党建工作的内在规律，突出党建工作的基础性建设和规范化建设，鼓励基层工作创新。2007 年，北京市委教育工委在全市高校范围内集中开展了《基本标准》达标检查验收工作，这是继北京高校保持共产党员先进性教育活动后开展的一次大规模推进首都高校党建和思想政治工作的活动。这次达标检查验收活动发现和总结了一批创新工作成果，有力地推动了首都高校党建工作整体水平的提高。

五、探索形成领导高校党建工作的机制

长期以来，中共北京市委高度重视高校党的建设，不断推出有力举措。自 1994 年起建立以市委名义定期评选党建和思想政治工作先进普通高校的制度，不断加大表彰力度，五次先进校评选共拨专项奖励资金近 2000 万元。市委常委会定期听取和研究高校党的建设有关工作，先后以市委名义制定下发《关于实施〈中国共产党普通高等学校基层组织工作条例〉的办法》、《关于加强高校领导班子思想政治建设的意见》，在工作指导、条件保障、激励创新、检查评估、党建研究等方面领导高校党建的长效工作机制基本形成并逐步完善。

在北京市委的领导下，多年来，北京市各高校通过加强和改进党的建设，党建工作取得显著成绩。一是党建工作的整体水平全面提高。

经过全面开展高校党建评估检查，23 所高校党建工作达到优秀水平，其中清华大学等 5 所高校荣获北京市党建和思想政治工作先进高校，北京交通大学等 5 所高校荣获党建和思想政治工作单项奖。其他各高校党的建设均取得明显成绩。二是党建工作有力地保证和推进了学校事业发展。首都高校在学科建设、队伍建设、校园环境建设、人才培养质量、科研成果、社会服务能力等方面成效显著，总体实力继续在全国高校保持领先水平。三是党组织的凝聚力战斗力进一步增强。涌现出了孟二冬等一批具有时代特征的知识分子优秀党员代表。广大青年学生积极靠近党组织，在校学生中党员比例为 18.5%，党员人数达 12 万；有 44% 的学生申请入党，人数达到 23.3 万。四是保持了首都高校十几年的持续稳定。

今后，我们要以党的十七大精神为指导，认真贯彻落实第十六次全国高校党建工作会议精神，不断增强以改革创新精神推进高校党建工作的责任感，使北京高校党的建设各项工作在新的形势下体现先进性、增强适应性、坚持创新性、注重实效性、提高科学性，不断迈上新台阶。

发挥院士群体在大学生思想政治教育中的作用

黄伯云

院士是高校的高端领军人才，是高校的宝贵财富，在提高高校学术水平、科研能力和人才培养质量等方面具有重要作用。在院士较多的高校，院士群体还可以在大学生思想政治教育方面发挥特殊的、其他教师难以替代的作用。

为什么提出要发挥院士群体在大学生思想政治教育中的作用呢？我们认为，高校院士群体的科学精神、治学理念、道德情操、人格魅力中蕴藏着丰富的思想政治教育资源。充分利用和发掘这些资源，可以极大地丰富大学生思想政治教育的资源库，提高思想政治教育的针对性、实效性和吸引力、感染力。院士群体深受大学生的敬重，其表率示范作用更容易潜移默化地影响大学生，其言传身教更容易被大学生所接受。因此，选准大学生思想政治教育中的重点、难点、热点问题，充分发挥院士群体在解决这些问题中的引领作用，往往可以收到事半功倍的效果。同样，由于院士群体在广大教职员工中享有崇高的威望，院士群体对大学生思想政治教育的主动参与，将会为构建学校全员育人的格局起到极大的推动作用。

然而，院士们都有自己专攻的事业，其精力也有限，让他们在大学生思想政治教育中发挥作用是否可行呢？我们认为，只要科学规划，创造有利条件，在大学生思想政治教育中发挥院士群体的作用是完全可行的。近年来，我们中南大学在探索大学生思想政治教育新途径的过程中，注重发挥院士群体的引领、示范作用，取得了较好的成效。我校的主要做法是：

搭设网络平台。在现代信息社会，网络为大学生思想政治教育提供了面广而快捷的平台。借助网络，院士们可以随时随地为大学生进行思想辅导、心理疏导和行为引导。近年来，我们着力构建了国家、省、校、院、教师、大学生六级网络德育及管理平台。当学生中出现重大、疑难、热点问题时，院士们常常利用网络便捷手段，与学生进行交流，解疑释惑。何继善院士是学校网上文化课堂的常客，时常参与“名师网上面对面”活动，与学生探讨科学、创新、艺术与人生等热点话题，鼓励同学们科技创新、德才修。在2003年非典流行期间，何院士通过网给全校学生发出一封公开信，号召全校同学靠科学、战胜非典，有效地稳定了学生的情绪。

打造品牌项目。将大学生集中关注的热点、难点问题以项目化的方式实施，让院士群体协助解决，既可以提高大学生思想政治教育的针对性，也可以节省院士们的时间和精力，还容易形成大学生思想政治教育的特色品牌。近年来，我们紧扣大学生思想政治教育的大背景，组织了院士群体系列报告会，并将“院士报告会”作为大学生思想政治教育活动的一个品牌项目予以重点打造。目前学校已组织了40多场院士专题报告会。如针对大学生普遍关注的就业、成长、成才问题，我校从2007年5月开始，以“我的理想、实践和情操”为主题开设院士群体报告会，每月请1—2名院士，结合其自身经历现身说法，鼓励大学生树立正确的价值观。目前，该系列报告会共邀请到18位院士参加，其中校内15位院士已全部登台讲授，场场爆满，在大学生中产生了强烈反响。

发挥基地育人功能。大学生思想政治教育并非是完全的理论说教，将思想政治教育的丰富内容蕴涵于特定的教育基地中，往往可以收到寓教于行、寓教于学的效果。基于此，我校按照“突出特色、提升能力、示范带动”的思路，重点建设了德育示范、社会实践、创新创业三大类大学生思想政治教育基地。在这三类基地建设中，院士们作为辅导者、指导者甚至是直接建设者对发挥基地的育人功能产生了重要的导向作用。如夏家辉院士将“正直、责任、良心”六个字悬挂在他的创新创业教育基地的必经之处，以此警醒学生时刻不忘肩负的历史责任。正是夏院士的悉心教诲，他的研究生、“长江学者”张灼华教授才毅然从美国回国，成为医学遗传学国家重点实验室的中坚力量。

在大学生思想政治教育中，院士群体的引领、示范作用所带来的成效正如院士在社会上的影响力一样明显而巨大。结合我校的实践，这些成效体现在以下几方面。

一是促进大学生思想政治教育手段与方法的创新。手段与方法的创新是大学生思想政治教育永葆活力的依托。在长期的工作实践中，院士群体不仅形成了先进的育人理念，而且往往掌握着先进的育人手段与方法。如我校刘业翔等院士在20世纪90年代初期就提出了充分利用网络先进手段开展大学生思想政治教育、加强网络德育阵地建设的相关建议。在他们的积极推动下，学校经过认真论证，按照“修好路（建网络）、造好车（建网站）、供好货（丰富网站内容）、育好人”的工作思路，建立了较为完备的网络德育体系。正是因为有了院士们的积极推动，我校的大学生思想政治教育才迅速抢占网络阵地，网络德育工作一直走在全国高校前列。

二是引领全员育人格局的形成。高校全员育人格局的形成不仅体现在相关制度、机制的建立健全上，更主要的是体现在全体教职员工对大学生思想政治教育的积极参与上。院士群体以自己的行为示范有效地引领了全员育人格局的形成。我校2005年推行研究生思想政治教育导师制，得到了院士群体的大力支持和模范践行。在他们的影响下，该项制度得到有效实施，并在全国产生较大的反响。也正是在院士群体的引领下，我校近年来先后涌现出以5名国家教学名师为首的100余名省、校级教学名师，100多名校级师德标兵与师德先进个人。

三是推动大学生健康成长的良好校园环境建设。环境熏陶是大学生思想政治教育的有效手段。在院士们的大力配合下，我校积极营造“院士在我身边”的校园氛围，加大对院士群体优秀事迹的宣传推介力度，从而有效地促进了良好育人环境的建设。我们在学校图书馆、教学楼、学生食堂等公共场所张贴院士照片、院士格言，在校园内建立已故杰出院士雕像景点，将校园主干道以已故杰出院士姓名命名，以院士名义设立奖学金等，不仅增添了校园的人文景观与教育素材，也使大学生在潜移默化中接受了环境的熏陶。我校金展鹏院士因病致残，仍坚持辅导十几名博士、硕士生，并对学生严格要求。他的事迹感人至深，被学生誉为“心灵深处一盏永远的明灯”。学校及时组织了关于金院士先进事迹的系列宣传报道，全校上下形成了学习金院士、争做奉献者的浓郁氛围，这种氛围对大学生的健康成才产生了良好的熏陶效果。

四是提升大学生思想政治教育的整体水平。大学生思想政治教育整体水平的提升，体现在内容、手段、方法等方面的与时俱进和品牌、特色的不断形成上，落实在大学生综合素质的提高上。近年来，在院士群体的引领下，我校的网络思想政治教育、大学生心理健康教育、研究生思想政治教育导师制等成为大学生思想政治教育的品牌和特色，在国内产生了重要影响，受到中央领导同志的充分肯定。2005—2008年，有10088名学生加入党组织，目前在校生党员占学生总数的19.2%；涌现出“全国见义勇为英雄”赵长平、“全国道德模范”洪战辉等一批获得国家、省(部)级表彰的优秀学生。

（作者：中国工程院院士、中南大学校长）

增强大学生日常思想政治教育的实效性

刘川生

大学生思想政治教育包括以课堂为主渠道的思想政治理论课教育和作为主阵地的日常思想政治教育两个方面。大学生日常思想政治教育以党团组织、社团活动、班级工作为载体，是对学生进行思想教育和日常管理的最基本、最重要的途径。

为深入了解当前大学生的日常思想政治状况，更有针对性地开展教育工作，由北京师范大学牵头，天津大学、中国地质大学、北京化工大学等共同组成“大学生日常思想政治教育实效性研究”课题组，在京津地区20多所高校进行了以问卷调查为主的广泛调研。调研结果表明，当代大学生思想政治状况的主流是积极向上的：他们具有较高的政治觉悟，对走中国特色社会主义道路充满信心；他们关心国家大事，关注社会发展，充满了爱国激情和民族自豪感；他们比较注重自身素质的完善，对自身的成长成才表现出比较强烈的愿望。但是，当代大学生在思想上也存在一些不容忽视的问题：一是一些大学生不同程度地存在政治信仰迷茫、价值取向扭曲、艰苦奋斗精神淡化等问题；二是功利主义和个人主义对大学生思想有一定的冲击；三是大学生心理健康问题日益凸显。

出现上述问题的原因很复杂，仅从高校日常思想政治教育来说，有以下亟待改进的问题。一是日常思想政治教育针对性还不够强，脱离实际的倾向依然存在。一些高校对于实践活动在大学生成长过程中的作用认识不足、投入不够，行之有效的实践教育途径不是很多。二是日常思想政治教育的形式比较单调。学生党团活动创新不够，吸引力不强。三是辅导员队伍数量不足，素质参差不齐，专业化水平有待提高。调查表明，一些学生对辅导员工作不满意或不了解。

加强大学生日常思想政治教育的关键在于增强实效性。这就需要深入贯彻落实科学发展观，把社会主义核心价值体系教育融入日常思想政治教育全过程，针对大学生的成长规律，从多渠道入手，拓宽教育途径，创新教育方式。

——日常思想政治教育与思想政治理论课紧密配合，实现主阵地与主渠道优势互补。思想政治理论课要加强实践环节，与日常思想政台教育中的社会调查、志愿服务、文化活动等结合起来。学生日常教育管理中发现的突出问题，应该在理论课的课堂上进行深入讨论和讲解。在思想政治理论课的考核中，要把学生的日常行为和思想道德实践活动纳入进来，引导学生将学到的理论知识和价值判断自觉地付诸实践。要推进思想政治理论课教师与学生工作者的互动交流，鼓励思想政治理论课教师担任班主任、辅导员，选拔优秀的学生工作者承担一定量的理论课教学任务。

——创新学生党建工作，发挥党建工作在日常思想政治教育中的龙头作用。坚持学生党员发展工作"关口前移"，充分发挥校院（系）两级学生党校的作用，建立起从普通学生、入党积极分子到预备党员的三级学生党校"全程培养"体系。根据社会发展，适时开展主题教育活动，对学生党员进行理想信念和爱国主义教育。发挥优秀学生党员的作用，以身边的榜样来影响和带动学生思想和政治素质的提升。创新学生党支部的组织形式和活动方式，探索在班级、宿舍和学科中建立学生党支部的路径，发挥学生党支部在日常思想政治教育中的作用。

——设计心理沟通的新形式，增强日常思想政治教育的亲和力。心理健康教育是思想政治教育的重要组成部分。调查发现，学生最喜欢的就是面对面的沟通。只有做到心灵之间的真情互动，日常思想政治教育的实效性才能提高。要根据不同年级学生的特点，设计多种心理沟通方式，包括面对面的个体互动、团体心理行为训练、建立短信互动平台、创建网络对话空间、人性化的情感交流等，以提高日常思想政治教育的针对性。在注重发挥教师和辅导员作用的同时，还可以通过建立院系生活指导室、班级心理委员制度与朋辈辅导制度，由受过训练的学生为同龄人提供心理帮助和支持。

——构筑网络平台，延伸日常思想政治教育的时间和空间。根据大学生全面素质培养的要求，建立融思想性、知识性、趣味性、服务性为一体的思想政治教育网站。既要有思想政治教育、学生党建、心理健康教育等教育栏目，又要有校园新闻、网上课堂、相册、博客等文化栏目；既要有就业指导、勤工助学、宿舍管理等服务栏目，又要有影视、音乐、游戏等娱乐类栏目，以充分满足学生的网络文化需求。

——提升社团文化品位，发挥校园文化的育人功能。校园文化会对大学生的思想观念、政治信仰、生活方式、价值取向等产生潜移默化的影响。要坚持正确的思想导向，突出校园文化的主旋律，构建积极向上、高雅健康的校园文化体系。在建设高品位校园文化的过程中，学生社团要成为繁荣校园文化、推进素质教育、营造学术氛围的主力军和主阵地。应积极推动思想政治工作进社团，深入挖掘社团活动中爱国、励志等思想政治教育因素，使社团活动具备丰富的思想教育内涵，不断提升社团文化的品位，增强对大学生的吸引力和影响力。

——探索社会实践新模式，为学生提供更加广阔的锻炼平台。社会实践是大学生日常思想政治教育的重要环节。调查发现，76.1%的大学生最喜欢的思想政治教育形式是社会实践。学校要探索建立与大学生日益增长的社会实践需求相适应的管理机制，把社会实践纳入学校教学计划，规定学时学分，努力形成党委领导、行政支持、部门协调、全员参与的运行模式。建立多种形式的保障机制，为学生社会实践提供必要的经费支持，并积极利用各种社会资源，为大学生社会实践创造有利条件。高校要从自身办学特色出发，结合专业培养目标，选择具有代表性的单位作为实践基地，把对学生进行专业思想教育与社会实践结合起来，努力打造大学生社会实践的特色品牌。北京师范大学近年来与地方政府、企业合作，在北京、南京等地建设了一批教育实践、实习、实训基地，启动了博士生赴太原和北京等地挂职锻炼的项目，在实践中收到了良好的效果。

——加强辅导员队伍建设，提高日常思想政治教育工作者的政治素质和业务能力。辅导员是大学生日常思想政治教育工作的骨干力量。要严把入口关，认真做好辅导员的选聘工作，不断优化辅导员队伍结构。要加强对辅导员的管理，建立科学的考评、考核机制，调动辅导员工作的积极性。要将辅导员的培养纳入学校师资培训规划和人才培养计划，每年选拔和资助部分优秀辅导员参加多种形式的培训。要畅通辅导员队伍建设的“出口”，在努力培养一支高水平、专业化、职业化辅导员队伍的同时建立辅导员队伍与学校专业教师队伍、行政管理队伍以及社会各领域的交流机制。

（作者：全国高校思想政治教育研究会会长，北京师范大学党委书记）

把高校优秀分子凝聚在党的旗帜下

薛进文

党员发展工作是高校党的建设的重要组成部分，把优秀分子凝聚在党的旗帜下，是高校党组织的历史使命。南开大学党委充分认识这项工作的重要意义，积极探索高校党员发展工作的新思路、新机制，不断提高党在高级知识分子与优秀大学生中的凝聚力和影响力，取得了较好的成效。

两个主要群体：高校党员发展的重点对象

作为国内外知名的高等学府，南开拥有一大批朝气蓬勃的优秀大学生和一大批高学历、高职称的拔尖人才。针对这一特点，我们明确提出把优秀大学生群体和高学历、高职称人员群体作为党员发展工作的重点对象。

一是把发展优秀青年学生入党作为大学生思想政治教育的龙头。遵循“坚持标准、保证质量、改善结构、慎重发展”的方针，我们在发展学生党员工作中突出一个“早”字。针对以往低年级学生中党员比例低、数量少，临近毕业会出现“突击发展”的现象，我校采取有力措施，将学生党员发展工作的重心“前移”、关口“前伸”，做到早选苗、早培养。每年新生一入学，都要接受党的基础知识教育。很多新生在接受教育后萌发了入党愿望。据统计，近几年全校新生入党申请人比例均达到38%以上。目前，南开全校共有大学生党员5797人，占全日制在校生总数的25.5%。

二是把发展高学历、高职称人员入党作为人才队伍建设的抓手。学校党委和各基层党组织都建立了“双高”人员档案，对非党“双高”人员制定专门发展规划，实行定人培养、定期谈话、定期考察制度。目前，全校拥有博士学位的教职工有1186人，其中党员645人，占54.4%；具有副高级以上专业技术职务的教职工1830人，其中党员1052人，占57.5%；在博士生导师中，党员比例达67.2%，特别是在文科博士生导师中，党员的比例更是达到了81.3%。

创新党课模式：高校党员发展的重要环节

通过党课对申请人进行教育，是党员发展的重要环节。以往，只有基层支部推荐的入党积极分子才有机会上党课。这种模式限制了党课的受众面，也在一定程度上抑制了普通学生向党组织靠拢的积极性。2004年以来，南开对党课教育进行了大胆创新。

一是改革党课机制。我们将本科生党课纳入学校公共选修课体系，开设了新的《中国共产党基础知识》课程，供全校所有大学生选修。若选修者为入党申请人，则可同时拿到学生党校结业证书。这一举措使每学期参加党课学习的学生从300多人增加到1300多人，扩大了党课的覆盖面。

二是更新教学内容。《中国共产党基础知识》课程在系统讲授党的基本理论和基本知识的同时，突出入党动机和理想信念教育。同时，把握时代脉搏，有针对性地开设理论热点专题讲座，如"中国特色社会主义道路与中国特色社会主义理论体系"、"马克思主义中国化与科学发展观"等。

三是强化社会实践。入党前的党课教育，注重把课堂教学与社会实践紧密结合起来，每学期40个学时中，有1/3的学时用于实践教学。选修党课的学生按照专业、年级开展实践活动。有的小组到周恩来邓颖超纪念馆、平津战役纪念馆参观学习，有的小组走进居民社区开展普法宣传等。

目前，党课已经成为南开选修人数最多的公共课程之一，每年通过党课培训的入党积极分子有近3000人。同时，还有约85%的学生参加了党章学习小组、中国特色社会主义理论体系研究小组等理论社团的活动。入党积极分子队伍的逐步壮大，为学生党员发展工作奠定了坚实基础。

真情关怀培养：高校党员发展的重要途径

在高校发展"双高"党员，坚持标准是前提，加强关怀和培养是关键。南开在实践中注意克服高级知识分子"自然成熟"的传统思想，对"双高"人员的思想、工作和生活进行全方位关怀，以真心真情激发他们的入党积极性。

一是真情感召。针对学校近年来大量引进海外优秀拔尖人才的情况，南开始终坚持党管人才的指导思想，以人为本、以情动人，使引进的优秀中青年人才充分感受到党组织的关怀，从而积极向党组织靠拢。分析化学家严秀平教授2000年来校后，学校党委和院党委全力支持他的教学科研工作。有感于组织的关怀，严秀平教授积极要求入党。院党委及时把他列为重点对象，指定专人进行培养。2007年9月，严秀平同志光荣地加入了中国共产党。

二是分类培养。针对"双高"人员的不同特点，南开注重区别情况、分类引导。对入党要求迫切又符合党员标准的，在遵循程序的前提下，加快培养；对有入党要求，暂时达不到党员条件的，定期了解培养情况，提高培养效果；对暂时没有入党意愿的"双高"人员，主动关心其工作、学习和生活，在实际工作中培养其政治热情和思想觉悟。

三是创新形式。南开努力使发展"双高"人员入党与加强党员教育管理有机结合，不断创新党组织活动的形式和内容，并注意吸收党外"双高"人员参与，使他们亲身感受到党组织的温暖和活力。信息学院光电子所教工党支部经常邀请党外"双高"人员参加支部活动。党的十七大开幕当天，支部为两位"双高"同志举行党员转正仪式，民主的评议过程、庄严的宣誓场面使旁听会议的党外"双高"人员深感震撼，其中一位教授会后不久就提交了入党申请书。

党组织的真情关怀和真心培养，激发了"双高"人员的入党愿望。近几年，南开许多"大"教授自觉地把加入中国共产党作为自己的人生追求，并光荣地成为"新"党员。

南开努力探索党员发展工作新思路，使学校党组织始终保持蓬勃生机和旺盛活力，为推动建设国际知名高水平大学提供了强有力的政治和组织保证。总结这些经验，我们的体会是：

第一，必须紧密结合高校特点，从战略全局高度认识党员发展工作的重要性。高校的科学发展，离不开党的建设这个根本保证。根据高校的鲜明特点，努力做好在青年大学生和"双高"人员中发展党员工作，对于巩固党在高校的领导地位和执政基础，不断增强党组织的生命力、战斗力和对党员干部、广大师生的凝聚力、吸引力，对于贯彻落实党的教育方针，都具有重要的意义。

第二，必须坚持科学有效的制度，推进高校

党员发展工作规范化。高校要根据校情实际，坚持和完善科学有效的党员发展制度。主要包括：坚持共青团组织推荐优秀团员入党的工作制度，坚持入党申请人、入党积极分子、预备党员三级培养教育网络制度，坚持定期分析、入党前公示和规范的党员发展制度，坚持民主评议制度等。

第三，必须正确处理“三个关系”，确保高校党员发展的质量。在党员发展的数量与质量的关系上，要既不卡指标、限数量、任意拔高要求，也不降格以求、盲目追求数量比例、搞突击发展。在政治素质与学习成绩、工作业绩的关系上，要坚持政治素质为主、思想入党为先，强调德才兼备、又红又专，消除“先专后红”的思想倾向。在主流与枝节的关系上，要注重主流、本质，对枝节上存在的问题，不求全责备，做到既要积极慎重地发展，又有效帮助其改正提高。

（作者：南开大学党委书记

辽宁大学建立大学生思想政治教育长效机制的实践与思考

王　山

辽宁大学认真贯彻落实党中央关于加强大学生思想政治教育的精神，围绕建立和完善大学生思想政治教育的长效机制进行了有益探索，并取得了明显成效。1998 年以来，学校先后被中组部、中宣部、教育部党组授予“党的建设和思想政治工作先进高等学校”、“全国先进基层党组织”等称号；2007 年至今，先后成为教育部高校辅导员培训与研修基地、国家大学生文化素质教育基地和中共中央党校党建教学优秀案例调研基地；今年 5 月 4 日，中共中央政治局常委李长春同志到辽宁高校进行调研，辽宁大学负责人就“努力提高思想政治理论教育的针对性、实效性”作了汇报。

一、有的放矢，创新教学方法

随着当代中国社会广泛而深刻的变革，大学生的成长环境和自身状况也在发生重大变化。为了适应客观形势的变化，使大学生思想政治教育更贴近实际、贴近生活、贴近大学生，我们辽宁大学准确把握当代大学生的思想脉络，不断创新教学方法，拓展教学内容，进一步增强大学生思想政治教育的针对性、实效性和说服力、感染力，引导、帮助大学生解决各种思想问题。

针对部分大学生存在信仰缺失的问题，狠抓中国特色社会主义理论体系教育。推动邓小平理论、“三个代表”重要思想进教材、进课堂、进大学生头脑，帮助他们掌握中国特色社会主义理论的科学体系和基本观点，树立正确的世界观、人生观、价值观。

针对部分大学生功利心较重的问题，狠抓社会主义核心价值观教育。通过开展集思想性、知识性、娱乐性于一体的系列主题教育活动和实践指导活动，引导大学生树立高尚的理想情操，养成良好的道德品德，树立体现中华民族优秀传统和时代精神的价值标准和行为规范。

针对部分大学生政治意识淡薄的问题，重点抓好爱国主义教育和形势政策教育。通过社会实践、专家论坛等方式，帮助大学生不断深化对我国历史和国情的认识、对改革开放 30 年伟大进程的认识，进一步增强民族自尊心、自信心和自豪感，树立以学习报国、以事业图强的理念。

今年4月，学校先后开展了“爱我西藏、爱我中华，与奥运同行”西藏摄影作品展、百名城市大学生赴农村家访团等活动，产生了良好的效果。

针对部分大学生就业压力大的问题，开展树立正确的择业观与创业观教育。广泛开展就业指导咨询、毕业生招聘等系列活动，深入挖掘校友与社会资源，与辽宁省总工会联合举办学生会员中小企业创业（SYB）培训班，设立就业工作联络员，建立毕业生就业指导网站，扎实推进学生就业工作。

针对部分大学生思想负担重、精神压力大的问题，强化心理素质教育。强调人文关怀，针对特殊群体特别是少数民族学生的特点，以思想引导人，以真情感召人，以行动凝聚人。同时注重心理疏导，通过心理知识教学、认知能力培养、心理素质训练以及建立心理档案、进行心理跟踪，促进大学生健康心智品质的养成。

二、与时俱进，创新工作体系

近年来，辽宁大学党委注重体制和制度创新，建立和完善各类规章制度，初步形成了一整套大学生思想政治教育的工作体系。

创立全方位、全过程育人制度。实行全方位德育，不仅发挥辅导员等专职工作者的作用，把教师从事思想政治教育的实际成果同他们的考核、评职、晋级挂钩，而且发挥学生的主体作用，在全国高校首先成立工会学生工作委员会，邀请学生工会委员参加学校教代会，拓宽了民主办学渠道。实行全过程德育，使学生在成长的每一个时段都能得到正确的引导，取得了显著成效。

创新教学管理制度。始终把教学活动作为思想政治教育的重要环节，以实施完全学分制为契机，将各类教育纳入基础教学体系之中，使思想政治教育相关课程成为大学生的必修课；重视为大学生减负，开展考试制度改革试点工作，倡导学生快乐学习、快意生活、快速成长；改变“灌输式”模式，代之以启发式、案例式教学方法；运用学生喜闻乐见的多媒体方式，使理论教育形象化、生动化。

创新网络管理制度。2002年建立了思想政治教育主题网站“辽风网”。在2007年举办的全国高校百佳网站评选中，“辽风网”以高票荣膺“校园人气五十强”，网站点击率已超189万次。学校还投资6000多万元建设校园网，创立大学生就业创业指导网站、大学生心理咨询网站、大学生教育教学管理网站等，通过网络进行心灵沟通与学习互动。

创新困难帮扶救助制度。实行“奖贷助补减”政策，千方百计为家庭困难学生顺利完成学业创造条件；及时办理助学贷款，设立绿色通道；完善奖励机制，获奖者已达在校学生人数的55%；广泛争取社会各界的资金支持和物质资助，积极增加勤工助学岗位；设立专门助学金，解决学生临时困难；组织百名教师、百名学生家访团队，在师生之间、学生之间开展“对对帮”活动；组织大学生艺术团赴新疆义演，为库尔勒希望工程募捐10余万元。

三、选贤任能，打造高素质辅导员队伍

辅导员队伍是高校教师队伍的一支重要力量，是大学生健康成长的指导者和引路人。打造一支政治强、业务精、作风正、素质高、深受大学生喜爱的辅导员队伍，是加强大学生思想政治教育的重要基础。辽宁大学党委把辅导员队伍建设作为加强和改进大学生思想政治教育的重要环节，并列为校党委书记的“一号工程”。

坚持“高进”原则，严把入口关，把优秀人才选拔到辅导员队伍中来。积极引入竞争机制，建立了公开选拔优秀硕士毕业生充实思想政治教育队伍的制度。近两年，37名硕士毕业生进入学生管理工作第一线，在校机关选调30名优秀年轻干部下派到17个学院任专职辅导员。

坚持“精育”原则，着力提高辅导员的政治素质和业务能力。一是举行岗前培训，依托设在辽宁大学的全国及辽宁省高等学校辅导员培

养基地，对新任辅导员进行岗前培训。二是提供交流学习机会。在全省首创“辅导员沙龙”活动，并重点选拔学生辅导员走出校门，走出国门，开阔视野，增长才干。三是深入开展辅导员工作理论研究，用科学的理论武装辅导员队伍。

坚持“严管”原则，着力提高辅导员的工作水平和育人水平。一是完善辅导员考核办法，初步建立了以工作实绩为主要内容、以学生满意度为主要指标的考核体系。二是注重辅导员队伍建设的不断创新。初步组建了百名校友、家长、教师组成的兼职辅导员团队。

坚持“优出”原则，切实解决好辅导员的出路。一是鼓励一部分专职辅导员长期从事本职工作，鼓励其成为思想政治教育方面的专门人才；二是根据辅导员的工作表现和能力大胆提拔使用；三是鼓励和选送年轻辅导员攻读博士，选送优秀辅导员赴国外培训，促进骨干队伍向专业化、职业化方向发展。

（作者：辽宁大学党委书记）

把党组织建设好　为中国特色社会主义事业努力奋斗

韩景阳

胡锦涛总书记在纪念党的十一届三中全会召开30周年大会上的讲话中，进一步深刻阐述了党的十七大报告总结的“十个结合”的宝贵经验。重温这“十个结合”，深感其意义的重大和深远，是我们今后在改革开放的道路上必须深刻铭记并继续践行的。下面谈一点对“必须把推进中国特色社会主义伟大事业同党的建设新的伟大工程结合起来”的认识和感想。

建设中国特色社会主义是中国共产党的历史责任

近代中国曾饱受帝国主义、封建主义和官僚资本主义的压迫，一直在寻求民族独立、人民解放的道路。有太平天国、义和团运动，也有维新变法和立宪运动，还有孙中山领导的辛亥革命，等等，但都没有找到一条成功的道路。中国共产党担负起了领导中国人民进行新民主主义革命的重任，推翻了“三座大山”，建立了新中国，实现了民族独立、人民解放的愿望。新中国成立后，面对千疮百孔、一穷二白的国家，党带领全国人民自力更生、艰苦奋斗，建设社会主义国家，取得了令人瞩目的成就，但也经历了“文化大革命”等曲折和磨难。1978年党的十一届三中全会，开启了中国改革开放的新时代，党在总结以往经验教训的基础上，领导中国在国家富强、人民富裕的道路上继续前进。尽管在党的发展历史上曾经历过挫折、走过弯路，但我们的党以马克思主义为指导，把马克思主义理论与中国实际相结合，努力在实践中探索中国特色社会主义道路。30年改革开放的实践证明，党不但能够正视自己的不足，而且有能力带领中国人民在社会主义的道路上不断前进。在此过程中，党高度重视自身建设，提出了进行党的建设新的伟大工程，思想建设、组织建设、作风建设、制度建设和反腐倡廉建设等不断得以加强，从而充分发挥了中国特色社会主义领导核心的作用，带领全国人民在中国特色社会主义的道路上不断前进。

党的建设新的伟大工程是完成建设中国特色社会主义历史责任的基础保证

作为中国特色社会主义的领导核心，中国

共产党担负着光荣而繁重的使命，为此，党必须不断加强自身建设，不断提高执政能力，始终保持党的先进性。

党的执政能力是党在取得政权以后必须面对和认真解决好的问题。共产党夺取政权不容易，执掌好政权尤其是长期执掌好政权更不容易。党必须提出和运用正确的理论、路线、方针、政策和策略，领导制定和实施宪法和法律，采取科学的领导制度和领导方式，动员和组织人民依法管理国家和社会事务、经济和文化事业，有效治党治国治军，建设社会主义现代化国家。我们党围绕执政能力建设作出了巨大的努力，特别是在全党围绕提高领导水平和执政水平、提高拒腐防变和抵御风险的能力这两大历史性课题，着重从思想和作风、体制和机制、方式和方法、素质和本领等方面进行加强和改进。中国特色社会主义的伟大事业，要求共产党必须具备极强的执政能力，在各种困难和挑战面前经得起考验，在各种艰险和风浪面前能够始终保持清醒的头脑，采取有效的措施，保持正确的方向。

党的先进性建设一直受到高度重视。先进性是马克思主义政党的根本特征，也是马克思主义政党的生命所系、力量所在，是无产阶级政党生存和发展的根本依据。党的先进性建设既要求党的理论和路线方针政策顺应时代发展的潮流和我国社会发展进步的要求，反映全国各族人民的利益和愿望；同时也要求各级党组织不断提高创造力、凝聚力和战斗力，发挥好政治核心作用和战斗堡垒作用，要求广大党员不断提高自身素质，发挥好先锋模范作用。在新世纪新阶段，我们在全党集中开展了保持共产党员先进性的教育活动，就是要通过学习教育活动，使广大领导干部和共产党员充分认识所面对的深刻变化，包括党所处的地位和环境的深刻变化，党所肩负的历史任务的深刻变化，党的自身状况发生的深刻变化，从而进一步理解和坚持党的先进性，把党的先进性建设同中国特色社会主义的伟大事业紧密结合起来，使我们的党永葆先进性。

每一个基层党组织都应该成为党的建设新的伟大工程的建设者

投身党的建设新的伟大工程，每一个基层党组织都责无旁贷。党组织就像一棵参天大树，每一个党的基层组织都是大树上的一片树叶。树叶与大树血脉相连、命运与共，树叶从树根树干汲取营养，树叶也通过光合作用为大树的生命作出贡献。作为一个基层党组织，作为大树上的树叶，我们一定要为大树的繁茂和常青作贡献，为保持党组织机体的鲜活和生命力作出积极的努力。

高校是培养社会主义合格建设者和可靠接班人的重要阵地，是培养国家建设骨干人才的地方。高校党组织必须始终坚持社会主义的办学方向，认真学习贯彻党的基本理论、基本路线、基本纲领、基本经验，特别是要全面贯彻党的教育方针，坚持教育为社会主义现代化建设服务，为人民服务，与生产劳动和社会实践相结合，培养德、智、体、美全面发展的社会主义建设者和接班人。高校党组织必须紧密围绕学校的教育教学和科学研究开展工作，致力于加强师资队伍建设，改善办学条件，提高教育教学水平，为国家培养高素质人才；同时，要面向国家经济、文化和社会发展的需求，加强基础研究和应用研究，为社会主义现代化事业多出研究成果。高校党组织要坚持不懈地抓好党的基层组织特别是党支部的建设，从组织生活入手，促进党支部建设，选配好党支部书记和支委会，增强基层党支部的工作活力，充分发挥党支部的战斗堡垒作用和共产党员的先锋模范作用，使党的最基层组织永远保持创造力、凝聚力和战斗力。始终把人才培养作为高校的根本任务，把培养学生的质量作为检验办学水平的最重要标志，加大在人才培养方面的工作力度，保证优秀教师的教学投入，坚持教书育人，动员各方面的力量，努力实现全员育人、全过程育人，始终把学生的全面成长放在学校工作的首位切实抓好。同时，从党的事业兴旺发达和后继有人的高度，积极做好在大学生中发展党员的工作，把优秀青年学生吸引和凝聚到党的事业和组织中来，为党和国家培养栋梁之材。高校党组织要继承和发扬我们党的思想政治工作的光荣传统和宝贵的工作优势，通过各种途径和方法，不断加强和改进思想政治工作使其更具针对性、更有实效性。通过高校党组织的积极工作，使党的生机和活力得以充分发挥，在党的建设新的伟大工程中作出我们的贡献。

（作者：清华大学党委副书记）

加强高校辅导员培养　推进队伍专业化建设

杨晓慧

推进辅导员队伍专业化建设，要深入研究辅导员培养的工作方式和方法。辅导员培养包括两个层面，一是广义的，包括高校中辅导员的选拔、任用、管理、培训、提高和使用等各个环节，都和辅导员的培养与发展有关，一定意义上说都是培养；二是指具体的培训工作，包括从国家层面直接设计并推动的项目性工作，比如依托国家教育行政学院等单位举办全国高校辅导员骨干示范培训、建立教育部高校辅导员培训和研修基地、实施高校辅导员继续攻读学位计划、设立高校辅导员出国研修项目等。这里主要讨论教育部高校辅导员培训和研修基地的示范性培训培养工作。

设立教育部高校辅导员培训和研修基地，是要搭建辅导员培训培养的平台，进一步整合各方面力量，加大辅导员培养力度，加强辅导员工作研究和交流，科学规范地提高辅导员工作水平。建设好教育部高校辅导员培训和研修基地，需要切实贯彻国家基地建设规定，总结本校培训经验，明确基地建设的工作目标与原则、培训内容与方式、培训方案与计划。

第一，明确高校辅导员专业化培养的基本定位

“辅导员、班主任是高等学校教师队伍的重要组成部分”，辅导员队伍的专业化培养应该遵循教师队伍专业化培养的一般规律。自 20 世纪 70 年代以来，欧美国家在教师职业的专业化发展方面开展了大量的理论与实证研究。近 10 年来，我国教育科学工作者也在这方面开展了大量的研究，提出了不少真知灼见。一般认为，教师专业化是指教师在整个专业生涯中，通过终身专业训练，依托专业组织，习得教育专门技能与规范，取得教师资格，实施专业自主，表现专业道德，逐步提高自身从教素质，成为一个良好的教育专业工作者的成长过程。根据对教师专业化概念的理解，辅导员队伍的专业化，实质就是依托专门的机构及终身专业训练体系，对辅导员进行科学的管理和培养，使辅导员掌握从事思想政治教育工作的知识和技能，实施专业自主，体现专业道德，提高自身的学术地位和社会地位，全面有效地履行辅导员职责的过程。

作为高等学校教师队伍和管理队伍的重要组成部分，辅导员具有教师和干部的双重身份，有别于其他专业教师。辅导员的工作是以思想政治教育为主线，寓教育于学生党建和团建、日常教育管理与服务以及课外活动中，其职责、工作内容和方法都明显不同于其他专业教师。因此，辅导员队伍专业化培养也有其特殊性。表现在素质要求上，就是作为辅导员要“政治强、业务精、纪律严、作风正”，即要求辅导员具备非常高的思想政治素质，有坚定的理想信念，有爱心、责任心，能够认真总结和学习开展大学生思想政治教育工作的经验，掌握做好工作的技巧和规律，具有很强的组织能力、分析解决问题的能力，具有很强的组织纪律性，具有良好的工作作风。这一要求既体现了对教师素质的一般要求，又深刻反映了辅导员作为教师和干部双重身份的内在特性。所以，这既是当前对高校辅导员的素质要求，更是辅导员队伍专业化的努力方向和目标。

第二，做好高校辅导员专业化培养的规划设计

要用开放的理念对基地进行规划。基地应该是面向全国、广聚名师大家的基地，应该是面向世界、国内培训与海外研修相结合的基地，应该是面向兄弟基地、培训与研修共享的基地。要瞄准专业化的目标对基地进行规划。必须走专业化发展之路，将基地建设成为该地区专业化的辅导员进修平台、交流互动平台、队伍状况观测平台、理论与实践创新平台，成为专业化的工作培训中心、理论研修中心、信息咨询中心。要坚持学科性、实践性并重，坚持研修与学科建设结合，坚持培训与实践创新对接。

要凝炼基地的办学理念和特色，以培养“工作者”和“思想者”为理念，在实际工作层面培养“能力强、业务精”的思想政治“工作者”，在理论研究层面培养“专家化、学者型”的“思想者”。为此，要以“开放式”为特色，搭建开放式、高起点的师资平台，汇聚国内外一流名师；设立海外培训基地，把优秀学员送到国外研修。要科学规划基地的培训内容，围绕辅导员的素质要求，重点进行政治理论、政策法规、业务知识、文化素养和技能训练等方面内容的培训。要确立基地建设的基本原则：坚持终身培训，使辅导员培训成为持续、发展的过程；坚持尊重需求、按需施教，科学把握辅导员的成长规律和实际需求，分级分类地开展辅导员教育培训，激发辅导员学习的内在动力和潜能，增强培训的针对性和实效性；坚持全员培训、保证质量，面向全体辅导员，创造人人皆受教育、人人皆可成才的条件，大幅度提高辅导员素质，实现辅导员教育培训的规模、质量和效益的统一；坚持学以致用、注重能力，引导辅导员运用所学理论和知识指导实践，提高解决实际问题的能力，将能力培养贯穿于辅导员教育培训的全过程。基地建设总体上要做到六个结合：岗前培训与日常培训有机结合，理论培训与实务培训有机结合，系统培训与专题培训有机结合，集体培训与骨干培训有机结合，送出去与请进来有机结合，学术研讨与专业进修有机结合，切实提高辅导员的专业化水平。

第三，抓住高校辅导员专业化教学培训这个核心

一是要优化课程体系，打造精品课程。课程体系的设计应紧紧围绕培养“思想者”和“工作者”的目标，坚持知识与技能、过程与方法、情感态度与价值观三维并进的原则，涵盖背景知识、岗位基础、工作实务、经验实践等内容。《现代课程论》中指出：“课程问题在任何一个教育体系中，总是居于中心地位。”辅导员培养的目的是为了帮助辅导员更好地从事大学生思想政治教育工作。因此，考虑辅导员的需要，课程应是“系统知识、智力技能与情意内容的复合物”。课程体系至少应包括“形势及思想政治教育解读”、“大学生解读”、“工作实务解读”和“特色学生工作”四个模块。在解决辅导员自身素质与内涵方面还可以设计“老辅导员的心声”和“新辅导员的心语”等课程，紧密联系学员的思想和工作实际，突出课程的针对性和实效性。为更好地规划课程建设方向，基地应该成立教学指导委员会，负责教学计划的审定。

二是完善教学方式，注重科学性、实效性。教学是实现教育目的的基本途径。要高质量高效率地完成各项教育任务，一个至关重要的方面就是遵循教学规律，处理好间接经验和直接经验的关系、传授知识和提高思想觉悟的关系、传授知识和发展智力的关系，以及发挥教师的主导作用与调动学生积极性、自觉性的关系。因此，基地的教学方式应该涵盖名师授课、主题讨论、学员论坛、参观考察、活动观摩等方面，力求多角度、多途径提升辅导员工作水平。教学过程中要及时掌握学员对授课教师、培训内容及培训工作的意见和建议，不断改进培训模式，确保培训质量。在教学中可设置菜单式主题讨论环节，学员自主选题、分组研讨，形成研讨成果后在学员论坛上作交流汇报，为学员搭建一个交流学习、共享资源的平台。

三是汇聚名师，建设高质量的师资队伍。应该从三方面入手，建设高水平师资队伍。一是建设完善专家信息库，全方位掌握国内相关学科专家学者信息。二是坚持开放式办学，聘请国内外一流专家学者作为基地授课教师。三是以聘请基地建设专家组成员和兼职教授的方式，汇聚一流专家作为基地的长期主讲教师。

第四，打牢高校辅导员专业化研修深造的基础

研修深造是从学术层面提升辅导员专业化程度的必要手段。基地除承担培训任务外，还要承担专题研究的任务，积极开展辅导员队伍建设及大学生思想政治教育等方面的难点、热点问题的研究，加强辅导员队伍建设及大学生思想政治教育相关理论探索和创新。基地要在教学实践和科研的基础上，为教育部和省级教育部门制定相关政策提供决策咨询，确保政策的合理到位，努力成为加强辅导员队伍建设及大学生思想政治教育的智库。首先是把基地建成学员普遍参与的大的调查研究中心。应以基地为枢纽，以每名辅导员为点，以每所学校为线，建设网状多向、区域性的信息系统，实现对该区域大学生思想状况的动态监测、科学分析和精准预测。其次是依托基地，建设所有学员参与的大的学术研究团队，由学科骨干和受聘的专家教授指导辅导员从事学术研究。三是通过确定科研方向，提升研修实效。基地应投入一定的经费面向本地区高校辅导员设立科研项目，创办辅导员学术期刊，打造可供学员发表学术观点、展示研究成果的学术园地。四是启动海外研修基地建设项目，以海外友好合作校为依托，启动海外研修基地。五是认真抓好高校辅导员硕士、博士的招收和培养工作，畅通学员提高学历的渠道。六是同步创建高校辅导员研修交流的网上平台，努力将其打造为辅导员学术交流的中心、信息咨询的中心和工作互动的中心。

第五，做好高校辅导员专业化培养的组织管理工作

基地要采取“定位管理”、“导师制管理”与“自我管理”三位一体的培训管理模式。“定位管理”是指为学员学习、生活和实践确定一整套规范的操作和评价体系，将其贯穿于培训的全过程。“导师制管理”是指将学员分为若干班组，聘请专家担任班组导师，对学员进行思想、工作、科研等方面的教育和指导，帮助学员提升理论水平和工作能力。“自我管理”是指培训班设立各级学员组织机构，充分发挥学员骨干的模范带头作用，有效推进班组各项活动的开展。

第六，确保高校辅导员专业化培养的必要投入

基地的条件和保障是确保培训效果的基础。教育部明确要求学校成立相应的组织领导机构，加强统筹规划和协调，充分调动各方面的力量，为基地建设提供保障。基地要成立专门的管理机构，保障基本的机构和人员设置，具体负责基地各项培训和研修工作。学校要保证基地建设的经费投入。辅导员队伍专业化工作任重而道远，需要“像重视业务学术骨干的选拔培养那样重视辅导员的选拔培养，像关心业务学术骨干的成长那样关心辅导员的成长”，“使他们工作有条件，干事有平台，发展有空间”，从而充分调动他们工作的积极性和创造性，真正成为“政治强、业务精、纪律严、作风正”的思想政治教育工作专家。

（作者：东北师范大学党委副书记）

新形势下高校网络思想政治教育长效机制的构建

骆郁廷

当前，网络已经成为高校思想政治教育工作的新平台、新手段和新载体，在高校思想政治教育中发挥着日益重要的作用。网络的出现，既给高校思想政治教育带来了挑战，也给高校思想政治教育创造了机遇。为了回应挑战、把握机遇，持续发挥网络在高校思想政治教育中的重要作用，必须深入探索和着力构建新形势下高校网络思想政治教育的长效机制，这已成为当前高校思想政治教育必须认真思考和着力解决的现实课题。

近年来，在中央的高度重视和教育部的积极引导下，高校网络思想政治教育工作不断加强，但在构建长期持续有效的工作机制方面还存在明显的不足。在新形势下，构建高校网络思想政治教育的长效机制刻不容缓，具有重大现实价值。

首先，构建高校网络思想政治教育长效机制，是提高当代大学生思想政治素质的需要。大学生网民人数众多。据中国大学生在线公布的最新统计数据显示，我国互联网用户已达到1.7亿，网民达2.1亿，在校大学生是全部网民中最大的上网群体，已成为网络应用的主力军。网络在大学生中的普及，充分体现了大学生对现代信息技术掌握和运用的程度，反映了大学生对新事物、新技术的敏感程度，表明互联网已成为大学生学习、生存、发展的重要方式，大学生的成长、发展与进步越来越离不开互联网。马克思曾指出："个人怎样表现自己的生活，他们自己也就怎样。因此，他们是什么样的，这同他们的生产是一致的——既和他们生产什么一致，又和他们怎样生产一致。"在现代信息社会，大学生越来越注重运用互联网这种现代信息技术手段和方式，来获取信息，学习知识，交流思想。他们的思想观念、思维方式、价值取向日益受到互联网的影响。因此，在新形势下，把高校思想政治教育融入网络之中，建立自律与他律、激励与约束、教育与管理有机结合的长效工作机制，有利于全面提高大学生的思想政治素质。

其次，构建高校网络思想政治教育长效机制，是拓展高校思想政治教育时空维度的需要。高校思想政治教育总是在一定时空维度内进行的，教育活动的广延性和活动过程的持续性构成了它的时空维度。大学生的网络生活为高校思想政治教育工作留下了大量的自由时间和真空地带，构建高校网络思想政治教育长效机制，有助于大学生思想政治教育工作在时间上延长、空间上拓展，营造全天候、全方位的育人环境，扩大高校思想政治教育的覆盖面和影响力。网络媒介作为一种教育工具，在传播思想政治教育信息方面具有交互传播、实时传播、连续传播、广泛传播、多媒体传播等显著优势，方便我们以便捷直截的方式在高校思想政治教育的各环节加以运用，从而极大地提高思想政治教育工作的效率和效用。

一、构建高校网络思想政治教育长效机制的依据

首先，构建高校网络思想政治教育长效机制，必须适应网络自身的特点。互联网信息量多、传播速度快、影响范围大、覆盖面广，具有开放性、交互性、实时性、虚拟性、多样性等特点。只有适应这些特点，才能构建起合理、有效、管用的高校网络思想政治教育长效机制。

互联网作为一个高度开放的传播媒体，打

破了传统新闻媒体对舆论的控制和对信息的垄断,使传播过程中的传受双方变得更为自由和平等。网络媒体的开放性有利于各种不同的甚至异质的信息充分互动和交流,各种文化在网上激荡、交融、涵化和选择。迅疾的速度优势是信息网络的重要特点,信息高速公路所铺设的四通八达的方便快捷的网络,使高校学生不必按传统方式在规定时间到规定场所接受教育,而是可以在任何一个设有终端的地方随时获取所需的知识,接受教育。同时,网络文化多元信息流的冲击,给高校思想政治教育也带来了新挑战,高校思想政治教育工作者要对网络保持高度的关注,做到了解、知情、监控。高校构建网络思想政治教育长效机制,必须充分体现出这些特点并一一应对之,才能真正发挥持久的育人功能。

其次,构建高校网络思想政治教育长效机制,必须适应网络影响大学生思想的特点。网络影响大学生思想的途径、方式,有着迥异于其他传统方式的特点。一是弥散性。网络通过其弥散性功能,形成一种濡染教化的氛围,能够迅速渗透到校园文化生活的各个角落和学生思想的各个层面,对大学生观念的形成、思想的发展、人格的培育、性格的塑造和理想的建构起作用。二是双重性。网络上隐匿的自由和自由的隐匿,使得网络成为一个道德规范相对薄弱的场所,一个缺乏真实面对的人际互动且人格与交往情境双重分裂的情境,这可能使大学生网民不用顾忌现实社会的行为规范,从而对自身本来的社会角色的行为规范和现实中的形象进行颠覆,甚至形成一种网络双重人格。三是参与性。网络成员沟通的交互性给原有思想政治教育方法的机械性、静态性、单向性带来新冲击。大学生网民可以同步共享信息,自由选择交流方式,自主决定行为模式。沟通方式的变化使得交流和理解更为容易。每个上网者既可以接受信息,也可以制造信息;既相互沟通,也相互感染。四是连续性。在互联网上,大学生只要接触网络,网络对他们的或积极或消极的影响就是无限的,从政治价值观、政治态度、政治情感到政治行为,其影响都是连续的。

再次,构建高校网络思想政治教育长效机制,必须适应网络思想政治教育的发展趋势。一是个性化的发展趋势。人的个性发展需要个性化的网络思想政治教育。互联网可以提供给大学生大量可供自主选择的思想政治教育信息,提供自主参与思想政治教育实践活动和更多自由可支配的时间,为思想政治教育的个性化提供了条件或可能。二是生活化的发展趋势。电子邮件、远程教育、电子商务、电子政务、网络社区、网络新闻、网络游戏、博客、播客、QQ 和 MSN 等衍生媒体工具的日益广泛应用,使大学生的生产、学习、生活和休闲方式发生着深刻变化,同时也为网络思想政治教育的生活化提供了技术支持,大学生生活网络化将不断拓展,网络思想政治教育的生活化将不断得到提升。三是社会化的发展趋势。随着各种局域网、城域网同国家级现有的四大骨干网络(即中国公众多媒体互联网、中国教育科研网、中国科学技术网、中国金桥信息网)相连通,使网络思想政治教育进入社会的各个方面,并初步形成了多途径、多形式的立体格局。四是规范化的发展趋势。治理网络环境是开展网络思想政治教育的基础工程。维护网络秩序,净化网络环境,需借助制度化的规范,特别是法律法规的限制。总之,构建高校网络思想政治教育长效机制,必须具备敏锐的前瞻性,适应并切实把握其发展趋势。

二、高校网络思想政治教育长效机制的构建

加强机制创新,构建长效机制,是从根本上加强和改进高校网络思想政治教育的重要举措。建立高校网络思想政治教育长效机制,应致力于建立健全网络思想政治教育的协调机制、决策机制、引导机制、监控机制、调节机制和保障机制,以促进高校网络思想政治教育的科学化、规范化。

首先,着力构建高校网络思想政治教育的

协调机制。一是组织协调。高校要建立健全党委统一领导、行政部门为主实施、党政工青齐抓共管的网络思想政治教育领导体制和工作机制，设立校园网络管理办公室，统一协调校园网管理工作与学校思想政治教育的关系。二是资源协调。既要注重高校网络思想政治教育人力资源的协调，还要注重校内各网站之间在发挥育人功能方面的关系协调，更要注重开发、利用和合理配置校内各网站的育人资源。三是内容协调。要明确学校各门户网站在学校网络思想政治教育中的分工和定位，通过合理的协调，避免各网站内容简单雷同和栏目重复建设，力求形成主题鲜明、特色突出、功能互补、相得益彰、共振和谐的教育平台。

其次，着力构建高校网络思想政治教育的决策机制。一是构建高校网络思想政治教育的舆情信息获取机制。要高度重视舆情信息的收集工作，畅通收集渠道，完善收集方式，建立健全导向明确、灵敏高效的舆情信息的搜寻与积累、鉴别与筛选、分类与归纳、汇总与存储的工作机制，建立舆情信息档案。二是构建高校网络思想政治教育的舆情信息分析机制。运用定性和定量相结合的舆情分析法，通过初步甄别、整理分析、综合研判等程序，鉴别信息真伪，把握总体态势，发现苗头动向，预测网络舆情和思想信息的发展趋势。三是建立科学合理、民主高效的决策方式。通过明确决策程序，深入调查研究，在对网络舆情信息进行研判的基础上，作出网络思想政治教育的科学决策，把握工作方向，明确工作思路，确定工作重点，选择工作对策。凡是涉及学生切身利益的网络思想政治教育问题，必须向专家和师生咨询，广泛征求意见，充分论证，民主协商，以达成共识。

其三，着力构建高校网络思想政治教育的引导机制。一是实行教师引导与学生参与相结合。要创建一支精干的专兼职相结合的网络评论员队伍。既要培育一批专职的网络评论员队伍，使其成为学校和院（系）网络思想政治教育的中坚力量；又要组建一批覆盖面广、政治觉悟高、立场坚定的兼职网络思想政治教育工作队伍，广泛吸收学生辅导员、班主任、青年教师、学生党员和社团负责人参加。网络评论员队伍的主要职责是对重要事件进行主动引导、澄清事实、分析原因、释疑解惑。二是实行价值引导与舆情引导相结合。校园网内容上要突出主题，坚持以社会主义核心价值体系引领学生思想；宣传创新理论，传播先进文化，倡导科学精神，塑造美好心灵，弘扬社会正气，发挥网络润泽心灵、陶冶情操、愉悦身心的作用。不仅要及时掌握网络舆论热点，而且要深入分析舆论背后的思想倾向和价值取向，把舆情引导和价值引导有机结合起来，有针对性地加以引导。三是实行网上引导与网下引导相结合。要善于综合运用多种现代网络信息交流方式，如建博客、播客、QQ 群，有效导帖、适时跟帖、及时结帖等，灵活运用"疏、导、堵"等方式，积极参与到网上交互性较强的栏目中，以平等身份交流，增强网上正面声音，保证网上信息的导向和质量。同时注意构建传统的思想政治教育与网络思想政治教育有机结合的机制，做到网上网下信息共享、相互交流、密切互动，把网上的信息拿到网下组织同学们进行讨论分析，形成正确的思想共识，再把网下形成的思想共识拿到网上去交流与传播，进一步扩大正确思想共识的影响力。

其四，着力构建高校网络思想政治教育的监控机制。为使高校网络思想政治教育始终处于能控、会控、可控的状态，一要实现统一监控与分级监控相结合。学校要建立统一的网络信息监控机制，统一监控机构，制定监控标准，明确监控范围，加强对违法信息、不良信息、带毒信息的监控，注重对免费个人主页及其链接的审查，落实实名注册登记，制定完善的规章制度。同时还要对重点网站的重要栏目进行重点监控，适时实行有效的分类分层监控。二要实现日常管理监控与应急监控相结合。凡遇重大突发事件和政治敏感期，要在严格日常管理的基础上实施网络应急管理预案，启动应急监控机制，进行 24 小时不间断监控。三要实现内部监控与外部监控相结合。既要从学校内部加强校园网的监控，又要从学校外部加强校园网的监控，防止有人利用内部的网络管理疏漏对外传播不良信息，也要防止利用外部的网络管理漏洞对高校进行信息骚扰。要把学校职能部门的内部监控同政府主管部门的外部监控有机结合起来，密切互动，互相协助，形成高校校园网络监控的严密机制和强大合力。四要实现人工监控与技术监控相结合。应加大对监控技术的应用，开发适应高校网络思想政治教育需要的监控软件，删除或过滤不良信息和有害信息，堵住监控的漏洞，在时空上不留死角，重点解决二级 IP 地址的实名制管理问题。同时要加强人员监控，使其与技术监控互为补充、相得益彰。

其五，着力构建高校网络思想政治教育的调节机制。一要构建评估机制，主要包括高校网络思想政治教育评估指标体系、评估主体、评估程序以及评估结果的运用等。评估指标体系主要有对思想政治教育网站或网页建设状况、网络思想政治教育队伍、网络思想政治教育研究现状、网络关键信息的筛选与影响力、网络思想政治教育绩效的评估。评估程序应体现全面、科学、民主、公开的原则。二要构建网络舆情搜集、处理、反馈的工作机制，以满足新形势下高校网络信息管理危机干预之需。要主动地与大学生进行网络沟通，减少网络信息传输的中间环节，降低网络信息沟通成本，提高教育的针对性和有效性。三要构建网络思想政治教育的调节机制。要在对高校网络思想政治教育所传播的信息及其效果进行科学评估和及时反馈的基础上，主动根据反馈的信息对高校网络思想政治教育系统所输出和传播的信息进行调整，直到思想政治教育信息的再输出能达到预期目的、实现其最佳功能为止。

最后，着力构建高校网络思想政治教育的保障机制。高校网络思想政治教育要健康、协调、持续地发展，就必须建立健全包括投入保障、技术保障、法律保障、制度保障等方面在内的网络思想政治教育保障体系。为此，一要加大资金投入力度，积极探索和努力形成高校网络思想政治教育资金的多元投入机制。二要提供与时俱进的技术支撑，以适应高校网络思想政治教育快速发展的多方面需要。三要完善法律保障，在制定网络法规时要注意适度性、针对性和整体协调性。四要以制度为保障，切实解决好校园网站的地位、功能、目标、内容、队伍、经费等一系列问题，切实解决网络思想政治教育环境的治理问题。此外，还要强化高校网络思想政治教育主体的道德自律，建构高校网络思想政治教育的自律机制，制定完善的网络道德规范，建立网络道德规范的教育制度，不断强化大学生网络道德意识，提高他们驾驭网络的能力，引导他们文明上网、健康上网，将校园网建设成为集思想教育、学生党建、素质培养、信息服务为一体的全方位网站，实现网络思想政治教育的良性循环互动，提高大学生思想政治教育的实效性。

（作者：武汉大学党委副书记）

在新的历史起点上
推进思想政治教育理论创新发展

武东生

胡锦涛总书记在纪念党的十一届三中全会召开 30 周年大会上的重要讲话，深入阐述了党的十七大提出的“十个结合”的宝贵经验，将30年来中国共产党的全部理论和全部实践，归结为创造性地探索和回答什么是马克思主义、怎样对待马克思主义，什么是社会主义、怎样建设社会主义，建设什么样的党、怎样建设党，实现什么样的发展、怎样发展等重大理论和实际问题，指出30年历史经验的基本点，就是把马克思主义基本原理同中国具体实际相结合，走自己的路，建设中国特色社会主义。讲话既是对30年历史的全面深刻总结，又是在新的历史起点上继续推进改革开放伟大事业的鲜明宣示，对于我们科学认识历史、准确判断当代中国社会运动的趋势，自觉运用30年宝贵经验做好当前的工作，具有十分重要的指导意义。下面结合思想政治教育理论在改革开放新时期的发展，谈点学习的初步体会。

在新的历史条件下，把马克思主义基本原理同中国具体实践结合起来，努力推进实践基础上的理论创新，保持马克思主义理论的蓬勃生命力，为改革开放提供正确的理论指导，是新时期发展进步的一条基本经验。作为中国特色社会主义理论体系重要组成部分的思想政治教育理论30年来所取得的进展，就是在新的历史条件下理论创新的一个具体体现。

新时期思想政治教育的理论推进，可以从多种角度加以总结，其中最引人注目的特点表现在思想政治教育学科的设立和专业发展上。思想政治教育的专业化建设开始于1984年，这一年，教育部批准南开大学等12所高校设置了思想政治教育本科专业，并在同年批准清华大学等6所高校开办了思想政治教育专业第二学士学位班，由此开始了采取正规化、专业化方式培养思想政治工作高级人才的过程。1987年国家教委下发通知，决定在复旦大学等10所高校设置思想政治教育硕士点，并在次年开始了硕士学位层次上思想政治教育专业招生。1996年国务院学位委员会批准武汉大学等3所高校设立“马克思主义理论与思想政治教育”博士学位点；2005年，中央实施马克思主义理论研究和建设工程，决定设立马克思主义理论一级学科，思想政治教育成为马克思主义理论一级学科下独立的二级学科，有66个单位获得思想政治教育二级学科博士点的授权。在短短20年的时间里，思想政治教育的学科设立和专业建设从无到有、从小到大，目前已经发展成为高校中具有相当规模的大专业。我们知道，高校学科范畴下专业的建设，根据在于科学自身的发展，即科学知识在综合和分化过程中有相对独立特性门类的形成是设立学科和发展专业的基本理由。在新中国的历史上，从1984年开始，高校开设思想政治教育本科专业，在不太长的时间里由本科而硕士、博士的招生培养，思想政治教育的专业发展和学科建设实现了长足的进步，就是以思想政治工作的科学研究、思想政治教育作为一门相对独立学问的发展为基础的。30年来，从马克思列宁主义、毛泽东思想的基本观点和学说到中国共产党工作实践的历史沿革，从一般规律到新的历史条件下规律作用的方式和特点，从基本原理到社会不同领域原理的具体应用，思想政治教育的理论探索和研究广泛而深入，取得了十分丰富的成果。而这一探索过程的深刻背景则是在改革开放的新形势下中国共产党如何继承和发展思想政治工作优良传统，理论创新如何面对发生历史性变化的社会实际重新认识思想政治工作的属性和功能、充分发挥思想政治教育积极作用的时代课题。

1980年，在总政治部直属队党代会上韦国清指出“政治工作也是一门科学”，《解放军报》发表的评论员文章提出“革命的政治工作同样是一种专业知识，一门科学”。同年，第一机械工业部和全国机械工会联合召开的思想政治工作座谈会上也提出“思想政治工作要成为一门科学”，《光明日报》以“思想政治工作要科学化”为题开展讨论，《人民日报》、《工人日报》、《解放军报》、《文汇报》等报刊先后报道和刊发了有关的讨论文章。将思想政治教育作为“科学”来对待，在今天成为人们的共识。然而，从30年来思想政治工作领域的实践探索和理论上的新进展看待这场讨论，其意义则非同寻常，因为30年来思想政治教育理论推进的过程恰是以“思想政治工作要科学化”的命题作为起点的。中国共产党一贯重视思想政治工作，在领导人民进行新民主主义革命、社会主义革命和建设过程中充分发挥思想政治工作的积极作用，积累了十分丰富的实践经验；党也十分重视思想政治工作领域成功经验的总结和理论概括，早在1938年，毛泽东曾说，“政治工作的研究有第一等的成绩，其经验之丰富，新创设之多而且好，全世界除了苏联就要算我们了，但缺点在于综合性和系统性的不足”。这就提出了思想政治工作的研究和理论建设问题。其后，通过《新民主主义论》、《关于正确处理人民内部矛盾问题》等一系列重要著作，毛泽东就思想政治工作是经济工作和其他一切工作的生命线、社会主义建设过程中思想政治工作的地位和作用、思想政治工作的目的和方针、内容和方法等问题进行了系统的阐述。以毛泽东为核心的党的第一代中央领导集体创立的思想政治工作的理论，是毛泽东思想科学理论体系的重要内容，这一理论是对中国共产党领导人民在长期革命和建设中进行思想政治工作宝贵经验的概括，是对马克思主义的思想政治教育学说的丰富和发展，同时也是进入新时期党在新的实践基础上推进思想政治教育理论创新的基础。新时期思想政治工作“科学化”问题的提出和深入讨论，反映的是十一届三中全会作出把党和国家的中心工作转移到经济建设上、实行改革开放的历史性决策后，中国共产党坚持把马克思主义基本原理同推进马克思主义中国化，以实践基础上的理论创新为思想政治工作提供理论指导的自觉。

毛泽东曾说过：“一定的文化（当作观念形态的文化）是一定社会的政治和经济的反映，又给予伟大影响和作用于一定社会的政治和经济；而经济是基础，政治则是经济的集中的表现。”任何一个国家为了维护它所实行的基本制度、形成社会基本的价值观念和政治共识、推进经济和社会的发展、培育青少年一代，都会以这样或那样的方式进行思想政治方面的教育工作。作为意识形态领域的一项实践活动，思想政治教育从来就有着具体的、历史的属性和特征，实践领域的思想政治工作总是深深地印刻着时代和国家政党的烙印。30年来，思想政治教育理论深入研究所取得的积极成果，思想政治教育专业和学科的快速发展，在创新理论指导下思想政治工作服从、服务于党和国家中心工作中发挥的积极作用，充分说明理论发展的活力关键在于准确把握和科学解答时代所提出的课题，坚持解放思想、实事求是、与时俱进。经过30年的奋斗，中国人民的面貌、社会主义中国的面貌、中国共产党的面貌发生了历史性变化，社会主义初级阶段的基本国情在新世纪新阶段呈现出新的特征，在全面建设小康社会、发展中国特色社会主义伟大事业中发挥思想政治工作的积极作用，不断推进思想政治教育理论的创新发展，同样需要准确把握时代的脉搏，必须以科学的态度着眼于实际问题的理论思考，着眼于新的发展和新的实践。

（作者：南开大学马克思主义教育学院院长）

把社会主义核心价值体系融入高校思想政治工作的全过程

张蔚萍

十六届六中全会第一次提出建设社会主义核心价值体系，不仅强调要用社会主义核心价值体系引领社会思潮，而且强调要把社会主义核心价值体系融入国民教育和精神文明建设的全过程。党的十七大再次强调了这个问题。高等院校是国民教育的重要阵地，必须把社会主义核心价值体系融入到高校思想政治工作的全过程，这既是高校思想政治工作创新的重大任务，也是高校思想政治工作创新面临的新课题。下边，我想就此谈点意见，与同志们共同探讨。

一、深刻认识把社会主义核心价值体系融入高校思想政治工作的重大意义

（一）这是高校思想政治工作创新的重大举措

高校思想政治工作创新，首先是思想政治教育内容上的创新。这种内容上的创新，既要有继承，又要有发展，是继承与发展的统一。社会主义核心价值体系，把以往思想政治教育的马克思主义世界观教育、社会主义理想信念教育、爱国主义思想教育、集体主义道德教育等方面的思想政治内容进行整合，并结合了新世纪的时代特点，形成了一个新的思想政治教育体系。在新形势下，各行各业的思想政治工作要创新，首先必须把社会主义核心价值体系融入自己的工作之中。高校是全国培养人才的坚强阵地，其思想政治工作创新，更要走在各行各业思想政治工作创新的前列。实践证明，把社会主义核心价值体系融入高校思想政治教育的过程，这既是思想政治工作创新的重要探索，也是思想政治工作创新的重大举措。

（二）这是强化马克思主义在高校指导地位的迫切需要

高校是坚持和传播马克思主义的重要阵地。几十年来，高校党委坚持为国家培养了一批又一批优秀党政领导干部和现代化建设人才。然而，在新形势下，坚持用马克思主义武装人的问题，却遇到了严峻挑战。首先在经济学领域，遇到了西方经济学的挑战。在某些高校西方经济学一度成为主流经济学，而马克思主义经济学却被边缘化，甚至被挤出教学之外，丧失了指导地位。中国社科院原副院长刘国光及时给党中央反映了这种情况，并得到了中央的关怀和支持，采取措施逐步加以纠正。然而在有些高校至今尚未彻底纠正。有人公开讲：“讲西方经济学学生都爱听，讲马克思主义经济学学生不爱听，强迫我讲马克思主义经济学，我罢课。”我们一些领导对此束手无策，有的甚至妥协迁就。其次，在政治学领域，遇到了“新自由主义”的挑战。不仅境外敌对势力和某些媒体大肆宣传这些东西，而且高校某些教师也利用课堂或在报刊发表文章来宣传这些东西，污染了不少人的头脑。对此，胡锦涛同志早有明确批示。他说：“一段时间以来，境外敌对势力和媒体大肆攻击我们国家领导人和政治制度，而国内某些媒体打着政治制度的旗号，宣传西方资产阶级议会民主、人权、新闻自由，散布资产阶级自由化观点。针对这种错误，绝不能手软，要加强新闻舆论管理。”再次，在思想意识领域，遇到了种种社会思潮的挑战。从最近几年的情况看，有两种思潮比较突出：一种是个人主义和拜金主义思潮，比如有人鼓吹要为个人主义和拜金主义正名，认为它是社会前进的根本动力，腐蚀了不少青年师生的思想意识。另一种是民主社会主义思潮，比如有人企图用民主社会主义取代中国特色社会主义，认为民主社会主义是真正为人民谋福祉的社会主义，动摇了不少师生的理想信念，甚至导致有些人的“四信”（信仰、信念、信任、信心）丧失。面对经济、政治、思想等领域的严峻挑战，我们只有把社会主义核心价值体系融入高校思想政治教育的全过程，才能有力地强化马克思主义的指导地位，有效地加强用马克思主义武装人的工作，使高校真正成为坚持和传播马克思主义的坚强阵地。

（三）这是实现高校培养目标和任务的关键环节

高校的培养目标和任务，就是为国家培养德、智、体、美、劳等方面全面发展的人才和接班人。党中央一再强调，培养全面发展的人才和

接班人，必须把“德”放在首要地位。这里所说的“德”不仅仅是指社会主义荣辱观，而且还包括马克思主义的世界观和社会主义的理想信念。如果说社会主义荣辱观是“德”的基础层次内容，那么马克思主义世界观和社会主义理想信念则是其高层次内容。培养全面发展的人才，高校党委不仅要德、智、体、美、劳等方面全面规划，而且在“德”方面要全面考虑，注意从基础层次向高层次引导。这样才能在广泛培养人才的过程中培养出一批优秀的社会主义事业接班人。从当前高校学生的思想状况看，其主流是积极、健康、向上的，但也不同程度地存在着一些问题，个别高校甚至问题很严重。这与高校的培养目标和任务是很不适应的。这里所说的不同程度地存在问题，主要是指以下几个方面的问题：一是有些人政治信仰迷茫，逃避政治甚至厌倦政治，企图在追求纯技术或宗教信仰里得到解脱。二是一些人理想信念模糊，甚至对中国特色社会主义理想动摇。这些动摇者，容易接受民主社会主义和西方现代资本主义思潮。三是一些人价值取向扭曲，受到拜金主义、个人主义和自由主义思潮的侵袭。四是一些人艰苦奋斗精神缺乏，团结协作观念较差，不少学生受到不求进取、不劳而获和贪图享乐思想的侵蚀。五是社会责任感缺乏，心理素质欠佳，不少学生只图索取不愿奉献，在困难和挫折面前经不起考验。上述讲的只是少部分学生存在的严重问题，而很多学生却处于思想、行为和心理的矛盾状态中，突出表现在：追求理想化，动机功利化；社会需求强，践行能力弱；创新意识强，思辨能力弱；竞争观念强，合作能力弱；关心拥护改革开放，但对出现的问题认识偏颇；迫切渴望成才，但对怎样成才认识模糊。鉴于上述种种情况，只有把社会主义核心价值体系融入高校思想政治教育的全过程，才能引导当代青年学生沿着党指引的方向前进，从而为社会主义现代化事业培养出德才兼备的建设人才和可靠的接班人。这是高校党政领导和广大政工干部义不容辞的责任，也是光荣而艰巨的任务。

二、积极探索把社会主义核心价值体系融入高校思想政治工作的重要途径和措施

高校思想政治工作实质上是党委的一项重要工作。党委对学生进行思想政治教育，已经形成了一套基本途径和制度，并且随着时代的发展变化，正在不断改进和创新。这里讲几点意见和建议，供大家参考。

（一）把社会主义核心价值体系融入“两课”主渠道，这是一条最基本的途径

实践经验证明，把社会主义核心价值体系融入“两课”主渠道，关键是授课教师要紧紧抓住社会主义核心价值体系的灵魂、主题、精髓和基础。只有抓住了这四个重点内容，才能使学生树立正确的世界观、人生观和价值观。从实践经验看，把社会主义核心价值体系融入“两课”，各门课的侧重点应该有所不同。一般来说，在安排和讲授马克思主义理论课时，应着重融入社会主义核心价值体系的指导思想和理论等内容，特别要突出中国特色社会主义理论体系这一核心内容；在安排和讲授思想品德课时，应着重融入民族精神、时代精神和社会主义荣辱观等内容，特别要突出“八荣八耻”等内容。实践证明，坚持把社会主义核心价值体系融入“两课”主渠道，不仅对高校贯彻十七大精神有重大政治意义，而且对高校“两课”创新和提高“两课”效果，也有重大现实意义。授课教师只有深刻认识到这一点，才不会产生抵触情绪，才能自觉地把社会主义核心价值体系融入到“两课”主渠道之中。

（二）开创社会主义核心价值体系教育的新途径，结合学生思想实际开展多样化的思想政治教育

首先，要充分发挥第二课堂的作用，在校内营造良好的学习氛围。比如，开展一些对学生有吸引力的系列讲座，包括开设中华传统文化讲座、形势政策系列讲座、人际关系和心理健康系列讲座，以及举办著名学者报告会等。其次，

要紧密结合重大纪念日和重大事件主题活动，开展生动活泼的教育活动。比如召开专题研讨会、社会调查研究、法规政策宣传、领导与学生对话、热点问题辩论会等。再次，要运用互联网探索高校网络思想政治教育的新方法，建立和完善高校校园信息网。这里关键是培养一批校园信息网“把关人”，包括各种校内报刊、广播电视台的编辑、记者以及校园网络中心的管理人员等。同时，还要制定校园信息网“把关原则”，使“把关人”有所遵循。总之，要通过各种途径和形式，使社会主义核心价值体系融入大学生的心灵之中，逐渐化为他们的实际行动。

（三）加强党委对社会主义核心价值体系教育工作的领导，建设一支坚强有力的教育队伍和师资队伍

加强党的领导是成就各项事业的关键，这是人们的共识。问题是如何加强党对这项教育工作的领导，当前要着重解决哪些关键性问题。从一些高校的实践经验看，主要应解决以下几个关键性问题：

第一，党政领导都要高度重视党中央这一重要战略思想，这是贯彻落实的前提条件。这里说的高度重视，首先是在思想上要高度重视，同时在行动上也要高度重视。所谓在思想上高度重视，就是指党政领导者要在思想上把它看成是党中央创新国民教育的一个战略部署。国民教育，有些人往往把它看成是超阶级的文化知识教育，忽视了当代中国文化知识教育的社会主义性质。党的十六届六中全会强调要把社会主义核心价值体系融入国民教育的全过程，十七大再次强调了这个问题，其意图就是强化我国国民教育的社会主义性质，强调要为社会主义事业培养人才。党中央的这一战略思想虽然已经引起了很多高校领导的高度重视，但仍有一些高校领导没有高度重视，甚至根本不重视。有的院系领导和教授还说什么“高校是学文化、学知识的阵地，不要把政治搞得太浓”。这是一种很糊涂的认识。尤其要看到，在学习贯彻十七大精神的背景下，散布这种言论，其实质是对党中央把社会主义核心价值体系融入国民教育全过程有抵触情绪。所以，提高思想认识问题，还是一个很艰巨的任务。如果思想认识不提高，高度重视就会成为一句空话。

党政领导高度重视，更重要的是在行动上高度重视。这里所说的行动上高度重视，主要是指要把社会主义核心价值体系教育工作纳入党政领导工作的重要议程，采取有效措施从舆论宣传、组织工作、制度建设、人事安排、资金和物质保证等方面，认真加以落实。只有真正落实了，才是真正的高度重视。

第二，党政领导必须同心协力抓好政工队伍建设和师资队伍建设，这是贯彻落实的组织保障。政工队伍是进行社会主义核心价值体系教育的骨干力量，师资队伍是进行社会主义核心价值体系教育的基本队伍。抓好这两支队伍建设，就为高校贯彻落实中央关于“把社会主义核心价值体系融入国民教育全过程”提供了可靠的组织保障。然而，高校这两支队伍建设，同贯彻落实中央这一战略思想还不相适应，加强这两支队伍建设还是一项很艰巨的任务。首先，在政工队伍建设方面，无论是软件工程建设还是硬件工程建设，都不很理想。为此，就要从两个方面同时着手进行建设。在软件工程建设方面，要注重抓学习、抓教育、抓培训，不断提高政工队伍的综合素质。教育人的首先要受教育，这是我们党的优良传统。当前重点是抓学习贯彻十七大精神，深刻认识把社会主义核心价值体系融入思想政治工作全过程的重大意义和目的要求，全面掌握社会主义核心价值体系的主要内容和精神实质，积极探索进行这方面教育的新途径和新方法。为此，就要加强这方面的专业培训，通过培训使政工干部对这个问题有深刻系统的认识。在硬件工程建设方面，要抓制度、抓管理、抓检查，为贯彻落实创造良好的条件。抓制度，就是要把社会主义核心价值体系教育融入教学之中，使其成为高校“两课”教学的重要组成部分。据我们了解，有的高校已组织编写相关教材，在某些班级开设“社会主义核心价值体系理论”课试点，并抽调优秀教师讲授，很受学生欢迎。抓管理，就是要管理好院系领导干部队伍，管好党委组、宣、办和纪检干部队伍以及基层支部和辅导员队伍。同时，还要管理好共青团和学生会干部队伍，使整个队伍不仅思想政治素质和科学文化素质好，而且组织纪律和道德作风好，真正成为学生的榜样和表率。抓检查，就是要定期监督和检查是否把社会主义核心价值体系教育融入了高校教育特别是思想政治教育的全过程，并及时通报执行情况，以引起领导和政工干部时时关注。

在抓好政工队伍建设的同时，还要抓好师资队伍建设。这里讲的师资队伍，不仅仅是指“两课”的师资队伍，而且还包括其他课程的师资队伍。我们要为国家培养德才兼备的社会主义建设人才和接班人，首先必须使整个师资队伍具有德才兼备的品质和素质。因为他们是教育人的人，经常同学生有直接接触，他们的言行和修养对学生有潜在的影响。所在，坚持用社会主义核心价值体系武装全体教师的头脑，是一个不可忽视的问题。为此，就要引导和组织全体教师加强社会主义核心价值体系理论学习，掌握其基本内容和精神实质，明确自己的责任和义务，从而自觉地把社会主义核心价值体系教育渗透在教学之中。根据一些高校的经验，有计划地分期分批地对师资加以培训，这是提高教师认识的一种有效办法。

三、创新思想政治工作必须变革创新者的思维方式，努力实现政工干部思维方式现代化

思维方式现代化，是指人们认识事物和思考问题的途径、方法、模式达到了现代社会的最先进水平，从而容易发现事物的本质和发展规律，达到较高的思维效益和工作效果。现代化的思维方式，也就是科学化的思维方式，是科学思维方式在新时代的发展和体现。这一思维方式要求党员干部必须具有整体观念、信息观念、运筹观念、人才观念和效益观念。

思维方式现代化的内容随着时代的变化而不断丰富和发展。在新的世纪里，随着改革开放的深入和高科技的迅猛发展，现代化思维方式表现出了明显的时代特点，概括起来，主要有以下四个特点：一是善于战略思维，即善于从全局性、长远性、根本性来思考问题，并能把握好全局与局部、长远与暂时、根本与非根本之间的辩证关系，在解决策略问题的过程中实现战略目标。二是善于创新思维，即善于开拓性、预见性和超前性思考问题，并能把握好机遇与挑战、继承与创新、与时俱进和稳步前进的关系，在解决新课题的实践中及时抓住机遇实现创新目标。三是善于立体思维，即善于从各个方面、各个角度、各个层次透过现象看本质来思考问题，并能把握好点性与线性、面性与立体、环节与系统、低层与高层、表层与深层之间的关系，在历史发展地、全面系统地分析问题的过程中得出科学结论。四是善于效益思维，即善于捕捉最新信息，用最低成本、最快速度取得最佳效果，并能把握好信息的收集与加工、判断与推理、过程与结果之间的关系，在科学的运筹中获得最好效果。实践证明，只有认识和掌握了现代化思维方式的这些基本特点，才能自觉地以改革创新精神推进党的建设新的伟大工程。

实现思维方式现代化是一件很不容易的事情，因为这是思维领域的一场变革。在新世纪新阶段，中华民族正处在改革发展的关键时刻，领导者和政工干部自身必须实观思维方式的重大变革，以指导经济、政治、文化和社会建设方面的伟大变革。那么，如何采取措施实现思维方式的重大变革呢？一是各级党委和政工干部要高度重视这场思维领域的重大变革，认真研究思维方式现代化问题，把它提到党委重要议事日程加以讨论，把思维方式现代化纳入党员干部的培训计划之中，并且要运用舆论工具加强这方面的宣传，以引起全社会的重视和关注。二是从个人角度讲，党员干部要重视这方面的学习和实践，把学习、训练、实践、总结四个环节

结合起来。学习，是指既要学习马克思主义的哲学特别是辩证唯物主义的认识论，又要学习思维科学和当代新科学知识，掌握思维方式现代化的内容和特征；训练，是指既要联系思想实际改造自己的小生产思维方式，又要结合思想实际养成善于战略思维、创新思维、立体思维和效益思维的习惯，不断提高自身的理论思维能力；实践，就是指要结合工作实际，按照现代化思维形成的新思路及时作出正确决策，采取切实有效的措施扎扎实实地开创各项工作的新局面；总结，就是在不断总结实践经验中提高自己的认识能力，从而把感性认识上升到理性认识，增强自己的预见性和鉴别力。这四个环节对培养现代化思维能力是很重要的。只要各级党政领导高度重视，广大政工干部不断努力，其现代化思维能力就一定会有一个新的提高，工作方式和领导方式也一定会不断改进和创新，从而推动社会主义现代化建设进一步发展。

（作者：中共中央党校教授、博士生导师）

必须切实加强和改进新形势下高校思想政治教育工作

张民堂

新形势下高校思想政治教育工作必须切实按照中央16号文件要求加强和改进。要对思想政治教育工作的对象分类、内容设置和方法优化三个基本问题进行深刻研究和认识；要对思想政治教育工作的形势判断、目标定位和效果评价三个关键问题做到科学对待和把握；要加强思想政治教育工作中教育者素质和教育环境、教育管理机制三个重要方面的建设，进而最大限度地提高思想政治教育工作的针对性、实效性和科学性。

鹤壁职业技术学院是一所新建的地方高职院校。近年来，学院按照中央16号文件精神和各级党委、政府及教育管理部门的要求，严格遵循高等教育、高校管埋和思想政治教育工作的一般规律，紧密结合高教、高校、高职的思想政治工作类型实际和高职院校学生、学制、学历及思想政治工作层次实际，积极进行了有益的探索和实践，较好地解决了三个加强和改进问题，获得了积极的成效和有益的体会。

一、加强和改进思想政治教育工作的应用研究

近年来，我们根据对中央16号文件的贯彻落实情况和有益的实践，积极对思想政治教育工作的应用性加强研究和改进，提高了对思想政治教育工作多种改革和探索的方式、方法的理性认识，积淀和凝炼了思想政治教育工作的效能理念和思路，使思想政治教育工作的实践更具有了先进的理性指导，进而产生了较好的应用效果。

所谓思想政治教育工作效能理念，就是以能力为核心，以效率为目标，以效果为要求，努力实现三个最大限度，即最大限度地通过提高教育者的素质而提高实施教育的能力与效率；最大限度地通过提高受教育者的素质而提高接受教育和创新学习的能力与效率；最大限度地通过改善和优化各种教育资源的质量、结构和方式，提高教育资源在教育过程中的能力和效率，从而提高教育的效果，即培养高素质的人

才。在这种理念的指导下，我们的思想政治教育工作方式、方法和手段都得到了进一步的加强和改进，思想政治教育工作的针对性、实效性和科学性得到了进一步的增强，思想政治教育工作的动力作用、保障作用和疏导作用得到了更加充分的发挥，学校师生思想的稳定性和先进性、工作的积极性和创造性、作风的务实性和实效性不断得到增强。

二、加强和改进思想政治教育工作的实践创新

按照效能教育和效能工作的理念和思路，我们在实践中不断地进行思想政治教育工作方式、方法的改进和创新。目前，初步形成了“六环”效能德育模式、“三·三”制效能辅导员工作模式以及“三位一体”思想政治理论课效能教学模式，得到国家教育部的充分肯定，三次被教育部《贯彻落实全国加强和改进大学生思想政治教育工作会议精神工作简报》编发专期工作信息，先后在全国第十四次高校党建工作会议和全国首届高校辅导员工作会议上进行交流发言。前来考察学院思想政治教育工作创新模式的高校已达百余所。

所谓“六环”效能德育模式，就是在充分发挥学校政治理论课堂教学的主渠道、主阵地作用的基础上，积极创建了由实物、图片、课件等组成，以声、光、电等形式对大学生进行应知、应会和必知、必会的基本政治理论及道德规范等知识教育的思想政治教育效能平台，精心组织了由大学生自主设置的自我教育、自我管理、相互学习和相互交流的思想政治教育效能论坛，着力创建了融红色旅游、现场参观和革命传统教育于一体的实践教育基地，大力开展了主题鲜明、内涵丰富、形式多样的校园文化活动，积极建设了集专业学习、思想教育、心理咨询、就业指导于一体的校园红色网站，卓有成效地构建了“课堂＋平台＋论坛＋基地＋活动＋网络”的六环相连环、相叠加的思想政治教育效能模式，较好实现了大学生思想政治教育系统式、纲要式和精典式的教育。

所谓“三位一体”教学模式，就是把课堂教学、平台讲学、论坛研学有机结合，充分发挥教育和自我教育两个主体的积极性，特别注重思想政治教学的实践、实训，使思想政治教育教学工作活起来、动起来，实现师与生互动、教与学互补、学与习互用的“三互”效应，提高了教学效果。

所谓“三·三”制辅导员效能工作模式，就是实施三种特聘辅导员制度，优化辅导员资源配置机制；建立三级辅导员工作站，优化辅导员工作管理机制；建立辅导员三级工作台账，优化辅导员工作考评机制。通过“三·三”制工作模式的实施，切实把大学生思想政治教育工作专业化、职业化和日常化，及时解决各类思想问题和实际问题，提高了工作效能。

目前，按照高职院校大学生突出能力培养，强调技能实训的要求，我们正在着力探索由见识实训、感悟实训和实践实训组成的大学生思想政治实训教育教学。为此，我们在思想政治教育效能平台上设置了德育实训厅，在校园设置了德育实习场所，在校外建立了德育实训基地。德育实训教学大纲、教程和辅助读本已编辑出版，并得到了国家教育部的肯定。总之，实践中工作模式和方法的不断创新，带来了思想政治教育工作效能的不断提升。广大师生中的各种思想和实际问题都及时得到化解和解决，思想政治理论课的到课率、听课率大大提高，思想政治教育的针对性、实效性大大增强。

三、加强和改进思想政治教育工作的机制建设

高校思想政治教育工作既有客观规律性，又有实践发展性，它是随着思想政治教育工作在实践中不断改革和创新而与时俱进的。在实践中，我们只有遵循和研究规律，不断加强研究规律和利用规律的工作机制建设，才能不断做到实践上的创新创造，继而不断提高工作的效能。因此，积极加强思想政治教育工作的科学机制建设，是探求和掌握其新规律的重要工作

措施。根据我们多年的工作实践，新形势下高校思想政治教育工作至少有三种机制或规律需要进一步研究、总结和认识实践，并切实加强建设。

一是进一步加强由实践到实践研究再到实践创新，之后再回到新的实践的循环工作机制建设。这种机制和规律的起点和要点是积极实践，在实践的基础上，深入研究，大胆创新，进而实现思想政治教育工作的加强和改进。

二是进一步加强由创新到工作研究再到工作实践，之后再回到新的工作创新的循环工作机制建设。这种机制和规律的起点和要点是大胆创新，在创新的基础上，深入研究，积极实践，不断完善和提高创新，进而实现思想政治教育工作的加强和改进。

三是进一步加强由研究到工作创新再到工作实践，之后再回到新的工作研究的循环工作机制建设。这种机制和规律的起点和要点是强调深入研究，在研究的基拙上，大胆创新，积极实践，进而实现思想政治教育工作的加强和改进。

（作者：河南省鹤壁职业技术学院党委书记、政治学教授）

关于增强大学生日常思想政治教育实效性的理性认识与实践探索

“大学生日常思想政治教育实效性研究”课题组

中共中央《关于进一步加强和改进大学生思想政治教育的意见》，既对增强大学生思想政治教育的针对性、实效性和提高其说服力、感染力提出了明确的要求，又对大学生思想政治教育的方式、方法、手段、途径等方面的改革创新提出了明确的要求，特别还对加强这项工作的研究和解决好面临的突出问题提出了明确的要求。为了更好地把中央提出的方向目标、任务措施和要解决的重要问题落到实处，必须结合各地各院校的实际情况，对进一步增强大学生日常思想政治教育实效性的理论与实践加深研究，努力构建科学的工作机制和教育模式，最大限度地保证教育实效性的增强、提高与持续。本文止是按照这个思路，结合已有的工作实践，对这一命题提出以下积极的思考。

一、用三元哲学观点，科学分析和认识当代大学生群体的思想状况和新形势下大学生思想政治教育工作的状况

所谓三元哲学观点，即由于当今时代客观事物的联系和发展存在着三和三以上的多方面因素与条件的特征，所以，在分析和认识客观事物的联系与发展中，一定要善于运用三和三以上的多元、多样、多项的思维方式来准确认识和科学把握客观事物的本质与实质，从而掌握和运用工作的规律性，提高认识和解决问题的科学性。三元哲学观点是建立在马克思主义唯物辩证法基础上的，适应新世界、新时代发展变化的新的认识方法。这种认识方法，在充分运用辩证法规律和一分为二分析法的同时，努力在一分为二中找出边沿的、临界的、交叉的第三点或更多的能反映客观事物本质属性、联系方式、发展特点的点。这样抓住客观事物的三点或更多的点，更加准确地认识和科学把握客观事物。大学生群体和大学生思想政治教育工作这一客观事物同其他社会问题和工作一样，要准确认识和科学把握，除了要注意运用两分法，注意其两面性、双重性等问题之外，更要注意运用三分法或多分法，注意其多面性、多样性、多维性等特点，以准确了解大学生的思想状况和大学生

思想政治教育工作状况，采取更具有针对性的措施，以增强思想政治教育的实效性。

（一）当代大学生（80年以后出生）群体的地域类型、层次类型和价值取向类型状况

1. 地域类型。大学生群体的地域类型主要有城市与农村，沿海、内地与边疆，大都市、一般城市与乡镇村庄，山区、丘陵与平原等类型。不同的地域具有不同的历史文化、地理资源、社会风俗等。这些因素不同程度地在教育对象的幼年和青年心灵中打下深刻的烙印，这些烙印甚至会铭记一生和影响一生。大学阶段的思想政治教育必须认真研究教育对象群体中的各种地域之别，以及由于地域的不同，教育对象大体上会有的个性特征，如，经济文化发达地区的学生思想开放、活跃，灵活性较强；经济文化欠发达甚至相对落后地区的学生，思想务实、稳定，局限性较大；经济文化发展水平介于发达与落后中间状态的地区，学生的思想状况也大体是介于或交织于两者之间。进而有针对性采取不同的教育方式方法，以达到共性教育目标。

2. 层次类型。当前大学生的层次主要有研究生、本科生、专科生等类型。根据不同层次的对象特点，又可把大学生分为研究创新型、师范型、职业技术型等类型。在这些不同的类型中，由于地域、家庭的文化、经济、社会背景不同，又形成了多种形式的层次和层次中的不同类型。不同层次类型的大学生的思想素质、能力素质和人生选择与定位等都存在差异，在思想政治教育的方式方法上也要有所不同。不但要注意对不同层次的分析，而且要注意对不同层次中不同类型的分析；不但要注意对不同类型分析，而且要注意对不同类型中的不同层次分析，以正确把握其实质和特点。

3. 价值取向类型。随着经济全球化过程中各种文化思潮的影响和市场经济体制的逐步确立以及对外开放的不断深入，当代大学生的思想特点、思维方式和行为方式发生了新的变化，价值取向呈文化多元、选择多样、思想多变的发展态势。可以说，当代大学生中，绝对权威崇拜和绝对一元的价值取向已不复存在，价值取向由相对统一走向差异。大学生中有立志“报效祖国”的，有坚持“感恩孝亲”的，也有“追求自己美好的生活”的；有赞同“提倡雷锋精神”的，也有信奉“有钱能使鬼推磨”的，等等，价值取向多种类型、多种形式发展。为此，特别要注重那些边沿取向、交叉取向和复合取向的新特类型，以正确把握萌芽性、苗头性、倾向性、趋势性等前瞻性问题。

（二）新形势下大学生思想政治教育工作的层次、类型和方式

由于客观存在着不同类型和层次的教育，思想政治教育理应有不同的教育方式和方法。但目前的实际情况是，在全国统一教材和要求的基础上，基本有三种类型：一是不分类型，不分层次，统一教材，统一课程，统一教法，统一要求的教育。这种方式注重了教的统一性、规范性，偏失了学的适应性和多样性。二是分层次，不分类型的教育。这种方式只是简单地对本、专科教育层次提出教材、课程的多少之分，偏失了不同类型教育、学校和学生的特殊性。三是“教书育人”、“全员育人”和“育人为本，德育为先”的教育理念和要求，落实得还不全面、不坚决、不到位，特别是思想政治教育方式方法，大多还停留在传统的灌输说教和习惯的课堂照本宣科上，大多还停留在只重视理论教学，而轻视或忽视实训与实践教学上，没有大胆的改革和积极的创新。因此，增强思想政治教育的针对性和实效性只是讲得多，做得少，即使有一些改进和效果，也只是低效、短效的，不能从根本上解决思想政治教育的日常实效性、连续持久性和科学发展性问题。

（三）大学生群体与思想政治教育工作需要高度关注、认真研究、科学解决的共性问题

一是教育经济基础问题。教育成本的国家、集体和学生分摊制，造成教育投入不足，教育工作的经济基础薄弱，以至教育条件较低、较差或改善提高较慢，不足以支撑教育的快速发展和教育质量的提高。二是现代教育技术问题。教育的较快发展，教育资源特别是优质教育资源、高新教育技术与装备的配置失衡、欠缺，不同程度影响着教育的质量和效率。三是大学生的出路问题。目前的大学生就业扶持、就业鼓励、就业指导工作虽然在实践中不断加强和改进，但学生就业问题，特别是好就业、快就业、高就业仍然是教育中一个突出的矛盾。这三个方面的主要问题都给大学生群体思想、学习、生活和大学生思想政治教育工作的条件、手段、技术办法等方面带来了一定的影响，并由此产生了不少的实际问题和困难。特别是思想政治教育的针对性、科学性和实效性因此而打了折扣，出现了2004年中央16号文件上所概括的普遍性问题以及多种多样的特殊性问题和个性问题。

二、用效能教育的理念，努力提高人生教育的大学阶段教育和大学的课程教育与日常教育的能力、效率与效果

所谓效能教育理念，就是用一定的教育资源和方式，产生并达到较优、较好的教育效果的思想观念，并由此出发设置教育资源的优化组合，选择教育方式的设计运用，解决教育过程中客观存在的差距和问题。效能教育理念，也可理解为是低成本的优质教育和最现实的素质教育。这种教育理念，是在教育过程中，以能力为核心，以效率为目标，以效果为要求，最大限度地提高教育方在实施教育中的能力、效率和效果；最大限度地提高受教育方在接受教育中的能力、效率和效果；最大限度地提高各种教育资源在实施教育中的综合能力、效率和效果。具体讲，就是把教师、学生和教学条件、手段、方法三个大方面因素和若干个小因素充分优化、提升和创新，以达到最佳的教育质量和效果。

大学阶段的思想政治教育是人生历史中最重要、最关键的教育。它是大学生正确的世界观、人生观和价值观初步形成并基本确定的阶段。如果说中学阶段的思想政治教育为大学生三观形成奠定了基础，那么大学阶段的思想政治教育不仅是初步形成并确定三观，而且又为人生坚定正确三观，使得人生更有意义奠定了基础。人生观是如何对待人生和人生如何度过的重要思想观念，它是人一生要坚持运用的，一辈子要培育修养的，是人一生一世获得而受用的精神寄托和宝贵财富。当今时代，终身教育和建立学习型社会的理念与目标日益深入人心，并逐渐成为社会成员良好的自觉行为，同时也给大学阶段学生思想政治教育提出了奠定马克思主义辩证唯物主义、为人民服务的共产党宗旨、奉献社会的三观基础的任务。实现这一目标，必须在有限的人生大学阶段时间里，最大限度地提高思想政治教育的效能。

大学阶段，不论是三年、四年，还是五年的学制，都是人生教育的关键时期，大学阶段的思想政治教育课程在全部专业教育课程中所占比重是有限的，要充分利用这有限的课程去实现思想政治教育的目标，就更要提高教育的效能。

高职教育比起其他类型教育，在学制时间、学历层次、学生结构与基础方面有很大的差距。这一类型教育，虽然在专业知识、技能程度上与其他类型教育有不同的目标要求，但在人的思想政治素质方面，标准不能低。因此，思想政治教育任务更艰巨，这就更需要提高教育的效能。

大学生思想政治教育，除要提高阶段性、课程性教育的效能，还要注重提高日常性教育的效能，充分发挥人育、情育、景育和自育的作用。特别是要积极创新效能教学方法（包括理论知识教学和实践实训教学）、效能管理方法和效能服务方法等。因此，要把效能教育的理念科学地运用到思想政治教育的全过程，以提高优质教育、效能教育和素质教育的水平。

三、用复合、覆盖的方式，加强思想政治教育和教学的改革创新，努力提高其科学性和实效性

所谓复合，即不是简单的对接和连接的结合，而是有机的叠加和重合的融合。将其运用到思想政治教育教学的方式方法上，就是将优良的传统方式继承好、使用好，将与时俱进的先进方法创新好、使用好，并将继承和创新的方式方法科学地复合起来，以达到增强思想政治教育教学的针对性和实效性的效果。这种复合方式有以下三种。

一是课堂教学、平台讲学、论坛研学相复合的“三位一体”教育教学方式：课堂教学，以增强“两性”（针对性、实效性）、提高“两力”（感染力、说服力）为要求，积极采用在教师指导下，学生上讲台阐述自己对政治理论问题、知识点的观点和看法的“三互式”（师与生互动，教与学互补，学与习互用）教学法，对大学生就国家规定和设置的思想政治教育教学内容进行系统教育；平台讲学，通过在“平台”（以中央 16 号文件规定的四项教育任务为主要内容，把大学生应知应会、必知必会的最基本的政治理论、道德准则和行知规范，经过高度概括提炼，以“理想信念篇”、“民族精神篇”、“公民道德篇”、“全面发展篇”和“社会实践篇”五个部分谋篇布局，借助影视、课件、图片、实物等手段，通过展厅图文并茂、直观形象地展示出来）教学，实现课堂教学的拓展、延伸和社会实践教育的集约、优化相结合，对大学生就中央 16 号文件要求的四项教育内容进行纲要教育；论坛研学，通过开设以发生在学生身边的事以及时事热点、焦点问题等为主题的“大学生思想政治论坛”，让大学生在教师的正确指导基础上进行交流发言，并在实践中不断总结、概括、提炼一些最具有代表性、最容易记、最容易做、最容易评价的警句和格言，实现对大学生就思想政治的理论知识、时代内容、社会热点内容等进行经典教育。“三位一体”教学方法的有机结合、共同使用，确保了大学生思想政治应知应会、必知必会教学内容的掌握，拓宽了大学生的知识视野，锻炼了大学生自我教育的能力，特别是对于进一步激发其学习的积极性，调动内驱力，提高思想政治理论课的教育教学效能，提高思想政治教育课堂的到课率、听课率，促进思想政治教育理论知识的入心入脑，都有明显效果。

二是理论教学与按照见识实训、感悟实训、体验实训为目标编制的《思想政治教育教学实践实训编程》进行实践教学相复合。在提高学生思想政治认知能力的同时，提高其践行能力。在按照国家统编教材坚持主课堂、主渠道、主阵地的系统理论教学的同时，从提高践行能力出发，科学编制并实施思想政治教育的系统实践实训教学活动，提高思想政治教育内容在学生思想和行为上的内化和外化程度，使思想政治教育的实效性日常化、连续化和持续化。这种与理论教学相复合的实训编程教学主要有以下三个方面：

1. 见识实训。即按照国家统编教材设置的教育内容和中央 16 号文件提出的理想信念、爱国主义、公民道德、全面发展的教育要求，用最简洁的文字、最明了的图片、最典型的事件，制成可视、可听、可思、可对照、可检测、可使用的课件与图本，让学生在教育中收到一见便知、一看便懂、一目了然的效果。而且将应知、必知和应会、必会的重点、要点，在实训中进一步提升到由知到识、由识到智、由智到慧的凝炼与扩展程度。

2. 感悟实训。即按照深刻理解和认识思想政治教育的重要内容和主要目标，在社会生活中选取和提炼一些有益、有趣、有意义的文字和数字及物理、化学、体育等单人、数人参加的动脑、动手活动。让学生在活动中不断感悟到“为国实为家、助人实助己，团队精神、协作共事、合作双赢、有序竞争”等道理，并在不断感悟中提高自己的认知程度、思想境界。

3. 体验实训。即在见识和感悟实训的基础上，按照真实社会实践的要求，设置以慈心善

举、关爱同事、助人解难、尊老爱幼、见义勇为、诚信交往为内容的“三下乡、四进社区、五见校园(见礼貌、见友善、见秩序、见助人、见诚信)”的服务同事、服务社会、服务人民的项目体系。让每个同学都按照这个体系,逐一进行项目体验,为提高思想政治觉悟和能力奠定坚实的基础。

三是教师教学与“三师一友”的辅导员教育和“三·三”制的辅导员工作机制相复合,形成全方位、全过程、全员的思想政治教育格局。按照教书育人和“育人为本,德育为先”的教育教学要求,在各专业课教师进行专业课教学过程中充分体现思想政治教育的同时,切实加强以思想导师、专业教师、生活良师和知心朋友为要求的辅导员队伍建设,使教师教育教学与辅导员教育融为一体,在育人上既各有侧重,又相辅相成。同时,要建立科学的“三·三”制辅导员工作机制,使思想政治教育更加具体、细致和深入,及时解决好大学生在思想上、情感上、学习上、生活上以及校园里、社会上、家庭中出现和存在的这样或那样的实际问题,保证其身心健康,学习生活愉悦。“三·三”制辅导员工作机制是:

1.实施“三种制度”,优化辅导员资源配置和合作机制。即按照全员育人、全员辅导的要求,实施特聘辅导员制度、班级导师制度、辅导员助理制度,吸纳相关人员充实辅导员队伍,努力创建每个人都有辅导员责任,每个人都有辅导员工作义务的良好氛围和格局,让每个大学生都尽可能多地受到辅导员的关注、关心和关爱。

2.建立“三级工作站”,完善辅导员工作管理体制和运行机制。即建立设在学生工作部门的辅导员工作总站,建立设在各院系的辅导员工作分站,建立设在学生公寓楼的辅导员一线站,实现辅导员对学生工作的全覆盖,努力创建每个学生任何时间都有辅导员工作服务的良好氛围和格局。

3.建立“三级台账”,丰富辅导员工作方法和措施。即建立辅导员日志台账、院系周记台账、学生处月记台账,让每位学生每天的学习、生活情况以及思想动态都在辅导员精心管理和准确把握之中,切实实现及时高效地发现问题和解决问题。

在坚持思想政治教育三个复合方式的同时,还要努力做到通过加强校园文化建设,实现育人环境的全覆盖;通过加强学校学生社团活动建设,实现教育时间的全覆盖;通过加强学校学生党团组织建设,实现教育对象的全覆盖。三个全覆盖的教育方式,使思想政治教育实效性大大提高。通过加强校园文化建设,实现对教育环境的全覆盖,就是按照思想政治教育的主要内容、目标,在校园的各个大小环境、场所和部位,创造性地进行文化、艺术、科技形式的布置和设置,营造鲜明的教育视觉、感觉和浓厚的熏陶、陶冶情景,让学生感触到处处皆思想、处处是教育、处处在修养。通过加强学生社团活动建设,实现对学生学习生活时间的全覆盖,就是按照大学生思想政治教育的要求,通过丰富多彩、生动活泼的文化、艺术、科技、体育和与专业紧密相连的论坛、沙龙、交流等形式的学习实践活动,使大学生把充足的业余时间和可利用的一切时间都有组织、有计划、有目的地应用到既增强自身的学习锻炼,又有利于服务他人和社会的活动上来,进一步增强大学生陶冶情操、锤炼意志、高尚行为的能力;进一步提高大学生自我教育、自我管理、自我服务和创新学习的能力;进一步促使大学生成长为与时代同步伐、与祖国共命运、与人民齐奋斗的社会主义合格建设者和可靠接班人。通过加强学生队伍的党团组织建设,实现党团组织对整体学生的全覆盖,就是按照中央提出的积极在大学生中发展党员,切实加强高校共青团建设的要求,努力使大学生中的党员比例达到10%以上,团员比例达到100%,并切实加强学生党员的先进性建设,使其在思想政治教育方面发挥先锋模范作用,并积极开展一人带多人的先进榜样带动活动，一人帮一人的结对帮带活动，多人帮一人的重点帮带活动。切实使每一个大学生都加入共青团组织，并紧跟党组织，使其思想政治素质不断提高，专业知识和技能不断进步，一个也不少、一个也不掉队地顺利完成学业，并走上就业岗位。

三元哲学观点、效能教育理念和复合、覆盖的教育方式方法，是新形势下增强大学生日常思想政治教育实效性的积极有益的实践、探索和初步的理性总结。这种认识客观问题和解决现实问题的观点、理念、思路和方法，虽然还不是完善的，但它却是一种教育模式的创新，它带来的效应和取得的效果还是十分令人欣慰的。因此，进一步加强研究、完善和提高，是这个问题和这项工作明智而现实的选择。有充分理由相信，这种选择的前景是非常乐观而美好的。

（本课题为教育部哲学社会科学重大课题委托项目）

用社会主义核心价值体系引领大学生思想政治教育

于庆臣

淄博职业学院由四所中专合并成立于2002年，2004年获山东省“五四”红旗团委、社会实践先进集体、军训工作先进单位，2005年获山东省文明单位，2006年获山东省思想政治工作先进单位、先进基层党校、人才培养工作水平评估优秀，2007年获淄博市首届思想政治工作创新奖，成为淄博市理论宣教研究基地、国家示范性高职院校建设单位。这几年能在稳定中实现跨越式发展（评估组结论），用社会主义核心价值体系引领加强大学生思想政治教育是其中重要原因之一。

一、高度重视，不断提高对用社会主义核心价值体系引领思想政治教育的认识

中央及各级党委十分重视加强和改进大学生思想政治教育工作。我们从建院之初就从设立组织健全体系，建立制度完善机制，开展活动丰富载体等方面逐步强化这项工作。实践使我们体会到，用社会主义核心价值体系引导教育青年学生需要高度重视，进一步深化认识。

（一）这是由其与大学生思想政治教育的关系决定的

中共中央、国务院2004年发出《关于进一步加强和改进大学生思想政治工作的意见》（简称“中央16号文件”），从全局和战略高度，就加强和改进大学生思想政治教育提出了明确的目标和要求，指出其主要任务：一是以理想信念教育为核心，深入进行树立正确的世界观、人生观和价值观教育；二是以爱国主义教育为重点，深入进行弘扬和培育民族精神教育；三是以基本道德规范为基础，深入进行公民道德教育；四是以大学生全面发展为目标，深入进行素质教育。2005年1月中央召开会议予以贯彻，胡锦涛总书记出席并讲话。可见中央16号文件是中央加强和改进大学生思想政治工作继承创新的最新成果。2006年10月，党的十六届六中全会第一次明确把社会主义核心价值体系的基本内容概括为四个方面，即马克思主义指导思想、中国特色社会主义共同理想、以爱国主义为核心的民族精神和以改革创新为核心的时代精神、

社会主义荣辱观。可以看出，社会主义核心价值体系四方面主要内容包含于当代大学生思想政治教育主要内容之中，是当代大学生思想政治教育的基点、核心和灵魂。落实好社会主义核心价值体系教育，就抓住了大学生思想政治教育最根本的方向。

（二）这是由其在思想建设中的基础地位决定的

思想是行动的先导。一个人思想的基础在于其世界观、人生观、价值观。而更直接、最大量的是价值判断。从某种意义上说，世界观、人生观也是价值观。社会学泰斗韦伯曾说："在任何一项社会事业的表象背后，一定会有一种无形存在的、极其有力地支撑这项社会事业的精神力量，它决定着该项社会事业的成败。"社会主义核心价值体系是社会主义意识形态的本质体现，加之中国特色社会主义事业是前无古人的，更需要一种崭新的、积极向上的精神力量，而这种力量的基石就是对社会主义核心价值体系的认同。可以说，就一个人而言，其认同的程度将决定所持态度和贡献力度；就一个团体而言，其所属个体认同的程度将决定该团体的凝聚力和贡献力。因而，就我们党和国家而言，国民认同的程度将决定事业的成败，也就是说决定着生死存亡。高校承担着思想文化建设和人才培养的重要使命，切实以社会主义核心价值体系统领大学生思想政治教育的全过程，筑好大学生"三观"之基础，以增强大学生对中国特色社会主义的认同感，为加强社会主义核心价值体系建设和中国特色社会主义事业建设贡献力量，责无旁贷。

（三）这是由高校的使命和大学生的思想现状决定的

《中华人民共和国高等教育法》第五条规定："高等教育的任务是培养具有创新精神和实践能力的高级专门人才，发展科学技术文化，促进社会主义现代化建设。"可见，高等学校承担着思想文化建设和人才培养的重要使命。现代社会的发展越来越清楚地表明，高校培养的优秀人才是引领经济发展和社会建设的主导力量，高校创新的科学技术是推动经济发展和社会进步的强大引擎，高校继承、培育、推广、传播社会文化是文化发展不可替代的孵化器和辐射源。尤其是在高等教育进入大众化的今天，其作用与地位日益凸现。但正如十七大报告指出的："当今世界正在发生广泛而深刻的变化，当代中国正在发生广泛而深刻的变革。"这两个广泛而深刻的社会大背景，集中体现在党中央多次指出的"五个化"（工业化、信息化、城镇化、市场化、国际化）和"四个深刻"（经济体制深刻改革、社会关系深刻变动、利益结构深刻调整、思想观念深刻变化）上。我国作为一个坚持改革开放30年的发展中国家，正经历着一场历史上最深刻的经济关系、社会关系、人们的生产方式、生活方式以及思想观念等方面的深刻变革。面对西方文化的强势进入、利益格局的强幅变动和城乡二元格局的强力打破，相当一部分人处于茫然之中。在当前这样一个思想大活跃、观念大碰撞、文化大交融的时代，面对正处于价值观形成发展关键时期的大学生，我们既要深刻地感到挑战前所未有的严重性和应对挑战的紧迫性，又要倍加珍惜思想大解放、价值观念重构的大好机遇，切实把社会主义核心价值体系的建设作为大学生思想政治教育的首要往务；努力为大学生的健康成长，进而为促进在全社会形成统一的指导思想、共同的理想信念、强大的精神支柱和基本的道德规范作出贡献。

（四）这也是由我校自身发展要求决定的

我们学院批建于2002年，处于我国高等教育大发展的1999—2005周期的中期。五年来，我们坚持"发展是第一要务"，千方百计抢抓机遇加快发展。建院之初，果断提出实施外延发展主导战略，在校生由4600余人（含中专生，以下同）扩大到2007年的16000余人；现有12个系52个大专专业；规划建设占地近1400亩、建筑面积43万平方米的新校今年暑假整体建成入住。2006年实施战略转移强化内涵发展主导，当年实现人才培养工作水平评估优秀，2007年成为国家示范性高职院校建设单位。但我们深知：建院时间短，中专底子薄，文化积淀不厚；加之在快速发展中不断调整，体制机制还须进一步健全完善；全面提高教育质量、提升办学水平任重道远。面对国家示范校建设“五个领先”（领导能力、综合水平、教育教学改革、专业建设、社会服务）和“三个示范”（发展、改革、管理）的高要求，我们深感责任之重和压力之大。这就要求我们必须找准关键点和把握切入点。实践使我们体会到，学校文化是学校核心竞争力的重要因素，是推动学校发展的基础性持久性的重要力量，在办学竞争长远发展中发挥着不可替代的作用。社会主义核心价值体系是社会主义意识形态的本质体现，在我国文化建设中居于统摄和支配地位，我们学校的文化建设当然也不例外。在我院实施内涵发展主导战略、建设高水平国家示范校的今天，用社会主义核心价值体系统摄和引领学校文化建设，显然是需要我们长期坚持和牢牢把握的关键点和切入点之一。

二、实践创新，不断提高用社会主义核心价值体系引领和加强大学生思想政治教育的有效性

用社会主义核心价值体系引领和加强大学生的思想政治教育是一个理论和实践相结合、知与行相统一的过程，必须按照科学发展观的要求，坚持实践创新，在更好地融入教育教学全过程、贯穿于日常管理的各个环节中提高有效性。

（一）把价值实践环节作为工作重点

以社会主义核心价值体系引领大学生思想政治教育，最终在于使大学生认识中国特色社会主义共同理想的科学性，不仅在情感上，更能从世界观的高度，理性地接受和认同中国特色社会主义，并为之努力奋斗。这里需要从价值取向、价值目标、价值评判等方面加以引导。相比之下，当代大学生在认知层面存在的问题还不是特别突出，而在具体的价值行为上与其价值认知水平差距较大。所以，在大学生价值观构筑过程中，应把重点放在价值实践这个环节上。在价值实践中提高大学生自我评价、自我教育的能力，不断实现自我完善，避免价值失范行为的发生。为此，我们明确突出价值实践环节这个重点，提出“三个贴近”，即贴近学生、贴近实际、贴近生活的原则和“三个做起”，即从自我做起、从小事做起、从身边做起的要求。例如做好贫困生救助、就业等关系到学生切身利益的事情。学院高度重视贫困生救助工作，基本形成了“奖、贷、助、补、减”的长效机制。2007年就有2884名学生获得优秀学生奖学金，奖励金额94.36万元；为592名家庭贫困学生办理国家助学贷款，贷款金额325万元；为贫困生争取社会资助、发放勤工助学补助等近30万元；为5000名新生办理了平安保险业务，理赔金额14.2万元。加强学生就业指导，每年举办数次毕业生供需见面会，提供上千家企业供学生选择，每年的毕业生就业率保持在95%以上。再如倡导“善小精神”，以实际行动实践“八荣八耻”。学院“爱心社”成立于2005年6月，成员800余人，他们围绕“关注弱势群体，搭建爱心平台”，开展了一系列爱心公益活动，如爱心募捐、义务献血、走进敬老院等，共有3500余名学生进行义务献血，捐款2万余元。

（二）充分发挥课堂主渠道作用

一是充分发挥思想政治理论课作用，坚持用马克思主义中国化最新成果武装师生、教育青年。思想政治理论课是对大学生系统地进行马克思主义理论教育和思想品德教育的主渠道。要铸造社会主义核心价值体系的灵魂，就要使思想政治理论课成为青年学生喜爱和终生受益的课程。这就要求教学内容既准确科学，又要紧跟时代，做到生动鲜活。为此，我们紧密结合大学生思想实际，紧密结合国际国内形势的热点问题，努力把党的理论创新和实践发展的最新成果体现到课堂教学中，及时回答社会

变化给青年学生带来的问题和困惑，努力做到理论学习与时代同步、与科学理论同行。胡锦涛同志提出“八荣八耻”以后，我们及时把社会主义荣辱观引入教材、引入课堂。针对大学生的特点，科学设计教育内容，开办以弘扬社会主义荣辱观为主要内容的专题讲座。十七大召开以后，我们制定了学习意见，对思想政治课教师进行专门培训，并召开了十七大精神“三进”专题研讨，收到了良好效果。二是充分发挥哲学社会科学课的育人作用。结合高职院校实际，合理确定课程设置，增设选修课，将文、史、哲、艺作为重要内容，与思想政治理论课和专业课有机结合、相互渗透。三是充分发挥各专业课程的渗透功能和育人作用。大力提倡教师提高自身文化素质，深入发掘蕴含在所教课程中的思想政治教育资源，讲究渗透技巧，提高引导能力，在传授知识的过程中潜移默化地实施思想政治教育，使专业教育和素质教育融为一体，真正达到教书育人的效果。四是加强校企合作，积极探索实习实训中思想政治教育的新形式。加强校企合作是高等职业教育的必由之路，近几年来，随着办学模式创新，实行了“订单培养”、“半工半读、工学结合”等多种形式的人才培养模式，加强在企业顶岗实习学生的思想政治教育成为一个新课题。为此，我们把思想政治教育延伸到企业，学生走到哪里，思想政治教育就跟到哪里。教师与企业管理人员相结合，组织各种活动等，把思想政治教育、上岗教育、就业教育、职业道德教育融于一体，使学生在实践中切实提高综合素质和能力。

(三)强化教师的示范引领作用

要用社会主义核心价值体系引领大学生思想政治教育工作，首先就要坚持用社会主义核心价值体系武装广大教工，尤其是领导干部、班主任和辅导员，以发挥他们的示范引领作用。为此，一是加强学习和研讨。我们坚持两周一次的政治学习，每年举办干部读书会和各类报告会。党的十七大闭幕以后，我们召开了学习动员大会、组织全员学习，并多次举办学习报告会和研讨会；今年上半年，我们又开展了为期三个月的“解放思想、加快示范校建设”大讨论。二是大力加强师德建设。师德和教师队伍素质的高低，直接关系到学生思想道德建设的水平。我们定期举办师德报告会，每年开展“师德师风建设活动月”，评选师德标兵，并建立了师德考评制度，把师德表现作为教师年度考核、职称聘任、派出进修和评优奖励的重要依据，“学为人师、行为世范”成为广大教师的自觉追求。三是切实加强班主任和辅导员队伍建设。班主任和辅导员身处思想政治教育工作的第一线，是学生工作的指导者、骨干力量，我们出台了《关于加强班主任和辅导员队伍建设的意见》，在班主任、辅导员补贴待遇、职称评定等方面提供优惠政策，为做好大学生思想教育工作奠定了坚实基础。四是坚持“三全”即全员全过程全方位育人要求。思想政治教育要做到润物无声，让学生在自身成长的体验中感受到国家、社会、学院的关怀。为此，我们积极开展学生管理创新，提出全时段覆盖工作法。全时段覆盖工作法把全员管理、全程管理、全方位育人的学生管理理念贯穿始终，牢固树立“教育就是服务”的理念，把为学生服务、让学生满意放在第一位，在第一时间内解决学生反映的热点和难点问题，实现学生在校学习、生活各时段之间管理的零对接，形成了全时段覆盖的服务保障体系和快速反应机制。如实行领导干部 24 小时值班制，设立 24 小时院长公开电话等。

(四)不断创新方法，丰富教育载体

用社会主义核心价值体系引领思想政治教育工作，不能靠空洞的说教，只有不断创新方法，丰富教育载体，才能更好地把社会主义核心价值体系内化到学生思想中。

一是以社团文化活动丰富学生的课余生活。目前学院共有学生社团 59 个，同学们根据自己的爱好选择社团，每个社团每年都有计划地开展一系列活动，极大地丰富了同学们的课余生活。二是创建标准化公寓，重视宿舍文化建设。同时举办宿舍文化艺术节，开展宿舍内务评比、星级文明宿舍创建及网络进宿舍等活动，建立更为畅通的宿舍信息系统。宿舍中不仅能进行文化娱乐活动，还可以查阅资料学习，拓宽了学生成才渠道。2007年一次性建成省级标准化学生公寓12幢。三是用好网络教育。学院高度重视校园网络建设，投入3000万元资金建设了宽带局域网，开通了校园网，各部门均建立了自己的网页，并有专人分管网站建设，在各系、宣传部、团委学生处的网页上均设有学生工作专栏，成为学生德育教育的新阵地，充分发挥了网络信息快捷、量大、生动形象的特点，更好地对学生进行思想政治教育。四是积极开展大学生社会实践活动，为学生架起与社会沟通的桥梁。通过大学生“三下乡”、志愿服务、顶岗实习、勤工助学等活动，为学生提供贴近社会生活、贴近群众实践的机会，使大学生在实践中感悟道德、体会人生。五是大力加强心理健康教育。学院成立了大学生心理健康教育中心，逐步建立大学生心理健康三级网络，搭建心理健康教育的新平台。三级网络即学院级，学院大学生心理健康教育中心；系级，系学生心理辅导工作站；班级，心理健康委员。新生入学就建立大学生心理健康档案，分类管理，针对不同层次、状况，开展各种心理健康教育活动，将课上心理健康教育和课下心理咨询活动结合起来，充分利用学院的院报、网络、师生信箱等媒体，开展日常心理健康宣传与教育工作。

（五）高度重视学院文化建设

大学文化是社会文化的重要组成部分，是学校的灵魂，是弥漫于校园的一种精神氛围。《周易》中说：“关乎人文，以化天下。”大学文化对大学生的价值选择、人格塑造、思维方式、道德情操以及行为习惯起着重要影响。我们坚持用社会主义核心价值体系引领和统摄学校文化建设，主要从超前规划、升华理念、优化环境三个方面加强建设。

一是超前规划。借助新校区建设之际，把文化建设纳入前期总体规划之中，提出了建设组团化、森林式、数字化校园的理念，并把办学定位、地域文化、管理理念构思熔铸其中。新校区主体建筑的设计是古代“鼎”的造型，外围是一个大半齿轮造型的裙楼。其投影既像一个齿轮，又似一个铜钱，既承载着中国传统文化中“天圆地方、外圆内方、行圆思方”的思想，以及齐文化中“重工重商、分业发展”的思想，又体现着学院立足区域经济，以工为主、商为特色的办学定位，还蕴涵着“有规矩，成方圆”、“无规矩，亦成方圆”的教育理念。根据这一造型，我们设计了校标。同时，组团化建筑、森林式校园更能体现节能、环保、生态的现代理念。

二是坚持以社会主义核心价值体系为主导，升华办学理念。办学理念是大学文化的核心层面，是一个学校向心力、凝聚力之所在。为此，我们紧密结合自身办学实际，建院之初提出了“建设全国一流职业学院”的奋斗目标，以及“崇尚实践精神，铸就技术品质；立足区域经济，培养职业人才；面向世界办学，打造教育品牌”的办学理念；随着办学的不断推进，又把“只有拼搏才是人生价值的最好体验”作为校训，并归纳提炼出“求真务实，拼搏创新，团队合作，争创一流”的学院精神。对学院快速健康发展提供了强大的精神动力。

三是导入大学形象设计系统，优化校园环境。在新校区入驻前，学院组织校内外力量，导入大学形象设计系统，对学院整体形象进行了设计。首先整理、归纳、提炼了办学目标、办学定位、办学理念、学院精神、校训等核心理念系统，设计了学院标志、标准色等学院形象应用系统。其次借助搬迁到新校区之际，全面实施了环境文化建设工程。从办公教学综合楼、学生公寓等校园建筑的内外牌匾标识，到班车标识、手提袋等进行了统一制作；在楼寓走廊上制作安装了办学理念、名人名言、学生作品等300余块，建成了“文化走廊”，形成了良好的育人氛围。

（作者：山东省淄博职业学院党委书记、研究员）

在大学生中宣传普及马克思主义中国化最新成果

曹文泽

党的十七大报告明确指出："要积极开展中国特色社会主义理论体系宣传普及活动，推动当代中国马克思主义大众化。"将当代中国马克思主义最新成果大众化，使之成为全党全国人民掌握的理论武器，是一项长期而艰巨、深远而伟大的战略工程，这也对当代大学生思想政治教育提出了更高的要求。

开展当代中国马克思主义最新成果的宣传普及活动，推动当代马克思主义大众化，首先要注重语言的通俗化，用大众熟悉的语言来回答实际问题。其次要注重理论宣传形式的多样化。人们思想活动的独立性、选择性、多变性、差异性等特点，要求马克思主义大众化必须在宣传教育形式上不断创新，注重理论宣传手段的现代化。要充分利用互联网等现代信息工具，拓宽原有宣传教育阵地，建立全方位、立体式的理论传播体系，凝聚人心，汇聚力量。

在大学生中推进当代中国马克思主义大众化有诸多有利条件，也面临一些制约因素，而且大学生是生活在现实世界的，其思想、价值观等都直接受现实的影响。我们要用马克思主义中国化的最新成果帮助他们正确地认识现实，解决思想上的困惑。再好的理论如果不能回应现实、不能及时有效地解释现实，都容易造成理论和实践脱节。大学教育是专业性的。接受专业知识、素养的学习和训练，是大学学习的重要特性。对习惯于专业性知识学习的大学生而言，马克思主义理论是综合性的，学习起来可能会感到有困难，甚至可能感到它没有太大的用处。另外，马克思主义缘起于西方，一些专业的大学生更善于用比较的国际眼光审视当下的中国问题，一些大学生对西方马克思主义的发展路径、现实命运、理论前沿等有自己的认识和判断，大众化的过程急需回应国际化问题。再有就是大学生的主体性、独立性问题。当代大学生主体性明显增强，"80后"、"90后"又是个性张扬的一代。在马克思主义大众化过程中必须增强大学生认同理论的主动性积极性。

依托项目平台，是有效推动当代中国马克思主义最新理论成果在大学生中宣传普及的一个重要载体。所谓项目，即在既定的资源和要求的约束下，为实现某种目的而相互联系的系统性工作任务。在大学生思想政治教育中，好的项目平台无疑能增强思想政治教育的针对性、实效性和可持续性。比如我校适时建立了"奥运志愿者工程"项目平台。北外拥有43个语种，用语言服务奥运、服务国家大局是北外师生义不容辞的责任。学校紧紧抓住奥运契机，以其突出的外语专业优势服务奥运志愿者一线，为举办一届"高水平、有特色的奥运会"，为"两个奥运同样精彩"作出北外人应有的贡献。大学生志愿者在志愿服务中为国争了光，为校争了光，把一个真实的中国、一个蓬勃发展的大国形象呈现在世界面前；同时也使自己受到了教育，得到了锻炼。此外，北外先后创设学生思想政治工作网站"歆语"网，以此作为学校德育工作的重要平台；创刊共青团"歆才"团刊，创办"歆才团校"培养学生骨干；全面推进大型支教扶贫项目，以此作为学校思想政治教育强有力的抓手，使学生在服务社会过程中真切体会到科教兴国战略、人才强国战略、可持续发展战略等，这些也是当代中国马克思主义大众化的重要内容。我们认为，好的项目在管理和执行过程中不仅收获显性价值，即项目收益和预期目标，而且会获得倍加增值的隐性价值。通过项目平台，不断提高大学生思想政治教育的实效性，把当代中国马克思主义的最新理论成果以实践的形式，以服务社会、服务国家的机遇对大学生进行宣传普及，项目价值由此得到延伸，项目平台不断得到拓展。为此我们延伸出一些教育项目：一是推出“大学生自主研究项目”，组织和鼓励学生进行马克思主义学习和研究。二是开展“多元文化讲座项目”，通过深入浅出、喜闻乐见的形式，对学生进行中国特色社会主义理论体系教育，同时把马克思主义的最新理论成果与各学科内容有机结合。三是创设“学生社团研修项目”，巩固马克思主义大众化的阵地。加强社团组织建设，完善社团网络体系，多开展理论研讨，多组织辩论赛及理论征文等。四是依靠“网络平台项目”推动马克思主义大众化。充分利用网络优势，在校园网开辟理论学习新阵地，把两课教学与网络平台相结合，开展开放式和互动式学习平台以扩大影响面。

如何把看似“死”的理论“激活”，学“活”、用“活”是一个大课题。依托项目平台，推动理论的活学活用本身就是一种富有挑战性的探索。大学是知识社群，大学生思维活跃，当代中国马克思主义最新成果要走进青年群体、知识群体，就必须不断创新，不断寻求新的项目平台和载体。

（作者：北京外国语大学党委副书记、副校长）

以“大众化”为契机　推动大学生思想政治教育创新

侯慧君

十七大报告站在建设社会主义核心价值体系，增强社会主义意识形态的吸引力和凝聚力的高度，提出要“推动当代中国马克思主义大众化”。高校思想政治教育具有承载、传导教育信息，渗透教育内容，促进主客体相互作用等功能。加强思想政治教育载体建设，可为在大学生群体中推进当代中国马克思主义大众化搭建新平台。

1. 构建对话课堂，促进理论认知

课堂由于具有理论讲授的系统性、专门性、集中性等特征而成为高校培养学生形成正确理论认知的主阵地。“对话型课堂”，是一种基于教育新理念的综合创新。首先，从以教育者为主体的理论传授转向以学习者为主体的理论学习，学生不再是理论教育中“被动待哺”的角色，而是“主动觅食”的理论渴求者。其次，传统的垂直师生关系转向现代的平等师生关系，通过拉近师生距离而缩短了学生与理论之间的距离。第三，在师生对话过程中展示理论发展历程，激发学生理论兴趣，促进学生理论认知，培养学生理论思维能力，便于教师明晰学生理论学习的需求和误区，增强教育的针对性。“对话型课堂”由于提供了一个师生互动的平等对话场，对于提升思想政治教育实效性具有重要作用。

构建“对话型课堂”，需要相应政策与机制为保障。首先，学校教学管理制度要积极促进和保障“对话型教学模式”改革，探索弹性教学时间管理，并提供相应的经费支持；其次，拓展学生参与课堂教学的途径，建设“对话型课堂”技术支持平台；第三，改革教学考评方式，将课堂参与作为教学考评的重要内容；第四，改革考核方式，将学生课堂参与纳入考试成绩，以考试方式的转变引导和激发学生的学习兴趣。

2. 拓展社会实践，深化理论理解

精彩课堂"坐而论道"固然重要，引导学生参与社会、深入社会，在亲身实践中感知和体验社会，将抽象、平面的理论教育转化为具体、立体的实践体验，更是引导学生在实践中检验理论认知、深化理论理解的重要载体。深化大学生对中国特色社会主义实践和理论的理解，就要为其拓展参与社会实践的空间，创造在实践中认识社会、理解理论的机会。

近年来，高校对大学生实践性理论学习途径的重要性基本达成共识，并开展了丰富多样的社会实践活动，但在一定程度上存在着重形式、走过场的问题，尚未达到应有的实践教育效果。以实践促进大学生的理论理解，要在社会实践主题选择、方案设计、教师引导等方面下功夫。实践主题选择要扣住学生理论学习中的难点问题，明确实践目的，增强实践针对性；方案设计要结合实践条件、实践内容和目标，学生理论困惑和需求等，突出实践内容、流程与理论学习内容、目标的结合点；加强教师对实践过程的指导，引导学生从实践中发现实践与理论的契合点。

3. 建设网络平台，扩大理论覆盖面

网络作为科技影响社会的重要工具，为各种思想观念与意识形态提供了争夺思想空间的平台，对大学生思想政治教育具有重要影响。一方面，网络促进新事物、新观念的产生和传播，使人们的思想更为开放；另一方面，网络信息良莠混杂，导致思想意识领域的冲突和困惑增加。大学生是网民群体的主力军和网络信息的重要受众群体，在大学生中推动当代中国马克思主义大众化，不能忽视网络载体的建设和利用。将互联网建设成在大学生中传播当代中国马克思主义、推动当代中国马克思主义大众化的现代载体，牢牢把握网络虚拟空间中主导意识形态的主导地位，是网络环境下大学生思想政治教育的重要课题。

首先，要通过网络理论传播平台的建设，扩大当代中国马克思主义在大学生中的理论覆盖面。由于学生基于网络平台的理论学习具有对信息的自主选择性，扩大网络空间主导意识形态的理论覆盖，网站内容，即理论自身的吸引力是核心问题。怎样将"红色网站"建设成大学生喜欢的高点击、高浏览率的网站，需要在理论内容及其大众化表达形式上下功夫。其次，要善于利用网络及时了解学生的思想动态，增强教育的针对性；熟悉网络语言，加强与大学生的思想交流；建立交互平台，将课堂影响力拓展、延伸至网络平台等。第三，加强技术监管，及时发现和控制不良信息，将负面信息影响降至最低。

4. 浓化文化氛围，强化理论渗透

大学作为知识的产生与传播之地，是培养学子人格、理性和良知的场所。在大学生中推动当代中国马克思主义的宣传普及，应高度重视校园文化载体建设的作用，以浓郁的文化氛围实现文化的理论渗透功能。

学校文化建设是一种需要"硬功夫"的"软工程"。所谓"软工程"，是指学校文化建设不同于看得见的硬件工程；所谓"硬功夫"，是指校园文化建设需要综合投入、持久积淀。以校园文化精神实现理论教育的文化渗透功能，就要将校园文化精神的培育和涵化，与社会主义核心价值体系建设紧密结合，以社会主义核心价值体系为指导浓化学校文化氛围，赋予大学生健康的精神成长空间，使学生在潜移默化中接受校园文化精神与核心价值体系的"不言之教"。

（作者：中央财经大学党委副书记、副校长）

真学　真信　真用

马抗美

党的十七大报告提出，要大力“开展中国特色社会主义理论体系宣传普及活动，推动当代中国马克思主义大众化”。围绕这一主题，结合高校特点和大学生成长规律，教育部明确提出，通过进一步加强和改进大学生思想政治教育，“用中国特色社会主义理论体系武装大学生，用社会主义核心价值体系引领各种社会思潮，把他们培养成德智体美全面发展的社会主义建设者和接班人”。因此，如何在结合高等教育实际工作的基础上，深入研究用当代中国马克思主义最新成果武装大学生的问题，成为高校思想政治教育工作者的重要任务。

其一，要做到“真学”

推进当代中国马克思主义大众化，当前的首要任务就是广泛开展中国特色社会主义理论体系的宣传普及活动，让马克思主义中国化最新成果扎根于广大人民群众的思想深处。在这个意义上说，大学生对中国特色社会主义理论体系的理论知识的识记、理解、掌握是决定该教育活动是否成功的前提与条件。

真学需要有内心动力，发自内心地去学，要深刻认识马克思主义对国家社会发展和个人成长成才的重要意义。几十年来，中国共产党始终坚持马克思主义基本原理和中国具体实际相结合，不断应用马克思主义理论解决问题，这已成为我党的优良传统。马克思主义蕴含着丰富的内容，既是观察世界历史发展的有力工具，也是科学地、辩证地解决生活实际问题的有力工具。

真学需要自觉，要变“要我学”为“我要学”。马克思主义具有很强的实践性，既来自实践，也能够很好地指导实践。对大学生进行当代中国马克思主义教育，要有效回答学生所关注的重大社会问题和身边的现实热点问题，使学生真正认识到哲学与生活紧密关联，这样才能更好地激发学生的学习兴趣，增强学生学习理论的自主性和自觉性。

其二，要做到“真信”

知识的熟练掌握并不能代表大学生在价值层面上亦认同该理论，更进一步说，价值认同才具有根本性。因此，对大学生关于当代中国马克思主义最新成果的价值认同情况的全面、准确掌握和有效应对，应成为大学生思想政治教育工作的重要内容。

据调查，大部分学生从内心深处认可马克思主义理论的指导，相信中国特色社会主义制度的理论和实践，对我党的路线、方针、政策有信心。当然，我们也不能忽视，还有部分学生在认同中国特色社会主义理论上存在问题，需要我们深入研究并采取积极有效的措施加以校正。

其三，要做到“真用”

当代中国马克思主义最新成果不仅要扎根于大学生的思想深处，还应该体现在大学生的具体行动中。换句话说，中国特色社会主义理论只有体现为当代大学生自觉的行动，才能真正凸显其价值。

从内涵上而言，用当代中国马克思主义最新成果武装大学生在社会实践层面的表现，就是大学生在思想上自觉坚持以中国特色社会主义理论体系为指导，不断提高运用马克思主义立场、观点、方法分析和解决问题的能力。广大学子在运用马克思主义指导实践上下功夫的同时，还要自觉辨别和抵制各种不良思想文化的影响。

目前，大学生在主动运用马克思主义理论

的自觉性方面还不容乐观，部分学生还不能主动运用马克思主义理论分析和解决现实问题。所以思想政治教育工作者要有一个科学的认识：就目前大学生的知识结构和理论视野而言，马克思主义理论作为世界观和方法论，在学生解决和解释现实问题时仍然起着主导作用。只是这种作用在大学生中还是自发的，没有进入到自觉阶段。这就对“用当代中国马克思主义最新成果武装大学生的‘有效载体和方法’”提出了一个最具根本性的要求，即高校思想政治教育工作必须坚持和弘扬理论联系实际的作风，加强理论向实践的转化。换句话说，当代中国马克思主义最新成果只有在被广大学子系统理解的基础上，被广大学子灵活运用、自觉运用的时候，才能转化为强大的物质力量，在实践中发挥应有的作用。从这个意义上说，马克思主义大众化的过程，就是理论不断向实践转化的过程。

（作者：中国政法大学党委副书记、副校长）

“大众化”与高校思想政治教育的新探索

吴小林

党的十七大报告提出了“开展中国特色社会主义理论体系宣传普及活动，推动当代中国马克思主义大众化”的要求，这不仅是高校的首要政治任务，也是学生成长成才和全面发展的迫切需要。

中国特色社会主义既是一条道路，也是一个理论体系，是我们必须高举的伟大旗帜，已成为党带领人民从新的历史起点出发，求真务实，锐意进取的强大思想武器。当代中国马克思主义具有鲜明的实践特色、民族特色和时代特色。实践特色，就是立足我们面对的现实问题，解决实际问题，贴近人民群众的思想实际；民族特色，就是符合中国的文化传统，符合中国人的习惯和接受方式，为中国人民所喜闻乐见；时代特色，就是与中国现代化进程相一致，反映科学文化进步的新实际。这是我们推进马克思主义大众化的重要前提。当前，进一步推动当代中国马克思主义大众化，就是使广大人民群众特别是当代青年，能够普遍具有中国特色社会主义的理想信念，普遍具有马克思主义的最基本的修养，夯实中国特色社会主义事业的思想基础。

开展中国特色社会主义理论体系宣传普及活动，推动当代中国马克思主义大众化，必须正确认识和把握中国特色社会主义理论体系。

1. 中国特色社会主义理论体系产生的理论基础和实践基础。搞清楚基础的问题，主要明确两个关系：一是要弄清马克思列宁主义与毛泽东思想的关系；二是要弄清毛泽东思想与邓小平理论、“三个代表”重要思想、科学发展观的关系。建立马克思主义在中国连续发展的认识，是正确认识中国特色社会主义理论产生基础的前提，也是保证马克思主义指导地位的重要前提。

2. 中国特色社会主义理论体系的本质是科学社会主义。科学社会主义表明了中国特色社会主义的本质属性，是社会主义国家、共产党人事业的普遍性、共同性的表现。“中国特色”是我国当代马克思主义最新成果的具体表现形式，是矛盾的特殊性的表现。

3. 中国特色社会主义理论体系是对国际共产主义运动和苏东剧变经验教训的总结。从某种意义上说，当代中国马克思主义的大众化，就是着眼于人民大众，通过宣传教育，营造良好的社会氛围和条件，使得人民大众坚定中国特色社会主义的共同理想，保证我国社会主义事业后继有人、永不变质。

4. 中国特色社会主义理论的基本体系和重要论断。要使广大师生对中国特色社会主义理论体系形成和发展的过程有一个正确清晰的认识，应当把当代中国马克思主义大众化的过程与学习和宣传党的基本路线结合起来，与学习和实践科学发展观结合起来。

当代中国马克思主义是最具时代特色的马克思主义，作为以宣传、普及当代中国马克思主义最新成果为己任的大学生思想政治教育也必须进行理论和方法的创新，不断推动当代中国马克思主义大众化的发展。首先，要充分利用网络开展思想政治教育。其次，运用现代传媒手段开展思想政治教育。第三，关注大学生的全面发展，用学生乐于接受的方式开展思想政治教育。我们应以最贴近大学生，贴近他们的实际、贴近他们生活的方式进行思想政治工作，实现马克思主义的大众化。

当代中国马克思主义大众化的关键是解决思想政治教育的方法问题。只有方法得当，贴近大学生的思想实际，贴近大学生关心的问题，贴近他们接受思想教育的思路和语言，才能收到预想的结果。具体来讲：(1)要树立理论联系实际的学风。实现当代中国马克思主义大众化关键就是要坚持理论联系实际的学风，这是最基本的要求。(2)要运用深入浅出的方法，采取为人民大众喜闻乐见的形式。(3)生动感人的语言是实现当代中国马克思主义大众化的有力工具。教育者的语言一定要生动，才能感染人，才能有效地传递信息，才能把需要宣教的内容转化为群众接受的东西。

总之，高校推动当代中国马克思主义大众化是一项系统的动态工程，在高度重视主渠道和主阵地建设之外，还必须高度重视多渠道和多阵地的建设，形成课内与课外、教育与自我教育的网络和体系。同时，还应加强理论研究，根据新形势、新情况的要求，积极探索推动当代中国马克思主义大众化的新思路和新举措，以进一步推动当代中国马克思主义大众化。

（作者：中国石油大学党委副书记）

当代中国马克思主义大众化的路径

陈建香

“开展中国特色社会主义理论体系宣传普及活动，推动当代中国马克思主义大众化”，是党的十七大提出的一个重要任务。完成这一重要任务，需要全社会多层次、全方位的求解和努力。具体到高校来讲，推进当代中国马克思主义大众化，就是用当代中国马克思主义最新成果吸引、凝聚、引领、赢得青年。

第一，发挥思想政治理论课的主渠道作用。高校思想政治理论课是推动当代中国马克思主义大众化的主渠道。近几年，高校按照中宣部、教育部的一系列部署和要求，精心组建思想政治理论课教学科研部门，及时调整思想政治理论课课程设置，保证学分、学时和各项教学投入，大力加强师资建设和教学方法、内容的改进。思想政治理论课整体效果有明显提高，学生的参与度、满意度进一步提高。

第二，以社会主义核心价值体系教育青年为重点。近几年，高校充分利用校报、广播站、宣传栏、网络等舆论阵地，营造学生学习当代中国马克思主义的良好氛围，把实践当代中国马克思主义作为校园文化建设的核心内容，寓社会主义核心价值体系教育于丰富多彩的第一课堂、第二课堂、网络阵地之中，取得了较好的成效。

第三，以社会实践、志愿服务为依托。社会实践是从理论认知转化为实践的重要纽带，高校推动当代中国马克思主义大众化必须凸显实践教育，引导学生躬行实践、知行结合，在实践中把握马克思主义的精神实质。比如，要特别重视利用好广大学生参与北京奥运志愿服务的特殊德育资源，以及奥运会后的重要遗产，实现马克思主义理论教育与志愿者实践的良好对接。

第四，主动拓展网络思想政治教育新阵地。互联网是当代大学生学习、生活、交流的重要工具。要充分发挥网络优势，利用网上党校、网上理论学习专题网站等新阵地，开展开放式学习、互动式学习，扩大马克思主义的覆盖面和吸引力。目前有些高校的辅导员或德育教师通过开设网上博客或思政博客与学生进行网上交流思想，传播马克思主义，给喜欢新鲜事物的“80后”、“90后”大学生以学习马克思主义中国化成果的新鲜感，收效非常好。

第五，以面向党员和入党积极分子群体的教育为基础。我校以面向党员和入党积极分子的当代中国化马克思主义教育为基础，发挥学生党员和入党积极分子的辐射带动作用推进高校马克思主义大众化教育。高校马克思主义大众化教育只有统领了学生党员和入党积极分子群体才能更好地影响和引领广大学生。

第六，发挥学生理论社团的示范作用。高校学生理论社团是学生理论学习和宣讲的自发组织，其吸引力、影响力超越了很多传统理论教育模式，在学生中产生了特殊的示范和带动效果。因此，高校应大力扶持学生理论社团的发展，在经费开支、指导教师配备、场所保障等方面给予充足支持。以提高骨干成员的领导力、主体成员的影响力、全体成员的辐射力为重点，加强学生理论社团发展能力建设。以充分驾驭大学生学习理论的“经典化”趋势与“大众化”方向为重点、以切实提高理论学习活动的覆盖面和影响力为目标，不断增强社团自身的发展能力。

（作者：对外经济贸易大学党委副书记）

从“小平你好”到“中国加油”

高　艳

2008年是我国改革开放30周年，也是恢复高考制度后第一届大学生入校30周年。回顾30年来高等教育的发展历程，总结不同阶段大学生成长的特点以及他们群体特征的变化，对进一步明确和深化高校德育的方向、目标与任务，具有重要意义。

从总体上看，30年前的77、78级大学生是有思想、有智慧的一代，他们经历过艰苦生活的磨练，社会阅历比较丰富，有远大的理想与抱负，对共产党有执著的信念，特别对邓小平有着特殊的感情。在国庆35周年的游行队伍中，北京大学的学生打出了“小平你好”的标语。这句平凡又平凡、简单再简单的问候语，真切表达了青年学生对小平同志的爱戴之情，以及支持改革开放、报效祖国的爱国之情。今天我们依然能感受到这个标语的分量与意义。

伴随着“80后”这个称谓的问世，新一代大学生受到社会的广泛关注，也引起了众多争议，整个社会对这一代充满了忧虑和担心。事实上，虽然他们有以自我为中心、处理各种社会事务的实际能力较弱、有时甚至出现知行矛盾等不足，但总体上看，中国新一代独生子女是值得信赖的新一代，是大有希望的一代。2007年4月，由北京市委教育工委和《中国教育报》发布的一份主要针对“80后”大学生的研究报告显示，逾8成的大学生反对以自我为中心的做法，更高比例的学生认为最能体现爱国主义精神的行为是关心国家的发展前途和命运，其次是热爱、保卫、建设自己的家乡，而“义工”、“志愿者”等也已成为中国青年人的一种生活方式。

当代大学生的责任感与使命感在心理上和情感上，更多地表现在增强知识水平和提高技术能力上。特别是在2008年初南方冰冻灾害、3·14拉萨事件、奥运火炬传递国外受阻、四川汶川大地震等接二连三的自然灾害和突发事件面前，当代大学生以实际行动展现了优良的素质和崭新的风貌。奥运会期间，运动员奋勇拼搏的精神令人感动，志愿者热情奉献的服务令人感动，震耳欲聋的“中国加油、奥运加油”的口号声更是令人感动。北京奥运会开幕式第二天，韩国最大报纸《朝鲜日报》提出“鸟巢一代”，认为那些受过高等教育、富有爱国心的中国年轻人热心志愿活动，擅长与外国人交流，爱国心强，是未来中国现代化建设的领军群体。

总体上看，从“小平你好”到“中国加油”，反映了“60后”到“80后”大学生群体对国家发展的关注与热情参与，体现了他们对中国特色社会主义制度的认同，对中国共产党执政能力的认同，对中国改革开放的认同，对关注人的发展、关注民生的执政理念和实践的认同，更体现了他们对伟大祖国发自内心的爱。同时，也可以看出几代大学生的崇高志向与抱负、历史责任与使命、智慧与激情，以及个人成长与国家发展的关联度，社会发展对个人成长的帮助与促进，社会环境的变化对个人思想道德的影响等。

（作者：北京交通大学党委副书记）

高校党委书记应注意处理好的几个重要关系

李　因

高等院校党委是学校的领导核心，提高党委的办学治校能力是在高校贯彻落实科学发展观，办人民满意学校的关键。作为高校党委书记要提高履职能力，就应该善于学习，勤于思考，注意处理好以下几个关系。

1. 党委书记与党委集体的关系

这是一种特殊的个人与组织、个人与集体的关系。处理好这个关系的关键在于正确实行民主集中制。首先，党委是集体领导，是遵循“多数原则”，体现的是整体的意志。在这个意义上讲，党委书记是集体中的一员，和其他委员一样，表决时是一人一票。书记必须有“平等意识”，尊重其他委员，重视每一位委员的意见。在党委会的会议和工作中注意发挥每一位委员的作用，充分发挥党委集体的力量。其次，党委书记是党委集体的核心，是党委“一班人”的“班长”。书记要带领党委集体领导学校的工作，对学校的改革、发展、建设负责。在这个意义上讲，党委书记又不是党委中普通的一员，他和党委其他委员不是“平责”的，因此书记又必须有责任意识，负起领导责任。这就是书记和党委集体的辩证关系。要处理好这个关系，党委书记就要做到充分发扬民主，善于正确集中，同时把班子的团结作为重要原则，通过坚持原则达到班子的团结。

2. 党委书记和院(校)长的关系

这是一种特殊的个人关系,领导者之间的关系。高等学校实行党委领导下的院(校)长负责制,这种体制本身就要求处理好党政一把手的关系。实践证明,这个关系处理得好,学校工作就有良好的基础,处理不好,学校的工作和发展就受影响。要努力使党政两个一把手形成一个有机体,其中书记起主导作用。首先,要提高认识,党委书记和院长是一个责任体的两个方面,缺一不可。根据职责,各自负责,又要互相融合。在学院整体工作上,书记对院长应成为主导而不是领导,在大政方针和班子建设上,书记是责任人,因而是领导;而在学校工作运行上,院长是责任人,因而是领导。其次,书记对院长要尊重、信任、支持。要支持院长在自己职权范围内独立开展工作,进行行政决策,改革创新,处理各类事件,对内对外代表学校等,力戒疑心,力戒争权。党委书记能否调动和发挥院长的积极性和创造性,是履职能力的重要表现。再次,书记对院长要理解、帮助、补台。要理解院长作为行政首长,必须有权威,理解行政工作与党务工作的特点不同,决策、指挥方式上也有所不同,理解行政工作处理各种矛盾的难处。对于行政、教学、科研工作,书记要给院长"搭台",要主动关心院长的工作情况,了解其工作的思路、需求、做法和困难,主动出主意、提建议,帮助其解决难题,化解矛盾;帮助其把握政策,把握方向,做出正确判断,而不能"看热闹"。必要时,书记要给院长"补台",出了问题要主动承担责任。第四,书记要与院长主动沟通。是否善于沟通是党委书记水平的标志。书记和院长的沟通是团结一致的关键,是同心协力的关键。作为党委书记,应希望和要求院长是"能人",有独到的见解,有主见,敢抓敢管,推动工作。书记当然也应是"能人",也应有独到的见解,这就必须沟通,而不能各行其是。

3. 党委书记与中层干部的关系

在高校中这种上下级关系,有其特殊规律,也是一种特殊的干群关系,必须处理好。根据工作职责,上级对下级,领导者对于被领导者要管人、管事、管思想;根据党管干部的原则,党委书记对系处级中层干部还负有直接责任。与行政机关和企业不同,高校是业务单位,有着科学文化学术技术的氛围,中层干部都是知识分子,学历高、有思想,还有一些是专家教授、学术权威,有的中层干部有较高层次的社会兼职,有较高的社会地位。因此,在高校中,当领导不能只靠职务权威。对高校的中层干部,完全作为党政干部去要求也会失当,要承认他们兼有党政干部和知识分子的双重属性。作为党委书记,要贯彻党的教育方针,做好思想政治工作和党的工作,就要管好用好中层干部,依靠他们去带领广大师生员工办人民满意的学校。首先,要知人善任,知人就是要了解每位中层干部(主要单位和部门的领导)的长短,包括学识、思想、能力、为人、心理素质、经历、阅历等;善任就是用其所长,用其所能,扬长避短,不求全责备。还特别要注意研究干部的类型,是用其开拓能力还是用其稳定能力,等等。要恰当分析其群众关系,要讲拥护率、不唯拥护率。要以是否想干事,是否能干事,能否干成事为衡量标准,切忌以个人亲疏、远近、好恶为标准。其次,要善于调动中层干部的积极性。既要以事业凝聚人心,又要以关爱和关怀凝聚人心;既要坚持原则、严格要求、严格管理,又要发扬民主、实事求是、以理服人、平等待人;既要讲究理性,又要讲究感情;既要对其工作业务提出要求,又要关心其学术业务的发展;既要要求其服从学校工作大局,贯彻学校决定,又要允许其认识问题有个过程;对其工作和品德要求要严格,对其思想认识要宽容;要坚决抓好党风廉政建设,同时维护好干部的正当权益。再次,书记对中层干部要做好传、帮、带工作。特别是思想作风、工作作风和工作方法,书记要言传身教,以身作则,要"促动"而更多的是"带动"。同时要虚心向干部们学习请教,善于从这个高素质群体中吸收营养,善于在干部中发现和树立先进典型。

4. 抓党务工作与抓教学行政工作的关系

党要管党，党委书记首先要抓好党的建设和思想政治工作，即使有分管党务工作的副书记，书记也不能忽视抓党建。在对学校全面工作负责的同时，必须履行自己的第一职责，必须认真钻研自己的这个业务，必须抓好党的十七大提出的“以改革创新精神全面推进党的建设新的伟大工程”在自己院校的落实。党的建设和思想政治工作是硬任务而不是软任务，是“实功”而不是“虚功”。党委书记要抓好“精神变物质”，通过抓好基层组织和党员先进性建设促进各项工作。高校工作是以育人为中心，以教学科研为中心，党委书记也必须负责。学校其他行政、管理等各方面、各个层面的工作，凡涉及全局的重要事项，书记都应该关注。不能脱离教学、科研、管理和师生利益等实际去抓党务，而要使党的工作与学校各项工作有机结合。在保持共产党员先进性教育活动中有一条经验，已经作为长效机制保持下来，那就是共产党员的先进性和能力建设要体现在具体岗位上。书记不过问教学科研行政工作是不行的，对于方向性的问题、代表性的问题、需要突破的问题必要时还要亲自抓一下。应该是分工负责，该谁抓谁抓，该谁负责谁负责，书记要抓总。既要防止“两张皮”，又要防止“包办代替”；既不能“甩手”，也不能到处伸手。书记要抓大事，抓调研，抓动向，抓方向，抓政策，抓重点，抓干部，抓典型，抓氛围，抓风气。对于必须“抓一下”的工作，其作用主要是“促”，要进得去，出得来，抓得实，不代替。书记在推动全校工作中，更要注意工作艺术，注意协调的艺术。

5. 当前和长远的关系

这是时间的关系，是目标和过程的关系，是发展阶段之间的关系。党委书记要善于谋划，就要认识到一个学校的发展建设有一个科学的过程和脉络，每个阶段都不是孤立的，要站在历史的角度审视现实，依据历史和现实去思考未来，不断发现和创造发展的新动力。一个人的任期只是有限的几年，而党和人民的事业是连续的。一个有作为的党委书记，不但要建立任期内的业绩，而且要为后来者的工作打好基础，这个工作才是科学的，可持续的，符合科学发展观的。正如党的十七大指出的“多干打基础、利长远的事”。所以，是否“有后劲”是我们工作的重要标准。我在工作实践中体会到，凡有深度的、凡带基础性的工作都有后劲；而且，凡有后劲的工作，现实性也很强，因为只有能思考长远的人才能更好地谋划当前。党委书记要动态思维而不能静态思维，既要只争朝夕，又不能急功近利。因此，要注重工作的前瞻性、措施的一贯性、政策的连续性、队伍的延续性、领导和工作思路的逻辑性、步骤性和衔接性。切忌“东一榔头，西一棒子”，切忌作秀。领导的创新型思维不是突发奇想，而是审时度势，依据科学，与时俱进。

（作者：北京联合大学旅游学院党委书记）

和谐校园与高校党的建设理论研讨会述要

晓　浩

2008年10月10日，由教育部高等学校社会科学发展研究中心主办、宁波大学承办的“和谐校园与高校党的建设”理论研讨会在宁波大学召开。中共北京市委教育工委、辽宁省委教育工委和清华大学、北京师范大学等高校的负责同志与会。教育部社科中心主任冯刚、宁波大学党委书记程刚主持会议。

与会同志认为，中国高等教育正处在一个新的发展阶段，加强高校党的建设，构建和谐校园，实现高等教育的科学发展，为构建和谐社会提供强大的智力支持和精神动力，是经济社会全面协调可持续发展的内在要求。和谐校园，是一个系统概念，既是指校园内师生之间、干群之间的和谐，也是指校园与整个社会之间的和谐；是一个辩证概念，既要坚持基本的原则，又要灵活机动地处理各种矛盾和问题，实现动态的和谐；是一个时代概念，要以社会主义核心价值体系为灵魂和价值导向，实现富有时代特色的校园和谐。和谐校园，是崇尚科学、追求卓越，富有创新精神和创造活力的校园；是以人为本、师生友爱，教学相长，教职工的积极性和创造性得到充分发扬的校园；是环境优美、安定有序，充满科学气息和文化氛围的校园；是运转协调、管理高效，具有民主、法治和开放精神的校园。

与会同志指出，在和谐校园建设中，应该把党的建设贯彻落实到高校发展的各项事业中来，在把握社会主义办学方向、加强干部队伍建设、推进教学科研改革、确保校园稳定等方面，充分发挥各级党组织的战斗堡垒作用。在和谐校园建设中，应该处理好发展速度与质量提升的关系，在保有适当数量的基础上，把重点放到提升教学科研质量上来；处理好突出重点与全面推进的关系，统筹兼顾，科学规划，突出重点带动全面工作，协调全局推进重点工作；处理好思想政治教育与解决实际问题的关系，通过加强思想政治教育推动实际问题的解决，通过解决实际问题增强思想政治教育的效果；处理好内部建设与外部环境的关系，通过加强学科建设创新工作机制培养优秀人才，依靠自身优势获得人员编制、经费投入、政策保障等广泛支持；处理好党建与行政工作的关系，等等。

与会同志强调，要以正在开展的深入学习实践科学发展观活动为契机，深入把握科学发展观的科学内涵和精神实质，全面落实科学发展观的基本要求，实现高校各项事业全面协调可持续发展。必须紧紧抓住学校发展这个第一要务，调动一切积极因素和资源，创造良好的发展氛围，形成群策群力、协调发展的大好局面，为校园和谐提供雄厚的物质基础和坚实的思想基础。必须坚持以师生为本，把贯彻落实党的教育方针作为办学的出发点和落脚点；把学校教育事业发展同维护师生员工的根本利益紧密结合起来，为师生员工创造良好的教学科研环境；用中国特色社会主义理论体系武装师生头脑，把思想政治教育渗透到人才培养的全过程，增强党建和思想政治工作的针对性和实效性。必须统筹兼顾，科学规划，通过体制机制创新，建设和谐校园文化，不断增强学校的亲和力和向心力。必须充分发挥高校党组织的政治核心和战斗堡垒作用，提升领导班子和成员依法治校能力，增强基层党组织的凝聚力，充分发挥全体教职工的积极性主动性创造性，推进和谐校园建设，保障高校各项事业科学发展。

与会同志表示，要进一步总结实际工作中丰富的实践经验，加以理论提升，探讨加强高校党建与建设和谐校园的基本规律；进一步加强理论学习，特别是科学发展观的学习实践，把科学理论贯彻到高校党建与和谐校园建设之中，转化为开展各项工作的精神动力和工作方法；进一步创新工作体制机制，把加强高校党建与建设和谐校园，纳入新时期加强党的建设新的伟大工程中来，纳入构建社会主义和谐社会的伟大事业中来，为培养合格的社会主义建设者和接班人提供有力保障。

第十五部分

企业政工与企业文化

以改革创新精神加强中央企业党的建设

李荣融

中央企业是国有经济发挥主导作用的主力军。发挥中央企业的重要作用，是坚持和完善社会主义基本经济制度，发展先进生产力，提高我国综合国力，巩固党的执政地位的必然要求。党的十六大明确提出了按照权利、义务、责任相统一，管资产和管人、管事相结合的原则，分级建立国有资产监管机构，改革国有资产管理体制的新思路。国务院国资委自成立以来，认真贯彻执行党中央、国务院的重大战略部署，在中央有关部门的大力支持和帮助下，积极推进中央企业改革发展，取得了明显成效。2007年中央企业资产总额达到14.8万亿元，实现销售收入9.8万亿元，利润9968亿元；目前有16户中央企业进入世界500强；中央企业的活力、控制力和影响力明显增强，从而初步探索出了一条具有中国特色的发展国有企业的路子。

一是探索建立适应现代企业制度要求的选人用人新机制。我们按照建立现代企业制度的要求，积极推进董事会试点工作，规范公司董事会、监事会和经营管理者的权责，形成权力机构、决策机构、监督机构和经营管理者之间的制衡机制。目前，已有19户中央企业进行了董事会试点，建立了外部董事制度，其中有14户试点企业实现了外部董事多于内部董事，较好地解决了企业“内部人控制”问题。我们逐步探索符合科学发展观要求的企业领导人员考核评价体系，把贯彻落实科学发展观和正确政绩观的情况作为考核企业领导人员的重要内容，既看重企业当年生产经营业绩，也看重企业可持续发展能力；既要看企业改革力度和发展速度，也要看企业稳定程度，发生不利于稳定的重大事件、重特大安全生产事故的实行一票否决，企业业绩考核要降低等级；既要看企业的经济效益，也要看企业文明状况和职工队伍精神面貌，鼓励企业积极履行社会责任；既要看企业领导班子经营管理能力，也要看企业领导班子思想作风和廉洁自律情况。通过逐步实行任期制和任期目标责任制，改变了企业领导人员“有任命没有任期、有任期没有考核”的状况；通过建立以经营业绩为核心的企业领导人员考核评价体系，将考核结果与企业领导人员任用奖惩挂钩，实现了“业绩好、薪酬高，业绩差、薪酬低”，做到了“不在状态就换人”。

二是市场化选聘人才的力度不断加大。我们坚持党管干部原则与市场化选聘人才机制相结合，积极探索建立适合国有企业特点的人才工作体制。从2003年开始，我们连续五年组织了100户中央企业，拿出103个高级经营管理岗位面向海内外进行公开招聘，其中总经理职位2人，这项工作在社会上引起了强烈反响，海内外共有4000多人报名应聘，一批高素质的人才走上中央企业领导岗位。通过公开招聘，中央企业还建立了人才库，储备了一大批优秀人才。迄今为止，已有1400多名社会各类人才进入中央企业人才库，目前这个人才库已经开始发挥作用，我们已经从中选拔了20多人，并将他们推荐到中央企业任职。公开招聘为中央企业拓宽选人用人视野，打破传统的干部选拔任用观念起到了积极的示范和带动作用。截至2006年底，中央企业通过公开招聘方式选拔任用的各级经营管理人员达42万人，占经营管理人员总数的27.4%。通过公开招聘实践，不仅为中央企业选拔了一大批优秀经营管理人才，也使中央企业人才工作出现了组织放心、领导省心、职工称心、干部用心的良好局面。

三是领导班子思想政治建设不断加强。我们坚持将思想政治建设放在企业领导班子建设的首位，以“四好”领导班子创建活动为载体，不断加强企业领导班子思想政治建设。从2004年开始，我们在中央企业开展了以建设一个政治素质好、经营业绩好、团结协作好、作风形象好，致力于为国有企业建功立业、得到职工群众拥护的“四好”领导班子创建活动，并和中央组织部一起先后在青岛、上海召开了全国国有企业领导班子思想政治建设座谈会，积极探索新时期企业领导班子思想政治建设的方法途径，总结推广“四好”班子创建活动好的经验与做法。通过深入开展这项活动，领导班子和领导人员的思想政治素质明显提高、开拓创新能力明显增强。

四是党组织和党员队伍不断发展壮大。随着中央企业的影响力和控制力不断增强，中央企业党员队伍和党组织在不断发展壮大，党组织工作覆盖面也在不断扩大。截至2006年底，中央企业党员总数为392.8万人，党组528个，党委15173个，党总支13444个，党支部18.4万个。在保持共产党员先进性教育活动中，中央企业各级党组织和广大共产党员，严格按要求参加了先进性教育活动。这次规模宏大、组织严密的先进性教育活动取得了丰硕成果，中央企业党员干部学习实践“三个代表”重要思想、贯彻落实科学发展观、搞好中央企业的政治责任感明显增强，党员素质进一步提高，解决了一批影响中央企业改革发展稳定的突出问题和涉及职工群众切身利益的实际问题，收到了党员受教育、职工得利益、企业得发展的良好效果。

五是反腐倡廉工作更加深化。我们紧紧围绕国有资产保值增值和中央企业的改革发展稳定，建立与现代企业制度要求相适应的教育、制度、监督并重的惩治与预防腐败的体制与机制，制定了《关于落实〈建立健全教育、制度、监督并重的惩治与预防腐败体系实施纲要〉的具体意见》，颁布了《国有企业领导人员廉洁从业若干规定（试行）》，加强党风宣传教育工作，强化廉洁文化建设，营造反腐倡廉良好氛围，增强企业领导人员的廉洁自律意识。严肃查处违纪违法案件，严厉打击侵吞转移国有资产的违纪违法行为。国资委成立以来，中央企业各级纪检监察机构立案查处违纪违法案件8014起，给予党纪政纪处分8488人，挽回直接经济损失15亿多元，有效保证了国有资产安全。

六是党的建设、思想政治工作与企业生产经营活动结合得更加紧密。我们在认真总结国有企业党建工作的成绩与经验的基础上，分析中央企业党建工作面临的形势和存在的问题，与中央组织部联合制定了《关于加强和改进中央企业党建工作的意见》。文件明确提出了适应现代企业制度要求，加强改进中央企业党建工作、发挥党组织政治核心作用的基本思路，是改革开放以来指导国有企业党建工作的一个重要文件。我们在实践中坚持“融入中心抓党建、进入管理起作用”，初步建立了保持共产党员先进性长效机制。坚持把文化建设作为企业思想政治工作的重要载体，制定实施《关于加强中央企业文化建设的指导意见》，努力营造反映时代要求、健康向上、各具特色的企业文化，积极培育诚实守信、服务优良、行为规范、道德高尚的企业精神，树立中央企业“报效祖国、服务社会、回报股东、关爱职工、爱护环境、节约资源”的良好社会形象，提高了党的思想政治工作的活力和实效，较好地解决了思想政治工作与中心工作“两张皮”的问题。

当前，中央企业改革发展面临新机遇新挑战。根据党的十七大的部署，国资委党委坚持以科学发展观为指导，研究并提出，中央企业要在第二个经营业绩考核任期中，基本建立现代企业制度，基本完成国有经济布局结构调整，进一步增强国有经济的活力、控制力、影响力，以改革创新精神加强和改进中央企业党建工作。

进一步完善适合国有企业特点的领导人员管理体制、机制。一是按照党的十七大关于“完善适合国有企业特点的领导人员管理办法”的要求，在深入调查研究的基础上，制定《中央企业领导人员管理暂行规定》，建立有别于党政领导干部、适应现代企业制度要求的企业领导人员管理新体制。二是按照《公司法》和董事会试点工作要求，研究制定坚持党管干部原则与法人治理结构依法行使用人权相结合的具体措施和办法，明确党委在企业人事工作中的职责，建立具有中国特色的公司法人治理结构。三是坚持民主、公开、竞争、择优，继续完善相关措施和办法，加大公开招聘、竞争上岗的力度，不断开创中央企业广纳群贤、人尽其才的新局面。四是继续深化“四好”领导班子创建活动，进一步增强中央企业领导班子的政治意识、责任意识和大局意识，努力把各级领导班子建设成为“政治素质好、经营业绩好、团结协作好、作风形象好”的坚强领导集体。

进一步探索现代企业制度条件下国有企业党组织充分发挥政治核心作用的有效方式。参与企业重大问题决策是党组织发挥政治核心作用的基本途径。要适应市场经济特点，遵循企业发展规律，贯彻党的十七大确立的科学执政、民主执政、依法执政精神，依据宪法和《公司法》，研究提出董事会试点企业加强和改进党的工作的意见，制定董事会试点企业党委参与重大问题决策的指导意见。按照参与决策、带头执行、保证监督的总体要求，将党组织的政治核心作用体现于决策、执行、监督全过程，做到“两个有效”：公司治理机制有效，保证董事会对企业重大问题的统一决策权；党组织政治核心作用有效，保证党组织的意见和建议在企业重大问题决策中得到尊重和体现。

进一步加强企业党的基层组织和党员队伍建设。认真执行《公司法》有关规定，进一步落实《中央组织部、国务院国资委党委关于加强和改进中央企业党建工作的意见》精神，坚决贯彻企业基层党组织建设“三同时”原则，不断扩大党的工作覆盖面，增强企业党组织的创造力、凝聚力和战斗力。进一步抓好党员队伍建设，深入开展“双培养”工作，充分发挥党员先锋模范作用，努力把党员培养成生产经营骨干，把生产经营骨干培养成为党员，使党员成为企业最优秀的人力资源。

进一步建立健全保持共产党员先进性长效机制。十七大报告强调，要全面巩固和发展先进性教育活动成果，扎实抓好党员队伍建设这一基础工程，坚持不懈地提高党员素质。我们要认真贯彻落实中央四个长效机制文件的要求，督促和引导中央企业把长效机制建设与企业各项管理制度、党组织工作制度相衔接，建立健全党员学习、教育管理、密切联系群众、党内民主参与和加强基层党建工作责任等制度。坚持以建立长效的机制和制度为切入点，努力做到在管理上求融合，在过程中求渗透，在制度上保证党建进入管理起作用，确保先进性教育的长效机制有效运行，确保党员队伍永葆生机与活力，不断增强企业的核心竞争力。

进一步探索维护职工合法权益的有效途径。做好中央企业的群众工作，维护职工的合法权益，对于始终保持党组织同人民群众的血肉联系，对于巩固和扩大党执政的阶级基础和群众基础，具有十分重要的意义。我们要认真贯彻《关于建立和完善中央企业职工代表大会制度的指导意见》，全面落实职代会的各项权利，充分发挥职工代表在维护职工民主权利方面的积极作用，努力扩大广大职工群众的广泛参与和有效监督。正确理解和把握企业改革发展的政策规定，按照十七大和谐发展、科学发展、共享发展的精神，在企业发展壮大的同时，提高职工生活水平，改善职工的生活条件，让广大职工共享国有企业的改革成果。

（作者：国务院国有资产监督管理委员会主任、党委书记）

继往开来　加强改进
努力开创企业思想政治工作新局面

翟卫华

本届企业文化论坛，以纪念改革开放30周年为主题，总结改革开放以来企业思想政治工作的经验，探讨进一步加强和改进企业思想政治工作的对策，很有意义。中央政治局委员、书记处书记、中宣部部长刘云山同志给这次论坛发来贺信，充分肯定改革开放30年来企业思想政治工作的重要作用，对进一步加强和改进新形势下企业思想政治工作提出明确要求，充分体现了中央领导同志对企业思想政治工作的高度重视，我们要很好地学习和贯彻落实。下面，我就学习贯彻云山同志贺信精神，进一步加强和改进企业思想政治工作谈几点想法。

一、改革开放以来企业思想政治工作的基本经验

改革开放30年来，企业思想政治工作围绕中心、服务大局、改进创新，开创了新的局面，积累了丰富的经验。归纳起来主要有以下几个方面：

1. 始终高举中国特色社会主义伟大旗帜。要紧跟党的理论创新步伐，坚持以发展着的马克思主义为指导，坚持不懈地用中国特色社会主义理论体系武装员工，为企业的改革发展提供强有力的思想保证，确保企业改革发展沿着中国特色社会主义道路前进。

2. 始终服从服务于改革发展稳定的大局。要坚持以经济建设为中心不动摇，坚持服从服务于改革发展稳定的大局不动摇，一切着眼于大局，一切在大局下思考，一切在大局下行动，努力促进企业深化改革，解放和发展生产力，发挥好自身的职能，履行好肩负的使命。

3. 始终坚持“生命线”的基本定位。要高度重视企业思想政治工作，建立统一科学的领导体制和规范高效的工作机制，充分发挥党的思想政治工作优势，把思想政治工作融入企业生产经营管理的全过程，为企业的改革发展稳定提供强大的思想保证和精神动力。

4. 始终坚持以人为本。要切实解决企业发展依靠谁、为了谁的根本问题，把实现好、维护好、发展好员工的根本利益作为一切工作的重要落脚点，把解决思想问题和解决实际问题结合起来，既教育人、引导人、鼓舞人，又尊重人、理解人、关心人，有力促进企业员工的全面发展。

5. 始终坚持加强改进和不断创新。要坚持解放思想、实事求是、与时俱进、改进创新，坚持在加强中改进、在改进中加强、在创新中提高，努力实现观念、内容、方法、手段和机制体制的创新，始终保持不竭的强大动力和无限的生机活力。

6. 始终坚持把企业文化建设作为重要载体。要大力加强先进文化和和谐文化建设，坚持以文载道、寓教于文、以文化人，不断发展创新中国特色企业文化，开辟新阵地、拓展新空间、达到新境界，努力做到潜移默化、润物无声、深入人心。

7. 始终坚持把企业党的建设作为根本保证。要把企业党的建设摆在十分重要的位置，大力加强党的先进性建设，充分发挥基层党组织的战斗堡垒作用和党员干部的先锋模范作用，努力增强企业党组织的战斗力和凝聚力，不断巩固和壮大党在企业的政治优势，确保党组

织的政治核心作用得到充分发挥。

这些宝贵经验，继承和发扬了党的思想政治工作的优良传统，反映了新时期企业思想政治工作的内在规律，对于进一步做好新形势下的企业思想政治工作具有重要的指导作用，应长期坚持下去，并在实践中不断丰富和发展。

二、充分认识进一步加强和改进企业思想政治工作的重要性和紧迫性

充分发挥思想政治工作这一优势，进一步做好新形势下企业思想政治工作，对于实现全面建设小康社会宏伟目标，提高党的执政能力，巩固全党全国人民团结奋斗的共同思想基础，都具有重大意义。

1. 进一步加强和改进企业思想政治工作，是全面贯彻落实科学发展观、推动企业又好又快发展的迫切需要。近年来，企业思想政治工作按照科学发展观的要求，积极推动企业转变发展方式，有力地促进了企业发展。同时也要看到，面对国内外复杂变化的形势和企业发展中存在的突出问题，企业思想政治工作深入贯彻落实科学发展观的任务还很重。当前，世界经济增长放缓、全球通货膨胀压力加大、国际金融市场动荡加剧；国内经济运行中物价上涨压力加大、能源资源制约经济发展矛盾突出、部分行业和企业生产经营困难、安全生产事故时有发生；从企业发展现状来看，片面追求发展规模、发展速度，资源能源严重浪费的现象依然存在，高能耗、高污染、低产出的问题还比较严重。按照科学发展观的要求，解放思想、转变观念，推动企业又好又快发展，保持我国经济平稳快速发展，是企业思想政治工作的首要任务，也是一项长期的战略任务。

2. 进一步加强和改进企业思想政治工作，是落实以人为本，实现员工全面发展的迫切需要。广大员工是企业的主体，是企业发展最根本的推动力量和依靠力量。实现员工的全面发展，从根本上解放和发展生产力，是企业思想政治工作的一项根本任务。当前，企业领导对于以人为本的认识不断深化，践行以人为本的自觉性不断提高。同时也要看到，在一些企业中，企业发展“一条腿长”、员工发展“一条腿短”的现象还比较普遍，以物为中心的传统落后的管理体制还没有根本转变，员工的劳动权益、经济利益、政治利益、文化权益等还没有得到充分保障，不仅制约着企业发展，而且成为引发社会不稳定的潜在因素。这些，都要求按照以人为本的要求，切实加强和改进企业思想政治工作，不断实现好、维护好、发展好员工的根本利益，逐步满足员工多方面、多层次、多样性的利益需求，不断提高员工的思想道德素质、科学文化水平和业务技能，充分调动员工的积极性、主动性和创造性。

3. 进一步加强和改进企业思想政治工作，是建设先进企业文化、提高国家文化软实力的迫切需要。企业既是物质财富的创造者，又是精神财富的创造者；企业文化既是企业思想政治工作的重要载体，又是国家文化建设的重要方面；建设先进的企业文化既是增强企业核心竞争力的迫切需要，又是提高国家文化软实力的重要举措。近年来，企业文化建设在增进员工对企业认同、凝聚员工力量、展示企业形象、推动企业发展等方面的作用日益明显。同时也要看到，实现党的十七大提出的推动社会主义文化大发展大繁荣、兴起社会主义文化建设新高潮的战略任务，还有大量工作要做。企业新旧思想、新旧观念、新旧价值理念相互冲突、碰撞、抗衡和较量的情况将存在一个较长时期，企业文化建设依然面临严峻挑战。从中国特色社会主义文化建设的实际和我国企业改革发展的客观需要出发，深入挖掘和弘扬传统文化的有益价值，充分吸收借鉴世界各国企业文化优长，大力推进中国特色企业文化建设，是企业思想政治工作面临的一项长期和艰巨的任务。

4. 进一步加强和改进企业思想政治工作，是加强和改善党的领导、充分发挥党在企业的政治核心作用的迫切需要。企业是工人阶级高度集中的地方，是巩固党的阶级基础、扩大党的

群众基础的重要领域。加强企业思想政治工作，对于加强党对企业的领导，巩固党的执政基础，巩固社会主义国家的经济基础，保证企业的社会主义方向，都具有特殊重要的意义。改革开放以来，企业党的思想建设、组织建设、作风建设不断增强，党在企业的政治核心地位更加巩固，为企业的改革发展稳定提供了强有力的政治保障。同时也要看到，在一些企业中，有的党员干部的党性意识还不够强，先锋模范作用还没有得到充分发挥，党群关系、干群关系还存在不和谐因素。加强和改进党对企业各项工作的领导，更好地发挥党组织在企业的政治核心作用，增强企业党组织的凝聚力、战斗力和感召力，是新形势下企业思想政治工作需要着力解决的问题。

三、加强和改进企业思想政治工作

站在新的历史起点上，加强和改进企业思想政治工作，要高举中国特色社会主义伟大旗帜，坚持以邓小平理论和“三个代表”重要思想为指导，深入贯彻落实科学发展观，深入贯彻落实党的十七大精神，着眼于巩固马克思主义在我国意识形态领域的指导地位，着眼于服务于经济建设这个中心和全党全国工作大局，着眼于促进社会全面进步和人的全面发展，坚持解放思想、实事求是、与时俱进，坚持以人为本，贴近实际、贴近生活、贴近群众，紧密围绕构建社会主义核心价值体系，大力建设中国特色企业文化，努力调动企业员工的积极性、主动性和创造性，增强工作的针对性、实效性和吸引力、感染力，为企业又好又快发展提供强大的精神动力和思想保证。

1. 深入贯彻落实科学发展观，推动企业转变发展方式、实现科学发展。深入贯彻落实科学发展观是当前企业思想政治工作的根本任务。要引导员工准确理解中央关于实现科学发展的一系列重大方针政策，充分认识科学发展观对于指导和推动企业发展的重要意义和根本要求，进一步增强贯彻落实科学发展观的自觉性和坚定性，把力量和智慧凝聚到科学发展的各项要求上来。要切实把科学发展观贯穿到企业改革发展全过程，体现在企业的管理哲学、企业使命、发展愿景、发展战略和经营理念等各方面，牢固树立全面、协调、可持续的发展观念，实现发展规模与速度相协调、质量与效益相统一。要认真总结贯彻落实科学发展观的好经验好做法，大力宣传企业转变发展方式、实现又好又快发展的先进典型，进一步营造自觉践行科学发展观的浓厚氛围，形成重视科学发展、崇尚科学发展、推动科学发展的生动局面。

2. 大力推进社会主义核心价值体系建设，打牢全体员工团结奋斗的共同思想基础。社会主义核心价值体系是社会主义意识形态的本质体现，是我们党团结和引领人民群众开拓前进的精神旗帜。大力推进社会主义核心价值体系建设是当前和今后一个时期企业思想政治工作十分重要的战略任务。要把社会主义核心价值体系的要求融入企业生产经营和日常管理之中，融入员工生产实践和日常工作生活之中，引导员工追求共同的理想和共同的目标，遵循共同的道德规范和行为准则。要用马克思主义中国化理论成果武装干部、教育员工，深入开展中国特色社会主义理论体系宣传普及活动，推动当代中国马克思主义大众化。要用中国特色社会主义共同理想凝聚员工力量，扎实开展理想信念教育、国情企情教育和形势政策教育，引导员工进一步增强对中国共产党领导、社会主义制度、改革开放事业和全面建设小康社会目标的信念和信心。要大力弘扬以爱国主义为核心的民族精神和以改革创新为核心的时代精神，进一步振奋员工的精神、凝聚员工的力量，引导广大员工积极投身企业改革发展。要在广大员工中牢固树立以“八荣八耻”为主要内容的社会主义荣辱观，引导员工自觉遵守社会基本道德规范和职业道德规范，为企业健康发展提供强大的思想道德支撑。

3. 坚持以人为本，促进员工全面发展。坚持以人为本、促进员工全面发展，是我们党全心全意为人民服务的根本宗旨和全心全意依靠工人阶级办企业方针的集中体现，是企业思想政治工作的根本理念，是解决好企业改革发展一切问题的关键所在。要在干部员工中牢固树立以人为本的理念，明确员工是企业发展的根本，企业管理的核心是人而不是物，企业发展的根本目的是促进社会发展和实现员工利益，企业发展的根本途径是依靠员工。要把解决思想问题与解决实际问题结合起来，注重满足员工多方面、多层次、多样性的合理利益需求，切实解决好员工最现实、最直接、最急迫的利益问题，引导员工在注重个人利益的同时，更加注重企业利益、国家利益和社会利益。要更加注重人文关怀和心理疏导，把握员工的思想、情感、心理和精神需求，不断提高员工的思想道德素质、科学文化素质、身体素质、审美素质和心理素质，引导员工在追求物质利益的同时追求更高的思想道德境界和精神境界。

4. 正确把握和处理相关利益主体之间的关系，推动和谐企业建设。企业和谐是社会和谐的基础，也是企业发展的重要保证。要组织好对《劳动合同法》的学习和宣传，引导员工明确自己的权利和义务，用正当的方式和法律的手段解决劳动纠纷，减少不和谐因素和由此引发的矛盾，建立和谐的劳动关系。要解决好企业发展过程中存在的突出矛盾和问题，妥善协调和正确处理企业内部各利益群体之间的关系，建立和完善科学合理的利益分配机制、利益表达机制、利益协调机制以及有效的保障机制。要妥善协调和正确处理企业与社会的关系，积极协调好企业与客户、供应商和周边群体的关系，在企业力所能及的范围内积极承担社会责任，为国家、社会和企业所在地多做贡献，为企业赢得更多的理解、关注和支持，创造良好的企业发展环境。要进一步增强企业的环保意识，推动企业提高能源资源利用效率，保护生态环境，实现对资源的合理开发和利用。

5. 着力培育企业文化，推动先进文化建设。企业文化建设是企业思想政治工作的一项重要任务，是实现企业发展进步的重要精神支撑。当前，要大力弘扬抗震救灾精神和奥运精神，把抗震救灾精神和北京奥运精神作为中华民族精神和时代精神的重要内容，融入到企业的核心价值理念之中，融入到企业精神之中，转化为推动企业改革发展的强大精神力量。要注重吸取中华文化精髓和西方企业文化建设的优秀成果，及时把企业文化建设的实践上升到理性认识，不断丰富和发展我国企业文化建设理论，提高企业文化创新能力。要切实把企业文化建设作为思想政治工作的内容和载体，坚持企业文化建设的政治方向，通过加强企业党的建设为企业文化建设提供强有力的组织保障。要认真总结我国企业文化建设的宝贵经验，及时总结推广先进的思想理念，对企业思想政治工作和企业文化创新进行积极引导，努力营造拥护改革、支持改革、参与改革的文化氛围。

（此文是翟卫华同志2008年9月3日在第五届中国企业文化论坛上的讲话）

回顾企业思想政治工作三十年历程
努力做好当前企业思想政治工作

高俊良

十一届三中全会以来，我国走过了三十年不平凡的改革历程。企业作为改革的重点，伴随着我国经济体制改革的进程，经历了不同的改革发展阶段。在这三十年，企业思想政治工作始终围绕中心、服务大局、与时俱进、不断创新，为企业的改革提供思想保证、精神动力和智力支持，为推动经济社会发展起到了积极作用。

一、改革开放三十年来企业思想政治工作的发展历程

改革开放三十年来，企业改革经历了从扩大企业自主权、实行以承包责任制为主体的多种经营方式、建立和完善现代企业制度，到强调全面协调可持续发展。伴随企业改革的不断推进，企业思想政治工作紧扣时代脉搏，紧跟时代步伐，为企业每一阶段改革的顺利推行提供强有力的精神动力和思想保障。

1. 在扩大企业自主权试点的阶段，企业思想政治工作着力于营造舆论氛围、转变观念和激发活力，为企业拉开改革序幕唱响了锐意进取的主题曲。十一届三中全会的召开，我国工作重点开始转移到经济建设上来，企业自主权有所扩大，活力有所增强。但受长时期计划经济的影响，一些旧观念、旧框框仍然存在，例如缺乏竞争意识、主体意识、市场开发意识和效益观念等，导致部分企业和员工存在等靠要的思想。这一阶段的企业思想政治工作，主要是强化舆论攻势，积极宣传企业改革的目的意义，加深员工对改革的认识，增强员工对改革的认同，为企业改革的推进营造良好的舆论氛围。同时引导员工转换观念，认清形势，从思想上消除计划经济下的依赖心理，树立全员的市场观。此外还培养员工的民族自尊心、自信心和自豪感，使他们自觉把个人的职业理想同企业的发展远景和国家的前途命运结合起来，增强企业活力。总之，在这一阶段，思想政治工作主要为企业改革进行了舆论铺垫，在一定程度上唤醒了企业的活力，为企业改革的推行奠定了思想基础。

2. 在实行以承包责任制为主体的多种经营方式的阶段，企业思想政治工作着力于解放思想、解疑释惑、化解矛盾，为企业推进改革营造了安定团结的良好局面。这一阶段强调政企分开，所有权和经营权分开，实行多种经营方式。在此背景下，人们初步具备了市场经济的意识。但随着多种经营方式的出现，利益格局调整幅度不断加大，各种矛盾也越来越集中地体现出来。这一阶段的企业思想政治工作，主要是继续解放思想，引导员工正确看待多种经营方式的存在，树立优胜劣汰的竞争意识，培养积极参与市场竞争的理念。同时引导员工正确看待各种利益关系的调整，正确理解个人、企业和国家三者的利益关系，消除理论上的困惑、思想上的疑虑和心态上的失衡。特别是对于一部分下岗员工，思想政治工作遵循尊重人、理解人、关心人的原则，稳定他们的情绪，帮助他们妥善安排生活。总之，这一阶段，企业改革面临的困难比较大，矛盾比较多，企业思想政治工作主要是化解矛盾，解疑释惑，维护稳定，为企业改革的全面推进营造安定团结的良好局面。

3. 在建立和完善现代企业制度的阶段，企业思想政治工作着力于创新观念、推动学习、树立现代企业意识，为企业的改革发展提供强大的精神动力和智力支持。伴随改革开放的进一步深入，企业逐渐形成了“产权明晰、权责明确、政企分开、管理科学”的现代企业制度，成为自主经营、自负盈亏、自我发展、自我约束的经营实体和市场主体。但面对市场竞争的日趋激烈以及开放程度的不断提高，部分员工存在知识结构陈旧、业务技能老化等问题，不能适应竞争的需要。与此同时，由于市场经济条件下的法制建设尚未健全，出现了一些不讲诚信、不遵循市场规则甚至是违反法律的企业行为。这一阶段的企业思想政治工作，主要是加强对员工的素质教育，开发员工的内在潜能，鼓励员工不断学习提升，为企业的健康迅速发展提供智力支持。同时加强法制和诚信等现代意识教育，推动诚信的社会氛围与良好市场秩序的形成。此外，还借鉴国际理念，开始利用企业文化为载体，打造符合中国特色的企业价值观、企业精神及其他企业文化的子系统，并通过建设企业文

化开展思想政治工作。总之，这一阶段，现代企业制度已经建立，但面临进一步完善以及与世界接轨的问题，企业思想政治工作主要是为企业改革提供精神动力和智力支持，保证企业改革沿着社会主义市场经济的道路健康发展。

4. 在强调全面协调可持续发展阶段，企业思想政治工作着力于促进人的全面发展、强调科学发展、建设和谐企业，为企业的可持续发展奠定坚实的思想理论基础。随着改革开放的稳步推进，我国经济经历了高速增长，企业也获得良好的发展。也应看到，粗放型的增长方式已不能适应时代的要求，经济增长方式开始由粗放型向集约型转变。同时，伴随着社会进步，人作为生产力中最具有决定性的力量更加凸显，人与人的和谐、人与自然的和谐成为迫切需要。这一阶段的企业思想政治工作，主要是坚持以人为本、以人的全面发展为目标，始终把实现好、维护好、发展好员工的利益作为根本出发点和落脚点，不断满足员工的物质生活需求和精神文化需求。同时引导广大员工充分认识科学发展观的重要意义，深刻理解科学发展观的重要内容，准确把握科学发展观的精神实质，自觉增强学习贯彻科学发展观的积极性和主动性。此外，还着力培育和谐精神，倡导和谐理念，用共同的理想信念和道德规范教育、影响员工，为构建社会主义和谐社会创造良好的人文环境和文化生态。总之，在这一阶段，企业思想政治工作紧紧围绕以人为本，增强了员工对科学发展观的理解和认同，为经济的可持续发展奠定了坚实的思想理论基础。

二、与时俱进、不断创新是改革开放三十年来企业思想政治工作的最鲜明特点

创新是企业生存和发展的最大法宝。改革开放三十年来，我国经济社会发生了翻天覆地的变化，为跟上时代步伐、适应企业发展的要求，企业思想政治工作在继承和发扬优良传统的基础上不断探索新思路、研究新方法、引进新理念、开拓新渠道，表现出与时俱进、不断创新的鲜明特点。

三十年来，企业思想政治工作的不断创新体现在工作内容、方法、理念、机制及载体、渠道等方面。工作内容上，从改革初期解决员工思想僵化问题，到改革中后期更新员工理念、提升员工素质；从建立社会主义思想道德体系，到构建社会主义核心价值体系；从树立社会主义荣辱观、构建社会主义和谐社会，到深入学习实践科学发展观，每一阶段，企业思想政治工作都紧扣时代脉搏，紧跟时代步伐，唱响时代主旋律。工作方法上，企业思想政治工作重视发挥文化的社会教育功能，注重开展群众性精神文明创建活动、主题教育实践活动，把思想教育融入企业管理中，把解决思想问题与解决实际问题相结合，积极借鉴心理咨询的方法，实现了方法的不断创新。工作理念上，企业思想政治工作在继承优良传统的同时积极引进国际先进理念。例如，通过借鉴企业文化的观念、价值、精神表现的形式与载体，综合运用科学文化和人文关怀手段，把思想政治工作开展的党的路线、方针、政策的教育内容转化为企业的价值观，使思想政治工作与经济工作更加有机地融为一体，进而增强企业的凝聚力，调动员工生产经营的积极性。工作机制上，企业思想政治工作探索出领导与检查机制、动力与激励机制、预警与防范机制、群众参与机制、疏导与养成机制、学习与培训机制等，大大增强了企业思想政治工作的针对性和实效性。工作载体和渠道上，企业思想政治工作充分运用各种新兴信息手段和文化阵地，努力增强吸引力，提高实效性，扩大覆盖面。例如，企业思想政治工作利用网络的广覆盖、快捷性、交互性和个性化特征，通过论坛、在线聊天等开展工作，使思想政治工作“活”起来，增强了渗透力和影响力。

三、服从服务于全党全国工作大局、推动经济社会发展是改革开放三十年来企业思想政治工作的最显著成就

多年来，企业思想政治工作始终服从服务

于经济建设这个中心和全党全国工作大局，紧紧围绕企业的生产经营开展工作，着眼于提高企业的经济效益和社会效益，着眼于调动员工的积极性、主动性和创造性，着眼于培育“四有”职工队伍，为企业改革发展稳定提供精神动力、思想保证、智力支持和文化条件，为深化企业改革、促进经济发展、构建和谐社会、推动社会进步作出了重要贡献。

随着对外开放的日益扩大和社会主义市场经济的深入发展，各种思想相互交织、相互影响、相互激荡，人们思想活动的独立性、选择性、多变性、差异性日益增强，社会思想空前活跃，企业思想政治工作紧密结合实际，深入开展党的基本理论、基本路线、基本纲领、基本经验教育，以及历史教育、国情教育和形势政策教育，引导广大员工正确认识社会发展规律，坚定走中国特色社会主义道路的理想信念。企业思想政治工作坚持以为人民服务为核心、以集体主义为原则、以诚实守信为重点，努力为国家经济的持续快速协调健康发展提供强有力的思想道德支撑；大力弘扬以爱国主义为核心的民族精神和以改革创新为核心的时代精神，把民族精神和时代精神内化为企业的优秀品质和思想理念，不断丰富企业精神的文化底蕴和时代内涵，着重突出“敬业报国、创业强国、兴业富国”的价值导向，教育和引导员工把奉献企业之心和热爱祖国之情结合起来，把促进企业持续快速协调健康发展和实现中华民族的伟大复兴结合起来。

在服从服务党和国家工作大局的同时，企业思想政治工作紧密结合企业的生产经营开展工作，着眼于解放思想、转变观念，使员工树立起与社会主义市场经济、提高企业经济效益相适应的思想观念，为企业发展提供了坚实的思想基础。着眼于完成生产经营任务，解决企业发展中的重点、难点问题，促进了企业生产经营效益的提高。着眼于培育“四有”员工队伍，为员工的学习成才创造更加有利的环境和条件，为企业的改革发展提供了强有力的精神动力和智力支持。总之，企业思想政治工作紧紧围绕企业经济建设的中心，推动企业加快发展、为国家和社会创造了大量财富，大大推进了社会主义现代化建设的进程。

四、思想政治工作理论体系的不断完善是改革开放三十年来企业思想政治工作的突出标志

改革开放三十年来，思想政治工作理论在实践中得到不断发展和完善，思想政治工作作为一门科学得到包括学术界在内的社会各界的普遍认可。在此过程中，企业思想政治工作的科学理论体系不断完善。

思想政治工作理论是在马克思主义哲学、政治经济学和科学社会主义基础上形成和发展起来的一门科学。马恩列斯和毛泽东、邓小平、江泽民、胡锦涛对思想政治工作理论的形成和发展作出了重大贡献。马克思、恩格斯高度重视对工人群众的思想教育，强调“共产党一分钟也不忽略教育工人”。斯大林首先提出了“政治思想工作”这一概念。以毛泽东为代表的党的第一代领导集体把马克思主义关于宣传思想工作和政治思想工作的理论同中国共产党的具体实践结合起来，创立了思想政治工作理论。作为第二代中央领导集体的核心，邓小平一贯重视思想政治工作。他始终认为，思想政治工作“无论过去、现在和将来，这都是我们的真正优势”。党的十一届三中全会以后，邓小平创造性地论述了新时期思想政治工作的重要作用、根本任务、基本原则和有效方法，进一步丰富和发展了新时期思想政治工作理论。以江泽民为核心的党的第三代中央领导集体，紧紧围绕发展和完善社会主义市场经济的新要求，提出越是发展社会主义市场经济越要重视思想政治工作的思想，丰富和发展了社会主义市场经济条件下的思想政治工作理论。党的十六大以来，我们党高举邓小平理论和“三个代表”重要思想伟大旗帜，着眼于党和国家事业发展的全局，先后提出了树立和落实科学发展观，加强党的先进

性建设，加强党的执政能力建设，构建社会主义和谐社会，建设社会主义新农村等一系列重大战略思想，为党和国家各项事业的发展注入了强大的生机与活力，从不同侧面不同领域对思想政治工作理论进行了创新和发展。从这个历史过程来看，“思想政治工作”作为一门科学，是在无产阶级革命和社会主义建设的历史发展过程中逐步形成的。总的来看，思想政治工作同其他各门科学一样，具有自己特定的研究对象、完整的理论体系和科学的研究方法，是一门被我国革命、建设和改革实践检验和证明了的科学。

三十年来，企业思想政治工作人员对思想政治工作这门科学的认识也越来越深刻，对思想政治工作实践规律的把握能力也大大增强。所以我们说，思想政治工作理论体系的不断完善是改革开放三十年来企业思想政治工作的突出标志。

五、当前需要做好的几项工作

当前和今后一段时期，企业思想政治工作要认真学习贯彻党的十七大精神，高举中国特色社会主义伟大旗帜，以邓小平理论和“三个代表”重要思想为指导，深入学习实践科学发展观，着眼于服从服务于经济建设这个中心和全党全国工作大局，着眼于促进企业改革和发展，坚持解放思想、实事求是、与时俱进，坚持贴近实际、贴近生活、贴近群众，努力增强工作的针对性、实效性和吸引力、感染力，充分调动企业职工的积极性、主动性和创造性，为促进企业发展、社会进步提供强大的精神动力和思想保证。

1. 要认真筹备和组织开展深入学习实践科学发展观活动。根据中央统一部署，2008 年 3 月以来，承担深入学习实践科学发展观活动试点任务的 23 个单位的各级党组织和广大党员干部，在统一认识、提高能力、解决问题、创新机制方面取得了阶段性成果。北京奥运会之后，中央即将部署在全党全国开展深入学习实践科学发展观活动，企业作为践行科学发展观的主体，应做好此方面筹备和组织工作。

2. 要积极主动为企业排忧解难，提供思想保障。目前国际经济增长放缓，全球通货膨胀蔓延，国际油价不断攀升，人民币持续升值，美元不断贬值，这些都对我国企业发展产生直接影响，导致我国企业面临能源和原材料涨价、成本增加、运转困难、出口不畅等难题，企业面临严峻挑战，部分企业员工甚至企业领导思想情绪也随之出现一些波动。长期的实践经验告诉我们，越是困难时期越要发挥思想政治工作鼓舞人、凝聚人的优势。目前中央高度关注企业发展问题，总书记、总理也进行了实地调研，相信中央会出台相应政策，帮助企业渡过难关。企业思想政治工作应引导企业干部职工，清醒认识当前经济形势，树立必胜的信心，充分运用和发挥一切有利条件，化困难为动力，不畏艰险，振奋精神，克服前进道路上的一切艰难险阻。

3. 要积极开展纪念改革开放三十周年的宣传教育活动。为纪念改革开放三十周年，中央即将举办一系列重大活动，例如召开纪念改革开放三十周年大会，举办大型展览，举办一系列理论研讨活动，推出一系列文艺演出，制作播出一批大型电视专题片，全方位、多角度地展现我国改革开放三十年波澜壮阔的伟大历程。企业思想政治工作也应围绕纪念改革开放三十周年这一主题，在企业内部开展相关宣传教育活动，增强广大干部员工对改革开放的理解和认识，继续解放思想，将改革开放的进程稳步推进。

4. 要加强人文关怀和心理疏导，促进企业和谐。要从员工的愿望、要求、接受心理等方面出发，增强思想政治工作的亲和力；要在工作中倾注真情实感，设身处地，将心比心，把员工当作自己的朋友、亲人，尽量满足员工的合理需求；要借鉴心理学的方法，及时掌握员工的心理状态，进行有效疏导工作，排解员工的心理问题，减轻员工的心理压力。通过加强人文关怀和心理疏导，促进员工间的和谐、员工与领导的和谐，从而实现企业内部和谐以及企业与企业之间的和谐，最终实现社会的和谐。

5. 要进一步加强对思想政治工作的领导。企业领导必须高度重视，站在促进企业长远发展的战略高度切实把思想政治工作提到更加突出的地位，摆上重要议事日程，纳入工作计划，强化工作措施，加强督促检查。要大力加强队伍建设，不断提高思想政治工作者的理论素养、知识水平、业务本领和工作能力，要在政治上、工作上、生活上关心这支队伍，更好地发挥他们的积极作用。要建立健全职责明确、关系协调的企业思想政治工作体系，保证企业思想政治工作顺畅运行。要建立考核评价和激励机制，定期对企业思想政治工作的成效进行考评和奖惩。要建立保障机制，设立专项经费并纳入企业预算。

（此文是中央宣传部原副部长、中国政研会常务副会长高俊良在“改革开放30年思想政治工作和企业文化创新”座谈会上的讲话）

加强企业文化传播　塑造企业社会形象

高俊良

在企业文化建设的过程中，大力推进企业文化传播，塑造良好企业社会形象，既是一个老问题，又是一个新课题，值得深入研究和探讨。

企业社会形象是企业生命力的集中体现

当前，企业的发展正从产品和服务的经营性竞争向社会形象竞争转变，企业社会形象竞争的时代业已来临。企业社会形象的好坏，直接关系到企业的产品是否有市场，服务是否有需求，投入是否有回报，发展是否有潜力；直接关系到企业的前途和命运。企业社会形象好则竞争力强，可立于不败之地；企业社会形象差则必然衰败，以至被市场无情淘汰。企业社会形象从来都没有像今天这样，变得如此至关重要。

1. 企业社会形象是企业生命力的有效表达。企业社会形象是社会公众对企业的整体印象和总体评价，是企业生存状态向社会的信息呈现和意义展示。企业的内在品质和特性，决定着企业社会形象的塑造与提升。首先，产品和服务是企业的“窗口”，是树立企业社会形象的基础。社会公众大多数都是以用户和顾客的身份通过产品和服务与企业进行直接接触的，企业的产品品质优良、服务热情周到，必然会赢得用户和顾客的好感，从而赢得社会公众的好评。塑造良好的产品和服务形象，是树立良好社会形象的基本功。其次，经营管理是企业的“标牌”，是树立企业社会形象的重点。企业的公共关系活动、市场营销活动、内部管理行为和市场拓展行为等，都包含着丰富的企业形象信息，是企业形象向社会的充分表露和展示。优秀的经营状况、健全的公司治理、和谐的企业文化、良好的媒体关系，对社会公众具有良好的示范效应，这既是企业健康良性发展的根本，又是扩大社会影响力、传播社会形象的根本。再次，可持续发展是企业赢得未来的“信用凭证”，是树立企业社会形象的关键。卓越的企业，从来都是坚持可持续发展的企业。那些能够适应市场和经济环境的不断变化，顺应社会发展潮流趋势，不断开拓创新，不断发明创造，不断产生创意，全力保持核心竞争优势的企业，向社会公众传达的，不但是充满活力的企业形象，而且是长期可信赖性、持久可依靠性的企业形象。可持续发展能力带给企业的公信力和影响力，是最具有开发价值的企业社会形象资源。

2. 好的社会形象是企业社会责任感的外在体现。胡锦涛总书记在2006年底中央经济工作会议上明确指出："既要继续健全企业激励机制，也要注重强化企业外部约束，引导企业树立现代经营理念，切实承担起社会责任。"企业履行社会责任，是落实科学发展观、构建和谐社会的重要举措，也是实现可持续发展的必然要求。同时，随着我国经济社会的不断发展，能否履行社会责任也已经成为社会对一个企业进行评价的重要内容，是评判企业社会形象的重要指标。应当从企业发展的战略高度来看待履行企业社会责任的问题，把企业履行社会责任作为提升企业社会形象、提高企业核心竞争力的主要内容来抓，以赢得社会的认可和美誉，形成一种正确的企业经济责任与社会责任相协调的责任机制。近年来，企业社会责任行为越来越成为社会评价企业的重要指标，抗震救灾中有一家集团捐款一个亿，旗下唯一品牌就在全国热销，在某些地区甚至脱销；房地产行业有一家集团恰恰相反，由于董事长的几句不当言论，引发了该集团股价下跌，房子滞销，企业社会形象一路下滑。可见，好的企业形象不单纯是几个拳头产品、几个黄金时段的广告就能造就的，说到底，认真地履行企业社会责任才是根本。以上讲的是直接的市场机会。除了直接的市场机会之外，一个长期奉公守法、善待社会、勇于承担社会责任的企业还可以提升自己的形象，增加无形资产，形成品牌效应，对企业的长远发展具有重要意义。企业发展成长之后，不忘报效国家，不忘造福社会，不忘惠泽民生定会受到国家重视、社会支持、民众拥护，定会塑造良好的社会形象，促进自身健康发展，具有旺盛的生命力。

3. 树立好的社会形象是一个内外兼修的长过程。企业改革发展的过程，企业文化建设的过程，就是树立企业良好社会形象的过程，这个过程是漫长的，需要智慧、时间、精力和强有力的营销战略。比如我们不少国有企业，历经30年的改革和转型，品牌优势、服务水平和竞争能力大大提高，这是有目共睹的。现在，很多著名的国有企业已经参与到全球竞争的行列，中国远洋集团公司，在海外已有500多个分支机构，中国银行、中国海洋石油公司、中国石油公司等国内大型企业，也都在国际金融市场和国际能源市场占据了重要的位置。这些企业，不但为壮大我国经济实力作出了巨大的贡献，为国争了光；而且也为世界经济的发展作出了自己的贡献，在国际上树立了中国企业的良好形象。树立中国企业的形象，是一个不断学习、不断改进、不断开放、不断创新的过程。重视企业自身的健康发展，让中国企业的生命力更加旺盛、更加顽强，是我们提升企业形象的最本质要求。

企业文化传播是塑造企业社会形象的有效途径

企业社会形象的塑造过程，实质上是企业与社会之间进行信息传递与交流的过程。传播是塑造企业社会形象的重要手段，是塑造企业社会形象的关键环节。要改变"酒香不怕巷子深"的观念，树立酒要香、巷子也要亮的新观念。对于企业来说，会生产、会管理、会传播就是会生存，有好的品质、好的传播才能有好的发展，传播决定影响，传播有利展示形象。

1. 要恰当选择企业文化传播的内容。一是企业文化传播要体现企业核心价值观。企业文化传播就是企业把各方面的形象信息传递给社会的过程，集中体现企业经营思想和管理理念的企业核心价值观，是企业形象信息的灵魂。因此，企业文化传播内容体现企业核心价值观的程度，决定着企业形象的社会定位和社会认同。把企业建设成为一个具有社会责任感、使命感的命运共同体，必须从企业核心要素即共同价值观、理念信仰着手，从而在企业文化建设中培养取之于社会、用之于社会的理念。今年初，国资委颁发的《关于中央企业社会责任制》要求，中央企业必须履行社会责任，并提出要重点把握8个方面的内容，值得我们所有企业重视。要把传播企业核心价值观作为企业文化传播的出发点和归宿，用企业核心价值观统领整合所有的企业形象信息，在社会上形成积极健康、准确明晰的企业形象定位，形成有广泛影响力和感召力的企业形象认同。二是企业文化传播要体现社会责任意识。现代企业是一个“多面体”，作为经济范畴的企业，它追求利润最大化；作为法律范畴的企业，它要做好“企业公民”；作为道德范畴的企业，它要承担社会责任。这三种角色是有机统一的，凡是优秀企业都会处理的很好。越来越多的中国企业已经认识到，企业社会责任不仅是企业存在的使命，更是企业实现可持续发展必须面对的重大现实问题，承担社会责任不仅是一种道德和良知的呼吁，而且正逐步成为制度的约束；履行社会责任不仅是一种理念和文化的诉求，而且正逐步成为企业自觉的行动。因此，企业文化传播如果不以社会责任为重要目标，如果不讲诚信，不讲企业道德，传播的不是企业真实的形象信息，那么企业即使在其他方面做得再好，也不可能树立起有广泛影响的良好社会形象。三是企业文化传播要体现品牌意识。品牌是企业的无形价值，是企业最可宝贵的文化财富，也是企业最核心的竞争资本。优秀的企业品牌，不但能够体现企业的精神风貌，甚至在一定程度上能够代表本国、本民族的精神风貌。企业文化传播要提高企业的知名度和美誉度，增强企业的竞争力和影响力，必须强化品牌意识。通过整合各种传播手段，分析传播对象，制定品牌传播计划，向社会公众持续一致地传递记忆持久的品牌信息，为品牌赢得“一个形象、一个声音”的传播效果，从而培育高度的品牌认可与品牌忠诚，使品牌深入社会，深入人心。这是提升企业文化传播、塑造企业良好社会形象的制胜法宝。

2. 要准确把握企业文化传播的规律。企业作为以营利为目的的社会组织形式，其文化传播具有特殊性。遵循企业文化传播的特殊要求，准确把握企业文化传播的规律，是塑造企业良好社会形象的重要前提。企业文化传播的规律，简单地说，就是要坚持目的性、整体性、真实性和互动性的原则。首先，要坚持目的性原则。企业文化传播的唯一目的就是塑造良好社会形象。面对激烈的市场竞争，高度的市场压力，企业时刻都处于创业状态，企业社会形象时刻都处于不稳定状态，企业文化传播的每一个决策和部署，都必须整合和协同到塑造良好企业社会形象上来。只有当所有的传播目标都聚焦到企业社会形象，所有的传播行为都以企业社会形象为指南的时候，企业文化传播才能形成塑造良好社会形象合力，产生最优的传播效应。其次，要坚持整体性原则。企业形象是一个整体系统，它体现在企业的产品质量、服务水平、员工素质、管理成效等各个方面。在知识产品和文化形态多样化的时代，任何一种传播形态都不能充分发挥企业文化传播的最大效用。企业文化传播必须从全员传播和全能传播的新理念出发，坚持整体性原则，全面推行，统一协调。左支右绌、残缺不全的企业文化传播，无论投入再多再大，都不可能产生好的传播效果。再次，要坚持真实性原则。真实是对企业文化传播的最基本要求，在信息高度发达的今天，任何歪曲事实、夸大其词、愚弄社会公众的传播行为，都会导致灾难性的后果，都是不可取的，也为任何有追求的企业所不齿。最后，要坚持互动性原则。企业形象信息传播是一个双向沟通交流的过程，企业形象是企业的形象信息与社会认知评价交互作用的结果，如果企业不能及时了解社会的反映，准确把握企业形象定位，及时修正偏差，就很难在社会上树立持久的、良好的社会形象，已经树立起来的好形象，也会快速地消失。

3. 要积极创新企业文化传播的方式方法。有效的传播是企业文化传播取得良好效果的前提和基础，在目标多样、受众多样、途径多样的情况下，企业文化传播方法必须新颖、生动，吸引人们的注意，求得社会的共鸣。一要善于借用社会力量传播。智慧的企业都懂得借用社会力量达到传播企业文化的目的。例如，好多企业善于运用一些重大节庆、重大纪念活动、重大冟灾救灾活动，献爱心、作贡献，同时也借势宣扌了自己、提升了自己的形象。借用社会力量，特别是重大活动和公共事件，能在短时间内聚合社会舆论，形成热点，引起社会的广泛关注和高度参与。通过这种传播方式，因势利导，借势造力，将企业形象迅速融合到重大活动与事件形成的舆论焦点之中，是树立企业社会形象的有效途径。二要善于进行"软"传播。与带有直接功利目的的硬传播相比，以丰富多样的形式表达企业社会责任感和社会参与意识的软传播，似乎有些绕弯子，兜圈子，迂回曲折，收效不大。但有战略眼光的企业家则非常注重以"参与社会、回报社会"为主题的软传播，这更有助于提升企业的美誉度、亲和力和道义形象，更有助于企业社会形象的质的提升。比尔·盖茨退休时宣布将捐出近580亿美元的全部家产用于慈善事业，这种从世界首富到世界首善身份的转变，必将在世界范围内大幅度提升微软公司的形象。谁敢断言这不是一种竞争策略，不是一种更有效的企业社会形象宣传呢？三要善于利用网络传播。网络时代，传统的信息传播模式正在网络的冲击下发生根本性变化，多元化的人群需要突破时间与空间限制、个性化、低成本的传播途径。网络传播以其广覆盖、便捷性、时效性、丰富性、交互性和开放性，使得全方位的传播成为可能，网络已经成为超越所有传统媒体的超级媒体。从汶川大地震后出现的某些跨国公司被称为国际铁公鸡、某些公司捐款被指做秀等事件可以看出，网络传播的影响力正在加速膨胀，网络舆论和网络宣传对企业社会形象的塑造越来越重要。有些企业把企业博客建设成了企业最好的广告投放地，有些企业领导人通过网络成为企业的最佳形象代言人，有些企业把小企业网站做成了大企业形象等等，这都说明，"数字化生存"、"网络化生存"已经成为信息化时代中国企业做强做大的孵化器和助推器。

值得注意的几个问题

塑造企业社会形象和传播企业文化是一个复杂的系统工程，直接关乎企业改革发展的全局。下面，我谈几个值得注意的问题。

1. 越是困难时期越要注意维护良好的企业社会形象。当前，受美国次贷危机引发经济衰退和外部需求萎缩，石油等能源价格飞涨，以及原材料涨价、人民币升值、出口退税率下调、劳动力成本上升、节能减排等环保成本增加等因素的影响，我国不少企业面临着比较大的生产经营困难。从珠三角、长三角到环渤海，中国经济最具活力的三个区域连续发生了一些中小企业倒闭、停工半停工事件。如，台州市发改委的一份文件显示，台州市5371家上规模企业中，亏损1111家，亏损面达到20%，亏损企业亏损额为3.09亿元，增长55.7%。20%的温州中小企业目前已经处于关、停、半停工状态，甚至倒闭。困难既是挑战也是机遇。越是在这种困难的情况下，企业越要注重维护良好的社会形象。当企业普遍遇到生产经营困难时，良好的企业社会形象往往能够得到社会公众的理解和支持，并充分发挥吸引的作用，包括资金的吸引、市场的吸引、劳动力的吸引和合作者的吸引等。越是困难时期，拥有良好社会形象的企业具有更顽强的生命力。有人说，如果可口可乐公司的所有工厂在一夜之间全被烧毁，第二天就会有银行来贷款援建。因为大火即使烧掉了厂房设备，却烧不掉可口可乐牢固的企业形象。为此，在困难时期，应当高度重视维护和树立良好的企业社会形象，要注重保持产品质量，注重诚信，绝不能因为暂时的困难而丧失信心，甚至出现投机心理，产生偷工减料、破坏企业社会形象的行为；要坚定信心，积极采取应对办法，通过技术创新、科学管理、节能减排等措施，保证产品质量和服务水平。要坚持一手抓生产经营管理，一手抓社会形象塑造，凝聚一切可以凝聚的力量，变被动为主动、变不利为有利，逐步转变困难局面，逐步形成有利于企业改革和发展的环境。

2. 实现传名与传实、传形与传神的统一。企业的核心实力决定企业的生存。企业文化传播的内容就是企业的核心实力，企业文化传播一定要注意实现传名与传实、传形与传神的统一。第一，企业形象要实至名归。企业文化传播与品牌建设，不仅要传名，更要传实。在新形势下，企业不仅要紧紧抓住改革发展和生产经营中的关键问题和突出问题，走内涵式发展道路，扎实推进生产和管理能力的提升，还要注意在扩大知名度过程中必须坚持实事求是，不能依靠炒作、弄虚作假等手段传播，而必须在产品质量、科技含量、文化含量上狠下功夫，做到实至名归。第二，文化传播要以形传神。企业文化传播以一定的形为依托，但一定要以形传神。企业不仅要积极拓展传播新思路，充分利用媒体资源，有效整合传播形态，更要推动企业核心价值观落地、生根、开花、结果，使之内化为企业员工的思维方式和行为习惯，外化为对社会顾客的吸引力、影响力，只有这样企业才能具有持久的生命力和鲜活的社会形象。第三，企业要内外兼修、形神具备。当前我国企业正处于继资本、技术、人才之后新的竞争阶段，打造企业的硬品牌、提升企业软实力、增强企业竞争力是企业面临的重大课题。面对新形势，企业一定要加强自身建设、内外兼修，增强国内、国际竞争力，最终实现传名与传实、传形与传神的统一。

3. 有效预防与应对企业社会形象危机。企业社会形象的好坏直接影响到公众对它们的态度，进而影响到企业的经济效益和发展前景。在市场竞争日益激烈的今天，企业必须要有危机感。一些企业出现的社会形象危机无时无刻不威胁着这些企业的生存与发展。企业必须增强有效预防与应对企业社会形象危机的意识并做好预案。第一，增强危机意识，防患于未然。“凡事预则立，不预则废”，要想不为危机所困必须防患于未然。企业在日常管理过程中，要增强危机意识，对产生危机的可能性因素进行必要的预测、防范和管理。企业要建立健全危机预防机制，对危机产生的一些预警信号或隐患，要做出必要的事前检查、分析或及时反应采取有效的预防危机行动。第二，积极主动，坦然应对。面对危机，是采取积极主动的应对办法，还是采取消极被动的态度，结果是截然不同的。企业要准确识别危机，分析危机发生的程度和影响的范围，把握危机发展进程，妥善控制危机，降低危机所带来的影响，从而消解危机。直面危机，企业要遵守主动、及时、开诚布公、言行一致、加强沟通的原则，提高处理危机、恢复形象的能力。第三，把握契机，提升形象。企业若出现形象危机，不可避免地会给企业带来副作用，甚至会直接威胁企业的生存。但是危机中既有危险又蕴含生机，即危机与机会并存，成功地化解危机能给企业带来意想不到的公关效果。一个懂得提升自身社会形象的企业会积极主动地与公众沟通联络，以诚信为基础，以质量为灵魂，以服务为保障，奋力走出危机阴影，重新树立企业社会形象，进而抓住机会扩大品牌影响力，提升企业社会形象，确保企业健康、顺利地发展壮大。

（此文是高俊良同志 2008 年 7 月 19 日在“企业社会形象与文化传播”培训班上的讲话）

继承大庆精神、铁人精神　弘扬特色企业文化

中石油大庆油田党委

大庆油田开发建设 48 年来，累计为国家生产原油 19.5 亿吨，上缴各种资金并承担原油

价差1.5万亿元，实现年产原油5000万吨以上连续27年高产稳产，创造了世界同类油田开发史上的奇迹。大庆油田在为国家创造巨大物质财富的同时，还培育了“爱国、创业、求实、奉献”的大庆精神、铁人精神，形成了独具特色的企业文化。进入新世纪新阶段，大庆油田同其他国有企业一样，遇到了许多新情况、新问题，给思想政治工作和企业文化建设提出了新任务、新挑战。对此，我们坚持继承发扬大庆精神、铁人精神，切实加强思想政治工作和企业文化建设，筑牢全体职工共同的价值观念和精神支柱，为油田发展提供强有力的思想保证和文化支撑。

大庆精神、铁人精神——形成于石油会战时期的宝贵精神财富

大庆石油会战时期，以铁人王进喜为代表的几万石油大军，“有条件要上，没有条件创造条件也要上”，仅用三年时间就高速度、高水平地拿下了大油田，一举甩掉了我国贫油的帽子。也正是这场轰轰烈烈的石油大会战，孕育和形成了大庆人引以自豪的精神宝藏——大庆精神、铁人精神。

大庆精神的基本内涵是：“为国争光、为民族争气的爱国主义精神，独立自主、自力更生的艰苦创业精神，讲究科学、‘三老四严’的求实精神，胸怀全局、为国分忧的奉献精神”。铁人精神是对王进喜同志崇高思想、优秀品德的高度概括，是我国石油工人精神风貌的集中体现，是大庆精神的具体化和人格化。

大庆精神、铁人精神形成不易，坚持下来并传承下去更不易。当前，大庆油田的队伍主体已由第一代创业者变成第二代、第三代。如何将大庆精神、铁人精神代代相传、发扬光大，是我们面临的重大现实课题。多年来，我们结合建设社会主义核心价值体系，不断强化大庆精神、铁人精神是民族精神重要组成部分的认识，自觉站在弘扬民族精神的高度来培育；强化大庆精神、铁人精神是企业文化核心和灵魂的认识，牢固确立其企业精神的地位；强化大庆精神、铁人精神是企业发展不竭动力的认识，坚持用大庆精神、铁人精神建队育人、锤炼作风。实践中，通过“五个依靠”即依靠坚持不懈地教育来灌输，依靠领导干部的模范行动来引领，依靠总结宣传先进典型来示范，依靠解放思想、转变观念来创新，依靠融入企业发展实践来展现，使干部职工在新的历史时期切实做到了“三个永不忘，三个永不丢”，即工作环境改善了，不忘会战作风，严细认真的传统永不丢；生活水平提高了，不忘“干打垒精神”，勤俭节约的传统永不丢；油田发展了，不忘艰苦创业的历程，为油拼搏的传统永不丢。

大庆精神、铁人精神——企业文化建设的核心与灵魂

企业要创新、要发展，必须注重加强企业精神的培育，依靠文化的力量形成强大的内动力。

抓教育，筑牢企业核心价值观。油田党委始终把培育“爱国、创业、求实、奉献”的共同价值观摆在首位，充分利用各种资源，保持传统教育强势。坚持把弘扬传统作为职工入厂、入党、入团教育的第一课、必修课，使他们从走上工作岗位第一天起，就打下深刻烙印，并伴随其职业生涯全过程。持续开展“学铁人、立新功”主题教育活动，成立了由老会战、老劳模、老干部、老工人组成的宣讲队伍，深入基层、深入一线向职工宣讲会战优良传统，使干部职工受到生动的大庆精神、铁人精神再教育。干部职工重温“宁要一个过得硬，不要九十九个过得去”等优良传统，人人从我做起，坚持上标准岗、交标准班、干标准活，狠反低水平、老毛病、坏作风，传承发扬大庆精神、铁人精神的自觉性不断增强。

抓阵地，丰富企业文化载体。一是完善铁人王进喜纪念馆、大庆油田历史陈列馆等近百个企业精神教育基地，每年分期分批地组织职工参观学习。二是生产一线设立小广播、小简报、小宣传栏、小图书角、小活动室和流动图书箱、流动录像厅等“五小两流动”文化阵地。有的前线队点设立“安全文化墙”，制作“文化灯

箱”，职工时时处处都能感受到企业浓厚的文化氛围。三是建立矿区业余文化阵地。以“铁人”、“会战”、“创业”等命名了一大批城市公共设施和文化景观，投资新建文化广场、图书馆和基层文化站，每个职工住宅小区都有配套的文体娱乐场所，丰富了职工的业余文化生活，寓教于文、寓教于乐。

抓示范，强化榜样引领作用。注重发挥领导干部的表率作用，要求各级干部既当企业文化的倡导者，又当身体力行的实践者。石油会战时期，形成的“班子行不行，先看前两名”、“三个面向，五到现场”等优良传统，一直坚持至今。进入新时期，油田各级领导干部适应新形势新任务的要求，自觉做“持续发展带头人、大庆精神传承人、职工群众贴心人”。坚持用先进典型引领队伍。不同时期有不同时期的典型，从铁人王进喜到新时期铁人王启民，从会战时期“五面红旗”到新时期“五面红旗”、“五大标兵”，典型时时有；功勋员工、优秀共产党员标兵、创新创效英才、廉洁勤政模范等遍布各行业各系统，典型处处有。通过选树典型、宣传典型、表彰典型，让典型“响”起来、“香”起来、“亮”起来，在油田上下形成了你追我赶、奋勇争先的生动局面。

抓基层，发扬群众首创精神。智慧源于群众，创造来自基层。油田坚持把企业文化建设同日常的管理工作、思想政治工作有机融合起来，依靠蓬勃发展的基层文化和群众文化，让大庆精神、铁人精神落地生根。培育执行文化，坚持“岗位责任制的灵魂是岗位责任心”，发动职工从点滴做起、细节入手，自觉强化岗位责任心。培育学习文化，倡导“学习工作化，工作学习化”的理念，坚持开展“一日一题、一周一课、一月一考、一季一赛、一年一评”等岗位练兵活动，对自学成才的职工进行隆重表彰，对职工岗位发明创造进行成果命名，不断激发职工学技术、强素质、做贡献的热情。培育亲情文化，着力构建团结、友爱、平等、互助的和谐人际关系，有的单位还针对部分职工心理健康问题较为突出的实际，专门开设“心理调节室”，使干部职工人格有人敬、成绩有人颂、困难有人帮、疾苦有人疼，基层真正成为职工依恋的“家园”。

抓创作，提升企业文化品位。石油文学艺术作品是油田文化之花。通过拍摄电影电视剧，创作歌曲、报告文学，以艺术表现的形式把大庆人的精神风貌展现在世人面前，是油田企业文化建设的重要方面。在大庆油田的历史上曾经涌现了“我为祖国献石油”、“踏着铁人脚步走”等优秀歌曲，产生了话剧《初升的太阳》和《黑色的石头》、电视剧《铁人》等一批在全国获奖的作品。近年来，我们充分发挥大庆油田文联作用，拍摄了大型电视纪实片《铁人王进喜》在中央电视台播出，创作排练的京剧《周总理与大庆人》、话剧《铁人轶事》进京演出，长篇报告文学《大漠雄魂》获第二届中华铁人文学一等奖，出版了《新时期大庆人》、《高扬的旗帜》等教育教材，进一步扩大企业文化的影响力。成立了大庆精神、铁人精神研究会等专门机构，加强企业文化理论研究，增强企业文化的生命力。

抓创新，赋予新的时代内涵。创新是最好的继承。我们在秉承“爱国、创业、求实、奉献”精神内核的基础上，不断为油田企业文化注入与市场经济相适应的品质与内涵。坚持以企业核心价值观为统领，丰富完善了企业文化的理念体系，主要包括“高水平、高效益，可持续发展”的发展理念，“为市场提供最好服务，为企业创造最佳效益”的经营理念，“付出一万的努力，防止万一的发生”的安全理念，“大庆油田，为祖国加油”的社会理念等。这些较为系统的文化理念有效地引领了企业改革发展实践。我们还积极引导职工把“爱国”情怀体现到立足本职、胸怀全局，努力维护国家石油战略安全上；把“创业”激情体现到解放思想、奋发有为，一心一意推进可持续发展上；把“求实”态度体现到严细认真、精益求精，在各项具体工作中争创一流业绩上；把“奉献”精神体现到时刻以国家和企业利益为重，自觉维护改革发展稳定大局上，从而使广大干部职工真正把弘扬大庆精神、铁人精神付诸于扎扎实实的具体行动。

大庆精神、铁人精神——油田科学发展、和谐发展的不竭动力

发挥文化软实力功能，为发展提供源源不断的动力支持，是油田企业文化建设的目的。

用大庆精神、铁人精神谋发展，确立发展战略。大庆油田从开发建设那天起，就自觉以振兴祖国石油工业为己任，把油田自身发展同国家、民族的前途命运紧紧联系在一起。进入新世纪新阶段，面对国家全面建设小康社会对能源工业提出的新要求，我们坚持以科学发展观为指导，本着努力维护国家石油供给安全，践行国有企业"三大责任"，研究确立了"持续有效发展，创建百年油田"发展战略，制定了"原油4000万吨持续稳产"规划，并力争到2060年油田开发100周年之际，使油气当量稳定在2000—2500万吨，继续保持我国重要能源生产基地地位。这一发展战略的确立，有效地引领了企业发展实践。

用大庆精神、铁人精神攻难关，破解发展难题。当前，为解决油田勘探开发面临的许多世界级难题，我们牢固树立"资源有限、科技无限"的理念，启动实施十大现场试验，组织开展全员创新实践，进一步加快科研攻关进程。2000年以来，共取得科技成果1841项，其中获国家级奖励9项，有力地推动了勘探开发主营业务的发展，累计生产原油3.8亿吨、天然气180亿立方米，在特高含水期实现了高水平、高效益开发。我们坚持大庆深层找"大庆"，创新发展深层找气理论及配套技术，找到了我国东部陆上最大的天然气田，开创了大庆油田油气并举的新格局。大庆外围拓"大庆"，创新发展断陷盆地和岩性油藏勘探理论及配套技术，新发现了十几亿吨石油储量，外围油田产量连续三年保持在500万吨以上，形成对大庆主力油田的有力补充。走出大庆创"大庆"，大力发展具有比较优势的特色技术，迈出了参与海外油气资源分配的实质性步伐，同时，有300多支队伍进入国内外市场，装备制造和化工业务主导产品远销美国、加拿大、印尼等10多个国家，展现了利用"两种资源、两个市场"谋发展的广阔前景。

用大庆精神、铁人精神带队伍，凝聚发展力量。我们要求干部职工，自觉继承发扬"三老四严"、"四个一样"的优良传统，始终保持队伍的过硬作风；自觉保持"有第一就争，见红旗就扛"，始终保持旺盛的进取意识；自觉做到"好字当头，严细成风"，一出手就高标准，一出手就过得硬，始终保持良好的素质形象。我们还把以人为本的理念融入队伍建设实践，实施人文关怀，坚持关注健康从健康时开始，把劳动保护做到劳动的全过程，坚持"给钱给物更要给能力"，大力促进职工技能素质的提升。广大干部职工自觉爱岗敬业、为油奉献，攻坚啃硬、勇挑重担，越是急、难、险、重的关键时刻，越能表现出强烈的主人翁责任感。2005年3月，大庆油田遭到一场20年不遇的特大暴风雪袭击，近三分之一的油水井、站停产停运。没有通知，不用号召，2万多名职工在大雪封路、车辆不通的情况下，自发地从四面八方徒步赶赴现场，奋战三天三夜，在最短时间内恢复了生产，以实际行动展现了新时期大庆人的精神境界和主人翁情怀。

用大庆精神、铁人精神促和谐，营造发展环境。报效祖国、奉献社会、造福人民，是大庆精神、铁人精神的本质要求，也是大庆人长期以来的不懈追求。2000年以来，我们自觉按照构建社会主义和谐社会的要求，忠实践行中国石油"奉献能源、创造和谐"的企业宗旨，切实加强安全文明型、资源节约型、环境友好型企业建设，油田的安全工作连续七年被评为中油集团安全管理先进单位；节能工作在新增油水井16800多口的情况下，综合能耗降低了55万吨标准煤；环保工作建成了我国最大的工业污水处理示范区，每年产生的4亿多吨工业污水，经处理后全部回注地下，实现了工业污水零排放、施工作业无溢流、建设区周边环境无污染。近年来，我们明确提出"建设绿色油田"的理念，启动实施了油田生态环境治理工程，着力营造一个自然优美的生态环境，实现油田生产、生活、生态的和谐。

加强和改进思想政治工作　推动企业又好又快发展

中国华电集团公司

思想政治工作是宣传贯彻党和国家大政方针、巩固党对国有企业政治领导地位的重要途径，是提升企业竞争能力、推动科学发展的重要方式，是促进企业和谐、推动改革创新的重要保障，是优化企业形象、提升社会美誉度的重要举措。中国华电集团公司成立五年来，持续加强和改进思想政治工作，有力地保障和促进了企业中心任务的顺利开展，国有企业的政治优势在实践中得到了充分体现。

一、加强思想建设，引领观念创新

企业思想政治工作的首要任务，是加强思想建设。我们坚持加强中国特色社会主义理论体系特别是科学发展观的学习宣传和教育，坚定了理想信念；同时提出了一系列既符合中央精神、又切合企业实际的重要观点，形成了富有特色的企业价值体系，推动了观念创新。

1. 强化理论学习，增强了思想政治工作的针对性和实效性。我们注重理论学习常态机制建设，坚持不懈地用党的理论创新成果武装头脑。通过中心组学习、职工政治学习等形式，组织广大干部员工深入学习党的基本理论，学习中国特色社会主义理论体系、社会主义核心价值体系。每逢中央和上级组织召开重要会议、作出重大部署或提出重要精神，公司党组都在第一时间组织学习、贯彻和落实，近年来共组织近 40 个专题的学习。系统各单位党委（党组）中心组每年集中学习研讨也都在 14 次以上。同时，不断丰富创新理论学习的形式和载体，努力完善内容、改进模式、创新方法，如华电国际十里泉发电厂设立厂、车间、班组三级“小政委”（即政治理论学习辅导员）的做法成效显著，新疆华电红雁池发电公司利用小会议、小屏幕、小讲堂等载体开展理论学习的做法生动活泼。

2. 引领观念创新，提出了履行“三大责任”的观点。公司党组以党的理论和大政方针为指导，正确认识和把握我国经济社会发展的总趋势，自觉置身于党和国家工作大局，顺应时代发展潮流，明确提出了全面履行经济、政治、社会“三大责任”的观点，对企业存在的价值意义作出了诠释。履行经济责任，就是勇担确保国有资产保值增值的重任，坚定不移地提高国家授权经营的国有资产的经营效益；履行政治责任，就是勇担为党执政兴国提供雄厚经济基础的重任，坚定不移地贯彻落实构建社会主义和谐社会的重大战略任务；履行社会责任，就是勇担推动科学发展的重任，坚定不移地走全面协调可持续发展之路，努力实现企业经济、社会、环境的综合价值最大化。我们将履行“三大责任”的主张确立为公司使命，并进行了充分的实践。这一重要观点在企业界也产生了深刻影响，带动了立企观念的转变。

3. 抓好成果转换，形成了体现“软实力”的“华电宪章”。理论学习的目的在于应用。根据中央政策要求，公司研究确立了关于改革发展创新的一系列原则要求和工作思路，如“全面履行经济政治社会责任”的公司使命，“以人为本、图强报国”的核心价值观，“国内行业前列、世界企业 500 强”的公司愿景和 108 字的公司战略等，我们将其归结为“华电宪章”。“华电宪章”是结合企业实际贯彻中央精神的集中体现，是公司管理思想和管理模式的集中体现，是公司“软实力”的集中体现。“华电宪章”在引领观念创新、提升管理水平、规范员工行为、优化企业形象等方面都发挥了重要作用，为公司改革发展指明了方向，成为员工的共识和自觉行动。

二、融入中心任务，推动科学发展

政治工作和经济建设要一起抓，这是我们党的一贯方针。思想政治工作要落实到经济上面，政治问题要从经济的角度来解决。企业是经济组织，思想政治工作必须把保证和促进科学发展、实现国有资产保值增值、维护企业稳定作为着力点。

1. 围绕科学发展，推动企业做好做强做大。华电企业思想政治工作推动科学发展的关键作用，突出表现为政治导向作用、文化引领作用和思想激励作用。公司党组按照中央部署，以科学发展观统领各项工作，把科学发展观落实到“优选”项目、“精建”工程、“严管”运行的过程中去，实现了快速健康可持续发展。五年间，公司发电装机容量从2554万千瓦增加到6302万千瓦，年发电量从1161亿千瓦时增加到2581亿千瓦时，规模翻了一番，经济效益翻了两番，做到了发展规模速度质量效益相统一、与经济社会资源环境相协调。公司所属邹县发电厂以文化推动发展，在三个不同的历史时期，通过“拼搏”、“争先”、“竞合”三个阶段文化的引领，先后三次扩建，始终保持了全国最大火力发电厂的地位。华电长沙公司针对工程建设期间生活条件艰苦、生产任务繁重的情况，鼓士气、添干劲，引导员工克服困难，艰苦创业，为圆满完成两台60万千瓦机组一年双投产任务提供了有力的精神支撑。

2. 融入企业管理，积极解决重点难点问题。国有企业的思想政治工作，既有思想政治工作的一般属性，又有企业管理工作的特殊属性。发挥国有企业的政治优势，必须把这两种属性结合起来，把思想政治工作贯穿于企业管理和各项工作的全过程，这样，政治优势才能转化为管理优势和市场竞争优势。我们把改革发展和生产经营的难点、焦点作为思想政治工作的着力点，每当遇到事业发展的重要关头，思想政治工作都发挥了强有力的作用。2004年，在上半年利润大幅下滑的严峻形势下，公司及时召开“8·29”党组扩大会，号召广大干部员工力保经营成果，一举扭转了被动局面。2006年夏天，福建地区遭遇强台风暴雨袭击，华电福建公司号召干部员工以“誓与台风比高低、人与电站共存亡”的大无畏精神进行顽强抗争，把损失降低到了最低限度。今年年初，面对雨雪冰冻灾害，公司党组迅速行动、统一部署，动员广大干部员工投身抗灾保电工作，“党员干部突击队”、“青年突击队”奋战在最前沿，思想政治工作者走到第一线宣传发动、带头抢险，工会组织全力做好后勤服务，坚强有力的思想政治工作为打赢这场攻坚战起到了关键作用。

3. 服务改革创新，着力维护企业安定局面。改革创新是企业增强生机活力的强大动力，保持企业稳定是开展各项工作的前提条件。思想政治工作必须切实承担起宣传引导、保驾护航，为改革创新营造良好环境的重任。近年来，公司通过开展“观念与创新”教育等活动，围绕节能减排、“上大压小”、综合配套改革等工作，组织各单位编发宣传提纲、举办形势报告会等，引导员工转变观念，为推进改革创新奠定了坚实的思想基础；同时，从员工最关心、最直接、最现实的问题入手，深入扎实地开展思想政治工作。建厂50多年的富拉尔基发电总厂，在主辅分离改革前就分流了460名主业富裕人员，但在大力度的改革中，仍然保持了队伍稳定，没有一名员工上访，主要原因在于企业为员工办实事、解难事，先后解决了员工吃水难、住房难、工作条件差等老大难问题，员工心甘情愿地为企业分忧。地处反分裂斗争最前沿的新疆喀什公司，积极促进少数民族与汉族员工间的双向交流和情感融合，有效抵制了分裂思想的渗透，实现了企业安定团结，为改革发展奠定了基础。

4. 加强队伍建设，形成干事创业整体氛围。我们积极发挥思想政治工作的关键作用，努力塑造一支坚强有力的干部员工队伍。第一，以思想政治建设为龙头，着力建设德才兼备、群众公认、实绩突出的各级领导班子。公司党组加强各级领导干部的理论学习和实践锻炼，仅2007年就举办了7期420人次的领导人员和后备干部培训班，领导干部的思想政治水平与能力作风显著提升。第二，以思想作风建设为抓手，努力打造一支思想好、作风实、技能强、能打硬仗的员工队伍。完善了专业技术人才和技能人才考核评价体系，广泛开展技能竞赛活动，提高了员工素质。通过加强队伍建设，公司形成了万众一心共创伟业的生动局面，为公司做好做强做大提供有力的人才保证、智力支持和文化支撑。

在实践中，我们体会到，只有融入中心、服务中心，与中心工作相互促进，企业思想政治工作才能取得实效、增强说服力。

三、坚持以人为本，构建“和谐华电”

坚持人本思想，尊重员工主体地位、搭建员工发挥才能的平台、建立开发员工潜能的管理模式，是思想政治工作的核心；促进企业和谐，形成互助、合作、团结、稳定、有序的企业内外部环境，是思想政治工作的重要职责。

1. 关心关爱员工，依法保障员工合法权益。 第一，把尊重员工的主体地位作为思想政治工作的立足点。我们全面落实党的依靠方针，完善企业民主管理制度，大力推行集体合同和平等协商制度，保证员工对企业管理决策的知情权、参与权、监督权，依法维护员工的主人翁地位。公司系统已有47家基层企业获省级厂务公开、民主管理先进单位称号。第二，把解决员工的实际问题作为思想政治工作的着力点。我们重视调查研究，倾听员工呼声，畅通员工利益表达渠道，反映员工的意愿和诉求。根据国家政策，到去年底，公司累计关停小火电机组52台，出现富裕人员8800余人。公司本着对员工高度负责的精神，通过新项目发展、政策性安置、人员储备培训等配套措施，全部予以安置。

2. 搭建成长平台，实现企业员工协调发展。 我们坚持发展依靠员工、发展为了员工，不断提高员工素质，提高员工生活质量，拓宽员工职业生涯。第一，在分配方式上既考虑效率，又考虑公平，让所有员工都能享受发展的成果。第二，积极为员工提供学习机会，有针对性地开展岗位专业知识和技能培训，仅2007年就培训人员8000余人次。大力营造和谐融洽、团结合作的工作环境，在企业内形成鼓励人才干事业、支持人才干成事业、帮助人才干好事业的环境，把企业的发展建立在员工全面发展的基础之上，使员工的职业生涯随着公司不断壮大而同步发展。第三，积极倡导和谐文化，努力建立和谐的劳动关系和人际关系，达到内外和谐、上下和谐、班子和谐、干群和谐、同事和谐、单位部门之间的工作和谐，努力形成各尽其能、各得其所、和谐相处的局面，使员工在愉悦的状态下工作，创造力和凝聚力得到增强。如华电扬州公司，连续12年开展“四文明”创建活动，并与创建“学习型企业”相结合，实现了企业素质与员工素质的同步提升、企业发展与员工发展的和谐共进。

3. 履行社会责任，积极构建“和谐生态圈”。 我们认为，坚持以人为本，应该是在实现企业员工协调发展的同时，做到真诚面对公众，认真履行社会责任，做到一切发展为了人、依靠人，努力实现发展成果由全体利益相关者共享；促进企业更好地履行社会责任。因此，我们努力协调好企业发展与地方、社会、资源、环境的关系，以及企业与政府、投资者、用户、员工等利益相关者之间的关系，构建“和谐利益关联体”，形成“和谐生态圈”。今年4月15日，我们向全社会公开发布了首份社会责任报告，把公司履行社会责任的情况广泛地告知社会公众，在接受社会监督的同时，使公司科学发展、促进和谐的成果得以全面展现，赢得了社会各界的广泛好评，进一步树立起了“诚信、高效、合作、服务、环保”的美好形象。

四、坚持与时俱进，创新实现形式

思想政治工作是国有企业的优良传统和政

治优势，但随着企业制度和经营管理模式的转变，思想政治工作必须从内容、形式、方式方法和运行机制等方面进行改进创新。我们着重从两个方面进行了探索。

1. 创新现代企业制度下思想政治工作的有效实现形式。公司党组健全完善了“双向进入、交叉任职”的领导体制，为开展思想政治工作铺平了道路。我们制定实施了公司《企业政治工作例会制度》和《职工思想动态分析制度》等制度，把思想政治工作作为企业日常管理的重要内容，作为维护稳定的重要举措，为开展思想政治工作提供了制度保证。各基层企业根据公司党组部署，积极进行探索，形成了一批行之有效的制度和做法。例如，湖北西塞山发电公司是中外合作企业，在现代企业制度条件下，公司党委通过加强班子能力建设和思想政治工作，赢得了干部员工的一致认同，董事会和经营班子由反对到鼓励党组织积极开展思想政治工作。实践证明，只要体制上有保障、制度上有保证、机制上抓落实，在现代企业制度下，思想政治工作的作用会发挥得更加有效。

2. 将企业文化建设作为新形势下思想政治工作的延伸与发展。企业文化建设能够增强思想政治工作的吸引力、渗透力和影响力，给思想政治工作增添新的活力。华电的企业文化建设以社会主义核心价值体系为指导，一步一步向深层推进。近年来，连续举办了企业文化建设现场经验交流会、企业文化培训班、项目公司企业文化建设座谈会、“感动华电”巡回演讲和学习创新型企业培训班等，命名表彰了十家企业文化建设示范基地，今年又颁布了“华电宪章”，企业文化建设逐步由自发到自觉、由局部到系统、由表层到深入，公司价值体系成为企业与员工协调发展的原动力。通过文化纽带，员工的理想信念、思想道德观念、组织纪律观念、爱国敬业精神与企业群体意识、员工行为规范等融为一体，大大丰富了思想政治工作的内涵。同时，通过文化的手段和力量，思想政治教育渗透到了经营管理的各个环节，思想政治工作与经济工作更加紧密地融合在一起，外延也得到了扩展。

加强领导班子建设　促进企业创新发展

长安汽车（集团）有限责任公司党委

长安汽车（集团）有限责任公司隶属于中国兵器装备集团公司，是我国军民结合的特大型企业。从1981年开始实施“军转民”以来，先后与福特、铃木等进行战略合作，发展成为拥有全面的汽车产品谱系和四大整车制造基地、10个整车制造工厂和2个发动机工厂的汽车企业。

近几年来，长安公司党委根据中组部、国资委党委《关于在国有企业开展“四好”领导班子创建活动的意见》和兵装集团党组的要求，深入贯彻落实科学发展观，以建立创新型企业为目标，创新领导班子工作体制机制，扎实开展了以“政治素质好、经营业绩好、团结协作好、作风形象好”为主要内容的“四好”领导班子创建活动，促进了公司的跨越式发展。

一、打造学习型团队，提高领导干部创新发展的能力

长安公司始终把领导干部的能力建设放在首位，大兴学习之风，围绕“目标、问题、趋势”等事关企业发展的重要问题，注重从规律性、操作性、创造性入手，开展一系列学习创新，增强了干部队伍的政治意识、大局意识、责任意识和忧

患意识。

紧贴发展实际改进中心组学习。公司党委要求中心组学习要“学理论、议大事、谋全局、出思路”，以专题研讨、即兴点评为主，使中心组学习成为长安领导班子开展思想务虚、酝酿决策思路和党委参与重大决策的有效形式。在中心组学习的基础上，建立了公司领导每月一次的务虚会和每两月一次的管理创新培训会。每月还要定期召开生产经营分析会、月度产品规划会等，着重研究解决公司在发展中存在的深层次问题。

积极举办“观念与创新”论坛。“观念与创新”论坛是长安公司特有的领导班子理论学习方式。这种方式侧重于从转变观念、开拓创新的角度，总结推广企业党建工作的新鲜经验。论坛自2003年开始至今，已先后举办了9次。论坛用具体生动、真实可信的案例说话，改变了旧观念，倡导了新思维，以观念的创新促进了企业的全面创新。

开展生动活泼的教育培训。采取“走出去、请进来”的方式，公司领导分别赴上海浦东干部培训基地、中欧国际工商学院、长江商学院研修，并邀请一些专家教授到公司授课。同时拓宽培养渠道，通过干部交流、转岗锻炼以及参与中心工作等途径，加强领导班子成员及后备干部的实践锻炼。2005年，组织开展拓展培训7次，共有300多人参加。坚持不懈的学习活动，提高了领导班子政治素养和理论水平，提升了企业两级班子的凝聚力、战斗力和创造力，增强了长安公司的核心竞争力。

二、健全工作机制，提高领导班子的整体战斗力

公司领导班子成员以党性为先，以大局为重，取长补短，待人以诚，处事以公，甘苦与共，在思想上形成一条心，在工作上合成一股劲，始终如一地保持相互尊重、相互信任、相互谅解的和谐氛围，在工作中形成了“三个联动”的工作方式。

建立领导班子成员定期沟通信息联动机制。公司从先进性教育活动开始，建立了每周一次的领导班子碰头会制度，至今已形成一种班子成员定期沟通的工作机制。在碰头会上，班子成员相互通报工作情况，党委书记、总裁作工作安排。同时，还坚持每半年一次的公司高层工作会，分管各业务板块的公司班子成员，在工作会上进行工作陈述，由公司总裁逐一评价；公司还利用经常性的工作交流和谈心等形式，有效地进行信息交流、共享，促进了工作联系的加强。

建立党政领导“一岗双责”联动机制。公司坚持推行党政领导交叉任职，公司总裁兼任党委书记，常务副书记兼任工会主席，还有一名党委副书记兼任副总裁，公司中层领导干部中，党委系统、行政系统交叉任职的占总数的68%，在职务安排上保证了党政工作的协调一致。党委和行政团结一致，做到了“中心”、“核心”不分家，共谋发展一条心，提高了整个领导班子的战斗力。

建立领导班子成员联系基层联动机制。为巩固先进性教育活动期间建立的领导班子成员联系点工作机制，公司党委印发了《关于建立公司领导班子成员联系点的通知》。目前，领导班子成员全部建立了对口基层联系点，每季度至少到联系点工作一次。还通过总裁与员工互动等形式开展定期交流，多途径多渠道地收集对班子成员的意见建议，推动了公司各项工作的顺利完成。

三、创新干部管理制度，促进领导班子和干部队伍建设

创新领导班子制度建设。建立了领导班子人员素质和班子结构“双优化”的工作机制，修订和完善了《领导人员选拔任用管理办法》及配套制度。在“四好”班子创建活动中，形成了党建和领导班子建设的制度成果，形成了“四好”班子建设的长效机制，在实践中探索出了具有特色的工作方法。

推进选拔任用领导干部工作的规范化、流程化。一是推出领导干部竞争上岗“七步工作法”，即理论测试、结构化面试、组织考核、组织人事部门讨论、分别向分管领导汇报、党委常委会审议、公司党政联席会研究决定；二是推出领导干部组织任命“七步工作法”，即组织推荐、资格审查、组织考核、组织人事部门讨论、分别向分管领导汇报、党委常委会审议、公司党政联席会研究决定。

加强三级后备干部队伍建设。在公司级、部(厂)级、处级三级后备干部的选拔中，实行“三推两考四定”制的选拔模式。“三推”是指组织推荐、群众推荐、自我推荐，“两考”是指考学和考察，“四定”是指后备干部预备人选自我评定、群众民主测定、考察分析核定和组织差额审定。从 2001 年至 2005 年，参加后备处级干部选拔的共有 2125 人次，累计录用 663 人，提拔使用 214 人，考核淘汰 115 人。在后备干部培养方面，普遍采取了交叉任职、多岗位锻炼、职业生涯设计和定向培养等措施。

加大外派干部管理力度。随着公司的壮大发展，对外合资合作逐渐增多。目前有中外合资企业 7 家，中中合资企业 252 家，派往这些企业的中层干部达 83 人。结构多元化的新格局，对干部管理工作提出了新的挑战，为此我们建立了委(选)派干部管理平台，定期对外派干部进行考核和召开各种座谈会，并定期轮岗交流，通过对干部管理研究探索完善集团管控模式。

四、推进民主集中制建设，增强领导班子民主管理能力

健全总裁办公会和党政联席会制度。企业生产经营的重大决策、重要建设项目安排、重大改革措施出台、大额度资金使用以及重要的人事任免、对外投资等重大事项，都经过党委常委会研究，再上总裁办公会和党政联席会讨论决定，不搞临时动议和个人说了算。特别规定 100 万元以上的投资必须上总裁办公会，保证了决策的科学性。

健全民主管理工作机制。公司每年坚持召开职代会和职代会各专委会，对涉及职工切身利益的改革改制、集体合同、水电气涨价等问题，在公司行政提出方案的基础上，还必须召开职代会专委会进行讨论审议。对不具备实施条件的，职代会有权否决或延后实施。

健全领导班子民主生活会。公司党委制定了《各级领导班子民主生活会制度》。在民主生活会上，班子成员结合实际对照党章规定和党员领导干部保持先进性的具体要求，紧密联系自己的思想和工作实际，开诚布公说真话实话，认真开展批评与自我批评，班子成员加强了沟通，形成了共识，增强了班子的凝聚力和信任度。

五、加强党风廉政建设，树立领导班子的良好形象

搞好领导班子述职述廉。从 2000 年开始，长安公司在每年的职代会上，由公司总裁、党委书记代表班子向职代会述职述廉，主要内容包括公司发展情况、重大投资项目建设情况、领导班子建设情况及廉洁自律情况等，职工代表要根据述职述廉情况对班子成员个人进行评议，其评议结果与每个成员的业绩挂钩，并上报兵装党组。

多种形式营造长安廉洁文化。每年召开公司党风廉政建设大会，学习和贯彻中央有关精神，对各级领导人员进行党纪党规的教育。同时，以在电视上开辟《廉政视点》栏目、发放《典型案例》、《警示卡》等多种形式开展警示教育；开展廉政宣誓，凡新提中层干部必须向所在单位全体员工或员工代表作廉政宣誓；建立廉政档案和诚信制度体系，规范和监督领导人员依法经营、廉洁从业、诚实守信、勤奋高效的履职行为。

健全完善制度防腐的长效机制。注重把经过实践检验的成功做法上升为制度，把通过查处和解剖案例得出的规律性认识体现于制度，发挥整体合力，维护制度权威性，增强制度约束

力。加快构建惩防腐败体系，切实增强“一岗双责”意识，着力构筑“不愿为”的自律机制、“不能为”的防范机制、“不敢为”的惩治机制和“不必为”的保障机制。同时把效能监察贯穿生产经营过程，针对重点领域和关键部位实行动态监督，及时把腐败苗头和腐败行为消灭在萌芽状态。

创新党建工作　引领企业科学发展

冀中能源峰峰集团有限公司党委

峰峰矿区有130多年开采历史，1949年9月成立峰峰矿务局，2003年7月改制为有限责任公司，2008年6月，与金能集团联合重组，成为冀中能源集团下属控股子公司。峰峰集团现有职工4.8万余人，党员15930名，是集煤炭采选、煤焦化、电力、现代物流、机械制造、建材等产业于一体的国有特大型企业。党的十六大以来，我们以科学发展观为指导，创新党建工作，促进企业发展，使企业步入了持续稳定快速发展的轨道。集团公司先后荣获全国先进基层党组织、全国国有企业创建“四好”领导班子先进集体、企业文化建设优秀单位、煤炭工业优秀企业和河北省先进集体、文明单位、思想政治工作先进单位等荣誉称号。

抓住龙头，锤炼班子，在引领企业发展中体现能力

领导班子是企业改革发展的“龙头”。集团党委以“四好”领导班子创建活动为契机，不断增强各级领导班子的创造力、凝聚力和战斗力，引领企业又好又快发展。一是坚持在强化理论武装的过程中提高素质。集团党委以学理论、强素质为主题，在认真抓好中心组理论学习的同时，对领导干部通过每年进行脱产轮训、组织课题调研、参加“企业改革发展”高层论坛和选送到高等院校进修等措施以提高素质。为切实加强学风建设，在学习贯彻党的十七大精神、开展解放思想大讨论活动中，将学习成果转化为求发展的科学方法、工作思路和具体措施，为企业又好又快发展打下了牢固的思想基础。二是坚持在提升经营业绩的实践中增强能力。公司领导班子坚持在解决资源枯竭、社会包袱沉重、内部结构不合理等重大问题的过程中，提高领导班子的战略决策能力；在健全投入产出、资本运营、考核评价等“十大运行机制”的过程中，提高经营管理能力；在把握市场机遇，规避市场风险，寻求效益最大化的过程中，提高市场应变能力；在“内挖外扩”、做精做强做优企业的实践中，提高开拓创新能力；在研究解决新情况、新问题、新矛盾的过程中，提高风险防范能力和驾驭复杂局面的能力。三是坚持在转变作风的过程中塑造形象。集团党委把加强和改进作风建设作为“总开关”、“总把手”，深入开展了“作风建设年”活动，结合实际相继制定了一系列制度和规定。各级领导班子成员深入一线，现场办公，及时发现问题解决问题；加强廉洁自律，以身作则，率先垂范，带头遵守各项规章制度；始终坚持以人为本，把职工最关心、最直接、最现实的利益问题解决好，建立了扶贫帮困长效救助机制，大力实施就业和再就业工程；努力改善职工的生产生活条件，投入2亿多元改造“两堂一舍”。集团公司被评为全国生活福利设施达标单位和全国绿化模范单位。四是坚持在动态考评机制的运行中检验成果。集团党委强化对领导班子的考核监督工作，将“四好”领导班子创建标准逐项细化量化成25条具体标准，列入

绩效考核，每季度考评一次，直接与领导班子成员的工资收入挂钩，同时将绩效考核结果同群众满意度测评结果、年度领导班子考核结果相结合，形成了一个完整的动态考评机制，有效激励了领导班子奋发进取、争先创优的积极性。

把握全局，参与决策，在谋划企业发展中彰显作为

党组织参与决策，就是参与集团改革发展和市场竞争中带有方向性、长远性、全局性的重大问题的决策。集团党委建立健全了党委会、董事会、党政联席会等议事制度，明确规定，企业各项重大事项，党委必须先行调研，提出建议和意见，在制度和机制上保证了党组织的政治核心作用有效融入企业重大决策之中。针对矿区衰老、开采条件复杂、社会负担沉重且是独立工矿区等实际，集团党委在深入调研的基础上，根据市场形势和企业实际，每年提出新思路，努力实现企业的扭亏解困。集团公司首先从推进观念、体制、科技、管理、结构“五个创新”入手，通过加快改革调整，优化经济结构，实施了“三步走”战略，完成了“五大任务”，实现了“五大跨越”，使企业迅速得到瘦身强体，蓄力增势。在制定《峰峰集团有限公司发展战略》中，集团党委先后32次召开党员业务骨干、中层管理干部和职工群众参加的座谈会，提出合理化建议240条，被公司决策层采纳26条，形成了煤炭基础产业，煤化工、电力支柱产业，机械制造、现代物流、建材支持产业的“123”产业发展格局，并使“打造中国第二大主焦煤生产基地、打造现代煤化工产业基地、打造煤电化一体化循环经济产业链、打造现代化新型矿区”的“四个打造”发展思路更具有可行性和科学性。通过实施“内挖外扩”战略，新增煤炭储量60亿吨；通过大力实施精煤战略，原煤入洗率达到87%，远远超过35%的全国平均水平，实现了由销售原煤为主向销售精煤为主的转变；通过实施循环经济战略，形成了煤电、煤化工、煤建材、煤层气发电等煤基产业链。总投资160亿元、被列入河北省重点支撑项目的峰峰煤化工项目取得了显著经济效益。集团公司很快弥补了生产、安全等历史欠账20多亿元，跨入了科学发展、持续发展的轨道。

融入中心，突出特色，在推动企业发展中发挥作用

开展党建特色活动是党组织融入经济工作的有效载体。集团党委通过构建目标责任体系，围绕生产经营和工作目标，确定主题，精心策划，明确责任，落实任务；通过构建指导保证体系，坚持党委对特色活动统一领导，职能部门齐抓共管，其他部门积极参与的良好局面；通过构建考核评估体系，坚持定性与定量、个体与整体、考核与评比、表彰与惩处相结合，有效地激励了各级党组织和广大党员争先创优的积极性。一是主题实践活动示范。集团党委连续24年坚持不懈地每年开展一个党建主题实践活动，引导广大党员走在改革发展、安全管理、生产经营、科技创新的最前列，在各个领域、各条战线充分发挥先锋模范作用。集团党委开展的“党员奉献号工程”活动得到中组部的肯定；“凝聚工程”活动在全煤系统和河北省进行了经验交流；“创新、创优、创先、创效”活动有27个重点项目在河北省国资委获奖。二是急难险重工作争先。针对煤炭企业生产经营和安全工作任务繁重的特点，广泛开展了党员先锋岗、党员责任区和一个党员一面旗等活动，激励广大党员吃苦在前、冲锋在前、奉献在前。牛儿庄矿因小煤窑越层越界开采造成淹井事故后，广大党员发扬敢打必胜、不怕牺牲的精神，在较短的时间内，使矿井恢复了生产。在今年南方遭受冰雪灾害时，广大党员带领职工群众加班加点保电煤，实干拼搏做贡献，仅10天就超产电煤9万多吨，受到河北省政府的通令嘉奖。三是维护企业稳定立功。作为一个老国有企业，面临着改革调整的艰巨任务，在推进资源枯竭矿井关闭破产和辅业单位改制重组的过程中，各级党组织紧紧围绕“组织不散、队伍不乱、活动不

断、职责不变、管理不松、劲头不减”的工作目标，把关定向，加强引导，保证了企业的稳定和谐。2006年初，集团公司有三个矿同时进入关闭破产程序，广大党员注重做好职工群众的稳定工作，12890名职工没有出现越级上访。

创新机制，持续改进，在保证企业发展中提升水平

以改革创新的精神，加强企业党建工作，是保证党组织政治核心作用发挥的基本原则。为切实解决一些单位不同程度存在的“一手硬、一手软”、党建工作与生产经营融合不紧密、工作质量波动、定性多定量少等问题，集团党委大胆将ISO9000标准引入党建工作，创建了具有自身特色的党建工作质量管理体系，进一步规范了党建工作，提升了党建工作质量和水平。一是融入中心，一体考核。集团党委把年度党建工作目标与年度公司发展目标和生产经营任务相结合，一同分解到各级党组织和党员身上，将企业的中心工作融入到基层党委、党支部、党员责任区的考核范畴，做到同步谋划、同步实施、同步考核、同步总结，形成了一个责任共同体，较好地克服了“两张皮”现象。二是结合实际，细化量化。集团党委根据党建工作的实际，对原来行之有效的经验和制度进行梳理整合优化，用规范的制度和可衡量的具体标准描述出来，并列出任务和时间控制表，实行“有策划、有标准、有实施、有检查、有考核、有奖惩”的规范化管理，做到“凡事必规定、规定必执行、执行必记录、记录必考核、考核必有效”，增强了各项工作的可操作性。三是刚性操作，过程控制。集团党委按照党建体系过程控制的原理，强化对党建工作的每一个环节、每一个程序的控制，并将实施过程完整地记录下来，作为证明工作过程实施和衡量工作质量的依据，从而使党建工作由过去的“重结果”变为现在的“抓过程”，由“柔性”管理迈向了“刚性”操作。四是闭合循环，持续改进。按照党建体系“策划、实施、检查、处置”的闭合循环要求，通过内部审核、管理评审和限期整改，使党建工作在“发现问题——解决问题——再发现——再解决”的轨道上形成了闭合循环、持续改进的长效机制。党建体系的运行，为基层党组织和广大党员发挥作用提供了崭新的平台，使党建工作实现了程序化控制、标准化考核、持续化改进，促进了党建工作质量的不断提高。

创新思想政治工作　促进企业又好又快发展

山西铝厂党委

为适应新时期思想政治工作的特点和满足企业发展的需求，山西铝厂党委认真贯彻落实中铝公司关于加强思想政治工作的安排部署，结合山西企业实际，以改革创新精神提出了“围绕中心定规划，融入中心抓落实，创新工作促发展，加快发展构和谐”的工作思路，充分发挥思想政治工作的政治优势，有力地促进了企业又好又快发展。两年来，山西铝厂党委先后被中铝公司党组、山西省委分别授予“先进基层党组织”荣誉称号，被评为山西省思想政治工作先进单位。

创新思路观念，增强思想政治工作的吸引力

1.围绕中心定规划、融入中心抓落实。围绕企业党政工作大局，确定思想政治工作要点，用企业的发展目标和宏伟蓝图，统一职工思想，鼓舞职工的斗志。在实施思想政治工作过程中，把生产中的难点当作思想政治工作的重点，把生产经营目标当作思想政治工作的目标，把生产经营的重点当作思想政治工作的关键点，做到企业生产经营发展到哪里，思想政治工作就延伸到哪里，激励职工和企业共生共荣，实现职工的全面发展、职工与企业的共同发展和企业的又好又快发展。

2. 围绕中心选题目、融入中心做文章。一是根据企业不同发展阶段的工作重点和党委工作大局，部署思想政治工作，使思想政治工作与企业重点工作同拍同步。二是根据企业发展和职工思想状况实际，确定思想政治工作研究课题，定期开展思想政治工作经验交流和研讨。三是在企业发展关键阶段和重要时刻，发挥思想政治工作的导向作用。在政治上引导，举办形势报告会、十七大精神巡回宣讲活动，引导职工把握正确的政治方向。在思想上引导，2007年，马达卡总经理亲自带领劳动模范和党员标兵外出学习，结合企业生产形势，开展“提高劳动生产率”宣讲活动，把思想政治工作的组织资源转化为发展资源、政治优势转化为发展优势、思想活力转化为发展活力。在工作中引导，注重经常性的思想政治工作，建立思想政治工作台账，把思想政治工作转化为看得见、摸得着的实实在在的内容，开创了思想政治工作新局面。

3. 以作为求得理解、靠作用赢得支持。关心职工生活，建立了向困难职工“送温暖”的长效机制和职工大病救济基金，让家庭有困难的职工日常生活有保障、子女上学有救济、大病面前有援助，增强了职工对企业的向心力。大力开展平安建设，建立健全社会治安综合治理长效机制，营造了安定有序的发展环境。关注职工思想，加强沟通交流，建立和完善沟通协调机制、利益协调机制、诉求表达机制和矛盾调处机制，搭建了企业与职工之间和谐沟通的桥梁，建立了企业与职工的和谐关系，增强了企业的亲和力。推行厂务公开，坚持职工代表大会制度，尊重职工参与企业管理的民主权利。开展职工群众性精神文明创建活动，开展各类文体活动，活跃职工文化生活，增强了企业凝聚力。突出重点，加强中国特色社会主义理论体系宣传普及教育、社会主义荣辱观教育、职业道德教育、民主法制教育，唱响了思想政治工作主旋律。

创新工作机制，增强思想政治工作的生命力

1. 创新运行机制。在借鉴国内企业开展思想政治工作先进经验的基础上，结合企业实际，经过系统梳理整合，构建了“一个系统、两个方面、三个体系、四个层面”的思想政治工作总体格局：一个系统，即建立一个包括思想政治工作在内的党建工作标准量化管理系统；两个方面，即定量和定性两个方面；三个体系，即标准支持体系、标准量化体系和持续改进体系；四个层面，即党委、基层党委（总支）、支部、小组四个层面。明确了各级管理者既抓生产经营又抓思想政治工作的“一岗双责”，扩大了思想政治工作的覆盖面，促进了思想政治工作刚性管理与柔性管理的有机结合，实现了思想政治工作科学性与实效性的有机统一。

同时，把生产经营工作中的目标管理引进思想政治工作。通过目标管理和责任分解，让各级管理部门和各级管理人员“个个有目标，人人有任务”。在实现生产经营目标的过程中，把思想政治工作科学融入生产经营各个环节，坚持思想状况定期分析与反馈制度，班组、车间、分厂每季进行一次职工思想状况分析，对职工在生产和生活中产生的各种思想问题及关注的热点难点问题，有效地进行跟踪解释、反馈和解决，有力地促进了职工队伍的稳定。

2. 创新考评机制。在考核体系的设计上，遵循绩效管理的原则，把思想政治工作与生产经营相结合、日常工作与重点工作相结合、量化与非量化相结合，制定了详细的考评方案。在考核指标的确定上，根据思想政治工作的内容和要求，按照百分制考核，细分考核内容，量化

考核指标。在考核组织的实施上，每月分6个考核小组，抽调基层政工干部参与，对所属34个二级党组织进行考核。在考核过程的控制上，坚持深入基层、走访岗位，对职工代表进行问卷调查，把握考核前明确要求、考核中量化标准、考核后监督反馈三个环节，规范了考核程序。在考核结果的运用上，每月将考核结果纳入企业生产经营绩效考核管理体系，每一分的权重与行政专业考核的权重一样，在绩效工资中直接兑现奖罚。

创新方式方法，增强思想政治工作的感召力

1. 融入生产经营，增强思想政治工作的实际效果。两年来，紧扣生产经营主题，在党支部和党员中持续开展了"保生产、保指标、促发展"主题实践活动。各级党组织结合自身实际，形式多样，措施具体，把活动延伸到班组、岗位、机台，把党员的作用体现在岗位指标控制上，把支部的作用体现在生产任务完成上，为党支部融入生产经营工作指明了方向，为党员发挥先锋模范作用提供了平台。

2. 建立学习型党组织，提高思想政治工作的知识含量。针对党组织建设的内在需求和党员队伍的实际状况，采取先试点、后推广的方式，带动学习型党组织建设。一是制定标准。建立了学习型党组织考核评价指导体系，共9个方面，25条工作标准。二是区分层次。着力抓好各级班子、领导干部、广大党员和全体职工四个层面的学习培训。三是整合资源。充分利用党员活动室、职工之家、图书资料室及网络等各种电教设施，为党员学习提供阵地。四是形式多样。运用知识竞赛、心得展评、经验交流、理论研讨、学习成果发布会等多种形式，丰富了学习方式，提高了学习兴趣。五是注重实效。把学习理论与学习专业技术知识和管理知识相结合，把解决思想问题与解决具体问题相结合，把书本知识与工作实际相结合，增强了党组织和党员干部的学习力和创造力。

3. 宣传先进典型，扩大思想政治工作的影响力。先进典型是思想政治工作的鲜活教材。2007年，内退职工、共产党员张建成在威海勇救落水游客，党委通过深入挖掘，积极进行内外宣传，张建成的事迹先后被多家媒体广泛报道。党委书记郭顺喜和他亲切座谈，高度赞扬了这种舍己救人的精神，指出张建成不仅是企业党组织的骄傲、整个企业的骄傲、职工的骄傲，更是企业一笔宝贵的精神财富。在职工艺术节上，张建成讲道："在人民群众生命遇到危险的时候，我们就应该冲上去，否则还要我们这些党员做什么！"朴实的话语，赢得了全场雷鸣般的掌声。以他的事迹创作的诗歌《用爱呼唤生命》，深深感动了在场的观众。张建成先后被评为"感动河津十大人物"、"感动山西十大人物"，入选"感动中国百名人物"。宣传英雄张建成的过程，就是扩大思想政治工作影响力的过程。英雄的事迹，极大地感染了企业的全体职工，先后涌现了一批先进模范。在抗震救灾活动中，大批职工主动请缨，要求赶赴救灾一线；全体职工慷慨解囊，捐款达150余万元；广大党员自愿交纳特殊党费105万元，为灾区献出了一片爱心。

4. 与企业文化建设相结合，体现思想政治工作的时代性。注重企业文化和思想政治工作相互渗透、补充和融合。开展了企业文化和思想政治工作研讨，二级单位的厂长、书记、车间主任、班组长轮流上台，从理论和实践结合上进行研讨发言，促进思想政治工作和企业文化的有效结合。两年来，开展了以"忠诚、敬业、爱岗"为主题的《把信送给加西亚》读书活动和以"责任、诚信、卓越"为主要内容的《我该怎样工作》读书活动。发动全体干部职工，结合企业、单位、岗位和个人实际，开展了形式多样的大学习大讨论活动。具有鲜明导向的读书活动，激发了广大职工爱厂爱岗、争创一流的工作热情，激发了广大职工激情创业的持久动力。

坚持什么样的企业文化创新观

贾春峰

面对社会主义文化大发展大繁荣的新形势，面对企业改革与发展的新任务，我们应当坚持什么样的企业文化创新观？我们究竟需要建设什么样的企业文化？企业需要的是什么样的企业文化？对此，通过对多个行业、各种类型的企业文化建设实践的观察与调研，我们可以用一二三四五这五个方面来加以回答。

一是一个根本指导思想，一个总目标，一个总定位，一个基本点，还有一切从企业实际出发。

一个根本指导思想，是说各行各业的企业文化建设与创新，都必须坚持以马克思列宁主义、毛泽东思想、邓小平理论、“三个代表”重要思想为指导，深入贯彻十六大以来党中央提出的科学发展观和构建社会主义和谐社会的要求，全面落实十七大精神。这是我们进行企业文化建设与创新必须坚持的根本指导思想。

一个总目标，是说我们建设的是有中国特色的先进企业文化。说中国特色的企业文化，其特色的一个重要方面，就是中国特色的企业文化具有中华民族优秀传统文化的底蕴和根脉。这个文化底蕴和根脉对于缔造形成有中国特色的企业文化，形成现代企业精神和企业家精神，具有重要意义。在企业文化建设和创新实践中，我们一定要做到优秀传统文化与现代企业精神的紧密融合。而先进的企业文化，其先进性必须体现在员工广泛参与的实践活动中，必须以社会主义核心价值理念为引领。

一个总定位，是说企业文化的总定位，是市场经济条件下的企业经营管理文化。过去常常把企业文化等同于企业文体活动，这是一种误解。企业文化的“出生证”、“身份证”是管理文化，这就是经常讲的管理学属性，但经营与管理并不能画等号，只讲管理文化面窄了，所以讲经营管理文化。讲企业文化是经营管理文化，就抓住了企业文化定位的主体内容。

一个基本点，是说企业文化建设的基本点是坚持“以人为本”，着力于增强企业整体素质，提升企业核心竞争力与综合竞争力。在过去，经济学界讲企业核心竞争力通常不涉及企业文化，而企业文化界讲企业文化又不联系企业核心竞争力，这是两种片面性。应当说，企业文化是企业核心竞争力的重要组成部分。企业核心价值观是企业核心竞争力的灵魂。

讲了以上四个一，还要讲一切从企业实际出发。为什么呢？因为企业文化设计脱离企业实际的状况实在不少见，特别是请专业公司提供的方案常常有这样的弊端。企业的性质、规模、行业、业态、历史、现状与发展前景都很不一样。企业文化建设规划与创新，只能从企业的具体实际出发，这才是真正坚持科学的企业文化创新观。

二是两个有机组成部分，两个融合，两个“大家”，两个积极性，两个“文化自觉”。

两个有机组成部分，是说企业文化的主要内涵是价值理念和行为规范，也可以称之为理念文化和行为文化。培育和确立价值理念，有一个总的原则，就是在社会主义核心价值体系引领下，实现企业价值、员工个体价值、社会价值的有机统一。这三个方面一个也不能少，必须是均衡协调发展，而不能顾此失彼，不能单打一，不能择其一而不要其二，也不能择其二而不要其三。行为规范包括：企业整体行为规范、企业组织行为规范和部门行为规范、员工个体行为规范。从我国一些企业的《企业文化手册》来看，有一个毛病，就是把企业文化手册，搞成若干理念口号的简单汇编，而没有行为规范。这不仅失去了体系上、逻辑上的完备性，而且失去了企业文化的实践性和可操作价值。优秀的《企业文化手册》，还表现在价值理念与行为规范相互之间是密不可分的内在统一关系。价值理念中就蕴涵着应有什么样的行为方式、行为规范、行为习惯。而行为方式、行为规范、行为习惯又体现着价值理念的引导，二者有内在的逻辑，是浑然一体的。

两个融合，是说企业文化与企业战略目标实施相融合，企业文化与企业经营管理相融合。两个融合也可以叫做两个融为一体，就是企业文化与企业战略目标实施融为一体，企业文化与企业经营管理融为一体。人们不难想象，如果不是这样，企业文化脱离于企业战略目标的实现，企业文化与企业的实际经营管理的实践相脱节，那将是一种什么样的状况?! 那样的企业文化“创新”还有什么用?

两个大家，是指在企业中要形成“大家建设企业文化，建设大家的企业文化”。如果企业文化只是一两个人的，或者只是少数几个人的企业文化，那是不能持久的，也不是我们所要建设的形成企业综合竞争力的有效管用的真正意义上的企业文化。

两个积极性、两个文化自觉，是说建设企业文化，既要有企业家、企业决策者、企业领导人的积极性、文化自觉，还要有广大员工的积极性和文化自觉。不能把企业文化简单地归结为老板文化，以为只要有了企业家的积极性和文化自觉就可以了。企业文化必须为广大员工所认同、所确认、所信奉、所实践。卓越的企业文化，都有这样一个特性。一个企业的企业文化要做好，要体现在企业运作的各个方面，要表现在经营业绩上，就必须有广大员工的参与与实践。

三是三性，即自有性、原创性、独特性。

任何优秀的企业文化，都是在企业自身长期的经营实践中凝结、积淀起来的，都不是从书本上照搬过来的，也不是从别的企业照套过来的，而是从自己企业的经营管理实践经过文化整合、提升而形成的。它具有鲜明的行业特点与企业个性。

四是四好，即好识、好记、好用、好传播。

好识是说好识别。好记是说让人一看就明白，一听就懂、就忘不了。好用是说企业文化要有效管用，要化为员工的灵魂，要变成员工的行为习惯和行为规范，这样才能表现为实际的经营业绩。好传播，是说企业文化不仅要在企业内部形成氛围，而且易于在社会流传，在社会产生吸引力、感召力和形象力。近些年来，企业文化建设和设计，追求这“四好”，已经成为许多企业的共识。

五是五个不能，即不能繁琐化，不能雷同化，不能玄虚化，不能模式化，不能“双脚离地”。

不能繁琐化，是说企业文化建设方案要化繁为简，而不能化简为繁；要深入浅出，而不能浅入深出。现在的一些企业文化设计方案，往往搞得五花八门，天花乱坠，让人们看起来如入五里云雾。应当说，把简单的问题复杂化，是一种愚蠢的设计；而把复杂的问题简明扼要地表达出来，才是聪明的设计。

不能雷同化，包括不能克隆、不能复制、不能照搬照套。现在一些设计公司搞的企业文化设计方案，在理念表达上，雷同化的现象比比皆是，这就失去了企业文化应有的个性化特色和独具魅力。

不能模式化，是说企业文化建设没有到处可以套用的固定模式，不能搞批量生产，不能把一种设计方式搬来搬去，到处套用。

不能“双脚离地”，形成“新两张皮”。这里讲的“双脚离地”，是一种形象化的说法，是员工对那种脱离实际的搞花架子式的企业文化的一种讽刺，是指企业文化只是作为口号挂在墙上，说在嘴上，写在纸上，不能变成员工的行为方式与行为习惯，不能变成自觉行动，即是说企业文化不能“落地生根”。过去常讲思想政治工作与经济工作不能搞成“两张皮”。现在，有的企业搞企业文化建设与企业的经营管理和企业的实际运作各不相干，变成又一个“两张皮”，这叫“新两张皮”，这种状况应当竭力避免。

（作者：中国企业文化研究会副理事长）

努力建设中国特色企业文化
打造中央企业核心竞争力

曾　坚

国务院国资委成立五年来，坚持把企业文化建设作为正确履行出资人职责的重要工作，作为改进与创新企业思想政治工作的重要载体，持之以恒地推进中央企业的企业文化建设，中央企业的员工队伍素质不断提高，经济效益连年攀升，企业形象不断改善，从而走出了一条通过企业文化建设促进企业发展的新路子。

从正确履行出资人职责的角度出发，有计划、分步骤扎实推进中央企业开展企业文化建设

国资委成立伊始，就把指导中央企业开展企业文化建设作为履行出资人职责的重要职责，建立组织机构，开展调查研究，制定工作规划，加强分类指导，扎实推进中央企业的企业文化建设。概括起来，五年迈出了四大步：

一是建立组织，开展调研，全面启动企业文化建设。国资委成立之初在宣传工作局明确了企业文化建设的管理职能，设立了企业文化处，同时，我们设立了由国家财政资助的专项软课题，对中央企业开展企业文化建设的情况进行了认真总结，并针对中央企业的特点对中央企业的企业文化建设应具备的实质内容以及应遵循的规律进行了认真研究，形成了研究成果，受到专家学者的高度评价。在此基础上，国资委于 2004 年在大庆召开了中央企业企业文化建设研讨交流会，提出了中央企业开展企业文化建设的总体思路和要求，组织部分企业文化建设开展较早、已经取得初步成效的中央企业在会上交流了经验，同时组织与会代表对国资委即将下发的《关于加强中央企业企业文化建设的指导意见》（征求意见稿）进行讨论，这次会议在国内外引起了强烈反响，被称为“里程碑”式的会议。

二是在 2005 年，以国务院国资委的名义下发《关于加强中央企业企业文化建设的指导意见》。《指导意见》对企业文化建设的重要意义、指导思想以及工作内容、操作方法、实施原则和具体要求作出了明确规定。

三是开展分类指导，加强研讨交流，形成中央企业企业文化建设框架体系的具体内容。《指导意见》下发以后，我们召开了十多次分行业、分类别企业的企业文化座谈会，交流各企业开展企业文化建设的情况。2006 年 5 月，国资委在昆明召开企业文化研讨会，对中央企业开展企业文化建设的理论问题与操作方法进行了研讨，提出了中央企业开展企业文化建设的三个基本内容与三个工作机制。同年 8 月，国资委在北京召开了中央企业企业文化建设推进会。国资委领导高度重视这次会议，国资委主任、党委书记李荣融对这次会议作出了重要批示，强调中央企业应在企业文化建设方面走在前列。会议对中央企业三年来的企业文化建设进行了总结，对今后的工作进行了部署，对中央企业的企业文化建设起到了重要的推进作用。

四是进行企业文化建设评价体系的研究。

进入2007年以来，我们在前三年工作的基础上，再一次在国家财政设立软科学课题，着手对中央企业的企业文化建设评价体系进行研究。经过一年的工作，课题研究已经完成，近期将开展试点工作，预计在今年下半年推出中央企业企业文化建设评价暂行办法，同时在中央企业全面展开企业文化建设的考核评价工作。

中央企业的企业文化建设工作取得了明显成效

如果说在2004年之前中央企业的企业文化建设总体上还处于自发的、零散的、浅层的各自起步阶段，那么可以说目前已经进入了有统一的目标导向、体现中央企业特色、与企业改革发展相适应同进步的整体深化阶段。

一是围绕增强企业竞争力这个核心，坚持服务服从于企业的改革与发展大局，企业文化建设的战略定位已经确立。在国资委指导下，各中央企业以建设具有较强国际竞争力的大公司大企业集团为目标，不断深化对企业文化建设的重要性、紧迫性的认识，工作责任感和自觉性明显增强。许多企业把企业文化建设纳入发展战略进行统筹规划，制定具体规划进行落实。

二是逐步建立健全组织保障机制，基本形成了企业文化建设的工作路数。绝大部分企业成立了工作领导机构，建立起了齐抓共管的工作机制。在工作中注重过程管理，加强督促检查，稳步扎实推进。同时加强专业队伍建设，加大软硬件投入，完善企业文化的载体和设施，并及时总结交流工作经验，选树典型，指导推动工作。

三是积极培育和转化企业核心价值观，为企业发展注入了强大动力。中央企业在企业文化建设过程中，秉承报国奉献的优良传统，企业的使命、愿景和核心价值观进一步明晰，并通过宣传、教育和灌输得到广大员工认同，转化为员工的自觉行动，为企业改革发展奠定了牢固的思想基础。

四是努力构建企业文化体系，企业文化建设的氛围已经形成。各中央企业结合实际细化工作部署，通过多种形式大力宣传企业文化建设的重要意义，广泛传播企业文化知识，形成了较大的舆论声势，营造了良好的舆论氛围，积极构建企业文化体系，构建企业文化建设网络，形成了浓厚的氛围。如南方电网公司认真贯彻国资委企业文化建设推进会精神，把近几年来形成的经营思想、价值理念、发展目标等等归纳概括为“南网方略”，形成了完整的企业文化体系，被人们誉为“南网现象”。中国铁路工程总公司和中国铁道建筑总公司注重发挥两支队伍的优良传统，大力推进企业文化建设，为实现企业持续发展提供了有力支持，在青藏铁路建设中做出了杰出的贡献。去年双双进入世界500强。

五是积极探求企业文化建设与企业生产经营各项工作相融合，企业形象、品牌与管理水平得到提升。各中央企业把企业文化建设融入企业的生产经营全过程，把企业核心价值理念融入企业各项管理制度，切实提高了管理水平，提升了企业形象，增强了企业市场竞争力。深圳华侨城集团结合文化产业的特点，注重高品位品牌文化的打造，不断进行文化创新，创造了华侨城的奇迹，目前，“华侨城”这个普通地名已经变成了一个响当当、金灿灿的企业品牌。

六是企业文化建设的体系建设、理论研究与实践探索同步推进，取得了一批丰硕成果。各中央企业高度重视企业文化建设的理论研究工作，形成了以航天科技集团《国际一流宇航公司的文化差异》对标研究和航空一集团《集团文化》为代表的一大批理论成果。攀钢集团形成了“内化于心、固化于制、外化于行”的企业文化建设实践模式。东风汽车公司以开展多元国际合作为基础，探索了“互补式”文化融合模式。国资委将一批优秀成果汇编成册，出版发行了《铸造企业之魂》一书。

国资委成立5年来，国有资产管理体制改革扎实推进，国有资产的布局和结构得到合理调整，经济增长方式得到明显改善，资产保值增值的基础性工作得到加强。中央企业的各项主要经济指标连创历史新高，销售收入平均每年增加1.5万亿元，资产总额平均每年增加1.3万亿元，实现利润平均每年增加1500亿元，上交税金每年增加1000亿元，保持了20%以上的增长率。与此同时，我们欣喜地看到，中央企业的整体形象显著提升，一大批中央企业已成为国内驰名、国际知名的著名品牌。广大员工的思想观念和精神面貌也发生了深刻变化，劳动光荣、知识崇高、人才宝贵、创造伟大的时代新风已深入人心，自尊、自信、自立、自强的精神已成为员工意识的主导，爱岗敬业、致力发展、做强做大、为国奉献的职业追求已成为员工与企业和谐发展的不竭动力。

认真贯彻落实国资委《指导意见》，以改革创新的精神推进中央企业的企业文化建设

当前和今后一个时期，中央企业企业文化建设的总体要求是：坚持以邓小平理论、“三个代表”重要思想为指导，全面贯彻落实科学发展观，紧紧围绕实现《指导意见》提出的总体目标要求，着力推进企业精神文化、制度文化和物质文化建设，建立健全企业文化的组织保障机制、工作指导和载体支撑机制、考核评价机制，为深化国有资产管理体制改革，促进中央企业改革发展稳定提供强有力的文化支撑。围绕这一总体要求，重点要抓好以下两方面工作。

第一，坚持正确的指导思想，确保企业文化建设的方向。主要把握三点：

一是以邓小平理论、“三个代表”重要思想和科学发展观作为企业文化建设创新的根本指导方针。在具体工作中要更自觉地把企业文化建设放在建设社会主义先进文化和促进国有资产监督管理体制改革的大局中去思考、去谋划。

二是始终把促进企业发展作为企业文化建设的出发点与落脚点。要从打造企业核心竞争力的高度认识企业文化建设的重要性，纳入企业发展战略去规划、去实践，为企业发展获得源源不竭的精神动力、智力支持和思想保证。

三是紧密结合企业实际，努力使企业文化创新体现构建社会主义核心价值体系和弘扬社会主义荣辱观的要求。突出抓好企业和谐文化和诚信文化建设，以企业文化建设为主线推进企业精神文明建设。

第二，紧密围绕实现国资委《指导意见》提出的总体目标要求，进一步健全和完善中央企业的企业文化体系。国资委《指导意见》提出，要力争用3年左右的时间，基本建立起适应世界经济发展趋势和我国社会主义市场经济发展要求，遵循文化发展规律，符合企业发展战略，反映企业特色的企业文化体系。

1.大力建设精神文化、制度文化和物质文化。

要把建设企业精神文化作为企业文化建设工作的重点，开展理念确立和深入灌输，进一步提高广大员工对文化理念的认同，使企业文化理念成为统一干部员工思想、凝聚智慧和力量的精神支柱。

要通过进一步完善相关管理制度，寓文化理念于制度之中，规范企业经营管理和员工行为。要对企业长期形成的制度规范进行梳理，对不符合企业文化要求的规章制度进行修订，逐步建立起一套体现企业精神文化、符合时代发展潮流的规章制度，通过这些规章制度的贯彻执行逐步养成员工良好的行为习惯。

要整合资源，系统设计，全面推进，着重建立企业标识体系，加强文化设施建设，美化工作生活环境，提高产品、服务质量，打造企业品牌，提升企业知名度、信誉度和美誉度，树立良好的企业形象。

2.建立健全企业文化建设的组织保障机制、工作指导和载体支撑机制、考核评价机制。

组织保障机制方面重点做好四方面的工作：一是建立健全企业文化建设的领导体制。二是明确和落实工作责任。进一步明确企业文化建设的责任主体，形成主管部门牵头组织、各职能部门分工落实、全体员工广泛参与的工作体系。三是加强教育培训。定期开展企业经营管

理者和企业文化建设专职人员以及广大员工的培训。四是保证必要的投入。设立企业文化建设专项经费并纳入预算管理，加大企业文化建设软硬件投入，为企业文化建设提供物质保障。

工作指导和载体支撑机制方面重点做好三方面的工作：一是加强对企业文化建设的指导。及时总结和推广先进经验，用丰富而又鲜活的案例启发引导基层单位推进企业文化建设工作。二是丰富企业文化建设的载体。进一步整合企业文化资源，创新企业文化建设手段，丰富和优化企业文化载体建设和活动设计，加强企业文化阵地建设，扩大企业文化建设的有效覆盖面。三是注意发挥各种文化载体的作用。组织开展健康向上、特色鲜明、形式多样的群众性业余文化活动，营造健康、祥和、温馨的文化氛围，满足员工求知、求美、求乐的精神文化需求。

考核评价机制方面重点做好三方面的工作：一是研究制定科学的企业文化考核评价体系。二是企业文化建设的考核评价要与企业其他考核工作同部署、同检查、同考核、同奖惩，建立考核评价和激励机制。三是明确考核评价的方式方法。坚持定量和定性相结合的方法，采取企业上下与内外结合的方式开展考核评价，逐步使考核评价工作规范化、制度化、科学化，并在试点的基础上，在中央企业全面推开。

（作者：国务院国资委宣传工作局副局长）

以科学发展观促进太钢和谐发展

杨海贵

太钢是一个具有70多年历史的老企业，是我国特大型钢铁企业之一。近几年来，太钢贯彻落实科学发展观，不断加强和改进思想政治工作，充分调动干部职工的积极性，实现了企业又好又快的发展。2007年实现营业收入1003亿元，实现利税96.09亿元，利润63.69亿元，全年不锈钢产量202万吨。太钢先后荣获全国20家最具社会责任感企业、全国和谐劳动关系优秀企业、全国企业文化建设优秀企业等殊荣。

以"要干最好，要做第一"的目标，为建设和谐企业奠定坚实的物质基础

和谐企业必须建立在坚实的物质基础之上。进入新世纪，太钢集中力量发展不锈钢，确立了规模大、品种特、质量优、成本低、研发强、效率高、服务好、环保良的全球最具竞争力的不锈钢企业发展战略目标。

我们明确提出，实现战略目标，既要注重规模，更要注重品种和质量；既要注重硬件，更要注重软件；既要注重物的因素，更要注重发挥人的作用；既要注重学习，更要注重创新；既要注重获取资源，更要注重节约资源；既要注重经济效益，更要注重环境保护。从2002年起，太钢用短短两年时间成功实施了不锈钢系统改造和不锈钢冷轧薄板扩建改造两个项目，形成了年产100万吨不锈钢的能力。2006年9月，新不锈钢工程及配套项目竣工投产，太钢形成了年产300万吨不锈钢的能力，成为全球产能最大、工艺技术装备水平最先进的不锈钢企业。

太钢坚持以"最具竞争力"为目标，深化对标挖潜，建立起包括品种、质量、成本、人力资源等各方面综合配套的全面预算管理体系，实现了由以利润为中心向以竞争力为核心的转变。全面推行卓越绩效模式，ERP（企业资源计划）、MES（制造执行系统）等信息化系统上线运行，

QC、5S、6σ、卓越绩效模式等一系列先进的管理模式和方法的大力实施和推进，极大地提高了企业整体素质和综合竞争力。

目前，太钢拥有以不锈钢制造为主的700多项核心技术，其中近100项核心技术具有国际水平。在太钢的销售收入中，新产品所创造的经济效益占到50%以上，科技贡献率达70%以上。2006年，太钢获"全国质量奖"，"太钢牌"不锈钢材获"中国名牌产品"称号。

坚持"以人为本，以人才为宝"，凝聚人心，实现企业与人的共同发展

坚持实施人才战略，加紧培养和造就人才。太钢实施"515"（培养50名高级管理人才、100名高级技术人才、500名优秀操作能手）人才工程，坚持贡献价值化，大幅度提高优秀人才的薪酬待遇。目前，优秀科技人员年薪水平达到了本单位人均收入的2—3倍，关键人才达到了5倍以上。坚持每年从预算中安排3000万元的科技奖励基金，对关键课题依其难度设立相应的奖励。2002—2006年，太钢先后对在产品开发、工艺改进、提高质量等方面作出突出贡献的51名科技人员进行重奖。我们还在全球范围内"借脑"，聘请国外不锈钢专家到太钢讲学和进行技术服务。太钢先后与北京科技大学、东北大学、西安交通大学、天津大学等院校联合办学，培养各类高级管理和工程技术人才。同时，选派业务骨干到德国、意大利、韩国、日本等国际一流钢铁企业以及宝钢、武钢等国内先进企业考察、学习和培训。加紧建设国际一流的不锈钢研发中心，设立了以不锈钢为主要研究方向的太钢博士后科研工作站。2002年以来，太钢有37项科技成果获省级以上奖励，其中3项获国家科技进步奖。

让全体职工共享改革发展的成果。我们始终把广大职工的根本利益作为企业一切工作的出发点和落脚点，做到发展为了职工，发展依靠职工，发展成果由职工共享。这些年来，太钢坚持把提高职工生活质量列入每年的企业奋斗目标，职工收入增长幅度始终保持在15%以上。投资5亿元建设了一批功能齐全、配套设备一流的厂区职工生活服务中心和4个职工住宅区，为职工提供良好的生活和工作环境。2006年起实施了"全员健康体检制度"和"全员带薪休假制度"，受到了职工的广泛好评。

注重思想政治工作的创新。我们坚持做好一人一事的思想政治工作，充分发挥思想政治工作稳定情绪、沟通感情、缓解矛盾、统一思想、凝聚力量、鼓舞士气的作用，培养职工的和谐心态和感恩文化，最大限度地化不利因素为有利因素，化消极因素为积极因素，为建设全球最具竞争力的不锈钢企业提供了坚实的思想基础和精神动力。

坚持以企业文化鼓舞人和感召人。太钢坚持不懈地强化企业文化的传播和灌输，开展全员企业文化培训，使职工对企业文化的认知和认同度不断提高；坚持重在实践的原则，找准企业文化建设的切入点，每年组织全员大讨论。先后开展了"用心实践企业核心价值观"、"建设最具竞争力的企业要从小事做起"、"增强责任感、提高执行力、实现精细化"为主题的大讨论，职工整体素质明显提高。

畅通民意诉求机制和渠道。我们广泛开展职工思想动态调查，把握职工的思想脉搏和需求，维护职工的合法权益。从2003年8月起，开展了每月一次的由公司党政领导、职工代表、工会和职能部门负责人参加的民主接待日活动，同职工面对面沟通，及时解决职工反映的问题，受到职工广泛好评和欢迎。

实施送温暖工程。坚持做到"三个决不允许"：决不允许困难职工生活不下去，决不允许职工的子女上不起大学，决不允许职工看不起病。从2003年起，设立了困难职工救助资金。2007年，救助金额达到2000万元以上。对于困难职工子女考取大学的视情况每人救助2000—8000元。2004年以来，先后救助600多人，共160多万元。2006年救助大病特困职工796名，救助金430万元。

确立“既要金山银山，更要绿水青山”的理念，实现企业与自然、与社会的和谐发展

——推进节能减排。2000年以来，累计投入30多亿元，先后淘汰耗能高、污染重的落后产能110万吨，建成了冶炼废水处理、焦炉除尘、发电锅炉除尘等30项重点环保项目。2006年以来，先后对6座20吨电炉、两座330立方米高炉实施了停产拆除。

——节约水资源。从上世纪90年代开始，先后建成处理能力为每日15万立方米的工业污水处理工程。2002年又投资4800万元建成全国最大的膜法水处理回用工程，采用当今世界上最先进的反渗透水处理技术，对工业污水进行净化处理回用，工业水重复利用率达到96.77%，新水用量由2000年的5114万吨降至2006年的2762万吨。

——节约矿石资源。近年来先后对自备矿山选矿系统进行技术改造，将尖山铁矿石采出品位下限从20%降低为15%，每年可多回收矿石79.77万吨，20年累计可多生产铁精矿粉近600万吨，矿山服务年限延长3.86年。峨口铁矿将铁矿石采出品位降低为12%，累计可多生产铁精矿粉460万吨，矿山服务年限延长4.23年。

——建设良好环境。先后投入近2个亿，拆除旧建筑35.5万平方米、围墙4.61万延米，改造厂区道路6.56公里，新增绿化面积40多万平方米，厂区内1万平米以上的草坪就有十几处，初步建成生态型花园式工厂。

——认真履行社会责任。在1998年抗洪、2003年非典以及印度洋海啸期间，太钢都捐款捐物；在山西河曲县、晋中市榆次区马兰村建立太钢希望小学；在东北大学80周年校庆之际，捐赠30万元支持国家高等教育；在国内冶金行业中率先建立了福利总厂，解决了残疾人就业和生活；2006年，太钢向山西希望工程“圆梦大学行动”捐款400万元；2007年，太钢向山西省青少年发展基金会捐款800万元。最近，又认捐太原市慈善基金1000万元。太钢作为一个国有特大型企业承担并履行社会责任的坚定信念和实际行动，不但没有影响企业的经济效益，而且大大增强了企业的综合竞争力，提升了企业形象，实现了经济效益、社会效益和环境效益的统一。

（作者：太原钢铁（集团）有限公司党委书记）

践行十七大精神　推进企业党建和思想政治工作创新

薛　利

注重研究，推进企业党建和思想政治工作创新

中国航天科工集团公司党建和思想政治工作研究会自成立以来，一直秉承着航天企业党建和思想政治工作及研究工作的优良传统，围绕型号任务开展工作，注重用研究成果指导实际工作，在推进集团中心工作和各项任务中发挥了积极作用，取得了令人瞩目的成果。

在推进航天科工企业文化建设与管理方面，我们集团公司始终把继承发扬航天传统精神、“两弹一星”精神、载人航天精神作为航天科工文化的灵魂与主线，凝炼和凸显出了航天科工的文化特征，响亮地提出了“国家利益高于一切”的核心价值理念，鲜明地体现出了军工企业的文化特色。航天文化是由航天的产业属性决

定的，也是广大员工高度认可的文化。由于这一理念被员工广泛认同，已成为统一思想、凝聚队伍的制胜法宝，成为了企业的核心竞争力。

在党的建设方面，集团公司始终坚持航天企业必须为巩固中国共产党的执政基础作贡献的原则，积极开展了新形势下党组织政治核心作用和地位、组织程序及其决策机制、思想作风建设等方面的现状分析与研究，并进一步扩展到现代企业制度建设、股份制改造及上市公司等领域的党建研究，形成了以“三高一强”、“三好一优”为代表的党建理论与实践的研究成果，这一研究成果在中央企业获得多项优秀研究成果奖，经验也被广为宣传推广。我们针对新形势下型号科研生产的新特点、新要求，在深入总结多年实践经验的基础上，从理论的高度研究并确立了党建和思想政治工作在企业科研生产中的角色及其定位，创造性地构建了与新形势下国有大型军工企业任务要求相适应的思想政治工作保障体系“七要素”，推动系统上下形成了各具特色的质量文化、保障文化、安全文化和廉洁文化，实现了党建和思想政治工作在新形势下的角色转换。

回报社会，认真履行企业社会责任

重视企业社会责任问题，在航天文化中有着深厚的底蕴。航天事业本身就是与其承担的社会责任紧紧联系在一起的。履行企业社会责任，要解决好对内和对外两个层面的问题。首先要搞好航天企业内部的和谐，解决公平正义问题，这是企业义不容辞的责任，公平体现在分配上，正义体现在反腐倡廉上。航天企业对外负有更广泛的社会责任。因为航天工程是系统工程，是一代又一代航天人的接力工程。航天事业所取得的每一个成就，都离不开党的坚强领导，离不开社会主义制度的保障，离不开全国人民的大力支持。因此，履行企业社会责任，在航天系统内有着高度的认同，并致力于实施。

长期以来，航天企业积极响应国家号召，为建设和谐社会作贡献，多次为困难地区及群体捐款捐物。为实现北京的科技奥运，航天员工运用多项航天技术，攻克了一道道难关，成功制造了中国的第一支奥运火炬。目前，我们航天科工集团公司正加倍努力，用实际行动贯彻落实党的十七大精神，为建设社会主义和谐社会，为富国强军，保卫祖国的每一寸土地，保护每一位公民的人身安全，履行着企业神圣的社会责任和政治责任。

（作者：中国航天科工集团公司副总经理）

发挥思想政治工作生命线在企业战胜困难中的作用

王德仁

当前美国次贷危机，形成金融海啸，引起全球性的金融危机，也自然冲击了我国的市场经济，为了优化企业的科学发展环境，形成构建社会主义和谐企业的长效机制，中电福建电力开发公司党委在贯彻党的十七大会议精神，把党的思想政治工作生命线贯穿于创建和谐企业的过程中，有力地促进了企业党建和思想政治工作的创新，不断提高了企业的核心竞争力。

挑战危机，树立信心求发展，让思想政治工作生命线作用更加深入

当前面临的国内外经济形势和改革实践使我们深刻体会到，正确认识形势，是员工思想稳定的重要前提；执行改革政策，是抓好突发性稳定的重要途径；跟踪发展过程，是落实生产经营稳定的重要手段；解决历史问题，是保证企业长期稳定的重要基础。

正确认识形势。迎接危机的挑战是当前党的思想政治工作的重要任务。一是认清经济形势发展的必然性。全球经济化的今天，中国作为国际经济大家庭的一员，同样会受到金融海啸的影响，中国加入WTO，不可能处在“世外桃源”。二是分析金融危机产生的影响。中国作为发展中国家，出口加工的企业多，也是贸易大国，会受到发达国家经济萧条、低迷、不景气的市场恶浪的冲击。三是把握经济形势发展的规律，扬优避劣，教育员工不悲观失望，消除恐慌心理，树立企业发展的信心。四是以科学观来指导企业经济发展，正确把握从年初“经济过热”到现在“经济过冷”的现象，立足企业发展，立足岗位工作。五是坚信党的执政能力和国家宏观调控的作用。

正面来引导。我们实施“三个预防”，即预警到员工，预案到班组，预责到头头。针对员工思想现状，厂党委成员多次深入部门、班组与员工交流，释疑解惑，并在局域网设立“中电论坛”作为思想政治工作的交流平台，提出“国际金融危机面前，我们企业员工怎么办?”讨论困难面前企业发展的焦点、难点、热点问题。厂党委统一思想，形成共识，按照先领导后群众、先党内后党外的顺序开展教育，实行层层负责制，一级抓一级，引导广大员工正确处理局部与全局、个人利益与集体利益、短期利益与长远利益的三个关系。由于多渠道的思想政治工作，让员工化“疑心”为“顺心”、让“合理”为“合法”、变“发难”为“发展”，确保企业发展顺利推进和社会的稳定和谐。

正视新调整。我们感到深化企业改革是经济发展格局的重新调整，政策性强，涉及面广，难度大。我们认识到执行党和国家的方针政策是稳定的根本，为此注重提高员工对企业改革改制重要性、必要性和紧迫性的认识，使他们转变观念，坚定信心，坚决拥护、积极支持调整，促进企业深化体制改革工作取得成功。实际工作中，坚持“五宜五不宜”，即宜见不宜避、宜散不宜聚、宜劝不宜激、宜断不宜拖、宜实不宜虚的做法，把调整和保护员工合法权益统一起来，运用民主的程序坚持改革，落实调整。

迎难而上，建设和谐求发展，让思想政治工作生命线作用更加深透

企业应对金融危机，实现持续发展，必须坚持企业经济责任、文化责任、政治责任、社会责任“四任一体”的和谐发展，充分发挥企业党建和思想政治工作的渗透作用。

倡导员工为企业全面发展而尽业。在困境中求得先机，实现企业的正确转型。企业的和谐发展首先是走节约型、循环型经济之路，逐步实现信息化、自动化和经营管理现代化。同时，寻求企业内部和谐，努力构筑员工与企业的共同发展，让职工利益、企业利润、外企投资方的利益、国家利益共赢。积极探索外部的和谐，把企业生产生存与合营企业的效益统一起来，把求得企业最佳利益与保护资源环境统一起来，把企业发展与回报社会责任统一起来，把企业自主创新与学习国际新技术统一起来。

组织员工为创建企业文化而尽力。企业可持续发展的根本动力，是以人为本的先进企业文化。我们依靠党的“生命线”，营造和谐的党委、支部和员工队伍。我们要求员工“四讲、四清”：讲政治，多学习，头脑清醒；讲团结，多协作，心中清明；讲节俭，多自律，身心清廉；讲表率，多示范，做人清正。思想政治工作带动企业文化，追求创优、创新、创业动力无限的企业文化。

为提高员工思想政治素质而尽心。企业的经济发展需要政治工作的有力保证，为确保党和国家的方针、政策、法律、法规在企业的贯彻落实，我们着力打造共同的思想基础，营造和谐氛围。根据“三贴近”的精神，提出“培育三种精神，树立三心”的思想政治工作方法，即培育民族精神，树立强国自尊心；培育企业精神，树立强企自信心；培育员工精神，树立强己自爱心，把个人价值的实现同企业发展同国家强盛紧密

联系起来。

教育员工为承担社会建设而尽责。企业的经济发展必须与社会责任协调发展，愈是困难，愈要承担社会责任。员工上班在工厂，下班在社会，生活在社区，可以说社会建设融合企业建设，企业文明反映社会文明。企业在为实现自己目标取得相应利润时，必须承担一定的社会责任，我们坚持经济与文化的社区共建，农村扶贫，开展"共建带创"活动，为社会大利，奉献企业大义。

以人为本，坚持同步求发展，让思想政治工作生命线作用更加深远

挑战危机，战胜困难，关键在人，在于人的思想解放，素质提高，精神振奋，自强不息。

思想政治工作和真理同行。当前，党中央、国务院果断调整经济政策，出台扩大内需促进经济增长的各项措施，这是党中央和国务院在深刻认识当前经济形势的前提下，在认真分析国际和国内两个大局的基础上，从实际出发，采取的应对国际金融危机冲击最有效的措施，是深入贯彻科学发展观的生动实践。企业党委坚决与党中央、国务院的政策措施保持一致。在企业重大调整决策时，能做到决策前共商、决策中研究、决策后监督，确保了决策的正确性。由于党政领导一条心，配合默契，互相支持，从而推动了企业在应对金融危机中实现良性发展。

思想政治工作和企业同进。此次金融危机，只是我们长远发展中的一个困难而已，是全局中的局部问题。领导干部首先要准确把握这些问题，运用正确的理论来解决问题，用党的创新理论来领导企业的发展，做好员工的思想政治工作。企业有困难，党员干部要与企业风雨同舟；企业进步了，党员干部更要廉洁奉公，以身作则。企业危机，领导成长；企业成功，领导不倒；企业发展，领导成熟。

思想政治工作和员工同心。在新形势面前，我们要求领导干部坚持以人为本，让员工与企业共成长，使员工不仅安居乐业，而且生活快乐，得到素质的全面发展。要求领导班子成员以转变作风为抓手，工作上"清明"，行为上"清白"，修养上"清心"，把"精力放在生产上，功夫下在管理上，眼睛盯在用人上，职工冷暖挂心上"。企业主要党政领导发挥工会、职代会联系群众的纽带作用，让员工参与企业大事讨论，解疑心；让员工代表参与企业决策，求同心；抓住员工中的热点与焦点解决问题，化顺心。

应对国际金融危机挑战，是对企业党政领导驾驭复杂局面能力的一次重大考验，也是我们深入贯彻落实科学发展观的一次重大实践。这使得我们党的思想政治工作生命线作用在企业里不断延伸，提高了企业各级领导干部和员工行业的智商、市场的情商、做人的德商。挑战与机遇并存，有勇气应对挑战，有信心把握住机遇，使得思想政治工作在围绕企业和谐发展这个中心前提下，充分发挥了服务大局、维护稳定、凝聚人心的重要作用。尤其是国际市场很多领域面临着重新洗牌，只要抓住机遇，提高企业的核心竞争力，提高企业产品的科技附加值，就能够为企业今后又好又快地发展奠定坚实的基础。

（作者：中电福建电力开发有限公司党委书记）

营造廉洁文化　建设和谐企业

王军民

企业文化是社会主义先进文化的重要组成部分，是企业的灵魂。而廉洁文化是企业

文化的主要基础，国有企业依靠廉洁文化的引导力来塑造廉洁行为，倡导廉洁从业理念，强化思想道德约束，从而为企业的生存发展提供智力支持和思想保证，对企业党风廉政建设具有非常重要的促进作用。

企业廉洁文化建设就是通过价值观念、思想信仰、行为规范、文化追求等内容，教育党员干部及全体职工家属，进而规范和塑造企业全体人员行为的过程。廉洁文化作为一种无形的、潜在的力量，在企业内发挥着导向功能、教育功能和规范功能，促进企业又好又快地发展。

营造廉洁文化，发挥导向功能

企业的廉洁文化就是通过思想信仰、价值观念、行为规范、文化追求等内容发挥着作用，它赞扬什么、批评什么、反对什么都具有鲜明的指向性。企业廉洁文化通过多种载体和传播方式，使人们在潜移默化中受到廉洁文化的熏陶。要牢牢掌握反腐倡廉舆论导向，营造良好的舆论氛围。积极开展廉洁从业主题教育，在领导干部中以“艰苦奋斗、廉洁奉公”为主题，开展牢固树立马克思主义世界观、人生观、价值观和正确的权力观、地位观、利益观的教育，大力倡导八个方面的良好风气，通过弘扬新风正气，抵制歪风邪气，努力实现领导干部作风的进一步转变。深入开展“人生为什么，入党为什么，掌权为什么”的专题讨论，进一步坚定理想信念，提高思想政治素质，增强“为民、务实、清廉”的自觉性。认真学习郑培民、牛玉儒、任长霞等先进典型事迹，以先进楷模为榜样，忠实履约党的宗旨，牢记“两个务必”，把主要精力用到推动企业发展、谋划职工利益上来。在广大党员中以“保持先进性、发挥创造性”为主题，开展学习贯彻党章的教育活动，充分运用上党课、过组织生活等方式，组织党员重温党章，按照党员的条件对照检查，进一步增强党的观念，充分发挥在生产经营中的先锋模范作用。认真学习贯彻《企业领导人员廉洁从业若干规定实施细则》和《国有企业领导人员廉洁自律七项要求》，力求做到逐条学习、逐条讨论、逐条理解，人人清楚，谨记不忘。从而不断增强党员干部的自律意识和自觉接受监督的意识，主动规范自身行为，做到自重、自省、自警、自励。加强对具有业务处置权的重要岗位人员的教育，促使他们恪守职业道德，增强法纪观念，规范工作流程，严格执行制度。

举办预防职务犯罪图片展，在企业各基层单位巡回展出，以扩大教育面。在中层以上干部中进行党风廉政知识测试，印发廉洁从业行为规范，以帮助党员干部进一步熟悉党纪条规。开展领导干部家庭助廉活动，倡导领导干部家属当好拒腐防变的“保洁员”、清正廉洁的“宣传员”、八小时外的“监督员”、关心生活的“服务员”。播放廉洁教育警示片，在企业报刊上开辟反腐倡廉教育专栏，在内部网络上开辟廉洁文化之窗网页，利用各种节日发送温馨提醒贺年短信、赠送廉洁春联等，从而形成读书思廉、歌曲颂廉、典型倡廉、警示促廉的良好氛围。

营造廉洁文化，发挥教育功能

企业文化的主体是广大职工，只有被广大职工接受、认同并成为他们自身思想、工作、生活的理念，才是真正的企业文化。廉洁文化作为企业文化的重要组成部分，它以廉洁思想为内涵，以文化为表现形式，它能使全体职工尤其是广大党员干部在同一类型和模式的廉洁氛围中得到教化培养，从而以相同的价值观念、思维模式、行为方式在不同层次上联系起来，聚集起来，使整个团队因同一的文化渊源而形成强大的向心力和凝聚力。要通过加强宣传，努力培育正确的廉洁文化理念，宣传企业廉洁文化建设的指导思想、总体目标和主要内容，提高广大干部职工参与廉洁文化建设的积极性、主动性。充分利用廉洁文化的丰富资源，加强宣传教育，使坚定的理想信念、社会主义的荣辱观、先进的思想道德理念等深入人心，在企业中形成爱岗敬业、诚信经营、以廉为荣、以贪为耻、尊廉崇廉、文明守法的良好氛围，使廉洁文化成为全体干部职工的一种习惯、成为企业的一种风尚。

加强廉洁文化建设，要把阵地建设作为重要任务，努力调动党政纪工团各部门的工作热情，将廉洁文化建设的任务进行责任分工，小型活动分头抓，大型活动联合抓，做到各负其责，密切协作，整合力量，分层教育，齐抓共建。在开展活动中，党委应牵头形成自上而下、层层抓落实的工作责任制。领导干部特别是党政主要领导要率先垂范、身体力行，成为廉洁文化的倡导者、实践者和传播者。纪检监察组织要加强对廉洁文化建设的组织协调，认真谋划，抓住重点。要充分利用党支部这一主要阵地集中组织主题鲜明、内容丰富的廉洁文化教育活动。利用工会、团委的群团工作阵地，开展形式多样、方法灵活的廉洁文化活动，增强廉洁文化的影响力、吸引力。

大力开展廉洁文化进社区、进家庭活动，开辟社区和家庭教育阵地，推选廉洁贤内助、评选文明家庭等。运用形式多样的廉洁文化载体，开展丰富多彩的活动，做到群众喜闻乐见、雅俗共赏，增强廉洁文化的感染力。针对干部职工思想实际，广泛开展热爱企业、忠诚企业教育，要求每个党员干部始终把企业整体利益放在首位，自觉维护企业声誉，保守企业秘密，为企业发展献计献策、尽心尽力。只要有利于党员干部健康进步，有利于党风廉政建设，就积极组织，大胆发动，使大家轻松愉快地接受教育，收到入脑入心的功效，凝聚全体职工的力量为实现企业共同利益而奋斗。

营造廉洁文化，发挥规范功能

融合在廉洁文化中的一些廉洁准则、廉洁自律规定，以权威性和强制力来规范社会成员的行为，是人们必须遵守的基本规范，是每个人不管愿意不愿意都必须遵守的行为准则。发挥好廉洁文化的规范作用，就是要强化廉洁制度，执行廉洁制度，用制度形成一种强势。例如，各级领导干部党风廉政建设责任制、廉洁从业各种规章制度、诫勉谈话制度、廉政责任追究制度、有关事项报告制度等，构建起廉政建设制度防范体系。可以将廉洁文化建设纳入到企业惩治和预防腐败体系中，使之更加具有制度保障，以贯穿于反腐倡廉工作的始终。将廉洁文化建设中的一些好做法、好经验，系统化、常态化、制度化，把廉洁从业的要求纳入到企业各项经营管理制度之中，贯穿于企业生产经营全过程，让廉洁理念和企业的各项规章制度变为每位党员干部的自觉行动。围绕企业的投资决策、工程招投标、物资设备采购、人员招聘、资金运用、项目清算等建立和完善管理制度体系，既规范了经营管理人员的从业行为，避免了管理的随意性，又为廉洁文化建设提供了有效支撑。将廉洁文化的优势转化为企业制度优势、管理优势、效益优势和市场竞争优势。而一些公认的社会道德规范，具有约束、引导人们思想行为的作用，是对人的内在约束。廉洁文化规范作用的特点就是自律与他律的有机结合，法律制度约束与道德自律的统一。就是要在全企业营造一种人人崇廉尚廉，个个羞于腐败、耻于腐败、不愿腐败、不敢腐败的良好氛围，营造出以廉为荣、以贪为耻的社会风尚，使广大干部职工在廉洁教育中思想得到升华，使各级干部始终讲操守，重品行，树正气，作表率；心不贪、嘴不馋、手不伸、知所爱、知所守、知所拒，时刻保持警醒，始终保持政治本色。只有这样，广大职工对企业的认知度、认同度、满意度才会充分地激发出来，从而增强企业的凝聚力，形成安定和谐的企业氛围。

（作者：中铁电气化局集团西安铁路工程有限公司党委书记、董事长）

“严格管理＋人文关怀”：企业管理理念创新

杨建祥

“严格管理＋人文关怀”管理理念，就是在管理中把严格管理和人文关怀有机结合起来，这是我们在以往严格管理的基础上不断丰富发展起来的管理思维。长期以来，铁路行业形成了一系列强制性的管理制度，甚至细化到每个具体的作业规程。在经济社会发展水平较低的情况下，这种程序化的管理方式，在保证运输安全、提高生产效率等方面发挥着积极作用。随着社会进步和铁路发展，这种强制性管理方式的负面影响日益凸现，在一定程度上制约了职工能动性和积极性的发挥。新形势下，单向的严格管理，已不能适应企业发展和管理对象的需要，要求我们必须更加关注人的需求。一方面，通过建立科学的组织结构和管理层次，健全严密细致、公正透明、操作科学的制度体系，制定实用有效的管理规章，规范和约束职工的行为，调整好企业与职工、干部与群众之间的关系，维护好正常的生产秩序；另一方面，坚持以人为本，用激励、感召、启发的方法，着力于凝聚人心、鼓舞士气，调动干部职工的积极性、能动性和创造性，促使职工认知、理解、内化企业的规章制度和行为规范，进而转化为奋发上进、争创一流的实际行动。这一理念，有利于克服单一实施严格管理或人文关怀的弊端，充分聚合两者的优势，让两者相辅相成，实现管理效能的最大化，取得“1＋1＞2”的管理效果。

建设和谐铁路必须倡导和践行“严格管理＋人文关怀”的管理理念

铁路是国民经济的基础设施和大众化的交通工具，要履行好促进和谐社会建设的重要职责，首先要实现铁路企业的内部和谐。积极倡导“严格管理＋人文关怀”的管理理念，运用更加科学有效的管理手段，激发全体干部职工主观能动性，共同实现企业发展和职工发展的最高管理目标。

1. 实施严格管理是铁路企业固有属性的内在要求。从铁路的固有属性来看，安全是铁路运输的永恒主题。铁路作为协调运行的“大联动机”，车、机、工、电、辆等各个系统，任何一个岗位的职工出现问题，都有可能影响铁路整体运转。没有严格管理，铁路企业各系统、各单位、各工种之间的关系将无法协调，运输组织难以正常维持，安全生产得不到保证，因此，安全管理必须突出一个“严”字，严格执行铁的纪律。从铁路的产品质量来看，要实现人便其行、货畅其流，也必须严格服务管理，认真执行服务作业标准，确保产品质量的提高。从铁路的管理对象来看，随着近年来铁路技术装备水平的不断提升，铁路职工的业务素质还不能完全适应新技术、新工艺、新设备的需要，敬业精神、职业道德距自我约束、自我管理还有很大差距。在这种情况下，加强严格管理，不仅有利于规范职工作业行为，落实标准化作业，还能够依据一定的规章制度对职工进行绩效考核，促使职工保质保量地完成作业任务。多年来的实践表明，确保运输安全，提升服务品质，必须做到严格管理。

2. 实施人文关怀是实现企业内部和谐的必要手段。职工是建设和谐铁路的主体，如果职工对铁路的规章制度不认同，个人利益得不到保证，其主人翁责任感就会大打折扣，必将影响职工群众建设和谐铁路的积极性和主动性，这就需要我们实施人文关怀。特别是随着社会的进步和铁路的发展，人们的需求层次不断提高，部分干部职工对收入分配、生产生活条件等存有看法和意见，更加需要我们予以关注，施以关怀。同样，职工自我价值的实现，也需要我们实施人文关怀。我们在对职工个人的理解上，不能仅仅把职工当作是实现企业效益的劳动者，还要把他们看作追求自我价值实现的主体，切实关注他们的长远发展，为他们实现自我价值创造良好条件。这种对人性的尊重、对人格的褒扬和对人生价值的认同，远比单纯的物质奖励更重要、更有效。另外，过分强调严格管理，职工时时处于被动管理状态，必将产生逆反和抵触心理，需要我们实施人文关怀手段来化解矛盾、理顺情绪。由此可见，实现企业内部和谐，人文关怀必不可少。

3. 实施"严格管理＋人文关怀"管理理念是建设和谐铁路的必然选择。在建设和谐铁路中，严格管理或人文关怀都发挥着重要作用，但仅有严格管理或人文关怀，都不能达到最理想的管理效果，甚至会产生一些不和谐因素。"严格管理＋人文关怀"的管理理念，作为发挥管理凝聚和激励功能的有效形式，必将提高职工的主体地位，促进职工的全面发展，激活"人"的要素，增强干部职工的内在约束力和工作主动性，保证职工与职工、职工与企业之间的关系和谐；作为硬管理和软管理相融合的管理载体，必将促使铁路企业内部的管理层次更加清晰，管理关系更加顺畅，规章制度更加完善，工作标准更加可行，将会大大提高铁路内部组织关系的和谐程度；作为内强基础和外树形象的重要手段，必将促进铁路技术装备水平提高与职工适应能力的协调发展，确保安全快捷地完成运输生产任务，进而推动铁路又好又快发展，更加有力地促进社会和谐建设。

铁路企业实施"严格管理＋人文关怀"管理理念的主要途径

作为企业的管理者，仅有"严格管理＋人文关怀"的管理理念是不够的，还必须探索切合实际的实现途径，把这一理念落实到各项具体的管理工作之中，形成一系列便于操作的实际规范，不断改善铁路企业的管理行为。

1. 坚持严格管理不放松。铁路企业的固有特征，决定了严格管理只能加强不能削弱。加强严格管理，在制度上要严密，既要合法又要合理，做到贴近实际，体现实用，确有实效；在落实上要严格，切实抓好学标贯标，促使干部职工执行规章制度不变形，不走样；在考核上要严明，对违反规章制度、引发安全事故，甚至造成不良影响的干部职工，要毫不手软地进行考核兑现，用严厉的处罚来严明纪律。当前而言，"严不起来、落不下去"是管理工作的一大顽症。我们要运用督查督办等有效手段，严抓严管严考核，通过建立专兼职督查队伍，确立督办工作程序，细化督办事项，狠抓不落实的事，紧盯不落实的人，切实解决影响安全、经营、稳定的突出问题，形成政令畅通、和谐发展的良好局面。

2. 实施人文关怀不移位。我们要时刻把人文关怀摆在重要位置，融入管理工作全过程。一要解决实际困难，解除后顾之忧。善于倾听职工群众的意见和呼声，掌握职工群众的利益诉求和实际困难，从提高职工收入水平、加大集资建房力度、兑现"三不让"承诺等重点工作入手，切实解决职工群众最直接、最关心、最现实的问题。二要加强教育疏导，理顺思想情绪。面对职工出现的思想困惑、心理苦恼、情绪阻塞等问题，要采取说理教育、情感陶冶、行为养成、榜样示范、环境熏陶等方法，做到入脑入耳入心，努力提高思想政治工作的针对性和实效性，及时理顺情绪，化解矛盾，凝聚力量。三要充分依靠群众，倡导自主管理。要充分相信和依靠职工，集中民力，汇集民智，让广大职工从企业管理的旁观者、接受者的角度，走到亲历者、参与者的位置上来，给予职工充分的知情权、决策权、选举权、监督权，激励职工真心实意为企业发展建言献策，建功立业。四是紧跟时代步伐，创新活动载体。要贴近职工的精神需求，精心策划形式多样的思想性、教育性、参与性强的实践活动，不断提高职工的思想道德素质，养成良好的职业道德习惯，激发干部职工爱企业、奔事业的热情。

3. 加强制度建设不脱节。把人文理念融入管理制度之中，是实施“严格管理十人文关怀”管理理念的基础工作。我们要把人文理念作为管理制度的灵魂，作为制定管理制度的基点，有效渗透到改革发展、安全生产、经营考核、收入分配等管理制度当中，提高管理制度的人本性和可操作性。比如在建立人事管理制度时，我们要大力倡导人文理念，建立和完善用人制度上的激励和约束机制，创造鼓励职工干事业的良好环境。在协调利益分配方面，我们要在人文理念的指导和检验下，建立完善“限高托低”的收入分配机制，坚持按劳分配和效率优先的原则，合理协调车、机、工、电、辆各系统之间和干部与职工之间、机关与一线之间、新老职工之间的利益关系，既要有合理差别，也不能悬殊过大；既要考虑劳动强度，又要考虑技术含量；既要注重完成任务量多少，又要强调劳动价值大小，进一步规范收入分配秩序，让全体干部职工共享改革发展成果。

4. 提高人文素养不松懈。提高人文素养，是企业管理者不可回避的重大课题，决定着“严格管理＋人文关怀”的实施效果。企业管理者的人文素养，不仅包涵坚定的理想信念、积极的竞争意识和合作意识、强烈的事业心和责任感，还应具备出色的决策决断、组织协调和创新实践能力，以及宽泛的知识面，高尚的人格魅力。注重学习、善于思考、勤于实践，是提高人文素养的重要途径。企业管理者在丰富专业知识的同时，要广泛涉猎哲学、历史、文学、法学等内容，积累丰富的人文知识；要融会贯通，躬身实践，善于把学到的人文知识转化为人文素养，提高看问题、作决策、抓工作的能力；要寓人文素养于工作实践，以良好的人文素养和模范行为赢得职工的钦佩和信赖，影响和带动职工把个人价值观有机融入企业的共同理想，与企业同呼吸、共命运、齐发展。

（作者：郑州铁路局党委书记）

增强“四个意识”　推动企业发展

郑鲁豫

企业领导干部的思想作风建设是改进党风、提高领导能力和管理水平的基础，是企业发展的灵魂与先导。中国一拖党委从增强“四个意识”入手，加强领导干部的思想作风建设，推动了企业发展。

增强责任意识。责任意识是领导干部履职尽责的思想基础和政治觉悟的根本体现，是党的宗旨和领导干部本身涵义的基本要求。党的干部是党的路线、政策的制定者和执行者，党的事业需要既熟悉党的路线和政策，又具有责任意识去领导群众为实现党的目标而奋斗的干部。增强责任意识，一是牢固树立领导干部终身学习的观念，建立学习型领导班子，做知识型领导干部，自觉践行科学发展观，用马克思主义中国化的最新成果武装自己。二是牢固树立群众观念，把实现职工的愿望、满足职工的需要、维护职工的利益，作为履行职责的出发点和落脚点，坚持全心全意依靠职工办企业。三是牢固树立执政为民的权力观，防止权力商品化、庸俗化。我们以建立健全责任考核制度来细化责任，细化才能问责，把问责促工作落实作为增强责任意识的保证。

增强大局意识。我们把中央的精神同企业的实际相结合，提高改革和发展的自觉性。一是加强政治理论学习，从长远、发展、全局的角度筑牢服务大局的意识，准确把握企业定位、发展目标、战略结构以及资源和能力要素的配置，根据不同发展阶段确定目标任务，提高对企业发展规律的认识。二是紧密围绕大局，全面履行职责，把服务大局意识融入全面工作中和工作的全过程。今年汶川地震发生后，我们一拖紧急启动“东方红情系灾区”救援工程，党委副书记刘永乐亲自率领一拖公司捐赠的紧急救灾机械装备，不分昼夜，迅速疏通了105国道，从抗震救灾大局出发，忠实履行企业的社会职责。三是注重工作整体的实效性。我们根据世界市场的变化，围绕提高企业的经营能力，深化“三分四层”战略思想，探索出以产品经营为主体、以资本运作和战略联盟为两翼的“一体两翼”战略结构，走出了一条大型国有企业改革创新的发展之路，近几年企业销售收入一直保持着年均36.8%的增长速度，2007年实现销售收入121亿元。四是把服务大局作为衡量工作成效的重要标准，让每一位干部都胸怀大局，在大局工作的指导下，把局部工作做细做实做好，通过落实科学发展观，建设和谐企业，增强了工作的主动性和自觉性，推动了企业改革与发展的顺利进行。

增强发展意识。发展是科学发展观的第一要义，增强领导干部的发展意识是贯彻落实科学发展观、实现综合实力整体提升的必由之路。一是认清自身发展中的问题：随着发展步伐的不断加快，我们中国一拖存在的核心竞争力不强、自主创新能力不够等一些深层次的问题不断显现。我们用发展的思路和务实的举措，化不足为谋发展的内在动力。二是坚持以人为本，以发展为了人民、发展依靠人民、发展成果由人民共享为指导，制定了基层调研、征求意见、接受职工监督等制度；把事关职工群众利益和职工群众反映强烈的问题，作为工作的重点来解决。三是坚持加快发展不动摇，用发展提升实力，鼓舞士气，凝聚人心。领导干部带领职工团结拼搏攻难关，企业生产经营指标一年一个新台阶，实现了企业发展和职工收入的双丰收。

增强创新意识。只有创新，企业才有活力，才能持续发展。我们中国一拖党委坚持做到：一是坚持解放思想、实事求是的思想路线，以培养创新素质为目标，以提高创新能力、增强领导干部的创新意识为根本；二是走群众路线，增强全体干部职工的创造性和创造力，并善于从中汲取群众的智慧和力量；三是以制度为保证，鼓足创新勇气，营造创新环境，支持广大干部职工的创新活动。“十五”以来，我们坚持以市场为导向，以结构调整为主线，以重点项目为依托，推进技术创新、管理创新、体制创新，彻底摆脱了长期以单一履带拖拉机产品为支撑的困境，形成了农业机械、工程机械、动力机械、车辆和零部件制造多元发展的格局。在立足自主研发的基础上，通过集成创新、引进消化吸收再创新，研制开发了大型拖拉机、柴油机、小麦/水稻联合收割机、压路机和农村工程机械等拥有自主产权、知名品牌的系列产品，为企业持续和谐发展奠定了坚实基础。

（作者：中国一拖集团有限公司党委副书记、纪委书记）

用生产力标准检验思想政治工作的融入度

张义平

为充分发挥思想政治工作的服务保证作用，我们结合实际，实施了以“思想引领、队伍建设、组织作用、企业文化、廉政建设、群众工作和评价考核与中心任务一体化”为主要内容的“思想政治工作与中心任务一体化机制”。其核心就在于突出了用生产力标准检验思想政治工作的融入度，形成了动态融入、有形服务、过程保证的思想政治工作新体系。

突出思想优势抓导向，在生产力发展的根本点上彰显思想政治工作的引领力

我们把引领发展作为思想政治工作融入中心、服务大局的首要任务，在发展生产力这个根本点上突出其思想优势，引导干部职工在思想上同心同德，在行动上同频同振。一是坚定发展信念，持续深化开展了“讲透发展成果、讲实发展任务、讲明发展责任、讲清发展要求、讲好发展前景”的“五讲”形势教育活动。坚持两级班子定期讲、宣传骨干分片讲、车间干部及时讲、班组职工相互讲，特别是党政正职采取专题式按季度作宣讲报告，在全局形成鲜明的思想导向。二是强化发展核心，积极推行“思想政治工作进班子”。三是创新发展理念，大力开展“解放思想大讨论”。以“创新重载安全管理”为主题，全局1902个党支部召开了专题支部大会。四是为了营造有利于发展的思想环境、人文环境和社会环境，在全局积极推广运用“唱响主旋律、打好主动仗、依靠主力军、用活主阵地、瞄准主媒体”的“五主”宣传教育法，取得了社会的认同、理解和支持。

发挥宣传优势抓渗透，在生产力发展的聚焦点上彰显思想政治工作的助推力

我们太原铁路局作为全国铁路货运量最大、运输收入最高的铁路运输企业，年货运量达5亿吨，占全国铁路总运量的六分之一强。因此，发展生产力的聚焦点集中体现在重载运输的安全上。思想政治工作必须把确保安全作为重要任务，通过与中心任务一体化运作实现初始跟进、过程引导、直通现场、有形推进。一是大力实施“五个一”现场宣传机制。针对安全思想教育抓什么，提出了“一法三责”：宣传贯彻安全生产法，强化干部的安全管理责任、党员的岗区安全责任、职工的岗位安全责任；针对生产力布局调整后管理跨度加大带来的宣传难度增大问题，提出设立“一区三地”：全局按照北部、中部、南部设立3个宣传协作区，站段建宣传基地、车间建宣传阵地、班组建宣传园地；针对铁路系统专业细分、工种各异、岗位独立的特性，在宣传载体上运用“一页三卡”：安全宣传页，安全出勤卡、安全提示卡、安全警示卡；针对如何把教育课堂开设到现场，积极推行“一学三讲”：班组学习，站段领导班子成员、车间党政负责人和班组长逐级开展安全宣讲；针对形成安全思想教育的闭环管理，认真落实“一考三检”：每年进行一次考评，车间每月进行一次自检、基层单位每季一次平推检查、路局每半年组织一次单位互检。二是全面推行安全思想教育“十法”，即心灵启迪法、以案宣讲法、后果推论法、现身说教法、教训警示法、问题倒查法、典型激励法、标准示范法、党员带动法、延伸教育法。三是强化法制观，坚持开展“以案讲法”活动。四是提升软实力，持续深化安全文化建设。突出“一个核心、四大体系”：以路局安全管理理念为核心，着力创建科学规范的安全制度文化、文明和谐的安全环境文化、自觉从严的安全行为文化、奋发向上的安全精神文化。

放大组织优势抓作用，在生产力发展的关键点上彰显思想政治工作的保障力

用是否有利于生产力发展来衡量，是对党组织作用最有效的检验。这就要求我们必须牢牢立足于重载运输主战场，紧紧抓住安全发展的关键点，通过组织活动具体化，实现组织作用有形化，达到组织优势最大化，使各级党组织和党员队伍真正成为先进生产力的代表。一是在构筑屏障中干在先，深入推进安全立项攻关。各级党组织把安全上的重点、技术上的难点、管理上的新点、设备上的质点、素质上的弱点作为立项攻关点，组建党员立项攻关小组1334个，

一大批影响重载运输安全的“少、缺、无、旧”问题得到解决，构建了党组织保安全长效机制，使组织作用转化为生产力。二是在重载发展中走在先，大力创建党员先进性示范基地。三是在提素创优中学在先，积极实施“双带双培”工程。四是在急难险重中抢在先，不断深化主题实践活动。各级党组织紧密围绕重载运输、施工会战、抢运电煤、抗灾救灾等关键战役，通过“党员突击队”、“党员技术解难 110”等主题实践活动，使组织作用具体化。

激活人才优势抓机制，在生产力发展的增长点上彰显思想政治工作的支撑力

坚持党管人才的基本原则，把壮大人才队伍作为推动科学发展、实施重载战略的增长点，不断创新人才机制，激活人才优势，为提升全局重载运输能力提供有力的人才支撑。一是优化队伍结构，创新人才配置机制。二是激发人才活力，创新选拔激励机制。通过专业技术人才公开选拔，择优招聘优秀专业技术人员 588 名。对专业技术带头人、青年科技拔尖人才、高技能人才和主要站段首席工程师全部实行了专项津贴。三是提升实践能力，创新培养锻炼机制。为适应运输组织“速密重”并举、技术装备日新月异的新要求，不断培养人才的实战能力，全局 2122 名专业技术人员在大秦、侯月两线参与了重载运输的重点课题攻关，先后共确立重点课题 208 项，承担铁道部科研课题 11 项，其中达到路内先进水平以上的有 79 项，示范性推广项目 38 项，14 项重大技术创新成果在全路科技大会上获奖。四是增强免疫能力，创新惩防约束机制。着重培养领导干部和环节岗位人员的拒腐防变能力，积极构建教育为本、制度强基、监督设防、惩处重力的“四位一体”惩防腐败体系。紧紧抓住“车皮”这一突出的热点问题，制定实施了《运输工作服务管理监督十项制度》，覆盖了从客户申请计划到计划兑现整个运输工作的全过程，实现了运输业务工作与党风廉政建设的相互衔接、系统配套、流程融合。

展示群众优势抓共享，在生产力发展的共鸣点上彰显思想政治工作的凝聚力

用生产力标准检验思想政治工作的融入度，必然要特别关注人这个生产力的根本要素。这就要求我们把“共建共享”作为生产力发展的共鸣点，调动人的积极性，彰显思想政治工作的凝聚力。一是坚持“三线四有五小”建设，使改善民生常态化。每年投入专项资金建设生活线、文化线、卫生保健线，坚持春有慰问、夏有清凉、秋有助学、冬有温暖，极大改善了沿线条件艰苦地区的小伙食团、小文化室、小浴室、小单身、小庭院等设施。二是践行“三不让”承诺，使服务民生机制化。为“不让一名职工看不起病，不让一名职工子女上不起学，不让一名职工生活在当地贫困线以下”，实施了“三档六制九统一”的运作机制。三是设立“民生电话”，使了解民生直通化。在开通领导干部信箱的基础上，确定了涉及民生问题 20 个职能部门的“民生电话”，向全局职工家属及沿线村落公开发布、广泛宣传，并从来电登记、处理、反馈和检查、评比、考核等方面形成了完整的长效机制，使群众的利益诉求直通相关职能部门。四是畅通民主渠道，使维护民生法制化。

思想政治工作与中心任务一体化机制能够得到有效运行，一个重要保障是采取了“综合考评、双向纳入、成果共享、责任同担”新办法。我们通过季度自验、半年抽验、年度总评和基础工作自我认定、党群部门过程认定、业务处室系统认定、作用发挥群众认定，综合评价思想政治工作，并把这一结果纳入单位经营业绩考核。这种闭环管理、引进监督、公开透明的评价考核，进一步强化了思想政治工作与中心任务一体化机制的落实，使融入更加紧密，服务更加自觉，生产力与思想政治工作生命力也更加相得益彰、旺盛蓬勃。

（作者：太原铁路局党委书记）

大庆精神与铁人精神的基本内涵

王　昆

大庆精神、铁人精神内涵丰富，博大精深，其主要内容是“爱国、创业、求实、奉献”；基本特征又突出表现在，中国石油人身上的那种爱国情怀、进取意识、科学态度、求实精神和过硬作风。她虽然产生于建国初期的艰苦创业年代，具有一定的时代印记，但体现的是中华民族精神的继承与发展，展现的是中国工人阶级的优秀品质，这也正是其历久弥新、长盛不衰，始终保持旺盛生命力和时代先进性之所在。作为新时期大庆石油人，加强对大庆精神、铁人精神的研究与思考，准确把握其精神实质和深刻内涵，从厚重的历史积淀中汲取奋进的力量，把大庆精神、铁人精神发扬光大，是时代赋予我们的重大责任。

一、大庆精神、铁人精神，体现了中华民族伟大的民族精神和与时俱进的时代精神

中华民族在五千多年的发展中，中国共产党在领导中国革命和建设几十年的伟大实践中，形成了以爱国主义为核心的民族精神和以改革创新为核心的时代精神。而大庆精神、铁人精神，正是这种民族精神和时代精神的集中体现，是社会主义核心价值体系的有机组成部分。我们讲民族精神的核心是爱国，大庆油田从来都把国家、民族的利益放在第一位，从当年高速度高水平拿下大油田，到年产原油跨上5000万吨台阶，再到实现5000万吨以上连续27年高产稳产，都始终坚持胸怀全局、为国分忧，把发展祖国石油工业作为自己神圣的责任与使命。我们讲当今时代是创新的时代，大庆油田就是在不断创新中走过来的，从对陆相生油理论的实践应用和发展完善，到自主创新形成一整套世界领先的大型陆相砂岩油田勘探开发技术系列，乃至近五十年来总结创造的生产管理、队伍建设、党建和思想政治工作等方面的新鲜经验，都展现出其独特的创新活力与时代风采。48年来，大庆油田累计取得国家科技进步奖等重大奖励120多项，油田勘探开发成果与“两弹一星”共同载入我国科技发展史册。2007年，大庆油田与中国航天一同荣获中国首届工业大奖，这是国家鼓励企业走自主创新之路的最高奖项。余秋里同志在其《回忆录》中，就曾对大庆作出这样的评价：“没有哪一个企业的诞生和发展能与中华民族的精神和命运联系得如此紧密；没有哪一个城市在未诞生之前就有了自己的文化厚重底蕴；没有哪一个企业和城市走过短暂的历程却在中华民族的历史上铭刻一个辉煌的亮点。”

二、大庆精神、铁人精神，体现了我们党的解放思想、实事求是的思想路线

1977年7月21日，邓小平同志在党的十届三中全会上谈到关于完整准确地理解毛泽东思想时指出：“在延安中央党校，毛泽东同志亲笔提的四个大字，叫‘实事求是’。我看大庆讲‘三老’，当老实人，说老实话，办老实事，就是实事求是。”小平同志在这里简明而又十分深刻地道出了大庆精神、铁人精神的真谛。大庆精神、铁人精神，就是在党的关怀下培育形成的，是我们党优良传统和作风在石油工业战线上的继承和体现，特别是在解放思想、实事求是的问题上，体现得尤为突出。当年，我们勇于打破中国“贫油论”的束缚，矢志开发建设大油田，体现的

是解放思想、实事求是；铁人王进喜带领 1205 钻井队，含泪把不合格的井填掉，坚决“推倒重来”，体现的也是实事求是。这种解放思想、实事求是的态度，还突出地体现在大庆油田始终坚持“两分法”前进上。1964 年，在三年的石油大会战取得胜利，特别是毛主席和党中央充分肯定大庆之后，会战工委没有只看到成绩，而是坚持用一分为二的观点，发动干部职工实事求是地查找工作中的不足，并带头找出 18 条差距，印发油田职工讨论。在会战工委的带动下，全油田自觉“从高标准着眼，从大量的、常见的低标准、老毛病、坏作风入手”大找差距，从人到物、从工作到思想作风、从施工质量到执行规章制度，共找出 120 多万个问题。不仅如此，从早期注水、六分四清到实施稳油控水工程，纵观大庆油田在各个历史时期所取得的思想认识突破，所采取的油田开发技术路线与重大措施，以及所创造的辉煌业绩和成就，无不闪耀着党的解放思想、实事求是思想路线的光辉，无一不是解放思想、实事求是的结果。

三、大庆精神、铁人精神，体现了马克思主义唯物辩证的思想方法和工作方法

在这方面，康世恩同志在《用唯物辩证法指导石油工业发展》一文中，作过这样的评述，“马克思主义的唯物辩证法，不仅是指导革命取得胜利的锐利武器，而且是指导社会主义建设的科学。石油工业是探索地下奥秘的工业部门。石油资源深埋地下，人们不能直观，而只能借助于各种手段，间接地认识地下油气藏的客观规律。这个特点决定了我们更需要运用辩证唯物主义的认识论、方法论，来指导石油勘探和开发”。他还总结了大庆油田坚持学“两论”，用唯物辩证法指导油田勘探开发的经验，即坚持实践第一的观点，重视取全取准资料和科学试验；坚持矛盾的观点，善于抓住主要矛盾，集中力量攻克主要问题；坚持发展的观点，不断加深对地下油气藏的认识；坚持“具体问题、具体分析”的观点，对不同的地质结构，不同的构造、油田，采取不同的措施和方法；坚持充分发挥人的主观能动性，把认识世界和改造世界统一起来。他还十分深刻地指出，大庆的“两论”起家不是凭空提出来的，而是总结了正反两个方面经验教训的结果，是对当时存在浮夸风、主观主义、违反客观规律的做法的纠正；大庆学“两论”学对了，它指导我们正确认识和开发了我国第一个大油田，大大提高了广大石油职工的思想认识水平。老一代石油人靠“两分法”前进的观点，也充分体现了唯物辩证的思想方法。1964 年初，针对部分干部职工在胜利和成绩面前出现骄傲自满、要求不严、工作不实的倾向，会战工委号召干部职工“要学会用‘两分法’看问题”，具体包含以下几方面思想要求：1. 在任何时候，对任何事情，都要用“两分法”，成绩越大，形势越好，越要一分为二，否则，只看好的一面，成绩就会变成包袱；2. 对待干劲，也要用“两分法”，对职工的干劲引导不好，就会只图速度，不顾质量，反而会挫伤职工的积极性；3. 领导要及时提出新的、鲜明的、经过努力能够达到的高标准，引导职工始终向前看；4. 以“两分法”总结工作，走上步看下步，步步有提高，方向始终明确。“两分法”使大庆人在油田开发建设中，不断经受成绩和挫折、顺境和逆境的考验，胜不骄，败不馁，锐意进取，取得了一个又一个胜利。

四、大庆精神、铁人精神，体现了崇高革命精神同严格科学态度的高度统一

1964 年，中央转发的《石油工业部关于大庆石油会战情况的报告》中，所总结的大庆会战 9 条基本经验，其中的第二条就是“高度的革命精神与严格的科学精神相结合”。《报告》指出：“高度的革命精神，冲天的革命干劲，与严格的科学精神相结合在一起，才能发挥巨大的威力，才能使主观与客观相一致，在生产上和科学技术上达到预期的效果，做出很好的成绩。”“光有干劲，不讲科学，不做扎扎实实的工作，那就是一股子虚劲，不是实劲，就会好心办坏事，产生

严重的后果。"大庆石油会战一开始，老一代石油人就坚持把高度的革命精神与严格的科学态度相结合，狠抓第一性资料，把弄清油层情况作为勘探阶段的首要任务。从打井到开发的整个过程中，都坚持取全取准20项资料72个数据。在油田开发上开辟试验区，在掌握大量第一性资料取得经验的基础上，经过综合分析研究，再制定开发方案组织油田全面开发，从而实现了大庆油田的科学高效开发；与此同时，在攻克"三高"原油集输储运技术难关等方面，还产生了"万点测K值"、"萨尔图流程"、"万里测温"等科技人员攻关佳话；并在油田开发实践中形成了科技工作"三个提前"（提前预测油田开发趋势，提前做好工艺技术准备，提前进行开发方案试验）的科学运行模式。所以，大庆精神、铁人精神，绝不是单纯的苦干实干精神或革命加拼命精神，而是在苦干的同时更注重巧干，在革命加拼命的同时更注重理论指导加科学方法。

五、大庆精神、铁人精神，体现了全心全意依靠工人阶级的根本指导方针

早在会战初期，为在企业管理中确立职工的主人翁地位，大庆油田就逐步建立形成了一整套切实有效的措施和制度，主要有：在思想上，教育职工弄清社会主义的性质和劳动的意义，认清自己的主人翁地位；在生产管理上，建立以岗位责任制为中心的一套管理制度，做到职责分明，自觉从严；在物资和财务管理上，严格各级经济核算，直到班组、岗位，依靠广大职工当家理财；在工程质量上，坚持自检、互检和专职检查相结合的责任制度，依靠职工群众把好质量关；在生活管理上，了解群众疾苦，帮助职工、家属解决困难，使广大职工真正把企业当作自己的家；在企业领导机关作风上，坚持"三个面向"、"五到现场"，全心全意为生产第一线服务，克服官僚主义；在教育上，建立职工教育和学校教育两个体系，提高职工文化、科学、技术素质；在干部选拔上，坚持"领导来自基层，干部来自工人"，重视政治思想品德和工作实绩的考核，注重从优秀的工人中选拔基层干部，从优秀基层干部中选拔领导干部；在作风上，坚决克服日常工作中的低标准、老毛病、坏作风，培养队伍"三老四严"的优良作风。正如《大庆油田30年工作回顾和总结》中所指出的，大庆"在生产建设和各项工作中，一直把包括各级干部、工程技术人员、专业管理人员和工人在内的广大职工群众作为企业的主体，各项工作都建立在广大职工高度思想觉悟和组织纪律性之上。这是我们生产建设能够得到不断发展的力量源泉"。

大庆精神、铁人精神，以及"两论"起家、"三老四严"、"四个一样"等优良传统作风，来源于大庆油田开发建设的火热实践，得到了党和国家领导人、石油工业历届领导同志的亲切关怀和精心培育，是我们的立业之本、力量之源、发展之魂。时至今日，大庆精神、铁人精神仍然放射出璀璨的思想光辉，为我们推进油田发展提供了锐利武器。这些年来，面对国家石油供应短缺的严峻形势，为了更好地肩负起维护国家石油安全的责任，大庆油田提出了"持续有效发展，创建百年油田"的发展战略。总的目标，就是要用高科技打好新时期的新会战，努力实现原油4000万吨持续稳产，力争到本世纪中叶，大庆油田开发建设100周年之际，继续保持我国重要油气生产基地地位，并把大庆油田建设成为国际一流的石油工程技术服务基地和装备制造基地。在推进实施创建百年油田战略的过程中，大庆石油人牢牢把握继承发扬大庆精神、铁人精神这条主线，坚持在继承传统的基础上开拓创新，不断赋予大庆精神、铁人精神新的时代内涵，教育引导广大干部职工，自觉把"爱国"情怀体现到立足本职、胸怀全局，努力维护国家石油战略安全上，把"创业"激情体现到解放思想、奋发有为，一心一意推进企业可持续发展上，把"求实"态度体现到严细认真、精益求精，在各项具体工作中争创一流业绩上，把"奉献"精神体现到时刻以国家和企业利益为重，自觉维护改革发展稳定大局上，使大庆精神、铁人精神在新时期有了新的发展，融入了新的时代元

素。2004年1月，中国石油天然气集团公司发布企业文化建设纲要，将“爱国、创业、求实、奉献”的大庆精神具体阐述为：爱国，就是爱岗敬业，产业报国，持续发展，为增强综合国力作贡献；创业，就是艰苦奋斗，锐意进取，创业永恒，始终不渝地追求一流；求实，就是讲求科学，实事求是，“三老四严”，不断提高管理水平和科技水平；奉献，就是职工奉献企业，企业回报社会、回报客户、回报职工、回报投资者，并将其确定为中国石油统一的企业精神。2007年4月，中宣部、国资委联合调研组到大庆调研，全面总结了大庆油田新时期党建和思想政治工作的新鲜经验，对大庆油田在新的历史条件下继承发扬大庆精神、铁人精神给予了充分肯定。

历史是不断传承的结果。只有珍重历史、继承传统，才能与时俱进、开创未来。面向新的征程，大庆石油人将弘扬大庆精神，努力创建科学发展、和谐发展的百年油田，书写出无愧于历史、无愧于时代的崭新篇章。

（作者：大庆油田有限责任公司党委副书记）

努力建设和谐矿区

李昭贵

胡锦涛总书记在党的十七大报告中指出：“必须在经济发展的基础上，更加注重社会建设，着力保障和改善民生，推进社会体制改革，扩大公共服务，完善社会管理，促进社会公平正义，努力使全体人民学有所教、劳有所得、病有所医、老有所养、住有所居，推动建设和谐社会。”建设社会主义和谐社会，是我们党从全面建设小康社会、开创中国特色社会主义事业新局面的全局出发提出的一项重大战略任务，适应了我国改革发展进入关键时期的客观要求，体现了广大人民群众的根本利益和共同愿望。

矿区是社会的缩影，是社会肌体的细胞，创建和谐矿区是建设和谐社会的重要组成部分。兖矿集团兴隆庄煤矿作为我国自行设计和建设的第一座现代化特大型矿井，二十多年来已累计为国家生产煤炭一亿多吨，先后获得“中国矿井排头兵”、“全国文明单位”、“全国学习型组织标兵单位”、“全国五一劳动奖状”等100多项国家级荣誉。近几年来，矿党委按照中央关于建设和谐社会的总体要求，不断加强和谐矿区建设，实现了人与人、人与企业、人与自然的和谐发展。

利益是和谐之本。早在八十年前，毛泽东同志就在《中国社会各阶级的分析》一文中，交给了我们一把观察问题、分析问题的金钥匙：经济地位即利益关系决定其对革命的态度。时光虽然过去八十年，其理论仍闪烁着真理的光辉。今天，要建设社会主义和谐社会，仍然要用这把金钥匙来观察问题、分析问题、处理问题。自私是人的本性，趋利性是人的本能，利益关系是人类一切社会关系的基础，人们所奋斗的一切归根到底都与其利益相关。利益问题涉及到社会全体成员和社会生活的各个方面，可谓无处不在，人人关心；利益问题又错综复杂，涉及人人。在市场经济条件下，各种利益主体都在努力谋求自身利益，利益观念被空前强化，利益关系日趋复杂。因此，在建设和谐社会的过程中，抓住了利益关系，也就抓住了事物的根本；处理和协调好利益关系，也就把握了工作的重点。

在矿区，要抓住利益这个根本，关键在于不断发展生产，增加物质财富，让职工群众共享发展成果，生活水平普遍得到提高，人们才能对改革发展产生普遍的认同感和满足感，社会稳定才有保证，建设和谐矿区的目标才能实现。否则，利益不公，群众不满，矛盾激化，建设和谐矿区就是一句空话。因此，矿井要和谐，首先要发展。兴隆庄煤矿始终把发展作为第一要务，认真落实科学发展观，大力实施科技兴矿战略，不断解放和发展生产力，安全生产、煤炭产量和经济效益始终保持行业领先水平，为矿井发展和矿区和谐奠定了坚实的物质基础。就业是民生之本，是职工群众改善生活的基本前提和基本途径，也是建设和谐矿区的重要内容。兴隆庄煤矿坚持走循环经济和可持续发展之路，不断加大对非煤产业的扶持力度，形成了集加工、运输、建材、化工为一体的年产值数亿元的非煤产业群，安排了3500人就业。随着矿井的稳步发展，职工群众的生活水平不断提高，职工收入年均递增15%以上。同时，矿党委时刻关注弱势群体，不断加大扶危济困网络体系建设，每年对困难职工的慰问救助都在200万元以上，把党组织的温暖送到职工群众的心坎上，真正实现了发展依靠职工、发展为了职工、发展成果由职工群众共享，被全国总工会授予“全国模范职工之家”，被山东省评为“劳动关系和谐企业”。

公平是和谐之基。胡锦涛总书记从我国当前经济社会发展的实际出发，提出综合利用多种手段，依法逐步建立以“权利公平、机会公平、规则公平、分配公平”为主要内容的社会公平保障体系，实现马克思主义公平观的理论创新，从而形成了新的科学公平观。“四个公平”的科学公平观着力回答了社会公平的起点、前提、保障和目标等基本问题，揭示了公平的核心内涵。权利公平是公平的内在要求，它体现的是不论社会成员政治、经济地位以及种族、性别如何，都享有参与各项社会活动的平等权利。机会公平是公平的重要前提，是实现公平的基本条件和首要标志，它要求每个社会成员的生存、发展、享受机会均等。规则公平是公平的存在形式，是实现公平的重要环节和必要保障，它要求社会主体以公正的行为规范和行为准则参与经济和社会发展。分配公平是社会公平的根本内涵、实质所在和最高层次，它体现着社会财富分配的合理性和平等性，不因人的素质、知识、能力、性别等差别而使分配产生巨大或本质的差异。

“四个公平”是人们评判社会公平与否及公平程度的直接依据和主要依据。公则平，平则稳，这是自然法则。如果说利益是和谐之本，公平则是和谐之基，这是被无数事实证明的。我们兴隆庄煤矿努力做到办事公平合理，近年来先后对23个副科级岗和259个管理岗进行竞聘，整个过程公平、公正、公开，职工群众口服心服，认识到要进科室想提拔，谁也别找靠自己，在职工中形成了好学上进的风气。相反，有的企业的权力人物高高在上，脱离群众，对企业内部的制度规定，要求职工认真遵守，自己却利用职权搞特殊，哪有公正可言？有的企业的权力人物巧设名目，千方百计增加“个人收入”，致使干群收入差距越来越大，哪有公平可言？有的企业的权力人物利用职权在人员招聘、工程竞标、物资采购等方面搞暗箱操作，又有何公开可言？既无公正、公平、公开，又谈何稳定、和谐？因此，在经济社会发展的关键时期，我们一定要努力实现“四个公平”，推进和谐矿区建设。

文化是和谐之魂。中共中央《关于构建社会主义和谐社会若干重大问题的决定》指出：“建设和谐文化，是构建社会主义和谐社会的重要任务。社会主义核心价值体系是建设和谐文化的根本。”从某种意义上说，文化是和谐之魂。和谐文化，以崇尚和谐、追求和谐为基本价值取向，融思想观念、思维方式、行为规范、社会风尚为一体，反映着人们对和谐社会的总体认识、基本理念和理想追求，它既是和谐社会的重要特征和精神支撑，又是衡量社会和谐水平的重要尺度。建设和谐社会，无论是经济社会的协调发展、人与自然的和谐相处，还是人与人的团结和睦、人自身的心理和谐，都离不开和谐文化的支撑。没有和谐文化，就缺失和谐社会的思想和理论根基，就没有建设和谐社会的实践追求和方向目标。

和谐文化是社会生活的客观反映，社会生活是和谐文化的不竭源泉。建设和谐社会的伟大实践，必将使和谐文化建设丰富多彩，充满活力，和谐文化的创新和发展，又会为建设和谐社会提供不竭的智力支持和精神动力。建设和谐文化，关键在于建设社会主义核心价值体系。它是社会主义制度的内在精神和生命之魂，是人们工作生活的行为规范和理想追求。当前，在经济体制深刻变革、社会结构深刻变动、利益格局深刻调整、思想观念深刻变化的新时期建设和谐文化，在先进文化、有益文化、落后文化和腐朽文化并存的背景下建设和谐文化，如果没有社会主义核心价值体系的引领和指导，就容易失去遵循，迷失方向。近年来，有些人道德失范、诚信缺失，台上大讲立党为公、执政为民，台下以权谋私、贪污受贿；嘴讲艰苦奋斗、干事创业，实则拜金主义、享乐腐败。如此等等，正是缺失社会主义核心价值观的反映。我们兴隆庄煤矿党委大力加强精神文明建设，坚持用正确的舆论引导人、用高尚的精神塑造人、用高格调的活动鼓舞人，整个矿区环境优雅、秩序井然，风正气顺、政通人和，职工群众爱矿如家、安居乐业，呈现一派文明祥和的气象。兴隆庄煤矿"六优"高标准文明煤矿建设经验在全国煤炭系统推广，被评为首批"全国文明煤矿"、"全国精神文明建设工作先进单位"和"全国文明单位"。

（作者：山东兖矿集团兴隆庄煤矿党委书记）

加强国有企业反腐倡廉建设

丘仲宜

国有企业是我们党执政的重要基础，搞好国有企业反腐倡廉建设不仅是企业自身的需要，也是加强党的建设的需要。国有企业党组织要认真贯彻落实中央关于《建立健全教育、制度、监督并重的惩治和预防腐败体系实施纲要》，按照"抓教育紧盯人头、抓制度紧盯源头、抓监督紧盯苗头"的思路，切实加强反腐倡廉建设，努力建立具有国有企业特色的惩防体系，为国有企业生产经营和改革发展稳定提供有力的保证。

一、抓教育紧盯人头

第一，突出抓好领导人员的廉洁教育。领导人员是企业的核心，掌握着决策、指挥和管人管财管物的权力。领导人员廉洁守纪，则企业就不会在廉洁方面出现太大的问题。因此，抓廉洁教育首先要抓领导人员。要采用党风党纪专题教育、签订廉洁自律承诺书和党风廉政建设责任书、开展廉洁勤政领导干部评选、"算好清廉几笔账"等形式，对领导人员进行反腐倡廉教育，引导他们树立正确的世界观、人生观和价值观，树立正确的权力观、地位观和利益观，时刻牢记"两个务必"，自重、自省、自警、自励，自觉遵守党的纪律和国家的法律法规，严格执行国有企业领导人员廉洁从业的各项规定，做廉洁奉公的模范。

第二，突出抓好党员干部的廉洁教育。党员干部是企业的中坚，党员干部廉洁从业可以带动和影响职工群众廉洁从业。因此，国有企业抓廉洁教育要突出党员干部这个重点。要经常对党员干部进行党的优良传统教育、理想信念教育、党纪政纪教育，还可通过举办党风廉政建设知识竞赛、征集反腐倡廉格言警句、举办廉洁文艺节目、撰写反腐倡廉建设体会文章等形式，大力营造“以廉为荣、以贪为耻”的氛围，不断增强党员干部的廉洁从业意识，为搞好反腐倡廉建设夯实思想基础。

第三，突出抓好重点岗位人员的廉洁教育。重点岗位人员是指企业内对人、财、物等业务具有处置权的人员。从近年来一些企业发生的腐败案件和群众的举报来看，重点岗位人员以权谋私的现象比较严重。因此抓廉洁教育一定不能放松对重点岗位人员进行教育。要经常对重点岗位人员进行职业道德教育和遵章守纪教育，同时要大力宣传廉洁奉公先进典型，增强重点岗位人员的廉洁从业意识。警示案例教育是最有说服力的教育，国有企业纪检监察部门还可探索与地方检察院建立共同预防职务犯罪的工作机制，定期请检察院的领导和专家给重点岗位人员上法制辅导课，给他们剖析典型案例，以案说法，引导他们吸取教训，防微杜渐。

二、抓制度紧盯源头

第一，建立完善决策制度。决策不民主、不科学，就容易引起失误和腐败。健全决策制度，完善决策机制是防止决策失误和腐败的重要保证。国有企业党组织要进一步完善民主集中制的有关规定、党（常）委议事制度、党委参与企业重大问题决策制度。要严格执行民主集中制，认真落实“集体领导、民主集中、个别酝酿、会议决定”的议事规则。企业重大事项经党政联席会议研究决定，企业生产经营重大事项经经理（厂长）办公会研究决定，涉及职工切身利益的重大改革事项经职代会审议决定，努力做到民主决策、科学决策，从而避免决策的失误和产生腐败问题。

第二，建立完善选人用人制度。如何防止用人上的不正之风，关键是健全制度，按制度办事。要严格执行中央关于党政领导干部选拔任用工作条例，建立完善干部培养、选拔、推荐、测评、考察、任用、公示等制度，从制度上确保选人用人的规范。在选拔任用领导干部过程中，要严格执行民主推荐、民主测评、酝酿、考察、讨论决定、任前公示、任职试用等系列程序。国有企业党委选拔任用干部，要按照干部管理权限，经党委（常委）会、党政联席会研究决定，并征求纪检监察部门的意见，严格把好干部任用关，真正把政治上靠得住、工作上有本事、作风上过得硬、群众信得过的干部选拔到领导岗位上来，防止用人上的不正之风。

第三，建立完善管财管物制度。企业计划、销售、供应、工程建设、财务等部门是最容易出现问题的环节。健全管财管物制度，用制度弱化个人用权，让管财管物的人不敢贪、不能贪，是从源头上防止腐败的有效途径。要建立完善物资采购、产品销售、工程建设、资金管理等制度，使制度覆盖到生产经营建设的各个环节。对物资采购，要建立网上采购、竞价采购制度；对产品销售，要建立减少中间销售环节、加大终端销售比例制度；对工程招投标，要建立纪检监察、审计、法律等部门人员参与制度，防止暗箱操作；对财务资金管理，要建立引进国外企业行之有效的内控制度和企业资源计划（ERP），实行分级授权，互相制衡，减少腐败产生的机会。

三、抓监督紧盯苗头

第一，加强党内监督。党内监督是最权威的监督。国有企业党组织要认真贯彻落实《中国共产党党内监督条例（试行）》，切实加强党内监督工作。要加强对贯彻执行党的路线、方针、政策情况的监督，确保国有企业沿着中国特色社会主义方向发展。要加强对民主集中制执行情况的监督，增强决策的科学性，防止决策失误和引起腐败。要坚持定期召开领导干部民主生活会，积极开展批评与自我批评，使领导干部相互进行监督。要严格执行领导干部个人重大事项报告制度和党员领导干部过双重组织生活制度，使领导干部自觉接受党组织和党员的监督。要坚持行政定期向党委会报告工作制度，使行政接受党委会的监督。要认真落实党务公开制度，保障党员的知情权、建议权和监督权。要认真落实党委、纪委领导班子成员与党委工作部门以及下级党组织负责人谈话制度，了解该单位执行党的路线方针政策、坚持民主集中制、领导班子及其成员廉政勤政的情况，及时提出建议和要求。在发现党员干部有违纪违规苗头时，要及时进行诫勉谈话、警醒谈话，督促其及时改正错误。

第二，加强行政监督。行政监督是最直接的监督。在各种行政监督中，效能监察是最重要手段。要把效能监察作为"一把手"工程来抓，抓住工程建设、物资采购、清理不良资产、呆坏账和废旧物资处理、对外投资和多种经营清理整顿等方面的效能监察，促进企业规范管理，避免经济损失，防治腐败。审计监督也是行政监督的重要手段。要切实抓好经济责任审计、在职审计、离任审计和专项审计，对有违反规定、造成资产或效益流失等行为的领导人员，要严肃查处，实行责任追究，努力营造干净干事的内部环境。

第三，加强群众监督。群众监督是最有力的监督。实行厂务公开是加强群众监督的有效途径。要把企业生产经营、发展建设、收入分配等职工群众关注的热点问题、焦点问题及时进行公开，进一步落实职工群众的知情权、参与权和监督权。要认真落实职代会制度，规范职代会工作程序，发挥职代会各专门委员会的作用，把职代会的民主管理、民主决策、民主监督的作用充分体现出来。要认真落实领导人员述职述廉制度和职工代表民主评议领导干部制度，加强职工群众对领导干部的监督。要畅通信访渠道，积极稳妥地处理群众来信来访，对群众信访反映的真实问题，要严肃认真查处，决不能姑息迁就和包庇。同时，要发挥好企业内部报纸、电视、局域网等媒体的监督作用，进一步拓宽监督渠道，增强监督效果。

（作者：中国石化集团茂名石油化工公司党委副书记、纪委书记）

加速中外企业文化融合　建设永续发展的和谐东风

范　仲

东风汽车公司是一个始建于鄂西北深山之中，具有近 40 年历史的特大型国有企业。这些年来，东风汽车公司坚持"开放合作，自主发展"的发展方略，先后与法国 PSA、日本的日产和本田、韩国的现代起亚等汽车集团进行合资重组。在合作中我们始终坚持"大胆吸收，各取所长；求同存异，兼容并蓄；融合提炼，突出特色"的方针，加速中外企业文化的融合，推动了企业永续和谐发展。

发挥合资企业党组织的政治优势，当好中外企业文化融合的"桥梁"

东风公司不断加强与外方的沟通，增强了解和互信，坚持发挥党组织作用，注重提升对生产经营的贡献度，开创了中外合资企业党建工作新局面。

一是实现"两公开，两纳入"，为合资企业开展党建工作打下坚实的基础。2003 年，东风与日产正式宣告合资，共同组建东风汽车有限公司，但合资双方分歧的焦点集中在企业党组织建设问题上。我们的调查表明，改革开放以来中国已建立了 30 万个合资企业，在合资企业中党委都没有一个公开合法的地位。为了充分发挥合资企业党组织的作用，公司党委反复向日方代表阐明，中国宪法规定了中国共产党在中国政治生活和经济建设中的领导地位，《中华人民共和国公司法》对加强公司党建工作提出了明确要求，在中国投资办企业就要自觉遵守中国的法律法规，设立党的组织，开展党的活动。经过近9个月的反复沟通，最终使党组织的地位作用为日方所认可，我们在国内率先实行了“两公开，两纳入”：党组织机构公开设立，党组织活动公开进行；党组织活动经费纳入预算，党务工作人员纳入编制。“两公开、两纳入”为党组织在合资企业发挥政治核心作用提供了有力保障。

二是完善党组织参与企业重大问题决策的运行机制。为规范合资企业党组织参与决策的程序，我们建立健全了《董事会会议规则》、《党委常委会议事规则》等制度，形成了“党委决定、程序表达、体现主张、依法决策”的规范流程。凡重大问题，党委常委会先进行讨论，达成一致意见，再通过党委成员董事、经理班子成员表达党委的主张，最后由董事会、经营班子依法进行决策。2001年至2007年10月，东风公司党委召开党委常委会、全委会66次，参与了230多个重大问题的决策。东风汽车有限公司成立4年来，召开党委常委会41次，参与了290多个重大问题决策。神龙汽车有限公司党委自2005年以来，召开党委会79次，参与了240多个重大问题的决策。

三是充分发挥党组织的战斗堡垒作用和党员的先锋模范作用。近年来，东风公司所属各合资企业党委围绕东风公司党委“强东风”党建工程，相继开展了各具特色的主题实践活动。如东风汽车有限公司党委开展了“双培工程”建设，即把党员培养成推动公司发展、提高参与国际竞争力的中坚力量；把推动公司发展、提高参与国际竞争力的优秀分子培养成党员。神龙公司党委开展了“三先三最”为主要内容的主题实践活动：党员要做到党的路线方针政策先学习，先进科技和管理知识先掌握，生产经营任务先完成；在周围人群中，思想觉悟必须是最高的、业务能力必须是最强的、工作业绩必须是最优的。这些活动为企业党组织和党员发挥作用提供了载体和平台，也向外方展示了共产党员的先进性。

相互尊重，求同存异，寻求中外企业文化融合点

中外企业合资重组要避免严重冲突现象的发生，真正产生合资重组“1＋1＞2”的效应，必须把企业文化融合作为合资重组的重要内容来抓，作为有别于资金、技术、人才之外的“第四种资源”加以高度重视。统计数据表明，在中国建立的中外合资企业(包括跨国公司)中，有15％左右的企业预定寿命提前终止，其中因文化差异造成的企业不稳定占主要成分。因此，在参与国际重组与合作中，我们始终坚持相互尊重、求同存异的原则，寻求中外企业文化融合的方向和途径。东风与日产在合资重组过程中，双方通过沟通和交流，认真比较分析双方企业文化的异同，力求在管理理念和行为方式上达成更多的共识。

其一双方都有“目标文化”，但实现目标的刚性要求有所不同。1999年，戈恩任CEO后，先后实施了“日产复兴计划”、“180计划”和“后180计划”，都是三年期的计划，目标简单、明确，由此使日产获得新生。东风公司作为一个老的国有企业，在目标管理方面和日产有些近似。比如1999年以后，东风对各基层单位下达财务预算指标，使东风成功实现扭亏增盈目标。但是，东风公司清醒地认识到与日产存在一定的差距，力避计划的随意性，主动增强目标计划的刚性管理，使企业走上了健康发展的快车道。

其二双方都有团队文化，具体做法上也有相似之处。戈恩来到日产的一个月内，就组建了9个“跨职能团队”，着力解决日产内部重大矛盾和问题，并成为日产实现沟通的最佳模式。东风公司每次推进重大项目之前，都要成立若干个跨部门、跨工种的不同的课题组、攻关组、推进组等，为东风的变革和生产经营起到了积极的作用。合资重组后，东风公司在已有团队管理的基础上，大胆尝试跨职能团队管理方式，

进一步打破了内部沟通壁垒。

其三都有改善文化，但载体各不相同。日产大力推进 NPW（日产精益生产方式），让改善文化渗透到生产管理的各个环节。东风公司则一直坚持倡导和实施技术革新、技术革命、小改小革、QC（质量管理）小组、合理化建议等活动。日产的载体比较具体，直接开展质量、成本、交货期（QCD）改善活动，让员工看得见、摸得着。合资重组后，东风公司主动学习日产精益生产方式，提高了生产效率。

东风公司不仅善于分析、比较与日产企业文化的异同，而且综合比较分析了与法国 PSA、日本本田等合作伙伴的文化差异，明确了把建设目标文化、团队文化、精益文化、执行力文化和品牌文化作为中外企业文化融合点来抓。

遵循规律，选准模式，为合资企业植入优秀文化基因

一般说来，像东风公司这样的国有特大型企业，有着深厚的文化积淀，在培育企业价值观和企业精神、凝聚员工队伍方面具有无可比拟的优势；而跨国汽车公司在导入先进的管理理念、运用先进的管理方式方面，具有明显的优势。因此，东风公司坚持融好融优的原则，采取以"互补式"为主的文化融合模式，为合资公司植入了优秀的文化基因。

神龙汽车公司继承和倡导东风公司"讲究诚信，崇尚业绩，奉献社会"的价值观和"关怀每一个人，关爱每一部车"的经营理念，并把它延伸到研发、采购、制造、销售、服务全价值链，赢得了良好的市场信誉；同时，神龙公司吸收法国 PSA 标致雪铁龙集团经验，逐步摸索出了一套以项目控制为龙头、以项目界面管理为核心的项目平台管理模式。东风本田发动机公司以东风愿景为基础，确立了追求"梦想"的价值观，鼓励全体员工追求"梦想"。东风本田汽车公司注重汲取本田公司的管理经验，积极开展"三现主义"：到现场去——去制造现场和营业活动的场所；了解现物——接触、观察技术的要素和人的要素，获取第一手情报；是现实的——利用在现场了解的情报进行现实的评价。东风日产乘用车公司充分吸收两个母公司的文化优势，制定了《东风日产行动纲领》，形成了共同的价值观和行为准则。

（作者：东风汽车公司党委副书记）

企业文化建设之我见

孙永水

企业文化作为企业的灵魂，既是企业员工共同信奉并付诸实施的价值理念，又是共性与个性的有机统一体。因此，在建设企业文化的进程中，如何准确把握其共性与个性，有针对性地处理好普遍性与特殊性的关系，就显得非常重要。

一、要认识企业文化的普遍性

在目前形势下，企业文化的普遍性，可以从四个方面来认识。

1. 建设企业文化是一个系统工程

在一般情况下，企业精神、企业理念（包括发展理念、经营理念、管理理念等）和领导行为、职工行为规范、市场开拓意识、创新意识以及品牌标识等内容，都是构成这个工程的主要元素。

2. 企业文化可以向社会展现企业的良好

形象，向员工展现企业的共同愿景

企业文化是广大员工共同的价值取向、思想方法和行为方式，可以成为广大员工共同创业、共谋发展的价值导向。

3. 企业文化与企业发展密切相关

自上世纪90年代起，企业文化在促进企业发展中的作用越来越明显，企业对文化体系的建设也越来越重视。实践也进一步证明，凡是发展速度快、发展质量好的企业，都已建立起具有自身特点的企业文化。

4. 企业文化与企业核心竞争力密切相关

优秀的企业文化可以凝聚优秀的人才，可以统一全体员工的奋斗目标，也可以激发广大员工的工作热情。因此，谁拥有优秀的企业文化，谁就能拥有优秀的人才，谁就能掌握市场竞争的主动权，从而大大提升企业的核心竞争力。

二、要认识企业文化的特殊性

建设企业文化，不仅要研究企业文化的普遍性，更要研究企业文化的特殊性。企业文化建设的某些形式是可以互相借鉴的，但具体内容却不可进行教条主义的套用，因为适用于其他企业的企业文化不一定适合自己。企业文化的发生与发展，都与一个具体企业的历史背景、发展过程、团队构成等因素息息相关，其他企业的企业精神、管理理念和员工行为规范，决不可以简单地采取拿来主义、照抄照搬。只有把企业文化的特殊性研究深、琢磨透，才能够建立起真正适用于企业发展的文化体系。否则，就是两张皮，即使形式上建立了企业文化，即使用词华丽、语言优美，也只能是表面文章、形式而已，与真正的企业文化相去甚远，起不到应有的作用。

有着近50年历史的国有大型企业东大化工，以“优异产品，奉献国家，回报社会”的企业价值理念，“敬业、诚信、创新、卓越”的企业精神，“艰苦奋斗，事争一流”的企业作风，从建立学习型企业、塑造高素质团队入手，积极引导员工树立“知识就是力量”、“技能就是饭碗”的观念，鼓励员工不断学习进步、不断创造，让员工切实体会到成功带来的欢乐，从而塑造起现代化的人格，并坚持在健康文化氛围的熏陶下振奋精神、鼓舞士气、凝聚人心。通过树榜样、抓典型活动，使体现企业精神与核心价值观的先进事迹，成为激励员工开拓进取、奋发有为的强大精神动力。通过举办“东大之春文艺晚会”和开展围棋、钓鱼、摄影等活动陶冶情操，从而把以人为本的管理理念渗透到企业的各个方面，创造了具有凝聚力、向心力、和谐健康、团结友善的企业文化，展现了企业文化特殊的魅力。

企业文化的特殊性不是分歧，是差异、是区别、是个性。企业文化的特殊性，体现了企业的特色，是一个企业历史、现状包括未来的集中反映，因此企业文化必须具有特殊性。倘若所有企业的企业文化都是千篇一律，企业精神都是一样的，员工行为规范是统一的，那样的企业文化怎么能够符合一个企业的实际？怎么能够真实地反映一个企业的发展历程？又怎么能够凝聚职工和激励职工的工作热情？只有企业文化具备其特殊性，真实地融合、反映一个企业的过去和未来，才能够成为员工的共识、价值导向和行为取向。由此可见，企业文化的特殊性突出得越好，企业文化与企业自身实际结合得就会越紧密，企业文化得到广大员工认可的程度就会越高，企业文化在促进企业发展上所起的作用就会越大。所以，在企业文化建设过程中一定要注意突出本企业自身的特点，突出本企业的特殊性。只有这样，我们的企业文化才会为提升企业的核心竞争力发挥应有的作用。

（作者：山东东大化学工业有限公司党委副书记）

创新企业思想政治工作

吴敬民

新时期，新思想，新情况，必须按照科学发展观的新要求，紧跟现代企业的发展形势，积极探索现代企业思想政治工作的新形式和新内容。

一、现代企业思想政治工作的新内涵

所谓现代企业思想政治工作，就是在继承和发展传统思想政治工作的基础上，充分吸收和利用现代企业的管理制度、管理理念和科技手段，探索科学、有效的思想政治工作新形式、新内容。思想政治工作是现代企业管理的有机组成部分，它既是构建和谐社会的政治手段，又是以人为本的管理手段。随着我国市场经济的不断完善，企业的改革发展不断向纵深推进，一些先进的企业管理理念、管理方法，如企业文化管理、学习型组织、标准化管理等，逐渐融入到现代企业的管理之中，并为一大批优秀的企业家所接受，在企业管理中发挥了积极的促进作用。如果思想政治工作不能与时俱进，不能适应企业发展的新要求，就无法在现代企业管理中找到自己的位置，无法担负起新时期的政治使命和历史重任。因此，新时期的思想政治工作必须借鉴和吸收现代的管理思想和信息技术，努力实现思想政治工作的现代化。

二、创新现代企业思想政治工作的形式

任何一种理论思想用于指导社会实践，都需要科学的表达形式。贯彻落实科学发展观，探索现代企业思想政治工作，必须创新思想政治工作的形式。

1. 采用先进的科技手段，创建网络化政工体系。要充分利用报刊、广播、电视、图书、录音录像等媒体的所有优势，开展新形式的思想政治工作。特别要挖掘网络在思想政治工作中的巨大潜能，利用网络技术拓展思想政治工作的空间，创造更为新颖、有效、适应现代人信息交流特点的思想政治工作的新形式。

2. 借鉴科学的管理理念，创建规范化政工体系。借鉴科学的管理理念，积极规范企业的思想政治工作，是创新思想政治工作的有效途径之一。胜利发电厂把ISO9000基本原理运用于思想政治工作，建立了思想政治工作管理体系，实现了思想政治工作同先进企业管理模式的成功接轨。思想政治工作体系文件主要包括思想政治工作方针、目标、规范、相关表格和工作记录。程序文件包括管理评审控制程序、文件和资料控制程序、工作记录控制程序、年度思想政治工作控制程序、宣传工作控制程序等38个控制程序。所有工作实行过程控制，均按照“凡事有人负责、凡事有人监督、凡事有章可循、凡事有据可查”的标准要求进行。每项工作和活动均采取PDCA闭环控制，对各专项工作从年初部署，组织落实，考核评比，到年终总结，以及责任人、所要达到的效果都作了明确规定，进行量化管理。这就使思想政治工作纳入程序化、规范化管理轨道，实现了管人、管事、管思想的有机统一；使思想政治工作更加科学、规范、有序、有效，对生产经营的作用由以往的号召型转为切入型，促进了生产经营的顺利开展。

3. 整合企业的有生力量，创建系统化政工体系。现代思想政治工作需要整合企业的有生力量，真正实现党政工团齐抓共管的格局，创建

系统化的大政工体系，创造性地开展工作。首先，要加大思想政治工作投入，支持思想政治工作的开展。开展任何工作，都有投入产出问题。只有投入，方见成效。近年来思想政治工作效果不佳，原因固然很多，但其中一个重要因素就是投入的精力太少，投入的人财物太少。加强思想政治工作的创新，就要及时把一些理论水平高、政治素质强的优秀人才选拔到政工队伍中来。同时，要特别注意搞好政工队伍培养，加强政工队伍建设，提高政工人员素质，保持政工队伍稳定。对政工人员，除待遇与行政人员一样外，在培训、进修、购买必要的学习资料和改善办公条件等方面，都要给予有力的经济支持。其次，要完善思想政治工作机制，做好政工生产结合文章。改变以往政工干部单纯抓政工，生产干部单线抓生产的状况，促进思想政治工作与生产工作的有机结合。

三、丰富现代企业思想政治工作的新内容

贯彻落实科学发展观，创新企业思想政治工作，不仅要在形式上创新，更重要的是紧密结合企业发展建设的实际，不断丰富思想政治工作的新内容。

1.围绕企业生产经营创新。围绕企业的生产经营，实现企业思想政治工作的内容创新，是科学发展观在企业思想政治工作中的具体体现。这就要求企业的广大政工人员，要紧紧围绕企业的生产经营，利用各种有效载体，充分发挥和调动广大干部职工干事创业的积极性和工作热情，努力提高企业的管理水平和经济效益。

2.注重企业文化建设创新。以科学发展观为指导加强企业的思想政治工作，必须注重企业文化的建设。企业文化，既是当今世界上先进的管理理论，也是新时期思想政治工作探索的重要课题。企业文化建设与思想政治工作的共同特点在于：通过改变企业中最活跃的成分——“人”来达到改变企业物质产品、行为、制度和精神状态的目的；以思想、观念、精神和文化因素为改造对象；追求对企业活动整体、长久和系统性的影响。正是由于企业文化处于企业活动的思想保证、精神支柱和动力源泉的位置，才使得思想政治工作能够顺理成章地向企业文化建设领域转移。然而，企业文化包含了企业活动物质和精神成果的全部内容，不是思想政治工作所能完全替代的。因此，思想政治工作只能选择有效的切入位置进入企业文化建设的局部过程，发挥其独特的作用。随着思想政治工作把企业文化建设纳入重要目标，相应的工作内容、方法、措施都会因势而动，思想政治工作的路子必将越走越宽。

3.突出关心职工群众创新。企业思想政治工作要通过有形的服务、无形的引导，密切党群、干群关系，凝聚民心，增强向心力。在实践中我们感受到，职工群众之所以会产生这样那样的问题，除了思想认识问题外，很多情况下都是由实际问题引起的。因此，在解决职工群众的思想和利益要求时，要注意掌握情绪，研究职工思想观念的变化，做到既讲道理，又办实事，既解疑释惑，又排忧解难，既以理服人，又以情感人，在办实事中贯穿思想教育。首先，要坚持把为职工办实事、为职工排忧解难作为思想政治工作的基本内容。从职工住房、子女就业等职工关心的热点、难点问题抓起，每年有计划地办几件影响大、群众欢迎的实事。努力寻求解决职工思想疙瘩的方法，增强说服力。其次，要建立和完善解决热点难点问题的工作机制。工作机制的建立和完善，是做好思想政治工作有力的组织保证。要不断创新工作机制，通过实行公示制度，对有关人事任免、职称评聘、工作分配调动、资金发放等关系到职工生产、生活及单位未来发展的重大事项先予公示，增加工作透明度，密切党群、干群关系；鼓励职工对企业经营、文明建设等方面提出建议和批评，不断激发广大职工参政议政的积极性和创造性，为更好地开展思想政治工作奠定坚实的基础。

（作者：胜利石油管理局胜利发电厂党委副书记）

抓好国有企业领导班子建设

姜　华

2003年，胡锦涛总书记视察宜宾时指出，“国有企业是完全可以搞好的，关键是配好班子选好人”。按照这一指示精神，2004年以来，宜宾市委采取有效措施，着力抓好国有企业领导班子建设。3年来，有2户国有企业党委受到中组部和省委的表彰，5户国有企业领导班子被市委授予“四好”班子称号。国有企业总资产由146亿元递增到350亿元，利税总额由38亿元递增到63亿元，有力地推动了全市经济又好又快发展。

一、以配强班子为根本，着力打造国有企业优势团队

领导班子建设的实践表明，抓好“四好”班子创建活动首要的是选好人才、配强班子。

一是创新选人理念，高起点选人才。按照企业效益最大化要求，牢固树立注重结果的理念，敢用优点突出、缺点明显的人才的理念，敢在能力强中选民意好的人才的理念和竞争淘汰的理念。为使班子能更好地“前瞻和决策未来”，分别从四川大学、西南财大等名校引进21名专家团队为企业做策划；把那些发展有潜力的干部放到工业新区建设、产业拓展等岗位上压担子，为人才脱颖而出搭建平台。目前，一批年销售10亿元以上企业的领军人物正健康成长。

二是创新选拔方式，打造人才洼地。为保证经营管理团队能真正引领企业发展，按照“宁缺勿滥”的要求，形成了“伯乐相马”与“赛场选马”相结合的选人机制。近年来，采取通过市场竞争选拔、项目＋人才等方式，为国有企业选拔了23名领导人才。把国有企业高薪引进、掌握前沿技术的50多名优秀人才充实到管理和关键技术岗位。同时，还从清华大学等高校引进了12名企业管理方面的博士、硕士，为企业领导班子注入了新鲜血液。

三是创新选配重点，优化班子结构。为充分发挥“1＋1＞2”的整体效能，市委选拔了22名35岁左右的优秀经营管理人才进入企业领导班子，基本实现了40岁以下的成员达到1/3，50岁以上成员少于1/3的目标。通过政策激励，使30％的国有企业经营管理者获研究生学历；通过优势企业与困难企业互派经营管理者交叉任职，取长补短。根据企业重大建设项目的需求，确定班子优化的重点，形成了结构合理、优势互补的国有企业经营管理团队。

二、以增强素质为重点，着力提升国企领导班子的水平

不断提高经营团队整体素质，是促进企业在激烈的市场竞争中不断前进的重要保证。

一是大力开展形势任务教育，努力增强国有企业领导班子的政治责任感。通过专题讲座、定期分析和中心组学习等，组织国有企业经营管理者对科学发展观、强力推进工业强市战略、构建和谐社会等问题进行学习和研讨，促进了“全球寻找市场、全球配置资源”、“要做就做最好”等思路的确立。通过开展对困难群体、贫困农村社区的结对帮扶等，促进其增强政治意识、责任意识和忧患意识。各企业纷纷与区县签署用工、粮食等协议，解决了12万人就业和36万吨富余粮食销售等问题，并出资13亿元改善地方基础设施，促进了产业链延伸，改善了县域经济薄弱的状况。

二是大力开展经营管理培训，不断提升国有企业经营管理者参与市场竞争的能力。市委有针对性地举办“工业强市”战略培训班，举办8期300人参加的高级职业经理人资质培训班，开展企业经营模拟训练，选拔40名企业优秀后备人才到清华大学、TCL集团等进行培训。各企业邀请国内知名专家进行MBA、总裁研修等，每年培训不少于80学时。同时，市委树立“培养与使用相结合”、“使用就是最好的培育”等观念，让有潜质的24名经营管理者在产业扩张、原料采购、市场开拓中提升参与市场竞争的能力，为企业培养了一大批懂经营、善管理、敢于创新、勇于实践的人才。

三是大力培育企业文化，着力提升国有企业经营管理者构建和谐团队的能力。企业文化是企业的精神生产力。我们从企业形象识别、企业精神等方面入手，坚持“硬件”、“软件”一起抓，形成了“激情、创业”等企业特色文化和“永争第一”、“超越自我”等企业精神。2004年，五粮液发展面临第二次创业的困难，企业用“快鱼吃慢鱼”的危机意识警示、凝聚班子成员和广大员工的思想，企业很快再上新台阶，销售收入和利税总额大幅上升，品牌价值由269亿元上升到358亿元。为增强团队凝聚力，通过开展企业人力资源及核心竞争力等专题培训，使经营管理者进一步意识到个人的力量是有限的，当代企业家只有与经营团队紧密结合，才能有效实现自身社会价值和个人价值。通过班子成员之间、成员与部门负责人之间普遍开展一年两次的有效沟通，企业班子成员之间呈现出相互信任、团结奋进、共谋发展的良好局面。

三、以有效激励为抓手，着力激发国企领导班子的创业潜能

国有企业发展壮大的实践表明，只有坚持以人为本，充分激励经营管理者个人和团队，才能促进国有企业开创一流业绩。

一是强化物质激励。一方面，实行由岗位基本年薪＋绩效年薪组成的年薪制。其中，大部分绩效年薪延期到经营管理者离任或连任的下一年兑现，以此克服经营管理者的短期行为，促进企业可持续发展。另一方面，根据经营管理者任期目标完成情况，实行持有股权、期权、补充社会保险等中长期激励措施进行激励，激发了国有企业经营管理者干事创业的热情。

二是强化精神激励。坚持对企业家“高看一眼，厚爱三分”。近年来，市属国有企业已产生51名各级党代表、人大代表、政协委员；5名省市委委员、候补委员；4名市人大、市政协常委会组成人员；34名全国或全省劳模和国务院、省政府特殊贡献专家。同时，各媒体广泛宣传其先进事迹，扩大社会影响。市委对经营管理者真诚关心、真心爱护，对有一般不良反映的及时提醒，对背上思想包袱的及时谈心，对工作失误的及时帮助总结经验教训，让经营管理者在政治上有地位、社会上有荣誉、内心里有组织。

三是强化事业激励。随着阳春坝等6个工业集中区的建成、产业的延伸和企业“走出去”战略的实施，市委及时提出“有多大的才就搭多大的台”，通过制定政策、提供服务，实现重点项目和重点人才的有机对接，竭力为一切能干事的经营管理者提供发展机遇和空间，使一批长期从事企业党务、群团工作的管理者走上经营管理的关键岗位，既培养造就了一批优秀的经营管理者，又促进了企业发展。

四、以强化约束为保障，着力提升国企领导班子的作风形象

规范有效的约束机制是落实教育、制度、监督并重的廉洁从业要求的具体体现，是推动国有企业发展的必由之路。

一是强化制度建设，规范从业行为。在外部，建立了损失赔偿、外派董事、外派监事、外派监事会和经营责任追究等制度。在内部，健全法人治理结构，强化监事会的职能，充分发挥党组织的政治核心作用，使班子成员围绕发展目标，形成整体合力。同时，全面推行厂务公开和

国有企业招标采购制度，规范国有企业领导人员职务消费，完善国有企业法人任期经济责任审计，从机制上保证了企业班子树立勤奋敬业、严于律己的良好形象。

二是开展作风教育，提升自律能力。把国有企业经营管理者列入干部作风整顿范围，通过建立中层以上管理者廉洁档案和诫勉谈话制度，开展预防商业贿赂专项治理工作等，加强优良作风教育；通过开展人格魅力塑造、领导修养等12个专题培训，促进班子成员增强"员工的拥护和信赖是对企业家最好的奖赏"、"金杯银杯不如群众口碑"等自励意识。在每年8月企业廉洁文化教育月，市委组织国有企业领导人员开展各种警示教育活动，对中层以上人员开展廉洁谈话等，强化了经营管理者的自律意识，增强了国有企业领导班子拒腐防变的自觉性。

三是强化履职考核，实行动态管理。按照班子"四好"创建要求，突出以经营业绩考核为主的原则，每年分类别、分层次对董事会、监事会、经营管理层、党群领导进行考核，考核结果作为企业高管人员年薪、培训、奖惩、使用的重要依据。2004年以来，市委调整了状态欠佳的国有企业经营管理者22名，其中，就地降免职10名。市委和市委组织部、市国资委分别对国有企业班子成员激励谈话151人次、提醒谈话15人次，保证了市属国有企业班子始终处于较佳状态。

（作者：中共四川省宜宾市委常委、组织部长）

认真做好改制企业党员组织关系接转工作

曹炯芳

湘潭市是湖南省的老工业基地。近几年来，随着社会主义市场经济的发展，全市有180家国有或集体企业实施改制。其中近万名党员由于变成了"社会人"，原企业党组织不好管；受客观条件的制约，街道社区党组织不愿接；党员对组织关系接转也心存疑虑，不想转。为此，中共湘潭市委以巩固先进性教育活动成果为契机，积极稳妥推进改制企业党员组织关系接转工作，建立改制企业党员保持先进性长效机制。先后为9500多名党员办理了组织关系集体接转，达到了企业改制、党组织组建、党员接转同步开展的目的。

一、强化政策引导，确保接转规范

改制企业党员接转工作涉及面广，政策性强，需要从思想上进行引导，从政策上作好安排，从保障上予以落实。市委出台了《湘潭市改制企业离休、退休和解除劳动关系党员组织关系接转暂行办法》，并召开全市改制企业党员管理工作会议进行部署安排，对改制企业党员组织关系接转工作的范围、原则、程序以及各级党组织接转党员的责任都作了明确具体的规定。一是分级负责。改制企业党员组织关系接转工作在市委统一领导下，分中央、省属在潭改制企业和市属改制企业两类，由不同的党组织负责实施。中央、省属在潭改制企业党员组织关系接转工作由企业党组织和驻地县市区委组织实施；市属改制企业党员组织关系接转工作由上级主管部门党委和驻地县市区委组织实施。二是分类管理。对改制企业党员按离休、退休和解除劳动关系三种不同情况，有针对性地拟定管理办法、接转要求和接转去向。离休的党员原则上转移至主管部门党组织；退休和解除劳动关系的党员原则上先转移至新从业单位党组织；没有新从业单位或新从业单位没有组建党组织的，则转移至居住地、户口所在地社区党组织。三是分步实施。根据企业改革改制进程和街道社区的具体实际，确立先转市属改制企业的党员，后转中央、省属在潭改制企业的党员；先转改制已经完成的企业的党员，后转正在进行改制的企业的党员，保证了接转工作分步进行、平稳过渡。

二、落实工作责任，确保接转到位

近万名改制企业党员接转工作任务繁重，为确保把接转工作落实到位、做实做细，市委严格抓好“查”、“转”两个环节，努力做到无遗漏、不脱节。一是加强查找联系。市委要求，在接转以前，企业和主管部门负责认真联系查找，确保清楚底子。按照“发一封信、见一次面、填一张表”的要求，统一印发了《党员组织关系转移去向联系函》，规定接转时必须有党员本人签字的回执作为依据。统一印发了《致党员同志的一封信》，由单位党组织送达党员本人，消除党员的思想顾虑，促使他们主动配合工作。同时通过会议、报纸、电视和当地党建网站进行深入宣传发动。统一印制了《改制企业党员组织关系集体转移花名册》，花名册包括 16 个方面的内容，由企业和主管部门进行填报，确保转出党员的底子清楚。为推动接转工作的开展，企业和主管部门共抽调了 400 多名同志，安排了 30 多万元经费，做好联系衔接党员工作，做到了每个党员都有本人签字，党员花名册项目一个不少，接转去向符合要求。二是规范接转程序。对于进行组织关系集体接转的，市委规定了确定单位、登记造册、审查批准、办理转接、落实归属五个基本程序，由市委组织部、市财政局、市政府改制办负责审批。为帮助基层掌握工作要求，绘制了改制企业党员接转工作流程图，对每个程序的主要工作、注意事项、报送审批办法、审批审核重点都作了详细的说明。为使工作更有针对性，市委还编印了《党员组织关系接转联系册》，对各社区党组织负责人及联系方式进行登记造册，为转出转入双方搞好对接奠定了良好基础。三是严格工作纪律。为推动接转工作的有序开展，各县市区、企业主管部门都成立了专门领导机构，抽调力量成立工作机构，加强与各职能部门的协调，负责组织落实接转工作。在工作中，制定了严格的工作纪律。

三、加强保障措施，确保接转顺利

改制企业党员大量涌入社区，给社区党建工作带来了巨大压力，为保证转入街道社区的党员真正得到有效的管理，市委从办公经费、场所等方面给予大力支持。一是提供经费保障。按转入街道社区管理的党员人数计算，市里统一协调安排，向转入的县市区按人均每年 100 元提供党员活动经费，由县市区委组织部管理，财政审计部门监督，拨付街道社区使用。经费来源按照列入改制成本、主管部门筹集、财政改制经费列支的方法步骤解决。据统计，全市共向街道社区提供工作经费 950 万元。二是提供场地保障。为改善社区办公条件，保证改制企业党员转入社区后有充足的活动场地，市委通过各种途径努力加强社区硬件设施建设。先后有 66 个社区新建办公用房，全市 190 个社区办公用房面积平均达到 240 平方米。市委规定，企业在向一个社区一次性或连续转入党员在 50 名以上的，应向社区提供办公活动用房和其他物业支持，保证需要；整体移交社区的，提供给社区的办公和党员活动用房要在 300 平方米以上。各改制企业按照要求积极落实，为党员开展活动提供了场地保障。三是提供人员保障。为进一步充实街道社区党建工作力量，市委明确，接收企业党员 500 名以上的街道党委，增设一名党委委员职数，负责组织工作。接收企业党员 100 名以上的社区党组织，根据工作需要配备一至两名社区专(兼)职组织员。

四、改进管理方式，确保接转实效

改制企业党员转入街道社区后，工作、生活

环境和组织关系都与原属企业大不相同，如何使他们以积极主动的姿态投入到新的工作中，保持和发扬党员先进性，就成为摆在党组织面前的一个紧迫课题。市委主要从三个方面入手抓好。一是合理调整党组织设置。一方面，加强改制企业党组织组建工作，下大力气抓好非公有制企业组建党组织工作。另一方面，根据街道社区党员急剧增多、工作任务成倍增加的新情况，及时调整社区党组织设置。目前我市党员人数在50人以上的社区达到65个，已有14个社区成立了党总支。二是加强党员教育管理。企业和主管部门与街道社区积极协同配合，通过召开座谈会、见面会等形式，组织党员到社区党组织报到。社区党组织及时将接转党员编入党支部、党小组，组织党员参加学习活动，保证教育管理到位。对下岗失业和生活困难的党员，各级党组织及时提供就业指导、慰问救助等服务。三是切实发挥党员作用。根据市委意见，开展社区党建、社区就业、社区治安“三位一体”示范创建活动，同时在城市社区无职党员中开展设岗定责活动，进一步加强社区党建工作，发挥党员先锋模范作用。改制企业党员转入街道社区后，为社区干部队伍增添了活力，有120多名改制企业党员先后担任社区干部。街道社区党组织适应党员主体由企业党员构成的新特点，进一步完善工作制度，采取丰富多样的形式，设立党员示范岗、党员责任区，开展“争创文明社区、争当模范党员”的主题活动，为党员在社区发挥先锋模范作用搭建平台。这些措施在党员发挥作用方面收到了良好的效果。

（作者：中共湖南省湘潭市委常委、组织部长）

以改革创新精神推进国有企业党建和思想政治工作

余景涛

党的十七大强调，世情、国情、党情的发展变化，决定了以改革创新精神加强党的建设既十分重要又十分紧迫。企业党建和思想政治工作如何改革创新？实际工作中要把握好“五个必须”。

一、改革创新企业党建和思想政治工作，必须牢牢把握中国特色社会主义理论体系

中国特色社会主义理论体系，在新的时代条件下系统回答了什么是社会主义、怎样建设社会主义，建设什么样的党、怎样建设党，实现什么样的发展、怎样发展等重大理论和实际问题，坚持和发展了马克思主义，是马克思主义中国化的最新成果。在当代中国，坚持马克思主义，就必须坚持中国特色社会主义理论体系；坚持中国特色社会主义理论体系，就是真正坚持马克思主义。这个理论体系为我们改革创新党建工作提供了强大的思想理论武器，也提出了新的更高的要求，这就是必须以中国特色社会主义理论体系为指导进行党建工作的改革创新。这也就是说，坚持以改革创新精神加强党的建设，就必须着眼于提高全党的马克思主义理论水平，坚持不懈地用中国特色社会主义理论体系武装全党，推动广大党员特别是各级领导干部自觉用这一理论体系指导客观世界和主观世界的改造，提高运用科学理论解决实际问题的能力。这是改革创新党建和思想政治工作的根本任务。党中央部署在全党深入开展学习实

践科学发展观活动，也就是这方面的重大举措。

二、改革创新企业党建和思想政治工作，必须紧紧围绕推动企业又好又快发展这一中心任务

改革创新企业党建工作，一个十分重要的问题，就是如何发挥好企业党组织的政治核心作用，就是在现代企业制度、法人治理结构条件下企业党组织的政治核心作用如何实现。按照党章规定的五个方面的职责，政治核心作用具有五个方面的特性。一是原则性，它不是具体的生产经营指挥，而是在原则问题上把方向，保证监督党和国家方针政策、法律法规在本企业贯彻执行；二是服务性，它不是和经济工作两张皮，而是围绕企业生产经营这个中心任务开展工作，做好服务，为企业目标任务的完成提供组织保证和思想政治保证；三是参与性，即融入法人治理机构，参与企业重大问题决策，把党的政治优势同市场机制结合起来；四是凝聚性，即围绕中心，凝聚人心，通过党员干部发挥表率作用、党员发挥先锋模范作用，增强党组织的创造力、凝聚力、战斗力，把职工群众团结在党的旗帜下，把党组织的作用转化为企业核心竞争力；五是渗透性，即作为管理链条中的环节，渗透于企业生产经营全过程，贯穿于企业决策、执行、监督全过程。总之，要按照参与决策、带头执行、保证监督的总体要求，将党组织政治核心作用贯穿于决策、执行、监督全过程。既保证董事会对企业重大问题的决策权，又保证党组织的意见和建议在企业重大问题决策中得到尊重和体现。围绕着"提高人"和"凝聚人"，把党的理想信念，通过企业价值理念建设，转化为企业的凝聚力；把党的方针政策，通过企业战略规划及实施，转化为企业的发展力；把党的纪律作风，通过企业规章制度及行为规范，转化为企业的执行力；把党员的先进性标准，通过企业先进典型及形象塑造，转化为企业的带动力；把党组织的政治核心作用，通过企业党建和思想政治工作创新，转化为企业的领导力，从而推动企业又好又快发展。

三、改革创新企业党建和思想政治工作，必须继续坚持保持共产党员先进性长效机制建设

胡锦涛总书记在阐述以改革创新精神推进党的建设时，首先强调了三个坚持，这就是坚持以中国特色社会主义理论体系为指导，坚持党的性质和宗旨，坚持发扬党的优良传统。这就表明了我们的改革创新是在继承基础上的改革创新，党的理论指导、党的性质和宗旨、党的优良传统，这都是要坚持的、继承的，一以贯之的。在坚持和继承的好传统中，有党长期培育形成的，也有改革开放以来新取得的，特别是全党开展的保持共产党员先进性教育活动及其形成的长效机制建设，这都是要坚持的。作为党的先进性长效机制建设的制度成果，有中央和省委的6个长效机制文件，也有省国资委党委的2个基本规范（企业党委工作基本规范和企业基层党支部工作基本规范）和2项制度（企业党委党组书记联席会议制度、党委党组书记党建工作述职制度）。先进性教育活动之所以取得成效，核心是我们紧紧抓住了先进性建设问题，把党要管党、从严治党的要求变成制度现实。要改革创新企业党建和思想政治工作，必须大力巩固先进性教育活动成果，贯彻落实好我们党自改革开放以来出台的关于加强国有企业党建工作的一系列行之有效的方针政策和制度规定，贯彻落实好中央保持共产党员先进性长效机制文件。

四、改革创新企业党建和思想政治工作，必须大力弘扬理论联系实际的马克思主义学风

改革创新的过程，就是运用理论指导，对新情况、新问题进行研究和解决的过程。改

革创新企业党建和思想政治工作，一方面，必须坚持面向现代化、面向世界、面向未来，客观认识现状，敢于正视矛盾，遵循企业发展规律，以锐意进取的精神和深入扎实的作风研究和回答企业党建实践提出的重点、热点、难点问题。如企业产权关系多元化使企业党组织隶属关系发生了新变化，党组织在企业中的政治地位受到新考验，对党管干部原则与市场配置关系的把握、经营管理人员的选拔方式和管理模式提出了新要求；价值取向多元化、利益追求多样化，使单纯的思想教育难以奏效；党组织和党员在不断的流动中，不少企业出现党务政工人员后继乏人的现象等等，这些都需要我们在总结实践经验的基础上寻找解决问题的答案。应当看到，中国特色社会主义伟大事业及企业不断发展壮大，广大基层党组织和党员干部生机勃勃的创造性实践，为改革创新企业党建和思想政治工作提供了取之不竭的源头活水。另一方面，还要克服唯书唯上、崇洋崇古、照搬照套的行为习惯，坚持解放思想、求真务实，推崇探索、宽容失败，提倡竞争、倡导合作，鼓励党员干部以蓬勃向上的朝气、敢闯敢试的锐气、开拓进取的勇气做好各自的工作，让一切有利于增强党的创造力、凝聚力、战斗力的创新理念得到尊重、创新举措得到鼓励、创新才能得到发挥、创新成果得到推行。这是确保企业党建和思想政治工作始终生气勃勃、兴旺发达的不竭动力。

五、改革创新企业党建和思想政治工作，必须认真落实党的十七大对党的建设的总体部署

十七大对全面推进党的建设新的伟大工程作出了总体部署，这就是坚持“一条主线”、突出“五个重点”、明确“一个目标”、抓好“六项任务”。一是明确了一条主线，就是把党的执政能力建设和先进性建设作为主线，坚持党要管党，从严治党，全面贯彻为民、务实、清廉的要求；二是突出了五个重点，就是以坚定理想信念为重点加强思想建设、以造就高素质党员干部队伍为重点加强组织建设、以保持党同人民群众的血肉联系为重点加强作风建设、以健全民主集中制为重点加强制度建设、以完善惩治和预防腐败体系为重点加强反腐倡廉建设；三是确立了一个目标，就是把党建设成为立党为公、执政为民，求真务实、改革创新，艰苦奋斗、清正廉洁，富有活力、团结和谐的执政党；四是提出了六项任务，包括思想理论建设、执政能力建设、党内民主建设、高素质干部队伍和人才队伍建设、基层党组织建设、作风建设等六项重点任务。

实践表明，抓好这“五个必须”，企业党组织的创造力、凝聚力、战斗力就会不断增强。

（作者：湖南省国资委副主任、党建研究会副会长、国有企业党建政研会副会长）

以社会主义核心价值体系推进和谐企业建设

李　平

企业在推进社会主义核心价值体系建设中，承担着重要的责任和义务。

加强思想道德建设，提高员工素质，是建设和谐企业、推进社会主义核心价值体系建设的思想基础

加强思想道德建设是推进社会主义核心价值体系建设的重要组成部分，是提高员工素质的重要内容和有效途径。同煤集团的实践证明，加强思想道德建设，提高员工素质，必须用马克思主义中国化最新成果武装员工，用社会主义荣辱观引领风尚，大力推进精神文明创建活动，这是加快建设和谐企业步伐，推进社会主义核心价值体系建设的重要思想基础。

同煤集团始终坚持把理论学习摆在重要而突出的位置，建立健全加强理论学习的各项制度，经常聘请专家进行大型专题讲座，提高理论学习的层次。围绕煤炭行业发展的重大课题，开展调查研讨，力求解决企业的重点难点问题。通过较为系统和全面深入的学习，使理论学习成果转化为谋划企业发展的思路、促进企业工作的措施、领导企业工作的本领，转化为推动企业科学发展、促进和谐企业建设、推进社会主义核心价值体系建设的能力。

加强思想道德建设，提高员工素质，必须用社会主义荣辱观引领风尚。树立和践行社会主义荣辱观，要靠广泛的宣传教育，更需要付诸实践。同煤集团把社会主义荣辱观教育作为各级党组织的重要工作，作为做强同煤的道德支撑，促进和谐同煤建设的思想保障。以“扬荣弃耻、共建和谐”为主旋律，分系统、分阶段地深入开展“知荣辱、爱矿山、做主人”、“知荣辱、强同煤、献青春”、“知荣辱、讲理想、比贡献”等八大主题系列活动，贯穿全年，覆盖基层，提高了企业员工的整体素质，极大激发了员工热爱同煤、建设同煤的工作热情，为企业的改革发展注入了强大的生机活力。矿山风气呈现出可喜的变化，讲奉献、学技术、守信用、爱企业在百里煤海蔚然成风。

同煤集团在建设和谐企业，推进社会主义核心价值体系建设中，不断拓宽精神文明创建活动的思路和内容，如大力推进“百里煤海文明和谐带”创建活动。围绕建设绿色同煤、科技同煤、诚信同煤、小康同煤、和谐同煤和促进地方社会稳定、经济繁荣、文化先进、环境优美、生态良好、风尚文明总体目标的实现，使百里煤海沿线成为经济发达的走廊、弘扬先进文化的走廊、践行社会主义荣辱观的走廊、建设绿色生态环境的走廊、展示文明创建精品的走廊。

引深企业文化建设，增强文化软实力，是建设和谐企业、推进社会主义核心价值体系建设的内在要求

企业文化集中体现企业的主体价值和精神风貌，是企业凝聚力和创造力的重要源泉，是“软实力”的重要组成部分。“软实力”中最关键的就是核心价值体系，这是企业文化建设的根本。只有把社会主义核心价值体系渗透到企业文化建设的各个方面，才能树立和谐的理念、培育和谐的精神，才能形成和谐的人际关系和共同的理想信念，营造和谐的发展氛围。

企业文化建设必须在社会主义核心价值体系的引领下，通过企业文化的理念灌输、渗透和行为养成，调动与激发员工建设和谐企业的积极性、主动性和创造性。同煤集团针对企业重组后，参组企业不同的发展历史、文化背景、管理方式，以及思想观念、行为养成等方面的差异，用企业文化整合资源，提炼并形成了“勇于奉献，争创一流”、“做强同煤，造福员工”、“人人精打细算，个个当家理财”等18项25条组成的企业理念体系，用共同的价值观统一员工的思想观念和行为规范，形成共同的愿景和追求，使企业的兴衰荣辱和每个员工紧密地联系在一起，形成了强大的凝聚力、向心力。在此基础上，推进企业文化建设向纵深发展，把4E6S基本行为养成训练与岗位管理结合起来，在所有的岗位中确定不同岗位、工种的6S行为养成的具体要素，分解成可操作、可考核、能量化的岗位标准和具体要求，有效地提高了员工队伍的素质；广泛推广精细化、人性化管理，激发每个

员工为企业奉献才智的创造性和热情，让每个人、每个岗位都能成为实现价值、创造效益的源泉，使广大员工的个人目标和企业的目标、社会主义核心价值体系融为有机的整体，并自觉为之奋斗。

落实科学发展观，促进企业又好又快发展，是建设和谐企业、推进社会主义核心价值体系建设的重要保证

坚持科学发展，就是坚持把发展的质量和效益放在首位，在好的基础上保持持续较快增长，这是建设和谐企业、推进社会主义核心价值体系建设的重要保证。社会主义核心价值体系是企业落实科学发展观的思想基础，是促进企业科学发展的强大精神动力。

落实科学发展观，要在大力推进社会主义核心价值体系建设的基础上，解决好影响企业和谐的突出矛盾和问题，实现企业的全面协调和可持续发展。同煤集团提出坚持"做强同煤，造福员工"的总体工作思路和构建具有国际竞争力综合能源集团的战略目标，坚持在煤炭主业上做强，走现代化、规模化道路；在产业结构上做强，走综合高效、多元化道路；在发展模式上做强，走循环经济道路等"八条强企之路"。同时，大力建设惠及 70 万员工家属的和谐企业，出台了《建设和谐企业的实施意见》，确立到 2010 年，煤炭产销量达到 1.5 亿吨，总销售收入达到 500 亿元以上，电力装机容量达 300 万千瓦，非煤产业产值超过 150 亿元；在岗员工人均年收入平均递增 10%左右，员工生活质量逐年提高，形成全体员工人尽其才、各尽其能、各得其所而又和谐相处的局面等一系列奋斗目标，为企业的科学发展和和谐企业的构建绘就了蓝图。

坚持走资源回采率高、安全有保障、环境污染少、经济效益好、全面协调可持续的发展道路，是煤炭企业充满活力、文明和谐、持续发展的必由之路。同煤集团坚持科学发展，积极调整产业结构，精心打造五大产业，基本形成了煤炭、电力、煤化工、煤机、冶金五大产业并举的发展格局，企业主辅分离，母子公司体制在逐步推进。建设中的塔山循环经济园区，以塔山矿井为龙头，各个生产单位首尾相联，环环相扣，上一个生产单位的废料是下一个生产单位的原料，逐层减量利用，直至将煤炭资源"吃干榨尽"。"一矿八厂一条路"共同组成循环经济产业链，实现煤炭资源利用的低消耗、低排放、高效率，更加有效地利用资源和保护环境，实现最大的经济效益和社会效益。

坚持以人为本理念，实现改革成果共享，是建设和谐企业、推进社会主义核心价值体系建设的根本目的

对于企业来讲，坚持以人为本，实现改革成果共享，就是建设和谐企业，把实现好、维护好、发展好广大员工群众的根本利益作为企业工作的出发点和落脚点。同煤集团在改革发展中，明确提出在"促进成才、增加收入、保障健康、老有所养、改善住房、环境创建、维护权益、共建和谐"的八个方面要造福员工。始终坚持全心全意依靠员工办企业的方针，坚持职工代表民主巡视制度，认真落实职代会提案；坚持井下员工外出疗养制度。特别是去年，正式启动了大同煤矿采煤沉陷区综合治理和棚户区改造两大工程，用 3 年时间，新建 1500 栋住宅楼，让 9 万多户 30 多万员工家属迁入新居，使同煤员工群众居住条件得到彻底改善，这是大同煤矿发展史上最大的惠民工程、安居工程。广大党员用实际行动体现先进性，35 个基层党员服务站活跃在百里矿山，为员工群众解难事、办好事。共青团就业指导服务中心长时期以服务矿区青年为己任，再次被评为"中国青年创业行动优秀组织单位"。集团公司开辟了十条扶贫渠道，开展职工重特大病救助，采取热电联供、集中供热，有效改善了矿区的环境面貌。企业荣获"全国送温暖工程先进单位"、"全国模范职工之家"等荣誉称号。

（作者：大同煤矿集团公司党委宣传部部长）

适应现代企业制度　创新宣传思想工作

金思宇

在现代企业制度条件下，企业的宣传思想工作必须围绕中心、服务大局，明确任务、找准位置，积极探索、把握规律，突出重点、融入管理，必须要用改革的精神加以改进和创新，探索新方法、开辟新渠道、寻求新载体、取得新成效，使宣传思想工作适应新的形势发展需要，不断推进企业改革与发展。我们认为，创新宣传思想工作必须坚持马克思主义在意识形态领域的领导地位，在理论创新、内容创新、体制创新、机制创新、载体创新、方法创新上下功夫、求实效。

一、进行理论创新，增强宣传思想工作的指导性

马克思主义理论研究和创新，是马克思主义始终保持生命力和战斗力重要前提。新的时代呼唤理论创新，伟大的实践需要理论创新。创新需要勇气，创新需要智慧。理论创新绝不能割断历史，理论创新是一切工作创新的先导。在现代企业制度下，企业的宣传思想工作面对的实际情况有了很大的变化，因此必须探索出新的理论，才能增强工作的针对性。

宣传思想工作必须根据新形势新任务新情况重新审视、重新定位，有“进”有“退”、有所为有所不为。从政治学角度来说，宣传思想工作是党对企业政治领导和思想文化领导的重要内容；从管理学角度来说，宣传思想工作是企业生产经营管理中的一个重要链条；从社会学角度来说，宣传思想工作是构建和谐社会、和谐企业的重要保证和文化条件。在建立现代企业制度、构建社会主义和谐社会过程中，宣传思想工作要从原来的“一切工作的生命线”转变为“企业生产经营的生命线”；要从原来“围绕中心、服务服从大局”转变为“主动参与经济建设、融入生产经营的各个环节，成为经营管理的一个重要组成部分”；要从原来“在外围打转转、敲边鼓”延伸到企业生产经营管理第一线；要从原来“仅仅是党群部门、政工干部做宣传思想工作”转变为“所有的党员和领导干部都要做，人人都做宣传思想工作”。宣传思想工作要坚持以人为本，注重人文关怀，重视员工正当利益诉求，重视员工不满情绪的诉求，重视员工日益增长的精神文化需求，重视解决员工的实际困难和问题，重视激发员工的积极性和创造力。

企业宣传思想工作绝不是“空洞无物”的，更不是可有可无的，而是大有作为的。要摒弃宣传思想工作“无用论”、“取消论”、“替代论”等错误思想，反对“淡化、弱化、去化”的错误倾向。要坚持越是改革开放，越是深化改革，越要探索和创新宣传思想工作，越要加强和改进宣传思想工作。要摒弃“宣传思想工作不产生经济效益”的错误思想，树立“宣传思想工作促进经济效益、促进生产力”的理念。要摒弃“宣传思想工作要由多少部门、多少编制、多少薪酬决定其地位”的错误思想，而要看其配置是否合理、运转是否高效、效果是否明显、影响是否深远。要摒弃宣传思想工作者是没有专业的“万金油”、没有特长的“吹鼓手”、没有地位的“救火队”的错误认识，强化宣传思想工作者是稀缺的政治资源、宝贵的人力资源和企业长远发展不可替代因素的认识。善于做好新形势下的宣传思想工作，是加强党的执政能力建设的重要内容，也是对我们党领导水平和执政水平的一个重要考验。这是对宣传思想工作地位、作用认识的深化和升华。

二、进行内容创新，增强宣传思想工作的针对性

内容创新，是现代企业制度下宣传思想工作具有活力和作为的关键，要着眼于社会全面进步和人的全面发展开展工作。

1. 加强执政能力教育。关键要抓好领导干部的教育。要抓好党委中心组理论学习，采取请进来与走出去、请上来与走下去、集中学习与分散学习、个人学习与专家辅导、学习基本观点与调查研究、理论研讨与决策论证等有机结合起来的形式，着眼于研究解决带全局性、战略性、前瞻性的重大问题，着眼于解决企业改革发展稳定中的重大现实问题，有效地激发领导干部学习的内在动力，变“要我学为我要学”，切实提高领导干部的理论水平和工作水平。

2. 突出铸魂和思想意识转化教育。要引导干部职工在为企业建设与发展付出奉献并取得相应劳动报酬过程中，以社会主义荣辱观为基础，树立坚定的理想信念和正确的人生观、价值观，恪守职业道德和社会公德，建立社会主义核心价值体系；引导干部职工从个体意识向团队意识转变、从谨小慎微向更加自信转变、从敏感猜疑向信任合作转变、从坐商意识向市场意识转变、从僵化保守向把握机会转变。

3. 强化爱岗敬业教育。企业是干部职工生存和发展的载体，岗位是干部职工施展才华的舞台。要教育干部职工树立“今日工作须尽力，明日开拓少危机”的意识，珍爱岗位从我做起，自觉接受新的知识和提高自身技术素质，立足岗位成才；培养企业干部职工良好的精神状态，使艰苦奋斗、无私奉献、勤俭办企业的思想深入人心，引导干部职工做到敬业、创业、勤业、精业。

4. 大力开展形势教育。要正确引导干部职工从国际国内大环境、改革开放大格局、社会发展大趋势看待问题和分析问题，正视各种社会矛盾，提高干部职工对社会发展的适应能力和对改革的承受能力，不被局部的、暂时的困难所吓倒，不被一些表面现象所迷惑，不被一些迷信、落后的思潮所左右。

5. 深入开展法制教育。要加强干部职工的法制意识，加强企业规章制度的学习和教育。要教育企业干部职工遵纪守法，大力倡导干部职工以主人翁的姿态、积极有序的行为参与民主管理和民主监督，并善于依法行使权利、履行义务和维护自己的合法权益。

三、进行体制创新，增强宣传思想工作的主动性

体制创新，是建立完善现代企业制度条件下宣传思想工作的重要方面。

1. 要探索形成新的领导体制。要建立和完善有利于加强对宣传思想工作的领导、有利于落实企业党委、董事会、经理层领导人员各负其责的领导体制。党委书记要主持党委中心组学习会议、宣传思想工作联席会议，提出宣传思想工作和企业文化建设的目标和任务。董事会要把宣传思想工作纳入企业发展规划当中。经理层要执行董事会和党委会的决议，亲自做宣传思想工作，大力推进企业文化建设。

2. 要探索形成新组织架构。要形成由党委统一领导，党政工团齐抓共管，以专职宣传思想工作人员为骨干，以各级领导干部和经营管理人员为主体，党员、团员和广大职工群众共同参与、各负其责的“大宣传”的工作格局。本着“精干、务实、高效”的原则设置企业的宣传工作机构，合理安排工作人员，纳入企业管理和编制之中。宣传工作经费从企业管理经费中列支，需得到保证。

3. 要探索形成新的工作体系。要采用“一岗双责”形式，明确行政管理人员在企业宣传思想工作中的职责。把党和国家的大政方针与企业宣传工作的目标任务转化为企业的制度和规定，融入干部职工的工作职责之中，做到“四个同步、两个纳入”，即把宣传思想工作与生产经营、行政管理工作同步规划、同步实施、同步考核、同步奖惩，把宣传思想工作纳入战略目标管

理、纳入生产经营管理，形成横向到边，纵向到底，运转高效，立体化、全方位的宣传思想工作体系。

四、进行机制创新，增强宣传思想工作的规范性

机制创新，是实现宣传思想工作与生产经营有机结合的正确途径，使宣传思想工作成为现代企业管理不可或缺的重要组成部分。

1. 建立工作保障机制。(1)加强基层党组织建设，发挥基层党组织在宣传思想工作中的作用。特别是要选配德才兼备，熟悉党务工作，有事业心、责任感，懂生产、会管理，综合素质较高的优秀党员担任支部书记，切实加强基层宣传思想工作。(2)广泛开展党员先进性教育，加强党员队伍建设。坚持党员责任区、党员联系群众等制度，充分发挥共产党员在企业宣传思想工作中的先锋模范作用。(3)加强宣传思想工作队伍建设。努力建设一支综合素质高、熟悉生产经营、具有丰富党务工作和群众工作经验的宣传思想工作者队伍。

2. 建立信息反馈机制。(1)宣传思想工作部门要对干部职工的思想动态进行定期分析，实行“预警管理”，及时有针对性地提出思想教育的工作措施，做好干部职工的宣传思想工作。(2)宣传思想工作部门要对干部职工思想状况进行超前的分析，在企业重大改革和生产经营活动决策出台前，要对广大干部职工的承受度作科学深入的分析，准确把握干部职工的思想动态和脉搏，有针对性地加强宣传思想工作。(3)宣传思想工作部门要深入分析和了解当前形势和社会状况以及本企业干部职工队伍的情况，及时发现影响企业稳定的情况和问题，提出预案和对策，采取有效措施，化解矛盾、凝聚人心，把不稳定因素解决在萌芽状态，为企业的改革、发展、稳定创造良好的舆论氛围和工作生活环境。

3. 建立选拔培训机制。要贯彻落实党管人才的原则，按照建立现代企业制度要求，建设好国有资产出资人代表、经营管理者、科技带头人、思想政治工作者和高技能人才五类人才队伍。制定并实施企业宣传思想工作队伍建设规划，重点抓好培养、吸引、交流和使用四个环节，努力建设一支综合素质好、熟悉生产经营、具有丰富党务工作和群众工作经验的宣传思想工作者队伍。要采取有力措施确保这支队伍数量相对稳定、学历水平逐步提高、年龄构成日趋合理、知识结构和专业特长互补。要定期组织企业宣传思想工作者的学习培训和调研考察，不断提高宣传思想工作的本领和水平。要鼓励经营管理人员与宣传思想工作者进行轮岗交流、交叉任职，特别要吸引和选拔一批有能力、有激情、想干事、愿奉献的人才充实到宣传思想工作战线，努力培养适应现代企业制度要求的复合型宣传思想工作者。对于长期专职从事宣传思想工作的优秀人才，根据工作需要和个人意愿，输送选拔到相应的领导岗位。

4. 建立激励机制。要坚持物质激励和精神激励相结合，以精神激励为主的原则。(1)要善于发现、培育、选树各类可信、可亲、可敬、可学的先进典型，要善于通过大力宣传各类先进典型，激励干部职工施展才能、奉献力量，提升企业形象和品牌，进一步增强广大干部职工的自豪感和荣誉感。(2)要设立宣传思想工作奖项。对宣传思想工作先进单位和个人进行适时的表彰，可以把出国考查、学习深造、休假疗养等作为奖励内容。

5. 建立目标考核机制。结合企业经营管理工作，可以借助ISO9000质量认证体系推行宣传思想工作的目标管理，使之更具科学性和可操作性。根据企业物质文明和精神文明建设的要求，定期制定宣传思想工作的目标、规划、措施，做到职责清晰，分工明确，协调有力，措施落实，工作有序，奖惩分明。落实宣传思想工作“一岗双责”的要求，把宣传思想工作纳入企业管理考核体系之中，与评聘专业技术职称挂钩，使宣传思想工作者与行政人员享受同等待遇，以调动宣传思想工作者的积极性，稳定宣传思

想工作者队伍。

五、进行方法创新，增强宣传思想工作的适应性

在现代企业制度条件下，宣传思想工作必须创新方式方法，增强宣传思想工作的时代感、针对性和实效性。

宣传思想工作要实现“八个转变”，做到“五个突出”。“八个转变”：一是由过去“大一统”的教育方式向多层面、多元化教育方式转变；二是由集中教育向群众自我教育转变；三是由传统的教育方式向现代化手段转变；四是由无形引导向有形引导转变；五是由封闭式、单向传输向开放式、互动式教育转变；六是由上情下达向下情上传转变；七是由“消防堵漏”向超前服务转变；八是由彼此分离向点面结合转变。

同时，要在“五个突出”上下功夫：一是突出经常性。结合企业特点，把准干部职工思想脉搏，深入实际，沉到基层，通过个别谈心，家庭走访，开调查会，民意测验等方法，摸清不同时期、不同层次人员的心理和思想，坚持一切从实际出发，实事求是，具体问题具体分析的原则，采取科学的态度，运用对立统一的观点，经常对群众的心理和思想进行分析，分情主流和支流，弄清本质，根据干部职工情绪变化和行为表现，推断干部职工的活动趋势，预测可能出现的问题，抓住思想和行为苗头，有针对性地采取相应措施，把问题解决在萌芽状态，增强思想教育的预见性和主动性。二是突出互动性。努力调动宣传思想工作的主体和客体的积极性，促进相互交融、相互贯通。实现说教式向引导式，号召式向激发式，“我打你通式”向“参与互动式”转变。要充分信任干部职工，高度重视干部职工的意见，对干部职工提出的意见和问题，能解决的立即解决，暂时不能解决的，也要给干部职工一个明确的答复。善于做思想沟通工作，采用“换位”思维方式，尊重人、理解人、关心人。三是突出科学性。系统论、信息论、控制论、心理学、管理学等多学科的创立和发展，为企业宣传思想工作提供了许多分析问题和处理问题的好方法。宣传思想工作者要加以学习和应用，研究人的社会属性和自然属性，关注兴趣、情感、性格等要素对宣传思想工作的影响和作用，讲究工作的艺术性，进一步增加科技含量，提高宣传思想工作效率。四是突出群众性。企业宣传思想工作要坚持专职做和人人都做思想工作结合，解决思想问题和解决干部职工实际困难结合的原则。一方面要形成“做人人的思想工作，人人做思想工作”的格局，干部职工之间互相关心、互相爱护、互相帮助，嘘寒问暖、春风化雨、润物无声；另一方面要按照“尊重人、理解人、启发人、关心人、激励人、塑造人”的思路，既讲道理，入情入理地分析问题、解疑释惑、疏导思想、理顺情绪、提高觉悟，又办实事，倾听群众的呼声、关心群众的疾苦，多做得人心、暖人心、稳人心的工作，引导干部职工把个人利益、企业利益与国家利益有机结合起来。五是突出层次性。宣传思想工作要少一些“规定动作”，多一些“自选动作”，对不同行业、不同企业、不同对象，要进行分类指导和管理。要处理好广泛性和先进性的关系，形成多层面的先进层，从大多数出发，以少数带动多数。

六、进行载体创新，增强宣传思想工作的有效性

载体创新，是提高企业宣传思想工作有效性的重要手段。在加强宣传思想工作的实践中，要积极寻找新的载体增强工作的成效。

1. 以精神文明创建活动为载体。通过开展文明单位创建、员工之家创建、职业道德教育、科技知识普及、岗位练兵、劳动技能大赛等具有企业自身特色的活动，引导广大干部职工直接参与实践，提高干部职工的科学素质和思想道德水平。

2. 以企业文化建设为载体。要通过征集、讨论等形式提炼企业精神、形成企业理念和共同价值观；通过宣传推广企业标识、打造企业品牌，树立企业形象；通过建立员工手册，培养和

规范干部职工行为；通过开展群众性的文体活动，活跃职工业余生活等，在企业内部营造一种浓厚的文化氛围，有效地凝聚和激励员工。通过倡导企业廉洁文化，培养干部职工守法经营，廉洁自律。

3. 以企业管理为载体。要把宣传思想工作寓于企业管理之中，通过说服教育、宣传鼓动、思想政治工作、行政措施和制度约束，协调、统一和规范干部职工的行为，形成和谐的企业环境，努力培育"四有"职工队伍。

4. 以现代新兴传媒为载体。在发展原有广播、电视、报刊等传统载体基础上，善于利用、借助互联网、局域网、多媒体、手机、博客、播客等现代新兴传媒，发挥互联网、手机等具有跨越时空、方便快捷、信息量大、互动性强等特点，向干部职工及时提供思想信息，搭建起与广大职工互动交流的平台。

（作者：国务院国资委党委宣传部宣传处长）

我国企业文化的理想境界和差距分析

王长根

全球化、互联网、知识爆炸、国际金融危机……，中国企业如何有效地应对前所未有的挑战，是目前大家共同思考的一个大问题。企业文化在中外先进的成功实践，越来越引起人们的重视，成了应对激烈竞争的有力武器。总结我国企业文化的经验，针对理论和实践上存在的问题，有必要对我国企业文化的理想境界作一探讨，并对一些突出问题予以分析，以此给我国企业文化"做正确的事"提供参考，使企业在核心竞争力培育中，真正发挥企业文化的促进作用。

我国企业文化的理想境界

企业文化的理想境界，就是根据企业文化的本来意义改善和推进企业管理，不断把企业建设提高到更加理想的状态。有四项基本标准：

1. 念企业文化"真经"

人们在批评一些错误现象时常说，"经是好经，都是歪嘴和尚给念坏了！"在盗版、冒牌现象时有发生的今天，"企业文化"同样鱼龙混杂，有"歪嘴和尚念坏经"的现象。如果不辨真伪，盲目听信人言，就有误入歧途的危险。比如：

——本来意义上的企业文化是摄取传统文化的精华，创造和接纳新的价值观念、新的眼光、新的精神，结合当代先进的管理策略，为企业员工构建的一套价值观念和环境氛围，而很多人在传播企业文化时却以企业文化"无定论"为名，随意解释企业文化。

——本来意义上的企业文化，是在原有企业管理理论基础上发展起来的一种管理理论，它既不是文化人类学所理解的企业文化，也不是管理学所理解的企业文化，而是对企业文化的特殊理解。企业文化是由若干具有特殊内涵的非正式管理制度构成的企业根本指导思想，"而非资金、技术、资源、设备、制度等等这些因素"，而当前很多人却用广义企业文化取而代之，称企业文化既包括价值观念，还包括行为准则、企业制度、企业产品和形象。

——本来意义上的企业文化结构，仅仅由企业哲学或宗旨、企业价值观、企业精神、企业道德、企业作风（或叫企业风格）或企业环境、英雄、习俗和仪式、文化网络等因素组成，而当前很多企业却做起了文字游戏，企业自上而下的各级组织和各级业务领域都建立了所谓的企业文化体系。

——本来意义上的企业文化构成要素，如果没有在正式的管理制度建立和执行中、在企业的一切行为中发挥“灵魂”作用，没有最大限度地调动员工的积极性，那么这个企业就没有形成自己的企业文化，而当前很多人却主张有了企业管理，就有了企业文化。

——本来意义上的企业文化是以人为中心，以先进的思想观念引导为基本手段，以激发员工内动力、让员工自主工作为目标，以追求企业的整体优势和追求普遍的卓越及良好的集体感受为核心的管理思想，而当前很多企业却用“管、卡、压、罚”的办法建设企业文化，不少人还对“软指标变成硬任务”津津乐道。

——本来意义上的企业文化既是一门管理理论，又是一门管理艺术。作为管理理论，它总是力求把矛盾处理得有利于生产力的发展；作为管理艺术，它总是把对人和物的管理处理到最和谐融洽的地步。而当前不少企业总是抓住矛盾的一个方面来否定另一方面，要么侧重于企业精神的培育，却忽视科学管理和数量化、规范化、精确化的打造；要么侧重于依靠员工热情开展工作，却忽视制度、机制的长期拉动作用；要么侧重于社会责任、用户和股东的利益，却忽视员工的利益；要么侧重于产品质量与品质的打造，却忽视降低成本和产能的提高；要么侧重于创新与变革，却忽视对传统文化的继承；要么侧重于对政府号召的响应，却忽视企业管理的固有规律。

——本来意义上的企业文化建设其实很简单，就是用它来量度企业的战略、运营及人和事，企业的人和事也以它为标准，自觉对照，并不断向更好的目标努力，而当前很多企业不是用企业文化要素对照企业行为找差距，而是高喊口号，纸上谈兵。

2. 创造和接纳新的价值观念

本来意义上的企业文化告诉我们，它是创造和接纳新的价值观念、新的眼光、新的精神的一种管理思想。企业文化建设如果不是用开放的思想面对现在和未来，向引领先进文化方向的目标攀登，而是一味“感觉良好”，停留在继承和维持现状上，就不是建设真正意义上的企业文化。

当前我国的海尔、联想和一些央企及部分世界500强在华机构的企业文化，是先进的企业文化。

海尔企业文化的核心是创新，企业的所有观念都来自实践，一切工作又都接受新观念的检验；企业的文化始终服务于企业战略的调整与推进，企业战略的确立和实施又始终以企业文化为指导，力求更高更好的目标。海尔从1984到1995年的第一个十年是创业，立志要造中国最好的冰箱，创出中国家电第一名牌，于是海尔创业者们表现出了“无私奉献、追求卓越”的海尔精神。1995到2005年的第二个十年，海尔在国内市场取得长足发展后，走出国门，二次创业，尝试创中国人自己的国际名牌，海尔人此时提出了具有民族意义的企业精神：敬业报国、追求卓越。2005年海尔荣登中国十大世界名牌榜首，在全球白色电器制造商中排名第四。跨入世界企业500强以后，海尔进入全球化经营的第三个十年，面对遍布全球的5万员工和创世界顶级品牌新目标，海尔需要一种全球视野的企业精神，于是，“创造资源、美誉全球”企业精神应运而生。海尔在创新型文化的旗帜下，要创造资源优势，保证全球化品牌战略顺利实现。

3. 结合当代先进的管理策略

企业不能依据企业文化是一个价值观体系，就简单地定性它是很虚的一种管理。企业文化比以往任何管理理论都更注重实际，因为它不但始终在“创造和接纳”新的眼光和新的精神，企业的管理思想处于随时更新的状态，而且还以不断增强企业的竞争优势为中心，随时跟踪世界先进的管理策略。

“结合当代先进的管理策略”，是指企业把企业文化与经营管理的实战思想和具体策略紧密结合起来，让企业文化通过经营管理体现出来，而不是在具体工作之外另搞一套，或专门让一些人和一些部门去喊口号，形成对业务工作的干扰。如果把握不住这一点，就会把企业文化做虚，或出现“两张皮”现象。就目前而言，企业文化应体现在以下 9 个管理策略中：组织机构精简、高效，服务于战略推进，且在动态变革中；建立与市场完全接轨的内部机制；实施全球化战略，开拓国际市场，提高经营能力；跨国公司向“全球整合型企业”转型，在全球范围内优化资源；实现发展战略、企业文化、业务流程、技术标准、门户网站的统一；致力于准确判断需求和快速满足需求的能力建设，提高反应速度；广泛应用 IT 技术，提高经营管理水平，创新培训模式；高度重视企业“大品牌”建设；尊重和鼓励员工个性化发展，千方百计调动员工积极性，建设一流队伍。

4. 构建让职工自主工作的环境氛围

按照价值观的要求，构建让职工自主工作的环境氛围，实现对企业文化这一“无法测量的东西”的有效管理，既是企业文化的内在要求，也是提高企业竞争力的根本需要。我国不少企业管理者，一提到环境氛围，就想到宣传教育，想到贴标语、喊口号、出板报、演节目；一提到管理，就想到控制，想到严考核和重处罚，他们不知道真正的环境氛围和管理是创造良好的“企业心理环境”，以此激起职工的自我约束。

所谓企业心理环境，是企业对员工的心理状态施加影响而采取的各种措施和手段。良好的心理环境，是企业通过在工资福利、领导和员工行为、劳动人事、职工工作生活条件、后进转化、沟通调适等方面，采取积极的政策措施，而营造出来的使员工心情舒畅、各遂其志、各尽所能的环境氛围。

企业文化操作，应以围绕改善企业心理环境展开，加快企业经营机制的改革，消除不公现象和矛盾症结；企业领导要言行一致，并努力创造平等和睦的融洽氛围；要建立多渠道的员工成长路径和公平竞争机制，使员工的特长和进步及时在岗位竞聘中得到体现；要不断改善员工工作生活环境；要发挥正激励作用，讲求管理艺术；要给予员工申诉、陈述、表白的机会，尊重员工要求公平、平等的权利；要建立科学配套的制度和行为规范体系。

我国企业文化未达到理想境界的原因分析

企业文化传入我国已经 20 多年，尽管成绩巨大，但对照以上标准，还有很大差距，主要原因是：

1. 离开企业文化真经去研究企业文化，迷失了研究的方向

以高校教师为主力的中国学者，在企业文化研究上下了很大功夫，但没有提出系统化的简便易行操作方案，来指导中国企业提高管理素质和能力，是一个遗憾。

2. 离开企业文化真经去实践企业文化，走进了实践的误区

我国一些企业文化标签化、口号化的做法，致使不少企业文化落下了“花架子”的坏名声；一些企业热衷于建设“纵横交错”的亚文化，致使企业价值观、企业精神、企业道德等实践无法推进；一些企业习惯于用行政手段建设企业文化，或签责任状，或实行一票否决，给企业文化戴上了“假人本”的帽子。

企业文化评价是企业文化建设的重要方面，我国企业至今没有跳出旧管理的思维定式，仍沿用“就事论事”和刚性考核的办法，有的甚至以严考重罚代替企业文化建设。而真正的企业文化评价应该是那种“落实真经，设计项目，公开规则，大家干干，组织评评”，让员工和部门通过“企业精神奖评选”这一“游戏规则”，逐步养成按共同价值观自主工作的意识。

3. 在主观臆想的误导下传播和建设企业文化，弊端很多

主观臆想的企业文化，是仅凭个人主观想象来理解和建设企业文化。这个误区贻害无穷。如，听说企业文化是管理文化，就在企业的管理领域开展主观臆想的管理文化建设；企业安全形势严峻，就把安全文化确定为企业文化的主体，在企业的安全领域开展主观臆想的安全文化建设；企业是服务业，就认为服务业和服务文化应该是关联的，就在企业开展主观臆想的服务文化建设；认为企业文化属于上层建筑的范畴，就把企业文化划到党群或信息管理部门；听说企业文化有强弱之分，就大讲加西亚的故事，强调"赢在执行"，施以行政手段，责令无条件落实。于是，企业文化成了企业部分人和个别领域的事，成了人们各取所需的一种工具。

近年，主观臆想的企业文化有两个突出表现：一是脱离实践，玩弄辞藻，把企业文化概念化。如"文化赋值"、"文化干预"、"内涵外延"、"价值排序"、"演绎推理"等概念便是。"文化赋值"意思是企业文化建设能够提高企业品牌的价值；"文化干预"是用企业文化影响企业的决策；"内涵外延"是对企业文化进行细分，实质是建设纵横交错的"亚文化"；"价值排序"强调从繁杂的企业文化体系中找到最核心的东西，实质是完善"亚文化"理论；"演绎推理"是从一般文化依次推理，如，文化——社会文化——市场文化——企业文化——企业亚文化，实质是把企业文化抽象化、复杂化，增加了企业的认知难度。二是曲解"固化于制、外化于行"的意义。他们认为"固化于制"是把企业文化转化为制度来管理，"外化于行"是转化成员工的行为。其实，"固化于制"是创造良好的企业心理环境，让员工因心情舒畅而自主地工作；"外化于行"指化为企业的行为，要求企业做任何事情都以企业文化为评价标准，追求卓越的表现。

4. 我国企业文化未达到理想的境界，缺乏"行业"管理是一个主要原因

国家应明确企业文化管理部门，尽快建立中国企业文化管理规范、中国企业文化理论规范、中国企业文化建设指导规范，并实行准入制、审计制、评级制，不然，企业文化很难发挥其应有的作用。

（作者：中国企业文化研究会特约研究员）

企业、事业单位风采

上海烟草（集团）公司天津卷烟厂

奠基仪式

封顶仪式

上海烟草（集团）公司天津卷烟厂"十一五"重点技改项目是天津市首批20项重大工业项目之一，于2007年11月26日开工奠基。天津市副市长杨栋梁及市政府有关负责同志出席开工奠基仪式。2008年12月27日，最后一块屋面板缓缓吊起，主厂房结构封顶，完成工程预定目标。

技改项目在总体设计思想上以科学发展观为指导，瞄准"国内一流、国际先进"的目标，在技术规划上立足高起点，采用先进的新工艺、新技术，提升加工制造和卷烟产品的科技含量；在工艺质量、工艺流程设置、控制、检测、环保诸方面展示先进和一流。在硬件设备上既满足企业生产制造的需要，又充分考虑环境保护、劳动安全、职业卫生、消防与节能等各个环节。在废气治理上，添加尾气除尘、异味处理、油烟排风过滤设备；在噪音控制上选用低噪音设备；在节能方面选用优质节能型产品。新工厂建成后，天津卷烟厂将成为上海烟草集团面向北方市场的烤烟型卷烟制造基地，成为天津市新的经济增长点。

最后一块屋面板吊起，主厂房结构封顶。

天津滨海新区

建设投资集团有限公司

汉沽焚烧垃圾发电

天津滨海新区建设投资集团有限公司是由市政府出资、滨海新区管委会实施监督管理的国有独资企业，注册资金300亿元，主体信用等级AA+。集团目前拥有五家控股、独资子公司和多家参股公司。负责滨海新区重大基础设施建设和重点区域开发，履行着项目建设融资、资本运营、经营城市资源的职责。承担着新区366公里的交通路网建设，中心商务商业区21.6平方公里土地整理和基础设施建设，中心渔港18平方公里和黄港生态区20平方公里区域开发建设任务，是滨海新区基础设施建设的排头兵和主力军。

西中环九大街立交桥

中央大道海河隧道

中心渔港

天津市河北区
房地产管理局

河北区房管局办公大厦

天津市河北区房地产管理局是区政府履行全区房地产行政管理的职能机构。现有职工841人，内设26个职能科室；下属单位有11个民用房管站，1个公用公房管理所，3个房地产开发公司，5个房产经济类实体；经营管理直管公产房屋285万平方米，为5.9万户居民提供房屋维修服务。其主要行政管理职责是依据国家和市政府房地产管理的各项法规、政策，对本区各类房屋（含直管公房、公用公房、单位产、私产、军产等房产）行使产权产籍管理；房屋中介经纪机构及房地产市场管理；城市房屋拆迁管理；住房制度改革和住房保障管理；物业企业行政管理；房屋安全使用及租赁备案管理；风貌建筑管理；房地产行政执法监察；房屋安全鉴定；房地产科技推广、网络信息服务及政策培训等管理。

繁忙的房地产交易大厅每天为群众提供优质、高效、满意的服务

局领导深入市重点工程现场检查指导工作

河北区鸿顺里房管站站长、天津市劳动模范寇玉明在春节期间慰问管片孤寡老人

工作人员深入小区开展物业管理条例政策宣传

天津市劳模集体——河北区房屋抢修中心正在为管片居民疏通下水管道

教学科研基地共建

毕业生阮国强受到了温家宝总理的接见

唐山市市长陈国鹰来学院视

唐山职业技术学院

唐山职业技术学院成立于2001年4月，坐落在享有“近代工业摇篮”美誉的工业重镇、历史文化名城——河北省唐山市，是一所办学理念先进、综合实力雄厚、办学特色鲜明的综合性高职院校。

学院坚持以科学发展观为指导，高扬“塑树形象、增强团结、科学发展、争创一流”的主旋律，秉承“勤诚朴和”的校训精神，坚持“综合性、技能型、区域化”的办学定位，以服务为宗旨，以就业为导向，走产学研结合的发展道路，不断强化“质量立校、人才强校、特色兴校”意识，逐步构建了涵盖医学、农学、财经、计算机、机电等十一类学科的专业体系，形成了“以研促教、锤艺炼能、特色育人”的鲜明的办学特色，为区域经济社会发展做出了重要贡献。学院毕业生足迹遍布全国各地，享誉京、津、冀、沪，并且远赴美、英、加、澳等地工作。

战斗在四川抗震一线的毕业生“八姐妹”

口腔实验室

毕业生在塞浦路斯医院工作

由刘玉祥教授主持历时18年研究
“秋红蜜”桃树系列新品种试推广30
亩，农民增收近2000万元

院领导班子成员

市人大副主任、市总工会主席邢明军来院视察

天津市工伤康复中心

—— 天津市职工医院

院长、主任医师　夏俊娣

天津市工伤康复中心是按照劳动部对工伤康复试点机构的要求创建的。在天津市总工会、津工集团的正确领导下，在天津市劳动和社会保障局的信任支持下，于2009年2月正式批准天津市职工医院为“天津市工伤康复中心”。中心的职责范围是负责全市工伤（职业病）人员的医疗康复和职业康复；负责对全市的高位截瘫以及植物状态的工伤人员进行医疗和康复；负责无工作单位工伤人员复发的医疗和康复；负责全市职业病人员的健康体检。

天津市工伤康复中心坐落于和平区大理道60号天津市职工医院内，地处市中心五大道风貌区，闹中取静。医院外观为欧式建筑、花草茵馨，病房内设施典雅舒适、自然和谐，是一座花园式医院。工伤康复中心具有独立的康复功能评定室、康复治疗室、语言和心理治疗室、物理治疗室、中医治疗室和康复支具安装室。并开设外科康复病房和内科康复病房，设备功能先进、规格齐全。具备一流的服务和医师队伍，接诊各种工伤及职业病患者，得到了患者及家属的一致认可。工伤康复中心遵照上级领导的指示精神，努力把本中心真正建成“工伤人员之家”，成为文化交流、心理咨询的场所，帮助工伤残疾人员早日达到身心康复，运用现代康复医学手段最大限度地恢复这些患者的功能，从而恢复他们的生活自理、学习、工作和社会活动能力。

市劳动局领导来院视察

天津市工伤康复中心聘请了全国知名康复医学专家，采用现代管理模式，承担康复专业临床实习教学。中心全体医务人员将以科学的态度，严谨的作风，踏实的工作，一流的服务，造福于工伤伤残患者，造福于家庭，造福于社会。

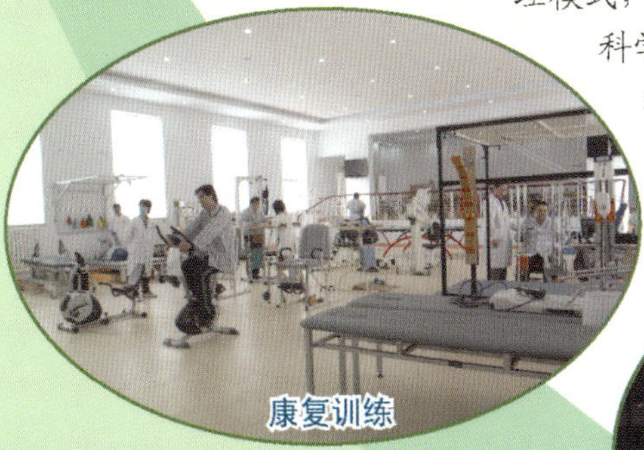

康复训练

地址：天津市和平区大理道60号
电话：022-23129930
传真：022-23393638
邮编：300050

天津市武清供电有限公司

党委书记、总经理　王学印

公司职工爱心捐款

武清供电有限公司位于天津市武清区杨村镇，供电面积1574平方公里。该公司自1999年4月改制成立以来，秉承国家电网公司“四个服务”宗旨，瞄准“一强三优”现代企业建设，以“政治合格、技术过硬、作风优良、纪律严明、服务优质”为目标，狠抓队伍建设和人员素质养成，铸造了一支具有严格执行力、顽强战斗力、卓越服务能力的电力铁军。

该公司坚持用科学发展观统领企业发展，深入落实国家电网公司“两个转变”、全面实施“三新”农电发展战略。面向长远发展，以设备为基础，建设一流供电企业。形成电源点储备充足，电网联络强大，网架结构坚强的坚强电网，构建了“户户通电、供电可靠、安全经济、供用和谐”的电气化发展格局。全方位满足了地区经济、社会发展和人民生活的用电需求，为把武清建设成为天津市高新技术产业基地和率先基本实现现代化的新兴城区保驾护航，当好了先行。

该公司先后获得天津市电力公司“双文明单位标兵”、“安全文明生产三星级单位”，天津市人民政府“市级先进企业”、市级“价格、计量信得过”最佳单位，天津市“‘十五’立功先进单位”，华北电力集团“双文明单位”，国家电力公司“双文明单位”和“全国农村基层组织建设工作先进单位”、“全国模范职工之家”等多项荣誉称号。

该公司总经理、党委书记王学印先后获得“十五”立功先进个人，天津市电力公司创建“四好”领导班子先进个人和华北电力系统优秀职工之友等荣誉称号。

党日活动

新春联欢会

运动会

精心维护下的电网设施

宗旨：服务党和国家工作大局、服务电力客户、
服务发电企业、服务经济社会发展

精神：努力超越、追求卓越

理念：以人为本、忠诚企业、奉献社会

方向：一面旗帜、两个一流
要做天津农电系统的一面旗帜
实现国家一流供电企业，进而迈向国际一流供电企业行列

施工人员杆塔作业

电网监控室

总经理　王玉涛

北京恒安通达机电安装工程有限公司

北京恒安通达机电安装工程有限公司是具有房屋建筑施工总承包及各种冶金成套设备的设计、制造、安装及技术服务等综合实力的企业。近年来公司通过加强管理，不断提高技术管理人员和施工人员的业务素质，机械设备不断完善和增加，使公司在市场竞争日益激烈的形势面前，充分发挥自身优势，先后承接了首钢、包钢、承钢、淮钢等各大钢铁企业结构调整及技术改进的重点项目，而且涉及到与外方技术人员的沟通与配合。同时，公司从国内外引进了先进生产施工设备，工程项目有高炉外壳的加工制作，转炉设备及炉壳的加工制作，CSP扇形段制作安装，钢包砖芯、碾泥机、成型机、圆盘给料机成套设备的加工制作等，其中管接头加工产品出口美国。

为公司的进一步发展壮大，企业员工团结一致，奋力拼搏，以质量求生存，以信誉求发展，为社会做贡献，为企业创效益。以凝聚每份力量，创造行业奇迹为目标，建设一支应变能力强、积极向上的员工队伍，为今后承接各项重大工程打下坚实的基础。公司将以更具特色、更具竞争力的最佳企业形象面向社会各界！

50吨转炉炉体制作安装

包钢CSP扇形段制作安装

公司自制液压泵站系统

天津蓟县康各庄中学

学生参加社会实践活动

校长闫自龙

蓟县康各庄中学始建于1956年，是一个有着近50多年历史的老校。学校有市级骨干教师2名，县级学科带头人2名，县级骨干教师14名，形成了以中青年教师为主体的教师队伍。学校有高标准实验室、教学中心控制室、宽带网，班班有电脑、多媒体投影机和实物展台。现代教育技术与学科教学整合已初步形成学校特色。学校课堂教学以“五步教学法”为统领，教师日常教学坚持“低起点、小台阶、快反馈、严要求、多鼓励、抓落实”的教学策略，制定《“学习六环节”规范》，探索符合学生终身学习需要的最优学法。

表彰优秀教师

康各庄中学以严谨的教学、严格的管理、稳步持续提高的教学质量赢得了广大学生和家长的信赖。学校是国家基础教育实验中心外语教育研究中心批准的外语实验学校。学校曾获市级贯彻两个条例示范校、市级《中学生日常行为规范》示范校、天津市高中新课程实验样本校、县级德育特色校、县级教学工作显著进步单位、县级办学水平一级学校、县级“三八”红旗单位、县级教师教育工作先进单位、县级诚信教育先进学校、县级教育技术先进单位等称号。学校教科研成果丰硕，《构建教学模式，在课堂教学中培养学生创新精神与实践能力》获蓟县第三届基础教育科研成果奖一等奖，《依托现代信息技术，创新农村中学学科教学模式》被中央电教馆确定为国家级“十一五”科研课题，《农村高中英语教学现状与改进策略的研究》课题和《培养课外阅读习惯，提高文化素质品位》被确立为市级“十一五”课题。该校与《天津教育报》社合作研发了《自我塑造》、《心灵氧吧》、《多彩课堂》3本校本教材，满足了新课程的需要。《天津教育报》、《新蓟州报》等刊登了20多篇有关该校教育教学工作做法的文章。该校多次在市、县教育教学会议上作典型经验交流。

学生演讲

该校自主研发的校本教材

学生之星展板

天津港生活服务中心

班子成员研究企业发展规划

天津港生活服务中心是天津港集团公司的下属企业，成立于1997年4月22日，如今已走过12年历程。服务中心由3000多名正式工和外雇工组成，是一家为天津港提供楼宇物业管理、餐饮供应、绿化保洁、供暖供冷、班车和公务用车等生活服务为主业的专业化企业，是天津港综合服务业的龙头单位。其从事的天津港楼宇物业管理和东疆港区招商推介会等大型会议服务，多次受到方方面面的赞扬和好评；盐汽水袋装专用生产线，为全港员工提供水质优于国家标准的夏季系列饮品；有46部专用设备为天津港188万平方米干道提供24小时的机械化清扫服务；采用集中联网方式为天津港北疆港区提供冬季供暖服务；投资建设的滨海新区最大的食品加工厂，为天津港提供单餐1.5万份的餐饮供应服务。服务中心为天津港平稳较快发展提供了全方位的后勤服务。

为港区提供供暖服务

对港区干道实行机械化清扫

食品加工厂为港区职工提供餐饮服务

油库全景

天津中燃船舶燃料有限公司

办公大楼

领导班子成员学习并研究工作

天津中燃船舶燃料有限公司是天津港专门从事海上船舶燃油供应合资企业，承担着进出天津港船舶燃油、淡水、润滑油供应。公司油库内设有独资、合资储油罐33座，总储存量21.1万立方米，铁路专用油品栈桥773米，可同时装卸44节整列油罐车。专用油品作业码头，可随时停靠万吨级以下不同类型油轮作业。另外，深水作业码头还可停靠8万吨级大型油轮。目前公司有各类型油船9艘，既可为港内及大沽口停靠的船舶提供燃油供应，又可进行国内沿海运输。同时，通过QHSEMS体系标准的有效实施，使公司在为客户提供安全、健康、环保的服务环境上，提供了更为切实的保障。

公司总经理：孟凡俭
地址：天津塘沽港区四号路2233号（中燃大厦）　邮编：300461
电话：(022)25700656　25706398　传真：(022)25704907
网址：www.chimbusco-tj.com.cn

江苏舜通路桥工程有限公司

董事长 薛元志

总经理 薛建刚

获奖证书

路桥工程有限公司：

你公司承建的小奔线小河至奔牛段养护改善工程、常一XⅠ一G奔牛大桥荣获二OO五年度江苏省"扬子杯"优质工程奖。

获奖证书

路桥工程有限公司：

你公司承建的昆山市柏庐路延伸段荣获二OO六年度江苏省"扬子杯"优质工程奖。

获奖证书

路桥工程有限公司：

公司承建的"昆山市柏城—石牌公路工程（张家港大桥）"荣获2007年度江苏省"扬子杯"优质工程奖

江苏舜通路桥工程有限公司（原武进市顺通路桥工程有限公司），是一家从事公路桥梁、路基及城市道路、航道港口工程施工的民营企业。公司创建于1993年，为公路工程施工桥梁专业承包一级、路基路面专业承包二级、爆破与拆除工程专业承包三级、特种设备安装改造维修A级企业，公司凭着一流的质量、一流的形象、一流的管理，在业界享有"施工铁军"的盛誉。公司有职工625人，固定资产4801万元，年生产能力3亿元。

公司自成立以来，先后参加了同三线、沂淮江线、苏嘉杭线、润扬太桥北接线等国家、地方重点工程的建设，工程履约率和优良率均为100%。昆山市柏庐路西延伸段工程项目部被昆山市人民政府授予"参与2004年度重点实事工程建设突出贡献单位"称号；2005年度、2006年度、2007年度多项工程获江苏省"扬子杯"优质工程奖。

公司始终遵循"质量是企业的生命，信誉是市场的保证"的宗旨，于2001年8月通过了ISO9002质量保证体系认证，于2003年3月顺利完成质量体系2000版换版工作，于2005年4月通过了GB/T28001-2001职业健康安全管理体系认证。公司在企业管理和项目管理上持之以恒的追求结出了累累硕果，连续多年被评为质量与安全先进单位、"重合同、守信用"单位、江苏省建筑业最佳企业。

缴纳特殊党费

学习十七大精神

张家港大桥

群溢大桥转体施工

公司地址：江苏省常州市武进区湖塘镇鸣凰沟工业园
电话：0519-85063666　　公司网站：www.jsstlq.com

发展中的渤海船舶职业学院

党委书记　芮柏苓

渤海船舶职业学院是我国北方唯一一所以培养造船业高、中级专业技术人才为主的高等职业技术学院。

学院现有龙湾、望海和莲花3个校区，在校生9000余人。现有专任教师 379 人，其中教授、副教授 156 人，“双师型”教师123人。设有船舶工程技术等39个专业，其中，“船舶工程技术”、“轮机工程技术”、“电力系统及自动化”为辽宁省品牌专业和示范专业；“船舶工程技术教学团队”、“船舶电气技术教学团队”为辽宁省优秀教学团队。学院实习实训条件优越，是国防科技工业职业教育实训基地、国家级电工电子和数控技术实训基地。

近年来，学院先后荣获辽宁省思想政治工作先进单位、辽宁省高校毕业生就业先进集体、辽宁省大学生社会实践先进单位、辽宁省“五四”红旗团委、辽宁省教育科研先进集体、辽宁省优秀职业技能鉴定站、全国模范职工之家等称号。

学院面向全国招生，毕业生大部分在辽宁省及环渤海、长三角、珠三角地区的大中型修造船企业、配套公司及科研院所就业，毕业生就业率在省内高校连年名列前茅。

轮机模拟实验室

学生在船厂实习

电子实验室

天津市铁路集团机务分公司

团结奋进的领导班子

共青团文明号

切磋机车操作技艺

机务分公司主要承担李港铁路、黄万铁路、朔黄铁路运输任务，为天津港、黄骅港货物集疏运和临港工业区、大港油田、天津炼油厂、大港发电厂、大沽化工厂、大化纤、大乙烯等一批国家大型企业的产品、原材料、燃料、建筑材料等大宗货物的运输，提供安全、畅通、高效的服务。负责集团公司机车和机务设备的运用、管理、检修、规划以及外修机车的检修任务。

分公司现有干部职工200人，机关设立“3部”（安全生产部、综合部、党群部），下设2个中心（监控统计中心和质量验收中心），3个车间（运用车间、检修车间、燃整后勤车间），内燃机车年小修、辅修通过能力为74台。目前，国内最先进的东风8B型内燃机车15台，东风4D型内燃机车4台，东风4DD型内燃机车6台，服务滨海新区铁路运输；国内最先进的SS4b型电力机车参与神华集团朔黄铁路运营，服务西煤东运大通道。

今后，分公司将继续认真落实科学发展观，坚持科学技术是第一生产力，不断推进技术创新，提高科技贡献率，加大科技教育投入，进一步提高电力机车数量，全面提高机车乘务员队伍素质和企业综合实力。做到以科技保质量，以质量保运输，努力建成“运能充足、装备先进、安全可靠、管理科学、节能环保、优质服务、内部和谐”的亿吨运输体系，为实现集团公司“内燃转电力第三次创业”做出更大的贡献。

检查机车控制器

机务分公司电力机车整装待发

检查机车柴油机

首钢建设集团机运公司

首钢建设集团机运公司总经理　戴利

2008年7月至9月，公司分5批对160余名员工进行素质培训，通过培训，极大地提高了员工的技能素质。

公司630吨履带吊车正在吊装首钢京唐钢铁公司1#高炉通廊钢结构。

公司履带吊车正在吊装首钢京唐公司炼钢主厂房钢结构。

承担首钢京唐公司卷板运输任务的公司运输车队。

2007年10月，中共中央政治局常委、国务院总理温家宝到河北曹妃甸视察首钢京唐大厂建设情况，并同首钢建设者合影留念。

首钢建设集团机运公司建于1958年，主要经营业务与服务范围：大型设备、构件吊装；设备安装；钢结构制作安装；货物运输；内燃设备维护、保养、大修；工业机械设备修、配、改；机械加工；道桥工程、矿工建设、高速公路施工；铁矿等资源开采、境内外贸易。公司拥有北京市一级移动式起重机械修理和汽车修理企业资质。现为北京市交通协会理事单位。机运公司是一个经营领域广、守信誉、重质量的企业。

公司固定资产2.28亿元。拥有各类施工机械、设备272套，其中，12—250吨汽车吊11台，50—300吨履带吊22台（300吨履带吊9台），40—60吨拖车12台；各类推土机、挖掘机、装载机19台，自卸汽车48台；货运车辆50余台。公司毗邻古城地铁南侧，拥有大型停车场地、检修车间及物资仓储库房，院内绿树成荫，环境优雅，是一个花园式企业。

公司经济、技术力量雄厚，凭着多年积累的丰富施工经验，为首钢的发展做出了一定的贡献。近年来，出色完成了中华世纪坛旋转圆坛、蓝靛厂立交桥、首都机场四机库、清华大学10兆瓦高温气冷反应堆压力容器吊装、核工业研究所试验快堆设备吊装、安徽芜湖体育场、天津汇展中心、天津泰达体育场、兰州炼油厂工程、秦中板大板坯工程、中板厂技术改造工程、二耐技术改造工程、武安文丰钢厂中板技术改造等一批工业项目的建设任务，并与中国四冶合作承建完成了新郑高速公路第四标段的建设任务。目前，公司从冶建行业扩大到矿业、石化、煤炭、公路、铁路、水利、核工业、市政建设、境内外贸易等领域，足迹遍布天津、河北、山东、江苏、浙江、安徽、湖北、内蒙、甘肃、大庆等11个省市。

首钢建设集团机运公司愿与各行业友好合作，为您提供满意服务

跨越发展中的涟钢

涟源钢铁集团有限公司（简称涟钢）位于湘黔与洛湛铁路交汇的湖南省娄底市，是一个年产钢规模450万吨以上、资产总额200亿元以上的大型钢铁联合企业，是中国最大500家和国家重点支持发展的300家工业企业之一。产品以超薄热、冷轧板带为主，带肋钢筋为辅，“双菱牌”商标被国家工商总局认定为“中国驰名商标”。

在50年矢志发展历程中，涟钢积淀形成了“诚信、人和、创新”的核心价值观，“崇尚学习、勇于创新、团结拼搏、追求卓越”的企业精神。随着“十一五”以汽车板、硅钢等为主的产品结构调整及薄板深加工项目建设，三次创业与“精品+差异化”战略推进实施，涟钢将迎来又一次跨越式的发展。

涟钢生产的热、冷轧薄板与带肋钢筋

涟钢职工生活区

涟钢生产厂区一角

涟钢厂区外景